multi DICCIONARIO ilustrado

Dirección de redacción
Prof. Marcelo Alejandro Itzik
Prof. Silvia Tombesi
Prof. Pablo Valle
Prof. Silvia Palomar
Prof. Mónica F. García

Primera edición en Panamericana Editorial Ltda., enero de 2000
Segunda edición, marzo de 2004
Primera reimpresión, septiembre de 2004

© Cultural Librera Americana S.A.
   Buenos Aires - Rep. Argentina
© Arquetipo Grupo Editorial S.A.
   Montevideo - Uruguay
© Panamericana Editorial Ltda.
Calle 12 No. 34-20, Tels.: 3603077 - 2770100
Fax: (57 1) 2373805
Correo electrónico: panaedit@panamericanaeditorial.com
www.panamericanaeditorial.com
Bogotá D. C., Colombia

ISBN: 958-30-1241-6

Impreso por Panamericana Formas e Impresos S. A.
Calle 65 No. 95-28, Tels.: 4302110 - 4300355, Fax: (57 1) 2763008
Quien sólo actúa como impresor.

Impreso en Colombia   Printed in Colombia

multi DICCIONARIO ilustrado

A modo de

Una vez más nuestro sello editor lanza al mercado editorial una obra novedosa, pensada para satisfacer las necesidades educativas del alumnado de los niveles primario y medio.

Hoy por hoy, las currículas educativas intentan estimular a docentes y alumnos a trabajar en forma dinámica, interrelacionando las disciplinas; dejando de lado el uso de un libro de texto único, para recoger información de distintas fuentes bibliográficas y periodísticas, y así lograr una verdadera "lluvia de ideas", tan enriquecedora en el momento de "aprehender" los conocimientos.

Basados en esta nueva modalidad de trabajo, que se plantea a partir de la Reforma Educativa Americana, surgió la idea de concebir este Multidiccionario. Fuente de consulta invalorable, reúne en un mismo tomo seis áreas de aprendizaje: Lengua Española, Gramática y Ortografía; Sinónimos, Antónimos y Parónimos; Español-Inglés; Inglés-Español y Científico-Tecnológico.

La selección de voces que integran cada una de las materias se ha realizado meticulosamente. Los parámetros de redacción que se han empleado se sustentan en la creación de textos dinámicos y funcionales, sin olvidar el encuadre general que debe mantener una obra de estas características. En cuanto a la iconografía, la misma ha sido tan cuidada como el texto.

presentación

Con el objetivo de facilitar y agilizar la consulta de los distintos temas que aborda la obra, hemos recurrido al uso de señaladores digitales, cada uno de ellos con las siguientes referencias:

- Lengua Española: **LE**
- Gramática y Ortografía: **G/O**
- Sinónimos, antónimos y parónimos: **S/A/P**
- Español-Inglés: **E/I**
- Inglés-Español: **I/E**
- Científico-Tecnológico: **C/T**

cabe aclarar también que para las entradas de las voces se ha escogido un tipo especial de letra (negritas) que se destaca del resto del texto.

Las voces han sido ordenadas por riguroso orden alfabético español, es decir la *ch* y la *ll* no son consideradas letras independientes, según la normativa recientemente establecida por la Real Academia Española de la Lengua.

Verá el lector que en definitiva esta obra pretende brindar un conjunto multivalente de conocimientos, útil no sólo para el trabajo en el aula sino también más allá de las fronteras del colegio. Docentes y padres podrán encontrar en ella una herramienta eficaz para el trabajo cotidiano de niños y jóvenes. Este es, en definitiva, el objetivo de la obra que desde ya creemos haber cumplido.

Los Editores

TABLA DE ABREVIATURAS UTILIZADAS

a. adjetivo
a.C. antes de Cristo
Adm. Administración
adv. adverbio, adverbial
adv. c. adverbio de cantidad
adv. l. adverbio de lugar
adv. m. adverbio de modo
adv. t. adverbio de tiempo
Agr. Agricultura
Albañ. Albañilería
alt. altura
amb. ambiguo
Amér. América
Amér. Centr. América Central
Amér. Merid. América Meridional
Anat. Anatomía
Ant. Antillas
ant. antiguo, gua; anteriormente
anton. antonomasia
Antrop. Antropología
apl. aplícase o aplicado
apóc. apócope
aprox. aproximadamente
arch. archipiélago
Arg. Argentina
Arit. Aritmética
Arqueol. Arqueología
art. artículo
Astrol. Astrología
Astron. Astronomía
aum. aumentativo
Aviac. Aviación
B.A. Bellas Artes
barb. barbarismo
Biol. Biología
Bioq. Bioquímica
Bol. Bolivia
Bot. Botánica
C. Rica. Costa Rica
•C grados centígrados
cal. caloría
Can. Canadá
cap. capital
Carp. Carpintería
cg centigramo
cía. compañía
Cin. Cinematografía
Cir. Cirugía
cl centilitro
cm centímetro
cm^2 centímetro cuadrado
cm^3 centímetro cúbico
Col. Colombia
Com. Comercio
Comp. Computación
conj. conjunción
Const. Construcción
Cont. Contabilidad
contr. contracción
d.C. después de Cristo

dem. demostrativo
Dep. Deporte
Der. Derecho
despect. o desp. despectivo
desus. desusado
determ. determinado
díc. dícese
dim. diminutivo
distrib. distributivo, va
Ecol. Ecología
Econ. Economía
Ecuad. Ecuador
ed. edición, editorial
EE.UU. Estados Unidos
ej. ejemplo
Elec. Electricidad
Elect. Electrónica
Eq. Equitación
Esc. Escultura
Esg. Esgrima
esp. especialmente
etc. etcétera
etim. etimología
Etn. Etnografía
excl. exclamativo, va
exp. expresión
ext. extensión
f. sustantivo femenino
fam. familiar, familiarmente
Farm. Farmacología
fem. femenino
fest. festivo, va
fig. figurado
Fil. Filosofía
Filol. Filología
Fís. Física
Fisiol. Fisiología
Fon. Fonética
For. Forense
Fot. Fotografía
fr. francés, sa
frs. frase/s
gal. galicismo
gén. género
Geog. Geografía
Geol. Geología
Geom. Geometría
ger. gerundio
gmente. generalmente
Gram. Gramática
Guat. Guatemala
ha hectárea
Her. Heráldica
Hist. Historia
Hist. Sag. Historia Sagrada
Hond. Honduras
i. verbo impersonal
Impr. Imprenta
Ind. Industria
indef. indefinido
Inform. Informática
Ing. Ingeniería

ingl. inglés, sa
interj. interjección
interr. interrogativo, va
irreg. irregular
it. italiano, na
Kg Kilogramo
Km Kilómetro
Km^2 Kilómetro cuadrado
Km^3 Kilómetro cúbico
Kw Kilovatio
l litro
lat. latitud geográfica
Ling. Lingüística
Lit. Literatura
loc. locución
loc. lat. locución latina
Lóg. Lógica
long. longitud
m. sustantivo masculino
m. adv. modo adverbial
m metro
m^2 metro cuadrado
m^3 metro cúbico
Mar. Marina
Mat. Matemática
máx. máximo, ma
Mec. Mecánica
Med. Medicina
Metal. Metalurgia
Meteor. Meteorología
Méx. México
mg miligramo
Mil. Militar
Min. Minería
min. minuto
Miner. Mineralogía
Mit. Mitología
mm milímetro
mov. movimiento
Mús. Música
n. a. número atómico
n. p. nombre propio
nac. nacional
neg. negativo, negación
neol. neologismo
Nic. Nicaragua
Num. Numismática
núm. número
Ocean. Oceanografía
Ópt. Óptica
Org. Pol. Organización Política
p. participio
p.a. peso atómico
p. act. participio activo
p. ant. por antonomasia
p. ej. por ejemplo
p. p. participio pasivo
p. u. poco usado
P. Rico Puerto Rico
pág. página
Paleont. Paleontogía
Pan. Panamá
Par. Paraguay

Pat. Patología
Pedag. Pedagogía
pers. persona, personal
pert. perteneciente
Pint. Pintura
pl. plural
poét. poético
Pol. Política
pref. prefijo
Prehist. Prehistoria
prep. preposición
prep. insep. preposición inseparable
prl. verbo pronominal
pron. pronombre
prov. provincia
Psic. Psicología
Psiq. Psiquiatría
Quím. Química
R. de la P. Río de la Plata
R. Dom. República Dominicana
rec. verbo recíproco
reg. regular
Rel. Religión
rel. relativo
Ret. Retórica
s. sustantivo; siglo
Salv. El Salvador
seg. segundo
símb. símbolo
sing. singular
Sociol. Sociología
sub. subordinante
suf. sufijo
superl. superlativo
Taur. Tauromaquia
Tecnol. Tecnología
Teol. Teología
Terap. Terapéutica
Top. Topografía
tr. verbo transitivo
Trig. Trigonometría
TV Televisión
ú. úsase
ú. m. úsase más
ú. m. c. úsase más como
ú. t. úsase también
ú. t. c. úsase también como
usáb. usábase
Ur. Uruguay
URSS Unión de Repúblicas Socialistas Soviéticas
V. ver
vol. volumen
Ven. Venezolano
Vet. Veterinaria
W vatio
Zool. Zoología
' minutos
'' segundos
% por ciento

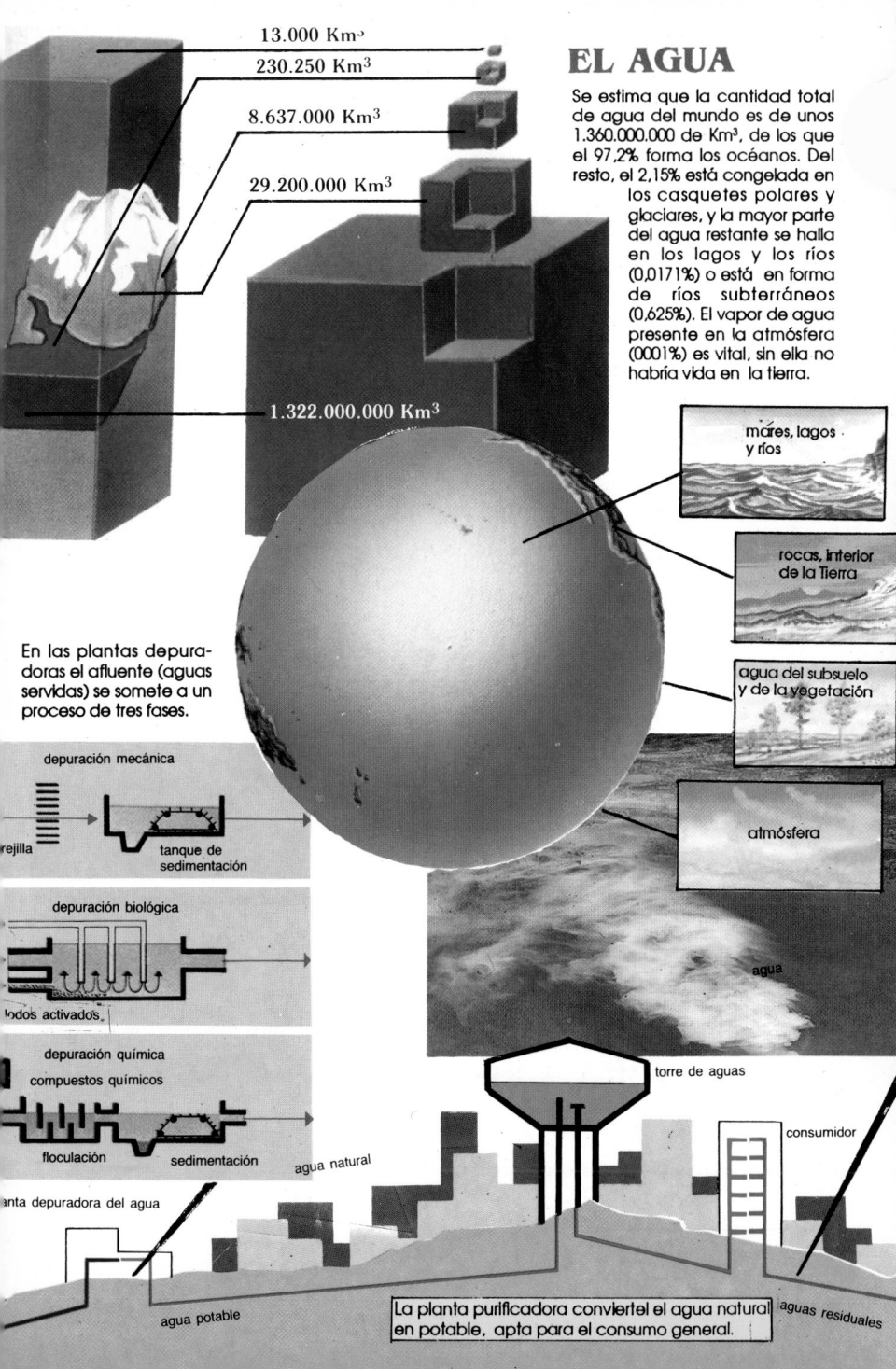

13.000 Km³

230.250 Km³

8.637.000 Km³

29.200.000 Km³

1.322.000.000 Km³

EL AGUA

Se estima que la cantidad total de agua del mundo es de unos 1.360.000.000 de Km³, de los que el 97,2% forma los océanos. Del resto, el 2,15% está congelada en los casquetes polares y glaciares, y la mayor parte del agua restante se halla en los lagos y los ríos (0,0171%) o está en forma de ríos subterráneos (0,625%). El vapor de agua presente en la atmósfera (0001%) es vital, sin ella no habría vida en la tierra.

mares, lagos y ríos

rocas, interior de la Tierra

agua del subsuelo y de la vegetación

atmósfera

agua

En las plantas depuradoras el afluente (aguas servidas) se somete a un proceso de tres fases.

depuración mecánica

rejilla

tanque de sedimentación

depuración biológica

lodos activados,

depuración química

compuestos químicos

floculación   sedimentación

agua natural

planta depuradora del agua

torre de aguas

consumidor

agua potable

aguas residuales

La planta purificadora convierte el agua natural en potable, apta para el consumo general.

ANFIBIOS
1.- 2.- Metamorfosis
     de la rana
3.- Ajolote tigrino

REPTILES
4.- Tejú común
5.- Cobra
6.- Cocodrilo del Nilo
7.- Tortuga

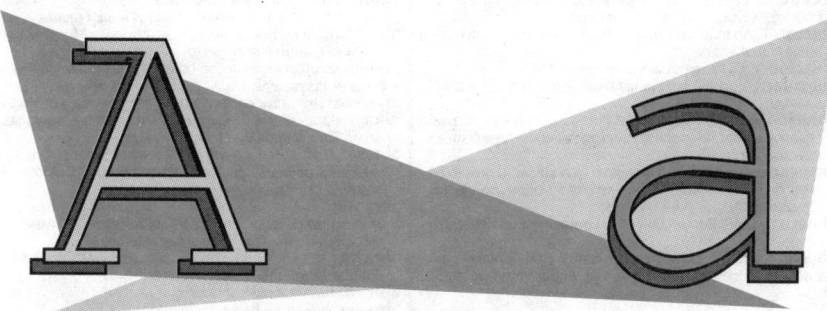

a. f. Primera letra del abecedario castellano. Es vocal abierta. // prep. de significado y usos diversos que señala los complementos de la acción del verbo e indica tiempo, lugar, situación, modo.

ábaco. m. Cuadro de madera con bolitas movibles usado para enseñar el cálculo./ Arg. Parte superior del capitel.

abad. m. Superior en ciertas comunidades religiosas. F.: abadesa.

abadía. f. Iglesia o monasterio regido por un abad./ Dignidad de abad o de abadesa.

abajo. adv. Hacia lugar inferior./ En lugar inferior./ En situación inferior.

ábaco

abalanzar. tr. Poner la balanza en el fiel./ Equilibrar./ Lanzar con violencia.// prl. Arrojarse sobre alguien o algo./ Arrojarse o hacer algo sin reflexionar.

abalorio. m. Cuenta de vidrio taladrado./ Conjunto de cuentas de vidrio agujereado, generalmente para adorno.

abanderado, da. s. El que lleva la bandera.

abandonar. tr. Dejar, desamparar./ Desistir de algo.// prl. Confiarse./ fig. Dejarse dominar.

abandono. m. Acción y efecto de abandonar, abandonarse./ fig. Negligencia./ For. Renuncia sin beneficiario determinado con pérdida del dominio o posesión.

abanicar. tr./ prl. Hacer aire con el abanico.

abanico. m. Instrumento para hacer o hacerse aire, por lo general en forma de semicírculo./ Cosa de forma o figura de abanico.

abaratamiento. m. Acción y efecto de abaratar.

abaratar. tr. Disminuir o bajar el precio de alguna cosa.

abarcar. tr. Ceñir con los brazos./ fig. Rodear, comprender./ Alcanzar con la vista.

abarrotamiento. m. Acción de abarrotar.

abarrotar. tr. Fortalecer con barrotes./ Atestar de géneros u otras cosas una tienda, un almacén, etc.

abastecer. tr./ prl. Proveer de víveres u otras cosas necesarias.

abastecimiento. m. Acción de abastecer o abastecerse.

abasto. m. Provisión de víveres./ Abundancia.// **-dar abasto.** Proveer de lo necesario.

abatatar. tr./ prl. fam. Amér. Azorar, enmudecer, intimidarse.

abate. m. Eclesiástico de órdenes menores.

abatir. tr./ prl. Derribar, echar por tierra./ Hacer perder el ánimo, las fuerzas, el vigor.// prl. Descender, caer.

abdicación. f. Acción y efecto de abdicar.

abdicar. tr. Renunciar una dignidad, un cargo o unos derechos.// i. Abandonar creencias, opiniones, etc.

abdomen. m. Vientre, cavidad en la parte inferior del tronco en la que se contienen los órganos del aparato digestivo y del genitourinario.

abdominal. a. Relativo al abdomen.

abducción. f. Movimiento de sacar afuera./ Movimiento por el cual se aleja un miembro del plano medio que divide imaginariamente el cuerpo.

abecedario. m. Alfabeto, serie ordenada de letras de un idioma./ Impreso que las contiene.

abedul. m. Árbol que alcanza unos diez metros, de ramas flexibles y corteza plateada que se utiliza para curtir y aromatizar el llamado cuero de Rusia.

abeja. f. Insecto himenóptero que fabrica miel y cera./ **-maestra.** Abeja reina.

aberración. f. Extravío./ Fotog. Dispersión de la luz./ Veter. Anomalía en la conformación de los órganos./ Astron. Desvío aparente de un astro.

abertura. f. Acción de abrir o abrirse./ Hendidura, grieta./ Terreno entre montañas.

abeto. m. Árbol conífero de hojas en aguja y fruto en piña; su madera se usa para construcciones.

abierto, ta. p. p. irreg. de **abrir.**// a. Llano, raso./ No cercado./ fig. Sincero, franco.

abigarrado, da. a. De varios colores mal combinados./ Heterogéneo y sin concierto.

abigeato. m. Hurto de ganado.

abipón, na. a. Dícese de una raza indígena que vivía cerca del río Paraná.

abisal. a. Pert. al abismo./ Dícese de la zona de los mares y océanos a partir de los 2000 a 3000 metros de profundidad.

abisinio, nia. a. y s. Natural de Abisinia o Etiopía, país de África.

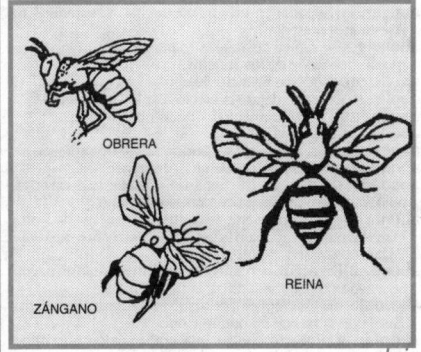

abeja

abismal. a. Relativo al abismo.

abismar. tr./ prl. Hundir en un abismo./ Entregarse por entero a la contemplación, a un sentimiento, etc./ Chile y Méx. Asombrarse.

abismo. m. Profundidad grande y peligrosa./ fig. Diferencia enorme./ Cosa insondable e inmensa.

abjurar. i. Abandonar una creencia./ Renunciar solemnemente./ Retractarse.

ablación. f. Corte, extirpación de una parte del cuerpo.

ablandar. tr./ prl. Volver blanda o suave una cosa./ Aplacar./ Suavizar.

ablución. f. Acción de lavarse./ Purificación por medio del agua, en ciertas religiones./ Agua y vino que se emplean en esa ceremonia.

abnegación. f. Altruismo que lleva a sacrificar lo propio en bien de otros o un ideal./ Sacrificio voluntario de los intereses o afectos por una causa.

abnegar. tr./ prl. Renunciar voluntariamente a un derecho o deseo.

abocar. tr. Asir con la boca./ Aproximar.// prl. Juntarse para tratar un asunto o negocio.// i. *Mar.* Entrar en un puerto.

abrevar

abochornar. tr./ prl. Sofocar por el calor./ Avergonzar, sonrojar.

abofetear. tr. Dar bofetadas.

abogacía. f. Profesión del abogado.

abogado, da. s. Persona licenciada en derecho que defiende los intereses de los litigantes./ fig. Intercesor, mediador.

abogar. i. Defender en un juicio./ Mediar, interceder.// tr. Asesorar, representar.

abolengo. m. Linaje de abuelos y antepasados./ *Der.* Patrimonio que viene de los abuelos.

abolición. f. Acción y efecto de abolir.

abolir. tr. Derogar, dejar sin efecto una ley o precepto.

abolladura. f. Hundimiento causado por un golpe.

abollar. tr. Causar abolladura.

abominable. a. Digno de ser aborrecido o despreciado.

abominar. tr. Execrar, condenar./ Aborrecer.

abonado, da. a. Digno de confianza./ Dispuesto a una cosa, apto.// s. Persona que ha contraído un abono.

abonar. tr. Dar por cierta una cosa./ Echar en la tierra materias que le aumenten la fertilidad./ Hacer bueno o útil./ Pagar.// prl. Contratar un abono.

abono. m. Derecho a percibir un servicio mediante un pago./ Sustancia con que se fertiliza la tierra./ Fianza.

abordaje. m. Acción de abordar.// **-al abordaje.** m. adv. Pasar con armas de un buque a otro.

abordar. tr. Rozar o chocar una embarcación con otra./ Atracar una nave./ fig. Acercarse./ fig. Emprender un negocio o asunto que ofrezca dificultad.

aborigen. m. Natural del lugar en que vive./ Dícese del primitivo morador de un país.

aborrecer. tr. Tener aversión a una persona o cosa./ Abandonar ciertos animales el nido o las crías.

abortar. tr./ i. Parir antes del tiempo en que el feto puede vivir./ fig. Crear algo abominable.// prl. fig. Fracasar.

aborto. m. Acción de abortar./ Cosa cortada./ Monstruo, ser humano o animal imperfecto.

abotonar. tr./ prl. Cerrar con botones una prenda.// i. Echar botones las plantas.

abovedar. tr. Cubrir con bóveda./ Dar esa forma a una cosa.

abra. f. Bahía no muy extensa./ Abertura entre montañas./ *Amér.* Sitio despejado en un bosque.

abrasar. tr./ prl. Reducir a brasa, quemar./ Secar el excesivo calor una planta./ Agitar una pasión.// tr./ i. Calentar en exceso.// prl. Asarse.

abrasión. f. Acción y efecto de desgastar por fricción./ Proceso de desgaste en la corteza terrestre al arrancarle porciones de materia los agentes externos.

abrazar. tr./ prl. Ceñir con los brazos./ Estrecharse./ fig. Abarcar./ Profesar.

abrazo. m. Acción de abrazar o abrazarse.

abrevar. tr. Dar de beber al ganado.

abreviar. tr. Acortar, reducir a menos tiempo o espacio./ Acelerar, dar prisa.

abreviatura. f. Escritura de las palabras con sólo algunas o una de sus letras.

abrigar. tr./ prl. Defender, resguardar del frío./ Amparar./ Rel. a ideas o afectos, tenerlos.

abrigo. m. Defensa contra el frío./ Prenda que se pone sobre las demás y sirve para abrigar./ Lugar resguardado./ fig. Amparo.

abril. m. Cuarto mes del año./ fig. Primera juventud.

abrillantar. tr. Labrar en facetas las piedras preciosas y ciertos metales./ Dar brillantez y realce.

abrir. tr./ prl. Descubrir lo que está cerrado u oculto./ Descorrer el cerrojo o desencajar cualquier pieza o instrumento semejante./ Tratándose de los cajones, tirar de ellos./ Tratándose de cuerpos o establecimientos, dar principio a sus tareas.// i./ prl. Separarse los pétalos del capullo.// i. Mejorar el tiempo.// prl. Desistir de una empresa./ Separarse./ Huir.

abrochar. tr./prl. Cerrar con broches o botones.

abrumar. tr. Agobiar con peso./ fig. Molestar sobremanera.

abrupto, ta. a. Escarpado./ Áspero, violento, destemplado.

absceso. m. Acumulación de pus en los tejidos orgánicos, internos o externos.

abscisa. f. Una de las dos distancias que determinan la posición de un punto en un plano, respecto de dos rectas que se cortan, llamadas ejes coordenados.

abrigo

ábside. amb. Parte del templo abovedada que sobresale en la fachada posterior./ Caja para guardar reliquias.

absolución. f. Acción de absolver.

absoluto, ta. a. Ilimitado, sin restricción alguna.// f. Licencia definitiva del militar.// **-en absoluto.** m. adv. De un modo general, terminante y resuelto.

absolver. tr. Liberar de algún cargo u obligación./ *Der.* Dar por libre al reo.

absorber. tr. Penetrar las moléculas de un fluido en un sólido o de un gas en un líquido./ Aspirar los tejidos orgánicos materias externas./ fig. Incorporar./ Consumir enteramente./ fig. Atraer a sí, cautivar./ *Fís.* Hablando de radiaciones, amortiguarlas o extinguirlas el cuerpo que atraviesan.

absorción. f. Acción de absorber./ *Fís.* Pérdida de la intensidad de una radiación al atravesar la materia.

abstemio, mia. a. Que no bebe alcohol.

abstención. f. Acción de abstenerse.

abstenerse. prl. Privarse de alguna cosa.

abstinencia. f. Acción de abstenerse./ Virtud y práctica del que se priva de satisfacer sus apetitos./ Prohibición de comer carne como práctica penitencial.

abstracción. f. Acción de abstraer o abstraerse./ Gal. por distracción.

abstraer. tr. Considerar aisladamente las cualidades de un objeto.// prl. Entregarse a la meditación, prescindir de la realidad.// i./ prl. Prescindir.

abstruso, sa. a. Difícil de comprender.

absurdo, da. a. Contrario a la razón. Ú.t.c.s./ Extravagante./ Chocante, contradictorio.// m. Dicho o hecho contrario a la razón.

abuchear. tr. Reprobar públicamente y de manera ruidosa. Dícese hablando de un auditorio o muchedumbre.

abuelo, la. s. Padre o madre del padre o la madre./ Anciano, hombre o mujer de mucha edad.

abulia. f. Disminución de la voluntad.

abúlico, ca. a. Que padece de abulia.

abultar. tr. Aumentar el bulto de alguna cosa./ Aumentar la cantidad, grado, etc./ Ponderar, exagerar./ Hacer o tener bulto.

abundancia. f. Gran cantidad.

abundar. i. Haber gran cantidad de una cosa./ Hablando de ideas, adherirse a ellas, persistir.

aburrimiento. m. Fastidio, tedio, cansancio.

aburrir. tr. Hastiar, cansar, molestar.// prl. Fastidiarse, hartarse.

abusar. i. Usar mal o indebidamente de alguna cosa. Seducir.

abuso. m. Acción de abusar.// **-de confianza.** Mal uso de la amistad o confianza obtenida.

abyección. f. Bajeza, envilecimiento.

abyecto, ta. a. Despreciable, vil, indigno.

acá. adv. En este lugar.

acabar. tr./ Dar fin./ Matar./ Morir.// **-acabar de,** con infinitivo. Haber ocurrido alguna acción poco antes.

acacia. f. Nombre de diversas plantas leguminosas de madera dura y flores olorosas, algunas de las cuales segregan gomas y resinas.

academia. f. Sociedad científica, literaria o artística con autoridad pública./ Establecimiento educativo.

académico, ca. a. Relativo a una academia.// s. Miembro de una academia.

acaecer. i. Acontecer, suceder, ocurrir.

acacia

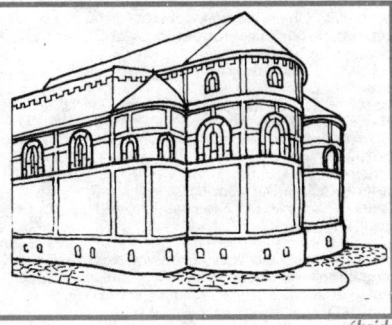

ábside

acallar. tr. Hacer callar./ Aplacar.

acalorar. tr. Dar o causar calor.// prl. Encenderse, fatigarse.

acampar. i./ tr./ prl. Instalarse en despoblado, generalmente en tiendas de campaña.

acanelado, da. a. De color o sabor de canela.

acantilado, da. a. Dícese del fondo del mar y de la costa cuando presenta escalones en un terreno, y también de la costa cortada verticalmente.// m. Escarpa casi vertical en un terreno.

acanto. m. Planta de hojas largas, rizadas y espinosas./ Adorno arquitectónico que imita dichas hojas.

acantopterigio. a. Dícese de los peces de esqueleto óseo y radios de las aletas espinosos y sencillos, como el pez espada.

acaparar. tr. Adquirir y acumular productos en más cantidad que la necesaria para imponer su precio./ fig. Apoderarse de gran parte o del todo de una cosa./ Atraer, concentrar.

acariciar. tr./ prl. Hacer caricias./ fig. Tocar suavemente./ Esperar una cosa con el deseo de conseguirla.

acárido, da. a./ m. Ácaro./ m. pl. Orden de arácnidos que tiene por tipo el ácaro.

ácaro. m. Arácnido traqueal, parásito microscópico, con mandíbulas terminadas en forma de pinzas, que causa enfermedades e infesta los alimentos.

acarrear. tr. Transportar en carro o de otra manera./ Ocasionar, ser motivo.

acartonarse. prl. Ponerse como cartón. Dícese de las personas que al llegar a cierta edad se quedan enjutas.

acaso. m. Suceso imprevisto, casualidad.// adv. Por casualidad./ Tal vez.

acatar. tr. Obedecer, someterse.

acaudalado, da. a. Que tiene mucho dinero.

acaudillar. tr. Mandar, como jefe o caudillo, gente de guerra./ fig. Guiar, conducir.

acceder. i. Consentir en lo que otro desea o quiere./ Ceder uno en su parecer./ Tener acceso a un lugar.

acceso. m. Acción de llegar o acercarse./ Entrada, camino./ Arrebato, exaltación./ fig. Entrada al trato con alguien./ *Med.* Ataque de una enfermedad.

accesorio, ria. a. Que depende de lo principal. Ú.t.c.s./ Secundario.// m. Utensilio auxiliar para un trabajo o para el funcionamiento de una máquina.

accidental. a. No esencial./ Casual, contingente.

accidentar. tr./ prl. Producir accidente./ Sufrirlo.

accidente. m. Cualidad no esencial./ Suceso eventual que altera el orden normal de las cosas./ *Gram.* Modificación que sufren algunas clases de palabras para denotar diferencias de género, número, etc./ Irregularidad del terreno o de la costa.

acción. f. Efecto de hacer./ Cada una de las partes en que se considera dividido el capital de una empresa./ Batalla./ Derecho a reclamar en juicio./ Suceso en que se basa el argumento de una obra.

accionar. i. Hacer gestos o ademanes.// tr. Poner en movimiento, impulsar.

accionista. m. Dueño de acciones.

acechanza. f. Acecho, espionaje.

acechar. tr. Observar cautelosamente con un propósito.

acecinar. tr./prl. Salar las carnes y secarlas al humo y al aire para que se conserven.

acefalía. f. Calidad de acéfalo.

aceitar. tr. Untar con aceite.

aceite. m. Líquido graso que se obtiene de la oliva de diversas clases de vegetales, de algunos animales y también de ciertos minerales.

aceituna. f. Fruto del olivo de sabor amargo y de color verde o negro.

acelerar. tr./prl. Dar velocidad.

acelga. f. Planta salsolácea, comestible, de hojas grandes y jugosas.

acento. m. La mayor intensidad con que se pronuncia un sílaba./Raya oblicua de derecha a izquierda que representa gráficamente esa intensidad./Modo de expresarse particular de un país o región./Modulación de la voz.

acentuación. f. Acción de acentuar.

acentuar. tr. Dar acento./fig. Recalcar./Realzar.// prl. fig. Aumentarse./Tomar cuerpo.

acepción. f. Significado en que se toma una palabra.

aceptar. tr. Recibir uno voluntariamente lo que se le da, ofrece o encarga./Aprobar, dar por bueno./Comprometerse a pagar una letra de cambio o libranza.

acequia. f. Zanja por donde se conduce el agua para regar./ *Amér.* Río pequeño, arroyo.

acera. f. Parte lateral de una calle destinada al paso de los peatones./Vereda.

acerar. tr. Dar a un hierro las propiedades del acero.// prl. fig. Vigorizar./Colocar aceras en la calle.

acerbo, ba. a. Áspero al gusto./Cruel, riguroso.

acercar. tr./prl. Aproximar./fig. Promover amistad o relación.

acero. m. Mezcla de hierro y carbono dotada de gran dureza y elasticidad./fig. Arma blanca, espada./Denuedo, valentía.

acérrimo, ma. a. superl. de acre./Muy fuerte.

acertar. tr. Dar en el punto a que se dirige algo.// tr./ i. Encontrar./Con la prep. *a* y seguido de inf., suceder por casualidad.

acertijo. m. Adivinanza que se propone como pasatiempo./Cosa muy problemática.

acervo. m. Montón de cosas menudas./Conjunto de bienes morales o materiales acumulados por tradición.

acético, ca. a. *Quím.* Rel. o perteneciente al vinagre.

acetona. f. Líquido incoloro, inflamable, volátil, de olor agradable. Se usa como disolvente orgánico. Se obtiene de la materia acuosa resultante de la carbonización de la madera.

achacar. tr. Atribuir, imputar.

achatar. tr./prl. Poner chata alguna cosa.

achicar. tr./prl. Disminuir el tamaño de algo./Extraer el agua de una embarcación, mina, etc./fig. Acobardar. Ú.t.c.prl.

achicoria. f. Planta compuesta, de hojas comestibles cuya infusión es tónica y digestiva.

achura. f. Cualquier intestino o menudo de una res.Ú.m. en pl.

achurar. tr. Sacar las achuras a la res./Herir o matar a cuchilladas.

aciago, ga. a. Infausto, de mal agüero.

acíbar. m. Áloe./fig. Disgusto, sinsabor.

acicalar. tr. Limpiar, bruñir./fig. Arreglar esmeradamente a una persona./Adornar.

acicate. m. Espuela con una sola punta./Incentivo, estímulo, aguijón.

acidez. f. Calidad de ácido.

ácido, da. a. Que tiene sabor agrio./fig. Áspero, desabrido./ /m. Cualquier sustancia que puede formar sales combinándose con algún óxido metálico u otra base de distinta especie. Suelen tener sabor agrio.

acierto. m. Acción de acertar./Coincidencia, casualidad./fig. Destreza./Tino, cordura.

aclamación. f. Acción y efecto de aclamar.

aclamar. tr. Dar voces la multitud en honor de alguien./Dar un cargo u honor por aclamación./Llamar a las aves.

aclaración. f. Acción de aclarar o aclararse.

aclarar. tr./prl. Quitar lo que ofusca la claridad./Poner en claro, explicar.// tr. Lavar con agua la ropa ya jabonada./ i. Amanecer, clarear./Disiparse lo nublado.

aclimatar. tr./prl. Hacer que se acostumbre un ser orgánico a un clima diferente del que le era habitual.

acné. f. Erupción pustulosa en la cara y en el pecho, llamada comúnmente barrito.

acobardar. tr./prl. Causar miedo, amedrentar.

acodar. tr./prl. Apoyar uno el codo sobre alguna parte./ *Agr.* Enterrar el tallo o vástago doblado dejando la punta afuera.

acodo. m. Acción de acodar./Vástago acodado.

acoger. tr. Admitir uno en su casa a otra persona./Dar amparo./Aceptar./Recibir con un sentimiento especial la aparición de personas o sucesos.// prl. Refugiarse, ampararse.

acolchar. tr. Poner estopa o lana entre dos telas y bastearlas.

acólito. m. Eclesiástico cuyo oficio es servir al altar./fig. Subordinado, que sigue constantemente a otro./Satélite, secuaz, ayudante.

acometer. tr. Embestir con ímpetu./Emprender, intentar./Dicho de enfermedad, sueño, etc., venir repentinamente./Persuadir, tentar.

acometida. f. Acometimiento.

acometimiento. m. Acción de acometer./Ramal de cañería que desemboca en la alcantarilla.

acomodado, da. a. Conveniente, oportuno./Rico, abundante de medios./Moderado en el precio./Que está cómodo./ *Amér.* Que goza de privilegios por amistad o parentesco.

acodo

acomodar. tr. Colocar una cosa de modo que se ajuste o adapte a otra./Proporcionar empleo./tr./prl. fig. Amoldar o ajustar a una norma.// prl. Avenirse./Colocarse cómodamente./ *Amér.* Colocarse indebidamente en un empleo privilegiado.

acomodo. m. Empleo, ocupación./Privilegio./ *R. de la P.* Trato ilícito, chanchullo.

acompañamiento. m. Acción de acompañar./Gente que acompaña/Base armónica o encuadre rítmico de una partitura musical./Conjunto de personas que en el teatro o en los filmes figuran y no hablan o carecen de papel individual.

acompañar. tr./ prl. Estar o ir en compañía de otro./fig. Agregar una cosa a otra./Participar de los sentimientos de otro./ *Mús.* Ejecutar el acompañamiento.

acompasar. tr. Disponer en proporción./Dividir la obra musical en compases.

acondicionar. tr. Dar cierta condición a algo./Disponer alguna cosa a un fin determinado./Climatizar.

acongojar. tr. Afligir, apenar, fatigar, oprimir.

aconsejar. tr./prl. Dar o tomar consejo.

acontecer. i. Suceder, ocurrir.

acopiar. tr. Juntar o reunir granos, provisiones, etc./Acumular en cantidad.

acoplar. tr. Unir entre sí dos piezas de modo que ajusten exactamente./Ajustar una pieza al sitio donde debe colocarse./Procurar la unión sexual de los animales.// prl. Unirse dos personas, encariñarse./fig. Conciliar.

acorazado. m. Buque de guerra blindado de grandes dimensiones.

acorazar. tr. Revestir con planchas de hierro o acero buques, fortificaciones, etc./ tr./ prl. Proteger, defender.

acordar. tr. Resolver de común acuerdo, o por mayoría de votos./ Determinar o resolver una sola persona./ Resolver una cosa antes de mandarla.// i. Concordar, convenir una cosa con otra./ Traer a la memoria./ Poner acordes los sentimientos o las voces./ *Amér.* Otorgar.

acorde. m. *Mús.* Conjunto de tres o más sonidos combinados armónicamente.// a. Conforme, de igual opinión o dictamen./ En consonancia.

acordeón. m. Instrumento musical de viento, portátil, dotado de unas lengüetas que vibran mediante la alternancia en la extensión y compresión de un fuelle.

acorralar. tr. Encerrar el ganado en el corral./ fig. Encerrar a uno, impidiéndole que pueda escapar./ Confundir, abrumar./ Intimidar, acobardar.

acortar. tr. Disminuir la longitud o duración.

acosar. tr. Perseguir sin dar reposo./ fig. Molestar.

acoso. m. Acción y efecto de acosar.

acostar. tr./ prl./ i. Tender a alguien para que duerma o descanse./ Ladearse.

acostumbrar. tr./ prl./ Hacer adquirir una costumbre o tenerla.// i. Tener costumbre.

acotación. f. Acción de acotar./ Apunte que se pone al margen de un escrito o impreso./ Indicación, advertencia para la acción de una obra teatral.

acotar. tr. Reservar el uso de un terreno, poniéndole cotos./ Prohibir./ Escribir acotaciones al margen de un escrito.

acre. a. Áspero y picante al gusto y al olfato./ De genio áspero./ Desabrido, punzante.

acrecentar. tr. Aumentar, enriquecer, mejorar.

acreditar. tr./ prl. Hacer digna de crédito alguna cosa./ Dar seguridad de que una persona es lo que representa.// prl. Lograr reputación./ Asegurar la representación de alguien./ Probar./ *Com.* Abonar una cantidad en cuenta.

acreedor, ra. s. Aquel que tiene derecho a cobrar.// a. Que es digno de algo.

acribillar. tr. Abrir agujeros en alguna cosa./ Causar muchas heridas o picaduras./ fig. Molestar mucho.

acrisolar. tr. Depurar los metales en el crisol./ fig. Depurar.

acritud. f. Calidad de acre.

acrobacia. f. Ejercicio del acróbata./ Las evoluciones espectaculares que realiza un aviador en el aire a bordo del avión.

acróbata. s. El que salta o realiza ejercicios y habilidades en el trapecio, la barra o las anillas.

acrópolis. f. El sitio más alto y fortificado en las antiguas ciudades griegas.

acróstico, ca. a. Aplícase a la composición poética cuyas letras iniciales, medias o finales de los versos forman un vocablo o una frase.

acta. f. Relación escrita de lo sucedido, acordado en una junta./ Constancia de una elección./ Relación fehaciente de un hecho, extendida por un funcionario competente.

actitud. f. Postura del cuerpo humano./ fig. Disposición de ánimo.

activar. tr. Avivar, acelerar, excitar, mover.

actividad. f. Facultad de obrar./ Prontitud en el obrar./ Número de átomos de una sustancia radiactiva que se desintegran por unidad de tiempo.// pl. Tareas, operaciones.

activo, va. a. Que obra./ Que produce sin dilación su efecto./ Apl. al trabajador no jubilado.// m. Importe total del haber comercial.

acto. m. Hecho o ac-

acrópolis

ción./ Realización solemne./ División principal de una obra teatral.

actor. m. Persona que en la ficción encarna un personaje; f.: actriz./ El que demanda en juicio; f.: actora. Ú.t.c.a.

actuación. f. Acción de actuar.// pl. *Der.* Autos o diligencias de un proceso judicial.

actual. a. Que sucede o se usa en el momento en que se habla.

actualidad. f. Tiempo presente./ Suceso que atrae la atención.// pl. Película de corto metraje sobre sucesos recientes.

actualizar. tr. Hacer actual.

actuar. tr./ prl. Poner en actuación./ Ejercer una persona o cosa, actos propios de su naturaleza./ Desempeñar un papel./ Ejercer funciones propias de un cargo u oficio./ Proceder judicialmente.

acuarela. f. Pintura con colores diluidos en agua.

acuario. m. Depósito de agua donde se tienen vivos animales o vegetales acuáticos./ Edificio en que se exhiben dichos animales o vegetales./ *Astron.* Undécimo signo del Zodíaco./ *Astron.* Constelación zodiacal.

acuartelar. tr. Poner la tropa en cuarteles.

acuático, ca. a. Que habita en el agua./ Rel. al agua.

acuchillar. tr. Herir o matar con arma blanca./ rec. Darse de cuchilladas.

acuciar. tr. Estimular./ Desear con vehemencia.

acudir. i. Ir uno al sitio adonde es llamado./ Ir en socorro de alguno./ Recurrir a alguien./ Asistir frecuentemente.

acueducto. m. Construcción para la conducción de agua a fin de salvar un desnivel.

acuerdo. m. Resolución tomada por una o varias personas./ Parecer, dictamen, consejo./ Convenio.

acumulación. f. Acción y efecto de acumular.

acumulador, ra. a. Que acumula.// m. Sistema capaz de almacenar energía y cederla después./ Aparato que guarda la energía eléctrica desarrollada artificialmente.

acorazado

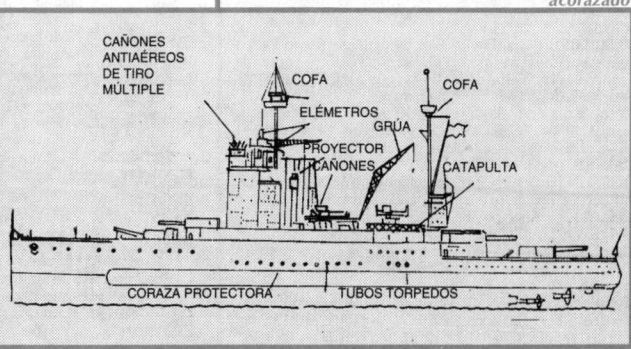

CAÑONES ANTIAÉREOS DE TIRO MÚLTIPLE
COFA
COFA
ELÉMETROS
GRÚA
PROYECTOR
CAÑONES
CATAPULTA
CORAZA PROTECTORA
TUBOS TORPEDOS

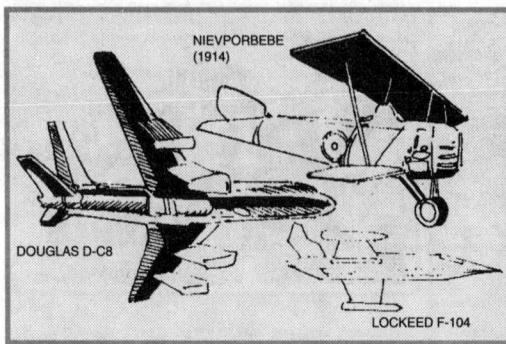

NIEVPORBEBE (1914)

DOUGLAS D-C8

LOCKEED F-104

aeroplano

acumular. tr. Juntar y amontonar./ Imputar.

acunar. tr. Mecer en la cuna.

acuñar. tr. Imprimir y sellar una pieza de metal por medio de cuño o troquel./ Tratándose de la moneda, fabricarla./ *Amér.* Recomendar, proteger.

acuoso, sa. a. Rel. al agua./ Abundante en agua.

acupuntura. f. Método terapéutico de origen chino que se efectúa por medio de la introducción de agujas en los tejidos del cuerpo humano.

acurrucarse. prl. Encogerse para evitar el frío o con otro objeto.

acusación. f. Acción de acusar.

acusar. tr. Imputar a uno un delito o cosa vituperable./ Tratándose del recibo de cartas, oficios, etc., avisarlo./ *Der.* Exponer definitivamente en juicio los cargos contra el acusado./ Declarar el jugador que tiene ciertos naipes.

acústico, ca. a. Rel. al órgano del oído./ Rel. a la acústica./ Útil para la propagación del sonido.// f. Parte de la física que estudia los sonidos.

adagio. m. Consejo útil para la conducta, gmente. de tradición popular./ Uno de los aires lentos del ritmo musical y composición con ese aire.

adalid. m. Caudillo, guía./ fig. Quien guía o dirige una escuela, un partido o una causa.

adaptabilidad. f. Calidad de adaptable./ *Biol.* Capacidad de adaptación de los seres vivos.

adaptación. f. Acción y efecto de adaptar o adaptarse./ *Biol.* Proceso por el cual un ser vivo se acomoda al medio y a los cambios que en él se produzcan.

adaptar. tr./ prl. Acomodar, ajustar una cosa a otra./ prl. fig. Avenirse a condiciones./ Habituarse.

adarga. f. Escudo de cuero.

adecuar. tr./ prl. Proporcionar, acomodar una cosa a otra.

adefesio. m. Despropósito, extravagancia./ Persona o cosa ridícula.

adelantado, da. a. Precoz.// m. Antiguamente, persona a quien se confiaba el mando de una expedición y a quien se concedía el gobierno de las tierras que conquistase.// **-por adelantado.** m. adv. Anticipadamente.

adelantar. tr./ prl. Llevar hacia adelante./ Acelerar, apresurar./ Anticipar./ Ganar la delantera a alguno./ Hacer que el reloj ande con más velocidad que la debida./ Progresar.

adelante. adv. l. Más allá./ Hacia la parte opuesta./ adv. t. Indica tiempo futuro./ **¡Adelante!** int. para ordenar o permitir que alguien entre o siga andando, hablando.

adelanto. m. Anticipo./ fig. Mejora o progreso.

adelgazar. tr./ prl. Poner delgado./ i. Enflaquecer.

ademán. m. Movimiento o actitud con que se manifiesta un afecto o una intención.// pl. Modales.

además. adv. A más de.

adenoides. f. pl. Hipertrofia de tejido glandular en la rinofaringe.

adentro. adv. A o en lo interior.// m. pl. La intimidad del ánimo.

adepto, ta. a. y s. Partidario de alguna persona o idea.

aderezar. tr. Acicalar. Ú.t.c.prl./ Guisar./ Condimentar.

aderezo. m. Acción y efecto de aderezar o aderezarse./ Aquello que se usa para aderezar./ Juego o conjunto de joyas.

adeudar. tr. Deber, tener deudas.// i. Contraer deuda, emparentar.// prl. Endeudarse, llenarse de deudas.

adherir. tr./ prl. Pegarse una cosa con otra./ Abrazar una causa, afiliarse a un partido, etc.

adhesión. f. Adherencia./ Acción y efecto de adherir.

adicción. f. Hábito de los que se dejan dominar por el uso de una o varias drogas tóxicas.

adición. f. Acción de agregar./ Lo que se agrega./ *Mat.* Operación de sumar./ Reparo o nota que se pone a las cuentas./ *Quím.* Reacción en la que dos o más moléculas se combinan para formar una sola.

adicto, ta. a. Muy inclinado, apegado, afecto./ Adepto, partidario.

adiestrar. tr./ prl. Nacer diestro./ Instruir.

adinerado, da. a. Acaudalado.

adiposo, sa. a. Lleno de grasa o gordura./ Dícese del tejido animal que contiene gran cantidad de grasas.

aditamento. m. Añadidura, agregado.

adivinación. f. Acción y efecto de adivinar.

adivinanza. f. Adivinación./ Acertijo.

adivinar. tr. Predecir lo futuro./ Acertar el significado de un enigma, descifrar.

adjetivo, va. a. Propio o rel. al adjetivo.// m. Parte de la oración que se agrega al sustantivo para calificarlo o determinarlo y que denota cualidad o accidente.

adjudicar. tr. Declarar que una cosa corresponde a alguien./ Entregársela// prl. Apropiarse.

adjuntar. tr. Enviar con algo otra cosa.

adminículo. m. Lo que sirve de auxilio./ Objeto que se lleva preventivamente para usarlo en caso de necesidad.

administración. f. Acción de administrar./ Cargo de administrador./ Oficina donde trabajan el administrador y sus empleados.

administrar. tr. Gobernar, regir, cuidar./ Ref. a los sacramentos, conferirlos./ Ref. a los medicamentos, aplicarlos. Ú.t.c.prl./ *Vulg.* por propinar, asestar, dar.

admiración. f. Acción de admirar./ Signo ortográfico (¡ !) para expresar admiración, énfasis, etc.

admirar. tr. Causar sorpresa una cosa.// tr./ prl. Ver con sorpresa, o con sorpresa y placer, alguna cosa.

admisión. f. Acción de admitir.

admitir. tr. Recibir o dar entrada./ Aceptar, recibir./ Permitir, tolerar.

admonición. f. Amonestación./ Reconvención.

adobar. tr. Aderezar, arreglar./ Guisar./ Poner en adobo las carnes u otros alimentos para sazonarlos y conservarlos./ Curtir y preparar las pieles.

adobe. m. Ladrillo moldeado en barro y secado al aire./ Barbarismo por adobo.

adorno floral

adobo. m. Acción de adobar./ Salsa con que se sazona una comida./ Caldo para sazonar carne u otras cosas, en especial el compuesto por aceite, vinagre, orégano, ajo, sal y pimentón./ Mezcla para curtir pieles o dar cuerpo a las telas./ Afeite.

adolecer. i. Padecer alguna enfermedad habitual./ Ref. a defectos, pasiones, vicios, etc., tenerlos./ Carecer de algo.// prl. Condolerse.

adolescencia. f. Edad de tránsito de la niñez a la adultez; abarca desde la pubertad hasta el total desarrollo del cuerpo.

aeróstato

adonde. adv. A qué parte o a la parte de que./ Donde.

adoptar. tr. Recibir legalmente como hijo a alguien que no lo es./ Admitir una opinión o doctrina./ Ref. a resoluciones o acuerdos, tomarlos previa deliberación.

adoquín. m. Piedra de forma prismática para empedrar./ fig. y fam. Persona torpe e ignorante.

adorar. tr. Reverenciar con sumo respeto./ Honrar a Dios./ fig. Amar con extremo.// i. Orar./ Tener puesta la estima en alguien o en algo.

adormecer. tr./ prl. Causar sueño.// prl. fig. Mitigar./ Empezar a dormirse./ fig. Entumecerse un miembro.

adornar. tr. Engalanar con adornos. Ú.t.c.prl./ fig. Dotar de perfecciones o virtudes./ Honrar a uno ciertas prendas o circunstancias favorables.

adorno. m. Lo que se pone para hermosear las personas o las cosas.

adosar. tr. Arrimar una cosa a otra por su revés.

adquirir. tr. Ganar, conseguir./ Comprar.

adquisición. f. Acción de adquirir./ Cosa adquirida.

adrede. adv. Deliberadamente./ De propósito.

adscribir. tr./ prl. Inscribir, asignar./ Agregar a alguien a un servicio.

adsorber. tr. Retener un cuerpo moléculas o iones en su superficie.

aduana. f. Oficina pública en costas, fronteras y aeropuertos para registrar el tráfico internacional de mercaderías que se exportan e importan.

aducción. f. Movimiento de aproximación al eje de un cuerpo o de un miembro.

aducir. tr. Tratándose de pruebas, razones, etc., presentarlas, alegar.

adular. tr. Halagar inmoderadamente./ Decir o hacer con intención o exceso lo que ha de agradar a alguien.

adulterar. i. Cometer adulterio.// tr. fig. Falsificar, viciar.

adulterio. m. Mantenimiento de relaciones sexuales extramatrimoniales, siendo casado el hombre, la mujer o ambos./ fig. Falsificación.

adulto, ta. a. Llegado al término de la adolescencia./ Que ha llegado a su máximo desarrollo o perfección.

adusto, ta. a. Cálido, ardiente./ fig. Austero, rígido.

advenedizo, za. a. Extranjero, forastero./ Que trata de figurar entre gente de más alta condición social./ Intruso, entremetido. Ú.t.c.s.

adventicio, cia. a. Extraño o que sobreviene, distinto de lo natural o propio./ Biol. Dícese del órgano animal o vegetal que se desarrolla ocasionalmente.

adverbio. m. Parte de la oración que modifica al verbo como circunstancial y a otras clases de palabras (adjetivo, otro adverbio) como atributo.

adversario, ria. a. y s. Enemigo, rival.

adversativo, va. a. Que denota oposición o contrariedad.

adversidad. f. Calidad de adverso./ Suerte adversa./ Infortunio.

advertencia. f. Acción de advertir./ Escrito breve para indicar algo al lector.

advertir. tr./i. Observar./ Llamar la atención de uno sobre algo./ Aconsejar, amonestar, prevenir./ Caer en la cuenta.

adviento. m. Tiempo litúrgico que comprende las cuatro semanas que preceden al día de Navidad.

advocación. f. Título que se da a un templo, altar, etc., por estar dedicado a Cristo, la Virgen o los santos.

adyacente. a. Inmediato, próximo.

aéreo, a. a. Rel. al aire.

aerodinámica. f. Parte de la mecánica que estudia los gases en movimiento.

aeródromo. m. Sitio destinado para la salida y llegada de aviones.

aerolito. m. Fragmento de un bólido que cae sobre la Tierra.

aeromodelismo. m. Técnica de construcción de modelos reducidos de vehículos aéreos, que imitan a los que se emplean en los vuelos tripulados.

aeronáutica. f. Ciencia o arte de la navegación aérea.

aeronave. f. Vehículo que se emplea para la navegación aérea./ Vehículo dirigible, lleno de gas, que se usa en navegación aérea.

aeroplano. m. Avión./ Máquina para la navegación aérea, que consta de una armadura fusiforme para la tripulación, los pasajeros y la carga, alas a manera de superficies rígidas y ruedas que le sirven para iniciar el vuelo o descender.

aeropuerto. m. Aeródromo.

aerosol. m. Suspensión coloidal de un sólido o un líquido en un gas.

aerostático, ca. a. Rel. a la aerostática.// f. Parte de la mecánica que estudia el equilibrio de los gases.

aeróstato. m. Globo lleno de un gas más ligero que el aire y que puede elevarse.

afable. a. Amable, suave en la conversación y el trato.

afamado, da. a. Famoso, célebre.

afán. m. Trabajo excesivo./ Anhelo vehemente.

afanar. i./ prl. Entregarse al trabajo con ahínco./ tr. Hurtar.

afear. tr./ prl. Poner feo. Ú. t. c. prl./ fig. Vituperar, censurar.

afección. f. Impresión que hace una cosa en otra, causándole alteración./ Afición./ Med. Alteración morbosa.

afectar. tr. Hacer impresión una cosa en una persona, causándole alguna sensación./ Fingir./ Anexar. Ú.t.c.prl./ Imponer gravamen./ Med. Producir alteración en algún órgano.

afectivo, va. a. Relativo al afecto./ Propenso a la ternura.

afecto, ta. a. Inclinado./ Sujeto a gravamen./ Destinado a un servicio.// m. Cualquiera de las pasiones del ánimo, como ira, odio, etc.

afectuoso, sa. a. Cariñoso, amoroso.

adobe

afeitar. tr./ prl. Cortar con navaja o afeitadora la barba o el bigote./ Poner cosméticos, hermosear con afeites.

afeite. m. Cosmético./ Aderezo, compostura.

afelpado, da. a. Con vello o pelusilla como la felpa.

aferrar. tr./ i. Agarrar fuertemente./ Atrapar con un garfio./ prl. Insistir con porfía.

afgano, na. a. De Afganistán.

afianzar. tr. Otorgar fianza.// tr./ prl. Afirmar o asegurar con puntales, clavos, etc./ Asir, agarrar.

afición. f. Inclinación, afecto permanente por una persona o cosa./ Conjunto de aficionados a un deporte como espectáculo.

aficionar. tr. Hacer que otro guste de alguna cosa./ prl. Prendarse.

afijo, ja. a. y s. Dícese del pronombre personal pospuesto y unido al verbo y también de las partículas que se emplean en la formación de palabras derivadas o compuestas. Se clasifican en prefijos (*vice*gobernador) y sufijos (suave*mente*).

afilar. tr. Sacar filo, hacer más agudo el de las armas o instrumentos./ Aguzar./ Afinar la voz.// prl. Adelgazarse el rostro, nariz o dedos./ *R. de la P.* Enamorar, galantear.

afiliar. tr./ prl. Asociar una persona a otras que forman una agrupación, partido./ Filiar, adoptar por hijo.

afín. a. Próximo, análogo./ Contiguo./ Pariente por afinidad.

afinar. tr./prl. Perfeccionar./ Purificar los metales./ Poner en tono los instrumentos musicales./ Hacer fino o cortés./ Entonar bien los sonidos al cantar o tocar.

afinidad. f. Analogía de una cosa con otra./ Parentesco entre cada cónyuge y los deudos consanguíneos del otro./ Fuerza que une los átomos.

afirmar. tr. Poner firme, dar firmeza./ Dar por cierta una cosa./ / prl. Asegurarse.

aflicción. f. Efecto de afligir o afligirse.

afligir. tr./ prl. Causar molestia o sufrimiento físico.

aflojar. tr./ prl. Disminuir la presión o tirantez./ fig. Soltar./ Perder fuerza una cosa.

aflorar. i. Asomar a la superficie un filón o capa mineral./ fig. Surgir, aparecer.

afluente. a. Que afluye./ Abundante en palabras o expresiones.// m. Arroyo o río que desemboca en otro principal.

afluir. i. Concurrir en gran número./ Verter un río sus aguas en las de otro o en el mar.

afonía. f. Falta de voz.

aforismo. m. Máxima breve de carácter doctrinal.

afrecho. m. Cáscara de grano molido./ Salvado.

afrenta. f. Vergüenza, deshonra.

afrentar. tr. Causar afrenta./ Avergonzarse, sonrojarse.

africano, na. a. De África.

afrontar. tr./i. Poner enfrente./ Hacer frente al enemigo./ Arrostrar./ Carear.

afuera. adv. Fuera del lugar en que se está./ En la parte exterior./ f. pl. Alrededores./ **¡Afuera!** Interjección que indica orden de salir.

agachar. tr. Dicho de la cabeza, inclinarla.// prl. Encogerse, doblando mucho el cuerpo./ fig. *Amér.* Someterse, transigir.

agalla. f. Excrecencia que se forma en algunos árboles por las picaduras de ciertos insectos./ Amígdala. Ú.m. en pl./ Órgano de respiración de los peces./ pl. fig. y fam. Valor.

ágape. m. Convite consumido en común por los primeros cristianos./ Banquete.

agarrar. tr. Asir fuertemente./ fam. Contraer una enfermedad./ rec. Reñir o disputar de hecho o de palabra.// i. *Amér.* Tomar una dirección.

agasajar. tr. Favorecer con muestras de afecto o regalos.

ágata. f. Cuarzo lapídeo, duro y traslúcido, con franjas de uno y otro color.

agazapar. tr./fig. y fam. Coger, prender.// prl. Encoger el cuerpo contra la tierra.

agencia. f. Empleo y oficina del agente./ Empresa destinada a gestionar asuntos ajenos o prestar determinados servicios./ Sucursal./ Diligencia, solicitud.

agenciar. tr./ i. Hacer los trámites necesarios para conseguir alguna cosa./ Obtener con maña.

agenda. f. Libreta en que se anota lo que hay que hacer o recordar.

agente. a. Que obra o tiene virtud de obrar.// m. Persona que obra con poder de otra./ *Gram.* Modificador propio de la voz pasiva, encabezado por la preposición por, que señala la persona que ejecuta la acción./ *Arg.* Policía, vigilante.

ágil. a. Ligero, pronto, expedito.

agio. m. Beneficio que se obtiene del cambio de la moneda o de descontar letras, pagarés, etc./ Especulación sobre el alza y la baja de los fondos públicos.

agitar. tr./ prl. Mover algo repetidamente de una parte a otra./ Provocar la inquietud política o social./ fig. Turbar, inquietar.

aglomerar. tr./ prl. Amontonar, juntar./ Adherir.

aglutinar. tr./ prl. Unir varias cosas para formar una masa compacta./

agobiar. tr./prl. Inclinar hacia el suelo./ fig. Humillar./ Rendir./ Causar gran fatiga o molestia.

agonía. f. Angustia y congoja del moribundo./ fig. Aflicción extremada.

agonizar. i. Estar en agonía./ Terminarse una cosa./ fig. Sufrir extremadamente.

agosto. m. Octavo mes del año, de treinta y un días./ Cosecha.

agotar. tr./ prl. Extraer todo el líquido que hay en un lugar./ fig. Gastar del todo./ Cansar mucho.

agraciar. tr. Aumentar la gracia o el bien parecer./ Conceder una gracia o premio.

agradar. i./ prl. Gustar, complacer.

agradecer. tr. Sentir gratitud, mostrarla.

agrandar. tr./ prl. Hacer más grande.

agrario, ria. a. Rel al campo./ Que defiende en política los intereses de la agricultura.

agravar. tr. Aumentar el peso de una cosa./ Oprimir.// tr./ prl. Hacer una cosa más grave./ Exagerar maliciosamente.

agraviar. tr. Hacer agravio./ Gravar con tributo.// prl. Resentirse de un agravio.

agravio. m. Ofensa./ Perjuicio./ Humillación.

agredir. tr. Causar agresión./ Acometer para hacer daño.

agregar. tr./ prl. Unir unas personas o cosas a otras./ Decir o escribir algo sobre lo ya dicho o escrito./ Destinar./ Anexar.

agremiar. tr./ prl. Reunir en gremio.

agresión. f. Acto contrario al derecho de otro./ Ataque, daño, especialmente sin causa.

agreste. a. Perteneciente al campo./ Áspero, inculto./ fig. Tosco, rudo.

agriar. tr./ prl. Poner agrio./ fig. Irritar.

agricultor, ra. s. El que cultiva o labra la tierra.

agricultura. f. Labranza o cultivo de la tierra./ Arte de cultivarla.

agrietar. tr./ prl. Producir grietas.

águila

agrimensura. f. Arte de medir tierras.

agrio, gria. a. Ácido. Ú.t.c.s./fig. Áspero, desabrido./De mal carácter.// pl. Frutas agrias o agridulces.

agronomía. f. Conjunto de conocimientos aplicables al cultivo de la tierra.

agropecuario, ria. a. Rel. a la agricultura y la ganadería.

agrupación. f. Acción y efecto de agruparse./ Conjunto de personas agrupadas./ Amér. Partido político.

agrupar. tr./ prl. Reunir en grupo, apiñar.

agua. f. Líquido inodoro, incoloro e insípido, compuesto por dos volúmenes de hidrógeno y uno de oxígeno. Es verdoso en grandes masas. Refracta la luz. Disuelve muchas sustancias, se solidifica por el frío y forma la lluvia, las fuentes, los mares. Se solidifica a 0°C y hierve a 100°C./Cualquiera de los licores que se obtienen por infusión, disolución, etc., de flores, frutos y plantas./ Arg. Vertiente de un tejado.// pl. Visos o destellos de las piedras preciosas.

aguacero. m. Lluvia repentina, copiosa y de corta duración./ Sucesos o cosas molestas que en gran cantidad caen sobre una persona.

aguafuerte. m. Grabado hecho con ácido nítrico diluido./ Lámina que se obtiene con él.

aguantar. tr. Sufrir, soportar./ Resistir peso, trabajos./ prl. Callar, reprimirse.

aguar. tr./ prl. Agregar agua al vino u otro licor./ fig. Frustrar cosas alegres./ Llenarse de agua un lugar.

aguardar. tr./ prl. Esperar./ Creer que ocurrirá algo./ Dar tiempo./ Detenerse, retardarse.

agudeza. f. Finura en los filos o puntas de armas, instrumentos, etc./ Intensidad del dolor./ fig. Perspicacia de los sentidos./ Sagacidad, ingenio./ Dicho agudo.

agudizar. tr. Hacer aguda una cosa.// prl. Agravarse una dolencia.

agudo, da. a. Delgado, sutil./ fig. Sutil, perspicaz./ fig. Vivo, gracioso y oportuno./fig. Apl. al dolor vivo y muy penetrante.

agüero. m. Presagio, supuesta adivinación, vaticinio.

aguijón. m. Punta del palo con que se aguija./ Púa que tienen en el abdomen algunos insectos y con la cual pican./ Púa que nace del tejido superficial celular de algunas plantas./ Espuela./ fig. Estímulo, acicate.

águila. f. Ave rapaz diurna, de vista aguda, fuerte musculatura y vuelo rapidísimo. Emite un sonido llamado trompeteo.

aguileño, ña. a. Dícese del rostro delgado y largo y de la nariz fina y corva.

aguinaldo. m. Regalo que se da en Navidad./ Regalo que se hace en alguna otra fiesta u ocasión./ Amér. Mes de sueldo que se abona todos los años.

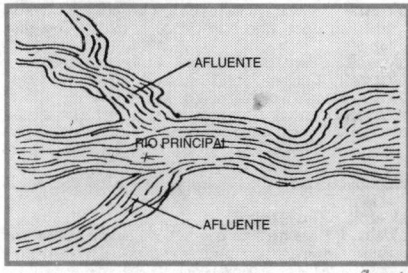

afluente

aguja. f. Barrita puntiaguda de metal, hueso o madera, con un ojo por donde se pasa el hilo, para coser./ Púa acerada que se emplea para producir los sonidos inscritos en el disco./ Cada uno de los rieles movibles para que los trenes cambien de vía./ Capitel elevado y agudo de una torre o del techo de una iglesia./ Tubito metálico que se enchufa en la jeringa para inyectar sustancias./ Manecilla del reloj.// pl. Costillas del cuarto delantero del animal.

agujerear. tr. Hacer agujeros.

agujero. m. Abertura más o menos redonda./ fig. Madriguera.

aguzar. tr. Hacer o sacar punta a un arma, etc./ Despabilar el entendimiento./ Avivar algún sentido.

ahí. adv. En o a ese lugar./ En esto o en eso.

ahijado, da. a. Persona respecto de su padrino o madrina.

ahínco. m. Empeño grande con que se hace alguna cosa.

ahíto, ta. a. Harto, saciado./ fig. Hastiado.//m. Saciedad, indigestión.

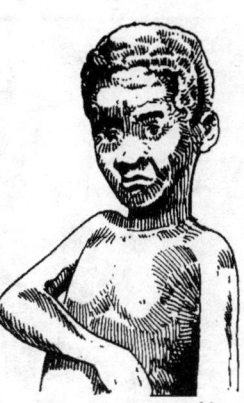

africano

ahogar. tr./prl. Matar a alguien privándolo de la respiración./ Extinguir, apagar./ Oprimir./ Sufrir sofocación o ahogo.

ahondar. tr. Hacer más hondo./ Introducir una cosa muy dentro de otra. Ú.t.c.i. y prl./ fig. Investigar, profundizar una investigación.

ahora. adv. En este momento./fig. Poco tiempo ha./ Dentro de poco tiempo.// conj. dist. Ya bien.

ahorcar. tr. Matar colgando del cuello en la horca u otra parte./ fig. Colgar, dejar los hábitos, los estudios, etc./ fig. Amér. Apurar un acreedor a su deudor hasta el límite./ fig. Hallarse en grave apuro, meterse en un asunto que no tiene solución favorable.

ahorrar. tr. Reservar una parte del gasto ordinario./ prl. Evitar algún trabajo o dificultad.

ahuecar. tr. Poner hueca alguna cosa./ Mullir, esponjar./ Refiriéndose a la voz, darle tono más grave que el natural.// i. fam. Irse.// prl. fig. y fam. Engreírse.

ahumar. tr. Poner al humo alguna cosa.// prl. Tomar los guisos olor a humo.

aimara. a. y s. Aborigen de la zona del lago Titicaca.//m. Idioma aimara.

airar. tr./prl. Irritar, mover a ira./ Alterar violentamente.

aire. m. Mezcla de gases que constituyen la atmósfera, compuesta de 21 partes de oxígeno, 78 de nitrógeno y una de argón y otros gases, más vapor de agua, en cantidad variable, algunas centésimas de ácido carbónico y corpúsculos orgánicos./ Atmósfera. Ú.t. en pl./Viento./fam. Ataque de parálisis./ fig. Apariencia, porte./ Vanidad./ Donaire./ Mús. Grado de rapidez o lentitud con que se ejecuta algo./ Canción.

airear. tr. Exponer al aire, ventilar.

aislar. tr./prl. Dejar una cosa sola y separada de otras./fig. Alejar a uno del trato social./ Fís. Impedir que un cuerpo pierda su electricidad o calor recubriéndolo con sustancias mal conductoras.

ajedrez. m. Juego entre dos personas, de 32 piezas, que se juega sobre un tablero de 64 escaques.

ajenjo. m. Planta aromática muy amarga y medicinal./ Bebida alcohólica hecha con esencia de esta planta y otras hierbas.

ajeno, na. a. Perteneciente a otro./ Extraño, impropio.

ajetrear. tr./prl. Molestar, cansar con órdenes imponiendo trabajo excesivo./ prl. Trabajar mucho./ Ir y venir sin cesar.

ají. m. Planta herbácea, de distintas formas y colores. Es empleada para condimentar y, según sus variedades, puede ser dulce o picante.

ajo. m. Planta cuyo bulbo, blanco y de olor fuerte, se usa como condimento./fig. fam. Asunto, negocio./ Palabrota.

ajuar. m. Muebles, ropas y enseres de una casa./ Conjunto de prendas que se prepara para el casamiento de una novia o el nacimiento de un niño.

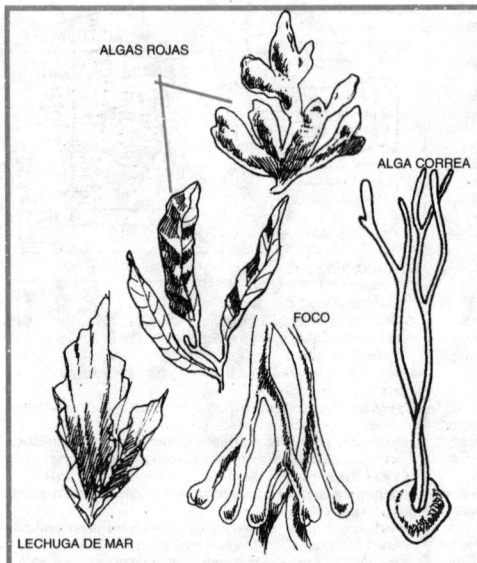

ALGAS ROJAS

ALGA CORREA

FOCO

LECHUGA DE MAR

alga

ajustar. tr./ prl. Poner una cosa de modo que venga justo con otra. Ú.t.c.prl./ Adaptar, amoldar./ Moderar, arreglar./ Pactar, convenir./ i. Venir justo. Adaptarse.// rec. Ponerse de acuerdo en un convenio.

ajusticiar. tr. Castigar con la pena de muerte./ Ejecutar al reo.

ala. f. Parte del cuerpo de algunos animales de que se sirven para volar./ Parte inferior del sombrero, que sobresale de la copa./ Alero de tejado./ Cada una de las partes laterales que forman un edificio./ Cada uno de los planos rígidos que sustentan un aeroplano./ Tropa desplegada en los extremos de un campo de batalla.// pl. fig. Osadía o engreimiento con que una persona hace su gusto.

alabar. tr. Elogiar.// prl. Jactarse, vanagloriarse.

alabastro. m. Variedad de piedra blanca, no muy dura, a veces translúcida, de apariencia marmórea. Es utilizada para esculturas o elementos de decoración arquitectónica.

alacrán. m. Arácnido de abdomen con cola terminada por un gancho con el cual produce la picadura ponzoñosa./ Anilla con que se traban los botones de metal y otras cosas./ Pieza del freno de los caballos.// a. fig. *Arg.* Persona que habla mal de los demás.

alambique. m. Aparato para destilar un líquido.

alambrar. tr. Cercar un sitio con alambre.

alambre. m. Hilo metálico.

álamo. m. Árbol originario de España cuya madera, blanca y ligera, resiste al agua. Especies: **-blanco.** De hojas verdes por un lado y blancuzcas por otro./ **-negro.** De corteza oscura y hojas totalmente verdes.

alarde. m. Ostentación, jactancia.

alargar. tr./ prl. Dar más longitud a una cosa./ Estirar./ Aplicar con atención la vista o el oído./ Hacer que una cosa dure más tiempo./ Dilatar, retardar./ Tomar y entregar algo./ fig. Aumentar.// prl. Excederse.

alarido. m. Grito de dolor lastimero y agudo.

alarma. f. Aviso que se da a la tropa para atacar o defender./ Grito, señal de peligro./ Rebato./ fig. Temor, sobresalto.

alarmar. tr. Dar alarma./ fig. Sobresaltar, asaltar. Ú.t.c.prl.

alazán, na. a. y s. De color parecido al de la canela./ Aplícase al caballo de pelo alazán.

alba. f. Amanecer./ Túnica blanca que usa el sacerdote para celebrar.

albacea. m. Ejecutor testamentario que cumple la última voluntad del difunto.

albahaca. f. Planta de fuerte olor aromático, labiada y de flores purpúreas.

albanés, sa. a. de Albania. Ú.t.c.s.

albano, na. a. Albanés. Ú.t.c.s.

albañal. Conducto que da salida a las aguas residuales.

albañil. m. Maestro u oficial de albañilería.

albedrío. m. Potestad de obrar por elección y reflexión. Dícese más frecuentemente *libre albedrío*./ Apetito, antojo, capricho.

albergar. tr. Dar hospedaje.// i./ prl. Tomarlo.

albo, ba. a. poét. Blanco.

alborada. f. Amanecer./ Composición poética o musical que se canta a la mañana.

alborotar. tr. Inquietar, alterar, perturbar.// prl. Rebelar, amotinar./ Causar alboroto./ Encresparse.

alboroto. m. Vocerío./ Tumulto, desorden./ Revuelta, asonada./ Zozobra.

alborozo. m. Alegría, placer, regocijo grande.

albricias. f. pl. Regalo que se da a quien trae una buena noticia./ Felicitación, enhorabuena.// **¡Albricias!** Expresión de júbilo.

álbum. m. Cuaderno o libro en que se coleccionan fotografías, escritos, etc.

albumen. m. Sustancias de reserva contenidas en la semilla que hacen posible la germinación.

albúmina. f. Sustancia incolora, compuesta de carbono, hidrógeno, nitrógeno, oxígeno y azufre que forma la clara del huevo y se halla en los líquidos de animales y vegetales. Se emplea en medicina, tintorería y diversas industrias.

albur. m. En el juego del monte, los dos primeros naipes que saca el banquero./ fig. Riesgo que se afronta fiando a la suerte.

alcaide. m. Funcionario importante en una cárcel o fortaleza.

alcalde. m. Principal funcionario de un ayuntamiento o municipalidad.

alcance. m. Persecución, seguimiento./ Distancia a que llega el brazo de una persona./ Distancia a que llega el tiro de las armas./ Correo extraordinario, que se lanza para alcanzar al ordinario./ fig. Saldo que se adeuda./ Noticia de última hora./ Inteligencia. Ú.t. en pl./ Trascendencia.

alcanfor. m. Sustancia blanca sólida, cristalina, volátil y de olor penetrante, que se encuentra en diversas plantas.

alcantarilla. f. Conducto que se deja bajo una calle para que circule el agua.

alcanzar. tr. Llegar a juntarse con una persona o cosa que va adelante./ Tocar algo extendiendo la mano./ Conseguir, lograr.

alcaucil. m. Planta de tallo estriado y cabeza comestible.

alcázar. m. Fortaleza./ Residencia real.

alce. m. Mamífero de la familia de los cérvidos.

alcoba. f. Dormitorio./ Conjunto de los muebles de una alcoba.

alcohol. m. Compuestos derivados de hidrocarburos en los que ciertos átomos de hidrógeno son sustituidos por radicales oxidrilos. Se obtiene con la destilación.

alcohólico, ca. a. y s. Rel. al alcohol./ Que lo contiene./ Adicto al alcohol.

alcurnia. f. Linaje, estirpe.

aldaba. f. Pieza metálica que se pone en una puerta para llamar./ Travesaño para asegurar las puertas o postigos cerrados./ Pieza fija en la pared para atar caballerías.

aldea. f. Pequeño pueblo.

aleación. f. Mezcla de un metal con otro.

aleccionar. tr. y prl. Enseñar, instruir.

aledaño, ña. a. Contiguo./ Limítrofe, colindante./ m. Confín, término. Ú.m. en pl.

alegar. tr. Citar algo a favor de uno./ *Amér.* Disputar.

alegato. m. Escrito en que el abogado expone sus argumentos e impugna los del adversario./ Por ext., razonamiento, exposición.

alegoría. f. Figura retórica que consiste en sustituir varias ideas por medio de figuras, atributos, etc./ Obra literaria o artística, de sentido alegórico./ Pintura o escultura que representa una idea abstracta./ Figura metafórica para dar a entender una cosa expresando otra diferente.

alegrar. tr./ prl. Causar o sentir alegría./ fig. Hermosear, embellecer./ Avivar la luz o el fuego.// prl. Sentir alegría./ fig. y fam. Ponerse alegre por haber bebido en demasía.

alegre. a. Lleno de alegría./ Que manifiesta alegría./ Que causa alegría./ Dicho de los colores, vivo, chillón./ fig. y fam. Algo deshonesto./ Excitado por haber bebido con algún exceso.

alegría. f. Reacción emocional de tono agradable.// pl. Fiestas públicas.

alejar. tr./ prl. Poner lejos.

alelar. tr. Poner lelo a alguno.

alentar. i. Respirar./ tr./ prl. Animar.

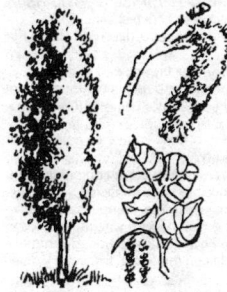

álamo

aleta. f. Apéndice natatorio de ciertos animales, esp. peces y mamíferos acuáticos./ Guardabarros que en algunos automóviles sobresale a ambos lados de la caja.

alfabeto. m. Serie ordenada de letras de un idioma./ Abecedario.

alfajor. m. Amér. Dulce compuesto de dos piezas de masa adherida.

alfalfa. f. Planta forrajera.

alfanje. m. Sable curvo, con filo de un solo lado y hoja ancha y corta. Es arma morisca.

alfarería. f. Arte de fabricar vasijas de barro./ Obrador donde se hacen./ Tienda en que se venden.

alféizar. m. Vuelta de pared en el corte de una puerta o ventana.

alfeñique. m. Pasta de azúcar en barritas retorcidas./ fig. y fam. Persona débil.

alférez. m. Oficial inferior en el ejército o la armada de un país./ Bol. y Col. Persona elegida para pagar los gastos de una fiesta.

alfil. m. Pieza del juego de ajedrez.

alfiler. m. Clavillo de metal que sirve para sujetar telas./ Joya a modo de alfiler o broche.

alfombra. f. Tejido de lana u otra materia para cubrir el suelo, como adorno o abrigo./ fig. Conjunto de cosas que cubren el suelo. Alfombra de flores, de césped.

alforja. f. Bolsa abierta por el centro y que forma, a su vez, dos bolsillos. Ú.m. en pl.

alga. f. Planta talófita, generalmente acuática que se usa para abono. Algunas algas son comestibles.

alerce. m. Árbol muy alto y de tronco recto y delgado.

alergia. f. Pat. Conjunto de fenómenos nerviosos, respiratorios o eruptivos provocados en el organismo por la absorción o ingestión de diversas sustancias que determinan una sensibilidad especial.

alero. m. Parte inferior del tejado, que sobresale de la pared./ Guardabarro.

alerta. m. Alarma, aviso.// adv. Con vigilancia y atención./ int. para excitar o vigilar.

alertar. tr. Poner alerta.

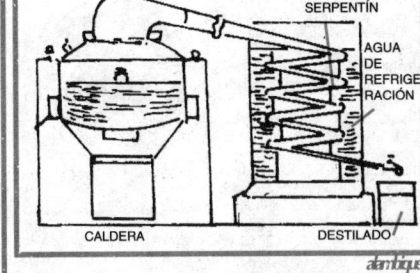

SERPENTÍN

AGUA DE REFRIGERACIÓN

CALDERA

DESTILADO

alambique

algarabía. f. Idioma árabe./ fig. y fam. Escritura o lenguaje incomprensible./ Griterío confuso de varias personas que hablan a la vez.

algarrobo. m. Árbol mediterráneo de madera resistente. Su fruto es la algarroba.

álgebra. f. Generalización de la aritmética que se sirve de letras y trata la cantidad considerada en abstracto.

álgido, da. a. Muy frío./ fig. Grave, culminante, crítico./ Barb. por ardiente o acalorado en frs. como la discusión ha llegado a su punto álgido.

algo. pron. indef. con que se designa una cosa que no se quiere o puede nombrar.

algodón. s. Planta malvácea, cuyo fruto contiene semillas envueltas en una borra blanca y muy larga que constituye la principal materia prima de la industria textil.

alguacil. m. Oficial inferior de justicia./ Amér. Libélula./ R. de la P. Caballito del diablo.

alguien. pron. indef. con que se significa vagamente una persona cualquiera.

algún. a. Apócope de alguno, antepuesto a sustantivos masculinos.

alguno, na. pron. que se aplica indefinidamente a una persona o cosa con respecto a otras. Ú.t.c.s.

alhaja. f. Joya./ fig. Cosa valiosa.

alhelí. m. Planta con flores de diversos colores y muy perfumada.

aliado, da. a. y s. Dícese de las personas o estados que se unen o ligan. Ú.t.c.s.

alianza. f. Acción de aliarse./ Pacto, convención./ Liga, coalición./ Vínculo contraído por matrimonio./ fig. Unión de cosas que concurren a un mismo fin./ Anillo nupcial.

aliar. tr. p. us. Poner de acuerdo para un fin común.// rec. Coligarse los estados o las personas. Ú.t.c.prl.

alias. adv. Por otro nombre.// m. Apodo, sobrenombre.

alicate. m. Tenacilla de acero que se emplea para tomar, retorcer, etc., pequeños objetos y en otros usos.

aliciente. m. Incentivo, atractivo.

alienar. tr./ prl. Enajenar.

aliento. m. Acción de alentar./ Respiración./ poét. Voz./ fig. Brío, valor. Ú. m. en pl.

aligerar. tr./ prl. Aliviar, hacer menos pesado./ Apresurar./ fig. Aliviar, moderar.

alimaña. f. Animal perjudicial a la caza menor, como la zorra, el milano, etc.

alimentar. tr. Dar alimento. Ú.t.c.prl./ Proveer a un vegetal o a una máquina de lo que necesitan para vivir o funcionar./ fig. Fomentar afectos, pasiones, vicios.

alimento. m. Bebida y comida que se ingiere para subsistir.

alce

alinear. tr./ prl. Poner en línea recta./ Refiriéndose a personas, vincular o vincularse a una tendencia ideológica, política, etcétera.

aliñar. tr. Adornar, componer. Ú.t.c.prl./ Sazonar, condimentar.

alisar. tr. Poner lisa alguna cosa./ Arreglar superficialmente el cabello.

alistar. tr./ prl. Inscribir en una lista./ Aprestar, preparar.// prl. Sentar plaza en la milicia.

alivianar o **aliviar.** tr. Hacer menos pesado./ Librar de una carga. Ú.t.c.prl./ Mitigar la enfermedad. Ú.t.c.prl./ Atenuar la fatiga o aflicción. Ú.t.c.prl./ Acelerar el paso.

aljaba. f. Caja de flechas portátil.

aljibe. m. Cisterna./ *Amér.* Pozo de agua, generalmente con brocal y una armazón para bajar y subir el balde de agua.**allá.** adv. l. Allí.// adv. t. que denota época remota./ En el otro mundo.

allanar. tr. Poner llano. Ú.t.c.i. y prl./ fig. Vencer una dificultad./ Facilitar, permitir./ Entrar por la fuerza en una casa y registrarla sin consentimiento del dueño.// prl. Avenirse, resignarse.

allegar. tr. Juntar, reunir./ Agregar.// i. Llegar.

alma. f. Principio espiritual que constituye con el cuerpo humano la esencia del hombre./ fig. Persona. *No se veía un alma./* Lo que anima, alienta o inspira./ Hueco del cañón en las armas de fuego.

almacén. m. Lugar donde se guardan mercaderías./ *Amér.* Casa donde se venden comestibles y bebidas./ Conjunto de municiones y pertrechos de guerra.

almácigo. m. Semillero de plantas.

almanaque. m. Catálogo de todos los días del año, con datos astronómicos, religiosos, etc.

almeja. f. Molusco de carne comestible.

almena. f. Construcción prismática que corona los muros de las antiguas fortalezas.

almendra. f. Fruto del almendro./ Semilla carnosa de cualquier alupáceo.

almendro. m. Árbol de flores blancas cuyo fruto es la almendra.

almíbar. m. Azúcar disuelto en agua y cocido al fuego hasta hacerse jarabe./ Zumo dulce de algunos frutos.

almidón. m. Sustancia que se almacena en los tubérculos, raíces o semillas de las plantas como material de reserva y se usa en diversas industrias y en la alimentación.

almirante. m. El que manda la armada después del capitán general.

almizcle. m. Sustancia aromática que se obtiene del almizclero y se usa en medicina y perfumería./ *Amér.* Sustancia fétida, grasa, que segregan algunos animales.

almohada. f. Pequeño colchón para reclinar la cabeza./ Su funda.

almorzar. i. Tomar el almuerzo.

almuerzo. m. Comida que se toma al mediodía.

alocución. f. Discurso breve, por lo general dirigido por un superior a sus subordinados.

alojar. tr./ i. Hospedar. Ú.t.c. prl.// tr./ prl. Poner una cosa dentro de otra.

alondra. f. Ave de color pardo y cola ahorquillada, de canto agradable que vive en los sembrados.

alpaca. f. Mamífero camélido

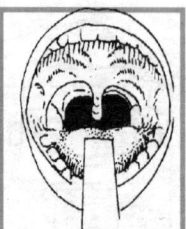

amígdala

de América del Sur, variedad doméstica de la vicuña; se emplea y aprovecha como la llama./ Paño hecho con el pelo de este animal./ Tejido de algodón abrillantado./ Metal blanco.

alpargata. f. Calzado con la parte inferior de cáñamo y el resto de tela fuerte.

alpiste. m. Planta gramínea que se usa como forraje y cuyas semillas sirven para alimento de los pájaros./ Semilla de esta planta./ fig. Cualquier bebida alcohólica.

alquilar. tr. Dar a otro alguna cosa para que use de ella por un tiempo determinado mediante un pago.

alquiler. tr. Acción de alquilar./ Precio que se paga por la utilización de una cosa.

alquimia. f. Química primitiva, cultivada esp. en la Edad Media, con la que se pretendía hallar la piedra filosofal y la panacea universal.

alquitrán. m. Sustancia untuosa y oscura que se obtiene por destilación de la hulla, petróleo, etc. Se usa para calafatear embarcaciones y como medicamento./ Composición de pez, sebo, grasa, resina y aceite.

alrededor. adv. con que se denota la situación de personas o cosas que circundan a otras.// adv. c. fam. Cerca de, poco o más o menos.// m. Contorno. Ú.m. en pl.

alta. f. Declaración del médico de que un enfermo está curado./ Incorporación al servicio de un militar o entrada en un cargo de un civil./ Reanudación de una actividad.

altanero, ra. a. Altivo.

altar. m. Monumento dispuesto para inmolar la víctima u ofrecer el sacrificio./ En el culto católico, ara o piedra consagrada para celebrar el santo sacrificio de la misa./ Piedra que separa la plaza del hogar en los hornos de reverbero.

alterar. tr./ prl. Cambiar la esencia o forma de algo./ Perturbar, trastornar./ Estropear, descomponer.

altercar. i. Disputar con calor.

alternar. tr. Variar las acciones diciendo o haciendo ya unas cosas, ya otras, y repitiéndolas sucesivamente.// i. Desempeñar un cargo varias personas por turno./ Sucederse repetidamente unas cosas a otras./ Tener trato social.

alternativa. f. Derecho de cada persona de ejecutar alguna cosa o gozarla alternando con otra./ Opción entre dos cosas.

alteza. f. Altura./ Tratamiento que se da a los hijos de reyes y algunas otras personas./ fig. Excelencia, sublimidad.

altiplanicie. f. Meseta de gran extensión y altitud.

altitud. f. Altura./ Altura de un punto sobre el nivel del mar.

altivo, va. a. Orgulloso, soberbio./ Elevado, erguido.

alto, ta. a. Levantado, elevado sobre la tierra./ De gran estatura./ De gran dignidad, categoría y condición./ Dícese de cuanto está más elevado en comparación con algo inferior./ Aplícase al río o arroyo muy crecido así como al mar encrespado y al delito u ofensa muy graves./ Arduo, difícil de realizar./ fig. Superior, excelente./ Refiriéndose a un precio, caro, subido./ Avanzado, refiriéndose a horario: *altas horas de la noche*.// m. Altura./ Lugar elevado del campo, cerro, collado./ Montón de cosas apiladas.// pl. *Amér.* El piso o los pisos que se hallan sobre la planta baja.// adv. l. En lugar elevado.// adv. m. En voz fuerte o que suena bastante.

altruismo. m. Generoso afán por el bien de los demás, abnegación.

altura. f. Elevación de un cuerpo sobre la superficie de la Tierra./ Altitud./ Cumbre.// pl. Cielo.

alucinación. f. Acción de alucinar./ Sensación subjetiva que no resulta de una impresión de los sentidos.

alucinar. tr. Ofuscar haciendo que una cosa se tome por otra. Ú.t.c.prl./ Desvariar.

alud. m. Gran masa de nieve y hielo que se desprende de las montañas./ fig. Lo que se desborda con ímpetu.

americanos

NAVAJO · SIOUX · CARIBE · COMECHINGÓN · TEHUELCHE · QUECHUA

aludir. i. Referirse a una persona o cosa sin nombrarla.

alumbrar. tr. Llenar de luz./ Poner luces en algún lugar.// i. Disipar la oscuridad y el error./ Descubrir o extraer aguas subterráneas./ fig. Ilustrar.// i. Parir la mujer.// prl. fam. Embriagarse.

alumbre. m. Sal blanca y astringente que se extrae de ciertas rocas y tierras y se emplea en Medicina como cáustico y en tintorería como mordiente.

aluminio. m. Metal blanquecino, parecido a la plata y tenaz como el hierro. Símb. Al, n. at., 13, p. at., 26, 97.

alumno, na. s. Persona que aprende de un maestro, en un establecimiento o no.

alunizar. i. Posarse en la superficie de la Luna un aparato astronáutico.

alusión. f. Acción de aludir.

aluvión. m. Crecida fuerte./ fig. Llegada de muchas personas.

alvelo o **alvéolo.** m. Celdilla./ Biol. Depresión pequeña en alguna oquedad de un órgano./ Zool. Cavidad en que están engastados los dientes./ Unidad elemental del tejido pulmonar.

alzada. f. Altura de las caballerías./ Recurso de apelación gubernativa.

alzar. tr./ prl. Levantar./ Elevar el sacerdote la hostia y el cáliz en la misa. Ú.t.c.i./ Quitar o llenarse alguna cosa./ Ordenar los pliegos impresos.// prl. Levantarse, sobresalir./ Quebrar maliciosamente, ocultando o vendiendo sus bienes./ Amér. Irse al campo el animal doméstico y hacerse montaraz./ Apelar.

ama. f. Señora de la casa./ Dueña, propietaria./ Criada de un clérigo./ Criada principal./ Mujer que cría un hijo ajeno.

amable. Digno de ser amado./ Afectuoso, complaciente.

amaestrar. tr. Adiestrar, enseñar.

amagar. tr./ i. Dejar ver la intención de ejecutar algo./ i. Estar una cosa a punto de sobrevenir./ Hacer ademán de favorecer o dañar.// prl. fam. Esconderse.

amainar. tr. Mar. Recoger las velas de una embarcación.// i. Perder su fuerza el viento./ fig. Aflojar en algún deseo o empeño.

amalgamar. tr./ prl. Hacer amalgama./ Quím. Combinar el mercurio con otro u otros metales./ fig. Unir o mezclar cosas de naturaleza distinta.

amamantar. tr. Dar de mamar.

amanecer. i. Comenzar a aparecer la luz del día./ Estar en un lugar, situación o condición al empezar la luz del día./ fig. Empezar a manifestarse una cosa.

amansar. tr./ prl. Hacer manso./ fig. Sosegar, apaciguar./ Domar el carácter violento.

amanuense. s. Persona que escribe al dictado./ Escribiente.

amapola. f. Planta de flores rojas y semilla negruzca.

amar. tr. Tener amor a personas o cosas./ Desear.

amargar. i./ prl. Tener alguna cosa gusto parecido al de la hiel, etc./ tr./ prl. Comunicar sabor desagradable a una cosa, en sentido propio o figurado./ fig. Causar aflicción o disgusto.

amargo, ga. a. Que amarga./ De gusto parecido al de la hiel./ fig. Que causa aflicción o fastidio./ Áspero, de genio desabrido./ Arg. Indeciso, flojo./ m. Amargor./ Licor o dulce confeccionado con almendras amargas./ R. de la P. Mate sin azúcar.

amarillo, lla. a. De color semejante al del limón. Ú.t.c.s.m.// m. Tercer color del espectro solar.

amarra. f. Todo lo que sirve para atar./ Cable para asegurar una embarcación.

amarrar. tr. Atar y asegurar por medio de cuerdas.

amasar. tr. Formar una masa./ fig. Amalgamar, unir./ Atesorar bienes o dinero./ fig. y fam. Disponer bien las cosas para lograr lo que se intenta.

amasijo. m. Acción de amasar./ Porción de masa.

amatista. f. Cuarzo de color violeta, usado en joyería.

amazona. f. fig. Mujer guerrera en cuya existencia creyeron

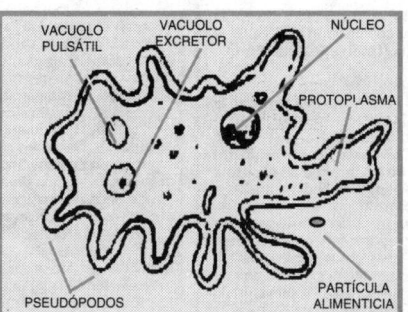

VACUOLO PULSÁTIL
VACUOLO EXCRETOR
NÚCLEO
PROTOPLASMA
PSEUDÓPODOS
PARTÍCULA ALIMENTICIA

ameba

los antiguos./ fig. Mujer de ánimo varonil./ Mujer que monta a caballo./ Vestido de mujer para equitación.

ámbar. m. Resina fósil de color amarillo y electrizable por frotación.

ambicionar. tr. Desear ardientemente algo.

ambiente. m. Cualquier fluido que rodea un cuerpo./ Circunstancia que rodea a una persona o cosa./ Arg. Cuarto o pieza de una casa.

ambiguo, gua. a. Que puede entenderse de varios modos o admitir distintas interpretaciones./ Dudoso, incierto.

ámbito. m. Contorno de un espacio o lugar.

ambivalencia. f. Estado de poseer dos tendencias opuestas.

ambos, bas. a. pl. El uno y el otro; los dos./ **-ambos** o **ambas, a dos.** Ambos.

ambrosía. f. Planta compuesta, de flores amarillas, olor suave y gusto agradable./ Mit. Manjar de los dioses./ fig. Manjar o bebida de gusto delicado.

ambulancia. f. Hospital móvil de campaña, que presta primeros auxilios a los heridos./ Vehículo destinado al transporte de heridos o enfermos.

ambular. i. Andar, ir de una parte a otra.

ameba. Zool. Protozoo unicelular que carece de membrana rígida y se desplaza mediante seudópodos.

amedrentar. tr./ prl. Atemorizar, causar miedo.

amén. Voz que se dice al final de las oraciones cristianas./ Empléase en señal de asentimiento. Ú.t.c.s.m.// Adv. c. Además.

amenaza. f. Acción de amenazar./ Dicho o hecho con que se amenaza.

amenazar. tr. Dar a entender con actos o con palabras que se quiere hacer un mal a otro./ Anunciar, presagiar una cosa dañina o desagradable. Ú.t.c.i.

amenguar. tr./ i. Disminuir, menoscabar./ fig. Infamar, deshonrar.

amenizar. tr. Hacer ameno algún sitio.

ameno, na. a. Grato./ fig. Que deleita apaciblemente.

americano, na. a. De América.

ametralladora. f. Arma de fuego automática, de gran velocidad de tiro y pequeño calibre, usada por primera vez en la Guerra de la Secesión.

ametrallar. tr. Disparar con ametralladora.

amianto. m. Mineral; se presenta en fibras blancas y flexibles, de aspecto sedoso, del que se hacen tejidos incombustibles.

amigar. tr. Amistar. Ú.t.c.prl.

amígdala. f. Anat. Nombre genérico de una serie de órganos en forma de almendra, en especial cada uno de los dos que el hombre y algunos animales tienen a uno y otro lado de la entrada del esófago.

amapola

amigo, ga. a. Que tiene amistad. Ú.t.c.s./ Amistoso./ fig. Que gusta de alguna cosa actividad. Aficionado.// m. Hombre amancebado.// f. Concubina.

amilanar. tr. Aturdir por el miedo./ prl. Abatirse, acobardarse.

amistad. f. Afecto personal desinteresado y recíproco, por lo general, que nace y arraiga con el trato./ Amistanza.// pl. Conjunto de personas con quienes se tiene amistad.

amnesia. f. Pérdida o debilidad de la memoria.

amnistía. f. Olvido de los delitos políticos otorgado por la ley, generalmente con fines de conciliación política.

amo. m. Señor de la casa o familia./Dueño, poseedor./El que tiene criados, respecto de ellos.

amoblar. tr. Amueblar.

amoldar. tr./prl. Ajustar una cosa a molde./ Arreglar la conducta a una pauta determinada.

amonestar. tr. Hacer presente alguna cosa para que se considere, procure, o evite./ Prevenir./ Leer en los diarios los nombres y circunstancias de los que han de casarse u ordenarse, para que se denuncien los impedimentos.

amoníaco. m. Compuesto formado por tres átomos de hidrógeno y uno de nitrógeno, de sabor cáustico y olor penetrante, que con el agua sirve para formar algunas sales.

amontonar. tr./ prl. Colocar unas cosas sobre otras sin orden./ Congregar desordenadamente personas o animales./ Acumular.// prl. Dicho de sucesos, sobrevenir de muchos a la vez./ fig. y fam. Enojarse./ Amancebarse.

amor. m. Afecto por el cual busca el alma el bien y desea gozarlo./Persona amada./Esmero con que se realiza una obra deleitándose en ella./Pasión que atrae a un sexo hacia el otro./ Por ext. se dice también de los animales./ Dulzura, suavidad, blandura./ **-propio.** Exagerada estimación de sí mismo.

amoral. a. Que carece del sentido moral./ Sectario del amoralismo, teoría que niega toda obligación y sanción moral.

amordazar. tr. Poner mordaza.

amortajar. tr. Poner la mortaja al cadáver.

amortiguar. tr./prl. Dejar como muerto./Hacer que algo sea menos vivo o eficaz.

amortizar. tr. Disminuir el monto de un préstamo u otra deuda./Recuperar el dinero invertido./Suprimir empleos en una oficina.

amotinar. tr. Sublevar, alzar en motín./ fig. Tumbar, inquietar las potencias del alma o de los sentidos.

amparar. tr. Proteger, auxiliar.//prl. Valerse de la ayuda de alguien./Refugiarse, defenderse.

ampliar. tr. Extender, dilatar./Obtener de un negativo una fotografía de tamaño mayor.

amplificar. tr. Ampliar, ensanchar.

amplio, plia. a. Vasto, dilatado, espacioso, extenso.

ampolla. f. Vejiga formada por la elevación de la epidermis./ Vasija de vidrio o cristal de cuerpo redondo y cuello largo./ Recipiente de vidrio que se cierra a fuego herméticamente y contiene algún medicamento por lo común inyectable./ Burbuja.

ampollar. tr. Hacer ampollas en la piel.

ampuloso, sa. a. Hinchado y redundante. Dícese del lenguaje o del estilo o del escritor y del orador.

amputar. tr. Cortar y separar enteramente./Cortar y separar por completo un miembro del cuerpo o parte de él.

amueblar. tr. Proveer de muebles./Instalar muebles en una habitación o casa.

amuleto. m. Objeto portátil al que se atribuye virtud sobrenatural para alejar algún daño o peligro.

amurallar. tr. Rodear con murallas.

anaconda. f. Serpiente sudamericana de gran longitud, que vive a orillas de los ríos.

anacoreta. m. Persona que vive en lugar solitario, entregada enteramente a la contemplación y a la penitencia./ fig. Persona que vive alejada de la sociedad.

anacronismo. m. Error de cronología que consiste en situar un hecho en época distinta de la que sucedió./ Antigualla, cosa pasada de moda.

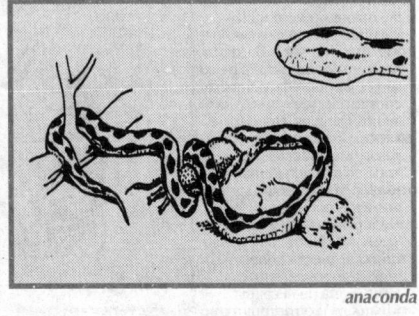

anaconda

ánade. m. Pato./ Por ext., cualquier ave semejante al pato.

anagrama. m. Transpo-sición de las letras de una palabra o frase de la cual resulta otra palabra o frase./ Palabra o sentencia que resulta de esta transposición.

anales. m. pl. Relaciones de sucesos por años.

analfabetismo. m. Ignorancia del que no sabe leer; falta de instrucción elemental.

analfabeto, ta. a. y s. Que no sabe leer.

análisis. amb. Descomposición de un cuerpo en sus partes./ Descomposición de una oración en sus elementos./ fig. Examen detenido.

analista. s. Autor de anales./ Persona que hace análisis químicos o médicos.

analizar. tr. Hacer análisis de algo.

analogía. f. Semejanza entre cosas distintas.

ananá o ananás. m. Planta americana de grandes frutos comestibles.

anaquel. m. Tabla horizontal de un armario, estantería, etc.

anaranjado, da. a. De color semejante a la naranja.// a. Segundo color del espectro solar.

anarquía. f. Falta de todo gobierno en un Estado./ Anarquismo./ fig. Confusión, desorden./ Por ext., incoherencia, desconcierto, barullo, falta de método.

anarquismo. m. Sistema político que tiende a la destrucción de la autoridad.

anatomía. f. Disección artificiosa de las partes de un cuerpo orgánico, especialmente del humano./Ciencia que tiene por objeto el estudio morfológico descriptivo de los seres vivos.

anca. f. Cada una de las dos mitades laterales de la parte posterior de los caballos y otros animales./ Cadera, en el hombre./ fam. y fest. Nalga.

ancestral. a. Perteneciente o rel. a los antepasados.

ancho, cha. a. Que tiene más o menos anchura./ Holgado.// m. Anchura.

anchoa. f. Pez marino, de carne apreciada, que abunda en el Atlántico meridional.

anchura. f. Latitud, dimensión./ fig. Holgura.

anciano, na. a. y s. Apl. a la persona que tiene muchos años.

ancla. f. Instrumento en forma de arpón que lleva unas uñas dispuestas para aferrarse al fondo del mar y sujetar la embarcación.

anclar. i. Echar el ancla y quedar sujeta la embarcación.// prl. fig. Establecerse con solidez en alguna empresa o negocio.

ancla

ananá

andador, ra. a. Que anda mucho.// m. Aparato que se utiliza para que los niños aprendan a caminar.

andamio. m. Armazón de tablones horizontales que sirve para colocarse encima de ella y trabajar en la construcción de edificios, pintura de techos, paredes, etc.

andar. i. Ir de un lugar a otro dando pasos./ Movimiento o funcionamiento de un artefacto o máquina.

andas. f. pl. Tabla que, sostenida por dos varas paralelas, sirve para conducir personas o cosas./ Féretro con varas.

andén. m. Acera a lo largo de la vía en las estaciones del ferrocarril./ *Amér. Cent.* Acera de la calle.

andrajo. m. Jirón de ropa muy usada./ fig. Persona o cosa vil.

andurrial. m. Lugar extraviado o fuera del camino. Ú.m. en pl.

anécdota. f. Relación breve de algún rasgo o suceso más o menos notable.

anegadizo, za. a. Que se inunda con facilidad.

anegar. tr./ prl. Ahogar a uno sumergiéndolo en el agua./ Inundar, cubrir el agua los terrenos./ Molestar, agobiar, abrumar.// prl. Naufragar.

anemia. f. Disminución del contenido de hemoglobina en la sangre.

anémona. f. Planta ranunculácea de flores grandes y vistosas.

anestesia. f. Pérdida total o parcial de la sensibilidad producida por una enfermedad o un anestésico.

anestesiar. tr. Privar total o parcialmente de la sensibilidad.

anestésico, ca. a. Rel. a la anestesia.// a./ m. Sustancia que se emplea para producir anestesia.

anexar. tr. Agregar una cosa a otra, haciéndola dependiente de ella.

anexo, xa. a. Unido, agregado.

anfibio, bia. a. y s. Animal o planta que puede vivir indistintamente en tierra o en agua./ Batracio.// m. pl. Clase de estos animales.

anfiteatro. m. Edificio circular con gradas alrededor, en el que se realizaban en la antigüedad diversos espectáculos./ Conjunto de asientos dispuestos en gradas semicirculares.

anfitrión. m. Quien convida y trata espléndidamente a sus invitados.

ánfora. f. Cántaro usado por los antiguos griegos y romanos./ *Méx.* Urna para votaciones.// pl. Jarras generalmente de plata en que el obispo consagra los óleos del Jueves Santo.

angarillas. f. pl. Armazón en que se llevan a mano materiales./ Armazón con cuatro patas formando un cuadro, de los cuales penden unas redes de esparto a modo de bolsas, que sirven para transportar objetos delicados como el vidrio y la loza, sobre caballerías./ Aguaderas./ Pieza de mesa para el vinagre, el aceite y otros condimentos.

ángel. m. Espíritu celeste./ Gracia, simpatía./ Persona bondadosa.

angina. f. Inflamación de las amígdalas.

anglicanismo. m. Doctrina de la religión reformada predominante en Inglaterra.

angosto, ta. a. Estrecho, reducido.

anguila. f. Pez de cuerpo cilíndrico y largo, y carne comestible./ fig. Persona delgada y escurridiza.

angula. f. *Zool.* Cría de la anguila, de color oscuro, de 5 a 7 cm de largo y de 4 mm de grosor. Vive en el mar, pero remonta los ríos. Su carne es muy sabrosa.

ángulo. m. Figura geométrica

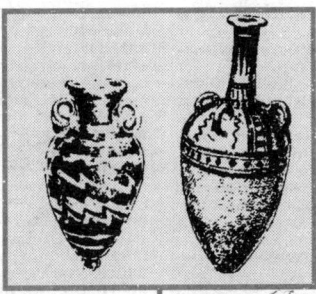

ánfora

formada, en la superficie, por dos líneas que tienen un punto común o, en el espacio, por dos superficies que tienen una línea común./ Rincón./ Esquina./ **-agudo.** El menor que el recto./ **-complementario.** El que, sumado a otro, completa un recto./ **-obtuso.** El mayor que el recto./ **-recto.** El formado por dos líneas o dos planos que se cortan perpendicularmente./ **-suplementario.** El que falta a otro para componer dos rectos.

anguloso, sa. a. Que tiene ángulos o esquinas./ Dicho del rostro, huesudo.

angustia. f. Aflicción, congoja.

angustiar. tr./ prl. Causar angustia.

anhelar. tr./ i. Respirar con dificultad./ Tener ansia o deseo de conseguir alguna cosa./ fig. Echar de sí, expeler el aliento.

anhelo. m. Deseo vehemente.

anidar. i. Hacer nido las aves. Ú.t.c.prl./ fig. Habitar, morar. Ú.t.c.prl./ Existir o hallarse algo en alguna persona o cosa./ / tr. fig. Acoger, abrigar.

anilina. f. Alcaloide artificial líquido que se obtiene del añil o de la bencina procedente del carbón de piedra y es base de muchos colorantes. Por extensión se da igual nombre a diversas sustancias líquidas o en polvo usadas para teñir.

anillo. m. Aro pequeño./ Aro, por lo común de metal, que por adorno se lleva en los dedos de la mano./ Cada uno de los segmentos, que a modo de anillos dividen el cuerpo de algunos insectos, gusanos, etc.

ánima. f. Alma./ fig. Alma, parte hueca de las piezas de artillería y otras cosas.// pl. Toque nocturno de campanas.

animal. m. Ser orgánico que vive, siente y se mueve por impulso propio.// a. Perteneciente o relativo al animal./ Relativo a la parte corporal o sensitiva, a diferencia de lo espiritual./ fig. Ignorante, inepto, rudo. Ú.t.c.s.

animar. tr. Dar vida./ Vigorizar./ Infundir energía moral./ Dar alegría a un grupo de gente. Ú.t.c.prl.// prl. Cobrar ánimo.

ánimo. m. Alma, espíritu./ Valor, energía./ Voluntad./ fig. Pensamiento.// ¡Ánimo! int. para alentar.

animosidad. f. Aversión, ojeriza.

aniquilar. tr./ prl. Reducir a la nada, destruir./ Menoscabarse mucho la salud, los bienes, etc./ fig. Anonadarse.

anís. m. Planta umbelífera de flores pequeñas y blancas y semillas aromáticas./ fig. Bebida alcohólica anisada.

aniversario, ria. a. Anual.// m. Oficio religioso que se realiza en memoria de un difunto al año de su fallecimiento./ Día en que se cumplen años de algún suceso.

ano. m. Orificio final del conducto digestivo por el cual se expele el excremento.

anoche. adv. En la noche de ayer.

anochecer. i. Empezar a faltar la luz del día, llegar la noche./ Estar en un lugar, situación o condición determinadas, al comenzar la noche./ tr. Oscurecer.

anguila

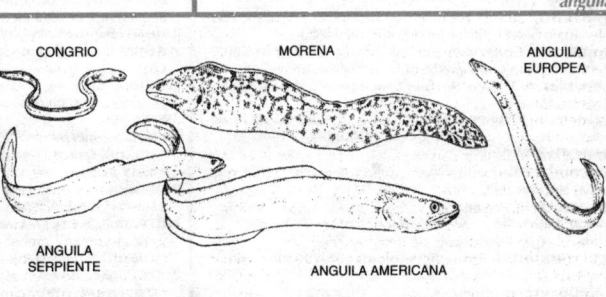

CONGRIO

MORENA

ANGUILA EUROPEA

ANGUILA SERPIENTE

ANGUILA AMERICANA

anodino, na. a. Insignificante, ineficaz, inofensivo./ Que calma el dolor. Ú.t.c.s.

ánodo. m. Polo positivo de un generador de electricidad.

anómalo, la. a. Irregular, extraño.

anonadar. tr./ prl. Aniquilar, reducir a la nada./ fig. Disminuir, humillar, abatir.

anónimo, ma. a. Que no lleva el nombre de su autor./ Dícese del autor cuyo nombre se desconoce.// m. Carta sin firma.

anorexia. f. Inapetencia.

anormal. a. Que se encuentra fuera de su natural estado.// m. y f. Persona cuyo desarrollo físico e intelectual es claramente inferior al que corresponde a su edad./ Insano, morboso.

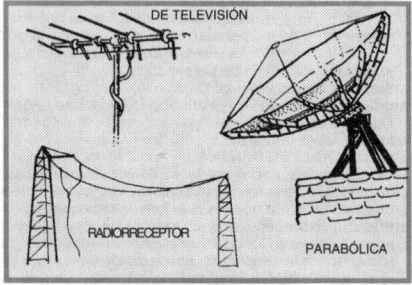

DE TELEVISIÓN

RADIORRECEPTOR

PARABÓLICA

antena

anotar. tr. Poner o tomar notas.

anquilosis. f. Med. Disminución o imposibilidad de movimiento en una articulación normalmente móvil.

ánsar. m. Ave palmípeda./ Ganso, ave doméstica.

ansia. f. Angustia, fatiga./ Aflicción, congoja./ Deseo vehemente.// pl. Náuseas.

ansiar. tr. Desear con ansia.

ansiedad. f. Agitación, inquietud./ Ansia, deseo.

anta. f. Mamífero rumiante parecido al ciervo y tan corpulento como el caballo./ Amér. Tapir.

antagonismo. m. Oposición habitual.

antaño. adv. En tiempo anterior.

antártico, ca. a. Relativo al polo sur./ Por ext., meridional.

ante. prep. Delante de./ En comparación, respecto de.// adv. t. antes. Se usa como prefijo: *antepuesto*.

anteanoche. adv. En la noche de anteayer.

anteayer. adv. En el día que precedió inmediatamente al de ayer.

antebrazo. m. Parte del brazo desde el codo hasta la muñeca, que forman dos huesos paralelos: el cúbito y el radio.

antecedente. p. act. de **anteceder.**/ a. Que antecede.// m. Circunstancia anterior./ Lo que sirve de dato para juzgar hechos posteriores.

antecámara. f. Pieza que antecede a la sala principal.

anteceder. tr. Preceder.

antelación. f. Anticipación de una cosa con respecto a otra.

antemeridiano, na. a. Anterior al mediodía.

antena. f. Dispositivo cuya función es captar o emitir ondas electromagnéticas./ Cada uno de los apéndices largos y delgados que tienen en la cabeza los insectos, los miriápodos y los crustáceos.

anteojera. f. Funda para guardar los anteojos./ Pieza de vaqueta que cae junto a los ojos del animal.

anteojo. m. Instrumento óptico para ver objetos lejanos o corregir la visión./ Cada una de las dos piezas de vaqueta que se ponen delante de los ojos de los caballos espantadizos.// pl. Prismáticos.

antepasado, da. a. Anterior a otro tiempo ya pasado.// m. Abuelo o ascendiente.

antepenúltimo, ma. a. Inmediatamente anterior al penúltimo.

anteponer. tr./ prl. Poner delante./ Preferir.

antera. f. Bot. Parte del estambre de las flores que contiene el polen.

anterior. a. Que precede en lugar o tiempo.

antes. adv. que denota prioridad de tiempo o lugar.// adv. que denota preferencia. conj. adv. que indica idea de preferencia o contrariedad: *no me favorece, antes me perjudica*.// Ú.c.a. con la significación del anterior: *El día antes*.

antibiótico. a./ m. Sustancia química que impide la actividad de microorganismos.

anticiclón. m. Área de mayor presión barométrica, donde hace buen tiempo, y que suele preceder en su trayectoria a los ciclones.

anticipar. tr. Hacer que ocurra antes del tiempo señalado. Ú.t.c.prl./ Entregar dinero antes del tiempo señalado.// prl. Adelantarse una persona a otra en una acción.

anticipo. m. Dinero anticipado./ Adelanto.

anticonceptivo, va. a./ m. Que impide el embarazo de la mujer.

anticuado, da. a. Que no se usa desde hace mucho tiempo./ Dícese de la persona que sigue doctrinas o usos ya desaparecidos.

anticuerpo. m. Sustancia que se produce en el organismo y que se opone a la acción de bacterias, etc.

antídoto. m. Contraveneno./ Por extensión, medicamento que preserva de algún mal./ fig. Medio que evita una falta, vicio, etc.

antifaz. m. Máscara con que se cubre la cara.

antígeno. m. Sustancia que al introducirse en el organismo provoca la formación de anticuerpos.

antigüedad. f. Calidad de antiguo./ Tiempo antiguo./ Momentos u objetos artísticos de tiempos lejanos./ Período histórico que corresponde a los pueblos situados alrededor del Mediterráneo, especialmente los griegos y los latinos.

antiguo, gua. a. Que existe desde hace mucho tiempo./ Que existió o sucedió en época remota./ Dícese de la persona que desempeña un cargo o profesión desde hace mucho tiempo.

antílope. m. Mamífero rumiante de cornamenta persistente con características intermedias entre las cabras y los ciervos, dividido en varias especies como la gacela, el ante y la gamuza.

antinomia. f. Contradicción entre dos preceptos o dos principios.

antipatía. f. Repugnancia u oposición hacia alguna persona o cosa.

antípoda. f. Apl. a quienes habitan en lugares diametralmente opuestos. Ú.m. en pl./ fig./ fam. Dícese de las personas o cosas opuestas entre sí por su genio, naturaleza, etc.

antisepsia. f. Método preventivo y curativo de la infecciones orgánicas.

antítesis. f. Oposición de dos juicios./ fig. Persona o cosa absolutamente opuesta a otra.

antojarse. prl. Hacerse objeto de deseo vehemente alguna cosa.

antiguedades griegas

antojo. m. Deseo vivo y pasajero./ Juicio, opinión.// pl. Lunares o manchas en la piel.

antología. f. Florilegio, recopilación./ Colección de trozos literarios selectos.

antónimo, ma. a./ m. Dícese de las palabras que expresan ideas opuestas: *bueno* y *malo*; *amor* y *odio*.

antorcha. f. Hacha, vela de cera para alumbrar./ fig. Guía para el entendimiento.

antro. m. Caverna, cueva. Ú.m. en poesía./ fig. Lugar peligroso, inmoral.

antropofagia. f. Costumbre de comer carne humana.

antropoide. a. y s. Dícese de los animales que por sus caracteres externos se asemejan al hombre.

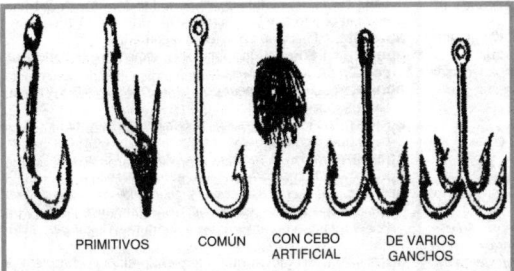

PRIMITIVOS   COMÚN   CON CEBO ARTIFICIAL   DE VARIOS GANCHOS

anzuelo

antropología. f. Ciencia que trata del hombre, física y moralmente considerado.
antropomorfo, fa. a. Que parece ser hombre por su forma.
anual. a. Que se repite cada año./ Que dura un año.
anuario. m. Publicación de carácter informativo y estadístico que aparece cada año.
anudar. tr./ prl. Hacer uno o más nudos./ Juntar, unir por medio de nudos.
anular. a. Rel. al anillo./ En forma de anillo.
anunciar. tr. Dar noticia o aviso de alguna cosa./ Publicar./ Pronosticar./ Manifestar la llegada de alguien.
anuncio. m. Acción de anunciar.
anuro, ra. a. Zool. Que carece de cola.// m. pl. Dícese de los anfibios desprovistos de cola. Ú.m.c.s. y en pl.
anverso. m. Cara principal de un objeto: monedas, medallas, etcétera.
anzuelo. m. Garfio pequeño que sirve para pescar, puesto al extremo del sedal./ fig. y fam. Atractivo, aliciente.
añadir. tr. Unir una cosa a otra./ Aumentar, ampliar, extender.
añejar. tr./ prl. Hacer añeja alguna cosa.// prl. Alterarse una cosa con el tiempo, ya para mejorar, ya para empeorar.
añejo, ja. a. Dícese de ciertas cosas que tienen uno o más años./ Que tiene mucho tiempo.
año. m. Tiempo que emplea la Tierra en recorrer su órbita./ Período de doce meses o trescientos sesenta y cinco días o cincuenta y dos semanas./ **-luz.** Medida astronómica equivalente a la distancia recorrida por la luz en el vacío en un año.
añoranza. f. Pena por la ausencia o pérdida de persona o cosa muy querida./ Nostalgia.
añorar. tr. Recordar con melancolía una ausencia o privación. Ú.t.c.i.
aorta. f. Arteria que nace del ventrículo izquierdo del corazón y da origen a todas las demás.
apabullar. tr. Aplastar, humillar, dejar confuso./ fig. Reducir al silencio.
apaciguar. tr./ prl. Sosegar, poner en paz./ calmar.
apadrinar. tr. Acompañar o asistir como padrino a una persona./ fig. Patrocinar, proteger.
apagar. tr./ prl. Extinguir la luz o el fuego./ Desconectar o cortar un circuito eléctrico./ Aplacar, disipar.
apaisado, da. a. Dícese de lo que es más ancho que alto.
apalabrar. tr. Concertar de palabra.
apalear. tr. Dar golpes con palo o cosa semejante./ Varear./ Remover con pala.
apañar. tr. Asir, coger con la mano./ Apoderarse de algo ilícitamente./ Adornar, hermosear./ Encubrir, defender maliciosamente./ Ingeniarse, darse maña.
aparar. tr. Poner las manos, la capa, etc., para tomar una cosa.// tr./ prl. Adornar, disponer.
aparato. m. Conjunto de lo que se necesita para un fin./ Artificio mecánico./ Biol. Conjunto de órganos que desempeñan una misma y coordinada función./ Síntomas con que aparece una enfermedad grave./ Pompa, ostentación./ Conjunto de instrumentos para experimentos u operaciones.
aparcería. f. Trato de los que van a la parte en un negocio, principalmente en una granjería./ Contrato temporal por el que el dueño de una finca rústica la cede a alguien para su explotación, a cambio de una parte proporcional de los frutos o beneficios./ Convenio entre el poseedor de ganado y el que lo cuida./ R. de la P. Amistad, compañerismo.
aparear. tr./ prl. Unir o juntar una cosa con otra./ Juntar las hembras con los machos para que críen.
aparecer. i./ prl. Manifestarse, dejarse ver./ Encontrarse, hallarse lo que se tenía por perdido.
aparejar. tr./ prl. Preparar, disponer.
aparentar. tr. Manifestar lo que no es o no hay.
apartar. tr./ prl. Separar, dividir./ Alejar, retirar.
aparte. adv. En otro lugar./ A distancia, desde lejos./ Separadamente.// m. Párrafo./ Lo que en la representación escénica dice una persona hablando para sí./ R. de la P. Separación en rodeo de las reses de distinto dueño.
apasionar. tr./ prl. Excitar alguna pasión./ Afligir.// prl. Aficionarse con exceso.
apatía. f. Impasibilidad del ánimo./ Dejadez, indolencia, falta de energía y voluntad.
apátrida. a. y s. Dícese de la persona que carece de nacionalidad.
apedrear. tr. Tirar o arrojar piedras./ Matar a pedradas.// imp. Granizar.// prl. Dañarse las plantas por el granizo.
apegarse. prl. Cobrar apego a un lugar, persona o cosa.
apego. m. Afecto, afición.
apelar. i. Der. Recurrir a juez o tribunal superior para que revoque, enmiende o anule la sentencia dada por el inferior./ fig. Acudir a una persona o cosa para un trabajo o necesidad. Ú.t.c.prl.
apelativo. m. Sobrenombre.
apellido. m. Nombre de familia con que se distinguen las personas./ Sobrenombre, nombre calificativo.
apelmazar. tr./ prl. Hacer que una cosa esté menos esponjosa de lo que requiere para su uso./ Apelotonar./ Formar pelotones.
apenar. tr. Causar pena, afligir.
apenas. adv. Casi no.// adv. t. Luego que, al punto que.
apéndice. m. Cosa adjunta o añadida a otra./ Suplemento al final de una obra./ Zool. Prolongación delgada y hueca que se halla en la parte interna e inferior del intestino ciego.
apendicitis. f. Inflamación del apéndice vermicular o cecal.
apercibir. tr. Amonestar, advertir.// prl. Galicismo por observar, notar./ Hacer saber a la persona citada la consecuencia de determinados actos u omisiones.
apero. m. Conjunto de instrumentos y cosas necesarias para la labranza o para cualquier oficio. Ú.m. en pl./ Amér. Recado de montar.
apertura. f. Acción de abrir.
apesadumbrar. tr./ prl. Causar pesadumbre, afligir, acongojar.
apestar. tr./ prl. Causar la peste./ i. Comunicar mal olor./ fig. Corromper, viciar./ Enfadar, molestar.

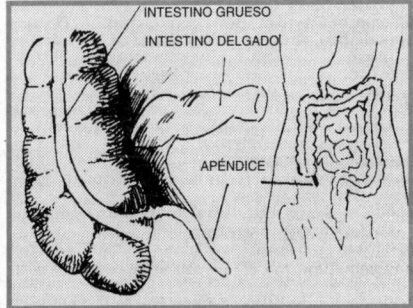

apéndice

INTESTINO GRUESO
INTESTINO DELGADO
APÉNDICE

apetecer. tr. Tener gana de alguna cosa.// i. Agradar, gustar mucho.

apetito. m. Impulso de satisfacer deseos o necesidades./ Gana de comer./ fig. Lo que excita el deseo de alguna cosa.

apiadar. tr. Causar piedad.// prl. Tener piedad, compadecerse.

ápice. m. Extremo superior o punta de alguna cosa./ fig. Parte pequeñísima.

apilar. tr. Poner una cosa sobre otra, haciendo pila.

apiñar. tr./ prl. Agrupar estrechamente personas o cosas.

apio. m. Planta umbelífera comestible.

aplacar. tr./ prl. Amansar, mitigar.

aplanar. tr. Allanar, poner llano./ fig. y fam. Dejar a uno pasmado.// prl. Perder la animación o el vigor.

aplastar. tr./ prl. Deformar una cosa disminuyendo su espesor.// tr. Dejar confuso./ Amér. Derrotar, desbaratar.

aplaudir. tr. Palmotear en señal de aprobación./ Celebrar, elogiar.

ANDRÉS BARTOLOMÉ SANTIAGO FELIPE

MATEO TOMÁS PEDRO SIMÓN

SANTIAGO JUAN JUDAS TADEO PABLO

apóstol

aplazar. tr. Diferir, retardar./ Amér. Desaprobar, ref. a un alumno.

aplicación. f. Acción y efecto de aplicar./ Adorno superpuesto./ fig. Esmero, diligencia con que se hace una cosa.

aplicar. tr. Poner una cosa sobre otra./ fig. Referir a un caso particular lo que se ha dicho en general o a un individuo lo que se ha dicho de otro./ Hacer uso de una cosa para un fin determinado.// prl. fig. Entregarse a un estudio, ejercicio o tarea./ Poner esmero y diligencia en la realización de algo./ Adjudicar bienes o efectos.

aplomo. m. Gravedad, serenidad, circunspección./ Plomada.

apocalíptico, ca. a. Rel. al Apocalipsis./ fig. Terrorífico, espantoso.

apócope. Gram. Pérdida de los elementos finales de una palabra. *Algún*, por *alguno, buen*, por *bueno*.

apócrifo, fa. a. Fabuloso, supuesto, fingido./ Dícese de todo libro que, aunque atribuido a autor sagrado, no está, sin embargo, incluido en el canon.

apodar. tr. Poner apodos.

apoderado, da. a. y s. Dícese del que tiene poderes de otro para obrar en su nombre.

apodo. m. Sobrenombre dado a una persona tomado de sus defectos o de otra circunstancia.

apogeo. m. Punto de la órbita de la Luna, de un satélite artificial, o de la trayectoria de un vehículo espacial, que se encuentra más alejado del centro de la Tierra./ Lo sumo de la grandeza o perfección./ Estado de máxima gravedad en una enferme-

dad./ *Fís.* Punto de una órbita donde es máxima la distancia entre el objeto que la describe y su centro de atracción.

apología. f. Discurso en defensa o alabanza.

apoplejía. f. Suspensión súbita de la acción cerebral, causada por derrames sanguíneos.

aporrear. tr./ prl. Golpear con porra o palo./ fig. Vapulear./ Fastidiar, porfiar.

aportar. tr. Llevar, conducir, traer./ Dar./ Llevar cada cual la parte que le corresponde./ Contribuir a una empresa común.

aposento. m. Pieza de una casa./ Posada, hospedaje.

apósito. m. Remedio externo sujeto con vendas.

apostar. tr. Hacer una apuesta./ Jugar dinero en juegos de azar, carreras de caballos, etc.// i. fig. Competir, rivalizar.// tr./ prl. Poner una o más personas en determinado lugar para algún fin.

apostilla. f. Acotación que interpreta, aclara o completa un texto./ *Pat.* Postilla.

apóstol. m. Cada uno de los doce principales discípulos de Cristo, enviados por él a predicar en el desierto.

apostólico, ca. a. Perteneciente o relativo a los apóstoles./ Perteneciente al Papa o que proviene de su autoridad./ Aplícase a la Iglesia católica romana dado que su origen y doctrina provienen de los apóstoles.

apóstrofe. amb. Figura retórica que consiste en interrumpir el discurso para dirigir la palabra a una persona./ Por extensión, interpelación brusca, gmente. de reproche o censura./ Dicterio.

apóstrofo. m. Signo ortográfico (') que indica la elisión de una vocal al final de palabra cuando la siguiente empieza con vocal.

apostura. f. Gentileza./ Actitud, aspecto.

apotegma. m. Dicho sentencioso.

apotema. f. Perpendicular desde el centro de un polígono regular hasta uno de sus lados./ Altura de las caras triangulares de una pirámide regular.

apoteosis. f. Reconocimiento de la dignidad de dioses a los héroes./ Ensalzamiento con grandes honores./ fig. En los espectáculos teatrales, escena final donde intervienen todos los actores.

apoyar. tr. Hacer que una cosa descanse sobre otra./ Basar, fundar./ fig. Favorecer, ayudar.// i. Cargar, gravitar. Ú.t.c.prl.// prl. fig. Servirse de algo o de alguien como sostén o apoyo.// rec. Prestarse apoyo mutuo varias personas.

apoyo. m. Lo que se usa para sostener./ Protección, auxilio, favor./ Fundamento de una doctrina o teoría.

apreciar. tr. Poner precio./ fig. Estimar el precio de una persona o cosa./ prl. Querer, considerar.

aprecio. m. Acción de apreciar./ fig. Cariño, consideración.

aprehender. tr. Prender a una persona./ Concebir sin hacer juicio.

apio

apremiar. tr. Dar prisa./ Instar a otro a que haga con urgencia una cosa./ Oprimir, apretar./ Obligar a alguien con mandamiento de autoridad a que haga determinada cosa./ Imponer apremio o recargo./ Presentar instancia un litigante para que la parte contraria actúe en el procedimiento.

aprender. tr. Adquirir conocimiento por el estudio.

aprendiz, za. s. Persona que aprende algún arte u oficio.

apresar. tr. Tomar por fuerza.
aprestar. tr. Disponer lo necesario para algo. Ú.t.c.prl./ Aderezar telas con apresto.
apresurar. tr./ prl. Acelerar, dar prisa.
apretar. tr. Estrechar./ Poner una cosa sobre otra comprimiendo./ Estimular./ Reducir el volumen de algo./ Opinar. Ú.m.c.prl./ Tratar con excesiva severidad./ Compeler, obligar. Ú.t.c.i./ Activar, avivar.
apretujar. tr. fam. Apretar mucho.// prl. Oprimirse varias personas en un recinto.
aprisa. adv. Con prontitud, presteza o celeridad.
aprisionar. tr. Poner en prisión./ fig. Sujetar, oprimir.
aprobar. tr. Dar por bueno./ Asentir./ Declarar idóneo para algo.
aprontar. tr. Disponer con prontitud./ Entregar sin demora dinero u otra cosa.
apropiar. tr. Hacer propia cualquier cosa./ Aplicar a cada cosa lo que le es propio o conveniente.// prl. Hacerse dueño de algo.
aprovechar. i. Servir de provecho./ Adelantar, hacer progresos. Ú.t.c.prl.// tr. Emplear útilmente una cosa.// prl. Servirse de algo./ fig. Abusar.
aprovisionar. tr. Abastecer.
aproximar. tr./ prl. Arrimar, acercar.
aptitud. f. Cualidad que hace las cosas adecuadas para un fin./ Capacidad, idoneidad.
apuesta. f. Acción y efecto de apostar./ Cosa que se apuesta.
apuntalar. tr. Poner puntales./ fig. Sostener, afirmar.
apuntar. tr. Asestar un arma./ Señalar hacia sitio determinado./ En lo escrito, notar o señalar./ Entre estudiantes, sugerirse respuestas disimuladamente./ Hacer un apunte o dibujo ligero./ En el juego de la banca y otros colocar en un naipe la cantidad que se desea jugar./ Sacar punta./ Unir por medio de puntadas./ Leer el apuntador a los actores lo que han de decir./ fig. Señalar, indicar./ Insinuar.// i. Empezar a manifestarse una cosa./ Refiriéndose al vino, empezar a tener punto agrio./ fam. Empezar a embriagarse.
apunte. m. Nota que se hace por escrito./ Dibujo ligero que da idea de alguna cosa./ Apuntador de teatro.// pl. Extracto de las explicaciones de un profesor.
apuñalar. tr. Dar puñaladas.
apurar. tr. Purificar./ Indagar, desentrañar./ Extremar, llevar hasta el cabo./ Acabar, agotar./ Sufrir, tolerar./ fig. Apremiar, urgir, molestar./ prl. Afligirse./ Amér. Darse prisa.
apuro. m. Aprieto, escasez grande./ Aflicción, conflicto./ Amér. Prisa, urgencia.
aquejar. tr. Acongojar, afligir.
aquel, lla, llo. pron. dem. con que se designa lo que está lejos de la persona que habla y de la persona con quien se habla.
aquelarre. m. Conciliábulo de brujos y brujas, con la supuesta participación del diablo./ fig. Lugar ruidoso y desordenado.

arácnido, da

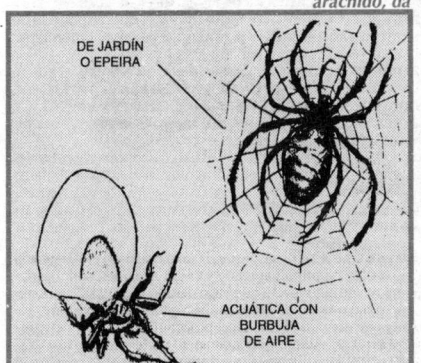

DE JARDÍN
O EPEIRA

ACUÁTICA CON
BURBUJA
DE AIRE

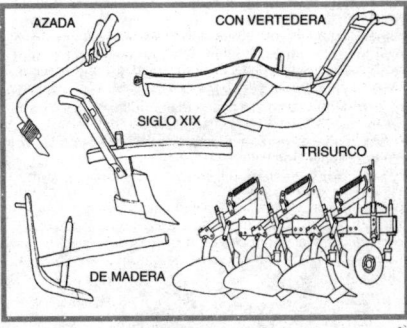

AZADA
CON VERTEDERA
SIGLO XIX
TRISURCO
DE MADERA

arado

aquí. adv. En este lugar./ A este lugar./ En correlación con allí, suele indicar lugar determinado.// adv. t. Ahora./ Entonces, en tal ocasión./ **-y allí.** m. adv. En varios lugares.
aquiescencia. f. Consentimiento.
aquietar. tr./ prl. Sosegar, apaciguar.
ara. f. Altar./ Piedra consagrada del altar católico.// m. Guacamayo.
árabe. a. De Arabia./ Perteneciente a esta región de Asia./ Perteneciente y relativo a los pueblos de lengua árabe, aunque no estén en Arabia.// m. Idioma árabe.
arácnido, da. a. *Zool.* Dícese de los animales artrópodos, sin antena, con respiración pulmonar o traqueal y tórax unido a la cabeza, de cuatro pares de pies, tales como el escorpión, la araña y los ácaros.
arado. m. Instrumento para labrar la tierra, abriendo surcos.
arancel. m. Tarifa oficial de lo que se ha de pagar por derechos de aduanas, costas judiciales./ Tasa, valoración.
arandela. f. Disco que se coloca en el candelero para que recoja la cera derretida./ Anillo metálico que sirve para evitar el roce entre dos piezas./ Chile. Candileja.
araña. f. Arácnido pulmonado de abdomen abultado, en cuya extremidad hay dos glándulas por donde segrega la sustancia sedosa con que fabrica la tela en que aprisiona los insectos de que se alimenta./ Planta gramínea de las Antillas./ Lámpara de varias luces y brazos que se coloca pendiente del techo./ Red para cazar pájaros./ fig. y fam. Persona muy aprovechada y vividora./ Mujer pública./ **-pollito.** Araña de gran tamaño propia de la Argentina.
arañar. tr./ prl. Herir ligeramente con las uñas, un alfiler u otra cosa./ fig. y fam. Recoger algo afanosamente.
arar. tr. Remover la tierra con el arado.
araucano, na. a. y s. Natural de Arauco./ Individuo perteneciente a un pueblo amerindio que, proveniente de Chile, se extendió a una vasta zona de la Argentina.
araucaria. f. Árbol conífero americano. Forma extensos bosques, de almendra muy dulce y alimenticia.
arbitrariedad. f. Acto dictado sólo por la voluntad o el capricho, contrario a la justicia.
arbitrio. m. Facultad de adoptar una resolución./ Autoridad, poder./ Voluntad regida por el capricho o el apetito.// pl. Impuestos para legar fondos destinados a diversos gastos públicos.
árbitro, tra. s. Dícese del que puede hacer alguna cosa por sí solo.// m. El que en algunas contiendas deportivas aplica el reglamento./ Que se encarga de arbitrar una cuestión.
árbol. m. Planta perenne, de tronco leñoso que se ramifica./ Palo, mástil de una nave./ *Mec.* Barra fija o giratoria que en una máquina cumple la función de soportar piezas rotativas o para transmitir fuerza motriz de unos órganos a otros.
arbusto. m. Planta perenne, de tallos leñosos y ramas desde la base.
arca. f. Caja con tapa.// pl. En las tesorerías, lugar donde se guarda el dinero.

arcabuz. m. Arma antigua de fuego, semejante al fusil.

arcada. f. Conjunto de arcos, especialmente en los puentes./ Movimiento violento y penoso del estómago. Ú.m. en pl.

arcaico, ca. a. Relativo al arcaísmo./ Muy antiguo./ *Geol.* Aplícase al más antiguo de los períodos en que está dividida la era precámbrica. Ú.t.c.s.m.

arcaísmo. m. Voz o frase anticuadas./ Imitación de cosas de la antigüedad.

arcángel. m. Espíritu bienaventurado del octavo coro, ángel de orden superior.

arcano, na. a. Secreto, reservado.// m. Cosa oculta muy difícil de conocer.

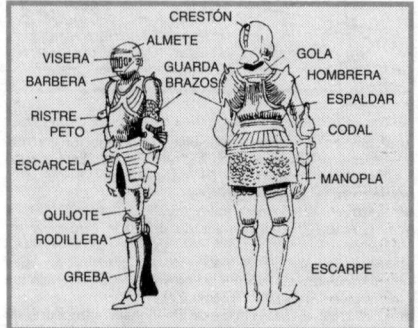

CRESTÓN
ALMETE
VISERA
BARBERA
GUARDA
BRAZOS
GOLA
HOMBRERA
ESPALDAR
RISTRE
PETO
CODAL
ESCARCELA
MANOPLA
QUIJOTE
RODILLERA
GREBA
ESCARPE

armadura

arce. m. Árbol de madera muy dura, usada en ebanistería.

archipiélago. m. Parte del mar poblada de islas.

archivar. tr. Guardar papeles o documentos en un archivo.

archivo. m. Local en que se custodian documentos./ Conjunto de estos documentos./ *Inform.* Espacio que se reserva en un dispositivo de memoria de un computador, para almacenar porciones de información que tienen la misma estructura y que pueden manejarse por medio de una instrucción única./ *Inform.* Conjunto de la información almacenada de esta manera.

arcilla. f. Materia mineral, muy plástica, que se contrae y endurece por la calcinación.

arco. m. Porción continua de una curva./ Arma para disparar flechas./ Vara provista de cerdas, para herir las cuerdas de ciertos instrumentos musicales./ Construcción en forma de arco.

arder. i. Estar encendido./ fig. Resplandecer./ Estar dominado por una pasión o deseo./ Enconarse una batalla o disputa.// tr./ prl. Abrasar, quemar.

ardid. m. Medio empleado hábilmente para lograr algún intento.

ardilla. f. Mamífero roedor, de cola muy poblada. Se alimenta de frutos, insectos y huevos./ fig. y fam. Persona muy activa y diligente.

ardor. m. Calor grande./ fig. Brillo./ Enardecimiento./ Ardimiento, arrojo./ Vehemencia, ansia.

arduo, dua. a. Muy difícil.

área. f. Espacio de tierra que ocupa un edificio./ Medida de superficie. (= 100 m²)./ fig. Extensión, superficie./ Superficie comprendida dentro de un período.

arena. f. Conjunto de partículas desagregadas de las rocas./ Mineral o metal reducido a partes muy menudas./ fig. Lugar en que se combate o lucha.// pl. Concreciones a modo de piedrecitas que se encuentran en la vejiga.

arenga. f. Discurso para enardecer los ánimos./ fig. y fam. Razonamiento largo y pesado.

arenque. m. Pez del Atlántico septentrional que se consume fresco, salado o ahumado.

aréola. f. *Anat.* Círculo rojizo que rodea el pezón de la mama./ *Pat.* Círculo rojizo que rodea ciertas pústulas.

argentino, na. a. y s. Argénteo./ Natural de la República Argentina.

argolla. f. Aro grueso de metal que sirve para amarrar./ Adorno que usaban las mujeres como gargantilla o brazalete./ *Amér.* Anillo de boda.

argucia. f. Argumento falso presentado con agudeza.

argüir. tr. Sacar en claro, deducir.// i. Poner argumentos contra alguna opinión.

argumentar. tr. Argüir.

argumento. m. Razonamiento que se emplea para demostrar o convencer a otro de aquello que se afirma o niega./ Asunto de una obra./ Señal, indicio.

aria. f. Composición para que la cante una sola voz.// a. y s. Raza de la cual provienen los pueblos indoeuropeos.

árido, da. a. Seco, estéril./ Falto de amenidad.// m. pl. Legumbres y demás frutos secos a los que pueden aplicarse medidas de capacidad.

ariete. m. Máquina para batir murallas.

ario, ria. a. y s. Dícese del individuo de un pueblo antiguo que habitó en el centro de Asia.

arisco, ca. a. Áspero, intratable, huraño.

arista. f. Borde de un sólido./ Línea que resulta al cortarse dos planos.

aristocracia. f. Gobierno en el que el poder es ejercido únicamente por las personas más notables del Estado./ Ejercicio del poder político por una clase privilegiada que generalmente lo hereda./ Clase que sobresale de las otras por alguna circunstancia.

aritmética. f. Parte de la matemática que trata de las operaciones numéricas.

arlequín. m. Personaje cómico italiano que llevaba una mascarilla negra y un traje de losanges de diversos colores.

arma. f. Instrumento destinado a ofender o defenderse./ Cada uno de los instrumentos que forman la parte principal de los ejércitos.// pl. Fuerzas militares de una nación./ fig. Medios que se emplean para lograr algo.

armada. f. Conjunto de fuerzas navales./ Escuadra.

armadillo. m. Mamífero desdentado de América del Sur.

armadura. f. Vestidura de hierro con que se protegían los caballeros./ Pieza o conjunto de piezas para armar una cosa.

armar. tr./ prl. Proveer de armas.// tr. Juntar entre sí las varias partes de un mueble.

armario. m. Mueble con puerta, para guardar objetos.

armatoste. m. Máquina o mueble mal hecho, tosco./ fig. y fam. Persona grotesca e inútil.

armería. f. Sitio en que se guardan, fabrican o venden armas./ Arte de fabricarlas.

armiño. m. Mamífero carnívoro de piel muy suave y delicada, parda en verano y blanca en invierno./ Su piel./ fig. Lo limpio o puro.

armisticio. m. Suspensión de hostilidades entre pueblos o ejércitos beligerantes. Se diferencia de la tregua en que ésta es suspensión temporal de las acciones de guerra.

armonía. f. Unión de sonidos acordes./ Correspondencia de unas cosas con otras./ Amistad./ Arte de formar y combinar los acordes.

armonio. m. Órgano pequeño, parecido al piano, al que se da aire por medio de un fuelle que se mueve con los pies.

armonizar. tr. Poner en armonía.// i. Estar en armonía.

arnés. m. Conjunto de armas de acero defensivas./ Guarniciones de las caballerías.

aro. m. Pieza de metal u otra materia, en forma de circunferencia./ Anillo grande de hierro que se emplea en el juego de la argolla y en ciertos ejercicios gimnásticos y deportivos./ Juguete que hacen rodar los niños./ *Arg.* y *Chile.* Arete.

aroma. f. Flor del aromo, muy fragante.// m. Perfume, olor muy agradable.

aromo. m. Árbol mimosáceo, especie de acacia, de flor amarilla y perfumada.

arpa. f. Instrumento músico de cuerdas verticales, afinadas diatónicamente y punteadas con ambas manos.

arpegio. m. Sucesión acelerada de los sonidos de un acorde.

arpía. f. *Mit.* Ave fabulosa, con el rostro de doncella y el resto de ave de rapiña./ fig. y fam. Mujer perversa.

arpón. m. Utensilio de pesca consistente en una barra provista en su extremo de una púa que hiere y otras vueltas hacia atrás, para que hagan presa.

arquear. tr./ prl. Dar figura de arco./ Hacer el arqueo de una caja de caudales.// i. Tener náuseas.

arqueología. f. Ciencia que estudia la antigüedad.

arquetipo. m. Ejemplo./ Modelo original en el arte o en otra actividad.

arquitectura. f. Arte de proyectar y construir edificios.

arrabal. m. Barrio alejado./ Población anexa a otra mayor.

arraigar. i./ prl. Echar o criar raíces./ Hacerse difícil de extinguir.// tr. Fijar firmemente.// prl. Establecerse en un lugar.

arrancar. tr. Sacar de raíz./ Sacar, quitar con violencia./ fig. Lograr algo con violencia./ fig. Provenir, tener origen.

arrastrar. tr. Llevar por el suelo a una persona o cosa, tirando de ella./ fig. Impeler, obligar./ Persuadir.// i. Moverse de un lado a otro, rozando el suelo con todo el cuerpo.

arrear. tr. Estimular a las bestias para que echen a andar./ Dar prisa, acicatear./ fam. Arramblar, arrebatar./ Amér. Llevar ganado de un lugar a otro./ Arg. y Méx. Llevarse violentamente ganado ajeno.// i. Ir, andar de prisa.

arrebatar. tr. Quitar algo con violencia y fuerza./ Llevar con fuerza enorme.// tr./ prl. Arrobar el espíritu./ Agostar las mieses el demasiado calor. Ú.t.c.prl./ prl. Dejarse dominar por una pasión, especialmente por la ira./ Cocerse mal y precipitadamente un manjar por exceso de fuego.

arrebol. m. Color rojo que se ve en las nubes heridas por los rayos de sol./ Colorete, cosmético para mejillas.

arrebujar. tr./ prl. Coger sin cuidado alguna cosa flexible como ropa, tejidos, etc./ Cubrir bien con la ropa de la cama./ Enredar, envolver.

arreciar. tr./ prl. Dar fuerza y vigor.// i. Ir creciendo algo en intensidad y violencia./ prl. Entumecerse de frío.

arrecife. m. Calzada o camino ancho y empedrado./ Banco o bajo en el mar, casi a flor de agua.

arredrar. tr./ prl. Apartar, separar.

arreglar. tr./ prl. Reducir a regla; ajustar./ Componer, ordenar./ Modificar convencionalmente./ Ajustar cuentas, castigar.

arrellanarse. prl. Extenderse en el asiento con comodidad.

arremeter. i. Acometer con ímpetu./ Arrojarse con presteza.

arrendar. tr. Ceder o adquirir por precio el uso de algo./ Atar a una caballería por las riendas.

arrepentimiento. m. Pesar de haber hecho algo o dejado de hacerlo.

arrestar. tr. Detener, poner preso.// prl. Decidirse, arrojarse a una acción difícil.

arriar. tr. Bajar las velas o las banderas./ Aflojar o soltar un cabo o cadena, etc.

arriba. adv. Hacia lo alto./ En lo alto.// ¡Arriba! int. para estimular.

arribar. i. Llegar la nave al puerto./ Llegar por tierra a cualquier parte. Ú.t.c.prl./ fig. y fam. Lograr lo deseado.

arriero. m. El que conduce bestias de carga.

arriesgar. tr./ prl. Poner a riesgo, aventurar.

arrimar. tr./ prl. Poner una cosa de modo que toque con otra./ fig. Dejar, abandonar./ fig. y fam. Dar, asestar.// prl. Apoyarse./ Juntarse./ fig. Acogerse a la protección de alguien./ Unirse sentimentalmente a alguien.

arrinconar. tr. Poner en un rincón./ Estrecharlo a uno, dejarlo sin escape./ fig. Postergar, desatender.// prl. fig. y fam. Retraerse del trato social una persona.

arrobar. tr. Embelesar, cautivar.// prl. Quedar fuera de sí.

arrodillar. i./ tr./ prl. Poner de rodillas.

arrogante. a. Altanero, soberbio./ Valiente, brioso./ Gallardo.

arrogar. tr. Adoptar como hijo a alguien.// prl. Atribuirse, apropiarse facultades, jurisdicciones.

arrecife

arrojar. tr. Impeler con violencia una cosa./ fam. Vomitar la comida.// prl. Precipitarse con violencia de arriba abajo./ Ir violentamente hacia una persona o cosa hasta llegar a ella./ fig. Emprender una cosa sin reparar en sus dificultades.

arrojo. m. Intrepidez, audacia, valor.

arrollado. m. Cosa envuelta en rollo.

arrollar. tr. Envolver una cosa de modo que resulte en rollo./ Dar vueltas en un mismo sentido un hilo, papel, etc., para fijarlo en un eje o carrete./ Derrotar al enemigo.

arropar. tr./ prl. Abrigar con ropa.

arrostrar. tr. Resistir a las calamidades o peligros.

arroyo. m. Caudal corto de agua./ Por ext., calle, vía en poblado.

arroz. m. Planta anual gramínea de flores blanquecinas y grano oval y blanco, comestible.

arruga. f. Pliegue que se hace en la piel y otras cosas flexibles./ Rugosidad./ Amér. Estafa, engaño, robo.

arruinar. tr./ prl. Destruir./ Causar ruina.

arrullar. tr. Atraer con arrullos./ Adormecer al niño./ Enamorar con palabras dulces.

arrullo. m. Canto de las palomas./ Habla dulce, susurro./ fig. Canto para adormecer a los niños.

arrumaco. m. Demostración de cariño con gestos y ademanes. Ú.m. en pl./ Adorno o atavío estrafalario.

arrumbar. tr. Poner una cosa como inútil en lugar retirado./ Arrollar, dominar./ Arrinconar.// i. Determinar el rumbo con que se navega.

arsenal. m. Establecimiento para construir y reparar barcos./ Depósito de armas de guerra./ Conjunto de datos y noticias.

arsénico. m. Elemento químico de color gris, brillo metálico y muy quebradizo, de compuestos tóxicos. Símb., As.; n. at., 33; p. at., 74,9.

arte. amb. Virtud o habilidad para hacer algo./ Conjunto de normas para hacer bien una cosa./ Obra humana que expresa, mediante diferentes materiales, una imagen estética./ Disposición personal, maña./ **-arte bella.** Lo que expresa belleza.

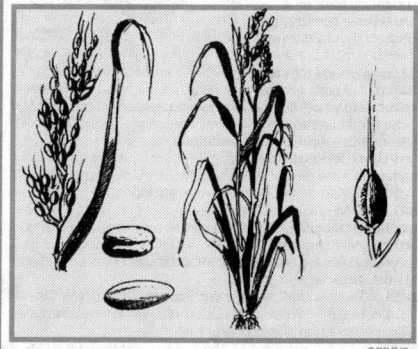

arroz

artefacto. m. Obra mecánica hecha según arte./ Artificio, máquina, aparato./ Máquina o mueble pesado o mal hecho./ Cualquier carga, petardo, etc., explosivo./ En los experimentos biológicos, formación producida exclusivamente por los reactivos empleados, perturbadora de la correcta interpretación de los resultados./ En el trazado de un aparato registrador, toda variación no originada por el órgano que se desea registrar.

arteria. f. Cada uno de los vasos que llevan la sangre desde el corazón hasta las demás partes del cuerpo./ fig. Calle principal.

artería. f. Astucia.

artero, ra. a. Mañoso, astuto.

artesano, na. s. Persona que por oficio ejecuta trabajos a los que imprime su sello personal.

ártico, ca. a. Rel. al Polo Norte.

articulación. f. Acción de articular o articularse./ Enlace o unión de dos piezas./ *Gram.* Posición de los órganos de la voz para la pronunciación de una vocal o consonante./ *Zool.* Unión de un hueso con otro.

artículo. m. Una de las partes en que suelen dividirse los escritos./ Cada una de las disposiciones numeradas de un tratado, ley, etc./ Mercancía./ *Gram.* Parte de la oración que antecede al sustantivo, concordando con él en género y número.

artífice. s. Artista./ Obrero./ fig. Autor.

artificial. a. Hecho por arte o mano del hombre./ No natural, falso.

artillería. f. Arte de construir, usar y conservar las armas, máquinas y municiones de guerra./ Conjunto de cañones, obuses, etc., de una plaza, ejército, etc./ Cuerpo militar destinado a este servicio.

artimaña. f. Trampa de caza./fam. Astucia, ardid para engañar.

artista. s. Persona que ejercita alguna arte bella./ fig. Suele decirse de quien hace muy bien una cosa.

artrópodo, da. a. *Zool.* Dícese del animal invertebrado provisto de apéndices compuestos de piezas articuladas, como la abeja y la araña.// m. pl. Tipo de estos animales.

arveja. f. Guisante, planta leguminosa.

arzobispo. m. Prelado superior al obispo./ Obispo de iglesia metropolitana.

as. m. Moneda romana primitiva./ Carta de la baraja de naipes y punto único del dado./ Persona que sobresale.

asa. f. Parte que sirve para asir el objeto a que pertenece.

asado. m. Carne asada.

asaltar. tr. Acometer una plaza para tomarla./ Acometer repentinamente y por sorpresa a las personas, gmente. para robar./ Ocurrir de pronto algo.

asamblea. f. Reunión de personas convocadas para un fin./ Cuerpo político deliberante.

asar. tr. Someter un manjar a la acción directa del fuego./ Tostar, abrasar.// prl. Sentir extremado ardor o calor.

asaz. adv. Muy, harto, bastante.

ascendencia. f. Serie de ascendientes. Abolengo./ fig. Ascendiente, influencia, predominio.

ascender. i. Subir./ Adelantar./ Importar una cuenta.// tr. Conceder un ascenso.

ascensión. f. Acción de ascender. Por excelencia, la de Cristo a los cielos y fiesta con que la Iglesia la conmemora./ Exaltación a una dignidad suprema.

ascenso. m. Subida./ Promoción a mayor cargo o dignidad.

ascensor. m. Aparato para trasladar personas de unos a otros pisos.

asco. m. Repugnancia de alguna cosa que incita a la náusea y al vómito./ fig. Desagrado que causa alguna cosa./ Esta cosa./ **-sin asco.** m. adv. fam. *Arg.* Sin reparo.

asear. tr. Poner limpia una cosa.// prl. Lavarse, peinarse y ponerse ropa limpia.

asechanza. f. Engaño para hacer daño a otro.

asediar. tr. Sitiar./ fig. Molestar, importunar.

asegurar. tr. Establecer, fijar sólidamente./ Afirmar la certeza de los que se dice. Ú.t.c.prl.

asemejar. i. Tener semejanza.// prl. Mostrarse semejante.

asentar. tr./ prl. Poner en un asiento./ Poner firme una cosa./ Tratándose de pueblos o edificios, fundar, situar./ Tratándose de golpes asestarlos con acierto y violencia./ Aplanar o alisar./ Afinar el filo de algún instrumento cortante./ Anotar algo para que conste.// i. Quedar bien una prenda.

asentir. Admitir como cierta una cosa.

aseo. m. Limpieza, cuidado./ Esmero./ Adorno./ Apostura.

asepsia. f. *Med.* Ausencia completa de microorganismos vivos, patógenos o no, en un medio determinado.

aserrar. tr. Cortar con sierra la madera u otra cosa.

asesinar. tr. Matar alevosamente o por precio, o con premeditación./ fig. Causar gran aflicción.

asesino, na. a. y s. Que asesina.

asesorar. tr./ prl. Dar consejo./ Orientar, determinar.// prl. Recibir consejo.

asestar. tr. Dirigir un arma hacia el objeto que se ataca con ella./ Descargar contra un objeto el proyectil o el golpe del arma o de cosa semejante.

aseverar. tr. Asegurar lo que se dice.

asfaltar. tr. Revestir de asfalto.

asfalto. m. Mezcla de hidrocarburos muy viscosa, que suele emplearse, añadiendo arena, en pavimentos y revestimiento de muros.

asfixia. f. Suspensión de la respiración por estrangulamiento, inmersión, etc.

astronauta

asfixiar. tr. Suprimir la respiración por la sumersión, la estrangulación, por la acción de gases, etc.

así. adv. m. De esta o esa manera, de tal suerte.

asiático, ca. a. De Asia./ Aplícase al lujo fastuoso.

asidero. m. Parte por donde se ase alguna cosa./ fig. Ocasión, pretexto./ *Arg.* Apoyo, acogida.

asiento. m. Silla, banco u otra cosa destinada a sentarse en ella./ Lugar que corresponde a una persona en una junta./ Sitio en que está un pueblo o edificio./ Parte inferior y plana de las vasijas./ Poso./ Anotación o apuntamiento de una cantidad o cosa./ Estancamiento de una sustancia en el estómago o los intestinos./ fig. Estabilidad./ Cordura.// pl. Asentaderas./ fig. Cordura, madurez./ *Com.* Anotación hecha en los libros de cuentas para cargar o acreditar en ellos el importe de una transacción./ Pieza fija en la que se apoya otra.

asignar. tr. Señalar lo que corresponde a una persona o cosa.

asignatura. f. Cada una de las materias que forman parte de un plan académico de estudios.

asilar. tr. Albergar en un asilo. Ú.t.c.prl./ fig. Acoger en una embajada, legación extranjera o en un país, a un perseguido por motivos políticos.

asilo. m. Establecimiento benéfico en que se recogen los menesterosos./ Acción de dar albergue uno en su casa a otro./ Derecho de residencia que concede un gobierno al huido de un país por motivos políticos./ fig. Amparo, favor.

asimilar. tr./ prl. Asemejar, comparar./ *Fisiol.* Incorporarse a las células las sustancias necesarias para su conservación o desarrollo./ Aprender algo comprendiéndolo.// i. Ser una cosa semejante a otra./ Aprovechar las semejanzas. Ú.t.c.prl.// prl. Parecerse.

asimismo. adv. m. Del mismo modo, también.

asir. tr. Tomar, prender./ Arraigar las plantas.// prl. Agarrarse./ fig. Tomar ocasión o pretexto.

asistencia. f. Acción de asistir a una persona./ Acción de hallarse presente.

arveja

asistir. tr. Socorrer, ayudar.//i. Concurrir, acudir.

asma. f. Enfermedad de los pulmones, a menudo también catarral, que se manifiesta por accesos de disnea respiratoria y emisión de ruidos sibilantes.

asno. m. Animal más pequeño que el caballo, de orejas largas y la extremidad de la cola poblada de cerdas. Es muy sufrido y se utiliza como cabalgadura y bestia de carga o tiro. El sonido que emite se llama rebuzno.

asociación. f. Acción de asociar./ Grupo de personas formado para realizar un fin común.

asociar. tr. Juntar personas o cosas para cooperar a determinado fin común./ Relacionar.// prl. Reunirse.

asolar. tr. Echar a perder los campos o los frutos el sol, la sequía./ Destruir, arrasar.

asomar. i. Empezar a mostrarse.// tr./ prl. Sacar algo por una abertura o por detrás de una cosa.

asombrar. tr. Hacer sombra./ fig. Causar asombro.

asombro. m. Susto, espanto./ Gran admiración./ Persona o cosa asombrosa.

asonancia. f. Correspondencia de un sonido con otro./ fig. Relación de dos cosas./ En poesía, identidad de vocales a partir de la última acentuada en la terminación de los versos.

asonante. a. Dícese de la rima entre dos o más finales de versos en la que coinciden solamente las vocales, contando a partir de la última vocal acentuada (p. ej. *casa* rima asonantemente con *rama*).

aspa. f. Conjunto de dos maderas atravesados en forma de X./ Utensilio para aspar el hilo./ Aparato exterior que, en forma de cruz y merced al viento, mueve los molinos./ Cada uno de los brazos de ese aparato./ *Amér.* Asta, cuerno.

aspecto. m. Conjunto de las sensaciones visuales relativas al color, tamaño, forma de una persona o cosa.

áspero, ra. a. Que no es suave al tacto por tener superficie desigual./ Escabroso./ fig. Desagradable al gusto o al oído./ Violento./ Severo, poco agradable.

áspid. m. Serpiente venenosa del norte de África.

aspirar. tr. Atraer el aire exterior a los pulmones./ Pretender algún empleo o cargo./ *Gram.* Pronunciar guturalmente.

asquear. i./ tr. Tener o mostrar asco ante alguna cosa.

asta. f. Palo a cuyo extremo se pone una bandera./ Cuerno de un animal.

asterisco. m. Signo ortográfico (*) que se emplea como llamada para las notas añadidas al texto.

asteroide. a. De forma de estrella.// m. Cada uno de los planetas muy pequeños, visibles con telescopio, cuyas órbitas se hallan entre las de Marte y Júpiter.

astigmatismo. m. Aberración del ojo o de un instrumento óptico por el cual la imagen de un punto no es otro punto.

astilla. f. Fragmento que salta de un trozo de madera partido toscamente.

astillero. m. Percha para colocar picas o lanzas./ Instalación donde se construyen y reparan buques.

astracán. m. Piel de cordero nonato o recién nacido, muy fina y de pelo rizado./ Tejido grueso de lana o de pelo de cabra, y que forma rizos en la parte superior./ *Teat.* Género en que se abusa de los juegos de palabras y retruécanos para lograr comicidad.

astrágalo. m. Tragacanto./ *Anat.* Hueso corto en la parte superior y media del tarso que se articula con la tibia.

astringir. tr. Contraer, apretar alguna cosa, los tejidos orgánicos./ Obligar.

astro. m. Cualquier objeto celeste.

astrología. f. Práctica consistente en predecir el porvenir por la posición de los astros.

astronauta. m. y f. Persona que navega a bordo de una astronave.

astronomía. f. Ciencia que estudia los cuerpos celestes.

astrónomo, ma. s. Persona que profesa la astronomía.

astroso, sa. a. Infausto./ Desastrado./ fig. Vil, despreciable.

astucia. f. Ardid para lograr un intento.

astuto, ta. a. Hábil para lograr artificiosamente un fin.

asueto. m. Tiempo de descanso en el trabajo, gmente. de unas horas o un día.

asumir. tr. Tomar para sí./ Tomar algo gran incremento./ *Amér.* Suponer, dar por sentado.

asunción. f. Acción y efecto de asumir./ Por excelencia, acto de ser elevada por Dios, la Virgen desde la tierra al cielo y fiesta con que la Iglesia celebra este misterio./ Acto de ser ascendido a una dignidad suprema.

asunto. m. Materia de que se trata./ Argumento, tema de una obra./ Negocio.

asustar. tr. Dar o causar susto. Ú.c.t.prl.

atabal. m. Timbal./ Tamborcillo./ Atabalero.

atacar. tr. Meter y apretar el taco en un arma de fuego, mina o barreno./ Acometer, embestir./ fig. Refutar, impugnar./ Ir en contra de alguien o algo./ Tratándose del sueño, enfermedades, etc., acometer, venir, dar repentinamente./ Hacer que se destaque un sonido./ Actuar una sustancia sobre otra.

atajar. i. Ir por algún atajo.// tr. Salir al encuentro por algún atajo./ Separar con un tabique./ Detener el curso de algo./ Acometer, venir, dar repentinamente./ Hacer que se destaque un sonido./ Actuar una sustancia sobre otra.

atalaya. f. Torre, gmente. en lugar alto, para dar aviso de lo que se descubre./ Cualquier altura desde donde se ve mucho espacio de tierra o de mar./ Hombre que mira desde una torre y comunica lo que ve

atañer. i. Tocar o pertenecer, corresponder.

ataque. m. Acción de atacar o embestir./ fig. Acometimiento repentino de un mal./ Impugnación, disputa.

atar. tr. Unir o sujetar con ligaduras o nudos./ Impedir el movimiento./ Relacionar, conciliar.// prl. Embarazarse en un negocio o apuro.

asiento

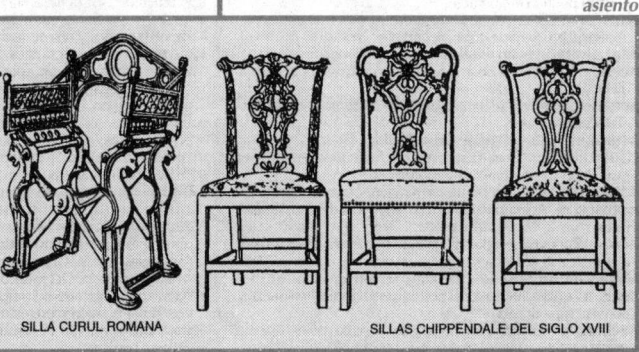

SILLA CURUL ROMANA   SILLAS CHIPPENDALE DEL SIGLO XVIII

atardecer. m. Último período de la tarde.// i. Caer la tarde.

atarear. tr. Poner o señalar tarea.// prl. Entregarse mucho al trabajo.

atascar. tr. Obstruir un conducto. Ú.m.c.prl./fig. Poner trabas, impedir.// prl. Quedarse en un barrizal.

ataúd. m. Caja donde se pone el cadáver para llevarlo a enterrar.

ataviar. tr./ prl. Componer, adornar.

atavío. m. fig. Adorno./ Vestido.

atavismo. m. fig. Comportamiento instintivo, ancestral, semejante al de los antepasados./ Tendencia de algunos seres híbridos a volver al tipo original.

atemorizar. tr./ prl. Causar temor.

atemperar. tr. Moderar, templar./ Acomodar, amoldar.

atenacear. tr. Arrancar la carne a una persona como suplicio./ Sujetar con fuerza.

atención. f. Acción de atender./ Cortesía, urbanidad./ Obsequio.// pl. Negocios, ocupaciones.// ¡Atención! int. para recomendar cuidado./ Llamar la atención./ Reconvenir.

atender. tr./ i. Acoger favorablemente o satisfacer un deseo, ruego o mandato.// i. Aplicar el entendimiento a un objeto. Ú.t.c.tr.// tr. Tener en cuenta./ Cuidar. Escuchar.

ateneo. m. Asociación cultural, gmente. científica o literaria./ Local donde se celebran sus reuniones.

atenerse. prl. Ajustarse uno en sus acciones a una cosa.

atentado. m. Agresión al Estado o a una persona constituida en autoridad.

atentar. i. Ejecutar una cosa contra el orden que previenen las leyes.// prl. Irse con tiento, obrar con tino.

atenuar. tr. Poner fina o delgada una cosa./ Morigerar, disminuir./ Restar gravedad./ Aminorar.

ateo, a. a. Que niega la existencia de Dios. Ú.t.c.s.

aterir. tr./ prl. Pasmar de frío.

aterrar. tr. Bajar al suelo./ Cubrir con tierra./ Causar terror. Ú.t.c.prl.// i. Mar. Acercarse a tierra la nave.

aterrizar. i. Posarse en tierra un aparato volador.

aterrorizar. tr./ prl. Alterar, causar terror.

atesorar. tr. Reunir y guardar dinero o cosas de valor./fig. Tener muchas buenas cualidades.

atestar. tr. Henchir una cosa hueca apretando lo que se mete en ella./ Meter o colocar excesivo número de cosas o de personas en un lugar./ fig. y fam. Atascar, hartar.

atestiguar. tr. Afirmar como testigo alguna cosa.

atiborrar. tr. Llenar alguna cosa de borra, de modo que quede repleta.// tr./ prl. fig. Atracar de comida./ Atestar de algo algún lugar, esp. de cosas inútiles./ Llenar la cabeza de lecturas.

atildar. tr. Poner tildes a las letras./ fig. Componer, asear. Ú.t.c.prl.

atinar. i. Acertar con lo que se busca./ Acertar a dar con el blanco./ Acertar algo.

atisbar. tr. Mirar, observar con cuidado.

atizar. tr. Remover el fuego para que arda más./ fig. Avivar pasiones o discordias./ fig. Estimular.

atlas. m. Colección de mapas geográficos en un volumen./ La primera de las vértebras cervicales que sostiene la cabeza.

atleta. m. y f. Persona que practica ejercicios o deportes que requieren fuerza, velocidad, agilidad, etc./fig. Persona vigorosa.

atletismo. m. Conjunto de deportes que incluye los ejercicios de fuerza y destreza personal, como natación, carreras a pie, lucha, esgrima, lanzamiento, etc.

atmósfera o **atmosfera.** f. Masa de aire que rodea el globo terráqueo./ Masa gaseosa que rodea un astro cualquiera./ fig.

atletismo

Espacio a que se extienden las influencias de una persona o cosa, o ambiente que rodea a éstas./ Mec. Unidad de presión calculada por la presión media de la atmósfera al nivel del mar, o sea algo más de un kilogramo por centímetro cuadrado.

atolón. m. Isla madrepórica, más o menos circular, con una laguna en su centro.

atómico, ca. a. Perteneciente o rel. al átomo./ Que utiliza la energía producida por la desintegración del átomo./ Aplícase a lo que está relacionado con el empleo de la energía atómica o sus efectos.

atomizar. tr. Dividir en partes sumamente pequeñas./ Pulverizar, esp. un líquido.

átomo. m. Estructura que forma la unidad básica de todo elemento químico. Por consiguiente, es la menor partícula capaz de intervenir en una combinación./ Partícula material sumamente pequeña./ fig. Cualquier cosa muy pequeña o insignificante.

atónito, ta. a. Pasmado, espantado.

atontar. tr./ i. Aturdir, atolondrar.

atormentar. tr./ prl. Causar dolor corporal.// tr. Dar tormento./ fig. Causar aflicción, disgusto.

atornillar. tr. Introducir un tornillo haciéndolo girar alrededor de su eje./ Sujetar con tornillos.

atorrante. m. Vago, callejero, persona sin oficio ni domicilio./ Arg. Desvergonzado, holgazán, inescrupuloso./ Descuidado, sucio.

atosigar. tr./ prl. Fatigar u oprimir a alguno, dándole prisa.

atracar. tr./ prl. Hacer comer y beber con exceso.// tr./ i. Arrimar una embarcación a otra o a tierra.

atracción. f. Acción de atraer./ Fuerza que atrae./ Número de un programa de espectáculos.

atraer. tr. Traer hacia sí alguna cosa./ Inclinar a su voluntad, opinión, etc./ Acarrear, ocasionar.

atragantar. tr./ prl. Producir ahogos por detenerse algo en la garganta./ fig. y fam. Turbarse, cortarse en la conversación.

atrancar. tr. Asegurar la puerta con tranca. Ú.t.c.prl./ Atascar, obstruir./ Méx. Obstinarse, emperrarse.

atrapar. tr. fam. Coger al que huye./ fam. Coger alguna cosa.

atrás. adv. Hacia la parte que está a las espaldas de uno. Úsase también para indicar tiempo pasado.

atrasar. tr. Retrasar. Ú.t.c.prl.// Hacer que retrocedan las agujas del reloj o tocar su registro para que ande con menos velocidad.// i. No marchar el reloj con la debida velocidad./ prl. Quedarse atrás.

atraso. m. Efecto de atrasar o atrasarse./ fig. Falta o insuficiencia de desarrollo en la civilización o en las costumbres./ Rentas o pagos vencidos y no satisfechos.

atravesar. tr. Poner una cosa de modo que pase de una parte a otra./ Poner una cosa sobre otra oblicuamente./ Pasar un cuerpo penetrándolo de parte a parte./ Poner delante algo que impida el paso./ Pasar cruzando de una parte a otra.// prl. Ponerse una cosa entre otras./ fig. Entremeterse./ Intervenir, ocurrir alguna cosa que turba el curso de otra.

atreverse. prl. Determinarse a algo arriesgado./ Insolentarse.

atribuir. tr./ prl. Aplicar hechos o cualidades a alguna persona o cosa./ fig. Achacar, imputar.

atribular. tr. Causar tribulación.// prl. Padecerla.

atributo. m. Cada una de las propiedades de un ser./ En las obras artísticas, símbolo que denota el carácter y representación de las figuras./ Gram. Función que desempeña el adjetivo cuando se coloca en posición inmediata al sustantivo de que depende o función que desempeña el adverbio en esas condiciones con respecto al adjetivo o a otro adverbio./ Teol. Cualquiera de las perfecciones propias de la esencia de Dios, como su omnipotencia, su sabiduría, su amor, etc.

atril. m. Mueble que sirve para sostener en él libros abiertos o papeles y leer con más comodidad.

atrincherar. tr. Ceñir con trincheras un edificio o puesto para defenderlo.// prl. Ponerse en trincheras a cubierto del enemigo.

atrio. m. Espacio descubierto, y por lo común cercado de pórticos, que hay en algunos edificios./ Andén que hay delante de algunos templos o palacios./ Zaguán.

atrocidad. f. Crueldad grande./ fam. Exceso./ Hecho o dicho equivocado o temeroso.

atrofiar. tr. Producir atrofia.// prl. Padecer atrofia.

atropellar. tr. Pasar precipitadamente por encima de alguna persona./ Empujar violentamente./ fig. Agraviar, ultrajar./ Obrar sin reparo a leyes, respetos u obstáculos.// prl. fig. Apresurarse demasiado.

atroz. a. Fiero, inhumano./ Grave, enorme./ fig. Muy grande, extraordinario./ Amér. Repugnante, muy feo.

atuendo. m. Aparato, pompa, ostentación./ Atavío, vestido.

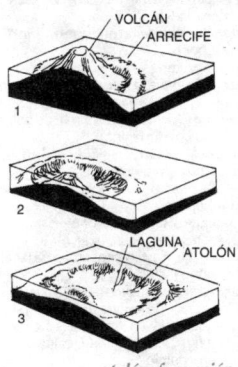

VOLCÁN
ARRECIFE
1
2
LAGUNA
ATOLÓN
3

atolón, formación

atún. m. Pez de unos tres metros de largo y de carne muy apreciada./ fig. y fam. Hombre ignorante y rudo.

aturdir. tr./ prl. Causar aturdimiento./ Confundir, desconcertar.

atusar. tr. Recortar e igualar el pelo con tijeras./ Alisar el pelo con las manos o el peine./ *R. de la P.* Cortar la crin de un animal.// prl. fig. Adornarse.

audaz. a. Atrevido.

audición. f. Acción de oír./ Concierto musical o vocal./ Por ext., programa radiotelefónico que se transmite en un período determinado.

audiencia. f. Acto de oír las autoridades a quienes exponen, reclaman o solicitan./ Ocasión para aducir razones o pruebas que se ofrece a un litigante./ Tribunal de justicia colegiado./ Órgano creado por los monarcas españoles en sus provincias de América para fiscalizar la acción de sus gobernantes.

audífono. m. Aparato que facilita la audición a los sordos.

auditivo, va. a. Que tiene la virtud para oír./ Relativo al oído.

auditorio. m. Conjunto de oyentes./ Sala de conciertos, recitales, conferencias, etc.

auge. m. Elevación grande en dignidad o fortuna./ Apogeo.

augurio. m. Agüero, presagio./ Amér. Barbarismo por pláceme o felicitación.

aula. f. Sala destinada a dar clases en un establecimiento educativo./ poét. Palacio real.

aullido. m. Voz quejosa y prolongada del perro, el lobo , etc.

aumentar. tr./ prl. Hacer una cosa más grande, más intensa, etc./ Añadir, agregar./ Mejorar en riqueza, empleo, etc.

aun. adv. Hasta, también, inclusive.

aún. adv. Todavía.

aunar. tr./ prl. Unir, confederar para algún fin.

aunque. sub. con que se denota oposición, a pesar de la cual puede ser, ocurrir o hacerse alguna cosa.

aureola. f. Círculo luminoso que suele colocarse detrás de la cabeza de las imágenes religiosas./ Aréola./ fig. Gloria que se alcanza por mérito o virtud./ Corona que se ve en torno de la Luna o en los eclipses de Sol.

aurícula. f. Cada una de las dos cavidades de la parte superior del corazón, que reciben la sangre de las venas./ Pabellón de la oreja y la oreja misma.

aurora. f. Luz que precede inmediatamente la salida del sol./ fig. Principio de alguna cosa./ Anuncio de un tiempo mejor.

auscultar. tr. Med. Aplicar el oído directamente o a través del estetoscopio a ciertos puntos del cuerpo humano, para explorar los sonidos y ruidos normales o patológicos en las cavidades del pecho o del vientre.

ausentar. tr. Hacer que alguien se aleje de un sitio.// prl. Separarse de una persona o lugar, y en especial del domicilio.

auspicio. m. Agüero, presagio./ Amparo, favor. En este caso se dice: *con el auspicio de.*//m. pl. Señales en el comienzo de un negocio que se interpretan como presagios buenos o malos.

austero, ra. a. Agrio, áspero al gusto./ Retirado, penitente./ Severo, rígido.

austral. a. Perteneciente al polo o hemisferio sur.// m. Unidad monetaria argentina desde 1985 a 1991.

australiano, na. a. De Australia.

austríaco, ca. a. De Austria.

auténtico, ca. a. Acreditado de cierto y positivo./ Legalizado.

auto. m. Der. Una de las formas de resolución judicial./ Composición poética en que, por lo común, intervienen personajes bíblicos o alegóricos.// pl. Der. Conjunto de actuaciones o piezas de un procedimiento judicial.

autobiografía. f. Vida de una persona, escrita por ella misma.

autóctono, na. a. Apl. a los pueblos o gentes originarios del mismo país en que viven. Se dice también de los animales y plantas y de los cantares, costumbres, etc.

autómata. m. Instrumento que encierra dentro de sí el mecanismo que le imprime determinados movimientos./ Artificio que imita la figura, acciones y movimientos del ser animado./ fig. y fam. Persona que se deja dirigir por otra o lo hace con automatismo.

automático, ca. a. Relativo al autómata./ fig. Maquinal, hecho sin voluntad.

automatización. f. Utilización en la industria de máquinas automáticas para remplazar las funciones manuales por funciones mecánicas.

automotor, ra. a. Dícese de la máquina o aparato que ejecuta determinados movimientos sin la intervención directa de una acción exterior. Aplicado a vehículos, ú.t.c.s.m.

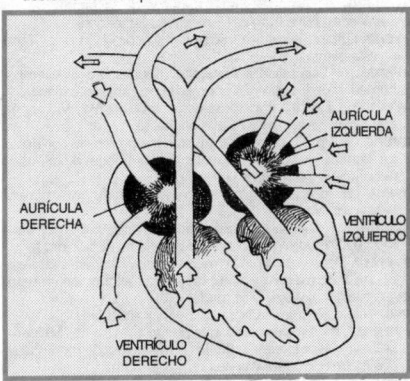

AURÍCULA
IZQUIERDA
AURÍCULA
DERECHA
VENTRÍCULO
IZQUIERDO
VENTRÍCULO
DERECHO

aurícula

automóvil. m. Vehículo terrestre de un motor o de una turbina de gas que desarrolla la fuerza propulsora necesaria para desplazarlo.

autonomía. f. Estado y condición del pueblo que goza de entera independencia política./ Potestad que dentro del Estado pueden gozar municipios, provincias, regiones u otras entidades de él para regir intereses peculiares de su vida interior, mediante normas y órganos de gobierno propios./ fig. Condición del individuo que no depende de nadie.

autopista. f. Carretera especialmente acondicionada para grandes velocidades, sin caminos que la atraviesen y con las dos direcciones separadas.

autopsia. f. Med. Examen anatómico del cadáver.

autor, ra. s. El que es causa de alguna cosa o la inventa./ Persona que ha hecho alguna obra literaria, científica o artística./ Persona responsable de un delito.

autoridad. f. Carácter o representación de alguna persona por su empleo, mérito o nacimiento./Potestad, facultad./Potestad que establece la constitución de un país para su gobierno./Poder que tiene una persona sobre otra subordinada./Persona revestida de poder o mando./Crédito, fe./Texto que se cita en apoyo de lo que se dice.

autorizar. tr. Dar a uno autoridad o facultad para hacer alguna cosa./ Dar fe el notario o escribano en un documento./ Confirmar algo con texto u opinión de un autor./ Aprobar.

auxiliar. a. y s. Que auxilia./ Com. Empleado subalterno./ Profesor suplente.

auxilio. m. Ayuda, socorro, amparo.

aval. m. Escrito en que uno responde del proceder de otro./ Firma que se pone al pie de un documento de crédito.

avalancha. Alud.

avalar. tr. Garantizar por medio de aval.

avance. m. Acción de avanzar./Anticipo de dinero./Conjunto de fragmentos de una película proyectados antes de su estreno con fines publicitarios.

avanzar. tr. Adelantar.// i./ prl. Ir hacia adelante.

avaricia. f. Afán excesivo de poseer riquezas para atesorarlas.

avaro, ra. a. Que tiene avaricia.

avasallar. tr. Sujetar o someter a obediencia.// prl. Someterse al que tiene poder.

ave. f. Zool. Animal vertebrado, ovíparo, de respiración pulmonar y sangre caliente, pico córneo, cuerpo cubierto de plumas y con dos pies y dos alas, gmente. aptas para el vuelo./ **-del Paraíso.** Ave exótica, mide unos 20 cm, de plumaje rojizo y cabeza dorada./ **-de rapiña.** La carnívora de pico y uñas encorvadas./ fig. Persona que se apodera con violencia de lo que no es suyo./ **-fría.** Ave de color verde oscuro, con alas y pico negros ./ fig. Persona de poca viveza.// n.p. Astron. Constelación situada entre el Triángulo y la Abeja.

avejentar. tr./ prl. Poner viejo o hacer parecer viejo a alguien.

avellana. f. Fruto del avellano.

avellano. m. Árbol de hojas caducas de la familia de las betuláceas, cuyo fruto es la avellana./ Su madera.

avena. f. Planta gramínea que se cultiva como forraje./ Grano de esta planta.

avenar. tr. Dar salida a las aguas muertas o a la excesiva humedad de los terrenos por medio de zanjas o cañerías.

avenida. f. Crecida impetuosa de un río o arroyo./ Vía ancha con árboles a los lados./Calle ancha.

avenir. tr./ prl. Concordar, ajustar las partes discor-des.// prl. Ponerse de acuerdo en materia de opiniones o pretensio-nes.// i. Suceder, ocurrir un hecho.

aventajar. tr. Adelantar, poner en mejor estado./ Anteponer./ Llevar ventaja.

aventura. f. Suceso extraordinario que le ocurre a alguien./ Riesgo./ Episodio de una novela o película de acción.

avería. f. Daño que sufren las mercaderías./Desperfecto que le ocurre a alguna cosa y le impide su normal funcionamiento.

averiguar. tr. Inquirir la verdad.

aversión. f. Repugnancia, oposición, animosidad.

avestruz. m. Ave corredora, que puede alcanzar los 60 km/h. Es la de mayor tamaño entre las actuales, puede medir hasta dos metros de altura y tiene hermosas plumas.

aviación. f. Locomoción aérea, por medio de vehículos más pesados que el aire.

aviador, ra. s. Dícese de la persona que gobierna un avión.

ávido, da. a. Ansioso, codicioso.

avieso, sa. a. Torcido, malo./ fig. Mal intencionado.

avión. m. Vehículo aéreo, más pesado que el aire.

avisado, da. a. Sagaz, prudente.

avisar. tr. Dar noticia./Advertir.// i. Publicar avisos o anuncios.

aviso. m. Noticia./Indicio, señal./Advertencia./ Amér. Anuncio de propaganda.

avispa. f. Insecto provisto de aguijón, de color negro con anillos amarillos o rojos. Vive en sociedad, fabrica panales y, al picar, introduce un humor que causa escozor e inflamación.

avispero. m. Morada de avispas./Conjunto de ellas./fig. y fam. Negocio enredado que ocasiona disgusto./ Lugar donde hay confusión y alboroto.

avistar. tr. Alcanzar con la vista.

avivar. tr. Excitar, animar./ fig. Encender, acalorar./ fig. Hacer que arda más el fuego.// i. Cobrar vida o vigor. Ú.t.c.prl.// prl. y fam. Darse cuenta./ Pasarse de listo.

avizorar. tr. Acechar.

avocar. tr. Der. Pedir para sí un tribunal superior la causa que se estaba litigando ante otro inferior./ Por ext., llamar a sí un superior cualquier asunto que tramite un inferior. Ú.t.c.prl.

axila. f. Bot. Ángulo formado por la articulación de cualquiera de las partes de la planta con el tronco o la rama./ Sobaco.

axioma. m. Proposición que se establece sin demostración y que, con otros, permite deducir un conjunto de enunciados.

ayer. adv. t. En el día que precedió inmediatamente al de hoy./ fig. Hace poco tiempo./ En tiempo pasado.// m. Tiempo pasado.

aymara. a. y s. Aimara.

ayo, ya. s. Persona encargada en una casa del cuidado y educación de los niños.

ayudar. tr. Prestar cooperación.

ayunar. i. Abstenerse total o parcialmente de comer o beber./ Guardar el ayuno que ordena la Iglesia.

ayuno. m. Acción de ayunar./Mortificación que consiste en no hacer más que una comida por día.

azada. f. Instrumento para cavar tierras.

azafata. f. Dama de honor que sirve a la reina./ Camarera de avión, tren, autobús, etc.

azafrán. m. Planta originaria de Oriente./ Su estigma, de color rojo anaranjado, se usa como condimento.

azahar. m. Flor del naranjo, del limonero, del cidro y de otras plantas de fruto carnoso, blanca y muy olorosa.

azalea. f. Árbol de hojas alternas, de hermosas flores que contienen una sustancia venenosa.

azar. m. Casualidad, caso fortuito./ Desgracia imprevista.

azorar. tr./ prl. Conturbar, sobresaltar./ Ruborizar.

azotar. tr./ prl. Dar azotes a uno.// tr. fig. Golpear una cosa o dar repetida y violentamente contra ella.

azote. m. Utensilio de castigo compuesto de cuerdas anudadas o erizadas de puntas./ Vara, tira de cuero que sirve para azotar./ Golpe de azote./ Palmada en las nalgas./ Golpe repetido del agua, aire, etc./ fig. Castigo grande, calamidad.

azotea. f. Cubierta llana de un edificio.

azteca. a. y s. Rel. al pueblo que dominó antiguamente a México.// m. Idioma azteca.

azúcar. amb. Cualquier glúcido soluble en agua de sabor dulce./ Por antonomasia, sacarosa.

azucarar. tr. Bañar, endulzar con azúcar./ fig. y fam. Suavizar, endulzar una cosa.

azucena. f. Planta liliácea, de tallo alto y flores terminales grandes, por lo común blancas y muy olorosas./ Esta flor.

azufre. m. Elemento químico; es de color amarillo limón, quebradizo, se lo electriza fácilmente por frotación y se funde a temperatura poco elevada. Símb., S; n. at., 16; p. at., 32,06.

azul. a. Del color del cielo sin nubes. Ú.t.c.s./Es el quinto color del espectro solar y recibe diversos nombres según los tonos.

azulejo. m. Placa de cerámica vidriada, de varios colores, que sirve comúnmente para la decoración de suelos y frisos.

azuzar. tr. Incitar a un animal para que embista./ fig. Irritar, estimular.

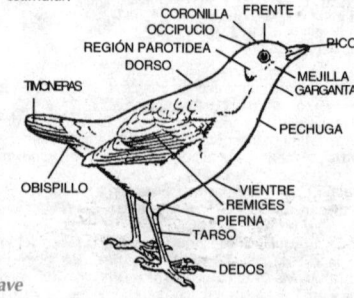

CORONILLA — FRENTE
OCCIPUCIO
REGIÓN PAROTIDEA — PICO
DORSO
TIMONERAS — MEJILLA
GARGANTA
PECHUGA
OBISPILLO
VIENTRE
REMIGES
PIERNA
TARSO
DEDOS

ave

b. f. Segunda letra del abecedario castellano y primera de sus consonantes. Su nombre es *be*.

baba. f. Saliva espesa./ Humor viscoso que segregan animales como el caracol y la babosa, y algunas plantas.

babear. i. Segregar baba.

babero. m. Lienzo que se pone a los niños para que no se manchen.

babor. m. Lado izquierdo de la embarcación, mirando a proa.

babosa. f. Molusco gasterópodo, sin concha, que segrega, al arrastrarse, una baba pegajosa.

bacalao. m. Pez del norte del Atlántico y del Pacífico, con una barbilla. Se conserva salado y prensado.// a. fig. y fam. Dícese de la persona muy delgada.

bache. m. Hoyo en la calle.

bachiller. m. y f. Persona que ha obtenido ese grado después de haber realizado sus estudios secundarios.

bachillerato. m. Estudios necesarios para obtener el grado de bachiller./ Este grado.

bacilo. m. Bacteria de forma alargada, como un pequeño bastón, que suele tener carácter patógeno, como los de la tuberculosis y el tifus.

bacteria. f. Organismo celular microscópico en forma de bastón pequeño, no ramificado.

bacteriología. f. Parte de la microbiología que tiene por objeto el estudio de las bacterias.

báculo. m. Palo o cayado para sostenerse./ **-pastoral.** El que usan los obispos como signo de dignidad.

badajo. m. Pieza metálica que hace sonar las campanas./ fig. y fam. Persona charlatana y necia.

bagaje. m. Equipaje militar de las tropas en marcha./ Gal. por equipaje o efectos que se llevan en un viaje./ fig. Mal usado por caudal, acervo, etc.

bagre. m. Pez comestible de cabeza grande con cuatro barbillas sin escamas y hocico chato. Abunda en los ríos americanos./ *Amér.* Mujer fea./ a. y s. fig. y fam. Individuo listo pero poco agradable.

bagual, la. a. y s. Dícese del ganado sin domar.

bahía. f. Entrada de mar en la costa, menor que el golfo.

bailar. i. Mover el cuerpo con orden y a compás. Ú.t.c.tr./ Moverse rápidamente.

baile. m. Acción de bailar./ Reunión en que se baila./ Espectáculo donde se representa una acción por medio de danzas.

baja. f. Disminución del precio, valor y estimación./ Acto de cesar en un empleo, derecho, etc./ Pérdida de un individuo.

bajamar. f. Fin del reflujo del mar./ Tiempo que éste dura.

bajar. i./ prl. Ir desde un lugar a otro que esté más bajo.// i. Disminuirse alguna cosa.// tr. Poner alguna cosa en lugar más bajo./ Rebajar, hacer más bajo el nivel./ Apear de un carruaje o caballería./ Mover hacia abajo./ Disminuir el precio o estimación de algo./ fig. Humillar.

bajo, ja. a. Que está en lugar inferior respecto de otras cosas de su naturaleza./ De poca altura./ Hablando de colores, poco vivo./ fig. Humilde, despreciable./ fig. Tratándose de sonido, grave./ fig. Que no se oye de lejos.// m. Sitio o lugar hondo./ En los mares, ríos y lagos navegables, elevación del fondo, que impide flotar a las embarcaciones./ *Mús.* La más grave de las voces humanas o el instrumento que produce los sonidos más graves de la escala./ *Mús.* Persona que tiene aquella voz o que toca este instrumento.// adv. l. Abajo./ En voz baja, que apenas se oiga.// prep. Debajo de.

bala. f. Proyectil esférico o cilíndrico-ojival, para armas de fuego./ Fardo apretado de mercaderías./ Medida de peso./ Atado de diez resmas de papel.

balada. f. Composición poética sencilla y melancólica que canta sucesos legendarios o tradicionales.

baladí. a. De poco valor.

balance. m. Movimiento ya a un lado, ya a otro./ *Com.* Confrontación del activo y el pasivo de un negocio./ Escrito detallado de esta operación./ Movimiento de la nave de babor a estribor o al contrario.

balancear. i. Dar o hacer balances las embarcaciones, etc. Ú.t.c.prl./ fig. Vacilar.//tr. Igualar, contrapesar./ *Amér.* Hacer balances comerciales.

balanza. f. Instrumento para pesar./ fig. Juicio o comparación que el entendimiento hace de algunas cosas.

balar. i. Dar balidos.

balaustrada. f. Serie de balaustres.

balaustre o **balaústre.** m. Cualquiera de las columnitas que forman las barandillas de escaleras, balcones, etc.

balbucear o **balbucir.** i. Hablar con dificultad.

balcón. m. Ventana con barandilla saliente./ Esta barandilla.

balde. m. Recipiente con asa, para transportar agua.

baldear. tr. Regar los pisos con baldes.

baldío, a. a. Aplícase a la tierra que no se cultiva. Ú.t.c.m./ Vano, sin razón o motivo.

baldosa. f. Ladrillo que sirve para revestir el suelo.

balear. tr. *Amér.* Herir o matar a balazos.

balido. m. Voz de los ovinos, de la cabra, el gamo y el ciervo.

baliza. f. Señal fija o flotante para la navegación.

ballena. f. Mamífero cetáceo, el más corpulento de los animales conocidos, cuya longitud llega a exceder los 30 m./ Cualquiera de las láminas córneas que tiene la ballena en la mandíbula superior y que, cortadas en tiras, tienen diferentes aplicaciones./ Cada una de estas tiras.

ballesta. f. Máquina antigua de guerra para arrojar piedras, saetas o flechas.

bacalao

balneario, ria. a. Relativo a los baños públicos.// m. Edificio donde se administran aguas y baños medicinales./ Lugar adecuado para baños de recreo.

balón. m. Fardo grande de mercaderías./ Pelota grande de viento que se usa en varios juegos./ Recipiente esférico con cuello prolongado.

balsa. f. Hueco del terreno que se llena de agua./ Maderos fuertemente unidos para navegar./ Árbol tropical cuya madera, más liviana que el corcho, se utiliza para hacer modelos de aeroplanos y como material aislante.

bálsamo. m. Sustancia aromática de las plantas que fluye de las incisiones o espontáneamente./ Medicamento compuesto de sustancias aromáticas para curar heridas, llagas, etc./ fig. Consuelo.

baluarte. m. Fortificación pentagonal./ Amparo y defensa.

bambalina. f. Cada una de las tiras de lienzo pintado que cuelgan a los lados del escenario.

bambú. m. Planta gramínea originaria de Asia y América, cuyas cañas leñosas, resistentes y livianas, se usan en la construcción de viviendas y en la fabricación de muebles, armas, etc.

banal. a. Trivial, común.

banana. f. Amér. Plátano./ Su fruto.

bancarrota. f. Quiebra comercial./ Desastre, descrédito.

banco. m. Asiento en el que pueden sentarse varias personas./ Mesa de trabajo de carpinteros, cerrajeros, etc./ Institución económica que actúa como intermediaria en el mercado de dinero y de capitales, pagando un interés por los depósitos que recibe y percibiéndolo por los préstamos que concede./ Mar. Bajo que se prolonga en una gran extensión.

banda. f. Cinta que se lleva atravesada de un hombro al costado opuesto./ Faja o lista./ Partido./ Grupo de gente armada./ Lado, paraje./ Conjunto de músicos que tocan tambores e instrumentos de viento./ Bandada, manada./ Costado de la nave./ Amér. Faja para sujetar pantalones.

bandada. f. Conjunto de aves o insectos.

bandeja. f. Pieza plana en la que se llevan vasos, copas, etc.

bandera. f. Tela asegurada a un asta que se emplea como insignia o señal de estados, entidades civiles y militares.

bandido, da. a. y s. Fugitivo de la justicia llamado por bando./ Bandolero.

bando. m. Edicto o mandato./ Partido, parcialidad./ Banco de peces.

bandolero, ra. s. Ladrón./ fig. Bandido, persona perversa./ Amér. Tocador de bandola.

bandoneón. m. Especie de acordeón, de forma hexagonal, y escala cromática, que se ha convertido en instrumento popular en la Argentina.

banjo. m. Instrumento musical de 5 a 9 cuerdas, con caja circular y mango muy largo.

banqueta. f. Asiento de tres o cuatro pies y sin respaldo./ Banco muy bajo.

banquete. m. Comida para celebrar algún acontecimiento./ Comida espléndida.

bañadera. f. Amér. Pila que sirve para bañarse./ Arg. Ómnibus grande y descubierto.

bañado. m. Amér. Terreno bajo, a veces inundado.

bañar. tr./prl. Meter un cuerpo en agua o en otro líquido para refrescarlo o limpiarlo.

bañero, ra. s. Persona que cuida un balneario.// f. Bañadera.

baño. m. Acción de bañar o bañarse./ Agua o líquido para bañarse./ Pila, recipiente para bañarse./ Capa con que queda cubierta la cosa bañada./ Servicio, retrete.// pl. Balneario.

baobab. m. Árbol del África tropical, con tronco de 9 a 10 metros de altura y hasta 10 de circunferencia, y ramas horizontales de 16 a 20 metros de largo. Su corteza se usa en la fabricación de papel y telas, y su fruto, carnoso, es comestible.

baquiano, na. a. Experto.// a. y s. Práctico de los caminos y atajos./ Hábil.

bar. m. Local en que se despachan bebidas./ Unidad de medida de la presión atmosférica.

baraja. f. Conjunto de naipes./ fig. Reyerta, riña entre varias personas.

baranda. f. Antepecho con balaustres.

baratija. f. Cosa de poco valor. Ú.m. en pl.

barato, ta. a. Comprado o vendido a bajo precio./ fig. Que se logra con poco esfuerzo./ Vulgar, sin mérito./ Dinero que el jugador que gana da al baratero.// m. Venta a bajo precio./ adv. m. Por poco precio.

baraúnda. f. Confusión.

barba. f. Parte de la cara debajo de la boca./ Pelo de la cara./ Pelo de algunos animales en la quijada inferior.// m. Actor que representaba el papel de anciano.// pl. Raíces delgadas de las plantas o filamentos de algunas cosas./ **-barba de choclo.** Amér. Filamento del maíz.

barbaridad. f. Calidad de bárbaro./ Necedad, estupidez./ Enormidad, gran cantidad.

barbarie. f. Rusticidad, falta de cultura./ fig. Fiereza, crueldad.

bárbaro, ra. a. Dícese del individuo de cualquiera de los pueblos que en el siglo V abatieron el imperio romano y se difundieron por la mayor parte de Europa. Ú.t.c.s./ Perteneciente a estos pueblos./ fig. Fiero, cruel. Ú.t.c.s./ Temerario. Ú.t.c.s./ Inculto. Ú.t.c.s.

barbilla. f. Remate de la barba, mentón./ Apéndice carnoso que algunos peces tienen en la parte inferior de la cabeza.

barco. m. Artefacto hueco, que flota y puede transportar por el agua personas y cosas.

barítono. m. El que tiene voz entre las de tenor y bajo.

barniz. m. Líquido para dar lustre./ Capa ligera.

barómetro. m. Instrumento para medir la presión atmosférica.

barón. m. Título de nobleza.

barra. f. Pieza más larga que gruesa./ Palanca de hierro./ Pieza prolongada de hierro con la cual se juega tirándola desde un lugar determinado./ Aparato de gimnasia./ Banco de arena en la boca de un río, puerto, etc./ Amér. Público que concurre a la sesión de una corporación.

barraca. f. Vivienda pequeña, de construcción precaria y endeble, levantada sin planos y al margen de las ordenanzas municipales./ Vivienda rústica de las huertas de Valencia y Murcia, con cubiertas de cañas a dos aguas, muy vertientes./ Amér. Depósito de cueros, lanas, cereales, etc.

barranca. f. Amér. Cuesta.

barranco. m. Despeñadero, precipicio./ Hendidura profunda que hacen en la tierra las corrientes de las aguas./ fig. Obstáculo, dificultad.

barrena. f. Instrumento para taladrar o hacer agujeros en madera, metal u otra materia dura.

barrer. tr. Limpiar el suelo con la escoba./ fig. Llevarse todo.

barrera. f. Valla de madera para cerrar un sitio./ Parapeto./ La que en los pasos a nivel de los ferrocarriles se cierra al aproximarse los trenes./ fig. Obstáculo.

barreta. f. Barra o palanca pequeña que usan los mineros, albañiles, etc.

barrial. a. Amér. Apl. a la tierra gredosa o arcilla.// m. Amér. Terreno con barro.

barrica. f. Tonel mediano.

barricada. f. Parapeto para estorbar el paso.

barriga. f. Vientre./ Parte media, abultada, de una vasija./ fig. Comba que hace una pared.

baraja

barril. m. Vasija de madera para conservar y transportar licores y géneros.

barrilete. m. Instrumento de carpintero para asegurar los materiales a la mesa de trabajo./ Armazón plana y muy ligera que sostiene un papel o tela y tiene una especie de cola.

barrio. m. División de un pueblo grande o ciudad./ Arrabal de una ciudad.

barro. m. Masa de tierra y agua./ Lodo que se forma en las calles cuando llueve./ Búcaro, vasija.// m. Cada uno de los granillos rojizos que salen en el rostro./ fig. Cosa insignificante o despreciable./ R. de la P. Desorden, enredo.

batracio

barrote. m. Barra gruesa./ Barra de hierro para asegurar puertas, ventanas, etc./ Cada una de las barras verticales que forman la reja.

barruntar. m. Presentir, prever, conjeturar.

barullo. m. Mezcla de gentes o cosas varias.

basar. tr. Asentar sobre una base./ fig. Apoyar, fundar. Ú.t.c.prl.

báscula. f. Aparato para medir pesos generalmente grandes.

base. f. Fundamento o apoyo principal en que estriba o descansa alguna cosa./ En las licitaciones o remates, precio mínimo./ Conjunto de personas representadas por un mandatario, delegado o portavoz./ *Arq.* Apoyo de una columna o estatua./ *Quím.* Sustancia que combinada con un ácido, forma una sal.

basílica. f. Palacio real./ Edificio público romano que servía de tribunal y de lugar de reunión. Tenía planta rectangular, con una nave central y dos laterales separadas por columnas. Los cristianos la usaron para su culto./ Iglesia notable por su antigüedad, extensión o magnificencia o que goza de privilegios.

basilisco. m. Animal fabuloso, al cual se atribuía la propiedad de matar con la vista./ Reptil ecuatoriano de llamativo color verde./ fig. Persona muy colérica y temible.

bastante. a. Que basta.// adv. Ni poco ni mucho, sin sobra ni falta.

bastar. i./ prl. Ser suficiente.// i. Abundar.

bastardilla. a./ f. Apl. a la letra de imprenta cuyos rasgos verticales son inclinados.

bastardo, da. a. Que degenera de su origen o su naturaleza.

bastidor. m. Armazón para fijar lienzos, vidrios, etc./ Cada una de las armazones laterales que en el escenario forman parte de la decoración./ Chasis.

basto, ta. a. Tosco, grosero.// m. pl. Uno de los cuatro palos de la baraja española representado por leños en forma de clava.

bastón. m. Vara para apoyarse al andar./ Insignia de mando.

basura. f. Suciedad, inmundicia./ Estiércol de las caballerizas.

batalla. f. Combate o pelea entre ejércitos o escuadras./ fig. Agitación del ánimo./ Disputa.

batallón. m. Unidad militar compuesta por 3 a 5 compañías. Su jefe tiene categoría inferior a coronel.

batata. f. Planta rastrera de flores blancas por fuera y purpúreas por dentro, de tubérculos radicales comestibles./ Cada uno de los tubérculos de las raíces de esta planta./ fig. y fam. *Arg.* Timidez.

bate. m. Palo más grueso por un extremo, usado para jugar al béisbol.

batería. f. Conjunto de piezas de artillería dispuestas para hacer fuego./ Unidad táctica del arma de artillería, que se compone de cierto número de piezas y de los artilleros que las sirven./ En los buques mayores de guerra, conjunto de cañones que hay en cada puente./ Conjunto de instrumentos de percusión en una banda u orquesta.

batir. tr. Dar golpes./ Golpear para destruir o derribar./ Mover con fuerza una cosa./ Remover algo para que se condense o bien para que se disuelva./ Derrotar./ *Arg.* Denunciar.// i. Gal. por latir, palpitar./ prl. Luchar, especialmente en duelo.

batista. f. Lienzo fino.

batracio. Clase de vertebrado acuático, ovíparo y de temperatura variable, que respira por branquias en su primera edad y por pulmones cuando adulto.// pl. Clase de estos animales.

batuta. f. Varilla del director de una orquesta para marcar el compás.

baúl. m. Mueble portátil parecido al arca, para llevar ropa y efectos personales en los viajes.

bautismo. m. El primer Sacramento, por el cual confiere la Iglesia al que lo recibe la condición de cristiano.

bautizar. tr. Administrar el bautismo./ fig. Poner nombre./ Hablando del vino, la leche, mezclarlos con agua.

bauxita. f. Roca formada en gran parte por óxido hidratado de aluminio; se emplea para obtener el aluminio y sus compuestos.

baya. f. Fruto carnoso y jugoso.

bayo, ya. a. y s. De color blanco amarillento.// m. Mariposa del gusano de seda.

bayoneta. f. Arma blanca adaptada al cañón del fusil.

bazar. m. En Oriente, mercado público./ Negocio en que se venden productos varios.

bazo, za. a. De color moreno amarillento.// m. Glándula voluminosa, roja, situada en el hipocondrio izquierdo.// f. Cartas que recoge el que gana.

beatificar. tr. Hacer feliz a alguno./ Hacer venerable./ Declarar el Papa que alguien es digno de culto.

beato, ta. a. Bienaventurado./ Que ha sido beatificado.// s. El que lleva hábito religioso sin vivir en comunidad./ fam. Persona que frecuenta las iglesias.

bebé. m. Nene pequeño./ Muñeco.

beber. i./ tr. Tragar un líquido. Ú.t.c.prl./ Brindar./ Abusar de las bebidas alcohólicas.

bebida. f. Acción y efecto de beber./ Cualquier líquido que se bebe.

beca. f. Subvención económica para cursar estudios o ampliarlos.

becerro. m. Toro desde que deja de mamar hasta que cumple un año./ Piel de becerro o becerra con que se hacen los zapatos.

bedel. m. En establecimientos de enseñanza, empleado encargado de mantener el orden fuera de las clases.

beduino, na. a. y s. Dícese de los árabes nómadas del desierto.

begonia. f. Planta perenne, con hojas gmente. aterciopeladas y de vivos colores.

béisbol. m. Juego entre dos equipos de 9 jugadores, en que estos deben recorrer ciertos puntos o bases en combinación con el lanzamiento de la pelota.

beldad. f. Belleza o hermosura, y más particularmente en la mujer./ Mujer muy bella.

belga. a. Natural de Bélgica. Ú.t.c.s.

belicoso, sa. a. Guerrero./ fig. Agresivo, pendenciero.

bellaco, ca. a. y s. Malo, pícaro, ruin./ Astuto, sagaz./ *R. de la P.* Se dice de la caballería difícil de gobernar.

belleza. f. Hermosura./ Mujer hermosa.

bemol. a. y s. *Mús.* Dícese de la nota alterada en un semitono por debajo de su sonido natural.// m. Signo que la representa.

basílica

bencina. f. Mezcla líquida de varios hidrocarburos, de composición variable.

bendecir. tr. Colmar a uno de bienes la Providencia./ Consagrar al culto divino alguna cosa./ Hacer cruces en el aire con la mano extendida sobre una persona o cosa, invocando a la Santísima Trinidad.

beneficiar. tr. Hacer bien./ Cultivar una cosa, procurando que fructifique. Ú.t.c.prl.// prl. Aprovecharse.

beneficio. m. Bien que se hace o se recibe./ Utilidad, provecho./ Función cuyo producto se destina a una persona o entidad.

benevolencia. f. Simpatía y buena voluntad hacia las personas.

benigno, na. a. Afable, que tiene buena voluntad o afecto./ fig. Templado, apacible.

beodo, da. a. y s. Borracho.

berenjena. f. Planta de fruto ovoide comestible y cubierto por una película morada y con pulpa blanca./ Este fruto.

bergamota. f. Variedad de lima, muy fragante, de cuya cáscara se extrae una esencia usada en perfumería.

bergantín. m. Buque de dos palos y vela cuadrangular o redonda.

bermejo, ja. a. Rojizo.

berrear. i. Dar berridos./ fig. Gritar o cantar desentonadamente.

berro. m. Planta cuyas hojas se comen en ensalada.

besar. tr. Tocar algo con los labios en señal de cariño./ fig. Tocar una cosa con otra.

beso. m. Acción de besar.

bestia. f. Animal cuadrúpedo.// m. y f. Persona ruda e ignorante. Ú.t.c.a.

biberón. m. Botella con pezón para la lactancia artificial.

Biblia. f. Los libros canónicos del Antiguo y del Nuevo Testamento, las Sagradas Escrituras.

bíblico, ca. a. Rel. o perteneciente a la Biblia.

bibliografía. f. Descripción, relación o catálogo de libros./ Relación o catálogo de libros referentes a una misma materia.

biblioteca. f. Local o mueble donde se tiene considerable número de libros./ Conjunto de libros./ Colección de libros que tienen relación entre sí.

bicameral. a. Dícese del sistema parlamentario de un estado que consta de dos cámaras.

bicarbonato. m. Sal formada por una base y ácido carbónico en doble cantidad que en los carbonatos neutros.

bicéfalo, la. a. Que tiene dos cabezas.

bíceps. a. y s. Que tiene dos cabezas, dos puntas o cabos./ Anat. Dícese de los músculos que tienen dos cabezas.

bicho. m. Animal pequeño./ fig. Persona ridícula./ **-colorado.** R. de la P. Insecto casi invisible y muy colorado que abunda en los pastos y provoca una picazón molesta./ **-de canasto** o **de cesto.** Arg. Insecto cuyas orugas se adhieren a las hojas de las plantas, con capullo muy sólido hecho de pajitas entretejidas y envueltas en una tela resistente.

bicicleta. f. Vehículo formado por una armazón metálica con dos ruedas iguales y movido por medio de pedales.

biela. f. Barra que sirve en las máquinas para transformar un movimiento de vaivén en otro de rotación y viceversa.

bien. m. Lo perfecto, objeto de la voluntad./ Utilidad, beneficio.// adv. m. Según es debido./ De manera adecuada.// m. pl. Riqueza, caudal./ / conj. distrib. Ya, ora.

biombo

bienal. a. Que sucede cada dos años./ Que dura dos años.

bienaventuranza. f. Posesión y goce de Dios en el cielo./ Prosperidad o felicidad.

bienestar. m. Comodidad, vida holgada.

bienvenido, da. a. Bien recibido.// f. Recibimiento que se da a uno por haber llegado con felicidad./ Llegada feliz.

bife. m. Amér. Bistec./ fig. y fam. Bofetada.

bifurcarse. prl. Dividirse en dos ramales, brazos o puntas una cosa.

bigamia. f. Der. Estado de un hombre casado con dos mujeres al mismo tiempo o de la mujer casada con dos hombres.

bigote. m. Pelo que nace sobre el labio superior. Ú.t. en pl.

bicicleta

bilingüe. a. Que habla dos lenguas./ Escrito en dos idiomas.

bilis. f. Humor algo viscoso, amarillento o verdoso, de sabor amargo, que segrega el hígado, de donde fluye hasta la vesícula biliar, en la cual se acumula para ser liberda hacia el duodeno. Interviene en la digestión de las grasas.

billar. m. Juego de destreza que se practica impulsando con tacos unas bolas de marfil sobre una mesa rectangular forrada de paño y rodeada de barandas elásticas.

billete. m. Carta breve./ Amér. Boleto./ Papel moneda.

billón. m. Un millón de millones.

bimembre. a. De dos miembros o partes.

bimestre. a. Bimestral.// m. Tiempo de dos meses./ Renta, sueldo, pensión, etc., que se paga cada dos meses.

bimotor, ra. a. Que tiene dos motores.

biografía. f. Historia de la vida de una persona.

biología. f. Ciencia que estudia los seres vivos, actuales o fósiles, a fin de conocer las leyes que rigen su existencia.

biombo. m. Mampara desplegable, compuesta de varios bastidores articulados.

bioquímica. f. Ciencia que estudia los fenómenos químicos en el ser vivo.

biopsia. f. Examen de un trozo de tejido en un ser vivo, para completar un diagnóstico.

biosfera. f. Conjunto de las zonas habitadas de la litosfera, atmósfera e hidrosfera.

biótico, ca. a. Rel. a los seres vivos.

biotipo. m. Tipo biológico caracterizado por la constancia de ciertos caracteres físicos y psíquicos.

biotopo. m. Parte de la biosfera que posee unas características ecológicas diferenciadas que permiten la formación de una comunidad natural de especies animales y vegetales.

bípedo, da. a. De dos pies.

birlar. tr. Tirar por segunda vez la bola en el juego de bolos./ fig. y fam. Hurgar, quitar con malas artes.

birrete. m. Gorro de forma prismática, coronado por una borla de color determinado; era distintivo de los profesores de algunas universidades./ Gorro./ Bonete.

bis. adv. Se emplea para dar a entender que una cosa debe repetirse o está repetida.// Prefijo que significa dos veces.

bisabuelo, la. s. Padre o madre de los abuelos.

bisagra. f. Articulación metálica que permite el movimiento de puertas y ventanas.

bisector, triz. a. Que divide en dos partes iguales.

bisel. m. Corte oblicuo en el borde de una plancha o lámina.

bisiesto, a. Dícese del año de 366 días. Se repite cada cuatro años. Ú.t.c.s.

bisílabo, ba. a. De dos sílabas.

bisnieto, ta. s. Hijo o hija de nieto o nieta.

bisonte. m. Bóvido salvaje, parecido al toro, con cabeza grande, cuernos pequeños y giba.

bisoño, ña. a. Dícese del soldado o tropa nuevos./ fig. y fam. Nuevo e inexperto.

bistec. m. Trozo de carne de vaca, asada o frita.

bisturí. m. Instrumento para hacer incisiones en cirugía.

bitácora. f. Armario en que se pone la brújula, en los barcos.

bivalente. a. Que tiene dos valencias.

bizarría. f. Gallardía, valor./ Generosidad, esplendor.

bizco, ca. a. Que padece estrabismo.

bizcocho. m. Pan cocido dos veces./ Masa de azúcar, huevos y harina, que se cuece al horno.

blanco, ca. a. De color de nieve o leche./ Apl. a las cosas de color más claro que otras de su especie.// s. Apl. al individuo de raza europea o caucásica.// m. Objeto sobre el cual se dispara un arma./ Espacio sin llenar en un escrito./ fig. Fin, propósito.// f. Mús. Nota que vale la mitad de la redonda.

blandir. tr. Mover con movimiento trémulo o vibratorio un arma u otra cosa.

blando, da. a. Tierno, suave./ Templado./ Manso, benigno, de genio apacible./ Flojo para el trabajo.

blanquear. tr. Poner blanco. / Dar cal o yeso blanco a paredes y techos.

blasfemia. f. Palabra injuriosa contra Dios, la Virgen o los santos./ fig. Palabra injuriosa.

blasón. m. Arte de describir los escudos de armas./ Cada figura o pieza de un escudo./ Escudo de armas./ fig. Honor, gloria.

blenorragia. f. Enfermedad venérea, de origen infeccioso, que afecta la mucosa genitourinaria.

blindar. tr. Proteger exteriormente con blindaje contra los efectos de las balas, el fuego, etc.

blondo, da. a. Rubio.

bloque. m. Trozo grande de piedra./ Sillar de hormigón./ Bloc./ Paralelepípedo rectangular de materia dura./ Conjunto de casas de la misma altura y de características semejantes./ fig. Acuerdo, unión de naciones o partidos políticos para determinado fin.

bloquear. tr. Asediar./ Cortar las comunicaciones y abastecimientos de un lugar o plaza por razones militares./ fig. Impedir el tránsito de algo o la actividad de un mecanismo.

blusa. f. Prenda exterior holgada con mangas que cubre de la cintura hasta el cuello.

boa. f. Serpiente americana hasta de 10 m. de largo, no venenosa; es la mayor de las conocidas.// m. Prenda de piel o pluma que suelen usar las mujeres para abrigo y adorno del cuello.

boato. m. Ostentación, lujo.

bisonte

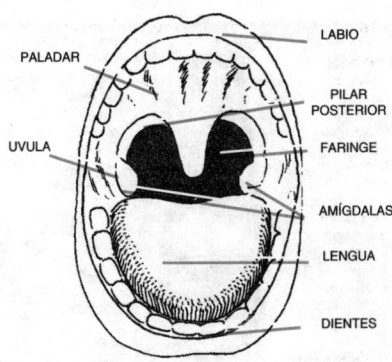

boca

bobina. f. Carrete./ Cilindro o tubo de madera o metal para enrollar hilo, película.fotográfica, etc./ Rollo de papel continuo que se emplea para imprimir en máquinas rotativas./ Fís. Componente de un circuito eléctrico formado por un alambre revestido de una capa aisladora, que se arrolla en forma de hélice con un paso igual al diámetro del alambre.

bobo, ba. a. y s. De muy corto entendimiento y capacidad./ Extremadamente candoroso./ fig. Lelo, memo.

boca. f. Cavidad por donde se come./ Órgano de la palabra./ fig. Entrada o salida./ fig. Abertura, agujero./ fig. Persona o animal que se mantiene.

bocacalle. f. Amér. Cruce de dos calles.

bocado. m. Comida que cabe de una vez en la boca./ Un poco de comida./ Mordedura./ Parte del freno que entra en la boca de la caballería.

bocamanga. f. Parte de la manga más cercana a la muñeca.

bocanada. f. Líquido que de una vez se toma en la boca o se arroja de ella./ Porción de humo que se echa cuando se fuma./ fig. Golpe de aire o viento.

boceto. m. Apunte, esbozo. Apl. a obras de arte que no tienen forma acabada.

bochorno. m. Aire caliente./ Calor sofocante./ Vergüenza./ fig. Alteración del rostro debido al pudor ofendido.

bocina. f. Instrumento para hablar de lejos./ Instrumento sonoro y mecánico que llevan los vehículos para llamar la atención de los transeúntes y de los conductores y evitar accidentes.

boda. f. Casamiento y fiesta con que se solemniza. Ú.m. en pl.

bodega. f. Lugar donde se guarda el vino./ Despensa./ Espacio interior de los buques./ Amér. Comercio donde se vende vino al por mayor.

bodrio. m. Guiso mal hecho./ Amér. Cualquier cosa mal hecha./ Arg. Confusión, desorden.

bofe. m. Pulmón. Ú.m. en pl.

bofetada. f. Golpe dado con la mano abierta en el carrillo./ fig. Desaire.

boga. f. Acción de bogar./ Pez comestible./ fig. Aceptación, felicidad creciente. Dícese generalmente en boga.

bogar. i. Remar.

bohardilla. f. Buhardilla.

bohío. m. Cabaña de América hecha de madera y ramas, cañas o pajas y sin más respirador que la puerta.

boicotear. tr. Privar de toda relación social o comercial a una persona o entidad, para causarle perjuicios u obligarle a ceder en lo que demanda.

boina. f. Gorra de lana redonda y sin visera.

bol. m. Tazón sin asas.

bola. f. Cuerpo esférico./ fig. y fam. Mentira.

boleadoras. f. pl. Instrumento compuesto de dos o tres bolas para aprehender animales. Se usan en América del Sur.

bolear. tr. Amér. Arrojar, impeler./ Cazar con las boleadoras./ fig. y fam. R. de la P. Confundir, avergonzar, azorar. Ú.t.c.prl.

bolero. m. Aire musical popular latinoamericano.

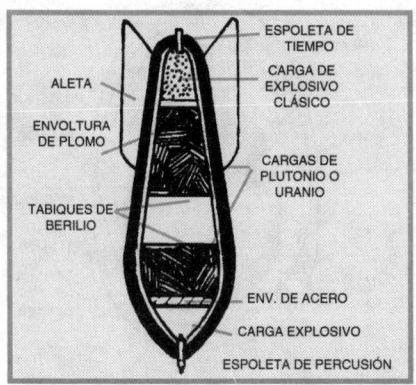

ESPOLETA DE TIEMPO

ALETA

ENVOLTURA DE PLOMO

CARGA DE EXPLOSIVO CLÁSICO

CARGAS DE PLUTONIO O URANIO

TABIQUES DE BERILIO

ENV. DE ACERO

CARGA EXPLOSIVO

ESPOLETA DE PERCUSIÓN

bomba

boleta. f. Cédula para entrar en un lugar./ *Amér.* Cédula para citar a juicio./ Cédula electoral./ Comprobante de una venta.

boletín. m. Publicación especializada, que trata de temas científicos, artísticos, etc./ Sumario de noticias.

boleto. m. *Amér.* Billete de cine, teatro, tren, etc./ *Arg.* Contrato preliminar de compra-venta./ *R. de la P.* Cédula o comprobante de apuesta en las carreras de caballos.

boliche. m. Bola pequeña./ Comercio de ramos generales en zonas rurales.

bólido. m. Aerolito luminoso que cruza rápidamente la atmósfera y suele estallar en pedazos.

bolígrafo. m. Instrumento para escribir formado por un tubo lleno de tinta grasa cerrado en uno de sus extremos por una bolita que gira libremente y que actúa como si fuera la pluma.

bolilla. f. Bola pequeña para efectuar sorteos, votaciones./ Cada uno de los temas numerados de un programa de examen.

boliviano, na. a. De Bolivia.// m. Unidad monetaria de Bolivia.

bolsa. f. Especie de saco que sirve para llevar o guardar alguna cosa./ fig. Establecimiento público en el que se reúnen los comerciantes, agentes colegiados, banqueros y especuladores, a fin de concertar o cumplir diversas operaciones mercantiles.

bolsillo. m. Saquillo cosido en los vestidos, que sirve para guardar cosas usuales.

bolso. m. Bolsa manuable para guardar objetos.

bomba. f. Máquina para elevar líquidos e impulsarlos./ Proyectil./ Pieza hueca, llena de materias explosivas./ Pieza de cristal que se coloca en las lámparas para que alumbren mejor./ *Amér.* Pompa, burbuja./ Fanal o linterna colgada del techo./ fig. y fam. Noticia importante.

bombacha. f. Braga, prenda interior femenina.// pl. *R. de la P.* Prenda característica del campesino.

bombardear. tr. Bombear./ Hacer fuego de artillería o arrojar bombas por medio de la aviación.

bombero. m. Operario que trabaja en la bomba hidráulica./ El que extingue incendios./ Camión para disparar bombas./ fig. y fam. *R. de la P.* Espía, explorador./ Jugador que voluntariamente perjudica a su propio equipo./ Árbitro parcial.

bombilla. f. Tubo que se usa para sacar líquidos./ Globo de cristal en el que se ha hecho el vacío con un hilo de platino, carbón, etc., que se pone incandescente al pasar una corriente eléctrica./ *R. de la P.* Caña especial para sorber el mate.

bombo. a. fam. Aturdido, atolondrado.// m. Caja cilíndrica o esférica y giratoria que sirve para contener bolillas numeradas, utilizables para sorteos./ Tambor muy grande que se toca con una maza./ Quien lo toca./ Elogio exagerado.

bombón. m. Dulce de chocolate, relleno o no.

bonanza. f. Tiempo tranquilo o sereno en el mar./ fig. Andar felizmente en lo que se desea.

bondad. f. Calidad de bueno./ Inclinación a hacer el bien./ Apacibilidad de genio.

bonete. m. Gorra gmente. de cuatro picos o cónica usada por eclesiásticos y por colegiales graduados./ Clérigo secular.

bonito, ta. a. Lindo, agradable, elegante.// m. Pez semejante al atún.

bono. m. Vale que puede canjearse por comestibles u otros artículos y a veces por dinero./ Título de deuda.

boquear. i. Abrir la boca. / Estar expirando. / fig. y fam. Estar acabándose algo.

boquete. m. Entrada angosta./ Abertura en la pared.

boquilla. f. Pieza por donde se sopla./ Tubo pequeño por donde se fuma y donde se coloca el cigarrillo./ Pieza donde se produce la llama en los aparatos de alumbrado.

borceguí. m. Calzado hasta media pierna.

borda. f. Borde superior del costado de un barco.

bordar. tr. Adornar con labor de relieve./ fig. Hacer algo con arte.

borde. m. Extremo u orilla de algo./ En las vasijas, orilla de la boca.

bordear. i. y prl. Andar por el borde. / Acercarse, frisar.

bordo. m. Costado exterior de la nave.

bordona. f. *Arg.* y *Urug.* Cuerda gruesa de algunos instrumentos musicales, principalmente de la guitarra.

bórico. a. Dícese del ácido soluble en agua que se usa como antiséptico y en la industria de la porcelana.

borra. f. Cordera de un año./ Parte más corta o gruesa de la lana./ Pelusa que se forma en los bolsillos entre los muebles./ Hez o sedimento espeso que forman la tinta, el aceite, el café, etc./ fig. fam. Cosas y expresiones inútiles.

borracho, cha. a. y s. Ebrio./ Que se embriaga habitualmente./ fig. fam. Dominado por una pasión.// m. *Chile.* Pez verde claro bajo el vientre y oscuro en el dorso.

borrar. tr. Hacer desaparecer lo representado, lo escrito./ fig. Desvanecer una cosa, hacerla desaparecer. Ú.t.c.prl.

borrasca. f. Tempestad, temporal fuerte./ fig. Contratiempo, peligro que se corre en un negocio.

borrego, ga. a. Cordero o cordera de uno a dos años.// s. Persona sencilla, ignorante. Ú.t.c.a.

bosque. m. Lugar poblado de árboles y matas.

bosquejo. m. Traza primera de una obra artística./ fig. Idea vaga.

bostezar. i. Inspirar lenta y profundamente abriendo mucho la boca.

bota. f. Cuero pequeño para beber vino./ Calzado que resguarda el pie y parte de la pierna.

bosque

botánico, ca. a. Rel. a la botánica.// s. El que tiene especiales conocimientos en botánica.// f. Ciencia que trata de los vegetales.

botar. tr. Echar fuera violentamente./ Echar al agua un barco recién construido./ i. Saltar la pelota u otra cosa después de haber tocado algo./ *Amér.* Derrochar.

bote. m. Golpe que se da con ciertas armas como la pica o la lanza./ Salto del caballo./ Salto de la pelota o de una persona o cosa al chocar contra algo./ Barco pequeño, de remo sin cubierta.

botella. f. Vasija con el cuello angosto, para contener líquidos.

botellero. m. Quien fabrica o vende botellas./ R. de la P. Ropavejero.

botín. m. Calzado de cuero que cubre el pie y parte de la pierna./ Despojos del enemigo.

botiquín. m. Mueble, caja o maleta para guardar medicinas.

botón. m. Yema de los vegetales./ Flor cerrada y cubierta por las hojas./ Pieza que entra en el ojal y sirve para abrochar./ Pieza del timbre eléctrico que al ser oprimido, lo hace sonar./ Resalto que sirve de asidero, tope, etc.

botones. m. Muchacho que lleva recados en hoteles, casinos, etc.

bóveda. f. Arq. Estructura de perfil arqueado destinada a cubrir un espacio comprendido entre muros o varios pilares./ Habitación subterránea abovedada./ Cripta./ -celeste. Firmamento.

bóvido. a. Dícese de los mamíferos rumiantes, con cuernos óseos, cubiertos por estuche córneo, no caedizos, y que existen tanto en el macho como en la hembra. Están desprovistos de incisivos en la mandíbula superior y tienen ocho en la inferior, como la cabra y el toro. Ú.t.c.s.// m. pl. Zool. Familia de estos animales.

bovino, na. a. Rel. al toro, al buey o a la vaca./ m. Animal vacuno.

boxear. i. Luchar a puñetazos sujetándose a reglas.

boya. f. Cuerpo flotante que se coloca como señal sujeto al fondo del río, mar, etc.

bozal. Aparato que se pone a los perros para que no muerdan./ Amér. Cabestro.

bozo. m. Vello que apunta a los jóvenes en el labio superior.

bracear. i. Mover los brazos repetidamente. / Nadar sacando los brazos del agua.

bracero. m. Peón, jornalero.

bragueta. f. Abertura delantera del pantalón o de los calzones.

bramar. i. Dar bramidos. / Hacer ruido estruendoso el mar, el viento, etc.

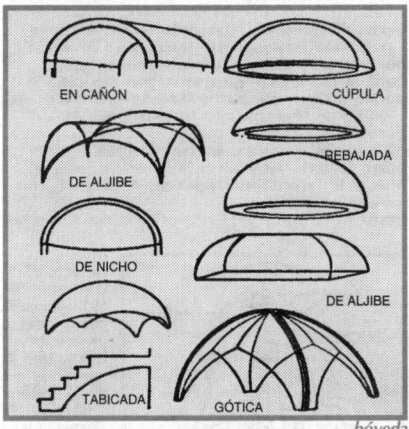

EN CAÑÓN

CÚPULA

REBAJADA

DE ALJIBE

DE NICHO

DE ALJIBE

TABICADA

GÓTICA

bóveda

bramido. m. Voz del toro y otros animales salvajes./ fig. Grito fuerte del hombre furioso./ Estruendo del mar, viento, etc.

branquia. f. Órgano respiratorio de muchos animales acuáticos como peces, moluscos, etc.

brasa. f. Leño o carbón encendido y pasado del fuego.

brasero. m. Pieza de metal, donde se hace lumbre para calentarse.

brasileño, ña. a. Del Brasil.

bravío, a. a. Feroz, indómito./ fig. De costumbres rústicas.

bravo, va. a. Valiente, esforzado./ Fiero, feroz, tratándose de animales./ Se dice del mar alborotado./ Áspero, fogoso./ Enojado./ fam. Valentón, preciado de guapo./

bravura. f. Fiereza de los brutos./ Valentía de las personas.

brazada. f. Movimiento que se hace con los brazos.

brazalete. m. Aro que rodea el brazo.

bozal

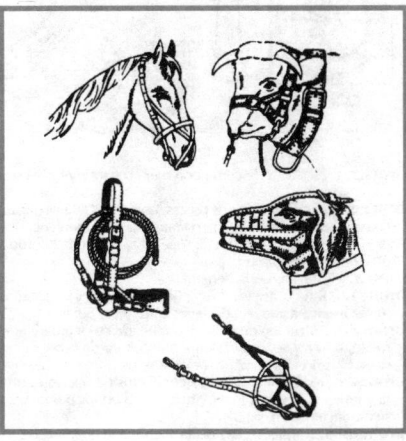

brazo. m. Miembro del cuerpo./ Parte de este miembro desde el hombro hasta el codo./ Pata delantera de un cuadrúpedo./ En los aparatos de iluminación, candelero que se parte central y sostiene las luces./ Cada uno de los palos que salen del costado del sillón, para apoyar los brazos.

brea. f. Alquitrán.

brebaje. m. Bebida desagradable.

brecha. f. Rotura hecha en la muralla o pared por la artillería./ Abertura en una pared./ fig. Impresión en el ánimo por sugestión ajena o sentimiento propio.

bregar. i. Luchar , reñir./ Trabajar con afán./ fig. Luchar con riesgos.

brete. m. Grillo que se pone a los presos en los pies./ fig. Aprieto./ Arg. Lugar cercado de maderas donde se encierra el ganado.

breva. f. Primer fruto que da la higuera./ fig. Ventaja.

breve. a. De corta extensión o duración.// m. Documento pontificio.// f. Figura musical.

bribón, na. a. y s. Haragán./ Pícaro, ruin, bellaco.

brida. f. Freno del caballo con las riendas y todo el correaje.

brigada. f. Unidad militar./ Grado militar superior a sargento./ Cuadrilla de trabajadores.

brigadier. m. Oficial general equivalente, en la fuerza aérea, a general de brigada en el ejército y a contralmirante en la marina.

brillante. a. Que brilla./ fig. Admirable, sobresaliente.// m. Diamante tallado y pulido.

brillar. i. Resplandecer, despedir rayos de luz./ Sobresalir.

brincar. i. Dar brincos.

brinco. m. Movimiento que se hace levantando los pies del suelo con rapidez.

brindar. i. Manifestar, al ir a beber, el bien que se desea./ Convidar. Ú.t.c.tr.// prl. Ofrecer voluntariamente.

brindis. m. Acción de brindar./ Lo que se dice al brindar.

brío. m. Espíritu, valor, resolución.// m. pl. Pujanza.

brisa. f. Viento fresco y suave que sopla con regularidad.

brizna. f. Filamento delgado de una cosa.

brocal. m. Antepecho alrededor de la boca del pozo.

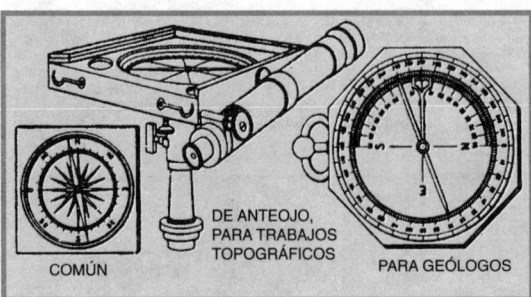

COMÚN

DE ANTEOJO,
PARA TRABAJOS
TOPOGRÁFICOS

PARA GEÓLOGOS

brújula

brocha. f. Escobilla de cerda con mango para pintar y otros usos.

broche. m. Conjunto de dos piezas, una de las cuales engancha en la otra./ *Amér.* Pinzas o tenacillas para mantener unidas las hojas de papel, sujetar ropa, etc./ Alfiler de adorno.// pl. Gemelos de camisa.

broma. f. Chanza, burla benigna.

bronca. f. Riña o disputa./ *Arg.* Tirria, odio./ Enojo, enfado./ -tener bronca a uno. *Amér.* Tener entre ojos, odiar.

bronce. m. Aleación de cobre y estaño, de color amarillento rojizo, tenaz y sonoro./ Estatua o escultura de bronce./ fig. poét. El cañón, la campana, el clarín, etc.

bronquio. m. Cada uno de los conductos en que se bifurca la tráquea al llegar al tórax y que entran en los pulmones y se ramifican. Ú.m. en pl.

bronquitis. f. Inflamación de la membrana mucosa de los bronquios.

brotar. i. Nacer la planta de la tierra./ Salir en los vegetales retoños, hojas, etc./ fig. Tener principio o empezar a manifestarse una cosa.

brote. m. Pimpollo o renuevo que empieza a desarrollarse./ Acción de brotar o empezar a manifestarse una cosa.

brujería. f. Obra de brujas./ Maleficio.

brujo, ja. a. y s. Persona de quien se dice que tiene pacto con el diablo, de donde posee poderes extraordinarios.

brújula. f. Barrita imantada que marca el norte magnético./ Instrumento para orientarse a bordo de las naves.

brulote. m. Embarcación con materias inflamables que se enviaba contra las enemigas para incendiarlas./ fig. y fam. *Amér.* Palabra grosera e insultante./ Escrito ofensivo.

bruma. f. Niebla, esp. la marina.

bruñir. tr. Sacar lustre o brillo a una cosa./ fig. Acicalar el rostro con afeites.

brusco, ca. a. Áspero, desapacible./ Gal. por rápido, repentino.

bruto, ta. m. Animal irracional.// a. y s. Que no tiene pulimento, tosco.

bucear. i. Nadar y mantenerse debajo del agua./ fig. Investigar, inquirir.

buche. m. Bolsa membranosa de las aves en que ablandan el alimento./ Estómago de ciertos cuadrúpedos./ Porción de líquido que cabe en la boca.

bucle. m. Rizo de cabello en espiral.

bucólico, ca. a. Apl. a la composición poética de tema campestre.

budín. m. Postre hecho con bizcocho o pan deshecho con azúcar, leche y frutas secas.

buen. a. Bueno antes de sustantivo m. o infinitivo. Es apócope.

bueno, na. a. Que tiene bondad./ Útil, a propósito./ Gustoso./ Grande.

buey. m. Macho vacuno castrado.

búfalo. m. Nombre de bóvidos semejantes al toro.

bufanda. f. Prenda que se lía alrededor del cuello.

bufar. i. Resoplar con ira y con furor los animales./ fig. y fam.

Expresar enojo una persona de manera parecida./ Soplar.

bufón, na. a. Chocarrero.// s. Persona que se ocupa de hacer reír.

buhardilla. f. Ventana sobre el tejado que da luz a un desván./ Desván.

búho. m. Ave nocturna rapaz./ fig. y fam. Persona huraña.

buitre. m. Ave rapaz que vive en bandadas y se alimenta de carne muerta./ fig. Persona que se complace o favorece con desgracias ajenas.

bujía. f. Vela de cera blanca./ Candelero./ Unidad para medir la intensidad de un foco de luz artifical./ Pieza que en los motores de explosión produce la chispa que ha de inflamar la mezcla gaseosa.

bula. f. Documento pontificio.

bulbo. m. Tallo subterráneo

bullicio. m. Ruido de mucha gente./ Tumulto, alboroto.

bullir. i. Hervir el agua o cualquier otro líquido./ Agitarse a modo de agua que hierve./ fig. Moverse, agitarse muchos insectos reunidos./ Moverse, agitarse una persona.

bulto. m. Volumen o tamaño de cualquier cosa./ Cuerpo que por la distancia, por falta de luz u otra razón, no se distingue lo que es./ Elevación causada por cualquier hinchazón./ Tratándose de viajes, fardo, maleta, baúl, etc./ -escurrir uno el bulto. frs. fig. y fam. Eludir un compromiso, trabajo o riesgo.

buque. m. Casco de la nave./ Barco con cubierta adecuado para empresas marítimas de importancia.

burbuja. f. Glóbulo de gas que sale a la superficie de un líquido.

burdel. m. Mancebía, casa de prostitución./ Lugar en que falta al decoro con ruido y confusión.

burdo, da. a. Tosco, basto.

burgo. m. ant. Población muy pequeña, que dependía de otra principal./ Fortaleza medieval construida por los señores feudales, próxima a una ciudad, para vigilar.

burgués, sa. a. Perteneciente al burgo./ Dícese de la persona que disfruta, sin inquietudes ni preocupaciones, una posición económica acomodada. Ú.t.c.s./ s. Capitalista, propietario de los medios de producción o de cambio.

burguesía. f. Clase social que forman los burgueses.

buril. m. Instrumento de acero para grabar en metal.

burlar. tr. Chasquear, zumbar./ Engañar, frustrar una esperanza.// tr. y prl. Hacer burla de alguien o de algo. Ú.t.c.i.

burocracia. f. Organización de la administración pública./ Clase social que forman los empleados públicos.

burro. m. Asno./ fig. y fam. Hombre necio e ignorante.

buscar. tr. Hacer diligencias para encontrar alguna persona o cosa./ *Amér.* Provocar.

busto. m. Parte superior del tórax./ Escultura o pintura que reproduce la cabeza.

butaca. f. Silla con respaldo inclinado hacia atrás./ Asiento de un teatro.

buzo. m. El que tiene por oficio trabajar sumergido en el agua./ Cierta embarcación antigua.

buzón. m. Receptáculo en que caen las cartas./ Abertura por donde se echan las cartas.

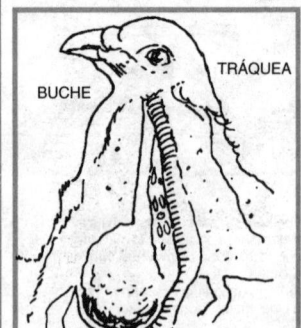

buche

TRÁQUEA

BUCHE

c. f. Tercera letra del alfabeto castellano y segunda de sus consonantes. Su nombre es *ce*./ Letra numeral romana, que equivale a ciento.

cabal. a. Exacto./ Completo./ Honrado.

cábala. f. Tradición oral entre los judíos que explicaba los libros del Antiguo Testamento./ Cálculo supersticioso./ Conjetura.

cabalgar. i./tr. Subir a caballo.// i. Andar a caballo.

caballa. f. Pez marino acantopterigio de carne rojiza y comestible.

caballería. f. Cualquier animal solípedo que sirve para cabalgar en él./ Cuerpo del ejército formado por soldados a caballo./ Instituto de los caballeros que hacían profesión de las armas.

caballero, ra. a. Que cabalga.// m. Hidalgo de calificada nobleza./ Miembro de alguna orden de caballería./ El que se conduce con nobleza.

caballete. m. dim. de caballo./ Línea de un tejado de la que parten dos vertientes./ Sostén formado por una pieza horizontal apoyada en cuatro tornapuntas./ Prominencia en medio de la nariz que la hace corva./ Armazón de madera en la que se coloca el cuadro.

caballo. m. Mamífero équido. Se domestica fácilmente y es muy inteligente./ Pieza grande del juego de ajedrez y naipe de la baraja representada por un caballo./ Pez marino de cola larga y erguida y como la de un caballo.

cabaña. f. Casilla tosca./ *Amér.* Establecimiento donde se crían ganados de raza.

cabe. prep. ant. Poét. Cerca de, junto a.

cabecear. i. Mover la cabeza de un lado a otro o de arriba abajo./ Dar cabezadas cuando uno se duerme./ Moverse la embarcación de proa a popa.// tr. *Arg.* En el fútbol, dar al balón con la cabeza.

caballo

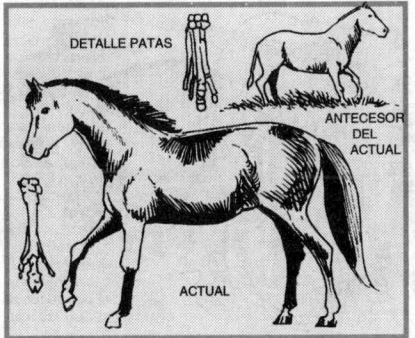

DETALLE PATAS

ANTECESOR DEL ACTUAL

ACTUAL

cabecera. f. Parte principal de algunas cosas./ Lugar de preferencia en una reunión, mesa, tribunal, etc./ Parte de la cama donde se colocan las almohadas./ Población principal de un territorio, distrito, etc./ Origen de los ríos./ Adorno puesto al comenzar una página.

cabecilla. m. dim. de cabeza.// m. y f./ fig. y fam. Persona de poco juicio y mala conducta./ Jefe de rebeldes./ El que capitanea cualquier grupo.

cabellera. f. El pelo de la cabeza, especialmente cuando es largo./ Cola luminosa de los cometas.

cabello. m. Pelo de la cabeza de la especie humana./ Su conjunto./ **-cabello o cabellos de ángel.** Dulce almibarado./ *Arg.* y *Perú.* Fideos muy delgados.

caber. i. Poder contenerse una cosa dentro de otra./ Tener lugar o entrada./ Pertenecerle, tocarle a uno una cosa./ Ser posible o natural.

cabestro. m. Ramal que se ata a la cabeza de la caballería para llevarla o asegurarla./ Buey manso que sirve de guía a las toradas.

cabeza. f. Parte principal o superior de una cosa./ Parte superior del cuerpo del hombre y superior o anterior de los animales./ Parte superior y posterior de ella, desde la frente hasta el cuello, excluida la cara./ Principio o extremo de una cosa./ fig. Origen, principio./ Juicio, capacidad./ Persona, individuo de la especie humana./ Capital, población principal de una región, país, etc.// m. Superior principal de una familia, comunidad, etc.

cabezal. m. Almohada pequeña./ Vendaje que se pone sobre las heridas./ Pieza fija del torno.

cabildo. m. Comunidad de eclesiásticos capitulares./ Corporación de gobierno municipal./ Junta.

cabina. f. Gal. por camarote./ Lugar donde se coloca el conductor de un avión, tren, camión, etc./ Aposento pequeño para diversos usos.

cable. m. Maroma o cabo grueso./ Cablegrama./ Décima parte de la milla.

cabo. m. Cualquier extremo de una cosa./ Parte pequeña que queda de algo./ Mango de cualquier utensilio./ Punta de tierra que penetra en el mar./ Cuerda./ Oficial subalterno inmediatamente superior al soldado.

cabotaje. m. Navegación entre los puertos de una nación.

cabra. f. Mamífero rumiante doméstico, esbelto, ligero, con grandes cuernos vueltos hacia atrás y un mechón de pelos largos colgante de la mandíbula inferior./ Hembra de esta especie.

cabrero. m. Pastor de cabras./ a./ m. *Amér.* Enojado, propenso a enojarse./ *Chile.* Dícese del que se cansa o aburre de una cosa.

cabriola. f. Brinco, salto./ fig. Voltereta.// pl. *Cuba.* Travesuras.

cabrón. m. Macho de la cabra./ Hombre que consiente el adulterio de su mujer./ *Chile.* Rufián.

caburé. m. Especie de lechuza pequeña de América, que aturde con su chillido a los pájaros hasta que quedan inmóviles y entonces los devora.

cacao

caca. f. Excremento de los niños./ fig. y fam. Vicio, defecto./ Suciedad, inmundicia.

cacahuete. m. Planta americana, y su fruto, el maní.

cacao. m. Árbol americano de semillas carnosas que son el ingrediente principal del chocolate./ Esta semilla.

cacarear. i. Dar voces repetidas el gallo o la gallina.// tr. fig. y fam. Alabar excesivamente las cosas propias.

cacatúa. f. Ave de Oceanía, trepadora, que aprende a hablar con facilidad.

cacería. f. Partida de caza y conjunto de animales muertos en ella./ Cuadro que representa la caza.

cacerola. f. Vasija de metal, para guisar.

cacharro. m. Vasija tosca./ fig. y fam. Cualquier artefacto en malas condiciones.

cachaza. f. Lentitud excesiva en el obrar o en el decir./ Aguardiente de melaza./ Primera espuma de la caña de azúcar.

cacho. m. Trozo pequeño. / Racimo de bananas.

cachorro, rra. s. Perro de poco tiempo./ Cría de los mamíferos./ *Chile.* Disparo flojo de la pólvora.// a.¨ *Cuba.* Malintencionado, rencoroso.

cacique. m. Jefe de un pueblo indio./ fig. y fam. Persona influyente.

cacto. m. Nombre de diversas plantas vasculares, de tallo gmente. cilíndrico, capaces de almacenar grandes cantidades de agua y, por ende, características de las zonas desérticas o áridas, con espinas o pelos, como el nopal.

cada. a. Que designa una o más personas o cosas entre varias.

cadalso. m. Tablado que se levanta para la ejecución de la pena de muerte.

cadáver. m. Cuerpo muerto.

cadena. f. Serie de eslabones enlazados entre sí./ fig. Sujeción penosa./ Continuación de sucesos./ Pena aflictiva./ *Arg.* Una de las figuras del pericón.

cadencia. f. Serie de sonidos o movimientos que se suceden de un modo regular.

cadera. f. Cada una de las dos partes salientes formadas por los huesos superiores de la pelvis.

cadete. m. Alumno de una academia militar./ *Amér.* Aprendiz de comercio./ *Arg.* Mandadero joven, botones.

caduco, ca. a. Decrépito, anciano./ Poco durable.

caer. i./ prl. Venir un cuerpo de arriba abajo./ Perder un cuerpo el equilibrio hasta dar en tierra./ Desprenderse una cosa del lugar donde estaba adherida./ Venir a dar en una trampa o emboscada./ ⁴ncurrir en error./ fig. Decaer./ Tocar a uno un empleo, herencia, premio, etc./ Cuadrar, sentar bien./ *Fís.* Pasar algo de un nivel a otro al que le ha sido asignado un valor más bajo.

café. m. Cafeto./ Su semilla./ Infusión hecha con la misma./ Local público donde se sirve café./ fig. y fam. *R. de la P.* Reprimenda.

cafeína. f. Alcaloide que se encuentra en el café, el té y la yerba mate.

cafeto. m. Árbol originario de Abisinia, de flores blanquecinas que, una vez fecundadas, se transforman en bayas carnosas de color rojo que contienen las semillas de las que se extrae el café.

caída. f. Acción y efecto de caer./ Declinación de algo./ Parte que cuelga de un tapiz, cortina, etc./ fig. Fracaso.

caimán. m. Reptil saurio parecido al cocodrilo, aunque más pequeño./ fig. Persona astuta.

caja. f. Pieza hueca con tapa para guardar alguna cosa./ Armario de hierro o de acero, provisto de cerradura de seguridad, para guardar valores./ Ataúd./ Parte de un vehículo donde van las personas./ Dependencia pública donde se efectúan pagos y cobranzas.

cajero. m. Quien hace cajas./ Persona que en las tesorerías, entidades bancarias, etc., está encargada de la entrada y salida de dinero. / *Arg.* Músico que toca la caja.

cajón. m. Caja grande./ Caja movible de un mueble./ *Amér.* Ataúd./ -**ser de cajón.** frs. fig. y fam. Ser muy corriente y sabido.

cal. f. Óxido de calcio. Es una sustancia blanca y ligera, cuando está viva; al entrar en contacto con el agua, se hidrata o se apaga, hinchándose o desprendiendo calor./ -**muerta.** La apagada./ -**viva.** La que no contiene agua.

cala. Acción y efecto de calar./ Pedazo cortado de una fruta para probarla./ Parte más baja en el interior de un buque./ Ensenada pequeña./ Planta acuática, de olor agradable y hermoso aspecto./ Su flor.

calabaza. f. Planta anual y su fruto./ fig. y fam. Persona muy ignorante.// -**dar calabazas.** frs. fig. y fam. Reprobar un examen./ Rechazar la mujer al que la pretende.

calabozo. m. Lugar seguro para incomunicar a un preso./ Instrumento que se emplea para podar árboles.

calamar. m. Molusco cefalópodo comestible, con diez tentáculos provistos de ventosas y que si se lo persigue, segrega un líquido negro.

calambre. m. Contracción espasmódica, dolorosa y transitoria de un músculo.

calamidad. f. Desgracia que alcanza a muchos./ fig. y fam. Persona torpe o incapaz.

calandria. f. Alondra. / *Amér.* Ave de color ceniciento y canto melodioso, que suele imitar las voces de los animales.

calar. tr. Penetrar un líquido./ Traspasar./ Hacer calado en una tela, metal o cualquiera otra materia./ Conocer las cualidades o intenciones de las personas./ Cortar de una fruta, un trozo para probarla./ i. Alcanzar una nave en el agua cierta profundidad.// prl. Mojarse de modo que el agua pase de la ropa al cuerpo.

calavera. f. Conjunto de los huesos de la cabeza unidos, pero sin carne ni piel./ m. fig. Hombre de poco juicio, libertino./ *Méx.* Regalo que solicita la gente del pueblo para el Día de Difuntos.

caldera

calcar. tr. Sacar copia de un dibujo, por contacto./ fig. Copiar, imitar con exactitud.

calcetín. m. Media que sólo llega a la mitad de la pantorrilla.

calcificar. tr. Producir por medios artificiales carbonato de cal.

calcinar. tr. Reducir a cal viva los minerales calcáreos./ Someter un mineral al fuego para que pierda las materias volátiles./ fig. Abrasar, reducir a cenizas.

calcio. m. Elemento químico (metal) blanco o gris que al combinarse con el oxígeno forma la cal. Símb., C; n. at., 20; p. at., 40,08.

calco. m. Copia que se saca calcando.

calcomanía. f. Procedimiento consistente en pasar de un papel a objetos diversos imágenes coloreadas./ Imagen obtenida por este medio./ El papel que contiene estas imágenes.

calcular. tr. Hacer cálculos./ Gal. por pensar, meditar, reflexionar.

cálculo. m. Operación con la que se determina el valor de una cantidad cuya relación con otra u otras dadas se conoce./ Conjetura./ Concreción anormal que se forma en la vejiga, vesícula biliar y en los riñones./ Gal. por interés, egoísmo.

caldear. tr./ prl. Calentar mucho.// prl. fig. y fam. Enardecerse.

caldén. m. Especie de algarrobo sudamericano cuya madera se emplea en carpintería; llega hasta 10 m de altura.

caldeo, a. De Caldea.// m. Lengua de los caldeos.

caldera. f. Vasija de metal grande para poner a calentar algo./ Recipiente metálico donde se calienta el agua que luego circula por cañerías y de este modo se brinda calefacción a un edificio./ Arg. y Urug. Cafetera, tetera y vasija para hacer el mate.

caldo. m. Líquido donde se ha cocido la vianda./ Cualquiera de los jugos alimenticios que se extraen de las plantas. Ú. m. en pl./ **-de cultivo.** Líquido preparado para que proliferen en él ciertas bacterias.

calefacción. f. Acción y efecto de calentar o calentarse./ Aparato que se usa para calentar una habitación.

calendario. m. Sistema de división del tiempo que lo agrupa en distintos intervalos, según determinados fenómenos astronó-micos./ Almanaque.

calentar. tr., prl. Comunicar calor a un cuerpo.// prl. Encolerizarse./ Animarse en la disputa.

calentura. f. Fiebre./ Amér. Excitación sexual.

calibrar. tr. Medir el calibre./ Dar el calibre que se desea./ fig. Calcular, medir la importancia de algo.

calibre. m. Diámetro interior de las armas de fuego./ Diámetro del proyectil o de un alambre./ Diámetro interior de objetos huecos./ Tamaño, importancia./ vulg. Calidad.

calidad. f. Manera de ser./ Conjunto de cualidades./ fig. Importancia, gravedad.// pl. Prendas espirituales.

cálido, da. a. Que da calor o lo siente./ Caluroso./ En pintura se dice del colorido donde predominan los matices vivos.

caliente. a. Que tiene calor./ Tratándose de disputas, riñas, etc., vivo, acalorado./ vulg. Ebrio.

calificar. tr. Determinar las cualidades o circunstancias de una persona o cosa./ Expresar este juicio./ Ennoblecer, acreditar.

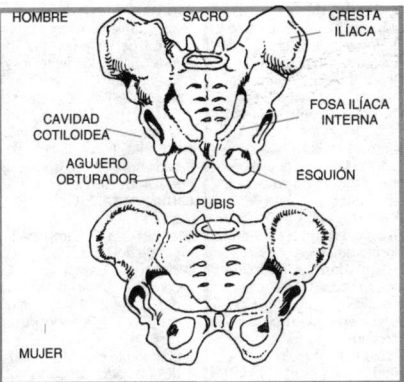

HOMBRE — SACRO — CRESTA ILÍACA — CAVIDAD COTILOIDEA — FOSA ILÍACA INTERNA — AGUJERO OBTURADOR — ESQUIÓN — PUBIS — MUJER

cadera

caligrafía. f. Arte de escribir con letra bien formada y hermosa.

cáliz. m. Vaso sagrado usado en la misa./ poét. Copa, vaso./ Cubierta exterior de las flores.

calizo, za. a. Apl. al terreno o a la piedra que tiene cal.// f. Roca sedimentaria formada por carbonato de calcio.

callar. i./ prl. No hablar, guardar silencio./ Cesar de hablar, de cantar, etc./ Abstenerse de hablar lo que se sabe o piensa.

calle. f. Camino entre dos hileras de casas./ Serie de casillas en los tableros de los juegos de ajedrez o damas./ Dep. En atletismo o natación, franja delimitada por la que debe ir cada deportista.

callejón. m. Calle corta.

callo. m. Dureza que por roce o presión se llega a formar en pies, manos, rodillas, etc.// pl. Trozos del estómago de la vaca o carnero que se comen guisados.

calma. f. Estado de la atmósfera cuando no hay viento./ fig. Paz, tranquilidad./ fig. y fam. Cachaza.

calmante. a. y s. Que calma./ Medicamento narcótico.

calmar. tr./ prl. Sosegar, adormecer, templar.// i. Estar en calma, propender a ella.

calmo, ma. a. Que está en descanso.

calor. m. Fenómeno físico que eleva la temperatura y dilata los cuerpos y que llega a fundir los sólidos y evaporar los líquidos./ Sensación que se experimenta con un cuerpo caliente./ Aumento extraordinario de la temperatura que experimenta un cuerpo por causas fisiológicas./ **-atómico.** Fís. Cantidad de calor que por átomo gramo necesita un elemento para que su temperatura se eleve un grado centígrado.

calumnia. f. Acusación falsa y maliciosa./ Der. Delito perseguible a instancia de parte, consistente en la imputación falsa de un delito perseguible de oficio.

calumniar. tr. Atribuir falsa y maliciosamente palabras, actos o intenciones deshonrosas./ Imputar falsamente la comisión de un delito perseguible de oficio, fuera del oficio en que se persiga ese delito.

caluroso, sa. a. Que siente o causa calor./ Ardiente./ fig. Vivo, entusiasta, cordial.

calva. f. Parte de la cabeza que ha quedado sin pelo.

calvario. m. Lugar donde fue crucificado Jesucristo./ fig. Serie de adversidades.

calvicie. f. Falta de pelo en la cabeza.

calvo, va. a. Que ha perdido el pelo de la cabeza./ Dícese del terreno inculto.

calzada. f. Camino ancho y empedrado./ Arg. Parte de la calle entre las dos aceras.

calamar

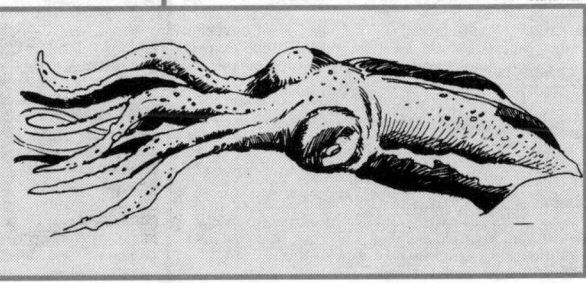

calzado, da. a. Que usa zapatos./ Dícese de los religiosos que usan calzado, en contraposición con los descalzos./ Aplícase al animal que tiene los pies de color distinto del resto del cuerpo.// m. Todo género de zapato que sirve para cubrir y resguardar el pie.// f. Camino empedrado y ancho.

calzar. tr./ prl. Cubrir el pie o la pierna con el calzado./ Poner guantes, espuelas, etc.; usarlos o llevarlos puestos. Ú.t.c.prl./ Poner calces o cuñas.// i. fam. *Arg.* Conseguir el empleo que se necesitaba.

cama. f. Mueble que se utiliza para dormir y descansar./ Plaza destinada a un enfermo en un hospital.

camafeo

camada. f. Crías de algunos mamíferos que se paren de una vez./ Capa de ciertas cosas, extendidas horizontalmente./ fig. y fam. Cuadrilla de malhechores.

camafeo. m. Figura tallada de relieve en piedra dura y preciosa./ Esta piedra.

camaleón. m. Saurio pequeño que cambia de color al dilatar su piel.

camalote. m. *Amér.* Planta acuática americana, de hoja en forma de plato y flor azul./ Conjunto de estas plantas que, enredadas unas con otras, forman islas flotantes.

cámara. f. Sala, habitación./ Cada uno de los cuerpos colegisladores en los gobiernos representativos./ Reunión de personas./ Sala principal en los barcos./ Armario, recinto./ Anillo tubular de goma de los neumáticos con aire inyectado a presión./ En los buques, lugar donde se alojan los oficiales./ Espacio que ocupa la carga en las armas de fuego.

camarada. m. y f. El que anda en compañía de otros, tratándose con amistad y confianza.

camarín. m. Cuarto pequeño donde se cambian los actores en el teatro.

camarón. m. Crustáceo marino con diez patas y antenas largas.

camarote. m. Dormitorio en los barcos y en los vagones.

cambiar. tr./ i. Ceder una cosa por otra./ Mudar, variar, alterar.// tr. Dar o tomar una moneda o billete por su equivalente.// i. Mudar de dirección el viento.

cambio. m. Acción de cambiar./ Modificación que resulta de ello./ Dinero menudo./ Precio de cotización de los valores mercantiles./ Valor relativo de las monedas de diversos países./ Mecanismo de las vías férreas que sirve para que los trenes vayan por una de las dos vías./ **-libre cambio.** Sistema económico de comercio sin pago de derechos aduaneros.

camelia. f. Arbusto originario de Japón y China, de flores muy bellas./ Flor de este arbusto.

camello. m. Rumiante originario del Asia Central, de cuello largo y gibas en el dorso./ fig. y fam. Individuo rudo y torpe./ fig. Persona que comercializa drogas tóxicas al por menor.

camelo. m. fam. Chasco, burla./ Noticia falsa.

camilla. f. Mesa donde se pone el brasero./ Cama angosta y portátil, para conducir enfermos o heridos.

caminar. i. Ir de viaje./ Andar./ fig. Seguir su curso las cosas inanimadas.// tr. Recorrer una distancia.

caminata. f. fam. Recorrido largo y penoso./ Viaje corto hecho por diversión.

camino. m. Vía hecha para transitar./ Tierra hollada por donde se transita habitualmente./ Viaje./ fig. Medio para lograr algo.

camión. m. Vehículo grande y fuerte que se utiliza para transformar cargas pesadas./ *Méx.* Ómnibus.

camioneta. f. Camión pequeño.

camisa. f. Prenda de vestido./ Telilla externa de algunos frutos./ Revestimiento interior de una pieza mecánica./ Envoltura de metal de un proyectil./ **-de fuerza.** La que se utiliza para inmovilizar a los dementes./ **-meterse en camisa de once varas.** frs. fig. y fam. Intervenir en lo que a uno no le importa.

campamento. m. Acción de acampar./ Lugar donde acampa la tropa./ La tropa acampada./ Lugar donde se instalan turistas, exploradores, viajeros, etc.

campana. f. Instrumento de metal que tiene en su interior un badajo que lo hace sonar./ fig. Cualquier cosa que por su forma se parece a la campana./ *Arg.* y *Perú.* Persona que espía.

campanada. i. Golpe que da el badajo en la campana, y sonido que hace.

campanilla. f. Campana pequeña./ Apéndice carnoso que pende del paladar./ Flor con corola en forma de campana.

campaña. f. Campo llano./ Conjunto de actos o esfuerzos para conseguir un fin determinado./ *Amér.* Campo./ fig. Tiempo durante el cual una persona se dedica a una determinada ocupación./ Período de actividad comercial o industrial./ Período de operaciones de un buque./ Ejercicio militar./ Tiempo durante el cual se realizan distintas actividades con un fin determinado: *campaña publicitaria, sanitaria,* etc.

campeón. m. Héroe famoso en armas./ El que en los desafíos antiguos entraba en batalla./ Vencedor en un certamen./ Defensor de una causa, ideal, etc.

campero, ra. a. Rel. al campo./ *Amér.* Dícese del animal adiestrado en el paso de los ríos, montes, etc./ *R. de la P.* Práctico en cosas de campo.

campesino, na. a. Propio del campo.// s. Que vive en él.

campiña. f. Espacio grande de tierra llana cultivable.

campo. m. Terreno extenso fuera de poblado./ Tierra de cultivo./ Campiña./ Terreno de juego en el fútbol y otros deportes./ *Dep.* Mitad del terreno de juego que cada equipo debe defender en el fútbol y otros deportes./ fig. Espacio real o imaginario donde está o se desarrolla una cosa real o imaginaria./ *Amér.* Terreno comprendido en la concesión de una mina./ **-de batalla.** Lugar donde se lucha.

camposanto. m. Cementerio católico./ *Arg.* Cabeza de una viga que sostiene la corona de la cornisa.

camión

can. m. Perro.

canadiense. a. De Canadá.

canal. amb. Cauce artificial de agua./ Parte más profunda de la entrada de un puerto./ Pasaje angosto en el mar./ Estría./ En radiotelegrafía y televisión, gama o banda.

canalizar. tr. Abrir canales./ Dar dirección a las aguas mediante canales.

canalla. f. Gente baja, ruin./ m. fig. y fam. Hombre perverso.

canapé. m. Diván, sofá./ Pequeño emparedado que se sirve como entremés.

canario, ria. a. De las islas Canarias./ m. Raza de pájaros, que viven en cautiverio, de canto armonioso.

canasta. f. Cesto de mimbre, ancho de boca, que suele tener dos asas./ Juego de naipes.

cancel. m. Contrapuerta que se coloca delante de las puertas para evitar corrientes de aire y amortiguar los ruidos callejeros./ *Arg.* Puerta que separa el zaguán del interior de una casa.

cancelar. tr. Anular un instrumento público, una inscripción, etc./fig. Abolir./ *Amér.* Suspender permisos, audiencias, etc.

cáncer. m. Tumor maligno en general, que ataca los tejidos orgánicos./ *Astr.* Signo del Zodíaco./ *Astr.* Constelación que se halla delante de este signo.

cancha. f. Local destinado a diversos deportes./ *Amér.* Terreno llano y desembarazado./fig. y fam. *Amér.* Habilidad.// **¡Cancha!** *R. de la P.* int. para pedir que abran paso.

canciller. m. Empleado auxiliar en embajadas, consulados, etc./ En ciertos países, magistrado supremo./ Miembro del gobierno de un estado encargado de las relaciones exteriores de su país.

canción. f. Composición en verso, que se canta o que se puede poner en música./ Música de esta composición.

candado. m. Cerradura contenida en una caja de metal.

candeal. a. Aplícase al trigo de harina muy blanca y al pan que se hace con ella.

candela. f. Vela de sebo, resina, etc., para alumbrar./ fam. Candelero./ En fotometría, unidad de medida de la intensidad luminosa.

candelabro. m. Candelero de dos o más brazos.

candelero. m. Utensilio que sirve para mantener derecha la vela./ Lámpara de metal.

candidato, ta. s. Persona que pretende algún título o cargo.

candidez. f. Calidad de cándido.

cándido, da. a. Blanco./ Sencillo, sin malicia ni doblez. Ú.t.c.s./ Simple, poco listo. Ú.t.c.s.

candil. m. Utensilio para alumbrar por medio de una mecha impregnada en aceite contenido en un recipiente.

candor. m. Blancura suma./ Sinceridad, candidez.

canela. f. Corteza de las ramas, quitada la epidermis, del canelo, de color rojo amarillento y de olor muy aromático y agradable. Se usa como condimento en chocolates y licores./ fig. y fam. Cosa exquisita.

canelo, la. a. De color de canela, aplicado esp. a los perros y caballos.// m. Árbol originario de Ceilán, de la familia de las lauráceas, de tronco liso, hojas parecidas a las del laurel, flores blancas y por fruto drupas ovales de color pardo azulado. La segunda corteza de sus ramas es la canela.

canelón. m. Conducto que recibe el agua de los tejados./ *Amér.* Porción de pasta arrollada y rellena con carne picada, verdura, etc.

canesú. m. Cuerpo de vestido de mujer sin mangas./ Pieza superior de la camisa o blusa, a la que se pegan el cuello y las mangas.

cangrejo. m. Crustáceo comestible de diversas formas y especies.

canguro. m. Mamífero marsupial que anda a saltos por tener las patas delanteras mucho más cortas que las traseras. Se apoya en las patas posteriores, juntamente con la cola, que es muy robusta.

caníbal. a. y s. Persona o animal que come a otro de su misma especie./ Salvaje de las Antillas, temido por antropófago./ Individuo muy cruel./ Antropófago.

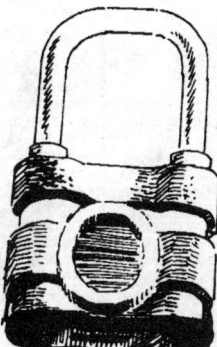

candado

canibalismo. m. Antropofagia atribuida a los caníbales./ Fig. Ferocidad extrema.

canilla. f. Huesos largos de la pierna o el brazo./ *Amér.* Grifo./ Caño pequeño por donde se vacía la cuba./ *Amér.* Pierna delgada./ *Arg.* Tobillo./ fig. *Méx.* Fuerza física./ *Perú.* Juego de dados.

canillita. m. *Amér.* Vendedor de diarios.

canje. m. Trueque, sustitución.

canoa. f. Embarcación de remo estrecha, ordinariamente sin diferencia entre proa y popa.

canon. m. Regla o precepto./ Catálogo de los libros sagrados declarados auténticos por la Iglesia Católica./ Parte de la misa./ Pago periódico con que se grava una concesión gubernativa.// pl. Derecho canónico.

canonizar. tr. Declarar la Iglesia santo a un siervo de Dios, ya beatificado./ fig. Calificar de bueno a una persona o cosa.

cansancio. m. Falta de energías que resulta de haberse fatigado.

cansar. tr./prl. Causar cansancio./ Disminuir la fertilidad de la tierra./ fig. Enfadar, molestar.

cansino, na. a. Aplícase al animal debilitado por sus esfuerzos./ Lento, perezoso.

cantante. a. Que canta.// m. y f. Cantor o cantora de profesión.

cantar. i./ tr. Formar con la voz sonidos melodiosos./ En ciertos juegos de naipes, decir los puntos que uno tiene./ fig. y fam. Descubrir lo secreto, confesarlo.// m. Copla o composición poética breve, puesta en música./ -**cantar de gesta.** Nombre dado a los primitivos poemas épicos en lengua romance./ -**cantar claro.** fig. Decir la verdad, decir las cosas sin rodeos.

cántaro. m. Vasija grande de barro o metal, ancha en la barriga y angosta por el pie, con una o dos asas.

cantera. f. Sitio de donde se extrae piedra./ fig. Capacidad, talento.

cántico. m. Canto religioso./ Ciertas poesías profanas.

cantidad. f. Todo lo que puede medirse o numerarse./ Porción grande de algo./ Porción indeterminada.

cantilena. f. Copla, cantar./ Repetición molesta de alguna cosa.

cantimplora. f. Frasco aplanado para llevar la bebida.

canto. m. Acción y efecto de cantar./ Arte de cantar./ Cualquier composición lírica./ Poema corto de tema heroico./ Cada una de las partes en que se divide el poema heroico./ -**canto del cisne.** fig. Última obra o actuación de una persona.

cantón. m. Esquina./ Región, territorio./ Sitio en que hay tropas./ *Amér.* Parte alta aislada en medio de una llanura.

cánula. f. Caña pequeña./ Tubo corto que sirve para varios usos, especialmente en cirugía.

canuto. m. En las cañas, parte que media entre nudo y nudo./ Trozo de tubo, que puede estar cerrado por uno de sus extremos y que tiene distintos usos.

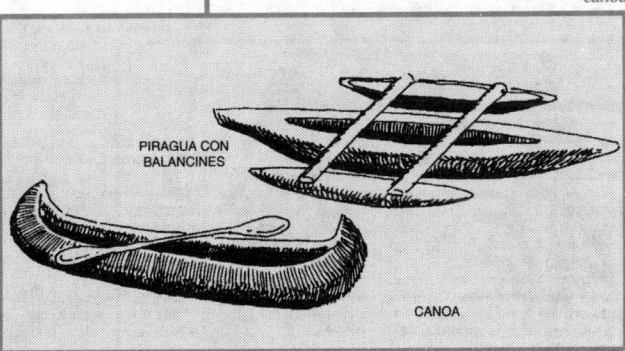

canoa

PIRAGUA CON BALANCINES

CANOA

caña. f. Tallo de las plantas gramíneas por lo común hueco y nudoso./ Aguardiente destilado de la caña de azúcar./ Planta gramínea de tallo hueco y flexible./ Parte de la bota que cubre la pierna./ Fuste de la columna./ **-de pescar.** La usada por los pescadores.

cañada. f. Espacio de tierra entre dos alturas.

cáñamo. m. Planta de la que se extrae un filamento textil que se prepara como el lino.

cañería. f. Tubería de plomo, hierro o cobre que sirve para conducir agua o gas.

caño. m. Tubo corto./ Conducto de desagüe./ En el órgano, conducto de aire que produce sonido./ Cueva para enfriar el agua./ *Col.* y *Venez.* Río o arroyo.

cañón. m. Pieza hueca a modo de caña./ Parte hueca de la pluma del ave./ Pieza de artillería para lanzar proyectiles./ Paso estrecho entre montañas, cubierto por un curso de agua.

caoba. f. Árbol americano, de madera muy estimada para muebles que su hermoso aspecto y pulimento./ Esta madera.

caos. m. Estado de confusión de las cosas al ser creadas por Dios, sin ser ordenadas./ fig. Confusión, desorden grande.

capa. f. Ropa larga y suelta, sin mangas./ Sustancia diversa que se sobrepone en una cosa para cubrirla./ Porción de alguna cosa extendida horizontalmente sobre otras./ Cubierta protectora./ Estrato de la corteza terrestre.

capacidad. f. Espacio hueco de alguna cosa, suficiente para contener otras./ Aptitud para alguna cosa./ fig. Talento./ Aptitud legal.

capacitar. tr./ prl. Hacer a uno apto, habilitarle para alguna cosa./ *Chile.* Comisionar, facultar.

caparazón. m. Cubierta que se pone a las cosas para protegerlas./ Cubierta coriácea, ósea o caliza que protege las partes blandas del cuerpo de los insectos, arácnidos y crustáceos./ Esqueleto torácico del ave.

capataz. m. El que rige a cierto número de operarios./ El que dirige un establecimiento de campo.

capaz. a. Suficiente para una cosa determinada./ Diestro, de buen talento./ Apto legalmente para una cosa.

capcioso, sa. a. Engañoso.

capear. tr. Hacer suertes con la capa al toro./ fig. y fam. Entretener a una persona con pretextos o engaños./ Sortear el mal tiempo con adecuadas maniobras.

capellán. m. Clérigo que tiene una capellanía./ Cualquier eclesiástico.

capicúa. m. Palabra o cifra que se lee igual de izquierda a derecha y de derecha a izquierda./ En el juego del dominó, ficha que puede colocarse en cualquier extremo.

capilar. a. Rel. al cabello./ Cada uno de los vasos muy finos que enlazan la terminación de las arterias con el comienzo de las venas. Ú.t.c.s.

capilla. f. Edificio pequeño, dedicado al culto./ Parte de una iglesia con altar propio./ Oratorio./ Cuerpo de música o cantares de una iglesia.

capital. a. Rel. a la cabeza./ Dícese de los siete pecados que se tienen por origen de otros./ Principal, fundamental.// a./ f. Apl.

carabela

a la población principal de un Estado, provincia, etc.// m. Fondo de que dispone una empresa comercial./ Valor permanente de lo que produce interés o renta.

capitalizar. tr. Fijar el capital que corresponde a determinado rendimiento./ Agregar al capital el importe de los intereses devengados.

capitán. m. Oficial del ejército que manda una compañía, un batallón./ El que manda un buque mercante./ Caudillo militar./ *Dep.* Jugador que dirige un equipo.

capitel. m. Parte superior de una columna.

capitolio. m. Edificio majestuoso y elevado.

capitulación. f. Rendición de un ejército, plaza o punto fortificado./ Convenio, pacto.

capítulo. m. Junta que celebran los clérigos y canónigos para las elecciones de prelados y para otros asuntos./ Junta que gobierna una orden militar./ Cabildo eclesiástico secular./ Cada una de las divisiones importantes que se hacen en un libro o escrito./ Inflorescencia de las flores sésiles dispuestas sobre un eje muy corto y más o menos dilatado.

capota. f. Tocado femenino que se ajusta con cintas por debajo de la barbilla./ Cubierta plegadiza de algunos carruajes y automóviles.

capotar. f. Chocar un avión en tierra por su parte delantera.

capricho. m. Idea o propósito sin razón./ Antojo, deseo vehemente./ Obra artística que no se ajusta a reglas.

cápsula. f. Cajita cilíndrica de metal con que se cierran las botellas./ Cilindro pequeño y hueco con fulminante que al recibir el golpe del gatillo inflama la carga del arma de fuego./ Fruto seco y hueco que contiene las semillas./ Envoltura soluble de ciertos medicamentos./ Vasija de bordes bajos.

captar. tr./ prl. Atraer la atención, la voluntad./ fig. Sintonizar, oír./ *Arg.* Comprender, intuir.

capturar. tr. Prender a persona que es o se considera delincuente.

capucha. f. Conjunto de plumas que cubre la cabeza de las aves./ Pieza del vestido, en punta, que sirve para cubrir la cabeza y va generalmente caída sobre la espalda.

capullo. m. Envoltura dentro de la que se encierra el gusano de seda y otros insectos./ Obra semejante de otras larvas./ Botón de las flores.

caqui. m. Árbol originario de Japón y su fruto, que es comestible./ Tela cuyo color va del amarillo ocre al verde gris./ Color de esta tela.

cara. f. Parte anterior de la cabeza./ Fachada o frente de alguna cosa./ Cada plano de un ángulo sólido./ Faz de la moneda./ Superficie./ fig. Presencia./ **-cara a cara.** En presencia de otro y en forma descubierta./ **-echar a cara o ceca.** *Arg.* **-echar a cara o cruz.** Decidir algo lanzando una moneda.

carabela. f. Antigua embarcación larga, estrecha y muy ligera.

carabina. f. Arma de fuego, menor que el fusil./ fig. y fam. Mujer de edad que por oficio acompaña a una señorita./ **-ser una cosa la carabina de Ambrosio.** No servir para nada.

caracol. m. Molusco gasterópodo y su concha.

carácter. m. Señal o marca que se imprime, pinta o esculpe en alguna cosa./ Signo de escritura./ Índole o condición de una persona./ Firmeza, energía./ Modo de ser de una persona por sus cualidades morales./ Cualidades que diferencian a un pueblo de otro./ Firmeza, energía./ Originalidad y vigor de las obras artísticas.// pl. Letra de imprenta.

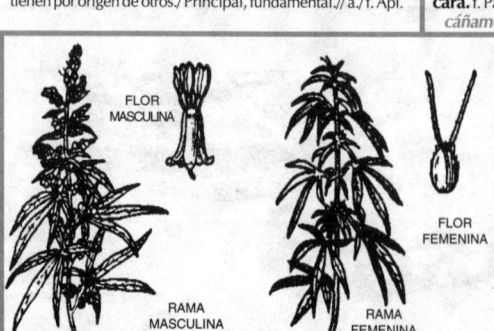

FLOR MASCULINA

FLOR FEMENINA

cáñamo

RAMA MASCULINA

RAMA FEMENINA

caparazón

característico, ca. a. Rel al carácter./ Apl. a la cualidad que da carácter o distingue a una persona. Ú.t.c.s.f. // s. Actor o actriz que representa a una persona de edad.// f. Cifra o cifras que indican la parte entera de un logaritmo.

caracterizar. tr. Determinar los atributos peculiares de una persona o cosa./ Representar un actor su papel con fidelidad. // pl. Pintarse o ataviarse un actor según el personaje que va a representar.

carambola. f. Lance del juego de billar./ fig. y fam. Doble resultado que se alcanza mediante una sola acción./ Enredo, embuste, trampa.

caramillo. m. Flautilla con sonido muy agudo./ Instrumento musical compuesto de muchas flautas./ Planta del mismo género que la barilla y de sus mismos usos./ Chisme, enredo.

carancho. m. *Bol.* y *R. de la P.* Ave de rapiña.

carapacho. m. Caparazón de los cangrejos y otros animales./ Cierto guisado.

carátula. f. Careta, mascarilla. / *Amér.* Portada de un libro, revista, etc.

caravana. f. Grupo de gentes que viajan juntas./ Conjunto de vehículos que van en fila poco separados entre sí.

¡caray! int. Caramba.

carbón. m. Cuerpo sólido y combustible, resto de la combustión incompleta de otros./ Brasa después de apagada./ Carboncillo para dibujar.

carbonada. f. *Chile, Perú* y *R. de la P.* Guiso hecho con carne, arroz, choclo, patatas, etc.

carbonífero, ra. a. Que contiene carbón mineral./ Díc. del quinto de los seis períodos geológicos en que está dividida la era paleozoica. Ú.t.c.s./ *Pert.* o rel. al período durante el cual se formaron los yacimientos de carbón a partir de grandes bosques pantanosos y donde aparecen los primeros reptiles.

carbonilla. f. Residuo menudo del carbón quemado.

carbonizar. tr./ prl. Reducir a carbón.

carbono. m. Elemento químico, sólido, cristalizado o amorfo. Se encuentra en la naturaleza en estas últimas dos formas. En temperaturas muy elevadas se convierte en vapor sin pasar por el estado líquido. Es elemento esencial de las materias orgánicas. Símb., C; n. at., 6; p. at., 12,01.

carbunco. m. Enfermedad contagiosa común al hombre y a los animales./ Ántrax.

carburación. f. Acción y efecto de carburar./ Unión entre el carbono y el hierro para producir el acero./ Paso del aire sobre el combustible líquido para formar la mezcla explosiva que, al inflarse, produce la fuerza.

carburar. tr. Mezclar los gases o el aire atmosférico con los carburantes gaseosos o con los vapores de los carburantes líquidos, para hacer los combustibles o detonantes.

carburo. m. Combinación del carbono con otro elemento químico.

carcaj. m. Caja portátil para las flechas./ *Amér.* Funda de cuero para el rifle, colgada al arzón de la silla.

carcajada. f. Risa impetuosa y ruidosa.

cárcel. f. Edificio para la custodia y seguridad de los presos.

carcomer. tr. Roer la carcoma la madera./ fig. Consumir lentamente algo. Ú.t.c.prl.

carda. f. Acción de cardar./ Instrumento para preparar el hilado de la lana./ Amonestación, reprensión.

cardar. tr. Preparar para el hilado una materia textil.

cardenal. m. Cada uno de los prelados que componen el Sagrado Colegio./ Pájaro americano con un penacho rojo./ Equimosis cutánea.

cárdeno, na. a. De color amoratado.

cardiaco, ca. o **cardíaco, ca.** a. Rel. al corazón.// a. y s. Que padece del corazón.

cardinal. a. Principal, fundamental./ Dícese del adjetivo numeral que expresa la cantidad.

cardiología. f. Tratado o disciplina que estudia el corazón, sus funciones y enfermedades.

cardo. m. Planta anual compositácea de hojas grandes y capítulo de flores azules.

cardumen. m. Banco de peces./ *Chile.* Abundancia de cosas.

carear. tr. Poner en presencia a dos o más personas para comparar sus afirmaciones./ fig. Cotejar.// prl. Ponerse cara a cara dos o más personas para resolver un asunto.

carecer. i. Tener falta de alguna cosa.

carencia. f. Falta o privación de alguna cosa.

carestía. f. Falta o escasez de alguna cosa, especialmente de víveres./ Precio muy alto de las cosas de uso común.

careta. f. Máscara para cubrir la cara.

carey. m. Tortuga de mar, muy apreciada por su concha./ Materia córnea de este animal que se usa para hacer peines, gafas y otros objetos.

carga. f. Acción y efecto de cargar./ Cosa que hace peso sobre otra./ Cantidad de pólvora, con proyectiles o sin ellos, que se echa en el cañón de un arma de fuego./ Cantidad de electricidad contenida en un condensador./ Materia explosiva de una mina o barreno./ fig. Gravamen, tributo./ Obligación anexa a un estado o empleo./ Embestida vigorosa contra el enemigo.

cargar. tr. Poner una carga sobre una persona o una bestia./ Poner mercancías en un buque o sobre cualquier vehículo./ Introducir un proyectil en cualquier arma de fuego./ Hacer pasar una corriente eléctrica a un acumulador./ fig. Imponer un gravamen, carga u obligación./ Achacar, imputar./ Acometer un ejército al enemigo./ fig. y fam. Fastidiar, cansar, molestar./ *Arg.* Gastar bromas molestas a uno./ Tomar sobre sí un peso./ Descansar una cosa sobre otra./ Tomar, llevarse./ Tomar o tener una obligación./ Tener una letra o sílaba más valor prosódico que otras.// prl. Echarse el cuerpo hacia alguna parte./ fig. Encapotarse el cielo.

cargo. m. Acción de cargar./ Carga o peso./ Dignidad, empleo, oficio.

capitel

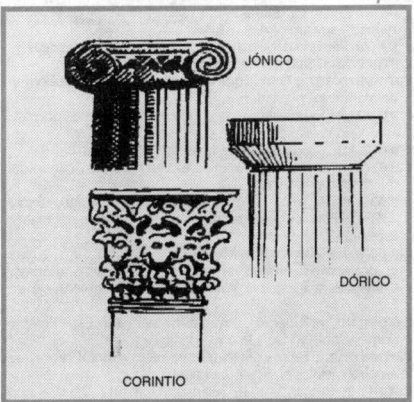

JÓNICO

DÓRICO

CORINTIO

carguero, ra. a. Que lleva carga.// m. *Amér.* Bestia de carga./ Barco o tren de carga.

cariar. tr./ prl. Producir caries.

caricatura. f. Reproducción grotesca de una persona con el rostro o aspecto deformados./ Obra que ridiculiza a una persona./ Dibujo humorístico e intencionado.

caricaturesco, ca. a. Rel. a la caricatura.

caricia. f. Demostración de cariño que se hace rozando con la mano en el rostro o cuerpo de una persona o animal.

caridad. f. Virtud teologal que consiste en amar a Dios y al prójimo./ Virtud cristiana opuesta a la envidia./ Auxilio a los necesitados.

caries. f. Úlcera de un hueso./ Tizón del trigo.

carilla. f. Página.

carillón. m. Grupo de campanas en una misma torre que producen un sonido armónico, por estar acordadas.

cariño. m. Amor, afecto hacia una persona o cosa./ Expresión de ese sentimiento./ Afición, esmero con que se realiza algo.

carioca. a. De Río de Janeiro.

carisma. m. Conjunto de cualidades que dan un atractivo especial y poderoso a una persona.

cariz. m. Aspecto de la atmósfera./ fam. Aspecto que presenta un asunto.

carmesí. a. Aplícase al color rojo intenso.// m. Color de grana./ Seda de color rojo.

carmín. m. Materia de color rojo encendido que se obtiene sobre todo de la cochinilla./ Este color./ Rosal silvestre que da flores de este color./ Flor de este rosal.

carnada. f. Cebo para pescar o cazar./ fig. y fam. Añagaza, engaño.

carnal. a. Perteneciente a la carne./ Lujurioso./ Parientes colaterales en primer grado.

carnaval. m. Los tres días que preceden al miércoles de ceniza./ Fiesta popular que se celebra en tales días.

carne. f. Parte blanda del cuerpo de los animales./ Por antonomasia, la parte comestible de la vaca, el cerdo, etc./ Parte blanda de la fruta./ El cuerpo humano en oposición al espíritu.

carné. m. Tarjeta o documentación de identidad.

carnear. tr. *Amér.* Matar y descuartizar las reses.

carnero. m. Mamífero rumiante con cuernos en espiral, macho de la oveja, muy estimado por su lana y su carne./ *Arg., Chile* y *Perú.* Persona débil, sin voluntad./ *Arg.* Rompehuelgas.

carnicería. f. Sitio donde se vende carne.

carnívoro, ra. a. Animal que se alimenta de carne./ Suborden de mamíferos placentarios. Ú.t.c.s.

caro, ra. a. Que cuesta mucho./ Persona muy querida por otra.// adv. A un precio alto.

carótida. f. Arteria que lleva la sangre a la cabeza.

carozo. m. Raspa de la panoja o espiga del maíz./ Hueso del durazno y otras frutas.

carpa. f. *Amér.* Tienda de campaña, toldo./ Tenderete de feria./ *Méx.* Tinglado en que se representan espectáculos populares, especialmente de circo.

carpeta. f. Cubierta de paño, tejido de hule, hilo, etc., que se coloca sobre las mesas, arcas, etc., para tapar o adornar./ Cartera para escribir y guardar papeles./ Cubierta de un legajo.

carpincho. m. *Amér.* Roedor anfibio americano. Es fácilmente domesticable y vive a la orilla de lagos y ríos.

carpintería. f. Taller y oficio del carpintero./ -metálica. La que emplea metales en lugar de madera.

carpir. tr. Rasgar, arañar, lastimar. Ú.t.c.prl./ Dejar a uno pasmado y sin sentido./ *Amér.* Limpiar la tierra, quitando la hierba inútil.

carpo. m. Conjunto de huesos de la muñeca.

carrera. f. Paso rápido del hombre o del animal./ Curso de los astros./ Certamen de velocidad./ Profesión de las artes, ciencias, letras, etc.// pl. Concurso hípico para probar la ligereza de los caballos.

carreta. f. Carro de dos ruedas con un madero cuyo plano se forma de tres o cinco maderos separados entre sí, y el del medio más largo, que sirve de lanza, donde se sujeta el yugo.

carrete. m. Cilindro taladrado por el eje, en el que se arrollan hilos, alambres, papel, etc.

carretear. tr. Conducir en carreta o carro./ Gobernar un carro o carreta./ Conducir un avión por la pista.

carretera. f. Camino ancho dispuesto para el tránsito.

carretilla. f. Carro pequeño con una rueda anterior, un cajón para la carga y dos varas para el conductor./ *R. de la P.* Carro de carga del que tiran tres mulas emparejadas.

carril. m. Huella de las ruedas del carruaje./ Surco./ Camino estrecho./ Cada una de las barras de hierro por donde corren los trenes ferroviarios./ En una vía pública, banda destinada al tránsito de una sola fila de vehículos.

carrillo. m. Parte carnosa de la cara debajo de la mejilla./ Garrucha o polea.

carro. m. Carruaje de dos ruedas para transportar cargas, con lanzas o varas para enganchar las bestias que tiran de él./ Carga del carro./ En las máquinas de escribir, pieza móvil en la que va arrollado el papel y sobre la que golpean las letras./ *Amér.* Automóvil, tranvía.

carreta **carrocería.** f. Parte de los automóviles que está asentada sobre el bastidor o chasis.

carroña. f. Carne corrompida.

carroza. f. Coche grande y lujoso./ *Amér.* Coche fúnebre.

carruaje. m. Vehículo formado por una armazón montada sobre ruedas.

carta. f. Papel escrito, cerrado, que se envía a una persona para comunicarse con ella./ Cada uno de los naipes de la baraja./ Constitución de un Estado./ Mapa o plano./ Menú.

cartabón. m. Triángulo rectángulo que se emplea en el dibujo lineal.

cartapacio. m. Cuaderno para escribir o tomar apuntes./ Regla graduada que emplean los zapateros para medir el largo del pie.

cartel. m. Anuncio que se fija en algún sitio público./ Papel acartonado con letras y sílabas para enseñar a leer./ Acuerdo entre grupos sindicales o políticos, así como entre comerciantes e industriales./ Pasquín./ Asociación de empresas de una misma actividad industrial para la distribución adecuada del mercado y la eliminación de la competencia./ Trust.

cartera. f. Estuche de bolsillo con forma de libro./ Estuche de mayores dimensiones que el del bolsillo, para guardar valores o documentos./ Cubierta de cartón o piel para dibujar o escribir sobre ella./ Adorno o tira de paño que cubre el bolsillo de ciertas prendas./ Bolso de mano que las mujeres llevan dinero, útiles de tocador, etc./ Valores que forman parte del activo de un comerciante.

cartero. m. Repartidor de las cartas del correo.

cartilaginoso, sa. a. Rel. a los cartílagos./ Dícese de los peces que tienen el esqueleto formado por cartílagos.

cartílago. m. Cualquiera de las piezas formadas por un tejido menos duro que el hueso, de color blanquecino.

cartilla. f. Cuaderno pequeño, ordenado alfabéticamente, para aprender a leer./ Cuaderno con anotaciones que acreditan la condición de una persona.

GRIEGA

EGIPCIA

CRIOLLA

FÉLIDOS

ÚRSIDOS

PINNÍPEDOS

CÁNIDOS

HIÉNIDOS

MUSTÉLIDOS

carnívoros

cartografía. f. Arte de confeccionar cartas geográficas.

cartón. m. Conjunto de varias hojas de pasta de papel que se adhieren por compresión.

cartucho. m. Carga de un arma de fuego, envuelta en un cilindro de cartón o metal./ Bolsa de cartulina o de papel fuerte para contener dulces, frutas, etc./ Envoltura cilíndrica de monedas./ Cucurucho.

cartuja. f. Orden religiosa que fundó San Bruno en 1086./ Convento o monasterio de esta orden./ Religiosa de esa orden./ Mujer puritana en exceso.

cartujo. a. y s. Religioso de la cartuja.// m. Hombre retraído.

cartulina. f. Cartón delgado y muy terso para hacer tarjetas, diplomas, etc.

casa. f. Edificio para habitar./ Linaje que viene del mismo origen./ Establecimiento industrial o comercial./ Escaque, casilla en el tablero del ajedrez o damas./ Espacio de cada signo del Zodíaco.

casaca. f. Vestidura de mangas largas, con faldones y ceñida al cuerpo.

casamiento. m. Acción de casar o casarse./ Ceremonia nupcial./ Contrato matrimonial.

casar. i./ prl. Contraer matrimonio.//tr. Celebrar el matrimonio un sacerdote o el funcionario público autorizado./ Unir o juntar una cosa con otra./ Disponer las cosas de modo que concuerden o hagan juego. Ú.t.c.i./ *For.* Anular, derogar.

cascabel. m. Bolita hueca y horadada, metálica, con un trocito de metal en su interior. Al ser agitada, éste la hace sonar./ Víbora venenosa.

cascanueces. m. Instrumento a modo de tenaza para partir nueces./ Cierta clase de pájaro.

cascar. tr./ prl. Quebrantar, romper.// tr. Dar golpes con la mano u otra cosa. Ú.t.c.rec./ fig. y fam. Quebrantar la salud.

cáscara. f. Corteza o envoltura dura de algunas cosas./ Corteza del árbol.// -¡Cáscaras! int. de sorpresa.

cascarilla. f. Corteza de un tipo de árbol americano aromática y medicinal./ Cáscara de cacao tostada.

cascarrabias. m. y f. Persona que se enoja o riñe con facilidad.

cascarudo, da. a. Que tiene cáscara gruesa.// m. *Arg.* Clase de insecto coleóptero, abejorro.

casco. m. Cráneo./ Pedazos de vasija o vaso rotos./ Armadura que se usa para cubrir la cabeza./ Recinto de una población./ Cuerpo de la nave./ Cada una de las capas de la cebolla./ Copa del sombrero./ Tonel, botella, pipa./ **-ser ligero de cascos.** Tener poco juicio una persona.

caseína. f. Materia albuminosa de la leche, que unida a la manteca, forma el queso.

caserío. m. Conjunto de casas./ Casería, casa de campo.

casero, ra. a. Que se hace en casa o pertenece a ella./ fam. Dícese de la persona que está mucho en casa.//s. El encargado de vigilar el cuidado, orden y seguridad de una casa.

caserón. m. Casa muy grande y destartalada.

casi. adv. Cerca de, poco menos de, aproximadamente, con corta diferencia, por poco. Ú. también repetido: *casi casi.*

casillero. m. Mueble con divisiones para guardar papeles u otros objetos./ Cada una de las divisiones de dicho mueble.

casimir. m. Tela de lana muy fina.

casino. m. Casa de campo./ Lugar de reunión y diversión./ Casa de juegos pública y autorizada./ Sociedad de recreo.

caso. m. Suceso, acontecimiento./ Casualidad, acaso./ Lance, ocasión o coyuntura./ Asunto de que se trata./ Ataque individual de una enfermedad epidémica./ *Gram.* Relación que tienen o función que cumplen las partes declinables de la oración.

caspa. f. Escamilla que se forma en la cabeza.

casquete. m. Pieza de la armadura./ Cubierta que se ajusta al casco de la cabeza./ Parte de una superficie esférica, cortada por un plano que no pasa por su centro.

casta. f. Generación o linaje./ Parte de los habitantes de un país que forman una clase especial por sus privilegios u otra razón./ fig. Especie, calidad.

castañear. tr. Tocar las castañuelas.// i. *Amér.* Chocar los dientes como castañuelas.

castaño, ña. a. y s. Color de la cáscara de la castaña.// m. Variedad de árbol./ Madera de este árbol.

castañuela. f. Instrumento músico de percusión, compuesto de dos mitades que, juntas, forman la figura de una castaña.

castellano, na. a. De Castilla.// m. Idioma castellano, lengua nacional de España, de los países de América hispana y de Filipinas.

.castidad. f. Desde el punto de vista cristiano, virtud que se opone a los afectos carnales.

castigar. tr. Imponer castigo a quien ha incurrido en una falta./ Mortificar, afligir.

castigo. m. Pena que se impone al que ha cometido una falta o delito./ Aflicción, desgracia.

castillo. m. Lugar fuerte, cercado de murallas y otras fortificaciones./ Cubierta alta en la proa de los barcos.

castizo, za. a. De buen origen y casta./ Apl. al lenguaje puro y al escritor que lo emplea.

casto, ta. a. Opuesto a la sensualidad./ *Zool.* En una sociedad animal, individuo especializado por su estructura o función. Se emplea especialmente para los insectos sociales.

castor. m. Mamífero roedor y su pelo./ Cierta tela de lana semejante al pelo de este animal./ Paño de pelo del castor.

castrar. tr. Capar, extirpar o inutilizar los órganos de la generación./ Podar.

casualidad. f. Combinación de circunstancias que no se pueden prever ni evitar./ Caso, suceso imprevisto.

cataclismo. m. Conmoción grande del globo terráqueo./ fig. Trastorno grave, gmente. político o social.

cartabón

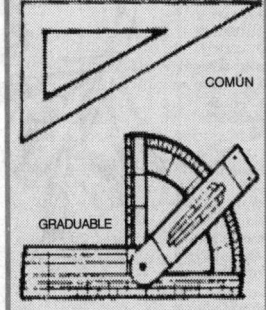

COMÚN

GRADUABLE

catacumbas. f. pl. Cementerios subterráneos de los primitivos cristianos.

catalepsia. f. *Pat.* Suspensión de la sensibilidad y del movimiento.

catalogar. tr. Apuntar ordenadamente libros u objetos.

catálogo. m. Lista o inventario hecho ordenadamente.

catamarqueño, ña. a. De Catamarca, provincia de la República Argentina.

cataplasma. f. Pasta que se aplica para varios efectos medicinales. Ú.t.c.a.// m. y f. fig. y fam. Persona de salud muy delicada. Ú.t.c.a./ Persona enfadosa. Ú.t.c.a.

catapulta. f. Antigua máquina de guerra para lanzar piedras o saetas./ Máquina para lanzar aviones desde un buque.

catar. tr. Probar alguna cosa para examinar su sabor o sazón./ Ver, examinar, registrar.// tr./ prl. Mirar.

catarata. f. Salto grande de agua./ Opacidad del cristalino del ojo.

catarro. m. Flujo de las membranas mucosas.

catastro. m. Censo de las fincas de un país.

catástrofe. f. Parte última

centauro

del poema dramático con un desenlace doloroso y desdichado./ fig. Suceso imprevisto y funesto.

catecismo. m. Libro que contiene la explicación de la doctrina cristiana en forma de preguntas y respuestas./ Obra en que se explica sucintamente una ciencia o arte, por medio de preguntas y respuestas.

catecúmeno, na. a. Persona que se está instruyendo en la doctrina religiosa.

cátedra. f. Asiento del maestro./ Aula./ Empleo del catedrático y materia que enseña./ Dignidad pontificia o episcopal.

catedral. a. y s. Iglesia episcopal de una diócesis, dirigida por el obispo o arzobispo.

categoría. f. Grado de una profesión o carrera./ Condición social de una persona respecto de las demás./ Clase de objetos semejantes.

catequesis. f. Enseñanza de la religión./ Arte de enseñar con preguntas y respuestas.

catequista. m. y f. Quien instruye en el catecismo.

cateto. m. Cada lado del ángulo recto en el triángulo rectángulo.

cátodo. m. Polo negativo de un generador de electricidad o de una batería eléctrica.

católico, ca. a. Universal; que comprende y es común a todos. Se aplica a la Iglesia romana desde San Ignacio de Antioquía (s. II), porque fue fundada para todos los pueblos.

catorce. a. Diez más cuatro./ Decimocuarto.

catorzavo, va. a. y m. Cada una de las catorce partes iguales en que se divide un todo.

catre. m. Cama ligera para una persona.

cauce. m. Lecho de los ríos o arroyos./ fig. Dirección natural o lógica de las cosas o sucesos.

caucho. m. Sólido elástico obtenido por coagulación del látex de diversas plantas y que por vulcanización tiene variadas aplicaciones en la industria.

caución. f. Precaución, prevención./ Fianza que da una persona por otra.

caudal. a. Caudaloso.// m. Hacienda, bienes de cualquier especie, y, más comúnmente, dinero./ Cantidad de agua que mana o corre./ fig. Abundancia de una cosa.

causa. f. Lo que se considera como fundamento u origen de algo./ Motivo o razón para obrar./ Doctrina o negocio en que se toma interés o partido./ Litigio, pleito.

causalidad. f. Causa, origen, principio./ *Fil.* Ley en virtud de la cual se producen efectos.

causar. tr. Producir la causa su efecto.// tr./ prl. Ser causa de que suceda una cosa.

cáustico, ca. a. Corrosivo, que quema y desorganiza los tejidos animales./ Ú.t.c.s./ Mordaz, agresivo, hiriente.

cautela. f. Preca ución y reserva con que se procede./ Habilidad, astucia para engañar.

cauterizar. Restañar la sangre./ fig. Corregir con rigor algún vicio./ Censurar a alguien o a algo.

cautivar. tr. Aprisionar al enemigo en la guerra, privándolo de la libertad./ fig. Ejercer irresistible influencia en el ánimo por medio de atractivo físico o moral.

cautiverio. m. Estado de la persona que, aprisionada en la guerra, vive en poder del enemigo.

cautivo, va. a. y s. Prisionero de guerra./ fig. Atraído por una persona o cosa.

cauto, ta. a. Que obra con sagacidad o precaución.

cavar. tr. Levantar y mover la tierra con la azada u otro instrumento semejante.

caverna. f. Excavación profunda./ Hueco en un órgano por pérdida de sustancia.

caviar. m. Huevos de esturión aderezados. Proceden principalmente de Rusia.

cavidad. f. Espacio hueco dentro de un cuerpo cualquiera.

cavilar. tr. Pensar mucho en una cosa.

cayado. m. Palo o bastón corvo de los pastores./ Báculo de los obispos.

cayo. m. Isla rasa, arenosa.

caza. f. Acción de cazar./ Animales salvajes, antes y después de cazados.// m. Avión de guerra, ligero y muy veloz usado para rechazar ataques aéreos y escoltar a los de bombardeo, reconocimiento, etc.

cazar. tr. Perseguir la caza./ Adquirir alguna cosa con maña./ Prender la voluntad de alguno./ Sorprender a una persona en acción, error o descuido.

cebado, da. a. *Amér.* Dícese de la fiera que, por haber probado carne humana, es más temible.// f. *Bot.* y *Agr.* Nombre común de las especies de un género de gramíneas, que en forma cultivada vive en todos los países del mundo. Su fruto se usa como alimento del ganado y el resto de la planta como forraje. Una vez germinada y tostada, se emplea como sucedáneo de la cerveza (malta) y del café.

cebar. tr. Echar cebo a los animales.// tr./ prl. Alimentar, fomentar./ Poner las máquinas en condiciones de funcionar./ *Amér.* Preparar el mate.// prl. fig. Ensañarse.

cebo. m. Comida que se da a *ceibo* los animales para engordarlos o atraerlos./ fig. Materia explosiva que se pone a las armas de fuego, barrenas, torpedos, etc./ Fomento o pábulo que se da a un vicio, pasión, etc.

cebolla. f. Planta liliácea de hojas grandes, flores blancas, violáceas o verdosas./ Cepa o bulbo de esta planta./ Bulbo en general.

cebra. f. Animal équido de pelo blanco amarillento, con listas transversales pardas o negras.

cebú. m. Bovino de origen asiático con una giba sobre el lomo. Es originario de la India y Asia. Produce buena leche y carne. Se ha aclimatado en varios países de América, especialmente la Argentina y Brasil./ *Arg.* Variedad del carayá.

ceibo

cebú

ceca. f. Reverso de la cara, en la moneda.

cecina. f. Carne salada al sol o al humo./ Charqui.

cedazo. m. Instrumento compuesto de un aro y una tela, que se usa para separar las partes sutiles de las gruesas de algunas cosas./ Red grande para pescar.

ceder. tr. Dar, transferir.// i. Rendirse, sujetarse./ Disminuir la fuerza del viento, etc.

cedro. m. Árbol pináceo, de tronco grueso y recto, que tiene por fruto la cédrida. Llega a vivir más de 2000 años y su madera, más clara que la de la caoba, es aromática y compacta./ Madera de este árbol.

cedrón. m. Plana verbenácea medicinal, originaria del Perú.

cédula. f. Escrito o documento./ Documento en que se reconoce una obligación./ Notificación judicial escrita.

cefalea. f. Cefalalgia violenta.

céfiro. m. Viento del oeste./ Viento suave./ Tela de algodón delgada.

cegar. i. Perder enteramente la vista.// tr. Quitar la vista a alguno./ Cerrar, obstruir./ tr./ i. Turbar la razón.

ceguedad. f. Alucinación./ Privación absoluta de la vista.

ceguera. f. Ceguedad. / Especie de oftalmía que suele dejar ciego al enfermo.

ceibo. m. Árbol leguminoso notable por sus flores rojas./ Flor nacional de Argentina y Uruguay.

ceja. f. Parte curvilínea cubierta de pelo sobre el ojo./ Este pelo./ fig. Parte de algunas cosas que sobresale un poco./ Cumbre del monte o sierra.

cejar. i. Retroceder./ fig. Ceder en un negocio o discusión.

celador, ra. a. Que cela o vigila. / *Arg.* Auxiliar de un colegio que cuida el orden y hace otras tareas.

celar. tr. Esmerarse en el cumplimiento de las leyes./ Tener celos./ Vigilar./ Ocultar, encubrir.

celda. f. Lugar donde se encierra a los presos en las cárceles./ Aposento destinado al religioso en su convento./ Aposento individual en colegios.

celebrar. tr. Exaltar a una persona o cosa./ Realizar alguna ceremonia o acto./ Conmemorar./ Decir misa. Ú.t.c.i.

célebre. a. Famoso./ fig. Pintoresco, chistoso, original.

celebridad. f. Fama, renombre./ Persona famosa.

célibe. a. y s. Persona que no está casada.

cello. m. Aro que se pone a una cuba.

celo. m. Cuidado que se pone en el cumplimiento del deber./ Aparición periódica del instinto sexual en numerosas especies animales./ pl. Sentimiento negativo que produce en el amor, la sospecha de que el ser querido haya puesto su cariño en otro.

celofán. m. Película transparente y flexible que en general se usa como envase.

celoso, sa. a. Que tiene celo o celos. Ú.t.c.s. / Receloso, desconfiado.

célula. *Biol.* Elemento anatómico microscópico de vegetales y animales./ Pequeña celda, cavidad o seno./ Unidad mínima de algunos partidos políticos, especialmente los de ideas marxistas.

celular. a. Rel. a la célula./ Aplícase al tejido orgánico compuesto de células./ Dícese de los establecimientos penales donde los presos están incomunicados y de los coches para su traslado.

celuloide. m. Plástico transparente inflamable utilizado especialmente para la fabricación de películas fotográficas.

celulosa. f. *Quím.* Sustancia sólida e insoluble que forma la envoltura de la célula en los vegetales.

cementerio. m. Lugar donde se entierran cadáveres.

cemento. m. Materia usada en construcción que, amasada con agua, se endurece y sirve para unir cuerpos. Llámase también cemento hidráulico.

cena. f. Comida que se toma por la noche.

cenáculo. m. Reunión poco numerosa de literatos, artistas, etc. que profesan las mismas ideas.

cenar. i. Tomar la cena.// tr. Comer en la cena, tal o cual cosa.

cencerro. m. Campana pequeña que suele atarse al cuello de las reses.

cenicero. m. Platillo donde se echa la ceniza del cigarrillo./ En general, lugar donde se colocan cenizas.

cenit. m. Punto del cielo que corresponde verticalmente a un lugar de la Tierra.

cenizo, za. a. Ceniciento.// f. Polvo que queda después de una combustión completa.// pl. Reliquias o residuos de un cadáver.// m. Planta salsolácea silvestre./ fam. Persona que trae mala suerte.

cenozoico, ca. a. *Geol.* Aplícase a los períodos terciario y cuaternario. Ú.t.c.s./ Aplícase a la cuarta era geológica de las que constituyen la historia de la Tierra que comprende desde el cretácico hasta la época actual.

censo. m. Padrón o lista estadística de un país.

censor. m. Magistrado de la antigua Roma./ Funcionario público encargado de examinar libros, periódicos, etc./ Funcionario gubernativo que interviene las comunicaciones y las noticias destinadas a la publicidad./ Persona dada a criticar o murmurar.

censura. f. Cargo y funciones de censor./ Nota, corrección o reprobación de alguna cosa./ Intervención del censor gubernativo en medios informativos, películas, libros./ Murmuración.

censurar. tr. Corregir, reprobar, criticar./ Murmurar, vituperar./ Imponer el censor oficial cambios o supresiones en las obras artísticas o, en la publicidad, etc.

centauro. *Mit.* Monstruo cuya mitad superior es de hombre y su mitad inferior de caballo.

centavo, va. a. Centésimo, que sigue al nonagésimo nono.// m. Moneda americana que equivale a un centésimo de peso.

centella. f. Rayo de poca intensidad./ Chispa.

cenicero

centellear. i. Emitir rayos de luz de densidad y coloración variables.

centena. f. Conjunto de cien unidades./ *Arit.* Unidad de tercer orden.

centenar. m. Centena, conjunto de cien unidades.

centenario, ria. a. Perteneciente a la centena./ Persona de alrededor de cien años. Ú.t.c.s.// m. Fiesta que se celebra de cien en cien años./ Día en que se cumplen una o más centenas de años del nacimiento o muerte de alguna persona ilustre o de algún suceso famoso.

centeno. m. Planta gramínea semejante al trigo.

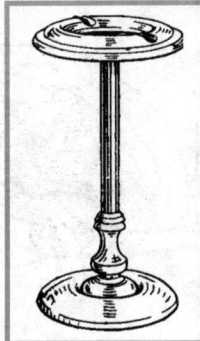

centésimo, ma. a. Que sigue en orden al o a lo nonagésimo nono.// m. Cada una de las cien partes iguales en que se divide un todo.// m. Moneda uruguaya equivalente a un centésimo de peso.

centígrado, da. a. Que tiene su escala dividida en cien grados.

centigramo. m. Centésima parte de un gramo.

centilitro. m. Medida de capacidad que es la centésima parte del litro.

centímetro. m. Medida de longitud que es la centésima parte del metro./ **-cuadrado.** Medida de superficie correspondiente a un cuadrado que tiene un centímetro de lado./ **-cúbico.** Medida de volumen correspondiente a un cubo cuyo lado es un centímetro.

céntimo, ma. a. y s. Centésima parte.// m. Moneda divisionaria en algunos países.

centinela. amb. Soldado que está de guardia./ fig. Persona que está en observación de algo.

central. a. Perteneciente al centro./ Esencial, importante.//f. Oficina en que están centralizados varios servicios./ Casa principal de una empresa./ Oficina en que se produce electricidad.

centrar. tr. Determinar el punto céntrico de una superficie o volumen./ Lograr que el centro de una cosa coincida con el de otra.

céntrico, ca. a. Central./ Lugar que se halla en la zona más concurrida de una población.

centrífugo, ga. a. Que aleja del centro.

centrípeto, ta. a. Que atrae hacia el centro.

centro. m. Geom. Punto del círculo del cual equidistan todos los de la circunferencia correspondiente./ Lugar de donde parten o a donde convergen distintas acciones coordenadas./ Sitio donde se reúnen los miembros de una corporación./ Punto medio de una cosa./ fig. La zona central o más concurrida de una población./ fig. El punto o las calles más concurridas de una ciudad./ fig. Tendencia o agrupación política cuya ideología es intermedia entre la derecha y la izquierda./ fig. Fin a que se aspira.

centuplicar. tr. Hacer una cosa cien veces mayor. / Multiplicar por ciento.

centuria. f. Número de cien años./ Compañía de cien hombres en la antigua milicia romana.

centurión. m. Jefe de una centuria romana.

ceñir. tr. Cerrar o rodear una cosa a otra./ Navegar formando las velas con el viento el menor ángulo posible.// prl. Moderarse en los gastos, palabras, etc.// Circunscribirse a una ocupación.

ceño. m. Cerco que ciñe alguna cosa./ Señal de enojo que se hace arrugando la frente./ fig. Aspecto amenazador.

cepa. f. Tronco de la vid del que salen los sarmientos./ fig. Tronco u origen de una familia.

cepillar. tr. Alisar con cepillo./ Amér. Adular.

cepillo. m. Instrumento de carpintería de madera dura./ Instrumento de hierro para labrar metales./ Instrumento de manojitos de cerdas, o cosa semejante, para limpieza y aseo.

cepo. m. Gajo o rama de árbol./ Madero grueso en que se asientan y sujetan diversas herramientas de los herreros y otros operarios./ Instrumento que servía de prisión./ Parte de tronco de árbol o planta dentro de tierra y unida a las raíces./ Trampa para cazar animales./ Utensilio para sujetar.

cera. f. Sustancia sólida que segregan las abejas para formar las celdillas de los panales./ Sustancia parecida

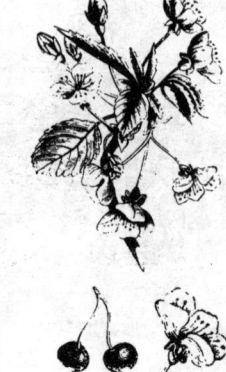

cerezo

que elaboran algunas plantas o se obtiene artificialmente./ Secreción interior de los oídos./ Sustancia para dar brillo./ Sustancia producida por algunas plantas.

cerámica. f. Arte de fabricar vasijas y otros objetos de barro, loza y porcelana.

cerbatana. f. Canuto que se utiliza para lanzar, soplando, pequeños proyectiles./ Trompetilla para sordos.

cerca. f. Muro, tapia o vallado que se coloca alrededor de un terreno.

cercano, na. a. Próximo, inmediato.

cercar. tr. Rodear un sitio con un muro o tapia./ Poner sitio a una ciudad o fortaleza./ Rodear muchas personas a otra o a alguna cosa.

cercenar. tr. Cortar las extremidades de alguna cosa./ Disminuir, acortar.

cerciorar. tr./ prl. Asegurar la verdad de una cosa.

cerco. m. Lo que rodea./ Asedio de una plaza o fuerte./ Aureola que presentan el Sol o la Luna.

cerdo, da. s. Mamífero doméstico, paquidermo./ fig. Hombre sucio y grosero.

cereal. a. Aplícase a las plantas farináceas.// m. Planta cuyos frutos dan harina panificable y estos mismos frutos.

cerebelo. m. Parte posterior del encéfalo.

cerebro. m. Centro nervioso que forma parte del encéfalo.

ceremonia. f. Forma exterior de un culto./ Ademán afectado de cortesía.

ceremonioso, sa. a. Que es de mucha ceremonia.

cereza. f. Fruto del cerezo, de color rojo oscuro.// m. Color rojo oscuro.

cerezo. m. Árbol frutal rosáceo./ Madera de este árbol.

cerilla. f. Vela de cera delgada y larga./ Fósforo para encender./ Cera de los oídos.

cerner. tr. Separar con el cedazo las partes gruesas de cualquier materia pulverizada.// prl. fig. Amenazar de cerca algún mal./ Mover las alas las aves domésticas, manteniéndose en el aire.

cernir. tr. Cerner, separar.

cero. m. Signo sin valor propio. Colocado a la derecha de un número entero multiplica por diez su valor./ Punto de partida de las escalas de los termómetros, manómetros, etc./ fig. Nada./ Nulidad.

cerradura. f. Acción de cerrar./ Mecanismo utilizado para cerrar puertas, cajones, etc.

cerrajero. m. El que hace cerraduras, llaves, cerrojos y otras cosas de hierro.

cerrar. tr./ i. Hacer que una cosa no pueda verse por dentro./ Correr el cerrojo, echar llave./ Encoger, plegar lo extendido./ Tapar una abertura./ Dar por terminadas sus tareas una entidad administrativa, industrial, comercial, etc./ Dar por concluso o firme un tratado./ Terminar, concluir.// i. Tratándose de heridas, cicatrizar.

cerril. a. Aplícase al terreno escabroso./ Apl. al ganado no domado./ fig. y fam. Grosero, rústico.

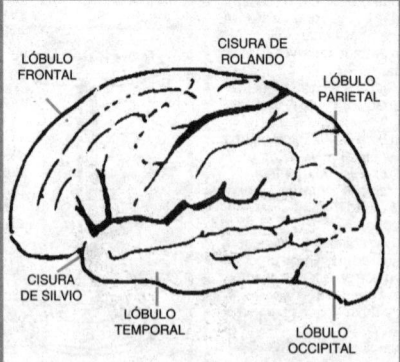

LÓBULO FRONTAL
CISURA DE ROLANDO
LÓBULO PARIETAL
CISURA DE SILVIO
LÓBULO TEMPORAL
LÓBULO OCCIPITAL
cerebro

cerro. m. Elevación de tierra aislada de menor altura que el monte./ Pescuezo del animal./ Lomo, espinazo.

cerrojo. m. Barreta de hierro con manija, que cierra una puerta o ventana.

certamen. m. Competencia literaria, competición.

certero, ra. a. Diestro y seguro en tirar./ Acertado, seguro./ Sabedor, enterado.

certeza. f. Conocimiento seguro de alguna cosa.

certificación. f. Acción y efecto de certificar./ Documento en que se certifica.

certificar. tr./ prl. Dar por cierta una cosa./ Conseguir un certificado que acredita haber remitido por correo un paquete o carta./ Hacer constar una cosa por medio de documento público.

chalet

cervato. m. Ciervo joven, de menos de seis meses.

cerveza. f. Bebida hecha con cebada u otros cereales fermentados en agua. Se aromatiza con lúpulo.

cerviz. f. Parte posterior del cuello.

cesar. i. Suspenderse o acabarse algo./ Dejar de desempeñar algún empleo o cargo./ Dejar de hacer lo que se estaba haciendo.

cesárea. f. Operación quirúrgica por la que se abre la matriz para extraer el feto. Se practica cuando el parto no se puede ejecutar por vías normales.

cese. m. Acción de cesar./ Orden por la cual un funcionario deja de desempeñar el cargo que ejercía.

cesión. f. Renuncia de alguna cosa que una persona hace en favor de otra.

césped. m. Hierba menuda y tupida que cubre el suelo.

cesta. f. Recipiente de material flexible para transportar o guardar cosas./ Especie de pala cóncava que se emplea para jugar a la pelota.

cesura. f. En poesía, pausa que se hace en el verso después de los acentos métricos que rigen la armonía.

cetáceos. m. pl. *Zool.* Orden de animales pisciformes, marinos, de gran tamaño.

cetrino, na. a. Apl. al color amarillo verdoso./fig. Triste, hosco.

cetro. m. Bastón de mando, insignia de poder./ fig. Reinado.

cha. m. Nombre del té en China, Filipinas y algunos países hispanoamericanos./Título del soberano que gobernaba Irán.

chabacano, na. a. Sin arte o grosero y de mal gusto.

chacal. m. Mamífero carnívoro, de la familia cánidos, parecido al lobo en la forma y el color, y a la zorra en la disposición de la cola./ fig. Persona cruel.

chacarero, ra. a. *Amér.* Dícese del hombre o mujer que trabajan en una chacra. Ú.t.c.s.

cháchara. f. fam. Abundancia de palabras inútiles./ Conversación frívola.// pl. Baratijas.

chacina. f. Cecina, carne salada./ Carne de puerco adobada, de la que se suelen hacer chorizos y otros embutidos.

chaco. m. Montería con ojeo, que hacían antiguamente los indios de la América Central, estrechando en círculo la caza para cogerla./ Vasta extensión de tierra sin explorar.

chacota. f. Bulla y alegría mezclada de chanzas y carcajadas, con que se celebra alguna cosa.

chacotear. i. Burlarse, divertirse con bulla, voces y risa.

chacra. f. Heredad de corta extensión dedicada al cultivo de hortalizas.

chafalonía. f. Objetos inservibles de plata u oro, para fundir./ *Arg.* Alhaja de poco valor.

chaflán. m. Cara, por lo común larga y estrecha, que resulta en un sólido, de cortar por un plano una esquina o ángulo diedro./ Plano largo y estrecho que, en lugar de esquina, une dos paramentos o superficies que forman ángulo.

chaira. f. Cuchilla que usan los zapateros para cortar la suela./ Cilindro de acero que usan los carniceros y otros oficiales para avivar el filo de sus cuchillas.

chajá. m. *R. de la P.* Ave zancuda, de color gris claro, cuello largo, plumas altas en la cabeza y dos púas en la parte anterior de sus grandes alas. Anda erguida y lanza un grito al que debe su nombre.

chal. m. Paño de seda, lana, etc., mucho más largo que ancho, y que, puesto en los hombros, sirve a las mujeres como abrigo o adorno.

chala. f. *Amér.* Envoltura de la mazorca de maíz, farfolla./ *Arg. y Bol.* Dinero.

chaleco. m. Prenda de vestir, sin mangas, que se abotona al cuerpo, llega hasta la cintura cubriendo el pecho y la espalda y se pone encima de la camisa./ **-de fuerza.** *Amér.* Camisa de fuerza.

chalet. m. Casa de madera y tabique a estilo suizo.// Casa de recreo de no grandes dimensiones.

chalina. f. Corbata de caídas largas y de varias formas, que usan los hombres y las mujeres./ *Amér.* Chal.

chalupa. f. Embarcación pequeña, que suele tener cubierta y dos palos para velas./ Lancha, bote./ Canoa en que apenas caben dos personas y sirve para navegar entre las chinampas de México.

chamal. m. *Arg. y Chile.* Manta que usaban los indios araucanos, de la cintura para abajo y desde los hombros de las mujeres.

champán. m. Embarcación grande, de fondo plano, usada en China, Japón y alguna parte de América del Sur para navegar por los ríos./ fam. Champaña.

champaña. m. Vino blanco espumoso, originario de Francia.

champiñón. m. Hongo de cuerpos fructíferos, carnosos y comestibles.

champú. m. Loción usada para lavar el cabello.

chamuscar. tr. Quemar una cosa por la parte exterior. Ú.t.c.prl.// prl. *Col.* Enfadarse.

cesta

cesta

chance. f. *Amér.* Ocasión, oportunidad de triunfo.

chancha. f. *Amér.* Hembra del chancho./ fig. Mujer sucia y desaliñada.

chancho, cha. a. Puerco, sucio, desaseado.// m. *Amér.* Cerdo.

chancleta. f. Chinela sin talón, o chinela o zapato con el talón doblado, que suele usarse dentro de casa./ *Com.* fig. y fam. Persona inepta.// f. *Amér.* fam. Niña.

chanclo. m. Especie de sandalia de madera o suela gruesa, que sirve para preservarse de la humedad y del lodo./ Zapato grande de goma u otra materia elástica, en que entra el pie calzado./ Parte inferior de algunos calzados, en forma de chanclo.

chancro. m. *Pat.* Úlcera contagiosa, de origen venéreo o sifilítico.

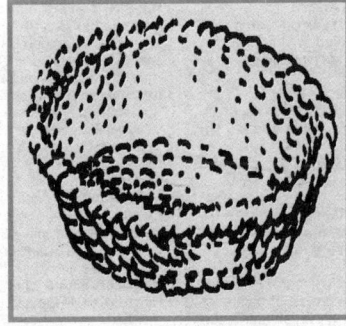

chimpancé

changa. f. *Amér.* Ocupación y servicio que presta el changador./ Retribución que se le da./ *Arg.* Trabajo pasajero y de escasa importancia.

changador. m. Mozo de cuerda.

chango, ga. s. *Arg.* Cualquier muchacho o muchacha.// m. Muchacho que presta servicios en una casa.

chantaje. m. Amenaza pública, difamación o daño semejante que se hace contra alguno, a fin de obtener de él dinero u otro provecho.

chanza. f. Broma, burla.

chañar. m. *Amér.* Árbol parecido al olivo en el tamaño y las hojas, pero espinoso y de corteza amarilla. El fruto, como ciruela, es comestible y de sabor parecido a la azufaifa./ Fruto de este árbol.

chapa. f. Hoja o lámina de metal, madera u otra materia./ fig. y fam. Juicio y formalidad./ *Amér.* Indio que actúa de espía./ Cerradura.

chapalear. int. Chapotear, sonar el agua agitada por los pies y las manos.

chaparro. m. Mata de encina o roble, de muchas ramas y poca altura./ Arbusto de América Central de baja estatura./ Chiquillo.

chaparrón. m. Lluvia recia de corta duración.

chapista. Persona que trabaja la chapa de metal, y especialmente las carrocerías de los automóviles.

chapitel. m. Remate de las torres que se levanta en figura piramidal./ Capitel, parte superior de la columna./ Pequeño cono de ágata o de otra piedra dura, que, encajado en el centro de la aguja imantada, sirve para que esta se apoye y gire sobre el extremo del estilete./ *Méx.* Capillita de bóveda.

chapotear. tr. Humedecer repetidas veces una cosa con esponja o paño empapado en agua u otro líquido, sin estregarla.// i. Sonar el agua batida por los pies o las manos.

chapucear. tr. Frangollar, hacer pronto y mal.

chapucero, ra. a. Hecho tosca y groseramente./ Dícese de la persona que trabaja de este modo. Ú.t.c.s./ Embustero. Ú.t.c.s.

chapurrar o **chapurrear.** tr. Hablar con dificultad un idioma, pronunciándolo mal y usando vocablos y giros exóticos. Ú.t.c.i.

chapuza. f. Chapuz, chapucería.

chapuzar. tr. Meter a uno de cabeza en el agua. Ú.t.c.i. y c. prl.

chaqueta. f. Prenda exterior de vestir, con mangas y sin faldones, que se ajusta al cuerpo y cubre hasta los muslos./ *Arg.* Guerrera.// m. *Méx.* Apodo que se aplicaba durante la guerra de la Independencia a los partidarios de los españoles.

chaquetilla. f. Chaqueta, en general más corta que la ordinaria, de forma diferente y casi siempre con adornos.

chaquetón. m. Prenda exterior de más abrigo y algo más larga que la chaqueta.

charada. f. Enigma que resulta de formar con las sílabas divididas o trastocadas de una voz a propósito para ello, otras dos o más voces, y de dar ingeniosa y vagamente algún indicio acerca del sentido de cada una de éstas y de la principal, que se llama todo.

charanga. f. Música militar que consta sólo de instrumentos de metal./ Murga, orquesta o banda de poca categoría.

charango. m. Especie de bandurria pequeña, de cinco cuerdas y sonidos muy agudos, que usan los indios del Perú.

charca. f. Depósito algo considerable de agua, detenida en el terreno, natural o artificialmente.

charcal. m. Sitio en que abundan los charcos.

charco. m. Agua detenida en un hoyo o cavidad de la tierra o del piso./ fig. y fam. El mar.

charlar. i. fam. Hablar mucho y sin ninguna utilidad./ fam. Conversar, platicar por mero pasatiempo.

charlatán, na. a. Que habla mucho y sin sustancia. Ú.t.c.s./ Hablador indiscreto. Ú.t.c.s.

charol. m. Barniz muy lustroso y permanente, que conserva su brillo y se adhiere perfectamente a la superficie del cuerpo a que se aplica./ Cuero con este barniz.

charolar. tr. Barnizar con charol o con otro líquido que lo imite.

charque. m. *Amér. Mer.* Charqui.

charqui. m. *Amér.* Tasajo.

charretera. f. Divisa militar de oro, plata, seda u otra materia, en forma de pala, que se sujeta sobre el hombro por una presilla y de la cual pende un fleco./ Jarretera, condecoración./ Hebilla de la jarretera. .

chascarrillo. m. fam. Anécdota ligera, cuentecillo agudo o frase de sentido equívoco y gracioso.

chasco. m. Burla o engaño que se hace a alguno./ fig. Decepción que causa a veces un suceso contrario a lo que se esperaba.

chasis. m. Armazón, caja del coche./ Bastidor donde se colocan las placas fotográficas para exponerlas en la cámara oscura.

chasquear. tr. Dar chasco o zumba./ Faltar a lo prometido./ Manejar el látigo o la honda, haciéndoles dar chasquido./ / prl. Frustrar las esperanzas.

chasqui. m. Indio que servía de correo./ *Amér.* Mensajero, emisario.

chasquido. m. Sonido o estallido que se hace con el látigo o la honda cuando se sacuden en el aire con violencia./ Ruido seco y súbito que produce al romperse, rajarse o desgajarse alguna cosa./ Ruido que se produce con la lengua al golpearla contra el paladar.

chatarra. f. Escoria que deja el mineral de hierro./ Hierro viejo./ Restos metálicos procedentes del desguace de barcos, automóviles, maquinaria, etc.

chato, ta. a. Que tiene la nariz poco prominente y como aplastada. Ú.t.c.s./ Dícese también de la nariz que tiene esta figura./ Aplícase a algunas cosas que de propósito se hacen sin relieve o con menos elevación que la que suelen tener las de la misma especie./ *Arg.* Pobre, insignificante./ / m. fig. y fam. Vaso bajo y ancho.

chaucha. f. *Arg.* Vaina tierna de la judía./ *Chile.* Moneda de poco valor.// pl. *Arg.* Muy poco dinero.

chaveta. f. Clavo hendido en casi toda su longitud, que, introducido por el agujero de un hierro o madero, se remacha separando las dos mitades de su punta./ Clavija o pasador que se pone en el agujero de una barra e impide que se salgan las piezas que la barra sujeta.

che. f. Nombre de la letra ch./ *Bol.* y *R. de la P.* Voz usada para llamar la atención en una conversación, cuando se trata de una persona a la que se tutea. También se usa en España, en la región valenciana.

chelín. m. Moneda inglesa que valía la vigésima parte de la libra esterlina./ Unidad monetaria de Austria.

chelo. m. Violonchelo.

cheque. m. Documento en forma de mandato de pago, por medio del cual una persona puede retirar, por sí o por un tercero, todos o parte de los fondos que tiene disponibles en un banco o similar.

chequear. i. Girar cheques./ Controlar, confrontar, cotejar.

chequeo. m. Inspección, examen detallado, especialmente médico.

chicha. f. Bebida alcohólica que resulta de la fermentación del maíz, uvas u otros frutos, en agua azucarada, y que se usa en América./ fam. Carne comestible.

chicharra. f. Cigarra, insecto./ Juguete que usan los niños por Navidad, y hace un ruido tan desapacible como el canto de la cigarra./ Timbre eléctrico de sonido sordo./ fig. y fam. Persona muy habladora.

chicharro. m. Chicharrón, del cerdo y otros animales./ Jurel, pez.

chicharrón. m. Residuo de las pellas del cerdo, después de derretida la manteca./ Dícese también del residuo del sebo de la manteca de otros animales./ fig. Carne u otra vianda requemada.

chiche. a. *Arg.* Cosa pequeña, delicada, bonita y, por ext., juguete.

chichón. m. Bulto que sale en la cabeza a consecuencia de un golpe.

chico, ca. a. Pequeño o de poco tamaño./ Niño. Ú.t.c.s./ Muchacho. Ú.t.c.s./ s. En el trato de confianza, llámase así a personas de corta edad.

chifla. f. Acción y efecto de chiflar./ Especie de silbato.

chiflado, da. a. fam. Dícese de la persona que tiene algo perturbada la razón. Ú.t.c.s.

chifladura. f. Acción y efecto de chiflar o chiflarse./ Manía, capricho./ Afición notable por una persona o cosa.

chiflar. tr. Adelgazar y raspar con la chifla las badanas y pieles finas.// i. Silbar con la chifla o imitar su sonido con la boca.

chiflido. m. Sonido del silbato./ Silbo que lo imita.

chillar. i. Dar chillidos./Imitar con un reclamo el chillido de los animales de caza./ Chirriar./ Refiriéndose a colores, destacarse con excesiva viveza o estar mal combinados.

chillido. m. Sonido inarticulado de la voz, agudo y desapacible.

chillón, na. a. fam. Que chilla mucho. Ú.t.c.s./ Dícese de todo sonido agudo y desagradable./ Dícese de los colores demasiado vivos o mal combinados.

chimango. m. *R. de la P.* Ave de unos 30 cm. de long. y plumaje oscuro y blanco. Es un ave de rapiña que abunda en la región del Plata.

chimenea. f. Conducto para dar salida al humo que resulta de la combustión./ Hogar o fogón para guisar o calentarse, con su cañón o conducto por donde salga el humo.

chimpancé. m. Mono de hasta 1,70 m. de alt., de brazos largos, pulgar desarrollado, cabeza grande, nariz aplastada y cuerpo cubierto de pelo de color pardo negruzco. Vive en África, formando grupos poco numerosos y es fácilmente domesticable.

chinche. f. Insecto de color rojo oscuro, cuerpo muy aplastado, antenas cortas y cabeza inclinada hacia abajo. Es nocturno, fétido y chu-

chiripá

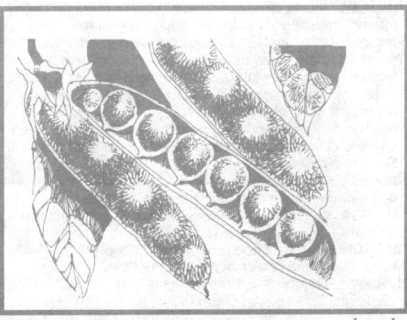

chaucha

pa la sangre humana taladrando la piel con picaduras irritantes./ Clavito metálico de cabeza circular y chata.// m. y f. / fig. y fam. Persona molesta.

chinchilla. f. Mamífero roedor de América Meridional, parecido a la ardilla, pero con pelaje gris, más claro por el vientre que por el lomo y de una finura y suavidad extraordinarias. Vive en madrigueras subterráneas, y su piel es muy apreciada en peletería./ Piel de este animal./ Planta herbácea del Río de la Plata de flores amarillas y dentadas, con las que se prepara una infusión con propiedades diuréticas.

chinchorro. m. Embarcación de remos muy ligera. / Hamaca ligera.

chinela. f. Calzado a modo de zapato, sin talón, de suela ligera, y que por lo común sólo se usa dentro de casa.

chipá. m. *R. de la P.* y *Perú.* Torta de maíz o mandioca.

chiquero. m. Lugar donde se guardan los chanchos./ *Arg.* Corral, redil.

chiquilín. m. fam. Chiquillo.

chiquillo, lla. a. Chico, niño, muchacho.

chiripa. f. En el juego de billar, suerte favorable que se gana por casualidad./ fig. y fam. Casualidad favorable.

chiripá. m. *R. de la P.* Prenda semejante al chamal que usaban los gauchos criollos./ Pañal que se pone a los niños.

chirle. a. fam. Insípido, insustancial./ *Arg.* Aguanoso, dícese del líquido o de la sustancia blanda que no tiene la debida consistencia.// m. Sirle, excremento del ganado.

chirlo. m. Herida prolongada en la cara, como la que hace la cuchillada./ Señal o cicatriz que deja después de curada.

chirriar. i. Dar sonido agudo una sustancia al penetrarla un calor intenso; como cuando se fríe tocino o se echa pan en aceite hirviendo./ Producir un sonido agudo y desagradable al ludir un objeto con otro, como los goznes de una puerta./ Chillar los pájaros.

chapitel

EGIPCIOS

PERSA

BIZANTINO ÁRABE GÓTICO

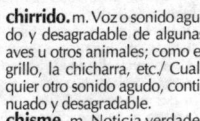

chirrido. m. Voz o sonido agudo y desagradable de algunas aves u otros animales; como el grillo, la chicharra, etc./ Cualquier otro sonido agudo, continuado y desagradable.

chisme. m. Noticia verdadera o falsa que se difunde para indisponer a unas personas con otras o para desacreditar a alguna.

chispa. f. Partícula pequeña encendida que salta de la lumbre, del hierro herido por el pedernal, etc./ Luz viva, destello./ Gota de lluvia menuda y escasa./ fig. Ingenio./ fam. Borrachera.

chispazo. m. Acción de saltar la chispa del fuego.

chispear. i. Echar chispas./ Relucir o brillar mucho./ Llover mucho, cayendo sólo algunas gotas pequeñas.

chisporrotear. int. fam. Despedir chispas reiteradamente.

chistar. i. Prorrumpir en alguna voz o hacer ademán de hablar./ Imponer silencio o llamar la atención con la interjección chist.

chiste. m. Dicho agudo y gracioso./ Suceso gracioso y festivo./ Burla o chanza.

chistera. f. Cestilla angosta por la boca y ancha por abajo, que llevan los pescadores para echar los peces./ fig. y fam. Sombrero de copa alta.

chistoso, sa. a. Que dice chistes. Ú.t.c.s./ Dícese también de cualquier lance o suceso que tiene chiste.

chivo, va. s. Cría de la cabra.// m. Arg., Col. y Ec. Macho de la cabra.

chocante. a. Que choca./ Gracioso, chocarrero./ Amér. Raro, que llama la atención./ Impertinente.

chocar. i. Encontrarse violentamente una cosa con otra; como una bala contra la muralla, un buque con otro, etc./ fig. Pelear, combatir./ Causar enfado o extrañeza./ Darse las manos en señal de saludo, enhorabuena, etc. Ú.t.c.tr./ Juntar las copas al brindar.

chochear. i. Tener debilitadas las facultades mentales como consecuencia de la edad. / fig. y fam. Exagerar el cariño por determinadas personas o cosas.

choclo. m. Chanclo de madera./ Amér. Mazorca tierna de maíz./ Humita./ fig. Arg. Carga, molestia.

ciclismo

chocolate. m. Pasta hecha con cacao y azúcar molidos, a la que generalmente se añade canela o vainilla./ Bebida que se hace de esta pasta desleída y cocida en agua o en leche.

chófer o **chofer.** m. Conductor de un vehículo automóvil.

cholo, la. a. y s. Amér. Dícese del indio civilizado.

choque. m. Encuentro violento de una cosa con otra./ fig. Contienda, disputa, riña o desazón con una o más personas./ Combate o pelea que por el poco número de tropas o por su corta duración no se puede llamar batalla.

chorizo. m. Pedazo corto de tripa lleno de carne, regularmente de puerco, picada y adobada./ Arg. Carne muy jugosa que está sobre el lomo a cada lado del espinazo de la red vacuna.

chorreado, da. a. Dícese de la res vacuna que tiene el pelo con rayas verticales, de color más oscuro que el general de la capa./ Sucio, manchado.

chorrear. i. Caer un líquido formando chorro./ Salir el líquido lentamente y goteando.// tr. vulg. Arg. Robar, hurtar.

chorro. m. Porción de líquido o de gas, que sale por una parte estrecha con alguna fuerza./ Por ext., caída sucesiva de cosas iguales y menudas./ vulg. Arg. Ladrón, estafador.

chotacabras. f. Ave trepadora, de pico pequeño y algo corvo, plumaje gris con manchas y rayas negras, y algo rojizo por el vientre, alas largas y cola cuadrada.

choza. f. Cabaña formada de estacas y cubierta de ramas o paja./ Cabaña, casa tosca y pobre.

chozno, na. s. Cuarto nieto, hijo del tataranieto.

chubasco. m. Chaparrón o aguacero con mucho viento./ fig. Adversidad o contratiempo transitorios, pero que entorpecen o malogran algún designio./ Mar. Nubarrón oscuro y cargado de humedad, que suele presentarse repentinamente, empujado por un viento fuerte./ fig. y fam. Arg. Reprimenda.

chubutense. a. De Chubut, provincia de la República Argentina.

chúcaro, ra. Amér. a. Arisco, bravío. Dícese principalmente del ganado vacuno y del caballar y mular aún no desbravado./ fig. Dícese de la persona huraña.

chuchería. f. Cosa de poca importancia, pero pulida y delicada./ Alimento corto o ligero, generalmente apetitoso./ fig. y fam. Bofetada.

chuleta. f. Costilla con carne de ternera, carnero o puerco.

chumbar. tr. Arg. y Bol. Disparar con bala o perdigón./ Arg. Ladrar el perro, con amenaza de atacar.

chupado, da. a. fam. Muy flaco y extenuado./ Amér. Borracho. Ú.t.c.s.

chupar. tr. Sacar o atraer con los labios el jugo o la sustancia de una cosa. Ú.t.c.intr./ Embeber en sí los vegetales el agua o la humedad./ Amér. Beber vino u otro licor./ prl. Irse enflaqueciendo./ Amér. Hablando de cosas desagradables, sufrirlas, aguantarlas.

chupete. m. Pieza de goma elástica en forma de pezón que se pone en el biberón./ Objeto semejante, de goma o pasta, que se da a los niños para distraerlos o evitarles las molestias de la dentición.

churrasco. m. Amér. Carne asada a la brasa o a la plancha.

churrasquear. i. Arg. Comer o hacer un churrasco.

churro, rra. a. Dícese del carnero o de la oveja que tiene las patas y la cabeza cubiertas de pelo grueso, corto y rígido, y cuya lana es más basta y larga que la merina. Ú.t.c.s./ Arg. De buen ver, hermoso, esbelto.

chusma. f. Amér. Conjunto de indios, mujeres, niños, ancianos y enfermos, que no pelean, que componen una toldería./ Conjunto de gente soez./ Muchedumbre de gente.

chuzo. m. Palo armado con un pincho de hierro, que se usa para defenderse y ofender.

cianógeno. m. Gas compuesto de carbono y nitrógeno, incoloro y venoso.

cibernética. f. Ciencia que se ocupa del control y gobierno automáticos en las máquinas y en los seres vivos.

cicatriz. f. Marca que queda después de curada una herida./ fig. Impresión que queda en el ánimo por algún hecho pasado.

ciclismo. m. Deporte y uso de la bicicleta.

ciclo. m. Período después del cual se repiten los mismos fenómenos en el mismo orden./ Conjunto de operaciones que concurren a un mismo fin./ Serie de fases por las que pasa un fenómeno hasta que se vuelve a una fase anterior./ Conjunto de tradiciones épicas relativas a un período o a un personaje./ R. de la P. Período en que se estudian determinadas materias.

ciclón. m. Viento muy fuerte./ Huracán.

cíclope o **ciclope.** m. Gigante con un ojo en medio de la frente, considerado hijo del Cielo y de la Tierra.

cicuta. f. Planta, cuyo zumo, cocido, se emplea en medicina y es venenoso.

ciego, ga. a. Privado de la vista. Ú.t.c.s./ fig. Ofuscado, alucinado por una pasión./ Obstruido.

cielo. m. Parte del espacio que parece formar una bóveda sobre el planeta./ Atmósfera./ Comúnmente, lugar donde viven los bienaventurados. Esta creencia es universal./ Dios o su providencia./ Parte superior que cubre ciertas cosas.

ciempiés. m. Nombre común de los miriápodos. Poseen muchas patas. Al morder sueltan un veneno activo.

cien. a. Apócope de ciento. Se usa siempre antes de sustantivo.

ciénaga. f. Lugar pantanoso./ fig. Lugar de vicio.

ciencia. f. Conocimiento cierto de las cosas por sus principios y causas./ Cuerpo de doctrina que constituye una rama particular del saber humano./ fig. Sabiduría, erudición./ Habilidad, maestría./ **-gaya ciencia.** Arte poético.

cieno. m. Lodo blando que se deposita en lagunas, ríos y sitios húmedos y bajos.

científico, ca. a. Que posee alguna ciencia. Ú.t.c.s./ Relativo a las ciencias.

ciento. a. Diez veces diez./ Centésimo.// m. Centena.

cierre. m. Acción de cerrar./ Lo que sirve para cerrar./ Broche.

cierto, ta. a. Conocido como verdadero./ Ú. a veces con sentido indeterminado./ Sabedor de la relación de una cosa.// adv. Ciertamente./ -por cierto. m. adv. En verdad.

ciervo. m. Mamífero rumiante, esbelto, de pelo rojizo en verano y gris en invierno, patas largas y cola muy corta. El macho posee astas cuyo número de puntas aumentan anualmente. La hembra carece de ellas.

cifra. f. Signo con que se representa un número./ Número, cantidad de personas o cosas./ Escritura convencional que solo se entiende sabiendo la clave./ Emblema, suma, compendio./ Arg. Recitado lírico con acompañamiento de guitarra. La voz produce un verdadero recitado y la guitarra enmudece mientras se oyen los versos.

cifrar. tr. Escribir en cifra./ fig. Resumir. Ú.t.c.prl./ Seguido de la prep. en, resumir en algo o en alguien lo que por lo general tiene diferentes causas.

cigarra. f. Insecto, de cabeza gruesa, ojos salientes, antenas chicas y cuatro alas membranosas. Los machos tienen en la base del abdomen un aparato con el cual, cuando hace mucho calor, producen un ruido estridente y monótono.

cigarrillo. m. Cigarro de picadura envuelta en papel de fumar.

cigarro. m. Rollo de hojas de tabaco, que se fuma.

cigüeña. f. Ave zancuda./ Hierro donde se asegura la cuerda para tocar la campana.

cigüeñal. m. Doble codo en el eje de ciertas máquinas.

cilia. f. Filamento delgado y permanente que emerge del cuerpo de algunas células.

cilindro. m. Geom. Sólido limitado por una superficie cilíndrica cerrada y dos planos que forman sus bases./ Por anton., el recto y circular./ Pieza de la máquina impresora que gira sobre el molde o sobre el papel./ Tubo en que se mueve el émbolo de luna maquinaria./ Compresor./ Rodillo.

cima. f. Lo más alto de las montañas, montes, etc.

cimarrón, na. a. Amér. Animal doméstico que huye al campo./ Decíase del esclavo que huía buscando la libertad y se refugiaba en los montes. Ú.t.c.s./ Amér. Apl. a la planta silvestre de cuya especie hay otra cultivada./ Arg. y Urug. Aplícase al mate sin azúcar. Ú.t.c.s.m.

cimbrar. tr./ prl. Mover una cosa flexible, agarrándola por un extremo. Ú.t.c.prl.

cimentar. tr. Echar los cimientos de un edificio o fábrica./ Fundar.

cimiento. m. Parte de un edificio que está debajo de tierra y lo sostiene. Ú.m. en pl./ fig. Base, principio, fundamento.

cimitarra. f. Sable curvo, usado por turcos y persas.

cincel. m. Herramienta para labrar a golpe de martillo piedras y metales.

cincelar. tr. Grabar con cincel en piedras o metales.

cincha. f. Faja con que se asegura la silla sobre la cabalgadura.

cinchar. tr. Asegurar la silla apretando las cinchas./ Arg. Trabajar fuerte.

cinco. a. y s. Cuatro y uno./ Quinto.

cincuenta. a. Cinco veces diez.

cincuentenario, ria. a. Perteneciente al número cincuenta.// m. Conmemoración al cumplirse cincuenta años de algún suceso.

cine. m. Edificio público en el que se exhiben películas cinematográficas./ Técnica, arte e industria de la cinematografía.

cinematografía. f. Arte de representar imágenes en movimiento, por medio de la fotografía y el cine.

cínico, ca. a. y s. Apl. al filósofo de la escuela que fundó Antístenes./ Impúdico, procaz. Ú.t.c.s.

1- WINGMAN
2- TIPI
3- YIRNFS LSPONS
4- YURTA ASIÁTICA
5- CHOZA BRASILEÑA
6- CHOZA DEL CONGO
7- ÁRABE
8- PAMPA
9- SUDAFRICANA

choza

cinismo. m. Doctrina de los cínicos./ Desvergüenza, procacidad.

cinta. f. Tira de papel, celuloide u otra materia parecida./ Tejido largo y angosto./ Planta de adorno./ Película cinematográfica./ Amér. Listón de madera.

cinto. m. Faja de cuero para ajustar la cintura./ Cintura.

cintura. f. Parte más estrecha del cuerpo humano, sobre las caderas.

cinturón. m. Cinta de cuero, o tejido recio con que se sujeta el vestido o pantalón./ fig. Serie de cosas que rodean a otra./ En el deporte del yudo, categoría o grado conseguidos por el luchador que se distinguen por el color del cinturón que sujeta la chaqueta blanca.

cipayo. m. Soldado indio al servicio de una potencia europea./ Amér. Ciudadano de un país al servicio de otro más poderoso.

ciprés. m. Árbol, de tronco recto y madera rojiza, olorosa./ Esta madera.

circense. a. Aplícase a los juegos o espectáculos que hacían los romanos en el circo./ Propio de los espectáculos del circo moderno.

circo. m. Lugar que, en la antigua Roma, era destinado para espectáculos./ Lugar con un espacio circular,, donde se realizan distintos espectáculos de entretenimiento.

circuito. m. Terreno comprendido dentro de un perímetro./ Viaje circular./ Itinerario de una carrera de automóviles, bicicletas, etc./ Contorno./ Conjunto de conductores que recorre una corriente eléctrica.

circulación. f. Acción de circular./ Regulación del tránsito urbano./ Extensión, propagación.

circular. a. Perteneciente al círculo./ Que tiene forma de círculo.// f. Aviso que se envía con el mismo contenido a varias personas.// i. Moverse en derredor./ Ir y venir./ Pasar de unas personas a otras.

círculo. m. Superficie plana limitada por una circunferencia./ Sector o ambiente social./ Lugar de tertulia o reunión.

circuncidar. tr. Cortar circularmente una porción del prepucio.

circundar. tr. Rodear, cercar.

circunferencia. f. *Geom.* Curva plana, cerrada, cuyos puntos están a igual distancia de otro llamado centro, situado en el mismo plano./ Contorno de una superficie, país, mar, etc.

circunloquio. m. Rodeo de palabras para expresar algo que pudo decirse con mayor brevedad.

circunnavegar. tr. Navegar alrededor./ Dar un buque la vuelta alrededor de un continente o del mundo.

circunscribir. tr. Reducir a ciertos límites una cosa./ *Geom.* Formar una figura d e modo que otra quede dentro de ella, tocando a todas las líneas o superficies que la limitan.// prl. Ceñirse, limitarse.

circunspecto, ta. a. Discreto./ Serio, respetable.

circunstancia. f. Accidente de modo, tiempo, lugar que acompaña a un hecho o dicho./ Requisito, condición.

circunstancial. a. Que depende de una circunstancia. // m. *Gram.* Función sintáctica que desempeña el adverbio en relación con el verbo, o bien otras construcciones equivalentes, y que pueden clasificarse semánticamente en circunstanciales de tiempo, de modo, de lugar, etc.

circunvalar. tr. Cercar, rodear una ciudad, fortaleza, etc.

cirio. m. Vela de cera, larga y gruesa.

cirrosis. f. Enfermedad del hígado que consiste en el endurecimiento de su tejido conjuntivo.

ciruela. f. Fruto del ciruelo, de diversos colores y formas.

ciruelo. m. Árbol frutal rosáceo.

cirugía. f. Parte de la medicina, que tiene por objeto curar las enfermedades por medio de operaciones.

cirujano, na. s. Persona que ejerce la cirugía.

cisma. amb. División entre los miembros de un cuerpo o comunidad./ Discordia, disputa.

cisne. m. Ave de cuello largo, pico plano y dedos unidos por una membrana.

cisterna. f. Depósito subterráneo para agua./ Vagón de ferrocarril o camión con depósito para agua.

cita. f. Fijación de lugar, día y hora para una entrevista./ Mención de la doctrina, ley o autoridad en la que se basa lo que se dice.

citar. tr. Avisar a uno señalándole fecha y lugar para tratar de algún negocio./ Anotar los autores, textos o lugares que se alegan en comprobación de lo que se dice o escribe./ *For.* Emplazar, notificar.

cítara. f. Instrumento músico antiguo, algo menor

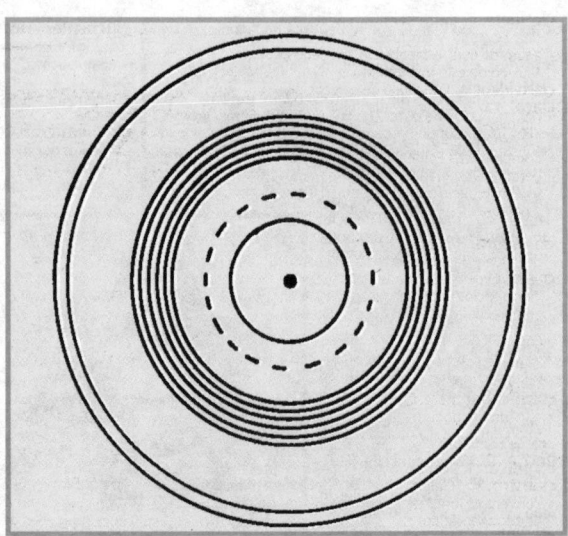

círculos concéntricos

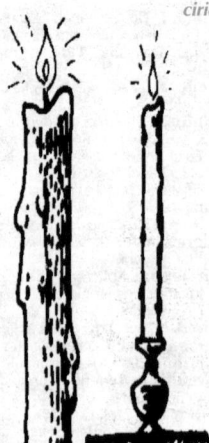

cirio

que la guitarra y que se toca con púa./ Instrumento músico antiguo parecido a la lira.

cítrico, ca. a. Rel. al limón.// m. pl. Plantas que producen agrios, como el limonero, el naranjo, etc.

ciudad. f. Población grande e importante.

ciudadano, na. s. Natural o vecino de una ciudad./ Persona que goza de derechos políticos.

ciudadela. f. Recinto de fortificación permanente en el interior de una plaza.

cívico, ca. a. Civil, ciudadano./ Relativo al civismo./ Patriótico./ *Arg.* Vaso de cerveza de un cuarto de litro de cabida.

civil. a. Rel. a la ciudad y a los ciudadanos./ Educado, sociable./ Dícese del que no es militar. Ú.t.c.s.

civilización. f. Acción y efecto de civilizar./ Conjunto de costumbres, creencias y artes que caracterizan al estado social de un pueblo o raza.

civilizar. tr./ prl. Sacar del estado salvaje a pueblos o personas./ Educar.

cizaña. f. Planta gramínea cuya semilla produce una harina venenosa./ fig. Cosa que daña a otra./ Enemistad, discordia.

cizañar. tr. Meter cizaña, enemistar.

clamar. i. Quejarse a gritos pidiendo ayuda./ fig. Dícese de las cosas inanimadas, que muestran necesidad de algo.// i. Hablar con vehemencia o solemnidad./ Gritar con fuerza una multitud. Ú.t. en sent. fig.

clamor. m. Grito./ Voz lastimosa./ Grito muy fuerte de una multitud. Ú.t. en sent. fig.

clan. m. Tribu o familia en la antigua Escocia./ Por ext., aplícase a otras formas de agrupación humana, por lo general, no muy numerosas.

clandestino, na. a. Secreto, oculto./ Que se posee sin derechos legales.

clara. f. Sustancia blanquecina que rodea la yema del huevo.

claraboya. f. Ventana abierta en el techo o en la parte alta de las paredes.

clarear. i. Empezar a amanecer./ Irse disipando el nublado./ prl. Transparentarse.

claridad. f. Calidad de claro./ Efecto que causa la luz iluminando un espacio./ Distinción para percibir sensaciones e ideas.

clarín. m. Instrumento músico de viento de sonidos agudos./ Músico que lo toca.

clarinete. m. Instrumento de viento, con una boquilla y un tubo con diversos agujeros que se tapan con los dedos./ Músico de este instrumento.

clarividencia. f. Claridad de percepción.

claro, ra. a. Que se distingue bien./ Limpio, puro./ Transparente y terso./ Dícese del color no subido./ Fácil de comprender./ Evidente./ Dicho con libertad./ Despejado./ fig. Ilustre, famoso.// m. Espacio que existe entre palabra y palabra en un escrito o en manifestaciones, sembrados, etc.

claroscuro. m. Conveniente distribución de la luz y de las sombras en un cuadro.

clase. f. Orden de personas según su condición u oficio./ Orden en que se consideran comprendidas personas o cosas./ Reunión de discípulos que escuchan a un maestro./ Aula.

clásico, ca. a. Dícese del autor o estilo, obra o época que se tiene como modelo digno de imitación. Ú.t.c.s./ Notable, principal.

clasificador, ra. a. Que clasifica.// m. Mueble para guardar con orden documentos, etc./ Aplícase a la música de tradición culta y a otras artes relacionadas con ella.

clasificar. tr. Ordenar por clases./ Barbarismo por calificar.

claudicar. i. Realizar concesiones ante presiones.

claustro. m. Galería que cerca el patio principal de un convento./ Junta de los profesores de una facultad./ fig. Estado monástico.

cláusula. f. Cada una de las disposiciones de un contrato, tratado, testamento, etc.

clausura. f. Obligación de los religiosos de no salir de cierto recinto y prohibición de entrar en él los seglares./ Acto con que se celebra la terminación de un congreso./ Encerramiento./ Cierre de un establecimiento.

clausurar. tr. Cerrar, poner fin a las tareas de un cuerpo político o entidad científica, comercial, etc.

clavar. tr. Introducir a golpes un clavo u otra cosa aguda en un cuerpo./ fig. Poner, fijar, parar./ fig. y fam. Engañar y perjudicar a uno.

clave. m. Clavicordio.// f. Explicación de los signos convenidos para escribir en cifra./ Explicación que necesitan algunos libros para ser comprendidos./ Mús. Signo que se pone al principio del pentagrama./ En oposición a algunos sustantivos, fundamental, decisivo. Jornada clave.

clavel. m. Planta ornamental./ Flor de esta planta, de cáliz cilíndrico y cinco pétalos de diversos colores.

clavícula. f. Cada uno de los dos huesos largos articulados con el esternón y el omóplato.

clavija. f. Trozo cilíndrico o cónico de madera, metal, etc. que se usa para ensambles o para sujetar alguna cosa. En los instrumentos músicos se emplea para sujetar las cuerdas.

clavo. m. Pieza de hierro, con cabeza y punta, que se hunde en un cuerpo para asegurar alguna cosa./ Amér. Mal negocio./ Amér. Mercadería que no puede venderse.

clemencia. f. Virtud que modera el rigor de los juicios.

clérigo. m. El que ha recibido las órdenes sagradas.

clero. m. Conjunto de clérigos.

cliente. m. y f. Persona que utiliza los servicios de otra o que compra en un establecimiento comercial.

clima. m. Condiciones atmosféricas de una región./ Ambiente, circunstancias que rodean a una persona.

climatología. f. Tratado de los climas en sus diversos elementos y en su distribución geográfica.

clímax. m. Progresión en un discurso./ Gradación./ Momento culminante de un proceso./ Ecol.

cisne

Estado óptimo de una comunidad biológica, dadas las condiciones del ambiente.

clínico, ca. a. y s. Perteneciente a la clínica.// m. Médico que se dedica a diagnosticar y curar enfermedades sin intervención quirúrgica.

cloaca. f. Conducto por donde van las aguas sucias./ Parte final del intestino de las aves.

cloro. m. Elemento químico, gas amarillo verdoso que se usa como desinfectante. Símb. Cl.; n. at., 17; p. at., 35,45.

clorofila. f. Pigmento verde de los vegetales que desempeña un papel fundamental en la fotosíntesis. Posee ligeras propiedades desodorantes.

cloroformizar. tr. Aplicar cloroformo para anestesiar.

cloroformo. m. Cuerpo formado por un átomo de carbono, uno de hidrógeno, y tres de cloro; es líquido incoloro, volátil, de sabor azucarado y olor agradable y se usa en medicina como anestésico.

club. m. Sociedad deportiva, cultural, etc.

clueca. f. Gallina y otras aves cuando se echan sobre los huevos para empollarlos.

coacción. f. Violencia que se ejerce sobre alguien para que ejecute una acción en contra de su voluntad./ Biol. Interacción de tipo ecológico entre dos o más especies que conviven en un biotopo.

coadyuvar. tr. Contribuir, ayudar.

coagular. tr./ prl. Cuajar, solidificar un líquido.

coágulo. m. Sangre coagulada./ Masa coagulada./ Grumo de un líquido coagulado.

coalición. f. Unión de algunos contra otros.

coartada. f. Prueba que hace el reo de haber estado ausente del lugar en que se cometió el delito.

coartar. tr. Limitar, restringir.

cobalto. m. Elemento químico (metal) duro, cuyo óxido forma la base azul de muchas pinturas y esmaltes. Símb., Co; n. at., 27; p. at., 58,93.

cobarde. a. y s. Sin valor ni espíritu.// a. Hecho con cobardía.

cobardía. f. Falta de valor y espíritu.

clavícula

cobayo. m. Chanchito de la India.

cobertura. f. Cubierta que se coloca encima de algo para tapar, forrar, etc./ Acción de cubrirse de cualquier riesgo, responsabilidad, etc./ Cantidad de oro, metales preciosos o divisas extranjeras que garantiza o respalda la moneda fiduciaria de un país.

cobija. f. Tela cuya parte cóncava abraza a dos canales del tejado./ Amér. Manta de cama.// pl. Ropas de cama.

cobijar. tr./ prl. Cubrir o tapar./ fig. Albergar.

cobra. f. Serpiente venenosa de los países tropicales que llega a tener más de dos metros de largo.

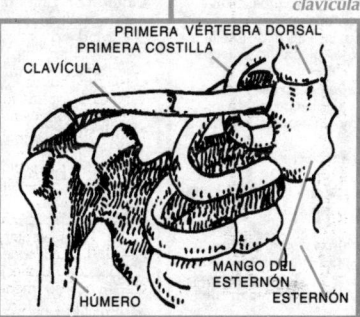

PRIMERA VÉRTEBRA DORSAL
PRIMERA COSTILLA
CLAVÍCULA
MANGO DEL ESTERNÓN
HÚMERO
ESTERNÓN

cobrar. tr. Percibir uno lo que otro le debe./ Recuperar./ Refiriéndose a los sentimientos, sentirlos, tenerlos./ fam. Recibir castigo./ Amér. Reclamar lo debido.// prl. Volver en sí.

cobre. m. Elemento químico (metal) rojo brillante, el más tenaz después del hierro, maleable y dúctil. Símb. Cu.; n. at., 29; p. at., 63,5.

coca. f. Arbusto de cuyas hojas se extrae la cocaína. Originario del Perú, se cultiva en toda América del Sur./ Hoja de este arbusto./ fam. Cabeza.

cocaína. f. Alcaloide de la coca. Se usa como anestésico local y también como droga y estupefaciente.

cóccix. m. Hueso pequeño en el cual termina la espina dorsal.

cocer. tr. Mantener un alimento crudo en agua hirviente para hacerlo comestible./ Someter a la acción del calor.// i. Hervir un líquido. Ú.t.c.prl.

coche. m. Carruaje para viajeros, de cuatro ruedas y caja con asientos./ -cama. Vagón del ferrocarril con asiento con camas.

cochera. f. Lugar donde se guardan los coches.

cochinilla. f. Crustáceo terrestre que al ser tocado se vuelve una bola./ Insecto de México del que se obtiene una materia colorante.

cochino, na. s. Cerdo./ fig. y fam. Persona sucia./ fig. y fam. Persona de conducta innoble.

cociente. m. Resultado que se obtiene dividiendo una cantidad por otra.

cocina. f. Lugar de la casa donde se prepara la comida./ Aparato para cocer los alimentos./ fig. Arte de guisar de cualquier país.

cocinar. tr./ i. Guisar, aderezar las viandas.

coco. m. Palmera de América. Fruto de esa palmera, del tamaño de un melón regular, tiene una pulpa blanca y sabrosa./ fig. Cabeza./ fam. Gesto, mueca.

cocodrilo. m. Reptil anfibio, saurio, de 4 a 5 m de longitud.

cóctel. m. Combinación de bebidas alcohólicas, jarabe, hielo, etc.

codear. i. Mover los codos, o dar golpes con ellos frecuentemente.// prl. y fam. Tratarse con alguien de igual a igual.

códice. m. Libro manuscrito antiguo en especial anterior a la imprenta.

codicia. f. Apetito de riquezas./ fig. Deseo vehemente de algo.

codiciar. tr. Ansiar.

codificar. tr. Hacer u ordenar metódicamente un conjunto de leyes./ Transformar, mediante las reglas de un código, la formulación de un mensaje.

código. m. Cuerpo de leyes metódico y sistemático./ fig. Conjunto de reglas o preceptos sobre cualquier materia./ Conjunto de signos y reglas para transmitir información.

codo. m. Parte posterior de la articulación del brazo con el antebrazo.

cocodrilo

codorniz. f. Ave gallinácea migratoria, de unos 20 cm. de largo, con la cabeza, lomo y alas de color pardo con rayas más oscuras, de carne muy apreciada.

coercer. tr. Contener, sujetar, reprimir.

coetáneo, a. a. y s. De la misma edad. / Contemporáneo.

coexistir. i. Existir al un mismo tiempo dos o más personas o cosas.

cofia. f. Red para el pelo./ Gorra de adorno./ Birrete almohadillado y con armadura de hierro para usar debajo del yelmo./ Bot. Cubierta membranosa que envuelve algunas semillas.

cofrade. m. y f. Persona que pertenece a una cofradía.

cofre. m. Arca para guardar ropas./ Arg. y Col. Joyero, estuche para guardar joyas.

coger. tr./ prl. Asir, agarrar o tomar.// tr. Hallar, encontrar./ Sorprender a uno./ Sobrevenirle algo a alguien./ Alcanzar./ Amér. Copular.

cogestión. f. Administración conjunta de una empresa por el director y los empleados.

cogollo. m. Parte interior de la lechuga y otras hortalizas./ Brote de un árbol./ Amér. Punta de la caña de azúcar./ Arg. Chicharra grande cuyo canto es breve.

cogote. m. Parte superior y posterior del cuello.

cogotudo, da. a. Grueso de cogote./ Dícese de la persona muy altiva u orgullosa.// s. Amér. Adinerado, influyente.

cohabitar. tr. Habitar juntamente con otro u otros./ Hacer vida marital.

cohesión. f. Enlace, unión de dos cosas./ Fís. Unión íntima entre las moléculas de un cuerpo.

cohete. m. Artificio pirotécnico./ Vehículo, proyectil movido por reacción a chorro.

cohibir. tr. Reprimir, refrenar, contener.

cohorte. f. Cuerpo de infantería romana./ fig. Conjunto, muchedumbre, serie.

coima. f. Manceba./ Arg., Chile y Perú. Dinero con que se soborna, para la concreción de un negocio o el logro de algo.

coimear. i. Arg., Chile y Perú. Recibir coima o comisión ilícita.

coincidir. i. Convenir una cosa con otra./ Ocurrir dos o más cosas al mismo tiempo./ Concurrir dos o más personas o cosas en un mismo lugar./ Estar de acuerdo dos o más personas en una idea, parecer, etc.

coito. m. Acto sexual entre el hombre y la mujer.

cojear. i. Andar de un modo desigual por algún defecto y no poder asentar normalmente el pie./ fig. y fam. Adolecer de un defecto o vicio.

coca

cojo, ja. a. y s. Apl. a la persona o animal que cojea.

col. f. Planta de huerta, de hojas anchas y pencas gruesas, comestible.

cola. f. Extremidad posterior de la columna vertebral de ciertos animales./ Conjunto de cerdas que tienen algunos animales en esta parte del cuerpo./ Plumas que tienen las aves en la rabadilla./ Extremidad posterior de algo./ Apéndice prolongado que se une a alguna cosa./ Hilera de personas que esperan algo./ Pasta que sirve para pegar./ Apéndice luminoso de los cometas.

colaborar. i. Trabajar con otra persona.

colapso. m. Postración repentina de los signos vitales./ Paralización transitoria de los negocios.

colar. tr. Conferir un beneficio eclesiástico./ Pasar un líquido por un recipiente colador.// i. Pasar por un lugar estrecho. Ú.t.c.prl./ Meterse furtivamente en un lugar./ Incurrir en yerro.

colateral. a. Dícese de las cosas que están a uno y otro lado de otra principal./ Dícese del pariente que no lo es por línea recta. Ú.t.c.s.

colcha. f. Cobertura de cama que sirve de adorno y de abrigo.

colchón. m. Especie de saco que se rellena con lana u otro material blando y sirve para dormir en él.

colchoneta. f. Colchón delgado y largo.

colección. f. Conjunto de cosas de una misma clase.

colecta. f. Recaudación de donativos hechos voluntariamente.

colectividad. f. Conjunto de personas reunidas para un determinado fin./ *Amér.* Conjunto de personas de un país, residentes en otro.

colectivero. m. *Arg.* Conductor de un transporte colectivo.

colectivo, va. a. Formado por varias personas o cosas.// m. Autobús.

colector, ra. a. Que recoge./ Recaudador.// m. Alcantarilla principal.

colega. m. y f. Compañero en el colegio, oficio, profesión, etc.

colegial, la. a. Perteneciente al colegio.// s. El que asiste a cualquier colegio./ fig. y fam. Joven tímido y sin experiencia.

colegio. m. Establecimiento de enseñanza./ Edificio que ocupa./ Corporación de individuos de la misma profesión.

colegir. tr. Unir las cosas sueltas./ Deducir una cosa de otra.

cólera. f. Bilis./ fig. Ira, enojo.// m. Enfermedad infecciosa transmitida por contaminación fecal de los alimentos o el agua. Sus síntomas son vómitos y diarreas, calambres, frialdad de la piel y pulso apenas perceptible.

colgar. tr. Suspender una cosa de otra./ Dar por terminada o interrumpida una conversación telefónica, colocando el auricular en el tubo./ Ahorcar.// i. Estar una cosa pendiente o asida de otra.

colibrí. m. Pájaro americano muy pequeño y colorido, perteneciente al género de los pájaros mosca.

coliflor. f. Variedad de col con una pella grumosa blanca.

colilla. f. Resto de un cigarrillo.

colina. f. Elevación del terreno menor que un monte.

colindar. i. Lindar entre sí dos fincas.

coliseo. m. Teatro destinado a la representación de trage-

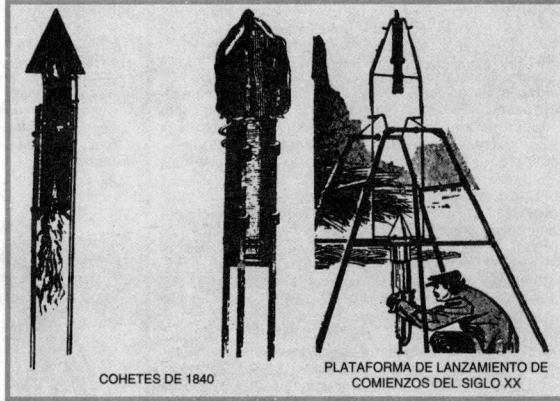

COHETES DE 1840

PLATAFORMA DE LANZAMIENTO DE COMIENZOS DEL SIGLO XX

cohete

dias y comedias, en la antigua Roma./ Denominación de los teatros importantes.

colisión. f. Choque de dos cuerpos./ Rozadura, herida./ fig. Oposición, pugna.

colitis. f. Inflamación del colon o de todo el intestino grueso, cuyos síntomas principales son el dolor y la diarrea.

colla. a. y s. Habitante de las mesetas andinas./ fig. *Amér.* Mezquino, tacaño.// m. *Arg.* Lengua de los collas.

collado. m. *Arg.* y *Bol.* Cerro, elevación de poca altura./ Depresión que facilita el paso de una a otro lado de la sierra.

collar. m. Adorno que rodea el cuello./ Aro de cuero que se ciñe al cuello de los animales domésticos./ Insignia de ciertas dignidades, magistraturas, etc.

colmar. tr. Llenar hasta el borde./ fig. Dar con gran abundancia.

colmena. f. Caja de madera que sirve de habitación a las abejas.

colmillo. m. Diente agudo y fuerte colocado a ambos lados de la hilera de incisivos./ Cualquiera de los dientes largos en forma de cuerno que tienen los elefantes.

colmo. m. Lo que puede colocarse en una medida o recipiente ya lleno./ fig. Plenitud, término.

colocar. tr./ prl. Poner a una persona o cosa en su debido lugar. Ú.t.c.prl./ Acomodar a una persona.

colofón. m. Nota que se pone al final de un libro para indicar el nombre del impresor y la fecha en que se terminó./ fig. Complemento que se añade a una obra literaria.

colombiano, na. a. Natural de Colombia.

colombino, na. a. Perteneciente a Cristóbal Colón.

colon

colon. m. Segunda porción del intestino grueso, entre el ciego y el recto.

colón. m. Unidad monetaria de Costa Rica y El Salvador.

colonia. f. Personas que se van de un país para establecerse en otro./ Lugar donde se establecen./ Territorios tomados por una nación en el que rigen leyes especiales./ Grupos de animales de una misma especie, que conviven en un territorio limitado.// **-agua de colonia.** Líquido alcohólico perfumado.

colonial. a. Perteneciente a la colonia.

colonizar. tr. Establecer una colonia.

colono. m. Habitante de una colonia./ Labrador que cultiva una heredad arrendada.

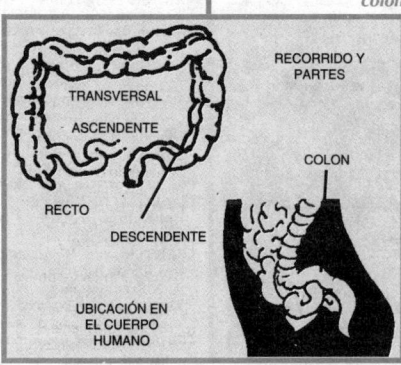

RECORRIDO Y PARTES

TRANSVERSAL

ASCENDENTE

COLON

RECTO

DESCENDENTE

UBICACIÓN EN EL CUERPO HUMANO

coloquio. m. Conversación entre dos o más personas./ Composición literaria en forma de diálogo.

color. m. Impresión que los rayos de luz reflejados por un cuerpo producen en la retina del ojo./ Sustancia para pintar./ Colorido./ fig. Carácter peculiar de algo.

colorado, da. a. Que tiene color./ De color más o menos rojo.

colorear. tr. Dar color, teñir de color./ fig. Pretextar algún motivo para hacer algo./ Cohonestar.// i. Mostrar una cosa su color colorado./ Tirar a colorado. Ú.t.c.prl.

colorete. m. Cosmético de color rojo, que se ponen las mujeres en el rostro.

colorido. m. Arte de dar los colores./ Color.

colorista. a. y s. Que usa bien el color./ fig. Dícese del escritor muy expresivo y vigoroso en su estilo.

colosal. a. Rel. al coloso./ De estatura mayor que la natural./ Muy bueno, extraordinario.

coloso. m. Estatua de una magnitud extraordinaria./ fig. Persona o cosa que sobresale muchísimo por sus cualidades.

columna. f. Apoyo de mucho más altura que diámetro, por lo común cilíndrica, que sirve de soporte a techumbres y otras partes del edificio, o para adornar construcciones y muebles./ En impresos o manuscritos, cada una de las partes en que se divide una plana./ Porción de tropas en formación de poco frente y mucho fondo.

columpiar. tr./ prl. Mecer al que está en un columpio.// prl. fig. y fam. Contonearse al andar.

columpio. m. Asiento suspendido entre dos cuerdas para mecerse.

coma. f. Signo ortográfico (,) que sirve para indicar la división de las frases, y que también se emplea en aritmética para separar los enteros de los decimales./ m. Sopor profundo con pérdida de la sensibilidad y el movimiento.

comadre. f. Partera./ La madrina de un niño con relación a los padres y al padrino./ fig. Alcahueta./ Vecina o amiga con quien una mujer tiene más trato y confianza que con otras.

comadreja. f. Mamífero carnívoro nocturno, de cabeza pequeña y miembros cortos muy perjudicial porque se alimenta de huevos./ *Arg.* Zarigüeya.

comandante. m. Jefe militar, cuya categoría está comprendida entre la de capitán y la de teniente coronel.

comandar. tr. Mandar un cuerpo de tropa, una plaza, una flota, etc.

comarca. f. División territorial definida por sus rasgos físicos o por determinadas características históricas o humanas.

combate. m. Pelea entre personas o animales./ fig. Lucha interna del ánimo./ Pugna.

combatir. i./ prl. Pelear.// tr. Acometer, embestir./ fig. Contradecir, impugnar.

comparsa

combinación. f. Acción y efecto de combinar o combinarse./ Unión de dos cosas en un mismo sujeto./ Prenda de vestir que usan las mujeres por encima de la ropa interior./ Bebida en la que se mezclan distintos licores./ *Álg.* Cada uno de los grupos que pueden formarse con letras en todo o en partes diferentes, pero en igual número./ Conjunto de signos ordenados de una manera determinada y que solo conocen una o varias personas y es utilizado para hacer funcionar ciertos mecanismos o aparatos.

combinar. tr. Unir cosas diversas de modo compuesto./ fig. Concertar./ Unir dos o más cuerpos en determinadas proporciones. Ú.t.c.prl.// prl. Ponerse de acuerdo.

combustión. f. Acción y efecto de arder o quemar./ *Quím.* Reacción química entre el oxígeno y un material oxidable, acompañada de desprendimiento de energía y que habitualmente se manifiesta por incandescencia o llama. Por ext., se aplica a la oxidación de alimentos carbonados en los seres vivos./ **-nuclear.** Conjunto de reacciones nucleares con producción continuada de enormes cantidades de calor, que ocurre en las estrellas o en los reactores nucleares.

comino

comedia. f. Subgénero dramático al que pertenecen obras destinadas a la representación teatral, cuyos caracteres han variado, según las épocas y autores, pero cuya característica común es el desenlace feliz. Sus fines son varios: reflejar costumbres, presentar la psicología de un personaje, etc./ Cualquier pieza teatral aludida como tal y que carece de precisión genérica./ Pieza dramática cuyos rasgos esenciales fueron fijados por Lope de Vega.

comediante, ta. s. Actor y actriz./ fig. Persona que finge.

comedirse. prl. Moderarse, reprimirse./ *Arg.* Ofrecerse espontáneamente para algo.

comensal. m. y f. Cada una de las personas que comen a una misma mesa.

comentar. tr. Explanar el contenido de un escrito para que se entienda mejor./ Hacer comentarios.

comentario. m. Escrito que sirve de explicación de una obra. // pl. fam. Conversación acerca de personas o sucesos, por lo general con murmuración.

comenzar. tr. Dar principio a una cosa.// i. Tener una cosa un principio.

comer. i./ tr. Masticar el alimento en la boca y pasarlo al estómago./ Tomar la comida principal del día./ Tomar una cosa determinada por alimento./ fig. Gastar, disipar la hacienda./ Corroer, consumir./ En el ajedrez, ganar una pieza al contrario.// prl. Servir de alimento./ fig. Devorarse, destruirse mutuamente./ fig. y fam. Al hablar o escribir, omitir letras o sílabas, etc.

comerciante. a. y s. Que comercia.

comerciar. i. Negociar comprando y vendiendo o permutando mercaderías./ fig. Tener trato unas personas con otras.

comercio. m. Negociación que se hace comprando, vendiendo o permutando./ Tienda, almacén, establecimiento comercial./ Trato entre individuos y pueblos./ La clase de los comerciantes./ Trato secreto y generalmente ilícito entre personas.

comestible. a. Que se puede comer.// m. Lo que sirve de alimento.

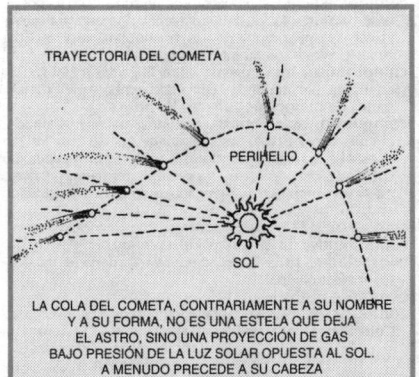

TRAYECTORIA DEL COMETA

PERIHELIO

SOL

LA COLA DEL COMETA, CONTRARIAMENTE A SU NOMBRE Y A SU FORMA, NO ES UNA ESTELA QUE DEJA EL ASTRO, SINO UNA PROYECCIÓN DE GAS BAJO PRESIÓN DE LA LUZ SOLAR OPUESTA AL SOL. A MENUDO PRECEDE A SU CABEZA

cometa

cometa. m. Astro que describe una órbita muy excéntrica y que va acompañado por un rastro luminoso.// f. Barrilete.

cometer. tr. Encargar a otro el cuidado de un negocio./ Hacer, caer, incurrir en un error, en una falta, etc.

comezón. f. Picazón./fig. Desazón del ánimo que ocasiona el deseo de alguna cosa.

comicios. m. pl. Reuniones y actos electorales.

cómico, ca. a. Relativo a la comedia./ Apl. al actor que representa papeles jocosos./Capaz de divertir./Que causa risa o divierte.// s. Comediante, actor.

comida. f. Alimento./ Alimento que se toma a una hora determinada./ Alimento principal del día./ Acción de comer./ *Amér.* Cena.

comienzo. m. Principio, origen y raíz de una cosa.

comillas. f. Signo ortográfico (" ") que se pone al principio y al fin de las citas, títulos o para destacar una frase.

comino. m. Hierba aromática que se usa en medicina y como condimento./ Su semilla./ fig. Bagatela.

comisaría. f. Empleo y oficina del comisario./ *Amér.* Edificio donde la policía tiene su sede.

comisario. m. Persona que desempeña un cargo por orden de una autoridad superior./ *Amér.* Jefe de la policía./ *Amér.* Persona que desempeña en un buque la dirección administrativa.

comisión. f. Acción de cometer./ Orden que una persona da a otra por escrito para que ejecute algún encargo./Cantidad que uno cobra por ejecutar algún encargo o vender mercancías por cuenta ajena./ Grupo de personas al que una corporación o una autoridad confía la dirección y ejecución de un asunto./ Mandato y remuneración del comisionista.

comisura. f. Punto de unión de partes similares del cuerpo, como labios y párpados.

comité. m. Reunión de personas elegidas para examinar ciertos asuntos./ *Amér.* Centro político o cívico.

como. adv. De qué modo o de la manera en que es.// sub. Denota idea de semejanza./ Según./ Ú. como conjunción condicional y causal./Con el art. *el* es sustantivo y significa la manera./ loc. adv. De cualquier modo.

comodidad. f. Calidad de cómodo./ Abundancia de cosas necesarias para vivir a gusto.

cómodo, da. a. Conveniente, acomodado, fácil./ *Arg.* Comodón.

comodón, na. a. Apl. a quien busca la comodidad y el regalo.

comodoro. m. En algunas naciones, oficial de marina que manda una división de más de tres buques./ *Arg.* Jefe aeronáutico.

compacto, ta. a. Dícese de los cuerpos de textura apretada y poco porosa./ Apretado.

compadecer. tr. Sentir compasión por la desgracia ajena.// tr./ prl. Venir bien una cosa con otra./ Conformarse o unirse.

compadre. m. Llámase así recíprocamente el padrino de una criatura y el padre de ella, y también lo llaman así la madre y la madrina./ Nombre que se da en algunas partes a los vecinos o conocidos. /*R. de la P.* Compadrito.

compaginar. tr./prl. Poner en orden cosas que tienen conexión entre sí.//tr. *Impr.* Ajustar las galeradas para formar las planas./ / prl. fig. Corresponderse una cosa con otra.

compañero, ra. S. Persona que acompaña a otra para algún fin./ Cada uno de los jugadores que, unidos, compiten con otros./Colega./Amigo./fig. Cosa inanimada que hace juego con otra.

compañía. f. Efecto de acompañar./ Sociedad o juntas de varias personas unidas para un mismo fin./ Cuerpo de actores que representan en un teatro./ *Com.* Sociedad./ Grupo de soldados que manda un capitán.

comparación. f. Acción y efecto de comparar./ Símil.

comparar. tr. Establecer las relaciones, diferencias y semejanzas entre dos o más objetos./ Cotejar.

comparecer. i. Presentarse uno en algún lugar donde ha sido llamado o convocado.

comparsa. f. Acompañamiento, en el teatro./ Conjunto de personas que van vestidas con trajes de una misma clase.

compartir. tr. Repartir, dividir las cosas en partes.// i. Tomar parte, participar.

compás. m. Instrumento que sirve para trazar curvas y tomar distancias./Cada uno de los períodos de tiempo iguales en que se marca el ritmo de una frase musical./ Cadencia, ritmo.

compasión. f. Sentimiento de ternura y lástima que se tiene del mal que padece otro.

compatriota. m. y f. De la misma patria.

compeler. tr. Obligar a alguien a que haga lo que no quiere.

compendiar. tr. Reducir a compendio./ Representar, ser el símbolo de algo.

compendio. m. Breve exposición de una materia.

compenetrarse. prl. Penetrarse mutuamente las partículas de un cuerpo entre las de otro./fig. Llegar a identificarse las personas en ideas o sentimientos.

compensación. f. Acción de compensar./ Indemnización.

compensar. tr./ prl./ i. Igualar en opuesto sentido el efecto de una cosa con el de otra./ Resarcir, indemnizar.

competencia. f. Disputa entre dos o más sujetos sobre alguna cosa./Rivalidad./Aptitud, idoneidad./Atribución de una autoridad para conocer o decidir en algún asunto.

competición. f. Competencia de quienes se disputan o pretenden una cosa.

comadreja

competir. i./ rec. Contender dos o más personas que aspiran a una misma cosa./ i. Igualar dos cosas en sus propiedades.

compilar. tr. Reunir, en un solo cuerpo de obra, partes de otros libros o documentos.

complacer. tr. Acceder a lo que otro desea.// prl. Tener satisfacción en alguna cosa.

complejo, ja. a. Dícese de lo que se compone de elementos diversos./ Complicado, enmarañado, difícil.// m. Conjunto o unión de dos o más cosas./ Conjunto de recuerdos y deseos que, de un modo más o menos consciente, influyen en el modo de ser de una persona.

complementar. tr. Dar complemento a una cosa./ *Gram.* Introducir palabras como complementos de otras.

complemento. m. Lo que hace falta agregar a una cosa para completarla./ Ángulo que le falta a otro para completar un recto./ Arco que sumado a otro completa un cuadrante./ *Gram.* Modificador del sustantivo formado por una preposición y un término./ *Biol.* Sustancia que existe en el plasma sanguíneo y en la linfa y que queda destruida por temperaturas superiores a los 56 grados. Es indispensable para que estos líquidos ejerzan su actividad inmu-nitaria.

completar. tr. Integrar, poner lo que le falta a una cosa./ Perfeccionarla.

complexión. f. *Fisiol.* Constitución física de una persona y relación de los sistemas que constituyen su organismo.

complicar. tr. Mezclar, unir cosas diversas.// prl. fig. Enredar, dificultar.

cómplice. m. y f. Participante en el crimen o delito que comete otro.

componer. tr. Formar de varias cosas una.// tr./ prl. Ataviar a alguien.// tr. Reparar lo desordenado o roto./ Adornar algo./ Cortar algún daño que se teme./ Producir obras científicas o literarias.// i. Hacer versos./ Producir obras musicales.

comportamiento. m. Conducta, manera que tiene cada uno de dirigir sus actos.

comportar. *Amér.* Traer, ser causa de algo./ prl. Portarse, conducirse.

composición. f. Acción y efecto de componer./ Obra científica, literaria o musical./ Procedimiento para formar vocablos por agregados a uno simple./ Arte de agrupar figuras y accesorios en una obra de pintura./ *Arg.* En los colegios, trabajo de redacción.

compositor, ra. a. y s. Que compone./ Que hace composiciones musicales.

compostura. f. Arreglo de una cosa descompuesta o rota./ Aliño, aseo./ Mezcla con que se adultera un género o producto./ Ajuste, convenio./ Mesura./ Circunspección.

compra. f. Acción y efecto de comprar para el consumo diario.

comprar. tr. Adquirir algo con dinero./ Sobornar./ fig. y fam. *R. de la P.* Ganar el afecto de otro.

compraventa. f. Convenio que obliga al vendedor a entregar la cosa vendida y al comprador a pagar lo establecido.

comprender. tr. Abrazar, rodear por todas partes./ Entender, penetrar.// tr./ prl. Contener en sí alguna cosa.

comprensión. f. Acción de comprender./ Capacidad para entender y penetrar las cosas.

comprensivo, va. a. Que tiene facultad de entender o comprender.

compresa. f. Trozo de algodón o gasa con varios dobleces que se utiliza como apósito.

compresión. f. Acción y efecto de comprimir./ Presión alcanzada en un motor antes de la explosión.

comprimir. tr./ prl. Oprimir, apretar, reducir a menor volumen./ Reprimir y contener.

comprobar. tr. Confirmar algo.

comprometer. tr./ prl. Poner de común acuerdo en manos de un tercero la resolución de una diferencia./ Arriesgar a alguien./ Hacer a uno responsable de algo, crearle una obligación.// prl. *Amér.* Contraer compromiso matrimonial.

compromiso. m. Convenio entre litigantes./ Obligación contraída, palabra dada./ Dificultad, embarazo./ Promesa mutua de casarse que se hacen los novios.

compuesto, ta. a. Formado por varias partes./ Mesurado, circunspecto./ *Bot.* Dícese de plantas que se caracterizan por sus hojas simples y sus flores reunidas en un receptáculo común./ *Gram.* Aplícase a los vocablos formados por dos o más voces simples.// m. Agregado de cosas que constituyen un todo.

compulsar. tr. Examinar documentos, comparándolos entre sí.

compungido, da. a. Atribulado, dolorido.

computador, ra. a. Que computa.// s. Ordenador o calculador electrónico.

cómputo. m. Cuenta o cálculo.

comulgar. tr. Dar la sagrada comunión.// i. Recibirla./ Coincidir con otro en ideas o sentimientos./ Profesar una doctrina, opinión, etc.

común. a. Dícese de lo que pertenece a todo el mundo./ Corriente, general./ Ordinario, vulgar.// m. Comunidad; generalidad de personas./ Retrete.

comuna. f. *Amér.* Municipio.

comunicación. f. Acción de comunicar./ Unión que se establece entre ciertas cosas./ Escrito en que se comunica algo oficialmente.// pl. Correos, teléfonos, telégrafos, etc.

comunicar. tr. Hacer a otro partícipe de lo que uno tiene./ Hacer saber alguna cosa./ Conversar, tratar de palabra o por escrito. Ú.t.c.prl.// pl. Tener paso o correspondencia entre sí las cosas inanimadas.

comunidad. f. Calidad de común, propio de todos./ Personas que viven unidas y bajo ciertas reglas./ Conjunto de las personas que viven en un pueblo, ciudad, etc.

comunión. f. Participación en algo común./ Comunicación de una persona con otras./ En la Iglesia Católica, acto de comulgar./ Conjunto de fieles de una religión.

con. prep. que significa el medio, modo o instrumento que sirve para hacer alguna cosa./ Juntamente y en compañía.

concatenar. tr. Unir varias cosas entre sí.

cóncavo, va. a. Que tiene la superficie más deprimida en el centro que en las orillas.

concebir. i./ prl. Quedar preñada la hembra.// i. Comprender, formar idea.// tr. Comenzar a sentir pasión o afecto./ Gal. por redactar, contener, expresar./ Gal. por crear, imaginar una cosa material o inmaterial.

conceder. tr. Dar, otorgar./ Asentir a lo que se dice o afirma.

concejal, la. s. Miembro de un concejo.

concejo. m. Ayuntamiento, municipalidad./ Reunión de los miembros de un concejo.

concentrar. tr./ prl. Reunir en un punto./ Aumentar la proporción entre la materia que se disuelve y el líquido, en una disolución.// prl. Reconcentrarse.

concepto. m. Idea que forma el entendimiento./ Pensamiento expresado con palabras./ Dicho agudo./ Opinión, juicio./ Crédito en que se tiene a una persona.

conceptuar. tr. Formar concepto de una cosa./ Apreciar las cualidades de una persona.

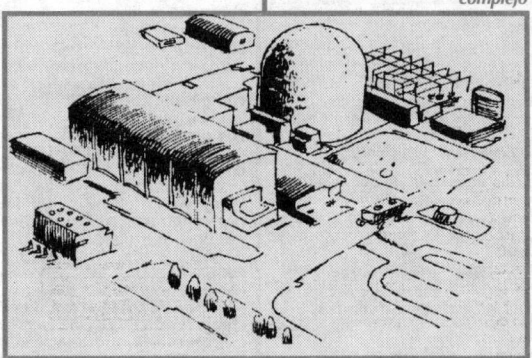

complejo

FLOR DE
PLANTA
COMPUESTA

compuesta

concernir. i. Atañer.
concertar. tr. Componer, arreglar las partes de una cosa./ Tratar del precio de una cosa.// tr./ prl. Pactar, tratar un asunto.// i. Convenir entre sí dos cosas./ Concordar dos o más palabras los accidentes gramaticales.
concertista. m. y f. Persona que toca en un concierto en calidad de solista.
concesión. f. Acción de conceder./ Derecho que se obtiene del Estado para una explotación./ *Com.* Autorización para la explotación de una marca, derecho, etc.
concha. f. Parte exterior y dura que cubre el cuerpo de muchos moluscos y crustáceos./ Ostra./ Carey, materia córnea./ En el teatro, mueble que oculta al apuntador./ *Amér.* Vulva.
conciencia. f. Sentimiento interior por el cual una persona reconoce sus propias acciones./ Conocimiento reflexivo de las cosas./ Integridad.// **-a conciencia.** m. adv. Con solidez y sin fraude ni engaño.
concienzudo, da. a. Dícese de la persona que hace las cosas con mucha atención y cuidado.
concierto. m. Buen orden de las cosas./ Convenio, ajuste./ Función de música.
conciliábulo. m. Concilio no convocado por autoridad legítima./ fig. Reunión en que se trata algo ilícito o secreto.
conciliar. a. Perteneciente a los concilios.// m. Persona que asiste a un concilio.// tr. Ajustar los ánimos de los que estaban opuestos entre sí.
concilio. m. Junta para tratar algo./ Congreso de los obispos y otros eclesiásticos de la Iglesia Católica para deliberar sobre temas del dogma y disciplina.
concisión. f. Capacidad de expresar los conceptos con la menor cantidad de palabras posibles.
concitar. tr. Instigar contra otro, promover discordias.
conclave o **cónclave.** m. Lugar donde se reúnen los cardenales en asamblea para elegir papa./ Esta misma asamblea./ fig. Junta, reunión.
concluir. tr./ prl. Finalizar una cosa./ Determinar sobre lo que se ha tratado./ Deducir una verdad de otras.// tr. Rematar minuciosamente algo.
conclusión. f. Acción de concluir./ Terminación de una cosa./ Resolución./ Afirmación que se defiende en una doctrina.

comunicación

concordancia. f. Correspondencia, conformidad./ *Gram.* Correspondencia de accidentes entre dos o más palabras./ *Mús.* Proposición justa de las voces que suenan juntas.
concordar. tr. Poner de acuerdo lo que no lo está./ / i. Convenir una cosa con otra./ *Gram.* Formar concordancia. Ú.t.c.tr.
concretar. tr. Combinar, concordar./ Reducir la materia sobre la que se habla o escribe a lo esencial.// prl. Reducirse a hablar, tratar o hacer una cosa con exclusión de las demás.
concreto, ta. a. Dícese de cualquier objeto considera-

POR TIERRA

POR MAR

POR AIRE

do en sí mismo.// m. Concreción./ *Amér.* Hormigón armado.
concubina. f. Mujer que vive con un hombre sin estar casada con él. Ú.t.c.m.
concupiscencia. f. Deseo y goce de placeres./ Apetito desordenado de placeres, e especial los de la carne.
concurrencia. f. Reunión de varias personas en un lugar.
concurrir. i. Encontrarse en un mismo lugar o tiempo personas, sucesos o cosas.
concursar. tr. Declarar el estado de insolvencia de alguien que tiene acreedores.// i. Tomar parte en un concurso.
condado. m. Dignidad de conde./ Territorio en que se ejercía la autoridad de un conde./ División municipal en algunos países.
conde. m. Título nobiliario.
condecorar. tr. Dar honores o condecoraciones.
condena. f. Grado y extensión de la pena impuesta a un reo./ Juicio, sentencia.
condenar. tr. Pronunciar el juez sentencia./ Reprobar una doctrina u opinión./ Forzar a hacer algo penoso./ Tabicar e incomunicar una habitación./ Tapar permanentemente una puerta o ventana.
condensación. f. Acción y efecto de condensar o condensarse.
condensar. tr. Reducir una cosa a menor volumen, y, si se trata de un líquido, darle mayor consistencia. Ú.t.c. prl./ Reducir un escrito o discurso sin quitarle lo esencial.

computadora

condesa. f. Título nobiliario.
condescender. i. Acomodarse por bondad al gusto y voluntad de otro.
condición. f. Índole o propiedad de las cosas./ Calidad en que se hace una cosa./ Carácter de las personas./ Estado, situación especial./ *Arg.* Danza del Noroeste del país, de movimientos ceremoniosos. Su música./ **-sine qua non.** Aquella indispensable para que algo se haga.
condicionar. tr. Someter a condición.
condimentar. tr. Sazonar los alimentos.
condiscípulo, la. s. Persona que estudia o ha estudiado con otra.
condolencia. f. Participación en el dolor ajeno./ Pésame.
condolerse. prl. Compadecerse.
condonar. tr. Perdonar una pena de muerte o una deuda.
cóndor. m. Ave falconiforme diurna americana. Es la más grande de las aves que vuelan. Habita en los Andes./ Moneda de oro de Colombia, Chile y Ecuador.
conducción. f. Acción y efecto de conducir, guiar alguna cosa.
conducir. tr. Llevar, transportar de una parte a otra./ Guiar o dirigir hacia un sitio./ Guiar un vehículo automóvil./ Guiar o dirigir un negocio./ Ajustar, concertar por precio o salario.// i. Convenir, ser a propósito para algún fin.// prl. Proceder de esta o la otra manera, o bien o mal.
conducta. f. Conducción./ Manera con que los hombres gobiernan su vida y dirigen sus acciones.

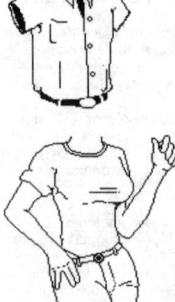

conducto. m. Canal para dar paso y salida a las aguas y otras cosas./ Cada uno de los canales que en el cuerpo cumplen una función fisiológica./ fig. Persona por quien se tiene noticia de algo.

conectar. tr. Combinar el movimiento de una máquina con el de un aparato dependiente de ella.

conejo. m. Mamífero roedor, de pelo espeso y color ordinariamente gris, orejas largas y patas posteriores más largas que las anteriores.

conexión. f. Enlace, concatenación de una cosa con otra.// pl. Amistades.

confabular. i. Tratar algo entre dos o más personas.// prl. Ponerse de acuerdo dos o más personas para perjudicar a otro.

confección **confección.** f. Acción y efecto de confeccionar./ Hechura de prendas de vestir./ Ropa hecha. Ú.m. en pl.

confeccionar. tr. Hacer, componer, acabar, tratándose de obras materiales.

confederación. f. Alianza, pacto entre personas, sociedades o naciones./ Conjunto de personas o pactos confederados.

confederar. tr./ prl. Hacer unión, alianza o pacto entre varios.

conferencia. f. Reunión entre varias personas para tratar un asunto./ Disertación en público.

conferenciar. i. Tratar en conferencia un asunto.

conferir. tr. Asignar a uno dignidad, empleo o derechos.

confesar. tr. Manifestar sus hechos, ideas o sentimientos./ Reconocer, obligado por algún motivo, lo que sin ello no reconocería./ Oír el confesor al penitente.// tr./ prl. Declarar el penitente los pecados que ha cometido. p. p. irr. confeso y p. p. reg. confesado.

confesión. f. Declaración que uno hace de lo que sabe./ Declaración al confesor de los pecados./ Profesión pública de la fe religiosa./ Declaración del reo o litigante en un juicio./ Relato que una persona hace de su propia vida para explicarla a los demás.

confesionario. m. Mueble en donde se instala el sacerdote para oír la confesión./ Tratado que contiene reglas para la confesión.

confesor. m. Sacerdote que confiesa.

confianza. f. Esperanza firme que se tiene de algo o alguien./ Ánimo, vigor para obrar.

confiar. i. Esperar con firmeza y seguridad./ Poner al cuidado de otro un negocio u otra cosa./ Depositar en otro los bienes, un secreto, etc., sin más seguridad que la buena fe. Ú.t.c.prl.

confidencia. f. Comunicación de algo secreto, reservado.

confidente, ta. a. Fiel, seguro, de confianza.// s. Maleante que informa a la policía.

configurar. tr./ prl. Dar determinada figura a una cosa.

confín. m. Límite, raya, término./ Horizonte, término último a que alcanza la vista.

confinar. i. Lindar, estar contiguo a otro territorio.// tr. Desterrar a una persona señalándole el lugar de donde no puede salir por algún tiempo./ Encerrar o recluir.

confirmación. f. Acción y efecto de confirmar./ Nueva prueba de la certeza de un suceso./ Sacramento de la Iglesia, por el cual quien ha recibido el bautismo reafirma su fe.

confirmar. tr. Corroborar la verdad o probabilidad de una cosa./ Revalidar lo aprobado./ Asegurar, dar mayor firmeza o seguridad. Ú.t.c.prl./ Administrar el sacramento de la confirmación.

confiscar. tr. Privar a uno de sus bienes y aplicarlos al fisco./ Apoderarse la policía de algo.

confitura. f. Fruta u otra cosa cubierta con baño de azúcar.

conflagración. f. Incendio./ Perturbación violenta de pueblos o naciones./ Guerra, rebelión.

conflicto. m. Lo más empeñado de un combate./ fig. Choque de ideas, intereses, pasiones, etc./ Combate y angustia del ánimo./ Apuro, situación de difícil salida.

confluir. i. Juntarse dos o más caminos en un mismo lugar./ fig. Concurrir a un sitio mucha gente.

conformación. f. Colocación, distribución de las partes que forman una cosa.

conformar. tr./ i./ prl. Concordar una cosa con otra.// i./ prl. Convenir dos personas./ Sujetarse una persona voluntariamente a hacer una cosa que le desagrada.

conformidad. f. Semejanza entre dos personas./ Correspondencia de una cosa con otra./ Unión, concordia./ Proporción entre las partes de un todo./ Adhesión total./ Sufrimiento de las adversidades.

confortable. a. Que conforta, alienta o consuela./ Apl. a lo que produce comodidad.

confortar. tr./ prl. Dar vigor, espíritu y fuerza./ Consolar, alentar al afligido.

confraternizar. i. Amér. Fraternizar, establecer buenas relaciones.

confrontar. tr. Carear una persona con otra./ Cotejar una cosa con otra.// i./ prl./ Estar o ponerse una cosa frente a otra.

confundir. tr./ prl. Mezclar sin orden./ Desordenar una cosa./ Humillar, avergonzar.

confusión. f. Acción y efecto de confundir./ Falta de orden, de claridad./ Turbación del ánimo, perplejidad./ Abatimiento, humillación./ Afrenta.

congelar. tr./ prl. Helar un líquido.// tr. Inmovilizar un gobierno fondos o créditos particulares.

congestión. f. Acumulación excesiva de sangre en alguna parte del cuerpo./ fig. Aglomeración de personas, vehículos, etc.

conglomerar. tr. Aglomerar.// prl. Agrupar fragmentos con tal coherencia que resulte una masa compacta.

congoja. f. Angustia o aflicción.

congoleño, ña. a. Del Congo.

congraciar. tr./ prl. Conseguir la benevolencia o el afecto de alguien.

congratular. tr./ prl. Felicitar.

congregación. f. Junta para tratar de negocios./ Reunión de devotos./ Cuerpo de sacerdotes bajo ciertas constituciones./ Conjunto de monasterios de una misma orden bajo un superior general.

confesionario

congregar. tr./ prl. Juntar, reunir.

congreso. m. Junta de varias personas para deliberar sobre algún asunto./ Edificio donde los legisladores celebran sus sesiones./ Asamblea nacional en ciertos países./ Amér. En algunos países, conjunto de las cámaras de diputados y senadores.

congruencia. f. Conveniencia, oportunidad./ Conformidad entre el fallo y las pretensiones de las partes formuladas durante el juicio./ Igualdad, correspondencia entre dos figuras.

cónico, ca. a. De forma de cono.

EN REPOSO · ALERTA · AL GALOPE · EN PLENO SALTO · PAUSA

conejo

conífero, ra. a./f. Aplícase a árboles y arbustos dicotiledóneos de fruto cónico y hojas que presentan también un contorno, cónico, como el ciprés y el pino.

conjetura. f. Juicio probable de una cosa o suceso por las señales que se observan.

conjeturar. tr. Formar juicio probable por indicios y observaciones.

conjugación. f. Fusión en uno de los núcleos de las células reproductoras./ Acción de conjugar./ *Gram.* Serie ordenada de todas las voces de un verbo. En castellano existen tres conjugaciones según la terminación del infinitivo (ar, er, ir).

conjugar. tr. Combinar entre sí distintas cosas./ Poner en serie ordenada las palabras con que se denotan los modos, tiempos, números y personas del verbo.

conjunción. f. Junta, unión./ Encuentro aparente de dos astros cuando tienen la misma longitud./ Parte invariable de la oración, que denota relación entre dos oraciones o entre miembros o vocablos de una de ellas.

conjuntiva. f. Membrana mucosa que cubre la parte anterior del globo del ojo, excepto la córnea, y se extiende por la superficie interna del párpado.

conjunto, ta. a. Unido o contiguo a otra cosa./ Mezclado, incorporado a otra cosa.// m. Grupo de personas o cosas./ Juego de vestir femenino formado por dos o más prendas./ Grupo de personas que actúan cantando o bailando en distinto tipo de espectáculos./ Orquesta formada por pocos músicos./ *Mat.* La totalidad de los entes matemáticos que tienen determinada propiedad.

conjurar. i./ prl. Ligarse con otro, mediante juramento, para algún fin./ Conspirar contra alguien.// tr. Juramentar./ Decir los exorcismos dispuestos por la Iglesia./ Rogar, pedir con instancia y cierta autoridad una cosa./ fig. Evitar, impedir.

conmemoración. f. Ceremonia con que se celebra un acontecimiento importante.

conmemorar. tr. Hacer memoria o conmemoración.

conmigo. ablativo de sing. del pron. pers. de 1ª pers. en género m. y f. En mi compañía.

conminar. tr. Amenazar./ Intimar la autoridad un mandato.

conmiseración. f. Compasión que uno tiene del mal de otro.

conmoción. f. Sacudida, perturbación del ánimo o del cuerpo./ Tumulto, levantamiento./ Movimiento sísmico.

conmover. tr./ prl. Perturbar, mover muy fuerte o con eficacia./ Mover a ternura.

conmutación. f. Acción y efecto de conmutar.

conmutador, ra. a. Que conmuta.// m. Aparato eléctrico que sirve para que una corriente cambie de dirección./ *Amér.* Centralita telefónica.

conmutar. tr. Trocar, permutar una cosa por otra.

connotar. tr. Hacer relación./ Significar la palabra varias ideas, una principal y las demás complementarias.

cono. m. Fruto de las coníferas./ Sólido engendrado por un triángulo rectángulo que gira alrededor de un cateto.

conocer. tr. Averiguar la naturaleza, cualidades y relaciones de las cosas. Conjeturar lo que puede suceder./ Entender, saber./ Percibir el objeto como distinto de todo lo que no es

él.// tr./ prl. Tener trato y comunicación.// prl. Juzgar justamente de uno mismo.

conocido, da. a. Distinguido, ilustre.// s. Persona con quien se tiene trato, pero no amistad.

conocimiento. m. Acción y efecto de conocer./ Entendimiento, inteligencia.

conque. sub. con el cual se enuncia una secuencia.

conquistar. tr. Adquirir a fuerza de armas./ Ganar la voluntad de uno.

consabido, da. a. Apl. a la persona o cosa de que ya se ha tratado anteriormente.

consagrar. tr. Hacer sagrada a una persona o cosa./ Pronunciar el sacerdote las palabras de la consagración./ fig. Erigir un monumento para perpetuar la memoria de una persona o suceso./ Dedicar con ardor una cosa a un fin determinado. Ú.t.c.prl./ Barb. por destinar, emplear, cuando se trata de cosas vulgares.

consanguíneo, a. a. y s. Que tiene un antepasado común.

consciente. a. Que tiene cabal conocimiento y plena posesión de sí mismo.

consecuencia. f. Proposición que se deduce de otra./ Resultado de un hecho o acontecimiento./ Correspondencia entre las ideas que profesa una persona y su conducta.

MÁQUINA DE COSER

confección

consecuente. a. Que sigue en orden respecto de una cosa./ Persona que obra conforme a sus principios.// m. Proposición que se deduce de otra.

conseguir. tr. Alcanzar lo que se desea.

consejero, ra. s. Persona que aconseja./ Miembro de un consejo.

conserje. m. El encargado del cuidado y limpieza de un edificio público.

conservatorio, ria. a. Que contiene o conserva alguna cosa./ / m. Establecimiento oficial para enseñar y fomentar ciertas artes.

consignación. f. Acción y efecto de consignar./ Depósito de mercaderías que se hace al consignatario para su venta.

consola. f. Mesa por lo común sin cajones y hecha para estar arrimada a la pared.

consolar. tr./ prl. Aliviar la aflicción.

consolidación. f. Acción y efecto de consolidar o consolidarse.

consolidar. tr. Dar solidez a una cosa./ fig. Componer lo que se había roto./ Afianzar, asegurar la amistad, la alianza, etc. // prl. Reunirse en un sujeto atributos antes disgregados.

consonante. a. Dícese de cualquier voz que tiene la misma consonancia que otra. Ú.t.c.s.m.//f. Letra que necesita de una vocal para formar sílaba.

consorcio. m. Participación en una misma suerte con otro u otros./ Unión y compañía de quienes viven juntos.

consorte. m. y f. Persona que acompaña a otra en la misma suerte./ Cónyuge.

conspirar. i. Unirse contra el superior./ Asociarse algunos para perjudicar a otro.

constar. i. Ser algo cierto y manifiesto./ Tener una cosa determinada en partes./ Quedar una cosa registrada en escrito.

constatación. f. Comprobación.

constatar. tr. Comprobar, verificar.

constelación. f. Grupo de estrellas fijas que forman una figura cuyo nombre se le ha dado a fin de distinguirlo de otros.

consternar. tr./ prl. Afligir mucho el ánimo.

constipar. tr. Cerrar los poros impidiendo la transpiración.// prl. fam. Acatarrarse.

constitución. f. Acción y efecto de constituir./ Naturaleza y calidad de una cosa./ Forma de gobierno de un estado./ Ley fundamental de un estado.

constitucional. a. Perteneciente a la constitución de un estado./ Que está de acuerdo con ella.

constreñir. tr. Obligar, compeler por fuerza.

consuegro, gra. s. Padre o madre del yerno o de la nuera.

consuelo. m. Descanso, alivio de la pena, molestia o fatiga que aflige.

cónsul. m. Persona encargada de proteger en una población extranjera los intereses de los ciudadanos del estado que le otorgó el nombramiento.

consulta. f. Acción y efecto de consultar./ Opinión, dictamen./ Conferencia entre profesionales para resolver algo.

consultar. tr. Pedir parecer o consejo.

consultorio. m. Establecimiento particular donde se despachan consultas técnicas./ Local donde el médico atiende y recibe a los enfermos.

consumar. tr. Llevar a cabo por completo una cosa.

consumición. f. Consunción./ Consumo, gasto.

consumir. tr. Destruir, extinguir./ Terminar los alimentos./ Gastar energía o un producto energético./fig. y fam. Inquietar, afligir.

consumo. m. Gasto de las cosas que se gastan o extinguen con el uso.

consunción. f. Acción y efecto de consumir./ Enflaquecimiento, extenuación.

contabilidad. f. Aptitud de las cosas que pueden ser objeto de cuenta o cálculo./ Sistema de llevar la cuenta y razón en los establecimientos públicos o particulares.

contacto. m. Acto y efecto de tocarse dos o más cosas./ Afinidad./ Trato, relación.

contador, ra. a. Que cuenta.// s. Persona que lleva la contabilidad.// m. Aparato para contar las revoluciones de una máquina, los movimientos de una pieza, etc.

continente

contagiar. tr./ prl. Comunicar a otro u otros una enfermedad./ fig. Pervertir.

contagio. m. Transmisión de una enfermedad.

contaminar. tr./ prl. Penetrar la inmundicia en un cuerpo./ fig. Corromper, pervertir.

contar. tr. Determinar el número de las cosas./ Narrar, referir./ Poner a uno en la clase o número que le pertenece. // i. Hacer cuentas y cálculos./ -

contar con. Confiar en que alguno servirá para un determinado fin.

contemplar. tr. Considerar, examinar con atención./ Juzgar./ Complacer a alguien.

contemporáneo, a. a. Existente al mismo tiempo que otra persona o cosa.

contender. i. Pelear, batallar.

contentar. tr. Satifacer las aspiraciones o el gusto de alguien. // prl. Quedar contento.

contento, ta. a. Alegre, satisfecho.// m. Alegría, satisfacción.

contestar. tr. Responder a lo que se pregunta, se habla o se escribe.// i. Concordar una cosa con otra.

contexto. m. Orden de composición de ciertas obras./fig. Hilo del discurso, tejido de la narración.

contextura. f. Disposición de las partes de un todo./ fig. Configuración física del hombre.

contiguo, gua. a. Que está tocando a otra cosa.

continental. a. Que pertenece a un continente.

continente. p. act. de **contener.** Que contiene.// a. Que posee y practica la continencia.// m. Extensión grande de tierra que, si bien rodeada por el mar, no puede llamarse isla ni península, nombres dados a territorios menos vastos.

continuación. f. Acción y efecto de continuar.

continuar. tr. Proseguir uno lo empezado./ Perseverar en una empresa.// i. Durar, permanecer.// prl. Extenderse, seguir.

continuo, nua. a. Que dura, obra o se hace sin interrupción. // m. Todo compuesto de partes unidas entre sí.

contonearse. prl. Hacer movimientos afectados con la cadera o los brazos al andar.

contorno. m. Territorio que rodea un lugar. Ú.m. en pl./ Conjunto de líneas que rodean una figura.

contorsión. f. Movimiento irregular y convulsivo del cuerpo.

contra. prep. que indica oposición. Ú. como prefijo en palabras compuestas.// f. fam. Inconveniente, dificultad.

contrabajo. m. Instrumento músico de cuerda, semejante al violín, pero mayor.

contrabandear. i. Ejercitar el contrabando.

contrabando. m. Producción o comercio de artículos prohibidos.

contracción. f. Acción y efecto de contraer./ Metaplasmo que consiste en hacer de dos palabras, una.

contradecir. tr./ prl. Decir a uno lo contrario de lo que otro afirma, o negar lo que asegura como cierto.

contradicción. f. Acción y efecto de contradecir./ Afirmación y negación que recíprocamente se destruyen./ Contrariedad, oposición.

contraer. tr. Reducir, estrechar./ Adquirir un vicio, obligación, deuda, etc.// prl. Encogerse un músculo, un nervio, etc.

contrahecho, cha. a. De cuerpo torcido. Ú.t.c.s.

contralor. m. Oficio honorífico de algunas casas reales, equivalente al de veedor./ *Amér.* Funcionario que controla la contabilidad oficial.

contralto. m. Voz italiana que designa la voz femenina más grave.// f. Mujer que tiene esa voz.

contraluz. f. Vista de las cosas desde la parte opuesta a la luz.

contramaestre. En ciertas obras, segundo jefe entre los oficiales y de los obreros./ Jefe de una obra o de un taller./ Oficial que ordena la maniobra y dirige la marinería.

convención

contraofensiva. f. Ofensiva que se emprende para contrarrestar la del enemigo.

contraorden. f. Orden que revoca una anterior.

contrapeso. m. Peso que se pone en la parte opuesta de otro para equilibrarlo.

contraponer. tr. Cotejar, comparar./ Oponer. Ú.t.c.prl.

contraproducente. a. Se dice del dicho o acto cuyos efectos son contrarios a la intención con que se lo profirió o ejecutó.

contrapuerta. f. Puerta que separa el zaguán del resto de la casa.

contrapunto. m. Concordancia armoniosa de voces contrapuestas./ *Amér.* Competencia poética entre payadores.

contrariar. tr. Contradecir, resistir los propósitos de los demás.

contrariedad. f. Oposición entre una cosa y otra./ Accidente que impide o retrasa la ejecución de algo.

contrario, ria. a. Opuesto o repugnante a una cosa. Ú.t.c.s.f./ fig. Que causa daño.// s. Persona que está enemistada, lucha o se halla en oposición con otra.

contrarrestar. tr. Hacer frente, resistir, rechazar.

contrasentido. m. Inteligencia contraria al sentido normal de las palabras.

contraseña. f. Seña secreta que se dan unas personas con otras para entenderse entre sí.

contrastar. i. Resistir.// i. Mostrar diferencias notables o calidades opuestas dos cosas, cuando se comparan entre sí.

contraste. m. Acción y efecto de contrastar./ Oposición o diferencia notable entre personas o cosas./ En la imagen fotográfica o televisiva, falta de tonos intermedios de modo que resalten lo claro y lo oscuro.

contratapa. f. Refuerzo que se pone a una tapa./ Cara interna o parte posterior de una obra impresa.

contratar. tr. Pactar, comerciar, convenir./ Obligar por pacto a ejecutar una cosa.

contratiempo. m. Accidente perjudicial y por lo común inesperado.

contrato. m. Pacto o convenio entre partes que se obligan a cumplirlo recíprocamente.

contravención. f. Acción y efecto de contravenir.

contravenir. tr. Obrar en contra de lo que ha sido mandado.

contraventana. f. Puerta que interiormente cierra sobre la vidriera de una ventana o que resguarda a ésta exteriormente.

contraventor, ra. a. Que contraviene.

contribución. f. Acción y efecto de contribuir./ Cuota que se paga para algún fin.

contribuir. i. Pagar cada uno la cuota que le corresponde por un impuesto o repartimiento./ Dar voluntariamente algo para un fin.

contrición. f. Dolor y pesar de haber ofendido a Dios.

contrincante. m. El que aspira a una cosa en competencia con otros.

contrito, ta. a. Que siente contrición.

control. m. Comprobación, inspección, fiscalización, registro.

controlar. tr. Comprobar, inspeccionar, fiscalizar, registrar.

controversia. f. Discusión larga y reiterada sobre un tema.

controvertir. tr. / i. Discutir con detención y extensamente sobre un tema.

contubernio. m. Habitación con otra persona./ fig. Alianza inmoral.

contumacia. f. Terquedad en mantener un error./ Rebeldía de quien no acude al llamamiento del juez.

contumaz. a. Tenaz en mantener un error./ Rebelde.

contundente. a. Aplícase al instrumento y al acto que provocan contusión./ fig. Que tiene gran fuerza de convicción.

contundir. tr./ prl. Golpear, magullar.

conturbar. tr./ prl. Turbar, inquietar./ fig. Intranquilizar, alterar el ánimo.

contusión. f. Daño que recibe el cuerpo por un golpe que no causa herida.

contuso, sa. p. p. irreg. de **contundir**.// a. y s. Que ha recibido una contusión.

convalecencia. f. Acción y efecto de convalecer./ Estado del convaleciente.

convalecer. i. Recobrar las fuerzas perdidas por una enfermedad.

convaleciente. p. act. de **convalecer**. Que convalece.// s. Persona en convalecencia.

convalidar. tr. Confirmar o revalidar, especialmente los actos jurídicos./ Dar validez en un país, institución, etc. a los estudios aprobados en otro país, institución, etc.

convencer. tr./ prl. Obligar a alguien mediante argumentos eficaces a que cambie de opinión.

convencimiento. m. Acción y efecto de convencer.

convención. f. Concierto, convenio./ Asamblea que asume todos los poderes de un país.

cónsul

CÓNSUL ROMANO

conveniencia. f. Correlación y conformidad entre cosas diversas./ Provecho, utilidad./ Decencia, decoro.// pl. Rentas, bienes.

conveniente. a. Útil, oportuno./ Proporcionado, adecuado, decente.

convenio. m. Acuerdo, ajuste entre dos o más personas.

convenir. i. Ser de una misma opinión./ Ser adecuado o conveniente.

conventillo. m. Casa de vecindad./ *Bol., Chile, Perú* y *R. de la P.* Casa de vecindad de gente muy pobre.

convento. m. Casa en que viven los religiosos.

convergente. p. act. de **convergir**. Que converge./ a. Aplícase a las rectas que, si se prolongaran, se unirían en el horizonte.

converger o **convergir**. i. Dirigirse una o más rectas hacia un mismo punto./ fig. Coincidir las ideas u opiniones de dos o más personas.

conversación. f. Acción de hablar con familiaridad dos o más personas.

conversar. i. Hablar dos o más personas./ Tener trato o amistad con alguien.

conversión. f. Acción y efecto de convertir o convertirse./ Mudanza de vida abandonando la mala por la buena.

converso, sa. p. p. irreg. de **convertir** o **convertirse**./ a. y s. Aplícase al judío o moro que se ha convertido a la religión católica.

convertir. t./ prl. Mudar o cambiar una cosa en otra./ Cambiar una religión, ideología, método de vida por otro.

convexo, xa. a. Que tiene la superficie más prominente en el medio que en los costados.

convicción. f. Convencimiento.

convicto, ta. p. p. irreg. de convencer.// a. Aplícase al reo al que se le ha probado el delito.

convidar. tr. Rogar una persona a otra que asista a un espectáculo, reunión, etc.

convivencia. f. Acción de convivir.

convivir. i. Vivir juntamente con otro u otros.

convocar. tr. Llamar a varias personas para un acto o reunión.

convocatoria. f. Escrito o anuncio con que se convoca.

convoy. m. Conjunto de barcos, carruajes, etc., custodiados./ fig. Acompañamiento, séquito.

convulsión. f. Movimiento y agitación de un músculo, con estiramiento y contracción alternados./ Agitación violenta social o política.

convulsionar. tr. Causar convulsión.

cónyuge. m. y f. La mujer o el hombre que se han unido en matrimonio. Ú.m. en pl.

cooperación. f. Acción y efecto de cooperar.

cooperar. i. Obrar con otro u otros para un mismo fin.

cooperativa. f. Sociedad de cooperación mutua.

coordenado, da. a. *Geom.* Dícese de las líneas que sirven para fijar la posición de un punto y de los ejes o planos a que aquellas líneas se refieren.

coordinación. f. Acción y efecto de coordinar.

coordinar. tr. Disponer cosas con método./ Concertar esfuerzos para un fin común.

copa. f. Vaso con pie, apropiado para beber./ Líquido que cabe en una copa./ Conjunto de ramas y hojas que forma la parte superior de un árbol./ Parte hueca del sombrero donde entra la cabeza./ Premio en un certamen deportivo.

copar. tr. Hacer en los juegos de azar, una apuesta equivalente al total de la banca./ Lograr todos los puestos en una elección./ *Mil.* Sorprender, cortar la retirada.

copete. m. dim. de copo. Jopo que se lleva levantado el pelo sobre la frente./ Penacho de plumas que tienen en la cabeza algunas aves./ Presunción.

copetín. m. Cóctel.

copia. f. Reproducción de un escrito./ Imitación./ Reproducción de un original.

copiar. tr. Escribir en un lugar lo que ya figura en otro.

copioso, sa. a. Abundante, cuantioso.

copista. m. y f. El que se dedica a copiar un escrito.

copla. f. Combinación métrica o estrófica./ Composición poética breve que sirve de letra en las canciones populares.

coplero, ra. s. Persona que vende coplas, letrillas, relatos fabulosos, etc./ Poetastro.

copo. m. Mechón de cáñamo, lana, algodón, etc., en disposición de hilarse./ Porción de nieve que cae cuando nieva.

copular. i. Tener relaciones sexuales.

copulativo, va. a. Que une o junta.

coque. m. Carbón duro y esponjoso que desarrolla gran calor al arder y se extrae de la carbonización de la hulla.

coqueta. a. Aplícase a la mujer que por vanidad trata de agradar a muchos hombres.

coquetear. i. Tratar de agradar con recursos estudiados.

corchea

coqueto, ta. a. fam. Agradable, gracioso, arreglado.

coral. m. Secreción caliza en figura de árbol que producen en el mar diversos órdenes de zoófitos y que cuando es compacta y de color rojo se emplea en joyería.

coral. a. Relativo al coro.// m. Composición de carácter religioso, de ritmo lento y solemne, y armonizada a cuatro voces.

coraza. f. Armadura de hierro o acero que protege el pecho y la espalda./ Cubierta dura que sirve de protección a tortugas y galápagos.

corazón. m. Órgano central del aparato circulatorio, de contextura muscular, que impele la sangre./ fig. Ánimo, valor./ Amor, benevolencia./ Centro de algo.

corbata. f. Tira de seda, lienzo fino, etc., que como adorno se ciñe alrededor del cuello, dejando caer las puntas./ Banda o cinta que como insignia de honor se ata a las banderas, estandartes, etc.

corbeta. f. Embarcación de tres palos, y vela cuadrada, menor que la fragata.

corcel. m. Caballo ligero.

corchea. f. Figura o nota musical que equivale a la octava parte del compasillo.

corchete. m. Broche de metal./ Signo de la escritura con que se abrazan dos o más guarismos, palabras, etc. ([ ]).

corcho. m. Corteza del alcornoque./ Tapón de corcho.

corcova. f. Corvadura anormal del espinazo o del pecho o de ambos a la vez.

corcovear. i. Dar corcovos./ *Amér.* Refunfuñar, enojarse.

corcovo. m. Salto que dan ciertos animales encorvando el lomo.

cordel. m. Cuerda fina.

cordera. f. Cría de la oveja que no excede de un año./ Mujer débil y humilde.

cordero. m. Cría de la oveja que no excede de un año./ Piel adobada de este animal./ fig. Hombre dócil y humilde.

cordial. a. Eficaz para fortalecer el corazón./ Afectuoso, cariñoso.

cordillera. f. Serie de montañas enlazadas, de mayor longitud que anchura.

cordón. m. Cuerda redonda de seda, lino, etc./ Serie de puestos, individuos, etc., del ejército o de la policía que rodea un lugar, manifestación, etc., por razones de seguridad./ *Arg.* Orilla exterior de la acera.

coreano. a. y s. De Corea.

corear. tr. Acompañar con coros una composición musical.

coreografía. f. Arte de componer bailes./ En general, arte de la danza.

corista. m. y f. Persona que canta formando parte de un coro.

cornada. f. Golpe que da un animal con la punta del cuerno.

cornamenta. f. Cuernos del toro, el venado, etc.

cornamusa. f. Trompeta larga con una rosca grande en el centro y pabellón muy ancho./ Instrumento rústico de viento, formado por un odre y varios cañutos.

corral

córnea. f. La primera de las membranas del globo del ojo, dura y transparente.

corneja. f. Ave nocturna, más pequeña que el búho.

córneo, a. De cuerno o parecido a él.

corneta. f. Instrumento músico de viento semejante al clarín pero mayor y de sonido más grave./ Especie de clarín usado en el ejército para dar los toques reglamentarios.

cornisa. f. Cuerpo saliente con molduras que sirve de coronamiento de otro.

cornucopia. f. Vasija en forma de cuerno de donde salían flores y frutas y que en la antigüedad simbolizaba la abundancia.

EL AIRE

El aire es una mezcla de peculiares características, pues la proporción en que se encuentran sus distintos componentes principales (*oxígeno, nitrógeno y gases nobles*) permanece constante. El aire contiene también, en proporciones variables, *anhídrido carbónico, vapor de agua y óxidos de nitrógeno*.

A. Corte esquemático de la atmósfera, en el que se observan las distintas capas que la componen.
B. En las ciudades industriales, el aire contiene, por lo general, pequeñas cantidades de ácido sulfúrico y de anhídrido sulfuroso, productos que se desprenden de las fábricas, vehículos, etc., y que contaminan el aire.
C. La formación de los vientos y su desarrollo pueden detectarse mediante fotografías obtenidas por satélites artificiales.

Diagrama A:
- Esosfera
- Cohete de 3 cuerpos (órbita alrededor del sol)
- Ionosfera
- Rayos cósmicos del espacio
- Aurora boreal 60-900 Km
- Cohete V-2 Segunda guerra Mundial
- Meteoritos
- Estratosfera
- Nubes luminosas de noche
- Capa de ozono templada
- Monte everest 8.800 m
- Globo no tripulado
- Avión pasajeros
- Atmósfera

Altitud en kilómetros: 0, 15, 30, 45, 60, 75, 90, 105, 120, 135, 150, 165, 180, 195, 210, 225, 240, 255, 280, 300, 315, 330, 345, 360

Temperatura: 15 °C, -57 °C, -75 °C

Gráfico de barras — Composición del aire seco:
- Nitrógeno: 75.52 (peso), 78.09 (volumen)
- Oxígeno: 23.15 (peso), 20.95 (volumen)
- Argón: 1.28 (peso), 0.93 (volumen)
- Anhídrido carbónico: 0.05 (peso), 0.03 (volumen)

Porcentaje en peso
Porcentaje en volumen

AVES

1.- Periquito
2.- Águila de cabeza blanca
3.- Pájaro bobo emperador
4.- Mochuelo aserrador
5.- Frailecillo
6.- Arrendajo

EGIPTO: (arriba) Máscara funeraria en oro de Tutankamón.
(izquierda) Estatua en caliza del faraón Zoser.

CULTURAS ANTIGUAS

GRECIA: Templo jónico de Atenea Nike en la Acrópolis de Atenea. (siglo V a de J.C.)

jónico

ROMA: (arriba) Casco de gladiador romano.
(izquierda) Arco del triunfo de Séptimo Severo.

LAS GLÁNDULAS Y EL SISTEMA ENDOCRINO

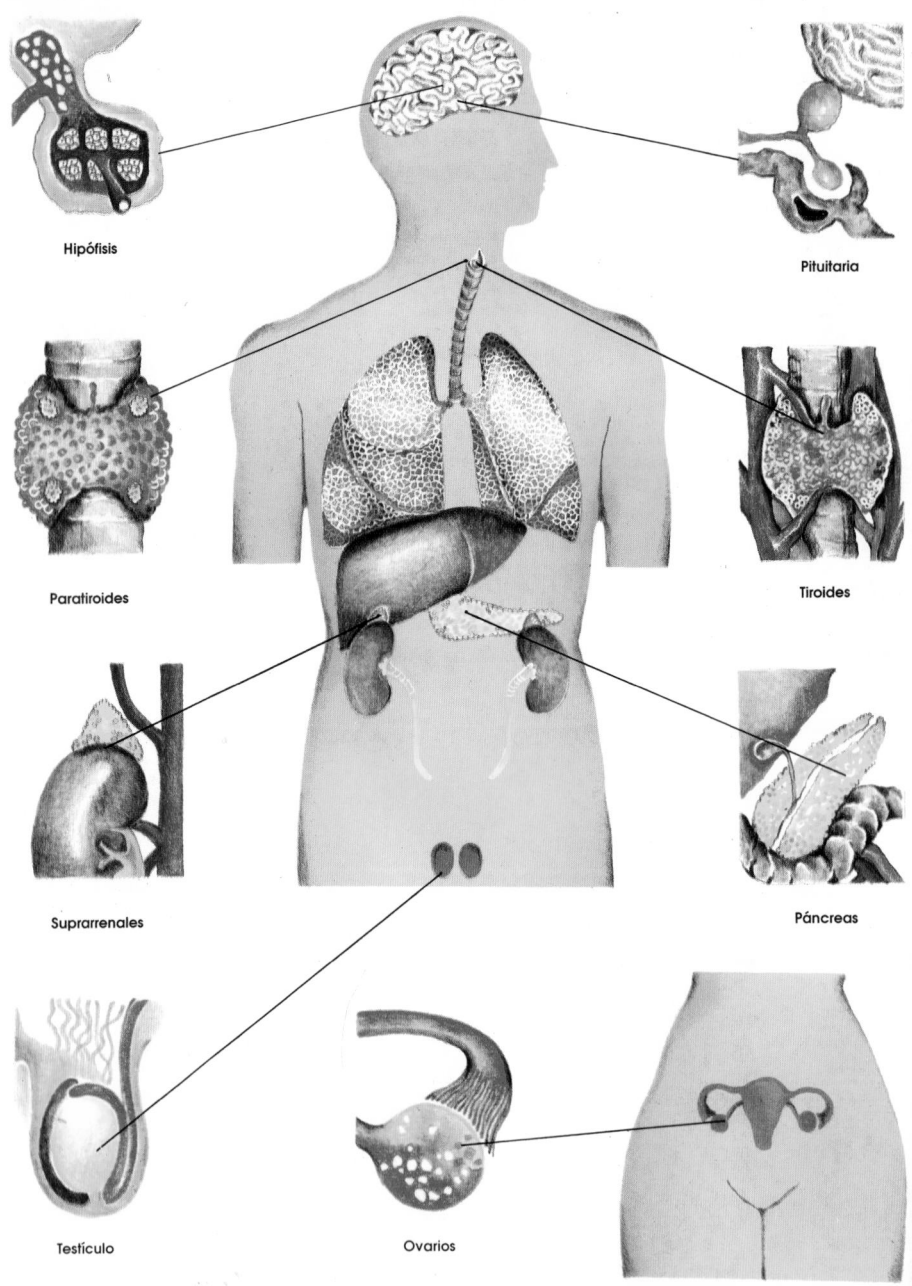

Hipófisis

Pituitaria

Paratiroides

Tiroides

Suprarrenales

Páncreas

Testículo

Ovarios

SISTEMA ÓSTEO-ARTRO-MUSCULAR

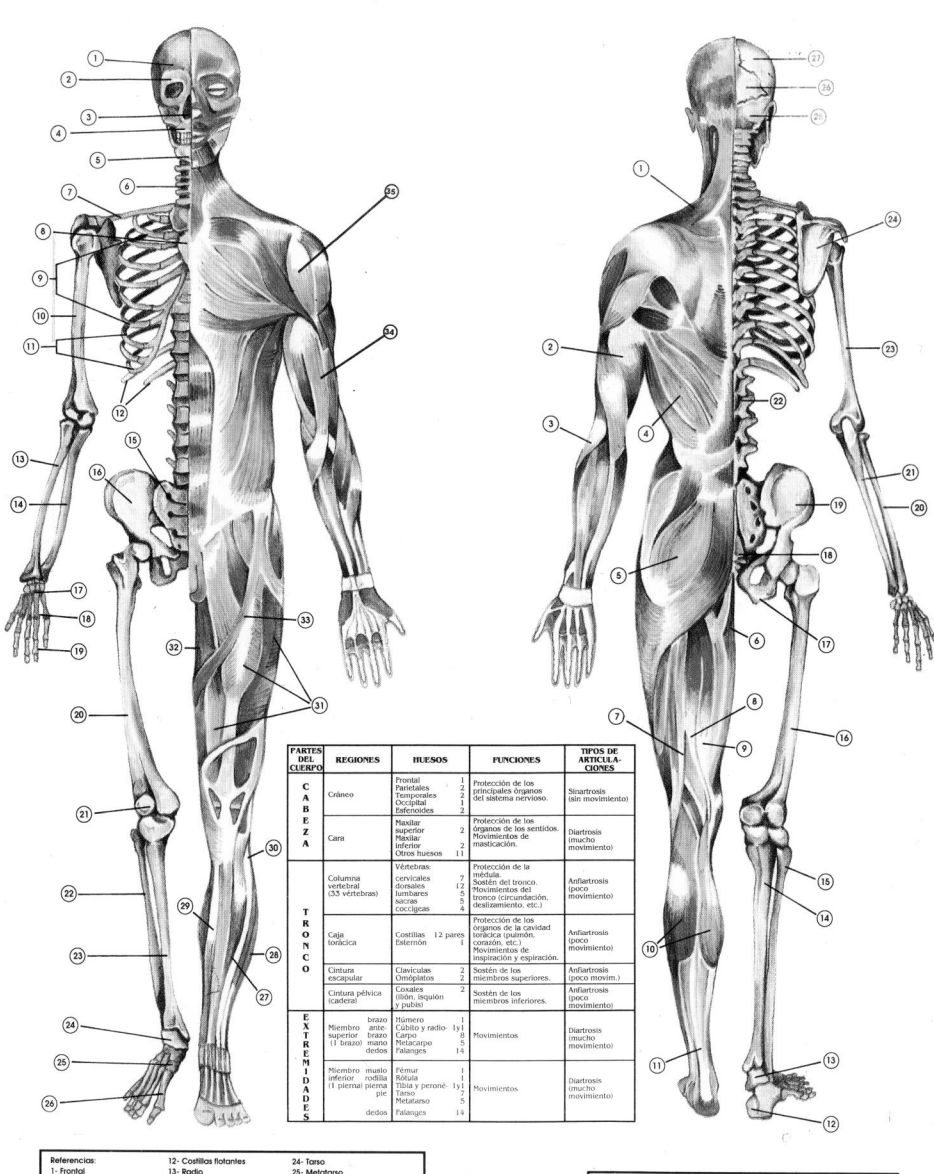

PARTES DEL CUERPO	REGIONES	HUESOS		FUNCIONES	TIPOS DE ARTICULA-CIONES
C A B E Z A	Cráneo	Frontal Parietales Temporales Occipital Esfenoides	1 2 2 1 2	Protección de los principales órganos del sistema nervioso.	Sinartrosis (sin movimiento)
	Cara	Maxilar superior Maxilar inferior Otros huesos	2 2 11	Protección de los órganos de los sentidos. Movimientos de masticación.	Diartrosis (mucho movimiento)
T R O N C O	Columna vertebral (33 vértebras)	Vértebras: cervicales dorsales lumbares sacras coccígeas	7 12 5 5 4	Protección de la médula. Sostén del tronco. Movimientos del tronco (circunducción, deslizamiento, etc.)	Anfiartrosis (poco movimiento)
	Caja torácica	Costillas 12 pares Esternón	1	Protección de los órganos de la cavidad torácica (pulmón, corazón, etc.) Movimientos de inspiración y espiración.	Anfiartrosis (poco movimiento)
	Cintura escapular	Clavículas Omóplatos	2 2	Sostén de los miembros superiores.	Anfiartrosis (poco movim.)
	Cintura pélvica (cadera)	Coxales (ilión, isquión y pubis)	2	Sostén de los miembros inferiores.	Anfiartrosis (poco movimiento)
E X T R E M I D A D E S	Miembro superior (1 brazo) — brazo, ante-brazo, mano, dedos	Húmero Cúbito y radio - Carpo Metacarpo Falanges	1 1y1 8 5 14	Movimientos	Diartrosis (mucho movimiento)
	Miembro inferior (1 pierna) — muslo, rodilla, pie, dedos	Fémur Rótula Tibia y peroné - Tarso Metatarso Falanges	1 1 1y1 7 5 14	Movimientos	Diartrosis (mucho movimiento)

Referencias:
1- Frontal
2- Cigomático
3- Nasal
4- Maxilar superior
5- Maxilar inferior
6- Vértebras cervicales
7- Clavícula
8- Esternón
9- Costillas verdaderas
10- Húmero
11- Costillas falsas
12- Costillas flotantes
13- Radio
14- Cúbito
15- Sacro
16- Ilíaco
17- Carpo
18- Metacarpo
19- Falanges
20- Fémur
21- Rótula
22- Peroné
23- Tibia
24- Tarso
25- Metatarso
26- Falanges
27- Tibial anterior
28- Peroneo lateral largo
29- Gemelos internos
30- Extensor común de los dedos
31- Cuádriceps
32- Recto interno
33- Sartorio
34- Biceps braquial
35- Deltoides

Referencias:
1- Trapecio
2- Tríceps braquial
3- Supinador largo
4- Dorsal
5- Glúteo crural
6- Recto interno
7- Biceps crural
8- Semitendinoso
9- Semimembranoso
10- Músculos gemelos
11- Tendón de Aquiles
12- Calcáneo
13- Astrágalo
14- Tibia
15- Peroné
16- Fémur
17- Isquión
18- Cóccix
19- Cresta ilíaca
20- Radio
21- Cúbito
22- Columna vertebral
23- Húmero
24- Omóplato
25- Temporal
26- Occipital
27- Parietal

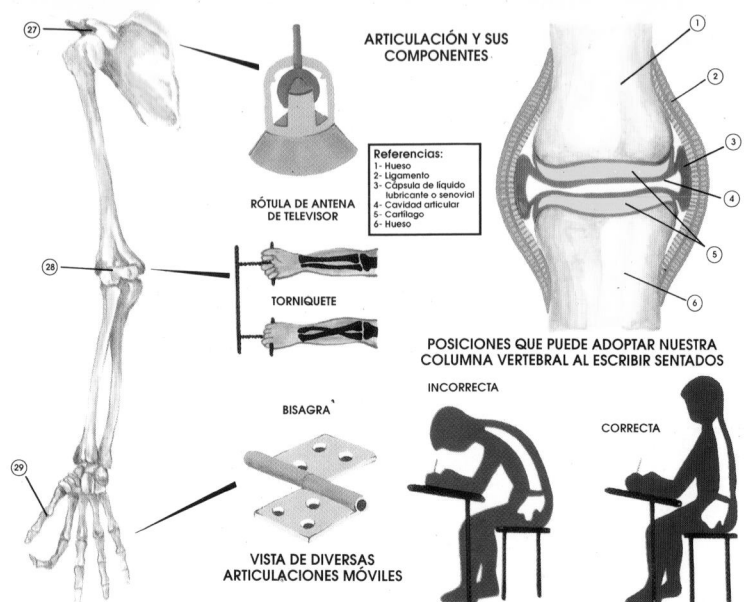

ARTICULACIÓN Y SUS COMPONENTES

RÓTULA DE ANTENA DE TELEVISOR

TORNIQUETE

BISAGRA

VISTA DE DIVERSAS ARTICULACIONES MÓVILES

Referencias:
1- Hueso
2- Ligamento
3- Cápsula de líquido lubricante o senovial
4- Cavidad articular
5- Cartílago
6- Hueso

POSICIONES QUE PUEDE ADOPTAR NUESTRA COLUMNA VERTEBRAL AL ESCRIBIR SENTADOS

INCORRECTA

CORRECTA

EL CRÁNEO,
LAS ARTICULACIONES,
LA MUSCULATURA

Las articulaciones

Son los elementos más complejos del sistema ósteo-artro-muscular. De aspecto por partes blando y por otras duro facilitan la unión entre sí de dos o más huesos. Gracias a ellas éstos pueden desplazarse sin desgastarse demasiado a causa del excesivo roce. Las articulaciones están compuestas por ligamentos, cápsula articular, cartílago y meniscos. Las hay de distintos tipos: móviles (diartrosis), semi-móviles (anfiartrosis) y fijas (sinartrosis o suturas).

POSICIÓN DE LOS HUESOS DEL ESQUELETO CUANDO CORREMOS

Los huesos del cráneo y de la cara

La cabeza ósea puede dividirse en dos partes:
- El cráneo que se asemeja a una caja ósea, alberga al encéfalo. Está formado por ocho huesos, cuatro pares —dos parietales y dos temporales— y cuatro impares —el frontal, el etmoides, el esfenoides y el occipital—. Básicamente son huesos planos.
- La cara que aloja mayoritariamente los órganos de los sentidos y sostiene a los encargados de la masticación. Los huesos que la componen pueden dividirse en dos porciones. La superior, constituida por el maxilar superior, y la inferior, formada por el maxilar inferior.

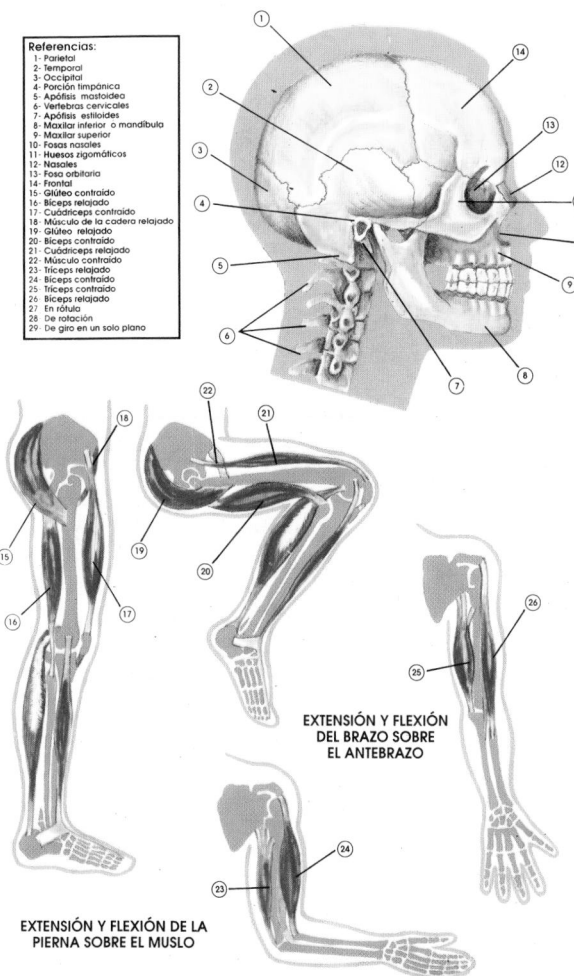

Referencias:
1- Parietal
2- Temporal
3- Occipital
4- Porción timpánica
5- Apófisis mastoidea
6- Vértebras cervicales
7- Apófisis estiloides
8- Maxilar inferior o mandíbula
9- Maxilar superior
10- Fosas nasales
11- Huesos zigomáticos
12- Nasales
13- Fosa orbitaria
14- Frontal
15- Glúteo contraído
16- Bíceps relajado
17- Cuádriceps contraído
18- Músculo de la cadera relajado
19- Glúteo relajado
20- Bíceps contraído
21- Cuádriceps relajado
22- Músculo contraído
23- Tríceps relajado
24- Bíceps contraído
25- Tríceps contraído
26- Bíceps relajado
27- En rótula
28- De rotación
29- De giro en un solo plano

Los huesos de la cara y el cráneo —exceptuando el maxilar inferior— forman una masa ósea única y rígida. vale decir, que el tipo de articulación establecida es fija: dos superficies articulares, enfrentadas una a la otra, unidas estrechamente que carecen de movimiento.

EXTENSIÓN Y FLEXIÓN
DEL BRAZO SOBRE
EL ANTEBRAZO

EXTENSIÓN Y FLEXIÓN DE LA
PIERNA SOBRE EL MUSLO

La musculatura

La musculatura humana está formada por un conjunto de piezas flexibles denominadas músculos, que presentan la propiedad de contraerse y relajarse —varían en longitud, pero mantienen un volumen constante—, respondiendo a las órdenes emitidas por el sistema nervioso y provocando los movimientos del cuerpo.

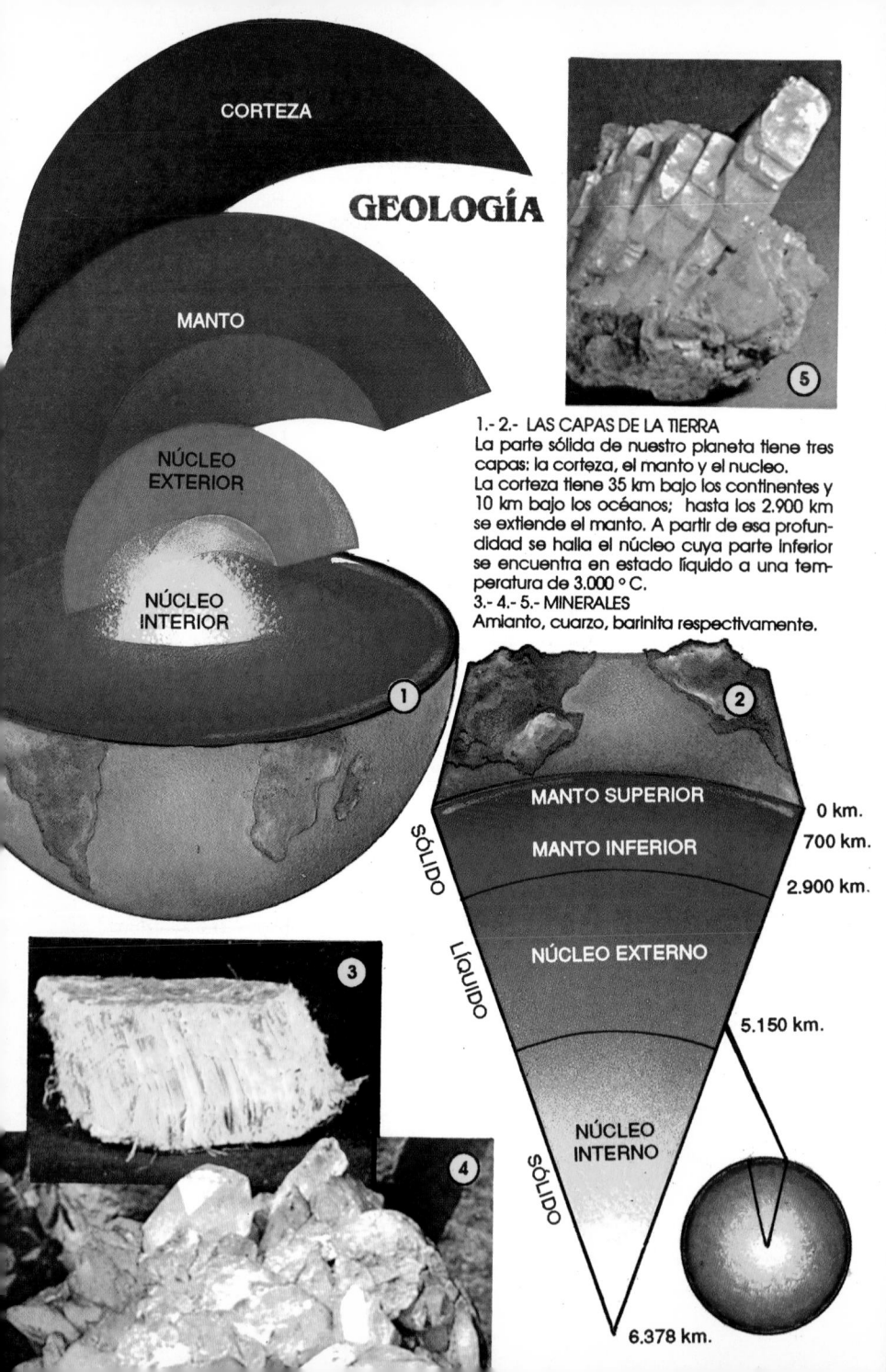

CORTEZA

GEOLOGÍA

MANTO

NÚCLEO EXTERIOR

NÚCLEO INTERIOR

1.- 2.- LAS CAPAS DE LA TIERRA
La parte sólida de nuestro planeta tiene tres capas: la corteza, el manto y el núcleo.
La corteza tiene 35 km bajo los continentes y 10 km bajo los océanos; hasta los 2.900 km se extiende el manto. A partir de esa profundidad se halla el núcleo cuya parte inferior se encuentra en estado líquido a una temperatura de 3.000 °C.
3.- 4.- 5.- MINERALES
Amianto, cuarzo, barinita respectivamente.

MANTO SUPERIOR — 0 km.
MANTO INFERIOR — 700 km.
— 2.900 km.
NÚCLEO EXTERNO
— 5.150 km.
NÚCLEO INTERNO
— 6.378 km.

SÓLIDO

LÍQUIDO

SÓLIDO

coral

coro. m. Conjunto de personas que cantan a la vez./ Conjunto de actores y actrices que en el teatro clásico presenciaban la acción como meros espectadores y en determinadas partes la interrumpían para expresar sus sentimientos y opiniones./ En el teatro musical, conjunto de personas que cantan simultáneamente una parte./ Lugar del templo donde se cantan los divinos oficios.

corola. f. Cubierta interior floral, formada por hojas delicadas y coloreadas llamadas pétalos.

corolario. m. Proposición que no requiere demostración, sino que se deduce fácilmente de lo demostrado antes.

corona. f. Cerco o guirnalda que se ciñe a la cabeza, como adorno, insignia o símbolo de dignidad./ Moneda de varios países europeos./ fig. Dignidad real./ Reino o monarquía./ Señal de premio o galardón.

coronación. f. Acto de coronarse un soberano./ Fin de una obra.

coronar. tr. Poner la corona a un rey o emperador, cuando empieza a reinar. Ú.t.c.prl./ Terminar, perfeccionar una obra.

coronario, ria. a. Relativo a la corona./ Aplícase a las arterias o venas que irrigan el corazón.

coronel. m. Jefe militar que manda un regimiento.

corpiño. m. dim. de cuerpo./ Jubón sin mangas./ Arg. Sostén, prenda íntima de la mujer.

corporación. f. Comunidad, por lo general reconocida como de utilidad pública con personería jurídica y con privilegios especiales.

corporeidad. f. Calidad de corpóreo.

corpóreo, a. a. Que tiene cuerpo./ Relacionado con el cuerpo.

corpulencia. f. Grandeza del cuerpo.

corpúsculo. m. Cuerpo muy pequeño, partícula, molécula.

corral. m. Lugar cerrado y cercado por lo general contiguo a una casa./ Patio o lugar donde se representaban comedias./ Resguardo o redil para el ganado.

corralón. m. aum. de corral./ Arg. Almacén de maderas, materiales de construcción, etc./ Corral grande donde se guardaban carruajes.

correa. f. Tira de cuero.

correaje. m. Conjunto de correas.

corrección. f. Acción de corregir./ Calidad de correcto./ Represión, censura.

correccional. a. Apl. a lo que conduce a la corrección.// m. Establecimiento para el cumplimiento de las penas de prisión.

correcto, ta. p. p. irreg. de **corregir.**// a. Que no tiene errores o defectos./ Educado, cortés.

corredor, ra. a. y s. Que corre mucho.// s. Persona que por su oficio interviene en compras y ventas./ Persona que practica la carrera en competiciones deportivas.// m. Pasillo de cualquier edificio.

corregir. tr. Enmendar una falta o error./ fig. Atenuar, aliviar.

correlación. f. Semejanza o relación recíproca entre dos o más cosas.

correlacionar. tr. Relacionar. Ú.t.c.prl.

correligionario, ria. a. y s. Que tiene la misma religión o las mismas ideas.

correntada. f. Corriente caudalosa y continua.

correntino, na. a. y s. De la provincia argentina de Corrientes.

correo. m. El que tiene por oficio distribuir la correspondencia./ Servicio público al que competen el transporte y la distribución de la correspondencia./ Conjunto de cartas que se reciben o despachan.

correr. i. Caminar con rapidez./ Moverse en una dirección los líquidos o los fluidos./ Soplar, refiriéndose al viento./ Transcurrir el tiempo./ Amér. Despedir a alguien.// prl. Moverse hacia un lado, cambiarse de lugar.

correspondencia. f. Acción y efecto de corresponder o corresponderse./ Correo, conjunto de cartas.

corresponder. i. Responder debidamente a los consejos, muestras de afecto, agasajos./ Guardar proporción una cosa con otra.Ú.t.c.prl.// rec. Comunicarse por escrito una persona con otra./ Amarse, atenderse.

corresponsal. a. Que tiene correspondencia con otra persona. Ú.m. en periodismo.

corretaje. m. Trabajo del corredor en sus ventas.

corretear. i. fam. Callejear, andar de un lugar a otro.// tr. Arg. Tratar de vender un producto como corredor.

correvedile o **correveidile.** m. y f. fig. y fam. Persona amiga de llevar y traer cuentos.

corrida. f. Carrera, acción de correr el hombre o cualquier animal.

corriente. p.act. de **correr.** Que corre.// a. Aplícase a la semana, mes, año en transcurso./ Ordinario, de calidad común.// a. Movimiento de las aguas en una dirección./ fig. Curso de las cosas o de los acontecimientos.

corro. m. Cerco que forman varias personas para hablar o divertirse./ Espacio circular.

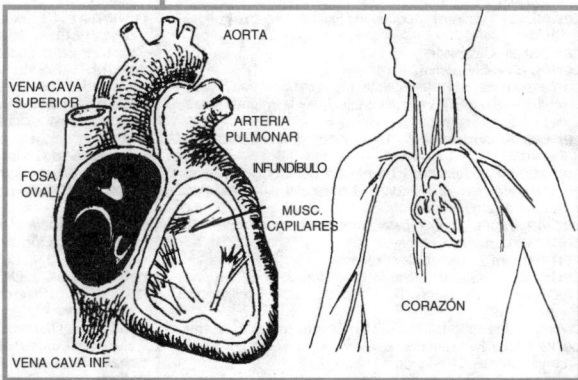

AORTA

VENA CAVA SUPERIOR

ARTERIA PULMONAR

INFUNDÍBULO

FOSA OVAL

MUSC. CAPILARES

CORAZÓN

VENA CAVA INF.

corazón

corroborar. tr./ prl. Robustecer, vivificar./ fig. Dar nueva fuerza a una razón con otros datos o juicios.

corroer. tr. Ir desgastando poco a poco una cosa como royéndola. Ú. t. c. prl./ Afectar mucho una pena o remordimiento.

corromper. tr. Alterar la forma de una cosa. Ú.t.c.prl./ Echar a perder./ Sobornar./ Pervertir, viciar.

corrosión. f. Acción y efecto de corroer.

corrugar. tr. Dotar a una superficie lisa de estrías o resaltos.

corrupción. f. Acción y efecto de corromper.

corrupto, ta. p.p. irreg. de corromper.

corsario, ria. a. Aplícase al que manda una nave armada en corso. Ú.m.c.s./ Dícese de esta misma nave./ m. Pirata.

corso. m. Campaña que hacen las naves mercantes con aprobación de gobierno para apresar a los piratas o a las naves enemigas./ fig. Amér. Desfile de carnaval.

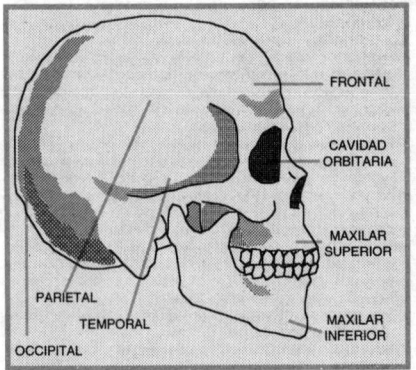

FRONTAL

CAVIDAD
ORBITARIA

MAXILAR
SUPERIOR

PARIETAL

TEMPORAL

MAXILAR
INFERIOR

OCCIPITAL

cráneo

cortadura. f. División producida en un cuerpo por una cosa cortante.

cortafierro. m. *Amér.* Cincel para cortar hierro.

cortaplumas. m. Navaja pequeña para diversos usos.

cortar. tr. Dividir una cosa con un instrumento como cuchillo, tijera, etc./ Dar forma con la tijera a piezas de cuero, tela, etc./ *Arg.* Agregar a un líquido una pequeña cantidad de otro.

corte. m. Filo de un arma o instrumento./ Acción y efecto de cortar./ Cantidad de tela, cuero, etc., para hacer una prenda .// f. Ciudad donde reside habitualmente el rey./ Familia y comitiva del rey./ *Amér.* Tribunal de justicia.// pl. Cámaras legislativas.

cortedad. f. Pequeñez, poquedad./ Falta de talento o cultura./ Timidez.

cortejar. tr. Galantear.

cortés. a. Afable, atento.

cortesano, na. a. Perteneciente a la corte.// m. Palaciego al servicio del rey en la corte.// f. Mujer de vida irregular dotada de talento y elegancia.

cortesía. f. Acto demostrativo de respeto, admiración o afecto./ Regalo.

corteza. f. Parte exterior y envolvente del árbol, de algunos frutos y de otras cosas como el queso, el pan, etc./ Parte exterior de algo inmaterial.

cortina. f. Paño o lienzo para cubrir puertas y ventanas.

cortinado. m. *Arg.* Cortinaje.

cortinaje. m. Conjunto de cortinas.

corto, ta. a. Que no tiene la extensión debida./ De poca duración o importancia./ *fig.* Tímido./ De poca inteligencia o instrucción.

corva. f. Parte opuesta a la rodilla, por la que se dobla la pierna.

corvadura. f. Parte por donde se encurva una cosa./ *Arq.* Parte curva o arqueada del arco o la bóveda.

corvina. f. Pez marino, de carne muy apreciada.

corzo. m. Mamífero rumiante cuadrúpedo, muy tímido, algo mayor que la cabra, con cuernos pequeños y ahorquillados hacia la punta.

cosa. f. Todo lo que tiene entidad material o espiritual./ *For.* El objeto de las relaciones jurídicas en oposición al sujeto o persona.

cosaco, ca. a. y s. Dícese del habitante de distintos distritos del sudeste de Rusia.// m. Soldado ruso de tropa ligera.

coscorrón. m. Golpe doloroso en la cabeza sin dejar herida.

cosecha. f. Conjunto de frutos que se recolectan de la tierra./ Tiempo en que se hace esta recolección./ *fig.* Conjunto de algo.

cosechar. i. y tr. Hacer la cosecha./ Reunir, concitar odios, simpatías.

coseno. m. Seno del complemento de un ángulo o arco.

coser. tr. Unir por medio de aguja e hilo dos o más trozos de tela u otra materia flexible.

cosmético, ca. a. Aplícase a lo que se utiliza para hermosear el rostro o el cabello.// f. Arte de preparar cosméticos.

cósmico, ca. a. Relativo al cosmos.

cosmogonía. f. Ciencia de la constitución del universo.

cosmografía. f. Descripción astronómica del universo.

cosmonauta. m. y f. Astronauta.

cosmonave. f. Vehículo capaz de navegar más allá de la atmósfera terrestre.

cosmopolita. a. Aplícase al que considera al mundo entero como su patria. Ú.t.c.s./ Dícese de lo que es común a todos los países o a la mayoría de ellos./ Se dice de la ciudad habitada por individuos de distintas procedencias.

cosmos. m. Mundo, todo lo creado.

cospel. m. Disco de metal que pone en funcionamiento aparatos diversos.

cosquillas. f. pl. Sensación intensa que provoca a risa involuntaria al ser rozadas ciertas partes del cuerpo.

costa. f. Cantidad que se paga por algo./ Orilla del mar.// pl. Gastos judiciales.

costal. a. Perteneciente o relativo a las costillas.// m. Saco grande.

costanero, ra. a. Pert. o rel. a la costa./ *Amér.* Que se halla o vive cerca de la costa.// f. *Arg.* Avenida paralela a la costa.

costar. i. Ser adquirida una cosa por un precio determinado./ Ocasionar una cosa perjuicios, gastos o cuidados.

costear. Sufragar una costa o gasto. Ú.t.c.prl./ Navegar sin perder de vista la costa.// prl. *Arg.* y *Chile.* Tomarse el trabajo de ir de un lugar a otro.

costero, ra. a. Costanero.

costilla. f. Cada uno de los huesos largos y corvos que forman la capacidad torácica.

costillar. m. Conjunto de costillas.

costo. m. Cantidad que se paga por algo.

costra. f. Corteza seca o endurecida sobre una cosa húmeda o blanda.

costumbre. f. Hábito, modo habitual de proceder o comportarse.// pl. Cualidades, inclinaciones y usos que constituyen el carácter de un pueblo o nación.

costura. f. Acción y efecto de coser./ Labor que se está cosiendo./ Serie de puntadas que unen dos piezas cosidas.

costurera. f. Mujer que cose por oficio.

cota. f. Arma defensiva del cuerpo que consistía en una vestidura de cuero, guarnecida de hierro o de mallas de acero entrelazadas./ En los planos topográficos, número que señala la altura de un punto./ Esa misma altura.

cotangente. f. Tangente del complemento de un ángulo o arco.

cotejar. tr. Confrontar, comparar.

cotejo. m. Acción de comparar.

coterráneo, a. a. De la misma tierra que uno.

cotidiano, na. a. De todos los días.

cotiledón. m. Parte de la semilla que circunda el embrión y le proporciona el alimento preciso para su desarrollo.

cotillón. m. Danza con figuras en los bailes de sociedad donde suelen distribuirse obsequios.

cotización. f. Acción y efecto de cotizar.

cotizar. tr. Publicar en alta voz en la bolsa el precio de los artículos, acciones, etc./ Fijar el precio de una mercadería.// prl. *fig.* Hacerse valer.

coto. m. Terreno reservado./ Límite, término.

cotorra. f. Papagayo pequeño./ Ave trepadora americana de plumaje de diversos colores, especialmente verde.

coturno. m. Calzado de lujo, inventado por los griegos, que cubría el pie y la pierna hasta la pantorrilla./ Calzado con suela de corcho muy gruesa que usaban los actores antiguos.

coxal. a. Rel. a la cadera.

coxis. m. Cóccix.

coya. a./m. y f. Colla, habitante de las mesetas andinas.

coyote. m. Variedad de lobo, del tamaño de un perro mastín, de color gris amarillo y originario de México.

coyuntura. f. Articulación móvil de dos huesos./ *fig.* Ocasión, oportunidad.

coz. f. Sacudida violenta que hacen las bestias con una de las patas.

cráneo. m. Caja ósea que encierra el encéfalo.

crápula. f. Borrachera./fig. Libertinaje.// a. *R. de la P.* Dícese de la persona disoluta.

craso, sa. a. Gordo, espeso, grueso./Indisculpable.

cráter. m. Abertura por donde los volcanes expelen lava, ceniza, humo, etc.

creación. f. Mundo, totalidad de todo lo creado./ Acción de crear.

creador, ra. a. Que crea o funda.

crear. tr. Dar ser a lo que no tenía./ Fundar, introducir una cosa por primera vez.

crecer. i. Hacerse mayores insensiblemente los seres vivos./ Recibir aumento una cosa./ Tomar mayor autoridad, importancia u osadía.

cortar

creces. f. pl. Indicios que señalan disposición para crecer./ Ventaja, exceso, aumento.

crecida. f. Aumento del caudal de un río o arroyo por exceso de lluvia o derretimiento de la nieve.

creciente. p. act. de **crecer.** Que crece.// a. Aplícase a la fase de la Luna que está entre la nueva y la llena.// f. Crecida.

crecimiento. m. Acción y efecto de crecer.

credencial. a. Que acredita.// f. Documento que acredita un nombramiento.

crédito. m. Derecho de una persona a que otra le dé algo, por lo común dinero./ Fama./ Préstamo.

credo. m. Oración que contiene los artículos fundamentales de la fe cristiana./Conjunto de creencias de una colectividad.

crédulo, la. a. Que cree con facilidad.

creencia. f. Conformidad firme con algo.

creer. tr. Tener por cierto algo que la razón humana no alcanza./ Tener algo por probable o verosímil.

crema. f. Nata de R. de leche./ Preparado para suavizar el cutis./ Diéresis./fig. Lo más selecto o principal./ Dulce que se hace con maicena, yema de huevo, leche y azúcar.

cremación. f. Acción de cremar, especialmente cuando se trata de cadáveres.

cremallera. f. Barra dentada en la que encaja un piñón para transformar un movimiento rectilíneo en circular y viceversa.

cremar. tr. Quemar cadáveres.

cremoso, sa. a. Que contiene crema./ Que se parece a ella.

crencha. f. Raya que divide el cabello en dos partes./Cualquiera de esas partes.

crepitar. i. Producir ruidos semejantes a los chasquidos al arder.

crepuscular. a. Relativo al crepúsculo.

crepúsculo. m. Claridad que hay desde que el sol se oculta hasta que anochece.

crescendo. m. Aumento gradual de la intensidad del sonido.

crespo, pa. a. Dícese del pelo ensortijado o rizado./ fig. Encolerizado.

cresta. f. Carnosidad roja que el gallo y otras aves tienen sobre la cabeza./ Cima espumosa de una ola./ fig. Cumbre rocosa de una montaña.

creta. f. Carbonato de cal terroso.

cretinada. f.,fig. y fam. *Arg.* Acción o dicho propio de cretino.

cretino, na. a. Que padece cretinismo./ fig. Estúpido, idiota./ *Arg.* Insolente, cínico.

cretona. f. Tela de algodón estampada.

cría. f. Acción y efecto de criar./ Niño o animal durante la etapa en que se están criando./ Conjunto de hijos de un parto o que en un nido tienen los animales.

criada. f. Moza, sirvienta.

criadero, ra. a. Fecundo en criar.// m. Establecimiento para la cría de animales y plantas.

criado, da. a. Apl. a la persona de buena o mala crianza según se use con los adverbios bien o mal.// s. Persona que está al servicio de otra por un salario y realiza tareas domésticas.

crianza. f. Acción y efecto de criar./ Época que dura la lactancia./ Urbanidad, comedimiento.

criar. tr. Producir una cosa de la nada, dar ser a lo que no lo tenía./ Alimentar al niño./ Alimentar y cuidar ciertos animales./ Instruir, educar.

criatura. f. Todo lo criado./ Niño recién nacido o de poco tiempo.

criba. f. Aparato para cribar.

cribar. tr. Limpiar de tierra o de otras impurezas el trigo u otra semilla por medio de la criba.

crimen. m. Delito grave.

criminal. a. Perteneciente al crimen o que deriva de él.

crin. f. Conjunto de cerdas que tienen ciertos animales en la parte superior del cuello.

crio. m. fam. Niño o niña que se está criando.

criollo, lla. a. Dícese del hijo de padres europeos nacidos en cualquier otra parte del mundo. Ú.t.c.s./ Se dice de los americanos descendientes de europeos y de las cosas o costumbres americanas.

cripta. f. Lugar subterráneo donde en la Antigüedad se enterraba a los muertos./ Piso subterráneo de una iglesia destinada al culto.

criptograma. m. Documento escrito en cifra.

crisálida. f. Ninfa de los insectos lepidópteros que no forma capullo y presenta manchas doradas y plateadas.

crisantema. f. o **crisantemo.** m. Planta originaria de China que da flores de diversos colores.

crisis. f. Cambio que sobreviene en una enfermedad, ya para mejorarse ya para agravarse el enfermo./ Momento decisivo y grave en un asunto.

corvina

crisma. amb. Aceite y bálsamo que los obispos consagran en Jueves Santo y sirven para ungir a quienes se bautizan, confirman u ordenan.// f. fig. y fam. Cabeza.

crisol. m. Recipiente para fundir una materia a temperatura muy alta.

crispar. tr./ prl. Hacer contraer de modo repentino y pasajero un tejido muscular y contráctil.

cristal. m. Cualquier cuerpo sólido que por naturaleza tiene la forma de un poliedro regular./ Vidrio incoloro y muy transparente.

cristalino, na. a. De cristal./ Parecido al cristal.// m. Cuerpo lenticular que está detrás de la pupila del ojo.

cristalizar. i. Tomar una cosa forma de cristal. Ú.t.c.prl./ tr. Tomar forma determinada una idea, sentimiento o deseo.

cristiandad. f. Conjunto de fieles cristianos.

cristiano, na. a. Perteneciente a la religión cristiana y de acuerdo con ella./ Aplícase al idioma español en contraposición a un idioma extranjero. Ú.t.c.s.// m. Hermano o semejante./ fam. Persona.

criterio. m. Norma para conocer la verdad./ Discernimiento, juicio.

crítica. f. Arte de juzgar la verdad, bondad y belleza de las cosas.// Juicio sobre una obra./ Censura.

criticar. tr. Juzgar de acuerdo con los principios de la ciencia o el arte.

crítico, ca. a. Perteneciente a la crítica./ Perteneciente a la crisis.// m. El que juzga de acuerdo con las normas de la crítica.

croata. a./ m. y f. De Croacia.

crocante. a. Dícese de los alimentos que crujen al masticarlos.

cromar. tr. Dar un baño de cromo a los objetos metálicos.

cromático, ca. a. Relativo al color./ Mús. Aplícase al género que procede por semitonos.

cromo. m. Estampa de colores./ Metal blanco gris, capaz de hermoso pulimento e infusible al fuego de forja. Símb., Cr; n.at., 24; p.at., 52,01.

cromosoma. m. Cada uno de los corpúsculos, por lo general en forma de filamentos, que existen en el núcleo de las células de animales y vegetales y que contienen los genes.

crónica. f. Relación de sucesos según su orden en el tiempo./ Relato periodístico de un acontecimiento.

crónico, ca. a. Apl. a las enfermedades habituales o duraderas.

cronología. f. Ciencia que tiene por objeto determinar el orden y fechas de los acontecimientos históricos.

cronometraje. tr. Medir con el cronómetro.

cronómetro. m. Reloj de fabricación muy esmerada para que alcance la máxima regularidad.

croquis. m. Diseño de un terreno, paisaje o posición militar, hecho a la ligera./ Pint. Dibujo ligero, esquicio.

crótalo. m. Serpiente venenosa que tiene en el extremo de la cola unos discos con los que hace unos ruidos al moverse por los que se la llama también serpiente cascabel.

cruce. m. Acción y efecto de cruzar o cruzarse./ Punto en que se cortan dos líneas.

crucial. a. En forma de cruz./ Aplícase al momento decisivo o crítico de una situación.

crucificar. tr. Clavar o fijar a alguien en una cruz./ fig. y fam. Sacrificar, molestar a alguien.

crucifijo. m. Imagen de Cristo crucificado.

crucifixión. f. Acción y efecto de crucificar.

crucigrama. m. Pasatiempo consistente en llenar con letras los huecos de un dibujo de modo que leídas éstas en forma vertical y horizontal, formen palabras cuyo significado se sugiere.

crudeza. f. Calidad de las cosas que carecen de la sazón y suavidad necesarias./ fig. Rigor, rudeza.

crudo, da. a. Aplícase a los alimentos que no están debidamente preparados por la acción del fuego./ fig. Inhumano, cruel./ Arg. Torpe, inhábil./ Dícese del mineral viscoso que, refinado, proporciona el petróleo, el asfalto, etc. Ú.t.c.s.m.

cruel. a. Que se complace en hacer daño a un ser viviente./ Violento, sangriento.

crueldad. f. Inhumanidad, fiereza del alma./ Acción cruel.

cruento, ta. a. Sangriento.

crujir. i. Producir determinado ruido algunos cuerpos al rozar unos con otros o romperse.

crustáceo, a. a. Que tiene costra./ Apl. a los animales artrópodos de respiración branquial, cubiertos de un caparazón, exoesqueleto y patas simétricamente dispuestas.

cruz. f. Figura que forman dos líneas al cortarse perpendicularmente./ Suplicio hecho por dos maderos cruzados perpendicularmente./ Reverso de las monedas./ fig. Carga, trabajo.

cruzada. f. Expedición militar contra los infieles./ fig. Trabajo, empresa para combatir algo.

cuadrúpedo

cruzar. tr. Atravesar una cosa con otra formando una cruz./ Pasar de una parte a otra de un lugar./ Dar a las hembras machos de la misma especie pero de procedencia diferente. // rec. Pasar dos personas o cosas por un mismo lugar, pero en dirección inversa.

cuaderna. f. Cada una de las piezas curvas que encajan en la quilla de la nave y forman como las costillas del casco.

cuaderno. m. Conjunto de pliegos de papel que se doblan y cosen en forma de libro.

cuadra. f. Caballeriza./ Amér. Espacio de una calle comprendido entre dos esquinas./ Arg., Bol. y Chile. Medida de longitud equivalente a 150 varas (129,90 m.).

cuadrado, da. a. Aplícase a la figura limitada por cuatro rectas iguales que forman cuatro ángulos rectos.// fig. y fam. Arg. Persona lenta para entender.

cuadragésimo, ma. a. Que sigue en orden al trigésimo nono.

cuadrante. p.act. de cuadrar.// m. Reloj de sol trazado en un plano./ Instrumento para medir ángulos./ Cuarta parte del círculo.

cuadrar. tr. Dar a una cosa forma de cuadro.// i. Ajustarse una cosa con otra./ Agradar, coincidir con los deseos o intenciones.// prl. Quedarse una persona con los pies en escuadra.

cuadrícula. f. Conjunto de los cuadrados que resultan de cortarse perpendicularmente dos series de rectas paralelas.

cuadriga. f. Conjunto de cuatro caballos enganchados a un carruaje./ Carro tirado por cuatro caballos usado en la Antigüedad para carreras.

cuadril. m. Hueso del anca./ Anca./ Cadera.

cuadrilátero, ra. a. Que tiene cuatro lados.// m. Polígono de cuatro lados.

cuadrilla. f. Grupo de personas que se reúnen para trabajar o para otro fin.

cuadro, dra. a. Cuadrado del área limitada por cuatro rectas iguales.// m. Lienzo, lámina, etc., de pinturas./ Parte de tierra labrada en forma de cuadro./ Cada una de las partes en que se divide una obra teatral para indicar una unidad temática./ Dep. Equipo de jugadores.

cuadrumano o cuadrúmano, na. a. Dícese de los animales mamíferos que en las cuatro extremidades tienen el dedo pulgar separado de manera que pueden oponerse a los otros.

cuadrúpedo. a. Dícese del animal que tiene cuatro pies.

cuadruplicar. tr. Hacer cuádruple una cosa, multiplicar por cuatro una cosa.

cuajada. f. Parte caseosa y crasa de la leche, de la que se extraen queso y requesón./ Requesón.

cuajar. m. Última de las cuatro cavidades del estómago de los rumiantes.

cuajar. tr. Juntar y trabar las partes de un líquido para solidificarlo. Ú.t.c.prl./ fig. Adornar demasiado una cosa./ fig. y fam. Realizarse algo.

cuajo. m. Materia contenida en el cuajar de los rumiantes./ Sustancia para cuajar.

cualidad. f. Cada una de las circunstancias o caracteres que distinguen a las personas o las cosas.

cuando. adv. t. En el tiempo, en la ocasión en que.

cuando. m. Arg., Bol. y Chile. Danza muy en boga desde mediados del siglo XIX hasta principios del XX.

cuantía. f. Cantidad./ Conjunto de cualidades que enaltecen a una persona.

cuantioso, sa. a. Grandioso en número.

cuanto. m. Salto que experimenta la energía de un corpúsculo cuando absorbe o emite radiación.

cuanto, ta. a. Que incluye cantidad indeterminada.// adv. c. En tal grado o en tal cantidad.

cuarentena. f. Conjunto de cuarenta unidades./ Período de cuarenta días, meses o años./Tiempo en que se aisla a los sospechosos de tener una enfermedad contagiosa.

cuarentón, na. a. y s. Persona que ha cumplido los cuarenta años.

cuaresma. f. Tiempo de cuarenta y seis días que va desde el miércoles de ceniza inclusive hasta la festividad de la Resurrección de Nuestro Señor Jesucristo.

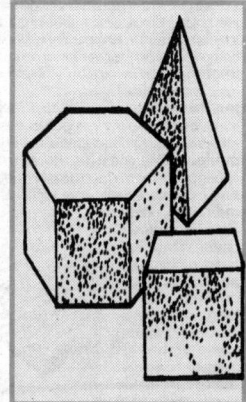

cuarzo

cuartear. tr. Dividir algo en cuatro partes.// prl. Agrietarse, rajarse.

cuartel. m. Término o distrito en que se dividen las ciudades./ Lugar o edificio donde se aloja la tropa.

cuarteta. f. Combinación de cuatro versos octosílabos en que asonantan el segundo y el cuarto./ Estrofa de cuatro versos.

cuarteto. m. Combinación de cuatro versos endecasílabos que riman con consonantes o asonantes./ Combinación para cuatro voces o instrumentos./ Conjunto de estas cuatro voces o instrumentos.

cuartilla. f. Cuarta parte de una hoja de papel./ Hoja de papel en blanco.

cuarto, ta. a. Que sigue en orden al tercero./ Dícese de cada una de las cuatro partes en que se divide un todo.// m. Parte de una casa destinada a vivienda.

cuarzo. m. Mineral formado por sílice, de brillo vítreo, incoloro cuando es puro y tan duro que raya el acero.

cuaternario, ria. a. Que consta de cuatro elementos o números. Ú.t.c.s.m./ Apl. al terreno sedimentario más moderno en el cual aparecen por primera vez rastros del hombre. Ú.t.c.s.m.

cuatrero. a./ m. Dícese del ladrón de ganado.

cuatrimestre. a. Que dura cuatro meses.// m. Período de cuatro meses.

cuba. f. Recipiente formado por duelas unidas y sujetas por aros de hierro donde se guarda aceite, vino, agua, etc./ fig. y fam. Persona que bebe mucho.

cubano, na. a. De Cuba.

cubierta. f. Lo que se pone encima de una cosa para taparla o protegerla./ Banda de caucho gruesa y resistente que rodea la cámara de aire en las llantas neumáticas de los vehículos./ Cada uno de los suelos de un barco y especialmente el primero que está a la intemperie.

cubierto, ta. p.p. irreg. de **cubrir.**// m. Servicio de mesa para un comensal./ Juego compuesto de cuchara, tenedor y cuchillo.

cubil. m. Lugar donde los animales, especialmente las fieras, se recogen para dormir.

cubilete. m. Vaso en forma redonda o cúbica que se emplea para jugar a los dados y otros usos.

cubital. a. Perteneciente al codo./ Relativo al cúbito.

cúbito. m. El hueso más largo de los dos que forman el antebrazo.

cubo. m. Vasija de metal, madera, etc. en forma de cono truncado.// Resultado de multiplicar una cantidad dos veces por sí misma./ *Geom.* Sólido regular limitado por seis cuadrados iguales.

cubrecama. m. Sobrecama./ Colcha.

cubrir. tr. Tapar una cosa con otra. Ú.t.c.prl./ Ocultar una cosa./ fig. Juntarse el macho con la hembra para la generación./ *Mil.* Defender a alguien o algo contra ataques enemigos.// prl. Precaverse de cualquier riesgo o responsabilidad.

cucaracha. f. Insecto ortóptero nocturno y corredor que se oculta en sitios húmedos y oscuros y devora comestibles./ *Arg.* y *Chile.* Coche de mal aspecto.

cucha. f. *R. de la P.* Cubil o casilla del perro.

cuchara. f. Utensilio con mango y una parte cóncava que sirve para llevar líquidos a la boca./ Cualquier utensilio con esta forma.

cuchichear. i. Hablar en voz baja o al oído de otro para que los demás no se enteren.

cuchilla. f. Instrumento con mango y una hoja grande de hierro acerado y de un solo corte./ fig. Montaña escarpada con forma de cuchilla.// pl. *Urug.* Serie de lomas o pequeñas alturas.

cuchillada. f. Golpe de un arma cortante./ Herida que resulta de este golpe.

cuchillo. m. Instrumento compuesto de una hoja de hierro acerado y de un solo corte y de mango de madera o metal.

cuchitril. m. Pocilga./ fam. Habitación pequeña y humilde.

cuclillo. m. Ave trepadora, más pequeña que la tórtola y cuyo canto se caracteriza por la repetición de la voz cucú.

cuello. m. Parte que une la cabeza con el tronco./ Parte superior y más estrecha de una vasija./ Adorno de tela o piel que se lleva en torno al pescuezo.

cuenca. f. Escudilla de madera./ Cavidad donde se halla cada uno de los ojos./ Territorio donde todas las aguas afluyen a un mismo mar, río, laguna, etc./ Territorio rodeado de alturas./ Territorio en el que se extienden las ramificaciones de un yacimiento mineral.

cuenco. m. Vaso de barro ancho y hondo y sin borde./ Concavidad.

cuenta. f. Acción y efecto de contar./ Cálculo aritmético./ Papel donde están escritas varias partidas que se suman o restan.

cuentero, ra. a. y s. Que lleva y trae chismes./ *Arg.* Timador, estafador.

cuento. m. Relación breve hecha por escrito u oralmente de un hecho imaginario./ Cómputo.

cuerda. f. Conjunto de hilos de cáñamo o yute que, torcidos, forman un cuerpo flexible usado para atar o suspender pesos./ Hilo que se emplea en muchos instrumentos musicales para producir vibración./ Resorte que en los relojes transmite el movimiento a todo el mecanismo./ Cordel./ Línea recta que va de un punto a otro de un arco./ Cada una de las cuatro voces fundamentales: bajo, tenor, contralto y soprano.

cuerdo, da. a. y s. Que está en su juicio./ Prudente.

cuerear. tr. *Arg.* Desollar un animal para aprovechar sólo la piel./ *Arg.* fig. Hablar mal de alguien.

cuerno. m. Prolongación ósea que tienen algunos animales en la región frontal./ Materia que forma la capa exterior de las astas de las reses vacunas./ Instrumento músico de viento.

cuero. m. Pellejo que cubre la carne de los animales./ Odre.

cuerpo. m. Todo lo que tiene extensión limitada e impresiona los sentidos./ Tronco del cuerpo para diferenciarlo de la cabeza y las extremidades./ Parte del vestido desde el cuello hasta las extremidades./ Conjunto de materias que abarca la obra escrita exceptuando el prólogo, el índice y los apéndices.

cuerpos geométricos

cuervo. m. Ave carnívora, mayor que la paloma, de plumaje negro y pico cónico y grueso.

cuesta. f. Terreno en pendiente.

cuestión. f. Pregunta que se hace para averiguar la verdad de una cosa discutiéndola./ Punto o materia dudosos o discutibles./ Problema.

cuestionar. tr. Discutir detenidamente sobre un punto dudoso./ fig. Altercar.

cuestionario. m. Lista de preguntas que se proponen con un fin.

cueva. f. Cavidad subterránea./ Sótano.

cuidado. m. Atención para hacer bien algo./ Recelo, temor.

cuidadoso, sa. a. Diligente, solícito./ Atento, vigilante.

cuidar. tr. Poner esmero en la ejecución de algo./ Conservar, guardar.

cuita. f. Aflicción, desgracia.

cuitado, da. a. Afligido, desgraciado.

culata. f. Parte posterior de un arma de fuego./ fig. Parte posterior de algo.

culebra. f. Reptil ofidio sin pies de cuerpo largo y casi cilíndrico, cabeza aplanada y piel escamosa que se muda completamente de tiempo en tiempo.

culminar. i. Llegar algo al punto más elevado que puede alcanzar.

culo. m. Asentaderas, parte posterior del ser humano./ fig. Extremo posterior de una cosa./ fig. y fam. Resto de líquido que queda en el vaso.

culpa. f. Falta o delito cometido voluntariamente.

culpable. a. Que ha incurrido en culpa. Ú.t.c.s.// m. y f. Delincuente responsable de un delito.

culpar. tr. y prl. Imputar la culpa.

culposo, sa. a. Dícese del acto o de la omisión negligente que origina responsabilidad.

cultivar. tr. Hacer las labores necesarias para que fructifiquen la tierra y las plantas./ fig. Mantener y estrechar la amistad./ Desarrollar las potencias y facultades./ Ejercitar una ciencia, idioma, arte, etc./ Hacer producir en sustancias apropiadas microbios o gérmenes./ Biol. Por ext. cría con fines industriales de ciertos seres como ostras, mejillones, etc.

cultivo. m. Acción y efecto de cultivar./ Biol. Cría y explotación de ciertos animales, especialmente de los inferiores.

culto, ta. a. Dícese de la tierra y las plantas cultivadas./ fig. Que tiene las cualidades propias de la cultura o instrucción.// m. Homenaje que el hombre tributa a Dios y a los bienaventurados./ Conjunto de ceremonias y actos con los que el hombre tributa tal homenaje./ Admiración y afecto por ciertas cosas.

cultura. f. Cultivo./ fig. Resultado de cultivar los conocimientos y las cualidades intelectuales mediante su ejercicio.

cumbre. f. Cima, parte más alta de un monte./ fig. La máxima elevación de una cosa o último grado a que pueda llegar.

cumplimentar. tr. Dar parabien a uno o hacerle una visita de cumplido./ For. Ejecutar las órdenes superiores.

cumplimiento. m. Acción y efecto de cumplir./ Cumplido, acción obsequiosa.

cumplir. tr. Realizar, ejecutar./ Llegar a la edad que se menciona.// i. Realizar uno lo que es su obligación./ Vencer un plazo, obligación o empeño.// prl. Realizarse, efectuarse.

cúmulo. m. Montón agregado de muchas cosas./ Grupo de nubes que semejan montañas nevadas con bordes brillantes.

cuna. f. Cama pequeña para criaturas./ fig. Patria./ Origen.

cundir. i. Extenderse algo hacia todas partes./ Multiplicarse, propagarse.

cuneta. f. Zanja para desagüe./ Zanja hecha a los costados del camino para recibir las aguas de las lluvias.

cuña. f. Pieza de metal o madera que sirve para hender cuerpos sólidos, para apretar uno con otro o para llenar un hueco./ Amér. Persona influyente.

cuñado, da. s. Her-

mano o hermana de un cónyuge con relación al otro./ Cónyuge de un hermano o hermana.

cuño. m. Troquel gmente. de acero, que se emplea para sellar las monedas, medallas, etc./ Impresión hecha con este sello.

cuota. f. Porción, parte fija y determinada./ Cantidad señalada a cada contribuyente en el reparto de una contribución.

cupo. m. Cuota que se reparte al pueblo en cualquier impuesto o servicio.

cupón. m. Cualquiera de las partes de un título de crédito que se cortan periódicamente para presentarlas al cobro de los intereses vencidos.

cúpula. f. Bóveda semiesférica o de otra forma parecida.

cura. m. Sacerdote que tiene a su cargo el cuidado e instrucción espiritual de una feligresía./ fam. Sacerdote católico.// f. Curación.

curaca. m. Amér. Cacique, gobernador.

curación. f. Acción y efecto de curar o curarse.

curandero, ra. s. Persona que ejerce la medicina sin ser médico.

curar. i./ prl. Sanar.// tr. Aplicar al enfermo los remedios adecuados. Ú.t.c.prl./ Preparar las carnes y pescados por medio de sal, humo, etc., para que se sequen y se conserven./ Curtir pieles.// prl. fig. R. de la P., Chile y Perú. Emborracharse.

curare. m. Sustancia negra y amarga que se extrae de la raíz de una planta y con la que los indios americanos emponzoñan sus armas de caza o de guerra.

cureña. f. Armazón colocada sobre ruedas, en la que se monta un cañón de artillería.

curia. f. Tribunal donde se ventilan asuntos contenciosos./ Conjunto de funcionarios judiciales.

curiosear. tr./ i. Ocuparse en averiguar lo que hacen o dicen otros./ Tratar de enterarse de algo sin necesidad o con impertinencia./ Fisgonear.

curiosidad. f. Deseo de saber o averiguar algo./ Limpieza, aseo./ Cosa notable.

curioso, sa. a. Que tiene curiosidad. Ú.t.c.s./ Limpio, aseado.

currículo. m. Plan de estudios./ Relación de los cargos, títulos, datos biográficos de una persona.

cursar. tr. Frecuentar un lugar, hacer con frecuencia algo./ Estudiar una materia en un centro de estudios./ Dar curso a una solicitud, instancia, etc.

cursi. a. fam. Que presume de fino y elegante sin serlo. Ú.t.c.s.

cursillo. m. Curso breve para completar la preparación de los alumnos, y probar su aptitud./ Serie breve de conferencias sobre un tema.

curso. m. Dirección o carrera./ Tiempo señalado por un establecimiento de enseñanza en cada año para el estudio./ Serie o continuación./ Evolución de algo.

curtir. tr. Adobar las pieles./ fig. Endurecer o tostar el sol o el aire el cutis de las personas. Ú.m.c.prl./ fig. Acostumbrar a uno a la vida dura o a las inclemencias del tiempo. Ú.t.c.prl./ R. de la P. Castigar azotando.

curva. f. Díc.de la línea que no es recta ni ninguno de sus puntos./ Representación esquemática de las fases de un fenómeno por medio de una línea./ Tramo curvo de una carretera, camino o vía férrea.

curvatura. f. Desvío de la dirección recta, calidad de curvo.

curvilíneo, a. a. Que tiene líneas curvas./ Que se dirige en línea curva.

curvo, va. a. y s. Que se va apartando constantemente de la línea recta, sin formar ángulos.

cúspide. f. Cima puntiaguda de los montes./ Extremo superior de algo, en forma de punta./ Punto donde convergen todos los triángulos de la pirámide o las generatrices del cono.

custodia. f. Acción de custodiar./ Persona que custodia.

custodiar. tr. Guardar con vigilancia.

cutáneo, a. a. Perteneciente al cutis.

cutícula. f. Biol. Piel o membrana.

cutis. m. Piel que cubre el rostro de las personas.

cuyo, cuya, cuyos, cuyas. Pronombre relativo que funciona siempre como adjetivo y que, además de introducir una proposición adjetiva o de relativo tiene un valor posesivo. Relaciona el antecedente con el consecuente.

cuzco. m. Perro pequeño.

cultura indígena

d. f. Quinta letra del abecedario castellano y cuarta de sus consonantes. Su nombre es *de*.

dactilografía. f. Técnica de escribir con máquina.

dactiloscopía. f. Estudio de las impresiones digitales, utilizadas para la identificación de las personas.

dádiva. f. Regalo, obsequio.

dadivoso, sa. a. Generoso.

dado. m. Cubo en cuyas caras hay señalados desde uno hasta seis puntos y que sirve para juegos de azar./ Pieza cúbica de metal que sirve de apoyo a tornillos, ejes, etc.

dador, ra. a. Que da.// m. Que lleva una carta de un sujeto a otro.

daga. f. Arma blanca antigua de hoja corta y con guarnición para cubrir el puño.

daguerrotipo. m. Procedimiento para fijar imágenes en placas de metal./ Aparato que se empleaba en él./ Imagen que se obtenía con este procedimiento.

danza

1- DANZA ESPAÑOLA
2- DANZA RITUAL
3- DANZA DE LA MUERTE MEDIEVAL
4- BALLET
5- DANZARINAS EGIPCIAS

dalia. f. Planta de la familia de las compuestas, herbácea, ramosa, con hojas pinadas, de bordes en forma de sierra y flores de gran tamaño./ Flor de esta planta.

dálmata. a. Natural de Dalmacia. Ú.t.c.s./Perteneciente a esta región adriática./ Raza de perros de pelo corto, blanco, con manchas negras.// m. Lengua que se habló en Dalmacia.

daltonismo. m. Defecto visual que consiste en confundir los colores o no percibir algunos de ellos.

dama. f. Mujer noble o distinguida./ Mujer pretendida de un hombre./ En palacio, cada una de las señoras que sirven a la reina, a la princesa o a las infantas./Actriz principal./Reina en el juego del ajedrez.// pl. Juego de mesa donde se utilizan fichas redondas sobre un tablero.

damajuana. f. Botellón grande de cuerpo abultado y cuello estrecho, cubierto generalmente de mimbre.

damasco. m. Tela fuerte de seda o lana con dibujos formados en el tejido./ Árbol rosáceo./ Fruto de este árbol.

damasquinar. tr. Hacer labores artísticas embutiendo metales finos en hierro o acero.

damero. m. Tablero del juego de damas.

damnificado, da. a. Persona a la cual se le ha ocasionado gran daño. Ú.t.c.s.

damnificar. tr. Causar daño.

danés, sa. a. Natural de Dinamarca. Ú.t.c.s./ s. Perteneciente a este país de Europa.// a. Raza de perros de gran tamaño de origen alemán.// m. Lengua hablada en Dinamarca.

danza. f. Baile./Escena o espectáculo de personas que danzan./ fig. y fam. Negocio desafortunado./ Riña, pendencia.

danzar. tr. Bailar.

danzarín, na. a. Que danza con destreza. Ú.t.c.s./ fig. y fam. Danzante, persona ligera de juicio.

dañar. tr./prl.Causar perjuicio, dolor o molestia./Maltratar una cosa. Ú.t.c.prl.

dañino, na. a. Que daña o perjudica.

daño. m. Efecto de dañar o dañarse.

dar. tr. Donar, entregar, otorgar./ Producir, dar fruto la tierra./ Sonar en el reloj las campanadas correspondientes a la hora que sea./ Conferir un empleo o cargo./ Otorgar./ Repartir las cartas en los juegos de naipes./ Hacer saber una felicitación o un pésame./Atinar, acertar. Ú.t.c.i/ fig. Incurrir, caer./Presentir, presagiar.// prl. Rendirse, ceder./ Suceder, existir.

dardo. m. Lanza pequeña arrojadiza/ Dicho agresivo.

dársena. f. Cada una de las partes de un puerto situadas entre dos muelles, que permiten descargar y cargar embarcaciones.

data. f. Indicación de la fecha y el lugar en que se hace o sucede una cosa y singularmente la que se pone al comienzo o final de una carta u otro documento./ Partida o partidas de una cuenta que forman el descargo de lo recibido.

datar. tr. Poner data.

dátil. m. Fruto comestible de la palmera.

dato. m. Información, antecedente necesario para llegar al conocimiento exacto de una cosa.

deambular. i. Caminar sin dirección determinada.

deán. m. El que hace de cabeza del cabildo, después del prelado, en las iglesias catedrales.

debajo. adv. En lugar o puesto inferior. Pide la prep. *de* cuando antecede a un sustantivo./ fig. Con sujeción o sumisión.

debate. m. Controversia sobre una cosa entre dos o más personas.

debatir. tr. Discutir, disputar sobre una cosa./ Combatir.// prl. Gal. por sacudirse, forcejear.

debe. m. Com. Parte de la cuenta corriente en la que se cargan las cantidades al titular de la cuenta.

deber. m. Aquello que está obligado el hombre por preceptos religiosos o por leyes naturales o positivas./ Deuda.// tr./ prl. Estar obligado a algo./ Ser consecuencia de./ *Amér.* Tarea que el maestro señala a los alumnos para que realicen en sus casas.

débil. a. De poca fuerza o resistencia, de escaso vigor. Ú.t.c.s./ fig. Que cede fácilmente./ Escaso, deficiente.

debilidad. f. Falta de vigor o fuerza física./ fig. Carencia de energía./ Gal. por afecto, cariño.

debilitar. tr/ prl. Disminuir la fuerza, la resistencia o el vigor.

débito. m. Deuda.

década. f. Serie de diez./ Período de diez días o diez años.

decadencia. f. Principio de debilidad o ruina.

decadente. p. act. de **decaer.** Que decae.// a. y s. Que se halla en estado de decadencia.

decaer. i. Ir a menos, perder una persona o cosa parte de sus condiciones, importancia o valor.

decágono, na. a. Aplícase al polígono de diez lados./Ú.t.c.s.m.

decagramo. m. Unidad de peso que equivale a diez gramos.

decaído, da. a. Que está en decadencia./ Deprimido o abatido.

decalitro. m. Medida de capacidad que tiene diez litros.

decálogo. m. Conjunto de diez preceptos o recomendaciones./ Los diez mandamientos de la ley de Dios.

decámetro. m. Medida de longitud que tiene diez metros.

CARRERA 500 M

CARRERA VALLAS

LANZAMIENTO DE JABALINA

LANZAMIENTO DE DISCO

SALTO DE LONGITUD

SALTO DE ALTURA

decatlón

decanato. m. Dignidad de decano./ Despacho destinado al decano para el desempeño de su cargo.

decano. m. El más antiguo de un cuerpo o comunidad./ Aquel que preside una corporación o facultad universitaria.

decantar. tr. Propalar, ponderar./ Inclinar suavemente una vasija sobre otra para que caiga el líquido contenido en la primera sin que salga el poso o sedimento.

decapitar. tr. Cortar la cabeza.

decasílabo, ba. a. De diez sílabas.// m. Verso de diez sílabas.

decathlon o **decatlón.** m. Competición atlética que consta de diez pruebas, que se disputan modernamente, a imitación de las olimpíadas griegas.

decena. f. Conjunto de diez unidades.

decencia. f. Aseo y compostura correspondiente a cada persona o cosa./ Recato, modestia./ Honestidad./ fig. Dignidad de actos y palabras.

decenio. m. Período de diez años.

decente. a. Honesto, justo./ Digno./ De buena calidad./ Que obra dignamente.

decepción. f. Engaño./ Pesar causado por un desengaño.

decepcionar. tr. Desilusionar, desengañar. Ú.t.c.prl.

deceso. m. Muerte natural o civil. Ú. en América.

dechado. m. Muestra para imitar./ fig. Modelo de virtudes o vicios.

decidido, da. a. Resuelto, terminante, audaz, valeroso.

decidir. tr. Formar juicio sobre algo dudoso./ Resolver, tomar una determinación. Ú.t.c.prl./ Mover a uno la voluntad para que tome una determinación.

decigramo. m. Décima parte de un gramo.

decilitro. m. Medida de capacidad que equivale a la décima parte de un litro.

décima. f. Cada una de las diez partes iguales en que se divide un todo./ Combinación métrica de diez versos octosílabos, de los cuales, por regla general, rima el primero con el cuarto y el quinto; el segundo con el tercero; el sexto con el séptimo y el último y el octavo con el noveno./ Décima parte de un grado en un termómetro clínico.

decimal. a. Cada una de las diez partes iguales en que divide una cantidad.

decímetro. m. Medida de longitud que equivale a la décima parte de un metro./ **-cuadrado.** Medida de superficie de un decímetro de lado./ **-cúbico.** Medida de volumen expresada por un cubo cuya arista mide un decímetro.

décimo, ma. a. Que sigue inmediatamente en orden al noveno./ a.y s. Cada una de las diez partes iguales en que se divide un todo.// m. Cada una de las diez partes de un billete de lotería.

decimoctavo, va. a. Que sigue en orden al décimoséptimo.

decimocuarto, ta. a. Que sigue en orden al décimotercero o décimotercio.

decimonono, na. a. Que sigue en orden al décimoctavo.

decimonoveno, na. a. Décimonono.

decimoquinto, ta. a. Que sigue en orden al décimocuarto.

decimoséptimo, ma. a. Que sigue en orden al décimosexto.

decimosexto, ta. a. Que sigue en orden al décimoquinto.

decimotercero, ra. Que sigue en orden al duodécimo.

decir. tr. Manifestar con palabras o por escrito el pensamiento. Ú.t.cprl./ Asegurar, opinar./ Nombrar, llamar./ fig. Denotar, dar muestras de algo.// m. dicho, palabra./ Sentencia que expresa el pensamiento de un autor. Ú.m. en pl.

decisión. f. Resolución ante algo dudoso./ Firmeza de carácter.

decisivo, va. a. Que decide o resuelve.

declamar. i. Hablar en público.// tr. Recitar con la entonación, los gestos y ademanes adecuados la prosa o el verso.

declaración. f. Acción y efecto de declarar./ Manifestación o explicación de lo dudoso o ignorado./ Manifestación del ánimo o de la intención./ Deposición que bajo juramento hace el testigo o perito, y la que hace el reo sin aquel requisito.

declarar. tr. Manifestar o explicar lo que no se entiende con claridad.// i. Manifestar algo un testigo en un juicio.// prl. Expresar un afecto, dar a conocer sus sentimientos.

declinar. i. Inclinarse hacia abajo o hacia un lado u otro./ fig. Decaer, menguar, ir perdiendo en salud, inteligencia, etc.// tr. Poner las palabras declinables en los casos gramaticales.

declive. m. Pendiente, cuesta o inclinación del terreno o de la superficie de otra cosa.

decolorar. tr. Quitar el color. Ú.t.c.prl.

decoración. f. Acción y efecto de decorar o adornar./ Cosa que decora./ Conjunto de telones, bambalinas, etc., con que se representa un lugar en el teatro.

decorar. tr. Adornar, hermosear un sitio o una cosa./ Condecorar. Ú.m. en poesía./ Aprender de memoria una lección o una cosa./ Recitar de memoria.

decoro. m. Respeto que se debe a una persona./ Circunspección, gravedad./ Recato, honestidad./ Estimación, honra.

decrecer. i. Disminuir, menguar.

decrépito, ta. a. Dícese de la edad avanzada y de la persona que tiene sus facultades disminuidas por su vejez. Ú.t.c.s./ a. Apl. a las cosas que se encuentran en decadencia.

decretar. tr. Decidir la persona que tiene autoridad o facultades para ello./ Determinar el juez.

decreto. m. Resolución del Poder Ejecutivo, de un tribunal o juez sobre cualquier materia o negocio.

decúbito. m. Posición que toman las personas o animales cuando se echan en el suelo o en la cama.

dedal. m. Utensilio hueco y casi cónico que se pone en la punta del dedo, que se utiliza para empujar la aguja sin riesgo de herirse mientras se cose./ Dedil.

dedicación. f. Acción o efecto de dedicar.

dedicar. tr. Consagrar una cosa al culto religioso o destinarla a un fin específico./ Dirigir a una persona una cosa como obsequio y homenaje./ tr./ prl. Destinar, aplicar.

dedicatoria. f. Carta o nota dirigida a la persona a quien se dedica una obra.

dedil. m. Funda que se coloca en los dedos para que no se hieran.

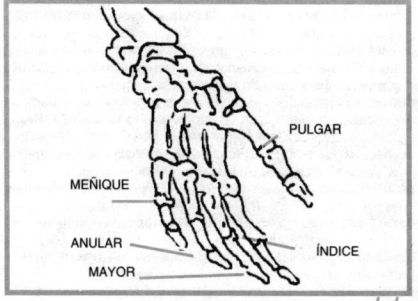

PULGAR

MEÑIQUE

ANULAR

MAYOR

ÍNDICE

dedos

dedo. m. Cada uno de los apéndices en que termina la mano y el pie del hombre, y en igual o menor número en muchos animales./ Medida de longitud, duodécima parte del palmo (unos 18 milímetros)./ Porción pequeña de una cosa.

deducción. f. Acción y efecto de deducir./ Derivación.

deducir. tr. Sacar consecuencias de un supuesto./ Inferir./ Rebajar, restar./ Alegar.

defecar. tr./i. Expeler los excrementos.//tr. Quitar las heces o impurezas.

defectivo, va. a. Defectuoso./ Verbo cuya conjugación no es completa. Ú.t.c.s.

defecto. m. Carencia o falta de cualidades propias de una cosa o persona./ Imperfección moral o física.

defectuoso, sa. a. Imperfecto, falto.

defender. tr./prl. Amparar, proteger./ Pelear contra los que atacan a uno./ Sostener algo contra la opinión ajena./ Vedar, prohibir./ Alegar en favor de otro.

defensa. f. Acción y efecto de defender o defenderse./ Arma con que uno se defiende./ Protección, amparo./ Obra de fortificación para proteger el lugar. Ú.m. en pl./ Razón que se alega en juicio con la que el demandante./ Abogado defensor.

defensivo, va. a. Que sirve para reparar o resguardar.

defensor, ra. a. Que defiende o protege.// m. Persona que en un juicio está encargada de una defensa.

deferencia. f. Adhesión al dictamen ajeno por respeto./ fig. Muestra de respeto o cortesía.

deficiencia. f. Defecto o imperfección./ Escasez o falta de algo.

déficit. m. Diferencia entre los gastos y las ganancias cuando éstos son menores que aquéllos./ En la administración pública, parte que falta para levantar las cargas del estado, reunidas todas las cantidades a cubrirlas.

definición. f. Acción y efecto de definir./ Proposición que expone con claridad y justeza las características genéricas de una cosa./ Decisión de una duda o contienda por autoridad competente./ Declaración de cada uno de los vocablos que contiene un diccionario.

definir. tr. Fijar con claridad el significado de una palabra o la naturaleza de una cosa./ Decidir, resolver una cosa dudosa.

definitivo, va. a. Díc. de lo que decide, resuelve o concluye.

deforestar. tr. Eliminar las plantas forestales de un terreno.

deformar. tr./prl. Alterar la forma de algo./ fig. Tergiversar.

deforme. a. De forma irregular o desproporcionado./ Que ha sufrido deformación.

deformidad. f. Calidad de deforme./ Cosa deforme./ fig. Error grosero.

defraudar. tr. Privar a uno de lo que corresponde con abuso de confianza o infidelidad./ Burlar el pago de impuestos o contribuciones./ fig. Dejar sin efecto una cosa en que se confiaba./ Turbar, embarazar, quitar.

defunción. m. Muerte.

degenerar. i. Decaer.

deglutir. i./ tr. Tragar los alimentos.

degollar. tr. Cortar la garganta o el cuello a una persona o a un animal./ Escotar el cuello de los vestidos./ fig. Destruir, arruinar./ Representar muy mal los actores una obra teatral.

degradar. tr. Privar a alguien de sus honores, dignidades y privilegios./ Humillar, rebajar. Ú.t.c.prl./ *Quím.* Transformar una sustancia compleja en otra de constitución más sencilla.

degustar. tr. Probar alimentos o bebidas.

deidad. f. Ser divino o esencia divina./ Cada uno de los falsos dioses de los gentiles.

dejado, da. a. Negligente en su aseo./ Caído de ánimo.

dejar. tr. Soltar una cosa, retirarse o alejarse de ella./ Omitir./ No impedir./ Abandonar./ Encargar, encomendar./ Dar una cosa a otro el que testa o se ausenta./ No continuar lo empezado. // prl. Descuidarse de sí mismo.

dejo. m. Acción de dejar./ Modo particular de pronunciación y entonación de la voz que demuestra emoción del que habla./ Acento peculiar del habla de determinada región./ Sabor que queda en la comida o bebida./ fig. Placer o disgusto que queda después de un acto.

del. Contracción de la preposición **de** y el art. **el.**

delación. f. Acusación, denuncia.

delantal. m. Prenda que protege la parte delantera de un vestido./ Mandil./ Prenda exterior que cubre desde el cuello hasta la rodilla para proteger la ropa en la escuela, trabajo, etc.

delante. adv. En la parte anterior./ Enfrente./ A la vista, en presencia.

delatar. tr. Denunciar a la autoridad al autor de un delito para que sea castigado./ Manifestar algo oculto y reprochable.

delator, ra. a. Denunciante, acusador. Ú.t.c.s.

deleble. a. Que puede borrarse fácilmente.

delegación. f. Acción y efecto de delegar./ Cargo de delegado./ Oficina del delegado./ Conjunto o reunión de delegados.

delegar. tr. Hacer que una persona lo represente o actúe en su lugar.

deleitar. tr./prl. Producir deleite.

deleite. m. Placer del ánimo./ Placer sensual.

deletéreo. a. Mortífero, venenoso.

deletrear. i. Pronunciar separadamente las letras de cada sílaba, las sílabas de cada palabra, y luego la palabra entera.

deleznable. a. Fácilmente rompible./ Resbaladizo./ fig. Poco durable, poco fuerte./ Mezquino, vil.

delfín. m. Mamífero cetáceo de unos dos metros de largo, de lomo negro y vientre blanquecino, cabeza grande, ojos pequeños, boca amplia, hocico delgado y agudo, y una sola abertura nasal por la que arroja el agua que traga.

delgado, da. a. Flaco./ De poco espesor./ Delicado, suave.

deliberación. f. Acción y efecto de deliberar.

deliberar. i. Analizar y discutir un asunto.// tr. Resolver con premeditación.

delicado, da. a. Fino, atento, tierno./ Débil, enfermizo./ Fácilmente rompible o estropeable./ Agraciado, bien parecido./ Sabroso./ Difícil, sujeto a contingencias./ Suspicaz, fácil de Enfadarse./ Que obra con escrúpulo o miramiento.

delicia. f. Placer muy intenso./ Lo que causa ese placer.

delictivo, va. a. Perteneciente o relativo al delito.

delfín

delimitar. tr. Fijar con precisión los límites de una cosa.

delincuente. m. y f. Que delinque.

delinear. tr. Trazar las líneas de una figura o plano./ fig. Exponer los rasgos principales de algo.

delinquir. i. Cometer delito.

delirar. i. Tener turbada la razón./ fig. Decir o hacer disparates.

delirio. m. Acción y efecto de delirar./ Desorden de la razón o de la fantasía./ fig. Disparate.

delito. m. Acción voluntariosa castigada por la ley./ Crimen.

delta. f. Letra del alfabeto griego.// m. Isla triangular ubicada entre dos de los brazos de la desembocadura de un río./ Conjunto de islas que se forman en las desembocaduras de algunos ríos.

demacrar. prl. Perder carnes./ Enflaquecer por causa física o moral.

demagogia. f. Poder tiránico ejercido por la plebe./ Actitud política oportunista del que ofrece soluciones irreales o engañosas al pueblo con el fin de dominarlo.

demanda. f. Petición, pedido./ Pregunta./ Busca, acción de buscar./ Empresa o propósito./ Pedido de mercaderías./ Petición que un litigante mantiene en un juicio./ Escrito en que se ejercitan en juicio una o más acciones.

demandar. tr. Pedir, rogar./ Apetecer, desear./ Preguntar./ Entablar demanda.

demarcación. f. Acción y efecto de demarcar./ Terreno demarcado./ División territorial.

demarcar. tr. Señalar los límites de un terreno./ Marcar.

demás. a. Precedido de los artículos *lo, la, los, las*: lo otro, la otra, los otros, las otras, las o los restantes.// adv. Además.

demasía. f. Exceso./ Atrevimiento, insolencia./ Maldad, delito.

demasiado, da. a. Que tiene demasía.// adv. En demasía.

demente. a. Loco, falto de juicio.

democracia. f. Sistema de gobierno en que el poder pertenece al pueblo, el cual lo ejerce directamente o por medio de sus representantes./ Nación gobernada de esta manera.

demografía. f. Estudio estadístico de un grupo humano, de acuerdo con la profesión, edad, etc.

demoler. tr. Deshacer, derribar, arruinar, degradar.

demonio. m. Diablo./ Espíritu maligno.

demora. f. Tardanza, dilación.

demorar. tr. Retardar.// i. Detenerse en un sitio.

demostración. f. Acción y efecto de demostrar./ Señalamiento, manifestación./ Comprobación de una teoría.

demostrar. tr. Manifestar, declarar./ Probar./ Enseñar.

demudar. tr. Mudar, variar./ Disfrazar.// prl. Cambiarse repentinamente el color, o la expresión del semblante./ Alterarse.

denegar. tr. No conceder lo pedido o solicitado.

denigrar. tr. Desacreditar./ Injuriar.

denominación. f. Nombre, título, o sobrenombre que se usa para distinguir las personas, animales y cosas.

denominador, ra. a. Que denomina.// m. Número que en los quebrados indica la cantidad de partes en que se divide una unidad. Se coloca debajo del numerador, separado de él por una raya horizontal.

denominar. tr. Nombrar, señalar o distinguir con un nombre particular a cosas o personas. Ú.t.c.prl.

denostar. tr. Injuriar gravemente, inflamar de palabra.

denotar. tr. Indicar, anunciar, significar.

densidad. f. Calidad de denso./ Relación entre la masa y el volumen de un cuerpo./ Número de habitantes por unidad de superficie.

denso, sa. a. Compacto, apretado./ Espeso./ Apiñado./ Oscuro.

dentado, da. a. Que tiene dientes o puntas parecidas a ellos.

dentadura. f. Conjunto de dientes, muelas y colmillos que tiene en la boca una persona o animal.

dental. a. Relativo a los dientes./ Dícese de la letra cuya pronunciación requiere que la lengua toque los dientes.// m. Palo donde encaja la reja del arado.

dentellada. f. Acción de mover la quijada con fuerza sin mascar cosa alguna./ Acción de clavar los dientes./ Herida que dejan los dientes en la parte donde muerden.

dentera. f. Sensación desagradable experimentada en dientes y encías al comer sustancias agrias, oír ciertos ruidos o tocar determinados cuerpos./ fig. y fam. Envidia./ Ansia, anhelo.

dentición. f. Tiempo en que salen los dientes./ Clase y número de dientes propios de una especie animal.

dentífrico. a./ m. Pasta o polvo que se utiliza para la limpieza de los dientes.

dentina. f. Sustancia dura que forma la capa más interna de los diferentes vertebrados./ Marfil de los dientes.

dentista. a./ m. y f. Médico especialista en enfermedades dentales.

dentro. adv. En la parte interior de un espacio o término real o imaginado.

dentudo, da. a. Que tiene dientes muy grandes.

denuedo. m. Esfuerzo, osadía, valor.

denuesto. m. Injuria grave oral o escrita.

denuncia. f. Acción y efecto de denunciar./ Comunicación oral o escrita a la autoridad competente en que se le informa que se ha cometido un delito./ Documento en que consta la noticia.

denunciar. tr. Noticiar, avisar./ Declarar oficialmente el estado ilegal o irregular de una cosa./ Delatar./ Pronosticar./ Promulgar.

deparar. tr. Proporcionar./ Presentar.

departamento. m. Cada una de las partes en que se divide un territorio, un edificio, un vehículo, una caja, etc./ División administrativa mayor de varios países./ Ministerio o ramo de la administración pública./ *Arg.* Ministerio./ Vivienda en propiedad horizontal.

departir. i. Hablar, conversar.

dependencia. f. Subordinación./ Oficina dependiente de otra./ Espacio dedicado a los servicios de una casa.// pl. Cosas accesorias a otra principal.

deportistas

depender. i. Estar subordinado a una persona o cosa./ Necesitar el auxilio o protección de alguien./ Vivir de la protección de uno o tener un solo recurso.

dependiente, ta. a. y s. Empleado que atiende a los clientes en las tiendas.// m. El que atiende a otro o es subalterno de él.

depilar. tr./ prl. Quitar el pelo o el vello por procedimientos mecánicos o sustancias apropiadas.

deplorar. tr. Sentir profundamente un suceso.

deponer. tr. Dejar, separar, apartar de sí./ Privar de cargo, empleo o dignidad./ Atestiguar./ Declarar ante una autoridad judicial.// i. Evacuar el vientre.

deportar. tr. Desterrar a alguien la autoridad judicial a un punto determinado.

deporte. m. Pasatiempo, diversión, ejercicio físico generalmente al aire libre./ Ejercicio físico sujeto a ciertas reglas y que forma parte de una competición pública.

deportista. a. y s. Persona aficionada a los deportes./ Que se ajusta a las normas en la práctica del deporte.

deposición. f. Exposición o declaración verbal ante un juez o tribunal./ Privación de cargo, honores o empleo./ Evacuación de vientre./ *For.* Declaración verbal.

depositar. tr. Poner bienes o cosas de valor bajo la custodia de persona o institución./ Entregar, confiar a alguien una cosa./ Colocar una cosa en un lugar determinado./ Sedimentar.

depósito. m. Acción y efecto de depositar./ Cosa depositada./ Lugar donde se deposita./ Sedimento.

depravar. tr./ prl. Viciar, corromper.

depreciación. f. Disminución del valor o precio de una cosa.

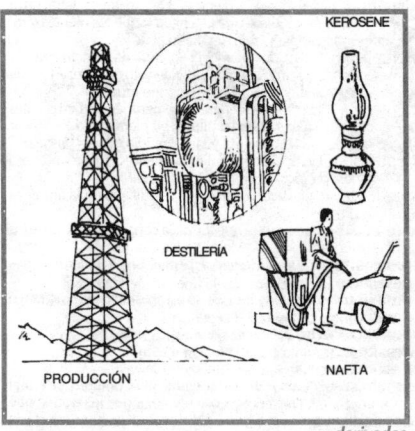

KEROSENE

DESTILERÍA

PRODUCCIÓN

NAFTA

derivados

depreciar. tr. Rebajar el valor o precio de una cosa.

depredación. f. Pillaje, robo o saqueo con violencia./ Malversación o exacción abusiva.

depredar. tr. Robar, saquear con violencia y destrozo.

depresión. f. Acción y efecto de deprimir o deprimirse./ Abatimiento del ánimo o de la voluntad./ Zona hundida de la corteza terrestre./ Período de baja actividad económica, de desempleo masivo, decreciente uso de recursos, etc.

deprimido, da. a. Que padece depresión./ Aplanado.

deprimir. tr. Disminuir el volumen de un cuerpo por medio de la presión./ Hundir alguna parte de un cuerpo./ Producir decaimiento de ánimo. Ú.t.c.prl./ fig. Humillar, rebajar.// prl. Reducirse el volumen de un cuerpo o cambiar de forma a consecuencia de un hundimiento parcial.

deprisa. adv. Con prontitud, con rapidez.

depurar. tr. Limpiar, purificar. Ú.t.c.prl.

derecha. f. Mano derecha./ Ideología política conservadora.

derecho, cha. a. Recto, no torcido./ Erguido, no encorvado./ Justo, razonable.// m. Facultad natural del hombre para hacer con legitimidad lo que conduce a los fines de su vida./ Facultad de hacer o exigir todo lo que las leyes nos permiten./ Acción que se tiene sobre una persona o cosa./ Justicia, razón./ Conjunto de principios y reglas a los que están sujetas las relaciones humanas en las sociedades civiles y a cuya observancia puede ser obligada por la fuerza./ Privilegio, excepción./ Facultad que abarca el estudio del derecho en sus diversos órdenes./ Cara de una tela, madera, etc. que ha de quedar a la vista y presenta una mejor terminación./ Lo que se paga por introducir mercaderías o por otro hecho señalado por las leyes.// adv. m. Por el camino recto.

deriva. f. Desvío de la nave de su verdadero rumbo por efecto del viento o de la corriente.

derivación. f. Descendencia, deducción./ Acción de sacar una parte del todo./ Formación de una palabra por agregado y modificación de otra, llamada primitiva./ Pérdida del fluido, que se origina en una línea eléctrica.

derivado, da. a. Que se origina de otra cosa./ / a./ m. Palabra formada por derivación.// m. *Quím.* Dícese del producto que obtenido de otro.

derivar. i./ prl. Traer su origen de alguna cosa./ Desviarse una embarcación de su rumbo.// tr. Encaminar hacia otra parte./ Deducir una palabra de una raíz o base.

dermatología. f. Estudio de las enfermedades de la piel.

dermis. f. Capa intermedia de la piel, entre la epidermis y la hipodermis.

derogación. f. Abolición, anulación.

derogar. tr. Abolir, anular una cosa establecida como ley o costumbre./ Destruir, reformar.

derramar. tr./ prl. Verter líquidos./ Extender una noticia./ Repartir, prorratear./ Desaguar un río, arroyo, curso de agua.

derredor. m. Circuito o contorno de una cosa./ **-en derredor.** m. adv. En contorno.

derretir. tr./ prl. Disolverse por medio del calor una cosa sólida, congelada o pastosa./ fig. Consumir, gastar.// prl. fig. Enardecerse en el amor./ fig. y fam. Estar muy impaciente e inquieto.

derribar. tr. Arruinar, demoler casas, muros, etc./ Trastornar./ fig. Hacer perder a alguien la autoridad./ Humillar.

derrocar. tr. Despeñar, precipitar desde una peña o roca./ Derribar, arrojar a una persona, grupo, cuerpo, del estado o posición que tienen.

derrochar. tr. Malgastar los bienes. Despilfarrar.

derrota. f. Camino o senda de tierra./ Resultado desfavorable de una batalla, competición deportiva, elección./ Vencimiento total del enemigo.

derrotar. tr. Vencer al ejército, bando o equipo contrario.

derrotero. m. Rumbo que sigue un barco./ fig. Camino que se elige para lograr un fin.

derruir. tr. Derribar, destruir, arruinar un edificio./ fig. Minar, socavar.// fig. prl. Arruinarse.

derrumbar. tr. Precipitar, despeñar.// prl. Desmoronarse.

derrumbe. m. Hundimiento de una mina o cualquier tipo de construcción.

desabastecer. tr. Dejar de surtir a una persona o a un pueblo de alimentos o provisiones de necesidad básica.

desabotonar. tr. Sacar los botones de los ojales. Ú.t.c.prl.// i. Abrirse las flores al salir sus pétalos de los capullos.

desabrido, da. a. Que carece de sabor o que apenas lo tiene./ Dícese del tiempo destemplado./ fig. Áspero en el trato.

desabrigado, da. a. Desamparado, sin abrigo, apoyo o ayuda.

desabrigar. tr. Descubrir, desarropar, quitar el abrigo. Ú.t.c.prl.

desabrochar. tr. Desasir los broches, botones u otra cosa con que se ajusta la ropa. Ú.t.c.prl.

desacatar. tr. Faltar al respeto que se debe a una persona. Ú.t.c.prl.

desacato. m. Irreverencia, falta de respeto a la autoridad, a un superior o cosas sagradas.

desacelerar. tr. Retardar, retrasar. / Disminuir la velocidad.

desacertar. i. No tener acierto, errar.

derrumbe

desacobardar. tr. Alentar, quitar la cobardía o miedo.

desacomodar. tr. Privar de la comodidad./ Quitar la conveniencia, empleo u ocupación. Ú.t.c.prl.

desaconsejar. tr. Persuadir a uno de lo contrario de lo que tiene resuelto.

desacordar. tr. Destemplar un instrumento o templarlo de modo que esté más alto o más bajo que el que da el tono. También se aplica a las voces.// prl. Olvidarse.

desacorde. a. Que no concuerda con otra cosa.

desacorralar. tr. Sacar el ganado de los corrales.

desacostumbrar. tr. Hacer perder o dejar el uso y costumbre que se tiene. Ú.t.c.prl.

desacreditar. tr. Disminuir o quitar la reputación de una persona, o el valor y la estimación de una cosa.

desactivar. tr. Eliminar la actividad propia de una sustancia o un artefacto.

desacuerdo. m. Discordia o disconformidad en los dictámenes o acciones./ Yerro./ Olvido.

desafecto, ta. a. Que no siente estima por una cosa o muestra indiferencia./ Contrario, opuesto.// m. Malquerencia.

desaferrar. tr. Soltar lo que está aferrado. Ú.t.c.prl./ fig. Apartar a alguien de la opinión o capricho que defiende tenazmente.

desafiar. tr. Retar, provocar a combate, batalla o pelea./ Competir./ fig. Oponerse una cosa a otra.

desafilar. tr./ prl. Quitar el filo de un arma o herramienta.

desafiliar. tr./ prl. Amér. Separar a una persona de la entidad a la que pertenecía.

desafinar. i./prl. Desviarse algo la voz o el instrumento del tono debido, causando desagrado al oído. Ú.t.c.prl./ fig. y fam. Decir algo indiscreto o inadecuado.

desafío. m. Acción y efecto de desafiar./ Competencia.

desaforado, da. a. Que obra sin miramiento a leyes ni fueros./ Que va contra el fuero o privilegio./ Grande con exceso, desmedido, fuera de lo común./ Despavorido, violento.

desafuero. m. Acto violento contra la ley./ Acción contraria al buen criterio./ Hecho que priva de fuero a quien lo tenía.

desagradar. i./prl. Disgustar, fastidiar, causar desagrado.

desagradecer. tr. No reconocer el favor o beneficio recibido.

desagraviar. tr./ prl. Reparar el agravio hecho, compensar el perjuicio causado.

desagravio. m. Acción y efecto de desagraviar.

desaguadero. m. Conducto o canal por donde se da salida a las aguas.

desaguar. tr. Extraer, echar el agua de un lugar.// i. Entrar los ríos en el mar, desembocar en él.

desagüe. m. Acción y efecto de desaguar./ Desaguadero para la salida de las aguas./ Cloaca.

desahogar. tr. Aliviar a uno en sus trabajos, aflicciones o necesidades.// prl. Recobrarse del calor y fatiga./ Confiarse a una persona refiriéndole las penas o desgracias./ Salir del agobio de las deudas.

desahogo. m. Alivio de la pena, trabajo o aflicción./ Esparcimiento./ Libertad, desenvoltura./ Comodidad, holgura.

desahuciar. tr./ prl. Quitar toda esperanza de conseguir lo que se desea./ Perder el médico la esperanza de curar a un enfermo.

desairar. tr. Desestimar una cosa./ Desatender a una persona./ Despreciar.

desaire. m. Falta de gentileza./ Acción y efecto de desairar.

desajustar. tr. Desigualar una cosa de otra./ Separarse de un ajuste o convenio.

desalar. tr. Quitar la sal./ Quitar las alas. // i. fig. Correr con apresuramiento./ Sentir gran anhelo por conseguir algo.

desalentar. tr./i. Dificultar el cansancio la respiración.// tr. fig. Acobardar. Ú.t.c.prl.

DESAFÍO HÍPICO

desafío

desaliento. m. Decaimiento de ánimo, falta de vigor.

desalinear. tr. Hacer perder la línea recta. Ú.t.c.prl.

desaliñar. tr./ prl. Descomponer el adorno o compostura.

desaliño. m. Desaseo./ Negligencia.

desalmado, da. a. Que no tiene conciencia./ Cruel, violento.

desalmar. tr./ prl. Quitar la fuerza y virtud a una cosa.

desalmidonar. tr. Quitar a la ropa el almidón.

desalojar. tr. Sacar de un lugar a una persona o cosa./ Desplazar.// i. Dejar por propia voluntad una morada o sitio.

desalquilar. tr. Dejar o hacer dejar una habitación o casa que se tenía alquilada. Se aplica también a cualquier objeto.// prl. Quedar libre lo que estaba alquilado.

desamarrar. tr./ prl. Quitar las amarras./ Dejar a un buque sobre una sola ancla o amarra./ fig. Desasir, apartar.

desamor. m. Mala correspondencia de uno al afecto del otro./ Falta de sentimiento./ Rencor, enemistad.

desamparar. tr. Dejar sin amparo a persona que lo necesita.

desamueblar. tr. Dejar sin muebles un edificio o parte de él.

desanclar. tr. Levantar las anclas que sujetan la nave.

desandar. tr. Retroceder, volver atrás en el camino ya andado.

desangrar. tr. Sacar la sangre en cantidad a una persona o animal./fig. Perder mucha sangre.

desanidar. i. Dejar las aves el nido, cuando acaban de criar.

desanimar. tr. Desalentar. Ú.t.c.prl.

desánimo. m. Desaliento.

desapacible. a. Que causa disgusto o enfado./ Desagradable a los sentidos.

desaparecer. tr./ i./ prl. Ocultarse, quitarse de la vista de uno.

desaparición. f. Acción y efecto de desaparecer.

desapasionado, da. a. Falto de pasión, imparcial.

desapasionar. tr. Quitar la pasión que se tiene a una persona o cosa. Ú.t.c.prl.

desapego. m. Falta de interés; alejamiento.

desapercibido, da. a. No provisto, desprevenido./ Se acepta como sinónimo de inadvertido.

desapoderar. tr./ prl. Quitar a uno el poder que se le había dado./ Despojar a uno de lo que se había apoderado.

desaprensión. f. Falta de escrúpulos.

desaprobar. tr. Reprobar./ No aceptar una cosa.

desaprovechar. tr. Desperdiciar o emplear mal una cosa./ i. Perder lo que se había adelantado.

desarmado, da. a. Desprovisto de armas.

desarmar. tr. Quitar las armas. Ú.t.c.prl./ Reducir a las naciones su armamento por pacto internacional./ Separar las piezas que componen una cosa./ fig. Templar, moderar.

descalza

desarraigar. tr. Arrancar de raíz un árbol o planta.// prl. Extirpar una costumbre, pasión o vicio./ Desterrar.

desarrapado, da. a. y s. Desharrapado.

desarreglar. tr./ prl. Desordenar, enredar.

desarreglo. m. Desorden, trastorno.

desarrimar. tr. Separar, apartar, quitar lo que está arrimado.

desarrollar. tr. Desenvolver una cosa que estaba arrollada. Ú.t.c.prl./ fig. Acrecentar, dar incremento. Ú.t.c.prl.// tr. Explicar una teoría detalladamente./ Mat. Realizar las operaciones de cálculo para cambiar la forma de una expresión analítica.// prl. fig. Suceder, ocurrir./ fig. Progresar, económica, cultural, social o políticamente las comunidades humanas.

desarropar. tr. Quitar o apartar la ropa. Ú.t.c.prl.

desarticular. tr. Separar dos o más huesos articulados entre sí./ fig. Separar las piezas de una máquina o artefacto./ Deshacer./ Desbaratar una intriga, conspiración, etc.

desasear. tr. Ensuciar.

desasir. tr./ prl. Soltar lo asido, desprenderse de algo.

desasosegar. tr./ prl. Quitar el sosiego.

desastre. m. Desgracia, suceso infeliz y lamentable./ De calidad deficiente, mala organización, falta de habilidad.

desatar. tr./ prl. Desenlazar una cosa de otra; soltar lo que está atado./ fig. Derretir./ Deshacer, aclarar.// prl. fig. Hablar demasiado./ Perder el temor./ Desencadenarse.

desatender. tr. No prestar atención a lo que se dice o hace./ No hacer caso de alguien./ No corresponder con lo debido.

desatento, a. a. Que no pone en una cosa la atención debida./ Descortés. Ú.t.c.s.

desatino. m. Locura, falta de juicio./ Error, disparate.

desautorizar. tr. Quitar autoridad, poder, crédito o estimación. Ú.t.c.prl.

desavenencia. f. Oposición, discordia, contrariedad.

desayunar. tr./ prl. Tomar el desayuno.

desazón. f. Insipidez, falta de sabor y gusto./ Disgusto, pesadumbre./ Molestia, inquietud, indisposición de la salud.

desazonar. tr. Quitar el sabor./ Disgustar. Ú.t.c.prl.// prl. Sentirse mal de salud.

desbancar. tr. En el juego de la banca y otros, ganar todo el dinero que se puso./ fig. Ganar para sí el efecto de una persona, haciéndoselo perder a otro.

desbarajuste. m. Desorden.

desbaratar. tr. Arruinar, deshacer./ Malgastar, desperdiciar.// i. Disparatar.// prl. Actuar o hablar fuera de razón.

desbastar. tr. Quitar las partes más bastas o toscas a una cosa que se ha de labrar./ Despuntar, debilitar./ fig. Quitar lo basto que por falta de educación tienen los individuos.

desbloquear. tr. Levantar el bloqueo.

desbocar. tr. Romper la boca de una cosa.// i. Desembocar./ prl. No responder al freno un animal y dispararse./ Prorrumpir en groserías e insultos.

desbordar. i. Salir de los bordes, derramarse. Ú.t.c.prl./ Desenfrenarse las pasiones o vicios.

descabalgar. i. Desmontar, bajar del caballo.// tr. Desmontar el cañón de la cureña.

descabellado, da. a. Que está fuera de orden y razón.

descabezar. tr. Cortar la cabeza./ Quitar las puntas o la parte superior de algo./ fig. y fam. Empezar a vencer la dificultad que presenta algo./ Dicho del sueño, dormir un rato breve.// prl. fig. y fam. Descalabazarse./ Desgranarse las espigas.

descalabazarse. prl. fig. y fam. Romperse la cabeza para solucionar una cosa.

descalabro. m. Contratiempo, daño o pérdida.

descalcificar. tr. Disminuir el calcio en el suelo, agua, hueso o tejido orgánico. Ú.t.c.prl.

descalificar. tr. Declarar incapacitado a alguien./ Excluir a uno de cualquier prueba o competición./ Arg. Menoscabar la reputación de alguien.

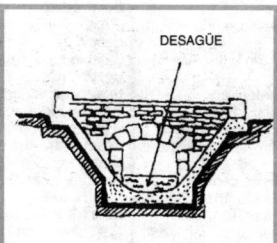

DESAGÜE

desaguadero

descalzar. tr./ prl. Quitar el calzado./ Socavar.

descalzo, za. a. Que lleva desnudos los pies./ fig. Desnudo, falto de recursos.

descamación. f. Desprendimiento de la epidermis seca en forma de escamillas.

descampado, da. a. Terreno descubierto, libre de malezas y espesuras.

descansar. i. Reposar, dormir./ Cesar en el trabajo./ Desahogarse, aliviarse./ Estar tranquilo y confiado en los oficios de otro./ Apoyarse./ Reposar en el sepulcro.

descanso. m. Quietud, reposo./ Asiento sobre el que se apoya una cosa.

descarado, da. a. Que habla u obra sin vergüenza. Ú.t.c.s.

descarga. f. Acción y efecto de descargar./ **-cerrada.** Fuego hecho de una vez por una unidad armada.

descargar. tr. Quitar o aliviar la carga./ Disparar las armas de fuego./ Anular la tensión eléctrica de un cuerpo./ Dar golpes con violencia.// i. Desembocar, desaguar./ Disolverse una nube en lluvia o granizo.

descargo. m. Excusa o respuesta a un cargo./ Acción de quitar la carga.

descarnar. tr./ prl. Quitar al hueso la carne./ fig. Quitar, arrancar parte de una cosa.

descaro. m. Insolencia, falta de vergüenza y respeto.

descarriar. tr. Apartar a uno del carril.// prl. Apartarse del grupo que marcha junto, de lo justo y razonable.

descartar. tr. Desechar una cosa o apartarla de sí.// prl. Dejar las cartas que se tienen en la mano.

descasar. tr.// prl. Declarar nulo un matrimonio./ Separarse una pareja que convivió./ fig. Apartarse de lo justo y razonable.

descastado, da. a. Que manifiesta poco cariño a quienes debe gratitud.

descendencia. f. Conjunto de hijos, nietos y demás generaciones sucesivas por línea recta./ Casta, linaje, estirpe.

descender. i. Bajar pasando de un lugar alto a otro bajo./ Correr un líquido./ Proceder, derivar.// tr. Bajar, poner bajo.

descendiente. a. Hijo, nieto o cualquier persona que desciende de otra.

descerrajar. tr. Arrancar o violentar la cerradura de una puerta, cofre, escritorio, etc./ fig. y fam. Disparar con arma de fuego.

descifrar. tr. Interpretar lo que está escrito en caracteres desconocidos, sirviéndose o no de clave./ Aclarar lo oscuro y de difícil comprensión.

desclavar. tr. Arrancar o quitar los clavos./ Soltar una cosa de los clavos que la sujetan.

descolar. tr. Quitar o cortar la cola./ Despegar. Ú.t.c.prl.

descolgar. tr. Bajar lo que está colgado./ Dejar caer algo que está pendiente./ Quitar los adornos de un lugar./ Levantar el aurícular del teléfono para iniciar una conversación.// prl. Dejarse caer por medio de una cuerda./ fig. Decir una cosa inesperada.

desastre

descollar. i. Sobresalir.

descolocado, da. a. Sin colocación o desacomodado.

descolorar. tr./ prl. Quitar el color.

descolorido, da. a. De color pálido./ fig. Sin brillo, viveza o expresión.

descompaginar. tr. Descomponer, desordenar.

descomponer. tr. Desordenar y desbaratar./ Estropear un mecanismo./ Separar las partes de compuesto./ fig. Indisponer los ánimos.// prl. Pudrirse, corromperse./ Sentirse indispuesto, desazonarse el cuerpo./ fig. Perder la serenidad.

descomposición. f. Acción y efecto de descomponer o descomponerse./ Proceso por el que un conjunto se divide o se transforma en partes más simples./ fam. Diarrea.

descompostura. f. Descomposición./ Desaseo, falta de pulcritud./ fig. Descortesía.

descomprimir. tr. Disminuir o suprimir la compresión.

descomunal. a. Extraordinario, enorme, fuera de lo común.

desconcentrar. tr. Perder la concentración.

desconcertar. tr. Pervertir, turbar, descomponer el orden./ Sorprender. Ú.t.c.prl./ Tratándose de huesos, dislocar.// prl. Indisponerse las personas o desordenarse las cosas.

desconectar. tr. Suprimir la conexión./ Interrumpir la comunicación eléctrica entre dos aparatos o con la línea general. Ú.t.c.prl.

desconfiar. i. No tener confianza, poseer poca seguridad o esperanza.

descongelar. tr. Hacer cesar la congelación de una cosa.

descongestionar. tr. Disminuir o quitar la congestión.

desconocer. tr. No conocer, no recordar, olvidar./ Negar algo./ Darse por desentendido./ Decir que se ignora alguna cosa./ fig. Advertir la gran mudanza que se ha producido en una persona o cosa.

desconocido, da. a. Ingrato.// s. Ignorado, no conocido antes.

desconsiderado, da. a. Falto de consideración. Ú.t.c.s.

desconsiderar. tr. No guardar la consideración debida.

desconsolado, da. a. Que carece de consuelo./ Triste, afligido./ Aplícase al estómago que padece debilidad o desfallecimiento.

desconsuelo. m. Angustia y aflicción profunda.

descontar. tr. Rebajar una cantidad de otra mayor./ Dar por cierto./ Abonar al contado un documento no vencido, rebajando de su importe la cantidad convenida como intereses del dinero que se anticipa.

descontentar. tr./ prl. Desagradar, quitar el contento.

descontento, ta. p. p. irreg. de **descontentar**.// m. Disgusto, falta de contento.

descontrol. m. Falta de control.

descontrolar. tr. Perder el control o dominio de sí mismo. Ú.t.c.prl.

descorazonar. tr. Quitar el corazón.// prl. Acobardar, desanimar./ i. Perder el ánimo.

descorchar. tr. Quitar el corcho que cierra una botella./ Arrancar el corcho al alcornoque.

descoronar. tr. Quitar la corona.

descorrer. tr. Correr en sentido contrario./ Plegar lo que estaba estirado o extendido, como las cortinas, etc.

descortés. a. Falto de cortesía. Ú.t.c.s.

descoser. tr. Soltar, cortar, desprender las puntadas de las cosas que estaban cosidas. Ú.t.c.prl.// prl. fig. Descubrir indiscretamente lo que convenía mantener oculto.

descoyuntar. tr. Desencajar los huesos de su lugar. Ú.t.c.prl.

descrédito. m. Disminución de la reputación de las personas o del valor y estima de las cosas.

descreer. i. Faltar la fe, dejar de creer./ Negar el crédito debido a una persona.

descremar. tr. Quitar la crema./ Desnatar.

describir. tr. Delinear, dibujar, figurar una cosa, representarla dando cabal idea de ella./ Definir algo dando una idea general de sus elementos o propiedades.

descuajar. tr./ prl. Licuar lo cuajado, descoagular.// tr. Arrancar de raíz o cuajo plantas o malezas.

descuartizar. tr. Dividir un cuerpo en cuartos./ fam. Hacer pedazos alguna cosa para repartirla.

descubierto, ta. a. Que no está cubierto.

descubrimiento. m. Hallazgo de lo que estaba oculto o secreto./ Invención./ Lo descubierto o reconocido.

descubrir. tr. Manifestar, hacer evidente./ Destapar lo cubierto./ Hallar lo ignorado u oculto./ Inventar.// prl. Quitarse de la cabeza el sombrero, la gorra, etc.

descuento. m. Acción y efecto de descontar./ Rebaja de una parte de la deuda.

descuidado, da. a. Negligente, falto de cuidado./ Desprevenido./ Desaliñado.

descuidar. tr./ i./ prl. Distraer la atención./ No cuidar las cosas o no darles la atención debida. Ú.t.c.prl.

descuido. m. Negligencia, falta de cuidado./ Inadvertencia./ Desatención./ Desliz.

desde. prep. que indica el tiempo o lugar del que procede una cosa./ Después de.

desdecir. i. Desmentir, retractarse de lo dicho./ Venir a menos./ fig. Degenerar una persona o cosa de su origen, educación, casta o clase./ No concordar una cosa con otra, contradecir.

desdén. Indiferencia, menosprecio.

desdentar. tr. Quitar o sacar los dientes.

desdeñar. tr. Tratar con desdén a una persona o cosa.

descuartizar

desdibujarse. prl. Perder una cosa claridad y precisión de sus contornos.

desdicha. f. Desgracia./ Pobreza grande, miseria.

desdichado, da. a. Desgraciado, que tiene mala suerte.

desdoblar. tr./ prl. Extender una cosa que estaba doblada./ Formar dos o más cosas por separación de los elementos que estaban unidos en uno solo.

desear. tr. Anhelar que suceda o deje de suceder algo./ Aspirar vehementemente a una cosa.

desecar. tr. Secar, eliminar la humedad o agua que contenga una cosa. Ú.t.c.prl.

desechar. tr. Excluir, reprobar./ Menospreciar, desestimar./ Arrojar, abandonar./ Apartar de sí un pensamiento, imagen, etc./ Dejar de usar una cosa.

desecho. m. Cosa que queda después de haber elegido lo mejor y más útil./ Lo que se deja de usar./ fig. Desprecio, vilipendio.

desembarazar. tr. Quitar el impedimento que se opone a una cosa.// prl. Desocupar, liberar./ fig. Apartar de sí el obstáculo que molestaba.

desembarcar. tr. Sacar de la nave y poner en tierra lo embarcado.// i. Salir de una embarcación. Ú.t.c.prl.

desembarco. m. Acción de desembarcar o salir de una embarcación./ Operación militar efectuada en tierra por la dotación militar de una nave o escuadra o las tropas que transportan.

desembocadura. f. Sitio por donde desemboca un río, un canal, etc./ Abertura./ Salida de las calles.

desembocar. i. Salir por un sitio estrecho./ Desaguar un río, un canal, etc., en otro, en el mar o en un lago./ Tener una calle salida a otra./ Tener un desenlace.

desembolsar. tr. Sacar lo que está en la bolsa./ Pagar una cantidad determinada de dinero.

desembrollar. tr. Desenredar, aclarar.

desemejar. i. No parecerse una cosa a otra de su especie; diferenciarse.

desempachar. tr. Quitar el empacho o asiento del estómago.// prl. fig. Perder la timidez.

desempalmar. tr. Deshacer una conexión o empalme.

desempañar. tr. Limpiar el cristal o cualquier otra cosa que estaba empañada./ Quitar los pañales. Ú.t.c.prl.

desempaquetar. tr. Desenvolver lo que estaba en uno o más paquetes.

desempatar. tr. Deshacer el empate que había entre dos cosas o personas.

desempeñar. tr. Sacar lo que estaba en poder de otro en prenda y por seguridad de una deuda o préstamo.// prl. Cumplir una tarea./ Representar un papel dramático./ Ejecutar una obra artística.

desempleo. m. Falta de empleo o trabajo.

desempolvar. tr. Quitar el polvo.

desencadenar. tr. Quitar la cadena al que está amarrado a ella./ Liberar.// tr./ prl. Desenfrenarse, estallar una tormenta o una pasión.

desencajar. tr./prl. Sacar una cosa de su lugar.// prl. Descomponerse el semblante por una enfermedad o por un disgusto.

desencaminar. tr. Sacar a uno del camino./ Sacarlo de un propósito.

desencantar. tr. Deshacer el encanto. Ú.t.c.prl.

desencarcelar. tr. Sacar de la cárcel o prisión. Excarcelar.

desenchufar. tr. Separar o quitar lo que está enchufado.

desencorvar. tr. Enderezar lo que está encorvado o torcido.

desencuadernar. tr./ prl. Deshacer lo encuadernado.

desenfadar. tr./ prl. Quitar el enojo.

desenfado. m. Comportamiento desenvuelto./ Desahogo del ánimo.

desenfrenar. tr. Quitar el freno a las caballerías.// prl. Entregarse desordenadamente a un vicio./ Desencadenarse.

desenfreno. m. Acción y efecto de desenfrenarse./ Libertinaje.

desenfundar. tr. Quitarle la funda a una cosa./ Sacar un arma de su vaina.

desenganchar. tr. Desprender una cosa que está enganchada./ Quitar de un vehículo los caballos.

desengañar. tr. Hacer conocer el engaño o error.// prl. Quitar esperanzas o ilusiones.

desengaño. m. Conocimiento de la verdad, al salir del engaño o error./ Efecto de tal conocimiento en el ánimo./ / pl. Lecciones recibidas por una experiencia amarga.

desengrasar. tr. Quitar la grasa./ i. fam. Enflaquecer.

desengrosar. tr.// i. Adelgazar, enflaquecer.

desenhebrar. tr. Sacar la hebra de la aguja.

desenjaular. tr. Sacar de la jaula.

desenlace. m. Acción y efecto de desenlazar./ Final de un suceso, narración u obra dramática.

desenlazar. tr. Desatar los lazos. Ú.t.c.prl./ fig. Dar desenlace a un asunto./ Resolver la trama de una obra literaria.

desenmarañar. tr. Desenredar./ Poner en claro una cosa que estaba oscura o enredada.

desenmascarar. tr. Quitar la máscara.// prl. Descubrir a una persona tal como es moralmente.

desenredar. tr. Deshacer el enredo./ Poner en orden y sin confusión cosas que estaban desordenadas.// prl. fig. Salir de una situación crítica.

desenroscar. tr. Hacer girar cualquier pieza introducida en otra o en una rosca hasta separarlas.

desensibilizar. tr. Privar de sensibilidad.

desconectar

desensillar. tr. Quitar la montura a una caballería.

desentenderse. prl. Fingir que no se entiende una cosa./ No tomar parte de un asunto o negocio.

desenterrar. tr. Sacar lo que está debajo de la tierra./ fig. Recordar lo que se hallaba sepultado en el olvido.

desentonar. tr. Humillar.// i./ prl. Subir o bajar el tono fuera de oportunidad./ Llamar la atención en forma desfavorable.// prl. Alterarse, levantar la voz.

desentrañar. tr. Arrancar las entrañas./ fig. Averiguar lo más difícil o recóndito.

desentumecer. tr. Quitar el adormecimiento e insensibilidad a un miembro para que recupere su agilidad y soltura. Ú.t.c.prl.

desenvainar. tr. Sacar de la vaina la espada u otra arma blanca./ fig. Sacar las uñas los animales./ Sacar lo que está oculto.

desenvoltura. f. Desenfado, desvergüenza./ Facilidad y gracia en los movimientos y en la expresión.

desenvolver. tr. Deshacer lo envuelto o arrollado.// prl. Obrar con habilidad.

deseo. m. Anhelo./ Movimiento de la voluntad hacia lo que se aspira conseguir.

desequilibrar. tr. Hacer perder el equilibrio. Ú.t.c.prl.

deserción. f. Abandono./ Acción de desertar.

desertar. tr./ prl. Abandonar un soldado sus obligaciones militares./ Abandonar una ideología, una causa o partido.

desértico, ca. a. Desierto, despoblado./ Relativo al desierto.

desertor, ra. a. y s. Quien se retira de la causa a la que servía.

desesperación. f. Pérdida total de la esperanza./ Cólera, enojo.

desesperar. tr./ i./ prl. Impacientar, exasperar.// prl. Apenarse y enfurecerse adoptando actitudes extremas.

desestimar. tr. Tener poca estima./ Denegar, no acceder.

desfalco. m. Acción de tomar para sí un caudal que se custodiaba.

desfallecer. tr./ i. Causar desfallecimiento./ Experimentarlo.

desfavorecer. tr. Dejar de favorecer a una persona, desairarlo./ Oponerse a algo favoreciendo lo contrario.

desfigurar. tr. Deformar o cambiar el aspecto de una persona o cosa. Ú.t.c.prl./ Disfrazar, encubrir./ fig. Relatar algo alterando la verdad. // prl. Inmutarse, alterarse.

desfiladero. m. Paso estrecho por donde la tropa tiene que marchar desfilando./ Paso estrecho entre montañas.

desfilar. i. Marchar en fila./ fam. Salir varios de un sitio, uno tras otro./ Pasar en formación las tropas ante las autoridades.

desfondar. tr. Romper el fondo a un vaso o caja. Ú.t.c.prl./ Dar a la tierra labores profundas./ Agujerear el fondo de una embarcación. Ú.t.c.prl.

desgajar. tr. Arrancar con violencia la rama del tronco de donde nace./ Despedazar. Ú.t.c.prl.// prl. fig. Apartarse una cosa de otra a la que está unida.

desganar. tr. Quitar el deseo, gusto o gana de hacer una cosa. // prl. Perder el apetito a la comida./ fig. Hastiarse.

desgañitarse. prl. Gritar esforzadamente./ Enronquecer.

desgarrar. tr. Rasgar, romper.

desembocadura

desgarro. m. Rotura o rompimiento./ fig. Descaro, desvergüenza./ Fanfarronada, jactancia./

desgastar. tr./ prl. Consumirse poco a poco por el uso o el roce./ Perder fuerza.

desglosar. tr. Quitar la glosa puesta a un escrito./ Quitar una o más hojas a un escrito./ Separar un escrito de otros.

desgobierno. m. Desorden./ Falta de gobierno.

desgracia. f. Mala suerte./ Motivo de aflicción.

desgraciado, da. a. Desafortunado. Ú.t.c.s./ Que no tiene gracia ni atractivo./ fam. *Arg.* Dícese de la persona incapaz.

desgraciar. tr. Echar o perder a una persona o cosa o impedir su desarrollo o perfeccionamiento.// prl. Perder el favor o la amistad de alguno./ Malograrse.

desgranar. tr. Sacar el grano./ Soltarse las piezas ensartadas.

desgravar. tr. Rebajar los impuestos sobre ciertos bienes.

desgreñar. tr. Desordenar el cabello. Ú.t.c.prl.

desguarnecer. tr. Quitar la guarnición o adorno./ Desproteger, desamparar.

deshabillé. m. Salto de cama./ Bata.

deshabitar. tr. Abandonar un sitio, habitación, población o territorio.

deshacer. tr. Quitar la forma o figura a una cosa, descomponiéndola./ Despedazar, dividir. Ú.t.c.prl./ Derrotar, poner en fuga una fuerza armada./ Derretir, liquidar./ fig. Desbaratar un asunto.// prl. Destruirse una cosa./ fig. Angustiarse mucho./ Estropearse.

desmontar

desharrapado, da. a. Andrajoso, roto y lleno de harapos. Ú.t.c.s.

deshebrar. tr. Sacar las hebras o hilos, destejiendo una tela.

deshelar. tr./ prl. Licuar lo helado.

desheredar. tr. Excluir a uno de la herencia que le correspondía.

deshidratar. tr./ prl. Extraerle el agua que contiene a un cuerpo o a un organismo.

deshielo. m. Acción y efecto de deshelar o deshelarse./ Época en la cual se derrite la nieve o el hielo en las cumbres por efecto de los rayos solares.

deshilachar. tr. Sacar las hilachas de una tela. Ú.t.c.prl.

deshilvanado, da. a. Sin enlace ni unión de cualquier tipo. Se aplica a pensamientos, discursos o frases que se expresan en forma incoherente y que se apartan de la lógica de un razonamiento o de las reglas gramaticales./ Que carece de hilvanes.

deshilvanar. tr. Quitar los hilvanes a las prendas. Ú.t.c.prl.

deshinchar. tr. Quitar la hinchazón. Ú.t.c.prl./ Desahogar la cólera o enojo.// prl. Desaparecer la hinchazón./ fig. y fam. Deponer el orgullo.

deshojar. tr./ prl. Quitar las hojas a una planta o los pétalos a una flor./ Quitar las hojas a un libro, cuaderno o libreta.

deshollinar. tr. Limpiar el hollín de las chimeneas./ fig. Escudriñar.

deshonestidad. f. Calidad de deshonesto./ Dicho o hecho deshonesto.

deshonesto, ta. a. Indecente, falto de honestidad./ Que está en desacuerdo con la razón o con las ideas tenidas por buenas.

deshonor. m. Pérdida del honor./ Afrenta, deshonra.

deshonra. f. Pérdida de la honra./ Cosa deshonrosa.

deshonrar. tr. Injuriar, ofender con palabras o actos indecentes. Ú.t.c.prl./ Despreciar, hacer burla.

deshuesar. tr. Quitar los huesos a un animal o a la fruta.

deshumanizar. tr. Privar de carácter humano a una cosa.

deshumedecer. tr. Quitar la humedad. Ú.t.c.prl.

desiderativo, va. a. Que expresa deseo.

deslizar

desidia. f. Negligencia, inercia.

desierto, ta. a. Despoblado, inhabitado, solo.// m. Lugar sin gente ni edificación./ Región geográfica de escasas precipitaciones atmosféricas, gran permeabilidad del suelo y activa evaporación.

designar. tr. Indicar, denominar./ Destinar una persona o cosa para determinado fin./ Denominar.

desigual. a. Que no es igual./ Que tiene barrancos, quiebras y cuestas./ Lleno de asperezas./ fig. Muy variable./ fig. Difícil.

desilusión. f. Carencia o pérdida de las ilusiones./ Desengaño, conocimiento de la verdad.

desilusionar. tr./ prl. Hacer perder las ilusiones./ Desengañarse.

desinencia. f. *Gram.* Terminación de una palabra (sustantivo, adjetivo o verbo) tomando como referencia su base o su raíz, y que señala género, número o voz, modo, tiempo, número y persona y, en determinadas lenguas, caso.

desinfección. f. Acción y efecto de desinfectar.

desinfectar. tr. Destruir los gérmenes nocivos que pueden causar infección. Ú.t.c.prl.

desinfestar. tr. Destruir los organismos nocivos que puedan afectar la superficie del cuerpo, de la ropa o el medio ambiente./ Eliminar animales o plantas perjudiciales del lugar que han invadido.

desinflamar. tr./ prl. Quitar la inflamación.

desinflar. tr./ prl. Sacar el aire o el gas que inflaba alguna cosa./ Desanimar, desilusionar.

desinsectar. tr. Destruir los insectos nocivos.

desintegrar. tr. Descomponer un todo por separación de los elementos que lo integran. Ú.t.c.prl./ *Amér.* Descompletar, menoscabar.

desinterés. m. Desapego y desprendimiento de todo provecho personal.

desintoxicar. tr./ prl. Hacer que un organismo elimine los tóxicos que lo afectan o que desaparezcan sus efectos.

desistir. i. No continuar con algo que se ha empezado a ejecutar./ Renunciar a un derecho, abdicar.

deslealtad. f. Falta de lealtad.

deslenguar. tr. Cortar o arrancar la lengua.// prl. Desbocarse, insolentarse.

desligar. tr./ prl. Soltar las ligaduras./ fig. Desenredar, desembrollar./ Absolver a uno de las obligaciones que contrajo.

deslindar. tr. Señalar los términos de un lugar./ fig. Aclarar una cosa poniéndola en sus justos términos.

deslinde. m. Acción y efecto de deslindar./ Término divisorio./ fig. Aclaración.

desliz. m. Acción y efecto de deslizarse./ Falta que se comete por flaqueza o inadvertencia.

deslizar. tr./ prl. Resbalar en una superficie lisa o mojada./ fig. Decir o hacer una cosa sin el debido cuidado.

deslucir. tr./ prl. Quitar la gracia o atractivo a alguna cosa./ fig. Desacreditar.

deslumbramiento. m. Perturbación de la visión por efecto de la luz intensa y brusca./ Asombro, gran admiración repentina.

deslumbrar. tr./prl. Causar deslumbramiento./fig. Seducir, fascinar. Ú.t.c.prl./ Producir impresión en los demás con estudiado exceso de lujo.

desmadejar. tr./ prl. Causar debilidad.

desmán. m. Exceso, desorden, demasía en obras o palabras./ Desgracia./ Mamífero insectívoro que vive en las orillas de los arroyos y despide un fuerte olor a almizcle.

desmandar. tr./prl. Revocar la orden o mandato./Propasarse./ Desordenarse./ Separarse de los acompañantes.

desmantelar. tr. Destruir los muros y fortificaciones de una plaza./ Desamparar, abandonar una casa./ Desarbolar un barco./ Desarmar una embarcación.

desmañado, da. a. Que no se da maña, carente de habilidad.

desmayar. tr. Causar desmayo.// i. Acobardarse, desfallecer de ánimo.// prl. Sufrir un desmayo.

desmayo. m. Desfallecimiento de las fuerzas, desaliento, privación del sentido y del conocimiento.

desmedirse. prl. Excederse.

desmejorar. tr./ prl. Hacer perder la perfección./ i./ prl. Perder la salud.

desmembrar. tr./ prl. Dividir y apartar los miembros del cuerpo.

desmemoriado, da. a. Que tiene poca memoria.

desmentir. tr. Decir a alguien que miente./ Sostener o demostrar que algo es falso./ Proceder alguien de manera distinta de lo que se esperaba de él.

desmenuzar. tr./prl. Deshacer una cosa dividiéndola en partes menudas./ Examinar atentamente una cosa.

desmerecer. tr./ prl. Hacerse indigno de premio, favor o alabanza./ Menospreciar.// i. Perder una cosa parte de su mérito o valor./ Ser una cosa inferior a otra con la cual se compara.

desmesurado, da. a. Excesivo./ Descortés, insolente y atrevido.

desmigajar. tr. Hacer migajas una cosa, desmenuzar.

desmoldar. tr. Sacar una cosa del molde.

desmontar. tr. Cortar en un monte o en parte de él los árboles o matas./ Rebajar un terreno./ Desarmar, desunir, separar las piezas de una cosa.

desmoralizar. tr./prl. Corromper las costumbres con malos ejemplos o doctrinas perniciosas./ Perder el valor o el espíritu combativo.

desmoronar. tr./prl. Derrumbar y arruinar poco a poco las construcciones y otras cosas.// prl. fig. Decaer los imperios, las haciendas, etc.

desmovilizar. tr. Licenciar a las tropas.

desnatar. tr. Quitar la nata a la leche o a otros líquidos./ Elegir lo mejor de una cosa.

desnaturalizar. tr. Privar a uno del derecho de naturaleza y patria./ Desfigurar y pervertir una cosa.

desnivel. m. Falta de nivel./ Diferencia de alturas entre dos o más puntos.

desnucar. tr. Sacar de su lugar los huesos de la nuca./Causar la muerte por un golpe en la nuca. Ú.t.c.prl.

desnudar. tr. Quitar todo el vestido o parte de él. Ú.t.c.prl./ fig. Despojar de veladuras o adornos.// prl. fig. Desprenderse de algo.

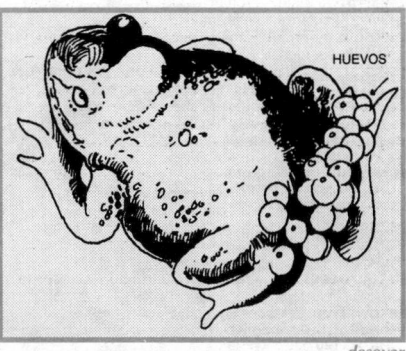

HUEVOS

desovar

desnudo, da. a. Sin vestido./fig. Sin adorno o cubierta./Que no tiene bienes de fortuna.

desnutrición. f. Estado del organismo que no ha sido alimentado o que no aprovecha la alimentación que recibe.

desobedecer. tr. No hacer lo que ordenan las leyes o los superiores de alguien.

desobediente. a. Que desobedece.

desocupar. tr. Dejar libre un lugar./Sacar lo que hay dentro de una cosa.// prl. Librarse de una ocupación.

desodorante. a. y m. Que destruye los olores molestos.

desodorizar. tr. Eliminar el olor.

desoír. tr. Desatender, dejar de oír, no hacer caso.

desollar. tr. Quitar la piel del cuerpo de un animal o de alguno de sus miembros. Ú.t.c.prl./ fig. Causar a alguien grave daño./ Murmurar de alguien despiadadamente.

desorden. m. Confusión, falta de orden./Malas costumbres./ Alboroto, disturbio.

desordenar. tr. Confundir, poner en desorden. Ú.t.c.prl.// prl. Propasarse, salirse de la regla.

desorganizar. tr. Desordenar./ Destruir la organización. Ú.t.c.prl.

desorientar. tr./ prl. Hacer perder la noción de la posición geográfica o topográfica que ocupa./ fig. Confundir, extraviar.

desosar. tr. Deshuesar.

desovar. i. Poner sus huevos las hembras de los peces y los batracios.

desoxidar. tr./prl. Quitar el óxido que mancha los metales.

despabilar. tr. Quitar a las velas que arden la parte ya quemada del pabilo./fig. Despachar, acabar con rapidez.// prl. Quitar el sueño./ Avivar y ejercitar el entendimiento o el ingenio.

despachar. tr. Concluir un negocio./ Enviar./ Vender mercaderías./ Despedir./fam. Servir en una tienda los géneros que solicitan los compradores./fig. y fam. Matar.// i. Apresurarse.// prl. Desembarazarse de una cosa./ fam. Decir una persona a otra las quejas que de ella tiene.

despacho. m. Acción de despachar./ Habitación de una casa destinada para el trabajo o el estudio./ Negocio donde se venden mercaderías./ Expediente, resolución, determinación./ Comunicación escrita de un gobierno a sus representantes en el extranjero.

despacio. adv. Lentamente. Poco a poco./ Amér. En voz baja.

despanzurrar. tr./ prl. Romper la panza./ Matar.

desparejo, ja. a. Dispar, desigual, diferente.

desparpajo. m. Desenvoltura en el hablar y en el obrar./ Amér. Desbarajuste, desorden.

desparramar. tr. Esparcir lo que estaba junto. Ú.t.c.prl./fig. Malgastar la hacienda, derrocharla./ fig. y fam. Divulgar una noticia.// prl. Divertirse desordenadamente.

deshielo

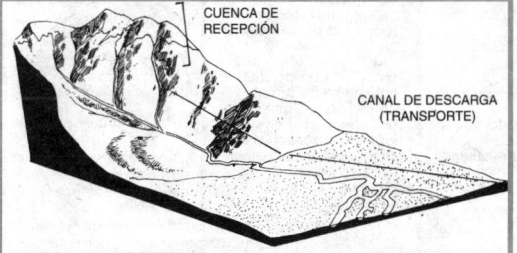

CUENCA DE RECEPCIÓN

CANAL DE DESCARGA (TRANSPORTE)

despatarrar. tr./ prl. Abrir excesivamente las piernas./ Caerse al suelo, abierto de piernas.

despavorido, da. a. Lleno de pavor.

despechar. tr. Dar pesar, causar indignación, furor o desesperación. Ú.t.c.prl./ Destetar a los niños.

despecho. m. Disgusto causado por un desprecio o desengaño./ Desesperación.

despechugar. tr. Quitar la pechuga a un ave.// prl. fig. y fam. Llevar una persona el pecho descubierto.

despectivo, va. a. Despreciativo./ Se aplica a la palabra que encierra cierta idea de burla o desprecio.

despedazar. tr./ prl. Hacer pedazos un cuerpo.

despedir. tr. Soltar, arrojar una cosa./ Prescindir de los servicios de un empleado u obrero./ Apartar, arrojar de sí./ Acompañar por cortesía al que sale de un lugar./ Saludar o expresar de otra manera el afecto para separarse de alguien. Ú.t.c.prl.

despegar. tr. Apartar dos cosas que están pegadas o muy ligadas. Ú.t.c.prl.// i. Separarse del suelo, agua o cubierta de un buque, un avión, helicóptero, cohete, etc., al iniciarse el vuelo.

despeinar. tr./ prl. Deshacer el peinado.

despejar. tr. Desocupar un sitio o espacio./ Aclarar, poner en claro./ En una ecuación, separar mediante el cálculo una incógnita de las cantidades que la acompañan./ prl. Divertirse, esparcirse./ Adquirir soltura en el trato./ Aclararse el tiempo.

despellejar. tr. Quitar el pellejo. Ú.t.c.prl./ fig. Murmurar implacablemente de una persona.

despensa. f. Lugar de la casa donde se guardan las cosas comestibles./ Arg. Tienda de comestibles.

despeñar. tr. Precipitar y arrojar una cosa desde un lugar elevado. Ú.t.c.prl.// prl. Entregarse al vicio o maldades.

desperdiciar. tr. No aprovechar debidamente una cosa, emplearla mal.

desperdicio. m. Derroche de dinero u otra cosa./ Residuo de lo que no se puede o no quiere aprovechar.

desperdigar. tr. Separar, desunir, esparcir. Ú.t.c.prl.

desperezarse. prl. Extender y estirar los miembros para sacudir la pereza o librarse del entumecimiento.

desperfecto. m. Defecto de una cosa./ Leve deterioro.

despertador, ra. a. Que despierta./ m. Reloj que hace sonar un timbre o campana a una hora prefijada.

despertar. tr. Cortar el sueño al que está durmiendo. Ú.t.c.prl./ Recapacitar. Espabilarse.// i. Dejar de dormir./ fig. Hacerse más avisado.

despierto, ta. a. Que ha dejado de dormir./ Avisado, despejado./ Ingenioso, vivaz.

despido. m. Acción y efecto de despedir a algún trabajador.

despilfarrar. tr. Malgastar el dinero.// prl. fam. Gastar con profusión en alguna oportunidad.

despilfarro. m. Destrozo de la ropa u otras cosas, por desidia o desaseo./ Gasto excesivo y superfluo.

despintar. tr. Borrar lo pintado.

despistar. tr. Hacer perder la pista./ prl. Desorientar.

despiste. m. Distracción.

desplante. m. Dicho o acto lleno de arrogancia, descaro o insolencia.

desplazar. tr. Desalojar un buque o cualquier otro cuerpo un volumen de agua equivalente a su parte sumergida./ Quitar a una persona o cosa de un lugar para ponerla en otro.// prl. Trasladarse de un lugar a otro.

desplegar. tr./ prl. Desdoblar lo que está plegado./ fig. Poner en claro, explicar./ Poner en práctica una actividad o

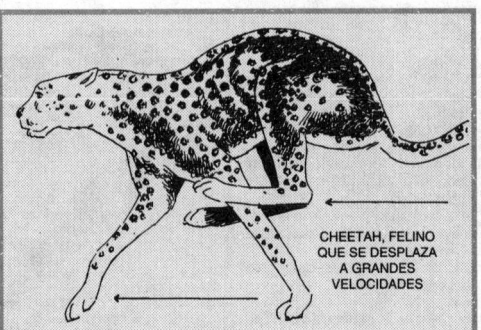

CHEETAH, FELINO QUE SE DESPLAZA A GRANDES VELOCIDADES

desplazamiento

mostrar una cualidad./ Hacer que las tropas pasen del orden cerrado al abierto y extendido.

desplomar. tr./ prl. Perder la posición vertical una cosa, caerse./ Desmayarse, quedar sin conocimiento una persona./ Arruinarse.

desplumar. tr./ prl. Quitar las plumas al ave./ Dejar a uno sin dinero.

despoblado. m. Desierto, sitio sin poblar.

despoblar. tr. Reducir a desierto lo que estaba poblado./ Despojar un sitio de lo que hay en él.

despojar. tr. Privar a uno de lo que goza y tiene./ Quitar la posesión de bienes./ / prl. Desnudarse./ Desposeerse.

despojo. m. Acción y efecto de despojar o despojarse.// pl. Sobras o residuos./ Restos mortales, cadáver.

desposar. tr./ prl. Unir en matrimonio.// prl. Contraer matrimonio.

desposeer. tr. Privar a alguien de lo que posee.// prl. Renunciar alguien a lo que posee.

desposeído, da. a. Falto de bienes y derechos.

déspota. m. El que en ciertos pueblos antiguos ejercía la autoridad suprema./ Persona que gobierna sin sujeción a ley alguna./ Persona que abusa de su poder o autoridad.

despotismo. m. Autoridad absoluta no limitada por las leyes./ Abuso de poder o fuerza.

despotricar. i. Hablar sin consideración ni respeto.

despreciable. a. Digno de desprecio.

despreciar. tr./ prl. Desestimar./ Desairar o desdeñar./ Cohibirse de hacer o decir algo considerándolo inoportuno.

despreciativo, va. a. Que indica desprecio.

desprecio. m. Falta de aprecio./ Desaire, desdén.

desprender. tr. Desunir, desatar lo que estaba fijo o unido.// prl. Apartarse o desapropiarse de una cosa./ Deducirse, inferirse.

desprendimiento. m. Acción de desprenderse de una cosa parte de ella./ Desapego de las cosas./ Desinterés, largueza.

despreocupación. f. Estado de ánimo que permite juicios imparciales./ Gal. por descuido, negligencia.

despreocuparse. prl. Salir o librarse de una preocupación./ Desentenderse de un asunto.

desprestigiar. tr. Quitar el prestigio. Ú.t.c.prl.

desprevenido, da. a. No preparado para una cosa./ Falto de lo necesario.

desproporción. f. Falta de la proporción debida.

despropósito. m. Dicho o hecho fuera de la razón, sentido o conveniencia.

desproveer. tr. Despojar de lo necesario.

desprovisto, ta. a. Falto de lo necesario.

después. adv. Indica posterioridad de tiempo, lugar o situación, o en el orden, jerarquía o preferencia./ Como adjetivo equivale a posterior.

despuntar. tr. Gastar o gastar la punta. Ú.t.c.prl.// i. Empezar a brotar las plantas./ Sobresalir./ Comenzar a aparecer.

desquiciar. tr. Desencajar o sacar de quicio. Ú.t.c.prl./ Descomponer una cosa.

despertador

desquitar. tr./prl. Recuperar una pérdida, especialmente en el juego./ Vengarse de un disgusto recibido.

desratizar. tr. Eliminar las ratas de un lugar.

destacamento. m. Parte destacada de una tropa.

destacar. tr./prl./ i. Separar una porción de tropa del resto del cuerpo principal para realizar una operación./ Hacer resaltar una cosa./ Sobresalir./ Poner de relieve los méritos y cualidades de uno.

destajo. m. Trabajo que se ajusta por tanto y no por jornal./ fig. Con empeño y rapidez, sin descanso.

destapar. tr. Quitar la tapa.// prl. Descubrir lo cubierto.

destartalado, da. a. Desarmado, sin orden.

destructor

destejer. tr. Deshacer lo tejido. Ú.t.c.prl./ fig. Desbaratar lo ya planeado.

destellar. tr. Emitir rayos, chispazos o ráfagas de luz.

destello. m. Resplandor vivo y efímero.

destemplado, da. a. Carente de temple o mesura./ Desagradable, desapacible.

destemplar. tr. Alterar el orden o armonía./ Destruir la armonía o concordancia de los instrumentos musicales bien templados.

desteñir. tr./prl./ i. Quitar el tinte, apagar los colores.

desterrar. tr. Echar a uno por castigo de un territorio./ Expatriar; exiliar del país./ fig. Apartar de sí.// prl. Exiliarse.

destetar. tr./prl. Hacer que deje de mamar un niño o una cría de animal.

destierro. m. Expulsión de una persona de su país./ Lugar en que vive desterrado./ fig. Lugar muy alejado.

destilar. tr. Separar, por medio del calor, una sustancia volátil de otras con punto de ebullición más alto y luego licuar su vapor.// i. Correr lo líquido gota a gota./ Filtrar./ fig. Manifestar sutilmente amor, odio, etc.

destilería. f. Instalación industrial donde, destilando, se fabrican bebidas alcohólicas o alcoholes industriales.

destinar. tr. Ordenar, señalar o determinar una cosa para un fin determinado./ Designar la ocupación o empleo en que ha de servir una persona.

destino. m. Suerte./ Encadenamiento fatal de los sucesos./ Condición favorable o adversa de este encadenamiento./ Empleo, ocupación./ Lugar al que se dirige una persona o cosa, o al que se envía algo.

destituir. tr. Privar a alguien de una cosa./ Separar a una persona de su cargo como castigo.

destornillar. tr. Sacar un tornillo haciendo que éste gire sobre su eje.// prl. fig. Turbarse, hablar sin tino.

destrabar. tr. Quitar las trabas. Ú.t.c.prl.

destrenzar. tr. Deshacer una trenza. Ú.t.c.prl.

destreza. f. Habilidad o propiedad con que se hace una cosa.

destripar. tr. Sacar las tripas./ fig. Sacar lo que hay dentro de algo./ Despachurrar./ Interrumpir el relato que hace otro, anticipando el desenlace.

destronar. tr. Echar a uno del trono; privarlo del reino./ fig. Privar a alguien de su poder.

destrozar. tr. Despedazar, destruir. Ú.t.c.prl. Maltratar, deteriorar./ Aniquilar, derrotar al enemigo con gran pérdida./ Causar gran quebranto moral.

destrucción. f. Acción y efecto de destruir./ Ruina, pérdida irreparable.

destructor. a. y s. Que destruye./ Mil. Buque de guerra muy veloz y armado con torpedos.

destruir. tr. Arruinar, deshacer, inutilizar una cosa. Ú.t.c.prl./ fig. Desbaratar un proyecto o argumento./ Malgastar la hacienda.

desunión. f. Separación de las partes que componen un todo, o de las cosas que estaban unidas./ Discordia, desavenencia.

desunir. tr. Apartar, separar lo que estaba unido. Ú.t.c.prl./ fig. Introducir discordia.

desuso. m. Falta de uso o de ejercicio de una cosa./ Falta de aplicación u observancia de una ley.

desvaído, da. a. Persona alta y desairada./ Dícese del color poco vivo.

desvalido, da. a. Desamparado, sin ayuda ni socorro.

desvalijar. tr. Robar el contenido de una valija./ Despojar a uno del dinero o bienes mediante robo, engaño, juego, etc.

desvalorar. tr. Despreciar, quitar valor o estimación a una cosa./ Desacreditar, desautorizar.

desvalorizar. tr. Desvalorar. Ú.t.c.prl.

desván. m. Parte más alta de ciertas casas, inmediata al techo.

desvanecer. tr. Disgregar las partículas de un cuerpo en otro./ Apartar de la mente un recuerdo, idea, etc./ fig. Deshacer, anular.// prl. Perder el sentido.

desvanecimiento. m. Acción y efecto de desvanecer./ Presunción, vanidad, altanería o soberbia./ Desmayo, pérdida transitoria del sentido.

desvariar. i. Delirar, decir locuras.

desvarío. m. Dicho o hecho fuera de la razón./ Pérdida de la razón. Delirio./ fig. Monstruosidad./ Inconstancia, capricho.

desvelar. tr. Quitar el sueño.// prl. Descubrir, poner de manifiesto.

desvencijar. tr. Aflojar, descomponer, desunir las partes de una cosa que debían estar unidas. Ú.t.c.prl.

desventaja. f. Perjuicio, inferioridad que se advierte en una comparación.

desventura. f. Desgracia, suerte adversa. Desdicha.

desventurado, da. a. y s. Desgraciado, desdichado.

desvergonzado, da. a. Que habla u obra con desvergüenza. Ú.t.c.s.

desvergüenza. f. Falta de vergüenza, insolencia./ Dicho o hecho descarado, impúdico.

desvestir. tr. Desnudar. Ú.t.c.prl.

desviación. f. Acción y efecto de desviar o desviarse./ Separación lateral de un cuerpo de su posición media./ Paso de los humores fuera de sus conductos normales./ Alteración de la posición normal de un órgano.

desviar. tr. Alejar, separar de su camino una cosa. Ú.t.c.prl./ fig. Apartar a uno de la intención que tenía.

desvincular. i. Arg. Anular un vínculo./ Arg. y Chile. Desamortizar.

destornillar

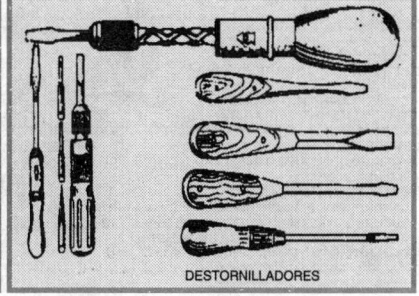

DESTORNILLADORES

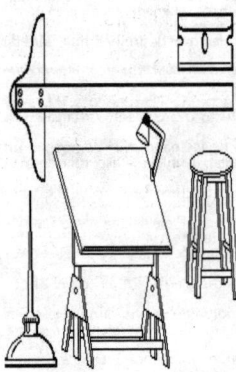

dibujo

desvío. m. Acción y efecto de desviar./ Vía o camino que se aparta de otro principal.

desvirtuar. tr./ prl. Quitar la virtud o el vigor.

desvivirse. prl. Mostrar vivo interés o amor por una persona o cosa.

detallar. tr. Referir una cosa con todos sus pormenores.

detalle. m. Pormenor, particularidad./ Factura o lista detallada./ Cortesía.

detección. f. Acción y efecto de detectar.

detectar. tr. Manifestar, utilizando medios adecuados, lo que no puede ser observado directamente. Ú.t. en sentido fig./ *Electrón.* Extraer de la onda modulada la señal transmitida.

detective. m. y f. Agente de policía secreta./ Persona que realiza investigaciones reservadas.

detención. f. Acción y efecto de detener o detenerse./ Tardanza./ Privación de la libertad, arresto provisional.

detener. tr./ prl. Impedir que algo o alguien siga adelante./ Arrestar, poner en prisión./ Retener./ Retardarse, irse despacio.

detentar. tr. Retener sin derecho un puesto o un objeto./ Barb. por tener, poseer.

detergente. m. Producto jabonoso de gran acción limpiadora.

deteriorar. tr./ prl. Estropear, echar a perder una cosa.

determinar. tr. Fijar los términos de una cosa./ Distinguir./ Señalar./ Definir./ Tomar una resolución. Ú.t.c.prl.

detestar. tr. Condenar y maldecir a personas o cosas./ Aborrecer, odiar.

detonar. i. Dar estampido./ Explotar.

detractor, ra. a. Que infama, calumnia o maldice.

detrás. adv. En la parte posterior, o con posterioridad./ fig. En ausencia.

detrimento. m. Destrucción leve o parcial./ Pérdida de la salud o de los intereses./ fig. Daño moral.

deuda. f. Obligación que uno tiene de pagar o cumplir un deber./ Culpa, ofensa.

deudor, ra. a. Que tiene una deuda. Ú.t.c.s./ Dícese de la cuenta en donde se anota lo que se debe.

devaluar. tr. Disminuir el valor de una cosa, en especial una moneda. Ú.t.c.prl.

devanar. tr. Arrollar hilo en ovillo o carreta.

devaneo. m. Delirio, desatino./ Distracción o pasatiempo./ Amorío pasajero.

devastar. tr. Destruir un territorio, arrasando sus edificios o asolando sus campos./ Destruir cualquier cosa material.

devengar. tr. Adquirir derecho a recibir retribución por trabajo o servicio.

devenir. m. Cambio, transformación.// i. Sobrevenir, suceder, acaecer./ Llegar a ser.

devoción. f. Fervor religioso./ Afición, cariño./ Manifestación externa de estos sentimientos./ Costumbre devota o propia de devotos .

devolver. tr. Volver una cosa al estado o situación que tenía./ Restituirla a su dueño primitivo./ Corresponder a un favor o a una ofensa./ Vomitar.

devorar. tr. Comer con ansia y apresuradamente./ fig. Destruir, consumir./ Dedicar a una cosa atención ávida y ansiosa.

devoto, ta. a. Que tiene devoción. Ú.t.c.s./ Que mueve a devoción./ Que tiene afecto a una persona.

deyección. f. Conjunto de materias arrojadas por un volcán./ Expulsión de excrementos.// pl. Materias fecales.

día. m. Tiempo que emplea la Tierra en dar vuelta sobre sí misma./ Tiempo que el Sol emplea en dar aparentemente una vuelta alrededor de la Tierra./ Tiempo que dura la claridad del Sol sobre el horizonte./ Cumpleaños./ Ocasión, momento.// pl. fig. Vida.

diabetes. f. Enfermedad caracterizada por eliminación excesiva de orina, exceso de azúcar en la sangre y orina, sed frecuente y adelgazamiento progresivo.

diablo. m. Demonio, ángel malo./ Persona que tiene mal genio o es traviesa y atrevida./ Persona sagaz o astuta.

diablura. f. Travesura.

diabólico, ca. a. Relativo al diablo./ fig. y fam. Malo en exceso./ fig. Muy difícil.

diácono. m. Ministro eclesiástico y de segundo grado en dignidad, inmediato al sacerdocio.

diadema. t. Faja o cinta blanca que antiguamente ceñía la cabeza de los reyes, como insignia de dignidad./ Corona sencilla o circular./ Adorno femenino de la cabeza, en forma de media corona abierta por detrás.

diáfano, na. a. Se aplica al cuerpo a través del cual pasa la luz casi en su totalidad./ fig. Claro, limpio.

diafragma. m. Tabique músculo mem-branoso que separa la cavidad torácica a la del abdomen./ En fotografía, disco pequeño que sirve para regular la cantidad de luz que se ha de dejar pasar.

diagnosticar. tr. Determinar el carácter de una enfermedad mediante el examen de sus signos./ Indicar el problema que afecta a alguna cosa.

diagnóstico, ca. a. Relativo al conocimiento de los signos que caracterizan a una enfermedad. // m. Evaluación./ Resultado.

diagonal. a./f. Apl. a la línea recta que une dos vértices no consecutivos de un polígono, o dos vértices de un poliedro, no situados en la misma cara./ Línea recta que corta oblicuamente a otras que son paralelas entre sí.

diagrama. m. Gráfico que sirve para representar un fenómeno o resolver un problema./ *Amér.* Esquema de la distribución de una composición tipográfica y de las ilustraciones.

dial. m. Escala graduada de los receptores radiotelefónicos para localizar las ondas.

dialecto. m. Variedad regional de una lengua./ En lingüística, cualquier lengua en relación al grupo de las que derivan de un mismo tronco.

diamantes

dialogar. i. Hablar en diálogo.// tr. Escribir algo en forma de diálogo.

diálogo. m. Conversación entre dos o más personas que en forma alternada manifiestan sus ideas./ Género de obra literaria en que se finge una conversación entre dos o más personajes./ Discusión en busca de un acuerdo.

diamante. m. Piedra preciosa obtenida por tallado de un mineral muy duro, llamado carbono.

diámetro. m. Línea secante de un círculo que pasa por su centro./ Línea que pasa por el centro de una curva./ Eje de la esfera.

diana. f. Toque militar que se realiza al amanecer para que la tropa se levante e inicie la jornada.

diapasón. m. Frecuencia, patrón o altura absoluta de un sonido, que sirve de referencia a otros sonidos y al acorde estable de los instrumentos./ Regulador de voces e instrumentos, que consiste en una horquilla de acero con pie y que por percusión da un tono determinado.

diario, ria. a. Correspondiente a todos los días.// m. Periódico que se publica todos los días./ Libro en el que se escriben reflexiones, sentimientos, impresiones, etc./ Libro de contabilidad en el que se registran día a día las operaciones comerciales que se realizan.

diarrea. f. Desarreglo intestinal que consiste en evacuaciones frecuentes, líquidas o muy fluidas.

dibujante. p. act. de **dibujar.** Que dibuja. U.t.c.s.

dibujar. tr. Delinear una superficie y sombrearla imitando la figura en un cuerpo. U.t.c.prl./ fig. Describir con propiedad. // prl. Revelarse lo que está oculto.

dibujo. m. Reproducción por medio de líneas de una persona, paisaje, animal u otro objeto./ Arte de enseñar a dibujar.

dicción. f. Manera de pronunciar.

diccionario. m. Libro en que por orden alfabético se dan los significados de todas las palabras pertenecientes a un idioma, ciencia o materia determinada.

dicha. f. Felicidad./ Suerte feliz.

dicharacho. m. fam. Dicho vulgar, muy grosero e indecente.

dicho. m. Expresión oral de un concepto./ Ocurrencia chistosa y oportuna.

dichoso, sa. a. Feliz./ Que trae dicha./ fam. Molesto, enfadoso.

diciembre. m. Duodécimo mes del calendario. Tiene 31 días.

dicotiledóneo, a. a. *Bot.* Dícese de las plantas que tienen dos cotiledones opuestos, o más de dos verticilados, como la encina y el pino. U.t.c.s.// f. pl. *Bot.* Una de las dos clases en que se dividen las plantas cotiledóneas.

dictado. m. Acción de dictar para que otro escriba./ Texto que se escribe al dictado.// pl. fig. Preceptos, inspiraciones.

dictador, ra. s. fig. Persona que trata a los demás con dureza y abusa de su autoridad.// m. En la antigua Roma, magistrado que por acuerdo del Senado nombraban los cónsules para que gobernase con soberano en tiempos peligrosos para la república./ En algunos estados modernos gobernante con facultades extraordinarias./ El que

diadema

dicotiledóneo

gobierna en forma arbitraria.

dictadura. f. Gobierno que, invocando el interés del pueblo, se ejerce fuera de las leyes de la Constitución de un país, por tiempo indeterminado./ Cargo de dictador./ Tiempo que dura.

dictamen. m. Opinión y juicio que se emite sobre una cosa.

dictar. tr. Decir algo para que otro lo escriba./ Expedir una ley, fallo o precepto./ fig. Sugerir, inspirar.

didáctico, ca. a. Rel. a la enseñanza./ Adecuado para enseñar o instruir.// f. Arte de enseñar.

diecinueve. a. Diez más nueve.

dieciocho. a. Diez más ocho.

dieciséis. a. Diez más seis.

diecisiete. a. Diez más siete.

diente. m. Cada una de las piezas duras que, encajadas en las mandíbulas del hombre y muchos animales, sirven para la masticación./ Cada una de las puntas que presentan ciertos instrumentos o herramientas./ Aplícase también a los resaltos de los engranajes.

diéresis. f. Licencia poética, utilizada para alargar los versos y que consiste en la disolución de un diptongo, distribuyendo sus vocales en dos sílabas./ Signo ortográfico con que se representa esta división./ Signo ortográfico (") que se pone sobre la u de las sílabas *gue, gui,* para indicar que esa vocal debe pronunciarse.

diestro, tra. a. Hábil, experto en artes u oficios./ Sagaz en el manejo de los negocios.// f. Mano derecha.

dieta. f. Régimen en el comer y el beber que deben observar enfermos o convalecientes, o para adelgazar o engordar./ Junta o congreso en que deliberan los estados que forman una confederación./ Retribución que reciben los miembros de un cuerpo legislativo.

diez. a. Nueve más uno.

diezmar. tr. Sacar de diez, uno./ fig. Causar gran mortandad, una guerra o una calamidad.

diezmo. m. Derecho de diez por ciento que se pagaba al rey, del valor de ciertas mercaderías./ Parte de los frutos o de su valor que los católicos ofrendaban a la Iglesia.

difamar. tr. Divulgar opiniones que desacreditan a alguien o a algo./ Poner una cosa en bajo concepto y estima.

diferencia. f. Cualidad por la cual una cosa se distingue de otra./ Oposición, controversia./ Residuo.

diferenciar. tr. Hacer distinción, dar a cada cosa su correspondiente y legítimo valor.// i. No estar de acuerdo.// prl. Distinguirse una cosa de otra.

diferente. a. Diverso, distinto, desigual.

diferido, da. p.p. de **diferir.**// a. Toda transmisión televisiva o radial que se realiza cierto tiempo después de grabada.

diferir. tr. Retrasar, retardar./ Distinguirse una cosa de otra.

difícil. a. De carácter complicado o dificultoso./ Que requiere mucho trabajo.

dificultad. f. Obstáculo, inconveniente que impide ejecutar o entender bien y pronto una cosa.

dificultar. tr. Poner dificultades. U.t.c.i.

difteria. f. Enfermedad infectocontagiosa, caracterizada por la formación de falsas membranas en las mucosas de las vías respiratorias y digestivas superiores.

difundir. tr./ prl. Esparcir, extender./ Divulgar, propagar noticias o conocimientos.

difunto, ta. a. Persona muerta.// m. Cadáver.

difusión. f. Acción y efecto de difundir o difundirse./ Extensión viciosa en lo que se habla o escribe.

difuso, sa. a. Ancho, dilatado./ Que abunda excesivamente en palabras.

digerir. tr. Transformar en el aparato digestivo los alimentos en sustancias aptas para la nutrición./ Meditar cuidadosamente una cosa./ Llevar con paciencia una desgracia u ofensa.

digestión. f. Acción y efecto de digerir.

digital. a. Rel. a los dedos.// f. Planta herbácea cuyas hojas cocidas se emplean como tónico cardíaco.

dígito. a./m. Número que puede expresarse con un solo signo.

dignarse. prl. Consentir, acceder en hacer una cosa.

dignidad. f. Calidad de digno./ Excelencia, realce./ Decoro en la manera de comportarse./ Cargo honorífico y de autoridad./ Prebenda en las iglesias catedrales y persona que la posee.

dignificar. tr./ prl. Hacer digna o presentar como tal a una persona o cosa.

digno, na. a. Que merece algo en sentido favorable o adverso./ Proporcionado a la condición y mérito.

digresión. f. Ruptura del hilo discursivo por introducción de cosas que no tengan conexión con lo que se está tratando.

dije. m. Adorno, joya pequeña./fig. y fam. Persona de cualidades relevantes.// pl. Bravata.

dilación. f. Postergación, demora.

dilapidar. tr. Malgastar, disipar los bienes o el dinero.

dilatación. f. Acción y efecto de dilatar./ Aumento de volumen que experimentan los cuerpos.

dilatar. tr. Extender, alargar, hacer que una cosa ocupe más lugar o más tiempo./ Retardar, diferir. Ú.t.c.prl./fig. Propagar. // prl. Aumentar todas o parte de las dimensiones de un cuerpo./ Extenderse mucho, hablando o escribiendo.

dilema. m. Argumento formado por dos proposiciones opuestas, de tal modo que con cualquiera de ellas que sea negada o concedida, queda demostrado lo que se quería probar./ Arg. Grave alternativa que causa perplejidad./ Circunstancia de tener que elegir entre dos cosas que presentan inconvenientes.

diletante. m. Dícese de la persona aficionada a una ciencia o arte, pero que no puede ejercitarlos a fondo.

diligencia. f. Cuidado en ejecutar algo./ Prisa, prontitud./ Coche grande destinado al transporte de viajeros y mercaderías./ Trámite./ fam. Negocio, solicitud./ For. Actuación del secretario judicial.

dilucidar. tr. Aclarar, explicar.

diluir. tr. Desleír. Ú.t.c.prl./ Quím. Añadir líquido en las disoluciones.

diluviar. i. Llover a manera de diluvio.

diluvio. m. Inundación de la tierra o de una parte de ella a causa de lluvias torrenciales./ Inundación universal de que habla la Biblia./ fig. y fam. Lluvia copiosa./ Abundancia.

dimensión. f. Longitud, extensión o volumen de una línea, una superficie o un cuerpo.

diminutivo, va. a. Que tiene cualidad de disminuir o reducir una cosa.// m. Sufijo o desinencia agregada a sustantivos y adjetivos para dar significado de empequeñecimiento o afecto. Ej.: *pececito, manito, jardincillo, sillita, amorcito.*

diminuto, ta. a. Defectuoso./ Excesivamente pequeño.

dimisión. f. Renuncia a un cargo, empleo o comisión.

dimitir. tr. Renunciar.

dinámica. f. Parte de la mecánica que trata de las leyes del movimiento en relación con las fuerzas que lo producen.

dinamita. f. Mezcla explosiva de nitroglicerina y un cuerpo muy poroso que la absorbe, como el trípoli o la pólvora.

dinamo o dínamo. f. Máquina que transforma la energía mecánica en energía eléctrica, o viceversa, por inducción electromagnética.

dinastía. f. Serie de príncipes soberanos pertenecientes a una misma familia./ Familia en cuyos individuos se perpetúa el poder o la influencia política, económica, cultural, etc.

dinero. m. Moneda./ Caudal, fortuna./ Nombre de varias monedas antiguas.

dinosaurio. a./ m. Reptil fósil de la era secundaria, a veces gigantesco, de cabeza pequeña, cuello largo, cola robusta y larga y extremidades posteriores más largas que las anteriores.

dintel. m. Parte superior de las puertas, ventanas y otros huecos que carga sobre las jambas./ Barb. por umbral.

diócesis. f. Distrito o territorio en el que tiene jurisdicción espiritual un arzobispo u obispo.

dios. m. En la mayor parte de las religiones, ser supremo, creador del universo./ Deidad pagana.

diosa. f. Deidad femenina./ fig. Mujer de gran belleza y majestad.

diploma. m. Título expedido por una universidad, academia, colegio o cualquiera otra institución, acreditando un grado académico, un premio, etcétera.

diplomacia. f. Ciencia de conducir las relaciones internacionales a fin de lograr acuerdos satisfactorios para los Estados./ Organismos que intervienen en las relaciones internacionales./ fig. Cortesía y disimulo.

diplomar. tr. Graduar, otorgar un diploma.// prl. Obtenerlo, graduarse.

diplomático, ca. a. Perteneciente al diploma./ Perteneciente a la diplomacia./ Dícese de los negocios que se tratan entre dos o más naciones y de las personas que intervienen en ellos. Ú.t.c.s., apl. a pers./ fig. y fam. Astuto y disimulado.

díptero. a. Aplícase a los insectos con un solo par de alas membranosas.// m. pl. Orden de estos insectos.

diptongo. m. Conjunto de dos vocales que forman una sola sílaba: una vocal abierta y una cerrada o dos vocales cerradas.

diputación. f. Conjunto de diputados./ Edificio donde se reúnen los diputados provinciales./ Ejercicio del cargo de diputado.

diputado, da. s. Persona nombrada por un cuerpo para representarlo./ Persona elegida

diligencia

mediante el sufragio para integrar la cámara legislativa que, con el Senado, constituye el Congreso.

diputar. tr. Destinar, señalar o elegir una persona o cosa para algún fin./ Elegir un cuerpo a uno o más individuos para que lo representen./ Conceptuar, tener por.

dique. m. Muro artificial hecho para contener las aguas./ Lugar que en los puertos se destina para la reparación de los buques./ fig. Cosa que contiene o reprime a otra.

dirección. f. Acción y efecto de dirigir./ Rumbo a seguir realizado por un cuerpo./ Cargo de director./ Oficina en que se desempeña el director./ Indicación de persona y lugar a la que se envía una carta o encomienda./ Mecanismo gobernado con el volante que sirve para orientar las ruedas de un automóvil./ Señas escritas sobre una carta, fardo, etc.

directo, ta. a. En línea recta./ Que va de un punto a otro, sin detenerse.

director, ra. a. Que dirige./ Dícese de la línea, superficie o figura que determina las condiciones de generación de otra. // s. Persona que dirige un establecimiento, compañía, escuela, orquesta, película, obra teatral, etc.

directorio. m. Junta directiva de ciertas asociaciones.

directriz. a. Se aplica a la línea que determina cómo se genera otra línea, figura o superficie.// f. Regla, instrucción, pauta.

dirigente. a. Que dirige. Ú.t.c.s.

dirigir. tr. Enderezar, llevar rectamente una cosa hacia un término o lugar señalado. Ú.t.c.prl./ Guiar, encaminar./ Gobernar, regir./ Orientar./ Poner a una carta, fardo, las señales del destinatario.

dirimir. tr. Deshacer, disolver./ Acabar una controversia.

discernir. tr. Distinguir una cosa de otra, señalando la diferencia que hay entre ellas./ Barb. por conceder, otorgar.

disciplina. f. Observancia de leyes y reglamentos./ Doctrina./ Asignatura./ Azote.

disciplinar. tr. Instruir, enseñar./ Azotar. Ú.t.c.prl./ Hacer guardar la disciplina.

discípulo, la. s. Persona que aprende bajo la dirección de un maestro./ Seguidor de la doctrina de una escuela.

disco. m. Tejo de metal o piedra con que los atletas ejercitan su fuerza o destreza, arrojándolo./ Lámina circular de cualquier materia./ Placa circular de materia plástica en la que se graba y reproduce el sonido./ fig. Manía, tema./ *Amér.* Dispositivo circular de los teléfonos automáticos, cuyos números permiten establecer la comunicación./ Lata, discurso enfadoso./ **-magnético.** *Inform.* disco rotario con una superficie magnetizable donde la información puede ser almacenada.

discografía. f. Arte de impresionar discos fonográficos./ Enumeración de las obras grabadas de un autor.

díscolo, la. a. Indócil, avieso.

discontinuar. tr.Interrumpir la continuación de una cosa.

discontinuo, na. a. Interrumpido, no continuo.

discordancia. f. Contrariedad, disconformidad.

discordar. i. Ser diferentes entre sí dos o más cosas./ No estar de acuerdo dos o más opiniones./ No estar acordes las voces o los instrumentos.

discordia. f. Desavenencia de voluntades y opiniones.

discoteca. f. Colección de discos fonográficos./ Local público donde se puede escuchar música y bailar.

discreción. f. Sensatez para formar juicio y tacto para hablar u obrar./ Don de expresarse con ingenio y oportunidad./ Expresión discreta.

discrepancia. f. Diferencia, desigualdad./ Desacuerdo personal en opiniones o en conducta.

discrepar. i. Disentir, no pensar de igual manera una persona del parecer o de la conducta de otra.

discreto, ta. a. Dotado de discreción.

discriminar. tr. Separar, distinguir, diferenciar una cosa de otra./ Dar trato de inferioridad a una persona.

disculpa. f. Razón que se da y causa que se alega para excusarse o liberarse de una culpa.

disculpar. tr. Dar razones o pruebas en descargo de un delito o culpa. Ú.t.c.prl./ Perdonar.

discurrir. i. Caminar, correr por diversas partes y lugares./ Reflexionar y hablar sobre una cosa./ Inventar una cosa./ Conjeturar, inferir.

discurso. m. Facultad racional con que se deducen unas cosas de otras./ Serie de palabras y frases empleadas para manifestar lo que se piensa y siente./ Razonamiento./ Escrito corto, sobre un tema determinado, para enseñar o persuadir.

discutir. tr. Examinar un asunto con cuidado.// tr./ i. Alegar razones contra el parecer de otro.

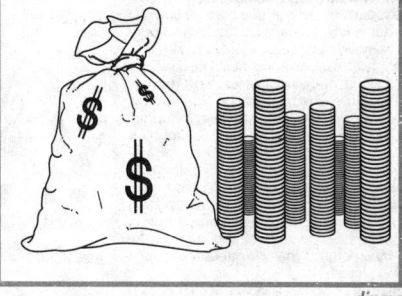

dinero

disecar. tr. Dividir en partes un vegetal o el cadáver de un animal para estudiar su estructura y alteraciones orgánicas./ Someter a los animales a una preparación especial para que conserven la forma de cuando estaban vivos./ Preparar una planta para que se conserve después de seca.

disección. f. Acción y efecto de disecar./ Operación consistente en cortar, o extraer y separar metódicamente las diversas partes u órganos del cuerpo del hombre o del animal para estudiar su estructura.

diseminar. tr./ prl. Sembrar, esparcir.

disenso. m. Acción y efecto de disentir.

disentería. f. Enfermedad infecciosa del intestino grueso, caracterizada por fuertes dolores, frecuentes evacuaciones sanguinolentas y grave estado general.

disentir. i. Opinar de modo distinto.

diseñar. tr. Hacer un diseño.

diseño. m. Trazo, dibujo de un objeto, figura, vestido, etc./ Descripción hecha con palabras.

disertar. i. Razonar, discurrir detenida y metódicamente sobre alguna materia.

disfraz. m. Artificio para disimular./ Traje de máscara./ Simulación para dar a entender algo distinto de lo que se necesita.

disfrazar. tr. Desfigurar la apariencia de las personas o de las cosas para que no sean conocidas. Ú.t.c.prl./ Disimular lo que se siente.

disfrutar. tr. Gozar los productos y utilidades de una cosa.// i. Gozar de bienestar.

disfunción. f. Alteración de la función normal de una cosa.

disgregar. tr. Separar, desunir. Ú.t.c.prl.

disgustar. tr. Causar disgusto./ prl. Perder la amistad.

disgusto. m. Desazón./ fig. Contienda o discusión, enfado.

disidencia. f. Acción de disidir./ Grave desacuerdo de opiniones.

disímil. a. Diferente.

disimulado, da. a. Que no da a entender lo que siente y piensa.

disimular. tr. Encubrir con astucia la intención./ Fingir desconocimiento o ignorancia de algo./ Ocultar lo que uno siente.

disipar. tr. Esparcir y desvanecer las partes que forman un cuerpo. Ú.t.c.prl./ Desperdiciar, malgastar./ prl. Evaporarse./ fig. Desvanecerse, quedar en nada una cosa.

dislate. m. Disparate.

dislexia. f. Incapacidad parcial de leer comprendiendo lo que se lee, causada por una lesión cerebral.

dislocar. tr. Sacar una cosa de su lugar. Ú.t.c.prl.

disminuir. tr./i./prl. Hacer menor la extensión, intensidad o número de alguna cosa.

dique

disociación. f. Descomposición.

disociar. tr. Separar una cosa de otra a la que estaba unida, o los distintos componentes de una sustancia. Ú.t.c.prl.

disolución. f. Acción y efecto de disolver./ *Quím.* Compuesto que resulta de disolver cualquier sustancia en un líquido./ fig. Relajación de las costumbres./ Ruptura de vínculos./ Medida de gobierno que pone fin, antes del plazo legal, al funcionamiento de un cuerpo legislativo.

disoluto, ta. a. Licencioso, Vicioso.

disolver. tr./ prl. Separar las partículas o moléculas de un cuerpo sólido o espeso, por medio de un líquido con el cual se incorporan./ Separar lo que estaba unido./ Deshacer.

disonar. i. Sonar desapaciblemente, y sin armonía./ Discrepar, carecer de conformidad./ Parecer mal y extraña una cosa.

dispar. a. Desigual, diferente.

disparar. tr. Arrojar, tirar con violencia una cosa./ Hacer que las armas despidan el proyectil.// prl. Correr o partir precipitadamente. Ú.t.c.i./ fig. Hablar u obrar con violencia excesiva.

disparatado, da. a. Atroz, desmesurado, falto de razón.

disparate. m. Hecho o dicho fuera de toda razón y regla./ fam. Atrocidad.

dispensa. f. Privilegio, excepción de lo que dispone la ley.

dispensar. tr. Dar, conceder, otorgar, distribuir./ Eximir de una obligación./ Absolver de falta leve.

dispensario. m. Establecimiento destinado a prestar asistencia médica y farmacéutica a enfermos que no se alojan en él.

dispersar. tr./ prl. Separar lo que estaba unido./ Desbaratar al enemigo poniéndolo en fuga desordenada.

dispersión. f. Acción y efecto de dispersar./ *Fís.* Separación de los diversos colores espectrales de un rayo de luz, por medio de un prisma u otro medio adecuado.

displicencia. f. Indiferencia en el trato./ Desaliento en la realización de una cosa.

displicente. a. Persona que muestra falta de interés, entusiasmo o afecto por las cosas o personas.

disponer. tr./ prl. Ubicar en orden y situación conveniente./ Prevenir, preparar./ Mandar lo que debe hacerse.// i. Ejercer facultades de dominio sobre las cosas./ Valerse de una persona o cosa.

disponible. a. Apl. a todo aquello de que se puede disponer libremente.

disposición. f. Acción de disponer./ Aptitud para algún fin./ Estado de salud./ Precepto legal, orden del superior./ Propiedad de un organismo sensible a determinadas enfermedades.

dispuesto, ta. a. Apuesto./ Hábil./ Preparado para hacer algo./ Inteligente, capaz.

disputa. f. Altercado, discusión.

disputar. tr. Debatir./ Porfiar con vehemencia. Ú.t.c.i./ Contender con otro.

disquisición. f. Examen riguroso que se hace de alguna cosa, considerando cada una de sus partes.

distancia. f. Espacio o intervalo de lugar o de tiempo que media entre dos cosas o sucesos./ Alejamiento, desvío, desafecto entre personas./ fig. Desigualdad.

distanciar. tr. Separar, poner a distancia. Ú.t.c.prl./ fig. *Arg.* Causar enemistad. Ú.t.c.prl.// prl. *Arg.* Exceder, aventajar.

distar. i. Estar apartada una cosa de otra cierto espacio de lugar o de tiempo./ Diferenciarse una cosa de otra.

distender. tr./ prl. Aflojar la tensión.

distinción. f. Acción y efecto de distinguir./ Diferencia entre dos cosas./ Honor./ Elegancia./ Claridad, precisión.

distingo. m. Distinción lógica que se hace en una proposición de dos significados, concediendo una y negando otra./ Reparo, limitación, que se pone con cierta sutileza.

distinguido, da. a. Ilustre, notable.

distinguir. tr. Conocer la diferencia que hay de unas cosas a otras./ Hacer que una cosa se diferencie de otra. Ú.t.c.prl./ Conceder una dignidad./ fig. Estimar con preferencia a unas

dominó

personas con respecto de otras.// prl. Descollar entre otros.

distintivo, va. a. Que tiene facultad de distinguir.// m. Insignia, señal, marca.

distinto, ta. a. Diferente. Que no es parecido./ Inconfundible.

distorsionar. tr. Deformar, modificar algo intencionadamente. Se emplea frecuentemente distintos lenguajes técnicos, como verbo prl. y en sentido figurado.

distracción. f. Acción y efecto de distraer./ Falta de atención./ Atracción, en especial, juego o espectáculo.

distraer. tr./ prl. Divertir, entretener./ Apartar la atención de una cosa./ Defraudar, malversar fondos.

distribución. f. Acción y efecto de distribuir./ *Com.* Reparto de un producto en los lugares donde será comercializado.

distribuir. tr. Dividir una cosa entre varios, designando lo que corresponde a cada uno./ Dar a cada uno su lugar o destino oportuno./ *Com.* Entregar una mercancía a los vendedores.

distrito. m. Cada una de las demarcaciones en que se subdivide un territorio o región, con un fin administrativo o jurídico.

disturbio. m. Alteración de la paz y concordia.

disuadir. tr. Inducir a alguien con razones a cambiar de dictamen o propósito.

disyunción. f. Acción de separar y desunir.

disyuntivo, va. a. Dícese de lo que tiene capacidad para desunir o separar./ Coordinante (o conjunción) que, uniendo palabras o frases, separa las ideas. Ejemplo: *o, u.*

diuresis. f. Aumento en la secreción de la orina.

diurno, na. a. Perteneciente al día.

divagar. i. Vagar, andar a la aventura./ Separarse del asunto de que se trata al hablar o escribir.

diván. m. Banco sin respaldo y con almohadones sueltos.

divergencia. f. Acción y efecto de divergir./ fig. Desacuerdo.

diversidad. f. Diferencia, variedad./ Abundancia de cosas distintas.

diversificar. tr./ prl. Hacer diversa una cosa de otra.

diversión. f. Acción y efecto de divertir o divertirse./ Recreo.

diverso, sa. a. De distinta naturaleza, especie, número, figura, etc./ Desemejante.// pl. Varios, muchos.

divertido, da. a. Alegre, de buen humor./ Que divierte.

divertir. tr. Apartar, desviar, alejar./ prl. Entretener, recrear.

dividir. tr. Partir, separar en partes.// Distribuir entre varios./ Efectuar un cálculo matemático a través del cual se averigua cuántas veces una cantidad está contenida en otra.

divinidad. f. Ser divino que los idólatras atribuían a los dioses./ Persona o cosa muy divina.

divino, na. a. Perteneciente a Dios./ fig. De gran belleza.

divisa. f. Moneda extranjera referida a la unidad del país de que se trata./ Señal exterior que se utiliza para distinguir personas, grados u otras cosas./ Lazo de cintas de colores con que se distinguen en las corridas los toros de cada ganadería./ Lema.

divisar. tr. Ver, percibir, un objeto, aunque sea confusamente.

divisible. a. Que puede dividirse./ Dícese de la cantidad entera que puede dividirse exactamente por otra.

división. f. Acción y efecto de dividir o repartir./ fig. Discordia, desunión./ *Álg.* y *Arit.* Operación de dividir./ Parte de un cuerpo de ejército, compuesta de brigadas de varias armas, con servicios auxiliares que la facultan para actuar independientemente o en operaciones conjuntas./ Cada uno de los grupos en que se divide una escuadra.

divisor, ra. a. Que divide./ Cantidad por la cual se divide otra.

divo, va. a. Divino./ s. Persona afamada./ Cantante de ópera o de zarzuela, de sobresaliente mérito.

divorciar. tr. Separar por sentencia legal a dos casados. Ú.t.c.prl./ Disolver el matrimonio./ fig. Apartar cosas que estaban o debían estar juntas o personas que vivían en relación íntima.

divorcio. m. Acción y efecto de divorciar o divorciarse.

divulgar. tr./ prl. Publicar, hacer pública una noticia.

do. m. Primera nota de la escala musical.

dobladillo. Doblez que se hace a la ropa en el borde y se lo asegura cosiéndolo.

doblaje. m. Acción de doblar una película, en el cine sonoro.

doblar. tr. Aumentar una cosa, haciéndola el doble de lo que era.// i./ prl. Encorvar una cosa./ Grabar una película en distinto idioma o sustituir las palabras de una persona por las de otra.// i. Tocar a muerto.// prl. fig. Ceder, avenirse. Ú.t.c.i.

doble. a. Duplo.// m. De más cuerpo que lo sencillo./ Persona tan parecida a otra que la puede sustituir o pasar por ella./ Flores de más pétalos que las sencillas./ Toque de campanas por los difuntos./ Suma que se paga por la prórroga de una operación bursátil.

doblegar. tr./ prl. Doblar o torcer encorvando./ Hacer a uno que desista de un propósito y se preste a otro./ Vencer.

doblez. m. Parte que se dobla en una cosa./ Astucia con que se obra, dando a entender lo contrario de lo que se siente./ Señal que queda en la parte que se dobló.

doce. a. Diez más dos.

docena. f. Conjunto de doce cosas iguales.

docencia. f. Enseñanza./ Conjunto de profesores.

docente. a. Que enseña. Ú.t.c.s./ Pert. o rel. a la enseñanza.

dócil. a. Suave, apacible, obediente./ Aplícase al metal, piedra, etc., que se deja labrar con facilidad.

docto, ta. a. Que posee muchos conocimientos.

doctor, ra. s. Persona que ha recibido el último grado académico que otorga la universidad./ Persona muy sabia en cualquier arte o ciencia./ Médico./ Título que da la Iglesia a algunos santos que con mayor profundidad de doctrinas difundieron la religión.// f. fig. y fam. Mujer erudita.

doctorado. m. Grado de doctor./ Estudios necesarios para alcanzar ese grado.

doctrina. f. Conjunto de opiniones de una escuela literaria, jurídica, filosófica o religiosa./ Pueblo de indios americanos recién convertidos antes deestablecerse una parroquia.

doctrinario, ria. a. Dícese de quien aplica doctrinas abstractas y a priori a la gobernación de los pueblos./ Que sigue una doctrina determinada.

documentación. f. Documento o conjunto de documentos utilizados para probar algo.

documentar. tr. Probar, justificar algo con documentos. Ú.t.c.prl./ Enterar a una persona acerca de pruebas o noticias de un asunto./ Ú.t.c.prl.

documento. m. Escrito que ilustra acerca de algún hecho./ Cualquier cosa que sirve de prueba./ Pagaré o vale comercial.

dodecaedro. m. Poliedro de doce caras.

dodecágono, na. a. Polígono de doce ángulos y doce lados.

dodecasílabo, ba. a. Verso de doce sílabas.

dogma. m. Punto fundamental de una doctrina religiosa o filosófica o científica./ Verdad revelada por Dios y propuesta por la Iglesia para ser creída.

dogmatizar. tr. Enseñar dogmas./ Afirmar, como innegables, principios sujetos a examen y contradicción.

dólar. m. Unidad monetaria de Estados Unidos, Canadá, Liberia y Etiopía.

dolencia. f. Indisposición, achaque, enfermedad.

doler. i. Padecer, sufrir./ Causar repugnancia o pesar el hacer una cosa o tolerarla.// prl. Arrepentirse de haber hecho una cosa./ Compadecerse./ Quejarse y explicar el dolor.

dolmen. m. Monumento megalítico en forma de mesa.

dolo. m. Engaño, fraude./ En los delitos, propósito de cometerlo.

dolor. m. Sensación molesta de una parte del cuerpo./ Sentimiento, pena, congoja./ Arrepentimiento, pesar.

doloroso, sa. a. Lamentable, que causa dolor.

doloso, sa. a. Engañoso, fraudulento.

doma. f. Acción y efecto de domar potros u otras bestias.

domador, ra. s. El o la que doma./ Persona que maneja y exhibe en público fieras domadas.

domar. tr. Amansar a un animal./ fig. Sujetar, reprimir.

domeñar. tr. Someter, sujetar y rendir.

domesticar. tr. Acostumbrar a un animal a convivir con el hombre. Ú.t.c.prl./ fig. Hacer tratable a la persona.

doméstico, ca. a. Rel. al hogar./ Apl. al animal que se cría en compañía humana./ Criado. Ú.t.c.s.

domiciliar. tr. Dar domicilio./ Señalar con fines comerciales, bancarios u otros, una cuenta corriente como domicilio para realizar operaciones./ Fijar el domicilio en alguna parte.

domicilio. m. Morada fija y permanente./ Casa en que uno habita o se hospeda./ Lugar en que legalmente se considera domiciliada una persona.

dominación. f. Acción y efecto de dominar./ Señorío o imperio que uno tiene sobre un territorio el que ejerce la soberanía.

dominar. tr. Tener dominio sobre cosas y personas./ Sujetar, reprimir./ Saber una ciencia o arte con profundidad. Ú.t.c.prl. // i. Sobresalir, una montaña, casa, etc./ Reprimirse.

domingo. m. Primer día de la semana.

divinidad

dominicano, na. a. Natural de la República Dominicana o de su capital, Santo Domingo.

dominico, ca. a. Religioso de la orden de Santo Domingo.

dominio. m. Poder que uno tiene de usar y disponer libremente de lo suyo./ Poder que se ejerce sobre otras personas./ Territorio sujeto a otro estado. Ú.m. en pl.

dominó. m. Juego que se hace con veintiocho fichas rectangulares, generalmente blancas por la cara y negras por el revés. La cara está dividida en dos cuadrados, cada uno de los cuales lleva marcados de uno a seis puntos o no lleva ninguno./ Traje con capucha que se usa en los bailes de máscaras.

don. m. Dádiva, presente o regalo./ Gracia especial que se tiene para hacer una cosa./ Tratamiento de respeto, que se antepone a los nombres propios masculinos.

donaire. m. Discreción y gracia en lo que se dice./ Chiste o hecho gracioso./ Gallardía, gentileza, soltura y agilidad en los movimientos del cuerpo.

donar. tr. Entregar gratuitamente una persona a otra el dominio de una cosa.

donde. adv. En un lugar. Cuando es interrogativo o dubitativo se acentúa.

donoso, sa. a. Que tiene donaire y gracia.

dólar

doña. f. Tratamiento de respeto que se aplica a las mujeres y que precede a su nombre propio.

dopar. i. Drogar. Ú.t.c.prl./ Amér. Administrar a un caballo de carrera una droga para aumentar su velocidad y resistencia.

dorado, da. a. De color oro./ Esplendoroso, feliz.// m. Pez comestible, de colores vivos con reflejos dorados.

dorar. tr. Cubrir con oro la superficie de una cosa./ Tostar ligeramente un alimento./ Ocultar bajo aspecto agradable, malas noticias o acciones.// prl. Tomar color dorado./ Broncearse.

dormilón, na. a. Muy inclinado a dormir.// m. Pajarillo sudamericano.que vive en las costas del Pacífico.

dormir
dux

dormir. i. Estar en estado de reposo, caracterizado por la suspensión de los sentidos y de todo movimiento voluntario. U.c.prl. y c.tr./ Anestesiar. U.t.c.tr./ Descuidarse. U.m.c.prl./ Sosegarse, aquietarse.// prl. fig. Adormecerse, entumecerse.

dormitar, i. Estar medio dormido.

dormitorio. m. Habitación destinada para dormir en ella.

dorsal. a. Perteneciente al dorso, espalda o lomo.

dorso. m. Revés o espalda de una cosa.

dos. a. Uno más uno.// m. Signo con que se representa el número dos.

doscientos, tas. a. pl. Dos veces ciento.

dosel. m. Mueble de adorno que cubre el altar como si fuera un techo horizontal con colgaduras./ Tapiz.

dosificar. tr. Dividir o graduar las dosis de un medicamento./ Graduar la cantidad o porción de elementos o de sustancias.

dosis. f. Toma de medicina que se da al enfermo cada vez./ fig. Porción de una cosa material o inmaterial.

dotación. f. Acción de dotar./ Conjunto de personas que tripulan un buque de guerra./ Conjunto de personas asignadas al servicio de alguna fábrica, institución, etc.

dotar. tr. Señalar bienes para una fundación o instituto./ Adornar la naturaleza a uno con virtudes./ Dar dote a la mujer que va a contraer matrimonio o a profesar como religiosa./ Asignar lo necesario a una oficina, barco, etc.

dote. amb. Conjunto de bienes que lleva la mujer cuando se casa./ Bienes que se entregan a un convento en ciertas órdenes y congregaciones al profesar una novicia.// f. Calidad apreciable de una persona.

dracma. f. Unidad monetaria de Grecia.

draga. f. Máquina que se utiliza para extraer escombros y materiales sumergidos./ Barco que lleva esta máquina.

dragar. tr. Ahondar y limpiar con draga los puertos.

dragón. m. Animal fabuloso, parecido a una gran serpiente con cresta, alas y patas robustas provistas de garras.

drama. m. Subgénero dramático. Sus obras desarrollan argumentos emotivos que pueden tener elementos de humor./ Obra perteneciente al subgénero dramático./ Dramática.

dramática. f. Arte que enseña a componer obras dramáticas./ Género literario que abarca las obras destinadas a la representación escénica, cuyo argumento se desarrolla exclusivamente por la acción y el diálogo de los personajes.

dramático, ca. a. Perteneciente o relativo a la dramática./ Que posee caracteres propios del drama.

dramatizar. tr. Dar forma y condiciones dramáticas.

dramaturgo, ga. s. Autor de obras de teatro.

drástico, ca. a. Medicamento que purga con gran eficacia o energía.// m. Riguroso, enérgico.

drenaje. m. Acción y efecto de drenar./ Desagüe, derrame.

drenar. tr. Desaguar un terreno./ Asegurar la salida de líquidos anormales de alguna parte del cuerpo.

droga. f. Sustancia de efecto estimulante, deprimente o narcótico./ Sustancia empleada en medicina, industria o en artes.

drogadicto, ta. a. Adicto a las drogas.

drogar. tr. Suministrar a alguien drogas o estimulantes. U.t.c.prl.

droguería. f. Comercio de drogas./ Negocio en el que se venden drogas.

dromedario. m. Rumiante parecido al camello, propio de Arabia y norte de África, que presenta una sola joroba.

drupa. f. *Bot.* Pericarpio carnoso de algunos frutos, sin valvas y con una nuez dentro, como la ciruela, el durazno, etc.

dual. a. Dícese de lo que consta de dos partes, normalmente relacionadas entre sí./ Número que tienen algunas lenguas, como el griego, para referirse a dos personas o cosas.

dualidad. f. Condición de reunir dos caracteres distintos una misma persona o cosa.

dubitación. f. Duda./ Perplejidad acerca de lo que debe decirse o hacerse.

ducado. m. Título o dignidad de duque./ Territorio o estado gobernado por un duque./ Moneda antigua de oro de España.

ducha. f. Chorro de agua que se hace caer sobre el cuerpo para refrescarlo./ Aparato que sirve para ello.

ducho, cha. a. Experimentado, diestro.

dúctil. a. Dícese del que puede convertirse fácilmente en alambres o hilos./ Maleable./ fig. Condescendiente, dócil.

duda. f. Incertidumbre, irresolución./ Indeterminación del ánimo entre dos decisiones./ Vacilación respecto de la fe religiosa./ Cuestión que se propone para resolverla./ Sospecha, recelo.

dudar. i. Estar el ánimo perplejo sin saber qué decisión tomar. // tr. Dar poco crédito a una información.

duelo. m. Combate o pelea entre dos personas, a consecuencia de un desafío anterior./ Dolor, aflicción./ Demostración que se hace para manifestar el sentimiento por la pérdida de alguien./ Reunión de parientes que asisten a los funerales./ Trabajo, fatiga. U.m. en pl.

duende. m. Espíritu travieso./ Especie de diablillo que, según se cree, causa trastornos en las casas donde habita.

dueño, ña. s. Propietario de una cosa./ Ama de llaves.

dulce. a. De sabor agradable, como la miel y el azúcar./ Grato, afable, complaciente, dócil.// m. Manjar compuesto con azúcar./ Fruta o cualquier otra cosa confitada.

dulcificar. tr./ prl. Volver dulce una cosa./ fig. Mitigar la esperanza de algo, material o inmaterial.

dulzón, na. a. De sabor excesivamente dulce.

dulzura. f. Calidad de dulce./ Suavidad, deleite./ Bondad.

duna. f. Médano./ Colina de arena movediza que en desiertos y playas forma y empuja el viento.

dúo. m. Composición musical que se canta o toca entre dos personas./ Conjunto de dos intérpretes que cantan juntos.

duodeno, na. a. Duodécimo.// m. Primera parte del intestino delgado, que comunica directamente con el estómago y con el yeyuno. Se lo llama así por tener doce dedos de longitud.

dúplex. a. Que consta de dos elementos./ En comunicaciones, transmisión independiente en dos direcciones que tiene lugar en ambos sentidos simultáneamente.// m. Departamento dividido en dos plantas comunicadas por una escalera interior y con salidas independientes al exterior.

duplicado. m. Copia de un documento./ Ejemplar doble o repetido de una obra.

duplicar. tr. Hacer doble una cosa./ Multiplicar por dos una cantidad. U.t.c.prl.

duplicidad. f. Falsedad, doblez.

duplo, pla. s. Múltiplo de un número que lo contiene dos veces exactamente.

duque. m. Título nobiliario inferior al de príncipe y superior al de marqués.

duradero, ra. a. Que dura o puede durar mucho.

durante. adv. Mientras dura una cosa.

durar. i. Continuar siendo./ Subsistir, permanecer.

duraznero. m. Árbol rosáceo originario de la China, muy ramificado, con hojas lanceoladas y flores rosadas o rojizas, que crecen a lo largo de las ramitas.

durazno. m. Fruto del duraznero./ *Arg. y Chile.* Denominación genérica de diversas variedades de árboles, como melocotonero, pérsico y durazno propiamente dicho.

dureza. f. Calidad de duro./ Callosidad que se hace en algunas partes del cuerpo./ Insensibilidad.

durmiente. a. Que duerme.// m. Madero horizontal sobre el cual se asientan los rieles u otros maderos.

duro, ra. a. Apl. al cuerpo que se resiste a ser trabajado./ Fuerte, que soporta la fatiga./ Áspero, severo./ Violento, cruel./ Obstinado.// m. Antigua moneda española de plata que valía cinco pesetas.

durómetro. m. Aparato que mide la dureza de los materiales.

dux. m. Magistrado supremo en las repúblicas de Venecia y Génova.

duraznero

e. f. Sexta letra del abecedario castellano. Es vocal abierta.// conj. Se usa en vez de la *y* para evitar el hiato, antes de las palabras que empiezan por *i* o *hi*.

ebanista. m. El que tiene por oficio trabajar en ébano y otras maderas finas.

ébano. m. Árbol exótico, de la familia de las ebenáceas, de tronco grueso, madera maciza, muy negra en el centro y blanquecina hacia la corteza, que es gris y muy apreciada para fabricar muebles.

ebriedad. f. Embriaguez.

ebrio, bria. a. Embriagado, borracho./ Ciego, ofuscado.

ebullición. f. Vaporización de la masa de un líquido que se produce al igualarse su presión de vapor con la presión exterior que actúa sobre la superficie del líquido.

eccema. f. Enfermedad de la piel, caracterizada por manchas rojizas con inflamación, formación de pequeñas vejigas y picazón.

echar. tr. Hacer que una cosa vaya a parar a alguna parte./ Despedir de sí una cosa./ Apartar con violencia./ Sacar de un empleo o dignidad./ Brotar y arrrojar las plantas sus raíces, flores, etc. Ú.c.t.i./ Atribuir, imputar./ Jugar, apostar. // prl. Arrojarse sobre algo o alguien./ Tenderse, acostarse./ Ponerse las aves sobre los huevos.

eclesiástico, ca. a. Rel. a la Iglesia.// m. Clérigo, sacerdote.

eclipsar. tr. Causar un astro el eclipse de otro.// prl. Oscurecer, deslucir./ fig. Ausentarse, desaparecer una persona.

eclipse. m. *Astron.* Ocultación transitoria y total, parcial o anular de un astro por interposición de otro./ fig. Ausencia, desaparición transitoria de alguien o algo.

eco. m. Repetición de un sonido reflejado por un cuerpo duro./ Sonido que se oye débil y confusamente./ Composición poética donde se repite una palabra o parte de ella para formar otra, que sea como eco de la anterior.

ecología. f. Parte de la biología que se refiere a las relaciones entre los organismos y el medio en que viven.

economía. f. Administración ordenada de los bienes./ Riqueza pública./ Conjunto de las actividades de una comunidad en lo que concierne a la producción y consumo de las riquezas./ Buena distribución del tiempo y de otras cosas inmateriales.

económico, ca. a. Perteneciente a la economía./ Muy cauto en gastar./ Que cuesta poco.

economizar. tr. Administrar con economía, ahorrar.

ecosistema. m. Comunidad de organismos y el medio en que viven.

ecuación. f. Igualdad que contiene una o más incógnitas./ Diferencia entre el lugar o movimiento medio y el aparente o verdadero de un astro.

ecuador. m. *Astron.* Círculo máximo perpendicular al eje de la tierra.

ecuanimidad. f. Igualdad de ánimo./ Imparcialidad.

ecuatorial. a. Perteneciente y relativo al Ecuador.

ecuatoriano, na. a. Natural de Ecuador.

ecuestre. a. Relativo al caballero.// *Esc.* y *Pint.* Dícese de la representación de una figura a caballo.

ecuménico, ca. a. Universal, que se extiende a todo el mundo./ Dícese de los concilios.

edad. f. Tiempo que una persona ha vivido./ Duración de las cosas materiales./ Cada uno de los períodos en que se halla dividida la vida./ Conjunto de determinados siglos./ Espacio de años que han corrido de tanto a tanto tiempo./ - **escolar.** La comprendida entre la indicada para comenzar los estudios primarios y aquella que el Estado considera adecuada para trabajar.

edema. m. Hinchazón blanda de una parte del cuerpo, causada por el aumento de la serosidad normal del tejido.

edén. m. Paraíso terrestre./ Lugar ameno y delicioso.

edición. f. Impresión de una obra para su publicación./ Conjunto de lo que se imprime de una sola vez./ Cada celebración de un certamen, festival, etc.

edicto. m. Mandato publicado con autoridad./ Ordenanza, decreto.

edificar. tr. Hacer un edificio o mandarlo construir./ fig. Infundir buenas actitudes con el ejemplo.

edificio. m. Construcción gmente. grande para vivienda u otros usos.

edil. m. Concejal, miembro de un ayuntamiento./ Magistrado romano encargado de las obras públicas.

editar. tr. Publicar una obra, periódico, etc.

editorial. a. Rel. a editores o ediciones.// m. Artículo de fondo.// f. Casa editora.

educación. f. Acción de educar./ Crianza, enseñanza, instrucción./ Cortesía, urbanidad, conocimiento de los usos sociales.

educar. tr. Dirigir, encaminar, doctrinar./ Desarrollar o perfeccionar las facultades intelectuales y morales./ Desarrollar las fuerzas físicas./ Afinar los sentidos./ Enseñar urbanidad, buenos modos.

efectivo, va. a. Real y verdadero, en oposición a lo quimérico, dudoso o nominal./ Dícese del empleo no interino.// m. Dinero contante.// pl. Número de hombres que componen una unidad táctica.

eclipse

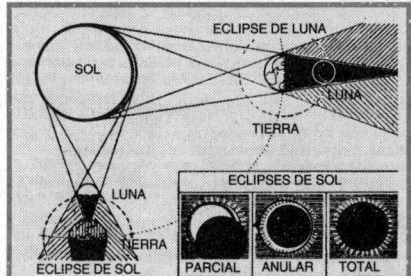

ECLIPSE DE LUNA

SOL

LUNA

TIERRA

ECLIPSE DE SOL

LUNA

TIERRA

ECLIPSE DE SOL

ECLIPSES DE SOL

PARCIAL | ANULAR | TOTAL

efecto. m. Resultado de una causa./ Impresión viva en el ánimo./ Fin para que se hace una cosa./ Artículo de comercio./ Documento o valor mercantil./Impresión causada en el ánimo.// pl. Enseres.

efectuar. tr. Ejecutar una cosa.// prl. Cumplirse una cosa.

efemérides. f. pl. Libro en que se refieren los hechos de cada día./ *Hist.* Sucesos notables ocurridos en diferentes épocas.

efervescencia. f. Aparición tumultuosa de burbujas de gas en el seno de un líquido, debida al brusco desprendimiento de gas disuelto en el líquido o la formación de aquel por una reacción química, que ascienden y dan salida al gas en la superficie./ fig. Agitación, ardor, acaloramiento de los ánimos.

eficaz. a. Activo, fervoroso, poderoso para obrar./ Que logra hacer efectivo un intento o propósito.

eficiencia. f. Facultad para lograr un efecto determinado.

efigie. f. Representación de una persona real y verdadera./ fig. Representación viva de una cosa ideal.

efímero, ra. a. Que dura un solo día./ Pasajero, de corta duración.

efusión. f. Derramamiento de un líquido./ Expansión de los afectos del ánimo.

egipcio, cia. a. Natural de Egipto.// m. Idioma egipcio.

égloga. f. Composición poética pastoril.

egoísmo. m. Excesivo amor que uno tiene a sí mismo que hace atender desmedidamente el propio interés.

egolatría. f. Culto, amor excesivo de sí mismo.

egregio, gia. a. Insigne, ilustre.

egreso. m. Salida./ *Arg.* Acción de egresar.

eje. m. Varilla que sirve de sostén en el movimiento a un cuerpo que gira./ Barra que entra por sus extremos en los bujes de las ruedas./ fig. Punto esencial de una obra o de una empresa./ fig. Idea fundamental; tema predominante; sostén principal de una empresa./ Recta a cuyo alrededor se supone que gira una línea para engendrar una superficie o una superficie para engendrar un sólido.

ejecutar. tr. Poner por obra una cosa./ Ajusticiar./ Desempeñar con arte y facilidad alguna cosa.

ejecutivo, va. a. Que no da espera ni permite que se difiera a otro tiempo la ejecución.// s. Persona que tiene cargo directivo en una empresa.

ejemplar. a. Que sirve de ejemplo.// m. Original, prototipo./ Cada uno de los escritos, impresos, etc., sacados de un mismo original./ Cada individuo de una especie o género.

ejemplificar. tr. Demostrar con ejemplos.

ejemplo. m. Caso o hecho que se prolonga para que se imite y siga, o para que se huya y evite./ Acción o conducta que puede mover a la imitación./ Hecho o texto para demostrar o dar autoridad a un aserto.

ejercer. tr./i. Practicar los actos propios de un oficio, cargo, etc.

ejercicio. m. Acción de ejercer o ejercitar./ Paseo u otro esfuerzo corporal para beneficiar la salud./ Período en que rige una ley de presupuestos./ Trabajo intelectual que sirve de aplicación a las lecciones.

ejercitar. tr. Dedicarse a un oficio, arte o profesión./ Hacer que uno aprenda una cosa mediante su práctica.// prl. Repetir muchos actos para adiestrarse en la ejecución de una cosa.

ejército. m. Gran multitud de soldados, con los pertrechos correspondientes, unida en un cuerpo al mando de un general./ Conjunto de las fuerzas militares de una nación, en particular las terrestres.

ejido. m. Campo común de todos los vecinos de un pueblo./ *Arg.* Municipio.

embarcación

el. art. en género m. y número sing.

él. pron. pers. de 3a. pers. en género m. y número sing.

elaborar. tr. Preparar un producto por medio de un trabajo adecuado./ fig. Idear, proyectar.

elástico, ca. a. Dícese del cuerpo que puede recobrar su figura y extensión luego que cesa la acción de la causa que se las alteró./ fig. Acomodaticio.// m. Tejido que tiene elasticidad./ *Amér.* Colchón de muelles o de tela plástica de alambre sobre el cual se pone el colchón ordinario.

elección. f. Acción y efecto de elegir./ Nombramiento de una persona hecho por votos./ Libertad para obrar.

electivo, va. a. Que se hace o se da por elección.

electorado. m. Conjunto de electores.

electricidad. f. *Fís.* Forma de energía producida por frotamiento, calor, acción química, etc., que se manifiesta por atracciones y repulsiones, chispas , etc. y por las descargas químicas que produce./ **-estática.** *Fís.* La que aparece en un cuerpo que está en reposo y posee cargas eléctricas.

eléctrico, ca. a. Que tiene o comunica electricidad./ Rel. a ella.

electrificar. tr. Sustituir cualquier forma de energía por la energía eléctrica.

electrocución. f. Acción y efecto de electrocutar.

electrocutar. tr. Matar por medio de la electricidad.

electrodo. m. *Fís.* Barra o lámina que forma cada uno de los polos de un electrolito, y, por extensión, elemento terminal de un circuito de variada forma.

electroimán. m. Barra de hierro dulce que se imanta por la acción de una corriente eléctrica.

electrólisis. f. *Quím.* Descomposición de un cuerpo producida por la electricidad.

electromagnético, ca. a. Dic. de todo fenómeno en que intervienen las acciones magnéticas debidas a las corrientes eléctricas, o las acciones eléctricas producidas por los campos magnéticos.

electrón. m. *Fís.* Partícula elemental del átomo, que contiene la mínima carga posible de electricidad negativa.

electrónico, ca. a. Rel. a la electrónica./ f. Parte de la física que estudia los electrones libres.

elefante. m. Mamífero proboscidio, el mayor de los animales terrestres, de orejas grandes y colgantes y nariz muy pronunciada en forma de trompa prensil y dos dientes incisivos.

elegante. a. Dotado de gracia, nobleza y sencillez./ Bien proporcionado, de buen gusto. Ú.t.c.s.

elegir. tr. Preferir a una o cosa para un fin./ Nombrar por elección para un cargo o dignidad.

elemental. a. Rel. al elemento./ Fundamental./ Evidente, obvio./ Referente a los principios de una ciencia o arte.

elemento. m. Principio físico o químico que entra en la composición de los cuerpos./ Cuerpo simple./ En la filosofía natural antigua, cualquiera de los cuatro principios fundamentales que se consideraban en la constitución de los cuerpos./ Fundamento, móvil o parte integrante de una cosa./ Fundamentos y primeras nociones de las ciencias y artes./ fig. Recursos medios.

elevar. tr./ prl. Levantar una cosa./ fig. Colocar a uno en un puesto honorífico.

elidir. tr. Frustrar, desvanecer una cosa./ *Gram.* Suprimir la vocal con que acaba una palabra cuando la que sigue empieza con otra vocal.

eliminar. tr. Quitar una cosa; prescindir de ella./ Excluir./ *Álg.* Hacer desaparecer una incógnita./ Expeler una sustancia el organismo./ fig. Matar.·

elipse. f. Curva cerrada, simétrica respecto de dos ejes perpendiculares entre sí con dos focos y que resulta de cortar un cono circular por un plano que encuentra a todas las generatrices del mismo lado del vértice.

élitro. m. *Zool.* Cada una de las dos piezas córneas que cubren las alas de los coleópteros y los ortópteros.

elixir o **elíxir.** m. Licor compuesto de diferentes sustancias disueltas en alcohol./ fig. Medicina maravillosa.

ella. pron. personal de 3a. pers. en género f. y número sing.

MASCULINO

SANDALIA   YELMO REAL

egipcio

ello. pron. personal de 3a. pers. en género neutro.

ellos, ellas. Pron. personal de 3a. pers. en número pl.

elocución. f. Manera de hacer uso de la palabra./ En el discurso, manera de elegir las palabras o los pensamientos.

elocuencia. f. Talento de hablar o escribir para deleitar y conmover y para persuadir.

elogiar. tr. Hacer elogios de alguien o de algo.

elogio. m. Alabanza, testimonio del mérito de alguién o algo.

elucubrar. tr. Trabajar con ahínco en obras de ingenio y especialmente dedicar a ello las vigilias.

eludir. tr. Salir de una dificultad con algún artificio./ Hacer que no tenga efecto alguna cosa por algún artificio.

emanar. i. Proceder, derivar de una cosa de cuya sustancia se participa./ Desprenderse una sustancia volátil del cuerpo que la contiene.

emancipar. tr./prl. Libertar de la patria potestad, de la tutela o de la servidumbre.

embajada. f. Mensaje para tratar algún asunto./ Cargo de embajador./ Casa del embajador./ El personal a sus órdenes.

embajador, ra. s. Agente diplomático considerado representante de la persona misma del jefe del Estado que lo envía./ Emisario, mensajero.

embalar. tr. Colocar convenientemente dentro de cubiertas los objetos que van a transportarse.

embalsamar. tr. Emplear diversos medios para preservar de la putrefacción los cuerpos muertos./Aromatizar. Ú.t.c.prl.

embalsar. tr./ prl. Meter una cosa en una balsa./ Rebalsar.

embalse. m. Acción y efecto de embalsar o embalsarse./ Depósito donde se recogen las aguas de un río o arroyo.

embarazar. tr. Impedir, estorbar, retardar una cosa./ tr./prl. Poner encinta a una mujer.

embarazo. m. Impedimento, dificultad, obstáculo./ Preñez de la mujer y tiempo que dura./ Falta de soltura.

embarcación. f. Barco./ Embarco./ Tiempo que dura la navegación de una parte a otra.

embarcar. tr./prl. Dar ingreso a personas, mercaderías, etc., en una embarcación./ fig. Incluir en una actividad.

embarco. m. Acción de embarcar personas o de embarcarse./Embarque de mercaderías./ *Mil.* Ingreso de tropas en un barco o tren, para ser transportadas.

embargar. tr. Embarazar, detener./ fig. Paralizar, suspender./ Retener algo por mandamiento del juez competente.

embargo. m. Retención, traba o secuestro de bienes por orden de autoridad competente.

embarque. m. Acción de depositar mercancías en un barco o tren para ser transportadas.

embarrar. tr. Untar y cubrir con barro. Ú.t.c.prl./ Embadurnar con una sustancia viscosa./ *Amér.* Cometer un error grande, embrollar un asunto.

embarullar. tr. Mezclar desordenadamente unas cosas con otras./ Hacer las cosas sin orden ni cuidado.

embaucar. tr. Engañar valiéndose de la inexperiencia.

embeber. tr. Absorber un cuerpo sólido un líquido.// prl. Instruirse bien en una materia o negocio.

embeleco. m. Embuste, engaño.

embelesar. tr./ prl. Suspender, cautivar los sentidos.

embellecer. tr./prl. Hacer o poner bella a una persona o cosa.

embestir. tr. Venir con ímpetu sobre una persona o cosa para apoderarse de ella o causarle daño.// i. Arremeter.

emblema. m. Jeroglífico, símbolo o empresa con un lema que declara el concepto que encierra./ Cualquier cosa que es representación simbólica de otra.

embobar. tr. Entretener a uno, tenerle suspenso.// prl. Quedarse uno absorto y admirado.

embocadura. f. Acción y efecto de embocar una cosa por una parte estrecha./ Boquilla de un instrumento músico./ Paraje por donde los buques pueden penetrar en los ríos que desaguan en el mar./ Boca del escenario de un teatro.

embocar. tr. Meter por la boca una cosa./ Entrar por una parte estrecha. Ú.t.c.prl./fig. Hacer creer a uno lo que no es cierto./ fam. Engullir, comer mucho y de prisa.

émbolo. m. Disco que, ajustado en el interior de un cuerpo de bomba o del cilindro de una máquina, se mueve alternativamente y enrarece o comprime un fluido y recibe de él movimiento.

embolsar. tr./ prl. Guardar una cosa en la bolsa./ Cobrar.

emborrachar. tr. Causar embriaguez./ Perturbar, adormecer. Ú.t.c.prl.// prl. Beber vino o licor hasta perder el uso de la razón./ Confundirse y mezclarse los colores de una tela.

emboscar. tr./ prl. Poner en cubierta una partida de gente para una operación militar.// prl. Ocultarse entre el ramaje.

embotar. tr./prl. Engrosar los filos y puntas de los instrumentos cortantes./ Debilitar.

embotellar. tr. Echar un líquido en botellas./ Obstruir la circulación.

embozar. tr./ prl. Cubrir el rostro por la parte inferior hasta las narices o los ojos./ Poner bozal./ fig. Disfrazar, ocultar.

embragar. tr. Hacer que un eje participe del movimiento de otro.

embriagar. tr. Causar embriaguez./ Perturbar, adormecer.// prl. Perder el dominio de sí por beber con exceso alcohol.

embrión. m. Germen de un cuerpo organizado antes de adquirir sus caracteres.

embrollo. m. Enredo, confusión./fig. Situación embarazosa.

embromar. tr. Meter broma./ Usar chanzas con uno por diversión./ Engañar con mala intención./ *Amér.* Fastidiar, molestar. Ú.t.c.prl./ Perjudicar.

embrujar. tr. Hechizar.

elefante

embrujo. m. Fascinación, hechizo.

embrutecer. tr./ prl. Volver bruto.

embudo. m. Instrumento hueco en figura de cono y rematado en un canuto que sirve para trasvasar líquidos./ fig. Trampa./ Oquedad producida en la tierra por una explosión.

embuste. m. Mentira disfrazada con artimañas.

embutir. tr. Hacer embutidos./Introducir una cosa dentro de otra.

emergencia. f. Acción y efecto de emerger./ Accidente que sobreviene.

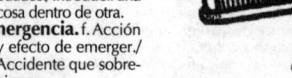

encendedor

emerger. i. Brotar, salir de un líquido.

emigrante. a. Que emigra. Ú.t.c.s.// m. y f. Que por motivos no políticos deja su país.

emigrar. i. Dejar una persona su propio país con ánimo de establecerse en otro extranjero./ Cambiar periódicamente de región o de clima ciertas especies animales.

eminencia. f. Elevación del terreno./ fig. Excelencia de ingenio o alguna otra dote del alma./ Título honorífico./ Persona destacada en su línea./ Anat. Elevación o protuberancia.

emir. m. Caudillo árabe.

emisario, ria. s. Mensajero que se envía para comunicar algo, para hacer una averiguación o un pacto secreto.

emisión. f. Acción y efecto de emitir./ Papel moneda, valores, etc., que de una vez se crean para ponerlos en circulación./ Transmisión a distancia de señales, sonidos o imágenes.

emitir. tr. Arrojar o echar hacia afuera./ Producir y poner en circulación papel moneda, efectos públicos, etc.

emoción. f. Estado de ánimo consiguiente a impresiones de los sentidos, ideas o recuerdos.

emocionar. tr. Causar emoción.

emotivo, va. a. Que causa emoción o es sensible a ella.

empacar. tr. Empaquetar, encajonar.// prl. Obstinarse, emperrarse./ Amér. Plantarse un animal.// i. Amér. Hacer el equipaje. Ú.t.c.tr.

empacho. m. Cortedad, turbación./ Indigestión, hartazgo.

empadronar. tr./ prl. Anotar a uno en el padrón.

empalagar. tr./ prl. Causar hastío un manjar./ fig. Hartar.

empalago. m. Acción y efecto de empalagar o empalagarse.

empalizada. f. Estacada, obra hecha de estacas.

empalmar. tr. Juntar dos cosas entrelazándolas de modo que queden a continuación una de otra./ fig. Ligar o combinar planes, ideas, acciones, etc.// i. Unirse o combinarse un tren con otro, y también los caminos, los coches, etc.

empalme. m. Acción y efecto de empalmar./ Lugar donde se empalma.

empantanar. tr./ prl. Inundar un terreno, dejándolo hecho un pantano./ Meter en un pantano.// fig. Detener o embarazar un asunto o negocio.

empañar. tr./ prl. Quitar la tersura, el brillo./ fig. Manchar u oscurecer la fama, el mérito, etc.// prl. fig. Imbuirse de una idea, afecto, etc.

empapar. tr./ prl. Humedecer una cosa de modo que quede penetrada de un líquido.

empapelar. tr. Forrar de papel una superficie./ Envolver en papel.

empaque. m. Acción y efecto de empacar./ Materiales que forman la envoltura de los paquetes./ Catadura de una persona./ Gravedad afectada, tiesura.

empaquetar. tr. Formar paquetes.

emparedar. tr. Encerrar entre paredes.

emparejar. tr./ prl. Formar una pareja. // tr. Poner una cosa a nivel con otra.// i. Alcanzar a otro que iba adelantado.

emparentar. i. Contraer parentesco por vía de casamiento./ / tr. Señalar relaciones de parentesco.

emparvar. tr. Poner las mieses en parva.

empastar. tr. Cubrir con pasta una cosa./ Encuadernar en pasta los libros./ Obturar con pasta las caries dentales./ Poner el color en cantidad suficiente para que oculte la imprimación.

empatar. tr. En una votación, concurso o competición, obtener dos o más contrincantes el mismo número de votos o puntos.

empecinarse. prl. Obstinarse.

empedernido, da. a. Insensible, duro de corazón./ Refiriéndose a cosas, extremadamente duro./ fig. Obstinado, que tiene un vicio o costumbre muy arraigados.

empedernir. tr./ prl. Endurecer mucho.// prl. Hacerse duro de corazón.

empedrado. m. Pavimento formado artificialmente de piedras.

empedrar. tr. Cubrir el suelo con piedras ajustadas de modo que no puedan moverse.

empeine. m. Parte inferior del vientre en las ingles./ Parte superior del pie.

empeñar. tr. Dar una cosa en prenda.// prl. Endeudarse./ Insistir en una cosa.

empeño. m. Acción y efecto de empeñar o empeñarse./ Obligación de pagar de quien empeña una cosa, o se empeña./ Deseo vehemente de hacer o conseguir una cosa./ Amér. Casa de empeños.

empeorar. tr. Poner o volver peor.// i./ prl. Ponerse peor.

empequeñecer. tr. Minorar una cosa o menguar su importancia.

emperador. m. Título de mayor dignidad dado a ciertos soberanos, antiguamente a los que tenían por vasallos a otros reyes o príncipes.

emperatriz. f. Mujer del emperador./ Soberana de un imperio.

empero. conj. adversativa con que un concepto se le opone a otro./ Pero./ Sin embargo.

empezar. tr. Dar principio a una cosa.

empinar. tr. Enderezar y levantar en alto./ Inclinar mucho una vasija para beber.// prl. Ponerse en puntas de pie.

empírico, ca. a. Relativo a la experiencia o fundado en ella.

emplazar. tr. Colocar, situar./ Citar a una persona en determinado tiempo y lugar./ Citar a juicio.

empleado, da. s. Persona que desempeña un empleo.

emplear. tr./ prl. Ocupar a uno en un negocio, comisión o puesto./ Usar.

empleo. m. Acción y efecto de emplear./ Ocupación, oficio.

emplomadura. f. Acción y efecto de emplomar./ Porción de plomo con que está cubierta o rellenada una cosa.

emplomar. tr. Cubrir, asegurar con plomo./ Amér. Empastar, rellenar una cavidad dentaria.

emplumar. tr. Poner plumas.// i. Emplumecer.

empobrecer. tr. Volver pobre.// i./ prl. Convertir en pobre./ Venir a menos una cosa.

empollar. tr. Calentar el ave los huevos para sacar pollos./ fig. y fam. Meditar un asunto.// i. Producir cría las abejas.

empolvar. tr. Echar polvo. Ú.t.c.prl.// prl. Cubrirse de polvo./ Méx. Anticuarse.

emponzoñar. tr./ prl. Dar ponzoña a uno, o inficionar una cosa con ponzoña.

emporio. m. Lugar donde concurren para el comercio gentes de diversas naciones.

empotrar. tr. Meter una cosa en la pared o en el suelo.

emprender. tr. Acometer y comenzar una obra, un negocio, etc.

empalme

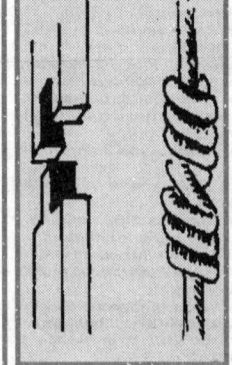

empresa. f. Acción dificultosa que se comienza./ Sociedad mercantil o comercial./ Obra realizada.

empréstito. m. Préstamo que toma un estado o una corporación o empresa./ Cantidad así prestada.

empujar. tr. Hacer fuerza contra una cosa para moverla, sostenerla o rechazarla./ fig. Mover a uno para que haga algo.

empuje. m. Acción y efecto de empujar./ Brío, resolución.

empujón. m. Impulso que se da con fuerza para mover a una persona o cosa.

empuñadura. f. Puño de la espada./ Amér. Puño de bastón o paraguas.

empuñar. tr. Asir por el puño una cosa.

emular. tr./ prl. Imitar las acciones de otro, procurando excederlo.

emulsión. f. Líquido que tiene en suspensión pequeñísimas partículas insolubles en el agua.

en. prep. que indica lugar, tiempo o modo.

enagua. f. Prenda de vestir de mujer que se usa debajo de la falda.

enajenar. tr. Pasar a otro el dominio de una cosa./ fig. Sacar a uno fuera de sí.// prl. Desposeerse.

enaltecer. tr./ prl. Ensalzar.

enamorar. tr. Excitar en uno la pasión del amor.// prl. Prendarse de amor de una persona./ Aficionarse a algo.

enano, na. a. Dícese de lo que es diminuto en su especie./ / s. Persona muy pequeña.

enarbolar. tr. Levantar en alto.// prl. Encabritarse.

enardecer. tr./ prl. Excitar o avivar.

encabestrar. tr. Poner el cabestro a los animales./ Conducir con cabestros a los vacunos.

encabezar. tr. Iniciar una suscripción o lista./ Poner el encabezamiento./ Acaudillar. Ú.m. en Amér.

encabritarse. prl. Empinarse el caballo sobre los pies alzando los brazos.

encadenar. tr. Atar con cadenas./ fig. Trabar, unir. Ú.t.c.prl.

encajar. tr. Meter una cosa dentro de otra ajustadamente./ fig. y fam. Decir una cosa, sea oportuna o no./ Arrojar, disparar./ Hacer recibir o tomar contra voluntad o engaño./ / prl. Introducirse en lugar estrecho.

encajonar. tr. Meter una cosa dentro de cajones./ Meter en lugar angosto. Ú.m.c.prl.

encalar. tr. Dar de cal o blanquear una cosa.

encallar. i. Dar la embarcación en arena o piedra quedando sin movimiento.

encaminar. tr./ prl. Enseñar el camino, poner en camino./ Dirigir a un punto determinado.

encandilar. tr./prl. Deslumbrar acercando mucho a los ojos una luz./ fig. Deslumbrar con las apariencias.

encanecer. i. Ponerse cano./ fig. Envejecer.

encantamiento. Acción y efecto de encantar.

encantar. tr. Obrar maravillas ejerciendo un poder sobrenatural./ fig. Cautivar la atención con la hermosura o el talento, embelesar.

encapricharse. prl. Empeñarse uno en conseguir su capricho./ Tener capricho por alguien o algo.

encaramar. tr. Levantar una persona o cosa a un lugar difícil de alcanzar.

encarar. i. Ponerse uno cara a cara, enfrente de otro.// tr. Apuntar, dirigir la puntería.

encarcelar. tr. Poner a uno preso en la cárcel.

encarecer. tr./ i./ prl. Aumentar el precio de una cosa./ fig. Ponderar mucho una cosa./ Recomendar con empeño.

encargado, da. a. Que ha recibido un encargo./ s. Quien está al frente de una casa, negocio, etc.

encargar. tr./ prl. Encomendar, poner una cosa al cuidado de uno./ Ú.t.c.prl. Recomendar, prevenir./ Pedir que se traiga o remita una cosa.

encariñar. tr. Despertar cariño. Ú.m.c.prl.

CORONA DE EMPERADOR

emperador

encarnado, da. a. De color de carne./ Colorado.// m. Color de carne que se da a las estatuas.

encarnar. i. Tomar forma carnal./ Criar carne una herida.// tr. fig. Personificar, simbolizar alguna idea, doctrina, etc./ Dar color encarnado.// prl. fig. Incorporarse, mezclarse dos cosas.

encarnizar. tr. Cebar al perro en la carne de otro animal para hacerlo fiero./ fig. Encruelecer, enfurecer.// prl. Mostrarse particularmente cruel con alguien.

encarrilar. tr. Encaminar, dirigir y enderezar una cosa./ Colocar sobre los carriles o rieles un vehículo descarrilado./ Encauzar un asunto hacia su logro.

encasillar. tr. Poner en casillas./ Clasificar personas o cosas distribuyéndolas en sus sitios correspondientes.

encastrar. tr. Encajar, empotrar.

encausar. tr. Formar causa a uno; proceder judicialmente.

encauzar. tr. Abrir cauce./ fig. Encaminar, dirigir por buen camino.

encéfalo. m. Anat. Gran centro nervioso contenido en el cráneo, que comprende el cerebro, el cerebelo y la médula espinal.

enceguecer. tr. Privar de la vista.// tr./ prl. Amér. Ofuscar el entendimiento.// i./ prl. Perder la vista.

encendedor, ra. a. Que enciende.// m. Aparato para encender.

encender. tr. Hacer que una cosa arda./ Conectar un circuito o aparato eléctricos./ Pegar fuego, incendiar.

encerar. tr. Aderezar con cera alguna cosa./ Manchar con cera.

encerrar. tr. Meter a una persona o cosa en parte de que no pueda salir./ fig. Incluir, contener.

encestar. tr. Poner, guardar algo en una cesta./ Hacer tantos en el básquetbol.

enchapar. tr. Cubrir con chapas.

enchufar. tr./ i. Ajustar la boca de un caño en la de otro. Ú.t.c.i./ fig. Combinar, unir un negocio con otro./ Establecer una conexión por medio del enchufe.

enchufe. m. Acción de enchufar./ Parte de un caño o tubo que penetra en otro./ Aparato de dos piezas que encajan entre sí para establecer una conexión eléctrica.

encía. f. Carne que cubre la quijada y guarnece la dentadura.

encíclica. f. Carta que dirige el Papa a los obispos católicos.

enciclopedia. f. Conjunto de todas las ciencias./ Obra que trata de muchas ciencias o artes./ Diccionario enciclopédico.

encierro. m. Acción y efecto de encerrar./ Sitio donde se encierra./ Clausura, recogimiento.

encima. adv. l. En lugar superior respecto de otro inferior./ adv. c. Además, sobre otra cosa.

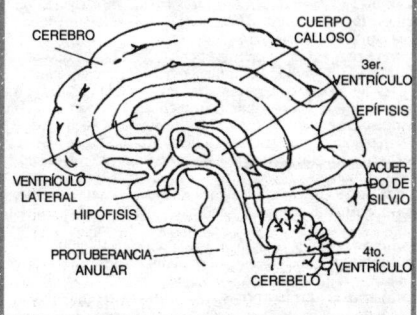

encéfalo

CEREBRO

CUERPO CALLOSO

3er. VENTRÍCULO

EPÍFISIS

ACUERDO DE SILVIO

VENTRÍCULO LATERAL

HIPÓFISIS

PROTUBERANCIA ANULAR

CEREBELO

4to. VENTRÍCULO

encina. f. Árbol fagáceo, de madera muy dura y compacta, cuyo fruto es la bellota.

encinta. a. Embarazada preñada.

enclenque. a. Falto de salud.

encofrado. m. Revestimiento de madera para hacer el vaciado de una obra de hormigón armado, columnas, etc.

encoger. tr./ prl. Retirar contrayendo./ fig. Apocar el ánimo.// i. Disminuir las medidas de algunas telas por apretarse su tejido cuando se mojan o lavan./ Disminuir de tamaño ciertas cosas.

encolar. tr. Pegar con goma una cosa.

encolerizar. tr./ prl. Hacer que uno se ponga colérico.

encomendar. tr. Encargar a uno que haga alguna cosa o que cuide de ella o de una persona./ Dar encomienda.// prl. Confiarse, entregarse al amparo de alguien.

encomiable. a. Digno de encomio.

encomienda. f. Acción y efecto de encomendar./ Cosa encomendada./ Amér. Paquete postal./ En las antiguas posesiones españolas de América, posesión de tierras y de familias indígenas que se asignaba a un encomendero.

encomio. m. Alabanza encarecida.

enconar. tr. Inflamar una llaga, herida, etc.// tr./ prl. Exasperar el ánimo contra uno.

encono. m. Rencor, resentimiento.

encontrar. tr. Dar con una persona o cosa que se busca.// prl. Oponerse, enemistarse./ Hallarse y concurrir juntas a un lugar dos o más personas./ Hallarse, estar./ Coincidir los afectos.

encordar. tr. Poner cuerda a los instrumentos de música./ Apretar un cuerpo con una cuerda, haciendo que ésta dé muchas vueltas alrededor de aquél.

encorvar. tr./ prl. Doblar una cosa poniéndola corva.

encrespar. tr./ prl. Ensortijar, rizar./ Erizar el pelo, plumaje, etc., por efecto de una impresión fuerte./ Enfurecer, irritar./ Levantar, agitar las olas.

encrucijada. f. Punto en donde se encuentran dos o más calles o caminos./ fig. Alternativa, opción./ Emboscada, asechanza.

encuadernación. f. Acción y efecto de encuadernar./ Cubierta que se pone a los libros para resguardo de sus hojas.

encuadernar. tr. Juntar y coser varios pliegos o cuadernos y ponerles cubiertas.

encuadrar. tr. Encerrar en un marco o cuadro./ Determinar los límites de una cosa./ Arg. Sintetizar un concepto./ fig. Distribuir las personas de acuerdo con un esquema organizativo, para que participen en una actividad sindical, política, etc.

encubrir. tr./ prl. Ocultar una cosa o no manifestarla.

encuentro. m. Acto de coincidir en un punto dos o más personas o cosas./ Oposición, contradicción./ Competición deportiva./ Choque de un cuerpo de vanguardia con el enemigo.

encuesta. f. Averiguación o pesquisa./ Reunión de datos obtenidos por consultas o cuestionarios a muchas personas.

encuestar. tr. Someter algo a encuesta./ Interrogar para una encuesta.// i. Hacer encuestas.

encumbrar. tr./ prl. Levantar en alto./ fig. Ensalzar a uno./ Ascender a la cumbre.// prl. Envanecerse./ Elevarse mucho.

encurtido. m. Fruta o legumbre en vinagre. Ú.m. en pl.

endeble. a. Débil, de poca resistencia./ fig. De escaso valor.

endemia. f. Enfermedad propia de un país o región, donde se repite en épocas fijas.

enderezar. tr./ prl. Poner derecho o vertical lo que está inclinado o tendido./ Remitir, dedicar./ Corregir, enmendar./ fig. Poner en buen estado una cosa. Ú.t.c.prl.// i. Ir directamente hacia algún lugar o cosa.

endeudarse. prl. Contraer muchas deudas./ Reconocerse obligado.

endiablado, da. a. Muy feo, desproporcionado./ Endemoniado, perverso.

endilgar. tr. Encajar a otro algo desagradable o impertinente.

endocrino, na. a. Apl. a la glándula que vierte sus secreciones en la sangre.

endógeno, na. a. Que se origina o nace en el interior.

endorreico, ca. a. Dícese de las aguas de un territorio que afluyen al interior de éste, sin salida al mar.

endósmosis o **endosmosis.** f. Fís. Corriente de afuera hacia adentro que se establece cuando dos líquidos de distinta densidad están separados por una membrana. Circula menos denso al más denso.

endosar. tr. Ceder a favor de otro un documento de crédito./ fig. Echar sobre otro una carga o molestia.

endrino, na. a. De color negro azulado.// m. Ciruelo silvestre, de fruto negro azulado, pequeño y de sabor áspero.

endulzar. tr./ prl. Poner dulce una cosa./ fig. Suavizar, hacer llevadero un trabajo.

endurecer. tr./ prl. Poner dura una cosa./ Robustecer los cuerpos./ Hacer a uno áspero, exigente.// prl. Volverse cruel.

eneágono, na. a. Díc. del polígono de nueve lados y nueve ángulos.

enema. f. Medicamento que se introduce en el recto./ Lavativa.

enemigo, ga. a. Contrario, opuesto./ El que malquiere a otro y le hace o desea daño.// m. El contrario en la guerra.

enemistad. f. Aversión u odio entre dos o más personas.

enemistar. tr./ prl. Hacer a uno enemigo de otro o hacer perder la amistad.

energía. f. Eficacia./ Fuerza de voluntad, vigor en la actividad./ Fís. Causa capaz de transformarse en trabajo mecánico./ **-atómica.** La que se obtiene mediante modificaciones en el núcleo del átomo.

enjambre

energúmeno, na. s. Persona endemoniada./ fig. Persona furiosa, exaltada.

enero. m. Mes primero del año.

enervar. tr./ prl. Debilitar, quitar las fuerzas./ fig. Quitar fuerza a los argumentos o razones.

enfadar. tr. Causar enfado. Ú.t.c.prl.

enfado. m. Impresión desagradable./ Enojo, disgusto.

enfangar. tr./ prl. Cubrir de fango una cosa o meterla en él. Ú.m.c.prl.// prl. fig. Entregarse a actividades innobles.

énfasis. m. y f. Fuerza de expresión con que se quiere realzar la importancia de lo que se dice o se lee./ Afectación./ Figura que consiste en dar a entender más de lo que se dice.

enfermar. i. Contraer enfermedad. Ú.t.c.prl. en Amér. especialmente.// t. Causar enfermedad./ fig. Debilitar./ fig. fam. Arg. Poner nervioso, molestar.

enfermedad. i. Alteración de la salud.

enfermero, ra. s. Persona destinada para la asistencia de los enfermos.

enfermo, ma. a. Que padece enfermedad. Ú.t.c.s. y en sentido figurado.

enfervorizar. tr./ prl. Encender buen ánimo o fervor.

enfilar. tr. Poner en fila varias cosas./ Venir dirigida una cosa en la dirección de otra./ Tomar una determinada dirección./ Ensartar.

enflaquecer. tr. Poner flaco a uno./ Debilitar, enervar.

enfocar. tr. Hacer que la imagen de un objeto producida en el foco de una lente coincida con un plano u objeto determinado./ fig. Captar lo esencial de un problema o asunto.

enfrascar. tr. Echar en frascos o prl. Aplicarse con gran intensidad a una cosa./ Oponer, hacer frente.

enfrentar. tr./ prl./ i. Poner frente a frente.

enlace

enfrente. adv. t. Delante, a la parte opuesta.// adv. m. En pugna, en contra.

enfriar. tr./ i./ prl./ Poner o hacer que se ponga fría una cosa./ fig. Entibiar los sentimientos.// prl. Quedarse uno frío.

enfundar. tr. Poner una cosa dentro de su funda./ Llenar, henchir.

enfurecer. tr./ prl. Irritar a uno o ponerle furioso.// prl. fig. Alborotarse el mar, el viento, etc.

engalanar. tr./ prl. Adornar.

enganchar. tr./ prl./ i. Agarrar una cosa con gancho o colgarla de él./ Uncir los caballos al carruaje./ fig. y fam. Atraer la atención, la voluntad.// prl. Sentar plaza de soldado.

engañar. tr. Dar a la mentira apariencia de verdad./ Inducir a otro a tener por cierto lo que no es./ Producir ilusión, engaño./ Entretener, distraer.// prl. Equivocarse.

engaño. m. Falta de verdad, falsedad.

engarzar. tr. Trabar una cosa con otra u otras formando cadena./ Rizar./ Engastar.

engendrar. tr. Procrear, propagar la propia especie./ fig. Causar, formar.

engendro. m. Feto./ Criatura informe./ fig. Plan, obra o designio mal concebidos.

englobar. tr. Considerar reunidas varias cosas en una sola.

engolosinar. tr. Excitar el deseo de uno con algún atractivo./ prl. Aficionarse, tomar gusto a algo.

engomar. tr. Impregnar y untar con goma.

engordar. tr. Cebar, dar mucho de comer para poner gordo.// i. Ponerse gordo./ fig. y fam. Hacerse rico.

engranaje. m. Efecto de engranar./ Conjunto de las piezas que engranan./ Conjunto de dientes de una máquina./ fig. Trabazón, ligazón de ideas, hechos, etc.

engranar. i. Encajar los dientes de una rueda./ fig. Enlazar, trabar.

engrandecer. tr. Hacer grande una cosa./ Exagerar, alabar./ fig. Exaltar.

engrasar. tr. Dar sustancia y crasitud a una cosa./ tr./ prl. Untar con grasa.

engreír. tr./ prl. Envanecer./ *Amér.* Encariñar.

engrosar. tr./ prl. Hacer gruesa y más corpulenta una cosa./ fig. Hacer más numerosos./ i. Hacerse más grueso, cobrar carnes.

engrudo. m. Masa hecha con harina o almidón cocidos en agua.

engullir. tr./ i. Tragar la comida atropelladamente y sin mascarla.

enhebrar. tr. Pasar la hebra por el ojo de la aguja o por el agujero de las cuentas o perlas.

enhorabuena. f. Felicitación.// adv. En hora buena, con bien.

enigma. m. Dicho o conjunto de palabras de sentido encubierto para que sea difícil entenderlo.

enigmático, ca. a. Que encierra enigma; de oscura y misteriosa significación.

enjaezar. tr. Poner los jaeces de las caballerías.

enjambre. m. Muchedumbre de abejas que salen de una colmena./ fig. Muchedumbre de personas o cosas juntas.

enjaular. tr. Poner dentro de la jaula./ fig. y fam. Meter en la cárcel.

enjoyar. tr. Adornar con joyas a una persona o cosa./ Poner piedras preciosas a una joya./ fig. Adornar, hermosear.

enjuagar. tr./ prl. Limpiar la boca y dentadura con líquido./ / tr. Aclarar y limpiar con agua lo que se ha jabonado.

enjugar. tr. Quitar la humedad a una cosa./ Limpiar la humedad que echa de sí el cuerpo. Ú.t.c.prl.

enjuiciar. tr. Someter una cuestión a juicio.

enjundia. f. Gordura que las aves tienen en la overa./ Unto y gordura de cualquier animal./ fig. Lo más importante de una cosa no material./ Fuerza, vigor.

enjuto, ta. a. Delgado, de pocas carnes.

enlace. m. Acción de enlazar./ Unión, conexión de una cosa con otra./ fig. Parentesco, casamiento./ Persona que sirve para que por su mediación otras se comuniquen entre sí./ Unión entre los átomos de un compuesto químico.

enlazar. tr. Juntar una cosa con lazos./ Dar enlace a unas cosas con otras./ Aprisionar un animal arrojándole el lazo./ / prl. Casar./ Unirse las familias por medio de casamientos.

enlodar. tr./ prl. Manchar con lodo./ fig. Manchar, infamar.

enloquecer. tr. Hacer perder el juicio./ i. Volverse loco.

enlosado. m. Suelo cubierto de losas.

enlosar. tr. Cubrir el suelo con losas.

enlucir. tr. Poner una capa de yeso o mezcla a las paredes, techos o fachadas de los edificios./ Limpiar, poner brillante una superficie.

enlutar. tr. Cubrir de luto./ fig. Oscurecer. Ú.t.c.prl./ Afligir, entristecer.

enmarañar. tr./ prl. Enredar, revolver una cosa./ fig. Enredar un asunto, confundirlo.

enmascarar. tr./ prl. Cubrir el rostro con máscara./ Encubrir, disfrazar.

enmendar. tr./ prl. Corregir./ Subsanar los daños./ Rectificar una sentencia.

enmienda. f. Corrección o eliminación de un error.

enmohecer. tr./ prl. Cubrir de moho.// prl. fig. Caer en desuso.

enmudecer. tr. Hacer callar.// i. Quedar mudo./ fig. Guardar silencio.

ennegrecer. tr./ prl. Ponerse negro./ Oscurecerse, nublarse.

encuadernar

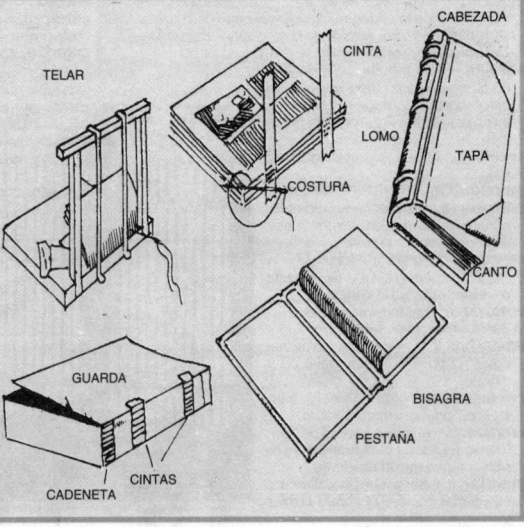

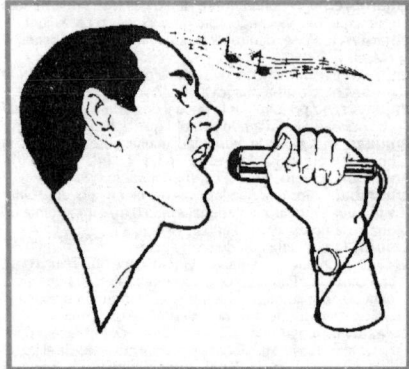

entonar

ennoblecer. tr. Hacer noble. Ú.t.c.prl./ fig. Ilustrar, dignificar.

enojar. tr./ prl. Causar enojo./ Molestar.

enojo. m. Ira, cólera./ Molestia, pesar, trabajo. Ú.m. en pl.

enología. f. Conjunto de conocimientos relativos a los vinos.

enorgullecer. tr./ prl. Llenar de orgullo.

enorme. a. Excesivo, desmedido.

enraizar. i. Arraigar, echar raíces.

enrarecer. tr. Dilatar un cuerpo gaseoso, quitándole densidad.

enredadera. f. Dícese de las plantas de tallo trepador, que se enredan en varas, cuerdas, etc.

enredar. tr./ prl. Prender con red./ Enmarañar una cosa con otra./ Meter discordia./ Envolver en negocios.

enredo. m. Maraña que resulta de trabarse entre sí desordenadamente cosas flexibles./ fig. Engaño que ocasiona disturbios./ Complicación./ Trama o argumento de una obra dramática./ R. de la P. Amorío.

enrejar. tr. Poner rejas o cercar con rejas.

enrevesado. a. Difícil de entender.

enriquecer. tr. Hacer rica a una persona, comarca, etc./ fig. Adornar, engrandecer.// i./ prl. Hacerse uno rico.// prl. Prosperar, notablemente, un país, una empresa, etc.

enrocar. tr. En el juego de ajedrez, mudar de lugar el rey al mismo tiempo que la torre./ Enrollar el copo en la rueca.

enrojecer. tr./ prl. Poner roja una cosa, calentándola al fuego./ Dar color rojo.// prl. Encenderse el rostro. Ú.t.c.tr.

enrolar. tr./ prl. Inscribir un individuo en el rol o lista de tripulantes de un barco mercante./ Alistar en el ejército, en un partido político u otra organización.

enrollar. tr. Arrollar, poner en forma de rollo.

enronquecer. tr./ prl. Poner ronco.

enroscar. tr./ prl. Doblar en redondo; poner en forma de rosca.// tr. Introducir una cosa a vuelta de rosca.

ensalada. f. Hortaliza aderezada con sal, aceite, vinagre, etc./ fig. Mezcla confusa de cosas sin conexión.

ensalzar. tr. Engrandecer, exaltar.

ensamblar. tr. Unir, juntar.

ensanchar. tr. Extender el ancho de una cosa./ i./ prl. fig. Afectar gravedad y señorío.

ensangrentar. tr./ prl. Manchar con sangre.// prl. fig. Irritarse mucho.

ensañar. tr. Irritar, enfurecer.// prl. Deleitarse en causar el mayor daño posible a quien quedó indefenso.

ensartar. tr. Pasar por un hilo, alambre, etc., varias cosas./ Enhebrar./ Hablar mucho y sin orden.// prl. vulg. *Arg.* Chasquearse, engañarse.

ensayar. tr. Probar una cosa antes de usar de ella./ Amaestrar, adiestrar./ Hacer la prueba de un ballet, obra teatral, etc.// prl.Intentar hacer una cosa varias vecespara después hacerla mejor.

ensayo. m. Acción y efecto de ensayar./ Escrito breve, que no pretende tratar a fondo una materia.

ensenada. f. Recodo que forma seno, entrando el mar en la tierra.

enseña. f. Insignia o estandarte.

enseñanza. f. Acción y efecto de enseñar./ Sistema y método de instrucción.

enseñar. tr. Instruir./ Dar advertencia o escarmiento./ Indicar, mostrar.

enseres. m. pl. Utensilios, muebles.

ensillar. tr. Poner la silla a las caballerías.

ensimismamiento. m. Acción de ensimismarse.

ensimismarse. prl. Abstraerse./ *Col.* y *Chile.* Envanecerse.

ensoberbecer. tr./prl. Causar soberbia.// prl. Agitarse el mar.

ensombrecer. tr./prl. Cubrir de sombras./ Entristecerse.

ensopar. tr. Hacer sopa con el pan, empapándolo./ *Amér.* Empapar, poner hecho una sopa.

ensordecer. tr. Causar sordera.// i. Perturbar mucho a una persona la intesidad de un sonido./ Aminorar la intensidad de un ruido o sonido.

ensuciar. tr./prl. Poner sucia una cosa.// prl. Dejarse sobornar./ Deslucir.

ensueño. m. Sueño, cosa que se sueña./ Ilusión, fantasía.

entablar. tr. Cubrir con tablas./ Dar comienzo a una cosa./ En el juego de ajedrez, empatar./ Entrar en tratos./ Trabar una batalla, disputa, etc./ *Amér.* Iniciar una demanda judicial.

entablillar. tr. Sujetar con tablillas y vendajes un hueso roto.

entallar. tr. Esculpir o grabar./ Formar el talle./ Hacer una incisión en el tronco de algunos árboles para extraer la resina./ i. Venir bien o mal la ropa al talle.

entarimado. m. Suelo de tablas.

ente. m. Lo que es, existe o puede ser./ fig. Sujeto ridículo.

entelequia. f. *Fil.* Cosa real que contiene el principio de su acción y tiende a su propio fin./ Cosa irreal.

entender. tr. Tener idea clara de las cosas; comprenderlas./ Conocer, penetrar./ Discurrir, deducir./ prl. Comprenderse a sí mismo.// rec. Ir dos o más de conformidad en un negocio.

entendimiento. m. Facultad de comprender./ Razón humana.

entenebrecer. tr./ prl. Oscurecer, llenar de tinieblas.

enterar. tr./ prl. Informar, instruir, notificar.

entereza. f. Integridad, perfección./ fig. Fortaleza./ Rigurosa observancia de la disciplina.

enterizo, za. a.Entero./ De una sola pieza.

enternecer. tr./ prl. Poner tierna una cosa./ Mover a ternura.

enrejado

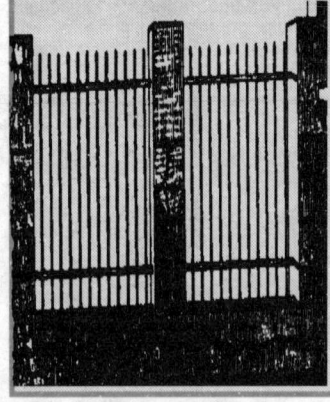

entero, ra. a. Cabal, cumplido./Apl. al animal no castrado./ fig. Sano./ Justo, recto.// m. Número entero.

enterrar. tr. Poner debajo de la tierra./ Dar sepultura a un cadáver./ fig. Sobrevivir a una persona./ Relegar al olvido./ *Amér.* Clavar un instrumento punzante.// prl. fig. Retraerse, aislarse.

entibiar. tr./ prl. Poner tibio un líquido./ fig. Moderar.

entidad. f. *Fil.* Lo que constituye la esencia o la forma de una cosa./ Ente o ser./ Colectividad considerada como unidad./ Conjunto de personas que forman una sociedad con fines comerciales, médicos, etc.

entierro. m. Acción y efecto de enterrar los cadáveres./ Cortejo de un cadáver que es llevado a enterrar.

entoldar. tr. Cubrir con toldos.// prl. Nublarse.

entomología. f. Parte de la zoología que trata de los insectos.

enseña

entonar. tr./ i. Cantar ajustado al tono./ Dar determinado tono a la voz./ Vigorizar el organismo./ Armonizar las tintas.// prl. fig. Engreírse.

entonces. adv. En aquel tiempo u ocasión.

entorchado. m. Cuerda o hilo de seda, cubierto con otro hilo de seda, o de metal, retorcido alrededor./ Distintivo bordado en oro o plata que los generales, ministros, etc.

entornar. tr. Volver la puerta o la ventana hacia donde se cierra.

entorpecer. tr./ prl. Poner torpe./ Oscurecer el entendimiento./ Retardar, dificultar.

entrada. f. Espacio por donde se entra a alguna parte./ Acción de entrar./ Billete que sirve para entrar en una sala de espectáculos./ Cada uno de los platos que se sirven antes del plato principal./ Cada uno de los ángulos entrantes que forma el pelo en la parte superior de la frente./ Caudal que entra en una caja o en poder de uno./ Principio de un año, estación.

entraña. f. Cada uno de los órganos contenidos en las principales cavidades del cuerpo./ Lo más íntimo de una cosa o asunto./ El centro de algo./ Índole, genio de alguien.

entrañar. tr./prl. Introducir en lo más hondo./ Contener, llevar dentro de sí./ prl. Unirse estrechamente con alguien.

entrar. i. Ir o pasar por una parte para introducirse en otra./ Penetrar, introducirse.

entre. prep. En medio de dos cosas o acciones./ En el número de./ Expresa cooperación de personas o cosas.

entreabrir. tr./prl. Abrir un poco o a medias.

entreacto. m. Intermedio en una representación dramática.

entrecejo. m. Espacio que hay entre las cejas./ fig. Ceño, sobrecejo.

entrecerrar. tr. Entornar una puerta o una ventana.

entrecruzar. tr./ prl. Cruzar dos o más cosas entre sí.

entredicho. m. Prohibición de hacer o decir algo.

entrega. f. Acción y efecto de entregar./ Cada cuaderno impreso en que se divide y vende un libro publicado en serie.

entregar. tr. Poner en poder de otro.// prl. Ponerse en manos de uno sometiéndose a su dirección o arbitrio./ Dedicarse de lleno a una cosa./ fig. Dejarse dominar./ Declararse vencido.

entrelazar. tr. Entretejer una cosa con otra.

entremeter. tr. Meter una cosa entre otras.// prl. Meterse uno donde no lo llaman.

entremetido, da. a. Apl. al que tiene costumbre de meterse donde no lo llaman.

entremezclar. tr. Mezclar una cosa con otra sin confundirlas.

entrenador, ra. a. y s. Preparador, adiestrador.

entrenar. tr./ prl. Adiestrar, prepararse para algo.

entrepiernas. f. pl. Parte interior de los muslos.

entrepiso. m. Piso construido quitando parte de la altura a otro./ Arg. Entresuelo.

entrerriano, na. a. De la provincia argentina de Entre Ríos.

entresacar. tr. Sacar unas cosas de entre otras.

entretanto. adv. Entre tanto, mientras.

entretejer. tr. Meter en la tela que se teje hilos diferentes./ Trabar y enlazar una cosa con otra.

entretener. tr./prl. Tener en espera./ Hacer más llevadera una cosa./ Divertir./ Alargar, con pretextos, el despacho de un asunto.// prl. Divertirse.

entretenimiento. m. Acción y efecto de entretener./ Lo que entretiene o divierte.

entretiempo. m. Tiempo de primavera y otoño.

entrever. tr. Ver confusamente una cosa./ Sospecharla.

entreverar. tr. Mezclar una cosa entre otras.// prl. Arg. Mezclarse desordenadamente personas, animales o cosas.// Arg. Luchar cuerpo a cuerpo.

entrevista. f. Encuentro convenido entre dos o más personas para tratar de un asunto, informar al público, etc.

entristecer. tr. Causar tristeza./ Poner aspecto de triste.// prl. Ponerse triste y melancólico.

entrometer. tr./ prl. Entremeter.

entroncar. tr. Afirmar el parentesco de una persona con el linaje de otra./ i. Contraer parentesco con un linaje o persona./ *Amér.* Empalmar dos líneas de transporte, etc.

entronizar. tr. Colocar en el trono./ Colocar a uno en alto estado.// prl. Envanecerse.

entuerto. m. Cosa trabada, confusión o agravio.

entumecer. tr./ prl. Impedir, entorpecer la acción de un miembro o nervio. Ú.m.c.prl.

enturbiar. tr./ prl. Hacer o poner turbia una cosa./ Alterar, turbar.

entusiasmar. tr./ prl. Infundir entusiasmo.

entusiasmo. m. Inspiración fogosa y arrebatada del artista./ Exaltación del ánimo, excitado por cosa que lo admira.

enumeración. f. Expresión sucesiva y ordenada de las partes de que consta un todo./ Cómputo de las cosas./ Breve resumen de las razones expuestas.

enunciado. m. Palabras con que se enuncia el teorema que se va a demostrar, el problema que se va a resolver, etc./ *Ling.* En ciertas escuelas, secuencia de palabras, constituida por una o varias oraciones, delimitada por silencios muy marcados.

enunciar. tr. Expresar sencillamente una idea.

envainar. tr. Meter un arma en su vaina.

envanecer. tr./ prl. Causar soberbia o vanidad.

envasar. tr. Echar en vasos o vasijas un líquido./ Meter en su envase una cosa.

envase. m. Acción y efecto de envasar./ Recipiente en que se conservan ciertos géneros./ Todo lo que envuelve o contiene efectos para conservarlos o transportarlos.

envejecer. tr. Hacer vieja a una persona o cosa.// i. Hacerse vieja una persona o cosa. Ú.t.c.prl./ Durar mucho.

envenenar. tr./ prl. Emponzoñar, inficionar con veneno./ fig. Emponzoñar, dañar.

ensenada

envergadura. f. Distancia entre las puntas de las alas de un avión./ En las aves, distancia entre las puntas de las alas completamente abiertas./ *Mar.* Ancho de la vela de un barco./ fig. Importancia, prestigio.

envés. m. Revés, reverso./ fam. Espalda.

enviar. tr. Hacer que una persona vaya a alguna parte./ Hacer que una cosa se dirija o sea llevada a alguna parte.

enviciar. tr. Corromper con un vicio.// i. Echar muchas hojas y poco fruto una planta.// prl. Aficionarse demasiado a una cosa.

envidia. f. Pesar del bien ajeno./ Deseo honesto, emulación.

envidiar. tr. Tener envidia, sentir el bien ajeno.

envilecer. tr. Hacer vil y despreciable una cosa.// prl. Humillarse.

enviudar. i. Quedar viudo o viuda.

envoltorio. m. Lío, lo que se envuelve.

envoltura. f. Conjunto de pañales, mantas, etc. con que se envuelve a una criatura./ Capa externa que cubre una cosa.

envolver. tr. Cubrir una cosa rodeándola y ciñéndola con algo./ Arrollar o devanar los hilos, cintas, etc./ fig. Rodear a una persona con argumentos, confundirla.

envuelto. p. p. irreg. de envolver.

enyesar. tr. Tapar o acomodar una cosa con yeso./ Igualar una cosa con yeso./ Endurecer con yeso los vendajes para mantener en posición conveniente los huesos dislocados o rotos.

enyugar. tr. Uncir y poner el yugo.

enzima. f. Fermento que actúa como catalizador en los procesos de metabolismo.

eólico, ca. a. Rel. al viento./ Producido por el viento.

epicentro. m. Punto de la tierra en que tiene su origen un terremoto.

épico, ca. a. Perteneciente o relativo a la épica./ Aplícase a quien cultiva la épica./ Dícese de los textos donde predominan las partes narrativas.

epidemia. f. Enfermedad infecciosa que ataca al mismo tiempo a gran número de personas.

epidermis. f. Membrana exterior que forma la parte externa de la piel./ Película delgada que cubre la superficie de las plantas.

epígono. m. El que sigue las huellas de otro; enespecial, se dice del que sigue una escuela o estilo de una generación anterior.

epígrafe. m. Resumen, cita o sentencia que suele ponerse a la cabeza de una obra o al comienzo de cada uno de sus capítulos o divisiones./ Título, rótulo.

epilepsia. f. Enfermedad general, caracterizada por accesos, pérdida brusca del conocimiento y convulsiones.

epílogo. m. Recapitulación de todo lo dicho en una composición literaria./ Última parte de algunas obras literarias, consecuencia y cierre de la acción principal.

episcopado. m. Dignidad de obispo./ Tiempo en que éste gobierna./ Conjunto de obispos de un país.

episodio. m. Acción secundaria, enlazada con la principal./ Cada una de las acciones parciales o partes integrantes de la acción principal./ Suceso enlazado con otros.

epístola. f. Carta misiva que se escribe a los ausentes./ Composición poética dirigida a una persona real o imaginaria.

epitafio. m. Inscripción propia para ponerla sobre un sepulcro.

epitelio. m. Tejido tenue que cubre exteriormente las mucosas y glándulas del cuerpo.

epíteto. m. Adjetivo o participio cuya función principal no es especificar o determinar al sustantivo, sino caracterizarlo como una redundancia.

época. f. Era, fecha histórica./ Período que se señala por los hechos históricos durante él acaecidos./ Temporada.

epónimo, ma. a. Que da nombre a un pueblo, a una tribu, a un período, etc.

epopeya. f. Poema narrativo extenso, que refiere acciones heroicas, protagonizado por un héroe y de fuerte carácter nacional./ fig. Conjunto de hechos gloriosos.

equino

equidad. f. Ecuanimidad. / Propensión a dejarse guiar por la razón.

equidistar. tr. Hallarse una cosa a igual distancia de otra determinada, o entre sí.

equilátero, ra. a. Apl. a las figuras cuyos lados son todos iguales entre sí.

equilibrar. tr./ pr. Hacer que una cosa se ponga o quede en equilibrio.

equilibrio. m. Estado de un cuerpo cuando fuerzas opuestas que obran en él se compensan y anulan./ fig. Contrapeso, igualdad./ Ecuanimidad, mesura.// pl. fig. Actos para sostener una opinión, situación insegura o dificultosa.

equino, na. a. poét. Relativo al caballo./ / m. *Amér.* Caballo o yegua.

equinoccio. m. Época en que los días son iguales a las noches en toda la Tierra.

equipaje. m. Conjunto de cosas que se llevan en los viajes./ Tripulación.

equipar. tr./ prl. Proveer a uno de las cosas necesarias para su uso particular./ Dotar a una casa, un buque, etc. de lo necesario para funcionar.

equiparar. tr. Comparar dos cosas, considerándolas iguales o equivalentes.

equipo. m. Acción y efecto de equipar./ Grupo organizado para un fin o servicio determinado./ En algunos deportes, cada uno de los grupos que contienden./ Conjunto de útiles o vestimentas para un uso particular.

equitación. f. Arte de montar y manejar bien el caballo.

equivalente. a. Que equivale a otra cosa. Ú.t.c.s.

equivaler. i. Ser igual una cosa a otra en el valoro eficacia.

equivocar. tr./ prl. Tener o tomar una cosa por otra, juzgando u obrando desacertadamente.

equívoco, ca. a. Que se puede entender en varios sentidos./ / m. Palabra de varios sentidos.

era. f. Fecha determinada de un suceso, desde el cual se empiezan a contar los años./ Período extenso de tiempo.

erario. m. Tesoro público./ Lugar donde se guarda.

erecto, ta. a. Enderezado, levantado, rígido.

erguir. tr. Levantar y poner derecha una cosa.// prl. fig. Engreírse.

erial. a./ m. Apl. a la tierra sin cultivar ni labrar.

erigir. tr. Fundar, instituir o levantar./ Dar a una persona o cosa un carácter que no tenía.

erizar. tr./ prl. Levantar, poner rígida y tiesa una cosa. Ú.m.c.prl./ fig. Llenar de obstáculos una cosa.// prl. fig. Inquietarse.

erizo. m. Mamífero insectívoro con el dorso y los costados cubierto de púas agudas./ Mata leguminosa de ramas cruzadas y espinosas./ Cáscara espinosa de las castañas y otros frutos./ fig. y fam. Persona de carácter áspero./ **-de mar.** Equinodermo de forma esférica y aplanada, cubierto con una concha caliza llena de púas.

ermita. f. Santuario o capilla en despoblado.

ermitaño, ña. s. Persona que vive en la ermita.// m. Persona que vive en soledad o gusta de ella.

erogar. tr. Distribuir bienes o caudales./ *Amér.* Ocasionar.

erosión. f. Desgaste en la superficie de un cuerpo por el roce de otro.

erotismo. m. Amor sensual.

erque. m. *Amér.* Tuba travesera recta de 3 a 7 m. de largo.

erquencho. m. Flauta formada por una caña de unos 10 cm de largo terminada en un pabellón de cuerno de vaca o cabra.

erradicar. tr. Arrancar de raíz.

errante. a. Que yerra./ Que anda de una parte a otra sin tener asiento fijo.

errar. tr./ i. No acertar.// tr. Andar errante./ Faltar, no cumplir con lo que se debe.

errata. f. Equivocación material en lo impreso o manuscrito.

errático, ca. a. Vagabundo, sin domicilio cierto./ *Pat.* Que pasa de una parte a otra.

erróneo, a. a. Que contiene error, equivocado.

error. m. Concepto equivocado o juicio falso./ Acción equivocada./ Cosa hecha equivocadamente.

eructar. i. Expeler con ruido por la boca los gases del estómago.

erudición. f. Conocimiento profundo adquirido mediante el estudio de una o varias materias.

erupción. f. Aparición y desarrollo en la piel o las mucosas de granos, manchas o vesículas./ Dichas manchas, granos o vesículas./ Emisión repentina y violenta de lavas, gases, etc. a través de un cráter volcánico.

esbelto, ta. a. Gallardo, delgado, alto y de elegante figura.

esbirro. m. Alguacil, policía./ El que tiene por oficio prender a las personas./ Secuaz a sueldo o que actúa por interés.

esbozo. m. Bosquejo, boceto.

escabel. m. Tarima pequeña que se pone para descanso de los pies./ Asiento pequeño sin respaldo.

escabroso, sa. a. Desigual, lleno de tropiezos./ fig. Áspero, duro, de mala condición./ fig. Que está al borde de lo inconveniente o moral.

escabullir. i. Escapar.// prl. Irse o escaparse de las manos./ Apartarse de la compañía que se tenía sin que lo noten.

escafandra. f. Aparato que usan los buzos compuesto de una vestidura impermeable y un casco metálico, para permanecer y trabajar debajo del agua.

escala. f. Escalera de mano./ Sucesión ordenada de cosas distintas pero de la misma especie./ Línea recta dividida en partes iguales que representan en proporción determinadas unidades de medida./ fig. Relación existente entre una longitud y su representación sobre un mapa, plano o fotografía./ Cualquier sistema que, por composición, permita medir una determinada magnitud./ Paraje o puerto donde suelen tocar los barcos./ Mús. Sucesión diatónica de las siete notas.

escalafón. m. Lista de los individuos de una corporación, clasificados según su grado, antigüedad, etc.

escalar. tr. Entrar en un lugar valiéndose de escalas./ Trepar por una pendiente o una altura./ fig. Alcanzar ciertas dignidades.

escaldar. tr. Bañar con agua hirviendo una cosa./ Abrasar con fuego hasta poner rojo./ prl. Escocer la piel.

escaleno. a. Díc.del triángulo cuyos tres lados son desiguales.

escalera. f. Serie de escalones que sirve para subir o bajar.

escalinata. f. Escalera exterior de un solo tramo.

escalón. m. Peldaño./ fig. Grado a que se asciende./ Medio para adelantar una persona en sus posiciones.

escalonar. tr. Situar ordenadamente de trecho en trecho.

escalpelo. m. Bisturí de mango fino, que se usa en las disecciones.

escama. f. Membrana córnea que, imbricada con otras de su clase, suele cubrir la piel de peces y reptiles./ fig. Lo que tiene figura de escama./ Recelo, sospecha.

escamar. tr. Quitar las escamas./ Labrar en forma de escamas./ fig. y fam. Hacer que uno recele. Ú.m.c. prl

escamotear. tr./ fig. Quitar una cosa con agilidad y astucia.

escampar. tr. Despejar un sitio.// i. Cesar de llover./ Col. Guarecerse de la lluvia.

escanciar. tr. Echar el vino.// i. Beber vino.

escandalizar. tr./ prl. Causar escándalo./ prl. Enojarse, irritarse.

escándalo. m. Acción o palabra causa de que uno obre mal o piense mal de otro./ Alboroto, tumulto./ Desvergüenza, mal ejemplo./ fig. Asombro.

escandinavo, va. a. Natural de Escandinavia.

escaño. m. Banco con respaldo y apto para que se sienten tres o más personas./ Puesto y asiento de cada diputado o senador en el Congreso.

escapar. i./ prl. Salir de un encierro o peligro./ Salir de prisa y ocultamente./ Salirse un líquido o gas.

escape. m. Acción de escapar./ Fuga de un fluido./ Fuga apresurada./ Válvula para la salida de un gas en un motor o caldera.

escarabajo. m. Insecto coleóptero negro que se alimenta de estiércol, en el que pone los huevos./ Por ext., cualquier coleóptero de cuerpo ovalado y cabeza corta.

escaramuza. f. Pelea entre soldados a caballo./ Refriega de poca importancia entre las avanzadas de los ejércitos./ fig. Riña poco importante.

escarapela. f. Divisa compuesta de cintas fruncidas o formando lazadas alrededor de un punto.

escarbar. tr. Remover repetidamente la superficie de la tierra./ Avivar, remover la lumbre./ fig. Inquirir lo oculto.

escarceo. m. Cabrilleo de las olas en el mar.// pl. Vueltas, caracoleo del caballo. / fig. Rodeo, obligación.

escarcha. f. Conjunto de diminutos cristales de hielo, formados por sublimación del vapor de agua atmosférico.

escarchar. tr. Preparar confituras con una capa de azúcar cristalizada.// i. Congelarse el rocío.

escarlata. f. Color carmesí, menos subido que el de la grana./ Tela de ese color./ Escarlatina.

escarlatina. f. Enfermedad infectocontagiosa. Produce fiebre y erupción roja en la piel.

escarmentar. tr. Corregir con rigor.// i. Tomar enseñanza o lección de una cosa.

escarnecer. tr. Hacer mofa zahiriendo.

escarnio. m. Burla tenaz que afrenta.

escarpín. m. Zapato de una suela y de una costura./ Arg. y Urug. Calzado tejido que usan los bebés.

escasear. tr. Dar poco y de mala gana.// i. Faltar.

escasez. f. Mezquindad con que se hace una cosa./ Falta de algo./ Pobreza o falta de lo necesario para subsistir.

escaso, sa. a. Corto, poco, limitado.

escatimar. tr. Disminuir, escasear lo que se ha de dar./ No cabal, mezquino.

escena. f. Parte del teatro en que se representa la obra dramática o cualquier otro espectáculo teatral./ Lo que la escena representa./ Cada una de las partes en que se divide el acto de la obra dramática, o sea aquella en que participan unos mismos personajes./ fig. Acto en que se descubre algo de teatral y fingido para impresionar el ánimo./ Teatro.

escenario. m. Parte del teatro dispuesta convenientemente para que en ella se puedan colocar las decoraciones y representar./ En el cine, lugar donde se desarrolla cada escena de la película./ fig. Conjunto de circunstancias que rodean a una persona o acontecimiento.

escenografía. f. Arte de disponer los elementos decorativos de la escena./ Conjunto de decorados en la representación de un espectáculo teatral.

escindir. tr. Dividir, cortar, desunir.

escisión. f. Acción de dividir./ Rompimiento, separación.

esclarecer. tr. Poner clara y luciente una cosa./ Ennoblecer./ Ilustrar./ Poner en claro.

esclavitud. f. Estado de absoluta dependencia en que una persona se encuentra respecto de otra, con privación de todo derecho.

esclavizar. tr. Hacer esclavo a uno./ fig. Tener a uno muy sujeto.

esclavo, va. a. Díc. del que por estar bajo el dominio de otro carece de libertad. Ú.t.c.s./ fig. Sometido a alguien o a algo.// f. Pulsera fina que no se abre.

esclerótica. f. Capa externa del globo ocular, dura, blanquecina y opaca.

esclusa. f. Recinto de fábrica, con puertas movibles, que se construye en un río o canal de navegación para que los barcos puedan pasar de un tramo a otro de diferente nivel.

escoba. f. Manojo de pajas con mango, que sirve para barrer y limpiar./ Arg. Juego de naipes.

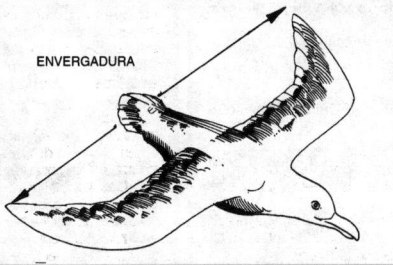

ENVERGADURA

envergadura

escobillón. m. Instrumento con mango largo que tiene en un extremo un cepillo.

escocer. i. Producirse una sensación muy parecida a la quemadura.

escocés, sa. a. Natural de Escocia./ Dícese de las telas a cuadros de colores, que generalmente imitan las de los clanes de Escocia.

escoger. tr. Tomar o elegir una cosa o persona entre otras.

escolar. a. Perteneciente al estudiante o a la escuela.// m. Estudiante que concurre a la escuela.// m. y f. Alumno que concurre a la escuela para recibir la enseñanza obligatoria.

escollera. f. Dique formado por piedras echadas al agua.

escollo. m. Peñasco que está a flor de agua o que no se descubre bien./ Peligro, riesgo./ Dificultad.

escolta. f. Fuerza armada para escoltar./ Acompañamiento en señal de honra o respeto./ Persona o grupo de personas que siguen a determinadas personalidades a modo de protección.

escoltar. tr. Acompañar a una persona para protegerla o en señal de honra.

escombro. m. Desecho y cascote que queda de una obra de albañilería o de un edificio derribado.

esconder. tr. Encubrir, retirar de lo público una cosa a sitio secreto./ fig. Encerrar en sí algo que no es manifiesto a todos.

escopeta. f. Arma de fuego portátil, con uno o dos cañones.

escorbuto. m. Enfermedad general, producida por la escasez o ausencia en la alimentación de ciertos principios vitamínicos. Se caracteriza por debilidad, hemorragias y ulceraciones en las encías.

escoria. f. Sustancia vítrea que procede de la parte menos pura de los minerales que se funden./ Materia que suelta el hierro candente al ser martillado./ Lava esponjosa de los volcanes./ fig. Desecho, cosa vil.

escorpión. m. Arácnido de cuerpo alargado con cola de 6 segmentos terminados en un aguijón curvo y venenoso./ Octavo signo del Zodíaco./ Constelación zodiacal.

escotadura. f. Corte en un vestido por la parte del cuello.

escote. m. Escotadura de una prenda de vestir./ Parte del busto o de la espalda que la escotadura deja libre./ Parte que corresponde a cada uno del gasto hecho entre varios.

escotilla. f. Abertura en cubierta para el servicio del buque.

escozor. m. Sensación dolorosa, similar a la de una quemadura.

escribanía. f. Oficio que ejercen los escribanos públicos./ Oficina del escribano./ Recado de escribir.

escribano, na. s. Persona autorizada para dar fe de las escrituras y demás actos que pasan ante él.

escribir. tr. Representar las palabras o las ideas con letras u otros signos./ Trazar los signos de la música./ Componer libros, discursos, etc./ Comunicar por escrito.

escritor, ra. a. Persona que escribe./ Autor de obras escritas o impresas.

escritorio. m. Mueble para guardar papeles o escribir en él.

escritura. f. Acción de escribir./ Arte de escribir./ Documento escrito del que da fe el escribano.

escriturar. tr. Hacer constar con escritura pública un hecho.

escrúpulo. m. Duda o recelo que inquieta el conocimiento.

escrutar. tr. Examinar cuidadosamente./ Escudriñar, indagar.

escrutinio. m. Examen diligente que se hace de una cosa./ Reconocimiento y cómputo de los votos en las elecciones.

escuadra. f. Instrumento de figura de triángulo rectángulo, o compuesto de dos reglas que forman ángulo recto./ Cierto número de soldados con su cabo./ Conjunto de buques de guerra.

escuadrón. m. Unidad de caballería./ Unidad aérea equiparable al batallón.

escuálido, da. a. Flaco, macilento./ Sucio.

escualo. m. Nombre de los peces de cuerpo fusiforme, boca grande en la parte inferior de la cabeza y cola potente, como el tiburón, el cazón, etc.

escuchar. tr. Aplicar el oído para oír./ Prestar atención a lo que se oye./ Atender a un consejo o sugestión.// prl. Hablar con pausas afectadas.

escudar. tr./ prl. Resguardar con el escudo./ fig. Resguardar y defender del peligro.// prl. Valerse de un medio o favor para justificarse o librarse de un peligro.

escudero. m. Sirviente que llevaba el escudo al caballero./ El que recibía paga de un señor para acompañarlo o servirlo./ El que hacía escudos.

escudilla. f. Vasija ancha y de forma de una media esfera, pa ra líquidos, comidas, etc..

escudo. Arma defensiva para cubrirse y resguardarse que se llevaba en el brazo izquierdo./ Moneda antigua de oro o plata./ Unidad monetaria de Chile y Portugal./ Amparo, defensa, patrocinio.

escudriñar. tr. Averiguar cuidadosamente una cosa.

escuela. f. Establecimiento público donde se da a los niños la instrucción primaria./ Establecimiento público donde se da cualquier género de instrucción./ Enseñanza dada o adquirida./ Conjunto del personal y alumnos de una misma enseñanza./ Sistema literario o artístico que distingue las obras de una época, región.

escueto, ta. a. Descubierto, libre, despejado.

esculpir. tr. Labrar a mano una obra escultórica./ Grabar, tallar.

escultura. f. Arte de modelar, tallar y esculpir, representando figuras de bulto./ Obra hecha por el escultor.

escupidera. f. Pequeño recipiente para escupir./ Amér. Orinal.

escupir. i. Arrojar saliva por la boca.// tr. Arrojar por la boca algo como escupiendo./ fig. Echar de sí con desprecio.

escurrir. tr. Apurar las últimas gotas que han quedado en un vaso, botella, etc. / Hacer que una cosa mojada suelte el líquido que quedaba en ella. .

esdrújulo, la. a./ m. Aplícase al vocablo cuya acentuación prosódica carga en la antepenúltima sílaba.

ese, esa, eso, esos, esas. Forma del pron. demostrativo en los tres géneros y en ambos números. Funcionan como adjetivos, unida al sustantivo o como sustantivos.

esencia. f. Naturaleza de las cosas./ Lo permanente e invariable en ellas./ Extracto líquido concentrado de una sustancia, gmente. aromática./ Gal. por nafta o gasolina.

esencial. a. Perteneciente a la esencia./ Sustancial, principal, notable, imprescindible, primordial.

esfera. f. Sólido limitado por una superficie curva cuyos puntos equidistan todos de otro interior llamado centro./ Círculo en que giran las manecillas del reloj./ poét. Cielo./ fig. Condición social o clase de una persona./ Ámbito o espacio donde se extiende la influencia de alguien o algo.

esfinge. f. Animal fabuloso con cabeza y pecho de mujer y cuerpo y pies de león./ Mujer enigmática por su aspecto o carácter./ Mariposa grande, crepuscular.

esforzar. tr. Dar fuerza.// i. Tomar ánimo.// prl. Hacer esfuerzos física o moralmente con algún fin.

esfuerzo. m. Empleo enérgico de la fuerza física o del vigor del ánimo./ Ánimo, brío, valor.

esfumar. tr. Extender los trazos para dar empaste a las sombras de un dibujo./ Rebajar los tonos de una composición.// prl. Disiparse, desvanecerse.

esgrima. f. Arte de manejar la espada y otras armas blancas.

esgrimir. tr. Practicar la esgrima./ fig. Usar de una cosa como arma para lograr algún intento.

escorpión

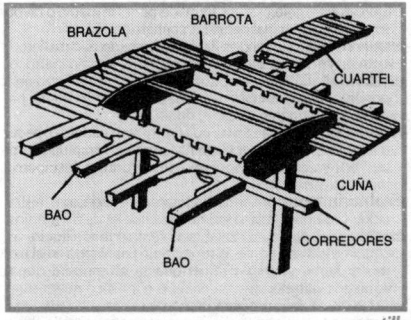

escotilla

esguince. m. Ademán hecho con el cuerpo, para evitar un golpe o una caída./ Torcedura violenta de una coyuntura./ Gesto de disgusto o desdén.

eslabón. m. Pieza en figura de anillo o de otra curva cerrada que enlazada con otras forma cadena./ Hierro con que se saca fuego del pedernal./ fig. Vínculo, unión.

eslavo, va. a. Apl. a un pueblo antiguo de raza aria que se extendió principalmente por el nordeste de Europa./ Rel. a este pueblo.// s. Dícese de los que de él proceden.

eslora. f. Longitud que tiene la nave, de proa a popa.

esmaltar. tr. Cubrir con esmalte. / Adornar, embellecer.

esmalte. m. Barniz vítreo./ Materia dura y blanca que cubre la parte de los dientes que está fuera de las encías./ Labor hecha con el esmalte sobre metal./ fig. Lustre, esplendor.

esmeralda. f. Piedra de joyería de color verde.

esmerar. tr. Pulir, limpiar.// prl. Poner sumo cuidado en ser cabal y perfecto./ Obrar con cierto lucimiento.

esmeril. m. Roca negruzca compuesta de corindón granoso, mica y óxido de hierro. Raya todos los cuerpos, excepto el diamante. Se usa para afilar y, pulverizado, para bruñir.

esmero. m. Sumo cuidado en hacer las cosas bien.

esófago. m. Conducto que va de la faringe al estómago, por el que pasan los alimentos.

espaciar. tr. Poner espacio entre las cosas.

espacio. m. Continente de todos los objetos sensibles que coexisten./ Parte de este continente que ocupa cada objeto sensible./ Capacidad de terreno, sitio o lugar.

espacioso, sa. a. Ancho, dilatado, vasto./ Lento, pausado.

espada. f. Arma blanca, larga, recta, aguda y cortante./ Persona hábil en su manejo./ Torero que mata al toro con espada. Ú.c.m.// pl. Uno de los cuatro palos de la baraja española.

espadachín. m. El que sabe manejar bien la espada./ Valentón y pendenciero.

espalda. f. Parte posterior del cuerpo humano, desde los hombros hasta la cintura.

espaldarazo. m. Golpe de pleno dado sobre la espalda con una espada o con la mano./ Ceremonia en la que se daba una espaldarazo al que se armaba caballero.

espantajo. m. Lo que se pone en un paraje para espantar.

espantapájaros. m. Espantajo que se pone en los sembrados para ahuyentar los pájaros.

espantar. tr. Causar espanto, dar susto./ Echar de un lugar./ / prl. Admirarse./ Sentir espanto, asustarse.

espanto. m. Terror, asombro./ Amenaza que infunde miedo.

español, la. a. Natural de España.// m. Lengua española.

esparcimiento. m. Acción y efecto de esparcir./ Alegría./ Distracción, diversión, recreo.

esparcir. tr./ prl. Extender lo que está junto o amontonado./ Divertir, recrear./ Divulgar una noticia.

espárrago. m. Planta cuya raíz produce yemas de tallo blanco con cabezuelas comestibles de color verde morado.

esparto. m. Planta gramínea cuyas hojas se usan para hacer sogas./ Hojas de esta planta con las que se hacen cuerdas, sogas, etc.

espasmo. m. Pasmo./ Contracción brusca e involuntaria de los músculos.

especia. f. Sustancia aromática con que se sazonan los manjares y guisados, como azafrán, pimienta, etc.

especial. a. Particular, singular./ Propio para algún fin.

especialidad. f. Particularidad, caso particular./ Rama de la ciencia o del arte que se cultiva especialmente.

especializar. i./ prl. Cultivar con especialidad una rama determinada de una ciencia o de un arte.

especie. f. Conjunto de cosas semejantes por tener caracteres comunes./ Imagen o idea./ Asunto, caso./ Tema, noticia./ Grupo de individuos con caracteres comunes que los distinguen de las otras especies.

especificar. tr. Explicar, declarar con individualidad una cosa.

específico, ca. a. Que caracteriza y distingue una especie o sustancia de otra.// m. Medicamento especial para una determinada enfermedad.

espécimen. m. Muestra, modelo que posee las características de su especie muy bien definidas.

espectáculo. m. Función o diversión pública celebrada en un lugar en que se congrega la gente para presenciarla./ Aquello que se ofrece a la vista o a la contemplación intelectual y es capaz de atraer la atención./ Acción que escandaliza o asombra.

espectador, ra. a. Que mira con atención un objeto./ Que asiste a un espectáculo.

espectro. m. Imagen, fantasma que se presenta a los ojos o en la fantasía./ Fís. Resultado de la dispersión de un conjunto de radiaciones.

especular. tr. Registrar, mirar con atención una cosa./ fig. Meditar, contemplar, reflexionar./ Perderse en sutilezas o hipótesis sin base real.// i. Comerciar, traficar./ Procurar provecho o ganancia fuera del tráfico mercantil.

espejado, da. a. Claro o limpio como un espejo./ Que refleja la luz tal como lo hace un espejo.

espejismo. m. Ilusión óptica debida a la reflexión de la luz, la cual hace que los objetos distantes den una imagen invertida./ Ilusión de la imaginación.

espejo. m. Tabla de metal bruñido o de cristal azogado por la parte posterior para reflejar todo lo que se coloque delante./ Superficie lisa y pulimentada en la que se reflejan los objetos./ fig. Aquella en que una cosa aparece retratada./ Modelo de imitación.

espeluznante. a. Que hace erizar el cabello./ Pavoroso.

espera. f. Acción de esperar./ Calma, paciencia./ Plazo.

esperanza. f. Estado del ánimo en el cual se nos presenta como posible lo que deseamos./ Virtud teologal.

esperar. tr. Tener esperanza./ Permanecer en sitio donde se cree que ha de ir alguna persona o donde se presume que ha de ocurrir alguna cosa./ Detenerse en el obrar.

esperma. f. Semen.

espermatozoide. m. Célula sexual masculina.

espesar. tr. Condensar lo líquido./ Hacer más tupida una cosa.

espeso, sa. a. Díc. de lo que tiene mucha densidad./ Díc. de las cosas que están muy juntas o tupidas.

espesor. m. Grueso de un sólido./ Densidad o condensación de una masa o fluido.

espesura. f. Calidad de espeso./ fig. Sitio donde abundan los árboles y matorrales.

espetar. tr. Atravesar con un instrumento puntiagudo carnes, aves, etc., para asarlos./ Clavar un instrumento puntiagudo./ Decir a uno alguna cosa, causándole sorpresa o molestia.// prl. Ponerse grave, tieso.

espía. m. y f. Persona que con disimulo y secreto trata de averiguar algo, para comunicarlo al que tiene interés en saberlo.

espiar. tr. Observar disimuladamente lo que se dice o hace.

espiga. f. Inflorescencia cuyas flores están sentadas a lo largo de un eje./ Parte adelgazada de un objeto para introducirla en el mango.

espigar. tr. Recoger las espigas que quedaron después de la siega./ / i. Comenzar a echar espigas los cereales./ prl. Crecer mucho.

espigón. m. Macizo saliente que se construye a la orilla de un río o en la costa del mar.

espina. f. Púa que nace del tejido leñoso o vascular de algunas plantas./ Astilla pequeña y puntiaguda./ Parte dura y puntiaguda que en los peces hace el oficio de hueso./ Espinazo de un vertebrado./ fig. Sospecha./ Pesar íntimo, duradero.

espinillo. m. *Amér.* Árbol leguminoso con pequeñas flores amarillas muy olorosas y ramas espinosas.

espino. m. Árbol rosáceo con ramas espinosas, flores blancas y olorosas, fruto ovoide, y madera dura. Su corteza se usa en tintorería./ *Arg.* Arbusto leguminoso de flores muy aromáticas, cuyas ramas y tronco producen goma.

espinoso, sa. a. Que tiene espinas./ Arduo, difícil, intrincado.

espiral. a. Perteneciente a la espira.// f. Línea curva que da vueltas alrededor de un punto, alejándose de él.

espirar. tr. Exhalar buen o mal olor.// i. Expeler el aire aspirado./ Tomar aliento, alentar. Ú.t.c.tr./ poét. Soplar suavemente el viento.

espíritu. m. *Teol.* Ser inmaterial y dotado de razón./ Alma racional./ Don sobrenatural./ Vigor natural y virtud que fortifica el cuerpo para obrar./ Vivacidad, ingenio./ fig. Principio, esencia de una cosa.

espléndido, da. a. Magnífico, liberal, ostentoso./ Resplandeciente.

esplendor. m. Resplandor./ Lustre, nobleza, distinción.

espolear. tr. Picar con la espuela a la cabalgadura./ fig. Estimular a uno.

espolón. m. Apófisis ósea que tienen en el tarso varias gallináceas./ Tajamar de un puente./ Punta terminal de la proa de una nave.

espolvorear. tr./ prl. Esparcir sobre una cosa otra hecha polvo.

esponja. f. Nombre común de los espongiarios./ Masa porosa y elástica que forma el esqueleto de las esponjas córneas./ Todo cuerpo poroso y elástico usado como utensilio de limpieza./ fig. El que se apodera de bienes ajenos, con habilidad./ *Amér.* fig. y fam. Borracho habitual./ **-tirar** o **arrojar la esponja.** frs. fig. y fam. Abandonar algo, darse por vencido.

esponsales. m. pl. Mutua promesa de casarse que se hacen el varón y la mujer./ Casamiento.

espontáneo, a. a. Voluntario y de propio movimiento./ Que se produce sin los cuidados y el cultivo del hombre.

esporádico, ca. a. Dícese de las enfermedades que no son epidémicas ni endémicas./ Dícese de lo que es ocasional.

esposo, sa. s. Persona que ha contraído esponsales./ Persona casada./ f. pl. Manillas de hierro con que se sujeta a los reos por las muñecas.

espuela. f. Espiga de metal unida a una ramas en semicírculo que se ajustan al talón del calzado para picar a la cabalgadura./ Estímulo./ *Amér.* Espolón de las aves.

espulgar. tr./ prl. Limpiar de pulgas o piojos./ fig. Examinar con cuidado.

espuma. f. Conjunto de burbujas que se forman en los líquidos./ Parte del jugo y de las impurezas que sobrenadan en los líquidos en que se cuecen sustancias.

espurio, ria. a. Bastardo./ fig. Falso, adulterado.

esputo. m. Lo que se arroja de una vez en cada expectoración.

esquela. f. Carta breve./ Papel impreso que se hacen invitaciones o se comunican noticias.

esqueleto. m. Armazón ósea del cuerpo del animal vertebrado./ fig. y fam. Persona muy flaca./ Armadura, armazón de una cosa./ Bosquejo, plan de una obra literaria.

esquema. m. Representación gráfica y simbólica de algo./ Representación de algo que sus caracteres más significativos.

esquí. m. Especie de patín de madera que se usa para deslizarse sobre la nieve.

esquiar. i. Patinar con esquís.

esquila. f. Cencerro pequeño en forma de campana./ Campana pequeña./ Acción de esquilar.

esquilar. tr. Cortar con la tijera la lana de ciertos animales.

esquilmar. tr. Recoger las cosechas./ Chupar con exceso las plantas el jugo de la tierra./ Agotar una fuente de riqueza sacando de ella mayor provecho que el debido./ fig. Despojar, empobrecer.

esquimal. a. Individuo perteneciente a un pueblo mongoloide que vive en Groenlandia, Alaska y nordeste de Siberia.

esquina. f. Ángulo exterior formado por el encuentro de dos superficies, principalmente las paredes de un edificio.

esquivar. tr. Evitar, rehusar./ prl. Retraerse, excusarse.

esquivo, va. a. Huraño, desdeñoso.

estabilidad. f. Permanencia, duración, firmeza./ Fijeza en la posición o en el rumbo.

estable. a. Constante, durable, firme.

establecer. tr. Fundar, instituir./ Formular un principio, pensamiento, etc., de carácter general./ Ordenar, manipular, decretar.// prl. Avecindarse./ Abrir por su cuenta un establecimiento industrial y mercantil.

establecimiento. m. Ley, ordenanza./ Fundación, institución./ Casa comercial o industrial.

establo. m. Lugar cubierto en que se encierra el ganado.

estaca. f. Palo con punta en un extremo para fijarlo en alguna parte./ Rama verde sin raíces que se planta para que se arraigue./ Garrote.

estacada. f. Cualquier obra hecha de estacas clavadas en la tierra, pared u otra parte./ Palenque o campo de batalla./ Lugar cercado de estacas.

estacar. tr. Fijar en la tierra una estaca y atar en ella una bestia./ Señalar con estacas una línea en el terreno./ *Amér.* Sujetar con estacas.// prl. fig. Quedarse quieto como una estaca.

estación. f. Cada uno de los cuatro períodos en que se divide el año./ Tiempo, temporada./ Visita devota que se hace a las iglesias y altares./ Cada uno de los altares, cruce o representación devotas que se encuentran a lo largo del vía crucis o del vía cuales se rezan oraciones./ Sitio donde hacen parada habitual de los ferrocarriles y líneas de ómnibus para ascenso y descienso de pasajeros o mercancías./ Central radiotelegráfica y radiotelefónica./ **-de radio.** Emisora de radio.

estacionamiento. m. Acción y efecto de estacionarse./ Lugar donde se estacionan vehículos, tropas, etc.

estacionar. tr./ prl. Situar en un lugar, colocar.

estada. f. Demora, detención en un lugar.

estadía. f. Detención, estancia./ Cada día de los que un buque permanece en un puerto después del plazo estipulado para la carga o descarga.

estadio. m. Recinto con graderías para distintas competiciones deportivas./ Fase, período relativamente corto./ Distancia que es la octava parte de una milla.

estadista. m. Persona versada en la dirección de los estados o instruida en materia de política.

estadístico, ca. a. Perteneciente a la estadística.// f. Censo o recuento de la población, de los recursos o de cualquier otra manifestación de un estado, provincia, etc./ Resultado de este recuento./ Rama de la matemática que utiliza conjuntos de datos numéricos para obtener, a partir de ellos, inferencias basadas en el cálculo de probabilidades.

estado. m. Situación en que está una persona o cosa./ Orden, jerarquía y calidad de las personas que componían un pueblo./ Clase o condición a la cual está sujeta la vida de cada uno./ Cuerpo político de una nación./ En los regímenes federativos, territorio autónomo.

estadounidense. a. Natural de los Estados Unidos de Norteamérica.

estafar. tr. Pedir o sacar dinero o cosas de valor con engaños o con ánimo de no pagar.

estafeta. f. Correo ordinario que servía a caballo./ Casa u oficina del correo.

estalactita. f. Concreción calcárea que suele hallarse pendiente del techo de las cavernas donde se filtra lentamente agua.

estalagmita. f. Estalactita invertida formada en el suelo.

estallar. i. Reventar de golpe una cosa, con chasquido./ fig. Sobrevenir una cosa violentamente.

estambre. m. Parte del vellón de lana que se compone de hebras largas./ Hilo formado de estas hebras./ *Bot.* Órgano sexual de las plantas fanerógamas.

estampa. f. Efigie o figura impresa./ Figura total de una persona o animal./ Imprenta o impresión.

estampación. f. Acción y efecto de estampar.

estampar. tr. Imprimir, sacar en estampa./ Señalar, imprimir una cosa en otra./ fam. Arrojar algo o alguien contra una cosa resistente./ fig. Imprimir, fijar algo en el ánimo.

estampido. m. Ruido fuerte y seco.

estampilla. f. Sello con el facsímil de una firma./ *Amér.* Sello de correo o fiscal.

estancar. tr./prl. Detener el curso de una cosa y hacer que no pase adelante./ Prohibir la venta libre de algo, dando la exclusividad a ciertas personas./ Detener, suspender un negocio. Ú.t.c.prl.

estancia. f. Mansión, habitación y asiento en un lugar./ Cuarto donde se habita ordinariamente./ Permanencia en un lugar determinado./ Estrofa./ *Amér.* Hacienda de campo destinada al cultivo de cerales y especialmente a la ganadería.

estandarte. m. Insignia que consiste en un pedazo de tela cuadrado pendiente de un asta.

estanque. m. Receptáculo de agua para proveer al riego, criar peces, etc.

estante. a. Que está presente o permanente en un lugar.// m. Mueble con anaqueles, sin puertas, que sirve para colocar libros u otros objetos./ Anaquel, tabla horizontal.

estañar. tr. Cubrir o bañar con estaño.

estaño. m. Elemento químico blanco y maleable. Símb., Sm.; n. at., 50; p. at., 118,70.

estar. i./prl. Hallarse una persona con cierta permanencia en un lugar, situación, condición./ Detenerse o tardarse en alguna cosa o en alguna parte.

estático, ca. a. Perteneciente a la estática./ Que permanece en un mismo estado, sin mudanza en él.//f. Parte de la mecánica que estudia las leyes del equilibrio.

estatua. f. Figura de bulto labrada a imitación del natural.

estatuir. tr. Establecer, ordenar, determinar./ Asentar como verdad una doctrina o un hecho.

estatura. f. Altura de una persona de los pies a la cabeza.

estatuto. m. Regla que tiene fuerza de ley para el gobierno de un cuerpo./ Ley de un régimen autónomo.

este. m. Oriente, levante./ Viento que viene de la parte de oriente.

este, esta, esto, estos, estas. Formas de pron. demostrativo de los tres géneros m. f. y neutro, y en ambos números, sing. y pl.

estearina. f. *Quím.* Sustancia blanca que se usa en la fabricación de velas.

estela. f. Señal o rastro que deja tras sí en la superficie del agua una embarcación u otro cuerpo en movimiento, o el que deja en el aire un cuerpo luminoso en movimiento.

estelar. a. Rel. a las estrellas y por ext. a todos los astros.

estenografía. f. Taquigrafía.

estentóreo, a. a. Muy fuerte, apl. al acento o a la voz.

estepa. f. Llanura muy extensa, caracterizada por la rareza y discontinuidad de la vegetación.

estera. f. Tejido grueso de esparto, que sirve para cubrir el suelo de las habitaciones y otros usos.

estereofonía. f. Técnica de reproducción del sonido que da a éste la sensación de relieve.

estereotipo. m. Cliché de imprenta./ fig. Opinión o concepción muy simplificada de algo o alguien.

MANGO DEL ESTERNÓN ESTERNÓN

esternón

estéril. a. Que no produce nada o no da fruto./ fig. Aplícase al año de cosecha escasa y a los tiempos de miseria.

esterilizar. tr. Hacer infecundo y estéril lo que antes no lo era./ Destruir gérmenes patógenos del agua, heridas, etc. Ú.t.c.i.

esternón. m. Hueso plano en la parte anterior del pecho, con el cual se articulan por delante las costillas.

estero. m. Terreno inmediato a la orilla de una ría, por el cual

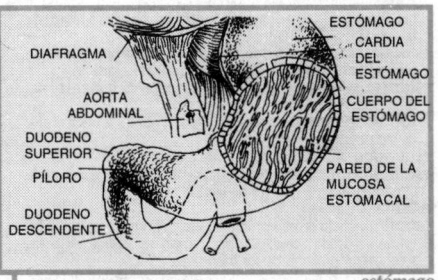

estómago

DIAFRAGMA — ESTÓMAGO — CARDIA DEL ESTÓMAGO — AORTA ABDOMINAL — CUERPO DEL ESTÓMAGO — DUODENO SUPERIOR — PÍLORO — PARED DE LA MUCOSA ESTOMACAL — DUODENO DESCENDENTE

se extienden las aguas de las mareas./ *Arg.* Terreno bajo pantanoso, intransitable, que suele llenarse de agua y que abunda en plantas acuáticas.

estertor. m. Respiración anhelosa, con sonido ronco, silbante, de los moribundos.

estético, ca. a. Rel. a la estética./ Perteneciente a la apreciación de la belleza./ Artístico, de bello aspecto.// f. Ciencia que trata de la belleza y de las teorías del arte.

estetoscopio. m. Instrumento a modo de pequeña trompeta acústica que sirve para explorar los ruidos y sonidos normales o patológicos en las cavidades del pecho o del vientre.

estibar. tr. Apretar materiales o cosas sueltas para que ocupen el menor espacio posible./ Distribuir convenientemente los pesos del buque./ *Amér.* Hacer estibas.

estiércol. m. Excremento del animal./ Materias orgánicas podridas utilizadas para abonar la tierra.

estigma. m. Marca o señal en el cuerpo.

estilar. i./prl. Usar, acostumbrar, estar de moda./ *Amér.* Destilar, gotear.

estilete. m. Púa o punzón pequeño con que se escribía./ Puñal de hoja estrecha y aguda.

estilizar. tr. Interpretar la forma de un objeto resaltando sólo sus rasgos más característicos./ Someter a una reelaboración una obra anterior./ fig. y fam. Adelgazar. Ú.t.c.prl.

estilo. m. Punzón que usaban los antiguos para escribir./ Modo, forma./ Uso, costumbre./ Manera de expresión de un escritor, orador o artista./ Parte del pistilo que sostiene el estigma./ *Arg.* Baile pampeano, de ritmo lento y música que lo acompaña.

estilográfico, ca. a. Dícese de la pluma cuyo mango hueco va lleno de tinta.

estimación. f. Aprecio y valor que se da y en que se considera una cosa./ Acción y efecto de estimar, evaluar.

estimar. tr. Apreciar, evaluar las cosas./ Juzgar./ Hacer aprecio de una persona o cosa. Ú.t.c.prl.

estimular. tr. Aguijonear, picar./ fig. Incitar a la ejecución de una cosa, o avivar una actividad.

estío. m. Estación del año que comienza en el solsticio de verano y termina en el equinoccio de otoño.

estipendio. m. Remuneración que se da a una persona por su trabajo y servicio.

estipular. tr. Hacer contrato verbal./ Convenir, concertar.

estirar. tr./ Alargar una cosa extendiéndola con fuerza. Ú.t.c.prl./ Planchar a la ligera./ fig. Gastar el dinero con moderación.// prl. Desperezarse./ Crecer una persona. Ú.t.c.i.

estirpe. f. Raíz y tronco de una familia o linaje.

estocada. f. Golpe que se tira de punta con la espada o estoque./ Herida que causa.

estola. f. Vestidura amplia y larga de los griegos y romanos./ Ornamento sagrado consistente en una banda larga que el sacerdote se pone al cuello./ Banda larga de piel que usan las señoras para abrigarse el cuello.

estolidez. f. Falta de inteligencia.

estomacal. a. Pert. al estómago./ Que es conveniente y aprovecha para el estómago.

estómago. m. Porción ensanchada del tubo digestivo, en cuyas paredes están las glándulas que segregan el jugo gástrico y en la cual se quimifican los alimentos.

estopa. f. Parte basta del lino o del cáñamo que queda en el rastrillo cuando se peina./ Tela gruesa hecha con la hilaza de la estopa.

estoque. m. Espada angosta, con la cual sólo se puede herir de punta./ Arma blanca en forma de varilla o espada.

estorbar. tr. Poner obstáculo a la ejecución de una cosa./ fig. Incomodar, molestar.

estornudar. i. Arrojar con estrépito por la nariz y la boca el aire de los pulmones.

estornudo. m. Acción y efecto de estornudar.

estrabismo. m. Defecto de uno o de ambos ojos que impide el paralelismo de los ejes de la visión.

estrada. f. Camino.

estrado. m. Sala de ceremonias./ Sitio de honor, algo elevado, en un salón de actos./ Tarima alfombrada usada en actos solemnes.// pl. Salas de los tribunales.

estrafalario, ria. a. Desaliñado./ Extravagante en la manera de pensar o actuar.

estragar. tr./ prl. Viciar, corromper./ Causar estrago.

estrago. m. Destrucción, matanza./ Ruina, daño.

estrangular. tr./ prl. Ahogar oprimiendo el cuello hasta impedir la respiración./ Cir. Interceptar la comunicación de una parte del cuerpo mediante ligadura.

estratagema. f. Ardid de guerra, engaño.

estrategia. f. Arte de dirigir las operaciones militares./ Recurso, maña para dirigir un asunto.

estrato. m. Capa de mineral de espesor casi uniforme.

estratósfera. f. Zona superior de la atmósfera entre doce y cien kilómetros de altura.

estrechar. tr. Reducir a menor ancho o espacio una cosa.// prl. Ceñirse, apretarse./ fig. Cercenar uno el gasto, la familia, la habitación./ Establecer mayor amistad o parentesco.

estrechez. f. Escasez de tiempo o de anchura./ Enlace estrecho./ Escasez, falta de lo necesario./ Falta de amplitud moral o intelectual./ Disminución anormal de un conducto.

estregar. tr./ prl. Pasar con fuerza una cosa sobre otra, frotar.

estrella. f. Cada uno de los astros que brillan con luz propia./ fig. Destino./ Persona que sobresale en una profesión, arte.

estrellar. tr./ prl. Sembrar o llenar de estrellas./ Arrojar con violencia una cosa contra otra, haciéndola pedazos.// prl. Chocar con violencia./ fig. Fracasar.

estremecer. tr./ prl. Conmover, hacer temblar./ fig. Producir sobresalto.// prl. Temblar repentinamente.

estrenar. tr. Usar por primera vez una cosa./ Representar, ejecutar por primera vez una comedia, sinfonía, etc./ prl. Comenzar en una actividad.

estreñir. tr./ prl. Dificultar la evacuación intestinal.

estrépito. m. Estruendo./ Ostentación al realizar algo.

estría. f. Raya en hueco que suelen tener algunos cuerpos.

estribación. f. Ramal corto a uno y otro lado de una cordillera.

estribar. i. Descansar el peso de una cosa sobre otra firme./ fig. Apoyarse.// tr. Apoyar el jinete los pies en el estribo.

estribillo. m. Expresión en verso que se repite después de cada estrofa en algunas composiciones líricas./ Voz o frase que se repite con frecuencia.

estribo. m. Pieza de metal, madera o cuero en que el jinete apoya el pie./ Especie de escalón que sirve para subir o bajar de algunos vehículos./ fig. Apoyo, fundamento./ Ramal de montañas que se desprende de una cordillera.

estribor. m. Lado derecho del navío mirando de popa a proa.

estricto, ta. a. Estrecho, ajustado a la necesidad o a la ley.

estridente. a. Apl. al sonido agudo y chirriante.

estrofa. f. Parte en que se divide un poema; puede estar compuesta por igual o por distinto número de versos.

estropear. tr./ prl. Maltratar a uno dejándolo lisiado./ Maltratar o deteriorar una cosa.

estructura. f. Distribución y orden de las partes de un todo.

estructurar. tr. Ordenar y distribuir las partes que componen un todo.

estruendo. m. Ruido grande./ fig. Confusión, bullicio./ Pompa.

estrujar. tr. Apretar una cosa para sacarle el zumo./ Apretar a uno, comprimirlo fuerte y violentamente./ fig. y fam. Agotar, sacar el mayor provecho.

estuario. m. Estero./ Desembocadura de un río caracterizada por la considerable penetración de las aguas marinas.

estuche. m. Caja para guardar ordenadamente un objeto o varios./ Por ext. lo que resiste y protege una cosa.

estudiante. a. Que estudia.// s. Persona que actualmente está cursando en una universidad o estudio.

estudiar. tr. Ejercitar el entendimiento para comprender o entender algo./ Cursar en las universidades o en otros centros de enseñanza./ Aprender o tomar de memoria.

estudio. m. Esfuerzo que pone el entendimiento para conocer y aprender una cosa./ Obra en que un autor estudia una cuestión./ Pieza donde estudian y trabajan los que profesan las artes./ Mús. Composición para ejercitarse en ciertas dificultades./ Pint. Boceto de una obra.

estufa. f. Aparato que sirve para calentar las habitaciones./ Invernáculo./ Aparato para secar o calentar una cosa.

estupendo, da. a. Admirable, asombroso.

estupidez. f. Torpeza en comprender las cosas./ Dicho o hecho propio de un estúpido.

estúpido, da. a. Muy torpe para comprender las cosas.

estupor. m. Disminución de la actividad de las funciones intelectuales, acompañada de cierto aspecto de indiferencia./ fig. Pasmo, asombro.

estupro. m. Relación sexual lograda con engaño o falsedad.

esturión. m. Pez muy grande y comestible, con cuyos huevos se prepara el caviar.

etapa. f. Cada uno de los lugares en que se hace noche cuando la tropa marcha./ Avance parcial en el desarrollo de una acción u otra.

etcétera. f. Voz que se emplea para interrumpir el discurso indicando que en él se omite lo que quedaba por decir. Se abrevia etc.

éter. m. (poét.) Cielo / Fluido invisible que se suponía llenaba todo el espacio./ Quím. Nombre genérico aplicado a compuestos alcohólicos.

etéreo, a. a. Perteneciente al éter./ poét. Rel. al cielo.

eternidad. f. Cualidad de eterno./ El tiempo considerado como extensión sin principio ni fin./ Inmortalidad del alma.

eternizar. tr. Hacer durar, prolongar en exceso. Ú.t.c.prl./ Perpetuar la duración de algo.

eterno, na. a. Que no tiene fin.

ético, ca. a. Perteneciente a la ética.// m. Moralista, que estudia o enseña moral./ f. Parte de la filosofía que trata de la moral y las obligaciones del hombre.

etimología. f. Origen de las palabras, razón de su existencia, significado y forma./ Gram. Estudio de estos aspectos de las palabras.

etiqueta. f. Ceremonial de las costumbres que se deben guardar en los actos públicos solemnes./ Rótulo.

etnia. f. Agrupación natural de individuos de igual cultura.

eucalipto. m. Arbol mirtáceo de tronco recto muy alto .

eucaristía. f. Sacramento mediante el cual, según la doctrina católica, el pan y el vino se convierten en cuerpo y sangre de Cristo por las palabras que pronuncia el sacerdote durante la celebración de la misa.

eufemismo. m. Modo de evitar una palabra desagradable para el hablante, sustituyéndola por otra o por una perífrasis que alude indirectamente el mismo significado.

euforia. f. Aptitud para soportar las contrariedades y el dolor./ Estado de salud./ Exaltación del ánimo que se traduce en alegría y optimismo expansivos.

eunuco. m. Hombre castrado que generalmente en los serrallos, custodia a las mujeres./ Ministro o empleado favorito de los antiguos monarcas de Oriente.

europeo, a. a. Natural de Europa.

eutanasia. f. Muerte sin sufrimiento físico.

evacuar. tr. Desocupar alguna cosa./ Expeler un ser orgánico humores o excrementos.

evadir. tr./ prl. Evitar un daño o peligro inminente./ Fugarse.

evaluar. tr. Valorar./ Estimar el valor de algo inmaterial./ Estimar los conocimientos de un alumno.

evangelio. m. Historia de Jesucristo, su vida y doctrina, contenida en el primer libro del Nuevo Testamento./ Parte de la misa./ fig. Verdad indiscutible.

evaporar. tr./ prl. Convertir en vapor un líquido./ fig. Desvanecer, disipar./ Desaparecer sin ser notado.

evasión. f. Evasiva, fuga.

evasiva. f. Recurso para eludir una dificultad.

evento. m. Acontecimiento, suceso imprevisto.

eventual. a. Sujeto a cualquier evento.

evidencia. f. Certeza clara y manifiesta./ *Amér.* Prueba a favor o en contra.

evidenciar. tr. Hacer patente y manifiesta la certeza de una cosa.

evitar. tr. Apartar algún daño, peligro o molestia; impedir que suceda./ Huir de incurrir en algo.

evocar. tr. Llamar, hacer aparecer./ fig. Traer alguna cosa a la memoria.

evolución. f. Acción y efecto de evolucionar./ Desarrollo de las cosas o de los organismos por medio del cual pasan de un estado a otro./ Movimiento, maniobra militar./ fig. Mudanza, cambio.

evolucionar. i. Pasar de un estado a otro./ Mudar de conducta o actitud.

exacción. f. Acción y efecto de exigir impuestos, multas, etc./ Cobro injusto y violento.

exacerbar. tr./prl. Irritar, causar muy grave enfado./ Avivar una pasión, enfermedad, molestia, etc.

exactitud. f. Fidelidad en la ejecución de una cosa.

exagerar. tr. Dar proporciones excesivas a una cosa.

exaltar. tr. Elevar a una persona a mayor dignidad./ Realzar con excesivo encarecimiento.// prl. Dejarse arrebatar por una pasión, perdiendo la moderación y la calma.

examen. m. Indagación que se hace acerca de las cualidades y circunstancias de una cosa o de un hecho./ Prueba que se hace de la aptitud o idoneidad de alguien.

examinar. tr. Inquirir, investigar con diligencia y cuidado una cosa./ Probar la suficiencia o idoneidad de alguien.

exangüe. a. Desangrado, falto de sangre./ fig. Sin fuerzas, aniquilado./ Muerto, sin vida.

exánime. a. Sin señales de vida./ Sumamente debilitado.

exasperar. tr./ prl. Lastimar, irritar una parte delicada./ fig. Encolerizar, dar motivo de mucho enfado.

excarcelar. tr. Poner en libertad al preso.

excavar. tr. Hacer hoyo o cavidad./ Quitar o descubrir la tierra alrededor de las plantas.

exceder. tr. Ser una persona o cosa más grande o aventajada que otra.// i./ prl. Ir más allá de lo lícito o razonable.

excelencia. f. Superior calidad o bondad./ Tratamiento de respeto que se da a algunas personas.

excelente. a. Que sobresale en bondad, mérito o estimación.

excelso, sa. a. Muy elevado, alto, eminente.

excentricidad. f. Rareza o extravagancia de carácter./ *Geom.* Distancia entre el centro de la elipse y uno de sus focos.

excéntrico, ca. a. De carácter raro, extravagante./ *Geom.* Que está fuera del centro o que tiene un centro diferente./ Pieza que gira alrededor de un punto que no es su centro de figura.

excepción. f. Acción y efecto de exceptuar./ Cosa que se aparta de la regla general de las demás de su especie.

exceptuar. tr./prl. Excluir a alguien o algo de la regla común.

exceso. m. Parte que excede./ Lo que sale de los límites de lo ordinario o lo lícito./ Abuso, violación de la ley. Ú.m. en pl.

excipiente. m. Sustancia inerte, que se mezcla con los medicamentos para facilitar su uso.

excitar. tr. Mover, estimular./ *Biol.* Producir, estimular en aumento de la actividad de una célula, órgano u organismo.

exclamar. tr. Emitir palabras con fuerza o vehemencia para expresar un vivo afecto, o para dar vigor a lo que se dice.

excluir. tr. Echar a una persona o cosa del lugar que ocupaba./ Descartar o negar la posibilidad de alguna cosa.

exclusivo, va. a. Que excluye o tiene fuerza para excluir./ Único, solo, excluyendo a cualquier otro.

excomulgar. tr. Apartar de la comunión de los fieles y del uso de los sacramentos./ fig. y fam. Declarar a alguien fuera del trato de los demás.

excomunión. f. Acción y efecto de excomulgar.

excoriar. tr. Gastar o arrancar el cutis, quedando la carne descubierta. Ú.m.c.prl.

estudiar

excrecencia. f. Carnosidad que se cría en animales y plantas.

excremento. m. Residuos del alimento, que después de hecha la digestión despide el cuerpo./ Materia asquerosa.

excretar. i. Expeler el excremento./ Expeler las sustancias elaboradas por las glándulas.

exculpar. tr./ prl. Descargar de culpa.

excursión. f. Correría./ Ida a algún paraje para estudio, recreo o ejercicio físico.

excusa. f. Acción y efecto de excusar./ Motivo de disculpa.

excusar. tr./prl. Exponer causas o razones para sacar libre a uno de la culpa que se le imputa./ Rehusar hacer una cosa.

execrar. tr. Condenar y maldecir./ Aborrecer, meditar.

exención. f. Efecto de eximir o eximirse.

exento, ta. a. Libre de una cosa.

exequias. f. pl. Honras fúnebres.

exhalar. tr. Despedir gases, vapores u olores./ fig. Lanzar suspiros, quejas, etc.

exhausto, ta. a. Enteramente apurado y agotado.

exhibición. f. Acción y efecto de exhibirse.

exhibir. tr./ prl. Manifestar, mostrar en público.

exhortar. tr. Inducir a uno con palabras a que haga algo.

exhorto. m. Despacho que libra un juez a otro para que lleve a cabo alguna acción.

exhumar. tr. Desenterrar un cadáver o restos humanos./ fig. Desenterrar, sacar a luz lo olvidado.

exigir. tr. Cobrar, sacar a uno por autoridad pública dinero u otra cosa./ Pedir una cosa algún requisito necesario para que se haga o perfeccione.

exiguo, gua. a. Insuficiente, escaso.

exiliar. tr. Expulsar a uno de un territorio.// prl. Expatriarse, especialmente por motivos políticos.

exilio. m. *Amér.* Destierro.

eximio, mia. a. Muy excelente.

eximir. tr./prl. Libertar de cargas, cuidados, culpas, etc.

existencia. f. Acto de existir./ Vida del hombre.// pl. Cosas almacenadas para su venta o empleo.

existir. i. Tener una cosa ser real y verdadero./ Tener vida.

éxito. m. Resultado feliz de un negocio, actuación, etc.

éxodo. m. Salida de los israelitas de Egipto./ Libro segundo del Pentateuco que narra este hecho./ Emigración de un pueblo.

exonerar. tr./prl. Aliviar, descargar el peso u obligación./ Privar o destituir de un empleo.

exorbitancia. f. Exceso notable.

exorcismo. m. Conjuro contra el espíritu maligno.

exordio. m. Introducción, preámbulo de una obra o discurso.

exótico, ca. a. Extranjero. Dícese comúnmente de las cosas./ Extraño, chocante, extravagante.

expandir. tr./ prl. Extender, dilatar, difundir.

expansión. f. Acción y efecto de expandir o expandirse./ Recreo, solaz./ Acción y efecto de expresar un sentimiento.

expatriarse. prl. Abandonar uno su patria.

expectativa. f. Esperanza de conseguir en adelante una cosa.

expectorar. tr. Arrojar por la boca las secreciones que se depositan en la laringe, la tráquea, etc.

expedición. f. Acción y efecto de expedir./ Prontitud en decir o hacer./ Excursión para realizar una empresa en punto distante./ Conjunto de personas que realizan dicho viaje.
expediente. m. Conjunto de los papeles relativos a un asunto.
expedir. tr. Dar curso a las causas y negocios./ Despachar documentos./ Producir un auto o decreto.
expeler. tr. Arrojar, echar de alguna parte a una persona o cosa.
expender. tr. Gastar./ Vender efectos por encargo de su dueño.
expendio. m. Gasto, consumo./ Amér. Venta al menudeo.
expensas. f. pl. Gastos, costas.
experiencia. f. Enseñanza que se adquiere con el uso o la práctica./ Experimento.
experimentar. tr. Probar y examinar prácticamente una cosa./ Hacer operaciones para descubrir, comprobar o demostrar ciertos fenómenos o principios científicos./ Padecer, sufrir.
experto, ta. a. Hábil, experimentado.// m. Perito.
expiar. tr. Borrar las culpas por medio de algún sacrificio./ Sufrir el delincuente la pena impuesta.// fig. Padecer malos actos o desaciertos./ Purificar.
expirar. i. Morir, acabar la vida./ Acabarse una cosa.
explanada. f. Espacio de terreno allanado./ Declive desde el camino cubierto hacia la campaña.
explayar. tr./ prl. Ensanchar, extender.// prl. Difundirse, dilatarse, extenderse./ Solazarse./ Hacer confidencias.
explicación. f. Declaración o exposición de cualquier materia para que se haga más perceptible./ Satisfacción que se da de un agravio./ Revelación del motivo de algo.
explicar. tr./ prl. Dar a conocer lo que uno piensa.// tr. Exponer una materia de modo que se haga más perceptible./ Enseñar./ Dar explicaciones.// prl. Comprender la razón de una cosa.
explícito, ta. a. Que expresa clara y precisamente una cosa.
explorar. tr. Reconocer o averiguar con diligencia una cosa.
explosión. f. Conmoción con estruendo, producida por la expansión súbita de un gas o el desarrollo de una fuerza./ fig. Manifestación súbita y violenta de ciertas emociones.
explotar. tr. Extraer de las minas la materia que contienen./ Sacar utilidad en provecho propio./ Aplicar en provecho propio, abusivamente, las cualidades o sentimientos de una persona, o un suceso cualquiera.// i. Estallar, hacer explosión.
expoliar. tr. Despojar con violencia o iniquidad.
exponer. tr. Poner de manifiesto./ Presentar una cosa, exhibirla./ Colocar a la intemperie./ Declarar el sentido de algo./ Arriesgar, aventurar, poner en peligro. Ú.t.c.prl.
exportar. tr. Enviar mercaderías del propio país a otro.
exposición. f. Acción y efecto de exponer./ Manifestación pública de artículos de industria o de artes y ciencias./ Representación que se hace por escrito, pidiendo una cosa./ En las obras literarias, parte en que se dan causas de la acción./ Espacio de tiempo para impresionar una placa fotográfica.
expresar. tr. Manifestar con palabras lo que uno quiere dar a entender.// prl. Darse a entender por medio de la palabra u otra manera./ Dar muestras del estado de ánimo.
expresión. f. Declaración de una cosa para darla a entender./ Palabra o locución./ Efecto de expresar algo sin palabras./ Viveza y propiedad con que se manifiestan los afectos en la palabra o en las manifestaciones artísticas./ Alg. Conjunto de términos que representa una cantidad.
expresivo, va. a. Dícese de la persona que manifiesta con viveza lo que siente o piensa.
exprimir. tr. Extraer el líquido de una cosa apretándola o retorciéndola./ Estrujar, agotar./ Expresar.
expropiar. tr. Desposeer de una cosa a su propietario por razones de utilidad pública, indemnizándolo.
expugnar. tr. Tomar por asalto una ciudad, plaza, castillo, etc.
expulsar. tr. Expeler, echar fuera.
exquisito, ta. a. De extraordinaria calidad, belleza, sabor, etc.
éxtasis. m. Estado de un individuo se halla como fuera del mundo sensible.
extemporáneo, a. a. Impropio del tiempo./ Inoportuno.
extender. tr./ prl. Hacer que una cosa ocupe más espacio que antes./ Esparcir, desparramar./ Desenvolver, desplegar./ Dar mayor amplitud a un derecho, creencia, etc./ Despachar por escrito un documento.// prl. Ocupar cierto espacio de tiempo o de terreno./ Explicar extensamente./ Propagarse, divulgarse.

extensión. f. Acción y efecto de extender./ Medida del espacio que ocupa un cuerpo.
extenuar. tr./ prl. Enflaquecer, debilitar, enervar.
exterior. a. Que está por la parte de afuera./ Rel. a otros países.// m. Traza o figura de las personas.
exteriorizar. tr./ prl. Mostrar algo al exterior.
exterminar. tr. Acabar del todo con una especie de cosas./ Devastar por fuerza de armas.
externo, na. a. Apl. a lo que obra o se manifiesta al exterior./ Apl. al alumno que permanece en la escuela sólo en las horas de clase.
extinguir. tr./ prl. Hacer que cese el fuego o la luz./ Hacer que cesen del todo ciertas cosas que desaparecen gradualmente.
extirpar. tr. Arrancar de raíz,./ fig. Concluir del todo./ Cir. Extraer quirúrgicamente un órgano o una parte de él.
extorsionar. tr. Usurpar, arrebatar./ Causar extorsión.
extra. a. Extraordinario, óptimo.// m. Gaje, plus./ En el cine, persona que interviene como comparsa o que aparece ante la cámara sin actuación destacada.
extractar. tr. Reducir a extracto una cosa, compendiar.
extracto. m. Resumen de un escrito./ Sustancia resultante de la evaporación de ciertas disoluciones./ Catálogo o lista con los números premiados en un sorteo.
extradición. f. Entrega del delincuente refugiado en un país, por el gobierno de éste a las autoridades de otro, según requisitos del derecho internacional.
extraer. tr. Sacar./ Poner una cosa fuera de donde estaba./ Mat. Averiguar cuáles son las raíces de una cantidad dada.
extralimitarse. prl. Excederse en el uso de facultades.
extranjerizar. tr./ prl. Adoptar o hacer que se adopten las costumbres extranjeras.
extranjero, ra. a. Que es o viene de otro país.// m. Toda nación que no es la propia.
extrañar. tr./ prl. Desterrar a otro país./ Privar a uno del trato y comunicación que se tenía con él./ Ver u oír con extrañeza.// tr. Echar de menos una cosa de uso habitual./ Echar de menos a alguna persona o cosa.
extraño, na. a. De distinta nación, familia o profesión. Ú.t.c.s./ Singular, raro.
extraoficial. a. No oficial, oficioso.
extraordinario, ria. a. Fuera del orden o regla natural o común.// m. Correo especial que se despacha con urgencia.
extraterrestre. a. Ajeno a la tierra, a la vida terrestre.
extravagancia. f. Cualidad de extravagante./ Acción extravagante.
extravagante. a. Que se hace o dice fuera del orden o común modo de obrar.
extraversión. f. Propensión a expresar los sentimientos o emociones, etc., que caracteriza cierta personalidad.
extraviar. tr./ prl. Hacer perder el camino./ Poner una cosa en otro lugar que el que debía ocupar.// prl. No encontrarse una cosa en su sitio o ignorarse su paradero./ Descarriarse.
extravío. m. Acción y efecto de extraviar./ fig. Desorden de las costumbres.
extremar. tr. Llevar una cosa al extremo.// prl. Esmerarse mucho en la ejecución de una cosa.
extremaunción. f. Sacramento de la Iglesia que se administra a los moribundos.
extremidad. f. Parte extrema o última de una cosa./ fig. El grado último que una cosa puede alcanzar.// pl. Cabeza, pies, manos y cola de los animales./ Pies y manos del hombre./ Los brazos, piernas y patas, en oposición al tronco.
extremo, ma. a. Último./ Apl. a lo más intenso, elevado o activo de cualquier cosa.// m. Punto último o que puede llegar una cosa.// pl. Manifestación exagerada de un sentimiento.
extrínseco, ca. a. Externo, no esencial.
extroversión. f. Tipo de carácter que se vuelve hacia las cosas exteriores. Extraversión.
extrovertido, da. a. Dado a la extroversión.
exudar. i. Salir un líquido fuera de sus continentes propios.
exultar. i. Mostrar alegría con gran excitación.
eyacular. tr. Expeler con rapidez y fuerza el contenido de un órgano.
eyectar. tr. Proyectar al exterior.

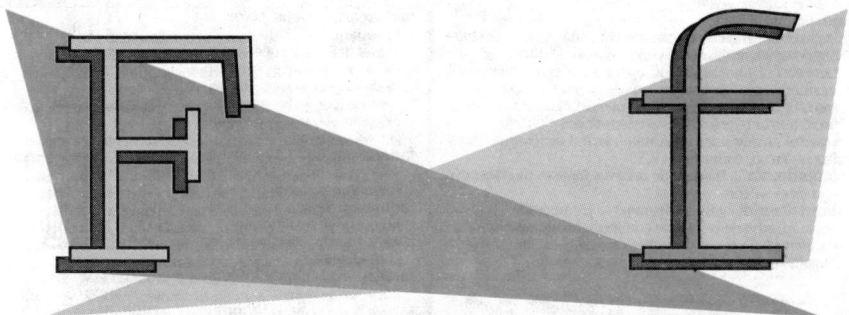

f. f. Séptima letra del abecedario castellano y quinta de sus consonantes. Su nombre es *efe*.

fa. m. Cuarta voz de la escala musical.

fábrica. f. Fabricación./ Lugar donde se fabrica una cosa./ Edificio./ Construcción hecha con piedra o ladrillos y argamasa./ Invención, artificio inmaterial.

fabricación. f. Acción y efecto de fabricar.

fabricar. tr. Hacer una cosa por medios mecánicos./ Construir una casa, un puente, etc./ fig. Disponer o hacer una cosa no material.

fábula. f. Hablilla, cuento, rumor./ Ficción que disimula o encubre una verdad./ Composición literaria, por lo general en verso, en que se da una enseñanza por medio de una ficción alegórica.

fabuloso, sa. a. Falso, pura invención./ Extraordinario, increíble.

faccioso, sa. a. Perteneciente a una facción./ Perturbador, revoltoso.

facción. f. Parcialidad de gente amotinada./ Cualquiera de las partes del rostro humano. U.m. en pl./ Acto del servicio militar, como centinela, guardia, etc.

faisán

faceta. f. Cada una de las caras o lados de un cuerpo, de un poliedro pequeño y en especial de una piedra preciosa./ fig. Cada aspecto que puede considerarse de un asunto.

fachada. f. Aspecto exterior de conjunto./ Presencia.

facial. a. Perteneciente al rostro./ Dícese del ángulo del rostro formado por dos rectas que van desde la frente hasta los alvéolos del maxilar superior y desde este sitio hasta el conducto auditivo.

fácil. a. Que se puede hacer sin mucho trabajo./ Dicho de la mujer, liviana./ Dócil y manejable.

facilidad. f. Disposición para hacer una cosa sin gran trabajo./ Oportunidad, ocasión favorable.

facilitar. tr. Hacer fácil o posible./ Proporcionar, entregar.

facineroso, sa. a. y s. Delincuente habitual./ Malhechor, malvado.

factible. a. Que se puede hacer.

factor. m. Agente comercial./ Empleado ferroviario que se ocupa de las cargas, etc./ fig. Elemento./ p. us. El que hace alguna cosa./ Mat. Cada uno de los elementos que forman un producto./ Submúltiplo.

factoría. f. Establecimiento de comercio instalado en país extranjero.

factura. f. Hechura./ Lista de los artículos comprendidos en una venta u otra operación de comercio./ Pint. y Esc. Ejecución./ R. de la P. Bollo o masa pequeña de harina, dulce o azúcar.

FACETA

faceta

facturar. tr. Extender facturas./ Registrar equipajes para que sean enviados a su destino.

facultad. f. Aptitud./ Poder, derecho para hacer algo./ Ciencia o arte./ En las universidades, conjunto de profesores o doctores de alguna ciencia./ Cada una de las divisiones de una universidad./ Licencia, permiso.

facultar. tr. Conceder facultades a uno para hacer alguna cosa.

faena. f. Trabajo corporal o mental.

faenar. tr. Arg. Matar reses, descuartizarlas o prepararlas para el consumo.

fagáceo, a. f. Apl. a árboles y arbustos angiospermos dicotiled[oneos, como el castaño.// f. pl. Familia de estas plantas.

fagocito. m. Célula que se halla en la sangre y en muchos tejidos animales, capaz de ingerir otras células y partículas nocivas para el organismo.

fagot. m. Cierto instrumento de viento de más de un metro de largo.

fábrica

fainá. m. Amér. Torta de harina de garbanzos, de forma redonda cocida al horno.

faisán. m. Ave del tamaño y aspecto de un gallo con un penacho de plumas, cola muy larga y plumaje verde rojizo. Su carne es muy estimada.

faja. f. Tira de tela o de tejido de punto con que se rodea el cuerpo por la cintura./ Cualquier lista más ancha que larga./ Tira de papel que, para enviarlos, se pone a los impresos en lugar de sobre./ Insignia de ciertos cargos.

fajar. tr./ prl. Rodear, ceñir o envolver con faja o venda una parte del cuerpo./ Amér. Pegar, golpear.

fajo. m. Haz o atado.
falacia. f. Engaño con que se intenta dañar a otro./ Costumbre de emplear falsedades en perjuicio de otros.
falange. f. En los antiguos ejércitos griegos, cuerpo de infantería pesadamente armada./ Cuerpo de tropas numeroso./ fig. Conjunto de personas que se unen para un mismo fin./ Cada uno de los huesos de los dedos./ Partido político español creado por José Antonio Primo de Rivera.
falaz. a. Falso, embustero.
falcónido, da. a. Dícese de las aves rapaces diurnas cuyo tipo es el halcón.
falda. f. Parte del vestido de mujer que cae desde la cintura abajo./ Carne de la res que cuelga de las agujas./ Regazo./ fig. Parte baja de los montes o sierras.// pl. fam. Mujer o mujeres por oposición al hombre.

falleba

faldear. tr. Caminar por la falda de un monte o sierra.
falencia. f. Engaño que se padece en asegurar una cosa./ Arg. Carencia, defecto.
falible. a. Que puede engañarse o engañar./ Que puede fallar o faltar.
falla. f. Defecto material de una cosa./ Amér. Acción de faltar una persona a su palabra./ En Valencia, España, hoguera que se enciende en la noche de San José.
fallar. tr. Der. Decidir un litigio o proceso.
falleba. f. Varilla de hierro para cerrar puertas y ventanas de dos hojas.
fallecer. i. Morir./ Concluirse o faltar una cosa.
fallido, da. a. Frustrado./ Quebrado, sin crédito.
falo. m. Miembro viril.
falsear. tr. Adulterar, corromper.// i. Perder una cosa su resistencia y firmeza./ Disonar una cuerda de un instrumento.
falsificar. tr. Adulterar, falsear.
falso, sa. a. Engañoso, falto de verdad./ Opuesto a la verdad./ Aplícase a la moneda ilegítima.
falta. f. Defecto, carencia o privación de algo./ Ausencia.
faltar. i. No existir una cosa, calidad o circunstancias en lo que debiera tenerla./ Consumirse, concluir./ No acudir a una obligación o cita./ No estar en el lugar de costumbre.
famélico, ca. a. Hambriento.
familia. f. Conjunto de ascendientes, descendientes, colaterales y afines de un linaje./ Parentela inmediata de alguien./ Agrupación de animales o plantas que tienen muchos caracteres comunes./ Conjunto de palabras que provienen de una misma raíz.
famoso, sa. a. Que tiene fama y nombre./ Excelente, perfecto./ Que llama la atención.
fanal. m. Farol grande que sirve de señal nocturna en las torres de los faros.
fanático, ca. a. y s. Que defiende con apasionamiento una creencia, una causa o un partido.
fanfarrón, na. a. y s. Que hace alarde de lo que no es./ Entusiasmado por algo.
fango. m. Lodo./ fig. Vilipendio, degradación.

fantasear. i. Dejar correr la fantasía.
fantasía. f. Facultad que tiene la mente de reproducir por medio de imágenes las cosas./ Imagen formada por la fantasía./ Ficción, novela, pensamiento ingenioso y elevado.
fantástico, ca. a. Que existe sólo en la imaginación./ fig. Presuntuoso, vano.
faquir. m. Santón mahometano que vive de limosna.
farándula. f. Profesión de los comediantes.
faraón. m. Título de los antiguos reyes de Egipto.
fardo. m. Lío grande de ropa u otra cosa.
farináceo, a. a. De la naturaleza de la harina o parecido a ella.
faringe. f. Porción ensanchada del tubo digestivo, situada entre la boca y la parte posterior de las fosas nasales.
fariseo. m. Entre los judíos, miembro de una secta que afectaba rigor y austeridad y no observaba la ley./ fig. Hipócrita.
farmacéutico, ca. a. Pert. a la farmacia.// s. Quien ha estudiado farmacia.
farmacia. f. Ciencia cuyo objeto es preparar y emplear los medicamentos./ Despacho del farmacéutico./ Profesión de esta ciencia.
fármaco. m. Medicamento.
faro. m. Torre alta en las costas, con luz, para aviso a los navegantes./ Farol potente./ Cada uno de los fanales delanteros de los vehículos automotores./ fig. Luz, guía intelectual y moral.
farol. m. Caja de materia transparente, dentro de la cual se pone luz.
farola. f. Farol grande.
farra. f. Diversión ruidosa./ R. de la P. Burla.
farsa. f. En la Antigüedad, nombre que se daba a las comedias./ Pieza cómica./ fig. Enredo, engaño.
farsante. a. El que representa farsas, comediante./ Dícese de quien finge o simula.
fascículo. m. Conjunto de hojas impresas en que se divide un libro que se publica por partes.
fascinación. f. Hechizo, engaño, alucinación.

1- VÁLVULA SOLAR
2- CRISTALERÍA
3- AUTOMÁTICO
4- MOTORES ELÉCTRICOS

faro

faraón

fascinar. tr. Encantar, alucinar, hechizar.
fase. f. Cada uno de los distintos estados sucesivos de un fenómeno natural o histórico.
fastidiar. tr./prl. Causar asco o hastío una cosa./ fig. Enfadar, molestar.
fastuosidad. f. Ostentación, boato.
fatal. a. Pert. al hado, inevitable./ Desventurada, infeliz./ Halo./ Mortal.

fatalidad. f. Calidad de fatal./ Desgracia, infortunio.
fatiga. f. Cansancio, trabajo excesivo./ Molestia causada por la respiración dificultosa./ fig. Molestia, incomodidad. Ú.m. en pl.
fatigar. tr./ prl. Causar fatiga./ tr. Molestar, importunar.
fatuidad. f. Calidad de fatuo.
fatuo, tua. a. Falto de razón o entendimiento./ Lleno de vanidad.
fauces. f. pl. Parte posterior de la boca de los mamíferos.
fauna. f. Conjunto de especies animales propias de un determinado territorio.
favor. m. Ayuda, socorro.
favorecer. tr. Ayudar./ Apoyar una empresa, intento, etc.
favorito, ta. a. Que es preferentemente estimado./ Persona predilecta de un rey o personaje.
faz. f. Rostro./ Lado de una cosa.
fe. f. *Teol.* La primera de las tres virtudes teologales./ Confianza que se tiene en una persona o cosa./ Creencia que se da a las cosas por la autoridad de quien las dice./ Seguridad, aseveración de que una cosa es cierta./ Documento que certifica la verdad de una cosa.
fealdad. f. Calidad de feo./ fig. Torpeza, indignidad.
febrero. m. Segundo mes del año, de 28 días en los años comunes y 29 en los bisiestos.
febril. a. Pert. a la fiebre./ Desasosegado, ardoroso.
fecal. a. Pert. o relativo al excremento del intestino.
fecha. f. Indicación de tiempo.
fechoría. f. Mala acción.
feculento, ta. a. Que contiene fécula./ Que tiene heces.
fecundar. tr. Hacer productiva una cosa.
fecundo, da. a. Que produce o se produce en virtud de los medios naturales./ Abundante, fértil.
federalismo. m. Sistema por el cual varios estados, conservando su independencia administrativa y judicial, ceden a un poder central parte de su autoridad.
feérico, ca. a. Gal. por maravilloso, encantador.
fehaciente. a. Que hace fe en juicio.
felicidad. f. Satisfacción, contento./ Suerte feliz.
felicitar. tr./ prl. Expresar a una persona la satisfacción que se experimenta con motivo de algún suceso favorable para ella./ Manifestar el deseo de que una persona sea afortunada.
feligrés, sa. a. Persona que pertenece a una parroquia.
felino, na. a. Perteneciente o relativo al gato.// a./ m. Dícese de los animales que pertenecen a la familia cuyo tipo es el gato.
felonía. f. Deslealtad, traición.
felpa. f. Tejido que tiene pelo por un lado./ fig. y fam. Zurra de golpes.

farol

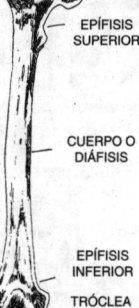

CABEZA

EPÍFISIS
SUPERIOR

CUERPO O
DIÁFISIS

EPÍFISIS
INFERIOR

TRÓCLEA
FEMORAL

fémur

felinos

felpudo. m. Estera pequeña generalmente afelpada.
femenino, na. a. Propio de mujeres./ Dícese del ser dotado de órganos para ser fecundado./ fig. Endeble, débil./ Dícese del género gramatical de los nombres de mujer o animal hembra, así como el de las cosas que el uso comprende en él.
fémur. m. Hueso del muslo.
fenecer. tr. Poner fin, terminar.// i. Morir./ Acabarse una cosa.
fenómeno. m. Toda manifestación, ya sea material o espiritual./ Cosa extraordinaria.
feo, a. a. Que carece de belleza y hermosura./ fig. Que causa horror o aversión.
feracidad. f. Fertilidad de los campos.
feraz. a. Fértil, que da frutos en abundancia.
féretro. m. Caja en que se lleva a enterrar a los muertos.
feria. f. Mercado en paraje público y días señalados./ Vacaciones judiciales./ Conjunto de instalaciones recreativas que se montan en determinadas fiestas y en determinadas poblaciones./ Instalación donde se exhiben periódicamente productos de un determinado ramo industrial.
feriado, da. a. Día de descanso en semana.
feriar. tr. Comprar en la feria.// i. Suspender el trabajo por uno o más días.
fermentación. f. *Biol.* Modificación química que se produce en ciertos compuestos orgánicos por la acción de microorganismos llamados fermentos.
fermentar. i. Descomponerse una sustancia por la acción de un fermento./ tr. Producir la fermentación.
fermento. m. *Biol.* Microorganismo que posee la virtud de producir fermentaciones.
feroz. a. Que procede con ferocidad y dureza.
férreo, a. a. De hierro o que tiene sus propiedades./ fig. Duro, tenaz.
ferretería. f. Comercio donde se venden objetos de hierro en su mayoría./ Conjunto de estos artículos.
ferrocarril. m. Camino formado por dos filas de rieles o carriles paralelos./ Tren que circula por dicho camino.
ferroviario, ria. a. Pert. o relativo al ferrocarril.// m. Empleado del ferrocarril.
ferruginoso, sa. a. Apl. al mineral que contiene hierro./ Dícese de las aguas minerales que contienen alguna sal de hierro.
fértil. a. Dícese de la tierra que produce mucho./ fig. Abundante, fecundo./ Refiriéndose a personas o animales, que tiene capacidad de reproducción.

filme

fervor. m. Celo ardiente y afectuoso./ fig. Celo religioso, devoción.

festejar. tr. Agasajar, hacer festejos./ Galantear, requebrar.

festividad. f. Fiesta o solemnidad con que se festeja algo./ Día festivo.

festivo, va. a. Chistoso./ Alegre, regocijado./ Aplícase al día de fiesta.

fetiche. m. Objeto al cual algunos pueblos primitivos le atribuyen poderes sobrenaturales./ Amuleto.

fetidez. f. Hedor.

feto. m. Producto de la concepción de una hembra vivípara hasta que nace y desde que deja de ser embrión./ Este mismo producto abortado.

feudo. m. Tierra concedida por un soberano a cambio de fidelidad./ Tributo cuya condición se otorgaba el feudo.

fiambre. m. Dícese del manjar que después de asado o cocido se deja enfriar para no comerlo caliente.

fianza. f. Obligación accesoria que uno hace para seguridad de que otro pagará lo adeudado o cumplirá aquello a lo que se había comprometido.

fiar. tr. Asegurar uno que otro cumplirá lo que promete./ Vender sin tomar el precio de contado.

fiasco. m. Fracaso, chasco.

fibra. f. Cada uno de los filamentos que constituyen un tejido orgánico o la textura de un mineral, o cada uno de los obtenidos por procedimientos químicos y de principal uso en la industria textil./ Raíz pequeña./ fig. Firmeza, vigor.

fibroso, sa. a. Que tiene muchas fibras.

ficción. f. Acción de fingir./ Invención poética o literaria.

ficha. f. Pieza pequeña de marfil, hueso, etc., para señalar los tantos en el juego./ Hoja o cédula de cartulina donde se anotan las características de personas o cosas que se quieren catalogar./ *Cinem.* y *TV.* Lista en que se enumeran los componentes del equipo técnico de una película.

fichar. tr. Hacer la ficha de una persona o cosa./ fig. y fam. Poner a una persona o cosa entre aquellas de que se desconfía./ Contratar a un deportista para que forme parte de un equipo o club.

fichero. m. Mueble donde se guardan ordenadamente fichas y documentos.

fidedigno, na. a. Digno de fe y crédito.

fideicomiso o **fidecomiso.** m. Donación de una herencia a una persona para que con ella haga lo que se le encarga.

fidelidad. f. Lealtad, cumplimiento absoluto de la fe que una persona debe a otra./ Exactitud en el cumplimiento de una cosa.

fideo. m. Pasta alimenticia filiforme.

fiduciario, ria. a. Que depende de la confianza y crédito que merezca.

fiebre. f. Fenómeno patológico caracterizado por elevación de la temperatura del cuerpo, la alteración de la frecuencia del pulso y la respiración y otros síntomas./ Agitación producida por sentimientos.

fiel. a. Persona que corresponde a la confianza puesta en ella.// m. Creyente de alguna religión.

fieltro. m. Especie de paño no tejido, hecho del conglomerado de borra, lana o pelo.

fiera. f. Animal sanguinario y carnicero./ fig. Persona cruel./ Animal mamífero, unguiculado, con cuatro extremidades para la marcha.

fiero, a. a. No domesticado./ Feo, horrible.

fiesta. f. Alegría, regocijo./ Día de celebración solemne, religiosa o civil./ Regocijo público./ Agasajo, caricia, expresión de afecto. Ú.m. en pl./ Día de asueto.

figura. f. Forma exterior de un cuerpo./ Cara, faz./ Pintura o escultura que representa el cuerpo de un hombre o animal./ Cosa que significa o representa otra.

figurar. tr. Aparentar, fingir.// i. Pertenecer a un número determinado de personas.// prl. Fantasear, imaginar.

fijar. tr. Clavar, asegurar un cuerpo en otro./ Pegar con engrudo u otra sustancia./ Hacer estable una cosa. Ú.t.c.prl./ Notar, reparar.

fijo, ja. p.p.de **fijar.**// a. Firme, asegurado./ Inmutable, que no cambia.

filamento. m. Cuerpo filiforme.

filantropía. f. Amor al género humano.

filatelia. f. Estudio de los sellos o estampillas de correos./ Costumbre de coleccionarlas.

filete. m. Miembro de moldura, a manera de lista angosta y larga./ Pequeña lonja de carne magra o de pescado./ Línea fina que sirve de adorno en un dibujo./ Remate con hilo enlazado para reforzar el borde de ciertas ropas.

filial. a. Perteneciente al hijo./ Apl. al establecimiento que depende de otro. Ú.t.c.s.

filibustero. m. Nombre que se dio a los piratas que en siglo XVII infestaron el Mar de las Antillas.

filicida. a. y s. Que mata a su hijo.

filiforme. a. Que tiene forma de hilo./ *Med.* Dícese del pulso muy débil.

filigrana. f. Obra de hilos de oro o plata unidos con delicadeza./ fig. Cosa delicada y pulida.

film. (voz ingl.) m. Filme.

filmar. tr. Tomar vistas cinematográficas, impresionar una película cinematográfica.

filme. m. Película cinematográfica.

filo. m. Borde de un instrumento cortante./ fam. *Arg.* Amorío.

filología. f. Estudio científico de una lengua.

filón. m. Masa metalífera o pétrea que rellena una antigua hendidura o quiebra./ Negocio o asunto del que se espera sacar mucho provecho.

filoso, sa. a. *Amér.* Afilado, que tiene filo.

filosofar. i. Discurrir, analizar con filosofía./ fam. Meditar.

filosofía. f. Ciencia que estudia la esencia, propiedades, causas y efectos de las cosas naturales./ fig. Serenidad o fortaleza para soportar las contrariedades.

filósofo. m. Persona que estudia, profesa o sabe la filosofía.

filtrar. tr. Hacer pasar un líquido por un filtro.// i. Penetrar un líquido a través de un cuerpo sólido. Ú.t.c.prl.

filtro. m. Sustancia porosa o masa de arena y piedrecillas a través de la cual se hace pasar un líquido para clarificarlo./ Bebida a la que se atribuía el poder de conseguir el amor de una persona.

fin. m. Término, remate o consumación de una cosa./ Motivo u objeto./ Límite, confín.

finado, da. s. Persona muerta.

final. a. Que pone fin a una cosa.// m. Fin.// f. Última competición en un campeonato.

finalizar. tr. Dar fin.// i. Extinguirse.

filigrana

fetiches

financiar. tr. Proporcionar el capital para un negocio, empresa, etc.

financiero, ra. a. Rel. a la hacienda pública o a las cuestiones bancarias./ El que se dedica a actividades relacionadas con estas materias; banquero, capitalista.// f. Entidad que otorga préstamos a quienes compran a crédito, con su interés correspondiente.

finanzas. f. pl. Caudales, bienes./ Hacienda pública./ Ciencia que estudia la administración de los bienes públicos./ Por. ext. estado de la economía de un particular, una empresa o un país.

finar. i. Fallecer.

finca. f. Propiedad inmueble.

finés, sa. a. Finlandés. Ú.t.c.s.// m. Lengua predominante en Finlandia.

fineza. f. Pureza y bondad de las cosas./ Acción obsequiosa.

fingido, da. a. Que finge.

fingir. tr./ prl. Dar a entender lo que no es cierto.

finiquitar. tr. Saldar una cuenta./ Concluir, acabar.

finito, ta. a. Que tiene fin o límite.

finura. f. Delicadeza, buena calidad./ Urbanidad, cortesía.

fiordo. m. Golfo estrecho y profundo, entre montañas, típico de la costa de Noruega.

firma. f. Nombre y apellido o título que una persona pone al pie de un escrito, obra de arte, etc./ Razón social o casa de comercio.

firmamento. m. La bóveda celeste./ Cielo.

firmar. tr. Poner uno la firma.

firme. a. Fuerte, estable./ fig. Constante, que no se deja dominar.

firmeza. f. Estabilidad, fortaleza./ Entereza, constancia./ Arg. Baile popular de mímica graciosa cuya letra es de carácter amoroso.

fiscal. a. Relativo al fisco.// m. El que en los tribunales ejerce el ministerio público./ Encargado de promover los intereses del fiscal./ fig. El que averigua o delata los hechos de alguien.

fiscalizar. tr. Desempeñar el cargo de fiscal./ Vigilar, controlar.

fisco. m. Tesoro público.

fisgonear. tr. Curiosear.

física. f. Ciencia que estudia los cuerpos y sus propiedades y leyes, mientras no cambia su composición, así como también los agentes naturales con los fenómenos producidos en los cuerpos por su influencia.

físico, ca. a. Perteneciente a la física./ Perteneciente a la naturaleza corpórea.// s. Persona que profesa la física.// m. Exterior de una persona; lo que forma su naturaleza.

fisiología. f. Ciencia que estudia las funciones de los seres orgánicos.

fisonomía. f. Aspecto peculiar del rostro de una persona./ fig. Aspecto exterior de las cosas.

FIORDO

fiordo

POLINÉSICA

ORIENTAL

flecha

fístula. f. Caño o conducto por donde corre un líquido./ Conducto anormal que se abre en la piel o en las mucosas.

fisura. f. Hendidura, grieta o raja./ Fractura longitudinal de un hueso.

fláccido, da o **flácido, da.** Flojo, sin consistencia.

flaco, ca. a. Que tiene poc carnes./ Flojo, sin fuerzas.

flagelar. tr. Azotar. Ú.t.c.p Vituperar, fustigar.

flagelo. m. Instrumento pː azotar./ fig. Calamidad, plag

flagrante. a. Que se está ejecutando actualmente.

flamante. Resplandeciente./ Nuevo.

flamear. i. Ondear las banderas o la vela del buque por estar al filo del viento.

flan. m. Postre que se hace con huevos, azúcar y leche batidos.

flanco. m. Parte lateral de un cuerpo, ejército, etc.

flaquear. i. Ir perdiendo la fuerza./ Decaer de ánimo, aflojar, ceder.

flaqueza. f. Extenuación./ Debilidad./ fig. Desliz.

flauta. f. Instrumento músico de viento, en forma de tubo, con embocadura y agujeros.

flautista. m. y f. Persona que por gusto o profesión toca la flauta.

flebitis. f. Pat. Inflamación de las venas.

flecha. f. Arma arrojadiza con un asta de punta afilada, que se dispara con el arco.

flechar. tr. Estirar la cuerda del arco./ Herir con flechas./ fig. y fam. Inspirar amor.

fleco. m. Adorno compuesto por hilos colgantes./ Borde de las telas deshilachado por el uso.

fleje. m. Aro de hierro que asegura las duelas de toneles y cubas y los fardos.

flema. f. Mucosidad que se arroja por la boca./ fig. Lentitud, pachorra.

flemático, ca. a. Tardo, lento.

fletar. tr. Alquilar una embarcación./ Embarcar mercaderías o personas para transportarlas.

flete. m. Precio estipulado por el alquiler de la nave./ Carga de un buque./ Arg. Caballo veloz.

flexible. a. Que puede doblarse fácilmente.

flexionar. tr. Doblar, encorvar.

flirtear. i. Coquetear, galantear.

flojo, ja. a. Mal atado, poco apretado./ De poca actividad, fortaleza o vigor./ fig. Perezoso, descuidado. Ú.t.c.s./ Arg. Cobarde.

flor. f. Conjunto de los órganos reproductores de las plantas, compuesto por lo general de cáliz, corola, estambres y pistilo./ fig. Lo mejor y más escogido./ Piropo, requiebro. Ú.m. en pl.

flora. f. Conjunto de plantas de un país, región o comarca.

flor

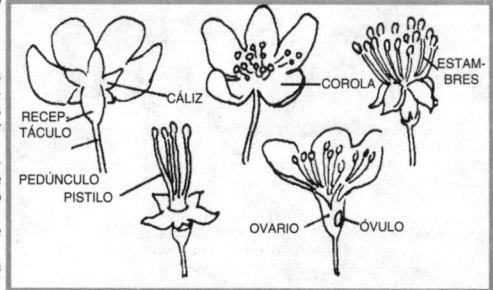

RECEP-
TÁCULO

CÁLIZ

COROLA

ESTAM-
BRES

PEDÚNCULO

PISTILO

OVARIO

ÓVULO

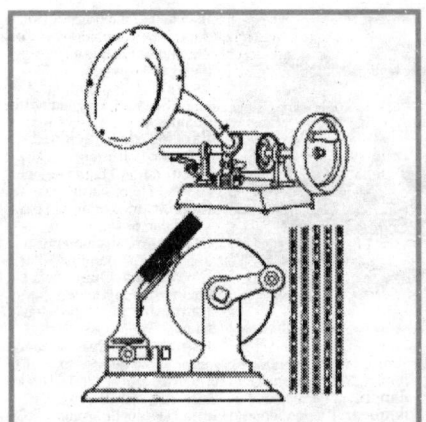

fonógrafo

florecer. i. Echar flor. Ú.t.c.tr./ fig. Prosperar./ Hacerse célebre una persona o cosa en una época determinada.

florescencia. f. *Bot.* Acción de florecer./ Época en que las plantas florecen.

floresta. f. Sitio arbolado, frondoso y ameno.

florete. m. Espadín de cuatro puntas para adiestrarse en la esgrima.

floricultura. f. Cultivo de las flores.

florista. m. y f. Persona que fabrica flores artificiales./ Quien vende flores.

flota. f. Conjunto de barcos mercantes./ Armada de guerra./ *Arg.* Conjunto de camiones de transporte de mercadería.

flotador, ra. a. Que flota.// m. Cuerpo que se destina a flotar en un líquido./ Aparato para determinar el nivel de un líquido o regular su salida./ Pieza hecha de caucho, corcho o plástico, llena de aire, que sujeta generalmente al cuerpo de quien se introduce en el agua, ayuda a que éste no se hunda.

flotar. i. Mantenerse un cuerpo sobre la superficie de un líquido o en suspensión si está sumergido en un fluido aeriforme./ Ondear en el aire.

fluctuar. i. Oscilar un cuerpo sobre las aguas./ fig. Titubear, dudar./ Oscilar los cambios, los precios, etc.

fluidez. f. Calidad de fluido.

fluido, da. a. y s. Dícese del cuerpo líquido o gaseoso./ Aplícase al lenguaje o estilo corriente y fácil.

flujo. m. Movimiento de los líquidos o fluidos./ Movimiento de ascenso de la marea.

flúor. m. Metaloide gaseoso, irrespirable y tóxico, de gran energía química. Símb. F.; n. at., 9; p. at., 19.

fluorescencia. f. Luminiscencia que muestran algunos cuerpos sometidos a la acción de la luz.

fluvial. a. Perteneciente a los ríos.

foca. f. Mamífero carnicero que por lo común vive en el mar. Tiene un cuerpo en forma de pez y nada perfectamente, pero en tierra anda con dificultad y arrastrándose.

foco. m. *Fís.* Punto donde convergen los rayos luminosos y calóricos reflejados o refractados./ fig. Lámpara eléctrica./ fig. Lugar donde una cosa está reconcentrada y desde donde se propaga o ejerce influencia.

fofo, fa. a. Blando, esponjoso.

fogata. f. Fuego de combustible que levanta llama.

fogón. m. Sitio para hacer fuego y guisar./ En las máquinas de vapor, sitio para el combustible./ *Arg.* Reunión alrededor del fuego.

fogonazo. m. Llama de un disparo./ Llamarada instantánea de algunas materias.

fogosidad. f. Impetuosidad, ardimiento.

fogoso, sa. a. Ardiente.

foguear. tr. Limpiar un arma de fuego./ fig. Acostumbrar a una persona a inconvenientes y trabajos.

foja. f. *For.* Hoja de papel en un proceso.

foja. f. Ave zancuda de plumaje negro.

foja

folclore. m. Folklore.

foliar. tr. Numerar las hojas.

folio. m. Hoja del libro o cuaderno.

folklore. m. Conjunto de tradiciones y costumbres de un pueblo.

follaje. m. Conjunto de las hojas de los árboles y otros vegetales./ fig. Abundancia de palabras superfluas.

foca

FOCA GRIS

FOCA DE GROENLANDIA

MORSA

LEÓN MARINO

ELEFANTE MARINO

folletín. m. dim. de **folleto.**/ Novela o escrito extenso que se publica por partes.

folleto. m. Obra impresa en forma de libro, pero más chico.

fomentar. tr. Dar calor para vivificar./ fig. Excitar, dar pábulo.

fomento. m. Calor que se da a una cosa./ Protección./ Medicamento líquido que se aplica sobre la piel por medio de paños.

fonda. f. Establecimiento donde se da hospedaje y se sirven comidas.

fondear. tr. Reconocer el fondo del agua.// i. Anclar o asegurar una embarcación por pesos que descansan en el fondo.

fondo. m. Parte inferior de cosa hueca./ Lecho de un río, del mar, etc./ Lo esencial de una cosa.// pl. Caudal, bienes.

foniatría. f. Parte de la medicina que se refiere a los defectos y enfermedades de la voz.

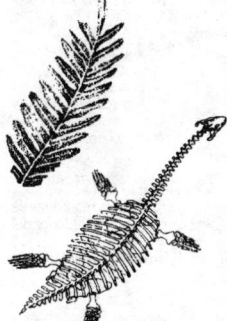

fósil

fonógrafo. m. *Fís.* Aparato que inscribe o reproduce las vibraciones del sonido.

fontanela. f. Cada espacio membranoso del cráneo, antes de su total osificación.

forajido, da. a. Apl. al delincuente que anda huyendo de la justicia./ Malhechor, bandolero.

foráneo, a. a. Extraño, forastero.

forastero, ra. a. Que es de fuera del lugar. Ú.t.c.s./ fig. Ajeno, extraño./ fig. Resistir, hacer oposición.

forcejear. i. Hacer fuerza para vencer una resistencia.

fórceps. m. Instrumento en forma de tenaza, que se usa para la extracción de las criaturas en partos difíciles.

forestación. f. Acción de poblar un terreno con árboles.

forja. f. Fragua de platero./ Acción y efecto de forjar.

forjar. tr. Dar forma con el martillo a los metales./ Fabricar y formar./ fig. Inventar, fingir, idear.

forma. f. Aspecto exterior de los cuerpos materiales./ Modo de proceder en una cosa./ Molde en que se vacía y forma algo./ Estilo o modo de expresar las ideas.

formación. f. Acción y efecto de formar o formarse./ Reunión ordenada de las tropas para diversos actos de servicio.

formalizar. tr. Revestir una de los requisitos legales./ Concretar.

formar. tr. Dar forma./ Componer varias personas o cosas el todo del que son partes./ Reunir o poner las tropas en orden./ Educar, crear.// prl. Adquirir una persona completo desarrollo.

formato. m. Forma y tamaño de un impreso, libro, revista, etc.

formidable. a. Que infunde miedo./ Muy grande, enorme.

formol. m. Sustancia que se obtiene del alcohol metílico y se usa como desinfectante.

formón. m. Instrumento de carpintería, semejante al escoplo, pero menos grueso y de boca más ancha./ Sacabocados con que se sacan las hostias y otras cosas de forma circular.

formoseño, ña. a. De Formosa, provincia de la República Argentina.

fórmula. f. Modo establecido de hacer o decir algo./ *Quím.* Representación simbólica de la composición de un cuerpo.

formular. tr. Reducir a términos claros y precisos./ Recetar./ Expresar, manifestar.

fornicar. i./tr. Tener cópula carnal fuera del matrimonio.

fornido, da. a. Robusto, fuerte y de mucho hueso.

foro. m. Plaza donde se trataban en Roma los negocios públicos./ Por ext., sitio en que los tribunales determinan las causas./ Curia y todo lo concerniente a la abogacía y a la práctica de los tribunales./ En teatro, fondo del escenario.

forraje. m. Pasto para el ganado.

forrar. tr. Poner forro o funda a una cosa.// prl. Enriquecerse.

forro. m. Cubierta, abrigo o resguardo interior o exterior con que se reviste una cosa.

fortalecer. tr./ prl. Fortificar.

fortaleza. f. Fuerza y vigor./ Tercera de las cuatro virtudes cardinales que consiste en vencer el temor sin llegar a la temeridad./ Defensa natural que tiene un lugar por su situación./ Recinto fortificado.

fortificar. tr. Dar vigor y fuerza./ Hacer fuerte un lugar construyendo obras de defensa. Ú.t.c.prl.

fortín. m. Fuerte pequeño.

fortuito, ta. a. Que sucede casualmente./ Imprevisto, inopinado.

fortuna. f. Hacienda, capital./ Suerte.

forúnculo. m. Furúnculo.

forzar. tr. Hacer fuerza o violencia./ Violar a una mujer./ fig. Obligar a hacer algo.

fosa. f. Hoyo en la tierra para enterrar uno o más cadáveres.

fosforecer. i. Despedir fosforescencia o luminiscencia.

fosforescencia. f. Luminiscencia.

fósforo. m. Elemento químico sólido blanco, negro o rojo, venenoso; por lo general se le oxida en el aire. Es combustible y luminoso. Símb., P.; n. at., 15; p.at., 30,98./ Palillo con cabeza de fósforo, que sirve para encender./ fig. y fam. Capacidad, inteligencia.

fósil. a. Apl. al animal o planta más o menos petrificado. Ú.t.c.s.m./ Por ext., aplícase a la impresión o vestigio que indica la existencia de organismos. No pertenece a la época geológica actual./ fig. y fam. Viejo, anticuado.

fosilizarse. prl. Convertirse en fósil un cuerpo orgánico./ fig. Estancarse.

foso. m. Hoyo./ Excavación profunda alrededor de una fortaleza./ Piso inferior del escenario./ Excavación para arreglar el motor de los vehículos desde abajo.

fotocopia. f. Reproducción fotográfica de manuscritos o impresos sobre papel.

fotografía

fotofobia. f. Horror patológico a la luz.

fotogenia. f. Calidad de la persona que posee condiciones buenas para ser fotografiada.

fotografía. f. Arte de fijar y reproducir las imágenes recogidas en el fondo de una cámara oscura./ Estampa que así se obtiene./ Sitio donde se ejerce este arte.

foso

FOSO

fotografiar. tr. Hacer fotografías./ fig. Describir en términos precisos.

fotosíntesis. f. Síntesis de los azúcares en las plantas por acción de la luz sobre el anhídrido carbónico y el agua.

frac. m. Vestidura de hombre, de etiqueta, que por delante llega hasta la cintura y por detrás termina en dos faldones.

fracasar. i. Destrozarse, hacerse pedazos./ Frustarse un proyecto.

fracaso. m. Caída estrepitosa y con rompimiento./ fig. Resultado adverso.

fracción. f. División de una cosa en partes./ Número quebrado.

fractura. f. Acción y efecto de fracturar o fracturarse.

fracturar. tr./ prl. Romper con esfuerzo una cosa.

fragancia. f. Olor suave y delicioso.

fragata. f. Buque de tres palos, con vergas en los tres.

frágil. a. Quebradizo, y que con facilidad se hace pedazos./ Perecedero, caduco.

fragmento. m. Parte o porción pequeña de algunas cosas./ fig. Parte de un libro o escrito.

fragor. m. Ruido, estruendo.

fragua. f. Fogón para caldear los metales que se van a forjar.

fraguar. tr. Frotar metales./ fig. Idear, discurrir.// i. *Albañ.* Trabarse el yeso, la cal.

fraile. m. Religiosos de ciertas órdenes.

frambuesa. f. Fruto del frambueso, semejante a la zarzamora, de color rojo, olor fragante y sabor agridulce y muy agradable.

frambueso. m. Planta rosácea de flores blancas.

francés, sa. a. De Francia. Ú.t.c.s.// m. Idioma francés.

francmasón, na. Persona que pertenece a la francmasonería.

francmasonería. f. Asociación secreta en que se utilizaban símbolos tomados de la albañilería.

franco, ca. a. Liberal, dadivoso./ Libre, desembarazado./ Libre de obligación o trabajo./ Exento, que no paga./ Sencillo y leal en su trato.// m. Unidad monetaria de Francia y otros países.

franja. f. Guarnición tejida de hilo de oro, plata, seda./ Faja o tira.

franquear. tr. Libertar, exceptuar de una contribución, u otra cosa./ Conceder algo con generosidad./ Desembarazar, librar de estorbo./ Pagar con sellos lo que se envía por correo./ Gal. por pasar, atravesar.// prl. Confesar, descubrir uno su intimidad a otro.

franqueza. f. fig. Sinceridad, llaneza.

franquicia. f. Exención de pagar derechos.

frasco. m. Vaso de cuello recogido, de vidrio u otra materia./ Su contenido.

frase. f. Conjunto de palabras que basta para formar sentido.

fraternidad. f. Unión entre hermanos o entre los que se tratan como tales.

fraternizar. i. Tratarse como hermanos.

frigorífico

fragata

fraterno, na. a. Perteneciente a los hermanos.

fratricida. a. y s. Que mata a su hermano.

fraude. m. Engaño, dolo, acción dañosa./ Delito que comete el encargado de vigilar intereses públicos o privados, cuando se confabula con los contrarios.

fray. m. Apócope de fraile.

frazada. f. Manta de abrigo que se pone sobre la cama.

frecuencia. f. Repetición a menudo de un acto o suceso./ *Estad.* Agrupación o conjunto de fenómenos o elementos referido a una clase determinada./ *Fís.* y *Elec.* El número de veces que se repite un proceso periódico por unidad de tiempo.

frecuente. a. Repetido a menudo./ Común, usual.

fregar. tr. Restregar con fuerza una cosa con otra./ Limpiar algo restregándolo con estropajo, cepillo, etc./ *Amér.* Molestar, fastidiar.

freír. tr./ prl. Cocer en aceite o grasa hirviendo.

frenesí. m. Delirio furioso./ fig. Exaltación violenta del ánimo.

frenillo. m. Ligamento que sujeta la lengua por la parte inferior./ Ligamento que sujeta el prepucio./ Pliegue mucoso que une el labio con la encía.

frente. f. Parte superior del rostro desde las cejas hasta el cabello.// m. Parte delantera de una cosa.

fresa. f. Planta de tallos rastreros, flores amarillentas o blancas y fruto casi esférico, rojo, suculento y fragante./ Fruto de esta planta./ Herramienta que forma parte de la fresadora.

fresadora. f. Máquina que sirve para labrar metales.

fresar. tr. Labrar metales por medio de la fresadora.

fresco, ca. a. Moderadamente frío./ Reciente./ Desvergonzado./ Apl. a las telas delgadas y ligeras.// m. Frío moderado.

fresno. m. Árbol de madera blanca y elástica.

frialdad. f. Sensación proveniente de la falta de calor./ Impotencia sexual./ fig. Indiferencia, poco interés.

friccionar. tr. Restregar, dar friegas, frotar.

friega. f. Remedio que se hace restregando alguna parte del cuerpo con un paño o cepillo o con las manos.

frigio, gia. a. Natural de Frigia./ Dícese del gorro usado por los frigios adoptado como emblema de la libertad.

frigorífico, ca. a. Que produce enfriamiento.// m. *Amér.* Establecimiento donde se preparan las carnes para conservarlas./ Nevera, heladera.

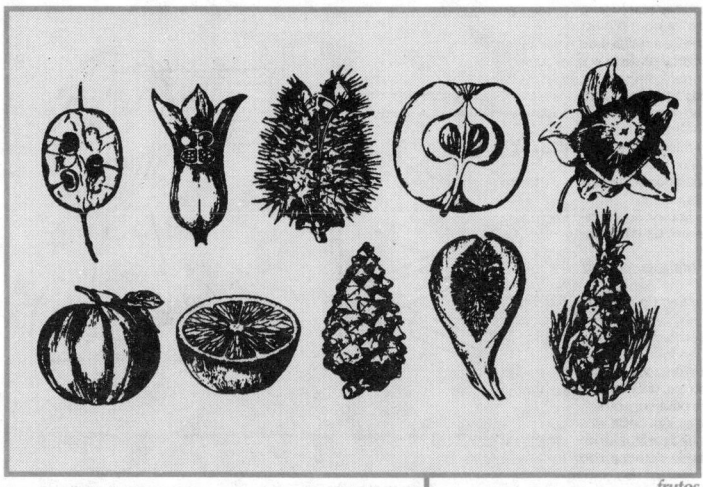

frutos

fruticultura. f. Cultivo de las plantas que producen frutas./ Arte que lo enseña.

fruto. m. Producto del desarrollo del ovario fecundado./ fig. Cualquier producción de la tierra que rinde alguna utilidad./ Producción del trabajo o del ingenio humano./ Utilidad, provecho.

fuego. m. Calor y luz simultáneos que se producen por la combustión.

fueguino, na. a. De Tierra del Fuego, provincia de la República Argentina.

fuente. f. Manantial de agua que brota de la tierra./ Aparato artificial, con caños por los que se hace brotar el agua en jardines, plazas, etc./ Construcción donde asoman los caños de fuente que arrojan el agua./ Plato grande./ Su contenido./ fig. Fundamento, origen.

fuera. adv. A o en la parte exterior de cualquier término.

fuero. m. Ley municipal./ Jurisdicción, poder./ Nombre de ciertas compilaciones de leyes./ Exención, privilegio. Ú.m. en pl./ fig. y fam. Arrogancia, presunción.

frío, a. a. Apl. a los cuerpos cuya temperatura es inferior a la del ambiente./ fig. Indiferente, desafecto./ Falto de gracia o agudeza.// m. Disminución notable del calor./ Sensación que experimenta el cuerpo animal por contacto con otro de temperatura más baja.

friso. m. Parte del cornisamento, por lo común ornamentada, entre el arquitrabe y la cornisa./ Faja en la parte inferior de una pared, pintada de otro color o hecha de otro material.

frívolo, la. a. Ligero, inconstante./ De poca importancia o aprecio.

fronda. f. Arboleda./ Conjunto de ramas y hojas que forman la espesura.

frondoso, sa. a. Abundante de hojas y ramas.

frontal. a. Relativo a la frente.// m. *Anat.* Dícese del hueso que forma la frente./ Paramento que adorna la parte delantera del altar.

frontispicio. m. Fachada de un edificio, libro, etc./ Frontón.

frontón. m. Pared contra la cual se lanza la pelota en los juegos./ Lugar donde se practica el juego de pelota./ *Arq.* Remate de un pórtico o fachada de forma triangular.

frotar. tr./ prl. Pasar con fuerza y muchas veces una cosa sobre otra.

fructificar. i. Dar fruto las plantas./ Producir utilidad.

frugal. a. Moderado en comer y beber./ Apl. asimismo a las cosas en que se manifiesta dicha parquedad.

fruición. f. Goce intenso del bien que uno posee./ Complacencia, deleite en general.

frunce. m. Pliegue o serie de pliegues que se hacen en una tela.

fruncir. tr. Arrugar la frente y las cejas en señal de disgusto o ira./ Hacer frunces o pliegues en una tela.

fruslería. f. Cosa, dicho o hecho de poca importancia.

frustrar. tr. Privar a uno de lo que esperaba./ Malograr, dejar sin efecto un intento.

fruta. f. Fruto comestible de las plantas y árboles.

frutal. a. Apl. al árbol que da fruta. Ú.t.c.s.

frontones

fuerza. f. Vigor, robustez y capacidad para mover una cosa que tenga peso o haga resistencia./ Virtud y eficacia natural de las cosas./ Acto de obligar.// pl. Tropas y aprestos militares.

fuga. f. Huida apresurada./ Salida accidental de un gas o de un líquido./ *Mús.* Composición que gira sobre un tema y su imitación repetidos en diferentes tonos.

fugarse. prl. Escaparse, huir.

fugaz. a. Que huye y desaparece velozmente./ fig. Que dura poco.

fugitivo, va. a. Que anda huyendo y escondiéndose./ Perecedero, de corta duración.

fulgor. m. Resplandor y brillantez con luz propia.

fumarola. f. Grieta de la tierra por la que salen vapores o gases.

fumigar. tr. Desinfectar por medio de humo, gas o vapores.

función. f. Ejercicio de un órgano o aparato./ Acción y ejercicio de un empleo, oficio o facultad./ Acto público, comité, espectáculo./ *Mat.* Relación entre dos magnitudes de modo que a cada valor de una de ellas corresponde determinado valor de otra.

funcional. a. Relativo a las funciones, en especial a las vitales./ Dícese de la arquitectura, muebles, construcciones y utensilios donde se prescinde de lo accesorio./ Práctico, eficaz, utilitario.

funcionar. i. Ejecutar sus funciones una persona, máquina, etc.

funcionario. m. Empleado público.

funda. f. Cubierta que se pone a una cosa para resguardarla.

fundación. f. Acción y efecto de fundar./ Principio, erección de una cosa.

fundamentar. tr. Echar los cimientos a un edificio./ Establecer, hacer firme una cosa.

fundamento. m. Cimiento y principio de un edificio u otra cosa./ Razón en que se funda una cosa./ fig. Principio, raíz, origen.

fundar. tr. Edificar una ciudad, hospital, etc./ Erigir, instituir, crear./ fig. Apoyar con razones una cosa.

fundición. f. Acción y efecto de fundir o fundirse./ Fábrica donde se funden metales.

fundir. tr. Derretir metales, minerales u otros cuerpos sólidos.

fundo. m. Heredad, finca rústica.

fúnebre. a. Rel. a los difuntos./ fig. Luctuoso, muy triste.

funeral. a. Perteneciente al entierro o exequias.// m. Solemnidad con que se hacen.

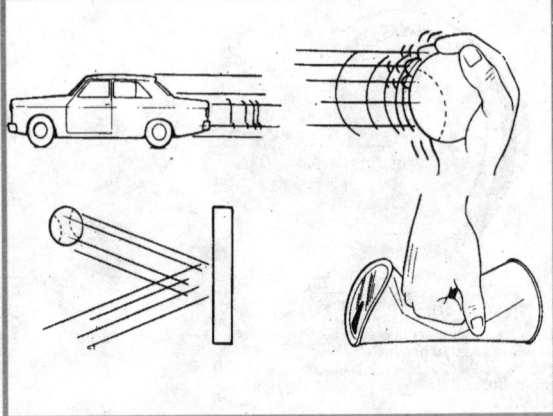

fuerza

funerario, ria. a. Funeral.// f. Empresa que se ocupa de los entierros.

funesto, ta. a. Adverso, que origina pesares./ Triste, luctuoso.

funicular. m. Apl. al vehículo o artefacto movido por medio de una cuerda, cable o cadena.

furcio. m. *Arg.* Error grosero que comete el que habla.

furgón. m. Carro largo y fuerte de cuatro ruedas y cubierto./ Vagón cerrado.

furia. f. Ira exaltada./ Acceso de locura o demencia./ Persona colérica./ Agitación, prisa.

furibundo, da. a. Airado, colérico, propenso a enfurecerse.

furioso, sa. a. Poseído de furia./ Loco./ fig. Violento, terrible.

furor. m. Cólera, ira exaltada./ Agitación violenta que exterioriza el demente.

furtivo, va. a. Que se hace a escondidas.

furúnculo. m. Tumor inflamatorio que se forma en el espesor de la piel y produce supuración.

fusa. f. Nota musical que equivale a media semicorchea.

fusible. a. Que puede fundirse.// m. Hilo o chapa metálica que se coloca en las instalaciones eléctricas para interrumpir la corriente, fundiéndose automáticamente cuando ésta se hace excesiva.

fusil. m. Arma de fuego, portátil, propia de los soldados de infantería.

fusil

fusilar. tr. Ejecutar a uno con una carga de fusilería./ fig. y fam. Plagiar una obra sin citar la fuente.

fusionar. tr./ prl. Unir intereses, ideas o partidos.

fusión. f. Efecto de fundir o fundirse.

fuste. m. Madera, vara./ Parte de la columna entre la base y el capitel./ Cada una de las dos piezas de madera de la silla de montar./ fig. Nervio, sustancia.

fustigar. tr. Azotar./ fig. Vituperar, censurar con acritud.

fútbol o futbol. m. Juego entre dos equipos, de once jugadores, que consiste en tratar que una pelota impulsada por los pies entre en la meta contraria.

futbolista. s. Persona que juega al fútbol.

fútil. a. De poca importancia.

futuro, ra. a. y s. Que está por venir./ *Gram.* Dícese del tiempo de verbo que indica la acción que no ha ocurrido todavía.

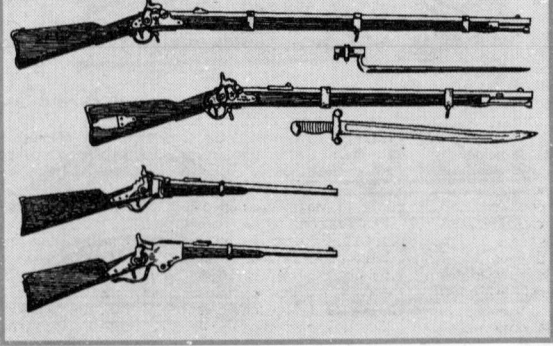

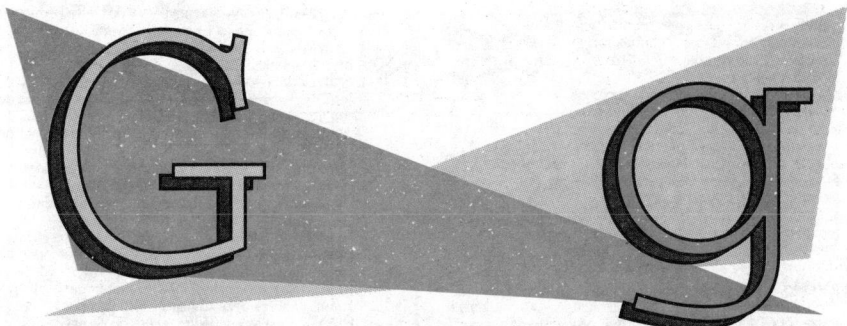

g. f. Octava letra del abecedario castellano y sexta de sus consonantes. Su nombre es *ge*.

gabán. m. Prenda de abrigo, sobretodo.

gabardina. f. Tela impermeable./ Abrigo hecho de esa tela.

gabinete. m. Pieza o aposento, generalmente de recibo, menor que la sala./ Dícese del conjunto de los ministros de un estado./ Colección de objetos curiosos propios de un arte o ciencia.

gacela. f. Antílope de formas elegantes y gran agilidad. Es un poco menor que el corzo y habita en África y Asia.

gaceta. f. Periódico de noticias literarias, políticas, etc.

gacetilla. f. Sección que en los periódicos se destina a noticias breves.

gafa. f. Grapa.// pl. Anteojos con enganches para afianzarlos en las orejas.

gaita. f. Instrumento músico de viento compuesto de un saco de aire y tres tubos.

gaje. m. Emolumento que corresponde a un cargo o empleo. U.m. en pl./ **-gajes del oficio.** loc. irónica. Molestias o perjuicios propios de un cargo o empleo.

gajo. m. Rama de árbol./ Racimo de cualquier fruta./ División interior de algunas frutas.

gala. f. Vestido lucido./ Gracia, garbo, gallardía./ Lo más selecto y primoroso de una cosa.// pl. Trajes, joyas, adornos de lujo.

galáctico, ca. a. Pert. a la galaxia.

galán. a. Hombre airoso y bien parecido./ Actor que hace alguno de los principales papeles en una representación, excluido el de característico./ El que galantea.

galante. a. Atento, amable, obsequioso con las damas.

galantear. tr. Requebrar a una mujer./ Intentar captar su amor.

galardón. m. Premio por los merecimientos o servicios.

galardonar. tr. Premiar los servicios o méritos.

galaxia. f. Cada uno de los sistemas semejantes a la Vía Láctea que se encuentran esparcidos por el Universo.

galeón. m. Nave de gran porte, semejante a la galera.

galeote. m. El que remaba forzado en las galeras.

galera. f. Carro, para transportar personas, grande, con cuatro ruedas./ Embarcación de vela y remo./ *Amér.* fam. Sombrero de copa./ Caja para poner las líneas de letras y formar la galerada.// pl. Antigua pena de servir remando en las galeras.

galerada. f. *Impr.* Trozo de composición que se pone en una galera./ *Impr.* Prueba que se saca para corregir, de esa composición.

galería. f. Pieza larga y espaciosa, rodeada de numerosas ventanas o sostenida por columnas./ Corredor descubierto o con vidrieras./ Colección de pinturas./ Camino subterráneo en las minas./ Paraíso del teatro y público que concurre a él.

galgo, ga. a. Casta de perro muy ligero, con cabeza pequeña, hocico puntiagudo, cuerpo delgado y patas largas. // f. Palo grueso que se ata a la caja del carro y sirve de freno.

galicismo. m. Vocablo del francés, empleado en otra lengua.

galladura. f. Pinta como de sangre que se halla en el huevo de gallina fecundada.

gallardete. m. Tira o faja volante que se usa como insignia.

gallardía. f. Bizarría./ Esfuerzo, valor.

galleta. f. Bizcocho./ Pasta que se compone de harina, azúcar y otras sustancias, dividida en trocitos de forma diversa y cocida al horno./ fam. Bofetada./ *Arg.* Calabaza pequeña, chata, redonda y sin asa, para tomar mate.

galliforme. a. Apl. a aves de cuerpo por lo común robusto y pesado, patas cortas, alas cortas, redondeadas y poco aptas para el vuelo, pico algo encorvado y fuerte y cola muy desarrollada, como las gallinas, perdices, etc.// f. pl. Orden de estas aves.

gallina. f. Hembra del gallo, de tamaño menor que éste, cresta rudimentaria y tarsos sin espolones.// m. y f. fig. y fam. Persona cobarde y medrosa.

gallinero. m. Sitio donde se crían la aves de corral./ Paraíso de un teatro.

gallo. m. Ave galliforme de corral, de aspecto arrogante, cresta rojas y tarsos con espolones largos y afilados./ Pez marino acantopterigio con aleta en forma de cresta de gallo./ fig. y fam. Nota falsa al cantar o hablar./ El que todo lo manda o pretende mandar./ *Amér.* Hombre fuerte, valiente.

galón. m. Tejido fuerte y angosto, a modo de cinta./ Distintivo que llevan en el brazo o en la bocamanga los diferentes grados del ejército o de otras fuerzas.

gacela

galopar. i. Ir a galope el caballo./ Cabalgar una persona en un caballo al galope.

galope. m. Marcha más rápida del caballo.

galpón. m. *Amér.* Cobertizo grande.

galvanismo. m. Electricidad desarrollada por el contacto de dos metales distintos con un líquido interpuesto./ Propiedad de excitar músculos o nervios de animales vivos o muertos mediante la electricidad.

galvanizar. tr. Aplicar el galvanismo a un animal./ fig. Infundir vigor, animar./ Aplicar una capa de metal sobre otro empleando electricidad.

gama. f. Escala musical./ Escala o gradación de colores.

gameto. m. Cada una de las dos células sexuales, masculina y femenina, que se unen para formar el huevo de los animales y de las plantas.

gamo. m. Mamífero europeo de pelaje rojizo con manchas y cabeza con cuernos en forma de palas.

gamuza. f. Especie de antílope, cuyo tamaño es el de una cabra grande./ Piel de la gamuza./ Paño de tacto y aspecto semejantes al de la piel de la gamuza.

gana. f. Ansia, deseo, voluntad, apetito.

ganadería. f. Multitud de ganado./ Crianza de ganados./ Raza de ganado que suele llevar el nombre del ganadero.

ASUSTADO · DESCANSANDO · ATENTO · CURIOSO · MIMOSO

gato

ganado, da. p.p. de ganar.// a. Apl. a lo que se gana.// m. Conjunto de bestias mansas, que nacen y andan juntas.
ganancia. f. Utilidad que resulta del comercio o de otra acción.
gancho. m. Instrumento corvo y puntiagudo, propio para prender o colgar algo./ fig. y fam. El que solicita a otro con maña para algún fin./ Amér. Horquilla para sujetar el pelo./ Arg. Ayuda.
ganga. f. Cosa apreciable que se adquiere a poca costa.
ganglio. m. Tumor pequeño que se forma en tendones y músculos./ Anat. Nudo en los nervios o en los vasos linfáticos.
gangoso, sa. a. Que habla gangueando.
gangrena. f. Descomposición y muerte de un tejido animal, por falta de irrigación sanguínea, traumatismo o infección; va acompañada de la formación de pus.
ganguear. i. Hablar con resonancia nasal.
ganso, sa. s. Ave palmípeda doméstica.
ganzúa. f. Alambre fuerte y doblado por un extremo, con que pueden abrirse las cerraduras.
garabato. m. Rasgo débil e irregular hecho al escribir./ Garfio de hierro para asir o colgar cosas.
garaje. m. Local donde se guardan automóviles.
garantía. f. Fianza, prenda./ Lo que protege contra un riesgo.
garantir. tr. Garantizar.
garantizar. tr. Dar o prestar garantía.
garbanzo. m. Planta leguminosa, con fruto en vaina abultada, pelosa, con una o dos semillas amarillentas./ Semilla de dicha planta que es muy nutritiva.
garbo. m. Gallardía, gentileza./ fig. Gracia, atracción.
garfio. m. Instrumento de hierro, corvo y puntiagudo, propio para aferrar cosas.
gargajo. m. Flema que se arroja de la garganta.
garganta. f. Parte anterior del cuello./ Espacio interior entre el velo del paladar y la entrada del esófago y la laringe./ Angostura de ríos, montes u otros parajes.
gargantilla. f. Collar de adorno, ceñido a la garganta./ Cualquiera de las cuentas con que se forma un collar.
gárgara. f. Acción de mantener un líquido en la garganta, con la boca hacia arriba y, sin tragarlo, expeler el aliento.
gárgola. f. Canal o caño, por lo común adornado, por donde se vierte el agua de los tejados o de las fuentes.
garguero o **gargüero.** m. Parte superior de la tráquea.
garita. f. Casilla de madera o torrecilla de fábrica para abrigo de vigilantes o centinelas./ Arg. Plataforma desde donde se dirige el tránsito.
garito. m. Lugar de juego clandestino.
garlopa. f. Cepillo de carpintero largo y con puño, para igualar la superficie de la madera cepillada.
garúa. f. Amér. Llovizna.
garza. f. Ave zancuda, de cabeza pequeña, pico prolongado, y moño gris y largo, que habita al borde de los ríos y pantanos.
garra. f. Mano o pie del animal, cuando están armados de uñas corvas, fuertes y agudas.

garrafa. f. Arg. Vasija metálica y de cierre hermético para contener gases y líquidos muy volátiles.
garrapata. f. Arácnido traqueal que vive parásito de otros animales.
garrocha. f. Vara larga para saltos gimnásticos./ Vara en cuya extremidad inferior hay un hierro provisto de un arponcillo, usada en general para picar toros.
garrón. m. Espolón de ave./ Extremo de la pata de algunos animales.
garrote. m. Palo grueso y fuerte que puede manejarse a modo de bastón./ Ligadura fuerte para oprimir los brazos o los muslos./ Instrumento que se usaba para estrangular a los reos.
garrucha. f. Polea.
gas. m. Fluido aeriforme a la presión y temperatura ordinarias./ Carburo de hidrógeno, con mezcla de otros gases, que se usa para la calefacción, el alumbrado y la fuerza motriz.// pl. Vapores del estómago y los intestinos.
gaseiforme. a. Que se encuentra en estado de gas.
gaseoso, sa. a. Gaseiforme./ Apl. al líquido que exhala gases./ / f. Bebida efervescente, refrescante y sin alcohol.
gasificar. tr. Determinar la gasificación de las sustancias tratadas químicamente./ Transformar un líquido en gas.
gasoducto. m. Cañería para conducir el gas desde el lugar donde se produce hasta los depósitos de abastecimiento.
gasolina. f. Combustible empleado en los motores de combustión interna, como automóviles, etc., compuesto de hidrocarburos líquidos volátiles e inflamables obtenidos del petróleo.
gastar. tr./ prl. Emplear el dinero en una cosa./ Consumir. Ú.t.c.prl./ Tener habitualmente./ Usar, llevar, poseer.
gasterópodo. a. Apl. a los moluscos que tienen en el vientre un pie carnoso sobre el que se arrastran, como el caracol. Ú.t.c.s.// m. pl. Orden de estos animales.
gástrico, ca. a. Perteneciente al estómago./ Dícese del jugo del estómago que actúa sobre los alimentos.
gastronomía. f. Arte de preparar una buena comida./ Afición a comer manjares exquisitos.
gatear. i. Andar como el gato.
gatillo. m. Tenazas para extraer muelas./ Disparador de las armas de fuego.
gato, ta. s. Mamífero doméstico, de pelaje suave y patas cortas, de gran utilidad porque persigue a los ratones./ Cric, instrumento para levantar pesos a poca altura./ Arg. Danza del campo que se baila en pareja, y música de esta danza.
gauchada. f. Amér. Acción propia de un gaucho./ Servicio o favor ocasional.
gaucho, cha. a. Dícese del natural de las pampas argentinas, uruguayas y del sur de Brasil./ Arg. Dícese de la persona que hace favores./ Arg., Chile y Urug. Dícese del buen jinete.
gaveta. f. Cajón corredizo en los escritorios.
gavilla. f. Conjunto de mieses, ramas, hierba, etc./ fig. Unión de muchas personas de baja condición.
gavota. f. Danza antigua y música de esta danza.
gelatina. f. Proteína obtenida por cocción de huesos y tendones en agua.

garrote

gema. f. Nombre genérico de las piedras preciosas.
gemelo, la. a. Dícese de cada uno de los dos o más hermanos nacidos de un parto./ Apl. a dos elementos iguales.// m. pl. Instrumento con dos tubos para mirar de lejos con los dos ojos./ Juego de botones para puños.
gemido. m. Acción y efecto de gemir.
gemir. i. Expresar el dolor con voz lastimera.
gendarme. m. Arg. Agente militarizado de la policía de fronteras.
genealogía. f. Serie de progenitores y ascendientes de cada individuo./ Ciencia auxiliar de la historia, que estudia el parentesco, origen y descendencia de familias y personas./ Escrito que contiene estos datos.
generación. f. Acción de engendrar./ Sucesión de descendientes en línea recta./ Conjunto de todos los vivientes coetáneos.

general. a. Común a todos los individuos./ Común, frecuente, usual.// m. El que tiene uno de los grados superiores de la milicia./ En las órdenes religiosas, prelado superior.

generalizar. tr. Hacer pública o común una cosa. Ú.t.c.prl./ Abstraer lo común y esencial a muchas cosas para formar un concepto general.

género. m. Especie./ Clase./ Cualquier mercadería./ Cualquier clase de tela./ Accidente gramatical que sirve para indicar el sexo que tienen las personas, animales o plantas o que se le atribuye a las cosas./ Biol. Conjunto de especies con caracteres comunes./ En las artes, cada una de las diferentes categorías en que pueden agruparse las obras según sus rasgos comunes./ **-literario.** Cada una de las diferentes categorías en que se pueden agrupar las obras literarias. Tradicionalmente se distinguen tres géneros: *lírico, épico o dramático.*

generoso, sa. a. Que obra con magnanimidad y nobleza de ánimo./ Dadivoso, liberal./ Vino más fuerte y añejo, mejor elaborado que el común.

génesis. m. Primer libro de la Biblia en el que se narra el origen del mundo y de la humanidad./ f. Origen de una cosa.

genial. a. Propio del genio./ Sobresaliente, con genio creador.

genio. m. Índole o inclinación de cada uno./ Facultad capaz de crear o inventar./ Grande ingenio, inteligencia extraordinaria o facultad capaz de crear algo./ El que está dotado de esa cualidad./ Deidad a quien los antiguos gentiles suponían engendradora de todo lo existente en la naturaleza.

genital. a. Que sirve para la generación.// m. Testículo.

genitourinario, ria. a. Perteneciente o relativo a los aparatos de la generación y de la orina.

gente. f. Pluralidad de personas./ Nación, pueblo./ fam. Parentela, familia./ **-bien.** Gal. por personas distinguidas.

gentil. a. Pagano o idólatra. Ú.t.c.s./ Brioso, galán./ Notable.

gentilicio, cia. a. Rel. a las naciones./ Rel. a la familia o linaje./ / a./ m. Apl. a los adjetivos y sustantivos que indican lugar o país de origen o de residencia habitual de personas y animales.

gentío. m. Muchedumbre, afluencia de mucha gente.

gentuza. f. La gente más despreciable.

genuino, na. a. Legítimo, puro, natural, propio.

geocéntrico, ca. a. Pert. o relativo al centro de la Tierra.

geodesia. f. Ciencia matemática para determinar la forma y magnitud de la Tierra y construir los mapas correspondientes.

geografía. f. Ciencia que trata de la descripción de la Tierra.

geográfico, ca. a. Perteneciente o relativo a la geografía.

geología. f. Ciencia que se ocupa de la forma exterior e interior de la Tierra, de las materias que la componen y de su constitución y distribución desde su origen.

geometría. f. Parte de la matemática que estudia las propiedades y medida de la extensión.

gerencia. f. Cargo y gestión del gerente./ Oficina del gerente.

gerente. m. El que en una empresa mercantil lleva la firma y dirige los negocios.

gaucho

girasol

geriatría. f. Parte de la medicina que estudia la vejez y sus enfermedades.

germanismo. m. Vocablo o giro de origen alemán o propio de la lengua alemana, empleado en otra lengua

germen. m. Rudimento de un ser orgánico./ Parte de la semilla de la que brota la planta./ fig. Origen de una cosa.

germinar. i. Brotar las plantas./ Comenzar a crecer la semilla./ fig. Empezar a desarrollarse; aparecer.

gerundio. m. *Gram.* Forma verbal invariable, que termina en *-ando* o en *-iendo* y que funciona sintácticamente como adverbio.

gesta. f. Conjunto de hechos memorables de algún personaje o pueblo.

gestación. f. Tiempo que dura la preñez.

gestar. tr. Llevar la madre el feto en sus entrañas.// prl. fig. Prepararse o crecer sentimientos, ideas o tendencias.

gesticular. i. Hacer gestos.

gestionar. tr. Hacer diligencias.

gesto. m. Expresión del rostro o de las manos con que se expresan los diversos estados de ánimo./ Mueca./ Semblante, cara./ Gal. por rasgo, ademán, acción.

giba. f. Joroba./ fig. y fam. Corcova o joroba.

gigantesco, ca. a. Rel. a los gigantes./ Sobresaliente en su línea.

gimnasia. f. Arte de desarrollar el cuerpo por medio de ciertos ejercicios./ Estos ejercicios.

gimnasio. m. Lugar destinado a la gimnasia.

gimnasta. m. Persona que practica ejercicios gimnásticos.

gimotear. i. fam. o desp. de gemir. Gemir sin causa suficiente.

ginecología. f. Parte de la medicina que trata de las enfermedades propias del aparato reproductor femenino.

gingival. a. Pert. o relativo a las encías.

girar. i. Moverse alrededor o circularmente./ fig. Versar una conversación sobre un tema./ Emitir órdenes de pago. Ú.t.c.tr.

girasol. m. Planta compuesta, originaria de América del Norte, con flores grandes y amarillas que tiene la característica de orientarse siempre hacia el sol. De sus semillas se obtiene aceite comestible.

giratorio, ria. a. Que gira o se mueve alrededor.

giro. m. Movimiento circular./ Acción y efecto de girar./ Dirección que se da a una conversación, un asunto, etc./ Movimiento de fondos por medio de documentos.

gitano, na. a. Dícese de una raza de gentes errantes originaria de la India. Ú.t.c.s./ Propio de los gitanos o parecido a ellos./ Que posee arte y gracia para ganar voluntades. Ú.t.c.s.

glacial. a. Que hace helar./ Frío./ Apl. a las tierras y mares de las zonas glaciares.

glaciar. m. Masa de hielo originada en las altas latitudes o en las altas montañas que por gravedad, se desplaza en busca de un nivel inferior.

gladiador. m. El que en los juegos públicos de los romanos luchaba contra otro hombre o una fiera hasta morir o matar.

gladio, gladiolo o **gladíolo.** m. Planta con flores de diversos colores y tallos largos.

glándula. f. Dilatación celular y globosa de ciertas plantas que contiene algún líquido./ Órgano secretor de humores.

glandular. a. Propio de las glándulas.

glauco, ca. a. Verde claro.// m. Molusco gasterópodo marino, sin concha, de color azul con reflejos verdes nacarados.

glicerina. f. Líquido incoloro, espeso y dulzón que se extrae de los cuerpos grasos y se emplea en perfumería, medicina e industria, especialmente en la fabricación de nitroglicerina.

glicina. f. Planta trepadora, ornamental, con flores azules o violetas.

gliptodonte
grafía

gliptodonte. m. Mamífero desdentado, fósil, especie de armadillo gigante, del terreno cuaternario de América del Sur.

globo. m. Cuerpo esférico./ Tierra, planeta./fig. y fam. Mentira.

glóbulo. m. Pequeño cuerpo esférico./ Corpúsculo redondeado que se halla en la sangre, la linfa y el quilo.

gloria. f. Buenaventuranza./ Cielo, mansión en que los ángeles, los santos, y los bienaventurados gozan de la presencia de Dios./Fama y honor./ Magnificencia, esplendor.// m. Canto o rezo de la misa.

gloriar. tr. Glorificar.// prl. Jactarse de algo.

glorieta. f. Espacio redondo, cercado, en los jardines.

gorila

glorificar. tr. Hacer glorioso./ Ensalzar, enaltecer.

glorioso, sa. a. Digno de honor y alabanza./ Perteneciente a la gloria o bienaventuranza.

glosa. f. Explicación o comentario de un texto./ Cierta composición poética en que se repiten unos versos al final de las estrofas./ Nota a un documento o cuenta.

glotón, na. a. y s. Que come con exceso y con ansia.

glucosa. f. Azúcar que se encuentra en muchos frutos y en la sangre.

gluten. m. Cualquier sustancia pegajosa que puede servir para unir una cosa con otra./ Sustancia albuminoidea, que se encuentra juntamente con el almidón en las harinas.

glúteo, a. a. Pert. a la nalga.

gnomo. m. Ser fantástico al cual se le asignó la figura de un enano que habitaba en las minas.

gobernar. tr. Mandar con autoridad o regir una cosa. Ú.t.c.i./ Guiar, dirigir. Ú.t.c.prl.// i. Obedecer al timón la nave.

gobierno. m. Acción de gobernar o gobernarse./ Conjunto de los que gobiernan./ Cargo de gobernador./ Edificio donde se encuentra su despacho./ Tiempo que dura su mando.

gol. m. En fútbol y otros deportes, acción de colocar la pelota en el arco.

gola. f. Garganta./ Pieza de armadura que resguardaba la garganta./ Adorno que se colocaba alrededor del cuello.

goleta. f. Velero pequeño y ligero, de dos o tres palos y bordas poco elevadas.

golf. m. Juego de origen escocés , en el que se introduce una pelota pequeña impulsada por un palo en una serie de hoyos.

golfo. m. Gran porción de mar que se interna en la tierra, entre dos cabos.

golondrina. f. Ave de paso, de color azulado y blanco, alas en punta y cola larga.Emigra en otoño a regiones más cálidas.

golosina. f. Manjar delicado y gustoso./ Deseo o apetito de una cosa./ fig. Cosa más agradable que provechosa.

goloso, sa. a. Afecto a comer golosinas.

golpe. m. Choque de dos cuerpos./ Abundancia de una cosa./ Infortunio que acomete de pronto.

golpear. tr. Dar repetidos golpes. Ú.t.c.i.

goma. f. Sustancia viscosa que fluye de diversos vegetales y que, disuelta en agua, sirve para pegar./ Tira de goma elástica./ Caucho.

gomero, ra. a. Pert. o relativo a la goma.// m. Árbol de la goma.// f. Honda, instrumento para disparar piedras.

gónada. f. Glándula sexual masculina o femenina.

góndola. f. Embarcación pequeña de recreo, sin cubierta ni palos, y con una carroza. Se utiliza sobre todo en Venecia.

gong. m. Disco de metal sonoro que se golpea con un mazo.

gordo, da. a. De muchas carnes./ Corpulento y abultado.

gordura. f. Grasa, tejido adiposo que existe entre los órganos./ Abundancia de grasas y carnes en las personas y animales./ Arg. y P. Rico. Nata de la leche.

gorgojo. m. Insecto que vive entre las semillas de los cereales y causa mucho perjuicio.

gorgorito. m. fam. Quiebro que se hace con la voz, gmente. al cantar.

gorila. m. Mono antropomorfo de color pardo oscuro y altura similar al hombre. Sus pies tienen tres dedos unidos por una piel. Habita en África.

gorjeo. m. Quiebro de la voz. / Canto de algunas aves.

gorra. f. Prenda para cubrir la cabeza, sin copa ni alas y con viscera o sin ella.

gorrión. m. Pájaro pequeño, de plumaje pardo, con manchas negras y rojizas, que se alimenta de insectos y granos.

gorro. m. Prenda redonda, de tela, para cubrir la cabeza.

gota. f. Partecilla de agua u otro licor./ Pat. Enfermedad que causa hinchazón muy dolorosa en ciertas articulaciones peuqñas y se caracteriza por el exceso de ácido úrico en la sangre.

gótico, ca. a. Perteneciente a los godos./ Apl. a lo escrito o impreso en letra gótica./ Dícese del arte desarrollado desde el siglo XII hasta el Renacimiento. Ú.t.c.s.// m. Lengua germánica hablada por los godos.

gozar. tr./ i. Tener y poseer alguna cosa./ Tener gusto por una cosa./ Sentir placer y deleite.

gozne. m. Herraje articulado con que se fijan las hojas de las puertas y ventanas al quicial para que giren./ Bisagra.

gozo. m. Movimiento del ánimo que se complace en esperanza de cosas halagüeñas./ Alegría.

grabado. m. Arte de grabar./ Procedimiento para grabar./ Estampa obtenida por este procedimiento.

grabador, ra. a. Persona que se ocupa del arte del grabado.// m. Aparato que se utiliza para grabar sonidos.

grabar. tr. Señalar con incisión o abrir y labrar en hueco o en relieve sobre una superficie, un letrero o representación de cualquier objeto.// tr. Registrar sonidos de modo que se puedan reproducir.// tr./ prl. Fijar en el ánimo un concepto, un sentimiento o un recuerdo.

gracejo. m. Gracia y donaire festivo en hablar o escribir.

gracia. f. Benevolencia, actitud amistosa o protectora hacia alguien./ Nombre de cada uno./ Beneficio, concesión gratuita./ Afabilidad en el trato./ Donaire, garbo./ Chiste, agudeza.

gracioso, sa. a. Que tiene atractivo o donaire./ Chistoso, agudo./ Que se da de gracia.

grácil. a. Sutil, delgado o menudo.

grada. f. Peldaño./ Asiento a manera de escalón corrido, en los espectáculos públicos.

gradación. f. Serie de cosas ordenada gradualmente.

grado. m. Peldaño./ Cada uno de los diversos estados, valores o calidades que, en relación de menor a mayor, puede tener una cosa./ Título que se da a quien se gradúa en una facultad./ División de la enseñanza en ciertas escuelas./ Unidad de medida./ Geom. Cualquiera de las trescientas sesenta partes iguales en que se considera dividida la circunferencia.

graduado, da. a. y s. Apl. a quien ha terminado una carrera universitaria.

gradual. a. Que está en grados o va por grados./ Progresivo./ Parte de la misa, entre la epístola y el evangelio.

graduar. tr. Dar a una cosa el grado debido./ Marcar los grados en que se divide algo./ Conferir un título universitario.

grafía. f. Manera de escribir o representar los sonidos y, en especial, empleo de una letra o de un determinado signo.

gótico

gráfico, ca. a. Rel. a la escritura./ Apl. a las descripciones, etc., que se representan por medio de figuras o signos./ Apl. a la manera de hablar con claridad.// m. Cuadro comparativo.

grafito. m. Mineral de color negro grisado que se usa para fabricar lápices y crisoles refractarios.

gragea. f. Confites muy menudos./ Píldora, porción de materia medicamentosa recubierta de una sustancia azucarada.

gramática. f. Estudio de los elementos del lenguaje.

gramatical. a. Rel. a la gramática./ Que cumple sus reglas.

gramilla. f. *Arg.* Planta gramínea que se emplea como forrajera y como césped.

gramo. m. Unidad de peso y masa. Milésima parte del kilogramo, equivalente a 1 cm3 de agua destilada a cuatro grados centígrados de temperatura.

grampa. f. Grapa, pieza metálica.

grana. f, Cochinilla./ Quermes./ Excrecencia de este insecto, que al ser exprimida produce color rojo.// m. Este color.

granada. f. Fruto del granado, refrescante y medicinal, de corteza correosa y delgada y múltiples granos encarnados./ Proyectil explosivo.

guacamayo

granado, da. a. Escogido, notable, principal.// m. Árbol de tronco grueso y tortuoso y flores rojas de pétalos doblados.

granate. m. Piedra fina compuesta de silicato doble de alúmina y de hierro u otros óxidos metálicos./ Color rojo oscuro.

grande. a. Que excede en tamaño, importancia, dotes, intensidad, etc. a lo común y regular.// m. Prócer, magnate.

grandeza. f. Tamaño excesivo de una cosa./ Majestad y poder./ Tamaño, extensión.

grandioso, sa. a. Sobresaliente, magnífico.

granel (a). m. adv. Sin envase, sin empaquetar./ fig. En abundancia.

granero. m. Sitio en donde se recoge el grano./ fig. Territorio muy abundante en grano y que abastece de él a otros países.

granito. m. Roca compacta y dura que se compone de feldespato y mica.

granizada. f. Lluvia de granizo./ fig. Multitud de cosas que caen./ *Arg.* y *Chile.* Bebida helada.

granizar. i. Caer granizo.

granizo. m. Precipitación atmosférica constituida por agua congelada según formas redondeadas, que se origina en las nubes tormentosas./ fig. Granizada, cosas que caen.

granja. f. Hacienda de campo, cerca de poblado, para la cría de aves de corral y ganado porcino./ Finca de campo para el cultivo y la explotación de productos rurales.

grano. m. Semilla y fruto de las mieses./ Semillas de otras plantas./ Semillas o frutos que forman con otro un agregado./ Porción menuda de algunas otras cosas./ Especie de tumorcillo.

granuja. f. Uva desgranada y separada del racimo./ Granillo interior de la uva y otras frutas.// m. fam. Pilluelo, muchacho vagabundo./ fig. Bribón, pícaro.

grapa. f. Pieza de hierro u otro metal, cuyos dos extremos, doblados y aguzados, se clavan para unir o sujetar dos tablas.

gratificación. f. Recompensa de un servicio eventual.

gratis. adv. Sin precio, sin interés.

gratitud. f. Sentimiento por el cual nos consideramos obligados a estimar el beneficio recibido y a corresponder a él.

grato, ta. a. Gustoso, agradable./ Gratuito, gracioso, de balde.

gratuito, ta. a. De balde, gratis./ Arbitrario, sin fundamento.

grava. f. Piedra machacada para cubrir el piso de los caminos.

gravamen. m. Carga, obligación./ Carga impuesta sobre un inmueble o cosa.

gravar. tr. Imponer un gravamen.

grave. a. Grande, de mucha importancia./ Apl. al que está enfermo de cuidado./ Serio; que causa respeto y veneración./ Arduo, difícil./ Se dice del sonido hueco y bajo./ Gram. Apl.

a la palabra que lleva acento prosódico en su penúltima sílaba.

gravedad. f. Compostura, seriedad, circunspección./ Grandeza, importancia./ Fís. Atracción entre un cuerpo celeste y los situados en su superficie./ Cualidad o estado de grave.

gravidez. f. Preñez.

gravitar. i. Propender un cuerpo a caer o cargar sobre otro en virtud de su peso./ fig. Cargar, imponer una carga.

gravoso, sa. a. Molesto, pesado./ Que ocasiona gastos.

graznar. i. Dar graznidos.

graznido. m. Voz de algunas aves como el cuervo y el ganso.

greda. f. Arcilla arenosa, que se emplea para quitar manchas y desengrasar paños.

gregario, ria. a. Dícese del que está en compañía de otros sin distinción./ Dícese de los animales que viven en manadas o rebaños./ Dícese del que sigue con servilismo las ideas ajenas.

gremial. a. Perteneciente al gremio.

gremio. m. Conjunto de personas que tienen un mismo oficio o profesión, y que se rigen por un estatuto.

greña. f. Cabellera despeinada y revuelta. Ú.m. en pl./ Lo que está enredado y entretejido con otra cosa.

gresca. f. Bulla, gritería, algazara./ Riña, pendencia.

grey. f. Rebaño./ fig. Conjunto de individuos que tienen algún carácter común.

griego, ga. a. De Grecia. Ú.t.c.s.// m. Idioma de los griegos.

grieta. f. Abertura longitudinal en la tierra o en un cuerpo sólido.

grifo, fa. a. Dícese de los cabellos enmarañados o crespos.// m. Animal fabuloso, con la mitad superior del cuerpo de águila y la inferior de león./ Llave colocada en la boca de las cañerías.

grillo. m. Insecto de color negro rojizo. El macho produce un sonido agudo al frotar con fuerza los élitros.

gripe. f. Enfermedad infecciosa aguda con fiebre y catarro.

gris. a. Apl. al color que resulta de mezclar el blanco y el negro.

grisú. m. Gas pernicioso de las minas de hulla, que se torna inflamable al mezclarse con el aire.

gritar. i. Levantar la voz más de lo acostumbrado./ Manifestar el público desagrado con demostraciones ruidosas. Ú.t.c.tr.

grosería. f. Descortesía, falta de atención y respeto./ Tosquedad en el trabajo manual./ Ignorancia, rusticidad.

grotesco, ca. a. Ridículo y extravagante./ Irregular, tosco./ a. y m.Arg. Género teatral que une lo cómico con lo dramático.

grúa. f. Máquina para levantar pesos y llevarlos de un punto a otro./ Vehículo automóvil provisto de guía para remolcar otro.

grueso, sa. a. Corpulento y abultado.// m. Cuerpo de una cosa.

grulla. f. Ave zancuda con pico cónico y prolongado, cuello largo, alas redondas y grandes y plumaje gris.

grumete. m. Muchacho aprendiz de marinero.

grumo. m. Parte coagulada de un líquido.

gruñido. m. Voz de ciertos animales./ Sonidos roncos, inarticulados, que una persona emite como expresión de mal humor.

gruñir. i. Dar gruñidos./ fig. Mostrar desagrado o disgusto murmurando entre dientes.

grupa. f. Anca.

grupo. m. Pluralidad de seres o cosas que forman un conjunto./ Conjunto de figuras./ Arg. Engaño, mentira.

gruta. f. Cavidad natural abierta en peñas.

guacamayo. m. Ave de América, especie de papagayo, con plumaje de varios colores y cola muy larga.

granado

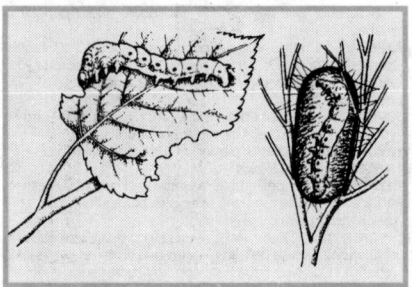

gusano

guacho, cha. a. Huérfano./ Desamparado, solitario./ *Arg., Chile* y *Perú.* Expósito.

guadaña. f. Instrumento para segar a ras de tierra formado por una cuchilla puntiaguda, menos corva y más ancha que la hoz, enastada en un mango largo.

guajira. f. Cierto canto popular de los campesinos cubanos.

gualicho. m. *Amér.* Diablo, genio del mal./ Maleficio, hechizo.

guanaco. m. Rumiante de América del Sur parecido a la llama. Es útil como bestia de carga y con su pelo se fabrican tejidos muy resistentes./ *Amér.* Tonto, necio.

guano. m. Materia excrementicia que abunda en las costas de Perú y de Chile. Se usa como abono en la agricultura.

guante. m. Prenda para cubrir la mano.

guapeza. f. Ánimo, valor en los peligros./ Vestido ostentoso.

guapo, pa. a. fam. Bien parecido./ *Amér.* Animoso, bizarro, que desprecia los peligros./ Ostentoso en el vestir.// m. Perdonavidas, pendenciero.

guaraní. a. Aplícase al individuo de un pueblo que se extendía desde el Amazonas hasta el Río de la Plata. Ú.t.c.s./ Perteneciente o relativo a este pueblo.// m. Lengua que se habla en la actualidad en Paraguay y zonas limítrofes de Argentina.

guarda. m. y f. Persona encargada de cuidar o guardar una cosa.// f. Acción de guardar o conservar./ Tutela.

guardapolvo. m. Cubierta que se pone encima de una cosa para preservarla del polvo./ Sobretodo de tela liviana.

guardar. tr. Cuidar y custodiar algo./ Tener cuidado de una cosa y vigilancia sobre ella./ No gastar, ser mezquino.// prl. Precaverse de un peligro./ Abstenerse de hacer una cosa.

guardería. f. Lugar donde se cuida a los niños algunas horas.

guardia. f. Conjunto de soldados que defienden un puesto./ Custodia, protección./ *Esgr.* Modo de estar en defensa.// m. Miembro de ciertos cuerpos de tropa.

guardián, na. s. Persona que guarda una cosa y cuida de ella./ Prelado ordinario de los conventos franciscanos.

guarecer. tr. Acoger, preservar de un daño.

guarida. f. Lugar de refugio de los animales./ Refugio, amparo./ fig. Paraje al que se concurre con frecuencia.

guarismo. m. Signo o cifra que expresa una cantidad.

guarnecer. tr. Poner guarnición./ Adornar./ Proveer, equipar.

guarnición. f. Adorno que se pone en los vestidos, colgaduras y otras cosas./ Engaste de oro u otro metal, etc., de las piedras preciosas./ Guardamano, defensa de la empuñadura de la espada y otras armas para preservar la mano./ Tropa que defiende una plaza, buque, etc.// pl. Arreos de la caballería.

guaso, sa. a. fig. *Amér.* Tosco, grosero.

guatemalteco, ca. a. De Guatemala. Ú.t.c.s.

gubernativo, va. a. Perteneciente al gobierno.

gubia. f. Formón delgado para labrar superficies curvas./ Aguja de para reconocer los fogones de las piezas de artillería.

guedeja. f. Cabellera larga./ Melena del león.

guerra. f. Lucha armada entre dos o más naciones o entre bandos de una misma nación./ Disidencia, pugna./ fig. Oposición entre dos cosas./ **-civil.** La que se produce entre habitantes de un mismo país./ **-fría.** Guerra de nervios llevada contra un posible enemigo.

guerrero, ra. a. Rel. a la guerra./ Que guerrea./ Que es inclinado a la guerra.// m. Soldado.// f. Chaqueta ajustada y abrochada desde el cuello.

guerrilla. f. Partida de gente armada que al mando de un jefe particular, acosa y molesta al enemigo.

guerrillero, ra. s. Persona que lucha en la guerrilla.

guía. m. y f. Persona que indica a otra el camino./ fig. Persona que enseña y dirige a otra.// f. Libro de preceptos o datos.

guiar. tr. Ir delante mostrando el camino./ Conducir un vehículo./ Dirigir, enseñar, encaminar.// prl. Dejarse uno conducir o llevar por otro, o por señales, indicios, etc.

guijarro. m. Canto rodado.

guillotina. f. Máquina para decapitar a los condenados a muerte./ Máquina de cortar papel.

guinche. m. *Arg.* Grúa.

guinda. Árbol, especie de cerezo, de hojas más pequeñas y fruto más redondo y por lo común, ácido.

guiñada. f. Acción de guiñar el ojo./ Desvío hacia un lado u otro del rumbo a que se navega, de la proa del buque.

guiñar. tr. Cerrar un ojo momentáneamente quedando el otro abierto, en general, como señal de entendimiento./ *Mar.* Dar guiñadas un buque.

guión. m. Conjunto de notas o apuntaciones que sirven de guía./ División de un argumento cinematográfico en diálogo, parlamentos y escenas./ Argumento./ Signo ortográfico (-) que se pone al fin del renglón que termina con parte de una palabra. Se usa para unir las dos partes de una palabra compuesta. También se utilizan guiones más largos para señalar incisos, indicar el comienzo de un diálogo cuando habla cada interlocutor y para reemplazar en índices, diccionarios, etc., al vocablo con que empieza otra línea anterior o que encabeza las diversas acepciones de un artículo.

guisa. f. Modo, manera.// **-a guisa.** m. adv. A modo.

guisado. p.p. de **guisar.**// m. Comida hecha con salsa donde se cocinan los alimentos después de haberlos rehogado.

guisar. tr. Preparar los manjares mediante la acción del fuego.

guiso. m. Comida guisada.

güisqui. m. Whisky.

guitarra. f. Instrumento musical formado por una caja con una abertura central y seis cuerdas que se pulsan con los dedos.

guitarrista. m. y f. Persona diestra en tocar la guitarra.

gula. f. Exceso en la comida o bebida.

gusano. m. Nombre vulgar de las larvas vermiformes de muchos insectos, como algunas moscas y coleópteros y las orugas de los lepidópteros.

gustar. tr. Sentir en el paladar el sabor de las cosas.

gusto. m. Sentido con el que se percibe y distingue el sabor.

gustoso, sa. a. Sabroso./ Que hace algo con gusto./ Agradable.

gutural. a. Perteneciente o relativo a la garganta./ *Gram.* Dícese de las consonantes que se articulan contra el velo del paladar, como la g, la j y la k.

guyanés, sa. a. De Guyana. Ú.t.c.s.

guitarra

h. f. Novena letra del abecedario castellano y séptima de sus consonantes. Su nombre es *hache*. Es muda.

haba. f. Planta, anual, leguminosa, cuyo fruto en vaina contiene semillas comestibles./ Tumor en el paladar de las caballerías.

habano, na. a. Perteneciente a la Habana, y por ext., a la isla de Cuba./ Dícese del color del tabaco claro.// m. Cigarro, puro de Cuba.

hábeas corpus. m. Institución jurídica que garantiza la libertad personal del individuo a fin de evitar arrestos y detenciones arbitrarias. Consiste en el derecho de todo ciudadano detenido o preso a que el juez lo oiga y resuelva si su arresto fue o no legal y si debe quedar o no en libertad.

haber. m. Retribución periódica de un servicio.// pl. Hacienda, conjunto de bienes./ Una de las dos partes en que se dividen las cuentas corrientes.

hábil. a. Inteligente, capaz y dispuesto./ *For.* Apto para una cosa.

habilidad. f. Inteligencia, capacidad para una cosa./ Destreza en ejecutar una cosa./ Cualquiera de las cosas que con destreza ejecuta una persona.

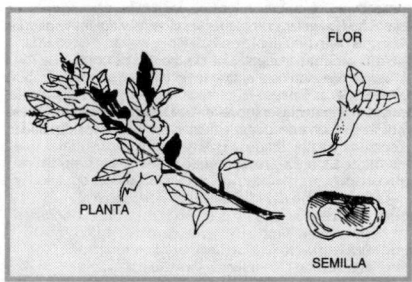

FLOR

PLANTA

SEMILLA

haba

habilitación. f. Acción y efecto de habilitar.

habilitar. tr. Hacer a una persona o cosa hábil o apta./ Dar a uno el capital necesario para que pueda negociar por sí./ Dar a uno lo necesario para un fin. Ú.t.c.prl./ *Amér.* Conceder habilitación o participación en las utilidades.

habitación. f. Edificio o parte de él que sirve para ser habitado./ Aposento de una casa./ Acción y efecto de habitar.

habitante. m. Cada una de las personas que constituyen la población de una nación, ciudad, etc.

habitar. tr./ i. Vivir en un lugar o casa.

hábitat. m. Sitio habitado por una raza, un animal, una planta en el estado de naturaleza./ Conjunto de factores ambientales en los que vive, de un modo natural, una determinada especie animal o vegetal.

hábito. m. Traje o vestido./ Costumbre adquirida por actos repetidos./ Insignia que distingue las órdenes militares.

habituar. tr. Acostumbrar o hacer acostumbrar. Ú.m.c.prl.

habla. f. Facultad de hablar./ Acto de hablar./ Idioma, lenguaje, dialecto.

hablar. i. Proferir palabras para darse a entender./ Conversar./ Pronunciar un discurso./ Expresarse.// tr./ prl. Convenir, tratar.// tr. Tratar de algo por escrito./ Dirigir la palabra.

hacendado, da. a. Que tiene hacienda en bienes raíces./ *Amér.* Dícese del que se dedica a la cría del ganado./ *Arg.* Estanciero.

hacendoso, sa. a. Diligente en las faenas domésticas.

hacer. tr. Producir una cosa./ Formar una cosa./ Ejecutar una acción o trabajo./ Formar algo con la imaginación./ Causar.// prl. Volverse, transformarse.// i. Importar, convenir.// imp. Acaecer, experimentarse, sobrevenir algo referente al buen o mal tiempo.

hacha. f. Herramienta cortante que se compone de una cuchilla acerada, algo curva.

hacha. f. Vela de cera, grande y gruesa.

hacia. prep. que expresa dirección.// prep. temporal. Alrededor de, cerca de.

hacienda. f. Finca agrícola./ Bienes y riquezas que uno tiene./ *Amér.* Ganado./ *Arg.* Conjunto de ganados que hay en una estancia o granja.

hacina. f. Conjunto de haces colocados en forma ordenada y apretados unos sobre otros.

hacinar. tr./ prl. Colocar los haces unos sobre otros formando hacina./ Amontonar, juntar sin orden.

hada. f. Ser fantástico con figura de mujer, al que se le atribuían poderes mágicos.

hado. m. Divinidad que, según los gentiles, obraba irresistiblemente./ Destino.

halagar. tr. Dar a uno muestras de afecto./ Adular, lisonjear./ fig. Agradar.

halago. m. Acción y efecto de halagar./ Cosa que halaga.

halar. tr. Tirar de un cabo, de una lona./ Tirar de un remo al bogar./ *Amér.* Tirar hacia sí de una cosa.

halcón. m. Ave rapaz diurna, de pico fuerte y curvo, y plumaje pardo. Se la domestica con facilidad y se empleaba antiguamente en la caza de cetrería. El macho es más pequeño que la hembra.

hálito. m. Aliento que sale por la boca./ Soplo suave y apacible del aire.

hallar. tr. Dar con una persona o cosa sin buscarla./ Encontrar.

hallazgo. m. Acción y efecto de hallar./ Ocurrencia.

halo. m. Cerco luminoso que suele aparecer alrededor del Sol y de la Luna./ Aureola, círculo.

hamaca. f. Tira ancha de lona o tejido fuerte que, colgada horizontalmente por sus extremos, sirve de cama o columpio./ *R. de la P.* Columpio./ Mecedora.

hambre. f. Necesidad y gana de comer./ Carestía, escasez./ fig. Ansia vehemente de una cosa.

hambriento, ta. a. Que tiene hambre./ fig. Deseoso.

hampón. a. y s. Valentón, perdonavidas, bribón, holgazán.

hangar. m. Cobertizo para guardar aviones.

haragán, na. a. Que rehúye el trabajo y pasa ocioso la vida. Ú.m.c.s.

haraganear. i. Pasar la vida en el ocio, holgazanear.

harapo. m. Andrajo.

haras. m. *R. de la P.* Establecimiento para la reproducción y cría de caballos de carrera.

harén. m. Conjunto de esposas y concubinas de un jefe de familia polígamo, especialmente entre los musulmanes./ Casa o parte de ella destinada a estas mujeres y sus servidores.

harina. f. Polvo que resulta de moler trigo u otras semillas o de ciertos tubérculos y legumbres./ Este mismo polvo despojado del salvado o la cascarilla.

hartar. tr./ prl./ i. Saciar el apetito de beber y comer./ Satisfacer el deseo de una cosa.// tr. Fastidiar, cansar.

harto, ta. p.p. irreg. de **hartar.**// a. Excesivo.// adv. Con exceso.

hasta. prep. que expresa el término de lugares, acciones y cantidad.// conj. copul. para ponderar o exagerar una cosa. Significa lo mismo que también o aun.

hastiar. tr./ prl. Fastidiar.

hastío. m. Repugnancia a la comida./ fig. Disgusto, tedio.

hatajo. m. Pequeño grupo de ganado./ despect. Grupo de personas o cosas.

hato. m. Ropa y pequeño ajuar de uso preciso y ordinario./ Porción de ganado./ *Amér.* Hacienda de campo destinada a la cría de ganado mayor./ Compañía de gente malvada./ Hatajo.

haya. f. Árbol de hasta treinta metros de alto cuya madera es liviana y resistente.

haz. m. Porción atada de mieses, hierbas, leña u otras cosas./ Conjunto de rayos luminosos de un mismo origen, o de rectas que pasan por un punto.

hazaña. f. Acción o hecho singular, ilustre o heroico.

hazmerreír. m. Persona que sirve de diversión a los demás.

hebra. f. Porción de hilo que se mete por el ojo de la aguja para coser./ Fibra de la carne./ Filamento de una materia textil./ Vena o filón./ Cierta picadura de tabaco./ Hilo de las materias viscosas que tienen cierto grado de concentración./ fig. Hilo del discurso.

hebreo, a. Aplícase al pueblo que conquistó y habitó la Palestina. También es llamado israelita o judío. Apl. a pers., ú.t.c.s./ Perteneciente o relativo a este pueblo./ Aplícase al que profesa la ley de Moisés, así como israelita o judío./ Perteneciente a los que la profesan.// m. Idioma hebreo.

hecatombe. f. Cualquier sacrificio solemne en que es crecido el número de víctimas./ Matanza.

hechicería. f. Arte supersticioso de hechizar./ Hechizo.

hechizar. tr. Según la credulidad popular, causar grave daño con prácticas supersticiosas./ fig. Encantar, cautivar.

hechizo. m. Elemento o práctica supersticiosa de los que se vale el hechicero para lograr los fines de su arte./ fig. Encanto, atractivo intenso.

hecho, cha. p. p. irreg. de **hacer.**// a. Perfecto, maduro.// m. Acción, obra./ Suceso./ Asunto de que se trata./ Caso que da motivo a la causa.

hechura. f. Acción de hacer./ Cualquier cosa res-

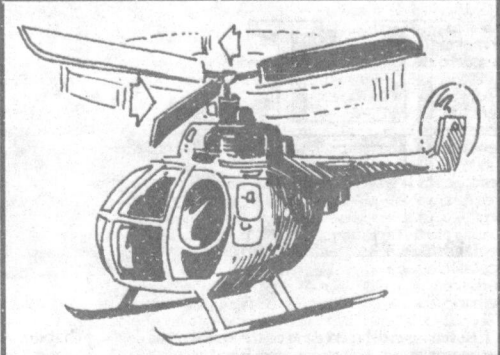
helicóptero

pecto del que la ha hecho./ Forma exterior que se da a las cosas./ Trabajo del sastre o de la costurera cuando el cliente da la tela./ fig. Una persona con respecto a otra, a la cual debe su empleo, fortuna o cuanto tiene y representa.

hectárea. f. Medida de superficie que equivale a 10.000 metros cuadrados.

hectogramo. m. Medida de capacidad equivalente a cien gramos.

hectolitro. m. Medida de capacidad que equivale a cien litros.

hectómetro. m. Medida de longitud de cien metros.

heder. i. Despedir un olor muy malo y penetrante./ fig. Fastidiar, ser intolerable.

hediondo, da. a. Que hiede./ Sucio, torpe y obsceno./ fig. Enfadoso, insufrible.

hedor. m. Olor desagradable.

hegemonía. f. Supremacía que un estado ejerce sobre otro.

heladera. f. Mueble para conservar fríos los alimentos.

helado, da. a. Muy frío./ Suspenso, atónito./ Esquivo, desdeñoso.// m. Bebida o manjar helado.

helar. tr. Congelar, cuajar la acción del frío un líquido. Ú.m.c.i. y c.prl./ fig. Sobrecoger, pasmar./ Acobardar, desalentar.// prl. Ponerse una cosa o una persona muy fría o yerta./ Secarse las plantas por el frío.

heleno, na. a. Griego.

hélice. f. Parte más externa del pabellón de la oreja del hombre./ Curva de longitud indefinida que da vueltas en la superficie de un cilindro./ Espiral./ Conjunto de aletas que giran alrededor de un eje y producen una fuerza propulsora.

helicóptero. m. Aparato de aviación cuya propulsión y sustentación son debidas a hélices horizontales.

helio. m. Cuerpo simple y gaseoso que se descubrió en la atmósfera solar. Símb., He; n. at., 2; p. at., 4,003.

heliocéntrico, ca. a. Que tiene por centro al Sol.

helvético, ca. a. De Helvecia (hoy Suiza).

hematites. f. Mineral de hierro oxidada, rojizo o pardo, que por su dureza se emplea para bruñir metales.

hematíe. m. Glóbulo rojo de la sangre.

hematoma. m. Tumor en cualquier parte del cuerpo ocasionado por contusión. Se debe al derrame de sangre en los intersticios del tejido conjuntivo.

hembra. f. Animal del sexo femenino./ En las plantas, individuo que da fruto./ Pieza que tiene un hueco o agujero por donde otra se introduce o encaja./ Mujer, persona del sexo femenino.

hemeroteca. f. Biblioteca en la que se guardan, a disposición del público, diarios y publicaciones periódicas.

hemiciclo. m. Semicírculo./ Espacio central del salón de acciones de los cuerpos legislativos.

hemisferio. m. Cada una de las dos mitades iguales de una esfera.

hemistiquio. m. Mitad de un verso, separada de la otra por la cesura.

hemisferio

hemofilia. f. Enfermedad hereditaria cuya característica es la dificultad de coagulación de la sangre, por lo que las hemorragias son abundantes y hasta incoercibles.

hemorragia. f. Flujo de sangre.

hemorroide. f. Tumorcillo sanguíneo en la parte exterior del ano o en la extremidad del intestino grueso, causado por várices. En la red venosa.

henchir. tr./ prl. Llenar.

hender. tr. Hacer o causar una hendidura. Ú.t.c.prl.

hendidura. f. Abertura prolongada que no llega a dividir del todo un cuerpo sólido.

heno. m. Planta gramínea de hojas estrechas y agudas y flores en panoja abierta./ Hierba segada y seca para el ganado.

hepático, ca. a. Perteneciente al hígado./Que sufre del hígado./ Apl. a plantas criptógamas semejantes a los musgos.

heptaedro. m. Sólido de siete caras o planos.

heptasílabo, ba. a. y s. De siete sílabas.

herbáceo, a. a. Que tiene las características de la hierba.

herbario, ria. a. Relativo a las hierbas o plantas.//s. Persona que se ocupa de la botánica.// m. Bot. Colección de plantas secas./ Zool. Primera cavidad del estómago de los rumiantes.

herbívoro, ra. a. Apl. a todo animal que se alimenta de vegetales, y especialmente al que pace hierbas. Ú.t.c.s.

heredad. f. Porción de terreno cultivado perteneciente a un dueño./ Hacienda de campo, posesiones o bienes raíces.

heredar. tr. Suceder a otro en la posesión de bienes que tenía al morir./ Darle a uno posesiones o bienes raíces./ Repetir los seres vivos los caracteres anatómicos y fisiológicos de sus progenitores.

heredero, ra. a. Dícese de la persona a quien pertenece una herencia. Ú.t.c.s./fig. Que tiene cualidades o inclinaciones de sus padres.

hereditario, ria. a. Perteneciente a la herencia o que se adquiere por ella./ Apl. a las inclinaciones, costumbres, enfermedades que pasan de padres a hijos.

hereje. m. Cristiano que disiente de la fe o presencia religiosa./ Desvergonzado.

herejía. f. Doctrina que la Iglesia considera contraria a la fe católica./ fig. Error científico o artístico contra los principios ciertos./ Palabra o dicho injurioso./ Atrocidad.

herencia. f. Derecho de heredar./ Lo que se hereda./ Biol. Conjunto de caracteres que son heredados por los seres vivos de sus progenitores.

herida. f. Rotura en la carne producida por un choque o arma./ Agravio.

herir. tr. Romper las carnes con un instrumento./ Golpear, dar un cuerpo contra otro./ Bañar el sol una cosa con sus rayos./ Tocar, pulsar un instrumento de cuerda./ Hacer los objetos impresión en la vista o en el oído./ fig. Agraviar, ofender./ Afligir, atormentar el ánimo.

hermafrodita. a. Que tiene en sí los dos sexos.

hermano, na. s. Persona que, con respecto a otra, tiene los mismos padres, o solamente el mismo padre o la misma madre./ Tratamiento que se dan los cuñados./ Lego de una cofradía./ Una cosa respecto de otra a la que se parece.

hermético, ca. a. Dícese de lo que cierra una abertura de modo que no permita pasar el aire ni otro fluido./ fig. Impenetrable, cerrado.

hermoso, sa. a. Dotado de hermosura./ Excelente, grandioso, perfecto./Sereno, apacible.

hermosura. f. Belleza de las cosas./ Por ext, lo agradable o placentero./ Mujer hermosa.

hernia. f. Tumor blando, producido por la salida total o parcial de una víscera u otra parte blanda.

héroe. m. El que los antiguos paganos creían nacido de un dios o una diosa y de una persona humana./ Persona que lleva a cabo una acción heroica./ Personaje principal de un poema u obra dramática, cinematográfica, novela, etc.

heroína. f. Droga obtenida de la morfina, en forma de polvo blanco y amargo, con propiedades sedantes. Es adictiva.

heroína. f. Mujer ilustre y famosa por sus grandes hechos./ La que realiza un hecho heroico./ Protagonista de una obra dramática o narrativa, como una novela.

heroísmo. m. Esfuerzo eminente de ánimo, que lleva al hombre a realizar hechos extraordinarios./ Acto heroico.

herradura. f. Hierro que se clava a las caballerías en los cascos, para que no se les estropeen.

herraje. m. Conjunto de piezas de hierro o acero con que se guarnece un artefacto.

herramienta. f. Instrumento con que trabajan los artesanos./ Conjunto de esos instrumentos.

herrar. tr. Ajustar y clavar las herraduras a las caballerías./ Marcar con un hierro encendido los ganados, artefactos, etc./ Guarnecer de hierro cualquier instrumento.

herrería. f. Oficio de herrero./ Taller en que se funde o forja el hierro./ Tienda del herrero.

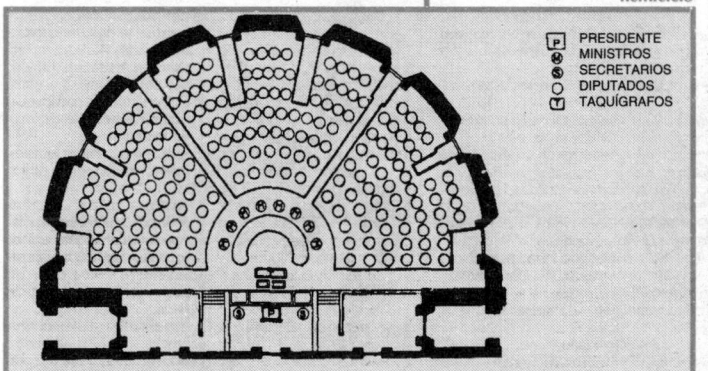

hepática

hemiciclo

herrero. m. Dícese de la persona que trabaja el hierro en forma artesanal, en un pequeño taller.

herrumbre. f. Orín del hierro./ Sabor a hierro que toman algunos objetos.

hervir. i. Agitarse el agua y hacer burbujas por estar a elevada temperatura.

hervor. m. Acción y efecto de hervir./ fig. Fogosidad, viveza y acaloramiento de las pasiones.

hexaedro. m. Sólido de seis caras.

hexágono, na. a. Apl. al polígono de seis ángulos y seis lados. Ú.t.c.s.m.

P PRESIDENTE
M MINISTROS
S SECRETARIOS
O DIPUTADOS
T TAQUÍGRAFOS

hojas

hez. f. Sedimento de los líquidos. Ú.m. en pl./fig. Lo más vil y despreciable de algo.// pl. Excrementos.

hibernación. f. Sueño invernal en animales, ya sean vertebrados o invertebrados.

híbrido, da. a. Apl. al animal o al vegetal producto de dos individuos de distinta especie./ Aplícase a lo producido por elementos de diferente naturaleza.

hidalgo, ga. s. Persona de clase noble y distinguida./ Perteneciente a esa persona./ fig. De sentimientos nobles y generosos.

hidra. f. Culebra acuática, venenosa./ Pólipo cuyo cuerpo consiste en un tubo cerrado por un extremo y con algunos tentáculos por el otro.

hidratar. tr./ prl. Combinar un cuerpo con el agua.

hidráulica. f. *Mec.* Estudio del equilibrio y movimiento de los fluidos.

hidráulico, ca. a. Perteneciente a la hidráulica./ Que se mueve por el agua./ Dícese de las cales o cementos que se endurecen con el agua./ f. Parte de la mecánica que se refiere a los fluidos./ Arte de dirigir, canalizar y aprovechar las aguas.

hídrico, ca. a. Que contiene agua o hidrógeno.

hidrocarburo. m. Cada uno de los compuestos resultantes de la combinación del carbono con el hidrógeno.

hidrófilo, la. a. Dícese de la materia que absorbe el agua con facilidad./ Que vive en el agua o en sus proximidades.// m. Coleóptero acuático.

hidrofobia. f. Aversión al agua y a los líquidos en general, que suelen padecer los que han sido mordidos por animales rabiosos./ Rabia (enfermedad).

hidrógeno. m. Elemento químico. Es un gas incoloro, inodoro e inflamable y el cuerpo más ligero que se conoce. Combinado con el oxígeno forma el agua. Símb., H; n. at., 1; p. at., 1,008.

hidrografía. f. Parte de la geografía que describe los ríos, mares y corrientes de agua.

hidropesía. f. Derrame de líquido en una cavidad del cuerpo o entre las células.

hiedra. f. Planta trepadora siempre verde que se adhiere con fuerza a los cuerpos contiguos y daña con su espeso follaje a los árboles a que se agarra.

hiel. f. Bilis./fig. Amargura, aspereza.// pl. Trabajos, adversidades, disgustos.

hielo. m. Agua convertida en cuerpo sólido y cristalino./ Acción de helar o helarse./ fig. Frialdad en los afectos.

hiena. f. Nombre común a varias especies de una familia de carnívoros que habitan en Asia y África. Su pelaje áspero es gris amarillento con listas o manchas más oscuras en el lomo y en los flancos. Llegan a medir hasta siete decímetros de altura en la cruz y un poco menos en la grupa. Es animal nocturno, carroñero, de aspecto y olor desagradables.

hierático, ca. a. Perteneciente o relativo a las cosas sagradas o a los sacerdotes./ Aplícase a cierta escritura egipcia que era una abreviación de la jeroglífica./ Dícese de la escritura y pintura religiosas de formas tradicionales./fig. Excesivamente solemne.

hierba. f. Toda planta pequeña cuyo tallo es tierno y perece después de dar la simiente en el mismo año, o a lo más al segundo./ Conjunto de las hierbas de un terreno.

hierbabuena. f. Planta herbácea, de olor agradable, que se emplea en condimentos./ Nombre de otras plantas semejantes como el poleo y el sándalo.

hierra. f. Acción y efecto de marcar con hierro el ganado.

hierro. m. Elemento químico (metal) dúctil y maleable. Es el de mayor uso en la industria y en el arte. Símb., Fe; n. at., 26; p. at., 55,85./ Marca que se pone a los ganados./ Arma o instrumento de hierro o de acero.// pl. Cadenas o grillos.

hígado. m. Víscera voluminosa de los vertebrados, que segrega bilis./ *Zool.* Por ext., cierta glándula de algunos invertebrados que cumple funciones semejantes a las del hígado en los vertebrados./ fig. Valentía, ánimo. Ú.m. en pl.

higiene. f. Parte de la medicina que trata de las normas de conservación de la salud mediante el estudio de las relaciones del ser humano con el medio ambiente a fin de mejorar las condiciones sanitarias./ fig. Aseo, limpieza.

higienizar. tr. Disponer una cosa conforme a la higiene.// prl. Limpiarse, bañarse.

higo. m. La fruta más tardía de la higuera.

higuera. f. Árbol móreo, de madera blanca y floja, hojas grandes y savia lechosa. Da primero la breva y después el higo.

hijastro, tra. s. Respecto de uno de los cónyuges, hijo o hija del otro.

hijo, ja. s. Persona o animal respecto de sus padres./ Cualquier persona, respecto del país, provincia o territorio donde ha nacido./ Religioso o religiosa respecto del fundador de la orden a la que pertenece.

hilacha. f. Pedazo de hilo que se desprende de la tela.

hilado. m. Acción de hilar./ Porción de seda, lana, algodón, etc., reducida a hilo.

hilar. tr. Reducir a hilo la seda, lana, algodón, etc./ Sacar de sí ciertos insectos la hebra o hilo para formar su capullo, tela, etc./ fig. Discurrir, inferir unas cosas de otras.

hilera. f. Orden en línea de personas o cosas./ Instrumento para reducir a hilo cualquier metal.

hilo. m. Hebra larga y delgada que se obtiene de una materia textil./ Tela de lino o cáñamo./ Alambre muy delgado./ Hebra que forman las arañas, gusanos de seda, etc./ fig. Chorro muy delgado de un líquido./ Continuación o serie del discurso, etc.

hilván. m. Costura provisional de puntadas largas./ Hilo que se usa para hilvanar.

hilvanar. tr. Unir con puntadas largas lo que se ha de coser después./ fig. Hacer, proyectar algo con precipitación.

himeneo. m. Boda o casamiento./ Epitalamio.

himno. m. Composición lírica destinada a expresar sentimientos inspirados en algo digno de alabanza.

himplar. i. Emitir su voz la onza o la pantera.

hincapié. m. Acción de afirmar el pie para hacer fuerza o sostenerse./ **-hacer hincapié.** frs. fig. y fam. Insistir con tesón.

hincar. tr. Introducir una cosa en otra./ Apoyar una cosa en otra como para clavarla.// prl. Ponerse de rodillas.

hincha. f. Odio o enemistad.// s. *Amér.* Admirador.

hinchado, da. p. p. de **hinchar.**// a. Vano, presumido./ Dícese del lenguaje, estilo, etc., redundante, afectado.// f. *Amér.* Grupo de aficionados a un deporte.

hinchar. tr. Hacer que aumente de volumen algún objeto llenándolo de aire u otra cosa. Ú.t.c.prl./ fig. Exagerar un suceso o una noticia./ Amplificar el contenido de un texto.// prl. Aumentar el volumen de una parte del cuerpo, a causa de un golpe, herida, etc./ fig. Envanecerse.

hinchazón. f. Efecto de hincharse./ Vanidad, soberbia./ Vicio del estilo hinchado o afectado.

higuera

hindú. a. De la India.
hinojo. m. Planta herbácea, de flores pequeñas y amarillas, que se usa en medicina y como condimento.
hipar. i. Padecer hipo.
hipérbaton. m. Figura de construcción que consiste en invertir el orden más frecuente de las palabras en el discurso.
hipérbole. f. Figura retórica, consistente en aumentar o disminuir con exceso la verdad de las cosas.
hipermetropía. f. Defecto de la visión en el que se perciben confusamente los objetos próximos.
hipertrofia. f. Aumento anormal y excesivo de un organo.
hípico, ca. a. Rel. al caballo.
hipnotismo. m. Método para inducir el sueño magnético.
hipo. m. Movimiento convulsivo del diafragma, con respiración interrumpida y ruido.
hipocondría. f. Afección nerviosa que se caracteriza por la tristeza habitual.
hipocresía. f. Fingimiento de cualidades o sentimientos contrarios a los que realmente se tienen.
hipócrita. a. Que finge lo que no es o siente.
hipodérmico, ca. a. Que se pone debajo de la piel.
hipódromo. m. Lugar destinado para carreras de caballos y carros.
hipófisis. f. Glándula de secreción interna, situada en la base del encéfalo, que regula el funcionamiento de otras glándulas.
hipopótamo. m. Mamífero paquidermo de piel gruesa, cuerpo voluminoso y piernas cortas, que vive en el África, al S. del Sahára.
hipoteca. f. Finca afectada a la garantía del pago de un crédito.
hipotecar. tr. Gravar bienes inmuebles en garantía del cumplimiento de alguna obligación.
hipotenusa. f. Lado opuesto al ángulo recto en un triángulo rectángulo.
hipótesis. f. Suposición de una cosa para sacar una consecuencia.
hirsuto, ta. a. Aplícase al pelo disperso y duro y a lo que está cubierto de él o de púas o espinas.
hispánico, ca. a. De España./ De la antigua Hispania.

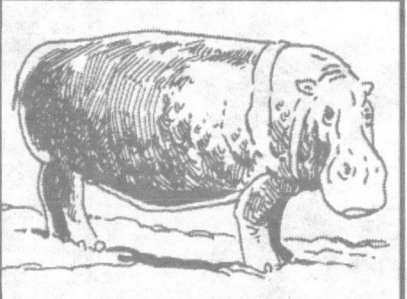

hipopótamo

hispanismo. m. Giro o modo de hablar propio de la lengua española./ Empleo de vocablos o giros españoles en otro idioma./ Inclinación al estudio de la lengua y literatura españolas y a todo lo concerniente a España.
hispano, na. a. y s. Español.
hispanoamericano, na. a. Perteneciente a españoles y americanos./ Rel. a los pueblos de la América española. Apl. a pers., ú.t.c.s.
histeria. f. Histerismo.
histerismo. m. *Pat.* Enfermedad nerviosa, más propia de la mujer que del hombre, que se caracteriza por la diversidad de síntomas funcionales y a veces por ataques convulsivos.
histología. f. Parte de la anatomía que estudia los tejidos.
historia. f. Narración y exposición verdadera de los acontecimientos pasados./ Conjunto de los sucesos referidos por los historiadores./ Obra histórica./ Relación de cualquier género de aventura o suceso./ fig. y fam. Chiste, enredo. Ú.m. en pl.
historiador, ra. s. Persona que investiga o escribe historia.
historial. a. Perteneciente a la historia.// m. Reseña circunstanciada de los antecedentes de un negocio, de la carrera o servicios de un funcionario, etc.
historiar. tr. Componer, contar o escribir historias./ Narrar las vicisitudes de una persona o cosa./ Pintar un suceso en cuadros, estampas o tapices.
histórico, ca. a. Perteneciente a la historia./ Cierto, real, por contraposición a lo que es legendario o fabuloso./ Digno de figurar en la historia./ Aplícase a la obra literaria, gmente. narrativa o dramática que alude a personajes o hechos recordados por la historia./ Aplícase a la persona que tuvo existencia real o al acontecimiento que verdaderamente sucedió.
historieta. f. dim. de historia./ Fábula, cuento o relación breve.
historiografía. f. Arte de escribir la historia./ Bibliografía histórica.
histrión. m. El que representaba disfrazado en la comedia o tragedia antigua./ Actor cómico./ fig. Hipócrita, farsante.
hito, ta. a. Unido, inmediato.// m. Mojón o poste indicador./ Blanco, punto de vista para acertar el tiro.
hocicar. i. Dar de hocicos en el suelo, o contra algo./ Tropezar con una dificultad insalvable.

hiena

hocico. m. Parte de la cabeza de algunos animales, en que están la boca y las narices./ Boca del hombre cuando tiene los labios muy abultados./ fig. y fam. Cara, rostro./ Gesto de enojo.
hogar. m. Sitio donde se coloca la lumbre en las cocinas, chimeneas, etc./ Hoguera./ Casa.
hogaza. f. Pan grande que pesa más de dos libras./ Pan de salvado o harina mal cernida.
hoguera. f. Porción de materias encendidas que levantan mucha llama.
hoja. f. Cada una de las partes, verdes, planas y delgadas, que nacen en la extremidad de los vegetales./ Pétalo./ Lámina delgada de cualquier materia./ Cada una de las partes iguales que resultan al doblar el papel para formar el pliego de libros y cuadernos./ Cuchilla de las armas blancas y herramientas./ Cada una de las capas delgadas en que se suele dividir la masa./ En las puertas o ventanas, parte que se abre y se cierra.
hojalata. f. Lámina de hierro o acero con revestimiento de estaño

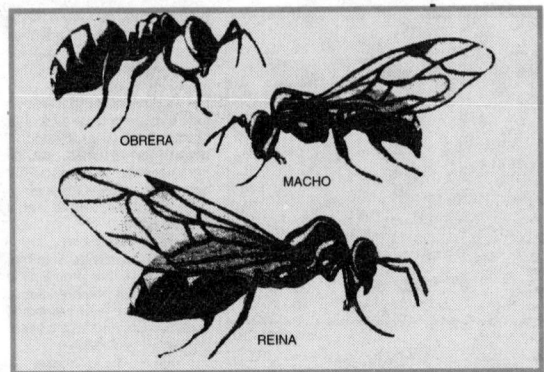

OBRERA

MACHO

REINA

hormiga

hojaldre. amb. Masa que al cocerse en el horno hace muchas hojas delgadas superpuestas.

hojarasca. f. Conjunto de las hojas que han caído de los árboles./ Frondosidad inútil de algunos árboles o plantas./ fig. Cosa sin sustancia e inútil.

hojear. tr. Pasar ligeramente las hojas de un libro o cuaderno./ Leer de prisa algunos pasajes de un libro.// i. Moverse las hojas de los árboles.

holandés, sa. a. De Holanda.// m. Idioma hablado en Holanda.

holgado, da. a. Desocupado./ Ancho, que sobra para lo que ha de contener./ Que no tiene apuros económicos.

holganza. f. Descanso, reposo./ Ociosidad.

holgar. Descansar, tomar aliento./ No trabajar.// prl. Divertirse, entretenerse con gusto.

holgazán, na. a. y s. Apl. a la persona que no quiere trabajar.

hollar. tr. Pisar, comprimir una cosa, poniendo sobre ella los pies./ fig. Abatir, humillar.

hollejo. m. Pellejo que cubre algunas frutas y legumbres.

hollín. m. Sustancia crasa y negra que lleva el humo en dispersión, procedente de la combustión.

holocausto. m. Entre los israelitas, sacrificio especial en que se quemaba toda la víctima./ Gran matanza de personas./ Acto de abnegación total que se realiza por amor.

hombre. m. Animal racional./ Varón./ El que ha llegado a la edad adulta./ En lenguaje vulgar, marido.

hombrear. i. Presumir de hombre./ Hacer fuerza con los hombros para levantar una cosa.

hombrera. f. Pieza de la armadura antigua que protegía los hombros./ Adorno de algunos vestidos y uniformes en la parte correspondiente a los hombros./ Almohadilla que se pone en el hombro de la ropa./ Cordón o pieza de paño con galones que se colocan en los hombros de los uniformes militares.

hombría. f. Calidad de hombre./ Entereza, valor./ **-de bien.** Honradez.

hombro. m. Parte superior y lateral del tronco, de donde nace el brazo, en el hombre y los cuadrumanos.

homenaje. m. Juramento de fidelidad hecho a un rey o señor./ Respeto hacia una persona.

homeopatía. f. Sistema terapéutico que utiliza como remedio pequeñas dosis de sustancias que producen en el hombre sano síntomas parecidos a la enfermedad que se pretende curar.

homicida. a. y s. Que ocasiona la muerte de una persona.

homicidio. m. Muerte causada a una persona por otra.

homilía. f. Explicación o discurso dirigido a los fieles sobre materia religiosa u otras que afectan a la comunidad.

homófono, na. a. *Gram.* Apl. a las palabras que tienen el mismo sonido, pero distinto significado./ Dícese del canto o de la música cuyas voces tienen todas el mismo sonido.

homogéneo, a. a. Perteneciente a un mismo género./ Que sus partes tienen igual naturaleza.

homógrafo, fa. a. *Gram.* Apl. a las palabras de distinta significación que se escriben de igual manera.

homólogo, ga. a. *Geom.* Dícese de los lados que en las figuras semejantes están colocados en el mismo orden./ *Lóg.* Apl. a las palabras que significan una misma cosa./ Apl. a las sustancias orgánicas que tienen igual función química y sufren idénticas metamorfosis./ *Zool.* y *Bot.* Aplícase a los órganos o partes del cuerpo que son semejantes por su origen en el embrión, por sus relaciones con otros órganos o por su posición en el cuerpo, aunque tengan aspecto o función diferentes, como las alas de las aves y las extremidades anteriores de los mamíferos.

homónimo, ma. a. *Gram.* Dícese de las palabras que tienen la misma forma y distinto significado./ Dícese de dos o más personas o cosas que llevan el mismo nombre. Ú.t.c.s.

homosexual. a. Que tiene relación sexual con personas de su mismo sexo.

honda. f. Tira de cuero o trenza de lana o esparto para arrojar piedras con violencia./ Horquilla para tirar piedritas.

hondo, da. a. Que tiene profundidad./ Dícese de la parte más baja del terreno./ Recóndito./ Tratándose de un sentimiento, intenso.// m. Parte inferior de una cosa cóncava o hueca.

hondonada. f. Espacio de terreno hondo./ Valle profundo.

hondura. f. Profundidad de una cosa.

hondureño, ña. a. De Honduras.

honestidad. f. Recato en la persona, acciones y palabras./ Urbanidad, decoro, modestia.

honesto, ta. a. Decente, decoroso./ Pudoroso, recatado./ Justo, razonable./ Honrado.

hongo. m. Planta sin clorofila ni otro pigmento similar, de tamaño muy variado./ Esponja gelatinosa./ Sombrero de copa baja, rígida, casi semiesférica.

honor. m. Cualidad que impulsa al hombre a comportarse de modo que merezca consideración y respeto de la gente./ Buena reputación o gloria que resulta de las acciones heroicas o de la virtud./ Dignidad, empleo, cargo.

honorable. a. Digno de ser honrado.

honorario, ria. a. Que sirve para honrar./ Apl. al que tiene los honores de una dignidad o empleo, pero no su propiedad.// pl. Sueldo que se da por un trabajo./ Estipendio, remuneración por algún trabajo en alguna profesión. Ú.m. en pl.

honra. f. Dignidad, conducta intachable./ Buena fama, reputación, decoro.// pl. Oficio solemne que se hace por los difuntos.

honda

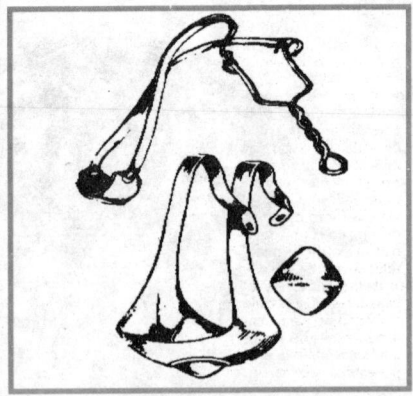

honradez. f. Calidad de honrado./ Proceder recto./ Buena opinión y fama.

honrado, da. a. Que procede con honradez.

honrar. tr. Respetar a una persona./ Premiar su mérito./ Dar honor.// prl. Tener a honra ser o hacer alguna cosa.

honroso, sa. a. Que da honra./ Decente.

hora. f. Cada una de las veinticuatro partes en que se divide el día./ Tiempo oportuno para algo.

horadar. tr. Agujerear una cosa atravesándola.

horario, ria. a. Perteneciente a las horas.// m. Saetilla o mano del reloj que señala las horas./ Cuadro indicador de las horas en que se deben realizarse determinados actos.

horca. f. Conjunto de tres palos en el cual morían colgados los condenados a esta pena./ Palo que termina en dos puntas, usados por los labradores en sus tareas o para sostener las ramas de los árboles, armar los panales, etc.

horcón. m. Palo que remata en dos puntas que sostiene las ramas de los árboles, etc./ *Amér.* Madero vertical para sostener vigas de un tejado.

horda. f. Grupo de salvajes nómadas.

horizontal. a. Que está en el horizonte o paralelo a él./ Dícese de la línea, disposición o dirección que va de derecha a izquierda o viceversa. Ú.t.c.s.

horizonte. m. Línea que limita la superficie terrestre que alcanza a la vista, en ella parecen unirse el cielo y la tierra./ Espacio de la superficie del globo, encerrado en esa línea.

horma. f. Molde con que se forma una cosa.

hormiga. f. Insecto cuyo cuerpo tiene dos estrechamientos. Vive en sociedad, en hormigueros, y sólo las hembras fecundas y los machos tienen alas./ Enfermedad de la piel que causa comezón.

hormigón. m. Mezcla compuesta de piedras menudas y mortero de cal y arena.

hormiguero. m. Lugar donde se crían y habitan las hormigas./ Lugar donde hay mucho movimiento.

hormona. f. Sustancia segregada por las glándulas de secreción interna . Transportada por el torrente circulatorio,   regula la mayor parte de los mecanismos metabólicos.

hornacina. f. Hueco en forma de arco que suele dejarse en el grueso de una pared y a veces en los muros de los templos, para colocar en ellos una imagen.

hornalla. f. *Amér.* Horno metálico de un establecimiento industrial./ *Amér.* Brasero de metal empotrado en los fogones de las cocinas.

hornear. i. Ejercer el oficio de hornero./ *Amér.* Meter en el horno.

hornero, ra. s. Persona que tiene por oficio cocer pan en el horno.// m. *Amér.* Pájaro de color pardo acanelado que hace su nido de barro y en figura de horno.

hortalizas

horno. m. Edificio para caldear./ Aparato para transformar con ayuda del calor las sustancias minerales./ Caja de hierro en ciertas cocinas, para asar o calentar viandas./ **-alto horno.** El de forma de cuba destinado a reducir los minerales de hierro.

horóscopo. m. Observación del estado del cielo al tiempo del nacimiento de uno, que hacían los astrólogos y por la cual pretendían adivinar los sucesos de su vida.

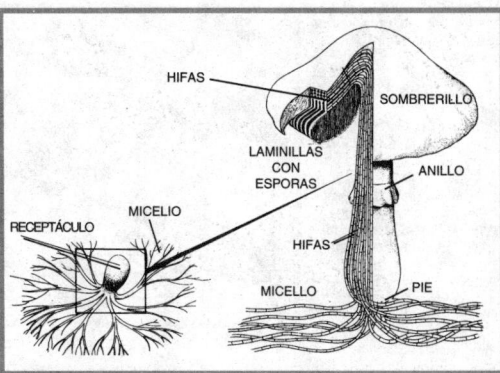

HIFAS

SOMBRERILLO

LAMINILLAS CON ESPORAS

ANILLO

RECEPTÁCULO

MICELIO

HIFAS

MICELLO

PIE

hongo

horqueta. f. dim. de horca./ Horcón./ Parte del árbol donde se juntan en ángulo agudo el tronco y una rama gruesa./ *Amér.* División de un camino en dos.

horquilla. f. Vara larga, terminada en uno de sus extremos por dos puntas./ Adminículo de alambre, carey, etc., con dos puntas iguales, que usan las mujeres para sujetar el cabello.

horrendo, da. a. Que causa horror.

horripilar. tr./ prl. Hacer que se ericen los cabellos./ Causar horror o espanto.

horror. m. Sentimiento causado por una cosa terrible, acompañado de temblor y de temor./ fig. Atrocidad. Ú.m. en pl.

horrorizar. tr. Causar horror.// prl. Experimentarlo uno mismo, llenarse de espanto.

hortaliza. f. Verduras y otras plantas comestibles que se cultivan en las huertas.

hortelano, na. a. Perteneciente a huertas.// m. Persona que cuida y cultiva huertas.// m. Pájaro de plumaje gris verdoso y amarillento, y cola ahorquillada.

hortensia. f. Arbusto japonés de flores hermosas de color rosa, violetas o azules.

horticultura. f. Parte de la agricultura que estudia el cultivo de las huertas./ Arte que lo enseña.

hosco, ca. a. Dícese del color moreno muy oscuro./ Ceñudo e intratable.

hospedaje. m. Alojamiento y asistencia que se da a una persona./ Cantidad que se paga por estar de huésped.

hospedar. tr./ prl. Recibir huéspedes, darles alojamiento.

hospicio. m. Casa destinada para albergar enfermos y pobres.

hospital. m. Establecimiento donde se asiste a los enfermos.

hospitalario, ria. a. Que alberga y ayuda a los extranjeros y necesitados.

hospitalidad. f. Virtud que se ejercita recogiendo pobres, desvalidos, etc. y prestándoles la debida asistencia en sus necesidades./ Buena acogida que se hace a los extranjeros o visitantes.

hospitalizar. tr. Ingresar en un hospital o clínica a un enfermo. Ú.t.c.prl.

hostería. f. Casa en que por dinero se da comida y alojamiento.

hostia. f. Lo que se ofrece en sacrificio./ Hoja redonda y delgada de pan ázimo./ Por ext., oblea hecha para comer.

hostigar. tr. Azotar, castigar con látigo o cosa semejante./ fig. Perseguir a uno, burlándose de él.

hostil. a. Contrario y enemigo.

hostilidad. f. Calidad de hostil./ Acción hostil./ Agresión armada de un pueblo o tropa, que configura el estado de guerra./ **-romper las hostilidades.** fr. Dar comienzo a la guerra atacando al enemigo.

hostilizar. tr. Hacer daño a enemigos.

hotel. m. Hostería capaz de albergar a un número más o menos grande de viajeros o huéspedes./ Casa particular aislada de las colindantes./ Hostería.

hotelería. f. Industria que, mediante pago, proporciona albergue, alimento y otros servicios.

hoy. adv. En este día, en el día presente./ En el tiempo presente.

hoya. f. Concavidad grande formada en la tierra./ Sepultura./ Llanura rodeada de montañas/ Hoyo en que se arremolinan las aguas./ Amér. Cuenca de un río.

hoyo. m. Concavidad natural o artificial de la tierra o de alguna superficie./ Sepultura.

hoyuelo. m. Hoyo pequeño sobre el mentón o el que se les forma en la mejilla a algunas personas cuando se ríen.

hoz. f. Instrumento para segar compuesto de una hoja acerada, corva, afianzada en un mango de madera.

hucha. f. Arca grande./ Alcancía./ Dinero que se guarda.

hueco, ca. a. Cóncavo, vacío. Ú.t.c.s./ De sonido retumbante y profundo./ Esponjoso y mullido./ fig. Vano, presumido./ Dícese del lenguaje afectado y trivial.// m. Intervalo de tiempo y lugar./ Empleo vacante./ Abertura en un muro que sirve de puerta, ventana, etc

huelga. f. Espacio de tiempo en que uno no trabaja./ Paro colectivo en el trabajo, hecho de común acuerdo entre personas del mismo oficio, con el fin de lograr conquistas laborales, sociales o políticas./ Recreación, diversión.

huella. f. Señal que deja el pie del hombre o del animal por donde ha pasado./ Acción de hollar./ Señal que deja una lámina o forma de imprenta en el papel u otra cosa en que se estampa./ Arg. y Urug. Cierto baile campesino.

huemul. m. Arg. i Chile. Especie de ciervo de los Andes.

huérfano, na. a. Persona que carece de uno o ambos padres.

huero, ra. a. Apl. al huevo no fecundado./ Vano, sin substancia./ Amér. Dícese del huevo podrido.

huerta. f. Terreno destinado al cultivo de legumbres y árboles frutales.

huerto. m. Sitio de corta extensión en que se plantan árboles frutales, verduras y legumbres.

hueso. m. Cada una de las piezas duras que forman el esqueleto de los vertebrados./ Parte dura y compacta dentro de algunas frutas en que está contenida la semilla.

huésped, da. s. Persona alojada en casa ajena./ Persona que hospeda en su casa a otra./ Mesonero.

hueste. f. Ejército en campaña. Ú.m. en pl./fig. Conjunto de los secuaces de una persona o de una causa.

huesudo, da. a. Que tiene o muestra mucho hueso.

huevo. m. Célula resultante de la unión del gameto masculino con el femenino en la reproducción sexual./ Cuerpo procedente de la segmentación de la célula huevo, que contiene el germen del nuevo individuo./ Cualquiera de los óvulos de ciertos animales que son fecundados por los espermatozoides del macho después de haber salido del cuerpo de la hembra.

huir. i./ prl./ tr. Apartarse velozmente por miedo o por otro motivo, para evitar un daño, disgusto o molestia./ Con voces que expresan idea de tiempo, pasar velozmente./ Alejarse con velocidad una cosa.// i./ tr. Apartarse de una cosa mala o perjudicial; evitarla.

hule. m. Caucho o goma elástica./ Tela impermeable pintada de óleo y barnizada.

hulla. f. Combustible mineral sólido procedente de la fosilización de sedimentos vegetales de período carbonífero.

humanidad. f. Naturaleza humana./ Género humano./ Compasión por las desgracias ajenas, piedad./ Bondad, afabilidad./ fam. Corpulencia.// pl. Conjunto de disciplinas que se ocupan de la actividad artística, literaria, filosófica, etc. del hombre.

humanista. m. y f. Persona instruida en letras humanas.

huemul

humanitario, ria. a. Que mira o atañe al bien del género humano./ Humano, caritativo, solidario con sus semejantes.

humanizar. tr./prl. Hacer a uno afable, familiar, humano./ Mitigar la crueldad.//prl. Ablandarse.

humano, na. a. Perteneciente al hombre o propio de él./ fig. Persona que se compadece de la desgracia ajena.// m. Hombre. Ú.m. en pl.

humareda. f. Humo abundante.

humear. i./ prl. Arrojar y echar de sí humo.// i. Arrojar vaho o vapor que se parece al humo.//tr. Amér. Fumigar.

humectar. tr. Humedecer.

humedad. f. Calidad de húmedo./ Agua de que está impregnado un cuerpo o que, en estado de vapor, se mezcla con el aire.

humedecer. tr. Mojar ligeramente algo. Ú.t.c.prl.

húmedo, da. a. Que participa de la naturaleza del agua./ Ligeramente impregnado de agua o de otro líquido.

húmero. m. Hueso largo del brazo.

humildad. f. Virtud que consiste en el conocimiento de nuestras limitaciones y en obrar conforme a él./ Bajeza de nacimiento./ Sumisión, acatamiento.

humilde. a. Que tiene o ejerce humildad./ Pobre, bajo./ Que carece de nobleza.

humillante. a. Que humilla./ Degradante, deprimente.

humillar. tr. Inclinar una parte del cuerpo en señal de sumisión y acatamiento./ Abatir el orgullo de una persona.// prl. Hacer acto de humildad.

humita. f. Amér. Cierta comida de maíz tierno rallado, mezclado con ají y otros condimentos envueltos en hojas de mazorca./ Cierto guisado hecho con maíz tierno.

humo. m. Producto gaseoso de una combustión incompleta./ Vapor que exhala cualquier cosa que fermenta./ fig. Vanidad, presunción, altivez.// pl. Hogares o casas./ fig. Vanidad, presunción, humillación.

humor. m. Cualquiera de los líquidos del cuerpo./ Genio, índole, especialmente cuando se da a entender con una demostración exterior./ Jovialidad, agudeza./ **-buen humor.** Propensión a mostrarse alegre./ **-mal humor.** Disgusto más o menos habitual.

humorismo. m. Estilo literario en que se unen la gracia con la ironía y lo alegre con lo triste./ Jovialidad, jocosidad.

hundir. tr./ prl. Sumir, meter en lo hondo.

húngaro, ra. a. De Hungría.// m. Magiar.

huracán. m. Viento muy fuerte que, a modo de torbellino, gira en grandes círculos.

huraño, ña. a. Que huye de las gentes.

hurgar. tr. Remover una cosa./ Tocar, manosear./ fig. Incitar, conmover.

hurón. m. Mamífero carnicero de pelaje gris rojizo, cabeza pequeña, hocico agudo, patas cortas y glándulas anales que despiden un olor muy desagradable. Se lo domestica con facilidad y se utiliza para la caza de ratas y conejos./ fig. y fam. Persona curiosa y que todo lo averigua./ Persona huraña. Ú.t.c.a.

hurtar. tr. Tomar o retener bienes ajenos contra la voluntad de su dueño./ fig. Llevar el mar o el río las tierras penetrando en ellas./ Apartar, desviar.// prl. fig. Esconderse, desviarse.

hurto. m. Acción de hurtar./ Cosa hurtada.

húsar. m. Soldado de caballería vestido a la húngara.

husmear. tr. Rastrear con el olfato una caza./ fig. y fam. Andar indagando con disimulo.// i. Comenzar a despedir mal olor alguna cosa.

huso. m. Instrumento manual que sirve para hilar torciendo la hebra y devanando en él lo hilado./ Instrumento para unir o retorcer dos o más hilos./ Cierto instrumento de hierro, propio para devanar la seda.

i. f. Décima letra del abecedario castellano. Es vocal cerrada./ En la numeración romana, letra numeral que equivale a uno. Ú.t.c.s.

ibero, ra. o **íbero, ra.** a. De la Iberia europea, o de la asiática.

iberoamericano, na. a. Perteneciente o relativo a los países del continente americano colonizados por España o Portugal. Ú.t.c.s.

ibis. f. Ave zancuda de pico largo y arqueado venerada por los antiguos egipcios.

iceberg. m. Gran masa de hielo flotante.

icono. m. Nombre de las imágenes sagradas de las iglesias orientales./ Signo que mantiene una relación de semejanza con el objeto representado.

ida. f. Acción de ir de un sitio a otro./ fig. Ímpetu.

idea. f. Representación mental de una cosa./ Imagen que del objeto percibido queda en la mente./ Conocimiento puro, racional./ Intención de hacer una cosa./ Concepto, opinión o juicio.

ideal. a. Perteneciente o relativo a la idea./ Excelente, perfecto en su línea.// m. Modelo o ejemplar de perfección.

idealización. f. Acción y efecto de idealizar.

idealizar. tr. Dar carácter ideal a las cosas, elevándolas por encima de la realidad sensible.

idear. tr. Formar idea de una cosa./ Proyectar, inventar.

ideario. m. Repertorio de las principales ideas de un autor, de una escuela o de una colectividad.

ídem. Palabra latina que significa el mismo o lo mismo. Ú. para repetir partidas, citas, etc.

idéntico, ca. a. Dícese de lo que es igual a otra cosa con que se compara. Ú.t.c.s.

identidad. f. Calidad de idéntico./ Señas personales de alguien./ Hecho de ser una persona o cosa la que se supone./ *Mat.* Igualdad que se realiza siempre, cualquiera que sea el valor de las variables que contiene.

identificar. tr. Hacer que dos o más cosas distintas aparezcan como idénticas. Ú.m.c.prl./ *Der.* Reconocer si una persona es la supuesta.

ideología. f. Parte de la filosofía que estudia el origen y clasificación de las ideas.

idílico, ca. a. Rel. al idilio.

idilio. m. Composición poética bucólica, de carácter amoroso./ fig. y fam. Coloquio amoroso, y por ext., relaciones entre enamorados.

idioma. m. Lengua propia de un pueblo o nación, o común a varias./ Manera peculiar de hablar.

idiosincrasia. f. Índole del temperamento y carácter de cada persona.

idiota. a. y s. Que padece de idiotez./ Ignorante.

idiotez. f. Falta completa y congénita de las facultades intelectuales.

idólatra. a. y s. Que adora ídolos o falsas deidades./ Que ama con exceso a alguien o algo.

idolatrar. tr./ i. Adorar ídolos./ fig. Amar con exceso a una persona o cosa.

idolatría. f. Adoración que se hacía a los ídolos y falsas deidades.

ídolo. m. Figura de una falsa deidad a que se da adoración./ fig. Persona o cosa amada con exceso.

idóneo,a. a. Díc. de la persona que tiene aptitud para una cosa.

iglesia. f. Congregación de los fieles regida por Jesucristo y el Papa./ Conjunto del clero y pueblo católico de un país./ Cada una de las confesiones cristianas./ Templo cristiano.

iglú. m. Vivienda esquimal de forma semiesférica, construida con bloques de hielo.

ígneo, a. a. De fuego o que tiene algunas de sus propiedades./ De color de fuego.

ignición. f. Estado de un cuerpo que arde o está incandescente.

ignominia. f. Afrenta pública que padece una persona.

ignorancia. f. Falta de letras, ciencias y noticias.

ignorante. p. act. de *ignorar.* Que ignora.// a. Que no sabe o carece de noticias de las cosas. Ú.t.c.s.

ignorar. tr. No saber o carecer de noticias de una o muchas cosas.

ignoto, ta. a. Dícese de lo no conocido ni descubierto.

igual. a. De la misma naturaleza, cantidad o calidad de otra cosa./ Liso, llano./ Constante, que no varía./ De la misma condición o categoría. Ú.t.c.s.

igualar. tr. Poner al igual con otra a una persona o cosa. Ú.t.c.prl./ Allanar, poner llana una superficie./ Pactar, convenir. Ú.t.c.prl./ Juzgar a uno o estimarle como a otro.// i. Ser una cosa igual a otra. Ú.t.c.prl.

iglú

igualdad. f. Conformidad de una cosa con otra./ *Mat.* Expresión de la equivalencia entre dos cantidades./ Calidad de igual.

iguana. f. Reptil saurio de América, de alrededor de un metro y medio de longitud, de color verdoso con manchas amarillentas. Su carne y huevos son comestibles.

ijada. f. *Anat.* Cada una de las dos cavidades situadas simétricamente entre las costillas falsas y los huesos de las caderas./ Dolor o mal que se padece en esas partes./ *Zool.* Parte anterior e inferior del cuerpo de los peces.

ijar. m. Cualquiera de las dos cavidades situadas entre las costillas falsas y los huesos de la cadera.

ilación. f. Acción y efecto de inferir una cosa de otra./ Enlace ordenado de las partes de un discurso.

ilegal. a. Que es contra la ley.

ilegible. a. Que no puede o no debe leerse.

ilegitimidad. f. Falta de alguna circunstancia o requisito para que una cosa sea legítima.

ilegítimo, ma. a. No legítimo, falso.

íleon. m. Tercera porción del intestino delgado de los mamíferos, que va desde la terminación del yeyuno hasta el ciego.

ileso, sa. a. Que no ha recibido lesión o daño.

iletrado, da. a. Que carece de instrucción.

iliaco, ca. o **ilíaco, ca.** a. Rel. al íleon.

ilícito, ta. a. No permitido por la ley ni la moral.

ilimitable. a. Que no se puede limitar.

ilimitado, da. a. Que no tiene límites.

ilion. m. Parte lateral del hueso innominado.

ilógico, ca. a. Falto de lógica, o que va contra sus reglas.

ilota. a. y s. Esclavo de los lacedemonios./ fig. El que está desposeído de los derechos o goces de ciudadano.

iluminación. f. Acción y efecto de iluminar./ Adorno y disposición de muchas luces.

iluminar. tr. Alumbrar, dar luz./ Adornar con muchas luces./ Dar color a las figuras, letras, etc./ fig. Ilustrar con ciencias o estudios el entendimiento.

ilusión. f. Concepto, imagen o representación sin verdadera realidad, sugeridos por la imaginación o por engaño de los sentidos./ Esperanza infundada.

ilusionarse. prl. Forjarse ilusiones.

iluso, sa. a. y s. Engañado./ Soñador, que se ilusiona fácilmente.

ilusorio, ria. a. Capaz de engañar./ De ningún valor o efecto, nulo.

ilustración. f. Acción y efecto de ilustrar o ilustrarse./ Grabado o dibujo que adorna un libro./ Movimiento filosófico europeo de los siglos XVII y XVIII que proclamaba la confianza en la razón y propugnaba la se-cularización de la cultura.

ilustrar. tr./ prl. Dar luz al entendimiento./ Hacer ilustre./ Instruir, civilizar.// tr. Aclarar un punto o materia./ Adornar un impreso con láminas o grabados alusivos./ fig. Hacer ilustre.

ilustrativo, va. a. Que ilustra.

ilustre. a. De distinguida casta o linaje./ Célebre, insigne, famoso.

imagen. f. Figura, representación de una cosa./ Estatua, efigie, o pintura de Jesucristo, de la Virgen o de un santo./ Reproducción de la figura de un objeto por los rayos de luz./ *Ret.* Representación eficaz de una cosa por medio del lenguaje.

imaginación. f. Facultad de la mente de representarse las imágenes de las cosas./ Aprensión falsa de una cosa.

imaginar. i. Representar en la mente una cosa; crearla con la imaginación.// tr. Presumir, sospechar.

imaginario, ria. a. Que

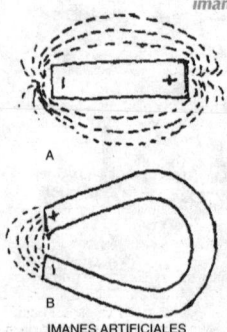

IMANES ARTIFICIALES
Y CAMPOS DE ATRACCIÓN

A- IMÁN DE BARRA
B- IMÁN DE HERRADURA

imán

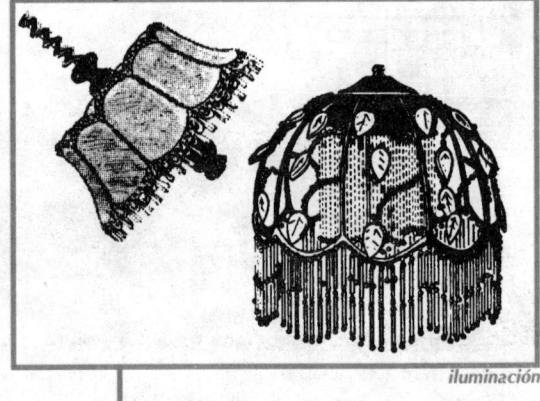

iluminación

sólo tiene existencia en la imaginación, que no tiene realidad./ / f. Soldado de guardia.

imaginativo, va. a. Que continuamente imagina o piensa.

imán. m. Mineral de hierro de color negro parduzco y dureza casi igual a la del vidrio que tiene la propiedad de atraer el hierro, el acero y, en grado menor, otros metales.

imanación. f. Acción y efecto de imanar.

imanar. tr./ prl. Comunicar a un cuerpo las propiedades magnéticas.

imantar. tr./ prl. Imanar.

imbécil. a. y s. Necio, escaso de razón.

imberbe. a. Dícese del joven que no tiene barba.

imborrable. a. Indeleble.

imbricar. tr. *Amér.* Sobreponer una cosa sobre otra a la manera de las tejas.

imbuir. tr. Infundir, persuadir.

imitable. a. Que se puede imitar./ Digno de imitación.

imitar. tr. Ejecutar una cosa a ejemplo o semejanza de otra.

impaciencia. f. Falta de paciencia.

impaciente. a. Que no tiene paciencia.

impacientar. tr. Hacer que uno pierda la paciencia.// prl. Perder la paciencia.

impacto. m. Choque de un proyectil u otro objeto contra un blanco./ *Amér.* Efecto causado por una acción, una idea, etc.

impago, ga. a. fam. *Amér.* Dícese de la persona a quien no se le ha pagado o de lo que aún no se ha pagado.

impala. m. Antílope africano, que se caracteriza por sus cuernos dispuestos en forma de lira.

impalpable. a. Que no produce sensación al tacto./ fig. Que apenas la produce.

impar. a. Que no tiene par o igual./ a./ m. *Arit.* Apl. al número que no es divisible por dos.

imparcial. a. y s. Que juzga o procede con imparcialidad.

imparcialidad. f. Falta de prejuicio en favor o en contra de personas o cosas que permite juzgar o proceder con rectitud.

impartir. tr. Repartir, comunicar./ *Amér.* Dar, proporcionar.

impasible. a. Incapaz de sufrir./ Indiferente, imperturbable.

impavidez. f. Valor./ Presencia de ánimo ante los peligros.

impávido, da. a. Libre de pavor; que tiene serenidad ante el peligro.

impecable. a. Incapaz de pecar./ fig. Sin defecto.

impedido, da. p.p. de **impedir**.// a. y s. Que está imposibilitado de andar o de hacer uso de sus miembros.

impedimento. m. Obstáculo, estorbo./ Cualquier circunstancia que hace ilícito o nulo el matrimonio.

impedir. tr. Estorbar, imposibilitar la ejecución de una cosa.

impeler. tr. Dar empuje para producir movimiento./ fig. Estimular, incitar.

impenetrabilidad. f. Propiedad de los cuerpos por la cual uno no puede estar en el mismo lugar que ocupa otro.

impenetrable. a. Que no se puede penetrar./fig. Que es difícil de comprender o no se puede descifrar.

impenitente. a. Obstinado en el pecado; que persiste en él sin arrepentimiento. Ú.t.c.s.

imperar. i. Ejercer la dignidad imperial./ Mandar, dominar.

imperativo, va. a./m. Que impera o manda.//m. *Gram.* Modo del verbo, que en castellano tiene solamente un tiempo, con el que se expresa orden, ruego o mandato.

imperceptible. a. Que no se puede percibir.

imperdible. a. Que no puede perderse.// m. Alfiler que se abrocha quedando su punta dentro de un gancho, de manera que no pueda abrirse con facilidad.

imperdonable, ra. a. Que no se debe o no se puede perdonar.

imperecedero, ra. a. Que no perece./ fig. Inmortal, eterno.

imperfección. f. Falta de perfección./ En lo moral, falta o defecto leve.

imperfecto, ta. a. No perfecto./ Comenzado y no acabado o perfeccionado.

imperial. a. Rel. al emperador o al imperio.//f. Sitio con asiento que algunos carruajes tienen en el piso superior.

imperialismo. m. Sistema político de un estado que tiende a someter a otro u otros.

impericia. f. Falta de pericia o habilidad en una ciencia o arte.

imperio. m. Acción de imperar o de mandar con autoridad./ Dignidad del emperador./ Tiempo que dura el gobierno de éste./ Tiempo en que hubo emperadores en determinado país./ Estados sujetos al dominio de un emperador./ Altanería, orgullo, altivez.

imperioso, sa. a. Que manda con imperio./ Que lleva consigo necesidad o exigencia; apremiante.

impermeabilización. f. Acción y efecto de impermeabilizar.

impermeabilizar. tr. Hacer impermeable alguna cosa.

impertinentes

impermeable. a. Impenetrable al agua u otros líquidos.// m. Sobretodo hecho con tela impermeable.

impersonal. a. Que no tiene personalidad o no la manifiesta./ Que personalmente no se aplica a nadie./ *Gram.* Dícese del verbo que se emplea solamente en la tercera persona, generalmente del singular, de todos los tiempos y modos, en las formas simples y com-

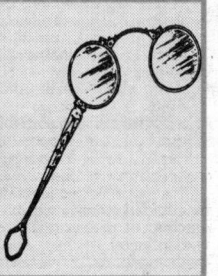

puesta del infinitivo y gerundio y en la simple del participio, sin referencia a sujeto, tácito o expreso.

impertinencia. f. Dicho o hecho inoportuno o fuera de propósito.

impertinente. a. Que no viene al caso, inoportuno o improcedente.// m. pl. Anteojos con mango, de uso femenino.

imperturbable. a. Que no se perturba.

impetrar. tr. Conseguir una gracia que se ha pedido con ruegos./ Solicitar una gracia con ahínco.

ímpetu. m. Movimiento acelerado y violento./ Fuerza, violencia./ Empuje, acometida.

impetuoso, sa. a. Violento, precipitado.

impiedad. f. Falta de piedad o de religión.

impío, a. a. Que no tiene piedad./fig. Irreligioso.

implacable. a. Que no se puede aplacar o templar./ Despiadadamente inflexible, inexorable.

implantar. tr. Establecer y poner en ejecución doctrinas nuevas, instituciones, costumbres.

imbricar

implemento. m. Utensilio, herramienta. Ú.m. en pl.

implicación. f. Contradicción, oposición de los términos entre sí./ Estado de una persona envuelta en un delito.

implicar. tr. Envolver, enredar. Ú.t.c.prl./ fig. Contener, llevar en sí, significar.// i. Obstar, encerrar contradicción.

implícito, ta. a. Dícese de lo que se entiende incluido en otra cosa sin expresarlo.

implorar. tr. Pedir con ruegos una cosa, suplicar.

implume. a. Que no tiene plumas.

impoluto, ta. a. Limpio, sin mancha, inmaculado.

imponderable. a. Que no puede pesarse./ Que excede a toda ponderación./ Excelente.// m. pl. fig. Conjunto de circunstancias difíciles de estimar o prever, que influyen en el desarrollo de un asunto, en la marcha de los acontecimientos, etc.

imponencia. f. *Amér.* Grandeza, majestad.

imponer. tr. Poner carga, obligación u otra cosa./ Imputar, atribuir falsamente una cosa./ Poner

imperdible

dinero a rédito.// tr./ prl. Instruir, enseñar o enterar de una cosa.// tr./ i. Infundir respeto o miedo.

imponible. a. Que se puede gravar con impuesto o tributo.

impopular. a. Que no es popular o grato a la multitud.

importación. f. Acción de importar./ Conjunto de productos importados.

importador, ra. a. y s. Que importa o introduce mercaderías extranjeras.

importancia. f. Calidad de lo que importa o de lo que es muy conveniente.

importante. p. act. de **importar**. Que importa.// a. Que es de importancia.

importar. i. Convenir, interesar, hacer al caso, ser de consecuencia.//tr. Valer tal cantidad una cosa./ Introducir en un país artículos, costumbres o juegos de otro./ Llevar consigo.

importe. m. Cantidad de dinero que cuesta una cosa o suma a que asciende un crédito, saldo o deuda.

importunar. tr. Incomodar, molestar con una solicitud o pretensión.

importuno, na. a. Inoportuno./ Molesto, enfadoso.

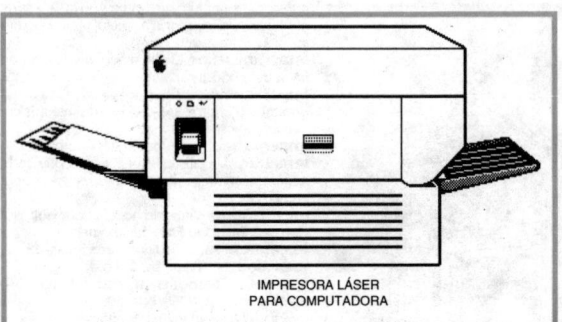

IMPRESORA LÁSER
PARA COMPUTADORA

imposibilitar. tr. Quitar la posibilidad de hacer o conseguir una cosa.

imposible. a. No posible./ Muy difícil. Ú.t.c.s.m.

imposición. f. Acción de imponer o imponerse./ Carga u obligación que se impone.

impostar. tr. Fijar la voz en las cuerdas vocales para emitir el sonido sin vacilación ni temblor.

impostor, ra. a. y s. Que atribuye falsamente a alguien alguna cosa./ Que finge o engaña con apariencia de verdad.

impostura. f. Imputación falsa y maliciosa./ Ret. Figura que consiste en imprecar.

impotencia. f. Falta de poder para hacer una cosa./ Incapacidad de engendrar o concebir./ Disminución de la capacidad para realizar el acto sexual.

impotente. a. Que no tiene potencia./ Dícese de quien es incapaz de engendrar, concebir o de realizar el acto sexual. Ú.t.c.s.

impracticable. a. Que no se puede practicar./ Apl. a los caminos o parajes por los que no se puede andar o cuesta mucho hacerlo.

imprecar. tr. Proferir palabras manifestando vivo deseo de que alguien reciba mal o daño.

impreciso, sa. a. No preciso, indefinido, indeterminado,

impregnar. tr./ prl. Introducir en un cuerpo las moléculas de otro, sin que se combinen.

impremeditación. f. Falta de premeditación.

impremeditado, da. a. No premeditado./ Irreflexivo.

imprenta. f. Arte de imprimir./ Oficina o taller donde se imprime.

imprescindible. a. Apl. a aquello de que no se puede prescindir.

imprescriptible. a. Que no puede prescribir.

impresentable. a. Que no es digno de presentarse o de ser presentado.

impresión. f. Acción y efecto de imprimir./ Marca o señal que una cosa deja en otra apretándola./ Calidad o forma de letra con que está impresa una obra./ Obra impresa./ Efecto que causa en un cuerpo otro extraño./ fig. Movimiento que las cosas producen en el ánimo.

impresionable. a. Que se impresiona con facilidad.

impresionante. a. Que impresiona.

impresionar. tr./ prl. Fijar en el ánimo de alguno una impresión o idea, o hacer que la conciba con fuerza y viveza./ Exponer una superficie a las vibraciones acústicas o luminosas, de manera que se impriman y puedan ser reproducidas por procedimientos fonográficos o fotográficos./ Conmover el ánimo profundamente.

impreso, sa. p. p. irreg. de **imprimir.**// m. Obra impresa.

impresora

impresor, ra. a. Que imprime. Apl. a la máquina o al aparato que imprime. Ú.t.c.s./ /s. Quien imprime con arte./ Propietario de una imprenta.

imprevisible. a. Que no se puede prever.

imprevisión. f. Falta de previsión, irreflexión.

imprevisor, ra. a. Que no prevé.

imprevisto, ta. a. No previsto.// m. pl. En lenguaje administrativo, gastos no previstos para los cuales no hay crédito habilitado.

imprimir. tr. Señalar en el papel u otra materia por medio de presión las letras y otros caracteres de las formas./ Estampar un sello u otra cosa por medio de la presión./ fig. Fijar en el ánimo algún afecto o idea.

improbable. a. No probable.

improbidad. f. Falta de probidad; perversidad, iniquidad.

ímprobo, ba. a. Falto de probidad, malvado./ Apl. al trabajo excesivo y continuado.

improcedencia. f. Inoportunidad; falta de fundamento o de derecho.

improcedente. a. No conforme a derecho./ Inadecuado.

improductivo, va. a. Que no produce.

impronunciable. a. De muy difícil o de imposible pronunciación.

improperio. m. Injuria grave de palabra, denuesto.

impropio, pia. a. Falto de las cualidades convenientes./ Ajeno, extraño.

improrrogable. a. Que no se puede prorrogar.

improvisar. tr. Hacer una cosa de pronto, sin estudio ni preparación previos.

improviso, sa. a. Que no se prevé o previene.// **-de improviso.** m. adv. De pronto.

imprudencia. f. Falta de prudencia.

imprudente. a. y s. Que no tiene prudencia.

impúber. a. y s. Que no ha llegado todavía la pubertad.

impudicia. f. Desvergüenza, descaro.

impúdico, ca. a. Deshonesto, carente de pudor.

impudor. m. Falta de pudor y de honestidad.

impuesto, ta. p. p. irreg. de **imponer.**// m. Tributo, carga.

impugnación. f. Acción y efecto de impugnar.

impugnar. tr. Combatir, contradecir, refutar.

impulsar. tr. Dar impulso, impeler.

impulsor, ra. a. y s. Que impulsa o impele.

impulsivo, va. a. Apl. a lo que impele o puede impeler./ Dícese del que habla o procede sin reflexión ni cautela.

impulso. m. Acción y efecto de impulsar o de impeler./ Instigación, sugestión.

impune. a. Que queda sin castigo.

impureza. f. Mezcla de partículas extrañas a un cuerpo o materia./ Falta de pureza o castidad.

impuro, ra. a. No puro.

imputable. a. Que se puede imputar.

imputar. tr. Atribuir una culpa, delito o acción./ Señalar la aplicación de una cantidad, bien al entregarla o al tomar razón de ella en cuenta.

inabarcable. a. Que no se puede abarcar.

inabordable. a. Que no puede ser abordado.

inacabable. a. Que no se puede acabar.

inaccesible. a. No accesible.

inacción. f. Falta de acción o movimiento, inercia, ociosidad.

inca

inaceptable. a. No aceptable.

inactividad. f. Carencia de actividad o diligencia.

inactivo, va. a. Falto de acción o movimiento; inerte, ocioso.

inadaptación. f. Falta de adaptación.

inadecuado, da. a. Que no es adecuado.

inadmisible. a. No admisible.

INCA
PERUANO

inadvertido, da. a. Dícese del que no advierte o repara en las cosas que debiera./ No advertido.

inaguantable. a. Que no se puede aguantar o sufrir.

inalámbrico, ca. a. Apl. a cualquier sistema de comunicación eléctrica sin alambres conductores.

inalcanzable. a. Que no se puede alcanzar.

inalienable. a. Que no se puede enajenar.

inalterabilidad. f. Calidad de lo que no ha sufrido o no tiene alteración.

impresión

IMPRESIÓN DIGITAL

inalterable. a. Que no se puede alterar.

inalterado, da. a. Que no tiene alteración.

inamistoso, sa. a. No amistoso.

inamovible. a. Que no es amovible.

inanición. f. Debilidad notable por falta de alimento.

inanimado, da. a. Que no tiene vida.

inapelable. a. Apl. a la sentencia o fallo que no admite apelación./ fig. Inevitable, irremediable, fatal.

inapetente. a. Falto de apetencia.

inaplazable. a. Que no se puede aplazar.

inaplicable. a. Que no se puede aplicar.

inapreciable. a. Que no se puede apreciar por su gran valor, suma pequeñez o por otra causa.

inarmónico, ca. a. Que carece de armonía.

inarticulado, da. a. No articulado./ Dícese de los sonidos de la voz que no llegan a formar palabras.

inatacable. a. Que no se puede atacar.

inaudible. a. Que no puede oírse.

inaudito, ta. a. Nunca oído./ fig. Infame, monstruoso, vituperable en extremo.

inaugurar. tr. Dar principio a una cosa con cierta pompa./ Abrir solemnemente un establecimiento público./ Celebrar el estreno de una obra de utilidad pública.

inca. m. Rey, príncipe o varón de estirpe regia entre los antiguos peruanos./ Moneda de oro del Perú equivalente a varios soles.

incalculable. a. Que no se puede calcular.

incalificable. a. Que no se puede calificar./ Vituperable en extremo.

incandescente. a. Can-

dente./ Dícese de ciertos cuerpos que por acción del fuego toman un color rojo vivo o casi blanco.

incansable. a. Que no se cansa o muy difícil de cansarse.

incapacidad. f. Falta de capacidad./ fig. Rudeza, torpeza; falta de entendimiento./ Ineptitud legal para ejecutar ciertos actos o para ejercer determinados oficios públicos.

incapacitar. tr. Inhabilitar.

incapaz. a. Que carece de capacidad para una cosa; inepto./ fig. Falto de talento.

incautarse. prl. Tomar posesión un tribunal u otra autoridad competente de dinero u otros bienes.

incauto, ta. a. Que no tiene cautela.

incendiar. tr./ prl. Poner fuego a cosas que no están destinadas a arder, como edificios, bosques, etc.

incendiario, ria. a. y s. Que incendia con malicia./ fig. Escandaloso, subversivo.

incendio. m. Fuego grande que abrasa lo que no está destinado a arder, como edificios, bosques, etc.

incensar. tr. Dirigir con el incensario el humo del incienso hacia una persona o cosa./ fig. Lisonjear.

incensario. m. Braserillo con tapa y cadenillas, que se usa para incensar.

incentivar. tr. *Arg.* Otorgar premios o mejor retribución para aumentar la cantidad o la calidad de trabajo.

incentivo, va. a. m. Que mueve o incita a desear o hacer una cosa.

incertidumbre. f. Falta de certidumbre; duda, perplejidad.

incesante. a. Que no cesa.

incesto. m. Unión carnal entre parientes entre los cuales está prohibido el matrimonio.

incestuoso, sa. a. Que comete incesto. Ú.t.c.s./ Perteneciente al incesto.

incidencia. f. Lo que sucede en el curso de un asunto o negocio y tiene con él relación./ *Geom.* Caída de una línea, de un plano o de un cuerpo, o la de un rayo luminoso sobre otro cuerpo, plano, línea o punto.

incidente. a. y s. Que sobreviene en el curso de un negocio o asunto y tiene con él relación./ *For.* Cualquiera de las cuestiones accesorias que surgen en un juicio o pleito./ Hecho desagrable, como una riña, discusión, etc., entre dos o más personas.

incidir. i. Caer o incurrir en una falta, error, delito, etc./ *Amér.* Recaer, gravar.

incienso. m. Sustancia que despide olor aromático y se quema como perfume en las ceremonias religiosas./ Mezcla de sustancias resinosas que al arder despiden olor agradable./ Adulación./ *Amér.* Planta medicinal que se cultiva en los jardines y de olor parecido al del incienso.

incierto, ta. a. No cierto o no verdadero./ Inconstante, no seguro, no fijo./ Desconocido, no sabido.

incinerar. tr. Reducir a cenizas. Dícese comúnmente de los cadáveres.

incipiente. a. Que empieza.

incisión. f. Hendedura que se hace en un cuerpo con instrumento cortante./ Cesura.

imprenta

MÁQUINA DE IMPRESIÓN TIPOGRÁFICA

incisivo, va. a. Apto para abrir o cortar./ Dícese de cada uno de los dientes situados en la parte central y anterior de la mandíbula de los mamíferos. U.t.c.s./ fig. Mordaz, punzante.

inciso, sa. a. Dicho del estilo, cortado.// m. *Gram.* Miembro de un período que encierra un sentido parcial./ Coma, signo ortográfico.

incitar. tr. Estimular a alguien para que ejecute una cosa.

incivil. a. Que carece de civilidad o cultura.

incivilizado, da. a. No civilizado.

inclemencia. f. Falta de clemencia./ fig. Rigor del tiempo atmosférico, en especial en el invierno.

inclemente. a. Que no tiene clemencia.

inclinación. f. Acción y efecto de inclinar o inclinarse./ Reverencia que se hace con la cabeza o el cuerpo./ Afecto, amor, propensión a una cosa.

inclinar. tr./prl. Apartar una cosa de su posición perpendicular a otra.// tr. Impulsar, persuadir a uno a que haga o diga lo que dudaba hacer o decir.// prl. Tener propensión a algo.

ínclito, ta. a. Ilustre, esclarecido, afamado.

incluir. tr. Poner una cosa dentro de otra o dentro de sus límites./ Contener una cosa a otra, o llevarla implícita./ Comprender un número menor en otro mayor, o una parte en su todo.

inclusive. adv. Con inclusión.

incluso, sa. p. p. irreg. de **incluir**.// prep. Hasta.// adv. m. Con inclusión de.

incobrable. a. Que no puede cobrarse o es de muy difícil cobranza.

incógnito, ta. a./ m. No conocido.// f. *Mat.* Cantidad desconocida que es preciso determinar en una ecuación.

incognoscible. a. Que no se puede conocer.

incoherente. a. No coherente.

incoloro, ra. a. Que carece de color.

incólume. a. Sano, sin lesión.

incomodidad. f. Falta de comodidad./ Molestia./ Disgusto, enojo.

incomodo. m. Falta de comodidad.

incrédulo

incomprensible. a. Que no puede comprenderse.

incomprensión. f. Falta de comprensión.

incomunicación. f. Acción y efecto de incomunicar o incomunicarse./ Aislamiento temporal de procesados o de testigos.

incomunicar. tr. Privar de comunicación a personas o cosas./ / prl. Aislarse, apartarse del trato con otras personas.

inconcebible. a. Que no puede concebirse o comprenderse.

inconciliable. a. Que no se puede conciliar.

inconcluso, sa. a. No concluido.

incondicional. a. Absoluto, sin restricción ni requisito.// m. El adepto a una persona o idea, sin condición o limitación.

inconducente. a. No conducente para un fin.

inconexo, xa. a. Que no tiene conexión con una cosa.

inconfesable. a. Apl. a lo que por ser vergonzoso o vil no puede confesarse.

inconfundible. a. No confundible.

incongruencia. f. Falta de congruencia.

incongruente. a. No congruente.

inconmensurable. a. No conmensurable.

inconmovible. a. Que no se puede conmover o alterar; perenne, firme./ Fuerte, sólido.

inconquistable. a. Que no se puede conquistar./ fig. Que no se dobla con ruegos ni dádivas.

inconsciente. a. No consciente.

inconsecuencia. f. Falta de consecuencia en las acciones o palabras.

inconsecuente. a. y s. Que procede con inconsecuencia.

inconsiderado, da. a. No considerado ni reflexionado./ Falto de consideración y reflexión.

inconsistencia. f. Falta de consistencia.

inconsistente. a. Que no tiene consistencia.

inconsolable. a. Que no puede ser consolado o consolarse.

inconstancia. f. Falta de estabilidad./ Facilidad y ligereza con que uno cambia de opinión, amigos, sentimientos, etc.

inconstante. a. No constante ni estable./ Que con facilidad cambia de opiniones, pensamientos, aficiones, etc.

inconstitucional. a. No conforme a la constitución del Estado.

inconsulto, ta. a. Que se hace sin consideración ni consejo.

incontable. a. Que no puede contarse./ Muy difícil de contar, numerosísimo.

incontaminado, da. a. No contaminado.

incontenible. a. Que no puede ser contenido o refrenado.

incontestable. a. Que no se puede impugnar ni dudar con fundamento./ Evidente.

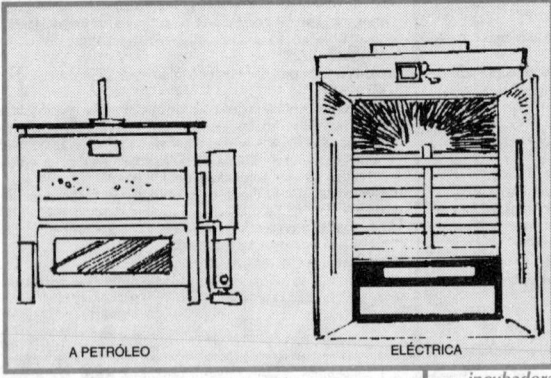

A PETRÓLEO   ELÉCTRICA

incubadora

incómodo, da. a. Que incomoda./ Que carece de comodidad.

incomparable. a. Que no tiene o no admite comparación.

incompasivo, va. a. Sin compasión./ Despiadado.

incompatibilidad. f. Oposición de una cosa para unirse con otra, o de dos o más personas entre sí./ Impedimento legal para ejercer una función determinada o desempeñar dos o más cargos a la vez.

incompatible. a. No compatible con otra cosa.

incompetencia. f. Falta de competencia o jurisdicción.

incompetente. a. Falto de competencia.

incompleto, ta. a. No completo.

incomprendido, da. a. y s. Dícese de la persona cuyos valores no han sido reconocidos o apreciados.

incontinencia. f. Vicio opuesto a la continencia, en especial en el freno de las pasiones carnales./ *Pat.* Enfermedad que consiste en no poder retener la orina.

incontrarrestable. a. Que no se puede contrarrestar.

incontrastable. a. Que no se puede vencer o conquistar./ Que no puede impugnarse./ fig. Que no se deja convencer o reducir.

incontrolable. a. Que no se puede controlar.

incontrolado, da. a. Que no se puede controlar./ Que carece de control o gobierno, que obra por su propia cuenta, sin someterse a ninguna dirección. Ú. t. c. s.

incontrovertible. a. Que no admite duda ni disputa.

inconvenible. a. Que no es conveniente o convenible.

inconveniencia. f. Incomodidad, desconveniencia./ Disconformidad./ Inverosimilitud de una cosa./ Despropósito.

inconveniente. a. No conveniente.// m. Impedimento, obstáculo que existe para hacer una cosa./ Daño y perjuicio que resulta de ejecutarla.

inconversable. a. Apl. a la persona intratable por su genio.

inconvertible. a. No convertible.

incordiar. tr. Incomodar, molestar.

incorporal. a. Incorpóreo./ Dícese de lo que no se puede tocar.

incorporar. tr. Unir dos o más cosas para que formen un todo./ Sentar o reclinar el cuerpo que estaba echado o tendido.

incorpóreo, a. a. No corpóreo.

incorrección. f. Calidad de incorrecto./ Dicho o hecho incorrecto.

incorrecto, ta. a. No correcto.

incorregible. a. No corregible./ Apl. al que por su terquedad no quiere enmendarse.

incorruptible. a. No corruptible./ fig. Que no puede ser pervertido.

incredibilidad. f. Imposibilidad o dificultad que existe para que sea creída una cosa.

incredulidad. f. Dificultad en creer una cosa./ Falta de fe o creencia religiosa.

incrédulo, la. a. y s. Que no cree, en especial, que no tiene creencias religiosas./ Que no cree con facilidad.

increíble. a. Que no puede creerse./ fig. Muy difícil de creer.

incrementar. tr. Aumentar, acrecentar.

incremento. m. Aumento, acrecentamiento./ *Gram.* En la lengua latina, aumento de sílabas que tienen ciertos casos de la declinación y ciertas formas del verbo./ *Gram.* En castellano, aumento de letras que tiene cualquier vocablo derivado en relación con el primitivo./ *Mat.* Cantidad en que aumenta una variable.

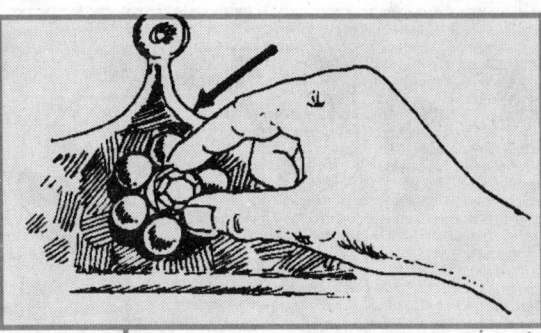

incrustar

increpación. f. Reprensión fuerte, agria y severa.

increpar. tr. Reprender con dureza y severidad.

incriminar. Inculpar con fuerza o insistencia./ Exagerar un delito o defecto, presentándolo como crimen.

incruento, ta. a. No sangriento.

incrustar. tr. Embutir en una superficie lisa y dura piedras, metales, maderas, etc, formando dibujos.

incubación. f. Acción y efecto de incubar./ Período de desarrollo de una enfermedad desde que empieza a obrar la causa hasta que se manifiestan sus efectos.

incubadora. f. Aparato o local que debidamente caldeado produce la incubación artificial de los huevos que se depositan en su interior./ Aparato similar al anterior para niños nacidos prematuramente.

incubar. tr. Empollar el ave los huevos.

incuestionable. a. No cuestionable.

inculcar. tr./ prl. Apretar una cosa contra otra./ fig. Repetir con empeño muchas veces una cosa a uno./ Infundir en el ánimo de alguien conceptos, ideas, etc.// prl. fig. Obstinarse uno en su parecer.

inculpable. a. Que no tiene culpa.

inculpar. tr. Acusar a alguien de una cosa.

incultivable. a. Que no puede cultivarse.

inculto, ta. a. Que no tiene cultivo ni labor./ fig. De modales rústicos o de poca instrucción.

incultura. f. Falta de cultivo o de cultura.

incumbencia. f. Obligación de hacer una cosa.

incumbir. i. Estar a cargo de alguien una cosa.

incumplimiento. m. Falta de cumplimiento.

incurable. a. Que no se puede curar o no puede sanar./ fig. Que no tiene enmienda ni remedio.

incuria. f. Poco cuidado, negligencia.

incurrir. i. Caer en falta o cometer error.

incursión. f. Acción de incurrir./ Correría.

indagación. f. Acción y efecto de indagar.

indagar. tr. Averiguar, inquirir una cosa, investigar.

indagatorio, ria. a. Que conduce o encamina a la averiguación de un hecho.// f. *For.* Declaración que, sin recibirle juramento, se toma al presunto reo.

indebido, da. a. Que no es obligatorio ni exigible./ Ilícito, injusto.

indecencia. f. Falta de decencia o de modestia./ Acción indecente y vituperable.

inclinación

CAÍDA DE LOS CUERPOS

PLANO INCLINADO

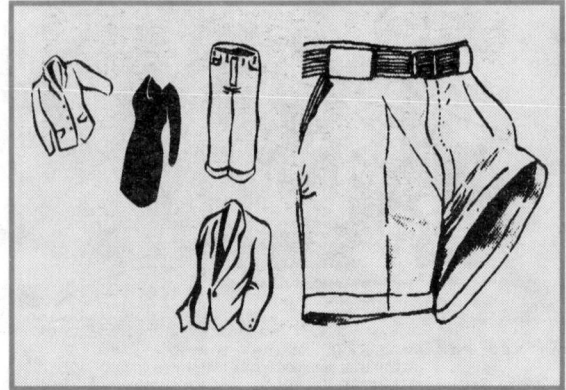

indumentaria

inercia

indecente. a. Indecoroso, falto de decencia.
indecible. a. Que no puede decirse o explicarse.
indecisión. f. Carencia de decisión, irresolución.
indeciso, sa. a. Dícese de la cosa sobre la cual no ha caído resolución./ Irresoluto, falto de decisión. Ú.t.c.s.
indeclinable. a. Que necesariamente tiene que hacerse o cumplirse./ Gram. Dícese de las partes de la oración que no se declinan.
indecoro. m. Falta de decoro.
indecoroso, sa. a. Que carece de decoro, o lo ofende.
indefectible. a. Que no puede faltar o dejar de ser.
indefensión. f. Falta de defensa./ Situación del que carece de ella.
indefenso, sa. a. Que carece de medios de defensa.
indefinible. a. Que no puede definirse.
indefinido, da. a. No definido./ Sin término conocido o señalado.
indeformable. a. Que no se puede deformar.
indeleble. a. Que no se puede borrar o quitar.
indelegable. a. Que no puede delegarse.
indeliberación. f. Falta de deliberación o reflexión.
indeliberado, da. a. Hecho sin deliberación, irreflexiva.
indelicado, da. a. Falto de delicadeza.
indemne. a. Libre de daño.
indemnidad. f. Situación o estado del que está libre de sufrir daño o perjuicio.
indemnización. f. Acción y efecto de indemnizar./ Cosa con la que se indemniza.
indemnizar. tr./ prl. Resarcir un daño o perjuicio.
indemostrable. a. No demostrable.
independencia. f. Condición de independiente./ Libertad, autonomía, especialmente. la de un Estado que no depende de otro./ Firmeza de carácter, entereza.
independiente. a. Que no tiene dependencia./ Autónomo./ Apl. a la persona que sostiene sus derechos u opiniones sin doblegarse ante amenazas o halagos.// adv. m. Con independencia.
independizar. tr./ prl. Hacer independiente.
indescifrable. a. Que no se puede descifrar.
indescriptible. a. Que no se puede describir.
indeseable. a. y s. Dícese de la persona cuya permanencia en un país es considerada por las autoridades peligrosa para la tranquilidad pública./ Dícese de la persona cuyo trato no es recomendable por sus condiciones morales.
indestructible. a. Que no se puede destruir.
indeterminación. f. Carencia de determinación en las cosas o de resolución en las personas.
indeterminado, da. a. No determinado./ Indeciso, que no se resuelve a algo.

indiada. f. Amér. Conjunto o multitud de indios.
indiano, na. a. y s. Natural, pero no originario de América.// a. Perteneciente a América./ Perteneciente a las Indias Orientales.
indicación. f. Acción y efecto de indicar.
indicar. tr. Dar a entender o significar una cosa con indicios o señales.
indicativo, va. a. y s. Que indica o se emplea para indicar./ Gram. Dícese del modo verbal con que se indica afirmación absoluta.
índice. a. Dícese del segundo dedo de la mano, que generalmente sirve para señalar, de lo cual tomó su nombre. Ú.t.c.s.// m. Indicio o señal de una cosa./ Lista o enumeración por orden de libros, capítulos o cosas notables./ Catálogo contenido en uno o muchos volúmenes, en el cual, por orden alfabético o cronológico, están escritos los autores o materias de las obras que se conservan en una biblioteca./ Cualquiera de las manecillas de un reloj, y, en general, las agujas y otros elementos indicadores de los instrumentos graduados, como barómetros, termómetros, etc./ Indicador de un cuadrante solar./ Alg. y Arit. Número o letra que se coloca en la abertura del signo radical y sirve para indicar el grado de la raíz.
indiciar. tr. Dar indicios de algo./ Sospechar una cosa por indicios.
indicio. m. Acción o señal que da a conocer lo oculto.
índico, ca. a. Perteneciente a las Indias Orientales.
indiferencia. f. Estado del ánimo en que no se siente inclinación ni repugnancia hacia una cosa./ fig. Frialdad, desinterés hacia una persona o cosa.
indiferente. a. No determinado por sí a una persona o cosa más que a otra.
indígena. a. y s. Originario del país de que se trata.
indigencia. f. Falta de recursos para alimentarse, vestirse, etc.
indigente. a. y s. Que no tiene medios de subsistencia.
indigestarse. prl. No sentar bien un manjar o comida.
indigestión. f. Falta de digestión./ Digestión difícil o defectuosa.
indigesto, ta. a. Que no se digiere o se digiere con dificultad.
indignación. f. Enojo vehemente, ira, enfado contra una persona o cosa.
indignar. tr./ prl. Irritar, enfadar vehementemente a uno.
indignidad. f. Falta de mérito para una cosa./ Acción impropia o reprobable./ Acción vil.
indigno, na. a. Que no tiene mérito ni disposición para una cosa./ Impropio de la calidad y mérito de una persona./ Vil, perverso, despreciable.
índigo. m. Color entre azul y violeta.
indio, dia. a. De la India./ Perteneciente a ella.// a. y s. Apl. al antiguo poblador de América y al que hoy se considera como descendiente de aquél sin mezcla de otra raza.
indirecto, ta. a. Que no va rectamente a un fin.// f. Dicho o medio de que se vale uno para dar a entender lo que no quiere decir con claridad.

indisciplina. f. Falta de disciplina.
indisciplinado, da. a. Falto de disciplina.
indisciplinarse. prl. Faltar a la disciplina.
indiscreción. f. Falta de discreción y prudencia./ Acto o dicho indiscreto.
indiscreto, ta. a. Que obra sin discreción. Ú.t.c.s./ Que se hace sin discreción.
indisculpable. a. Que no tiene disculpa./ fig. Que difícilmente se puede disculpar.
indiscutible. a. No discutible.
indisoluble. a. Que no se puede disolver o desatar.
indispensable. a. Que no se puede dispensar ni excusar./ De absoluta necesidad.
indisponer. tr./prl. Privar de la disposición conveniente, o quitar la preparación necesaria para un fin.// tr. Malquistar./ Causar indisposición o alteración de la salud./ / prl. Sentirse indispuesto.
indisposición. f. Falta de disposición y de preparación para una cosa./ Quebranto leve de la salud.
indisputable. a. Que no admite disputa o discusión.
indistinguible. a. Que no se puede distinguir./ fig. Muy difícil de distinguir.
indistinto, ta. a. Que no se distingue de otra cosa./ Indeterminado./ Que no se percibe de modo claro y distinto.
individual. a. Rel. al individuo./ Particular, propio y característico de una cosa.
individuar. tr. Especificar una cosa./ Determinar, clasificar los individuos dentro de su especie.
individualizar. tr. Individuar.
individuo, dua. a. Individual./Indivisible.// m. Cada uno de los seres organizados respecto de su especie./ Persona perteneciente a una clase o corporación.//m. y f. Persona cuyo nombre y condición no se saben o no se quieren decir.
indivisible. a. Que no puede ser dividido.
indiviso, sa. a. y s. Que no está dividido o separado en partes.
indochino, na. a. y s. De Indochina.
indócil. a. Que no es dócil.
indocto, ta. a. Que no tiene instrucción; inculto.
indocumentado, da. a. Dícese de quien no lleva o no tiene documentos oficiales de identificación. Ú.t.c.s./ Que no tiene prueba o testimonio válidos./ fig. Dícese de la persona falta de arraigo y respetabilidad.
indoeuropeo, a. a. Dícese de las razas y lenguas procedentes de un origen común y extendidas desde la India hasta el occidente de Europa.
índole. f. Condición e inclinación natural propia de cada uno./ Naturaleza y condición de las cosas.
indolente. a. Que no se afecta o conmueve./ Flojo, perezoso./ Que no duele.
indoloro, ra. a. Que no produce dolor.
indomable. a. Que no se puede domar.
indómito, ta. a. No domado./ Que no se puede domar./ fig. Difícil de sujetar o reprimir.
indonesio, sia. a. y s. De Indonesia.
indostánico, ca. a. Rel. al Indostán.
indubitado, da. a. Que no admite duda, cierto.
inducir. tr. Instigar, persuadir./ Fís. Producir un

industria

índice

cuerpo electrizado fenómenos eléctricos en otro situado a cierta distancia./ Lóg. Ascender el entendimiento desde el conocimiento de los fenómenos a la ley que los contiene o los rige.
inductivo, va. a. Que se realiza por inducción./ Perteneciente a ella.
indudable. a. Que no puede ponerse en duda.
indulgencia. f. Facilidad en perdonar las culpas o en conceder gracias./ Remisión de ciertas penas que concede la iglesia.
indulgente. a. Que con facilidad concede perdón o gracia.
indultar. tr. Perdonar a uno, en todo o en parte, la pena que tiene impuesta, o conmutarla por otra menos grave./ Exceptuar de una ley u obligación.
indulto. m. Perdón o remisión de una pena./ Gracia o privilegio que exceptúa de una ley u obligación.
indumentario, ria. a. Rel. al vestido.// f. Estudio de la historia del traje./ Vestido, conjunto de prendas de vestir.
industria. f. Habilidad para hacer una cosa./ Conjunto de las operaciones materiales ejecutadas para la obtención, transformación o transporte de productos naturales./ Suma y conjunto de las industrias de uno o varios géneros de un país o de parte de él.
industrial. a. Perteneciente a la industria.// m. Persona que se dedica al ejercicio de una industria.
industrializar. tr. Hacer que una cosa sea objeto de industria o elaboración./ Incrementar la producción industrial.
inédito, ta. a. Escrito y no publicado./ Apl. al autor cuyas obras no se han publicado aún.
ineducado, da. a. Que carece de educación o de buenos modales.
inefable. a. Que es imposible explicar con palabras.
ineficacia. f. Falta de eficacia.
ineficaz. a. No eficaz.
inelegancia. f. Falta de elegancia.
ineludible. a. Que no se puede eludir.
inenarrable. a. Inefable.
inepcia. f. Necedad.
ineptitud. f. Falta de capacidad o aptitud.
inepto, ta. a. y s. No apto o a propósito para una cosa./ Incapaz, necio.
inequívoco, ca. a. Que no admite duda o equivocación.
inercia. f. Flojedad, inacción, desidia./ Incapacidad de los cuerpos para salir del estado de reposo o de movimiento, sin intervención de fuerzas extrañas.
inerme. a. Que está sin armas./ Bot. y Zool. Que no tiene espinas, pinchos ni aguijones.
inerte. a. Inactivo, ineficaz, estéril./ Flojo, negligente, desidioso.
inescrupuloso, sa. a. Que carece de escrúpulos.
inescrutable. a. Que no se puede saber o averiguar.
inesperado, da. a. Que sucede sin haberse esperado.

inestimable. a. Que está sin estimar ni tasar./ Que no se estima como se merece.

inestimado, da. a. Que está sin estimar ni tasar./ Que no se estima tanto como se debiera.

inevitable. a. Que no se puede evitar./ Necesario, fatal.

inexactitud. f. Falta de exactitud.

inexacto, ta. a. Que no tiene exactitud.

inexcusable. a. Que no se puede excusar.

inexistencia. f. Falta de existencia.

inexistente. a. Que carece de existencia.

inexorable. a. Que no se deja vencer por los ruegos o súplicas./ Imperturbable.

ínfulas

inexperiencia. f. Falta de experiencia.

inexperto, ta. a. y s. Que no tiene experiencia.

inexplicable. a. Que no se puede explicar.

inexplorado, da. a. Que no se ha explorado.

inexpresivo, va. a. Falto de expresión.

inexpugnable. a. Que no se puede tomar o conquistar por las armas./ Que no se deja persuadir ni vencer.

inextinguible. a. No extinguible./ fig. Que es de perpetua o larga duración.

infalible. a. Que no puede engañar ni engañarse./ Seguro, cierto.

infamar. tr./ prl. Quitar la fama, honra y estimación.

infame. a. y s. Que carece de honra y estimación./ De mala índole, vil en su especie.

infamia. f. Deshonra, descrédito./ Maldad, perversidad, vileza.

infancia. f. Edad del niño desde que nace hasta los siete años./ fig. Conjunto de niños de tal edad.

infante. m. Niño que aún no ha llegado a la edad de siete años./ Soldado que sirve a pie./ En la monarquía hispana, cualquiera de los hijos varones y legítimos del rey, nacidos después del príncipe o la princesa.

infantería. f. Tropa que sirve a pie.

infanticida. a. y s. Dícese de la persona que mata a un niño o infante.

infantil. a. Perteneciente a la infancia./ fig. Inocente, cándido, inofensivo.

infantilismo. m. Persistencia de caracteres propios de la infancia en la adolescencia o en la edad adulta./ Ingenuidad, candor.

infarto. m. Aumento de tamaño u obstrucción de un órgano./ Pat. Zona circunscrita de necrosis en un órgano, privada de su riego sanguíneo por obstrucción de la arteria correspondiente, generalmente por embolia o trombosis.

infatigable. a. Incansable.

infausto, ta. a. Desgraciado, infeliz.

infección. f. Acción y efecto de inficionar.

infeccioso, sa. a. Que es causa de infección.

infectar. tr./ prl. Inficionar.

infecto, ta. a. Inficionado, contagiado.

infecundo, da. a. No fecundo.

infeliz. a. y s. Desgraciado./ fam. Apocado, bondadoso, tolerante.

inferencia. f. Acción y efecto de inferir.

inferior. a. Que está debajo de otra cosa o más bajo que ella./ Que es menos que otra cosa./ Que está subordinado a otro./ *Biol.* Aplícase a los seres vivos de organización más sencilla y que se suponen más primitivos, por ejemplo, la algas son vegetales inferiores; los peces son vertebrados inferiores.

inferir. tr. Sacar consecuencias, inducir una cosa de otra./ Tratándose de heridas, agravios, etc., causar, ocasionar.

infernal. a. Que es del infierno o pertenece a él./ Muy malo, dañoso o perjudicial.

infestar. tr./ prl. Corromper, contagiar.// tr. Invadir los animales o las plantas perjudiciales los campos cultivados y aun las casas.

inficionar. tr. Corromper, contagiar.

infidelidad. f. Falta de fidelidad; deslealtad.

infidencia. f. Falta a la confianza debida a otro, deslealtad.

infiel. a. Falto de fidelidad; desleal.// a. y s. Que no profesa la fe católica.

infierno. m. Lugar destinado al eterno castigo de los malos, después de la muerte./ Tormento y castigo que allí se sufre./ Sitio donde creían los paganos que iban las almas después de la muerte./ fig. y fam. Lugar de mucho alboroto y discordia./ Dicha discordia.

infiltrar. tr./ prl. Introducir suavemente un líquido entre los poros de un sólido./ fig. Infundir en el ánimo ideas, doctrinas o nociones.

ínfimo, ma. a. Que en su situación está muy bajo./ Apl. a lo que es último y más inferior que lo demás./ Dícese de lo más vil y despreciable.

infinidad. f. Calidad de infinito./ fig. Gran número de cosas, muchedumbre.

infinitesimal. a. *Mat.* Dícese de las cantidades infinitamente pequeñas y de lo que se relaciona con ellas.

infinitivo. m. Voz que da nombre al verbo.// a. y s. *Gram.* Modo del verbo que no expresa número, persona ni tiempo determinados.

infinito, ta. a. Que no tiene ni puede tener término./ Muy numeroso, grande y excesivo en cualquier línea.// m. *Mat.* Signo en forma de un ocho tendido (∞), que sirve para expresar un valor mayor que cualquier cantidad asignable.// adv. Excesivamente, muchísimo.

inflación. f. Acción y efecto de inflar./ Tendencia al desequilibrio en una economía, producida por la excesiva emisión de billetes que da lugar al aumento general de los precios o de los créditos./ fig. Vanidad, engreimiento.

inflador. m. *Amér.* Aparato para inflar las cámaras de los automóviles y bicicletas, balones, etc.

inflamable. a. Fácil de inflamarse.

inflamación. f. Acción y efecto de inflamarse o de inflamarse./ Alteración patológica en una parte cualquiera del organismo, caracterizada por aumento de calor, enrojecimiento, hinchazón y dolor.

inflamar. tr./ prl. Encender una cosa levantando llama./ fig. Acalorar, enardecer las pasiones.// prl. Producirse inflamación en alguna parte del organismo.

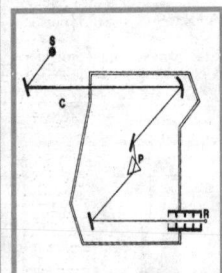

ESQUEMA DE
ESPECTÓGRAFO DE
INFRARROJOS
S: FUENTE DE RADIACIÓN
C: MUESTRA A ANALIZAR
P: PRISMA DE SAL GEMA
R: DETECTOR

infrarrojo

inflar. tr./ prl. Hinchar una cosa con aire o con gas./ fig. Exagerar, abultar./ fig. Ensoberbecer, engreír. Ú.m.c.prl.

inflexibilidad. f. Calidad de inflexible./ fig. Constancia y firmeza.

inflexible. a. Incapaz de torcerse o doblarse./ fig. Que no se deja conmover ni doblegar.

inflexión. f. Torcimiento de una cosa que estaba recta o plana./ Hablando de la voz, elevación o alteración que se hace con ella./ *Geom.* Punto en que cambia de sentido una curva./ *Gram.* Cada una de las terminaciones del verbo, del pronombre y de las demás partes variables de la oración.

infligir. tr. Imponer penas y castigos corporales.

influencia. f. Acción y efecto de influir./ Poder, autoridad de una persona.

influenza. f. Gripe.

influir. tr. Producir unas cosas sobre otras ciertos efectos./ fig. Ejercer ascendiente, predominio o fuerza moral./ Contribuir al éxito de un negocio.

influjo. m. Influencia, acción y efecto de influir./ Flujo de la marea.

información. f. Acción y efecto de informar o informarse./ Averiguación jurídica y legal de un hecho./ Adquisición o comunicación de conocimientos.

informal. a. Que no guarda las reglas debidas./ Que no es formal.

informalidad. f. Calidad de informal.

informar. tr./prl. Enterar, dar noticia de una cosa.// i. Dictaminar un cuerpo consultivo o persona competente./ *For.* Hablar en los estrados los fiscales y abogados.

informática. f. Conjunto de los conocimientos y las técnicas que se ocupan del tratamiento automático de la información por medio de ordenadores electrónicos.

informativo, va. a. Apl. a lo que informa o da noticias.

informe. m. Acción y efecto de informar o dictaminar./ Conjunto de datos acerca de una persona o asunto determinado./ *For.* Exposición del fiscal o del abogado.

infortunado, da. a. Desafortunado. Ú.t.c.s.

infortunio. m. Suerte desgraciada; fortuna adversa, desdicha.

infracción. f. Transgresión de una ley, pacto o tratado.

infractor, ra. a. y s. Transgresor.

infranqueable. a. Imposible o difícil de franquear o abrir camino.

infrarrojo, ja. a./ m. Dícese de los rayos del espectro luminoso que se hallan más allá del rojo, invisibles al ojo humano y caracterizados por sus efectos calóricos.

infrascrito, ta. a. y s. Que firma al fin de un escrito./ Dicho más abajo o al final de un escrito.

infrecuente. a. No frecuente.

infringir. tr. Quebrantar leyes, órdenes, pactos u ordenanzas.

infructuoso, sa. a. Ineficaz, inútil para algún fin.

ínfula. f. Adorno de lana blanca a modo de venda, con dos cintas caídas a los lados, que ceñía la cabeza de los sacerdotes

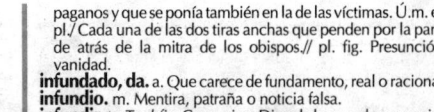

infusión

paganos y que se ponía también en la de las víctimas. Ú.m. en pl./ Cada una de las dos tiras anchas que penden por la parte de atrás de la mitra de los obispos.// pl. fig. Presunción, vanidad.

infundado, da. a. Que carece de fundamento, real o racional.

infundio. m. Mentira, patraña o noticia falsa.

infundir. tr. *Teol.* fig. Comunicar Dios al alma un don o gracia./ fig. Causar en el ánimo un impulso moral o afectivo.

infusión. f. Acción y efecto de infundir./ Acción de extraer de las sustancias orgánicas las partes solubles en agua, a una temperatura mayor que la del ambiente y menor que la de ebullición./ Producto así obtenido.

ingeniar. tr. Trazar o inventar ingeniosamente.// prl. Discurrir los medios para conseguir o ejecutar una cosa.

ingeniería. f. Arte de aplicar los conocimientos científicos, en todas sus posibilidades, a la utilización de la materia y de la energía, mediante invenciones o costrucciones útiles para el hombre.

ingenio. m. Facultad en el hombre para discurrir o inventar./ Máquina o artificio mecánico./ Intuición, facultades poéticas o creadoras./ Industria, maña o artificio para conseguir lo que se desea./ **-de azúcar.** Conjunto de aparatos para moler la caña y elaborar el azúcar./ Finca que contiene el cañamelar y las instalaciones de beneficio.

ingeniosidad. f. Calidad de ingenioso./ fig. Idea o especie artificiosa y sutil. Ú. por lo común como despect.

ingenioso, sa. a. Que tiene ingenio./ Dicho o hecho con ingenio.

ingénito, ta. a. No engendrado./ Nacido con uno, innato, connatural.

ingente. a. Muy grande.

ingenuidad. f. Sinceridad, buena fe en lo que se dice o hace; candor.

ingenuo, nua. a. Sincero, sin doblez, candoroso.

ingerencia. f. Injerencia.

ingerir. tr. Introducir por la boca alimentos, bebidas, medicamentos, etc.

informática

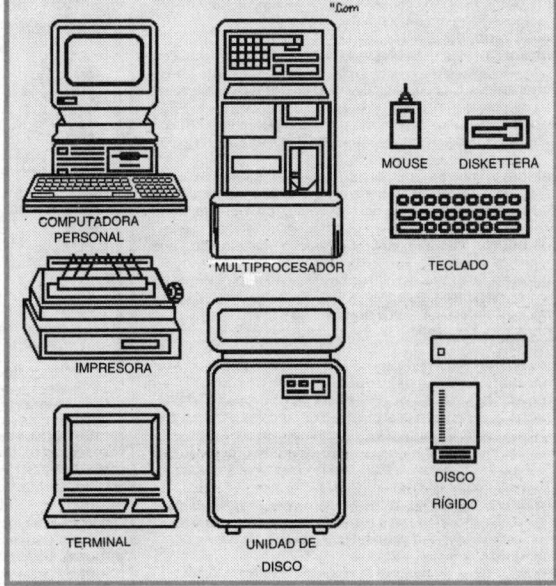

COMPUTADORA PERSONAL

MOUSE   DISKETTERA

MULTIPROCESADOR   TECLADO

IMPRESORA

TERMINAL   UNIDAD DE DISCO

DISCO RÍGIDO

ingredientes

ingestión. f. Acción de ingerir.
ingle. f. Parte del cuerpo donde convergen los muslos con el vientre.
inglés, sa. a. y s. De Inglaterra.// m. Lengua inglesa.
ingratitud. f. Desagradecimiento./ Acción ingrata.
ingrato, ta. a. Desagradecido./ Áspero, desagradable./ Dícese de lo que no corresponde al trabajo que cuesta.
ingrávido, da. a. Ligero y tenue como la gasa o la niebla; que no pesa.
ingrediente. m. Cualquier cosa que entra con otras en la composición de un remedio, comida, bebida, etc.
ingresar. i. Entrar. Ú.t.c.tr./ Entrar a formar parte de una corporación o comunidad.
ingreso. m. Acción de ingresar./ Entrada./ Caudal, dinero recibido.
inhábil. a. Falto de habilidad./ Que no contiene condiciones para hacer una cosa./ Que no puede desempeñar un cargo, empleo o dignidad, por un delito o tacha, o por falta de algún requisito.
inhabilitar. tr. Declarar a uno incapaz de ejercer cargos públicos, o de ejercitar derechos civiles o políticos.// tr./ prl. Imposibilitar una cosa.
inhabitado, da. a. No habitado.
inhalar. tr. Med. Aspirar gases o líquidos pulverizados, con fines terapéuticos.
inherente. a. Que por naturaleza está unido inseparablemente a otra cosa.
inhibición. f. Acción y efecto de inhibir o inhibirse./ Psicol. Resistencia persistente en un sujeto a la realización de una tendencia física o psíquica.
inhibir. tr. Impedir que un juez prosiga actuando en una causa./ / tr./ prl. Suspender transitoriamente una función o actividad del organismo por acción de un estímulo.// prl. Desentenderse de un asunto.
inhibitorio, ria. a./ f. Apl. al despacho, decreto, etc., que inhiben al juez.
inhospitalario, ria. a. Falto de hospitalidad./ Apl. a lo que no ofrece seguridad ni abrigo.
inhospitalidad. f. Falta de hospitalidad.
inhóspito, ta. a. Inhospitalario, que no ofrece abrigo ni seguridad.
inhumano, na. a. Sin humanidad; bárbaro, cruel.
inhumar. tr. Enterrar un cadáver.
iniciación. f. Acción y efecto de iniciar o iniciarse.
inicial. a. Perteneciente al principio de las cosas.// f. Letra con que comienza una palabra, un capítulo, un verso, etc.
iniciar. tr. Comenzar una cosa./ Enterar a uno de una cosa secreta./ Hacerle participar de una ceremonia secreta.// tr./ prl. Instruir en cosas abstractas.
iniciativa. f. Derecho de hacer una proposición./ Acción de ejercerlo./ Acción de anticiparse a los demás en decir o hacer una cosa./ Cualidad personal que inclina a dicha acción.
inicio. m. Comienzo, principio.
inicuo, cua. a. Contrario a la equidad./ Injusto, malvado.
inimaginable. a. No imaginable.

ininteligible. a. No inteligible, incomprensible.
ininterrumpido, da. a. a. No interrumpido, continuo.
iniquidad. f. Maldad, injusticia grande.
injerencia. f. Acción y efecto de injerirse.
injerir. tr. Incluir una cosa en otra.// prl. Entremeterse, inmiscuirse en un asunto o negocio.
injertar. tr. Incluir en un árbol alguna parte de otro con yema para que pueda brotar.
injerto, ta. p. p. irreg. de injertar.// m. Parte de una planta con una o más yemas que se usa para injertar./ Acción de injertar./ Planta injertada.
injuria. f. Agravio, ofensa, ultraje./ fig. Daño que causa una cosa./ Dicho o hecho contrario a la razón y a la justicia.
injuriar. tr. Agraviar, ultrajar, afrentar.
injurioso, sa. a. Que injuria.
injusticia. f. Acto contrario a la justicia./ Falta de justicia.
injustificado, da. a. Sin justificación.
injusto, ta. a. Que no es justo.
inmaculado, da. a. Sin mancha, limpio, puro.
inmanente. a. Dícese de lo que es inherente a algún ser, o va unido inseparablemente a su esencia.
inmarcesible. a. Que no se puede marchitar.
inmaterial. a. No material.
inmediación. f. Calidad de inmediato.// pl. Contornos, proximidades alrededor de un lugar.
inmediatez. f. Proximidad./ Calidad de inmediato.
inmediato, ta. a. Contiguo o muy cercano./ Que sucede sin tardanza.
inmejorable. a. Que no se puede mejorar.
inmemorial. a. Tan antiguo que no se tiene memoria de cuándo comenzó.
inmensidad. f. Infinidad en la extensión./ fig. Muchedumbre, número o extensión muy grande.
inmenso, sa. a. Que no tiene medida; infinito o ilimitado./ fig. Muy grande.
inmensurable. a. Que no se puede medir./ fig. Que es muy difícil de medir.
inmerecido, da. a. No merecido.
inmersión. f. Acción de introducir o introducirse una cosa en un líquido.
inmigración. f. Acción y efecto de inmigrar.
inmigrante. p. act. de inmigrar. Que inmigra.
inmigrar. i. Llegar a un país para establecerse en él.
inminencia. f. Calidad de inminente.
inminente. a. Que amenaza o ha de suceder prontamente.

DE CORONILLA   DE CORTEZA

injerto

inmiscuir. tr. Mezclar una sustancia con otra.// prl. fig. Entremeterse en un negocio o asunto.
inmobiliario, ria. a. Rel. a cosas inmuebles.
inmoderado, da. a. Que no tiene moderación.
inmodestia. f. Falta de modestia.
inmodesto, ta. a. Que no es modesto.
inmolar. tr. Sacrificar degollando a una víctima./ Sacrificar, hacer sacrificios.// prl. fig. Dar la vida, los bienes, etc., en honor o provecho de alguien o algo.
inmoral. a. Opuesto a la moral o a las buenas costumbres.
inmoralidad. f. Falta de moralidad./ Irregularidad en las costumbres./ Acto inmoral.

inmortal. a. No mortal./ Que no puede morir./ fig. Que dura tiempo indefinido.

inmortalidad. f. Calidad de inmortal./ fig. Duración indefinida en la memoria de los hombres.

inmortalizar. tr./ prl. Perpetuar una cosa en la memoria de los hombres.

inmotivado, da. a. Sin motivo.

inmóvil. a. Que no se mueve./ Invariable, firme, constante.

inmovilizar. tr. Hacer que una cosa quede inmóvil./ Com. Invertir el caudal en bienes de lenta realización./ Der. Coartar la libre transmisión de bienes.// prl. Quedarse inmóvil.

inmueble. a./ m. Apl. a los bienes que no pueden ser trasladados, como tierras, edificios, minas, etc.// m. Edificio, casa.

inmundicia. f. Suciedad, porquería, basura./ fig. Deshonestidad, impureza.

inmundo, da. a. Sucio, asqueroso./ fig. Impuro, deshonesto.

inmune. a. Exento de ciertos oficios, cargos, gravámenes o penas./ No atacable por ciertas enfermedades./ Biol. Relativo a las causas, mecanismos o efectos de la inmunidad.

inmunidad. f. Calidad de inmune./ Biol. y Med. Estado de resistencia, natural o adquirida, que poseen ciertos individuos o especies frente a determinadas acciones patógenas de microorganismos o sustancias extrañas.

inmunizar. tr. Hacer inmune.

inmunología. f. Parte de la medicina que se dedica a los estudios relacionandos con la inmunidad biológica.

inmutable. a. No mudable.

inmutar. tr. Variar o mudar una cosa.// prl. fig. Sentir alguna conmoción repentina del ánimo, manifestándola por la alteración de la voz o del semblante.

innato, ta. a. Como nacido con la misma persona, connatural.

innecesario, ria. a. No necesario.

innegable. a. Que no se puede negar.

innoble. a. Que no es noble./ Vil, abyecto.

innocuo, cua. a. Inocuo.

innominable. a. Que no se puede nombrar.

innovar. tr. Cambiar las cosas, introduciendo novedades.

innumerable. a. Que no puede reducirse a número./ Incontable./ Muy abundante.

inocencia. f. Estado del que se halla libre de culpa./ Falta de culpabilidad./ Sencillez, candor.

inocente. a. y s. Libre de culpa./ Cándido, sin malicia, fácil de ser engañado./ Apl. al niño que no ha llegado al uso de la razón.

inmueble

inocuidad. f. Calidad de inocuo.

inocular. tr./ prl. Comunicar artificialmente una enfermedad contagiosa en el organismo./ fig. Pervertir, contaminar.

inocuo, cua. a. Que no daña./ fig. Que no es eficaz.

inodoro, ra. a. Que no tiene olor./ Apl. a ciertos aparatos que se colocan en los excusados, para impedir el paso de los malos olores. Ú.t.c.s.m.

inofensivo, va. a. Incapaz de ofender./ fig. Que no puede dañar.

inolvidable. a. Que no se puede o no debe olvidarse.

inoperante. a. Ineficaz, inepto.

inopia. f. Indigencia, pobreza.

inopinado, da. a. Que sucede impensadamente; inesperado.

inoportuno, na. a. Fuera de tiempo o de propósito.

inorgánico, ca. a. Sin órganos para ' vida, como los minerales./ fig. Falto de ordenación o correspondencia.

inoxidable. a. Que no puede oxidarse.

inquebrantable. a. Que no puede quebrantarse o permanece sin quebranto.

inquietar. tr./ prl. Quitar la tranquilidad o el sosiego.

inquieto, ta. a. Que no está quieto./ fig. Sin sosiego por una agitación de ánimo.

inquietud. f. Falta de quietud./ Alboroto, conmoción.

inquilinato. m. Alquiler de una casa o parte de ella./ Amér. Casa de vecindad.

inquilino, na. s. Persona que ha tomado una casa o parte de ella en alquiler.

inoxidable

ELEMENTOS Y UTENSILIOS
DE ACERO INOXIDABLE

inquina. f. Mala voluntad, aversión.

inquirir. tr. Indagar o examinar cuidadosamente una cosa; investigar.

inquisición. f. Acción de inquirir./ Tribunal eclesiástico que inquiría y castigaba los delitos contra la fe.

inquisitivo, va. a. Que inquiere y averigua empeñosamente./ Perteneciente a la indagación o averiguación.

insaciable. a. Que tiene apetitos o deseos que no puede saciar.

insalivar. tr. Mezclar en la cavidad bucal los alimentos con la saliva.

insalubre. a. Malsano, que daña la salud.

insalubridad. f. Falta de salubridad.

insania. f. Locura.

insano, na. a. Loco, demente.

insatisfecho, cha. a. No satisfecho.

inscribir. tr. Grabar letreros en piedra, metal, etc./ For. Tomar razón, en algún registro, de las declaraciones o documentos./ Geom. Trazar una figura dentro de otra, de manera que sin confundirse ni cortarse, tengan varios puntos de contacto.// tr./ prl. Apuntar el nombre de una persona entre los de otras para un objeto determinado.

inscripción. f. Acción y efecto de inscribir./ Escrito breve grabado en piedra, metal, etc. para conservar la memoria de una cosa, suceso o persona./ Asiento o anotación en un registro.

inscrito, ta. p. p. irreg. de **inscribir**.

insecticida. a./ m. Que sirve para matar insectos.

insectívoro, ra. a. y s. Que se alimenta de insectos.// m. pl. Orden de los animales que se alimentan principalmente de insectos.

insecto. m. Zool. Animal artrópodo de respiración traqueal, con el cuerpo dividido distintamente en cabeza, tórax y abdomen, tres pares de patas, por lo común uno o dos pares de alas y una cubierta externa de quitina que hace las veces de esqueleto de los vertebrados.// pl. Clase de estos animales.

inseguro, ra. Carente de seguridad.

insensatez. f. Falta de sensatez, necedad./ fig. Acto o dicho insensato.

insensato, ta. a. y s. Tonto, sin sentido, necio.

insensibilidad. f. Falta de sensibilidad./ fig. Falta de sentimientos.

insensibilizar. tr./ prl. Privar de sensibilidad, quitarla.

insensible. a. Que carece de sensibilidad o que no tiene sentido./ Privado de sentido por alguna causa./ fig. Que no tiene sentimiento.

inseparable. a. Que no se puede separar./ Dícese de las cosas difíciles de separar./ Dícese de las personas muy unidas.

insepulto, ta. a. No sepultado.

inserción. f. Acción y efecto de inserir o insertar.

insertar. tr. Incluir una cosa en otra.// prl. Bot. y Zool. Introducirse un órgano en otro, o adherirse a su superficie.

inservible. a. Que no sirve o no está en condiciones de servir.

insidia. f. Asechanza.

insidioso, sa. a. Hecho con asechanzas.// a. y s. Que arma asechanzas./ Malicioso, con apariencias inofensivas.

insigne. a. Célebre, famoso.

insignia. f. Señal o divisa honorífica./ Estandarte o bandera./ Pendón, medalla o imagen de una cofradía o hermandad.

insignificante. a. Escaso, pequeño, insuficiente.

insinceridad. f. Carencia de sinceridad.

insincero, ra. a. Falto de sinceridad./ Simulado.

insectívoro

instantánea

insinuación. f. Acción y efecto de insinuar o insinuarse.

insinuar. tr. Dar a entender una cosa no haciendo más que indicarla ligeramente.// prl. Introducirse con maña en el ánimo de alguien, ganando su afecto.

insipidez. f. Calidad de insípido.

insípido, da. a. Que carece de sabor o no alcanza a tener el que debiera./ fig. Que carece de gracia, espíritu o viveza.

insipiencia. f. Carencia de sabiduría o de juicio.

insistencia. f. Permanencia, reiteración y perseverancia acerca de una cosa.

insistir. i. Instar reiteradamente./ Persistir en una cosa./ Descansar una cosa en otra.

ínsito, ta. a. Propio de una cosa, como nacido de ella.

insociable. a. Intratable, huraño, hosco.

insolación. f. Acción de insolar./ Enfermedad causada por la excesiva exposición a los rayos del sol./ Tiempo que luce el sol sin nubes durante el día.

insolar. tr. Poner al sol una cosa.// prl. Padecer insolación.

insolencia. f. Acción insolente./ Dicho o hecho ofensivo e insultante./ Atrevimiento, descaro, falta de respeto.

insolentar. tr./ prl. Hacer a uno insolente y atrevido.

insolente. a. y s. Que comete insolencias./ Orgulloso, soberbio, desvergonzado.

insólito, ta. a. No común.

insoluble. a. Que no puede disolverse./ Que no se puede resolver.

insolvencia. f. Incapacidad de pagar una deuda.

insolvente. a. y s. Que no tiene con qué pagar las deudas.

insomne. a. Desvelado, que no duerme.

insomnio. m. Vigilia, desvelo./ Dificultad para dormir.

insondable. a. Que no se puede sondear./ fig. Que no se puede averiguar o saber a fondo; secreto, incomprensible.

insonoro, ra. a. Que carece de sonoridad.

insoportable. a. Insufrible, intolerable./ Muy molesto e incómodo.

insoslayable. a. Que no se puede soslayar.

insostenible. a. Que no puede ser sostenido./ fig. Que no se puede defender con razones.

inspección. f. Acción y efecto de inspeccionar./ For. Examen o reconocimiento de una cosa o lugar que hace el juez./ Oficina y cargo de inspector.

inspeccionar. tr. Examinar, reconocer una cosa con atención.

inspector, ra. a. y s. Que examina y reconoce.// s. Empleado que tiene a su cargo la inspección y vigilancia.

inspiración. f. Acción y efecto de inspirar./ fig. Efecto de sentir estímulo interior propicio para la creación artística./ Cosa inspirada.

inspirar. tr. Aspirar./ fig. Infundir o hacer nacer afectos, ideas, designios, etc./ Sugerir ideas para la composición de la obra literaria o artística.// prl. fig. Sentir inspiración.

inspiratorio, ria. a. Rel. a la inspiración respiratoria.

instalación. f. Acción y efecto de instalar o instalarse./ Conjunto de cosas instaladas.

instalar. tr./ prl. Poner en posesión de un empleo, cargo o beneficio./ Colocar.// prl. Establecerse.

instrumentista

instancia. f. Acción y efecto de instar./ Memorial./ For. Cada uno de los grados jurisdiccionales que la ley tiene establecidos para ventilar y sentenciar juicios./ **-a instancia**, o **a instancias de**. frs. adv. A petición de, a ruegos de.

instantáneo, a. a. Que sólo dura un instante.// f. Fotografía que se obtiene instantáneamente.

instante. p. act. de **instar**. Que insta.// m. Segundo./ fig. Tiempo brevísimo.// **-a cada instante**. m. adv. fig. A cada paso, con frecuencia.

instar. tr. Repetir la petición o insistir con ahínco en ella.// i. Urgir la ejecución de una cosa.

instaurar. tr. Establecer, fundar, instituir./ Renovar, restablecer.

instigar. tr. Incitar a que se haga una cosa, inducir.

instilación. f. Acción y efecto de instilar.

instilar. tr. Echar gota a gota un líquido en otra cosa./ fig. Infundir insensiblemente en el ánimo una idea, afecto, etc.

instintivo, va. a. Que es efecto o resultado del instinto.

instinto. m. Estímulo interior que mueve a los animales a una acción dirigida a la conservación o reproducción.

institución. f. Establecimiento de una cosa./ Cosa fundada o establecida./ Organización fundamental de un Estado, nación o sociedad.

instituir. tr. Fundar; establecer, crear algo o darle principio.

instituto. m. Corporación científica, benéfica, literaria, etc./ Edificio en que tiene asiento alguna de dichas corporaciones./

Establecimiento de enseñanza./ Constitución o regla de ciertos cuerpos o colectividades.

institutriz. f. Maestra o persona encargada de la educación o instrucción de uno o más niños, en el hogar doméstico.

instrucción. f. Acción de instruir o instruirse./ Caudal de conocimientos adquiridos./ For. Curso que sigue un proceso o expediente./ Conjunto de reglas para algún fin.// pl. Órdenes que se dictan a jefes del ejército, diplomáticos, etc./ Inform. Expresión que se forma con números y letras que indica la operación que debe realizar y los datos correspondientes, en un computador.

instructivo, va. a. Dícese de lo que instruye o sirve para instruir.

instruido, da. a. Que tiene bastante caudal de conocimientos adquiridos.

instruir. tr. Enseñar./ Comunicar sistemáti-camente conocimientos o doctrinas./ For. Formalizar un proceso o expediente./ Informar del estado de una cosa. Ú.t.c.prl.

instrumental. a. Perteneciente a los instrumentos músicos.// m. Conjunto de instrumentos de una orquesta o de una banda./ Conjunto de instrumentos destinados a un fin.

instrumentar. tr. Arreglar una composición musical para varios instrumentos./ Cir. Preparar, disponer el instrumental.

instrumentista. m. y f. Músico de instrumento./ Persona que fabrica instrumentos musicales, quirúrgicos, etc./ Persona que cuida de los instrumentos quirúrgicos y los proporciona a quien realiza la intervención.

instrumento. m. Conjunto de diversas piezas que sirve para determinado trabajo./ Máquina./ Lo que se utiliza para hacer una cosa./ Escritura, papel o documento con que se prueba o justifica alguna cosa./ Conjunto de piezas que sirve para producir sonidos musicales./ fig. Lo que sirve de medio para conseguir un fin.

insubordinación. f. Falta de subordinación./ Rebelión.

insubordinar. tr. Introducir la insubordinación.// prl. Sublevarse, quebrantar la subordinación.

insubstancial. a. De poca o ninguna substancia.

insuficiencia. f. Falta de suficiencia./ Falta de inteligencia./ Escasez o cortedad de una cosa.

insuficiente. a. No suficiente.

insecto

insuflación. f. Acción y efecto de insuflar.

insuflar. tr. Introducir a soplos un gas, un líquido o una sustancia pulverizada en una cavidad u órgano.

insufrible. a. Que no se puede sufrir./ Muy difícil de sufrir.

ínsula. f. Isla./ fig. Lugar o gobierno pequeño.

insular. a. Isleño. Apl. a personas, Ú.t.c.s.

insulina. f. Hormona segregada por el páncreas que regula la cantidad de glucosa existente en la sangre. Sus preparados farmacéuticos se utilizan en el tratamiento de la diabetes sacarina y otras enfermedades.

insulso, sa. a. Insípido, falto de sabor./ fig. Carente de gracia y viveza.

insultante. p. act. de **insultar**. Que insulta.// a. Apl. a las palabras y hechos con que se insulta.

insultar. tr. Ofender a uno con palabras o acciones.

insulto. m. Acción y efecto de insultar.

insumir. tr. Econ. Invertir dinero./ Amér. Costar.

Figura del insecto con sus partes: ALA SUPERIOR, NOTO, MESO-TÓRAX, META-TÓRAX, PROTO-TÓRAX, OJO, CABEZA, ALA SUPERIOR, ABDOMEN, ALA INFERIOR, 3ER PAR DE PATAS, 2DO PAR DE PATAS, 1ER PAR DE PATAS.

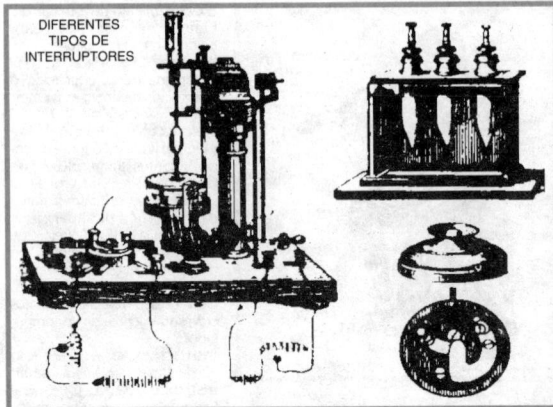

DIFERENTES TIPOS DE INTERRUPTORES

interrupción

intemperie

insumo. m. *Econ.* Bien empleado en la producción de otros bienes.

insuperable. a. No superable.

insurgente. a. y s. Rebelde, sublevado, insurrecto.

insurrección. f. Sublevación de un pueblo, nación, etc. contra un gobierno, autoridad, etc.

insurreccionar. tr. Instigar a la insurrección.// prl. Rebelarse contra las autoridades, sublevarse.

insurrecto, ta. a. y s. Sublevado contra la autoridad pública; rebelde.

insustancial. a. Insubstancial.

insustituible. a. Que no puede ser sustituido; indispensable.

intachable. a. Que no merece tacha./ Perfecto.

intacto, ta. a. No tocado./ Que no ha sufrido deterioro o alteración./ fig. Puro, sin mezcla.

intangible. a. Que no debe o no puede tocarse.

integración. f. Acción y efecto de integrar.

integrante. p. act. de integrar. Que integra./ a. Integral.

integración. f. Acción y efecto de integrar.

integrar. tr./ prl. Dar integridad a una cosa./ Componer un todo con sus partes integrantes./ Reintegrar.

íntegro, gra. a. Que no carece de ninguna de sus partes./ fig. Desinteresado, recto, probo.

intelecto. m. Entendimiento, inteligencia.

intelectual. a. Perteneciente o relativo al entendimiento./ Dedicado al cultivo de las letras o ciencias. Ú.t.c.s.

inteligencia. f. Potencia intelectiva./ Facultad de entender./ Facultad de conocer./ Conocimiento, acto de entender./ Habilidad y experiencia./ Trato o correspondencia secreta de personas o naciones entre sí.

inteligente. a. Dotado de inteligencia./ a. y s. Sabio, instruido.

inteligible. a. Que puede ser entendido./ Que se oye clara y distintamente.

intemperante. a. Falto de temperancia.

intemperie. f. Destemplanza o desigualdad del tiempo atmosférico./ **-a la intemperie.** m. adv. Al raso, a cielo descubierto.

intempestivo, va. a. Inoportuno, fuera de tiempo y sazón.

intención. f. Propósito; determinación de la voluntad hacia un fin./ fig. Instinto dañino de algunos animales./ Advertencia cautelosa.

intencionado, da. a. Que tiene alguna intención. Úsase con los advs. *bien, mal, mejor* y *peor*.

intendencia. f. Dirección y gobierno de una cosa./ Empleo, casa o jurisdicción del intendente.

intendente. m. Jefe superior económico./ *Amér.* Alcalde, jefe de la administración municipal.

intensar. tr./ prl. Hacer que una cosa aumente su intensidad.

intensidad. f. Grado de energía de un agente natural o mecánico, de una cualidad, de una expresión, etc./ Cantidad de electricidad que pasa por una sección de un conductor en la unidad de tiempo./ fig. Vehemencia.

intensificar. tr./ prl. Intensar.

intensivo, va. a. Que intensa.

intenso, sa. a. Que tiene intensidad./ fig. Muy vehemente y vivo.

intentar. tr. Tener intención de hacer una cosa./ Pretender o procurar.

intento, ta. m. Propósito, intención./ Cosa intentada.

interamericano, na. a. Rel. a las relaciones entre países de América.

interandino, na. a. Dícese de las relaciones entre las naciones que están a uno y otro lado de los Andes.

intercalar. tr. Interponer una cosa entre otras.

intercambiable. a. Dícese de cada una de las piezas similares pertenecientes a objetos iguales, que pueden cambiarse entre sí.

intercambiar. tr. Cambiar mutuamente proyectos, informes, etc.

intercambio. m. Cambio recíproco de servicios, personas o cosas entre corporaciones o países.

interceder. i. Rogar o mediar por otro para librarse de un mal.

interceptar. tr. Impedir que una cosa llegue al lugar o a la persona a que se destina.

intercesión. f. Acción y efecto de interceder.

intercomunicación. f. Comunicación recíproca./ Comunicación telefónica entre las distintas dependencias de un edificio, recinto, etc.

intercontinental. a. Que llega de un continente a otro, o está entre ellos.

intercostal. a. Que está entre las costillas.

interdependencia. f. Dependencia recíproca.

interdicción. f. Acción y efecto de interdecir.

interés. m. Provecho, utilidad./ Beneficio producido por el capital./ Inclinación del ánimo hacia un objeto o persona./ pl. Bienes de fortuna./ Conveniencia o necesidad de carácter colectivo.

interesado, da. a. y s. Que tiene interés en una cosa./ Que se deja llevar o dominar por el interés.

interesante. a. Que interesa.

interesar. i./ prl. Tener interés.// tr. Dar parte a uno en una negociación en que pueda tener utilidad o interés./ Hacer tomar parte en los negocios o intereses ajenos./ Atraer la atención con lo que se dice o escribe./ Inspirar interés o afecto.

interestelar. a. Apl. al espacio comprendido entre dos o más astros.

interferencia. f. Acción y efecto de interferir.

interferir. tr./ prl. Cruzar, interponer algo en el camino de una cosa./ tr./ i. *Fís.* Causar interferencia.

ínterin. adv. t. Entretanto, mientras.

interinato. m. Empleo o cargo interino.

interino, na. a. y s. Que sirve por algún tiempo supliendo la falta de una persona o cosa.

interior. a. Que está en la parte de adentro./ Dícese de la habitación sin vista a la calle./ fig. Que solamente se siente en el alma./ fig. Perteneciente a la nación, en contraposición con lo extranjero.// m. Parte interior de una cosa./ Parte central no costera o fronteriza, de un país.

interior

interioridad. f. Calidad de interior.// pl. Asuntos o hechos privativos de las personas, familias o corporaciones.

interiorizar. tr./ prl. *Amér.* Informar detalladamente, enterar.

interjección. f. *Gram.* Voz que expresa alguna impresión súbita, como sorpresa, dolor, asombro, etc.

interlocutor, ra. s. Cada una de las personas que toman parte en un diálogo.

interludio. m. Composición breve que se ejecuta a modo de intermedio en la música instrumental.

intermediar. i. Mediar, estar una cosa en medio de otras.

intermediario, ria. a. y s. Que media entre dos o más personas, especialmente, entre el productor y el consumidor.

intermedio, dia. a. Que está en medio de los extremos de lugar o tiempo.// m. Espacio o intervalo entre dos tiempos o acciones./ Música, baile, etc., que se ejecuta entre los actos de una pieza teatral o en los intervalos de una función cinematográfica.

interminable. a. Que no tiene fin o término.

intermisión. f. Interrupción temporaria de una labor u otra cosa.

intermitencia. f. Calidad de intermitente.

intermitente. a. Que se interrumpe y prosigue o se repite./ Que obra por intervalos.

intermuscular. a. Que está situado entre los músculos.

internación. f. Acción y efecto de internar o internarse.

internacional. a. Rel. a dos o más naciones.

internado, da. p. p. de **internar.**// m. Estado del alumno interno./ Conjunto de estos alumnos./ *Arg.* Colegio de alumnos internos.

internar. tr. Conducir tierra adentro o una persona o cosa.// prl. Avanzar hacia adentro, por tierra o por mar.// i. Penetrar.

interno, na. a. Interior./ Apl. al alumno que vive dentro de un establecimiento de enseñanza. Ú.t.c.s.

interoceánico, ca. a. Que comunica dos océanos./ Que está entre los océanos.

interpelar. tr. Pedir auxilio o protección./ En el régimen parlamentario, usar un diputado o senador de la palabra, para iniciar o plantear una discusión ajena a los proyectos de ley y a las proposiciones./ Compeler a alguien a que dé explicaciones sobre un hecho.

interplanetario, ria. a. Dícese del espacio entre dos o más planetas.

interpolar. tr. Poner entre otras una cosa; intercalar./ Introducir palabras o frases en el texto de un manuscrito antiguo o en escritos u obras ajenas./ Interrumpir brevemente la continuación de una cosa.

interponer. tr. Poner una cosa entre otras./ Formalizar algún recurso legal mediante un pedimento.// tr./ prl. fig. Poner intercesor.

interposición. f. Acción y efecto de interponer o interponerse.

interpretar. tr. Explicar el sentido de una cosa./ Traducir de una lengua a otra./ Entender, o tomar en buen o mal sentido, una acción o palabra.

intérprete. m. y f. Persona que interpreta./ Persona que traduce de una lengua a otra./ Actor que representa un papel.

interpuesto, ta. p. p. irreg. de **interponer.**

interrogación. f. Pregunta./ Signo ortográfico (¿?) que se pone al principio y fin de palabra o frase interrogativa.

interrogante. p. act. de **interrogar.** Que interroga. Ú.t.c.s./ amb. Pregunta./ Problema no aclarado, incógnita, cuestión dudosa.

interrogar. tr. Preguntar.

interrogativo, va. a. *Gram.* Que implica o denota interrogación.

interrogatorio. m. Serie de preguntas, generalmente formuladas por escrito./ Documento en que están contenidas./ Acto de dirigirlas a quien debe contestarlas.

interrumpir. tr. Impedir la continuación de una cosa./ Suspender temporalmente.

interrupción. f. Acción y efecto de interrumpir.

interruptor, ra. a. Que interrumpe./ m. Elemento básico de un circuito que abre o cierra el paso de corriente eléctrica.

intersección. f. *Geom.* Punto común a dos líneas que se cortan./ *Geom.* Encuentro de dos líneas, dos superficies o dos sólidos que se cortan recíprocamente.

intersticio. m. Espacio pequeño entre dos cuerpos o entre dos partes de un mismo cuerpo./ Intervalo.

intertropical. a. Rel. a los países que están entre los dos trópicos, y a sus habitantes.

interurbano, na. a. Apl. a los servicios de comunicación establecidas entre distintos barrios de una misma ciudad.

intervalo. m. Distancia entre dos lugares o tiempo entre dos períodos./ *Mús.* Diferencia de tono entre los sonidos de dos notas musicales.

intervención. f. Acción y efecto de intervenir./ Oficina del interventor./ Operación quirúrgica.

interesante

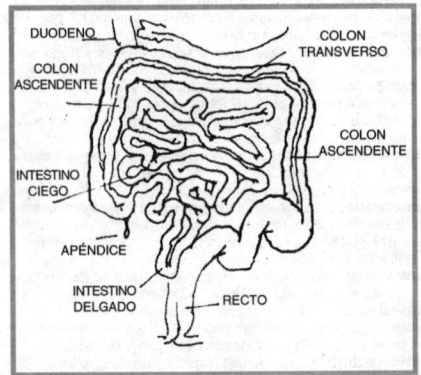

DUODENO

COLON
ASCENDENTE

COLON
TRANSVERSO

COLON
ASCENDENTE

INTESTINO
CIEGO

APÉNDICE

INTESTINO
DELGADO

RECTO

intestino

intervenir. i. Participar en un asunto./ Interponer alguien su autoridad./ Mediar.// tr. Examinar y censurar cuentas con autoridad suficiente./ Dirigir temporalmente una o varias potencias algunos asuntos interiores de otra./ *Cir.* Operar.

intestinal. a. Perteneciente a los intestinos.

intestino, na. a. Interno, interior.// m. Conducto membranoso, muscular, que se halla plegado en muchas vueltas en la cavidad abdominal y sirve principalmente para terminar la digestión y absorber los alimentos.

intimación. f. Acción y efecto de intimar.

intimar. tr. Hacer saber una cosa con autoridad.// prl. Introducirse en el afecto de uno. Ú.t.c.i.

intimidad. f. Amistad íntima./ Parte muy personal, generalmente reservada, de los asuntos o afectos de una persona o familia.

intimidar. tr./ prl. Causar miedo, infundirlo.

íntimo, ma. a. Más interior./ Apl. al amigo de confianza y a la amistad muy estrecha.

intitular. tr. Poner título a un libro u otro escrito.// tr./ prl. Dar a una persona o cosa un título particular.

intocable. a. y s. Intangible, que no se puede tocar.

intolerable. a. Que no se puede tolerar.

intolerante. a. y s. Falto de tolerancia.

intoxicación. f. Acción y efecto de intoxicar o intoxicarse.

intoxicar. tr./ prl. Envenenar.

intracelular. a. *Biol.* Que está u ocurre dentro de la célula.

intramuscular. a. Que está o se pone dentro de los músculos.

intranquilidad. f. Desasosiego, falta de tranquilidad.

intranquilizar. tr. Quitar la tranquilidad, desasosegar.

intranquilo, la. a. Que carece de tranquilidad.

intransferible. a. Que no puede transferirse.

intransigente. a. Que no transige./ Que no hace concesiones.

intransitable. a. Apl. al lugar por donde no se puede o es muy difícil transitar.

intrascendente. a. Que no es trascendente, insignificante.

intratabilidad. f. Calidad o condición de intratable.

intratable. a. Que no puede tratarse./ fig. De genio áspero, insociable.

intravenoso, sa. a. Que se pone o está dentro de una vena.

intrepidez. f. Arrojo, valor./ fig. Osadía, temeridad, irreflexión.

intrépido, da. a. Valeroso, que no teme a los peligros./ fig. Osado, que obra o habla sin reflexión.

intriga. f. Acción que se ejecuta con astucia y ocultamente, para conseguir un fin./ Enredo, embrollo.

intrigar. i. Usar de intrigas.// tr. Inspirar curiosidad una cosa, inquietar.

intrincado, da. p. p. de **intrincar**.// a. Enredado, complicado, confuso.

intrincar. tr. Enredar, enmarañar una cosa. Ú.t.c. prl./ fig. Confundir u oscurecer los pensamientos o ideas.

intrínseco, ca. a. Íntimo, propio de sí, esencial.

introducción. f. Acción y efecto de introducir o introducirse./ Preparación, disposición para llegar a un fin./ Principio de una obra literaria/ Exordio, preámbulo./ Parte inicial de una obra musical./ Parte inicial.

introducir. tr./ prl. Dar entrada en un lugar./ Hacer que uno sea recibido en un lugar./ fig. Ocasionar.// prl. Meterse uno en lo que no le corresponde.

introito. m. Principio de un escrito o de una oración./ Lo primero que dice el sacerdote en el altar al dar principio a la misa.

intromisión. f. Acción y efecto de entrometer o entrometerse.

introversión. f. Actitud psicológica por la que se presta mayor importancia a la vida interior que a la realidad externa.

introvertido, da. a. Rel. a la introversión.// a. y s. Dado a la introversión.

intrusión. f. Acción de introducirse sin derecho en un sitio, dignidad, empleo, etc.

intruso, sa. a. y s. Que se ha introducido sin derecho./ Detentador de alguna cosa alcanzada por intrusión.

intuición. f. *Fil.* Modo de conocimiento en que el objeto es captado clara, íntima e instantáneamente por el entendimiento, sin necesidad de razonamiento./ fam. Facilidad de conocer las cosas a primera vista o de darse cuenta de ellas cuando aún no son patentes para todos./ *Teol.* Visión beatífica.

intuir. tr. Percibir clara e instantáneamente una verdad o idea sin el proceso del razonamiento.

inundación. f. Acción y efecto de inundar o inundarse./ fig. Multitud, abundancia excesiva de una cosa.

inundar. tr./ prl. Cubrir el agua u otro líquido un lugar./ fig. Llenar con exceso.

inusitado, da. a. No usado, raro.

inútil. a. No útil.

inutilizar. tr./ prl. Hacer inútil o inservible una cosa.

invadir. tr. Acometer, entrar por fuerza en algún sitio./ fig. Entrar sin derecho o justificación en funciones ajenas.

invalidar. tr. Declarar inválida o hacer nula una cosa.

invalidez. f. Calidad de inválido.

inundación

inválido, da. a. y s. Que no tiene fuerza ni vigor./ fig. Nulo./ Dícese de la persona que adolece de un defecto físico o mental.

invalorable. a. Que no se puede valorar.

invariable. a. Que no sufre o no puede sufrir variación.

invasión. f. Acción y efecto de invadir./ Difusión rápida de microbios patógenos en un organismo./ Irrupción de una fuerza militar en un país./ Por extensión, ocupación general de un lugar.

invasor, ra. a. y s. Que invade.

invectiva. f. Discurso o escrito violento o mordaz contra personas o cosas.

invencible. a. Que no puede ser vencido.

invención. f. Acción y efecto de inventar./ Cosa inventada./ Hallazgo./ Ficción, engaño./ *Ret.* Elección y disposición adecuada de los argumentos del discurso.

inventar. tr. Hallar o descubrir una cosa nueva o no conocida./ Crear, imaginar el artista su obra./ Fingir hechos falsos.

inventario. m. Asiento de los bienes y demás cosas pertenecientes a una persona o comunidad./ Documento en que se expresan dichos bienes.

inventivo, va. a. Que posee facultad y disposición para inventar./ Dícese de las cosas inventadas.// f. Facultad, disposición para inventar.

inventor, ra. a. y s. Que inventa.

inverecundo, da. a. y s. Que no tiene vergüenza.

invernación. f. Hibernación.

invernáculo. m. Lugar cubierto y abrigado artificialmente para cultivar las plantas protegiéndolas del frío.

invernada. f. Estación de invierno./ *Amér.* Invernadero para el ganado./ Campo para el engorde del ganado./ Este ganado y tiempo que permanece en dicho campo.

invernadero. m. Sitio a propósito para pasar el invierno, y destinado a este fin./ Paraje destinado para que pasen los ganados en dicha estación./ Lugar protegido donde se cultivan plantas en condiciones ambientales adecuadas.

invernar. i. Pasar el invierno en un lugar./ Ser tiempo de invierno./ *Arg.* y *Bol.* Pasar el ganado en invernadas.

inverosímil. a. No verosímil./ Que no tiene apariencia de verdad.

inversionista. a. y s. Persona que hace inversiones de capital.

inverso, sa. p. p. irreg. de **invertir.**// a. Alterado, trastornado.// **-a,** o **por, la inversa.** m. adv. Al contrario.

invertebrado, da. a./m. *Zool.* Dícese de los animales sin columna vertebral.

invertir. tr. Alterar las cosas o su orden natural./ Emplear los caudales en aplicaciones productivas./ Ocupar el tiempo de una u otra manera./ *Mat.* En una proporción, cambiar los lugares que ocupan respectivamente los dos términos de cada razón.

investidura. f. Acción y efecto de investir./ Carácter que se adquiere con ciertos empleos o dignidades.

investigar. tr. Hacer diligencias para descubrir o averiguar una cosa./ Realizar actividades intelectuales y experimentales de un modo sistemático con el propósito de aumentar los conocimientos sobre una determinada materia.

investir. tr. Conferir una dignidad o cargo.

intrépido

inveterado, da. a. Antiguo, arraigado.

invicto, ta. a. No vencido; siempre triunfante.

invierno. m. Estación del año, que comienza en el solsticio del mismo nombre y finaliza en el equinoccio de primavera./ Época más fría del año, que en el hemisferio austral comprende desde el 21 de junio hasta el 21 de septiembre, y en el septentrional, del 21 de diciembre hasta el 21 de marzo.

inviolable. a. Que no se debe o no se puede violar./ Que goza de la prerrogativa de inviolabilidad.

inviolado, da. a. Que se conserva en toda su pureza e integridad.

invisible. a. Que no puede ser visto.

invitación. f. Acción y efecto de invitar./ Tarjeta o cédula con que se invita.

invitar. tr. Convidar./ Incitar.

invocación. f. Acción y efecto de invocar.

invocar. tr. Llamar a otro en auxilio./ Acogerse, alegar una razón, ley o costumbre.

involucrar. tr. Incluir cuestiones o asuntos extraños al principal objeto en los discursos o escritos./ Abarcar, comprender.// tr./ pr. Complicar a alguien en un asunto.

involuntario, ria. a. No voluntario, o no intencionado.

invulnerable. a. Que no puede ser herido.

inyección. f. Acción y efecto de inyectar./ Sustancia que se inyecta mediante una aguja hueca, en los tejidos y venas.

inyectable. a./ m. Dícese de la sustancia o medicamento propios para ser usados en inyecciones.

inyectar. tr. Introducir a presión un gas, un líquido o sustancia fluida, en el interior de un cuerpo o cavidad.

iodo. m. *Quím.* Yodo.

ión. m. *Electr.* Átomo o grupo de átomos con una carga eléctrica, positiva o negativa./ *Quím.* Radical de uno o dos átomos, que al disolverse las sustancias se disocia de éstas y da a las soluciones el carácter de la conductividad eléctrica.

ir. i./ prl. Moverse de un lugar hacia otro.// i. Venir./ Caminar de acá para allá./ Distinguirse una persona o cosa de otra./ Úsase para indicar hacia dónde se dirige un camino./ Extenderse una cosa, comprender desde un punto a otro.// prl. Morirse o estarse muriendo./ Deslizarse, perder el equilibrio./ Gastarse o perderse una cosa.

ira. f. Pasión del alma que mueve a indignación y enojo./ fig. Furia o violencia de los elementos.

iracundia. f. Propensión a la ira./ Cólera, enojo.

iracundo, da. a. y s. Propenso a la ira.

iraní. a. y s. Del moderno estado de Irán.

iranio, nia. a. y s. Del antiguo Irán.

irascible. a. Fácil de irritarse.

iridio. m. Metal blanco, amarillento, quebradizo, algo más pesado que el oro. Símb. Ir.; p. at., 193,10; n. at., 77.

invertebrados

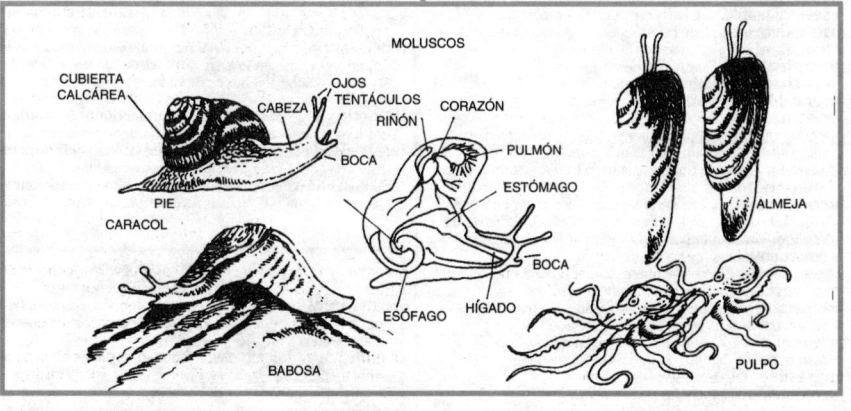

MOLUSCOS

CUBIERTA CALCÁREA

CABEZA

OJOS
TENTÁCULOS

CORAZÓN

RIÑÓN

BOCA

PULMÓN

ESTÓMAGO

PIE

CARACOL

BOCA

ALMEJA

ESÓFAGO

HÍGADO

BABOSA

PULPO

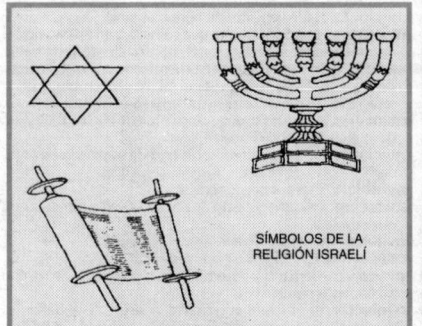

SÍMBOLOS DE LA
RELIGIÓN ISRAELÍ

israelí

iridiscente. a. Que presenta o refleja los colores del iris.

iris. m. Arco de colores que se forma en las nubes cuando el Sol refracta y refleja su luz en la lluvia. También se observa este arco en las pulverizaciones de agua heridas por el sol en determinadas posiciones./ Disco membranoso del ojo de color vario en cuyo centro está la pupila.

irisar. i. Presentar un cuerpo reflejos de luz con todos o algunos de los colores del arco iris.

irlandés, sa. a. y s. De Irlanda.// m. Lengua de los irlandeses.

ironía. f. Burla fina y disimulada./ Figura retórica por la que se da a entender lo contrario de lo que se dice.

irónico, ca. a. Que implica ironía, o rel. a ella.

irracional. a. y s. Que carece de razón./ Opuesto a la razón./ *Mat.* Apl. a las raíces o cantidades radicales que no pueden expresarse exactamente con números enteros ni fraccionarios.

irradiar. tr. Despedir un cuerpo rayos de luz, calor u otra energía en todas direcciones./ Someter un cuerpo a la acción de rayos.

irrazonable. a. No razonable.

irreal. a. Que no es real./ Carente de realidad.

irrealidad. f. Condición de lo que no es real.

irrealizable. a. Que no se puede realizar.

irreconciliable. a. Apl. al que no quiere volver a la amistad con otro.

irrecuperable. a. Que no se puede recuperar.

irrecusable. a. Que no se puede recusar.

irredento, ta. a. Sin redimir./ Dícese en especial del territorio que una nación pretende anexarse por razones de raza, historia o idioma.

irreductible. a. Que no se puede reducir.

irreemplazable. a. Que no se puede reemplazar.

irreflexivo, va. a. Que no reflexiona./ Que se dice o se hace sin reflexionar.

irreformable. a. Que no se puede reformar.

irrefrenable. a. Que no se puede refrenar.

irrefutable. a. Que no se puede refutar.

irregular. a. Contrario a la regla; fuera de ella./ Que no sucede comúnmente./ Raro, infrecuente./ *Geom.* Apl. al polígono y al poliedro que no son regulares./ *Gram.* Dícese de la palabra derivada o formada de otra, que se aparta en su formación de las reglas seguidas por las de su clase.

irregularidad. f. Calidad de irregular./ fig. y fam. Malversación, estafa, etc., en la administración pública o privada.

irrelevante. a. Sin importancia o significación.

irremediable. a. Que no puede remediarse.

irremisible. a. Que no se puede remitir o perdonar.

irrenunciable. a. Que no se puede renunciar.

irreparable. a. Que no se puede reparar.

irreprensible. a. Que no merece represión.

irreprimible. a. Que no se puede reprimir.

irreprochable. a. Que no puede ser reprochado.

irresistible. a. Que no se puede resistir.

irresolución. f. Carencia de resolución.

irrespetuosidad. f. Calidad de irrespetuoso.

irrespetuoso, sa. a. No respetuoso.

irrespirable. a. Que no puede o no debe respirarse./ Que difícilmente puede respirarse.

irresponsable. a. y s. Díc. de la persona a quien no se puede exigir responsabilidad.

irreverencia. f. Falta de reverencia./ Dicho o acto irreverente.

irrevocable. a. Que no se puede revocar.

irrigador. m. *Med.* Instrumento propio para irrigar.

irrigar. tr. Rociar con una sustancia líquida alguna parte del cuerpo u otra cosa./ Llevar la sangre a los tejidos a través de los vasos./ Regar un terreno.

irrisión. f. Burla, a costa de alguién o algo, con que se provoca a risa.

irrisorio, ria. a. Que provoca risa y burla.

irritable. a. Capaz de irritación o irritabilidad./ Que se puede anular o invalidar.

irritación. f. Acción y efecto de irritar o irritarse.

irritar. tr./ prl. Hacer sentir ira./ Excitar otros afectos o inclinaciones naturales./ *Med.* Producir excitación morbosa en un órgano o parte del cuerpo.

irrompible. a. Que no se puede romper.

irrumpir. i. Entrar violentamente en un lugar.

irrupción. f. Acontecimiento impetuoso e inesperado./ Invasión, entrada impetuosa en un lugar.

isla. f. Porción de tierra rodeada de agua por todas partes./ fig. Conjunto de árboles o monte de escasa extensión, aislado, que no esté junto a un río.

islamismo. m. Conjunto de dogmas y preceptos morales que constituyen la religión que predicó Mahoma.

islamita. a. y s. Que profesa el islamismo.

islandés, sa. a. De Islandia.// m. Idioma hablado en Islandia.

isleño, ña. a. y s. Natural de una isla./ Perteneciente a una isla.

islote. m. Isla pequeña y sin habitantes./ Peñasco muy grande, rodeado de mar.

isoca. f. *Arg.* y *Par.* Larva de mariposa que invade y devora los cultivos.

isósceles. a. Dícese de los triángulos que tienen solamente dos de sus ángulos iguales.

israelí. a. y s. Del Estado de Israel.

israelita. a. Hebreo. Ú.t.c.s./ Del antiguo reino de Israel. Ú.t.c.s./ Perteneciente a este reino.

ístmico, ca. a. Rel. a un istmo.

istmo. m. *Geog.* Lengua de tierra que une dos continentes o una península con un continente./ **-de las fauces.** *Zool.* Abertura entre la cavidad de la boca y la faringe, limitada por el velo del paladar, los pilares y la base de la lengua./ **-del encéfalo.** *Zool.* Parte del encéfalo, donde se unen el cerebro y el cerebelo.

italiano, na. a. y s. De Italia./ m. Lengua italiana.

ítem. adv. lat. que se usa para distinguir capítulos en una escritura u otro documento, y también por señal de adición.// m. Cada uno de dichos artículos o capítulos./ fig. Aditamento, añadidura.

itinerario, ria. a. Perteneciente a caminos.// m. Descripción de un camino, expresando los lugares por donde se ha de pasar.

izar. tr. Hacer subir alguna cosa tirando de la cuerda de que está colgada.

izquierdista. a. Perteneciente a las tendencias o doctrinas políticas de izquierda.// m. y f. Partidario de ellas.

izquierdo, da. a. Dícese de lo que cae o mira hacia la mano izquierda./ Zurdo./ fig. Torcido, no recto.// f. Mano izquierda./ Conjunto de partidos políticos que procuran cambios en la estructura de un país, sustentando las teorías más radicales.

isla

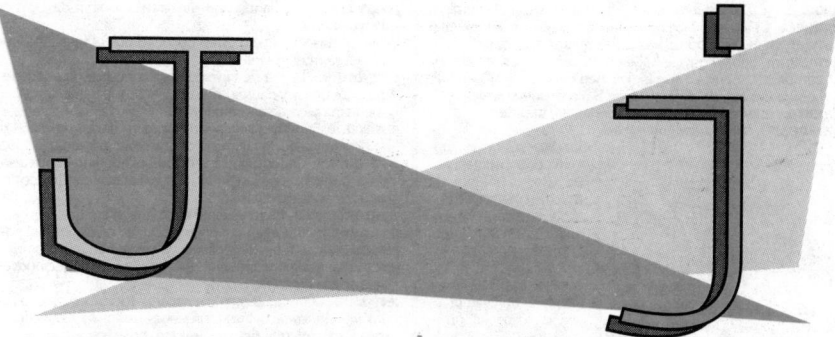

j. f. Undécima letra del abecedario castellano, y octava de sus consonantes. Su nombre es *jota.*

¡ja, ja, ja! interj. con que se denota la risa.

jabalí. m. Mamífero paquidermo, variedad salvaje del cerdo, de cabeza aguda, orejas siempre rígidas, colmillos grandes y salientes y pelaje gris.

jabalina. f. Hembra del jabalí./ Arma arrojadiza, a modo de venablo, que se usaba en la caza mayor./ Vara de madera, de una longitud mínima de 2,60 m, terminada en una punta de hierro, que se lanza en los ejercicios atléticos.

jabato. m. Cachorro del jabalí.

jabí. m Árbol leguminoso de la América intertropical, de madera muy dura, rojiza y compacta.

jabillo. m. Árbol de la América tropical, muy alto y ramoso. Con su madera, blanda y muy fibrosa, se hacen canoas.

jabón. m. Sustancia pastosa que se obtiene por combinación de los ácidos grasos con un álcali, que se usa para lavar./ Pastilla o pan de esta pasta./ *Amér.* Susto, miedo.

jabonadura. f. Acción y efecto de jabonar.// pl. Agua mezclada con el jabón y su espuma./ Espuma formada al jabonar.

jabonar. tr. Fregar con jabón y agua la ropa u otras cosas, para lavarlas./ Humedecer la barba con agua jabonosa para afeitarla.

jabonera. i. Recipiente para colocar el jabón.

jabonoso, sa. a. De jabón o que tiene su naturaleza.

jaca. f. Caballo de poca alzada.

jácara. f. Romance festivo./ Cierta música./ Especie de danza./ Reunión de gente alegre que de noche mete ruido y canta por las calles./ fig. Molestia.

jacarandá. m. Árbol americano de flores azules, frondoso ramaje y alta altura. Su madera es muy apreciada en tornería.

jacarandoso, sa. a. fam. Alegre, gracioso.

jacinto. m. Planta anual liliácea, de hermosas flores olorosas./ Flor de dicha planta.

jacobino, na. a. y s. Apl. a uno de los partidos más demagógicos y sanguinarios que había en Francia en tiempo de la Revolución y a sus integrantes./ Por ext. apl. al partidario de la revolución violenta y sanguinaria.

jactancia. f. Alabanza presuntuosa que hace alguien de sí mismo.

jactancioso, sa. a. y s. Que se jacta.

jactarse. prl. Alabarse uno presuntuosamente de sus méritos o de los que se atribuye.

jaculatorio, ria. a. Breve y fervoroso.// f. Oración breve y ferviente.

jade. f. Piedra semipreciosa muy dura, de aspecto jabonoso, blanquecina o verdosa con manchas rojizas o moradas.

jadeante. p. act. de jadear. Que jadea.

jadear. i. Respirar anhelosamente a causa del cansancio por un trabajo o ejercicio violento.

jadeo. m. Acción de jadear.

jaez. m. Cualquier adorno puesto a las caballerías. Ú.m. en pl.

jaguar. m. *Amér.* Yaguar.

jaguareté. m. *Amér.* Yaguareté.

jagüel. m. *Amér.* Jagüey.

jagüey. m. Bejuco moráceo de Cuba./ *Amér.* Pozo o zanja lleno de agua.

jalado, da. a. *Amér.* Ebrio./ *Amér.* Galante, obsequioso.// f. *Amér.* Reprimenda.

jalapa. f. Raíz de una planta americana. Se usa como purgante enérgico. Es blanca por fuera y negruzca por dentro.

jalar. tr. fam. Halar./ Tirar, atraer.

jalea. f. Conserva transparente, hecha de zumo de frutas./ Medicamento muy azucarado y de consistencia gelatinosa.

jalear. tr. En la caza, llamar a los perros./ Animar a los que bailan, cantan, etc., con expresiones, palmas, etc.

jaleo. m. Acción y efecto de jalear./ Baile popular andaluz./ fam. Jarana, fiesta bulliciosa./ Pendencia, reyerta.

jalifa. m. En Marruecos, lugarteniente o delegado del sultán.

jalón. m. Vara o estaca con regatón de hierro, que se clava en tierra como señal en las alineaciones y mediciones de terrenos./ *Amér.* Tirón./ Distancia, trecho./ fig. Etapa o punto de referencia en la vida de alguien o en el desarrollo de algo.

jalonar. tr. Clavar jalones para señalar una medición./ fig. Avanzar en determinado proceso o evolución, marcando etapas o situaciones.

jamaicano, na. a. y s. De Jamaica.

jamaiquino, na. a. y s. De Jamaica.

jamás. adv. Nunca.

jamba. f. *Arq.* Cualquiera de las dos piezas verticales que, en puertas y ventanas, sostienen el dintel o el arco de éstas.

jamelgo. m. fam. Caballo flaco y desgarbado por hambriento.

jamón. m. Carne curada de la pierna del cerdo.

jangada. f. fam. Salida necia y fuera de tiempo./ Balsa o armadía de troncos unidos entre sí.

japonés, sa. a. y s. Del Japón.// m. Idioma japonés.

jaque. m. Jugada de ajedrez en que el rey o la reina de un jugador están amenazados por alguna pieza del otro./ Palabra con que se avisa esa situación./ **-mate.** En el ajedrez, mate.

jabalí

jaquear. tr. Dar jaque en el ajedrez./ fig. Hostigar al enemigo.
jaqueca. f. Dolor de cabeza que ataca gmente. un lado de ella.
jaquetón. m. Tiburón de hasta diez metros de largo.
jarabe. m. Bebida que se hace con azúcar cocida en agua y zumos refrescantes o sustancias medicinales./ fig. Cualquier bebida demasiado dulce./ *Amér.* Baile popular mexicano.
jarana. f. Diversión bulliciosa./ Pendencia, tumulto.
jaranear. i. fam. Andar en jaranas.

jarcia. f. Carga de muchas cosas distintas para un uso./ Conjunto de muchas cosas diversas o desordenadas./ Cabos y aparejos de un barco. Ú.m. en pl./ Aparejos para pescar.
jardín. m. Terreno en donde se cultivan plantas, en especial ornamentales./En los buques, retrete./ **-botánico.** Terreno donde se cultivan plantas para el estudio o el conocimiento de la botánica./ **-de infantes.** *Amér.* Establecimiento para la educación de niños de edad pre-escolar./**-zoológico.** Lugar en donde se mantienen en condiciones adecuadas, para su exhibición pública, animales de diversas especies.

jarrón

jardinera. f. Mueble para colocar macetas con plantas de adorno o las mismas plantas./ Coche ligero, de cuatro ruedas y cuatro asientos.
jardinería. f. Arte de cultivar los jardines.
jardinero, ra. s. Persona que por oficio cuida y cultiva un jardín.
jareta. f. Dobladillo hecho de modo que pueda pasarse por dentro una cinta, cordón, etc./ *Mar.* Cabo para asegurar y sujetar los palos, que se amarra y tensa de obenque a obenque.
jarocho, cha. a. y s. *Amér.* De Veracruz, ciudad mexicana.
jarra. f. Vasija de cuello y boca anchas y una o dos asas.
jarrete. m. Corva de la rodilla./Corvejón de la pierna./Parte alta y carnuda de la pantorrilla hacia la corva.
jarretera. f. Liga con hebilla, para atar la media o el calzón por el jarrete.
jarro. m. Vasija a manera de jarra y con una sola asa.
jarrón. m. Pieza arquitectónica en forma de jarro./ Vaso grande de adorno, labrado artísticamente.
jaspe. m. Piedra silícea, dura y opaca intensamente coloreada./ Mármol veteado.
jaspeado, da. a. Veteado como el jaspe.
jaspear. tr. Pintar imitando las vetas y salpicaduras del jaspe.
jaula. f. Caja hecha con listones o enrejados de alambre, mimbre, etc., y dispuesta para encerrar animales./ Encierro hecho con enrejados de hierro o de madera./ Embalaje de madera formado con tablas o listones./ *Amér.* Vagón para el transporte de ganado por ferrocarril.
jauría. f. Conjunto de perros que cazan dirigidos por un perrero.
javanés, sa. a. y s. De Java.// m. Idioma de los javaneses.
jazmín. m. Arbusto oleáceo originario de Persia, de flores blancas y olorosas, reunidas en cimas y tallos algo trepadores./ Flor de este arbusto.
¡je, je, je! interj. con que se representa la risa.
jeep. m. (voz ingl.) Vehículo automotor de gran potencia, construido en EE.UU. durante la Segunda Guerra Mundial. Es apropiado como transporte para todo tipo de camino.
jefatura. f. Dignidad o cargo de jefe./ Puesto de policía bajo las órdenes de un jefe.
jefe. m. Superior de un cuerpo u oficio./ Adalid./ Cabeza o presidente de una corporación o partido.

Jehová. m. Castellanización de Yahvé, nombre de Dios en lengua hebrea.
jején. m. Insecto díptero, más pequeño que el mosquito y de picadura muy irritante.
jengibre. m. Planta de la India, de flores en espiga y corola purpúrea, cuyo rizoma, de sabor acre y picante se usa en medicina y como condimento.
jerarca. m. Superior y principal en la jerarquía de la Iglesia./ Por ext., persona que goza de autoridad en un partido o facción.
jerarquía. f. Orden entre los coros angélicos y los diversos grados diversos de la Iglesia./ Por ext., órdenes y grados de otras personas y cosas.
jerárquico, ca. Perteneciente o rel. a la jerarquía.
jerarquizar. tr. Organizar alguna cosa de modo jerárquico.
jeremías. m. y f. fig. Persona que se queja continuamente.
jerez. m. fig. Vino blanco y de fina calidad, que se elabora en Jerez de la Frontera (España).
jerga. f. Tela tosca./ Jergón./ Lenguaje especial empleado por los individuos de ciertas profesiones y oficios./ Jerigoza.
jergón. m. Colchón de paja, esparto, hojas, etc., sin bastas.
jerigonza. fig. y fam. Lenguaje de mal gusto, difícil de entender./ Jerga, lenguaje especial.
jeringa. f. Instrumento que sirve para inyectar ciertos líquidos. Está compuesto de un tubo que termina en su parte anterior en un cañoncito delgado, dentro del cual juega un émbolo.
jeringar. tr. Arrojar o inyectar un líquido por medio de la jeringa.// tr./ prl. fig. y fam. Molestar.
jeringuilla. f. Arbusto de hojas aovadas, en punta lampiñas, y flores en racimo, blancas y olorosas./ Flor de este arbusto.
jeroglífico, ca. a. Aplícase a la escritura en que no se representan las palabras con signos fonéticos, sino el significado de las palabras con figuras o símbolos. Usaron este género de escritura los egipcios y los mayas, entre otros pueblos.// Figura usada en esta escritura.
jerosolimitano, na. a. y s. De Jerusalén.
jersey. m. Prenda de vestir de punto, que se ajusta al cuerpo y cubre de los hombros a la cintura.
Jesucristo. m. Jesús.
jesuita. a. y s. Dícese del religioso de la Compañía de Jesús, fundada por San Ignacio de Loyola en 1534.
jesuítico, ca. a. Perteneciente a la Compañía de Jesús.
Jesús. m. Nombre que se da a la segunda persona de la Santísima Trinidad, el Hijo de Dios, hecho hombre.
jeta. f. Boca saliente./ Cara, rostro./ Hocico del cerdo.
jíbaro, ra. a. y s. Apl. al individuo de ciertas tribus indígenas nómadas del Alto Marañón, entre Manseriche y el río Pastaza. Se los ha llamado cazadores de cabezas, por su costumbre de preparar como trofeo la cabeza de sus enemigos, reduciéndolas al tamaño de un puño./ fig. Campesino, silvestre, rústico.
jibia. f. Molusco cefalópodo comestible de cuerpo oval y diez tentáculos con la concha incluida en el tegumento, similar al calamar.

jirafa

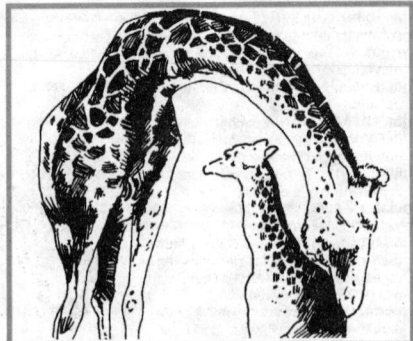

jícara. f. Taza pequeña de loza./ *Amér.* Vasija pequeña de madera, hecha de la corteza de la güira./ Vasija pequeña de loza, apropiada para tomar chocolate.

jilguero. m. Pájaro domesticable, de plumaje pardo en el lomo, blanco manchado de rojo en la cara, negro en la cabeza, y con collar blan. Su canto es muy agradable.

jilote. m. *Amér.* Mazorca de maíz, cuando no han cuajado aún sus granos.

jineta. f. Modo de montar a caballo, con los estribos cortos y las piernas en posición vertical desde la rodilla abajo./ Galón que llevan algunos miembros de los cuerpos uniformados y que denota su graduación o antigüedad./ Charretera de seda que usaban los sargentos.

jinete. m. Soldado de a caballo que peleaba con lanza y adarga./ El que cabalga./ El que es diestro en equitación.

jineteada. f. *Arg.* Acción y efecto de jinetear./ *Arg.* Fiesta de campo donde los jinetes exhiben su destreza.

jinetear. i. *Arg.* Montar potros luciendo el jinete su habilidad y destreza.

jipijapa. f. Tira fina y flexible, que se saca de hojas vegetales y se utiliza para tejer sombreros y otras cosas.// m. Sombrero hecho de estas tiras.

jira. f. Pedazo largo que se corta o rasga de una tela.

jirafa. f. Mamífero rumiante, de cinco metros de altura, cuello muy largo y esbelto, cabeza pequeña, extremidades abdominales más cortas que las torácicas y pelaje gris con manchas leonadas poligonales. Es originario de África.

jirón. m. Pedazo desgarrado del vestido o de otra prenda./ Pendón que remata en punta.

¡jo! interj. Voz para detener a las caballerías.

jobo. m. Árbol americano, de fruto amarillo parecido a la ciruela.

jockey. m. Yoquey.

jocosidad. f. Calidad de jocoso./ Chiste, donaire, gracia.

jocoso, sa. a. Gracioso, alegre, chistoso.

jocundo, da. a. Plácido, agradable, alegre.

jofaina. f. Vasija de gran diámetro y poca profundidad, que sirve principalmente para lavarse la cara y las manos.

jolgorio. m. fam. Regocijo, fiesta, diversión bulliciosa.

jopo. m. Mechón de pelo levantado sobre la frente.

jordano, na. a. y s. De Jordania.

jornada. f. Camino que se anda en un día, yendo de viaje./ Todo el viaje o camino./ fig. Tiempo que dura la vida del hombre.

jornal. m. Estipendio que gana el trabajador por cada día de trabajo./ Este mismo trabajo.// **-a jornal.** m. adv. Mediante determinado salario diario.

joroba. f. Corcova./ fig. y fam. Molestia, impertinencia.

jorobado, da. a. y s. Corcovado.// a. fam. Fastidiado, apurado, en mala situación.

jorobar. tr./ prl. fig. fam. Gibar, molestar.

joropo. m. *Amér.* Baile popular con zapateado y figuras, cuya música es de aires muy alegres.

jota. f. Nombre de la letra j./ Cosa mínima. Úsase siempre con negación.

jota. f. Baile popular de muchas regiones de España./ Música de este baile./ Copla que se canta con esta música.

joven. a. y s. De poca edad.// m. y f. Persona que está en la juventud.

jovial. a. Alegre, festivo, placentero.

joya. f. Pieza de oro, plata o platino, con o sin perlas o piedras preciosas, que usan como adorno las personas, en especial las mujeres./ Alhaja./ fig. Cosa o persona de gran valía.

joyería. f. Comercio de joyas./ Tienda donde se venden./ Taller donde se construyen.

jazmin

juanete. m. Hueso del nacimiento del dedo grueso del pie, cuando sobresale mucho./ Pómulo muy abultado.

jubilación. f. Acción y efecto de jubilar o jubilarse./ Renta que disfruta la persona jubilada.

jubilado, da. a. y s. Aplícase al que se le ha concedido la jubilación.

jubilar. tr. Eximir del servicio, por razón de ancianidad o imposibilidad física, a un funcionario o empleado, al que se le otorga una pensión vitalicia.// prl. Obtener la jubilación.

jubileo. m. Fiestas públicas que celebraban los israelitas cada cincuenta años./ Entre cristianos, indulgencia plenaria y universal concedida por el Papa en ciertas ocasiones.

júbilo. m. Alegría vivamente expresada.

jubiloso, sa. a. Gozoso, lleno de júbilo.

jubo. m. Culebra pequeña de Cuba.

jubón. m. Vestidura ajustada al cuerpo, que cubre de los hombros hasta la cintura.

júcaro. m. Árbol de las Antillas, de flores sin corola y fruto semejante a la aceituna.

judaico, ca. a. Perteneciente a los judíos.

judaísmo. m. Profesión de la fe judía./ Hebraísmo./ Religión judía.

judas. m. Hombre traidor, pérfido.

judería. f. Barrio en que habitan los judíos/ Contribución que pagaban los judíos.

judía. f. Planta leguminosa, de fruto comestible, tanto seco como verde. Hay varias especies que se diferencian por el volumen, color y forma de las vainas y semillas./ Fruto de dicha planta./ Su semilla.

judicatura. f. Ejercicio de juzgar./ Empleo o dignidad de juez./ Tiempo que dura./ Cuerpo formado por los jueces de un país.

judicial. a. Perteneciente al juicio, a los jueces o a la administración de justicia.

judío, a. a. y s. Hebreo./ De Judea./ f. Planta leguminosa, anual, con fruto en vainas aplastadas y semillas en forma de riñón./ Fruto de esta planta./ Semillas del fruto de esta planta.

juego. m. Acción y efecto de jugar./ Ejercicio de recreo sujeto a reglas./ Forma en que están unidas dos cosas, de manera que puedan tener movimiento sin separarse./ El mismo movimiento./ Conjunto de cosas que sirven para un mismo fin. *Juego de cubiertos.*/ Visos cambiantes que resultan de la disposición de ciertas cosas. *Juego de luces.*/ **-de azar.** Aquel en que el resultado no depende de la habilidad o ingenio del jugador, sino del azar./ **-de ingenio.** Ejercicio del entendimiento, que consiste en resolver algún problema propuesto, según ciertas reglas./ **-de manos.** Acción de darse palmadas las personas entre sí, por afecto o por diversión./ Agilidad de manos con que burlan la vista del espectador los titiriteros, prestidigitadores, etc./ **-de palabras.** Artificio que consiste en usar palabras con sentido equívoco./ pl. Fiestas y espectáculos públicos. gmente. deportivos..

juerga. f. fam. Recreación./ Diversión ruidosa de varias personas.

jueves. m. Quinto día de la semana.

jockey

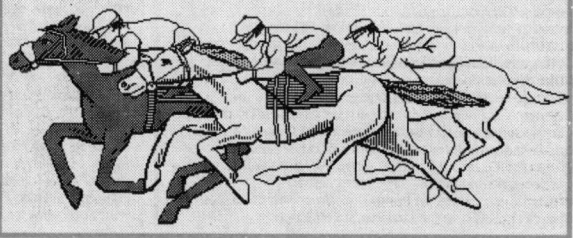

juez. m. El que tiene autoridad para juzgar y sentenciar./ En ciertos juegos o certámenes, el que hace observar las reglas y el que distribuye los premios./ El que es nombrado para resolver una duda./ Árbitro, en algunas competiciones deportivas./ **-árbitro** o **arbitrador.** El que designan las partes litigantes, para fallar con arreglo a derecho./ **-de raya.** El que falla sobre el resultado de una carrera de caballos.

jugada. f. Acción de jugar el jugador./ Resultado de esta acción.

jugador, ra. a. y s. Que juega./ Que tiene el vicio de jugar./ Hábil o diestro en algún juego.

jugar. i. Hacer algo con el solo fin de entretenerse o divertirse./ Hacer travesuras, retozar./ Divertirse tomando parte en uno de los juegos sometidos a reglas./ Tomar parte en un juego para satisfacer el vicio o para ganar dinero./ Realizar el jugador un acto propio del juego./ Corresponderse, hacer juego dos cosas entre sí./ *Amér.* Moverse una cosa dentro de otra por no estar ajustada./ Con la prep. con, burlarse de alguno.// tr. Llevar a cabo una partida de juego./ Hacer uso de las cartas o piezas que se emplean en ciertos juegos./ tr./ prl. Arriesgar, aventurar.

jugarreta. f. fam. Jugada inhábil./ fig. y fam. Treta, mala pasada.

juglar. a. Chistoso, gracioso./ m. El que por dinero y ante el pueblo cantaba, bailaba, etc. para divertir./ El que mediante estipendio o dádivas cantaba o recitaba poesías de los trovadores, para recrear a los reyes o a los grandes señores.

juglaresco, ca. a. Propio del juglar, o concerniente a él.

jugo. m. Zumo sacado de sustancias animales o vegetales./ fig. Lo sustancial y provechoso de una cosa./ **-gástrico.** Líquido ácido que en el acto de la digestión segregan ciertas glándulas situadas en la membrana mucosa del estómago.

jugosidad. f. Calidad de jugoso.

jugoso, sa. a. Que tiene jugo./ fig. Sustancioso.

juguete. m. Objeto con que se entretienen los niños./ Burla, chanza.

juguetear. i. Entretenerse jugando y retozando.

juguetería. f. Comercio de juguetes./ Tienda o local donde se venden.

juguetón, na. a. Apl. a la persona o animal que juega.

juicio. m. Facultad del entendimiento por la que el hombre juzga y compara./ *Lóg.* Comparación de dos ideas./ Sana razón, en oposición a la demencia./ Opinión./ *Der.* Conocimiento de una causa en la que el juez ha de dictar sentencia.

juicioso, sa. a. Que tiene juicio y obra con prudencia y cordura. Ú.t.c.s./ Hecho con juicio.

julepear. tr./ prl. *Amér.* Asustar.// tr. Atormentar./ Reprender, castigar.

julio. m. Séptimo mes del año; consta de treinta y un días./ *Electr.* Unidad de trabajo. Equivale a diez millones de ergios.

jumento. m. Asno.

juncal. a. Perteneciente o rel. al junco.// m. Juncar.

junco. m. Planta de cañas o tallos lisos y flexibles, que se cría en parajes húmedos./ Cada uno de los tallos de esta planta. / m. Embarcación pequeña, usada en las Indias Orientales.

jungla. f. Terreno bajo y pantanoso cubierto de vegetación muy espesa y enmarañada.

junio. m. Sexto mes del año; consta de treinta días.

junquillo. m. Planta ornamental, especie de narciso, con tallo liso parecido al junco, y flores amarillas muy olorosas.

junta. f. Reunión de varias personas para tratar de un asunto./ Cualquiera de las sesiones que celebran./ Todo que forman varias cosas unidas./ Unión de dos o más cosas./ Conjunto de las personas que dirigen una colectividad./ Juntura.

juntar. tr. Unir entre sí algunas cosas./ Acopiar, reunir.// tr./ prl. Congregar.// prl. Arrimarse, acercarse a uno./ Andar con alguien, acompañarse./ Tener acto carnal.

junto, ta. p. p. irreg. de **juntar**.// a. Unido, cercano./ adv. l. Cerca de.// adv. m. Juntamente, a un tiempo.

juntura. f. Parte en que se juntan y unen dos o más cosas.

jura. f. Acción de jurar./ Juramento por Dios.

jurado, da. p. p. de **jurar.**// a. Que ha prestado juramento.// m. Tribunal no profesional ni permanente, cuyo cometido es determinar y declarar el hecho justiciable o la culpabilidad del acusado./ Cada uno de los individuos que componen dicho tribunal./ Miembro del tribunal examinador en exámenes, exposiciones, concursos, etc./ Conjunto de estos individuos.

juramentar. tr. Tomar juramento a uno.// prl. Obligarse con un juramento.

juramento. m. Afirmación o negación solemne de una cosa, poniendo por testigo a Dios./ Voto, blasfemia, reniego.

jurar. tr. Afirmar o negar una cosa, poniendo por testigo a Dios./ Someterse solemnemente a los preceptos constitucionales de un país, deberes de determinados cargos, etc.// i. Echar votos, blasfemias o reniegos.

jurídico, ca. a. Rel. al derecho; que se ajusta a él o le atañe.

jurisconsulto, ta. s. Jurista./ Persona que profesa la ciencia del derecho, dedicándose a resolver consultas legales.

jurisdicción. f. Autoridad que tiene uno para gobernar y hacer ejecutar las leyes o para aplicarlas en juicio./ Territorio donde un juez ejerce su autoridad./ Término de un lugar o provincia.

jurisdiccional. a. Perteneciente a la jurisdicción.

jurisprudencia. f. Ciencia del Derecho./ Enseñanza doctrinal que deriva de los fallos de autoridades judiciales superiores./ Norma de juicio, que se funda en ocasiones iguales, y que suple las omisiones de la ley.

junco, (barco)

jurista. m. Persona que profesa o estudia la ciencia del derecho./ El que tiene juro.

justa. f. Lucha o combate singular a caballo y con lanza./ Torneo en que los caballeros acreditaban su destreza para manejar las armas./ fig. Certamen.

justedad. f. Calidad de justo./ Igualdad o exactitud de una cosa.

justeza. f. Justedad.

justicia. f. Virtud que inclina a dar a cada uno lo que le pertenece./ Derecho, equidad, razón./ Lo que se debe hacer según derecho o razón./ Ministro o tribunal que ejerce justicia./ Poder judicial./ Castigo público.

justiciero, ra. a. Que observa y hace observar la justicia de modo estricto.

justificación. f. Conformidad con lo justo./ Prueba convincente de una cosa.

justificado, da. p. p. de **justificar**.// a. Conforme a justicia y razón./ Que obra según justicia o razón.

justificar. tr. *Teol.* Hacer Dios justo a uno./ Probar una cosa convincentemente con razones, documentos y testigos./ Hacer justa una cosa.// tr./ prl. Probar la inocencia de alguien.

justificativo, va. a. Que sirve para justificar. Ú.m.c.s.

justipreciar. tr. Apreciar una cosa, o tasarla.

justo, ta. a. Que obra conforme a la justicia y razón./ Que ajusta bien./ Dícese de lo que está acorde con la justicia./ Exacto, que no tiene ni más ni menos./ a. y s. Que vive según la ley de Dios.

juvenil. a. Perteneciente a la juventud./ *Biol.* Rel. a la fase o estado de desarrollo de los seres vivos que es inmediatamente anterior al estado adulto.

juventud. f. Edad comprendida entre la niñez y la madurez./ Conjunto de jóvenes./ Estado de la persona joven./ Primeros tiempos de alguna cosa./ Energía, vigor, frescura.

juzgado. m. Junta de jueces que concurren a sentenciar./ Tribunal de un solo juez./ Territorio de su jurisdicción./ Lugar donde se juzga./ Judicatura, dignidad de juez.

juzgar. tr. Deliberar y sentenciar la autoridad competente, acerca de la culpabilidad o la razón que asiste a alguno en cualquier asunto./ Creer una cosa, estar persuadido de ella./ Formar dictamen u opinión acerca de alguien o de algo.

k. f. Duodécima letra del abecedario castellano y novena de sus consonantes. Su nombre es *ka*.

káiser. m. Título de algunos emperadores de Alemania.

kaki. m. Caqui.

kan. m. Entre los tártaros, príncipe o jefe.

karate. m. *Dep.* Modalidad de lucha japonesa, que se basa en golpes secos efectuados con el borde de la mano, los codos o los pies. Es principalmente un arte de defensa.

koala

kelvin. m. Unidad de temperatura termodinámica en el Sistema Internacional de Unidades, llamada antes grado Kelvin. Su símbolo es K.

kimono

kermés. f. Fiesta popular, al aire libre, con bailes, rifas, concursos, etc./ Lugar donde se celebra esta fiesta./ Nombre que se da a las pinturas o tapices flamencos, generalmente del siglo XVII, que representaban fiestas populares.

kerosene. m. Querosene.

keroseno. m. Queroseno.

kilo. m. Prefijo que significa mil.// m. Kilogramo.

kilociclo. m. Unidad eléctrica de frecuencia, que equivale a mil oscilaciones por segundo.

kilográmetro. m. Unidad de trabajo mecánico equivalente a la fuerza necesaria para levantar un kilogramo a un metro de altura.

kilogramo. m. Unidad métrica fundamental de masa y de peso, que iguala la masa o peso de un cilindro de platino-iridio guardado en la Oficina Internacional de Pesos y Medidas, cerca de París, y aproximadamente igual a la masa o peso de mil centímetros cúbicos de agua a la temperatura de su máxima densidad (cuatro grados centígrados)./ Peso de un kilogramo./ Cantidad de alguna materia que pese un kilogramo: *dos - de manzana, aluminio, etc./* **-fuerza.** *Fís.* Unidad de fuerza igual al peso de un kilogramo sometido a la gravedad normal.

kilolitro. m. Medida de capacidad, equivalente a mil litros, o sea un metro cúbico.

kilometraje. m. Cantidad de kilómetros recorrido por un vehículo./ Distancia en kilómetros que media entre dos puntos.

kilométrico, ca. a. Rel. al kilómetro./ De larga duración.

kilómetro. m. Medida de longitud equivalente a mil metros./ **-cuadrado.** Medida de superficie, equivalente a un cuadrado de mil metros por lado.

kilovatio. m. Unidad eléctrica de potencia, equivalente a mil voltios.

kimono. m. Quimono.

kiosco. m. Quiosco.

kirie. m. Invocación al principio de la misa que se hace al Señor, llamándolo con esta palabra griega. Ú.m.en pl.

kivi. m. *Zool.* Ave del orden de las apterigiformes, del tamaño de una gallina, con plumaje pardo y negruzco, lacio, alas atrofiadas y pico largo y curvado hacia el suelo. Es de costumbres nocturnas y se alimenta de gusanos, insectos y yemas vegetales. Habita en Nueva Zelanda.

koala. m. Mamífero marsupial arborícola de Astralia. Vive por parejas en los bosques.

kudú. m. Antílope africano, de color ocre y franjas blancas. Es un rumiante de la familia de los bóvidos.

kivi

labiadas, plantas con flores

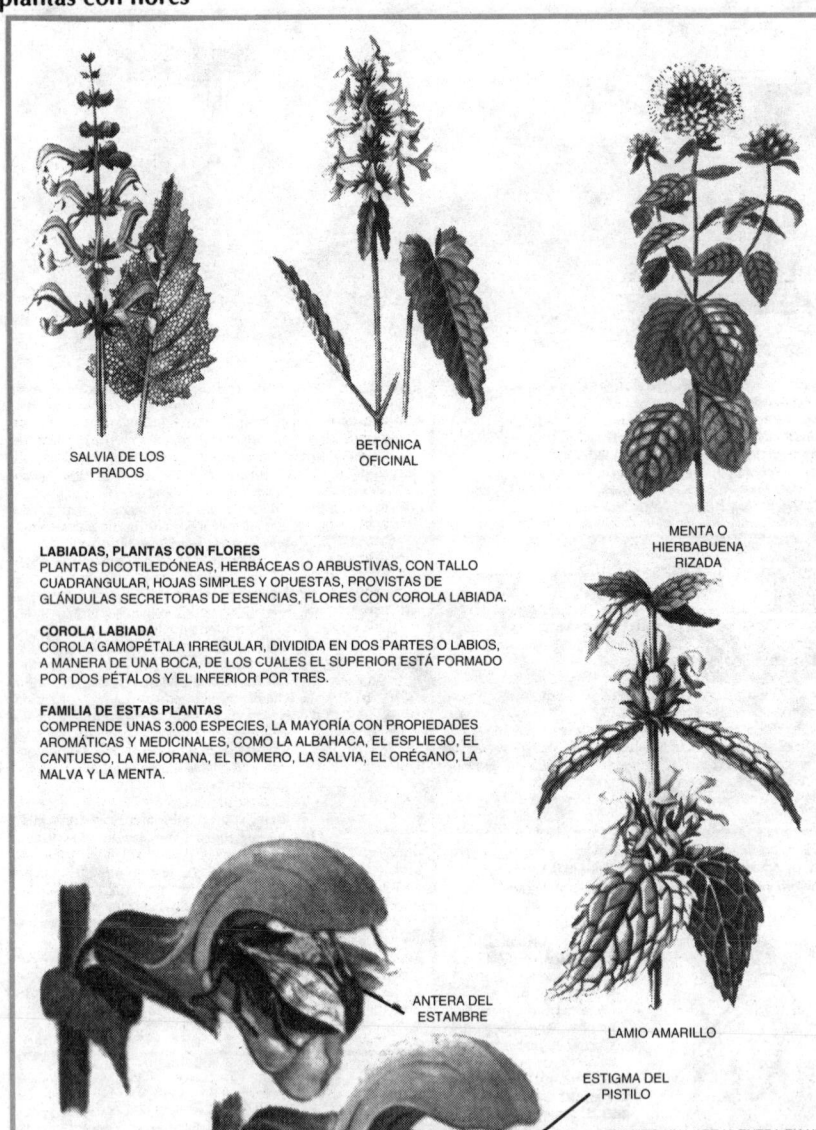

SALVIA DE LOS PRADOS

BETÓNICA OFICINAL

MENTA O HIERBABUENA RIZADA

LABIADAS, PLANTAS CON FLORES
PLANTAS DICOTILEDÓNEAS, HERBÁCEAS O ARBUSTIVAS, CON TALLO CUADRANGULAR, HOJAS SIMPLES Y OPUESTAS, PROVISTAS DE GLÁNDULAS SECRETORAS DE ESENCIAS, FLORES CON COROLA LABIADA.

COROLA LABIADA
COROLA GAMOPÉTALA IRREGULAR, DIVIDIDA EN DOS PARTES O LABIOS, A MANERA DE UNA BOCA, DE LOS CUALES EL SUPERIOR ESTÁ FORMADO POR DOS PÉTALOS Y EL INFERIOR POR TRES.

FAMILIA DE ESTAS PLANTAS
COMPRENDE UNAS 3.000 ESPECIES, LA MAYORÍA CON PROPIEDADES AROMÁTICAS Y MEDICINALES, COMO LA ALBAHACA, EL ESPLIEGO, EL CANTUESO, LA MEJORANA, EL ROMERO, LA SALVIA, EL ORÉGANO, LA MALVA Y LA MENTA.

ANTERA DEL ESTAMBRE

LAMIO AMARILLO

ESTIGMA DEL PISTILO

CUANDO UNA ABEJA ENTRA EN UNA FLOR DE SALVIA, EJERCE PRESIÓN SOBRE LA BASE DE LOS ESTAMBRES, LO QUE HACE QUE LAS ANTERAS DEPOSITEN POLEN EN LA PELUSILLA DE LA ESPALDA DE LA ABEJA. LUEGO, EL POLEN ES TRANSPORTADO SOBRE SU ESPALDA A OTRA FLOR Y DEPOSITA NATURALMENTE EL POLEN EN EL ESTIGMA DEL PISTILO, CON LO CUAL REALIZA UNA POLINIZACIÓN CRUZADA.

l. f. Décimotercera letra del abecedario castellano, y décima de sus consonantes. Su nombre es *ele*./ En la numeración romana, letra numeral que equivale a cincuenta.

la. Artículo determinado femenino singular.// Forma del pronombre personal de tercera persona en género femenino y número singular.

la. m. Sexta nota de la escala musical.

laberinto. m. Lugar formado por calles y encrucijadas, dispuestas de modo que sea muy difícil encontrar la salida./ fig. Cosa confusa y enredada./ Parte interna del oído de los vertebrados.

labiada. a. Dícese de la corola gamopétala irregular dividida en dos partes o labios.

labiado, da. a. y s. Dícese de las plantas angiospermas dicotiledóneas de corola labiada, como la albahaca, el romero, la menta, etc.// f. pl. Familia de estas plantas.

labial. a. Rel. a los labios.

lábil. a. Que se desliza con facilidad./ Frágil, débil, caduco./ *Quím.* Dícese del compuesto que fácilmente se puede transformar en otro más estable.

labio. m. Cada una de las dos partes exteriores, carnosas y movibles de la boca, que cubren la dentadura./ fig. Borde de ciertas cosas./ fig. Organo del habla. Ú.t. en pl./ **-leporino.** Hendidura congénita de uno de los labios, por lo general el superior, de modo semejante al de la liebre.

labor. f. Trabajo./ Labranza, en especial de las tierras que se siembran. Dicho de las tareas agrícolas, ú.m. en pl./ *Amér.* Finca pequeña destinada a la agricultura./ Obra de coser, bordar, etc.// pl. Adorno hecho a mano o tejido en la tela.

laborable. a. Que se puede trabajar./ Que se trabaja.

laboral. a. Perteneciente o relativo al trabajo.

laborar. tr. Trabajar./ Labrar./ Gestionar con algún propósito; intrigar.

laboratorio. m. Local donde se hacen experimentos e investigaciones químicas, farmacéuticas, etc./ Por ext., oficina o taller de trabajo o investigaciones científicas y técnicas.

laborear. tr. Labrar o trabajar una cosa./ Excavar una mina.

laboriosidad. f. Afición o aplicación al trabajo.

laborioso, sa. a. Trabajador, amigo del trabajo./ Trabajoso.

labrado, da. p. p. de **labrar**.// a. Apl. a las telas que tienen alguna labor.// m. Acción de labrar piedra, madera, etc.

labrador, ra. a. y s. Que labra la tierra.// s. Persona que tiene hacienda de campo y la cultiva por cuenta propia.

labrantío, a. a. Apl. a la tierra o campo de labor. Ú.t.c.s.m.

labranza. f. Cultivo de los campos./ Tierras de labor; hacienda./ Labor; trabajo de cualquier arte u oficio.

labrar. tr. Trabajar en un oficio./ Trabajar una materia dándole forma conveniente para usar de ella./ Cultivar la tierra./ Arar./ Coser o bordar./ fig. Hacer, causar, formar.

labriego, ga. s. Labrador rústico.

laca. f. Materia resinosa, translúcida, quebradiza y de color encarnado que se forma en las ramas de algunos árboles de la India por la exudación que producen las picaduras de ciertos insectos./ Barniz duro y lustroso que se obtiene de esa sustancia, muy usada por chinos y japoneses.

lacayo. m. Criado de librea./ Cualquiera de los dos soldados de a pie que por lo común acompañaban a los caballeros en la guerra./ fig. y fam. Individuo servil que adula a un poderoso.

lacerar. tr./ prl. Lastimar, golpear, herir./ fig. Dañar, mancillar, vulnerar.

lacio, cia. a. Marchito, ajado./ Flojo, decaído, sin vigor./ Dícese del cabello sin ondas ni rizos.

laboratorio

lacónico, ca. a. Breve, conciso./ Que habla o escribe de este modo.

lacra. f. Señal de una enfermedad./ Defecto o vicio físico o moral.

lacrar. tr. Cerrar con lacre./ Contagiar una enfermedad, dañar la salud de alguien. Ú.t.c.prl./ fig. Perjudicar a alguien en sus intereses.

lacre. m. Pasta sólida, de goma laca y trementina con bermellón, que derretida se usa para sellar sobres, documentos, etc.// a. fig. De color rojo. Ú.m. en *Amér.*

lacrimal. a. Perteneciente a las lágrimas.

lacrimoso, sa. a. Que tiene lágrimas./ Que hace llorar.

lactancia. f. Acción de mamar./ Período en que la criatura mama o se alimenta de leche.

lactante. p. act. de **lactar**. Que lacta o mama.// m. y f. Criatura en el período de la lactancia.

lactar. tr. Amamantar./ Criar con leche.// i. Alimentarse con leche.

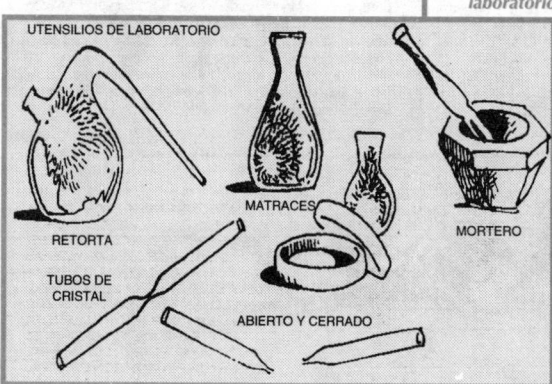

UTENSILIOS DE LABORATORIO

RETORTA

TUBOS DE CRISTAL

MATRACES

ABIERTO Y CERRADO

MORTERO

lácteo, a. a. Rel. a la leche o parecido a ella.

lactosa. f. Azúcar de la leche.

lacustre. a. Rel. a los lagos./ Dícese de la vivienda primitiva construida sobre estacas en medio de un lago o a orillas de él.

ladeado, da. p. p. de **ladear.**// a. Que está torcido o inclinado./ *Bot.* Dícese de las hojas, flores, espigas y otras partes de una planta cuando todas miran a un solo lado.

ladear. tr./prl. Inclinar y torcer hacia un lado una cosa. Ú.t.c.i./ / i. Caminar, andar por una ladera./ fig. Declinar, desviar del camino recto.// prl. fig. Inclinarse a una cosa, dejarse llevar de ella./ fig. Estar una persona o cosa al igual de otra.

ladeo. m. Acción y efecto de ladear o ladearse.

ladera. f. Declive de un monte o de una altura.

ladero, ra. a. Rel. al lado./ Lateral./ *Amér.* Díc. de la persona que colabora con otra.// m. fig. y fam. Compinche, camarada.

ladilla. f. Insecto parásito de forma aplastada y redonda y color amarillento, que vive en las partes velludas del cuerpo humano y produce picaduras muy molestas.

ladino, na. a. Aplicábase al castellano antiguo./ fig. Astuto, sagaz./ *Amér.* Díc. del indio que habla bien el castellano. // m. Dialecto español.

lado. m. Costado de la persona o el animal, entre el brazo y el hueso de la cadera./ Lo que está a la derecha o a la izquierda de un todo./ Costado del cuerpo del animal desde el pie a la cabeza./ Cualquiera de los parajes que están alrededor de un cuerpo./ Anverso o reverso de una moneda o medalla./ Sitio./ Cada una de las caras de una tela o de otra cosa./ fig. Cualquiera de los aspectos en que puede considerarse una persona o cosa./ Modo, medio o camino que se toma para una cosa./ *Geom.* Cada una de las líneas que forman un ángulo o que limitan un polígono./ *Geom.* Arista de los poliedros regulares./ **-al lado.** m. adv. Muy próximo./ **-mirar de.** frs. fig. Mirar con desdén o disimulo.

ladrador, ra. a. Que ladra.

ladrar. i. Dar ladridos el perro./ fig. y fam. Insultar o criticar ásperamente a alguien./ Amenazar sin acometer.

ladrido. m. Voz del perro./ fig. Calumnia, murmuración.

ladrillo. m. Masa de arcilla en forma de paralelepípedo rectangular, que, cocida, sirve para construir muros, hacer pisos, etc.

ladrón, na. a. y s. Que hurta o roba.

lagaña. f. Legaña.

lagañoso, sa. a. Legañoso.

lagar. m. Recipiente donde se pisa la uva para obtener el mosto./ Sitio donde se prensa la aceituna para obtener aceite o donde se machaca la manzana para preparar sidra./ Edificio en que hay un lagar.

lagartija. f. Lagarto pequeño, de color pardo verdoso, muy ligero y espantadizo, que vive en los huecos de los muros y entre los escombros.

lagarto. m. Reptil saurio de cabeza ovalada, cuerpo cilíndrico y patas cortas muy ágil e inofensivo, útil para la agricultura por la gran cantidad de insectos que devora.// a. y s. fig. fam. Hombre taimado, pícaro.

lago. m. Gran masa permanente de agua depositada en hondonadas del terreno, con o sin comunicación con el mar.

lágrima. f. Cada gota del líquido que segregan y que vierten los ojos. Ú.m. en pl./Gota de humor que destilan las vides y otros árboles, después de la poda.

lagrimal. a. Apl. a los órganos de secreción de las lágrimas.// m. Extremidad del ojo próxima a la nariz.

lagrimar. i. LLorar.

lagrimear. i. Derramar lágrimas con frecuencia una persona.

lagrimeo. m. Acción de lagrimear./ Flujo de lágrimas producido por irritación del ojo u otro motivo, independiente de toda emoción del ánimo.

lagrimoso, sa. a. Díc. de los ojos tiernos y húmedos y de la persona o animal que así los tiene./ Que hace llorar.

laguna. f. Depósito natural de agua de menores dimensiones que un lago./ En lo impreso o manuscrito, espacio en blanco por algo que se ha omitido o por haberse borrado lo escrito./ En un conjunto o serie, vacío o solución de continuidad.

lagunoso, sa. a. Que es abundante en lagunas.

laicismo. m. Doctrina que defiende la independencia del hombre y de la sociedad, y en especial del Estado, de toda influencia eclesiástica o religiosa.

laico, ca. a. y s. Lego, que no tiene órdenes clericales.// a. Dícese de la escuela o enseñanza sin instrucción religiosa.

laja. f. Lancha de piedra./ Bajo de piedra./ Piedra lisa y delgada.

lama. f. Cieno blando y oscuro propio del fondo de los mares, ríos y lugares con agua estancada.// m. Sacerdote budista del Tíbet.

lamentable. a. Que es digno de llorarse o merece ser sentido./ Que infunde tristeza.

lamentación. f. Queja acompañada de suspiros, llanto u otras muestras de dolor.

lamentar. tr./ i./ prl. Sentir una cosa con llanto u otras demostraciones de dolor.

lamento. m. Lamentación, queja con llanto u otras muestras de aflicción.

lamer. tr./prl. Pasar la lengua repetidamente por una cosa.// tr. fig. Tocar una cosa a otra con blandura y suavidad.

lámina. f. Plancha delgada de un metal o de una materia cualquiera./ Estampa, figura que se traslada al papel u otra materia./ Plancha de cobre u otro material grabada para estampar./ Figura o grabado impreso.

laminador. m. Máquina para estirar los metales maleables en láminas./ El que tiene por oficio hacer láminas metálicas.

lampalagua. f. *Amér.* Boa.

lámpara. f. Utensilio para dar luz, de diferentes formas y disposición según sea de combustible líquido, de gas o de electricidad./ En los aparatos de radio y televisión, ampolla de cristal con elementos metálicos y filamento incandescente./ Mancha de aceite que cae en la ropa./ Aparato para soldar.

lamparilla. f. dim. de lámpara./ Candelilla nocturna alimentada con aceite.

lamparón. m. Mancha de aceite en la ropa; lámpara.

lampiño, ña. a. Apl. al hombre que no tiene barba./ Que tiene poco pelo o vello.

lana. f. Pelo de las ovejas, carneros, y el de otros animales parecido a la lana./ Tejido que se hace con él.

lanar. a. Dícese del ganado o res que tiene lana.

lance. m. Acción y efecto de lanzar o arrojar./ Ocasión crítica./ Encuentro, riña./ Cada uno de los accidentes algo notables que ocurren en el juego./ En las obras literarias, situación interesante o notable./ *Taur.* Suerte de capa./ **-de honor.** ant. Desafío entre dos para un duelo.

lana, elaboración de

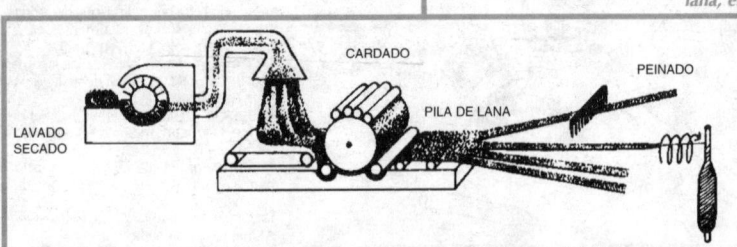

LAVADO
SECADO

CARDADO

PILA DE LANA

PEINADO

HILO DE
ESTAMBRE

ladrillo

lanceolado, da. a. *Bot.* De figura semejante a la punta de una lanza.

lancero. m. Soldado armado con lanza./ El que lleva lanza, como los toreros.

lanceta. f. dim. de lanza./ Instrumento muy cortante, que sirve para sangrar, abrir ciertos tumores, etc.

lancha. f. Piedra naturalmente plana y de poco grueso./ Bote grande, para el servicio de los buques y para transportar cargas y pasajeros entre los lugares próximos a la costa.

lanchón. m. Lancha grande.

landó. m. Coche de cuatro ruedas con capota delantera y trasera.

lanero, ra. a. Rel. a la lana.// m. El que trata en lanas./ Almacén en que se guarda la lana.

langosta. f. Insecto ortóptero, con el tercer par de patas muy robusto y a propósito para saltar. Se alimenta de vegetales y constituye plaga./ Crustáceo marino de color oscuro, que se vuelve rojo por la cocción. Su carne es muy apreciada.

langostín o **langostino.** m. Crustáceo marino comestible, más pequeño que la langosta de mar.

languidecer. i. Adolecer de languidez./ Perder el vigor.

languidez. f. Flaqueza, debilidad, abatimiento./ Falta de espíritu o de energía.

lánguido, da. a. Débil, fatigado./ De poco valor y energía.

lanilla. f. Tejido delgado hecho con lana fina./ Pelillo que le queda al paño por el derecho.

langosta

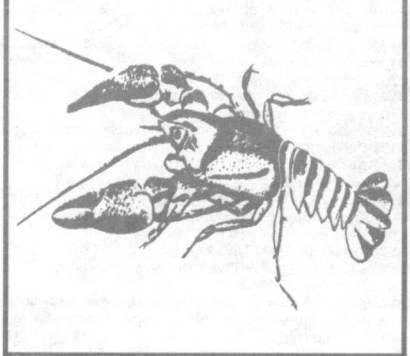

lanolina. f. Grasa que se extrae de la lana; se emplea en la preparación de pomadas y cosméticos.

lanoso, sa. a. Lanudo.

lanudo, da. a. Que tiene mucha lana o vello.

lanza. f. Arma ofensiva formada por un asta en cuya extremidad está fijo un hierro puntiagudo y cortante./ Vara de madera unida por uno de sus extremos al juego delantero de un carruaje para darle dirección, y a cuyos lados se enganchan las caballerías.

lanzacohetes. a./ m. Dícese de la instalación, artefacto o simple tubo, destinados a apuntar cohetes y, en determinados casos, a hacerlos funcionar.

lanzadera. f. Instrumento que usan los tejedores para tramar./ Pieza de la máquina de coser, donde va el carrete o la bobina.

lanzado, da. a. Impetuoso, decidido.// f. Golpe que se da con la lanza./ Herida que con él se produce.

lanzallamas. m. Aparato para lanzar a distancia un chorro de líquido inflamado.

lanzar. tr./ prl. Arrojar./ tr. Soltar, dejar libre./ Vomitar./ *Der.* Quitar a uno la posesión o tenencia de alguna cosa.// prl. Emprender algo con muchos ánimos.

lapa. f. Molusco gasterópodo marino comestible. Vive asido fuertemente a las piedras de la costa.

lapacho. m. Árbol sudamericano cuya madera, fuerte e incorruptible, se emplea en la construcción y ebanistería./ Madera de este árbol.

lapicera. f. *Amér.* Portaplumas./ -**fuente.** Estilográfica.

lapicero. m. Instrumento en que se pone el lápiz./ Lápiz./ *Amér.* Portaplumas.

lápida. f. Piedra llana en que ordinariamente se pone una inscripción./ Losa.

lapidar. tr. Matar a pedradas, apedrear.

lapidario, ria. a. Rel. a las piedras preciosas./ Rel. a las inscripciones que se ponen en las lápidas./ Dícese del enunciado que parece digno de ser esculpido en una lápida por su concisión y gravedad.// m. El que labra piedras preciosas o comercia con ellas.// f. Arte de tallar o labrar piedras.

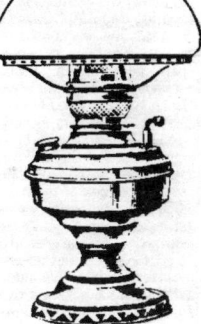

lámpara

lapislázuli. m. Mineral de color azul intenso, que se usa en objetos de adorno y joyería.

lápiz. m. Cualquier sustancia mineral que se usa para dibujar./ Barrita de grafito encerrada en un prisma o cilindro de madera, que se usa para escribir o dibujar.

lapso. m. Paso o transcurso./ Curso de un espacio de tiempo./ Caída en un error.

laqueado, da. a. Barnizado con laca.

laquear. tr. Barnizar con laca.

largada. f. *Chile* y *R. de la P.* Acción y efecto de largar o iniciar la marcha en una competición deportiva.

largar. tr. Soltar, dejar libre./ Aflojar, soltar de a poco.// prl. fam. Irse precipitadamente./ Hacerse la nave a la mar.

largo, ga. a. Que tiene más o menos longitud./ Que tiene excesiva longitud./ fig. Generoso./ Persona alta./ fig. Dilatado, extenso.// m. Largor, longitud./ Movimiento de la música, equivalente a lento./ Composición o parte de ella, escrita en este movimiento.

larguero. m. Cada uno de los palos o barrotes que se ponen a lo largo de una obra de carpintería, como los de las camas, ventanas, etc./ Almohada larga, cabezal.

larguirucho, cha. a. fam. Apl. a las personas y cosas desproporcionadamente largas.

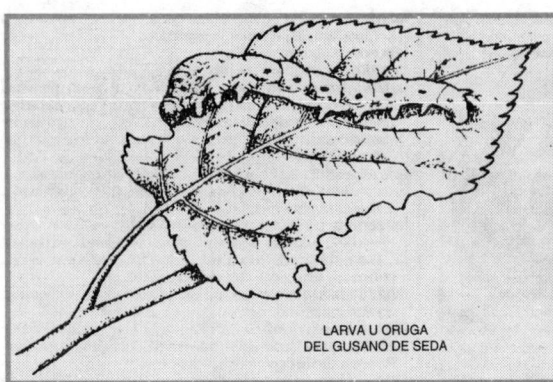

LARVA U ORUGA
DEL GUSANO DE SEDA

laringe. f. Parte superior de la tráquea de los vertebrados de respiración pulmonar y que en los mamíferos sirve también como órgano de fonación; comunica con el fondo de la boca y se une interiormente a la tráquea.

larva. f. Forma de algunos animales cuyo aspecto difiere del que tendrán cuando adultos./ Insecto al salir del huevo y antes de su primera transformación./ Batracio en su primera edad.

larvado, da. a. Apl. a las enfermedades que se presentan con síntomas engañosos.

las. art. determinado femenino plural./ Forma del pron. personal de tercera persona femenino plural.

lascivo, va. a. Perteneciente a la lascivia.// a. y s. Que tiene lascivia./ Lujurioso./ Errático, juguetón.

láser. m. Dispositivo electrónico que amplifica de manera extraordinaria un haz de luz monocromático y coherente./ Ese rayo de luz.// a. Díc. de los rayos emitidos por ese aparato.

laso, sa. a. Cansado, desfallecido./ Flojo./ Apl. al hilo y a la seda sin torcer.

lástima. f. Compasión y ternura por los males ajenos.

lastimadura. f. Acción y efecto de lastimar o lastimarse.

lastimar. tr./ prl. Hacer daño o herir.// tr. fig. Agraviar, ofender. // prl. Dolerse, compadecerse del mal ajeno./ Quejarse.

lastimero, ra. a. Que mueve a lástima y compasión.

lastimoso, sa. a. Que provoca lástima.

lastre. m. Piedra u otro peso que se pone en el fondo de la embarcación para que se sumerja hasta donde convenga./ fig. Juicio, sensatez.

lata. f. Hojalata./ Envase hecho de hojalata./ fam. Conversación fastidiosa y, en general, todo lo que causa hastío.

latente. a. Oculto y escondido.

lateral. a. Que está al lado de una cosa./ fig. Lo que no viene por línea recta.

látex. m. Sustancia lechosa que mana de algunos vegetales, de la que se obtiene caucho, goma, resina, etc.

latido. m. Golpe producido por el movimiento de contracción y dilatación del corazón y las arterias./ Golpe que se siente en ciertas partes inflamadas muy sensibles./ Ladrido del perro.

latifundio. m. Finca rural de gran extensión.

latigazo. m. Golpe dado con el látigo./ Chasquido del látigo./ fig. Represión áspera e inesperada.

látigo. m. Azote de cuero u otra materia, largo y flexible./ Cuerda o correa con que se asegura y aprieta la cincha.

latín. m. Lengua del Lacio que hablaban los antiguos romanos, de la cual derivan las lenguas romances.

latinismo. m. Palabra o giro propios de la lengua latina./ Empleo de esos giros en otra lengua.

latino, na. a. y s. Del Lacio o de los pueblos italianos de que era metrópoli la antigua Roma./ Perteneciente a la lengua latina o propio de ella./ Rel. a la Iglesia de Occidente./ Se dice de los naturales de los pueblos europeos en que se hablan lenguas derivadas del latín y de lo rel. a ellos.

latinoamericano. a. y s. De Latinoamérica.

latir. i. Dar latidos el corazón, las arterias y a veces los capilares y algunas venas./ Dar latidos el perro.

latitud. f. La menor de las dos dimensiones principales que tienen las cosas o figuras planas, en contraposición a la mayor, llamada longitud./ Geogr. Distancia en grados desde un punto de la superficie terrestre al Ecuador.

lato, ta. a. Dilatado, extendido./ fig. Apl. al sentido que por extensión se da a las palabras, y que no es el que literalmente les corresponde.

latón. m. Aleación de cobre y cinc, de color amarillento.

latoso, sa. a. Fastidioso, pesado, molesto.

latrocinio. m. Hurto o costumbre de hurtar o defraudar a los demás en sus intereses.

larva **laucha.** f. Amér. Especie de ratón pequeño.// m. Amér. Hombre listo. Ú.t.c.f.

laúd. m. Instrumento musical de cuerdas, de caja cóncava y prominente en su parte inferior./ Embarcación pequeña del Mediterráneo.

laudable. a. Digno de alabanza.

láudano. m. Medicamento líquido a base de opio, vino blanco, azafrán y otras sustancias./ Extracto alcohólico de opio.

laudatorio, ria. a. Que alaba o contiene alabanza.// f. Escrito u oración en alabanza de alguien o algo.

laudo. m. Der. Fallo emitido por los árbitros.

laureado, da. a. y s. Que ha sido premiado con honor y gloria.

laurear. tr. Coronar con laurel./ fig. Premiar, honrar.

laurel. m. Árbol siempre verde, con tronco liso, hojas aromáticas, flores de color blanco verdoso, pequeñas, y fruto en baya. Sus hojas se emplean como condimento y en algunas preparaciones farmacéuticas./ fig. Corona, triunfo, premio.

lauro. m. Laurel./ fig. Gloria, fama, alabanza.

lava. f. Material rocoso fundido originado en zonas profundas de la corteza terrestre y que alcanza la superficie debido a las erupciones volcánicas./ Min. Operación de lavar los metales para sacarles sus impurezas.

lavable. a. Que puede lavarse.

lavabo. m. Mesa con recado para la limpieza y aseo personal./ Cuarto de aseo./ Lavamanos.

lavacoches. m. Persona encargada de limpiar los coches en las estaciones de servicio y garajes.

lavadero. m. Lugar donde se lava./ Sitio dispuesto para lavar la ropa./ Paraje del lecho de un río o arroyo, donde se recogen y lavan arenas auríferas.

lavado, da. p. p. de **lavar.**// m. Lavamiento./ Pintura a la aguada, de un solo color.

lavador, ra. a. y s. Que lava. // f. Amér. Máquina lavadora

lavadura. f. Acción y efecto de lavar o lavarse.

lavaje. m. Lavado de las lanas./ Acción de lavar o lavarse.

lavamanos. m. Depósito de agua con pila, caño, y llave, para lavarse las manos.

lavanda. f. Espliego, mata muy aromática con flores azules en las espigas./ Su semilla.

lavandería. f. Amér. Establecimiento para el lavado de ropa.

lavandero, ra. s. Persona que por oficio lava la ropa.

lavandina. f. Amér. Lejía, líquido para blanquear la ropa después de lavada.

lavar. tr./ prl. Limpiar con agua u otro líquido.// tr. fig. Quitar un defecto o descrédito; purificar./ Min. Purificar un mineral por medio del agua.

lavarropas. m. Amér. Lavadora.

lavativa. f. Enema./ Instrumento para dar enemas./ fig. Incomodidad, molestia.

lavatorio. m. Acción de lavar o lavarse./ Ceremonia de lavar los pies a algunos pobres, que se hace el Jueves Santo./ Amér. Lavamanos.

laxante. p. act. de **laxar**. Que laxa. m. Medicamento para mover el vientre, menos enérgico que el purgante.

laxar. tr./ prl. Ablandar, disminuir la tensión de una cosa.// i. Dar o tomar un laxante.

laxativo, va. a./ m. Que laxa.

laxitud. f. Calidad de laxo.

laxo, xa. a. Que no tiene la debida tensión./ Flojo./ fig. Apl. a la moral relajada.

laya. f. Calidad, género, especie.

lazada. f. Nudo que puede desatarse fácilmente tirando de uno de los cabos./ Lazo de adorno.

lazareto. m. Estación donde hacen la cuarentena los viajeros procedentes de lugares sospechosos de enfermedad contagiosa.

lazarillo. m. Muchacho que guía a un ciego.

lazo. m. Nudo de cintas o cosa semejante que sirve de adorno./ Lazada./ Trenza o cuerda con una lazada corrediza en uno de sus extremos, para apresar caballos, toros, etc./ fig. Ardid, asechanza./ Unión, vínculo./ *Arq.* Adorno de líneas y florones enlazados entre sí.// **-caer uno en el lazo.** fr. fig. y fam. Ser engañado mediante un ardid.

le. Forma del pronombre personal de tercera persona masculino o femenino singular.

leal. a. y s. Que guarda fidelidad a personas o cosas./ Fiel./ Verídico, legal.

lealtad. f. Cumplimiento de lo exigido por las leyes de la fidelidad y del honor./ Fidelidad o amor que ciertos animales manifiestan al hombre./ Legalidad, veracidad.

lebrel. a. y s. Dícese de ciertos perros aptos para cazar liebres.

lección. f. Lectura, acción de leer./ Conjunto de conocimientos que en cada vez da a sus discípulos un maestro./ Enseñanza./ Parte o capítulo en que están divididos algunos escritos./ Todo lo que el maestro indica cada vez para que estudie el alumno./ fig. Cualquier amonestación, ejemplo o acción que nos enseña cómo conducirnos.

lechuza

lecha. f. Líquido seminal de los peces./ Cualquiera de las dos bolsas en que se contiene.

lechada. f. Masa fina con cal o yeso para blanquear paredes y unir piedras o ladrillos.

leche. f. Líquido blanco y opaco segregado por las glándulas mamarias de las hembras de los mamíferos para alimentar a sus hijos o crías. Es una suspensión en agua de grasa, lactosa, proteínas y sustancias minerales.

lechera. f. Vasija en que se guarda o se sirve la leche.

lechería. f. Sitio donde se vende leche.

lechero, ra. a. Rel. a la leche./ Que contiene leche o tiene algunas de sus propiedades./ Apl. a las hembras de animales que se tienen para que den leche.// s. Persona que vende leche./ / f. Vasija en que se tiene o en que se sirve la leche.

lechigada. f. Conjunto de animalitos que han nacido en un parto y se crían juntos en un mismo sitio./ Camada.

lechiguana. *Arg., Bol.* y *Urug.* Especie de avispa que produce miel./ Panal que construye.

lecho. m. Cama con colchón, sábanas, etc., para descansar y dormir./ Especie de escaño que usaban orientales y romanos para comer./ Cauce de un río o arroyo./ Fondo del mar o de un lago.

lechón. m. Cría del cerdo cuando todavía mama./ Por ext., cerdo de cualquier edad./ fig. y fam. Hombre sucio, desaseado.

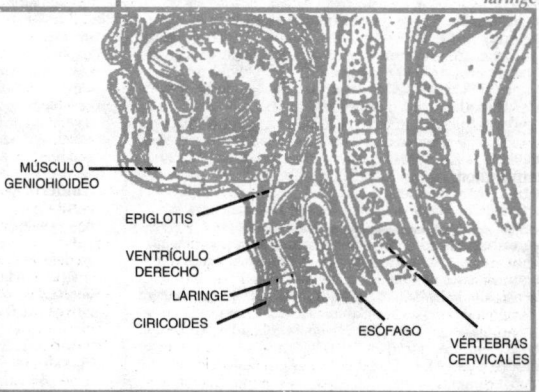

lavarropas

lechona. f. Hembra del lechón o cerdo./ fig. y fam. Mujer sucia, desaseada.

lechoso, sa. a. Que tiene apariencia o cualidades de la leche.

lechuga. f. Planta compuesta, cultivada en huerta, de hojas grandes y comestibles, de la que hay muchas variedades.

lechuguino, na. a. y s. Persona muy compuesta y que sigue la moda estrictamente.// m. Lechuga pequeña./ Muchacho imberbe que se mete a galantear.

lechuza. f. Ave rapaz nocturna, de cabeza voluminosa, pico corto y ojos redondos, grandes y brillantes./ fig. Mujer parecida a este ave. Ú.t.c.a.

lectivo, va. a. Dícese del período en que hay clases./ Escolar.

lector, ra. a. y s. Que lee.// m. En las comunidades religiosas, el encargado de enseñar filosofía, teología o moral./ Clérigo que ha recibido las órdenes del lectorado./ En la enseñanza de idiomas extranjeros en los colegios y universidades, profesor auxiliar cuya lengua materna es la que se enseña./ Aparato para leer microfilmes y microfichas.

lectura. f. Acción de leer./ Obra o cosa leída./ Cultura de una persona.

leer. tr. Pasar la vista por lo escrito o impreso en voz alta para entenderlo./ Interpretar un texto./ fig. Penetrar el interior de una persona por lo que revela su exterior.

legación. f. Empleo de legado./ Cargo que da un gobierno a un individuo para que lo represente ante otro gobierno extranjero./ Casa u oficina del legado.

laringe

MÚSCULO GENIOHIOIDEO

EPIGLOTIS

VENTRÍCULO DERECHO

LARINGE

CIRICOIDES

ESÓFAGO

VÉRTEBRAS CERVICALES

legado. m. Mandato que hace un testador a una o varias personas naturales o jurídicas./ Representante de un gobierno ante otro extranjero.

legajo. m. Atado de papeles./ Conjunto de papeles reunidos por tratar de una misma materia.

legal. a. Determinado por ley y conforme a ella./Íntegro, probo, fiel a los deberes de su cargo.

legalidad. f. Calidad de legal./ Régimen político establecido por la ley fundamental del estado.

legalista. a. y s. Que antepone a cualquier otra consideración la aplicación literal de la leyes.

legalización. f. Acción y efecto de legalizar.

legalizar. tr. Dar estado legal a una cosa./ Comprobar y certificar la autenticidad de un documento o una firma.

légamo. m. Cieno o barro pegajoso./ Parte arcillosa de las tierras de labor.

legamoso, sa. a. Que tiene légamo.

légano. m. Légamo.

leganoso, sa. a. Legamoso.

legaña. f. Humor de los ojos que se seca en el borde de los párpados y en los ángulos de la abertura ocular.

legañoso, sa. a. y s. Que tiene muchas legañas.

legar. tr. Dejar una persona a otra alguna manda en su testamento./ Enviar a uno de legado./ Transmitir ideas, costumbres, cultura, etc.

legendario, ria. a. Rel. o perteneciente a las leyendas.// m. Libro en que se refieren vidas de santos.

legibilidad. f. Cualidad de lo que es legible.

legible. a. Que se puede leer.

legión. f. Cuerpo de tropa romana./ Nombre que suele darse a ciertos cuerpos de la tropa./ fig. Multitud, muchedumbre.

legionario, ria. a. Perteneciente a la legión.// a./ m. Soldado que servía en una legión romana./ Soldado de una legión.

legislación. f. Conjunto de leyes por las cuales se gobierna un Estado, o una materia determinada./ Ciencia de las leyes.

legislador. a. y s. Que legisla.

legislar. i. Dictar leyes o establecerlas. Ú.t.c.tr.

legislativo, va. a. Apl. al derecho de hacer leyes./ Apl. al código de leyes.

legislatura. f. Tiempo durante el cual funcionan los cuerpos legislativos./ *Amér.* Conjunto de los cuerpos legislativos.

legista. m. y f. Letrado o profesor de leyes o de jurisprudencia./ El que las estudia.

legitimación. f. Acción y efecto de legitimar.

legitimar. tr. Convertir en legítima una cosa./ Justificar o probar la verdad de una cosa o la calidad de una persona o cosa conforme a las leyes./ Hacer legítimo al hijo que no lo era./ Certificar la autenticidad de un documento o una firma.

legitimidad. f. Calidad de legítimo.

legítimo, ma. a. De acuerdo con las leyes./ Cierto, verdadero./ Apl. al hijo nacido de legítimo matrimonio.

lego, ga. a. y s. Que no tiene órdenes clericales./ Falto de instrucción en una materia.

legua. f. Medida itineraria que equivale a 5.572,7 m.

leguleyo. m. El que trata de leyes sin cabal conocimiento de ellas.

legumbre. f. Todo fruto o semilla que se cría en vainas./ Por ext., hortaliza.

leguminoso, sa. a. Díc. de las plantas dicotiledóneas con flores de corola irregular, amariposada, hojas alternas y fruto en legumbre con varias semillas sin albumen, como el garbanzo, la acacia, etc. Ú.t.c.s.f.// f. pl. Familia de estas plantas.

leída. f. Acción de leer.

leído. p. p. de **leer**.//a. Dícese de la persona que ha leído mucho y tiene erudición.

leopardo

lejanía. f. Parte distante de un lugar, visible desde éste.

lejano, na. a. Distante, apartado, remoto.

lejía. f. Agua con sales alcalinas disueltas que sirve para limpiar./ fig. y fam. Reprensión fuerte o satírica.

lejos. adv. l. y t. En lugar o tiempo distante o remoto.

lelo, la. a. y s. Bobo, tonto.

lema. m. Título o argumento que precede a ciertas composiciones literarias./ Letra o sentencia que se pone en los emblemas y símbolos para hacerlos más comprensibles./ Tema de un discurso./ Frase que expresa un pensamiento que sirve de principio y guía de la conducta de una persona, grupo o partido.

lemnáceo, a. a./ f. Dícese de las plantas acuáticas, angiospermas, monocotiledóneas, con tallo y hojas transformados en una fronda verde, pequeña y en figura de disco, como la lenteja de agua.// f. pl. Familia de dichas plantas.

lémur. m. Género de mamíferos cuadrumanos de hocico prolongado y cola muy larga, propios de África y Madagascar.//m. pl. *Mit.* Genios maléficos, entre los romanos y etruscos./ fig. Duendes.

lencería. f. Conjunto de lienzos distintos./ Negocio de lienzos./ Tienda o comercio en que se venden.

lengua. f. Órgano muscular en la cavidad de la boca de los vertebrados que sirve para gustar, deglutir y para articular los sonidos de la voz./ Conjunto de palabras y modos de hablar de un pueblo; idioma./ Badajo de la campana./ Lengüeta, fiel de la balanza./ *Ling.* A partir de Saussure, se denomina así el sistema de signos, de carácter social, exterior al individuo, que éste utiliza, pero que no puede crear ni modificar./ **-aglutinante.** Aquella en que predomina la aglutinación de diversos afijos a los radicales, como el turco o el coreano./ **-analítica.** Aquella en que las relaciones gramaticales se expresan mediante artículos independientes./ **-de fuego.** Cualquiera de las llamas de un incendio./ **-de gato.** Planta rubácea./ **-de flexión.** Aquella en que las palabras varían su raíz y desinencia para señalar las relaciones gramaticales, como el castellano, inglés, etc./ **-de oc.** La que se habló en el mediodía de Francia y cultivaron los trovadores, llamada también provenzal o lemosín. Oc significa *sí* en dicha lengua./ **-de oil.** Francés antiguo, es decir, la lengua hablada antiguamente en Francia, al norte del río Loira. Oil significa *sí* en dicha lengua./ **-de tierra.** Pedazo de tierra estrecho que entra en el mar, en un río, etc./ **-madre.** Aquella de la que se han derivado otras./ **-materna.** La que se habla en un país, respecto de los naturales de éste./ **-monosilábica.** La que se compone de monosílabos invariables y en la cual las relaciones entre las palabras se expresan por colocación de éstas./ **-muerta.** La que ya no se habla como natural de un país o región./ **-sintética.** Aquella en que las relaciones gramaticales se expresan por medio de afijos.// **-viperina.** m. y f. Persona mordaz y murmuradora./ **-viva.** La que actualmente se habla en un país o región./ **-lenguas arias** o **indoeuropeas.** Las que hablan los pueblos indoeuropeos, como el griego, el iranio, etc./ **-media lengua.** fig. y fam. Persona que pronuncia imperfectamente./ Esta misma pronunciación imperfecta./ **-malas lenguas.** fig. y fam. El conjunto de los calumniadores y murmuradores./ fig. El común de las gentes./ **-irse** o **írsele** a uno **la lengua.** frs. fig. y fam. Decir inconsideradamente aquello que no se quería o debía revelar./ **-morderse uno la lengua.** frs. fig Contenerse en hablar, callar lo que se quiere decir./ **-tirar de la lengua a uno.** frs. fig. y fam. Provocarle para que hable acerca de algo.

lenguado. m. Pez comestible de cuerpo muy comprimido y oblongo y carne exquisita.

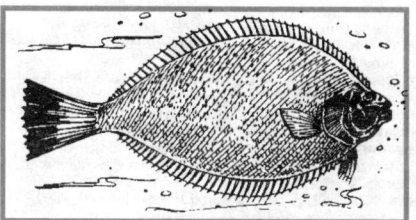

lenguado

lenguaje. m. Conjunto de sonidos articulados con que el hombre expresa lo que piensa o siente./ Idioma de un pueblo o nación, o común a varios; lengua./ fig. Conjunto de señales con que se da a entender una cosa./ Manera de expresarse./ Estilo y modo de hablar y de escribir cada uno./ Uso del habla o facultad de hablar./ *Inform.* Conjunto de signos y reglas que permiten la comunicación con un ordenador./ **-de alto nivel.** *Inform.* Lenguaje que facilita la comunicación con un computador por medio de signos convencionales cercanos a los de un lenguaje natural./ **-de máquina.** *Inform.* Combinación de dígitos binarios, por medio del cual un ordenador funciona correctamente./ **-ensamblador.** *Inform.* Lenguaje muy parecido al de máquina, con pequeñas modificaciones mnemotécnicas que facilitan su empleo. Es de nivel inmediatamente superior al de máquina.

lenguaraz. a. y s. Que conoce dos o más lenguas./ Atrevido en el hablar.

lengüeta. f. Epiglotis./ Fiel de la balanza./ Laminilla movible de metal que tienen algunos instrumentos músicos de viento y algunas máquinas hidráulicas o de aire./ Tira de piel cosida por dentro de los zapatos, en la parte del cierre, por debajo de los cordones./ *Amér.* Charlatán, chismoso.

lengüetazo. f. *Amér.* Acción rápida de tomar una cosa con la lengua o lamerla.

lengüetear. i. Sacar la lengua de la boca y moverla repetidamente./ Lamer.

lenidad. f. Blandura, falta de energía para exigir el cumplimiento de los deberes o para castigar las faltas.

lenificar. tr. Suavizar, ablandar.

lenitivo, va. a. Que ablanda y suaviza.// m. Medicamento que ablanda y suaviza./ fig. Medio para aliviar o mitigar los sufrimientos del ánimo.

lente. amb. Cristal con caras cóncavas o convexas, que se emplea en instrumentos ópticos. Ú.m.c.m./ m. pl. Cristales de igual clase, con armadura apropiada para acercarlos cómodamente a los ojos.

lenteja. f. Planta herbácea leguminosa de flores blancas y fruto en vaina pequeña, con dos o tres semillas pardas comestibles./ Fruto de esta planta./ **-de agua.** f. *Bot.* Planta lemnácea que flota en las aguas estancadas y cuyas frondas tienen el tamaño y la forma del fruto de la lenteja.

lentejuela. f. Planchita redonda de metal brillante que se usa en los bordados.

lentilla. f. Lente pequeño que por contacto se adapta a la córnea del ojo.

lentitud. f. Tardanza con que se ejecuta una cosa; calma.

lento, ta. a. Tardo y pausado./ Poco vigoroso y eficaz.

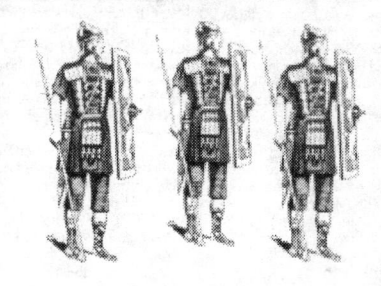

legionario

leña. f. Parte de los árboles y matas que se destina para la lumbre, cortada y dividida en trozos./ fig. Castigo, paliza.

leñador, ra. s. Persona que se ocupa en cortar leña.

leñazo. m. fam. Garrotazo.

leñera. f. Sitio o mueble para guardar leña.

leño. m. Trozo de árbol cortado y limpio de ramas./ Madera.

leñoso, sa. a. Apl. a la parte más consistente de los vegetales./ Que tiene dureza y consistencia como la de la madera.

Leo o **León.** Quinto signo del Zodíaco./ *Astron.* Constelación zodiacal que se halla delante del mismo signo y un poco hacia el oriente.

león. m. Mamífero carnicero, de pelaje entre amarillo y rojo, cabeza grande, cola larga y dientes y uñas muy fuertes. El macho se distingue por una melena que le cubre la nuca y el cuello.

leona. f. Hembra del león./ fig. Mujer audaz, valiente.

leonado, da. a. De color rubio oscuro.

leonino, na. a. Rel. al león./ Dícese del contrato poco equitativo en que toda la ganancia se atribuye a una de las partes.

leopardo. m. Mamífero carnicero de aspecto de gato grande y pelaje rojizo con manchas negras y redondas. Es muy cruel y sanguinario.

lepidóptero. a./ m. *Zool.* Apl. a los insectos que, después de su metamorfosis, tienen cuatro alas anchas y cubiertas de pequeñas escamas imbricadas, como las mariposas.// m. pl. Orden de estos insectos.

leporino, na. a. Rel. a la liebre./ Dícese del labio superior hendido por defecto congénito.

lepra. f. Enfermedad infecciosa crónica, caracterizada por lesiones en la piel, insensibilidad y trastornos nerviosos.

leproso, sa. a. y s. Que padece lepra.

lerdo, da. a. Pesado y torpe en el andar./ fig. Tardo y torpe para hacer y comprender algo.

les. Forma del pron. personal de tercera persona masculino o femenino plural.

lesión. f. Daño corporal causado por una herida, golpe o enfermedad./ fig. Perjuicio, daño.

lesionar. tr. Causar lesión. Ú.t.c.prl.

lesivo, va. a. Que daña o perjudica.

leso, sa. a. Dañado, ofendido, agraviado.

letal. a. Mortífero, que puede causar la muerte.

letanía. f. Súplica a Dios, formada por una serie de invocaciones breves./ fig. Lista de muchos nombres, locuciones, etc.

letárgico, ca. a. Que padece letargo./ Perteneciente a él.

letargo. m. *Med.* Síntoma de diversas enfermedades, consistente en un estado de somnolencia profunda y prolongada./ fig. Modorra, torpeza, insensibilidad.

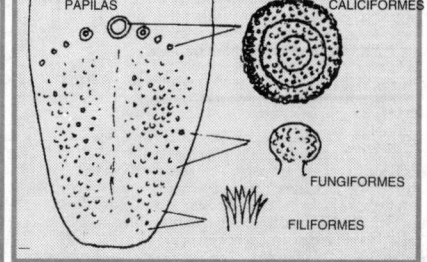

lengua

PAPILAS

CALICIFORMES

FUNGIFORMES

FILIFORMES

lidiar

letra. f. Signo o figura con que se representan los sonidos y articulaciones de un idioma./ Forma particular que tiene dicho signo, propia de la persona que lo escribe, o del tiempo o lugar en que se escribe./ Pieza de metal con una letra u otro signo relevado en una de sus bases, para que pueda imprimirse./ *Impr.* Conjunto de estas piezas./ Significación propia y exacta de las palabras, a diferencia del sentido figurado./ Especie de romance corto, cuyos primeros versos se suelen glosar./ Conjunto de las palabras puestas en música./ Lema./ fig. y fam. Astucia y sagacidad.// pl. Conjunto de las ciencias humanísticas./ -**bastarda.** La de mano, inclinada a la derecha, inventada en Italia en el s. XV./ -**bastardilla.** La de imprenta que imita a la bastarda./ -**cursiva.** La de mano, que se liga mucho para escribir de prisa./ -**de cambio.** *Com.* Documento comercial de pago, que comprende el giro de una cantidad en efectivo que hace una persona denominada librador a la orden de otra llamada tomador, al plazo que se expresa y que ha de satisfacer otra llamada librado./ -**de molde.** La impresa./ -**florida.** La mayúscula con algún adorno./ -**gótica.** La de forma rectilínea y angulosa, aún utilizada en Alemania./ -**inglesa.** La más inclinada que la bastarda./ -**itálica.** La bastardilla./ -**mayúscula.** La de mayor tamaño y distinta figura que la minúscula, que se utiliza como inicial de todo nombre propio, al comienzo de oración, etc./ -**minúscula.** La que constantemente se emplea en la escritura./ -**muda.** La que no se pronuncia: la *h* de *hueso* y la *u* de *que.*/ -**muerta.** fig. Escrito o máxima en que se previene algo que no se cumple o está sin efecto./ -**negrilla** o **negrita.** La especial gruesa que resalta de los tipos ordinarios./ -**numeral.** La que representa número, como la usada por los romanos./ -**redonda** o **redondilla.** La que es derecha y circular./ -**versal.** La mayúscula./ -**versalita.** *Impr.* Mayúscula de igual tamaño que la minúscula./ -**letras humanas.** Literatura, en especial la griega y latina./ -**bellas** o **buenas letras.** Literatura./ -**primeras letras.** Rudimentos de la enseñanza.// -**a la letra.** m. adv. Literalmente, según la significación natural de las palabras./ Enteramente, sin añadir ni quitar nada./ fig. Puntualmente.// -**al pie de la letra.** m. adv. A la letra.

letrado, da. a. Docto o instruido./ fam. Que presume de discreto y habla sin fundamento.// m. Abogado.

letrero. m. Palabra o conjunto de palabras escritas para publicar una cosa./ *Arg.* Cartel, anuncio artístico.

letrilla. f. Composición poética de versos cortos.

letrina. f. Lugar destinado para verter las inmundicias y expeler los excrementos./ fig. Cosa de aspecto asqueroso.

leucemia. f. Enfermedad caracterizada por un aumento anormal del número de leucocitos en la sangre.

leucocito. m. Célula esférica, incolora, con citoplasma viscoso, que se encuentra en la sangre y en la linfa y asegura la defensa contra cuerpos extraños./ Glóbulo blanco.

leudar. tr. Hacer que la masa fermente con levadura.// prl. Fermentar la masa con levadura.

leudo, da. a. Apl. al pan o masa fermentados con levadura.

leva. f. Partida de las embarcaciones del puerto./ Reclutamiento de gente para la milicia./ Palanca de madera.

levadizo, za. Que se levanta o se puede levantar.

levadura. f. Microorganismo que produce fermentaciones./ Masa constituida por estos microorganismos./ Sustancia que excita la fermentación.

levantado, da. p. p. de **levantar**.// a. Sublime, elevado.// f. Acción de levantarse o dejar la cama

levantamiento. m. Acción y efecto de levantar o levantarse./ Sedición, rebelión popular.

levantar. tr./ prl. Mover de abajo hacia arriba una cosa./ fig. Rebelar, sublevar./ Enderezar./ Sublevar./ Poner algo en sitio más alto del que ocupaba.// tr. Dirigir hacia arriba la mirada, la puntería, etc./ Quitar una cosa del lugar que ocupa./ Edificar./ Dicho de ciertas cosas que forman bulto sobre otras, producirlo./ fig. Fundar, erigir./ Dejar sin efecto ciertas penas impuestas./ Alzar la voz./ Aumentar el precio de algo./ Esforzar./ Reclutar.// prl. Sobresalir de una superficie./ Dejar la cama.

levante. m. Oriente./ Este./ Países de la parte oriental del Mediterráneo./ Viento que sopla de la parte oriental.

levantisco, ca. a. De genio inquieto y turbulento.

levar. tr. Arrancar el ancla fondeada./ Reclutar gente.

leve. a. De poco peso, ligero./ fig. De poca importancia, venial.

levedad. f. Calidad de leve./ Inconstancia de ánimo, veleidad.

levita. m. Israelita de la tribu de Leví, consagrado al servicio del templo.// f. Prenda masculina ajustada al cuerpo, cuyos faldones, a diferencia de los del frac, se cruzan por delante.

levitar. i. Elevarse en el espacio sin apoyo de agentes físicos conocidos.

léxico, ca. a. Rel. al léxico.// m. Conjunto de las palabras de un idioma./ Diccionario de la lengua griega./ Por ext., diccionario de cualquier otra lengua./ Conjunto de voces, giros y modismos de un autor.

ley. f. Regla y norma constante e invariable de las cosas./ Precepto dictado por la autoridad, por el que se manda o prohíbe una cosa, con arreglo a la justicia./ Religión./ Lealtad, fidelidad./ Cantidad de oro o plata finos que han de contener las ligas de barras, alhajas o monedas./ Estatuto o condición establecida para un acto particular./ Conjunto de las leyes o cuerpo del derecho civil./ -**antigua** o **de Moisés.** Preceptos que Dios dio al pueblo hebreo por medio de Moisés./ -**del embudo.** fig. y fam. La que se aplica con desigualdad, con rigor a unos y con amplitud a otros./ -**marcial.** La que se dicta en estado de guerra o como emergencia para mantener el orden./ -**natural.** Dictamen de la recta razón./ -**sálica.** La que excluía del trono a las mujeres./ -**seca.** La que prohíbe el tráfico y consumo de bebidas alcohólicas./ -**de buena ley.** loc. fig. De excelentes condiciones.

leyenda. f. Narración de hechos más tradicionales o maravillosos que históricos o ciertos./ Inscripción de las monedas o medallas./ Acción de leer./ Lo que se lee.

lezna. f. Instrumento para agujerear, coser y pespuntar, de punta muy aguda.

lía. f. Soga de esparto, trenzada.

liana. f. *Amér.* Bejuco.

liar. tr. Atar con lías./ Atar los fardos y cargas./ Envolver una cosa./ Formar cigarrillos envolviendo la picadura en el papel de fumar.// tr./ prl. Envolver a uno en un compromiso.

libanés, sa. a. y s. Del Líbano.

libar. tr. Chupar con suavidad un jugo./ Degustar un licor.

libelo. m. Escrito en que se denigra o infama./ *For.* Pedimento o memorial.

libélula. f. Caballito del diablo.

estatua de la Libertad

liberación. f. Acción de poner en libertad./Cancelación de las cargas que gravan un inmueble.

liberador, ra. a. y s. Libertador.

liberal. a. Que obra con liberalidad./ Dícese de las artes que requieren principalmente el ejercicio de la inteligencia./ Que es partidario del liberalismo. Ú.t.c.s.

liberalidad. f. Generosidad, desprendimiento./ Virtud que consiste en distribuir uno con generosidad sus bienes.

liberalismo. m. Sistema que proclama el predominio de la iniciativa privada, la libertad individual, el librecambio y el Estado laico./ Doctrina y partido de los liberales.

liberalizar. tr./ prl. Hacer liberal en el orden político a alguien o a algo.

liberar. tr. Libertar, eximir de una obligación, de dominación o de una deuda.

liberiano, na. a. y s. De Liberia.

libertad. f. Facultad natural del hombre que le permite obrar a voluntad./ Estado del que no es esclavo./Estado del que no está preso./Falta de subordinación./ Facultad de hacer y decir cuanto no se oponga a las leyes./ Licencia o familiaridad./ Prerrogativa, privilegio. Ú.m. en pl./**-condicional.** La que se otorga al preso en el último período de su condena y que está sujeta a su ulterior comportamiento.

libertado, da. p. p. de **libertar.**// a. Osado, atrevido./ Libre, sin sujeción.

libertador, ra. a. y s. Que liberta.

libertar. tr./ prl. Poner en libertad./ Sacar de la esclavitud./ Eximir a uno de una obligación, deuda, etc.

libertario, ria. a. y s. Que defiende la libertad absoluta.

libertinaje. m. Desenfreno en las palabras o actos.

libertino, na. a. y s. Apl. a la persona entregada al libertinaje.

liberto, ta. s. Esclavo a quien se ha dado la libertad.

libidinoso, sa. a. Lascivo, lujurioso.

libio, bia. a. y s. De Libia.

libra. f. Unidad de peso inglesa, equivalente a 453,6 gramos./ Moneda imaginaria. Su valor varía según los países./ Medida cuya capacidad equivale a una libra de un líquido./ Séptimo signo del Zodíaco./ *Astron.* Constelación zodiacal que se halla delante del signo de este nombre./ **-esterlina.** Moneda inglesa de oro.

librado, da. p. p. de **librar.**// s. Persona contra la cual se gira una letra de cambio.

librador, ra. a. y s. Que libra.

libramiento. m. Acción y efecto de librar de un daño, trabajo, etc./ Libranza.

libranza. f. Orden de pago contra uno que tiene fondos a disposición del que la expide.

librar. tr./ prl. Sacar de un trabajo, mal o peligro.// tr. Poner confianza en una persona o cosa./ *Com.* Expedir letras de cambio, libranzas, cheques y otras órdenes de pago.// i. Parir la mujer./ Echar la placenta la mujer que pare.

libre. a. Que tiene facultad para obrar o no./Que no es esclavo./ Que no está preso./ Atrevido, licencioso./ Suelto./ Exento, dispensado./ Soltero./ Independiente./ Inocente, sin culpa.

librea. f. Traje dado a ciertos criados por sus patronos.

librecambio. m. Libre cambio.

librería. f. Biblioteca./Tienda donde se venden libros./Mueble con estantes para colocar libros./ Ejercicio del librero.

librero, ra. a. Persona que tiene por oficio vender libros.

libresco, ca. a. Rel. a los libros.

libreta. f. Cuaderno o libro pequeño para escribir anotaciones o cuentas.

libreto. m. Texto escrito para ser recitado./ Obra dramática para ser puesta en música.

libro. m. Conjunto de hojas de papel, vitela, etc., por lo común impresas, cosidas o encuadernadas en un volumen./ Obra científica o literaria, que comprende para formar volumen./ Cada una de sus partes, si es de gran extensión./ Libreto./ Tercera parte de las cuatro que tiene el estómago de

lezna

los rumiantes./ **-de texto.** El que utilizan los escolares para seguir sus cursos./**-diario.** Aquel en que, diariamente, se anotan todas las operaciones comerciales en el orden en que se producen./**-mayor.** Aquel en que el comerciante debe anotar, por orden de fecha, todas sus cuentas corrientes./**-talonario.** Aquel en que queda un comprobante de cada uno de los recibos o documentos de él cortados.// **-libros de caballerías.** Género literario que durante los siglos XV y XVI fue muy popular en Europa. Se basaba en la narración de aventuras fantásticas de emperadores, reyes y caballeros.

licencia. f. Facultad o permiso para hacer una cosa./ Abusiva libertad en el decir u obrar./ **-poética.** Infracción de las reglas gramaticales o las leyes del estilo que se admite en poesía.

licenciado, da. p. p. de **licenciar.**// a. Díc. de la persona que se precia de entendida./ Dado por libre.// s. Persona que ha obtenido un grado que le habilita para ejercer una profesión. // m. Tratamiento que se da a los abogados./Soldado que ha recibido su licencia.

licenciamiento. m. Licenciatura./ Acción y efecto de licenciar a los soldados.

licenciar. tr. Dar licencia o permiso./ Despedir a uno./ Conferir el grado de licenciado./ Dar a los soldados su licencia.// prl. Tomar el grado de licenciado.

licenciatura. f. Grado de licenciado./ Acto de recibirlo.

licencioso, sa. a. Libre, disoluto.

liceo. m. Uno de los tres ant. gimnasios de Atenas, donde enseñaba Aristóteles./ Escuela aristotélica./Nombre de ciertas sociedades literarias o recreativas./ *Amér.* Instituto de enseñanza secundaria.

licitación. f. *Der.* Acción y efecto de licitar./ *Amér.* Concurso entre los que aspiran a encargarse de realizar una obra, entregar ciertas mercaderías o prestar un servicio bajo determinadas condiciones, a fin de que el interesado, gmente. el Estado, elija la propuesta que ofrezca mayores ventajas.

licitador, ra. s. Persona que licita.

licitar. tr. Ofrecer precio por una cosa que se vende en subasta.

lícito, ta. a. Justo, permitido./ Legal./ Que es de la ley exigida

licor. m. Cuerpo líquido./ Bebida espirituosa, compuesta de agua, alcohol, azúcar y esencias aromáticas variadas.

lictor. m. Entre los romanos, magistrado o servidor de la justicia.

licuación. f. Acción y efecto de licuar o licuarse.

licuar. tr./ prl. Liquidar, hacer líquida una cosa sólida./ Fundir un metal sin que se derritan las demás materias con que se encuentra combinado.

licuefacción. f. Acción y efecto de licuar o licuarse.

licuefacer. tr./ prl. Licuar.

lid. f. Combate, pelea./ fig. Disputa, discusión.// **-en buena lid.** m. adv. Por buenos medios.

líder. m. Jefe, dirigente, conductor.

liderato o **liderazgo.** m. Condición de líder o ejercicio de sus actividades.

lidiar. i. Batallar, pelear./ fig. Tratar con personas que causan molestia./ fig. Hacer frente u oposición a uno.// tr. Torear.

libélula

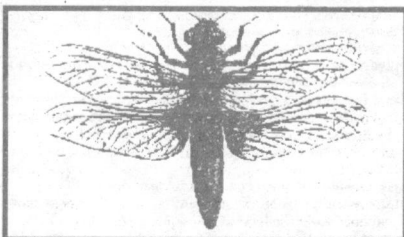

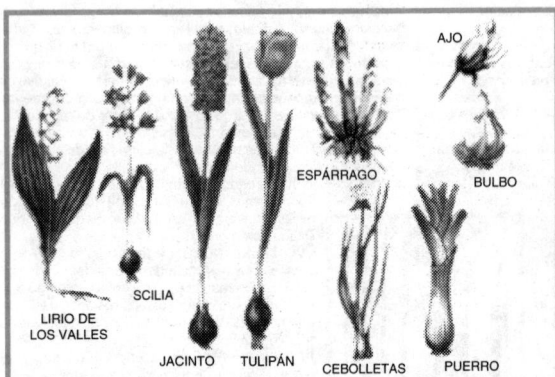

LIRIO DE LOS VALLES · SCILIA · JACINTO · TULIPÁN · ESPÁRRAGO · CEBOLLETAS · PUERRO · AJO · BULBO

liliáceas

lidio, dia. a. y s. De Lidia.

liebre. f. Mamífero roedor, de cuerpo estrecho con pelaje suave y espeso y orejas muy largas, algo mayor que el conejo. Es tímido y de veloz carrera.

liendre. f. Huevo del piojo.

lienzo. m. Tela que se fabrica de algodón, lino, etc./ Pintura que está sobre lienzo./ Pañuelo de bolsillo./ Fachada de un edificio o pared que va de una parte a otra./ Porción de muralla, en línea recta.

liga. f. Cinta de tejido elástico con que se aseguran las medias./ Unión o mezcla./ Aleación./ Confederación de naciones o Estados./ Agrupación de individuos o colectividades humanas con algún designio común./ R. de la P. fam. Suerte, fortuna. Ú.m. con el verbo tener.

ligación. f. Acción y efecto de ligar.

ligado. m. Unión o enlace de las letras de una escritura./ Modo musical de ejecutar notas diferentes sin interrupción de sonido.

ligadura. f. Vuelta que se da con liga, venda, etc., alrededor de algo para sujetarlo./ Sujeción con que una cosa está unida a otra./ Acción y efecto de ligar o unir./ fig. Sujeción.

ligamento. m. Acción de ligar./ Cordón fibroso muy resistente, que liga los huesos de las articulaciones./ Pliegue membranoso que enlaza o sostiene cualquier órgano del cuerpo de un animal.

ligar. tr. Atar./ Alear./ Mezclar otro metal con el oro o con la plata./ Unir, enlazar./ Obligar./ R. de la P. fam. Tocar a uno en suerte una cosa. Ú.t.c.i. y prl./ prl. Confederarse, unirse para un fin.

ligazón. f. Unión estrecha entre dos cosas entre sí; trabazón.

ligereza. f. Agilidad, prontitud./ Levedad./ fig. Inconstancia./ Dicho o hecho de cierta importancia, pero irreflexivo.

ligero, ra. a. De poco peso./ Ágil, veloz./ Dícese del sueño que se interrumpe fácilmente./ Leve, de poca importancia./ Apl. al alimento de fácil digestión./ Inconstante, versátil.// **-a la ligera.** m. adv. Aprisa, con rapidez./ fig. Sin aparato ni ceremonia.

lignito. m. Carbón fósil.

ligustre. m. Flor del ligustro.

ligustro. m. Arbusto ramoso, de flores blancas y pequeñas, que se emplea para formar cercos.

lija. f. Pez selacio de piel sin escamas, pero áspera y cubierta de una especie de granillos muy duros./ Piel de éste u otro selacio que, seca, sirve para alisar./ Papel con vidrio molido, o arena muy fina, encolado en uno de sus lados, que se usa para pulir o alisar.

lijar. tr. Pulir con lija o con papel de lija.

lila. f. Arbusto oleáceo muy ramoso, con hermosas flores moradas o blancas, olorosas./ Su flor./ a./ m. Color morado claro, como el de esta flor.

liliáceo, a. a. f. Bot. Apl. a las plantas angiospermas monocotiledóneas de raíz bulbosa, como el tulipán, la azucena y el ajo.// f. pl. Familia de estas plantas.

liliputiense. a. y s. fig. Dícese de la persona en extremo pequeña y endeble.

lima. f. Fruto comestible del limero, de corteza amarilla y pulpa algo dulce./ Instrumento de acero templado, con la superficie estriada, que se usa para desgastar y alisar los metales y otras materias duras.

limadura. f. Acción y efecto de limar.// pl. Partes muy menudas que se arrancan de alguna pieza de metal, con la lima.

limar. tr. Cortar, alisar o pulir con la lima./ fig. Pulir una obra./ Disminuir, debilitar una cosa.

limbo. m. Lugar donde estaban detenidas las almas de los santos y patriarcas antiguos./ Lugar adonde van las almas de los que, antes del uso de la razón, mueren sin el bautismo./ Borde de una cosa./ Bot. Lámina o parte ensanchada de las hojas, pétalos y sépalos.// **-estar en el limbo.** frs. fig. y fam. Estar distraído, como alelado.

limeño, ña. a. y s. De Lima.

limero, ra. s. Persona que vende limas.// m. Árbol con flores blancas, pequeñas y olorosas. Su fruto es la lima.

limitación. f. Acción y efecto de limitar o limitarse. / Término o distrito.

limitado, da. p. p. de limitar.// a. De poco entendimiento.

limitar. tr. Poner límites a un terreno.// tr./ prl. fig. Ceñir, reducir.

límite. m. Término, confín o lindero de naciones, provincias, etc./ fig. Fin, término./ Mat. En una secuencia infinita de magnitudes, la magnitud fija a la que se aproximan cada vez más los términos de la secuencia./ **-inferior.** Mat. La magnitud máxima que es inferior a todas las demás, en un conjunto de magnitudes./ **-superior.** Mat. En un conjunto de magnitudes, la magnitud mínima superior a todas las demás.

limítrofe. a. Fronterizo, aledaño, lindante.

limo. m. Lodo, fango.

limón. m. Fruto del limonero, de corteza amarilla y pulpa jugosa de sabor ácido agradable./ Limonero.

limonada. f. Bebida hecha con agua, azúcar y zumo de limón.

limonar. m. Sitio poblado de limoneros.

limonera. f. Cada una de las dos varas de un carruaje.

limonero, ra. s. Persona que vende limones.// m. Árbol siempre verde con tronco liso y ramoso y flores olorosas. Su fruto es el limón.

limosna. f. Lo que se da para socorrer al necesitado.

limosnear. i. Mendigar, pedir limosnas.

limosnero, ra. a. Inclinado a dar limosna./ Amér. Mendigo. Ú.t.c.s.// m. Encargado de recoger y distribuir limosnas.

limpiabotas. m. El que por oficio limpia y lustra el calzado.

limpiador, ra. a. y s. Que limpia.

limpiaparabrisas. m. Mecanismo que se aplica a la parte exterior del parabrisas, formado por dos brazos frotadores que barren el agua o la nieve con el movimiento pendular que les imprime un pequeño motor eléctrico.

limpiar. tr./ prl. Quitar la suciedad de una cosa.// tr. Purificar./ Ahuyentar de un sitio a los que causan perjuicios./ fig. y fam. Hurtar, robar./ En el juego, ganar a uno su dinero.

limpidez. f. Calidad de límpido.

límpido, da. a. Limpio, inmaculado, puro.

limpieza. f. Calidad de limpio./ Acción y efecto de limpiar o limpiarse./ fig. Pureza./ Integridad, buen proceder en los negocios./ Destreza y precisión con que se ejecutan ciertas cosas./ En los juegos, cumplimiento estricto de sus reglas.

limpio, pia. a. Sin mancha o suciedad./ Sin mezcla de otra cosa./ Que tiene el hábito de la pulcritud y el aseo./ fig. Libre de cosa que dañe.// **-en limpio.** m. adv. En claro y sin enmiendas.

linaje. m. Ascendencia o descendencia de una familia./ fig. Clase o condición de una cosa.

linaza. f. Semilla del lino. De ella se obtiene un aceite usado en pinturas y barnices; su harina se emplea como emoliente.

lince. m. Mamífero carnicero, parecido al gato cerval, de pelaje más o menos bermejo, moteado, y orejas puntiagudas terminadas en un pincel de pelos negros.// a. y s. Persona sagaz.// a./ m. fig. Perspicaz, apl. a la vista.

linchamiento. m. Acción de linchar.

linchar. tr. Ejecutar sin formación de proceso y en tumulto a un criminal o presunto delincuente.

lindar. i. Estar contiguos dos territorios o fincas.

linde. amb. Límite./ Término, línea que divide las heredades.

lindero, ra. a. Que linda.

lindeza. f. Calidad de lindo./ Hecho o dicho gracioso.// pl. irónico Improperios, insultos.

lindo, da. a. Hermoso, apacible y grato a la vista./ fig. Primoroso, exquisito.// **-de lo lindo.** m. adv. Con primor o excelencia./ Mucho, con exceso.

lindura. f. Lindeza.

línea. f. En geometría, extensión considerada en una sola de sus dimensiones: la longitud./ Vía terrestre, marítima o aérea./ Raya en un cuerpo./ Serie de personas o cosas, una detrás de otra./ Clase, especie, género./ Serie de personas enlazadas por parentesco./ Serie de trincheras para la defensa o el ataque./ fig. Límite, confín./ Formación de tropas en orden de batalla./ **-curva.** La que no es recta en ninguno de sus puntos./ **-de flotación.** La divisoria entre la parte sumergida del casco de un buque y la que queda fuera del agua./ **-de puntos.** Puntos suspensivos./ **-férrea.** Vía férrea./ **-horizontal.** La que corre en dirección paralela al horizonte./ **-mixta.** La compuesta de recta y curva./ **-oblicua.** La que cae sobre otra pero no forma ángulo recto./ **-quebrada.** La compuesta de varias rectas, sin ser recta./ **-recta.** Sucesión de generaciones de padres e hijos./ Geom. La más corta entre dos puntos./ **-vertical.** La perpendicular al horizonte./ **-en toda la línea.** frs. fig. Por completo.

lineal. a. Perteneciente a la línea./ Apl. al dibujo que se representa por medio de líneas.

linear. tr. Tirar líneas./ Bosquejar

linfa. f. Humor acuoso, parte del plasma sanguíneo, que circula por los vasos linfáticos. Contiene leucocitos y sirve de intermediario entre la sangre y las células.

linfático, ca. a. Rel. a la linfa.// a. y s. Abundante en linfa.

liebre

lingote. m. Barra de metal en bruto.

lingual. a. Rel. a la lengua./ Fon. Aplícase a las consonantes que se pronuncian con el ápice de la lengua, como la l./ Fon. Dícese de la letra que representa este sonido.

lingüístico, ca. a. Relativo a la lingüística.// f. Ciencia del lenguaje./ Estudio histórico y comparativo de las lenguas.

linimento. m. Preparación a base de aceites o alcoholes, que se aplica exteriormente en fricciones, menos espesa que el ungüento.

lino. m. Planta herbácea, anual, de raíz fibrosa, con flores azules y tallo recto y hueco del que se extrae una fibra textil. De la semilla se obtiene un aceite secante que se emplea en tintura y en la fabricación de hule y tintas de imprenta. También de la semilla, molida, resulta la llamada harina de linaza, usada como emoliente./ Tela hecha con las fibras de esta planta.

linóleo. m. Tela fuerte e impermeable de yute cubierto con una capa de corcho en polvo amasado con aceite de linaza.

linón. m. Tela de hilo muy ligera.

linotipia. f. Máquina de componer, con teclado de escribir, que funde líneas enteras en un solo bloque.

linotipista. m. y f. Persona que maneja una linotipia.

linotipo. m. y f. Amér. Linotipia.

linterna. f. Farol fácil de llevar en la mano./ Faro./ **-mágica.** Aparato óptico provisto de lentes, que sirve para proyectar amplificadas en un lienzo o pared figuras pintadas en tiras de vidrio muy iluminadas.

linyera. m. Amér. Vagabundo que vive de la caridad y de pequeños hurtos./ Amér. Saco de lona para guardar ropa.

lío. m. Porción de ropa o de otras cosas atadas./ fig. y fam. Embrollo.

lípido. m. Nombre genérico de las sustancias orgánicas llamadas grasas.

lipotimia. f. Pérdida súbita y pasajera del sentido y el movimiento, acompañada de palidez de la cara.

liquen. m. Planta criptógama formada por la simbiosis de un hongo y un alga. Crece en los lugares húmedos y forma costras sobre las rocas o las paredes. Existen líquenes alimenticios, medicinales y tintóreos.

liquidación. f. Acción de liquidar./ Venta con rebaja de precios que hace una casa de comercio.

limón

liquidar. tr./ prl. Hacer líquida una cosa sólida o gaseosa.// tr. Ajustar una cuenta./ Poner término a una cosa o a un estado de cosas./ Saldar una deuda./ Vender al por menor con rebaja de precios./ Deshacerse de una persona que estorba; matarla.

liquidez. f. Calidad de líquido./ Relación entre el conjunto de dinero en caja y de bienes fácilmente convertibles en dinero, y el total del activo.

líquido, da. a./ m. Dícese del cuerpo cuyas moléculas se adaptan a la forma de la cavidad que las contiene, y tienden siempre a ponerse a nivel./ Apl. al saldo que resulta de la comparación del debe con el haber.

lira. f. Instrumento músico antiguo compuesto de varias cuerdas tensas en un marco./ Moneda italiana de plata./ Combinación métrica de cinco versos (heptasílabos el primero, el tercero y el cuarto, y endecasílabos los otros dos) que riman el primero con el tercero y el segundo con el cuarto y el quinto./ Combinación métrica de seis versos de distinta medida que riman los cuatro primeros alternadamente y los dos últimos entre sí./ fig. Inspiración, numen del poeta.

LIGAMENTO DEL PIE

ligamento

lírica. f. Género literario cuyas obras, por lo general en verso, que expresan sentimientos íntimos del autor, y que se proponen suscitar en el oyente o lector sentimientos análogos.

lírico, ca. a. Perteneciente a la lira, a la poesía propia para el canto o a la lírica./ Aplícase a la obra literaria que pertenece a la lírica o a su autor./ Propio de la poesía lírica o apto para ella./ Que promueve una profunda comunión espiritual con los sentimientos manifestados por el poeta./ Que promueve en el ánimo un sentimiento intenso o sutil, semejante al producido por la poesía lírica./ Aplícase a las obras teatrales total o fundamentalmente musicales.

lirio. m. Planta herbácea, de hojas erguidas con flores grandes, de seis pétalos azules o morados y a veces blancos, y rizoma rastrero y nudoso./ Su flor./ **-blanco.** Azucena.

lirismo. m. Calidad de lírico./ Empleo indebido del estilo lírico.

lirón. m. Mamífero roedor parecido al ratón, pero más grande. Pasa el invierno adormecido y oculto./ fig. Persona dormilona.

lis. amb. Lirio.

lisboeta. a. y s. De Lisboa.

lisbonense. a. y s. De Lisboa.

lisbonés, sa. a. y s. De Lisboa.

lisiado, da. p. p. de **lisiar**/ a. y s. Dícese de la persona con alguna imperfección orgánica.

liso, sa. a. Sin asperezas, sin realces ni adornos./ Plano, igual./ Apl. a las telas que no son labradas y a los vestidos carentes de adorno.// f. Pez de algunos ríos europeos.

lisonja. f. Alabanza afectada, adulación.

lisonjear. tr. Adular./ fig. Agradar, deleitar // tr./ prl. Dar motivo de envanecerse o engreírse.

lisonjero, ra. a. Que linsonjea. Ú.t.c.s. / fig. Que deleita, que agrada.

lista. f. Tira./ Línea que se forma en un cuerpo cualquiera./ Catálogo, enumeración.

listado, da. a. Que forma o tiene listas.

listo, ta. a. Diligente, pronto./ Preparado, dispuesto para hacer una cosa./ Sagaz, avisado.

listón. m. Pedazo de tabla angosta, que sirve para hacer marcos y para otros usos./ Cinta de seda angosta./ Barra colocada horizontalmente sobre dos soportes, para marcar la altura que se ha de saltar en ciertas pruebas.

lisura. f. Calidad de liso./ Igualdad y tersura de la superficie de una cosa.

litera. f. Vehículo antiguo con capacidad para una o dos personas, a modo de caja de coche, con dos varas laterales que se apoyaban en dos caballerías, una puesta delante y otra detrás./ Cada una de las camas fijas en buques, trenes, etc.

literal. a. Conforme a la letra del texto, o al sentido exacto y propio de las palabras./ Apl. a la traducción ajustada al orden y sentido de cada palabra del original.

llena

literario, ria. a. Rel. a la literatura./ Que responde a las exigencias de estilo o a las convenciones de la literatura./ Que sólo se encuentra en las obras literarias.

literato, ta. a. y s. Apl. a la persona versada en literatura, y a quien la cultiva o profesa.

literatura. f. Arte bello que utiliza como instrumento la palabra./ Teoría de las composiciones literarias./ Conjunto de las obras literarias de un género, época o país./ Por ext., el conjunto de las que tratan de una ciencia o arte.

litigar. tr. Pleitear.// i. fig. Contender, altercar.

litigio. m. Pleito./ fig. Contienda, disputa.

litio. m. Metal muy liviano, de color blanco. Símb., Li.; n. at., 3; p. at., 6,940.

litografía. f. Procedimiento de copiado según el cual se dibuja o escribe con tinta o lápiz graso en piedra para hacer después reproducciones por medio de una prensa especial./ Copia obtenida por este procedimiento./ Taller en que se hacen estas copias.

litoral. a. Perteneciente a la orilla o costa del mar.// m. Costa de un mar; zona marítima de un territorio.

litosfera. f. Envoltura rocosa que constituye la corteza exterior sólida del globo terrestre.

litro. m. Unidad de capacidad del sistema métrico decimal, que equivale a un decímetro cúbico.

liturgia. f. Orden y forma que ha aprobado la Iglesia para celebrar los oficios divinos.

liviandad. f. Calidad de liviano./ fig. Acción liviana; ligereza.

liviano, na. a. Leve, de poco peso./ fig. Inconstante./ poca importancia, leve./ Lascivo.

lividez. f. Calidad de lívido.

lívido, da. a. Amoratado, que tira a morado.

llaga. f. Úlcera en el cuerpo./ fig. Infortunio, mal que causa dolor y pesadumbre.

llagar. tr. Hacer llagas, producirlas.

llama. f. Masa gaseosa en combustión que se eleva de los cuerpos que arden. Despide luz y calor.// f. Mamífero rumiante, propio de la América Meridional./ Es una variante doméstica del guanaco y sirve como bestia de carga. Se utilizan su leche, carne, cuero y pelo, que se esquila anualmente.

llama

llamadores

llamada. f. Llamamiento./ Señal que en escritos sirve para llamar la atención desde un lugar hacia otro en que hay una cita, nota, etc./ Toque militar para que la tropa entre en formación.

llamado. m. Llamamiento.

llamador, ra. s. Persona que llama./ m. Aldaba para llamar./ Botón del timbre eléctrico.

llamamiento. m. Acción de llamar.

llamar. tr. Dar voces, hacer ademanes para que uno venga o para advertirle alguna cosa./ Invocar, pedir auxilio oral o mentalmente./ Convocar, citar./ Nombrar./ Inclinar hacia un lado una cosa./ i. Hacer sonar un timbre, campana, etc., para que abran o alguien acuda.// prl. Tener tal o cual nombre o apellido.

llamarada. f. Llama que se levanta del fuego y se apaga pronto./ fig. Encendimiento rápido y momentáneo del rostro./ Movimiento repentino y breve del ánimo.

llamativo; va. a. fig. Que llama la atención exageradamente.

llameante. p. act. de **llamear.** Que llamea.

llamear. i. Echar llamas.

llanamente. adv. m. fig. Con ingenuidad y sencillez./ Sin ostentación.

llanero, ra. a. Habitante de las llanuras./ a. y s. De los Llanos Orientales de Colombia.

llaneza. f. fig. Sencillez, familiaridad en el trato./ Confianza, familiaridad./ Sencillez notable en el estilo.

llano, na. a. Igual, sin altos ni bajos./ Allanado, conforme./ fig. Sin presunción./ fig. Libre, franco./ fig. Claro, evidente./ fig. Corriente, fácil./ fig. Dícese de las palabras graves, que llevan su acento en la penúltima sílaba./ Apl. al estilo sencillo y sin adornos./ m. Llanura.

llanta. f. Cerco metálico exterior de las ruedas de los automóviles, coches y carros.

llantén. m. Planta herbácea de sitios húmedos cuyas hojas cocidas se emplean como medicina.

llanto. m. Derramamiento de lágrimas, acompañado, por lo general, de sollozos y lamentos.

llanura. f. Igualdad de la superficie de una cosa./ Gran extensión de terreno llano, sin altos ni bajos.

llave. f. Instrumento metálico que sirve para abrir o cerrar una cerradura./ Instrumento para apretar o aflojar las tuercas./ Instrumento para facilitar o impedir el paso de un fluido por un conducto./ Instrumento para dar cuerda a los relojes./ Aparato de metal, colocado en algunos instrumentos músicos de viento, y que abre y cierra el paso del aire./ fig. Medio para

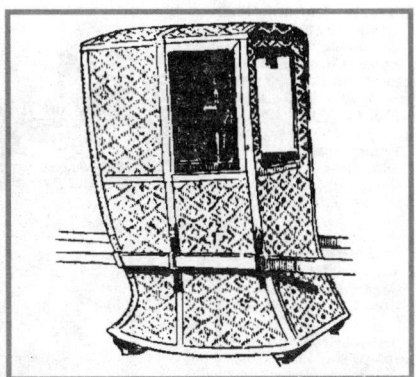

litera

descubrir lo secreto./ Principio que facilita el conocimiento de otras cosas./ En lo impreso o escrito, corchete, signo para abarcar palabras, cifras, etc./ Prima que se paga por el traspaso de un negocio o de un local comercial./ Cosa que sirve de defensa o resguardo a otra u otras./ Clave, signo que determina el nombre de las notas en el pentagrama./ **-maestra.** La hecha de manera que pueda abrir y cerrar todas las cerraduras de una casa./ **-debajo de siete llaves.** expr. fig. que denota que una cosa está muy resguardada y segura.

llavero, ra. s. Persona encargada de la custodia de las llaves de un edificio, cárcel, etc.// m. Anillo de metal, cuero, etc., para llevar llaves.

llegada. f. Acción y efecto de llegar a un lugar.

llegar. i. Venir, arribar de un sitio a otro./ Durar hasta un tiempo determinado./ Tocar por su turno una cosa o acción a uno./ Conseguir el fin a que se aspira./ Alcanzar una cosa./ Empezar a correr un cierto y determinado tiempo./ Venir o ser el tiempo de una determinada cosa./ Importar, ascender.// prl. Acercarse./ Unirse, adherirse.

llenar. tr./ prl. Ocupar por entero con alguna cosa un espacio vacío.// tr. fig. Ocupar con dignidad un cargo./ Agradar, satisfacer./ Cargar, colmar./ prl. fam. Hartarse de comida o bebida./ fig. y fam. Enojarse después de haber sufrido algún tiempo.

lleno, na. a. Ocupado completamente por otra cosa, henchido./ m. Plenilunio./ Concurrencia que ocupa todas las localidades de un local de espectáculos./ fam. Abundancia, copia./ **-de** **lleno.** m. adv. Del todo, enteramente.

llevar

llenura. f. Gran abundancia, plenitud.

llevadero, ra. a. Fácil de sufrir, tolerable.

llevar. tr. Transportar una cosa de una parte a otra./ Soportar, sufrir./ Separar violentamente una cosa de otra./ Indicar, dirigir./ Traer puesta la ropa, etc., o en los bolsillos, dinero u otra cosa./ Persuadir, inducir./ **-llevarse bien o mal.** frs. fam. Congeniar, o no, dos o más personas.// **-llevar y traer.** frs. fig. y fam. Andar en cuentos y chismes.

llorar. i./ tr. Derramar lágrimas./fig. Destilar, caer gota a gota un líquido.// tr. fig. Lamentar, sentir mucho una cosa./ Encarecer sufrimientos o necesidades.

lloriquear. i. Llorar débil y monótonamente.

lloriqueo. m. Acción de lloriquear.

lloro. m. Acción de llorar./ Llanto.

llorón, na. a. Rel. al llanto./ /a. y s. Que llora mucho o fácilmente.// m. Penacho de plumas largas, flexibles y péndulas.// f. Plañidera./ /f. pl. *Amér.* Espuelas grandes, nazarenas.

lloroso, sa. a. Que tiene señales de haber llorado./ Que causa tristeza y llanto.

llovedizo, za. a. Dícese de las azoteas, techos, etc., que por defecto dejan pasar el agua de lluvia.

llover. i./ tr. Caer agua de las nubes./ i. fig. Caer algo sobre uno con abundancia.// prl. Calarse con las lluvias las bóvedas, tejados, azoteas, etc.// **-como llovido.** loc, adv. fig. De manera imprevista.// **-llover sobre mojado.** frs. fig. Venir preocupaciones o molestias sobre otras.

llovizna. f. Lluvia menuda que cae con suavidad.

lloviznar. Caer llovizna.

lluvia. f. Acción de llover./ fig. Afluencia de muchas cosas juntas./ fig. Abundancia, copia, muchedumbre./ **-ácida.** Precipitación en la atmósfera de las emisiones industriales de contaminantes ácidos, v. gr. óxidos de azufre y de nitrógeno, metales, etc.

lluvioso, sa. a. Apl. al tiempo o país en que llueve mucho o al país donde llueve con frecuencia.

lo. Artículo determinado, neutro.// Forma del pron. personal de tercera persona, masculino o neutro, singular.

loa. f. Acción y efecto de loar./ Poema dramático breve, en que se alaba a una persona o se celebra un acontecimiento.

loable. a. Laudable

loar. tr. Elogiar, alabar.

loba. f. Hembra del lobo./ Sotana.

lobato. m. Cachorro del lobo.

lobería. f. *Amér.* Sitio donde acostumbran a reunirse en tierra los lobos marinos.

lobezno. m. Lobato./ Lobo pequeño.

lobo. m. Mamífero carnicero salvaje, de cabeza aguzada y aspecto de perro mastín. Es enemigo terrible del ganado./ **-de mar.** fig. y fam. Marino viejo y experimentado./ **-marino.** Foca.

lóbrego, ga. a. Oscuro, tenebroso./ fig. Triste, melancólico.

lobreguez. f. Oscuridad, falta de luz. / Dicho de un bosque, copia, espesura sombría.

lóbulo. m. Cada una de las partes que sobresalen, a manera de ondas, en el borde de una cosa./ Porción, inferior, carnosa, de la oreja./ Porción redondeada y saliente de un órgano.

lobuno, na. a. Rel. al lobo.

locación. f. Acción de arrendar algo./ *For.* Contrato de arrendamiento.

locador, ra. s. El que da en alquiler.

local. a. Rel. al lugar./ Rel. a un territorio, país o comarca./ Municipal o provincial, por oposición a general o nacional./ Que sólo afecta a una parte del cuerpo: *anestesia local.*// m. Sitio cerdado o cerrado y cubierto.

LOCOMOTORA ANTIGUA

LOCOMOTORA MODERNA

locomotora

localidad. f. Calidad de local./ Lugar o pueblo./ En los locales de espectáculos públicos, plaza o asiento.

localismo. m. Preferencia por un determinado sitio o lugar./ Palabra o locución que tiene uso en determinada localidad.

localización. f. Acción y efecto delocalizar.

localizar. tr./ prl. Encerrar en límites determinados.// tr. Averiguar el lugar en que se halla una persona o cosa.

locatario, ria. s. El que toma en alquiler.

loción. f. *Farm.* Lavadura./ Producto para la limpieza del cabello./ *Amér.* Perfume poco concentrado.

loco, ca. a. y s. Que ha perdido la razón./ De poco juicio./ / a. fig. Que excede en mucho a lo común.

locomoción. f. Acción de trasladar o trasladarse de un punto a otro.

locomotor, ra. a. Que sirve para la locomoción.// f. Máquina que arrastra los vagones de un tren.

locro. m. Guisado sudamericano de carne, papas, maíz o trigo y otros ingredientes.

locuaz. a. Que habla mucho o excesivamente.

locución. f. Modo de hablar./ Frase./ Conjunto de palabras que no constituyen oración.

locura. f. Privación de la razón./ Conducta imprudente, disparate./ fig. Exaltación del ánimo.

locutor, ra. s. Persona que habla ante el micrófono de las estaciones de radio o televisión para dar avisos, noticias, etc.

locutorio. m. Habitación para visita en los conventos y en las cárceles./ Departamento, en las estaciones telefónicas, destinado al uso individual del teléfono por el público.

lodazal. m. Sitio lleno de lodo.

lodo. m. Mezcla de tierra y agua, en especial la producida por la lluvia./ Barro.

lodoso, sa. a. Cubierto o lleno de lodo.

logaritmo. m. *Mat.* Exponente a que se debe elevar una cantidad positiva llamada base, para que resulte un número determinado.

logia. f. Local donde se reúnen los francmasones./ Asamblea de los francmasones.

lógico, ca. a. Perteneciente a la lógica./ Que la estudia y sabe. Ú.t.c.s./ Dícese de toda consecuencia natural, del suceso cuyos antecedentes justifican lo sucedido, etc. // f. Ciencia que estudia las leyes y modos del conocimiento científico./fig. y fam. Modo de razonar propio de cada uno.

logotipos

MasterCard

apple®

VISA

logotipo. tr. Forma que caracteriza el nombre o la marca de un producto, una empresa, etc.

lograr. tr. Conseguir lo que se desea.// prl. Llegar una cosa a su perfección.

logro. m. Acción y efecto de lograr./ Lucro./ Usura.

loma. f. Pequeña altura prolongada.

lomada. f. *Arg.* Loma.

lombriz. f. Animal anélido, de cuerpo blando, delgado y cilíndrico, propio de los terrenos húmedos./ **-intestinal.** Animal parásito que vive en los intestinos del hombre y los animales./ **-solitaria.** Tenia.

lometa. f. Cerro de poca altura.

lomo. m. Parte inferior y central de la espalda. Ú.m. en pl./ El espinazo, desde la cruz hasta las ancas, en los cuadrúpedos./ Parte del libro opuesta al corte de las hojas./ Tierra que levanta el arado entre los surcos./ Parte opuesta al filo en los instrumentos cortantes.// pl. Las costillas.

lona. f. Tela fuerte de algodón o cáñamo de que se hacen los toldos, bolsas, velas de navíos, etc.

londinense. a. y s. De Londres.

loneta. f. *Amér.* Lona delgada.

longaniza. f. Pedazo largo de tripa angosta rellena de carne de cerdo picada.

longevo, va. a. De mucha edad, muy viejo.

longitud. f. La mayor de las dimensiones de una figura plana o de un objeto, en contraposición a la latitud, que es la menor./ *Geogr.* Distancia de un lugar al primer meridiano, expresada en grados en el Ecuador./ **-de onda.** *Fís.* Distancia entre dos puntos que corresponden a una misma fase en dos ondas.

longitudinal. a. Perteneciente a la longitud./ Hecho o colocado en el sentido o dirección de ella.

lonja. f. Cosa larga, ancha y poco gruesa, que se separa de otra./ *R. de la P.* Cuero descarnado y sin pelo./ Extremidad del látigo o del rebenque.

lonjazo. m. Golpe dado con la lonja de un rebenque.

lontananza. f. Términos de un cuadro más distantes del plano principal. Lejanía./ **-en lontananza.** m. adv. A lo lejos, en la lejanía.

loor. m. Alabanza, elogio, loa.

loquero, ra. s. El que cuida locos.// m. fam. Barullo molesto./ *Arg.* Casa de locos.

lord. m. Título honorífico inglés. En pl., lores.

loriga. f. Armadura para la defensa del cuerpo, hecha de pequeñas láminas imbricadas, por lo común de acero./ Coraza bélica del caballo.

loro. m. Papagayo./ fig. y fam. Persona que habla mucho./ Mujer fea y vieja, cargada de afeites.

los. art. determinado masculino plural./ Forma del pron. personal de tercera persona masculino plural.

losa. f. Piedra plana y de poco grosor, propia para pavimentar y otros usos./ fig. Sepulcro.

lote. m. Cada una de las partes en que se divide un todo./ *Arg.* Fracción de terreno./ Conjunto de objetos similares que se agrupan con un fin determinado.

lotear. tr. *Amér.* Dividir un terreno en lotes.

lotería. f. Rifa legalmente autorizada./ Juego público en que se premian con diferentes cantidades varios billetes sacados a la suerte entre gran número de los mismos, puestos en venta./ Juego casero con cartones numerados, en que se imita al anterior./ fig. Cosa incierta.

loto. Planta acuática de flores de gran diámetro y perfumadas, de color blanco azulado./ Flor y fruto de esta planta./ Árbol de África, de fruto comestible./ Fruto de este árbol.

loza. f. Barro fino, cocido y barnizado./ Vajilla hecha con este barro./ Conjunto de objetos de loza destinados al ajuar doméstico.

lúdico

lozanía. f. Verdor y frondosidad de las plantas./ Viveza y gallardía, nacidas del vigor, en hombres y animales./ Altivez, orgullo.

lozano, na. a. Que tiene lozanía.

lubricante. p. act. de **lubricar.**// a./ m. Dícese de toda sustancia útil para lubricar.

lubricar. tr. Hacer resbaladiza una cosa.

lúbrico, ca. a. Resbaladizo./ fig. Propenso a la lujuria./ Libidinoso, lascivo.

lubrificar. tr. Lubricar.

lucero. m. El planeta Venus./ Cualquier astro de los de mayor tamaño y brillo.

lucha. f. En atletismo, combate entre dos contendientes, que consiste en obligar al contrario a tocar el suelo con los dos hombros./ Lid, combate./ fig. Disputa, contienda.

luchador, ra. s. Persona que lucha.

luchar. i. Contender dos personas a brazo partido./ Combatir, pelear./ fig. Bregar, disputar.

lucidez. f. Calidad de lúcido.

lucido, da. p. p. de **lucir.**// a. Que hace las cosas o se desempeña con lucimiento, gracia y esplendor.

lúcido, da. a. poét. Luciente.// s. fig. Claro en su expresión, razonamiento, etc.

luciente. p. act. de **lucir.** Que luce.

luciérnaga. f. Insecto coleóptero cuya membrana despide por el abdomen una luz fosforecente.

lucimiento. f. Acción de lucir.

lucir. i. Brillar, resplandecer./ Corresponder el provecho al trabajo.// i./ prl. Sobresalir, aventajar.// tr. Comunicar luz y claridad./ Manifestar la riqueza, la autoridad, etc.// prl. Vestirse y adornarse con esmero./ fig. Quedar con lucimiento.

loto

lucrar. tr. Lograr lo deseado.// prl. Obtener lucro o provecho de algún negocio.

lucrativo, va. a. Que produce lucro.

lucro. m. Ganancia, provecho que se obtiene de una cosa.

luctuoso, sa. a. Triste y digno de ser llorado.

lucubrar. tr. Meditar o trabajar en obras de ingenio, con esmero, especialmente las vigilias.

lúcumo. m. *Amér.* Árbol cuyo fruto comestible se emplea para preparar refrescos.

ludibrio. m. Escarnio, burla, desprecio.

lúdico, ca. a. Lúdicro.

lúdicro, cra. a. Rel. al juego.

luego. adv. t. Prontamente./ Después.// conj. Expresa consecuencia.

luengo, ga. a. Largo.

lugar. m. Espacio que ocupa o puede ocupar un cuerpo./ Ciudad, pueblo./ Sitio, paraje./ Tiempo, oportunidad.

lugareño, ña. a. y s. Natural o habitante de una población pequeña.// a. Concerniente a las poblaciones pequeñas.

lugarteniente. m. Persona que tiene autoridad y poder para sustituir a otro en un cargo o ministerio.

lúgubre. a. Triste, melancólico, funesto, luctuoso.

lujo. m. Exceso en el adorno, en la pompa y en el regalo.

lujoso, sa. a. Que tiene o gasta lujo./ Apl. a la cosa con que se ostenta el lujo.

lujuria. f. Apetito desordenado de los deleites carnales./ Exceso en algunas cosas.

lujuriar. i. Cometer el pecado de lujuria.

lujurioso, sa. a. Que tiene lujuria./ Entregado a la lujuria.

lumbago. m. Dolor en la región lumbar.

lumbar. a. Rel. a los lomos y la cadera.

lumbre. f. Carbón u otra materia combustible encendida./ Luz de los cuerpos en combustión./ fig. Esplendor, lucimiento.

lumbrera. f. Cuerpo que despide luz./ Tragaluz./ fig. Persona que ilumina y enseña a otros por su saber.

luminar. m. Astros que despiden luz y claridad.

luminaria. f. Luz que se pone en señal de fiesta pública en calles, balcones, etc. Ú.m. en pl.

lumínico, ca. a. Rel. a la luz.

luminiscencia. f. Propiedad de despedir luz sin desprender calor, y visible casi únicamente en la oscuridad, como la que se observa en las luciérnagas, minerales de uranio, etc.

luminosidad. f. Calidad de luminoso.

luminoso, sa. a. Que despide luz./ fig. Dícese del proyecto, ideas, etc., claros y admirables.

luminotecnia. f. Arte de la iluminación con luz artificial con propósitos decorativos.

luna. f. El satélite único de la Tierra, de la que dista 381.472 km. No tiene luz propia y refleja la que recibe del Sol. Tiene 3.470 km de diámetro y un volumen de 21.940 millones de km3, es decir, alrededor de 50 veces menor que el de la tierra./ Luz reflejada por este satélite./ Cristal de las vidrieras o escaparates, o cristal azogado de un espejo./ **-creciente.** *Astron.* La Luna desde su conjunción hasta el plenilunio./ **-de miel.** fig. Temporada subsiguiente al matrimonio./ **-llena.** *Astron.* La Luna en el tiempo de su oposición con el Sol, cuando se ve iluminada toda la parte que mira a la Tierra./ **-menguante.** *Astron.* La Luna desde el plenilunio hasta su conjunción./ **-nueva.** *Astron.* La Luna en el tiempo de su conjunción con el Sol, cuando éste no ilumina la parte que mira a la Tierra./ **-media luna.** Figura que representa a la Luna al fin del cuarto. menguante./ m. fig. Islamismo./ fig. Imperio turco./ **-estar en la luna.** frs. fig. y fam. Estar distraído o fuera de la realidad.

lunar. a. Perteneciente a la luna./ m. Pequeña mancha en la piel./ fig. Mancha, nota infamante./ Defecto de poca importancia en comparación con la bondad de la cosa en que se nota./ Pinta sobre un fondo de distinto color.

lunático, ca. a. Que padece locura por intervalos. Ú.t.c.s./ fig. Caprichoso, maniático.

lunes. m. Segundo día de la semana.

luneta. f. Cristal de los anteojos./ En los teatros, butaca frente al escenario en la planta inferior.

lunfardo. m. *Arg.* Habla de la gente de malvivir de Buenos Aires y alrededores cuyo uso se extendió posteriormente.

lupa. f. Lente de aumento, de corto foco, con un mango adecuado para su uso.

lúpulo. m. Planta trepadora, cuyos frutos, en forma de piña globosa, se emplean para aromatizar y dar sabor a la cerveza.

lusitano, na. a. y s. Portugués./ De Lusitania.

lustrabotas. *Arg.* Limpiabotas.

lustrar. tr. Dar lustre o brillo a una cosa.

lustre. m. Brillo de las cosas tersas./ fig. Esplendor, gloria.

lustro. m. Espacio de cinco años.

lustroso, sa. a. Que tiene lustre o brillo.

luteranismo. m. Doctrina de Lutero./ Cuerpo o comunidad de los sectarios de Lutero.

luterano, na. a. y s. Que profesa el luteranismo./ a. Rel. a Lutero.

luto. m. Signo exterior de pena y duelo por la muerte de una persona./ Vestido negro que se usa por la muerte de uno./ Duelo, pena, aflicción.

luxación. f. Dislocación de un hueso./ Desplazamiento de dos huesos en una articulación.

luxemburgués, sa. a. y s. De Luxemburgo.

luz. f. Agente físico que ilumina y hace visible lo que nos rodea./ Claridad que irradian los cuerpos en combustión, ignición o incandescencia./ Utensilio que sirve para alumbrar./ Área interior de la sección transversal de un tubo./ fig. Persona o cosa capaz de guiar o ilustrar./ fig. Día, tiempo que dura la claridad del Sol./ *Arg.* Cualquiera de las ventanas o troneras por donde se da luz a un edificio. Ú.m. en pl./ *Arg.* Dimensión horizontal interior de un vano o de una habitación./ *Arg.* Distancia horizontal entre los apoyos de una viga, un arco, etc.// pl. fig. Cultura, ilustración./ **-artificial.** Claridad que irradia un cuerpo en combustión o incandescente./ **-cenital.** En una habitación, la que se recibe por el techo./ **-eléctrica.** La que se produce por medio de la electricidad./ **-mala.** *Arg.* y *Urug.* Fuego fatuo, que aparece sobre las sepulturas./ **-natural.** La que no es artificial; como la del Sol o la de un relámpago./ **-negra.** Luz ultravioleta, invisible,. Se hace perceptible cuando incide sobre substancias fosforescentes o fluorescentes./ **-verde.** loc. verbal. Con algunos verbos, como dar, obtener, etc., tener el camino abierto y dispuesto para el logro de un asunto, empresa, etc./ **-media luz.** La que es escasa y no se transmite directamente.// **-a toda luz**, o **a todas las luces.** m. adv. fig. Por todas partes, de todos modos./ Sin duda, evidente.// **-dar a luz.** frs. poét. Publicar una obra./ Parir la mujer./ **-dar luz.** Alumbrar el cuerpo luminoso, o disponer el paso para la luz.// **-entre dos luces.** m. adv. fig. Al amanecer./ Al atardecer./ **-sacar a luz.** frs. poét. Publicar una obra./ fig. Descubrir lo que estaba oculto./ **-salir a luz.** frs. fig. Ser producida una cosa./ fig. Publicarse algo./ fig. Descubrirse lo oculto./ **-ver la luz.** frs. Nacer (hablando de personas).

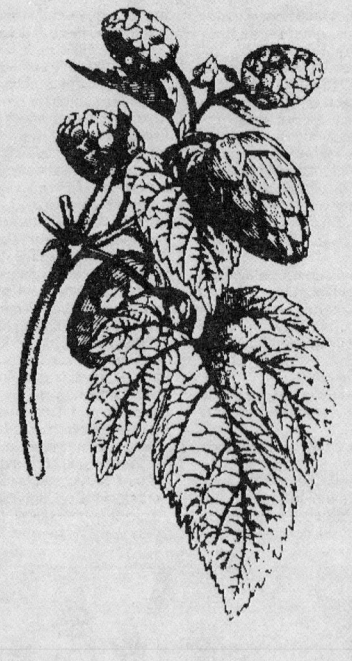

lúpulo

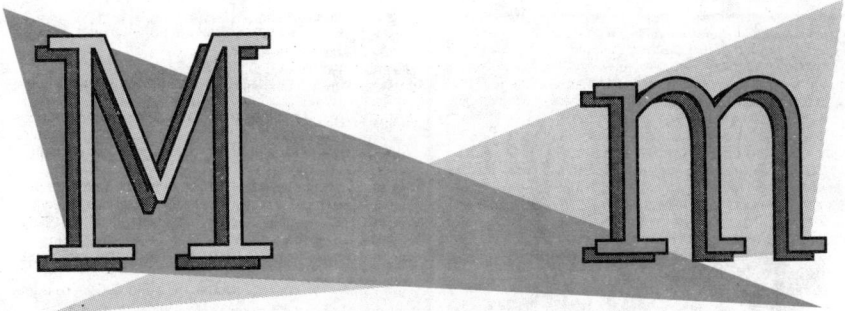

m. f. Décimo quinta letra del abecedario castellano y duodécima de sus consonantes. Su nombre es *eme*./ Letra numeral, que en la numeración romana equivale a mil.

macabro, bra. a. Dícese de lo que recuerda la muerte en sus aspectos repulsivos.

macaco. m. Cuadrumano más pequeño que la mona, muy parecido a ella, con cola, y el hocico saliente y frente deprimida.// a. *Amér.* Tonto, necio.

macana. f. Arma ofensiva de madera a manera de machete, que usaban los indios americanos./ fig. *Amér.* Disparate, desatino./ fig. *Arg.* Mentira./ fig. y fam. Cosa mal hecha.

macanear. i. *Arg.* Hacer mal una cosa./ fam. *Amér.* Decir mentiras.

macanudo, da. a. Extraordinario, grande./ *Arg.* Excelente, magnífico, soberbio.

macarrón. m. Pasta alimenticia hecha con harina de trigo amasada, que tiene forma de canuto alargado.

macerar. tr. Ablandar una cosa, golpeándola o manteniéndola sumergida en un líquido./ Mortificar la carne sometiédola a penitencia. Ú.t.c.prl./ Reblandecer la piel o los demás tejidos un prolongado contacto con un líquido o la humedad. Ú.t.c.prl.

maceta. f. Mango de algunas herramientas./ Martillo con cabeza de dos bocas iguales y mango corto./ Vaso de barro cocido para criar plantas.

macetero. m. Aparato o mueble para colocar macetas de plantas.

macetón. m. aum. de maceta.

machacar. tr. Golpear una cosa para deformarla o quebrantarla./ Reducir una cosa sólida a fragmentos relativamente pequeños, pero sin triturarla.// i. fig. Porfiar, insistir inoportunamente.

machetazo. m. Golpe de machete.

machete. m. Arma ancha y corta, a modo de espada, pero muy pesada y de un solo filo./ Cuchillo grande para desmontar, cortar la caña de azúcar, etc.

macho. m. Animal del sexo masculino./ Mulo./ Planta que fecunda a otra de la misma especie./ Pieza de un artefacto que penetra o engancha en otra./ Pilar o columna que sostiene o fortalece algo.// a. fig. Robusto, vigoroso. Ú.t.c.s.

machucadura. f. Acción y efecto de machucar.

machucar. tr. Golpear una cosa, herirla, magullarla.

machucón. m. Machucadura.

macilento, ta. a. Flaco, descolorido, triste.

macillo. m. Pieza del piano que golpea la cuerda correspondiente, a impulso de la tecla.

macizo, za. a. y m. Lleno, sin huesos, sólido./ fig. Sólido, grueso, fuerte.// m. fig. Conjunto de construcciones cercanas entre sí./ Prominencia del terreno, o grupo de alturas o montañas./ fig. Conjunto agrupado de plantas, flores, etc.

mácula. f. Mancha./ Lo que afea y desdora./ Cualquiera de las manchas oscuras que presenta el disco del sol o de la luna.

madeja. f. Hilo recogido en vueltas iguales para poderlo devanar con facilidad.

madera. f. Parte sólida de los árboles que está cubierta por la corteza./ Materia de que se compone el casco de las caballerías./ Disposición natural para una actividad.

maderaje. m. Conjunto de maderas que se emplean en una construcción.

maderero, ra. a. Perteneciente o rel. a la industria de la madera.// m. El que comercia en maderas./ El que se ocupa en transportar maderas.

madero. m. Pieza larga de madera en rollo o escuadrada./ fig. Nave, embarcación.

madrastra. f. Mujer del padre, respecto a los hijos que éste tiene de un matrimonio anterior.

madre. f. Hembra que ha parido./ Mujer que ha tenido un hijo o hijos, respecto de ellos./ Título que se da a las religiosas./ Lecho de un río o arroyo./ fig. Origen, causa de donde proviene una cosa.

madriguera. f. Cueva donde habitan ciertos animales./ fig. Sitio oculto en que se refugian maleantes.

madrina. f. Mujer que asiste a otra persona al recibir ésta algunos sacramentos, como el bautismo, el matrimonio, etc./ Yegua que sirve de guía a una manada de ganado caballar./ Correa que une los bocados de una pareja de caballerías para obligarlas a marchar con igualdad./ fig. Mujer que protege o ayuda a otra persona.

madrugada. f. Amanecer./ Alba./ Acción de madrugar.

madrugar. i. Levantarse al amanecer o muy temprano./ fig. Ganar tiempo en alguna empresa, anticiparse.

maduración. f. Acción y efecto de madurar o madurarse.

madurar. tr. Dar sazón a los frutos./ fig. Meditar una idea, un proyecto, etc./ Activar la supuración en los tumores.// i. Ir tomando sazón los frutos./ fig. Crecer en edad y juicio.

macaco

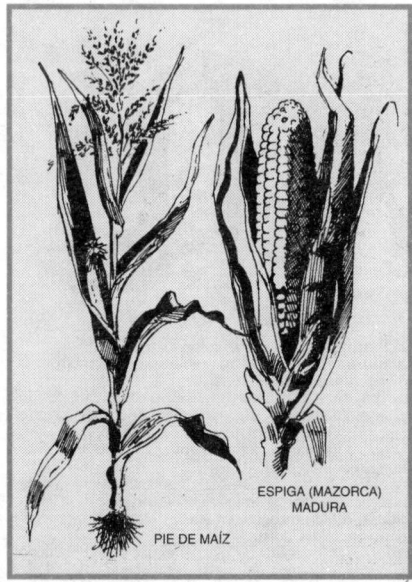

ESPIGA (MAZORCA)
MADURA

PIE DE MAÍZ

maíz

madurez. f. Edad de la persona que ha alcanzado su plenitud vital y no ha llegado a la vejez./ Sazón de los frutos.

maduro, ra. a. Que ha alcanzado la madurez./ fig. Sensato, prudente./ Dícese de la persona entrada en años.

maestranza. f. Sociedad de caballeros que practican la equitación./ Conjunto de talleres y oficinas donde se construyen y arreglan los útiles de artillería./ Conjunto de operarios, talleres y oficinas de un arsenal.

maestre. m. Superior de una orden militar./ Persona a quien, después del capitán, correspondía el gobierno económico de los buques mercantes.

maestría. f. Destreza y arte de enseñar o ejecutar una cosa.

maestro, tra. a. Dícese de la obra que sobresale entre las de su clase.// s. Persona que tiene título para enseñar una ciencia, arte u oficio.

mafia. f. Organización clandestina de criminales sicilianos./ Por ext., dícese de cualquier organización clandestina de criminales.

magenta. f. Apl. al color carmesí oscuro.

magia. f. Ciencia o arte de hacer cosas extraordinarias y admirables. Pretende producir efectos contrarios a las leyes naturales./ fig. Encanto, atractivo, hechizo.

mágico, ca. a. Rel. a la magia./ Maravilloso, extraordinario./ s. Quien ejerce la magia.

magisterio. m. Tarea propia del maestro o de cualquier persona que imparte enseñanzas./ Cargo o profesión de maestro./ Conjunto de maestros de una nación, provincia, etc.

magistrado. m. Funcionario de jerarquía en el orden civil./ Miembro superior de un tribunal de justicia./ Dignidad o empleo de juez o ministro superior.

magistral. a. Rel. al ejercicio del magisterio./ Díc. de lo que se hace con maestría.// m. Apl. al medicamento que sólo se utiliza por prescripción facultativa./ Mezcla de óxido férrico y sulfato cúprico, empleado para limpiar minerales de plata.

magistratura. f. Dignidad y cargo de magistrado./ Tiempo en que se ejerce./ Conjunto de los magistrados.

magma. a. Apl. a la sustancia espesa que sirve de soporte a los tejidos o a ciertas formaciones inorgánicas y que permanece después de exprimir las partes más fluidas de aque-llos./ m. Masa mineral de las profundidades de la tierra, en estado pastoso por el calor central, y cuya solidificación da origen a las rocas eruptivas.

magnánimo, ma. a. Generoso, espléndido.

magnate. m. Persona muy ilustre y principal por su cargo y poder.

magnesia. f. Sustancia blanca, suave e insípida, constituida por el óxido de magnesio, que se usa en medicina como purgante.

magnesio. m. Metal blanco brillante, parecido a la plata, que arde con una luz clara y brillante. Símb., Mg.; n. at., 12; p. at., 24,32.

magnético, ca. a. Rel. al imán./ Que tiene sus propiedades.

magnetismo. Cualidad de atraer de la piedra imán./ Conjunto de fenómenos producidos por ciertas corrientes eléctricas.

magnetizar. tr. Dar a un cuerpo la propiedad magnética./ fig. Atraer, ejercer dominio.

magnicidio. m. Muerte violenta dada a una persona muy principal por su cargo o poder.

magnificar. tr./ prl. Engrandecer, ensalzar, alabar.

magnífico, ca. a. Admirable, espléndido, suntuoso./ Título de ciertas personas ilustres.

magnitud. f. Tamaño del cuerpo./ fig. Grandeza, importancia de una cosa./ Tamaño aparente de las estrellas según la intensidad de su brillo.

magno, na. a. Grande./ Apl. como epíteto a ciertas personas ilustres.

magnolia. f. Árbol americano de flores muy blancas y olorosas./ Flor o fruto de este árbol.

mago, ga. a. y s. Que ejerce la magia./ Dícese de los tres reyes que adoraron a Jesús recién nacido.

magro, gra. a. Flaco y con poca grosura. // m. fam. Carne magra del cerdo, próxima al lomo.

magulladura. f. Magullamiento.

magullamiento. m. Acción y efecto de magullar o magullarse.

magullar. tr./ prl. Causar a un cuerpo contusión, pero sin llegar a herirlo, golpeándolo o comprimiéndolo con violencia.

maíz. m. Planta gramínea originaria de América, de tallo grueso, que, según las especies, tiene de uno a tres metros de altura, y

maleta

produce mazorcas con granos gruesos de color anaranjado, amarillo o blanco, muy nutritivos./ Grano de esta planta.

maizal. m. Terreno sembrado de maíz.

majada. f. Lugar donde se recogen de noche el ganado y los pastores./ *Arg.* Manada de ganado lanar.

majadería. f. Dicho o hecho necio, imprudente o molesto.

majestad. f. Calidad de algo sublime o grave, capaz de infundir respeto./ Título que se atribuye a Dios, a emperadores y a reyes./ Grandeza.

majestuoso, sa. a. Que tiene majestad.

mal. a. Apócope de malo./ m. Lo contrario al bien./ Daño, ofensa./ Desgracia./ Enfermedad, dolencia.

malabarismo. m. Ejercicio de equilibrio y destreza.

malabarista. m. y f. Persona que hace ciertos juegos de destreza y equilibrio.

malambo. m. *Arg.* y *Urug.* Danza popular entre los hombres del campo, que se baila zapateando./ Música de esta danza.

malandrín, na. a. y s. Perverso, maligno, bellaco.

malar. a. *Anat.* Rel. a la mejilla.// m. *Anat.* Hueso que constituye el pómulo.

malaria. f. Paludismo.

malaventurado, da. a. Infortunando, infeliz, de mala ventura.

malbaratar. tr. Vender a bajo precio, malvender./ Disipar, derrochar.

malcriar. tr. Educar mal a los hijos, consintiendo demasiado en sus gustos y caprichos.

maldad. f. Calidad de malo./ Acción mala e injusta.

maldecir. tr. Echar maldiciones contra alguien o algo.// i. Denigrar a alguien, hablando en su perjuicio.

maldición. f. Imprecación contra una persona o cosa, y en particular deseo de que al prójimo le ocurra algún daño.

maleabilidad. f. Calidad de maleable.

maleable. a. Apl. a los metales que pueden extenderse en planchas o láminas.

maleante. p. act. de malear. Que malea.// a./m. y f. Maligno, burlador./ Delincuente.

malear. tr./ prl. Echar a perder una cosa, dañarla./ fig. Pervertir.

malecón. m. Murallón que protege contra las crecidas de mares o ríos y que en ocasiones sirve de embarcadero o muelle.

maledicencia. f. Acción de maldecir o hablar mal de uno.

maleficio. m. Daño producido por arte de hechicería./ Hechizo con que se pretende ocasionar daño.

maléfico, ca. a. Que hace daño a otro con maleficios./ Que causa daño.// m. Hechicero.

malentendido. m. Mala interpretación, desacuerdo en el entendimiento de una cosa.

malestar. m. Incomodidad indefinible, desazón.

maleta. f. Cofre pequeño de cuero o lana, que sirve para guardar cosas y se puede llevar a mano.// m. fam. El que se desempeña mal en su profesión u oficio.

malevo, va. a. y s. R. de la P. Malhechor, delincuente, matón.

malévolo, la. a. y s. Inclinado o propenso a hacer mal.

maleza. f. Abundancia de hierbas malas./ Espesura formada por gran cantidad de arbustos./ Cualquier hierba mala.

malformación. f. Deformidad o defecto congénito en alguna parte del organismo.

malgastar. tr. Gastar en cosas malas o inútiles el dinero, el tiempo, la paciencia, los agasajos, etc.

malhablado, da. a. y s. Atrevido o desvergonzado en el hablar.

malhechor, ra. a. y s. Que comete delitos y tiene el hábito de cometerlos.

malherir. i. Herir gravemente.

malhumor. m. Mal humor.

malhumorado, da. a. Que está de mal humor.

malicia. f. Calidad de malo./ Perversidad./ Propensión a lo malo./ Bellaquería, doblez./ Inclinación a pensar mal./ Sagacidad./ fam. Sospecha o recelo.

maliciar. tr./ prl. Recelar, sospechar, presumir algo con malicia.

malicioso, sa. a. Que por malicia interpreta las cosas por el lado malo. Ú.t.c.s./ Que encierra malicia.

maligno, na. a. Propenso a pensar u obrar mal. Ú.t.c.s./ De mala índole./ Pat. Dícese del tumor o la enfermedad muy grave.

malla. f. Cada uno de los cuadriláteros que constituyen el tejido de una red./ Tejido metálico de pequeños anillos o eslabones enlazados entre sí de que se hacían las cotas./ Amér. Traje de baño.

malo, la. a. Que carece de bondad./ Dañoso o perjudicial para la salud./ Que se opone a la razón o a la ley./ De mala vida y costumbres. Ú.t.c.s./ Enfermo./ Dificultoso, difícil./ Desagradable, enfadoso./ fam. Travieso.

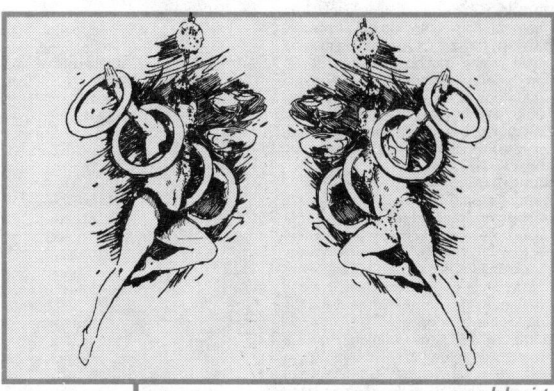

malabarista

malograr. tr. Perder, no aprovechar una cosa.// prl. Frustrarse un intento o pretensión./ No llegar una persona o cosa a su natural desarrollo o perfeccionamiento.

maloliente. a. Que exhala mal olor.

malón. m. Amér. Correría o ataque inesperado de los indios./ Felonía, traición

malquerer. tr. Tener mala voluntad hacia una persona o cosa.

malquistar. tr. prl. Poner mal a una persona con otra u otras.

malsano, na. a. Dañoso a la salud./ Enfermizo, de poca salud.

malta. m. Cebada que se hace germinar y tostar. Se emplea en la fabricación de cerveza y otras bebidas. Ú.t.c.f.

maltraer. tr. Insultar, maltratar./ Reprender severamente.

maltratar. tr./ prl. Tratar mal a uno de palabra u obra.// tr. Echar a perder, menoscabar.

maltrato. m. Acción y efecto de maltratar o maltratarse.

maltrecho, cha. a. Que está en mal estado./ Maltratado, mal parado.

malva. f. Planta de flores moradas.

malvado, da. a. y s. Muy malo, perverso.

malversación. f. Acción y efecto de malversar.

malversar. tr. Invertir ilícitamente los caudales ajenos, dándoles diferente uso de aquél a que se destinaban.

malviviente. a. Que lleva mala vida.

malvón. m. Amér. Planta de flores de colores vivos.

mama. f. Glándula que en las hembras de los mamíferos sirve para la secreción de la leche./ Mamá.

mamá. f. fam. Madre.

mamadera. f. Instrumento con el que, durante el período de lactancia, se descargan los pechos de las mujeres./ Amér. Biberón.

mamar. tr. Chupar la leche de los pechos./ Adquirir o aprender algo en la infancia.// prl. vulg. Amér. Emborracharse.

mamario, ria. a. Perteneciente a las mamas.

mamarracho. m. fam. Figura defectuosa y ridícula, o cosa mal hecha o mal pintada./ fam. Hombre informal.

mambo. m. Baile cubano.

mamboretá. m. Arg. Insecto de color verde o ceniciento y cuerpo delgado y largo.

mameluco. m. Soldado de una milicia privilegiada de Egipto./ Prenda enteriza de vestir, compuesta de camiseta y calzoncillos o pantalón y blusa./ fig. y fam. Hombre muy necio y tonto.

mamífero. a. y s. Apl. a los animales vertebrados cuyas hembras tienen glándulas que segregan leche, con la que alimentan a sus crías.// m. pl. Clase de estos animales.

mago

ELEMENTOS USADOS
POR EL MAGO

mamila. f. Parte principal de la teta de la hembra, con excepción del pezón.

mamón, na. a. y s. Que todavía mama./ Que mama mucho./ Chupón de un árbol./ Árbol sapindáceo de la América intertropical, de fruto acídulo y comestible./ Su fruto.

mampara. f. Tabique movible o fijo, para cubrir una puerta, dividir una habitación, etc.

mamporro. m. Golpe, coscorrón.

mampostería. f. Obra de albañilería.

mamut. m. Especie de elefante fósil de la época cuaternaria, más grande que el actual y con piel cubierta de pelo largo; los colmillos de la mandíbula superior eran curvos y tan desarrollados, que se hallan algunos de tres metros. Habitaba en los climas fríos.

maná. m. Milagroso alimento que, a manera de escarcha, envió Dios al pueblo de Israel durante la travesía del desierto./ Sustancia líquida azucarada que fluye o se extrae de algunas plantas, como el eucalipto, el fresno, etc.

manada. f. Rebaño de ganado al cuidado de un pastor./ Conjunto de ciertos animales de una misma especie que andan reunidos.

manantial. m. a. Apl. al agua que mana./ m. Nacimiento de las aguas./ fig. Origen de una cosa.

manar. i./ tr. Brotar un líquido de una parte./ Abundar una cosa.

mancar. tr./ prl. Herir a uno en las manos, imposibilitándole su uso. Se suele extender a otros miembros.

mancebo. m. Joven de pocos años./ Hombre soltero.

mancha. f. Señal o marca de suciedad que una cosa hace en un cuerpo./ Parte de alguna cosa con distinto color del dominante en ella./ fig. Deshonra, desdoro./ Arg. Cierto juego de niños./ Pint. Pintura de estudio o en boceto sin terminar.

manchar. tr./ prl. Poner sucia una cosa dejando en ella una mancha./ fig. Ser causa de deshonor o vergüenza.

mancillar. tr./ prl. Manchar el honor, la fama, etc.; deshonrar./ Afear, deslucir.

manco, ca. a. Apl. a la persona o animal a quien falta un brazo o mano o tiene perdido su uso. Ú.t.c.s./ fig. Defectuoso, falto de alguna parte necesaria.

mancomunar. tr./ prl. Unir para un fin, personas, caudales o fuerzas./ prl. Unirse, asociarse.

mandado. m. Orden, mandamiento./ Comisión, encargo.

mandamiento. m. Precepto u orden de un superior./ Cualquiera de los preceptos del Decálogo de la Iglesia.

mandar. tr. Ordenar el superior./ Imponer una orden o precepto./ Legar en testamento./ Enviar./ i./ tr. Gobernar, tener el mando.// prl. Manejarse uno por sí mismo, moverse sin ayuda de otro.

mandarín. m. En la China y otros países de Asia, el que ejerce el gobierno de una ciudad o la administración de la justicia./ fig. y fam. El que ejerce un cargo y es tenido en poco.

mangosta

mandarina. f. Variedad de naranja pequeña, de pulpa muy dulce y cáscara muy fácil de separar.

mandarino. m. Variedad de naranjo, cuyo fruto es la mandarina.

mandatario. m. El que, por el mandato o contrato consensual, acepta del mandante representarlo personalmente./ Arg., Col. y Chile. Gobernante, magistrado.

mandato. m. Orden, precepto que un superior impone a los súbditos./ Encargo, representación que por la elección se confiere a los diputados, concejales, etc./ Contrato consensual por el que una de las partes confía a la otra su representación personal o la gestión de algún asunto.

mandíbula. f. Cada una de las dos piezas que limitan la boca de los animales, donde se implantan los dientes.

mandil. m. Delantal que se usa en ciertos oficios./ Arg. Pieza de fieltro o tela que se pone a las cabalgaduras bajo la montura.

mandinga. a. y s. Dícese de los negros del Sudán Occidental. // m. Amér. El diablo.

mandioca. f. Arbusto de la América tropical, de cuya raíz se extrae almidón, tapioca y harina./ Esta misma harina.

mando. m. Autoridad y poder del superior sobre los súbditos.

mandoble. m. Cuchillada o golpe que se da esgrimiendo el arma con ambas manos./ Amonestación.

mandolina. f. Instrumento musical de cuatro cuerdas.

mandrágora. f. Planta herbácea usada en medicina como narcótico.

mandril. m. Cuadrumano de cola corta, hocico alargado y nariz roja, que vive cerca de las costas occidentales de África.

manea. f. Maniota, maneador.

maneador. m. Amér. Tira larga de cuero para atar las manos de los caballos y otros usos.

manear. tr. Poner maneas a una caballería.

manecilla. f. Broche para cerrar ciertas cosas, en especial los devocionarios./ Signo en figura de mano que se pone en impresos y manuscritos./ En el reloj y otros instrumentos, saetilla que sirve para señalar las horas, los grados, etc.

manejar. tr. Usar o traer entre las manos una cosa.// tr./ prl. Gobernar, dirigir.// prl. Moverse, adquirir agilidad después de haber estado impedido.

manejo. m. Acción y efecto de manejar o manejarse./ fig. Dirección y gobierno de un negocio./ Maquinación, intriga.

manera. f. Modo con que ocurre o se ejecuta una cosa./ Porte o modales de una persona. Ú. más en pl.

manga. f. Parte de la prenda de vestir, en que se mete el brazo./ Tubo largo y flexible que se adapta a las bombas y a las bocas de riego, para dirigir el agua./ Esparavel./ Colador de tela de forma cónica./ Columna de agua que se eleva desde el mar con movimiento giratorio a causa de un torbellino atmosférico./ Anchura máxima de un buque./ Amér. Grupo o cantidad numerosa de personas o animales de una clase o especie.

mamut

manganeso. m. Metal gris, muy oxidable. Se utiliza mucho en la fabricación del acero. Símb., Mn.; n. at., 25; p. at., 54,93.

mangar. tr. fam. Hurtar, robar./ Pedir, mendigar.

mangle. m. Arbusto tropical, cuyas hojas, frutos y corteza se emplea en curtiduría.

mango. m. Parte por donde se toma con la mano un utensilio o instrumento./ Árbol originario de la India de fruto carnoso y comestible./ Su fruto.

mangosta. f. Mamífero carnívoro de África.

mangrullo. m. *Arg.* Atalaya dispuesta entre las ramas de un árbol, o especie de torre rústica, de troncos, desde cuya plataforma vigilaba el centinela./ Especie de bagre muy grande.

manguera. f. Manga, tubo largo y flexible de riego.

maní. m. Cacahuete.

manía. f. Forma de locura que se caracteriza por delirio y propensión al furor./ Extravagancia, preocupación caprichosa por un tema o cosa./ Afecto o deseo desordenado./ fam. Ojeriza.

maníaco, ca o **maniaco, ca.** a. y s. Que padece una manía.

maniatar. tr. Atar las manos.

maniático, ca. a. y s. Que tiene manías.

manicomio. m. Hospital para la observación y tratamiento de los enfermos mentales.

manifestación. f. Acción y efecto de manifestar o manifestarse./ Reunión pública, por lo general al aire libre, en que los concurrentes dan a conocer con su presencia sus sentimientos o deseos.

manifestar. tr./ prl. Declarar, dar a conocer./ Descubrir, poner a la vista.

manifiesto, ta. p. p. irreg. de **manifestar**.// a. Patente, claro./ / m. Escrito donde se hace pública una declaración de interés general./ Documento donde consta la clase, cantidad y destino de las mercancías de un buque.

manija. f. Mango, manubrio o puño de ciertos utensilios y herramientas./ Maniota./ *Arg.* Trenza o cordón del cabo del rebenque, para asegurarlo a la muñeca.

maniobra. f. Cualquier operación que se ejecuta con las manos./ fig. Manejo o engaño en un asunto o negocio./ Arte en el gobierno de las embarcaciones./ Evolución de las tropas durante los ejercicios.// pl. Operaciones de los trenes en las vías férreas, o de otros vehículos para cambiar el rumbo.

maniobrar. i. Realizar maniobras.

maniota. f. Cuerda o cadena de hierro para atar las manos de un animal e impedir que huya.

manipular. tr. Operar, trabajar con las manos./ fig. y fam. Manejar uno los negocios a su modo, o entremeterse en los ajenos.

maniquí. m. Figura movible que puede ser colocada en diversas actitudes./ Armazón en figura de cuerpo humano, que se emplea para probar y arreglar prendas de vestir./ fig. y fam. Persona pacata y débil que se deja dominar por los demás.

manirroto, ta. a. y s. Pródigo, demasiado liberal, derrochador.

manivela. f. Manubrio o manija./ Instrumento mecánico que imprime un movimiento giratorio.

manjar. m. Cualquier comestible./ Comida apetitosa./ fig. Recreo, deleite del espíritu.

mano. f. Parte del cuerpo humano, que comprende desde la muñeca inclusive hasta la punta de los dedos./ Pie delantero de los cuadrúpedos./ *Zool.* Tipo de extremidad par

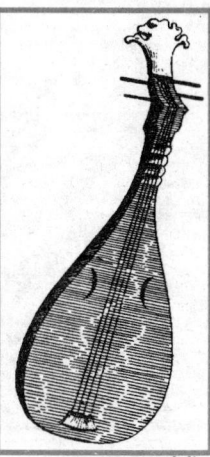

mandolina

cuyo esqueleto está dispuesto siempre de la misma forma terminado gmente. en cinco dedos; conforma el llamado quiridio, característico de los vertebrados tetrápodos./ *Zool.* Extremidad cuyo dedo pulgar puede oponerse a los otros./ Trompa del elefante./ Cada uno de los lados, derecho e izquierdo, a que cae o sucede una cosa respecto de la situación de otra./ Capa de color, barniz, etc., que se da a una cosa./ Conjunto de veinticinco pliegos de papel, vigésima parte de una resma./ El primero en orden de los que participan en un juego./ fig. Destreza, habilidad./ Amparo, auxilio.

manojo. m. Haz de cosas que se pueden tomar con la mano.

manosear. tr. Tocar una cosa repetidamente con las manos, a veces ajándola.

manotada. f. Golpe que se da con la mano.

manotazo. m. Manotada.

manotear. tr. Dar golpes con las manos./ Mover las manos para dar mayor fuerza a lo que se habla, o para mostrar un sentimiento.

manquedad o **manquera.** f. Falta de mano o brazo./ Impedimento en el uso de alguno de estos miembros./ fig. Falta o defecto.

mano

mansedumbre. f. Calidad de manso./ Suavidad, benignidad de carácter.

mansión. f. Detención, estancia en un lugar./ Morada, albergue./ *Amér.* Casa suntuosa.

manso, sa. a. Benigno y suave en la condición./ Apl. a los animales que no son bravos./ fig. Apacible, sosegado. Díc. de ciertas cosas inanimadas.

manta. f. Prenda de lana o de algodón, de forma rectangular, que sirve para abrigar.

mantear. tr. Arrojar con violencia y repetidamente al aire a una persona con una manta, tirando varios a un tiempo de sus orillas.

manteca. f. Grasa, generalmente animal./ Sustancia oleosa y crasa de la leche, y de ciertos frutos, como el cacao.

mantecoso, sa. a. Que tiene mucha manteca, o se parece a ella.

mantel. m. Tela o lienzo con que se cubre la mesa de comer.

mantener. tr./ prl. Proveer a uno del alimento necesario.// tr. Conservar una cosa, darle vigor y permanencia./ Sostener una cosa./ Defender una opinión o sistema./ Sostener un torneo, justa, etc./ / prl. Perservar, persistir./ fig. Alimentarse.

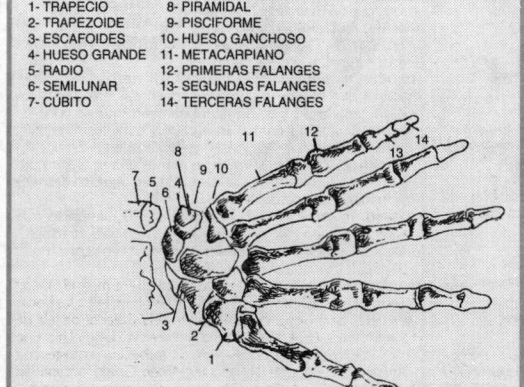

1- TRAPECIO	8- PIRAMIDAL
2- TRAPEZOIDE	9- PISCIFORME
3- ESCAFOIDES	10- HUESO GANCHOSO
4- HUESO GRANDE	11- METACARPIANO
5- RADIO	12- PRIMERAS FALANGES
6- SEMILUNAR	13- SEGUNDAS FALANGES
7- CÚBITO	14- TERCERAS FALANGES

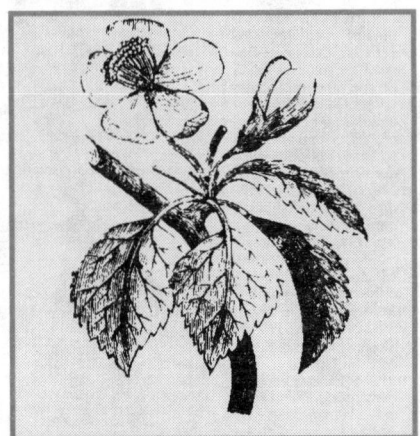

manzano

mantenimiento. m. Efecto de mantener o mantenerse./ Alimento.

mantilla. f. Paño de seda, tul, encaje u otro tejido, que usan las mujeres para cubrirse la cabeza./ Pieza de tela con que se envuelve por encima de los pañales a los niños de pecho.

mantillo. m. Capa superior del suelo, que se forma en gran parte por la descomposición de materias orgánicas./ Abono resultante de la fermentación y putrefacción del estiércol.

manto. m. Prenda de vestir larga y suelta, a manera de capa, que usaban las mujeres./ Capa que usan algunos religiosos./ Rica vestidura de ceremonia, insignia de príncipes soberanos o de caballeros de órdenes militares./ fig. Lo que encubre y oculta una cosa.// m. Capa mineral, que yace horizontalmente, de poco espesor.

mantón. m. Pañuelo grande de abrigo que se pone sobre los hombros.

manuable. a. Fácil de manejar.

manual. a. Que se ejecuta con las manos./ Manuable./ De fácil ejecución.// m. Libro que contiene el compendio de una ciencia o arte.

manubrio. m. Empuñadura o manija para hacer girar una rueda, un eje, etc.

manufactura. Obra hecha a mano o a máquina./ Fábrica o lugar donde se fabrica.

manumitir. tr. Dar libertad al esclavo.

manuscribir. tr. Escribir a mano.

manuscrito, ta. a. Escrito a mano.// m. Papel o libro así escrito.

manutención. f. Acción y efecto de mantener o mantenerse./ Conservación y amparo.

manzana. f. Fruto del manzano, de forma globosa, corteza lisa y pulpa carnosa de sabor acídulo o algo azucarado./ *Arg.* y *Chile.* Espacio cuadrado de terreno edificado o no, pero circunscripto por calles por sus cuatro lados.

manzanilla. f. Hierba compuesta, con hojas abundantes y flores olorosas de centro amarillo y circunferencia blanca./ Fruto de esta planta./ Infusión de esta flor, de uso medicinal./ Especie de aceituna pequeña./ Vino blanco, aromático y seco, que se produce en Andalucía, España.

manzano. m. Árbol rosáceo, del cual hay muchas variedades. Tiene copa ancha, flores blancas en umbela y su fruto es la manzana.

maña. f. Habilidad./ Astucia./ Mala costumbre, vicio. Ú.m. en pl.

mañana. f. Tiempo que transcurre desde que amanece hasta mediodía./ Tiempo desde la medianoche hasta el mediodía./ / m. Tiempo futuro próximo a nosotros.// adv. t. En el día que seguirá inmediatamente al de hoy./ fig. En tiempo venidero.

mañero, ra. a. Sagaz, astuto./ Fácil de tratar, hacer o manejar./ *Arg.* Mañoso.

mapa. m. Representación geográfica de la Tierra, o de parte de ella, en una superficie plana.

mapamundi. m. Mapa que representa toda la superficie terrestre dividida en dos hemisferios.

mapuche. a. y s. Araucano.

maqueta. f. Reproducción a escala reducida de una construcción, máquina, o cualquier obra proyectada.

maquiavelismo. m. Doctrina de Maquiavelo, que aconsejaba, cuando fuere necesario, el empleo de la mala fe para sostener la política del Estado./ fig. Manera de proceder con astucia y perfidia.

maquillaje. m. Acción y efecto de maquillar./ Cosméticos para maquillar.

maquillar. tr./ prl. Componer con cosméticos el rostro./ En el teatro, caracterizar, pintar el rostro, las manos, etc., de acuerdo con el personaje que se ha de representar.

máquina. f. Artificio para aprovechar o dirigir la acción de una fuerza./ Tramoya de los teatros./ fig. Conjunto de las diversas partes ordenadas de un todo.

maquinación. f. Asechanza artificiosa y oculta, dirigida generalmente a mal fin.

maquinar. tr. Urdir, tramar algo ocultamente y con artificio./ Trabajar una pieza por medio de una máquina.

maquinaria. f. Arte que enseña a fabricar las máquinas./ Conjunto de máquinas.

maquinal. a. Rel. a la máquina./ fig. Aplícase a los actos y movimientos que se efectúan sin deliberación.

mar. amb. Masa de agua salada que cubre la mayor parte de la superficie de la Tierra./ Cada una de las partes en que está dividida./ fig. Nombre que se da a ciertos lagos, como el Muerto, el Caspio, etc./ Gran abundancia de alguna cosa.

mara. f. *Arg.* y *Chile.* Mamífero roedor, semejante a la liebre.

marabunta (voz brasileña). f. Nombre indígena de las migraciones masivas de hormigas legionarias que a su paso devoran todo lo comestible que encuentran. Son peligrosas, ya que su aparición e itinerario son imprevisibles./ fig. Conjunto de gente tumultuosa, alborotada.

maraca. f. *Amér.* Instrumento músico que consiste en una calabaza seca con granos de maíz en el interior.

maraña. f. Maleza, espesura de arbustos./ Hebras bastas de la parte exterior del capullo de seda./ fig. Enredo de los hilos o del cabello./ Embuste./ Lance de difícil salida.

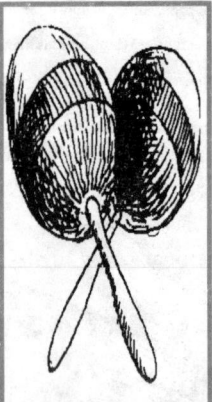

maraca

marasmo. m. Extremado enflaquecimiento del cuerpo./ Agotamiento, inmovilidad, en lo moral o físico.

maratón. m. y a veces f. Carrera pedestre de resistencia, de 42 km. 195m. que se practica en los juegos olímpicos./ Por ext., cualquier carrera pedestre de recorrido extenso.// m. fig. Actividad o conjunto de actividades que se desarrollan con mucha prisa, en menos tiempo del que requerirían si se realizasen con ritmo normal.

maravedí. m. Moneda española que ha tenido diferentes valores y calificativos. Tiene tres pl.: *maravedís, maravedises* y *maravedíes.*

maravilla. f. Suceso o cosa extraordinaria que causa admiración./ Admiración.

maravillar. tr./ prl. Causar admiración, asombrar.

maravilloso, sa. a. Extraordinario, excelente, admirable.

marbete. m. Rótulo de papel que se adhiere a las mercancías o a los envases, y en que se hace constar la marca de fábrica, o el nombre del producto, el precio, etc./ Cédula que se adhiere a los bultos o equipajes y en la cual se anota el lugar de destino y el número del registro.

marca. f. Provincia, distrito fronterizo./ Acción de marcar./Señal./Instrumento para marcar una cosa.

marcar. tr. Señalar o poner marca./ Bordar en la ropa las iniciales o los blasones de su dueño./fig. Señalar a uno por alguna calidad notable./ Señalar, fijar./ Prescribir, determinar./ Indicar un aparato cantidades o magnitudes./ Dar indicio de algo./Señalar en el disco del teléfono los números de otro para comunicarse con él./ Aplicar, destinar./ fig. En los deportes en que juegan equipos combinados, contrarrestar con eficacia un jugador el juego de su contrario.

manzanilla

marcha. f. Acción de marchar./ Grado de velocidad en el andar de un buque, locomotora, etc./ Pieza de música con ritmo adaptado al paso del hombre./ Actividad o funcionamiento de un mecanismo, órgano o entidad.

marchar. i./prl. Caminar, ir o partir de un lugar.//i. Ir o caminar la tropa con cierto orden./ Andar, moverse, funcionar un artefacto./ fig. Seguir su curso, desenvolverse una cosa.

marchitar. tr./ prl. Ajar, deslucir, quitar la frescura a las flores, hierbas, etc./ Enflaquecer, quitar el vigor, la hermosura.

marchito, ta. a. Falto de vigor y lozanía; ajado.

marcial. a. Perteneciente a la guerra./ fig. Varonil, bizarro.

marciano, na. a. Rel. al planeta Marte.// m. Supuesto habitante del planeta Marte.

marco. m. Moneda de varios países./ Cerco que ciñe y rodea algunas cosas./ Bastidor de puertas o ventanas.

marea. f. Movimiento periódico y alternativo de ascenso y descenso de las aguas del mar.

marear. tr. Gobernar una embarcación.// prl. Sentirse indispuesto, con el estómago revuelto y la cabeza turbada./ fig. Embriagarse.

marejada. f. Movimiento tumultuoso de grandes olas./ fig.

mariposa

Exaltación colectiva de los ánimos, manifestada sordamente./ Movimiento impetuoso de mucha gente apiñada.

maremoto. m. Agitación grande de las aguas del mar, por efecto de una sacudida del fondo, que tiene por causa movimientos sísmicos.

mareo. m. Efecto de marearse./ fig. y fam. Molestia, ajetreo, enfado.

marfil. m. Sustancia dura y blanca, cubierta por el esmalte, que es el principal componente de los dientes de los vertebrados./ Sustancia de que están formados los colmillos del elefante. Es pesada, compacta, dura, muy blanca y capaz de hermoso pulimento./ fig. Obra artística, hecha de marfil.

margarina. f. Sustancia grasa alimenticia, de consistencia blanda, que se hace con diversos aceites y grasas de plantas, de pescados u otros animales.

margarita. f. Perla de los moluscos./ Planta herbácea de flores de centro amarillo y corola blanca.

margen. amb. Orilla, extremidad de una cosa./ Espacio en blanco a cada uno de los cuatro lados de una página manuscrita o impresa./ Apostilla, acotación./ fig. Ocasión, oportunidad.

marginal. a. Rel. al margen./ Que está al margen./ De importancia secundaria.

margarita

marginar. tr. Dejar márgenes en un escrito./ Festonear./ Dejar de lado un asunto o cuestión./ Prescindir de alguien o preterirlo.

marido. m. Hombre casado, con respecto a su mujer.

mariguana. f. Cáñamo de la India, cuyas hojas secas producen un efecto narcótico al fumarla.

marihuana. f. Mariguana.

marina. f. Parte de la tierra junto al mar./ Arte de navegar./ Conjunto de los buques de una nación./ Cuadro o pintura que representa el mar./ Conjunto de las personas que prestan servicio en la armada./ **-mercante.** Conjunto de los buques de un país, que se emplean para el comercio.

marinero, ra. a. Dícese de lo que pertenece a la marina o a los marineros.// m. Hombre que presta servicio en una embarcación.

marino, na. a. Perteneciente al mar./ m. Hombre que sirve en la marina o se ejercita en náutica.

marioneta. f. Títere que se mueve por medio de hilos u otro artificio./ Fantoche.

mariposa. f. Insecto lepidóptero con boca chupadora y cuatro alas cubiertas de escamas./ Lamparilla para alumbrar./ Tuerca para ajustar tornillos./ Pájaro de la isla de Cuba, de muy agradable canto.

mariscal. m. En la milicia antigua, oficial muy preeminente, inferior al condestable./ Grado supremo en los ejércitos de algunos países.

marisco. m. Cualquier animal marino invertebrado, y en especial, los moluscos y crustáceos comestibles.

marisma. f. Terreno bajo y pantanoso, que inundan las aguas del mar.

marital. a. Perteneciente al marido o a la vida conyugal.

marítimo, ma. a. Del mar.

marlo. Amér. Espiga desgranada de maíz.

marmita. f. Olla de metal, con tapadera ajustada y una o dos asas.

mármol. m. Piedra caliza, compacta y cristalina, susceptible de pulimiento, usada en decoración y escultura.

marmóreo, a. a. De mármol./ Parecido al mármol.

marmota. f. Mamífero roedor, herbívoro, domesticable, del tamaño de un gato. Pasa el invierno dormida en su madriguera./ fig. Persona que duerme mucho.

maroma. f. Cuerda gruesa.

marqués, sa. s. Título de nobleza, en algunos países, intermedio entre el de conde y el de duque.

marquesina. f. Cobertizo que avanza sobre una puerta, escalinata, etc., para proteger de la lluvia./ Cubierta que se coloca sobre la tienda de campaña.

marrano, na. s. Puerco.// a. y s. fig. y fam. Persona sucia y desaseada, o que procede con bajeza.

marrar. tr./ i. Fallar, errar, no acertar.

marrón. a. De color castaño. Ú.t.c.s.

marsupial. a. *Zool.* Apl. a mamíferos cuyas hembras dan a luz prematuramente e incuban a sus crías en una bolsa ventral, o marsupio, en donde están las mamas; como el canguro de Australia y la zarigüeya de América. Ú.t.c.s.//m.pl. *Zool.* Taxón de estos animales, llamados también didelfos.

marta. f. Mamífero carnicero, de cabeza chica, patas cortas y hocico agudo. Su piel, de pelaje espeso y suave, es muy estimada./ **-cebellina** o **cibellina.** Especie de marta un poco menor que la común, de piel estimadísima por su finura./ Piel de este animal.

martes. m. Tercer día de la semana.

martillar. tr. Golpear con el martillo.// tr./ prl. Oprimir, atormentar.

martillazo. m. Golpe fuerte de martillo.

martilleo. m. Acción y efecto de martillar./fig. Cualquier ruido parecido al de los golpes repetidos del martillo.

martillo. m. Herramienta de percusión compuesta de una cabeza de hierro y un mango./ Huesecillo de la parte media del oído.

martinete. m. Ave zancuda de pico largo, que vive cerca de los ríos y lagos./ Penacho de plumas de esta ave./ Mazo macillo de gran peso./ Macillo.

martingala. f. Cada una de las calzas que los hombres de armas llevaban bajo los quijotes. Ú.m. en pl./fig. y fam. Ardid con que se engaña./ Entre jugadores, cualquier combinación para tener mayores posibilidades de ganancia.

mártir. m. y f. Persona que padece de martirio en defensa de la religión./ Por ext., persona que muere o padece mucho en defensa de una creencia o una causa./ fig. Persona que sufre grandes trabajos y penalidades.

martirio. m. Muerte o sufrimiento padecidos por causa de la religión o los ideales u opiniones.

martirizar. tr. Hacer padecer martirio./ fig. Afligir, atormentar. Ú.t.c.s. prl.

marzo. m. Tercer mes del año; tiene treinta y un días.

mas. conj. adversativa. Pero.

más. adv. c. con que se denota idea de exceso, aumento, ampliación o superioridad./ Indica a

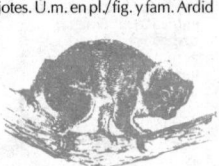

marsupial

veces aumento indeterminado de cantidad expresa./ Indica asimismo, idea de preferencia./ Ú. c. sustantivo.// m. Signo de la suma o adición, representado por una crucecita (+).

masa. f. Mezcla de un líquido con una materia pulverizada, de la cual resulta un todo blando, espeso y consistente./ Volumen, conjunto, reunión, multitud./fig. Cuerpo o totalidad de una hacienda, u otra cosa considerada en grueso./ Conjunto o concurrencia de algunas cosas./ Cantidad de materia contenida en un cuerpo./ *Arg.* Masita, pastelito de confitería.

marmota

masacrar. tr. Asesinar, matar a personas, generalmente indefensas.

masaje. m. Frotamiento, percusión y amasamiento sobre zonas de la superficie corporal, con la mano o con aparatos especiales, para estimular la circulación y ablandar estructuras.

masajear. tr. Dar masajes.

mascar. tr. Partir y triturar con la dentadura./ fig. y fam. Mascullar.

máscara. f. Figura de cartón, tela o alambre, con que una persona puede taparse el rostro./ fig. Pretexto, simulación.// m. y f. Persona enmascarada.

mascarilla. f. Máscara que solamente cubre desde la frente hasta el labio superior./ Vaciado que se saca sobre el rostro de una persona o de una escultura, y principalmente de un cadáver.

mascarita. m. y f. Máscara, persona enmascarada.

mascarón. m. aum. de máscara./ Cara disforme o fantástica que se usa como adorno en algunas obras arquitectónicas.

mascota. f. Persona, animal o cosa considerados de buena suerte.

masculino, na. a. Que está dotado de órganos para fecundar./ Rel. a este ser./ Propio del varón./ *Gram.* Dícese del género de los sustantivos que se refieren al varón o al animal macho y de otros que por su uso, etimología o terminación están comprendidos en esta clase./ Varonil, enérgico.

mascullar. tr./ i. Hablar entre dientes, o pronunciar mal las palabras.

masivo, va. a. Rel. a las masas humanas./ Dícese de lo que se aplica en gran cantidad.

masticar. tr. Mascar, desmenuzar la comida con los dientes./ fig. Meditar, cavilar.

mástil. m. Palo de un barco./ Cualquiera de los palos derechos que sirven para mantener una cosa./ Parte más estrecha de la guitarra y otros instrumentos de cuerda, donde están los trastes.

mastín, na. a. y s. Cierta casta de perros de presa, grandes y fornidos, de fuertes dientes, pescuezo corto y grueso, muy valerosos y leales.

mastodonte. m. Mamífero paquidermo fósil, parecido al elefante, pero de mayor tamaño ./ Persona muy corpulenta.

masturbarse. prl. Procurarse en soledad el goce sexual.

mata. f. Arbusto de poca altura, ramificado y leñoso./ Ramito o pie de una hierba.

mataco, ca. a. y s. Dícese del indio de una tribu que habita la región occidental del Chaco, a orillas del Pilcomayo y el Bermejo./ m. Lengua de dichos indios.

matadero. m. Sitio donde se mata y se desuella el ganado destinado para el abasto público./ fig. y fam. Trabajo muy incómodo.

matafuego. m. Aparato para apagar los fuegos.

matalón, na. a. y s. Dícese de la caballería flaca y llena de llagas.

matambre. m. *Amér.* Capa de carne y grasa que se saca de entre el costillar y el cuero de los animales vacunos.

matanza. f. Acción y efecto de matar./ Mortandad de personas ejecutadas en una batalla, motín, etc.

matar. tr./prl. Quitar la vida./ Herir y llagar la bestia por el roce del aparejo.// tr. En los juegos de naipes, echar una carta superior a la del contrario./ fig. Desazonar, molestar./ Estrechar, violentar./ Apagar./ Extinguir, reducir a la nada./ Rebajar un color o un tono fuerte o desapacible.// prl. fig. Trabajar con afán y sin descanso.

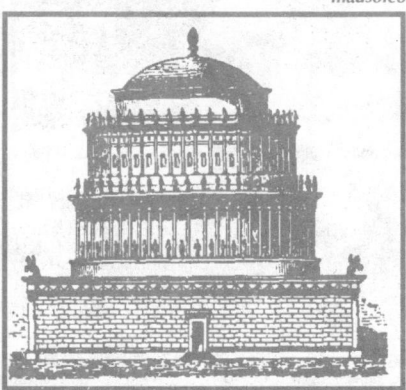

mausoleo

matarife. m. El que mata las reses en el matadero.

matasellos. m. Estampilla con que se inutilizan los sellos de las cartas en las oficinas de correo.

mate. a. Amortiguado, falto de brillo./ m. Lance con que se pone fin al juego de ajedrez, cuando el rey de uno de los jugadores no puede salvarse de las piezas del contrario./ *Amér.* Calabaza que, seca y vaciada, tiene ciertos usos domésticos./ Infusión de hojas de yerba mate, que se toma directamente de la vasija o del mate, sorbiendo con bombilla. También se sirve en taza, como el té.

mateada. f. *R. de la P.* Acción de matear.

matear. i. *R. de la P.* Tomar mate.

matemática. f. Ciencia que estudia las cantidades y sus relaciones.

matemático, ca. a. Rel. a la matemática./ fig. Exacto, preciso. // s. Persona que sabe o profesa la matemática.

materia. f. Sustancia que compone los cuerpos físicos. Tiene extensión, inercia y gravitación./ Sustancia de las cosas./ Asunto de una obra literaria, científica, etc./ fig. Cualquier punto o negocio de que se trata./ Causa, motivo/

material. a. Rel. a la materia./ Opuesto a lo espiritual./ fig. Grosero, basto.// m. Ingrediente./ Cualquiera de las materias que se necesitan para una obra, o el conjunto de ella. Ú.m. en pl./ Conjunto de máquinas, instrumentos, herramientas, etc., que se necesita para el ejercicio de una profesión o el desempeño de un servicio.

materialidad. f. Calidad de material./ Apariencia, superficie exterior de las cosas.

materializar. tr. Considerar como material lo que no lo es./ Efectuar, realizar algo./ Hacer concreto y efectivo un proyecto, proposición, etc.// prl. Dejar uno que preponderen en sí mismo la materia sobre el espíritu.

maternal. a. Materno.

maternidad. f. Estado o calidad de madre./ Establecimiento donde se atiende a las mujeres parturientas.

materno, na. a. Perteneciente a la madre.

matinal. a. Matutino.

matiz. m. Unión de diversos colores mezclados proporcionadamente en bordados, pinturas, etc./ Gradación de un color o de un sonido musical./ fig. En las obras artísticas o literarias, tono de especial colorido y expresión./ Carácer peculiar de ciertas cosas.

matizar. tr. Juntar diversos colores de modo que sean agradables a la vista./ Dar a un color determinado matiz./ fig. Graduar los sonidos con delicadeza para expresar la idea musical.

matorral. m. Terreno inculto, cubierto de malezas y matas.

matraca. f. Rueda de tabla en forma de aspa que produce ruidos.

matriarcado. m. Época y sistema de organización social basado en la primacía del parentesco por línea materna.

matricidio. m. Delito de matar alguien a su madre.

matrícula. f. Lista o catálogo de los nombres de las personas que se asientan para un fin determinado./ Documento en que consta dicha anotación.

matricular. tr./prl. Inscribirse o hacer inscribir en una matrícula.

matrimonial. a. Rel. al matrimonio.

matrimonio. m. Unión concertada de por vida de un hombre y una mujer, mediante determinados ritos o formalidades legales./ fam. Marido y mujer.

matriz. a. fig. Principal, materna, generadora./ fig. Apl. a la escritura que queda en el oficio para ser cotejada, en caso de duda, con el original y las copias./ f. Víscera hueca de la mujer y de las hembras de los mamíferos, destinada a contener el feto hasta el momento del parto./ Molde en que se funden objetos de metal que han de ser idénticos./ Tuerca.

matutino, na. a. Rel. a la mañana./ Que ocurre o se hace de mañana.// m. *Amér.* Diario que sale a la venta por la mañana.

maullar. i. Dar maullidos el gato.

maullido. m. Voz del gato.

mausoleo. m. Sepulcro monumental y suntuoso.

maxilar. a. Rel. a la mandíbula./ a. y s. Dícese de cada uno de los tres huesos que constituyen la mandíbula.

máxima. f. Regla o proposición admitida por los que profesan una facultad o ciencia./ Sentencia, apotegma para la dirección de las acciones morales./ Norma, idea a que se ajusta la manera de obrar.

máxime. adv. Principalmente.

máximo, ma. a. superl. de grande./ Dícese de lo que es lo más grande en su género o especie.// m. Límite superior o extremo a que puede llegar una cosa.

maya. a. Dícese del individuo de un pueblo centroamericano muy antiguo, que habita en la parte sur de México y en el actual territorio de Guatemala, y que, antes de la llegada de los españoles, alcanzó una civilización notable. Ú.t.c.s./ a. Perteneciente o rel. a dicho pueblo.// m. Lengua de los mayas.

martillo

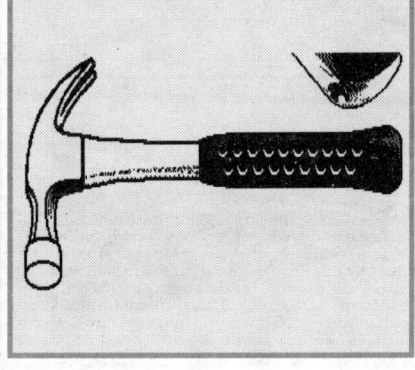

mayo. m. Quinto mes del año; tiene treinta y un días.

mayólica. f. Loza común con esmalte metálico.

mayonesa. f. Salsa fría que se hace mezclando lentamente aceite y yema de huevo crudos.

mayor. a. comp. de grande./ Que excede a una cosa en cantidad o calidad.// pl. Primera proposición del silogismo.// **-por mayor.** m. adv. En cantidad grande.// **-al por mayor.** expr. adv. Por mayor.

mayordomo. m. Persona a cuyo cargo está el gobierno económico de una hacienda o de una casa./ Administrador de una hacienda rústica o estancia.

mayoría. f. Calidad de mayor./ Mayor edad./ Mayor número de votos iguales o conforme en una votación./ Parte mayor de los individuos que constituyen una nación, ciudad, cuerpo, etc.

mayoridad. f. Mayoría, calidad de mayor, o de mayor de edad.

mayorista. m. y f. Comerciante que vende al por mayor.// a. Apl. al comercio en que se vende o se compra al por mayor.

mayúsculo, la. a. Algo mayor que lo ordinario en su especie./ fam. Muy grande, extraordinario, enorme.

maza. f. Arma antigua de palo con hierro, o toda de hierro, con la cabeza gruesa./ Intrumento de madera dura que se emplea para machacar el lino, el esparto, y para otros usos./ Pelota forrada de cuero y con mango de madera, para tocar el bombo./ Pieza del martinete, que golpea sobre los pilotes.

mazamorra. f. Comida compuesta de harina de maíz con azúcar o miel./ fig. Cualquier cosa reducida a trozos menudos./ Arg. Maíz quebrado, que una vez hervido se come con leche o sin ella, y azúcar.

mazapán. m. Pasta de almendras molidas y azúcar.

mazmorra. f. Prisión subterránea.

mazo. m. Martillo de madera./ Grupo de cosas puestas juntas.

mazorca. f. Espiga densa y apretada de frutos, como la del maíz o del cacao.

mazurca. f. Danza polaca y su música.

me. Forma del pronombre personal de primera persona en género masculino o femenino y número singular. No admite preposición ni puede usar como sufijo: *me miró, mírame.*

meandro. m. Recoveco de un camino o de un río./ Arg. Adorno complicado y de enlaces sinuosos.

mear. i./ tr./ prl. Orinar.

mecánica. f. Parte de la física que estudia el movimiento de los cuerpos, las fuerzas que condicionan esos movimientos y la relación entre las fuerzas que actúan sobre los cuerpos en equilibrio./ Leyes y utilización de las máquinas./ Aparato o resorte interior que da movimiento a las máquinas.

mecanismo. m. Artificio o estructura de un cuerpo, natural o artificial, y combinación de las partes que lo constituyen./ Medios prácticos usados en las artes.

mecanizar. tr. Aplicar el uso de máquinas.

mecanografía. f. Técnica de escribir a máquina.

mecanografiar. tr. Escribir con máquina.

mecedor, ra. a. Que mece o sirve para mecer.// m. Instrumento de madera para menear o mecer líquidos./ Columpio./ Silla de brazos, cuyos pies descansan sobre dos arcos y en la cual puede mecerse el que se sienta.

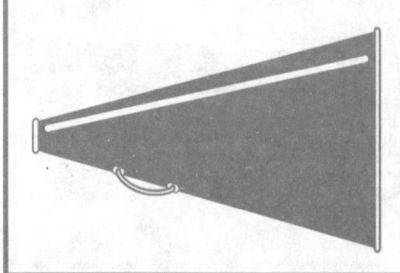
megáfono

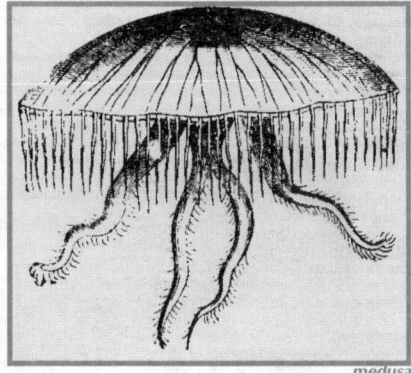
medusa

mecenas. m. fig. Persona adinerada e influyente que patrocina a los literatos o artistas.

mecer. tr./ prl. Mover una cosa acompasadamente de un lado a otro sin que mude de lugar.// tr. Mover y menear un líquido.

mecha. f. Cuerda retorcida o cinta tejida hecha de filamentos combustibles, que se coloca en los mecheros de ciertos aparatos de alumbrado, o caloríferos./ Cuerda o tubo de algodón o papel con algún inflamable para dar fuego a minas o barrenos./ Porción de hilas atadas que se usa para curaciones y operaciones quirúrgicas./ Mechón de pelo, hilo o hebra.// pl. fig. y fam. Arg. Cabello largo y mal peinado.

mechar. tr. Meter mechas de tocino en la carne.

mechero. m. Canutillo que contiene la mecha para alumbrar./ Cañón de los candeleros donde se coloca la vela./ Utensilio para dar luz o calor./ Boquilla de los aparatos de alumbrado.

mechón. m. Porción de pelos, hebras o hilos, separada de un conjunto.

medalla. f. Pieza de metal, comúnmente redonda, acuñada, con alguna figura, emblema o inscripción./ Premio o distinción honorífica que se da en concursos o exposiciones.

medallón. m. aum. de medalla./ Bajorrelieve redondo u ovalado./ Joya en forma de cajita chata en que se ponen retratos, rizos u otras cosas de recuerdo.

médano. m. Duna./ Montón de arena casi a flor de agua.

media. f. Mitad./ Promedio./ Prenda de punto que cubre el pie y la pierna./ Amér. Calcetín.

mediación. f. Acción y efecto de mediar.

mediador, ra. a. y s. Que media para resolver una diferencia.

medianero, ra. a. Que se encuentra en medio de dos cosas./ Dícese de la persona que media o intercede por alguien. Ú.m.c.s.// f. Pared común a dos casas contiguas.

medianía. f. Término medio entre dos extremos./ fig. Persona que carece de prendas relevantes.

mediano, na. a. De calidad intermedia./ Ni muy grande ni muy pequeño.

medianoche. f. Hora en que el Sol está en el punto opuesto al de mediodía.

mediar. i. Llegar a la mitad de una cosa./ Interceder, pedir por uno./ Interponerse entre dos que riñen, tratando de reconciliarlos./ Estar una cosa en medio de otras./ Dicho del tiempo, transcurrir./ Suceder entremedias una cosa.

mediato, ta. a. Lo que en tiempo, lugar o grado está próximo a una cosa, mediando otra entre las dos.

medicamento. m. Sustancia que puede producir un efecto curativo.

medicina. f. Ciencia y arte de conocer, prevenir, aliviar y curar las enfermedades del cuerpo humano./ Medicamento.

medicinal. a. Perteneciente a la medicina./ Dícese de las cosas que tienen virtudes curativas.

médico, ca. s. Rel. a la medicina.// m. El que se halla legalmente autorizado para profesar y ejercer la medicina.

medida. f. Acción de medir./ Expresión comparativa de cantidades o dimensiones./ Proporción o correspondencia de dos cosas entre sí./ Grado, intensidad./ Aquello que sirve para medir./ Número y clase de sílabas que debe tener un verso./ Disposición, prevención. Ú.m. en pl./ Prudencia, moderación.

medidor, ra. a. Que mide. Ú.t.c.s.// m. *Amér.* Contador, aparato para medir el gas, la electricidad, etc.

medieval. a. Rel. a la Edad Media.

medio, dia. a. Igual a la mitad de una cosa.// m. Parte que queda a igual distancia de dos extremos./ Diligencia para conseguir algunas cosas./ Elemento en que vive o se mueve una persona, animal o cosa.// pl. Caudal, bienes, rentas.// adv. m. No por entero.

mediocre. a. Intermedio, mediano.

mediocridad. f. Calidad de mediocre./ Estado de una cosa entre bueno y malo, entre grande y pequeño.

mediodía. m. Hora en que está el Sol en el punto más alto de su elevación sobre el horizonte.

medioevo. m. Edad Media.

medir. tr. Determinar la longitud, extensión, volumen o capacidad de una cosa./ Comparar cosas inmateriales.// i. Tener determinada dimensión./ prl. fig. Moderarse, contenerse.

meditabundo, da. a. Que medita o reflexiona en silencio.

meditación. f. Acción y efecto de meditar.

meditar. tr. Aplicar con atención el pensamiento a la consideración de una cosa, discurrir.

mediterráneo, a. a./ m. Díc. de lo que está rodeado de tierra.

medrar. i. Crecer los animales y plantas./ fig. Mejorar uno de fortuna.

medroso, sa. a. y s. Temeroso, pusilánime.// a. Que infunde miedo.

medula o médula. f. Sustancia grasa, que se halla dentro de algunos huesos de los animales./ Sustancia esponjosa que se encuentra dentro de los troncos y tallos de ciertas plantas./ fig. Lo esencial de una cosa no material./ **-espinal.** Prolongación del encéfalo, que ocupa el conducto vertebral, desde el agujero occipital hasta la región lumbar.

medular. a. Rel. a la médula.

medusa. f. Animal marino, con cuerpo en forma de campana, provisto de tentáculos.

megáfono. m. Especie de bocina de gran tamaño usada para

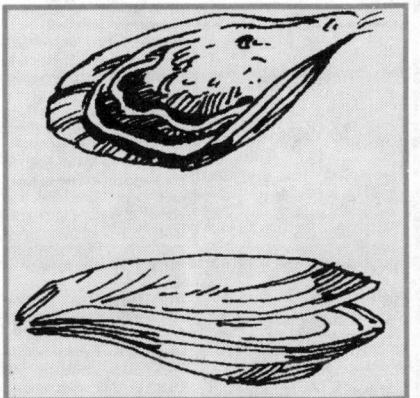

·mejillón

aumentar la intensidad de la voz./ Instrumento acústico dispuesto en los receptores para ampliar las ondas sonoras.

megalito. m. Monumento prehistórico con grandes piedras sin labrar.

mejilla. f. Cualquiera de las dos prominencias en el rostro humano debajo de los ojos.

mejillón. m. Molusco acéfalo marino, comestible, con dos valvas de color negro azulado.

mejor. a. comp. de bueno. Superior a otra cosa.// adv. m. comp. de bien. Más bien, de manera más conveniente./ Antes o más, denotando idea de preferencia.

mejorar. tr. Adelantar, acrecentar, hacer que una cosa pase de un estado bueno a otro mejor./ Pujar./ Dejar mejora por testamento a algún heredero.// i./ prl. Restablecerse, ir recuperando la salud el enfermo./ Ponerse el tiempo más benigno y apacible./ Alcanzar un lugar o grado superior al que se tenía.

mazorca

mejoría. f. Alivio de una dolencia o enfermedad.

mejunje. m. Cosmético o medicamento compuesto por la mezcla de varios ingredientes./ *Amér.* Confusión, enredo.

melancolía. f. Tristeza vaga, honda y permanente./ Monomanía en que dominan las afecciones morales tristes.

melancólico, ca. a. Rel. a la melancolía.// a. y s. Que tiene melancolía.

melena. f. Cabello que desciende por junto al rostro, hasta los hombros./ Cabello suelto./ Crin del león.

melifluo, flua. a. Que tiene miel o se parece a ella./ fig. Amable y dulce en el trato o la expresión.

melindre. m. Fruta de sartén, que se hace con harina y miel./ Dulce de pasta de mazapán, bañado con azúcar blanco./ fig. Afectada delicadeza al hablar o en los ademanes.

mella. f. Hendedura o rotura en el filo de un arma o herramienta o en el borde o en un ángulo saliente de otro objeto./ Vacío o hueco que queda en algo por faltar lo que allí estaba./ fig. Merma, menoscabo.

mellar. tr./ prl. Hacer mellas./ Menoscabar, disminuir una cosa inmaterial.

mellizo, za. a. y s. Gemelo, dicho de los hermanos.

melodía. f. Dulzura y suavidad de la voz o de un instrumento musical./ Composición en que se desarrolla una idea musical./ Cualidad del canto por la que es grato al oído.

melodioso, sa. a. Dulce y grato al oído.

melodrama. m. Drama puesto en música, ópera./ Obra dramática de carácter sensiblero, hecha con menoscabo del buen gusto.

melón. m. Planta cucurbitácea, anual, con tallos rastreros, flores amarillas y fruto de carne abundante, aromático, aguanoso y dulce./ Fruto de esta planta.

meloso, sa. a. Parecido a la miel./ fig. Blando, dulce, suave.

membrana. f. Piel delgada a modo de pergamino./ Lámina muy delgada de un metal./ *Bot.* y *Zool.* Tejido elástico, delgado y flexible, que cubre ciertas vísceras y absorbe o segrega humores, en los seres orgánicos.

membrete. m. Anotación provisional./ Nombre o título de una persona, oficina o corporación estampado en la parte posterior del papel de escribir.

membrillo. m. Arbusto rosáceo, de fruto en poma amarilla, aromático, de carne áspera y granujienta, con semillas mucilaginosas, originario de Asia Menor./ Fruto de este arbusto.

menhir

memorable. a. Digno de que se recuerde.

memorándum. m. Librito para anotar lo que uno debe recordar./ Comunicación diplomática en que se recapitulan hechos o razones que se deben considerar para la resolución de un asunto importante./ *Com.* Circular recordatoria.

memorar. tr. y prl. Recordar, hacer memoria de una cosa.

memoria. f. Facultad por medio de la cual se retiene y recuerda lo pasado./ Recuerdo./ Monumento que perpetúa el recuerdo de algo./ Relación de gastos, operaciones administrativas, etc., concernientes a un negocio o asunto, y a modo de inventario./ Estudio o escrito acerca de una materia.// pl. Relación escrita que uno hace de su vida pública o privada.

memorizar. tr. Fijar algo en la memoria.

menaje. m. Muebles y accesorios de una casa./ Administración de una casa./ Material pedagógico de una escuela.

mención. f. Recuerdo que se hace de una persona o cosa, nombrándola.

mencionar. tr. Hacer mención de una persona o cosa./ Referir o recordar una cosa.

mendacidad. f. Costumbre o hábito de mentir.

mendaz. a. y s. Mentiroso.

mendicidad. f. Estado de mendigo./ Acción de mendigar, pedir, solicitar.

mendigar. tr. Pedir limosna de puerta en puerta./ fig. Solicitar con humillación el favor de alguien.

mendigo, ga. s. Persona que pide limosna habitualmente.

mendocino, na. a. y s. De Mendoza, provincia de la República Argentina.

mendrugo. m. Pedazo de pan duro o desechado./ fig. Tonto, necio.

menear. tr./ prl. Mover una cosa de una parte a otra.// prl. fig. y fam. Hacer con prontitud una cosa.

menester. m. Necesidad o falta de una cosa./ Empleo, ejercicio, ocupación.

menesteroso, sa. a. y s. Necesitado de una o muchas cosas.

menguado, da. a. y s. Cobarde, de poco ánimo y espíritu./ Tonto, simple./ Miserable, mezquino.

menguar. i. Irse consumiendo una cosa./ Disminuir./ Decrecer la parte iluminada de la luna./ tr. Amenguar.

menhir. m. Monumento megalítico constituido por una piedra larga clavada verticalmente en el suelo.

meninge. f. Cada una de las tres membranas que envuelven el encéfalo y la médula espinal. Se denominan duramadre, aracnoides y piamadre.

meningitis. f. *Pat.* Inflamación de las meninges.

menisco. m. Superficie libre, cóncava o convexa, de un líquido contenido en un tubo estrecho./ Vidrio cóncavo por una cara y convexo por la otra./ Cartílago de forma semilunar como los dos de la rodilla.

menopausia. f. Cese natural de la menstruación en la mujer, al alcanzar el climaterio./ Época de la vida de la mujer en que deja de presentarse la menstruación.

menor. a. comp. de pequeño. Que tiene menos cantidad que otro de la misma especie./ Menor de edad. Ú.t.c.s.// **-de edad.** a. y s. Díc. de la persona que no ha llegado a la mayor edad legal.

menoría. f. Subordinación o inferioridad./ Menor edad./ fig. Tiempo de la menor edad.

menos. adv. comp. con que se denota la idea de falta, disminución, inferioridad, limitación o restricción.// adv. m. Excepto.// m. Signo de sustracción o resta que se representa por medio de una rayita horizontal (-).

menoscabar. tr./ prl. Disminuir las cosas, reducirlas a menos.// tr. fig. Deteriorar, deslucir./ Causar mengua en la honra o reputación.

menospreciar. tr. Tener en menos de lo que merece a alguien o a algo./ Despreciar.

menosprecio. m. Poca estimación o aprecio./ Desprecio, desdén.

mensaje. m. Recado de palabra que envía una persona a otra./ Comunicación oficial entre poderes públicos.

mensajero, ra. a. y s. Persona que lleva un mensaje, noticia o recado a otra.

menstruación. f. Acción de menstruar./ Menstruo.

menstruar. i. Evacuar el menstruo.

menstruo. m. Sangre que evacúan naturalmente todos los meses las mujeres y las hembras de ciertos animales.

mensual. a. Que sucede cada mes./ Que dura un mes.

mensualidad. f. Salario o asignación que se paga cada mes.

ménsula. f. Miembro o adorno arquitectónico perfilado con diversas molduras, que sobresale de un plano vertical y sirve de apoyo a alguna parte de un edificio o monumento.

mensurar. tr. Medir.

menta. f. Planta herbácea, labiada, con especies muy olorosas, usadas en condimento, tisanas, etc.

mental. a. Rel. a la mente.

mentalidad. f. Capacidad mental./ Cultura o manera de pensar propias de una persona, un país, etc.

ménsula

mentar. tr. Nombrar o mencionar una cosa.

mente. f. Facultad intelectual./ Inteligencia, entendimiento./ Designio, voluntad, propósito.

mentecato, ta. a. y s. Tonto, falto de juicio, privado de razón o inteligencia.

mentir. i. Manifestar lo contrario de lo que se sabe, cree o piensa./ Inducir a error.// tr. Faltar a lo prometido.

mentira. f. Expresión contraria a lo que se sabe o piensa.

mentiroso, sa. a. Que acostumbra mentir. Ú.t.c.s./ Engañoso, falso, fingido.

mentol. m. Parte sólida de la esencia de menta piperita. Puede considerarse como un alcohol secundario.

mentón. m. Barbilla o prominencia de la mandíbula inferior.

mentor. m. Consejero o guía de otro./ Ayo.

menú. m. Lista de los platos de una comida./ Minuta.

menudencia. f. Pequeñez de una cosa./ Cosa de poco valor./ /pl. Morcillas, chorizos y otros despojos semejantes del cerdo.

menudo, da. a. Chico, delgado, pequeño./ De poca importancia./ Dícese del dinero en monedas pequeñas./ Apl. al que con gran cuidado examina las cosas.// m. pl. Entrañas, manos y sangre de las reses que se matan./ En las aves, pescuezo, alones, molleja, instestinos, etc.// **-a menudo.** m. adv. Con frecuencia y muchas veces.

meñique. a. y s. Nombre del dedo más pequeño de la mano.

meollo. m. Seso, masa nerviosa de la cavidad del cráneo./ fig. Lo más importante de algo./ Juicio, entendimiento.

mercachifle. m. Buhonero./ despect. Comerciante de poca importancia.

mercader. m. El que comercia con mercancías.

mercadería. f. Mercancía.

mercado. m. Lugar público destinado para vender o comprar mercaderías, y en especial los cosmestibles./ Plaza o país, de grande y especial importancia comercial.

mercancía. f. Trato de vender y comprar comerciando en géneros./ Todo género vendible./ Cosa que se hace objeto de compra o venta.

mercante. p. act. de **mercar.** Que merca. Ú.t.c.s.// a. Mercantil./ Apl. al buque destinado preferentemente al transporte de mercancías.

mercantil. a. Rel. al mercader, a la mercadería o al comercio.

merced. f. Dádiva, gracia o beneficio./ Voluntad, arbitrio./ Tratamiento de cortesía.

mercenario, ria. a. Apl. a la tropa que sirve a un estado extranjero mediante pago.// a. y s. De la orden de la Merced./ Quien, por dinero, se somete a la voluntad de alguien.

mercería. f. Trato y comercio de artículos menudos y de escaso valor, como cintas, botones, alfileres, etc./ Comercio en que se venden.

mercurio. m. Metal líquido blanco y brillante como la plata, más pesado que el plomo. Se emplea en medicina y en la industria./ Azogue. Símb., Hg.; n. at., 80; p. at., 200,61.

merecer. tr. Ser o hacerse digno de premio o castigo./ Ligar, conseguir./ Tener determinado valor una cosa.// i. Hacer méritos.

merendar. i. Tomar la merienda.// tr. Tomar una u otra cosa en la merienda.

merino

merengue. m. Dulce hecho con claras de huevo y azúcar, y cocido al horno.

meridiano, na. a. Perteneciente o relativo a la hora del mediodía./ fig. Muy claro./ m. *Astron.* Círculo máximo de la esfera celeste, que pasa por los polos.

meridional. a. y s. Rel. al Sur o Mediodía.

merienda. f. Comida ligera que se hace por la tarde antes de la cena.

merino, na. a. y s. Apl. a las ovejas y carneros de lana corta, rizada y muy fina./ El que cuida del ganado y sus pastos.

mesas

mérito. m. Acción que hace digno a uno de premio o de castigo./ Resultado de las buenas acciones que hace a uno digno de aprecio./ Refiriéndose a las cosas, lo que les hace tener valor.

meritorio, ria. a. Digno de premio.// m. Empleado que trabaja sin sueldo.

merluza. f. Pez marino de carne muy apreciada.

merma. f. Acción y efecto de mermar./ Porción que se consume de por sí o que se sustrae de una cosa.

mermar. i./ prl. Disminuir o consumirse parcialmente una cosa.

mermelada. f. Conserva de frutas con miel o azúcar.

mero, ra. a. Puro, simple, sin mezcla.

merodear. i. Vagar por ciertos lugares, gmente. con malos fines, viviendo de lo que se encuentra o roba.

mes. m. Cada una de las doce partes en que se divide el año./ Número de días consecutivos desde uno determinado hasta otro de igual fecha en el mes siguiente./ Menstruo de las mujeres./ Mensualidad.

mesa. f. Mueble que se compone de una tabla lisa sostenida por uno o varios pies, por lo general de madera.

mesar. tr./ prl. Arrancar los cabellos o las barbas con las manos.

meseta. f. Porción de piso horizontal en que termina un tramo de escalera./ Terreno llano, elevado y de gran extensión.

mesnada. f. Compañía de gente de armas, que antiguamente prestaba servicio a un rey o a un caballero principal./ fig. Junta, congregación.

mesón. m. Establecimiento público donde se da hospedaje y se sirven comidas, mediante paga.

mestizo, za. a. y s. Apl. a la persona nacida de padre y madre de raza diferente.

mesura. f. Compostura, gravedad, moderación.

mesurar. tr. Infundir mesura.// prl. Moderarse, contenerse.

meta. f. Término señalado a una carrera./ fig. Fin a que se dirigen las acciones o deseos de una persona.

metabolismo. m. Conjunto de reacciones químicas que efectúan constantemente las células de los seres vivos con el fin de sintetizar substancias complejas a partir de otras más simples o degradar aquéllas para obtener éstas.

metafísico, ca. a. Rel. a la metafísica./ fig. Oscuro, difícil de comprender.// s. Persona que profesa la metafísica.// f. Parte de la filosofía que trata del ser en sí, de sus propiedades, y de los principios primeros y universales./ fig. Manera de discurrir con demasiada sutileza./ Lo que así se discurre.

metáfora. f. Figura retórica que da a las palabras un sentido figurado, mediante una comparación tácita.

metafórico, ca. a. Rel. a la metáfora./ Que la incluye.

metal. m. Cuerpo simple, sólido a temperatura ambiente, excepto el mercurio, de brillo especial y conductor del calor y la electricidad./ fig. Timbre de la voz.

migración

metálico, ca. a. De metal o perteneciente a él.// m. Dinero en oro, plata o cobre, a diferencia del papel moneda.// f. Metalurgia.

metalizar. tr. Hacer que un cuerpo adquiera propiedades metálicas.

metaloide. m. Cuerpo simple, mal conductor del calor y de la electricidad. Los metaloides, también llamados no metales, son: germanio, flúor, cloro, bromo, yodo, oxígeno, azufre, selenio, telurio, nitrógeno, fósforo, arsénico, antimonio, carbono, silicio, boro.

metalurgia. f. Arte de extraer y labrar los metales.

metamorfosis. f. Transformación de una cosa en otra./ fig. Mutación, mudanza de un estado a otro./ Cambio que experimentan ciertos insectos y otros animales durante su desarrollo.

metano. m. Hidrocarburo gaseoso e incoloro, producido por la descomposición de sustancias vegetales. Mezclado con el aire es inflamable.

metástasis. f. Reproducción de una enfermedad en órganos distintos de aquel en que se originó.

meteorito. m. Aerolito.

meteoro. m. Fenómeno atmosférico, ya sea aéreo, acuoso, luminoso, eléctrico.

meteorología. f. Ciencia que estudia la atmósfera y los meteoros.

meter. tr./ prl. Encerrar, incluir o introducir una cosa dentro de otra o en alguna parte.// tr. Promover, levantar chismes, enredos, etc./ Ocasionar, causar ruido, miedo, etc./ Inducir a uno a algún fin./ Apretar las cosas para que en poco espacio quepa más de lo que ordinariamente cabría./ Poner.// prl. Introducirse en algo para lo que no se ha sido llamado.

meticuloso, sa. a. y s. Medroso./ Escrupuloso, prolijo.

metódico, ca. a. Que se hace con método./ Que procede con método.

método. m. Manera de decir o hacer algo con orden./ Modo de proceder, hábito o costumbre peculiar de cada uno./ *Fil.* Procedimiento que se sigue en las ciencias para llegar a la verdad y enseñarla.

metralla. f. Munición menuda de trozos metálicos, con que se cargan las piezas de artillería.

métrico, ca. a. Perteneciente o rel. al metro o medida./ Perteneciente al metro o medida del verso.// f. Arte de la medida de los versos, de sus diversas clases, y de las diferentes combinaciones que con ellos pueden formarse.

metro. m. Medida del verso./ Unidad de longitud, base del sistema métrico decimal./ Instrumento para medir que tiene marcada la longitud del metro y sus divisiones./ Cantidad de materia que tiene la longitud de un metro.

metrópoli. f. Ciudad principal, cabeza de provincia o estado./ La nación respecto a sus colonias./ Iglesia arzobispal.

mezcla. f. Acción y efecto de mezclar o mezclarse./ Incorporación de varias sustancias o cuerpos./ Tejido hecho de hilos de distintas clases y colores./ Argamasa.

mezclar. tr./ prl. Juntar, unir, incorporar dos o más sustancias./ prl. Meterse, introducirse uno entre otros.

mezcolanza. f. fam. Mezcla extraña y confusa, a veces ridícula.

mezquinar. tr./ i. *Amér.* Proceder con mezquindad o avaricia. // tr. *Arg.* Esquivar, apartar.

mezquindad. f. Calidad de mezquino./ Cosa mezquina.

mezquino, na. a. Pobre, necesitado./ Avaro, miserable./ Diminuto, pequeño.

mezquita. f. Templo en que los musulmanes practican sus ceremonias religiosas.

mi. m. *Mús.* Tercera nota de la escala musical.

mí. Forma del pronombre personal de primera persona en género masculino o femenino y número singular. Ú. siempre con preposición.

mi, mis. pron. posesivo. Apócope de mío, míos, mía, mías. Sólo se usa antepuesto a sustantivos.

mica. f. Mineral compuesto de hojuelas brillantes, muy delgadas, elásticas y lustrosas, que pueden separarse fácilmente.

micción. f. Acción de orinar.

micosis. f. Enfermedad causada por hongos parásitos.

microbio. m. Cualquier organismo animal o vegetal sólo visible al microscopio, que vive en el aire, en el agua y en toda clase de organismos.

microbiología. f. Estudio de los microbios.

micrófono. m. Aparato que transforma las vibraciones sonoras en oscilaciones electrónicas que pueden amplificarse.

microscopio. m. Instrumento óptico destinado a observar ampliados objetos extremadamente diminutos. La combinación de sus lentes aumenta notablemente el tamaño de lo que se mira y hace perceptible aquello que no lo es a simple vista.

miedo. m. Perturbación angustiosa por un riesgo o mal real o imaginario./ Aprensión, recelo.

miel. f. Sustancia viscosa, amarillenta y muy dulce, que producen las abejas.

miembro. m. Cada una de las extremidades del cuerpo del hombre o de los animales, articulada con el tronco./ En el hombre y en ciertos animales, órgano de la generación./ Individuo que forma parte de una colectividad./ Parte de un todo, unida o separada de él.

mientras. adv. t. y conj. Durante el tiempo en que. Ú.t. antepuesto a la conj. que.

miércoles. m. Cuarto día de la semana.

micrófono

mies. f. Cereal maduro./ Epoca de la siega y cosecha de granos. // pl. Los sembrados.

miga. f. Parte interior y más blanda del pan./ fig. y fam. Sustancia, virtud interior de las cosas.

migaja. f. Parte más pequeña y menuda del pan./ Porción pequeña y menuda de algo.// pl. fig. Parte pequeña de algo inmaterial./ fig. Desperdicios o sobras de uno que utiliza otro.

migración. f. Emigración./ Acción y efecto de pasar de un país a otro para establecerse en él razas o pueblos./ Viaje periódico de las aves de paso./ Desplazamiento de individuos que se produce por causas económicas, sociales o políticas.

migratorio, ria. a. Rel. a la migración o emigración./ Que emigra./ Rel. a la migración de ciertas aves y animales./ Rel. a estas aves y animales.

mijo. m. Planta gramínea, con hojas planas, largas y puntiagudas, y flores en panojas terminales. Es originaria de la India./ Semilla de dicha planta.

mil. a. Diez veces ciento/ Milésimo.// m. Millar.

milagro. m. Acto superior al orden natural y a las fuerzas humanas./ Cosa rara o extraordinaria.

milagroso, sa. a. Que excede a lo natural./ Que realiza milagros.

milano. m. Ave diurna, rapaz, de plumaje rojizo, pico y tarsos cortos y cola y alas muy largas. Se alimenta de roedores, insectos y carroñas.

milenario, ria. a. Perteneciente al número mil o al millar./ fig. Apl. a lo que es antiquísimo.// m. Período de mil años.

milenio. m. Período de mil años.

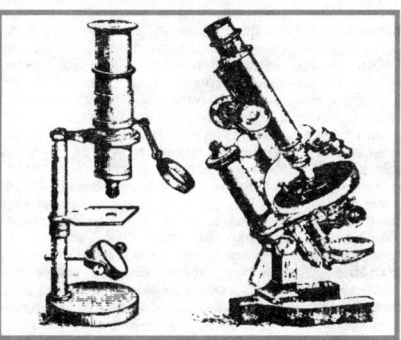

microscopio

milésimo, ma. a. Que sigue en orden al noningentésimo nono.// a. y s. Apl. a cada una de las mil partes iguales en que se divide un todo.

milicia. f. Arte de hacer la guerra y de disciplinar a los soldados para ella./ Servicio militar./ Tropa de guerra./ Ejército.

miligramo. m. Medida de peso que equivale a la milésima parte de un gramo.

mililitro. m. Medida de capacidad que equivale a la milésima parte de un litro.

milímetro. m. Medida de longitud que equivale a la milésima parte de un metro.

militar. a. Perteneciente o rel. a la milicia o a la guerra.// m. El que se dedica a la milicia.

militar. i. Servir en la guerra o profesar la milicia./ fig. Pertenecer a un partido./ Concurrir en una cosa una razón o circunstancia particular.

militarizar. tr. Inculcar el espíritu o la disciplina militar.

milla. f. Medida itineraria; equivale a 1.852 m. Se usa en navegación./ Medida itineraria en EE.UU. y Gran Bretaña, equivale a 1.609,34 metros.

millar. m. Conjunto de mil unidades./ Número grande indeterminado. Ú.m. en pl.

millón. m. Mil millares.

millonario, ria. a. Muy rico; que posee millones en dinero o valores. Ú.t.c.s.

milonga. f. Tonada popular del Río de la Plata y danza que se ejecuta con este son. Se canta con guitarra.

mimar. tr. Hacer caricias y halagos./ Tratar con excesivo regalo y condescendencia a uno.

mimbre. amb. Mimbrera./ Cualquiera de las varillas delgadas y flexibles que produce la mimbrera.

mimbrera. f. Arbusto que se puebla desde el suelo de ramillas largas, delgadas y flexibles, que se usan en cestería y muebles.

mimeógrafo. m. Aparato para obtener copias de escritos, dibujos, etc.

mímico, ca. a. Perteneciente al mimo o a la mímica./ Imitativo. // f. Arte de imitar, representar o expresarse por medio de gestos o actitudes.

mimo. m. En las antiguas Grecia y Roma, farsante del género cómico./ Halago, demostración expresiva de ternura./ Regalo o excesiva condescendencia con que se suele tratar a los niños./ Actor que se vale exclusiva o preferentemente de gestos y movimientos corporales para expresarse.

mimoso, ma. a. Melindroso, amigo de caricias; delicado y regalón.

mina. f. Criadero de algún mineral./ Excavación para extraer algún mineral./ Paso subterráneo que se abre artificialmente./ Barrita de grafito u otra sustancia que llevan en su interior los lápices./ fig. Negocio o empleo muy lucrativo./ Lo que abunda en cosas de las que puede obtenerse mucho provecho./ vulg. Arg. Mujer joven.

minar. tr. Abrir caminos o galerías por debajo de tierra./ fig. Consumir, destruir poco a poco./ Colocar minas o explosivos para destruir casas, muros, etc., o impedir el avance del enemigo.

mineral. a. Rel al grupo de las sustancias inorgánicas que forman la corteza terrestre.// m. Cualquier sustancia inorgánica.

mineralogía. f. Parte de la geología que trata de los minerales.

minería. f. Arte de explotar las minas./ Conjunto de las minas y explotaciones mineras de un país o región.

mingitorio, ria. a. Rel. a la micción.// m. Urinario en forma de columna.

miniatura. f. Pintura de pequeñas dimensiones, que se hace por lo general sobre una superficie delicada./ Procedimiento para pintar miniaturas. / Pequeñez, tamaño reducido.

minifundio. m. Finca rústica de escasa extensión y poca rentabilidad.

minimizar. tr. Quitar importancia./ Menospreciar./ Reducir a mínimo volumen.

mínimo, ma. a. superl. de pequeño. Tan pequeño que no lo hay igual ni menor.// m. Límite inferior a que puede ser reducida una cosa.

ministerio. m. Empleo de ministro./ Tiempo que dura su ejercicio./ Departamento en que se divide el gobierno de un Estado./ Edificio en que se halla la oficina o secretaría de cada departamento ministerial./ Cargo, ocupación, empleo.

ministro, tra. s. Juez de la administración de justicia./ Jefe de cualquiera de los departamentos de la gobernación del Estado./ Representante o agente diplomático.

mimbre

minoría. f. En las juntas, asambleas, etc., conjunto de votos dados en contra de lo que opina el mayor número de votan-tes./ Fracción de un cuerpo deliberante, generalmente opuesto a la política del gobierno./ Parte menor de los integrantes de una nación, ciudad, cuerpo, etc./ Menoría, menor edad.

minoridad. f. Condición de la persona que está en la menor edad legal./ Minoría.

minorista. m. y f. Comerciante al por menor.// a. Apl. al comer-cio en que se vende o se compra al por menor.

minucia. f. Menudencia, cosa de poco valor e importancia.

minucioso, sa. a. Que se detiene en las cosas más pequeñas.

minué. m. Antigua danza francesa, para dos personas, de moda en el siglo XVIII./ Música de este baile.

minuendo. m. Cantidad de la que se resta otra, llamada sustraendo.

minúsculo, la. a. Que es de muy pequeñas dimensiones, o de escasa importancia.// a./ f. Dícese de la letra que se emplea constantemente en la escritura, de menor tamaño que la mayúscula.

minusválido, da. a. y s. Apl. a la persona que sufre de invalidez parcial.

minuta. f. Borrador de un contrato u otra cosa./ Apuntación para recordar una cosa./ Cuenta de honorarios./ Catálogo, lista, nómina./ En un restaurante, lista de las comidas.

minutero. m. Aguja o manecilla que señala los minutos en el reloj.

minuto, ta. a. Menudo.// m. Cada una de las 60 partes iguales en que se divide un grado de círculo./ Cada una de las 60 partes iguales en que se divide una hora.

mío, mía, míos, mías. Pronombre posesivo de primera persona, en ambos géneros y números. Con la terminación propia del masculino singular, ú.t.c. neutro.

miocardio. m. Parte musculosa del corazón de los vertebrados.

miope. a./ m. y f. Que padece miopía.

miopía. f. Defecto de la vista por el cual pueden verse nítidamente sólo los objetos próximos a los ojos, como consecuencia de formarse las imágenes delante de la retina.

mira. f. Pieza que en ciertos instrumentos y en las armas de fuego sirve para dirigir la vista o asegurar la puntería./ fig. Intención, propósito.

mirada. f. Acción y efecto de mirar./ Modo de mirar.

mirar. tr./ prl. Fijar la vista en un objeto, aplicando la atención. // tr. Tener o llevar un fin en lo que se hace./ Estimar, apreciar una cosa./ Estar situado un edificio u otra cosa enfrente de otra./ fig. Pensar, juzgar./ Defender, amparar.

miríada. f. Cantidad muy grande, pero indefinida.

miriámetro. Medida de longitud que equivale a diez mil metros.

mirilla. f. Abertura en una puerta, ventana, etc., para ver del otro lado sin ser visto./ Pequeña abertura en forma longitudinal o circular que tienen ciertos instrumentos topográficos, y que se emplea para dirigir visuales.

modelos

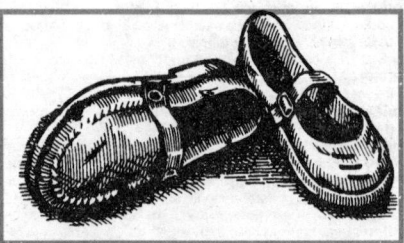

mocasín

miriñaque. m. Falda interior de tela rígida o almidonada, y a veces con aros, que solían usar las mujeres.

mirística. f. Árbol de la India, cuyo fruto es la nuez moscada.

mirlo. m. Pájaro enteramente negro, domesticable, capaz de repetir sonidos y aun la voz humana.

mirra. f. Sustancia amarga, aromática y medicinal, que se obtiene de un árbol que crece en Arabia y Abisinia.

mirto. m. Arbusto de bayas comestibles.

misa. f. Sacrificio incruento, en que bajo las especies de pan y vino, ofrece el sacerdote al Eterno Padre el cuerpo y sangre de Jesucristo.

misceláneo, a. a. Compuesto de cosas distintas o de géneros diferentes.// f. Mezcla de cosas distintas./ Obra o escrito en que se tratan muchos temas inconexos y mezclados.

miserable. a. Desdichado, infeliz./ Abatido./ Mezquino, avariento./ Vil, perverso, despreciable.

miseria. f. Pobreza extremada./ Avaricia, tacañería./ Desgracia, infortunio.

misericordia. f. Virtud que nos inclina a ser compasivos y clementes./ Atributo de Dios, por el cual perdona y remedia a sus criaturas.

mísero, ra. a. Miserable.

misión. f. Acción de enviar o encargar./ Poder que se da a una persona para que desempeñe algún cometido./ Peregrinación que hacen los religiosos predicando el Evangelio./ Comisión temporal que un gobierno encarga a un diplomático o agente especial.

misionero, ra. a. De Misiones, provincia de la República Argentina. Ú.t.c.s./ Rel. a la misión.// s. El que predica el Evangelio y se dedica a las misiones./ Eclesiástico que predica la religión cristiana en tierra de infieles.

misivo, va. a. Díc. del billete o carta que se envía. Ú.m.c.s.f.

mismo, ma. a. Que denota la identidad de una persona o cosa./ Igual, semejante, parecido.

misterio. m. Arcano o cosa secreta en una religión./ En la religión cristiana, cosa inaccesible a la razón./ Cosa recóndita e inexplicable./ Cada uno de los pasos de la vida, pasión y muerte de Jesucristo./ Pieza dramática que desarrolla algún paso bíblico o de la historia y tradición cristianas.// pl. Ceremonias secretas del culto de algunas deidades paganas.

misterioso, sa. a. Que encierra o incluye misterio./ Apl. al que da a entender cosas ocultas donde no las hay.

místico, ca. a. Rel. a la mística./ Que encierra misterio.// f. Parte de la teología que trata de la vida espiritual y contemplativa. // a. y s. Que se dedica a la vida espiritual.

mistificar. tr. Falsear, deformar una cosa./ Engañar, embaucar.

mita. f. En los pueblos de indios americanos, repartimiento que se hacía por sorteo para emplearlos en los trabajos públicos./ Tributo que pagaban los indios de Perú.

mitad. f. Cada una de las dos partes iguales en que se divide un todo./ Medio, parte equidistante de los extremos de una cosa.

mitigar. tr./ prl. Moderar, atenuar o suavizar.

mitin. m. Reunión pública en que se discuten asuntos políticos y sociales.

mito. m. Fábula alegórica, gmente. de carácter religioso./ m. Relato fabuloso, de algo que aconteció en un tiempo remoto y muy impreciso./ Ilustración de una idea o doctrina, en forma de relato./ Persona o cosa rodeada de extraordinaria estima.

mitología. f. Conjunto de los mitos referidos a los dioses y héroes fabulosos del paganismo./ Ciencia que estudia los mitos de todo tipo.

mitomanía. f. Propensión a mentir y a inventar fantasías..

mitra. f. Toca alta que usan ciertas dignidades eclesiásticas./ Toca que usaban los antiguos persas./ fig. Dignidad de arzobispo u obispo.

mixto, ta. a. Mezclado./ Compuesto de varios simples. Ú.m.c.s.m./Mestizo, dicho de animales o vegetales./ *Mat.* Apl. al número que consta de entero y fraccionario.// m. *Amér.* Pájaro pequeño, de plumaje pardo y amarillo.

mixtura. f. Mezcla de cosas diversas.

mobiliario, ria. a. Mueble./ Dícese por lo general de los efectos públicos al portador o transferibles por endoso.// m. Moblaje.

moblaje. m. Conjunto de los muebles de una casa.

mocasín. m. Calzado hecho de piel sin curtir, que usan algunos indios de la América del Norte./ *Arg.* Calzado hecho a imitación del anterior.

mochila. f. Caja forrada de cuero, en que los soldados llevan su equipo, y que se pone a la espalda sujeta con correas./ Morral./ Especie de bolsa que se lleva a la espalda y se sujeta a los hombros por medio de correas.

mochuelo. m. Ave rapaz nocturna, de pico corto y encorvado, cara redonda y ojos grandes; es muy parecido a la lechuza y se alimenta de roedores y reptiles.

moción. f. Acción y efecto de moverse o ser movido./ Proposición que se hace en una asamblea.

moco. m. Humor espeso y pegajoso que segregan las membranas mucosas.

mocoso, sa. a. Que tiene la nariz con muchos mocos./ fig. Dícese del niño atrevido y del joven sin experiencia que presume de hombre hecho. Ú.t.c.s./ Insignificante, sin importancia.

moda. f. Uso o costumbre que está en boga durante algún tiempo, sobre todo en los trajes, telas y adornos.

moblaje

mochila

modal. a. Que incluye modo o determinación particular.// m. pl. Acciones externas propias de cada persona; ademanes, maneras.

modalidad. f. Manera de ser o de manifestarse una cosa.

modelar. tr. Formar con alguna materia blanda una figura o adorno./ Presentar exactamente el relieve de las figuras.// prl. fig. Ajustarse a algún modelo.

modelo. m. Ejemplar o forma que se sigue o imita./ Ejemplar digno de imitarse por su perfección./ Representación en

pequeño de una cosa.// m. y f. Persona que, mediante paga, viste y exhibe ropas creadas por un modelista./ Persona que, mediante remuneración, posa para un pintor o escultor.

moderación. f. Acción y efecto de moderar o moderarse./ Sensatez, cordura.

moderar. tr./ prl. Ajustar una cosa, evitando el exceso./ Templar, atenuar.

modernizar. tr./ prl. Dar forma o aspecto moderno a algo antiguo.

moderno, na. a. Que existe desde hace poco tiempo, nuevo.// pl. Los que viven actualmente o han vivido en épocas recientes.

modestia. f. Virtud que modera y templa las acciones externas./ Recato que observa una persona en su porte y en la estimación en sí misma./ Decencia, recato en los hechos o palabras.

módico, ca. a. Moderado, limitado, escaso.

modificar. tr./ prl. Determinar cambios en las cosas que las hagan distintas de como eran./ Transformar una cosa.

modista. m. y f. Persona que tiene por oficio hacer prendas de vestir para señoras.

modo. m. Forma o manera de ser una cosa./ Urbanidad, decencia, cortesía. Ú.m. en pl./ Moderación en los hechos o dichos./ Forma o manera de hacer una cosa./ *Gram.* Cualquiera de las distintas maneras de manifestarse la significación de un verbo./ *Mús.* Disposición de los sonidos que forman una escala musical.

modorra. f. Sueño muy pesado./ Somnolencia, sopor, letargo leve.

modulación. f. Acción y efecto de modular.

modular. i. Variar de modos en el hablar o en el canto./ Pasar de un modo o tono a otro.

módulo. m. Dimensión que convencionalmente se toma como unidad de medida, y en general, todo lo que sirve de norma o regla./ Medida comparativa de las partes del cuerpo humano en los tipos étnicos de cada grupo racial./ Medida que se usa para las proporciones de los cuerpos arquitectónicos.

mofa. f. Burla que se hace con palabras, acciones, etc./ Escarnio.

mogol, la. a. y s. Mongol.

mogólico, ca. a. Mongólico.

mohín. m. Mueca o gesto.

mohíno, na. a. Triste, disgustado, apesadumbrado.// f. Enfado, enojo contra alguno.

moho. m. Hongo muy pequeño que se cría sobre la superficie de ciertos cuerpos orgánicos, produciendo su descomposición./ Capa que se forma en la superficie de un cuerpo metálico por la alteración de su materia, como el cardenillo, la herrumbre, etc.

mojadura. f. Acción y efecto de mojar o mojarse.

mojar. tr./ prl. Humedecer una cosa con un líquido.// i. fig. Participar o intervenir en un negocio.

mojón. m. Señal permanente que se pone para fijar los linderos de heredades, términos y fronteras./ Por ext., señal que se pone en despoblado para que sirva de guía.

molde. m. Pieza en la que en hueco se hace la figura que en sólido quiere darse a la materia fundida que en él se vacía./ Conjunto de letras o forma ya preparada para imprimir.

moldear. tr. Sacar el molde de una figura./ Hacer molduras./ Vaciar o formar un objeto por medio de molde.

moldura. f. Parte saliente de perfil uniforme, que sirve para adornar obras de arquitectura, carpintería, etc.

molécula. f. Fís. Asociación definida de átomos que forma una estructura estable, de volumen muy pequeño, considerada como primer elemento de la composición de los cuerpos.

moler. tr. Quebrantar un cuerpo hasta reducirlo a pequeñísimas partículas, o a polvo./ fig. Cansar mucho, fatigar./ Maltratar.

molestar. tr./ prl. Fastidiar./ Contrariar, causar molestias.

molestia. f. Fatiga, perturbación./ Fastidio, enfado.

molesto, ta. a. Que causa molestia./ fig. Que siente molestia.

molicie. f. Blandura./ fig. Afición al regalo y al ocio.

molinero, ra. a. Perteneciente al molino o a la molinería./ / s. Quien tiene a su cargo un molino o trabaja en él.

molinete. m. Rueda con aspas, que se pone en una ventana para que girando renueve el aire de una habitación./ Juguete infantil que consiste en una varilla en cuya punta hay una cruz o una estrella de material liviano para que gire a impulso del viento./ Aparato giratorio puesto a la entrada o salida de algunos lugares para pasar de a uno por vez.

molino. m. Máquina para moler./ Edificio o casa donde hay molino.

mollar. a. Blando, tierno, fácil de partir o quebrantar.

molleja. f. Apéndice carnoso./ Estómago muscular de las aves.

mollera. f. Parte más alta del casco de la cabeza./ fig. Caletre, discernimiento, seso.

molusco. a. Zool. Dícese de los animales invertebrados, de cuerpo blando, desnudo o protegido en los más por una concha o capa de cierta dureza, como el mejillón, la almeja, la ostra, etc./ m. pl. Tipo de estos animales.

momento. m. Mínimo espacio de tiempo./ Instante./ Tiempo en que ocurre algo./ Situación actual, circunstancia, oportunidad, ocasión.// **-al momento.** m. adv. En seguida, sin dilación.

momia. f. Cadáver que se deseca con el transcurso del tiempo o por preparación artificial, sin entrar en putrefacción.

momificar. tr./ prl. Convertir un cadáver en momia.

mona. f. Hembra del mono./ fig. y fam. Borrachera.

monumento

monaguillo. m. Niño que ayuda en los oficios religiosos.

monarca. m. Príncipe soberano de un Estado.

monarquía. f. Estado regido por un monarca./ Forma de gobierno en que el poder supremo reside en el monarca./ fig. Tiempo durante el cual dicho régimen ha perdurado en un país.

monasterio. m. Convento donde viven en comunidad los monjes./ Por ext., casa de religiosos o religiosas.

mondadientes. m. Instrumento pequeño, terminado en punta, por lo general de madera, para limpiar los dientes y sacar lo que se mete entre ellos.

mondar. tr. Limpiar una cosa quitándole lo superfluo o extraño./ Quitar la cáscara a la fruta, la piel o la corteza a los tubérculos, o la vaina a las legumbres./ Cortar a alguien el pelo./ Limpiar el cauce de un río o canal./ Podar.

moneda. f. Pieza de metal acuñada con una efigie o el sello del gobierno que está facultado para fabricarla, que sirve de medida común para el precio de las cosas y para facilitar los cambios.

monetario, ria. a. Rel. a la moneda.// m. Colección ordenada de monedas y medallas.

mongol, la. a. De Mongolia. Ú.t.c.s./ Rel. a este país.// m. Lengua de los mongoles.

mongólico, ca. a. Rel. a la Mongolia.// a. y s. Que padece mongolismo.

molusco

mongolismo. m. Enfermedad congénita, caracterizada, entre otras anomalías, por retraso mental, rasgos faciales mongoloides (pómulos salientes, ojos oblicuos), genitales pequeños, pubertad retardada.

monitor. m. El que avisa o amonesta a otro./ Aparato que revela la existencia de radiaciones./ Arg. Alumno distinguido que el maestro designa como su ayudante en la clase.

monja. f. Religiosa de alguna orden eclesiástica, gmente. sujeta a clausura.

monje. m. Anacoreta./ Religioso de una orden monacal, sujeto a una regla común, que vive en monasterios.

mono, na. a. fig. y fam. Bonito, atractivo, gracioso.// m. Nombre genérico con que se designa a cualquiera de los mamíferos cuadrumanos del orden de los primates, que se distinguen por su semejanza con el hombre./ Persona que gesticula como los monos./ Figura o dibujo tosco./ Traje de faena, enterizo y hecho, por lo común, de lienzo resistente y color sufrido.

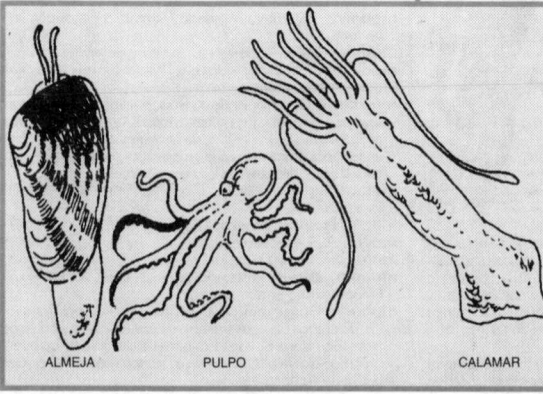

ALMEJA　　　PULPO　　　CALAMAR

CULTURAS PRECOLOMBINAS

1.- INCAS: Ruinas de la ciudad andina de Machu Pichu.
2.- CHIBCHAS: Monolito de San Agustín (Colombia).
3.- MAYAS: observatorio astronómico.
4.- MAYAS: Escultura que representa al dios de la curación.
5.- Códice del año 1554, con pinturas aztecas.
6.- AZTECAS: Piedra del Sol, calendario con inscripciones jeroglíficas.

EL APARATO CIRCULATORIO

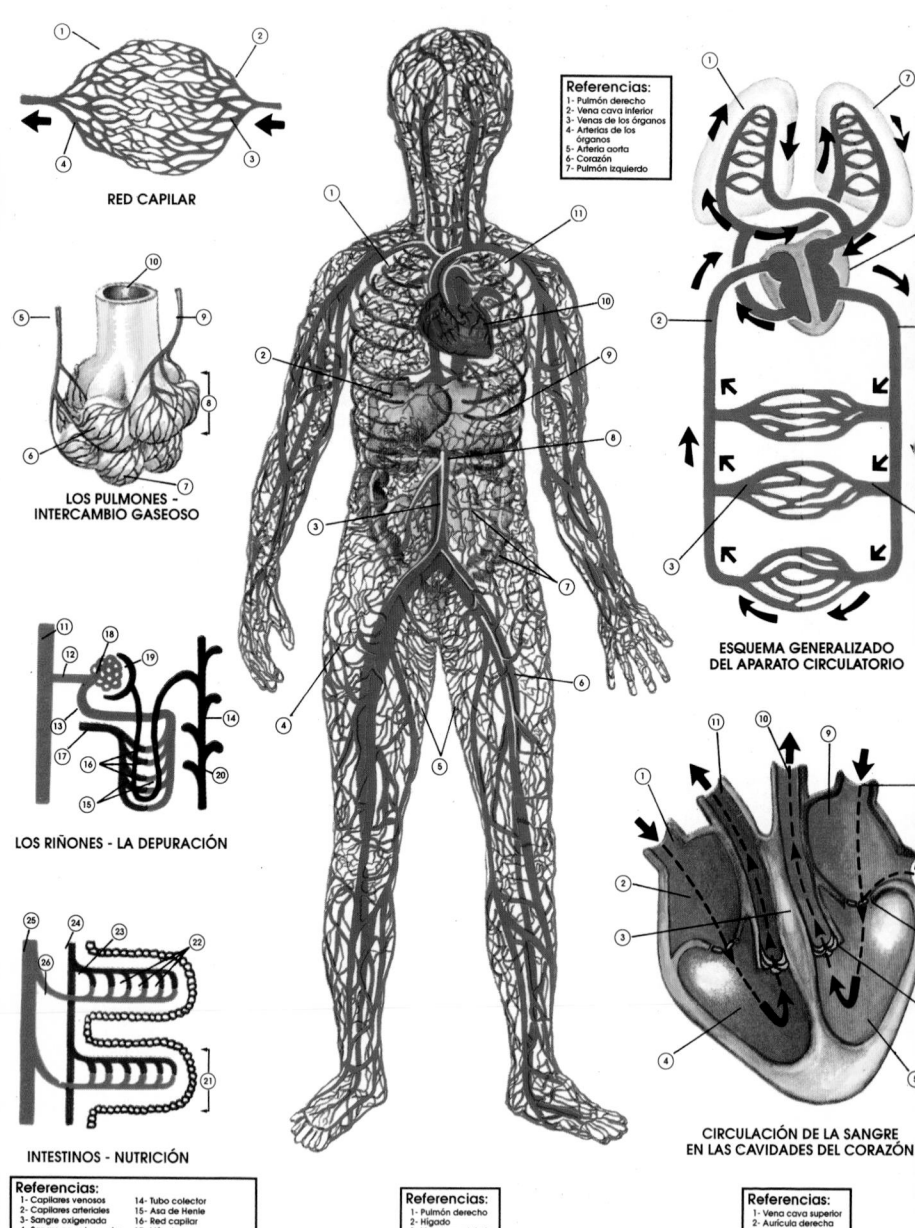

RED CAPILAR

LOS PULMONES - INTERCAMBIO GASEOSO

LOS RIÑONES - LA DEPURACIÓN

INTESTINOS - NUTRICIÓN

ESQUEMA GENERALIZADO DEL APARATO CIRCULATORIO

CIRCULACIÓN DE LA SANGRE EN LAS CAVIDADES DEL CORAZÓN

Referencias:
1- Pulmón derecho
2- Vena cava inferior
3- Venas de los órganos
4- Arterias de los órganos
5- Arteria aorta
6- Corazón
7- Pulmón izquierdo

Referencias:
1- Capilares venosos
2- Capilares arteriales
3- Sangre oxigenada
4- Sangre no oxigenada
5- Vénula
6- Red capilar
7- Alvéolo
8- Saco alveolar
9- Arteriola
10- Tubo bronquial
11- Arteria renal
12- Arteriola aferente
13- Arteriola eferente
14- Tubo colector
15- Asa de Henle
16- Red capilar
17- Vénula
18- Glomérulo renal
19- Cápsula Bowman
20- Orina
21- Vellosidades intestinales
22- Red capilar
23- Vénula
24- Vena
25- Arteria
26- Arteriola

Referencias:
1- Pulmón derecho
2- Hígado
3- Vena cava inferior
4- Venas (en azul)
5- Capilares
6- Arterias (en rojo)
7- Intestinos
8- Arteria aorta
9- Estómago
10- Corazón
11- Pulmón izquierdo

Referencias:
1- Vena cava superior
2- Aurícula derecha
3- Tabique aurículo-ventricular
4- Ventrículo derecho
5- Ventrículo izquierdo
6- Válvula semilunar
7- Válvula aurículo-ventricular
8- Venas pulmonares
9- Aurícula izquierda
10- Aorta
11- Arteria pulmonar

EXCRECIÓN Y EL APARATO URINARIO

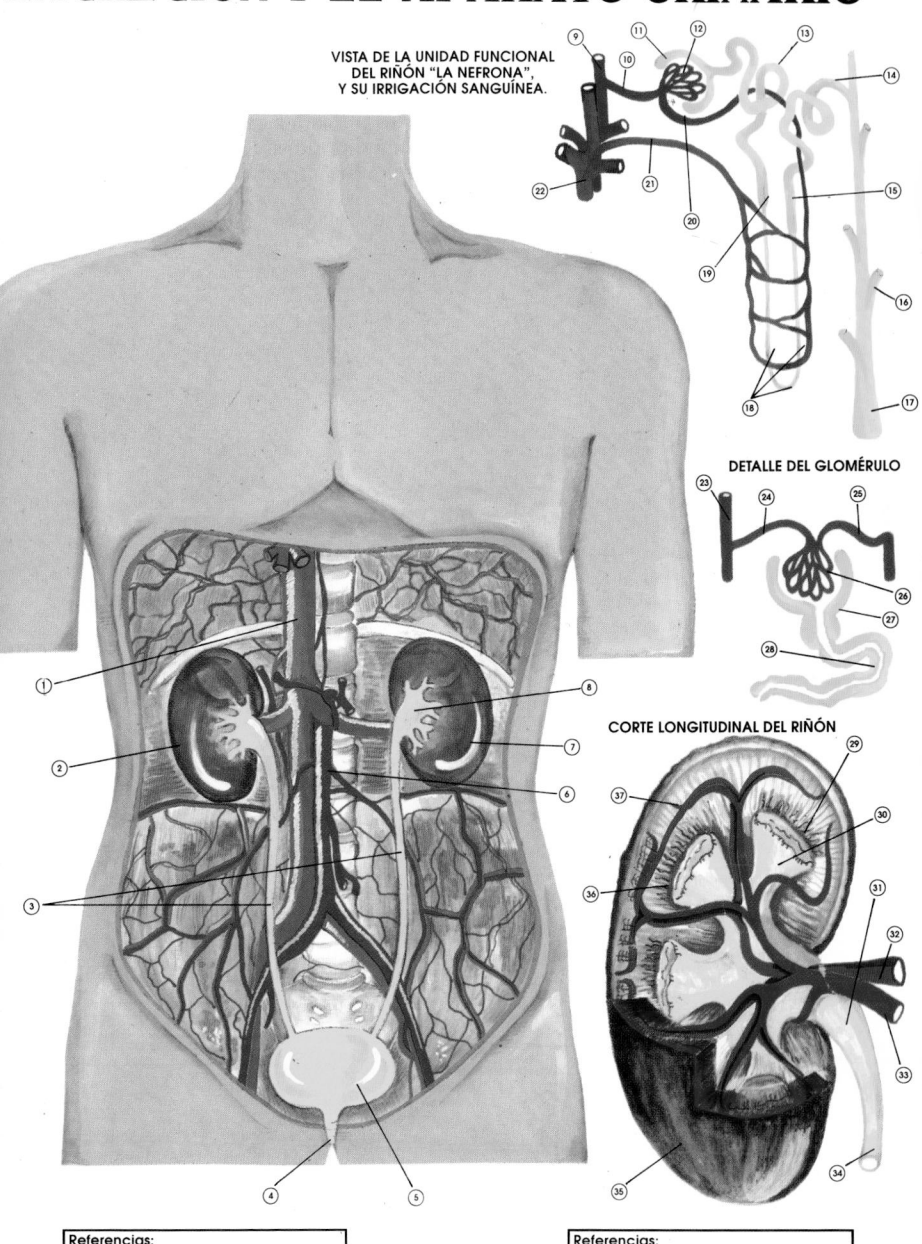

VISTA DE LA UNIDAD FUNCIONAL DEL RIÑÓN "LA NEFRONA", Y SU IRRIGACIÓN SANGUÍNEA.

DETALLE DEL GLOMÉRULO

CORTE LONGITUDINAL DEL RIÑÓN

Referencias:
1- Vena cava inferior
2- Riñón derecho
3- Uréteres
4- Uretra
5- Vejiga urinaria
6- Arteria aorta
7- Riñón izquierdo
8- Pelvis renal
9- Arteria renal
10- Arteriola aferente
11- Cápsula de Bowman
12- Glomérulo
13- Túbulo contorneado proximal
14- Túbulo contorneado distal
15- Rama ascendente del asa de Henle
16- Tubo colector (transporta la orina)
17- Apertura a la pelvis renal
18- Asa de Henle

Referencias:
19- Rama descendente del asa de Henle
20- Arteriola eferente
21- Vénula
22- Vena renal
23- Arteria renal
24- Arteriola aferente
25- Arteriola eferente
26- Glomérulo
27- Cápsula de Bowman
28- Tubo contorneado proximal
29- Pirámide de Malpighi
30- Cáliz renal
31- Pelvis renal
32- Vena renal
33- Arteria renal
34- Conducto excretor uréter
35- Cápsula renal fibrosa
36- Médula
37- Corteza renal

EL APARATO RESPIRATORIO

El oxígeno es un gas indispensable para llevar a cabo la respiración celular, gracias a la cual obtenemos energía para movernos, crecer, reproducirnos, etc. La forma en que el hombre puede captar dicho gas del medio ambiente es la más compleja de entre todos los seres vivos; para ello cuenta con un aparato respiratorio dotado de importantes órganos como los pulmones.

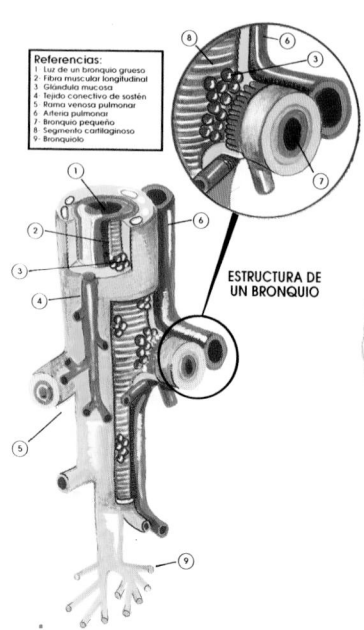

Referencias:
1 Luz de un bronquio grueso
2 Fibra muscular longitudinal
3 Glándula mucosa
4 Tejido conectivo de sostén
5 Rama venosa pulmonar
6 Arteria pulmonar
7 Bronquio pequeño
8 Segmento cartilaginoso
9 Bronquiolo

ESTRUCTURA DE UN BRONQUIO

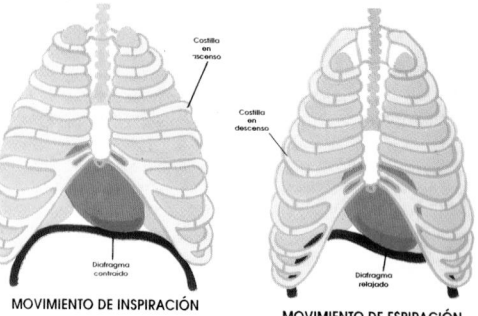

MOVIMIENTO DE INSPIRACIÓN

MOVIMIENTO DE ESPIRACIÓN

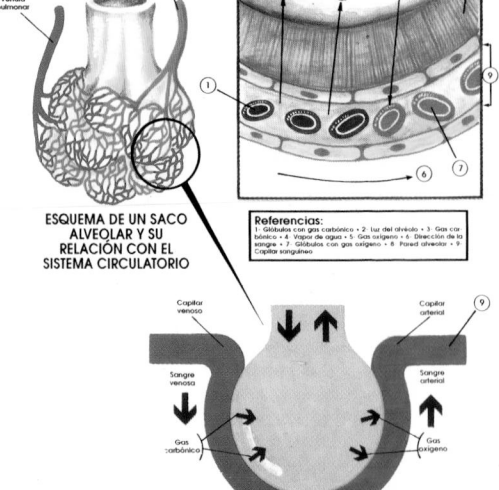

SECCIÓN DE LA PARED DEL ALVÉOLO Y DEL CAPILAR

Arteriola pulmonar

Vénula pulmonar

ESQUEMA DE UN SACO ALVEOLAR Y SU RELACIÓN CON EL SISTEMA CIRCULATORIO

Referencias:
1- Glóbulos con gas carbónico • 2- Luz del alvéolo • 3- Gas carbónico • 4- Vapor de agua • 5- Gas oxígeno • 6- Dirección de la sangre • 7- Glóbulos con gas oxígeno • 8- Pared alveolar • 9- Capilar sanguíneo

Capilar venoso

Capilar arterial

Sangre venosa

Sangre arterial

Gas carbónico

Gas oxígeno

ESQUEMA DE UN ALVEÓLO PULMONAR

¿Cómo respiramos antes de nacer?

Mientras los bebés están en el vientre materno obtienen el oxígeno a través de la placenta, un órgano que se desarrolla a partir de los tejidos matronales y del embrión, contiene vasos sanguíneos de ambos. El oxígeno, al igual que los alimentos, pasa de las venas de la madre a las del niño mediante una membrana y llega a su cuerpo por el cordón umbilical.

Inspiración y espiración

Son dos movimientos que realiza nuestro tórax; el de inspiración y el de espiración. En ellos intervienen los músculos del pecho, el diafragma y los músculos que se encuentran entre las costillas.

Para inspirar, el diafragma se aplana y se contrae, y las costillas se mueven hacia arriba y afuera. Esto hace que aumente el espacio dentro de la cavidad torácica y que la presión del aire dentro de la misma sea inferior a la externa. El aire ingresa, entonces, rápidamente para ocupar el lugar disponible dentro de los pulmones.

La espiración es un acto básicamente pasivo. Se produce cuando el diafragma se relaja y sube, y las costillas se desplazan hacia abajo y adentro. El espacio de la cavidad torácica disminuye y el aire es expulsado.

Los pulmones de un ser humano adulto tienen una capacidad de alrededor de 3 litros de aire, y sólo se intercambia medio litro en cada movimiento respiratorio.

Durante la ejecución de ciertos ejercicios físicos respiramos más rápido y profundamente para tomar más oxígeno, y así producir mayor cantidad de energía.

La ventilación de los pulmones se adecúa a las necesidades del organismo gracias a la acción de un centro nervioso situado en el bulbo raquídeo: el centro respiratorio.

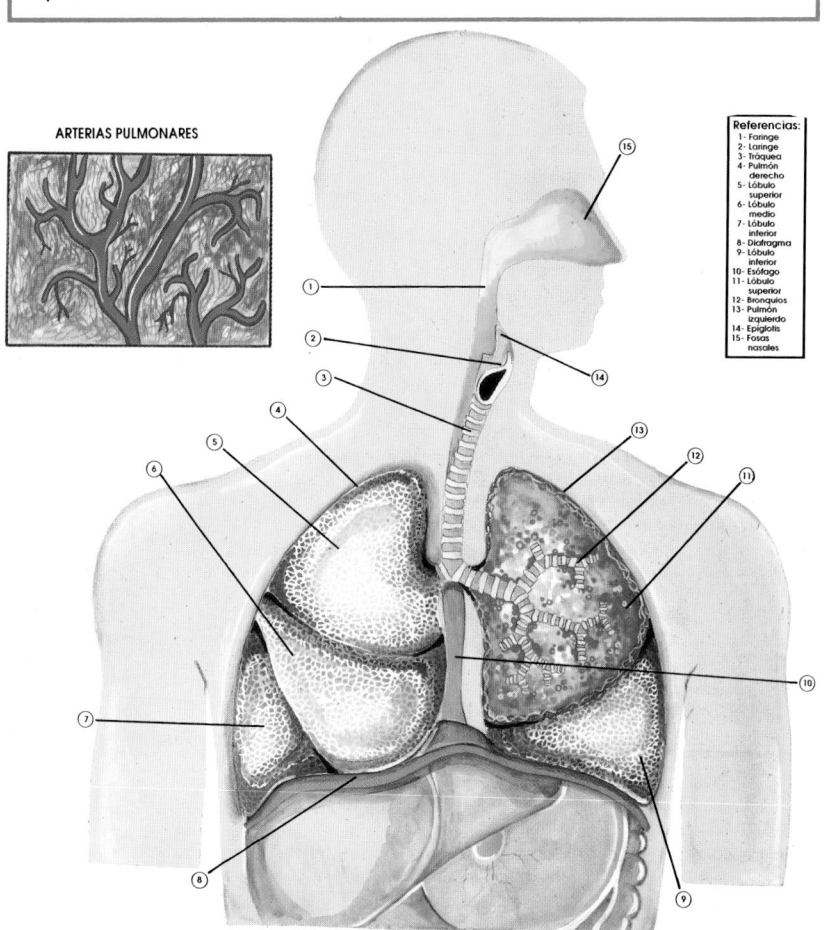

ARTERIAS PULMONARES

Referencias:
1- Faringe
2- Laringe
3- Tráquea
4- Pulmón derecho
5- Lóbulo superior
6- Lóbulo medio
7- Lóbulo inferior
8- Diafragma
9- Lóbulo inferior
10- Esófago
11- Lóbulo superior
12- Bronquios
13- Pulmón izquierdo
14- Epiglotis
15- Fosas nasales

EL APARATO DIGESTIVO

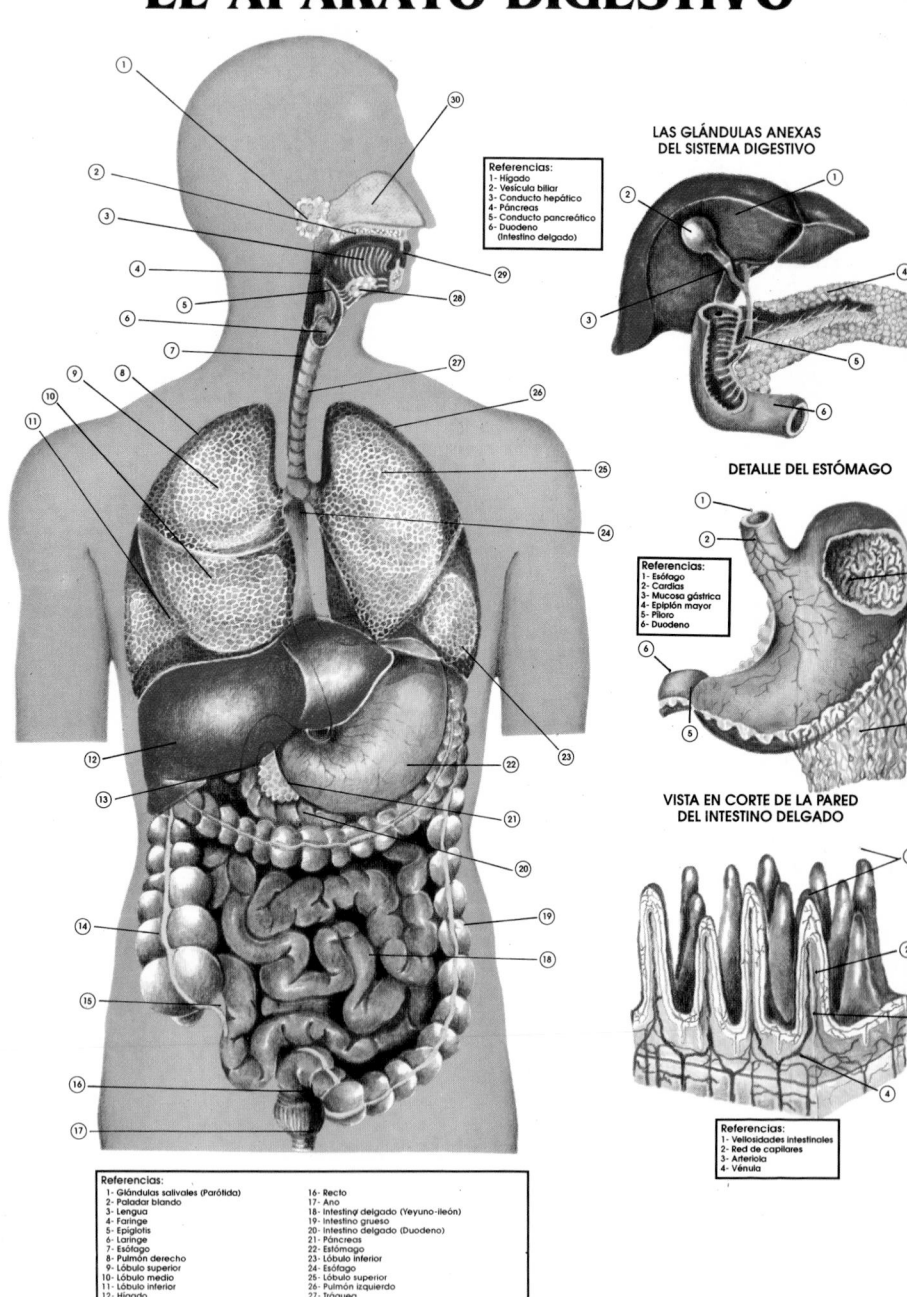

LAS GLÁNDULAS ANEXAS DEL SISTEMA DIGESTIVO

Referencias:
1- Hígado
2- Vesícula biliar
3- Conducto hepático
4- Páncreas
5- Conducto pancreático
6- Duodeno
   (Intestino delgado)

DETALLE DEL ESTÓMAGO

Referencias:
1- Esófago
2- Cardias
3- Mucosa gástrica
4- Epiplón mayor
5- Píloro
6- Duodeno

VISTA EN CORTE DE LA PARED DEL INTESTINO DELGADO

Referencias:
1- Vellosidades intestinales
2- Red de capilares
3- Arteriola
4- Vénula

Referencias:
1- Glándulas salivales (Parótida)
2- Paladar blando
3- Lengua
4- Faringe
5- Epiglotis
6- Laringe
7- Esófago
8- Pulmón derecho
9- Lóbulo superior
10- Lóbulo medio
11- Lóbulo inferior
12- Hígado
13- Vesícula biliar
14- Intestino grueso (Ciego)
15- Apéndice
16- Recto
17- Ano
18- Intestino delgado (Yeyuno-íleon)
19- Intestino grueso
20- Intestino delgado (Duodeno)
21- Páncreas
22- Estómago
23- Lóbulo inferior
24- Esófago
25- Lóbulo superior
26- Pulmón izquierdo
27- Tráquea
28- Glándulas salivales (Sublingual y submaxilar)
29- Boca
30- Fosas nasales

LA DEGLUCIÓN, LA DIGESTIÓN, LOS DIENTES, LAS CARIES

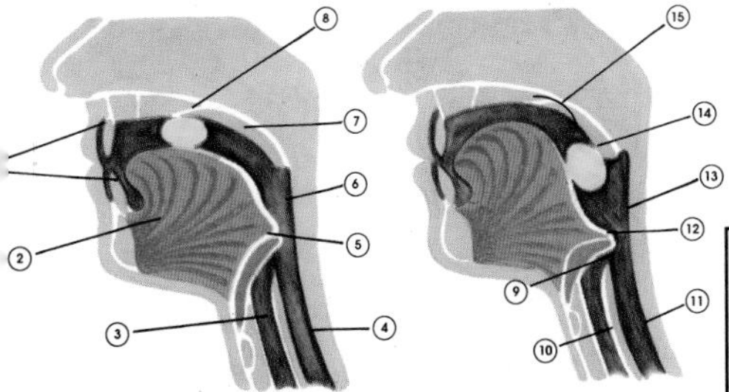

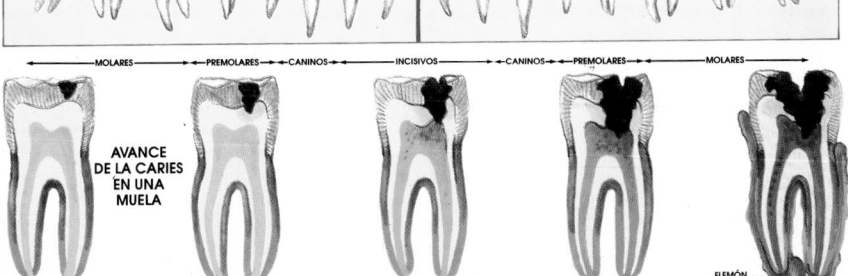

EL PROCESO DIGESTIVO

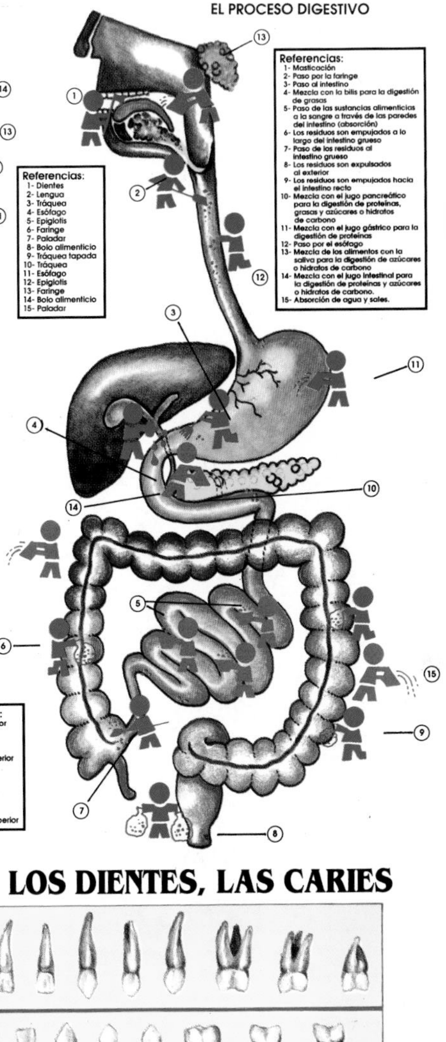

Referencias:
1- Masticación
2- Paso por la faringe
3- Paso al intestino
4- Mezcla con la bilis para la digestión de grasas
5- Paso de las sustancias alimenticias a la sangre a través de las paredes del intestino (absorción)
6- Los residuos son empujados a lo largo del intestino grueso
7- Paso de los residuos al intestino grueso
8- Los residuos son expulsados al exterior
9- Los residuos son empujados hacia el intestino recto
10- Mezcla con el jugo pancreático para la digestión de proteínas, grasas y azúcares o hidratos de carbono
11- Mezcla con el jugo gástrico para la digestión de proteínas
12- Paso por el esófago
13- Mezcla de los alimentos con la saliva para la digestión de azúcares o hidratos de carbono
14- Mezcla con el jugo intestinal para la digestión de proteínas y azúcares o hidratos de carbono
15- Absorción de agua y sales.

LA DEGLUCIÓN EN LA PARTE ANTERIOR DEL APARATO DIGESTIVO

Referencias:
1- Dientes
2- Lengua
3- Tráquea
4- Esófago
5- Epiglotis
6- Faringe
7- Paladar
8- Bolo alimenticio
9- Tráquea tapada
10- Esófago
11- Esófago
12- Epiglotis
13- Faringe
14- Bolo alimenticio
15- Paladar

DIENTES EN EL NIÑO Y LA DENTICIÓN

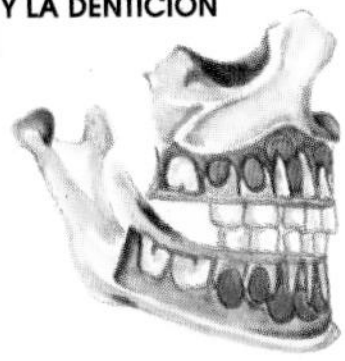

DIENTES EN EL ADULTO

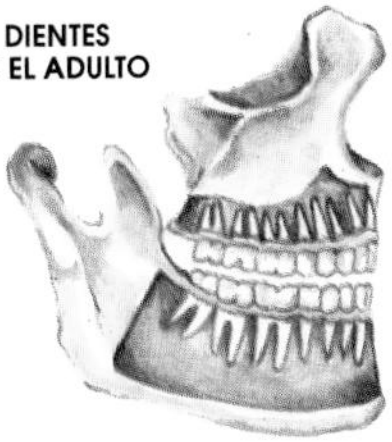

VISTA ANTERIOR DE LA CAVIDAD BUCAL

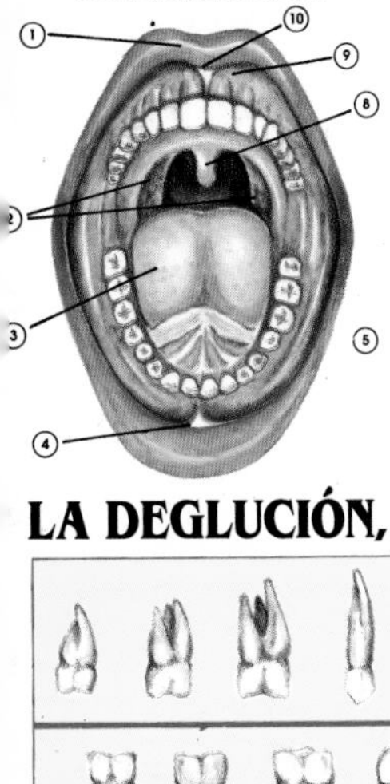

CORTE DE UNA MUELA

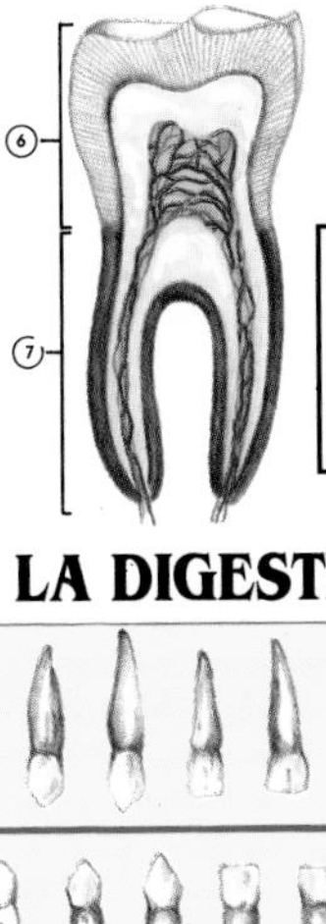

Referencias:
1- Labio superior
2- Amígdalas
3- Lengua
4- Frenillo del labio inferior
5- Dientes
6- Corona
7- Raíz
8- Campanilla
9- Encía
10- Frenillo del labio superior

MOLARES — PREMOLARES — CANINOS — INCISIVOS — CANINOS — PREMOLARES — MOLARES

AVANCE DE LA CARIES EN UNA MUELA

FLEMÓN

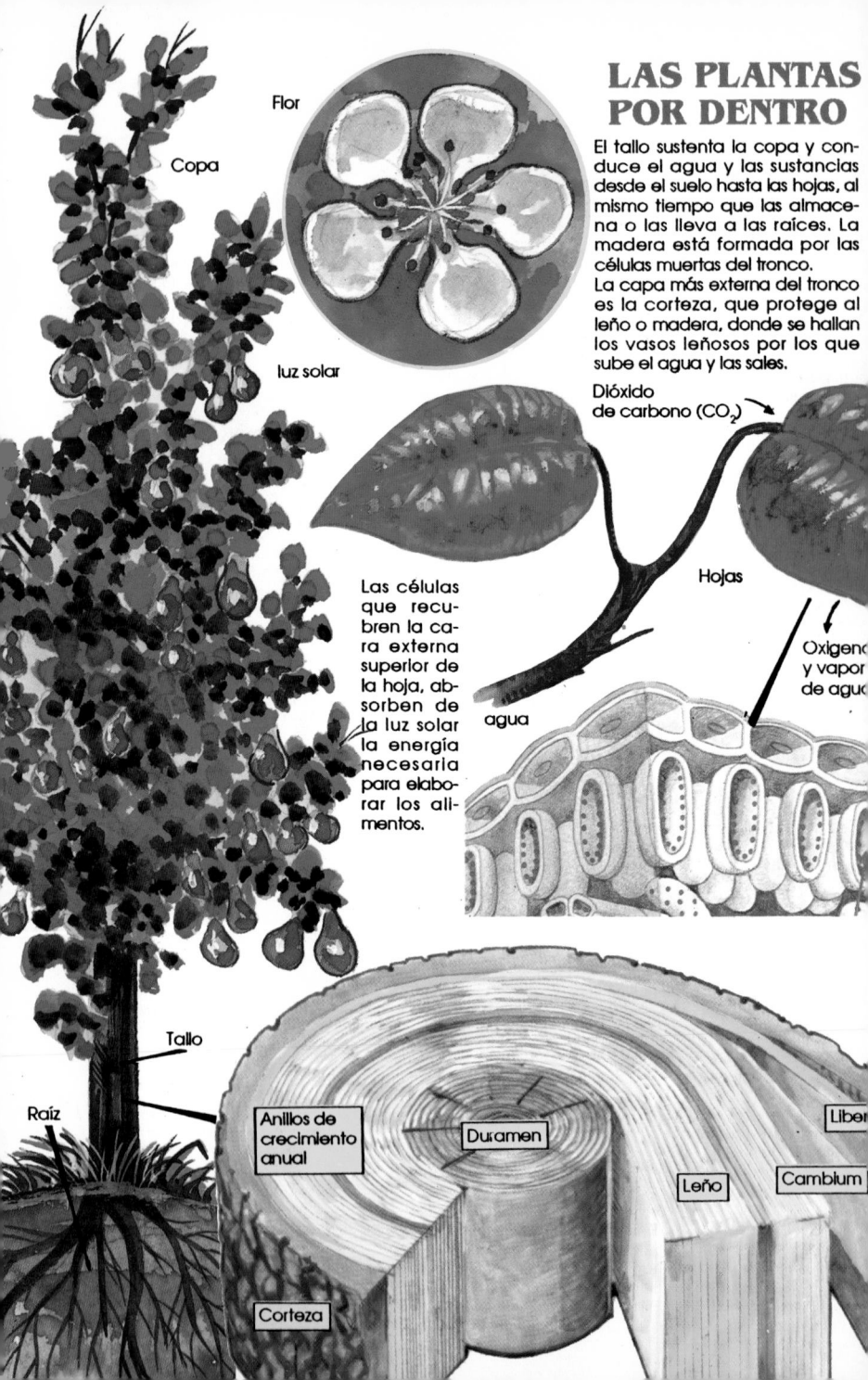

LAS PLANTAS POR DENTRO

Flor

Copa

luz solar

El tallo sustenta la copa y conduce el agua y las sustancias desde el suelo hasta las hojas, al mismo tiempo que las almacena o las lleva a las raíces. La madera está formada por las células muertas del tronco.

La capa más externa del tronco es la corteza, que protege al leño o madera, donde se hallan los vasos leñosos por los que sube el agua y las sales.

Dióxido de carbono (CO_2)

Hojas

Oxígeno y vapor de agua

Las células que recubren la cara externa superior de la hoja, absorben de la luz solar la energía necesaria para elaborar los alimentos.

agua

Tallo

Raíz

Anillos de crecimiento anual

Duramen

Liber

Leño

Cambium

Corteza

monocorde. a. De una sola nota./Monótono, sin variaciones.

monocotiledóneo, a. a./ f. *Bot.* Apl. a las plantas que crecen solamente por el centro, y cuyas semillas tienen un solo cotiledón.// f. pl. Familia de estas plantas.

monocromo, ma. a. De un solo color.

monóculo. a. y s. De un solo ojo./ m. Lente para un solo ojo.

monogamia. f. Calidad de monógamo./Régimen familiar que prohíbe la pluralidad de esposas.

monógamo, ma. a. y s. Casado con una sola mujer./ Que se ha casado sólo una vez.

monografía. f. Descripción o tratado especial de algún asunto en particular, o de una parte de una ciencia o arte.

monograma. m. Figura formada por el enlace de dos o más letras, que se emplean como abreviatura, gmente. con iniciales de nombres.

monolito. m. Monumento de piedra de una sola pieza.

monologar. i. Recitar monólogos.

monólogo. Obra dramática o escena de ella en que habla un solo personaje./ Soliloquio.

monopolio. m. Privilegio exclusivo para la venta, fabricación o explotación de una cosa./ Aprovechamiento exclusivo de una industria o negocio.

monopolizar. tr. Lograr el exclusivo aprovechamiento de una industria o negocio./ Acaparar.

monosílabo, ba. a./ m. Apl. a la palabra de una sola sílaba.

monoteísmo. m. Doctrina teológica que reconoce a un solo Dios.

monotonía. f. Uniformidad de tono en el que se habla, en la música, etc./ fig. Carencia de variedad.

monstruo. m. Ser producido contra el orden regular de la naturaleza./ Cosa muy grande o extraordinaria./ Persona o cosa feísima./ Persona cruel, perversa.

monstruoso, sa. a. Que es contra el orden de la naturaleza./ Muy grande o extraordinario./ Execrable en grado sumo.

monta. f. Acción y efecto de montar./ Valor, calidad intrínseca de una cosa./ *R. de la P.* Yóquey.

montacargas. m. Ascensor para elevar cosas de gran peso.

montaje. m. Acción y efecto de montar las piezas de un aparato o máquina./ Ordenación y ajuste de las diversas partes de un filme.

montaña. f. Elevación natural del terreno, muy grande.

montañoso, sa. a. Rel. a las montañas./ Abundante en montañas.

montar. i./ prl. Subirse encima de una cosa./ i./ prl./ tr. Subir en una cabalgadura./ i./ tr. Cabalgar.// tr. Acaballar, cubrir.// i. Armar una máquina o aparato acomodando convenientemente sus piezas./ Engastar piedras preciosas.

montaraz. a. Que se ha criado en los montes o anda por ellos./ Feroz, casi salvaje.

monte. m. Montaña, elevación grande y natural de terreno./ Tierra inculta, cubierta de vegetación./ Cierto juego de naipes.

montepío. m. Depósito de dinero reunido con descuentos o contribuciones de los individuos de un cuerpo, para ayudar a sus viudas o huérfanos./ Establecimiento público o particular fundado con ese fin.

montés. a. Que está o se cría en el monte, o anda por él.

montículo. m. Monte pequeño, por lo común aislado, natural u obra del hombre.

monto. m. Suma de varias partidas; monta.

montón. m. Conjunto de cosas puestas desordenadamente unas encima de otras./ fig. y fam. Número considerable.

montura. f. Cabalgadura de una caballería./ Conjunto de los arreos necesarios para ella.

monumental. a. Rel. al monumento./ fig. y fam. Extraordinario, muy excelente.

monumento. m. Obra de arquitectura, escultura o grabado, realizada para perpetuar el recuerdo de una persona o hecho memorable./ Documento u objeto de utilidad histórica./ Obra que se hace memorable por su mérito excepcional./ Sepulcro.

monzón. amb. Viento periódico que sopla en ciertos mares, sobre todo en el Océano Índico, donde produce lluvias torrenciales.

moño. m. Rodete que se hace con el cabello para tenerlo recogido o por adorno./ Lazo de cintas./ Grupo de plumas que sobresale en la cabeza de ciertas aves./ *Arg.* Corbata en forma de moño./ pl. Adornos femeninos superfluos o de mal gusto.

moquillo. m. Catarro que sufren algunos animales./ Enfermedad de las gallinas.

mora. f. Tardanza en cumplir una obligación./ Fruto del moral, pequeño y formado por globulillos carnosos y agridulces, de color morado./ Fruto de la morera, parecido al anterior, pero de color blanco amarillento y de sabor dulce.

morado, da. a. y s. De color entre el carmín y azul.// f. Casa, residencia./ Estada prolongada en un lugar.

moral. a. Rel. a la moral./ No apreciable por los sentidos, sino por el entendimiento o la conciencia.// f. Ciencia que trata del bien y de la bondad o malicia de las acciones humanas./ Conjunto de las facultades espirituales./ Temple, ánimo.

moraleja. f. Enseñanza provechosa que se deduce de un cuento, fábula, etc.

moralidad. f. Calidad de moral./ Conformidad de las acciones y doctrinas con las reglas morales.

moralizar. tr./ prl. Corregir las malas costumbres enseñando las buenas./ i. Discurrir acerca de un asunto, de acuerdo con las enseñanzas morales.

morar. i. Habitar en un lugar, residir.

moratoria. f. Plazo otorgado para pagar una deuda vencida.

mórbido, da. a. Que padece u ocasiona una enfermedad./ Suave, delicado, muelle, blando.

MOMIA EGIPCIA

momia

monedas

MONEDA DE RENATO DE ANJOU (1438)

MONEDAS DE ATENAS

MONEDA DE CÉSAR CORONADO

DENARIO

MONEDAS DE PLATA DE ALEJANDRO

morbosidad. f. Calidad de morboso.
morboso, sa. a. Enfermo./ Que causa enfermedad o atañe a ella.
morcilla. f. Trozo de tripa rellena de sangre cocida y condimentada./ fig. y fam. Palabras o frases de su invención que añade el actor al papel que representa.
mordaz. a. Que corroe./ fig. Que critica con acritud y maledicencia./ Áspero, picante.
mordaza. f. Instrumento que se pone en la boca para impedir hablar./ Nombre que se da a distintas herramientas que se utilizan para sujetar algo.

motocicleta

mordedura. f. Acción de morder./ Marca o herida producidas al morder.
morder. tr. Apretar una cosa, clavándole los dientes./ Mordiscar./ Gastar poco a poco, desgastar./ Corroer el agua fuerte la parte dibujada en una plancha o lámina./ fig. Satirizar, herir ofendiendo.
mordiscar. tr. Morder con frecuencia o ligeramente, sin hacer presa./ Morder.
mordisco. m. Acción y efecto de mordiscar./ Mordedura leve./ Pedazo que se saca de algo al morderlo.
moreno, na. a. Dícese del color oscuro que tira a negro./ Dicho del color del cuerpo, el menos claro en la raza blanca./ fig. y fam. Negro, que tiene de este color la piel. Ú.m.c.s.
morera. f. Árbol de flores verdosas, cuyo fruto es la mora. Es originario del Asia, y sus hojas sirven de alimento al gusano de seda.
moretón. m. fam. Cardenal.
morfina. m. Alcaloide sólido que se extrae del opio. Es muy amargo y venenoso; sus sales, en dosis pequeñas, se usan en medicina como anestésico y soporífico.
morfología. f. Ciencia biológica que trata de la forma y transformaciones de los seres orgánicos./ Parte de la gramática que estudia las formas de las palabras.
moribundo, da. a. y s. Que está muriendo o muy cercano a morir.
morigerar. tr./ prl. Templar, moderar los excesos de los afectos y acciones.
morir. i./ prl. Dejar de vivir./ Acabar la vida./ Extinguirse o dejar de lucir la luz, el fuego, etc. // i. fig. Acabar del todo una cosa./ Sentir o padecer intensamente un afecto, pasión u otra cosa./ Cesar una cosa en su curso o movimiento.
moro, ra. a. y s. Natural de la parte del África Septentrional, frontera a España, donde se hallaba la antigua Mauritania./ Por ext., mahometano./ *Amér.* Apl. al caballo o yegua de pelo negro, con una estrella blanca en la frente.

morocho, cha. a. Dícese de cierta variedad de maíz. Ú.t.c.s./ *Arg.* y *Urug.* Moreno.
moroso, sa. a. Que incurre en morosidad. Ú.t.c.s./ Que la implica.
morral. m. Saco que contiene el pienso y se cuelga de la cabeza de las bestias para que coman./ Saco que llevan los soldados, cazadores y viandantes para transportar sus cosas.
morrión. m. Armadura de la parte superior de la cabeza, hecha en forma del casco de ella./ Prenda del uniforme militar, que se ha usado para cubrir la cabeza, a modo de sombrero de copa, sin alas y con visera.
morro. m. Cosa redonda con figura semejante a la de la cabeza./ Guijarro pequeño y redondo./ Peñasco o monte escarpado, por el que se guían los navegantes en la costa./ Saliente que forman los labios, sobre todo si son abultados y gruesos.
morsa. f. Mamífero marino parecido a la foca, pero con dos caninos muy desarrollados, que se prolongan fuera de la mandíbula superior./ *Arg.* Tornillo de banco.
mortaja. f. Vestidura u otra cosa en que se envuelve el cadáver para darle sepultura.
mortal. a. y s. Que ha de morir. Ú.t.c.s.// a. Que ocasiona o puede ocasionar muerte.
mortalidad. f. Calidad de mortal./ Número proporcional de muertes en lugar y tiempo determinados.
mortandad. f. Gran número de muertes, causadas por epidemia, guerra o cataclismo.
mortecino, na. a. fig. Bajo, apagado y sin vigor.
mortero. m. Utensilio a manera de vaso, que sirve para machacar./ Pieza de artillería destinada a proyectar bombas, corta y de gran calibre.
mortífero, ra. a. Que causa o puede causar la muerte.
mortificar. tr./ prl. Privar de vitalidad./ Castigar, dañar./ Causar molestia y pesadumbre./ fig. Reprimir las pasiones mediante el castigo del cuerpo.
mortuorio, ria. a. Rel. al muerto o a las honras que por él se hacen.
mosaico. a./ m. Apl. a la obra taraceada de vidrios, piedras, etc., de distintos colores.// m. fig. Obra heterogénea.
mosca. f. Insecto díptero muy común, de boca en forma de trompa, con la cual chupa las sustancias de que se alimenta. Tiene seis milímetros de largo, cuerpo negro, cabeza ancha, alas transparentes y patas largas.

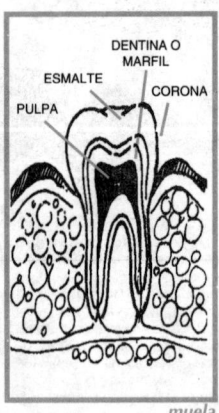

ESMALTE
DENTINA O MARFIL
CORONA
PULPA

muela

moscardón. m. Especie de mosca grande, de color pardo oscuro.
moscatel. a./ m. Apl. a cierta variedad de uva de grano redondo y muy dulce./ Dícese del viñedo que la produce y del vino que se hace con ella.
moscón. m. Mosca más grande que la común y con las alas manchadas de rojo./ Mosca zum-badora de color azul oscuro con reflejos brillantes.
mosqueta. f. Variedad de rosal de tallo muy espinoso y flores blancas y pequeñas.
mosquete. m. Arma de fuego antigua que se disparaba apoyándola sobre una horquilla.
mosquetero. m. Soldado armado de mosquete.
mosquito. m. Insecto díptero cuya hembra chupa la sangre de personas y animales, produciendo con la picadura inflamación y picazón. Tiene cuerpo cilíndrico, muy pequeño, y cabeza con dos antenas y una trompa armada con un aguijón.
mostacilla. f. Munición muy menuda.

mostaza. f. Planta de hojas amarillas y fruto con varias semillas; de éstas se hace una harina que se usa en condimentos y medicina./ Semilla de esta planta./ Salsa hecha de esta semilla.

mosto. m. Zumo exprimido de la uva, antes de fermentar y hacerse el vino.

mostrar. tr. Exponer a la vista una cosa; señalarla para que se vea./ Explicar una cosa o convencer de su certidumbre./ Hacer patente un afecto./ Dar a entender un estado de ánimo.// prl. Darse a conocer de alguna manera.

mota. f. Nudillo que se forma en el paño./ Partícula de hilo u otra cosa semejante, de distinto color al del vestido, telas, etc., donde se coloca o se pega./ fig. Defecto muy leve en cosas inmateriales./ *Amér.* Mechón de cabellos cortos y ensortijados; por ext., el cabello de los negros.

mote. m. Sentencia breve que incluye un secreto que necesita explicación./ Apodo.

motín. m. Tumulto sedicioso contra la autoridad./ Levantamiento, rebelión.

motivar. tr. Dar motivo o causa para una cosa./ Explicar el motivo de algo.

motivo, va. a. Que mueve o tiene eficacia para mover.// m. Causa o razón./ *Mús.* Asunto o tema de una composición.

motocicleta. f. Vehículo de dos ruedas, parecido a la bicicleta, con cuadro de tubos y perfiles especiales, más fuerte que el de aquélla, y con motor de explosión que mueve la rueda trasera.

motonave. f. Nave de motor.

motor, ra. a. Que produce movimiento. Ú.t.c.s.// m. Máquina que da movimiento a un artefacto o a un vehículo.

motorizar. tr./ prl. Suministrar los medios mecánicos de tracción o transporte a una industria, ejército, etc.

motriz. a./ f. Que imprime movimiento./ Motora.

mover. tr./ prl. Hacer que un cuerpo ocupe lugar distinto del que ocupa./ Por ext., agitar o menear parte de un cuerpo o una cosa.// tr. fig. Impulsar, incitar.

movible. a. Que puede moverse por sí o que es capaz de ser movido./ fig. Variable, inconstante.

móvil

móvil. a. Movible./ Inseguro, inestable.// m. Causa, motivo./ *Mec.* Cuerpo en movimiento./ Lo que mueve o impulsa.

movilidad. f. Calidad de movible.

movilizar. tr. Poner en movimiento o actividad tropas, multitudes, etc./ Poner en pie de guerra elementos militares.

movimiento. m. Acción y efecto de mover o moverse./ Estado de los cuerpos que cambian de lugar./ *Mús.* Velocidad del compás./ fig. Alteración, conmoción, agitación./ Tendencia artística o corriente de opinión.

mozo, za. a. y s. Joven./ Soltero.// s. Persona que sirve en oficios humildes.

mucamo, ma. s. *Amér.* Sirviente, criado.

muchacho, cha. s. Niño o niña que no ha llegado a la adolescencia./ Mozo o moza que sirve de criado.// a. y s. fam. Persona que está en la mocedad.

muchedumbre. f. Gran cantidad de personas o cosas.

mucho, cha. a. Abundante, o que excede a lo ordinario,

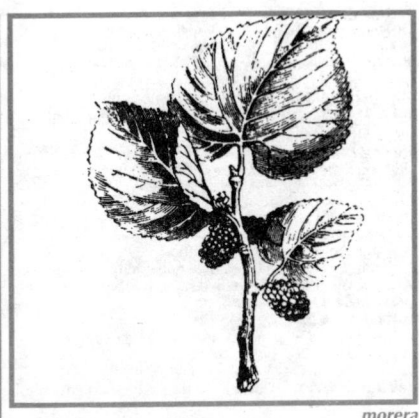

morera

regular o preciso.// adv. c. Con abundancia, más de lo regular.

mucosidad. f. Materia glutinosa, de naturaleza semejante a la del moco.

muda. f. Acción de mudar./ Conjunto de ropa que se muda o cambia de una vez./ Tiempo o acción de cambiar las aves sus plumas, o la piel ciertos animales.

mudable. a. Que muda muy fácilmente.

mudanza. f. Acción y efecto de mudar o mudarse./ Cambio, traslación de una casa o habitación a otra./ Inconstancia de los afectos o de las opiniones./ Cierto número de movimientos que se hacen a compás en las danzas y bailes.

mudar. tr. Dar o tomar otro ser o naturaleza, otro lugar, estado, etc./ fig. Cambiar, variar.// prl. Tomar otra ropa, dejando la que se usaba./ Dejar la casa en la que se vive e ir a vivir en otra.

mudo, da. a. Privado de la facultad de hablar. Ú.t.c.s./ Muy silencioso o callado.

mueble. a. Apl. a los bienes que pueden llevarse de una parte a otra. Ú.m.c.s.// m. Cada uno de los efectos, enseres o alhajas que sirven para la comodidad o adorno en las casas.

mueblería. f. Taller en que se hacen muebles./ Comercio en que se venden.

mueca. f. Contorsión del rostro, por lo general burlesca.

muela. f. Disco de piedra que se hace girar para moler./ Piedra en forma de disco, que se usa para afilar./ Cada uno de los dientes posteriores a los caninos, con que se trituran los alimentos.

muelle. a. Delicado, suave, blando.// m. Construcción hecha en la orilla del mar o de un río para facilitar el embarque o desembarque de cosas y personas.// m. Pieza elástica, gmente. de metal, puesta de manera que pueda utilizarse la fuerza que hace para volver a su posición natural cuando se la ha separado de ella. Sus formas y dimensiones varían según el fin a que se destina.

muérdago. m. Planta siempre verde que vive parásita sobre los troncos y ramas de los árboles.

muerte. f. Término de la vida./ Homicidio./ fig. Destrucción, aniquilamiento./ Pena capital.

muestra. f. Modelo a copiar./ Porción de mercadería para conocer la calidad del producto./ Parte representativa de un conjunto./ Rótulo que se coloca sobre la puerta de los comercios y que indica la clase de mercancías que en ellos se vende o la profesión u oficio de quienes los ocupan./ fig. Señal, prueba, indicio.

muestreo. m. Acción de escoger muestras representativas de la calidad o condiciones de un todo./ Técnica empleada en esta selección.

mugido. m. Voz de los vacunos.

mugir. i. Dar mugidos./ fig. Bramar.

mugre. f. Suciedad o grasa de la lana, vestidos, etc.

mujer. f. Persona del sexo femenino./ La que ha llegado a la pubertad./ La casada, respecto del marido.

mula. f. Hembra del mulo./ fig. Mujer muy bruta.

muladar. m. Lugar en que se arroja el estiércol o la basura./ fig. Lo que ensucia.

mulato, ta. a. Apl. a la persona que ha nacido de negra y blanco o viceversa. Ú.t.c.s./ De color moreno.

muleta. f. Palo con un travesaño en un extremo que sirve para afirmar o apoyarse./ Palo del que pende un paño rojo, que utilizan los toreros./ fig. Cosa que ayuda en parte a sostener otra.

mulita. f. Amér. Armadillo pequeño.

mullir. tr. Esponjar una cosa para que esté blanda y suave.

mulo. m. Cuadrúpedo, nacido de asno y yegua o de caballo y asna./ fig. Hombre muy bruto.

multa. f. Pena pecuniaria.

multar. tr. Imponer pena pecuniaria por un exceso o delito.

multicolor. a. De muchos colores.

multilateral. a. De múltiples lados.

multimillonario. a. y s. Dícese de la persona que, en dinero, tiene muchos millones.

múltiple. a. Vario, de muchas maneras./ Opuesto a simple.

multiplicador, ra. a. y s. Que multiplica.// m. Álg. y Arit. Dícese del factor que indica las veces que el otro, o multiplicando, ha de tomarse como sumando.

multiplicando. a./ m. Álg. y Arit. Dícese del factor o cantidad que ha de ser multiplicado.

multiplicar. tr./ prl./ i. Aumentar considerablemente los individuos de una especie.// tr. Álg. y Arit. Hallar el producto de dos factores, tomando uno de ellos, llamado multiplicando, tantas veces por sumando como unidades contiene el otro, denominado multiplicador.// prl. Desvivirse, afanarse.

múltiplo, pla. a. y s. Dícese del número o cantidad que contiene a otro u otra varias veces exactamente.

multitud. f. Número grande de personas o cosas./ fig. Vulgo.

mundano, na. a. Rel. al mundo./ Dícese de quien atiende demasiado a las cosas del mundo.

mundial. a. Rel. a todo el mundo.

mundo. m. Conjunto de todas las cosas creadas./ Tierra, la esfera terrestre./ El género humano./ Sociedad humana./ Parte de ella que se caracteriza por una circunstancia o cualidad común a los que la componen./ Vida secular.

munición. f. Pertrechos y bastimentos de ejército o una plaza de guerra./ Pedazos de plomo de forma esférica, para cargar la escopeta./ Carga de las armas de fuego./ Víveres y forrajes para mantener en el ejército hombres y animales.

municipal. a. Rel. al municipio./ Chile. Concejal.

municipio. m. Conjunto de habitantes de un mismo término jurisdiccional, regido por un ayuntamiento./ Este mismo ayuntamiento.

munífico, ca. a. Que es de gran generosidad.

muñeca. f. Parte del cuerpo humano, en donde se articula la mano con el antebrazo./ Figurilla de mujer o niña que sirve de juguete./ Maniquí para vestidos de mujer./ Lío redondeado, de trapo, que se embebe en un líquido, para diversos usos.

muñeco. m. Figurilla de varón, hecha de trapos, pastas u otra cosa./ fig. Hombre sin determinación propia.

muñón. m. Parte de un miembro amputado que permanece adherida al cuerpo./ Cualquiera de las dos piezas cilíndricas que tiene el cañón a uno y otro lado, y lo sostienen sobre la cureña permitiendo su rotación para arreglar la puntería.

mural. a. Del muro./ Apl. a las cosas que, extendidas, ocupan gran parte de un muro o pared.// m. Pintura que ocupa buena parte de un muro o pared.

muralla. f. Muro u obra defensiva, que rodea una plaza fuerte o territorio./ Amér. Pared.

murallón. m. aum. de muralla./ Muro fuerte.

murciélago. m. Quiróptero nocturno de cuerpo parecido al del ratón; tiene muy largos los dedos de las manos, que están unidos por una membrana que le permite volar. Se alimenta de insectos.

murga. f. fam. Banda de músicos callejeros.

murmullo. m. Ruido sordo y confuso que se hace hablando, cuando no se percibe lo que se dice.

murmurar. i. Hacer ruido apacible la corriente de las aguas./ Hacer ruido blando y apacible el viento, las hojas, etc.// i./ tr. Hablar entre dientes, manifestando queja o disgusto./ fig. y fam. Criticar a un ausente, censurando sus actos.

muro. m. Pared o tapia./ Muralla.

musa. f. Cada una de las deidades mitológicas que protegían las ciencias y las artes, especialmente la poesía. Habitaban en el Parnaso o en el Helicón, presididas por Apolo./ fig. Inspiración del poeta.

musaraña. f. Musgaño./ Por ext., cualquier sabandija, insecto o animal pequeño.

muscular. a. Rel. a los músculos.

musculatura. f. Conjunto y disposición de los músculos.

músculo. m. Órgano del animal compuesto principalmente de fibras carnosas. Su contracción determina los movimientos.

musculoso, sa. a. Dícese de la parte del cuerpo que tiene músculos./ De músculos muy abultados y visibles.

muselina. f. Tela fina y poco tupida, de algodón, seda, etc.

museo. m. Lugar destinado al estudio de las ciencias, las letras y las artes./ Sitio donde se guardan y exponen objetos artísticos, científicos, etc.

musgo. m. Cualquiera de las plantas briofitas, muy pequeñas, que crecen en sitios húmedos y aun dentro del agua./ Conjunto de estas plantas que cubren determinada superficie.// pl. Clase de dichas plantas.

musical. a. Rel. a la música./ Apl. a aquello en que la música interviene como elemento esencial./ fig. Dícese de lo que tiene ritmo o cadencia agradable./ Apl. al género de películas que equivale a la opereta teatral. Ú.t.c.s.m.

musical

músico, ca. a. Rel. a la música.// s. Persona que profesa o sabe el arte de la música.// f. Arte de combinar los sonidos, conforme a las normas de melodía y armonía./ Concierto de instrumentos o voces./ Composición musical./ Colección de papeles donde están escritas las obras musicales.

musitar. tr./ i. Hablar entre dientes./ Murmurar, susurrar.

muslo. m. Parte de la pierna, desde la juntura de las caderas hasta la rodilla.

mustio, tia. a. Melancólico, triste./ Lánguido, marchito. Dícese en especial de las plantas, hojas y flores.

mutar. tr. Mudar, transformar.

mutilar. tr./ prl. Cortar una parte del cuerpo.// tr. Cortar o quitar una parte de alguna cosa.

mutis. m. Voz usada en el teatro para indicar que uno o más actores deben salir de la escena./ La acción de retirarse.// **hacer mutis.** frs. Callar.

mutismo. m. Silencio voluntario o impuesto./ Mudez.

mutual. a. Mutuo.// f. Amér. Mutualidad.

mutualidad. f. Calidad de mutual./ Régimen de prestaciones mutuas, en que se basan ciertas asociaciones, especialmente en materia de previsión o seguros./ Denominación que adoptan algunas de ellas.

mutuo, tua. a. y s. Apl. a lo que se hace con reciprocidad o solidaridad entre dos o más personas, animales, o cosas.

muy. adv. Denota en las palabras a que se antepone grado sumo o superlativo de significación.

n. f. Décimosexta letra del abecedario castellano y decimotercera de sus consonantes. Su nombre es *ene*.

nabiza. f. Hoja tierna del nabo. Ú.m. en pl.

nabo. m. Planta anual, crucífera, que se cultiva mucho en las huertas; De raíz, abultada, carnosa, de color blanco amarillento, que se usa como alimento y forraje./ Raíz de esta planta.

nácar. m. Capa interna de la concha de ciertos moluscos, formada por una sustancia dura, blanca y brillante, con reflejos irisados.

nacarado, da. a. Que tiene el color y el brillo de nácar./ Adornado con nácar.

nacer. i. Salir del vientre materno o del huevo./ Salir un vegetal de su semilla./ Salir el pelo, vello o pluma en los animales o las hojas, flores, etc., en una planta./ fig. Aparecer un astro en el horizonte./ Brotar, prorrumpir./ Inferirse./ Proceder una cosa de otra./ Tener determinada predisposición para algo.

nacido, da. p. p. de **nacer**.// a. Natural y propio de una cosa./ Apto, adecuado para algo.

naciente. p. act. de **nacer**. Que nace.// a. fig. Muy reciente; que empieza a manifestarse.// m. Oriente, levante, este.

nacimiento. m. Acción y efecto de nacer.

nación. f. Entidad jurídica formada por el conjunto de los habitantes de un país regido por el mismo gobierno./ Territorio de ese país./ Conjunto de personas de igual origen étnico./ Por ext., el Estado.

nacional. a Perteneciente o rel. a una nación.

nacionalidad. f. Condición particular de los individuos de una nación./ Estado de la persona nacida o naturalizada en ella.

nacionalismo. m. Doctrina que exalta todo lo nacional, o lo que se considera como tal./ Apego o amor de los naturales de una nación a ella misma.

nacionalización. f. Acción y efecto de nacionalizar./ Traspaso al Estado de una propiedad, servicio o explotación perteneciente a una empresa privada.

nacionalizar. tr. Naturalizar./ Dar carácter nacional a una cosa./ Hacer que pasen a los nacionales de un país, bienes que estaban en poder de extranjeros.

nada. f. El no ser o la falta absoluta de todo ser.// pron. indef. Ninguna cosa./ Poco o muy poco.// adv. neg. De ningún modo.

nadar. i. Mantenerse una persona o animal sobre el agua, o avanzar sin tocar el fondo./ Flotar en un líquido./ fig. Abundar en una cosa.

nadería. f. Cosa de poca importancia o escaso valor.

nadie. pron. indef. Ninguna persona.// m. fig. Persona insignificante.

nafta. f. Mezcla de hidrocarburos obtenida por destilación del petróleo que se usa como combustible y solvente. Es un líquido volátil, incoloro y sumamente inflamable.

naftalina. f. Hidrocarburo sólido muy usado como desinfectante. Procede del alquitrán de la hulla.

naipe. m. Cada una de las cartulinas rectangulares que llevan estampadas figuras y objetos, y sirven para jugar a las baraja./ fig. Baraja.

nalga. f. Cada una de las dos porciones de carne del trasero. Ú.m. en pl./ Posaderas, asentaderas./ Parte superior de los muslos de ciertos animales.

nana. f. fam. Abuela./ En ciertas partes, canto para arrullar a los niños./ Méx. Niñera./ Nodriza.

napa. f. Amér. Capa de agua subterránea.

naranja. f. Fruto del naranjo, globoso, con corteza rugosa o lisa y de color rojo amarillento. Su pulpa es comestible, jugosa y agridulce y se halla dividida en gajos.

naranjada. f. Zumo de naranja con agua.

naranjero, ra. Rel. a la naranja.// s. Persona que cultiva naranjos o vende naranjas.

naranjo. m. Árbol frutal siempre verde, cuya flor es el azahar y su fruta, la naranja.

narcisismo. m. Manía de quien tiene desmedida admiración de sí mismo.

narciso. m. Planta herbácea de hojas largas y angostas, con flores blancas y olorosas, y raíz bulbosa.

narcótico, ca. a. y s. Dícese de las sustancias que suprimen la excitabilidad de las células nerviosas, y causan sopor o entorpecimiento. Se usan como calmantes o anastésicos.

nardo. m. Planta de flores blancas, muy olorosas.

narigón, na. a. Narigudo. Ú.t.c.s.// m. aum. de nariz.

narigudo, da. a. De nariz grande. Ú.t.c.s./ De forma de nariz.

nariz. f. Parte saliente del rostro humano entre la frente y la boca, con dos orificios que comunican con el aparato respiratorio y la glándula pituitaria. Es órgano del olfato. Ú.t. en pl./ Parte de la cabeza de muchos animales vertebrados, que tiene la misma situación y oficio que la nariz del hombre./ fig. Sentido del olfato./ Extremidad aguda de ciertas cosas.

nadar

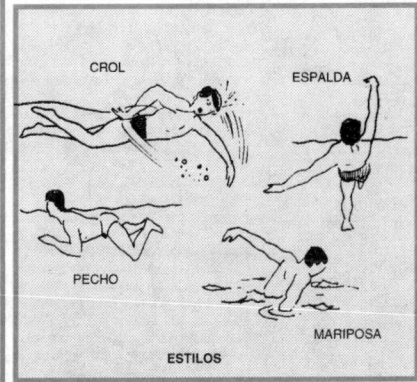

CROL

ESPALDA

PECHO

MARIPOSA

ESTILOS

narración. f. Acción de narrar./ Relato o exposición de hechos reales o ficticios.

narrar. tr. Referir lo sucedido./ Relatar.

narrativa. f. Narración, acción de narrar. / Destreza en contar o referir las cosas.

narrativo, va. a. Rel. a la narración.

nasal. a. Rel. a la nariz.

nata. f. Sustancia espesa grasa, algo amarillenta, que forma una capa sobre la leche en reposo./ Sustancia espesa que sobrenada en ciertos líquidos./ fig. Lo más apreciado y principal en su línea.

natación. f. Acción y efecto de nadar./ Arte de nadar.

natal. a. Rel. al nacimiento. / Nativo. // m. Nacimiento.

natalicio, cia. a. y m. Rel. al día de nacimiento.

natalidad. f. Número proporcional de nacimientos en una población y tiempo determinado.

natatorio, ria. a. Rel. a la natación. / Propio para nadar. // m. *R. de la P.* Sitio destinado a nadar o bañarse.

natividad. f. Nacimiento, especialmente el de Jesucristo, la Virgen o el de San Juan Bautista./ Tiempo inmediato al día de Navidad.

nativo, va. a. Que nace naturalmente./ Rel. al país o lugar en que uno ha nacido./ Natural, nacido./ Innato./ Apl. a los metales y algunas otras sustancias minerales que se hallan puros en la naturaleza.

nato, ta. p. p. irreg. de **nacer.** // a. Apl. al título de honor o al cargo anejo a un empleo o a la calidad de alguien.

natural. a. Rel. a la naturaleza./ Hecho sin artificio./ Nativo. Ú.t.c.s./ Ingenuo, sincero en su manera de proceder./ Dícese de la nota no alterada por sostenido ni bemol./ Dícese del hijo de padres solteros que pueden casarse.// m. Genio, índole.

naturaleza. f. Esencia característica de cada ser./ Conjunto de todas las entidades del universo, no influidas o modificadas por el hombre./ Calidad, propiedad de las cosas./ Natural, genio, índole./ Especie, género, clase./ **-muerta.** Cuadro que representa animales muertos, o cosas inanimadas.

naturalidad. f. Calidad de natural./ Sencillez, espontaneidad.

naturalización. f. Acción y efecto de naturalizar o naturalizarse.

naturalizar. tr. Admitir a una extranjero como natural de un país./ Introducir o aclimatar en un país cosas o especies oriundas de otro. Ú.t.c.prl./ prl. Adquirir uno los derechos de los naturales de un país.

nene

naturismo. m. Sistema basado en el empleo de medios naturales para la prevención y curación de las enfermedades.

naufragar. i. Irse a pique una embarcación, zozobrar. También se dice de las personas que van en ella./ fig. Salir mal un intento o negocio.

naufragio. m. Pérdida de un barco en el mar o río./ fig. Desastre, perdida grande.

náufrago, ga. a. y s. Que ha sufrido naufragio.

náusea. f. Deseo de vomitar. Ú.m. en pl./ fig. Repugnancia o aversión que produce algo. Ú.m. en pl.

navideño

nauseabundo, da. a. Que produce náuseas./ Repugnante./ Propenso a vómito.

nauseoso, sa. a. Nauseabundo.

náutico, ca. a. Rel. a las naves./ f. Ciencia y arte de navegar.

navaja. f. Cuchillo cuya hoja se dobla sobre el mango, para que el filo quede guardado entre los cachas.

navajada. f. Golpe dado con la navaja./ Herida que causa.

navajazo. m. Navajada.

naval. a. Rel. a las naves y a la navegación.

nave. f. Cualquier embarcación./ Cada uno de los espacios comprendidos entre muros y arcadas a lo largo de los templos u otros edificios.

navegable. a. Apl. al río, lago, canal, etc., por donde se puede navegar.

navegación. f. Acción de navegar./ Viaje que se hace con una nave, o por el aire en avión./ Tiempo que dura dicho viaje./ Náutica.

navegante. p. act. de **navegar.** Que navega. Ú.t.c.s.

navegar. i. Viajar en una embarcación o nave por el agua, o por el aire en avión. Ú.t.c.tr.

Navidad. f. Natividad de Jesucristo./ Día en que se celebra. Ú.t. en pl.

navideño, ña. a. Rel. al tiempo de Navidad.

naviero, ra. a. Rel. a las naves o a la navegación./ m. Persona o sociedad propietaria y responsable de un buque y de la mercancía transportada.

navío. m. Bajel de guerra./ Buque grande.

nazareno, na. a. y s. De Nazareth.// f. pl. *Amér.* Espuelas grandes.

neblina. f. Niebla baja y espesa.

nebulización. f. Acción y efecto de nebulizar.

nebulizar. tr. Transformar un líquido en partículas finísimas, que forman una especie de niebla.

nebuloso, sa. a. Que abunda en nieblas./ Oscurecido por las nubes./ fig. Sombrío, triste./ Difícil de comprender./ f. Materia cósmica celeste, difusa y luminosa y de diversas formas.

necedad. f. Calidad de necio./ Hecho o dicho necio.

necesario, ria. a. Que ha de ser o suceder forzosamente./ Indispensable.

necesidad. f. Aquello a lo que no se puede resistir, o que no puede faltar./ Falta de las cosas que son menester para subsistir./ Impulso que obliga en un sentido determinado./ Riesgo o peligro que requiere pronto auxilio.

necesitado, da. p. p. de **necesitar.**// a. y s. Pobre, que no tiene lo necesario.

necesitar. tr. Obligar a hacer una cosa./ i./ prl. Tener necesidad de una persona o cosa.

necio, cia. a. Que no sabe lo que debe hacer./ Terco y porfiado./ a. Dícese de lo que se hace con ignorancia, imprudencia o presunción.

nave

necrología. f. Noticia o biografía de una persona fallecida recientemente./ Lista o noticia de personas fallecidas.

necrópolis. f. Cementerio muy extenso, con muchos monumentos fúnebres.

necrosis. f. Muerte de las células o de los tejidos de cualquier organismo vivo, producida por causas mecánicas, físicas o químicas.

nefando, da. a. Infame, indigno, abominable.

nefasto, ta. a. Triste, funesto, infausto./ Desgraciado, detestable.

negación. f. Acción y efecto de negar./ Falta total de una cosa./ *Gram.* Partícula o palabra que sirve para negar.

negado, da. p. p. de **negar.** // a. y s. Incapaz, inepto.

negar. tr. Decir que una cosa no es cierta./ No admitir la existencia de algo./ No conceder uno lo que se pide./ Impedir o vedar./ Esconder, disimular./ prl. Excusarse de hacer una cosa.

negativo, va. a. Que contiene negación o contradicción./ Rel. a la negación.// m. Película o placa que ha sido impresionada y revelada.

negligencia. f. Descuido, falta de aplicación./ Omisión.

negligente. a. y s. Descuidado./ Falto de aplicación, indolente.

negociación. f. Acción y efecto de negociar.

negociado, da. p. p. de **negociar.**// m. Cualquiera de las oficinas de una administración donde se despachan determinados asuntos./ Negocio./ *Amér.* Negocio ilícito.

negociante. p. act. de **negociar.** Que negocia. Ú.t.c.s.// m. Comerciante.

negociar. i. Comerciar, mercar./ Tratar asuntos privados o públicos./ Traspasar, ceder o endosar una letra, vale o efecto./ Descontar valores./ Tratar por la vía diplomática, de nación a nación, un pacto, alianza, etc.

negocio. m. Ocupación o trabajo./ Dependencia, tratado o asunto./ Acción de negociar./ Todo lo que es objeto de interés o lucro./ Provecho o utilidad que resulta de un trato o comercio./ *Chile* y *R de la P.* Comercio, tienda.

negra. f. *Mús.* Nota o figura que equivale a la mitad de la blanca o a dos corcheas.

negrero, ra. a. y s. Dedicado a la trata de negros./ fig. Que trata con dureza y avaricia a los subordinados.

negro, gra. a. Falto de todo color completamente; muy oscuro. Ú.t.c.s./ Apl. a la persona que tiene la piel de color totalmente oscuro, como el carbón. Ú.t.c.s./ Moreno./ Oscurecido, deslucido./ fig. Muy triste./ Desventurado, infausto.// s. *Amér.* Voz de cariño usada entre personas que se quieren bien.

negrura. f. Calidad de negro.

negruzco, ca. a. De color moreno algo negro.

nene, na. s. fam. Niño, pequeño.

nenúfar. f. Planta acuática, de hojas flotantes casi redondas y flores amarillas o blancas.

neocelandés. a. De Nueva Zelanda. Ú.t.c.s./ Rel. a este país.

neófito, ta. s. Persona que recientemente ha adoptado una religión./ Por ext., persona recién adherida a una causa, o incorporada a una agrupación o comunidad.

neolítico, ca. Apl. al período prehistórico que se desarrolló entre el mesolítico y el eneolítico, conocido también como el de la piedra pulimentada. Fue de gran importancia en el desarrollo de la humanidad, ya que hicieron su aparición la agricultura y el comercio, se descubrieron técnicas artesanales y la población comenzó a hacerse sedentaria. Se construyeron numerosos monumentos funerarios de tipo megalítico.

neologismo. m. Palabra o giro nuevo en una lengua y su uso.

neón. m. Gas que se encuentra en pequeñas cantidades en la atmósfera. Símb., Ne.; n. at., 10; p. at., 20,18.

nepotismo. m. Preferencia que dan algunos a sus parientes para un empleo público.

Neptuno. Octavo planeta del sistema solar. Dista del Sol unos 4.500 millones de kilómetros y tiene dos satélites. No se puede percibir a simple vista.

nereida. f. *Mit.* Cada una de las ninfas que habitaban en el mar y a las que se representaba con la mitad superior del cuerpo de mujer y la mitad inferior de pez.

nervadura. f. *Bot.* Conjunto de los nervios de una hoja./ Arco que forma la estructura de las bóvedas góticas.

nervio. m. Cualquiera de los cordones fibrosos, blanquecinos, que parten del cerebro, la médula espinal u otros centros, y son los órganos de la sensibilidad y del movimiento./ Haz fibroso en forma de cordoncillo, que corre a lo largo de las hojas de los vegetales, por su envés./ Cada una de las cuerdas que se colocan en el lomo de un libro para encuadernarlo./ *Arq.* Arco saliente que sirve para formar la bóveda de crucería./ Saliente en la tela del lomo del libro, producida por el cordel./ fig. Vigor y fuerza./ **-ciático.** El más grueso del cuerpo, terminación del plexo sacro, que se distribuye en los músculos posteriores del muslo, en los de la pierna y en la piel de ésta y del pie./ **-óptico.** El que transmite desde el ojo al cerebro las impresiones luminosas./ **-vago.** Nervio para que nace del bulbo de la médula espinal, desciende por las partes laterales del cuello, penetra en las cavidades del pecho y del vientre y termina en el estómago y plexo solar.

náufrago

nerviosidad. f. Nervosidad.
nerviosismo. m. Nervosidad./ Excitación nerviosa pasajera.
nervioso, sa. a. Que tiene nervios./ Rel. a los nervios./Que fácilmente se excita./fig. Vigoroso y fuerte.
nervosidad. f. Actividad y fuerza de los nervios./ fig. Eficacia, fuerza de los argumentos y razones.
neto, ta. a. Limpio, puro./Dícese del precio y del peso deducidos los gastos o la tara.
neumático, ca. a. Apl. a los aparatos que operan con aire.// m. Llanta de caucho inflada con aire a presión, que se usa en vehículos.
neumococo. m. Microorganismo, agente patógeno de ciertas neumonías.
neumonía. f. Pulmonía.
neumotórax. m. Enfermedad producida por la entrada del aire en la cavidad pleural.
neuquino, na. a. y s. De Neuquén, ciudad y provincia de la República Argentina.
neuralgia. f. Dolor continuo en un nervio, o en sus ramificaciones.
neurálgico, ca. a. Rel. a la neuralgia. / fig. Apl. al momento, lugar, situación, etc., más importante de un asunto, problema, etc.
neurastenia. f. Enfermedad que se caracteriza por diversos estados nerviosos, y cuyos síntomas son el cansancio, la tristeza, el temor y la emotividad.
neurología. f. *Anat.* Tratado del sistema nervioso.
neurólogo, ga. s. Médico especialista en el estudio y tratamiento de las enfermedades del sistema nervioso.
neurona. f. Célula nerviosa, con su cilindro eje y sus prolongaciones, las dendritas, una de las cuales, más larga que las demás, es la neurita o axón. Posee la capacidad de excitarse y transmitir el impulso nervioso a otra neurona.

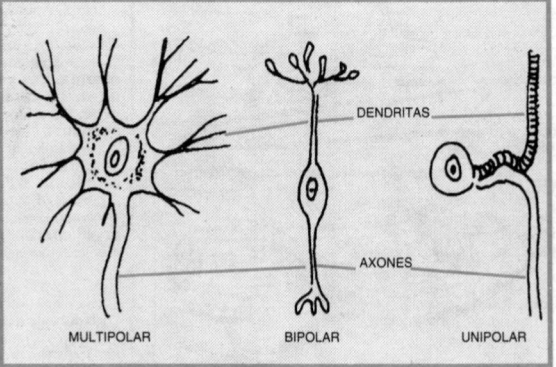

DENDRITAS

AXONES

MULTIPOLAR   BIPOLAR   UNIPOLAR

neurona

níspero

neurosis. f. Trastorno del sistema nervioso, sin lesión orgánica visible.
neutonio. m. *Fís.* Unidad de fuerza en el Sistema Internacional de unidades. Equivale a la fuerza que necesita un cuerpo para adquirir una aceleración de 1 m. por segundo cada segundo.
neutral. a. y s. Que no es ni de uno ni de otro, que no se inclina ni a un bando ni a otro, entre dos que disputan.
neutralidad. f. Calidad de neutral.

neutralización. f. Acción y efecto de neutralizar.
neutralizar. tr./prl. Hacer neutral./fig. Debilitar el efecto de una causa por medio de la concurrencia de otra opuesta./ *Quím.* Hacer neutra una sustancia o una disolución en ella.
neutro. a. *Quím.* Apl. al compuesto en que no predominan las propiedades de ninguno de los elementos./ *Zool.* Dícese de ciertos animales que no tienen sexo./ *Gram.* Apl. al género de un vocablo, cuando no es masculino ni femenino./ *Fís.* Apl. a los cuerpos que poseen igual cantidad de ambas especies de electricidad, la positiva y la negativa.
neutrón. m. Partícula de carga eléctrica neutra que, con el protón y el electrón, es una de las fundamentales del átomo.
nevada. f. Acción y efecto de nevar./ Cantidad de nieve que cae de una vez.
nevado, da. p. p. de **nevar.**// a. Que está cubierto de nieve./ fig. De blancura de nieve.// m. *Amér.* Cumbre muy alta, cubierta de nieves perpetuas.
nevar. i. Caer nieve.// tr. fig. Ponerse algo blanco como la nieve.
nevera. f. Sitio en que se guarda nieve./ Mueble frigorífico para la congelación o conservación de alimentos, enfriamiento de bebidas, etc./ fig. Habitación muy fría.
nevisca. f. Nevada corta y de copos menudos.
newton. m. *Fís.* Nombre del neutonio en la nomenclatura internacional.
nexo. m. Unión de una cosa con otra; nudo, vínculo.
néctar. m. *Mit.* Licor muy delicado que bebían los dioses./ Jugo azucarado producido por las flores que chupan las abejas y otros insectos./ fig. Licor suave y gustoso.
ni. conj. Se emplea para unir palabras o frases denotando negación.// adv. neg. Y no.
nicaragüense. a. y s. De Nicaragua.
nicho. m. Concavidad en el espesor de un muro, por lo común de forma semicilíndrica, en el interior de la cual se pone un objeto de adorno u otra cosa./ Por ext., cualquier concavidad hecha para colocar una cosa.
nicotina. f. Alcaloide líquido, venenoso, que se extrae del tabaco.
nidada. f. Conjunto de los huevos puestos en el nido, o de los pajarillos mientras están en el nido.
nido. m. Especie de lecho que hacen las aves en sitios resguardados, para poner sus huevos y criar sus pollos./ Sitio donde procrean otros animales.
niebla. f. Nube en contacto con la tierra que oscurece la atmósfera./ Nube, mancha blanquecina en la córnea./ fig. Confusión, oscuridad.
nieto, ta. s. Hijo o hija del hijo o de la hija de una persona respecto de ésta.
nieve. f. Agua helada que se desprende de las nubes, en cristales muy pequeños, que se agrupan al caer, formando copos blancos./ Temporal en que cae mucha nieve. Ú.m. en pl.

nigromancia o **nigromacía.** f. Arte supersticioso de adivinar el porvenir invocando a los muertos./ fam. Magia negra o diabólica.

nihilismo. m. Negación de todo principio religioso, político y social.

nilón. m. Fibra textil sintética empleada en géneros y tejidos.

nimbo. m. Aureola./ Capa de nubes formada por agrupación de cúmulos, muy mezclado, de aspecto uniforme.

nimiedad. f. Prolijidad, minuciosidad./ Poquedad, escasez./ Pequeñez.

nimio, mia. a. Insignificante, sin importancia./ Escrupuloso, minucioso./ Prolijo./ Tacaño, mezquino.

ninfa. f. *Mit.* Cada una de las fabulosas deidades de las aguas, selvas, bosques, etc., llamadas con diversos nombres, como dríadas, nereidas, etc./ fig. Joven hermosa./ Insecto que ya ha pasado el estado de larva y prepara su metamorfosis última.// pl. Labios pequeños de la vulva.

ningún. a. Apócope de ninguno. Se usa sólo antepuesto a sustantivos masculinos.

ninguno, na. a. Ni uno solo.// pron. indef. Nulo, sin valor./ Nadie.

niñera. f. Criada que cuida niños.

niñería. f. Acción propia de niños./ fig. Dicho o hecho de poca sustancia.

niñez. f. Período de la vida humana desde la infancia hasta la pubertad./ fig. Principio de una cosa.

niño, ña. a. y s. Que se halla en la niñez./ De pocos años.

nipón, na. a. y s. De Japón./ Japonés.

níquel. Metal de color plateado, duro y maleable, más pesado que el hierro y difícil de oxidar. Símb., Ni.; n. at., 28; p. at., 58,69.

niquelado, da. p. p. de **niquelar.** // m. Acción y efecto de niquelar.

niquelar. tr. Cubrir con un baño de níquel otro metal.

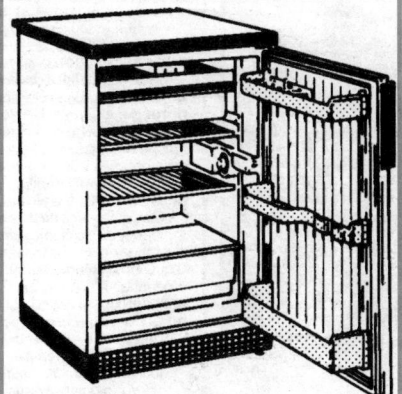

nevera

níspero. m. Árbol rosáceo, de tronco tortuoso, delgado y con ramas abiertas y algo espinosas, hojas grandes y pecioladas y flores blancas./ Su fruto es la níspola./ Níspola.

níspola. f. Fruto del níspero, de color amarillo rojizo y forma aovada.

nitidez. f. Calidad de nítido.

nítido, da. a. Claro, limpio, resplandeciente, terso.

nitrato. m. Sal resultante de la combinación del ácido nítrico con una base./ **-de Chile.** Abono nitrogenado natural procedente del norte de ese país.

nítrico, ca. a. Rel. al nitrógeno.

nitrógeno. m. Metaloide gaseoso, incoloro, transparente, insípido e inodoro, que constituye unas cuatro quintas partes del aire atmosférico. Llámase también ázoe. Símb. N.; n. at., 7; p. at., 14,008.

nitroglicerina. f. Líquido aceitoso e inodoro, resultante de la acción del ácido nítrico en la glicerina. Estalla con gran fuerza por efecto del calor, del roce o de un choque. Mezclada con un cuerpo absorbente forma la dinamita.

nivel. m. Instrumento que sirve para averiguar la diferencia de altura entre dos puntos o comprobar si tienen la misma./ Calidad de horizontal./ Altura de la superficie de un líquido./ Grado o altura a que llegan ciertos aspectos de la vida social./ fig. Altura a que llega una cosa./ Igualdad en cualquier línea.

nivelación. f. Acción y efecto de nivelar.

nivelar. tr. Comprobar con el nivel si existe horizontalidad./ Poner un plano en la justa posición horizontal./ Por ext., poner a la misma altura dos o más cosas./ fig. Igualar dos cosas entre sí.

níveo, a. a. De nieve o semejante a ella.

no. adv. de negación que con esa significación se usa para responder o preguntar.

nobiliario, ria. a. Rel. a la nobleza.

noble. a. Preclaro, ilustre, generoso./ Principal en cualquier línea.// a. y s. Persona que usa algún título del reino, por ext., sus parientes.

nobleza. f. Calidad de noble./ Conjunto de los nobles de un lugar./ Lealtad.

noche. f. Tiempo que falta la luz del Sol sobre el horizonte./ fig. Confusión, oscuridad, tristeza.

nochebuena. f. Noche de vigilia de Navidad.

noción. f. Conocimiento o idea de una cosa./ Conocimiento elemental. Ú. m. en pl.

nocivo, va. a. Perjudicial, dañino, ofensivo, pernicioso.

noctámbulo, la. a. Que anda vagando durante la noche.

nocturno, na. a. Rel. a la noche./ Que se hace o sucede durante la noche./ Dícese de los animales que buscan su alimento por la noche y de las plantas que sólo de noche abren sus flores.// m. Serenata para piano de música triste y melancólica.

nodriza. f. Ama de cría.

nódulo. m. Concreción de poco volumen.

nogal. m. Árbol juglándeo, que mide unos 15 metros de altura; tiene tronco corto y robusto, y su madera, dura, es muy apreciada en ebanistería. Su fruto es la nuez./ Madera de este árbol.

nómada o **nómade.** a. Que cambia regularmente de residencia./ Que anda errante, sin tener morada fija.

nombradía. f. Fama, reputación, renombre.

nido

nombrado, da. p. p. de **nombrar.**// a. Afamado, célebre.

nombramiento. m. Acción y efecto de nombrar./ Despacho por el que se designa a uno para un cargo, empleo u oficio.

nombrar. tr. Decir el nombre de una persona o cosa./ Mencionar./ Elegir a alguien para un cargo, empleo u otra cosa.

nombre. m. Palabra que se da a los objetos y cualidades para distinguirlos./ Fama, reputación./ Título de una cosa por el que se la reconoce./ Apodo, mote./ Gram. Denominación común con que se designa a dos categorías de palabras, el sustantivo y el adjetivo.

noria

nomenclador. m. Catálogo de nombres./ El que contiene la nomenclatura de una ciencia.

nomenclatura. f. Lista de nombres de personas o cosas./ Nómina./ Conjunto de palabras técnicas, propias de una ciencia.

nómina. f. Catálogo de nombres.

nominal. a. Rel. al nombre./ Que tiene nombre de una cosa, pero no la realidad de ésta.

nominar. tr. Dar nombre a una persona o cosa./ Nombrar.

nominativo, va. a. Com. Dícese de los títulos e inscripciones del Estado o de sociedades mercantiles, que precisamente han de extenderse a nombre o a favor de uno y han de seguir teniendo poseedor designado por el nombre, en oposición a los que son al portador.// m. Gram. Caso de la declinación que designa el sujeto de la significación del verbo y no lleva preposición.// pl. Parte de la analogía que precedía a los verbos, en los estudios de gramática latina.

nonagenario, ria. a. y s. Que tiene noventa o más años y no llega a los cien.

nonato, ta. a. Que no ha nacido naturalmente, sino que ha sido extraído del claustro materno.

noningentésimo, ma. a. Que sigue en orden al o a lo octingentésimo nonagésimo nono.// a. y s. Dícese de cada una de las novecientas partes iguales en que se divide un todo.

nono, na. a. Que sigue al octavo; noveno.

noquear. tr. En boxeo, dejar fuera de combate al contrario.

nordeste o **noreste.** a./ m. Punto del horizonte entre el norte y el este. Equidista de ambos./ Viento que sopla de ese punto.

nórdico, ca. a. Rel. a los pueblos del norte de Europa./ Apl. al grupo de lenguas germánicas del norte, como el islandés, el danés, el sueco, el noruego, y a cualquiera de estas lenguas. Ú.t.c.s.m.

noria. f. Máquina para elevar agua de un pozo, movida por una palanca, la que tira una caballería, que engrana con una rueda vertical que lleva colgado un rosario de cangilones./ Pozo gmente. ovalado del que se saca agua con la máquina.

norma. f. Escuadra para arreglar y ajustar los maderos, piedras, etc./ fig. Regla de conducta./ Principio jurídico.

normal. a. Dícese de lo que se halla en su estado natural./ Que sirve de regla o norma./ Dícese de la escuela en que se siguen los estudios para obtener el título de maestro o maestra.

normalidad. f. Condición o calidad de normal.

normalización. f. Acción y efecto de normalizar.

normalizar. tr. Regularizar o poner en orden lo que no estaba./ Hacer que una cosa sea normal.

normativo, va. a. Que sirve de norma.// f. Conjunto de normas que pueden aplicarse a una actividad o materia.

noroeste. m. Punto del horizonte entre el norte y el oeste, equidistante de ambos. Ú.t.c.a./ Viento que sopla de ese punto.

norte. m. Polo ártico./ Punto cardinal del horizonte que cae frente a un observador a cuya derecha está el Oriente. Ú.t.c.a./ Viento que sopla de ese punto cardinal./ fig. Guía, rumbo, destino.

norteamericano, na. a. y s. De América del Norte y especialmente de EE.UU./ Estadounidense.

norteño, ña. a. y s. Del norte.

noruego, ga. a. y s. De Noruega.// m. Lengua de este país.

nos. Forma del pronombre personal de primera persona en género masculino o femenino y número plural. No admite preposición y puede usarse como sufijo: nos siguió, síguenos.

nosocomio. m. Hospital.

nosotros, tras. Nominativos masculino y femenino del pronombre personal de primera persona en número plural. Con preposición se emplea también como término.

nostalgia. f. Pena por verse lejos de la patria o de los seres queridos./ Añoranza./ fig. Pesar por el recuerdo de un bien perdido.

nostálgico, ca. a. Rel. a la nostalgia. // a. y s. Que la padece.

nota. f. Señal que se pone para conocer una cosa./ Advertencia, explicación o noticia que en un libro o escrito se pone fuera de texto./ Fama, reputación, concepto./ Calificación de un tribunal de examen./ Apuntación, anotación breve./ Comunicación diplomática./ Cualquiera de los signos que representan los sonidos./ Amér. Escrito periodístico que trata de un tema determinado.

notabilidad. f. Calidad de notable. / Persona muy notable por sus méritos.

notable. a. Digno de nota o cuidado./ Muy grande y excesivo.

notar. tr. Señalar una cosa./ Advertir, reparar./ Apuntar algo con brevedad para ampliarlo después./ Poner notas a los libros o escritos./ Escribir con sus signos la música.

notario. m. Funcionario público autorizado para dar fe de los contratos, testamentos y otros actos extrajudiciales, según las leyes.

notero, ra. Amér. Colaborador que, en los periódicos, hace notas o artículos sobre temas de interés general.

noticia. f. Noción./ Divulgación o publicación de un hecho./ El hecho divulgado.

noticiario. m. Película en que se ofrecen hechos de actualidad.

noticiero, ra. a. Que da noticias.// s. Quien da noticias como oficio.

noticioso, sa. a. Sabedor de una cosa o que tiene noticia de ella./ Erudito, que conoce varias materias.// m. Informativo, noticiario.

notificación. f. Acción y efecto de notificar. / Documento en que consta.

notificado, da. p. p. de **notificar.**// a. y s. Dícese de la persona a quien se ha hecho la notificación.

nube

notificar. tr. Hacer saber una resolución de la autoridad./ Por ext., dar noticia de algo, extrajudicialmente.

notoriedad. f. Calidad de notorio./ Fama, nombradía.

notorio, ria. a. Público y sabido por todos.

novato, ta. a. y s. Principiante en cualquier facultad o materia; nuevo.

novecientos, tas. a. Nueve veces ciento.

novedad. f. Estado o calidad de lo que es nuevo./ Mutación o cambio de lo que parecía tener estado fijo./ Hecho reciente, noticia./ Alteración de la salud./ fig. Extrañeza o admiración que causa lo que antes no se había visto ni oído./ pl. Mercaderías apropiadas a la moda.

novedoso, sa. a. Que incluye novedad.

novel. a. Nuevo, inexperto.

novela. f. Obra literaria en prosa, de cierta extensión, en que se narra una acción real o ficticia y se describen personajes y costumbres.

novelar. tr. Referir sucesos con apariencia de novela.// i. Escribir o componer novelas./ fig. Contar, relatar patrañas.

novelesco, ca. a. Propio de las novelas.

noveno, na. a. Que sigue inmediatamente al octavo.// a. y s. Dícese de cada una de las nueve partes iguales en que se divide un todo.

noventa. a. y s. Nueve veces diez./ Nonagésimo.// m. Conjunto de cifras o signos que representan el número noventa.

noviar. i. *R. de la P.* Estar de novio.

noviazgo. m. Condición de novio o novia./ Tiempo que dura.

noviciado. m. Tiempo de preparación para profesar en una religión./ Casa de novicios o cuarto en que habitan./ Conjunto de novicios./ Régimen y ejercicio de ellos./ fig. Aprendizaje.

novicio, cia. s. Persona que no ha profesado en su religión.// a. y s. fig. Principiante.

noviembre. m. Undécimo mes del año; tiene treinta días.

novillo, lla. s. Res vacuna de dos a tres años.

novio, via. s. Persona recién casada o próxima a casarse./ Persona que mantiene relaciones amorosas con propósito de matrimonio.

novísimo, ma. a. superl. de nuevo./ Último en el orden de las cosas.

nubarrón. m. Nube grande, aislada y densa.

nube. f. Condensación del vapor de agua en la atmósfera por disminución de la temperatura en el aire./ Agrupación de cosas, o gran cantidad de insectos o aves que oscurece el sol./ fig. Cosa que oculta u oscurece a otra./ Pequeña mancha blanquecina en la capa exterior de la córnea, que oscurece la vista.

núbil. a. Dícese de la persona que ha llegado a la edad en que es apta para casarse.

nublado, da. p. p. de **nublar**.// a. Nuboso.// m. Nube, especialmente la que amenaza tormenta.

nublar. tr./ prl. Anublar.

nubloso, sa. a. Cubierto de nubes.

nubosidad. f. Condición de nuboso.

nuboso, sa. a. Nuboso.

nuca. f. Parte alta de la cerviz, donde se une el espinazo con la cabeza.

nuclear. a. Rel. al núcleo./ *Quím.* Rel. al núcleo del átomo.

núcleo. m. Almendra o parte mollar de los frutos de cáscara dura./ Hueso de las frutas./ fig. Elemento primordial de un todo./ Parte o punto central de algo./ Parte más densa y luminosa de un astro./ *Biol.* Corpúsculo esencial de la célula, contenido en el citoplasma y formado fundamentalmente por cromatina./ *Ling.* Elemento fundamental de una unidad compuesta./ **-atómico.** Parte central del átomo, de carga positiva, que contiene la mayor parte de la masa atómica./ **-terrestre.** Parte más interna del globo terrestre, que se extiende de los 2900 km hasta el centro de la Tierra. Se supone está formado por níquel y hierro, de ahí el nombre de *nife* con el que también se lo conoce.

nudillo. m. Parte exterior de la juntura de los huesos de los dedos.

nudo. m. Lazo que se aprieta y cierra de manera que es difícil de soltar./ Parte del tronco de las plantas por donde salen las ramas y vástagos./ En las narraciones, enlace o trabazón de los acontecimientos que antecede al desenlace./ fig. Dificultad o punto principal de un asunto./ Lazo, unión, vínculo./ Sitio donde se unen o cruzan dos o

novillo

más sistemas montañosos./ Refiriéndose a la velocidad de una embarcación, equivale a una milla./ **- gordiano.** El que, según la leyenda, ataba al yugo la lanza del carro de Gordio, antiguo rey de Frigia, y que estaba hecho con tal artificio, que no se podían descubrir los dos cabos./ fig. Dificultad insoluble.

nudoso, sa. a. Que tiene nudos.

noviazgo

nuera. f. Esposa de un hijo, respecto de los padres de éste.

nuestro, tra, tros, tras. Pron. posesivo de primera persona, en género masculino y femenino y número singular y plural.

nueve. a. Ocho y uno./ Noveno.// m. Cifra o signo que representa al número nueve.

nuevo, va. a. Recién hecho o fabricado./ Que se ve u oye por primera vez./ Diferente de lo ya sabido o aprendido./ Recién llegado a un país o población./ Novicio, principiante./ fig. Apl. a lo que no se ha usado o se usó poco, en oposición a lo viejo.// **-de nuevo.** m. adv. Con reiteración.

nuez. f. Fruto del nogal, es de forma aovada, con dos cortezas: la exterior lisa, de color verde y caediza, y la interna dura y rugosa, que contiene la semilla comestible, de sabor dulce y muy oleaginosa./ Prominencia que forma la laringe en la garganta./ **-moscada.** Fruto de la mirística, de figura aovada, que se usa como condimento y para extraer el aceite que contiene./ **-vómica.** Semilla de un árbol de Oceanía, de sabor acre y sin olor. Es muy venenosa, pero en dosis pequeñas tiene uso medicinal.

nulidad. f. Calidad de nulo./ Ineptitud, incapacidad./ Persona incapaz o inepta para algo.

nulo, la. a. Sin valor y fuerza legales./ Inepto, incapaz física o moralmente./ Ninguno.

numen. m. Cualquiera de los dioses fabulosos que adoraban los gentiles./ Inspiración poética o artística.

numeración. f. Acción y efecto de numerar./ Arte de expresar de palabra o por escrito todos los números, con una cantidad limitada de vocablos y de cifras.// **-arábica** o **decimal.** Sistema empleado para expresar cualquier cantidad mediante los diez signos con valor absoluto o posición relativa, que los árabes introdujeron en Europa, hoy casi universal.// **-romana.** La que usaron los ant. romanos y que expresa los números empleando siete letras del alfabeto latino, que son: I = 1, V = 5, X = 10, L = 50, C = 100, D = 500 y M = 1000.

numerador. m. Arit. Término de la fracción que indica cuántas partes iguales de la unidad contiene./ Aparato para marcar una numeración correlativa.

numeral. a. Rel. al número.// m. pl. Gram. Clase de palabras que significan número, y pueden funcionar como sustantivos o adjetivos.

numerar. tr. Contar con arreglo al orden numeral.

numérico, ca. a. Rel. a los números./ Hecho o compuesto por ellos.

número. m. Expresión de una cantidad con respecto a otra que se toma por unidad./ Signo o conjunto de signos empleados para representar el número./ Cualquiera de las hojas o cuadernos correspondientes a distinta fecha de edición de una publicación periódica./ Accidente gramatical que indica, por medio de cierta diferencia en la terminación de las palabras, si éstas se refieren a una sola persona o cosa o a más de una./ pl. Cuarto libro del Pentateuco de Moisés./ **-arábigo.** Cifra que pertenece a la numeración arábiga./ **-atómico.** Quím. El que indica el número de protones que existen en el núcleo atómico y a su vez es el número de orden del elemento en el sistema periódico./ **-cardinal.** Cada uno de los números enteros en abstracto./ **-complejo.** Arit. El que se compone de la suma de un número real y otro imaginario./ **-compuesto.** Arit. El que se expresa con dos o más guarismos./ **-concreto.** Arit. El que expresa cantidad de especie determinada./ **-cuántico.** Cada uno de los números que se asignan a los distintos valores que puede tomar una magnitud cuantificada./ **-de Avogadro.** Número de moléculas que contiene una molécula gramo o mol./ **-dígito.** El que se expresa con un solo guarismo./ **-entero.** Arit. El que consta de una o más unidades, a diferencia de los quebrados o los mixtos./ **-fraccionario.** Arit. Número quebrado./ **-impar.** Arit. El que no es exactamente divisible por dos./ **-incompleto.** Arit. Número concreto que expresa unidades de una sola especie./ **-mágico.** En física nuclear, cada uno de los números 2, 8, 50, 82 y 126. Los núcleos que contiene un número mágico de protones o neutrones son de una estabilidad excepcional./ **-másico.** Quím. El que indica el número de nucleones que contiene un núcleo atómico./ **-mixto.** Arit. El que está compuesto de entero y quebrado./ **-natural.** Arit. Cada uno de los elementos de la sucesión 1, 2, 3.../ **-ordinal.** Gram. El que expresa idea de orden o sucesión./ **-par.** Arit. El que es exactamente divisible por dos./ **-plural.** Gram. El de la palabra que se refiere a dos o más personas o cosas./ **-primero** o **primo.** Arit. El que es divisible solamente por sí mismo o por la unidad./ **-quebrado.** Arit. El que expresa una o varias partes alícuotas de la unidad./ **-redondo.** El que con unidades completas de cierto orden expresa una cantidad con aproximación y no exactamente./ **-romano.** El que representa con letras del alfabeto latino./ **-singular.** Gram. El de la palabra que se refiere a una sola persona o cosa./ **-de número.** loc. Dícese de cualquiera de los individuos de una corporación compuesta de limitado número de personas./ **número uno.** expr. fig. y fam. Una persona o cosa considerada con preferencia a todas las demás./ **-sin número.** loc. fig. Que denota multitud innumerable.

numeroso, sa. a. Que incluye gran número de personas o cosas.// pl. Muchos.

numismático, ca. Rel. a la numismática.// f. Ciencia que estudia las monedas y medallas, en especial las antiguas.// m. El que profesa esta ciencia.

nunca. adv. En ningún tiempo; ninguna vez.

nuncio. m. El que lleva aviso a una persona por encargo especial de otra./ Representante diplomático del Papa.

nupcias. f. pl. Casamiento, boda.

nutria. f. Mamífero carnicero de cuerpo delgado, pelaje pardo rojizo y patas cortas. Vive a orillas de los ríos y arroyos y se alimenta de peces; su piel es muy apreciada en peletería.

nutricio, cia. a. Nutritivo. / Que procura alimento para otra persona.

nutrición. f. Acción y efecto de nutrir o nutrirse./ Conjunto de funciones cuyo objeto es la conservación y desarrollo del ser mediante la asimilación de los alimentos.

nutrido, da. p. p. de **nutrir.** // a. fig. Lleno, abundante.

nutrir. tr./ prnl. Aumentar la sustancia del cuerpo animal o vegetal por medio del alimento./ tr. fig. Dar nuevo vigor a una cosa, especialmente en lo moral./ fig. Llenar, colmar.

nutritivo, va. a. Capaz de nutrir o alimentar.

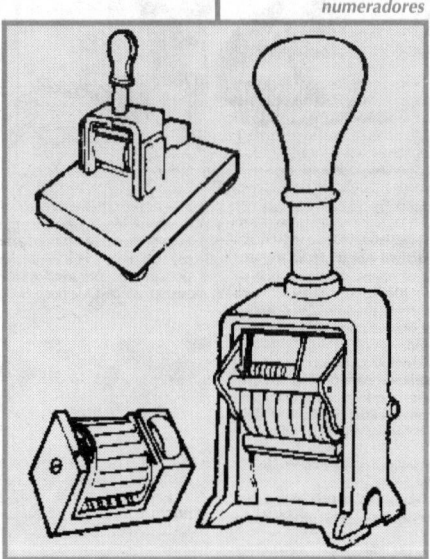

numeradores

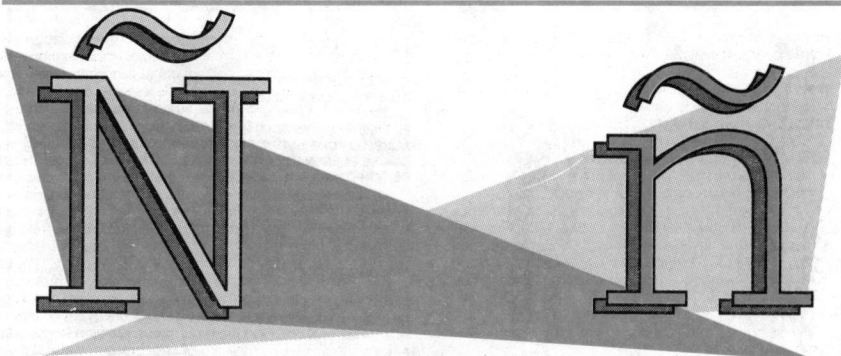

ñ. f. Decimoséptima letra del abecedario castellano, y decimocuarta de sus consonantes. Su nombre es *eñe*.

ñacurutú. m. *Amér.* Ave nocturna, variedad de búho, de plumaje gris amarillento.

ñame. m. Planta herbácea de tallos endebles y hojas grandes. Su raíz, grande y tuberosa, es comestible./ Raíz de esta planta.

ñandú. m. *Zool.* Ave del orden reiforme afín al de los estrucioniformes, de ahí su descripción como avestruz de América. Se diferencia del verdadero por tener tres dedos en cada pie y ser más pequeño y de plumaje gris poco fino.

ñandubay. m. Árbol americano de madera rojiza muy dura y resistente, que tiene diversos usos.

ñandutí. m. *Amér.* Encaje muy fino, tejido a mano por las mujeres paraguayas, que imita la telaraña. Hoy su uso en América del Sur se ha generalizado para adorno de toda clase de ropa blanca.

ñangapiré. *R. de la P.* Árbol de madera fina cuyo fruto, algo ácido, es comestible.

ñangapirí. *R. de la P.* Ñangapiré.

ñato, ta. a. *Amér.* Dícese de la persona o animal de nariz chata, poco prominente y como aplastada.

ñaupa. s. *Amér.* Voz que designa personas u objetos muy antiguos.

ño, ña. s. fam. *Amér.* Forma de tratamiento de señor o señora.

ñoñería. f. Acción o dicho propio de ñoño.

ñoñez. f. Calidad de ñoño./ Ñoñería.

ñoño, ña. a. fam. Tímido, de poco ingenio./ Soso, de poca sustancia.

ñoqui. m. *Amér.* Masa hecha de puré de papas, harina, manteca, leche y huevos, dividida en trocitos que se cuecen en agua hirviente y sal.

ñu

ñu. m. Antílope africano del tamaño de un caballo, muy veloz.

ñudo. m. Nudo.// **-al ñudo.** m. adv. *Amér.* Inútilmente, sin provecho.

ñusta. f. *Amér.* Entre los antiguos Incas, hija de los emperadores o joven perteneciente a la familia real.

ñandú

ñudo,
nudos y amarres

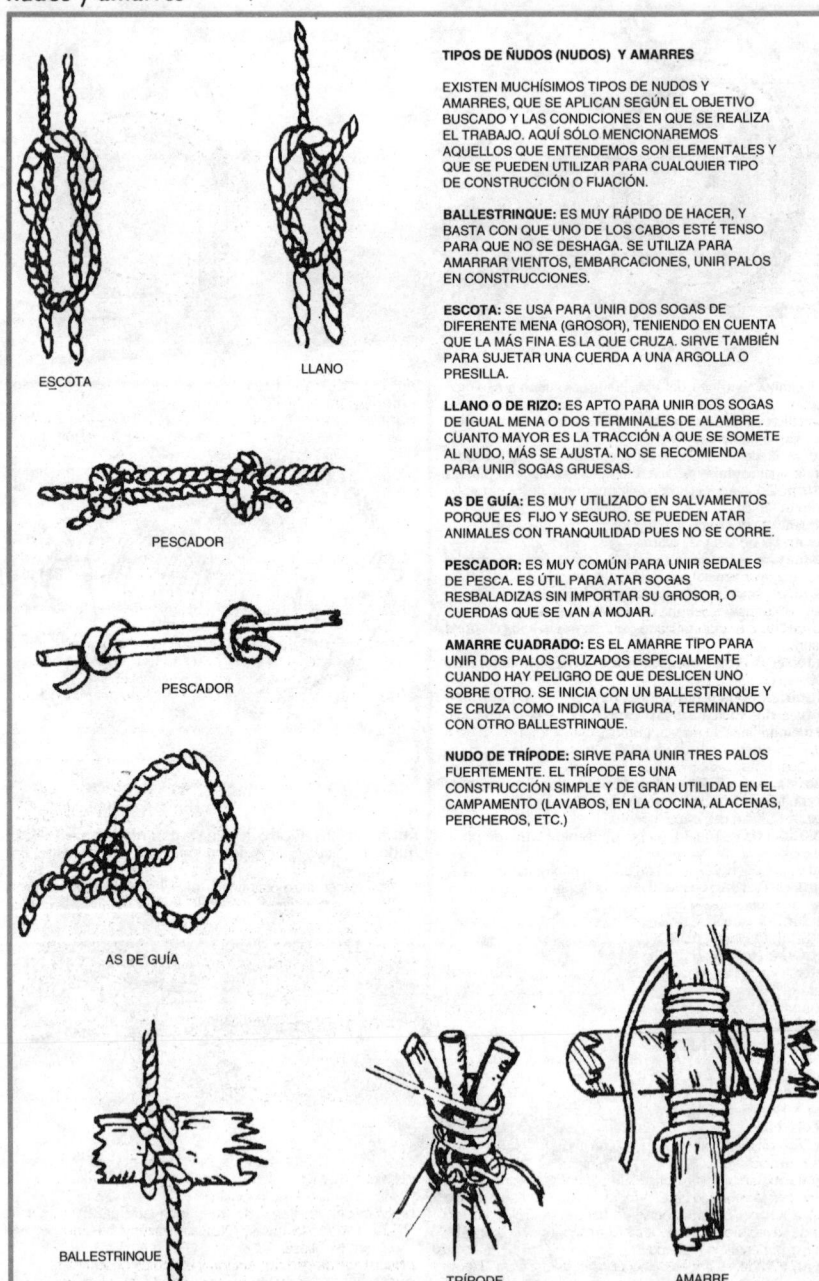

ESCOTA

LLANO

TIPOS DE ÑUDOS (NUDOS) Y AMARRES

EXISTEN MUCHÍSIMOS TIPOS DE NUDOS Y
AMARRES, QUE SE APLICAN SEGÚN EL OBJETIVO
BUSCADO Y LAS CONDICIONES EN QUE SE REALIZA
EL TRABAJO. AQUÍ SÓLO MENCIONAREMOS
AQUELLOS QUE ENTENDEMOS SON ELEMENTALES Y
QUE SE PUEDEN UTILIZAR PARA CUALQUIER TIPO
DE CONSTRUCCIÓN O FIJACIÓN.

BALLESTRINQUE: ES MUY RÁPIDO DE HACER, Y
BASTA CON QUE UNO DE LOS CABOS ESTÉ TENSO
PARA QUE NO SE DESHAGA. SE UTILIZA PARA
AMARRAR VIENTOS, EMBARCACIONES, UNIR PALOS
EN CONSTRUCCIONES.

ESCOTA: SE USA PARA UNIR DOS SOGAS DE
DIFERENTE MENA (GROSOR), TENIENDO EN CUENTA
QUE LA MÁS FINA ES LA QUE CRUZA. SIRVE TAMBIÉN
PARA SUJETAR UNA CUERDA A UNA ARGOLLA O
PRESILLA.

LLANO O DE RIZO: ES APTO PARA UNIR DOS SOGAS
DE IGUAL MENA O DOS TERMINALES DE ALAMBRE.
CUANTO MAYOR ES LA TRACCIÓN A QUE SE SOMETE
AL NUDO, MÁS SE AJUSTA. NO SE RECOMIENDA
PARA UNIR SOGAS GRUESAS.

AS DE GUÍA: ES MUY UTILIZADO EN SALVAMENTOS
PORQUE ES FIJO Y SEGURO. SE PUEDEN ATAR
ANIMALES CON TRANQUILIDAD PUES NO SE CORRE.

PESCADOR: ES MUY COMÚN PARA UNIR SEDALES
DE PESCA. ES ÚTIL PARA ATAR SOGAS
RESBALADIZAS SIN IMPORTAR SU GROSOR, O
CUERDAS QUE SE VAN A MOJAR.

AMARRE CUADRADO: ES EL AMARRE TIPO PARA
UNIR DOS PALOS CRUZADOS ESPECIALMENTE
CUANDO HAY PELIGRO DE QUE DESLICEN UNO
SOBRE OTRO. SE INICIA CON UN BALLESTRINQUE Y
SE CRUZA COMO INDICA LA FIGURA, TERMINANDO
CON OTRO BALLESTRINQUE.

NUDO DE TRÍPODE: SIRVE PARA UNIR TRES PALOS
FUERTEMENTE. EL TRÍPODE ES UNA
CONSTRUCCIÓN SIMPLE Y DE GRAN UTILIDAD EN EL
CAMPAMENTO (LAVABOS, EN LA COCINA, ALACENAS,
PERCHEROS, ETC.)

PESCADOR

PESCADOR

AS DE GUÍA

BALLESTRINQUE

TRÍPODE

AMARRE
CUADRADO

o. f. Decimoctava letra del abecedario castellano. Es vocal abierta

o. conj. disyuntiva. Denota diferencia, separación o alternativa entre dos o más personas, cosas o ideas. Lleva tilde cuando va entre dos cifras. / Denota, a veces, idea de equivalencia, con el significado de *o sea*, o *lo que es lo mismo.*

oasis. m. Sitio con vegetación y a veces manantiales en medio de un desierto.

obcecación. f. Ofuscación tenaz.

obcecar. tr./ prl. Cegar, ofuscar.

obedecer. tr. Cumplir la voluntad del que manda./ Ceder dócilmente un animal a la dirección que se le da./ fig. Ceder una cosa inanimada al esfuerzo que se hace para mudar su estado o forma.// i. Ser una cosa consecuencia de otra.

obediencia. f. Acción de obedecer./ Sumisión a la autoridad legítima.

obediente. p. act. de obedecer. Que obedece.// a. Propenso a obedecer.

obelisco. m. Monumento en forma de pilar muy alto, de cuatro caras iguales y rematado por una punta piramidal achatada.

obertura. f. Pieza de música instrumental que da principio a una ópera, oratorio u otra composición lírica.

obesidad. f. Calidad de obeso.

obeso, sa. a. y s. Dícese de la persona que tiene excesiva acumulación de grasa en el cuerpo.

óbice. m. Obstáculo, impedimento.

obispado. m. Dignidad de obispo./ Territorio asignado a un obispo para ejercer sus funciones.

obispal. a. Episcopal.

obispo. m. Prelado superior de una diócesis.

óbito. m. Fallecimiento de una persona.

objeción. f. Impugnación a una opinión, una idea, un plan, etc.

objetar. tr. Oponer reparos a una idea u opinión.

objetividad. f. Calidad de objetivo.

objetivo, va. a. Perteneciente al objeto./ Imparcial./ Que está fuera del sujeto pensante.// m. Objeto, finalidad./ Lente o conjunto de lentes que se colocan en los aparatos ópticos, en la parte dirigida a los objetos.

objeto. m. Todo lo que puede ser materia de conocimiento intelectual o sensible./ Materia de una ciencia./ Propósito, finalidad a que se encamina una acción.

oblación. f. Ofrenda y sacrificio que se hacen a Dios.

oblea. f. Hoja muy delgada de masa cocida de harina y agua.

oblicuo, cua. a. *Geom.* Dícese del plano o línea que se encuentra con otra u otra y no formacon él o ella ángulo recto./ Sesgado, inclinado.

obligación. f. Acción de obligar./ Imposición o exigencia que debe regir la voluntad libre./ Vínculo legal o contractual que obliga a hacer o a abstenerse de hacer algo./ Documento donde se reconoce una deuda./ Correspondencia que debe tenerse al beneficio recibido.

obligar. tr. Mover e impeler a hacer cumplir una cosa./ Hacer fuerza en una cosa para conseguir un efecto./ Ganar la voluntad por la gratitud.// prl. Contraer una obligación.

obligatorio, ria. a. Que obliga a su ejecución o cumplimiento.

oblongo, ga. a. Más largo que ancho.

obnubilación. f. Acción y efecto de obnubilar./ Ofuscamiento./ Trastorno nervioso que hace borrosa la visión de los objetos, dificulta la asociación de ideas, etc.

obnubilar. tr./ prl. Oscurecer, ofuscar./ Impedir razonar con claridad.

oboe. m. Instrumento músico de viento, de madera.

óbolo. m. Moneda de plata de los antiguos griegos./ fig. Donativo con que se contribuye voluntariamente para un fin.

obra. f. Cosa hecha por un agente./ Cualquier producción del entendimiento artística, científica, etc./ Edificio en construcción./ Libro./ Medio, virtud./ Acción moral.

obraje. m. Manufactura./ *Arg.* Lugar donde se industrializa la madera.

obrar. tr. Hacer una cosa./ Ejecutar un trabajo./ Ejecutar una cosa no material./ Existir, estar./ Causar efecto una cosa./ Construir.// i. Existir, estar una cosa en algún sitio.

obrero, ra. a. y s. Que trabaja.// s. Trabajador manual retribuido.

obscenidad. f. Calidad de obsceno./ Cosa obscena.

oasis

obsceno, na. a. Deshonesto, ofensivo al pudor.

obscurantismo. m. Oposición sistemática a la difusión de la cultura en las clases populares.

obscurecer. tr. Privar de luz y claridad./ fig. Disminuir la estimación de las cosas./ Ofuscar la razón.// i. Ir anocheciendo./ prl. Nublarse.

obscurecimiento. m. Acción y efecto de obscurecer.

obscuridad. f. Falta de luz y claridad./ fig. Humildad en la condición social.

observatorio

obscuro, ra. a. Carente de luz o claridad./ Que tira a negro; que se contrapone a otro color más claro de su misma clase. Ú.t.c.s./ fig. Humilde, o poco conocido./ Confuso.

obsecuencia. f. Sumisión, condescendencia.

obsecuente. a. Obediente, sumiso, rendido.

obsequiar. tr. Agasajar a uno con regalos, atenciones o servicios./ fig. Galantear, festejar.

obsequio. m. Acción de obsequiar./ Regalo, dádiva./ Rendimiento, deferencia.

obsequiosidad. f. Calidad de obsequioso.

obsequioso, sa. a. Rendido, cortés, dispuesto a hacer la voluntad de otro.

observación. f. Acción y efecto de observar.

observador, ra. a. y s. Que observa.

observancia. f. Cumplimiento exacto de lo mandado o convenido por la ley, estatuto, etc.

observar. tr. Mirar y examinar atentamente./ Cumplir lo que se manda y ordena con exactitud./ Advertir, notar.

observatorio. m. Posición que sirve para observar./ Edificio con personal e instrumentos apropiados y dedicados a observaciones, por lo común metereológicas o astronómicas.

obsesión. f. Idea tenaz y persistente, que asalta la mente./ Perturbación mental caracterizada por la fijación de una idea.

obsesionar. tr./ prl. Causar obsesión.

obsesivo, va. a. Perteneciente a la obsesión.

obseso, sa. a. Que sufre obsesión.

obsidiana. f. Mineral volcánico, vítreo, de color negro o verde muy oscuro.

obsoleto, ta. a. Anticuado, caído en desuso./ Poco usado.

obstaculizar. tr. Poner obstáculos, obstruir.

obstáculo. m. Impedimento, inconveniente.

obstante. p. act. de **obstar.** Que obsta.// **-no obstante.** m. adv. Sin embargo, sin que estorbe para una cosa.

obstar. i. Impedir, estorbar.// imp. Oponerse una cosa a otra.

obstetricia. f. Parte de la medicina que se ocupa de la gestación, el parto y el puerperio.

obstétrico, ca. a. y s. Que profesa la obstetricia./ Rel. a ella.

obstinación. f. Terquedad, porfía, pertinacia.

obstinado, da. p. p. de **obstinarse.** Que se obstina.// Terco.

obstinarse. prl. Insistir y mantenerse en una opinión o actitud; porfiar con pertinacia.

obstrucción. f. Acción y efecto de obstruir.

obstruir. tr. Estorbar el paso, cerrar un conducto o camino./ Impedir la acción./ prl. Cerrarse un agujero, conducto, etc.

obtención. f. Acción y efecto de obtener.

obtener. tr. Alcanzar, lograr algo que se merece o pretende.

obturación. f. Acción y efecto de obturar.

obturar. tr. Tapar o cerrar un conducto o abertura.

obtusángulo. a. *Geom.* Dícese del triángulo que tiene obtuso uno de sus ángulos.

obtuso, sa. a. Sin punta./ fig. Necio, lento de comprensión./ Dícese del ángulo mayor que el recto.

obús. m. Pieza de artillería para disparar granadas./ Proyectil de artillería.

obviar. tr. Evitar, apartar y quitar obstáculos o inconvenientes.

obvio, via. a. Evidente./ Muy claro, manifiesto.

oca. f. Ganso (ave)./ Ansar./ Cierto juego de mesa, que consiste en una serie de casillas en espiral, pintadas sobre cartón o tabla, que se juega con dados.

ocarina. f. Instrumento musical de viento, de forma ovoide y alargada, con ocho agujeros que modifican el sonido según se tapan con los dedos.

ocasión. f. Momento o circunstancia favorables./ Oportunidad para hacer una cosa./ Riesgo, peligro.

ocasional. a. Que sucede accidentalmente./ Casual, fortuito.

ocasionar. tr. Ser causa de algo./ Mover o excitar./ Poner en peligro.

ocaso. m. Puesta de sol, cuando traspone el horizonte./ Occidente./ fig. Declinación, decadencia.

occidental. a. Relativo al occidente.

occidente. m. Punto cardinal del horizonte por donde se pone el sol en los días equinocciales./ Lugar de la Tierra o de la esfera celeste situado, con respecto a otro, hacia donde se oculta el sol./ fig. Conjunto de las naciones de la parte occidental de Europa, en oposición a los pueblos del este, sobre todo asiáticos.

occipital. a. Rel. al occipucio./ a./ m. Hueso del occipucio.

occipucio. m. Parte posterior e inferior de la cabeza, donde ésta se une con las vértebras del cuello.

occiso, sa. a. y s. Muerto violentamente.

oceánico, ca. a. Rel. al océano.

océano. m. Conjunto de los grandes mares que cubren la mayor parte de la superficie terrestre./ Cada una de sus grandes subdivisiones./ fig. Ú. para ponderar la extensión o inmensidad de algo.

oceanografía. f. Ciencia que estudia los mares, su constitución física, sus corrientes, su flora y fauna.

oceanográfico, ca. a. Rel. a la oceanografía.

ocelo. m. *Zool.* Ojo simple de los insectos. / *Zool.* Mancha redonda, bicolor, en las alas de algunos insectos o en las plumas de ciertas aves.

ocelote. m. Mamífero carnívoro americano, de pelaje manchado y pequeño tamaño.

ochava. f. Octava parte de un todo. / *Arg.* y *Bol.* Chaflán de un edificio.

ochenta. a./ m. Ocho veces diez.// m. Conjunto de signos con que se representa el número ochenta.

ocho. a./ m. Siete y uno.// m. Cifra con que se representa el número ocho./ Octavo.

ochocientos. a./ m. Ocho veces ciento.// m. Conjunto de signos con que se representa el número ochocientos.

ocio. m. Cesación del trabajo./ Estado de la persona que no trabaja./ Diversión u ocupación reposada.// pl. Obras de ingenio que una forma en los ratos libres.

ociosidad. f. Vicio de no trabajar./ Haraganería.

ocioso, sa. a. y s. Que no trabaja./ Inútil, sin provecho./ Que no tiene uso en aquello a que se destina.

oca

ocluir. tr./ prl. Cerrar un conducto u obstruir algún orificio.
oclusión. f. Acción y efecto de ocluir.
oclusivo, va. a. Rel. a la oclusión./ Que la produce./ Fon. Apl. al sonido en cuya articulación los órganos de fonación forman en algún punto del canal vocal un contacto que interrumpe la salida del aire espirado./ Fon. Apl. a la letra que representa ese sonido, como p, t, k. Ú.t.c.s.f.
ocre. m. Mineral terroso, amarillo, empleado en pintura.
octaedro. m. Poliedro de ocho caras o planos, que son otros tantos triángulos.
octagonal. a. Perteneciente al octágono.
octágono, na. a./ m. Geom. Apl. al polígono de ocho ángulos y ocho lados.

ocelote

octano. m. Hidrocarburo saturado, obtenido de la gasolina. Se usa como unidad del poder antidetonante de los carburantes.
octava. f. Estrofa de ocho versos./ Mús. Intervalo de ocho tonos./ Lapso de ocho días que dura una fiesta religiosa.
octavilla. f. Estrofa de ocho versos octosílabos./ Octava parte de un pliego de papel./ Volante de propaganda.
octavo, va. a. Que sigue en orden al séptimo.// a. y s. Cada una de las ocho partes iguales en que se divide un todo.
octeto. m. Mús. Composición para ocho instrumentos o voces./ Conjunto de ocho instrumentos o voces.
octingentésimo, ma. a. Que sigue en orden al septingentésimo nonagésimo nono.
octogenario, ria. a. y s. Que tiene entre ochenta y noventa años.
octogésimo, ma. a. Que sigue en orden al septuagésimo noveno.// a. y s. Dícese de cada una de las ochenta partes iguales en que se divide un todo.
octogonal. a. Octagonal.
octógono, na. a. Geom. Octágono. Ú.t.c.s.m.
octosilábico, ca. a. De ocho sílabas.
octosílabo, ba. a. Octosilábico.// m. Verso de ocho sílabas.
octubre. m. Décimo mes del año; tiene treinta y un días.
óctuple u **óctuplo, pla.** a. Que contiene ocho veces una cantidad.
ocular. m. Perteneciente a los ojos.// m. Lente o combinación de cristales de los anteojos y otros aparatos de óptica.
oculista. m. y f. Médico que se especializa en las enfermedades de los ojos./ Oftalmólogo.
ocultación. f. Acción y efecto de ocultar u ocultarse.
ocultar. tr./ prl. Esconder, tapar.// tr. Callar, disfrazar la verdad.
ocultismo. m. Ciencia que pretende conocer y utilizar las fuerzas secretas de la naturaleza.
oculto, ta. a. Que no se deja ver ni sentir; escondido./ Encubierto, tapado.
ocupación. i. Acción y efecto de ocupar./ Empleo, oficio./ Trabajo que impide emplear el tiempo en otra cosa.
ocupacional. a. Perteneciente o relativo a la ocupación.

ocupar. tr. Tomar posesión de una cosa./ Llenar un espacio./ Habitar una casa./ Disfrutar un cargo o empleo./ Proporcionar trabajo./ Estorbara uno.// prl. Emplearse en un trabajo o tarea.
ocurrencia. f. Suceso casual./ Dicho original y agudo.
ocurrente. p. act. de ocurrir. // a. Apl. al que tiene ocurrencias o dichos agudos.
ocurrir. i. Prevenir, anticiparse./ Suceder una cosa./ Venir a las mientes. Ú.t.c.prl./ Acudir, concurrir.
oda. f. Composición poética del género lírico, gmente. de gran elevación y arrebato.
odalisca. f. Esclava del harén del gran turco./ Concubina turca.
odiar. tr. Tener odio.
odio. m. Aversión y antipatía hacia una cosa o persona.
odioso, sa. a. Que merece odio.
odontología. f. Estudio de los dientes y sus enfermedades.
odontológico, ca. a. Rel. a la odontología.
odontólogo, ga. s. Especialista en odontología.
odre. m. Cuero cosido y pegado, para contener líquidos.
oeste. m. Occidente, punto cardinal por donde se pone el sol.
ofender. tr. Hacer daño, maltratar a uno físicamente./ Injuriar.// prl. Enfadarse por un dicho o hecho.
ofendido, da. a. y s. Que ha recibido alguna ofensa.
ofensa. f. Acción y efecto de ofender.
ofensivo, va. a. Que ofende.// f. Situación o estado del que trata de ofender o atacar.
oferta. f. Promesa de dar o cumplir algo./ Dádiva./ Propuesta para contratar./ Presentación de mercaderías para su venta.
oficial. a. Que es de carácter público, y no privado.// m. El que trabaja en un oficio./ El que ha terminado el aprendizaje de un oficio./ Militar de grado, desde subteniente hasta capitán.
oficialidad. f. Conjunto de oficiales de ejército./ Calidad o carácter de cosa oficial.
oficialismo. m. Arg. Partido político gubernamental.
oficializar. tr. Dar carácter y validez oficial a lo que no les tenía.
oficiante. p. act. de oficiar. Que oficia. // m. El que oficia en las iglesias.
oficiar. tr. Celebrar oficios religiosos./ Comunicar una cosa con carácter oficial y por escrito.// i. fig. y fam. Con la preposición de, obrar con el carácter de.
oficina. f. Sitio donde se hace, se ordena o prepara algo./ Departamento donde trabajan los empleados públicos o particulares./ Laboratorio de farmacia.
oficinista. m. y f. Persona empleada en una oficina.
oficio. m. Ocupación habitual./ Cargo, ministerio./ Profesión de un arte mecánico./ Función propia de alguna cosa./ Comunicación escrita de una dependencia del estado./ Rezo cotidiano de los eclesiásticos.
oficioso, sa. a. Que se dice o hace sin tener carácter oficial./ Apl. a lo que hace o dice alguno sin formal ejercicio del cargo público que tiene./ Dícese del periódico al que se atribuye cierta relación con organismo oficiales.
ofidio, dia. a. y s. Dícese de los reptiles carentes de extremidades, de cuerpo alargado, cilíndrico y cubierto de escamas, como la boa y la víbora.// m. pl. Orden de estos reptiles.

obús

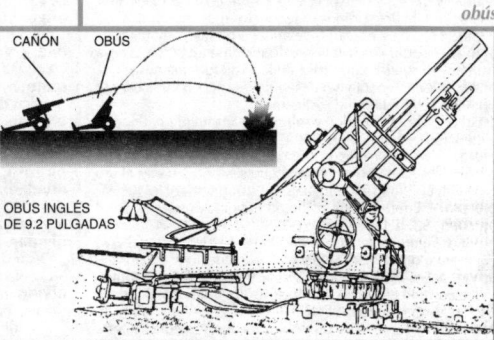

CAÑÓN   OBÚS

OBÚS INGLÉS DE 9.2 PULGADAS

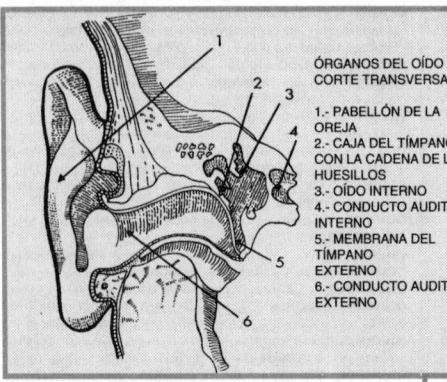

ÓRGANOS DEL OÍDO
CORTE TRANSVERSAL

1.- PABELLÓN DE LA OREJA
2.- CAJA DEL TÍMPANO CON LA CADENA DE LOS HUESILLOS
3.- OÍDO INTERNO
4.- CONDUCTO AUDITIVO INTERNO
5.- MEMBRANA DEL TÍMPANO EXTERNO
6.- CONDUCTO AUDITIVO EXTERNO

ofrecer. tr. Dar voluntariamente una cosa./ Prometer, obligarse./ Hacer una ofrenda.// prl. Venirse impensadamente una cosa a la imaginación./ Ocurrir o sobrevenir./ Entregarse voluntariamente a otro para hacer alguna cosa.

ofrecimiento. m. Acción y efecto de ofrecer u ofrecerse.

ofrenda. f. Don que se dedica a Dios, a la Virgen o a los santos, para implorar su auxilio o alguna cosa que se desea./ Pan, vino u otras cosas que se llevan a la iglesia por sufragio a los difuntos, al tiempo de la misa, etc./ Por ext., dádiva o servicio que se ofrece en muestra de gratitud.

ofrendar. tr. Ofrecer dones a Dios para pedir su auxilio o como cumplimiento de un voto./ Contribuir con dones para un fin.

oftalmología. f. Parte de la medicina que trata de las enfermedades de los ojos.

oftalmológico, ca. a. Rel. a la oftalmología.

oftalmólogo, ga. s. Oculista.

ofuscación. f. Ofuscamiento.

ofuscamiento. m. Turbación de la vista./ fig. Oscuridad de la razón que confunde las ideas.

ofuscar. tr./ prl. Turbar la vista./ Oscurecer./ fig. Confundir las ideas.

ogro. m. Gigante legendario que se alimentaba de carne humana, según la mitología del norte de Europa.

oída. f. Acción y efecto de **oír.**// **-de** o **por oídas.** m. adv. que se usa hablando de las cosas que uno no ha visto y sólo sabe por noticias o relato de otro.

oído. m. Sentido del oír./ Aparato de la audición, situado a ambos lados de la cabeza./ Parte interna del aparato auditivo./ **-de oído.** Dícese del que aprende sin concoer el arte musical.

oidor. a. y s. Que oye.// m. Antiguamente, ministro togado de justicia que oía y sentenciaba las causas en las audiencias.

oír. tr. Percibir los sonidos./ Atender los ruegos o súplicas de uno./ Hacerse uno cargo de aquello de que le hablan.

ojal. m. Abertura en la tela por donde pasa un botón, o cosa análoga./ Agujero que pasa de lado a lado una cosa.

ojalá. interj. Denota vivo deseo de que suceda una cosa.

ojeada. f. Mirada rápida y ligera.

ojear. tr. Dirigir los ojos y mirar a determinada parte, con atención.

ojera. f. Mancha más o menos lívida bajo los párpados inferiores. Ú.m. en pl./ Copita que sirve para bañar el ojo con algún líquido medicinal.

ojeriza. f. Enojo y mala voluntad contra alguien.

ojeroso, sa. a. Que tiene ojeras.

ojiva. f. Figura formada por dos arcos iguales que se cortan enfrentando sus concavidades./ Arco que tiene esta forma.

ojival. a. En forma de ojiva./ Dícese del estilo arquitectónico que dominó en Europa durante los tres últimos siglos de la Edad Media./ Estilo gótico.

ojo. m. Órgano de la visión./ Abertura que atraviesa de parte a parte una cosa./ Agujero de la aguja./ Anillo de algunas herramientas por donde se mete el mango./ Agujero de la cerradura./ Arco de puente./ Palabra puesta como señal al margen de manuscritos o impresos./ Atención, cuidado./ Hueco en el pan, en el queso, etc./ **-de buey.** Abertura de forma ovalada o circular, que hace las veces de ventana./ **-a ojo.** m. adv. Sin peso, sin medida, a bulto.

oído

ojota. f. *Amér.* Sandalia rústica usada por los indios.

ola. f. Onda de gran amplitud que se forma en la superficie de las aguas./ Fenómeno atmosférico que produce variación repentina en la temperatura./ fig. Oleada, multitud de gente.

oleada. f. Ola grande./ Embate y golpe de una ola./ Cosecha abundante de aceite./ fig. Movimiento impetuoso de mucha gente apiñada.

oleaginoso, sa. a. Apl. a las plantas y sustancias que contienen aceite.

oleaje. m. Sucesión continuada de olas.

oleáceo, a. a./ f. *Bot.* Dícese de ciertos árboles y arbustos angiospermos dicotiledóneos, con hojas opuestas, como el olivo, la lila, etc.// f. pl. Familia de estas plantas.

óleo. m. Aceite./ Por anton., el usado por la Iglesia en los sacramentos y otras ceremonias. Ú.m. en pl.// **-al óleo.** m. adv. Con colores disueltos en aceite secante.

oleoducto. m. Gran tubería con bombas, para conducir petróleo a distancia.

oleosidad. f. Calidad de oleoso.

oleoso, sa. a. Aceitoso.

oler. tr. Percibir los olores./ fig. Conocer o adivinar algo./ Indagar con curiosidad.// i. Despedir, exhalar algún olor.

olfatear. tr. Oler con persistencia./ fig. y fam. Indagar, averiguar.

olfativo, va. Rel. al sentido del olfato.

olfato. m. Sentido corporal con que se perciben los olores./ fig. Sagacidad con que uno descubre lo encubierto o disimulado.

olfatorio, ria. a. Rel. al olfato.

oligarquía. f. Forma de gobierno en que un reducido grupo de personas de una misma clase ejerce el poder.

olimpiada u **olimpíada.** f. Fiesta o juego que se celebraba cada cuatro años en la antigua ciudad griega de Olimpia./ Competencia universal de deportes. Se realiza cada cuatro años a semejanza de las fiestas deportivas de la antigua Grecia. Fue instaurada por un congreso internacional reunido en París en 1894. Participan aficionados de todo el mundo y comprende todas las modernas disciplinas deportivas.

olímpico, ca. Perteneciente al Olimpo./ De Olimpia, antigua ciudad griega./ Perteneciente a las olimpíadas./ fig. Altanero, soberbio.

oliscar. tr. Oler con cuidado y persistencia./ fig. Averiguar, inquirir.// i. Empezar a oler mal una cosa.

olisquear. tr. Oliscar.

oliva. f. Olivo./ Aceituna.

olivar. m. Terreno plantado con olivos.

olivo. m. Árbol oleáceo de tronco grueso, corto y torcido, cuyo fruto es la aceituna.

olla. f. Vasija redonda de boca ancha y con asas, para uso culinario./ Marmita.

olmo. m. Árbol forestal y ornamental, con tronco robusto y rojizo,de excelente madera.

olor. m. Sensación recibida por el olfato./ Lo que puede producir esa sensación./ fig. Lo que motiva una sospecha en cosa oculta o por suceder./ Fama, opinión.

oloroso, sa. a. Que despide de sí fragancia.

olvidadizo, za. a. Que olvida con facilidad./ fig. Desagradecido.

olvidado, da. a. Apl. a quien olvida./ Desagradecido.

olvidar. tr./ prl. Perder la memoria de una cosa.// tr./ prl. Dejar de tener afecto a una persona o cosa./ No tener en cuenta una cosa.

olvido. m. Falta de memoria o cesación del recuerdo que se tenía de una cosa./ Cesación del cariño que se tenía./ Descuido de algo que debía tenerse presente.

ombligo. m. Cicatriz redonda que se forma en el vientre después de cortarse y secarse el cordón umbilical.

ombú. m. Árbol americano de madera poco consistente y copa muy densa.

ominoso, sa. a. Reprobable./ Azaroso, de mal agüero.

omisión. f. Abstención de hacer o decir./ Falta por dejar de hacer algo./ Negligencia del encargado de un asunto.

omiso, sa. p. p. irreg. de omitir.// a. Flojo y descuidado.

omitir. tr. Dejar de hacer una cosa.// tr./ prl. Silenciar una cosa.

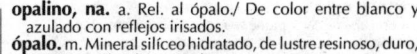

olivo

ómnibus. m. Vehículo para el transporte público de personas.

omnipotencia. f. Poder omnímodo, que sólo se atribuye a Dios./ fig. Poder muy grande.

omnipotente. a. Que todo lo puede. Es atributo sólo de Dios./ fig. Que puede muchísimo.

omnisciencia. f. Atributo exclusivo a Dios, que consiste en saberlo todo, las cosas reales y las posibles.

omnisciente. a. Omniscio.

omniscio, cia. a. Que tiene omnisciencia./ fig. Muy sabio.

omnívoro, ra. a. y s. Apl. a los animales que se alimentan con toda clase de sustancias orgánicas.

omóplato u omoplato. f. Cada uno de los dos huesos anchos, casi planos, situados a uno y otro lado de la espalda, donde se articulan los brazos.

ona. a. Dícese del individuo de una tribu de indios de América, que vivían en Tierra del Fuego. Ú.t.c.s./ Rel. a estos indios.// m. Lengua que hablaban.

once. a. Diez y uno./ Undécimo.// m. Conjunto de signos con que se representa el número de once.

oncología. f. Parte de la medicina que trata de los tumores.

onda. f. Porción de líquido que se eleva y se deprime al perturbar su superficie./ Movimiento que se propaga en un fluido./ Curva que se forma en el pelo, las telas, etc./ Formadel movimiento vibratorio de un medio elástico.

ondeado, da. a. Cosa hecha en ondas o que las tiene.

ondear. i. Hacer ondas el agua./ Ondular./ fig. Formar ondas el pelo, las telas, etc.

ondulación. f. Acción y efecto de ondular.

ondulado, da. a. Apl. al cuerpo cuya superficie forma ondas.

ondular. i. Moverse una cosa formando ondas.// tr. Hacer ondas en el cabello.

ondulatorio, ria. a. Que se extiende en forma de ondulaciones./ Que ondula.

oneroso, sa. a. Pesado, molesto./ Apl. a lo que causa gravamen o desembolso.

ónice. m. Ágata veteada de colores alternativamente claros o muy oscuros.

onírico, ca. a. Rel. a los sueños.

ónix. m. Ónice.

onomástico, ca. a. Rel. a los nombres, en particular a los propios.

onomatopeya. f. Imitación del sonido de alguna cosa, efectuada mediante un vocablo./ Este mismo vocablo.

onza. f. Mamífero carnicero, parecido al leopardo.

opa. a./ m. y f. *Amér.* Tonto, idiota.

opacar. tr. *Amér.* Oscurecer, nublar./ Hacer opaco.

opacidad. f. Calidad de opaco.

opaco, ca. a. Que impide el paso de la luz./ Poco brillante./ Oscuro, sombrío./ fig. Triste, melancólico.

opalescencia. f. Calidad de opalescente.

opalescente. a. Que parece de ópalo o irisado como éste.

opalino, na. a. Rel. al ópalo./ De color entre blanco y azulado con reflejos irisados.

ópalo. m. Mineral silíceo hidratado, de lustre resinoso, duro, aunque quebradizo, e iridiscente.

opción. f. Libertad o facultad de elegir./ La elección misma./ Derecho a un oficio, dignidad, etc.

ópera. f. Poema dramático puesto enteramente en música.

operación. f. Acción y efecto de operar en el cuerpo vivo con la ayuda de instrumentos./ *Mat.* Procedimiento mediante el cual, dados varios números o magnitudes, se obtienen otros./ Acción de guerra./ Negociación sobre valores o mercancías.

operador, ra. a. y s. Que opera.// m. El que maneja una máquina proyectora de películas o una cámara cinematográfica o de televisión.// f. *Arg.* Telefonista.

operar. tr. Intervenir quirúrgicamente.// i. Obrar una cosa y hacer el efecto para el que se destina./ Maniobrar./ Especular sobre valores; negociar sobre mercaderías./ Realizar operaciones matemáticas./ Robar, llevar a cabo actos delictivos.

operario, ria. s. Obrero, trabajador manual.

operativo, va. a. Dícese de lo que obra y hace su efecto.

opereta. f. Obra teatral musical, especie de ópera de poca extensión, de carácter frívolo y alegre.

opinar. i. Formar opinión o tenerla./ Expresarla.

opinión. f. Parecer, concepto que se forma de una cosa./ Modo de juzgar./ Fama, reputación.

opio. m. Producto resultante de la desecación del jugo de las cabezas verdes de la adormidera, que se usa como narcótico. Contiene varios alcaloides, el más importante de los cuales es la morfina. Se emplea en medicina.

opíparo, ra. a. Banquete o comida, copioso y espléndido.

oponer. tr./ prl. Poner una cosa contra otra para estorbarla./ / prl. Ser una cosa contraria o repugnante a otra./ Estar una cosa situada o puesta enfrente de otra./ Contradecir, impugnar, estorbar un designio.

oporto. m. Cierto vino dulce, fabricado especialmente en Oporto, Portugal. Es famoso por su excelencia.

oportunidad. f. Sazón, conveniencia de tiempo y lugar.

oportunismo. m. Sistema político que elimina los principios y se adapta a las circunstancias concretas.

oportuno, na. a. Que se hace o sucede cuando conviene./ Ingenioso y pronto en la conversación.

oposición. f. Acción y efecto de oponer./ Minoría de las asambleas legislativas opuesta a los actos del gobierno./ Concurso de los aspirantes a una cátedra u otro cargo./ Conjunto de los adversarios políticos del gobierno./ Situación relativa de dos o más astros cuando sus longitudes difieren en dos ángulos rectos.

ona

opositor, ra. s. Persona que se opone a otra./ Candidato a un cargo o cátedra que se proveerá por oposición.

opresión. f. Acción y efecto de oprimir.

opresivo, va. a. Que oprime.

opresor, ra. a. y s. Que oprime, veja o violenta a uno.

oprimir. tr. Ejercer presión sobre una cosa./ fig. Dominar por la violencia a alguien, vejándolo o tiranizándolo.

oprobiar. tr. Infamar, vilipendiar, causar oprobio.

oprobio. m. Deshonor, vergüenza, afrenta.

oprobioso, sa. a. Que causa oprobio.

optar. tr./ i. Elegir una cosa entre varias.// tr. Entrar en la dignidad o cargo a que se tiene derecho.

optativo, va. a. Que admite opción, o pende de ella.

óptico, ca. a. Rel. a la óptica.// m. El que fabrica o vende instrumentos ópticos.// f. Parte de la física, que trata de las leyes y fenómenos de la luz, en especial los visibles al ojo humano.

optimismo. m. Sistema filosófico que atribuye al universo la mayor perfección posible./ Propensión a juzgar las cosas favorablemente.

optimista. a./ m. y f. Que tiene optimismo, o lo profesa.

óptimo, ma. a. superl. de bueno. Sumamente bueno.

opuesto, ta. p. p. irreg. de **oponer**.// a. Enemigo, adversario./ Bot. Apl. a las partes de la planta, cuando están encontradas o las unas nacen enfrente de las otras.

opulencia. f. Gran riqueza, abundancia de bienes./ fig. Superabundancia de cualquier otra cosa.

opulento, ta. a. Que tiene opulencia.

oquedad. f. Espacio vacío en un cuerpo sólido./ fig. Insustancialidad de lo que se habla o escribe.

oración. f. Razonamiento pronunciado en público./ Ruego que se hace a Dios y a los santos./ Palabra o conjunto de palabras, unidad mínima con que se expresa un sentido completo.

oráculo. m. Contestación que da Dios por sí o por sus ministros./ Respuesta que las pitonisas y sacerdotes paganos pronunciaban como ofrecida por los dioses./ Lugar u objeto que representaba la divinidad cuyas respuestas se pedían./ fig. Persona que es escuchada con respeto y veneración.

orador, ra. s. Persona que ejerce la oratoria./ Persona que pide y ruega.// m. Predicador.

oral. a. Dícese de lo que se expresa con la palabra./ For. Apl. al juicio de procedimiento es verbal y se registró la actas.

orangután. m. Mono antropoide de dos metros de alto, piel negra y pelaje rojizo. Vive en las selvas de Borneo y Sumatra.

orar. i. Disertar en público./ Rogar a Dios.// tr. Pedir, suplicar.

orario. m. Banda que se ponían al cuello los romanos./ Estela grande y preciosa que usa el Papa.

orate. m. y f. Dement./ fig. y fam. Persona de poco juicio.

oratoria. f. Arte de hablar con elocuencia.

oratorio, ria. a. Perteneciente y rel. a la oratoria o al orador./ m. Lugar destinado a la oración./ Drama musical religioso.

orbe. m. Redondez, círculo./ Esfera celeste o terrestre./ Mundo, conjunto de todas las cosas creadas.

órbita. f. Curva que describen los astros en su movimiento de traslación./ Cavidad del ojo./ fig. Esfera, ámbito, espacio.

orbital. a. Rel. a la órbita.

orca. f. Cetáceo de unos diez metros de longitud, propio de los mares del Norte.

orden. m. Colocación de las cosas en el lugar que les corresponde./ Regla que se sigue para hacer las cosas./ Concordancia de las cosas entre sí./ Serie, sucesión./ Sacramento por el cual se instituyen los sacerdotes y los ministros del culto./ Instituto religioso aprobado por el Papa./ Arq. Disposición de los cuerpos principales de un edificio. Los órdenes fundamentales de las columnas son: dórico, jónico, corintio y toscano./ Geom. Calificación dada a una línea según el grado de la ecuación que representa./ Bot. y Zool. Grupos en que se dividen las clases y que se subdividen en familias.// f. Mandato que se debe obedecer./ Institutos civiles o militares que premian con condecoraciones a las personas beneméritas.

ordenación. f. Acción y efecto de ordenar u ordenarse./ Disposición, prevención.

ordenada. a. y f. Geom. Apl. a la coordenada vertical en el sistema cartesiano.

1.- PLATO GRIEGO EN PLATA REPUJADA
2.- COPA NORMANDA EN PLATA REPUJADA (SIGLO IX)
3.- ESTATUILLA RELIGIOSA DEL SIGLO XV
4.- CHOCOLATERA LUIS XIV
5.- VASO LUIS XV
6.- SOPERA LUIS XVI

orfebrería

ordenado, da. a. Que hace las cosas con orden y método.

ordenamiento. m. Acción y efecto de ordenar.

ordenanza. f. Conjunto de disposiciones de una materia. Ú.m. en pl./ Método, orden./ La dictada para el régimen de los militares. Ú.t. en pl./ Mandato, disposición y voluntad de uno.// m. Soldado a las órdenes de un jefe u oficial./ Empleado subalterno en algunas oficinas.

ordenar. tr. Poner en orden./ Mandar que se haga una cosa./ Conferir las órdenes a uno.// prl. Recibir las órdenes sagradas.

ordeñar. tr. Extraer la leche exprimiendo la ubre de los animales.

ordinal. a. Rel. al orden.// a./ m. Adjetivo numeral de orden.

ordinario, ria. a. Común, corriente, usual./ Contrapuesto a noble, plebeyo./ Basto, vulgar./ Carente de grado o distinción./ a. y s. Apl. al gasto y a la comida diaria de una casa.

orear. tr. Airear una cosa. Ú.t.c.prl./ Refrescar el viento una cosa.

orégano. m. Planta aromática, de flores purpúreas, que se usa como condimento.

oreja. f. Parte externa del órgano del oído./ Parte saliente o lateral de algunas cosas./ fig. Persona aduladora y chismosa.

orejón. m. Trozo de fruta secado al aire y al sol. Ú.m. en pl.

orejudo, da. a. Que tiene orejas grandes o largas.

orfanato. m. Asilo de huérfanos.

orfandad. f. Estado de huérfano./ Pensión que disfrutan algunos huérfanos./ fig. Falta de ayuda.

orfebre. m. Artífice que trabaja en orfebrería.

orfebrería. f. Arte de labrar metales preciosos, para la fabricación de joyas, ornamentos, etc.

orgánico, ca. a. Rel. a los órganos y al organismo./ Dícese del cuerpo que tiene aptitud para vivir./ Armónico o consonante./ fig. Apl. a lo que atañe a la constitución y funciones de las entidades./ Apl. a la sustancia cuyo componente constante es el carbono, en combinación con otros elementos.

organillo. m. Órgano pequeño o piano que se hace sonar por medio de un cilindro con púas movido por una manivela.

organismo. m. Conjunto de los órganos del cuerpo animal o vegetal./ Ser vivo./ fig. Conjunto de oficinas o empleos que constituyen un cuerpo o institución.

organista. m. y f. Persona que profesa el arte de tocar el órgano.

organización. f. Acción y efecto de organizar./ Disposición de los órganos de la vida o manera de estar organizado el cuerpo animal o vegetal./ fig. Arreglo, orden.

organizado, da. a. Orgánico, que se halla con disposición para vivir./ Biol. Apl. a la sustancia que tiene la estructura peculiar de los seres vivientes.

organizar. tr. Disponer el órgano para que esté acorde y templado./ fig. Ordenar o reformar una cosa o sus tituciónde modo que sus partes cumplan una función o contribuyan a un fin.

órgano. m. Parte de un animal o vegetal que cumple una función determinada./ Instrumento musical de viento, con tubo, fuelles y teclado.

orgía u **orgia.** f. Festín en que se cometen excesos./ fig. Desenfreno.

orgullo. m. Exceso de autoestima./ Arrogancia, vanidad.

orgulloso, sa. a. y s. Que tiene orgullo.

orientación. f. Acción y efecto de orientar u orientarse.

oriental. a./ m. y f. Del este u oriente./ R. de la P. Uruguayo.

orientar. tr. Situar una cosa en determinada dirección, según los puntos cardinales./ fig. Encaminar./ Informar a una persona de lo que ignora o quiere saber.

oriente. m. Nacimiento de una cosa./ Punto cardinal del horizonte, por donde aparece el sol./ Lugar de la Tierra o de la esfera celeste que, respecto de otro, cae hacia donde sale el sol./ Asia y las regiones inmediatas a ella de Europa y África./ Viento del este./ fig. Mocedad o edad temprana del hombre./ Brillo especial de las perlas.

orificio. m. Agujero o boca./ Zool. Abertura de ciertos conductos.

origen. m. Principio y causa de una cosa./ Patria, país de donde uno o su familia proviene./ Ascendencia o familia./ fig. Causa o principio m l de una cosa.

original. a. Que pertenece al origen.// a. y s. Que no es copia, imitación o traducción de otra obra literaria, científica, etc./ Apl. a la lengua en que fue escrita una obra./ Apl. a lo que en letras y artes se distingue de lo conocido por cierto carácter de novedad./ Dícese del escritor o el artista que da a sus obras este carácter de novedad./ Aplicado a personas o cosas de la vida real, singular, extraño.// m. Manuscrito o impreso que se entrega a la imprenta./ Todo escrito que se copia./ Persona retratada, respecto del retrato.

originalidad. f. Calidad de original.

originar. tr. Dar origen o lugar./ Ser causa.

originario, ria. a. Que da origen. / Que trae su origen de algún lugar, persona o cosa.

orilla. f. Límite de la tierra que la separa del mar, lago, río, etc./ Término o límite de una cosa./ Extremo o remate de una tela o de un vestido.// pl. Arg. y Méx. Arrabales.

orillar. tr. fig. Concluir, resolver un asunto.// i. Dejar orillas a las telas./ Guarnecer las orillas de las telas.// i. / prl. Arrimarse a las orillas.

orillo. m. Orilla de una tela, en que se estampa la marca, etc.

orina. f. Líquido que secretado en los riñones pasa a la vejiga, de donde es expelido fuera del cuerpo.

orinal. m. Vaso donde se recoge la orina.

orinar. i./ prl. Expeler la orina.// tr. Expeler otro líquido por la uretra.

oriundo, da. a. Que procede de determinado lugar, originario.

orín. m. Óxido rojizo que se forma en la superficie del hierro.

orla. f. Orilla de vestidos o telas, con algún adorno que la distingue./ Adorno que rodea un escrito, impreso, viñeta, etc.

ornamentación. f. Acción y efecto de ornamentar.

ornamental. a. Rel. a la ornamentación.

ornamentar. tr. Adornar, engalanar con adorno.

ornamento. m. Adorno, atavío que hace vistosa una cosa./ fig. Calidades y prendas morales.// pl. Vestiduras sagradas y también los adornos del altar.

ornar. tr./ prl. Adornar.

ornato. m. Adorno, atavío, aparato.

ornitología. f. Parte de la zoología que estudia las aves.

ornitorrinco. m. Mamífero de Australia del tamaño de un conejo aproximadamente. Tiene mandíbulas ensanchadas y cubiertas por una lámina córnea, por lo cual su boca se asemeja al pico de un pato.

oro. m. Metal precioso, amarillo, muy dúctil y maleable, y uno de los más pesados. Símb., Au.; n. at., 79; p. at., 197,20./ fig. Caudal, riqueza./ Color amarillo como el del oro. Ú.t.c.a.// pl. Uno de los cuatro palos de la baraja española.

orogenia. f. Parte de la geología, que estudia el origen y la formación de las montañas.

orografía. f. Parte de la geografía física que trata de la descripción de las montañas.

orondo, da. a. Dícese de las vasijas de mucha concavidad./ fam. Hueco, esponjado, hinchado./ fig. y fam. Vanidoso.

oropel. m. Lámina de latón, muy batida y adelgazada, que imita el oro./ fig. Cosa de escaso valor y mucha apariencia.

oropéndola. f. Pájaro de plumaje amarillo, con alas y cola negras. Cuelga el nido de las ramas de los árboles de manera que se mueva al impulso del viento.

orquesta. f. Conjunto de músicos que ejecutan una obra instrumental./ Conjunto de instrumentos, en especial de cuerda y madera, que tocan unidos.

orquestación. f. Acción y efecto de orquestar.

orquestal. a. Rel. a la orquesta.

orquestar. tr. Escribir cada una de las partes instrumentales de una composición musical para orquesta.

orquídeo, a. a. Apl. a plantas angiospermas herbáceas monocotiledóneas, vivaces, de hojas radicales y flores de forma y coloración extrañas.// f. Flor de esta planta.// f. pl. Familia de estas plantas.

ortiga. f. Planta herbácea de hojas agudas y cubiertas de pelos que secretan un líquido urticante, capaz de producir, por contacto, irritaciones cutáneas muy dolorosas.

ortodoncia. f. Cir. Rama de la odontología, que procura corregir las malformaciones y defectos de la dentadura.

ortodoxo, xa. a. y s. Conforme con el dogma católico. Apl. a personas, u.t.c.s./ Por ext., conforme con la doctrina fundamental de una secta o sistema.

ortografía. f. Gram. Parte de la gramática que establece la manera correcta de escribir./ Geom. Delineación del alzado de un edificio u otro objeto.

ortográfico, ca. a. Rel. a la ortografía.

ortología. f. Arte de pronunciar y hablar correctamente.

ortológico, ca. a. Rel. a la ortología.

ortopedia. f. Arte de corregir o de evitar las deformidades del cuerpo humano.

ortopédico, ca. a. Rel. a la ortopedia.

ortóptero. a. y s. Dícese de los insectos masticadores que tienen dos élitros consistentes y dos alas membranos a lo largo, como los grillos. // m. pl. Orden de estos insectos.

oruga. f. Planta herbácea crucífera; sus hojas se usa como condimento./ Larva de los insectos lepidópteros o mariposa./ Dispositivo de tracción o arrastre para vehículos. Consiste en un par de llantas flexibles o bandas giratorias que reemplazan a las ruedas.

orujo. m. Hollejo de la uva, después de exprimida./ Residuo de la aceituna molida y prensada.

orzuelo. m. Grano pequeño que sale en el borde del párpado.

os. Forma del pron. de segunda persona en género masculino o femenino del número plural.

osa. f. Hembra del oso.

osadía. f. Audacia, atrevimiento.

osado, da. a. Valiente, que tiene osadía.

osamenta. f. Esqueleto, armazón ósea./ Conjunto de huesos .

osar. i. Atreverse, emprender algo con audacia.

oriental

osario. m. Lugar donde se reúnen los huesos que se sacan de las sepulturas./ Cualquier lugar donde se hallan huesos.

oscilación. f. Acción y efecto de oscilar./ Espacio que recorre el cuerpo oscilante, entre sus dos posiciones extremas./ Cada uno de los vaivenes de un movimiento oscilatorio.

oscilante. p. act. de **oscilar**. Que oscila.

oscilar. i. Efectuar movimientos pendulares./ fig. Crecer y disminuir alternativamente la intensidad de algunos fenómenos./ Titubear, vacilar.

oscilatorio, ria. a. Dícese del movimiento de los cuerpos que oscilan, y también de su aptitud para oscilar.

ósculo. m. Beso.

oscurantismo. m. Obscurantismo.

oscurecer. tr. Obscurecer.

oscurecimiento. m. Obscurecimiento.

oscuridad. f. Obscuridad.

oscuro, ra. a. Obscuro.

óseo, a. a. De hueso.

osezno. m. Cachorro del oso.

osificación. f. Acción y efecto de osificarse.

osificarse. prl. Convertirse en hueso o adquirir su consistencia otro tejido orgánico.

ósmosis u **osmosis.** f. Paso recíproco de líquidos de distinta densidad a través de una membrana que los separa.

oso. m. Mamífero carnicero plantígrado, omnívoro, con cabeza prolongada y cola corta. Es de andar lento y puede trepar a los árboles. Vive de 40 a 45 años./ **-hormiguero.** Mamífero desdentado americano. Se alimenta de hormigas, que recoge con su lengua larga y fina./ **-marino.** Especie de foca antártica, apreciada por su piel.

ostensible. a. Que puede manifestarse. / Manifiesto, patente.

ostensivo, va. a. Que ostenta algo.

ostentación. f. Acción y efecto de ostentar./ Jactancia, presunción./ Magnificencia exterior y visible.

ostentar. tr. Mostrar o hacer patente una cosa./ Jactarse./ Hacer alarde de grandeza y boato.

ostentoso, sa. a. Lujoso, digno de verse.

ostra. f. Molusco acéfalo marino con concha de valvas desiguales, casi circulares. Es marisco muy apreciado.

ostracismo. m. Destierro político. En el s. V a. de C., los atenienses lo aplicaban al ciudadano cuyo poder era peligroso para la libertad del pueblo./ fig. Exclusión voluntaria o forzosa de los cargos públicos.

otario, ria. a. y s. fam. Arg. Tonto e incauto.

otear. tr. Registrar desde lo alto lo que está abajo./ Escudriñar.

otitis. f. Inflamación del oído.

otomana. f. Especie de sofá, al estilo de los que usan los turcos.

otomano, na. a. y s. Turco.

otoñal. a. Propio del otoño o perteneciente a él./ Apl. a personas, de edad madura.

otoño. m. Estación del año que empieza en el equinoccio del mismo nombre y termina en el solsticio de invierno. En el hemisferio septentrional comienza el 23 de setiembre y termina el 21 de diciembre, y en el austral comprende del 21 de marzo al 21 de junio./ fig. Edad próxima a la vejez.

otorgamiento. m. Consentimiento, permiso./ Der. Acción de otorgar un testamento, poder, etc./ Escritura de contrato.

otorgar. tr. Acceder a algo./ Dar./ For. Disponer, estipular o prometer una cosa.

otorrinolaringología. f. Parte de la patología que estudia las enfermedades del oído, la nariz y la laringe.

otro, tra. a. y s. Pron. indef. que se aplica a la persona o cosa distinta de aquella de que se habla.

otrora. adv. t. En otro tiempo.

ovación. f. Uno de los triunfos menores que los romanos concedían por una victoria obtenida sin derramar sangre, o de no mucha consideración./ fig. Aplauso ruidoso que colectivamente se tributa a una persona o cosa./ Aclamación.

OSO

ovacionar. tr. Tributar colectivamente una ovación, aclamar.

ovado, da. a Apl. al ave cuyos huevos fueron fecundados por el macho./ De forma de huevo./ Ovalado.

oval. a. De figura de óvalo.

ovalado, da. a. En forma de óvalo.

ovalar. tr. Dar figura de óvalo a una cosa.

óvalo. m. Curva cerrada, convexa y simétrica respecto de uno o dos ejes.

ovario. m. Moldura adornada con óvalos./ Zool. Parte inferior del pistilo, que contiene el rudimento de la semilla./ Órgano femenino de la reproducción, donde están contenidos los óvulos. La mayor parte de los animales tienen dos.

ovárico, ca. a. Rel. al ovario.

oveja. f. Hembra del carnero, generalmente sin cuernos y de menor peso y tamaño.

overo, ra. a. y s. Dícese de los animales de color parecido al melocotón./ Arg. Dícese de los animales, en especial los caballos, cuyo pelo o plumaje está formado por manchas blancas y negras.

overol. m. Amér. Anglicismo por mono, traje de faena.

óvido. a. y m. Dícese de los animales rumiantes bóvidos, cubiertos de abundante lana y con cuernos, como los carneros y las cabras.

ovillar. i. Hacer ovillos./ prl. Encogerse y recogerse haciéndose un ovillo.

ovillo. m. Bola de hilo que se forma devanando una fibra textil o plástica./ fig. Cosa enredada y de forma redonda./ Montón o multitud confusa de cosas.

ovino, na. a. Dícese del ganado lanar.// m. Animal ovino.

ovíparo, ra. a. y s. Apl. a las especies animales cuyas hembras ponen huevos.

ovoide. a. y s. De forma de huevo.

ovovivíparo, ra. a. y s. Apl. al animal de generación ovípara, cuyos huevos se van abriendo en el trayecto de las vías uterinas, como la víbora.

ovulación. f. Desprendimiento natural de un óvulo, en el ovario, a fin de que pueda recorrer su camino y ser luego fecundado.

óvulo. m. Célula sexual femenina que se forma en el ovario y de la que, después de ser fecundada, se desarrollará el embrión.

oxidación. f. Acción y efecto de oxidar u oxidarse.

oxidante. p. act. de **oxidar**./ a. Que oxida o sirve para oxidar. Ú.t.c.s.m.

oxidar. tr./ prl. Transformar un cuerpo por la acción del oxígeno o de un oxidante.

óxido. m. Quím. Combinación del oxígeno con un metal o con un metaloide.

oxigenación. f. Acción y efecto de oxigenar u oxigenarse.

oxigenado, da. a. Que contiene oxígeno.

oxigenar. tr./ prl. Combinar el oxígeno con otras sustancias.// prl. fig. Respirar al aire libre, airearse.

oxígeno. m. Metaloide gaseoso, elemento esencial para la respiración, un poco más pesado que el aire y forma parte de él, del agua, de los óxidos, de casi todos los ácidos y de la mayoría de las sustancias orgánicas. Símb., O; n. at., 8; p. at., 16.

oyente. a. y s. Que oye./ Alumno que asiste a clase sin matrícula.

ozonización. f. Acción y efecto de ozonizar.

ozonizar. tr./ prl. Quím. Transformar el oxígeno en ozono./ Mezclar un cuerpo con el ozono.

ozono. m. Estado alotrópico del oxígeno, originado por la electricidad. Tiene un olor fuerte a marisco y color azul oscuro, cuando se licua. Se encuentra en la atmósfera debido a la continua acción de la electricidad, las combustiones y los rayos ultravioletas. Se forma en gran cantidad durante las tormentas eléctricas, y a él se atribuye el olor a azufre que deja el rayo en su caída. El ozono puro es muy inestable y explosivo.

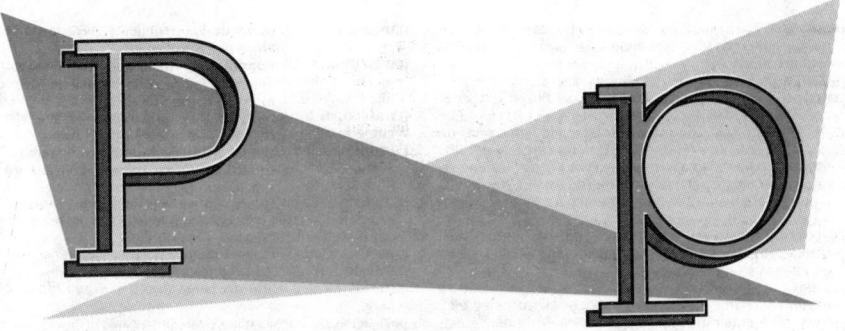

p. f. Decimonovena letra del abecedario castellano y décimoquinta de sus consonantes. Su nombre es *pe*.

pabellón. m. Tienda de campaña sostenida interiormente por un palo, en forma de cono./ Colgadura plegadiza de cama, trono, altar, etc./ Bandera nacional.

pabilo o **pábilo.** m. Cordón que hay dentro de la vela o antorcha./ Parte carbonizada de este cordón.

pábulo. m. Alimento, sustento.

pacer. tr./i. Comer la hierba el ganado./Pastar./Apacentar, dar pasto a los animales.

paciencia. f. Virtud que permite soportar los infortunios y trabajos con resignación y serenidad./Virtud cristiana, opuesta a la ira./ Espera y sosiego para las cosas que se desean mucho./ Lentitud en ejecutar algo.

paciente. a. Que sufre con paciencia las cosas./Que las hace con paciencia.// m. y f. Persona que sufre corporalmente; el enfermo.

pacificar. tr. Restablecer la paz donde había guerra; reconciliar a los que estaban en desacuerdo./ prl. fig. Sosegarse y aquietarse.

pacífico, ca. a. Tranquilo, amigo de la paz.

pactar. tr. Asentar, poner condiciones para concluir un negocio u otra cosa entre partes./ Contemporizar una autoridad.

pacto. m. Convenio o acuerdo en que conciertan dos o más personas o entidades, obligándose a su observancia./ Lo estatuido en tal convenio.

padecer. tr. Sufrir, sentir físicamente una enfermedad, castigo, daño, dolor, etc./Estar poseído de una cosa nociva./Soportar, tolerar./ fig. Recibir daño las cosas.

padrastro. m. Marido de la madre, respecto de los hijos de ésta de un matrimonio anterior./ fig. Mal padre./ Pedacito de piel que se levanta en la carne inmediata a las uñas de la mano.

padre. m. Varón o macho con respecto a sus hijos./En teología, primera persona de la Trinidad./ Varón o macho que ha engendrado./ Macho que se destina en el ganado a la procreación./ Religioso o sacerdote, en señal de respeto.

padrino. m. El que asiste o presenta a una persona que recibe el sacramento del bautismo, del matrimonio, etc./ fig. Protector.// pl. El padrino y la madrina./ En el duelo, los que por cuenta de los duelistas convienen los detalles del duelo y acompañan a sus protagonistas.

padrón. m. Nómina de los habitantes de un pueblo./ Patrón o dechado./ Nota pública de infamia o desdoro.

pagano, na. a. y s. Dícese de los idólatras y politeístas, en especial, de los antiguos griegos y romanos./ Gentil.

pagar. tr. Dar uno a otro, o satisfacer, lo que le debe./ fig. Satisfacer el delito con la pena que corresponde.// prl. Prendarse, aficionarse./ Ufanarse de algo.

pagaré. m. Documento por el cual la persona que lo firma se obliga a pagar a otra una suma de dinero en un plazo determinado.

página. f. Cada una de las dos planas de un libro o cuaderno.

pago. m. Entrega de un dinero o especie que se debe./ Premio, recompensa.

pagoda. f. Cierto templo oriental.

paila. f. Vasija de metal, redonda, grande y poco profunda.

país. m. Nación, provincia, región, territorio.

paisaje. m. Porción de terreno considerada como espectáculo artístico./ Dibujo o pintura que lo representan.

paisano, na. a. y s. Que es del mismo país, comarca o lugar que otro.// m. y f. Habitante del campo, campesino.

paja. f. Caña de los cereales, sin grano y seco.

pájaro. m. Nombre que, vulgarmente se da a cualquier especie de ave, aunque más especialmente se aplica a las pequeñas./ **-bobo.** Ave que anida en las costas y por sus malas condiciones para andar y volar se deja cazar con facilidad.// **-carpintero.** Ave trepadora que pica las cortezas de los árboles para sacar insectos con los que se alimenta.// **-mosca.** Pajarito propio de la América intertropical, de unos tres centímetros de largo y plumaje brillante. Se alimenta del néctar de las flores y permanece aletargado e inmóvil durante el invierno./Colibrí.

pala. f. Instrumento que consta de una plancha y un mango, y sirve para diversos usos.

palabra. f. Conjunto de sonidos articulados que expresan una idea./ Representación gráfica de estos sonidos./ Facultad de hablar./ Promesa, oferta./ Empeño que una persona hace de su fe o probidad./ Derecho, turno para hablar en las asambleas./ Verbo, segunda persona de la Trinidad.

palaciego, ga. a. Rel. al palacio./ fig. Cortesano. Ú.t.c.s.

palacio. m. Casa destinada para residencia de los reyes./ Casa suntuosa, donde viven personajes ilustres o donde se reúnen corporaciones.

paladar. m. Parte interior y superior de la boca en los vertebrados./ fig. Gusto, sabor.

paladear. tr./ prl. Tomar poco a poco el gusto de una cosa.

paladar

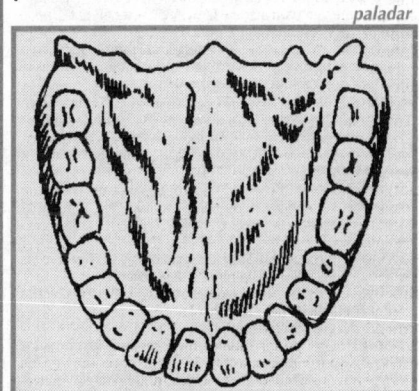

palanca. f. Barra rígida, que se apoya y puede girar sobre un punto, que sirve para transmitir una fuerza y remover o levantar pesos.

palangana. f. Recipiente, profundo y ancho.

palco. m. Localidad independiente, con balcón, en los teatros, circos, etc./ Tabladillo para presenciar desde él una función.

palenque. m. Valla de madera o estacada para cerrar un terreno o defender un puesto./ Terreno cercado por una estacada para celebrar un acto solemne./ fig. Terreno en que se discute de palabra o por escrito./ *Arg.* y *Bol.* Estaca o poste fuertemente clavado en tierra para amarrar animales y otros usos.

paleolítico, ca. a. y s. Rel. a la primitiva edad de piedra tallada.

paleontología. f. Tratado de los seres orgánicos cuyos restos o vestigios se encuentran fósiles.

palestra. f. Lugar donde se lucha./ fig. Sitio donde se celebran certámenes literarios públicos, discusiones, etc.

paliar. tr. Atenuar, aliviar, mitigar la violencia de algunas enfermedades./ Encubrir, disimular.

palidecer. i. Ponerse pálido.

pálido, da. a. Descolorido, desvaído.

paliza. f. Vapuleo, zurra de golpes con un palo.

palma. f. Palmera./ Hoja de la palmera./ Datilera./ Palmito, planta./ Gloria, triunfo./ Parte interna y algo cóncava de la mano, desde la muñeca hasta los dedos./ Cualquiera de las plantas angiospermas monocotiledóneas, siempre verdes, de tallo recto y coronado por un penacho de grandes hojas./ / pl. Familia de las plantas de este nombre./ Aplausos.

palmada. f. Golpe dado con la palma de la mano./ Ruido que se hace al golpear uno contra las palmas de las manos. Ú. m. en pl.

palmear. i. Dar golpes con las palmas de las manos, una contra otra./ Dar golpecitos con la palma de la mano a una persona en prueba de afecto.

palmera. f. Árbol de la familia de las palmas, de flores amarillentas, cuyo fruto es el dátil.

palmo. m. Medida de longitud.

palmotear. i. Dar golpes con la palma de la mano.

paloma. f. Ave de tronco corto y grueso, pico largo y débil y alas largas y puntiagudas, de la que existen muchas variedades.

palote. m. Palo mediano./ Trazo que hacen los niños para aprender a escribir.

palpar. tr. Tocar una cosa con las manos para percibirla o reconocerla por el sentido del tacto./ fig. Conocer una cosa, claramente, como si se la tocara.

palpitación. f. Acción y efecto de palpitar./ Latido del corazón, más frecuente que el normal.

palpitar. i. Contraerse y dilatarse alternativamente el corazón./ Moverse o agitarse involuntariamente una parte del cuerpo con movimiento trémulo./ Aumentarse la palpitación natural del corazón a causa de un afecto del ánimo./ fig. Manifestar vehementemente un afecto./ fam. *Arg.* Presentir. Ú.t.c. prl.

pálpito. m. Presentimiento, corazonada.

paludismo. m. Enfermedad infecciosa, febril, ocasionada por gérmenes que se desarrollan en los pantanos, transmitida por la picadura de ciertos mosquitos.

pampa. f. Llanura extensa de América del Sur, que no tiene vegetación arbórea.// a. y s. Dícese del indio de diversas tribus araucanas que ocupaban las pampas argentinas.

pámpano. m. Sarmiento verde y tierno, o pimpollo de la vid.

pampeano, na. a. *Amér.* Pampero, rel. a las pampas.// a. y s. De La Pampa, provincia de la República Argentina.

pampero, ra. a. y s. Rel. a la pampa.// a./ m. Viento fuerte procedente de la pampa.

pan. m. Alimento hecho de harina y agua, cocida en horno después de fermentada.

pana. f. Tela gruesa, semejante al terciopelo.

panacea. f. Medicamento a que se atribuye eficacia para curar muchas enfermedades.

panal. m. Conjunto de celdillas de cera, que fabrican las abejas para depositar la miel y cuidar sus crías.

panameño, ña. a. y s. De Panamá.

pancarta. f. Cartelón con lemas que se exhibe en reuniones públicas.

páncreas. m. Glándula de los mamíferos, situada en la cavidad abdominal.

pandemia. f. Enfermedad epidémica que se extiende a muchos países o que ataca a casi todos los habitantes de una localidad.

pandero. m. Instrumento de percusión, formado por un aro cubierto con una piel estirada, provisto de sonajas.

pandilla. f. Liga o unión./ La que forman algunos con fines aviesos./ Reunión de gente, en especial la que se forma para divertirse.

panel. m. Cada uno de los compartimientos en que se divide una pared, puerta, etc./ Lista de jurados./ Grupo de personas que discuten un asunto en público.

panera. f. Cesta sin asas, para transportar o guardar el pan.

panfleto. m. Libelo difamatorio.

pánico, ca. a. Dícese del temor excesivo e injustificado. Ú.t.c. m.

panificar. tr. Transformar la harina en pan.

panoja. f. Mazorca del maíz, del mijo y del panizo./ *Bot.* Conjunto de espigas que nacen de un pedúnculo común.

panorama. m. Vista pintada en un gran cilindro hueco que se observa desde su centro./ Paisaje dilatado que se contempla desde un punto de observación./ fig. Aspecto de conjunto de una cuestión.

pantalla. f. Lámina que se coloca delante y alrededor de la luz artificial para que no hiera la vista./ Especie de mampara que se coloca delante de las chimeneas./ En el cinematógrafo, telón sobre el cual se proyectan las imágenes./ Persona que encubre a otra./ *Amér.* Instrumento para abanicarse.

pantalón. m. Prenda de vestir que se ciñe al cuerpo en la cintura y baja separadamente cubriendo cada pierna hasta los tobillos.

pantano. m. Hondonada donde se acumulan y detienen aguas, de fondo cenagoso.

panteón. m. Monumento funerario destinado a varias personas.

pantera. f. Mamífero carnívoro, semejante al leopardo, con manchas circulares anilladas. Hay una variedad también de pelaje completamente negro.

pantomima. f. Representación teatral con gestos y figuras, sin usar palabras.

pantorrilla. f. Parte carnosa y abultada de la pierna, debajo de la corva.

pantufla. f. Calzado para la casa, sin talón, de suela liviana.

panza. f. Vientre o barriga./ Primera de las cuatro cavidades del estómago de los rumiantes./ Parte saliente de ciertas cosas.

paño. m. Tela de lana muy tupida y de pelo corto./ Tela, obra tejida en el telar.

papa. f. *Amér.* Patata.

papagayo. m. Ave trepadora de pico fuerte, grueso y muy encorvado, y plumaje amarillento en la cabeza, verde en el cuerpo y encarnado en el encuentro de las alas.

papel. m. Hoja delgada obtenida industrialmente de las fibras vegetales adecuadas./ Pliego, hoja o pedazo de papel en blanco, manuscrito o impreso./ Parte de la obra dramática que ha de representar cada actor./ Personaje de la obra dramática que representa el actor.// pl. Documentos con que se acredita el estado civil o condición de una persona.

papera. f. Enfermedad contagiosa caracterizada por la inflamación de las parótidas.

papagayo

papiro. m. Planta originaria de Oriente, con hojas largas y estrechas y cañas de dos o tres metros de altura./ Lámina que se saca del tallo de esta planta y que se usó para escribir.

paquebote. m. Embarcación que transporta pasajeros, mercancía y correspondencia.

paquete. m. Envoltorio bien dispuesto y pequeño./ Conjunto de cartas o papeles que forman mazo.

paquidermo. a. Dícese de los mamíferos de piel gruesa y dura, con tres o cuatro dedos en cada pata, como el hipopótamo, el cerdo, etc./ m. pl. Suborden de estos animales.

par. a. Igual o semejante en su totalidad./ *Anat.* Apl. al órgano que corresponde simétricamente a otro igual.// m. Conjunto de dos personas o de dos cosas de una misma especie./ Título de elevada dignidad en algunos países.

para. prep. Denota fin o término a que se encamina una acción./ Hacia, indicando el lugar que es el término de un viaje, o movimiento o la situación de aquél./ Por, o a fin de./ Junto con verbo, indica unas veces la resolución, disposición o aptitud de hacer lo que el verbo denota, y otras la proximidad a hacerlo.

parábola. f. Narración de un suceso imaginario de la que se deduce una enseñanza moral.

paracaídas. m. Casquete esférico, gmente. de seda y de unos 10 a 12 m de diámetro, que usan los aeronautas para moderar la velocidad de la caída.

paradero. m. Sitio o lugar donde se para.

paradigma. m. Ejemplo o modelo.

paradoja. f. Especie extraña o contraria a la opinión general./ Afirmación absurda o inverosímil, con apariencia de verdadera./ *Ret.* Empleo de expresiones que envuelven una contradicción.

parafina. f. Sustancia obtenida del petróleo que se emplea en la fabricación de velas, para impermeabilizar madera, papel, etc.

parágrafo. m. Párrafo.

paraguas. m. Utensilio portátil para protegerse de la lluvia.

paraguayo, ya. a. y s. Del Paraguay.

paraíso. m. Sitio donde Dios puso a Adán y Eva./ Cielo eterno./ fig. Cualquier lugar ameno./ En los teatros, conjunto de asientos del piso más alto.

paraje. m. Sitio, lugar o estancia.

paralelepípedo. m. *Geom.* Sólido terminado por seis paralelogramos que son iguales y paralelos cada dos opuestos entre sí.

paralelo, la. a. *Geom.* Apl. a las líneas y planos equidistantes entre sí y que no se encuentran por más que se prolonguen./ Correspondiente, semejante.// m. Cotejo, comparación./ *Geogr.* Cada uno de los círculos menores paralelos al Ecuador./ f. pl. Barras paralelas en que se practican ejercicios gimnásticos.

paloma

paralelogramo. m. *Geom.* Cuadrilátero cuyos lados opuestos son paralelos entre sí.

parálisis. f. Disminución o privación del movimiento o de la sensibilidad en una o varias partes del cuerpo.

paralítico, ca. a. y s. Enfermo de parálisis.

paralizar. tr./ prl. Causar parálisis./ fig. Detener, entorpecer la acción y movimiento de alguna cosa.

paramento. m. Adorno o atavío para cubrir alguna cosa./ Cualquiera de las dos caras de una pared.

páramo. m. Terreno yermo y desabrigado./ Llovizna./ fig. Lugar muy frío y desamparado.

parangón. m. Comparación o semejanza.

parangonar. tr. Comparar una cosa con otra.

parapetarse. prl. Resguardarse con parapetos. Ú.t.c. tr./ fig. Precaverse de un riesgo o peligro por algún medio de defensa.

parapeto. m. Pared o baranda que se pone en los puentes o escaleras para evitar caídas./ Terraplén corto que defiende de los golpes enemigos el pecho de los soldados.

parar. i./prl. Cesar un movimiento o una acción.// i. Ir o llegar a un término o fin./ Reducirse o convertirse una cosa en otra distinta de la que se esperaba./ Habitar, hospedarse.// tr. Detener o impedir el movimiento de otra persona./ Prevenir o preparar./ Arriesgar dinero a una suerte de juego./ *Amér.* Ponerse de pie. Ú.m.c. prl.

pararrayo o **pararrayos.** m. Conjunto de varillas unidas a tierra, que protege de las descargas eléctricas atmosféricas; se coloca sobre los edificios o los buques.

parásito, ta o **parasito, ta.** a. y s. Apl. al animal o planta que vive en otro ser vivo, nutriéndose total o parcialmente a expensas de él.

parasitología. f. Parte de la biología que trata de los parásitos.

parasol. m. Quitasol.

parcela. f. Porción pequeña de terreno./ Parte pequeña, partícula.

parcelar. tr. Dividir un terreno o finca en parcelas.

parcial. a. Rel. a una parte del todo./ Incompleto, no cabal./ Que juzga o procede con parcialidad./ Que sigue el partido de otro. Ú.t.c.s.

parco, ca. a. Corto, moderado en el uso de las cosas./ Sobrio en la comida o bebida.

pardo, da. a. De color oscuro como el de la tierra, con algo de amarillo y rojo.

parear. tr. Igualar dos cosas comparándolas entre sí./ Formar pares de las cosas.

parecer. i. Aparecer una cosa./ Tener determinado aspecto.

pared. f. Obra levantada verticalmente para cercar un espacio o sostener el techo./ Tabique./ Superficie lateral de un cuerpo.

paredón. m. aum. de pared./ Pared que queda en pie, como ruina de un edificio./ Muro contra el que se llevaban a cabo fusilamientos.

pantera

parejo, ja. a. Igual, semejante./ Liso.// f. Conjunto de dos personas o cosas que tienen relación o semejanza entre sí./ Cada una de ellas en relación con la otra./ Compañero o compañera en los bailes.

parentesco. m. Vínculo por consanguinidad o afinidad./ fig. Unión, vínculo de las cosas.

paréntesis. m. Gram. Frase incidental sin enlace con el resto del período./ Gram. Signo ortográfico ( ) en que suele encerrarse esta frase./ fig. Suspensión o interrupción.

paria. m. y f. Persona de la casta ínfima de los hindúes.

paridad. f. Comparación de una cosa con otra, por ejemplo o símil./ Igualdad que tienen las cosas entre sí.

pariente, ta. a. y s. El que está ligado a otro de su misma familia por razones de consanguinidad o afinidad./ fig. y fam. Allegado, parecido.

parietal. a. Rel. a la pared.// a./ m. Apl. a cada uno de los dos huesos de las partes media y laterales de la cabeza.

parir. i./ tr. Expeler el feto la hembra vivípara, en el tiempo oportuno./ Aovar.

paritario, ria. a. Dícese especialmente del organismo gremial en que los patronos y obreros están representados en un número igual y con los mismos derechos.

parlamentar. i. Hablar o conversar unos con otros./ Tratar de ajustes./ Capitular para la rendición de una plaza o para algún convenio.

parlamento. m. Acción de parlamentar./ Asamblea legislativa.

paro. m. Suspensión de la jornada industrial o agrícola.

parodia. f. Imitación burlesca de una obra seria literaria o musical, o del estilo de un autor.

parónimo, ma. a./ m. Gram. Dícese de cualquiera de los dos o más vocablos que tienen relación por su etimología o por su forma o sonido.

parpadear. i. Mover los párpados, o abrir y cerrar los ojos./ Titilar, oscilar la luminosidad.

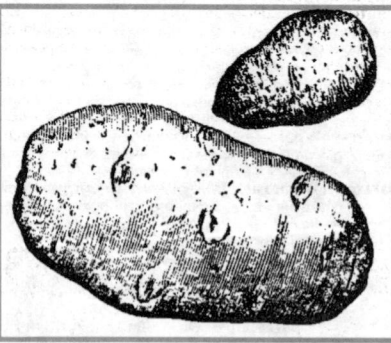

patata

párpado. m. Cada una de las membranas movibles, cubiertas de piel, que protegen los ojos.

parque. m. Terreno arbolado, con jardines, para caza, recreo u ornato./ Sitio o paraje donde se tienen las municiones de guerra./ **-zoológico.** Lugar donde se guardan toda clase de animales para conocimiento de la zoología y distracción pública.

parquedad. f. Moderación y prudencia en el uso de las cosas./ Parsimonia, circunspección.

parra. f. Vid, especialmente la que extiende mucho sus vástagos y está levantada artificialmente.

párrafo. m. Cada una de las divisiones de un escrito, que se señalan al principio del renglón con letra mayúscula y al final con punto y aparte.

parral. f. Conjunto de parras sostenidas por una armazón./ Sitio donde hay parras.

parricidio. m. Muerte violenta que se da a un ascendiente, descendiente o cónyuge.

párroco. m./ a. Cura encargado de una parroquia.

parroquia. f. Iglesia en que se administran los sacramentos y se atiende a los fieles./ Feligresía, conjunto de feligreses./ Territorio que se halla bajo la jurisdicción del párroco./ Clientela de un comercio.

parroquiano, na. a. y s. Perteneciente a una parroquia.// s. Persona que acostumbra a comprar en un determinado negocio.

parsimonia. f. Frugalidad y moderación en los gastos./ Lentitud, templanza, circunspección.

parte. f. Porción de un todo./ Sitio o lugar./ Cantidad que se da a cada uno en un reparto./ Cualquiera de los ejércitos, facciones, sectas, etc., que se oponen o contienden./ Lado al que una persona se inclina o se opone en una cuestión, riña, etc./ Papel de un actor./ Litigante.// m. Escrito, por lo común breve, que se envía a una persona para darle aviso o noticia urgente./ Telegrama o telefonema.

partero, ra. s. Persona que por oficio asiste a la mujer que está de parto.

partición. f. División o reparto de una herencia, hacienda, bienes, etc., entre varias personas.

participar. i. Tener parte en una cosa.// tr. Notificar, dar parte.

participio. m. Forma del verbo, que participa de las cualidades del verbo y del adjetivo. También hace a veces oficio de sustantivo. Se divide en activo y pasivo, según denote acción o pasión, en sentido gramatical, y en regular o irregular, según su terminación. Los regulares son los que terminan en ado, en los verbos de la primera conjugación, y en ido, en los de la segunda y tercera conjugación. Son irregulares los que tienen cualquier otra terminación.

partícula. f. Porción pequeña de materia.

particular. a. Propio y privativo de una cosa./ Especial, raro en su línea./ Que no tiene título o empleo que lo diferencie de los demás. Ú.t.c.s./ Dícese de lo privado, en oposición a lo público.// m. Punto o materia de que se trata.

particularidad. f. Singularidad, especialidad./ Distinción en el trato o cariño que se hace de una persona con respecto a otras./ Detalle, pormenor.

partida. f. Acción de partir./ Registro de un bautismo, matrimonio, etc./ Copia de cualquiera de estos registros./ Cantidad de los artículos o cantidades de una cuenta./ Cantidad o porción de un género comercial./ Conjunto poco numeroso de gente armada.

partir. tr. Dividir en partes./ Hender, cortar./ Repartir algo entre varios./ Álg. y Arit. Dividir.// i. Tomar una fecha, un hecho, como base para un razonamiento. Ú.t.c.prl./ fig. y fam. Anonadar, desbaratar a uno.// prl. Dividirse en parcialidades.

partitura. f. Texto completo de una obra musical para varias voces o instrumentos.

parto. m. Acción de parir./ El ser que ha nacido.

parturienta o **parturiente.** a. y s. Apl. a la mujer que está de parto o recién parida.

parva. f. Mies tendida en la era./ Amér. Montón grande y apretado de mies, pastos forrajeros, etc./ fig. Montón o cantidad grande de una cosa.

parvo, va. a. Pequeño.

párvulo, la. a. De corta edad.// a. y s. Niño, en su primera infancia./ fig. Inocente, fácil de engañar.

pasa. f. Uva desecada. Ú.t.c.a.

pasadizo. m. Paso estrecho para ir de una parte a otra.

pasaje. m. Acción de pasar de una parte a otra./ Derecho que se paga por pasar./ Sitio por donde se pasa./ Precio que se paga por el transporte en un viaje./ Totalidad de los pasajeros./ Trozo o parte de un libro, escrito, etc./ Paso público entre dos calles./ Boleto o billete para un viaje.

pasajero, ra. a. Que dura poco tiempo o que pasa pronto.// a. y s. Persona que viaja en un vehículo, sin tener cargo en él.

pasamano. m. Especie de galón o trencilla para adornos./ Barandal, listón que sujeta los balaustres.

pasaporte. m. Documento que se expide para poder pasar de un país a otro.

pasar. tr. Conducir, llevar de un sitio a otro./ Mudar, trasladar a uno de un lugar a otro. Ú.t.c.i. y prl./ Atravesar, cruzar./ Enviar, transmitir./ Ir más allá de un punto determinado./ Penetrar o traspasar./ Introducir géneros de contrabando./ Aventajar, superar. Ú.t.c. prl./Transferir, ceder. Ú.t.c.i./Sufrir, tolerar./ Cerner./Refiriéndose a una comida o bebida, tragar./ i. Extenderse, contagiarse alguna cosa./ Mudarse o convertirse una cosa en otra./ Con referencia al tiempo, ocuparlo bien o mal.//imp. Acontecer, suceder.//prl. Tomar un partido opuesto al que antes se tenía./ Borrarse de la memoria una cosa./ Comenzar a pudrirse las frutas, carnes, etc./ fig. Insolentarse.

pasatiempo. m. Diversión, entretenimiento.

pase. m. Permiso para que se use un privilegio, licencia o gracia./ Dado por escrito, licencia para viajar gratuitamente, transitar por algún sitio, penetrar en algún local, etc.

pasear. i./ tr./prl. Andar o ir a pie, a caballo, en una embarcación, etc., como entretenimiento o ejercicio.// tr. Hacer pasear.//fig. Llevar una cosa de un lugar a otro.// prl. fig. Estar ocioso.

paseo. m. Acción de pasear o pasearse./ Sitio público para pasearse.

pasillo. m. Pieza de paso, larga y angosta, de cualquier edificio./ Paso, obra teatral breve.

pasión. f. Acción de padecer./ Por anton., la de Cristo./ Lo opuesto a la acción./ Gram. Estado pasivo en el sujeto./Afecto desordenado en el ánimo./ Inclinación o preferencia muy vivas.

pasivo, va. a. Apl. al sujeto que recibe la acción del agente sin cooperar con ella./ Apl. al que deja que los otros obren, sin hacer cosa alguna por sí mismo./ Dícese del haber o pensión que disfrutan ciertas personas en virtud de servicios que prestaron ellas o personas de su familia./ Gram. Apl. a la voz que denota que el sujeto gramatical recibe la acción del verbo. Ú.t.c.s.

pasmar. tr./prl. Enfriar mucho o bruscamente./fig. Ocasionar suspensión o pérdida de los sentidos./fig. Asombrar extremadamente. Ú.t.c.i. y prl.// prl. Contraer la enfermedad llamada pasmo.

pasmo. m. Efecto de un enfriamiento, que se manifiesta por dolor de huesos y otras molestias./fig. Admiración y asombro extremados, que dejan en suspenso la razón y el sentido./fig. Objeto que causa esta admiración y asombro.

paso. m. Movimiento de cada uno de los pies para andar./ Acción de pasar./ Sitio por donde se pasa./ Espacio que comprende la longitud de un pie y la distancia entre éste y el talón del que se ha movido hacia adelante al caminar./ Marcha natural y cómoda de las caballerías./ Peldaño de la escalera./ Acción de pasar./ Diligencia, gestión en solicitud de algo. Ú.m. en pl./ Huella que se deja al andar./ Suceso digno de reparo./Cualquiera de los sucesos más salientes de la Pasión de Cristo./ Efigie o grupo que representa un hecho de la Pasión./ Cualquiera de las mudanzas en el baile./Puntada larga./Pieza teatral muy breve./ Estrecho de mar.

pasquín. m. Escrito anónimo de carácter satírico, que se fija en sitio público.

pasta. f. Masa hecha con una o varias cosas machacadas./ Masa de harina que sirve para hacer fideos, tallarines, etc./ Cierta encuadernación de libros.

pastar. tr. Conducir al ganado al pasto./i. Pacer el ganado el pasto.

pastel. m. Masa cocida, al horno, de harina y manteca, que envuelve dulce, pescado, carne, etc./ Lápiz hecho con una materia colorante y agua de goma./ Impr. Defecto que sale por exceso de tinta o por estar ésta muy espesa.

pasteurizar. (De L. Pasteur, bacteriólogo francés.) tr. Esterilizar de gérmenes patógenos, por medio del calor, líquidos alimenticios, alterando lo menos posible sus cualidades físicas y los elementos bioquímicos.

pastilla. f. Porción de pasta, de diverso tamaño y figura, esp. la que contiene alguna sustancia medicinal o simplemente agradable.

pasto. m. Acción de pastar./ Hierba que pace el ganado./ Sitio en que éste pasta. Ú.m. en pl.

pastor, ra. s. Persona que cuida y apacienta el ganado.// m. Prelado.

pastorear. tr. Llevar el ganado al campo y cuidar de él mientras pace.// i. Pacer el ganado.

pastoril. a. Propio o característico de los pastores.

pastura. m. Pasto./ Hierba de que se alimentan los animales./ Sitio donde pastan.

pata. f. Pie y pierna de los animales./Pie de un mueble./Hembra del pato./ fam. Pierna.

patada. f. Golpe que se da con la planta del pie o con lo llano de la pata de un animal.

patagónico, ca. a. Rel. a la Patagonia.

patalear. i. Mover las piernas o patas con ligereza y violencia./ Dar patadas en el suelo.

pataleo. m. Acción de patalear./ Ruido que se hace con las patas o los pies.

patán. a./ m. fam Hombre rústico./ fig. y fam. Hombre tosco y grosero.

patata. f. Planta herbácea anual, solanácea, originaria de América, con tallos ramosos y raíces fibrosas que en sus extremos llevan gruesos tubérculos redondeados, carnosos y muy feculentos./ Cada uno de los tubérculos de esta planta.

patear. i. fam. Dar golpes con los pies./ fig. y fam. Tratar desconsideradamente a uno, al reprenderle./Amér. Hacer daño alguna comida o bebida./ i. Cocear./ fig. y fam. Dar patadas en señal de cólera.

patena. f. Platillo de oro u otro metal dorado, donde se pone la hostia en la misa.

patentar. tr. Otorgar patentes. / Obtenerlas, tratándose de la propiedad industrial.

patente. a. Manifiesto, visible./ fig. Claro, evidente./f. Documento necesario para el ejercicio de algunas profesiones o industrias./ Por ext., todo testimonio que acredita una cualidad o mérito.

patentizar. tr. Hacer patente una cosa.

paternal. a. Propio del afecto o solicitud del padre.

patético, ca. a. Apl. a lo que es capaz de conmover el ánimo produciendo sentimientos de dolor, tristeza, compasión, melancolía.

patíbulo. m. Tablado o lugar en que se ejecuta la pena de muerte.

patín. m. Ave palmípeda marina./ Aparato adaptable al calzado, que lleva una especie de cuchilla o dos pares de ruedas, para deslizarse sobre el hielo o sobre un pavimento duro y liso./ Juguete que consiste en una plancha colocada sobre ruedas y provista de un manillar para apoyar las manos.

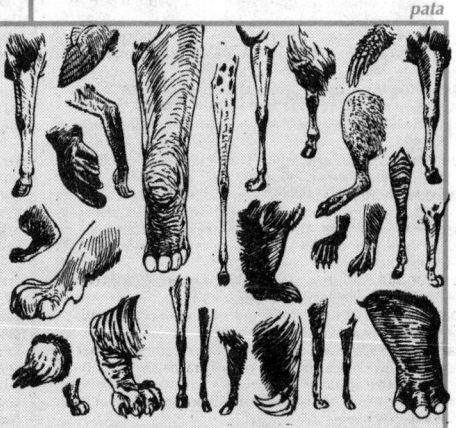

pata

pátina. f. Barniz verdoso que se forma sobre el cobre o el bronce por la acción del tiempo./ Tono que da el tiempo a las pinturas y otros objetos antiguos.

patinar. i. Deslizarse con patines./ Resbalar las ruedas de un vehículo, sin rodar, o dar vueltas sin avanzar.// tr. Dar pátina artificial a un objeto./ Arg. Derrochar, malgastar.

patio. m. Espacio cerrado con paredes o galerías, que se deja al descubierto.

pato. m. Ave de pico ancho y chato, cuello y tarsos cortos y patas palmeadas. Abunda en estado salvaje y se domestica con facilidad./ fig. y fam. R. de la P. Persona que se ha quedado sin dinero. U.t.c.a.

patógeno, na. a. Apl. a los elementos y medios que originan y desarrollan las enfermedades.

patología. f. Parte de la biología que trata del estudio de las enfermedades.

patraña. f. Mentira, noticia fabulosa; embuste.

patria. f. Lugar, población o país en que se ha nacido./ Nación propia de cada uno, con la suma de cosas materiales o inmateriales, habitantes, tradiciones y costumbres, que son objeto de la cariñosa adhesión de sus naturales.

patriarca. m. Nombre dado a algunos personajes del Antiguo Testamento./ Título de dignidad de algunos prelados./ fig. Anciano que ejerce autoridad en una familia o comunidad por su sabiduría.

patriarcado. m. Dignidad de patriarca./ Territorio de la jurisdicción de un patriarca. Tiempo que dura la dignidad de un patriarca./ Organización social primitiva en que un varón, jefe de cada familia, ejercía la autoridad./ Período de tiempo en que predominó este sistema.

patricio, cia. a. Descendiente de los primeros senadores romanos establecidos por Rómulo. U.t.c.s. / Rel. a los patricios. // m. Individuo que sobresale por su nobleza, riqueza o virtudes.

patrimonio. m. Bienes o hacienda que una persona ha heredado de sus antepasados./ fig. Bienes propios adquiridos por cualquier título.

patrio, tria. a. Rel. a la patria. / Perteneciente al padre o que procede de él.

patriota. m. y f. Persona que ama a su patria, y procura su bien.

patriotismo. m. Amor a la patria.

patrocinar. tr. Defender, favorecer, amparar.

patrón, na. s. Patrono./ Santo titular de una iglesia./ Dueño de una casa de huéspedes./ Amo, señor./ Protector escogido de un pueblo o congregación.// m. El que manda una pequeña embarcación mercante./ Dechado, modelo que sirve de muestra./ Metal que se toma como tipo para la evaluación de una moneda.

patronímico, ca. a. Entre los griegos y romanos, decíase del nombre derivado del que pertenecía al padre u otro antecesor, y que, aplicado al hijo u otro descendiente, denotaba en éstos la condición de tales./ Apl. al apellido que se daba en España a los hijos, formado del nombre de sus padres; por ej.: Fernández, de Fernando.

patrono, na. s. Defensor, amparador./ Patrón, santo titular./ Amo y señor./ Persona que emplea obreros en trabajos manuales.// f. fam. Nombre afectuoso que se da a la mujer casada.

patrulla. f. Partida de gente armada que, en corto número, ronda para mantener el orden y la seguridad./ Grupo de soldados en misión de vigilancia o exploración./ Grupo de buques o aviones que prestan servicio en la defensa.

patrullar. i. Rondar una patrulla. / Prestar servicio de patrulla los aviones y buques.

paulatino, na. a. Que procede u obra despacio o con lentitud.

pausa. f. Interrupción breve del movimiento./ Tardanza, lentitud./ Mús. Intervalo breve./ Signo de la pausa en la música escrita.

pausar. i. Interrumpir o retardar un movimiento, acción, etc.

pauta. f. Instrumento para rayar el papel./ Se llama así también el conjunto de rayas paralelas y horizontales trazadas en un papel, para guiar la escritura o para la notación musical./ fig. Norma que sirve para guiarse en la ejecución de una cosa./ Modelo o dechado.

pava. f. Hembra del pavo./ Arg. Recipiente de metal, con asa en la parte superior, tapa y pico, para calentar agua.

pavada. f. Manada de pavos./ fig. y fam. Simpleza, necedad.

pavesa. f. Partícula que salta de un cuerpo encendido y se convierte en ceniza.

pávido, da. a. Tímido, miedoso, lleno de pavor.

pavimentar. tr. Solar, recubrir el suelo con piedras, hormigón, etc.

pavimento. m. Suelo, piso artificial.

pavo. m. Ave gallinácea, domesticable, originaria de Amér. del Norte, de plumaje pardo verdoso y carne apreciada. Hay variedades negras, blancas, rubias.// a. y s. fig. y fam. Hombre tonto o soso.

pavor. m. Temor con sobresalto o espanto.

pavoroso, sa. a. Que produce pavor.

payador. m. Arg., Chile y Urug. Coplero y cantor popular y errante.

payar. i. Arg. y Chile. Improvisar y cantar coplas, acompañándose con la guitarra.

payaso. m. Artista de circo que hace de gracioso, con traje y gestos ridículos.

paz. f. Virtud que da sosiego y tranquilidad al alma./ Pública tranquilidad de los Estados, en contraposición a la guerra./ Situación y relación mutua de quienes no están en guerra.

peaje. m. Derecho de tránsito.

peana. f. Apoyo, basa para colocar algo encima.

peatón. m. Persona que anda a pie.

peca. f. Pequeña mancha de color pardo que suele salir en la piel.

pecado. m. Hecho, dicho, deseo, pensamiento u omisión contra la ley de Dios./ Cualquier cosa que se aparta de lo recto y justo./ Exceso o defecto en cualquier línea.

pecar. i. Quebrantar la ley divina./ Faltar a la observancia de una regla o precepto./ Dejarse llevar de alguna afición.

pecarí. m. Amér. Especie de jabalí.

pecera. f. Vasija o globo de cristal con agua, para tener peces a la vista.

pechera. f. Trozo de lienzo o paño con que se abriga el pecho./ Parte de la prenda de vestir que cubre el pecho.

pecho. m. Parte del cuerpo humano desde el cuello hasta el vientre, en cuya cavidad se contiene el corazón y los pulmones./ Lo exterior de esta misma parte./ Parte delantera del tronco de los cuadrúpedos./ En la mujer adulta, cada una de las dos glándulas mamarias./ fig. Interior del hombre./ Valor, fortaleza, constancia.

pechuga. f. Pecho de las aves./ fig. y fam. Pecho de hombre o de mujer.

pecíolo o peciolo. m. Pezón de la hoja.

pecuario, ria. a. Rel. al ganado.

peculiar. a. Característico y propio de cada persona o cosa.

peculiaridad. f. Calidad de peculiar. / Característica.

peculio. m. fig. Dinero que tiene cada persona particularmente.

pejerrey

pavo

pedagogía. f. Ciencia que se ocupa de la educación y la enseñanza.

pedagogo, ga. a. Experto en pedagogía.

pedal. m. Palanca que se oprime con el pie, para mover un mecanismo.

pedalear. i. Poner en movimiento un pedal, en especial los de la bibicleta.

pedante. a. y s. Que por ridículo engreimiento, hace vano alarde de erudición, téngala o no.

pedantería. f. Vicio del pedante.

pedazo. m. Porción de una cosa separada del todo./ Cualquier parte de un todo físico o moral.

pedernal. m. Variedad de cuarzo que da chispas al golpearlo./ fig. Dureza suma en cualquier línea.

pedestal. m. Cuerpo sólido que sostiene una columna, estatua, etc./ Apoyo o peana.

pedestre. a. Que anda a pie./ fig. Llano, vulgar.

pediatra o **pediátra.** m. y f. Médico que se especializa en pediatría.

pediatría. f. Rama de la medicina que se ocupa de las enfermedades de los niños.

pedido. m. Encargo de mercaderías hecho a un fabricante o vendedor./ Petición, acción de pedir.

pedigüeño, ña. a. y s. Que pide frecuente e importunamente.

pedir. tr. Demandar a uno para que dé o haga una cosa./ Exigir una cosa./ Querer, desear./ Poner precio a la mercadería.

pedrada. f. Acción de arrojar una piedra con impulso./ Golpe dado con ésta./ Señal que deja.

pedregoso, sa. a. Lleno de piedras.

pedúnculo. m. Bot. Rabillo de la hoja, flor o fruto.

pegadizo, za. a. Pegajoso./ Que se graba en la memoria con facilidad.

pegajoso, sa. a. Que se pega con facilidad./ Contagioso. Que se comunica con facilidad./ fig. y fam. Suave, meloso./ fig. y fam. Fastidioso.

pegamento. m. Sustancia para pegar.

pegar. tr. Adherir una cosa con otra mediante una sustancia aglutinante./ Unir atando o cosiendo./ Comunicar a otro una enfermedad, vicio, costumbre, etc. Ú.t.c.prl./ fig. Castigar dando golpes./ Dar, asestar golpes.// i. Asir o prender./ Caer bien una cosa.

peinado. m. Arreglo y adorno del pelo.

peinar. tr. Desenredar, limpiar o componer el cabello con el peine. Ú.t.c.prl./ fig. Desenredar o limpiar el pelo o la lana de algunos animales.

peine. m. Utensilio de muchos dientes, que se usa para limpiar y componer el pelo./ Barra de acero por entre cuyas púas pasan en el telar los hilos de la urdimbre.

pejerrey. m. Pez marino o de agua dulce, de cuerpo fusiforme. Su carne es muy apreciada.

pelaje. m. Calidad o naturaleza del pelo o la lana de un animal.

pelambre. m. Conjunto de pelo.

pelar. tr./ prl. Cortar o quitar el pelo./ tr. Desplumar, quitar las plumas del ave./ fig. Quitar la piel o la corteza de una cosa./ Mondar, quitar la corteza o cáscara./ fig. y fam. Ganar a uno todo el dinero.

peldaño. m. Cualquiera de las partes de la escalera, que sirven para apoyar el pie.

pelea. f. Batalla, combate./ Contienda o riña particular.

pelear. i. Batallar, luchar, combatir con armas./ Contender, reñir./ fig. Afanarse o trabajar por lograr una cosa.// prl. Tomarse dos o más personas a puñadas./ fig. Desavenirse, enemistarse.

pelícano o **pelicano.** m. Ave acuática palmípeda, de pico muy largo y ancho, que lleva en la mandíbula inferior una membrana en forma de bolsa donde deposita los alimentos.

película. f. Piel delgada y delicada./ Hollejo de la fruta./ Cinta de celuloide preparada para ser impresionada fotográficamente./ Cinta de celuloide con una serie continua de imágenes fotográficas para reproducirlas sobre la pantalla del cinematógrafo./ Conjunto de imágenes cinematográficas que componen una historia, una acción o una serie con unidad.

peligrar. i. Estar en peligro.

peligro. m. Riesgo inminente de que suceda algún mal.

peligroso, sa. a. Que puede causar daño u ofrece peligro. / fig. Arriesgado, de genio turbulento.

pelirrojo, ja. a. y s. Que tiene el pelo rojo.

pellejo. m. Piel del animal./ Odre.

pellizco. m. Acción y efecto de pellizcar./ Porción pequeña de algo.

pellizcar. tr./ prl. Apretar con el dedo pulgar y uno de los otros una pequeña parte de piel y carne.// tr. Tomar o quitar una pequeña porción de una cosa.

pelo. m. Filamento cilíndrico, córneo, que crece entre los poros de la piel de la mayoría de los mamíferos./ Cabello./ Plumón, pluma delgada de las aves./ Zool. Tipos de cerdas o filamentos que poseen numerosos artrópodos./ Vello de algunas plantas y frutas./ Hebra delgada de lana, seda, etc./ Parte del tejido que queda en la superficie y cubre el hilo.

pelota. f. Bola pequeña de lana, goma, cuero u otra materia elástica./ Juego que se hace con ella./ Bola de materia blanda, como nieve, barro, etc.

pelotón. m. Conjunto de pelos unidos o enredados./ Tropel de personas./ Cuerpo de soldados, menor que una sección.

peluca. f. Cabellera postiza.

peluquero, ra. s. Persona que por oficio corta, peina o riza el pelo o hace y vende pelucas.

pelusa. f. Vello./ Pelo menudo que se desprende de las telas con el uso.

pelvis. f. Cavidad del cuerpo humano, en la parte inferior del tronco. Contiene la terminación del tubo digestivo, la vejiga urinaria y algunos órganos del aparato genital, especialmente en la mujer.

pena. f. Castigo impuesto por autoridad legítima./ Cuidado, aflicción o sentimiento./ Dolor, tormento corporal./ Dificultad, trabajo.

penacho. m. Grupo de plumas que tienen algunas aves en la cabeza./ Adorno de plumas.

penado, da. a. Penoso o lleno de penas.// s. Delincuente condenado a una pena.

penal. a. Rel. a la pena o a las leyes e instituciones destinadas a perseguir delitos./ m. Lugar en que los penados cumplen condenas./ Infracción grave en el fútbol y otros deportes.

penar. tr. Imponer una pena./ i. Padecer de un dolor o pena; afligirse.

penca. f. Hoja carnosa de algunas plantas.

pendencia. f. Contienda, riña, disputa.

pendenciero, ra. a. y s. Propenso a pendencias.

pender. i. Estar colgada, suspendida o inclinada una cosa./ Depender.

pendiente. p. act. de **pender.** Que pende.// a. fig. Que está por resolverse.// m. Arete con o sin adorno colgante.// f. Declive de un terreno.

pendón. m. Antigua insignia militar consistente en una bandera más larga que ancha./ Estandarte de iglesias y cofradías.

péndulo, la. a. Pendiente, que pende.// m. Cuerpo que puede oscilar suspendido de un punto fijo por un hilo o varilla.

pene. m. Miembro viril.

penetrar. tr. Introducir un cuerpo en otro por sus poros./ Introducirse en lo interior de un espacio./ Hacerse sentir violentamente una cosa, como el frío, los gritos, etc.

península. f. Tierra rodeada de agua, unida por una parte estrecha a otra de mayor extensión.

penique. m. Moneda inglesa de cobre.

penitencia. f. Sacramento por el que se perdonan los pecados cometidos después del bautismo, mediante la confesión con el propósito de enmienda.

penitenciaría. f. Establecimiento donde cumplen sus condenas los penados.

penitenciario, ria. a. Apl. a los sistemas adoptados para castigar y corregir a los penados, y al régimen del establecimiento que a ello se destina.

pensamiento. m. Facultad de pensar./ Acción y efecto de pensar./ Idea capital de una obra./ Máxima o sentencia notable de una obra./ fig. Sospecha, recelo./ Bot. Trinitaria.

pensar. tr. Imaginar, discurrir.// tr./ i. Reflexionar, meditar, examinar cuidadosamente una cosa.

pensión. f. Renta que se impone sobre una finca./ Cantidad que se asigna a una persona por méritos o servicios./ Pupilaje./ Casa de huéspedes.

pensionado, da. a. Que cobra una pensión. Ú.t.c.s.// m. Colegio de alumnos internos.

pentágono, na. a. y s. Dícese del polígono que tiene cinco ángulos y cinco lados.

pentagrama o **pentágrama.** m. Conjunto de cinco rectas paralelas y equidistantes para escribir música.

penúltimo, ma. a. y s. Inmediatamente anterior al último.

penumbra. f. Sombra débil entre la luz y la oscuridad.

perforar

penuria. f. Falta de las cosas indispensables./ Escasez.

peña. f. Piedra grande sin labrar./ Roca./ Monte peñascoso./ Reunión de amigos; círculo de recreo.

peñasco. m. Peña grande y alta.

peñón. m. Monte peñascoso.

peón. m. El que anda a pie./ Jornalero que efectúa trabajos sin especialización./ Infante o soldado de a pie./ Pieza menor del juego de damas o de ajedrez./ Juguete de madera, de figura cónica y terminado en una púa de hierro.

peonza. f. Juguete semejante al peón.

peor. a. comparativo de malo. Más malo.// adv. comparativo de mal. Más mal.

pepino. m. Planta de fruto cilíndrico, pulposo y comestible./ Su fruto.

pepita. f. Semilla de algunas frutas./ Canto rodado de oro u otro metal nativo que suele hallarse en los terrenos de aluvión.

pequeñez. f. Calidad de pequeño./ Cosa de escasa importancia./ Mezquindad, bajeza de ánimo.

pequeño. a. Corto, limitado de tamaño, calidad, etc./ De corta edad./ fig. Bajo, abatido, en contraposición a poderoso y altivo.

pera. f. Fruto del peral, carnoso, y de tamaño y forma que varían según las castas./ fig. Porción de pelo que se deja en la punta de la barba.

peral. m. Árbol rosáceo, con tronco recto y liso y copa frondosa, hojas pecioladas y flores blancas, que tienen por fruto la pera./ Madera de este árbol.

percal. m. Tela de algodón, que sirve para vestidos de mujer.

percance. m. Accidente, contratiempo o perjuicio imprevistos.

percatar. i./ prl. Considerar, advertir.// prl. Darse cuenta, tomar conciencia de algo.

percha. f. Estaca larga que se atraviesa en otra para sostener una cosa.

percibir. tr. Recibir una cosa y encargarse de ella./ Recibir una impresión por alguno de los sentidos./ Comprender una cosa.

percudir. tr. Maltratar o ajar el lustre de las cosas./ Penetrar la suciedad en una cosa.

percusión. f. Acción y efecto de percutir.

percusor. m. Pieza que golpea en una máquina. Dícese en especial de la llave o martillo de ciertas armas de fuego que hace estallar el fulminante.

percutir. tr. Batir, dar golpes repetidos.

perder. tr. Dejar de tener o de poseer una cosa./ Desperdiciar o malgastar una cosa./ No lograr lo que se espera, desea o ama./ Causar daño a las cosas./ Ser vencido.// prl. Errar uno el camino./ fig. Entregarse a los vicios./ Naufragar.

pérdida. f. Privación o carencia de lo que se tenía./ Daño o menoscabo./ Cantidad o cosa perdida.

perdido, da. a. Que no tiene o lleva rumbo fijo./ m. fig. Pródigo, libertino./ Individuo carente de estimación y crédito.

perdigón. m. Pollo de la perdiz./ Grano de plomo que forma la munición de caza.

perdiz. f. Ave gallinácea de cabeza pequeña, alas cortas, pico y patas encarnados y plumaje de color ceniciento rojizo, muy apreciada por su carne.

perdón. m. Remisión de las penas u ofensas, o de una deuda u obligación./ Indulgencia.

perdonar. tr. Remitir la deuda, ofensa o delito./ Conceder perdón./ fig. Renunciar a un derecho, goce, etc./ Exceptuar de una obligación.

perdulario, ria. a. y s. Descuidado en grado sumo./ Vicioso incorregible.

perdurable. a. Que dura siempre./ Que dura mucho tiempo.

perdurar. i. Durar mucho, permanecer en un mismo estado.

perecedero, ra. a. Que ha de perecer.

perecer. i. Acabar, dejar de ser, fenecer.// prl. fig. Desear con ansia una cosa.

peregrinar. i. Andar por tierras extrañas./ Ir a un santuario, en romería.

peregrino, na. a. Dícese del que anda por tierras extrañas./ Apl. a quien por devoción va a visitar un santuario. Ú.m.c.s./ fig. Raro, singular.

perenne. a. Continuo, incesante./ Bot. Vivaz, que vive más de dos años.

perentorio, ria. a. Dícese del último plazo concedido a un asunto./ Terminante, apremiante.

pereza. f. Negligencia, descuido o tardanza en el cumplimiento de las obligaciones./ Flojedad o lentitud en las acciones o movimientos.

perfeccionar. tr./ prl. Acabar enteramente una obra, con el máximo grado de excelencia.

perfecto, ta. a. Que tiene el grado máximo de excelencia.

pérfido, da. a. y s. Desleal, traidor.

perfil. m. Adorno sutil y delicado./ Cualquiera de las rayas delgadas que se hacen con la pluma./ Cuerpo visto de lado./ Figura que representa un cuerpo cortado por un plano en sentido longitudinal o transversal.

perfilar. tr./ prl. Presentar o sacar el perfil a una cosa.// prl. Colocarse de perfil.

perforar. tr. Horadar.

perfumar. tr./ prl. Aromatizar una cosa con un perfume.// i. Exhalar perfume o fragancia agradable.// tr. fig. Esparcir cualquier olor bueno.

perfume. m. Sustancia volátil aromática.

pergamino. m. Piel de res estirada, adobada y limpia, que sirve para escribir en ella y otros distintos usos./ Documento escrito en pergamino.

pergeñar. tr. fam. Ejecutar algo con cierta habilidad.

pérgola. f. Armazón para sostener plantas trepadoras.

pericarpio. m. Bot. Parte externa del fruto, que cubre las semillas de los vegetales.

pericia. f. Habilidad, destreza.

pericón. m. Arg. Danza popular que se baila entre varias parejas, formando diversas figuras.

periferia. f. Contorno de una figura curvilínea./ Circunferencia./ fig. Espacio que rodea un núcleo.

perímetro. m. Contorno de una figura o de una superficie./ Ámbito.

periódico, ca. a. Dícese del hecho que se reproduce a intervalos regulares./ Apl. al impreso que se publica con determinados intervalos de tiempo. Ú.m.c.s.m.// m. Diario, publicación que sale diariamente.

periodismo. m. Profesión o ejercicio de periodista./ Literatura al servicio de revistas y periódicos, que tiene como objetivo principal la información y orientación rápida del público y se caracteriza por su condensación, dinamismo y agilidad estilística.

período o periodo. m. Tiempo que emplea una cosa en volver al estado o posición que tenía al principio./ Espacio determinado de tiempo que comprende toda la duración de una cosa./ Menstruación, evacuación del menstruo.

peripecia. f. En el drama u otra composición semejante, mudanza repentina de situación./ fig. Suceso análogo en la vida real.

periscopio. m. Instrumento óptico que sobresale del casco de un submarino, y permite ver los objetos exteriores, cuando éste navega sumergido.

peritaje. m. Trabajo o estudio que hace un perito.

perito, ta. a. y s. Hábil, experto en una ciencia o arte./ El que en alguna materia tiene título de tal.

perjudicar. tr./ prl. Dañar material o moralmente.

perjuicio. m. Efecto de perjudicar o perjudicarse.

perjurar. i./ prl. Jurar en falso.

perjurio. m. Delito de jurar en falso./ Falta a la fe jurada.

perla. f. Concreción nacarada y esférica, que puede formarse en el interior de las valvas de diversos moluscos.

perlado, da. a. Que tiene la forma, el brillo o el color de la perla.

permanecer. i. Mantenerse sin cambio en un mismo lugar, estado o calidad.

permeable. a. Que puede ser penetrado por un fluido.

permisivo, va. a. Que incluye la licencia o facultad de hacer una cosa.

permiso. m. Consentimiento o autorización para hacer o decir una cosa.

permitir. tr. Autorizar a que se haga o deje de hacer una cosa. Ú.t.c.prl./ No impedir lo que se pudiera y debiera evitar.

permutar. tr. Cambiar una cosa por otra./ Variar la disposición u orden en que estaban dos o más cosas.

pernicioso, sa. a. Sumamente perjudicial.

pernoctar. i. Pasar la noche en un lugar determinado, fuera del propio domicilio.

pero. conj. Denota que un concepto diverso o ampliativo se contrapone a otro anterior.

perpendicular. a./ f. Dícese de la línea o el plano que forma ángulo recto con otra línea o plano.

perpetrar. tr. Cometer un delito o falta grave.

perpetuar. tr./ prl. Hacer perpetua o perdurable una cosa./ Dar larga duración a las cosas.

perpetuidad. f. Duración sin fin.

péndulo

perpetuo, tua. a. Que dura y permanece para siempre.

perplejo, ja. a. Dudoso, incierto, irresoluto.

perro, rra. s. Mamífero carnicero, doméstico, de tamaño, forma y pelajes diversos según las razas. Tiene olfato finísimo y es inteligente y muy leal al hombre. Vive de diez a quince años.

perseguir. tr. Seguir al que huye, para alcanzarlo./ fig. Seguir o buscar en todas partes./ Molestar, incomodar./ Solicitar con frecuencia y molestia.

perseverancia. f. Firmeza y constancia en la ejecución de los propósitos y en las determinaciones del ánimo.

perseverar. i. Mantenerse constante en la prosecución de lo empezado.

persiana. f. Especie de celosía formada por tablillas./ Tela de seda con flores grandes y varios matices./ Cortina metálica con que se cubren las puertas y vidrieras de los comercios.

persignar. tr./ prl. Hacer la señal de la cruz./ Signar y santiguar a continuación.

persistencia. f. Insistencia, constancia en el intento o ejecución de algo./ Duración permanente de una cosa.

persistir. i. Mantenerse constante en una cosa./ Durar largo tiempo.

persona. f. Individuo de la especie humana./ Hombre o mujer cuyo nombre se ignora o se omite./ Fil. Supuesto inteligente./ Gram. Accidente del verbo con que se denota si el sujeto de la oración es el que habla, aquel a quien se habla o aquel de quien se habla.

personaje. m. Sujeto de distinción o calidad en el país./ Cualquiera de los seres humanos sobrenaturales o simbólicos, ideados por el escritor, que toman parte en la acción de un texto literario./ Persona que interviene en una acción teatral o cinematográfica.

personal. a. Rel. a la persona, o propio de ella.// m. Conjunto de las personas pertenecientes a determinada clase, entidad, dependencia, etc.

personalidad. f. Característica que distingue a cada persona de todas las demás./ Persona que se destaca en una actividad o en un ambiente social.

personificar. tr. Atribuir vidas o cualidades propias del ser humano a los animales o a las cosas inanimadas./ Representar una persona un sistema, proceso, etc.

perspectiva. f. Arte de representar en una superficie los objetos, en la forma y disposición con que aparecen a la vista./ fig. Apariencia engañosa de las cosas./ Contingencia previsible. Ú.m. en pl.

perspicaz. a. Dícese de la vista, la mirada, etc., muy aguda./ fig. Apl. al ingenio agudo y a quien lo tiene.

persuadir. tr./ prl. Influir, mover a uno para hacer o creer algo.

pertenecer. i. Ser propiedad de uno una cosa; corresponderle./ Ser una cosa de la competencia de alguien./ Referirse una cosa a otra, o formar parte de ella.

perro

pertenencia. f. Acción o derecho que uno tiene a la propiedad de una cosa; propiedad./ Unidad de medida superficial para las concesiones mineras.

pértiga. f. Vara larga.

pertinaz. a. Tenaz, obstinado en su dictamen./ fig. Muy duradero.

pertrechar. tr. Abastecer de pertrechos. // tr. / prl. fig. Disponer lo necesario para la ejecución de una cosa.

pertrechos. m. pl. Toda clase de instrumentos necesarios para la guerra, como municiones./ Utensilios necesarios para cualquier operación.

perturbar. tr./ prl. Trastornar el orden y concierto de las cosas o su quietud o tranquilidad.

peruano, na. a. y s. De Perú.

perversión. f. Acción de pervertir o pervertirse./ Estado de corrupción o inmoralidad de las costumbres.

perverso, sa. a. y s. Muy malo, depravado.

pervertir. tr. Perturbar el orden o el estado de las cosas./ Viciar o corromper las costumbres con malas doctrinas o ejemplos.

pervivir. i. Subsistir, seguir viviendo.

pesa. f. Pieza de un peso determinado, que sirve para determinar el que otras cosas tienen, comparándolas en la balanza.

pesadez. f. Calidad de pesado./ Pesantez./ fig. Obesidad./ Terquedad o impertinencia. / Cargazón, exceso./ Molestia, trabajo, fatiga.

pesadilla. f. Sueño angustioso o desagradable./ fig. Preocupación grave o continua.

pesado, da. a. Que pesa mucho./ fig. Obeso./ Hablando del sueño, intenso, profundo./ Cargado de humores, vapores, etc./ Tardo, muy lento./ Molesto, enfadoso./ Duro e insufrible.

pesadumbre. f. Pesadez, calidad de pesado./ Injuria, agravio./ fig. Desazón, disgusto.

pesar. i. Tener gravedad o peso./ Tener mucho peso./ fig. Tener una cosa valor o aprecio./ Causar dolor o arrepentimiento./ Ú. sólo en las terceras personas./ Hacer fuerza en el ánimo, la razón o el motivo de una cosa./ tr. Determinar el peso de las cosas./ fig. Examinar, considerar./ m. Sentimiento o dolor interior./ Arrepentimiento.

pesca. f. Acción y efecto de pescar./ Oficio y arte de pescar./ Lo que se ha pescado.

pescado. m. Pez comestible sacado del agua.

pescante. m. Pieza saliente sujeta a una pared, a un poste, al costado de un buque, etc. para colgar o sostener algo./ En los coches, asiento exterior desde donde el cochero dirige las caballerías.

pescar. tr. Sacar del agua peces u otros animales, con redes, cañas, etc./ fig. y fam. Agarrar, coger cualquier cosa./ Sorprender.

pescuezo. m. Parte del cuerpo del animal, desde la nuca hasta el tronco.

pesebre. m. Especie de cajón donde comen los animales./ Sitio para este fin.

peseta. f. Unidad monetaria de España.

pesimismo. m. Inclinación a ver y juzgar las cosas en su aspecto más desfavorable.

pésimo, ma. a. superl. de malo. Malo en grado sumo.

peso. m. Pesantez de la Tierra./ Resultante de la acción de la gravedad sobre un cuerpo./ El que por ley o convenio debe tener una cosa./ Pesa del reloj./ El de la pesa o conjunto de pesas que equilibran un cuerpo en una balanza./ Cosa pesada./ Objeto pesado para hacer presión o para equilibrar una carga./ Balanza u otro instrumento para pesar./ Unidad monetaria de algunos países de América./ fig. Importancia o entidad de una cosa./ Fuerza o eficacia de las cosas inmateriales.

pespunte. m. Labor de costura con puntadas unidas.

pesquisa. f. Indagación.

pesquisar. tr. Hacer pesquisa de alguna cosa.

pestaña. f. Cada uno de los pelos que hay en el borde de los párpados./ Adorno que sobresale en el borde de una tela o vestido./ Parte saliente y estrecha en el borde de una cosa./ pl. *Bot.* Pelos rígidos en el borde de dos superficies opuestas.

pestañear. i. Mover los párpados.

peste. f. Enfermedad grave y contagiosa que causa gran mortandad./ Mal olor./ fig. Cualquier cosa mala o que puede ocasionar daño grave./ Corrupción de las costumbres./ fig. y fam. Abundancia excesiva de cosas.// pl. Palabras de enojo y execración./ **-bubónica.** Enfermedad infecciosa, epidémica y febril, que se caracteriza por bubones en todo el cuerpo y por ser frecuentemente mortal.

pestífero, ra. a. Que puede causar peste o daño grave./ Que tiene muy mal olor.

pestilencia. f. Peste./ Olor desagradable.

pestillo. m. Pasador para asegurar una puerta.

petaca. f. Estuche de cuero, metal, etc., para llevar tabaco o cigarros.

pétalo. m. *Bot.* Cada una de las hojas de la corola en la flor.

petardo. m. Tubo relleno de pólvora u otro explosivo que produce fuerte detonación al prendérsele fuego.

petate. m. Esterilla de palma, para dormir en ella./ Lío de la cama y ropa de los marineros, soldados o penados./ fam. Equipaje de un viajero.

petiso, sa. a. y s. Petizo.

petizo, za. a. y s. *Arg., Bol., Chile, Par.* y *Urug.* Persona pequeña, de poca estatura.// m. *Arg., Chile, Par.* y *Urug.* Caballo de poca alzada./ Chico al que se encarga toda clase de trabajos, en las casas.

peto. m. Armadura del pecho./ Parte inferior de la coraza de los quelonios.

petrificar. tr./ prl. Transformar en piedra./ fig. Dejar atónito.

petróleo. m. Líquido oleoso e inflamable, mezcla natural de hidrocarburos, que se extrae del interior de la tierra.

petunia. f. Planta ornamental muy ramosa, de flores grandes de variado color.

peyorativo, va. a. Que empeora.

pez. f. Substancia resinosa, sólida, lustrosa, quebradiza y de color pardo amarillento.

pez. m. *Zool.* Vertebrado acuático, de respiración branquial, comúnmente con extremidades de forma de aleta, aptas para la locomoción y sustentación en el agua. La piel, salvo raras excepciones, está protegida por escamas. Suele tener reproducción ovípara./ Pescado de río.

pezón. m. Rabillo que sostiene la hoja, la flor y el fruto./ Botoncito que sobresale en los pechos de las hembras.

piadoso, sa. a. Misericordioso, inclinado a la piedad./ Dícese de las cosas que mueven a compasión./ Religioso, devoto.

piafar. i. Levantar el caballo, ya una mano, ya otra, dejándolas caer con fuerza.

pialar. tr. *Amér.* Enlazar por las patas a un animal.

piano. m. Instrumento musical de teclado y percusión.

pianola. f. Piano que puede tocarse mecánicamente por pedales u otro medio.

pesca

1- PESCA CON RED PARA BANCOS DE SARDINAS, ARENQUES, ETC.

3- PESCA CON LA LÁMPARA

2- PESCA DE ARRASTRE

piara. f. Manada de cerdos y, por ext., la de mulas, yeguas, etc.

pibe, ba. s. *Arg., Bol.* y *Urug.* Niño, joven.

pica. f. Lanza larga, con un hierro agudo en el extremo./ Medida para profundidades.

picacho. m. Punta aguda de algunos montes y riscos.

picada. f. Picotazo./ Picadura, punzada.

picadillo. m. Guiso hecho con carne picada, tocino y verduras, reducido todo a trozos menudos./ Cualquier tipo de carne reducida a pequeños trozos y aderezada para hacer chorizos, fiambres, etc.

pimiento

picadura. f. Acción y efecto de picar una cosa./ Pinchazo./ Mordedura o punzada de un ave o un insecto o de algunos reptiles.

picaflor. m. Pájaro mosca.

picante. p. act. de *picar*. Que pica.// a. fig. Mordaz, desenfadado.// m. Acerbidad de algunas cosas que excitan el sentido del gusto.

picaporte. m. Instrumento para cerrar puertas y ventanas./ Llamador, aldaba.

picar. tr. Herir levemente con un instrumento punzante./ Morder las aves, los insectos y ciertos reptiles./ Tomar las aves la comida con el pico./ Morder el pez el sebo del anzuelo./ Cortar en trozos pequeños o tomarlos./ Provocar./ Agujerear o recortar papel o tela.

picardía. f. Acción baja, vileza./ Travesura de muchachos.

picaresco, ca. a. Rel. a los pícaros./ Apl. a las producciones literarias en que se describe la vida de los pícaros, y a este género de literatura.

pícaro, ra. a./s. Ruin, desvergonzado./ Astuto, taimado./ fig. Dañoso, malicioso./ Que tiene propensión a pensar mal./ Travieso.// m. Tipo de persona descarada, bufona y de mal vivir, que figura en obras maestras de la literatura española.

picazón. f. Molestia producida por una cosa que pica./ Enojo.

pichón. m. Pollo de la paloma casera./ *Amér.* Pollo de cualquier ave excepto la gallina./ fig. y fam. *Arg.* El que tiene poca experiencia.

pico. m. Parte saliente de la cabeza de las aves, compuesta de dos piezas córneas terminadas gmente. en punta./ Parte puntiaguda que sobresale de algunas cosas./ Cúspide aguda de una montaña./ Punta acanalada, en el borde de algunas vasijas, por donde se vierte el líquido./ Herramienta de canteros, que tiene dos puntas opuestas.

picota. f. Columna donde se exponían los reos a la vergüenza, o las cabezas de los ajusticiados.

picotear. tr. Golpear las aves con el pico.

pictórico, ca. a. Rel. a la pintura.

pie. m. Extremo de cualquiera de los dos miembros inferiores del hombre y de algunos animales./ Base en que se apoya una cosa./ Medida de longitud, de dimensión variada./ Tronco de los árboles y demás plantas.

piedad. f. Compasión, misericordia.

piedra. f. Sustancia mineral compacta y más o menos dura, que no tiene aspecto metálico ni es terrosa./ Cálculo, concreción que se encuentra algunas partes del cuerpo./ Granizo grueso.

piel. f. Membrana que cubre el cuerpo del hombre y de los animales./ Cuero curtido./ Cuero curtido de modo que conserve su pelo natural./ Parte exterior que cubre la pulpa de algunas frutas.

piélago. m. Mar./ Parte del mar que dista mucho de la tierra.

pienso. m. Alimento seco que se da al ganado.

pierna. f. Parte del miembro inferior desde la rodilla hasta el pie, en el hombre; también se dice comprendiendo además el muslo./ En los cuadrúpedos y aves, muslo./ Cada una de las dos piezas que forman el compás.

pieza. f. Parte de una cosa./ Moneda acuñada./ Objeto trabajado artísticamente./ Porción de tejido o de papel que se fabrica de una vez./ Habitación de una casa./ Animal de caza o pesca./ Obra dramática./ Composición musical suelta.

pífano. m. Flautín usado en las bandas militares, de tono muy agudo./ Persona que lo toca.

pifiar. i. Dejar que se oiga demasiado el soplo al tocar la flauta./ *Amér.* Burlarse con silbidos.

pigmentación. f. Formación o acumulación de pigmentos en la piel./ Acción de colorear por medio de un pigmento.

pigmento. m. Materia colorante que se encuentra en los tejidos orgánicos, animales o vegetales./ Cualquiera materia colorante empleada en la pintura.

pijama. m. Traje de dos piezas, que se usa para dormir.

pila. f. Pieza cóncava de piedra u otra materia, donde cae o se echa el agua para diversos usos./ Pieza de piedra, cóncava, con agua bendita, que hay en las iglesias./ Montón o cúmulo de cosas de la misma especie que se hace poniendo una sobre otra./ Generador de corriente eléctrica, que utiliza la energía liberada en una reacción química.

pilar. m. Mojón que sirve de señal en el camino./ Elemento de soporte, especie de pilastra./ Pilón, abrevadero./ Hito o mojón./ fig. Columna, persona que sirve de amparo.

pilastra. f. Columna de sostén.

píldora. f. Bola pequeña que contiene medicamentos mezclados con un excipiente.

pileta. f. Pila pequeña./ *Amér.* Pila para lavar, o de cocina./ *Amér.* Piscina.

pillar. tr. Hurtar o robar./ Agarrar, aprehender./ fam. Sorprender.

pillo, lla. a. fam. Apl. al pícaro que no tiene crianza ni buenos modales./ Astuto, sagaz.

pilotaje. m. Ciencia y arte que enseña el oficio de piloto.

pilotar. tr. Dirigir un avión, un automóvil, avión, etc.

pilote. m. Madero rollizo que se hinca en tierra para consolidar los cimientos.

piloto. m. El que gobierna un buque, avión, automóvil o globo./ El segundo de una nave mercante./ *Arg.* Prenda de vestir semejante al sobretodo, pero de tela impermeable.

pimienta. f. Baya carnosa, rojiza, que contiene una semilla esférica de gusto picante, usada como condimento.

pimiento. m. Planta herbácea anual, con flores blancas y fruto en baya hueco./ Fruto de esta planta./ **-morrón.** El más grande y dulce de todos.

pimpinela. f. Planta rosácea, vivaz, con tallos erguidos y rojizos, y flores en espigas apretadas.

pimpollo. m. Retoño, tallo nuevo de las plantas./ Capullo de rosa.

pinacoteca. f. Galería o museo de pinturas.

pináculo. m. Parte más alta de un edificio magnífico./ fig. Parte más sublime de una ciencia o de otra cosa inmaterial.

pincel. m. Instrumento construido con pelos atados a un cabo, que se usa para pintar.

pincelar. tr. Pintar. / Retratar, hacer retratos.

pinchar. tr. Picar o herir con algo punzante o agudo. Ú.t.c.prl./ fig. Picar, estimular./ Enojar.

pingüino. m. Nombre común de varias aves del hemisferio norte./ Pájaro bobo.

pino. m. Árbol conífero, de tronco elevado y recto, hojas muy estrechas y puntiagudas, y madera resinosa, cuyo fruto es la piña y su semilla el piñón./ Madera de este árbol.

pintar. tr. Representar un objeto sobre una superficie con líneas y colores./ Cubrir con color la superficie de las cosas./ fig. Describir o representar viva y animadamente personas o cosas por medio de la palabra.

pintoresco, ca. a. Digno de ser pintado; agradable, delicioso./ Dícese del lenguaje o estilo que describe vivamente las cosas.

pintura. f. Arte de pintar./ Tabla o lienzo en que está pintada una cosa./ Obra pintada./ Sustancia con que se pinta./ fig. Descripción viva y animada de personas o cosas.

pinza. f. Instrumento de metal cuyos extremos se aproximan para sujetar algo./ Cualquiera de los órganos que tienen ciertos animales, como el cangrejo, para coger las cosas./ Pliegue que se cose a la tela para darle una forma determinada.

pinzar. tr. Sujetar con pinza./ Plegar a manera de pinza una cosa.

pinzón. m. Pájaro del tamaño del gorrión, con plumaje de diversos colores, de buen canto.

piña. f. Fruto del pino./ *Arg.* y *Cuba.* fam. Puñada, puñetazo.

piñón. m. Semilla del pino./ Arbusto americano./ Rueda dentada que engrana con una cadena o con otra rueda más grande, en una máquina.

pío, a. a. Inclinado a la piedad, devoto.

piojo. m. Insecto que vive parásito de los mamíferos, de cuya sangre se alimenta.

piola. f. *Amér.* Cordel, cuerda delgada.

piolín. m. *Arg.* y *Chile.* Piola delgada.

pionero, ra. s. Persona que inicia la exploración de nuevas tierras o la colonización de un país./ fig. Hombre emprendedor, que abre el camino a otros.

piorrea. f. Flujo de pus, principalmente en las encías.

pipa. f. Tonel para transportar y guardar líquidos./ Tubo terminado en un recipiente, para fumar tabaco picado./ Pepita, simiente.

pipeta. f. Tubo de cristal, ensanchado en su parte media, que se emplea para pasar pequeñas porciones de líquido de un vaso a otro.

piqueta. m. Herramienta con mango de madera y dos bocas, una aguzada y otra plana.

piquete. m. Herida pequeña causada por un instrumento cortante./ Agujero pequeño en la ropa./ Grupo poco numeroso de soldados./ Jalón pequeño.

pira. f. Hoguera donde antiguamente se quemaban los cuerpos de los muertos y las víctimas de los sacrificios./ fig. Hoguera.

pirámide. f. *Geom.* Cuerpo de base poligonal y caras laterales triangulares que se juntan en un solo punto, llamado vértice, y forman un ángulo poliedro./ Monumento en forma de pirámide.

piraña. f. Pez de los ríos de América del Sur, de pequeño tamaño y boca armada de numerosos y afilados dientes. Vive en grupos y es temido por su voracidad, que lo lleva a atacar al ganado que cruza los ríos. Existen varias especies del mismo género.

pirotecnia. f. Arte de preparar materiales explosivos e inflamables, para usos bélicos o para diversión y espectáculo.

pirueta. f. Brinco que dan los bailarines./ Voltereta.

pisar. tr. Poner el pie sobre algo./ Apretar una cosa con los pies o a golpe de maza o pisón./ Anticiparse a otro frustrando su propósito, o birlándole algo./ En las aves, cubrir el macho a la hembra./ fig. Conculcar, hollar./ Pisotear, humillar, maltratar.

piscicultura. f. Arte de dirigir y fomentar la reproducción de los peces y mariscos.

piscina. f. Estanque donde se colocan peces./ Estanque para nadar.

piso. m. Acción y efecto de pisar./ Suelo; pavimento natural o artificial de las habitaciones, calles, caminos, etc./ Conjunto de habitaciones que constituyen vivienda en cualquiera de las plantas de una casa.

pisotear. tr. Pisar reiteradamente, maltratando una cosa./ fig. Humillar, maltratar de palabra.

pista. f. Huella que dejan el hombre o los animales por donde pasan./ Espacio acotado para ciertos tipos de carreras, juegos o competiciones./ Espacio destinado al baile en salones./ Espacio en que actúan los artistas de un circo o de una sala de fiestas./ Franja de terreno con pavimento de hormigón para facilitar el aterrizaje y despegue de aviones./ fig. Conjunto de indicios o señales que conducen a la averiguación de un hecho.

pistola. f. ant. Arma de fuego individual, corta y ligera, manual, de un solo tiro, destinada con preferencia para defensa personal./ Arma de fuego corta, semi-automática, con un cargador en la culata, con la que se apunta y dispara

SMITH AND WESSON
44 MAGNUN Y 357

pistola

con una sola mano. Hasta tiempos recientes estas armas se denominaban *pistolas automáticas.*

pistón. m. Émbolo./ Parte central de la cápsula donde se coloca el fulminante.

pitanza. f. Distribución que se hace a diario de una cosa./ Ración de comida que se distribuye a los pobres./ fam. Alimento cotidiano.

pitar. i. Tocar o sonar el pito./ Distribuir o dar pitanzas./ *Amér.* Fumar.

pito. m. Flauta pequeña de sonido agudo.

pitón. m. *Zool.* Género de reptiles ofidios no venenosos, de gran tamaño./ Tubo recto o curvo que sale de la parte inferior del cuello de los botijos, porrones, etc.

pivote. m. Eje vertical, más especialmente, el extremo cilíndrico o puntiagudo de una cosa donde se inserta otra.

piyama. m. *Amér.* Pijama. Ú.t.c.f.

pizarra. f. Roca de grano fino, de color negro azulado, que se divide con facilidad en hojas planas y se usa para techar./ Trozo de esta roca, algo pulimentado y con marco de madera, en que se escribe o dibuja.

pizarrón. m. *Amér.* Cuadro de madera, hule, etc., que se usa para escribir en él./ Encerado.

pizca. f. fam. Porción muy pequeña de una cosa.

placa. f. Plancha de metal u otra materia por lo general rígida y poco gruesa./ Insignia o distintivo que llevan los agentes de policía para acreditar que lo son./ Lámina, plancha o película que se forma o está superpuesta a un objeto.

placenta. f. Órgano intermediario entre la madre y el feto, durante la gestación./ *Bot.* Parte vascular del fruto a la que están unidas las semillas.

placentero, ra. a. Agradable, alegre.

placer. m. Alegría, regocijo./ Voluntad, consentimiento./ Contento del ánimo./ Diversión, entretenimiento.// tr. Agradar, dar gusto.

plácido, da. a. Sosegado, quieto./ Apacible, grato.

plafón. m. Plano inferior del saliente de una cornisa./ Placa o tablero para cubrir algo./ Adorno en la parte central del techo de una habitación, en el cual está el soporte para suspender la lámpara./ Lámpara plana translúcida, que se coloca pegada al techo para disimular las bombillas.

plaga. f. Calamidad grande en una población./ Peste, daño o enfermedad grave./ Abundancia de una cosa nociva./ Azote que aflige a la agricultura, como la langosta.

plagar. tr./ prl. Llenar o cubrir con algo nocivo.

plagiar. tr. fig. Copiar obras ajenas, tomándolas como propias./ Secuestrar a una persona para pedir rescate por ella.

plan. m. Altitud o nivel./ Intento, proyecto./ Programa para la ejecución de un proyecto.

plana. f. Cada una de las dos caras de una hoja de papel./ Porción extensa de un territorio llano./ Conjunto de líneas que forman cada página.

plancha. f. Lámina de metal de poco espesor./ Utensilio de hierro que se usa para planchar.

planchar. tr. Estirar o asentar la ropa con la plancha caliente.

plancton. m. Conjunto de organismos animales y vegetales, generalmente diminutos, que flotan o están en suspensión en las aguas dulces o saladas.

planear. tr. Hacer planes o proyectos./ Formar el plan de una obra.

planeta. m. Cada uno de los cuerpos celestes, opacos, que giran alrededor del Sol con movimiento propio y periódico, y brillan con su luz. Los planetas de nuestro sistema solar son nueve: Mercurio, Venus, la Tierra, Marte, Júpiter, Saturno, Urano, Neptuno y Plutón.

planetario, ria. a. Rel. a los planetas.// m. Aparato que representa los planetas del sistema solar y sus movimientos respectivos.

planicie. f. Terreno llano y extenso; llanura.

planificar. tr. Trazar planos./ Hacer un plan.

planilla. f. Nómina, lista./ Amér. Formulario.

planisferio. m. Mapa que representa las esferas celestes o terrestres en un plano.

plano, na. a. Liso, llano./ Geom. Rel. al plano.// m. Top. Representación gráfica en una superficie y por medio de procedimientos técnicos, de un terreno, de la planta de un edificio, de una plaza, etc..

planta. f. Parte inferior del pie con que se pisa./ Vegetal, ser orgánico que no cambia de sitio por impulso de la voluntad./ Árbol u hortaliza que, sembrada y nacida en algún lugar, está dispuesta para ser transplantada a otro./ Plan que determina las dependencias y empleados de una oficina, universidad, etc.

plantar. a. Rel. a la planta del pie.// tr. Meter una planta en la tierra, para que arraigue./ Poblar de plantas un terreno./ fig. Fijar y poner erguida una cosa./ Fundar, establecer./ Dejar a uno burlado.// prl. fig. Resolverse a no ejecutar o a resistir alguna cosa./ fig. y fam. Ponerse de pie, firme, ocupando un sitio./ Pararse un animal de manera que resulte trabajoso hacerle seguir adelante.

plantear. tr. Trazar o hacer una planta de alguna cosa./ fig. Tratándose de temas o cuestiones, proponerlos o presentarlos.

plantel. m. Criadero de plantas./ Establecimiento o reunión de gente capaz en alguna profesión, ejercicio, etc.

plantígrado, da. a. y s. Zool. Dícese de los cuadrúpedos que al andar apoyan en el suelo toda la planta de los pies y las manos, como el oso.

plantío, a. a. Dícese del lugar plantado o que se puede plantar.// m. Acción de plantar./ Lugar plantado./ Conjunto de vegetales.

plañir. i. Gemir, llorar sollozando.

plaqueta. f. Elemento constitutivo de la sangre, de forma circular u ovalada, que interviene en la coagulación./ Placa pequeña.

plasma. m. Parte líquida de la sangre y de la linfa, que contiene substancias nutritivas y reconstituyentes de los tejidos y otras de desecho./ Biol. Líquido que resulta de suprimir de la sangre sus elementos sólidos.

plasmar. tr. Formar, hacer una cosa, en especial de barro.

plástico, ca. a. Rel. a la plástica./ Que puede modelarse; blando, dúctil.// f. Arte de modelar.

plata. f. Metal brillante, blanco, sonoro, dúctil y maleable. Símb., Ag.; n. at., 47; p. at., 107,873./ fig. Moneda o monedas de plata./ Dinero en general.

plataforma. f. Tablero horizontal elevado, para ubicar personas o cosas./ Suelo superior, a modo de azotea, de las torres y otras obras./ Vagón descubierto y con bordes de poca altura./ Parte anterior y posterior de vagones de pasajeros./ Amér. Programa de un partido político./ Arg. Andén de las estaciones de ferrocarril.

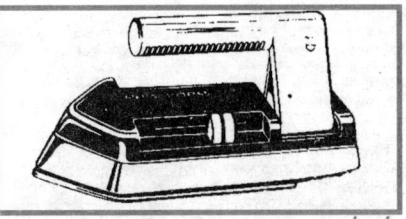

plancha

plátano. m. Árbol de tronco recto y redondo y corteza correosa y blanca que se cae para que aparezca otra nueva, hojas grandes y fruto que cuelga de un piececillo largo./ Planta musácea, con tallo compuesto de varias cortezas herbáceas, metidas unas en otras. El fruto es largo, triangular y blanco, cubierto de una piel de color amarillento, interior carnoso, sin semillas ni huesos. También se llama banano./ Fruto de esta planta, de sabor delicado y aroma agradable.

platea. f. Parte baja de los teatros./ Arg. Butaca de la platea.

platear. tr. Cubrir de plata una cosa.

platería. f. Arte y oficio de platero./ Comercio donde se venden obras de plata u oro./ Vajilla de plata.

plática. f. Conversación.

platicar. tr./ i. Conversar.

platillo. m. Toda pieza pequeña de forma semejante al plato./ Cada una de las dos piezas en forma de disco que tiene la balanza.// m. pl. Instrumento musical de percusión, compuesto de dos chapas metálicas circulares.

platinar. tr. Cubrir un objeto con una capa de platino.

platino. m. Metal precioso de color blanco grisáceo, muy duro, difícilmente fusible e inatacable por los ácidos, excepto el agua regia. Símb., Pt.; n. at., 78; p. at., 195,23.

plato. m. Vasija baja y redonda con el borde por lo común plano, en que se sirven y comen los manjares./ Platillo de la balanza./ Vianda o manjar servido en los platos.

plausible. a. Digno de aplauso.

playa. f. Ribera arenosa y plana de un mar o río grande./ Amér. Espacio ancho y despejado.

plaza. f. Lugar ancho y espacioso dentro de una población./ Lugar espacioso donde se celebran ferias, mercados, etc./ Todo lugar fortificado./ Sitio determinado para una persona o cosa./ Oficio, empleo./ Población donde se realizan operaciones considerables de comercio por mayor.

plazo. m. Término señalado para una cosa./ Vencimiento del término.

pleamar. f. Término de la creciente del mar./ Tiempo que ésta dura.

plebe. f. Clase social común; pueblo.

plebeyo, ya. a. Rel a la plebe, propio de ella./ a. y s. Apl. a la persona que no es noble.

plebiscito. m. Ley que establecía la plebe de Roma a propuesta de su tribuno./ Resolución tomada por todo un pueblo por pluralidad de votos.

plegamiento. m. Efecto producido en la corteza terrestre por el movimiento conjunto de rocas sometidas a una presión lateral.

plegar. tr./ prl. Hacer pliegues en una cosa.// prl. fig. Doblarse, someterse./ i. Amér. Adherir, convenir en un dictamen o partido. Ú.t.c.prl.

pitón

plegaria. f. Súplica humilde y ferviente.

pleitear. tr. Litigar por vía judicial sobre una cosa.

pleitesía. f. Manifestación reverente de cortesía.

pleito. m. Litigio judicial./ Contienda o batalla que se determina por las armas./ Disputa o riña doméstica o privada./ *For.* Proceso o cuerpo de autos sobre cualquier causa.

plenario, ria. a. Completo, entero.

plenilunio. m. Luna llena.

plenipotenciario, ria. a. y s. Apl. a las personas que un gobierno envía como representante ante otro, con plenos poderes para resolver un asunto.

plenitud. f. Totalidad, integridad.

poncho

pleno, na. a. Lleno, completo.

plesiosaurio. m. Reptil fósil que se supone tenía la forma de un gigantesco lagarto.

pletórico, ca. a. fig. Lleno, henchido.

pleura. f. Cada una de las membranas serosas que cubren las paredes de la cavidad torácica y la superficie de los pulmones de los mamíferos.

pliego. m. Pieza de papel de figura cuadrangular doblada por el medio./ Carta, oficio o documento que se envía cerrado.

pliegue. m. Doblez que se forma en una parte de una tela, papel u otra cosa flexible.

plisar. tr. Formar pliegues iguales y angostos en una tela.

plomada. f. Pesa de plomo u otro metal que, colgada de una cuerda, sirve para señalar la línea vertical.

plomero. m. El que trabaja o hace cosas de plomo, o las arregla.

plomo. m. Metal gris azulado, pesado, muy tóxico, fusible, que al aire se toma fácilmente y con los ácidos forma sales venenosas. Símb., Pb.; n.at., 82; p. at., 207,21.

pluma. f. Cada una de las piezas que cubren el cuerpo de las aves. / Conjunto de plumas./ Pluma de ave para escribir./ Instrumento de metal, colocado en un mango, para el mismo uso./ Mástil de una grúa.

plúmbeo, a. a. Que es de plomo / fig. Que pesa como el plomo.

plural. a./ m. *Gram.* Número que indica dos o más personas o cosas.

pluralidad. f. Número grande de cosas, abundancia.

pluvial. a. Relativo a la lluvia.

población. f. Acción y efecto de poblar./ Número de personas de una nación, ciudad o pueblo./ Ciudad, villa o lugar.

poblado. m. Población, ciudad, villa o lugar.

poblar. tr./ i. Fundar pueblos./ tr. Ocupar con habitantes un lugar para que vivan o trabajen en él./ Por ext., se dice de animales o cosas./ Procrear mucho.// prl. Echar muchas hojas los árboles.

pobre. a. y s. Que no tiene lo necesario para vivir o lo tiene con escasez./ a. Escaso, limitado./ fig. Humilde, de poco valor./ Infeliz, desdichado./ Corto de ánimo.// m. y f. Mendigo.

pobreza. f. Necesidad, carencia de lo necesario para vivir./ Falta, estrechez./ fig. Falta de magnanimidad, de nobleza de ánimo.

pocilga. f. Establo para cerdos./ fig. Lugar hediondo y asqueroso.

poción. f. Líquido que se bebe; bebida.

poco, ca. a. Escaso en cantidad o calidad.// m. Cantidad escasa.// adv. Con escasez, en reducido número o cantidad, en corto grado.

poda. f. Acción y efecto de podar./ Tiempo en que se efectúa.

podar. tr. Cortar las ramas superfluas de las plantas, árboles./ fig. Suprimir partes de un discurso, escrito, etc.

poder. m. Dominio que uno tiene para mandar o hacer una cosa./ Capacidad, posibilidad./ Fuerzas de un estado, particularmente las militares./ Acto o instrumento en que uno autoriza a otro para que obre en su representación. Ú. frecuentemente en pl./ Fuerza, vigor, poderío.// pl. fig. Facultades.

poderío. m. Fuerza para hacer o impedir algo./ Poder, dominio./ Vigor./ Potestad, facultad.

poderoso, sa. a. Que tiene poder. Ú.t.c.s.

podio. m. Pedestal largo que soporta una serie de columnas./ Plataforma o tarima donde se coloca una persona para ponerla en un lugar preeminente.

podredumbre. f. Calidad dañosa que adquieren las cosas y las pudre.

podrido, da. a. Echado a perder, dañado.

podrir. tr./ prl. Pudrir.

poema. m. Obra poética, especialmente si está escrita en verso y pertenece a los géneros lírico, épico, dramático y didáctico./ Por antonomasia, composición lírica en verso, de sentido unitario.

poesía. f. Manifestación de la belleza o del sentimiento estético por medio de la palabra, en verso o en prosa./ Cada uno de los géneros en que se dividen las obras literarias: poesía épica, lírica, dramática./ Poema lírico en verso./ Idealidad, lirismo./ Arte de componer obras poéticas en verso o en prosa.

poeta. m. El que compone obras poéticas.

poético, ca. Rel. a la poesía./ Que manifiesta o expresa un alto grado de cualidades propias de la poesía, en especial, las de la lírica./ Que participa de las cualidades de la idealidad, espiritualidad y belleza propias de la poesía./ Propio o característico de la poesía.

poetizar. i. Componer versos u obras poéticas.// tr. Embellecer algo con el encanto de la poesía.

polaina. f. Especie de media calza.

polar. a. Rel. a los polos.

polea. f. Rueda que se mueve alrededor de un eje, con la circunferencia acanalada, por cuya garganta pasa una cuerda o cadena./ Rueda de llanta plana, que se usa en la transmisión por medio de correas.

polémico, ca. a. Rel. a la polémica.// f. Arte que enseña los medios de ataque y defensa de las plazas fuertes./ Discusión, controversia.

polemizar. i. Entablar o sostener una polémica; disputar.

polen. m. *Bot.* Polvillo fecundante contenido en la antera de las flores.

policía. f. Buen orden que se guarda en las ciudades y repúblicas, cumpliéndose las leyes u ordenanzas./ Cuerpo armado encargado de mantener el orden público y de velar por la seguridad de los ciudadanos.// m. Agente de policía.

policlínica. f. Establecimiento para atender diversas especialidades médicas o quirúrgicas.

polícromo, ma. a. De varios colores.

poliedro. a. *Geom.* Apl. al ángulo formado por varios planos que se cortan en un punto.// m. *Geom.* Cuerpo limitado por superficies planas.

polifacético, ca. a. Que ofrece varios aspectos o facetas.

polígamo, ma. a. Dícese del hombre casado a la vez con dos o más mujeres. Ú.t.c.s.// *Bot.* Dícese de las plantas que tienen en uno o más pies flores masculinas, femeninas, y hermafroditas.

polígloto, ta o **poligloto, ta.** a. Escrito en varias lenguas./ / a. y s. Versado en varias lenguas.

poligonal. a. *Geom.* Rel. al polígono./ Dícese del prisma o pirámide cuyas bases son polígonos.

polígono. a. Poligonal.// m. *Geom.* Porción de plano limitado por rectas./ Campo de tiro y de maniobras de artillería.

polilla. f. Mariposa nocturna, cuya larva destruye la materia en que anida./ Larva de este insecto./ fig. Lo que destruye insensiblemente una cosa.

polimorfo, fa. a. Que puede tener varias formas.

polinización. f. *Bot.* Transporte del polen desde el estambre hasta el pistilo en que ha de germinar.

poliomielitis. f. Enfermedad infecciosa y contagiosa, producida por un virus, que ataca los centros nerviosos y provoca parálisis.

pólipo. m. Animal celenterado cuya boca, rodeada de tentáculos, lleva a un estómago simple./ Pulpo./ Tumor pediculado que se forma y desarrolla en las membranas mucosas de distintas cavidades.

polisílabo, ba. a. y s. Que consta de varias sílabas.

política. f. Arte, opinión o doctrina referente al gobierno del Estado./ Actividad de los que rigen o aspiran a regir los asuntos públicos./ Actividad del ciudadano cuando interviene en los asuntos públicos./ Cortesía, urbanidad./ Arte con se conduce un asunto./ Orientación, directriz.

político, ca. a. Rel. a la política./ Cortés, urbano./ Que interviene en asuntos de gobierno. Ú.t.c.s./ Aplicado a un nombre de parentesco por consanguinidad, el correspondiente por afinidad.

póliza. f. Libranza en que se da orden para cobrar un dinero./ Documento justificativo del contrato de seguros, operaciones de bolsa, etc.

polizón. m. Persona que se embarca clandestinamente./ Individuo ocioso y sin ocupación.

pollo. m. Cría de las aves, esp. de las gallinas./ Cría de las abejas./ fig. y fam. Persona de corta edad.

polo. m. Cada uno de los dos extremos del eje de rotación de una esfera o cuerpo redondeado, en especial los de la Tierra./ Región contigua a un polo terrestre./ fig. Aquello en que estriba una cosa y sirve como fundamento a otra./ *Elec.* Cualquiera de las dos extremidades del circuito de una pila o de ciertas máquinas eléctricas./ *Fís.* Cada uno de los dos puntos opuestos de un cuerpo en los cuales se acumula en mayor cantidad la energía de un agente físico.

polución. f. Efusión de semen./ Contaminación intensa y dañina del agua o del aire, por los residuos de procesos industriales o biológicos.

polvareda. f. Polvo que se levanta de la tierra, por efecto del viento./ Efecto producido entre las gentes por dichos o hechos que las alteran.

polvo. m. Porción pequeña y seca de tierra, que se levanta con el viento./ Lo que queda de otras cosas sólidas, después de molidas.

pólvora. f. Mezcla, por lo común de azufre, carbón y salitre, que produce una gran explosión al inflamarse. Es el principal agente de la pirotecnia.

polvorín. m. Pólvora muy menuda./ Lugar donde se guarda pólvora y otros explosivos.

pomada. f. Mezcla de una sustancia grasa con otros ingredientes, que se usa como cosmético o medicamento.

pomelo. m. Arbolillo originario del Asia; da una fruta de corteza amarillo rojiza y de pulpa algo amarga./ Fruto de este árbol.

pomo. m. Fruto carnoso y con varias semillas, como la manzana y la pera./ Recipiente para perfumes y otras sustancias./ Extremo de la guarnición de la espada.

pompa. f. Acompañamiento suntuoso y solemne./ Grandeza, fastuosidad./ Procesión solemne.

pómulo. m. Hueso de cada una de las mejillas./ Parte del rostro, correspondiente a este hueso.

poncho. m. Capote militar con mangas y esclavina, ceñido a la cintura con cinturón./ *Amér.* Especie de manta cuadrangular, con una abertura en el medio para meter por ella la cabeza, que queda pendiente de los hombros y cubre el cuerpo.

ponderar. tr. Examinar el peso de una cosa./ Examinar con atención y cuidado un asunto.

ponencia. f. Propuesta que se somete al examen y resolución de una asamblea.

poner. tr. Colocar una persona o cosa en su lugar. Ú.t.c.prl./ Disponer o prevenir una cosa./ Contar o determinar./ Suponer, dar por sentada una cosa./ Apostar./ Soltar el huevo las aves./ Dedicar a uno a un oficio o empleo. Ú.t.c.prl./

Escotar o concurrir con otros./ Tratar mal a uno de palabra./ Oponerse a una persona./ Vestirse, ataviarse./ Mancharse o llenarse./ Comparar, competir con otro./ Ocultarse los astros debajo del horizonte.

poniente. m. Occidente, punto cardinal.

pontífice. m. Sacerdote de la antigua Roma./ Obispo u arzobispo./ Por anton., el Papa.

pontón. m. Embarcación chata, cubierta con planchas de hierro, que se utiliza para pasar los ríos o construir puentes./ Buque viejo que sirve de almacén, hospital, prisión, etc./ Puente de maderos o de una sola tabla.

ponzoña. f. Sustancia que contiene cualidades nocivas para la salud, o destructivas de la vida.

popa. f. Parte posterior de las embarcaciones.

popular. a. Rel. al pueblo./ Que es o procede del pueblo./ Propio de las clases sociales menos favorecidas./ Que está al alcance de los menos dotados económicamente./ Que es estimado, o por lo menos conocido, por el público en general.

popularidad. f. Aceptación que uno tiene en el pueblo.

popularizar. tr./ prl. Acreditar, dar fama a una persona o cosa, extender su estimación en el concepto del público./ Dar carácter popular a una cosa.

populoso, sa. a. Muy poblado.

por. prep. Indica el agente en las oraciones pasivas./ Señala el lugar de un movimiento o el tiempo en que se realiza una acción./ Denota causa, medio, modo, precio, opinión, multiplicación de números, proporción, sustitución, etc.

porcelana. f. Producto de cerámica fina, traslúcida, dura y lustrosa./ Vasija de porcelana.

porche. m. Soportal, cobertizo./ Atrio, andén.

porcino, na. Rel. al puerco.// m. Puerco pequeño.

porción. f. Cantidad sacada de otra mayor./ Pedazo, trozo.

pordiosero, ra. a. y s. Dícese del pobre mendigo que pide limosna.

porfiar. i. Discutir y altercar con obtinación y tenacidad./ Continuar insistentemente una acción para el logro de un propósito.

pormenor. m. Reunión de circunstancias menudas. Ú.m. en pl.

pormenorizar. tr. Describir o enumerar minuciosamente.

pornografía. f. Tratado acerca de la prostitución./ Carácter obsceno de las obras artísticas.

poro. m. Espacio entre las moléculas de los cuerpos./ Intersticio entre las partículas de los sólidos de estructura discontinua./ Orificio casi invisible en la superficie de los animales y vegetales.

poroto. m. *Amér.* Especie de judía.

porque. conj. Indica causa o razón./ Señala finalidad.

porqué. m. fam. Motivo, razón o causa.

porquería. f. fam. Inmundicia, suciedad, basura./ Acción sucia o indecente./ Grosería.

porra. f. Cachiporra o clava./ *Arg.* Mechón de pelos enredados.

porcelana

porrón. m. Vasija de barro de vientre ancho./ Redoma de vidrio, con pitón largo para beber a chorro.

portaaviones. m. Buque de guerra dispuesto para transportar y lanzar al aire aviones.

portada. f. Adorno en la fachada de los edificios./ Primera plana de los libros impresos.

portador, ra. a. y s. Que lleva o trae una cosa.// m. Tenedor de un documento no nominativo, sino transmisible sin endoso.

portal. m. Zaguán de una casa./ Atrio cubierto.

portaplumas. m. Mango en que se coloca la pluma metálica.

portar. tr. Llevar o traer.// prl. Con los adv. *bien* o *mal* u otros semejantes, gobernarse con acierto y lealtad, o, por el contrario, con necedad o engaño./ Tratarse con decencia y lucimiento./ Por ext., distinguirse, quedar airoso.

portátil. a. Movible y fácil de transportar.

portavoz. m. Bocina para hacer llegar la voz a distancia./ fig. El que por su autoridad representa a una escuela, una colectividad, etc., o lleva su voz./ fig. Funcionario autorizado para comunicar de manera oficiosa lo que piensa un gobierno.

portazo. m. Golpe fuerte que se da con la puerta.

porte. m. Cantidad que se paga por transportar una cosa./ Presencia, aspecto./ Grandeza, capacidad de una cosa.

portento. m. Cosa, suceso o acción singular que causa admiración o espanto.

porteño, ña. a. y s. De cualquier puerto./ De Buenos Aires./ De Valparaíso (Chile)./ De Puerto Carreño (Colombia).

portero, ra. s. Persona que cuida la puerta de una casa, y se ocupa de vigilar la entrada y salida, del aseo, etc.// m. Jugador que en algunos deportes defiende la portería de su equipo.

pórtico. m. Sitio cubierto, con arcadas y columnas en la entrada de los templos y otros edificios./ Galería con arcadas o columnas.

portillo. m. Abertura que hay en las murallas o paredes./ Postigo o puerta pequeña.

portón. m. aum. de puerta./ Puerta que divide el zaguán del resto de la casa.

portorriqueño, ña. a. y s. De Puerto Rico.

porvenir. m. Tiempo o sucesos futuros.

posada. f. Casa propia de cada uno./ Cada de huéspedes.

posar. i. Alojarse en una casa o posada./ Descansar, reposar./ Pararse, asentarse las aves u otros animales que vuelan. Ú.t.c.prl./ Servir de modelo a un pintor o escultor.// tr. Soltar la carga para reposar.// prl. Depositarse en el fondo las partículas sólidas que están en suspensión en un líquido, o caer el polvo sobre las cosas o en el suelo.

posdata. f. Lo que se añade a una carta ya concluida y firmada.

pose. f. Actitud o postura de la persona que se utiliza como modelo, entre pintores o escultores./ fig. y fam. Presunción, petulancia, afectación./ *Fotogr.* Exposición.

poseer. tr. Tener uno en su poder una cosa.

posesivo, va. a. Que denota posesión./ *Gram.* Dícese del pronombre que indica posesión o pertenencia.

poseso, sa. p. p. irreg. de **poseer.**

posibilidad. f. Aptitud u ocasión para ser o existir las cosas./ Aptitud o facultad para hacer o no hacer una cosa.

posibilitar. tr. Hacer posible una cosa.

posible. a. Que puede ser o suceder, que se puede ejecutar.

posición. f. Postura./ Acción de poner./ Condición social de cada persona respecto de las demás.

positivo, va. a. Cierto, verdadero, que no ofrece duda.

poso. m. Sedimento, residuo./ Quietud, descanso.

posponer. tr. Colocar a una persona o cosa después de otra.

posta. f. Conjunto de caballerías preparadas en los caminos para renovar los tiros, entregar los correos, etc., haciendo más rápidos los viajes./ Casa o lugar donde éstas están alojadas.

postal. a. Rel. al correo.// a./ f. Apl. a la tarjeta que se envía por correo, sin sobre.

postdata. f. Posdata.

poste. m. Madero o columna colocada verticalmente, que sirve de señal o apoyo.

postergar. tr. Retrasar una cosa.

posteridad. f. Descendencia o generación venidera./ Fama póstuma.

posterior. a. Que fue o viene después, o está o queda detrás.

postigo. m. Puerta pequeña abierta en otra mayor./ Puerta falsa.

postillón. m. Mozo que va montando en una caballería de las delanteras del tiro de un carruaje.

postizo, za. a. Que no es natural ni propio./ Añido o tejido de pelo para suplir la falta de éste.

postmeridiano, na o **posmeridiano, na.** a. Rel. a la tarde, o que es después del mediodía.

postrar. tr. Derribar una cosa./ Quitar el vigor./ Enflaquecer, debilitar. Ú.m.c.prl.// prl. Hincarse de rodillas humillándose por tierra.

postrero, ra. a. y s. Último en un lugar o serie./ Que está, se queda o viene detrás.

postular. tr. Pedir, pretender, solicitar.

póstumo, ma. a. Hijo que nace después de la muerte del padre./ Obra aparecida después de la muerte del autor.

postura. f. Modo, figura, actitud en que está puesta una persona, animal o cosa./ Precio que ofrece el comprador por una cosa que se subasta./ Cantidad que se apuesta./ Huevo de las aves./ Acción de ponerlo.

potabilizar. tr. Convertir en potable el agua que no lo es.

potable. a. Que se puede beber.

potasio. m. Metal alcalino de color argentino, blando, muy fusible, alterable al aire, menos pesado que el agua y capaz de producir llama en contacto con ella. Símb., K.; n. at., 19; p. at., 38, 1.

pote. m. Vaso de barro, alto./ Tiesto en figura de jarra./ Vasija circular.

potencia. f. Fuerza para ejecutar una cosa./ Imperio, dominación./ Virtud generativa./ Poder y fuerza de un Estado.

potencial. a. Que encierra o tiene en sí potencia, o perteneciente a ella./ Que puede suceder o existir, en contraposición con lo que sucede o existe./ *Gram.* Apl. al modo verbal que expresa la acción como posible. Ú.t.c.s.

potente. a. Que tiene poder o virtud para una cosa. / Poderoso. / Apl. al hombre capaz de engendrar. / fem. Grande, desmesurado.

potestad. f. Dominio o poder que se tiene sobre una cosa. / - **patria potestad.** Autoridad que los padres tienen sobre los hijos menores no emancipados.

potranca. f. Yegua menor de tres años.

potrero. m. El que cuida los potros./ Lugar dedicado a la cría y pasto de ganado caballar./ *Amér.* Finca rústica en que se crían toda clase de ganados./ *Arg.* Terreno sin edificar en una ciudad o poblado.

potrillo. m. *Amér.* Caballo que no llega a los tres años.

potro, tra. s. Caballo desde que nace hasta que cambia los dientes de leche.// m. Aparato de madera en que se daba tormento a los procesados./ *Arg.* Caballo nuevo que todavía no ha sido domado.

poyo. m. Banco de piedra apoyado en la pared, a la puerta de una casa.

pozo. m. Hoyo profundo que se hace en la tierra, hasta hallar agua o para la extracción de minerales./ Lugar o paraje donde los ríos son más profundos./ Hoyo profundo, aunque esté seco.

práctico, ca. a. Perteneciente a la práctica./ Apl. a las facultades que enseñan la manera de hacer una cosa./ Experimentado, versado en algo.// m. El que dirige las maniobras de una embarcación para entrar en puerto o salir de él.// f. Ejercicio de un arte o facultad, conforme a sus reglas./ Destreza que se adquiere con este ejercicio./ Modo y método que uno observa en sus cosas./ Uso continuado, costumbre o estilo.

practicar. tr. Poner en práctica una cosa que se ha aprendido./ Usar o ejercer continuamente./ Hacer, llevar a cabo.

pradera. f. Prado grande./ Conjunto de prados.

prado. m. Tierra muy húmeda o de regadío donde crece la hierba./ Sitio ameno que sirve de paseo.

preámbulo. m. Aquello que se dice antes de narrar, mandar o pedir algo; exordio, prefación.

prebenda. f. Renta de ciertos oficios eclesiásticos./ fig. y fam. Empleo lucrativo y poco trabajoso.

precario, ria. a. De poca duración o estabilidad.

precaución. f. Prudencia, cautela, reserva.

precaver. tr./ prl. Prevenir un peligro o daño para guardarse de él.

precavido, da. a. Sagaz, cauto, que sabe precaver los riesgos o peligros.

preceder. tr. Ir delante en lugar, tiempo u orden. Ú.t.c.i./ Anteceder.

precepto. m. Orden que hace cumplir el superior./ Regla o norma para el conocimiento o manejo de un arte o facultad.

preceptor, ra. s. Persona que enseña.

preces. f. pl. Súplicas, ruegos.

preciar. tr. Apreciar.// prl. Jactarse, alardear.

precinto. m. Ligadura sellada con que se cierran los cajones, paquetes, etc.

precio. m. Valor pecuniario con que se estima una cosa./ fig. Estimación, importancia, crédito.

precioso, sa. a. Excelente, exquisito y digno de estimación y aprecio./ De gran valor.

precipicio. m. Despeñadero.

precipitación. f. Acción y efecto de precipitar o precipitarse./ Agua que cae de la atmósfera en forma líquida o sólida, y se deposita en la superficie de la tierra.

precipitado, da. a. Atropellado, imprudente.

precipitar. tr./ prl. Arrojar de un lugar alto, despeñar.// tr. Apresurar./ fig. Exponer a alguien a una ruina temporal o espiritual./ Separar una materia sólida del líquido en que está disuelta./ prl. fig. Arrojarse sin prudencia a hacer o decir algo.

precisar. tr. Determinar de un modo preciso./ Forzar, obligar a hacer algo./ Amér. Necesitar.

precisión. f. Necesidad que obliga a hacer una cosa./ Exactitud, concisión, determinación, puntualidad./ Refiriéndose al lenguaje, estilo, etc., concisión y exactitud.

preciso, sa. a. Indispensable, necesario./ Puntual, fijo./ Distinto, claro y formal./ Refiriéndose al lenguaje, estilo, etc., conciso y rigurosamente exacto.

preclaro, ra. a. Ilustre, digno de admiración y respeto.

precocidad. f. Calidad de precoz.

precolombino, na. a. Dícese de lo rel. a América, antes de su descubrimiento por Colón.

preconcebir. tr. Establecer de antemano alguna idea o proyecto que ha de ejecutarse.

precoz. a. Dícese del fruto prematuro./ Apl. a la persona de poca edad que muestra cualidades que normalmente son más tardías./ Dícese de estas cualidades.

precursor, ra. a. y s. Que precede o va delante.

predatorio, ria. a. Rel. al acto de hacer presa.

predecesor, ra. s. Antecesor, antepasado.

predecir. tr. Anunciar algo que va a suceder.

predestinar. tr. Destinar anticipadamente una cosa para un fin.

predeterminar. tr. Determinar o resolver anticipadamente una cosa.

prédica. f. Sermón o plática./ Por ext., perorata, discurso vehemente.

predicado. p. p. de **predicar**.// m. Lóg. y Gram. Lo que se afirma o niega del sujeto en una proposición.

predicar. tr. Publicar, hacer patente alguna cosa./ Pronunciar un sermón.

predicativo, va. a. Rel. al predicado o que

pórtico

tiene carácter de tal.

predicción. f. Acción y efecto de predecir.

predilecto, ta. a. Preferido por amor o afecto especial.

predio. m. Hacienda, heredad, posesión inmueble.

predisponer. tr./ prl. Preparar anticipadamente para un fin determinado.

predisposición. f. Acción y efecto de predisponer o predisponerse.

predispuesto, ta. p. p. de predisponer. // a. Inclinado hacia algo./ Dispuesto con anterioridad.

predominio. m. Superioridad, imperio o fuerza dominante que se tiene sobre una persona o cosa.

preeminencia. f. Privilegio, exención o preferencia que goza uno respecto de otro, por especial mérito o razón.

preeminente. a. Sublime, superior más elevado.

prefabricado, da. a. Dícese de la construcción cuyas partes principales se envían ya fabricadas al lugar de su emplazamiento.

prefacio m. o **prefación** f. Prólogo, discurso que antecede al cuerpo de una obra.

preferencia. f. Ventaja o primacía que tiene una persona o cosa sobre otra.

preferir. tr. Dar preferencia. Ú.t.c.prl.

prefigurar. tr. Representar anticipadamente alguna cosa.

prefijación. f. Gram. Modo de formar nuevas palabras por medio de prefijos.

prefijar. tr. Determinar o fijar con anticipación una cosa.

prefijo, ja. a./ m. Gram. Afijo que va antepuesto a un vocablo, en las palabras compuestas.

pregón. m. Promulgación en voz alta que se hace de una cosa en los sitios públicos.

pregonar. tr. Publicar, hacer notoria una cosa en voz alta./ Anunciar a voces uno la mercancía o género que lleva para vender./ fig. Publicar lo oculto o lo que debía callarse.

pregunta. f. Interrogación que uno hace para que otro responda.

preguntar. tr./ prl. Hacer preguntas, interrogar.

prehistoria. f. Ciencia que estudia la historia del mundo y del hombre anterior a todo testimonio escrito.

prejuicio. m. Acción y efecto de prejuzgar.

prejuzgar. tr. Juzgar las cosas antes de tiempo, o sin tener conocimiento cabal de ellas.

prelación. f. Preferencia que debe darse a una cosa con respecto a otra, con la cual se compara.

prelado. m. Superior eclesiástico.

preliminar. a. Que sirve de preámbulo./ fig. Que antecede a una acción, litigio, etc. Ú.t.c.s.

preludiar. i. Mús. Probar un instrumento, o la voz, antes de comenzar la pieza principal./ tr. fig. Preparar, iniciar una cosa, darle entrada.

prehistoria

BROCHE DE HUESO PARA LA ROPA

LANZA

AGUJAS

preludio. m. Lo que precede o sirve de preparación a una cosa./ Lo que se toca o canta para probar los instrumentos, ensayar la voz, etc./ Composición musical independiente que precede a la ejecución de otras obras./ Obertura o sinfonía.

premeditar. tr. Pensar detenidamente una cosa antes de ejecutarla.

premiar. tr. Remunerar o recompensar los méritos de alguien./ Entregar un premio.

premio. m. Remuneración o recompensa que se otorga por un mérito o servicio.

premonición. f. Presagio, presentimiento.

premura. f. Urgencia, prisa, apuro.

prendar. tr. Tomar una prenda como garantía./ Ganar la voluntad y agrado de una persona.// prnl. Aficionarse, enamorarse.

prender. tr. Sujetar, agarrar./ Asegurar a una persona privándola de la libertad./ Hacer presa una cosa en otra./ Amér. Dar luz, encender.// i. Arraigar las plantas en la tierra.

prensa. f. Máquina que sirve para comprimir o prensar./ fig. Imprenta./ Conjunto de publicaciones, en especial las periódicas.

prensar. tr. Apretar una cosa en la prensa./ Comprimir.

prensil. a. Que sirve para asir o prender.

prenunciar. tr. Anunciar de antemano.

preñar. tr. Hacer concebir a la hembra. / fig. Llenar, henchir.

preocupación. f. Cuidado, previsión, desvelo ante una contingencia azarosa o adversa./ Prevención que una cosa obtiene o merece.

preocupar. tr./ prnl. Ocupar primero o con anticipación./ fig. Prevenir el ánimo de uno de manera que dificulte el asentir a otra opinión./ Embargar el ánimo.

preparar. tr. Disponer, prevenir una cosa para un fin./ Efectuar las operaciones necesarias para obtener un producto; prevenir el advenimiento de un hecho.// prnl. Disponerse y prevenirse para llevar a cabo una cosa con algún fin determinado.

preponderancia. f. Mayor peso de alguna cosa con respecto de otra./ fig. Superioridad.

preposición. f. Gram. Parte invariable de la oración que denota el régimen o que indica la relación que tienen entre sí las palabras. Las preposiciones son las siguientes: a, ante, bajo, cabe, con, contra, de, desde, en, entre, hacia, hasta, para, por, según, sin, so, sobre y tras.

prepotencia. f. Poder superior, real o supuesto, al de otros, o abuso de tal poder.

prepotente. a. Más poderoso que otros, o muy poderoso./ Que abusa de su poder o hace alarde de él.

prerrogativa. f. Privilegio.

presagiar. tr. Anunciar o prever una cosa por medio de presagios.

presagio. m. Señal que anuncia y previene un suceso./ Adivinación por señales o presentimiento.

presbítero. m. Sacerdote o clérigo.

prescindir. i. Hacer abstracción de una persona o cosa; no mencionarla./ Abstenerse, evitarla.

prescribir. tr. Disponer que se haga una cosa./ / i. Extinguirse un derecho, una acción, etc., por haber transcurrido cierto tiempo.

presencia. f. Estado de una persona que se encuentra delante de otra u otras o en el mismo paraje de ellas./ Figura y disposición del cuerpo.

presenciar. tr. Hallarse presente ante un suceso, acontecimiento, etc.

presentación. f. Acción y efecto de presentar o presentarse.

presentar. tr./ prnl. Poner una cosa en presencia de uno, mostrarla.// tr. Dar graciosa y voluntariamente alguna cosa a uno./ Introducir a uno en la casa o en el trato de otro.// prnl. Ofrecerse voluntariamente a una persona./ Comparecer.

presente. a. Que está delante o en presencia de uno./ Tiempo actual./ m. Obsequio, regalo.

presentimiento. m. Movimiento del ánimo que hace prever lo que va a suceder.

presentir. tr. Antever o adivinar una cosa.

preservar. tr./ prnl. Poner a cubierto anticipadamente a una persona o cosa, de algún daño o peligro.

preservativo, va. a. Que tiene virtud o eficacia de preservar. // m. Funda o cubierta fina de goma para cubrir el pene durante el coito.

presidencia. f. Dignidad o cargo de presidente./ Acción de presidir./ Sitio que ocupa el presidente./ Tiempo que dura el cargo.

presidente. p. act. de presidir.// m. El que preside./ Superior de un consejo, tribunal, sociedad, etc./ En una república, el jefe electivo del Estado. Puede serlo también del Poder Ejecutivo cuando el régimen es presidencialista.

presidiario. m. El que cumple una condena en presidio.

presidio. m. Guarnición de soldados que se pone en las plazas, fortalezas, etc./ Establecimiento penitenciario donde se purgan delitos graves.

presidir. tr. Ocupar el primer lugar en una asamblea, junta, tribunal, empresa, etc./ Predominar.

presión. f. Acción y efecto de apretar o comprimir./ Apremio, coacción.

presionar. tr. Ejercer presión, comprimir./ fig. Ejercer coacción moral en el ánimo de uno.

preso, sa. p. p. irreg. de prender.// a. y s. Persona que sufre prisión.

prestación. f. Acción y efecto de prestar.

préstamo. m. Acción y efecto de prestar./ Cosa prestada.

prestancia. f. Excelencia, superior calidad.

prestar. tr. Dar a uno alguna cosa, con obligación de devolverla./ Ayudar o contribuir al logro de alguna cosa./ Dar, comunicar.// prnl. Ofrecerse a una cosa.

presteza. f. Prontitud para hacer o decir algo.

prestidigitación. f. Arte o habilidad para hacer juegos de manos.

prestigiar. tr. Dar prestigio o importancia.

prestigio. m. Autoridad, ascendiente, influencia./ Buen crédito.

presto, ta. a. Diligente, pronto para hacer una cosa./ Preparado.// adv. t. Luego, al punto.

presumido, da. a. y s. Que presume; jactancioso.

presumir. tr. Sospechar o juzgar una cosa por algún indicio./ / i. Vanagloriarse.

presunción. f. Acción y efecto de presumir./ Vanidad, fatuidad.

presuntuoso, sa. a. Lleno de presunción.

presuponer. tr. Dar con anterioridad por cierta una cosa para pasar a tratar otra.

presupuestar. tr. Hacer un presupuesto.

presupuesto. p. p. irreg. de presuponer.// m. Motivo, causa./ Suposición./ Cálculo anticipado del costo de una obra y de los ingresos y egresos de una corporación u organismo.

primate

prensa

presuroso, sa. a. Veloz, ligero.

pretencioso, sa. a. Presuntuoso, presumido.

pretender. tr. Solicitar una cosa, haciendo las diligencias necesarias para conseguirla./ Procurar.

pretensión. f. Solicitación de una cosa que se desea./ pl. Deseos, ambiciones.

preterir. tr. Prescindir, hacer caso omiso de una persona o cosa.

pretérito, ta. a. Dícese de lo que ya ha pasado u ocurrió.// a./ m. *Gram.* Tiempo del verbo que sirve para denotar la acción que ya ha sucedido.

pretextar. tr. Valerse de un pretexto.

pretexto. m. Motivo simulado para hacer o dejar de hacer algo./ Excusa.

pretor. m. Magistrado romano que ejercía su jurisdicción en Roma y otras provincias.

prevalecer. i. Sobresalir; tener una persona o cosa alguna superioridad o preeminencia entre otras.

prevaricación. f. Acción y efecto de prevaricar.

prevaricar. i. Delinquir los empleados públicos./ Faltar uno a sabiendas a la obligación del cargo que desempeña.

prevención. f. Acción y efecto de prevenir./ Preparación y disposición que se toma por anticipado.

prevenir. tr. Preparar anticipadamente las cosas para un fin./ Prever./ Advertir, avisar./ Preocupar el ánimo de uno, moviéndole a prejuzgar personas o cosas./ Sobrevenir, sorprender./ / prl. Disponer con anticipación; prepararse de antemano.

prever. tr. Ver anticipadamente./ Conocer por ciertos indicios lo que va a suceder.

previo, via. a. Anticipado, que va delante o acontece primero./ / f. Grabación del sonido antes de impresionar la imagen en las películas.

previsión. f. Acción y efecto de prever.

prez. amb. Honor, fama que se gana por algún hecho glorioso.

prieto, ta. a. De color oscuro, casi negro./ Apretado, ceñido.

primacía. f. Superioridad o ventaja que tiene una cosa con respecto a otra de su especie./ Dignidad o cargo de primado.

primado. m. Primer lugar, grado o excelencia de una cosa respecto de otras. / Primero y más preeminente de todos los arzobispos y obispos de una país o región.

primario, ria. a. Principal, primero en orden o grado.

primate. m. Personaje distinguido.// pl. Orden de mamíferos de organización superior, plantígrados, con extremidades de tipo mano, por lo menos los miembros superiores.

primavera. f. Estación del año que comienza en el equinoccio del mismo nombre y termina en el solsticio de verano./ Época templada del año (en el hemisferio septentrional, desde el 21 de marzo hasta el 21 de junio, y en el meridional, desde el 21 de septiembre hasta el 21 de diciembre)./ Planta perenne con hojas tendidas sobre la tierra y flores amarillas.

primicia. f. Fruto primero de una cosa./ Primera noticia, publicada por un órgano informativo antes que los otros.

primitivo, va. a. Rel. a los orígenes de algo./ Que no tiene origen en otra cosa./ Dícese de los pueblos de civilización poco desarrollada y de los individuos que los componen./ Rudimentario, tosco.

primo, ma. a. Primero./ Excelente, primoroso.// s. Hijo o hija de un tío o tía, respecto de una persona.

primogénito, ta. a. y s. Dícese del hijo o hija que nace primero.

primor. m. Destreza, habilidad, esmero con que se hace una cosa.

primordial. a. Esencial, primero.

primoroso, sa. a. Excelente, perfecto, delicado.

princesa. f. Mujer del príncipe./ La que por sí posee un estado que tiene el título de principado./ Hija del rey.

principado. m. Título o dignidad de príncipe./ Territorio sujeto a su gobierno.

principal. a. Que tiene el primer lugar en estimación e importancia./ Preclaro, ilustre./ Apl. al que tiene el primer lugar en un negocio./ Esencial o fundamental.// m. Jefe de una casa comercial, fábrica, etc.

príncipe. a. Dícese de la primera edición de obra.// m. El primero y más aventajado en una cosa./ Hijo primogénito del rey./ Individuo de familia real o imperial./ Soberano o monarca de un Estado./ Título honorífico que dan los reyes.

principiante. p. act. de **principiar**. Que principia.// a. y s. Que comienza a estudiar, aprender o ejercer un oficio, arte, facultad. etc.

principiar. tr. / prl. Comenzar, dar principio.

principio. m. Primer instante de la existencia de una cosa./ Fundamento./ Causa primera de algo./ Punto que se tiene como primero en una extensión o cosa./ Toda cosa que entra con otra en la composición de un cuerpo./ Norma o idea fundamental que rige el pensamiento o la conducta. Ú.m. en pl.

pringar. tr. Empapar con pringue. / Manchar con pringue. Ú.t.c.prl./ fig. y fam. Denigrar, infamar.

pringue. amb. Grasa que suelta el tocino u otra cosa parecida por la acción del fuego./ fig. Grasa, suciedad.

prioridad. f. Anterioridad de una cosa respecto de otra.

prisa. f. Rapidez, prontitud, presteza.

prisión. f. Acción de prender./ Cárcel, presidio./ fig. Cualquier cosa que ata o detiene.

prisionero, ra. s. Persona que cae en poder del enemigo, o está detenida en prisión.

prisma. m. *Geom.* Cuerpo terminado por dos caras planas, paralelas e iguales, llamadas bases, y por tantos paralelogramos cuantos lados tenga cada base./ Cristal de figura triangular, que produce la reflexión, la refracción y la descomposición de la luz.

princesa

prismático, ca. a. De figura de prisma.// m. pl. Anteojos gemelos provistos de cristales graduables, para ver a distancia.

prístino, na. a. Primitivo, original, antiguo.

privado, da. a. Que se hace en presencia de pocos, sin ceremonias./ Personal y particular de cada uno.

privar. tr. Despojar a uno de algo que poseía./ Destituir a uno de su cargo, dignidad, etc./ Vedar o prohibir./ Quitar o suspender el sentido. Ú.m.c.prl./ / prl. Dejar voluntariamente una cosa de gusto o conveniencia.

privilegiar. tr. Otorgar privilegio.

privilegio. m. Prerrogativa o gracia que concede un superior./ Documento en que consta.

proa. f. Parte delantera de la embarcación.

prócer, San Martín

probable. a. Verosímil o fundado en razón./ Que puede probarse./ Que puede suceder o realizarse.

probar. tr. Examinar y experimentar las cualidades de las personas o cosas./ Examinar si una cosa está arreglada a la medida./ Justificar y hacer patente la verdad de una cosa./ Gustar un manjar o una bebida./ i. Intentar.

probeta. f. Tubo de vidrio cerrado por uno de sus extremos, destinado a contener líquidos o gases.

probo, ba. a. Íntegro, recto, que tiene probidad.

problema. m. Cuestión que se trata de aclarar; proposición dudosa./ *Mat.* Proposición por la cual se busca averiguar el modo de obtener un resultado cuando ciertos datos son conocidos.

problemático, ca. a. Inseguro, dudoso.// f. Conjunto de problemas pertenecientes a una determinada ciencia o actividad.

procaz. a. Atrevido, desvergonzado, irrespetuoso.

procedencia. f. Origen de una cosa.

proceder. i. Ir algunas personas o cosas unas tras otras./ Nacer u originarse una cosa de otra./ Conducirse bien o mal.// m. Modo y forma de portarse.

procedimiento. m. Acción de proceder./ Método de ejecutar una cosa.

prócer. a. Eminente, elevado.// m. Persona de la más eminente distinción.

procesar. tr. Formar proceso./ Declarar y tratar a una persona como presunto reo de un delito.

procesión. f. Acción de proceder una cosa de otra./ Acto de ir en orden muchas personas, de un lugar a otro, con un motivo público.

proceso. m. Acción de ir hacia adelante./ Transcurso del tiempo./ Conjunto de las fases sucesivas de un fenómeno natural o de una operación artificial./ Causa criminal.

proclama. f. Notificación pública.

proclamar. tr. Publicar una cosa de viva voz./ Declarar solemnemente el comienzo de un gobierno, etc./ Aclamar.

proclive. a. Inclinado hacia adelante o hacia abajo./ Inclinado o propenso a una cosa.

procónsul. m. Entre los romanos, gobernador de una provincia.

procrear. tr. Engendrar, multiplicar una especie.

procurar. tr. Hacer intentos para conseguir lo que se desea.// i./ prl. *Amér.* Proporcionar, causar, producir.

prodigalidad. f. Gasto excesivo./ Abundancia.

prodigar. tr. Gastar con exceso./ Dar con abundancia./ fig. Dispensar profusa y repetidamente elogios, favores, etc.

prodigio. m. Suceso sobrenatural./ Milagro.

prodigioso, sa. a. Que encierra en sí prodigio.

pródigo, ga. a. y s. Derrochador./ Muy generoso.

producción. f. Acción de producir./ Cosa producida./ Acto o forma de producirse./ Suma de los productos del suelo o de la industria.

producir. tr. Engendrar, criar, procrear. Se dice propiamente de las obras de la naturaleza, y por ext., de las del entendimiento./ Dar, rendir fruto./ Rentar interés o beneficio anual./ Procurar, ocasionar./ Fabricar cosas útiles.

producto, ta. p. p. irreg. de **producir**.// m. Cosa producida./ Ganancia que se obtiene de una cosa./ *Mat.* Cantidad que resulta de la multiplicación.

proemio. m. Prólogo.

proeza. f. Hazaña, acción heroica.

profanar. tr. Tratar a las cosas sagradas sin el debido respeto./ fig. Deslucir, prostituir, hacer uso indigno de cosas respetables.

profano, na. a. Que no es sagrado./ Contrario a la reverencia debida a las cosas sagradas./ Muy dado a las cosas mundanas. Ú.t.c.s./ Inmodesto; deshonesto en el vestido o la compostura./ Que carece de conocimientos y autoridad en una materia. Ú.t.c.s.

profecía. f. Don sobrenatural que consiste en conocer, merced a la inspiración divina, las cosas distantes o futuras./

proferir. tr. Pronunciar, decir palabras.

profesar. tr. Ejercer una ciencia, arte, etc./ Enseñar una ciencia, facultad o arte./ Ejercer una cosa voluntaria y continuamente./ Creer, confesar./ Cultivar una idea, sentimiento, etc.// i. Obligarse a cumplir los votos de una institución religiosa.

profesión. f. Acción y efecto de profesar./ Empleo, oficio o facultad que cada uno tiene y ejerce con derecho a retribución.

profesor, ra. s. Persona que enseña o ejerce una ciencia o un arte.

profeta. m. Persona que tiene el don de hacer profecías.

profetizar. tr. Predecir en virtud del don de la profecía./ fig. Conjeturar por ciertas señales.

profiláctico, ca. a./ m. Que puede prevenir una enfermedad./ Preservativo.

profilaxis. f. Tratamiento preventivo de las enfermedades.

prófugo, ga. a. y s. Que huye de la justicia.

profundidad. f. Calidad de profundo./ Hondura.

profundizar. tr. Hacer más profunda una cosa./ fig. Discurrir y examinar con mucha atención. Ú.t.c.i.

profundo, da. a. Que tiene el fondo distante de la boca de la cavidad./ Muy hondo./ fig. Intenso, muy vivo./ Que penetra mucho./ Vasto./ Apl. a quien ahonda o penetra mucho.

profusión. f. Abundancia, copia.

progenie. f. Generación o familia de la que desciende una persona.

progenitor, ra. s. Pariente en línea recta ascendente de una persona./ Padre.

programa. m. Bando o aviso público./ Declaración previa de lo que se piensa hacer en una ocasión./ Sistema y distribución de las materias correspondientes a un curso./ Anuncio o exposición de las partes de que se han de componer algunas cosas./ Proyecto ordenado de actividades./ *Inform.* Conjunto de instrucciones que se dan a un ordenador para obtener un resultado determinado.

programar. tr. Formar programas, previa declaración de lo que se piensa hacer y anuncio de las partes de que se ha de componer un acto o espectáculo o una serie de ellos./ Idear y ordenar las acciones necesarias para realizar un proyecto./ Preparar los datos previos indispensables para obtener la solución de un problema mediante una calculadora electrónica.

progreso. m. Acción de ir hacia adelante./ Avance continuo de la cultura humana.

prohibir. tr. Impedir que se haga o diga algo.

prójimo. m. Cualquier persona respecto de otra.

prole. f. Hijos o descendencia de uno.

prolegómeno. m. Introducción, tratado que se pone al comienzo de una obra o escrito. Ú.m. en pl.

proletario, ria. a. Se decía del que carecía de bienes y solamente estaba comprendido en las listas vecinales por su persona y familia. Ú.t.c.s.m.// a. y s. Persona de la clase obrera.

prolífico, ca. a. Que tiene la virtud de engendrar.

prolijo, ja. a. Muy extenso./ Cuidadoso y esmerado en exceso./ Molesto, pesado.

prologar. tr. Escribir el prólogo de un libro.

prólogo. m. Escrito que precede de a ciertas obras como explicación o presentación.

prolongación. f. Acción y efecto de prolongar./ Parte prolongada de alguna cosa.

prolongar. tr./prl. Alargar una cosa, extenderla a lo largo./ Hacer que una cosa dure más de lo regular.

promediar. tr. Repartir una cosa en dos partes iguales o que lo sean aproximadamente.// i. Interponerse entre dos o más personas para ajustar un negocio./ Llegar a su mitad un espacio de tiempo.

promedio. m. Término medio, cociente./ Punto en que algo se divide por la mitad o en dos partes casi iguales.

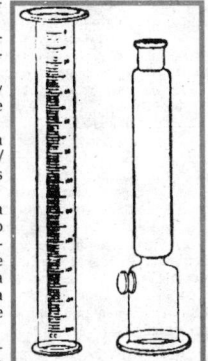

probetas

promesa. f. Expresión con que uno se obliga a hacer o a dar una cosa.

prometer. tr. Obligarse a hacer, decir o dar una cosa./ Asegurar, afirmar la certeza de lo que se dice.

prominencia. f. Elevación de una cosa sobre lo que se encuentra a su alrededor.

prominente. a. Que se eleva sobre lo que está a su alrededor.

promiscuo, cua. a. Mezclado confusa o indiferentemente./ Que tiene dos sentidos equivalentes.

promisión. f. Promesa de hacer algo.

promisorio, ria. a. Que encierra promesa.

promoción. f. Acción y efecto de promover./ Ascenso./ Conjunto de los que han obtenido al mismo tiempo un grado o empleo.

promontorio. m. Altura muy considerable de tierra./ Altura considerable de tierra que entra en el mar.

promover. tr. Iniciar o adelantar una cosa, procurando su logro./ Elevar a una persona a una dignidad, grado, etc./ Tomar la iniciativa para la realización o el logro de algo.

promulgar. tr. Publicar algo solemnemente; hacerlo conocer a todos./ Hacer que se divulgue una cosa.

pronombre. m. *Gram.* Parte de la oración que sustituye al nombre o lo determina, y sirve para expresar las personas gramaticales.

pronosticar. f. Conocer lo futuro por algunos indicios o señales.

pronóstico. m. Acción y efecto de pronosticar.

pronto, ta. a. Veloz, rápido./ Dispuesto, preparado para un fin.// adv. m. Presto, con celeridad.

prontuario. m. Resumen donde se anotan las cosas que se quiere tener presentes./ Compendio de las reglas de una ciencia o arte./ *Amér.* Expediente policial de un individuo.

pronunciar. tr. Emitir y articular sonidos.// tr./ prl. Resolver, determinar.

propagar. tr./ prl. Multiplicar por reproducción./ fig. Extender, aumentar una cosa./ Difundir el conocimiento de una cosa o la afición a ella.

propalar. tr. Divulgar algo.

propasar. tr./ prl. Pasar más adelante de lo debido.// prl. Insolentarse.

propender. i. Inclinarse a una cosa una persona, por especial afición u otro motivo.

propiciar. tr. Aplacar, ablandar la ira de uno, haciéndolo propicio./ Hacer favorable la ejecución de una cosa./ *Amér.* Apoyar, patrocinar un intento o empresa.

propicio. a. Benigno, inclinado a hacer un bien./ *Amér.* Oportuno, favorable para que algo se logre.

propiedad. f. Derecho de disponer de una cosa que nos pertenece, sin más limitaciones que las establecidas por las leyes./ Cosa que es objeto del dominio de uno, particularmente si es inmueble o raíz./ Cualidad o atributo esencial de una persona o cosa./ Exactitud con que se ejecuta algún trabajo o se expresa una persona.

propina. f. Gratificación que se da sobre el precio convenido por un servicio, como muestra de satisfacción./ Gratificación pequeña con que se recompensa algún servicio eventual.

propinar. tr. Dar a beber./ Administrar un medicamento./ fam. Dar (golpes, palos, etc.).

propio, pia. a. Perteneciente a uno que tiene el derecho exclusivo de disponer de ella./ Peculiar y característico de una persona o cosa./ A propósito para un fin./ Natural, en contraposición a postizo./ Mismo.

proponer. tr. Manifestar una cosa con razones./ Hacer propósito de ejecutar o no algo una cosa. Ú.m.c.prl./ Presentar a una persona para un empleo o beneficio./ Hacer una propuesta.

proporción. f. Disposición armónica y correspondencia de las partes de una cosa con el todo./ Tamaño./ *Mat.* Igualdad de dos razones.

proporcionar. tr. Disponer y ordenar con la debida proporción una cosa.// tr./ prl. Poner en disposición las cosas para lograr lo que se desea./ Poner a disposición de una persona lo que necesita.

proposición. f. Acción y efecto de proponer./ *Gram.* Unidad de sentido de estructura oracional, sin autonomía sintáctica, que se une a otras por coordinación o subordinación, para formar oraciones compuestas./ Oración gramatical.

propósito. m. Intención de hacer o de no hacer una cosa./ Mira, objeto.

propugnar. tr. Defender, amparar.

propulsar. tr. Empujar hacia adelante.

prorratear. tr. Repartir proporcionalmente entre varios una cantidad.

prórroga. f. Continuación de alguna cosa por un tiempo determinado./ Ampliación de un plazo.

prorrogar. tr. Dilatar una cosa por un tiempo determinado./ Aplazar, suspender.

prorrumpir. i. Salir una cosa con ímpetu./ fig. Proferir repentinamente y con violencia una voz, suspiro, queja, etc.

prosa. f. Forma del lenguaje que éste adopta naturalmente, y que no se halla sometida, como el verso, a medida y cadencia determinadas./ Lenguaje prosaico en la poesía.

prosaico, ca. a. Rel. a la prosa./ fig. Falto de idealidad o elevación; vulgar, insulso.

prosapia. f. Ascendencia, linaje de una persona.

proscenio. m. En el teatro antiguo, lugar entre la escena y la orquesta./ Parte del escenario más próxima al público.

proa

proscribir. tr. Echar a una persona del territorio de su patria, generalmente por razones políticas./ fig. Prohibir, vedar el uso de una cosa.

prosecución. f. Acción y efecto de proseguir./ Persecución.

proseguir. tr. Continuar, seguir, llevar adelante lo comenzado.

prosélito. m. Converso./ Partidario de una doctrina o partido.

prosificar. tr. Poner en prosa una composición en verso.

prosimio, mia. a. y s. *Zool.* Apl. a mamíferos carniceros cuya estructura participa de la de los monos y quirópteros.// m. pl. Suborden de estos animales.

prosodia. f. Parte de la gramática que se ocupa de la correcta pronunciación y acentuación de las palabras.

prospección. f. Exploración del subsuelo para determinar en él la presencia de petróleo, agua o minerales./ Exploración de posibilidades futuras basada en indicios presentes.

prospecto. m. Anuncio de una obra, escrito, etc./ Folleto explicativo de un medicamento, máquina, etc.

prosperar. tr. Ocasionar prosperidad./ i. Gozar o tener prosperidad.

prosperidad. f. Curso favorable de las cosas./ Buena suerte./ Bienestar material.

próspero, ra. a. Favorable, venturoso, propicio.

prosternarse. prl. Postrarse.

prostíbulo. m. Casa donde se ejerce la prostitución.

prostitución. f. Acción y efecto de prostituir o prostituirse.

prostituir. tr./ prl. Exponer públicamente a todo género de lascivia./ Exponer, abandonar una mujer a la pública deshonra, corromperla./ fig. Deshonrar, vender una persona su empleo, autoridad, etc.

prostituto, ta. p. p. irreg. de **prostituir**.// f. Ramera.

protagonista. m. y f. Personaje principal de una obra literaria o cinematográfica./ Por ext., persona que tiene la parte principal en un suceso cualquiera.

protagonizar. tr. Representar o desempeñar el papel principal.

proteger. tr. Amparar, defender, favorecer.

protegido, da. s. Favorito, preferido, ahijado.

protesta. f. Acción y efecto de protestar./ Promesa con aseveración de realizar una cosa.

protestar. tr. Expresar descontento./ Declarar la intención de ejecutar una cosa./ Confesar la fe o creencia.

protista. m. Organismo uni o pluricelular, que no tiene diferenciación de tejidos.

protocolo. m. Serie de documentos que autoriza y guarda el escribano o notario./ Acta de ciertos congresos, acuerdos, etc./ Regla de ceremonias diplomáticas en los actos oficiales.

protoplasma. m. *Biol.* Sustancia que constituye las células, de consistencia más o menos líquida.

prototipo. m. Modelo original o primer modelo con que se fabrica una cosa./ fig. El más perfecto ejemplar y modelo de alguna virtud o vicio.

protozoo. m. a./ m. Apl. a los animales unicelulares, con el cuerpo reducido a una célula, o formado por varias sin diferenciación de tejidos.

protuberancia. f. Prominencia de figura más o menos redonda.

provecho. m. Utilidad, beneficio.

provechoso, sa. a. Que da provecho o es de utilidad.

provecto, ta. a. Antiguo, que ha adelantado./ Entrado en años, maduro.

GIRATORIO

DE PIEDRA

puente

proveer. tr./ prl. Reunir las cosas necesarias para determinado fin.// tr. Suministrar lo necesario para un fin./ Disponer, dar salida a un negocio.

provenir. i. Proceder una cosa de otra.

proverbio. m. Sentencia, refrán, adagio que directa o figuradamente tiene carácter moralizador.

providencia. m. Disposición anticipada o prevención que conduce al logro de un fin./ Por ext., la de Dios./ Sabiduría suprema de Dios que rige el orden del mundo./ fig. Dios, Supremo Ser.

próvido, da. a. Prevenido y diligente para acudir con lo necesario para el logro de un fin./ Propicio.

provincia. f. Cada una de las grandes divisiones administrativas de un Estado o territorio./ Conjunto de conventos que ocupan determinado territorio.

provisión. f. Acción y efecto de proveer.

provocar. tr. Incitar a uno para que haga una cosa./ Irritar a uno para que se enoje./ Facilitar, ayudar./ Mover, incitar./ fam. Vomitar, arrojar por la boca.

provocativo, va. a. Que tiene la virtud de provocar, excitar o estimular.

proximidad. f. Calidad de próximo./ Cercanía, inmediaciones. Ú.m. en pl.

próximo, ma. a. Cercano en el tiempo y el espacio./ Siguiente, inmediatamente posterior. Ú.t.c.s.

proyección. f. Acción y efecto de proyectar./ Imagen que por medio de un foco luminoso se arroja o fija sobre una superficie plana.

proyectar. tr. Dirigir hacia adelante./ Idear, trazar o disponer el plan para la ejecución de algo./ Hacer visibles sobre un cuerpo o una superficie la figura o sombra de otro. Ú.t.c.prl./ Exhibir una película cinematográfica, diapositivas, etc.

proyectil. m. Cualquier objeto arrojadizo, como saeta, bala, etc.

proyector. m. Máquina para lanzar proyectiles./ Aparato que sirve para proyectar imágenes sobre una pantalla./ Reflector que proyecta rayos de luz.

prudencia. f. Virtud, una de las cuatro cardinales, que consiste en distinguir lo bueno de lo malo./ Sensatez, discernimiento./ Moderación.

prudente. a. Que tiene prudencia y obra con moderación.

prurito. m. Picazón./ fig. Deseo persistente y fuerte.

psicoanálisis. m. Método de investigación y tratamiento de las enfermedades mentales, ideado y puesto en práctica por el médico austríaco Sigmund Freud.

psicoanalista. a./ m. y f. Persona que se dedica al psicoanálisis.

psicología. f. Parte de la filosofía que trata del alma, sus facultades y operaciones./ Por ext., todo aquello que atañe al espíritu.

psicológico, ca. a. Relativo a la psicología.

psicólogo, ga. s. Persona que profesa la psicología.

psique. f. Alma humana.

psiquiatra o **psiquíatra.** m. El que profesa la psiquiatría.

psiquiatría. f. Ciencia que trata de las enfermedades mentales.

psíquico, ca. Relativo a la psique.

púa. f. Cuerpo delgado y rígido, terminado en punta./ Vástago de un árbol, que se injerta en otro./ Diente de un peine./ *Amér.* Espolón del gallo. Ú.m. en pl./ fig. y fam. Persona astuta y sutil.

púber, ra. a. y s. Que ha llegado a la pubertad.

pubertad. f. Época de la vida humana en que comienza a manifestarse la aptitud para la reproducción.

proyector

pubis. m. Parte inferior del vientre, que en la especie humana se cubre de vello en la pubertad./ Parte anterior del hueso coxal, que ocupa la parte inferior del vientre.
publicación. f. Acción y efecto de publicar./ Obra publicada./ Periódico, revista.
publicar. tr. Hacer notoria y patente una cosa que se quiere hacer llegar a noticia de todos./ Revelar lo secreto u oculto./ Difundir algo por medio de la imprenta o de otro procedimiento.
publicidad. f. Calidad o estado de público./ Conjunto de medios empleados para difundir noticias de las cosas o de los hechos o anuncios de carácter comercial.
público, ca. a. Conocido por todos, notorio./ Vulgar, común./ Apl. a la potestad, jurisdicción y autoridad para hacer alguna cosa./ Perteneciente a todo el pueblo.// m. Conjunto de personas que participan de un espectáculo.
pudendo, da. a. Torpe, indecente, que debe causar vergüenza.
pudicia. f. Virtud que consiste en guardar y observar honestidad en palabras y acciones.
pudor. m. Vergüenza, recato, decoro.
pudrir. tr./ prl. Corromper una cosa, descomponer./ fig. Molestar, consumir, causar suma impaciencia.// i. Haber muerto, estar sepultado.
pueblero, ra. a. y s. *Arg.* y *Bol.* Habitante del pueblo o de la ciudad, para el campesino.
pueblo. m. Ciudad o villa./ Nación./ Conjunto de los habitantes de un país, ciudad, aldea./ Población de menor categoría./ Gente común, vulgo.
puente. amb. Construcción sobre los ríos, fosos, etc., para poder pasar de un lado a otro./ Tablas que se colocan sobre cuerpos flotantes para pasar un río./ Plataforma elevada de las embarcaciones, donde se encuentra el puesto de mandos, que va de una banda a otra de un barco./ Tablilla que en los instrumentos de arco mantiene levantadas las cuerdas./ Pieza de platino, oro, etc., colocada en reemplazo de alguna muela y que apoya en las naturales.
puerco. m. Paquidermo doméstico, de cabeza grande, orejas caídas, cuerpo muy grueso, con cerdas fuertes y ralas y patas cortas.// a. y s. fig. y fam. Hombre sucio o desaliñado./ fig. y fam. Hombre grosero, sin crianza./ **-espín** o **espino.** Mamífero roedor, propio del norte de África, de cuerpo rechoncho, cabeza pequeña, cuello cubierto de crines y lomo y costados con fuertes espinas.
puericultura. f. Ciencia que se ocupa del sano desarrollo del niño.
pueril. a. Rel. al niño o la puericia./ fig. Fútil, trivial.
puerro. m. Planta con hojas planas y largas y flores en umbela. El bulbo de su raíz es muy apreciado como condimento.
puerta. f. Abertura hecha en una pared o verja, desde el suelo hasta una altura conveniente, para entrar y salir./

proyectil

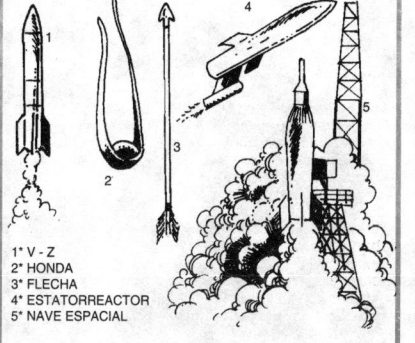

1° V - Z
2° HONDA
3° FLECHA
4° ESTATORREACTOR
5° NAVE ESPACIAL

Armazón de madera, hierro, etc., que engoznada en el quicio y asegurada con llave o cerrojo, sirve para impedir la entrada y salida.
puerto. m. Lugar en la costa seguro y abrigado dispuesto para la entrada y salida de los barcos y donde las naves cargan y descargan.
puertorriqueño. a. y s. Portorriqueño.
pues. conj. Denota causa o motivo, ilación a veces condición, según los casos.
puesto, ta. p. p. irreg. de **poner.**// a. Con los adv. *bien* o *mal*, bien o mal vestido, ataviado o arreglado.// m. Lugar que ocupa una cosa./ Empleo, cargo, dignidad./ Lugar o paraje señalado por algo./ En los mercados, pieza o división donde se venden comestibles.
púgil. m. Gladiador que luchaba con los puños.
pugnar. i. Luchar, pelear, contender./ Solicitar, procurar con ahínco./ Porfiar con tezón.
puja. f. Acción y efecto de pujar.
pujante. a. Que tiene pujanza.
pujanza. f. Fuerza grande, vigor.
pujar. tr. Hacer fuerza para pasar adelante o proseguir una acción.// i. Tener dificultad en explicarse./ fam. Hacer ademanes, gestos o pucheros para prorrumpir en llanto o después de haber llorado./ Aumentar los licitadores el precio de una cosa.
pujo. m. Sensación dolorosa que consiste en la gana continua de defecar u orinar./ fig. Gana violenta de prorrumpir en risa, llanto, etc.
pulcritud. f. Esmero en el aseo de la persona y también en la ejecución de una cosa./ fig. Delicadeza, esmero en la acción o en el habla.
pulcro, cra. a. Cuidadoso, aseado.
pulga. f. Insecto de pequeño tamaño, con patas posteriores largas, a propósito para dar grandes saltos, que se alimenta de la sangre de las aves y mamíferos. Existen muchas especies.
pulgada. f. Medida de longitud inglesa.
pulgar. a./ m. Primer dedo y el más grueso de la mano.
pulido, da. a. Pulcro, primoroso.
pulir. tr. Alisar o lustrar una cosa./ Perfeccionar, componer una cosa.// tr./ prl. Adornar, aderezar./
pulmón. m. Cada uno de los dos órganos de la respiración del hombre y de los vertebrados que viven fuera del agua. Son de estructura esponjosa, blanda, flexible, dilatable y comprensible, y están situados a uno y otro lado de la cavidad torácica. Algunos reptiles tienen sólo uno.
pulpa. f. Parte blanda de la carne o carne pura./ Carne, parte mollar de las frutas./ Médula o tuétano de las plantas leñosas.
pulpería. f. *Amér.* Negocio donde se vendían comestibles, bebidas y otros artículos.
púlpito. m. Tribuna pequeña que hay en las iglesias para predicar desde ella, cantar la epístola y el evangelio, etc.
pulpo. m. Animal cefalópodo con ocho tentáculos que tienen dos filas de ventosas para adherirse a los objetos. Su carne es comestible.
pulsar. tr. Tocar, palpar./ Tomar el pulso o latido del corazón o las arterias./ fig. Tantear un asunto.
pulsera. f. Venda que se aplica al pulso de un enfermo./ Cerco de metal u otra materia, que se pone en las muñecas.
pulso. m. Latido intermitente de las arterias que se siente en diversas partes del cuerpo./ Parte de la muñeca donde se siente el latido de la arteria.

1 - TRÁQUEA
2 - PULMÓN DERECHO
3 - PULMÓN IZQUIERDO

pulmones

pulular. i. Echar renuevos un vegetal./ Originarse o nacer una cosa de otra./ Abundar en un paraje los insectos y sabandijas./ fig. Abundar y bullir en un lugar personas o cosas.

pulverizar. tr./ prl. Reducir a polvo alguna cosa./ Reducir un líquido a gotas finísimas.

puma. m. Mamífero carnicero americano.

puna. f. Alta meseta en la América del Sur, próxima a la cordillera de los Andes.

punción. f. Operación que consiste en abrir un tejido con un instrumento cortante y punzante, para extraer pus, exudados o líquidos con fines de diagnóstico.

pundonor. m. Estado en que se considera consiste la honra de uno./ punto de honor o de honra.

punible. a. Que merece castigo.

punta. f. Extremo agudo de un arma o instrumento con el que se puede herir./ Extremo de una cosa./ Lengua de tierra que penetra en el mar./ *Amér.* Cantidad, buen número.

puntada. f. Cada uno de los agujeros que se hacen con la aguja cuando se cose./ Espacio que media entre dos de estos agujeros./ Porción de hilo que ocupa dicho espacio./ *Arg.*, *Chile* y *Venez.* Punzada, dolor penetrante.

puntano, na. a. y s. De San Luis, provincia de la República Argentina.

puntear. tr. Marcar o dibujar puntos en una superficie./ Dar puntadas, coser./ Tocar la guitarra u otro instrumento parecido hiriendo cada cuerda con un dedo./ *Arg.* Cavar la tierra.

puntería. f. Acción de apuntar un arma./ Dirección del arma apuntada./ Destreza del tirador para dar en el blanco.

puntero, ra. a. Apl. a la persona que hace bien la puntería./ m. Vara con que se señala algo./ *Amér.* Manecilla, saetilla de los relojes.// s. *Arg.* El va delante, en una competencia deportiva, o que sobresale en una actividad.

puntilla. f. Encaje angosto de adorno.

punto. m. Señal muy pequeña sobre una superficie./ Cada gavilán de la pluma de escribir./ Cada uno de los nuditos del tejido de las medias elásticas, etc./ Sitio, lugar./ Unidad de tanteo, en ciertos juegos y en otros ejercicios./ El que apunta contra el banquero, en ciertos juegos de azar./ Instante, momento./ Asunto o materia de un sermón, discurso, etc./ Parte o cuestión de una ciencia./ Lo principal o sustancial de un asunto./ Estado actual de cualquier negocio o especie./ Estado perfecto de una cosa que se elabora al fuego./ *Geom.* Límite mínimo de extensión, considerado sin longitud, latitud, ni profundidad./ *Gram.* Signo ortográfico (.) con que se indica el fin de una oración. Pónese también después de abreviaturas.

puntuación. f. Acción y efecto de puntuar./ *Gram.* Conjunto de los signos convencionales, que se usan para puntuar.

puntual. a. Pronto, diligente, exacto./ Indubitable, cierto./ Conforme, conveniente./ Rel. al punto.

puntualizar. tr. Referir una cosa con todos los detalles y circunstancias.

puntuar. tr. Poner en la escritura los signos ortográficos necesarios./ Obtener puntos.

punzar. tr. Herir de punta.

punzón. m. Instrumento de hierro que termina en./ Buril.

puñado. m. Porción de cosas que cabe en el puño.

puñal. m. Arma corta de acero, que hiere sólo de punta.

puñalada. f. Golpe dado con el puñal./ Herida que resulta de dicho golpe.

puñetazo. m. Golpe dado con el puño cerrado.

puño. m. Mano cerrada./ Lo que cabe en ésta./ Parte de la manga que rodea a la muñeca, en las prendas de vestir./ Mango de algunas armas blancas./ Parte por donde comúnmente se coge el bastón, el paraguas, etc./ Pieza que guarnece dicha parte.

pupilo, la. s. Persona que se hospeda en un pupilaje./ Huérfano menor de edad respecto de su tutor./ *Amér.* Alumno que vive en un establecimiento de enseñanza.

pupitre. m. Mueble de madera, con tapa en forma de plano inclinado, para escribir sobre él.

puré. m. Pasta de legumbres u otras cosas comestibles cocidas y pasadas por el tamiz./ Sopa de esta pasta desleída en caldo.

pureza. f. Calidad de puro./ fig. Doncellez, virginidad.

purga. f. Medicina que se ingiere para provocar la evacuación intestinal/ fig. Eliminación, casi siempre violenta, de un número de afiliados a una organización política.

purgante. p. act. de *purgar.* Que purga./ a./ m. Apl. por lo común a la medicina que sirve para este efecto.

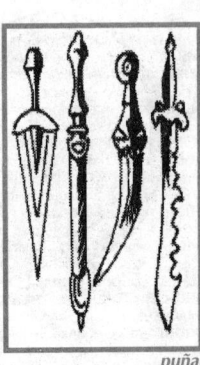

puñal

purgar. tr. Limpiar, purificar./ Satisfacer con una pena una culpa o delito./ Padecer el alma las penas del purgatorio./ Expiar./ tr./ prl. Administrar al enfermo una purga.

purgatorio. m. Lugar donde las almas de los que mueren en gracia, terminan de purgar los pecados antes de entrar en la gloria eterna./ fig. Lugar donde se pasan trabajos y penalidades.

purificar. tr./ prl. Quitar de una cosa lo que le es extraño./ Limpiar de imperfecciones una cosa no material.

puro, ra. a. Libre de toda mezcla con otras cosas./ Casto./ fig. Libre y exento de imperfecciones./ Mero, solo./ Dícese del lenguaje o del estilo correcto y exacto.

púrpura. f. Molusco marino, que segrega un líquido amarillento que, por oxidación, se convierte en rojo fuerte o violáceo, muy usado en tintorería./ Tintura que se preparaba con este colorante./ Tela teñida con esta tinta./ fig. Color rojo subido que tira a violado.

purpúreo, a. a. De color de púrpura./ Rel. a la púrpura.

purulento, ta. a. Que tiene pus.

pus. m. Líquido espeso, amarillento, que segregan los tejidos inflamados.

pusilánime. a. y s. Sin ánimo ni valor./ Apocado, cobarde.

pústula. f. Pequeña vejiga inflamatoria de la piel, llena de pus.

puta. f. Prostituta, ramera.

putativo, va. a. Reputado o tenido por padre, hermano, etc., sin serlo./ Padre político.

putrefacto, ta. a. Podrido, corrompido.

pútrido, da. a. Corrompido, podrido, putrefacto.

puma

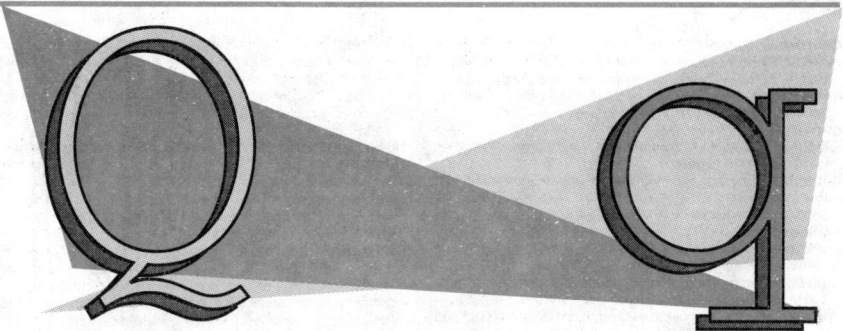

q. f. Vigésima letra del abecedario castellano y decimosexta de sus consonantes. Su nombre es *cu*.

que. pron. rel. que equivale a *el, la, lo cual; los, las cuales*. Es invariable, y con esta forma conviene a los géneros m. y f. y a los números sing. y pl./ Precediendo a un sustantivo significa calidad o cantidad y equivale a cual, cuan y cuanto./ Como neutro, se usa sin antecedente y con significación indefinida que equivale a qué cosa.// pron. interr. y excl. Inquiere o encarece de la naturaleza, cantidad, intensidad, etc., de algo. Se emplea con acento prosódico y ortográfico.// conj., que según los casos tiene significación copulativa, ilativa, adversativa, causal, final, etc.

quebracho. m. En la región del Chaco (Bolivia, Paraguay y extremo norte de Argentina), árbol de madera muy dura, una de cuyas variedades posee una corteza rica en tanino./ Nombre que se da a varias especies botánicas en diversas zonas de América.

quelonio

quebrada. f. Paso estrecho y áspero entre montañas./ *Amér.* Arroyo, riachuelo./ *Arg.* Quiebro.

quebrado, da. a. Que padece quebradura./ Apl. al terreno con grandes desniveles./ Debilitado.// a. y s. Que ha hecho quiebra o bancarrota./ Que padece hernia.// a./ m. *Arit.* Apl. al número que expresa parte de la unidad.

quebrantar. tr./ prl. Romper, separar con violencia las partes de un todo./ Cascar, hender una cosa.// tr. Machacar una cosa, sin deshacerla por completo./ fig. Violar una ley, obligación o palabra./ Vencer una dificultad o impedimento./ Disminuir las fuerzas o el brío.

quebranto. m. Acción y efecto de quebrantar o quebrantarse./ Gran pérdida o daño./ fig. Desaliento, falta de fuerzas./ Lástima, conmiseración./ Aflicción, dolor grande.

quebrar. tr. Quebrantar./ Doblar, torcer. Ú.t.c.prl./ Violar una ley u obligación./ fig. Vencer una dificultad material u opresión.// i. fig. Romper la amistad de uno./ Ceder, flaquear./ *Com.* Cesar en el comercio por no poder hacer frente a las obligaciones contraídas.// prl. Formásele una hernia a uno.

quechua o **quichua.** a. Dícese del indígena que al tiempo de la colonización habitaba la zona andina de Perú y Bolivia. Ú.t.c.s./ Apl. a la lengua hablada por estos indígenas./ Rel. a estos indígenas y a su lengua.

quedar. i./ prl. Estar, detenerse, no pasar.// i. Subsistir en determinado estado./ Subsistir parte de una cosa./ Precediendo a la preposición *por*, resultar las personas con algún concepto, cargo, obligación o derecho./ Permanecer una persona o cosa en su estado./ Con la prep. *en*, convenir definitivamente en una cosa.// prl. Con la prep. *con*, retener alguna cosa.

quehacer. m. Tarea, ocupación, negocio.

queja. f. Expresión de dolor o sentimiento./ Desazón, resentimiento./ Querella, acusación ante el juez.

quejar. tr. Aquejar.// prl. Expresar con la voz el dolor que se siente./ Manifestar uno el resentimiento que tiene./ Querellarse.

quejido. m. Voz lastimosa, causada por un dolor o pena.

quejumbre. f. Queja frecuente, y, por lo general, sin gran motivo y por hábito.

quejumbroso, sa. a. Que se queja por costumbre o con poco motivo.

quelonio, nia. a./ m. *Zool.* Dícese de los reptiles de cuatro extremidades cortas, mandíbulas córneas, sin dientes, y el cuerpo protegido por un caparazón duro, como la tortuga, el carey, etc.// m. pl. Orden de estos animales.

quema. f. Acción y efecto de quemar o quemarse./ Incendio./ *Arg.* Sitio destinado a quemar residuos y desperdicios.

quemadura. f. Destrucción de un tejido orgánico causado por el fuego o por una sustancia corrosiva./ Llaga o señal que hace el fuego o una sustancia cáustica.

quemar. tr. Abrasar, consumir por medio del fuego./ Calentar mucho y activamente, como el sol en el verano./ Abrasar, secar por excesivo calor./ Producir una sensación muy picante en la boca, o hacer llaga una cosa./ fig. Malgastar o malvender una cosa. Ú.t.c.prl.// i. Estar excesivamente caliente una cosa./ prl. Sentir o padecer mucho calor./ fig. Sufrir la fuerza de una pasión o afecto.

quemazón. f. Quema excesiva, acción y efecto de quemar.

quena. f. *Amér.* Flauta de cinco agujeros usada por algunos indígenas para acompañar sus danzas y cantos.

quepis. m. Gorra militar algo cónica y con visera horizontal.

queratina. f. Sustancia fundamental del tejido epidérmico y de sus derivados, como el córneo, el piloso, etc.

querella. f. Acusación contra alguno propuesta ante el juez./ Queja./ Riña o discordia.

querellarse. prl. Quejarse./ *For.* Presentar querella contra alguna persona. Ú.t.c.i.

querencia. f. Acción de amar o querer bien./ Tendencia del hombre y de ciertos animales a volver al sitio donde se criaron./ Este mismo sitio.

querer. tr. Desear, apetecer./ Amar, tener cariño a una persona o cosa./ Tener voluntad o determinación de ejecutar algo./ Resolver, determinar./ Intentar, pretender./ Avenirse o conformarse uno al intento o deseo de otro./ En el juego, aceptar el envite.// imp. Estar próxima a ser o verificarse alguna cosa.

querosén. m. *Amér.* Queroseno.

queroseno. m. Mezcla de hidrocarburos, obtenida por la destilación del petróleo. Se usa principalmente como combustible.

querubín. m. Cada uno de los ángeles del primer coro./ fig. Serafín, persona de singular hermosura.

quesera. f. Mujer que hace o vende queso./ Lugar donde se fabrican quesos./ Plato, por lo común con cubierta de cristal, en que se conserva el queso.

quesería. f. Quesera, lugar donde se fabrican quesos./ Sitio en que se venden.

queso. m. Masa hecha de la leche cuajada y privada del suero, y aderezada con sal.

quetzal. m. Ave trepadora, propia de América tropical, de plumaje brillante.

quevedos. m. pl. Lente con armadura adecuada para que se sujete en la nariz.

quicio. m. Parte de las puertas y ventanas en que entra el espigón del quicial.

quiebra. f. Rotura, grieta./ Hendedura o abertura de la tierra en los montes./ Pérdida o menoscabo de una cosa./ Estado del comerciante que no puede satisfacer sus deudas.

quien. m. y f. Pron. relativo que con esta forma conviene a los géneros m. y f. y que en pl. hace *quienes.*// pron. indef. que solamente se refiere a personas y rara vez se usa en pl.// pron. interr. y excl. quién, quiénes, con acento prosódico y ortográfico.

quienquiera. m. y f. Pron. indef. que se refiere a personas. Alguno, el que fuere. (Pl. quienesquiera).

quieto, ta. a. Que no tiene o no hace movimiento./ fig. Pacífico, sosegado.

quietud. f. Carencia de movimiento./ Reposo, sosiego.

quijada. f. Cada uno de los dos huesos de la cabeza del animal donde están insertados los dientes y las muelas.

quilate. m. Unidad de peso para las perlas y piedras preciosas; equivale a 205 miligramos./ Cada una de las veinticuatroavas partes en pesos de oro puro que contiene cualquier aleación de este metal.

quilla. f. Pieza que va de popa a proa por la parte inferior de un barco, y en la cual se asienta toda su armazón.

quillango. m. *Arg.* Manta de pieles cosidas.

quillay. m. *Arg.* y *Chile.* Árbol rosáceo de gran tamaño, cuya corteza interior de usa como jabón./ Corteza de este árbol.

quilo. m. Kilo./ Líquido de aspecto lechoso, que circula por los vasos linfáticos intestinales durante la digestión.

quilogramo. m. Kilogramo.

quilolitro. m. Kilolitro.

quilometraje. m. Kilometraje.

quilométrico, ca. a. Kilométrico.

quilómetro. m. Kilómetro.

quilovatio. m. Kilovatio.

quimera. f. Animal fabuloso, con cabeza de león, vientre de cabra y cola de dragón, que vomitaba llamas./ fig. Lo que uno se imagina como posible o verdadero, no siéndolo.

química. f. Ciencia que estudia las propiedades particulares de los cuerpos simples y compuestos y sus acciones recíprocas.

químico, ca. a. Rel. a la química./ Por contraposición a físico, relativo a la composición de los cuerpos./ s. Persona que se dedica a la química.

quimono. m. Prenda de vestir usada en Japón, a modo de túnica larga con anchas mangas, o hecha a su semejanza, que usan las mujeres.

quina. f. Corteza del quino, usada en medicina como febrífugo.

quince. a./m. Diez y cinco.// m. Conjunto de signos o cifras con que se representa el número quince.

quincena. f. Período de quince días./ Paga que se recibe por cada quince días de trabajo.

quincha. f. *Amér.* Conjunto de juncos y cañas recubiertos de barro para hacer cercos, armazones, etc./ Tejido o trama de junco con que se afianzan los techos o paredes de pajas, cañas, etc.

quinchar. tr. *Amér.* Cubrir con quinchas.// i. Hacer quinchas.

quincho. m. *Amér.* Choza de quincha./ Construcción con techo de quincha apoyado sobre postes.

quincuagésimo, ma. a. Que sigue en orden al cuadragésimo nono./ a. y s. Dícese de cada una de las cincuenta partes iguales en que se divide un todo.

quingentésimo, ma. a. Que sigue en orden al cuadringentésimo nonagésimo nono.// a. y s. Apl. a cada una de las quinientas partes iguales en que se divide un todo.

quinientos, tas. a./m. Cinco veces ciento.// m. Conjunto de signos con que se representa el número quinientos.

quinina. f. Alcaloide vegetal que se extrae de la quina.

quino. m. Árbol americano cuya corteza es la quina.

quinoto. m. Planta de fruto pequeño, ovoide, de corteza dulce y pulpa agria; se emplea en confituras./ Su fruto.

quinqué. m. Lámpara de aceite o petróleo con tubo de cristal.

quinquenio. m. Período de cinco años.

quinta. f. Casa de recreo en el campo.

quintal. m. Medida de peso.

quinteto. m. Conjunto de cinco instrumentos musicales o cinco cantantes.

quintillizo, za. a. y s. Cada uno de los cinco hermanos nacidos en un mismo parto.

quinto, ta. a. Que sigue inmediatamente en orden al o a lo cuarto./ a. y s. Cada una de las cinco partes iguales en que se divide un todo.

quintuplicar. tr./ prl. Hacer cinco veces mayor una cantidad.

quíntuplo, pla. a./m. Que contiene un número cinco veces exactamente.

quiosco. m. Pabellón de estilo oriental, abierto por los lados, que se construye en parques y jardines./ Pabellón o edificio pequeño para venta de periódicos, flores, etc., en lugares públicos.

quirófano. m. Recinto destinado a operaciones quirúrgicas.

quiróptero, ra. a./m. *Zool.* Mamífero nocturno, volador, con alas membranosas, como el murciélago./ m. pl. Orden de estos animales.

quirquincho. m. *Amér.* Mamífero, especie de armadillo pequeño.

quino

quirúrgico, ca. a. Rel. a la cirugía.

quisquilla. f. Reparo o dificultad breve.

quisquilloso, sa. a. Que se para en quisquillas./ Excesivamente delicado al trato común./ Que se ofende fácilmente.

quiste. m. Vejiga membranosa que contiene humores o materias alteradas que se desarrolla anormalmente en el cuerpo.

quitamanchas. m. Sustancia para limpiar manchas en la ropa.

quitar. Tomar una cosa separándola de otras, o del sitio donde estaba./ Hurtar./ Prohibir o vedar./ Estorbar, impedir./ Derogar./ Suprimir un empleo u oficio./ Despojar o privar de una cosa./ Liberar a uno de una obligación.// prl. Dejar una cosa o apartarse totalmente de ella./ Irse de un lugar, separarse.

quitasol. m. Especie de paraguas para resguardarse del sol.

quitina. f. Sustancia de aspecto córneo que constituye el caparazón de los cangrejos, langostas, etc., y endurece los élitros y otros órganos de los insectos.

quizá o **quizás.** adv. de duda con que se denota posibilidad.

quórum. m. Número de miembros necesario para que tome ciertos acuerdos una asamblea./ Proporción de votos que se requiere para lograr un acuerdo en determinados asuntos.

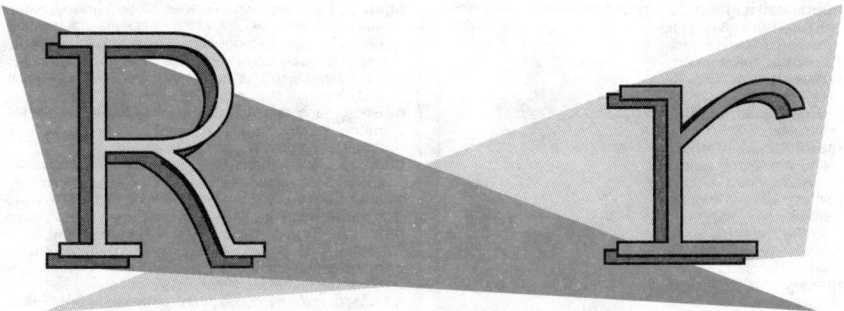

r. f. Vigésima primera letra del abecedario castellano y decimoséptima de sus consonantes. Su nombre es *erre*.

rabadilla. f. Extremidad inferior del espinazo.

rábano. m. Planta herbácea crucífera, de raíz carnosa, casi redonda, y sabor picante. Es originaria de China y se cultiva mucho en las huertas./ Raíz de esta planta.

rabia. f. Enfermedad de algunos animales, transmitida a otros o al hombre por mordedura./ Enfado grande, ira.

rabiar. i. Tener o padecer el mal de rabia./ fig. Sufrir un dolor vehemente que obliga a prorrumpir en gritos./ Desear algo con vehemencia./ Enojarse con muestras de cólera./ Exceder en mucho a lo habitual.

rabieta. f. fig. y fam. Enfado grande, especialmente cuando es por motivo leve y dura poco.

rabino. m. Maestro de la religión hebrea que interpreta la Sagrada Escritura./ Doctor de la religión israelita.

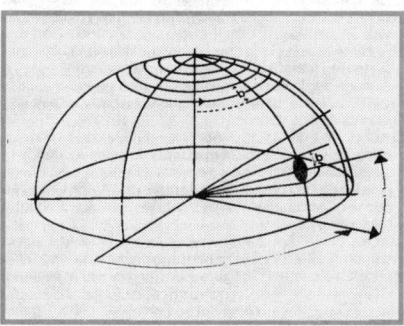

radar

rabioso, sa. a. Que padece rabia. Ú.t.c.s./ Enojado, colérico./ fig. Vehemente, exagerado.

rabo. m. Cola de algunos animales.

rabón, na. a. Apl. al animal de rabo corto, o que carece de él.

racha. f. Ráfaga de aire./ fig. y fam. Período breve de desgracia o fortuna./ Raja, parte de un leño.

racial. a. Rel. a la raza.

racimo. m. Conjunto de uvas o granos de la vid, y por ext., de otros frutos con un mismo pie./ fig. Conjunto de cosas menudas dispuestas en forma de racimo./ *Bot.* Conjunto de flores o frutos sostenidos por un eje común.

raciocinio. m. Facultad de deducir un juicio de otro u otros./ Argumento o discurso./ Razón.

ración. f. Porción de alguna cosa que corresponde a cada uno, como alimento./ Asignación diaria, en especie o dinero, que se da a cada soldado, criado, etc., para su alimento./ Porción de vianda que se da por determinado precio./ Prebenda en alguna iglesia catedral o colegial.

racional. a. Rel. a la razón./ Arreglado a ella./ Dotado de razón. Ú.t.c.s.

racionalidad. f. Calidad de racional.

racionalizar. tr. Reducir a conceptos o normas racionales./ Organizar la producción o el trabajo de manera de aumentar el rendimiento o reducir los costos con el mínimo esfuerzo.

racionar. tr. Someter algo en caso de escasez a una distribución ordenada.// tr./ prl. Distribuir raciones a las tropas.

rada. f. Bahía donde pueden anclar las naves.

radar. m. Sistema que permite descubrir un objeto que no se ve, mediante ondas eléctricas, que, al reflejarse en dicho objeto, vuelven al punto de observación.

radiación. f. Acción y efecto de radiar./ *Fís.* Emisión de energía en forma de corpúsculos u ondas electromagnéticas.

radiactividad. f. Propiedad de algunos átomos de emitir radiaciones al desintegrarse sus núcleos.

radiactivo, va. a. Dícese de los cuerpos o sustancias que emiten radiaciones.

radiador, ra. a. Que radia.// m. Aparato de calefacción constituido por tubos por donde pasa agua o vapor calientes./ Aparato para refrigerar los cilindros de algunos motores.

radial. a. Rel. al radio.

radiante. a. Que emite rayos./ fig. Brillante, resplandeciente.

radiar. tr. Difundir noticias, música, etc., mediante radiotelefonía.// tr./ i. Irradiar.

radiar. tr. Producir la radiación de ondas (sonoras, electromagnéticas, etc.) o de partículas.

radical. a. Rel. a la raíz./ fig. Fundamental, principal./ Partidario de reformas extremas. Ú.t.c.s./ Apl. a cualquier parte de una planta, que nace inmediatamente de la raíz./ *Gram.* Rel. a las raíces de las palabras./ *Gram.* Apl. a las letras de una palabra que se conservan en otras derivadas de ella./ *Mat.* Dícese del signo (√) con que se indica la operación de extraer raíces. Ú.t.c.s.m.// m. *Gram.* Parte que resta de una palabra variable al quitarle la desinencia./ *Quím.* Átomo o grupo de átomos considerados como base para la formación de combinaciones.

radicar. i./ prl. Echar raíces.// i. Estar una cosa en determinado lugar.

radio. m. *Geom.* Segmento que une el centro de un círculo con un punto cualquiera de la circunferencia./ Metal radiactivo. Símb., Ra.; n. at., 88; p. at., 226,05./ Rayo, cada una de las piezas, a manera de radios de círculo, de las ruedas de un vehículo./ Circuito, jurisdicción, término./ Radiograma, radiotelegrama./ Apócope de radiodifusión. Ú.t.c.f./ Aparato radiorreceptor. Ú.t.c.f./ Hueso contiguo al cúbito, con el cual forma el antebrazo.

radiocomunicación. f. Comunicación mediante ondas radioeléctricas.

radiodifusión. f. Emisión de radiotelefonía.

radiodifusora. a./ f. Apl. a la estación transmisora de radiotelefonía.

radioelectricidad. f. Parte de la física que estudia las ondas electromagnéticas y su aplicación.

radioemisora. a./ f. Radio-difusora.

radioescucha. m. y f. Radioyente.

radiofonía. f. Cualquier emisión o transmisión radiotelefónica.

radiografía. f. Procedimiento para hacer fotografías con rayos X./ Fotografía obtenida por este procedimiento.

radiograma. m. Radiotelegrama.

radiología. f. Parte de la medicina que estudia las radiaciones, especialmente los rayos X, para el diagnóstico y tratamiento de las enfermedades.

raíz

radiorreceptor. m. Aparato que sirve para recoger las emisiones de radiotelefonía.

radioscopía. f. Examen del interior del cuerpo humano, y también de los cuerpos opacos, por medio de los rayos X.

radiotelefonía. f. Sistema de comunicaciones telefónicas por medio de ondas electromagnéticas.

radiotelegrafía. f. Sistema de comunicaciones telegráficas por medio de ondas electromagnéticas.

radiotelegrama. m. Despacho enviado por radiotelegrafía.

radioyente. m. y f. Persona que oye lo que se transmite por radiotelefonía.

raer. tr. Quitar, como cortando y raspando, vello u otra cosa de una superficie, con instrumento áspero o cortante./ Rasar, igualar con el rasero, etc./ fig. Extirpar un vicio, mala costumbre, etc.

ráfaga. f. Movimiento repentino y violento del aire./ Conjunto de proyectiles lanzados en sucesión rapidísima por un arma automática.

rafia. f. *Bot.* Género de palmeras que dan una fibra muy resistente./ Esta fibra.

raído, da. a. Apl. al vestido o tela muy gastados por el uso.

raigambre. f. Conjunto de raíces de un vegetal./ Conjunto de intereses o costumbres que hacen estable una cosa e impiden su reemplazo.

raíl o **rail.** m. Carril de las vías férreas.

raíz. f. Órgano de las plantas superiores, que crece en sentido contrario al del tallo, y tiene por misión sujetar la planta en la tierra y absorber las sustancias nutritivas necesarias para el desarrollo./ Finca. Ú.m. en pl./ Origen./ fig. Parte inferior o pie de cualquier cosa./ *Álg.* Cada uno de los valores de una in-cógnita en la ecuación./ *Grám.* Radical mínimo e irreductible, que queda de una palabra después de quitarle la desinencia, sufijos y prefijos, y que comparten los vocablos de una misma familia./ *Álg.* y *Arit.* Cantidad que ha de multiplicarse por sí misma una o más veces para obtener un número determinado.

raja. f. Parte que se obtiene al partir un leño con hacha, cuña, etc./ Hendedura, quiebra./ Pedazo que se corta a lo largo o a lo ancho de una cosa.

rajá. m. Soberano de algunos estados de la India.

rajadura. f. Acción de rajar o de rajarse./ Grieta, abertura, hendedura.

rajar. tr. Partir en rajas./ Hender, partir, abrir. Ú.t.c.prl./ Hablar mal de uno.// i. fig. y fam. Contar muchas mentiras, principalmente jactándose de hazañoso./ Hablar mucho./ *Amér.* Huir, salir corriendo.

ralea. f. Especie, calidad, género./ despec., apl. a personas, ra-za, linaje.

ralear. i. Hacer rala una cosa. Ú.t.c.tr./ No granar completamente los racimos.

rallar. tr. Desmenuzar algo con el rallador.

ralo, la. a. Apl. a lo que tiene sus partes o elementos más separados de lo común en su clase.

rama. f. Cada una de las partes que nacen del tronco o tallo principal de una planta.

ramal. m. Parte que arranca de la línea principal de un camino, ferrocarril, etc./ Cualquiera de los cabos de que se componen las cuerdas, sogas, etc./ Ronzal asido al cabezón de un animal./ fig. Parte o división.

ramalazo. m. Golpe que se da con un ramal./ Señal que deja./ fig. Dolor agudo que acomete de improvisto./ Adversidad que sobrecoge y sorprende./ Viento fuerte y de poco duración.

rambla. f. Paseo, avenida con árboles, generalmente con andén central./ Lecho natural de las aguas pluviales./ En algunas poblaciones, nombre que se da a su paseo principal./ *R. de la P.* Paseo a orillas del mar.

ramera. f. Mujer que por oficio tiene relación carnal con hombres.

ramificarse. prl. Esparcirse, dividirse una cosa en ramas./ Extenderse, propagarse las consecuencias de un hecho.

ramillete. m. Ramo pequeño de flores o hierbas, compuesto artificialmente./ *Bot.* Conjunto de flores que forman una cima o copa.

ramo. m. Rama que brota de la principal./ Rama cortada del árbol./ Conjunto o manojo de flores, ramas o hierbas./ fig. Cualquiera de las partes de una ciencia, arte, etc.

ramonear. i. Cortar las puntas de las ramas de los árboles./ Pacer los animales las hojas y las puntas de las ramas.

rampa. f. Plano inclinado para subir y bajar por él.

rana. f. Batracio de lomo color verde con manchas negras, vientre blanco, cabeza grande, ojos saltones y patas largas. Vive en agua dulce, es ágil y ligero, nada y anda a saltos, y su carne es apreciada como manjar delicado./ Juego consistente en introducir, desde alguna distancia, una chapa o moneda por la boca abierta de una rana de metal.

ranchera. f. *Arg.* Baile popular que se ejecuta por parejas./ Música de este baile.

rancho. m. Comida para muchos, como la que se da a los soldados y a los presos./ Lugar fuera de poblado, donde se albergan varias familias o personas./ Choza o casa pobre, de adobe, ramas y paja, fuera de poblado./ *Amér.* Granja en que se crían caballos y otros cuadrúpedos./ *Arg.* Sombrero rígido de paja.

rancio, cia. a. Apl. a los comestibles o bebidas que con el tiempo se alteran, adquiriendo olor o sabor más fuerte./ fig. Dícese de las cosas antiguas y de quienes son apegados a ellas.

rana

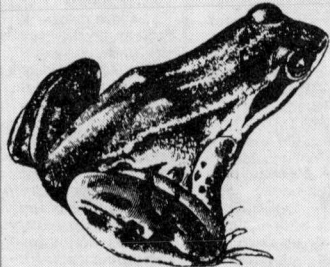

rango. m. Categoría, clase./ *Amér.* Situación social elevada.

ranura. f. Canal estrecha y larga que se abre en un madero, piedra, etc.

rapacidad. f. Calidad de rapaz, inclinado al robo o rapiña.

rapar. tr./prl. Rasurar o afeitar./ Cortar el pelo de raíz.

rapaz. a. Que se da al robo, hurto o rapiña.// f. pl. *Zool.* Nombre que se aplica comúnmente a las especies representantes de los órdenes falconiformes o rapaces diurnas y estrigiformes o rapaces nocturnas./ **-diurna.** Ave rapaz que caza de día./ **-nocturna.** Ave rapaz fue caza de noche.

rapidez. f. Velocidad grande./ Celeridad, movimiento ligero.

rápido, da. a. Veloz, raudo.

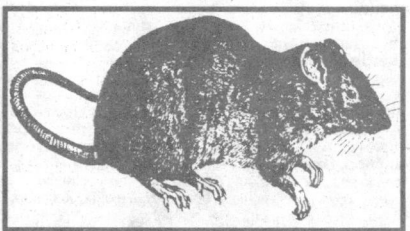

rata

rapiña. f. Robo ejecutado con violencia y arrebato.

rapiñar. tr. fam. Hurtar y quitar algo en un arrebato.

rapsodia. f. Trozo de un poema, y, en especial, de los de Homero./ Pieza musical compuesta por fragmentos de otras o de aires populares.

raptar. tr. Robar, sacar de su domicilio a una mujer con violencia o promesas engañosas.

rapto. m. Impulso, acción de arrebatar./ Acción y efecto de raptar./ Éxtasis, arrobamiento./ Accidente que priva del sentido.

raqueta. f. Bastidor de madera con mango, que sujeta una red y se usa en el juego de pelota, tenis, etc./ Utensilio con que se mueve y recoge el dinero en las mesas de juego.

rarefacer. tr./ prl. Hacer menos denso un cuerpo gaseoso, enrarecer.

rareza. f. Calidad de raro./ Cosa rara./ Acción propia de una persona rara o extravagante.

raro, ra. a. Que tiene poca densidad y consistencia./ Poco común./ Singular./ Extravagante de genio./ Sobresaliente.

ras. m. Igualdad en la superficie, nivel o altura de las cosas.

rascacielos. m. Edificio muy alto, de muchos pisos.

rascar. tr./ prl. Refregar la piel con las uñas o con algo áspero.// tr. Arañar./ Producir sonidos desagradables en los instrumentos de cuerda.

rasgadura. f. Acción y efecto de rasgar.

rasgar. tr./ prl. Romper a viva fuerza cosas de poca consistencia, como papel, tejidos, etc., sin valerse de ningún elemento.// tr. Rasguear.

rasgo. m. Línea de adorno trazada airosamente con la pluma al escribir./ fig. Expresión oportuna, o pensamiento que se manifiesta con propiedad y belleza./ Acción gallarda y notable./ Facción del rostro. Ú.m. en pl./ Peculiaridad.

rasguear. tr. Tocar un instrumento músico rozando varias cuerdas a la vez con la punta de los dedos.// i. Hacer rasgos con la pluma.

rasguñar. Arañar o rascar con las uñas o con instrumento cortante.

rasguño. m. Acción y efecto de rasguñar.

raso, sa. a. y s. Liso, plano.// a. Que no tiene título que lo distinga./ Que se mueve o pasa a poca altura del suelo.// m. Tela de seda brillante.

raspar. tr. Raer ligeramente una cosa./ Picar el vino u otro licor./ Hurtar, quitar algo.

rastra. f. Rastro./ Grada, rastrillo./ Cosa que va colgando y arrastrando./ Sarta de cualquier fruta seca./ *Arg.* Cinturón ancho de cuero, adornado con monedas de oro o plata, que usan los gauchos para sujetarse las bombachas o el chiripá.

rastrear. i. Seguir el rastro de algo./ Arrastrar por el fondo del agua una rastra, un arte de pesca, etc./ fig. Inquirir, indagar.// i. Hacer alguna labor con el rastro./ Ir por el aire, pero casi rozando el suelo.

rastreo. m. Acción y efecto de rastrear.

rastrero, ra. a. Que va arrastrando./ Que va por el aire, pero casi rozando el suelo./ fig. Ruin, vil y despreciable./ *Bot.* Apl. al tallo que, tendido por tierra, hecha raicillas.

rastrillar. tr. Limpiar el lino o cáñamo de la arista y estopa./ Recoger con el rastro la parva o la hierba segada en los prados./ Pasar la rastra./ Limpiar con el rastrillo las calles de los jardines y parques.

rastrillo. m. Tabla con dientes de alambre, con que se limpia el lino o cáñamo./ Instrumento con púas y dientes que sirve para recoger pajas, hierbas, etc.; rastro.

rastro. m. Instrumento compuesto de un mango largo, cruzado en uno de sus extremos por un travesaño con dientes o púas; sirve para recoger hierba, paja, etc./ Señal o indicio que deja una cosa, de haber acontecido en un lugar./ Arte de pesca por el sistema de arrastre./ fig. Señal o reliquia que queda de algo.

rastrojo. m. Residuo de las mieses que queda después de segar./ El campo después de segada la mies.

rasurar. tr./ prl. Raer el pelo del cuerpo, en especial las barbas y bigote.

rata. f. Mamífero roedor, con cola larga, casi desnuda y escamosa, orejas grandes y peladas. Es muy fecunda, destructora y voraz; habita por lo común en los edificios y embarcaciones./ Hembra del rato o ratón.// m. fam. Ratero.

ratero, ra. a. y s. Ladrón que roba con destreza objetos de poco valor./ Vil, despreciable, bajo.

ratificar. tr./ prl. Confirmar actos o palabras.

rato. m. Espacio de tiempo indeterminado, en especial si es corto./ Con los adjetivos *bueno* o *malo* u otros semejantes, gusto o disgusto./ Trecho, distancia./ En algunas partes, ratón, mamífero roedor./ Macho de la rata.

ratón. m. Mamífero roedor, más pequeño que la rata, muy fecundo y ágil, difundido por todos los países, con infinidad de variedades según los lugares que habita o el color del pelaje: blanco, gris, de campo, doméstico, etc.

raudal. m. Caudal impetuoso de agua./ fig. Abundancia de cosas que ocurren rápidamente y como de golpe.

raudo, da. a. Veloz, rápido.

raya. f. Señal larga y estrecha que se forma en un cuerpo cualquiera./ Término, límite./ Señal en la cabeza que resulta de dividir los cabellos con el peine./ *Gram.* Guión más largo que el regular, que se usa para separar oraciones incidentales e indicar el diálogo en los escritos./ Pez marino de los selacios, de cuerpo aplanado y romboidal, con cola larga y delgada. Su carne es comestible.

rayado, da. p. p. de **rayar**.// m. Conjunto de rayas o listas./ Acción y efecto de rayar.

rayano, na. a. Que linda con una cosa./ fig. Cercano.

rayar. tr. Hacer o tirar rayas./ Tachar lo escrito con rayas./ Subrayar.// i. Confinar una cosa con otra./ Amanecer, alborear./ fig. Distinguirse, sobresalir./ Asemejarse una cosa a otra.

rayo. m. Cualquiera de las líneas, por lo general rectas, que parten del punto en que se produce una determinada forma de energía y señalan la dirección en que ésta es transmitida por el movimiento vibratorio del éter./ Línea de luz que procede de un cuerpo luminoso./ Chispa eléctrica entre dos nubes o una nube y la tierra./ Radio de una rueda./ fig. Cosa que actúa con gran fuerza y eficacia./ Persona muy viva y pronta de ingenio.

raza. f. Linaje, casta de origen./ Cada uno de los grupos en que se subdividen ciertas especies zoológicas./ Razas humanas. Grupo de individuos, que presentan una particular combinación de caracteres físicos normales y variables dentro de unos límites determinados. Se clasifican según características tales como el color de la piel, color y forma del pelo, forma del cráneo, etc. Se distinguen tres grupos fundamentales, subdivididos en varios subgrupos: *blanco, amarillo y negro.*

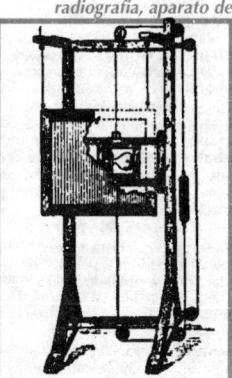

radiografía, aparato de

razón. f. Facultad de juzgar y pensar./ Acto de discurrir el entendimiento./ Causa o motivo./ Demostración, argumento./ Orden y método en alguna cosa./ Justicia, rectitud./ Cuenta, cómputo./ *Mat.* Relación entre dos cantidades comparadas entre sí.

razonamiento. m. Acción y efecto de razonar./ Serie de conceptos encaminados a demostrar algo o a persuadir.

razonar. i. Manifestar lo que se juzga y se piensa./ Explicar las razones o motivos en que se funda un juicio, creencia, demostración, etc./ Hablar, de cualquier manera que sea./ / tr. Tratándose de dictámenes, cuentas, etc., exponer las razones o documentos en que se fundan.

reabrir. tr./ prl. Abrir de nuevo lo que estaba cerrado.

reacción. f. Acción que se opone a otra obrando en sentido contrario./ Tendencia política opuesta a las innovaciones./ Fuerza que un cuerpo ejerce sobre otro en sentido contrario./ *Med.* Acción orgánica que tiende a contrarrestar la influencia de un agente patógeno.

reaccionar. i. Mudar de disposición una persona, física o moralmente, o modificarse una cosa en virtud de una acción contraria a otra anterior./ Salir uno o una cosa de la postración en que estaba./ Oponerse a algo que se cree inadmisible.

reacio, cia. a. Desobediente, renuente.

reactor, ra. a. Que reacciona.// m. Motor a reacción, es decir, el que se mueve debido a la reacción de un chorro de fluido que él mismo produce.

reafirmar. tr./ prl. Afirmar nuevamente.

reagravar. tr./ prl. Volver a agravar.

reajustar. tr. Volver a ajustar./ Por eufemismo, hablando de precios, salarios, impuestos, etc., aumentarlos o bajarlos.

real. a. Que tiene existencia verdadera./ Rel. al rey o a la realeza./ fig. Suntuoso.// m. Moneda española equivalente a veinticinco céntimos.

realce. m. Adorno que sobresale en la superficie de una cosa./ fig. Estimación, gloria.

realeza. f. Dignidad o soberanía real.

realidad. f. Existencia real y efectiva de una cosa./ Verdad.

realizar. tr./ prl. Efectuar una cosa./ Hacerla real y efectiva.

realzar. tr./ prl. Levantar una cosa más arriba de donde estaba./ Elevar./ Labrar de realce./ fig. Engrandecer o ilustrar.

reanimar. tr./ prl. Restablecer las fuerzas, dar vigor./ fig. Infundir ánimo y valor.

reanudar. tr. fig. Renovar o continuar trato, trabajo, estudio, etc., que se había interrumpido.

reaparecer. i. Mostrarse, aparecer de nuevo.

reasumir. tr. Tomar de nuevo lo que antes se tenía./ Tomar una autoridad superior las facultades de las inferiores.

reavivar. tr. Avivar de nuevo u más intensamente.

rebaja. f. Disminución, reducción, descuento, en especial hablando de precios.

rebajar. tr. Hacer más bajo un nivel./ Hacer rebaja./ fig. Humillar.

rebalsar. tr./ i./ prl. Embalsar, detener y estancar el agua u otro líquido.

rebanada. f. Porción delgada, ancha y larga de una cosa que se corta.

rebanar. tr. Hacer rebanadas./ Cortar o dividir una cosa de parte a parte.

rebaño. m. Hato grande de ganado.

rebasar. tr. Exceder de cierto límite.

rebatir. tr. Impugnar./ Rechazar, contradecir./ Volver a batir./ fig. Resistir, rechazar propuestas, tentaciones, etc.

rebelarse. prl. Alzarse contra la autoridad./ fig. Oponerse, resistir.

rebelde. a. y s. Que se rebela./ Indócil, desobediente./ *For.* Dícese de la persona que no comparece en juicio, después de llamada en forma. Ú.t.c.s.

rebeldía. f. Calidad de rebelde./ Acción propia de rebelde.

rebelión. f. Acción y efecto de rebelarse./ Insurrección./ Delito contra el orden público, penado por la ley.

rebenque. m. *Amér.* Látigo de cuero o cáñamo embreado./ *Amér.* Látigo recto de jinete./ *Mar.* Cuerda o cabo cortos.

reblandecer. tr./ prl. Ablandar una cosa.

reborde. m. Faja angosta y saliente a lo largo del borde de una cosa.

rebosar. i./ prl. Derramarse un líquido por encima de los bordes de un recipiente en que no cabe. Ú.t.c.prl./ fig. Abundar con exceso una cosa. U.t.c.tr./ Dar a entender con gestos o palabras lo mucho que se siente interiormente.

rebotar. i. Botar repetidas veces un cuerpo elástico./ Botar la pelota en la pared, después de haberlo hecho en el suelo.// tr. Redoblar o volver la punta de una cosa asegurada./ Rechazar.

rebote. m. Acción y efecto de rebotar.

rebozar. tr./ prl. Cubrir la cara con la capa o el manto.// tr. Bañar una vianda en huevo batido, harina, azúcar o cosa semejante.

rebrote. m. Retoño.

rebullir. i./ prl. Comenzar a moverse lo que estaba quieto.

rebuscar. tr. Buscar minuciosamente./ Recoger los frutos que quedan en el campo, después de levantada la cosecha.

rebuzno. m. Voz del asno.

recabar. tr. Conseguir lo que se desea con súplicas./ Reclamar.

recado. m. Mensaje que verbalmente se envía a otro./ Encargo, encomienda de fácil ejecución. / Recuerdo del aprecio que se tiene a alguien./ Regalo, presente./ Provisión diaria./ Conjunto de objetos necesarios para hacer algunas cosas./ Precaución, seguridad./ *R. de la P.* Apero.

recaer. i. Volver a caer./ Caer enfermo nuevamente de la misma dolencia./ Reincidir en un error, vicio, etc./ Venir a parar o caer sobre uno o en uno beneficios o gravámenes.

recaída. f. Acción y efecto de recaer.

recalar. tr./ prl. Penetrar poco a poco un líquido por los poros de un cuerpo.// i. Llegar un buque a la vista de un punto de la costa, como fin de viaje o como escala.

recalcar. tr. Acentuar las palabras exageradamente.

recalcitrante. a. Obstinado, terco en la resistencia.

recalentar. tr. Calentar demasiado./ Volver a calentar.// tr./ prl. Tomar una cosa más calor que el que conviene para su uso y empleo.

recamar. tr. Bordar de realce.

recámara. f. Cuarto situado después de la cámara./ En las armas de fuego, lugar del ánima del cañón opuesto a la boca, donde se coloca el cartucho.

recambiar. tr. Hacer segundo cambio.

recambio. m. Acción y efecto de recambiar.

recapacitar. tr./ i. Recorrer la memoria refrescando especies, combinándolas y discurriendo sobre ellas./ Reflexionar.

recapitular. tr. Recordar sumaria y ordenadamente lo que ya se ha expresado con extensión.

recargar. tr. Volver a cargar./ Aumentar la carga./ Hacer nuevo cargo o reconvención./ fig. Agravar un tributo./ Adornar con exceso.

reactor

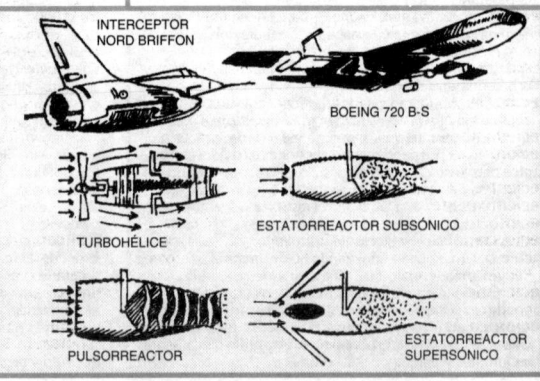

INTERCEPTOR
NORD BRIFFON

BOEING 720 B-S

TURBOHÉLICE

ESTATORREACTOR SUBSÓNICO

PULSORREACTOR

ESTATORREACTOR
SUPERSÓNICO

recargo. m. Nueva carga o aumento de carga./ Nuevo cargo que se hace a uno.

recatar. tr./prl. Encubrir, ocultar.// prl. Mostrar recelo en tomar una decisión.

recato. m. Reserva, cautela./ Modestia, pudor.

recaudación. f. Acción de recaudar./ Suma recaudada./ Oficina para la entrega de caudales públicos.

recaudar. tr. Percibir o cobrar caudales o efectos./ Asegurar; tener o poner algo en custodia.

recaudo. m. Precaución./ For. Caución, fianza.

recelar. tr./prl. Desconfiar, sospechar, temer.

recelo. m. Acción y efecto de recelar.

recepción. f. Acción y efecto de recibir./ Recibimiento./ Admisión en un cargo, oficio o sociedad./ Reunión particular con carácter de fiesta./ Oficina o dependencia donde se inscriben los nuevos huéspedes de un hotel, los concurrentes a un congreso, etc.

recipiente

receptáculo. m. Cavidad que contiene o puede contener una sustancia./ Bot. Extremo del pedúnculo donde se asientan las hojas o verticilos de la flor.

receptivo, va. a. Que recibe o es capaz de recibir.

receptor, ra. a. y s. Que recibe./ Aparato que recibe señales eléctricas, telegráficas, telefónicas, etc.

receso. m. Separación, apartamiento, desvío./ Amér. Vacación, suspensión.

receta. f. Prescripción facultativa./ Nota escrita de dicha prescripción./ Nota que comprende aquello de que debe componerse una cosa y el modo de hacerla.

recetar. tr. Prescribir un medicamento.

rechazar. tr. Resistir un cuerpo a otro, obligándole a retroceder en su curso./ Resistir al enemigo, forzándole a retroceder./ Refutar, contradecir, no admitir.

rechazo. m. Acción y efecto de rechazar./ Retroceso que hace un cuerpo por encontrarse con alguna resistencia./ Biol. Fenómeno inmunológico por el que un organismo puede reconocer como extraño a un órgano o tejido que procede de otro individuo aunque sea de la misma especie.

rechifla. f. Acción de rechiflar.

rechiflar. tr. Silbar con insistencia.// prl. Burlarse con exceso, ridiculizar.

rechinar. i. Hacer una cosa ruido desapacible por rozar contra otra.

recibir. tr. Tomar uno lo que le dan o envían./ Acoger./ Percibir, enterarse de una cosa./ Sustentar un cuerpo a otro./ Admitir, aceptar./ Salir a encontrarse con uno./ Admitir visitas una persona en determinado día y hora.// prl. Tomar uno la envestidura o el título de una facultad.

recibo. m. Acción y efecto de recibir./ Escrito en que se declara haber recibido alguna cosa./ Recibimiento.

reciedumbre. f. Fuerza, vigor.

recién. adv. t. Recientemente. Ú. antepuesto a los participios pasivos.

reciente. a. Acabado de hacer; nuevo.

recientemente. adv. t. Poco tiempo antes.

recinto. m. Espacio comprendido entre ciertos límites.

recio, cia. a. Fuerte, vigoroso./ Corpulento, grueso./ Áspero, duro de genio./ Duro, grave./ Dicho del tiempo, riguroso./ Rápido, impetuoso.

recipiente. a. Que recibe./ m. Receptáculo, cavidad./ Vaso donde se reúne el líquido destilado por un alambique.

recíproco, ca. a. Igual en la correspondencia de uno a otro./ Gram. Dícese del verbo que denota acción o significación recíproca entre dos personas o cosas.

recitación. f. Acción de recitar.

recital. m. Recitación de obras poéticas, o concierto musical o de canto, ejecutado por una persona sola, o por varias cuando una sobresale en la parte principal.

recitar. tr. Decir de memoria en voz alta./ Decir en voz alta un discurso, poesía, etc.

reclamar. i. Clamar contra una cosa; oponerse a ella verbalmente o por escrito./ poét. Resonar.// tr. Clamar o llamar con insistencia./ Pedir o exigir con derecho o con instancia./ For. Citar una autoridad a un prófugo.// rec. Llamarse unas a otras ciertas aves de una misma especie.

reclinar. tr./prl. Inclinar el cuerpo, apoyándolo sobre una cosa./ Inclinar una cosa sobre otra.

recluir. tr./prl. Encerrar, poner en reclusión.

reclusión. f. Encierro./ Lugar en que uno está recluido.

recluso, sa. p. p. irreg. de **recluir**.// s. Persona que está en reclusión.

recluta. f. Acción y efecto de reclutar./ m. El que voluntariamente sienta plaza de soldado./ Por ext., mozo alistado para el servicio militar./ Soldado muy bisoño.

reclutar. tr. Alistar reclutas./ Por ext., buscar y lograr adeptos para un propósito determinado.

recobrar. tr. Volver a adquirir lo que antes se poseía.// prl. Repararse de un daño recibido./ Resarcirse de lo perdido./ Volver en sí.

recodo. m. Ángulo o revuelta que forman ciertas cosas, como un río, calle, etc.

recoger. tr. Volver a coger./ Reunir cosas que estaban dispersas./ Levantar algo caído./ Juntar o congregar personas o cosas./ Coger la cosecha./ Encoger, estrechar./ Guardar una cosa./ Dar asilo a uno.// prl. Retirarse de un sitio./ Separarse del trato de las gentes./ Retirarse a casa./ fig. Abstraerse el espíritu de todo lo terreno.

recolección. f. Acción y efecto de recolectar./ Resumen, recopilación./ Cosecha de los frutos./ Cobranza de caudales.

recolectar. tr. Juntar personas o cosas./ Recoger la cosecha.

recomendación. f. Acción y efecto de recomendar o recomendarse./ Encargo o súplica./ Elogio o alabanza de un sujeto./ Calidad por la cual una persona se hace más apreciable.

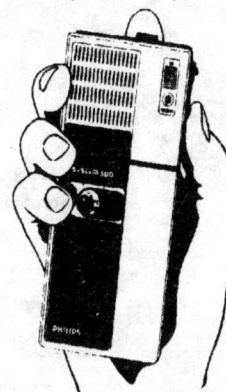

receptor

recomendar. tr. Encargar a uno que cuide de una persona o negocio./ Hablar en favor de alguien, elogiándolo./ Hacer recomendable a uno. Ú.t.c.prl.

recompensa. f. Acción y efecto de recompensar./ Lo que sirve para recompensar.

recompensar. tr. Compensar el daño hecho./ Remunerar un servicio./ Premiar un beneficio, favor, mérito, etcétera.

recomponer. tr. Reparar, componer de nuevo.

reconcentración. f. Reconcentramiento.

reconcentramiento. m. Acción y efecto de reconcentrar o reconcentrarse.

reconcentrar. tr./prl. Introducir, internar alguna cosa en otra./ Reunir en un punto personas o cosas.// tr. fig. Disimular, ocultar un sentimiento.// prl. fig. Abstraerse.

reconciliar. tr./prl. Volver a la concordia a personas enemistadas.// prl. Confesarse de algunas culpas leves.

recóndito, ta. a. Muy escondido y reservado.

reconfortar. tr. Reanimar, confortar de nuevo con energía y eficacia.

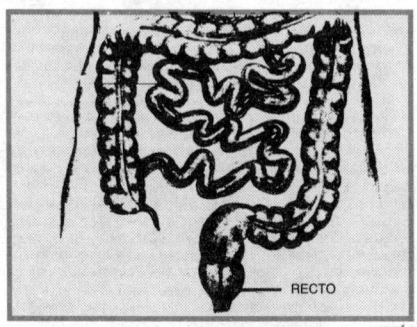

RECTO

recto

reconocer. tr. Examinar cuidadosamente una persona o cosa./ Confesar la verdad que otro dice./ Distinguir de los demás a una persona por su fisonomía./ Registrar, mirar una cosa por todos sus lados o aspectos./ Registrar una valija, un baúl, etc., como hacen en las aduanas./ En las relaciones internacionales, aceptar un nuevo estado de cosas./ Examinar de cerca un campamento, fortificación, etc., del enemigo./ Confesar dependencia o subordinación./ Considerar, advertir./ Confesar que es legítima una firma.// prl. Dejarse comprender una cosa por determinadas señales./ Confesarse culpable./ Tenerse uno a sí mismo por lo que realmente es, hablando de mérito, talento, recursos, fuerzas, etc.

reconquistar. tr. Volver a conquistar./ fig. Recuperar la opinión, la hacienda, etc.

reconsiderar. tr. Volver a considerar.

reconstruir. tr. Volver a construir./ fig. Evocar especies, ideas o recuerdos para completar el conocimiento de algún hecho o el concepto de alguna cosa.

reconvención. f. Acción de reconvenir./ Cargo o argumento con el cual se reconviene.

reconvenir. tr. Reprender, hacer cargo a uno, arguyéndole con su propio hecho o palabra.

recopilación. f. Compendio o resumen de una obra o discurso./ Colección de escritos diversos.

recopilar. tr. Reunir en compendio, obras literarias, leyes, etc.

recordación. f. Acción de recordar./ Acción de traer una cosa a la memoria./ Recuerdo, memoria de algo.

recordar. tr./ i. Traer a la memoria alguna cosa.// tr./ i./ prl. Excitar y mover a uno a tener presente algo.// i. fig. Despertar el que está dormido. Ú.t.c.prl.

recorrer. tr. Transitar por un espacio./ Revisar, mirar con cuidado./ Repasar un escrito.

recorrido. m. Acción y efecto de recorrer./ Espacio que una persona o cosa ha recorrido, recorre o ha de recorrer./ Itinerario prefijado.

recortar. tr./ prl. Cortar lo que sobra de una cosa./ Cortar con arte el papel, u otra cosa, en diversas figuras./ *Pint.* Señalar el perfil de las figuras.

recorte. m. Acción y efecto de recortar.// pl. Porciones sobrantes de cualquier materia recortada.

recostar. tr./ prl. Reclinar la parte superior del cuerpo el que se halla de pie o sentado./ Inclinar una cosa sobre otra.

recova. f. Compra de gallinas, huevos, etc., para revenderlos./ Lugar público donde se venden gallinas y otras aves domésticas./ *Amér.* Mercado de comestibles./ *Arg.* Soportal.

recoveco. m. Vuelta y revuelta de un camino, callejón, pasillo, etcétera.

recreación. f. Acción y efecto de recrear o recrearse./ Distracción para alivio del trabajo.

recrear. tr. Crear de nuevo una cosa.// tr./ prl. Divertir, entretener.

recreo. m. Acción de recrear o recrearse./ En los colegios, intervalo de descanso./ Sitio apto para la diversión.

recriminar. tr. Responder a las acusaciones con otras./ Reprochar.// rec. Hacerse cargos unas personas a otras.

recrudecer. i./ prl. Tomar nuevo incremento un mal físico o moral, o un afecto o cosa que perjudica o degrada.

rectangular. a. Rel. al ángulo recto./ Que tiene uno o más ángulos rectos./ Que contiene uno o más rectángulos./ Perteneciente o relativo al rectángulo.

rectángulo, la. a. Que tiene ángulos rectos./ Rectangular. Dícese principalmente del triángulo y del paralelepípedo./ / m. *Geom.* Paralelogramo que tiene los cuatro ángulos rectos y los lados contiguos desiguales.

rectificar. tr. Reducir algo a la exactitud que debe tener./ Procurar uno reducir a la conveniente exactitud los dichos o hechos que se le atribuyen./ *Geom.* Tratándose de una línea curva, hallar una recta de longitud igual a la de aquella./ *Quím.* Purificar los líquidos.// prl. Enmendar uno sus actos o su conducta.

rectilíneo, a. a. *Geom.* Que se compone de líneas rectas.

rectitud. f. Derechura o distancia más corta entre dos puntos o términos./ fig. Calidad de recto o justo./ Exactitud, integridad.

recto, ta. a. Que no se inclina a un lado ni a otro./ Derecho, lineal, sin curvas ni ángulos./ fig. Íntegro, justo y firme en sus resoluciones./ Apl. al sentido primitivo o literal de las palabras.// a./ m. *Anat.* Última porción del intestino grueso.

rector, ra. a. y s. Que rige o gobierna.// s. Persona que tiene a su cargo el gobierno de un colegio, comunidad, etc.// m. Sacerdote encargado de una parroquia./ Superior de una universidad.

rectoría. f. Cargo, oficio o jurisdicción del rector./ Oficina del rector.

recua. fig. Conjunto de bestias de carga./ Multitud de cosas que van o siguen unas detrás de otras.

recuadro. m. Compartimiento o división en forma de cuadro o rectángulo.

recubrir. tr. Volver a cubrir.

recudir. tr. Asistir a uno con algo que le toca percibir./ Recurrir, acudir a uno./ Replicar, responder.// i. Resaltar; retorcerse un cuerpo como consecuencia del choque con otro.

recuento. m. Segunda cuenta que se hace de una cosa./ Inventario.

recuerdo. m. Memoria de alguna cosa pasada./ fig. Cosa que se regala en prueba de afecto.// pl. Memoria, saludo al ausente.

recular. i. Cejar o retroceder./ fig. y fam. Ceder uno en su opinión o dictamen.

recuperar. tr. Volver a tener lo que se había perdido; recobrar.// prl. Recobrarse, volver en sí.

recurrir. i. Acudir a una autoridad con una demanda, o a una persona o cosa para solucionar un problema./ Acogerse al favor de uno en caso de necesidad./ Volver alguna cosa al lugar de donde partió./ *Der.* Apelar./ *Med.* Reaparecer una enfermedad o sus síntomas después de intermisiones.

recurso. m. Acción y efecto de recurrir./ Memorial, petición./ *Der.* Acción que otorga la ley al interesado para reclamar contra las resoluciones de la autoridad.// pl. Bienes, medios de vida./ fig. Expedientes, arbitrios.

rectángulo

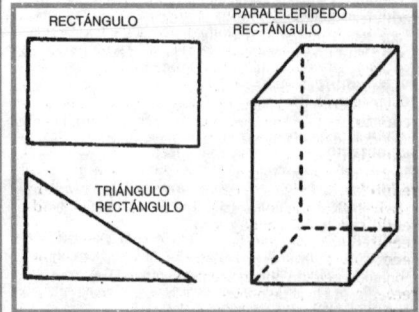

RECTÁNGULO
PARALELEPÍPEDO RECTÁNGULO
TRIÁNGULO RECTÁNGULO

recusar. tr. Rechazar una cosa o persona por falta de competencia./ Negarse a aceptar o a admitir alguna cosa./ Poner tacha legítima al juez, oficial o perito, que actúa con carácter público, para que no intervenga en un procedimiento.

red. f. Tejido de malla hecho de hilos, cuerdas o alambres, para pescar, cazar, cercar, etc./ Labor o tejido de mallas./ Redecilla para el pelo./ fig. Ardid, engaño, estratagema./ Conjunto y trabazón de cosas que obran en favor o en contra de un fin./ Conjunto de ramales eléctricos interconectados, de cañerías para el abastecimiento de agua o gas, de vías de comunicación, de agencias comerciales.

redacción. f. Acción y efecto de redactar./ Oficina donde se redacta./ Conjunto de redactores de un diario, revista, etc.

redactar. tr. Poner por escrito una noticia, relato, etc., pensados con anterioridad.

redada. f. Lance de red./ Conjunto de personas o cosas que se atrapan de una vez.

rededor. m. Contorno.

redil. m. Aprisco circundado por vallas o redes.

redimir. tr./ prl. Comprar la libertad de un cautivo./ Librar de una obligación o extinguirla./ fig. Poner fin a algún vejamen, penuria, dolor, etc.// tr. Dejar libre algo que está hipotecado.

rédito. m. Beneficio, renta que produce un capital.

redivivo, va. a. Resucitado, aparecido.

redoblar. tr./ prl. Aumentar una cosa al doble de lo que antes era.// tr. Volver la punta del clavo en dirección opuesta./ Repetir, reiterar.// i. Tocar redobles en el tambor.

redoble. m. Acción y efecto de redoblar./ Toque de tambor vivo y sostenido.

redoma. f. Vasija de vidrio ancha en su fondo y de cuello largo y estrecho.

redondear. tr./ prl. Poner redonda una cosa.// tr. Prescindir de fracciones en las cantidades./ fig. Sanear un caudal, negocio, etc.// prl. fig. Adquirir bienes o rentas.

redondel. m. fam. Círculo./ En las plazas de toros, espacio destinado a la lidia.

redondez. f. Calidad de redondo./ Superficie de un cuerpo redondo./ Circuito de una figura curva.

redondo, da. a. De figura circular o parecido a ella./ De figura esférica o semejante./ fig. Claro, sin rodeo.

reducción. f. Acción y efecto de reducir o reducirse./ Cualquiera de los núcleos de población indígena que fundaron en América los españoles, para que los naturales adoptaran las costumbres y la religión de los conquistadores.

reducir. tr. Llevar una cosa al lugar donde estaba o al estado que tenía./ Resumir./ Disminuir, estrechar./ Mudar una cosa en otra equivalente./ Dividir en partes menudas./ Someter a la obediencia./ Descomponer un cuerpo en sus principios o elementos.// prl. Moderarse en el modo de vivir./ Resolverse a hacer una cosa por causas imperiosas.

reducto. m. Obra de campaña, cerrada, construida en el interior de una fortaleza./ Lugar de refugio.

redundancia. f. Sobra o demasiada abundancia de alguna cosa./ Repetición innecesaria de un concepto.

redundar. i. Resultar una cosa en beneficio o daño de alguien./ Rebosar una cosa, salirse de sus límites o bordes.

reedificar. tr. Edificar de nuevo.

reeditar. tr. Volver a editar.

reeducar. tr. Volver a enseñar el uso de miembros u órganos, perdido por accidente o enfermedad.

reelegir. tr. Elegir de nuevo.

reembarcar. tr./ prl. Volver a embarcar.

reembarque. m. Acción y efecto de reembarcar.

reembolsar. tr./ prl. Volver una cantidad a poder del que la había desembolsado.

reembolso. m. Acción y efecto de reembolsar o reembolsarse./ Dinero con que se reembolsa.

reemplazar. tr. Sustituir una cosa por otra./ Suceder a alguna persona en el cargo, empleo, etc.

reemplazo. m. Acción y efecto de reemplazar./ Sustitución de una persona o cosa por otra.

reencarnar. i./ prl. Volver a encarnar.

reestructurar. tr. Modificar la estructura de una obra, empresa, proyecto, etc.

reexaminar. tr. Volver a examinar.

refacción. f. Alimento liviano para reponer fuerzas./ Reparación, arreglo.

refaccionar

refaccionar. tr. Amér. Proporcionar refacción general./ Reparar, restaurar, mejorar un edificio, negocio, etc./ Suministrar dinero a una persona.

refectorio. m. Habitación que hay en las comunidades para juntarse y comer.

referencia. f. Relación de una cosa./ Relación, dependencia o parecido de una cosa respecto de otra./ Informe sobre un tercero. U. por lo común en el ejercicio mercantil y m. en pl.

referéndum. m. Procedimiento de someter a votación popular alguna ley o acto de gobierno./ Despacho en que un agente diplomático pide nuevas instrucciones a su gobierno.

referir. tr. Relatar un hecho o suceso.// tr./ prl. Encaminar una cosa hacia un fin determinado.// prl. Remitir, atenerse a lo dicho o hecho./ Aludir.

refinamiento. m. Esmero, cuidado./ Ensañamiento. Se suele aplicar a la conducta de personas muy astutas y maliciosas.

refinar. tr. Hacer más fina o más pura una cosa./ Perfeccionar.

refinería. f. Fábrica de refinación de azúcar.

refirmar. tr. Apoyar una cosa sobre otra./ Confirmar, ratificar.

recorrido

reflector, ra. a. y s. Que refleja.// m. Aparato de superficie bruñida, para reflejar los rayos de luz./ Faro de gran reverbero y mucha intensidad lumínica, como los usados en el ejército, marina de guerra, aeropuertos, etc.

reflejar. i./ prl. *Fís.* Hacer cambiar de dirección o retroceder la luz, el calor, el sonido, etc., oponiéndole una superficie adecuada.// tr. Reflexionar./ Manifestar una cosa.// prl. fig. Dejarse ver una cosa en otra.

reflejo, ja. a. Que ha sido reflejado./ Apl. a aquellos actos que se producen involuntariamente, sin intervención de la conciencia.// m. Representación, imagen./ Luz o imagen reflejada.

reflexión. f. *Fís.* Acción y efecto de reflejar./ fig. Acción y efecto de reflexionar./ Advertencia o consejo con que se pretende convencer a alguien.

reflexionar. i./ prl. Meditar detenidamente una cosa, o volver a considerarla.

reflexivo, va. a. Que refleja o reflecta./ Que habla y obra con reflexión./ *Gram.* Dícese del verbo que se construye con un pronombre que repite la persona del sujeto y, semánticamente, es el objeto de la significación del verbo. Ú.t.c.s.

reflotar. tr. Volver a poner a flote una nave sumergida o encallada.

refluir. i. Volver hacia a atrás un líquido./ Redundar, venir a parar una cosa en otra.

reflujo. m. Movimiento de descenso de la marea.

refocilar. tr./ prl. Alegrar, recrear, divertir.

reforma. f. Acción y efecto de reformar o reformarse./ Religión reformada./ Lo que se propone y ejecuta como innovación.

reformar. tr. Rehacer, volver a formar./ Reparar, restaurar./ Corregir, arreglar.// prl. Enmendarse, corregirse.

reformatorio, ria. a. Que reforma.// m. Establecimiento para corregir jóvenes de mala conducta.

reforzado, da. a. Que tiene refuerzo.

reforzar. tr. Añadir nuevas fuerzas./ Fortalecer, reparar.// tr./ prl. Animar.

refrán. m. Dicho breve sentencioso, de uso común.

refranero. m. Colección de refranes.

refregar. tr./ prl. Frotar una cosa contra otra./ / tr. fig. y fam. Echar en cara a uno alguna cosa que le ofende , insistiendo en ello.

refrenar. tr. Sujetar al caballo con el freno.// tr./ prl. fig. Contener, reprimir o corregir.

refrendar. tr. Legalizar un documento con una firma autorizada./ Revisar un pasaporte.

refrescar. tr./ prl. Disminuir el calor de una cosa.// tr. fig. Reproducir una acción./ Renovar un sentimiento, dolor, costumbre, etc.// i. Moderarse el calor del aire.// i./ prl. Tomar el fresco./ Beber algo refrescante./ Disminuir el calor que sufría una persona.

refriega. f. Combate de poca importancia, menos reñido que la batalla.

refrigerador, ra. a. y s. Apl. a las instalaciones y aparatos para refrigerar o enfriar.

reflector

refrescar

refrigerar. tr. Enfriar, refrescar, rebajar el calor./ fig. Reparar las fuerzas.

refrigerio. m. Alivio que se experimenta con lo fresco./ fig. Comida ligera para reparar fuerzas.

refuerzo. m. Mayor grueso que se da a alguna cosa para hacerla más resistente./ Reparo con que se fortifica una cosa que amenaza ruina./ Socorro o ayuda.

refugiado, da. p. p. de **refugiar**./ s. Persona que busca refugio en otro país, después que ha abandonado el suyo para evitar persecuciones políticas o una condena, o para escapar de un peligro.

refugiar. tr./ prl. Amparar a uno dando asilo.// prl. Resguardarse.

refugio. m. Asilo, amparo./ Espacio a un nivel más alto que el de la calzada, reservado a los peatones.

refulgencia. f. Resplandor.

refulgir. i. Resplandecer, relumbrar.

refundir. tr. Volver a fundir.// tr. fig. Incluir, comprender. Ú.t.c.prl./ Dar nueva forma y disposición a una comedia, discurso, etc.// i. fig. Redundar, resultar.

refunfuñar. i. Emitir voces confusas o mal articuladas, o hablar entre dientes en señal de enojo o desagrado.

refutar. tr. Contradecir con razones lo que otros dicen.

regadío, a. a./ m. Apl. al terreno que se puede regar.

regalar. tr. Dar algo en muestra de afecto./ Halagar, acariciar.// tr./ prl. Recrear, deleitar.// prl. Tratarse bien, procurando tener las máximas comodidades posibles.

regalía. f. Prerrogativa real./ Privilegio./ Sobresueldo.

regalo. m. Dádiva hecha voluntariamente o por costumbre./ Gusto, complacencia./ Comida o bebida delicada y deliciosa./ Conveniencia, comodidad.

regañar. i. Hacer el perro cierto sonido en señal de furia, mostrando los dientes y sin ladrar./ Dar muestras de enojo./ fam. Reñir.// tr. fam. Reprender, amonestar.

regaño. m. Expresión de disgusto./ fam. Represión.

regar. tr. Esparcir agua sobre una superficie./ Atravesar un río o canal una región o territorio./ fig. Esparcir, desparramar alguna cosa.

regata. f. Reguera pequeña./ Carrera de velocidad entre embarcaciones de vela o de remo.

regatear. tr. Discutir el precio de una cosa el comprador y el vendedor./ Revender, vender los comestibles por menudo./ fig. y fam. Rehusar la ejecución de algo.// i. Hacer regates./ Disputar dos o más buques una carrera.

regateo. m. Acción y efecto de regatear.

regazo. m. Enfaldo de la saya, que forma seno desde la cintura hasta la rodilla./ Parte del cuerpo donde se hace ese enfaldo.

regencia. f. Acción de regir o gobernar./ Cargo o empleo de regente./ Gobierno de un Estado durante la minoría de edad, incapacidad o ausencia de su legítimo soberano.

regenerar. tr./ prl. Dar nuevo ser, restablecer o mejorar una cosa que degeneró.

regentar. tr. Desempeñar un cargo o empleo por algún tiempo./ Ejercer un cargo ostentando superioridad./ Ejercer un empleo o cargo de honor.

regente. p. act. de **regir.** Que rige.// m. y f. Persona que ejerce una regencia.

regicida. a./ m. y f. El que comete un regicidio.

regicidio. m. Muerte violenta que se da a un monarca, a su consorte, al príncipe heredero o al regente.

régimen. m. Modo de regirse o gobernarse./ *Gram.* Dependencia que tienen entre sí las palabras de la oración./ Gram. Preposición que exige cada verbo o caso que exige cada preposición./ *Med.* Conjunto de reglas que sirven para una mejor conservación de la salud.

regimiento. m. Acción y efecto de regir o regirse./ Unidad militar de una misma arma, cuyo jefe es un coronel.

regio, gia. a. Rel. al rey./ fig. Suntuoso, magnífico.

región. f. Extensión de terreno de características homogéneas en un determinado aspecto./ Cada una de las partes en que se considera dividido el cuerpo de los animales.

regional. a. Rel. a una región.

regir. tr. Gobernar, dirigir./ Conducir o guiar. Ú.t.c.prl./ *Gram.* Tener una palabra a otra bajo su dependencia en la oración./ *Gram.* Exigir un verbo tal o cual preposición.// i. Estar vigente./ Funcionar bien un aparato o el organismo.

registrar. tr. Examinar cuidadosamente una cosa./ Anotar, señalar./ Inscribir en un registro público./ Marcar automáticamente ciertos datos un aparato./ Grabar sonidos.// prl. Presentarse y matricularse.

registro. m. Acción de registrar./ Lugar desde donde se puede ver algo./ Pieza del reloj que sirve para regular su movimiento./ Padrón y matrícula./ Lugar y oficina donde se registra./ Pieza movible del órgano, para modificar los sonidos./ Libro donde se apuntan datos o noticias.

regla. f. Instrumento que sirve para trazar rectas./ Ley, estatuto./ Precepto o principio./ Razón, norma./ Templanza, medida./ Pauta./ Menstruación de la mujer./ Orden y concierto invariable de las cosas naturales.

reglamentar. tr. Sujetar a reglamento.

reglamento. m. Colección ordenada de preceptos o reglas.

reglar. tr. Hacer líneas valiéndose de una regla./ Sujetar a reglas alguna cosa./ Medir según reglas las acciones.// prl. Medirse, templarse.

regocijar. tr./ prl. Alegrar, causar gusto o placer.// prl. Recrearse, gozar.

regocijo. m. Júbilo, alegría./ Acto con el que se manifiesta la alegría.

regodearse. prl. fam. Deleitarse, complacerse en lo que gusta o se goza.

regresar. i. Volver al lugar de donde se partió.

regresión. f. Retrocesión, acción de volver hacia atrás.

reguero. m. Corriente a modo de chorro o arroyuelo, de una cosa líquida./ Señal continuada que deja una cosa que se va vertiendo.

regulación. f. Acción y efecto de regular.

regular. a. Conforme a la regla./ Mediano./ Sin variaciones ni cambios bruscos./ Medido, ajustado./ *Geom.* Apl. al polígono cuyos lados y ángulos son iguales entre sí./ *Gram.* Dícese del verbo que se conjuga sin alterar la raíz, el tema, o las desinencias de la conjugación a la que pertenece./ tr. Ajustar o medir una cosa por comparación o deducción./ Reglar, poner en orden una cosa./ Ajustar el funcionamiento de un sistema a determinados fines.

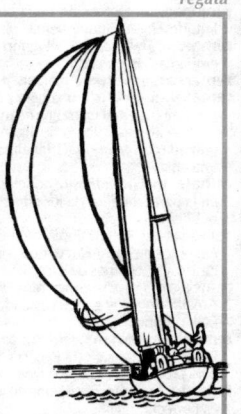
regata

regularizar. tr. Regular, poner en orden una cosa.

regurgitar. i. Expeler por la boca sustancias contenidas en el esófago o el estómago, sin vómito y sin náuseas./ Redundar o salir un licor, humor, etc.

rehabilitar. tr./ prl. Restituir a su antiguo estado; habilitar de nuevo a una persona o cosa.

regar

rehacer. tr. Volver a hacer lo que se había deshecho o hecho mal.// tr./ prl. Reparar, restablecer.// prl. Reformarse, fortalecerse./ fig. Serenarse, dominar una emoción.

rehén. m. Persona que queda en poder del enemigo como garantía./ Cualquier cosa que se deja como fianza.

rehogar. tr. Sazonar una comida a fuego lento, con aceite o manteca.

rehuir. tr./ i./ prl. Apartar una cosa con temor./ Repugnar./ Rehusar, excusar.

rehusar. tr. No aceptar una cosa./ Rechazar, excusar.

reidero, ra. a. fam. Que produce ocasión frecuente de risa.

reimpresión. f. Acción y efecto de reimprimir./ Conjunto de ejemplares reimpresos de una vez.

reina. f. Esposa del rey./ La que ejerce la potestad real./ Pieza del juego de ajedrez, la más importante después del rey./ fig. Mujer, animal o cosa del género femenino que sobresale entre las demás de su clase o especie.

reinado. m. Tiempo durante el cual gobierna un rey o una reina./ Por ext., aquel durante el cual una cosa predomina o está en auge.

reinar. i. Regir un rey o príncipe un estado./ Dominar, tener predominio./ fig. Prevalecer, persistir.

reincidencia. f. Reiteración de una misma culpa o defecto./ *Der.* Circunstancia agravante de la responsabilidad criminal consistente en haber sido el reo condenado antes por un delito análogo al que se le imputa.

reincidir. i. Volver a incurrir en un error o delito.

reincorporar. tr./ prl. Volver a incorporar./ Agregar o unir lo que se había separado.

reingresar. i. Volver a ingresar.

reino. m. Estado gobernado por un rey./ fig. Campo, espacio./ *Biol.* Cada una de las grandes subdivisiones en que se consideran distribuidos los seres naturales por razón de sus caracteres comunes: *reino animal, reino mineral, reino vegetal.*

reinstalar. tr./ prl. Volver a instalar.

reintegrar. tr./ prl. Restituir íntegramente una cosa./ Reconstituir la integridad de una cosa.// prl. Recobrarse de lo que se había perdido.

reintegro. m. Pago, entrega de lo adeudado.

reír. i./ prl. Manifestar alegría con determinados sonidos y movimientos de la boca.// tr./ i./ prl. Hacer burla./ Tener algunas cosas aspecto deleitable.// tr. Celebrar con risa.

reiterar. tr./ prl. Volver a decir o ejecutar una cosa.

reiterativo, va. a. Que tiene la propiedad de reiterarse./ Que indica reiteración.

reivindicar. tr. Reclamar o recuperar uno lo que le pertenece./ Reclamar para sí la autoría de una acción./ Reclamar algo como propio.

reja. f. Instrumento de hierro que forma parte del arado./ Conjunto de barrotes de hierro que se ponen como protección o adorno en las ventanas y otros huecos.

rejilla. f. Celosía fija o movible, tela metálica, tabla calada, etc., que suele ponerse en las ventanillas de los confesionarios, en el ventanillo de las puertas y otras aberturas semejantes./ Tejido claro de tiritas vegetales, alambre fino, hilo, etc., para respaldos y asientos de sillas./ Rejuela, braserillo./ Armazón de barras de hierro para diversos usos./ Tejido en forma de red con que se limpian muebles.

rejuvenecer. tr./ i./ prl. Dar la fortaleza y el vigor propios de la juventud./ tr. fig. Renovar, modernizar a lo viejo u olvidado.

relación. f. Acción y efecto de referir o referirse./ Narración de un hecho o suceso./ Conexión de una cosa con otra./ Correspondencia, trato de una persona con otra. Ú.m. en pl./ Trozo largo que en el poema dramático dice un personaje./ Gram. Conexión o enlace entre dos términos de una oración./ Arg. En algunos bailes populares, verso que dice el bailarín a su pareja y en seguida ésta a aquél.

relacionar. tr. Hacer relación de un hecho.// tr./ prl. Poner en relación personas o cosas.

relajación. f. Acción y efecto de relajar o relajarse.

relajar. tr./ prl. Ablandar, aflojar./ Hacer menos rigurosa o severa la observancia de reglas, leyes, etc./ tr. Distraer el ánimo con algún descanso.// prl. fig. Viciarse.

relajo. m. Barullo, desorden./ Degradación de las costumbres.

relamer. tr. Volver a lamer.// prl. Lamerse los labios./ Gloriarse de lo hecho.

relámpago. m. Resplandor vivo e instantáneo, producido por una descarga eléctrica en las nubes./ fig. Cosa que pasa con ligereza o es pronta en sus operaciones./ Fuego o resplandor fugaz./ Especie viva, aguda e ingeniosa.

relampaguear. i. Haber relámpagos./ fig. Brillar mucho con algunas intermisiones.

relatar. tr. Referir, narrar, dar a conocer algún hecho.

relatividad. f. Calidad de relativo./ Teoría formulada por Albert Einstein en 1905, que se refiere, en especial, a las ideas de tiempo y espacio y que se considera una de las síntesis más grandes que el ingenio humano ha realizado. Según esta teoría, que ha introducido una revolución en la ciencia, el tiempo no es absoluto ni su curso siempre el mismo, y así se modifican bases que se tenían inmutables después de Galileo y Newton.

relativo, va. a. Que hace relación a una persona o cosa./ Que no es absoluto.// a./ m. Gram. Díc. del pron. que en la oración refiere a un antecedente cuyo significado reproduce y encabeza una proposición incluida.

relato. m. Acción de relatar o referir./ Narración, cuento.

relator, ra. a. y s. Que relata o refiere.// m. Letrado que hace relación de los autos o expedientes en los tribunales.

releer. tr. Volver a leer.

relegar. tr. Desterrar./ fig. Posponer, apartar.

relente. m. Humedad que en noches serenas se nota en la atmósfera./ fam. Sorna, frescura, desenfado.

relevancia. f. Calidad de relevante./ Significación, importancia.

relevante. a. Excelente, sobresaliente, importante.

relevar. tr. Hacer de relieve una cosa./ Eximir de una carga./ Exonerar de un cargo o empleo./ Socorrer o remediar./ Absolver, excusar o perdonar./ fig. Exaltar una cosa./ Mudar una centinela o cuerpo de tropa que está de guardia./ Por ext., reemplazar a uno en cualquier empleo o comisión.

relevo. m. Mil. Acción de relevar o cambiar la guardia./ Soldado o cuerpo que releva./ Dep. Carrera en la cual los integrantes de cada equipo se reemplazan sucesivamente./ Dep. Acción de relevarse en una carrera.

relicario. m. Lugar donde se guardan reliquias./ Caja o estuche para custodiar reliquias.

relieve. m. Figura que resalta sobre un plano./ fig. Renombre./ Conjunto de accidentes geográficos de una región.

religión. f. Conjunto de creencias y dogmas acerca de la divinidad, de normas morales para la conducta individual y social y de prácticas rituales./ Virtud que nos mueve a tributar a Dios el culto debido./ Profesión y observancia de la doctrina religiosa./ Obligación de conciencia.

religioso, sa. a. Rel. a la religión o a quienes la profesan./ Que tiene religión y la profesa con celo./ Que ha tomado hábito en una orden religiosa. Ú.t.c.s./ Fiel y exacto.

relinchar. i. Emitir su voz el caballo.

relincho. m. Voz del caballo.

reliquia. f. Resto que queda de un todo./ Parte del cuerpo de un santo o parte de una prenda o algo que él ha tocado./ Vestigio de cosas pasadas.

rellano. m. Parte horizontal en que termina cada tramo de escalera./ Llano que interrumpe el declive del terreno.

rellenar. tr./ prl. Volver a llenar completamente una cosa.// tr. Llenar de carne picada u otros ingredientes un ave u otro manjar.

relleno, na. a. Muy lleno.// m. Picadillo de carne, hierbas, etc. que se emplea para rellenar./ Acción y efecto de rellenar o rellenarse./fig.

remar

Parte superflua que se añade para aumentar un escrito, composición.

reloj. m. Máquina que sirve para medir el tiempo, dotada de un movimiento uniforme.

relojería. f. Arte de hacer relojes./ Lugar donde se hacen, arreglan o venden relojes.

relucir. i. Reflejar, despedir luz una cosa./ fig. Resplandecer uno por hechos loables./ Lucir mucho.

relumbrar. i. Alumbrar con exceso, dar viva luz una cosa.

remachar. tr. Machacar la punta de un clavo ya fijado para dar mayor firmeza./ fig. Recalcar.

remache. m. Acción y efecto de remachar./ Clavo remachado.

remanente. m. Resto, residuo de una cosa.

remangar. tr./ prl. Levantar hacia arriba las mangas o la ropa.

remanso. m. Detención de la corriente de agua o de otro líquido./ fig. Lentitud, flema.

remar. i. Trabajar con el remo para hacer avanzar una embarcación en el agua.

remarcar. tr. Volver a marcar.

rematar. tr. Dar fin a una cosa./ Poner fin a la vida de una persona o animal en trance de muerte./ Hacer remate en la venta o arrendamiento de alguna cosa./ Afirmar la última puntada con un nudo.// i. Finalizar.// prl. Perderse, acabarse una cosa.

remate. m. Fin, extremo, conclusión de una cosa./ Adorno en la parte superior de los edificios./ Venta en una subasta pública.

remedar. tr. Imitar, copiar una cosa./ Seguir las huellas y ejemplos de otro./ Hacer uno, generalmente por burla, los gestos y ademanes de otro.

remediar. tr./ prl. Poner remedio a un daño, repararlo./ Auxiliar socorrer una necesidad.// tr. Apartar de un riesgo./ Evitar, impedir.

remedio. m. Medio que se toma para evitar o reparar un daño./ Enmienda, corrección./ Recurso, auxilio./ Todo lo que sirve para producir un cambio favorable en las enfermedades.

remedo. m. Imitación de una cosa, en particular cuando no es perfecta.

remolque

remembranza. f. Recuerdo, memoria de alguna cosa pasada.
remembrar. tr. Recordar, rememorar.
rememoración. f. Acción y efecto de rememorar.
rememorar. tr. Traer a la memoria, recordar.
remendar. tr. Reforzar lo que está roto con un remiendo./ Corregir, enmendar.
remesa. f. Remisión de una cosa de un lugar a otro./ La cosa que se envía cada vez.
remiendo. m. Pedazo de paño o tela que se cose a lo que está roto o viejo./ Obra de poca importancia para reparar algo./ fig. Añadidura, enmienda.
remilgado, da. a. Que afecta suma compostura, delicadeza y gracia.
remilgo. m. Acción y efecto de remilgarse./ Afectación, amaneramiento.
reminiscencia. f. Acción de ofrecerse a la memoria la especie de una cosa que pasó./ Facultad del alma con que se trae algo a la memoria./ En literatura y música, lo que es muy parecido a lo compuesto anteriormente por otros autores.
remiso, sa. a. Flojo, dejado./ Reacio, lento.
remitir. tr. Enviar, mandar, encaminar una cosa al sitio de destino./ Perdonar la pena, eximir de algo./ Indicar en un escrito el lugar donde consta lo que atañe al punto tratado./ / tr./ i./ prl. Ceder intensidad una cosa.// prl. Atenerse a lo dicho o hecho.
remo. m. Pala larga y estrecha de madera que sirve para impulsar las embarcaciones, haciendo fuerza en el agua./ Brazo o pierna del hombre y los cuadrúoedos. Ú.m. en pl./ Cualquiera de las alas de las aves.
remojar. tr. Empapar una cosa; ponerla en remojo.
remojo. m. Acción de empapar en agua una cosa.
remolacha. f. Planta herbácea, con tallo ramoso, hojas grandes y raíz carnosa, fusiforme; hay diversas razas cultivadas: azucarera, comestible y forrajera.
remolcador, ra. a./ m. Que sirve para remolcar. Apl. a embarcaciones.
remolcar. tr. Arrastrar un vehículo, una embarcación, etc., tirando de ellas con un cable, cadena, etc.
remolinar. i./ prl. Formar remolinos una cosa./ Arremolinarse.
remolino. m. Movimiento giratorio y rápido del aire, el agua, el polvo, etc./ fig. Amontonamiento o confusión de gente a causa de un desorden.
remolonear. i./ prl. Rehusar hacer una cosa por pereza o flojedad.
remolque. m. Acción y efecto de remolcar./ Soga o cabo con que se remolca./ Vehículo que se lleva remolcado.
remonta. f. Compostura del calzado cuando se le pone de nuevo la suela./ Compra, cría y cuidado de los caballos del ejército./ Establecimiento destinado a tal fin./ Conjunto de caballos o mulas que se destinan a cada cuerpo del ejército.
remontar. tr. Proveer de nuevos caballos a la tropa./ fig. Superar un obstáculo o dificultad./ Subir una pendiente;

navegar aguas arriba./ Ahuyentar o espantar la caza.// tr./ prl. fig. Elevar, encumbrar.// prl. Subir o volar las aves muy alto./ fig. Subir hasta el origen de alguna cosa.
rémora. f. Pez marino que se adhiere a los objetos flotantes y a otros peces o cetáceos./ fig. Obstáculo, cosa que detiene, embarga o suspende.
remorder. tr. Volver a morder./ fig. Causar inquietud el haber cometido una mala acción.// prl. Manifestar el sentimiento reprimido con una acción exterior.
remordimiento. m. Inquietud, pesar por haber ejecutado una mala acción.
remoto, ta. a. Apartado, distante./ fig. Que no es verosímil.
remover. tr./ prl. Mudar una cosa de un lugar a otro./ Conmover o alterar alguna cosa o asunto.// tr. Quitar un impedimento./ Deponer a uno en su empleo.
remozar. tr./ prl. Dar la lozanía propia de la juventud.
remplazar. tr. Reemplazar.
remplazo. m. Reemplazo.
remuneración. f. Acción y efecto de remunerar./ Lo que se da o sirve para remunerar.
remunerar. tr. Retribuir, recompensar, pagar.
renacer. i. Volver a nacer.
renacuajo. m. Larva de la rana y de otros batracios. Se diferencia del animal adulto por tener cola, carecer de extremidades y respirar por las branquias.
renal. a. Rel. a los riñones.
rencilla. f. Riña que deja algún encono.
renco, ca. a. Rengo, cojo.
rencor. m. Resentimiento tenaz./ Encono.
rencoroso, sa. a. Que tiene o guarda rencor.
rendidor, ra. a. Que rinde o produce buen rendimiento.
rendija. f. Abertura larga y estrecha; raja, hendedura.
rendimiento. m. Rendición, cansancio./ Sumisión, humildad./ Expresión obsequiosa que se hace por complacer o servir./ Producto o utilidad que da una persona o cosa.
rendir. tr. Vencer, obligar al enemigo a que se entregue./ Someter al dominio de uno. Ú.t.c.prl./ Dar producto o utilidad una persona o cosa./ Cansar, fatigar. Ú.t.c.prl./ Mil. Hacer con algunas cosas actos de sumisión y respeto.// i. Amér. Durar una cosa más de lo regular.
renegar. tr. Negar con insistencia alguna cosa./ Abominar, detestar.// i. Renunciar a una creencia para adoptar otra; abjurar./ Blasfemar./ fig. y fam. Decir injurias.
renegrido, da. a. Apl. al color muy oscuro.// m. Pájaro parecido al tordo, de color negro con reflejos azulados.
renglón. m. Serie de palabras escritas o impresas en línea recta.
rengo, ga. a. y s. Cojo por lesión en las caderas.
renguear. i. Renquear.
reno. m. Mamífero rumiante de la zona ártica, especie de ciervo, con astas muy ramosas y pelaje espeso. Sirve como animal de tiro para los trineos, y se aprovechan su carne, su piel y sus huesos.
renombrado, da. a. Famoso, célebre, acreditado.
renombre. m. Apellido o sobrenombre propio./ Nombradía, fama, celebridad./ Epíteto que se adquiere por hechos gloriosos o por señaladas muestras de talento o ciencia.

reloj

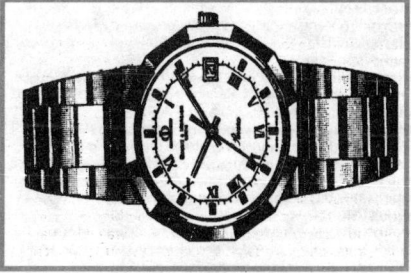

renovar. tr./ prl. Hacer como de nuevo una cosa o volverla a su primitivo estado./ Restablecer, reanudar una cosa.// tr. Remudar, reemplazar./ Trocar una cosa vieja por otra nueva./ Reiterar, publicar de nuevo.

renquear. i. Andar como renco.

renta. f. Beneficio que anualmente rinde una cosa./ Lo que se paga por arrendamiento./ Deuda pública o títulos que la representan.

rentabilidad. f. Calidad de rentable./ Capacidad de rentar.

rentable. a. Que produce renta suficiente o remunerativa.

rentar. tr. Producir utilidad anual una cosa.

renuente. a. Remiso, indócil.

renuncia. f. Acción de renunciar./ Documento que contiene una renuncia.

renunciar. tr. Abandonar voluntariamente una cosa que se tiene, o el derecho a ella./ No querer admitir o aceptar alguna cosa./ Abandonar./ En algunos juegos de naipes, no servir al palo que se juega teniendo carta de él, faltando a las leyes.

reñido, da. p. p. de **reñir.**// a. Que está enemistado con otro./ Encarnizado, muy disputado.

reñir. i. Disputar, contender de palabra u obra./ Pelear, luchar./ Desavenirse, enemistarse.// tr. Reprender con algún rigor./ Llevar a efecto batallas, desafíos, etc.

reo, a. a. Culpado.// m. y f. Persona que ha cometido una culpa y merece castigo./ *For.* El inculpado en juicio criminal o civil, como autor, cómplice o encubridor de un delito.

reorganizar. tr./ prl. Volver a organizar alguna cosa.

reparación. f. Acción y efecto de reparar, componer, enmendar./ Desagravio, satisfacción de una ofensa o injuria.

reparador, ra. a. Que repara o mejora alguna cosa. Ú.t.c.s./ Que propende a notar defectos. Ú.t.c.s./ Que restablece las fuerzas y da vigor./ Que desagravia o satisface.

reparar. tr. Arreglar, componer un daño./ Advertir./ Mirar con cuidado./ Atender, reflexionar./ Enmendar, corregir./ Desagraviar, satisfacer./ Remediar o precaver./ Restablecer las fuerzas./ Pararse, hacer alto.// prl. Contenerse o reportarse.

reparo. m. Remedio, restauración./ Obra que se hace para componer algún edificio deteriorado./ Advertencia, nota./ Confortante que se le pone al enfermo./ Cosa que sirve para defensa o resguardo./ Inconveniente, dificultad, duda.

repartición. f. Acción de repartir./ *Amér.* Cualquier dependencia de la administración pública destinada a despachar determinados asuntos.

repartir. tr. Distribuir una cosa entre varios.// tr./ prl. Distribuir por distintos lugares o entre personas diferentes.

reparto. m. Acción y efecto de repartir./ *Arg.* Conjunto de los parroquianos de un comerciante, a los que se entrega la mercancía a domicilio.

repasar. tr. Volver a examinar una cosa./ Recorrer lo estudiado para recordarlo mejor./ Volver a explicar la lección./ Reconocer muy por encima un escrito./ Recoser la ropa./ Estregar con el repasador la vajilla para secarla.// tr./ i. Volver a pasar por un mismo sitio.

repaso. m. Acción y efecto de repasar./ Ligero estudio de lo que ya se ha visto o estudiado./ Reconocimiento de algo ya hecho, para ver si le falta o le sobra algo.

repatriar. tr./ i./ prl. Hacer que uno regrese a su patria.

repelente. a. Repulsivo, repugnante./ Que repele o arroja de sí./ *Arg.* Antipático, poco sociable.

repensar. tr. Volver a pensar con detención.

repentino, na. a. Impensado, imprevisto.

repercusión. f. Acción y efecto de repercutir.

repercutir. i. Retroceder o cambiar de dirección un cuerpo al chocar con otro./ Producir eco el sonido./ fig. Trascender, causar efecto una cosa en otra.// prl. Reverberar.

repicar

repertorio. m. Libro abreviado o prontuario de cosas notables./ Copia de obras dramáticas o musicales ya ejecutadas por un actor o cantante principal, o que tiene un empresario para hacerlas representar./ Recopilación de obras o de noticias de una misma clase.

repetir. tr. Volver a hacer o decir lo que se había hecho o dicho.// i. Venir a la boca el sabor de lo que se ha comido o bebido.

repicar. tr. Picar mucho una cosa./ Tañer repetidamente las campanas con compás, en señal de regocijo. Ú.t.c.i./ Volver a picar o punzar.

repique. m. Acción y efecto de repicar o repicarse.

repiquetear. tr. Repicar con viveza las campanas u otro instrumento sonoro.

repisa. f. Miembro arquitectónico, a manera de ménsula, que tiene más longitud que vuelo, y sirve para sostener objetos o de piso a un balcón./ Estante, placa de madera, cristal, etc., de cualquier forma, colocados horizontalmente contra la pared para servir de soporte a cualquier cosa./ Parte superior de las chimeneas donde se colocan cacharros y otros útiles.

replantar. tr. Volver a plantar en el sitio que ya estuvo plantado./ Trasplantar.

replantear. tr. Trazar en el terreno o sobre el plano de cimientos la planta de una obra ya proyectada./ Volver a plantear algo.

replegar. tr. Plegar o doblar muchas veces.// tr./ prl. Retirarse en orden las tropas avanzadas.

repleto, ta. a. Muy lleno, colmado.

réplica. f. Acción de replicar./ Expresión o argumento con que se replica./ Copia exacta de una obra de arte.

replicar. i. Argüir contra el argumento o la respuesta./ Responder como repugnando lo que se dice u ordena. Ú.t.c.tr.

repliegue. m. Pliegue doble./ Acción y efecto de replegarse las tropas./ Sinuosidad, ondulación del terreno./ *Arg.* Pliegue.

repoblar. tr./ prl. Poblar de nuevo.

repollo. m. Variedad de col de hojas firmes, abrazadas muy apretadamente./ Grumo o cabeza que forman algunas plantas apiñándose sus hojas unas con otras.

reponer. tr. Volver a poner, restablecer a una persona o cosa en el empleo, lugar o estado que tenía antes./ Sustituir lo que falta./ Volver a poner./ Replicar, oponer./ Volver a poner en escena una obra teatral o exhibir de nuevo una película cinematográfica.// prl. Recobrar la salud o los bienes./ Serenarse, tranquilizarse.

reportaje. m. Entrevista que un periodista realiza a una persona para obtener información, noticias e impresiones, y luego publicarlas./ Versión publicada de esta entrevista, a menudo acompañada con ilustraciones gráficas./ Noticia, informe./ Chisme, noticia para malquistar.

reportar. tr./ prl. Reprimir o moderar una pasión.// tr. Alcanzar, conseguir./ Pasar una prueba litográfica a la piedra.

reporte. m. Noticia, suceso o novedad./ Chisme, noticia malintencionada.

reportero, ra. a. y s. Dícese del periodista que se dedica a los reportes o noticias, o del que hace reportajes.

reposar. i. Descansar del trabajo.// i. Descansar durmiendo brevemente. Ú.t.c.prl./ Estar en quietud y paz. Ú.t.c.prl./ Estar enterrado, yacer.

reposo. m. Acción y efecto de reposar o reposarse.

repostería. f. Local o comercio donde se hacen y venden dulces, pastas, etc., y algunas bebidas./ Despensa para guardar provisiones de esta clase./ Arte del repostero.

repostero, ra. s. Persona que tiene como oficio hacer dulces, pastas y algunas bebidas.

reprender. tr. Corregir, amonestar a uno desaprobando lo que ha hecho o dicho.

reprensión. f. Acción de reprender./ Razonamiento o expresión con que se reprende.

represa. f. Acción de represar o recobrar./ Estancamiento de algo, y en especial del agua que se detiene y extiende./ Obra para regular y contener el curso de las aguas.

represalia. f. Derecho que se arroga un enemigo de causar igual o mayor daño que el recibido. Ú.m. en pl./ Por ext., el daño o perjuicio que una persona causa a otra, en satisfacción o venganza de un agravio./ Retención de los bienes de una nación con la cual se está en guerra, o de sus individuos. Ú.m. en pl.

represar. tr. Detener o estancar un curso de agua. Ú.t.c.prl./ Recobrar la embarcación apresada.// tr./ prl. fig. Contener, reprimir.

representación. f. Acción y efecto de representar o representarse./ Cada una de las veces que una obra teatral o cinematográfica se presenta al público./ Carácter, dignidad de la persona./ Figura o idea que reemplaza a la realidad./ Conjunto de personas que representan a una colectividad, corporación, etc./ Acción de negociar en nombre de una casa comercial.

representante. p. act. de **representar**.// m. y f. Persona que representa a un ausente o a una comunidad o cuerpo./ Persona que, autorizada por una casa comercial, concierta o realiza la venta de sus productos, generalmente en una ciudad o zona determinadas./ Persona que gestiona los contratos y asuntos profesionales de artistas, compañías teatrales, etc./ Actor o actriz de teatro.

representar. tr./ prl. Hacer presente una cosa en la imaginación por medio de palabras o figuras.// tr. Ejecutar en público una obra dramática./ Hacer las veces de otro; sustituir./ Informar, referir, declarar./ Manifestar uno un afecto./ Ser imagen o símbolo de una cosa./ Aparentar una persona determinada edad.

represión. f. Acción y efecto de represar o represarse y reprimir o reprimirse.

represivo, va. a. Apl. a lo que reprime./ Apl. al medio o sistema que se emplea para ahogar o evitar alteraciones de orden público, manifestaciones, protestas, etc.

reprimenda. f. Represión vehemente.

reprimir. tr./ prl. Refrenar, contener, moderar.

reprobar. tr. No aprobar, dar por malo.

réprobo, ba. a. y s. Condenado a penas eternas./Maldito./Apl. a las personas apartadas de la religión o de la convivencia.

reprochar. tr./ prl. Recriminar, echar en cara.

reproche. m. Acción de reprochar./ Expresión con que se reprocha.

reproducir. tr./prl. Volver a producir.// tr. Sacar copias de obras de arte, textos, etc./ Volver a hacer presente lo que antes se dijo.

reproductor, ra. a. y s. Que reproduce.// m. Animal seleccionado para procrear y mejorar su raza.

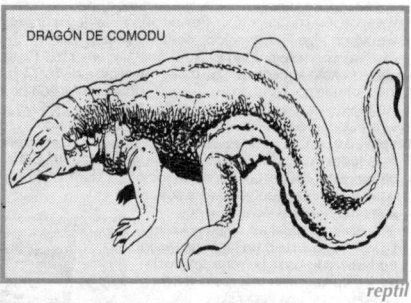

resalto

reptar. i. Andar arrastrándose sobre el vientre como los reptiles.

reptil o **réptil.** a./ m. Zool. Apl. a los animales vertebrados, ovíparos u ovovivíparos, de sangre fría, respiración pulmonar, circulación doble o incompleta, piel cubierta de escamas y escudos córneos. Por no tener pies o ser éstos muy cortos, andan rozando la tierra con el vientre.// m. pl. Clase de estos animales.

república. f. Cuerpo político de una nación./ Forma representativa de gobierno en que el poder reside en el pueblo./ Causa pública, el común o su utilidad.

republicano, na. a. Rel. a la república.// a. y s. Díc.l ciudadano de una república./ Partidario de esta forma de gobierno.

repudiar. tr. No aceptar algo, rechazarlo./ Repeler o desechar a la mujer propia./ Renunciar, hacer dejación voluntaria de una cosa o del derecho a ella.

repudio. f. Acción y efecto de repudiar.

repuesto, ta. p. p. irreg. de **reponer**.//a. Apartado, escondido./ m. Amér. Pieza de un mecanismo, aparato, etc., destinada a sustituir otra./ Prevención de comestibles u otras cosas.

repugnancia. f. Oposición entre dos cosas./ Aversión a las personas o cosas./ Aversión que se siente o resistencia que se opone a hacer o consentir algo.

DRAGÓN DE COMODU

reptil

repugnar. tr./ prl. Ser opuesta una cosa a otra.// tr. Contradecir o negar alguna cosa./ Rehusar, hacer de mala gana una cosa o admitirla con dificultad.// i. Causar asco o aversión.

repujar. tr. Labrar a martillo figuras de relieve en chapas metálicas, o hacerlas resaltar en cuero u otra materia similar.

repulsa. f. Acción y efecto de repulsar.

repulsar. tr. Despreciar una cosa./ Negar lo que se pide.

repulsión. f. Acción y efecto de repeler./ Repulsa./ Aversión, repugnancia.

repulsivo, va. a. Que tiene acción o virtud de repulsar./ Que causa repulsión.

repuntar. i. Volver una cosa a subir o mejorar.

repunte. m. Acción y efecto de repuntar la marea.

reputar. tr./ prl. Juzgar la calidad o el estado de una persona o cosa.// tr. Estimar el mérito.

requerir. tr. Intimar, avisar con autoridad política./ Necesitar o hacer necesaria una cosa./ Solicitar./ Reconocer o examinar el estado de algo./ Pretender, explicar uno su deseo o pasión amorosa./ Inducir, convencer.

réquiem. m. Oración o misa por los difuntos./ Composición musical sobre el texto litúrgico de la misa de difuntos.

requisito. p. p. irreg. de **requerir**.// m. Condición o circunstancia necesaria para una cosa.

res. f. Cualquier animal cuadrúpedo de ciertas especies domésticas, como vacunos, o salvajes, como venados.

resabio. m. Sabor desagradable que deja una cosa./ Vicio o mala costumbre que se adquiere.

resaca. f. Retroceso de las olas después de llegar a la orilla./ Malestar que se padece después de haber bebido mucho./ Arg. Limo que dejan los ríos en sus orillas cuando bajan las aguas./ Persona despreciable moralmente.

resaltar. i. Rebotar, botar repetidamente./ Saltar, sobresalir mucho alguna cosa./ Sobresalir parte de un edificio./ fig. Distinguirse o sobresalir mucho.

resalto. m. Acción y efecto de resaltar o rebotar./ Parte que sobresale de la superficie de una cosa.

resarcir. tr./ prl. Indemnizar un daño, agravio o perjuicio.

resbalar. i./prl. Deslizarse, escurrirse./fig. Incurrir en un desliz.

resbaloso, sa. a. Que resbala./ f. Arg. Cierto baile y canción popular./ Música de este baile y canción.

rescatar. tr. Recobrar por dinero o por fuerza una persona o cosa./ Cambiar oro u objetos preciosos por otras mercaderías.// tr./ prl. fig. Redimir la vejación; liberar del trabajo.

rescate. m. Acción y efecto de rescatar./ Dinero con que se rescata o que se pide para ello.

rescindir. tr. Anular un contrato, obligación, etc.

rescoldo. m. Brasa pequeña envuelta en ceniza./ fig. Escozor, recelo.

resecar. tr./ prl. Secar mucho.

resentimiento. m. Acción y efecto de resentir.

resentirse. prl. Empezar a flaquear una cosa./fig. Ofenderse, tener enfado por una cosa.

reseña. f. Revista que se hace de la tropa./Nota de las señales más distintivas de una persona, animal, etc./ Relato breve./ Nota sintética de las características de un asunto, escrito, etc.

reseñar. tr. Hacer una reseña.

reserva. f. Guarda o provisión que se hace de alguna cosa./ Reservación o excepción./ Prevención o cautela para no descubrir algo./ Discreción, comedimiento./ Acción de reservar con solemnidad el Santísimo Sacramento./ Parte del ejército o armada que no está en servicio activo./ Dep. Jugador que no figura en la alineación titular de su equipo, y que aguarda para actuar a que el entrenador substituya a otro jugador, por lesión de éste u otra causa.

reservado, da. p. p. de **reservar.**// a. Cauteloso, remiso en manifestar su interior./Comedido, circunspecto./ m. Compartimiento de un coche de ferrocarril, estancia de un edificio, o lugar que se destina sólo a personas o a usos determinados.

reservar. tr. Guardar algo para el futuro./ Destinar una cosa o un lugar de modo exclusivo para uso o persona determinados./ Ocultar, callar una cosa./ Retener, no comunicar una cosa./ Exceptuar, dispensar./ prl. Conservarse para mejor ocasión./ Precaverse, guardarse.

resfriado. m. Destemple general del cuerpo./ Trastorno de las mucosas de las vías respiratorias altas, acompañado de estornudos y molestias de carácter general.

resfriar. tr. Enfriar.// i. Empezar a hacer frío./ prl. Contraer un resfriado.

resfrío. m. Resfriado.

resguardar. tr. Proteger, defender.// prl. Prevenirse contra un daño.

resguardo. m. Guardia, seguridad que se pone en alguna cosa./ Seguridad que se da por escrito en las deudas o contratos./ Documento donde consta esa seguridad./ Custodia de un lugar para que no se introduzca contrabando./ Cuerpo de empleados que presta este servicio.

residencia. f. Acción y efecto de residir./ Sitio donde se reside./ Edificio donde reside o ejerce sus funciones una autoridad o corporación./ Mansión, casa lujosa.

residencial. a. Dícese del empleo o beneficio que pide residencia personal./ Aplícase al barrio o parte de la ciudad destinado principalmente a viviendas , en especial las lujosas.

residir. i. Estar de asiento en un lugar./ fig. Estar en una persona cualquier cosa inmaterial, como facultades, derechos, etc./ Radicar en una cosa el motivo de aquello de que se trata.

residuo. m. Porción que queda de un todo; sobrante, resto./ Lo que queda de la descomposición de algo./ Álg. y Arit. Resultado de una resta.

resignación. f. Entrega que uno hace de sí poniéndose voluntariamente en las manos de otro. / Conformidad, paciencia ante las adversidades.

resignar. tr. Entregar una autoridad el mando en determinadas circunstancias.// prl. Conformarse.

resina. f. Sustancia sólida y viscosa que fluye de ciertas plantas. Es capaz de arder en contacto con el aire.

resinoso, sa. a. Que tiene o destila resina./ Que tiene algunas de las cualidades de la resina.

resistencia. f. Acción y efecto de resistir o resistirse./ fig. Renuencia a hacer algo./ Conjunto de las personas que, clandestinamente por lo general, se oponen a los invasores de un territorio o a una dictadura.

resistente. p. act. de **resistir.** Que resiste o se resiste.

resistir. i./ prl. Oponerse un cuerpo o una fuerza a otro cuerpo u otra fuerza.// tr. Combatir las pasiones, deseos, etc.// tr. Aguantar, tolerar./ i. Rechazar.// prl. Bregar, pugnar.

resol. m. Reverberación del sol.

resolano, na. a./ f. Apl. al lugar donde se toma sol sin que moleste el viento./ f. Amér. Resol.

resollar. i. Respirar./ Respirar con ruido, y fuerza.

resolución. f. Acción y efecto de resolver o resolverse./ Ánimo, arresto./ Actividad, prontitud./ Fallo, decreto, providencia, etc., de autoridad gubernamental o judicial.

resolver. tr. Tomar una decisión fija y terminante./ tr. Hallar la solución a una cuestión o problema./ Resumir, epilogar./ Dar solución a una duda.// tr./prl. Deshacer un agente natural alguna cosa./ Hacer que se disipe, evapore o desvanezca una cosa.// prl. Determinarse a hacer o decir algo./ Reducirse, venir a parar una cosa en otra./ Terminar las enfermedades, y especialmente las inflamaciones.

resonancia. f. Prolongación del sonido./ Eco, repercusión./ Cada uno de los sonidos elementales que acompañan al principal en una nota musical./fig. Repercusión de un hecho.

resonar. i. Hacer sonido por repercusión o sonar mucho.

resoplar. i. Resollar fuerte./ Bufar el caballo, el toro, etc.

resoplido. m. Resuello fuerte.

resorber. tr. Recoger o recibir dentro de sí una persona o cosa un líquido salido de ella misma.

resorte. m. Pieza metálica elástica, que separada de su posición inicial, tiende a recobrarla./ fig. Medio para lograr un fin.

respaldar. tr. Sentar algo en el respaldo de un escrito./fig. Apoyar, afianzar una cosa./ Ú.t.c.prl.// prl. Inclinarse de espaldas o arrimarse al respaldo de un asiento.// m. Parte del asiento para apoyar las espaldas.

respaldo. m. Parte del asiento donde se apoya la espalda./ Dorso del papel o escrito en que se anota alguna cosa./ Lo que allí se escribe./ Acción y efecto de respaldar./ Cobertura, garantía de la moneda fiduciaria.

respaldo

respectivo, va. a. Que atañe a una persona o cosa determinada./ Dícese de cada cosa de una serie que se corresponde con los miembros de otra.

respecto. m. Relación de una cosa con otra.

respetabilidad. f. Calidad de respetable.

respetar. tr. Tener respeto.

respeto. m. Acatamiento que se hace a uno./Consideración, miramiento./ Cosa que se tiene de repuesto o prevención.

respetuoso, sa. a. Que mueve a veneración y respeto./ Que observa respeto, veneración y cortesía.

respingar. i. Sacudirse y gruñir la bestia por algo que la molesta./ fig. y fam. Hacer gruñendo lo que se ordena.

respingo. m. Acción y efecto de respingar./ Sacudida violenta del cuerpo./ fig. y fam. Movimiento de enfado con que se muestra repugnancia a ejecutar algo.

respiración. f. Acción y efecto de respirar./ Aire que se respira./ Entrada y salida libre del aire en un sitio cerrado./ **-artificial.** Maniobras realizadas en el cuerpo de una persona exánime, con el fin de restablecer el ritmo respiratorio normal.

respiradero. m. Abertura por la cual entra y sale el aire./ Tronera./fam. Conducto de la respiración./ Abertura de las cañerías por donde se da salida al aire.

respirador, ra. a. Que respira./ Apl. a los músculos que sirven para la respiración.

respirar. i. Absorber el aire los seres vivos y expelerlo modificado./ Despedir un olor./ fig. Animarse, cobrar aliento./ Aliviarse del trabajo, salir de la opresión./ fig. y fam. Hablar.

respiro. m. Respiración, acción y efecto de respirar./ fig. Rato de descanso en la labor./ Alivio de una fatiga o pena./ Prórroga que obtiene el deudor al expirar el plazo para pagar.

resplandecer. i. Despedir una cosa rayos de luz; relucir./ fig. Sobresalir, aventajarse.

resplandor. m. Luz muy clara que arroja un cuerpo luminoso./ fig. Brillo de ciertas cosas./ Lucimiento, esplendor.

responder. tr. Contestar a lo que se pregunta o propone./ Acudir a un llamado./ Corresponder con su voz los animales a la de los otros de su especie.// i. Repetir el eco./ Mostrarse agradecido./ Corresponder con una acción a la realizada por otro./ Guardar proporción o igualdad una cosa con otra./ Replicar./ fig. Rendir, fructificar./ Surtir el efecto que se desea.

responsabilidad. f. Obligación de reparar y satisfacer a consecuencia de una culpa o delito./ Obligación moral que resulta de un posible yerro.

responsable. a. Que está obligado a responder de algo o por alguna persona./ Cuidadoso de sus obligaciones. // m. y f. Persona que tiene a su cargo la dirección y vigilancia del trabajo en fábricas, establecimientos, oficinas, inmuebles.

responso. m. Oración que se dice por los difuntos.

respuesta. f. Satisfacción a una pregunta, dificultad o duda./ Réplica./ Refutación./ Contestación a una carta./ Acción con que se corresponde a la de otro.

resquebrajar. tr./ prl. Hender levemente ciertos cuerpos duros.

resquebrar. i./ prl. Empezar a quebrar una cosa.

resquemor. m. Resentimiento, desazón.

resquicio. m. Abertura entre el quicio y la puerta./ Por ext., cualquier abertura pequeña./ fig. Ocasión que se proporciona para un fin.

resta. f. Operación de restar./ Resultado de esta operación.

restablecer. tr. Volver a poner una cosa en el estado que antes tenía.// prl. Recobrarse, recuperarse de una dolencia.

restallar. i. Estallar, chasquear una cosa, produciendo un ruido como el látigo o la honda cuando se sacude en el aire con violencia./ Crujir, hacer ruido fuerte.

restañar. tr. Volver a estañar.//tr./ i./ prl. Detener el curso de la sangre u otro líquido.

restar. tr. Sacar el residuo de una cosa, bajando parte del todo./ Cercenar, disminuir./ Mat. Hallar la diferencia entre dos cantidades.// i. Faltar, quedar.

restaurar. tr. Recobrar, recuperar./ Renovar, reparar, volver a poner una cosa en el estado o estimación que antes tenía./ Reparar una pintura, escultura, etc.

restituir. tr. Volver una cosa a su dueño./ Restablecer.// prl. Volver uno al sitio de donde había salido.

resto. m. Parte que queda de un todo./ Resultado de la resta./ Residuo.

restregar. tr. Estregar con fuerza y empeño.

restricción. f. Acción y efecto de restringir./ Limitación o reducción.

restringir. tr. Limitar, reducir a límites menores./ Constreñir, apretar.

resucitar. tr. Volver la vida a un muerto./ fig. y fam. Revivir una cosa.// i. Volver a la vida.

resuello. m. Respiración, en especial la ruidosa.

resulta. f. Efecto, consecuencia./ Lo que en definitiva se resuelve en una deliberación.

resultado. m. Consecuencia de un hecho, operación, etc.

resultar. i. Ser una cosa consecuencia de otra./ Redundar una cosa en provecho o perjuicio de algo o alguien./ Aparecer, manifestarse una cosa./ Llegar a ser./ Venir una cosa de otra.

resumen. m. Acción y efecto de resumir./ Exposición resumida de algún asunto.

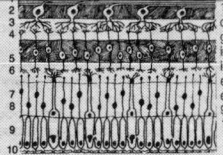

retina

1. Membrana interna; 2. Capa de fibras nerviosas; 3. Capa de ganglios; 4. Capa plexiforme interna; 5. Capa de gránulos internos; 6. Capa plexiforme externa; 7. Capa de gránulos externos; 8. Membrana externa; 9. Capa de conos y bastoncitos; 10. Epitelio pigmentado

resumir. tr./ prl. Reducir a términos breves y precisos lo esencial un asunto o materia./ / prl. Convertirse una cosa en otra./ Arg. Rezumar un líquido./ Sumirse un líquido en el sumidero.

resurgir. i. Surgir nuevamente./ Reaparecer./ Volver a la vida.

resurrección. f. Acción de resucitar./ Por excelencia, la de Jesucristo.

retablo. m. Conjunto de figuras pintadas o de talla, que representan una historia o suceso./ Obra arquitectótica que constituye la decoración de un altar.

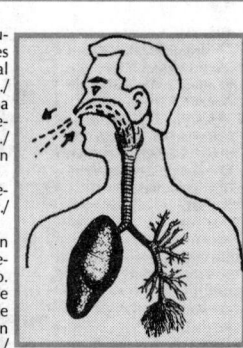

respiración

retaguardia. f. Último cuerpo de tropa, que cubre los movimientos de un ejército.

retahíla. f. Serie de muchas cosas que están, suceden o se mencionan por su orden.

retama. f. Mata leguminosa, con muchas ramas delgadas, hojas escasas y flores amarillas.

retar. tr. Desafiar, provocar a duelo./ fam. Reprender.

retardar. tr./ prl. Detener, dilatar, entorpecer.

retardo. m. Retardación.

retazo. m. Pedazo de una tela./ fig. Fragmento de un discurso o escrito.

retención. f. Acción y efecto de retener./ Parte o totalidad retenida de un sueldo u otro haber devengado./ Detención en el cuerpo de algún humor que debiera expelerse.

retener. tr. Detener, conservar, no devolver./ Recordar, guardar algo en la memoria./ Suspender en todo o en parte el pago de un sueldo u otro haber devengado./ Arrestar./ Conservar el empleo que se tenía cuando se pasa a otro. / Interrumpir o dificultar el curso normal de algo./ Descontar de un pago o de un cobro una cantidad como impuesto fiscal.

reticencia. f. Efecto de decir en parte una cosa, o de dar a entender que se calla algo que pudiera o debiera decirse./ Ret. Figura que consiste en dejar una frase incompleta pero dando a entender el sentido de lo que se omite.

reticente. a. Que emplea reticencias./ Que incluye reticencia.

retículo. m. Tejido en forma de red./ Conjunto de hilos cruzados en el foco de algunos instrumentos ópticos, para precisar la visual o efectuar medidas delicadas./ Redecilla de los rumiantes.

retina. f. Membrana interna del ojo, en la cual se reciben las impresiones luminosas y se representan las figuras de los objetos.

retirada. f. Acción y efecto de retirarse./ Retroceso en orden de una tropa.

retirado, da. p. p. de retirar.// a. Apartado, alejado.// a./ m. Apl. al militar que deja el servicio, sin perder todos los derechos. / Por ext., apl. también a funcionarios, obreros, etc., que alcanzan la situación del retiro.

retirar. tr./ prl. Apartar o separar una persona o cosa.// tr. Apartar de la vista una cosa./ Obligar a uno a que se aparte./ Impr. Imprimir por el revés el pliego que ya lo está por la cara.// prl. Apartarse, separse del trato de las gentes./ Irse, marcharse./ Hablando de militares, funcionarios, etc., conseguir el retiro.

retiro. m. Acción y efecto de retirarse./ Sitio apartado./ Recogimiento, aislamiento./ Situación del militar, funcionario, etc., retirado./ Sueldo, haber o pensión que los retirados perciben.

reto. m. Provocación al duelo o desafío./ Amenaza./ Arg. y Bol. Represión, amonestación./ Chile. Insulto.

retobar. tr. Arg. Forrar con cuero una cosa./ Chile. Envolver los fardos con cuero.// prl. Arg. Enfadarse, enojarse./ Arg. Insubordinarse.

retocar. tr. Volver a tocar./ Tocar repetidamente./Dar ciertos toques a un dibujo, cuadro o fotografía para quitarle imperfecciones./ Restaurar las pinturas./ Corregir los defectos de una placa fotográfica./fig. Dar la última mano a una obra cualquiera.

retomar. tr. Volver a tomar, reanudar algo que se había interrumpido.

retoñar. i. Dar brotes nuevos una planta./ fig. Reproducirse, volver de nuevo lo que había dejado de ser.

retoño. m. Vástago, brote nuevo de una planta.

retoque. m. Pulsación frecuente y repetida./Última mano que se da a una obra, o compostura de un ligero deterioro. Dícese principalmente de las pinturas.

retoño

retorcer. tr./ prl. Torcer mucho una cosa, dándole vueltas alrededor.// tr. Dirigir un argumento contra el mismo que lo hace./ fig. Interpretar algo tergiversando sus sentidos. // prl. Hacer contorsiones por un dolor agudo, risa violenta, etc.

retorcijón. m. Retorcimiento o retorsión grande en alguna parte del cuerpo.

retórico, ca. a. Rel. a la retórica./ a. y s. Versado en retórica. / f. Arte de decir bien, dotando al lenguaje oral o escrito de belleza, elegancia y eficacia, para deleitar, conmover o persuadir./ desp. Ampulosidad, rebuscamiento en el lenguaje.// pl. fam. Argumentos o razones que no son del caso.

retornar. tr. Restituir, devolver./ Volver atrás o hacer que retroceda una cosa./ Volver a torcer una cosa.// i./ prl. Regresar, volver al lugar o al estado en que se estuvo.

retorno. m. Acción y efecto de retornar./ Recompensa o paga del beneficio recibido./ Cambio o trueque.

retorsión. m. Acción o efecto de retorcer.

retorta. f. Vasija con cuello largo y curvado, usado en operaciones químicas.

retortijón. m. Ensortijamiento o retorcimiento de alguna cosa.

retozar. i. Brincar y saltar alegremente./Juguetear personas o animales, unos con otros./ fig. Excitarse ciertas pasiones.

retractar. tr./ prl. Desdecirse; anular lo dicho.

retraer. tr. Volver a traer./ Retirar contrayendo, encoger.// tr./ prl. Disuadir de un intento.// prl. Acogerse, refugiarse./Retroceder, retirarse./ Llevar vida retirada.

retraído, da. a. Aislado, solitario./ fig. Poco comunicativo.

retrasar. tr./ prl. Atrasar, diferir la ejecución de una cosa.// i. Ir atrás en algo.// prl. Tardar más de lo convenido./ Invertir mucho tiempo en cualquier operación./ Atrasarse el reloj.

retraso. m. Acción y efecto de retrasar./ Demora.

retratar. tr. Dibujar o fotografiar la figura de una persona./ Describir la figura o carácter de una persona. Ú.t.c.prl./Imitar, asemejarse./ Describir con fidelidad alguna cosa.

retrato. m. Pintura efigie o fotografía de una persona./ fig. Aquello que se asemeja a una persona o cosa./ Descripción de la figura o carácter de una persona.

retreta. f. Toque militar para que la tropa se retire por la noche al cuartel./ _Amér._ Concierto de música al aire libre.

retrete. m. Sitio con instalaciones para orinar y defecar.

retribución. f. Recompensa o pago de alguna cosa.

retribuir. tr. Recompensar, pagar un servicio o favor.

retroactivo, va. a. Que actúa o tiene fuerza sobre lo pasado.

retroceder. i. Volver hacia atrás.

retroceso. m. Acción y efecto de retroceder./ Recrudescencia de una enfermedad.

retrogradar. i. Retroceder.

retrógado, da. a. y s. Que retrograda./ fig. Partidario de instituciones políticas o sociales propias de épocas pasadas.

retrospección. f. Examen retrospectivo.

retrospectivo, va. a. Que se refiere al tiempo pasado.

retrotraer. tr./ prl. Fingir que una cosa sucedió en un tiempo anterior a aquel en que realmente ocurrió.

retrovisor. m. Espejo colocado en los automóviles que permite ver lo que está detrás.

retrucar. i. En el juego de billar, volver la bola de la banda y golpear a la que le causó movimiento./En el juego del truque, envidar en contra sobre el primer envite hecho./ _Arg._ Replicar cuando se ordena o dice algo.

retumbar. i. Resonar, hacer gran estruendo una cosa.

reunión. f. Acción y efecto de reunir./ Conjunto de personas reunidas.

reunir. tr./ prl. Volver a unir./Juntar, congregar.

revalidar. tr. Ratificar, confirmar o dar nueva validez a una cosa.// prl. Recibirse en una facultad.

revalorizar. tr. Devolver a una cosa el valor que había perdido.

revancha. f. Desquite, represalia.

revelación. f. Acción y efecto de revelar./Manifestación de una verdad oculta o secreta.

revelar. tr./ prl. Descubrir lo secreto, ignorado u oculto.// tr. Manifestar Dios a los hombres lo futuro u oculto./ Descubrir, dar indicio, declarar./ En fotografía, hacer visible la imagen impresa en la placa.

revender. tr. Volver a vender lo comprado con esa intención o al poco tiempo de haberlo adquirido.

reventa. f. Acción y efecto de revender.

reventar. tr./ prl. Estallar, romperse una cosa por una fuerza interior.// i. Deshacerse en espuma las olas del mar./ Brotar, salir con violencia./ fig. Tener deseo vehemente de algo./ fig. y fam. Estallar, manifestar una pasión impetuosamente.// tr. Deshacer una cosa aplastándola violentamente./ fig. Fatigar a un caballo a causa del exceso de carrera. Ú.t.c.prl./ fig. Fatigar mucho a uno./fig. y fam. Cansar, molestar./ Ocasionar gran daño a una persona./ fam. Morir violentamente.

reventón, na. a. Apl. a algunas cosas que revientan o parecen que van a reventar.// m. Acción y efecto de reventar una cosa.

rever. tr. Volver a ver o examinar detalladamente una cosa.

reverberación. f. Acción y efecto de reverberar./ Prolongación del sonido en un espacio más o menos cerrado, cuando cesa la fuente sonora.

reverberar. i. Reflejarse la luz en una superficie bruñida o el sonido en un cuerpo que no lo absorbe.

reverdecer. i./ prl. Adquirir nuevo verdor los campos o plantíos./ fig. Renovarse o adquirir nuevo vigor.

reverencia. f. Respeto, veneración que tiene una persona por otra./ Inclinación que se hace con el cuerpo en señal de respeto./ Tratamiento dado a los religiosos eclesiásticos.

reverenciar. tr. Venerar o respetar.

revólver

reversible. a. Que puede volver a su estado anterior./ Que puede usarse del derecho y del revés, como ciertos vestidos.

reversión. f. Restitución de una cosa a su estado o condición anterior./ Acción y efecto de revertir.

reverso. m. Revés, espalda de una cosa./Haz opuesta al anverso, en las monedas y medallas.

revertir. i. Volver una cosa al estado o condición que antes tenía, o a la propiedad de su anterior dueño.

revés. m. Parte opuesta al frente de una cosa./ Golpe dado con la mano vuelta./ _Esgr._ Golpe dado diagonalmente con la espada./ fig. Infortunio, contratiempo./ Mudanza en el trato o en el genio.

revestimiento. m. Capa que protege o adorna una superficie.

revestir. tr./ prl. Cubrir con revestimiento./ Vestir una ropa sobre otra. U.m.c.prl./ fig. Vestir con galas poéticas./ Disfrazar, simular.// prl. fig. Persuadirse de una especie./ Engreírse con el cargo o dignidad.

revirar. tr. Torcer./ Sublevar, replicar.// i. Mar. Volver a virar.

revisar. tr. Ver con cuidado una cosa./ Examinar con atención una cosa para corregirla o enmendarla.

revista. f. Segunda vista o examen hecho con cuidado./ Publicación periódica./ Inspección./ Formación de las tropas para su inspección./ Espectáculo teatral de cuadros sueltos y carácter frívolo.

revistar. tr. Inspeccionar un jefe; pasar revista.

revivir. i. Volver a la vida, resucitar./ Volver en sí./ fig. Renovarse, reproducirse.

revocación. f. Acción y efecto de revocar.

revocar. tr. Dejar sin efecto una concesión o mandato, anular.

revolcar. tr. Derribar a uno y maltratarlo./ fig. y fam. Vencer al adversario en altercado o controversia.// prl. Dar vueltas sobre una cosa, restregándose en ella.

revolear. i. Volar haciendo giros.// tr. Amér. Hacer girar una cosa dándole una vuelta con el brazo.

revolotear. i. Volar haciendo giros en poco espacio./ Venir una cosa dando vueltas por el aire.

revoltijo o **revoltillo.** m. fam. Conjunto de muchas cosas revueltas y desordenadas./ fig. Enredo o confusión.

revoltoso, sa. a. y s. Alborotador, rebelde./ Travieso, enredador.

revolución. f. Acción y efecto de revolver o revolverse./ Cambio violento en las instituciones políticas o sociales de una nación./ Sublevación, insurrección./ Conmoción de los humores./ fig. Mudanza rápida y profunda en el estado de las cosas. / Movimiento completo de un cuerpo celeste en todo el curso de su órbita./ Vuelta completa de una rueda alrededor de su eje.

revólver. m. Arma de fuego corta, con cilindro giratorio, donde se colocan balas./ Mec. Dispositivo que soporta diversas piezas y que, por un simple giro, permite colocar la pieza elegida en la posición adecuada para su utilización.

revolver. tr. Agitar, sacudir una cosa de arriba abajo o de un lado a otro./ Envolver una cosa en otra. Ú.t.c.prl./ Registrar moviendo y apartando algunas cosas./ Inquietar, perturbar./ Imaginar, discurrir en diversas cosas o circunstancias./ Volver la cara al enemigo para atacarlo. Ú.t.c.prl./ Alterar el buen orden de las cosas.// prl. Volverse de un lado a otro./ Hacer mudanza el tiempo.

revoque. m. Acción y efecto de revocar las paredes./ Mezcla de cal y arena que sirve para revocar.

revuelo. m. Vuelta y revuelta del vuelo de las aves./ fig. Agitación, disturbio, turbación.

revuelta. f. Alteración del orden público; sedición, alboroto./ Riña, disputa./ Segunda vuelta o repetición de la vuelta./ Punto en que una cosa comienza a cambiar su dirección./ Vuelta de una cosa de un estado a otro.

rey. m. Monarca, príncipe soberano de un estado./ Pieza principal del juego de ajedrez./ Carta de la baraja con la figura de un rey./ fig. Hombre, animal o cosa del género masculino que por su excelencia se distingue entre los demás de su clase o especie./ Árbitro, amo.

reyerta. f. Lucha, disputa, contienda.

rezagar. tr. Dejar atrás una cosa./ Atrasar, suspender por un tiempo.// prl. Quedarse atrás.

rezago. m. Residuo que queda de una cosa./ Arg. Desecho.

rezar. tr. Orar verbalmente./ Recitar la misa, una oración, etc./ fam. Decir una cosa en un escrito.

rezo. m. Acción de rezar./ Plegaria./ Oficio de la Iglesia que se reza diariamente.

rezongar. i. Gruñir, refunfuñar a lo que se ordena, haciéndolo de mala gana.

rezongo. m. Acción de rezongar.

rezumadero. m. Sitio por donde se rezuma una cosa./ Lo rezumado./ Lugar donde se junta lo rezumado.

rezumar. tr./ prl. Dicho de un cuerpo, dejar pasar a través de sus poros pequeñas gotas de un líquido./ Dicho de un líquido, salir en gotas por los poros de un cuerpo.// prl. fig. y fam. Traslucirse una especie.

ría. f. Parte del río próxima a su desembocadura en el mar, y hasta donde llegan las mareas. Con ello la costa muestra grandes ensenadas que penetran profundamente en el territorio./ Ensenada amplia en la que vierten al mar aguas profundas./ Balsa de agua que se pone como obstáculo tras una valla, en ciertos ejercicios o concursos hípicos.

riachuelo. m. Río de poco caudal de agua.

ribazo. m. Porción de tierra con alguna elevación y declive.

ribera. f. Orilla de un mar o de un río./ Por ext., tierra próxima a los ríos.

ribete. m. Cinta que adorna y refuerza el borde del vestido, calzado, etc./ Añadidura, acrecentamiento./ fig. Adorno verbal.// pl. fig. Asomo, indicio.

ribetear. tr. Echar ribetes.

ricino. m. Planta de cuya semilla se extrae un aceite purgante y lubricante.

rico, ca. a. y s. Que tiene muchos bienes; adinerado.// a. Abundante en algo./ De buen sabor./ Muy bueno en su línea.

rictus. m. Contracción de la boca que parece risa, sin serlo.

ridiculizar. tr. Burlarse de una persona o cosa por sus extravagancias o defectos, haciendo notar su ridiculez.

ridículo, la. a. Que provoca risa./ Corto, de escasa estimación./ Extraño./ Nimiamente delicado.// m. Situación ridícula en que incurre una persona.

riego. m. Acción y efecto de regar./ Agua de que se dispone para regar.

riel. m. Carril de una vía férrea./ Barra de metal en bruto.

rienda. f. Cada una de las dos correas del freno con que se gobierna el caballo. Ú. m. en pl./ fig. Moderación, sujeción.// pl. fig. Gobierno, dirección de una cosa.

riesgo. m. Posibilidad de un daño; contingencia./ Peligro.

rifa. f. Juego que consiste en sortear una cosa entre varios./ Riña.

rifar. tr. Realizar el juego de la rifa.

rifle. m. Fusil de cañón rayado, de origen estadounidense.

rigidez. f. Calidad de rígido.

rígido, da. a. Que no se puede doblar o torcer./ fig. Severo, duro, riguroso.

rigor. m. Severidad nimia y escrupulosa./ Aspereza en el genio o en el trato./ Último término a que pueden llegar las cosas./ Vehemencia, fuerza./ Precisión, exactitud.

riguroso, sa. a. Áspero./ Muy severo, cruel./ Rígido, austero./ Dicho del tiempo, muy duro de soportar.

rima. f. Consonancia o asonancia de los versos a partir de la última vocal acentuada./ Composición en verso, generalmente del género lírico. Ú.m. en pl.

rimar. i. Hacer rima./ Componer versos./ Ser una palabra asonante o consonante de otra.// tr. Hacer una palabra asonante o consonante de otra.

rimbombar. i. Retumbar, resonar.

riel

rincón. m. Ángulo entrante formado en el encuentro de dos paredes o superficies./ Escondrijo./ Espacio pequeño.

rinconera. f. Mueble propio para colocar en un rincón.

rinoceronte. m. Paquidermo herbívoro de la zona tórrida de Asia y de África, cuerpo de gran tamaño y forma pesada, piel muy gruesa y rígida. El asiático tiene un solo cuerno sobre la nariz, y dos el africano.

riña. f. Pendencia, lucha, pelea.

riñón. m. Cada una de las dos glándulas que segregan la orina, situadas en la región lumbar./ fig. Interior o centro de algún terreno, lugar, asunto, etc.// pl. Parte del cuerpo correspondiente a la pelvis. / **-artificial.** Aparato para depurar la sangre en la insuficiencia renal aguda o crónica.

río. m. Corriente de agua más o menos caudalosa que desemboca en otra, en un lago o en el mar./ fig. Gran abundancia de algún líquido, y por ext., de otra cosa cualquiera.

riojano, na. a. y s. De la provincia argentina de La Rioja.

rioplatense. a. y s. Del Río de la Plata o de Argentina y Uruguay.

rionegrense o **rionegrino, na.** a. y s. De Río Negro, provincia de la República Argentina.

ripio. m. Residuo que queda de algo./ Fragmentos de piedra, ladrillo, etc. que se usan para rellenar o pavimentar./ Palabra superflua que completa un verso.

ripioso, sa. a. Que abunda en ripios.

riqueza. f. Calidad de rico./ Abundancia de bienes./ Abundancia relativa de una cosa./ Copia de atributos y cualidades excelentes.

risa. f. Movimiento de la boca y otras partes del rostro que expresa alegría./ Voz o sonido con que se expresa esa alegría. / Aquello que mueve a reír.

riscal. m. Sitio en que hay muchos riscos.

risco. m. Peñasco alto y escarpado.

risotada. f. Risa estrepitosa, carcajada.

ríspido, da. a. Áspero, intratable.

ristra. f. Trenza hecha con los tallos de ajos o cebollas./ fig. y fam. Conjunto de ciertas rosas, puestas unas tras otras.

ristre. m. Hierro del peto de la armadura, en el cual se afianzaba el cabo de la manija de la lanza.

risueño, ña. a. Que muestra risa./ Que ríe con facilidad./ fig. De aspecto deleitoso, o que puede infundir alegría./ Próspero, favorable.

ritmo. m. Armoniosa combinación y sucesión de sonidos y de pausas en el lenguaje./ Metro o verso./ fig. Orden acompasado en la sucesión de las cosas./ *Mús.* Proporción guardada entre los tiempos de dos movimientos diferentes.

rito. m. Costumbre o ceremonia./ Conjunto de reglas para el culto y ceremonias religiosas.

ritual. a. Rel. al rito.

rival. m. y f. Que compite con otro luchando por obtener una misma cosa o por superarlo./ Competidor, contrincante.

rivalidad. f. Enemistad, competencia, oposición entre quienes tratan de obtener una misma cosa.

rivalizar. i. Competir.

rivera. f. Arroyo, pequeño caudal de agua.

rizar. tr./ prl. Formar en el pelo sortijas, bucles, etc./ Mover el viento el mar, formando olas pequeñas. Ú.t.c.prl./ Hacer dobleces menudos.// prl. Ensortijarse naturalmente el pelo.

rizo, za. a. Ensortijado en forma natural./ m. Mechón de pelo en forma de tirabuzón, bucle, sortija, etc.

rizoma. m. *Bot.* Tallo horizontal y subterráneo, como el del lirio común.

robar. tr. Tomar lo ajeno con fuerza o violencia./ Hurtar, tomar para sí de cualquier manera que sea./ Raptar./ Tomar del monte cartas en algunos juegos de naipes, y fichas en el de dominó, etc./ fig. Atraer con eficacia el afecto de otro.

roble. m. Árbol de tronco grueso, hojas perennes y frutos en bellotas; de madera dura y compacta, muy estimada en carpintería./ Madera de este árbol./ fig. Persona o cosa muy resistente.

robo. m. Acción y efecto de robar./ Cosa robada./ Delito que se comete al apoderarse alguien, para usufructo personal, de una cosa, mueble o inmueble perteneciente a otro.

robot. m. Aparato automático, con mando electromagnético, capaz de realizar operaciones mecánicamente.

robustecer. tr./ prl. Dar robustez.

robustez. f. Fuerza, vigor.

robusto, ta. a. Fuerte, vigoroso.

roca. f. Piedra muy dura y sólida./ Peñasco./ fig. Cosa sumamente dura, firme y constante.

roce. m. Acción y efecto de rozar./ fig. Trato frecuente con ciertas personas.

rociado, da. a. Mojado por el rocío.// f. Acción y efecto de rociar./ Rocío./ Conjunto de cosas que se esparcen al ser arrojadas.

rociar. i. Caer el rocío o la llovizna.// tr. Esparcir un líquido en pequeñas gotas./ fig. Arrojar cosas de modo que caigan diseminadas.

rocín. m. Caballo de poca alzada y mal aspecto./ Caballo de trabajo./ fig. y fam. Persona tosca e ignorante.

rosa

rocío. f. Vapor que, con el frío de la noche, se condensa en gotas menudas en la atmósfera./ Las mismas gotas./ Lluvia de corta duración./ fig. Gotas menudas esparcidas sobre alguna cosa para humedecerla.

rodaja. f. Pieza circular y plana de cualquier materia./ Tajada circular./ Estrella de espuela.

rodar. i. Dar vueltas un cuerpo alrededor de su eje./ Moverse una cosa por medio de ruedas./ Caer dando vueltas./ fig. No tener una ocupación fija./ Ir de un lado para otro.// tr. Impresionar películas./ *Arg.* Tropezar una persona o animal, en especial el caballo y el jinete que lo monta, cayendo al suelo hacia adelante.

rodear. i. Andar alrededor./ Ir por un camino más largo que el ordinario o común./ fig. Usar de rodeos en aquello que se dice.// tr. Cercar alguna cosa.

rodela. f. Escudo redondo que servía para cubrir el pecho./ *Chile.* Rodete.

rodeo. m. Acción de rodear./ Camino más largo que el derecho./ Lugar donde se reúne el ganado mayor para contar las reses, venderlas, etc./ Reunión y recuento del ganado mayor./ fig. Modo indirecto de hacer las cosas./ Manera de decir una cosa valiéndose de circunloquios./ Vuelta para librarse de quien persigue.

rodete. m. Rosca que se hace con las trenzas del pelo./ Rosca de paño u otro material, que se pone en la cabeza para llevar un peso sobre ella./ Rueda hidráulica horizontal con paletas planas.

rodilla. f. Conjunto de las partes duras y blandas que constituyen la unión del muslo con la pierna./ En los cuadrúpedos, unión del antebrazo con la caña.

rodillo. m. Madero redondo y fuerte, que se hace rodar para llevar grandes pesos./ Cilindro muy pesado que se hace rodar sobre la tierra para pisarla, allanarla o afirmarla./ Cilindro que se emplea para entintar./ Pieza cilíndrica y giratoria que forma parte de diversos mecanismos.

roedor, ra. a. Que roe./ fig. Que conmueve o agita el ánimo./ *Zool.* Apl. al mamífero unguiculado, cuyos incisivos son apropiados para roer, como la ardilla, el ratón, el conejo, etc. Ú.t.c.s.// m. pl. Orden de estos mamíferos.

roer. tr. Cortar menuda y superficialmente con los dientes una cosa dura./ Quitar con los dientes la carne pegada a un hueso./ fig. Molestar o afligir interiormente.

rogar. tr. Pedir por gracia alguna cosa./ Instar con súplicas.

rogativa. f. Oración pública que se hace a Dios para obtener el remedio de una grave necesidad. Ú.m. en pl.

rojizo, za. a. Que tira a rojo.

rojo, ja. a./ m. Color encarnado muy vivo. Es el primer color del espectro solar.// a. Rubio./ Apl. al pelo de un rubio muy vivo, casi colorado.

rol. m. Lista, catálogo, nómina.

rollizo, za. a. En forma de rollo./ Robusto, gordo.// m. Madero en rollo.

rollo. m. Cualquier objeto que toma forma cilíndrica./ Trozo de tela, papel, etc., enrollado en forma cilíndrica./ Cilindro de madera, piedra, metal, etc./ Madero redondo, sin labrar.

romance. a./ m. Díc. las lenguas derivadas del latín, como el español.// m. Idioma español./ Novela o libro de caballerías./ Combinación métrica que consiste en una serie indefinida de versos octosílabos. Los pares riman en forma asonante y los impares son blancos./ *Amér.* Idilio, enamoramiento.

romano, na. a. y s. De Roma.// a. Apl. a la religión católica.// a./ m. Apl. a la lengua latina.

rombal. a. De figura de rombo.

rombo. m. *Geom.* Paralelogramo con los lados iguales y dos de sus ángulos mayores que los otros dos.

romboide. m. Paralelogramo con los lados contiguos desiguales y dos de su ángulos mayores que los otros dos.

romería. f. Peregrinación a un santuario./ Fiesta popular con meriendas, bailes, etc., al aire libre./ fig. Gran número de gente que afluye a un lugar.

romero. m. Arbusto de la familia de las labiadas, de hojas aromáticas y flores azules.

romo, ma. a. Obtuso y sin punta./ Que tiene nariz pequeña y poco puntiaguda.

rompecabezas. m. Arma ofensiva que consta de dos bolas pesadas sujetas a un mango corto y flexible./ Juego de paciencia consistente en componer una figura con cierto número de piezas, cada una de los cuales es una parte de aquella figura./ fig. y fam. Problema de difícil solución.

rompehielos. m. Buque adecuado para abrir caminos en mares helados.

romper. tr./ prl. Separar las partes de un todo con violencia./ Hacer pedazos una cosa, quebrar./ Destrozar, gastar.// tr. Roturar./ fig. Hablando de un astro o de la luz, vencer con su claridad el impedimento que los ocultaba./ Abrir espacios para pasar por un lugar obstruido./ Quebrantar la observancia de una ley, precepto, contrato, etc./ i. Reventar las olas./ fig. Empezar, iniciar./ Prorrumpir o brotar./ Abrirse las flores.

rompimiento. m. Acción y efecto de romper./ Quiebra o abertura en un cuerpo sólido./ fig. Desavenencia o riña.

roble

ron. m. Licor alcohólico obtenido de una mezcla fermentada de melazas de azúcar de caña.

roncar. i. Resollar con ruido bronco cuando se duerme./ fig. Hacer un ruido bronco o sordo algunas cosas, como el viento, el mar, etc.

roncha. f. Pequeño bulto que se forma en la piel en forma de haba.

ronco, ca. a. Que padece ronquera./ Apl. a la voz o sonido bronco o áspero.

ronda. f. Acción de rondar./ Grupo de personas que rondan./ Reunión nocturna de jóvenes para tocar por las calles.

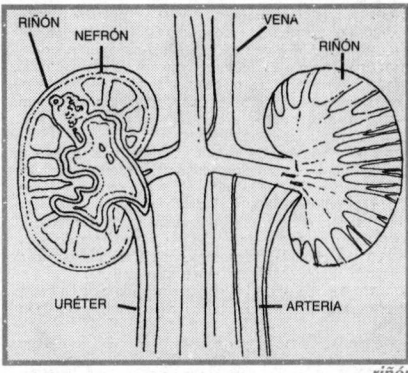

riñón

rondar. i./ tr. Recorrer de noche una población, vigilando para impedir desórdenes./ Andar de noche paseando por las calles./ Ir a los jóvenes cantando y tocando música por las calles.// tr. fig. Dar vueltas alrededor de algo./ fig. y fam. Andar tras de uno para obtener algo.

ronquera. f. Afección de la laringe, que hace bronca y poco sonora la voz.

ronquido. m. Ruido que se hace al roncar./ fig. Ruido bronco.

ronronear. i. Producir el gato un sonido ronco en señal de contento.

ronzal. m. Cuerda que se ata al pescuezo de las caballerías para sujetarlas o conducirlas.

roña. f. Sarna del ganado lanar./ Suciedad muy adherida./ Moho de los metales.

roñería. f. fam. Mezquindad, tacañería.

roñoso, sa. a. Que tiene o padece roña./ Sucio, puerco./ Cubierto de orín./ fig. y fam. Tacaño, miserable.

ropa. f. Todo género de tela, que sirve para el uso y adorno de las personas o de las casas./ Prenda de tela para vestir.

ropero, ra. s. Persona que vende ropa.// m. Armario o cuarto donde se guarda ropa.

rosa. f. Flor del rosal./ Cualquier cosa hecha con forma de rosa.// m. Color encarnado, parecido al de la rosa.

rosáceo, a. a. De color semejante a la rosa.// a./ f. *Bot.* Apl. a las plantas dicotiledóneas de hojas alternas, cáliz de cinco divisiones y semillas sin albumen, como el almendro, la fresa, el rosal, etc./ f. pl. Familia de estas plantas.

rosado, da. a./ m. Apl. al color de la rosa.// Compuesto o preparado con rosas.// f. Escarcha.

rosal. m. Arbusto tipo de las rosáceas, con tallos ramosos, por lo común llenos de espinas, hojas alternas y ásperas, flores terminales y fruto en baya carnosa.

rosaleda o **rosalera.** f. Sitio en que abundan los rosales.

rosarino, na. a. y s. De la ciudad argentina de Rosario.

rosario. m. Rezo católico en que se conmemora los quince misterios de la Virgen./ Sarta de cuentas, separadas de diez en diez por otras de diferentes tamaños, que se utiliza para hacer ordenadamente el rezo de igual nombre./ Reunión de personas que rezan colectivamente el rosario./ Este acto de devoción./ fig. Sarta, serie.

rosca. f. Máquina compuesta de tornillo y tuerca./ Cualquier cosa redonda y rolliza que, cerrándose, forma un círculo u óvalo, con un espacio vacío en el medio./ Pan o bollo que tiene esta forma./ Cualquiera de las vueltas de una espiral o el conjunto de ellas./ Resalto helicoidal de un tornillo.

rosedal. m. *Arg.* y *Urug.* Rosaleda.

roseta. f. dim de rosa./ Mancha de color encendido que suele salir en las mejillas.// pl. Granos de maíz, o de otro cereal, que se abren en forma de flor cuando se tuestan.

rosetón. m. Ventana redonda, calada, con adornos./ Adorno circular que se pone en los techos.

rosquilla. f. Masa dulce y delicada en forma de rosca pequeña.

rostro. m. Pico de ave./ Por ext., cosa en punta, semejante a él./ Cara, parte anterior de la cabeza.

rota. f. Rumbo de una embarcación./ Fuga de un ejército.

rotar. i. Rodar.

rotativo, va. a. Que tiene movimiento giratorio sobre su eje./ Alternancia en las noticias, supuestos, etc./ Díc. de la máquina de imprimir que comprime el papel desenrollado de una bobina contra dos cilindros recubiertos con la matriz de lo que se desea imprimir. Se utiliza especialmente para la impresión de periódicos y revistas de gran tirada.// f. Esta máquina./ m. Por ext., diario impreso en estas máquinas.

rotonda. f. Construcción de planta circular./ Plaza circular.

rotor. m. Parte giratoria de un motor o de una turbina.

rótula. f. Hueso flotante, situado en la parte anterior de la articulación de la tibia con el fémur.

rotular. tr. Poner un rótulo a una cosa.// a. Rel a la rótula.

rótulo. m. Inscripción, letrero./ Etiqueta./ Cartel público.

rotundo, da. a. Redondo./ fig. Preciso, terminante./ fig. Dicho del lenguaje, lleno y sonoro.

rotura. f. Acción y efecto de romper; rompimiento.

roturar. tr. Arar por primera vez la tierra para cultivarla

rozadura. f. Acción y efecto de rozar una cosa con otra./ Herida superficial de la piel.

rozagante. a. Dícese de la vestidura vistosa y muy larga./ fig. Ufano, vistoso.

rueda

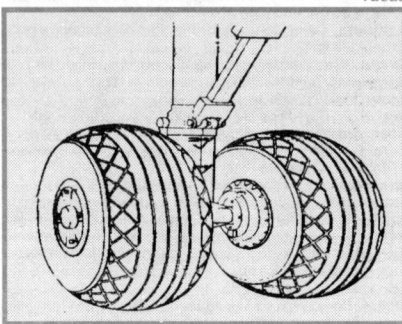

rozar. tr./i. Pasar una cosa tocando ligeramente la superficie de otra.// tr. Limpiar la tierra de las matas y hierbas inútiles./ / prl. Tropezarse un pie con el otro.

rubéola. f. Enfermedad infecciosa aguda, que se caracteriza por una erupción semejante a la del sarampión.

rubí. m. Mineral cristalizado, más duro que el acero, color rojo y brillo intenso. Es piedra preciosa muy apreciada en joyería.

rubicundo, da. a. Rubio que tira a rojo./ Apl. a la persona de buen color.

rubio, bia. a. De color rojo claro parecido al del oro.

rubor. m. Color rojo muy intenso./ Color rojo que sube al rostro por vergüenza./ fig. Vergüenza.

ruborizar. tr. Causar rubor.// prl. Teñirse de rubor el rostro./ fig. Sentir vergüenza.

ruboroso, sa. a. Que tiene rubor.

rúbrica. f. Rasgo o rasgos que pone cada uno, como parte de la firma, después de su nombre./ Epígrafe o rótulo.

rubricar. tr. Poner uno su rúbrica./ Suscribir, firmar un documento, despacho, etc./ fig. Dar testimonio de algo.

rucio, cia. a. De color pardo claro, blanquecino o canoso. Díc. de las caballerías. Ú.t.c.s./Díc. de la persona entrecana.

ruda. f. Planta medicinal, de flores amarillas y fruto capsular muy oloroso.

rudimentario, ria. a. Rel. al rudimento o a los rudimentos.

rudimento. m. Embrión de un ser.// pl. Nociones elementales de una ciencia o profesión.

rudo, da. a. Tosco, áspero./ Grosero, descortés./ Violento, riguroso./ Apl. a lo que no se ajusta a las reglas del arte.

rueca. f. Instrumento para hilar, en forma de vara delgada.

rueda. f. Pieza circular de una máquina que gira sobre un eje y se utiliza para la transmisión de movimientos./ Corro o círculo de personas./ **-de prensa.** Grupo de periodistas reunidos en torno a una figura pública para escuchar sus declaraciones y dirigirle preguntas.

ruedo. m. Acción de rodar./ Parte puesta alrededor de una cosa./ Refuerzo con que se guarnece interiormente la parte inferior de los vestidos talares./ Estera redonda./ Círculo o circunferencia de alguna cosa./ Redondel de la plaza de toros./ Contorno, límite, término.

ruego. m. Petición, súplica, solicitud.

rugido. m. Voz del león./ fig. Bramido./ fig. Estruendo.

rugir. i. Bramar el león./ fig. Bramar una persona enfadada./ Crujir o rechinar./ imp. Sonar alguna cosa, saberse algo.

rugoso, sa. a. Que tiene arrugas.

ruido. m. Conjunto de sonidos desarticulados y confusos./ fig. Litigio, pendencia./ fig. Apariencia grande en cosas insustanciales./ fig. Novedad o sorpresa que conmueve el ánimo.

ruidoso, sa. a. Que produce mucho ruido./ fig. Apl. a la acción notable y de la que se habla mucho.

ruin. a. Vil, despreciable./ Avaro, miserable./ Pequeño./ Apl. a la persona de malos hábitos./ Díc. de esos malos hábitos.

ruina. f. Acción de destruirse o caer una cosa./ fig. Pérdida grande de los bienes de fortuna./ Destrozo, decadencia.// pl. Restos de una construcción destruida.

ruindad. f. Calidad de ruin./ Acción ruin.

ruinoso, sa. a. Que amenaza ruina o empieza a arruinarse./ Que arruina y destruye.

ruiseñor. m. Pájaro de color pardo rojizo, de canto melodioso.

ruleta. f. Juego de azar para el que se usa una rueda horizontal giratoria, con treinta y siete casillas radiales, numeradas y pintadas alternativamente de negro y rojo, con excepción de las del cero, que va en blanco. Consiste en hacer girar la rueda y lanzar en sentido contrario una bola de marfil; cuando se detiene en una de las casillas indica el número vencedor.

rulo. m. Bola gruesa y redonda que puede rodar con facilidad./ Rodillo para allanar la tierra.

rumano, na. a. y s. De Rumania.// m. Lengua de Rumania.

rumba. f. Baile popular cubano y la música que lo acompaña.

rumbear. i. Amér. Tomar el rumbo./ Dirigirse hacia un lugar.

rumbo. m. Dirección trazada en el plano del horizonte./ Camino que uno se propone seguir./ fig. y fam. Pompa, ostentación./ Garbo, desinterés./ Abertura que se hace o se produce en el casco de la embarcación.

rumiante. p. act. de **rumiar.** Que rumia./ a./ m. Zool. Dícese de los mamíferos herbívoros que carecen de dientes incisivos y tienen el estómago dividido en cuatro cavidades.// m. pl. Suborden de estos animales.

rumiar. tr. Masticar por segunda vez el alimento que estuvo en el estómago, devolviéndolo a la boca./ fig. y fam. Reflexionar, pensar despacio y con madurez una cosa.

rumor. m. Noticia vaga que corre entre la gente./ Ruido confuso de voces./ Ruido vago, sordo y continuado.

runa. f. Cada uno de los caracteres que empleaban en la escritura los antiguos escandinavos y germanos.

rupestre. a. Rel. a las rocas./ Dícese de las pinturas y dibujos prehistóricos que se hallan en algunas rocas y cavernas.

ruptura. f. Acción y efecto de romper./ Rompimiento de relaciones, desavenencia entre personas.

rural. a. Rel. al campo./ fig. Tosco, rústico.

rusticidad. f. Calidad de rústico.

rústico, ca. a. Rel. al campo./ fig. Rudo, tosco, grosero.// m. Hombre del campo.

ruta. f. Dirección, derrotero de un viaje./ Itinerario para el mismo./ fig. Derrotero, camino para llegar a un fin.

rutilar. i. poét. Brillar como el oro./ Despedir rayos de luz, resplandecer.

rutina. f. Costumbre inveterada, hábito de hacer las cosas por repetición, sin razonarlas.

rutinario, ria. a. Que se practica por rutina./ a. y s. Díc. del que en todo obra por rutina.

s. f. Vigésima segunda letra del abecedario castellano, y decimoctava de sus consonantes. Su nombre es *ese.*

sábado. m. Séptimo y último día de la semana.

sábalo. m. Pez marino, parecido al arenque, de carne sabrosa.

sábana. f. Cada una de las dos piezas de tela sirven para cubrir la cama y entre las que se coloca el cuerpo.

sabana. f. *Amér.* Llanura extensa y sin árboles.

sabandija. f. Cualquier reptil pequeño o insecto molesto./ fig. Persona despreciable.

sabañón. m. Hinchazón de la piel en los pies, manos y orejas, acompañada de picazón y ardor, causada por el frío excesivo.

sabedor, ra. a. Conocedor de una cosa.

saber. tr. Tener noticia de alguna cosa; conocer./ Tener habilidad para hacer algo./ Ser docto en algo.// i. Ser muy sagaz./ Tener una cosa aptitud o eficacia para lograr un fin./ Tener sabor una cosa./ Sujetarse a una cosa./ Conocer el camino.// m. Sabiduría, conocimiento.

sabido, da. p.p. de **saber.**// a. Que sabe o entiende mucho.

sabiduría. f. Conocimiento profundo en ciencias, artes o letras./ Sensatez, conducta prudente en la vida y en los negocios./ Noticia, conocimiento.

sabihondo, da. a. y s. fam. Que sin serlo presume de sabio.

sabio, bia. a. y s. Que posee sabiduría./ Cuerdo. Ú.t.c.s./ Dícese de aquellas cosas que instruyen o contienen sabiduría.

sable. m. Arma blanca algo curva y de un solo corte./ fig. y fam. Habilidad para sacar dinero a otro sin voluntad de devolverlo.

sablear. tr. fig. Sacar dinero con insistencia y habilidad.

sabor. m. Sensación que ciertas cosas producen en el sentido del gusto./ fig. Impresión que produce en el ánimo alguna cosa./ Propiedad que tienen de parecerse algunas cosas a otras con las que se las compara.

saborear. tr. Dar sabor y gusto a las cosas.// tr./ prl. Gustar con deleite el sabor de una cosa./ fig. Apreciar con deleite y detenidamente una cosa.// prl. Comer o beber algo deleitándose./ fig. Deleitarse en las cosas que agradan.

sabotaje. m. Daño intencional en los elementos de trabajo, que se hace como procedimiento de lucha contra los patrones, el Estado o el enemigo./ Oposición disimulada contra proyectos, órdenes, etc.

saboteador, ra. a. Que sabotea.

sabotear. tr. Cometer actos de sabotaje.

sabroso, sa. a. Grato al gusto, sazonado./ fig. Gustoso, delicioso para el ánimo.

sabueso, sa. a./ m. Variedad de perro de olfato muy desarrollado.

saca. f. Acción y efecto de sacar./ Saco grande de tela fuerte, más largo que ancho.

sacabocados. m. Instrumento que sirve para taladrar.

sacacorchos. m. Instrumento para descorchar botellas.

sacapuntas. m. Utensilio para afilar lápices.

sacar. tr. Extraer o quitar una cosa del interior de otra./ Apartar a una persona o cosa del lugar o situación donde se halla./ Extraer de una cosa alguno de sus componentes./ Averiguar una cosa por el estudio./ Conocer, descubrir por indicios./ Hacer con fuerza o con maña que uno diga o entregue lo que se pretende./ Ganar por suerte una cosa./ Lograr una cosa./ Exceptuar./ Quitar./ Producir, inventar./ Desenvainar./ Hacer una fotografía o retrato.

sacarino, na. a. Que contiene azúcar./ Que se parece al azúcar.// f. Sustancia blanca, en polvo, capaz de endulzar tanto como 234 veces su peso en azúcar.

sacarosa. f. Azúcar.

sacerdocio. m. Dignidad y estado de sacerdote./ fig. Consagración activa y celosa al ejercicio de una actividad noble.

sacerdote. m. Hombre dedicado a hacer y ofrecer sacrificios./ En la religión católica, hombre ungido y ordenado para celebrar la misa.

sacerdotisa. f. En la religión antigua, mujer dedicada a ofrecer sacrificios a las deidades gentiles y cuidar los templos.

saciar. tr./ prl. Satisfacer la sed o el hambre./ fig. Hartar y satisfacer en las cosas del ánimo.

saciedad. f. Hartura ocasionada por satisfacer con exceso el deseo de una cosa.

saco. m. Especie de bolsa de tela, papel, etc., rectangular, abierta por arriba./ Lo que cabe en ella./ Especie de gabán grande./ *Amér.* Chaqueta. / *Biol.* Órgano o parte del cuerpo, en forma de bolsa o receptáculo, que funciona como reservorio; por ej., saco lagrimal.

sacramentar. tr. Convertir el pan en el cuerpo de Cristo en el sacramento de la Eucaristía. Ú.t.c.prl./ Administrar los sacramentos./ fig. Ocultar, disimular.

sacramento. m. En la religión católica, signo sensible de un efecto espiritual que Dios obra en las almas.

sacrificar. tr. Hacer sacrificios y ofrecerlos./ Matar las reses para el consumo./ fig. Poner a una persona o cosa en algún riesgo o trabajo para lograr un fin.// tr./ prl. Privarse de una cosa; someterse con paciencia a una cosa violenta o repugnante./ Consagrarse a Dios.

sable

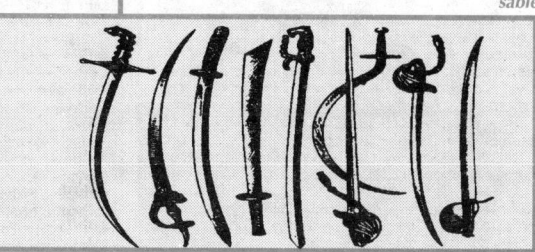

sacrificio. m. Ofrenda que se hace a una deidad./ Acto del sacerdote en la misa de ofrecer el cuerpo de Jesucristo bajo las especies de pan y vino./ fig. Trabajo o peligro graves a que se somete una persona./ Acción a que uno se sujeta con gran repugnancia./ Acto de abnegación.

sacrilegio. m. Profanación de una persona, cosa o lugar sagrado.

sacrílego, ga. a. Que comete sacrilegio o lo contiene./ Rel. al sacrilegio.

sacristán. m. El encargado de ayudar al sacerdote en los servicios del altar, y de cuidar de los ornamentos, la limpieza y el aseo de la iglesia y la sacristía.

sacristía. f. Lugar donde los sacerdotes se revisten y están guardados los objetos necesarios para el culto.

sacro, cra. a. Sagrado./ Referente a la región en que se halla situado el hueso sacro, desde el lomo hasta el cóccix.// a./ m. Apl. al hueso de la parte inferior de la columna vertebral.

sacudida. f. Sacudimiento.

sacudimiento. m. Acción y efecto de sacudir o sacudirse.

sacudir. tr./ prl. Mover, agitar violentamente una cosa.// tr. Golpear o agitar una cosa en el aire para quitarle el polvo, enjuagarla, etc./ Dar golpes.// prl. Apartar de sí con aspereza, rechazar.

sacudón. m. Sacudida violenta.

sadismo. m. Perversión sexual del que goza cometiendo actos crueles en otra persona.

saeta. f. Arma arrojadiza consistente en un asta delgada que se dispara con el arco./ Manecilla del reloj./ Brújula, barrita imantada./ Copla breve que se canta en Andalucía al paso de las procesiones./ Astron. Constelación boreal.

saetear. tr. Asaetear.

saga. f. Mujer que se finge adivina./ Cualquiera de las leyendas poéticas contenidas en su mayor parte en las dos colecciones de primitivas tradiciones heroicas y mitológicas escandinavas./ Relato novelesco que abarca las viscisitudes de dos o más generaciones de familia.

sagacidad. f. Calidad de sagaz.

sagaz. a. Que prevé y previene las cosas./ Prudente, astuto.

sagrado, da. a. Dedicado a Dios y al culto divino./ Rel. a la divinidad y a su culto./ fig. Digno de veneración y respeto.

sagrario. m. Lugar interior del templo donde se guardan objetos sagrados./ Sitio donde se deposita y guarda a Cristo sacramentado.

sahumado, da. p.p. de **sahumar.**// a. fig. Amér. Ahumado.

sahumar. tr./ prl. Quemar sustancias aromáticas para perfumar algo.

sahumerio. m. Acción y efecto de sahumar./ Sustancia con que se sahúma./ Humo que produce esta sustancia.

sainete. m. Pieza teatral de carácter popular, generalmente cómica.

sal. f. Sustancia blanca, cristalina, de sabor acre, soluble en agua, usada como condimento. Es un compuesto de cloro y sodio./ fig. Donaire, agudeza./ Garbo, gracia en los ademanes./ Quím. Combinación de una base y un ácido.

salamandra

sala. f. Pieza principal de la casa./ Aposento muy espacioso./ Conjunto de muebles que componen un salón./ Lugar donde se constituye un tribunal de justicia.

salado, da. a. Que tiene excesiva sal./ Apl. al terreno estéril por contener demasiado salitre./ fig. Gracioso, agudo./ Arg. y Chile. fig. Costoso, caro.

salamandra. f. Batracio parecido al lagarto, de piel negra con manchas amarillas simétricas./ Ser fantástico, considerado el espíritu elemental del fuego./ Especie de calefactor de combustión lenta.

salmón

salame. m. Arg. Variedad de embutido de carne de cerdo, que se come como fiambre.

salar. tr. Echar en sal o curar con ella carnes, pescados, etc./ Sazonar con sal./ Echar excesiva sal.

salarial. a. Rel. al salario.

salario. m. Remuneración que recibe una persona por un trabajo o servicio, en dinero o especie. Apl. generalmente a los obreros manuales, que cobran por jornadas, semanas o quincenas.

salaz. a. Sumamente inclinado a la lujuria.

salchicha. f. Embutido de tripa delgada, relleno con carne de cerdo bien picada.

salchichón. m. Embutido de jamón, tocino y pimienta en grano, prensado y curado.

saldar. tr. Liquidar enteramente una cuenta./ Vender a bajo precio una mercancía para desprenderse de ella.

saldo. m. Pago de una deuda u obligación./ Cantidad que queda a favor o en contra de uno en una cuenta./ Resto de mercancías que se venden a bajo precio.

salero. m. Recipiente de distintas materias y formas, en que se sirve la sal en la mesa./ Sitio donde se guarda la sal./ fig. Gracia, donaire.

salida. f. Acción y efecto de salir./ Parte por donde se sale./ Parte que sobresale de una cosa./ Lugar desde el que se indica una carrera o competencia./ Despacho o venta de mercaderías./ Partida de descargo en una cuenta./ fig. Pretexto, recurso.

salido, da. p.p. de **salir.**// a. Dícese de lo que sobresale más de lo regular en un cuerpo./ En celo./ fig. Por ext., se dice a veces de los animales machos y de las personas urgidos por el apetito venéreo.

saliente. m. Levante.// f. Parte que sobresale de una cosa.

salificar. tr. Transformar en sal una sustancia.

salina. f. Mina de sal./ Instalación para obtener sal por evaporación del agua de mar o de un lago salado.

salinidad. f. Calidad de salino./ Cantidad proporcional de sales en el agua de mar.

salino, na. a. Que naturalmente contiene sal./ Que participa de los caracteres de la sal.

salir. i./ prl. Pasar de la parte de adentro a la de afuera.// i. Partir de un lugar a otro./ Surgir, aparecer./ Librarse de un riesgo./ Aparecer, publicarse./ Costar una cosa que se compra.

salitral. a. Salitroso./ Lugar donde se cría y halla el salitre.

salitre. m. Cualquier sustancia salina, especialmente la que aflora en tierras y paredes./ Nitro./ Nitrato de Chile.

salitroso, sa. a. Que contiene salitre.

saliva. f. Líquido segregado por ciertas glándulas cuyos conductos excretorios se abren en la boca. Es viscoso y alcalino y sirve para ablandar los alimentos.

salivación. f. Acción de salivar.

salival. a. Perteneciente a la saliva.

salivar. i. Arrojar saliva.

salivazo. m. Porción de saliva que se escupe de una vez.

salmo. m. Cántico de alabanza a Dios.

salmodia. f. Canto que se usa para los salmos./ fig. y fam. Canto monótono.

salmón. m. Pez fluvial y marino, de carne rojiza y muy sabrosa.// a. De color rojizo como la carne del salmón.

salmuera. f. Agua cargada de sal./ Agua que destilan las cosas saladas.

salobre. a. Que tiene sabor de sal o la contiene.

salobridad. f. Calidad de salobre.

salomónico, ca. a. Rel. a Salomón.

salón. m. aum. de sala./ Aposento de grandes dimensiones./ Mobiliario de este aposento./ Pieza de grandes dimensiones donde celebra su junta un comité./ Habitación que, en una vivienda, posee mayores dimensiones, y que, amueblada en forma conveniente, se destina a recibir visitas y sirve muchas veces de cuarto de estar y comedor.

salpicadura. f. Acción y efecto de salpicar.

salpicar. tr./ i. Rociar, esparcir en gotas un líquido sobre una persona o cosa./ fig. Esparcir varias cosas, como rociando una superficie con ellas./ Pasar, sin orden, de unas cosas a otras.

salpicón. m. Salpicadura./ Fiambre de carne menuda, papas, tomate, etc., aderezado con pimienta, sal, vinagre, aceite y cebolla.

salpullido. m. Sarpullido.

salpullir. tr. Sarpullir.

salsa. f. Mezcla de varias sustancias comestibles desleídas, para condimentar o aderezar la comida.

saltamontes. m. Insecto ortóptero de largas patas traseras, lo que le permite dar grandes saltos.

saltar. i. Levantarse del suelo con impulso y ligereza, para dejarse caer en el mismo sitio o en otro lugar./ Arrojarse desde una altura para caer de pie./ Salir con ímpetu un líquido hacia arriba./ Romperse violentamente una cosa./ Moverse una cosa de una parte a otra, levantándose violentamente, como la pelota del suelo, la chispa del fuego, etc./ Desprenderse alguna cosa de donde estaba sujeta./ fig. Sobresalir mucho una cosa.// tr. Salvar de un salto un espacio./ Pasar de una cosa a otra./ fig. Omitir algo al leer o copiar un texto.

saltarín, na. a. y s. Que baila o danza.

saltear. tr. Salir a los caminos y robar a los viajeros./ Asaltar, acometer./ Empezar a hacer algo y dejarlo comenzado u omitir parte de ello./ Tomar una cosa adelantándose a otro./ Freír ligeramente un manjar en aceite o manteca.

salteño, ña. a. y s. De Salta, provincia de la República Argentina.

saltimbanqui. m. fam. Acróbata equilibrista.

salto. m. Acción y efecto de saltar./ Espacio que se salva al saltar./ Caída de un caudal de agua./ Despeñadero profundo./ Sitio que no se puede pasar sino saltando./ Palpitación violenta del corazón./ fig. Omisión de una parte de un texto, al copiarlo y leerlo.

salubre. a. Saludable.

salubridad. f. Calidad de salubre./ Estado de la salud pública en un sitio.

salud. f. Estado en que el organismo ejerce normalmente sus funciones./ Libertad o bien público o particular de cada uno.// pl. Actos y expresiones de cortesía.

saludable. a. Que sirve para restablecer o conservar la salud./ fig. Provechoso para algún fin.

saludar. tr. Mostrar respeto o benevolencia a alguien con expresiones de cortesía./ Enviar saludos./ Dar muestra de obsequios con salvas, toques de instrumentos, etc.

salvia

saludo. m. Acción y efecto de saludar./ Palabras o gestos que se dirigen a una persona en demostración de cortesía, al encontrarla o despedirla.

salva. f. Prueba que se hacía de las comidas y bebidas servidas a los reyes y notables./ Saludo hecho con armas de fuego.

salvación. f. Acción y efecto de salvar o salvarse.

salvada. f. *Arg., Cuba* y *P. Rico.* Acción de salvar o salvarse.

salvadoreño, ña. a. y s. De El Salvador.

salvaguardar. tr. Proteger, defender, amparar.

salvaguardia. f. Guardia que custodia una cosa./ f. Papel o seña que se da a una persona para que no sea detenida./ fig. Amparo, garantía, custodia.

salvajada. f. Dicho o acto propio de un salvaje; brutalidad.

salvaje. a. Apl. a las plantas silvestres y a los animales no domesticados./ Apl. al terreno agreste.// a./ m. y f. Dícese de los pueblos primitivos y no civilizados./ fig. Rudo, cruel.

salvamento. m. Acción y efecto de salvar./ Lugar en que uno se resguarda para evitar un peligro.

salvar. tr./ prl. Librar de un peligro, poner en seguro.// tr. Evitar un riesgo, una dificultad, etc./ Vencer un obstáculo./ Dar validez a las correcciones hechas en un escrito./ Exceptuar de lo que se dice o se hace./ Rebasar una altura./ Exculpar.// prl. Alcanzar la bienaventuranza eterna.

salvavidas. m. Aparato para mantener a flote a un náufrago o a quien no sabe nadar.

salve. interj. poét. que se usa para saludar.// f. Oración que se reza a la Virgen.

salvedad. f. Advertencia que se emplea como excusa o limitación de lo que se va a hacer o decir./ Nota con que se salva una enmienda en un escrito.

salvia. f. Mata de flores azules o violáceas, aromática y medicinal.

salvo, va. a. Ileso, que no ha sido dañado; librado de un peligro o riesgo./ Omitido, exceptuado.// adv. m. Excepto.

salvoconducto. m. Licencia expedida por una autoridad que permite transitar libremente y sin riesgo al portador./ fig. Libertad para hacer alguna cosa sin temor a castigo.

samba. f. *Amér.* Música y baile brasileño, de origen africano.

samovar. m. Especie de tetera de origen ruso con calentador.

samurai. m. Dícese del individuo de una clase social del Japón feudal, constituida por militares.

san. a. Apócope de santo.

sanar. tr. Restituir a uno la salud perdida.// i. Recobrar la salud.

sanatorio. m. Establecimiento para la estadía de enfermos que necesitan someterse a tratamientos curativos.

sanción. f. Estatuto o ley./ Pena establecida por la ley./ Acto solemne de confirmar una ley o estatuto./ Pena, castigo./ Mal dimanado de una culpa y que viene a ser como su castigo./ Aprobación de un acto, uso o costumbre.

sancionar. tr. Dar fuerza de ley a una disposición./ Aplicar una pena a castigo./ Aprobar un acto, uso o costumbre./ Aplicar una sanción o castigo.

saliva

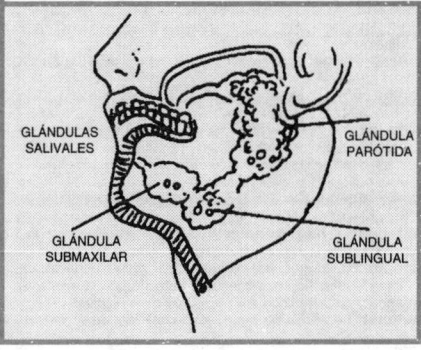

GLÁNDULAS SALIVALES

GLÁNDULA PARÓTIDA

GLÁNDULA SUBMAXILAR

GLÁNDULA SUBLINGUAL

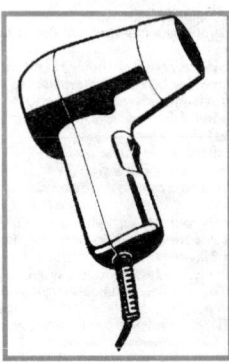

secador

sancochar. tr. Cocer a medias una comida, sin sazonar.

sandalia. f. Calzado compuesto por una suela que se asegura al pie con correas o cintas.

sándalo. m. Planta labiada, olorosa, originaria de Persia./ Árbol santaláceo de las costas de la India y de varias islas de Oceanía, muy semejante al nogal, de fruto parecido a la cereza. Su madera da excelente olor./Leño oloroso de este árbol.

sandez. f. Calidad de sandio./ Necedad, estupidez.

sandía. f. Planta cucurbitácea de fruto comestible, esférico, carnoso, grande y de pulpa roja, aguanosa y dulce./ Su fruto.

sandio, dia. a. y s. Necio, tonto.

saneado, da. p. p. de sanear.//a. Dícese de los bienes o la renta libres de cargas y descuentos.

sanear. tr. Dar condiciones de salubridad a un edificio, terreno, etc./ Remediar, reparar una cosa./ Asegurar el reparo de un daño.

sangrar. i. Arrojar sangre./ tr. Sacar sangre de una vena.

sangre. f. Líquido rojo que circula por las venas y arterias de los vertebrados, transporta los productos nutritivos y arrastra los de desecho./ Por ext., el líquido blanquecino análogo de muchos invertebrados./ fig. Parentesco o linaje.

sangriento, ta. a. Que echa sangre./ Teñido de sangre o mezclado con ella./ Que causa derramamiento de sangre./ Sanguinario./ fig. Que injuria gravemente.

sanguijuela. f. Anélido de boca chupadora, que se alimenta de sangre. Se utilizaba en medicina para conseguir evacuaciones sanguíneas./ fig. Persona que poco a poco va sacando a otra el caudal, bienes, etc.

sanguinario, ria. a. Cruel, feroz./ Que goza con derramar sangre.

sanguíneo, a. a. De sangre./ Que contiene sangre o abunda en ella./ Dícese de la complexión en que predomina este humor./ De color de sangre./ Rel. a la sangre.

sanguinolento, ta. a. Que echa sangre o está teñido en ella./ Mezclado con sangre.

sanguinoso, sa. a. Que participa de las cualidades o accidentes de la sangre./ Sanguinario.

sanidad. f. Calidad de sano./ Salubridad./ Conjunto de los servicios destinados a la conservación, recuperación y mejora de la salud pública.

sanitario, ria. a. Rel. a la sanidad./ Apl. a las instalaciones y artefactos para el agua destinado a la limpieza y otros usos higiénicos.

sanjuanino, na. a. y s. De San Juan, provincia de la República Argentina.

sanluiseño, na o **sanluisero, ra.** a. y s. De San Luis, provincia de la República Argentina.

sano, na. a. Que goza de perfecta salud. Ú.t.c.s./ Seguro, sin riesgo./ Que es beneficioso para la salud./ Saludable./ fig. Tratándose de vegetales, sin daño o corrupción./ Exento de error o vicio./ fig. y fam. Entero.

santacruceño, ña. a. y s. De Santa Cruz, provincia de la República Argentina.

santafesino, na o **santafecino, na.** a. y s. De Santa Fe, provincia de la República Argentina.

santaláceo, a. a./ f. *Bot.* Apl. a plantas dico-tiledóneas, de hojas verdes, flores pequeñas y fruto drupáceo, como el sándalo de la India./ f. pl. Familia de estas plantas.

santería. f. Calidad de santo./ *Arg.* Lugar donde se venden objetos religiosos.

santiagueño, ña. a. y s. De Santiago del Estero, provincia de la República Argentina.

santiagués, sa. a. y s. De Santiago de Compostela, España.

santiaguino, na. a. y s. De Santiago de Chile.

santiamén (en un). frs. fig. y fam En un instante.

santidad. f. Calidad de santo./ Tratamiento honorífico que se da al papa.

santificar. tr. Hacer santo a alguien./ Dedicar a Dios alguna cosa./ Hacer venerable una cosa./ fig. y fam. Disculpar, justificar a uno. Ú.t.c.prl.

santiguar. tr./ prl. Hacer la señal de la cruz con la mano, desde la frente al pecho y desde el hombro izquierdo al derecho.// prl. fig. y fam. Hacerse cruces, maravillarse.

santo, ta. a. Perfecto y libre de culpa./ Díc. de la persona que ha llegado a la heroicidad de la virtud, reconocida por la Iglesia y propuesta como ejemplo. Ú.t.c.s./ Díc. de la persona buena y de excepcional virtud. Ú.t.c.s./ Apl. a lo que está especialmente consagrado a Dios./ Sagrado, inviolable.// m. Imagen de un santo./ fam. Grabado, estampa./ Fiesta onomástica.

santoral. m. Libro que contiene la vida y hechos de los santos./ Lista de los santos cuya fiesta se celebra en cada uno de los días del año.

santuario. m. Templo en que se venera la imagen o reliquia de un santo.

santulón, na. a. y s. *Amér.* Santurrón.

santurrón, na. a. y s. Hipócrita que exagera sus actos de devoción./ Nimio en los actos de devoción.

saña. f. Furor, enojo ciego./ Intención rencorosa y cruel.

sapidez. f. Calidad de sápido.

sápido, da. a. Apl. a la sustancia que tiene algún sabor.

sapiencia. f. Sabiduría.

sapo. m. Batracio de piel gruesa y verrugosa, ojos saltones y extremidades cortas./ *Arg.* y *Chile.* Juego de la rana.

saponificación. f. Acción y efecto de saponificar.

saponificar. tr./ prl. Convertir un cuerpo graso en jabón.

saque. m. Acción de sacar./ El que se realiza para iniciar o reanudar el juego de pelota y otros deportes./ Raya o lugar del cual se saca la pelota./ El que saca la pelota.

saquear. tr. Apoderarse violentamente los soldados de lo que encuentran en un lugar./ Entrar en un sitio robando cuanto se halla./ fig. Apoderarse violentamente de cuanto se puede o de parte o todo de aquello de que se trata.

saqueo. m. Acción y efecto de saquear.

sarampión. m. Enfermedad contagiosa, febril y eruptiva, que se exterioriza por multitud de pequeñas manchas rojas.

sarandí. m. *Arg.* Arbusto que crece en las orillas de los ríos, de ramas largas y flexibles.

sarcasmo. m. Burla mordaz que ofende./ Ironía amarga y cruel.

sarcástico, ca. a. Que expresa sarcasmo o es rel. a él./ Dícese de la persona que es propensa a emplearlo.

sangre

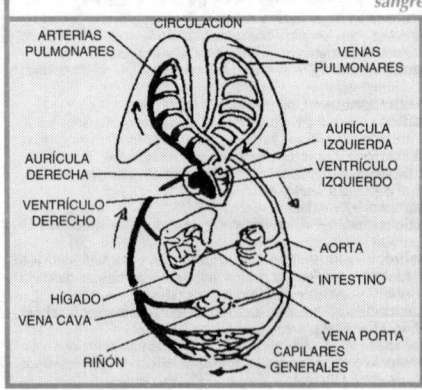

santuario

sarcófago. m. Sepulcro, obra de piedra para dar sepultura a un cadáver.

sarcoma. f. Tumor maligno formado por tejido conjuntivo.

sardana. f. Danza en corro, tradicional de Cataluña.

sardina. f. Pez marino de carne sabrosa y delicada.

sardo, da. a. y s. De Cerdeña.

sardónico, ca. a. fig. Dícese de la risa afectada, que no manifiesta alegría./ Arg. y P. Rico. Sarcástico.

sargento. m. Suboficial militar o policial de cargo inmediatamente superior al de cabo.

sarmiento. m. Vástago de la vid, largo, delgado, flexible y nudoso.

sarna. f. Enfermedad contagiosa de la piel, que consiste en multitud de vesículas y pústulas diseminadas por el cuerpo, producidas por un ácaro, que causan viva comezón./ En animales, roña.

sarnoso, sa. a. Que tiene sarna.

sarro. m. Sedimento que se adhiere a las paredes o al fondo de un recipiente./ Precipitado de sales de la saliva, que se adhiere al esmalte de los dientes./ Saburra de la lengua.

sarta. f. Serie de cosas atravesadas, unas tras otras, por un hilo, cuerda, etc./ fig. Serie de cosas no materiales o sucesos iguales o semejantes.

sartén. f. Vasija circular, poco honda, con un mango, que se utiliza para freír.

sastre. m. El que por oficio corta y cose trajes.

satánico, ca. a. Rel. a Satanás, el principal de los demonios./ fig. Diabólico, perverso.

satélite. m. Cuerpo celeste opaco que gira alrededor de un planeta y brilla por la luz que refleja del sol./ Estado que depende de otro. Ú.t.c.a./ fig. Persona que depende de otra, o la sigue.

satén. m. Tejido de seda o algodón suave y brillante.

satinado, da. p. p. de **satinar.**// a. fig. Que tiene brillo y tersura.// m. Acción y efecto de satinar.

satinar. tr. Dar brillo y tersura al papel o a la tela.

sátira. f. Texto literario u otro escrito en que se censura con acritud o se pone en ridículo a personas o cosas./ Discurso o dicho agudo y mordaz, que persigue el mismo fin.

satírico, ca. a. Perteneciente a la sátira./ Rel. al sátiro./ m. Autor de sátiras.

satirizar. i. Escribir sátiras.// tr. Zaherir, motejar.

sátiro. m. Semidiós mitológico, mitad hombre y mitad cabra./ fig. Hombre lujurioso.

satisfacción. f. Acción y efecto de satisfacer./ Razón o acción con que se responde enteramente a una queja./ Vanagloria, presunción./ Seguridad del ánimo./ Cumplimiento del deseo o del gusto.

satisfacer. tr. Pagar lo que se debe./ Conseguir lo que se deseaba./ Saciar un deseo o pasión./ Deshacer un agravio u ofensa./ Premiar los méritos.// prl. Vengarse de un agravio.

satisfactorio, ria. a. Que puede satisfacer una queja, resolver una duda o deshacer un agravio./ Grato, próspero.

satisfecho, cha. p. p. irreg. de **satisfacer.**// a. Presumido, pagado de sí mismo./ Contento, complacido.

sátrapa. m. Gobernador de una provincia de la antigua Persia. // a./ m. fig. y fam. Hombre que sabe gobernarse con astucia; ladino.

saturar. tr./ prl. Hartar, saciar./ Impregnar un fluido con otro cuerpo hasta que no pueda admitir mayor cantidad de este cuerpo. Ú.t.c.prl./ Combinar dos o más cuerpos, en las máximas proporciones atómicas en que pueden unirse.

saturnino, na. a. Quím. Rel. al plomo./ Dícese de las personas de carácter triste y taciturno./ Apl. a las enfermedades que se producen por intoxicación con una sal de plomo.

Saturno. Astron. Uno de los planetas del sistema solar, el más notable de todos. Dista del sol unos 1.430 millones de kilómetros. Está rodeado por varios anillos luminosos, y tiene once satélites. Mide 115.044 km de diámetro y su período sideral es de 29 años terrestres.

sauce. m. Árbol de tronco grueso y derecho, con muchas ramas, común en las orillas de los ríos./ **-llorón.** Árbol originario de Asia Menor, de ramas muy largas, flexibles y péndulas y hojas lanceoladas y lampiñas.

saúco. m. Arbusto o arbolillo de flores blancas y fruto negruzco.

saurio, ria. a./ m. Zool. Dícese del reptil de cuerpo alargado, patas cortas y cola larga, piel cubierto de escamas, y mandíbulas dentadas, como el lagarto y el cocodrilo.// pl. Orden de estos reptiles.

savia. f. Jugo nutritivo que circula por los vasos de las plantas, con un movimiento ascendente y otro descendente./ fig. Energía, elemento vivificador.

saxofón. m. Instrumento musical de viento. Es de metal, con boquilla de madera.

saya. f. Falda usada por las mujeres./ Vestidura talar antigua, especie de túnica.

sayal. m. Tela de lana burda.

sayo. m. Casaca amplia, larga y sin botones./ fam. Cualquier vestido.

sazón. f. Madurez de las cosas o estado de perfección en su línea./ Gusto o sabor que se da a las comidas./ Ocasión, coyuntura.

sazonar. tr. Condimentar, dar sazón a las comidas.// tr./ prl. Poner las cosas en el punto y madurez que deben tener./

se. Forma reflexiva del pron. personal de tercera persona. Ú. en dativo y acusativo en ambos géneros y números y no admite preposición. Puede usarse como enclítico o proclítico: *se aleja; aléjase.*

sándalo

se. Forma del pronombre personal de tercera persona en combinación con *lo, la, los, las*: *se las entregó; entregóselas.*

sebáceo. a. Rel. al sebo./ a./ f. Dícese de las glándulas que segregan sebo.

sebo. m. Grasa sólida que se saca de los animales herbívoros./ Cualquier clase de gordura.

seborrea. f. Aumento de la secreción de las glándulas sebáceas, especialmente en el cuero cabelludo.

seboso, sa. a. Que tiene sebo.

seca. f. Sequía./ Infarto de una glándula.

secadero, ra. a. Apropiado para conservarse seco.// m. Lugar donde se pone a secar una cosa.

secador, ra. a. y s. Apl. a la máquina o utensilio que sirve para secar o enjuagar una cosa.

secamiento. m. Acción y efecto de secar.

secano. m. Tierra de labor que carece de riego./ fig. Cosa muy seca.

sello

secante. a. Que seca.// a./ m. Papel esponjoso para secar lo escrito.// a./ f. *Geom.* Línea o superficie que cortan otra línea o superficie.// a./ m. y f. Fastidioso, molesto.

secar. tr. Extraer la humedad de un cuerpo mojado./ Ir gastando el jugo en los cuerpos./ fig. Aburrir, fastidiar. Ú.t.c.prl.// prl. Enjugarse la humedad de una cosa por evaporación./ Quedarse sin agua un río, una fuente, etc./ Perder su lozanía una planta./ Enflaquecer y extenuarse una persona o un animal./ fig. Tener mucha sed./ Dicho del ánimo o del corazón, embotarse.

sección. f. Cortadura hecha en un cuerpo./ Parte en que se divide un todo./ Cualquiera de los grupos de un conjunto de personas./ Dibujo o figura que resultaría si se cortara un terreno, edificio, máquina, etc., por un plano./ *Geom.* Figura resultante de la intersección de una superficie o un sólido con otra superficie.

secesión. f. Acto de separarse de una nación parte de su pueblo y territorio./ Apartamiento de los negocios públicos.

seco, ca. a. Que carece de humedad./ Sin jugo./ Falto de agua./ Marchito, falto de lozanía o verdor./ Refiriéndose a las plantas, muerto./ Dícese de las frutas de cáscara dura, como las nueces, avellanas, etc./ Flaco o de pocas carnes./ Apl. también al tiempo en que no llueve./ fig. Áspero, poco cariñoso./ Estricto, riguroso./ Apl. al aguardiente puro./ Apl. al golpe fuerte, rápido y que no resuena.

secreción. f. Acción y efecto de secretar.

secretar. tr. Salir de las glándulas, tejidos y células las sustancias que por ellos elaboradas.

secretaría. f. Cargo o destino de secretario./ Oficina donde despacha los negocios.

secretariado. m. Secretaría./ Conjunto o cuerpo de secretarios./ Carrera o profesión de secretario o secretaria.

secretario, ria. s. Persona encargada de escribir la correspondencia, extender actas, dar fe de los acuerdos, custodiar los documentos, etc., de una oficina, corporación o asamblea. // m. *Amér.* Ministro.

secretear. i. fam. Hablar en secreto dos personas.

secreteo. m. fam. Acción de secretear.

secreto, ta. a. Oculto, ignorado, escondido./ Callado, reservado.// m. Lo que se tiene oculto y reservado./ Sigilo, reserva./ Conocimiento que exclusivamente posee uno./ Misterio, cosa arcana./ Escondrijo que tienen ciertos muebles.

secta. f. Doctrina particular enseñada por su autor y seguida y defendida por otros./ Falsa religión enseñada por un maestro célebre.

sectario, ria. a. y s. Dícese del que profesa y sigue a una secta.// a. Secuaz, fanático de un partido o idea.

sector. m. Parte de un círculo comprendida entre un arco y los dos radios que pasan por sus extremidades./ fig. Porción de una clase o colectividad humana, un lugar, etc., con caracteres peculiares./ Región, área, porción./ Parte de un sistema defensivo o línea fortificada.

secuaz. a. y s. Que sigue el partido o las ideas de otro.

secuela. f. Consecuencia de una cosa.

secuencia. f. Sucesión ordenada de cosas./ Serie de cosas que guardan cierta relación entre sí.

secuestrar. tr. Embargar judicialmente./ Aprehender una persona para exigir dinero para su rescate o para otros fines./ Depositar judicialmente un objeto en poder de un tercero hasta que se decida a quién pertenece.

secuestro. m. Acción y efecto de secuestrar./ Bienes secuestrados.

secular. a. Seglar./ Que se repite o sucede cada siglo./ Que dura un siglo, o desde hace siglos.

secularizar. tr./ prl. Hacer secular lo que era eclesiástico.

secundar. tr. Ayudar, favorecer a alguien.

secundario, ria. a. Segundo en orden./ No principal, accesorio./ Dícese de la segunda enseñanza./ Mezosoico. Ú.t.c.s.

sed. f. Gana y necesidad de beber./ Necesidad de agua que tienen algunas cosas./ fig. Deseo ardiente de una cosa.

seda. f. Líquido viscoso segregado por ciertos gusanos y arañas, que forma hebras muy finas y flexibles./ Hilo formado por estas hebras./ Tela u obra tejida con estos hilos./ Cerda de algunos animales, y en particular del jabalí

sedal. m. Hilo o cordel de la caña de pescar, para sujetar el anzuelo, muy fino y resistente.

sedalina. f. Tejido hecho de una mezcla de seda./ Hilo de algodón mercerizado.

sedante. p. act. de sedar.// a. y s. Que seda./ Medicamento que disminuye la excitación nerviosa e induce al sueño.

sedar. tr. Sosegar, calmar.

sedativo, va. a. Que posee la virtud de calmar los dolores y la excitación nerviosa.

sede. f. *Amér.* Lugar donde tiene su domicilio una entidad económica, deportiva, comercial, etc./ Asiento de un prelado./ Diócesis./ Capital de una diócesis./ Jurisdicción y potestad del Papa. Llámase también Santa Sede.

sedentario, ria. a. Apl. a la actividad o vida con poco movimiento./ Dícese del pueblo que tiene residencia fija por oposición al nómade./ Dícese de los animales que no salen de la región donde han nacido.

sedería. f. Mercadería de seda./ Conjunto de ellas./ Tráfico de sedas./ Tienda de géneros de seda.

sedición. f. Alzamiento colectivo y violento contra la autoridad./ fig. Sublevación de las pasiones.

sedicioso, sa. a. y s. Que promueve una sedición o participa en ella.

sediento, ta. a. Que tiene sed. Ú.t.c.s./ fig. Que necesita riego o humedad./ fig. Que desea con ansia alguna cosa.

sedimentación. f. Acción y efecto de sedimentar.

sedimentar. tr./ prl. Depositar sedimentos un líquido.// prl. Formar sedimento las materias suspendidas en cualquier líquido.

sedimentario, ria. a. Rel. al sedimento o que tiene su naturaleza.

sedimento. m. Materia que, habiendo estado suspendida en un líquido, se deposita en el fondo de un recipiente.

sedoso, sa. a. Semejante a la seda.

seducción. f. Acción y efecto de seducir.

seducir. tr. Persuadir con engaños al mal./ Cautivar el ánimo./ Engañar con maña.

secant

secante

seductor, ra. a. y s. Que seduce.

sefardí o **sefardita.** a./ m. y f. Apl. a los judíos de origen español.// m. Dialecto judeoespañol.

segar. tr. Cortar las mieses o la hierba./ Cortar lo que sobresale o está más alto./ fig. Cortar o interrumpir en forma brusca y desconsiderada el desarrollo de algo.

seglar. a. Rel. a la vida o costumbre del siglo o mundo.// a. y s. Lego, sin órdenes clericales.

segmentación. f. Acción y efecto de segmentar./ Corte o división en segmentos./ *Biol.* División reiterada de la célula huevo de plantas y animales, a partir de la cual se forma un organismo pluricelular, primera fase del embrión.

segmentar. tr./ prl. Cortar o dividir en segmentos.

segmento. m. *Geom.* Porción o parte cortada o separada de una cosa, de un elemento geométrico o de un todo./ Pedazo o parte cortada de una cosa.

segregación. f. Acción y efecto de segregar.

segregar. tr. Separar una cosa de otra./ Secretar, expeler.

seguido, da. a. Continuo, incesante./ Que está en línea recta.// f. Acción y efecto de seguir./ Serie, continuación, orden.// **-en seguida.** m. adv. Acto continuo.

seguimiento. m. Acción y efecto de seguir o seguirse.

seguir. tr. Ir después o detrás de una persona o cosa. Ú.t.c.i./ Ir en busca de una persona o cosa./ Perseguir./ Continuar lo empezado./ Producirse una cosa después de otra./ Mantener la vista en un objeto que se mueve./ Profesar o ejercer una ciencia, arte, etc./ Ser del dictamen de otro./ Imitar o hacer algo por el ejemplo de otro./ Dirigir una cosa por camino adecuado.// prl. Inferirse una cosa de otra./ Suceder una cosa a otra por orden./ fig. Originarse una cosa de otra.

según. prep. Conforme, con arreglo a/ Con correspondencia a/ De la misma manera o por el modo en que./ Denota conformidad o contingencia.

segundero, ra. a. Dícese del segundo fruto de algunas plantas.// m. Manecilla que señala los segundos en el reloj.

segundón. m. Hijo segundo de la casa./ Por ext., cualquier hijo no primogénito.

segur. f. Hacha grande para cortar./ Hoz para segar./ Hacha de las fasces de los lictores romanos.

seguridad. f. Calidad de seguro./ Garantía, fianza u obligación de indemnizar a favor de uno.

sembradora

seguro, ra. a. Libre de todo daño o peligro./ Cierto./ Firme, constante, sin peligro de faltar o caerse./ Confiado, leal./ Que ha de producirse.// m. Contrato por el cual una persona, natural o jurídica, se obliga a resarcir pérdidas o daños que ocurran a otras./ Certeza, confianza, seguridad./ Sitio libre de peligro./ En algunas armas de fuego, mecanismo destinado a evitar que se disparen solas.

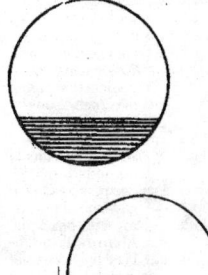

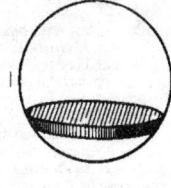

segmentos

seis. a./ m. Cinco y uno.// m. Signo o conjunto de signos con que se representa el número seis.

seiscientos, tas. a./ m. Seis veces ciento.// m. Signo o conjunto de signos con que se representa el número seiscientos.

selacio, cia. a. y s. Apl. a los peces cartilagíneos, de cuerpo fusiforme, que tienen móvil la mandíbula inferior, como el tiburón y la raya.// m. pl. Orden de estos peces.

selección. f. Acción de elegir a una persona o cosas entre otras./ Conjunto de los seleccionados.

seleccionar. tr. Elegir, escoger.

selectividad. f. Calidad de selectivo./ Función de seleccionar o elegir.

selectivo, va. a. Que implica selección./ Apl. al aparato receptor que permite escoger una onda de longitud determinada sin interferencias de otras próximas.

selecto, ta. a. Que es o se considera lo mejor entre otros de su especie.

selenio. m. Metaloide de color pardo rojizo y brillo metálico. Símb., Se; n. at., 34; p. at., 78,96.

selenita. m. y f. Habitante supuesto de la Luna.// f. Yeso cristalizado, espejuelo.

selenografía. f. Parte de la astronomía que trata de la descripción de la Luna.

sellar. tr. Imprimir el sello./ fig. Estampar, dejar impresa una cosa en otra./ Concluir alguna cosa./ Cerrar, cubrir, tapar.

sello. m. Plancha de metal o de caucho usada para estampar armas, divisas, leyendas, etc., en él grabadas./ Señal que deja esa plancha./ Trozo pequeño de papel con timbre oficial, con figuras o signos grabados, que se pega a ciertos documentos para darles valor o eficacia, o a las cartas como comprobante del previo pago de su franqueo./ Correo, filatelia./ Carácter distintivo comunicado a alguna cosa./ Conjunto de dos obleas redondas, en que se encierra un medicamento.

selva. f. Terreno extenso, inculto y muy poblado de árboles.

selvático, ca. a. Rel. a las selvas./ fig. Tosco, salvaje, sin cultura.

selvoso, sa. a. Propio de la selva./ Dícese del país o territorio en el que hay muchas selvas.

semáforo. m. Telégrafo óptico instalado en las costas, para comunicarse con los buques./ Cualquiera de los sistemas ópticos de señales instalados en las calles y vías de comunicación.

semana. f. Período de siete días consecutivos contados entre uno cualquiera de ellos y el siguiente del mismo nombre.

semanal. a. Que ocurre o se repite cada semana./ Que dura una semana o a ella corresponde.

semanario, ria. a. Semanal.// m. Periódico que se publica una vez por semana.

semántico, ca. a. Rel. a la significación de las palabras.// f. Estudio de la significación de los signos lingüísticos.

semblante. m. Representación de algún estado de ánimo en el rostro./ Cara, rostro humano./ fig. Apariencia de una cosa.

semblanza. f. Bosquejo biográfico.

sembradío, a. a. Apl. al terreno a propósito para sembrar.

sembrado. m. Tierra sembrada.

sembrador, ra. a. y s. Que siembra.// f. Máquina para sembrar.

sembradura. f. Acción y efecto de sembrar./ Tierra sembrada.

sembrar. tr. Arrojar y esparcir las semillas en la tierra preparada para tal fin./ fig. Esparcir o derramar una cosa./ fig. Hacer algo que posteriormente produzca un beneficio./ Dar motivo o principio a algo./ Publicar alguna especie para que se divulgue./ Hacer cosas de que se ha de seguir fruto.

semejante. a. y s. Que se parece a una persona o cosa.// m. Cualquier persona con respecto a otra./ Prójimo.

semejanza. f. Calidad de semejante.

semejar. i./ prl. Parecerse una persona o cosa a otra.

semen. m. Líquido que secretan los animales del sexo masculino para la generación./ Semilla.

semental. a. Rel. a la siembra.// a. Dícese del animal macho que se destina a la reproducción.

sementera. f. Acción y efecto de sembrar./ Terreno sembrado./ Cosa sembrada./ Tiempo oportuno para sembrar./ fig. Origen, principio.

semestral. m. Que sucede o se repite cada seis meses./ Que dura un semestre o a él corresponde.

semestre. m. Semestral./ Período de seis meses./ Sueldo, renta, etc., que se paga o se cobra al fin de cada semestre.

semicilindro. m. *Geom.* Cualquiera de las dos mitades del cilindro separadas por un plano que pasa por el eje.

semicircular. a. Rel. al semicírculo./ De figura de semicírculo o que se parece a ella.

semicírculo. m. Cada una de las dos partes iguales del círculo divididas por un diámetro.

semicircunferencia. f. Cada una de las dos mitades de una circunferencia.

semicorchea. f. *Mús.* Nota musical cuyo valor es la mitad de la corchea.

semidiós, sa. m. y f. Héroe o heroína hijos de un dios y de un ser humano, en la mitología grecorromana. También, héroe a quien por sus hazañas se le rendía culto.

semiesfera. f. Hemisferio.

semifinal. f. Cada una de las dos penúltimas competiciones de un campeonato o concurso.

semifusa. f. *Mús.* Nota musical que vale la mitad de una fusa.

semilla. f. Parte del fruto de la planta que contiene el germen de una nueva./ fig. Cosa que es causa u origen de otra./ Granos que se siembran, con excepción del trigo y la cebada.

semillero. m. Lugar donde se siembran los vegetales que se han de transplantar./ fig. Origen y principio de algunas cosas.

seminal. a. Rel. al semen o a la semilla.

seminario. m. Semillero./ Lugar destinado para la educación de niños y jóvenes o donde se forman los que han de ser sacerdotes./ Clases, al margen de los cursos regulares, en que se realizan ciertos estudios e investigaciones.

seminarista. m. Alumno de un seminario.

semiología. f. Ciencia que estudia los signos./ Semiótica.

semiótica. f. Parte de la medicina que trata de los signos de las enfermedades./ *Ling.* Teoría general de los signos lingüísticos./ Semiología.

semiplano. m. *Geom.* Cada una de las dos porciones de plano limitadas por una de sus rectas.

semirrecta. f. *Geom.* Cada una de las dos partes en que queda dividida una recta.

semita. a./ m. y f. Descendiente de Sem. Dícese de los árabes, hebreos y otros pueblos.

semítico, ca. a. Rel. a los semitas.

semitono. m. *Mús.* Cualquiera de las dos partes desiguales en que se divide el intervalo de un tono.

sémola. f. Trigo candeal sin corteza./ Pasta de harina de flor, reducida a granos muy menudos, para sopa.

sempiterno, na. a. Apl. a lo que tuvo comienzo pero no tendrá fin./ Que durará siempre, eterno.

sena. f. Conjunto de seis puntos que tiene el dado en una de sus caras.

senado. m. Asamblea de patricios que formaba el consejo supremo en la Roma antigua./ Cuerpo colegislador formado por personas designadas en razón de su cargo, posición, título, etc., o elegidas a título personal./ Edificio en que se reúne./ fig. Toda junta o reunión de personas graves y respetables.

senador, ra. s. Miembro del senado.

senario, ria. a. Que se compone de seis elementos, unidades o guarismos.

sencillez. f. Calidad de sencillo.

sencillo, lla. a. Simple, no compuesto./ Sin artificios ni adornos./ Fácil, exento de complicación./ De menos cuerpo que otras cosas de su especie./ fig. Incauto, fácil de engañar./ Ingenuo, sincero en el trato./ m. Menudo, dinero suelto.

senda. f. Camino estrecho./ fig. Camino, medio para hacer alguna cosa.

sendero. m. Senda.

sendos, das. a. pl. Uno o una para cada cual de dos o más personas o cosas.

senectud. f. Ancianidad; edad senil, que por lo común empieza a los sesenta años.

senegalés, sa. a. y s. De Senegal.

senil. a. Rel. a la persona de avanzada edad, en la que se advierte su decadencia física.

seno. m. Hueco, concavidad./ Pecho humano./ Mama de la mujer./ Hueco, espacio entre el vestido y el pecho./ Matriz de las hembras de los mamíferos./ Concavidad interior del cuerpo del animal./ Parte de mar entre dos puntas o cabos de tierra./ fig. Regazo, amparo, refugio./ Parte interna de cualquier cosa./ Golfo./ **-de un ángulo.** Trig. El del arco que sirve de medida al ángulo./ **-de un arco.** Trig. Parte de la perpendicular tirada al radio que pasa por el extremo del arco, desde el otro extremo del mismo arco, comprendida entre este punto y dicho radio.

sensación. f. Impresión que producen las cosas a través de los sentidos./ Emoción muy intensa producida por un suceso o noticia importante.

sensacional. a. Que causa sensación./ Apl. a las personas o sucesos que llaman la atención.

sensacionalismo. m. Tendencia a exagerar intencionadamente la importancia o alcance de las cosas. Ú. con preferencia referido al periodismo.

sensatez. f. Calidad de sensato./ Prudencia.

sensato, ta. a. Prudente, de buen juicio, cuerdo.

sensibilidad. f. Calidad de sensible./ Facultad de sentir o de experimentar sensaciones./ Propensión natural del hombre a la ternura y compasión./ Calidad de las cosas sensibles./ Capacidad de respuesta a muy pequeñas excitaciones, estímulos o causas.

sensibilización. f. Acción de sensibilizar./ *Biol.* Mecanismo por el que la respuesta inmune provocada por un antígeno aparece con mayor sensibilidad tras una administración inicial.

sensibilizar. tr. Hacer sensible./ Dotar de sensibilidad, conmover, impresionar el ánimo./ Hacer sensibles a la acción de la luz algunas materias que se usan en fotografía.

sensible. a. Que siente./ Que puede percibirse por medio de los sentidos./ Apl. a la persona que se deja llevar fácilmente por el sentimiento./ Perceptible al entendimiento./ Que produce pena o dolor./ Que cede fácilmente a la acción de ciertos agentes naturales.

sensiblería. f. Calidad de sensiblero./ Afectación de sensibilidad.

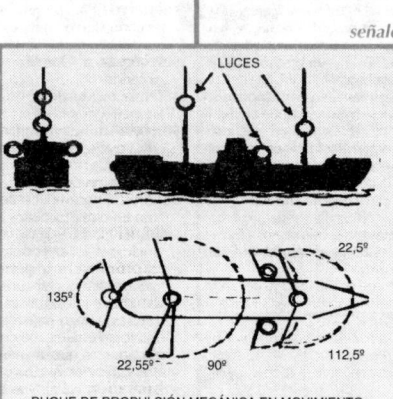

señales

LUCES

135° 22,5°

22,55° 90° 112,5°

BUQUE DE PROPULSIÓN MECÁNICA EN MOVIMIENTO

sensiblero, ra. a. Exageradamente sentimental.
sensitivo, va. a. Rel. a las sensaciones producidas en los sentidos./ Capaz de sensibilidad./ Que excita la sensibilidad.// f. Planta leguminosa originaria de América Central. Si se la toca o sacude quedan las hojas como marchitas por algún tiempo.
sensorial. a. Rel. a la sensibilidad, facultad de sentir.
sensual. a. Sensitivo, perteneciente a los sentidos./ Apl. a los gustos y placeres de los sentidos, a las cosas que los incitan o satisfacen y a las personas inclinadas a ellos./ Rel. al apetito carnal.
sensualidad. f. Calidad de sensual./ Sensualismo.
sensualismo. m. Propensión excesiva a los placeres de los sentidos./ Doctrina filosófica que pone en los sentidos exclusivamente el origen de las ideas.
sentar. tr./prl. Poner a alguien de manera que quede apoyado y descansando sobre las nalgas.// tr. fig. Dar por cierta o supuesta una cosa.// i. Convenir, cuadrar una cosa a otra o a una persona./ fig. y fam. Refiriéndose a la comida o a la bebida, recibirlas bien en el estómago./ Hacer provecho o daño./ Agradar a uno alguna cosa.// prl. Asentarse.
sentencia. f. Dictamen, parecer./ Máxima, dicho breve que contiene una doctrina o moralidad./ Resolución de un juez o tribunal.
sentenciar. tr. Pronunciar sentencia./ Condenar por sentencia./ fig. Expresar dictamen para decidir una cuestión./ fig. y fam. Destinar una cosa para un fin.
sentencioso, sa. a. Que encierra moralidad o doctrina./ Apl. al tono que afecta gravedad.
sentido, da. a. Que incluye un sentimiento./ Apl. a la persona que se ofende fácilmente o es muy sensible.// m. Facultad que tienen el hombre y los animales de percibir por medio de ciertos órganos, las impresiones de los objetos exteriores./ Razón o entendimiento./ Manera particular de entender una cosa./ Conocimiento con que se ejecutan ciertas cosas./ Razón de ser, finalidad./ Significado cabal de una proposición o cláusula./ Acepción de las palabras./ Interpretación que puede darse a un escrito.
sentimental. a. Que excita o expresa sentimientos tiernos o que es propenso a ellos./ Que afecta sensibilidad de una manera ridícula o exagerada.
sentimiento. m. Acción y efecto de sentir./ Estado del ánimo apenado./ Impresión de las cosas espirituales en el alma.
sentir. tr. Experimentar sensaciones./ Oír./ Experimentar una impresión, placer o dolor./ Opinar, juzgar./ Lamentar una cosa./ Barruntar, presentir.// prl. Formar queja de alguna cosa./ Padecer un dolor./ Hallarse en cierto estado físico o de ánimo.
seña. f. Nota, indicio para dar a entender una cosa./ Lo que se concierta entre dos o más personas para entenderse./ Señal o signo para acordarse./ Señal, parte de precio que se anticipa.// pl. Indicación del domicilio de una persona.
señal. f. Marca o nota de las cosas para diferenciarlas de otras./ Hito o mojón para marcar un límite./ Vestigio, huella./ Imagen, representación de una cosa./ Cosa que revela la existencia de otra./ Todo signo para acordarse de algo./ Distintivo o nota./ Indicio inmaterial de algo./ Cicatriz./ Prodigio./ Parte de precio que se anticipa como prenda en ciertos contratos./ Aviso para hacer algo./ **-de la cruz.** Cruz que se forma con los dedos de la mano o con el movimiento de ésta.
señalado, da. a. Insigne, célebre, famoso.
señalamiento. m. Ac-

ción de señalar.
señalar. tr. Poner una marca o señal para distinguir una cosa de otra./ Llamar la atención hacia una persona o cosa./ Designar o determinar día, hora, lugar, etc., para un fin./ Hacer una herida que deje cicatriz.// prl. Distinguirse, descollar.
señalizar. tr. Colocar las señales en las vías de comunicación.
señero, ra. a. Solo, sin compañía./ Sin par, único./ Que sirve de seña o guía a otros.
señor, ra. a. y s. Dueño de una cosa.// a. Noble./ Antepuesto a ciertos nombres, sirve para encarecer la significación de los mis-

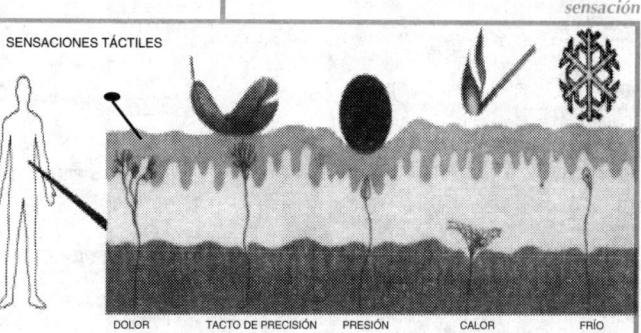

semita, asirio

mos.// m. Por anton., Dios./ Jesús en la eucaristía./ Amo, con respecto a los criados./ Título de cortesía que se da a cualquier hombre.// f. Mujer del señor./ Ama, con respecto a sus criados./ Término de cortesía que se da a una mujer, y especialmente a la casada o viuda./ Mujer, esposa.
señorear. tr. Dominar o mandar en una cosa como dueño./ Mandar uno con imperio./ Apoderarse de alguna cosa, sujetarla a su dominio. Ú.t.c.prl./ fig. Estar una cosa en situación superior o en mayor altura que otra.
señoría. f. Tratamiento dado a personas de dignidad./ Persona a la que se da este tratamiento./ Señorío, dominio.
señorial. a. Rel. al señorío./ Majestuoso, noble.
señorío. m. Dominio sobre una cosa./ Dignidad del señor./ fig. Mesura y gravedad en el porte o en las acciones./ fig. Conjunto de señores o personas distinguidas.
señorito, ta. s. Hijo de un señor.// m. fam. Joven rico y ocioso.// f. Término de cortesía que se da a la mujer soltera.
señorón, na. a. y s. Muy señor o muy señora, por serlo en realidad, o por afectar señorío y grandeza.
señuelo. m. Figura de ave con que se atrae al halcón./ Por ext., cualquier cosa para atraer a las aves./ fig. Cualquier cosa que sirve para atraer o inducir con engaño.
sépalo. m. Cualquiera de las divisiones del cáliz de la flor.
separación. f. Acción y efecto de separar.
separador, ra. a. Que separa.
separar. tr. Poner fuera de contacto o proximidad de alguien o algo. Ú.t.c.prl./ Distinguir unas de otras cosas o especies./ Destituir de un empleo o cargo.// prl. Tomar caminos distintos, dejar de tener relación./ Retirarse de alguna ocupación.
separata. f. Impresión por separado de un capítulo de un libro.

sensación

SENSACIONES TÁCTILES

DOLOR   TACTO DE PRECISIÓN   PRESIÓN   CALOR   FRÍO

separatismo. m. Doctrina política que propugna la separación de una colonia o territorio de la soberanía bajo la cual se halla./ Partido separatista.

separatista. a. y s. Partidario del separatismo.

sepelio. m. Acción de inhumar la Iglesia a los fieles./ Entierro.

septenario, ria. a. Dícese de lo que consta de siete elementos.// m. Espacio de tiempo de siete días.

septenio. m. Tiempo de siete años.

septentrión. m. Polo ártico.

septentrional. a. Rel. al Septentrión./ Que cae al norte.

septeto. m. Conjunto de siete cantantes o de siete instrumentos musicales./ Composición musical para siete instrumentos o voces.

septicemia. f. Infección del organismo causada por la proliferación de gérmenes patógenos en la sangre.

séptico, ca. a. Que contiene gérmenes patógenos.

septiembre. m. Noveno mes del año; tiene treinta días.

séptimo, ma. a. y s. Que sigue inmediatamente en orden al sexto./ Dícese de cada una de las siete partes iguales en que se divide un todo.

septuagenario, ria. a. y s. Que ha cumplido setenta años y no llega a ochenta.

septuagésimo, ma. a. Que sigue inmediatamente en orden al sexagésimo nono.// a. y s. Dícese de cada una de las setenta partes iguales en que se divide un todo.

septuplicar. tr./ prl. Multiplicar por siete.

séptuplo, pla. a./ m. Dícese de la cantidad que incluye en sí siete veces a otra.

sepulcral. a. Rel. al sepulcro.

sepulcro. m. Obra que se construye levantada del suelo para dar sepultura al cadáver de una persona.

sepultar. tr. Poner en la sepultura a un difunto.// tr./ prl. fig. Ocultar alguna cosa.

sepulto, ta. p. p. irreg. de **sepultar**.

sepultura. f. Acción y efecto de sepultar./ Hoyo que se hace en la tierra o lugar donde está enterrado un cadáver./ Sitio en que está enterrado un cadáver.

sepulturero. m. El que por oficio abre las sepulturas y sepulta a los muertos.

sequedad. f. Calidad de seco./ fig. Dicho o gesto áspero y duro. Ú.m. en pl.

sequedal o **sequeral.** m. Terreno muy seco.

sequía. f. Tiempo seco de larga duración./ Seca.

séquito. m. Cortejo, cómitiva, grupo de personas que acompaña y sigue a alguien.

ser. i. Verbo copulativo, cuya función sintáctica es servir de nexo entre el sujeto y el predicado./ Verbo auxiliar que sirve para conjugar todos los verbos en la voz pasiva. Haber o existir./ Servir para algo./ Estar en lugar o situación./ Suceder o acaecer./ Valer, costar./ Pertenecer al dominio de una corporación./ Tener origen o naturaleza, refiriéndose a los lugares o países./ Corresponder, convenir.

serafín. m. Cada uno de los ángeles que forman el segundo coro./ fig. Persona de singular hermosura.

serenar. tr. Tranquilizar, sosegar./ Aclarar, aquietar. Ú.t.c.i. y prl./ Sentar, o aclarar los licores turbios. Ú.m. en prl./ fig. Apaciguar disturbios./ Moderar o cesar en el enojo. Ú.t.c.prl.

serenata. f. Música que se toca al aire libre, por la noche, para festejar a alguien./ Composición poética o musical para este objeto.

serenidad. f. Calidad de sereno./ Título honorífico.

sereno, na. a. Claro, sin nubes ni nieblas./ fig. Sosegado, apacible.// m. Humedad que durante la noche impregna la atmósfera./ Persona encargada de la vigilancia de las calles y edificios de un vecindario, durante la noche.

seriar. tr. Poner en serie, hacer o formar series.

serie. f. Conjunto de cosas que se suceden unas a otras y tienen relación entre sí./ Mat. Sucesión de cantidades derivadas unas de otras

seriedad. f. Calidad de serio.

serio, ria. a. Grave, sentado./ Severo en el semblante, en la mirada o en el modo de hablar./ Real, veraz./ Grave, importante.

sermón. m. Discurso en que se predica una doctrina religiosa o moral./ fig. Reprensión insistente y larga.

sermonar. i. Predicar, echar sermones.

sermonear. i. Sermonar.// tr. Amonestar, reprender.

sermoneo. m. fam. Acción de sermonear.

serosidad. f. Líquido que segregan ciertas membranas./ Humor acumulado en las ampollas de la epidermis.

serpentario. m. Astron. Constelación septentrional./ Lugar donde se crían serpientes.

serpenteado, da. p. p. de **serpentear**./ a. Que tiene ondulaciones como las que forma la serpiente al moverse.

serpentear. i. Andar formando vueltas y ondulaciones como la serpiente.

serpentino, na. a. Rel. a la serpiente./ poét. Que serpentea. // f. Piedra fina de color verdoso./ Tira de papel arrollado que, sujeta por un extremo, se lanzan unas personas a otras en las fiestas.

serpiente. f. Nombre con que se designa a los reptiles ofidios, en especial a los de gran tamaño y venenosos./ fig. El demonio./ Astron. Constelación septentrional.

serranía. f. Lugar cruzado por sierras y montañas no muy elevadas.

serrano, na. a. De la sierra. Ú.t.c.s./ Rel. a las sierras o serranías.

serrar. tr. Cortar o dividir con la sierra.

serruchar. tr. Amér. Aserrar con el serrucho.

serrucho. m. Sierra de hoja ancha y por lo general con un solo mango.

serventesio. m. Género de composición de la poética provenzal./ Cuarteto en el que el primer verso rima con el tercero y el segundo con el cuarto.

serrucho

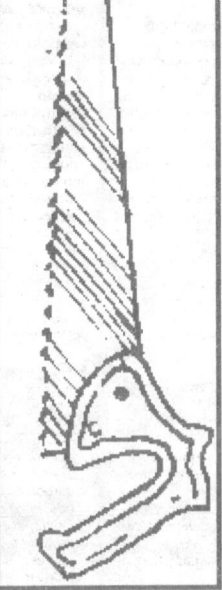

servicial. a. Que sirve con cuidado y prontitud./ Pronto a complacer y servir.

servicio. m. Acción y efecto de servir./ Organismo destinado a satisfacer necesidades públicas y privadas./ Estado de sirviente o criado./ Culto debido a Dios./ Mérito que se hace sirviendo./ Obsequio en favor de alguien./ Utilidad, provecho./ Orinal grande./ Cubierto de cada comensal./ Retrete, letrina./ **-de inteligencia.** Organización secreta en un estado para dirigir y organizar el espionaje./ **-militar.** El que se presta como soldado.

servidumbre. f. Trabajo o condición propio de siervo./ Conjunto de criados que sirven en una casa./ Sujeción grave u obligación ineludible./ fig. Sujeción ocasionada por las pasiones, que limita la libertad./ Derecho en predio ajeno que restringe el dominio de éste.

servil. a. Rel. a los siervos y criados./ Bajo, humilde./ Vil, adulador.

servilismo. m. Ciega y vil adhesión a la autoridad de alguien.

servilleta. f. Paño o trozo de papel que se usa en la mesa para el aseo de cada comensal.

servir. i. Estar al servicio de otro. Ú.t.c.tr./ Estar empleado en la ejecución de algo por mandato de otro./ Estar sujeto a otro./ Ser un instrumento, máquina, etc., a propósito para un fin./ Ejercer algún empleo o cargo. Ú.t.c.tr./ Valer, ser de utilidad./ Asistir con naipe del mismo palo al que ha jugado primero./ Asistir a la mesa trayendo las comidas o las bebidas./ /tr. Dar culto a Dios o a los santos./ Hacer algo en favor de uno./ Hacer plato o llenar el vaso o la copa. Ú.t.c.prl.// prl. Tener a bien hacer una cosa./ Valerse de alguna cosa para el uso propio de ella.

sésamo. m. Planta cuyas semillas, oleaginosas, sirven como alimento y condimento.

sesear. i. Pronunciar la z o la c ante e o i como s.

sesenta. a./ m. Seis veces diez.// m. Conjunto de signos con que se representa el número sesenta.

sesgar. tr. Cortar al sesgo./ Torcer a un lado.

sesgo, ga. a. Cortado o situado oblicuamente.// m. Oblicuidad o torcimiento de alguna cosa hacia un lado./ fig. Medio término que se toma en los asuntos dudosos./ Por ext., rumbo oscuro que toma un negocio.

sesión. f. Cada una de las reuniones de una junta, congreso, etc./ Cada una de las funciones de teatro o cinematógrafo que se celebran a distintas horas, en un mismo día./ fig. Consulta o conferencia entre varias personas.

sesionar. i. Amér. Celebrar sesión./ Asistir a una sesión, participando de sus debates.

serpiente

seso. m. Cerebro./ Masa nerviosa contenida en la cavidad del cráneo. Ú.m. en pl./ fig. Cordura, madurez.

sesquicentenario, ria. a. Que tiene ciento cincuenta años./ m. Día o año en que se cumple siglo y medio de un acontecimiento o del nacimiento o muerte de una persona ilustre.

sestear. i. Pasar la siesta descansando o durmiendo./ Recogerse el ganado en lugar sombrío para evitar los rigores del sol.

sesudez. f. Calidad de sesudo.

sesudo, da. a. Que tiene seso./ Prudente, sensato.

seta. f. Especie de hongos con forma de sombrero o casquete sostenido por un pie.

setecientos, tas. a./ m. Siete veces ciento.// m. Conjunto de signos con que se representa el número setecientos.

setenta. a./ m. Siete veces diez.// m. Conjunto de signos con que se representa el número setenta.

setiembre. m. Septiembre.

seudónimo. a. Dícese del autor que oculta su propio nombre con otro falso./ Nombre que usa un autor en lugar del suyo verdadero.

severidad. f. Rigor y aspereza./ Exactitud en la observancia de leyes o reglas./ Seriedad, gravedad.

severo, ra. a. Riguroso, duro en el trato./ Grave, serio./ Exacto, rígido.

sevicia. f. Crueldad excesiva.

sexagenario, ria. a. y s. Que ha cumplido sesenta años y no llega a los setenta.

sexagésimo, ma. a. Que sigue inmediatamente en orden al quincuagésimo nono.// a. y s. Dícese de cada una de las sesenta partes iguales en que se divide un todo.

sexcentésimo, ma. a. Que sigue inmediatamente en orden al quingentésimo nonagésimo nono.// a. y s. Dícese de las seiscientas partes iguales en que se divide un todo.

sexo. m. Condición orgánica que distingue al macho de la hembra./ Órganos sexuales.

sexteto. m. Composición para seis instrumentos o voces./ Conjunto de estos seis instrumentos o voces.

sexto. a. Que sigue en orden inmediatamente al quinto.// a. y s. Dícese de cada una de las seis partes iguales en que se divide un todo.

sextuplicar. tr./ prl. Multiplicar una cantidad por seis.

sexuado, da. a. Apl. al animal o a la planta que tienen sexo.

sexual. a. Rel. al sexo.

sexualidad. f. Conjunto de condiciones anatómicas y fisiológicas que caracterizan a cada sexo.

sí. Forma reflexiva del pronombre personal de tercera persona. Se emplea siempre con preposición. Cuando ésta es con, se dice consigo.

si. conj. Denota condición o suposición./ A veces se emplea como conj. adversativa./ También se usa como conj. distributiva.

si. m. Séptima nota de la escala musical.

siamés, sa. a. y s. De Siam.

sibarita. a. y s. fig. Dícese de la persona aficionada a los placeres refinados.

siberiano, na. a. y s. De Siberia.

sibila. f. Mujer o sacerdotisa a quien los antiguos griegos y romanos atribuían espíritu profético.

sibilino, na. a. Rel. a sibila./ fig. Misterioso, oscuro.

sicario. m. Asesino asalariado.

sicoanálisis. m. Psicoanálisis.

sicoanalista. a./ m y f. Psicoanalista.

sicología. f. Psicología.

sicológico, ca. a. Psicológico.

sicólogo, ga. a. y s. Psicólogo.

sideral. a. Rel. a las estrellas y los astros.

siderurgia. f. Arte de extraer y trabajar el hierro.

sidra. f. Bebida obtenida por fermentación del zumo de las manzanas.

siega. f. Acción y efecto de segar las mieses./ Época en que se siegan./ Mieses segadas.

siembra. f. Acción y efecto de sembrar./ Terreno sembrado./ Época en que se siembra.

siempre. adv. t. En todo o en cualquier tiempo./ En todo caso o cuando menos.

sien. f. Cada una de las dos partes laterales de la cabeza, entre la frente, la oreja y la mejilla.

sierpe. f. Serpiente, culebra./ fig. Persona sumamente fea o feroz.

sierra. f. Herramienta con una hoja de acero dentada que sirve para dividir madera y otros cuerpos duros./ Cordillera de montes quebrados y accidentados./ Arg. Cordillera de poca longitud.

siervo, va. s. Esclavo./ Nombre que una persona se da a sí misma respecto de otra, por cortesía./ Persona profesa en orden o comunidad religiosa de las que por humildad se llaman así.

siesta. f. Tiempo después del mediodía en que es más intenso el calor./ Tiempo destinado a descansar o dormir después de comer.

siete. a./ m. Seis y uno.// m. Signo con que se representa el número siete.

sietemesino, na. a. y s. Dícese de la criatura que nace a los siete meses de engendrada.

sífilis. f. Med. Enfermedad infecciosa, causada por la espiroqueta treponema pallidum, adquirida (generalmente por contacto sexual) o congénita (transmitida al feto por madre infectada).

sifilítico, ca. a. Rel. a la sífilis.// a. y s. Que la padece.

sifón. m. Tubo para trasvasar líquidos./ Botella herméticamente cerrada con un sifón cuyo tubo tiene una llave para cerrar y abrir el paso del agua carbonatada que contiene./ Agua carbónica contenida en esa botella./ Zool. Cualquiera de los dos largos tubos que tienen ciertos moluscos lamelibranquios./ Zool. Tubo que comunica la cavidad del manto de los moluscos con el exterior, así como otros tipos de conducto con ese aspecto en diversos animales.

sigilar. tr. Sellar, imprimir con sello./ Callar u ocultar algo.

sigilo. m. Sello para estampar./ Secreto con que se hace algo o que se guarda de una cosa./ fig. Silencio que se guarda, ausencia de ruidos.

sigla. f. Letra inicial que se emplea como abreviatura./ Rótulo o denominación que se forma con ellas.

siglo. m. Espacio de cien años./ Época notable./ Tiempo muy largo e indeterminado./ Vida civil, en oposición a la religiosa.

signar. tr. Imprimir el signo./ Poner la firma.// tr./ prl. Hacer la señal de la cruz.

signatura. f. Señal, en particular la de números y letras, que se pone a un libro o documento para catalogarlo./ Señal que se pone al pie de la primera página de cada pliego para gobierno del encuadernador.

significación. f. Acción y efecto de significar./ m. Sentido de una palabra u oración./ Objeto que significa./ Importancia, valor en cualquier orden.

significado, da. a. Conocido, importante.// Sentido de las palabras y frases./ Lo que de alguna forma se significa./ *Sing.* Concepto que unido al significante constituye el signo lingüístico./ **-gramatical.** El que, en una palabra dada, es común a todas las unidades capaces de desempeñar una misma función. Así, en tazas y manteles, **-s** y **-es** tiene el significado gramatical de "*plural*".

significante. p. act. de **significar.**

significar. tr. Ser una cosa representación o indicio de otra./ Ser una palabra expresión de un pensamiento o de una cosa material./ Manifestar algo.// i. Representar, valer, tener importancia./ prl. Distinguirse, hacerse notar.

significativo, va. a. Que da a entender con propiedad alguna cosa./ Que tiene importancia por representar algún valor.

signo. m. Cosa que por su naturaleza o por convención evoca, representa o sustituye a otra./ Cualquiera de los caracteres que se emplean en la escritura y en la imprenta./ Indicio, señal./ Suerte, destino./ Cada una de las doce partes del Zodíaco./ *Mat.* Señal que se emplea para indicar las operaciones o la naturaleza de los cálculos./ *Mús.* Cada uno de los caracteres con que se escribe la música.

siguiente. p. act. de **seguir.** Que sigue.// a. Posterior, ulterior.

sílaba. f. Sonido o conjunto de sonidos articulados que se pronuncia en una sola emisión de voz.

silabario. m. Librito o cartel con sílabas o palabras sueltas separadas en sílabas, que sirve para enseñar a leer.

silabear. tr./ i. Ir pronunciando separadamente cada sílaba.

silabeo. m. Acción y efecto de silabear.

silábico, ca. a. Rel. a la sílaba.

silba. f. Acción de silbar, como expresión de disgusto.

silbador, ra. a. y s. Que silba.// m. *Arg.* Pájaro que debe su nombre al silbido que emite.

silbar. i. Dar silbos o silbidos./ Agitar el aire, produciendo un sonido como el de silbo./ fig. Manifestar desagrado el público con silbidos. Ú.t.c.tr.

silbatina. f. *Amér.* Silba, rechifla.

silbato. m. Instrumento pequeño y hueco que produce un sonido como el silbo al soplar en él con fuerza.

silbido. m. Acción y efecto de silbar.

silbo. m. Sonido que hace el viento al pasar por una abertura o chocar con algunos cuerpos./ Sonido agudo que se produce al hacer pasar con fuerza el aire por la boca con los labios fruncidos o con los dedos colocados convenientemente./ Sonido de igual clase que se produce al soplar en un silbato, una llave, etc./ Voz aguda y penetrante de ciertos animales, como la de la serpiente.

silenciar. tr. Callar, pasar en silencio, omitir./ Hacer callar, reducir al silencio.

silencio. m. Falta de ruido o sonido./ Abstención de hablar./ fig. Falta de ruidos./ Efecto de no mencionar algo por escrito./ *Mús.* Pausa.

silencioso, sa. a. Apl. al que calla./ Dícese del lugar o tiempo en que se guarda silencio./ Que no hace ruido.

sílfide. f. Ninfa, ser fantástico o espíritu elemental del aire, en la mitología./ fig. Mujer muy esbelta.

sílice. f. Combinación del silicio con el oxígeno.

silicio. m. Metaloide de color amarillento que se encuentra combinado con el oxígeno en la sílice. Es infusible, más pesado que el agua e insoluble en ella; constituye la cuarta parte de la corteza terrestre. Símb., Si; n. at., 14; p. at., 28,086.

silla. f. Asiento con respaldo y cuatro patas, para una sola persona./ Aparejo para montar a caballo./ Sede de un prelado./ Dignidad del Papa y de los obispos.

sillería. f. Conjunto de sillas iguales, o de sillas, sillones, etc., con que se amuebla una habitación./ Taller donde se hacen sillas./ Comercio donde se venden./ Edificio hecho de sillares./ Conjunto de estos sillares.

sillón. m. Silla grande con brazos, y más cómoda que la común.

silo. m. Lugar subterráneo y seco donde se guarda el trigo u otros granos, semillas o forrajes./ Construcción exterior, de gran capacidad, para el mismo fin./ fig. Cualquier lugar subterráneo y oscuro.

silueta. f. Dibujo de una figura que se hace siguiendo los contornos de su sombra./ Perfil de una figura./ Figura que ofrece a la vista un objeto oscuro proyectado sobre un fondo claro.

silvestre. a. Criado sin cultivo en la selva o el campo./ Agreste, inculto, rústico.

silvicultor, ra. s. Persona que profesa la silvicultura.

silvicultura. f. Cultivo de los montes o los bosques./ Ciencia que trata de este cultivo.

sima. f. Cavidad grande y profunda en la tierra.

simbiosis. f. Asociación de organismos vegetales y animales de la que ambos sacan provecho.

simbólico, ca. Rel. al símbolo o que se expresa por medio de él.

simbolización. f. Acción y efecto de simbolizar.

simbolizar. tr. Servir una cosa como símbolo de otra.

símbolo. m. Representación sensorialmente perceptible de una realidad, en virtud de rasgos que se asocian con ésta por una convención socialmente aceptada./ En las artes, cualquier elemento que, por decisión del artista, trasciende su significado convencional, para significar otra realidad.

simetría. f. Proporción adecuada entre las partes de un todo entre sí y con el todo mismo./ Regularidad en la disposición de las partes o puntos de un cuerpo o figura, de manera que posea un centro, un eje o un plano de simetría./ *Zool.* y *Bot.* La que se puede distinguir, de manera ideal, en el cuerpo de una planta o de un animal respecto a un centro, un eje o un plano, de acuerdo con los que se disponen ordenadamente órganos o partes equivalentes.

simétrico, ca. a. Perteneciente a la simetría./ Que la tiene.

similar. a. Que tiene semejanza con una cosa.

similitud. f. Semejanza.

simio, mia. s. Mono, animal cuadrumano.

simpatía. f. Inclinación afectiva, analogía o conformidad de sentimientos, natural y mutua, entre personas./ Carácter que hace atractiva y agradable a una persona./ Relación de actividad fisiológica y patológica de ciertos órganos.

simpático, ca. a. Que mueve a simpatía.

simpatizar. i. Sentir simpatía.

simple. a. Sin composición./ Sencillo./ Apl. a la copia que se saca sin firmar ni autorizar./ fig. Manso, incauto. Ú.t.c.s./ Mentecato. Ú.t.c.s.// m. Sustancia que se emplea por sí sola en la medicina, o que entra en la composición de un medicamento.

simpleza. f. Tontería, necedad.

simplicidad. f. Candor, sencillez./ Calidad de simple.

simplón, na. a. fam. aum. de simple. Mentecato./ Ingenuo, sencillo. Ú.t.c.s.

simulación. f. Acción de simular.

simulacro. m. Imagen que se hace a semejanza de una cosa o persona./ Ficción, imitación./ Acción de guerra fingida para entrenar tropas.

simular. tr. Representar una cosa, fingiendo lo que no es.

simultáneo, a. a. Dícese de lo que se hace o sucede al mismo tiempo que otra cosa.

sin. prep. separativa y negativa que denota carencia o falta de alguna cosa./ Fuera de o además de./ Cuando se junta con el infinitivo del verbo, equivale a no con su participio o gerundio: *Me fui sin comer*; esto es, *no habiendo comido*.

sinagoga. f. Congregación religiosa de los judíos./ Templo del culto israelita.

sinalefa. f. *Gram.* Licencia poética que consiste en la unión, en una sola sílaba, de la vocal o vocales finales de una palabra con la vocal o vocales iniciales de la palabra siguiente, incluso en presencia de la *h.*

sinceridad. f. Manera de expresarse sin fingimiento./ Veracidad, sencillez, ingenuidad.

sincero, ra. a. Dícese de quien habla sin doblez./ Veraz.

síncopa. f. Figura que consiste en la supresión de uno o más sonidos dentro de una palabra.

síncope. m. Síncopa./ Pérdida del conocimiento y de la sensibilidad debido a la suspensión repentina y momentánea de la acción del corazón.

sincronía. f. Calidad de sincrónico.

sincrónico, ca. a. Dícese de las cosas que ocurren o funcionan al mismo tiempo.

sincronismo. m. Correspondencia en el tiempo entre las diferentes partes de los procesos.

sincronización. f. Acción y efecto de sincronizar.

sincronizar. tr. Hacer que coincidan en el tiempo dos o más hechos o movimientos.

sindicado. p. p. de **sindicar.**// m. Junta de síndicos.

sindical. a. Rel. al síndico o al sindicato.

sindicalismo. m. Sistema de organización obrera por medio de sindicatos.

sindicalista. a. Rel. al sindicalismo.// m. y f. Partidario del sindicalismo.

sindicar. tr. Acusar, delatar./ Poner una tacha o sospecha.// tr. /prl. Organizar en sindicato.// prl. Entrar a formar parte de un sindicato.

sindicato. m. Sindicado./ Asociación que se forma para la defensa de los intereses económicos o políticos de sus asociados. Apl. en particular a las asociaciones obreras.

síndico. m. Individuo encargado de liquidar el activo y pasivo en una quiebra./ Persona elegida por una corporación para cuidar de sus intereses.

sinéresis. f. *Gram.* Licencia poética que consiste en unir dos vocales contiguas que no forman diptongo, en una sola sílaba.

sinfín. m. Infinidad, sinnúmero.

sinfonía. f. Unión de voces, de instrumentos, o de ambas a la vez./ Composición instrumental para orquesta./ fig. Armonía de los colores.

sinfónico, ca. a. Rel. a la sinfonía.

singular. a. Único, solo./ fig. Extraordinario, raro, excelente./ *Gram.* Número que indica una sola persona o cosa.

singularidad. f. Calidad de singular./ Particularidad, distinción.

singularizar. tr. Distinguir o particularizar.// prl. Distinguirse o apartarse del común.

a. Chino. Apl. a cosas.

siniestro, tra. a. Apl. a lo que está a la mano izquierda./ Funesto, aciago./ fig. Avieso, mal intencionado.// m. Inclinación a lo malo. Ú.m. en pl.// m. Avería grave, destrucción fortuita o pérdida importante que sufren las personas o la propiedad, especialmente por muerte, incendio, naufragio, choque o circunstancia semejante. Comúnmente se da este nombre a los daños que pueden ser indemnizados por una compañía de seguros.

sinnúmero. m. Número incalculable de personas o cosas.

sino. m. Suerte, hado, destino.

sino. conj. Indica que se contrapone a un concepto negativo otro afirmativo./ Denota idea de excepción./ Si le precede negación, equivale a *solamente* y *tan solo.*

sínodo. m. Concilio de obispos.

sinonimia. f. Circunstancia de ser sinónimos dos o más vocablos./ Figura del discurso que consiste en utilizar adrede palabras o expresiones sinónimas para ampliar o reforzar la expresión.

sinónimo, ma. a./ m. Dícese de las palabras y expresiones que tienen la misma o muy parecida significación.

sinopsis. f. Compendio de una ciencia o tratado, expuesto en forma sinóptica./ Sumario o resumen./ Esquema.

sinóptico, ca. a. Que a primera vista presenta con claridad las partes principales de un todo, gmente sintetizado.

sinrazón. f. Acción injusta y fuera de lo razonable.

sinsabor. m. Desabor./ Insipidez de la comida./ fig. Pesar, desazón.

sinsonte. m. Pájaro americano de canto muy variado y melodioso.

sintáctico, ca. a. Rel. a la sintaxis.

sintagma. m. *Gram.* En la oración, grupo de elementos lingüísticos que funcionan como una unidad.

simio

sintaxis. f. Parte de la gramática que estudia la función de las palabras en la oración y el modo en que se relacionan entre sí para expresar conceptos./ *Inform.* Conjunto de las reglas necesarias para construir expresiones o sentencias correctas para la operación de un computador.

síntesis. f. Composición que reúne los elementos de un todo./ Resumen, compendio; exposición breve y metódica./ Combinación de elementos químicos o de sustancias más sencillas para formar una compuesta.

sintético, ca. a. Rel. a la síntesis./ Que procede por síntesis./ Díc. de los productos obtenidos por procedimientos industriales que reproducen las propiedades de ciertos cuerpos naturales.

sintetizar. tr. Hacer síntesis.

síntoma. m. Fenómeno que revela una enfermedad./ fig. Indicio, señal de una cosa que está sucediendo o va a suceder.

sintonización. f. Acción y efecto de sintonizar.

sintonizador. m. Sistema que permite aumentar o disminuir la longitud de onda propia del radiorreceptor.

sintonizar. tr. Ajustar la frecuencia propia de un circuito a una frecuencia determinada. p. ej., al seleccionar una emisora en un receptor de radio./ Ajustar un receptor de radio para que capte determinada emisora.// i. fig. Coincidir dos o más personas entre sí en pensamiento o en sentimientos.

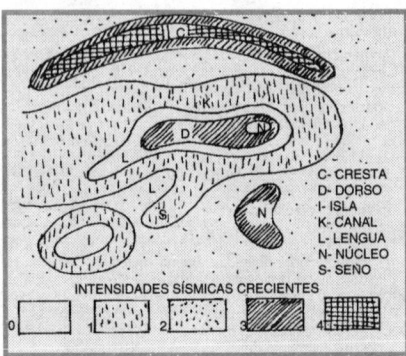

```
C- CRESTA
D- DORSO
I- ISLA
K- CANAL
L- LENGUA
N- NÚCLEO
S- SENO
```

INTENSIDADES SÍSMICAS CRECIENTES

```
0        2        4
```

sismo

sinuosidad. f. Calidad de sinuoso./ Seno, concavidad.

sinuoso, sa. a. Que tiene senos o recodos u ondulaciones.

sinusitis. f. Inflamación de los senos del cráneo.

sinvergüenza. a./ m. y f. Pícaro, desvergonzado, bribón.

sique. f. Psique.

siquiatra o **siquíatra.** m. Psiquiatra.

siquiatría. f. Psiquiatría.

síquico, ca. a. Psíquico.

siquiera. conj. adversativa, equivale a *bien que* o *aunque*./ Ú. como conj. distributiva, equivalente a *o, ya,* etc.// adv. Por lo menos; tan solo.

sirena. f. Ninfa marina con busto de mujer y cuerpo de ave o pez./ Aparato que produce un sonido penetrante leado en buques, fábricas, etc.. Consiste en un disco con orificios por los que pasa aire a presión./ fig. Mujer hemosa y engañadora.

sirio, ria. a. y s. De Siria.

siroco. m. Viento sudeste.

sirvienta. f. Mujer dedicada al servicio doméstico.

sirviente. p. act. de *servir.* Que sirve.// m. Criado de otro.

sisa. f. Parte que se hurta en la compra diaria de comestibles o en cosas menudas./ Sesgadura en las prendas de vestir para que ajusten al cuerpo./ Corte curvo en los vestidos donde se cose la manga.

sismo. m. Terremoto.

sismógrafo. m. Instrumento que señala la dirección de las oscilaciones y sacudimientos terrestres durante un terremoto.

sismología. f. Parte de la geología que trata de los terremotos.

sistema. m. Conjunto de reglas o principios sobre una materia./ Conjunto organizado de cosas para cumplir un fin o una función./ *Biol.* Conjunto de órganos que intervienen en alguna de las funciones vegetativas y animales./ **-cegesimal.** El que tiene por unidades fundamentales el centímetro, el gramo y el segundo./ **-métrico decimal.** El de pesas y medidas cuya base es el metro./ **-metro-kilogramo-segundo** o **M.K.S.** El que tiene por unidades fundamentales el metro, kilogramo y segundo./ **-metro-kilogramo-segundo-amperio** o **M.K.S.A.** El que adiciona al anterior el amperio como unidad de intensidad de corriente eléctrica./ **-metro-tonelada-segundo** o **M.T.S.** El que tiene como unidades básicas el metro, tonelada y segundo./ **-nervioso.** *Anat.* Conjunto de órganos de los cuales unos reciben excitaciones del exterior, otros las transforman en impulsos nerviosos, y otros conducen éstos a los lugares del cuerpo en que ejercerán su acción./ **-periódico.** *Quím.* Tabla en la que se ordenan los elementos químicos según su número atómico./ **-planetario** o **solar.** *Astron.* Conjunto del Sol y sus planetas, satélites y cometas.

sistemático, ca. a. Que sigue un sistema./ Apl. a la persona que procede por principios y se rige por un sistema en sus estudios, escritos, conducta, etc.// f. *Biol.* Parte de la biología que estudia las especies con la finalidad de explicar su clasificación o taxonomía, enfocada hacia su filogenia o evolución.

sistematización. f. Acción y efecto de sistematizar.

sistematizar. tr. Reducir a sistema.

sístole. f. Licencia poética que consiste en usar como breve una sílaba larga./ *Fisiol.* Movimiento de contracción del corazón y de las arterias para empujar la sangre que contiene.

sitial. m. Asiento de ceremonia.

sitiar. tr. Rodear una plaza o fortaleza del enemigo, en la guerra./ fig. Cercar a uno cerrándole la salida.

sitio. m. Espacio que puede ser ocupado por algo./ Lugar./ Paraje propio para una cosa./ Acción y efecto de sitiar.

situación. f. Acción y efecto de situar./ Disposición de las cosas respecto del lugar que ocupan./ Estado o constitución de las personas y cosas.

situar. tr./ prl. Poner a una persona o cosa en un sitio o situación determinados.// tr. Asignar fondos para un pago o inversión.

so. prep. Indica *bajo, debajo de.*

sobaco. m. Concavidad formada por el arranque del brazo con el cuerpo./ Axila de una rana.

sobar. tr. Manejar y oprimir una cosa para que se ablande./ Manosear./ fig. Castigar, dando golpes./ *Amér.* Masajear, friccionar. Ú.t.c.prl./ *Amér.* Fatigar al caballo, exigirle un gran esfuerzo./ fig. *Amér.* Adular.

soberanía. f. Calidad de soberano./ Autoridad suprema del poder público.

soberano, na. a. y s. Que ejerce o posee la autoridad suprema e independiente.// a. Dícese del estado o nación independiente./ Excelente y no superado.

soberbio, bia. a. Que tiene o muestra soberbia./ Arrogante, altivo./ fig. Magnífico, grandioso./ Fogoso, violento.// f. Afán excesivo y desordenado de ser preferido a otros./ Orgullo de las cualidades propias, con desprecio de los demás./ Exceso de pompa./ Cólera, ira, expresadas con altivez.

sobornar. tr. Corromper a uno con dádivas o dinero para conseguir alguna cosa.

soborno. m. Acción y efecto de sobornar./ Dádiva con que se soborna.

sobra. f. Demasía, exceso en cualquier cosa.// pl. Lo que queda de la comida o de cualquier otra cosa./ Desperdicios.

sobrar. i. Haber más de lo necesario de una cosa./ Quedar, restar./ Estar de más.// tr. Exceder, sobrepujar.

sobre. prep. Indica encima de./ Además de./ Denota dominio o autoridad./ Indica que una cosa está situada más alta que otra./ Acerca de./ En composición con una palabra aumenta la significación de ésta./ Aproximadamente.

sobre. m. Cubierta de papel para encerrar una carta, tarjeta, etc.

sobreabundancia. f. Acción y efecto de sobreabundar.

sobreabundar. i. Abundar mucho.

sobrealimentación. f. Acción y efecto de sobrealimentar.

sobrealimentar. tr./ prl. Dar más alimento del necesario.

sobreañadir. tr. Añadir repetidamente o con exceso.

sobrecama. f. Colcha.

sobrecarga. f. Lo que se añade a una carga regular./ Impresión que se estampa en un sello de correos./ fig. Molestia que se añade al sentimiento o pasión del ánimo.

sobrecargar. tr. Cargar con exceso.

sobrecoger. tr./ prl. Causar miedo./ Tomar de repente y desprevenido.

sobrecogimiento. m. Acción de sobrecoger o efecto de sobrecogerse.

sobrecubierta. f. Segunda cubierta que se pone a una cosa.

sobreentender. tr. Sobrentender.

sobreesdrújulo, la. a./ f. Sobresdrújulo.

sobreexitación. f. Acción y efecto de sobreexcitar.

sobreexcitar. tr./ prl. Aumentar o exagerar las propiedades vitales del organismo o de alguna de sus partes.

sobrehueso. m. Tumor duro que se forma sobre un hueso./ fig. Trabajo, molestia.

sobrehumano, na. a. Que excede a lo humano.

sobrellevar. tr. Llevar una carga para aliviar a otro./ fig. Ayudar a llevar los trabajos y sufrimientos./ Resignarse a ellos./ Disimular los defectos de los otros.

sobremanera. adv. Muy o mucho, en extremo.

sobremesa. f. Tiempo que se está a la mesa después de haber comido./ Tapete que se pone sobre la mesa.

sobrenadar. i. Mantenerse sobre un líquido sin hundirse.

sobrenatural. a. Que excede las leyes de la naturaleza./ Milagroso, prodigioso.

sobrenombre. m. Nombre que se añade a veces al nombre o apellido de una persona./ Apodo con que se distingue a una persona.

sobrentender. tr./prl. Entender una cosa que no está expresa, pero que se deduce porque está implícita.

sobrepasar. tr. Exceder un límite, pasar de él./ Aventajar.

sobreponer. tr. Añadir o poner una cosa encima de otra.// prl. fig. Dominar un impulso, no dejarse abatir./ Afectar superioridad sobre alguien.

sobreprecio. m. Recargo en el precio.

sobreproducción. f. Exceso de producción..

sobrepujar. tr. Exceder una persona o cosa a otra.

sobresaliente. a./ m. y f. Que sobresale.// m. Calificación máxima de un examen.

sobresalir. i. Exceder una persona o cosa a otras en tamaño, figura, etc./ Destacarse, descollar.

sobresaltar. tr. Saltar, venir y acometer de pronto./ /tr./ prl. Asustar, atemorizar, alterar a uno de repente.// i. Venirse una cosa a los ojos.

sistema circulatorio

sobresalto. m. Temor o susto imprevisto y repentino.

sobresdrújulo, la. a. y s. *Gram.* Dícese de las palabras que se acentúan en la sílaba anterior a la antepenúltima.

sobreseer. i./ tr. Cesar un tribunal una instrucción sumarial.// i. Cesar en el cumplimiento de una obligación./ Abandonar una pretensión.

sobreseimiento. m. Acción y efecto de sobreseer.

sobresueldo. m. Paga o gratificación que se añade al sueldo fijo.

sobretodo. m. Prenda de vestir que se pone sobre el traje.

sobrevenida. f. Venida súbita e imprevista.

sobrevenir. i. Acaecer una cosa además o después de otra./ Suceder imprevistamente una cosa./ Venir a la sazón, al tiempo, etc.

sobreviviente. p. act. de *sobrevivir.* Que sobrevive. Ú.t.c.s.

sobrevivir. i. Vivir una persona después de la muerte de otro o después de un determinado plazo o acontecimiento.

sobrevolar. tr. Volar sobre una ciudad, territorio, lugar, etc.

sobrexceder. tr. Exceder, superar.

sobrexcitación. f. Sobreexcitación.

sobrexcitar. tr./ prl. Sobreexcitar.

sobriedad. f. Calidad de sobrio.

sobrino, na. s. Respecto de una persona, hijo o hija de su hermano o hermana, o de su primo o prima.

sobrio, bria. a. Templado, moderado en comer y beber.

socarrón, na. a. y s. Que obra con astucia y disimulo./ Burlón.

socarronería. f. Astucia, picardía.

socavar. tr. Excavar por debajo alguna cosa, dejándola sin apoyo.

sociabilidad. f. Calidad de sociable.

sociable. a. Naturalmente inclinado a la sociedad; tratable.

social. a. Rel. a la sociedad y a las distintas clases que la constituyen./ Rel. a una compañía o sociedad, y a los compañeros o socios.

socializar. tr. Transferir al Estado u otra organización colectiva las propiedades, industrias, etc., particulares.

sociedad. f. Reunión mayor o menor de personas, familias, pueblos o naciones./ Agrupación de individuos natural o pactada, para cumplir un fin mediante la mutua cooperación./ *Com.* La de comerciantes, hombres de negocios u accionistas./ **-anónima.** La que constituye por acciones, con responsabilidad circunscrita al capital que éstas representan./ **-comanditaria** o **en comandita.** Aquella en que unos socios tienen derechos y obligaciones, como en la sociedad colectiva, y otros, llamados comanditarios, participan con limitación de cuantía en su interés y responsabilidad en los negocios comunes./ **-cooperativa.** La que se constituye para un objeto de utilidad común de los asociados./ **-de consumo.** Forma de sociedad en que se estimula la adquisición y consumo desmedido de bienes./ **-limitada.** Aquella en la que la responsabilidad de cada socio está limitada al capital que ha aportado./ **-regular colectiva.** Aquella que se ordena bajo pactos comunes a los socios y en la que participan todos porporcionalmente de iguales derechos y obligaciones de responsabilidad indefinida./ **-buena sociedad.** Conjunto de personas que se distinguen por su educación y finos modales.

socio, cia. s. Persona que está asociada con otra u otras para algún fin./ Miembro de una sociedad, club o compañía.

sociología. f. Ciencia que estudia las condiciones de existencia y desenvolvimiento de las sociedades humanas.

sociológico, ca. a. Rel. a la sociología.

sociólogo, ga. s. Persona que profesa la sociología, o versada en ella.

socorrer. tr. Prestar ayuda a alguien en un peligro o necesidad.

socorro. m. Acción y efecto de socorrer./ Ayuda, auxilio./ Cosa con que se socorre.

soda. f. Bebida de agua gaseosa carbonatada./ Sosa.

sodio. m. Metal de color semejante al de la plata, blando, muy ligero, que descompone el agua a la temperatura ordinaria. Símb., Na.; n. at., 11; p. at., 22,997.

soez. a. Grosero, indigno, vil.

sofá. m. Asiento cómodo con respaldo y brazos para dos o más personas.

sofisticación. f. Acción y efecto de sofisticar.

sofisticado, da. a. Sin naturalidad, refinado./ De costumbres excéntricas./ fig. Complejo.

sofisticar. tr. Adulterar, falsificar la verdad con sofismas.// tr./ prl. Quitar naturalidad a una persona; actuar sin naturalidad o con exceso de artificio.

sofocación. f. Acción y efecto de sofocar.

sofocar. tr./ prl. Impedir la respiración, ahogar.// tr. Apagar, extinguir./ fig. Acosar, importunar con exceso a uno./ Avergonzar. Ú.t.c.prl.

sofoco. m. Efecto de sofocar./ fig. Disgusto grave que se da o se recibe.

sofocón. m. fam. Desazón, disgusto que sofoca.

sofreír. tr. Freír ligeramente.

sofrenar. tr. Refrenar violentamente./ fig. Reprender con aspereza a uno./ Contener, reprimir una pasión.

soga. f. Cuerda gruesa de esparto./ *Arg.* Tira gruesa con que se atan las caballerías.

soja. f. Planta leguminosa oriunda de China . Se cultiva en casi todos los países por su alto valor nutritivo. La semilla contiene albúmina, grasas, hidratos. Se usa para obtener harina.

sojuzgar. tr. Dominar por la violencia, someter.

sol. m. Estrella luminosa, centro de nuestro sistema planetario./ Astro con luz propia./ fig. Luz, calor o influjo del astro solar./ Día./ Nombre de la unidad monetaria

1- FLOR
2- FRUTO

soja

del Perú hasta 1985.

sol. m. Quinta nota de la escala musical.

solamente. adv. m. Con exclusión de otra cosa./ De un solo modo.

solana. f. Lugar o paraje donde el sol da de lleno.

solano. m. Viento que sopla del levante.

solanáceo, a. a./f. Dícese de las plantas dicotiledóneas con hojas alternas, flores de corola acampanada y baya con muchas semillas, como la patata y el tabaco.// f. pl. Familia de estas plantas.

solapa. f. Parte superior de las prendas de vestir, en la pechera, que va doblada hacia afuera./ Prolongación lateral de la cubierta de un libro que se dobla hacia adentro./ fig. Ficción para disimular algo.

solapado, da. a. fig. Dícese del que oculta maliciosamente sus pensamientos o intenciones.

solapar. tr. Poner solapas./ fig. Ocultar con malicia y cautela la verdad o los propósitos.

solar. a. Rel. al sol./ Terreno donde se ha edificado o se edificará./ Casa, linaje, descendencia noble.

solariego, ga. a. Perteneciente al solar de antigüedad y nobleza. Ú.t.c.s./ Antiguo y noble.

solaz. m. Recreo, esparcimiento, alivio de los trabajadores.

solazar. tr./ prl. Dar solaz.

soldado. m. El que sirve en la milicia./ Militar sin graduación./ fig. Partidario, mantenedor.

soldador. m. El que suelda por oficio./ Instrumento para soldar.

soldar. tr. Unir dos cosas sólidamente fundiendo su propio material o con otra sustancia a propósito para ello.

soledad. f. Ausencia de compañía./ Lugar desierto./ Tristeza y pesar por alguna ausencia o pérdida.

solemne. a. Celebrado públicamente con gran pompa./ Formal, grave./ Majestuoso, imponente.

solemnidad. f. Calidad de solemne./ Acto solemne./ Festividad eclesiástica./ Cada una de las formalidades de un acto solemne.

solemnizar. tr. Celebrar con solemnidad un suceso./ Engrandecer, encarecer, autorizar.

soler. i. Tener costumbre./ Ser frecuente./ Como auxiliar constituye con infinitivos frases verbales que indican frecuencia en la acción.

solevar. tr. Sublevar. Ú.t.c.prl./ Solevantar.

solevantar. tr./ prl. Levantar una cosa empujando hacia arriba./ Solivantar.

solfa. f. Arte de leer y entonar las voces musicales./ Notación musical./ fig. Música.

solfear. tr. Cantar marcando el compás y pronunciando los nombres de las notas.

solfeo. m. Acción y efecto de solfear.

solferino, na. a. De color morado rojizo.

solicitación. f. Acción y efecto de solicitar.

solicitar. tr. Pretender o buscar una cosa con diligencia y cuidado./ Gestionar los negocios propios o ajenos./ Requerir de amores./ Fís. Atraer una o varias fuerzas a un cuerpo./ / i. Urgir, instar.

solicitud. f. Actitud diligente y cuidadosa./ Escrito en que se solicita algo.

solidaridad. f. Adhesión a la causa o empresa ajena./ Modo de derecho u obligación de mancomún./ Comunidad de intereses, aspiraciones o sentimientos./ Ayuda prestada a una persona por razones de orden social.

solidario, ria. a. Adherido a la causa u opinión de otro.

solidarizar. tr./ prl. Hacer solidario.

solidez. Calidad de sólido./ Geom. Volumen.

solidificación. f. Acción y efecto de solidificar./ Paso de un cuerpo del estado líquido al estado sólido por enfriamiento.

solidificar. tr./ prl. Hacer sólido un fluido.

sólido, da. a. Firme, macizo, fuerte, denso./ Apl. al cuerpo cuyas moléculas guardan entre sí mayor cohesión que la de los líquidos. Ú.t.c.s.m./ fig. Establecido con razones verdaderas.// m. Geom. Cuerpo material en el que se pueden apreciar las tres dimensiones: longitud, latitud y profundidad.

soliloquio. m. Discurso o habla de una persona que no dirige a otra la palabra.

solista. m. y f. Cantante o instrumentista que ejecuta los solos.

solitario, ria. a. Sin compañía, solo./ Desierto, desamparado./ Retirado, que ama la soledad. Ú.t.c.s./ m. Diamante grueso engastado solo en una joya./ Juego de naipes ejecutado por una sola persona./ Ermitaño.

soliviantar. tr./ prl. Inducir a la rebelión.

sollozar. i. Producir por un movimiento convulsivo varias inspiraciones entrecortadas, seguidas de una espiración.

sollozo. m. Acción y efecto de sollozar.

solo, la. a. Único en su especie./ Sin compañía, dicho de personas./ Que está sin otra cosa o separado de ella./ Que carece de amparo o consuelo.// m. Composición musical para un solo cantante o instrumentista.

sólo. m. adv. Solamente.

solsticio. m. Época en que el sol se halla en uno de los dos trópicos.

soltar. tr./ prl. Desatar./ Dar libertad a lo que estaba detenido o preso./ Desasir lo que está sujeto.// tr. Romper en risa o llanto./ fam. Decir.// prl. fig. Adquirir agilidad o soltura./ Empezar a hacer ciertas cosas.

soltería. f. Estado de soltero.

soltero, ra. a. y s. Dícese de la persona que no está casada; célibe./ Suelto o libre.

solterón, na. a. y s. Célibe ya entrado en años.

soluble. a. Que se puede disolver o desleír.

solución. f. Acción y efecto de disolver./ Acción y efecto de resolver un problema./ Satisfacción que se da a una duda o dificultad./ Desenlace de un drama y poema épico./ Paga, satisfacción./ Desenlace de un negocio, proceso, etc./ Mat. Cualquiera de las cantidades que satisfacen las condiciones de una ecuación o problema./ Quím. Preparación líquida que se obtiene por disolución.

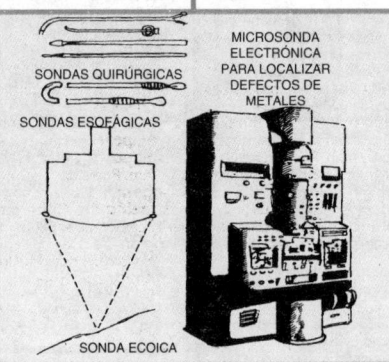

SONDAS QUIRÚRGICAS

SONDAS ESOFÁGICAS

MICROSONDA
ELECTRÓNICA
PARA LOCALIZAR
DEFECTOS DE
METALES

SONDA ECOICA

sonda

solucionar. tr. Encontrar la solución para un asunto, dificultad o problema.

solvencia. f. Acción y efecto de solventar./ Carencia de deudas y capacidad de satisfacerlas./ Cualidad de solvente.

solventar. tr. Arreglar cuentas, pagando lo que se debe./ Dar solución a un problema.

solvente. a. Que desata o resuelve./ Libre de deudas./ Capaz de satisfacerlas./ Capaz de cumplir un cargo u obligación./ Disolvente.// m. Sustancia generalmente líquida que se emplea para disolver otras sustancias.

soma. m. Totalidad de materia corporal de un organismo vivo.

somalí. a. y s. De Somalia.

somático, ca. a. Rel. al soma o cuerpo de los seres vivos.

sombra. f. Oscuridad, falta de luz./ Proyección oscura que produce un cuerpo opaco en dirección opuesta a aquella por donde viene la luz./ Imagen oscura que un cuerpo opaco proyecta en otro, al interceptar los rayos directos de la luz./ Espectro, aparición fantástica./ fig. Oscuridad, ignorancia./ Asilo, amparo./ Apariencia de alguna cosa./ Defecto, mancha./ Pint. Color oscuro con que se representa la falta de luz.

sombrear. tr. Dar sombra./ Pint. Poner sombra en un dibujo.

sombrería. f. Oficio de hacer sombreros./ Fábrica de sombreros./ Tienda donde se venden.

sombrerero, ra. s. Persona que hace sombreros o los vende.// f. Caja para guardar sombreros.

sombrerete. m. dim. de sombrero. Caperuza de las chimeneas./ Sombrero de los hongos.

sombrero. m. Prenda de vestir para cubrir la cabeza; consta de copa y ala./ Techo que cubre el púlpito./ Parte superior y redondeada de los hongos.

sombrilla. f. Utensilio parecido al paraguas para protegerse del sol; quitasol.

sombrío, a. a. Dícese de los lugares en que hay poca luz y frecuentemente sombra./ fig. Melancólico, tétrico.

somero, ra. a. Casi encima o muy cerca de la superficie./ fig. Ligero, poco profundo, superficial.

someter. tr./ prl. Sujetar, humillar, conquistar; sojuzgar./ Hacer que alguien o algo reciba cierta acción./ Encomendar la solución de un asunto a alguien.

sometimiento. m. Acción y efecto de someter.

somnambulismo. m. Sonambulismo.

somnámbulo, la. a. y s. Sonámbulo.

somnífero, ra. a./ m. Que da o produce sueño.

somnolencia. f. Estado de pesadez y torpeza de los sentidos provocado por el sueño./ Gana de dormir./ fig. Pereza.

somormujo o **somorgujo.** m. Ave palmípeda que puede tener la cabeza sumergida en el agua por mucho tiempo.

son. m. Sonido agradable al oído./ fig. Noticia, fama./ Pretexto./ Modo, manera.

sonado, da. p. p. de **sonar**.// a. Famoso, que tiene fama./ Divulgado con mucho ruido.

sonambulismo. m. Estado de la persona que tiene sueño anormal en el que se levanta, anda y habla.

sonámbulo, la. a. y s. Que padece sonambulismo.

sonante. p. act. de **sonar**. Que suena.// a. Sonoro.

sonar. i. Producir ruido una cosa./ Tener determinado sonido una letra./ Mencionarse, citarse./ fam. Venir vagamente al recuerdo alguna cosa como oída con anterioridad.// tr. Tañer una cosa./ Limpiar las narices, haciendo salir los mocos con una espiración violenta. Ú.m.c.prl.// imp. Rumorearse algo.

sonata. f. Composición musical para uno o dos instrumentos, compuesta de tres o cuatro movimientos.

sonda. f. Acción y efecto de sondear./ Cuerda con un peso de plomo para sondar las aguas./ Barrena para abrir taladros de gran profundidad./ Cir. Instrumento para explorar cavidades.

sondar. tr. Sondear.

sondear. tr. Medir la profundidad de un río, mar, etc. con sonda./ Averiguar la naturaleza del subsuelo con una sonda./ Introducir una sonda en el cuerpo./ fig. Inquirir con cautela.

sondeo. m. Acción y efecto de sondear.

soneto. m. Composición poética que consta de catorce versos endecasílabos, distribuidos en dos cuartetos y dos tercetos.

sonido. m. Sensación producida en el oído por la vibración de las ondas acústicas o sonoras transmitidas por un medio elástico, como el aire.

sonoridad. f. Calidad de sonoro.

sonoro, ra. a. Que suena o puede sonar.

sonreír. i./ prl. Reírse levemente, sin emitir ningún sonido./ i. fig. Comunicar alegría.

sonrisa. f. Acción y efecto de sonreírse.

sonrojar. i./ prl. Subir al rostro colores de vergüenza./ Ruborizar./ Avergonzar.

sonrojo. m. Acción y efecto de sonrojar.

soldador

sonrosar. tr./ prl. Dar, causar o poner color como de rosa.

sonsacar. tr. fig. Conseguir con mañas que alguien diga lo que sabe y esconde.

sonso, sa. a. y s. Arg. Zonzo.

soñador, ra. a. Que sueña mucho./ fig. Iluso; que discurre fantásticamente.

soñar. tr./ i. Representarse cosas en la fantasía mientras se duerme./ fig. Imaginar y dar por cierto lo que no lo es.// i. fig. Anhelar algo con persistencia.

soñolencia. f. Somnolencia.

soñoliento, ta. a. Acometido de sueño o propenso a él./ Que está dormitando./ Que produce sueño./ fig. Tardo, perezoso.

sopa. f. Pedazo de pan empapado en leche, caldo, etc./ Plato compuesto de caldo con rebanadas de pan, arroz, fécula, etc.// pl. Rebanadas de pan que se echan en el caldo.

sopapear. tr. fam. Dar sopapos.

sopapo. m. Golpe dado con la mano debajo de la papada./ fam. Bofetada.

sopera. f. Vasija honda para servir la sopa.

sopetón. m. Golpe fuerte y repentino que se da con la mano.// **-de sopetón.** m. adv. De improviso.

soplar. i./ tr. Despedir con violencia aire por la boca./ i. Correr el viento./ Hacer que los fuelles arrojen el aire recibido.// tr. Apartar con el soplo alguna cosa./ Inflar, hinchar con aire. Ú.t.c.prl./ Hurtar con disimulo./ fig. Inspirar, sugerir./ Apuntar a uno lo que debe decir./ Delatar, acusar.// prl. fig. y fam. Beber mucho./ Hincharse, entonarse, engreírse.

soplete. m. Instrumento con un tubo metálico con el que se aplica una corriente gaseosa a una llama para soldar o fundir objetos a temperaturas muy altas.

soplido. m. Soplo brusco.

soplo. m. Acción y efecto de soplar./ fig. Instante, tiempo muy breve./ fig. y fam. Aviso que se da en secreto./ Delación./ Med. Ruido que se aprecia en la auscultación, en el corazón, o en los órganos respiratorios.

soplón, na. a. y s. fam. Apl. a la persona que acusa en secreto y con cautela.

sopor. m. Modorra morbosa./ fig. Somnolencia.

soporífero, ra. a. Que inclina al sueño o lo causa.

soportal. m. Espacio cubierto que precede a la entrada principal, en algunas casas./ Pórtico que algunos edificios o manzanas de casas tienen en sus fachadas y delante de las puertas y comercios que hay en ellas.

soportar. tr. Sostener sobre sí una carga./ fig. Tolerar, sufrir.

soporte. m. Apoyo o sostén./ Quím. Substancia inerte que, en un proceso o preparado, sirve para fijar alguno de sus productos o reactivos.

soprano. f. Mús. La más aguda de las voces humanas.// m. y f. Persona que tiene esta voz.

sor. f. Forma de tratamiento que se antepone al nombre de una religiosa.

sorber. tr. Beber aspirando./ fig. Atraer hacia dentro de sí ciertas cosas./ Absorber, tragar./ Apoderarse el ánimo con avidez de alguna cosa apetecida.

sorbo. m. Acción de sorber./ Porción de líquido que se sorbe de una vez./ fig. Cantidad pequeña de un líquido.

sombrilla

sordera. f. Disminución o privación de la capacidad de oír.

sordidez. Calidad de sórdido.

sórdido, da. a. Sucio, miserable./ fig. Indecente./ Mezquino, avaro.

sordina. f. Pieza que sirve para disminuir y variar la voz de un instrumento musical.

sordo, da. a. y s. Díc. de la persona que no oye o no oye bien./ / a. Silencioso, callado./ Que suena poco o sin timbre claro./ fig. Insensible a las súplicas o el dolor ajeno, o que no atiende a las persuasiones o consejos.

sordomudez. f. Calidad de sordomudo.

sordomudo, da. a. y s. Díc. de la persona privada de la facultad de oír y de hablar.

sorgo. m. Planta forrajera.

sorna. f. Lentitud con que se hace alguna cosa./ Disimulo y bellaquería con que se dice o se hace algo./ Ironía.

sorprendente. p. act. de **sorprender**. Que sorprende.// a. Raro, extraordinario.

sorprender. tr. Tomar desprevenido./ Conmover con algo imprevisto e inusual. Ú.t.c.prl.// tr. Descubrir lo que alguien ocultaba o disimulaba.

sorpresa. f. Acción y efecto de sorprender./ Cosa que es motivo para que alguien se sorprenda.

sorpresivo, va. a. Amér. Que implica o causa sorpresa./ Inesperado.

sorra. f. Arena gruesa que se emplea como lastre en las embarcaciones.

sortear. tr. Someter a la decisión de la suerte./ fig. Evitar hábilmente el encuentro con una cosa, un riesgo, etc.

sorteo. m. Acción de sortear.

sortija. f. Anillo, aro pequeño para los dedos./ Anilla./ Rizo del cabello, que tiene figura de anillo.

sortilegio. m. Adivinación por medio de artes mágicas./ Hechicería, maleficio.

sosa. f. Carbonato sódico.

sosegado, da. p. p. de **sosegar**.// a. Quieto, pacífico, tranquilo.

sosegar. tr./ prl. Aplacar, pacificar, apaciguar./ fig. Serenar el ánimo./ Dormir, reposar.// i./ prl. Descansar, aquietarse.

sosegate. m. R. de la P. Cachete, puñetazo./ R. de la P. Amonestación.

sosera o **sosería.** f. Falta de gracia, insulsez./Cosa insulsa.

sosiego. m. Quietud, serenidad, tranquilidad.

soslayar. tr. Poner una cosa ladeada./ fig. Pasar de largo, dejando de lado alguna dificultad.

soslayo, ya. a. Oblicuo.// -al, o **desoslayo**.m.adv.Oblicuamente./ fig. De largo, de pasada, para evitar dificultades.

soso, sa. a. Que no tiene sal, o tiene poca./ fig. Que carece de gracia y viveza.

sospecha. f. Acción y efecto de sospechar.

sospechar. tr. Imaginar una cosa por conjeturas./ i. Dudar, desconfiar de alguien.

sospechoso, sa. a. Que da motivos para sospechar.// m. Individuo cuya conducta o pasado provocan sospecha.

sostén. m. Acción de sostener./ Persona o cosa que sostiene./ fig. Apoyo, protección./ Prenda interior que usan las mujeres para ceñir el pecho.

sostener. tr./ prl. Mantener firme una cosa.// tr. Defender una proposición./ fig. Sufrir, aguantar./ Prestar auxilio./ Dar a uno lo que necesita para su manutención.

sostenimiento. m. Acción y efecto de sostener./ Sustento o mantenimiento.

sotana. f. Vestidura talar que usan algunos eclesiásticos.

sótano. m. Pieza subterránea en algunos edificios.

soterrar. tr. Enterrar, meter debajo de la tierra./ fig. Ocultar una cosa.// prl. fig. Arg. Recluirse, vivir aislado.

soto. m. Sitio poblado de árboles y arbustos en las vegas o

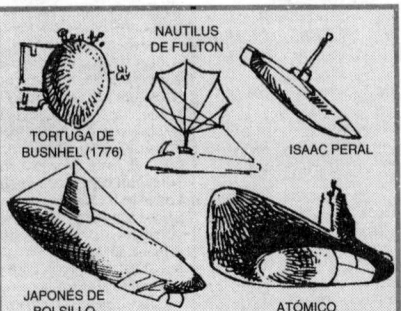

TORTUGA DE BUSNHEL (1776)

NAUTILUS DE FULTON

ISAAC PERAL

JAPONÉS DE BOLSILLO

ATÓMICO

submarino

riberas./ Sitio poblado de árboles y arbustos./Sitio poblado de matas, malezas y árboles.

sotreta. a. y s. Arg., Bol. y Urug. Apl. al caballo inútil./ Arg., Bol. y Urug. Apl. a la persona holgazana y desmañada.

soviético, ca. a. y s. De la ex Unión Soviética. Apl. a personas.

su, sus. Apócope del pron. posesivo de tercera persona. Ú. sólo precediendo al sustantivo.

suave. a. Liso y blando al tacto./Grato y dulce a los sentidos./ fig. Manso, tranquilo./ Moderado, lento./ Apacible, dócil.

suavidad. f. Calidad de suave.

suavizador, ra. a. Que suaviza.// m. Correa que se emplea para suavizar el filo de las navajas de afeitar.

suavizar. tr./ prl. Hacer suave.

suba. f. Arg. Alza, subida de precios.

subafluente. m. Río o arroyo que desagua en un afluente.

subalterno, na. a. Inferior o que está debajo.// m. Empleado de categoría inferior.

subarrendar. tr. Dar o tomar en arriendo una cosa de otro arrendatario de ella.

subasta. f. Venta pública de objetos, voluntaria o por orden judicial, que se venden al mejor postor.

subastar. tr. Vender o adjudicar algo en pública subasta.

subclase. f. Bot. y Zool. Cualquiera de los grupos taxonómicos en que se dividen algunas clases de plantas o animales.

subcomisión. f. Grupo de individuos de una comisión que tiene un cometido especial.

subconsciencia o **subconciencia.** f. Estado inferior de la conciencia psicológica en el que, debido a la poca intensidad de las percepciones, no se da cuenta de éstas el sujeto.

subconsciente. a./ m. Que se refiere a la subsconciencia, o que no llega a ser consciente.

subcutáneo, a. a. Que está o se hace inmediatamente por debajo de la piel.

subdelegado, da. p. p. de **subdelegar**.// a. y s. Que sirve inmediatamente a las órdenes del delegado o hace sus veces.

subdelegar. tr. Transferir el delegado su jurisdicción o potestad a otro.

subdistinguir. tr. Distinguir en lo ya distinguido.; hacer una distinción en otra.

súbdito, ta. a. y s. Sujeto a la autoridad de un superior con obligación de obedecerlo.// s. Ciudadano de un estado gobernado por un monarca.

subdividir. tr. Dividir una parte que resulta de una división anterior.

subdivisión. f. Acción y efecto de subdividir o subdividirse.

subestimar. tr. Dar a una persona o cosa un valor o importancia por debajo del que tienen.

subfamilia. f. Bot. y Zool. Cualquiera de los grupos taxonómicos en que se dividen ciertas familias de plantas o animales.

subgénero. m. Bot. y Zool. Cualquiera de los grupos taxonómicos en que se dividen ciertos géneros .

subida. f. Acción y efecto de subir./ Sitio en pendiente que se subiendo.

subido, da. a. Dícese del color, olor o sabor muy vivo e intenso./ Muy elevado./ Dícese de lo más fino en su especie.

subimiento. m. Subida, acción y efecto de subir.

subinquilino, na. s. Persona que subarrienda una vivienda.

subinspector. m. Jefe inmediato después del inspector.

subir. i. Pasar de un sitio a otro más alto./ Crecer en altura ciertas cosas./ Llegar una cuenta a cierta cantidad./ Montar, cabalgar./ fig. Ascender en dignidad o empleo, o crecer en bienes./ Agravarse algunas enfermedades./ Elevar la voz o el sonido de un instrumento. Ú.t.c.tr.// tr. Recorrer hacia arriba./ Trasladar a una persona o cosa de un lugar a otro más alto. Ú.t.c.prl.// Hacer más alta una cosa./ fig. Dar a las cosas más precio.

súbito, ta. a. Repentino, imprevisto./ Precipitado, violento.

subjetividad. f. Calidad de subjetivo.

subjetivismo. m. Predominio de lo subjetivo./Fil. Doctrina que reduce la validez del conocimiento al sujeto que conoce.

subjetivo, va. a. Rel. al sujeto./ Rel. a nuestro modo de pensar o de sentir, y no al objeto en sí mismo./ Fil. Lo que pertenece al sujeto, en oposición a objetivo, relativo al objeto.

subjuntivo, va. a./ m. Gram. Modo verbal que expresa una acción como deseable, hipotética, dudosa o necesaria.

subir

sublevación. f. Acción y efecto de sublevar o sublevarse.

sublevar. tr. Alzar en sedición o motín. Ú.t.c.prl./fig. Excitar, promover sentimiento de protesta.

sublimar. tr. Engrandecer, exaltar./ Volatilizar un cuerpo sólido y condensar sus vapores. Ú.t.c.prl.

sublime. a. Noble, excelso, elevado.

sublimidad. f. Calidad de sublime.

sublunar. a. Que se halla debajo de la Luna.

submarino, na. a. Díc. de lo que está o se hace debajo de la superficie del mar.// m. Buque capaz de navegar sumergido.

submaxilar. a. Que está debajo de la mandíbula inferior.

submúltiplo, pla. a. y s. Dícese del número o cantidad que otro u otra contiene exactamente una o más veces.

subnormal. a. Inferior a lo normal./ Dícese de la persona afectada de una deficiencia mental patológica. Ú.t.c.s.

suboficial. m. Categoría militar perteneciente a los cuadros subalternos. / m. Grado militar intermedio entre los oficiales y latropa de marinería, colaborador inmediato del mando.

suborden. m. Bot. y Zool. Cualquiera de los grupos taxonómicos en que se dividen algunos órdenes de plantas y animales.

subordinación. f. Acción de subordinar./ Sujeción a la orden, autoridad o dominio de otro.

subordinado, da. a. y s. Díc. de la persona sujeta o dependiente de otra./ Gram. En sintaxis, díc. de todo elemento de la oración regido por otro.

subordinar. tr./prl. Sujetar personas o cosas a la dependencia o autoridad de otras.

subproducto. m. Producto secundario que se obtiene en una industria, además del principal que es su objeto inmediato.

subrayar. tr. Señalar con una raya por debajo un escrito./ fig. Destacar las palabras.

subrepticio, cia. a. Que se pretende o logra oculta o disimuladamente.

subrogación. f. Acción y efecto de subrogar.

subrogar. tr./prl. Sustituir una persona o cosa en lugar de otra.

subsanación. f. Acción y efecto de subsanar.

subsanar. tr. Corregir o reparar un defecto./Resarcir un daño./ Disculpar un delito o un desacierto.

subscribir. tr. Firmar al final de un escrito./ fig. Convenir con la opinión de uno.// prl Obligarse uno a sostener el pago de dinero para una obra./ Abonarse para recibir una publicación.

subscripción. f. Acción y efecto de subscribir o subscribirse.

subscripto, ta o subscrito, ta. p.p. irreg. de subscribir.

subscriptor, ra o subscritor, ra. s. Persona que subscribe o se subscribe.

subsecretaría. f. Cargo de subsecretario./ Oficina de éste.

subsecretario, ria. s. Persona que reemplaza al secretario.// m. Secretario general de un ministro.

subsecuente. a. Subsiguiente.

subseguir. i./ prl. Seguir una cosa inmediatamente a otra.

subsidiario, ria. a. Que se da en subsidio o socorro a alguno./ Der. Dícese de la acción o responsabilidad que suple o robustece a otra principal.

subsidio. m. Auxilio, ayuda extraordinaria de carácter financiero./ Contribución, impuesto.

subsiguiente. p. act. de subseguir.// a. Que se subsigue.

subsistencia. f. Permanencia, estabilidad./ Conjunto de medios que se necesitan para el sustento de la vida.

subsistir. i. Durar, permanecer una cosa./ Seguir viviendo; mantener la vida.

substancia. f. Toda cosa que nutre a otra./ Jugo de algunas materias alimenticias./ Ser, naturaleza, esencia de las cosas./ Caudal, bienes./Estimación, valor de las cosas./Parte nutritiva de los alimentos./ fig. y fam. Juicio, madurez./ Entidad o esencia que subsiste o existe por sí.

substanciación. f. Acción y efecto de substanciar.

substancial. a. Rel. a la substancia./ Substancioso./ Apl. a lo esencial de una cosa.

substanciar. tr. Extractar, compendiar./ Der. Poner un juicio en estado de sentencia, por medio de la vía procesal adecuada.

substancioso, sa. a. Que tiene substancia o materia nutritiva./ Que tiene estimación o valor.

substantivar. tr. Gram. Dar valor y significación de substantivo a una palabra o aun a locuciones enteras.

substantivo, va. a. Que tiene existencia real, independiente, individual.// a./ m. Apl. a la clase de palabras que designa los objetos y las personas, sean reales o imaginarios.

substitución. f. Acción y efecto de substituir.

substituir. tr. Poner a una persona o cosa en lugar de otra.

substitutivo, va. a. y s. Apl. a aquello que puede substituir o reemplazar a otra cosa.

substituto, ta. p. p. irreg. de substituir.// s. Persona que hace las veces de otra.

substracción. f. Acción y efecto de substraer./ Resta.

substraendo. m. Cantidad que ha de restarse de otra.

substraer. tr. Apartar, extraer./Robar con fraude./Restar, hallar la diferencia entre dos cantidades.// prl. Separarse de lo que es de obligación, o de lo que se tenía proyectado.

substrato. m. Ser de las cosas, substancia./ Geol. Estrato inferior sobre el que descansa otro más reciente./ -lingüístico. Subsistencia en una lengua de las características fonéticas o gramaticales de otra a la que ha substituido.

subsuelo. m. Terreno que está por debajo de la capa de tierra laborable./ Parte profunda del terreno a la que no llegan los aprovechamientos superficiales de los predios, y para otorgar concesiones mineras se considera de dominio público./ Amér. Piso por debajo del nivel de la calle.

subteniente. m. Grado de la jerarquía oficial del ejército, inferior al teniente.

subterfugio. m. Pretexto, evasiva.

subterráneo, a. a. Que está debajo de la tierra.// m. Cualquier lugar que está debajo de la tierra./ Arg. Ferrocarril urbano que corre por túneles especialmente cavados a ese fin.

subtítulo. m. Título secundario. / Letrero que aparece en la parte inferior de la pantalla al proyectarse un filme, gmente con la traducción del texto que se habla en la película.

sortija

suburbano, na. a. Cercano a la ciudad./ Rel. a un suburbio.// m. Habitante de un suburbio.

suburbio. m. Arrabal./ Barrio o pueblo próximo a la ciudad o que pertenece a su jurisdicción.

subvención. f. Acción y efecto de subvenir./ Cantidad con que se subviene.

subvencionar. tr. Otorgar una subvención.

subvenir. tr. Ayudar, socorrer./ Favorecer el estado con determinada cantidad a empresas, instituciones, etc.

subversión. f. Acción y efecto subvertir.

subversivo, va. a. Que puede subvertir.

subversor, ra. a. y s. Que subvierte.

subvertir. tr. Trastornar, perturbar, destruir.

subyacente. a. Que yace o está debajo de otra cosa.

subyugación. f. Acción y efecto de subyugar.

subyugar. tr./ prl. Avasallar, someter con violencia.

succión. f. Acción de chupar con los labios./ Aspiración que ejercen los fluidos, por disminución de presión de un punto.

succionar. tr. Chupar, absorber con los labios.

sucedáneo. a./m. Apl. a la substancia que puede reemplazar a otra por tener propiedades semejantes.

suceder. i. Entrar una persona o cosa en lugar de otra, o seguir en orden a ella./ Heredar los bienes de un difunto./ Proceder, descender./ imp. Efectuarse un hecho.

sucedido, da. p. p. de **suceder.**// m. fam. Suceso, acontecimiento.

sucesión. f. Acción y efecto de suceder./ Conjunto de cosas que pasan a un heredero./ Prole, descendencia directa.

sucesivo, va. a. Que sucede o se sigue a otra cosa.

suceso. m. Cosa que sucede, especialmente cuando es de importancia./ Transcurso del tiempo./ Éxito, resultado positivo de un negocio./ Hecho delictivo, accidente desgraciado.

sucesor, ra. a. s. Que sucede a uno o sobreviene en su lugar.

sucesorio, ria. a. Rel. a la sucesión.

suciedad. f. Calidad de sucio./ Inmundicia, porquería./ fig. Dicho o hecho sucio.

sucinto, ta. a. Dícese de los escritos, narraciones, explicaciones, etc., breves y compendiosas.

sucio, cia. a. Que tiene impurezas o manchas./ Que se ensucia con facilidad./ fig. Manchado con pecados o con imperfecciones./ Obsceno, deshonesto./ Apl. al color confuso y turbio./ Infecto, contaminado.

sucucho. m. Rincón, ángulo formado por dos paredes.

suculencia. f. Jugosidad.

suculento, ta. a. Sustancioso, jugoso y muy nutritivo.

sucumbir. i. Rendirse, ceder./ Morir, perecer.

sucursal. a./f. Apl. al establecimiento que sirve de ampliación de otro, del cual depende.

sud. m. Sur.

sudanés, sa. a. y s. Del Sudán.

sudafricano, na. a. y s. De África del Sur o de la República Sudafricana.

sudamericano, na. a. y s. De América del Sur.

sudar. i. Exhalar y expeler sudor. Ú.t.c.tr./ Destilar las plantas gotas de su jugo./ Destilar agua ciertas cosas húmedas./ fig. y fam. Trabajar con fatiga o desvelo./ tr. Empapar en sudor.

sudario. m. Lienzo con que se cubre el rostro de los muertos, o en que se envuelve el cadáver.

sudatorio, ria. a. Sudorífico.

sudestada. f. Arg. Viento con lluvia persistente que sopla del sudeste, del lado del mar.

sudeste. m. Punto del horizonte entre el sur y el este. Ú.t.c.a./ Viento que sopla de este lado.

sudoeste. m. Punto del horizonte entre el sur y el oeste. Ú.t.c.a./ Viento que sopla de este lado.

sudor. m. Líquido segregado por los orificios de las glándulas sudoríparas de la piel./ fig. Jugo que destilan los vegetales./ Gotas que se destilan de las cosas húmedas./ Trabajo y fatiga.

sudorífero, ra o **sudorífico, ca.** a./m. Díc. del medicamento que hace sudar.

sudoríparo, ra. a. Díc. de la glándula o folículo de la piel que segrega el sudor.

sudoroso, sa. a. Que está sudando mucho./ Propenso a sudar.

sudoso, sa. a. Que tiene sudor.

sueco, ca. a. y s. De Suecia.

suegro, gra. s. Padre o madre de un cónyuge, respecto del otro.

suela. f. Parte del calzado que toca el suelo./ Cuero bovino curtido./ Pedazo de cuero que se pone en la punta del taco de billar./ Zócalo.

sueldo. m. Remuneración, pago asignado por un trabajo regular./ Moneda antigua de diferente valor según los tiempos y países.

suelo. m. Superficie de la tierra./ Terreno en que pueden vivir las plantas./ En sentido fig., superficie inferior de ciertas cosas./ Asiento o poso que deja un líquido./ Solar de un edificio./ Piso de una habitación./ Territorio./ Casco de las caballerías./ fig. Tierra o mundo.

suelta. f. Acción y efecto de soltar.

suelto, ta. p. p. irreg. de **soltar.**// a. Ligero, veloz./ Separado, que no forma conjunto./ Libre, atrevido./ Dic. del lenguaje, estilo, etc., fácil, fluido./ Poco compacto./ Ágil, expedito./ Apl. a la moneda fraccionaria. Ú.t.c.s.m.// m. Escrito periodístico breve.

sueño. m. Acción de dormir o de soñar./ Representación de objetos o sucesos mientras se duerme./ Gana de dormir./ Ilusión, fantasía.

suero. m. Parte líquida de la sangre, del quilo o de la linfa, que se separa del coágulo de éstos, cuando salen del organismo./ Parte líquida que se separa de la leche cuajada./ Disolución en agua de algunas sales, utilizada en medicina./ El que se obtiene de los animales inmunizados y se usa como vacuna.

suerte. f. Encadenamiento de los hechos, considerado como fortuito o casual./ Circunstancia de ser, por simple casualidad, favorable o adverso lo que sucede./ Suerte favorable./ Casualidad a que se fía una resolución./ Estado, condición./ Especie o género de una cosa./ Modo de hacer alguna cosa./ Cada uno de los lances del toreo.

suficiencia. f. Capacidad, aptitud./ fig. despect. Presunción, engreimiento.

suficiente. a. En cantidad necesaria./ Apto, idóneo./ Pedante.

sufijo, ja. a./ m. Gram. Dícese del afijo que va pospuesto.

sufragar. tr. Costear los gastos./ Ayudar, favorecer./ i. Amér. Votar a un candidato o a una propuesta, dictamen, etc.

sufragio. m. Ayuda, favor./ Voto, dictamen./ Sistema electoral para la provisión de algunos cargos.

sufrido, da. a. Que sufre con resignación./ Apl. al color que disimula lo sucio.

sufrimiento. m. Conformidad con que se sufre una cosa; paciencia./ Padecimiento, pena.

sufrir. tr./ prl. Sentir, padecer./ Recibir resignadamente un daño. Ú.t.c.prl./ Resistir, sostener./ Soportar, tolerar./ Permitir, consentir./ Pagar, satisfacer mediante la pena.

sugerencia. f. Insinuación, inspiración, idea que se sugiere.

sugerir. tr. Inspirar una idea en el ánimo de otro.

sugestión. f. Acción de sugerir./ Idea sugerida./ Acción y efecto de sugestionar.

sugestionar. tr. Dominar la voluntad de una persona./ Inspirar a una persona hipnotizada actos o palabras involuntarios.// prl. Experimentar sugestión.

sugestivo, va. a. Que sugiere.

suicida. m. y f. Persona que voluntariamente se quita la vida. // a. fig. Apl. al acto o a la conducta que destruye o daña al propio agente.

suicidarse. prl. Quitarse la vida voluntariamente.

suicidio. m. Acción y efecto de suicidarse.

GLÁNDULAS SUDORÍPARAS

sudorípara

suido. a./ m. *Zool.* Apl. a mamíferos artiodáctilos, paquidermos, con hocico bien desarrollado y caninos largos y fuertes, que sobresalen de la boca; como el jabalí. // m. pl. *Zool.* Familia de estos animales.

suizo, za. a. y s. De Suiza.

sujeción. f. Acción y efecto de sujetar./ Unión firme, ligadura.

sujetar. tr./ prl. Someter al dominio o autoridad a alguno.// tr. Afirmar o contener alguna cosa con la fuerza.

sujeto, ta. p. p. irreg. de **sujetar.**// a. Propenso o expuesto a una cosa.// m. Asunto, materia de un discurso o escrito./ Persona innominada./ Individuo./ Ser del cual se predica una cosa./ *Fil.* El espíritu humano, en oposición al mundo exterior./ *Lóg.* Ser del cual se predica o anuncia algo./ *Gram.* Función oracional que desempeña un sustantivo, un pronombre o un sintagma nominal en concordancia obligada de persona y de número con el verbo. La pueden desempeñar también cualquier sintagma o proposición sustantivados, con concordancia verbal obligada de número en tercera persona./ *Gram.* Elemento o conjunto de elementos lingüísticos que, en una oración, desempeñan la función del sujeto./ **- agente.** *Gram.* Sujeto de un verbo en voz activa./ **-paciente.** *Gram.* Sujeto de un verbo en voz pasiva.

sulfatación. f. Acción y efecto de sulfatar.

sulfatar. tr. Impregnar o bañar con un sulfato alguna cosa.

sulfurar. tr. Combinar un cuerpo con el azufre.// tr./ prl. fig. Irritar, exasperar.

sultán. m. Emperador de los turcos./ Príncipe o gobernador mahometano.

suma. f. Acción de sumar./ Adición de muchas cosas, en especial de dinero./ Lo más sustancial de una cosa./ Recopilación de todas las partes de una ciencia o facultad./ *Álg. y Arit.* Resultante de añadir a una cantidad otra u otras homogéneas.

sumando. m. *Álg. y Arit.* Cada uno de los términos que han de sumarse para formar la suma o cantidad total.

sumar. tr. Recopilar, abreviar una materia./ *Álg. y Arit.* Reunir en una sola varias cantidades homogéneas./ *Álg. y Arit.* Componer varias cantidades en un total.// prl. Adherirse, agregarse.

sumarial. a. Rel. al sumario o a la sumaria.

sumariar. tr. *Der.* Someter a sumario.

sumario, ria. a. Breve, sucinto./ Apl. al proceso o juicio de trámite muy rápido.// m. Resumen, compendio./ Conjunto de actuaciones, dirigidas a preparar el juicio criminal.

sumarísimo, ma. a. superl. de sumario. Dícese de cierta clase de juicios de tramitación brevísima.

sumergible. a. Que se puede sumergir.// m. Submarino.

sumergir. tr./ prl. Meter debajo del agua u otro líquido una cosa./ fig. Abismar, hundir.

sumersión. f. Acción y efecto de sumergir.

sumidad. f. Ápice o cima.

sumidero. m. Conducto por donde se sumen las aguas.

suministrar. tr. Proveer de algo que se necesita.

suministro. m. Acción y efecto de suministrar./ Provisión de víveres o utensilios para las tropas. Ú.m. en pl.

sumir. tr./ prl. Hundir debajo de la tierra o del agua./ fig. Sumergir, abismar.// prl. Hundirse una parte del cuerpo.

sumisión. f. Acción y efecto de someter o someterse./ Rendimiento, acatamiento.

sumiso, sa. a. Que obedece, subordinado./ Sometido, subyugado.

sumo, ma. a. Supremo, altísimo./ fig. Enorme, muy grande.

suntuario, ria. a. Rel. al lujo.

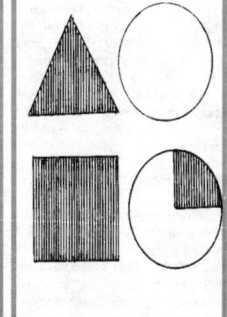

sumersión

superficie

suntuosidad. f. Calidad de suntuoso.

suntuoso, sa. a. Magnífico, grande, muy lujoso./ Apl. a la persona magnífica en su gasto y porte.

supeditación. f. Acción y efecto de supeditar.

supeditar. tr. Sujetar con rigor o violencia./ fig. Avasallar. Ú.t.c.prl./ Subordinar una cosa a otra o condicionarla al cumplimiento de otra.

superabundancia. f. Abundancia muy grande.

superación. f. Acción y efecto de superar.

superar. tr. Exceder, vencer, sobrepujar.

superciliar. a. Dícese del reborde en forma de arco que el hueso frontal tiene en la parte que corresponde a la ceja./ Situado encima de las cejas.

superestructura. f. Parte de una construcción que está por encima del nivel del suelo.

superficial. a. Rel. a la superficie./ Que está o se queda en ella./ fig. Sin solidez, aparente./ fig. Frívolo, falto de fundamento.

superficialidad. f. Calidad de superficial; frivolidad.

superficie. f. Término o límite de un cuerpo./ *Geom.* Extensión en que se consideran sólo dos dimensiones, que son la longitud y la latitud./ Área.

superfluo, flua. a. Innecesario, que sobra.

superhombre. m. Tipo de hombre muy superior a los demás.

superintendencia. f. Administración suprema en un ramo./ Cargo y jurisdicción del superintendente./ Oficina del superintendente.

superintendente. m. y f. Persona a cuyo cargo y cuidado está la dirección superior de una cosa.

superior. a. Dícese de lo que está por encima o más alto respecto de otra cosa./ Apl. a lo que excede a otra persona o cosa en cantidad, calidad, virtudes, etc./ fig. Excelente, excepcional./ *Biol.* Apl. a los seres vivos de organización más compleja y que se suponen más evolucionados que otros; por ej. los *mamíferos* son los vertebrados *superiores.* // m. El que dirige una comunidad o congregación.

superioridad. f. Preeminencia, ventaja./ Persona o conjunto de personas de autoridad superior.

superlativo, va. a. Muy grande, superior o excelente en su línea./ *Gram.* Dícese del grado máximo con que un adjetivo expresa una cualidad. Ú.t.c.s.

supermercado. m. Establecimiento donde se expenden comestibles y otros artículos de comercio, en el que el cliente se sirve a sí mismo.

supernumerario, ria. a. Que está fuera del número establecido./ Apl. a los militares, funcionarios, etc. en situación análoga a la de excedencia.// s. Empleado de una oficina pública que no figura en el presupuesto.

superpoblación. f. Exceso de población en un país.

superponer. tr. Poner una cosa encima de otra; sobreponer.

superposición. f. Acción y efecto de superponer.

superproducción. f. Sobreproducción./ Obra teatral o cinematográfica excepcionalmente importante o de gran costo.

superpuesto, ta. p. p. irreg. de **superponer.**

supersónico, ca. a. Apl. a la velocidad que supera a la del sonido, y a lo que se mueve de esta manera.

superstición. f. Ciencia contraria a la razón y ajena a la fe religiosa.

supersticioso, sa. a. Rel. a la superstición.// a. y s. Dícese de quien cree en ella.

supervisar. tr. Ejercer la inspección superior de un trabajo, una obra, etc.; fiscalizar.

supervisión. f. Acción y efecto de supervisar.

supervisor, ra. a. y s. Que supervisa.

supervivencia. f. Acción y efecto de supervivir./ Concesión que se hace de una pensión o renta a una persona, después de fallecida quien la tenía.

superviviente. a. y s. Sobreviviente.

supervivir. i. Sobrevivir.

suplantación. f. Acción y efecto de suplantar.

suplantar. tr. Ocupar ilegalmente el lugar de otro./ Falsificar un escrito con palabras o cláusulas que cambien el significado que antes tenía.

suplementario, ria. a. Que sirve para suplir alguna cosa o complementarla. /Geom. Apl. al ángulo que falta a otro para formar dos rectos./ Geom. Apl. al arco que falta a otro para formar una circunferencia.

suplemento. m. Acción y efecto de suplir.// m. Cosa que sirve de complemento./ Hoja o cuadernillo independiente del número ordinario de una publicación, o capítulo, apéndice o tomo que se añade a un libro./ Geom. Ángulo que falta a otro para componer dos rectos.

suplencia. f. Acción de suplir una persona a otra, y también el tiempo que dura esta acción.

suplente. p. act. de **suplir.** Que suple. Ú.t.c.s.

supletorio, ria. a. Apl. a lo que suple una falta./ Suplementario; apl. a lo que sirve para completar algo que falta.

súplica. f. Acción y efecto de suplicar./ Escrito en que se suplica.

suplicar. tr. Rogar, pedir con humildad y sumisión.

suplicio. m. Lesión corporal o muerte infligidas como castigo./ fig. Lugar donde el reo recibe este castigo./ fig. Tormento, tortura, dolor.

suplir. tr. Integrar lo que falta en una cosa, o remediar su carencia./ Hacer las veces de otro./ Disimular uno un defecto de otro.

suponer. tr. Dar por sentada y existente una cosa./ Dar por real una cosa que no lo es./ Importar, traer consigo.// i. Tener representación o autoridad en una república o colectividad.

suposición. f. Acción y efecto de suponer./ Lo que se supone./ Autoridad, representación./ Falsedad, impostura.

supositivo, va. a. Que denota o implica suposición.

supremacía. f. Grado supremo en cualquier línea./ Superioridad jerárquica, preeminencia.

supositorio. m. Preparación farmacéutica en pasta, de forma ovoide o cónica, que se introduce en el recto o la vagina con fines terapéuticos.

supremo, ma. a. Sumo, altísimo./ Que no tiene superior en su línea./ Último.

supresión. f. Acción y efecto de suprimir.

suprimir. tr. Hacer desaparecer o cesar./ Anular, omitir, callar.

supuesto, ta. p. p. irreg. de **suponer.**// m. Lóg. Objeto que no se expresa en la proposición, pero que sirve de fundamento a la verdad de ella./ Hipótesis./ Fil. Cualquier ser que es principio de sus acciones.

supuración. f. Acción y efecto de supurar.

supurar. tr. Echar pus una herida, llaga, etc.

sur. m. Punto cardinal del horizonte, diametralmente opuesto al norte, que coincide con el cenit solar. También se lo llama mediodía. Ú.t.c.a./ Lugar de la tierra o de la esfera celeste, que está del lado del polo antártico, respecto de otro con el cual se compara./ Viento que sopla del lado austral del horizonte.

surcar. tr. Hacer surcos en la tierra al ararla./ Hacer rayas semejantes a los surcos./ fig. Ir o caminar por un fluido, cortándolo.

surco. m. Hendedura que el arado en la tierra./ Señal profunda y larga que deja una cosa que pasa sobre otra./ Arruga en la cara.

surgente. p. act. de **surgir.** Que surge.

surgimiento. m. Acción y efecto de surgir.

surgir. i. Brotar el agua./ Dar fondo la embarcación./ fig. Alzarse, aparecer.

surtido, da. a. Dícese del artículo de comercio que se vende como mezcla de varias clases./ m. Acción y efecto de surtir./ Aquello que se previene o sirve para surtir.

surtidor, ra. a. Que surte o provee.// m. Chorro de agua que brota hacia arriba./ Amér. Bomba colocada en los caminos, garajes, etc., para el suministro de nafta y otros combustibles líquidos.

surtir. tr./ prl. Proveer de alguna cosa.// i. Brotar el agua, especialmente hacia arriba.

susceptibilidad. f. Calidad de susceptible.

susceptible. a. Capaz de ser modificado o impresionado./ Quisquilloso, fácil de agraviarse.

suscitación. f. Acción y efecto de suscitar.

suscitar. tr. Levantar, promover./ Provocar ciertos sentimientos o reacciones.

suscribir. tr. Subscribir.

suscripción. f. Subscripción.

suscripto, ta o **suscrito, ta.** p. p. irreg. de **suscribir.** Subscripto.

suscriptor, ra o **suscritor, ra.** s. Subscriptor.

susodicho, cha. a. y s. Dicho arriba, mencionado anteriormente.

suspender. tr. Levantar, colgar una cosa en algo o en el aire./ Detener una acción u obra por cierto tiempo, o diferir una orden./ Privar temporariamente del sueldo o del empleo./ Causar admiración o embeleso.

suspensión. f. Acción y efecto de suspender./ Censura eclesiástica o corrección gubernativa./ En los vehículos, conjunto de piezas y mecanismos dispuestos para hacer elástico el apoyo de la carrocería sobre las ruedas./ Mús. Prolongación de una nota de un acorde, sobre el siguiente.

suspensivo, va. a. Que tiene virtud de suspender.

suspenso, sa. p. p. de **suspender**.// a. Admirado, embelesado, perplejo./ m. Amér. Situación que crea en el espectador un estado de ansiosa incertidumbre por el desenlace de una escena o de toda una obra.

suspensorio, ria. a. y s. Que sirve para suspender.

suspicaz. a. Propenso a concebir sospechas.

suspirar. i. Dar suspiros./ **-suspirar** uno **por una cosa.** frs. fig. Desearla con ansia.

suspiro. m. Aspiración profunda y prolongada seguida de una espiración acompañada por gemido. Suele denotar pena, deseo, etc./ Mús. Pausa breve./ fig. y fam. Espacio de tiempo brevísimo./ Arg. y Chile. Nombre de distintas especies de enredaderas.

sustancia. f. Substancia.

sustanciación. f. Substanciación.

sustancial. a. Substancial.

sustanciar. tr. Substanciar.

sustancioso, sa. a. Substancioso.

sustantivar. tr./ prl. Substantivar.

sustantivo, va. a. y s. Substantivo.

sustentación. f. Acción y efecto de sustentar./ Sustentáculo.

sustentáculo. m. Apoyo o sostén de alguna cosa.

sustentar. tr./ prl. Alimentar./ Sostener, soportar, mantener.

sustento. m. Alimento, mantenimiento./ Aquello que sirve para dar vigor y permanencia./ Apoyo, sostén.

sustitución. f. Substitución.

sustituir. tr. Substituir.

sustituto, ta. p. p. irreg. de **sustituir.** Substituto.

susto. m. Impresión repentina de temor o espanto./ fig. Ansiedad o preocupación por alguna adversidad que se espera.

sustracción. f. Substracción.

sustraendo. m. Substraendo.

sustraer. tr. Substraer.

sustrato. m. Substrato.

susurración. f. Murmuración secreta.

susurrar. i. Hablar en voz baja, produciendo un ruido sordo o murmullo./ Empezar a divulgarse una cosa secreta. Ú.t.c.prl./ Moverse con ruido suave alguna cosa, como el aire, un arroyo, etc.

susurro. m. Ruido suave que resulta de hablar quedo./ fig. Ruido suave que hacen ciertas cosas naturalmente.

sutil. a. Delgado, tenue, delicado./ fig. Perspicaz, agudo.

sutileza. f. Calidad de sutil./ fig. Dicho agudo, pero que carece de exactitud./ Instinto de los animales.

sutura. f. Costura con que se unen los labios de una herida./ Bot. Cordoncillo formado por la unión de las ventallas de un fruto./ Línea sinuosa formada por la unión de los huesos del cráneo.

suturar. tr. Coser una herida.

suyo, suyos, suya, suyas. a. y s. Pron. posesivo de tercera persona, en género m. y f. y en número sing. y pl.

t. f. Vigésima tercera letra del abecedario castellano, y decimonovena de sus consonantes. Su nombre es *te*.

taba. f. Astrágalo, hueso del pie./ Juego en que se emplea una taba de carnero o de bovino.

tabacal. m. Lugar sembrado de tabaco.

tabacalero, ra. a. Rel. al cultivo, elaboración o venta del tabaco.// a. y s. Dícese de quien cultiva el tabaco.

tabaco. m. Planta herbácea originaria de América de olor fuerte y narcótica./ Hoja de dicha planta, curada y preparada para sus diversos usos./ Polvo a que se reducen las hojas secas de esta planta.

tábano. m. Insecto díptero parecido a la mosca, de picadura muy dolorosa./ fig. y fam. Persona molesta.

tabaquería. f. Tienda o puesto donde se vende tabaco.

tabaquero, ra. a. y s. Apl. a la persona que trabaja el tabaco o comercia con él.// f. Caja para guardar tabaco./ *Arg.* y *Chile.* Bolsita o petaca para el tabaco picado.

tabaquismo. m. Intoxicación producida por el tabaco.

taberna. f. Tienda o establecimiento público donde se venden bebidas alcohólicas al por menor.

tabernáculo. m. Lugar donde los hebreos guardaban el arca con el testamento./ Sagrario donde se guarda el Santísimo Sacramento.

tabernero. m. El que expende vino en la taberna.

tabicar. tr. Cerrar con tabique alguna cosa./ fig. Tapar o cerrar.

tabique. m. Pared delgada./ Por ext., división plana y delgada para separar los huecos.

tabla. f. Pieza plana de madera, mucho más larga que ancha y cuyas caras son paralelas./ Pieza plana y poco gruesa de alguna otra materia rígida./ Cara más ancha de un madero./ Dimensión mayor de una escuadría./ Diamante plano y delgado./ Parte que queda sin plegar en un vestido./ Doble pliegue ancho y largo, que se hace en las ropas por adorno./ Tablilla en que se anuncia alguna cosa./ Indice de asuntos o materias./ Catálogo de cosas puestas por orden sucesivo./ Cuadro de cálculos o fórmulas matemáticas./ Faja de tierra entre dos filas de árboles./ Mostrador de carnicería./ Cualquiera de las dos tapas de un libro encuadernado./ Pintura hecha en tabla.// pl. En el juego de damas o en el ajedrez, estado en que ninguno de los dos jugadores puede ganar la partida./ Piedras en que se escribió la ley del Decálogo en Sinaí./ El escenario del teatro.

tablado. m. Suelo de tablas unidas por el canto./ Pavimento del escenario de un teatro./ Patíbulo.

tablazón. f. Conjunto o agregado de tablas.

tableado, da. p. p. de **tablear**.// m. Conjunto de tablas hechas en una tela.

tablear. tr. Dividir en tablas un madero./ Hacer tablas en la tela.

tablero. a. Apl. al madero a propósito para dividirlo en tablas.// m. Tabla o conjunto de tablas unidas por el canto, que presentan una superficie plana y lisa./ Tabla cuadrada con cuadritos o escaques de dos colores alternados, para jugar al ajedrez, las damas, etc./ Mostrador de una tienda./ *Amér.* Tabla de alguna materia rígida.

tableta. f. Pastilla.

tablilla. f. dim. de tabla./ Tableta./ Tabla pequeña en que se exponen al público listas, anuncios, noticias, etc.

tabloide. a./ m. *Amér.* Periódico de formato menor que el corriente.

tablón. m. Tabla gruesa.

tabulador. m. Dispositivo de las máquinas de escribir que permite formar listas o columnas conservando los espacios pertinentes.

tabular. a. De forma de tabla.// tr. Expresar magnitudes, valores y otros datos por medio de tablas.

tacañería. f. Calidad de tacaño./ Acción propia del tacaño.

tacaño, ña. a. y s. Ruin, mezquino, miserable.

tacha. f. Defecto, falta./ Especie de clavo pequeño, mayor que la tachuela.

tachar. tr. Borrar haciendo rayas sobre lo escrito./ Poner falta o tacha a una cosa./ fig. Censurar.

tacho. m. *Amér.* Vasija grande de metal con fondo circular y asas./ *Arg.* Recipiente de lata, en especial el que sirve para recoger basuras y desperdicios.

tachón. m. Raya o señal con que se borra lo escrito./ Galón, cinta, etc., con que se adorna la ropa./ Tachuela grande que se usa para adorno.

tachonar. tr. Adornar con tachones./ Clavetear una cosa con tachones./ fig. Salpicar.

tachuela. f. Clavo corto de cabeza grande y chata./ fig. y fam. *Amér.* Retaco, persona rechoncha.

tácito, ta. a. Callado, silencioso./ Que no se expresa formalmente, sino que se supone o deduce.

taciturnidad. f. Calidad de taciturno.

taciturno, na. a. Silencioso, callado./ fig. Melancólico, triste, pensativo.

tabaco

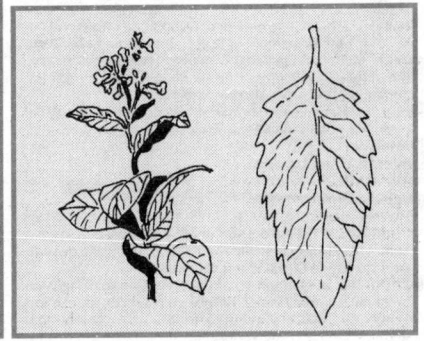

taco. m. Pedazo de madera u otro material grueso y corto./ Cilindro de papel, trapo, etc., que se pone entre la pólvora y el proyectil en las armas de fuego./ Cilindro de trapo, estopa, etc., con que se aprieta la carga de un barreno./ Banqueta para atascar las armas de fuego./ Vara de madera dura, lustrada, de metro y medio de largo, más gruesa por un extremo que por el otro, que se emplea para impeler las bolas del billar./ Conjunto de las hojas que forman el calendario de pared./ Maza o bastón para jugar al polo.

tacón. m. Pieza semicircular que va unida exteriormente a la suela del calzado en la parte que corresponde al talón.

taconear. i. Pisar haciendo ruido con los tacones./ fig. Pisar con arrogancia.

táctico, ca. a. Rel. a la táctica.// f. Método o buen sistema para ejecutar algo./ Conjunto de reglas para la instrucción y ejercicio de la tropa y la ejecución de operaciones militares./ Arte de poner en orden las cosas.// m. El que sabe la táctica o la práctica.

táctil. a. Rel. al tacto./ Que se puede tocar./ Que posee cualidades perceptibles por el tacto, o que sugieren tal percepción.

tacto. m. Sentido corporal con el que se percibe la aspereza, suavidad, blandura, etc., de las cosas./ Acción de tocar./ fig. Tino, habilidad.

tafetán. m. Tela de seda, fina y muy tupida.

tahúr, ra. a. y s. Jugador, dado al juego; que tiene especial habilidad para el juego.// m. Jugador fullero./ El que frecuenta las casas de juego.

taimado, da. a. y s. Díc. de la persona astuta y ladina.

tajada. f. Porción delgada cortada de una cosa, en especial comestible.

tajado, da. p. p. de **tajar.**// a. Apl. a la costa, roca o peña cortada en sentido vertical.

tajadura. f. Acción y efecto de tajar.

tajar. tr. Dividir una cosa con instrumento cortante.

tajear. tr. Arg. y P. Rico. Hacer tajos con un instrumento cortante.

tajo. m. Corte hecho con un instrumento cortante./ Escarpa alta y cortada casi a plomo./ Corte o filo./ Pedazo de madera gruesa para partir y picar la carne./ Banquillo./ Trozo de madera grueso sobre el cual se decapitaba a los condenados.

tal. a. Díc. de las cosas indefinidamente, para determinar en ellas lo que se denota por su correlativo./ Igual, parecido./ Tanto o tan grande./ Ú.c. pron. indef. y como pron. demostrativo, y puede llevar en cada caso el art. correspondiente.// adv. Así, de esta suerte.

tala. f. Acción y efecto de talar los árboles.// m. Arg. Árbol cuya raíz se emplea para teñir.

talabarte. m. Cinturón que lleva unos tiros de los que pende la espada o el sable.

talabartero, ra. s. Persona que se dedica a fabricar talabartes y otros correajes.

taladrar. tr. Horadar, agujerear con taladro u otro objeto semejante./ fig. Herir los oídos algún sonido agudo.

taladro. m. Instrumento agudo con que se agujerea la madera u otra cosa./ Agujero abierto con el taladro.

tálamo. m. Cama conyugal./ Lugar preeminente donde celebraban los novios sus bodas./ Bot. Receptáculo.

talante. m. Modo de ejecutar una cosa./ Estado de ánimo o disposición personal./ Voluntad, gusto, deseo.

TANQUE AMX-13 DE 15 TONELADAS (FRANCIA)

tanque

talar. tr. Cortar los árboles por el pie./ Devastar, asolar, destruir.// a. Apl. a la vestidura que llega hasta los talones./ Arg. Terreno poblado de talas.

talco. m. Silicato de magnesio, de textura hojosa, suave y blando. Tiene diversos usos en dibujo y farmacia.

talega. f. Bolsa ancha y corta de tela./ Lo que se guarda o lleva en ella.

talego. m. Saco angosto y largo, de lienzo ordinario.

talento. m. Moneda imaginaria de los griegos y romanos./ fig. Dotes intelectuales de una persona./ Por anton., entendimiento./ Capacidad natural para una cosa.

talión. m. Pena que consiste en hacer sufrir al delincuente un daño igual al que causó.

talismán. m. Figura o imagen a la que se atribuyen poderes mágicos o sobrenaturales.

talla. f. Acción de tallar./ Obra de escultura, especialmente en madera./ Estatura del hombre./ Mar. Polea o aparejo.

tallado, da. p. p. de **tallar.**// a. Con los adv. bien o mal, de buen o mal talle.// m. Acción y efecto de tallar.

tallador. m. Grabador en hueco o de medallas./ Arg. En los juegos de azar, el que talla o tiene la banca.

tallar. tr. Esculpir, hacer obras de talla./ En los juegos de azar, tener la baraja./ Labrar piedras preciosas./ Grabar metales en hueco./ Medir la estatura de una persona./ Arg. Conversar, charlar.

talle. m. Disposición del cuerpo humano./ Cintura./ Forma que se da al traje o vestido.

taller. m. Lugar donde se hacen actividades manuales./ fig. Seminario o escuela de ciencias.

tallo. m. Órgano de la planta que crece en sentido contrario de la raíz y donde se insertan hojas, flores y frutos./ Renuevo, brote./ Germen brotado de una semilla, bulbo o tubérculo.

talo. m. Bot. Cuerpo de las talofitas, que equivale al conjunto de raíz, tallo y hojas de otras plantas.

talofito, ta. a. y s. Díc. de las plantas del tipo más inferior, cuyo aparato vegetativo se reduce a un talo, como las algas y los hongos.// f. pl. Tipo de estas plantas.

talón. m. Parte posterior del pie humano./ Parte del calzado que lo cubre./ Pulpejo del casco de las caballerías./ Libranza u otro documento que se corta de un libro talonario; cheque./ Patrón monetario./ Amér. Parte que queda adherida al talonario al desprender un cheque, recibo, etc.

talonario. m. Bloque de hojas impresas, de libranzas, recibos, etc., que se pueden separar de una matriz, de modo que quede una parte de esas hojas encuadernadas para referencia y comprobación.

talonear. i. fam. Andar a pie con mucha prisa./ Arg. Incitar el jinete a la cabalgadura picándola con los talones.

talud. m. Inclinación del paramento de un muro o de un terreno./ Inclinación de una pendiente natural.

tamango. m. Amér. Zapato, generalmente grande y basto.

tamaño, ña. a. Tan grande o tan pequeño.// a. superl. Muy grande o muy pequeño.// m. Dimensión de una cosa.

tambalear. i./ prl. Oscilar, moverse una persona o cosa de un lado a otro como si fuera a caerse.

tambero, ra. a. Amér. Rel. al tambo./ Arg. Díc. del ganado manso, en particular del vacuno.// s. Amér. Persona que tiene un tambo.

también. adv. Se usa para denotar la igualdad o semejanza de una cosa con otra, ya nombrada./ Tanto o así.

tambo. m. *Amér.* Venta, parador./ *Arg.* Vaquería; establo para ordeño de vacas y sitio donde se vende leche.

tambor. m. Instrumento musical de percusión cilíndrico, hueco y cubierto por dos bases de piel estirada./ El que toca este instrumento./ Tamiz por donde pasan el azúcar los reposteros./ *Arg., Cuba y Méx.* Recipiente grande de latón que se usa como envase./ Cilindro para tostar café, cacao, etc./ Aro sobre el que se tiende una tela para bordarla./ Cilindro giratorio donde van las cápsulas de un revólver./ Tímpano del oído./ *Arq.* Muro cilíndrico que sirve de base a una cúpula./ *Arq.* Cuerpo central del capitel corintio./ *Inform.* Dispositivo de almacenamiento de información./ *Mec.* Rueda de canto liso, más gruesa que la polea./ **-a tambor batiente.** m. adv. Tocando el tambor./ fig. Con aire triunfal.

tamboril. m. Tambor pequeño que se toca con un solo palillo.

tamborilear. Tocar el tamboril.

tamborileo. m. Acción y efecto de tamborilear.

tamiz. m. Cedazo muy tupido.

tamización. f. Acción y efecto de tamizar.

tamizar. tr. Pasar por el tamiz.

tampoco. adv. Indica negación de una cosa después de haber negado otra.

tan. adv. Apócope de tanto. Encarece la significación de la palabra que modifica y en comparación expresa, indica idea de igualdad o semejanza.

tanda. f. Turno o alternativa./ Cada uno de los grupos que se alternan para un trabajo./ Capa de varias cosas superpuestas./ Tarea, labor./ Partida de juego, en particular de billar./ Número de cosas de un mismo género./ *Chile.* Broma, chanza.

tangencial. a. Rel. a la recta o a la superficie tangente./ Apl. a la idea, argumento, etc., relacionado con el asunto de que se trata, sin ser esencial a él.

tangibilidad. f. Calidad de tangible.

tangente. a. Dícese de lo que toca otra cosa.// a./ f. Dícese de las líneas o superficies que se tocan en un punto sin cortarse.// f. Recta que toca en un punto a una curva o a una superficie.

tangible. a. Que se puede tocar o percibir./ fig. Que se percibe de manera precisa.

tango. m. Baile popular de origen argentino, de pareja enlazada, forma musical binaria y compás de dos por cuatro./ Música de este baile./ Letra con que se canta.

tanino. m. Sustancia astringente que se extrae de la corteza y frutos de muchas plantas y sirve para curtir pieles y otros usos.

tanque. m. Vehículo de guerra, blindado y artillado, que se mueve sobre cadenas orugas y puede avanzar por terrenos accidentados./ Depósito de agua montado sobre un vehículo./ *Amér.* Estanque, depósito de agua.

tantear. tr. Medir o comparar una cosa con otra para ver si ajusta bien./ Apuntar los tantos en el juego. Ú.t.c.i./ Palpar, tentar./ Probar, experimentar./ fig. Considerar con reflexión las cosas antes de realizarlas./ Examinar con cuidado./ Explorar el ánimo./ *Chile y Hond.* Calcular al tanto, o por aproximación.

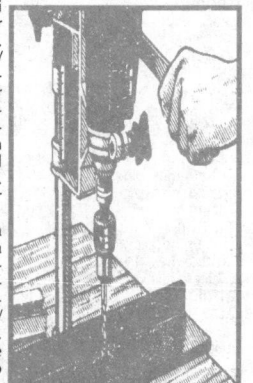

taladrar

tanto, ta. a. Dícese de la cantidad de una cosa indeterminada o indefinida. Ú. como correlativo de *cuanto.*/ Tan grande o muy grande.// pron. demostrativo. Eso, cuando incluye idea de calificación o ponderación.// m. Can-

tidad determinada de alguna cosa./ Unidad de cuenta en muchos juegos./ Cantidad proporcional respecto de otra.// pl. Número que se desconoce o no se requiere expresar.// adv. De tal manera o en tal grado./ Hasta tal punto; tal cantidad.

tañer. tr. Tocar con arte un instrumento musical de percusión o cuerda./ Sonar las campanas.

tañido. m. Son particular que se toca en un instrumento./ Sonido del instrumento tocado, en especial, la campana.

tapa. f. Pieza que cierra por la parte superior una caja, recipiente, cofre, etc./ Cualquiera de las capas de suela del tacón del calzado./ Cualquiera de las dos cubiertas de un libro encuadernado./ Pequeña porción de manjar con que se acompaña una bebida alcohólica./ Tapón de una vasija.

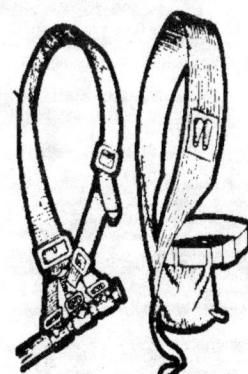

tahalíes

tapado, da. p. p. de **tapar.**// a. y s. *Arg. y Chile.* Apl. al caballo o a la yegua sin mancha alguna en su capa.// m. *Arg. y Chile.* Abrigo de señora o de niño.

tapadura. f. Acción y efecto de tapar.

tapar. tr. Cubrir con algo una abertura, una hendidura o una herida./ Cubrir con algo, de modo que impida ver o ser visto. Ú.t.c.prl. y en sentido fig./ Cerrar con tapón o tapa un recipiente./ Cubrir con algo para proteger de los golpes, el frío, la luz, el agua y otros agentes. Ú.t.c.prl.

taparrabo. m. Pedazo de tela, piel, etc., con que se cubren los salvajes las partes pudendas./ Especie de calzón muy corto que se usa para bañarse.

tape. a. *Arg. y Urug.* Apl. al indio guaraní originario de las misiones jesuíticas del alto Paraná. Ú.t.c.s./ Rel. a estos indios./ m. *Arg. y Urug.* Individuo de tipo aindiado y piel muy oscura.

tapera. f. *Amér.* Ruinas de un pueblo destruido./ *Amér.* Casa o habitación ruinosa y abandonada.

tapete. m. Alfombra pequeña./ Paño para proteger una mesa u otro mueble.

tapia. f. Cualquiera de los trozos de pared que se hacen con tierra amasada y apisonada en una horma./ Pared formada de tapias./ Muro para cercar.

tapial. m. Molde para hacer tapias./ Tapia, pared.

tapiar. tr. Cerrar con tapias./ Cerrar un hueco con un muro o tabique.

tapicería. f. Conjunto de tapices./ Sitio donde se guardan los tapices./ Arte y trabajo del tapicero./ Comercio de tapicero.

tapicero, ra. s. El que teje o compone tapices./ El que por oficio coloca tapices o cortinajes, guarnece butacas, cojines, etc.

tapir. m. Mamífero parecido al jabalí, pero de piernas más largas y hocico en forma de trompa corta.

tapiz. m. Paño grande, tejido, en que se copian cuadros, paisajes, etc., que se usa como adorno en las paredes.

tapizado, da. p. p. de **tapizar.**// m. Acción y efecto de tapizar./ Materia que se emplea para tapizar.

tapizar. tr. Cubrir con tapices./ Forrar con tela o cuero paredes, muebles, pisos, etc.

tapón. m. Pieza de corcho, madera, plástico para tapar botellas, frascos, etc./ fig. Cualquier cosa que produce entorpecimiento de una acción./ Trozo de gasa o algodón con que se cierra una herida./ *Elec.* Pieza que lleva el fusible.

taponamiento. m. Acción y efecto de taponar.

taponar. tr. Cerrar con tapón un orificio./ Cerrar una herida con tapones.

taponazo. m. Golpe que se da con el tapón de una botella que contiene líquido espumoso al destaparla./ Estruendo que produce este acto.

tapujo. m. Esbozo, disfraz./ fig. y fam. Disimulo con que se disfraza la verdad.

taquicardia. f. Aumento de la frecuencia de las contracciones cardíacas.

taquigrafía. f. Arte de escribir tan rápido como se habla, mediante signos especiales y abreviaturas.

taquigrafiar. tr. Escribir por medio de la taquigrafía.

taquígrafo, fa. s. Persona que profesa o conoce la taquigrafía.

taquilla. f. Casillero para billetes de ferrocarril, teatro, etc./ Despacho de billetes de espectáculos y lo que en él se recauda./ Armario para guardar papeles.

taquillero, ra. s. Persona que despacha billetes o entradas de cine, teatro, fútbol, etc., en la taquilla.// a. Apl. a la persona o espectáculo que atrae mucho público.

taquimecanografía. f. Arte del taquimecanógrafo.

taquimecanógrafo, fa. s. Persona versada en taquigrafía y mecanografía.

tara. f. Peso del embalaje o envase de una mercancía, que se rebaja del peso total./ Defecto físico o psíquico, por lo común hereditario./ Tacha, defecto.

tarado, da. a. Que sufre una tara física o psíquica, o tiene defectos.

tarambana. a./m. y f. fam. Persona de poco juicio e irreflexiva.

tarantela. f. Danza popular napolitana./ Su música, de movimiento muy vivo./ Música de esta danza.

tarántula. f. Cierta especie de araña venenosa, que vive entre las piedras y agujeros profundos.

tararear. tr./ i. Cantar entre dientes, sin pronunciar las palabras.

tararira. f. fam. Chanza, alegría bullanguera./ Arg. Pez de río, de carne muy estimada.// m. y f. fam. Persona inquieta e informal.

tardanza. f. Demora, retraso.

tardar. i. Detenerse, retrasar la ejecución de alguna cosa. Ú.t.c.prl./ Emplear mucho tiempo en hacer las cosas.

tarde. f. Tiempo desde el mediodía hasta que anochece./ Últimas horas del día.// adv. A hora avanzada del día o de la noche./ Después del tiempo oportuno.

tardecer. i. Comenzar a caer la tarde.

tardío, a. a. Que tarda en madurar./ Que llega tarde o sucede fuera de tiempo./ Lento, pausado.

tardo, da. a. Lento, perezoso en su acción./ Torpe, poco expedito./ Que ocurre después del tiempo oportuno.

tarea. f. Cualquier trabajo u obra./ Trabajo que se debe hacer en un tiempo limitado./ fig. Afán, penalidad que causa un trabajo continuo.

tarifa. f. Tabla o catálogo de precios, impuestos o derechos.

tarima. f. Entablado movible.

tarjeta. f. Adorno plano y oblongo sobrepuesto a un miembro arquitectónico./ Membrete de los mapas y cartas./ Pedazo rectangular de cartulina, con el nombre, título o cargo de una persona./ Pedazo de cartulina, por lo general rectangular, que lleva impreso o escrito un anuncio, invitación, permiso, etc./ /-postal. La que se emplea como carta, sin sobre.

tarro. m. Recipiente cilíndrico más alto que ancho, de barro, vidrio, metal, etc./ Arg. Chistera, sombrero de copa.

tarso. m. Parte posterior del pie que se articula con la pierna./ La parte más delgada de las patas de las aves./ Corvejón de los cuadrúpedos./ Zool. La última de las cinco piezas de que están compuestas las patas de los insectos.

tarta. f. Tortera, cacerola./ Torta con relleno.

tartajear. i. Hablar pronunciando con torpeza las palabras.

tartajeo. m. Acción y efecto de tartajear.

tartajoso, sa. a. y s. Que tartajea.

tartamudear. i. Hablar o leer con pronunciación entrecortada y repitiendo las sílabas.

tartamudeo. m. Acción y efecto de tartamudear.

tartamudez. f. Calidad de tartamudo.

tartamudo, da. a. y s. Que tartamudea.

tártaro, ra. a. y s. De Tartaria.// m. poét. El infierno./ Sarro de los dientes.

tarugo. m. Trozo de madera corto y grueso./ Clavija gruesa de madera.

tasa. f. Acción y efecto de tasar./ Precio máximo o mínimo que la autoridad pone a las mercancías./ Medida, regla.

tejer

tasación. f. Justiprecio, valuación de las cosas.

tasador, ra. a. y s. Que tasa.// m. El que ejerce el oficio de tasar.

tasajo. m. Pedazo de carne seca y salada./ Por ext., tajada de carne.

tasar. tr. Poner tasa a lo que se vende./ Graduar el valor o precio de las cosas./ Regular lo que merece cada uno por su trabajo./ fig. Poner medida o regla./ Restringir lo que hay que dar por obligación.

tasca. f. Taberna./ Garito o casa de juego de mala fama.

tata. m. fam. Nombre infantil que se da a la niñera./ Amér. Padre, papá, en señal de cariño y respeto.

tatarabuelo, la. s. Tercer abuelo.

tataranieto, ta. s. Tercer nieto.

tatú. m. Arg. y Chile. Especie de armadillo grande.

tatuaje. m. Acción y efecto de tatuar.

tatuar. tr. Grabar dibujos en la piel humana, introduciendo materias colorantes bajo la epidermis.

taumaturgo, ga. s. Persona que hace prodigios.

taurino, na. a. Rel. al toro o a las corridas de toros.

tauromaquia. f. Arte de lidiar toros.

taxativo, va. a. Que reduce y limita un caso a determinadas circunstancias.

taxi. m. Apócope de taxímetro.

taxímetro. m. Aparato que en los vehículos de alquiler marca el precio del viaje en relación a la distancia recorrida./ Vehículo de alquiler provisto de ese aparato.

taxonomía. f. Ciencia que trata de la clasificación de los seres, según caracteres que se subordinan unos a otros, formando grupos cada vez más reducidos y homogéneos.

taza. f. Vasija pequeña, por lo general de loza y con asa, para tomar líquidos.

té. m. Arbusto originario del Extremo Oriente./ Hoja de este arbusto, seca, arrollada y algo tostada./ Infusión que se hace con estas hojas./ Reunión vespertina de personas, en la cual se sirve té.

te. Forma del pronombre personal de segunda persona en género masculino o femenino y número singular. No admite preposición y cuando se pospone al verbo es enclítico: *te persiguen; persíguete*.

tea. f. Astilla o raja de madera impregnada en resina, que arde alumbrando como antorcha.

teatral. a. Rel. al teatro./ Apl. a las cosas de la vida real en las cuales se revela el propósito deliberado de llamar la atención.

teatralidad. f. Calidad de teatral.

teatro. m. Edificio o sitio destinado a la representación de obras dramáticas u otros espectáculos./ fig. Literatura dramática./ Conjunto de las producciones dramáticas de un pueblo, una época, un autor o una lengua./ Arte de componer obras dramáticas o de representarlas.

techado. p. p. de **techar**.// m. Techo.

techar. tr. Cubrir un edificio formando el techo.

techo. m. Parte superior que cubre y cierra un edificio o cualquiera de las estancias que lo componen./ Cara inferior del mismo, que cierra por arriba un aposento o espacio cubierto./ fig. Casa, habitación.

techumbre. f. Techo, cubierta de un edificio.

tecla. f. Cada una de las piezas que se presionan con los dedos para hacer sonar ciertos instrumentos musicales, mover los tipos de la máquina de escribir, etc./ Pieza semejante que en cualquier mecanismo, pulsándola, mueve una palanca o comunica instrucciones a un circuito.

teclado. m. Conjunto ordenado de teclas del piano y otros instrumentos musicales./ Por ext., el de diversos aparatos o máquinas, que se manejan por medio de botones de mando o teclas.

tecnicismo. m. Calidad de técnico./ Conjunto de palabras técnicas usadas en el lenguaje de un arte, una ciencia, un oficio, etc./ Cada una de estas palabras.

técnico, ca. a. Rel. a las aplicaciones de las ciencias y las artes./ Dícese de las palabras propias de un arte, ciencia, oficio, etc./ / s. Persona que posee conocimientos especiales de una ciencia o arte./ f. Conjunto de procedimientos que se emplean en un arte, una ciencia, etc./ Habilidad para usarlos.

tecnicolor. m. Procedimiento que permite reproducir en la pantalla cinematográfica imágenes con los colores naturales de los objetos. Es nombre comercial.

tecnología. f. Conjunto de los conocimientos científicos aplicados a las industrias de producción./ Tratado de los términos técnicos./ Lenguaje particular y propio de una ciencia o arte.

tecnológico, ca. a. Rel. a la tecnología.

tedéum. m. Cántico usado por la Iglesia para dar gracias a Dios.

tediar. tr. Aborrecer alguna cosa; tener tedio de ella.

tedio. m. Fastidio, hastío./ Extremo aburrimiento.

tedioso, sa. a. Fastidioso, enojoso, molesto.

tegumento. m. Tejido que cubre ciertas partes de una planta./ Membrana que cubre el cuerpo de los animales o partes internas de él.

teísmo. m. Filosofía de la religión que afirma la existencia de un Dios personal que ha creado el mundo y lo conserva y gobierna.

teja. f. Pieza de barro cocido para cubrir por fuera los techos.

tejado. m. Parte superior de un edificio, por lo común cubierto de tejas.

tejar. m. Sitio donde se fabrican tejas, adobes y ladrillos.// tr. Cubrir con tejas las casas y otros edificios.

tejedor, ra. a. Que teje.// s. Persona que teje por oficio.

tejedura. f. Acción y efecto de tejer./ Textura de una tela.

tejeduría. f. Arte de tejer./ Taller o lugar en que están los telares y se teje.

taurino

tarántula

tejer. tr. Entrelazar hilos, cordones, etc., para formar telas, esteras, etc./ Formar en el telar la tela./ Formar la tela con la trama y la urdimbre./ Formar ciertos animales articulados sus telas y capullos./ fig. Componer, ordenar./ Discurrir con diversidad de ideas./ Mezclar o cruzar ordenadamente./ fig. Amér. Intrigar, enredar.

tejido. m. Textura de una tela./ Cosa tejida./ Cualquiera de los diversos agregados de células de la misma naturaleza, que se diferencian según su función, de los cuerpos organizados./ - **celular.** Estructura formada por células y fibras. Dícese generalmente al tejido conjuntivo subcutáneo.

tejo. m. Pedazo redondo de teja o cosa semejante, que sirve para jugar./ Cospel./ Árbol conífero siempre verde, de ramas casi horizontales.

tejón. m. Mamífero carnícero nocturno; tiene piel dura y pelo largo, espeso y de tres colores.

tejuela. f. dim. de teja./ Pedazo de teja o de barro cocido.

tela. f. Textura resultante del enlace de dos series de hilos que se entrecruzan perpendicularmente (urdimbre y trama) y forman como una lámina resistente, elástica y flexible./ Lo que se pone de una vez en el telar./ Membrana del cuerpo del animal./ Tejido que hace la araña común y otros animales./ Túnica de algunas frutas después de la corteza que la cubre./ fig. Maraña, enredo./ Materia o asunto.

telar. m. Máquina para tejer./ Parte superior del escenario, de la cual bajan los telones y bambalinas.

telaraña. f. Tela que forma la araña./ fig. Cosa sutil, de poca entidad.

telecomunicación. f. Sistema de transmisión y recepción de imágenes, sonidos o señales, a distancia.

teleférico. m. Sistema de transporte por medio de vehículos suspendidos de un cable de tracción, principalmente cuando hay que salvar considerables alturas.

telefonear. tr. Comunicar, hablar por medio del teléfono.

telefonía. f. Arte de construir, instalar y usar los teléfonos./ Servicio público de comunicaciones telefónicas.

telefónico, ca. a. Rel. al teléfono o a la telefonía.

telefonista. m. y f. Persona que se ocupa en el servicio de los teléfonos.

teléfono. m. Conjunto de aparatos e instalaciones que permiten la tansmisión a distancia de las palabras y todo tipo de sonidos, por medio de la electricidad.

telegrafía. f. Arte de construir, instalar y usar los telégrafos./ Servicio público de comunicaciones telegráficas.

telegrafiar. tr. Manejar el telégrafo./ Dictar comunicaciones por medio del telégrafo./ Comunicar por medio del telégrafo.

telegrafista. m. y f. Persona que se ocupa en la instalación o el servicio de los telégrafos.

telégrafo. m. Conjunto de aparatos que permite efectuar comunicaciones a distancia rápidamente, por medio de señales convenidas.

telegrama. m. Comunicación transmitida por telégrafo.

teleimpresor. m. Aparato telegráfico con teclado semejante a una máquina de escribir, que emite mensajes, los recibe e imprime.

teleobjetivo. m. Objetivo que permite fotografiar objetos a distancia.

telepatía. f. Percepción extraordinaria de un fenómeno ocurrido fuera del alcance de los sentidos o comunicación del pensamiento entre dos personas, sin la intervención de medios físicos.

telepático, ca. a. Rel. a la telepatía.

telescópico, ca. Rel. al telescopio./ Que sólo se puede ver a través del telescopio./ Hecho con el auxilio del telescopio.

telescopio. m. Instrumento óptico de gran aumento, que permite observar objetos a gran distancia, especialmente los astros.

telesilla. f. Asiento individual suspendido de un cable de tracción, que se emplea para trasladarse a lugares elevados.

teletipo. m. Aparato telegráfico para transmitir mensajes mecanografiados y recibirlos en la misma forma. Es nombre comercial de un teleimpresor.

televidente. m. y f. Persona que observa las imágenes que se transmiten por televisión.

televisado, da. p. p. de **televisar**.// a. Apl. a lo que se transmite por televisión.

televisar. tr. Transmitir imágenes por televisión.

televisión. f. Sistema de transmisión y recepción de imágenes animadas a distancia, con su correspondiente sonido, por medio de ondas eléctricas.

televisor. m. Aparato receptor de televisión. Ú.t.c.a.

télex. m. Sistema telegráfico internacional por el que se comunican sus usuarios, que cuentan con un transmisor semejante a una máquina de escribir, y un receptor que imprime el mensaje recibido./ Mensaje trasnmitido por este sistema.

telón. m. Lienzo grande que se coloca en el escenario de un teatro, como parte de la decoración o para ocultar la escena al público, y de modo que pueda bajarse y subirse.

teocali

telúrico, ca. a. Rel. a la Tierra como planeta y especialmente a su influencia sobre los seres.

tema. m. Proposición o texto que sirve de asunto a un discurso./ Este mismo asunto.// f. Porfía, obstinación./ Idea fija./ Oposición caprichosa a una persona.

temario. m. Conjunto de temas o asuntos que se desarrollan en un congreso, conferencia, etc.

tembladeral. m. *Arg.* Tremedal.

temblador, ra. a. y s. Que tiembla.// m. y f. Cuáquero.

temblar. i. Agitarse con movimiento frecuente e involuntario./ Moverse rápidamente una cosa a uno y otro lado; oscilar./ fig. Tener miedo.

tembleque. a. Que tiembla mucho.// m. Temblor fuerte./ Persona que tiembla mucho.

temblequear. i. fam. Temblar a menudo./ Afectar temblor.

tembletear. i. fam. Temblequear.

temblor. m. Movimiento involuntario, repetido y continuado del cuerpo./ Vibración, sacudida./ *Amér.* Terremoto.

tembloroso, sa. a. Que tiembla mucho.

temer. tr. Tener a una persona o cosa por objeto de temor./ Recelar un daño.// i. Sentir temor.// tr./ prl. Sospechar algo malo, recelar.

temerario, ria. a. Imprudente, que se expone sin meditar a los peligros./ Que se hace, dice o piensa sin razón ni fundamento.

temeridad. f. Calidad de temerario./ Acción temeraria./ Juicio temerario.

temeroso, sa. a. Que causa temor./ Medroso, irresoluble./ Que recela un daño.

temible. a. Digno de ser temido.

temor. m. Sentimiento que hace huir o rechazar lo que se considera peligroso o dañoso./ Presunción./ Sospecha o recelo de un daño.

témpano. m. Timbal (instrumento músico)./ Piel extendida del tambor, pandero, etc./ Pedazo de cualquier cosa dura y plana como un trozo de hielo, tierra, etc./ Bloque de hielo a la deriva./ Tapa de cuba./ Corcho redondo que tapa una colmena./ Tímpano de un frontón.

temperación. f. Acción y efecto de temperar.

temperado, da. a. *Amér.* Templado.

temperamental. a. Perteneciente al temperamento.

temperamento. m. Temperie./ Arbitrio conciliador./ Constitución física y mental particular de cada individuo.

temperante. p. act. de **temperar**. Que tempera.// m. *Amér.* Abstemio.

temperar. tr./ prl. Atemperar.// tr. Calmar la excitación orgánica o el exceso de acción por medio de medicamentos.

temperatura. f. Grado mayor o menor de calor de los cuerpos./ Temperie.

temperie. f. Estado de la atmósfera, según la temperatura o la humedad.

tempestad. f. Perturbación violenta de la atmósfera, o de las aguas del mar./ fig. Conjunto de palabras injuriosas o ásperas. Tormenta, agitación de los ánimos.

tempestivo, va. a. Oportuno, que llega a tiempo.

tempestuoso, sa. a. Que ocasiona o constituye una tempestad./ Propenso o expuesto a tempestades./ fig. De genio áspero y violento.

templado, da. a. Moderado en sus apetitos./ Que no está frío ni caliente./ Valiente con serenidad.

templanza. f. Una de las cuatro virtudes cardinales, que consiste en moderar los apetitos y las pasiones./ Sobriedad. Benignidad del clima o del aire de una región.

templar. tr. Moderar o suavizar la fuerza de una cosa./ Calentar ligeramente una cosa./ Afinar un instrumento./ Dar a un metal al vidrio o a otros materiales el punto de dureza o elasticidad que requieren para su uso./ fig. Sosegar la cólera o violencia. / prl. fig. Contenerse, evitar los excesos.// i. Perder el frío, comenzar a calentarse alguna cosa.

temple. m. Temperie./ Temperatura de los cuerpos./ Punto de dureza o elasticidad que se da a algunas cosas, templándolas. Orden de los templarios./ fig. Calidad o estado del genio. Valentía, arrojo./ Acuerdo armónico de los instrumentos.

templo. m. Edificio dedicado pública y exclusivamente al culto religioso./ fig. Lugar real o imaginario en que se rinde culto a la justicia, el saber, etc.

temporada. f. Conjunto de varios días, meses o años./ Tiempo durante el cual se realiza habitualmente una cosa.

temporal. a. Rel. al tiempo./ Que dura algún tiempo, que no es eterno./ Profano, secular./ Que pasa con el tiempo./ Rel. a la sienes.// a. y s. Díc. de cada uno de los dos huesos del cráneo correspondientes a las sienes.// m. Perturbación de la atmósfera o de las aguas del mar./ Lluvia persistente./ Tempestad.

temporalidad. f. Calidad de temporal o secular.

temporalizar. tr. Convertir en temporal lo eterno.

temporáneo, a. a. Que sólo dura algún tiempo.

temporario, ria. a. Temporáneo.

tempranero, ra. a. Temprano, anticipado. .

temprano, na. a. Adelantado, anterior al tiempo regular u ordinario./ adv. En las primeras horas del día o de la noche. Muy pronto, en tiempo anterior al normal o convenido.

tenacidad. f. Calidad de tenaz.

tenaz. a. Que se adhiere fuertemente a una cosa y es difícil de separar./ Que opone mucha resistencia a romperse o deformarse./ fig. Firme, terco, perseverante.

tenaza. f. Herramienta de metal compuesta por dos brazos movibles articulados en un eje, para sujetar, arrancar o cortar una cosa. Ú.m. en pl./ Pinzas de algunos vertebrados.

tendal. m. Toldo o cubierta de tela./ Conjunto de cosas tendidas para que se sequen./ *Arg.* Lugar abierto para esquilar el ganado./ *Amér.* Conjunto de personas o cosas desordenadamente tendidas en el suelo por una causa violenta./ *Arg., Chile y Perú.* Tendalera./ *Bol.* Campo llano.

tendalera. f. fam. Desorden de cosas que se dejan tendidas por el suelo.

tendedero. m. Sitio donde se tiende una cosa./ Dispositivo en que se tiende la ropa.

tendencia. f. Inclinación, propensión hacia determinados fines.

tendencioso, sa. a. Que manifiesta tendencia hacia ciertos fines o doctrinas.

tender. tr. Extender, desdoblar lo que se halla doblado o amontonado./ Echar por el suelo una cosa, esparciéndola./ Extender la ropa mojada para que se seque./ /i. Propender a algún fin.// prl. Echarse a lo largo./ Presentar el jugador todas sus cartas./ Extenderse el caballo en la carrera./ fig. y fam. Descuidarse, abandonar la solicitud de un asunto por negligencia.

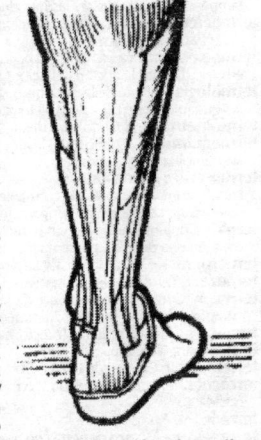

tendón de aquiles

tendero, ra. s. Persona que tiene una tienda./ Persona que vende por menor.// m. El que hace tiendas de campaña./ El que las cuida.

tendido, da. a. Dícese del galope del caballo cuando éste se tiende, o de la carrera veloz del hombre o de cualquier animal.// m. Acción de tender./ Gradería descubierta, próxima a la barrera, en las plazas de toros./ Ropa que después de lavada se tiende./ *Alb.* Parte del tejado desde el caballete al alero./ Capa delgada de cal, mortero, etc.

tendiente. p. act. de **tender.** Que tiende.

tendón. m. Haz de fibras conjuntivas que une por lo general los músculos a los huesos.

tenebrosidad. f. Calidad de tenebroso.

tenebroso, sa. a. Oscuro, cubierto de tinieblas./ fig. Confuso.// m. *R. de la P.* Rufián.

tenedor, ra. s. El que tiene o posee una cosa.// m. Utensilio de mesa, a modo de horquilla con tres o cuatro dientes.

teneduría. f. Cargo u oficina del tenedor de libros./ **-de libros.** Arte de llevar los libros de contabilidad.

tenencia. f. Posesión u ocupación de una cosa./ Cargo u oficio de teniente.

tener. tr. Asir o mantener asida una cosa./ Poseer y gozar./ Mantener, sostener Ú.t.c.prl./ Comprender o contener en sí./ Poseer o sujetar./ Parar, detener. Ú.t.c.prl./ Cumplir, guardar./ Hospedar o recibir en su casa./ Estar en precisión de hacer alguna cosa./ Juzgar, reputar. Ú.t.c.prl./ Apreciar, estimar. Ú.t.c.prl./ Pasar el tiempo de algún modo.// i. Ser rico y acaudalado.// prl. Afirmarse para no caer./ Atenerse, estar por uno o por una cosa.

tenia. f. Gusano platelminto parásito del intestino del hombre y de algunos mamíferos. Tiene la forma de una cinta, y puede alcanzar varios metros de longitud.

teniente. p. act. de **tener.** Que tiene o posee algo.// a. fam. Que es un poco sordo.// m. El que ejerce el cargo o ministerio de otro./ Oficial militar cuyo grado es inmediatamente inferior al de capitán.

tenis. m. Juego que consiste en que dos o cuatro jugadores, mediante raquetas, lancen alternativamente la pelota por encima de una red.

tenista. m. y f. Persona que juega al tenis.

tenor. m. Constitución de una cosa./ Contenido literal de un escrito./ Voz media entre contralto y barítono./ Hombre que posee esa voz.

tensión. f. Estado de un cuerpo sometido a la acción de fuerzas que lo estiran./ Grado de energía eléctrica manifestada en un cuerpo./ Estado anímico de excitación, impaciencia o exaltación./ Tirantez, estado de las relaciones que se hallan próximas a romperse./ Voltaje con que se realiza una transmisión de energía eléctrica. Se distingue entre *alta y baja tensión,* según sea por encima o por debajo de los mil voltios.

tenso, sa. a. Apl. al cuerpo en estado de tensión.

tensor, ra. a. y s. Que tensa o causa tensión.

tentación. f. Impulso repentino que induce a hacer algo./ Instigación que induce a alguna cosa mala.

tentacular. a. Rel. al tentáculo.

tentáculo. m. Cada uno de los apéndices móviles y blandos de muchos invertebrados, que les sirven como órgano del tacto, de locomoción y para la prensión.

tentador, ra. a. y s. Que tienta./ Que hace caer en la tentación.

tentar. tr. Palpar, tocar alguna cosa. Ú.t.c.prl./ Examinar por medio del sentido del tacto./ Inducir, instigar./ Intentar, procurar./ Probar./ Examinar la fortaleza o constancia de uno.

tentativo, va. a. Que sirve para tantear o probar una cosa.// f. Intento, acción de probar o experimentar una cosa./ *For.* Principio de ejecución de un delito.

tenue. a. Delgado, de poco espesor./ Delicado, leve, sutil./ De poca importancia./ Sencillo, no afectado.

teñido, da. p. p. de **teñir.**// m. Acción y efecto de teñir.

teñidura. f. Acción y efecto de teñir.

teñir. tr./ prl. Dar a una cosa un color distinto del que tenía.

teocali. m. Templo de los aztecas.

teocracia. f. Sociedad en que la autoridad política, que se considera emanada de Dios, se ejerce por sus ministros.

teología. f. Ciencia que trata de Dios y sus atributos y perfecciones.

teorema. m. Proposición que afirma una verdad que se puede demostrar.

teoría. f. Conocimiento considerado independientemente de toda aplicación./ Conjunto de leyes que sirven para relacionar determinado orden de fenómenos./ Hipótesis o suposición.

teórico, ca. a. Rel. a la teoría./ Que conoce o considera las cosas sólo de manera especulativa.// f. Teoría, conocimiento especulativo, independiente de toda aplicación.

teorizar. i. Tratar un asunto de manera teórica.

tequila. f. *Méx.* Bebida alcohólica, parecida a la ginebra, que se destila de una especie de maguey.

terapeuta. m. y f. Persona que profesa la terapéutica.

terapéutico, ca. a. Rel. a la terapéutica.// f. Parte de la medicina cuyo objeto es el tratamiento de las enfermedades.

terapia. f. Terapéutica; cuidado, curación.

tercero, ra. a. y s. Que sigue en orden al segundo./ Que media entre dos o más personas.

terceto. m. Combinación métrica de tres versos de arte mayor que puede constituir una estrofa autónoma dentro del poema.

telescopio

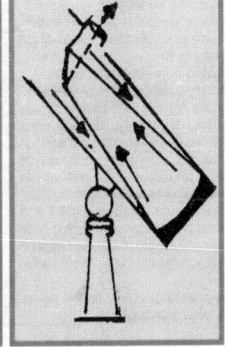

Los seis últimos endecasílabos del soneto se reparten en dos tercetos, con dos o tres rimas./ **-encadenados.** Serie de tercetos que constituyen un poema, cuyo primer endecasílabo rima con el tercero, mientras que el segundo rima con el primero y el tercero del terceto siguiente. Gmente., la composición acaba con un *serventesio,*que resulta de añadir un verso que rima con el penúltimo del terceto final.

terciado, da. p. p. de **terciar.**// a. Díc. del azúcar de color pardo claro./ Díc. de la madera formada por varias hojas de madera fina prensadas y encoladas.// m. Espada de hoja ancha y corta./ Cierto madero de sierra.

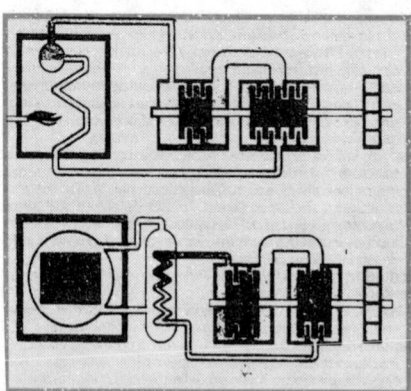

termoelectricidad

terciana. f. Fiebre intermitente que repite al tercer día.

terciar. tr. Poner una cosa atravesada al sesgo./ Dividir en tres partes.// i. Mediar, interponerse./ Tomar parte en la acción de otros.// prl. Venir bien una cosa.

terciario, ria. a. Tercero en orden o grado./ Apl. a la época más antigua de la era cenozoica. Ú.t.c.s./ Rel. a esa época./ Rel. a los terrenos de este período, donde se produce el movimiento orogénico alpino, acompañado de un clima progresivamente más frío, hasta culminar en las glaciaciones cuaternarias.// m. Religioso de la tercera orden de San Francisco.

tercio, cia. a. Que sigue al segundo.// m. Cada una de las tres partes iguales en que se divide un todo./ Cualquiera de las dos mitades de la carga que transporta una acémila.

terciopelo. m. Tela de seda o algodón, velluda y tupida, que se forma con dos urdimbres y una trama.

terco, ca. a. Pertinaz, obstinado, testarudo.

tereré. m. *Arg.* y *Par.* Bebida hecha con la maceración en agua fría de la yerba mate o con hierbas medicinales.

tergiversar. tr. Deformar, torcer, desfigurar las razones y argumentos o las palabras de un dicho o escrito, su interpretación o las relaciones entre los hechos y las circunstancias./ Trastocar.

termal. a. Rel. a las termas.

termas. f. pl. Baños de aguas minerales calientes./ Baños públicos de los romanos.

térmico, ca. a. Rel. al calor o a la temperatura.

terminación. f. Acción y efecto de terminar./ Parte final de una obra o cosa./ *Gram.* Letra o letras que subsiguen al radical de una palabra.

terminal. a. Último, final, que pone término a algo.// f. Cada uno de los extremos de una línea de transporte.

terminante. a. Que termina./ Concluyente, claro, preciso.

terminar. tr./i. Poner término a una cosa./ Acabar, rematar con esmero.// i./ prl. Tener fin alguna cosa.

terminativo, va. a. Rel. al término o fin de una acción.

término. m. Último punto, extremo de una cosa./ Fin de la duración o existencia de una cosa./ Límite./ Plazo determinado./ Objeto, finalidad./ Palabra./ fig. Límite de una cosa inmaterial./ *Gram.* Cada uno de los dos elementos necesarios en la relación gramatical./ Palabra, sonido o conjunto de sonidos articulados que expresan una idea./ *Lóg.* Cada una de las partes que integran una proposición o un silogismo./ *Mat.* El numerador y el denominador de una fracción./ *Mat.* Cada una de las partes ligadas entre sí por el signo de sumar o de restar, en una expresión analítica./ **-medio.** Cantidad igual o más próxima a la media aritmética de un conjunto de varias cantidades.

terminología. f. Conjunto de vocablos propios de una profesión, ciencia, etc./ Nomenclatura./ Vocabulario.

termita. f. Comején.

termo. m. Recipiente de dobles paredes que conserva la temperatura de las sustancias introducidas en él.

termoelectricidad. f. Transformación del calor en electricidad./ Parte de la física que la estudia.

termoeléctrico, ca. a. Apl. al aparato en que se desarrolla electricidad por la acción del calor./ Parte de la termología.

termología. f. Parte de la física que estudia los fenómenos en los que intervienen el calor y la temperatura.

termómetro. m. Aparato para medir la temperatura.

termoquímica. f. Estudio de las leyes y fenómenos térmicos en las combinaciones químicas.

termostato o termóstato. m. Aparato que mediante un contacto automático mantiene constante la temperatura en los sistemas de calefacción y refrigeración.

terna. f. Conjunto de tres personas que se proponen para elegir entre ellas la que deba desempeñar un cargo.

ternero, ra. s. Cría de la vaca.// f. Carne de esta cría.

terneza. f. Ternura./ Dicho lisonjero. Ú.m. en pl.

terno. m. Conjunto de tres cosas de la misma especie./ Traje completo de hombre./ Voto, juramento.

ternura. f. Calidad de tierno./ Afecto, cariño./ Dicho, lisonjero.

tero. m. *Arg.* Teruteru.

terquedad. f. Calidad de terco./ Obstinación, porfía molesta.

terracota. f. Arcilla modelada y cocida./ Escultura de arcilla cocida.

terrado. m. Azotea.

terraplén. m. Macizo de tierra con que se rellena un hueco, o que se levanta para hacer un camino, una vía férrea, etc.

terráqueo, a. a. Compuesto de tierra y agua. Apl. sólo a la esfera o globo terrestre.

terrateniente. m. y f. Dueño de tierras o hacienda.

terraza. f. Jarra vidriada, de dos asas./ Arriate de un jardín./ Terrado, azotea.

terregoso, sa. a. Dícese del campo lleno de terrones.

terremoto. m. Temblor violento de la corteza terrestre, ocasionados por fuerzas que actúan en el interior del globo.

terrenal. a. Rel a la tierra, en contraposición con lo que pertenece al cielo.

terreno, na. a. Rel. a la tierra.// m. Espacio de tierra./ fig. Campo de acción./ Orden de materias o temas de que se trata.

terrestre. a. Rel. a la tierra.

terrible. a. Digno de ser temido; que causa terror./ Desmesurado, gigantesco./ Áspero de genio.

terrífico, ca. a. Que aterroriza o causa espanto o pavor.

territorial. a. Rel. al territorio.

territorialidad. f. Forma especial de considerar las cosas cuando están dentro del territorio de una nación./ Privilegio jurídico en cuya virtud los buques y los domicilios de los agentes diplomáticos se consideran como si formasen parte del territorio de su nación, dondequiera que se encuentren.

territorio. m. Parte de la superficie terrestre que pertenece a una nación, provincia, etc.

terrón. m. Masa pequeña y suelta de tierra compacta./ Masa pequeña, suelta y sólida de cualquier otra sustancia.

terror. m. Miedo, espanto, pavor.

terrorífico, ca. a. Aterrador, que causa terror.

terrorismo. m. Dominación por el terror./ Conjunto de acciones violentas ejecutadas para infundir terror.

terrorista. m. y f. Persona partidaria del terrorismo o que practica actos terroristas.// a. Rel. al terrorismo.

terroso, sa. a. Que participa de la naturaleza de la tierra./ Que tiene mezcla de tierra.

terruño. m. Trozo de tierra./ Comarca o tierra natal./ Terreno, espacio de tierra.

terso, sa. a. Bruñido, resplandeciente./ Liso, sin arrugas./ fig. Dícese del lenguaje, estilo, etc., puro, fluido, limado.

tersura. f. Calidad de terso.

tertulia. f. Círculo de personas que se reúnen para conversar y recrearse./ Corredor en la parte más alta de los antiguos teatros de España./ *Arg.* Localidad intermedia, en los teatros.

teruteru. m. *Amér.* Ave zancuda, blanca con negro y pardo.

tesis. f. Proposición que se sostiene con razonamientos./ Parte del enunciado de un teorema que debe demostrarse./ Disertación escrita del aspirante al título de doctor.

tesitura. f. Altura propia de cada voz o instrumento./ fig. Disposición del ánimo.

tesón. m. Firmeza, constancia, entereza.

tesonero, ra. a. Que tiene tesón o constancia./ Tenaz, perseverante.

tesorería. f. Cargo o empleo de tesorero./ Oficina o despacho del tesorero.

tesorero, ra. s. Persona encargada de custodiar y distribuir los caudales de una institución.

tesoro. m. Cantidad de dinero, valores u objetos preciosos reunida y guardada./ Erario de una nación./ fig. Persona o cosa de mucho precio o estimación./ Nombre de ciertos diccionarios, antologías, etc./ Arg. Caja de caudales.

testa. f. Cabeza./ Frente, cara de alguna cosa./ fig. Entendimiento, capacidad y prudencia.

testación. f. Acción y efecto de testar o tachar.

testado, da. p. p. de **testar**.// a. Apl. a la persona que ha muerto habiendo hecho testamento, y a la sucesión que se rige por éste.

testaferro. m. El que presta su nombre en un contrato o negocio por delegación secreta de otro.

testamento. m. Declaración de la última voluntad de una persona, disponiendo de sus bienes y asuntos para después de su muerte./ Documento en que consta.

testar. i. Hacer testamento.// tr. Borrar, tachar.

testarudez. f. Calidad de testarudo./ Acción propia del testarudo.

testarudo, da. a. y s. Terco, porfiado, tozudo.

testículo. m. Cada una de las dos glándulas masculinas secretoras de semen.

testificación. f. Acción y efecto de testificar.

testificar. tr. Afirmar o probar de oficio una cosa, con testigos o documentos auténticos./ Deponer como testigo./ fig. Declarar con certeza y verdad.

testigo. m. y f. Persona que da testimonio de una cosa./ Persona que presencia una cosa o hecho.// m. Cosa que prueba la verdad de un hecho./ Hito de tierra que se va dejando a trechos en las excavaciones./ Testículo.

testimonial. a. Que da fe y constituye testimonio.

testimoniar. i. Servir de testigo para algo, atestiguar.

testimonio. m. Comprobación, prueba de la certeza de una cosa./ Aseveración de una cosa./ Documento autorizado legalmente en que se da fe de algo.

testuz. amb. Frente, en algunos animales y nuca, en otros.

teta. f. Cada una de los órganos glandulosos prominentes de los mamíferos, que sirven en las hembras para secretar la leche./ Pezón.

tetánico, ca. a. Rel. al tétanos.

tétano o **tétanos.** m. Enfermedad infecciosa grave, caracterizada por la rigidez convulsiva de los músculos.

tetera. f. Vasija que se usa para hacer y servir el té.

tetilla. f. En los machos de los mamíferos, cada una de las tetas./ Tetina.

tetina. f. Especie de pezón de goma que se coloca en los biberones para que chupen los niños.

tetraedro. m. Geom. Sólido limitado por cuatro caras o planos.

tetrasílabo, ba. a./ m. De cuatro sílabas.

tétrico, ca. a. Triste, muy melancólico./ Sombrío, fúnebre.

textil. a. Rel. a los tejidos./ Dícese de la materia capaz de ser tejida./ Dícese de la industria dedicada al hilado y tejido de fibras naturales o artificiales.

texto. m. Escrito o dicho original auténtico, por oposición a las glosas, notas o comentarios que sobre él se hacen./ Pasaje que se cita de una obra literaria./ Por ext., sentencia de la Sagrada Escritura./ Libro escrito, impreso o manuscrito.

textual. a. Rel. al texto./ Conforme con el texto o propio de él.

textura. f. Orden y disposición de los hilos en un tejido./ fig. Estructura de una obra de ingenio./ Disposición que tienen las partículas de un cuerpo entre sí.

tez. f. Superficie. Dícese especialmente de la del rostro humano.

ti. m. y f. Forma del pronombre personal de segunda persona del singular. Siempre lleva preposición, y cuando ésta es con, se dice contigo.

tía. f. Respecto de una persona, hermana o prima de su padre o madre.

tiara. f. Gorro alto que usaban los antiguos persas./ Tocado alto que usaron los papas como símbolo de autoridad./ Mitra papal./ fig. Dignidad del Sumo Pontífice.

tibia. f. Hueso principal y anterior de la pierna./ Flauta.

tibieza. f. Calidad de tibio.

tibio, bia. a. Templado, entre frío y caliente./ fig. Indiferente, poco fervoroso.

tiburón. m. Pez marino selacio, de gran tamaño, con dientes cortantes, muy voraz.

tic. m. Movimiento convulsivo producido por la contracción involuntaria de uno o varios músculos.

tictac (voz onomatopéyica). m. Ruido acompasado del escape de un reloj.

tiempo. m. Duración de las cosas sujetas a mudanza./ Parte de esta duración./ Época en que vive una persona o sucede algo./ Estación del año./ Edad de una persona./ Oportunidad de hacer alguna cosa./ Lugar o espacio libre de otras ocupaciones./ Largo espacio de tiempo./ Cualquiera de los actos sucesivos en que se divide la ejecución de algo./ Estado atmosférico./ Gram. Cualquiera de las distintas divisiones de la conjugación correspondientes a la época relativa en que sucede o se realiza la acción del verbo: pretérito, presente y futuro./ Mús. Cualquiera de las partes del compás.

tienda. f. Armazón de palos clavados en tierra y cubierta de pieles o telas, que sirve de alojamiento en el campo./ Casa, puesto o local donde se venden al público artículos al por menor./ Amér. Por anton., la de tejidos.

tienta. f. Operación que consiste en probar la bravura de los becerros./ Instrumento para explorar las cavidades y conductas naturales, o la profundidad y dirección de las heridas.// **-a tientas.** m. adv. Por el tacto.

terremoto

tiento. m. Ejercicio del sentido del tacto./ Palo o bastón que usan los ciegos para guiarse./ Arg. y Chile. Tira delgada de cuero sin curtir./ Cualquier lazo./ Floreo o ensayo que hacen los músicos antes de comenzar a tocar./ Tentáculo.

tierno, na. a. Blando, flexible, delicado./ fig. Reciente, nuevo./ Afectuoso, cariñoso./ Apl. a la edad de la niñez./ Propenso al llanto.

Tierra. f. Planeta del sistema solar que habitamos.

tierra. f. Parte superficial del globo terráqueo no ocupada por el mar./ Materia inorgánica de que se compone, principalmente, el suelo natural./ Piso o suelo./ Terreno propio para el cultivo./ Patria./ País, región./ Territorio formado por intereses presentes o históricos./ fig. Conjunto de los pobladores de un territorio./ Amér. Polvo./ **-de Siena.** Arcilla de color ocre pardo en cuya composición se encuentran óxidos de hierro y de manganeso./ **-firme.** Continente./ Terreno sólido, capaz de admitir sobre sí un edificio, por su consistencia y dureza./ **-prometida.** La que Dios prometió al pueblo de Israel./ **-santa.** Lugares de Palestina donde nació, vivió y murió Jesucristo./ **-tierras raras.** Grupo formado por elementos químicos cuyo número atómico está comprendido entre el 57 y el 71.

tieso, sa. a. Rígido, sin flexibilidad, firme./ Robusto./ Tenso, tirante./ fig. Afectado, estirado.

tiesto. m. Vasija para plantas./ Pedazo de vasija de barro.

tífico, ca. a. Rel. al tifus./ Que lo sufre.
tifoideo, a. a. Rel. al tifus, o parecido al mismo./ Rel. a la fiebre tifoidea.
tifón. m. Huracán en el mar de la China./ Tromba marina.
tifus. m. Enfermedad infecciosa, grave, con alta fiebre, que se caracteriza por síntomas nerviosos, trastornos intestinales y presencia en la piel de manchas punteadas.
tigra. f. Tigre hembra.
tigre. m. Mamífero carnicero de gran tamaño, de pelaje amarillo con rayas negras, muy feroz./ Persona sanguinaria y cruel.
tijera. f. Instrumento compuesto de dos hojas de acero cruzadas, con un solo filo cada una, para cortar. Ú.m. en pl.
tijereta. f. dim. de tijera. Ú.m. en pl./ Cada uno de los zarcillos que brotan en los sarmientos de las vides./ Ave palmípeda sudamericana./ Pájaro del norte argentino.
tijeretear. tr. Dar cortes con las tijeras./ fig. y fam. Disponer en negocios ajenos.
tila. f. Tilo./ Flor del tilo./ Infusión que se hace con las flores del tilo.
tílburi. m. Coche de dos ruedas grandes, ligero y sin cubierta, para una sola caballería.
tildar. tr. Poner tilde a las palabras./ Tachar lo escrito./ fig. Señalar con alguna nota denigrativa a una persona.
tilde. amb. Signo que se pone sobre una letra para distinguirla de otra o acentuarla./ fig. Tacha, nota denigrativa.
tiliáceo, a. a./ f. Dícese de plantas dicotiledóneas con hojas alternas, fruto capsular y flores axilares. // f. pl. Familia de estas plantas.
tilingo, ga. a. Arg. y Méx. Tonto, insustancial.
tilo. m. Árbol ornamental tiliáceo, de tronco recto y grueso, copa grandes y flores medicinales./ Arg. y Chile. Tila, bebida antiespasmódica.
timador, ra. s. Persona que tima.
timar. tr. Quitar con engaño./ Engañar con promesas.
timba. f. fam. Partida de juego de azar./ Casa de juego, garito.
timbal. m. Instrumento músico de percusión, especie de tambor de un solo parche, con caja metálica en forma de media esfera./ Atabal.
timbó. m. Arg. y Par. Árbol muy corpulento cuya madera se utiliza para hacer canoas.
timbrar. tr. Poner el timbre, sello o membrete.
timbrazo. m. Toque fuerte de un timbre.
timbre. m. Insignia que se pone encima del escudo de armas./ Sello./ Aparato de llamada o de aviso./ Modo característico de sonar un instrumento o la voz./ fig. Acción gloriosa o cualidad personal que ennoblece.
timidez. f. Calidad de tímido.
tímido, da. a. Temeroso, apocado, falto de ánimo.
timo. m. Acción y efecto de timar./ Glándula endocrina de los vertebrados, que involuciona con la edad, y en el hombre está situada detrás del esternón. Sintetiza hormonas y participa en el desarrollo de la función inmunológica, en particular la ejercida a través de una clase especial de linfocitos.
timón. m. Palo del arado, que va de la cama al yugo./ Pértigo./ Varilla del cohete./ fig. Dirección y gobierno de un negocio./ Pieza de madera o hierro que sirve para gobernar la nave./ Por ext., también se da este nombre a las piezas semejantes de submarinos, aviones, etc.
timonear. i. Gobernar el timón.
timonel. m. El que gobierna el timón de la embarcación.
timorato, ta. a. Tímido, indeciso, irresoluto.
tímpano. m. Tambor./ Instrumento musical de percusión que se compone de una caja trapezoidal provista de cuerdas de acero que se golpean con dos macillos./ Membrana que separa el conducto auditivo externo del oído medio./ Espacio triangular entre las tres cornisas de un frontón.
tina. f. Tinaja./ Vasija de madera de forma de media cuba./ Vasija de forma de caldera, que sirve para teñir y otros usos.
tinaja. f. Vasija grande de barro cocido, más ancha por el medio que por el fondo y la boca./ Líquido que cabe en una tinaja.
tinglado. m. Cobertizo./ Tablado armado a la ligera./ fig. Artificio, maquinación.
tiniebla. f. Falta de luz. Ú.m. en pl./ fig. Confusión, suma ignorancia./ Maitines de los tres últimos días de la Semana Santa.
tino. m. Facilidad de acertar a tientas./ Destreza y acierto para dar en el blanco./ fig. Cordura, sensatez.
tinta. f. Color que se sobrepone a una cosa, o con el cual se tiñe./ Líquido coloreado que se emplea para escribir o dibujar, mediante un instrumento apropiado./ Acción y efecto de teñir./ Secreción líquida de los cefalópodos para enturbiar el agua como defensa./ pl. Matices, degradaciones de color./ Mezcla de colores que se hace para pintar./ **-china.** La que se hace con negro de humo, empleada en especial para dibujar. Suele ser resistente al agua./ **-medias tintas.** fig. y fam. Hechos, dichos o juicios vagos y nada resueltos./ **-recargar uno las tintas.** frs. fig. Exagerar el alcance o significación de un dicho o hecho.
tinte. m. Acción y efecto de teñir./ Color con que se tiñe./ Matiz.
tintero. m. Recipiente en que se pone la tinta para escribir.
tintín. m. Sonido de la campanilla, timbre, el que hacen vasos y copas al chocar, etc.
tintinear. i. Producir el sonido especial del tintín.
tintineo. m. Acción y efecto de tintinear.
tinto, ta. p. p. de **teñir.**// a./ m. Dícese del vino de color rojo oscuro.// a./ f. Dícese de una variedad de uva que tiene negro el zumo y se usa para dar color a algunos mostos.// a. Rojo oscuro.
tintóreo, a. a. Dícese de las plantas de las que se extraen sustancias colorantes.
tintorería. f. Oficio de tintorero./ Comercio o lugar donde se tiñe./ Tinte.
tintorero, ra. s. El que tiene por oficio teñir o limpiar prendas de tela.
tintura. f. Acción de teñir./ Sustancia con que se tiñe./ Afeite en el rostro./ Solución de una sustancia medicinal en un líquido que disuelve de ella ciertos principios.
tiña. f. Enfermedad parasitaria de la piel que ocasiona caída del cabello./ fig. y fam. Miseria, escasez./ Arañuelo o gusanillo que ataca las colmenas.
tiñería. f. fam. Tiña, miseria, mezquindad.
tío, a. m. Respecto de una persona, hermano o primo de su madre o padre./ fam. Hombre grosero y rústico.
tiovivo. m. Plataforma giratoria con asientos, animales de madera, automóviles, etc., para diversión.
tipa. f. Árbol sudamericano, usado en carpintería y ebanistería.
típico, ca. a. Que incluye en sí la representación de otra cosa./ Peculiar en un grupo, región, país, época.
tipificación. f. Acción y efecto de tipificar.
tipificar. tr. Ajustar varias cosas semejantes a un tipo común./ Representar una persona o cosa la especie o clase a que pertenece.
tiple. m. La más aguda de las voces humanas.// m. y f. Persona que posee esta voz.

tímpano

TÍMPANO

tipo. m. Ejemplar, modelo./ Símbolo que representa una cosa figurada./ Letra o carácter de imprenta./ Cada una de las diversas clases de esta letra./ Figura o talle de una persona./ desp. Persona singular./ *Biol.* Cualquiera de las grandes agrupaciones de clases en que se dividen los reinos animal y vegetal./ *Lit.* Personaje o carácter bien trazado, que reúne las características de la clase que representa.

tipografía. f. Arte de imprimir y lugar donde se imprime.

tipográfico, ca. a. Rel. a la tipografía.

tipógrafo. m. El que profesa la tipografía./ Máquina de componer o imprimir con caracteres movibles o tipos.

tira. f. Pedazo largo y angosto de papel, tela u otra materia delgada.

tirabuzón. m. Instrumento para sacar tapones de corcho./ fig. Rizo del cabello, largo, que pende en espiral.

tirada. f. Acción de tirar./ Distancia que hay de un tiempo o lugar, a otro./ Serie de cosas que se dicen o escriben de un tirón./ *Impr.* Acción y efecto de imprimir./ *Impr.* Lo que se tira en un solo día de labor.

tirado, da. p. p. de **tirar.**// a. Apl. a las cosas que se venden a muy bajo precio o a las que abundan mucho./ fig. Dícese de la persona despreciable, que ha perdido la vergüenza.

tirador, ra. s. Persona que tira./ m. Instrumento con que se estira algo./ Asidero del cual se tira para abrir una puerta, un cajón, etc./ Horquilla con mango y dos gomas unidas por una badana que sirve para disparar piedrecillas, perdigones, etc./ Tirante para sostener el pantalón. Ú.m. en pl./ *Arg.* Cinturón ancho que usan los gauchos.

tiraje. m. *Impr.* Tirada./ *Amér.* Tiro de chimenea.

tiramiento. m. Acción y efecto de tirar o estirar.

tiranía. f. Gobierno ejercido por un tirano./ fig. Abuso de poder o fuerza./ Dominio excesivo de un afecto o pasión sobre la voluntad.

tiranicida. a. y s. Apl. a quien mata a un tirano.

tiranicidio. m. Muerte dada a un tirano.

tiránico. a. Rel. a la tiranía./ Tirano.

tiranización. f. Acción y efecto de tiranizar.

tiranizar. tr. Gobernar un tirano algún Estado./ fig. Gobernar tiránicamente.

tirano, na. a. y s. Apl. a quien obtiene contra derecho el gobierno de un estado y en especial de quien lo rige sin justicia y arbitrariamente./ fig. Apl. a quien abusa de su poder, fuerza, etc.// a. Apl. al afecto que domina al ánimo.

tirante. p. act. de **tirar.** Que tira./ a. Tenso./ fig. Apl. a las relaciones de amistad que están a punto de romperse.// m. Cuerda o correa que, asida a las guarniciones de las caballerías, sirve para tirar de un vehículo./ Cada una de las dos tiras que se usan para suspender de los hombros el pantalón./ Pieza horizontal de una armadura de tejido.

tirantez. f. Calidad de tirante./ Distancia que hay en línea recta entre los extremos de una cosa.

tirar. tr. Despedir algo de la mano./ Arrojar, lanzar e[n] [un]a

tigre

determinada dirección./ Derribar./ Dejar caer una cosa./ Desechar una cosa./ Disparar un arma de fuego. Ú.t.c.i./ Extender, estirar./ Reducir a hilo un metal./ Trazar líneas o rayas./ fig. Dilapidar, disipar./ *Impr.* Imprimir.// i. Atraer por virtud natural./ Hacer fuerza para arrastrar algo./ Producir el tiro de un hogar./ fig. Torcer, dirigirse a uno u otro lado./ Durar./ Tender, propender.// prl. Abalanzarse./ Arrojarse./ Tenderse, echarse en el suelo./ *Arg.* Desechar una cosa.

tiritar. i. Temblar o estremecerse de frío.

tiro. m. Acción y efecto de tirar./ Señal que hace lo que se tira./ Disparo de un arma de fuego./ Estampido que produce./ Cantidad de munición que constituye la carga de un arma de fuego./ Alcance de un arma arrojadiza./ Lugar donde se tira al blanco./ Conjunto de las caballerías de un carruaje./ Tirante de un carruaje./ Corriente de aire que produce el fuego de un hogar./ *Arg.* y *Chile.* Distancia que deben recorrer los caballos de carreras./ **-de gracia.** El que se da a alguien que ha sido herido en una ejecución, para asegurar su muerte. Ú.t. en sentido fig.

tiroides. f. Glándula endócrina situada en la parte anterior y superior de la tráquea.

tirón. m. Acción y efecto de tirar de golpe y con violencia.

tirotear. tr. Disparar repetidamente armas de fuego portátiles.

tiroteo. m. Acción y efecto de tirotear.

tirria. f. fam. Antipatía contra uno./ Odio, ojeriza.

tisana. f. Bebida que resulta del cocimiento de hierbas medicinales.

tísico, ca. a. Que padece tisis. Ú.t.c.s./ Rel. a esta enfermedad.

tisis. f. Tuberculosis pulmonar./ Enfermedad que se caracteriza por consunción gradual y lenta.

titán. m. En la mitología griega, cada uno de los gigantes que habían querido asaltar el cielo./ fig. Sujeto de excepcional poder, que sobresale en algún aspecto./ Grúa gigantesca.

títere. m. Figurilla que se mueve con hilos o metiendo una mano en su interior./ fig. y fam. Sujeto de figura ridícula./ Sujeto informal y necio.

titilación. f. Acción y efecto de titilar.

titilar. i. Temblar ligeramente alguna parte del cuerpo./ Centellear con ligero temblor un cuerpo luminoso.

titiritar. i. Temblar de frío o de miedo.

titiritero, ra. s. Persona que trae o maneja títeres./ Volatinero.

titubear. i. Perder la estabilidad y firmeza./ Dudar, vacilar en la elección o pronunciación de las palabras./ fig. Vacilar, quedar perplejo.

titubeo. m. Acción y efecto de tutubear.

titulado, da. p. p. de **titular.** // s. Persona que posee un título académico.

titular. a. Que tiene algún título por el cual se denomina./ Que da su nombre por título a una cosa./ Dícese del que ejerce profesión con misión especial o propia.// a./ m. y f. Dícese del que ejerce algún cargo para el que posee el correspondiente título o nombramiento.

titular. tr. Poner título a una cosa.// i. Obtener título de nobleza.

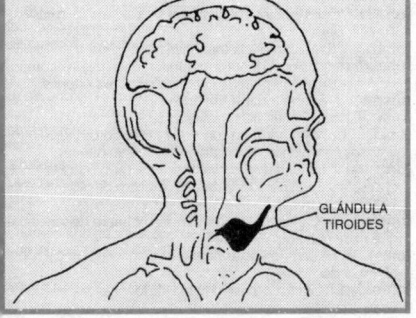

tiroides

GLÁNDULA
TIROIDES

título. m. Palabra o frase con que se enuncia el asunto de un libro o papel manuscrito o impreso./ Letrero con que se indica el contenido o destinos de otras cosas./ Renombre con que se conoce a alguien por sus virtudes o acciones./ Causa, motivo, pretexto./ Demostración auténtica del derecho con que se posee alguna cosa./ Testimonio dado para ejercitar un cargo, profesión, etc./ Dignidad nobiliaria./ Persona a quien se ha concedido esta dignidad./ Cada una de las partes principales de una ley, reglamento, etc./ Documento que representa deuda pública o valor comercial./ Servicios prestados, capacidad probada, méritos, etc. Ú.m. en pl./ Cada uno de los títulos de una revista, libro, periódico, etc. Ú.m. en pl.

tiza. f. Arcilla terrosa blanca usada para escribir y dibujar en los encerados./ Asta de ciervo calcinada./ Pasta de yeso y greda que se usa para untar la suela de los tacos de billar.

tizne. amb. Humo negro que se pega a sartenes y otras vasijas que han estado al fuego./ m. Tizón.

tizo. m. Pedazo de leña mal carbonizado que humea al arder.

tizón. m. Pedazo de leña a medio quemar./ Honguillo negruzco que daña los cereales./ fig. Mancha en la fama o estimación.

toalla. f. Lienzo para secarse y limpiarse las manos y la cara.

toba. f. Piedra caliza, ligera y muy porosa, que se forma por la cal que las aguas de ciertos manantiales llevan disueltas.

toba. a. y s. Dícese del indio de una tribu que vivía al sur del río Pilcomayo./ a. Rel. a estos indios./ m. Lengua toba.

tobillera. f. Venda elástica con la que se sujeta el tobillo.

tobillo. m. Protuberancia de la tibia y el peroné en el lugar donde la pierna se une con el pie.

tobogán. m. Trineo bajo, propio para deslizarse por las pendientes nevadas./ Declive artificial para deslizarse por él.

toca. f. Prenda de tela para cubrir la cabeza./ Prenda que usan las monjas ceñida al rostro para cubrirse la cabeza.

tocadiscos. m. Aparato provisto de un fonocaptor y un altavoz para reproducir los sonidos registrados en los discos.

tocado. a. fig. Medio loco, un poco perturbado./ m. En las mujeres, peinado y adorno de la cabeza./ Juego de cintas, encajes, etc., para tocarse una mujer.

tocador, ra. a. y s. Que toca./ m. Mueble con espejo, para peinarse y tocarse./ Aposento que se destina a este fin.

tocar. tr. Ejercitar el sentido del tacto./ Llegar a una cosa con la mano, sin asirla./ Hacer sonar un instrumento musical./ Avisar llamando con campana, timbre, etc./ Tropezar ligeramente dos cosas./ Ensayar un metal en la piedra de toque./ Peinar y componer el cabello. Ú.m.c.prl./ fig. Conocer algo por experiencia./ Estimular, persuadir./ Tratar superficialmente de una materia./ Mar. Rozar con la quilla en el fondo.// i. Pertenecer por un derecho o título./ Caer en suerte una cosa./ Ser un pariente de otro.// prl. Cubrirse la cabeza; ponerse el sombrero, la mantilla, etc./ Componerse, hermosearse.

tocata. f. Pieza de música generalmente destinada a instrumentos de cuerda.

tocayo, ya. s. Persona que tiene el mismo nombre que otra.

tocino. m. Carne grasa del cerdo, y en especial la salada.

tocología. f. Parte de la medicina que se dedica a la gestación y el parto.

todavía. adv. Indica hasta el momento actual o un momento determinado./ Denota que una acción o estado persisten en un momento determinado./ Aún, sin embargo.

todo, da. a. Entero, cabal./ Ú.t. para ponderar el exceso de alguna calidad o condición./ Seguido de un sustantivo singular y sin artículo, toma y da a este sustantivo valor de plural./ En pl. equivale a veces a cada.// m. Cosa íntegra y cabal.// adv. Enteramente.

topo

todopoderoso, sa. a. Que todo lo puede./ Por anton., Dios.

toga. f. Prenda principal del traje de los antiguos romanos./ Vestidura talar que usan los magistrados, letrados, etc., encima del traje.

toldería. f. *Arg.* Campamento formado por toldos de indios.

toldo. m. Pabellón o cubierta de tela para dar sombra./ *Arg.* Choza que hacen los indios con pieles y ramas./ fig. Engreimiento, pompa o vanidad.

tolerancia. f. Acción y efecto de tolerar./ Respeto hacia la forma de pensar, actuar y sentir de los demás./ Capacidad del organismo para aceptar medicamentos, bebidas, etc./ Diferencia que se admite en las características físicas y químicas de un material o pieza, entre el valor nominal y el real.

tolerar. tr. Llevar con paciencia, soportar, sufrir./ Disimular algo que no es lícito./ Aguantar.

tolva. f. Depósito en forma de pirámide o cono invertido, abierto por debajo, en el que se echan granos y otros cuerpos para que caigan poco a poco.

tolvanera. f. Remolino de polvo.

toma. f. Acción de tomar./ Conquista, asalto u ocupación por las armas de un lugar./ Porción de una cosa que se recibe de una vez./ Lugar por donde se deriva una corriente de fluido./ Abertura para desviar parte de un caudal de agua.

tomado, da. p. p. de *tomar*.// a. Dícese de la voz que no es bastante clara, nítida y sonora, especialmente en el canto.

tomador, ra. a. Que toma./ *Amér.* Bebedor, aficionado a la bebida.

tomar. tr. Asir con la mano, agarrar./ Asir./ Recibir, aceptar./ Comer o beber./ Ocupar por la fuerza una plaza, fortaleza, etc./ Contratar a una persona./ Adoptar, poner por obra./ Adquirir, contraer./ Alquilar./ Contratar o ajustar./ Quitar o hurtar./ Elegir./ Empezar a seguir una dirección, camino, etc.// i. *Amér.* Beber, hacer uso frecuente de bebidas alcohólicas.// prl. Cubrirse de moho u orín.

tomatal. m. Lugar donde abundan las tomateras.

tomate. m. Fruto de la tomatera, redondo, rojo cuando está maduro, blando y reluciente, muy nutritivo./ Tomatera.

tomatera. f. Planta herbácea anual americana cuyo fruto es el tomate.

tómbola. f. Rifa pública de objetos diversos con fines benéficos.

tomillo. m. Planta labiada, muy olorosa, con flores blancas o rosadas.

tomo. m. Cada una de las partes en que suelen dividirse las obras escritas de cierta extensión, encuadernadas separadamente.

tonada. f. Composición métrica para ser cantada./ Su música./ Tonillo, dejo.

tonal. a. Rel. al tono o a la tonalidad.

tonalidad. f. Sistema de sonidos fundamental de una composición musical./ En pintura, sistema de colores o tonos.

tonante. p. act. de *tonar*. Que truena.

tonar. i. poét. Tronar, echar rayos.

tonel. m. Cuba grande para conservar y transportar vino u otros líquidos./ Medida antigua para el arqueo de buques.

tonelada. f. Unidad de peso o capacidad, usada para calcular el desplazamiento de los buques.// **-métrica de peso.** Peso de 1.000 kilogramos.

tonelaje. m. Capacidad de un buque./ Número de toneladas que mide una flota mercante.

tongo. m. En competencias deportivas, convenio ilegal sobre el resultado.

tonicidad. f. Grado de tensión y vigor de los órganos del cuerpo vivo.

tónico, ca. a./ m. Apl. al medicamento que entona y vigoriza. // a. Rel. tono./ Dícese de la vocal o sílaba que recibe el acento.// a./ f. Dícese de la primera nota de una escala.// f. Bebida gaseosa.

tonificación. f. Acción y efecto de tonificar.

tonificar. tr. Dar vigor al organismo, entonar.

tono. m. Grado de elevación del sonido./ Modo peculiar de modular la voz./ Manera particular de decir algo./ Carácter de la expresión y del estilo de una obra literaria./ Tonada./ vigor, fuerza./ *Arg.* Esplendidez, pompa./ Modo, disposición de los sonidos./ Vigor y relieve de todas las partes de una pintura.

toga

tonsura. f. Acción y efecto de tonsurar./ Acción y efecto de conferir el grado preparatorio del estado clerical, con diferentes formas de corte de pelo./ El grado mismo./ **-prima tonsura.** Grado preparatorio para recibir órdenes menores.

tonsurar. tr. Cortar el pelo o la lana a personas o animales./ Dar a uno el grado de prima tonsura.

tontedad. f. Tontería.

tontera. fam. Tontería.

tontería. f. Calidad o estado de tonto./ Dicho o hecho tonto, sin importancia./ Nadería.

tonto, ta. a. y s. Falto o escaso de entendimiento./ Simple, candoroso.

topacio. m. Piedra preciosa de color amarillo, muy dura y transparente.

topar. tr./ i. Chocar una cosa con otra.// tr./ i./ prl. Encontrar casualmente sin buscar.// tr./ i. Encontrar lo que se busca. // i. Topetar, dar topetazos./ fig. Tropezar con una dificultad.

tope. m. Parte por donde una cosa puede chocar con otra./ Dificultad, tropiezo./ Pieza que impide la acción o el movimiento de un mecanismo./ Límite./ Cada uno de los paragolpes de un vagón de ferrocarril./ Topetón, golpe./ fig. Punto donde estriba la dificultad de algo./ *Mar.* Punta del último mastelero./ Extremo superior de cualquier mástil.

topetada. f. Golpe que los carneros, los toros, etc., dan con la cabeza./ fig. y fam. Golpe que da uno con la cabeza en alguna cosa.

topetar. tr. Dar con la cabeza en alguna cosa con violencia e impulso. Ú.t.c.i./ Topar, chocar.

topetazo. m. Topetada./ Golpe al chocar dos cuerpos.

topetón. m. Topetada./ Golpe o encuentro de una cosa con otra.

tópico, ca. a. Rel. un determinado lugar.// m. Medicamento externo./ *Amér.* Tema, asunto o materia./ Medicamento externo./ Dicho vulgar o trivial.// pl. Lugares comunes, principios generales.

topo. m. Mamífero insectívoro, que abre galerías subterráneas, donde vive./ fig. y fam. Persona que tropieza en cualquier cosa por defecto visual. Ú.t.c.a./ Persona de cortos alcances.

topografía. f. Ciencia que se ocupa de describir gráficamente la superficie terrestre./ Conjunto de accidentes y particularidades de un terreno.

topográfico, ca. a. Rel. a la topografía.

toponimia. f. Estudio de la significación y origen de los nombres propios de lugar.

topónimo. m. Nombre propio de lugar.

toque. m. Acción de tocar./ Tañido de campanas o ciertos instrumentos con que se anuncia una cosa./ Pincelada ligera./ Ensayo que se hace de los metales./ fig. Punto esencial en que estriba una cosa.

toquetear. tr. Tocar repentinamente, y sin tino ni orden.

torácico, ca. a. Rel. al tórax.

tórax. m. Pecho del hombre./ Cavidad del pecho de los animales./ Parte del cuerpo de los insectos entre la cabeza y el abdomen.

torbellino. m. Remolino de viento./ fig. Abundancia de hechos que concurren al mismo tiempo./ fig. y fam. Persona viva e inquieta.

torcaz. a./ f. Dícese de una variedad de paloma silvestre.

torcedura. f. Acción y efecto de torcer o torcerse./ Desviación de un miembro u órgano de su dirección natural.

torcer. tr. Dar vueltas a una cosa sobre sí misma, apretándola. Ú.t.c.prl./ Encorvar o doblar una cosa. Ú.t.c.prl./ Desviar una cosa de su dirección. Ú.t.c.i./ fig. Interpretar mal aquello que tiene sentido equívoco./ Mudar la opinión de alguno. Ú.t.c.prl.// prl. Dificultarse y malograrse un buen negocio./ Desviarse.

torcido, da. a. Que no es recto./ fig. Dícese de la persona que carece de rectitud moral.// f. Mecha que se pone en los velones, candiles, etc.

torcijón. m. Retortijón de tripas./ Retorcimiento.

torcimiento. m. Torcedura, acción y efecto de torcer o torcerse.

torción. m. Acción y efecto de torcer o torcerse.

tordillo, lla. a. y s. Tordo.

tordo, da. a. y s. Dícese de la caballería que tiene el pelo mezclado de negro y blanco.// m. Pájaro de color gris aceitunado, cuerpo robusto y pico delgado y negro.

toreador. m. El que torea.

torear. i./ tr. Lidiar los toros en la plaza.// tr. fig. Entretener con engaños las esperanzas de uno./ Hacer burla de alguien./ Fatigar, molestar.

toreo. m. Acción de torear./ Arte de lidiar los toros.

torero, ra. a. fam. Rel. al toreo.// s. Persona que tiene por oficio o afición torear en las plazas.// f. Chaquetilla corta y ceñida.

tormenta. f. Perturbación o tempestad de la atmósfera o del mar./ fig. Adversidad, infortunio./ Manifestación violenta de los estados de ánimo exaltados.

tormento. m. Acción y efecto de atormentar./ Angustia y sufrimiento físico./ Dolor corporal que se ocasionaba al reo para obligarlo a declarar./ Máquina bélica para disparar balas, piedras, etc./ fig. Angustia o aflicción del ánimo./ Cosa o sujeto que lo ocasiona.

tormentoso, sa. a. Que causa tormenta./ Dícese del tiempo que amenaza tormenta.

tornado. m. Huracán, viento impetuoso giratorio, de efectos devastadores, que avanza a velocidades extraordinarias.

tornar. tr. Devolver una cosa./ tr. prl. Mudar la naturaleza o estado.// i. Regresar al lugar de partida.

tornasol. m. Reflejo que hace la luz en las superficies muy tersas./ Materia colorante azul violácea que se usa en química como reactivo para reconocer los ácidos, que la vuelven roja./ Girasol.

topacio

tornasolado, da. a. Que tiene o hace visos o tornasoles.

tornasolar. tr./ prl. Hacer o causar tornasoles.

tornavoz. m. Aparato dispuesto para que el sonido repercuta y se oiga mejor, como el sombrero del púlpito.

tornear. tr. Labrar una cosa con el torno, puliéndola y alisándola.// i. Dar vueltas en torno./ Combatir en el torneo.

torneo. m. Combate a caballo entre varias personas divididas en dos bandos, y fiesta pública en que se imita esta lucha./ fig. Certamen, competición.

tornero. m. Persona que se dedica a labrar con el torno./ El que fabrica tornos.

tornillo. m. Cilindro de metal que entra en la tuerca./ Especie de clavo con resalte en hélice.

torniquete. m. Especie de torno en forma de brazos iguales, que gira sobre un eje horizontalmente, y se pone en las entradas por donde sólo han de pasar una a una las personas./ Instrumento para contener las hemorragias en operaciones y heridas en las extremidades.

torno. m. Máquina simple que consta de un cilindro que gira alrededor de su eje./ Máquina en que se imprime un movimiento giratorio a objetos de barro, madera, etc., para labrarlos en redondo./ Armazón giratoria, ajustada al hueco de una pared, para pasar objetos de una parte a otra, sin que se vean las personas que los dan o reciben.

toro. m. Mamífero rumiante, bovino, de cabeza gruesa, armado de dos cuernos, piel dura con pelo corto y cola larga./ fig. Hombre muy robusto y fuerte.

toronja. f. Variedad de cidra, de corteza amarillo-rojiza, que tiene propiedades del limón y la naranja./ Pomelo.

torpe. a. Que no tiene movimiento libre o lo tiene lento o pesado./ Falto de habilidad y destreza./ Lento en comprender, tardo./ Impúdico, lascivo./ Ignominioso, infame./ Tosco, feo.

torpedear. tr. Batir con torpedos.

torpedeo. m. Acción y efecto de torpedear.

torpedero, ra. a. Apl. al buque de guerra con dispositivos para lanzar torpedos.

torpedo. m. *Zool.* Selacio de cuerpo deprimido y discoidal, de hasta cuarenta centímetros, de color blanquecino en el lado ventral y más oscuro en el dorso, en donde lleva, debajo de la piel, un par de órganos musculosos, que producen corrientes eléctricas bastante intensas. La cola es más carnosa y menos larga en la raya. A los lados del cuerpo lleva dos pares de aletas. Hay varias especies, todas vivíparas./ Mar. Proyectil submarino autopropulsado.

torpeza. f. Calidad de torpe./ Acción o dicho torpe.

torrado, da. a. Tostado al fuego.

torrar. tr. Tostar al fuego.

torre. f. Construcción cilíndrica, más alta que ancha, para defensa en los castillos, adorno en las casas y donde se colocan las campanas en las iglesias./ Pieza del ajedrez./ Edificio de gran altura./ Reducto acorazado sobre la cubierta de los buques de guerra.

torrefacción. f. Tostada.

torrencial. a. Parecido al torrente.

torrente. m. Corriente impetuosa de agua./ fig. Muchedumbre de personas que afluyen a un mismo sitio.

torrentoso, sa. a. *Amér.* Apl. al caudal de agua que corre a modo de torrente.

torreón. m. Torre grande, para defensa de una plaza, castillo o fortaleza.

tórrido, da. a. Muy ardiente o caluroso.

torsión. f. Acción y efecto de torcer o torcerse.

torso. m. Tronco del cuerpo humano./ Estatua sin cabeza, brazos ni piernas.

torta. f. Masa de harina, huevos, azúcar, etc., de figura redonda, que se cuece al horno o se fríe.

tortazo. m. fig. y fam. Bofetada.

tortera. a./ f. Cacerola casi plana.

tortícolis o torticolis. m. Dolor y contractura de los músculos del cuello que impide moverlo y obliga a tenerlo torcido.

tortilla. f. Fritura de huevos batidos con otros ingredientes, en forma de torta./ *Amér. Central* y *Méx.* Torta hecha de maíz.

tórtola. f. Ave más pequeña que la paloma de plumaje ceniciento.

tortuga. f. Reptil quelonio, acuático o terrestre, de cuerpo ancho y corto cubierto por un caparazón córneo, debajo del cual puede esconder la cabeza, las extremidades y la cola; tiene mandíbulas sin dientes, con un pico córneo.

tortuosidad. f. Calidad de tortuoso.

tortuoso, sa. a. Que tiene vueltas y rodeos./ fig. Cauteloso, astuto, solapado.

tortura. f. Calidad de tuerto o torcido./ Tormento./ Dolor o angustia grandes.

torturar. tr./ prl. Dar tortura, martirizar, atormentar.

torvo, va. a. Espantoso a la vista, fiero, airado.

tos. f. Expulsión violenta, ruidosa y convulsiva del aire contenido en los pulmones.

tosco, ca. a. Grosero, hecho con poca habilidad y esmero./ fig. Inculto, rudo./ Sin pulir.// f. Piedra caliza; toba.

toser. i. Tener y padecer tos.

tósigo. m. Veneno, ponzoña./ fig. Pena o angustia grande.

tosquedad. f. Calidad de tosco.

tostado, da. a. Dícese del color subido y oscuro.// a. y s. *R. de la P.* Apl. a la caballería cuyo pelo es de este color.// m. Acción de tostar.// f. Rebanada de pan tostado.

tostador, ra. a. y s. Que tuesta.// m. Aparato para tostar.

tostadura. f. Acción y efecto de tostar.

tostar. tr./ prl. Poner una cosa al fuego, hasta que se deseque y tome color sin quemarse./ fig. Calentar mucho./ Curtir la piel el sol o el aire.

total. a. General, que comprende todo en su especie./ Completo.// m. *Mat.* Suma.// adv. En resumen.

totalidad. f. Calidad de total./ Todo./ Conjunto de todas las cosas o personas de que se compone una clase o especie.

totalitario, ria. a. Díc. del sistema político y económico según el cual el Estado absorbe y regula todas las actividades, sin admitir ninguna forma legal de oposición.// a. y s. Partidario de este sistema.

totalitarismo. m. Régimen de gobierno totalitario.

totalización. f. Acción de totalizar.

totalizar. tr. Sumar, hacer el total de varias cantidades.

tótem. m. Objeto de la naturaleza que se toma como emblema protector del individuo o de la tribu en algunas sociedades primitivas.

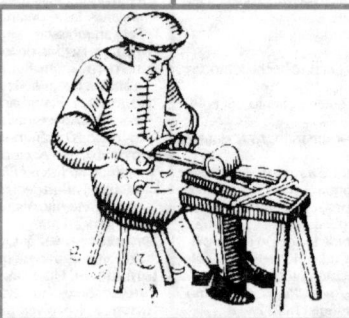

trabajo

totora. f. *Amér.* Especie de espadaña.

toxicidad. f. Calidad de tóxico.

tóxico, ca. a. y s. Dícese de las sustancias venenosas.

toxicología. f. Parte de la medicina que trata de los venenos.

toxicomanía. f. Hábito patológico de usar sustancias tóxicas.

toxicómano, na. a. y s. Que padece toxicomanía.

toxina. f. Sustancia elaborada por los seres vivos, en especial por los microbios, que actúa como veneno.

tozudez. f. Calidad de tozudo.

tozudo, da. a. Testarudo, terco, obstinado.

traba. f. Acción y efecto de trabar./ Instrumento con que se une y sujeta una cosa con otra./ fig. Impedimento, estorbo./ *For.* Embargo de bienes.

trabado, da. p. p. de **trabar**.// a. Dícese de la caballería que tiene blancas las dos manos, la mano derecha y el pie izquierdo, o viceversa./ fig. Vigoroso.

trabajado, da. a. Cansado, molido del trabajo./ Lleno de trabajos.

trabajador, ra. a. Que trabaja./ Laborioso, muy aplicado al trabajo.// s. Obrero, jornalero.

trabajar. tr. Emplear el esfuerzo físico o mental para algún fin./ Intentar alguna cosa con eficacia./ Aplicarse con desvelo a la ejecución de algo./ fig. Funcionar una máquina, un buque, un sistema etc./ Poner empeño para vencer algo.// tr. Hacer una cosa con método.// prl. Ocuparse con empeño en alguna cosa.

trabajo. m. Acción y efecto de trabajar./ Actividad de las fuerzas corporales e intelectuales del hombre dirigida a la ejecución de un fin útil./ fig. Dificultad, perjuicio./ *Fís.* Producto del valor de una fuerza por la distancia que recorre su punto de aplicación.// pl. fig. Miseria, estrechez, pobreza.

trabajoso, sa. a. Que cuesta o causa mucho trabajo./ Que sufre trabajo.

trabalenguas. m. Palabra o frase difícil de pronunciar, en especial cuando sirve como juego.

trabar. tr. Juntar o unir una cosa con otra./ Prender, agarrar. Ú.t.c.i./ Poner trabas./ fig. Comenzar una batalla, conversación, etc./ Concordar, enlazar./ *For.* Embargar.// prl. *Amér.* Entorpecerse la lengua al hablar.

trabazón. f. Enlace, unión de dos o más cosas./ fig. Conexión, dependencia.

trabucación. f. Acción y efecto de trabucar.

trabucar. tr. Cambiar el orden de alguna cosa. Ú.t.c.prl./ fig. Ofuscar la mente. Ú.t.c.prl./ Confundir y trastocar noticias o especies./ Decir o escribir una cosa por otra. Ú.t.c.prl.

trabuco. m. Máquina de guerra que se usaba para disparar piedras muy gruesas./ Arma de fuego de mayor calibre y más corta que la escopeta.

tracción. f. Acción y efecto de tirar de algo para moverlo./ En especial, acción y efecto de arrastrar carruajes.

tracto. m. Espacio entre dos lugares./ Lapso./ Formación anatómica de conducción.

tractor. m. Máquina que produce tracción./ Vehículo que se emplea para arrastrar maquinaria agrícola, remolques, etc., con ruedas que se adhieren fuertemente al terreno.

tradición. f. Transmisión de costumbres, obras artísticas, doctrinas, etc., de generación en generación./ Doctrina, costumbre, hábito, etc., transmitidos de padres a hijos./ *For.* Acto de transferir una persona a otra el dominio de una cosa.

tradicional. a. Rel. a la tradición.

traducción. f. Acción y efecto de traducir./ Obra traducida./ Interpretación que se da a un texto./ *Biol.* Etapa de la expresión genética en la cual la información contenida en la molécula de ácido ribonucleico mensajero pasa a la de las proteínas.

traducir. tr. Expresar en una lengua lo que está dicho o escrito en otra./ Convertir, trocar./ fig. Explicar, interpretar.

traductor, ra. a. y s. El que por profesión se dedica a traducir.

traer. tr. Trasladar una cosa al lugar donde está el que habla./ Atraer hacia sí./ Ocasionar, causar./ Llevar, tener puesta una cosa./ fig. Alegar, aducir razones./ Tratar, andar haciendo algo.// prl. Vestirse, bien o mal.

tráfago. m. Tráfico./ Conjunto de negocios o tareas que causan mucha fatiga.

traficante. p. act. de **traficar**. Que trafica o comercia. Ú.t.c.s.

traficar. i. Comerciar con el dinero y las mercaderías.

tráfico. m. Acción de traficar./ Comunicación y transporte de personas, animales o cosas./ Tránsito, circulación.

tragaluz. m. Ventana abierta en un techo o en la parte superior de una pared.

tragar. tr./ prl. Hacer que una cosa pase de la boca al estómago./ Comer excesivamente y de prisa.// tr./ prl. Abismar la tierra o las aguas lo que hay en su superficie./ Soportar algo repulsivo./ Creer con facilidad cualquier cosa./ Absorber.

tractor

tragaluz

tragedia. f. Canción pagana en loor del dios Baco./ Subgénero dramático al cual pertenecen obras cuyos protagonistas, como impulsados por el destino, acometen inflexiblemente determinadas acciones o se dejan llevar por pasiones que acaban en un final aciago, profundamente conmovedor, y hasta purificador para el público. En sus variedades antiguas, dos personajes de estas obras eran de condición social elevada, y se expresaban en un estilo de distanciada dignidad poética y retórica./ Obra que pertenece al subgénero trágico./ Composición lírica destinada a lamentar sucesos infaustos./ Suceso de la vida real que afecta profundamente a quien lo vive y suscita honda piedad.

trágico, ca. a. Rel. a la tragedia./ Díc. del autor de tragedias. Ú.t.c.s./ Apl. al actor que las representa./ fig. Infausto, muy desgraciado.

trago. m. Porción de líquido que se bebe de una vez./ fig. Infortunio, adversidad.

tragón, na. a. fam. Que come voraz o excesivamente.

traición. f. Violación o quebrantamiento de la fidelidad o la lealtad./ Delito que se comete contra la patria por los ciudadanos, o contra la disciplina militar.

traicionar. tr. Cometer traición.

traído, da. p. p. de **traer**.// a. Usado, gastado. Dícese de la ropa./ / f. Acción y efecto de traer.

traidor, ra. a. Que comete traición. Ú.t.c.s./ Que denota o implica traición.

traílla. f. Cuerda o correa para llevar el perro atado a las cacerías./ Par de perros atraillados, o conjunto de estas traíllas unidas por una cuerda./ Especie de pala mecánica o de tracción a sangre que sirve para igualar terrenos flojos.

traje. m. Vestido peculiar de cierta clase de personas./ Vestido completo de una persona.

trajín. m. Acción de trajinar.

trajinar. tr. Llevar géneros o mercaderías de un lugar a otro.// i. Ir y volver de un sitio a otro, con cualquier ocupación.

trama. f. Conjunto de hilos que cruzados y entrelazados con los de la urdimbre, forman un tejido./ fig. Intriga, confabulación./ Enredo de un drama o una novela./ Florecimiento y flor de los árboles.

tramar. tr. Cruzar los hilos de la trama por entre los de la urdimbre./ fig. Preparar con astucia un engaño, traición, etc./ Disponer con habilidad la ejecución de una cosa complicada.// i. Florecer los árboles.

tramitación. f. Acción y efecto de tramitar./ Serie de trámites que se prescriben para un asunto.

tramitar. tr. Ejecutar los trámites necesarios para un asunto.

trámite. m. Paso de una parte a la otra, o de una cosa a la otra./ Cada uno de los actos necesarios para la resolución de un asunto.

tramo. m. Trozo de terreno separado de los contiguos por una señal./ Parte de una escalera comprendida entre dos descansos./ Cualquiera de las partes de un andamio, camino, canal.

tramontano, na. a. Dícese de lo que está situado del otro lado de los montes, respecto de alguna parte.

tramoya. f. Artificio con el que se hacen cambios de decorado o efectos escénicos en el teatro./fig. Engaño dispuesto con disimulo e ingenio.

trampa. f. Artificio para cazar./ Puerta en el suelo que pone en comunicación dos pisos./Infracción de las reglas de un juego./ fig. Ardid para perjudicar a alguien./ Deuda cuyo pago se demora.

trampear. i. fam. Sablear./ fam. Arbitrar medios para hacer más llevadera una adversidad.//tr. fam. Usar una persona artificios para engañar o estafar a otra, o para eludir una dificultad.

trampera. f. *Arg.* Trampa para cazar pájaros y otros animales.

transistor

trampolín. m. Plano inclinado y elástico, que impulsa al gimnasta que salta sobre él./ *Dep.* Tabla elástica que se coloca sobre una plataforma desde la que se lanza al agua el nadador./ *Dep.* Estructura al final de un plano inclinado, desde la que realiza el salto el esquiador./fig. Persona o cosa de que uno se aprovecha para lograr adelantos desmedidos.

tramposo, sa. a. y s. Que tiene la costumbre de hacer trampas en el juego./ Embustero./ Que no paga sus deudas.

tranca. f. Palo grueso y fuerte./Palo grueso con que se asegura el cierre de puertas y ventanas./ Tranquera, puerta rústica de un cercado./ fam. *Amér.* Borrachera.

trancar. tr. Asegurar con tranca una puerta.// i. fam. Dar pasos largos.

trance. m. Momento crítico./ Último estado o tiempo de la vida./ Situación difícil o penosa./ Estado especial por el que pasan los espiritistas o quienes se someten a sus prácticas.

tranco. m. Paso largo, salto./ Umbral de la puerta.

tranquera. f. Valla de trancas./ *Amér.* En un alambrado, puerta rústica hecha con trancas.

tranquilidad. f. Calidad de tranquilo.

tranquilo, la. a. Quieto, sosegado, que no se altera.

transacción. f. Acción y efecto de transigir./ Por ext., negocio, trato.

transalpino, na. a. Apl. a las regiones de Italia situadas al otro lado de los Alpes./ Rel. a ellas.

transandino, na. a. De las regiones situadas al otro lado de los Andes./ Rel. a ellas./ Apl. al tráfico y a los medios de locomoción que atraviesan los Andes.

transar. i./ prl. *Amér.* Transigir, llegar a una transacción o acuerdo; ceder.

transatlántico, ca. a. Apl. a las regiones situadas al otro lado del Atlántico./ Dícese de los medios de locomoción que atraviesan el Atlántico.// m. Buque de grandes dimensiones, destinado al servicio de pasajeros en las travesías transoceánicas.

transbordador. ra. a. Que transborda.// m. Embarcación que circula marchando alternativamente de un punto a otro para transportar pasajeros, vehículos y otras cargas./ Buque para transbordar vehículos.

transbordar. tr./ prl. Trasladar efectos o personas de una embarcación a otra, o de un vehículo cualquiera a otro.

transbordo. m. Acción y efecto de transbordar.

transcendencia. f. Trascendencia.

transcendental. a. Trascendental.

transcendente. a. Trascendente.

transcender. i. Trascender.

transcribir. tr. Copiar un escrito./ Escribir con un sistema de caracteres lo que está escrito en otro./ Arreglar para un instrumento la música que ha sido escrita para otro.

transcripción. f. Acción y efecto de transcribir./ *Mús.* Pieza musical que resulta de transcribir otra.

transcripto, ta o **transcrito, ta.** p. p. irreg. de **transcribir.**

transcurrir. i. Pasar, correr.

transcurso. m. Acción de transcurrir./ Paso del tiempo.

transeúnte. a./ m. y f. Que transita o pasa por un lugar./ Que está de paso.

transferencia. f. Acción y efecto de transferir./ Operación por la que se tranfiere una cantidad de una cuenta bancaria a otra./ Evocación, en toda relación humana y con mayor intensidad en la psicoterapia, de los afectos y las emociones de la infancia

transferir. tr. Llevar una cosa de un lugar a otro, trasladar./ Retardar, diferir./ Ceder a otro un derecho o dominio.

transfiguración. f. Acción y efecto de transfigurar o transfigurarse.

transfigurar. tr./ prl. Hacer cambiar la figura de algo o alguien.

transformación. f. Acción y efecto de transformar./ *Biol.* Fenómeno por el que ciertas células adquieren material genético de otras.

transformador, ra. a. y s. Que transforma// m. Aparato eléctrico para cambiar la intensidad y la tensión de la corriente eléctrica.

transformar. tr./ prl. Hacer cambiar de forma a una persona o cosa./ Transmutar una cosa en otra./ Hacer mudar de hábitos a una persona.

tránsfuga. m. y f. Persona que huye de un sitio a otro./ fig. Persona que pasa de una ideología o partido a otro.

transfundir. tr. Verter poco a poco un líquido de un vaso a otro.// tr./ prl. fig. Comunicar una cosa entre varias personas, sucesivamente.

transfusión. f. Acción y efecto de transfundir./ Operación que consiste en hacer pasar sangre de un individuo a otro, directamente, o extraída previamente.

transgredir. tr. Quebrantar un precepto, ley o estatuto.

transgresión. f. Acción y efecto de transgredir.

transgresor, ra. a. y s. Que comete transgresión.

transición. f. Acción y efecto de pasar de un modo de ser a otro./ Cambio repentino de expresión y tono./ Fase, grado, estado intermedio.

transido, da. p.p. de transir.// a. fig. Fatigado, acongojado, consumido por alguna penalidad, angustia o dolor.

transigencia. f. Condición de transigente./Aquello que se hace o consiente transigiendo.

transigente. p. act. de **transigir.** Que transige.

transigir. i./tr. Consentir parcialmente en algo que no se cree justo, razonable o verdadero, para llegar a un acuerdo.

transistor. m. Artificio electrónico que sirve para rectificar y amplificar los impulsos eléctricos. Consiste en un semiconductor provisto de tres o más electrodos. Sustituye ventajosamente a las lámparas o tubos electrónicos por no requerir corriente de calentamiento, por su tamaño pequeñísimo, por su robustez y por operar con voltajes pequeños y poder admitir corrientes relativamente intensas./ Por ext., radiorreceptor provisto de transistores.

transitar. i. Ir o pasar de un sitio a otro por vías o parajes públicos.

transitivo, va. a. p. us. Que pasa y se transfiere de uno a otro. // a./ m. Dícese del verbo que se construye con objeto directo.

tránsito. m. Acción de transitar./ Sitio por donde se pasa de un lugar a otro./ Paso de un estado a otro./ Muerte de las personas santas o virtuosas. Dícese en especial de la muerte de la Santísima Virgen.

transitorio, ria. a. Pasajero, temporal./ Perecedero, caduco.

translación. f. Traslación.

translaticio, cia. a. Traslaticio.

translimitar. tr. Traspasar los límites morales o materiales./ Pasar la frontera de un Estado sin intención de violar el territorio, para una operación militar.

translúcido, da. a. Apl. al cuerpo que deja pasar la luz, pero que no permite ver sino confusamente lo que hay detrás de él.

transmigración. f. Acción y efecto de transmigrar.

transmigrar. i. Pasar de un país a otro para vivir en él./ Pasar el alma de un cuerpo a otro según los que creen en la metempsicosis.

transmisión. f. Acción y efecto de transmitir.

transparente

transmisor, ra. a. y s. Que transmite o puede transmitir.//m. Aparato telegráfico o radiotelefónico que produce las ondas eléctricas que actúan en el receptor.

transmitir. tr. Trasladar, transferir./ Comunicar./ Emitir por radiotelefonía, radiotelegrafía, etc.

transmutación. f. Acción y efecto de transmutar.

transmutar. tr./ prl. Mudar o convertir una cosa en otra.

transmutativo, va o **transmutatorio, ria.** a. Que tiene fuerza o virtud para transmutar.

transoceánico, ca. a. Rel. a las regiones que se hallan al otro lado del océano.

transparencia. f. Calidad de transparente./ Dispositiva./ *Cinem.* Fondo proyectado cinematográficamente sobre la pantalla, usado para llevar al estudio los fondos de exterior.

transparentarse. prl. Dejarse ver la luz u otra cosa a través de un cuerpo transparente./ Ser transparente un cuerpo./ fig. Dejarse adivinar una cosa.

transparente. a. Apl. al cuerpo a través del cual los objetos pueden verse distintamente./ Translúcido./ fig. Que se deja adivinar./ m. Tela o papel a manera de cortina para templar la luz.

transpiración. f. Acción y efecto de transpirar./ Sudor.

transpirar. i./ prl. Pasar los humores del interior de un cuerpo al exterior, a través de los poros de la piel./ fig. Sudar una cosa.

transponer. tr./ prl. Poner una persona o cosa más allá, cambiándola de lugar./ Tasplantar.// prl. Ocultarse alguna persona a la vista de uno, doblando una esquina, un cerro, etc. Ú.t.c.tr./ Ponerse el sol u otro astro./ Estar un medio dormido.

transportación. f. Transporte, acción de transportar.

transportador, ra. a. y s. Que transporta./ m. Círculo graduado que sirve para medir o trazar ángulos./ Funicular de vía aérea.

transportar. tr. Llevar de un lugar a otro personas, animales o cosas./ Portear./ *Mús.* Trasladar una composición de un tono a otro.// prl. fig. Enajenarse.

transporte. m. Acción y efecto de transportar./ Buque de transporte./ fig. Acción y efecto de transportarse.// pl. Conjunto de los distintos medios para transportar personas, mercaderías, etc.

transposición. f. Acción de transponer o transponerse./ *Ret.* Figura que consiste en alterar el orden normal de las partes de la oración.

transvasar. tr. Pasar un líquido de un recipiente a otro.

transversal. a. Que se encuentra atravesado de un lado a otro./ Que se aparta de la dirección principal o recta./ Colateral, apl. al pariente que no lo es por línea recta. Ú.t.c.s.

transverso, sa. a. Colocado o dirigido al revés.

tranvía. m. Vehículo para transporte de pasajeros, que circula sobre raíles en el interior de una ciudad, o sus cercanías.

tranviario, ria. a. Rel. a los tranvías.// m. Empleado del tranvía.

trapacería. f. Trapaza.

trapaza. f. Maniobra engañosa con que se defrauda a una persona en una compra, venta o cambio./ Fraude.

trapecial. a. Rel. al trapecio./ De forma o figura de trapecio.

trapecio. m. Barra horizontal suspendida por dos cuerdas de sus extremos, utilizada para hacer gimnasia./ *Geom.* Cuadrilátero irregular que tiene paralelos sólo dos de sus lados.

trapecista. m. y f. Artista de circo o gimnasta que realiza ejercicios en el trapecio.

trapería. f. Conjunto de muchos trapos./ Sitio donde se venden trapos y otras cosas usadas.

trapero, ra. s. Persona que se dedica a recoger trapos usados./ Persona que compra y vende trapos y objetos usados.

trapezoidal. a. Rel. al trapezoide./ Que tiene su figura.

trapezoide. m. *Geom.* Cuadrilátero que no tiene ningún lado paralelo a otro.

trapiche. m. Molino para extraer el jugo de algunos frutos, como la aceituna o la caña de azúcar./ *Arg.* y *Chile.* Molino para pulverizar minerales.

trapisonda. f. fam. Riña, alboroto./ Embrollo, enredo.

trapo. m. Pedazo de tela roto, viejo o inútil./ Trozo de tela que se usa para limpiar./ Velamen./ fam. Capote que usa el torero./ Tela roja de la muleta del espada./ Telón de un escenario de teatro.// pl. fam. Prendas de vestir, en particular de mujer.

tráquea. f. Conducto cilíndrico, formado por anillos cartilaginosos unidos por tejido fibroso, situado a lo largo y delante del esófago, que va de la laringe a los bronquios, en los vertebrados de respiración pulmonar.

traquetear. i. Hacer ruido o estornudar.// tr. Agitar una cosa de una parte a otra./ fig. y fam. Manejar mucho una cosa.

traqueteo. m. Acción de traquetear./ Ruido continuo del disparo de los cohetes./ Movimiento de una persona o cosa que se golpea al transportarla.

trasalpino, na. Transalpino.

trasandino, na. a. Transandino.

trasatlántico, ca. a. y s. Transatlántico.

trasbordar. tr./ prl. Transbordar.

trasbordo. m. Transbordo.

trascendencia. f. Penetración, sagacidad./ Resultado, consecuencia de muy grave o importante significación.

trascendental. a. Que se comunica o extiende a otras cosas./ fig. Que es de mucha importancia o gravedad.

trascendente. a. Que trasciende.

trascender. i. Exhalar un olor penetrante./ Empezar a ser conocido, difundirse lo que estaba oculto./ Propagarse los efectos de unas cosas a otras, produciendo consecuencias.// tr. Penetrar, averiguar algo que está oculto.

trascendido m. *Arg.* Noticia que adquiere carácter público por vía no oficial.

trascribir. tr. Transcribir.

trascripción. f. Transcripción.

trascripto, ta o **trascrito, ta.** p. p. irreg. de **trascribir.**

trascurrir. i. Transcurrir.

trascurso. m. Transcurso.

trasegar. tr. Trastornar, revolver./ Mudar de lugar las cosas, y en especial, pasar los líquidos de una vasija a otra.

trasero, ra. a. Que está, viene o queda detrás.// m. Parte posterior del animal./ fam. Asentaderas.// f. Parte posterior de un coche, una casa, etc.

trasferencia. f. Transferencia.

trasferir. tr. Transferir.

trasfiguración. f. Transfiguración.

trasfigurar. tr./ prl. Tansfigurar.

trasfondo. m. Lo que está más allá del fondo visible de una cosa, o detrás de la apariencia o intención de una acción.

trasformación. f. Transformación.

trasformador, ra. a. y s. Transformador.

trasformar. tr./ prl. Transformar.

transatlántico

trásfuga. m. y f. Tránsfuga.
trasfundir. tr. Transfundir.
trasfusión. f. Transfusión.
trasgredir. tr. Transgredir.
trasgresión. f. Transgresión.
trasgresor, ra. a. y s. Transgresor.
trashumación. f. Acción y efecto de trashumar.
trashumante. p. act. de trashumar. Que trashuma.
trashumar. i. Pasar el ganado con sus pastores de una pastura de verano a otra de invierno.
trasiego. m. Acción y efecto de trasegar.
traslación. f. Acción y efecto de trasladar de lugar a una persona o cosa./ Traslado de una persona del cargo que tenía a otro

trebejo

de la misma categoría./ Traslado de un acto a una fecha distinta./ Traducción a una lengua distinta./ Gram. Figura que consiste en usar un tiempo de verbo fuera de su natural significación; como *mañana es por mañana será sábado./ Astron.* Díc. del movimiento de los astros a lo largo de sus órbitas./ Mec. Apl. al movimiento de los cuerpos que siguen curvas de gran radio con relación a sus propias dimensiones.
trasladar. tr./ prl. Llevar una persona o cosa de un lugar a otro. Ú.t.c.prl./ Hacer pasar a una persona de un cargo a otro de la misma categoría./ Hacer que algo se realice en fecha distinta de la fijada./ Traducir de una lengua a otra./ Reproducir, copiar un escrito.
traslado. m. Acción y efecto de trasladar.
.**traslaticio, cia.** a. Apl. al sentido en que se utiliza un vocablo, para que signifique o denote cosa distinta de la que se expresa con él cuando se lo emplea en su acepción primitiva o más propia y corriente.
traslúcido, da. a. Translúcido.
traslucirse. prl. Ser traslúcido un cuerpo./ fig. Deducirse una cosa por algún indicio. Ú.t.c.r.
trasluz. m. Luz que pasa a través de un cuerpo translúcido./ Luz reflejada de soslayo por una superficie.// **-al trasluz.** m. adv. Puesto el objeto entre la luz y el ojo, para que se transparente.
trasmano. m. y f. Segundo orden en ciertos juegos.// **-a trasmano.** m. adv. Fuera del alcance o del manejo acostumbrado de la mano./ Apartado, desviado.
trasmigración. f. Transmigración.
trasmigrar. i. Transmigrar.
trasmisión. f. Transmisión.
trasmisor, ra. a. y s. Transmisor.
trasmitir. tr. Transmitir.
trasmutación. f. Transmutación.
trasmutar. tr./ prl. Transmutar.
trasnochado, da. p. p. de trasnochar.// a. Díc. de las cosas que por haber pasado una noche por ellas, se echan a perder./ fig. Macilento, desmejorado./ Inoportuno y falto de novedad.// f. Vigilancia, vela por una noche.
trasnochador, ra. a. y s. Que trasnocha.
trasnochar. i. Pasar la noche o gran parte de ella en vela./ Pernoctar./ tr. Dejar que pase una noche sobre cualquier cosa.
traspapelarse. prl. Perderse o confundirse un papel entre otros. Ú.t.c.r.
trasparencia. f. Transparencia.
trasparentarse. prl. Transparentarse.
trasparente. a. Transparente.
traspasar. tr. Pasar o llevar una cosa de un sitio a otro./ Pasar hacia el otro lado./ Pasar a la otra parte./ Atravesar de parte a parte con algún instrumento o arma. Ú.t.c.prl./ Ceder a favor de otro un derecho./ Transgredir./ Exceder de lo debido./ fig. Hacerse sentir violentamente un dolor físico o moral.
traspaso. m. Acción y efecto de traspasar./ Conjunto de

géneros traspasados./ Precio de la cesión de estos géneros./ fig. Aflicción, congoja./ Sujeto que la causa.
traspié. m. Tropezón, resbalón./ Zancadilla.
traspiración. f. Transpiración.
traspirar. i./ prl. Transpirar.
trasplantar. tr. Cambiar una planta de un terreno a otro.// prl. fig. Trasladarse una persona nacida en un país a otro, para establecerse en él. Ú.t.c.prl./ Insertar en un cuerpo humano o de un animal un órgano sano, o parte de él, procedente de otro individuo, en sustitución del órgano enfermo.
trasplante. m. Acción y efecto de trasplantar o trasplantarse.
trasponer. tr./ i./ prl. Transponer.
trasportador, ra. a. y s. Transportador.
trasportar. tr. Transportar.
trasporte. m. Transporte.
trasposición. f. Transposición.
traspuesto, ta. p. p. irreg. de **trasponer.**// f. Transposición.
traspunte. m. y. f. El que previene a cada actor cuándo ha de salir a la escena y le apunta la primera frase que debe decir.
trasquilar. tr./ prl. Cortar el pelo a trechos y sin orden.// tr. Esquilar a los animales./ fig. y fam. Menoscabar alguna cosa.
trastabillar. i. Dar tropezones o traspiés./ Titubear, tambalear, vacilar./ Tartamudear.
trastada. f. fam. Acción propia de una persona informal que causa perjuicio; mala pasada.
traste. m. Cada uno de los resaltos de hueso o metal del mástil de los instrumentos de cuerda./ Amér. Trasto. Ú.m. en pl. /fam. Arg. y Chile. Asentaderas, trasero.
trastear. tr. Pisar las cuerdas de un instrumento./ Poner los trastes a un instrumento./ Dar el espada pases de muleta al toro./ fig. y fam. Manejar con habilidad a una persona./ i. Mudar trastos de un lugar a otro./ fig. Discurrir con picardía.
trastienda. f. Cuarto situado detrás de la tienda.
trasto. m. Cualquiera de los muebles de la casa./ Mueble inútil que no se usa./ Cada uno de los bastidores o artificios pintados que forman parte de las decoraciones en los escenarios de los teatros./ fig. y fam. Persona que sólo sirve de estorbo./ Persona informal.// pl. Utensilio de algún arte u ocupación.
trastocar. tr. Revolver, trastornar, invertir.
trastornar. tr. Volver las cosas de un lado a otro o de abajo arriba./ Invertir el orden regular de una cosa./ fig. Inquietar, perturbar.// tr./ prl. Perturbar el sentido, enloquecer.
trastorno. m. Acción y efecto de trastornar o trastornarse./ Disturbio, perturbación.
trastrabillar. i. Trastabillar.
trastrocamiento. m. Acción y efecto de trastrocar.
trastrocar. tr./ prl. Cambiar el ser o el estado de las cosas./ tr. Invertir el orden.
trasuntar. tr. Copiar o trasladar un escrito de su original./ Compendiar una cosa, resumir.
trasunto. m. Copia o traslado./ Figura que imita con propiedad una cosa.
trasvasar. tr. Transvasar.
trasversal. a. Transversal.
trata. f. Tráfico, comercio.// **-de negros.** Tráfico de negros que se vendían como esclavos.// **-de blancas.** Tráfico que consiste en llevar mujeres a los centros de prostitución.
tratable. a. Que se deja tratar fácilmente./ Cortés, razonable.
tratadista. m. Autor que escribe tratados sobre alguna materia.
tratado. m. Ajuste o conclusión de un negocio, convenio./ Escrito o discurso sobre una determinada materia.
tratamiento. m. Trato, acción y efecto de tratar./ Título de cortesía./ Método para curar enfermedades.
tratante. p. act. de tratar. Que trata.// m. El que compra mercaderías para revenderlas.
tratar. tr. Manejar o usar una cosa./ Gestionar o manejar un negocio./ Comunicar, relacionarse con una persona. Con la prep. con, ú.t.c.i. y c.prl./ Mantener relaciones amorosas. Ú.m.c.i. con la prep. con./ Proceder bien o mal con alguna persona./ Asistir y cuidar. Ú.t.c.prl./ Hablar o discurrir sobre un asunto. Ú.t.c.i./ Quím. Someter una sustancia a la acción de otra./ prl. Portarse, conducirse.
trato. m. Acción y efecto de tratar o tratarse./ Tratamiento, título de cortesía./ **-carnal.** Relación sexual.

trauma. m. *Cir.* Traumatismo./ **-psíquico.** Choque o emoción que deja una impresión duradera en la subconciencia.

traumático, ca. Rel. al traumatismo.

traumatismo. m. Lesión en los tejidos, producida por agentes externos, como un golpe, y el estado general resultante.

través. m. Inclinación o torcimiento de una cosa./ fig. Desgracia, adversidad.

travesaño. m. Pieza de madera o de hierro, que atraviesa de una parte a otra.

travesear. i. Andar inquieto y revoltoso.

travesero, ra. a. Apl. a lo que se pone de través.

travesía. f. Camino transversal entre otros dos./ Distancia entre dos puntos./ Viaje por mar o aire./ *Arg.* Gran región desolada.

travestir. tr./ prl. Vestir a una persona con las ropas del otro sexo.

travesura. f. Acción y efecto de travesear./ fig. Viveza de ingenio./ Acción maligna, ingeniosa y sin importancia, ejecutada por lo general por los niños.

travieso, sa. a. Puesto al revés./ fig. Sutil, ingenioso./ Dícese de las cosas bulliciosas e inquietas, y en especial, de los niños.// f. Madero que se coloca en una vía férrea.

trayecto. m. Espacio que se recorre entre un punto y otro./ Acción de recorrerlo.

trayectoria. f. Línea descrita en el espacio por un cuerpo que se mueve./ fig. Curso que sigue el comportamiento de una persona o de un grupo social, a lo largo del tiempo, en sus actividades intelectuales, morales, artísticas, económicas, etc./ Curva seguida por el proyectil de un arma de fuego./ Curso que sigue un huracán o tormenta giratoria./ Dirección, acción y efecto, hablando de cosas inmateriales.

traza. f. Acción de trazar./ Diseño de una obra o edificio./ Plan para realizar un fin./ Invención, recurso./ Modo, apariencia o figura de una persona o cosa.

trazado, da. p. p. de **trazar**.// a. Con los adv. *bien* o *mal* de buena o mala compostura o disposición.// m. Acción y efecto de trazar./ Traza, diseño.

trazar. tr. Hacer trazos./ Diseñar el proyecto de una obra o edificio./ fig. Discurrir y disponer los medios oportunos para lograr un fin./ Describir los rasgos característicos de una persona o asunto.

trazo. m. Línea, raya./ Delineación con que se hace el diseño de una cosa./ Cualquiera de las partes en que se considera dividida la letra manuscrita./ *Pint.* Pliegue del ropaje.

trebejo. m. fam. Utensilio, instrumento./ Cada una de las piezas del juego de ajedrez./ Juguete o trasto.

trébol. m. Planta herbácea leguminosa, con hojas pecioladas de tres en tres. Forrajera, muy estimada por su valor nutritivo.

trece. a./ m. Diez y tres.// m. Conjunto de signos con que se representa el número trece.

trecho. m. Distancia, espacio de lugar o tiempo.

tregua. f. Suspensión transitoria de las hostilidades./ fig. Descanso, intermisión.

treinta. a./ m. Tres veces diez.// m. Conjunto de los signos con que se representa el número treinta.

tremebundo, da. a. Horrible, pavoroso, que hace temblar.

tremedal. m. Terreno pantanoso, cubierto de hierba, que retiembla cuando se camina sobre él.

tremendo, da. a. Terrible, digno de ser temido./ Digno de respeto y veneración./ fig. y fam. Excesivo, muy grande.

trementina. f. Resina de los pinos, abetos y otros árboles, que se emplea como disolvente.

tremolar. tr./ i. Enarbolar y agitar en el aire los estandartes, banderas, etc.

tremolina. f. Movimiento ruidoso del aire./ fig. y fam. Bullicio, griterío, confusión de voces.

trémolo. m. Sucesión rápida de muchas notas iguales, de la misma duración.

trémulo, la. a. Que tiembla./ Apl. a las cosas que parecen temblar, como la luz.

tren. f. Provisión de las cosas necesarias para un viaje./ Conjunto de máquinas y útiles empleados en una misma operación o servicio./ Ostentación, pompa./ Serie de vagones enlazados unos tras otros y arrastrados por una locomotora, o con fuerza automotriz propia, que circulan por los caminos de hierro.

treno. m. Canto fúnebre, lamentación.

trenza. f. Conjunto de tres o más ramales entretejidos./ La que se hace entretejiendo el cabello largo.

trenzado, da. p. p. de **trenzar**.// m. Trenza./ Salto ligero cruzando los pies.// f. *Arg.* y *Chile*. Acción y efecto de trenzarse, disputar, luchar.

trenzar. tr. Hacer trenzas.// i. Hacer trenzados.// prl. fam. Enredarse en una disputa o pelea./ Luchar cuerpo a cuerpo.

trepador, ra. a. Que trepa.// Apl. a las plantas que trepan./ Dícese de las aves que tienen el dedo externo unido al de en medio, o versátil, o dirigido hacia atrás, para poder trepar con facilidad. Ú.t.c.s.// f. pl. Nombre anticuado que se aplicó a estos grupos de aves.

trepanación. f. Acción y efecto de trepanar.

trepanar. tr. Horadar quirúrgicamente el cráneo u otro hueso.

trépano. m. Instrumento de cirugía para horadar./ Barrena para taladrar.

trepar. i. Subir a un lugar alto o dificultoso, valiéndose de pies y manos. Ú.t.c.tr./ Crecer las plantas agarrándose a los árboles, muros, etc.// tr. Taladrar, horadar.// prl. Retreparse.

trepidación. f. Acción y efecto de trepidar.

trepidar. i. Temblar fuertemente, estremecerse./ *Amér.* Vacilar, titubear, dudar.

tres. a./ m. Dos y uno.

trescientos, tas. a./ m. Tres veces ciento.// m. Conjunto de signos con que se representa el número trescientos.

treta. f. Ardid, artificio ingenioso para conseguir algo.

triangular. a. Rel. al triángulo./ Que tiene forma de triángulo o se parece a él./ tr. Ligar por medio de triángulos ciertos puntos para levantar el plano de un terreno./ Disponer las piezas de una armazón de manera que formen triángulos.

triángulo, la. a. Triangular./ m. Figura formada por tres rectas que se cortan mutuamente./ Instrumento musical de percusión, que consiste en una varilla metálica doblada en forma de triángulo, que se hace sonar hiriéndola con otra varilla.

traviesos

triar. tr. Entresacar, esc oger.// i. Entrar y salir de la colmena las abejas, con frecuencia.// prl. Clarearse una tela.

tribu. f. Grupo social de los pueblos antiguos./ Conjunto de familias nómadas, que obedecen a un jefe./ *Bot.* Cualquiera de los grupos en que muchas familias de plantas se dividen y que a su vez se subdividen en géneros.

tribulación. f. Pena, aflicción./ Infortunio, adversidad que padece el hombre.

tribuna. f. Plataforma elevada, con antepecho, desde donde un orador se dirige al público./ Galería destinada a los espectadores en las asambleas o en los espectáculos públicos./ fig. Conjunto de oradores de un país, de una época, etc.

tribunal. m. Lugar destinado a los jueces para administrar justicia y dictar sentencia./ Ministro o ministros que entienden en los asuntos de justicia y pronuncian sentencia./ Conjunto de jueces de un examen, oposición, concurso, etc.

tribuno. m. Magistrado romano elegido por el pueblo./ fig. Orador, político muy elocuente.

tributación. f. Acción de tributar./ Tributo.

tributar. tr. Entregar el súbdito al Estado, para las cargas públicas, cierta cantidad de dinero./ fig. Manifestar respeto, veneración, etc.; ofrecer algún obsequio.

tributario, ria. a. Rel. al tributo./ Que paga tributo. Ú.t.c.s./ fig. Apl. al curso de agua en relación con el río o mar donde desemboca.

tributo. m. Lo que se tributa./ Carga que se paga obligatoriamente./ fig. Cualquier carga continua./ Homenaje, obsequio.

tricentésimo, ma. a. Que sigue en orden al ducentésimo nonagésimo noveno./ a. y s. Dícese de cada una de las trescientas partes iguales en que se divide de un todo.

tríceps. a. y s. Dícese del músculo que tiene tres porciones o cabezas./ -**braquial.** El que contrae o extiende el antebrazo.

triciclo. m. Vehículo de tres ruedas. / Juguete infantil de tres ruedas que se mueve por medio de la acción de pedales.

tricolor. a. De tres colores.

tricorne. a. De tres cuernos.

tricornio. a. De tres cuernos.// a./ m. Sombrero que está armado en forma de triángulo.

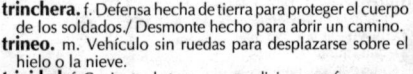

tridentes

tridente. a. De tres dientes. // m. Cetro de Neptuno.

trienal. a. Que se repite cada trienio./ Que dura un trienio.

trienio. m. Período de tres años.

trifásico, ca. a. Que tiene tres fases./ *Fís.* Apl. al circuito eléctrico que tiene tres fases alternativas y simultáneas.

trifulca. f. Aparato que da movimiento a los fuelles de los hornos metalúrgicos./ fam. Gresca, riña, alboroto.

trifurcarse. prl. Dividirse una cosa en tres ramas, brazos o puntas.

trigal. m. Campo sembrado de trigo.

trigésimo, ma. a. Que sigue en orden al vigésimo noveno./ a. y s. Dícese de cada una de las treinta partes iguales en que se divide un todo.

trigo. m. Género de plantas gramíneas, con espigas terminales, de cuyos granos triturados se obtiene la harina para hacer el pan y otros alimentos./ Grano de la misma planta.

trigonometría. f. Rama de la matemática que trata del cálculo de los elementos del triángulo.

trigueño, ña. a. Del color del trigo, entre moreno y rubio.

trilla. f. Acción de trillar./ Trillo.

trillado, da. a. Apl. al camino muy frecuentado./ Común y sabido./ Falto de originalidad.

trilladura. f. Acción y efecto de trillar.

trillar. tr. Separar el grano de la paja triturando las mieses./ fig. Maltratar./ Frecuentar una cosa.

trillizo, za. a. y s. Dícese de cada uno de los hermanos nacidos en un parto triple.

trillo. m. Instrumento para trillar, que consta de un tablón con cuchillas de acero.

trillón. m. Un millón de billones, que se expresa por la unidad seguida de dieciocho ceros.

trilogía. f. Conjunto de tres tragedias de un mismo autor que se presentaba en los juegos de la antigua Grecia./ Conjunto de tres obras dramáticas que tienen algún enlace entre sí.

trimensual. a. Que se repite o sucede tres veces al mes.

trimestral. a. Que sucede o se repite cada trimestre./ Que dura un trimestre.

trimestre. a. Trimestral.// m. Período de tres meses./ Renta, sueldo, etc., que se cobra o se paga cada tres meses

trinar. i. Hacer trinos./ fig. Impacientarse, rabiar.

trincar. tr. Desmenuzar, partir en trozos./ Atar fuertemente./ *Amér. Central* y *Méx.* Oprimir, apretar./ Asegurar o sujetar con trincas./ fam. Beber vino u otras bebidas alcohólicas.

trinchante. a. Que trincha.// m. Instrumento con que se sujeta lo que se ha de trinchar./ *Arg.* Cuchillo grande para trinchar.

trinchar. tr. Partir en trozos la vianda para servirla./ Cortar, dividir.

trinchera. f. Defensa hecha de tierra para proteger el cuerpo de los soldados./ Desmonte hecho para abrir un camino.

trineo. m. Vehículo sin ruedas para desplazarse sobre el hielo o la nieve.

trinidad. f. Conjunto de tres personas divinas que forman una sola esencia./ En el cristianismo, la compuesta por el Padre, el Hijo y el Espíritu Santo, reunidos en una única esencia divina.

trinitaria. f. Planta herbácea anual, de las violáceas, llamada pensamiento./ Su flor.

trino, na. a. Que contiene en sí tres cosas distintas.// m. *Mús.* Sucesión rápida y alternada de dos notas de la misma duración, entre las cuales media un tono o un semitono./ Gorjeo de los pájaros.

trinomio. m. *Álg.* Expresión que consta de tres términos, unidos por los signos más o menos.

trío. m. Acción y efecto de triar./ Grupo de tres personas que intervienen conjuntamente en una cosa./ *Mús.* Terceto.

tripa. f. Conjunto de los intestinos o parte de ellos./ Vientre./ Relleno del cigarro puro./ Hoja de tabaco para dicho relleno./ fig. Lo interior de algunas cosas.

tripartir. tr. Dividir en tres partes.

tripartito, ta. a. Dividido en tres partes, órdenes o clases./ Apl. al convenio o alianza entre tres naciones.

triple. a./ m. Dícese del número que contiene a otro tres veces exactamente.// a. Que contiene tres veces una cosa.

triplicación. f. Acción y efecto de triplicar o triplicarse.

triplicar. tr. Multiplicar por tres. Ú.t.c.prl./ Hacer tres veces una misma cosa.

trípode. amb. Ú.m.c.s.m. Mueble de tres pies./ Banquillo de tres pies en que la pitonisa daba sus respuestas en el templo de Delfos.// m. Armazón de tres pies, para sostener ciertos instrumentos.

triptongo. m. *Gram.* Conjunto de tres vocales que constituyen una sola sílaba.

tripulación. f. Conjunto de personas que van al servicio de una embarcación o aeronave.

tripulante. m. Persona que forma parte de la tripulación.

tripular. tr. Dotar de tripulación a un barco, un avión, etc./ Ir la tripulación en el barco o avión./ Conducir un barco o avión.

triquina. f. Gusano nematelminto parásito del hombre, el cerdo y otros animales, que se transmite de uno a otro por vía digestiva y cuya larva se enquista en los músculos.

triquinosis. f. Enfermedad producida por la presencia de triquinas en el organismo.

triquiñuela. f. fam. Artificio o engaño para conseguir algo.

tris. m. Sonido leve que al quebrarse hace una cosa delicada./ fig. y fam. Porción muy pequeña, motivo u ocasión muy leve.

triscar. i. Hacer ruido con los pies./ fig. Travesar, retozar./ Producir crujidos./ tr. fig. Torcer alternativamente a uno y otro lado los dientes de la sierra.

trisílabo, ba. a./ m. De tres sílabas.

triste. a. Afligido, que tiene pesadumbre./ De carácter melancólico./ fig. Que muestra pesadumbre o melancolía./ Que las ocasiona./ Funesto, desgraciado./ Difícil de soportar, doloroso./ Insignificante, ineficaz.// m. Canción popular sudamericana, de tono por lo común melancólico.

tristeza. f. Calidad de triste./ Pena.

tristón, na. a. Un poco triste.

trituración. f. Acción y efecto de triturar.

triturar. tr. Desmenuzar, moler una materia sólida sin reducirla a polvo./ Mascar./ fig. Moler, maltratar.

triunfador, ra. a. y s. Que triunfa.

triunfal. a. Rel. al triunfo.

triunfante. p. act. de triunfar. Que triunfa./ a. Que incluye triunfo.

triunfar. i. Entrar con gran pompa en la Roma antigua el vencedor de los enemigos de la república./ Quedar victorioso./ Jugar del palo del triunfo en algunos juegos de naipes.

triunfo. m. Cortejo solemne de un general victorioso, concedido por el Senado de la antigua Roma, como recompensa por una victoria decisiva./ Victoria./ Carta del palo preferido por suerte o elección en algunos juegos de naipes, que triunfa sobre las otras./ fig. Lo sirve de despojo o trofeo./ *Arg.* y *Perú.* Cierta danza popular de pareja suelta.

triunvirato. m. Magistratura de la Roma antigua, constituida por tres personas./ Junta de tres personas para cualquier empresa o asunto.

triunviro. m. Cualquiera de los tres magistrados romanos que en algunas ocasiones gobernaron la república.

trivalente. a. *Quím.* Dícese de los cuerpos en que cada átomo se combina con tres átomos de hidrógeno, o de otro cuerpo de la misma atomicidad que éste.

trivial. a. Rel. al trivio./ Vulgar, común y sabido por todos./ Insignificante, carente de importancia o novedad.

trivialidad. f. Calidad de trivial./ Dicho o hecho trivial.

trombón

triza. f. Pedazo pequeño o partícula de un cuerpo.

trocar. tr. Cambiar una cosa por otra./ Equivocar.// prl. Mudarse, cambiarse enteramente una casa.

trocha. f. Camino angosto, más corto que el principal./ Camino abierto en la maleza./ *Amér.* Ancho de una vía férrea.

trofeo. f. Monumento, insignia o señal de victoria./ Despojo obtenido en la guerra, del enemigo vencido./ Conjunto de armas e insignias militares agrupadas con cierto orden./ fig. Triunfo o victoria.

troglodita. a. y s. Que vive en las cavernas./ Dícese del hombre bárbaro y cruel./ Muy comedor.

troica. f. Carruaje a modo de trineo grande, arrastrado por tres caballos, que se usa en Rusia.

troj. f. Espacio limitado por tabiques, que se usa para almacenar frutos, en especial cereales./ Granero para cereales.

tromba. f. Columna de agua que se eleva en el mar con un movimiento giratorio.

trombón. Instrumento musical de viento, de metal, especie de trompeta grande./ Músico que toca este instrumento.

trompa. f. Instrumento musical de viento, de metal./ Prolongación muscular de la nariz de algunos animales./ Aparato chupador de algunos insectos./ fig. y fam. Nariz prominente./ *Amér.* Boca de labios gruesos y salientes./ m. Músico que toca la trompa.

trompada. f. fam. Trompazo./ fig. y fam. Puñetazo.

trompazo. m. Golpe dado con la trompa o el trompo./ fig. y fam. Cualquier golpe recio.

trompear. tr. *Amér.* Dar trompadas.

trompeta. f. Instrumento musical de viento, de metal, de sonido penetrante./ Clarín.// m. El que toca la trompeta./ fig. y fam. Hombre de poco valer./ *Arg.* Individuo atrevido y sinvergüenza. Ú.t.c.a.

trompetear. i. fam. Tocar la trompeta.

trompicar. tr. Hacer tropezar a uno repetidamente.// i. Tropezar repetidamente, tambalearse.

trompis. m. fam. Trompada, puñetazo.

trompo. m. Peón, juguete de forma cónica que se lanza para hacerlo girar./ Peonza.

trompudo, da. a. fam. *Arg.* Que tiene los labios muy salidos.

tronar. imp. Sonar o haber truenos.// i. Causar gran ruido, o dar estampidos.

troncal. a. Rel. al tronco o procedente de él.

tronchar. tr./ prl. Romper o partir un vegetal por el tronco, tallo o ramas principales con violencia.

tronco. m. Cuerpo truncado./ Tallo fuerte y macizo de los árboles y arbustos./ Cuerpo humano o de un animal, sin la cabeza ni las extremidades./ Par de caballerías que tiran de un carruaje./ Conducto o canal principal del que salen o al que llevan otros menores./ fig. Ascendiente común de dos o más ramas, líneas o familias./ Persona insensible y de poco valer.

tronera. f. Abertura en el costado de un buque o muralla para disparar los cañones./ Ventana angosta./ Cualquiera de los agujeros o aberturas de las mesas de billar.

trono. m. Asiento con gradas y dosel que usan los emperadores, reyes, papas y otras personas de alta dignidad./ fig. Dignidad de rey o soberano.

tronzar. tr. Dividir o hacer trozos.

tropa. f. Muchedumbre de gente reunida./ Conjunto de gente militar./ *Amér.* Recua de ganado./ *Arg.* y *Urug.* Manada de ganado que se conduce de un lugar a otro./ Conjunto de cuerpos que forman un ejército, una guarnición, etc.

tropero. m. *Arg.* El que conduce ganado.

tropezar. i. Dar con los pies en un estorbo que pone en peligro de caer./ fig. y fam. Hallar por casualidad.

tropezón, na. a. fam. Que tropieza con frecuencia./ Apl. por lo común a las caballerías./ m. Tropiezo.

tropical. a. Rel. a los trópicos.

trópico, ca. a. Rel. al tropo; figurado.// m. Cualquiera de los dos círculos menores de la esfera celeste paralelos al Ecuador. El del hemisferio boreal se denomina *trópico de Cáncer*, y el del austral, *trópico de Capricornio*./ Cualquiera de los círculos menores del globo terráqueo, en correspondencia con los dos de la esfera celeste.

tropiezo. m. Aquello en que se tropieza./ Lo que sirve de estorbo./ fig. Yerro o falta./ Motivo de la culpa cometida./ Dificultad, impedimento.

tropilla. f. *Arg.* Conjunto de caballos guiados por una madrina./ *Chile.* Manada de vicuñas o guanacos.

tropo. m. *Ret.* Empleo de las palabras en sentido distinto del propio que les corresponde, pero que tiene con éste alguna semejanza, conexión o correspondencia.

troquelar. tr. Acuñar.

trotamundos. m. y f. Persona aficionada a viajar, que recorre el mundo.

trotar. i. Ir el caballo al trote./ Cabalgar en caballo que va al trote./ fig. Andar mucho y rápidamente una persona.

trote. m. Acción de trotar./ Modo de caminar acelerado de las caballerías, que consiste en avanzar saltando; marcha intermedia entre el paso y el galope.

trotear. i. Trotar.

trotón, na. a. Apl. a la caballería que trota bien.// m. Caballo.

trova. f. Verso./ Composición métrica formada a imitación de otra./ Composición poética escrita para el canto./ Canción morosa que componían o cantaban los trovadores.

trovador, ra. a. y s. Que trova.// m. Poeta provenzal de la Edad Media./ Poeta.

trovar. i. Hacer versos./ Componer trovas.// tr. Imitar una composición métrica, aplicándola a cualquier asunto.

trozar. tr. Romper, hacer pedazos./ Dividir en trozos.

trozo. m. Pedazo de una cosa que se considera parte del resto.

trucha. f. Pez de agua dulce; su carne es sabrosa y delicada.

trofeo

truco. m. Maña o habilidad en el ejercicio de un arte o profesión./ Ardid o trampa para el logro de un fin./ Suerte del juego llamado de los trucos./ *Arg.* Juego de naipes popular muy parecido al truque.// pl. Juego semejante al billar.

truculencia. f. Calidad de truculento.

truculento, ta. a. Atroz, cruel, tremendo.

trueno. m. Estruendo producido en las nubes por una descarga eléctrica./ fig. y fam. Joven atolondrado y alborotador.

trueque. m. Acción y efecto de trocar o trocarse.

trufa. f. Variedad de hongo, muy aromático.

truhán. f. y s. Dícese de la persona que vive de engaños y estafas./ Que procura hacer reír con bufonadas, gestos, etc.

truncar. tr. Cortar una parte a alguna cosa./ Cortar la cabeza./ fig. Omitir algo en un escrito./ Interrumpir una obra, dejándola incompleta.

trunco, ca. a. Incompleto, mutilado./ Interrumpido.

truque. m. Juego de envite en el que gana quien echa la carta de mayor valor, empezando por el tres, al que le siguen el dos, el as, el rey, el caballo, etc.

tu, tus. a. Apócope del pron. *tuyo, tuyos, tuya, tuyas*. Ú. sólo antepuesto al sustantivo.

tú. m. Forma del pronombre personal de segunda persona en género m. o f. y número sing.

tuba. f. Instrumento musical de viento, de sonido grave.

tuberculina. f. Preparado que se hace con bacilos de Koch y que se emplea en el diagnóstico de la tuberculosis.

tubérculo. m. Parte de un tallo subterráneo o de una raíz, engrosados considerablemente.

tuberculosis. f. Enfermedad infecciosa y contagiosa, producida por el bacilo descubierto por R. Koch.

tuberculoso, sa. a. Rel. al tubérculo.// a. y s. Que tiene tubérculos./ Que sufre tuberculosis.

tubería. f. Conjunto de tubos./ Conjunto formado por tubos.

tuberosidad. f. Tumor, hinchazón.

tuberoso, sa. a. Que tiene tuberosidades.

tubo. m. Pieza hueca, cilíndrica, abierta por ambos extremos.

tubular. a. Rel. al tubo, que tiene su forma, o está formado por tubos.

tubuloso, sa. a. *Bot.* En forma de tubo.

tucán. m. Ave trepadora americana, de pico arqueado y muy grueso, casi tan grande como el cuerpo.

tucumano, na. a. y s. De Tucumán, provincia de la República Argentina.

tucura. f. *Arg. y Par.* Especie de langosta, insecto ortóptero sedentario que causa estragos en pastos y cultivos.

tuerca. f. Pieza con un hueco labrado en espiral que se adapta al filete de un tornillo.

tuerto, ta. p.p. irreg. de *torcer*. // a. y s. Que le falta la vista de un ojo o ha perdido un ojo.

tuétano. m. Sustancia blanca contenida en el interior de los huesos; médula.

tufo. m. Emanación gaseosa que se desprende de las fermentaciones y combustiones./ fig. Olor molesto que despiden ciertas cosas.

tugurio. m. Choza de los pastores./ fig. Habitación miserable.

tul. m. Tejido que forma malla, delgado y transparente, hecho de seda, hilo o algodón.

tulipa. f. Tulipán pequeño./ Pantalla de vidrio con forma parecida al tulipán.

tulipán. m. Planta herbácea, perenne, raíz bulbosa y flor única en lo alto del tallo, de hermosos colores./ Flor de esta planta.

tullido, da. p. p. de *tullir*.// a. Que ha perdido el movimiento del cuerpo o de algún miembro.

tullir. tr. Hacer que uno quede tullido.// prl. Perder el uso y movimiento del cuerpo o de algún miembro.

tumba. f. Obra de piedra en que está sepultado un cadáver./ Sepulcro./ Armazón en forma de ataúd que se usa en las exequias.

tumbar. tr. Hacer caer, derribar a una persona o cosa./ Segar./ fig. y fam. Quitar a uno el sentido una cosa fuerte.// i. Rodar, caer a tierra.// prl. fam. Echarse, en particular a dormir.

tumbo. m. Caída violenta./ Vaivén violento./ Ondulación de la ola del mar./ Ondulación del terreno./ Retumbo./ Libro grande de pergamino en que están copiados los privilegios y escrituras de las iglesias, monasterios, concejos, etc.

tumefacción. f. Hinchazón, efecto de hincharse.

tumefacto, ta. a. Hinchado.

tumor. m. Bulto o hinchazón que se forma en una parte de un tejido o un órgano./ Proceso patológico debido al crecimiento anormal de células.

tumoral. a. Rel. al tumor, o de su naturaleza.

tumoroso, sa. a. Que tiene varios tumores.

túmulo. m. Sepulcro levantado de la tierra./ Armazón de

madera, con paños fúnebres, que se levanta para celebrar las honras de un difunto.

tumulto. m. Alboroto popular, motín./ Desorden ruidoso, confusión agitada.

tumultuario, ria. a. Que levanta o causa tumultos./ Que está o se ejecuta sin orden ni concierto.

tumultuoso, sa. a. Tumultuario.

tunante. a. y s. Pícaro, bribón, taimado.

tunda. f. Acción y efecto de tundir los paños./ fam. Castigo de palos, azotes, etc.

tundra. f. Terreno abierto y llano, falto de árboles, propio de zonas muy frías. Su subsuelo es helado, y el suelo, pantanoso en muchos lugares, está cubierto de musgos y líquenes.

túnel. m. Pasaje subterráneo de comunicación abierto a través de una montaña, por debajo de un río, ciudad, etc.

túnica. f. Vestidura sin mangas, a modo de camisa, usada por los antiguos./ Vestidura exterior holgada y larga./ Membrana sutil que cubre ciertas partes del cuerpo.

tuno, na. a. y s. Tunante.

tupido, da. a. Espeso, muy junto y apretado.

turba. f. Combustible fósil formado de residuos vegetales./ Muchedumbre de gente confusa y desordenada.

turbación. f. Acción y efecto de turbar./ Desorden, confusión.

turbador, ra. a. y s. Que causa turbación.

turbamulta. f. fam. Multitud desordenada.

turbante. m. Tocado oriental que consiste en una faja larga de tela arrollada a la cabeza.

turbar. tr./ prl. Alterar el estado natural de las cosas./ Enturbiar./ fig. Aturdir, desconcertar a uno./ Interrumpir la quietud o la tranquilidad.

turbidad. f. Calidad de turbio.

turbina. f. Máquina en que se aprovecha de modo directo la fuerza de un fluido, por lo común gas, agua o vapor, por medio de la reacción que produce en una rueda de paletas curvas.

turbio, bia. a. Mezclado o alterado por algo que ha perdido claridad o transparencia./ fig. Poco claro, confuso./ Dudoso.

turbión. m. Aguacero con viento fuerte./ fig. Multitud de cosas que caen de juntas golpe.

turbulencia. f. Alteración de las cosas claras y trasparentes./ fig. Confusión, alboroto.

turbulento, ta. a. Turbio./ fig. Agitado, desordenado, alborotado.

turco, ca. a. y s. De Turquía.

turgencia. f. Calidad de turgente.

turgente. a. poét. Abultado, lleno.

turismo. m. Acción de viajar por recreo o placer./ Organización de los medios para realizar esos viajes.

turista. m. y f. Persona que viaja por un país por distracción y recreo.

turnar. i./ prl. Alternar con una o más personas en un trabajo, un cargo, etc.

turno. m. Orden o alternativa entre varias personas para la ejecución de una cosa.

turquesa. f. Mineral azul verdoso, empleado en joyería como piedra preciosa.

turrón. m. Masa hecha de almendras, avellanas, piñones, nueces, etc., tostado todo y mezclado con miel o azúcar.

tute. m. Cierto juego de naipes.

tutear. tr./ r. Hablar empleando el pronombre tú.

tutela. f. Autoridad que se confiere a alguien para que cuide de la persona y bienes de un menor, en defecto de la materna o paterna./ Cargo de tutor./ fig. Dirección, amparo.

tutelar. a. Rel. a la tutela./ Que guía, ampara o defiende.// tr. Ejercer la tutela.

tuteo. m. Acción de tutear.

tutor, ra. s. Persona que ejerce la tutela./ fig. Defensor, protector./ Caña o estaca que se clava junto a un arbusto para sujetarlo o mantenerlo derecho.

tutoría. f. Cargo o autoridad de tutor; tutela.

tuya. f. *Amér.* Árbol conífero ornamental y forestal, de ramas siempre verdes.

tuyo, tuyos, tuya, tuyas. a. y s. Pronombre posesivo de segunda persona, en género m. y f. y ambos números.

u. f. Vigésima cuarta letra del abecedario castellano. Es vocal cerrada./ Conj. disyuntiva que para evitar el hiato se emplea en vez de *o* ante palabras que empiecen por esta última letra o por *ho*.

ubérrimo, ma. a. Muy abundante o muy fértil.

ubicación. f. Acción y efecto de ubicar.

ubicar. i./ prl. Hallarse en determinado lugar o espacio.//tr. *Amér.* Situar en determinado lugar o espacio.

ubicuidad. f. Calidad de ubicuo.

ubicuo, cua. a. Que está presente a un mismo tiempo en todas partes./ fig. Dícese del que todo lo quiere presenciar.

ukelele

ubre. f. Cada una de las mamas o tetas de las hembras, en los mamíferos./ Conjunto de ellas.

ufanarse. prl. Engreírse, jactarse.

ufanía. f. Calidad de ufano.

ufano, na. a. Engreído, arrogante, presuntuoso./fig. Satisfecho, alegre.

ujier. m. Portero de estrados de un palacio o tribunal./Empleado subalterno en algunos tribunales.

ukelele. m. Instrumento músico de cuatro cuerdas parecido a la guitarra, usado en las islas de Hawaii.

úlcera. f. Lesión orgánica en la piel o en una mucosa, con destrucción de los tejidos orgánicos y pérdida de sustancia.

ulceración. f. Acción y efecto de ulcerar.

ulcerar. tr./ prl. Causar úlcera.

ulceroso, sa. a. Que tiene úlceras.

ulterior. a. Que está en la parte de allá de un sitio o territorio./ Que se dice, ocurre o se hace después de una cosa.

ultimación. f. Acción y efecto de ultimar.

ultimar. tr. Dar fin, acabar./ *Chile* y *R. de la P.* Matar, rematar.

ultimátum. m. En lenguaje diplomático, resolución terminante y definitiva que se comunica por escrito./ fam. Resolución definitiva.

último, ma. a. Dícese de lo que en una serie ocupa el lugar postrero./ Dícese de lo más reciente./ Que no tiene otra cosa después de sí en su línea./ Apl. a lo más escondido o remoto./ Dícese del recurso definitivo./ Apl. a lo superior en su línea.

ultrajar. tr. Injuriar gravemente, ajar./ Despreciar a uno.

ultraje. m. Acción de ultrajar./ Injuria grave, ajamiento o desprecio.

ultramar. m. Lugar situado del otro lado del mar.

ultramarino, na. a. Que está se considera de la otra parte del mar.

ultranza (a). adv. m. Con decisión inquebrantable, a todo trance.

ultrarrojo. a. Rel. a la parte invisible del espectro luminoso, que se extiende a continuación del color rojo.

ultrasonido. m. Sonido que no es perceptible al oído por su elevada frecuencia, que es más de 20.000 vibraciones por segundo.

ultratumba. adv. Más allá de la tumba. // f. Lo que se cree o supone que existe, material o espiritual, después de la muerte.

ultravioleta. a. Rel. a la parte invisible del espectro luminoso, que se extiende a continuación del color violado.

ulular. i. Dar alaridos o gritos.

umbela. f. Conjunto de flores o frutos que nacen en un punto del tallo y alcanzan la misma altura./ Tejadillo voladizo sobre una ventana o balcón.

umbilicado, da. a. De figura de ombligo.

umbilical. a. Rel. al ombligo.

umbral. m. En la puerta o entrada de una casa, parte inferior, o escalón, opuesta al dintel. / fig. Paso primero y principal o entrada de cualquier cosa. / *Arq.* Madero que se atraviesa en lo alto de un vano, para sostener el muro que hay encima. / *Psicol.* Valor a partir del cual comienzan a ser perceptibles los efectos de un agente físico: *umbral luminoso, sonoro,* etc.

umbrío, a. a. Sombrío, que está en sombra.// f. Parte de un terreno que casi siempre permanece en la sombra.

umbroso, sa. a. Que tiene o produce sombra.

un (apócope de uno)**, una.** Artículo indeterminado en género masculino y femenino y número singular.// a. Uno.

ubre

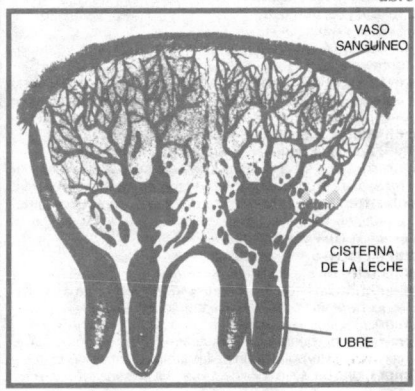

VASO SANGUÍNEO

CISTERNA DE LA LECHE

UBRE

unánime. a. Dícese del conjunto de personas que están de acuerdo en un mismo parecer, voluntad, etc./ Apl. a este parecer, voluntad, etc.

unanimidad. f. Calidad de unánime.

unción. f. Acción de ungir./ Extremaunción./ Devoción y recogimiento.

uncir. tr. Atar al yugo los bueyes, mulas, etc.

undécimo, ma. a. Que sigue en orden al o a lo décimo.// a. y s./ Dícese de cada una de las once partes iguales en que se divide un todo.

undoso, sa. a. Que hace ondas al moverse.

undular. i. Moverse haciendo ondas, como las banderas al ser agitadas por el viento.

ungido, da. p. p. de **ungir.**// m. Sacerdote o rey signado con el óleo santo.

ungir. tr. Aplicar aceite u otra materia grasa a una cosa, extendiéndola superficialmente./ Signar con óleo sagrado a una persona.

ungüento. m. Todo aquello que sirve para ungir o untar./ Medicamento de uso externo, compuesto de sustancias grasas./ Mezcla de simples olorosos, que usaban los antiguos para embalsamar los cadáveres./ fig. Cosa que suaviza el ánimo o la voluntad.

unguiculado, da. a. y s. *Zool.* Que tiene los dedos terminados por uñas.

ungulado, da. a. y s. Dícese del mamífero que tiene el pie terminado en casco o pezuña, como el caballo.

ungular. a. Rel. a la uña.

unicelular. a. Dícese del organismo que consta de una sola célula.

unicidad. f. Calidad de único.

único, ca. a. Solo y sin otro en su especie./ fig. Extraordinario, singular.

unicornio. m. Animal fantástico de figura de caballo y con un cuerno en mitad de la frente./ Rinoceronte./ *Astron.* Constelación boreal.

unidad. f. Propiedad de todo ser en virtud de la cual no puede ser dividido sin que su esencia se altere o destruya./ Singularidad en calidad o número./ Unión o conformidad./ El número entero más pequeño./ Parte del ejército que puede obrar a las órdenes de un solo jefe./ *Mat.* Cantidad que se toma por medida o término de comparación de las demás de su especie.

unificación. f. Acción y efecto de unificar.

unificar. tr. Hacer de muchas cosas una o un todo.

uniformar. tr. Hacer uniformes dos o más cosas. Ú.t.c.prl./ Dar traje igual a los individuos que pertenecen a un mismo cuerpo.

uniforme. a. De la misma forma./ Igual, conforme, semejante.// m. Traje peculiar y distintivo que usan los miembros de un cuerpo, colegio, etc.

uniformidad. f. Calidad de uniforme.

unigénito, ta. a. Dícese del hijo único.

unilateral. a. Dícese de lo que sólo se refiere a una parte o aspecto de una cosa./ Colocado sólo a un lado.

unión. f. Acción y efecto de unir./ Asociación, enlace./ Conformidad, correspondencia./ Concordia./ Matrimonio./ Alianza, convenio./ Consolidación de los labios de una herida.

unipersonal. a. Que consta de una sola persona./ Que corresponde o pertenece a una sola persona./ *Gram.* Apl. a los verbos impersonales.

uniformes

unir. tr. Juntar dos más cosas entre sí, haciendo que formen un todo./ Mezclar, incorporar./ Juntar o atar una cosa con otra./ Aproximar una cosa a otra para que formen un conjunto./ Casar. Ú.t.c.prl./ fig. Concordar voluntades o pareceres./ Cerrar la herida.// prl. Agruparse varios para el logro de una cosa./ Agregarse uno a la compañía de otro.

unísono, na. a. Que tiene el mismo tono o sonido que otra cosa.

unitario, ria. a. Rel. a la unidad.// a. y s. Que propende a la unidad./ Sectario que no reconoce en Dios más que una sola persona./ Partidario de la unidad en materia política.

universal. a. Que comprende a todos en su especie, sin excepción./ Que pertenece a todo el mundo, a todos los países y a todos los tiempos.

universidad. f. Instituto de enseñanza superior, que comprende diversas facultades, cada una de las cuales confiere los grados correspondientes.

universo. a. Universal.// m. Mundo, conjunto de todo lo que existe.

unívoco, ca. a. Dícese de lo que tiene igual significado o naturaleza que otra cosa.

uno, na. a. Que no está dividido en sí mismo./ Apl. a la persona o cosa identificada y unida, física o moralmente, con otra./ Idéntico, lo mismo. / Único, solo, sin otro en su especie. / Se usa contrapuesto a *otro*, con sentido distributivo. // pl. Algunos, unos indeterminados. // pronombre indefinido que, en singular significa una y en plural dos o más personas cuyo nombre se ignora o no quiere decirse. // m. Unidad, cantidad que se toma como término de comparación. / Signo o guarismo con que se expresa la unidad sola. / individuo de cualquier especie.

untar. tr. Cubrir la superficie de una cosa con una sustancia grasa./ fig. y fam. Sobornar con dinero o dádivas.// prl. Mancharse con una sustancia untuosa.

unto. m. Sustancia grasa, usada para untar./ Gordura del cuerpo del animal./ Ungüento. Ú.m. en sentido figurado.

untuosidad. f. Calidad de untuoso.

untuoso, sa. a. Graso, pegajoso, pingüe.

uña. f. Parte dura, de naturaleza córnea, que nace y crece en las extremidades de los dedos./ Casco o pezuña de los animales./ Punta corva en que termina la cola del alacrán./ Espina corva de ciertas plantas./ Garfio o punta corva de algunos instrumentos./ Escopladura de ciertos objetos para poder moverlos con el dedo.

uranio. m. Metal de gran densidad, de color blanco parecido al del níquel y fusible a temperatura elevada. Es un elemento radioactivo. Simb., Ú.; n. at., 92; p. at., 283,07.

urbanidad. f. Cortesía y buen modo.

uva

urbanismo. m. Conjunto de conocimientos referentes a la creación, al desarrollo y progreso de las ciudades, en orden a las necesidades de la vida humana.

urbanista. a. Rel. al urbanismo.// s. Persona versada en urbanismo.

urbanización. f. Acción y efecto de urbanizar./ Terreno delimitado para establecer en él un núcleo residencial urbanizado./ Ese mismo terreno una vez urbanizado.

urbanizado, da. p. p. de **urbanizar.**

urbanizar. tr. Hacer cortés y sociable a uno./ Disponer un terreno para convertirlo en ciudad o población, o prepararlo para la edificación.

urbano, na. a. Rel. a la ciudad./ fig. Cortés, atento y de buenos modales.

urbe. f. Ciudad grande y muy populosa.

urdidera. f. Instrumento donde los tejedores preparan los hilos para la urdimbre.

urdimbre. f. Estambre urdido./ Conjunto de hilos que se colocan paralelamente en el telar para formar un tejido./ fig. Acción de urdir o maquinar algo.

urdir. tr. Preparar los hilos en la urdidera para pasarlos al telar./ Maquinar o preparar algo con cautela.

urea. f. Principio que contiene gran cantidad de nitrógeno y constituye la mayor parte de la materia orgánica disuelta en la orina normal.

uréter. m. Cada uno de los dos conductos por los que desciende la orina a la vejiga desde los riñones.

uretra. f. Conducto por donde se expele la orina.

urgencia. f. Calidad de urgente./ Necesidad apremiante./ Dicho de las leyes o preceptos, actual obligación de cumplirlos.

urgente. p. act. de **urgir.** Que urge.

urgir. i. Apremiar o ser indispensable la pronta ejecución de algo./ Obligar actualmente la ley, precepto, etc.

urinario, ria. a. Rel. a la orina./ m. Sitio destinado para orinar, en especial el público, en calles, teatros, etc.

urna. f. Vaso o caja que servía, entre los antiguos, para guardar dinero, cenizas de cadáveres humanos, etc./ Caja de cristal para tener visibles objetos preciosos./ Arquita en que se depositan las cédulas o números en los sorteos y votaciones.

urología. f. Parte de la medicina que trata de las enfermedades de las vías urinarias.

urólogo, ga. s. Especialista en enfermedades del aparato urinario.

urraca. f. Ave de plumaje blanco en el vientre y negro con reflejos metálicos en el resto del cuerpo y larga cola.

urticante. a. Que produce comezón semejante a las picaduras de la ortiga.

urticaria. f. Erupción cutánea que produce gran comezón.

uruguayo, ya. a. y s. Del Uruguay.

urunday. m. *Arg.* Árbol de gran porte cuya madera se usa en la construcción.

urutaú. m. *Arg.* Ave nocturna, especie de lechuza de gran tamaño, que vive en montes y selvas, y lanza una especie de lamento prolongado.

urraca

usado, da. a. Gastado por el uso./ Utilizado./ Acostumbrado, práctico en una cosa.

usanza. f. Uso, moda, costumbre.

usar. tr. Hacer servir una cosa para algo./ Utilizar./ Practicar algo habitualmente./ Disfrutar alguna cosa.// i. Acostumbrar, tener costumbre.

usía. m. y f. Síncopa de usiría, vuestra señoría.

usina. f. *Arg., Bol, Col, Cuba, Chile, Nicar, Par.* y *Urug.* Instalación industrial de importancia, en especial la que se destina a la producción de gas, energía eléctrica, etc.

uso. m. Acción y efecto de usar./ Costumbre, hábito./ Empleo general de una cosa./ Moda./ Manera determinada de obrar./ Derecho de usar de la cosa ajena.

usted. Pron. personal de segunda persona, usado como tratamiento de respeto y cortesía.

usual. a. Que es de uso frecuente y ordinario./ Apl. a las cosas que se pueden usar con facilidad.

usuario, ria. a. y s. Que usa una cosa o se sirve de ella.

usufructo. m. Derecho de usar de una cosa ajena y disfrutarla sin deteriorarla./ Provecho que se obtiene de alguna cosa.

usufructuar. tr. Gozar del usufructo de una cosa.

usufructuario, ria. a. y s. Apl. a la persona que posee derecho de usufructo sobre una cosa.

usura. f. Interés superior al legal que se pide por un préstamo de dinero./ fig. Utilidad o fruto que se saca de una cosa, en especial si son excesivos.

usurar. i. Usurear.

usurario, ria. a. Dícese de los tratos y contratos en que hay usura./ Rel. a la usura.

usurear. i. Dar o tomar a usura./ fig. Ganar o adquirir con provecho o aumento, en especial si es excesivo.

usurero, ra. a. y s. Persona que presta con interés excesivo.

usurpación. f. Acción y efecto de usurpar./ Cosa usurpada.

usurpar. tr. Apoderarse de una cosa ajena, generalmente con violencia./ Arrogarse la dignidad, cargo u oficio de otro.

utensilio. m. Objeto que sirve para uso manual y frecuente. Ú.m. en pl./ Herramienta o instrumento de un arte u oficio. Ú.m. en pl.

uterino, na. a. Rel. al útero.

útero. m. Matriz, órgano hueco y musculoso del aparato genital femenino, en el que se efectúa la gestación.

útil. a. Que produce provecho, comodidad o interés./ Que sirve o puede servir.// m. Utilidad./ Utensilio, herramienta.

utilería. f. *Amér.* Instrumental, útiles./ Conjunto de instrumentos y efectos necesarios para una representación teatral.

utilidad. f. Calidad de útil./ Provecho o interés que se obtiene de una cosa.

utilitario, ria. a./ m. Que antepone a todo la utilidad.

utilización. f. Acción y efecto de utilizar.

utilizar. tr./ prl. Aprovecharse de alguna cosa.

utopía o **utopia.** f. Proyecto, plan, o sistema ideal, pero de imposible realización.

uva. f. Fruto de la vid, especie de baya o grano jugoso, en racimos, de color verde, rosado, violado o negro.

úvula. f. Apéndice carnoso que se halla en la parte media del velo del paladar; es de forma cónica y textura membranosa y muscular, y divide el borde libre del velo en dos mitades a modo de arcos.

uxoricida. a./ m. Apl. al que mata a su mujer.

uxoricidio. m. Muerte provocada a la mujer por su marido.

ungulados

CEBRA CABALLO ASNO SALVAJE

RINOCERONTE

TAPIR

Universo, expansión y estructura

TEORÍA DE LA EXPANSIÓN

MEDIANTE OBSERVACIONES RADIOASTRONÓMICAS SE DEMOSTRÓ QUE LA LUZ EMITIDA POR LAS GALAXIAS MÁS DISTANTES EXPERIMENTA UN DESVÍO (EFECTO DOPPLER) MOTIVADO POR EL ALEJAMIENTO DE DICHAS GALAXIAS LO CUAL CONFIRMARÍA LA TEORÍA DE LA EXPANSIÓN DEL UNIVERSO.

EL UNIVERSO ES EL CONJUNTO DE TODOS LOS ASTROS EXISTENTES, DE LA ENERGÍA RECIBIDA O PRODUCIDA POR ELLOS, Y DEL ESPACIO EN EL QUE SE MUEVEN. SE COMPONE POR DIFERENTES TIPOS DE MATERIA, ENTRE OTRAS: GASES, NUBES DE POLVO INTERESTELAR, SATÉLITES, QUÁSARES, NEBULOSAS, COMETAS, ESTRELLAS, PLANETAS, GALAXIAS, PÚLSARES Y AGUJEROS NEGROS.

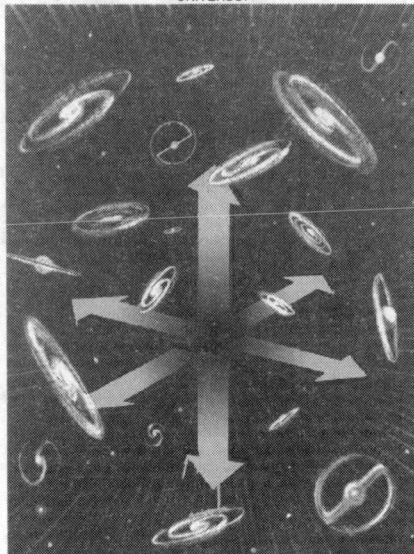

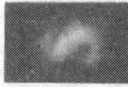

GASES: LOS DIVERSOS TIPOS DE GASES (HIDRÓGENO, NITRÓGENO, HELIO, ETC.) SE ENCUENTRAN CONCENTRADOS EN GRANDES NUBES.

NUBES DE POLVO INTERESTELAR ESTÁN FORMADAS PRINCIPALMENTE POR PARTÍCULAS DE GRAFITO, HIERRO Y SILICIO.

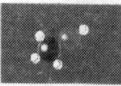

MOLÉCULAS INTERESTELARES: SE DESCUBRIERON HASTA 50 TIPOS DIFERENTES, ALGUNAS COMO EL ALCOHOL ETÍLICO, DE NATURALEZA ORGÁNICA.

NEBULOSAS: SON GRANDES NUBES DE GASES Y PARTÍCULAS INTERESTELARES, EN CUYO CENTRO SE FORMAN LAS NUEVAS ESTRELLAS.

COMETAS: ESTOS ASTROS CON "COLA LUMINOSA" SE CONOCEN DESDE LA ANTIGÜEDAD, Y SE CREE QUE EXISTEN VARIOS MILES EN EL SISTEMA SOLAR.

PLANETAS: SE ESTIMA QUE LOS PLANETAS DEL SISTEMA SOLAR SE FORMARON AL MISMO TIEMPO QUE EL SOL. EXISTEN MULTITUD EN TORNO A OTRAS ESTRELLAS.

ESTRELLAS: SON ENORMES NUBES DE GASES INCANDESCENTES QUE EMITEN ENERGÍA COMO CONSECUENCIA DE LAS REACCIONES TERMONUCLEARES QUE SE PRODUCEN EN SU INTERIOR.

GALAXIAS: SON AGRUPACIONES DE ESTRELLAS FORMADAS POR MILLONES DE ÉSTAS.

AGUJEROS NEGROS: SE CREE QUE SON EL ESTADO FINAL AL QUE QUEDAN REDUCIDAS LAS ESTRELLAS, DESPUÉS DE SU CONTRACCIÓN.

UNIVERSO OSCILANTE

ALGUNOS CIENTÍFICOS SOSTIENEN LA TEORÍA DEL UNIVERSO OSCILANTE, SEGÚN LA CUAL SE SUCEDERÍAN ÉPOCAS DE EXPANSIÓN Y ÉPOCAS DE CONTRACCIÓN DEL UNIVERSO. DE ACUERDO CON ELLA, EL UNIVERSO SE ENCONTRARÍA ACTUALMENTE EN UNA FASE EXPANSIVA.

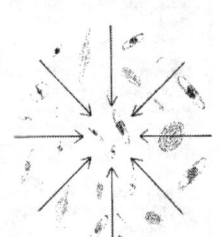

EXPLOSIÓN INICIAL (BIG BANG)

TEORÍA DE LA GRAN EXPLOSIÓN (BIG BANG)

SUPONE QUE EL UNIVERSO TUVO SU ORIGEN EN LA EXPLOSIÓN DEL "ÁTOMO PRIMITIVO", LA CUAL HABRÍA DADO LUGAR A LA FORMACIÓN DE LAS GALAXIAS Y LOS DISTINTOS SISTEMAS PLANETARIOS.

FORMACIÓN DEL SISTEMA SOLAR

MODERNOS INSTRUMENTOS DE OBSERVACIÓN ASTRONÓMICA

¿15 MIL MILLONES DE AÑOS?   5 MIL MILLONES DE AÑOS   HOY

v. f. Vigésima quinta letra del abecedario castellano, y vigésima de sus consonantes. Su nombre es *ve*./ Letra numeral romana que equivale a cinco.

vaca. f. Hembra del toro./ Carne de vaca o de buey empleada como alimento./ Cuero de la vaca una vez curtido.

vacación. f. Suspensión, por algún tiempo, de los negocios o estudios. Ú.m. en pl./ Tiempo que dura esa suspensión. Ú.m. en pl.

vacante. a. Apl. al cargo o empleo que está sin ocupar. Ú.t.c.s.f.

vaciar. tr./ prl. Dejar vacía una cosa./ Verter, arrojar el contenido de una vasija, etc./ tr. Formar un objeto echando en un molde hueco alguna materia blanda./ Formar un vacío o hueco en alguna cosa. Ú.m. en arquitectura./ Tratándose de corrientes o ríos, desaguar.

vacilación. f. Acción y efecto de vacilar./ fig. Perplejidad, indecisión.

vacilar. i. Moverse de modo indeterminado una cosa./ Estar poco firme en alguna cosa./ fig. Titubear.

vacío, a. a. Falto de contenido./ Dícese, en los ganados, de la hembra que no tiene cría./ Vano, sin fruto./ Ocioso, desocupado./ Que está sin gente./ Hueco o falto de solidez./ fig. Fatuo.// m. Concavidad o hueco de ciertas cosas./ Ijada./ fig. Ausencia o falta de alguna cosa o persona que se echa de menos./ Fís. Espacio que hipotéticamente no contiene aire ni otra materia perceptible por medios físicos o químicos.

vacuidad. f. Calidad de vacuo.

vacuna. f. Cualquier virus o principio orgánico que se inocula a una persona o un animal para inmunizarlo.

vacunar. tr. Inocular una vacuna.

vacuno, na. a. Rel. al ganado bovino./ De cuero de vaca.// m. Animal bovino.

vacuo, cua. a. Vacío./ Vacante.// m. Vacío, hueco.

vadear. tr. Atravesar un río poco profundo por un vado o por donde se puede hacer pie./ fig. Vencer una dificultad grave.

vado. m. Paraje de un río poco profundo, con fondo firme y llano, por donde se puede pasar a pie, cabalgando o en coche.

vagabundo, da. a. y s. Que anda errante./ Holgazán sin domicilio ni ocupación fijos.

vagancia. f. Acción de vagar o estar sin ocupación ni oficio.

vagar. i. Andar errante./ Estar ocioso, sin oficio ni beneficio./ Tener tiempo y lugar suficiente para hacer algo.

vainilla

vagido. m. Llanto peculiar del recién nacido.

vagina. f. Conducto membranoso que en las hembras de los mamíferos se extiende desde la vulva hasta la matriz.

vago, ga. a. a. Desocupado, vacío./ Apl. al hombre carente de vínculos sociales estables y de medios lícitos de mantenimiento, refractario a desempeñar actividades productivas. Ú.t.c.s.a./ Que anda vagando./ Indeciso, indeterminado./ *Pint.* Ligero, vaporoso.// m. Décimo nervio craneal.

vagón. m. Carruaje de un ferrocarril.

vagoneta. f. Vagón pequeño y descubierto que se emplea para transporte.

vaguear. i. Vagar, andar de un lugar a otro.

vaguedad. f. Calidad de vago./ Expresión vaga.

vahído. m. Desvanecimiento, turbación fugaz del sentido.

vaho. m. Vapor que despiden los cuerpos en determinadas condiciones.

vaina. f. Funda alargada en que se guardan algunas armas o instrumentos./ Cáscara tierna y larga en que están encerradas algunas semillas./ *Amér.* Molestia, contrariedad./ *Bot.* Ensanchamiento del pecíolo o de la hoja que envuelve el tallo.

vainilla. f. Planta orquídea americana; su fruto, muy oloroso, se emplea para aromatizar los licores, el chocolate, etc./ Fruta de esta planta./ Heliotropo americano.

vaivén. m. Movimiento alternativo de un cuerpo que, después de recorrer una trayectoria, vuelve a hacerlo en sentido contrario./ fig. Variedad inestable o inconstancia de las cosas.

vajilla. f. Conjunto de platos, vasos, fuentes, tazas, etc., para el servicio de una mesa.

vale. m. Papel que se entrega a favor de uno, para que lo canjee por dinero, para asistir gratis a un espectáculo, etc./ Nota firmada y a veces sellada, que se da al que ha de entregar una cosa, para que acredite después la entrega y cobre el importe.

vacuno

VASIJAS AMERICANAS ANTIGUAS

PERUANA   ARGENTINA   PREINCAICA

vasijas

valedero, ra. a. Que debe valer, que ha de ser firme.

valentía. f. Esfuerzo, vigor./ Acto heroico./ Gallardía, intrepidez.

valentón, na. a. y s. Arrogante, que se jacta de valiente.

valer. tr. Amparar, proteger./ Producir utilidad. Ú.t. en sentido fig./ Importar o sumar las cuentas./ Tener un precio determinado las cosas para la compra o la venta./ Equivaler las monedas unas a otras en número de determinada estimación./ Tener una cosa una significación comparable a la de otra determinada.// i. Equivaler./ Tener autoridad, poder o fuerza./ Ser una cosa de importancia para el logro de otra./ Prevalecer una cosa en oposición de otra.// prl. Servirse de una cosa./ Recurrir al favor de otro.

valeroso, sa. a. Eficaz, poderoso./ Que tiene valentía, esforzado./ Que vale mucho.

valía. f. Estimación, valor, aprecio./ Valimiento.

validar. tr. Dar firmeza o fuerza a una cosa; hacerla válida.

validez. f. Calidad de válido.

válido, da. p.p. de **valer**.// a. Estimado, apreciado generalmente.// m. El que tiene el primer lugar en el favor o la gracia de un alto personaje.

valiente. a. Esforzado, animoso. Ú.t.c.s./ Robusto y fuerte en su línea./ Grande y excesivo

valija. f. Maleta./ Saco de cuero o lona donde llevan la correspondencia los correos./ El mismo correo./ Amér. Cartera grande donde los carteros llevan la correspondencia.

valioso, sa. a. Que vale mucho./ Rico, acaudalado.

valla. f. Vallado o estacado de defensa./ Línea de estacas que cierra o señala algún sitio./ En el fútbol y otros deportes, arco, meta./ Dep. Obstáculo que debe saltar el atleta varias veces a lo largo de algunas carreras.

vallado. m. Cerco para defender un sitio o impedir la entrada en él.

valle. m. Llanura entre montes o montañas./ Cuenca de un río./ Conjunto de lugares y caseríos situados en un valle.

valor. m. Grado de utilidad, conveniencia o estimación de las cosas./ Cualidad de las cosas por la que se da cierta suma de dinero o equivalente por poseerlas./ Alcance de la significación o importancia de una cosa, acción, etc./ Estado de ánimo que mueve a enfrentar sin miedo los peligros./ Osadía, desvergüenza./ Fuerza, eficacia de las cosas para producir un hecho./ Rédito o producto de algo./ Equivalencia de una cosa a otra./ Mús. Duración del sonido de una nota./ pl. Títulos representativos de riqueza negociable.

valorar. tr. Estimar el precio de una cosa./ Reconocer o apreciar el valor de una persona.

valorización. f. Acción y efecto de valorizar.

valorizar. tr. Valorar, evaluar./ Acrecentar.

valquiria. f. Mit. Cada una de ciertas divinidades escandinavas.

vals. m. Baile de origen alemán que ejecutan las parejas con movimientos giratorios y de traslación./ Música de este baile.

valuar. tr. Tasar, determinar el precio o el valor de una cosa.

valva. f. Bot. Ventalla, cada una de las partes de la cáscara de un fruto./ Zool. Cada una de las piezas duras y movibles que forman l concha de los moluscos acéfalos.

válvula. f. Pieza que sirve para interrumpir la comunicación entre dos partes de una máquina u otro instrumento, o entre éstos y el exterior.

valvular. a. Rel. a las válvulas.

vampiro. m. Murciélago americano que chupa la sangre de las personas y animales dormidos./ fig Persona que se enriquece por medios reprobables.

vanagloria. f. Jactancia del propio valer u obrar.

vanagloriarse. prl. Jactarse de propio valer u obrar.

vandálico, ca. a. Rel. a los vándalos o al vandalismo.

vandalismo. m. Calidad de vándalo./ Devastación propia de los antiguos vándalos./ fig. Espíritu de destrucción.

vándalo, la. a. y s. Dícese de un pueblo de la antigua germania, que invadió, la España romana. Luego pasó Africa, y en todas partes se destacó por su afán de destrucción.// s. Persona que comete acciones destructivas, brutales o crueles, propias de gente inculta y desalmada.

vanguardia. f. Parte de una fuerza armada que va delante del cuerpo principal./ Avanzada de un movimiento político, ideológico, artístico, etc.

vanidad. f. Calidad de vano./ Ostentación, fausto, pompa vana./ Palabra inútil e insustancial./ Ilusión o ficción de l fantasía.

vanidoso, sa. a. y s. Que tiene vanidad y la manifiesta.

vanilocuencia. f. Verbosidad insustancial e inútil.

vano, na. a. Falto de realidad o sustancia./ Hueco, falto de solidez./ Inútil, infructuoso./ Presuntuoso./ Poco durable. Que no tiene fundamento.// m. Parte de un muro en que no hay apoyo para el techo o bóveda, como los huecos de puertas y ventanas.

vapor. m. Fluido aeriforme que resulta de la acción del calor sobre ciertos cuerpos, generalmente los líquidos./ Buque de vapor.

vaporizador. m. Aparato que se emplea para vaporizár.

vaporizar. tr./ prl. Convertir en vapor un líquido.

vaporoso, sa. a. Que arroja de sí u ocasiona vapores./ fig Ligero, sutil, tenue.

vapulear o **vapular.** tr./ prl. Golpear, azotar.

vapuleo. m. Acción y efecto de vapulear.

vaquería. f. Lugar donde hay vacas o se vende su leche.

vaquero, ra. a. Rel. a los pastores de ganado vacuno.// s Pastor de ganado bovino.

vaquillona. f. Arg. y Chile. Vaca de dos a tres años.

vara. f. Ramo delgado y limpio de hojas./ Palo largo delgado./ Antigua medida de longitud.

varadero. m. Lugar donde paran las embarcaciones para resguardarlas, limpiarlas o resguardarlas.

varar. i. Encallar la embarcación./ Sacar a la playa y poner en seco una nave./ Quedar detenido un negocio.

variable. a. Que varía o puede variar./ Inestable, inconstante.

variación. f. Acción y efecto de variar./ Mús. Cualquiera de las imitaciones melódicas de un mismo tema.

variado, da. a. Que tiene variedad./ De diversos colores.

variante. f. Que varía.

variar. tr. Hacer que una cosa cambie o sea diferente de lo que antes era./ Dar variedad.// i. Cambiar una cosa de estado, forma o propiedad./ Ser una cosa distinta de otra.

varice o **várice.** f. Dilatación permanente de una vena.

varicela. f. Enfermedad contagiosa caracterizada por una erupción parecida a la de la viruela benigna.

variedad. f. Calidad de vario./ Conjunto de cosas diferentes, diferencia dentro de la unidad./ Inconstancia, mudanza./ Alteración./ Variación./ *Biol.* Cada uno de los grupos en que se dividen ciertas especies.

varilla. f. Barra larga y delgada./ Cada una de las tiras de la armazón del abanico./ Cada una de las costillas que forman la armazón de los paraguas y quitasoles.

vario, ria. a. Diferente, diverso./ Inconstante o mudable./ Indeterminado o indiferente./ Que tiene variedad. // pl. Algunos, unos cuantos.

varón. m. Persona del sexo masculino./ Hombre que ha llegado a la edad viril./ Hombre de respeto, autoridad, etc.

varonil. a. Propio o rel. al varón./ Esforzado, valeroso.

vasallo, lla. s. Súbdito de un soberano o de cualquier otro gobierno supremo./ fig. Persona que depende de otro o lo reconoce como superior.

vasco, ca. a. y s. Vascongado./ De una comarca de Francia comprendida en el departamento de los Bajos Pirineos.// Vascuence, lengua vascongada.

vascuence. a./ m. Idioma hablado por los vascos.

vascular. a. Rel. a los vasos de los animales y las plantas.

vaselina. f. Sustancia crasa, de aspecto de cera, que se obtiene de la parafina y aceites densos del petróleo, y se usa como lubricante en farmacia y cosmética.

vasija. f. Recipiente profundo de barro u otro material, para contener líquidos o alimentos.

vaso. m. Pieza cóncava que puede contener alguna cosa./ Recipiente, por lo general de forma cilíndrica, propio para beber./ Cantidad de líquido que cabe en él./ Embarcación, y señaladamente, su casco./ Casco de las bestias de caballerías./ Orinal./ *Biol.* Cada uno de los conductos por donde circulan los fluidos en los seres orgánicos.

vástago. m. Renuevo que brota de la planta o del árbol./ fig. Persona que desciende de otra./ Barra que transmite el movimiento a una máquina.

vastedad. f. Dilatación, anchura de una cosa.

vasto, ta. a. Dilatado, de gran extensión.

vate. m. Adivino./ Poeta.

vaticano, na. a. Del monte Vaticano./ Rel. a la ciudad del Vaticano./ Rel. al Vaticano, palacio papal./ Rel. al Papa o a la corte pontificia.// m. fig. Corte pontificia.

vaticinar. tr. Pronosticar, adivinar, predecir.

vaticinio. m. Pronóstico, predicción.

vatio. m. Unidad de potencia eléctrica, en el sistema basado en el metro, el kilogramo, el segundo y el amperio. Equivale a un julio por segundo.

vecindad. f. Calidad de vecino./ Vecindario de una población. Conjunto de vecinos./ Cercanías de un sitio.

vecindario. m. Conjunto de los vecinos de un lugar./ Padrón o lista de los vecinos de un pueblo.

vecino, na. a. y s. Dícese del que habita con otros en un mismo pueblo, barrio o casa, en habitación independiente./ Que tiene casa y hogar en una población y paga allí tributos./ Que ha fijado domicilio en una población.// a. fig. Cercano o inmediato./ Semejante o coincidente.

vector. m. En el habla técnica, el agente que transporta algo de un lugar a otro./ Ú.t.c.a./ *Fís.* Toda magnitud, en la que,

vampiro

además de la cuantía, hay que considerar el punto de aplicación, la dirección y el sentido. Las fuerzas son vectores.

veda. f. Acción y efecto de vedar./ Tiempo en que está vedado cazar o pescar.

vedar. tr. Prohibir por ley./ Impedir.

veedor, ra. a. y s. Que ve, mira o registra las acciones aje-nas.// m. Visitador, observador, inspector.

vega. f. Tierra baja, llana y fértil./ *Chile.* Terreno muy húmedo.

valija

vegetación. f. Acción y efecto de vegetar./ Conjunto de los vegetales de una determinada región, terreno o país.

vegetal. a. Rel. a las plantas./ Que vegeta.// m. Ser orgánico que vive y crece pero es incapaz de movimientos voluntarios para cambiar de lugar.

vegetar. i. Germinar y desarrollar sus funciones vitales las plantas. Ú.t.c.prl./ fig. Vivir las personas una vida meramente orgánica, similar a la de las plantas./ fig. Disfrutar vida tranquila y rutinaria.

vegetativo, va. a. Que vegeta o tiene vigor para vegetar./ Que participa en las funciones de nutrición o reproducción.

vehemente. a. Que mueve o se mueve con ímpetu y violencia u obra con mucha fuerza y eficacia./ Que siente o se expresa con viveza./ Dícese de las personas que sienten o proceden de este modo.

vehículo. m. Artefacto que sirve para transportar personas o cosas, como nave, auto, bicicleta, etc./ fig. Lo que sirve para conducir o transmitir con facilidad una cosa.

veintavo, va. a. y s. Vigésimo.

veinte. a./ m. Dos veces diez.// m. Conjunto de signos y cifras con que se representa el número veinte.

veintena. f. Conjunto de veinte unidades.

veinteno, na. a. Vigésimo.

veinticinco. a. Veinte y cinco.// m. Conjunto de signos y cifras con que se representa el número veinticinco.

veinticuatro. a. Veinte y cuatro.// m. Conjunto de signos y cifras con que se representa el número veinticuatro.

veintidós. a. Veinte y dos.// m. Conjunto de signos y cifras con que se representa el número veintidós.

veintinueve. a. Veinte y nueve.// m. Conjunto de signos y cifras con que se representa el número veintinueve.

veintiocho. a. Veinte y ocho.// m. Conjunto de signos y cifras con que se representa el número veintiocho.

veintiséis. a. Veinte y seis.// m. Conjunto de signos y cifras con que se representa el número veintiséis.

veintisiete. a. Veinte y siete.// m. Conjunto de signos y cifras con que se representa el número veintisiete.

veintitrés. a. Veinte y tres.// m. Conjunto de signos y cifras con que se representa el número veintitrés.

veintiún. a. Apócope de veintiuno.

veintiuno. a. Veinte y uno.// m. Conjunto de signos y cifras con que se representa el número veintiuno.

vejamen. m. Vejación./ Reprensión festiva.

vejar. tr. Maltratar, molestar, humillar./ Dar vejamen.

vejatorio, ria. a. Apl. a lo que veja o puede vejar.

vejez. f. Calidad de viejo./ Senectud, último período de la vida de los organismos.

vejiga. f. Bolsa muscular y membranosa que recibe, contiene y expulsa la orina./ Ampolla de la epidermis./ Bolsita formada en cualquier superficie, llena de un gas, un líquido, etc.

vela. f. Acción de velar, velación./ Tiempo que se vela./ Tiempo que se destina al trabajo nocturno./ Centinela que se ponía por la noche./ Cilindro de cera, sebo, etc., con pabilo, para que pueda encenderse y dar luz./ Conjunto de piezas de lona o lienzo fuerte que se amarra a los mástiles para recibir el viento que impele la nave./ fig. Barco de vela.

velada. f. Reunión nocturna de solaz entre varias personas./ Fiesta musical o literaria que se celebra por la noche.

velador, ra. a. y s. Que vela./ Que vigila o cuida de algo./ / m. Lámpara eléctrica de sobremesa./ Mesita de un solo pie./ *Amér.* Mesa de noche.

velaje o velamen. m. Conjunto de velas de una nave.

velar. i. Estar despierto el tiempo destinado para dormir./ Seguir trabajando después de la jornada ordinaria./ Cuidar solícitamente.// tr. Hacer guardia por la noche./ Asistir por la noche a un enfermo o permanecer al lado de un difunto./ fig. Observar con atención algo./ Cubrir a medias alguna cosa, atenuarla.// tr./ prl. Cubrir con velo./ *Fot.* Borrarse del todo o en parte la imagen por la acción indebida de la luz.

velatorio. m. Acción de velar a un difunto.

veleidad. f. Voluntad antojadiza o deseo vano./ Ligereza, inconstancia.

veleidoso, sa. a. Inconstante, voluble.

velero, ra. a./ m. Dícese de la embarcación muy ligera o que navega mucho.// s. Persona que hace o vende velas para alumbrar.// m. El que hace velas para barcos./ Buque de vela.

veleta. f. Pieza metálica giratoria que se coloca en lo alto de un edificio para señalar la dirección del viento./ Plumilla que se pone sobre el corcho de la caña de pescar.// m. y f. Persona inconstante y voluble.

vello. m. Pelo corto y suave que sale en algunas partes del cuerpo humano./ Pelusilla que recubre algunos frutos y plantas.

vellocino. m. Vellón que resulta de esquilar las ovejas./ Cuero de ganado lanar con su lana.

vellón. m. Toda la lana que sale junta de un carnero u oveja al esquilar.

velloso, sa. a. Que tiene vello.

velludo, da. a. Que tiene mucho vello./ Felpa o terciopelo.

velo. m. Tela o cortina que cubre una cosa./ Prenda de tela ligera con que se cubren las mujeres la cabeza o el rostro.

velocidad. f. Rapidez del movimiento./ Relación entre el espacio recorrido y el tiempo invertido en ello.

velocímetro. m. Instrumento con que se mide la velocidad de traslación de un vehículo.

velorio. m. Reunión de esparcimiento, nocturna, con bailes, cantos, cuentos, etc., celebrada en los pueblos./ Ceremonia de tomar el velo una religiosa./ Velatorio./ *Arg.* y *Puerto Rico.* Fiesta poco concurrida y desanimada.

veloz. a. Acelerado, rápido en el movimiento./ Ágil y ligero en lo que se hace o discurre.

vena. f. Cada uno de los conductos por donde vuelve al corazón la sangre que ha circulado por las arterias./ Filón de un yacimiento mineral./ Cada uno de los hacecillos de fibras del envés de las hojas de las plantas./ Faja de tierra o piedra que se distingue de la masa en que se halla interpuesta./ Conducto natural por donde corre el agua en el seno de la tierra./ Lista ondulada o ramificada en ciertas piedras y maderas./ fig. Inspiración poética.

venablo. m. Dardo o lanza arrojadiza.

venado. m. Ciervo.

venal. a. Rel. a las venas./ Vendible./ fig. Que se deja sobornar.

vencedor, ra. a. y s. Que vence.

vencer. tr. Rendir o someter al enemigo./ Rendir o ceñir ciertas cosas físicas o morales. Ú.t.c.prl./ Aventajar en algún concepto, en competencia o comparación con otros./ Sujetar o dominar las pasiones y afectos./ Superar los inconvenientes o estorbos./ Prevalecer una cosa sobre otra./ Sufrir con paciencia un dolor o trabajo.// i. Cumplirse un plazo./ Salir uno con su intento./ Refrenar los ímpetus del genio o de la pasión. Ú.t.c.prl.

vencido, da. p.p. de **vencer.**// a. y s. Fracasado, derrotado.

vencimiento. m. Acción de vencer o de ser vencido./ fig. Inclinación, torcimiento de una cosa./ Cumplimiento del plazo de una obligación.

venda. f. Tira de tela que sirve para ligar un miembro, cubrir una herida o sujetar un apósito.

vendaje. m. Ligadura hecha con vendas.

vendar. tr. Atar o cubrir con vendas./ fig. Impedir el conocimiento exacto de una cosa.

velero

vender. tr. Taspasar a otro por el precio convenido la propiedad que se posee./ Exponer géneros o mercaderías al público para el que las quisiere comprar./ Sacrificar al interés cosas de valor moral./ fig. Traicionar.// prl. Dejarse sobornar./ Decir o hacer algo inadvertidamente que revele lo que se desea ocultar.

vendimia. f. Recolección y cosecha de la uva./ Tiempo en que se hace./ fig. Provecho o fruto abundante.

vendimiar. tr. Recoger el fruto de las viñas./ fig. Disfrutar una cosa o aprovecharse de ella.

veneno. m. Sustancia tóxica que introducida en el organismo causa graves trastornos o la muerte./ fig. Toda cosa nociva para la salud./ fig. Lo que ocasiona un daño moral./ fig. Rencor o mal pensamiento.

venenoso, sa. a. Que contiene veneno.

venerable. a. Digno de veneración o respeto./ Título de los prelados.// a. y s. Primer título que concede la Iglesia a los que mueren con fama de santidad.

venerar. tr. Respetar en sumo grado, reverenciar./ Rendir culto a Dios, a los santos o a las cosas sagradas.

venéreo, a. a. Rel. al deleite carnal./ Dícese de las enfermedades que se contraen por contacto sexual.

venezolano, na. a. y s. De Venezuela.

vengador, ra. a. y s. Que venga o se venga.

venganza. f. Satisfacción que se toma del daño o el agravio recibidos.

vengar. tr./ prl. Causar daño a una persona en reparación por el que se ha recibido./ Tomar venganza.

vengativo, va. a. Propenso a vengarse.

venia. f. Permiso, licencia./ Perdón de la culpa u ofensa./ Saludo cortés que se hace con la cabeza./ Saludo militar.

venial. a. Que infringe levemente una ley, precepto, etc.

venida. f. Acción de venir./ Regreso./ Avenida, creciente impetuosa de un río.

venidero, ra. a. Que ha de venir o suceder.// m. pl. Sucesores./ Los que han de nacer después.

venir. i. Llegar una persona o cosa hasta el lugar donde está el que habla./ Dirigirse una persona o cosa de allá hacia acá./ Comparecer una persona ante otra./ Ajustarse una cosa a otra./ Llegar uno a transigir. Ú.t.c.prl./ Resolver, acordar una autoridad./ Inferirse, deducirse./ Pasar de unos a otros al dominio de una cosa./ Acercarse o llegar el tiempo en que una cosa ha de acontecer./ Traer origen, proceder./ Ofrecerse una cosa a la mente./ Figurar algo en un libro o periódico./ Suceder algo que se aguardaba o temía./ Acontecer o sobrevenir.

venoso, sa. a. Que tiene venas./ Rel. a las venas.

venta. f. Acción y efecto de vender./ Contrato por el que se transfiere a otro el dominio de una cosa por el precio convenido./ Casa en los caminos para hospedaje de los pasajeros.

ventaja. f. Superioridad que una persona o cosa respecto de otra./ Sueldo sobreañadido al ordinario que gozan otros./ Ganancia anticipada de tantos que un jugador concede a otro./ *Amér.* Utilidad o provecho.

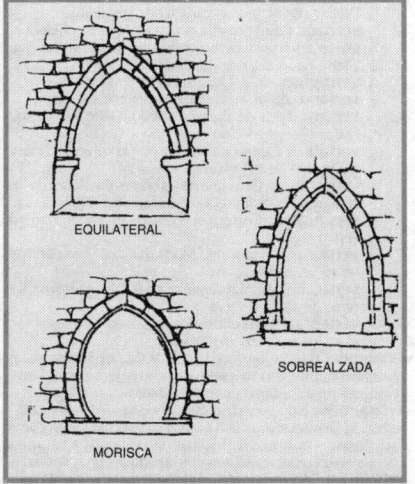

EQUILATERAL

SOBREALZADA

MORISCA

ventana

ventajista. a./m. y f. Apl. a la persona que por cualquier medio trata siempre de obtener ventaja en los tratos, en el juego, etc.

ventajoso, sa. a. Que tiene u ofrece ventaja.

ventana. f. Abertura que se deja en una pared para dar luz y ventilación./ Hoja u hojas de madera y cristales con que se cierra dicha abertura./ Cada uno de los dos orificios de la nariz.

ventanal. m. Ventana grande.

ventanilla. f. Abertura pequeña en los despachos, oficinas, etc., para comunicación con el público./ Abertura provista de cristal en los coches, vagones de tren y otros vehículos./ Orificio de la nariz.

ventarrón. m. Viento muy fuerte.

ventear. imp. Soplar el viento.// tr. Tomar ciertos animales el viento con el olfato./ Airear alguna cosa.

ventilación. f. Acción y efecto de ventilar o ventilarse./ Abertura para ventilar un aposento./ Conjunto de la instalación con que se ventila una sala, un departamento o una casa.

ventilador. m. Aparato que remueve o impulsa el aire en una habitación./ Abertura hacia el exterior de una habitación, para renovar el aire.

ventilar. tr. Hacer correr o penetrar el aire en algún sitio. Ú.t.c.prl./Agitar alguna cosa en el aire./ Exponer una cosa al viento./ Renovar natural o artificialmente el aire de una habitación o local cerrado./ fig. Dilucidar una cuestión o duda.

ventisca. f. Borrasca de viento o de viento y nieve.

ventisquero. m. Ventisca./ Altura de las montañas más expuestas a las ventiscas./ Sitio en los montes donde se conserva el hielo y la nieve./ Masa de hielo o nieve acumulada en ese sitio.

ventolina. Viento leve y variable./ *Arg.* Viento fuerte.

ventosa. f. Abertura para dar paso al aire./ Órgano de ciertos animales para adherirse o agarrarse por medio del vacío./ Vaso o campana que se aplica sobre la piel después de haber enrarecido el aire en su interior, para provocar una mayor irrigación de sangre./ Pieza mecánica de material elástico en la que se produce el vacío al ser oprimida contra una superficie lisa. Suele servir como soporte de ganchos o instrumentos.

ventosidad. f. Calidad de ventoso o flatulento./ Gases intestinales, en particular cuando se expelen.

ventoso, sa. a. Dícese del día o tiempo en que hay viento fuerte.

ventricular. a. Rel al ventrículo

ventrículo. m. *Anat.* Estómago del hombre y de los animales. / *Anat.* Cada una de las dos cavidades que hay entre las cuerdas vocales de los mamíferos, a uno y otro lado de la glotis. / *Anat.* Cavidad del corazón de los moluscos, peces, y batracios y de la mayoría de los reptiles, que recibe la sangre procedente de las aurículas. / *Anat.* Cada una de las cuatro cavidades del encéfalo de los vertebrados.

ventrílocuo, cua. a. y s. Dícese de la persona capaz de hablar sin mover la boca, de modo que la voz parezca venir de lejos, y no de su persona, y que imita otras voces o sonidos.

ventriloquia. f. Arte del ventrílocuo.

ventura. f. Dicha, felicidad./ Casualidad, contingencia./ Riesgo, peligro.

venturoso, sa. a. Afortunado, que tiene buena suerte./ Que tiene felicidad o la trae.

ver. tr. Percibir por el sentido de la vista./ Observar, examinar./ Visitar a una persona./ Ir con cuidado en lo que se hace./ Considerar, advertir./ Conocer, juzgar./ Prevenir las cosas futuras./ Comprobar si una cosa está en el lugar que se cita.// prl. Estar en sitio o postura a propósito para ser visto./ Hallarse en algún estado o situación./ Avistarse una persona con otra./ Representarse la imagen o semejanza de una cosa./ Hallarse o estar en un sitio o lance.

vera. f. Orilla.

veracidad. f. Calidad de veraz.

veranear. i. Pasar el verano en alguna parte.

veraneo. f. Acción y efecto de veranear.

veraniego, ga. a. Rel. al verano.

verano. m. Estío./ Estación del año que comienza en el solsticio del mismo nombre y termina en el equinoccio de otoño./ Época más calurosa del año. En el hemisferio norte comprende desde el 21 de junio hasta el 21 de setiembre, y en el sur desde el 21 de diciembre hasta el 21 de marzo.

veras. f. pl. Verdad, realidad de las cosas que se hacen o dicen./ Eficacia y fervor con que se hace algo.

veraz. a. Que dice o profesa siempre la verdad.

venado

verbal. a. Dícese de lo que se refiere a la palabra./ Que no se hace por escrito, sino sólo de palabra./ Rel. al verbo./ *Gram.* Apl. a las palabras derivadas de un verbo. Ú.t.c.s.m.

verbena. f. Planta herbácea anual, con flores de varios colores, terminales y en espigas./ Velada popular que se celebra la noche de la víspera de ciertas festividades.

verberar. tr. Azotar, fustigar. Ú.t.c.prl.

verbo. m. Palabra./ Clase de palabra que indica las acciones o estados de los seres y las cosas, y expresa modo, tiempo, número y persona.

verborragia. f. fam. Verbosidad excesiva.

verbosidad. f. Abundancia de palabras en la expresión.

verdad. f. Conformidad de las cosas con su representación mental./ Conformidad de lo que se dice con lo que se piensa y siente./ Existencia real de una cosa./ Juicio o proposición que no se puede negar racionalmente.

verdadero, ra. a. Conforme a la verdad./ Real y efectivo./ Sincero, ingenuo./ Veraz.

verde. a./m. Del color de la hierba, la esmeralda, etc. Es el cuarto color del espectro solar./ a. Dícese de los vegetales que aún conservan la savia./ Apl. a la leña recién cortada del árbol./ Inmaduro./ fig. Dícese de los primeros años de la vida./ Imperfecto./ Obsceno./ Dícese de quien conserva inclinaciones galantes impropias de su edad.// m. Hierbas que consume el ganado./ Follaje de las plantas./ fam. *Arg.* Mate (infusión).

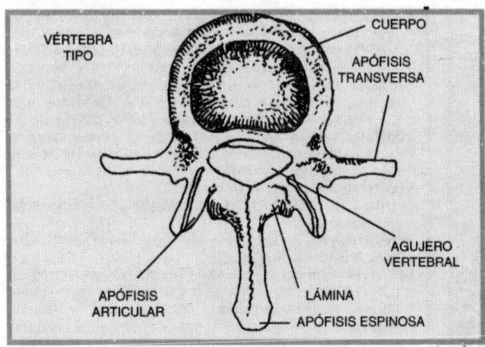

VÉRTEBRA TIPO

CUERPO

APÓFISIS TRANSVERSA

AGUJERO VERTEBRAL

APÓFISIS ARTICULAR

LÁMINA

APÓFISIS ESPINOSA

vértebra

verdear. i. Mostrar una cosa el color verde que lleva./ Tirar a verde./ Comenzar a brotar plantas en los campos./ fam. *Arg.* Tomar mate.

verdín. m. Primer color verde de las plantas que aún no han llegado a su sazón./ Cardenillo./ Capa formada por ciertas plantas en aguas estancadas o sitios húmedos.

verdinegro, gra. a. De color verde oscuro.

verdor. m. Color verde vivo de las plantas./ Color verde./ fig. Lozanía, vigor./ Edad de la juventud.

verdoso, sa. a. Que tira a verde.

verdugo. m. Vástago o renuevo del árbol./ Estoque muy delgado./ Azote hecho de cuero, mimbre, etc./ Roncha o señal que deja el golpe del azote./ Ministro de justicia que ejecuta las penas de muerte./ fig. Persona muy cruel o que castiga con saña.

verdugón. m. Verdugo, vástago del árbol./ Verdugo, señal de un golpe.

verdulería. f. Tienda o puesto de verduras.

verdura. f. Verdor, color verde./ Hortaliza, especialmente la de hojas verdes. Ú.m. en pl.

verecundia. f. Vergüenza.

verecundo, da. a. Vergonzoso, que se avergüenza con facilidad.

vereda. f. Camino angosto./ *Amér.* Acera de las calles.

veredicto. m. Definición sobre un hecho, que dicta el jurado./ Por ext., juicio emitido reflexiva y autorizadamente.

verga. f. En marina, percha a la que se asegura el grátil de una vela./ Miembro genital de los mamíferos.

vergel. m. Huerto con diversidad de flores y árboles frutales.

vergonzoso, sa. a. Que causa vergüenza./ Que se avergüenza con facilidad. Ú.t.c.s.

vergüenza. f. Sentimiento penoso ocasionado por una falta cometida o por alguna acción deshonrosa o humillante./ Estimación de la propia honra./ Acción indigna o indecorosa./ Timidez./ Pundonor./ Acción indecorosa, que cuesta repugnancia ejecutar./ Pena que consistía en exponer al reo a la afrenta pública.// pl. Partes pudendas.

vericueto. m. Lugar o paraje áspero, alto y quebrado, por donde se anda con dificultad.

verídico, ca. a. Que dice la verdad./ Que la incluye.

verificar. tr. Probar que algo de que se dudaba es verdadero./ Comprobar la verdad de una cosa.// tr./ prl. Ejecutar, efectuar.// prl. Resultar cierto y verdadero lo que se dijo o pronosticó.

verja. f. Enrejado que sirve de puerta, ventana o cerca.

verme. m. Gusano, y especialmente, lombriz intestinal. Ú.m. en pl.

vermicular. a. Que tiene gusanos o vermes./ Que se asemeja a los gusanos o participa de sus cualidades.

vermú o vermut. m. Licor aperitivo compuesto de vino blanco, ajenjo y otras sustancias amargas y tónicas.

vernáculo, la. a. Nativo, doméstico, de nuestra casa o país. Se dice especialmente del idioma.

verosímil. a. Que tiene apariencia de verdadero./ Creíble por no ofrecer carácter de falsedad.

verruga. f. Excrecencia cutánea pequeña y redonda, que se forma por hipertrofia de las papilas dérmicas./ fig. y fam. Persona o cosa que molesta.

verrugoso, sa. a. Que está lleno de verrugas.

versado, da. a. Instruido, competente, práctico.

versar. i. Tratar de alguna materia un libro o discurso./ Dar vueltas alrededor.

versátil. a. Que se vuelve o se puede volver fácilmente./ fig. De genio tornadizo y voluble.

versículo. m. Cada una de las breves divisiones de los capítulos de los libros, en especial de la Biblia.

versificar. i. Componer versos.// tr. Poner algo en verso.

versión. f. Traducción./ Modo que tiene cada uno de referir un suceso.

verso. m. Palabra o conjunto de palabras sometidas a ritmo, y, algunas veces, a rima.

vértebra. f. Cada uno de los huesos cortos que forman el espinazo de los vertebrados.

vertebrado, da. a. Que tiene vértebras.// a./ m. Dícese de los animales que tienen esqueleto óseo con columna vertebral y cráneo.// m. pl. Subtipo de estos animales.

vertedero. m. Sitio adonde o por donde se vierte una cosa.

verter. tr. Derramar o vaciar líquidos o cosas menudas, como sal, harina, etc. Ú.t.c.prl./ Inclinar una vasija para vaciar su contenido./ Traducir.// i. Correr un líquido por una pendiente.

vertical. a./f. Dícese de la recta o plano perpendicular a la línea del horizonte, en dibujos, figuras, impresos, etc., a la línea o disposición que va de la cabeza al pie.

vértice. m. *Geom.* Punto en que concurren los dos lados del ángulo./ *Geom.* Punto en que concurren tres o más planos./ *Geom.* Cúspide de la pirámide o del cono.

verticilo. m. *Bot.* Conjunto de tres o más hojas, flores, pétalos, etc., que están en un mismo plano alrededor de un tallo.

vertiente. a. Que vierte.// amb. Declive por donde corre o puede correr el agua.

vertiginoso, sa. a. Rel. al vértigo./ Que lo causa./ Que sufre vértigos.

vértigo. m. Vahído./ Perturbación del sentido del equilibrio que se caracteriza por una sensación de movimiento giratorio del cuerpo o de los objetos que lo rodean./ fig. Apresuramiento anormal de la actividad.

vesania. f. Locura, demencia, furia.

vesánico, ca. a. Rel. a la vesania./ Que padece de vesania. Ú.t.c.s.

vesical. a. Rel. a la vejiga.

vesícula. f. Vejiga pequeña en la epidermis./ Ampolla llena de aire que suelen tener algunas plantas acuáticas.

vesicular. a. De forma de vesícula.

vespertino, na. a. Rel. a la tarde.

vestíbulo. m. Portal a la entrada de un edificio./ Sala o espacio cubierto que da entrada a ciertos edificios, como estaciones ferroviarias, teatros, etc./ Recibimiento./ Espacio cubierto que, en una casa, comunica la entrada con los aposentos o con el patio./ Cavidad ósea del oído interno, que comunica con el caracol.

vestido. m. Prenda o conjunto de prendas con que se cubre el cuerpo por decencia o por abrigo o adorno.

vestidura. f. Vestido./ Vestido que, sobrepuesto al común, usan los sacerdotes para el culto. Ú.m.c.pl.

vestigio. m. Huella, señal del pie./ Memoria o noticia de las acciones pasadas./ Señal que queda de algunas cosas./ fig. Indicio por donde se infiere la verdad de una cosa.

vestimenta. f. Vestido.

vestir. tr. Cubrir o adornar el cuerpo con el vestido./ Cubrir o guarnecer una cosa para protegerla o adornarla./ Dar a uno los medios necesarios para vestirse./ fig. Exornar con galas retóricas./ Disfrazar con algún adorno la realidad de una cosa./ Cubrir la hierba los campos; la hoja, los árboles; el pelo o la pluma, los animales, etc. Ú.t.c.prl./ Hacer los vestidos para otro.// i. Ir vestido./ Sobreponerse una cosa a otra, encubriéndola.

vestuario. m. Vestido, conjunto de prendas que sirven para vestirse./ Conjunto de los trajes necesarios para una representación teatral./ Uniforme de los soldados./ Parte del teatro donde están los aposentos para vestirse los actores./ Sitio en los balnearios, clubes deportivos, estadios, etc., destinado para cambiarse de ropa.

veta. f. Faja de una materia que se distingue en la masa donde se halla interpuesta./ Filón metálico, vena.

vetar. tr. Poner el veto a una ley, medida o acuerdo.

veterano, na. a. y s. Dícese del militar antiguo y experimentado./ Antiguo y experimentado en cualquier profesión, arte u oficio.

veterinario, ria. a. Rel. a la veterinaria.// s. Profesional que ejerce o profesa la veterinaria.// f. Ciencia que trata sobre la curación de las enfermedades de los animales.

veto. m. Derecho que tiene una persona o corporación para impedir o prohibir algo./ Por ext., acción y efecto de vedar.

vetustez. f. Calidad de vetusto.

vetusto, ta. a. Muy antiguo, de mucha edad./ Anciano.

vez. f. Alternación de las cosas por orden sucesivo./ Cada uno de los actos o sucesos repetidos que forman una serie./ Tiempo u ocasión determinada en que se ejecuta una acción./ Cada realización de un suceso o acción./ Tiempo u ocasión de hacer algo por turno.// pl. Ministerio o autoridad que una persona ejerce supliendo a otra. Ú.m. con el verbo *hacer*.

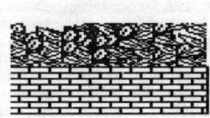

verjas

vía. f. Camino por donde se transita./ Espacio entre los carriles que señalan las ruedas de los carruajes./ El mismo carril./ Carril, riel./ Cualquiera de los conductos naturales del cuerpo del animal./ Camino o dirección que han de seguir los correos./ fig. Conducto./ Medio para conseguir algún fin.

viable. a. Que puede vivir./ fig. Apl. al asunto que tiene probabilidades de realizarse.

viaducto. m. Obra a modo de puente, sobre una hondonada, para el paso de un camino o del ferrocarril.

viajar. i. Trasladarse de un lugar a otro por cualquier medio de locomoción./ Hacer viaje./ Desplazarse en vehículo siguiendo una ruta o trayectoria.

viaje. m. Acción de viajar./ Recorrido o jornada que se hace de un lugar a otro./ Camino por donde se hace.

viajero, ra. a. Que viaja./ Persona que hace un viaje, en particular si es largo.

vial. a. Rel. a la vía.// m. Calle formada por dos filas paralelas de árboles.

vialidad. f. Calidad de vial./ Conjunto de servicios pertenecientes a las vías públicas.

vianda. f. Sustento y comida de las personas./ Comida que se sirve a la mesa./ *Arg.* Fiambrera, portaviandas. Ú.m. en pl.

viandante. a./ m. y f. Persona que viaja a pie./ Persona vagabunda.

viático. m. Prevención de lo necesario para un viaje./ Subvención que se paga al empleado o funcionario que viaja./ Subvención que en concepto de gastos de viaje se abona a los diplomáticos, y por ext. al empleado o funcionario que viaja./ Sacramento de la Eucaristía, que se administra al enfermo en peligro de muerte.

víbora. f. Culebra venenosa, pequeña, con dos dientes huecos en la mandíbula superior, por los cuales, al morder, sale un líquido ponzoñoso./ fig. Persona maldiciente.

vibración. f. Acción y efecto de vibrar./ Cada movimiento vibratorio de las moléculas o del cuerpo vibrante.

vibrador, ra. a. Que vibra.// m. Aparato que transmite las vibraciones eléctricas.

vibrar. tr. Dar movimiento trémulo a una cosa larga, delgada y elástica./ Por ext., apl. al sonido trémulo de la voz y de otras cosas no materiales.// i. *Fís.* Moverse las moléculas de un cuerpo elástico rápida y repetidamente a uno y otro lado de sus puntos naturales de equilibrio, y, por efecto de ello, también la masa del cuerpo.

vibrátil. a. Capaz de vibrar.

vicaría. f. Oficio o dignidad de vicario./ Oficina o tribunal en que despacha.

vicario, ria. a. y s. Que tiene la autoridad y facultades de otro o lo sustituye.// s. Persona que en las órdenes regulares hace las veces y tiene la autoridad de alguno de los superiores.// m. Juez eclesiástico que nombran los prelados para ejercer jurisdicción ordinaria.

vicealmirante. m. Oficial general de la armada, inmediatamente inferior al almirante.

vicecanciller. m. Cardenal presidente de la curia romana para el despacho de bulas y breves apostólicos./ El que hace las veces de canciller.

vicecónsul. m. Persona de categoría inmediatamente inferior al cónsul.

vicegobernador. m. El que hace las veces de gobernador.

vicepresidente. m. y f. Persona que hace o está facultada para hacer las veces de presidente.

vicerrector, ra. a. y s. Persona que hace o está facultada para hacer las veces de rector.

vicetesorero, ra. s. Persona que hace o puede hacer las veces del tesorero.

viceversa. adv. De manera recíproca, al contrario, al revés.// m. Cosa, dicho o acción, al revés de lo que debe ser.

viciar. tr. Dañar o corromper física o moralmente. Ú.t.c.prl./ Falsificar un escrito./ Quitar validez a una cosa./ Adulterar los géneros.// prl. Entregarse a los vicios.

vicio. m. Mala calidad, defecto o daño físico en las cosas./ Falta de rectitud moral en las acciones./ Hábito./ Falsedad, engaño./ Costumbre de obrar mal./ Deseo vehemente de una cosa que incita a usar con exceso de ella./ Frondosidad excesiva en las plantas./ Libertad excesiva en la crianza./ Mala costumbre de un animal./ Mimo, cariño excesivo.

vicioso, sa. a. Que tiene o causa vicio./ Entregado a los vicios. Ú.t.c.s./ Abundante, deleitoso.

vicisitud. f. Orden sucesivo de alguna cosa./ Alternancia de sucesos prósperos y adversos.

víctima. f. Persona o animal sacrificado o destinado al sacrificio./ fig. Persona que padece daño por alguna causa ajena o fortuita./ Persona que se expone a un grave riesgo en obsequio de otra.

víbora

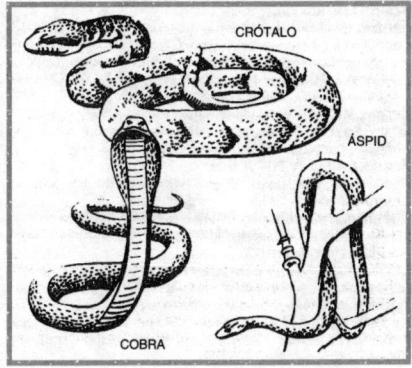

CRÓTALO

ÁSPID

COBRA

victimario, ria. s. Asesino.

victoria. f. Superioridad o ventaja que se consigue sobre el ad-versario./ Coche de dos asientos, abierto y con capo-ta.

victorioso, sa. a. Que ha conseguido una victoria. U.t.c.s./ Dícese también de las acciones con que se obtiene.

vicuña. f. Mamífero rumiante, de pelo largo y finísimo, algo menor que la llama, de los Andes del Perú y Bolivia./ Lana de este animal./ Tejido hecho de esta lana.

vid. f. Planta trepadora, con tronco retorcido y vástagos muy largos, cuyo fruto es la uva.

vida. f. Fuerza interna sustancial del ser orgánico./ Estado activo de estos seres./ Unión del alma y del cuerpo./ Tiempo que transcurre desde el nacimiento de un animal o un vegetal hasta su muerte./ Duración de las cosas./ Modo de vivir de las personas./ Alimento necesario para vivir./ Persona o ser humano./ Cosa que contribuye al ser o conservación de otra.

vidala. f. *Arg.* Canción del norte argentino, de carácter amoroso y popular, que generalmente se canta acompañada de caja.

vidalita. f. *Arg.* Canción popular, por lo general de asunto amoroso, y de tono triste.

vidente. p. act. de **ver**. Que ve.// a./ m. Que es capaz de adivinar el futuro.

video. m. Aparato que registra o reproduce imágenes y sonidos electrónicamente.

vidriar. tr. Dar a las piezas de loza o barro un barniz que fundido al horno toma la transparencia y lustre del vidrio.// prl. Ponerse vidriosa una cosa.

vidriera. f. Bastidor con vidrios con que se cierran puertas y ventanas./ *Amér.* Escaparate.

vidriería. f. Taller donde se labra el vidrio./ Tienda o comercio donde se venden vidrios.

vidriero. m. El que trabaja en vidrio o vende vidrios.

vidrio. m. Sustancia dura, frágil y por lo general translúcida, que se forma por la combinación de la sílice con potasa o sosa y pequeñas cantidades de otras bases./ Cualquier pieza o vaso de vidrio.

vidrioso, sa. a. Que se quiebra con facilidad, como el vidrio./ fig. Apl. a las cosas que deben tratarse con gran cuidado./ fig. Dícese de los ojos o la mirada que se vidria.

viejo, ja. a. y s. Dícese de la persona de mucha edad./ Por ext., apl. a los animales en igual caso.// a. Del tiempo pasado, antiguo./ Que no es reciente ni nuevo./ Deslucido, deteriorado por el uso.// s. fam. *Amér.* Voz de cariño que se aplica a los padres y usan también los cónyuges, amigos, etc., entre sí.

viento. m. Corriente de aire que se produce en la atmósfera por causas naturales./ Aire atmosférico./ Olfato de algunos animales./ fig. Cualquier cosa que agita el ánimo./ Vanidad, presunción./ *Mar.* Rumbo.

vientre. m. Cavidad del cuerpo que contiene los órganos del aparato digestivo, genital y urinario./ Conjunto de vísceras que contiene dicha cavidad./ Parte del cuerpo correspondiente al abdomen./ Panza de las vasijas y otras cosas./ fig. Cavidad grande e interior de una cosa.

viernes. m. Sexto día de la semana.

viga. f. En construcción, pieza larga y gruesa sobre dos o más apoyos, para soportar una carga.

vigencia. f. Calidad de vigente.

vigente. a. Dícese de lo que está en vigor en un determinado momento, como las leyes, costumbres, etc.

vigésimo, ma. a. Que sigue inmediatamente en orden al decimonono.// a. y s. Dícese de cada una de las veinte partes iguales en que se divide un todo.

vigía. f. Atalaya.// m. y f. Persona que vigila desde una atalaya.

vigilancia. f. Cuidado y atención exacta de lo que está a cargo de uno./ Servicio dispuesto y ordenado para vigilar.

vigilante. a. Que vigila./ Que vela o está despierto.// m. Persona encargada de velar por algo./ *Amér.* Agente de policía uniformado.

vicuña

vigilar. tr. Velar sobre una persona o cosa o atender cuidadosamente a ella.

vigilia. f. Estado del que está despierto o en vela./ Trabajo intelectual, en especial el nocturno./ Obra producida de este modo./ Falta de sueño./ Comida con abstinencia de carne./ Víspera de una festividad de la Iglesia.

vigor. m. Fuerza, energía./ Viveza o eficacia de las acciones./ Fuerza obligatoria de las leyes u ordenanzas, o duración de las costumbres o estilos./ fig. Entonación o expresión enérgica en las obras de ingenio.

vigorizar. tr./ prl. Dar vigor./ fig. Alimentar, alentar, esforzar.

vigoroso, sa. a. Que tiene vigor.

vihuela. f. Instrumento musical parecido a la guitarra./ *Amér.* Guitarra.

vil. a. Despreciable, bajo./ Indigno, infame.// a. y s. Que falta a la confianza que se le dispensa.

vilano. m. Conjunto de filamentos que coronan el fruto de muchas plantas compuestas./ Flor del cardo.

vileza. f. Calidad de vil./ Acción o expresión baja e infame.

vilipendiar. tr. Insultar, despreciar, tratar con vilipendio.

vilipendio. m. Acción de vilipendiar./ Desprecio, deshonra, denigración de una persona o cosa.

villa. f. Casa de recreo, en el campo./ Población menor que la ciudad y mayor que la aldea.

villancico. m. Composición poética popular con estribillo, en especial la de motivo religioso que se canta en Navidad.

villanía. f. Bajeza de nacimiento, condición, etc./ fig. Acción ruin o indigna./ Expresión indecente.

villano, na. a. y s. Individuo del estado llano, en una villa o aldea./ a. fig. Descortés, rústico./ Indigno, ruin.

villorrio. m. desp. Poblacho, población pequeña.

vinagre. m. Líquido agrio y astringente, obtenido de la fermentación ácida del vino./ fig. y fam. Persona de genio áspero.

vinatero, ra. a. Rel. al vino.// s. Persona que comercia con el vino.

vinchuca. f. *Amér.* Insecto alado, especie de chinche, de unos dos centímetros de largo, cuya picadura transmite el mal de Chagas.

vincular. tr. Sujetar los bienes a un vínculo para perpetuarlos en una familia./ fig. Enlazar una cosa con otra./ fig. Perpetuar una cosa o el ejercicio de ella. Ú.m.c.prl.// Contraer parentesco o relación./ a. Rel. al vínculo.

vínculo. m. Unión o atadura de una persona o cosa con otra./ For. Sujeción de los bienes al perpetuo dominio de una familia.

vindicar. tr./ prl. Vengar./ Defender al calumniado, en especial por escrito.// tr. Reivindicar.

vindicativo, va. a. Vengativo./ Dícese del escrito o discurso en que se defiende el buen nombre y la opinión de quien se halla injuriado o calumniado.

vinería. f. *Amér.* Tienda o comercio de vinos.

vinicultura. f. Elaboración de vinos.

violáceas, violeta

vino. m. Bebida alcohólica que se obtiene de la fermentación del zumo de las uvas.

viña. f. Terreno plantado de muchas vides.

viñedo. m. Terreno plantado de vides.

viñeta. f. Dibujo o estampa que se pone como adorno al principio o fin de los libros o capítulos./ Cualquier dibujo con que se ilustran algunos textos./ Cada uno de los recuadros de una serie en la que con dibujos y textos se compone una historia.

viola. f. Instrumento musical de cuerda de la misma figura que el violín, pero algo mayor y de cuerdas más fuertes./ Violeta./ m. y f. Persona que toca la viola.

violáceo, a. a./m. Violado.// a./f. Apl. a plantas dicotiledóneas de hojas simples, flores de cinco pétalos y fruto capsular, como la violeta.// f. pl. Familia de estas plantas.

violado, da. a. y s. De color de violeta, morado claro. Es el séptimo color del espectro solar.

violar. tr. Infringir, quebrantar una ley./ Forzar sexualmente./ Profanar un lugar sagrado./ fig. Ajar o deslucir.

violencia. f. Calidad de violento./ Acción y efecto de violentar./ fig. Acción contraria al natural modo de proceder./ Acción de violar.

violentar. tr. Aplicar medios violentos para vencer alguna resistencia./ fig. Dar interpretación tergiversada a lo dicho o escrito./ Entrar en un sitio contra la voluntad de su dueño.// prl. fig. Vencer uno su repugnancia a hacer algo.

violento, ta. a. Que está fuera de su estado natural, modo o situación./ Que obra con ímpetu./ Dícese de lo que hace uno con repugnancia./ fig. Dícese del genio impetuoso./ Falso, torcido./ Que se ejecuta contra el modo regular, o fuera de razón y justicia.

violeta. f. Planta herbácea, con flores moradas de suave olor./ Flor de esta planta.// a./ m. De color morado claro, parecido al de la violeta.

violín. m. Instrumento musical de cuerda y arco, el más pequeño de los de su clase, compuesto de una caja de madera, un mástil y cuatro cuerdas./ Violinista.

violinista. m. y f. Persona que toca el violín.

violoncelista. m. y f. Violonchelista.

violoncelo. m. Violonchelo.

violonchelista. m. y f. Persona que toca el violonchelo.

violonchelo. m. Instrumento musical de cuerda y arco, más pequeño que el violín y de la misma forma.

viperino, na. a. Rel. a la víbora./ fig. Que tiene sus propiedades.

virar. i. Fot. Reemplazar la sal de plata del papel impresionado por otra más estable o que produzca un color determinado./ Mar. Mudar de rumbo o de bordada. Ú.t.c.i.// i. Cambiar de dirección en la marcha de un automóvil u otro vehículo.

virgen. a./ m y f. Persona que no ha tenido trato carnal.// a. Apl. a la tierra que no ha sido cultivada./ Dícese de las cosas que conservan su integridad y pureza originales, o que no han servido aún para aquello a que se destinara.// f. Por anton., María Santísima, Madre de Dios./ Imagen de María Santísima./ Uno de los títulos con que la Iglesia distingue los coros de las santas mujeres que conservaron su pureza.

virginidad. f. Calidad de virgen.

virgo. m. Virgen.

vírgula. f. Vara pequeña./ Rayita o línea delgada.

virgulilla. f. Cualquier signo ortográfico de figura de coma, rasguillo o trazo, como la tilde de la ñ./ Cualquier rayita corta y muy delgada.

viril. a. Varonil.// m. Vidrio transparente que se pone delante de algunas cosas.

virilidad. f. Calidad de viril./ Edad viril o adulta.

virola. f. Anillo de metal que se pone por remate o como adorno en el extremo de algunas piezas o instrumentos./ Anillo de la garrocha de los vaqueros./ fig. Arg. Rodaja de plata con que se adornan los arneses.

virreinato. m. Dignidad o cargo de virrey./ Tiempo que dura./ Territorio gobernado por un virrey.

virtud. f. Capacidad o poder de las cosas de producir un determinado efecto./ Eficacia de una cosa para mantener o restablecer la salud./ Fuerza, vigor, valor./ Potestad de obrar./ Integridad de ánimo y bondad de vida./ Hábito y disposición del alma para las buenas acciones./ Acción virtuosa.

virtuoso, sa. a. Dícese de quien se ejercita en la virtud o que procede según ella. U.t.c.s./ Apl. también a las mismas acciones./ Dícese del artista que domina extraordinariamente y con perfección la técnica de su arte.

viruela. f. Enfermedad infecciosa, aguda, febril y contagiosa, caracterizada por una erupción de pústulas supurantes que dejan cicatrices redondas. U.m. en pl.

virulento, ta. a. Ponzoñoso, ocasionado por un virus, o que participa de su naturaleza./ Que tiene pus./ fig. Apl. al lenguaje mordaz y sañudo.

virus. m. Humor maligno./ Agente infeccioso, apenas visible al microscopio ordinario, que atraviesa los filtros de porcelana y es causa de numerosas enfermedades contagiosas.

viruta. f. Hoja delgada de madera o metal que se saca con el cepillo u otras herramientas al labrarlos.

visa. f. Amér. Visado.

visado, da. p. p. de visar.// m. Acción y efecto de visar un documento./ Este documento después de dicho trámite.

visar. tr. Examinar un documento, pasaporte, etc., poniendo en él el visto bueno o autorización.

víscera. f. Entraña del hombre y los animales./ Cualquiera de los órganos contenidos en las principales cavidades del cuerpo humano y de los animales.

viscosidad. f. Calidad de viscoso./ Materia pegajosa.

viscoso, sa. a. Pegajoso, glutinoso.

visera. f. Parte del yelmo, que cubría y defendía el rostro./ Ala pequeña en la parte delantera de las gorras y otras prendas semejantes.

violín

visibilidad. f. Calidad de visible./ Mayor o menor distancia a que son visibles los objetos según las condiciones atmosféricas.

visible. a. Que se puede ver./ Tan cierto y evidente que no da lugar a duda.

visigodo, da. a. y s. Apl. al individuo de una parte del pueblo godo que fundó un reino en España.

visión. f. Acción y efecto de ver./ Objeto de la vista, en especial cuando es ridículo o espantoso./ Especie de la fantasía o imaginación, que se toma como verdadera./ fig. y fam. Persona fea y ridícula.

visionario, ria. a. y s. Dícese de quien, por tener una imaginación exaltada, cree ver cosas quiméricas./ Apl. al que cree tener visiones sobrenaturales.

visir. m. Ministro de un soberano musulmán.

visita. f. Acción de visitar./ Persona que visita.

visitar. tr. Ir a ver a alguien a su casa./ Recorrer un lugar para conocerlo./ Ir el médico a casa del enfermo para asistirlo./ Acudir con frecuencia a un lugar con un objeto determinado./ Hacer una gira de inspección.

vislumbrar. tr. Ver un objeto confusamente./ Conjeturar por leves indicios una cosa, conocer de un modo imperfecto.

vislumbre. f. Leve resplandor o reflejo de una luz lejana./ fig. Conjetura, indicio. Ú.m. en pl./ Noticia dudosa./ Leve semejanza de una cosa con otra.

viso. m. Eminencia o altura desde donde se descubre mucho terreno./ Superficie de las cosas tersas que hieren la vista con un especial reflejo./ Onda de resplandor de algunas cosas./ Forro de color que se coloca debajo de una tela para que se transparente./ fig. Apariencia de las cosas.

visón. m. Mamífero carnicero parecido a la nutria, muy apreciado por su piel.

víspera. f. El día inmediatamente anterior a otro determinado./ fig. Cualquier cosa que antecede a otra.

vista. f. Uno de los cinco sentidos, por el que se perciben la luz, los colores, las formas y las distancias./ Visión, acción y efecto de ver./ Apariencia, aspecto o disposición de las cosas./ Campo que se descubre desde un punto./ Ojo, órgano de la visión./ Conjunto de ambos ojos./ Encuentro en que uno se ve con otro./ Cuadro o estampa que representa un lugar, monumento, etc./ Intención o propósito./ Vistazo./ For. Actuación en que se relaciona ante el tribunal un juicio o incidente para dictar fallo.// pl. Ventana, puerta, etc., en los edificios.// m. Empleado de aduanas encargado del registro de los géneros.

vistazo. m. Mirada ligera o superficial.

vistoso, sa. a. Que atrae mucho la atención, llamativo.

visual. a. Perteneciente al sentido de la vista.

visualizar. tr. Formar en la mente una imagen visual de un concepto abstracto o de algo que no se tiene a la vista.

vital. a. Rel. a la vida./ fig. De suma trascendencia o importancia.

vitalicio, cia. a. Que dura desde que se obtiene hasta el fin de la vida./ Apl. a la persona que obtiene ciertos cargos vitalicios.// m. Póliza de seguro sobre la vida.

vitalidad. f. Calidad de tener vida./ Actividad, eficacia o energía de las facultades vitales.

vitalizar. tr. Dar fuerza vital, vivificar.

vitamina. f. Nombre genérico de diversas sustancias químicas que son indispensables para el crecimiento y equilibrio normal de las funciones vitales principales.

vitaminado, da. a. Dícese de las drogas o alimentos que contienen determinadas vitaminas.

vitando, da. a. Que debe evitarse./ Execrable, odioso.

viticultura. f. Cultivo de la vid./ Arte de cultivar la vid.

vitivinicultura. f. Arte de cultivar la vid y elaborar el vino.

vitorear. tr. Aplaudir o aclamar con vítores.

vitral. m. Vidriera de colores./ Superficie formada por vidrios de colores que forman figuras.

vítreo, a. a. Hecho de vidrio o que tiene sus propiedades./ Semejante al vidrio.

vitrificar. tr./ prl. Convertir en vidrio una sustancia./ Hacer que una cosa adquiera el aspecto del vidrio.

vitrina. f. Armario o caja con puertas o tapas de cristales para exponer objetos.

vitualla. f. Provisión de víveres, en particular en los ejércitos. Ú.m. en pl./ fam. Abundancia de comida.

vituperar. tr. Hablar mal de una persona o cosa, tachándola de viciosa o indigna.

vituperio. m. Baldón, afrenta, oprobio./ Acción o circunstancia que afrenta o deshonra.

viudez. f. Estado de viudo o viuda.

viudo, da. a. y s. Dícese de la persona a quien se le ha muerto su cónyuge y no ha vuelto a casarse.// f. Planta herbácea con flores de color morado oscuro.

vivac. m. Vivaque.

vivacidad. f. Calidad de vivaz./ Viveza, esplendor de ciertas cosas.

vivaque. m. Guardia principal en las plazas de armas./ Campamento militar provisional al aire libre.

vivaquear. i. Pasar las tropas la noche al raso.

vivar. m. Lugar donde se crían ciertos animales, como los conejos./ Vivero de peces.// tr. Amér. Vitorear, aclamar.

vivaz. a. Que vive mucho tiempo./ Vigoroso./ Agudo, perspicaz./ Bot. Apl. a la planta que vive más de dos años.

víveres. m. pl. Comestibles necesarios para el alimento./ Provisiones de boca de un ejército, buque, etc.

vivero. m. Sitio adonde se trasplantan desde la almáciga las plantas para recriarlas y trasponerlas después a su lugar definitivo./ Sitio donde se mantienen y crían moluscos, peces, etc./ fig. Origen de algunas cosas, semillero.

vivíparo

viveza. f. Prontitud, presteza, agilidad./ Energía en la expresión de los sentimientos./ Agudeza de ingenio./ Dicho agudo, ingenioso./ Lustre y esplendor de ciertas cosas./ Gracia particular de los ojos./ Acción poco meditada./ Palabra irreflexiva.

vívido, da. a. poét. Vivaz.

vividor, ra. a. Que vive. Ú.t.c.s./ Vivaz, que vive mucho tiempo./ s. El que vive a expensas de los otros.

vivienda. f. Habitación, morada./ Modo de vivir, género de vida.

vivificar. tr. Dar vida./ Confortar.

vivíparo, ra. a. y s. Dícese de los animales que paren vivos los hijos, después de efectuar éstos su desarrollo embrionario dentro del cuerpo de la madre.

vivir. i. Tener vida./ Durar con vida./ Durar las cosas./ Pasar la vida./ Habitar o residir. Ú.t.c.tr./ fig. Obrar, conducirse de algún modo./ Durar en la memoria o en la fama./ Acomodarse a las circunstancias para lograr lo que conviene.

vivisección. f. Disección de los animales vivos con fines de estudio o para investigaciones patológicas.

vivo, va. a. Que tiene vida. Ú.t.c.s./ Fuerte, intenso./ Sutil, ingenioso./ Excesivamente pronto en las acciones o expresiones./ fig. Que subsiste en todo su vigor./ Durable en la memoria./ Diligente y ágil./ Muy expresivo./ fam. Arg. Despierto, listo. Ú.t.c.s.

vizcacha. f. *Amér.* Mamífero roedor de carne comestible, parecido a la liebre, pero con cola larga.

vizconde. s. Título de nobleza inmediatamente inferior al de conde./ Antiguamente, sustituto del conde.

vizcondesa. f. Mujer del vizconde./ La que por sí posee este título.

vocablo. m. Palabra.

vocabulario. m. Conjunto de palabras de que consta una lengua./ Conjunto de vocablos de que se usa en una materia determinada./ Catálogo o listas de palabras usadas por un autor o en determinada región, puestas en orden alfabético./ Diccionario.

vocación. f. Inspiración con que Dios llama a algún estado./ fam. Inclinación hacia una profesión, arte o ciencia.

vocal. a. Rel. a la voz./ Que se expresa materialmente con la voz.// f. Sonido del lenguaje que se produce sin que el aire encuentre obstáculo o estrechez en los órganos de la articulación./ Letra que corresponde a este sonido.// m. y f. Persona que tiene voz en una junta, congregación, etc.

vocalización. f. *Mús.* Acción y efecto de vocalizar./ *Mús.* Ejercicio de canto que consiste en ejecutar, valiéndose de cualquiera de las vocales, trinos, arpegios, modulaciones, etc./ En fonética, transformación de una consonante en vocal.

vocalizar. i. Solfear sin nombrar las notas, empleando sólo una vocal./ Ejecutar ejercicios de vocalización./ *Fon.* Transformar en vocal una consonante.

vocativo. m. *Gram.* Sustantivo o construcción sustantiva con que se invoca, llama o nombra a la persona o cosa personificada a quien dirigimos la palabra.

vocear. i. Dar voces o gritos.// tr. Manifestar o publicar con voces./ Llamar a uno dándole voces./ Aclamar con voces./ fig. Manifestar o dar a entender algo con claridad en las cosas inanimadas./ fig. y fam. Alabarse uno públicamente, en especial de un favor hecho a alguien.

vocería. f. o **vocerío.** m. Gritería.

vocero. m. Persona que habla en nombre de otro.

vociferar. tr. Publicar con jactancia una cosa.// i. Vocear o dar grandes voces.

vocinglero, ra. a. y s. Que habla muy fuerte o a muchas voces./ Que habla mucho o vanamente.

vodka. amb. Aguardiente originario de Rusia, que se hace de centeno.

volador, ra. a. Que vuela./ Dícese de lo que está pendiente, de manera que el aire lo pueda mover./ Que corre con ligere-za.// m. Cohete que se arroja al aire./ Pez acantopterigio, con aletas pectorales tan largas que le permiten volar a alguna distancia, elevándose sobre las aguas.

volante. a. Que vuela./ Que va o se lleva de una parte a otra.// m. Guarnición rizada con que se adornan prendas de vestir o de tapicería./ Pantalla movible y ligera./ Rueda grande que regulariza el movimiento de una máquina y la transmite, por lo común, al resto del mecanismo./ Anillo que detiene y deja libres alternativamente los dientes de la rueda de escape de un reloj./ Máquina donde se colocan los troqueles para acuñar./ Hoja de papel en que se manda una comunicación o aviso./ Pieza de mano a modo de rueda, que llevan los automóviles para accionar la dirección./ *Amér.* Corredor de carreras automovilísticas.

vizcacha

volar. i. Moverse por el aire sosteniéndose con las alas, las aves y algunos insectos./ fig. Elevarse en el aire y moverse de una parte a otra en un aparato de aviación./ Elevarse una cosa en el aire y moverse algún tiempo por él. Ú.t.c. prl./ Ir con gran prisa./ Desaparecer con rapidez una cosa./ Ir por el aire alguna cosa arrojada con violencia./ Hacer las cosas con gran prontitud y rapidez./ Propagarse con celeridad una especie. // tr. fig. Hacer saltar alguna cosa con explosivo.

volátil. a. Que vuela o puede volar. Ú.t.c.s./ fig. Inconstante, mudable./ *Quím.* Apl. a la sustancia que tiene la propiedad de volatilizarse.

volatilizar. tr. Transformar en vapor o gas un cuerpo sólido o líquido.// prl. Disiparse una sustancia.

volatinero, ra. s. Persona que hace ejercicios acrobáticos o de equilibrio.

volcán. m. Abertura en una montaña por donde salen humo, llamas, materias encendidas y en ignición.

volcánico, ca. a. Rel. al volcán./ fig. Fogoso, muy ardiente.

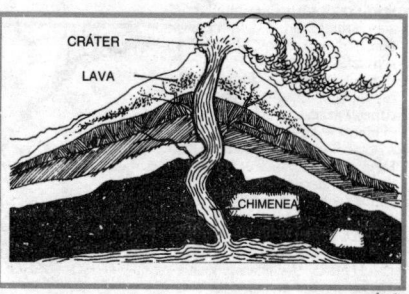

volcán

volcar. tr./ prl. Torcer o inclinar hacia un lado una cosa de modo que caiga o se vierta lo contenido en ella. Ú.t.c.i., tratándose de vehículos./ Turbar a uno la cabeza alguna cosa olorosa de manera que le ponga en riesgo de caer./ fig. Hacer mudar de parecer a uno.// prl. Poner uno su máximo empeño en favor de una persona o de una empresa.

volea. f. Palo labrado a modo de balancín al que se sujetan los tirantes de las caballerías delanteras./ Voleo.

volear. tr. Golpear en el aire una cosa para impulsarla./ Sembrar o voleo.

voleibol (adaptación del inglés, *volleyball*). m. Juego deportivo entre dos equipos de seis jugadores, que consiste en impulsar una pelota con las manos por encima de una red, de acuerdo con determinadas reglas.

voleo. m. Golpe que se da en el aire a una cosa antes de que toque el suelo./ Bofetón fuerte, como para hacer rodar por el suelo a uno.

volframio. m. Cuerpo simple, metálico, de color gris acerado, duro y denso. Símb., W o Tg.

volovelismo. m. Deporte de vuelo a vela.

volquete. m. Carro o vehículo formado por un cajón, cuyo contenido puede volcar girando su eje.

volt. m. Nombre del voltio en la nomenclatura internacional.

voltaje. m. Cantidad de voltios que actúan en un aparato o sistema eléctrico.

voltear. tr. Dar vueltas a una persona o cosa./ Dar vueltas a una cosa poniéndola al revés de como estaba colocada./ Trastocar o mudar una cosa./ *Arg.* y *Chile.* Derribar, tumbar./ *Méx.* Volcar, derramar.// i. Dar vueltas una persona o cosa, cayendo por impulso ajeno o voluntariamente, como lo hacen con arte los volatineros.

voltereta. f. Vuelta ligera en el aire.

voltio. m. Unidad de potencial eléctrico y de energía electromotriz.

voluble. a. Que se puede volver alrededor fácilmente./ fig. Inconstante, mudable./ Apl. al tallo de las plantas trepadoras, que crece enroscándose en espiral.

volumen. m. Bulto de una cosa./ Cuerpo material de un libro./ *Geom.* Extensión del espacio de un cuerpo de tres dimensiones./ Intensidad de la voz o de otros sonidos./ Grosor de una moneda o medalla.

voluminoso, sa. a. Que tiene mucho volumen o bulto.

voluntad. f. Facultad de hacer o no hacer una cosa./ Ejercicio de dicha facultad, por el cual se admite o rechaza una cosa./ Libre albedrío./ Intención o resolución de hacer algo./ Elección de una cosa hecha por propia determinación, sin impulso externo./ Amor, benevolencia, afecto./ Gana o deseo./ Mandato o disposición de una persona.

voluntario, ria. a. Apl. al acto que nace de la voluntad, y no por fuerza o necesidad./ Que se hace por espontánea voluntad, y no por obligación o deber./ Voluntarioso./ Persona que se ofrece a correr un riesgo o a realizar algún trabajo o servicio, sin esperar a que le corresponda hacerlo.

voluntarioso, sa. a. Que por capricho quiere hacer siempre su voluntad./ Servicial, complaciente; que hace las cosas con voluntad y deseo.

voluptuoso, sa. a. Que impulsa a la voluptuosidad o la hace sentir./ Dado a los placeres sensuales. Ú.t.c.s.

voluta. f. Adorno en forma de espiral que se coloca en los capiteles./ fig. Espiral que forma el humo.

volver. tr. Dar vueltas a una cosa./ Dirigir una cosa hacia un lugar./ Corresponder, atribuir, pagar./ Enviar, encaminar una cosa a otra./ Traducir de un idioma a otro./ Devolver, restituir./ Poner de nuevo a una persona o cosa en el estado que antes tenía./ Mudar de un estado a otro. Ú.m.c. prl./ Dar el vendedor al comprador la vuelta o el cambio./ Rechazar, despedir./ Rehusar una cosa recibida.// i. Regresar, retornar./ Torcer o dejar el camino o línea recta./ Repetir, reiterar.// prl. Mudar de opinión o de conducta./ Girar el cuerpo para mirar lo que está detrás.

vuelo

vomitar. tr./ prl. Arrojar con violencia por la boca lo contenido en el estómago./ fig. Arrojar violentamente de sí una cosa algo que contiene dentro./ Proferir injurias, maldiciones, etc./ fig. y fam. Revelar uno algo que se resistía a descubrir./ Restituir uno lo que indebidamente retiene.

vomitivo, va. a. a./ m. Que mueve o excita el vómito.

vómito. m. Acción de vomitar./ Lo que se vomita.

voracidad. f. Calidad de voraz.

vorágine. f. Remolino impetuoso que hacen las aguas.

voraz. a. Dícese del animal que come mucho y de la persona que lo hace ávidamente./ fig. Que consume o destruye rápidamente.

vórtice. m. Remolino, torbellino./ Centro de un ciclón.

vos. Forma del pronombre personal de segunda persona en género masculino y femenino y número singular y plural, cuando esta voz se utiliza como tratamiento. Se emplea con preposición y pide verbo en plural, pero concierta en singular con el adjetivo aplicado a la persona a quien se dirige./ *Amér.* Tratamiento que en algunos países reemplaza al pronombre tú.

vosear. tr. Dar el tratamiento de vos.

voseo. m. Acción y efecto de vosear./ Uso del pronombre vos en lugar de tú.

vosotros, tras. s. Forma del pronombre de segunda persona del plural en género masculino y femenino. También se emplea con preposición.

votación. f. Acción y efecto de votar/ Conjunto de votos emitidos.

votar. i. Hacer voto a Dios o a los santos. Ú.t.c.tr./ Proferir votos o juramentos./ Emitir uno su voto o dictamen.// tr. Aprobar po[r] votación.

votivo, va. a. Ofrecido por voto o rel. a él.

voto. m. Promesa hecha a Dios, a la Virgen o a un santo./ Cualquiera de los prometimientos del estado religioso./ Opinión emitida por las personas en una elección o cuerpo deliberante./ Parecer, dictamen, sufragio./ Persona que da o puede dar su voto./ Ruego o deprecación con que se pide algo a Dios./ Juramento o maldición en demostración de ira.

voz. f. Sonido que produce el aire expelido de los pulmones al hacer vibrar las cuerdas vocales./ Timbre e intensidad de ese sonido./ Sonido de ciertas cosas heridas por el viento./ Grito. Ú.m. en pl./ Vocablo./ fig. Músico que canta./ Autoridad que adquieren las cosas por el dicho u opinión común./ Facultad de hablar, pero no de votar, en una asamblea./ Fama, rumor./ Motivo o pretexto público./ *Gram.* Categoría gramatical del verbo que se expresa por medio de desinencias, verbos auxiliares o, en ocasiones, pronombres, y que indica la relación entre el verbo y el sujeto, manifestada formalmente por la concordancia entre ambos./ *Mús.* Sonido o tono que corresponde a las notas y claves. / *Mús.* Cada una de las líneas melódicas que forman una composición polifónica.

vozarrón. m. Voz muy potente y gruesa.

vuelco. m. Acción y efecto de volcar o volcarse.

vuelo. m. Acción de volar./ Espacio que se recorre volando sin posarse./ Trayecto que recorre un avión./ Amplitud de un vestido en la parte que no se ajusta al cuerpo./ *Arq.* Parte de una fábrica que sale fuera del paramento del muro.

vuelta. f. Movimiento de una cosa girando alrededor de sí misma o de un punto./ Curvatura en una línea o separación del camino recto./ Regreso al punto de partida./ Devolución./ Acción de girar o hacer girar./ Retorno o recompensa./ Tela o adorno sobrepuesto en las mangas de ciertas prendas./ Embozo de un capa./ Mudanza o cambio de las cosas./ Dinero sobrante en el pago de una compra.

vuestro, tra, tros, tras. y s. Pronombre posesivo de segunda persona, en género masculino y femenino, y número singular y plural.

vulcanizar. tr. Someter al caucho a un proceso en que se combina con azufre para hacerlo más elástico y resistente.

vulgar. a. Propio del vulgo./ Común/ Corriente, en oposición especial y técnico./ Dícese de las lenguas que se hablan en l[a] actualidad, en oposición a las clásicas.

vulgaridad. f. Calidad de vulgar./ Especie, dicho o hech[o] vulgar, que carece de novedad e importancia.

vulgarizar. tr. Hacer vulgar alguna cosa. Ú.t.c.prl./ Exponer una ciencia, materia, etc., en forma comprensible para e[l] común de la gente./ Traducir de otra lengua a la común vulgar.

vulgo. m. El común de la gente, el pueblo./ Conjunto de las personas que sólo conocen lo superficial de una materia.

vulnerable. a. Que puede ser dañado o herido.

vulnerar. tr. Herir./ fig. Dañar, perjudicar./ fig. Infringir, que[b]rantar una ley o precepto.

vulpeja. f. Zorra (mamífero).

vulva. f. Partes que rodean y constituyen a abertura externa d[e] la vagina.

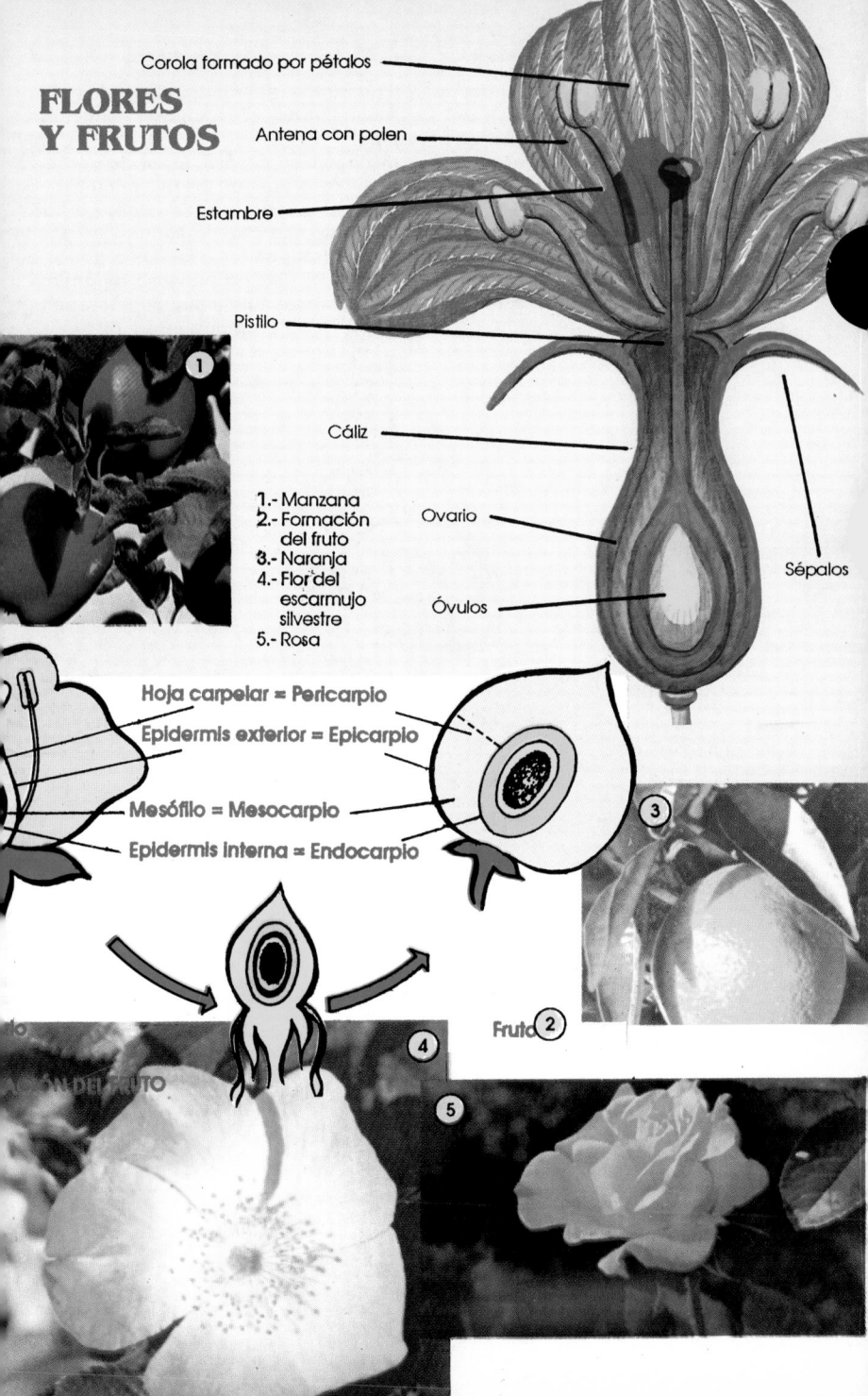

FLORES Y FRUTOS

Corola formado por pétalos

Antena con polen

Estambre

Pistilo

Cáliz

1.- Manzana
2.- Formación del fruto
3.- Naranja
4.- Flor del escarmujo silvestre
5.- Rosa

Ovario

Óvulos

Sépalos

Hoja carpelar = Pericarpio
Epidermis exterior = Epicarpio
Mesófilo = Mesocarpio
Epidermis interna = Endocarpio

Fruto ②

ACIÓN DEL FRUTO

EL SISTEMA NERVIOSO

La totalidad de las funciones del cuerpo humano se llevan a cabo bajo la coordinada y perfecta supervisión del sistema nervioso, cuya unidad estructural y funcional es la neurona (célula nerviosa).

El sistema nervioso comprende al sistema nervioso central, formado por el cerebro, el cerebelo, el bulbo raquídeo y la médula espinal; los tres primeros conforman el encéfalo. De este sistema parten numerosas ramificaciones o haces de fibras, los nervios, que constituyen el sistema nervioso periférico, que posibilita la conexión entre el sistema nervioso central con los distintos órganos del cuerpo. El sistema nervioso periférico incluye al sistema nervioso autónomo o del gran simpático, encargado de regular diversas funciones que no controla nuestra voluntad: respiración, digestión, actividad cardíaca, entre otras.

Los nervios

Por su ubicación podemos clasificar a los nervios en:

• **Craneales:** Algunos se originan en el encéfalo y otros en el bulbo raquídeo. Se diversifican en doce pares: 1° par: nervio olfatorio; 2° par: nervio óptico; 3° par: nervio motor ocular común; 4° par: nervio patético; 5° par: nervio trigémino; 6° par: nervio motor ocular externo; 7° par: nervio facial; 8° par: nervio auditivo; 9° par: nervio glosofaríngeo; 10° par: nervio neumogástrico; 11° par: nervio espinal; 12° par: nervio hipogloso mayor. Cada uno de ellos inerva una región craneal diferente.

• **Raquídeos:** Arrancan en la médula espinal y tienen salida en los agujeros de la conjunción de las vértebras. Constituyen los 31 pares raquídeos.

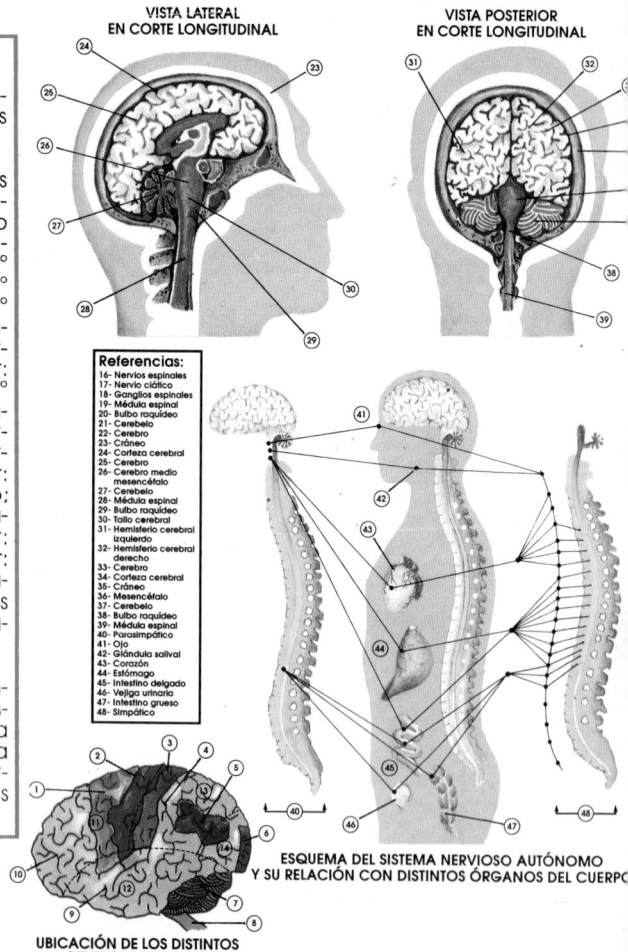

VISTA LATERAL EN CORTE LONGITUDINAL

VISTA POSTERIOR EN CORTE LONGITUDINAL

Referencias:
16- Nervios espinales
17- Nervio ciático
18- Ganglios espinales
19- Médula espinal
20- Bulbo raquídeo
21- Cerebelo
22- Cerebro
23- Cráneo
24- Corteza cerebral
25- Cerebro
26- Cerebro medio mesencéfalo
27- Cerebelo
28- Médula espinal
29- Bulbo raquídeo
30- Tallo cerebral
31- Hemisferio cerebral izquierdo
32- Hemisferio cerebral derecho
33- Cerebro
34- Corteza cerebral
35- Cráneo
36- Mesencéfalo
37- Cerebelo
38- Bulbo raquídeo
39- Médula espinal
40- Parasimpático
41- Ojo
42- Glándula salival
43- Corazón
44- Estómago
45- Intestino delgado
46- Vejiga urinaria
47- Intestino grueso
48- Simpático

ESQUEMA DEL SISTEMA NERVIOSO AUTÓNOMO Y SU RELACIÓN CON DISTINTOS ÓRGANOS DEL CUERPO

UBICACIÓN DE LOS DISTINTOS CENTROS NERVIOSOS EN EL CEREBRO

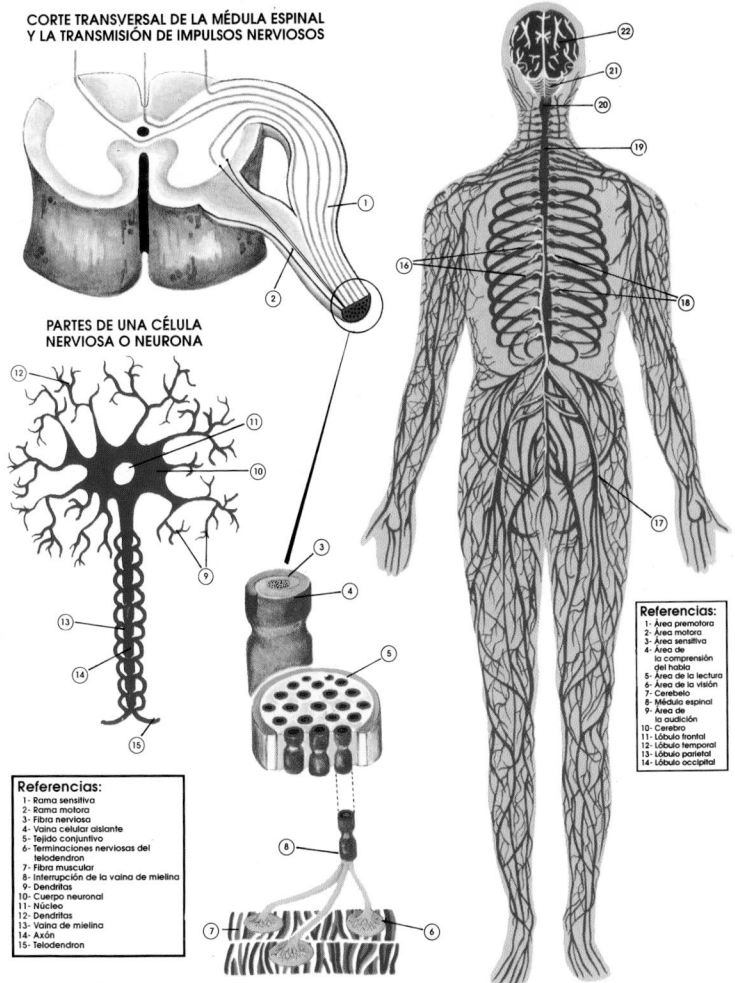

CORTE TRANSVERSAL DE LA MÉDULA ESPINAL Y LA TRANSMISIÓN DE IMPULSOS NERVIOSOS

PARTES DE UNA CÉLULA NERVIOSA O NEURONA

Referencias:
1- Rama sensitiva
2- Rama motora
3- Fibra nerviosa
4- Vaina celular aislante
5- Tejido conjuntivo
6- Terminaciones nerviosas del telodendron
7- Fibra muscular
8- Interrupción de la vaina de mielina
9- Dendritas
10- Cuerpo neuronal
11- Núcleo
12- Dendritas
13- Vaina de mielina
14- Axón
15- Telodendron

Referencias:
1- Área premotora
2- Área motora
3- Área sensitiva
4- Área de la comprensión del habla
5- Área de la lectura
6- Área de la visión
7- Cerebelo
8- Médula espinal
9- Área de la audición
10- Cerebro
11- Lóbulo frontal
12- Lóbulo temporal
13- Lóbulo parietal
14- Lóbulo occipital

Las neuronas

Las células que conforman nuestro sistema nervioso son las neuronas. Su forma consta de una porción ensanchada en donde se encuentra el núcleo, el cuerpo neuronal, y de una serie de prolongaciones:
• Las dendritas, son numerosas y se disponen adoptando la forma de una rama de árbol, rodeando al cuerpo neuronal.
• El axón, es único, muy largo y poco ramificado.
Las neuronas no están aisladas, por el contrario, se conectan unas con otras por medio de las prolongaciones dando origen a conjuntos o haces que forman los nervios.
Son células muy vulnerables; la falta de oxígeno durante un tiempo superior a tres minutos puede llegar a destruirlas y, a diferencia del resto de las células que conforman nuestro organismo, no se reproducen.

SENTIDOS:
EL OLFATO, EL GUSTO Y EL TACTO

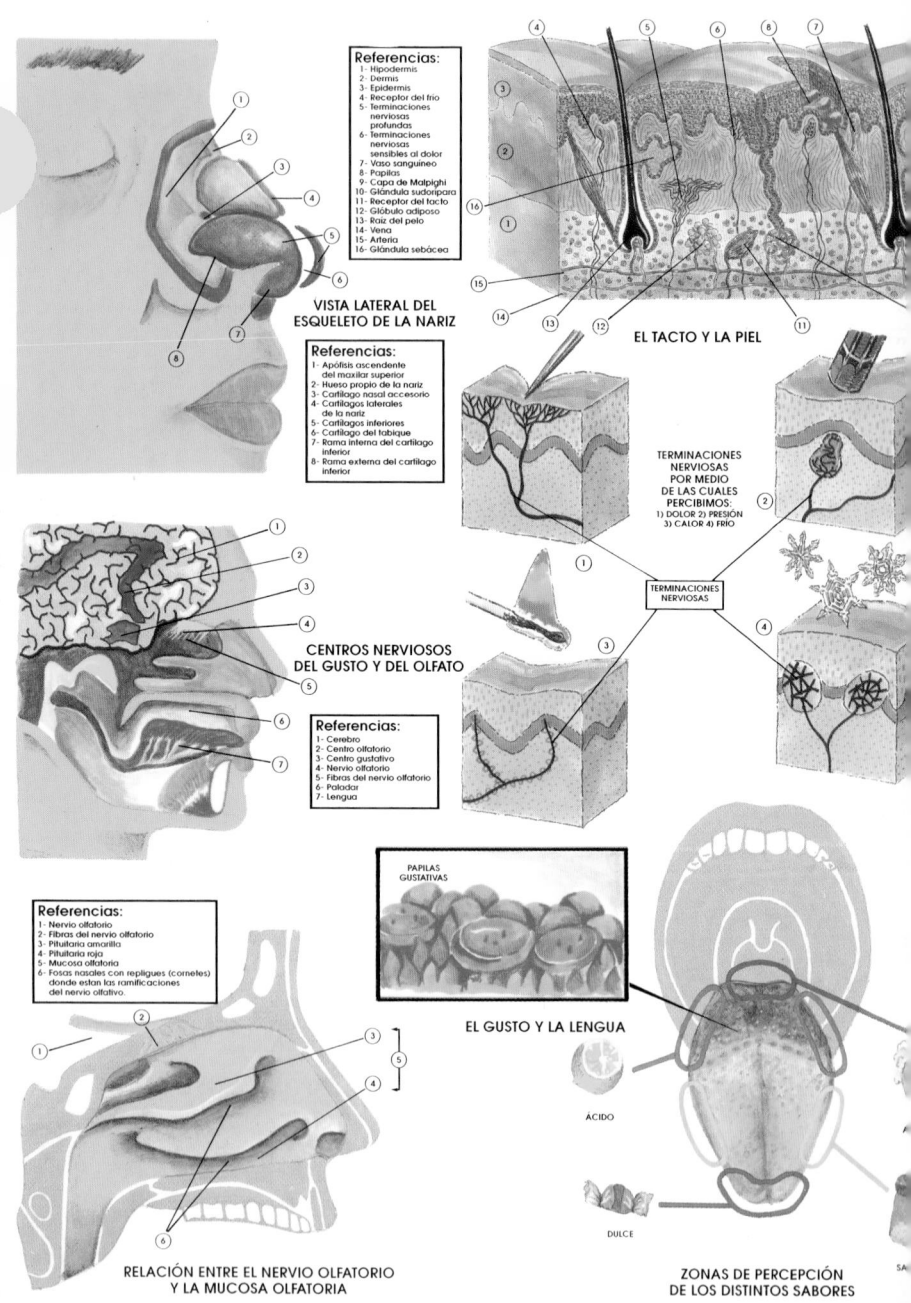

Referencias:
1- Hipodermis
2- Dermis
3- Epidermis
4- Receptor del frío
5- Terminaciones nerviosas profundas
6- Terminaciones nerviosas sensibles al dolor
7- Vaso sanguíneo
8- Papilas
9- Capa de Malpighi
10- Glándula sudorípara
11- Receptor del tacto
12- Glóbulo adiposo
13- Raíz del pelo
14- Vena
15- Arteria
16- Glándula sebácea

VISTA LATERAL DEL ESQUELETO DE LA NARIZ

Referencias:
1- Apófisis ascendente del maxilar superior
2- Hueso propio de la nariz
3- Cartílago nasal accesorio
4- Cartílagos laterales de la nariz
5- Cartílagos inferiores
6- Cartílago del tabique
7- Rama interna del cartílago inferior
8- Rama externa del cartílago inferior

EL TACTO Y LA PIEL

TERMINACIONES NERVIOSAS POR MEDIO DE LAS CUALES PERCIBIMOS:
1) DOLOR 2) PRESIÓN 3) CALOR 4) FRÍO

TERMINACIONES NERVIOSAS

CENTROS NERVIOSOS DEL GUSTO Y DEL OLFATO

Referencias:
1- Cerebro
2- Centro olfatorio
3- Centro gustativo
4- Nervio olfatorio
5- Fibras del nervio olfatorio
6- Paladar
7- Lengua

Referencias:
1- Nervio olfatorio
2- Fibras del nervio olfatorio
3- Pituitaria amarilla
4- Pituitaria roja
5- Mucosa olfatoria
6- Fosas nasales con repliegues (cornetes) donde están las ramificaciones del nervio olfativo.

PAPILAS GUSTATIVAS

EL GUSTO Y LA LENGUA

ÁCIDO

DULCE

RELACIÓN ENTRE EL NERVIO OLFATORIO Y LA MUCOSA OLFATORIA

ZONAS DE PERCEPCIÓN DE LOS DISTINTOS SABORES

SENTIDOS:
LA VISIÓN Y LA AUDICIÓN

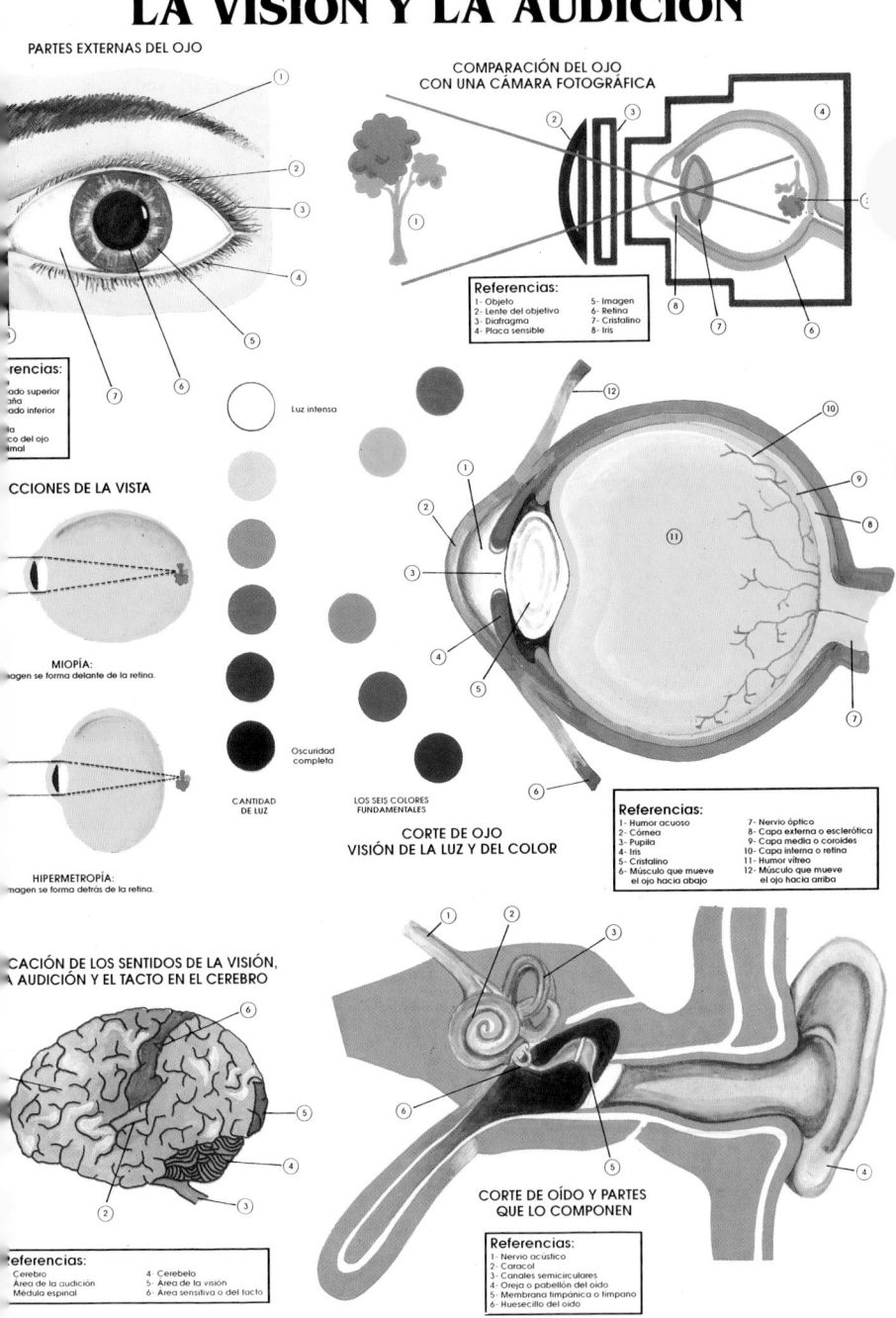

PARTES EXTERNAS DEL OJO

COMPARACIÓN DEL OJO CON UNA CÁMARA FOTOGRÁFICA

Referencias:
1- Objeto
2- Lente del objetivo
3- Diafragma
4- Placa sensible
5- Imagen
6- Retina
7- Cristalino
8- Iris

...rencias:
...ado superior
...aña
...ado inferior
...la
...co del ojo
...imal

...CCIONES DE LA VISTA

MIOPÍA:
...magen se forma delante de la retina.

HIPERMETROPÍA:
...magen se forma detrás de la retina.

Luz intensa

Oscuridad completa

CANTIDAD DE LUZ

LOS SEIS COLORES FUNDAMENTALES

CORTE DE OJO VISIÓN DE LA LUZ Y DEL COLOR

Referencias:
1- Humor acuoso
2- Córnea
3- Pupila
4- Iris
5- Cristalino
6- Músculo que mueve el ojo hacia abajo
7- Nervio óptico
8- Capa externa o esclerótica
9- Capa media o coroides
10- Capa interna o retina
11- Humor vítreo
12- Músculo que mueve el ojo hacia arriba

...CACIÓN DE LOS SENTIDOS DE LA VISIÓN, ...A AUDICIÓN Y EL TACTO EN EL CEREBRO

...eferencias:
Cerebro
Área de la audición
Médula espinal
4- Cerebelo
5- Área de la visión
6- Área sensitiva o del tacto

CORTE DE OÍDO Y PARTES QUE LO COMPONEN

Referencias:
1- Nervio acústico
2- Caracol
3- Canales semicirculares
4- Oreja o pabellón del oído
5- Membrana timpánica o tímpano
6- Huesecillo del oído

ECOLOGÍA

**La ecología es la ciencia que nos ense-
ña la relación que todo ser vivo mantiene con el ambiente en que vive y con los
organismos vegetales y animales que lo
acompañan a poblar ese ambiente. Es
una relación recíproca en la que ambos
elementos vivos interactúan. Estos elementos vivos se organizan en unidades**

POBLACIÓN

Es el conjunto de organismos semejantes (vegetales o animales)
que conviven en un lugar.

ORGANISMO

También llamado
individuo.
Es todo ser vivo.

COMUNIDAD

Es el conjunto de po
blaciones vegetales
animales que conv
ven en un lugar.

BIOSFERA

Constituye el nivel más alto de organización, donde se integran los diferentes ecosistemas que hay en el planeta.

Toda comunidad
de vida se llama
también **bioceno-
sis**.

ECOSISTEMA

Es el conjunto forma-
do por la comunidad
de vida y los factores
físicos (que no tienen
vida, llamados abióti-
cos).

La escala biológica

Toda manifestación de vida se organiza en unidades agrupadas dentro de una escala biológica. La unidad primigenia de todos los seres vivos es la *célula*.

En el caso de los animales y plantas evolucionados, las células agrupadas dan origen a *tejidos* y *órganos*, los cuales, constituyen *organismos*. Ésta es la menor unidad dentro de la escala biológica. Los organismos individuales no se desarrollan totalmente separados, sino que siempre se agrupan dentro de una unidad mayor; cuando dentro de un área determinada encontramos un grupo de organismos de la misma especie, decimos que estamos en presencia de una *población*.

Pero dentro, también, de una misma área encontramos poblaciones de distintas especies, animales o vegetales, éstas constituyen una *comunidad*.

Un *ecosistema* comprende una o más comunidades con su medio ambiente natural. Existen muchas clases de ecosistemas, todos ellos conforman el nivel más alto de organización, que es la *biosfera*.

ECO '92: La cumbre de la Tierra

En junio de 1992, en Río de Janeiro, Brasil, se celebró la "ECO '92" (Conferencia de la ONU sobre Medio Ambiente y Desarrollo). Los estados participantes acordaron, entre muchos otros aspectos:

• Regular las emisiones que causan el "efecto invernadero".
• Proteger las especies en peligro de extinción.
• Trazar estrategias para la limpieza del medio ambiente.
• Implementar medidas que permitan el desarrollo de las naciones sin afectar el medio ambiente, en especial a través de la coordinación de los problemas económicos y ambientales.
• Vigilar el cumplimiento internacional de los tratados sobre el medio ambiente.
• Ayuda financiera (6.000 millones de dólares anuales) de los países industrializados para los proyectos ecológicos en el Tercer Mundo.

Luchemos por un mundo mejor

La ecología busca comprender las leyes que gobiernan la interacción entre los organismos vivientes y el medio ambiente, con el fin de no agredirlo, no contaminarlo, no amenazarlo, ni atacarlo... Busca el cuidado y la valorización del planeta Tierra y la transformación de los seres humanos, para que juntos construyamos una sociedad no opresiva y comunitaria... ¡UN MUNDO MEJOR!

MAMÍFEROS

1.- Chimpancé
2.- Oso grizzly
3.- Ciervo común
4.- Foca leopardo
5.- Leona con sus cachorros
6.- Okapi

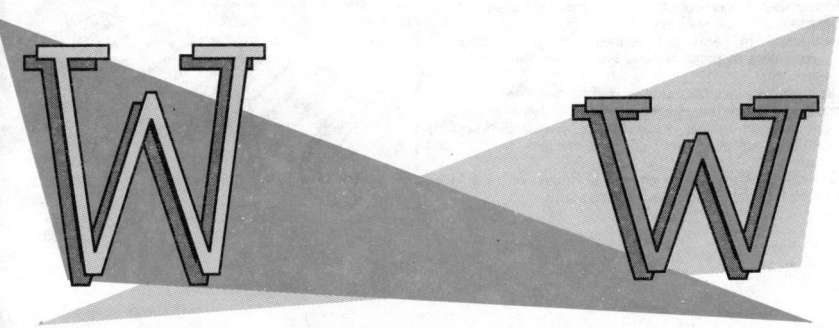

whisky

w. f. Vigésima sexta letra del abecedario castellano y vigésima primera de sus consonantes. Su nombre es *uve doble*.

walkiria. f. Valquiria.

warrant. m. *Com*. Recibo que se da por una mercancía depositada en un muelle o almacén y que puede ser negociada como una letra de cambio.

watt. m. Nombre del vatio, en la nomenclatura internacional.

wéber. m. Nombre del weberio en la nomenclatura internacional.

weberio. m. Unidad de flujo de inducción magnética.

whisky. m. Bebida alcohólica obtenida por fermentación de cereales.

winchester. m. Especie de fusil de repetición de origen norteamericano.

wolfram o **wolframio.** m. Volframio.

xerófila

x. f. Vigésima séptima letra del abecedario castellano y vigésima segunda de sus consonantes. Su nombre es *equis*.

xenofobia. f. Odio u hostilidad hacia lo extranjero.

xenófobo, ba. a. Que siente xenofobia.

xenón. m. *Quím*. Cuerpo simple inodoro e incoloro, que en estado gaseoso se encuentra en la atmósfera en pequeñísima proporción. Símb., X o Xe; n. at., 54; p. at., 131, 30.

xerocopia. f. Copia fotográfica obtenida por medio de la xerografía.

xerófilo, la. a. Dícese de las plantas adaptadas a los climas secos.

xerografía. f. Procedimiento electrostático de reproducción de imágenes sobre papel./ Fotocopia obtenida por este procedimiento.

xerografiar. tr. Reproducir imágenes por la xerografía.

xifoideo. a. Rel. al apéndice xifoides.

xifoides. a./ m. Dícese del apéndice cartilaginoso de forma semejante a la punta de una espada, en que termina el esternón.

xilófago, ga. a. y s. Dícese de los insectos que roen la madera.

xilófono. m. Instrumento músico de percusión formado por una serie de láminas o cilindros de madera de longitud desigual, que se golpean con dos macillos, también de madera.

xilografía. f. Arte de grabar en madera./ Impresión tipográfica hecha con planchas de madera grabadas.

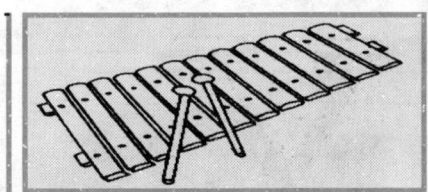

xilófono

y. f. Vigésima octava letra del abecedario castellano y vigésima tercera de sus consonantes. Su nombre es ye.

ya. adv. En tiempo pasado./ En el tiempo actual./ En ocasión futura./ Por último, en conclusión./ Inmediatamente al instante./ Ú.t.c. conj. distri- butiva.

yac. m. Mamífero rumiante de las altas montañas del Tíbet, parecido a un buey sin papada y con largas lanas que cubren sus patas y la parte inferior del cuerpo.

yacaré. m. Amér. Caimán.

yacente. p. act. de yacer. Que yace./ m. Min. Cara inferior de un criadero.

yacer. i. Estar echada o tendida una persona./ Estar un cadáver en la sepultura./ Tener trato carnal una persona con otra./ Pacer de noche las caballerías.

yacija. f. Cama, lecho o sitio en que se está acostado.

yacimiento. m. Sitio donde se halla naturalmente una roca, un mineral o un fósil.

yagua. f. Amér. Cierta palma comestible, con la que se tejen chozas, cestos, etc./ Tejido fibroso de la palma real, que tiene diversas aplicaciones.

yacaré

yelmo

yaguar. m. Amér. Félido de gran tamaño, de piel amarillenta con manchas negras. Vive desde Tejas y México en toda América Central y Meridional. Se llama también onza y tigre americano y es muy temible por su ferocidad.

yaguareté. m. Arg., Par. y Urug. Yaguar.

yanacona. a. y s. Dícese del indio que estaba al servicio personal de los españoles, en ciertos países de América del Sur./ m. Amér. Indio aparcero de una finca.

yanqui. a. y s. Nombre irónico que daban los ingleses a los colonos de Nueva Inglaterra, EE.UU., y por ext., al natural de este país.

yapa. f. Amér. Ñapa, añadidura.

yarará. f. Amér. Víbora muy venenosa, de gran tamaño.

yaraví. m. Amér. Canción triste y melancólica, de origen quechua.

yatay. m. Arg., Par. y Urug. Planta de la familia de las palmas, cuyo fruto se usa para fabricar aguardiente y la fibra de las hojas para hacer sombreros.

yate. m. Embarcación de deporte o recreo.

yegua. f. Hembra del caballo./ La que ya tiene cinco o más años.

yeguada. f. Piara de ganado caballar.

yeguar. a. Rel. a las yeguas.

yeguarizo, za. a. y s. Arg. Dícese del ganado caballar en que predominan las yeguas.// m. Amér. Conjunto de yeguas destinadas a la cría.

yeguato, ta. a. y s. Hijo o hija de asno y yegua.

yeísmo. m. Pronunciación de la ll como y.

yelmo. m. Parte de la armadura antigua que resguardaba la cabeza y el rostro.

yema. f. Bot. Renuevo en forma de botón escamoso que nace en el tallo de los vegetales./ Porción central del huevo de las aves, de color amarillo./ Parte de la punta del dedo opuesta a la uña.

yen. m. Unidad monetaria de Japón.

yerba. f. Hierba./ R. de la P. Yerba mate./ **-mate.** R. de la P. Variedad de acebo, cuyas hojas secas y molidas se usan para preparar una infusión llamada mate.

yerbal. m. Amér. Plantación de yerba mate.

yerbatero, ra. a. Amér. Rel. a la yerba mate.// m. El que se dedica a la explotación de la yerba mate.

yerbear. i. R. de la P. Matear.

yerbera. f. Arg. y Par. Vasija para la yerba mate.

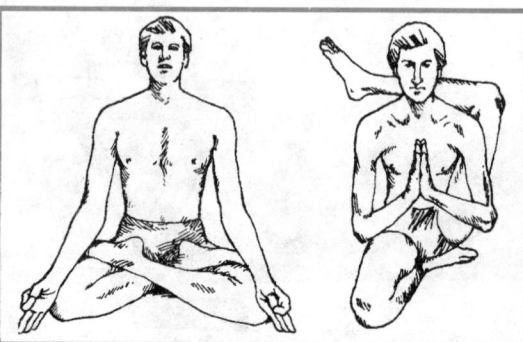

yermo, ma. a. Despoblado, inhabitado./ Inculto, sin cultivo. Ú.t.c.s.// m. Tierra inhabitada.

yerno. m. Respecto de una persona, el marido de su hija.

yerra. f. R. de la P. y Chile. Hierra.

yerro. m. Equivocación, error por descuido./ Falta o delito que se comete contra las leyes divinas y humanas, o contra las normas de un arte.

yerto, ta. a. Apl. al ser viviente, o a alguna de las partes de su cuerpo, que se han quedado rígidos por el frío, y también del cadáver u otra cosa en que se produce el mismo efecto.

yesca. f. Materia muy seca, preparada para que cualquier chispa prenda en ella.

yesería. f. Fábrica de yeso./ Comercio donde se vende./ Obra de yeso.

yesero, ra. a. Rel. al yeso. // m. Persona que fabrica o vende yeso.

yeso. m. Sulfato de calcio hidratado, blanco por lo general, tenaz y tan blando que la uña lo raya, pero que deshidratado mediante la acción del fuego, y molido, se endurece rápidamente cuando se lo amasa con agua. Se usa en la construcción y en la escultura./ Escultura vaciada de yeso.

yeta. f. fam. Arg. Mala suerte, desgracia.

yeyuno. m. Segunda porción del intestino delgado, que empieza en el duodeno y termina en el íleon.

yo. Nominativo del pronombre personal de primera persona, en género m. y f., y número sing.// m. Fil. Con el artículo el, o el posesivo, afirmación de conciencia de la personalidad humana como ser racional y libre.

yodado, da. a. Que contiene yodo.

yodo. m. Metaloide de color gris negruzco, y brillo metálico, que se volatiliza a una temperatura poco elevada, desprendiendo vapores de color azul violeta y de olor parecido al del cloro. Símb., I.

yoga. m. Doctrina y sistema de origen hindú mediante las que se pretende lograr la perfección espiritual y la perfecta unión con el cuerpo./ Sistemas modernos que utilizan procedimientos semejantes para la obtención de la concentración anímica.

yuca

yogur. m. Leche fermentada y cuajada por la acción de un fermento lácteo.

yóquey o yoqui. m. Jinete profesional de carreras de caballos.

yo-yo. m. Juguete que consiste en un carrete que sube y baja mediante un hilo que se le arrolla y cuyo extremo se sujeta con la mano.

yuca. f. Planta liliácea de América tropical, de cuya raíz se extrae una harina alimenticia./ Nombre vulgar de ciertas especies de mandioca.

yudo. m. Sistema de lucha japonés que se practica como deporte y como modo de defensa.

yugada. f. Espacio de tierra que puede arar una yunta en un día./ Yunta, especialmente de bueyes.

yugo. m. Pieza de madera a la que se uncen los bueyes o las mulas en yunta./ Armazón de madera unida a la campana, que sirve para *yoga* voltearla./ fig. Ley, dominio superior que obliga a obedecer./ Carga pesada, prisión, atadura.

yugoslavo, va. o yugoeslavo, va. a. y s. De Yugoslavia.

yuguero. m. El que ara con una yunta de bueyes, mulas, etc.

yugular. a. Perteneciente a la garganta.// a. y s. Dícese de cada una de las dos venas que hay a uno y otro lado del cuello.

yunque. m. Prisma de hierro acerado, de sección cuadrada, adecuado para trabajar en él a martillo los metales./ fig. Persona firme y paciente en las adversidades./ Persona muy perseverante en el trabajo./ Uno de los huesecillos de la parte media del oído.

yunta. f. Par de bueyes o de caballerías que sirven en la labor del campo o en los acarreos.

yuntero. m. Yuguero.

yute. m. Planta de la India, de tallo recto y leñoso, de cuya corteza interior se extrae una materia textil./ Esta materia./ Tejido o hilado hecho de ella.

yuxtaponer. tr./ prl. Poner una cosa contigua a otra o inmediata a ella.

yuxtaposición. f. Acción y efecto de yuxtaponer./ Ling. Unión sin nexos de dos o más elementos lingüísticos, especialmente frases u oraciones./ Min. Modo de crecer los minerales.

yuyal. m. Amér. Terreno en que abundan los yuyos.

yuyero, ra. a. Arg. Aficionado a tomar hierbas medicinales.// s. Arg. Persona que las recoge y vende./ Curandero o curandera que las receta.

yuyo. m. Amér. Hierba inútil.// pl. Hierbas tiernas comestibles./ Hierbas medicinales./ Hierbas que sirven de condimento.

yuntero

z. f. Vigésima novena y última letra del abecedario castellano, y vigésima cuarta de sus consonantes. Su nombre es *zeda* o *zeta*.

zafado, da. a. y s. *Amér.* Descarado, atrevido, desvergonzado.

zafar. tr./ prl. *Mar.* Desembarazar, quitar lo que estorba.// prl. Escaparse o esconderse para evitar un riesgo o peligro./ Salirse de la rueda la correa de una máquina./ *Mar.* Soltarse un cabo o cualquier otro objeto del sitio donde está asegurado./ fig. Excusarse de hacer alguna cosa./ Librarse de una molestia./ *Amér.* fam. Faltar el respeto a alguien, insolentarse./ *Amér.* Dislocarse, descoyuntarse un hueso.

zafarrancho. m. Acción y efecto de desembarazar una parte de la nave, para dejarla dispuesta para determinada tarea./ fig. y fam. Destrucción, destrozo./ Riña, pendencia.

zafio, fia. a. Tosco, grosero, inculto.

zafiro. m. Piedra preciosa de color azul, muy apreciada en joyería.

zafra. f. Vasija metálica, grande, en que se guarda aceite./ Cosecha de la caña de azúcar./ Fabricación del azúcar de caña./ Tiempo que dura esta fabricación.

zaga. f. Parte trasera de una cosa./ Carga acomodada en la trasera de un carruaje.// m. En cualquier juego, el último./ Conjunto de los jugadores de un equipo de fútbol, etc., que tiene a su cargo la defensa del arco o meta.

zagal, la. s. Muchacho adolescente./ Mozo fuerte y gallardo.

zaguán. m. Pieza cubierta que sirve de vestíbulo de una casa.

zaguero, ra. a. Que queda o está detrás.// m. En ciertos deportes, el que juega a la zaga.

zaherir. tr. Reprender a uno echándole en cara alguna acción./ Mortificar a uno con alguna represión maligna, o con censuras..

zahorí. m. Persona a quien se atribuye la facultad de ver lo que está oculto./ Por ext., persona que busca agua subterránea utilizando una horquilla de madera. / fig. Persona perspicaz y escudriñadora.

zaino, na. a. Dícese de la caballería de pelaje castaño oscuro./ En el ganado vacuno, el de pelaje totalmente negro./ Traidor, falso.

zambullir

zalamería. f. Halago, demostración de cariño fingida y empalagosa.

zalema. f. fam. Reverencia en muestra de sumisión./ Zalamería.

zamacueca. f. *Amér.* Danza popular./ Música y cantos de esta danza.

zamarrear. tr. Sacudir a un lado y a otro la presa asida con los dientes, como hacen los perros, lobos, etc./ fig. Maltratar sacudiendo de un lado a otro.

zamba. f. Danza cantada, popular del Noroeste de la Argentina, de singular gracia y señorío en su coreografía./ Música y canto de esta danza.

zambo, ba. a. Que tiene juntas las rodillas y separadas hacia afuera las piernas./ *Amér.* Dícese del hijo de negro e india o al contrario.// m. Mono americano, de cola prensil y pelaje pardo amarillento.

zambomba. f. Instrumento musical rústico, que produce un sonido fuerte, ronco y monótono.

zambullir. tr./ prl. Sumergir una cosa con ímpetu o de golpe.// prl. fig. Ocultarse o meterse en algún sitio.

zampar. tr. Meter una cosa en otra con prisa./ Comer apresuradamente.// prl. Meterse de golpe en alguna parte.

zampoña. f. Instrumento musical rústico, a modo de flauta, o compuesto de muchas flautas.

zanahoria. f. Planta herbácea anual, con raíz fusiforme, jugosa y comestible./ Raíz de esta planta./ *Arg.* fig. y fam. Persona de poco valor.

zanca. f. Pierna larga de las aves, desde el tarso hasta la juntura del muslo./ fig. y fam. Pierna del hombre o de cualquier animal, en particular cuando es delgada y larga./ Madero inclinado que sirve de apoyo a los peldaños de la escalera.

zancada. f. Paso muy largo.

zancadilla. f. Acción de cruzar la pierna por detrás de la de otro, para derribarlo./ fig. Trampa para perjudicar a alguien.

zanco. m. Cada uno de los dos palos largos con soportes para afirmar los pies que sirven para andar a cierta altura del suelo para no mojarse, y también para ciertos juegos de agilidad y equilibrio.

zancudo, da. a. y s. Que tiene zancas largas./ Aves que tienen los tarsos muy largos y desprovista de plumas la parte inferior de la pierna, como la cigüeña.// f. pl. Orden de estas aves.// m. *Amér.* Mosquito (insecto).

zángano. m. Macho de la abeja reina./ fig. Hombre holgazán, que vive a costa de otro.

zangolotear. tr./ prl. fam. Mover continua y violentamente una cosa.// i. fig. y fam. Moverse de una parte a otra, sin plan ni concierto.// prl. fam. Moverse algunas cosas por estar flojas.

zanguango, ga. a. y s. fam. Indolente, entorpecido por la pereza.// f. fam. Ficción de un impedimento o enfermedad para no trabajar.

zanja. f. Excavación ancha y estrecha que se hace en la tierra con algún fin.

zanjar. tr. Abrir zanjas./ fig. Obviar todas las dificultades que puedan impedir la terminación de un asunto.

zanjón. m. Zanja grande y profunda por donde corre el agua.

zapa. f. Pala pequeña que usan los zapadores./ Excavación de galería subterránea o zanja al descubierto./ Lija./ Piel labrada de modo que forma grano, como la lija.

zapador. m. Soldado destinado a trabajar con la zapa.

zapallo. m. *Amér.* Planta cucurbitácea cuyo fruto es una especie de calabaza./ Fruto comestible de esta planta.

zapapico. m. Herramienta con mango de madera y dos bocas opuestas, terminada una en punta y la otra en corte estrecho.

zapar. i. Trabajar con la zapa.

zaparrastroso, sa. a. y s. Zarrapastroso./ Harapiento, desaliñado.

zapatear. tr. Golpear repetidamente con el zapato./ Dar golpes en el suelo con los pies calzados./ En ciertos bailes, golpear el suelo con los pies al compás de la música.

zapateo. m. Acción y efecto de zapatear.

zapatería. f. Taller donde se hacen zapatos./ Tienda o comercio donde se venden./ Oficio de zapatero.

zapatero, ra. s. El que hace, vende o arregla zapatos.

zapatilla. f. Zapato ligero de suela delgada./ Zapato de comodidad y abrigo para estar en casa./ Uña o casco de los animales de pata hendida.

zapato. m. Calzado que no pasa del tobillo, con la parte inferior de suela.

zar. m. m. Título usado por el emperador de Rusia o el soberano de Bulgaria.

zarabanda. f. Antigua danza popular española de carácter picaresco./ Música de esta danza./ fig. Cosa que causa ruido estrepitoso o alboroto.

zaranda. f. Criba.

zarandar. tr. Cribar.// tr./ prl. fig. y fam. Mover alguna cosa con ligereza.

zarandear. tr./ prl. Zarandar.// prl. *Amér.* Contonearse.

zarandeo. m. Acción y efecto de zarandear o zarandearse.

zarcillo. m. Arete o pendiente./ *Arg.* Cierta señal con que se marca al ganado ovino o bovino.

zarco, ca. a. De color azul claro. Apl. en particular a los ojos.

zarigüeya. f. Mamífero marsupial americano, nocturno, con cabeza parecida a la de la zorra, cola prensil y pelaje pardo rojizo.

zarina. f. Esposa del zar./ Emperatriz de Rusia.

zarpa. f. Acción de zarpar./ Garra, mano, con sus dedos y uñas, de algunos animales.

zarpar. i. Partir una nave./ Partir o salir embarcado.// tr./ i. Levar anclas.

zarpazo. m. Zarpada./ Golpazo, porrazo.

zarrapastroso, sa. a. y s. fam. Andrajoso, desaliñado.

zarza. f. Arbusto de tallos sarmentosos y espinosos, cuyo fruto es la zarzamora.

zarzal. m. Lugar poblado de zarzas.

zarzamora. f. Fruto de la zarza, de color violado o encarnado, con que se preparan jarabes y confituras./ Zarza.

zarzaparrilla. f. Arbusto de raíces fibrosas y casi cilíndricas./ Bebida refrescante preparada con esta planta.

zarzuela. f. Obra dramática y musical que alterna la declamación y el canto./ Letra de la obra de esta clase./ Música de la misma obra.

zenit. m. Cenit.

zepelín. m. Globo dirigible, de armadura rígida, que marchaba impulsado por motores.

zigzag. m. Serie de líneas quebradas que forman alternativamente ángulos entrantes y salientes.

zigzaguear. i. Moverse en zigzag, serpentear.

zinc. m. Cinc.

zócalo. m. Cuerpo inferior de un edificio, que sirve para elevar los basamentos a un mismo nivel./ Franja que se pinta o coloca en la parte inferior de una pared./ Friso./ Miembro inferior del pedestal./ Especie de pedestal.

Zodiaco o **Zodíaco.** m. Zona de la esfera celeste, que comprende los doce signos o constelaciones que recorre el sol en su curso anual aparente.

zona. f. Lista o faja./ Extensión considerable de terreno en forma de franja o banda./ Cualquier parte de terreno o de superficie encuadrada en ciertos límites./ Cada una de las cinco partes en que se considera dividida la superficie de la Tierra por los trópicos y los círculos polares./ *Geom.* Parte de la superficie de la esfera comprendida entre dos planos paralelos.

zoncera. f. *Amér.* Calidad de zonzo.

zonda. m. *Amér.* Viento cálido de las zonas andinas.

zonzo, za. a. y s. Soso, insulso./ *Arg.* Tonto, simple.

zoogeografía. f. Parte de la geografía que estudia la distribución de los animales sobre la tierra.

zoología. f. Parte de la biología que estudia los animales.

zoológico, ca. a. Rel. a la zoología.// a./ m. Parque donde se conservan y crían fieras y otros animales.

zoonosis. f. Nombre dado a las enfermedades de los animales, que se comunican a veces a las personas.

zopenco, ca. a. y s. fam. Muy torpe y abrutado.

zoquete. m. Pedazo de madera corto y grueso./ fig. Pedazo de pan grueso e irregular./ fig. y fam. Persona ruda y tarda para entender. Ú.t.c.a./ *Amér.* Calcetín.

zorra. f. Mamífero carnicero de cuerpo alargado, pelaje pardo rojizo y cola larga. Persigue con astucia la caza y ataca a las aves de corral./ Hembra de esta especie./ Carro fuerte y bajo para el transporte de grandes pesos./ *Arg.* Vagoneta./ fig. y fam. Persona astuta y solapada./ Ramera.

zorrino. m. *Amér.* Mofeta (mamífero).

zorro. m. Macho de la zorra./ Piel de la zorra, curtida con su pelo./ fig. y fam. Hombre astuto.

zorzal. m. Pájaro cantor americano, parecido al tordo.

zozobra. f. Acción y efecto de zozobrar./ Oposición de los vientos, que pone en riesgo la embarcación./ fig. Inquietud y aflicción del ánimo.

zozobrar. i. Peligrar la embarcación por la fuerza y oposición de los vientos./ Perderse o irse a pique. Ú.t.c.prl./ fig. Estar en grave riesgo del logro de alguna cosa./ Inquietarse, afligirse en la duda.// tr. Hacer zozobrar.

zueco. m. Zapato de madera de una pieza./ Zapato de cuero con suela de corcho o de madera.

zulú. a./ m. y f. Apl. al individuo de cierto pueblo de raza negra del África austral. // a. Rel. a este pueblo./ fig. y fam. Bárbaro, bruto.

zumaya. f. Autillo, ave semejante a la lechuza./ Chotacabras, ave trepadora./ Ave de paso, zancuda, que se alimenta de peces y moluscos.

zumbar. i. Producir una cosa ruido bronco y continuado./ fig. y fam. Estar muy inmediata una cosa inmaterial.// tr./ prl. Dar chasco o broma a uno.

zumbido. m. Acción y efecto de zumbar.

zumbón, na. a. y s. fig. y fam. Apl. al que se burla con frecuen-cia, o tiene un genio festivo y poco serio.

zumo. m. Líquido que se obtiene exprimiendo frutos, hierbas, flores, etc.

zurcido. p. p. de **zurcir.**// m. Costura de las cosas que se zurcen.

zurcir. tr. Coser la rotura de una tela de modo que la unión resulte disimulada./ Suplir con puntadas muy juntas los hilos que faltan en el agujero de un tejido./ fig. Unir de modo sutil dos cosas.

zurdo, da. a. y s. Que usa con preferencia la mano izquierda en lugar de la derecha./ a. Rel. a la mano izquierda.

zurra. f. Acción de zurrar las pieles./ fig. y fam. Castigo de golpes o azotes.

zurrar. tr. Curtir las pieles quitándoles el pelo./ fig. y fam. Castigar con golpes o azotes.

zurrón. m. Bolsa de pellejo que usan los pastores y cazadores.

zutano, na. s. fam. Voces que se usan como complementos o en contraposición de *fulano* y *mengano*, y con el mismo significado cuando se hace referencia a tercera persona indeterminada.

zorro

GRAMÁTICA Y ORTOGRAFÍA ESPAÑOLA

Dirección de redacción
Prof. Silvia Tombesi

A modo de presentación

El lenguaje, ya sea escrito o hablado, sigue siendo una herramienta fundamental para comunicarnos en todos los niveles. Es por eso que utilizarlo correctamente es una necesidad insoslayable si queremos desempeñarnos en el ámbito estudiantil, laboral y profesional.

La finalidad de esta obra es brindar a nuestros lectores un recurso de consulta ágil y sencilla sobre los aspectos morfológicos, sintácticos y ortográficos de la lengua española. Los contenidos han sido desarrollados de acuerdo con los criterios gramaticales más actuales y poniendo atención a las diferencias que existen en el uso de nuestro idioma en España e Hispanoamérica.

En esta obra se podrán encontrar las formas ortográficas correctas, con sus reglas y ejemplos, la conjugación completa de los **verbos regulares** con sus tiempos y modos característicos. Además, las principales estructuras de la **sinaxis** de la lengua española y una clasificación de las palabras según las funciones que cumplen en el texto (sustantivo, adjetivo, adverbio, verbo, pronombre, nexos coordinantes y subordinantes).

Incluimos, además, una lista de expresiones en latín y extranjeras que pueden encontrarse en diversos textos, con su significado, su origen y una breve explicación, cuando lo encontramos necesario.

En lo que respecta a la producción de un texto, en el capítulo de Oratoria incorporamos una serie de orientaciones

generales para organizar un discurso, cómo embellecerlo e
indicaciones para su expresión oral.

Confiamos en que nuestros lectores encontrarán en esta
obra una forma práctica de acceder a estos conocimientos
lingüísticos básicos que les permitan resolver los desafíos
del lenguaje de una manera eficaz y rápida.

LOS EDITORES

GRAMÁTICA

La gramática (del griego *gramatiké*, arte de hablar y escribir correctamente) es una ciencia cuya complejidad exige una división previa que facilite el estudio de los distintos aspectos de que se ocupa.

En este apéndice se ha seguido la propuesta de la Real Academia Española en su Esbozo de una nueva gramática de la lengua española, que considera tres ramas: Fonología, Morfología y Sintaxis.

El lenguaje y su doble articulación: lengua y habla.

El lingüista suizo Ferdinand de Saussure estableció la naturaleza dual de lo que denominamos lenguaje, y distinguió sus dos aspectos fundamentales: la lengua y el habla.

La **lengua** es un conjunto de convenciones que existe en la conciencia de todos los hablantes como un modelo general. Es un sistema supraindividual, una abstracción que puede estudiarse aisladamente.

El **habla,** por el contrario, es la exteriorización del sistema de la lengua, su ejecución concreta en un momento y un lugar determinados. Es, por lo tanto, un fenómeno individual.

Ambos planos se suponen recíprocamente: la lengua no existiría sin actos concretos de habla, y estos actos de habla no servirían para comunicarse sin las normas que establece la lengua. Lengua y habla son planos interdependientes que constituyen el fenómeno llamado lenguaje.

Por otro lado, todo signo lingüístico, como elemento del lenguaje, consta de dos facetas: el significante (la expresión) y el significado (el concepto, idea o contenido expresado).

Signo lingüístico = significante + significado

Así, un signo lingüístico, por ej. *sol*, está constituido por la suma de elementos fónicos (sonidos) y por un significado, es decir, el concepto o idea que se tiene acerca de lo que es el sol.

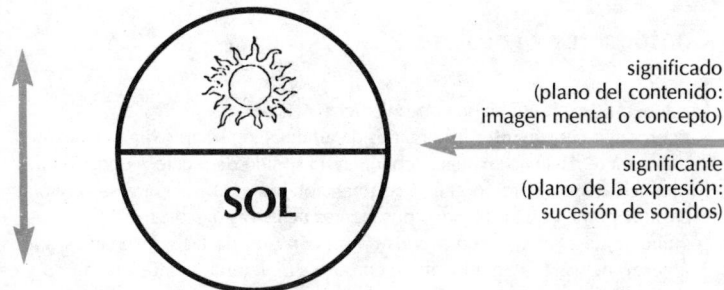

significado
(plano del contenido:
imagen mental o concepto)

significante
(plano de la expresión:
sucesión de sonidos)

Cada uno de estos dos aspectos del signo lingüístico tiene función en el plano del habla y en el de la lengua.

En el plano del habla, el significado es siempre una comunicación concreta que sólo tiene sentido en su totalidad. En el de la lengua, está representado por reglas abstractas (morfológicas, sintácticas, lexicales).

El significante, en el plano del habla, es un fenómeno físico, una corriente sonora que puede ser percibida por el oído. En cambio, en el plano de la lengua, es un sistema de normas que ordenan el aspecto fónico del habla.

FONOLOGÍA

FONÉTICA Y FONOLOGÍA

Fonética y fonología se ocupan de los sonidos, pero de distinta manera. La Fonética se ocupa del estudio del *significante*, es decir, de los sonidos de una lengua determinada, y describe sus particularidades y diferencias perceptibles. La Fonología estudia los *fonemas*, es decir, aquellos elementos fónicos que tienen valor distintivo con respecto al significado, organizándolos en sistema de acuerdo con sus características articulatorias y su distribución en la cadena sonora del habla.

Ambas ciencias son interdependientes. Sus campos de estudio se implican uno a otro y por lo tanto su alcance y desarrollo se condicionan mutuamente.

Los fonemas

Los fonemas son unidades mínimas del plano de la expresión, que se caracterizan por su capacidad de distinguir significados.

Los fonemas se combinan en cadenas para transmitir significados. Si tomanos la cadena de sonidos /p-a-s-o/, es posible dividirla en partes identificables y aislables: así la *p* es independiente de la *a*, la *s* y la *o*. Si se cambia *s* por *t* es posible obtener otra cadena diferente de la anterior, con un significado también distinto: /pato/. El cambio de significación se produjo reemplazando un elemento de la cadena original por otro, sin que el fonema aislado (/s/) signifique nada. Se denomina **fonema** a ese elemento mínimo cuyo cambio permite distinguir significados.

Los fonemas se realizan con sonidos que tienen distinta articulación. Se denomina articulación a la producción de sonidos, en especial en la cavidad bucal, por medio de órganos, como los labios, la lengua, los dientes, el paladar.

Consonantes y vocales

Los fonemas se clasifican en consonánticos y vocálicos.

Para producir **consonantes** los órganos de articulación se aproximan o se unen, dificultando la salida del aire. Si se aproximan, producen un sonido de fricción, como en *f, s, l, j*. Son consonantes **fricativas.** Si los órganos se unen totalmente, al separarse provocan una pequeña explosión, como en *p, t, m*. Son consonantes **oclusivas** o explosivas.

Los que se describieron son *modos de articulación* de las consonantes. Otros son: **africada** (comienzo oclusivo y final fricativo, como la *ch*); **lateral** (el aire sale a uno y otro lado, como en la *l*); **vibrante** (vibraciones rápidas de la punta de la lengua, como la *r*).

Para describir el sonido consonántico debe tenerse también en cuenta el *punto de articulación*, es decir, el lugar de la cavidad bucal donde se produce el sonido. Así, la diferencia entre *p* y *t*, por ejemplo, deriva de sus puntos de articulación: *p* es bilabial, porque se produce por el acercamiento de los labios, mientras *t* es dental, ya que se produce entre el ápice de la lengua y los dientes superiores. Se establece además la distinción entre consonantes **sonoras** y consonantes **sordas,** según vibren o no las cuerdas vocales durante su producción. De este modo *b* (sonora) se distingue de *p* (sorda), aunque ambas son bilabiales.

Se transcribe a continuación el cuadro de los fonemas consonánticos del español.

Bilabiales	Dentoalveolares	Palatales	Velares
Oclusivas sordas /p/	/t/	/ch/	/k/
Oclusivas sonoras /b/	/d/		/g/
Fricativas sordas /f/	/s/ /z/		/j/
Fricativa sonora		/y/	
Nasales /m/	/n/	/ñ/	
Laterales	/l/	/ll/	
Vibrante simple	/r/		
Vibrante múltiple	/rr/		

En Hispanoamérica, en lugar de /z/ se pronuncia /s/. En algunas regiones, como en parte de la República Argentina y en Andalucía, /ll/ ha desaparecido casi totalmente y se la sustituye por /y/.

Nota: Para señalar los fonemas hemos recurrido a las letras que los representan gráficamente en la escritura habitual, evitando el uso de alfabeto fonético (empleado en fonología) para simplificar y hacer más accesible el cuadro descriptivo.

Vocales

Los sonidos vocálicos se producen al atravesar el aire la cavidad bucal, con vibración de las cuerdas vocales, sin ningún tipo de obstrucción. Se diferencian entre sí de acuerdo con dos factores: a) el grado de abertura (distancia entre la lengua y el paladar); b) el punto de articulación en la cavidad bucal: anterior, central o posterior.
Las vocales en castellano son cinco: /a/, /e/, /i/, /o/, /u/.
Si se divide la cavidad bucal desde adelante hacia atrás en anterior, central y posterior, y de arriba abajo en alta, media y baja, se obtiene el siguiente cuadro que permite describir el sistema vocálico:

	Anteriores	Central	Posteriores
Altas (cerradas)	/i/		/u/
Medias (abiertas)	/e/		/o/
Baja (abierta)		/a/	

FONOLOGÍA

La /a/ es vocal central y al pronunciarla se produce la mayor abertura.

La /e/ es una vocal anterior de abertura media: la lengua se curva hacia la parte anterior del paladar al pronunciarla.

La /o/ también es de abertura media, pero posterior, porque la lengua se curva hacia esa parte del paladar al articularla.

La /i/ y la /u/ son cerradas (altas) ya que tienen la menor abertura. La /i/ es anterior porque la lengua se acerca hacia esa parte del paladar; la /u/ es posterior porque hacia esa parte del paladar se aproxima la lengua durante su articulación.

Triángulo vocálico de Hellwag

El fisiólogo Hellwag esquematiza en un triángulo el punto de articulación de las vocales, su grado de abertura y las relaciones que existen entre ellas.

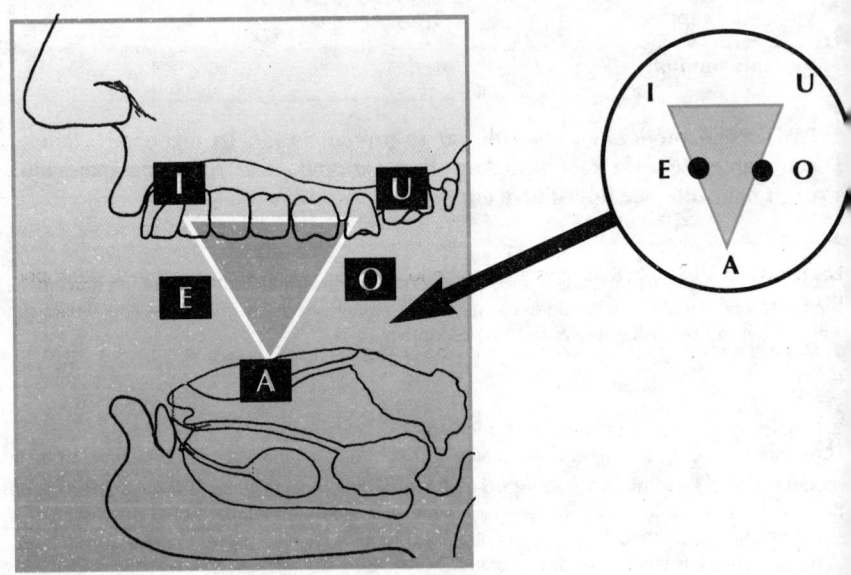

Las letras. El alfabeto

Alfabeto español

A	B	C	D	E	F	G
a	b	c	d	e	f	g
a	be	ce	de	e	efe	ge

H	I	J	K	L	M	N
h	i	j	k	l	m	n
hache	i	jota	ka	ele	eme	ene
Ñ	O	P	Q	R	S	T
ñ	o	p	q	r	s	t
eñe	o	pe	cu	ere	ese	te
U	V	W	X	Y	Z	
u	v	w	x	y	z	
u	ve	doble ve o uve doble	equis	ye	zeta	

Las letras son las representaciones gráficas de los fonemas, aunque no siempre se corresponden.

1. Muchos fonemas se representan siempre con la misma letra: a, e, o, u, ch, d, f, l, ll, m, n, ñ, p, t, y.

2. Hay letras que representan más de un fonema:

g
- /g/ — gato
- /j/ — gesta

c
- /k/ — campo
- /s/ — cielo (en Hispanoamérica)
- /z/ — cielo (en España)

r
- /rr/ — ramo - alrededor
- /r/ — corazón

3. Hay fonemas que se representan con más de una letra:

/b/
- b — boca
- v — vaca

FONOLOGÍA

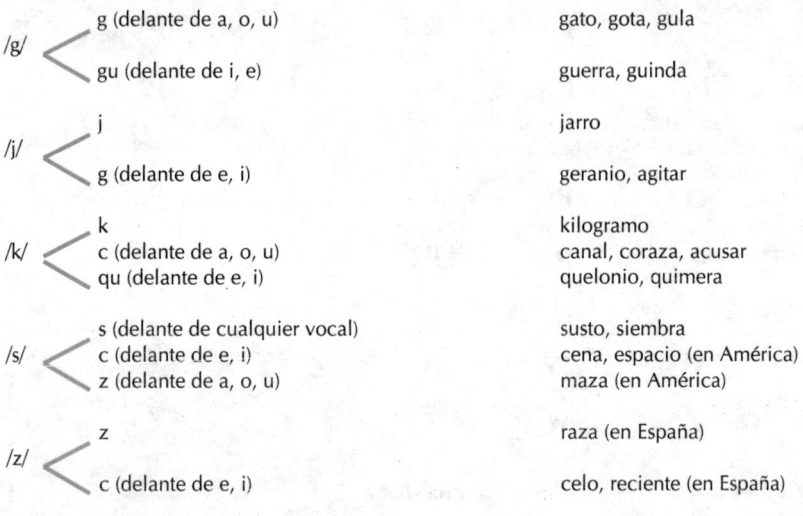

/g/	g (delante de a, o, u)	gato, gota, gula
	gu (delante de i, e)	guerra, guinda
/j/	j	jarro
	g (delante de e, i)	geranio, agitar
/k/	k	kilogramo
	c (delante de a, o, u)	canal, coraza, acusar
	qu (delante de e, i)	quelonio, quimera
/s/	s (delante de cualquier vocal)	susto, siembra
	c (delante de e, i)	cena, espacio (en América)
	z (delante de a, o, u)	maza (en América)
/z/	z	raza (en España)
	c (delante de e, i)	celo, reciente (en España)

4. Una letra representa a un grupo de fonemas:

Letra	Fonemas
x	/ks/ (éxito: se pronuncia /éksito/)

5. Hay letras que no representan ningún fonema:

h   hueso, hielo (/ueso/ /ielo/)

u (delante de e, i, precedida por g, q)   guiso, guerrero, queso, quitasol

Las sílabas

Los fonemas se combinan y relacionan para convertirse en sílabas, con las que se forman las palabras. Si se trata de fonemas vocálicos, pueden constituir sílaba por sí mismos. Si los fonemas son consonánticos, no se pueden pronunciar aisladamente y necesitan unirse a una vocal para constituir sílabas.

Según la cantidad de sílabas, las palabras se clasifican en:

monosílabas (una sílaba)	sal, paz
bisílabas (dos sílabas)	ga-to, me-sa
trisílabas (tres sílabas)	es-te-ro, can-de-la
tetrasílabas (cuatro sílabas)	men-sa-je-ro, pre-si-den-te
polisílabas (más de cuatro sílabas)	mo-der-ni-za-ban, res-pon-sa-bi-li-dad

El acento. Clasificación de palabras por la sílaba acentuada

En toda palabra hay una sílaba que se pronuncia con mayor intensidad que las demás: es la que lleva el **acento prosódico**. Este acento no siempre aparece en la escritura.

Se denomina **acento ortográfico** a la representación gráfica del acento prosódico que se efectúa por medio de la **tilde** (´).

Las sílabas acentuadas se llaman **tónicas**. Las no acentuadas, **átonas**. Estas últimas, a su vez, se clasifican en *pretónicas* y *postónicas*, según aparezcan antes o después de la sílaba tónica. En la palabra *te-lé-fo-no*, la sílaba tónica es *le*; *te* es pretónica y *fo* y *no*, postónicas.

Según el lugar que ocupa la sílaba tónica, las palabras se clasifican de la siguiente manera:

Clase de palabras	Llevan acento en:	
1. AGUDAS	la última sílaba	de*más*, re*loj*, ma*ní*, pa*red*, can*ción*
2. GRAVES o LLANAS	la penúltima sílaba	*ár*bol, *ca*sa, *cár*cel, o*to*ño, e*xa*men
3. ESDRÚJULAS	la antepenúltima sílaba	*cán*taro, cre*pús*culo, *tác*tica
4. SOBRESDRÚJULAS	la sílaba anterior a la antepenúltima	res*pé*teselo, pro*hí*basele

Las palabras sobresdrújulas son compuestas: a una forma verbal se agregan pronombres *enclíticos* (que se posponen). Estos pronombres son átonos (no llevan acento prosódico). Ej.: tráigamelo: traiga + me + lo; comuníquesele: comunique + se + le.

Reglas del silabeo

Silabear es pronunciar separadamente cada sílaba de una palabra.

La agrupación silábica sigue reglas que permiten establecer la formación de las sílabas que constituyen cada vocablo. Estas reglas sirven para la pronunciación y también deben aplicarse al dividir una palabra al final del renglón.

1. Una consonante entre vocales forma sílaba con la vocal que la sigue:
co-sa   vi-no   pe-ra

2. Cuando hay **dos consonantes entre vocales** puede ocurrir:
a) Que formen grupo fijo
b) Que no formen grupo fijo

2.1. Que formen grupo fijo. En este caso, los grupos fijos de licuante y líquida (bl - br - cl - cr - dr - fl - fr - gl - gr - pl - tl - tr) forman sílaba con la vocal que los sigue: a-blan-dar; a-bru-mar; a-cla-mar; a-cla-rar; cua-dra; re-flo-tar; co-fre; a-glu-ti-nar; re-gre-so; ré-pli-ca; a-pre-mio; re-tra-so.

FONOLOGÍA

2.2. En el segundo caso, es decir, cualquier combinación **de dos consonantes iguales o diferentes,** la primera se une a la vocal que la antecede y la segunda a la que la sigue: par-te; cal-ma; res-pi-rar; ob-tu-so; ac-ción; in-no-va-ción.

Nota: Cuando b integra un prefijo, no forma grupo fijo con l y r. Ej.: sub-linría-gual; sub-ro-gar.

3. Cuando hay **tres consonantes entre vocales,** las dos primeras forman sílaba con la vocal que las precede y la tercera con la que las sigue: ins-tau-rar; pers-pi-ca-cia: ins-pec-tor; abs-te-mio.

3.1. Si la segunda y tercera consonante forman grupo fijo, la primera se une a la vocal que lo antecede y el grupo se une a la vocal que lo sigue: con-tra; siem-pre; em-ble-ma; in-flar; mim-bre; des-gra-cia; an-glo-sa-jón; an-tro; ín-cli-to.

4. Cuando hay **cuatro consonantes entre vocales,** las dos primeras se unen a la vocal que las antecede y la tercera y la cuarta (que forman siempre grupo fijo) se unen a la vocal que sigue: abs-trac-to; ads-crip-to; ins-truc-ción.

Diptongo

El diptongo se produce cuando concurren en una misma sílaba dos vocales: una vocal abierta y una vocal cerrada átona (o al revés), o dos vocales cerradas.

Los diptongos en castellano son:

ai	donaire	baile	io	viola	ripio
au	sauce	causa	iu	ciudad	triunfo
ei	ceibo	peine	ua	cuadro	guarda
oi	oigo	voy	ue	puede	rueda
ou	bou		ui	cuidado	huida
ia	rabia	savia	uo	cuota	perpetuo
ie	rienda	piedad			

Observaciones:
• Los diptongos iu, ui pueden pronunciarse con acento en la primera o en la segunda vocal, aunque la tendencia más usada es acentuar prosódicamente la segunda.
• La combinación ui se considera, para la escritura, como diptongo en todos los casos: ins-trui-do; al-truis-ta; cons-truir. Sólo llevará tilde si le corresponde o no según las reglas generales de acentuación.
Ej.: destruí: lleva tilde por ser palabra aguda terminada en vocal.
    jesuita: no leva tilde por ser palabra grave terminada en vocal.
    casuística: lleva tilde por ser palabra esdrújula.

Triptongo

Se denomina triptongo a la concurrencia en una misma sílaba de tres vocales, una abierta entre dos cerradas átonas.

Los triptongos más usuales en castellano son:

iai	ansiáis	uei	apacigüéis
iei	denunciéis	iau	miau
ioi	hioides	uau	guau
uai	Paraguay		

MORFOLOGÍA

La morfología es la parte de la gramática que se ocupa del estudio de la estructura interna de la palabra, de sus derivaciones y accidentes gramaticales.

Morfemas

Los fonemas se combinan en cadenas para formar los vocablos. Se pueden estudiar esas cadenas fonémicas observando la organización en sílabas de vocales y consonantes, independientemente de su significado, como se ha visto más arriba.

Pero también pueden estudiarse teniendo en cuenta el plano del significado. En esté caso, los fonemas se organizan en cadenas que configuran entidades a las que se denomina *signo*, esto es, la unidad de un significante (la cadena fonémica) con un significado (su contenido o concepto).

Se denomina **morfema** al contenido de esos signos. Es, por lo tanto, una unidad mínima de significado, que se expresa por medio de los fonemas. Por ej.: en la palabra **cantor** se distinguen dos partes o signos:

plano del contenido (significado)	"cantar"	+	"ejecutor"
plano de la expresión (significante)	/kant	-	or/

Los morfemas se combinan entre sí para formar las palabras.

Existen palabras que por sí solas constituyen un signo. Por ejemplo, la cadena fonémica /sol/ que manifiesta el contenido "sol", no puede ser dividida en partes y se puede decir aisladamente.

Otras palabras sí pueden dividirse en partes menores, cada una de las cuales manifiesta esa correspondencia entre contenido y expresión. Por ej., en la palabra **soles** se pueden distinguir dos partes

significado	"sol"	+	"plural"
significante	/sol	-	es/

Hay en este caso dos morfemas, el que corresponde a la base[1] "sol", manifestado por /sol/ y el morfema "plural", manifestado por /-es/. La palabra *soles* no es un signo mínimo; está formado por la suma de dos signos.

MORFOLOGÍA

Prefijos y sufijos. Formación de palabras

Entre los elementos que pueden acompañar una base para formar una palabra se encuentran los que se agregan delante de la base, **prefijos** y los que se agregan detrás de la base, **sufijos**.

1. Los **prefijos** son morfemas que se colocan delante de una base para crear otra con distinto significado.

Ejemplo: in   +   útil   =   inútil
          prefijo   base

En castellano, los prefijos más usados provienen del griego y del latín.

1.1. Prefijos de origen latino

Prefijo	Significado	Ejemplos
bis- (biz-, bi-	"dos" o "dos veces"	bisabuelo, bicéfalo, bizcocho
circum- (circun-, circu-)	"alrededor"	circumpolar, circunnavegación, circunvecino
des- (di-, dis-)	idea opuesta, separación, negación, exceso, "fuera de", divergencia	desactivar, desagradecido, desatar, disconforme,
equi-	igualdad	equivalencia, equidistancia
ex-	"fuera de", antepuesto a sustantivos y adjetivos, que han dejado de ser aquello que significaban	extraer, excéntrico, ex-presidente, ex-alumno
extra-	"fuera de"	extramuros, extraoficial, extraordinario
in- (im- delante de *p* y *b*, i- delante de *l* o *r*)	privación	inquietud, imposible, ilógico, irreverente

---

[1]Se denomina **base** a la parte que lleva el significado fundamental de la palabra. Existen bases libres (mar, sal, res) que por sí solas constituyen palabras, y bases ligadas, es decir, que aparecen siempre acompañadas por otros elementos y por lo tanto no pueden decirse aisladamente (**pint**-or).

inter-	"entre" o "entre medio"	intercalado, interacción, interestatal
pos- (post-)	"después de", "detrás"	postmeridiano, posguerra, pospuesto
pre-	anterioridad, prioridad, encarecimiento	prejuzgar, prevalecer, precedente, precolombino
re-	repetición, aumento, movimiento hacia atrás, negación, oposición o inversión del significado de la base	reelección, recargar, refluir, rehacer, rever, reprobar, recaer, rebatir
sub- (subs-, sus-)	"debajo"	subterráneo, sublingual, subtítulo, subscribir, subrayar
semi-	"medio" o "casi"	semirrecta, semidiós, semifinal, semidormido
super-	preeminencia, grado sumo, exceso	superhombre, superpotencia, superconductor, superproducción
trans- (trasl)	"más allá", "del otro lado", o cambio	transcribir, transbordar, trasfondo, traspaso, transformación
ultra-	exceso	ultraderecha, ultramontano

1.2. Prefijos de origen griego

a- (an-)	privación o negación	asimétrico, atípico
anti-	"contra"	anticorrosivo, anticuerpo
archi- (arc-, arci-, arz-, arque-, arqueo-, arqui-)	primacía, superioridad, poder	archisabido, archiduque, arcipreste, arzobispo, arquetipo, arquidiócesis, arqueología
auto-	"por uno mismo", "propio"	autobiografía, autorretrato, autodominio

MORFOLOGÍA

epi-	"sobre", "después"	epidermis, epicentro, epiglotis
hemi-	"medio"	hemiciclo, hemisferio, hemicránea
hetero-	diversidad	heterodoxo, heterogéneo, heterosexual
hidro- (hidr-)	"agua"	hidroavión, hidrografía, hidráulica
hiper-	"sobre", "exceso"	hipertensión, hipertrofia, hipermercado
hipo-	"debajo de"	hipotensión, hipodérmico, hipoglucemia
homo- (homeo)	"semejante", "igual"	homogéneo, homónimo homeopatía
kilo- (kili-)	"mil"	kilovatio, kilolitro, kiliárea
mono-	"uno" o "solo"	monosílabo, monopatín
neo-	"nuevo"	neolatino, neozelandés, neoclásico, neolítico
peri-	"alrededor"	perímetro, pericarpio, periscopio
poli-	"muchos"	polisílaba, policromo, politeísta
seudo-	"falso", "supuesto"	seudónimo, seudópodo

Los **sufijos** son morfemas que se agregan al final de una base para formar una palabra de diferente significado.

La formación de palabras por medio de sufijos se denomina **derivación.** Con sufijos de derivación se pueden formar sustantivos, adjetivos y verbos.

1. Sufijos de derivación de sustantivos

1.1. Diminutivos

-ito: patito
-cito: hombrecito
-ecito: florecita
-cecito: piececito

cico: trencico
ecico: panecico
cillo: bosquecillo
uelo: muchachuelo
ín: chiquilín

.2. Aumentativos

acho: hombracho
azo: manaza
ón: portón
ote: muchachote

.3. Despectivos

acho: populacho
aco: libraco
astro: poetastro
ejo: caballejo
uco: ventanuca
ucho: cuartucho
uza: gentuza

.4. Sustantivos abstractos

acia: audacia
ancia: constancia
ción: iniciación
dad: maldad
encia: decadencia
ez: niñez
eza: nobleza
ía: valentía
ismo: idealismo
or: verdor
umbre: quejumbre
ura: diablura

.5. Sustantivos que corresponden a cargo o dignidad

ado: obispado
azgo: almirantazgo
ato: patronato
ía: secretaría

.6. Sustantivos que corresponden a empleo, oficio u ocupación

ado: empleado
ante: estudiante
ario: bibliotecario

MORFOLOGÍA

-ente: intendente
-ero: mueblero
-ista: chapista

1.7. Sustantivos colectivos

-ada: bandada
-aje: ropaje
-al: trigal
-ar: pinar
-ario: osario
-ería: caballería
-eda: arboleda
-men: maderamen

1.8. Sustantivos que indican lugar

-al: salitral
-aje: hospedaje
-ario: campanario
-iza: caballeriza
-ero: granero
-era: pecera

2. Sufijos de derivación de adjetivos

2.1. Gentilicios (indican lugar de origen)

-aco: austríaco
-án: catalán
-ano: riojano
-ego: manchego
-eno: chileno
-ense: bonaerense
-eño: santiagueño
-és: cordobés
-í: marroquí
-ino: rionegrino
-ota: chipriota

2.2. Adjetivos que indican cualidad o estado

-ado: calmado
-az: audaz
-ero: sincero
-este: celeste
-iego: andariego
-ivo: expresivo
-izo: movedizo
-udo: corajudo

2.3. Adjetivos que indican pertenencia o correspondencia con una cosa

-al: personal
-ar: lunar
-ano: mundano
-ero: dominguero
-il: pastoril

2.4. Adjetivos que indican abundancia

-oso: gozoso
-udo: huesudo

3. Formación de verbos

-ar: apenar
-ear: pintarrajear
-ecer: estremecer
-izar: ironizar
-ificar: solidificar
-uar: atestiguar

Composición y parasíntesis

Se llama composición a la formación de una palabra nueva por combinación de dos o más bases. Ej.: *camposanto, casaquinta, menoscabar*. Se considera también composición a la formación de palabras por medio del agregado de prefijos: **inter**cambio, **des**componer, **pre**juzgar.
Las palabras compuestas pueden estar formadas por:

1. sustantivos: *bocacalle*
2. adjetivos: *agridulce*
3. sustantivo y adjetivo: *cejijunto*
4. adjetivo y sustantivo: *mediodía*
5. verbo y sustantivo: *cascanueces*
6. adverbio y verbo: *malquerer*
7. frases: *correveidile*

Se denomina parasíntesis a la formación de una palabra nueva por la combinación de dos procedimientos simultáneos, composición y derivación (agregado de sufijos), de manera tal que no existe una palabra que resulte de uno de esos dos procedimientos aisladamente. Ej.: en la palabra **descorazonado** intervienen los siguientes procedimientos.

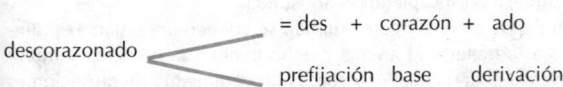

descorazonado   = des + corazón + ado
                       prefijación base   derivación

Pero no existe ni la palabra *descorazón* ni *corazonado*.

MORFOLOGÍA

Los accidentes gramaticales o flexiones

Sustantivos, adjetivos, pronombres y verbos experimentan variaciones internas, cambios en la forma de la palabra. La morfología se ocupa de estudiar esas variaciones.

Las flexiones son morfemas (sufijos) que indican los accidentes gramaticales:

1. Género: niño-niña
2. Número: niños-niñas
3. Modo   amo-ame
4. Tiempo: amo-amé
5. Persona: amo-amamos
6. Caso: Yo salí. Juan me miró a mí. (Sólo en el pronombre personal.)

                  1a. pers.   1a. pers.   1a. pers.
                  (sujeto)   (objeto)   (término)

El género

El género es un accidente gramatical (variación en la terminación) que se manifiesta en sustantivos y adjetivos.

Según el género, los **sustantivos** se clasifican en *masculinos* y *femeninos*. Se dice que un sustantivo es masculino si exige la terminación -o de los adjetivos, y femenino si exige la terminación -a. Ej.: perro pequeño, perra pequeña; yerno comprensivo, nuera comprensiva; alumno estudioso, alumna estudiosa.

Los sustantivos pertenecen a un género determinado. Son masculinos o femeninos. Algunos (muy pocos) tienen variación gramatical para el género: gato-gata; actor-actriz; profeta-profetisa, estableciendo una oposición en la cual se asigna cada miembro a un género distinto. Pero la mayoría de los sustantivos tienen una forma única, sin variación gramatical para el género, que en estos casos es fijo y se manifiesta a través de las conexiones sintácticas con artículos y adjetivos: el sol, la paz, la mesa blanca.

Observaciones:

• El género no significa siempre sexo masculino o femenino.
• Un grupo reducido de sustantivos con variación gramatical para el género relacionan género y sexo: primo-prima; niño-niña; gato-gata.
• Muchos nombres de animales no determinan el sexo: ballena, hormiga, tiburón, gorila, orca.
• Algunos sustantivos que designan personas son invariables en género y para hacer la distinción se debe recurrir a las formas el-la del artículo o a los adjetivos de dos terminaciones: el-la cónyuge; el-la mártir; el-la estudiante; pianista aplaudido-aplaudida.
• Un caso especial de distinción de los géneros ocurre cuando se oponen dos palabras distintas para nombrar al varón frente a la mujer y al animal macho frente a la hembra: hombre-mujer; toro-vaca; padre-madre; yerno-nuera; caballo-yegua. El procedimiento de distinción es lexical, y no morfológico.
• Algunos sustantivos de igual forma tienen significados completamente distintos según se los

emplee como masculinos o femeninos: el frente-la frente; el cura-la cura; el corte-la corte; el capital-la capital; el pendiente-la pendiente; el cólera-la cólera.

Formación de femenino

Hay una serie de sufijos en castellano para la formación de femenino. Ejs.:

-a:	tío-tí**a**	león-leon**a**	
-esa:	abad-abad**esa**	marqués-marqu**esa**	
-isa:	profeta-profet**isa**	poeta-poet**isa**	
-ina:	zar-zar**ina**	héroe-hero**ína**	
-triz:	emperador-empera**triz**	actor-ac**triz**	

Sustantivos en los que suelen cometerse errores con respecto al género:

Son femeninos

la apendicitis
la apócope
la armazón
la comezón
la dínamo
la eccema
la herrumbre
la índole
la sartén

Son masculinos

el alambre
el alfiler
el almacén
el alumbre
el caparazón
el cortaplumas
el estambre
el pus·
el trasluz

Los **adjetivos** según su forma genérica se dividen en:

1. variables: tienen dos terminaciones, una para el masculino (por lo general -o) y una para el femenino (por lo general -a). Ej.: el niño **pequeño**; la niña **pequeña.**
2. invariables: o de terminación indiferente. No tienen variación para el género. Ej.: el niño **alegre**; la niña **alegre.**

Los adjetivos no tienen género determinado. Los variables adoptan la terminación que corresponde al género del sustantivo.

El número

El número es un accidente gramatical del sustantivo y del adjetivo que indica si se refieren a un objeto (singular) o a más de uno (plural).

Formación del plural de los sustantivos

El plural se forma añadiendo un sufijo (**-s**; **-es**) a una base.

MORFOLOGÍA

1. Los sustantivos que terminan en vocal átona agregan **-s**, cuando son palabras graves o esdrújulas: casa-casa**s**; cielo-cielo**s**; príncipe-príncipe**s**.

2. Los sustantivos que terminan en consonante y en **y** agregan **-es**: cóndor-cóndor**es**; virrey-virrey**es**; lápiz-lápic**es**; canción-cancion**es**.

3. Los sustantivos que terminan en **-á, -é, -ó** tónicas, añaden **-s**: papá-papá**s**; sofá-sofá**s**; pie-pie**s**; café-café**s**; dominó-dominó**s**.

4. Los sustantivos que terminan en **-í, -ú** tónicas, añaden **-es**: rubí-rubí**es**; maní-maní**es**; menú-menú**es**; mensú-mensú**es**.

5. Los sustantivos no agudos que terminan en **-s, -x** no varían: el lunes-los lunes; la crisis-las crisis; el tórax-los tórax; el bórax-los bórax; el bíceps-los bíceps; la apendicitis-las apendicitis.

Observaciones:

- Las vocales pluralizan agregando **-es** (*aes; oes; úes*)
- Las consonantes agregan **-s** (*bes, des, ches*)
- Algunas palabras sólo se emplean en plural: *afueras, anales, angarillas, andas, cosquillas, esponsales, nupcias, exequias.*

Los accidentes gramaticales del verbo: persona, número, tiempo, modo y voz

El verbo varía sus flexiones para señalar la persona, el número, el tiempo, el modo y la voz, es decir que agrega a la base distintos sufijos (desinencias).

Conjugar un verbo es presentarlo con todas sus variantes. El conjunto de esas variantes constituye el paradigma de su conjugación.

En castellano, los verbos se agrupan en tres clases según su terminación en el infinitivo: **-ar** (primera conjugación); **-er** (segunda conjugación); **-ir** (tercera conjugación). Cada conjugación tiene su verbo tipo:

AMAR   1º conjugación
TEMER   2º conjugación
PARTIR 3º conjugación

1. La persona

El verbo cambia sus desinencias para señalar la persona del sujeto con la cual concuerda: yo camin**o**; tú camin**as**; él camin**a**.

Las personas gramaticales son tres:

yo   1º persona (la que habla)
tú   2º persona (la persona a quien se habla)
él   3º persona (la persona que no interviene en el diálogo)

Los *pronombres personales* son los que determinan las personas.

2. El número

Las personas gramaticales tienen número: son singulares o plurales.

	Singular	Plural
1º	yo	nosotros - nosotras
2º	tú (vos, usted)	vosotros - vosotras (ustedes)
3º	él, ella - ello	ellos - ellas

Observaciones:

• Los pronombres de primera y segunda persona del singular tienen una sola forma para los dos géneros; los demás tienen variaciones para el masculino y el femenino.

El verbo también concuerda con su sujeto en número, por lo tanto presenta formas especiales para las tres personas del singular y del plural.

	Singular	Plural
1º	yo camino	nosotros-as caminamos
2º	tú caminas vos caminás usted camina	vosotros-as camináis ustedes caminan
3º	él-ella camina	ellos-as caminan

3. El tiempo

El tiempo es un accidente gramatical que señala cuándo se cumple la significación del verbo. Se clasifica así:

3.1. Presente: lo expresado por el verbo se cumple en el momento en que se enuncia. *Escribo* una carta.
3.2. Pretérito: lo expresado por el verbo se cumplió con anterioridad al momento en que se lo enuncia. *Escribí* una carta.
3.3. Futuro: lo expresado por el verbo se cumplirá con posterioridad al momento en que se lo enuncia. *Escribiré* una carta.

Observaciones:

• El futuro y el pretérito tienen en castellano una gran variedad de matices que se expresan por las variaciones de las desinencias en los tiempos simples o bien formando frases verbales con el verbo *haber* más *participio*, es decir, **formas compuestas**.
• En cuanto a la diferenciación de significaciones que se producen, se pueden destacar:

MORFOLOGÍA

a) El *pretérito perfecto simple* expresa algo ocurrido y terminado en el pasado. El niño *leyó* ese libro.

b) El *pretérito imperfecto del indicativo* expresa la significación verbal mientras se desarrolla en el pasado. El niño *leía* ese libro.

c) El *pretérito perfecto* compuesto expresa algo ocurrido recientemente en el pasado, cuyas consecuencias subsisten o se observan en el presente. *Ha llovido* sobre la ciudad.

ch) El *pretérito pluscuamperfecto* expresa anterioridad con respecto a otro pretérito. *Llegó* cuando ya *habíamos terminado* el trabajo.

d) El *pretérito anterior* expresa un hecho terminado antes de otro que ha comenzado o se ha cumplido. Después que *hubo revisado* los documentos, los *firmó*.

e) El *futuro de indicativo* expresa un hecho que vendrá. *Regresará* tarde.

f) El *futuro perfecto* de indicativo expresa un hecho acabado respecto de otro futuro. Cuando él *llegue*, la fiesta ya *habrá terminado*.

g) El *condicional* no expresa tiempo preciso. El tiempo simple indica un hecho como posible en el presente o en el futuro. Ahora *tendría* su recompensa. El compuesto lo presenta como ya terminado. Si lo hubiese sabido, no *habría reaccionado* de ese modo.

4. El modo

El modo es un accidente del verbo que expresa las distintas actitudes del hablante. Son tres: **indicativo, subjuntivo e imperativo.**

4.1. Indicativo: expresa la significación del verbo como un hecho real. El mar *estaba* calmo. Mi amigo *regresará* pronto. En los tiempos condicionales expresa esos hechos como **posibles** o **hipotéticos**. *Irían* muy alegres.

4.2. Subjuntivo: expresa duda, deseo, exhortación. Se emplea también en la construcción de proposiciones subordinadas. *Volvamos* temprano. Ojalá *volvieran* esos días. Es necesario que *demuestre* más interés en la tarea.

4.3. Imperativo: expresa ruego, consejo, orden o mandato. *Déjame* salir de aquí. *Regresa* a tu casa inmediatamente.

5. La voz

La voz indica si el sujeto de la oración es activo (agente) o paciente.
La **voz activa** indica que el sujeto es quien ejecuta la acción: sujeto activo o agente.
Los exploradores descubrieron la caverna.

sujeto activo

La **voz pasiva** señala que el sujeto no ejecuta la acción sino que es donde ella se cumple.
La caverna fue descubierta por los exploradores.

sujeto paciente

El caso

El caso, es decir, la variación en la forma de la palabra según la función sintáctica que cumple (declinación), se conserva sólo en los pronombres personales. El cuadro del sistema de la declinación del pronombre personal se consigna más adelante, en el artículo correspondiente.

La concordancia

Las palabras variables, es decir, que sufren accidentes gramaticales, se relacionan entre sí haciendo concordar esos accidentes que se manifiestan en sus terminaciones.

1. Concordancia del sustantivo y el adjetivo

El adjetivo concuerda en género y número con el sustantivo:
niño estudioso - niños estudiosos
niña estudiosa - niñas estudiosas

1.1. Si el adjetivo hace referencia a dos o más sustantivos de distintos géneros, concuerda con ellos en masculino plural:

el viento impetuoso
> el viento y la lluvia impetuosos
la lluvia impetuosa

1.2. Si el adjetivo precede a sustantivos de distinto género, puede concordar en masculino plural o sólo con el primero: los *magníficos* juguetes y revistas; la *cándida* dulzura y el temor de la joven.

1.3. Los pronombres yo, tú, usted, ustedes, los tratamientos y los títulos concuerdan con el adjetivo según el sexo de la persona a quien se aplican: *Usted* es muy *bueno* o *buena. Yo* soy *tranquilo* o *tranquila. Su Señoría* está *ocupado* u *ocupada. Su majestad* está *decidido* o *decidida* a aceptar la invitación.

2. Concordancia del verbo con el sujeto

2.1. El verbo concuerda con el sujeto en número y persona.

Juan ganó la competencia.   Nosotros lo acompañamos.   Yo lo elegí.

3º sing. 3º sing.   1º plural   1º plural   1º sing   1º sing.

2.2. El sujeto compuesto lleva el verbo en tercera persona del plural.

El viento y la lluvia azotaban los árboles.

sujeto compuesto   3º pl.

Observaciones:

• Los pronombres personales que funcionan como sujetos son: yo, tú (vos, usted), él-ella-ello, nosotros-nosotras, vosotros-vosotras (ustedes), ellos-ellas.

MORFOLOGÍA

• Si el sujeto compuesto está constituido por personas gramaticales diferentes, se prefiere la segunda a la tercera persona y la primera a todas las demás personas:

tú y yo 2º 1º	caminamos 1º pl.
él y yo 3º 1º	caminamos 1º pl.
tú y él 2º 3º	camináis 2º pl.

• En la Argentina y otras regiones de América, donde se emplea el **voseo** (uso del pronombre vos para dirigirse a la segunda persona), si en el sujeto coinciden la tercera y la segunda persona, el verbo concuerda en tercera persona plural, ya que la forma de tratamiento que corresponde a *vos* es *ustedes*, pronombre que lleva el verbo en tercera persona.

Él y vos lo entienden.
3º 2º   3º pl.

Casos especiales de concordancia del verbo con el sujeto

a) Cuando el núcleo del sujeto es un sustantivo colectivo acompañado de un modificador indirecto en plural, el verbo puede concordar en singular o en plural.

Una bandada de golondrinas *oscurece* u *oscurecen* el cielo.
              3º sing.   3º pl.

b) Un sujeto compuesto cuyo último núcleo contiene o resume a todos los demás concuerda con el verbo en singular.

Las casas, las calles, el silencio, **todo** me *recordaba* mi infancia.
                         3º sing.

c) Cuando los núcleos del sujeto son sustantivos neutros, el verbo va en singular.

Lo **mío** y lo **tuyo** *es* importante.
        3º sing.

ch) Si los núcleos del sujeto son infinitivos, el verbo va en singular.

Conocer y **aprender** *es* su pasión.
            3º sing.

Clases de palabras

Se estudiará cada clase de palabra (artículo, sustantivo, adjetivo, verbo, pronombre) teniendo en cuenta aspectos sintácticos, morfológicos y semánticos.

1. El artículo

Los artículos son:

el	la	lo	los	las
masc. sing.	fem. sing.	neutro	masc. pl.	fem. pl.

Se antepone siempre al sustantivo e indica su función y sus accidentes gramaticales de género y número. Por lo tanto concuerda con él: *el* árbol; *los* cantos, *la* paz; *las* palomas.

Función sintáctica: modifica directamente al sustantivo.

Su uso:

a) Se omite con nombres propios, aunque a veces se lo emplea:
- con significación metafórica: *los* Goya;
- si al sustantivo lo precede un adjetivo calificativo: *el* inteligente Eduardo;
- ante sustantivos propios geográficos que se expresan así por tradición: *El* Escorial, *La* Coruña;
- al nombrar a las mujeres por el apellido, en especial si son famosas: *la* Pavlova, *la* Xirgu; o por algún apodo popular: *la* Beltraneja.

b) El adjetivo se sustantiva por medio del artículo: *los* dichosos y *los* tristes. Muchos adjetivos se sustantivan anteponiendo la forma *lo* del artículo, que es invariable y se subordina a núcleo singular o plural: *lo* fantástico es parte de la vida.

Observaciones:

• Si el sustantivo femenino comienza con *a* tónica se antepone la forma **el** del artículo:

el agua clara	las aguas claras
el águila astuta	las águilas astutas
el harpa callada	las harpas calladas

El sustantivo

El sustantivo designa seres, personas y objetos como conceptos independientes, es decir, que tienen existencia propia en la realidad.
Se clasifican semánticamente en *propios* y *comunes*.

1. Son **propios** los sustantivos que nombran objetos sin describir sus características: *Julián, Mozart, Argentina.*

1.1. Los **patronímicos:** se denomina así a los sustantivos propios que se formaron en la Edad Media en España, agregando un sufijo (**-az, -ez, -iz, -oz, uz**) al nombre del padre, constituyen-

MORFOLOGÍA

do de ese modo el apellido del hijo. Ejs.: Diéguez o Díaz o Diez (de Diego); Fernández (de Fernando); Muñoz o Muñiz (de Munio); Ferruz (de Ferro).

2. Son **comunes** los sustantivos que describen cualidades o características del objeto que señalan: *piano, casa, león.*

Los sustantivos comunes pueden ser concretos y abstractos, individuales o colectivos.

2.1. Son **concretos** los sustantivos que designan objetos que tienen existencia independiente en la realidad: *silla, escritorio, moneda, caballo, piedra, niño.*

2.2. Son **abstractos** los sustantivos que designan objetos que no tienen existencia independiente en la realidad, pero que son pensados como independientes. En efecto, no existe la bondad, sino seres buenos, tampoco el aprendizaje, sino quienes aprenden. *Bondad* y *aprendizaje* son sustantivos abstractos, que se piensan como independientes aunque designen objetos que dependen de otros. Se trata en general, de sustantivos que señalan acciones y cualidades: *principio, enseñanza, recomendación, dulzura, alegría, solidaridad.*

2.3. Individuales son los sustantivos que en singular nombran a un solo individuo: *árbol, perro, pájaro, abeja, caña.*

2.4. Son **colectivos** los sustantivos que en singular dan idea de pluralidad: *arboleda, jauría, bandada, enjambre, cañaveral.*

Funciones sintácticas del sustantivo

1. Núcleo del sujeto. (Es función privativa: sólo puede ser cumplida por él.)

```
sujeto    predicado
  └─┘    └──────────┘
[Juan es un buen alumno. ]
  ┬
  N
```

```
sujeto          predicado
└────┘    └──────────────────┘
[El silencio aumentó nuestra inquietud. ]
      ┬
      N
```

2. Núcleo del objeto directo (también función privativa).

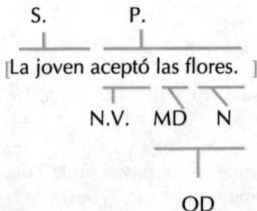

3. Predicativo

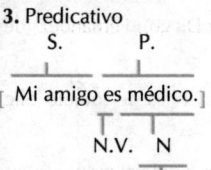

4. Término de complemento

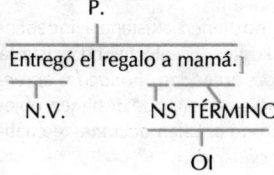

5. Núcleo de un circunstancial

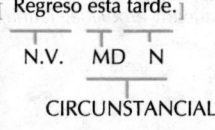

6. Núcleo del predicado nominal.

SUJETO   PREDICADO NOMINAL

[El mejor alcalde, el rey.]

        MD N

7. Aposición (de cualquier sustantivo).

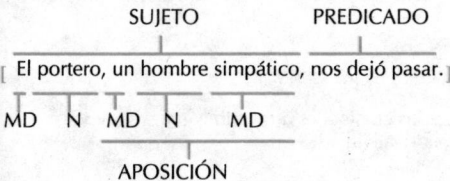

8. Vocativo.

S.T.   PREDICADO

[No salgas, /Paula./]

  N.V.   VOCATIVO

MORFOLOGÍA

El adjetivo

La función propia del adjetivo es la de caracterizar o especificar al sustantivo al que se une. Los adjetivos pueden clasificarse semánticamente de la siguiente manera:

1. Descriptivos: son los adjetivos que describen características de los objetos que los sustantivos nombran. Se subdividen en:

1.1. Calificativos: son los adjetivos que señalan las cualidades del sustantivo al que se unen: muchacha *hermosa*; lluvia *abundante*; árbol *frondoso*; *divinas* palabras.

1.1.1. Epítetos: son los adjetivos calificativos que agregan al sustantivo una cualidad que es propia de su significado: nieve *blanca*; sangre *roja*; verano *cálido*.

1.2. Gentilicios: son los adjetivos que indican lugar u origen: libro *francés*, poeta *cubano*, vino *salteño*, canción *napolitana*.

1.3. Numerales: expresan número determinado. Se subdividen en:

1.3.1. Cardinales. Sólo significan número: *tres* ramas; *dos* ejemplos; *treinta* alumnos.

1.3.2. Ordinales. Señalan orden: *primera* nota; *octavo* piso; *tercera* sección.

1.3.3. Múltiplos. Expresan idea de multiplicación: *doble* fila; *triple* alianza.

1.3.4. Partitivos. Indican idea de división: *medio* limón; *quinta* parte.

1.3.5. Distributivos. Es el adjetivo *sendos*, que significa "uno o una para cada uno". Cabalgaban en *sendas* mulas.

2. Adjetivos no descriptivos

Los no descriptivos son adjetivos que no indican las cualidades del objeto mencionado por el sustantivo. Se trata de adjetivos pronominales, por lo tanto su clasificación (posesivos, demostrativos, indefinidos) y caracterización se tratará en el artículo correspondiente a pronombre.

Grados de significación del adjetivo

El adjetivo tiene distintos grados para expresar las cualidades que atribuye al sustantivo. Estos grados son:

1. Positivo. Los adjetivos modifican por sí solos al sustantivo: el pino *esbelto*; la *deliciosa* naranja.

2. Comparativo. El adjetivo expresa una comparación:

la rosa es **más** *fragante* **que** el jazmín	(de superioridad)
la rosa es **tan** *fragante* **como** el jazmín	(de igualdad)
la rosa es **menos** *fragante* **que** el jazmín	(de inferioridad)

El procedimiento para manifestar el grado comparativo es sintáctico, ya que se construye anteponiendo al adjetivo los adverbios *más* (de superioridad), *como* (de igualdad), o *menos* (de inferioridad) y se agrega una construcción comparativa encabezada por *que*.

3. Superlativo. Es el grado máximo con que el adjetivo expresa una cualidad.

3.1. Es **absoluto** cuando no se establece comparación con respecto a otros sustantivos: un vino *riquísimo*; una playa *muy solitaria*.

Se construye agregando al adjetivo los sufijos **-ísimo** o **-érrimo** (poeta famos*ísimo*; juez cele-bérrimo) o añadiendo al adjetivo el adverbio *muy* (poeta *muy* famoso; juez *muy* célebre).

3.2. Es **relativo** cuando se expresa una comparación con respecto a otros sustantivos (es el poeta *más famoso de todos*; el juez *más célebre de la corte*).

Observaciones:

• Algunos adjetivos tienen un adjetivo comparativo y un superlativo especiales de origen lati-no. Son:

POSITIVO	COMPARATIVO	SUPERLATIVO
bueno	mejor	óptimo
malo	peor	pésimo
grande	mayor	máximo
pequeño	menor	mínimo
alto	superior	supremo
bajo	inferior	ínfimo

El adverbio

Las funciones sintácticas del adverbio son ser modificador del verbo como circunstancial (lee *atentamente*), ser modificador del adjetivo (*sumamente* beneficioso) y de otro adverbio (*muy* bien).

Los adverbios, según su significado, se clasifican en:

1. **De lugar:** aquí, ahí, arriba, cerca, lejos, atrás, adelante.
2. **De tiempo:** hoy, mañana, ayer, anteayer, tarde, temprano, luego.
3. **De modo:** así, bien, mal, despacio, rápido, tal, sólo, solamente, calladamente.
4. **De afirmación:** sí, también, cierto.
5. **De negación:** no, tampoco, nunca, jamás.
6. **De duda:** quizá, quizás, acaso, tal vez, probablemente.
7. **De cantidad:** mucho, poco, muy, bastante, demasiado, más, menos, excepto, tan, casi.

MORFOLOGÍA

Frases o locuciones adverbiales

Son estructuras fijas que poseen un significado especial al agruparse y desempeñan las funciones del adverbio: *a sabiendas, a borbotones, a tontas y a locas, a oscuras, a escondidas, a menudo, sin ton ni son, sin más ni más, de pronto, de tanto en tanto, de boca en boca, de rodillas, de perillas, en un santiamén, con pies de plomo.*

Observaciones:

• Un grupo muy numeroso de adverbios, por lo general de modo, se forma al añadir al femenino de un adjetivo la terminación **-mente**. Ejs.: de satisfactoria, *satisfactoriamente*; de triste, *tristemente*; de jubilosa, *jubilosamente*.

• Los adverbios son palabras invariables, no tienen accidentes de género y número; por lo tanto, no concuerdan con el adjetivo al que modifican: está *medio* enojada; lo hace de *puro* entrometida.

El pronombre

Desde el punto de vista semántico, el **pronombre** es una clase de palabra *no descriptiva*, ya que no hace referencia a las características del objeto que nombra, y de *significación ocasional* (está determinada por las personas que intervienen en el coloquio o bien del hilo del habla, es decir, por circunstancias lingüísticas).
Se clasifican en dos grupos: los que dependen de las personas del coloquio y los que dependen del hilo del habla.

1. Pronombres del primer grupo (dependen de las personas del diálogo o coloquio). Son *personales, posesivos* y *demostrativos*.

1.1. Pronombres personales

Los pronombres personales señalan a las personas que intervienen en el diálogo. Funcionan sintácticamente como sustantivos:

```
SUJETO   PREDICADO
  ╱        ╱
Yo no te vi.
  ┬        ┬
  N       OD
   ╲        ╲
(Sust.)  (sustantivo)
```

El pronombre es la única clase de palabra que tiene *caso*, es decir, sufre variaciones en su forma de acuerdo con la función sintáctica que desempeñe.

Formas del pronombre personal:

Persona y número	Funciones sintácticas		
	Sujeto (caso nominativo)	Objeto (caso objetivo)	Término (caso terminal)
1º sing.	yo	me	mí, conmigo
2º sing.	tú, vos, usted	te	ti, contigo, usted
3º sing.	él, ella	lo, la, le, se	sí, consigo, él, ella
1º pl.	nosotros-as	nos	nosotros-as
2ºpl.	vosotros-as	os	vosotros-as, ustedes
3º pl.	ellos-as	los, las, les, se	sí, consigo, ellos-as

Observaciones:

• *Se* es reflexivo: aparece cuando el objeto se refiere a la misma persona que el sujeto: *él se peinaba.*

• Hay otro *se* que aparece cuando objeto directo e indirecto son formas pronominales.En este caso el objeto indirecto se transforma en se: Entregué el libro a mi amigo. **Lo** entregué a mi amigo. **Le** entregué el libro. **Se** lo entregué.

• En Argentina y otras regiones de América, como se dijo más arriba, el pronombre *vos* reemplaza a *tú* en el tratamiento. El tratamiento de respeto es *usted* y para ambos el plural es *ustedes*. En España el sistema es: tú-vosotros, usted-ustedes.

1.2. Pronombres posesivos

Los posesivos expresan idea de posesión con respecto a las personas del diálogo. Por su función sintáctica pueden ser sustantivos o adjetivos.

	Singular	Plural
1º persona	mío, mía, míos, mías	nuestro-a, nuestros-as
2º persona	tuyo, tuya, tuyos, tuyas	vuestro-tra, vuestros-tras
3º persona	suyo, suya, suyos, suyas	suyo, suya, suyos, suyas

MORFOLOGÍA

Observaciones:

• Cuando preceden al sustantivo, *mío, tuyo* y *suyo* se apocopan (pierden una sílaba): *mi* libro, *tus* recuerdos, *su* constancia.

1.3. Pronombres demostrativos

Los **demostrativos** señalan los objetos indicando su posición con respecto a las personas del coloquio. Según su función sintáctica pueden ser:

1.3.1. Sustantivos y adjetivos

Cerca de la 1º pers.	próximo a la 2º	lejos de la 1º y de la 2º
este, esta, estos, estas, esto	ese, esa, esos, esas, eso	aquel, aquella, aquelloaquellos, aquellas,

1.3.2. Adverbios

a) **de lugar:** aquí, ahí, allí, allá, acá
b) **de tiempo:** ahora, hoy, entonces, ayer, anoche, mañana
c) **de cantidad:** tanto, poco, mucho
ch) **de modo:** así, tal

2. Pronombres del segundo grupo (dependen del hilo del habla)

2.1. Pronombres relativos

Los **relativos** cumplen en la oración funciones de relacionantes, ya que introducen proposiciones y al mismo tiempo se desempeñan como sustantivos, adjetivos y adverbios. Señalan también a un elemento del discurso que si los precede se denomina antecedente:

proposición

Los muertos (que vos matáis) gozan de buena salud.

antec.

Los pronombres relativos son: *que, quien, cual, cuyo, cuanto, cuando, como, donde.* Ejs.: La casa *donde* vive es muy amplia. La persona de *quien* te hablé es un gran amigo.

2.2. Pronombres enfáticos

Los **pronombres enfáticos** se clasifican en *interrogativos* y *exclamativos*. Son los mismos pronombres relativos acentuados que se convierten en enfáticos, con excepción de cuyo: *quién, qué, cuál, cuánto, dónde, cuándo, cómo.* Ejs.: ¿*Dónde* estabas? Preguntó *quién* había llegado.

2.3. Pronombres indefinidos

Los indefinidos se refieren a los objetos de una manera imprecisa o general. Funcionan sintácticamente como sustantivos, adjetivos o adverbios: *alguien, alguno, cualquiera, algo, otro, todo, nada, poco, mucho, bastante, más, menos, dondequiera, jamás, siempre, cierto, varios, mismo.*

Ejs.:

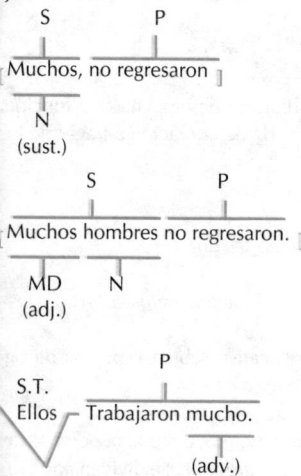

Las conjunciones

Las conjunciones pueden ser:

1. Coordinantes

Su función sintáctica es unir elementos iguales o equivalentes. Se subdividen a su vez en:

1.1. Copulativas: y (e delante de *i* o *hi*, ni). *Iba* **y** *venía.*

1.2. Adversativas: pero, mas, sin embargo, sino, aunque. *Inteligente* **pero** *inconstante.*

1.3. Disyuntivas: o (u delante de *o, uo*). *¿Entra* **o** *sale?*

1.4. Consecutivas: por lo tanto, así que, luego, conque. *Llueve,* **por lo tanto** *nos quedamos en casa.*

2. Subordinantes

Su función es señalar subordinación, es decir, la dependencia sintáctica de un elemento de otro. Encabezan proposiciones incluidas: si, que, porque, aunque. *Me dijo* **que** *llegaba más tarde. Le pregunté* **si** *me lo prestaba.*

MORFOLOGÍA

Las preposiciones

Tienen función sintáctica de subordinantes. Preceden al término en los complementos y exigen el caso terminal de los pronombres. *Confíe* en **mí**. *Una tarde* **de** *sorpresas.*

Las preposiciones son: *a, ante, bajo, cabe* (en desuso), *con, contra, de, desde, en, entre, hacia, hasta, para, por, según, sin, so, sobre, tras.*

El verbo

Su función sintáctica es la de ser núcleo del predicado verbal: no desempeña otra función. Indica la persona y el número del sujeto y el tiempo, modo y voz de la oración a través de los accidentes gramaticales (que se han visto más arriba).
Desde el punto de vista sintáctico se clasifican en:

1. Transitivos. Son los verbos que admiten objeto directo. El niño *lee* una carta.

2. Intransitivos. Son los verbos que no llevan objeto directo. Esa lapicera me *pertenece.*

3. Copulativos. Son verbos intransitivos que necesitan un predicativo subjetivo por ser de significación incompleta: *ser, estar, parecer, semejar* y otros.

4. Pronominales. Son los verbos que se conjugan con un pronombre que repite la persona del sujeto. Algunos son pronominales obligatorios: *dolerse, jactarse, atreverse.* Se dividen en:

4.1. Reflejos: son transitivos y el pronombre, que puede ser objeto directo o indirecto, es el objeto donde se produce la acción. Se reconocen porque admiten la duplicación. Yo *me* peino (*a mí mismo*).

4.2. Cuasi reflejos. Se construyen como los reflejos, pero el pronombre no es objeto directo ni indirecto, sino parte de la forma verbal. Se los reconoce porque no admiten la duplicación: *irse, marcharse, arrepentirse, despertarse, dormirse, alejarse, condolerse,* etc.

4.3. Recíprocos. Son verbos transitivos que se refieren a un sujeto plural o compuesto cuya significación cumplen mutuamente los sujetos. El pronombre puede ser objeto directo o indirecto. Los novios *se escriben* cartas (*mutuamente, entre sí, uno a otro*).

5. Impersonales. Son verbos que no se construyen con sujeto. Hay varios tipos:

5.1. Unipersonales. Se conjugan en tercera persona del singular.

5.1.1. Indican fenómenos atmosféricos: *llover, tronar, nevar, lloviznar.*

5.1.2. *Haber* (con el significado de existir), *hacer* (cuando indica tiempo), *ser* (en expresiones de tiempo) se emplean en tercera del singular como impersonales: *Hay* novedades. *Hace* mucho calor. *Es* de noche.

5.2. De sujeto indeterminado. Se usan en tercera persona del plural. Te *llaman* por teléfono. *Golpean. Dicen* que lloverá.

5.3. Cuasi reflejos en tercera persona del singular. Aquí *se vacuna*.

6. Verbos auxiliares

Haber en los tiempos compuestos y *ser* en la voz pasiva son verbos auxiliares que constituyen con los participios frases verbales. El día *ha comenzado*. El museo *es visitado* por muchas personas.

Verbos regulares e irregulares

Desde el punto de vista morfológico los verbos se clasifican en *regulares* e *irregulares*.

1. Verbos regulares: son los que durante toda la conjugación mantienen sin variación la raíz o radical del infinitivo, y sus desinencias son las mismas que las de los verbos modelos del paradigma regular (amar, temer, partir):

Verbo	Verbo modelo
camin-ar	verbo modelo: am-ar
raíz	raíz
yo camin-o	yo am-o (desinencia)
yo camin-é	yo am-é (desinencia)

2. Son **irregulares** los verbos que durante su conjugación modifican la raíz o radical del infinitvo, adoptan desinencias que no son las de los verbos modelos o alteran ambas partes al mismo tiempo:

apret-ar   **am-**ar

raíz de infinitivo

yo **apriet-**o   yo **am-**o

raíz irregular

conduc-ir   **part-**ir

raíz de infinitivo

yo **conduzc-**o   yo **part-**o

raíz irregular

MORFOLOGÍA

yo **conduj**-e   yo part-**í**

raíz irregular   desinencia irregular

Verboides

Son formas no personales del verbo.

1. Infinitivo. Desinencias: -ar (primera conjugación)
                                     -er (segunda conjugación)
                                     -ir (tercera conjugación)

Tiempos Simples	**Tiempos Compuestos**
amar	haber amado
temer	haber temido
partir	haber partido

2. Participio. Desinencias: -ado (primera conjugación)
                                     -ido (segunda y tercera conjugación)

         amado
         temido
         partido

3. Gerundio. Desinencias: -ando (primera conjugación)
                                     -iendo (segunda y tercera conjugación)

Tiempos Simples	**Tiempos Compuestos**
amando	habiendo amado
temiendo	habiendo temido
partiendo	habiendo partido

Paradigma de la conjugación regular

Primera conjugación: Verbo AMAR

Modo Indicativo

Tiempos Simples	**Tiempos Compuestos**
Presente	**Pretérito Perfecto Compuesto**
Yo am-o	Yo he am-ado
Tú am-as	Tú has am-ado
Él am-a	Él ha am-ado
Nosotros am-amos	Nosotros hemos am-ado
Vosotros am-áis	Vosotros habéis am-ado
Ellos am-an	Ellos han am-ado

Pretérito Imperfecto

Yo am-aba
Tú am-abas
Él am-aba
Nosotros am-ábamos
Vosotros am-abais
Ellos am-aban

Pretérito Perfecto Simple

Yo am-é
Tú am-aste
Él am-ó
Nosotros am-amos
Vosotros am-asteis
Ellos am-aron

Futuro

Yo amar-é
Tú amar-ás
Él amar-á
Nosotros amar-emos
Vosotros amar-éis
Ellos amar-án

Condicional

Yo amar-ía
Tú amar-ías
Él amar-ía
Nosotros amar-íamos
Vosotros amar-íais
Ellos amar-ían

Modo Subjuntivo

Tiempos Simples

Presente

Yo am-e
Tú am-es
Él am-e
Nosotros am-emos
Vosotros am-éis
Ellos am-en

Pretérito Pluscuamperfecto

Yo había am-ado
Tú habías am-ado
Él había am-ado
Nosotros habíamos am-ado
Vosotros habíais am-ado
Ellos habían am-ado

Pretérito Anterior

Yo hube am-ado
Tú hubiste am-ado
Él hubo am-ado
Nosotros hubimos am-ado
Vosotros hubisteis am-ado
Ellos hubieron am-ado

Futuro Perfecto

Yo habré am-ado
Tú habrás am-ado
Él habrá am-ado
Nosotros habremos am-ado
Vosotros habréis am-ado
Ellos habrán am-ado

Condicional Perfecto

Yo habría am-ado
Tú habrías am-ado
Él habría am-ado
Nosotros habríamos am-ado
Vosotroso habríais am-ado
Ellos habrían am-ado

Tiempos Compuestos

Pretérito Perfecto

Yo haya am-ado
Tú hayas am-ado
Él haya am-ado
Nosotros hayamos am-ado
Vosotros hayáis am-ado
Ellos hayan am-ado

MORFOLOGÍA

Pretérito Imperfecto

Yo am-ara o am-ase
Tú am-aras o am-ases
Él am-ara o am-ase
Nosotros am-áramos o am-ásemos

Vosotros am-arais o am-aseis
Ellos am-aran o am-asen

Futuro

Yo am-are
Tú am-ares
Él am-are
Nosotros am-áremos
Vosotros am-areis
Ellos am-aren

Modo Imperativo

Presente
Am-a tú
Am-ad vosotros

Pretérito Pluscuamperfecto

Yo hubiera o hubiese a-mado
Tú hubiera o hubieses am-ado
Él hubiera o hubiese am-ado
Nosotros hubiéramos o hubiésemos
am-ado
Vosotros hubierais o hubieseis am-ado
Ellos hubieran o hubiesen am-ado

Futuro Perfecto

Yo hubiere am-ado
Tú hubieres am-ado
Él hubiere am-ado
Nosotros hubiéremos am-ado
Vosotros hubiereis am-ado
Ellos hubieren am-ado

Segunda conjugación: Verbo TEMER

Modo Indicativo

Tiempos Simples

Presente

Yo tem-o
Tú tem-es
Él tem-e
Nosotros tem-emos
Vosotros tem-eis
Ellos tem-en

Pretérito Imperfecto

Yo tem-ía
Tú tem-ías
Él tem-ía
Nosotros tem-íamos
Vosotros tem-íais
Ellos tem-ían

Tiempos Compuestos

Pretérito Perfecto Compuesto

Yo he tem-ido
Tú has tem-ido
Él ha tem-ido
Nosotros hemos tem-ido
Vosotros habéis tem-ido
Ellos han tem-ido

Pretérito Pluscuamperfecto

Yo había tem-ido
Tú habías tem-ido
Él había tem-ido
Nosotros habíamos tem-ido
Vosotros habíais tem-ido
Ellos habían tem-ido

Pretérito Perfecto Simple

Yo tem-í
Tú tem-iste
Él tem-ió
Nosotros tem-imos
Vosotros tem-isteis
Ellos tem-ieron

Futuro

Yo temer-é
Tú temer-ás
Él temer-á
Nosotros temer-emos
Vosotros temer-éis
Ellos temer-án

Condicional

Yo temer-ía
Tú temer-ías
Él temer-ía
Nosotros temer-íamos
Vosotros temer-íais
Ellos temer-ían

Modo Subjuntivo

Tiempos simples

Presente

Yo tem-a
Tú tem-as
Él tem-a
Nosotros tem-amos
Vosotros tem-áis
Ellos tem-an

Pretérito Imperfecto

Yo tem-iera o tem-iese
Tú tem-ieras o tem-ieses
Él tem-iera o tem-iese
Nosotros tem-iéramos o tem-iésemos

Vosotros tem-ierais o tem-ieseis
Ellos tem-ieran o tem-iesen

Pretérito Anterior

Yo hube tem-ido
Tú hubiste tem-ido
Él hubo tem-ido
Nosotros hubimos tem-ido
Vosotros hubisteis tem-ido
Ellos hubieron tem-ido

Futuro Perfecto

Yo habré tem-ido
Tú habrás tem-ido
Él habrá tem-ido
Nosotros habremos tem-ido
Vosotros habréis tem-ido
Ellos habrán tem-ido

Condicional Perfecto

Yo habría tem-ido
Tú habrías tem-ido
Él habría tem-ido
Nosotros habríamos tem-ido
Vosotroso habríais tem-ido
Ellos habrían tem-ido

Tiempos compuestos

Pretérito Perfecto

Yo haya tem-ido
Tú hayas tem-ido
Él haya tem-ido
Nosotros hayamos tem-ido
Vosotros hayáis tem-ido
Ellos hayan tem-ido

Pretérito Pluscuamperfecto

Yo hubiera o hubiese tem-ido
Tú hubiera o hubieses tem-ido
Él hubiera o hubiese tem-ido
Nosotros hubiéramos o hubiésemos
tem-ido
Vosotros hubierais o hubieseis tem-ido
Ellos hubieran o hubiesen tem-ido

MORFOLOGÍA

Futuro

Yo tem-iere
Tú tem-ieres
Él tem-iere
Nosotros tem-iéremos
Vosotros tem-iereis
Ellos tem-ieren

Futuro Perfecto

Yo hubiere tem-ido
Tú hubieres tem-ido
Él hubiere tem-ido
Nosotros hubiéremos tem-ido
Vosotros hubiereis tem-ido
Ellos hubieren tem-ido

Modo Imperativo

Presente
Tem-e tú
Tem-ed vosotros

Tercera conjugación: Verbo PARTIR

Modo Indicativo

Tiempos Simples

Presente

Yo part-o
Tú part-es
Él part-e
Nosotros part-imos
Vosotros part-ís
Ellos part-en

Tiempos Compuestos

Pretérito Perfecto Compuesto

Yo he part-ido
Tú has part-ido
Él ha part-ido
Nosotros hemos part-ido
Vosotros habéis part-ido
Ellos han part-ido

Pretérito Imperfecto

Yo part-ía
Tú part-ías
Él part-ía
Nosotros part-íamos
Vosotros part-íais
Ellos part-ían

Pretérito Pluscuamperfecto

Yo había part-ido
Tú habías part-ido
Él había part-ido
Nosotros habíamos part-ido
Vosotros habíais part-ido
Ellos habían part-ido

Pretérito Perfecto Simple

Yo part-í
Tú part-iste
Él part-ió
Nosotros part-imos
Vosotros part-isteis
Ellos part-ieron

Pretérito Anterior

Yo hube part-ido
Tú hubiste part-ido
Él hubo part-ido
Nosotros hubimos part-ido
Vosotros hubisteis part-ido
Ellos hubieron part-ido

Futuro

Yo partir-é
Tú partir-ás
Él partir-á
Nosotros partir-emos
Vosotros partir-éis
Ellos partir-án

Condicional

Yo partir-ía
Tú partir-ías
Él partir-ía
Nosotros parter-íamos
Vosotros partir-íais
Ellos partir-ían

Futuro Perfecto

Yo habré part-ido
Tú habrás part-ido
Él habrá part-ido
Nosotros habremos part-ido
Vosotros habréis part-ido
Ellos habrán part-ido

Condicional Perfecto

Yo habría part-ido
Tú habrías part-ido
Él habría part-ido
Nosotros habríamos part-ido
Vosotros habríais part-ido
Ellos habrían part-ido

Modo Subjuntivo

Tiempos Simples

Presente

Yo part-a
Tú part-as
Él part-a
Nosotros part-amos
Vosotros part-áis
Ellos part-an

Pretérito Imperfecto

Yo part-iera o part-iese
Tú part-ieras o part-ieses
Él part-iera o part-iese
Nosotros part-iéramos o part-iésemos

Vosotros part-ierais o part-ieseis
Ellos part-ieran o part-iesen

Futuro

Yo part-iere
Tú part-ieres
Él part-iere
Nosotros part-iéremos
Vosotros part-iereis
Ellos part-ieren

Tiempos Compuestos

Pretérito Perfecto

Yo haya part-ido
Tú hayas part-ido
Él haya part-ido
Nosotros hayamos part-ido
Vosotros hayáis part-ido
Ellos hayan part-ido

Pretérito Pluscuamperfecto

Yo hubiera o hubiese part-ido
Tú hubieras o hubieses part-ido
Él hubiera o hubiese part-ido
Nosotros hubiéramos o hubiésemos
part-ido
Vosotros hubierais o hubieseis part-ido
Ellos hubieran o hubiesen part-ido

Futuro Perfecto

Yo hubiere part-ido
Tú hubieres part-ido
Él hubiere part-ido
Nosotros hubiéremos part-ido
Vosotros hubiereis part-ido
Ellos hubieren part-ido

MORFOLOGÍA

Modo Imperativo

Presente

Part-e tú
Part-id vosotros

Verbos irregulares

Las irregularidades se presentan en algunos tiempos simples y también en participios y gerundios. Si un verbo es irregular en el **Presente del Modo Indicativo**, también lo es en el **Presente del Subjuntivo y el Imperativo**. Si un verbo es irregular en el **Pretérito Perfecto Simple**, lo es también en el **Pretérito Imperfecto y en el Futuro Imperfecto del Subjuntivo**. Cuando la irregularidad se presenta en el **Condicional Simple**, también está en el **Futuro Imperfecto del Indicativo**.

• **Verbos que diptongan la e en ie cuando es tónica.**
Presentan esta irregularidad en el primer grupo de tiempos correlativos.

APRETAR

Presente del Indicativo	**Presente del Subjuntivo**	**Modo Imperativo**
Yo aprieto	Yo apriete	
Tú aprietas	Tú aprietes	Aprieta tú
Él aprieta	Él apriete	Apriete él
Nosotros apretamos	Nosotros apretemos	Apretemos nosotros
Vosotros apretáis	Vosotros apretéis	Apretad vosotros
Ellos aprietan	Ellos aprieten	Aprieten ellos

Verbos que siguen este modelo: abnegarse, acerrar, acertar, acrecentar, adestrar, alentar, apacentar, arrendar, ascender, asentar, aserrar, aspaventar, atender, atentar, aventar, calentar, cegar, cernir o cerner, cerrar, cimentar, comenzar, concernir, concertar, condescender, condensar, confesar, contender, defender, denegar, desalentar, desasosegar, desatender, descender, desenterrar, despertar, discernir, distender, encender, encerrar, encomendar, enmendar, ensangrentar, entender, enterrar, errar, escarmentar, extender, extenderse, fregar, gobernar, helar, hender, herrar, manifestar, merendar, negar, pensar, perder, plegar, quebrar, recalentar, recomendar, regar, regimentar, remendar, renegar, replegar, reventar, segar, sembrar, sentar, serrar, sosegar, temblar, tender, tentar, trascender.

ERRAR
Sigue estas irregularidades, pero cambia la **i** por **y**.

Presente del Indicativo	**Presente del Subjuntivo**	**Modo Imperativo**
Yo yerro	Yo yerre	
Tú yerras	Tú yerres	Yerra tú
Él yerra	Él yerre	Yerre él
Nosotros erramos	Nosotros erremos	Erremos nosotros
Vosotros erráis	Vosotros erréis	Errad vosotros
Ellos yerran	Ellos yerren	Yerren ellos

Verbos que diptongan la o en ue cuando es tónica:

APROBAR

Presente del Indicativo	Presente del Subjuntivo	Modo Imperativo
Yo apruebo	Yo apruebe	
Tú apruebas	Tú apruebes	Aprueba tú
Él aprueba	Él apruebe	Apruebe él
Nosotros aprobamos	Nosotros aprobemos	Aprobemos nosotros
Vosotros aprobáis	Vosotros aprobéis	Aprobad vosotros
Ellos aprueban	Ellos aprueben	Aprueben ellos

Verbos que siguen este modelo: absolver, acordar, acostar, aforar, almorzar, amoblar, apostar, asolar, avergonzar, cocer, colar, colgar, comprobar, concordar, condoler, conmover, consolar, contar, costar, degollar, demoler, desaforar, desamoblar, desaprobar, descocer, descolgar, descollar, desconsolar, descontar, descornar, desenvolver, desolar, desoldar, desollar, despoblar, devolver, disolver, doler, envolver, forzar, holgar, hollar, moler, morder, mostrar, mover, poblar, probar, promover, recontar, recordar, recostar, reforzar, remover, renovar, reprobar, resolver, resollar, resonar, retorcer, revolcar, revolver, rodar, rogar, soldar, sonar, soñar, trastocar, volcar, volver.

Verbos que diptongan la i en ie y la u en ue cuando son tónicas:

ADQUIRIR

Presente del Indicativo	Presente del Subjuntivo	Modo Imperativo
Yo adquiero	Yo adquiera	
Tú adquieres	Tú adquieras	Adquiere tú
Él adquiere	Él adquiera	Adquiera él
Nosotros adquirimos	Nosotros adquiramos	Adquiramos nosotros
Vosotros adquirís	Vosotros adquiráis	Adquirid vosotros
Ellos adquieren	Ellos adquieran	Adquieran ellos

JUGAR

Presente del Indicativo	Presente del Subjuntivo	Modo Imperativo
Yo juego	Yo juegue	
Tú juegas	Tú juegues	Juega tú
Él juega	Él juegue	Juegue él
Nosotros jugamos	Nosotros juguemos	Juguemos nosotros
Vosotros jugáis	Vosotros juguéis	Jugad vosotros
Ellos juegan	Ellos jueguen	Jueguen ellos

MORFOLOGÍA

VERBOS QUE CAMBIAN UNA VOCAL POR OTRA
Presentan irregularidades en los dos primeros grupos de tiempos correlativos.

Verbos que cambian la e por la i.

PEDIR

Presente del Indicativo	Presente del Subjuntivo	Modo Imperativo
Yo pido	Yo pida	
Tú pides	Tú pidas	Pide tú
Él pide	Él pida	Pida él
Nosotros pedimos	Nosotros pidamos	Pidamos nosotros
Vosotros pedís	Vosotros pidáis	Pedid vosotros
Ellos piden	Ellos pidan	Pidan ellos

Pretérito Perfecto Simple	Pretérito Imperfecto del Subjuntivo	Futuro Imperfecto del Subjuntivo
Yo pedí	Yo pidiera o pidiese	Yo pidiere
Tú pediste	Tú pidieras o pidieses	Tú pidieres
Él pidió	Él pidiera o pidiese	Él pidiere
Nosotros pedimos	Nosotros pidiéramos o pidiésemos	Nosotros pidiéremos
Vosotros pedisteis	Vosotros pidierais o pidieseis	Vosotros pidiéreis
Ellos pidieron	Ellos pidieran o pidiesen	Ellos pidieren

Gerundio: pidiendo.

Verbos que siguen este modelo: seguir y sus compuestos (conseguir, proseguir, perseguir), vestir y sus compuestos (revestir, investir, desvestir), los compuestos de pedir (impedir, despedir, expedir), colegir, comedir, competir, concebir, corregir, derretir, descomedir, desleír, desmedir, elegir, embestir, gemir, henchir, investir, servir.

Verbos que cambian la o por la u

PODRIR

Presente del Indicativo	Presente del Subjuntivo	Modo Imperativo
Yo pudro	Yo pudra	
Tú pudres	Tú pudras	Pudre tú
Él pudre	Él pudra	Pudre él
Nosotros pudrimos	Nosotros pudramos	Pudramos nosotros
Vosotros pudrís	Vosotros pudráis	Pudrid vosotros
Ellos pudren	Ellos pudran	Pudran ellos

Pretérito Perfecto Simple	Pretérito Imperfecto del Subjuntivo	Futuro Imperfecto del Subjuntivo
Yo podrí	Yo pudriera o pudriese	Yo pudriere
Tú podriste	Tú pudrieras o pudrieses	Tú pudrieres
Él pudrió	Él pudriera o pudriese	Él pudriere
Nosotros podrimos	Nosotros pudriéramos o pudriésemos	Nosotros pudriéremos
Vosotros podristeis	Vosotros pudrierais o pudrieseis	Vosotros pudriereis
Ellos pudrieron	Ellos pudrieran o pudriesen	Ellos pudrieren

Gerundio: pudriendo.

Repodrir se conjuga como podrir.

VERBOS QUE DIPTONGAN UNA VOCAL Y TAMBIÉN LA CAMBIAN POR OTRA

Son irregulares en los dos primeros grupos de tiempos correlativos.

Verbos que diptongan la e de la raíz en ie y también la cambian en i.

SENTIR

Presente del Indicativo	Presente del Subjuntivo	Modo Imperativo
Yo siento	Yo sienta	
Tú sientes	Tú sientas	Siente tú
Él siente	Él sienta	Sienta él
Nosotros sentimos	Nosotros sintamos	Sintamos nosotros
Vosotros sentís	Vosotros sintáis	Sentid vosotros
Ellos sienten	Ellos sientan	Sientan ellos

Pretérito Perfecto Simple	Pretérito Imperfecto del Subjuntivo	Futuro Imperfecto del Subjuntivo
Yo sentí	Yo sintiera o sintiese	Yo sintiere
Tú sentiste	Tú sintieras o sintieses	Tú sintieres
Él sintió	Él sintiera o sintiese	Él sintiere
Nosotros sentimos	Nosotros sintiéramos o sintiésemos	Nosotros sintiéremos
Vosotros sentisteis	Vosotros sintierais o sintieseis	Vosotros sintiereis
Ellos sintieron	Ellos sintieran o sintiesen	Ellos sintieren

Gerundio: sintiendo.

Verbos que siguen este modelo: consentir, convertir, disentir, asentir, presentir, los verbos terminados en -ferir (conferir, inferir, diferir), los verbos terminados en -gerir (ingerir, digerir), los terminados en -vertir (revertir, divertir, invertir, advertir), arrepentir, herir, mentir, requerir, hervir.

MORFOLOGÍA

Verbos que diptongan la o de la raíz en ue cuando es tónica y la cambian por u:

DORMIR

Presente del indicativo	**Presente del Subjuntivo**	**Modo Imperativo**
Yo duermo	Yo duerma	
Tú duermes	Tú duermas	Duerme tú
Él duerme	Él duerma	Duerma él
Nosotros dormimos	Nosotros durmamos	Durmamos nosotros
Vosotros dormís	Vosotros durmáis	Dormid vosotros
Ellos duermen	Ellos duerman	Duerman ellos

Pretérito Perfecto Simple	**Pretérito Imperfecto del Subjuntivo**	**Futuro Imperfecto del Subjuntivo**
Yo dormí	Yo durmiera o durmiese	Yo durmiere
Tú dormiste	Tú durmieras o durmieses	Tú durmieres
Él durmió	Él durmiera o durmiese	Él durmiere
Nosotros dormimos	Nosotros durmiéramos o durmiésemos	Nosotros durmiéremos
Vosotros dormisteis	Vosotros durmierais o durmieseis	Vosotros durmiereis
Ellos durmieron	Ellos durmieran o durmiesen	Ellos durmieren

Gerundio: durmiendo.

Morir se conjuga como dormir.

VERBOS QUE AGREGAN Y A LA RAÍZ
Presentan irregularidades en los dos primeros grupos de tiempos correlativos.

Verbos terminados en -uir

HUIR

Presente del Indicativo	**Presente del Subjuntivo**	**Modo Imperativo**
Yo huyo	Yo huya	
Tú huyes	Tú huyas	Huye tú
Él huye	Él huya	Huya él
Nosotros huimos	Nosotros huyamos	Huyamos nosotros
Vosotros huís	Vosotros huyáis	Huid vosotros
Ellos huyen	Ellos huyan	Huyan ellos

Pretérito Perfecto Simple	Pretérito Imperfecto del Subjuntivo	Futuro Imperfecto del Subjuntivo
Yo huí	Yo huyera o huyese	Yo huyere
Tú huiste	Tú huyeras o huyeses	Tú huyeres
Él huyó	Él huyera o huyese	Él huyere
Nosotros huimos	Nosotros huyéramos o huyésemos	Nosotros huyéremos
Vosotros huisteis	Vosotros huyerais o huyeseis	Vosotros huyereis
Ellos huyeron	Ellos huyeran o huyesen	Ellos huyeren

Gerundio: huyendo.

Verbos que siguen este modelo: argüir, concluir, atribuir, disminuir, diluir, incluir.

¡ATENCIÓN!

El verbo **inmiscuir** se puede conjugar como regular e irregular. Como regular sigue la conjugación de partir: Yo inmiscu-o, tú inmiscu-es, él inmiscu-e, nosotros inmiscu-imos, vosotros inmiscu-ís, ellos inmiscu-en.

Si se conjuga como irregular sigue el modelo de huir.

VERBOS QUE AGREGAN C (FONEMA K) A LA RAÍZ

Son irregulares en el primer grupo de tiempos correlativos.

CONOCER

Presente del Indicativo	Presente del Subjuntivo	Modo Imperativo
Yo conozco	Yo conozca	
Tú conoces	Tú conozcas	Conoce tú
Él conoce	Él conozca	Conozca él
Nosotros conocemos	Nosotros conozcamos	Conozcamos nosotros
Vosotros conocéis	Vosotros conozcáis	Conoced vosotros
Ellos conocen	Ellos conozcan	Conozcan ellos

Siguen este modelo los verbos terminados en -acer, -ecer y -ocer: desconocer, nacer, reconocer, placer, parecer, perecer, adormecer, recrudecer, reverdecer, desaparecer, comparecer, estremecer, esclarecer, etc.

VERBOS QUE AGREGAN G O IG A LA RAÍZ

Presentan irregularidades en el primer grupo de tiempos correlativos.

OÍR

Presente del Indicativo	Presente del Subjuntivo	Modo Imperativo
Yo oigo	Yo oiga	
Tú oyes	Tú oigas	Oye tú
Él oye	Él oiga	Oiga él
Nosotros oímos	Nosotros oigamos	Oigamos nosotros
Vosotros oís	Vosotros oigáis	Oid vosotros
Ellos oyen	Ellos oigan	Oigan ellos

MORFOLOGÍA

ASIR

Presente del Indicativo	Presente del Subjuntivo	Modo Imperativo
Yo asgo	Yo asga	
Tú ases	Tú asgas	Ase tú
Él ase	Él asga	Asga él
Nosotros asimos	Nosotros asgamos	Asgamos nosotros
Vosotros asís	Vosotros asgáis	Asid vosotros
Ellos asen	Ellos asgan	Asgan ellos

RAER

Presente del Indicativo	Presente del Subjuntivo	Modo Imperativo
Yo raigo	Yo raiga	
Tú raes	Tú raigas	Rae tú
Él rae	Él raiga	Raiga él
Nosotros raemos	Nosotros raigamos	Raigamos nosotros
Vosotros raéis	Vosotros raigáis	Raed vosotros
Ellos raen	Ellos raigan	Raigan ellos

Verbos que siguen este modelo: caer, decaer, recaer.

ROER

Presente del Indicativo	Presente del Subjuntivo	Modo Imperativo
Yo roo, roigo o royo	Yo roiga o roya	
Tú roes	Tú roigas o royas	Roe tú
Él roe	Él roiga o roya	Roiga o roya él
Nosotros roemos	Nosotros roigamos o royamos	Roigamos o royamos nosotros
Vosotros roéis	Vosotros roigáis o royáis	Roed vosotros
Ellos roen	Ellos roigan o royan	Roigan o royan ellos

Gerundio: royendo.

VERBOS TERMINADOS EN -DUCIR

Estos verbos agregan una **z** y una **c** (fonema **k**) en la raíz, en el primer grupo de tiempos correlativos. En el segundo grupo cambian la **c** por **j** y cambian el acento, que cae en la raíz y no en la desinencia como los verbos regulares.

CONDUCIR

Presente del Indicativo	Presente del Subjuntivo	Modo Imperativo
Yo conduzco	Yo conduzca	
Tú conduces	Tú conduzcas	Conduce tú
Él conduce	Él conduzca	Conduzca él
Nosotros conducimos	Nosotros conduzcamos	Conduzcamos nosotros
Vosotros conducís	Vosotros conduzcáis	Conducid vosotros
Ellos conducen	Ellos conduzcan	Conduzcan ellos

Pretérito Perfecto Simple	Pretérito Imperfecto del Subjuntivo	Futuro Imperfecto del Subjuntivo
Yo conduje	Yo condujera o condujese	Yo condujere
Tú condujiste	Tú condujeras o condujeses	Tú condujeres
Él condujo	Él condujera o condujese	Él condujere
Nosotros condujimos	Nosotros condujéramos o condujésemos	Nosotros condujéremos
Vosotros condujisteis	Vosotros condujerais o condujeseis	Vosotros condujereis
Ellos condujeron	Ellos condujeran o condujesen	Ellos condujeren

Verbos que siguen este modelo: aducir, inducir, producir, reducir, traducir, deducir, etc.

VERBOS QUE PRESENTAN DIVERSAS IRREGULARIDADES

ANDAR

Pretérito Perfecto Simple	Pretérito Imperfecto del Subjuntivo	Futuro Imperfecto del Subjuntivo
Yo anduve	Yo anduviera o anduviese	Yo anduviere
Tú anduviste	Tú anduvieras o anduvieses	Tú anduvieres
Él anduvo	Él anduviera o anduviese	Él anduviere
Nosotros anduvimos	Nosotros anduviéramos o anduviésemos	Nosotros anduviéremos
Vosotros anduvisteis	Vosotros anduvierais o anduvieseis	Vosotros anduviereis
Ellos anduvieron	Ellos anduvieran o anduviesen	Ellos anduvieren

QUERER Y PODER

En el primer grupo de tiempos correlativos diptongan la **e** en **ie** y la **o** en **ue**, en la 1a., la 2a. y la 3a. persona del singular, y en la 3a. del plural.

En el segundo grupo de tiempos correlativos modifican la raíz **quer-** por **quis-** y **pod-** por **pud-**. También cambian las desinencias en la 1a. y 3a. persona del singular en el Pretérito Perfecto Simple: **-í** por **-e** (átona) y **-ió** por **o** (átona).

En el 3er. grupo, cae la **e** de la desinencia.

QUERER

Presente del Indicativo	Presente del Subjuntivo	Modo Imperativo
Yo quiero	Yo quiera	
Tú quieres	Tú quieras	Quiere tú
Él quiere	Él quiera	Quiera él
Nosotros queremos	Nosotros queramos	Queramos nosotros
Vosotros queréis	Vosotros queráis	Quered vosotros
Ellos quieren	Ellos quieran	Quieran ellos

MORFOLOGÍA

Pretérito Perfecto Simple
Yo quise
Tú quisiste
Él quiso
Nosotros quisimos
Vosotros quisisteis
Ellos quisieron

Pretérito Imperfecto del Subjuntivo
Yo quisiera o quisiese
Tú quisieras o quisieses
Él quisiera o quisiese
Nosotros quisiéramos o quisiésemos
Vosotros quisierais o quisieseis
Ellos quisieran o quisiesen

Futuro Imperfecto del Subjuntivo
Yo quisiere
Tú quisieres
Él quisiere
Nosotros quisiéremos
Vosotros quisiereis
Ellos quisieren

Futuro Imperfecto del Indicativo
Yo querré
Tú querrás
Él querrá
Nosotros querremos
Vosotros querréis
Ellos querrán

Condicional Simple
Yo querría
Tú querrías
Él querría
Nosotros querríamos
Vosotros querríais
Ellos querrían

PODER

Presente del Indicativo
Yo puedo
Tú puedes
Él puede
Nosotros podemos
Vosotros podéis
Ellos pueden

Presente del Subjuntivo
Yo pueda
Tú puedas
Él pueda
Nosotros podamos
Vosotros podáis
Ellos puedan

Modo Imperativo

Puede tú
Pueda él
Podamos nosotros
Poded vosotros
Puedan ellos

Pretérito Perfecto Simple
Yo pude
Tú pudiste
Él pudo
Nosotros pudimos
Vosotros pudisteis
Ellos pudieron

Pretérito Imperfecto del Subjuntivo
Yo pudiera o pudiese
Tú pudieras o pudieses
Él pudiera o pudiese
Nosotros pudiéramos o pudiésemos
Vosotros pudierais o pudieseis
Ellos pudieran o pudiesen

Futuro Imperfecto del Subjuntivo
Yo pudiere
Tú pudieres
Él pudiere
Nosotros pudiéremos
Vosotros pudiereis
Ellos pudieren

Futuro Imperfecto del Indicativo
Yo podré
Tú podrás
Él podrá
Nosotros podremos
Vosotros podréis
Ellos podrán

Condicional Simple
Yo podría
Tú podrías
Él podría
Nosotros podríamos
Vosotros podríais
Ellos podrían

SALIR Y VALER

Agregan **g** a la raíz en el primer grupo de tiempos correlativos.
En el 3er. grupo agregan **d** a la raíz y cae la **e** o **i** del sufijo de flexión.

SALIR

Presente del Indicativo	Presente del Subjuntivo	Modo Imperativo
Yo salgo	Yo salga	
Tú sales	Tú salgas	Sal tú
Él sale	Él salga	Salga él
Nosotros salimos	Nosotros salgamos	Salgamos nosotros
Vosotros salís	Vosotros salgáis	Salid vosotros
Ellos salen	Ellos salgan	Salgan ellos

Futuro Imperfecto del Indicativo	Condicional Simple
Yo saldré	Yo saldría
Tú saldrás	Tú saldrías
Él saldrá	Él saldría
Nosotros saldremos	Nosotros saldríamos
Vosotros saldréis	Vosotros saldríais
Ellos saldrán	Ellos saldrían

VALER

Presente del Indicativo	Presente del Subjuntivo	Modo Imperativo
Yo valgo	Yo valga	
Tú vales	Tú valgas	Vale tú
Él vale	Él valga	Valga él
Nosotros valemos	Nosotros valgamos	Valgamos nosotros
Vosotros valéis	Vosotros valgáis	Valed vosotros
Ellos valen	Ellos valgan	Valgan ellos

Futuro Imperfecto del Indicativo	Condicional Simple
Yo valdré	Yo valdría
Tú valdrás	Tú valdrías
Él valdrá	Él valdría
Nosotros valdremos	Nosotros valdríamos
Vosotros valdréis	Vosotros valdríais
Ellos valdrán	Ellos valdrían

MORFOLOGÍA

TENER Y VENIR

En el primer grupo de tiempos correlativos agregan **g** a la raíz y diptongan en **ie**.
En el segundo grupo, **tener** cambia la raíz **ten-** por **tuv-** y **venir** cambia la **e** por **i**.
En el tercer grupo, agregan **d** a la raíz y cae la **e** del sufijo del flexión.

TENER

Presente del Indicativo	Presente del Subjuntivo	Modo Imperativo
Yo tengo	Yo tenga	
Tú tienes	Tú tengas	Ten tú
Él tiene	Él tenga	Tenga él
Nosotros tenemos	Nosotros tengamos	Tengamos nosotros
Vosotros tenéis	Vosotros tengáis	Tened vosotros
Ellos tienen	Ellos tengan	Tengan ellos

Pretérito Perfecto Simple	Pretérito Imperfecto del Subjuntivo	Futuro Imperfecto del Subjuntivo
Yo tuve	Yo tuviera o tuviese	Yo tuviere
Tú tuviste	Tú tuvieras o tuvieses	Tú tuvieres
Él tuvo	Él tuviera o tuviese	Él tuviere
Nosotros tuvimos	Nosotros tuviéramos o tuviésemos	Nosotros tuviéremos
Vosotros tuvisteis	Vosotros tuvierais o tuvieseis	Vosotros tuviereis
Ellos tuvieron	Ellos tuvieran o tuviesen	Ellos tuvieren

Futuro Imperfecto del Indicativo	Condicional Simple
Yo tendré	Yo tendría
Tú tendrás	Tú tendrías
Él tendrá	Él tendría
Nosotros tendremos	Nosotros tendríamos
Vosotros tendréis	Vosotros tendríais
Ellos tendrán	Ellos tendrían

Gerundio: teniendo

VENIR

Presente del Indicativo	Presente del Subjuntivo	Modo Imperativo
Yo vengo	Yo venga	
Tú vienes	Tú vengas	Ven tú
Él viene	Él venga	Venga él
Nosotros venimos	Nosotros vengamos	Vengamos nosotros
Vosotros venís	Vosotros vengáis	Venid vosotros
Ellos vienen	Ellos vengan	Vengan ellos

Pretérito Perfecto Simple	**Pretérito Imperfecto del Subjuntivo**	**Futuro Imperfecto del Subjuntivo**
Yo v**ine**	Yo viniera o viniese	Yo viniere
Tú v**iniste**	Tú vinieras o vinieses	Tú vinieres
Él v**ino**	Él viniera o viniese	Él viniere
Nosotros v**inimos**	Nosotros viniéramos o viniésemos	Nosotros viniéremos
Vosotros v**inisteis**	Vosotros vinierais o viniesies	Vosotros viniereis
Ellos v**inieron**	Ellos vinieran o viniesen	Ellos vinieren

Futuro Imperfecto del Indicativo	**Condicional Simple**
Yo ven**dré**	Yo ven**drí**a
Tú ven**drás**	Tú ven**drí**as
Él ven**drá**	Él ven**drí**a
Nosotros ven**dr**emos	Nosotros ven**drí**amos
Vosotros ven**dréis**	Vosotros ven**drí**ais
Ellos ven**drán**	Ellos ven**drí**an

Gerundio: viniendo

El verbo CONVENIR sigue este modelo.

SABER

En el primer grupo de tiempos correlativos, en el Presente del Indicativo sólo presenta una irregularidad en la primera persona. En el Modo Subjuntivo cambia la raíz **sab-** por **sep-**.
En el segundo grupo de tiempos correlativos cambia la raíz **sab-** por **sup-**.
En el tercer grupo cae la **e** de la desinencia.

Presente del Indicativo	**Presente del Subjuntivo**	**Modo Imperativo**
Yo **sé**	Yo s**epa**	
Tú sabes	Tú s**epas**	Sabe tú
Él sabe	Él s**epa**	**Sepa** él
Nosotros sabemos	Nosotros s**epamos**	**Sepamos** nosotros
Vosotros sabéis	Vosotros s**epáis**	Sabed vosotros
Ellos saben	Ellos s**epan**	**Sepan** ellos

Pretérito Perfecto Simple	**Pretérito Imperfecto del Subjuntivo**	**Futuro Imperfecto del Subjuntivo**
Yo s**upe**	Yo s**upiera** o s**upiese**	Yo s**upiere**
Tú s**upiste**	Tú s**upieras** o s**upieses**	Tú s**upieres**
Él s**upo**	Él s**upiera** o s**upiese**	Él s**upiere**
Nosotros s**upimos**	Nosotros s**upiéramos** o s**upiésemos**	Nosotros s**upiéremos**
Vosotros s**upisteis**	Vosotros s**upierais** o s**upieseis**	Vosotros s**upiereis**
Ellos s**upieron**	Ellos s**upieran** o s**upiesen**	Ellos s**upieren**

MORFOLOGÍA

Futuro Imperfecto del Indicativo
Yo sabré
Tú sabrás
Él sabrá
Nosotros sabremos
Vosotros sabréis
Ellos sabrán

Condicional Simple
Yo sabría
Tú sabrías
Él sabría
Nosotros sabríamos
Vosotros sabríais
Ellos sabrían

PONER

En el primer grupo de tiempos correlativos agrega **g** a la raíz.
En el segundo grupo, cambia **pon-** por **pus-** y las desinencias para la 1a y 3a persona del singular del Pretérito Perfecto Simple.

Presente del Indicativo
Yo pongo
Tú pones
Él pone
Nosotros ponemos
Vosotros ponéis
Ellos ponen

Presente del Subjuntivo
Yo ponga
Tú pongas
Él ponga
Nosotros pongamos
Vosotros pongáis
Ellos pongan

Modo Imperativo

Pon tú
Ponga él
Pongamos nosotros
Poned vosotros
Pongan ellos

Pretérito Perfecto Simple
Yo puse
Tú pusiste
Él puso
Nosotros pusimos
Vosotros pusisteis
Ellos pusieron

Pretérito Imperfecto del Subjuntivo
Yo pusiera o pusiese
Tú pusieras o pusieses
Él pusiera o pusiese
Nosotros pusiéramos o pusiésemos
Vosotros pusierais o pusieseis
Ellos pusieran o pusiesen

Futuro Imperfecto del Subjuntivo
Yo pusiere
Tú pusieres
Él pusiere
Nosotros pusiéremos
Vosotros pusiereis
Ello pusieren

Futuro Imperfecto del Indicativo
Yo pondré
Tú pondrás
Él pondrá
Nosotros pondremos
Vosotros pondréis
Ellos pondrán

Condicional Simple
Yo pondría
Tú pondrías
Él pondría
Nosotros pondríamos
Vosotros pondríais
Ellos pondrían

Siguen esta conjugación los compuestos de poner: anteponer, exponer, disponer, imponer, reponer, componer, deponer, etc.

DECIR

n el primer grupo cambian **dec-** por **dig-** en la raíz y la **e** por **i** en la sílaba tónica.
n el segundo grupo cambian la raíz **dec-** por **dij-**, cambian los sufijos **í** y **ió** del Pretérito Perecto Simple en **e** y **o**, y el acento. En el Pretérito Imperfecto y el Futuro Imperfecto del Subjuntivo, los sufijos no llevan **i**.
n el tercer grupo conservan sólo la **d** de la raíz.

Presente del Indicativo	Presente del Subjuntivo	Modo Imperativo
o digo	Yo diga	
ú dices	Tú digas	Dí tú
l dice	Él diga	Diga él
Nosotros decimos	Nosotros digamos	Digamos nosotros
Vosotros decís	Vosotros digáis	Decid vosotros
llos dicen	Ellos digan	Digan ellos

Pretérito Perfecto Simple	Pretérito Imperfecto del Subjuntivo	Futuro Imperfecto del Subjuntivo
o dije	Yo dijera o dijese	Yo dijere
ú dijiste	Tú dijeras o dijeses	Tú dijeres
l dijo	Él dijera o dijese	Él dijere
Nosotros dijimos	Nosotros dijéramos o dijésemos	Nosotros dijéremos
Vosotros dijisteis	Vosotros dijerais o dijeseis	Vosotros dijereis
llos dijeron	Ellos dijeran o dijesen	Ellos dijeren

Futuro Imperfecto del Indicativo	Condicional Simple
Yo diré	Yo diría
Tú dirás	Tú dirías
Él dirá	Él diría
Nosotros diremos	Nosotros diríamos
Vosotros diréis	Vosotros diríais
Ellos dirán	Ellos dirían

Gerundio: diciendo

Siguen esta conjugación los compuestos de decir: desdecir, predecir, contradecir, bendecir; menos en la 2a persona singular del Modo Imperativo, que siguen la de los verbos regulares. Ejemplo: bendice tú.

MORFOLOGÍA

TRAER

En el primer grupo agrega **-ig** a la raíz. En el segundo grupo agrega **j**.

Presente del Indicativo	**Presente del Subjuntivo**	**Modo Imperativo**
Yo tra**ig**o	Yo tra**ig**a	
Tú traes	Tú tra**ig**as	Trae tú
Él trae	Él tra**ig**a	Tra**ig**a él
Nosotros traemos	Nosotros tra**ig**amos	Tra**ig**amos nosotros
Vosotros traéis	Vosotros tra**ig**áis	Traed vosotros
Ellos traen	Ellos tra**ig**an	Tra**ig**an ellos

Pretérito Perfecto Simple	**Pretérito Imperfecto del Subjuntivo**	**Futuro Imperfecto del Subjuntivo**
Yo tra**j**e	Yo tra**j**era o tra**j**ese	Yo tra**j**ere
Tú tra**j**iste	Tú tra**j**eras o tra**j**eses	Tú tra**j**eres
Él tra**j**o	Él tra**j**era o tra**j**ese	Él tra**j**ere
Nosotros tra**j**imos	Nosotros tra**j**éramos o tra**j**ésemos	Nosotros tra**j**éremos
Vosotros tra**j**isteis	Vosotros tra**j**erais o tra**j**eseis	Vosotros tra**j**ereis
Ellos tra**j**eron	Ellos tra**j**eran o tra**j**esen	Ellos tra**j**eren

Gerundio: tra**y**endo

Siguen esta conjugación todos los compuestos de traer: contraer, distraer, retraer, etc.

HACER

En el primer grupo de tiempos correlativos cambia la raíz **hac-** por **hag-**.
En el segundo grupo cambia la **a** de la raíz por **i**.
En el tercer grupo, no lleva **c** en la raíz y cae la **e** del sufijo de flexión.

Presente del Indicativo	**Presente del Subjuntivo**	**Modo Imperativo**
Yo ha**g**o	Yo ha**g**a	
Tú haces	Tú ha**g**as	Ha**z** tú
Él hace	Él ha**g**a	Ha**g**a él
Nosotros hacemos	Nosotros ha**g**amos	Ha**g**amos nosotros
Vosotros hacéis	Vosotros ha**g**áis	Haced vosotros
Ellos hacen	Ellos ha**g**an	Ha**g**an ellos

Pretérito Perfecto Simple	**Pretérito Imperfecto del Subjuntivo**	**Futuro Imperfecto del Subjuntivo**
Yo hice	Yo hiciera o hiciese	Yo hiciere
Tú hiciste	Tú hicieras o hicieses	Tú hicieres
Él hizo	Él hiciera o hiciese	Él hiciere
Nosotros hicimos	Nosotros hiciéramos o hiciésemos	Nosotros hiciéremos
Vosotros hicisteis	Vosotros hicierais o hicieseis	Vosotros hiciereis
Ellos hicieron	Ellos hicieran o hiciesen	Ellos hicieren

Futuro Imperfecto del Indicativo	**Condicional Simple**
Yo haré	Yo haría
Tú harás	Tú harías
Él hará	Él haría
Nosotros haremos	Nosotros haríamos
Vosotros haréis	Vosotros haríais
Ellos harán	Ellos harían

SATISFACER

Se conjuga igual que el verbo hacer.

Presente del Indicativo	**Presente del Subjuntivo**	**Modo Imperativo**
Yo satisfago	Yo satisfaga	
Tú satisfaces	Tú satisfagas	Satisfaz tú
Él satisface	Él satisfaga	Satisfaga él
Nosotros satisfacemos	Nosotros satisfagamos	Satisfagamos nosotros
Vosotros satisfacéis	Vosotros satisfagáis	Satisfaced vosotros
Ellos satisfacen	Ellos satisfagan	Satisfagan ellos

Pretérito Perfecto Simple	**Pretérito Imperfecto del Subjuntivo**	**Futuro Imperfecto del Subjuntivo**
Yo satisfice	Yo satisficiera o satisficiese	Yo satisficiere
Tú satisficiste	Tú satisficieras o satisfacieses	Tú satisficieres
Él satisfizo	Él satisficiera o satisficiese	Él satisficiere
Nosotros satisficimos	Nosotros satisficiéramos o satisficiésemos	Nosotros satisficiéremos
Vosotros satisficisteis	Vosotros satisficierais o satisficieseis	Vosotros satisficiereis
Ellos satisficieron	Ellos satisficieran o satisficiesen	Ellos satisficieren

Futuro Imperfecto del Indicativo	**Condicional Simple**
Yo satisfaré	Yo satisfaría
Tú satisfarás	Tú satisfarías
Él satisfará	Él satisfaría
Nosotros satisfaremos	Nosotros satisfaríamos
Vosostros satisfaréis	Vosotros satisfaríais
Ellos satisfarán	Ellos satisfarían

MORFOLOGÍA

CABER

Cambia la raíz **cab-** por **quep-** en el primer grupo de tiempos correlativos.
En el segundo grupo cambia la raíz **cab-** por **cup-**, los sufijos del Pretérito Perfecto Simple de la tercera persona **í** y **ió** cambian por **e** y **o**.
En el tercer grupo pierden la **e** de **er**.

Presente del Indicativo	Presente del Subjuntivo	Modo Imperativo
Yo quepo	Yo quepa	
Tú cabes	Tú quepas	Cabe tú
Él cabe	Él quepa	Quepa él
Nosotros cabemos	Nosotros quepamos	Quepamos nosotros
Vosotros cabéis	Vosotros quepáis	Cabed vosotros
Ellos caben	Ellos quepan	Quepan ellos

Pretérito Perfecto Simple	Pretérito Imperfecto del Subjuntivo	Futuro Imperfecto del Subjuntivo
Yo cupe	Yo cupiera o cupiese	Yo cupiere
Tú cupiste	Tú cupieras o cupieses	Tú cupieres
Él cupo	Él cupiera o cupiese	Él cupiere
Nosotros cupimos	Nosotros cupiéramos o cupiésemos	Nosotros cupiéremos
Vosotros cupisteis	Vosotros cupierais o cupieseis	Vosotros cupiereis
Ellos cupieron	Ellos cupieran o cupiesen	Ellos cupieren

Futuro Imperfecto del Indicativo	Condicional Simple
Yo cabré	Yo cabría
Tú cabrás	Tú cabrías
Él cabrá	Él cabría
Nosotros cabremos	Nosotros cabríamos
Vosotros cabréis	Vosotros cabríais
Ellos cabrán	Ellos cabrían

REÍR

Sigue la conjugación del verbo **pedir** en el primer grupo de tiempos correlativos. La **i** de la desinencia y de la raíz lleva acento ortográfico cuando se acentúa. En el tercer grupo cae la **i** de los sufijos de flexión. Es regular en el segundo grupo de tiempos correlativos.

Presente del Indicativo	Presente del Subjuntivo	Modo Imperativo
Yo río	Yo ría	
Tú ríes	Tú rías	Ríe tú
Él ríe	Él ría	Ría él
Nosotros reímos	Nosotros riamos	Riamos nosotros
Vosotros reís	Vosotros riáis	Reid vosotros
Ellos ríen	Ellos rían	Rían ellos

Pretérito Perfecto Simple	Pretérito Imperfecto del Subjuntivo	Futuro Imperfecto del Subjuntivo
Yo reí	Yo riera o riese	Yo riere
Tú reíste	Tú rieras o rieses	Tú rieres
Él rió	Él riera o riese	Él riere
Nosotros reímos	Nosotros riéramos o riésemos	Nosotros riéremos
Vosotros reísteis	Vosotros rierais o rieseis	Vosotros riereis
Ellos rieron	Ellos rieran o riesen	Ellos rieren

Gerundio: riendo

Siguen este modelo: el compuesto de reír (sonreír), los verbos terminados en -reír (engreír, freír).

CEÑIR

Sigue las irregularidades del verbo **reír**, pero cae la **i** en el segundo grupo de tiempos correlativos.

Pretérito Perfecto Simple	Pretérito Imperfecto del Subjuntivo	Futuro Imperfecto del Subjuntivo
Yo ceñí	Yo ciñera o ciñese	Yo ciñere
Tú ceñiste	Tú ciñeras o ciñeses	Tú ciñeres
Él ciñó	Él ciñera o ciñese	Él ciñere
Nosotros ceñimos	Nosotros ciñéramos o ciñésemos	Nosotros ciñéremos
Vosotros ceñisteis	Vosotros ciñerais o ciñeseis	Vosotros ciñereis
Ellos ciñeron	Ellos ciñeran o ciñesen	Ellos ciñeren

Gerundio: ciñendo

Verbos que siguen este modelo: constreñir, estreñir, teñir, desteñir.

DAR

La irregularidad de este verbo se presenta en los sufijos de flexión del segundo grupo de tiempos correlativos porque se conjuga como un verbo de segunda o tercera conjugación en vez de seguir los modelos de la primera conjugación como amar. En el Presente del Indicativo, la primera persona agrega una **y**: doy.

Pretérito Perfecto Simple	Pretérito Imperfecto del Subjuntivo	Futuro Imperfecto del Subjuntivo
Yo di	Yo diera o diese	Yo diere
Tú diste	Tú dieras o dieses	Tú dieres
Él dio	Él diera o diese	Él diere
Nosotros dimos	Nosotros diéramos o diésemos	Nosotros diéremos
Vosotros disteis	Vosotros dierais o dieseis	Vosotros diereis
Ellos dieron	Ellos dieran o diesen	Ellos dieren

MORFOLOGÍA

IR

Este verbo cambia la raíz y las desinencias.
En el segundo grupo de tiempos correlativos se conjuga como el verbo ser.

Presente del Indicativo	Presente del Subjuntivo	Modo Imperativo
Yo voy	Yo vaya	
Tú vas	Tú vayas	Ve tú
Él va	Él vaya	Vaya él
Nosotros vamos	Nosotros vayamos	Vayamos nosotros
Vosotros vais	Vosotros vayáis	Id vosotros
Ellos van	Ellos vayan	Vayan ellos

Pretérito Perfecto Simple	Pretérito imperfecto del Subjuntivo	Futuro Imperfecto del Subjuntivo
Yo fui	Yo fuera o fuese	Yo fuere
Tú fuiste	Tú fueras o fueses	Tú fueres
Él fue	Él fuera o fuese	Él fuere
Nosotros fuimos	Nosotros fuéramos o fuésemos	Nosotros fuéremos
Vosotros fuisteis	Vosotros fuerais o fueseis	Vosotros fuereis
Ellos fueron	Ellos fueran o fuesen	Ellos fueren

VERBOS TERMINADOS EN -ÑER, -ELLER Y -ULLIR
No llevan la **i** de las desinencias en el segundo grupo de los tiempos correlativos ni en el gerundio.

TAÑER

Pretérito Perfecto Simple	Pretérito Imperfecto del Subjuntivo	Futuro Imperfecto del Subjuntivo
Yo tañí	Yo tañera o tañese	Yo tañere
Tú tañiste	Tú tañeras o tañeses	Tú tañeres
Él **tañó**	Él tañera o tañese	Él tañere
Nosotros tañimos	Nosotros tañéramos o tañésemos	Nosotros tañéremos
Vosotros tañisteis	Vosotros tañérais o tañeseis	Vosotros tañereis
Ellos **tañeron**	Ellos tañeran o tañesen	Ellos tañeren

VERBOS QUE TIENEN DOS O MÁS FORMAS

YACER

Presente del Indicativo	Presente del Subjuntivo	Modo Imperativo
	Yo yazca, yazga, yaga	
Yo yazo, yazgo, yago	Tú yazcas, yazgas, yagas	Yace, yaz tú
Tú yaces	Él yazca, yazga, yaga	Yazca, yazga, yaga él
Él yace	Nosotros yazcamos, yazgamos, yagamos	Yazcamos, yazgamos, yagamos nosotros
Nosotros yacemos	Vosotros yazcáis, yazgáis, yagáis	Yaced vosotros
Vosotros yacéis	Ellos yazcan, yazgan, yagan	Yazcan, yazgan, yagan ellos
Ellos yacen		

ERGUIR

Presente del Indicativo	Presente del Subjuntivo	Modo Imperativo
Yo irgo, yergo	Yo irga, yerga	
Tú irgues, yergues	Tú irgas, yergas	Irgue, yergue tú
Él irgue, yergue	Él irga, yerga	Irga, yerga él
Nosotros erguimos	Nosotros irgamos, yergamos	Irgamos, yergamos nosotros
Vosotros erguís	Vosotros irgáis, yergáis	Erguid vosotros
Ellos irguen, yerguen	Ellos irgan, yergan	Irgan, yergan ellos

Verbos auxiliares

Se utilizan en frases verbales.

HABER

Se lo utiliza generalmente para formar los tiempos compuestos.
Pierde **ab** en la raíz y cambia las desinencias en el primer grupo de tiempos correlativos.
En el segundo grupo, cambia la raíz **hab-** por **hub-** y las desinencias.
En el tercer grupo cae la **e**.

Modo Indicativo

Tiempos Simples

Presente	Pretérito Imperfecto	Pretérito Perfecto Simple
Yo **he**	Yo había	Yo **hube**
Tú **has**	Tú habías	Tú **hubiste**
Él **ha**	Él había	Él **hubo**
Nosotros **hemos**	Nosotros habíamos	Nosotros **hubimos**
Vosotros habéis	Vosotros habíais	Vosotros **hubisteis**
Ellos **han**	Ellos habían	Ellos **hubieron**

Futuro Imperfecto	Condicional Simple
Yo ha**bré**	Yo ha**bría**
Tú ha**brás**	Tú ha**brías**
Él ha**brá**	Él ha**bría**
Nosotros ha**bremos**	Nosotros ha**bríamos**
Vosotros ha**bréis**	Vosotros ha**bríais**
Ellos ha**brán**	Ellos ha**brían**

MORFOLOGÍA

Tiempos compuestos

Pretérito Perfecto Compuesto
Yo he habido
Tú has habido
Él ha habido
Nosotros hemos habido
Vosotros habéis habido
Ellos han habido

Pretérito Pluscuamperfecto
Yo había habido
Tú habías habido
Él había habido
Nosotros habíamos habido
Vosotros habíais habido
Ellos habían habido

Pretérito Anterior
Yo hube habido
Tú hubiste habido
Él hubo habido
Nosotros hubimos habido
Vosotros hubisteis habido
Ellos hubieron habido

Futuro Perfecto
Yo habré habido
Tú habrás habido
Él habrá habido
Nosotros habremos habido
Vosotros habréis habido
Ellos habrán habido

Modo Subjuntivo

Tiempos Simples

Presente
Yo haya
Tú hayas
Él haya
Nosotros hayamos
Vosotros hayáis
Ellos hayan

Pretérito Imperfecto
Yo hubiera o hubiese
Tú hubieras o hubieses
Él hubiera o hubiese
Nosotros hubiéramos o hubiésemos
Vosotros hubiérais o hubiéseis
Ellos hubieran o hubiesen

Futuro Imperfecto
Yo hubiere
Tú hubieres
Él hubiere
Nosotros hubiéremos
Vosotros hubiereis
Ellos hubieren

Tiempos compuestos

Pretérito Perfecto
Yo haya habido
Tú hayas habido
Él haya habido
Nosotros hayamos habido
Vosotros hayáis habido
Ellos hayan habido

Pretérito Pluscuamperfecto
Yo hubiera o hubiese habido
Tú hubieras o hubieses habido
Él hubiera o hubiese habido
Nosotros hubiéramos o hubiésemos habido
Vosotros hubierais o hubieseis habido
Ellos hubieran o hubiesen habido

Futuro Perfecto
Yo hubiere habido
Tú hubieres habido
Él hubiere habido
Nosotros hubiéremos habido
Vosotros hubiereis habido
Ellos hubieren habido

Modo Imperativo
He tú
Habed vosotros

SER

En frases verbales se utiliza para formar la voz pasiva.
Presenta irregularidades en los dos primeros grupos correlativos de los tiempos simples.

Modo Indicativo

Presente
Yo soy
Tú eres
Él es
Nosotros somos
Vosotros sois
Ellos son

Pretérito Imperfecto
Yo era
Tú eras
Él era
Nosotros éramos
Vosotros erais
Ellos eran

Pretérito Perfecto Simple
Yo fui
Tú fuiste
Él fue
Nosotros fuimos
Vosotros fuisteis
Ellos fueron

Futuro Imperfecto
Yo seré
Tú serás
Él será
Nosotros seremos
Vosotros seréis
Ellos serán

Condicional Simple
Yo sería
Tú serías
Él sería
Nosotros seríamos
Vosotros seríais
Ellos serían

Modo Subjuntivo

Presente
Yo sea
Tú seas
Él sea
Nosotros seamos
Vosotros seáis
Ellos sean

Pretérito Imperfecto
Yo fuera o fuese
Tú fueras o fueses
Él fuera o fuese
Nosotros fuéramos o fuésemos
Vosotros fuerais o fueseis
Ellos fueran o fuesen

Futuro Imperfecto
Yo fuere
Tú fueres
Él fuere
Nosotros fuéremos
Vosotros fuereis
Ellos fueren

Modo Imperativo

Sé tú
Sea él
Seamos nosotros
Sed vosotros
Sean ellos

MORFOLOGÍA

ESTAR

Cambia el acento de las desinencias en el primer grupo de tiempos correlativos y la primera persona del Presente del Indicativo agrega una **y** al sufijo de flexión.
En el segundo grupo, cambia la raíz **est-** por **estuv-**.
Los sufijos de flexión también son diferentes de los de los verbos regulares de la primera conjugación.

Presente del Indicativo	Presente del Subjuntivo	Modo Imperativo
Yo estoy	Yo esté	
Tú estás	Tú estés	Está tú
Él está	Él esté	Esté él
Nosotros estamos	Nosotros estemos	Estemos nosotros
Vosotros estáis	Vosotros estéis	Estad vosotros
Ellos están	Ellos estén	Estén ellos

Pretérito Perfecto Simple	Pretérito Imperfecto del Subjuntivo	Futuro Imperfecto del Subjuntivo
Yo est**uve**	Yo est**uviera** o est**uviese**	Yo est**uviere**
Tú est**uviste**	Tú est**uvieras** o est**uvieses**	Tú est**uvieres**
Él est**uvo**	Él est**uviera** o est**uviese**	Él est**uviere**
Nosotros est**uvimos**	Nosotros est**uviéramos** o est**uviésemos**	Nosotros est**uviéremos**
Vosotros est**uvisteis**	Vosotros est**uvierais** o est**uvieseis**	Vosotros est**uviereis**
Ellos est**uvieron**	Ellos est**uvieran** o est**uviesen**	Ellos est**uvieren**

VERBOS REGULARES QUE SUELEN UTILIZARSE COMO IRREGULARES

Verbos que siguen la conjugación del verbo amar.

ENDEREZAR

Presente del Indicativo	Presente del Subjuntivo	Modo Imperativo
Yo enderezo	Yo enderece	
Tú enderezas	Tú endereces	Endereza tú
El endereza	Él enderece	Enderece él
Nosotros enderezamos	Nosotros enderecemos	Enderecemos nosotros
Vosotros enderezáis	Vosotros enderecéis	Enderezad vosotros
Ellos enderezan	Ellos enderecen	Enderecen ellos

ENREDAR

Presente del Indicativo	Presente del Subjuntivo	Modo Imperativo
Yo enredo	Yo enrede	
Tú enredas	Tú enredes	Enreda tú
Él enreda	Él enrede	Enrede él
Nosotros enredamos	Nosotros enredemos	Enredemos nosotros
Vosotros enredáis	Vosotros enredéis	Enredad vosotros
Ellos enredan	Ellos enreden	Enreden ellos

ALINEAR

Presente del Indicativo	Presente del Subjuntivo	Modo Imperativo
Yo alineo	Yo alinee	
Tú alineas	Tú alinees	Alinea tú
Él alinea	Él alinee	Alinee él
Nosotros alineamos	Nosotros alineemos	Alineemos nosotros
Vosotros alineáis	Vosotros alineéis	Alinead vosotros
Ellos alinean	Ellos alineen	Alineen ellos

Los verbos delinear e interlinear también son regulares.

PASEAR

Presente del Indicativo	Presente del Subjuntivo	Modo Imperativo
Yo paseo	Yo pasee	
Tú paseas	Tú pasees	Pasea tú
Él pasea	Él pasee	Pasee él
Nosotros paseamos	Nosotros paseemos	Paseemos nosotros
Vosotros paseáis	Vosotros paseéis	Pasead vosotros
Ellos pasean	Ellos paseen	Paseen ellos

Pretérito Perfecto Simple	Pretérito Imperfecto del Subjuntivo	Futuro Imperfecto del Subjuntivo
Yo paseé	Yo paseara o pasease	Yo paseare
Tú paseaste	Tú pasearas o paseases	Tú paseares
Él paseó	Él paseara o pasease	Él paseare
Nosotros paseamos	Nosotros paseáramos o paseásemos	Nosotros paseáremos
Vosotros paseasteis	Vosotros pasearais o paseaseis	Vosotros paseareis
	Ellos pasearan o paseasen	Ellos pasearen

INMISCUIR

Puede conjugarse como regular.
En el segundo grupo de tiempos correlativos sigue el modelo de huir, cambiando la **i** por **y**.

Presente del Indicativo	Presente del Subjuntivo	Modo Imperativo
Yo inmiscuo	Yo inmiscua	
Tú inmiscues	Tú inmiscuas	Inmicue tú
Él inmiscue	Él inmiscua	Inmiscua él
Nosotros inmiscuimos	Nosotros inmiscuamos	Inmiscuemos nosotros
Vosotros inmiscuisteis	Vosotros inmiscuáis	Inmiscuid vosotros
Ellos inmiscueron	Ellos inmisicuan	Inmiscuan ellos

Pretérito Perfecto Simple	Pretérito Imperfecto del Subjuntivo	Futuro Imperfecto del Subjuntivo
Yo inmiscuí	Yo inmiscuyera o inmiscuyese	Yo inmiscuyere
Tú inmicuiste	Tú inmiscuyeras o inmiscuyeses	Tú inmiscuyeres
Él inmiscuyó	Él inmiscuyera o inmiscuyese	Él inmiscuyere
Nosotros inmiscuimos	Nosotros inmiscuyéramos o inmiscuyésemos	Nosotros inmiscuyéremos
Vosotros inmiscuisteis	Vosotros inmiscuyerais o inminscuyeseis	Vosotros inmiscuyereis
Ellos inmiscuyeron	Ellos inmiscuyeran o inmiscuyesen	Ellos inmiscuyeren

MORFOLOGÍA

VERBOS REGULARES QUE NO CONSERVAN EL DIPTONGO

En algunos verbos terminados en **-iar** y **-uar** no se conserva el diptongo ya que se acentúa ortográficamente la vocal débil. Esto ocurre en todas las personas del singular y la tercera de plural del primer grupo de tiempos correlativos.

ACTUAR Y CONFIAR

Presente del Indicativo	**Presente del Subjuntivo**	**Modo Imperativo**
Yo acentúo	Yo acentúe	
Tú acentúas	Tú acentúes	Acentúa tú
Él acentúa	Él acentúe	Acentúe él
Nosotros acentuamos	Nosotros acentuemos	Acentuemos nosotros
Vosotros acentuáis	Vosotros acentuéis	Acentuad vosotros
Ellos acentúan	Ellos acentúen	Acentúen ellos

Presente del Indicativo	**Presente del Subjuntivo**	**Modo Imperativo**
Yo confío	Yo confíe	
Tú confías	Tú confíes	Confía tú
Él confía	Él confíe	Confíe él
Nosotros confiamos	Nosotros confiemos	Confiemos nosotros
Vosotros confiáis	Vosotros confiéis	Confiad vosotros
Ellos confían	Ellos confíen	Confíen ellos

Siguen esta conjugación (no diptongan):
- Los siguientes verbos terminados en -iar: aliar, amnistiar, ampliar, ansiar, arriar, ataviar, autografiar, averiarse, aviar, baquiar, contrariar, criar, cuantiar, cuchichiar, chirriar, dactilografiar, desafiar, desataviar, descarriar, desconfiar, desliar, desvariar, enfriar, espiar, esquiar, expiar, extraviar, fiar, porfiar, fotografiar, guiar, hastiar, ortografiar, piar, porfiar, resfriar, rociar, vaciar.
- Los siguientes verbos terminados en -uar: acensuar, actuar, atenuar, avaluar, conceptuar, continuar, desahabituar, desafiar, desvirtuar, devaluar, discontinuar, efectuar, esquiar, evaluar, exceptuar, extenuar, fluctuar, graduar, habituar, insinuar, perpetuar, puntuar, situar, tatuar, usufructuar, valuar.

Algunos verbos con vocales concurrentes en la penúltima sílaba (como enraizar), no conservan el diptongo y la vocal débil o cerrada lleva acento ortográfico en las personas del singular y tercera del plural del Presente de Indicativo, Subjuntivo e Imperativo.

AISLAR

Presente del Indicativo	**Presente del Subjuntivo**	**Modo Imperativo**
Yo aíslo	Yo aísle	
Tú aíslas	Tú aísles	Aísla tú
Él aísla	Él aísle	Aísle él
Nosotros aislamos	Nosotros aislemos	Aislemos nosotros
Vosotros aisláis	Vosotros aisléis	Aislad vosotros
Ellos aíslan	Ellos aíslen	Aíslen ellos

Verbos que siguen esta conjugación: apaisar, arcaizar, atraillar, aullar, aunar, aupar, desaislarse, enraizar, europeizar, maullar, prohibir, reunir.

MORFOLOGÍA

VERBOS QUE CAMBIAN UNA CONSONANTE PARA MANTENER EL MISMO SONIDO

- Los verbos terminados en **-cer** y **-cir** cambian la c por la z cuando sigue **a** y **o**. Por ejemplo, vencer (venzo, venzas), esparcir (esparzo, esparzamos).
- Los verbos terminados en **-zar** cambian la z por c cuando sigue **e**. Por ejemplo, cazar (cacemos, cacen).
- Los verbos terminados en **-car** cambian por **qu** adelante de **i** y **e**. Por ejemplo: roncar (ronqué, ronque).
- Los verbos terminados en **-ger** y **-gir** cambian la g por j cuando sigue **o** y **a**. Por ejemplo, proteger (protejo, protejamos, proteja), exigir (exijamos, exijan, exija).
- En los verbos terminados en **-guar** se coloca una **diéresis** sobre la u cuando sigue **i** y **e**. Por ejemplo, averiguar (averigüé, averigüemos, averigüen).
- Los verbos que terminan en **-gar** llevan una u ante **e**. Por ejemplo, bregar (bregué, breguemos).
- Los verbos terminados en **-guir** pierden la u delante de **a** y **o**. Por ejemplo, distinguir (distingo, distingas, distingamos).
- Los verbos terminados en **-quir** cambian la q por c delante de **o** y **a**. Por ejemplo, delinquir (delinco, delincas, delincamos).
- Algunos verbos terminados en **-aer**, **-eer** y **-oer** cambian la i de la desinencia por y. Por ejemplo, caer (cayó, cayeron, cayera), creer (creyó, creyera, creyeron), roer (royó, royeron).

VERBOS DE CONJUGACIÓN INCOMPLETA

ABOLIR, ATERIR Y BLANDIR

Son verbos defectivos porque carecen de ciertos tiempos y personas. Sólo se conjugan en aquellas personas en las que la desinencia lleva **i**. Por lo tanto no se conjugan en el Presente del Subjuntivo, en algunas personas del Presente del Indicativo y del Imperativo, y sí **se conjugan en todas las personas del Pretérito Imperfecto, Pretérito Perfecto Simple, Futuro Imperfecto y Condicional Simple del Modo Indicativo, y en el Pretérito Imperfecto y Futuro Imperfecto del Subjuntivo.** También se conjugan los tiempos compuestos.

Modo Indicativo	Presente Nosotros abolimos Vosotros abolís	Modo Imperativo Abolid vosotros
Modo Indicativo	Presente Nosotros aterimos Vosotros aterís	Modo Imperativo Aterid vosotros
Modo Indicativo	Presente Él blande Nosotros blandimos Vosotros blandís Ellos blanden	Modo Imperativo Blandid vosotros

MORFOLOGÍA

LLOVER y todos los verbos que denotan cambios atmosféricos.

Es unipersonal porque sólo se conjuga en la 3a persona del singular, aunque no lleva el sujeto gramatical: llueve, llovía, llovió, lloverá, llueva, lloviera, ha llovido, llovería, etc.

CONCERNIR

Es un verbo irregular y sigue la conjugación de los verbos que diptongan la **e** en **ie** (ver APRETAR). Sólo se conjuga en las terceras personas. Los tiempos más usuales son el Presente y e Pretérito Imperfecto del Indicativo y el Presente del Subjuntivo: concierne, conciernen, concernían, concernían, concierna, conciernan.

ACAECER Y ACONTECER

Se conjugan como CONOCER (verbos que agregan c -fonema k- a la raíz) solamente en las terceras personas singular y plural: acaece, acaecen, acaecía, acaecían, acaeció, acaecieron acaezca, acaezcan, etc.; acontecen, acontezca, aconteció, etc.

ATAÑER

Se conjuga como TAÑER sólo en las terceras personas: atañe, atañen, atañó, atañeron, atañía atañían, atañerá, atañerán, atañera, etc.

INCUMBIR

Es un verbo regular y sólo se conjuga en las terceras personas: incumbe, incumbía, incumbió, incumba, incumbiera, etc.

SOLER

Es un verbo irregular y sigue la conjugación de APROBAR. Se conjuga en todas las personas del Presente y del Pretérito Imperfecto del Indicativo, y no muy frecuentemente en todas las personas del Presente y del Pretérito Imperfecto del Subjuntivo.

Presente del Indicativo
Yo suelo
Tú sueles
Él suele
Nosotros solemos
Vosotros soléis
Ellos suelen

Presente del Subjuntivo
Yo suela
Tú suelas
Él suela
Nosotros solamos
Vosotros soláis
Ellos suelan

Pretérito Imperfecto del Indicativo
Yo solía
Tú solías
Él solía
Nosotros solíamos
Vosotros solíais
Ellos solían

Pretérito Imperfecto del Subjuntivo
Yo soliera o soliese
Tú solieras o solieses
Él soliera o soliese
Nosotros soliéramos o soliésemos
Vosotros solierais o solieseis
Ellos solieran o soliesen

Participios irregulares

Muchos verbos irregulares e irregulares presentan un participio irregular.
Es decir, que no se construye con la raíz del verbo más -ado e -ido, como los participios regulares.

Poner y sus compuestos: puesto, antepuesto (de anteponer), compuesto (de componer), contrapuesto (de contraponer), depuesto (de deponer), descompuesto (de descomponer), dispuesto (de disponer), expuesto (de exponer), indispuesto (de indisponer), interpuesto (interponer), opuesto (de oponer), pospuesto (de posponer), predispuesto (de predisponer), presupuesto (de presuponer), recompuesto (de recomponer), repuesto (de reponer), sobrepuesto (de sobreponer), traspuesto (de trasponer), yuxtapuesto (de yuxtaponer).

Cubrir y sus compuestos: cubierto, descubierto (de descubrir), encubierto (de encubrir), recubierto (de recubrir).
Abrir y sus compuestos: abierto, reabierto (de reabrir), entreabierto (de entreabrir).

Ver y sus compuestos: visto, previsto (de prever), entrevisto (de entrever).

Escribir y sus compuestos: escrito, descripto (de describir), inscripto (de inscribir), circunscripto o circunscrito (de circunscribir), manuscrito (de manuscribir), prescripto (de prescribir), proscripto o proscrito (de proscribir), suscripto o suscrito (de suscribir), transcripto o transcrito (de transcribir).

Volver y sus compuestos: Vuelto, devuelto (de devolver), envuelto (de envolver), revuelto (de revolver).

Verbos terminados en -solver: disuelto (de disolver), absuelto (de absolver), resuelto (de resolver).

Imprimir: impreso

Hacer y sus compuestos: hecho, deshecho (deshacer), rehecho (rehacer).

Decir y sus compuestos: dicho, desdicho (de desdecir), predicho (de predecir), contradicho (de contradecir).
Bendecir y maldecir tienen dos participios: **bendecido y maldecido** se utilizan en los tiempos compuestos, **bendito** y **maldito** se utilizan como adjetivos.

Morir: muerto.

Romper: roto.

Abrir: abierto.

SINTAXIS

La sintaxis estudia las relaciones y funciones de las palabras dentro de la oración.

La oración

Se denomina oración a la unidad de sentido, con figura tonal propia (unidad de entonación) e independencia sintáctica (no depende de otra estructura).

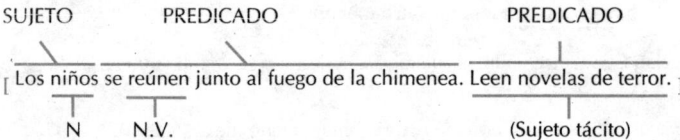

SUJETO   PREDICADO   PREDICADO

[Los niños se reúnen junto al fuego de la chimenea. Leen novelas de terror.]

   N   N.V.   (Sujeto tácito)

La oración simple. Estructuras bimembres y unimembres

En los ejemplos anteriores las oraciones constan de dos miembros: sujeto y predicado. Son oraciones **bimembres**.

En cambio, en los siguientes casos:

[Llueve.]   oración unimembre

[¡Rápido!]   oración unimembre

[¿Qué tal?]   oración unimembre

Las oraciones no pueden dividirse en sujeto y predicado. Son estructuras **unimembres.**

El sujeto

El núcleo del sujeto es siempre un *sustantivo*.

SUJETO   PREDICADO

[El obrero trabaja duramente.]

     N.V.

Puede clasificarse en:

1. Expreso (aparece en la oración expresado por un sustantivo, pronombre o no).

sujeto expreso   sujeto expreso

Él escuchó tus palabras. **La primavera** entibia el aire.

             S.S.   P.

1.1. Simple: consta de un solo núcleo. La niña pasea a su perro.

          N

                 S.C.

1.2. Compuesto: consta de más de un núcleo. La niña y su amiga pasean al perro.

       N   N

2. Tácito o desinencial. Cuando se omite el sujeto y es la desinencia verbal la que lo señala.

    P

No te asustes.   S.T.: 2º pers., sing.

    2º sing.

Modificadores del núcleo del sujeto

1. Modificador directo: se une directamente a él. Es un adjetivo o el artículo.

El turista visitó las ruinas.

MD   N

2. Modificador indirecto o complemento. Se une al sustantivo núcleo por medio de preposición.

La casa de mi amiga es amplia y confortable.

MD   N   MI

    SUJETO

3. Aposición: es un sustantivo que se refiere al mismo objeto que nombra el sustantivo núcleo.

Patricia, mi amiga, me visitó ayer.

  N   APOSICIÓN

    SUJETO

SINTAXIS

4. Construcción comparativa: es una construcción encabezada por el nexo comparativo *como:*

Un sol como una naranja asoma en el horizonte.

MD N CONS. COMP.

SUJETO

El predicado

1. Si su núcleo es un verbo, el predicado es **verbal**.

Modificadores del verbo

a) **Objeto directo**

[Joaquín recita unos versos.]

N.V.   N (Sust.)

OBJETO DIRECTO

Su núcleo es siempre un sustantivo.

Se reconoce:

1) reemplazándolo por los pronombres *lo, los, la, las*:

Joaquín los recita.

OD

2) Transformando la oración a voz pasiva: el sujeto pasa a ser complemento agente y el objeto directo, sujeto de la voz pasiva.

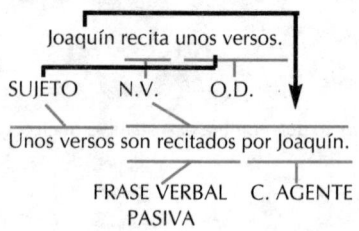

Joaquín recita unos versos.

SUJETO   N.V.   O.D.

Unos versos son recitados por Joaquín.

FRASE VERBAL   C. AGENTE
PASIVA

Observaciones:

El objeto directo lleva preposición **a** cuando se refiere a personas u objetos personificados:

Amo *a* mi patria. Respeta *a* los adultos.

  O.D.   O.D.

b) **Objeto indirecto**

Entregué las cartas a mi abogado.

N.V.   O.Indirecto

Se construye con la preposición *a* o *para*.

Se reconoce:
1) reemplazándolo por los pronombres personales *le, les*:

Le entregué las cartas

O.I.   N.V.

2) porque al transformar la oración a voz pasiva, no sufre cambios:

Las cartas fueron entregadas por mí a mi abogado.

      O.I.

3. Circunstanciales

Indican las circunstancias en que se produce la significación del verbo. Puede construirse con:

a) adverbio. [Volvió ayer.]

    circ.

b) complemento. [Trabaja con mi hermana.]

     circ.

c) construcción sustantiva. [Renunció esta tarde.]

      circ.

ch) construcción comparativa. [Camina como un león.]

      circ.

4. Complemento agente

Sólo aparece en voz pasiva.

Se construye con la preposición *por*.

SINTAXIS

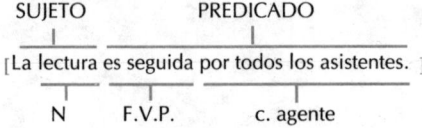

SUJETO   PREDICADO

[La lectura es seguida por todos los asistentes.]

N   F.V.P.   c. agente

5. Predicativo

El predicativo es un modificador que se refiere al verbo y a un sustantivo, sea éste núcleo del sujeto o núcleo del objeto directo. En el primer caso el predicativo es **subjetivo**:

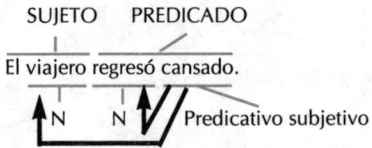

SUJETO   PREDICADO

El viajero regresó cansado.

N   N   Predicativo subjetivo

Cuando el predicativo modifica también al objeto directo, se denomina **objetivo**:

Los soldados dejaron abandonadas sus armas.

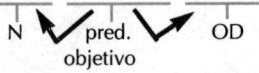

N   pred.   OD
objetivo

El **predicativo subjetivo** que aparece en un predicado verbal cuyo núcleo es un verbo copulativo es **obligatorio**, ya que ese tipo de verbos, como se ha visto, es de significación incompleta, y exigen un predicativo obligatoriamente para completar el sentido:

El aire **se puso** *transparente.*

pred. obligatorio

Semejaba *una esfera de oro.*

pred. obligatorio

La luna **es** *una medalla de plata.*

pred. obligatorio

El predicativo se construye con un sustantivo o un adjetivo.

Él es mi consuelo.

sust.

La fiesta fue aburrida.

adj.

2. Predicado no verbal

Los predicados no verbales se construyen sin verbos. Se clasifican en:

2.1. Nominales: su núcleo es sustantivo, adjetivo o construcción equivalente.

SUJETO   PRED. NO VERBAL NOMINAL

La tarde, ardiente y sofocante.

SUJETO   PRED. NO VERBAL NOMINAL

La fuente, un remanso de frescura.

2.2. Adverbiales: su núcleo es un adverbio o una construcción equivalente.

PRED. NO VERBAL ADVERBIAL   SUJETO

Lejos, la cabaña del arriero.

PRED. NO VERBAL ADVERBIAL   SUJETO

A la distancia, las luces del pueblo.

Clases de oraciones según la actitud del hablante

Además de un contenido determinado, las oraciones manifiestan las diferentes actitudes del hablante. Según esas actitudes las oraciones se clasifican en:

a) **Enunciativas:** afirman (**enunciativas afirmativas**) o niegan (**enunciativas negativas**) algo: *El sustantivo es el núcleo del sujeto. Ese virus no se reproduce en sitios secos.*

b) **Desiderativas:** expresan deseo: *Ojalá regrese pronto.*

c) **Dubitativas:** expresan duda: *Tal vez te regale lo que pediste.*

ch) **Exhortativas:** expresan orden, ruego, mandato, consejo: *No te alejes. Acérquese. Vuelva más tarde. Salga de ahí.*

d) **Interrogativas:** plantean una pregunta. En forma directa (**interrogativas directas**): *¿Me permite entrar?,* o indirecta (**interrogativas indirectas**): *Le pregunté si me permitía entrar.*

e) **Exclamativas:** cualquiera de las oraciones anteriores puede transformarse en exclamativa, siempre que sobre las actitudes señaladas predomine la emoción o el sentimiento: *¡El sustantivo es el núcleo del sujeto! ¡Ese virus no se reproduce en sitios secos! ¡Ojalá regrese pronto! ¡Tal vez te regale lo que perdiste! ¡No te alejes! ¡¿Me permite entrar?!*

SINTAXIS

Proposiciones

Las proposiciones son unidades de sentido que no poseen autonomía sintáctica sino que forman parte de una estructura mayor que las contiene.

PROPOSICIONES COORDINADAS

Forman parte de una oración compuesta y tienen sujeto y predicado. Están separadas en la oración por preposiciones (nexo coordinante). Para marcarlas utilizamos ( ).

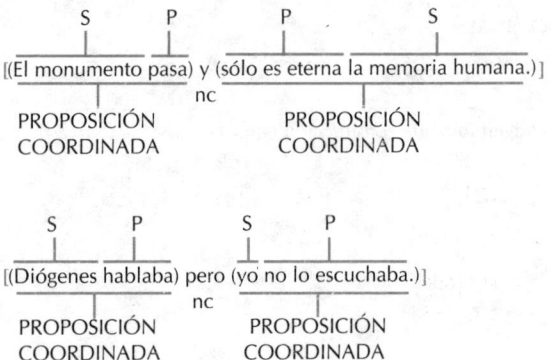

PROPOSICIONES INCLUIDAS O SUBORDINADAS

Forman parte de una oración en la cual funcionan como **sustantivos, adjetivos o adverbios** Pueden llevar un encabezador incluyente o relacionante, o no llevarlo. Las marcamos así: < >

Sustantivas

Como cumplen la función de un sustantivo pueden ser **sujeto, predicativo, predicado nominal, aposición, objeto directo** y **término de complemento**.
Hay proposiciones sustantivas **con encabezador** y **sin encabezador**.

CON ENCABEZADOR	- incluyente (no cumple ninguna función en la proposición): **que, si**. - relacionante (cumple una función en la proposición): **el que, la que, los que, las que, lo que, quien, quienes, cuanto** (con variación de género y número).
SIN ENCABEZADOR	- estilo directo - proposiciones interrogativas y exclamativas indirectas con pronombres interrogativos y exclamativos.

Con encabezador relacionante

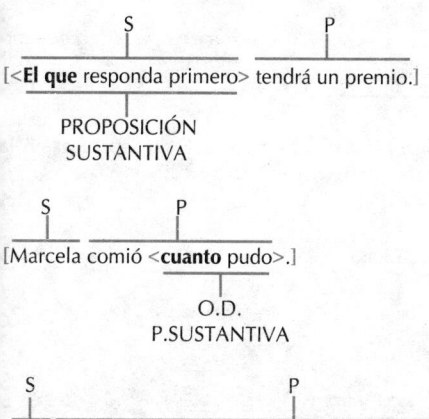

```
        S                    P
[<El que responda primero> tendrá un premio.]
        PROPOSICIÓN
        SUSTANTIVA
```

```
  S            P
[Marcela comió <cuanto pudo>.]
                  O.D.
                  P.SUSTANTIVA
```

```
  S                     P
[Ellos les repartieron distintivos a <los que concurrieron al acto>.]
                                O. Indirecto
                                P. SUSTANTIVA
```

Sin encabezador

Estilo directo

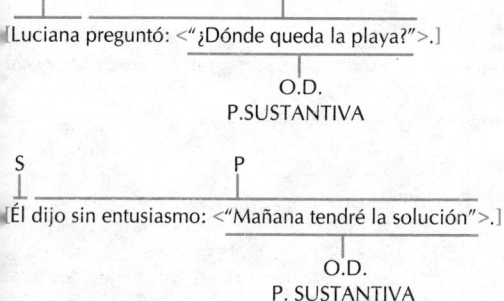

```
  S                  P
[Luciana preguntó: <"¿Dónde queda la playa?">.]
                        O.D.
                        P.SUSTANTIVA
```

```
  S              P
[Él dijo sin entusiasmo: <"Mañana tendré la solución">.]
                            O.D.
                            P. SUSTANTIVA
```

Estilo indirecto

```
  S           P
[Luciana preguntó <dónde quedaba la playa>.]
                        O.D.
                        P.SUSTANTIVA
```

SINTAXIS

Con encabezador incluyente

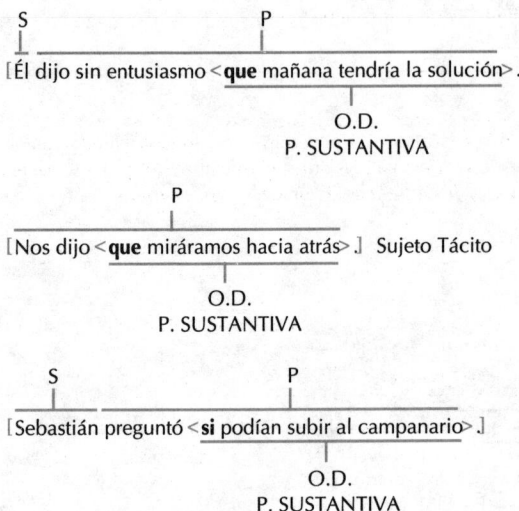

```
 S                    P
 |_____|_____
[Él dijo sin entusiasmo <que mañana tendría la solución>.]
                                    |
                                  O.D.
                              P. SUSTANTIVA
```

```
               P
               |_____
[Nos dijo <que miráramos hacia atrás>.]  Sujeto Tácito
                    |
                  O.D.
              P. SUSTANTIVA
```

```
 S              P
 |_____|_____
[Sebastián preguntó <si podían subir al campanario>.]
                          |
                        O.D.
                    P. SUSTANTIVA
```

Adjetivas

Cumplen la función de adjetivo, o sea, modificador directo y llevan siempre un **antecedente** sustantivo. El encabezador es un relacionante: **que, el que, la que, las que, los que, quien, quienes, la cual, el cual, los cuales, donde, cuando, cuyo, cuya, cuyos, cuyas.**

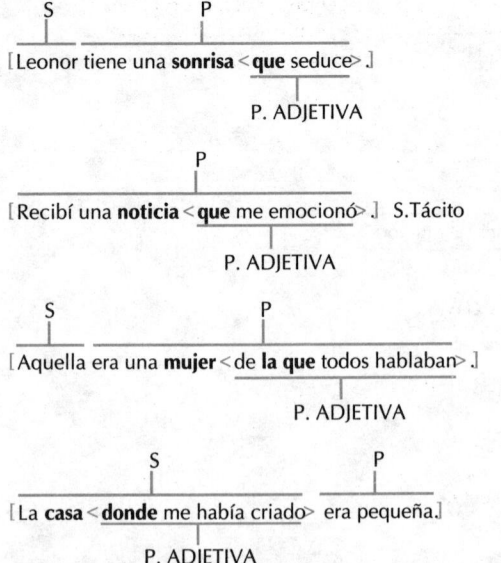

```
 S         P
 |_____|_____
[Leonor tiene una sonrisa <que seduce>.]
                               |
                          P. ADJETIVA
```

```
              P
              |_____
[Recibí una noticia <que me emocionó>.]  S.Tácito
                          |
                     P. ADJETIVA
```

```
 S                 P
 |_____|_____
[Aquella era una mujer <de la que todos hablaban>.]
                              |
                         P. ADJETIVA
```

```
        S              P
        |_____|____
[La casa <donde me había criado> era pequeña.]
              |
         P. ADJETIVA
```

P

[Alcanzó las **metas** <por **las que** había luchado>.] S.Tácito

P. ADJETIVA

Adverbiales

Las proposiciones adverbiales cumplen la función de un **adverbio** y, por lo tanto, modifican al verbo, al adjetivo, al adverbio o al núcleo oracional. Podemos clasificarlas en: proposiciones adverbiales **de lugar, de tiempo, de modo, de causa, condicionales y consecutivas**.

1) Proposiciones adverbiales de lugar

Llevan el relacionante **donde**.

P

[Puso las flores <**donde** lucían más>.] S.Tácito

P. ADV. DE LUGAR

P

[Se escondió <donde nadie podía encontrarlo>.] S. Tácito

P. ADV. DE LUGAR

2) Proposiciónes adverbiales de tiempo

Relacionantes: cuando, mientras, conforme, según, siempre que, hoy que, ahora que, al tiempo que.	**Incluyentes:** después que, antes que, luego que, una vez (que), apenas, no bien, en cuanto.

P

[<**Cuando** vengas> te voy a mostrar las fotos.] S.Tácito

P. ADV. DE TIEMPO

S   P

[Ramón se mantuvo tranquilo <**mientras** pudo>.]

P. ADV. DE TIEMPO

P   S

[<**Apenas** salió el avión> se dispersó la gente.]

P. ADV DE TIEMPO

SINTAXIS

3) Proposiciones adverbiales de modo
Llevan los encabezadores **como, cual, según, conforme**.

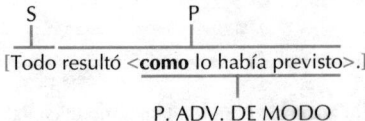

```
   S              P
   |              |
[Todo resultó <como lo había previsto>.]

            P. ADV. DE MODO
```

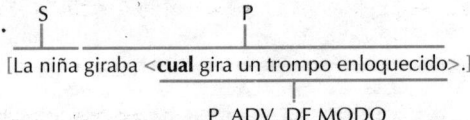

```
   S                      P
   |                      |
[La niña giraba <cual gira un trompo enloquecido>.]

              P. ADV. DE MODO
```

4) Proposiciones adverbiales de causa
Llevan los incluyentes **porque**, **como**, **ya que** y **puesto que**.

```
                    P
                    |
[Se puso a cantar <porque se sentía realmente feliz>.]  S.Tácito

              P. ADV. DE CAUSA
```

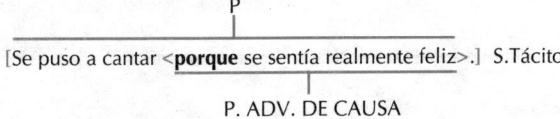

```
                 P
                 |
[No quiso hablar <puesto que estaba enojada>.]  S. Tácito

              P. ADV. DE CAUSA
```

5) Proposiciones condicionales
Llevan el incluyente **si**. Son **modificadores del núcleo oracional**.

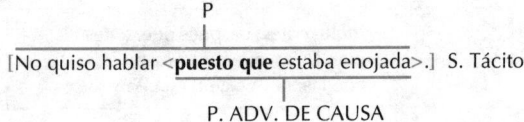

```
         M.N.O.                      P
         |                           |
[<Si me ayudas con mi trabajo> podré terminar pronto.]  S. Tácito

    P. CONDICIONAL
```

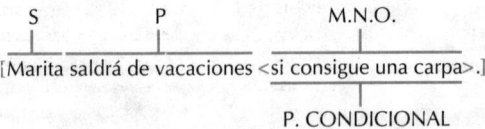

```
   S          P              M.N.O.
   |          |              |
[Marita saldrá de vacaciones <si consigue una carpa>.]

                        P. CONDICIONAL
```

6) Proposiciones concesivas

Son modificadores del núcleo oracional. Llevan un encabezador incluyente: **aunque, aun cuando**.

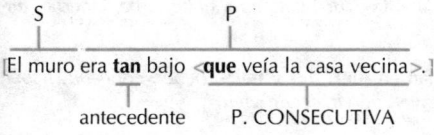

```
            M.N.O.             S      P
[<Aunque hables en voz alta> Jorge no te escucha.]
    P. ADV. CONCESIVA
```

```
   S        P                M.N.O.
[La niñita cruzó la calle <aun cuando se lo habían prohibido>.]
                           P. CONCESIVA
```

7) Proposiciones consecutivas

Son modificadores de un adjetivo o un adverbio que las precede. Llevan el incluyente **que**.

```
  S              P
[El muro era tan bajo <que veía la casa vecina>.]
         antecedente    P. CONSECUTIVA
```

```
              P
[Gritó tanto <que le quedó la cara enrojecida>.]  S. Tácito
   ant.       P. CONSECUTIVA
```

ORTOGRAFÍA

L a ortografía establece una serie de reglas que permiten emplear adecuada y correctamente las letras y los signos auxiliares.

Uso de la b

Se escriben con b:

1. Las terminaciones del pretérito imperfecto de indicativo de los verbos de la primera conjugación **-aba** y del verbo ir: *cantaba, paseaba, iba.*

2. Las palabras terminadas en **-bilidad**: *sociabilidad, debilidad.* (**Excepciones**: *movilidad, civilidad* y sus derivadas)

3. Las palabras terminadas en **-bundo, -bunda**: *vagabundo, tremebunda.*

4. Las palabras que comienzan con **bu-, bur-, bus-, bibl-**: *buque, burbuja, buscar, bibliografía.*

5. Las palabras que comienzan con **bi-** o **bis-** (**biz**) que significa "dos": *bicicleta, bisílabo.*

6. Las palabras que comienzan con **cu-, nu-, ur-, ta-, tur-**: *cubanito, nube, urbe, taberna, turbado.*

7. Todas las formas de los verbos que terminan en **-ber, -bir** y **buir-**: *beber, concebir, haber, percibir, contribuir.* **Excepciones**: *volver, precaver, hervir, servir, vivir.*

8. Las palabras que derivan de **boca**, **bien** y **sílaba**: *bocadito, bocacalle, bienvenida, bienaventurado, silábico, trisílabo, silabear.*

Uso de la v

Se escriben con v:

1. Las formas verbales de **pretérito** (pretérito perfecto simple, pretérito imperfecto de subjuntivo y futuro imperfecto de subjuntivo) de **andar**, **estar** y **tener** y sus compuestos, y los tiempos de presente del verbo **ir**: *anduve, anduviera o anduviese, anduviere, estuve, estuviera o estuviese, estuviere, tuve, tuviera o tuviese, tuviere, voy, vaya, ve.*

2. Las palabras con el prefijo **-vice**: *vicedirector, vicepresidente.*

3. Los adjetivos terminados en **-ivo, -iva**: *intuitivo, agresivo, despectiva.*

4. Los sustantivos terminados en **-ívoro, -ívora**: *insectívoro, carnívoro, herbívora.* (**Excepción**: *víbora.*)

5. Las palabras que comienzan con las sílabas **ad-, di-, lla-, lle-, llo-,** o **llu-**: *adverso, divergente, divulgar, llavero, llevar, llover, lluvia.*

6. Las palabras que derivan de **vivo**: *vivienda, vivir, vividor.*

Uso de la c

Se escriben con c:

1. Los plurales de las palabras que terminan en **z**: *lápices, perdices, capaces,* y también sus derivados, delante de **-e, -i**: *vivacidad, velocidad.*

2. Los sufijos diminutivos **-cito, -cillo, -cico, -ecito, -ecillo**: *corazoncito, dientecillo, avecica, pececito, piececillo.*

3. Los verbos terminados en **-cer, -cir, -ciar**: *renacer, predecir, denunciar.* (**Excepciones**: *toser, ser, asir, ansiar, lisiar, extasiar* y *anestesiar*).

4. Las palabras terminadas en **-acio, -acia, -icia, -icie, -icio**: *edificio, eficacia, planicie, inicio.* **Excepciones**: *antonomasia, Asia, eutanasia, gimnasia, idiosincrasia, potasio* y desinencias del verbo lisiar (*lisio*).

5. La terminación **-ción** cuando la palabra deriva de otra que termina en **-dor, -tor, -do, -to,** o si está precedida por **-un**: *iniciación, composición, unción, punción.*

6. Las palabras terminadas en **-cción**: *acción, destrucción, construcción.*

7. Las palabras terminadas en **-cencia, -ciencia**: *conciencia, decencia, docencia.*

8. Las palabras que terminan en **-cida** (con la significación "que mata"): *hormiguicida, homicida.*

Uso de la s

Se escriben con s:

1. Los adjetivos terminados en **-oso, -osa, -sible, -sivo** y la terminación del superlativo **-ísimo, -ísima**: *gozoso, hermosa, extensible, comprensivo, amadísimo, correctísima.*

2. Las palabras terminadas en **-erso, -ersa**: *universo, perversa, converso, inversa.*

3. La terminación **-ésimo, -ésima** de los adjetivos numerales: *vigésimo, trigésima.* (**Excepción**: *décimo* y sus compuestos).

4. La terminación **-sión** cuando la palabra deriva de otra que termina en **-so, -sor, -sible, -sivo**: *comprensión, expresión, diversión.*

Uso de la z

Se escriben con z:

1. Las palabras terminadas en **-azo, -aza** (que significa "golpe" o es aumentativo): *cañonazo, manotazo, perrazo.*

2. Los sustantivos abstractos terminados en **-anza, -ez, -eza**: *labranza, ordenanza, vejez, estupidez, belleza, pereza.*

3. Los sustantivos colectivos terminados en **-zal**: *arrozal, pastizal, maizal.*

4. Los adjetivos agudos terminados en **-az** y muchos sustantivos terminados en **-az**: *rapaz, capaz, paz, capataz.*

ORTOGRAFÍA

• Delante de la **c** (con sonido /k/) de la raíz de los verbos terminados en **-cer** y **-ucir** se escribe **z**: *merezco, renazcas, produzcamos.*

5. La mayoría de los adjetivos terminados en **-izo**: *primerizo, enterizo, corredizo.*

Uso de la h

Se escriben con h:

1. Todas las palabras que comienzan con los diptongos **ue-, ui-, -ie, ia-, io-**: *hueso, huida, hielo, hiato, hioideo.*

2. Los prefijos **hecto-, hepta-, hema-, hemi-, hipo-, helio-, hiper-, homo-, hidro-**: *heptasílabo, hectolitro, hematíes, hemiciclo, hipotálamo, heliotropo, hipertensión, homogéneo, hidroavión.*

• El verbo **haber** siempre se escribe con *h*.

Uso de la g

Se escriben con g:

1. Los verbos terminados en **-ger, -gir**: *recoger, sumergir.* (**Excepciones**: *crujir, tejer, brujir, grujir*).

2. Las palabras que tienen el grupo **gen**: *regente, gente, agenda.*

3. Las palabras que comienzan con el prefijo **geo-** (que significa "tierra") y las que terminan con el sufijo **-logía** (que significa "estudio"): *geografía, geometría, biología.*

Uso de la j

Se escriben con j:

1. Las palabras terminadas en **-aje**: *patinaje, ropaje, aprendizaje.*

2. Los sustantivos y adjetivos terminados en **-jería, -jero, -jera**: *cerrajería, mensajero, cajera.*

3. Las terminaciones de los tiempos de **pretérito** de los verbos terminados en **-decir, -ducir** y **traer**: *predije, predijera, predijere, conduje, condujese, condujere, traje, trajera, trajere.*

Acentuación

Todas las palabras tienen una sílaba que se pronuncia con mayor intensidad, **sílaba tónica**. Pero no siempre ese acento se refleja en la escritura (la **tilde** es su representación gráfica).

Uso de la tilde

Reglas generales de tildación

1. Llevan tilde las palabras **agudas** que terminan en **n**, **s** o **vocal**: *canción, compás, maní.*

2. Llevan tilde las palabras **graves** que terminan en **consonante**, excepto **n** o **s**: *cóndor, árbol, lápiz.*

3. Llevan tilde las palabras **esdrújulas** y las **sobresdrújulas**: *cántaro, párrafo, entendiéramoslo*.

4. Los **monosílabos** no llevan tilde: *fue, fui, vio, dio, fe, pie*.

Reglas especiales de tildación

1. Cuando hay hiato (concurrencia de una vocal abierta y una cerrada tónica) siempre lleva tilde la vocal cerrada: *reúne, pía, tranvía, raíz*. En estos casos no se sigue las reglas generales de tildación de palabras agudas y graves.

2. Los **pronombres enfáticos** (interrogativos y exclamativos) siempre llevan tilde: *¿Quién* llegó? *¿Cuánto* cuesta?

3. En las palabras compuestas se observa lo siguiente:

a) En los adverbios terminados en -**mente**, si el primer elemento lleva tilde, lo conserva: *útilmente, tímidamente*.

b) Las otras palabras llevan tilde únicamente si el segundo elemento lo requiere: *vigesimoséptimo, rioplatense*. Si el segundo elemento es un monosílabo, se tilda según las reglas generales: *confín*.

c) Los compuestos formados por un verbo agudo más un pronombre enclítico, conserva la tilde: *dejóla*.

4. Por regla general, los monosílabos no llevan tilde. Pero algunos que cumplen distintas funciones la emplean para distinguirlas:

a)   **él** (pronombre personal): *Él* vino a casa.
      el (artículo): *El* vino rubí.

b)   **tú** (pronombre personal): *Tú* no llegaste temprano.
      tu (pronombre posesivo): *Tu* viejo amigo.

c)   **té** (sustantivo): El *té* está servido.
      te (pronombre personal): No *te* esperaba.

ch) **más** (adverbio de cantidad): No quiero *más* chocolate.
      mas (conjunción adversativa = pero) Llovía, *mas* igual salimos.

d)   **dé** (conjunción del verbo dar): *Dé* importancia a ese asunto.
      de (preposición): El anillo *de* oro.

e)   **mí** (pronombre personal): Me escribió a *mí*.
      mi (pronombre posesivo): *Mi* abrigo está allí.
      mi (sustantivo): Cantó en *mi* bemol.

f)   **sé** (conjunción del verbo saber): No *sé* si existe.
      sé (forma del verbo ser): *Sé* más paciente.
      se (pronombre personal): No *se* despertó.

g)   **sí** (adverbio): *Sí*, volveré.
      sí (pronombre personal): Volvió en *sí*.
      si (conjunción): Preguntó *si* lo conozco. *Si* se hace tarde no saldremos.
      si (sustantivo): Escuchamos el concierto en si bemol.

ORTOGRAFÍA

Signos de puntuación

1. El punto

- Se utiliza para cerrar la oración: *El campo anuncia la primavera.*
- Se emplea en las abreviaturas: *art.; Sr.; atte.*

2. La coma

- En las enumeraciones se emplea coma cuando no hay conjunción: *Camina, mira el cielo, sonríe complacido. Jazmines, violetas, rosas encarnadas alegraban el parque.*

- Se usa delante de las conjunciones **pero, sino, sin embargo, aunque**: *Parece alegre, pero el dolor invade su alma.*

- El **vocativo** va entre comas: *No oyes, Mariana, el canto del ruiseñor.*

- La **aposición** se escribe entre comas: *Juan, el capataz, nos despertó temprano.*

- En las aclaraciones y otros elementos intercalados en la oración se coloca coma:

En la ciudad vieja, donde vivían nuestros abuelos, veraneamos aquel año. La tarde, sin embargo, caía lenta y calurosa. Según dicen, hoy habrá novedades.

- Cuando se altera el orden habitual de la oración se indica con comas: *Con gran tristeza, el joven despedía a su amada.*

- Se coloca coma si se omite un verbo: *María era estudiosa y tranquila; Ezequiel, díscolo y desaplicado.*

3. Punto y coma

- Se utiliza para separar en las oraciones compuestas los elementos que son muy extensos o ya tienen coma: *Me dijo, ya entrada la noche, que el problema era complicado; yo le respondí, optimista como siempre, que ya encontraríamos la solución.*

4. Dos puntos

- Se emplean cuando a un enunciado determinado le sigue una explicación o comprobación de lo expresado: *Los deportes que más me gustan son: fútbol, tenis y natación. Los sitios antiguos son atractivos: siempre se encuentra algo sorprendente.*

- Cuando se cita textualmente, se colocan dos puntos antes del texto citado: *Dijo Antonio Machado: "Yo vivo en paz con los hombres y en guerra con mis entrañas."*

- Después del encabezamiento de una carta, se colocan dos puntos: *Muy señor mío:*

5. Puntos suspensivos

- Se emplean puntos suspensivos cuando se quiere dejar incompleto el sentido de una oración: *Dicen... Dicen... Tantas cosas... ¿qué sé yo?...*

- Para establecer alguna pausa, en especial en los diálogos: *La cuestión es que uno trabaja, trabaja, se sacrifica... y después... ahí tiene el resultado. ¿Entonces... no sabías nada, vos?*
- En las citas textuales se emplean para indicar que se ha omitido alguna parte: *Yo soy aquel que ayer nomás decía...*

- Se usan para indicar que una enumeración podría continuar: *Había llantos, gritos, desesperación...*

5. Signos auxiliares

Paréntesis ( )
• Se emplean para intercalar aclaraciones: *Cuentan los hombres dignos de fe (pero Alá sabe más)...*

• Se usa para encerrar las acotaciones de las obras teatrales: *ANTONIO (interrumpe, está cansado, molesto). —¡Te dije que le mostraras dónde está todo, José!*

Raya (—)
• Se usa para señalar el cambio de interlocutor en el diálogo:

—Le aviso al comisario —dijo Guzmán.
—¿Dónde está?
—No sé. ¿No andaba con usted?

• Se emplea con el mismo valor del paréntesis: *Estos días —ya se sabe— la ciudad queda solitaria.*

Guión (-)
• Se usa para separar las palabras que no caben en el renglón.
• Se emplea para separar los elementos de ciertos compuestos: *Tratado argentino-brasileño; manual teórico-práctico.*

Comillas (" ")
• Se emplean para destacar palabras que se citan textualmente: *"Te esperé un largo rato", me dijo irritado.*

• Se suelen colocar con comillas los títulos de las obras: *Una de sus novelas más notables es "Rayuela".*

• Sirven para destacar ciertas palabras (por ser regionalismos, por estar en otro idioma, por su contenido especial, por ser incorrectas): *Es la influencia del "comunismo".*

Diéresis o crema (¨)
• Se emplea para indicar el sonido de la u y para señalar ciertas separaciones fonéticas.
• En las sílabas *güe, güi,* cuando debe pronunciarse la u: *paragüitas, argüir, agüero, averigüemos.*

• En poesía, la figura llamada diéresis se utiliza cuando por razones de métrica (medida de los versos) debe separarse un diptongo.
Me regaló
codicioso
del banquete
suntüosos
de las sobras
de un Señor.
José de Espronceda, "El mendigo"

Apóstrofo (')
• Se usa para señalar la supresiòn de letras. Su empleo era muy frecuente en castellano antiguo. Actualmente, sólo se justifica en ciertos casos especiales y en la escritua de palabras extranjeras.

ORTOGRAFÍA

• En la literatura española de siglos pasados. Ej.: *l'ánima d'este.*

• En la actualidad, para indicar las omisiones que se hacen en la pronunciación vulgar o familiar. Ej.: *Estoy medio bichoco pa'esos galopes.*

Asterisco (*)
• Se usa simple, doble o triple, cuando es necesario señalar en ciertas palabras del texto que se ha colocado una nota aclaratoria.

• También sirve para indicar el uso indebido de un vocablo o la forma reconstruida de una palabra. Ej.: **morido* (por muerto), **vusted* (forma antecedente de *usted*).

Corchete ([ ])
• Su empleo es similar al de los paréntesis, pero únicamente en casos especiales.

• Cuando se necesita introducir un nuevo paréntesis dentro de una frase que ya está entre paréntesis. Ej.: *Se citan algunos acontecimientos previos como la declaración de la Independencia (Congreso de Tucumán [1816]).*

• Se emplean también cuando en la transcripción de un texto se agrega una aclaración o una letra o palabra que no están en el oroginal. Ej.: *Según confió a la prensa un allegado "el presidente [Carlos Andrés] Pérez confía en dominar la situación".*

• Cuando en una transcripción se eliminan palabras textuales, suele indicarse esa ausencia con puntos suspensivos encerrados entre corchetes. Ej.: *"Por una adaptación análoga a la que convirtió la melopea de los coros trágicos en el canto de nuestros coros de ópera [...] la estrofa moderna de miembros desiguales combinados a voluntad del poeta..."* Leopoldo Lugones. "Prólogo" de *Lunario Sentimental.*
• Se emplea corchete inicial cuando el verso de un poema no cabe en el renglón, y se coloca una parte en el que sigue, lo que evita qure se considere éste último como otro verso.
Porque llega el momento en que habrán
        [de cantar nuevos himnos
lenguas de gloria. Un vasto rumor
        [lleva los ámbitos; mágicas
ondas de la vida van renaciendo de pronto...
Rubén Darío. *Cantos de vida y esperanza.*

Signos de entonación

Son los signos de **interrogación** y de **exclamación**.
Se colocan al principio y al final de la oración: ¡Cuánto tiempo sin verte! ¿Dónde estuviste? Pueden no coincidir con el comienzo o el final de la oración. *Juan, ¿dónde están tus libros?*

Los signos de entonación se pueden duplicar o triplicar cuando es necesario subrayar el sentimiento: *¡¡¡Qué susto!!!*

Pueden combinarse: *¡¿No llegó todavía?!*

LOCUCIONES LATINAS Y EXTRANJERAS

abcissa: (pl. abscissae). lat. En matemática es una de las dos coordenadas rectilíneas que determinan la posición de un punto en un plano con relación a dos rectas que se cortan.

ab imo pectore/imo pectore: lat. Desde el fondo del pecho. Con toda franqueza, de corazón.

ab initio: lat. Desde el principio.

ab intestato: lat. Sin testamento o sin testar.

a bon entendeur, salut!: fr. Al buen entendedor, saludo. Dicho popular que en español se dice: "A buen entendedor, pocas palabras".

ab origine: lat. Desde el origen. Desde el principio.

ab ovo: lat. Desde el huevo. Frase que utilizó Horacio en su "Ars poética" y que alude al huevo de Leda, del que salió Elena. Se usa para criticar un discurso o un relato que comienza, inútilmente, en el más lejano origen.

abusus non tollit usum: lat. Término legal que significa "el abuso de un derecho no invalida su uso". Es decir que el abuso que se haga de una cosa no impide usarla debidamente.

a capella: it. Es un término musical que designa al canto sin acompañamiento o doblado por instrumentos al unísono o en la octava.

a contraris: lat. Por los contrarios. Se dice del argumento que, partiendo de la oposición entre dos hechos, deduce de uno lo contrario de lo que se conoce del otro.

actualité: fr. Actualidad; de interés contemporáneo. En Francia, noticiario filmado o por TV.

adagio: it. Término musical que se refiere a la composición que se ejecuta con movimiento lento.

ad captandum vulgus: lat. Argumento que pretende apelar al juicio popular.

addendum: (pl. addenda). Lat. Algo que se añade; apéndice.

ad eundum gradum: lat. Al mismo grado. Se aplica al ingreso de un licenciado de una universidad a otra, al mismo nivel, sin examen previo.

ad cautelam: lat. Por cautela. Se emplea para designar algún acto o escrito que no es necesario y cuyo único objeto es el de prever que el juez pueda tener una apreciación diferente.

à deux: fr. Se utiliza para una reunión para dos, o simplemente el estar juntos sin la presencia de una tercera persona.

ad finem: lat. Hacia el final. Se emplea para hacer una referencia más precisa, y generalmente se aplica al final de una página, de un capítulo, etc.

ad hoc: lat. Que se creó para un propósito especial. Adecuado, para una determinada función.

ad hominem: lat. Se emplea en la expresión: *"argumento ad hominem"* y quiere decir "argumento fundado en los hechos y opiniones del adversario".

ad honores o **ad honorem:** lat. Por el honor. Se emplea para referirse a cargos o empleos en los que no hay provecho material.

adieu: fr. Adiós.

ad infinitum: lat. Hasta lo infinito. Locución con que se expresa el firme propósito de llevar una determinación hasta sus últimas consecuencias.

ad inquirendum: lat. Designa al decreto judicial que ordena la investigación de un asunto de interés público.

LOCUCIONES

ad interim: lat. Mientras tanto. Expresión que refleja el carácter provisorio de algún asunto.

ad libitum: lat. Algo que se realiza tanto como se desea.

ad litteram: lat. A la letra. Literalmente. Se dice de las citas que se hacen transcribiendo fielmente, al pie de la letra, el texto citado.

ad misericordiam: lat. Se refiere a una súplica o un argumento que apela a la compasión del oyente.

ad nauseam: lat. Que llega al punto de causar disgusto, aborrecimiento o náusea.

ad pedem litterae: Al pie de la letra.

ad rem: lat. A la cosa. Se usa para indicar que hay que referirse con precisión al caso de que se trata.

ad usum: lat. Como es de costumbre.

ad valorem: lat. Designa el impuesto proporcional al valor del artículo.

ad vivum: lat. En arte designa a la pintura que toma un modelo vivo, de apariencia natural o viva.

aequam servare mentem: lat. Mantener la mente tranquila.

aequo animo: lat. Con ánimo igual, con entereza. Con la mente tranquila.

aerobic: ing. Tipo de gimnasia en la que los ejercicios se realizan siguiendo el ritmo de la música.

affiche: fr. Un cartel, letrero o anuncio colgado en la pared.

after shave: ing. Después de afeitarse. Loción cosmética que se aplican los hombres en la cara después del afeitado.

after sun: ing. Loción, crema, ungüento que se aplica una persona para evitar o calmar la irritación después de tomar sol.

age quod agis: lat. Haz (bien) lo que haces. Expresión equivalente a "está atento a lo que haces". Consejo que se da a alguien que se distrae por algo diferente a su trabajo.

aggiornamento: it. Proceso de modernización en un proceso político, económico, religioso.

Agnus Dei: lat. Cordero de Dios. Comienzo de las tres jaculatorias que se dicen en la misa entre el paternóster y la comunión.

à gogo: fr. En abundancia. Expresión que indica una gran cantidad de algo, como música à gogo, whisky à gogo.

A horse! A horse! My kingdom for a horse!: ing. ¡Un caballo! ¡Un caballo! ¡Mi reino por un caballo! Palabras que dice el rey de Inglaterra en Ricardo III de Shakespeare, en ocasión de una derrota en una batalla. Significa el valor que a veces tienen las cosas más simples cuando la necesidad las hace indispensables.

à la page: fr. Estar a la moda.

a latere: lat. De al lado, de cerca. Se aplica a ciertos cardenales elegidos por el Papa que están cerca de él, para desempeñar funciones diplomáticas. Se utiliza también en el lenguaje familiar para designar a un compañero.

al dente: it. Término culinario que indica que un alimento cocinado no está ni crudo ni demasiado cocido. Pasta *"al dente"*.

alea jacta est: lat. La suerte está echada. Se utiliza cuando se toma una desición arriesgada. Esta expresión fue atribuida a César al pasar por el Rubicón sin licenciar sus tropas como mandaban las leyes.

al fresco: it. Al aire libre.

algol (algoritmic language): lat. Lenguaje científico de programación.

alias: lat. De otra manera. Se utiliza para indicar apodos o sobrenombres de personas.

Allons, enfants de la patrie!: fr. ¡Marchemos, hijos de la patria! Primer verso del himno francés La Marsellesa, letra y música de Rjouget de Lisle.

all right: ing. Todo está bien. Locución para indicar que algo está bien o que se está de acuerdo.

alter ego: lat. Mi otro yo. Se utiliza para designar a una persona que está plenamente identificada con otra. También a un amigo íntimo de toda confianza.

alterius non sit qui suus esse potest: lat. Que no sea de otro quien puede ser dueño de sí mismo. Locución que expresa que la libertad es un don inapreciable.

ALU (aritmetic and logic unit): ing. Se llama así a la unidad del ordenador o computadora que realiza las operaciones aritméticas, lógicas y de comparación que se encuentran en los programas.

amanuensis (es): lat. Término que se utiliza para designar a aquellos que escriben lo que se les dicta.

a manu servi: lat. De mano servil. Se usa para referirse despectivamente al trabajo que hace un escritor mercenario.

and company: ing. Y compañía.

anguis in herba: lat. Áspid en la hierba. Locución que se emplea para indicar las buenas apariencias del mal.

anno aetatis sua: lat. En el año de su edad. Se usaba esta fórmula seguida de una fecha en las tumbas.

ante meridiem (AM): lat. Antes del mediodía. Se emplean estas siglas para señalar el período del día antes de las 12 del mediodía.

antipasto: it. Indica los entremeses que se comen antes de la pasta.

apartheid: ing. Sistema de segregación racial utilizado en África del Sur contra los negros hasta el triunfo de la revolución democrática.

APL (a programing lenguage): ing. Lenguaje de la programación que se basa en la notación simbólica.

a posteriori: lat. Lo que viene después. Se aplica a las conclusiones que se obtienen yendo de las causas a los efectos.

a priori: lat. Por lo anterior, por lo que precede. Sirve para describir el razonamiento que va de la causa al efecto; en expresiones que implican acuerdo con la probabilidad general.

argot: fr. Forma de hablar o jerga que es utilizada por sectores sociales que no sigue las formas convencionales de la lengua. Por ejemplo, el argot de los adolescentes.

arriére-pensée: fr. Pensamiento oculto. Significa reserva mental, segunda intención al decir una opinión.

ars gratia artis: lat. El arte por el arte.

ars longa, vita brevis: lat. El arte es largo, la vida breve. Primer aforismo de Hipócrates que significa que hay que estudiar mucho para saber algo.

atelier: fr. Lugar donde un pintor o escultor produce sus obras. Estudio.

a tempo: lat. A tiempo. Expresión que se suele poner en las páginas musicales, generalmente con la iniciales AT.

at home: ing. En casa. Encontrarse bien en su país, su lugar.

á trois: fr. Comida o reunión para tres personas sin otra compañía.

auctoritatis sua: lat. Por propida autoridad. Se emplea para indicar que una acción o afirmación es injustificada.

LOCUCIONES

audaces fortuna juvat: lat. La fortuna favorece a los audaces. Expresión utilizada por Virgilio en la Eneida.

auf wiedersehen: al. Fórmula de despedida con un significado parecido a "hasta pronto".

al gratin: fr. Término culinario que se refiere a la capa de queso o pan rallado que se pone a un plato antes de meterlo al horno.

au revoir: fr. Fórmula de despedida que equivale a "hasta la vista".

aurora astralis: lat. Fenómeno celeste con manifestaciones eléctricas que ocurre en el polo sur.

aurora borealis: lat. Fenómeno celeste con manifestaciones eléctricas que ocurre en el hemisferio norte.

autres temps, autres moeurs: fr. Otros tiempos, otros modos. Significa que las costumbres cambian con las épocas, y que las pautas del pasado no sirven para el presente.

avante-garde: fr. Vanguardia. Se aplica a todo movimiento estético avanzado.

avanti: it. ¡Adelante!

axis mundi: lat. El eje del mundo.

baby sitter: ing. Se denomina así a la persona que cuida niños.

bacillus: lat. Bacilo, bacteria en forma de bastoncito recto o curvo.

background: ing. Se refiere al fondo social o cultural de una persona.

back-up: ing. Se llaman así a las copias de seguridad en informática. Consiste copiar información de un soporte a otro.

bacon: ing. Tocino.

balalaika: rus. Nombre de un instrumento eslavo semejante a una guitarra, con caja triangular y tres cuerdas.

ballon d'essai: fr. Globo de prueba. Se refiere a un comentario que se difunde para saber cómo responde o reacciona a ella la opinión de los interesados.

barman: ing. Se llama así al hombre que atiende en la barra de un bar.

BASIC (Beginners' All Purpose Simbolic Instruction Code): ing. Uno de los lenguajes utilizado en la informática. Es un código de instrucciones destinado a los principiantes para satisfacer todos los fines.

beau geste: fr. Gesto generoso.

beige: fr. color marrón claro.

bel canto: it. Se aplica al canto que se caracteriza por su especial brillo y sonoridad. En general se utiliza para la escuela de canto de las óperas clásicas.

best-seller: ing. Más vendido. Se aplica a un libro que ha sido muy vendido.

bidet: fr. Elemento de porcelana en el cuarto de baño que las personas utilizan para higienizarse, sentándose a horcajadas sobre el mismo.

bikini: ing. Traje de baño de dos piezas para mujeres.

bistro: fr. Una taberna.

bit: ing. Unidad mínima de información, en informática, que consiste en una variante binaria, cuando se responde a una pregunta sí o no. Proviene de una contracción de su definición inglesa "Binary digit".

blazer: ing. Prenda de vestir que consiste en una chaqueta tipo americano.

blend of: ing. Mezcla de.

blister: ing. Sistema de envasado formado por dos láminas, una de PVC en que se insertan las unidades a empaquetar y otra de aluminio en la que se imprime el nombre del producto envasado.

blues: ing. Tipo de música creada por los negros en el sur de Norteamérica.

bluff: ing. Mentira.

body: ing. Cuerpo. Se utiliza para designar una prenda femenina con forma de maillot que cubre desde la ingle hasta los hombros.

boîte: fr. Caja. Se designa con este nombre a un club o local donde se baila.

bona fide: lat. De buena fe, sinceramente.

bonhomie: fr. De buen carácter.

bonsai: jap. Arte japonés que consiste en construir jardines en miniatura con árboles enanos que se obtienen por la poda de sus raíces.

bon vivant: fr. Persona que disfruta de los placeres de la vida.

bon voyage: fr. Buen Viaje. Saludo de despedida a una persona que sale de viaje.

booking: ing. Reserva de plazas o localidades en un hotel, local o medio de transporte.

boom: ing. Explosión. Se utiliza para designar un gran escándalo o un gran éxito.

bouquet: fr. Aroma de un vino.

boutade: fr. Arrebato de ira o de rabieta. A veces se refiere a una acción poco esperada.

boutique: fr. Tienda pequeña donde se venden prendas de vestir, generalmente de carácter exclusivo.

box-office: ing. Taquilla.

brandy: ing. Bebida muy alcohólica destilada del vino de uva.

brut: fr. Champán extraseco.

buffer: ing. En informática se refiere a un tipo de memoria que tanto puede almacenar datos como suministrarlos para que sean procesados.

bungalow: ing. Casa o caseta de madera, de un piso, situada generalmente en una zona de veraneo y que se alquila por temporadas cortas.

bureau: fr. Pupitre. Se utiliza para designar una oficina pública. De esta palabra proviene "burocracia".

bus: ing. En informática se refiere al conjunto de los conductores eléctricos que se encuentran en la CPU de un ordenador, mediante los cuales se realizan intercambios de información entre los distintos elementos del mismo.

byte: ing. En informática se refiere a una unidad de memoria compuesta por ocho bits consecutivos que se utiliza para almacenar un carácter. Es la unidad de medida que se emplea para medir la capacidad de memoria de los ordenadores. Con un byte se pueden representar 255 situaciones distintas.

cameraman: ing. Técnico que maneja una cámara en cine o televisión.

camera obscura: lat. Aparato que permite proyectar una imagen coloreada a través de un pequeño agujero o de una lente sobre una superficie adecuada en una habitación oscura.

camouflage: fr. Término militar que indica la disimulación de ciertos objetos durante la guerra, como hojas en los cascos, pintura negra en el rostro, etc. Este término se extiende a cualquier tipo de disfraz que intenta disimular la apariencia de un objeto o una persona.

camping: ing. Lugar para acampar con tiendas o carpas. Modalidad de vida al aire libre.

LOCUCIONES

campus: lat. Zonas verdes que rodean un colegio o una universidad. También se refiere a las viviendas de profesores y alumnos que se concentran en esas zonas.

canapé: fr. Sofá con respaldo alto. También se designa con este nombre a una tostada preparada con algo sabroso.

cantábile: it. Término musical que designa un estilo vocal suave y fluido. También se refiere a una composición musical en dicho estilo.

cantata: it. Composición musical coral.

cappuccino: it. Bebida con café negro y leche o crema batida de manera que resulta espumosa. Este nombre deriva del hábito marrón de los frailes capuchinos.

caprice: fr. Capricho.

capriccio: it. Se refiere a una composición libre interpretada con vivacidad.

carpe diem: lat. Aprovecha el día. El poeta latino Horacio utilizó esta expresión para indicar que la vida es breve y que hay que gozar de ella en todo momento.

carrousel: fr. Se refiere a una actividad festiva en la cual un grupo de carrozas o coches ornamentales hacen un recorrido por las calles de un pueblo o ciudad. Suele estar acompañada de bandas de música y de grupos con disfraces diversos.

carte blanche: fr. Significa "tener carta blanca" para hacer algo. Es decir, total libertad de acción.

cash: ing. Se refiere al dinero en efectivo.

casino: it. Club o casa de juego donde se apuesta dinero. Los juegos son de azar, como ruleta, naipes, etc.

cassette: fr. Caja de plástico para cinta magnética, de audio o de imagen y audio, que va insertada en un estuche, lista para reproducir una grabación previa o para ser grabada.

cast: ing. Se refiere al reparto de actores y actrices que intervienen en un film.

casus belli: lat. Causa de guerra. Se utiliza para referirse a un acto que puede provocar una guerra.

catch: ing. Término utilizado en deportes que se refiere a una modalidad de lucha libre en la que participan cuatro luchadores en equipos de dos.

causa causans: lat. Se refiere a la causa real que opera en una determinada circunstancia para producir un efecto.

CD (Compact Disc): Disco compacto de no más de 12 cm de diámetro que almacena información de imagen y/o sonido.

censor: lat. Se refiere al funcionario que se dedica a prohibir libros, filmes, programas de televisión.

c'est à dire: fr. Es decir.

c'est la commencement de la fin: fr. Es el comienzo del fin. Palabras con que Talleyrand se refirió a las primeras derrotas de Napoleón en España.

c'est la vie: fr. Así es la vida. Se utiliza cuando se quiere decir que la vida es imprevisible.

chaise-longue: fr. Tipo de sofá con respaldo y un solo brazo.

chalet: fr. Casa pequeña construida en madera siguiendo el modelo de las casas de los campesinos suizos.

chantilly: fr. Término culinario. Crema espesa que se obtiene batiendo crema, clara de huevo y azúcar.

chauffer: fr. Chofer.

che sará, sará: it. Lo que será, será.

chef: fr. Jefe de cocina de un restaurante o de un hotel.

chef d'ouvre: fr. Obra maestra.

cherchez la femme: fr. Buscad a la mujer. Expresión que creó A. Dumas en su novela "Los mohicanos de París" y que se usa para indicar maliciosamente que un hombre ha realizado un acto bajo la influencia de una mujer.

chewing gum: ing. Goma de mascar.

chic: fr. Se refiere a la persona que es elegante, con estilo.

chiffon: fr. Tipo de seda muy fina que se utiliza en la confección de prendas de vestir.

chiffonier: fr. Mueble con estanterías inferiores, fondo de espejo y parte superior de mármol.

chi lo sa?: it. ¿Quién lo sabe? Se utiliza para expresar ignorancia sobre determinado asunto.

chip: ing. En informática se designa así a una pequeña placa de silicio sobre la que se montan sistemas electrónicos en forma de circuitos integrados.

ciao: it. Hola, adiós. Se usa como saludo, tanto al encontrarse como al despedirse.

cicerone: lat. Persona que indica al visitante todos los sitios y objetos de interés. Guía turístico.

cinéma-vérite: fr. Se refiere a una manera de filmar hechos reales.

cinquecento: it. Mil quinientos. En arte se emplea este término para designar el período artístico italiano que abarca el siglo dieciséis.

clan: ing. Grupo, tribu.

claque: fr. Personas a las que se les paga para aplaudir.

cliché: fr. Se utiliza para expresiones y opiniones que se repiten aunque no tengan fundamento. También se designan así a los negativos de la película fotográfica.

clinch: fr. Término que se utiliza en boxeo cuando uno o ambos boxeadores bloquean los brazos del contrario para impedir que los mueva.

close: ing. Cerrar.

cogito ergo sum: lat. Pienso luego existo. Frase utilizada por el filósofo francés Renee Descartes en su "Discurso del método" y sobre la cual construyó su discurso filosófico.

coiffeur: fr. Peluquero.

collage: fr. Técnica plástica mediante la cual se pegan objetos y materiales en una superficie como parte de un cuadro.

commedia dell'arte: it. Comedia de habilidad. Se utiliza para designar un género especial de comedias en que se señalaba únicamente el asunto, dejando a cargo de los actores la improvisación del diálogo.

comme il faut: fr. De acuerdo con las normas aceptadas en cuanto a comportamiento social.

comic: ing. Técnica narrativa basada en pictogramas o viñetas en las cuales se puede introducir escritura para expresar la palabra oral o como apoyo del texto.

computer: ing. Ordenador.

connoisseur: fr. Un entendido en arte.

container: ing. Enorme recipiente en el que los habitantes de la ciudad pueden arrojar objetos inservibles. También se aplica a los recipientes que se utilizan para transportar mercaderías de exportación.

copyright: ing. Voz de uso internacional con la que se indica que han sido registrados legalmente los derechos exclusivos de publicación, reproducción o venta de una obra literaria o artística.

LOCUCIONES

corner: ing. Término futbolístico que se refiere a un saque de esquina y que se origina cuando uno de los jugadores lanza la pelota por la línea de fondo.

coup d'État: fr. Golpe de estado. Se refiere al asalto al poder por parte de las fuerzas armadas.

coup de théâtre: fr. Golpe de teatro. Se refiere a un hecho imprevisto, a un gran golpe de efecto.

crack: ing. Se emplea para designar una gran quiebra financiera.

credit card: ing. Tarjeta de crédito.

crème de la crème: fr. La flor y nata. La élite de la sociedad.

crescendo: it. En música se designa así al aumento progresivo en el volumen de la música.

crêpe: fr. Clase de gasa de seda con pequeñas arrugas. Torta fina hecha de harina, huevos, leche, que se come sola o con relleno.

croissant: fr. Pasta en forma de medialuna.

croquet: fr. Juego en el cual una serie de bolas de madera deben pasar por unos aros mediante golpes de mazo.

croquis: fr. Esbozo, bosquejo.

cross: ing. Cualquier tipo de competición a pie o en vehículo a campo abierto.

croupier: fr. Empleado de un casino que supervisa el juego, acepta las apuestas y reparte las ganancias.

cuisine: fr. Cocina. Se refiere a un estilo de cocina, también a los recursos culinarios de una persona o un establecimiento.

cul-de-sac: fr. Callejón sin salida.

curia: lat. Grupo de oficiales eclesiásticos que forman el séquito del Papa o de un obispo.

curriculum vitae: lat. Carrera de vida. Es el conjunto de referencias y antecedentes de una persona, como edad, estudios cursados, logros profesionales, etc.

da capo: it. Desde el principio. Se usa en música para indicar que, cuando se llega a cierta parte del trozo musical que se ejecuta, se debe volver otra vez al principio.

dance macabre: fr. El baile de la muerte. Es una representación alegórica de la muerte en la que todos los hombres se dirigen bailando hacia la tumba.

débâcle: fr. Desastre, catástrofe o ruina repentina.

début: fr. Estreno. La primera representación de una obra, o la primera actuación de un músico o un actor ante el público.

de facto: lat. De hecho. Se opone a *de jure*, de derecho.

de gustibus non est disputando: lat. No hay que discutir sobre gustos. Proverbio que utilizaban los escolásticos de la Edad Media para indicar que cada uno es libre de opinar como le parezca.

de jure: lat. De acuerdo con la ley, por derecho.

dei gratia: lat. A Dios gracia, por la gracia de Dios.

déjà vu: fr. Visto con anterioridad. Se utiliza para explicar la sensación que se siente cuando uno cree haber estado antes en un lugar o haber vivido ya la misma situación. Se aplica a algo que no sorprende, que resulta muy conocido.

de luxe: fr. De lujo.

démodé: fr. Se utiliza para algo pasado de moda, anticuado.

de plano: lat. Sin dificultad. Se utiliza en el lenguaje jurídico para señalar que se hace una cosa al momento, sin trámites ni formalidades.

de profundis: lat. Desde el fondo del abismo. Primeras palabras del salmo 129 que se reza en los oficios por los difuntos.

dernier cri: fr. Último grito. Se utiliza en moda, literatura y arte para referirse a lo más reciente o novedoso.

diskette: ing. Disco flexible frecuentemente utilizado en computadoras pequeñas.

divide ut regnes: lat. Divide para reinar. Máxima política de Maquiavelo. También se dice: *"Divide ut imperes"*.

dixi: lat. He dicho. Voz con la que solía terminarse un discurso, un razonamiento, etc.

dolce far niente: it. La agradable ociosidad.

Dominus tecum: lat. El señor sea contigo. Palabras con que antiguamente se saludaban los estudiantes y los clérigos.

do ut des: lat. Doy para que des. Expresa que el móvil de una acción aparentemente generosa contiene la esperanza de la reciprocidad.

dura lex, sed lex: lat. Dura es la ley, pero es la ley. Aforismo que se usa para recordar que aun cuando un precepto legal nos resulte penoso, hay que someterse a él.

eau de cologne: fr. Agua de colonia.

ecce homo: lat. He aquí el hombre. Palabras de Pilatos al presentar a los judíos a Jesús, con una caña por cetro y una corona de espinas. Se utiliza para designar a una persona de aspecto lamentoso.

ego: lat. Yo. Término que utilizó Freud, el creador del psicoanálisis, para designar a la personalidad subjetiva.

élan vital: fr. Fuerza vital.

enfant gâte: fr. Niño mimado. Se aplica a un niño excesivamente mimado por sus padres. Por extensión se dice de la persona que se ha captado de modo extraordinario las simpatías del público.

enfant terrible: fr. Persona de comportamiento anticonvencional y fuera de las reglas sociales.

English spoken: ing. Se habla inglés.

en route: fr. En ruta.

Eppur si muove!: it. ¡Y sin embargo se mueve! Palabras atribuidas a Galileo cuando se le obligó a retractarse por haber dicho que la Tierra giraba sobre sí misma, contradiciendo las Escrituras.

ergo: lat. Por lo tanto, por consiguiente.

errare humanum est: lat. El errar es propio del hombre. Expresión que se emplea para disimular o disculpar los errores de los hombres.

erratum (pl. errata): lat. Error. En los libros impresos se utiliza en plural para señalar las correcciones de errores en las páginas.

espresso: it. Exprimido. Se refiere al café hecho mediante una cafetera a vapor en la que el agua hirviendo pasa por un filtro que contiene los granos de la sustancia.

esprit de corps: fr. El sentimiento de lealtad de los miembros de una asociación, grupo, etc. a sus tradiciones e intereses comunes.

establishment: ing. Lo establecido. Se refiere a la sociedad establecida, las clases que dirigen o el centro de poder efectivo.

et caetera/et cetera: lat. Y el resto. Etcétera.

LOCUCIONES

et tu, Brute!: lat. ¡Tú también, Bruto! Expresión que se le atribuye a Julio César cuando reconoció a Bruto (su amigo y se sospecha que su hijo) entre sus asesinos. Se utiliza como reproche a un amigo que ha traicionado.

eureka: gr. ¡Lo encontré! Expresión que se atribuye a Arquímedes cuando descubrió las leyes del peso específico de los cuerpos.

ex: lat. Preposición que significa fuera de, negación o privación. Se la utiliza generalmente antepuesta y unida a otra palabra.

ex abrupto: lat. De improviso, bruscamente. Generalmente se utiliza para algo inconveniente o inesperado que se dice de manera vivaz.

ex aequo: lat. Con igual mérito.

ex animo: lat. De corazón, sinceramente, sin reservas.

ex cathedra: lat. Desde la cátedra. Algo que se dice con solemnidad. Generalmente se utiliza para calificar un lenguaje pedante y suficiente.

exchange: ing. Cambio de divisas.

ex corde: lat. De corazón.

exit: lat. Salida.

ex libris: lat. Se encuentra en algunos libros con el nombre o iniciales de su dueño.

ex professo: lat. Se utiliza para designar un acto realizado intencionadamente.

extra muros: lat. Fuera de las murallas. Parajes situados fuera de las ciudades.

ex voto: lat. Ofrenda que los feligreses cuelgan en las paredes de los templos por algún beneficio recibido.

facsimile: lat. Copia exacta de algo.

factotum: lat. Persona que ejerce varios cargos. Alguien de confianza que lleva adelante los negocios.

fair-play: ing. Juego limpio.

falsetto: it. En música designa la voz que canta en tonos más altos que el natural.

faquir: arab. Hombre pobre. Asceta.

fashion: ing. Moda.

fast food: ing. Comida rápida. Se utiliza para el tipo de comida que se consume en restaurantes, generalmente en la barra.

feed-back: ing. Retroalimentación, retrocontrol. Proceso por el cual la respuesta obtenida ante determinados datos informativos es capaz de modificar un comportamiento.

feeling: ing. Presentimiento, intuición.

fête: fr. Festival, fiesta.

fête galante: fr. En arte se utiliza para aquellas representaciones pictóricas en las que se plasman escenas de baile, música y amor en un marco rural.

fiat lux: lat. Hágase la luz. Expresión tomada del Génesis. Se emplea para expresar la admiración por un descubrimiento o progreso notable.

fifty-fifty: ing. Mitad y mitad.

five o'clock tea: ing. El té de las cinco. Costumbre inglesa que consiste en una merienda que se toma a las cinco de la tarde, en la que es infaltable el té.

flash: ing. Súbito haz de luz. En fotografía se refiere a lámparas especiales que se utilizan para fotografiar interiores poco iluminados. Fugaz visión o imagen mental. Relámpago, destello.

flash-back: ing. En literatura y cine se refiere a la discontinuidad temporal, combinando escenas pasadas con presentes.

flash forwards: ing. En literatura y cine se refiere a la combinación de escenas del presente con escenas del futuro.

flic: fr. Término coloquial con el que se designa a los policías franceses.

flou: fr. Técnica fotográfica en la que la foto aparece difuminada.

folk: ing. Todo lo que tiene que ver con el pueblo de un país o región. Generalmente de aplica a la música más tradicional. En los años 60 y 70 la música folk tuvo un gran auge en los Estados Unidos y en algunos casos se relacionó con la canción de protesta.

fondue: fr. Término culinario. Designa un plato que tiene como base el queso fundido caliente en el que se mojan trozos de pan.

footing: ing. Tipo de deporte que consiste en caminar rápido.

foreground: ing. En informática se refiere al modo de trabajo de los ordenadores en el que se mantiene un contacto permanente entre el operador del terminal y el ordenador.

for ever: ing. Para siempre.

for president: ing. Para presidente.

for sale: ing. Se vende.

forse che si forse che no: it. Puede que sí, puede que no.

fortiter in re, suaviter in modo: lat. Energía en la acción, suavidad en el modo. Expresión que se usa para indicar que las decisiones enérgicas deben ser acompañadas con maneras suaves. Regla de conducta que adoptó la Compañía de Jesús hacia 1.600.

fortran (formula translation)**:** ing. En informática se llama así al lenguaje de programación técnico-científico.

Fortunate senex!: lat. ¡Dichoso anciano! lat. Expresión utilizada por Virgilio en las Églogas para designar a un anciano que disfruta de una vejez tranquila después de una vida virtuosa.

forum: lat. Lugar de asamblea en una ciudad romana. Se utiliza para designar la discusión abierta sobre temas serios.

frappé: fr. Hielo picado.

Frailty, thy name is woman!: ing. ¡Fragilidad, tu nombre es mujer! Palabras que dice Hamlet en la obra homónima de Shakespeare y se refieren a una supuesta inconstancia de la mujer.

four in hand: ing. Cuatro en mano. Locución con que se designa un tiro de cuatro caballos.

gag: ing. Se refiere a situaciones cómicas que se producen en una actuación teatral o en una película.

game: ing. Juego.

garden center: ing. Vivero y negocio de venta de plantas, semillas y utensilios de jardinería.

gaudeamus igitur, juvenes dum sumus: lat. Disfrutemos, pués, mientras seamos jóvenes. Comienzo de una canción de los estudiantes alemanes.

gay: ing. Se emplea para referirse a las personas homosexuales.

geisha: jap. Mujer japonesa educada para distraer y complacer a los hombres.

glamour: ing. Encanto y atractivo sexual de una persona.

glissez, mortels, n'apuyez pas: fr. Deslizaos, mortales, no piséis fuerte. Locución que se utiliza para expresar que hay que saber pasar sobre muchas cosas sin ser muy exigentes.

Go ahead!: ing. ¡Adelante! Locución que se utiliza para estimular o animar.

LOCUCIONES

God save the King! (o the Queen!): ing. ¡Dios salve al rey! o a la reina. Palabras con las que comienza el himno nacional inglés.

go home: ing. Vuelve a casa.

good bye: ing. Adiós.

Government of the people, by the people, for the people: ing. Gobierno del pueblo, por el pueblo, para el pueblo. Palabras con las que Abraham Lincoln definía a la democracia.

graffiti: it. Dibujos o escritos hechos en las paredes, en lugares públicos, generalmente de carácter provocativo.

grappa: it. Bebida alcohólica italiana.

grand guignol: fr. Tipo de teatro que se caracteriza por una representación esperpéntica.

grand prix: fr. Se refiere a la carrera internacional de automovilismo más importante y conocida.

groggy: ing. Se utiliza en boxeo para referirse al boxeador que pierde sus plenas facultades mentales.

grosso modo: lat. De un modo imperfecto, no muy preciso. Se refiere a la observación superficial de los hechos, cuando se habla sin precisión, en rasgos generales.

guru: ing. Maestro espiritual hindú. Jefe de una secta religiosa.

habeas corpus: lat. Derecho de todo ciudadano, detenido o preso a comparecer inmediatamente ante un juez o tribunal para que se determine si su arresto fue o no legal, y si debe levantarse o mantenerse.

habemus pontificem: lat. Tenemos pontífice. Fórmula con que se anuncia al mundo que ha sido elegido un nuevo Papa.

habitat: lat. Designa el lugar nativo de plantas y animales.

hall: ing. Vestíbulo, recibidor.

hand ball: ing. Deporte de pelota que se juega con las manos.

handicap: ing. Desventaja, obstáculo, inconveniente. En algunos deportes con caballos es la ventaja que se da en peso, tiempo o distancia para igualar la partida.

happy end: ing. Final feliz.

happy hour: ing. Hora feliz. En un establecimiento público, una hora determinada en que las consumiciones se pagan para igualar la partida.

hara-kiri: jap. Suicidio ceremonial en el que se utiliza un sable.

hard-rock: ing. Rock duro. Variante de este tipo de música que consiste en la repetición de un ritmo a muchos decibeles, con más énfasis en la potencia que en la parte puramente musical.

hardware: ing. En informática, la parte material de un ordenador. Incluye todos los elementos físicos del sistema: circuitos periféricos, canales de comunicación, dispositivos de memoria.

hash: ing. En informática se refiere a un algoritmo que permite asociar un nombre a un número.

hashish: arab. Droga que se extrae de las hojas y las semillas del cáñamo indiano con propiedades narcóticas. El preparado se fuma o se toma en forma de infusión.

haute couture: fr. La alta costura.

haute cuisine: fr. La alta cocina.

herbarium: lat. Colección y clasificación de plantas secas.

Hic jacet: lat. Aquí yace. Primeras palabras de las inscripciones de las sepulturas.

hi-fi: ing. Abreviatura de *high fidelity* que quiere decir alta fidelidad. Sistema que se utiliza para grabar y reproducir sonido.

high life: ing. Vida elevada. Se usa para referirse a la aristocracia, al gran mundo.

hippie: ing. Persona que adhirió al movimiento originario en el sur de California en los años 60, que expresaba una nueva filosofía de la vida basada en el amor libre y universal, el antimilitarismo y el rechazo a la sociedad de consumo.

hit: ing. Se refiere a un éxito, sobre todo en la música.

hit-parade: ing. Álbum musical o tema musical que va primero en las ventas.

hobby: ing. Afición preferida; pasatiempo.

hoc erat in votis: lat. Esto estaba en mis deseos. Palabras del poeta latino Horacio. Suelen citarse para referirse a algo que se deseaba y que se realizó.

holding: ing. Conjunto de empresas que pertenecen a una misma sociedad financiera.

home made: ing. Hecho en el país. Fórmula comercial con la que se indica en Inglaterra que un producto es de fabricación nacional.

home, sweet home: ing. Hogar, dulce hogar. Comienzo de una canción popular cuyo autor es un norteamericano de Nueva York, John Howard Payne (1792-1852).

homo homini lupus: lat. El hombre es un lobo para el hombre. Palabras de Plauto con las que expresa que el hombre es peor que las fieras con sus semejantes.

homo ludens: lat. Se refiere a la capacidad de juego de las personas.

homo sapiens: lat. El hombre racional; el hombre como se lo concibe actualmente, con la facultad de pensar y razonar.

honores mutant mores: lat. Los honores cambian las costumbres. Se emplea para indicar que los hombres que alcanzan mayor fortuna cambian de amigos y de costumbres.

honoris causa: lat. Título universitario otorgado a una persona que se le reconocen méritos públicos, sin que haya dado un examen.

hot-dog: ing. Perro caliente. Designa al sandwich de salchicha con guarnición, mostaza, etc.

id(em): lat. Lo mismo. Fórmula que se utiliza para evitar repeticiones.

i.e (id est): lat. Es decir.

ignoti nulla cupido: lat. No se desea lo que no se conoce. Locución tomada del poeta latino Ovidio y que expresa que la ignorancia es a menudo la causa de la indiferencia.

il fine giustifica i mezi: it. El fin justifica los medios. Locución atribuida a Maquivelo con la que quería significar que el logro de algo muy ansiado justifica el esfuerzo o sacrificio que se hace para alcanzarlo. La interpretación equivocada es que el fin justifica los medios ilícitos.

imago: lat. Un perfecto o típico ejemplo de algo.

impasse: ing. Se dice de aquellas situaciones en las que no se ve salida.

imperium in imperio: lat. Un Estado dentro del Estado. Se utiliza para designar una colectividad, institución o casta que pretende actuar fuera de la ley común e independientemente del Estado organizado.

in absentia: lat. En ausencia del interesado.

in abstracto: lat. En abstracto. Referido a algo en forma genérica, no de manera concreta.

in albis: lat. En blanco. Expresión que se utiliza para indicar que no se ha entendido nada de lo visto, leído u oído.

in articulo mortis: lat. En la hora de la muerte.

incipit vita nova: lat. Palabras que utiliza Dante en Vita Nuova y suelen citarse para indicar un cambio inminente de vida o de estado de las cosas.

index nominum: lat. Índice de nombres mencionados en un libro.

LOCUCIONES

indoor: ing. Ciertas competiciones deportivas que se llevan a cabo en lugares cerrados.

in excelsis: lat. En el más alto grado.

in extenso: lat. Exhaustivamente, completamente.

in extremis: lat. En los últimos instantes. Expresión que se utiliza para señalar algo que se ha hecho momentos antes de morir.

in hoc signo vinces: lat. Con este signo vencerás. Inscripción que Constantino mostró a sus huestes antes de entrar en combate con Majencio. Se utiliza para referirse a un lema o bandera con que lograr el triunfo de una determinada causa o idea.

in illo tempore: lat. En otros tiempos, hace tiempo.

in loco parentis: lat. En lugar del padre. Se aplica a las personas que asumen las responsabilidades o autoridad del padre verdadero.

in memorian: lat. A la memoria de. Escrito dedicado a alguien que ha muerto.

in pace: lat. En paz. Así se designaba el lugar donde eran encerrados para toda su vida ciertos delincuentes en la Edad Media.

in promptu: lat. De pronto. Repentinamente, de improviso.

input: lat. Entrada. Término informático que se refiere a los datos suministrados a un ordenador para que realice determinadas operaciones.

in rerum natura: lat. En la naturaleza de las cosas.

in sæcula sæculorum: lat. Por los siglos de los siglos. Suele emplearse en sentido figurado para expresar la gran duración de una cosa.

in situ: lat. En el sitio. Se utiliza para indicar que algo se realiza en el propio lugar.

intelligentsia: rus. Sector de la sociedad que posee un intelecto superior y puntos de vistas avanzados en política.

inter alia: lat. Entre otras cosas.

interface: ing. Dispositivo electrónico que permite la interconexión entre los distintos elementos de un sistema informático.

inter nos: lat. Entre nosotros.

interposita persona: lat. Persona interpuesta. Se utiliza para indicar a la persona que hace algo en nombre de otra.

interregnum: lat. Intervalo entre dos reinos o gobiernos durante el cual hay un gobierno provisional. También se utiliza cuando hay una suspensión de la autoridad, una ruptura en la continuidad.

intra muros: lat. Dentro de las murallas. Se refiere generalmente a la política de una institución.

in vacuo: lat. Se refiere a experimentos en el vacío. También se utiliza para un argumento que no tiene en cuenta el contexto o la circunstancia particular.

in vino veritas: lat. Hay verdad en el vino. Se utiliza para expresar la incapacidad de una persona para fingir cuando está ebria.

in vitro: lat. En el vidrio. Se utiliza cuando se indica que un experimento se realiza en tubo de ensayo.

in vivo: lat. En el ser vivo. Se refiere a los experimentos realizados en un organismo.

IPL (inmediate program load): ing. Carga inmediata de programa. En informática es el proceso de arranque del sistema en el que se recarga el programa supervisor.

ipso facto: lat. Por el hecho mismo. Algo que se realiza en el momento.

ipso jure: lat. Por la ley misma. Se dice de lo que no necesita resolución judicial por hallarse expreso en la ley misma.

item: lat. También. Lo que engloba cada uno de los títulos de un catálogo.

ius gentium: lat. Derechos de gentes. En el derecho se aplica al internacional.

j'accuse: fr. Yo acuso.

jam session: ing. Sesión de jazz en la cual los músicos improvisan durante el desarrollo del tema.

jet set: ing. Se designa así a la clase alta de la sociedad que asiste a reuniones sociales, que viaja con frecuencia y pasa vacaciones en lugares privilegiados.

jiu-jitsu: jap. Técnica de defensa japonés que consiste en utilizar la fuerza del adversario para vencerlo.

jockey: ing. Persona cuyo oficio es montar caballos de carreras.

jogging: ing. Deporte en el que se combina la carrera con cierta gimnasia.

joie de vivre: fr. Alegría de vivir.

John Bull: ing. Expresión que tiene su origen en la obra de John Arbuthnot (1727), titulada así, y que terminó por convertirse en la designación colectiva del pueblo inglés.

juge d'instruction: fr. Juez de instrucción. Magistrado que examina las evidencias presentadas contra una persona acusada de haber cometido un delito para decidir si es necesario un juicio.

jour de fête: fr. Día de fiesta. Se refiere en general a aquellos días en los que se celebra una fiesta en honor a un santo.

jure et facto: lat. De derecho y de hecho. Se aplica a quien ejerce una función de hecho y por derecho.

jus gentium: lat. Derecho de gentes. Se designaba así al derecho que Roma aplicaba a los extranjeros en la Edad Media. Hoy se denomina así al derecho internacional.

jus privatum: lat. Derecho privado. Derecho civil que rige entre particulares.

jus publicum: lat. Derecho público. Derecho político, común a todos los ciudadanos.

kaiser: al. Nombre que se le daba al emperador de Alemania o Austria.

kamikaze: japonés. Avión suicida cuyo piloto se enfrenta a una muerte segura al destruir a su enemigo.

karate: japonés. Sistema de defensa que consiste en dañar golpeando los nervios vitales del cuerpo del opositor con el borde de la palma de la mano.

karma: sánscrito. Suma total de las acciones budistas realizadas en una encarnación, las cuales determinan la suerte en la próxima. Es por eso que al *karma* se lo asocia con el destino.

kermesse: fr. Feria o carnaval anual que tiene lugar en los Países Bajos.

kategorischer imperativ: al. Imperativo categórico. Palabras del filósofo Kant con las que se enuncia una acción buena por sí misma que tiene un valor intrínseco y debe, por consiguiente, cumplirse independientemente de cualquier otra consideración.

kilobyte: ing. En informática es una unidad de memoria compuesta por 1.024 bytes.

kitsch: ing. En arte se designa así a la estética del mal gusto. También se lo utiliza para indicar el mal gusto en la decoración o en el vestir.

knock out (KO): ing. En boxeo indica que el combate se da por finalizado cuando uno de los boxeadores deja sin sentido al otro.

Kyrie eleison!: gr. ¡Ten piedad, Señor! Invocación que hace varias veces el sacerdote durante el sacrificio de la misa.

LOCUCIONES

la belle époque: fr. La bella época. Período que abarca desde 1890 hasta 1914, cuando culmina un modo de vida destruido por la primera guerra mundial.

labor omnia vincit improbus: lat. El trabajo tenaz todo lo vence. Palabras de Virgilio que se convirtieron en un proverbio.

la comédie humaine: fr. La comedia humana. Se refiere al panorama de la sociedad. Es el título de una serie de novelas de Balzac.

La parole a été donnée à l'homme pour déguiser ses pensées: fr. La palabra ha sido dada al hombre para disfrazar sus pensamientos. Locución de Voltaire en sus *Diálogos* donde expresó su concepto sobre el habla.

laissez faire, laissez passer: fr. Dejad hacer, dejad pasar. Expresión que se usa para señalar una política que se distingue por su tolerancia. Palabras atribuidas a Juan Claudio de Gournay, ministro de comercio francés en 1751 y que se convirtieron en el lema preferido de los librecambistas.

lapsus linguae: lat. Error de la lengua. Locución que se utiliza para referirse a los errores elocutivos cometidos por distracción.

latin lover: ing. Término que utilizó el cine de Hollywood para designar a un enamorado ardiente, vehemente, físicamente moreno y de procedencia supuestamente italiana.

lato sensu: lat. En sentido amplio. Locución que designa un concepto tomado en su sentido más amplio. Se usa en contraposición a *strictu sensu*, en sentido estricto.

l'État c'est moi: fr. El Estado soy yo. Repuesta del rey de Francia Luis XIV, quien sólo tenía entonces 17 años, a las observaciones del primer ministro que hablaba de los intereses del Estado.

libretto: it. En música se refiere al libro en el que figura la letra de una ópera.

liaison: fr. Relación, ligazón entre dos personas.

lied: al. Cancion popular dentro de la ópera.

light: Liviano. Actualmente se utiliza para calificar la comida sin grasas ni harinas y la bebida sin excitantes, como cafeína o alcohol. Si se refiere al tabaco se trata de cigarrillos con menos nicotina. El significado se extiende a un modo de vida sin compromiso social, posmoderna.

light and sound: ing. Luz y sonido.

link: ing. En informática se utiliza para designar un programa que permite introducir funciones y procesos a un programa en el que dichas funciones y procesos no han sido incorporados.

limousine: ing. Automóvil cerrado, muy largo, con cristales laterales.

lingua franca: it. Cualquier lengua que permite comunicarse a personas de diversas nacionalidades.

LISP (list processor): ing. En informática es un lenguaje de programación que tiene aplicación en la inteligencia artificial.

litterarim: lat. Literalmente, al pie de la letra.

live music: ing. Música viva. Se refiere a la música que no es grabada.

loc. cit. (loco citato): lat. En el pasaje citado. Se emplea para evitar la repetición de una referencia.

lockout: ing. Cierre de una empresa por decisión patronal durante una huelga o conflicto patronal para presionar a los trabajadores.

locus: lat. Lugar, sitio.

looping: ing. Acrobacia aérea que consiste en dar una vuelta de campana con el avión.

love story: ing. Historia de amor, con un exceso de romanticismo y sensiblería.

L'union fait la force: fr. La unión hace la fuerza. Expresión que figura en el escudo de armas de Bélgica.

lucri causa: lat. Acción llevada a cabo para conseguir dinero.

lunch: ing. Refrigerio. Generalmente consiste en un bufette libre.

made in: ing. Fabricado en. Leyenda en artículos de exportación que se utiliza para indicar el origen.

magister dixit: lat. Lo dijo el maestro. Expresión con que los escolásticos de la Edad Media presentaban las citas de Aristóteles como argumento irrefutable. En la actualidad se utiliza irónicamente para referirse a quien habla como un doctor aunque no tenga mérito para hacerlo.

magna servitus est magna fortuna: lat. Una gran fortuna es una gran servidumbre. Locución con la que Séneca advierte que la riqueza desmesurada convierte al hombre en esclavo de su ambición.

magnificat: lat. Himno dedicado a la Virgen.

maître: fr. Persona que se encarga de la organización del servicio en un restaurante y supervisa a los camareros.

malade imaginaire: fr. Hipocondríaco. Término que deriva de la obra homónima de Molière.

mal d'amour: fr. Se dice de las penas de amor.

mal du siècle: fr. Pesimismo que proviene de la conciencia de lo absurdo de la vida tal como es concebida en una determinada sociedad.

manager: ing. Persona encargada de velar por los intereses comerciales de otra u otras. Por ejemplo, el representante de un artista.

manus manum lavat: lat. Una mano lava a la otra. Se utiliza para significar que es más fácil realizar un trabajo o alcanzar un fin ayudándose mutuamente.

mare magnum: lat. Mar grande. Se emplea familiarmente para indicar una mezcla heterogénea de personas o cosas.

margaritas ante porcos: lat. Perlas a los cerdos. Locución tomada del Evangelio que se utiliza para expresar que es inútil hablar a los necios de cosas que no pueden comprender, o de ser delicado con gente grosera. En español se utiliza la expresión *"echar margaritas a los cerdos"*.

marketing: ing. Técnicas y estrategias que se emplean para la introducción y venta en el mercado de un determinado producto.

marron glacé: fr. Clase de dulce confeccionado con castañas confitadas.

mass media: ing. Expresión que se refiere a los medios de comunicación, como radio, televisión, periódicos, y que influyen en la opinión de la población.

match ball: ing. Se utiliza en tenis para designar a la pelota que consigue tanto y juego.

matinée: fr. Sesión cinematográfica o teatral que se celebra por la tarde.

mausoleum: lat. Sepulcro suntuoso de una familia o algún personaje público.

mauvais goût: fr. El mal gusto.

megabyte: ing. En informática es una unidad de medida que corresponde a 1.000.000 bytes.

Mehr licht: al. Más luz. Palabras que pronunció Goethe cuando se hallaba moribundo y pedía que abrieran una ventan para tener más luz. Se utilizan en el sentido de más luz intelectual, más claridad en las ideas, más ciencia.

mélange: fr. Mezcla, conglomeración de cosas heterogéneas.

LOCUCIONES

mens sana in corpore sano: lat. Alma sana en cuerpo sano. Expresión que se encuentra en las Sátiras de Juvenal cuando pide al cielo la salud del cuerpo con el alma. Se utiliza para indicar que la salud del cuerpo es muy importante para la del espíritu.

mezzo soprano: it. Cantante cuyo timbre de voz se ubica entre la soprano y la contralto.

milk: ing. Leche.

mise en scéne: fr. Juego, aparato escénico. Puesta en escena, representación teatral.

miserere: lat. El salmo 51. También se refiere a su arreglo musical.

missa cantata: lat. Término eclesiástico que se refiere a la misa acompañada de cantos corales.

mistral: fr. Viento frío y fuerte del noroeste.

modus operandi: lat. Forma de trabajar de una persona. En términos policiales indica el método característico con el que opera un criminal y que puede llevar a su detención.

modus vivendi: lat. Modo de vivir. Se usa en el sentido de regla de conducta, base o arreglo entre dos partes contrarias, y más especialmente para indicar la transacción a que han llegado, para vivir en paz, naciones que tienen intereses opuestos.

moiré: fr. Tejido de lana muy abierto.

mores: lat. Costumbres.

more suo: lat. A su manera.

morgue: fr. Depósito de cadáveres.

morituri te salutant: lat. Los que están por morir te saludan. Saludo que hacían los gladiadores al emperador.

motif: fr. Tema de una composición artística; idea que se repite; rasgo repetido de un dibujo regular.

motu propio: lat. Con impulso propio. Toda acción que se realiza voluntariamente y por decisión propia.

mouse: ing. Ratón. En informática se denomina así al dispositivo de entrada manual que se desplaza por una superficie lisa en cualquiera de los sentidos y direcciones bajo el control de la mano; los movimientos del ratón se utilizan para controlar un cursor en la pantalla.

mousse: fr. En cocina se refiere a un postre hecho con fruta, chocolate, batido con clara de huevo a punto nieve.

Mr.: ing. Abreviatura de mister, que significa señor en inglés.

Mrs.: ing. Abreviatura de señora.

much ado about nothing: ing. Mucho ruido para nada. Título de una comedia de Shakespeare. En español se dice *"mucho ruido y pocas nueces"*.

music-hall: ing. Espectáculo teatral con música, canciones y bailes.

mutatis mutandi: ing. Cuando se hayan realizado los cambios necesarios. Se alude a una norma que hay que modificar para que pueda ser utilizada en un conjunto de hechos nuevos.

naif: fr. Natural, sin afectación. Sencillo, ingenuo. En pintura se utiliza para designar un estilo casi infantil y muy colorido.

négligé: fr. Bata de mujer en lencería fina.

net: ing. En tenis significa cuando un servicio toca la red y cae en el campo contrario y en cuadro adecuado.

necessitas caret lege: lat. La necesidad no tiene ley. No es imputable contravenir la ley para satisfacer una necesidad vital.

new look: ing. Se dice de un nuevo estilo de vestir o de peinado. Nuevo aspecto.

nexus: lat. Un eslabón o conexión. Grupo de ideas o imágenes sugeridas por un solo estímulo.

nihil medium est: lat. No hay término medio. Se aplica cuando hay que elegir entre dos alternativas.

nihil novum sub sole: lat. No hay nada de nuevo bajo el sol. Expresión tomada del Eclesiastés y se atribuye a Salomón.

nihil obstat: lat. Nada se opone. Locución empleada por la censura eclesiástica para autorizar la impresión de un escrito o una obra literaria.

no comment: ing. Sin comentario.

noli me tangere: lat. No me toques. Se utiliza referido a personas o cosas de carácter religioso.

no man's land: ing. Tierra de nadie entre dos líneas beligerantes.

non bis in idem: lat. No dos veces por la misma cosa. Locución que se emplea en el lenguaje jurídico para expresar que nadie puede ser juzgado dos veces por la misma cosa.

non decet: lat. No conviene. Se utiliza para advertir a alguien que no debe hacer o decir algo porque es inconveniente.

non liquet: lat. Se utiliza para indicar que algo es oscuro o poco inteligible.

non erat hic locus: lat. No era éste el lugar. Locución que utilizó Horacio en el *Arte poética* y que se emplea para indicar lo inadecuado de algo.

non omnis moriar: lat. Expresión que utilizó Horacio en las Odas. El poeta dice que no morirá completamente ya que su obra lo sobrevivirá.

non placet: lat. No place. Fórmula empleada para dar un voto negativo en asambleas universitarias o eclesiásticas.

no return: ing. No devolución. Se utiliza para los envases vacíos de bebidas que no se devuelven.

nosce te ipsum: lat. Conócete a ti mismo. Versión latina de la inscripción griega que figuraba en el templo de Delfos y que se atribuye a Quilón, uno de los siete sabios de Grecia.

nouvelle vague: fr. Movimiento artístico del cine francés.

objet d'art: fr. Objeto de arte, generalmente pequeño, que se puede exhibir en una vitrina.

oderint, dum metuant: lat. Que me odien con tal que me teman. Palabras que Cicerón atribuyó al poeta trágico Accio. Se citan con referencia a los tiranos y dictadores que se saben odiados.

odi et amo: lat. Odio y amo. Expresión tomada de Catulo en uno de sus *Carmina*.

oeuvre: fr. Obra. La producción total de un artista.

off: ing. Se utiliza para indicar que un artefacto eléctrico está apagado. En las historietas o comics se refiere a un sonido que se introduce en la viñeta pero que no procede de ningún elemento de la misma. *Voz en off* se utiliza en filmes, vídeos y televisión, y se refiere a la voz de una persona que no aparece en la escena.

offset: ing. Sistema de impresión mecánico basado en procedimientos fotoquímicos.

off the record: ing. Expresión que se utiliza para un comentario que se dice confidencialmente o de manera no oficial.

omne ignotum pro magnifico: lat. Todo lo que no es conocido se tiene por magnífico. Locución empleada por *Tácito en Vida de agricola* que expresa cuánto nos atrae lo que ignoramos.

omnia mecum porto: lat. Todo lo mío llevo conmigo. Respuesta que dio Bías —uno de los siete sabios de Grecia— a sus conciudadanos que huían de Prenio, sitiado por Ciro, cargados con todos sus bienes. Se emplea para expresar que las verdaderas riquezas son las inherentes a la persona, como la sabiduría, la virtud, etc.

LOCUCIONES

omnia vincit amor: lat. Todo lo vence el amor.

on: ing. Se utiliza para indicar que un aparato está listo para funcionar.

on delay: ing. Con retraso. Se emplea en los aeropuertos, estaciones de ferrocarriles o terminales de autobuses para indicar que un medio de transporte no llega en el horario previsto.

on parle française: fr. Se habla francés.

on ne donne rien si libéralement que les conseils: fr. Nada se da con tanta liberalidad como los consejos. Palabras con que La Rochfoucauld criticaba a los que escatiman ayuda a un semejante pero en cambio son generosos en consejos.

on the rocks: ing. Sobre las rocas. Se utiliza cuando se sirve una bebida con cubitos de hielo.

onus probandi: lat. La obligación de hacer la prueba. Se utiliza en jurisprudencia para indicar que es a los acusadores a los que les corresponde probar algo y no a los acusados.

op art: ing. Tendencia pictórica de los años sesenta que consistía en la utilización de elementos abstractos geométricos y se basaba en los principios fundamentales de la percepción visual.

op.cit. (opere citato): lat. Obra citada. Se emplea para evitar la repetición de una referencia a una cita textual.

open: ing. Torneo deportivo en el que se permite la inscripción de participantes que no pertenezcan al club organizador.

opera buffa: it. Ópera cómica.

opera minora: lat. Las obras menores de un autor.

opera rock: ing. Obra musical en la que se canta con música de rock.

ora pro nobis: lat. Reza por nosotros. Invocación de la iglesia católica.

oratorio: it. Se refiere a una obra coral parecida a una ópera pero que no tiene acción ni escenario, generalmente basada en una historia de las Sagradas Escrituras.

origami: jap. Arte japonés que se hace con papel, cortándolo y doblándolo, para obtener formas diversas.

o si sic omnes! o sic omnia!: lat. ¡Si todos fueran así! Expresión que se utiliza para indicar que el mundo sería mejor si las personas se comportaran de tal manera.

osp: lat. Abreviatura de *obiit sine prole*, que significa *murió sin descendencia*.

o tempora, o mores!: lat. Expresión utilizada por Cicerón, filósofo e historiador romano, que significa ¡*En qué tiempos vivimos, cómo se comporta la gente!*

o ubi campi!: lat. ¡Oh! ¡Dónde están los campos! Palabras que utilizó Virgilio en las Geórgicas para expresar la nostalgia que siente en la ciudad por el campo.

out: ing. Se utiliza en tenis para referirse a una pelota que cayó fuera de la línea del campo.

output: ing. Salida, salidas. Término informático que se refiere a la información que proporciona el ordenador a partir de datos iniciales.

outsider: ing. Que está afuera. En las carreras, el deportista al que no se le ven posibilidades de vencer.

ovem lupo comittere: lat. Confiar las ovejas al lobo. Se utiliza cuando se confía el ciudado de intereses morales o materiales a quien es enemigo de ellos.

overbooking: ing. Cuando se reservan más plazas de la que realmente se disponen.

paddock: ing. Espacio cercado, adyacente a los establos de los hipódromos, donde se reúnen los caballos antes de la carrera.

panacea: lat. Deriva de una palabra griega que se refiere a un remedio universal para todos los males. Solución a todos los problemas.

pane lucrando: lat. Para ganar el pan. Se refiere a las obras artísticas que se hacen para ganar dinero, sin el cuidado necesario.

pantha rhei: gr. Todo corre. Axioma de la filosofía de Heráclito.

paria: tamil. Persona de la última casta de los indios brahmanes. En sentido figurado se designa así a una persona totalmente excluida de la sociedad.

Paris vaut bien une messe: fr. París bien vale una misa. Expresión que se adjudica a Enrique IV de Francia, que llegó al trono por convertirse al catolicismo. Se utiliza cuando se obtiene una ganancia material dejando de lados los principios.

partenaire: fr. Compañero de juego, de baile. Compañero femenino o masculino del protagonista en una película.

party: ing. Fiesta o reunión social.

parvenu: fr. Así se llama a un advenedizo o arribista. Generalmente una persona de origen humilde que llega a poseer riquezas y posición social alta.

pas de deux: fr. En ballet, baile de tres personas.

pas de quatre: fr. Danza para cuatro personas.

pas de trois: fr. Danza para tres personas.

pastische: fr. Obra artística que consiste en fragmentos de varios artistas o de diversas fuentes.

patchouli: tam. Nombre de un perfume de olor penetrante que se prepara con una planta de la península malaya.

paterfamilias: lat. El padre de la familia, jefe de un hogar.

pater pariae: lat. Padre de la patria.

patina: lat. Capa delgada de color aceitunado que la humedad y el tiempo van formando en los objetos de bronce. Tonalidad que el tiempo da a las pinturas al óleo. Tono similar que se da artificialmente.

patria potestas: lat. Poder que ejerce el padre sobre los hijos. Actualmente se refiere al derecho de la madre o del padre para asumir la responsabilidad en la educación, manutención y bienestar de los hijos.

pauca, sed bona: lat. Poco pero bueno. Se refiere a los escritores que producen pocas obras pero buenas.

pede pæna claudo: lat. El castigo es de pie cojo. Palabras de Horacio que expresan que, a veces, el castigo se demora, pero siempre llega.

peeling: ing. Pelando. Tratamiento estético que consiste en la eliminación de la capa de células muertas de la piel.

pensée: fr. Un pensamiento o reflexión que se expresa de manera literaria.

per accidens: lat. Por accidente o casualidad.

per annum: lat. Por año. Suma de dinero que se paga anualmente.

per capita: lat. Por cabeza. Se utiliza en la expresión *renta per capita* cuando está referida al producto bruto nacional dividido entre todos los habitantes de un país.

performance: ing. Actuación, rendimiento.

per iocum: lat. Por broma.

per obitum: lat. Por fallecimiento.

per se: lat. Por sí mismo. Sin consultar a nadie.

persona non grata: lat. Persona no bienvenida. Fórmula que se utiliza cuando una persona de resonancia pública no es aceptada en una organización, un lugar, un país, etc.

LOCUCIONES

persona muta: lat. Personaje de una obra teatral que no habla porque no tiene parlamento.

petit burgeois: fr. Pequeño burgués.

pianissimo: it. En música se trata de un fragmento muy suave, a bajo volumen.

piazza: it. Plaza pública.

picaresque: fr. Picaresca. Género literario de ficción en el cual el protagonista es una persona que se las ingenia para vivir y a la que le suceden numerosas aventuras.

pick up: ing. Brazo del tocadiscos.

pièce d'occasion: fr. Una obra literaria o musical realizada para un momento especial.

pièce noire: fr. Pieza negra. Obra dramática muy pesimista. Nombre que se le dio a ciertas obras del dramaturgo Jean Anouilh.

pièce rose: fr. Pieza rosa. Obra dramática optimista y de final feliz.

pied noir: fr. Así se llama a los europeos que viven en Argelia. Esta expresión proviene de los zapatos negros que usaban y que sorprendían a los nativos.

pierrot: fr. Tipo de payaso con la cara totalmente maquillada de blanco y vestido con un blusón de mangas anchas.

pietá: it. Representación artística de la Virgen sosteniendo a Jesucristo muerto entre sus brazos

pin-up: ing. Fotografía de una persona preferida o admirada que se cuelga en una pared. También se le dice a una persona de esas características.

PIO (paralel imput/output): En informática se refiere a la entrada/salida para conexión de periféricos en paralelo.

pizzicato: it. En música se refiere a la pulsación de las cuerdas del violín, la viola o el violoncelo con los dedos.

planetarium: lat. Edificio cerrado y abovedado en el que se reproduce y se muestra el movimiento y la posición de planetas y satélites por medio de un juego de luces.

planning: ing. Esquema de organización de una producción o de diferentes actividades.

plateau: fr. Recinto cubierto en los estudios cinematográficos donde se colocan escenarios para rodar una película.

playback: ing. Técnica de acoplamiento de un sonido pregrabado en conciertos musicales. Reproducción de una cinta magnética de imagen y/o sonido.

playboy: ing. Hombre de dinero que se dedica a los placeres de la vida.

play-off: ing. Competencia que se realiza una vez finalizada la liga deportiva entre los primeros cuatro equipos clasificados para que salga el campeón definitivo.

plein air: fr. En arte se refiere a la pintura realizada al aire libre.

plotter: ing. En informática se llama así a la parte del ordenador cuya función es imprimir gráficos.

plum-cake: ing. Pastel de ciruelas. Budín de uvas pasas que se hace para Navidad en Inglaterra.

plus minusve: lat. Más o menos.

plus ultra: lat. Más allá. Se usa para expresar que el hombre siempre tiende a alcanzar metas lejanas.

pogrom: rus. Persecución o genocidio organizado para eliminar a sectores de una sociedad por motivos raciales, religiosos, etc.

polder: hol. Trozo de tierra ganado al mar y protegido por diques contra las inundaciones.

poltersgeist: al. Espíritu cuya presencia se detecta por los ruidos y el desplazamiento de objetos.

portmanteau: fr. Término lingüístico que designa a las palabras que se han formado por combinación de otras dos.

poste restante: fr. Lista de correos donde se pueden recibir cartas hasta que sean recibidas por los usuarios.

post meridiem (PM): Después del mediodía. Sus siglas se emplean para indicar las horas desde el mediodía hasta las 12 de la noche.

post mortem: lat. Después de la muerte. Locución utilizada por los médicos forenses.

post nubila, Phoebus: lat. Después de las nubes, el sol. Expresa que no hay que abatirse por un contratiempo, pues después de los días malos vienen los buenos. Con igual sentido se utiliza "siempre que llovió paró".

post scriptum: lat. Se refiere a algo que se añade debajo de la firma en un documento o carta. Generalmente se utiliza su sigla: PS. Para una segunda adición se coloca PPS.

pot pourri: fr. Mezcla envasada de pétalos de flores secas y de especies. Se aplica también a una composición musical formada por diversos fragmentos de otras composiciones.

première: fr. Primera representación de una obra o el estreno de una película.

pressing: ing. Táctica de juego en un deporte que consiste en marcar permanentemente al adversario para que no pueda desarrollar sus acciones con tranquilidad.

prestige: fr. Prestigio. Reputación o influencia obtenida por logros pasados.

presto: it. Interpretación rápida de un trozo musical, más rápida que el allegro.

prima donna: it. La cantante principal de una ópera.

primo occupanti: lat. Al primer ocupante. Se designa así a un terreno, mina, vehículo que por no tener dueño, pertenece, aunque de modo temporario, a la persona que lo ocupa.

primus inter pares: lat. Primero entre sus iguales. Se aplica para indicar una diferencia de jerarquía, aunque no de cargo.

pro: lat. A favor de.

product manager: ing. Persona que estudia un producto para lograr una óptima comercialización del mismo.

pro forma: lat. Por la forma. Para cumplir.

pro indiviso: lat. Por indiviso. En jurisprudencia se utiliza para expresar que una propiedad pertenece a varios propietarios en común, sin estar dividida.

PROM (programmable read only memory): ing. En informática se refiere a un tipo especial de memoria que puede ser programada por el usuario y los datos introducidos son inalterables.

proprio Marte: lat. De propio ingenio.

prosit: lat. Brindis frecuente en Alemania.

pro tempore: lat. Según el tiempo. Se utiliza para expresar que la conducta depende de las circunstancias.

pull: ing. Tirar.

pullman: ing. Vagón de ferrocarril muy lujoso y cómodo. Se lo denomina así por su inventor, Mortimer Pullman.

punk: ing. Movimiento nacido en Inglaterra en la década del '70 para expresar una actitud sumamente diferenciada de las costumbres y que se caracteriza por su música, su vestimenta y su comportamiento social.

push: ing. Empujar.

LOCUCIONES

quadrivium: lat. Se refiere a las artes liberales comprendidas en los libros trivium y quadrivium de la Edad Media. Éste último comprendía aritmética, geometría, astronomía y música.

qualis pater, talis filius: lat. Tal padre, tal hijo. En español se dice *"de tal palo tal astilla".*

quantum satis: lat. Fórmula que se utiliza en farmacología con las iniciales Q.S. y que significa "en la cantidad suficiente".

quattrocento: it. Mil cuatrocientos. Término que designa al período artístico italiano que abarca la pintura, la escultura y la arquitectura durante el siglo quince.

qui acceperint gladium, gladium peribunt: lat. Quienes emplean la espada, por la espada morirán. En castellano suele utilizarse "quien a hierro mata, a hierro muere".

quid juris: lat. ¿Qué del derecho? Significa: *¿Qué dice la ley sobre eso?*

quid novi: lat. ¿Qué hay de nuevo?

quid prodest: lat. ¿De qué sirve?

quid pro quo: lat. Una cosa por otra. Se aplica a un error o confusión. Se usa para indicar que hubo un error involuntario.

quieta non movere: lat. No mover lo que está quieto. Proverbio que se usa en política para expresar que no conviene tratar determinada cuestión, que es mejor no hablar de ello.

qui scribit, bis legit: lat. Quien escribe, lee dos veces.

qui vivra, verra: fr. Quien viva, verá. Equivale a la expresión "el tiempo lo dirá".

quorum: lat. Se aplica al número mínimo de personas que deben estar presentes en una reunión o asamblea para que las decisiones que se tomen tengan validez.

quo vadis: lat. ¿Adónde vas? Palabras que se atribuyen a San Pedro cuando huía de Roma para escapar de las persecuciones que se habían desatado contra los primeros cristianos.

qwerty: ing. En informática se llama así al tipo de teclado más usual. Se toma de las seis primeras letras en la primera línea del teclado.

raccord: fr. Término cinematográfico que se refiere a la continuidad entre dos planos sucesivos.

racket: ing. Estafa.

ragout: fr. Estofado, guisado de origen húngaro.

rajah: hindú. Príncipe o jefe hindú.

RAM (random access memory): ing. Memoria de acceso aleatorio. En informática, tipo de memoria cuyo contenido se puede cambiar por datos nuevos.

ramadan: arab. Período de los treinta días de ayuno durante el noveno mes del año musulmán.

random: ing. En informática, se refiere a un tipo de archivo que permite leer registros según el número de orden o una clave.

ranking: ing. Lista de empresas, asociaciones, personas según un ordenamiento que responde a ciertas características.

rapport: fr. Comprensión intuitiva y armónica que se establece entre las personas.

rara avis: lat. Persona o cosa difícil de encontrar. Algo raro o extraordinario.

record: ing. Marca obtenida en la práctica de un deporte y que supera a las anteriores.

reductio ad absurdum: lat. Método utilizado en lógica que llega a una conclusión absurda para probar la falsedad de una premisa.

referee: ing. Árbitro en diferentes juegos deportivos.

referendum: lat. Votación para consultar a los ciudadanos sobre una cuestión pública. Éste método fue utilizado por primera vez en Suiza.

reich: al. Estado, imperio. Se denomina "tercer Reich" al estado alemán fascista que abarca desde 1933 hasta 1945.

remake: ing. Nueva versión de un filme.

Remember!: ing. ¡Recordad! Última palabra de Carlos I de Inglaterra al subir al patíbulo. Se utiliza para indicar que es necesario recordar algo ya conocido.

rendez- vous: fr. Cita o lugar de encuentro.

rent-a-car: ing. Alquiler de automóviles.

renta per capita: lat. Se refiere a los ingresos anuales de los habitantes de un país.

reprise: fr. Se utiliza para películas viejas que vuelven a estar en cartelera.

requiem: lat. Misa que se ofrece en recuerdo de alguna persona fallecida. Composición musical hecha para una misa de difuntos.

requiescant in pace: lat. Descance en paz. Su abreviatura RIP se utiliza en los sepulcros.

rea augusta domi: lat. Pocas cosas en casa. Locución que utiliza Juvenal en las Sátiras para expresar que es la pobreza la que, a menudo, le impide al hombre honrado progresar.

res integra: lat. Se refiere a un caso que plantea un aspecto legal que no ha sido previamente decidido.

res judicata: lat. Asunto legal sobre el cual ya se ha decidido o a un aspecto legal sobre el cual ya se ha tomado una determinación.

res nihil/res nullus: lat. Cosa de poca importancia, algo completamente insignificante.

res, non verba: lat. Hechos, no palabras.

res nullius: lat. Cosa de nadie. Lo que no tiene dueño.

reveillon: fr. Cena que se toma en Nochebuena.

revival: ing. Cantantes o conjuntos musicales de otras épocas que son redescubiertos y difundidos.

rex: lat. Rey.

rictus: lat. Mueca.

rien n'est beau que le vrai: fr. Nada es tan hermoso como la verdad. Máxima de Boileau en el *Arte poética*.

rigor mortis: lat. Rigidez cadavérica que adquiere el cuerpo unas horas después de muerto.

ritornello: it. Preludio, interludio instrumental en una obra vocal.

robot: ing. Máquina que puede realizar actividades humanas.

role: fr. Papel que desempeña un actor o una actriz en una obra de teatro o en un filme.

ROM (ready only memory): ing. En informática se refiere al tipo de memoria de acceso inmediato que ya ha sido programada desde su fabricación y no se puede cambiar.

round: ing. Cada asalto en boxeo o lucha.

royalty: ing. Suma de dinero que se paga a las empresas para poder fabricar y comercializar sus productos en otro país.

RPG (report program generator): ing. En informática se refiere a un lenguaje.

sabotage: fr. Acto con el cual se quiere interferir el funcionamiento de máquinas, transportes, etc.

sahib: ing. Título utilizado por los hindúes para dirigirse a los europeos.

salaam: árabe. Saludo que utilizan los árabes.

LOCUCIONES

samovar: rus. Recipiente para preparar té. Está formado por un receptáculo de cristal y un cilindro metálico con carbón vegetal donde el agua se calienta.

sancta sanctorum: lat. La más santa entre las cosas santas. Versión latina del nombre con que designaban los judíos el lugar más recóndito del templo, donde no podían entrar los profanos.

sans-culotte: fr. Nombre que los aristócratas franceses les dieron a los revolucionarios de la Revolución Francesa y que llegó a significar *patriota*.

sans-façon: fr. Sin ceremonia, sin cumplidos.

saturnalia: lat. Festival romano que se celebraba en honor a Saturno.

savoir faire: fr. Se refiere al conocimiento intuitivo que poseen ciertas personas y que les permite actuar bien en cada situación.

scanner: ing. En informática se llaman así a los lectores ópticos de imágenes en dos dimensiones que las convierten en bits.

scherzo: it. Fragmento o movimiento interpretado con vivacidad.

science-fiction: ing. Ciencia ficción. Genero literario, también utilizado en cine.

score: ing. Resultado de un juego.

scotch: ing. Whisky escocés.

script: ing. Guión cinematográfico.

script boy o script girl: ing. Persona que se encarga de anotar los datos que se refieren a las escenas filmadas.

sec-express: ing. Secado rápido.

seicento: it. Mil seicientos. Se denomina así al período artístico italiano del siglo XVII.

self control: ing. Poder de control que se tiene sobre uno mismo.

self made man: ing. Se refiere a las personas que triunfan por mérito propio, o que empezaron una actividad sin dinero y lograron éxito.

self-portrait: ing. Autorretrato.

self service: ing. Autoservicio. Restaurante en los cuales los clientes se sirven a sí mismos. También se utiliza en supermercados, gasolineras, etc.

semper fidelis: lat. Siempre fiel, digno de confianza.

se non é vero, è ben trovato: it. Si no es verdad, está bien hallado. Se aplica a lo que se dice de un modo gracioso y hábil aunque no sea cierto.

set: ing. Término que se utiliza en tenis. Un set se compone de seis juegos (games).

settecento: it. Mil setecientos. Período artístico italiano del siglo XVIII.

sexy: ing. Cualidad que tienen las personas que poseen atractivo sexual.

shampoo: ing. Champú.

shantung: ing. Un tipo de tela de seda.

sheik: árabe. Jefe de una tribu árabe.

shetland: ing. Clase de lana.

shish kebab: turco. Plato con trozos de carne y verdura atravesados por un pincho y hechos a la plancha.

shock: ing. Impresión fuerte, conmoción o trastorno que se produce en el sistema nervioso de una persona.

shogun: jap. Comandante en jefe del ejército japonés, rango de carácter hereditario.

shopping center: ing. Conjunto de negocios que ocupan un establecimiento.

show: ing. Espectáculo artístico.

showman: ing. Artista que anima espectáculos o programas de televisión y que sabe cantar, bailar y entretener.

sic: lat. Así. Se utiliza en textos escritos para indicar que una palabra o frase es la que se empleó originalmente aunque parezca inexacta o increíble.

sic transit gloria mundi: lat. Así pasa la gloria del mundo. Expresión que se refiere al carácter transitorio del éxito.

siglum/sigla: lat. Sigla. Letra inicial que se emplea como abreviatura de una palabra.

sine die: lat. Sin fijar fecha. Se usa en el lenguaje diplomático y político para indicar que la discusión de un asunto ha sido pospuesto.

sine qua non: lat. Algo necesario o indispensable para realizar un determinado propósito. Condición indispensable en un pacto, sin cuyo cumplimiento es nulo todo lo pactado.

single: ing. Se denominaban así a los discos de 45 revoluciones por minuto con música grabada en cada cara.

SIO (serial input/output): ing. En informática se refiere a la entrada/salida para la conexión de periféricos en serie.

si parla italiano: it. Se habla italiano.

skating: ing. Deporte de patinaje. Deslizarse con una tabla con ruedas.

sketch: ing. Serie de historias humorísticas e independientes en un espectáculo teatral o de TV.

skinhead: ing. Cabeza rapada. Se denominan así a las personas que llevan su cabeza totalmente afeitada. Actualmente, se identifica a los skinheads como un grupo fascista que tiene su origen en los países europeos y se caracteriza por ejercer violencia contra los inmigrantes africanos y asiáticos.

slang: ing. Jerga, tipo de lengua que utiliza un determinado sector de la sociedad, generalmente grupo de jóvenes y de personas marginadas.

slogan: ing. Frase publicitaria que se utiliza para convencer a la gente, especialmente en publicidad y política.

smash: ing. Término utilizado en tenis que indica golpe rápido y fuerte a la pelota para dificultar al adversario la posibilidad de devolverla.

smog: ing. Polución del aire que resulta de la mezcla del humo producido por combustión y niebla.

snob: ing. Persona que se cree superior intelectual y socialmente.

software: ing. En informática se refiere a los programas de aplicación de los lenguajes y los sistemas operativos.

soirée: fr. Fiesta o reunión que ocurre a la última hora de la tarde. Se utiliza también para indicar el tipo de vestimenta adecuada a esta ocasión (vestido de *soirée*).

sotto voce: it. En voz baja. Algo que se dice en privado, confidencialmente.

sort: ing. En informática se refiere a la información de entrada.

soufflé: fr. Plato de comida que se prepara batiendo diversos ingredientes con clara de huevo a punto de nieve y que se cocina en el horno o a baño maría.

souk: arab. Nombre de un mercado oriental.

spaghetti western: ing. Western de origen italiano.

Spain is different: ing. España es diferente.

sparring: ing. En deporte se refiere a un deportista que sirve para el entrenamiento de otro con más categoría.

LOCUCIONES

speed: ing. Velocidad.

spleen: ing. Se aplica a un estado de ánimo depresivo o rencoroso.

spoiler: ing. Alerón que se coloca en los automóviles para mejorar su rendimiento.

sponsor: ing. Patrocinador de una actividad deportiva o cultural.

sponte sua: lat. Por su propia voluntad.

spot: ing. Anuncios publicitarios para cine o televisión. Spot de luz es un artefacto eléctrico que se utiliza para dirigir el haz de luz hacia un lugar.

sputnik: rus. Nombre que se le da a un satélite artificial. Se utiliza para referirse al primer satélite que Rusia lanzó en 1957 y los que le siguieron de la misma serie.

staff: ing. Grupo de personas de una empresa que trabajan bajo un mismo director o jefe.

stand: ing. Puestos comerciales que se instalan en una exposición o feria.

starlet: ing. Actrices jóvenes que aspiran a convertirse en estrellas.

start-system: ing. Sistema que utilizan los grandes sellos de la industria cinematográfica norteamericana y que consiste en contratos que obligan a actores y actrices famosos a interpreta su papel de *estrella* hasta en su vida privada. La permanente publicidad de todos los actos (no viazgos, rupturas, casamientos, reuniones sociales) sumió en profundas depresiones a mucho *astros* de la pantalla.

start: ing. Comienzo, principio, salida. Poner en funcionamiento un aparato.

status quo: lat. Estado en el que se encontraban antes las cosas. Cuando se dice mantener e status quo significa mantener la posición o nivel económico o profesional. En el lenguaje di plomático se utiliza para expresar que nada se ha modificado.

sticker: ing. Etiqueta autoadhesiva de diferentes formas y tamaños.

stock: ing. Cantidad de productos almacenados para la venta.

struggle for life: ing. Lucha por la vida. Expresión que utilizaba el naturalista ingés Darwin pa ra enseñar la selección de las especies.

stultorum infinitus est numerus: lat. El número de los tontos es infinito. Palabras que se le atri buyen a Salomón en el *Eclesiastés*.

sub judice: lat. Expresión que indica que un litigio aún está en manos de un juez. General mente se refiere a una cuestión que aún no está resuelta.

substratum: lat. Base o fundamento. Capa de una sustancia debajo de otra.

sui generis: lat. De su especie. Se usa para señalar una cualidad única, que no se encuentra er otra persona o cosa.

summus jus, summa injuria: lat. El supremo derecho es la suprema injusticia. Expresión utili zada en el lenguaje jurídico para indicar que la interpretación y aplicación rigurosa de la ley puede ocasionar, en ciertos casos, un daño severo y una situación de inequidad.

suo tempore: lat. A su tiempo.

surf: ing. Deporte acuático que consiste en deslizarse con una tabla tomando como impulso la cresta de la ola.

sursum corda: lat. Levantad vuestros corazones. Palabras que dice el sacerdote durante la mi sa. Locución que se citaba en discursos y escritos para levantar el ánimo o se utilizaba como expresión de júbilo.

sustine et abstine: lat. Versión de una máxima de los estoicos griegos que recomienda soporta los dolores sin turbarse y abstenerse de los placeres de la vida para conservar la libertad de es píritu.

swami: hindi. Maestro religioso hindú.

sweater: ing. Suéter.

swing: ing. Término musical que se refiere al ritmo.

table d'hôte: fr. Mesa del anfitrión. En un restaurante designa el menú del día a precio fijo.

tabula rasa: lat. Superficie en blanco.

tædium vitae: lat. El asco de la vida. Se refiere a las personas que se aburren por no tener en su vida ninguna motivación ni actividad.

tandem: ing. Se utiliza para la bicicleta de dos plazas. También se aplica a dos personas que trabajan juntas para un mismo objetivo.

tantæ molis erat: lat. Tan difícil era. Expresión utilizada por Virgilio, el poeta latino, para indicar las dificultades que hubo que vencer para fundar la nación romana. Se usa para expresar los obstáculos que hay que enfrentar para la realización de una empresa.

tea room: ing. Salón de té.

Te Deum: lat. A ti, Dios. Primeras palabras de un himno litúrgico que se canta en alabanza a Dios y en acción de gracias.

tempo: it. En música se refiere a la velocidad relativa de un movimiento rítmico.

tempore: lat. Seguido de un nombre, generalmente el de un monarca reinante, significa "en el tiempo de". Se utiliza para indicar una fecha aproximada cuando no se conoce la fecha exacta.

temps pérdu: fr. Se refiere a un pasado ya perdido. Esta expresión fue utilizada por Marcel Proust en su novela *Á la recherche du temps pérdu*.

tempus edax rerum: lat. El tiempo destruye las cosas. Palabras que utilizó Ovidio en *Metamorfosis (XV)* para expresar que nada escapa a la acción del tiempo.

tempus fugit: lat. El tiempo pasa. Expresión que se refiere a la fugacidad de la vida.

terminus a quo... termino ad quem: lat. Punto de partida... punto de llegada. Expresión que indica los extremos entre los que se comprende una materia. También se utiliza para indicar los límites posibles de una fecha que no se puede precisar con exactitud.

terza rima: it. Tercera rima. Estrofas formadas por tres versos cada una, en la que riman el primero con el tercero y el segundo con el primer y tercer verso de la estrofa siguiente. Fue utilizada por Dante en la *Divina Comedia*.

testis unus, testis nullus: lat. Término de la jurisprudencia que indica que la declaración de un solo testigo no basta para establecer la verdad de un hecho.

têtê a têtê: fr. Cabeza a cabeza. Conversación o entrevista privada entre dos.

the right man in the right place: ing. El hombre adecuado en el lugar conveniente. Se utiliza para expresar que esa persona es la adecuada para ocupar ese puesto.

thesaurus: lat. Nombre que recibe un diccionario o una enciclopedia.

thriller: ing. Género literario o cinematográfico en el que se desarrollan acciones de suspenso y terror.

tie-break: ing. Término que se utiliza en tenis para indicar que un jugador vence en un juego en el que su oponente tiene el servicio.

time is money: ing. El tiempo es dinero. Proverbio que se utiliza para expresar que no debemos perder tiempo. En español se dice: *"el tiempo es oro"*.

timeo Danaos et dona ferentes: lat. Temo a los griegos aunque hagan presentes (a los dioses). Palabras utilizadas por el sacerdote Lacoonte en la *Eneida* de Virgilio, que advertía a los troyanos que no debían meter en la ciudad el caballo de madera regalado por los griegos. Se usa para expresar que debemos desconfiar de nuestros enemigos aun cuando se muestren generosos.

LOCUCIONES

timeo hominem unius libri: lat. Temo al hombre de un solo libro. Expresión utilizada por Santo Tomás quien decía temer a un hombre que sólo conociera un libro, aunque muy bien. Se emplea también en sentido despectivo para indicar a la persona que sólo ha leído un libro y es incapaz de discurrir fuera de su texto.

timing: ing. En el deporte significa tomar el tiempo con cronómetro de un corredor o una carrera.

to be or not to be, that is the question: ing. Ser o no ser, ésa es la cuestión. Palabras utilizadas por Hamlet en la obra homónima del escritor inglés Shakespeare. Se usa para expresar que, cuando se está ante un dilema importante, lo mejor es decidirse por uno u otro término.

top less: ing. Con el torso desnudo. Se refiere a las mujeres que utilizan sólo la parte inferior de una prenda.

top secret: ing. Alto secreto. Generalmente se utiliza para asuntos políticos que se desea mantener en secreto.

tory: ing. Se denominan así a los miembros del partido conservador inglés.

touché: fr. Término que se utiliza en esgrima para indicar un buen golpe al adversario. También se usa para expresar que alguien ha hecho un comentario certero.

tour de force: fr. Gran esfuerzo. Se utiliza para expresar la realización de un gran esfuerzo para conseguir algo.

tout est perdu fors l'honneur: fr. Todo se ha perdido salvo el honor. Palabras que utilizó el rey Francisco I de Francia cuando fue derrotado por los españoles en la batalla de Pavía.

tournée: fr. Gira artística.

trade mark: ing. Marca registrada.

traduttore, traditore: lat. Traductor, traidor. Palabras que expresan que es imposible respetar el original en una traducción.

traveller's chek: ing. Cheque viajero. Tipo de papel moneda homologado por todos los bancos, que elimina la necesidad de viajar por el extranjero con dinero en efectivo.

travesti: fr. Persona que se viste con ropa del sexo opuesto.

trecento: it. Mil trescientos. Término utilizado para designar el período artístico italiano que abarca el siglo catorce.

trekking: ing. Deporte que consiste en recorrer a pie lugares naturales donde no hay carreteras.

tricot: fr. Prenda de punto, hecho a mano o a máquina, de lana, algodón o fibras artificiales.

trivium: lat. En la Edad Media se refería a la división de las siete artes liberales en tres artes relacionadas con la elocuencia: gramática, retórica y lógica.

trois-temps: fr. Tres tiempos. Ritmo del vals normal.

turba multa: lat. Turba numerosa. Muchedumbre abigarrada y confusa.

tutti frutti: it. Plato que se prepara con muchas clases de fruta o sabores de frutas. En sentido figurativo se refiere a una mezcla de ideas u objetos diferentes.

tutti quanti: it. Todos cuantos son. Se utilizan para completar una relación de gentes, comprendiendo a todos sin excepción.

tweed: ing. Tejido grueso y suave de lana, generalmente hecho con varios colores.

Ubi bene, ibi patria: lat. Expresión que se utiliza para justificar la actitud de los que prefieren su bienestar material al amor a la patria.

ubi sunt (qui ante nos fuerunt): lat. ¿Dónde están los que vivieron antes que nosotros? Comentario que se utiliza para expresar la fugacidad de la vida.

UFO (Unidentified Flying Object): Objeto volador no identificado.

última Thule: lat. La última Tule. Indica una tierra muy lejana. Fue utilizada por Virgilio con referencia a islas del Atlántico.

ultimatum: lat. Resolución final y terminante que un país comunica a otro. Orden que debe ser respetada ya que el rechazo le costarán serias medidas al oponente.

una salus victis: lat. La única salvación de los vencidos. Palabras dichas por Eneas a sus compañeros durante la defensa de la guerra de Troya (en la *Eneida* de Virgilio). Expresa una actitud de coraje en medio de la desesperación.

un bel morir tutta la vita onora: it. Una bella muerte honra toda la vida.

uncle Sam: ing. El tío Sam. Metáfora con la cual se personifica a los Estados Unidos de Norteamérica.

underground: ing. Subterráneo. Se utiliza para los movimientos artísticos de vanguardia.

unicuique suum: lat. A cada cual lo suyo. Principio del derecho.

unum et idem: lat. Una sola y misma cosa. Decir la verdad a medias y mentir es *unum et idem*.

uppercut: ing. En boxeo se utiliza para designar a un tipo de golpe.

urbi et orbe: lat. A la ciudad y al mundo. Fórmula que utilizan los papas para dar su bendición. Se usa también cuando se da a conocer algo a todo el mundo.

ut infra: lat. Fórmula que se utiliza en los escritos para referirse a lo que viene después.

uti, non abuti: lat. Usar, no abusar. Axioma que recomienda la moderación en todo orden de cosas.

uti possidetis: lat. Como poseéis. Se usa en el lenguaje diplomático a propósito de las posesiones territoriales de las naciones contratantes.

ut supra: lat. Fómula utilizada en documentos para referirse a lo que antecede.

vade in pace: lat. Vé en paz. Palabras que dice el confesor al penitente después de la absolución.

valet: fr. Sirviente personal de un caballero.

vanitas vanitatum, et omnia vanitas: lat. Vanidad de vanidades y todo es vanidad. Locución sacada del Eclesiastés que expresa lo poco o nada que valen las dichas y glorias terrenas.

vanity fair: ing. Feria de vanidades. Expresión que sirve de título a una de las novelas de Guillermo de Thackeray y se refiere a las vanidades mundanas.

variatim: lat. De varias maneras.

vaudeville: fr. Género teatral menor que consiste en una comedia estructurada en sketches y que utiliza baile y canto.

vedette: fr. Inicialmente se refería a la estrella principal de una obra de teatro o de un filme. Actualmente se refiere a la principal estrella femenina de un espectáculo teatral.

vedi napoli e poi muori!: it. ¡Ve a Nápoles y después muere! Con esta exclamación los italianos expresan su admiración por Nápoles y su puerto. La misma frase puede aplicarse a otras ciudades.

vendetta: it. Venganza de sangre que se transmite de generación en generación. Es característica de Córcega y el sur de Italia.

verbatim: lat. Palabra a palabra. Se utiliza en general para un informe que ha sido transcripto palabra a palabra, es decir, que es una copia fiel de lo que se ha dicho verbalmente.

verba volant, scripta manent: lat. Las palabras vuelan, lo escrito queda. Proverbio que recomienda prudencia al escribir algo y firmarlo.

LOCUCIONES

veritas odium parit: lat. La verdad engendra el odio. Palabras de Terencio (Andria). En castellano se dice: *"Quien dice la verdad, pierde la amistad"*.

verité: fr. Se refiere al realismo de un film o de una filmación de televisión. También se dice de la técnica del documental.

vernissage: fr. Día de la inauguración de una exposición de pintura o escultura.

via dolorosa: lat. Camino seguido por Cristo hacia el Calvario. Se utiliza esta expresión para indicar una serie de experiencias dolorosas que se asumen por razones altruistas.

viaticum: lat. Eucaristía que se administra a una persona que está en peligro de muerte.

video clip: ing. Videos realizados para promocionar a un intérprete, a un grupo musical o una canción determinada.

vignette: fr. Viñeta. Originalmente se refería a un dibujo o fotografía no enmarcado en el que los bordes se difumaban hasta confundirse con el fondo. Actualmente se emplea el término viñeta para designar a los cuadros de comics o historietas.

vin d'honneur: fr. Se utiliza para una recepción en honor de una persona en la que se brinda a su salud.

vis comica: lat. Fuerza cómica. Se aplica a la capacidad de hacer reír.

vitam impendere vero: lat. Consagrar la vida a la verdad. Palabras expresadas por Juvenal y que se citan como lema del hombre honesto.

vita nuova: it. Una nueva vida. Expresión que se atribuye a Dante al relatar sus encuentros con Beatrice (en La Divina Comedia).

viva voce: it. Algo dicho de viva voz, directamente en lugar de por escrito.

vivere militare est: lat. Vivir significa combatir. Locución que utilizó Séneca. Concepto que recuerda que la vida es un perpetuo combate al que no hay que renunciar ni un solo instante.

vivere parvo: lat. Vivir con poco. Para ser feliz hay que saber *vivere parvo*.

vivit sub pectore vulnus: lat. Bajo el pecho vive la herida. Palabras de Virgilio en la Eneida que se refieren al rastro que dejan las pasiones.

vogue: fr. Moda que se impone en un determinado lugar en cierta época.

vol-au-vent: fr. Vuelo al viento. Tipo de pastel individual hecho de pasta de hojaldre y que se rellena con carne de cerdo, ave, pescado, etc.

volenti non fit injuria: lat. No se causa daño a quien consiente. Máxima del derecho según la cual no se puede reclamar por un perjuicio en el que se consintió.

volte face: fr. Cambio total de actitud u opinión.

volti subito (VS): it. Volved pronto. En música es una indicación de que hay que volver rápidamente la hoja del pentagrama.

vox clamantis in deserto: lat. Soy la voz del que clama en el desierto. Respuesta que daba San Juan Bautista (según el Evangelio de San Mateo) a quienes le preguntaban si él era Jesús, Isaías o un profeta. Aludía así a sus predicaciones en el desierto de Judea. Por un error muy difundido se suele aplicar con referencia a quien habla sin ser escuchado.

vox populi, vox Dei: lat. Voz del pueblo, voz de Dios. Locución que se utiliza para decir que la voz unánime del pueblo establece la verdad de un hecho o la justificación de una cosa.

voyeur: fr. Persona que obtiene placer espiando las actividades eróticas de otras.

vulgata: lat. Versión latina de la Biblia, recibida como auténtica por la Iglesia.

vulnerat omnes, ultima nescat: lat. Todas hieren, la última mata. Inscripción que, con referencia a las horas, se ponían en los relojes de las iglesias.

wagon: ing. Coche de ferrocarril.

wagon-lit: ing. Coche cama.

walkie-talkie: ing. Andar-hablar. Transmisor y receptor portátil, sin hilos.

walkman: ing. Aparato portátil reproductor de sonido que se utiliza con auriculares y que permite escuchar radio, cassettes o discos compactos mientras se camina, se anda en bicicleta, etc.

water proof: ing. Sumergible, a prueba de agua. Suele referirse a relojes o maquinarias que pueden utilizarse en un medio acuoso.

weekend: ing. Fin de semana.

whisky: ing. Bebida alcohólica destilada del grano de malta.

wigwam: ing. Viviendas de las tribus indígenas en América del Norte.

words, words, words!: ing. ¡Palabras, palabras, palabras! Frase utilizada por Shakespeare en Hamlet que es la contestación de éste a Polonio cuando le pregunta qué lee. Se aplica con respecto a la abundancia excesiva de palabras o a la vacuidad de las mismas.

wunderbar: al. Estupendo, maravilloso. Se considera la expresión característica del alemán vulgar.

yacht: ing. Barco de paseo de uso particular.

yachting: ing. Práctica de la navegación de recreo en todas sus formas.

yonqui: ing. Adaptación del vocablo inglés *junkie* que designa al drogadicto.

zombie: ing. Cadáver resucitado, un muerto viviente que realiza ciertos actos por el poder mágico del vudú. Se aplica a personas de acciones que parecen mecánicas e involuntarias.

zoom: ing. Moverse rápidamente. Técnica que se utiliza en fotografía, cinematografía y video y consiste en aumentar o disminuir la magnitud de la imagen de un objeto mediante un lente especial que varía la distancia focal del objetivo.

ORATORIA

Algunas cuestiones de oratoria

¿QUÉ ES LA ORATORIA?

La oratoria es el arte de hablar con elocuencia; de deleitar, persuadir y conmover por medio de la palabra.

La oratoria alcanzó en la Grecia Antigua un gran auge, y hasta llegó a convertirse en una herramienta fundamental de la política. Cicerón consideraba que el arte de la elocuencia se cifraba en hablar con oportunidad. Para Kant la elocuencia era "el arte de dar a un ejercicio serio del entendimiento el carácter de un juego libre de la imaginación". Ambos desarrollaron este noble arte, cuya finalidad se acomoda de acuerdo con una organizada planificación.

También expresaba Hegel: "La idea de la elocuencia no debe buscarse en la libre organización poética de la obra de arte, sino más bien en la simple conformidad a un fin". Esto no significa que se excluya el valor artístico de la elocuencia, puesto que está presente en todas las manifestaciones del saber humano. Es necesario aclarar que puede haber elocuencia en una sencilla conversación o en un discurso emotivo.

Para tener en cuenta

Expresarnos con propiedad para que otros nos escuchen y entiendan es un arte en el que se combinan estilo, libertad y gracia. Un discurso bien elaborado nos permite mostrar nuestros puntos de vista con eficacia.

Para ello es fundamental ser lo más claros y concisos posible.

A través de nuestras palabras tenemos que enseñar; recurramos siempre a un dato o comentario que informe a nuestro auditorio sobre el tema que estamos tratando.

Pero también tenemos que distraer y conmover. Busquemos siempre una frase que alivie el clímax. Tratemos de sacudir y comprometer.

Ningún discurso es realmente efectivo si no apela a la esfera del sentimiento. Como dice Steinberg, "la magia de tu palabra puede hacer de todo nada; de nada, todo".

Algunas ideas para redactar un discurso

Antes de ponernos a escribir tengamos en cuenta cuatro aspectos necesarios para la redacción del texto: **motivación** (factor que nos predispone para realizar ciertas acciones o tender hacia un fin), **objetivos** (fin al que se encamina nuestra acción), **construcción** (disposición y ordenamiento de las palabras en la frase) y **embellecimiento** (hermosear, "pulir", refinar).

ORATORIA

MOTIVACIÓN

Es lo que pone en funcionamiento la producción del texto. ¿Qué nos lleva a escribir un discurso? Seguramente el tema sobre el cual expondremos tendrá alguna significación especial. Es importante poner en claro todos los sentimientos y contradicciones que despiertan en nosotros. También debemos tener en cuenta a quién se lo vamos a decir, es decir: edad, condición, composición social de nuestra audiencia. Y ponernos en el lugar de ellos: ¿cuáles serán sus dudas?, ¿les interesa el tema?, ¿cómo puedo motivarlos para que les interese?

OBJETIVOS

En la redacción del discurso debemos proponernos dos o tres objetivos precisos a cumplir. Por ejemplo, qué queremos informar, cuál es la idea principal que queremos que nuestra audiencia se lleve, qué tema puede abrir una puerta a la reflexión, si queremos convencer o abrir un debate, si queremos enseñar algo, etc.
Esta formulación de objetivos es una condición necesaria porque si no lo hacemos podemos producir un texto que no sea coherente y que no logre cumplir ningún cometido.

CONSTRUCCIÓN

Para organizar un texto es conveniente que su contenido se estructure alrededor de un tema central que, a su vez, se desarrolle en dos o tres subtemas.
Para eso utilizaremos ideas-fuerza que son las que llevan adelante el discurso.
No es necesario escribir todo el texto de entrada. A veces es más útil ir anotando las frases u oraciones que se nos ocurren en hojas diferentes. Luego podemos esparcirlas sobre nuestra mesa de trabajo en forma desordenada y de a poco, ir uniendo aquellas que expresan una idea principal con las correspondientes ideas secundarias.

La estructura final debe tener tres partes:
1- INTRODUCCIÓN
2- CUERPO
3- CONCLUSIÓN

1- Podemos introducir el discurso con una frase de autor conocido (por ejemplo: "Lo escrito permanece" decía Sarmiento...) o un pensamiento más general que después nos permita continuar con la idea principal. También podemos hacer la introducción con una pregunta (por ejemplo: ¿Qué hacemos nosotros por nuestra Tierra?) y de ese modo llamar la atención sobre el tema que nos ocupa.

2- El cuerpo se estructura en base a las ideas principales y secundarias. Para reforzar las primeras es conveniente utilizar ejemplos claros y sencillos que conduzcan a la comprensión de la idea rectora.

3- La conclusión debe nacer fluida y espontáneamente de todo lo que hemos afirmado y debe ser el punto más elevado de nuestro discurso. El cierre de un discurso es como el acorde final de una canción. Tiene que ser contundente, emotivo, fuerte. Cuando exponemos un tema conflictivo, debemos pensar que siempre hay una salida y por lo tanto, nuestra conclusión puede ser una apelación a que las cosas cambien, comprometiendo e involucrando a los que nos escuchan.

ORATORIA

Todo pensamiento puede ser expresado de diferentes maneras. Busquemos la forma más clara y menos rutinaria. Seguramente encontraremos frases de autores conocidos que ya reflexionaron anteriormente sobre el tema y que expresan de una manera poética o precisa lo que nosotros queremos decir. Recurramos a ellos utilizando las citas que embellezcan nuestro discurso, planteen interrogantes y lleven a la reflexión, pero siempre teniendo en cuenta que van a ser comprendidas.

Evitemos el excesivo ornamento. A veces podemos transmitir conceptos con ejemplos de la vida diaria o experiencias vividas o conocidas para lograr un mayor acercamiento del tema a nuestra.audiencia.

La duración de un discurso

Ésta depende de la época que nos toca vivir. En otros tiempos, la gente escuchaba largos discursos con atención. Actualmente, los medios de comunicación nos han acostumbrado a la velocidad de la información. Diferentes mensajes se suceden de un momento a otro, casi sin darnos tiempo a reflexionar. Por lo tanto ha disminuido el tiempo de concentración. Los discursos modernos deben adecuarse a esta realidad.

A veces es preferible decir menos cosas, pero que queden en la memoria, a desarrollar numerosos temas... que se pierdan en el olvido.

Debemos tener en cuenta además otros factores, como edad promedio de nuestra audiencia o circunstancia en que se va a pronunciar. Por ejemplo, un discurso escolar no debe superar los diez minutos. Hay que pensar en diez o quince minutos cuando se va a hablar antes o después de una cena o de un almuerzo.

> *"El orador ha de considerar lo que dice, cómo lo dice y cuándo, hablando de tal manera que pruebe su tesis, deleite y convenza."*
>
> **Cicerón**

¿Cómo decir un discurso?

Antes que nada, el discurso que vamos a decir nos tiene que convencer a nosotros. Sólo así expresaremos autenticidad y seguridad.

Un discurso con convicción es un discurso que se hace oír. Muchas veces pensamos "... la voz no nos favorece", "no nos van a escuchar..." Si sabemos claramente lo que queremos decir y lo hacemos con matices e inflexiones, nos escucharán. No hay nada más aburrido que hablar con monotonía.

Marquemos en el texto los párrafos que queremos resaltar y donde debemos poner más energía. Dentro de ese párrafo debemos ir intensificando las oraciones para que la última quede en un nivel superior de expresividad.

Tengamos presente que un final de oración, dicho en voz muy grave y a veces imperceptible, nos quita fuerza para comenzar la oración que sigue. Cada una debe escucharse desde el principio hasta el punto final.

Tratemos de estudiar de memoria lo que vamos a decir, ya que ningún discurso leído equipara en emoción al que se dice sin leer. Si pensamos que nos vamos a olvidar algún párrafo tengamos el discurso escrito a mano, en carillas y separado en párrafos y con letras grandes.

Nuestro auditorio nos está mirando. Miremos nosotros también. Aunque estemos leyendo, despeguemos la vista del papel para conectarnos con los que nos están escuchando. La mirada también es comunicación.

DECÁLOGO DEL ORADOR

Sé el orador siempre.

Tu misión: iluminar - esclarecer.

Rol e imagen involucran un todo.

Hablar por y para el otro.

Entre el emisor y el receptor, un puente.

No es lo que se dice sino cómo se lo dice.

La palabra permite la idea.

La expresión da vida a la palabra.

La estructura: espina dorsal del discurso.

Las palabras deben ser pronunciadas con amor.

DICCIONARIO DE SINÓNIMOS, ANTÓNIMOS Y PARÓNIMOS

Dirección de redacción
Prof. Silvia Palomar
Prof. Silvia Tombesi

A modo de presentación

Presentamos esta obra con la seguridad de acercarle al lector, en especial a los chicos que cursan estudios primarios o medios, un valioso instrumento para enriquecer y ampliar su vocabulario y lograr así un mejor dominio del lenguaje, el más poderoso de los medios de comunicación con que cuenta el hombre.

En la actualidad, el mundo de las imágenes ha invadido todos los ámbitos y está presente en forma constante en nuestras vidas. Los modos de comunicación han cambiado, y la imagen ocupa en este aspecto un lugar privilegiado. Cine, televisión, video, videoclips, publicidad, son elementos cotidianos a los que accedemos con naturalidad ya que aprendimos a reconocer códigos.

Paralelamente, observamos con preocupación cómo se ha ido abandonando el hábito de la lectura, con la lógica consecuencia de un empobrecimiento del vocabulario y de la capacidad de expresión a través del lenguaje.

Creemos, sin embargo, que se ha tomado conciencia de esta situación, y padres, profesores y maestros saben de la necesidad de revertirla. No se trata de cambiar un sistema (el de la imagen) por otro (el del código lingüístico) sino de complementarlos y procurar una competencia cada vez más eficaz en el segundo, recuperando para nuestros chicos el maravilloso mundo de la palabra.

De ahí nuestro orgullo al presentar esta obra, que esperamos se convierta en un atractivo material que colabore con los objetivos que acabamos de mencionar.

LOS EDITORES

Instrucciones para el uso de este diccionario

Los términos aparecen por orden alfabético, y a continua
ción, separados por comas, figuran las series de sinónimos.
Con doble barra se separan los distintos campos de signifi
cación, ya que a veces la misma palabra alude a más de
uno. Después de los sinónimos las abreviaturas *Ant.* y *Par*
anteceden las series correspondientes de antónimos y paró
nimos.

Consignamos la doble terminación (masculina y femeni
na) de los adjetivos que la poseen; p. ej.: **harto-ta.** Los ver
bos que pueden conjugarse como pronominales aparecer
indicados con el pronombre -se unido con guión al vocablo
de entrada si el significado es básicamente el mismo; p. ej.
bajar-se. Si la forma pronominal del verbo cambia de signi
ficado, los sinónimos, antónimos y parónimos se consignar
a continuación de una doble barra y el pronombre -se; p. ej.
calar, adivinar, (...).// **-se**, mojarse, empaparse, (...). E
mismo criterio se utiliza cuando el plural de un vocablo ad
quiere una significación específica (p. ej.: **bien** y **bienes**); er
estos casos, luego de la doble barra se consignará **-s** o **-es**
según la terminación de dicho plural.

Creemos que la selección del contenido, en que se pre
tendió considerar la mayor cantidad y calidad posible de vo
ces de entrada y series de sinónimos y antónimos, para
ofrecer un material completo y valioso, la diagramación de
ese material a dos columnas para una ágil consulta y el cui
dado general con que ha sido concebido y elaborado, con
vierten a nuestro diccionario en una obra verdaderamente
didáctica que damos a conocer con auténtica satisfacción.

abacería, comercio, tienda, colmado.

abacial, monacal, monástico, abadengo, conventual.

ábaco, contador, tablero, bolillero, tanteador, numerador.// Columna, capitel, coronamiento.

abad, superior, prior, rector.

abadía, abadiato, monasterio, convento, cartuja, priorato, cenobio.

abajadero, cuesta, pendiente, bajada, rampa.

abajo, bajo, debajo.

abalanzar, equilibrar, igualar.// -se, arremeter, embestir, acometer. **Ant.** Retroceder.

abalear, separar, escoger.// Balear, tirotear, disparar.

abalizar, señalar, señalizar, marcar.

abalorio, cuentecilla, cuenta, canutillo, oropel, quincalla, lentejuela.

abanderado-da, portaestandarte.// Defensor, paladín.

abanderar, proteger, cobijar, amparar.// Registrar, matricular.// Alistar, enganchar.// Acaudillar.

abandonado-da, solo, desvalido, indefenso, desamparado, desatendido.// Negligente, descuidado.// Desaliñado, sucio, desaseado. **Ant.** Aseado.

abandonar, desatender, entregar. **Ant.** Amparar, proteger, asistir.// Desertar, largarse, marcharse. **Ant.** Permanecer, quedarse.

abandono, renuncia, cesión, abandonamiento.// Desamparo, desvalimiento. **Ant.** Amparo.// Negligencia, desidia, dejadez, descuido. **Ant.** Cuidado, esmero.

abanicar, ventilar, soplar, airear.

abanico, abano, abanillo, aventador, ventilador.

abaratamiento, rebaja, desvalorización.

abaratar, rebajar, desvalorizar, devaluar. **Ant.** Encarecer.// Despreciar. **Ant.** Valorar.

abarcar, rodear, abrazar, ceñir. **Ant.** Soltar.// Comprender, englobar, contener./ Incluir, incorporar. **Ant.** Excluir.

abarquillado-da, combado, alabeado, corvo, curvado.

abarquillamiento, curvatura, alabeo, comba.

abarquillar, curvar.

abarracar, acampar, vivaquear.

abarraganarse, amancebarse.

abarrotar, atestar, llenar, colmar. **Ant.** Vaciar.

abastecer, proveer, suministrar, surtir, aprovisionar, avituallar, dotar, equipar.

abastecedor-ra, proveedor, suministrador.

abastecimiento, provisión, surtimiento, suministro, aprovisionamiento. **Ant.** Carencia, consumición.

abasto, suministro, provisión.

abatatado-da, aturdido, avergonzado.

abate, eclesiástico, presbítero, clérigo.

abatido-da, decaído, desalentado, agotado, extenuado, descorazonado.// Ruin, abyecto, miserable.

abatimiento, desaliento, descorazonamiento, descaecimiento, postración, agotamiento, cansancio, agobio. **Ant.** Ánimo, exaltación.// Humillación, abyección.

abatir, derribar, derrocar, hundir.// Humillar, rebajar, avergonzar.// Desanimar, desalentar.

abdicación, cesión, renuncia, abandono, resignación, deposición. **Ant.** Ocupación, adhesión.

abdicar, resignar, dimitir, renunciar, traspasar, desistir, declinar.

abdomen, vientre, barriga, panza, intestinos, tripa, cavidad, epigastrio.

abdominal, ventral, intestinal.

abecedario, alfabeto, abecé, silabario, catón, cartilla.

aberración, desvío, extravío, desviación, perversión. **Ant.** Rectitud.// Error, equivocación, disparate, engaño. **Ant.** Corrección, certidumbre.

aberrar, desviarse, desencaminarse.// Errar, engañarse, equivocarse.

abertura, boca, hendidura, agujero, boquete, orificio, hueco. **Ant.** Oclusión, cerramiento, obturación, clausura, cierre.

abiertamente, francamente, sinceramente, claramente, lealmente, directamente. **Ant.** Ocultamente, clandestinamente.

abierto-ta, raso, llano, desembarazado.// Sincero, franco, claro. **Ant.** Mentiroso.// Agrietado, rajado, hendido, roto.

abigarrado-da, sobrecargado, detonante, chillón, estridente. **Ant.** Sencillo.// Confuso, mezclado, heterogéneo.

abigarramiento, estridencia, heterogeneidad.// Embrollo, lío.

abigarrar, enmarañar, trastornar, desarreglar, turbar, confundir.

abismado-da, absorto, meditabundo, callado, silencioso.

abismal, hondo, profundo, insondable.

abismar, hundir, sumergir, sumir.// -se, ensimismarse, confundirse, abatirse.

abismo, precipicio, sima, despeñadero, depresión, oquedad. **Ant.** Cumbre, altura.// Piélago, inmensidad, infierno. **Ant.** Cielo.

abjuración, retractación, renuncia, traición, perjurio. **Ant.** lealtad, fidelidad.

ablación, mutilación, extirpación, amputación, separación.

ablandamiento, reblandecimiento.

ablandar-se, reblandecer, madurar, suavizar, templar, mullir, dulcificar. **Ant.** Endurecerse.// Enternecer, aplacar. **Ant.** Enfadarse.

ablución, lavatorio, baño.// Purificación, depuración.

abnegación, renuncia, sacrificio, altruismo, desinterés. **Ant.** Interés, egoísmo.

abnegado-da, sacrificado, generoso, desprendido, altruista, filántropo.

abnegar, ceder, sacrificar, renunciar.

abocetado-da, esbozado, apuntado, insinuado, incompleto.

abocetar, esbozar, bosquejar, diseñar, delinear.

abochornado-da, avergonzado, confundido, turbado.

abochornar, avergonzar, turbar, ruborizar, confundir, humillar, ridiculizar, ofender.

abofetear, cachetear, zurrar, sopapear.// Humillar, maltratar.

abogacía, derecho, jurisprudencia.

abogado-da, jurista, jurisconsulto, letrado.// Picapleitos, leguleyo.

abogar, defender, patrocinar, auxiliar.

abolengo, estirpe, prosapia, linaje, alcurnia, ascendencia. **Ant.** Plebeyez.

abolición, derogación, anulación, supresión, abrogación. **Ant.** Validez.

abolido-da, suprimido, anulado, derogado. **Ant.** Vigente, autorizado.

abolir, derogar, suprimir, abrogar, anular, cancelar, rescindir, prohibir. **Ant.** Aprobar, nombrar, autorizar.

abollado-da, aplastado, deformado, hundido.

abolladura, aplastamiento, hundimiento.

abollar, hundir, aplastar, deformar.

abombado-da, atontado, alelado.// Combado, alabeado, curvado.

abombar-se, aturdir, atolondrar, turbar.// Inflar, combar.

abominable, aborrecible, execrable, detestable, odioso. **Ant.** Amable, apreciable, querible.

abominación, execración, odio.

abominar, detestar, execrar, odiar.// Reprobar, maldecir, repudiar.

abonado-da, avalado, acreditado, garantizado, suscripto.

abonar, fertilizar, fecundizar, estercolar. **Ant.** Empobrecer.// Pagar, costear, remunerar. **Ant.** Deber, acreditar, adeudar.// -se, suscribirse.

abono, fertilizante, estiércol, humus, nitrato, superfosfato.// Garantía, fianza. **Ant.** Desconfianza.// Aval.// Suscripción, inscripción.// Pago. **Ant.** Cobro, cargo.

abordaje, choque, encuentro, acometida.// Accidente, avería.

abordar, chocar, encontrar.// Emprender, acometer, afrontar. **Ant.** Desistir, abandonar.

aborigen, autóctono, indígena, nativo, originario, natural, oriundo, vernáculo. **Ant.** Extraño, extranjero, foráneo.

aborrascarse, encapotarse, nublarse, oscurecerse.// Conmoverse, irritarse.

aborrecer, abominar, detestar, odiar, despreciar, execrar. **Ant.** Amar, querer, apreciar.

aborrecible, despreciable, abominable.

aborrecimiento, odio, aversión, desprecio. **Ant.** Aprecio, estimación.

abortado-da, malogrado.

abortar, malparir, malograr, fracasar, frustrar. **Ant.** Lograr.

aborto, fracaso, frustración. **Ant.** Logro, fruto, fructificación.// Engendro, monstruo.

abotagado-da, hinchado.// Entontecido.

abotagamiento, hinchazón, inflamación.

abotagarse, abotargarse, inflamarse. **Ant.** Deshincharse, descongestionarse.

abotonar, abrochar, ceñir, prender. **Ant.** Desabrochar, soltar.

abovedado-da, curvo, arqueado. **Ant.** Recto, derecho.

abra, ensenada, bahía, caleta, golfo.// Paso, desfiladero. **Par.** Abra.

abrasado-da, quemado, incinerado, escaldado. **Par.** Abrazado.

abrasar, quemar, incendiar, achicharrar, chamuscar. **Ant.** Helar, congelar, enfriar. **Par.** Abrazar.

abrasivo, pulimentador, alisador.

abrazar, contornear, rodear.// Comprender, abarcar.// Ceñir, estrechar. **Ant.** Soltar. **Par.** Abrasar.

abrazo, apretón, saludo. **Par.** Abraso.

abrevadero, aguadero, aguaje.

abrevar, beber, remojar.// Saciar.

abreviado-da, escaso, breve, corto, condensado, sucinto.// **Ant.** Ampliado.

abreviar, compendiar, resumir, reducir, aligerar, disminuir, apurar. **Ant.** Ampliar, detallar, aumentar, alargar.

abreviatura, parquedad, concisión.// Sigla, cifra.

abrigar, arropar, tapar, cubrir, arrebujar. **Ant.** Desarroparse, destaparse.// Amparar, proteger.

abrigo, capa.// Resguardo, protección, reparo, auxilio, refugio, asilo. **Ant.** Desamparo.

abrillantador-ra, pulidor, lustrador.

abrillantar, lustrar, pulir, bruñir pulimentar. **Ant.** Deslucir, empañar.// Valorizar.

abrir, inaugurar, estrenar, principiar. **Ant.** Acabar, cerrar clausurar.// Hendir, agrietar, destapar, desobstruir.// -se reventar, extender, desplegarse.// Confesarse.

abrochar, abotonar, atar, unir. **Ant.** Desabrochar.

abrogar, abolir, anular, revocar, invalidar.

absceso, postema, úlcera, hinchazón, flemón.

ábside, bóveda, cúpula, domo, cripta, ábsida.

absolución, indulto, perdón, indulgencia, liberación, rem sión. **Ant.** Condena, castigo, penitencia.

absolutismo, despotismo, totalitarismo, omnipotenci extremismo.

absoluto-ta, autoritario, despótico, tirano, dictatorial, im perioso, dominante. **Ant.** Democrático, liberal.// Incond cional, categórico. **Ant.** Relativo.

absolver, perdonar, liberar, indultar, amnistiar, eximir, ex culpar, sobreseer.

absorbente, dominante, totalitario, cautivante, fascinante

absorber, tragar, embeber, sorber, chupar.// Captar, com prender, digerir.// Atraer, cautivar. **Ant.** Rechazar, repeler

absorción, permeabilidad, imbibición, capilaridad, empa pamiento. **Ant.** Secreción.

absorto-ta, pensativo, ensimismado, abstraído, concentra do, meditabundo.// Pasmado, cautivado, encantado.

abstemio-mia, sobrio, temperante, moderado, antialco hólico, enófobo. **Ant.** Borracho, intemperante, ebrio.

abstención, inhibición, renuncia, contención, privación.// Abstinencia, ayuno, dieta. **Ant.** Incontención, abuso.

abstenerse, refrenarse, contenerse.// Ayunar.

abstracción, ensimismamiento, enajenación, distracció embelesamiento. **Ant.** Atención.

abstracto-ta, neutro, genérico, indeterminado, vago, im preciso, indefinido, indiferenciado. **Ant.** Concreto, figurat vo, preciso.

abstraer, separar, aislar, excluir, eliminar, alejar.// -se, ens mismarse, reconcentrarse, embelesarse.

abstraído-da, ensimismado, absorto, abismado, distraíd meditabundo, reconcentrado.// Retirado, separado, aisla do.

abstruso-sa, difícil, complicado, esotérico, oscuro, incom prensible, profundo. **Ant.** Claro, evidente, fácil.

absurdo, despropósito, incoherencia, incongruencia, ex travagancia. **Ant.** Lógica, sensatez.// -da, irrazonable inadmisible, disparatado. **Ant.** Lógico, coherente.

abuchear, silbar, escarnecer, reprobar, censurar, critica **Ant.** Elogiar, aprobar, aplaudir.

abucheo, silba, rechifla, desaprobación.

abulia, apatía, dejadez, abandono, indiferencia, desidia desinterés. **Ant.** Actividad, interés.

abúlico-ca, indiferente, desinteresado, desganado, apáti co, perezoso. **Ant.** Activo, interesado, diligente, dinámic

abultado-da, gordo, grueso, voluminoso. **Ant.** Delgad enjuto.// Desmesurado, exagerado, imponente, exuberan te. **Ant.** Discreto.

abultar, acrecentar, agrandar, engordar, hinchar, dilatar, au mentar. **Ant.** Adelgazar, deshinchar, reducir.// Exagera ponderar, encarecer.

abundancia, riqueza, fertilidad, frondosidad, exuberancia prodigalidad, opulencia, fecundidad, lujuria. **Ant.** Escase pobreza, insuficiencia, falta.

abundante, copioso, rico, opulento, numeroso, exuberan te, excesivo, desbordante. **Ant.** Escaso, pobre, insuficien te.

abundar, rebosar, colmar, sobrar. **Ant.** Escasear, faltar.

aburguesado-da, cómodo.// Adinerado.

aburrido-da, tedioso, soporífero, insulso, adormecedo **Ant.** Divertido, animado, entretenido.

aburrir-se, fastidiar, hartar, cansar, disgustar, hastiar, car gar, saturar. **Ant.** Divertir, entretener, animar, alegrar, dis traer.

abusar, atropellar, oprimir, excederse, maltratar, propasar se, forzar, seducir, violar. **Ant.** Honrar, respetar.// Embau car, engañar, engatusar, falsificar, adulterar.

abusivo-va, excesivo, desmedido, exagerado, inmodera do, inicuo, ilegal, opresivo. **Ant.** Moderado, limitado.

abuso, exceso, atropello, demasía, extralimitación, desconsideración. **Ant.** Moderación, justeza, sobriedad.

abyección, bajeza, envilecimiento, humillación, degradación, ignominia, vileza, servilismo . **Ant.** Nobleza, dignidad.

abyecto-ta, despreciable, ignominioso, vil, rastrero, servil, ruin. **Ant.** Noble, digno, respetable, encomiable, íntegro.

acá, aquí, cerca. **Ant.** Allí, allá, lejos.

acabado-da, terminado, concluido, finiquitado, perfecto. **Ant.** Incompleto, imperfecto.// Consumido, gastado, agotado, viejo, arruinado. **Ant.** Nuevo, lozano.

acabamiento, terminación, conclusión, cumplimiento. **Ant.** Apertura, imperfección.// Destrucción, liquidación, muerte, fin, consunción.

acabar, concluir, terminar, finalizar. **Ant.** Comenzar, empezar, iniciar.// Cumplir, coronar. **Ant.** Malograr.// Morir, desaparecer. **Ant.** Nacer.

acabóse, ruina, desastre, destrucción, desenlace.

academia, colegio, escuela, instituto.// Corporación, agrupación.

academicismo, erudición.

académico-ca, universitario, escolar, docto, erudito, graduado.// Puro, correcto, clásico, culto. **Ant.** Incorrecto, desordenado.

acaecer, suceder, ocurrir, acontecer, sobrevenir.

acaecimiento, suceso, acontecimiento, hecho, sucedido.

acallar, aplacar, calmar, contener, sosegar, atenuar, aliviar. **Ant.** Excitar, agitar, incitar, enardecer.

acalorado-da, agitado, entusiasmado, ferviente, enardecido, violento, exaltado. **Ant.** Insensible, frío, sereno.

acalorar, inflamar, encender, calentar, sofocar. **Ant.** Enfriar, helar.// Animar, estimular, alentar, enardecer. **Ant.** Tranquilizar, sosegar, reprimir.

acampar, acantonar, vivaquear, radicarse, establecerse. **Ant.** Ir, marcharse, errar.

acanalado-da, estriado, surcado, corrugado.

acanaladura, estría, ranura.

acanallado-da, denigrado, bribón, despreciable.

acanallarse, envilecerse, corromperse. **Ant.** Mejorarse, ennoblecerse.

acantilado, declive, despeñadero, barranco, talud //**-da,** escarpado, abrupto, vertical. **Ant.** Plano, liso.

acantonamiento, emplazamiento, acuartelamiento.

acantonarse, acampar, acuartelar, vivaquear. **Ant.** Desplazarse.

acaparador-ra, monopolizador, atesorador, especulador.// Egoísta.

acaparamiento, acopio, monopolio.

acaparar, acopiar, acumular.

acaramelado-da, dulce, dulzón, azucarado, empalagoso.// Enamorado, tierno, galante, solícito, tierno.

acaramelar, azucarar, endulzar.// **-se,** enamorarse.

acariciador-ra, suave, tierno, grato.

acariciar, rozar, manosear.// Mimar, arrullar, agasajar. **Ant.** Herir, maltratar.

acarrear, transportar, llevar, conducir, trasladar, cargar.// Ocasionar.

acarreo, transporte.

acartonamiento, momificación, estiramiento, apergaminamiento.

acartonarse, apergaminarse, amojamarse, momificarse.

acaso, azar, casualidad, suerte, fortuna. **Ant.** Seguridad.// Tal vez, quizá.

acatamiento, sumisión, obediencia, acato, sometimiento.

acatar, aceptar, respetar, reverenciar, observar, venerar, subordinar. **Ant.** Desobedecer, rebelarse.

acatarrarse, resfriarse.

acaudalado-da, rico, poderoso, opulento, adinerado, pudiente, millonario, magnate, potentado. **Ant.** Pobre, mísero.

acaudalar, atesorar, acumular, enriquecer.

acaudillar, guiar, conducir, dirigir, mandar, encabezar, capitanear.

acceder, consentir, convenir, conformarse, ceder, aceptar,

permitir, autorizar, conceder. **Ant.** Oponerse, rechazar, negarse.// llegar, entrar, alcanzar, ocupar.

accesible, alcanzable, abordable. **Ant.** Inaccesible, inasequible.// Posible, viable, practicable.// Penetrable, transitable// Claro, franco, llano, comprensible.

accésit, recompensa, compensación, lauro, galardón.

acceso, entrada, camino, llegada, ingreso. **Ant.** Salida.// Vía, carretera, camino.// Indisposición, ataque, arrebato.

accesorio-ria, anexo, complementario, adjunto, adicional, secundario, episódico, suplementario. **Ant.** Esencial, fundamental, principal.// **-rio,** apéndice, anexo.// Complemento, repuesto.// **-s,** enseres, utensilios.

accidentado-da, montañoso, desigual, irregular, escarpado, abrupto, peñascoso. **Ant.** Llano, suave, liso.// Herido, desmayado, víctima, caído.// Agitado, difícil, peliagudo, borrascoso.

accidental, fortuito, impensado, casual, provisional, eventual, circunstancial, ocasional. **Ant.** sospechado, previsto, esencial, perdurable.

accidentar-se, lastimarse, herirse.

accidente, incidente, suceso.// Choque, contratiempo, peripecia, revés, daño, perjuicio.// Indisposición, patatús, soponcio, desmayo.

acción, acto, hecho, obra, ejecución, tarea.// Título, valor, parte, bono.// Postura, actitud, ademán.// Operación, movimiento, maniobra.// Actividad, energía, ardor, celo, entusiasmo. **Ant.** Inactividad, inercia.// Combate, choque, pelea, encuentro.

accionar, actuar, gesticular, mover, agitar.

accionista, socio, asociado, interesado, rentista, copartícipe, bolsista.

acechanza, acecho. **Par.** Asechanza.

acechar, vigilar, atisbar, avizorar, espiar, fisgar, escudriñar. **Par.** Asechar.

acecho, espionaje, expectación, inspección, atisbo, vigilancia. **Par.** Asecho.

acecinado-da, momificado, apergaminado, acartonado, seco, avellanado, marchito. **Par.** Asesinado.

acecinar, curar, ahumar, salar, secar, amojamar. **Par.** Asesinar.

acedar, acidular, agriar.// Disgustar, enfadar, molestar, desasonar. **Par.** Asedar.

acedía, acidez.// Desabrimiento.

acedo-da, áspero, avinagrado, agrio, ácido.// Desapacible, irritable, ceñudo. **Par.** Asedo.

acefalía, anarquía, desorden.

acéfalo-la, decapitado, descabezado.// Anárquico.

aceitar, engrasar, lubricar, untar. **Ant.** Desengrasar.//Sobornar.

aceite, óleo.

aceitoso-sa, graso, oleaginoso, untuoso.

aceitera, alcuza.

aceituna, oliva.

aceitunado-da, verdoso, cetrino, oliváceo.

aceleración, rapidez, prontitud, celeridad, apresuramiento, prisa. **Ant.** Lentitud.

acelerar, precipitar, avivar, apresurar, activar, apremiar. **Ant.** Retrasar, demorar, retardar.

acendrado-da, delicado, purificado, puro, depurado, inmaculado, limpio, impoluto, genuino. **Ant.** Impuro.

acendrar, purificar, limpiar, depurar.//Embellecer.

acento, entonación, tono, dejo, acentuación.

acentuado-da, marcado, señalado, aumentado, subrayado. **Ant.** Inadvertido.

acentuar, recalcar, marcar, apoyar, insistir, subrayar.// Enfatizar, resaltar, aumentar, abultar.

acepción, significado, significación, sentido, designación, alcance.

aceptación, aplauso, aprobación, admisión, beneplácito, boga, difusión. **Ant.** Desaprobación.

aceptar, reconocer, tomar, admitir, confesar, recibir.// Obligarse, comprometerse, someterse. **Ant.** Rechazar, desechar.

acequia, canal, zanja.

acera, borde, orilla, margen, costado.

acerado-da, agudo, afilado, punzante, duro, resistente.// Incisivo, mordaz, penetrante, ofensivo, agresivo. **Ant.** Inofensivo, blando.

acerar, aguzar, afilar, endurecer.// Fortalecer.

acerbidad, acritud.// Dureza, crueldad.

acerbo-ba, áspero, desapacible, amargo, agrio, ácido.// Cruel, riguroso, doloroso, rudo, duro, severo. **Ant.** Dulce, azucarado, suave. **Par.** Acervo.

acerca de, referente a, con respecto a.

acercamiento, aproximación.

acercar-se, aproximar, arrimar, avecinar, juntar, pegar, adosar. **Ant.** Alejar.

acero, espada, hoja, arma blanca, estoque.// Ánimo, brío, denuedo.

acérrimo-ma, agrio, acre.// Vigoroso, tenaz, implacable, vehemente, fuerte, obstinado.

acertado-da, oportuno, conveniente, apropiado, apto, adecuado. **Ant.** Inoportuno.

acertar, atinar, solucionar.// Encontrar, deducir, presentir. **Ant.** Equivocar, errar, confundir.

acertijo, adivinanza, charada, enigma.

acervo, montón, maza, cúmulo, acumulación, aglomeración, conjunto, conglomerado, patrimonio. **Par.** Acerbo.

acezar, jadear. **Par.** Asesar.

achacar-se, imputar, atribuir, aplicar, apostrofar, asignar, señalar.// Humillar, apocar.

achacoso, doliente, enfermizo, enclenque. **Ant.** Sano, saludable.

achaque, dolencia, indisposición, malestar

achatar, achaflanar, enromar, alisar, redondear.

achicado-da, apocado, confuso, empequeñecido, atemorizado, avergonzado. **Ant.** Envalentonado.

achicar, empequeñecer, rebajar, reducir, disminuir, acortar, amenguar, encoger, mermar, abreviar. **Ant.** Aumentar, agrandar.//Humillar, apocar, arredrar. **Ant.** Envalentonar.

achicharrar-se, quemar, asar, tostar, chamuscar, incinerar.// Molestar, importunar.

achispado-da, borracho, alegre, ebrio.

achisparse, emborracharse.

achubascarse, nublarse, oscurecerse, encapotarse.

aciago-ga, desdichado, funesto, nefasto, fatídico, adverso, malaventurado, desventurado, malhadado, desafortunado, infortunado, impío, cruel. **Ant.** Feliz, afortunado.

acíbar, áloe.// Amargura.

acibarar, amargar.// Mortificar, afligir, disgustar.

acicalado-da, compuesto, relamido, atildado, adornado, maquillado, ataviado, aseado, pulcro. **Ant.** Sucio, desarreglado, desaliñado.

acicalar-se, pulir, bruñir, limpiar.// Adornar, ataviar, aderezar, componer, arreglar, afinar.

acicate, espuela, aguijón.// Estímulo, incentivo, aliciente, acuciamiento.

acidez, acerbidad, acrimonia, amargor. **Ant.** Dulzor, suavidad.

acidia, desidia, laxitud, negligencia, pereza.

ácido-da, agrio, acre, acedo, acídulo, acidulado, picante, avinagrado.// Áspero. **Ant.** Dulce, meloso.

acierto, acertamiento, puntería, adivinación. **Ant.** Desacierto.// Habilidad, destreza, precisión.// Cordura, prudencia, tino, tiento, tacto, discreción.// Suerte, fortuna, éxito, casualidad, azar.

aclamación, aplauso, clamor, ovación. **Ant.** Censura, burla.

aclamar, vitorear, glorificar, loar, ensalzar, aplaudir, engrandecer, alabar, magnificar, saludar. **Ant.** Silbar, protestar.// Proclamar.

aclaración, justificación, explicación, demostración, ilustración, esclarecimiento. **Ant.** Oscuridad, equívoco, confusión.

aclarar, disipar, despejar, clarificar, diluir, escampar. **Ant.** Nublar.// Espaciar, enralecer.// Desovillar, dilucidar, manifestar, explicar, desembrollar, desenmarañar, descubrir, demostrar. **Ant.** Embrollar, complicar.

aclaratorio-ria, esclarecedor, explicativo.

aclimatación, aclimatamiento, adaptación, arraigo. **Ant.** Desacostumbramiento, desarraigo.

aclimatar, habituar, acostumbrar, acomodar, adaptar, naturalizar, arraigar, familiarizar. **Ant.** Desarraigar.

acné, erupción, grano.

acobardar-se, atemorizar, acoquinar, espantar, intimidar, desanimar, abatir, achicar. **Ant.** Envalentonar.// Desalentar. **Ant.** Animar.

acodar, sostener, apoyar, apuntalar. **Ant.** Soltar.

acoger, cobijar, recibir, refugiar, asilar, amparar, proteger, socorrer, favorecer, atender, guarecer. **Ant.** Abandonar./ Aceptar. **Ant.** Rechazar.

acogida, recibimiento, hospitalidad, admisión.// Protección, amparo. **Ant.** Desamparo.

acogotar, matar, herir.// Vencer, intimidar.

acolchado-da, mullido, tapizado, blando, forrado. **Ant.** Endurecido.

acolchar, almohadillar, mullir, revestir, tapizar, cubrir. **Ant.** Endurecer.

acólito, sacristán, clérigo, asistente, monaguillo.// Compinche, colega, cómplice. **Ant.** Adversario, enemigo.

acollarar-se, uncir, guarnecer, atar, unir, enjaezar. **Ant.** Soltar.

acometedor-ra, emprendedor, decidido, arrojado, impetuoso, violento. **Ant.** Apocado, cobarde.

acometer, embestir, arremeter, hostigar, asaltar. **Ant.** Defender.// Emprender, comenzar. **Ant.** Desistir.

acometida, ataque, arremetida, embestida. **Ant.** Defensa.

acometividad, agresividad, violencia. **Ant.** Pasividad, defensa.

acomodado-da, apropiado, conveniente, apto, oportuno, arreglado, adecuado. **Ant.** Inadecuado, inoportuno.// Rico, pudiente. **Ant.** Pobre, miserable.

acomodamiento, composición, conciliación, arreglo, convenio, ajuste, acuerdo, transacción.

acomodar-se, arreglar, componer, ordenar, colocar. **Ant.** Desacomodar, desarreglar.// Adaptar.// Consentir, transigir, conciliar. **Ant.** Discrepar.

acomodaticio-cia, acomodadizo, dúctil, elástico, complaciente, transigente. **Ant.** Intransigente, rígido.

acomodo, empleo, cargo, ocupación, colocación, puesto.// Conveniencia, ventaja, beneficio.// Arreglo, acuerdo. **Ant.** Desacuerdo.

acompañamiento, escolta, cortejo, séquito, comitiva./ Armonía, contrapunto.

acompañar, escoltar, seguir, traer, llevar, asistir, custodiar, proteger, ayudar. **Ant.** Apartar, abandonar.

acompasado-da, regulado, medido, rítmico, pautado, rimado. **Ant.** Desacompasado, irregular.

acompasar, acomodar, equilibrar, medir, regular, sincronizar.

acomplejado-da, retraído, disminuido. **Ant.** Desenvuelto, equilibrado.

acomplejarse, disminuirse, retraerse, inhibirse. **Ant.** Agrandarse, superarse.

acondicionado-da, adaptado, adecuado, preparado, arreglado.

acondicionamiento, arreglo, preparación, adecuación.

acondicionar-se, preparar, arreglar, adecuar, adaptar. **Ant.** Desarreglar.

acongojado-da, triste, angustiado, afligido. **Ant.** Alegre, animado.

acongojar-se, afligir, apenar, apesadumbrar, atribular, entristecer, desconsolar, angustiar, abrumar.

aconsejado-da, cuerdo, avisado, avispado, prevenido.

aconsejar, advertir, avisar, sugerir, exhortar, asesorar, orientar, adiestrar.

acontecer, suceder, ocurrir, acaecer, sobrevenir, surgir, cumplirse, verificarse, realizarse.

acontecimiento, acaecimiento, suceso, hecho, coyuntura, caso, evento, sucedido, incidente, trance, peripecia.

acoplar, reunir, acumular, amontonar, juntar, almacenar, acaparar, aglomerar, atesorar. **Ant.** Esparcir, desprenderse.

copio, provisión, depósito, aglomeración, acumulación, almacenamiento, acaparamiento. **Ant.** Escasez, carencia.

copiamiento, unión, entrelazamiento, conexión, soldadura, engranaje.

copiar, apegar, reunir, aproximar, pegar, soldar, aparear, unir, juntar, agrupar, conectar. **Ant.** Desacoplar, desunir.

coquinamiento, amilanamiento, acobardamiento, timidez.

coquinar-se, atemorizar, intimidar.

corazado-da, fortificado, blindado, resistente.

corazar, blindar, fortificar, reforzar, proteger, revestir, endurecer.

cordar, determinar, resolver, decidir.// Pactar, conciliar. **Ant.** Disentir.// **-se,** recordar, evocar. **Ant.** Olvidar.

corde, conforme, coherente. **Ant.** Disconforme.// Arpegio, melodía, cadencia.

cordonar, cercar, envolver, encerrar, rodear, ceñir, ajustar. **Ant.** Soltar.

corralamiento, encierro.// Arrinconamiento, rodeo.

corralar, arredilar, embotellar, arrinconar. **Ant.** Soltar, liberar.// Acobardar, intimidar. **Ant.** Envalentonar.

cortamiento, disminución, merma, achique, corte, simplificación, encogimiento. **Ant.** Ampliación, aumento.

cortar, abreviar, disminuir, compendiar, mutilar, cortar, simplificar, reducir, mermar, aminorar, achicar, encoger. **Ant.** Agrandar, aumentar, ampliar.

cosamiento, acoso, persecución.

cosar, perseguir, hostigar, importunar, apurar, fatigar, molestar, enojar, inquietar, solicitar, vejar, amenazar. **Ant.** Abandonar, tranquilizar.

coso, acosamiento, persecución.

costar-se, echar, extender, tender, yacer. **Ant.** Enderezar.// Acercar, arrimar, aproximar. **Ant.** Alejar.// Ladear, inclinar.

costumbrado-da, familiarizado, habituado, ducho. **Ant.** Insólito, desacostumbrado.

costumbrar-se, habituar, avezar, familiarizar, preparar, aclimatar, adiestrar. **Ant.** Desacostumbrar.

cotación, señal, nota, acotamiento, aclaración, apostilla, co-mentario, explicación, glosa.// Demarcación, deslindamiento.

cotar, fijar, señalar, anotar, establecer, aclarar.// Limitar, amojonar, cercar, deslindar.

crata, anarquista, nihilista, revolucionario.

cre, picante, irritante, agrio, ácido, acerbo, corrosivo. **Ant.** Dulce.// Mordaz, incisivo. **Ant.** Amable.

crecentamiento, aumento, auge, crecimiento, amplificación. **Ant.** Disminución.// Progreso.

crecentar, aumentar, engrandecer, desarrollar, agrandar, extender. **Ant.** Disminuir.// Progresar, enaltecer.

creditado-da, reputado, afamado, celebrado, conocido, famoso, consagrado, prestigioso. **Ant.** Desprestigiado.

creditar, atestiguar, testimoniar, garantizar.// Prestigiar. **Ant.** Desprestigiar.

creedor-ra, merecedor, digno. **Ant.** Indigno.// Fiador. **Ant.** Deudor.

cribillar, herir, agujerear, balear.// Molestar.

crimonia, acidez, acritud.// Sarcasmo, ironía.

crisolado-da, depurado, acendrado, purificado.

crisolar, aclarar, purificar, depurar, refinar.

crobacia, pirueta, contorsión, gimnasia.

cróbata, gimnasta, contorsionista, saltimbanqui.

crobático-ca, funambulesco, ágil, ligero.

cromático-ca, incoloro.

crópolis, ciudadela, fortificación.

cta, certificación, relato, relación, acuerdo.

ctitud, disposición, intención, conducta.// Postura, gesto, talante, compostura, porte, aspecto.

ctivar, excitar, avivar, acelerar, mover, apresurar, precipitar, apremiar, agilizar.

ctividad, eficacia, prontitud, solicitud, presteza, celeridad, agilidad, acción, movimiento. **Ant.** Pasividad, quietud.// Trabajo, profesión, oficio, ocupación, labor, tarea.

ctivista, agitador, revolucionario.

activo-va, diligente, ágil, ligero, dinámico, emprendedor, trabajador, eficiente. **Ant.** Pasivo, indolente.

activo, haber.

acto, acción, hecho, actuación, maniobra, suceso.// Jornada, cuadro, parte, período, episodio, tanda.// Ceremonia, fiesta.

actor-triz, comediante, histrión, cómico, trágico, artista, intérprete, farandulero, farsante, figurante.//**-ra,** Demandante, querellante, acusador, litigante.

actuación, acción, intervención, actividad, trabajo, función. **Ant.** Pasividad, inacción.

actual, presente, vigente, contemporáneo, existente, coetáneo. **Ant.** Pasado, terminado, antiguo.

actualidad, presente, sazón, oportunidad, ahora, boga, moda. **Ant.** Pasado.

actuar, proceder, hacer, conducir, portarse, ejercer, ejecutar, realizar, representar, elaborar, dirigir, trabajar, conducirse, desenvolverse.

acuarela, aguada.

acuario, pecera.

acuartelamiento, acantonamiento.

acuartelar, alojar, acantonar, instalar, estacionar, recluir, acampar.

acuático-ca, marino, oceánico, náutico, acuoso, húmedo, ribereño, fluvial.

acuatizar, amarar, descender.

acucia, premura, urgencia.

acuciar, incitar, excitar, aguijonear, aguijar, espolear, pinchar, estimular, angustiar, apurar. **Ant.** Aplacar, calmar.

acucioso-sa, vehemente, apasionado.// Activo, rápido.

acuchillado-da, adiestrado, curtido, versado.// Hendido, rajado, cortado.

acuchillar, apuñalar, matar, asesinar, herir.

acudir, asistir, ir, llegar, presentarse. **Ant.** Ausentarse.// Auxiliar, socorrer. **Ant.** Abandonar.

acueducto, canal.

acuerdo, resolución, determinación, conformidad, dictamen, opinión. **Ant.** Divergencia.// Pacto, convenio, tratado, compromiso, contrato.

acuidad, finura, penetración, agudeza, sutileza.

acumulación, amontonamiento, montón, almacenamiento, acopio.

acumulador, batería.

acumular, juntar, amontonar, apilar, hacinar, almacenar, aglomerar, acopiar, reunir.

acunar, mecer, balancear.

acuñar, estampar, imprimir, sellar, grabar, troquelar, embutir.

acuoso-sa, líquido, húmedo, mojado, empapado, acuático. **Ant.** Seco.

acurrucarse, ovillarse, apretarse, recogerse, encogerse.

acusación, inculpación, incriminación, imputación, delación, denuncia, crítica, censura, queja. **Ant.** Defensa, exculpación.

acusado-da, reo, procesado, incriminado.// Difamado, atacado, denigrado.// Acentuado, evidente.

acusador-ra, fiscal.// Delator, denunciante, acusón, soplón.// Detractor, maldiciente.

acusar, imputar, incriminar, vituperar, inculpar, increpar, achacar. **Ant.** Defender, disculpar.// Denunciar, delatar.// Indicar, manifestar.

acusón-na, soplón.

acústica, sonoridad, sonido.

acústico-ca, sonoro, auditivo, sonorizado, vibrante.

adagio, proverbio, sentencia, máxima, refrán, apotegma, dicho, aforismo, axioma.// Lento, pausado.

adalid, caudillo, cabeza, jefe, conductor, dirigente, líder.

adaptación, aclimatación, conformación, habituación. **Ant.** Desajuste, desacomodo.

adaptar-se, acomodar, aplicar, apropiar, ajustar, conformar, acondicionar, arreglar. **Ant.** Desacomodar, inadecuar.

adarga, escudo, broquel, rodela.

adarme, poco, migaja, insignificancia, pequeñez, mezquindad, nimiedad.

adecentar, limpiar, ordenar, arreglar, asear.

adecuado-da, apropiado, oportuno, conveniente, ajustado, correcto, acertado.

adecuar-se, proporcionar, acomodar, adaptar, apropiar, ajustar, arreglar, igualar, acondicionar. **Ant.** Desarreglar.

adefesio, esperpento, espartajo, hazmerreír. **Ant.** Elegancia.// Extravagancia, disparate, dislate, ridiculez, despropósito. **Ant.** Mesura.

adelantado-da, precoz, aventajado. **Ant.** Tardío.// Atrevido, imprudente, osado, audaz.// Jefe, capitán, gobernador.

adelantamiento, anticipación, anticipo, adelantado.

adelantar-se, avanzar, mejorar, progresar. **Ant.** Retroceder, atrasar.// Medrar, aventajar, exceder, perfeccionar.

adelanto, anticipio, ventaja, anticipación. **Ant.** Retroceso, decadencia.

adelgazamiento, enflaquecimiento, desmejoramiento. **Ant.** Engrosamiento.// Afinamiento.

adelgazar-se, enflaquecer, enmagrecer, demacrar, descarnar, esmirriar. **Ant.** Engordar.// Afinar, purificar, depurar.

ademán, gesto, actitud, seña, gesticulación, visajes, expresión.

además, asimismo, igualmente, por otra parte, por lo tanto, amén, también.

adentrar, entrar, penetrar.// **-se,** comprenetrarse, imbuirse, entender.

adentro, dentro, interiormente, en el interior de.

adepto-ta, iniciado, adicto, simpatizante, correligionario, acólito, sectario, seguidor, discípulo.

aderezado-da, arreglado, acicalado, compuesto. **Ant.** Desaseado.// Condimentado, sazonado.

aderezar, componer, adornar, hermosear, ataviar, embellecer, acicalar. **Ant.** Desarreglar, desasear.// Condimentar, guisar, sazonar, adobar, aliñar.

aderezo, atavío, adorno, ornato.// Preparación, arreglo.// Condimento, adobo, salsa.

adeudar, deber, cargar.// Empeñarse, endeudarse, comprometerse.

adherencia, unión, adhesión, pegadura, aglutinación, encoladura.

adherente, anexo, unido, adjunto.// Adepto.

adherir, pegar, soldar, encolar, fijar, unir, incorporar. **Ant.** Despegar.// **-se,** afiliar, asociar, abrazar. **Ant.** Desligarse.

adhesión, apego, afecto, fidelidad, devoción, amistad, lealtad, incorporación.// Entusiasmo, apoyo.// Confirmación, aprobación.

adhesivo-va, aglutinante, pegajoso, mucilaginoso.

adición, aditamento, añadidura, suplemento, anexo, añadido, accesorio, adjunto, apéndice. **Par.** Adicción.

adicional, accesorio, suplementario, complementario. **Ant.** Esencial.

adicionar, aumentar, agregar, incrementar, sumar. **Ant.** Restar.

adicto-ta, adepto, partidario, sectario, secuaz, simpatizante, afecto, amigo, incondicional, fiel, apegado, unido. **Ant.** Desleal.

adiestramiento, instrucción, preparación, aleccionamiento, enseñanza.

adiestrar, enseñar, instruir, aleccionar, guiar, encaminar, ejercitar, amaestrar, entrenar, enderezar. **Ant.** Entorpecer.

adinerado-da, rico, opulento.

adiós, despedida.

adiposidad, gordura, obesidad.

adiposo-sa, gordo, obeso.

aditamento, añadidura, adhesión, incorporación, complemento, apéndice, aposición.

adivinación, augurio, pronóstico, vaticinio, predicción, presentimiento.// Oráculo, horóscopo.// Adivinanza, acertijo.

adivinar, predecir, pronosticar, augurar, agorar, presentir, presagiar, interpretar, prever, acertar, vaticinar, profetizar. **Ant.** Errar.

adivino-na, astrólogo, mago, brujo, hechicero, agorero, vaticinador, vidente, arúspice, vate.

adjetivo, calificativo, epíteto, atributo.

adjudicación, otorgamiento, cesión, entrega, asignación transferencia. **Ant.** Denegación.

adjudicar, conferir, ceder, otorgar, atribuir, repartir, distribuir. **Ant.** Quitar.// **-se,** apropiarse, quedarse, arrogarse.

adjunción, añadidura, agregación.

adjuntar, acompañar, remitir, añadir.

adjunto-ta, unido, pegado, adherente.// Acompañante acólito, socio.

adminículo, objeto, utensilio, aparato.

administración, gestión, gobierno, distribución, régimen dirección.// Oficina, delegación, despacho.

administrador-ra, gobernador, rector, dirigente, gerente, apoderado, empresario, supervisor, procurador, director.

administrar, gobernar, regir, manejar, conducir, dirigir, disponer, vigilar, cuidar.// Aplicar, otorgar.// Proveer, suministrar.

administrativo-va, empleado, funcionario, representante, burocrático.

admirable, estimable, notable, apreciable, excelente asombroso, sorprendente, maravilloso, extraordinario deslumbrante, portentoso, inaudito, asombroso. **Ant.** Despreciable, insignificante.

admirar, aprobar, elogiar, ensalzar, loar. **Ant.** Despreciar./ Maravillar, pasmar, sorprender, cautivar, fascinar, extasiar encandilar.

admisible, aceptable, verosímil, válido.

admisión, acceso, entrada, ingreso, recibimiento, aceptación, tolerancia. **Ant.** Expulsión.

admitir, recibir, acoger, tomar.// Tolerar, consentir, permitir **Ant.** Rechazar.

admonición, advertencia, exhortación, regaño, reprimenda, apercibimiento, reconvención. **Ant.** Elogio.

adobado-da, guisado, condimentado, sazonado, aderezado.

adobar, condimentar, sazonar, salpimentar, guisar, aderezar, conservar.// Arreglar, componer.

adobe, ladrillo.

adobo, salsa, aderezo, condimento.

adocenado-da, vulgar, trivial, común, ramplón, sencillo zafio, corriente.

adoctrinar, aleccionar, instruir, educar, amaestrar.

adolecer, sufrir, padecer, penar, soportar, tolerar.

adolescencia, pubertad, mocedad, juventud, pubescencia.

adolescente, joven, mozo, púber, muchacho, chico, imberbe, mancebo.

adondequiera, a cualquier parte.

adonis, apolíneo, hermoso, bello.

adopción, admisión, acogimiento, amparo, patrocinio aceptación. **Ant.** Rechazo, abandono.

adoptar, prohijar, ahijar, apadrinar. **Ant.** Desamparar.// Tomar, elegir, admitir, aprobar, seguir, abrazar.

adoptivo-va, prohijado, protegido, adoptado.

adoquín, torpe, ignorante, rudo.

adoquinar, pavimentar, empedrar.

adorable, admirable, venerable, encantador, amable. **Ant** Despreciable.

adoración, amor, pasión, cariño, devoción, idolatría, exaltación, éxtasis.

adorar, venerar, reverenciar, honrar.// Amar, estimar, querer, apreciar. **Ant.** Despreciar, aborrecer.

adormecer-se, amodorrar, aletargar, adormilar.// Acallar calmar, mitigar.// Insensibilizar, anestesiar, hipnotizar. **Ant** Avivar, despertar.

adormecimiento, amodorramiento, letargo, sueño.

adornado-da, elegante, atildado, emperifollado, engalanado. **Ant.** Descuidado.

adornar-se, ornar, engalanar, ataviar, hermosear, embellecer, decorar, aderezar. **Ant.** Estropear.// Honrar, enaltecer ennoblecer.

adorno, aderezo, atavío, ornato, ornamento, gala, paramento, afeite, acicalamiento.

adosar, yuxtaponer, arrimar, pegar, unir, juntar, acercar.

adquirir, lograr, alcanzar, obtener, conseguir, ganar, comprar, procurarse, tomar, conquistar. **Ant.** Perder, vender.

adquisición, compra, provecho, ganancia, lucro, ventaja.

adrede, intencionadamente, a propósito.

adscribir, atribuir, arrogar, aplicar, asignar.

adsorción, concentración, condensación, densidad.

aduana, resguardo, reconocimiento, registro.

aduanero, vista, inspector.

aducir, alegar, aportar, añadir, agregar, razonar, argumentar, invocar.

adueñarse, apoderarse, apropiarse, conquistar, usurpar, enseñorearse.

adulación, lisonja, alabanza, zalamería, halago, agasajo, mimo, encomio. **Ant.** Reprobación.

adular, lisonjear, halagar, requebrar, mimar, encomiar, alabar. **Ant.** Criticar.

adulteración, engaño, falsificación, falseamiento. **Ant.** Purificación.

adulterar, falsificar, mixtificar, sofisticar, falsear, viciar.

adulterino-na, bastardo, ilegítimo.

adulterio, infidelidad, amancebamiento. **Ant.** Fidelidad.

adúltero-ra, infiel, amancebado.// Falsificado, corrompido. **Ant.** Puro.

adulto-ta, cumplido, maduro, crecido, grande, experimentado.

adustez, severidad, rigor, malhumor.

adusto-ta, austero, serio, severo, seco, arisco, hosco, huraño, esquivo, desabrido, insociable, agrio. **Ant.** Amable, cariñoso, sociable.

advenedizo-za, entremetido, importuno, intruso, inoportuno, forastero, nuevo.

advenimiento, llegada.

advenir, venir, llegar.// Ocurrir, suceder, acontecer.

adversario-ria, antagonista, contrario, enemigo, contendiente, contrincante, rival, competidor. **Ant.** Partidario.

adversidad, infelicidad, infortunio, desdicha, desgracia, revés, contrariedad, desventura, desastre, contratiempo. **Ant.** Dicha, felicidad.

adverso-sa, contrario, enemigo, desfavorable, hostil. **Ant.** Amigo, favorable.// Aciago, fatal, lamentable.

advertencia, aviso, consejo, opinión, indicación, prevención.// Amonestación, reconvención.

advertido-da, despierto, vivo, despabilado. **Ant.** Ignorante.// Aconsejado.

advertir, observar, señalar, indicar, notar, prevenir, informar, avisar, enseñar, instruir, aconsejar, aleccionar. **Ant.** Ignorar.

adyacente, contiguo, anexo, junto, unido, cercano, vecino, lindante, pegado, yuxtapuesto.

aéreo-a, sutil, vaporoso, volátil, leve. **Ant.** Sólido, pesado, corpóreo.

aerolito, meteorito, bólido.

aeronáutica, aerotecnia, aviación.

aeronave, aeroplano, avión.

aeropuerto, aeródromo, aeroparque, estación.

aerosol, vaporizador.

aerostato, globo, dirigible.

afabilidad, atención, amabilidad, gentileza, cortesía, dulzura, sencillez, benevolencia, cordialidad, sociabilidad, humanidad.

afable, amable, suave, atento, cariñoso, cordial, dulce, abordable, acogedor, afectuoso, benévolo, apacible.

afamado-da, reputado, renombrado, acreditado, considerado, prestigioso, famoso, popular, célebre.

afamar, prestigiar, enaltecer.

afán, ansia, anhelo, deseo, apasionamiento, aspiración, ambición, codicia. **Ant.** Abandono.// Trabajo, actividad. **Ant.** Apatía, desgano, inercia.

afanar-se, trabajar, despachar, abreviar, esforzarse, empeñarse, ajetrearse, agitarse. **Ant.** Desinteresarse, holgazanear.

afanoso-sa, trabajador, diligente, esforzado. **Ant.** Desganado, abandonado.// Penoso, trabajoso. **Ant.** Fácil.

afear-se, desarreglar, desfavorecer, estropear. **Ant.** Arreglar, mejorar.

afección, apego, inclinación, afición, simpatía, cariño, afecto, amistad, ternura.// Alteración, enfermedad, dolencia, indisposición.

afectación, fingimiento, estudio, doblez, disimulo, ficción, falsedad, artificio.// Presunción, petulancia, ostentación, extravagancia, pedantería, amaneramiento. **Ant.** Sencillez, naturalidad, humildad.

afectado-da, amanerado, rebuscado, cursi. **Ant.** Sencillo, natural.// Aquejado, afligido.

afectar, fingir, aparentar, simular.// Ostentar, vanagloriarse, jactarse.// Impresionar, tocar, afligir, conmover, interesar.// Perjudicar.

afectivo-va, cariñoso, sensible.

afecto, apego, amistad, cariño, afición, apasionamiento, amor, interés, atracción, simpatía.

afectuoso-sa, cariñoso, afable, cordial, amistoso, amable, amoroso, acogedor. **Ant.** Frío, insensible, antipático, hostil.

afeitar-se, adornar, hermosear, acicalar, componer.// Rasurar, rapar, desbarbar.

afeite, aderezo, adorno, cosmético, tocado.

afelpado-da, velludo, aterciopelado, peludo, velloso, blando, suave.

afeminación, afectación, afeminamiento, debilidad. **Ant.** Virilidad.

afeminado, delicado, marica, amariconado, homosexual. **Ant.** Viril, varonil.

afeminar-se, amariconar, debilitar. **Ant.** Fortalecer, endurecer.

aféresis, metaplasmo, supresión.

aferrar, asir, agarrar, asegurar, afianzar, atrapar.// -se, obstinarse, entercarse. **Ant.** Ceder.

afianzar, agarrar, asir, asegurar, aferrar, sujetar, atar.// Apuntalar, consolidar, afirmar, reforzar, fortalecer. **Ant.** Debilitar.

afición, inclinación, apego, propensión, afecto, cariño, gusto, amor, devoción. **Ant.** Despego.// Ahínco, entusiasmo, afán.// Pasatiempo, distracción.

aficionado-da, inclinado, apegado, admirador.

aficionar-se, encariñarse, prendarse, acostumbrarse, aquerenciarse. **Ant.** Despegarse, alejarse, desilusionarse.

afijo, partícula, prefijo, sufijo.

afilado-da, cortante, tajante, punzante, puntiagudo. **Ant.** Romo.

afilador, amolador.

afilar, amolar, aguzar, afinar.

afiliado-da, adepto, adicto, sectario, partidario, acólito, correligionario, prosélito, asociado, socio.

afiliar, asociar, unir, juntar, incorporar, congregar.// -se, adherirse.

afiligranado-da, adornado, labrado, repujado.

afiligranar, adornar, acicalar, perfeccionar.

afinación, ajuste, temple, consonancia, entonación, armonía.

afinar, acabar, perfeccionar, mejorar, completar, pulimentar.// Armonizar, entonar, templar, ajustar.

afincarse, establecerse, fijarse, estacionarse, localizarse.

afinidad, analogía, semejanza, relación, similitud, correlación, parecido. **Ant.** Desemejanza.// Simpatía, atracción.// Parentesco.

afirmación, aseveración, aserto, asentimiento. **Ant.** Negativa.

afirmar, afianzar, asegurar, consolidar, fortificar, sostener.// Aseverar, atestiguar, asentir. **Ant.** Negar, disentir.

afirmativo-va, positivo, cierto.

aflautado-da, agudo, chillón.

aflicción, dolor, pena, tristeza, desconsuelo, desazón, tribulación, desolación, congoja, agustia, amargura, sufrimiento, tormento, mortificación, pesadumbre, pesar, abatimiento, sinsabor. **Ant.** Alegría, gozo.

aflictivo-va, penoso, doloroso. **Ant.** Alegre.

afligido-da, inconsolable, quejoso, contrito, triste, apenado, angustiado, atribulado. **Ant.** Contento, alegre.

afligir-se, abatir, acongojar, amargar, angustiar, apenar, apesadumbrar, desconsolar, afectar, atormentar, entristecer, mortificar. **Ant.** Consolar, alegrar.

aflojamiento, laxitud, relajamiento. **Ant.** Contracción.

aflojar, ceder, soltar, desapretar, flaquear, entregar, perder, disminuir, desatar, debilitar. **Ant.** Contraer, endurecer, apretar.

aflorar, asomar, orillar, aparecer, asomar, brotar, mostrarse.

afluencia, aglomeración, concurrencia, muchedumbre, profusión, cantidad. **Ant.** Escasez, falta.// Confluencia, desagüe.

afluente, confluente, tributario. **Ant.** Principal.

afluir, acudir, concurrir, confluir, llegar, reunirse, concentrarse. **Ant.** Faltar.// Desaguar, verter, desembocar.

afonía, ronquera, disfonía, carraspera.// Mudez, mutismo.

afónico-ca, ronco.// Mudo, silencioso.

aforar, estimar, valuar, justipreciar, apreciar, medir, tasar, calcular.

aforismo, sentencia, precepto, máxima, proverbio, apotegma, pensamiento.

aforo, capacidad, cabida, volumen.

afortunado-da, dichoso, venturoso, feliz, fausto, próspero, agraciado, contento. **Ant.** Desgraciado, infortunado.

afrenta, ultraje, ignominia, vejación, agravio, insulto, injuria, ofensa, desprecio, burla, mofa, vilipendio, escarnio, deshonra, infamia.

afrentar, denostar, zaherir, infamar, desacreditar, vilipendiar, escarnecer. **Ant.** Ensalzar, enaltecer, alabar.

afrentoso-sa, vergonzoso, oprobioso, ultrajante, denigrante. **Ant.** Honroso.

afrodisíaco-ca, excitante, estimulante.

afrontar, enfrentar, arrostrar, desafiar, oponer, carear.

afuera, exterior, fachada.// **-s,** extramuros, inmediaciones, arrabal. **Ant.** Centro.

agachar, inclinar, bajar, encoger, doblar, arrodillar. **Ant.** Levantarse, alzarse.

agallas, branquias, amídgalas.// Valentía, ánimo, coraje, valor, esfuerzo. **Ant.** Cobardía.

ágape, comida, convite, banquete, comilona.

agarrada, pelea, discusión, riña.

agarradera, asidero, asa, mango.// **-s,** recomendación, influencia, amparo.

agarradero, asidero, mango, asa.// Amparo, recurso, protección. **Ant.** Desamparo.

agarrado-da, interesado, avaro, miserable, mezquino, roñoso, tacaño.// Asido, amarrado, prendido, sujeto. **Ant.** Suelto.

agarrar, aprehender, apresar, asir, atrapar, coger, conseguir, pillar, tomar, sujetar, prender, aferrar. **Ant.** Soltar, desatar.

agarrotado-da, paralizado, tieso.// Ajusticiado, estrangulado.// Atascado.

agarrotamiento, contracción, endurecimiento.

agasajar, halagar, lisonjear, obsequiar, regalar, festejar, mimar, homenajear. **Ant.** Despreciar, desairar.

agasajo, regalo, atención, homenaje. **Ant.** Desatención.

agazapar, agarrar, prender.// **-se,** acurrucarse, esconderse, ocultarse, agacharse.

agencia, diligencia, solicitud, empeño, eficacia.// Oficina, despacho, administración, sucursal, representación, gestoría.

agenciar, procurar, buscar, solicitar, diligenciar, disponer, organizar.// Conseguir, lograr, obtener, adquirir.

agenda, memorándum, diario, libreta, cuaderno.

agente, funcionario, oficial, comisionado, emisario, mandatario, intermediario, corredor, gestor, comisionista.// Policía, guardia.

agigantado-da, enorme, descomunal, colosal.

agigantar-se, agrandar, exagerar, aumentar. **Ant.** Empequeñecer, disminuir.

ágil, vivo, suave, rápido, alerta, activo, desembarazado, diligente, listo. **Ant.** Pesado, lento.

agilidad, velocidad, prontitud, diligencia, viveza, ligereza, soltura. **Ant.** Lentitud, pesadez, torpeza.

agio, especulación, usura, lucro, interés, abuso.

agiotista, especulador, acaparador.

agitación, inquietud, intranquilidad, turbación, perturbación, alteración.

agitado-da, tembloroso, trémulo, conmovido, intranquilo, convulso, desasosegado, excitado, nervioso. **Ant.** Sereno, tranquilo.

agitador-ra, reformador, perturbador, revolucionario, amotinador, rebelde, sedicioso, propagandista, faccioso. **Ant.** Pacificador.

agitar, sacudir, remover, blandir, encrespar.// Turbar, perturbar, inquietar, conmover, intranquilizar. **Ant.** Serenar, tranquilizar.// **-se,** temblar, latir.

aglomeración, amontonamiento, acopio, hacinamiento, acumulación. **Ant.** Aislamiento.

aglomerado-da, conglomerado, comprimido.

aglomerar, amontonar, juntar, apilar, acumular, acopiar, reunir.// **-se,** apelotonarse, arracimarse, agolparse. **Ant.** Separarse, esparcirse.

aglutinación, unión, ligazón, agregación.

aglutinar-se, conglomerar, juntar, reunir, trabar, pegar. **Ant.** Separar.

agnación, consanguinidad, parentesco, afinidad.

agnado-da, consanguíneo, pariente, vinculado, afín. **Ant.** Extraño, alejado.

agobiar-se, abrumar, cansar, molestar, fastidiar, aburrir, hastiar, importunar, agotar, oprimir, sofocar. **Ant.** Animar, entretener, despreocupar.

agobio, pena, abatimiento, pesadumbre, sofocación, fatiga, molestia, preocupación, angustia. **Ant.** despreocupación.

agolpar-se, hacinar, amontonar, acumular, apilar, agrupar. **Ant.** Separar, desunir.

agonía, angustia, congoja, pena, aflicción, dolor, pesar.// Muerte, expiración, debilitamiento.// Lucha.

agonizante, moribundo, expirante, falleciente. **Ant.** Floreciente, rozagante.

agonizar, extinguirse, terminarse, acabar, perecer, morir, fallecer. **Ant.** Renacer, vivir, florecer.

agorar, pronosticar, predecir, vaticinar.

agorero-ra, adivinador, adivino, pronosticador, augur, profeta.// Pesimista, fatídico, infausto, sombrío. **Ant.** Optimista, alegre.

agostar-se, secar, marchitar, consumir, acabar, abrasar, extinguir. **Ant.** Fortalecer, vigorizar.

agotado-da, exhausto, cansado, extenuado. **Ant.** Descansado, fuerte, vigoroso.// Vacío.

agotador-ra, destructor, aplastante, extenuante.

agotar-se, consumir, acabar, gastar, secar, apurar, extinguirse. **Ant.** Fortalecer.// Achicar, desaguar. **Ant.** Llenar.

agraciado-da, gracioso, agradable, garboso, gallardo.// Hermoso, bello. **Ant.** Feo, defectuoso.// Premiado, favorecido. **Ant.** Desafortunado, castigado.

agraciar, embellecer, hermosear.// Premiar, laurear, favorecer.

agradable, ameno, delicioso, apacible, placentero, sabroso, satisfactorio, interesante, cautivante. **Ant.** Desagradable, antipático.

agradar, satisfacer, deleitar, placer, alegrar, encantar, embelesar, arrebatar, regocijar, complacer, atraer, cautivar. **Ant.** Desagradar.

agradecer, corresponder, pagar, devolver, reconocer. **Ant.** Desconocer, olvidar.

agradecimiento, gratitud, reconocimiento, remuneración. **Ant.** Ingratitud, desagradecimiento.

agrado, voluntad, gusto, placer, gracia, complacencia, alegría, deleite, atractivo. **Ant.** Disgusto, desagrado, descontento, repulsión.

agrandar, ampliar, acrecentar, aumentar, ensanchar, engrandecer, desarrollar, dilatar. **Ant.** Empequeñecer, disminuir.

agranujado-da, envilecido, delincuente, encanallado.// Granuloso, irregular.

agrario-ria, campesino.

agravamiento, agravación, empeoramiento, decadencia, agotamiento. **Ant.** Mejoramiento, mejoría, atenuación, aumento.

agravar, recargar, aumentar, gravar, cargar, encarecer. **Ant.** Descargar.// Empeorar, recrudecer, decaer, desmejorar, degradar, declinar. **Ant.** Mejorar, aliviar, recuperar.

agraviar, dañar, perjudicar, injuriar, ofender, insultar, calumniar, ultrajar, deshonrar, zaherir. **Ant.** Honrar, desagraviar.// Perjudicar.

agravio, ofensa, afrenta, injuria, insulto, deshonra, ultraje, calumnia, deshonor, difamación. **Ant.** Desagravio, reparación, homenaje.// Perjuicio, daño, detrimento.

agraz, agrio, amargo. **Ant.** Dulce, suave.// Amargura, disgusto, sinsabor. **Ant.** Facilidad.

agredir, arremeter, embestir, atacar, acometer, asaltar, golpear, herir, ofender. **Ant.** Preservar, resguardar, defender, ayudar.

agregación, incorporación, aditamento, añadidura, yuxtaposición, complemento. **Ant.** Disociación, separación.

agregado, agregación, conglomerado, mezcla.// -da, añadido, superpuesto, adjunto. **Ant.** Separado, alejado.

agregar-se, acoplar, adicionar, anexar, añadir, aumentar, juntar, sumar, unir. **Ant.** Separar, restar, quitar.

agremiación, gremio, reunión, liga, sindicato, confederación, federación, asociación.

agremiar-se, asociar, reunir, sindicar, afiliar. **Ant.** Separar, desunir.

agresión, acometida, asalto, ataque, embestida, provocación, ofensa.

agresivo-va, pendenciero, insultante, mordaz, provocador, cáustico, punzante. **Ant.** Amistoso.

agresor-ra, pendenciero, acometedor, atacante, bravucón. **Ant.** Defensor.

agreste, campesino, áspero, inculto, rústico, salvaje, silvestre, grosero. **Ant.** Civilizado, urbano.

agriado-da, ácido, acidulado, avinagrado, acre. **Ant.** Dulce, edulcorado.// Alterado, deteriorado.

agriar, acedar, acidular. **Ant.** Endulzar.// Irritar, malhumorar, exasperar. **Ant.** Tranquilizar, serenar.// -se, estropearse.

agrícola, agrario, rural, bucólico.

agricultor, cultivador, labrador, rústico, labriego, campesino.

agricultura, agronomía, labranza, laboreo, cultivo.

agridulce, acidulado.// Dulzón.

agrietado-da, fisurado, rajado.

agrietar-se, hender, rajar, abrir, cuartear, resquebrajar. **Ant.** Unir, obturar.

agrimensor-ra, topógrafo.

agrio-gria, acedo, acerbo, ácido, acre, áspero, desabrido.// Desagradable, insociable, descortés, intolerable. **Ant.** Amable, sociable.

agro, campo, tierra.

agropecuario-ria, rural.

agrumar, coagular, espesar, solidificar.

agrupación, reunión, asociación, sociedad, compañía.

agrupar-se, juntar, reunir, aglutinar, apiñar, congregar, asociar, concentrar. **Ant.** Dispersar, desunir, separar.

agua, líquido, fluido, humor, acuosidad.

aguacero, lluvia, chaparrón, chubasco, turbión.

aguada, acuarela.

aguado-da, húmedo, mojado, empapado.

aguafiestas, gruñón, ceñudo, regañón, malhumorado, pesimista. **Ant.** Amable, alegre.

aguafuerte, lámina, estampa, grabado, litografía, huecograbado.

aguamanil, aguamanos.

aguantar, resistir, sobrellevar, tolerar, sufrir, soportar.// Frenar, sujetar.// Sostener, mantener, sustentar.// -se, contenerse, conformarse, resignarse. **Ant.** Rebelarse, reaccionar.

aguante, resistencia, vigor, fuerza, firmeza. **Ant.** Debilidad.// Tolerancia, paciencia, flema, imperturbabilidad. **Ant.** Rebeldía, intolerancia.

aguar, diluir, disolver, rebajar, humedecer, hidratar, desleír, licuar.// **Ant.** Deshidratar, espesar.// Entorpecer, frustrar, interrumpir, turbar.

aguardar, esperar, creer, confiar. **Ant.** Desconfiar.// Esperar. **Ant.** Irse.// Diferir, retrasar, prorrogar, demorar. **Ant.** Anticipar.

aguardentoso-sa, ronco, áspero, cavernoso. **Ant.** Claro, agradable.

aguaviento, llovizna, chaparrón.

agudeza, gracia, ingenio, ocurrencia, perspicacia, sagacidad, viveza.// Talento. **Ant.** Simpleza, necedad, torpeza.// Chiste.

agudo-da, aguzado, puntiagudo, afilado. **Ant.** Romo.// Aflautado, atiplado. **Ant.** Grave.// Sagaz, oportuno, ingenioso, intuitivo, sutil.

agudizar, agravar, empeorar. **Ant.** Mejorar, sanar.// Aguzar, afilar.

agüero, augurio, anuncio, presagio, señal, vaticinio.

aguerrido-da, belicoso, beligerante. **Ant.** Pacífico.// Fogueado, veterano, acostumbrado, habituado, ejercitado, ducho, experimentado, avezado. **Ant.** Inexperto, novato.

aguijada, vara, pincho, punta.// Acicate, estímulo, aliciente. **Ant.** Desánimo.

aguijar, aguijonear, espolear, punzar, pinchar, picar, avivar.// Estimular, animar. **Ant.** Desanimar, disuadir.

aguijón, espina, púa, punta.// Acicate, estímulo, incentivo, aliciente, inquietud, tormento, apremio.

aguijonear, picar, pinchar, punzar, aguijar.// Estimular, incitar, avivar, provocar. **Ant.** Tranquilizar, desanimar.

aguileño-ña, corvo, ganchudo, afilado, encorvado. **Ant.** Recto, respingado, chato.

aguinaldo, recompensa, gratificación, regalo.

aguja, alfiler, punzón, púa, pincho.// Minutero, manecilla.// Desvío, riel.

agujerear, taladrar, perforar, atravesar, traspasar, trepanar, barrenar. **Ant.** Cerrar.

agujero, cavidad, hueco, boquete, hoyo, taladro, bache, abertura.

agusanado-da, podrido, putrefacto, corrompido. **Ant.** Sano.

agusanar-se, podrir, estropear, corromper, descomponer.

aguzado-da, afilado, puntiagudo, agudo.

aguzar, afilar, aguijar.// Avivar, incitar, excitar.

aherrojamiento, encadenamiento, encarcelamiento.

aherrojar, encadenar, oprimir, esclavizar, sujetar, tiranizar. **Ant.** Liberar.

aherrumbarse, enmohecerse, herrumbarse.

ahí, aquí, allí, allá.

ahijado-da, protegido, adoptado, acogido, adoptivo.

ahijar, adoptar, proteger, acoger, apadrinar. **Ant.** Abandonar, desamparar.// Procrear, engendrar.

ahilar-se, desmayarse, marchitarse, secarse. **Ant.** Fortalecerse.

ahincado-da, eficaz, vehemente, esforzado, voluntarioso.

ahincar, instar, impulsar, apresurar. **Ant.** Desistir.

ahínco, empeño, ardor, tesón, ansia, fervor, entusiasmo, firmeza, vehemencia. **Ant.** Abulia.

ahitarse, hartarse, llenarse, saciarse, hastiarse, atiborrarse.

ahíto-ta, saciado, harto, lleno, repleto, atiborrado. **Ant.** Famélico, hambriento, vacío.// Cansado, fastidiado, aburrido.

ahogado-da, sofocado, ahogado.

ahogar, asfixiar, estrangular, ahorcar, sofocar, acogotar.// Oprimir, afligir, apurar, abrumar, urgir. **Ant.** Liberar, aflojar.// Zambullir, sumergir, inundar.

ahogo, ahogamiento, asfixia, sofocación, estrangulación.// Opresión, aprieto, apremio, urgencia, apuro, agobio. **Ant.** Desahogo, calma.// Miseria, estrechez, pobreza. **Ant.** Abundancia, riqueza.

ahondar, cavar, excavar, penetrar, escarbar. **Ant.** Emerger, aflorar.// Profundizar, investigar, desarrollar.

ahora, hoy, actualmente, entretanto, en este momento. **Ant.** Después.

ahorcado-da, estrangulado, colgado, asfixiado, suspendido, ajusticiado.

ahorcar, estrangular, colgar, ajusticiar, acogotar, ejecutar.

ahorrar, economizar, reservar, guardar, restringir, limitar. **Ant.** Gastar, despilfarrar.

ahorro, economía, sobriedad, modestia, reserva, prudencia, previsión. **Ant.** Despilfarro, dilapidación, derroche.

ahuecar, ensanchar, mullir, esponjar, vaciar. **Ant.** Ceñir, apretar.// Vanagloriarse, engreírse, envanecerse, pavonearse.// Irse, marcharse. **Ant.** Quedarse.

ahumado-da, tiznado, sahumado, acecinado.

ahumar, enegrecer, acecinar, sahumar.

ahusado-da, fusiforme, afilado, adelgazado.

ahuyentar, espantar, alejar, expulsar, atemorizar.

airado-da, colérico, encolerizado, enfadado, enfurecido, furioso, iracundo, enojado, encrespado. **Ant.** Tranquilo, calmo.

airar, irritar, enfadar, encolerizar, enfurecer, exasperar. **Ant.** Tranquilizar.

aire, éter, atmósfera.// Apariencia, porte, figura, aspecto, cara.// Canto, melodía, música, tonada, aria.

airear, ventilar, orear, ventear, abanicar. // Publicar, divulgar. **Ant.** Callar, silenciar.

airoso-sa, garboso, apuesto, arrogante, gallardo, triunfante, elegante, donoso, esbelto. **Ant.** Desgarbado, feo.

aislado-da, separado, desierto, solo, solitario, incomunicado, retraído, abandonado,. **Ant.** Acompañado, frecuentado.

aislar, separar, incomunicar, alejar, apartar, recluir, desterrar, confinar, deportar.// -se, recogerse, retraerse, retirarse. **Ant.** Incomunicarse.

ajado-da, marchito, arrugado, viejo, descolorido.

ajar, maltratar, deslucir, estropear, manosear, deteriorar, sobar, desgastar. **Ant.** Remozar, rejuvenecer.

ajeno-na, impropio, extraño, exótico, improcedente. **Ant.** Propio.// Diferente, distinto.

ajetreado-da, agitado, zarandeado.// Trabajado, baqueteado. **Ant.** Inexperto.

ajetrear-se, fatigar, cansar, atarear, trajinar, trabajar. **Ant.** Descansar.

ajetreo, movimiento, agitación, fatiga, trajín, jaleo, traqueteo. **Ant.** Descanso.

ají, pimiento, morrón.

ajorca, pulsera, argolla, brazalete, brazal, manilla.

ajuar, menaje, moblaje, equipo, mobiliario, equipaje, indumentaria.

ajustado-da, justo, cabal, recto, medido.// Ceñido, estrecho, apretado.

ajustar, acomodar, amoldar, acoplar, conformar, moldear.// Convenir, pactar, arreglar, concordar.// Liquidar, saldar, pagar.

ajuste, conciliación, pacto, trato, arreglo, acuerdo, contrato.// Exactitud, precisión.

ajusticiar, ejecutar, matar, fusilar.

ala, aleta, alón, élito.// Hilera, fila.// Franco.

alabanza, cumplido, panegírico, apología, aplauso, felicitación, elogio, encomio. **Ant.** Censura, crítica.

alabastrino-na, transparente, translúcido.

alabastro, mármol.

alabeado-da, curvo, combo, arqueado, abarquillado, torcido. **Ant.** Recto.

alabear-se, arquear, combar, curvar.

alabeo, curva, arqueamiento, comba, torsión, torcedura.

alacena, armario, despensa.

alacrán, escorpión.

alacridad, vivacidad.

alado-da, ligero, veloz, rápido, ágil.

alamar, presilla.

alambicado-da, afectado, rebuscado, refinado, sofisticado.

alambicar, destilar, sublimar.// Sutilizar, examinar, considerar, estudiar.

alambique, destilador.

alameda, paseo, arboleda.

alarde, jactancia, ostentación, gala, pavoneo. **Ant.** Modestia.

alardear, alabarse, glorificarse, jactarse, pavonearse, vanagloriarse, ufanarse, engreírse.// **Ant.** Disminuirse, disculparse.

alargado-da, prolongado.

alargar-se, aumentar, estirar, dilatar, prolongar. **Ant.** Acortar, disminuir.// Prorrogar, demorar.

alarido, chillido, bramido, grito, gruñido.

alarife, arquitecto, constructor.

alarma, rebato.// Inquietud, sobresalto, susto, temor, ir tranquilidad, terror.

alarmar-se, espantar, asustar, amedrentar, sobresaltar, ir tranquilizar, inquietar. **Ant.** Tranquilizar, calmar.

alazán-na, canela, rojizo, anaranjado.

alba, aurora, amanecer, alborada, crepúsculo, madrugad. **Ant.** Ocaso, poniente.

albañal, cloaca, vertedero, colector, desagüe, sumidero.

albañil, estuquista, revocador, obrero.

albañilería, obra, construcción, mampostería, yesería.

albarda, aparejo, basto, cincha.

albedrío, libertad, arbitrio, voluntad, independencia, aut determinación. **Ant.** Predestinación.// Gala, capricho, gu to.

alberca, estanque, pozo, charca, acequia, aljibe.

albergar-se, aposentar, hospedar, alojar, asilar, acoge amparar, cobijar, guarecer. **Ant.** Abandonar, desalojar, e pulsar.

albergue, hospedaje, posada, hostería, refugio, mesón, cc bijo, residencia, hostal, alojamiento, asilo, amparo. **An** Desamparo.

albino-na, blanquecino.

albo-ba, blanco, claro, luminoso. **Ant.** Oscuro.// Puro, ir maculado.

albor, blancura, albura, blancor.// Amanecer, alba, alborad **Ant.** Negrura.// Comienzo, principio. **Ant.** Fin.// Niñez, ir fancia. **Ant.** Vejez, senectud.

alborada, alba, aurora, amanecer, albor.

alborear, clarear, amanecer. **Ant.** anochecer, atardecer.

albornoz, capa, capote, manto.

alborotado-da, precipitado, atolondrado, irreflexiv aturdido, ligero. **Ant.** Juicioso, tranquilo.

alborotar, escandalizar, gritar, perturbar. **Ant.** Tranquil zar.// -se, enfurecerse, encolerizarse.

alboroto, altercado, pelotera, riña, tremolina, pendenci reyerta, trifulca, batahola, jaleo, gresca, baraúnda.// Sobre salto, zozobra, inquietud. **Ant.** Tranquilidad, calma.

alborozado-da, alegre, entusiasmado, regocijado, anima do, festivo. **Ant.** Triste.

alborozo, júbilo, regocijo, alegría, satisfacción, placer, gc zo.

albricias, júbilo, satisfacción, regocijo.// Regalo, obse quio.// Noticia nueva.

albufera, laguna, lago, charca, marisma.

álbum, libro, cuaderno.

albur, contingencia, azar, suerte, fortuna, riesgo, casualidad

albura, blancura, albor.

alcabala, tributo, impuesto, gabela, contribición, carga.

alcabalero, cobrador, recaudador.

alcachofa, alcaucil.

alcahueta, celestina, encubridora, chismosa, enredadora intermediaria.

alcahuete, delator, encubridor, soplón, mediador, tercer rufián.

alcahuetear, mediar, comadrear, encubrir.

alcahuetería, chisme, triquiñuela, engaño.// Proxenetis mo, rufianería.

alcaide, guardián, vigilante, carcelero, custodio.

alcalde, juez, corregidor, magistrado, regidor, intendente.

alcaldía, ayuntamiento.

álcali, base, óxido.

alcaloide, estupefaciente, hipnótico, anestésico, calmante narcótico, droga.

alcance, persecución, seguimiento.// Distancia.// Resonar cia, trascendencia, efecto, gravedad.

alcancía, hucha.

alcantarilla, albañal, sumidero, cloaca, canalón, verteder desagüe.

alcanzar, atrapar, coger, aprehender, pillar. **Ant.** Dejar.// Comprender, entender, descubrir, investigar, resolver.// Sobrepasar, aventajar.

alcázar, fortaleza, castillo, palacio.

alce, ciervo, venado, reno.

alcoba, aposento, dormitorio, gabinete, cámara.

alcohol, vino, bebida, mosto.
alcohólico-ca, ebrio, borracho.
alcoholismo, dipsomanía, embriaguez, borrachera.
alcoholizar-se, embriagar, emborrachar.
alcornoque, ignorante, torpe, bruto. **Ant.** Inteligente, capaz.
alcurnia, abolengo, linaje, estirpe, cuna, ascendencia, prosapia, origen, casta. **Ant.** Plebeyez.
aldaba, llamador, picaporte.
aldea, pueblecito, lugar, caserío, burgo, villorrio, población.
aldeano-na, campesino, labriego, rústico, lugareño, pueblerino.
aleación, fusión, mezcla, compuesto, fundición, combinación, amalgama. **Ant.** Desintegración.
alear-se, mezclar, fusionar, fundir, ligar, amalgamar, combinar. **Ant.** Desintegrar.
aleatorio-ria, fortuito, casual. **Ant.** Seguro.
aleccionar, instruir, adiestrar, amaestrar, ejercitar, enseñar, adoctrinar.
aledaño-ña, vecino, limítrofe, lindante, contiguo, próximo, inmediato, adyacente. **Ant.** Alejado.// **-s,** alrededores, confín, límite.
alegar, argüir, fundamentar, exponer, pretextar, aducir, explicar. **Ant.** Omitir.
alegato, defensa, exposición, escrito, discurso, disculpa, fundamento.
alegoría, símbolo, figura, emblema, insignia, signo, señal.// Apólogo, fábula, parábola, ficción.
alegórico-ca, simbólico, figurativo, metafórico.
alegrar, divertir, animar, alborozar, complacer, deleitar.// **-se,** congratularse, satisfacerse, refocilarse. **Ant.** Enfadarse, entristecerse.
alegre, contento, animado, alborozado, risueño, divertido, entretenido, jocoso, bromista, chistoso. **Ant.** Triste, pesimista, afligido.
alegría, júbilo, risa, diversión, gusto, contentamiento, contento, alborozo, gozo, entusiasmo. **Ant.** Tristeza, pesar, pesimismo.
alejado-da, distante, separado, alejado.
alejamiento, separación, distanciamiento, distancia. **Ant.** Acercamiento, aproximación.
alejar-se, retirar, desviar, apartar, desplazar, excluir, distanciar. **Ant.** acercar, aproximar.
alelado-da, confundido, aturdido, desconcertado, atontado, estupefacto. **Ant.** Listo.
alelar-se, atontar, aturdir, ofuscar, pasmar.
aleluya, alegría, júbilo, regocijo, entusiasmo, exaltación. **Ant.** Tristeza, pesar.
alentar, reanimar, confortar, animar, incitar, estimular, exhortar, enfervorizar, azuzar. **Ant.** Desanimar, desalentar.
alergia, intolerancia, reacción.
alero, ala, cornisa, saliente.
alerta, vigilancia, precaución, alarma.// Listo, preparado, atento, dispuesto. **Ant.** Distraído, desprevenido.
aleta, ala, remo, membrana.
aletargado-da, adormecido, amodorrado, narcotizado, entumecido. **Ant.** Animado, despierto.
aletargar-se, amodorrar, narcotizar, adormecer, hipnotizar.
aletear, revolotear, agitar.
alevosía, traición, deslealtad, perfidia, infidelidad, infamia, engaño. **Ant.** Lealtad, fidelidad, nobleza.
alevoso-sa, traidor, infiel, pérfido, desleal, falso, disimulado. **Ant.** Leal, fiel, noble.
alfabetizar, enseñar, instruir, educar.
alfabeto, abecedario.
alfanje, cimitarra, sable.
alfarería, cerámica.
alfarero, ceramista.
alféizar, vuelta, derrame.
alfeñique, delgado, delicado, flojo, débil, raquítico, enclenque, flaco.
alférez, lugarteniente, abanderado, oficial, enseña.
alfiler, broche, aguja, prendedor, imperdible.

alfombra, tapiz, tapete, cubierta, estera.
alfombrar, tapizar.
alforja, bolsa, árganas, talego, saco.
algarabía, confusión, algazara, griterío, lío, enredo, vocerío, estrépito, jolgorio. **Ant.** Tranquilidad, quietud.
algarada, motín, tumulto, alboroto, revuelta, asonada, levantamiento.
algazara, algarabía, vocerío, griterío, bullicio, alboroto.
álgido-da, glacial, frío, frígido, congelado.// Intenso, culminante, grave, crítico, trascendental. **Ant.** Intrascendente.
algodonar, rellenar, forrar, mullir.
algoritmo, cifra, guarismo.
alguacil, funcionario, polizonte, vigilante, guardia, policía.
alguien, alguno, cualquiera.
alhaja, joya, presea, adorno.
alhajar-se, adornar, embellecer, acicalar, enjoyar.
aliado-da, amigo, coligado, unido, confederado, adepto. **Ant.** Enemigo, contrario.
alianza, pacto, unión, acuerdo, asociación, coalición, liga, confederación. **Ant.** Enemistad.// Matrimonio, parentesco, casamiento, afinidad, lazo.
aliar, reunir, acortar, pactar, coincidir, fraternizar.// **-se,** asociarse, comprometerse. **Ant.** Separarse, desunirse.
alias, apodo, sobrenombre, mote, seudónimo.
alicaído-da, abatido, desalentado, mustio, débil, desalineado, melancólico, decaído. **Ant.** Animado, vivaz.
alicates, tenacillas, pinzas, tenazas.
aliciente, estímulo, acicate, incentivo, atractivo, encanto. **Ant.** Impedimento.
alícuota, proporcional.
alienado-da, enajenado, demente, desequilibrado, loco, ido, chiflado, orate. **Ant.** Cuerdo.
alienar-se, enloquecer.// Enajenar, vender, transferir.
alienígeno, extraño, forastero, extranjero, foráneo. **Ant.** Nativo.
aliento, exhalación, olfato, emanación, hálito, resuello, soplo.// Ánimo, esfuerzo, valor, denuedo, vigor, impulso. **Ant.** Desánimo.
aligerar, acelerar, apresurar, activar, apurar.// Aliviar, consolar, templar, moderar, suavizar.
alígero-ra, alado.// Ligero, veloz, rápido.
alimaña, bicho, sabandija.
alimentar-se, nutrir, cebar, sustentar, mantener, fomentar, sostener. **Ant.** Desnutrir, ayunar.// Proveer, avituallar, suministrar, aprovisionar, abastecer.
alimenticio-cia, nutritivo, sustancioso, vigorizante, reconstituyente.
alimento, sostén, comida, manutención, manjar, sustento.// **-s,** comestibles, víveres, abastecimientos.
alineación, alineamiento, formación, fila, columna.
alinear-se, enfilar, ordenar, formar, reunir, colocar, rectificar. **Ant.** Desordenar.
aliñar, adobar, condimentar, aderezar.// Acicalar, adornar, componer.
aliño, condimento, aderezo, adobo.// Aseo, limpieza, pulcritud, compostura, adorno.
alisar, aplanar, allanar, pulir, pulimentar, igualar.// Lustrar, tersar, satinar, desbastar, barnizar.
alistar-se, enrolar, afiliar, matricular, inscribir, listar, registrar, reclutar.// Disponer, preparar, prevenir, aparejar, aprontar.
aliteración, paronomasia, repetición, semejanza.
aliviar, mitigar, lenificar, atenuar, aligerar, templar, consolar, disminuir, moderar.// **-se,** curarse, sanar, mejorar. **Ant.** Agravar, enfermar.
alivio, descanso, mejoría, consuelo, mitigación, desahogo, confortación.
aljibe, cisterna, tanque, pozo.
allá, allí, a lo lejos. **Ant.** Acá, cerca, aquí.
allanamiento, inspección, irrupción, registro.
allanar, nivelar, aplanar, igualar, arrasar.// Facilitar, permitir, simplificar.// **-se,** avenirse, adaptarse.
allegado-da, pariente, familiar.// Próximo, cercano. **Ant.** Lejano.

allegar-se, arrimar, aproximar, añadir, agregar. **Ant.** Alejar.

allende, allá, lejos, al otro lado. **Ant.** Aquende, aquí.

allí, allá, en aquel lugar. **Ant.** Acá, cerca.

alma, espíritu, esencia, aliento, substancia, ánima, interior, intimidad.

almacén, depósito, taller, tienda, comercio, factoría, proveeduría, mercado, arsenal.

almacenamiento, acumulación, acopio, provisión, acaparamiento, reserva.

almacenar, apiñar, juntar, acumular, guardar, amontonar, aglomerar, acaparar, reunir, acopiar, abarrotar, depositar. **Ant.** Repartir.

almacenero-ra, tendero, comerciante.

almáciga, semillero, invernadero.

almanaque, calendario, efemérides, anuario.

almeja, telina.

almena, parapeto, coronamiento.

almendrado-da, amigdalado.

almíbar, jarabe, azúcar, dulce.

almibarado-da, dulce, meloso, azucarado, empalagoso. **Ant.** Amargo, agrario.// Amable, halagüeño, pegajoso.

almibarar, engatusar, embaucar.// Endulzar, acaramelar. **Ant.** Amargar.

almidón, apresto.

almidonado-da, duro, tieso, planchado.// Estirado, orgulloso. **Ant.** Humilde, sencillo.

almidonar, desarrugar, abrillantar.

almirez, mortero.

almizclar, perfumar, aromatizar, aderezar.

almohada, cojín, cabezal, respaldo, cabecera.

almohadillado-da, acolchado.

almoneda, licitación, subasta, puja, compraventa, tasación.

almorrana, hemorroide.

almorzar, comer, nutrirse, alimentarse.

almuerzo, comida, refrigerio, alimento.

alocado-da, informal, tarambana, impulsivo, impetuoso, atolondrado, precipitado. **Ant.** Juicioso, sensato, sereno.

alocución, discurso, razonamiento, arenga, perorata, sermón, plática.

alojamiento, hospedaje, albergue, posada, residencia, estancia, aposento, habitación, domicilio, morada, vivienda.

alojar, albergar, hospedar, instalar, aposentar, colocar, cobijar, meter, introducir, abrigar.// **-se,** residir, vivir, morar.

alopecia, calvicie, peladera.

alpargata, sandalia, abarca, chanclo, zapatilla.

alpinismo, montañismo.

alpinista, escalador, montañista, excursionista.

alpino-na, montañoso, escarpado, silvestre.

alquería, granja, quinta, finca, cortijo.

alquilar, arrendar, rentar, contratar, ceder, transferir.

alquiler, arriendo, arrendamiento, cesión, traspaso, contrato, locación.

alquimia, crisopeya, magia, ocultismo, nigromancia.

alquimista, químico, mago, nigromante.

alquitrán, brea, betún.

alquitranar, calafatear, embetunar.

alrededor, cerca de, entorno, a la redonda.// **-es,** contornos, inmediaciones, afueras, aledaños, arrabales, suburbios, cercanías, proximidades, periferia, extramuros. **Ant.** Lejanía.

alta, admisión, inscripción, ingreso, aceptación. **Ant.** Baja, expulsión.// Restablecimiento, cura.

altanería, soberbia, vanidad, presunción, orgullo, desdén, desprecio, arrogancia, envanecimiento, altivez. **Ant.** Humildad, sencillez.

altanero-ra, arrogante, altivo, orgulloso, desdeñoso, soberbio. **Ant.** Humilde.

altar, ara, sagrario.

altavoz, amplificador, megáfono, altoparlante.

alterable, cambiante, mudable, variable. **Ant.** Constante, inmodificable.// Irascible, furioso, violento, colérico. **Ant.** Tranquilo, pacífico.

alteración, cambio, mudanza, modificación, adulteración. **Ant.** Invariabilidad, permanencia, fijeza.// Motín, revolución.// Sobresalto, inquietud.

alterado-da, desfigurado, descompuesto, nervioso, pe[r]turbado. **Ant.** Tranquilo, sereno.// Revuelto, desordenad[o] **Ant.** Desordenado.// Adulterado, falsificado.

alterar, variar, mudar, cambiar, modificar, truncar, tergive sar.// Trastrocar, perturbar, alborotar, turbar, trastornar, cor turbar. **Ant.** Tranquilizar.// **-se,** agitarse, encresparse, irr tarse, enojarse.

altercado, pelea, disputa, bronca, gresca, escándalo, co[n]troversia. **Ant.** Calma, tranquilidad.

altercar, reñir, disputar, discutir, porfiar, contender, pelea **Ant.** Pacificar, tranquilizar.

alternación, cambio, alternancia.// Turno, repetición.

alternar, permutar, reemplazar, cambiar, trocar, turnar. Tratar, frecuentar, convivir. **Ant.** Aislarse.

alternativa, elección, disyuntiva, opción, dilema.// Aza vicisitud, altibajo.

alternativo-va, alterno, rotativo, variable.// Electivo, fa cultativo. **Ant.** Obligatorio.

alteza, excelencia, excelsitud, sublimidad, elevación, mag nificiencia.

altibajos, azares, alternativas, vicisitudes, casualidades. Desigualdades, accidentes.

altillo, altozano, cerrillo, loma, montículo.// Desván.

altiplanicie, meseta, llanura, sabana, páramo, desierto.

altisonante, aparatoso, enfático, pedante. **Ant.** Sencill natural.

altitud, elevación, altura. **Ant.** Valle, llanura, planicie.

altivez, altanería, orgullo, desprecio, desdén, envanec miento, engreimiento, soberbia, arrogancia, suficienci **Ant.** Humildad.

altivo-va, orgulloso, altanero, soberbio, arrogante, despr ciativo, desdeñoso, imperioso. **Ant.** Humilde, sencillo.

alto, meseta, loma, cerro, elevación.// Parada, descanso. **-ta,** subido, elevado, crecido, levantado, aumentado. An Bajo.// Costoso, caro.// Dominante, encumbrado, encar mado, eminente, aventajado.

altozano, cerro, altillo, loma, colina, otero.

altruismo, filantropía, benevolencia, humanidad, carida generosidad. **Ant.** Egoísmo, indiferencia, tacañería.

altruista, desinteresado, dadivoso, filántropo, abnegad generoso. **Ant.** Miserable, tacaño, egoísta.

altura, altitud, elevación, eminencia. **Ant.** Profundidad. Cúspide, cumbre, cima, pico, monte, montaña.// Estatur talla.// **-s,** cielo.

alubia, judía.

alucinación, ceguera, ofuscamiento, ofuscación, espeji mo, deslumbramiento.

alucinante, deslumbrante, fantástico.

alucinar, embaucar, engañar, deslumbrar, cegar, seduc hechizar.// **-se,** desvariar, confundirse, ilusionarse. An Aclararse.

alud, derrumbamiento, avalancha, desprendimiento, de bordamiento, desplome.

aludir, citar, insinuar, referirse, ocuparse, personalizar, sug rir, apuntar, mencionar. **Ant.** Omitir.

alumbrado, iluminación, lumbre.

alumbrar, encender, iluminar, desentenebrecer, aclara **Ant.** Apagar, oscurecer.// Enseñar, ilustrar, instruir.// P rir.

alumno-na, discípulo, estudiante, colegial, educando, e colar.

alunado-da, maniático, loco.

alunizaje, descenso, bajada.

alunizar, bajar, descender, alunar.

alusión, mención, referencia, indicación, cita, insinuació indirecta.

alusivo-va, referente, atinente, insinuante, concernient relativo.

aluvión, avalancha, inundación, desbordamiento.// M chedumbre, multitud.

alveolo, cavidad, celdilla, hueco.

alza, elevación, encarecimiento, aumento, subida, puj acrecentamiento. **Ant.** Disminución.

alzada, talla, estatura, altura.

...zamiento, rebelión, motín, pronunciamiento, sublevación, sedición, insurrección, levantamiento, tumulto.

...lzar, elevar, levantar, subir, acrecentar, encaramar, encumbrar, encarecer, empinar. **Ant.** Bajar, descender.// -se, rebelarse, amotinarse, sublevarse.

...ma, dueña, patrona, propietaria, señora.// Criada, aya, nodriza.

...mabilidad, cortesía, gentileza, afabilidad, atención, cordialidad, afecto, amenidad, agrado, urbanidad, simpatía, cariño, benevolencia. **Ant.** Frialdad, descortesía.

...mable, atento, afable, complaciente, sociable, encantador, afectuoso, cortés, agradable, tratable, cariñoso, cordial, urbano. **Ant.** Desagradable, descortés, grosero.

...mado-da, adorado, querido, idolatrado, caro, dilecto, preferido. **Ant.** Odiado, despreciado, detestado.

...mador, galán, amante, cortejador, enamorado, galanteador.

...maestrado-da, adiestrado, amansado.

...maestrar, adiestrar, aleccionar, enseñar, ejercitar, amansar, entrenar, domar.

...magar, conminar, amenazar, bravear, intimidar.// -se, ocultarse, agacharse, esconderse.

...mago, señal, síntoma, indicio.// Intimidación, bravata, jactancia.

...mainar, ceder, aflojar, moderar, calmar, disminuir, escampar, arriar. **Ant.** Aumentar, empeorar, encresparse.

...malgama, mezcla, combinación, conjunto, unión, reunión.

...malgamar, unir, mezclar, combinar, amasar, juntar, misturar, confundir, separar. **Ant.** Separar, desunir.

...mamantar, criar, nutrir, lactar.

...mancebado-da, unido, juntado, adúltero, abarraganado.

...mancebamiento, concubinato, convivencia, adulterio.

...mancebarse, abarraganarse, unirse, juntarse, ligarse, cohabitar. **Ant.** Separarse, casarse.

...manecer, alba, aurora, amanecida, alborada.// Alborear, aclarar, despuntar. **Ant.** Oscurecer, atardecer, anochecer.

...manerado-da, remilgado, afeminado, afectado, pretencioso, estudiado, rebuscado. **Ant.** Simple, sencillo.

...manerarse, remilgarse, estudiarse. **Ant.** Simplificarse.

...mansado-da, domesticado, sumiso, domado, desbravado. **Ant.** Rebelde.

...mansar, domesticar, domar, mitigar, desembravecer, dulcificar, suavizar, tranquilizar, aplacar, ablandar, aquietar. **Ant.** Levantar, rebelar, excitar, enfurecer.

...mante, galán, querido, afectuoso, caluroso, enamorado, tierno, entusiasta, apasionado. **Ant.** Frío, arisco, desagradable.

...manuense, escribiente, secretario, copista.

...mañar, arreglar, componer, lograr.// -se, acomodarse, conseguir. **Ant.** Fracasar.

...mapola, ababol, adormidera.

...mar, adorar, querer, apreciar, idolatrar, estimar. **Ant.** Odiar, aborrecer, desdeñar.

...margar, acibarar, acidular, agriar.// Apenar, entristecer, afligir, atormentar.

...margo-ga, ácido, acibarado, agrio, acre, áspero. **Ant.** Dulce.// Triste, aflictivo, penoso, doloroso.

...margura, amargor.// Aflicción, disgusto, sinsabor, tristeza, pena, dolor, sufrimiento, tribulación, tormento, pesadumbre. **Ant.** Alegría, contento.

...marillo-lla, oro, limón, amarillento, pálido, rubio, ocre, ambarino, dorado.

...marra, cuerda, atadura, cable, cadena, cordaje.// Apoyo, protección.

...marradero, embarcadero, desembarcadero, muelle, atracadero.// Poste, argolla.

...marrar, unir, atar, ligar, enlazar, afianzar, asegurar, encadenar. **Ant.** Soltar, desligar.

...martelado-da, enamorado, acaramelado.

...martelarse, enamorarse, encapricharse, derretirse, prendarse. **Ant.** Desilusionarse.

...masar, mezclar, unir, formar, amalgamar.

amasijo, masa, amasadura.// Mezcla, unión, embrollo, revoltijo.

amazona, cazadora, guerrera, caballista.

ambages, rodeos, circunloquios, perífrasis, ambigüedades, equívocos, sutilezas. **Ant.** Precisión, claridad.

ámbar, resina, cárabe.

ambarino-na, amarillento, pálido, translúcido.

ambición, ansia, anhelo, apetencia, codicia, deseo, aspiración, pretensión, esperanza.

ambicionar, codiciar, anhelar, aspirar, ansiar, pretender, apetecer, desear. **Ant.** Desinteresarse, despreciar.

ambicioso-sa, egoísta, pretencioso, codicioso, anheloso, insidioso, envidioso, insaciable.

ambidextro-tra, hábil, diestro.

ambiente, circundante, próximo, vecino, cercano. **Ant.** Alejado.// Clima, atmósfera, aire, circunstancia, contorno, estado, condición.

ambigüedad, oscuridad, doble sentido, anfibología, equívoco, rodeo, indeterminación, imprecisión. **Ant.** Exactitud, precisión.

ambiguo-gua, incierto, equívoco, confuso, anfibológico, oscuro, impreciso, turbio. **Ant.** Claro, neto, preciso.

ámbito, espacio, contorno, perímetro, órbita.

ambos, el uno y el otro, los dos.

ambrosía, licor, elixir, manjar, exquisitez, néctar, delicia.

ambulancia, asistencia, auxilio.// Camión, camioneta.

ambulante, nómada, inestable, transhumante, ambulativo, vagabundo. **Ant.** Fijo, estable.

ameba, protozoo.

amedrentar-se, intimidar, atemorizar, espantar, acobardar, asustar, abatir, atolondrar, apocar, amilanar, arredrar.

amén, conformidad, aquiescencia.// Final, término.// Así sea.

amenaza, conminación, advertencia, amago, provocación, intimidación, reto, peligro, aviso.

amenazar, intimidar, provocar, conminar, amagar, advertir, avisar, atemorizar, retar, desafiar.

amenguar, disminuir, empequeñecer, menoscabar, aminorar, mermar.// Deshonrar, infamar, menoscabar, baldonar, denigrar. **Ant.** Honrar, elogiar.

amenidad, atractivo, diversión, gracia, deleite, encanto, variedad, ingenio, afabilidad, jovialidad, humorismo, garbo. **Ant.** Desabrimiento, aburrimiento.

amenizar, distraer, entretener, divertir, atraer, deleitar, encantar, alegrar, solazar. **Ant.** Aburrir.

ameno-na, divertido, grato, agradable, entretenido, deleitoso, delicioso, encantador, deleitable, gracioso, atractivo, placentero.

americana, chaqueta, cazadora.

ametrallar, acribillar, disparar.

amigo-ga, camarada, seguidor, partidario, inseparable, aficionado, inclinado, adicto, devoto, compañero, querido, amante. **Ant.** Enemigo, adversario.

amigar-se, unir, reconciliar, amistar.

amígdala, glándula.

amigdalitis, angina, faringitis.

amilanado-da, atemorizado, acobardado.

amilanar-se, atemorizar, desalentar, acobardar, intimidar, abatir, amedrentar, achicar, arredrar, desanimar.

aminorar, reducir, achicar.

amistad, amor, afecto, devoción, gusto, apego, afición, aprecio, ternura, inclinación, cariño, propensión, compañerismo, camaradería, simpatía. **Ant.** Enemistad, hostilidad, antagonismo.

amistoso-sa, amigable, amigo, devoto, leal, partidario, encariñado. **Ant.** Adverso, contrario, hostil.

amistar-se, amigar, reconciliar.

amnesia, olvido.

amnistía, perdón, indulto, olvido, remisión, gracia, absolución, clemencia, indulgencia. **Ant.** Castigo, irrevocabilidad.

amnistiar, perdonar, absolver, indultar.

amo, patrón, dueño, poseedor, señor, titular. **Ant.** Criado, sirviente.

amodorrado-da, aletargado, adormecido. **Ant.** Vivo, despierto.

amodorramiento, modorra, sopor, letargo, somnolencia, aletargamiento, adormecimiento, somnolencia, aturdimiento, lasitud. **Ant.** Animación, viveza, insomnio.

amodorrarse, aletargarse, adormecerse, dormirse.

amojamarse, acecinarse.

amojamado, flaco, esquelético, acartonado, momificado. **Ant.** Fresco, lozano, grueso.

amojonar, definir, limitar, cerrar, fijar, restringir, estacar, deslindar, acotar, cercar.

amolar, aburrir, molestar, enojar, falstidiar, cansar, hastiar, incomodar.// Aguzar, afilar.

amoldar, acomodar, conformar, ajustar, adaptar. **Ant.** Desacomodar.// -se, allanarse, sujetarse, someterse, avenirse, habituarse, acostumbrarse. **Ant.** Rebelarse.

amonestación, sanción, regaño, reproche, admonición, aviso, sermón, reprimenda, represión, advertencia, exhortación, censura. **Ant.** Elogio, alabanza.

amonestar, avisar, incitar, corregir, aconsejar, exhortar, sermonear, sancionar, apercibir, regañar, reprender. **Ant.** Elogiar.

amontonamiento, montón, hacinamiento.

amontonar-se, juntar, amasar, apilar, acopiar, almacenar, guardar, agrupar, acumular, reunir, mezclar, hacinar, aglomerar, recoger, coleccionar. **Ant.** Separar, disgregar.

amor, afecto, ternura, cariño, amistad, estimación, devoción, inclinación, preferencia, apego, querer, llama. **Ant.** Odio, desamor, indiferencia.

amoral, indecente, despreocupado.

amoratado-da, violáceo, lívido, morado, cárdeno, tumefacto, acardenalado.

amordazar, silenciar, acallar.

amorfo-fa, deforme, irregular, defectuoso, impreciso, anormal.

amorío, enamoramiento, devaneo, idilio, flirt.

amoroso-sa, tierno, afectuoso, apasionado, suave, cariñoso, agradable, amable. **Ant.** Hosco, hostil, odioso.

amortajar, cubrir, embalsamar.

amortiguador, muelle, elástico.

amortiguar, aminorar, apagar, moderar, atemperar, apaciguar, suspender, calmar, atenuar, mitigar, aplacar, ahogar, amenguar, debilitar. **Ant.** Avivar, excitar, fortalecer.

amortización, pago, rendición.

amortizar, pagar, liquidar, recuperar, saldar, desembolsar. **Ant.** Deber, adeudar.

amoscado-da, receloso, enfadado.

amoscarse, enfadarse, picarse, irritarse, enojarse, encolerizarse.

amostazar-se, enfadar, enojar, irritar.

amotinado-da, rebelde, revoltoso.

amotinar, sublevar, insurreccionar, levantar, alzar, revolucionar, incitar, soliviantar, alborotar. **Ant.** Calmar, apaciguar.

amparar-se, proteger, favorecer, defender, abrigar, patrocinar, acoger, cobijar, resguardar, guarecer. **Ant.** Abandonar, desatender.

amparo, auxilio, ayuda, protección, patrocinio, socorro, favor, apoyo. **Ant.** Abandono, desamparo.// Pensión, beca.// Asilo, refugio, reparo.

ampliación, engrandecimiento, ensanche, desarrollo, amplificación. **Ant.** Reducción, achicamiento.

ampliar, aumentar, desarrollar, extender, amplificar, dilatar, ensanchar, expandir, engrandecer. **Ant.** Achicar, disminuir, angostar, limitar.

amplificación, desarrollo, acrecentamiento, aumento. **Ant.** Reducción.

amplificar, ampliar, aumentar, acrecentar, desarrollar, extender, engrandecer, exagerar. **Ant.** Disminuir, achicar, reducir.

amplio-plia, ancho, grande, extenso, dilatado, espacioso, anchuroso, vasto. **Ant.** Angosto, chico.// Copioso, desarrollado, abundante, completo.

amplitud, anchura, extensión, espaciosidad, dilatación, vastedad, desarrollo. **Ant.** Estrechez.

ampo, blancura, albura, resplandor. **Ant.** Oscuridad, negru ra.

ampolla, vejiga, burbuja, bolsa, vesícula.// Recipiente.

ampuloso-sa, pomposo, redundante, exagerado, enfát co, pretencioso, grave, retórico, afectado, prosopopéyicé **Ant.** Simple, sencillo, breve.

amputación, ablación, mutilación, corte, cercenamiento.

amputar, truncar, cercenar, separar, cortar, segar, decapita

amueblar, amoblar, ornamentar, adornar, vestir, decora dotar.

amuleto, talismán, fetiche, mascota, símbolo, ídolo.

amurallar, cercar, murar, rodear, defender, atrincherar, fo tificar. **Ant.** Abandonar, desarmar.

amustiar, marchitar, secar, estropear.// -se, languidecer., Entristecer.

anacoluto, inconsecuencia.

anacoreta, ermitaño, cenobita, asceta, solitario, eremit penitente. **Ant.** Sociable.

anacrónico-ca, extemporáneo, desplazado, anticuad improcedente. **Ant.** Actual.

anacronismo, antigüedad, inexactitud. **Ant.** Actualidac vigencia.

anagrama, inversión, acertijo.

anal, rectal, fecal.

anales, memorias, comentarios, crónicas, fastos, relació historia.

analfabetismo, incultura, ignorancia.

analfabeto, iletrado, ignorante, inculto, lego. **Ant.** Letra do, culto, instruido, alfabetizado.

análisis, descomposición, estudio, investigación, exame exploración.

analogía, semejanza, similitud, correspondencia, conve niencia, aproximación, equivalencia, correlación. **Ant.** D ferencia, discrepancia.

análogo-ga, parecido, similar, semejante. **Ant.** Diferent diverso.

anaquel, estante, alacena, armario.

anaranjado-da, azafranado.

anarquía, desorden, desgobierno, desconcierto. **Ant.** O den, gobierno.

anárquico-ca, ácrata, desordenado, desorganizado. **An** Ordenado.

anarquista, libertario, ácrata, revolucionario.

anatema, execración, reprobación, maldición, imprecación

anatematizar, maldecir, condenar, estigmatizar. **Ant.** Elc giar, alabar, salvar.

anatómico-ca, físico, morfológico, somático.

anca, cadera, grupa, nalga.

ancho-cha, amplio, espacioso, vasto, desplegado, deser vuelto, anchuroso, dilatado, extenso, extendido, desparra mado, estirado. **Ant.** Estrecho, angosto.// Anchura.// L bre, desembarazado.// Ufano, satisfecho, orondo.

anchura, ancho, extensión, espacio, capacidad. **Ant.** A gostura, delgadez.

anchuroso-sa, dilatado, amplio, desembarazado. **An** Angosto.

ancianidad, senectud, vejez, decrepitud. **Ant.** Juventud.

anciano-na, viejo, vetusto, senil. **Ant.** Joven, lozano.

ancla, áncora.

ancladero, fondeadero, amarradero.

anclaje, fondeo, varadura.

anclar, ancorar, fondear.

áncora, ancla.

andadas, señales, pistas.

andador-ra, caminante, andariego, ambulante. **Ant.** Se dentario.

andamio, tablado, armazón, andamiaje.

andana, serie, hilera, fila.// Estante, anaquel.

andanada, salva, descarga, ráfaga, acometida.// Repr menda, reprensión, reconvención. **Ant.** Elogio, alabanza.

andanza, viaje, correría, aventura, caminata.

andar, marchar, avanzar, recorrer, ir, caminar, circular. **An** Pararse, detenerse, inmovilizarse.// Estar, hallarse.// Fui cionar, operar.

andariego, andador.

andas, angarillas, parihuelas, camilla, palanquín, árguenas.

andén, plataforma, acera, muelle, apeadero.

andorga, vientre.

andrajo, harapo, colgajo, trapo, jirón, guiñapo.

andrajoso-sa, astroso, harapiento, desastrado, desalineado, zaparrastroso, desarropado. **Ant.** Cuidado, elegante, aseado.

andrógino, bisexual, hermafrodita.

anécdota, suceso, cuento, relato, incidente, hecho, acontecimiento, chiste.

anegar, inundar, sumergir, encharcar, ahogar.// Molestar.

anemia, empobrecimiento, desnutrición. **Ant.** Vigor, fortaleza.

anémico-ca, pálido, desnutrido, extenuado, lánguido. **Ant.** Fuerte, saludable.

anestesia, narcosis, adormecimiento, sopor, letargo, sueño, insensibilidad. **Ant.** Sensibilidad, sensibilización.

anestesiar, adormecer, narcotizar, atontar, aletargar, sedar. **Ant.** Avivar, despertar.

anestésico-ca, sedante, tranquilizante.

anexar, anexionar, incorporar, agregar, unir, vincular, adherir, acoplar, juntar, englobar, asociar, adjuntar. **Ant.** Separar, desunir.

anexión, incorporación, unión, agregación, acoplamiento. **Ant.** Separación, desunión.

anexo-xa, unido, adjunto, cercano, próximo. **Ant.** Separado, lejano.// Rama, sucursal.

anfibología, ambigüedad, oscuridad.

anfibiológico-ca, ambiguo, equívoco.

anfiteatro, hemiciclo, gradería.

anfitrión-na, invitante, convidante.

ánfora, cántaro.

anfractuosidad, desigualdad, vuelta, aspereza, irregularidad.

anfractuoso-sa, desigual, quebrado, irregular, desparejo. **Ant.** Llano.

angarillas, andas.

ángel, querubín, serafín.

angelical, candoroso, inmaculado, inocente, puro. **Ant.** Diabólico, astuto, infernal, impuro.

ángelus, atardecer, crepúsculo, anochecer.// Oración, toque, campanada.

angina, inflamación, laringitis.

angostarse, estrecharse, encajonarse. **Ant.** Ampliarse.

angosto-ta, estrecho, ajustado, ahogado, ceñido, reducido, apretado. **Ant.** Ancho.

angostura, estrechez, pasaje, desfiladero, cañón, callejón, embocadura. **Ant.** Anchura, espaciosidad, amplitud.

angular, anguloso, esquinado.

ángulo, esquina, rincón, recoveco.

angustia, aflicción, padecimiento, tristeza, pena, congoja, ansiedad, inquietud, tormento, desconsuelo, desesperación. **Ant.** Tranquilidad, sosiego.// Náuseas, arcadas, vómitos.

angustioso-sa, afligente, triste, acongojado, penoso, apremiante. **Ant.** Tranquilizante.

angustiar-se, acongojar, afligir, atormentar, intranquilizar, obsesionar, apremiar. **Ant.** Calmar, tranquilizar, serenar.

anhelar, ansiar, ambicionar, codiciar, desear, apetecer, esperar. **Ant.** Despreciar, desdeñar.// Respirar.

anhelo, afán, ansia, apetencia, deseo, esperanza, aspiración, vehemencia, codicia, ambición. **Ant.** Desprecio, indiferencia.

anidar, habitar, alojarse, residir, morar, vivir, establecerse. **Ant.** Vagar, vagabundear.// Abrigar, guardar.

anilina, tinte, tintura, colorante.

anillo, aro, sortija, argolla, eslabón.

ánima, alma, aliento, mente.

animación, agitación, excitación, alegría, diversión, algazara, bullicio, vida, movimiento. **Ant.** Tranquilidad, aburrimiento.

animado-da, movido, divertido, concurrido, agitado. **Ant.** Sosegado, tranquilo, aburrido.// Resuelto, valiente, decidido, osado. **Ant.** Tímido, cobarde.

animadversión, odio, antipatía, malquerencia, tirria, prevención, rencor, animosidad, ojeriza, desafecto, enemistad, resentimiento. **Ant.** Amor, simpatía.

animal, bestia, bruto, fiera, alimaña.// Ignorante, grosero, torpe, imbécil.

animalada, necedad, estupidez, brutalidad, grosería.

animar, incitar, espolear, aguijonear, empujar, exhortar, impulsar. **Ant.** Acobardar.// Alegrar, divertir, avivar. **Ant.** Entristecer, aburrir.// Vivificar, alentar, reanimar, confortar.

anímico-ca, espiritual, psíquico. **Ant.** Corporal.

ánimo, aliento, brío, espíritu, alma, voluntad.// Decisión, esfuerzo, atrevimiento, acometividad. **Ant.** Desaliento.

animosidad, animadversión, odio, antipatía.

animoso-sa, valeroso, enérgico, esforzado, valiente, resuelto, denodado. **Ant.** Tímido, cobarde, apocado, indeciso.

aniquilación, destrucción, demolición, devastación, ruina, arrasamiento, desmoronamiento, exterminio. **Ant.** Conservación.

aniquilar, destruir, exterminar, suprimir, arrasar, arruinar, asolar, eliminar, devastar. **Ant.** Conservar, construir, mantener.

aniversario, cumpleaños, conmemoración, onomástico.

ano, culo, orificio.

anochecer, oscurecer, atardecer, crepúsculo, ocaso. **Ant.** Amanecer, clarear.

anodino-na, soso, insípido, insignificante, ineficaz.

anomalía, anormalidad, rareza, extravagancia, extrañeza, singularidad. **Ant.** Normalidad.

anómalo-la, singular, desigual, irregular, ridículo, extravagante, desusado, raro, excéntrico. **Ant.** Común, frecuente, normal.

anonadado-da, abatido, aniquilado.

anonadamiento, abatimiento, decaimiento, hundimiento, destrucción, postración, ruina, aniquilamiento.

anonadar-se, abatir, confundir, pasmar, descorazonar. **Ant.** Animar.// Destruir, arruinar, aniquilar. **Ant.** Levantar.

anonimato, desconocimiento.

anónimo-ma, desconocido, ignorado, incógnito, secreto. **Ant.** Conocido.// Anónimo, carta, misiva.

anormal, anómalo, raro, extravagante, extraño, inaudito, prodigioso, irregular, insólito. **Ant.** Normal, frecuente.// Defectuoso, deforme.

anormalidad, irregularidad, anomalía, aberración, trastorno, rareza. **Ant.** Regularidad.

anotación, apunte, nota, comentario, glosa, acotación, interpretación.

anotar, escribir, apuntar, asentar.// Interpretar, glosar, explicar.// Registrar, matricular, inscribir. **Ant.** Borrar.

anquilosado-da, paralítico, impedido, atrofiado, seco, rígido, fosilizado. **Ant.** Dinámico, cativo.

anquilosar, atrofiar, paralizar, estancar, detener, inmovilizar, secar.// **-se,** fosilizarse. **Ant.** Activar, movilizar, desentumecer.

anquilosis, parálisis, paralización, atrofia, inmovilidad, inercia. **Ant.** Actividad, movilidad.

ánsar, ganso, oca.

ansia, deseo, angustia, congoja, desasosiego, ansiedad, inquietud, intranquilidad, zozobra. **Ant.** Serenidad.

ansiar, desear, codiciar, aspirar, querer, apetecer, anhelar. **Ant.** Desdeñar, despreciar.

ansiedad, inquietud, angustia, zozobra. **Ant.** Serenidad, calma.

ansioso-sa, impaciente, ávido, deseoso, anheloso. **Ant.** Desinteresado.

antagonismo, rivalidad, oposición, contrariedad. **Ant.** Amistad, semejanza.

antagonista, rival, contrario, opuesto. **Ant.** Amigo, semejante, compañero.

antaño, antiguamente, antes, en otro tiempo.

antártico-ca, meridional, austral.

antecámara, recibimiento, antesala, vestíbulo.

antecedente, preexistente, anterior, precedente. **Ant.** Posterior.// Preferencia, dato, circunstancia, noticia.// **-s,** currículum.

antecesor-ra, predecesor, anterior, precursor, ascendiente. **Ant.** Sucesor, descendiente.

antediluviano-na, antiquísimo, prehistórico, antediluvial, remoto. **Ant.** Actual.

antelación, anticipación, prioridad. **Ant.** Posterioridad.

antemano, previamente, anticipadamente.

anteojos, gafas, lentes, espejuelos, antiparras, gemelos.

antepasado-da, antecesor, predecesor, progenitor.

antepecho, parapeto, baranda, pretil, reparo.

anteponer, distinguir, preferir. **Ant.** Posponer.// Aventajar, mejorar.

anteproyecto, plan, preliminares, avance.

anterior, antecedente, antecesor, precedente, preliminar, previo, primero. **Ant.** Posterior.// Lejano, remoto. **Ant.** Actual.

antes, antiguamente, anteriormente, primeramente. **Ant.** Después.

anticipación, antelación, adelanto.

anticipado-da, adelantado, anterior, prematuro. **Ant.** Retrasado.

anticipar-se, adelantar, avanzar, sobrepujar, aventajar, madrugar. **Ant.** Retrasar.// Prestar.

anticipo, adelanto, anticipación, avance, adelantamiento, antelación. **Ant.** Retroceso.

anticuado-da, antiguo, anacrónico, retrasado, rancio, envejecido. **Ant.** Actual.

anticuar, añejar, apolillar, envejecer. **Ant.** Modernizar.

antídoto, contraveneno, antitóxico, preservativo. **Ant.** Venenoso.

antiestético-ca, desagradable, feo. **Ant.** Hermoso, bello.

antifaz, máscara.

antigualla, antigüedad, anacronismo.

antigüedad, ancianidad, vetustez, vejez, veteranía, rancidad. **Ant.** Modernidad.

antiguo-gua, viejo, remoto, añejo, vetusto, anciano, arcaico, pasado, primitivo, lejano, inmemorial, desusado, veterano, decano, rancio. **Ant.** Actual, reciente.

antinatural, artificial. **Ant.** Natural.

antinomia, contradicción, antítesis, oposición. **Ant.** Coincidencia.

antipatía, odio, desagrado, repugnancia, tirria, aversión, hostilidad, rencor, animadversión, inquina. **Ant.** Simpatía, atracción.

antipático-ca, odioso, aborrecible, repelente, repulsivo, inaguantable. **Ant.** Simpático, amable.

antipirético-ca, antifebril.

antípoda, opuesto, contrario. **Ant.** Semejante, igual.

antisepsia, desinfección, esterilización.

antítesis, oposición, contrario, contraposición.

antitético-ca, contrario, opuesto, antagónico.

antojadizo-za, veleidoso, caprichoso, voluble, versátil, mudable.

antojarse, encapricharse, imaginarse, representar, pensar.

antojo, deseo, agrado, fantasía, capricho, voluntad, arbitrariedad.

antología, selección, colección, florilegio, compendio, compilación.

antónimo, contrario, opuesto. **Ant.** Sinónimo.

antonomasia, (por), por ejemplo.

ántrax, tumor, forúnculo.

antro, cueva, refugio, guarida, madriguera, caverna, gruta, escondrijo.

antropófago, caníbal.

antropoide, antropomorfo, cuadrumano.

anual, ánuo, periódico.

anualidad, importe, renta.

anuario, almanaque, calendario.

anudar, atar, amarrar, ligar, juntar, unir. **Ant.** Soltar.

anuencia, aprobación, asentimiento, venia, consentimiento.

anulación, invalidación, abolición, revocación.

anular, invalidar, abolir, revocar, inutilizar, abrogar, derogar.// Incapacitar.

anunciación, revelación.

anunciar-se, comunicar, publicar, revelar, divulgar, proclamar, participar, manifestar, descubrir.// Predecir, presagiar.

anuncio, noticia, aviso, proclama.// Vaticinio, pronóstico, presagio.

anverso, cara, faz, portada, frente. **Ant.** Reverso, envés.

anzuelo, arpón, gancho, garfio.// Señuelo, atractivo.// Engaño, trampa.

añadido, añadidura, postizo.// -da, agregado, pegado.

añadidura, adición, aumento, acrecentamiento, agregación, ampliación.

añadir, agregar, sumar, ampliar, amplificar, aumentar, completar, incorporar, juntar, anexar. **Ant.** Quitar.

añejo-ja, antiguo, rancio, envejecido. **Ant.** Actual, moderno.

añicos, fragmentos, pedazos, trozos.

añil, índigo, azul.

añoranza, nostalgia, recuerdo. **Ant.** Olvido.

añorar, recordar, rememorar, evocar. **Ant.** Olvidar.

añoso-sa, longevo, anciano, viejo.

apabullar-se, aplastar, hundir, anonadar, abrumar. **Ant.** Alentar, sosegar, tranquilizar.

apacentar, pacer, pastar, pastorear.// Educar, instruir.

apache, bandido, ladrón, chulo, compadrito.

apacibilidad, tranquilidad.

apacible, calmo, tranquilo, sereno, sosegado, reposado, manso, bonachón, afable, quieto, suave. **Ant.** Nervioso, intranquilo, turbulento.

apaciguamiento, aquietamiento.

apaciguar-se, tranquilizar, aquietar, sosegar, amansar, pacificar, serenar, contener, dulcificar.

apadrinar, prohijar, proteger, legitimar, adoptar. **Ant.** Desproteger.

apagado-da, tenue, débil, extinto, mortecino. **Ant.** Vivo, fuerte, encendido.

apagar, extinguir, sofocar, mitigar, asfixiar, ahogar. **Ant.** Encender, animar.

apagón, corte, interrupción.

apaisado-da, alargado, horizontal.

apalabrar, comprometer, concertar, convenir, conciliar.

apaleamiento, paliza.

apalear, golpear, castigar, aporrear.

apandillar, acaudillar, reclutar.

apañado-da, hábil, diestro, mañoso. **Ant.** Torpe.

apañarse, arreglarse, componérselas, espabilarse.

apaño, arreglo, acuerdo, convivencia. **Ant.** Desacuerdo.// Compostura, reparación. **Ant.** Desarreglo.

aparador, escaparate, estantería, cristalero, armario.

aparato, atuendo, fasto, solemnidad, exageración, pompa, ostentación.// Instrumento, máquina.

aparatoso-sa, espectacular, ostentoso, exagerado, solemne. **Ant.** Sencillo, simple.

aparcamiento, estacionamiento.

aparcar, estacionar, detener, ubicar. **Ant.** Salir, arrancar.

aparcero, compañero, comunero, labrador.

aparear-se, aparejar, igualar, emparejar, juntar. **Ant.** Desunir, desigualar.

aparecer, surgir, brotar, llegar, manifestarse, mostrarse. **Ant.** Ocultarse, esconderse, desaparecer.

aparecido, fantasma, aparición, sombra.

aparejado-da, apto, idóneo, preparado.

aparejar-se, preparar, aprestar, disponer, prevenir, arreglar.// Ensillar.// Adornar.// Aparear.

aparejo, apresto, preparación.// Instrumento, útil, pertrecho.

aparentar, fingir, simular, disimular, disfrazar, afectar, figurar.

aparente, evidente, manifiesto, claro, patente, visible.// Fingido, artificial, simulado, afectado. **Ant.** Sincero, verdadero, real.

aparición, espectro, aparecido, fantasma, resucitado.// Manifestación, presentación, llegada, advenimiento. **Ant.** Desaparición, ocultación.

apariencia, aspecto, porte, presencia, físico, rasgo, planta, traza.

apartado-da, alejado, retirado, distante, aislado, oculto. **Ant.** Cercano.// Capítulo, párrafo.

apartamento, vivienda, residencia, habitación.

apartamiento, separación, alejamiento, distanciamiento. **Ant.** Acercamiento.

apartar, desunir, alejar, aislar, separar, distanciar. **Ant.** Unir, juntar.

aparte, separadamente.// Párrafo.

apasionado-da, enamorado, entusiasta, ardiente, febril, intemperado, sectario, enajenado, virulento, fanático, ardoroso, desenfrenado, vehemente, frenético, furioso, violento. **Ant.** Pacífico, tranquilo, sosegado.

apasionamiento, acaloramiento, ardor, vehemencia. **Ant.** Frialdad.

apasionar-se, excitar, inflamar, emocionar, embriagar, entusiasmar, exaltar, trastornar.// **-se,** entregarse, acalorarse, ofuscarse, enamorarse. **Ant.** Enfriarse.

apatía, dejadez, insensibilidad, abandono, impasibilidad, inactividad, incuria, desidia, desgano, indiferencia, indolencia. **Ant.** Preocupación, ardor, entusiasmo.

apático-ca, indiferente, dejado, indolente, insensible, abúlico. **Ant.** Activo, comprometido.

apeadero, muelle, andén, estación.// Habitación, alojamiento.

apearse, bajarse, descender, desmontar. **Ant.** Montar.

apechugar, empujar, arremeter, acometer, aguantar, sobrellevar, soportar.

apedrear, lapidar.

apegarse, simpatizar, encariñarse.

apego, cariño, devoción, simpatía, inclinación.

apelación, recurso, interposición, reclamación.

apelar, recurrir, interponer.

apelativo, sobrenombre.

apellidar, nombrar, bautizar, llamar.

apellido, nombre, designación, patronímico.

apelmazar, compactar, espesar, endurecer, apelotonar.

apelotonamiento, apiñamiento, amontonamiento, tropel.

apelotonar-se, acumular, apiñar, amontonar. **Ant.** Separar.

apenado-da, dolorido, contrito, triste, inconsolable, apesadumbrado, acongojado. **Ant.** Animado, contento.

apenar, afligir, entristecer, apesadumbrar, atribular, desolar, desesperar, angustiar, compungir, mortificar, amargar, atormentar, apesarar, contristar, abatir. **Ant.** Alegrar.

apenas, escasamente. **Ant.** Totalmente, completamente.

apéndice, agregado, suplemento, añadido, prolongación, complemento.// Prolongación, extremidad, miembro.

apercibimiento, amonestación, sanción, reto, advertencia, admonición.

apercibir, sancionar, advertir, amenazar, amonestar.

apergaminado-da, seco, enjuto, marchito.

apergaminar-se, secar, acartonar, momificar.

aperitivo, estimulante, tónico.

apero, útil, instrumento, herramienta, aparejo.

aperrear, fatigar, cansar, molestar.

apertura, inauguración, abertura, estreno, comienzo. **Ant.** Cierre, clausura.

apesadumbrar-se, entristecer, disgustar, afligir, angustiar, apenar, atribular. **Ant.** Alegrar, animar.

apestar, viciar, envenenar, corromper, infectar. **Ant.** Sanar.// Heder.

apestoso-sa, fétido, maloliente, hediondo, pestilente. **Ant.** Sano, limpio, aromático, fragante.

apetecer, desear, ambicionar, querer, ansiar, anhelar. **Ant.** Rechazar.

apetecible, deseable.

apetito, gana, ansia, hambre, apetencia.

apetitoso-sa, gustoso, sabroso, exquisito, agradable, rico. **Ant.** Desagradable.

apiadarse, conmover, apenarse, compadecerse. **Ant.** Ensañarse.

ápice, vértice, punta, cumbre, cima, apículo.// Nimiedad, poco, insignificancia.

apilar-se, amontonar, juntar. **Ant.** Esparcir, desparramar.

apiñar, apretar, agrupar, aglomerar, apelotonar, apretujar. **Ant.** Disgregar.

apisonar, aplastar, comprimir, aplastar.

aplacar, tranquilizar, amansar, suavizar. **Ant.** Irritar, enfurecer, excitar.

aplanar, allanar, aplastar, apisonar, igualar.// Abatir, extenuar, debilitar. **Ant.** Fortalecer, animar, vigorizar.

aplastado-da, chato, romo, comprimido.

aplastamiento, aplanamiento, allanamiento, apisonamiento.// Abatimiento.

aplastar, achatar, deformar, hundir, prensar, arrasar, apisonar.// Abatir, abrumar, anonadar. **Ant.** Alegrar, alentar.

aplaudir, palmear, ovacionar, palmotear, celebrar, elogiar, felicitar, aprobar, encomiar, festejar, enaltecer. **Ant.** Censurar, criticar.

aplauso, palmoteo, encomio, alabanza, elogio, ovación. **Ant.** Crítica, censura.

aplazamiento, tardanza, retraso, demora. **Ant.** Adelantamiento, anticipación.

aplazar, prorrogar, diferir, dilatar, retardar, retrasar. **Ant.** Adelantar, anticipar.

aplicación, utilización, utilidad, práctica, manejo, destino.// Atención, concentración, aprovechamiento. **Ant.** Incuria, dejadez.

aplicar, usar, emplear, utilizar.// **-se,** esmerarse, dedicarse.

aplomo, serenidad, tranquilidad, gravedad, circunspección, sensatez, ecuanimidad.

apocado-da, tímido, corto, vergonzoso, inseguro. **Ant.** Audaz, decidido.

apocalipsis, calamidad, desastre.

apocalíptico-ca, terrorífico, espantoso, calamitoso, catastrófico.

apocamiento, cortedad, timidez, indecisión.

apocar, reducir, achicar, disminuir, rebajar, limitar, mermar, amenguar.// **-se,** acobardarse, amedrentarse.

apócope, supresión, elisión.

apócrifo-fa, falso, inexacto, erróneo, falsificado. **Ant.** Auténtico.

apoderado-da, representante, administrador, encargado, procurador, delegado.

apoderar, conferir, facultar, representar, comisionar, encargar.// **-se,** apropiarse, adjudicarse, tomar. **Ant.** Soltar, dejar, entregar, ceder.

apodo, seudónimo, mote, alias, sobrenombre.

apogeo, esplendor, auge, magnificencia, culminación, coronamiento, pináculo, cima, cúspide. **Ant.** Decadencia.

apolillado-da, carcomido, raído, viejo.

apolillarse, envejecer, corromperse, deteriorarse.

apolíneo-a, escultural, hermoso, esbelto, apuesto. **Ant.** Deforme, feo.

apologético-ca, defensor, elogioso.

apología, elogio, defensa, panegírico, encomio, alabanza. **Ant.** Crítica, censura.

apólogo, cuento, fábula, parábola.

apoltronado-da, cómodo, repantigado, sedentario.

apoltronarse, repantigarse, acomodarse, dejarse, abandonarse.

apoplejía, derrame, acceso, embolia, parálisis.

aporrear, golpear, apalear, zurra, pegar.// Molestar, importunar, extenuar. **Ant.** Mimar, acariciar.

aportar, dar, ayudar, colaborar, contribuir, tributar.// Causar, ocasionar, originarse.

aposentar, albergar, hospedar, alojar, colocar, acomodar, asilar.// **-se,** vivir, morar. **Ant.** Mudarse, irse.

aposento, cuarto, habitación, alcoba, domicilio, morada, residencia.

apósito, venda, vendaje, compresa.

aposta, a propósito, adrede.

apostar, jugar, aventurar, envidar, arriesgar.// Colocar, emboscar, establecer, ubicar.

apostasía, retractación, abjuración, renegamiento, abandono, deserción. **Ant.** Lealtad.

apóstata, perjuro, renegado, desertor, traidor. **Ant.** Fiel, leal, seguidor.

apostatar, abjurar, renegar, retractarse, repudiar, traicionar.
apostema, absceso, tumor.
apostilla, anotación, acotación, glosa, aclaración.
apostillar, explicar, anotar, aclarar, sugerir, comentar, añadir.
apóstol, discípulo, propagador, misionero, evangelista, propagandista.
apostólico-ca, sacerdotal, místico, evangélico.
apostrofar, injuriar, ofender, denunciar, criticar, insultar.
apóstrofe, imprecación, invectiva, acusación, denuncia, dicterio. **Ant.** Elogio, alabanza.
apostura, elegancia, galanura, donaire, garbo, belleza. **Ant.** Fealdad.
apotegma, axioma, aforismo, proverbio, refrán.
apoteósico-ca, apoteótico, triunfal, victorioso, triunfante.
apoteosis, culminación, exaltación, glorificación, coronación. **Ant.** Frustración, decadencia.
apoyar, basar, sostener, asentar, reclinar, adosar, sustentar.// Ayudar, amparar, proteger, auxiliar, patrocinar, alentar. **Ant.** Abandonar, desalentar, desamparar.// **-se**, afirmarse, respaldarse.// Fundamentar, corroborar.
apoyo, sostén, soporte, respaldo, base, asiento, sustentación.// Ayuda, protección, auxilio. **Ant.** Abandono, desamparo.
apreciado-da, estimado, querido, amado, valorado. **Ant.** Despreciado, odiado.
apreciar, querer, estimar, valorar, tasar, medir, evaluar, considerar. **Ant.** Odiar, desdeñar, despreciar, desestimar.
aprehender, atrapar, prender, asir, coger, percibir. **Ant.** Liberar.
aprehensión, captura.// Percepción, discernimiento, comprensión.
apremiar, urgir, apresurar, acuciar, aguijonear, obligar, apretar, apurar.
apremio, urgencia, premura, apresuramiento, prisa, perentoriedad, acuciamiento.// Coacción, amenaza, hostigamiento, conminación.
aprender, captar, entender, incorporar, instruirse, estudiar, ilustrarse. **Ant.** Ignorar.
aprendiz, estudiante, principiante, novicio, inexperto, discípulo.
aprendizaje, estudio, entretenimiento, instrucción, educación.
aprensión, escrúpulo, miramiento, reparo, recelo, temor, miedo, respeto.
aprensivo-va, escrupuloso, receloso, temeroso, miedoso, tímido, preocupado.
apresar, aprisionar, cautivar, capturar, asir, prender, atrapar. **Ant.** Liberar.
aprestar, organizar, preparar, disponer, aparejar, arreglar, prevenir, acondicionar. **Ant.** Descuidar, desatender.
apresurar, acelerar, activar, avivar, apremiar, urgir, acosar, precipitar. **Ant.** Retrasar, postergar, aplazar.
apretado-da, estrecho, tacaño, miserable, mezquino, agarrado, cicatero. **Ant.** Generoso.// Arduo, ingrato, arriesgado, peligroso.
apretar, prensar, estrechar, estrujar, comprimir, oprimir, condensar, apretujar.// Acosar, excitar, activar, hostigar. **Ant.** Calmar, serenar.
apretón, opresión, presión, apretamiento.
apretura, apretón, opresión.// Escasez, dificultad.
aprieto, compromiso, dificultad, apretura, ahogo, apuro, necesidad, conflicto, trance.
aprisco, redil, chiquero, majada.
aprisionar, apresar, tomar, encerrar, encarcelar, detener.// Atar, ligar, encadenar, sujetar. **Ant.** Liberar, soltar.
aprobación, conformidad, aceptación, consentimiento, aplauso, beneplácito, aquiescencia, ascenso, adhesión. **Ant.** Disconformidad, desaprobación.
aprobar, aceptar, acceder, ratificar, consentir, admitir, aplaudir. **Ant.** Criticar, desaprobar.
aprontar-se, preparar, disponer, aprestar, facilitar.
apropiación, adquisición, adjudicación, incautación, retención, usurpación. **Ant.** Entrega, donación.

apropiado-da, adecuado, pertinente, conveniente, justo oportuno, propio.// Decente, correcto. **Ant.** Inadecuado inoportuno.
apropiar, acomodar, adecuar, ajustar.// **-se**, adjudicarse adueñarse. **Ant.** Ceder, restituir.
aprovechar, utilizar, emplear, explotar, usar. **Ant.** Desaprovechar, desperdiciar.// **-se**, servirse, disfrutar, beneficiarse
aprovisionamiento, abastecimiento, avituallamiento.
aprovisionar-se, abastecer, proveer, suministrar, avitua llar. **Ant.** Desabastecer.
aproximación, arrimo, acercamiento, avecinamiento. **Ant** Alejamiento.// Parecido, semejanza.
aproximado-da, parecido, semejante, impreciso.// Cercano, próximo, vecino, contiguo. **Ant.** Alejado, distante.
aproximar, acercar, juntar, unir, avecinar, arrimar. **Ant.** Alejar, apartar.// **-se**, parecerse.
aptitud, competencia, capacidad, disposición, habilidad idoneidad, destreza, potencial. **Ant.** Incompetencia, inhabilidad.
apto-ta, capaz, capacitado, preparado, competente, diestro, hábil. **Ant.** Inepto, incapaz.
apuesta, envite, jugada, desafío, contienda.
apuesto-ta, engalanado, emperifollado, elegante.// Gallardo, arrogante, garboso. **Ant.** Feo, desgarbado.
apuntación, nota, apuntamiento, inscripción, observación comentario.
apuntador-ra, traspunte, comentarista.// Soplón, insinuador.
apuntalamiento, consolidación.
apuntalar, sostener, afirmar, consolidar, asegurar, apoyar reforzar.
apuntar, anotar, indicar, asentar, escribir, subrayar, citar./ Insinuar, sugerir, aludir.// Bocetar, bosquejar, diseñar.// **-se** aparecer, manifestarse.
apunte, nota, escrito, diseño, croquis, esbozo, borrador./ Nota, comentario.
apuñalar, acuchillar, apuñalear.
apurado-da, pobre, indigente, necesitado.// Dificultoso arduo, angustioso, peligroso.
apurar-se, acelerar, urgir, apremiar, apresurar, activar./ Depurar, purificar, investigar, filtrar, limpiar, perfeccionar./ Acabar, consumir.
apuro, dificultad, brete, lío, conflicto, contratiempo.// Necesidad, estrechez, pobreza. **Ant.** Riqueza, bienestar.
aquejar, acongojar, afligir, inquietar, entristecer, angustiar.
aquelarre, brujería, hechicería.// Barullo, confusión, ruido batahola, griterío, confusión.
aquí, acá, cerca. **Ant.** Allí, allá, lejos.
aquiescencia, consentimiento, aprobación, aceptación ascenso, conformidad, permiso, beneplácito, venia anuencia, adhesión, acuerdo.
aquietar-se, sosegar, tranquilizar, calmar, apaciguar, serenar. **Ant.** Alborotar.
aquilatamiento, comprobación, estimación, apreciación.
aquilatar, contrastar, examinar, apreciar, analizar, comprobar, verificar.// Apurar, clarificar, depurar.
ara, altar, sagrario.
árabe, mahometano, moro, musulmán, mauritano.
arabesco, adorno, ornato.
arábigo-ga, árabe.
arancel, tasa, norma, derecho, tarifa, regulación, impuesto contribución.
arandela, anillo, argolla, corona.
araña, candelero, lámpara, candelabro.// Tarántula, arañuela, tejedora.
arañar, rascar, desgarrar, rasgar, herir, lastimar, rasguñar.
arar, labrar, roturar, cultivar, surcar.
arbitraje, laudo, mediación, dictamen, decisión, veredicto fallo, resolución.
arbitrar, laudar, mediar, sentenciar, decidir, dictaminar, juzgar, homologar.// **-se**, conseguir, agenciarse, ingeniarse.
arbitrariedad, injusticia, parcialidad, iniquidad, atropello, capricho. **Ant.** Justicia, legalidad.

rbitrario-ria, caprichoso, voluble, antojadizo, injusto, tiránico, ilegal, abusivo, inicuo, autoritario.

rbitrio, decisión, sentencia, voluntad.// Recurso, medio.// Tributo, impuesto, carga.

rbitro, juez, mediador, regulador.

rbol, arbolito, arbusto.// Eje, mástil.

rbolado, soto, bosque, parque.// Arboleda, frondosidad.

rboladura, mástil, velamen, aparejo.

rbolar, enarbolar, izar.

rboleda, bosquecillo, avenida, parque.

rborecer, plantar, crecer.

rbotante, contrafuerte, apoyo, sostén.

rbusto, arbolito, mata.

rca, cofre, cajón, arcón, urna, caja, baúl.

rcada, bóveda, arco, arquería, ábside, pórtico, curvatura.// Asco, náusea, vómito.

rcaico-ca, viejo, antiguo, vetusto, anticuado, añejo, pasado. **Ant.** Nuevo, moderno, actual.

rcaísmo, antigüedad.

rcano, misterio, enigma, secreto.// **-na,** reservado, recóndito, secreto, oculto, misterioso, impenetrable. **Ant.** Claro, evidente.

rcediano, archidiácono, arcipreste.

rchivar, registrar.

rchivo, registro, fichero.

rcilla, greda.

rcilloso-sa, gredoso, calizo.

rcipreste, arcediano.

rco, curva, bóveda, arbotante.

rder, quemar, calentar, encender, incendiar, inflamar. **Ant.** Extinguir, apagar, mitigar.

rdid, treta, artificio, astucia, trampa, triquiñuela, maña, artimaña, engaño, zancadilla.

rdiente, ardoroso, abrasador, candente, hirviente, incandescente.// Apasionado, fogoso.

rdite, bledo, comino, pito, insignificancia, menudencia, pequeñez, nimiedad.

rdor, calor, abrasamiento, hervor, fuego.// Eficacia, valor, denuedo, afán, ansia, viveza, fogosidad, entusiamo, exaltación, vivacidad. **Ant.** Abulia, desgano.

rdoroso-sa, ardiente, quemante, abrasador.// Fogoso, violento, fervoroso, vigoroso, apasionado, impetuoso.

rduo-dua, difícil, complicado, penoso, espinoso, peligroso. **Ant.** Fácil, sencillo.// Fragoso, escarpado.

rea, superficie, sector, demarcación, extensión.

rena, sílice, grava, polvo.// Ruedo, redondel, campo, teatro, pista.

renal, desierto, erial, playa.

renga, alocución, discurso, oración.

rengar, perorar, sermonear, hablar.

renilla, arenisca.// Piedra, cálculo.

renoso-sa, polvoriento, arenáceo.

rete, pendiente, zarcillo, aro, arracada.

rgamasa, cemento, mortero.

rgento, plata.

rgolla, aro, anilla, arete, ajorca.

rgucia, ardid, sutileza, evasiva, escapatoria, pretexto, trampa.

rgüir, argumentar, discutir.// Alegar, explicar, revelar.// Sutilizar.

rgumentar, argüir, razonar, objetar, contradecir, refutar, replicar, discutir.

ria, canto, canción, tonada, aire, romanza, solo.

ridez, sequedad, desolación, esterilidad, improductividad. **Ant.** Fertilidad.

rido-da, seco, estéril, yermo, desecado, infecundo, desierto. **Ant.** Fértil, fecundo.// Aburrido, fastidioso, pesado.

rio-ria, indoeuropeo, caucásico.

risco-ca, áspero, esquivo, insociable, introvertido, salvaje. **Ant.** Sociable, dócil.

rista, filo, esquina, saliente, borde.

ristocracia, abolengo, linaje, distinción, alcurnia.

ristócrata, patricio, señor, noble, hidalgo. **Ant.** Plebeyo.

aristocrático-ca, linajudo, distinguido, fino, señorial, preclaro, esclarecido. **Ant.** Plebeyo, democrático.

aritmética, algoritmia.

aritmético-ca, algorítmico.// Calculista, matemático.

arlequín, bufón, payaso.

arlequinada, bufonada, payasada.

arma, armamento.

armada, flota, escuadra.

armadura, montura, armazón, entablado.// Panoplia, arnés.// Esqueleto.

armar, pertrechar, equipar, proveer, dotar, disponer, suministrar. **Ant.** Desarmar, desmontar.

armario, aparador, guardarropa, alacena, ropero.

armatoste, cachivache, trasto, artilugio.

armazón, caparazón, esqueleto, armadura, tablazón.

armisticio, tratado, tregua, pacto, reconciliación, paz, convenio.

armonía, eufonía, cadencia, concordancia, ritmo, musicalidad, uniformidad.

armonioso-sa, cadencioso, armónico, melodioso, eurítmico, eufónico, grato, dulce. **Ant.** Desagradable, disonante, destemplado.

armonizar, concertar, acordar, entonar, conciliar, acompasar. **Ant.** Disonar, discordar.

arnés, guarnición, armadura.

aro, anillo, arete.

aroma, fragancia, olor, perfume, esencia. **Ant.** Hedor, pestilencia.

aromático-ca, perfumado, fragante, oloroso.

aromatizar, perfumar.

arpegio, acorde, cadencia.

arpía, bruja, furia.

arpillera, yute, estopa.

arpón, lanza, garfio.

arponear, ensartar.

arquear-se, doblar, combar, encorvar, alabear. **Ant.** Enderezar.// Medir.

arqueo, comprobación, verificación, reconocimiento, recuento, balance.

arqueológico-ca, antiguo, arcaico, desusado, anticuado, rancio, vetusto. **Ant.** Moderno, actual.

arquetipo, modelo, prototipo, dechado, paradigma, ejemplo.

arquitecto, alarife, urbanista, constructor, edificador.

arquitrabe, cornisa, friso, capitel.

arrabal, suburbio, barriada, contornos, afueras, alrededores. **Ant.** Centro.

arrabalero-ra, descarado, vulgar, ordinario, chabacano, populachero.

arracimarse, aglomerarse, juntarse.

arraigado-da, enraizado, prendido, radicado.

arraigar, prender, agarrar, sujetar, afianzar, afincar, establecer. **Ant.** Desarraigar, desprender.

arraigo, radicación, solvencia, situación, posición.

arramblar, saquear, arrasar, arrebatar, desvalijar.

arrancar, desarraigar, desclavar, desenterrar, despegar.// Irse, marcharse.// Comenzar, iniciar.

arranque, impulso, rapto, pujanza, ímpetu, arrebato.// Dicho, chiste, ocurrencia.// Comienzo, principio.

arras, garantía, prenda, señal, dote.

arrasar, arruinar, talar, devastar, destruir.// Allanar, nivelar, aplanar.

arrastrado-da, pobre, miserable, desastrado.// Bribón, tunante, abyecto, vil.

arrastrar, remolcar, acarrear, conducir.// Obligar, persuadir, convencer, atraer.

arrastre, transporte, acarreo, conducción, traslado.

arrear, aguijar, acelerar, incitar, excitar, fustigar.// Adornar, acicalar.

arrebatado-da, enloquecido, precipitado, impetuoso, veloz.// Furioso, furibundo, alborotado.// Colorado.

arrebatar, arrancar, quitar, desposeer, despojar.// Encantar, maravillar, arrobar, suspender, cautivar, admirar, extasiar.// **-se**, enfurecerse, encolerizarse.

arrebato, arranque, frenesí, violencia, cólera, furor. *Ant.* Calma, sosiego.

arrebol, carmín, bermellón, colorado.

arrebozado-da, encubierto, embozado, arropado. *Ant.* Descubierto.

arrebujar, arropar, cubrir, envolver. *Ant.* Destapar, descubrir.// Sobar, manosear.

arrechucho, ataque, indisposición.

arreclar, crecer, redoblar, incrementarse, aumentar, empeorar. *Ant.* Disminuir.

arrecido-da, entorpecido, helado, congelado.

arrecife, cayo, banco, islote.

arrecirse, entumecerse, helarse, baldarse, tullirse.

arredrar, amedrentar, atemorizar, amilanar. *Ant.* Envalentonar.// Apartar, separar, retraer.

arreglado-da, adornado, preparado, compuesto, acicalado, proporcionado, armonioso. *Ant.* Descuidado, desarreglado.// Corregido.

arreglar, ordenar, compaginar, componer, acomodar, regularizar, ajustar, disponer. *Ant.* Desarreglar, desordenar, estropear, descomponer.

arreglo, conciliación, orden, ajuste, compostura, coordinación, acomodo, concierto, solución, compromiso, estipulación. *Ant.* Desarreglo, desorden.// Remedio.// Adorno, embellecimiento.

arrellanarse, acomodarse, repantigarse.

arremangado-da, alzado, recogido, levantado.

arremangar, alzar, recoger, remangar.// -se, arreglarse, ingeniarse.

arremeter, acometer, atacar, embestir, abalanzarse, agredir.// Chocar, estrellarse.

arremetida, acometida.

arremolinarse, apiñarse, amontonarse.

arrendamiento, arriendo, contrato, locación, alquiler.

arrendar, alquilar, ceder, rentar, traspasar, transferir. *Ant.* Desalquilar, desalojar.

arrendatario-ria, inquilino, aparcero, colono.

arreo, adorno, aparejo, atavío, aderezo.// -s, guarniciones.

arrepentido-da, compungido, contrito, apenado, pesaroso.

arrepentirse, desdecirse, retractarse.// Deplorar, sentir, compungirse, dolerse. *Ant.* Alegrar, celebrar.

arrestado-da, detenido, apresado. *Ant.* Tímido.// Osado, audaz, valiente, temerario. *Ant.* Tímido, pusilánime.

arrestar, apresar, detener, encarcelar. *Ant.* Liberar.

arresto, reclusión, captura, detención, encierro.// Osadía, valentía, audacia.

arriar, bajar, recoger. *Ant.* Izar, subir.

arriba, en la parte superior. *Ant.* Abajo.

arribada, llegada, arribo.

arribar, llegar, atracar, fondear, venir. *Ant.* Partir.

arribista, ambicioso, trepador, advenedizo, intruso.

arriesgado-da, atrevido, osado, audaz, valiente, imprudente, arrojado. *Ant.* Tímido, pusilánime, cobarde.

arriesgar, aventurarse, exponer, afrontar.// -se, atreverse. *Ant.* Abstenerse, asegurarse.// Jugar, apostar.

arrimarse, aproximar, acercar. *Ant.* Alejar, distanciar.// Estribar, apoyar.

arrimo, apoyo, sostén, puntal, tutor.// Apego, inclinación.// Protección, ayuda, amparo, patrocinio, auxilio.

arrinconado-da, retirado, aislado, apartado, abandonado.// Arrumbado, menospreciado, olvidado.

arrinconar, arrumbar, acorralar.// Postergar, desechar, desatender, menospreciar.// -se, retirarse, aislarse, esconderse.

arriscar, aventurar, exponer, arriesgar.

arrobado-da, suspenso, extasiado, encantado, extático, entusiasmado, cautivado, embelesado.

arrobamiento, éxtasis, embeleso, arrobo, transporte, enajenación.

arrobar, maravillar, extasiar, hechizar, embelesar.

arrodillarse, acuclillarse, hincarse, postrarse.// Humillarse, rebajarse.

arrogación, atribución, adjudicación.

arrogancia, soberbia, presunción, orgullo, altivez, altanería, entonación. *Ant.* Humildad.// Brío, valor, gallardía, i trepidez.

arrogante, altanero, orgulloso, soberbio, altivo, desdeñoso, insolente, importante, impertinente, despectivo. A Sencillo, humilde.// Gallardo, apuesto, airoso.// Valiente

arrogarse, adoptar, prohijar, apropiarse, asignarse.

arrojado-da, decidido, audaz, osado, atrevido. *Ant.* Tín do, pusilánime.

arrojar, lanzar, tirar, proyectar, echar, disparar, expeler, e pulsar, impeler, precipitar, devolver, vomitar. *Ant.* Cont ner, recoger, recuperar.

arrojo, decisión, temeridad, intrepidez, resolución, arde valentía.

arrollador-ra, irresistible, impetuoso, invencible.

arrollar, enrollar.// Vencer, derrotar, aniquilar, batir.// Ar sar, destrozar, arruinar, atropellar, ultrajar.

arropar, cubrir, abrigar, tapar.

arrostrar, enfrentar, resistir, soportar, afrontar, aguantar, t lerar, sufrir.// -se, atreverse, inclinarse, apegarse.

arroyada, torrente, desbordamiento, crecida.

arroyo, riacho, riachuelo, torrente.

arruga, pliegue, estría, rugosidad, frunce, surco.

arrugado-da, rugoso, plegado, ajado, marchito, enveje do.

arruinado-da, empobrecido, miserable, insolvente, p bre, indigente. *Ant.* Rico, poderoso.// Destruido, aniquil do, abatido, demolido, destrozado.

arruinar, devastar, destruir, aniquilar, arrasar, demoler, hu dir, asolar, desmantelar. *Ant.* Mejorar, arreglar.// Empobr cer. *Ant.* Enriquecer.

arrullar, adormecer, mecer.// Murmurar.// Piropear, agas jar.

arrullo, acunamiento, nana.// Canto, canción, gorjeo, ton da, susurro..// Galanteo, requiebro, piropo.

arrumaco, zalamería, halago, caricia, engatusamiento.

arrumbar, arrinconar, alejar, apartar, desechar, excluir, de deñar.

arsenal, almacén, depósito, parque, armería.

arte, talento, ingenio, capacidad, genio, disposición, habi dad, destreza, maestría, vocación.// Astucia, cautela, m ña.

artefacto, aparato, armatoste, máquina.

arteria, vaso, conducto.// Calle, vía.

artería, astucia, engaño, triquiñuela, falsía, traición.

artero-ra, engañoso, astuto, hábil, artificioso. *Ant.* Leal.

artesa, amasadera, balde, batea, lavadero.

artesanía, habilidad, arte.

artesano-na, artífice, menestral, obrero.

artesonado, techo.// Moldura, friso, cornisa, arquitrabe.

ártico-ca, norteño, boreal, hiperbóreo, septentrional. Ar Sureño, antártico, meridional.

articulación, acoplamiento, juntura, enlace.// Pronunci ción.

articular, enlazar, unir, juntar, acoplar. *Ant.* Desunir.// Pr nunciar, modular.// Estructurar, organizar.

articulista, periodista, comentarista, editorialista.

artículo, apartado, título, división, capítulo.// Escrito, c mentario.// Mercadería.

artífice, creador, artista, autor, artesano.

artificial, fingido, falso, ficticio, falsificado. *Ant.* Natural, g nuino.

artificio, treta, artimaña, ardid, astucia, cautela, doblez, tr co, engaño, disimulo.// Habilidad, sutileza, arte, prime ingenio.

artificioso-sa, engañoso, disimulado, artificial, afectad astuto, artero, cauteloso, taimado, diestro, precavido. A Natural, espontáneo.

artillar, equipar, armar, proveer, montar.// Disponer, prep rar, aprestar.

artillería, balística.

artilugio, artificio, ingenio, aparato, artefacto, mecanismc

artimaña, ardid, artificio, trampa, treta, martingala, intrig maniobra, engaño, astucia, disimulo, trama.

tista, creador, artesano, autor, ejecutante, virtuoso.

tístico-ca, estético, exquisito, elevado, atractivo, sublime. **Ant.** Antiestético.

úspice, adivino, augur, pronosticador.

., campeón, triunfador, vencedor, primero.

.a, mango, asidero, empuñadura, agarradera.

ado-da, tostado, chamuscado. **Ant.** Crudo.

ador, parrilla, varilla, ensartador.

aetear, acribillar, disparar, flechar.

alariado-da, empleado, trabajador, proletario, obrero, jornalero. **Ant.** Patrón, empresario, capitalista.

alariar, pagar, emplear, retribuir, contratar.

altar, atacar, acometer, agredir, embestir, arremeter.// Atracar, robar, hurtar.// Sobrevenir, ocurrir.

alto, atraco, robo, hurto.// Ataque, penetración, agresión, abordaje, acometida, irrupción.

amblea, congreso, reunión, junta, mitin, debate, consejo, consistorio, cónclave, concilio.

ambleísta, congresista, parlamentario.

ar, tostar, dorar, cocer, abrasar.// **-se**, acalorarse, sofocarse, asfixiarse.

az, bastante, harto, suficiente, muy.

sbesto, amianto.

scendencia, estirpe, linaje, abolengo, prosapia, origen, alcurnia.// Influencia.

scendente, empinado, elevado. **Ant.** Descendente.

scender, elevarse, subir, montar, trepar, empinarse, escalar. **Ant.** Bajar, descender.// Progresar, mejorar. **Ant.** Degradarse.

scendiente, autoridad, influencia, prestigio, poder, influjo, predominio, crédito.// Antecesor, antepasado. **Ant.** Descendiente.

scensión, elevación, subida, ascenso, escalamiento, exaltación, encumbramiento. **Ant.** Descenso, declive.

scensor, elevador, montacargas.

sceta, anacoreta, ermitaño, solitario, eremita.

scetismo, austeridad, misticismo, templanza, mortificación, aislamiento.

sco, repugnancia, repulsión, náuseas, aversión, aborrecimiento, antipatía. **Ant.** Agrado.

scua, brasa, rescoldo, lumbre.

seado-da, limpio, prolijo, pulcro, engalanado, cuidadoso, aliñado, ataviado. **Ant.** Desprolijo, descuidado.

sear, limpiar, componer, adornar, purificar, adecentar, arreglar. **Ant.** Ensuciar.

sechanza, engaño, perfidia, trampa, celada, maquinación, traición, emboscada, sorpresa, artificio, conspiración. **Par.** Acechanza.

sechar, acechar. **Par.** Acechar.

sedio, sitio, cerco, acorralamiento.// Molestia. **Ant.** Liberación, insistencia, coacción.

segurar, afianzar, apuntalar, consolidar, sostener, reforzar, fortalecer.// Proteger, amparar, resguardar. **Ant.** Descuidar, abandonar.// Afirmar, prometer, ratificar.

semejar-se, parecerse, asimilarse, imitar. **Ant.** Diferenciarse.

senderear, baquetear, experimentar.

senso, aprobación, consentimiento, conformidad, asentimiento. **Ant.** Negativa. **Par.** Ascenso.

sentaderas, nalgas, posaderas.

sentado-da, permanente, estable, fijo, seguro. **Ant.** Mudable, transitorio.// Juicioso, reflexivo. **Ant.** Irreflexivo.

sentar, establecer, fijar, asegurar, colocar. **Ant.** Descolocar, marcharse.// Anotar, inscribir, apuntar.// Alisar, apisonar, planchar, aplanar.// Convenir, pactar.

sentimiento, consentimiento, anuencia, aquiescencia, adhesión, asenso, aprobación, permiso, venia.

sentir, afirmar, convenir, aprobar, consentir, admitir, avenirse.

seo, limpieza, pulcritud, compostura, higiene.

sepsia, higiene, esterilización, desinfección. **Ant.** Contaminación, infección.

séptico-ca, antiséptico, esterilizado, higiénico, desinfectado.

asequible, accesible, realizable, posible, alcanzable, fácil. **Ant.** Imposible, irrealizable.

aserción, aseveración, afirmación, confirmación, aserto, garantía.

asesinar, matar, eliminar, liquidar, inmolar, suprimir, exterminar, ejecutar. **Par.** Acecinar.

asesinato, muerte, crimen, homicidio.

asesino-na, criminal, homicida, matador. **Par.** Acecino.

asesor-ra, consejero.

asesorar, aconsejar, sugerir, recomendar, proponer.// **-se**, consultar.

asestar, descargar, golpear, aporrear, pegar.// Apuntar, dirigir.

aseveración, aserción, consentimiento, aprobación.

aseverar, afirmar, confirmar, ratificar, asegurar.

asexual, ambiguo, indeterminado.

asfaltar, alquitranar, pavimentar.

asfalto, alquitrán, betún, brea.

asfixia, ahogo, sofocación, agobio, opresión, estrangulamiento.

asfixiar-se, ahogar, sofocar, oprimir, estrangular, sumergir.

así, de este modo.

asidero, asa, agarradera, mango.// Pretexto, excusa.

asiduidad, frecuencia, persistencia.

asiduo-dua, frecuente, constante, habitual, acostumbrado, perseverante, consuetudinario. **Ant.** Infrecuente.

asiento, banco, silla, sillón, taburete.// Anotación, registro.// Sedimento, poso.

asignación, sueldo, contribución, haber, salario, gratificación, recompensa.

asignar, conceder, dar, pensionar, pagar, gratificar, remunerar. **Ant.** Negar.// Señalar, afectar, destinar.// Designar, nombrar.

asignatura, materia, disciplina, conocimiento, tratado, estudio.

asilado-da, albergado, protegido.// Huérfano, desvalido, expósito. **Ant.** Abandonado.

asilar, internar, recluir, hospedar, albergar. **Ant.** Desamparar.

asilo, albergue, retiro, refugio, amparo, orfanato, hospicio, inclusa.// Protección, amparo, auxilio.

asimetría, disimetría, desigualdad, desproporción.

asimétrico-ca, irregular, desigual. **Ant.** Simétrico, regular.

asimilación, absorción, provecho.

asimilar, absorber, aprovechar.// Asemejar, relacionar, igualar, equiparar.

asimismo, igualmente, también, del mismo modo. **Ant.** Tampoco.

asir, agarrar, tomar, coger, sujetar. **Ant.** Soltar.

asistencia, auxilio, socorro, apoyo, cooperación, ayuda, favor. **Ant.** Desamparo, concurrencia, presencia.

asistente, ayudante, auxiliar.

asistir, socorrer, favorecer, ayudar, auxiliar, apoyar, cuidar.// Presenciar, concurrir. **Ant.** Faltar, ausentarse.

asma, disnea, apnea, fatiga, ahogo, opresión.

asnal, bestial, brutal.

asno, borrico, burro, rucio.// Torpe, tonto, necio, bruto.

asociación, corporación, sociedad, institución, federación, grupo, unión, compañía, comunidad, reunión. **Ant.** Desunión, separación, desvinculación.

asociado-da, afiliado, socio, abonado, suscriptor, miembro, cofrade, copartícipe.

asociar-se, afiliar, reunir, juntar, aliar, congregar, incorporar, agregar, coaligar, federar, adjuntar, inscribir. **Ant.** Separar, desunir, desvincular.

asolar, devastar, destruir, arrasar, desolar, saquear. **Ant.** Reconstruir.

asomar-se, aparecerse, surgir, mostrarse, presentarse. **Ant.** Ocultarse, desaparecer.

asombrar-se, pasmar, maravillar, fascinar, admirar, confundir, desconcertar, deslumbrar.

asombro, sorpresa, estupor, fascinación, estupefacción, desconcierto, conmoción, admiración, pasmo, aturdimiento, espanto. **Ant.** Indiferencia.

asombroso-sa, maravilloso, admirable, estupendo, extraordinario, prodigioso, pasmoso, sorprendente, portentoso, fenomenal. **Ant.** Corriente, común.

asomo, indicio, conjetura, presunción, señal, sospecha, amago.

asonada, sublevación, motín, revuelta, perturbación, barullo, sedición.

asonancia, parecido, semejanza, correspondencia, relación. **Ant.** Disonancia.

asonante, parecido, semejante, concordante, correspondiente. **Ant.** Disonante, discordante.

aspa, brazo.

aspar, crucificar.

aspaviento, gesto, ademán, gesticulación, queja, demostración, afectación, énfasis. **Ant.** Calma, naturalidad.

aspecto, apariencia, porte, catadura, exterior, traza, pinta, figura, presencia, fisonomía, semblante, físico, estampa.

aspereza, dureza, brusquedad, rigidez, inclemencia, acritud, desabrimiento, rigor, rudeza, acidez. **Ant.** Amabilidad, cariño.// Rugosidad, escabrosidad, desigualdad, abruptez.

asperjar, rociar, hisopear, humedecer.

áspero-ra, rudo, rústico, duro, brusco, arisco, riguroso, desabrido, enojoso, rígido, insociable. **Ant.** Suave, amable, cariñoso.// Rugoso, abrupto, escarpado. **Ant.** Liso, llano.

aspersión, rociadura, salpicadura.

áspid, víbora.

aspiración, ambición, deseo, pretensión, anhelo, designio, apetencia, afán, ansia. **Ant.** Indiferencia, desgano.// Absorción, inhalación.

aspirante, candidato, pretendiente, solicitante.

aspirar, pretender, ambicionar, anhelar, querer, desear, ansiar. **Ant.** Abdicar, desistir, abandonar.// Absorber, inhalar, atraer.

asquear, repugnar, repeler. **Ant.** Gustar, atraer.

asqueroso-sa, repugnante, nauseabundo, repulsivo, inmundo. **Ant.** Agradable, atractivo.

asta, cuerno.// Lanza, pica.// Mástil, palo. Par. Hasta.

astenia, decaimiento, debilidad, flojedad, lasitud, cansancio.

asterisco, signo, estrellita, señal.

astilla, partícula, esquirla, fragmento.

astillar-se, romper, fragmentar, fraccionar.

astillero, arsenal, factoría, varadero.

astracanada, disparate, vulgaridad, barbaridad, ordinariez.

astral, sideral, celeste, planetario, cósmico.

astringente, secante, contráctil.

astringir, apretar, contraer, estrechar. **Ant.** Aflojar, soltar.// Constreñir, obligar.

astro, cuerpo celeste, estrella, luminaria, planeta, satélite.// Celebridad.

astroso-sa, harapiento, andrajoso, desaseado, zaparrastroso, desastrado. **Ant.** Pulcro, limpio, aseado.

astrolabio, sextante.

astrología, adivinación.

astrólogo-ga, vaticinador, adivino, pronosticador.

astronauta, cosmonauta.

astronáutica, cosmonáutica.

astronave, cosmonave, nave espacial.

astronomía, cosmografía.

astronómico-ca, cosmográfico, astral, sideral.

astucia, picardía, sagacidad, ardid, treta, artimaña, sutileza, malicia. **Ant.** Torpeza, inocencia, franqueza, ingenuidad.

astuto-ta, sagaz, malicioso, diestro, hábil, artero, sutil, taimado, pícaro, ladino, listo. **Ant.** Ingenuo, inocente, torpe.

asueto, descanso, recreo, festividad, reposo, ocio.

asumir, obtener, alcanzar.// Apropiarse, adjudicarse, arrogarse. **Ant.** Dejar, abandonar, rechazar.

asunción, adjudicación, apropiación.// Exaltación, elevación. **Ant.** Descenso.

asunto, tema, materia, argumento, tesis, motivo, trama.// Negocio, empresa, proyecto, plan, operación.

asustadizo-za, temeroso.

asustar, atemorizar, amedrentar, impresionar, amilan‹ alarmar, aterrar, horripilar, espantar, acobardar, intimid‹ aterrorizar. **Ant.** Tranquilizar.

atabal, tamboril, tambor.

atacar, acometer, embestir, asaltar, agredir, combatir. **Ar** Defender, proteger.// Impugnar, refutar, criticar, contrad‹ cir.

atadura, ligadura, ligamento, vínculo, enlace, unión, yug **Ant.** Desvinculación, libertad.

atajar, detener, contener, parar, interrumpir, obstaculizar. Adelantar, acortar.

atajo, vereda, senda.// Acortamiento, simplificación. **Ar** Rodeo, desviación. **Par.** Hatajo.

atalaya, eminencia, otero, altura.// Vigía, centinela.// Ga‹ ta, torre.

atalayar, vigilar, acechar, espiar, observar.

atañer, corresponder, concernir, pertenecer, incumbir, in‹ portar.

ataque, acometida, asalto, embestida, agresión, acome‹ miento, arremetida, ofensiva.// Accidente, acceso.// Di‹ puta, pendencia, altercado, injuria, ofensa, acusación.

atar, unir, juntar, enlazar, amarrar, sujetar, ligar, encadena **Ant.** Soltar, desligar.// Vincular, relacionar, asociar.

ataraxia, impavidez, impasibilidad, insensibilidad.

atardecer, anochecer, crepúsculo, ocaso. **Ant.** Amanece alba.

atareado-da, ocupado, agitado, diligente, activo, afanos‹

atarear-se, ocupar, abrumar, agobiar, ajetrear. **Ant.** Des‹ cupar.

atarugar, cerrar, tapar, obstruir. **Ant.** Abrir.// Llenar, rellena‹ atestar, repletar. **Ant.** Vaciar.// Apabullar, turbar, embrolla

atascadero, impedimento, dificultad, estorbo.// Barriza lodazal, bache, socavón.

atascar, cerrar, tapar, obstruir, cegar.// Impedir, detene‹ obstaculizar. **Ant.** Facilitar.

ataúd, féretro, cajón, sarcófago.

ataviar-se, vestir, adornar, acicalar, emperifollar, engalana **Ant.** Desarreglar.

atávico-ca, ancestral, hereditario, tradicional, recurrent‹ **Ant.** Propio, espontáneo.

atavío, vestimenta, adorno, aderezo, atuendo, indument‹ ria.

atavismo, herencia, tradición, origen.

ataxia, perturbación, irregularidad.

ateísmo, agnosticismo, irreligiosidad, incredulidad, esce‹ ticismo. **Ant.** Fe, religiosidad.

atemorizar-se, asustar, amedrentar, acobardar, intimida alarmar, horrorizar, amilanar, aterrar. **Ant.** Tranquilizar, e‹ valentonar.

atemperar, moderar, dulcificar, templar, mitigar. **Ant.** Agra var, empeorar.

atenacear, atenazar, torturar, oprimir, urgir. **Ant.** Soltar.

atención, aplicación, reflexión, examen, meditación, cuida do, miramiento, interés. **Ant.** Descuido, desinterés.// Co tesía, miramiento, solicitud, deferencia. **Ant.** Grosería, des consideración.

atender, considerar, contemplar, escuchar, observar, mira advertir.// Cuidar, vigilar.// Despachar, ocuparse.

ateneo, asociación, sociedad, tertulia.

atenerse, ajustarse, sujetarse, limitarse, circunscribirse.

atentado, ataque, agresión, asesinato, golpe, crimen, hc micidio.

atentar, atacar, vulnerar, transgredir, contravenir. **Ant.** Res petar.

atento-ta, considerado, respetuoso, afable, cortés, amable educado, galante, servicial. **Ant.** Descortés, grosero.

atenuación, mitigación.

atenuar, mitigar, suavizar, sutilizar, debilitar, amortigua disminuir, paliar, aminorar. **Ant.** Aumentar, agravar, fortale cer.

ateo-a, agnóstico, irreligioso, escéptico, descreído. **An** Creyente, religioso.

aterciopelado-da, suave, velloso, afelpado. **Ant.** Rugose tosco.

aterido-da, frío, yerto, congelado, duro, rígido. **Ant.** Cálido, ardiente.

aterirse, enfriarse, congelarse, sobrecogerse, pasmarse, helarse.

aterrador-ra, espantoso, horrible, terrorífico, espeluznante, tremebundo, temible, horripilante, pavoroso, tremendo. **Ant.** Tranquilizador.

aterrar-se, atemorizar, asustar, espantar, estremecer. **Ant.** Tranquilizar, envalentonar, embravecer.

aterrizaje, descenso.

aterrizar, planear, descender, posarse, bajar. **Ant.** Ascender, despegar.

aterrorizado-da, asustado, aterrado. **Ant.** Tranquilo, calmo, envalentonado.

aterrorizar-se, asustar, atemorizar, aterrar.

atesorar, guardar, ahorrar, acumular, acaparar, economizar. **Ant.** Dilapidar.

atestado-da, colmado, lleno, repleto, atiborrado. **Ant.** Vacío.

atestar, llenar, colmar, abarrotar, atiborrar. **Ant.** Vaciar.// Atestiguar.

atestiguar, declarar, testificar, testimoniar, afirmar, certificar, atestar. **Ant.** Callar, negar.

atezado-da, quemado, tostado, bronceado. Pálido.

atezar, ennegrecer, tiznar, quemar, tostar, broncear. **Ant.** Empalidecer.// Lustrar, pulir, abrillantar.

atiborrar, llenar, colmar, atestar. **Ant.** Vaciar, descargar.

aticismo, elegancia.

ático, altillo, buhardilla.

atildado-da, acicalado, pulcro, adornado, arreglado. **Ant.** Desarreglado, desaseado.

atildar, asear, ataviar, arreglar, acicalar, componer, adornar. **Ant.** Desarreglar, desasear.// Tildar.

atinado-da, certero, sensato, seguro, correcto. **Ant.** Equivocado.

atinar, acertar, encontrar, dar, lograr, conseguir.// Adivinar. **Ant.** Errar, equivocarse.

atinente, tocante, relativo.

atípico-ca, raro, desusado, infrecuente. **Ant.** Típico, común.

atisbar, mirar, observar, espiar, vigilar.

atisbo, barrunto, señal, indicio.// Vigilancia, acecho.

atizar, encender, avivar, excitar, estimular, remover, despabilar, activar.

atleta, deportista, gimnasta, competidor.

atlético-ca, deportista, gimnástico, musculoso, corpulento.

atletismo, deporte, gimnasia.

atmósfera, aire, ambiente, espacio.

atmosférico-ca, aéreo, etéreo, meteorológico.

atolladero, atascadero, dificultad.

atollarse, atascarse.

atolón, arrecife.

atolondrado-da, aturdido, atontado, precipitado, alocado. **Ant.** Prudente.

atolondrar, aturdir, atontar, alterar.

atómico-ca, nuclear, molecular.

atomizar, separar, dividir, desintegrar. **Ant.** Unir, juntar, acumular.

atonía, debilidad, flojedad, flaccidez, decaimiento. **Ant.** Fuerza, vigor.

atónito-ta, sorprendido, pasmado, estupefacto, asombrado, maravillado.

atontado-da, atolondrado, aturdido, embobado, mareado. **Ant.** Avispado.

atontar-se, atolondrar, aturdir, alelar, entontecer, extasiar. **Ant.** Avivar, avispar.

atorar-se, atascar, obstruir, atragantar.

atormentado-da, angustiado, lloroso, triste, amargado. **Ant.** Alegre, despreocupado.

atormentar-se, torturar, inquietar, acongojar, apenar, disgustar, martirizar, molestar, enojar, atribular, afligir. **Ant.** Calmar, tranquilizar.

atornillar, enroscar. **Ant.** Desatornillar.// Sujetar. **Ant.** Aflojar.

atorrante, vago, sinvergüenza, haragán, despreciable.

atosigar, presionar, fatigar, cansar, acuciar, acosar, abrumar.

atrabiliario-ria, irritable, irascible, adusto, melancólico, destemplado, colérico.

atracadero, desembarcadero, fondeadero.

atracar, desembarcar, fondear, anclar. **Ant.** Desatracar.// Atacar, asaltar, agredir. **Ant.** Defender.// -se, hartarse, llenarse, atiborrarse, saciarse.

atracción, atractivo, encanto, captación, simpatía, hechizo, embeleso, gracia, aliciente, fascinación. **Ant.** Rechazo, repulsión.// Gravitación, cohesión, adherencia.

atraco, asalto, despojo, acometida, saqueo, rapiña.

atracón, hartazgo, empacho.

atractivo, atracción, gracia, interés, encanto.// -va, seductor, magnético, cautivador. **Ant.** Antipático, repelente, desagradable.

atraer, seducir, cautivar, agradar, encantar. **Ant.** Rechazar, re-peler.// Causar, ocasionar, provocar.

atragantarse, atorarse, atascarse, ahogar, asfixiar. **Ant.** Desatascar.

atrancar, asegurar, cerrar, atascar, reforzar. **Ant.** Cerrar.// -se, encerrarse, resguardarse, aislarse.

atrapar, agarrar, tomar, pillar, conseguir. **Ant.** Soltar, dejar.// Engatusar, engañar.

atrás, detrás, a la espalda.// Antes, anteriormente.

atrasado-da, antiguo, viejo, vetusto, rancio, arcaico, añejo. **Ant.** Moderno, actual, diferido, posterior, tardío.

atrasar, retrasar, dilatar, demorar, retardar. **Ant.** Adelantar, anticipar.// -se, deber, adeudar.

atraso, demora, tardanza, retraso, aplazamiento, postergación. **Ant.** Adelanto.// Incultura, inmadurez, salvajismo, barbarie. **Ant.** Progreso.// Deuda, débito.

atravesado-da, malintencionado, ruin, avieso.// Transversal.

atravesar, cruzar, trasponer, traspasar, pasar, recorrer, franquear.// Ensartar, horadar, perforar, engarzar.

atrayente, atractivo, seductor.

atreverse, osar, decidirse, resolverse, arriesgarse, aventurarse, determinarse. **Ant.** Acobardarse.

atrevido-da, audaz, osado, temerario, intrépido, arrojado, resuelto, arriesgado. **Ant.** Apocado, tímido.// Insolente, descarado. **Ant.** Educado, cortés.

atrevimiento, audacia.

atribución, asignación, señalamiento, aplicación, imputación, prerrogativa, jurisdicción.

atribuir, adjudicar, asignar, conceder, dar, otorgar, imputar, achacar.// -se, apoderarse.

atribular-se, apenar, afligir, angustiar, acongojar, desesperar, apesadumbrar. **Ant.** Alegrar, tranquilizar.

atributo, cualidad, característica, distintivo, rasgo, peculiaridad.

atril, soporte, facistol, sostén.

atrincherar, defender, proteger, fortificar. **Ant.** Descubrir.// -se, empecinarse. **Ant.** Ceder.

atrio, pórtico, portal, patio, columnata, peristilo.

atrocidad, barbaridad, crueldad, salvajismo, enormidad, truculencia. **Ant.** Humanidad, bondad.

atrofia, raquitismo, distrofia, anquilosamiento. **Ant.** Hipertrofia, desarrollo.

atrofiarse, estropearse, anquilosarse, consumirse. **Ant.** Hipertrofiarse, desarrollarse.

atronar, aturdir, resonar.

atropellado-da, aturdido, atolondrado, precipitado.// Empujado, arrollado.

atropellar, arrollar, empujar, derribar, impulsar, maltratar.// Ofender, pisotear. **Ant.** Respetar.

atroz, cruel, fiero, salvaje, monstruoso, horrible, espantoso, sanguinario. **Ant.** Bondadoso, humano, humanitario, agradable.

atuendo, atavío, vestido, vestimenta, adorno, indumentaria.

atufar, incomodar, disgustar, enojar, irritar. **Ant.** Desenfadar, calmar.// Sofocar, asfixiar, heder. **Ant.** Aromatizar.

aturdido-da, atolondrado, atontado, alborotado, atropellado, distraído. **Ant.** Pausado, tranquilo.

aturdimiento, atolondramiento, precipitación, apresuramiento, distracción.

aturdir-se, turbar, confundir, ofuscar, desconcertar, desorientar, consternar, conturbar, sorprender, pasmar, asombrar, atolondrar, azorar, trastornar. **Ant.** Tranquilizar, sosegar.

audacia, osadía, atrevimiento, intrepidez, arrojo, valor, temeridad, imprudencia. **Ant.** Cobardía, timidez, prudencia.

audaz, osado, atrevido, intrépido, temerario, valiente. **Ant.** Apocado, tímido, cobarde.

audible, oíble, perceptible.

audición, lectura, concierto, función, reunión.

audiencia, reunión, entrevista, recepción.// Tribunal, juzgado, sala.

auditor, oyente.// Juez, letrado, funcionario, asesor.

auditorio, público, concurrencia.// Sala.

auge, apogeo, culminación, apoteosis, esplendor, pináculo, plenitud. **Ant.** Decadencia.// Incremento, prosperidad.

augur, adivino, agorero, pronosticador, arúspice.

augurio, presagio, predicción, vaticinio, profecía, agüero, pronosticador.

augusto-ta, glorioso, reverenciado, respetable, honorable. **Ant.** Miserable, despreciable, indigno.

aula, sala, clase, cátedra, recinto.

áulico-ca, real, palaciego.

aullar, bramar, ulular, ladrar, gritar.

aullido, bramido.

aumentar, acrecentar, añadir, sumar, engrandecer, ampliar, agregar, agrandar, hinchar, engordar. **Ant.** Reducir, achicar.

aumento, incremento, acrecentamiento, extensión, ampliación. **Ant.** Disminución.// Desarrollo, avance, mejora.

aún, todavía. **Par.** Aun.

aun, hasta, inclusive, también, siquiera. **Par.** Aún.

aunar, unir, juntar, reunir, ligar, mezclar, incorporar, unificar. **Ant.** Separar, desunir.

aunque, a pesar de que, no obstante.

aupar, levantar, subir, ensalzar, enaltecer.

aura, brisa, airecillo, vientecillo, soplo, hálito. **Ant.** Ventarrón, vendaval.// Fama, celebridad, popularidad.

áureo-a, dorado, aurífero, resplandeciente.

aureola, cerco, halo, nimbo.// Fama, renombre. **Ant.** Impopularidad, anonimato.

aurora, amanecer, alba. **Ant.** Anochecer, crepúsculo.

auscultación, examen, escucha, reconocimiento.

auscultar, reconocer, explorar, escuchar, examinar.

ausencia, falta, separación, alejamiento. **Ant.** Presencia.// Distracción.

ausentarse, separarse, marcharse, alejarse, desaparecer, partir, faltar, irse. **Ant.** Aparecer, quedarse.

auspicio, protección, beneplácito, favor, amparo, protección, ayuda.// Agüero, pronóstico.

austeridad, sobriedad, severidad, seriedad, rigor, gravedad. **Ant.** Desenfreno, despilfarro.// Mortificación, humillación.

austero-ra, severo, riguroso, sobrio, digno, reposado, rígido, adusto, grave, serio. **Ant.** Desenfrenado, sensual.// Ahorrativo, económico. **Ant.** Despilfarrador.

austral, sureño, meridional, antártico. **Ant.** Septentrional, boreal.

autarquía, independencia, autonomía, soberanía. **Ant.** Dependencia.

autárquico-ca, independiente, autónomo, soberano. **Ant.** Dependiente.

autenticidad, legitimidad, evidencia, verdad, realismo. **Ant.** Falsedad, ilegitimidad.

auténtico-ca, verdadero, genuino, cierto, fidedigno, puro, certificado, original, seguro, legítimo. **Ant.** Falso, incierto, ilegítimo.

auto, automóvil, coche.// Documento, acta./ **-s,** antecedentes, procesos.

autobiografía, confesiones, memorias.

autoclave, esterilizador.

autocracia, dictadura, tiranía, despotismo. **Ant.** Democracia.

autócrata, déspota, tirano, totalitario, autoritario, dictador. **Ant.** Demócrata.

autómata, maniquí, máquina.

automático-ca, maquinal, inconsciente, mecánico. **Ant.** Deliberado, consciente.

automatismo, mecanización.// Hábito, costumbre. **Ant.** Voluntariedad.

automatizar, mecanizar.

automóvil, coche, vehículo, carruaje, auto.

automovilista, conductor, chofer.

autonomía, autarquía, independencia.

autónomo-ma, libre, independiente. **Ant.** Dependiente.

autopista, carretera.

autopsia, necropsia, disección.

autor-ra, creador, inventor, artista, descubridor, causante, ejecutor.

autoridad, mando, poder, dominación, supremacía, potestad, ascendiente.// Prestigio, celebridad. **Ant.** Subordinación, vasallaje.

autoritario-ria, arbitrario, imperioso, despótico, dominante, absorbente. **Ant.** Democrático, sumiso.

autorización, permiso, licencia, libertad, venia, gracia. **Ant.** Prohibición.

autorizado-da, permitido, legal, habilitado.// Respetado, prestigioso.

autorizar, conceder, permitir, aprobar, tolerar, consentir. **Ant.** Prohibir.// Apoderar, comisionar, acreditar, capacitar.// Homologar, refrendar, confirmar

auxiliar, socorrer, ayudar, favorecer, amparar, proteger. **Ant.** Desamparar.// Ayudante, colaborador, subordinado, subalterno.

auxilio, ayuda, amparo, asistencia, protección, favor.

aval, garantía, firma, vale, crédito.

avalar, respaldar, garantizar.

avance, adelanto, progreso, ventaja.// Impulso, marcha, acometida, ataque. **Ant.** Retroceso.// Evolución, desarrollo. **Ant.** Empobrecimiento.

avanzar, adelantar, acometer, embestir, atacar. **Ant.** Retroceder.// Progresar, prosperar, mejorar. **Ant.** Declinar, empobrecerse, fracasar.

avaricia, tacañería, sordidez, codicia, usura, ruindad, cicatería, miseria. **Ant.** Generosidad, desprendimiento.

avaro-ra, tacaño, codicioso, interesado, usurero, avaricioso. **Ant.** Generoso, desprendido.

avasallador-ra, conquistador, arrollador.

avasallar, conquistar, dominar, arrollar, atropellar, sojuzgar. **Ant.** Liberar.

avatares, alternativas, transformaciones, cambios.

ave, pájaro.

avecindar, aproximar, acercar.// **-se,** establecerse, afincarse. **Ant.** Alejarse.

avemaría, oración, rezo.

avenencia, armonía, conformidad, acuerdo. **Ant.** Desavenencia, discrepancia.

avenida, paseo, vía, bulevar.// Riada, inundación, aluvión, desbordamiento, crecida.

avenir, conformar, ajustar, concordar, convenir, hermanar.// **-se,** allanarse, conformarse.

aventador, abanico.

aventajar, sobrepasar, exceder, anticipar, adelantar, superar.

aventar, airear, ventilar.

aventura, suceso, acaecimiento, episodio, incidente, lance, hazaña, peripecia, evento, contingencia.

aventurar, arriesgar, exponer, emprender, probar.// **-se,** osar, lanzarse, atreverse, tentar. **Ant.** Acobardarse, amilanarse.

aventurero-ra, oportunista, malhechor, maleante, vividor, arribista.

avergonzado-da, abochornado, turbado, ruborizado.

avergonzar-se, abochornar, afrentar, sonrojar, ruborizar, confundir, humillar, ofender. **Ant.** Alabar, enaltecer.

avería, daño, desperfecto, menoscabo, accidente, detrimento. **Ant.** Arreglo.

averiar, dañar, deteriorar, estropear, arruinar, malograr. **Ant.** Arreglar.

averiguación, investigación, búsqueda, indagación, pesquisa.

averiguar, investigar, buscar, indagar, examinar, escudriñar, desentrañar.

averno, infierno.

avidez, codicia, ansia, ambición, voracidad, glotonería. **Ant.** Desinterés.

ávido-da, ansioso, codicioso, ambicioso, interesado. **Ant.** Desinteresado, inapetente.

avieso-sa, torcido, atravesado, siniestro, malo, perverso, desviado.

avinagrado-da, agrio, ácido.// Irascible. **Ant.** Cariñoso.

avinagrar, agriar, amargar.// **-se,** irritarse, enojarse. **Ant.** Calmar.

avíos, utensilios, aperos, enseres.

avión, aeroplano, aeronave.

avisado-da, astuto, previsor, listo, sagaz, ladino, diestro, despierto. **Ant.** Torpe.

avisar, notificar, informar, indicar, prevenir, advertir, revelar, señalar. **Ant.** Ocultar, silenciar, omitir.

aviso, informe, notificación, prevención, observación, amonestación.

avispado-da, vivo, despierto, listo, sutil, agudo. **Ant.** Torpe, lelo, tonto.

avispar, avivar, aguijonear.// Despertar, desasosegar.

avispero, enredo, confusión, alboroto.

avistar, divisar, avizorar, percibir, ver, advertir.

avivar, animar, atizar, acalorar, vivificar. **Ant.** Apagar, mitigar.// Apresurar.

avizorar, vislumbrar, acechar, advertir, atisbar, descubrir.

axila, sobaco.

axioma, aforismo, proverbio, sentencia, máxima.

axiomático-ca, indiscutible, incontrovertible, irrebatible, dogmático, evidente, sentencioso, proverbial, concluyente. **Ant.** Dudoso, discutible.

aya, institutriz, preceptora, niñera. **Par.** Halla y haya.

ayer, anteriormente, antes, recientemente.

ayo, instructor, preceptor, pedagogo, guía, consejero, educador, maestro. **Par.** Hallo.

ayuda, favor, amparo, auxilio, socorro, asistencia, protección, cooperación, colaboración. **Ant.** Abandono, perjuicio.

ayudar, auxiliar, socorrer, proteger, colaborar, secundar, contribuir, cooperar, reforzar, asistir. **Ant.** Abandonar, dificultar.

ayunar, abstenerse, privarse, contenerse. **Ant.** Comer, saciarse.

ayuno, abstinencia, mortificación, privación, dieta, penitencia. **Ant.** Hartura, saciedad.

ayuntamiento, municipio, concejo, municipalidad, alcaldía.// Coito, cópula.

ayuntar-se, aparear.

azada, azadón, pala.

azar, acaso, casualidad, eventualidad, ventura, riesgo, contingencia, accidente, fortuna. **Ant.** Seguridad, evidencia, certidumbre. **Par.** Asar y azahar.

azararse, malograrse, desgraciarse, frustrarse, fracasar.// Aturdirse, asustarse, ofuscarse, apabullarse, pasmarse. **Ant.** Calmarse, tranquilizarse.

azaroso-sa, aciago, fatal, funesto, siniestro, nefasto, infausto.// Turbado, aturdido, temeroso.// Arriesgado, aventurado, peligroso, fortuito. **Ant.** Seguro.

azogue, mercurio, amalgama.

azor, milano.

azorado-da, aturdido, desorientado.

azorar, turbar, aturdir, asustar.

azotaina, zurra.

azotar, flagelar, zurrar, latiguear, pegar.

azote, flagelo, vergajo, látigo.// Calamidad, plaga, castigo, aflicción, desastre. **Ant.** Bendición, favor.

azotea, terraza, solana.

azúcar, dulzura, sacarosa.

azucarado-da, endulzado, almibarado, acaramelado, edulcorado, confitado. **Ant.** Agrio, amargo.// Afable, meloso, pringoso, afectado. **Ant.** Desagradable.

azucarar, endulzar, dulcificar, almibarar, acaramelar. **Ant.** Amargar, agriar.

azul, añil, índigo, azur.

azulejo, baldosa, mosaico, baldosín.

azuzar, incitar, excitar, aguijar, espolear, hostigar, estimular, animar, acosar. **Ant.** Tranquilizar, refrenar, contener.

baba, saliva, humor, espumarajo.
babel, desorden, confusión.
babero, pechero.
baboso-sa, senil, decrépito, chocho.// Obsequioso, pegajoso, cortejador, almibarado.
babucha, chinela.
bacalao, abadejo.
bacanal, orgía, juerga, francachela, jolgorio, parranda.
bacante, libertina, desenfrenada, descontrolada, licenciosa, desvergonzada. **Ant.** Pudorosa, virtuosa, honrada. **Par.** Vacante.
bache, agujero, pozo, hoyo, excavación, zanja.
bacinilla, orinal, bacín, chata.
báculo, bastón, cayado, vara.// Apoyo, sostén, arrimo, amparo, consuelo.
badajo, colgante, campana.
badana, piel, cuero.
badulaque, necio, tonto, botarate, torpe.
bagaje, bultos, equipaje, maletas.// Caudal, acervo, patrimonio.
bagatela, insignificancia, minucia, menudencia, bicoca, trivialidad, nadería, nimiedad, chuchería, baratija.
bagazo, despojos, residuo.
bahía, ensenada, rada, abra, abrigo, refugio, cala.
bailable, cadencioso, acompasado, rítmico, dinámico.
bailar, danzar, moverse.
bailarín, danzador, danzarín.
baile, danza, bailoteo, coreografía, meneo, agitación, movimiento.// Reunión, fiesta.
baja, descenso, caída, depresión, mengua, pérdida, disminución. **Ant.** Suba, alza, ascenso.// Cese, cesación, exclusión. **Ant.** Alta.// Muerte, desaparición, víctima, accidentado, muerto, herido.
bajada, descenso, declive, descendimiento, pendiente. **Ant.** Subida, ascenso.
bajar-se, descender, caer, deslizarse. **Ant.** Subir, ascender.// Menguar, desvalorizarse, disminuir. **Ant.** Aumentar, acrecentarse.// Decaer, declinar.
bajeza, ruindad, vileza, indignidad, mezquindad, tunantería. **Ant.** Grandeza, dignidad.
bajío, bajo, banco.
bajo, banco, escollo.
bajo-ja, petiso, chico, pequeño. **Ant.** Alto, corpulento./ Inferior, barato, económico.
bajón, caída, descenso, disminución, desmejoramiento, mengua. **Ant.** Alza, aumento.
bajorrelieve, entretela, entretalladura. **Ant.** Altorrelieve.
bala, proyectil, plomo, munición, balín.
balada, poema, poesía, canto, tonada.
baladí, trivial, insustancial, insignificante, despreciable, superficial.
baladronada, bravuconada, bravata, jactancia, fanfarronada.
balance, arqueo, confrontación, cómputo.
balancear, mecer, menear, bambolear, columpiar, cimbrear.// Dudar, titubear, vacilar.
balanceo, contoneo, vaivén, equilibrio, columpiamiento.
balancín, mecedora, columpio.

balandro, bote, batel, lancha, balandra, chalupa, falúa.
balanza, báscula.
balar, gamitar, berrear.
balasto, grava.
balaustrada, baranda, barandal, antepecho, pretil.
balaustre, columna, barra, soporte, apoyo.
balazo, disparo, tiro, descarga, detonación, fogonazo, estampido.
balbucear, balbucir.
balbuceo, tartamudeo.
balbucir, balbucear, farfullar, tartamudear, tartajear.
balcón, balaustrada, mirador.
baldado-da, tullido, inválido, paralítico.
baldar, tullir, inutilizar, lisiar, estropear. **Ant.** Rehabilitar, curar.
balde, cubo, artesa, cubeta, recipiente.
baldío, yermo, desierto, vacío, árido, infecundo, estéril. **Ant.** Fértil.// Ineficaz, vano, ocioso, inútil, innecesario.
baldón, injuria, oprobio, deshonor, afrenta, degradación ultraje.
baldonar, afrentar, deshonrar, ultrajar, agraviar.
baldosa, losa, mayólica, azulejo, baldosín.
balear, tirotear.
balido, berrido, gamito, gemido. **Par.** Valido.
baliza, boya, señal, indicación, marca.
ballet, baile, danza, coreografía.
balsa, estanque, charco, alberca, lagunilla.// Armazón, jangada.
balsámico-ca, aromático, oloroso, perfumado, fragante **Ant.** Apestoso, maloliente.// Curativo, calmante.
bálsamo, resina.// Perfume, aroma, fragancia.// Paz, tranquilidad, sosiego. **Ant.** Desasosiego.
baluarte, fortificación, fortaleza, bastión.// Amparo, protección, defensa.
bambalina, colgajo, decorado, lienzo, bastidor.
bambolear, oscilar, balancear, moverse, mecerse, columpiarse.
bamboleo, vacilación, oscilación, cabeceo.
banal, trivial, insustancial, baladí, insignificante, irrelevante, nimio, pueril, superficial. **Ant.** Importante, transcendental.
banalidad, trivialidad, superficialidad, intrascendencia.
banasta, canastilla, cesta.
banca, banco.// Asiento, escaño.// Influencia.
bancarrota, quiebra, ruina, hundimiento. **Ant.** Prosperidad.
banco, establecimiento bancario.// Asiento, apoyo, sitial, asiento, escaño.// Arrecife, escollo, bajo, bajío.// Cardumen.
banda, cinta, lista, faja, venda, orla, tira.// Costado, lado, borde, margen.// Pandilla, grupo, facción, camada, turba, caterva.
bandada, avería, muchedumbre, multitud, grupo.
bandazo, tumbo, vaivén, bamboleo, agitación, meneo.
bandeja, fuente.
bandera, pabellón, enseña, insignia.
bandería, bando, facción, parcialidad.
bandido, bandolero, salteador, malandrín, malhechor, delincuente.

bando, edicto, cédula, comunicado, aviso, anuncio.// Facción, parcialidad, bandería, partido, ala, grupo, camarilla, pandilla.

bandolera, correaje, tira, correa.

bandolerismo, delincuencia, bandidaje.

bandolero, bandido, salteador, delincuente, malhechor, malandrín, canalla, criminal. **Ant.** Honrado, decente.

banquero, capitalista, financista.

banquete, ágape, comida, festín, homenaje, fiesta, convite, comilona.

bañar, lavar, mojar, humedecer, remojar, sumergir, inundar, duchar, empapar, higienizar.

bañera, bañadera, pila, tina.

baño, ablución, remojón, lavado, sumersión.

baqueta, varilla, vara, palo. **Par.** Vaqueta.

baqueteado-da, experimentado, habituado, aguerrido, experto, acostumbrado, avezado, ducho. **Ant.** Novato, inexperto.

baquetear, golpear, hostigar, molestar, incomodar, traquetear, fastidiar.

baquía, conocimiento, experiencia, práctica, habilidad, destreza, ejercitación, pericia.

baquiano-na, baqueano, ducho, experto, experimentado, conocedor.

bar, cafetería, café.

barahúnda, barullo, lío, confusión, alboroto, batahola, algarabía, escándalo, bulla, juerga.

baraja, naipes, cartas.

barajar, mezclar, embrollar, confundir, trastornar, revolver, repartir.

baranda, antepecho, balaustrada.

baratija, chuchería, bagatela, fruslería, fantasía, bicoca, nadería.

baratillo, cambalache.

barato-ta, económico, módico, rebajado, ventajoso, asequible. **Ant.** Caro, costoso.

baratura, depreciación, devaluación, liquidación.

barba, chiva, mosca.

barbacana, defensa, fortificación, tronera, muralla.

barbacoa, parrilla, asador.

barbaridad, extravagancia, desatino, atrevimiento, exceso.// Brutalidad, crueldad, bestialidad, salvajada, inhumanidad, atrocidad. **Ant.** Humanidad, bondad.

barbarie, incultura, incivilidad, rusticidad, salvajismo, ignorancia. **Ant.** Cultura, civilización.

barbarismo, solecismo, extranjerismo, incorrección.

bárbaro-ra, extranjero.// Inhumano, feroz, sanguinario, cruel, atroz. **Ant.** Humano, bondadoso, benigno.// Inculto, grosero, tosco, rudo, rústico. **Ant.** Civilizado, culto.

barbecho, erial, rastrojo.

barbería, peluquería.

barbero, peluquero, fígaro, rapador.

barbilampiño, imberbe, lampiño.

barbilla, mentón, perilla.

barca, chalupa, bote, lancha, embarcación.

barcarola, canción, tonada.

barco, embarcación, nave, navío, buque, bajel.

barda, cerco, vallado, tapia, seto, cercado.

baremo, cómputo, índice, escala, tabla, lista.

bardo, vate, aeda, juglar, rapsoda, poeta.

barniz, laca, capa, baño, esmalte, lustre, tinte.

barnizar, cubrir, lustrar, abrillantar, laquear.

barquero, batelero.

barquillo, galleta, hostia, oblea.

barra, barrote, palanca, tranca, tirante, travesaño.// Pandilla, grupo, banda.

barrabasada, disparate, desatino, despropósito, travesura, burrada.

barraca, choza, barracón, depósito.

barranco, despeñadero, abismo, precipicio, hondonada, depresión.

barrenar, horadar, taladrar, agujerear, perforar, punzar, abrir.

barreno, perforación, taladro, perforadora, punzón, abertu-

ra.// Cartucho, petardo, fulminante, explosivo, detonante.

barrer, limpiar, escobillar, desempolvar.// Aniquilar, dispersar, arrollar.

barrera, empalizada, vallado, estacada, atajadero, cerca, muro, parapeto.// Impedimento, obstáculo, separación, traba, estorbo. **Ant.** Facilidad.

barrica, bordelesa, barril, tonel.

barricada, trinchera, barrera, reparo, parapeto.

barriga, panza, vientre, abdomen, tripa, intestino.// Comba, bulto, saliencia. **Ant.** Concavidad, hueco.

barril, tonel, barrica, cuba, tina.

barrilete, cometa.

barrio, barriada, arrabal, distrito, suburbio.

barrizal, lodazal, fangal, ciénaga, charca.

barro, fango, lodo, cieno, limo, légamo.// Cerámica, terracota, alfarería.// Comedón, granito, acné, sebo.

barroco-ca, recargado, ornamentado, pomposo, exuberante, abigarrado, charro.

barroquismo, pomposidad, extravagancia.

barruntar, pensar, presumir, imaginar, prever, suponer, conjeturar, sospechar, columbrar, oler, olfatear.

barrunto, sospecha, presunción, indicio, noticia, conjetura, suposición, presentimiento, señal, anuncio.

bartola (a la) negligentemente, descuidadamente.

bártulos, trastos, efectos, útiles, maletas, enseres, objetos, utensilios, equipaje.

barullo, confusión, desorden, mezcla, revoltijo, tumulto. **Ant.** Orden.// Alboroto, escándalo, estruendo. **Ant.** Silencio.

basar, cimentar, apoyar, asentar, fundar, afirmar. **Ant.** Levantar.// Alegar, demostrar, probar, justificar. **Par.** Bazar y vasar.

báscula, balanza.

base, basamento, apoyo, pedestal, asiento, soporte, asiento, fundamento. **Par.** Vase.// Principio, origen, génesis, procedencia.

básico-ca, fundamental, esencial, cardinal, radical, primordial, principal. **Ant.** Baladí, anodino, secundario, auxiliar.

basílica, templo, iglesia, santuario, catedral.

basilisco, monstruo, furia.// Colérico, irritado, furioso. **Ant.** Tranquilo, sosegado.

bastante, asaz, sobrado, suficiente(mente), convenien-te(mente), pasable(mente). **Ant.** Insuficiente(mente).

bastar, alcanzar, convenir. **Ant.** Faltar, escasear.

bastardo-da, natural, ilegítimo, adulterino. **Ant.** Legítimo.// Desnaturalizado, corrompido. **Ant.** Perfeccionado, naturalizado.

bastidor, armazón, esqueleto, base, apoyo, sostén.

basto-ta, ordinario, tosco, rudo, grosero, zafio. **Ant.** Elegante, distinguido. **Par.** Vasto.

bastón, báculo, cayado, vara, palo.

basura, residuo, despojos, cochambre, porquería, impureza, restos, sobras, desperdicios.

basurero, vertedero, sumidero, sentina.

bata, deshabillé, peinador, batín.

batacazo, golpe, caída, trastazo, costalada.// Frustración, fracaso.// Sorpresa.

batahola, bullicio, ruido, bochinche, escándalo, bulla, alboroto, barahúnda, tumulto. **Ant.** Calma.

batalla, combate, pelea, acción, encuentro, choque, enfrentamiento.

batallador-ra, combativo, peleador, luchador, belicoso, guerrero. **Ant.** Pacífico, tranquilo.

batallar, pelear, luchar, combatir, guerrear, hostilizar. **Ant.** Pacificar.

batea, plato, fuente, bandeja.

batel, barco, lancha, bote, barca.

batería, conjunto, grupo, fila, formación, agrupación, reunión.// Cacharros, utensilios, peroles.// Acumulador, pilas.

batida, redada, persecución, acoso, caza, reconocimiento, búsqueda, hostigamiento.

batido-da, hollado, conocido, transitado, andado, trillado, frecuentado. **Ant.** Desconocido.// Movido, agitado.// Vencido, derrotado.

batido, refresco, bebida.
batidor, explorador, observador.
batidora, mezcladora.
batiente, hoja, puerta.// Dique.
batir, derrotar, vencer, combatir, superar. **Ant.** Triunfar, ganar.// Ojear, inspeccionar, reconocer, investigar.// Agitar, mezclar, revolver, licuar.
batuta, varilla.
baúl, arcón, cofre, arca, bulto.
bautismo, bautizo, sacramento, aspersión.
bautizado-da, neófito.// Aguado.
bautizar, sacramentar, cristianar.// Nombrar, designar, llamar, apodar.// Falsificar, aguar, mezclar, aclarar.
bautizo, bautismo.
baya, fruto. **Par.** Vaya.
bayeta, trapo, paño.
baza, tanto, mano, juego, partida. **Par.** Basa.
bazar, mercado, tienda, almacén, comercio. **Par.** Basar.
bazofia, comistrajo, guisote, menjunje, potaje. **Ant.** Manjar, exquisitez.// Basura, desperdicios, restos, sobras, desechos.
beatería, santurronería, mojigatería.
beatificación, canonización.
beatificar, canonizar, santificar, reverenciar, bendecir.
beatitud, bienaventuranza, santidad, serenidad.// Felicidad, contento, satisfacción, bienestar. **Ant.** Infelicidad.
beato-ta, religioso, devoto, piadoso, santurrón, hipócrita, tartufo. **Ant.** Irreligioso, ateo, descreído.// Bienaventurado, venerable, bendito, predestinado. **Ant.** Pecador.// Dichoso, satisfecho, feliz, contento. **Ant.** Infeliz, desgraciado.
bebé, crío, pequeño, lactante, nene.
bebedero, abrevadero.
bebedizo, pócima, brebaje, bebida, poción, infusión.// Potable, bebible.
bebedor, borracho, alcohólico.
beber, libar, tomar, absorber, sorber, tragar, consumir, emborracharse, escanciarse, achisparse. **Ant.** Abstenerse.
bebible, potable.
bebida, poción, líquido, bebestible.
beca, pensión, prebenda, asignación, subsidio.
becar, pensionar, ayudar, subsidiar.
becario-ria, becado, pensionado.
becerro, ternero, novillo.
bedel, ordenanza, portero, encargado, conserje, ujier, dependiente.
beduino-na, nómade, berberisco, árabe.
befa, burla, escarnio, mofa, desdén, desprecio. **Ant.** Elogio, alabanza.
befar, desdeñar, despreciar, burlar, escarnecer, mofar. **Ant.** Elogiar, alabar, desagraviar.
beldad, hermosura, belleza, perfección. **Ant.** Fealdad.// Linda, hermosa, bella. **Ant.** Fea.
belén, nacimiento.
belfo, labio, trompa, befo, jeta, hocico.
bélico-ca, guerrero, belicoso, militar, marcial. **Ant.** Pacífico, pacifista.
belicosidad, agresividad, acometividad, combatividad. **Ant.** Pacifismo.
belicoso-sa, guerrero, beligerante, agresivo, batallador, pendenciero. **Ant.** Tranquilo, pacífico, pacifista.
beligerancia, intervención, participación, belicosidad. **Ant.** Neutralidad, imparcialidad.// Trascendencia, importancia. **Ant.** Desinterés.
beligerante, participante, contendiente, peleador, luchador, combatiente, guerrero. **Ant.** Neutral, pacífico.
bellaco-ca, sagaz, astuto, hábil, pícaro, socarrón, agudo.// Ruin, pillo, despreciable, rufián, malo, perverso, villano, tacaño, taimado. **Ant.** Honrado, decente, noble, elevado, bueno.
bellaquería, ruindad, bribonada, picardía.
belleza, hermosura, sublimidad, beldad, perfección, encanto, apostura. **Ant.** Fealdad.// Hermosa, bella, preciosa, linda. **Ant.** Fea, deforme.
bello-lla, hermoso, lindo, precioso, guapo, apolíneo,

apuesto, arrogante, armonioso, seductor, proporcionado. **Ant.** Feo, deforme, repelente. **Par.** Vello.
bencina, carburante.
bendecir, consagrar, ensalzar, loar, elogiar, exaltar, alabar. **Ant.** Maldecir, criticar.// Consagrar, imponer. **Ant.** Execrar.
bendición, gracia, favor, don, merced, ofrenda, beneficio. **Ant.** Maldición, desgracia.// Consagración, aprobación. **Ant.** Maldición, execración, condena.
bendito-ta, bienaventurado, consagrado, santificado, bendecido. **Ant.** Maldito.// Ingenuo, inocente, sencillo.// Dichoso, feliz. **Ant.** Desgraciado.
benefactor-ra, bienhechor, filántropo, protector. **Ant.** Dañino.
beneficencia, caridad, filantropía, benevolencia, humanidad. **Ant.** Impiedad, inhumanidad.
beneficiar, favorecer, proteger, ayudar, auxiliar, amparar. **Ant.** Perjudicar, dañar.// -se, aprovecharse, disfrutar, usufructuar. **Ant.** Desaprovechar.
beneficiario-ria, favorecido, agraciado, subvencionado.
beneficio, ventaja, favor, privilegio, prebenda, provecho, conveniencia. **Ant.** Pérdida, perjuicio.
beneficioso-sa, favorable, provechoso, útil, ventajoso. **Ant.** Desfavorable, perjudicial.
benemérito-ta, estimable, digno, honorable, meritorio, acreditado. **Ant.** Indigno.
beneplácito, aprobación, consentimiento, aquiescencia. **Ant.** Negativa, desaprobación.
benevolencia, bondad, indulgencia, benignidad, comprensión, clemencia, magnanimidad. **Ant.** Malevolencia.
benévolo-la, benevolente, magnánimo, indulgente, complaciente, generoso, clemente, bondadoso. **Ant.** Cruel, severo, inhumano, intransigente.
benignidad, afectuosidad, benevolencia, dulzura, cordialidad, piedad, humanidad, indulgencia, compasión. **Ant.** Malignidad, crueldad, intransigencia.
benigno-na, piadoso, benévolo, indulgente, compasivo, clemente, bondadoso, dócil, plácido, conciliador. **Ant.** Maligno.// Templado, suave, tibio. **Ant.** Riguroso, extremado.
benjamín, menor, pequeño.
beodo-da, borracho, ebrio.
bereber, berberisco, árabe, moro, musulmán.
berenjenal, apuro, lío, confusión, enredo.
bermejo-ja, rojizo, encarnado, morado, rojo.
besar, tocar, rozar, besuquear, acariciar.
beso, ósculo, roce, caricia.
bestia, animal, bruto, irracional.// Torpe, bobo, patán. **Ant.** Inteligente, listo.
bestial, brutal, cruel, sanguinario, salvaje, feroz. **Ant.** Piadoso, humanitario.
bestialidad, barbaridad, animalada, ferocidad, brutalidad, irracionalidad. **Ant.** Humanidad, generosidad.
betún, asfalto, alquitrán.
biberón, mamadera.
bibliografía, descripción, lista, catálogo, relación.
biblioteca, estantería, anaquel, estante, repisa.// Centro, sala, colección.
bicéfalo-la, bifronte, bicípite.
bicho, alimaña, bicharraco, sabandija.// Feo, raro, grotesco, ridículo, esperpento.
bicoca, bagatela, pequeñez, fruslería, insignificancia, nadería.// Oportunidad, negocio, ganga.
bidón, lata.
biela, barra, travesaño, eje.
bien, beneficio, provecho, merced, regalo, donación.// -es, hacienda, caudal, posesiones, propiedades. **Par.** Vienes.// Adecuadamente, proporcionado, ajustado, oportuno, acertado, justo. **Ant.** Inadecuado, malo, inoportuno.
bienandanza, fortuna, felicidad.
bienaventurado-da, santo, beato, consagrado.// Bonachón, feliz, venturoso, dichoso. **Ant.** Desgraciado, desdichado.
bienaventuranza, beatitud, santidad, inmortalidad. **Ant.** Condenación.// Prosperidad, felicidad, bienestar. **Ant.** Desgracia.

¡enestar, felicidad, satisfacción, confor, comodidad, bienandanza, placer. **Ant.** Malestar, desgracia, infelicidad.

¡enhechor-ra, benefactor, protector, filántropo, favorecedor, defensor, mecenas. **Ant.** Perjudicial.

¡enintencionado-da, comprensivo, recto, justo, indulgente. **Ant.** Malintencionado, injusto.

¡envenida, recibimiento, acogida, saludo, recepción. **Ant.** Despedida, desaire.

¡ifurcación, separación, división, derivación, desvío, ramificación, divergencia.

¡ifurcarse, separarse, dividirse, ahorquillarse, divergir, desviarse.

¡igote, mostacho, bozo, vello.

¡lateral, recíproco, doble, sinalagmático. **Ant.** Unilateral.

¡ilioso-sa, atrabiliario, melancólico, colérico.

¡ilis, hiel, atrabilis, secreción, humor.// Amargura, tristeza, desazón, cólera. **Ant.** Alegría, optimismo.

¡illete, esquela, misiva, carta, mensaje, aviso.// Cédula, vale, bono, comprobante.// Entrada, localidad.// Moneda, papel, dinero, efectivo.

¡inoculares, anteojos, gafas, lentes, prismáticos.

¡iografía, carrera, vida, historia, crónica, relato, semblanza.

¡iombo, pantalla, mampara, bastidor.

¡iopsia, examen, análisis, extracción.

¡irlar, hurtar, robar, estafar, escamotear, quitar.

¡irrete, gorro, bonete.

¡irria, mamarracho, adefesio, zaparrastroso.

¡is, dos, repetición, duplicación.

¡isagra, gozne, pernio, articulación.

¡isbisear, susurrar, musitar, mascullar, farfullar, refunfuñar, balbucir.

¡isel, corte, chaflán, sesgo, borde, arista.

¡isexual, hermafrodita, ambiguo, indefinido.

¡isoño-ña, inexperto, novicio, novel, nuevo, aprendiz.

¡istec, chuleta, bisté, lonja, filete.

¡isturí, escalpelo.

¡itácora, brújula, aguja, cuadrante.

¡ituminoso-sa, abetunado, graso, oleoso.

¡izantino-na, insignificante, intrascendente, nimio, leve.

¡izarría, gallardía, arrogancia, elegancia, garbo, agilidad.// Generosidad, esplendor, galantería.

¡izarro-rra, valeroso, intrépido, audaz, valiente, bravo. **Ant.** Cobarde, pusilánime.// Elegante, apuesto, gallardo, airoso, caballeresco.

¡izco-ca, estrábico, bisojo.

¡izcocho, bollo, galleta, torta, barquillo.

¡izquear, desviar, extraviar.

¡lanco, centro, hito, punto, objetivo.// Mira, fin, objetivo, propósito.// **-ca,** albo, claro, níveo, candoroso, inmaculado. **Ant.** Oscuro, negro.// Caucásico, ario, indoeuropeo. **Ant.** Negro.

¡lancura, albura, albor, lechosidad. **Ant.** Negrura, oscuridad.

¡landir, empuñar, enarbolar, esgrimir, aferrar.

¡lando-da, tierno, muelle, esponjoso, fláccido, mórbido. **Ant.** Duro, rígido, firme.// Benigno, amoroso, dulce, benévolo, comprensible, cómodo. **Ant.** Severo, enérgico.// Flojo, cobarde, timorato. **Ant.** Valeroso, valiente.

¡landura, molicie, flaccidez, elasticidad, ductilidad, suavidad. **Ant.** Rigidez, dureza.// Benignidad, templanza, suavidad, dulzura, afabilidad. **Ant.** Severidad, crueldad.

¡lanquear, emblanquecer, encanecer. **Ant.** Ennegrecer, oscurecer.// Encalar, enjalbegar.// Asear, limpiar, lavar. **Ant.** Ensuciar, manchar.

¡lanqueo, blanqueamiento, blanqueación. **Ant.** Oscurecimiento.// Enjalbegamiento.

¡lasfemar, maldecir, jurar, insultar, injuriar, execrar, vituperar, profanar.

¡lasfemia, maldición, injuria, insulto, reniego, imprecación, juramento, palabrota, sacrilegio. **Ant.** Elogio, alabanza.

¡lasfemo-ma, irreverente, blasfemador, impío, execrador, malhablado, sacrílego, ultrajador. **Ant.** Piadoso, encomiador, elogioso.

blasón, escudo.// Honor, gloria, nobleza, heráldica.

blasonar, jactarse, alabarse, alardear, presumir, vanagloriarse, fanfarronear. **Ant.** Humillarse.

bledo, nada, comino, pito, ardite, insignificancia, nimiedad, pizca, bagatela.

blenorragia, gonococcia, gonorrea, purgaciones.

blindaje, protección, defensa, coraza.// Plancha, revestimiento, coraza, chapa, recubrimiento.

blindar, resguardar, proteger, defender.// Acorazar, revestir, chapar, forrar.

bloc, taco, librito, libreta, cuadernillo.

bloque, cantidad, masas, agrupación. **Ant.** Desunión, separación.// Piedra, monolito, dovela, cubo.

bloquear, asediar, rodear, sitiar, incomunicar, cercar. **Ant.** Liberar.// Interceptar, embargar, controlar.

bluf, apariencia, chasco, falsedad.

blusa, camisola, camisa.

boa, serpiente, anaconda.

boato, lujo, ostentación, despilfarro, fausto, pompa. **Ant.** Sobriedad, sencillez.

bobo-ba, tonto, lelo, imbécil, majadero, aturdido, badulaque, cándido, estúpido, idiota, papanatas, torpe. **Ant.** Inteligente, hábil.

boca, entrada, abertura, acceso, agujero, embocadura, salida.// Fauces, tragaderas, jeta, hocico.

bocacalle, esquina, cruce, intersección, encrucijada.

bocado, dentellada, mordisco, cacho, mordedura, trozo, pedazo.// Embocadura, freno.

bocanada, emanación, exhalación, vaho, aliento, hálito, soplo, resuello, jadeo.

boceto, croquis, esbozo, bosquejo.

bocina, caracola, cuerno, trompeta, corneta, claxon, altavoz.

bocha, bola, esfera.

bochinche, barullo, ruido, estrépito, tumulto, alboroto, batifondo, desorden trifulca. **Ant.** Silencio.

bochorno, calor, canícula, sofocación, asfixia.// Vergüenza, sonrojo, rubor.

bochornoso-sa, caluroso, sofocante, canicular, ardiente, tórrido. **Ant.** Frío, fresco.// Vergonzoso, humillante, afrentoso.

boda, casamiento, matrimonio, unión, esponsales, himeneo, desposorio, enlace, nupcias. **Ant.** Divorcio, separación.

bodega, despensa, almacén, depósito, cava, sótano.

bodegón, bodega, taberna, figón, tasca, fonda.

bodoque, pelota, pasta, bola.// Tonto, zoquete, bobo, estúpido, torpe, ignorante.

bodrio, bazofia, adefesio, porquería, comistrajo.// Enredo, embrollo, lío.

bofe, pulmón, víscera.

bofetada, cachetada, sopapo, golpe, trompada.// Afrenta, desprecio, insulto. **Ant.** Elogio, lisonja, alabanza.

boga, moda, actualidad, aceptación, costumbre. **Ant.** Desuso, caducidad.

bogar, navegar, remar, halar, avanzar.

bohemia, despreocupación, extravagancia, gitanería, vagabundez, informalidad.

bohemio-mia, desordenado, libre, informal, despreocupado, negligente, libre, errante, vagabundo. **Ant.** Formal, preocupado, activo.// Gitano.

boicot, exclusión, rechazo, aislamiento, castigo, privación, separación. **Ant.** Aceptación.

boicotear, atacar, excluir, separar, rechazar, aislar, perjudicar, dañar. **Ant.** Ayudar, favorecer, admitir.

boina, gorra, casquete, bonete, birrete.

bola, pelota, bocha, bolo, balón.// Globo, esfera, cuenta, alaborio.// Embuste, estaba, patraña. **Ant.** Verdad.

boletín, gaceta, folletín, revista, periódico, informativo, publicación, impreso, hoja.

bolero, chaquetilla, torera.

boleta, entrada, billete, papeleta, vale.// Libranza, talón, libramiento, cheque, comprobante.

boliche, local, confitería.

bólido, meteoro, piedra.// Exhalación.
bollo, masa, rosca, panecillo, bizcocho.// Abolladura, convexidad.// Lío, embrollo, confusión, escándalo.
bolo, bola, palo, taco, palitroque.
bolsa, saco, mochila, morral, alforja, bulto, lío.
bolsillo, faltriquera, bolsa, saquillo.
bolso, cartera, bolsa, valija.
bomba, máquina, pistón, aparato.// Proyectil.
bombardear, cañonear.
bombardeo, fuego, cañoneo, ataque.
bombear, sacar, impeler, vaciar, succionar, extraer.
bombeo, convexidad, comba, barriga.
bombilla, lámpara, bujía.
bombo, tambor, timbal, atabal.// Encomio, adulación, exageración, elogio, lisonja, loa.// Ostentación, aparato, bambolla. **Ant.** Humildad, sencillez.
bombón, chocolatín, dulce, confite, golosina.
bonancible, tranquilo, suave, apacible.
bonanza, calma, tranquilidad, suavidad, serenidad.// Prosperidad, alegría, optimismo, bienestar, opulencia. **Ant.** Pobreza, miseria, desgracia.
bondad, benevolencia, benignidad, humanidad, clemencia, filantropía, mansedumbre, dulzura, misericordia. **Ant.** Maldad, crueldad.
bondadoso-sa, caritativo, clemente, misericordioso, generoso, bueno, benévolo, humano. **Ant.** Malo, cruel, inhumano.
bonete, gorro, birrete, sombrero, gorra, casquete.
bonificación, rebaja, ayuda, mejora, beneficio, descuento, reducción, compensación. **Ant.** Recargo, gravamen, desventaja.
bonificar, favorecer, beneficiar, rebajar, indemnizar. **Ant.** Re-cargar, perjudicar.
bonito-ta, lindo, agradable, agraciado, atrayente, proporcionado. **Ant.** Feo, desagradable, repelente.
bono, papeleta, vale, comprobante, cupón.
boñiga, estiércol, excremento.
boquear, fenecer, morirse, expirar, agonizar.// Resollar, jadear, resoplar.
boquera, abertura, ventana.// Úlcera, herida, llaga.
boquete, orificio, abertura, brecha, perforación, oquedad.
boquilla, embocadura.
borbotón, borborito, hervor.
borceguí, bota, calzado.
borda, choza, cabaña.// Borde, costado, lado.
bordar, recamar, coser, labrar, festonear. Embellecer, adornar.
borde, orilla, canto, arista, margen, linde, lado.
bordear, orillar, rodear, sepentear, costear.// Frisar, rozar.// Eludir, esquivar, evitar.
boreal, septentrional, norteño, nórdico, ártico. **Ant.** Meridional, austral.
borla, pompón, colgante, adorno, fleco.
borne, extremo, límite.
borra, poso, sedimento, hez, residuo.
borrachera, embriaguez, beodez, curda, ebriedad, alcoholismo, dipsomanía. **Ant.** Sobriedad, abstinencia.
borracho-cha, ebrio, beodo, bebido, achispado, alcohólico, embriagado, mamado, curda. **Ant.** Abstemio, sobrio.
borrador, bosquejo, escrito, boceto, apunte, proyecto.
borrar, sacar, desvanecer, suprimir, raspar, quitar, anular, deshacer.
borrasca, tormenta, tempestad, temporal, turbión, huracán. **Ant.** Calma, bonanza.// Riña, discusión, pelea, desorden, violencia. **Ant.** Orden, tranquilidad.
borrascoso-sa, tempestuoso, turbulento, tormentado, agitado. **Ant.** Apacible, calmo, tranquilo.
borrego, cordero.// Sumiso, apocado, temeroso, pusilánime. **Ant.** Decidido, resuelto, valiente.
borrico, asno, burro, pollino, rucio.
borrón, mancha, chafarrinón, mácula, baldón.// Borrador, proyecto, bosquejo.
borronear, manchar, ensuciar.// Bosquejar, esbozar.
borroso-sa, confuso, desdibujado, turbio, velado, impreciso, nebuloso. **Ant.** Claro, nítido.

boscaje, fronda, frondosidad, espesura.
boscoso-sa, selvático, frondoso, denso, tupido, impene‑ trable. **Ant.** Ralo, desértico.
bosque, espesura, boscaje, selva, fronda, frondosidad, ar‑ boleda.
bosquejar, esbozar, borronear, abocetar, delinear.
bosquejo, esbozo, apunte, boceto, proyecto, croquis, bo‑ rrador, programa, plan.
bostezar, inspirar, aspirar, aburrirse.
bostezo, boqueada, inspiración.
bota, borceguí, calzado, botín.// Barril, cuba, tina, pellejo, odre, tonel. **Par.** Vota.
botadura, lanzamiento.
botar, lanzar, arrojar, echar.// Saltar, brincar, rebotar. **Par.** Vo‑ tar.
botarate, tonto, lelo, bobo, estúpido, imbécil, ido, distraí‑ do, tarambana, enloquecido, alborotado, imprudente, pre‑ cipitado, irreflexivo. **Ant.** Sensato, sereno.
bote, pote, vasija, tarro, envase.// Lancha, batel, barca, em‑ barcación.// Salto, rebote. **Par.** Vote.
botica, farmacia, droguería.
boticario-ria, farmacéutico.
botijo, vasija, porrón, cántaro, jarro, recipiente.
botín, trofeo, presa, saqueo, pillaje, rapiña, robo, despo‑ jo.// Bota, borceguí.
botiquín, armario, anaquel.
botón, yema, gema, capullo, brote, pimpollo.// Insignia, condecoración.// Botonadura, broche, presilla.// Pulsador, llave, interruptor.
bóveda, cripta, cúpula, domo, arco, techo, ábside.
boya, baliza, señal, indicación.
boyante, alegre, feliz, dichoso, próspero, rico, afortunado, floreciente, venturoso. **Ant.** Empobrecido, decadente, tris‑ te, desgraciado.
bozo, barba, vello, bigote, pelusa.
bracear, trabajar, esforzarse.// Nadar.
bracero, peón, obrero, trabajador, jornalero. **Par.** Brasero.
braga, calza, calzón, pantalón.
bragazas, débil, incapaz.
braguero, sujetador.
bragueta, portañuela.
bramante, cuerda, cordel, hilo, cordón, cinta, cáñamo.
bramar, aullar, vociferar, gritar, roncar, rugir, chillar, aullar. **Ant.** Callar.
bramido, mugido, grito, aullido, chillido, gruñido.// Cla‑ mor, rumor. **Ant.** Silencio, calma.
branquia, agalla.
brasa, ascua, rescoldo.
brasero, calentador, hornillo, fuego, hogar, estufa. **Par.** Bra‑ cero.
bravata, provocación, amenaza, desafío, reto.// Baladrona‑ da, fanfarronada, bravuconada, jactancia, bravura. **Ant.** Hu‑ millación.
bravío-vía, valiente, indómito, cerril, indomable, feroz, sal‑ vaje, fiero, montaraz, rústico. **Ant.** Manso, doméstico.
bravo-va, esforzado, resuelto, audaz, decidido, valiente, valeroso, intrépido, atrevido. **Ant.** Cobarde, tímido, mie‑ doso.// Hampón, bravucón, guapo.// Alborotado, violen‑ to, enfadado, irritado.// Excelente, suntuoso, bueno, mag‑ nífico, soberbio.
bravucón, fanfarrón, jactancioso, valentón.
bravuconada, bravata, fanfarronada.
bravura, temeridad, esfuerzo, valentía, bizarría, valor, cora‑ je, intrepidez, audacia. **Ant.** Cobardía, miedo.// Ferocidad, crueldad, inhumanidad.
brazada, braceada, ademán.// Cantidad, montón.
brazalete, ajorca, pulsera, esclava.
brazo, miembro, extremidad.
brea, alquitrán, betún, resina.
brebaje, bebida, pócima, mejunje.
brecha, boquete, abertura, agujero, rotura.
brega, forcejeo, pendencia, riña, combate, reyerta, esca‑ ramusa.// Ajetreo, agitación, trote, lidia, dificultad, traba‑ jo.

regar, afanarse, esforzarse, ajetrearse, cansarse, agotarse. **Ant.** Holgazanear.// Pugnar, luchar, reñir, contender, batallar. **Ant.** Pacificar, calmar.

reña, maleza, matorral.// Fragosidad, aspereza, escabrosidad.

rete, cepo, prisión, calabozo, celda.// Compromiso, aprieto, dificultad, contratiempo, apuro.

reve, corto, reducido, conciso, efímero, sucinto, pequeño, limitado. **Ant.** Largo, extenso, prolongado.

revedad, cortedad, laconismo, concisión, caducidad, transitoriedad, limitación. **Ant.** Extensión, difusión.

reviario, misal.// Epítome, compendio, extracto, resumen, compilación.

ribón-na, pícaro, pillo, bellaco, tunante, taimado, holgazán, malandrín.

rida, rienda, guarnición, guía, correa, freno, cabestro, bozal.

rillante, refulgente, esplendoroso, resplandeciente, rutilante, radiante, luminoso, fulgurante. **Ant.** Opaco, mate, deslucido.// Magnífico, admirable, ilustre, espléndido, sobresaliente.

rillar, alumbrar, iluminar, rutilar, fulgurar, irradiar, refulgir, resplandecer, radiar. **Ant.** Apagarse, ensombrecerse.// Descollar, sobresalir, distinguirse.

rillo, lustre, esplendor, brillantez, fulguración, resplandor.// Realce, lucimiento, gloria, notoriedad, exaltación, glorificación. **Ant.** Anonimato, desconocimiento, incógnito.

rincar, saltar, botar, rebotar, juguetear.

rinco, salto, bote, cabriola, voltereta, corcovo, rebote, impulso.

rindar, ofrecer, dedicar, consagrar, proponer, convidar.

rindis, ofrecimiento, dedicatoria, convite, felicitación.

río, aliento, ánimo, energía, ímpetu, arranque, pujanza, empuje, coraje, decisión, acometividad. **Ant.** Apatía, debilidad.

rioso-sa, animoso, bravo, resuelto, impetuoso, acometedor, atrevido. **Ant.** Pusilánime, cobarde, indeciso, vacilante.

risa, aura, céfiro, airecillo, soplo, racha.

rizna, hebra, hilo, filamento.// Pizca, menudencia.

rocado, recamado, bordado.

rocal, antepecho, borde, pretil.

rocha, escobilla, cepillo, pincel.

roche, prendedor, hebilla, pasador, gancho.

roma, burla, chiste, cachada, diversión, jarana, bulla, sarcasmo, ironía, escarnio.

romear, burlarse, chancear, mofarse, ridiculizar, cachondearse, embromar.

romista, burlón, risueño, guasón, socarrón, jocoso, zumbón. **Ant.** Serio, formal.

ronca, riña, pendencia, pelea, trifulca, disputa, pelotera, gresca. **Ant.** Paz, tranquilidad, sosiego.// Reprimenda, represión, regaño. **Ant.** Elogio, felicitación.// Ira, enojo, enfado, rabia.

ronceado-da, tostado, quemado, moreno.

roncear-se, tostar, quemar, ennegrecer.

ronco-ca, tosco, áspero, brusco, rústico, rudo.// Desafinado, desagradable, áspero, desapacible, destemplado. **Ant.** Suave, agradable.

roquel, escudo, rodela, adarga.// Protección, amparo, defensa, salvaguarda.

rotar, surgir, emerger, salir, manar, aflorar, nacer, aparecer. **Ant.** Desaparecer.

rote, retoño, capullo, pimpollo, yema, vástago, cogollo.// Manifestación, salida, aparición, comienzo. **Ant.** Fin, terminación, muerte.

roza, maleza, zarzal, hojarasca, matorral, espesura.// Basura, escoria, desechos, desperdicios, sobras.

ruces (de), boca abajo.

rujería, encantamiento, hechizo, magia, maleficio.

rujo-ja, hechicero, mago, adivino, encantador.

rújula, bitácora.

rujulear, inquirir, investigar, conjeturar, acechar, adivinar, descubrir.

bruma, niebla, neblina, vapor, celaje, cerrazón. **Ant.** Claridad.// Oscuridad, sombra.

brumoso-sa, nebuloso.// Oscuro, tétrico, sombrío.// Incomprensible, confuso. **Ant.** Claro.

bruñir, pulir, lustrar, abrillantar, frotar, pulimentar.

brusco-ca, destemplado, desapacible, rudo, violento, descortés, grosero. **Ant.** Suave, cuidadoso, amable, simpático.// Repentino, súbito, pronto, inesperado, rápido. **Ant.** Lento, progresivo.

brusquedad, aspereza, violencia, rudeza, descortesía, brutalidad, rusticidad. **Ant.** Suavidad, cortesía, amabilidad.

brutal, salvaje, cruel, bestial, feroz, bárbaro, desapacible. **Ant.** Civilizado, delicado.// Colosal, fenomenal, enorme, extraordinario. **Ant.** Normal, pequeño.

brutalidad, salvajismo, crueldad, bestialidad, rudeza, tosquedad, embrutecimiento. **Ant.** Cultura, sociabilidad, delicadeza, piedad.

bruto-ta, tosco, rudo, rústico, ordinario, grosero. **Ant.** Educado, culto, civilizado.// Necio, tonto, torpe, bobo. **Ant.** Inteligente, capaz.// Brutal, irracional, animal, bestia, salvaje.

búcaro, vaso, vasija, jarrón.

bucear, zambullirse, sumergirse, nadar, hundirse, descender. **Ant.** Emerger, salir, nadar.// Explorar, investigar.

buceo, inmersión, zambullida.// Exploración, investigación, averiguación.

buche, bolsa, estómago.

bucle, rizo, rulo, mechón.

bucólico-ca, pastoril, campestre, campesino, apacible, placentero. **Ant.** Ciudadano, ajetreado.

budín, pastel, bizcocho.

buenaventura, adivinación, pronóstico, auspicio, vaticinio, predicción.// Felicidad, suerte.

bueno-na, virtuoso, justo, excelente, sensible, caritativo, servicial, humanidad, bondadoso, benévolo, piadoso, clemente, generoso. **Ant.** Malo, malvado.// Estricto, riguroso, provechoso, conveniente, ventajoso. **Ant.** Desventajoso.// Ingenuo, inocente.// Ameno, agradable, estupendo.

bufanda, chalina, pasamontañas, tapaboca.

bufar, bramar, resoplar.// Refunfuñar, rezongar, gruñir, rabiar. **Ant.** Calmarse, tranquilizarse.

bufete, despacho, escritorio, oficina, estudio.

bufido, gruñido, rugido, resoplido.// Reto, refunfuño, regaño, berrinche, rabieta.

bufo-fa, payaso, bufón, cómico, burlesco, grotesco, histrión.

bufón, payaso, farsante, histrión, cómico.// Jocoso, burlón, bromista, chistoso, hazmerreír. **Ant.** Serio, adusto.

bufonada, payasada, extravagancia.

buhardilla, desván, ático, altillo, sobrado, bohardilla, boardilla.

buhonería, baratijas, chucherías, menudencias, bagatelas.

buhonero-ra, mercachifle, mercader, quincallero, feriante.

bujía, vela, candela, cirio, candelabro.

bula, concesión, gracia, privilegio, beneficio, favor, gracia, prerrogativa.// Documento, sello, diploma.

bulbo, hinchazón, abultamiento.

bulboso-sa, hinchado, dilatado.

bulevar, paseo, avenida, arteria.

bulla, bullicio, jarana, algarabía, jolgorio, tumulto, vocerío, estrépito. **Ant.** Silencio, calma.

bullicio, bulla, algazara, alboroto, animación, jolgorio, tumulto.

bullicioso-sa, ruidoso, jaranero, alegre, estrepitoso, bullanguero. **Ant.** Silencioso, calmo.

bullir, hervir, burbujear, cocer, borbollar, borboritar.// Agitarse, moverse, menearse, hormiguear. **Ant.** Aquietarse, calmarse.

bulo, mentira, camelo, patraña, infundio, falsedad, chisme, engaño.

bulto, tamaño, cuerpo, volumen, grosor, abultamiento, prominencia, protuberancia.// Fardo, valija, maleta, bolsa, equipaje.// Tumor, excrecencia, flemón, chichón.// Cuerpo, volumen, masa, contorno.

buque, embarcación, nave, navío, barco.
burbuja, pompa, ampolla, glóbulo.
burbujear, gorgotear, espumar, hervir, bullir.
burbujeo, efervescencia, ebullición, hervor.
burdel, prostíbulo, lupanar, mancebía, quilombo.
burdo-da, tosco, rústico, basto, grosero, vulgar, chabacano.// Torpe, chapucero.
burgués-sa, ciudadano.// Propietario, pudiente, rentista, capitalista. **Ant.** Pobre, proletario.
burguesía, clase media, clase propietaria, clase capitalista.// Opulencia, capitalismo, propiedad privada. **Ant.** Proletariado, pobreza.
buril, cortafrío, punzón, cincel.
burilar, cincelar, grabar, esculpir.
burla, mofa, chanza, broma, bufonada, chacota, guasa, socarronería, parodia. **Ant.** Verdad, sinceridad, seriedad.
burlador-ra, burlón, bromista, socarrón.// Seductor, libertino, disoluto, licencioso.
burlar-se, chasquear, embromar, ridiculizar, embaucar, engañar, befar, escarnecer, engatusar, engañar. **Ant.** Respetar.// Eludir, evitar, escapar.// Malograr, frustrar.
burlesco-ca, cómico, bufo, jocoso, festivo. **Ant.** Serio, severo, aburrido, grave.
burlete, orla, ribete, protección.
burlón-na, bromista, mordaz, satírico, zumbón, farsante, chistoso, guasón. **Ant.** Respetuoso, serio, formal.
buró, escritorio.// Bufete, oficina, despacho, escritorio.

burocracia, papelerío.// Nomenclatura.
burócrata, tecnócrata, funcionario.
burocrático-ca, administrativo, tecnocrático, oficinesco./ Lento, complicado.
burrada, sandez, estupidez, tontería, torpeza, bobada, bobería, necedad, desatino, animalada, disparate. **Ant.** Acierto, agudeza, sensatez, prudencia, atino.
burro, asno, jumento, pollino, borrico.// Necio, tonto, torpe, bestia, estúpido, idiota, irracional, grosero, bruto, ignorante. **Ant.** Inteligente, capaz.
busca, búsqueda, averiguación, demanda, investigación, indagación. **Ant.** Abandono, desinterés.
buscar, indagar, pesquisar, investigar, averiguar, rebuscar. **Ant.** Dejar, abandonar.
buscavidas, afanoso, activo, trabajador, laborioso, diligente. **Ant.** Abúlico, negligente.// Entrometido, fisgón, curioso. **Ant.** Indiferente.
buscón, ratero, pícaro, estafador. **Ant.** Honrado, decente./ -a, prostituta, ramera.
busilis, nudo, meollo, dificultad, secreto, quid, clavo.
búsqueda, averiguación, busca, indagación, pesquisa, investigación, examen.
busto, tórax, torso, tronco.// Pecho, mama.
butaca, asiento, sillón, silla, poltrona.// Asiento, localidad, lugar.
buzo, buceador, zambullidor.
buzón, casillero, compartimento, abertura, entrada.

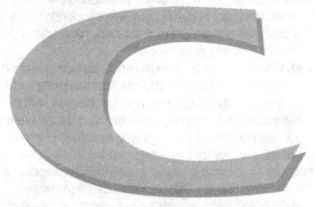

abal, justo, recto, perfecto, completo, íntegro, honrado, acabado, ajustado, verdadero, cierto. **Ant.** Incompleto, defectuoso.

ábala, sortilegio, superstición, intriga, maquinación, ardid, maña, conspiración.// Suposición, conjetura, adivinación.

cabalgadura, caballería, caballo, montura, corcel, animal.

cabalgar, montar, jinetear.

abalgata, desfile, paseo, comitiva, grupo, marcha, evolución, séquito.

cabalístico-ca, misterioso, recóndito, críptico, secreto, oculto, mágico.

caballar, hípico, equino, ecuestre.

caballeresco-ca, valeroso, noble, valiente, cortés, galante, noble, cumplido. **Ant.** Descortés, grosero, canallesco, vil.

caballería, cabalgadura, bestia, montura.

caballeriza, establo, cuadra, cobertizo.

caballerizo, palafrenero, lacayo, cuidador.

caballero, jinete, cabalgador. // Hidalgo, noble, aristócrata, gentilhombre, señor. **Ant.** Plebeyo. // Respetable, generoso, leal, altruista, caballeresco.

caballerosidad, hidalguía, nobleza, dignidad, lealtad, generosidad, corrección, galantería. **Ant.** Villanía, grosería.

caballeroso-sa, caballeresco, noble, hidalgo, digno.

caballete, armazón, sostén, bastidor, soporte, apoyo.

caballo, corcel, jaca, rocín, potro, caballería, pingo, semental, palafrén, montura, jamelgo.

cabaña, barraca, bohío, choza, chabola, rancho.

cabecear, inclinarse, moverse, bambolearse, hamacarse, balancearse, oscilar. // Adormecerse, amodorrarse, dormitar.

cabeceo, balanceo, traqueteo, oscilación, vaivén, bamboleo.

cabecera, cabezal, almohada.// Preferencia, presidencia, dirección. // Entrada, comienzo, encabezamiento, arranque, origen, rótulo.

cabecilla, jefe, conductor, adalid, cacique, caudillo. **Ant.** Seguidor, subordinado.

cabellera, pelambrera, melena, pelambre, cabello. **Ant.** Calvicie.

cabello, pelo, mecha, guedeja, rizo, vello, bozo.// Cabellera, pelaje, melena, guedeja, crencha, mechón.

cabelludo-da, peludo, melenudo.

caber, entrar, estar.// Tocar, participar, corresponder.

cabestrillo, sostén, vendaje, refuerzo, brazalete.

cabestro, cuerda, ronzal, brida, guarniciones, correas.

cabeza, testa, mollera, sesera, coco, melón, marote, cerebro, testuz, cráneo.// Inteligencia, capacidad, entendimiento, razonamiento, razón. **Ant.** Estupidez, idiotez, necedad.// Principio, origen, encabezamiento.// Jefe, director, superior. **Ant.** Subordinado, subalterno.// Individuo, persona.

cabezal, cabecera, almohada, colchoneta.// Travesaño, viga.

cabezón-na, cabezudo, macrocéfalo.// Terco, porfiado, testarudo, obstinado. **Ant.** Flexible, considerado.

cabida, capacidad, espacio, volumen, cupo, amplitud.

cabildear, conspirar, intrigar.

cabildeo, intriga, conciliábulo, consulta, conspiración, reunión.

cabildo, junta, corporación, consejo, ayuntamiento, cuerpo, asamblea.

cabina, camarote, compartimiento, gabinete, casilla, división.

cabizbajo-ja, triste, humillado, aturdido, abatido, melancólico, afligido, desalentado. **Ant.** Alegre, animado.

cable, cabo, sirga, cuerda, maroma, amarra.// Cablegrama, comunicación.

cabo, cuerda, cable, jarcia.// Extremo, punta, extremidad, límite, remate.// Promontorio, punta, saliente. **Par.** Cavo.

cabotaje, tráfico, navegación, travesía.

cabrearse, enojarse, enfadarse, irritarse. **Ant.** Calmarse, tranquilizarse.

cabrero-ra, pastor, cabritero.// Enojado, irritado, enfadado.

cabrestante, polea, torno, guinche, cabria.

cabria, grúa, cabrestante, polea, molinete.

cabrío-a, caprino, cabruno.

cabriola, voltereta, salto, brinco, pirueta.

cabrón-na, cabrío.// Consentidor, cornudo.

cabronada, adulterio, infidelidad, canallada, vileza. **Ant.** Honradez.

caca, excremento, deposición, evacuación, deyección.

cacahuete, maní.

cacarear, exagerar, envanecerse, vanagloriarse, ponderar, alardear.// Cloquear.

cacareo, palabrería, charlatanería, cotilleo, chismorreo.// Cloqueo.

cacatúa, papagayo, loro.

cacería, caza, montería, batida, partida.// Acosamiento, persecución, acorralamiento, búsqueda.

cacerola, cazuela, olla, pote, vasija, perol, marmita.

cacha, puño, guarnición, asa, asidero.// **-s,** nalgas, posaderas.

cachar, romper, rajar, partir, cortar.// Ridiculizar, burlar, embromar.// Agarrar, tomar, hurtar, obtener, conseguir, hurtar.

cacharro, vasija, olla, cazuela.// Cachivache, bártulo, utensilio.

cachaza, pachorra, lentitud, tranquilidad, apatía, calma. **Ant.** Dinamismo.

cachazudo-da, calmoso, parsimonioso, pánfilo, flemático, lento, tranquilo, pachorrudo, apático. **Ant.** Dinámico, activo.

cachet, estilo, personalidad.// Honorarios.

cachete, moflete, mejilla, carrillo.// Bofetada, cachetada, sopapo, soplamocos.

cachiporra, porra, maza, clave, estaca, garrote, bastón.

cachivache, cacharro, chirimbolo, enser, trasto, utensilio.// Inútil, despreciable, inservible, inservible, desmañado. **Ant.** Útil, competente, capaz.

cacho, pedazo, fragmento, parte, fracción, segmento. **Ant.** Totalidad.

cachondear, burlar, mofar, divertirse, jaranear.

cachondeo, burla, diversión, mofa, farra, guasa, chanza.

cachondo-da, divertido, jocoso, burlón, jaranero.// Lascivo, lujurioso, libidinoso, impúdico, deshonesto.

cachorro, hijo, cría, hijuelo.

cacique, déspota, tirano, dominador, opresor, señor, jefe, dueño.

caciquismo, dominación, despotismo, tiranía, abuso. **Ant.** Democracia, igualdad.

caco, ladrón, carterista, ratero, descuidero.

cacofonía, disonancia, discordancia, repetición. **Ant.** Eufonía.

cacto, tuna, penca, cardón.

cacumen, talento, capacidad, inteligencia, penetración, agudeza, lucidez, seso, meollo, sesera.

cadalso, patíbulo, suplicio, tablado, entarimado.

cadáver, difunto, muerto, fallecido, finado, despojos, restos, cuerpo, extinto.

cadavérico-ca, pálido, esquelético, demudado, macilento, exánime, rígido. **Ant.** Vital, sano.// Fúnebre, lúgubre, sepulcral, macabro.

cadejo, madeja.// Embrollo, lío, maraña.

cadena, ligadura, sujetador, grilletes.// Esclavitud, sujeción, cautiverio, dependencia, **Ant.** Libertad.// Sucesión, encadenamiento, continuación, serie, continuidad. **Ant.** Discontinuidad.

cadencia, ritmo, modulación, compás, movimiento, medida, armonía, consonancia. **Ant.** Disonancia.

cadencioso-sa, melodioso, rítmico, melódico, cadente, armonioso.

cadera, anca, cuadril, grupa, pelvis, flanco.

cadete, alumno, discípulo, estudiante.// Empleado.

caducar, terminar, expirar, extinguirse, arruinarse, prescribir. **Ant.** Comenzar, empezar.// Chochear. **Ant.** Fortalecerse, rejuvenecerse.

caducidad, deterioro, decadencia, vejez. **Ant.** Juventud.// Finalización, término, conclusión. **Ant.** Comienzo.// Fugacidad, transitoriedad. **Ant.** Permanencia.

caduco-ca, viejo, achacoso, decadente, agotado, decrépito, consumido, anciano. **Ant.** Potente, juvenil, lozano.// Fugaz, transitorio, perecedero, pasajero, efímero, breve. **Ant.** Perenne, permanente.

caer-se, desplomarse, precipitarse, hundirse, derribarse. **Ant.** Subir, ascender, elevarse.// Incurrir.// Desprenderse.// Deslizarse.

café, moca, infusión.// Cafeto.// Cafetería, bar.

cafetería, café, bar.

cáfila, multitud, muchedumbre, tropel, cuadrilla, bandada, grupo, banda, caterva, horda. turba.

cafre, bárbaro, brutal, animal, bestial, fiero. **Ant.** Humano, humanitario.// Inculto, ignorante, bruto, negado. **Ant.** Inteligente, capaz.// Rústico, grosero, patán, zafio. **Ant.** Fino, refinado, culto.

cagar, evacuar, defecar, deponer, descargar.

cagatintas, escribiente, oficinista.

caída, golpe, porrazo, revuelco.// Descenso, declinación, bajada, descendimiento.// **Ant.** Subida, ascenso.// Ocaso, decadencia, ruina, fracaso. **Ant.** Crecimiento, auge, prosperidad.// Derrumbamiento, desmoronamiento, alud, desplome, despeñamiento.

caído-da, débil, desmadejado, postrado, amilanado, acobardado, desfallecido, flojo, macilento, abatido, rendido, fracasado. **Ant.** Ascendente, fuerte, triunfante.

caimán, yacaré, cocodrilo.

cairel, guarnición, fleco, adorno.

caja, estuche, cofre, arcón, arca, arquilla, urna, embalaje.// Tesorería.// Ataúd.// Tambor.

cajero-ra, cobrador, pagador, tesorero.

cajetilla, envoltura, paquete.// Elegante, relamido.

cajón, gaveta, compartimiento.

cal, creta.

cala, abra, ensenada, caleta, rada.

calabozo, celda, prisión, encierro, mazmorra.

calado, encaje, labor, randa, galón.// -da, horadado, perforado, agujereado.

calafatear, obturar, cerrar, taponar, obstruir.

calambre, contracción, agarrotamiento, espasmo, encogimiento, inmovilización, hormigueo, convulsión.

calamidad, desastre, desgracia, fatalidad, contrariedad, desdicha, infortunio, azote, adversidad. **Ant.** Suerte, dicha.// Inepto, torpe, inhábil. **Ant.** Hábil, capaz.

calamitoso-sa, infortunado, desdichado, desgraciado, infeliz, desventurado. **Ant.** Feliz, afortunado.// Funesto, perjudicial, aciago, desastroso, catastrófico, adverso.

calaña, categoría, laya, índole, calidad, ralea, especie, estirpe.

calar, adivinar, descubrir, conocer, comprender, sospecha. **Ant.** Ignorar.// Horadar, perforar, penetrar, agujerear, atr vesar, taladrar.// **-se,** mojarse, empaparse, humedecerse impregnarse. **Ant.** Secarse.

calavera, cráneo, cabeza.// Disoluto, mujeriego, perdid divertido, libertino, trasnochador, juerguista, jaranero, t rambana. **Ant.** Serio, formal.

calaverada, alboroto, travesura, trastada, locura, desenfre no, farra, juerga.

calcar, reproducir, copiar, repetir, imitar, remedar.

calceta, media, punto, malla, tejido, calza, calcetín.

calcificación, osificación, endurecimiento.

calcificar, osificar, endurecer, fortalecer. **Ant.** Descalcifica debilitar.

calcinación, incineración, combustión, carbonización.

calcinar, carbonizar, incinerar, quemar, asar, abrasar, ch muscar.

calco, copia, imitación, reproducción, duplicado.

calculador-ra, egoísta, interesado.// Prudente, avisad precavido. **Ant.** Desinteresado.

calcular, contar, computar, valuar, valorar.// Suponer, im ginar, prever, creer, reflexionar, conjeturar, meditar.

cálculo, cuenta, cómputo, recuento, valoración.// Dedu ción, suposición, conjetura, meditación.// Litiasis, arenilla

caldear, calentar, templar. **Ant.** Helar, enfriar.// Encende avivar, excitar, enfervorizar, enardecer. **Ant.** Calmar, sose gar.

caldera, calentador, estufa, horno.// Recipiente, vasija, tina cacerola.

calderón, floreo, frase.

caldo, potaje, sopa, consomé, jugo, cocido.

caldoso-sa, sustancioso, jugoso, aguado. **Ant.** Seco.

calefacción, calor, ardor. **Ant.** Refrigeración, congelación

calendario, almanaque, anuario, efemérides, repertori guía.

calendas, época, tiempo.

calentador, calefactor, brasero, calorífero, estufa.

calentamiento, acaloramiento, caldeamiento. **Ant.** Enfria miento, congelación.

calentar, caldear, abochornar, achicharrar, asar, escalda **Ant.** Enfriar, helar, congelar.// Excitar, avivar, enardece enfervorizar. **Ant.** Calmar, aquietar, tranquilizar, sosegar.

calentura, fiebre, temperatura, hipertermia.// Fervor, ena decimiento, pasión, vehemencia. **Ant.** Desinterés, frialda objetividad.

caletre, cacumen, seso, juicio, talento, agudeza.

calibrar, medir, graduar, calcular, cotejar, evaluar.// Apre ciar, comprender, entender.

calibre, anchura, diámetro, ancho, abertura.// Tamaño, d mensión, talla, formato.// Importancia, trascendencia, c pacidad, aptitud.

calidad, índole, genio, pelaje, carácter, categoría, condi ción.// Rango, linaje, lustre, nobleza, estirpe. **Ant.** Plebe yez, insignificancia.

calidez, ardor, calor.// Ternura, amor, cariño.

cálido-da, caliente, templado, tibio, caldeado, caluros **Ant.** Frío, helado.// Afectuoso, cariñoso.

caliente, cálido, bochornoso, caluroso, tórrido, ardiente asfixiante. **Ant.** Frío, gélido, helado.// Apasionado, excita do, vehemente. **Ant.** Desapasionado, objetivo, desintere sado.

calificación, nota, título, evaluación, valoración, aprecia ción.// Capacitación, aptitud, idoneidad, capacidad, rendi miento, competencia. **Ant.** Descalificación, incompetencia

calificar, evaluar, conceptuar, valorar.// Ilustrar, acredita ennoblecer. **Ant.** Desprestigiar, desacreditar.

calificativo, nombre, adjetivo, título, mote, apelativo, apo do.

calígine, oscuridad, tenebrosidad, niebla, nebulosidad bruma. **Ant.** Claridad, diafanidad.

caliginoso-sa, brumoso, denso, tenebroso, nebuloso, os curo. **Ant.** Claro, despejado, diáfano.

caligrafía, letra, escritura.

cáliz, vaso, copa, copón, grial.

callado-da, sigiloso, reservado, mudo, sordo, silencioso, taciturno, secreto. **Ant.** Parlanchín, hablador, ruidoso.// Omitido, tácito, sobrentendido.

callar, silenciar, olvidar, omitir, pasar, saltar, prescindir. **Ant.** Recordar, decir.// Acallar, amordazar, silenciar.// **-se,** enmudecer, reservar, soportar. **Ant.** Hablar, charlar, perorar.

calle, rua, vía, arteria, pasaje, travesía.

callejear, pasear, vagabundear, corretear, deambular.

callejero-ra, vago, ocioso, holgazán.

callo, dureza, callosidad, endurecimiento, abultamiento, rugosidad, aspereza.

calma, tranquilidad, sosiego, serenidad, paz, quietud. **Ant.** Intranquilidad, inquietud, alboroto.// Parsimonia, lentitud, apatía, flema, cachaza. **Ant.** Actividad, dinamismo.// Entereza, firmeza, imperturbabilidad, frialdad, valor. **Ant.** Desasosiego, excitación.

calmante, tranquilizante, sedante, narcótico. **Ant.** Estimulante.

calmar, tranquilizar, serenar, pacificar, aplacar, suavizar, apaciguar, sosegar, moderar. **Ant.** Intranquilizar, agitar.

calmo-ma, sereno, tranquilo, reposado, apacible, sosegado.

calmoso-sa, pachorriento, flemático, indolente, parsimonioso, impasible, cachazudo, perezoso. **Ant.** Activo, dinámico, rápido.

calor, bochorno, sofocación, ahogo, canícula, acaloramiento, incandescencia. **Ant.** Frío.// Pasión, vehemencia, excitación, vivacidad, energía, animación, fervor, actividad, viveza, entusiasmo. **Ant.** Desinterés, desapasionamiento.// Temperatura, clima.

calumnia, mentira, maledicencia, falsedad, falacia, difamación. **Ant.** Elogio.

calumniador-ra, difamador, detractor, murmurador, infamador, vituperador. **Ant.** Veraz.

calumniar, difamar, deshonrar, vituperar, detractar, agraviar. **Ant.** Elogiar, alabar.

calumnioso-sa, injurioso, ofensivo, oprobioso, denigrante, infamante.

caluroso-sa, caliente, cálido, tórrido, agobiante, opresivo, canicular, tropical. **Ant.** Frío.// Ardiente, apasionado, vehemente, animado, entusiasta, vivo, enardecido. **Ant.** Apático, desinteresado.

calva, pelada, calvicie, alopecia. **Ant.** Pelambre.

calvario, via crucis.// Adversidad, pena, padecimiento, martirio, dolor, amargura. **Ant.** Felicidad.

calvicie, alopecia, pelada, calva. **Ant.** Pelambrera.

calvo-va, pelado, lampiño, rapado. **Ant.** Peludo.

calza, media, bragas.// Calce, cuña, tarugo.

calzada, empedrado, adoquinado, calle, camino, ruta.

calzar, afianzar, asegurar, trabar.// **-se,** ponerse, meterse, colocarse. **Ant.** Descalzarse.

calzón, calza, pantalón, braga.

calzonazos, tonto, tímido, apocado, corto. **Ant.** Enérgico, inflexible.

cama, lecho, catre, camastro, yacija, tálamo.

camada, lechigada, cría, prole.// Pandilla, facción, banda.// Conjunto, serie, hilada.

camafeo, medallón, medalla, figurilla, imagen.

camándula, astucia, embustería, hipocresía, malicia.

camandulear, engañar, adular.

camandulero-ra, engañador, astuto, embaucador, truhán.

cámara, habitación, sala, aposento, recinto.// Asamblea, senado, parlamento.// Neumático, rueda.// Máquina.

camarada, compañero, cofrade, amigo, acompañante, conmilitón, correligionario.

camaradería, compañerismo, amistad, afecto, familiaridad. **Ant.** Desconfianza, enemistad, rivalidad.

camarero-ra, servidor, criado, sirviente. **Ant.** Amo.

camarilla, pandilla, grupo, banda, caterva.

camarín, capilla, oratorio.// Cámara, tocador, cuarto.

camastro, yacija, jergón, catre, catrera.

cambalache, trueque, cambio, reventa, compraventa.// Desorden, confusión.

cambiante, variable, incierto, efímero, móvil, inestable, mudable.// Variado, ameno, entretenido.

cambiar, trocar, mudar, mutar, variar, alterar, modificar, permutar, innovar, rectificar.// Devenir, transformarse, replantearse. **Ant.** Permanecer.

cambio, permuta, canje, trueque, conmutación.// Mudanza, transformación, mutación, evolución, rectificación, alteración, innovación, corrección, movimiento. **Ant.** Fijeza, inmutabilidad.

camelar, galantear, requebrar, seducir, festejar.// Adular, lisonjear, engatusar.

camelo, galanteo, requiebro.// Burla, decepción, chasco, engaño.

camilla, angarillas, parihuelas.

caminante, viajero, pasajero, caminador, transeúnte, viandante, paseante.

caminar, andar, marchar, recorrer, transitar, deambular, avanzar, moverse, ir, errar. **Ant.** Detenerse.

caminata, marcha, recorrido, viaje, paseo, excursión, trayecto, tránsito. **Ant.** Detención, parada.

camino, senda, trayecto, ruta, vereda, atajo, carril, vía, sendero, arteria, ruta, pista, estrada, recorrido, carretera.

camión, vehículo, carruaje, automotor.

camisa, blusa, blusón, camisola, prenda, bata, vestidura.// Revestimiento, funda.

camorra, pelea, disputa, trifulca, pendencia, riña, gresca.// Mafia.

camorrista, peleador, pendenciero, bravucón.

camote, batata.// Enamoramiento.

campamento, acantonamiento, campo, vivaque, reales, posición, reducto.

campana, cencerro, esquila, sonería, campanilla.

campanada, sorpresa, novedad.// Campanazo, toque, campaneo.

campanario, torre, campanil, atalaya, espadaña.

campante, alegre, contento.

campanudo-da, rimbombante, altisonante.

campaña, campo, llanura, extensión, planicie.// Expedición, empresa, incursión.// Operación, plan, proyecto, ejercicio, período, duración.

campear, pacer, pastar.// Descollar, dominar, sobresalir, descollar. **Ant.** Fracasar.

campechanía, afabilidad, sencillez, familiaridad, llaneza, simpatía.

campechano-na, simple, sencillo, afable, amable, amigable, llano, alegre.

campeón, as, triunfador, vencedor, ganador. **Ant.** Derrotado, vencido, fracasado.// Adalid, caudillo, jefe, paladín, capitán.// Propagador, defensor, sostenedor.

campeonato, certamen, contienda, competición, concurso, pugna, lucha, disputa, lid.

campero-ra, campestre, campesino, rural, rústico, agreste.

campesino-na, labriego, rural, campestre, aldeano, agricultor, cultivador, paisano, labrador, agrario.// Grosero, ordinario. **Ant.** Ciudadano.

camping, campamento, acampada, excursión, paseo.

campo, terreno, campiña, prado, sembrado, terruño, pradera, gleba, cultivo, tierra. **Ant.** Ciudad.// Propiedad, hacienda, latifundio, finca.

camposanto, cementerio, necrópolis.

camuflar, disimular, ocultar, enmascarar, disfrazar, desfigurar. **Ant.** Mostrar, descubrir.

can, perro, cuzco, mastín, cachorro.

cana, policía.// Cárcel, prisión.

canal, acequia, zanja, acueducto, desagüe, conducto, gárgola.// Istmo, estrecho, paso.

canalizar, desaguar, avenar, encauzar, dirigir, conducir, regularizar, aprovechar.

canalla, atorrante, sinvergüenza, bribón, pillo, ruin, bribón, miserable, malandrín, tunante. **Ant.** Honrado, decente, honesto, honorable.// Chusma, vulgo, populacho, gentuza, morralla.

canallada, ruindad, vileza, infamia, bribonada, mezquindad. **Ant.** Nobleza, dignidad.

canalón, canal, cañería, tubería, gárgola, desagüe.

canapé, sofá, diván, asiento.// Bocadillo.

canasta, cesto, cesta, banasta, espuerta.

canastilla, equipo, ajuar, ropa.

cancel, reja, verja, contrapuerta, mampara.

cancelación, terminación, anulación, abolición, supresión, derogación, suspensión.

cancelar, derogar, abolir, revocar, liquidar, anular, saldar, terminar, concluir.

cáncer, neoplasia, tumor, cancro, carcinoma, nódulo.

cancerbero, portero, cuidador, vigilante, guarda, conserje, ujier.

cancha, explanada, frontón, patio, campo, pista, terreno.

canciller, funcionario, dignatario, secretario.

cancillería, representación, dependencia, consulado, embajada.

canción, tonada, cantinela, cantar, aria, balada, romanza, copla, melodía, tonada.

cancionero, antología, poesía.

candado, cerradura, cierre, cerrojo.

candela, lumbre, vela, fuego, hacha, hachón, cirio, bujía.

candelabro, lámpara, candelero, araña.

candelero, candelabro, antorchero, velador, lámpara, araña.

candente, incandescente, ardiente, fogoso, quemante, encendido. **Ant.** Frío, apagado.// Actual, presente. **Ant.** Anticuado.

candidato, solicitante, aspirante, pretendiente, demandante.

candidatura, aspiración, pretensión, propuesta, petición.

candidez, inocencia, ingenuidad, sencillez, candor, infantilismo. **Ant.** Astucia.

cándido-da, inocente, ingenuo, simple, crédulo, incauto, candoroso. **Ant.** Astuto, malicioso, pícaro.// Albo, blanco.

candil, candelero, lámpara, quinqué, farol, fanal.

candileja, foco, luz, lamparilla.

candor, inocencia, credulidad, candidez, simplicidad, franqueza, sinceridad, pureza, ingenuidad. **Ant.** Astucia, malicia, doblez, hipocresía.

candoroso-sa, inocente, ingenuo, crédulo, simple, franco, puro, espontáneo, inexperto. **Ant.** Astuto, malicioso, hipócrita.

canela, especia.// Finura, exquisitez, delicadeza.

caníbal, antropófago, salvaje, cruel, inhumano, sanguinario. **Ant.** Civilizado.

canibalismo, crueldad, bestialidad, salvajismo, ferocidad. **Ant.** Humanidad.

canícula, bochorno, calor, verano. **Ant.** Invierno, frío.

canicular, caluroso, bochornoso.

canijo-ja, enclenque, débil, enteco, raquítico, flaco, enfermizo, esmirriado. **Ant.** Fuerte, robusto.

canilla, grifo, llave.

canillita, diariero.

cano-na, blanquecino, blanco, canoso, entrecano.// Viejo, antiguo, añejo, anciano.// Joven.

canon, regla, precepto, instrucción, pauta.// Tributo, arriendo, tasa, pago, impuesto.

canónico-ca, conforme, regular, adecuado. **Ant.** Inadecuado.

canónigo, sacerdote, teólogo.

canonizar, aprobar, alabar, aplaudir, encomiar.// Beatificar, santificar, glorificar, ensalzar. **Ant.** Execrar.

canonjía, beneficio, prebenda, provecho, ventaja.

canoro-ra, cantor, sonoro, melodioso, suave, grato.

canoso-sa, entrecano, blanco, plateado.

cansado-da, fatigado, extenuado, agotado, exánime. **Ant.** Fresco, descansado.

cansancio, fatiga, lasitud, agotamiento, desfallecimiento, debilitamiento, molestia, hastío, aburrimiento, pesadez. **Ant.** Viveza, descanso.

cansar, fatigar, extenuar, agotar, molestar, incomodar, hastiar, enfadar, hartar, importunar, fastidiar, aburrir, enojar. **Ant.** Interesar.

cantante, cantor, intérprete, solista, coplero.

cantar, entonar, modular, vocalizar, interpretar, corear, tararear.// Elogiar, alabar, encomiar, loar, glorificar. **Ant.** Criticar, execrar.// Copia, cantilena, canción.// Revelar, descubrir, confesar. **Ant.** Tapar, ocultar.

cántaro, vasija, recipiente, botijo, ánfora.

cantera, pedrera, pedregal.// Filón, yacimiento, venero, mina.

cántico, canción, cantar, canto.

cantidad, número, porción, cifra, magnitud, total, suma, importe, conjunto.// Abundancia, exceso, raudal. **Ant.** Carencia, falta, escasez.

cantiga, canción, canto, cantar.

cantilena, cantinela, canción, cantar, copla.// Monserga, aburrimiento, matraca, lata, fastidio.

cantimplora, caramayola, bota, vasija, frasco.

cantina, taberna, bar, cafetería, fonda, bodega, figón.

canto, canción, cantar, tarareo, vocalización, entonación, alternación, voz, canturreo.// Canción, cantar, tonada, copla.// Borde, margen, orilla. **Ant.** Centro.// Guijarro, piedrita.

cantón, región, comarca, país, territorio, distrito, jurisdicción.

cantor, cantante, intérprete, solista.

canturrear, entonar, vocalizar, interpretar, tararear.

cánula, tubo, cañita.

caña, cálamo, palo, tallo, bambú, junco, vara.// Cánula, caño.// Bebida.

cañada, valle, vaguada, hoya, hondonada, cauce, quebrada, desfiladero.

cañamazo, croquis, apunte, esbozo, plan, bosquejo.// Tela, lienzo.

cáñamo, lino, bramante.

cañaveral, cañizal, cañar, carrizal.

cañería, tubería, conducción, distribución.

caño, tubo, conducto, cánula, espita.

cañón, pieza, obús, mortero.// Desfiladero, barranco.

cañonazo, descarga, tiro.// Fragor, estruendo, explosión, detonación.

cañonear, atacar, martillear, disparar, petardear, hostigar.

caos, anarquía, desorden, desconcierto, lío, perturbación, confusión, trastorno, revoltijo, embrollo, desorganización, incoherencia. **Ant.** Organización, orden, coherencia.

caótico-ca, desordenado, desorganizado, incoherente, confuso. **Ant.** Organizado, ordenado, coherente.

capa, abrigo, manto, esclavina, abrigo, prenda.// Mano, baño, revestimiento, pasada, lámina.// Estrato, veta, faja.

capacho, cesta, espuerta, canasta.

capacidad, espacio, volumen, cabida, tonelaje, aforo, dimensión.// Talento, aptitud, competencia, inteligencia. **Ant.** Ineptitud, incapacidad, torpeza.

capacitar, preparar, habilitar, formar, instruir.// Facultar, comisionar, permitir.

capar, castrar, mutilar, emascular, cercenar, incapacitar, extirpar.

caparazón, esqueleto, armazón, osamenta.// Cubierta, corteza, defensa, concha.

capataz, jefe, encargado, mayoral, delegado. **Ant.** Subordinado.

capaz, apto, preparado, inteligente, sabio, diestro, entendido, perito, capacitado, experto, conocedor, hábil, práctico, competente, hábil, avezado, experimentado. **Ant.** Incompetente, inepto.// Grande, extenso, amplio, espacioso, vasto, holgado, dilatado. **Ant.** Estrecho, angosto, pequeño.

capcioso-sa, engañoso, engañador, embaucador, sofístico, artificioso, insidioso. **Ant.** Directo, sincero, veraz.

capear, soportar, aguantar, resistir, eludir, sortear, evitar.// Engañar, entretener.

capellán, eclesiástico, clérigo, sacerdote, cura.

caperuza, gorro, bonete, capucha, capuz.

capilar, pilífero, cabello.// Fino, angosto, delgado.

capilla, oratorio, ermita, baptisterio.

capirote, cucurucho, caperuza.

capital, fortuna, dinero, caudal, bienes, hacienda, riqueza, patrimonio, fondos. **Ant.** Miseria, pobreza.// Metrópoli, ciudad, urbe.// Esencial, fundamental, principal, primordial. **Ant.** Secundario, accesorio.

apitalismo, monopolio, banca, librecambismo, liberalismo. **Ant.** Marxismo, socialismo, cooperativismo.

apitalista, adinerado, acaudalado, financista, poderoso, banquero, inversionista. **Ant.** Pobre, mísero. // Librecambista, mercantilista, monopólico. **Ant.** Socialista, marxista, cooperativista.

apitalizar, atesorar, acumular.

apitán, jefe, conductor, guía, caudillo, cabeza.

apitanear, guiar, conducir, dirigir, mandar, comandar, acaudillar, gobernar. **Ant.** Obedecer, acatar, someterse.

apitanía, territorio, demarcación, jurisdicción.

apitel, coronamiento, remate.

apitolio, palacio, parlamento.

apitulación, rendición, cesión, entrega. // Pacto, mediación, convenio, concertación, conciliación.

apitular, rendirse, entregarse, someterse, ceder. // Pactar, convenir, concertar, ajustar, conciliar, arreglar.

apítulo, apartado, aparte, división, título, parte, sección, artículo, párrafo. // Junta, asamblea, cabildo.

apote, gabán, abrigo, sobretodo.

apricho, antojo, deseo, manía, voluntad, gusto, chifladura, desvarío. // Fantasía, travesura, salida, arranque, variación, extravagancia, ocurrencia.

aprichoso-sa, extravagante, raro, irregular, fantástico, cambiante. // Lunático, variable, tornadizo, mudable, malhumorado, antojadizo, inconstante, testarudo. **Ant.** Constante, sensato, sereno, invariable.

ápsula, envoltura, estuche, cubierta, envase. // Cartucho.

aptación, atracción, señuelo, halago, adulación. **Ant.** Rechazo.

aptar, atraer, seducir, conquistar, fascinar. **Ant.** Rechazar, repeler. // Observar, mirar, atrapar, divisar.

aptura, prendimiento, presa, aprehensión, detención, arresto, encarcelamiento. // Presa, botín, despojo, caza, trofeo, conquista.

apturar, apresar, prender, tomar, aprisionar, detener, arrestar. **Ant.** Liberar, soltar.

apucha, caperuza, capuchón.

apullo, brote, botón, pimpollo, retoño, envoltura.

aquéctico-ca, flaco, débil, flojo, consumido, agotado, debilitado. **Ant.** Fuerte, vigoroso.

aquexia, agotamiento, debilitamiento. **Ant.** Fortalecimiento, vigorización.

aqui, ocre, amarillento, pardo.

ara, rostro, semblante, faz, fisonomía, efigie, imagen. // Frente, fachada. // Plano, superficie.

arabina, fusil, rifle, escopeta.

arabinero, vigilante, gendarme.

aracol, rizo, tirabuzón.

aracolear, corcovear, cabriolar.

arácter, genio, natural, calidad, idiosincrasia, capacidad, temple. // Energía, fortaleza, firmeza, severidad, entereza, rigor, dureza. **Ant.** Timidez, apocamiento, debilidad.

aracterístico-ca, típico, peculiar, propio, particular, representativo. **Ant.** General, común.

aracterizar, estilizar, particularizar, singularizar, tipificar, distinguir. **Ant.** Generalizar. // Representar, interpretar, personalizar, pintar, maquillar.

arambola, casualidad, coincidencia, chiripa, contingencia. // Choque, toque.

aramelo, dulce, confitura.

aramillo, flauta.

arátula, máscara, careta. // Etiqueta, sobrecubierta.

aravana, tropel, romería, multitud, muchedumbre, tropa, expedición, columna, convoy, fila.

arbón, antracita, hulla, coque.

arbonera, depósito, almacén, coquera.

arbonizar, quemar, inflamar, arder, incendiar, calcinar, incinerar, abrasar.

arburante, combustible.

arburar, inflamar, quemar, arder. // Marchar, andar, funcionar.

arcaj, cuja, funda.

arcajada, risotada, risa. **Ant.** Lloro, llanto.

carcajear, reír.

carcamal, viejo, anciano, vejestorio, achacoso.

cárcel, prisión, penal, correccional, chirona, penitenciaría, gayola. // Arresto, apresamiento.

carcelero-ra, vigilante, guardia, celador, alcaide, guardiacárcel.

carcoma, polilla, gorgojo, larva. // Destrucción, desintegración, devastación. // Inquietud, angustia, mortificación.

carcomer, roer, corroer, consumir, destruir, horadar, agujerear, desgastar. // Inquietar, mortificar, angustiar. **Ant.** Serenar, tranquilizar.

cardar, peinar, desenredar, desembrollar.

cardenal, purpurado, eclesiástico, prelado, eminencia. // Golpe, contusión, moradura, equimosis, señal, moretón, verdugón.

cárdeno-na, morado, amoratado.

cardíaco-ca, cardiálgico, cardítico.

cardinal, básico, principal, esencial, fundamental, primordial. **Ant.** Secundario.

cardizal, cardal.

cardumen, banco, multitud, abundancia.

carear, enfrentar, encarar. // Cotejar, confrontar, comparar.

carecer, faltar, necesitar. **Ant.** Poseer, disponer.

carena, reparación, arreglo, compostura.

carenar, calafatear, arreglar, componer.

carencia, privación, falta, ausencia, escasez, menester, pobreza.

carente, escaso, falto, necesitado, careciente, desprovisto. **Ant.** Abundante.

careo, enfrentamiento, encaramiento. // Interrogatorio, investigación. // Cotejo, comparación.

carestía, encarecimiento, aumento, alza. // Escasez, privación, necesidad, penuria, falta, inexistencia.

careta, máscara, carátula.

carga, peso, cargamento, fardo. // Impuesto, contribución, gabela, gravamen, imposición, tributo. // Embestida, acometida, ataque, arremetida, asalto. // Obligación, orden, encargo.

cargante, pesado, aburrido, cargoso, molesto, importuno, impertinente, enojoso, fastidioso, insoportable, irritante. **Ant.** Divertido, entretenido, interesante.

cargamento, carga, acarreo, fardaje.

cargar, abarrotar, lastrar, embarcar, estibar, recargar, colmar. // Debitar. // Imputar, achacar, atribuir, inculpar. // Acometer, atacar, arremeter, embestir. // Incomodar, enojar, irritar, molestar, importunar, fastidiar.

cargo, puesto, ocupación, empleo, trabajo, dignidad, función, destino. // Culpa, inculpación, acusación, imputación.

cariacontecido-da, triste, abatido, apenado, abatido.

cariarse, corroerse, ulcerarse, picarse.

caricato, cómico, payaso.

caricatura, ridiculización, parodia, exageración, deformación, sátira, remedo. // Dibujo, representación.

caricaturizar, imitar, parodiar, exagerar, satirizar, ironizar, desfigurar, deformar.

caricia, cariño, lisonja, terneza, zalamería, arrumaco, mimo, zalema.

caridad, compasión, filantropía, misericordia, humanidad, generosidad, bondad, benevolencia. **Ant.** Crueldad, dureza, inhumanidad. // Limosna, auxilio, ayuda, protección.

caries, úlcera, picadura, putrefacción, destrucción.

carilla, plana, página, hoja, folio.

carillón, campana.

cariño, afecto, amor, inclinación, benevolencia, amistad, afición, apego, ternura. **Ant.** Odio, indiferencia, desprecio, desamor.

cariñoso-sa, afectivo, amable, tierno, afectuoso, cordial, benévolo, zalamero. **Ant.** Frío, antipático.

carisma, atractivo, personalidad, don, gracia.

caritativo-va, filántropo, compasivo, generoso, liberal, misericordioso, humano, desprendido. **Ant.** Cruel, inhumano, egoísta.

cariz, aspecto, traza, giro, pinta, perspectiva, apariencia, situación.

carmesí, púrpura, encarnado, morado, grana, purpúreo, granate.

carnada, cebo, señuelo.

carnadura, encarnadura.// Musculatura, robustez, fortaleza, vigor.

carnal, terrenal, mundano.// Consanguíneo, directo.// Lascivo, licencioso, sensual, libidinoso, lúbrico.

carnaval, carnestolendas, mascarada, comparsa, diversión, regocijo, desorden, burla.

carnavalada, burla, inocentada, broma, chanza, ridiculez, extravagancia.// Mascarada.

carnaza, carnadura, carnes, cebo, carnada.

carne, chicha, pulpa, musculatura, filete, chuleta.// Sensualidad. **Ant.** Espiritualidad.

carné, credencial, carnet, comprobante, documento.

carnear, matar, sacrificar, descarnar.

carnero, borrego, cordero.// Rompehuelgas, esquirol.

carnicería, destrozo, mortandad, matanza, destrucción, masacre.// Negocio, chacinería.

carnicero-ra, sanguinario, feroz, cruel, inhumano, fiera, bestia. **Ant.** Humano, benévolo.// Carnívoro. **Ant.** Herbívoro.// Matarife, matachín, achurador.

carnoso-sa, gordo, grueso, rollizo, voluminoso. **Ant.** Delgado, enjuto, flaco.// Suculento, pulposo, tierno. **Ant.** Duro, descarnado.

caro-ra, costoso, exorbitante, valioso, oneroso, considerable, subido, gravoso, preciado.// **Ant.** Barato, económico.// Amado, apreciado, querido, estimado. **Ant.** Aborrecido, odiado.

carozo, hueso, núcleo, corazón, semilla.

carpa, toldo, tienda, pabellón.

carpanta, hambre.

carpeta, forro, cubierta, tapa.// Cartapacio, legajo.// Tapiz, cortina.

carpintería, ebanistería, marquetería.

carpintero, ebanista.

carpir, arañar, lastimar, rasgar.

carraca, matraca, bulla.// Armatoste, trasto, cachivache, artefacto, cacharro.

carraspear, toser, enronquecer, ronquear, desflemar, aclarar.

carraspera, carraspeo, tos, ronquera, enronquecimiento, irritación.

carrera, curso, recorrido, trayecto, trayectoria, trecho.// Competición, prueba, lucha, pugna.// Estudio, profesión.// Corrida, correteo, persecución. **Ant.** Quietud, reposo, lentitud, pausa.// Pedestrismo.

carreta, carro, carromato, tartana.

carrete, bocina, tambor, rollo.

carretear, transportar, conducir, acarrear, cargar, moverse, desplazarse.

carretera, camino, ruta, pista, vía, calzada, autopista, autovía.

carretero, guía, conductor, carrero, mayoral.

carretilla, carretón, volquete.

carril, riel, vía.// Huella, surco, senda.

carrillo, moflete, pómulo, mejilla, cachete.

carro, carruaje, carromato, coche, vehículo.

carrocería, chasis, bastidor, cabina, caja.

carroña, despojos, podredumbre, putrefacción, cadáver, descomposición, restos.

carroza, carruaje, coche.

carruaje, coche, vehículo, carro.

carrusel, tiovivo, calesita.

carta, misiva, mensaje, epístola, correspondencia, comunicado.// Naipe, baraja.// Mapa.// Estatuto, constitución.

cartabón, regla, escuadra, marco.

cartapacio, carpeta, portafolios, portapliegos.

cartearse, escribirse, comunicarse, relacionarse.

cartel, afiche, letrero, pancarta, anuncio, aviso, título, rótulo, inscripción, propaganda.

carteo, correspondencia, correo, epistolario.

cartera, bolso, monedero, billetera, mochila, portafolio.// Ministerio, función.

carterista, ladrón, punguista, descuidero, ratero.

cartero, repartidor, distribuidor, correo.

cartilla, abecedario, silabario, abecé.// Cuaderno, libreta.

cartomancia, adivinación, predicción, pronosticación.

cartón, cartulina.

cartuchera, canana, caja, cartera, bolsa, cinto, cinturón.

cartucho, cápsula, envoltura.// Bala, explosivo, cápsula./ Cucurucho.

cartuja, monasterio, claustro, abadía, convento, cenobio, co munidad.

cartujo, monje, religioso, eremita, cenobita, fraile.// Tacitur no, callado, silencioso. **Ant.** Dicharachero, sociable.

carúncula, excrecencia, carnosidad.

casa, morada, hogar, vivienda, habitación, domicilio, mar sión, residencia, inmueble, edificio.// Familia, raza, linaje sangre, prosapia, estirpe.// Sociedad, empresa, firma, com pañía, corporación, entidad, comercio. **Par.** Caza.

casaca, chaqueta, chaquetón, levita, gabán, cazadora.

casación, anulación, invalidación.

casadero-ra, maridable, núbil.

casado-da, desposado, cónyuge, consorte. **Ant.** Célibe, so tero.

casamata, fortificación, fuerte, reducto.

casamentero-ra, mediador.

casamiento, boda, nupcias, enlace, casorio, matrimonio, es ponsales, alianza. **Ant.** Separación, divorcio.

casar, juntar, unir, enlazar, emparejar, reunir. **Ant.** Separar, de sunir.// Matrimoniar, desposar, vincular. **Ant.** Separar, divor ciar. **Par.** Cazar.

cascabel, campanilla, cencerro.

cascabelear, sonar, campanillar, alborotar.

cascabelero-ra, alegre, jaranero.

cascada, salto, catarata, caída, chorro.

cascado-da, viejo, estropeado, achacoso, usado, marchito consumido, gastado. **Ant.** Nuevo, reluciente, flamante./ Agrietado, partido, rajado. **Ant.** Entero.

cascajo, piedra, cascote, guijarro.// Gastado, viejo, trabaja do.

cascar, quebrar, hender, agrietar, romper, escachar, quebrar tar, abrir.// Golpear, azotar, pegar, sacudir.

cáscara, corteza, cubierta, caparazón, costra, piel, envoltura

cascarrabias, malhumorado, irritable, arrebatadizo, quis quilloso, irascible, puntilloso. **Ant.** Tranquilo, sereno, alegre

casco, cabeza, cráneo.// Yelmo, morrión, armadura.

cascote, ripio, canto, cascajo, guijarro, esquirla, piedra.// Es combros.

caseína, albuminoide.

caseoso, cuajado, cortado, agrio. **Ant.** Dulce.

casero-ra, familiar, doméstico, hogareño.// Arrendatario administrador, propietario, dueño.

caseta, garita, cabina.

casi, aproximadamente, por poco.

casilla, cabina, garita, caseta.// Compartimiento, división, es caque, encasillado.

casino, club, círculo, asociación, centro, sociedad, ateneo.

caso, ocasión, lance, ocurrencia, acontecimiento, inciden te.// Especie, asunto, punto, cuestión.// Proceso.// Ejem plo.

casorio, boda, casamiento, nupcias, matrimonio.

caspa, escama, escamilla, costra, descamación.

casquete, gorra, bonete.// Casco, cubierta.

casquivano-na, alocado, aturdido, irreflexivo, superficial frívolo, inconstante, veleidoso, voluble, libertino, juerguista play-boy. **Ant.** Serio, sensato, reflexivo, constante, formal.

cassette, caja, cajita, estuche, cinta magnética, bobina.

casta, familia, abolengo, raza, clase, especie, estirpe, tronco

castañetear, entrechocar, repiquetear, chasquear.// Tirita temblequear.

castaño-ña, marrón, pardo, cobrizo.

castañuela, castañeta.

castellano-na, caballero, dama, hidalgo, señor, noble, amo

casticismo, pureza, autenticidad, originalidad.

castidad, honestidad, pureza, virginidad, pudor, virtud, de cencia. **Ant.** Indecencia.

castigador-ra, ejecutor.// Seductor, mujeriego, galán, donjuán.

castigar, afligir, mortificar, penar, martirizar, sancionar, escarmentar. **Ant.** Consolar.// Corregir, enmendar. **Ant.** Perdonar.

castigo, pena, represión, mortificación, condena, aflicción, martirio. **Ant.** Consuelo.// Calamidad, epidemia, plaga.// Enmienda, corrección, correctivo, represalia, **Ant.** Impunidad, perdón.

castillo, fortaleza, ciudadela, alcázar, fuerte, torre, reducto.

castizo-za, correcto, puro, típico, clásico, auténtico, limpio. **Ant.** Impuro, foráneo.

casto-ta, virgen, honesto, puro, incorruptible, virtuoso, honrado, púdico. **Ant.** Impuro, indecoroso, impúdico.

castración, emasculación, capadura, esterilización, extirpación, mutilación.

castrado-da, capado, eunuco, mutilado, capón, incapacitado.

castrar, esterilizar, capar, mutilar, emascular, amputar.// Incapacitar, debilitar, apocar. **Ant.** Fortificar, vigorizar.

casual, accidental, fortuito, ocasional, aleatorio, contingente, esporádico, imprevisto, inopinado, impensado. **Ant.** Previsto, premeditado, fatal, pensado.

casualidad, acaso, azar, eventualidad, suerte, contingencia, posibilidad, lance, circunstancia. **Ant.** Seguridad, certeza, previsión.

casulla, sobrepelliz, manto.

cata, prueba, ensayo.

cataclismo, catástrofe, desastre, ruina, adversidad, hecatombe, desgracia, aniquilación, devastación, destrucción.

catacumbas, subterráneo, cripta, bóveda, sótano.

catador-ra, degustador, probador, saboreador, gastrónomo.

catadura, degustación, prueba.// Aspecto, traza, porte, presencia, facha. pinta, apariencia.

catafalco, túmulo.

catalejo, anteojo, telescopio.

catalepsia, inmovilidad, insensibilidad, suspensión.

catalogar, registrar, anotar, clasificar, archivar, ordenar, inventariar, inscribir.

catálogo, índice, repertorio, registro, nomenclador, lista, inventario, matrícula.

cataplasma, apósito, sinapismo, emplasto, fomento, parche.// Inútil, lento, torpe, inepto. **Ant.** Hábil, diestro, eficaz.

catar, probar, paladear, gustar, saborear, degustar.// Mirar, observar, registrar, juzgar, apreciar.

catarata, cascada, salto, chorro, torrente.// Enturbiamiento, telilla.

catarro, tos, resfrío.

catarsis, purificación, purga.

catastro, censo, empadronamiento, inscripción.// Estadística.

catástrofe, desastre, cataclismo, convulsión, destrucción.

catastrófico-ca, desastroso, devastador, asolador, calamitoso, desgraciado, aciago, adverso. **Ant.** Feliz, afortunado.

catecismo, doctrina, devocionario, prédica.// Base, rudimentos, abecé.

catecúmeno-na, seguidor, fiel.

cátedra, asignatura, materia, disciplina, estudio, ciencia.// Púlpito, aula, tribuna.

catedral, basílica, templo.

catedrático-ca, profesor, maestro, educador.

categoría, clase, rango, condición, jerarquía, grupo, género, tipo.// Calidad, supremacía, importancia.

categórico-ca, terminante, inapelable, absoluto, decisivo, preciso, imperioso, imperativo, concluyente. **Ant.** Impreciso, equívoco, incierto.

catequesis, catecismo, adoctrinamiento, enseñanza, instrucción, cristianización.

catequista, catequizador, educador, instructor.

catequizar, adoctrinar, cristianizar, enseñar, iniciar, preparar.// Aconsejar, convencer, persuadir. **Ant.** Disuadir.

caterva, muchedumbre, tropel, sinnúmero, fárrago, multitud, banda, cáfila, infinidad, montón, turba, canalla, chusma.

catinga, olor, hedor.

catolicismo, cristianismo, fe, catolicidad.

católico-ca, piadoso, fiel, cristiano, creyente. **Ant.** Infiel, hereje, ateo.

catre, camastro, yacija, lecho, petate, jergón, cama.

cauce, lecho, madre, conducto, canal, vaguada. **Par.** Cause.

caucho, goma, látex.

caución, precaución, garantía, obligación, cautela, seguridad, fianza. **Ant.** Imprevisión.

caudal, acervo, hacienda, fortuna, patrimonio, bienes, riqueza, capital.// Abundancia, cantidad.

caudaloso-sa, abundante, copioso, crecido, arrollador, ancho, impetuoso, rebosante. **Ant.** Pobre, escaso.

caudillaje, caudillismo, superioridad, autoridad, poder. **Ant.** Subordinación, sometimiento.

caudillo, jefe, conductor, adalid, guía, paladín, capitán, campeón, dirigente, señor. **Ant.** Subordinado, seguidor.

causa, motivo, fundamento, razón, principio, precedente, móvil. **Ant.** Efecto, consecuencia, resultado.// Proceso, caso, litigio.

causalidad, motivación, razón, conexión, imputabilidad, principio, origen, relación.

causante, promotor, perpetrador, culpable. **Ant.** Intrascendente.

causar, producir, provocar, crear, ocasionar, originar, suscitar, determinar, motivar, influir.

causticidad, mordacidad, malignidad, agudeza, malevolencia, animosidad. **Ant.** Bondad, benevolencia, dulzura.// Acidez, corrosión.

cáustico-ca, punzante, incisivo, fino, agudo, mordaz, satírico, agresivo, irónico, sutil, picante, áspero. **Ant.** Benévolo, moderado.

cautela, recato, circunspección, precaución, reserva, prudencia, cuidado, moderación, sensatez, cordura, juicio. **Ant.** Imprudencia.// Maña, astucia, sutileza, argucia. **Ant.** Inocencia, ingenuidad.

cautelar, prevenir, precaver, recelar.

cauteloso-sa, precavido, prevenido, previsor, cuidadoso, receloso, prudente, moderado. **Ant.** Descuidado, imprudente.// Taimado, fino, astuto, hipócrita. **Ant.** Ingenuo, inocente.

cauterización, escarificación, quemadura, cauterio.

cauterizar, detener, restañar, foguear, curar, atajar, escarificar.

cautivar, seducir, atraer, sojuzgar, dominar, influir, encantar, someter. **Ant.** Repeler, rechazar.// Apresar, capturar, detener, encadenar, aprisionar. **Ant.** Liberar.

cautiverio, encarcelamiento, sujeción, prisión, aprisionamiento, sojuzgamiento, esclavitud, confinación, sumisión. **Ant.** Libertad, liberación.

cautivo-va, sojuzgado, dominado, preso, detenido, encarcelado, encadenado, sometido, aprisionado, esclavizado, rehén, prisionero, sujeto. **Ant.** Libre, suelto.

cauto-ta, precavido, previsor, prudente, cauteloso, circunspecto, astuto. **Ant.** Imprudente.

cava, bodega.// Cueva, foso, hoyo.

cavar, socavar, ahondar, perforar, excavar, remover, azadonar, penetrar. **Ant.** Tapar, cubrir.

caverna, gruta, espelunca, cueva, cavidad.

cavernícola, atrasado, primitivo, retrógado. **Ant.** Progresista.

cavernoso-sa, bronco, sordo, ronco, oscuro, opaco. **Ant.** Claro, sonoro, cristalino.// Escondido, recóndito, profundo.

cavidad, seno, concavidad, agujero, vacío, hendedura, abismo, hoyo, brecha, hueco, cueva, nicho.

cavilar, pensar, meditar, razonar, reflexionar, deliberar, rumiar, ensimismarse, abstraerse, reconcentrarse, discurrir, abismarse.

caviloso-sa, pensativo, abstraído, reconcentrado, meditabun-do, abismado, preocupado. **Ant.** Despreocupado, distraído.

cayado, bastón, báculo, palo, vara. **Par.** Callado.

caza, cacería, acecho, batida, persecución, partida.// Cinegética, montería, cetrería. **Par.** Casa.

cazador-ra, montero, perseguidor, trampero, acechador, venador, tirador, ojeador.

cazadora, chaqueta, pelliza, americana.

cazar, atrapar, perseguir, alcanzar, sorprender.// Montear, ojear, acosar, acorralar, cercar, acechar. **Ant.** Abandonar. **Par.** Casar.

cazuela, cacerola, paella, tartera, vasija, marmita.

cazurro-rra, callado, sigiloso, taciturno, cerrado, silencioso, astuto, huraño, insociable, taimado. **Ant.** Parlanchín, sociable, ingenuo.

cebar, engordar, sobrealimentar, sainar. **Ant.** Adelgazar.// Engolosinar, atraer, halagar, alentar, fomentar. **Ant.** Desanimar, desalentar.// **-se,** encarnizarse, vengarse, ensañarse. **Ant.** Perdonar.

cebo, carnada, señuelo.// Atractivo, aliciente, tentación, señuelo, incentivo, seducción.// Explosivo, detonante. **Par.** Sebo.

cebrado-da, listado, tigrado, manchado, rayado.

cecina, tasajo, salazón, adobo.

cedazo, tamiz, harnero, criba.

ceder, transferir, endosar, entregar, abandonar, dar, traspasar, trasladar, dejar. **Ant.** Apropiarse, tomar, recibir.// Conceder, consentir, conciliar, avenirse, capitular, acceder, transigir, condescender, pactar. **Ant.** Negar, resistir, rehusar.// Aflojar, disminuir, cesar, mitigar, cejar. **Ant.** Redoblar, aumentar.

cédula, documento, papeleta, carné, tarjeta, rúbrica.

céfiro, brisa, aura, soplo, airecillo, hálito, corriente.

cegador-ra, deslumbrante, enceguecedor, reluciente, fascinante. **Par.** Segador.

cegar, enceguecer, ensombrecer, oscurecer, eclipsar. **Ant.** Iluminar.// Encandilar, deslumbrar, ilusionar, pasmar, ofuscar.// Obstruir, tapar. **Par.** Segar.

cegato-ta, ciego.

ceguera, ceguedad, ablepsia.// Ofuscación, obcecación, oscurecimiento, alucinación, deslumbramiento. **Ant.** Clarividencia, sensatez, prudencia.

ceja, borde, resalto, saliente.

cejar, ceder, aflojar, flaquear, abandonar, transigir, consentir, **Ant.** Resistir.// Retroceder, replegarse, recular.

celada, casco, yelmo.// Trampa, emboscada, asechanza, fraude, engaño.

celador-ra, guardián, vigilante, sereno, cuidador, tutor, preceptor.

celaje, nubosidad, nebulosidad.

celar, encubrir, tapar, ocultar, disimular. **Ant.** Mostrar.// Cuidar, velar, atisbar, espiar, observar, acechar. **Ant.** Descuidar.

celda, calabozo, encierro, prisión, mazmorra.// Cámara, cuarto, aposento.

celebración, festejo, aplauso, ceremonia, encarecimiento, conmemoración, solemnidad, evocación, gala.

celebrante, oficiante, sacerdote.

celebrar, elogiar, encomiar, encarecer, aplaudir, alabar, ensalzar, ponderar, glorificar, enaltecer. **Ant.** Criticar, humillar.// Decir misa, consagrar, venerar, oficiar.// Festejar, solemnizar, recordar. **Ant.** Olvidar.

célebre, ilustre, reputado, conocido, famoso, renombrado, glorioso, distinguido. **Ant.** Desconocido.

celebridad, renombre, reputación, notoriedad, popularidad, consideración, nombre, fama, boga, aplauso. **Ant.** Impopularidad, desconocimiento.

celeridad, rapidez, presteza, prontitud, actividad, vivacidad, diligencia, velocidad. **Ant.** Tardanza, parsimonia, lentitud.

celestial, paradisíaco, beatífico, divino, seráfico, bienaventurado. **Ant.** Infernal, terrenal.// Delicioso, encantador, agradable, perfecto. **Ant.** // Repugnante, desagradable, repelente.

celestina, alcahueta, tercera, mediadora, encubridora, proxeneta.

celibato, soltería. **Ant.** Casamiento.

célibe, soltero, núbil. **Ant.** Casado.

celo, preocupación, diligencia, interés, actividad, asiduidad, entusiasmo, afán, ahínco, eficacia, eficacia, perseverancia, cuidado. **Ant.** Descuido, desinterés.// Libido, atracción, sexualidad. **Ant.** Frialdad.

celos, desconfianza, duda, sospecha, rivalidad, pasión, recelo, suspicacia. **Ant.** Confianza.

celosía, persiana, reja, enrejado, mirilla.

celoso-sa, desconfiado, receloso, atormentado. **Ant.** Seguro, confiado.// Enamorado, encelado.// Cumplidor, diligente, solícito. **Ant.** Descuidado, displicente.

célula, cavidad, celda, seno.// Elemento, átomo.

celular, penitenciario, carcelario.

cementerio, camposanto, necrópolis.

cemento, argamasa, mortero, cal.

cena, comida, colación.

cenador, quiosco, emparrado, glorieta, pérgola. **Par.** Senador.

cenagal, fangal, lodazal, barrizal, pantano.

cenar, comer.

cencerrada, ruido, alboroto, bulla, escándalo.

cencerro, campanilla, esquila.

cenefa, orla, ribete, orillo, borde, fleco, viñeta. **Ant.** Centro.// Bordado, encaje, adorno.

cenicienta, desdeñada, separada, despreciada. **Ant.** Predilecta, favorita.// Criada, fregona.

ceniciento-ta, gris, grisáceo, borroso, oscuro.

cenit, cúspide, culminación, prosperidad. **Ant.** Decadencia.// Mediodía. **Ant.** Nadir.

ceniza, pavesa, polvo, residuo, escoria.// **-s,** despojos, restos, residuos.

cenobita, monje, ermitaño, anacoreta, eremita, solitario.

censo, registro, padrón, empadronamiento, inventario, catastro, lista.

censor-ra, crítico, exigente, severo, criticón, murmurador. **Ant.** Defensor.// Magistrado, interventor, examinador. **Par.** Sensor.

censura, crítica, juicio, examen, reprimenda, reprobación, vituperio, **Ant.** Elogio, alabanza.// Murmuración, condena, severidad.

censurable, vituperable, criticable, indigno, condenable. **Ant.** Loable, elogiable.

censurar, castigar, sermonear, reprender.// Criticar, analizar, condenar, desaprobar, reprobar. **Ant.** Elogiar, alabar.// Tachar, tildar, suprimir, borrar. **Ant.** Autorizar, permitir.

centella, rayo, exhalación.// Chispa.

centelleante, brillante, esplendente, radiante, refulgente, vivo, deslumbrador, resplandeciente, fosforescente, luminoso, chispeante, fulgurante, rutilante. **Ant.** Apagado, opaco, deslucido, oscuro.

centelleo, brillo, fulgor, llamarada, resplandor, fosforescencia. **Ant.** Oscuridad, opacidad.

centena, centenar, ciento.

centenario, centuria.// **-ria,** viejo, anciano, antiquísimo, vetusto.

céntimo, centavo, centésimo.

centinela, guardia, custodio, vigilante, guardián, observador, cuidador.// Guardia, imaginaria, vigilia.

centrado-da, equidistante, medio, central, centralizado, céntrico. **Ant.** Periférico, alejado.// Correcto, juicioso, acertado, conveniente, competente. **Ant.** Disparatado, desmedido, alocado.

central, centrado, céntrico, interior. **Ant.** Periférico, descentrado.// Capital, corazón, núcleo, base, cuna, matriz. **Ant.** Sucursal.

centralismo, centralización. **Ant.** Separación, federalismo.

centralizar, agrupar, reunir, dependizar, concentrar, central, monopolizar. **Ant.** Descentralizar, desconcentrar, independizar.

céntrico-ca, frecuentado, concurrido, animado.// Central, interior. **Ant.** Periférico, distante.

centro, corazón, eje, núcleo, foco.// Mitad, medio. **Ant.** Contorno, periferia.// Sociedad, club, asociación, agrupación.// Finalidad, objeto.

centuria, siglo.

ceñidor, sujetador, cinturón, cinta, faja, corsé.

ceñir, ajustar, rodear, abarcar, cercar, estrechar, oprimir. **Ant.** Soltar, aflojar.// **-se,** circunscribirse, limitarse, atenerse.

ceño, entrecejo, disgusto, enfado.

ceñudo-da, cejijunto, adusto, malhumorado, hosco. **Ant.** Alegre.

cepa, tronco, raíz, origen, vid.// Raza, linaje, abolengo, raza, familia, estirpe, sangre, nacimiento. **Par.** Sepa.

cepillar, limpiar, asear, barrer, pulir, pulimentar, suavizar, lijar, afinar.

cepillo, escobilla, escobita, almohaza, limpiador, pulidor, brocha.

cepo, emboscada, trampa, celada, asechanza, anzuelo.// Tortura, mordaza.

cerámica, loza, barro, arcilla, mayólica, terracota, vasija.// Alfarería.

ceramista, alfarero.

cerbatana, canuto, tubo.

cerca, junto, cercano, próximo, inmediato, vecino, adyacente, contiguo.// **Ant.** Lejos, remoto, remotamente.// Vallado, tapia, empalizada, valla, cercado, seto, barrera.

cercado, coto, recinto, vedado, corral.// Cerca, seto, vallado.

cercanía, proximidad, inmediaciones, aledaños, vecindad, contorno, alrededores.// Aproximación, semejanza.

cercano-na, aproximado, contiguo, vecino, limítrofe, aledaño, colindante. **Ant.** Alejado, distante, lejano.// Semejante, parecido. **Ant.** Distinto, diferente.

cercar, rodear, circunvalar, ceñir, empalizar, acordonar, vallar.// Sitiar, hostigar, confinar. **Ant.** Liberar.

cercenar, quitar, mutilar, seccionar, extirpar, rebanar, truncar, amputar, talar. **Ant.** Unir.// Abreviar, suprimir, tachar, disminuir, reducir, acortar. **Ant.** Ampliar, aumentar.

cerciorarse, asegurarse, corroborar, confirmar, afirmar, justificar. **Ant.** Dudar, vacilar.

cerco, círculo, perímetro, circunferencia, corro.// Marco, valla.// Asedio, sitio. **Ant.** Liberación, desbloqueo.

cerda, marrana, chancha.// Hebra, pelo, crin, filamento.

cerdo, puerco, chancho, marrano, cochino, verraco.// Sucio, desaseado, desprolijo. **Ant.** Limpio, prolijo.

cerdoso-sa, peludo, áspero, hirsuto. **Ant.** Suave, calvo.

cereal, grano, simiente, mies.

cerebral, intelectual, sesudo, racional, razonador. **Ant.** Sentimental, apasionado.

cerebro, seso, sesos, mente.// Inteligencia, capacidad, talento, intelecto, cacumen. **Ant.** Torpeza, incapacidad.

ceremonia, solemnidad, pompa, aparato, celebración, gala, fiesta, conmemoración, culto, festividad.// Además, manera, reverencia, cortesía, pleitesía, saludo, honor. **Ant.** Grosería, descortesía.

ceremonial, rito, formalidad, uso, costumbre.

ceremonioso-sa, afectado, formal, protocolar, solemne, ampuloso. **Ant.** Natural, simple, sencillo.

cerilla, fósforo.

cernedor, criba, cedazo.

cerner, cribar, colar, tamizar, separar.// Afinar, depurar, limpiar, purificar. **Ant.** Mezclar.// -se, planear, sobrevolar, mantenerse.

cero, nada, nulidad, nulo, inútil.// Ausencia, carencia. **Ant.** Totalidad.

cerrado-da, obstruido, sellado, tapado, cegado, ocluido, tabicado, atrancado. **Ant.** Abierto.// Torpe, negado, incapaz, obtuso. **Ant.** Inteligente, capaz.// Nublado, encapotado, entoldado, tempestuoso, cubierto. **Ant.** Claro, despejado. **Par.** Serrado.

cerradura, cerramiento, cierre, candado, tranca, cerrojo, pasador, falleba.

cerrar, clausurar, tapiar, obturar, obstruir, atrancar, condenar, sellar. **Ant.** Abrir, destapar.// Acabar, terminar, finalizar. Empezar.// Cicatrizar, sanar.// Doblar, plegar. **Ant.** Abrir. **Par.** Serrar.

cerrazón, oscuridad, nubosidad.

cerril, salvaje, arisco, huraño, rústico, indómito, montaraz, agreste. **Ant.** Civilizado, instruido, culto.// Negado, torpe, obstinado, terco. **Ant.** Sensato, inteligente.

cerro, elevación, altura, monte, colina, otero, altozano, eminencia, collado. **Ant.** Depresión, llanura.

cerrojo, candado, pasador, pestillo, falleba.

certamen, concurso, torneo, justa, campeonato, competición.// Muestra, exposición.

certero-ra, preciso, hábil, acertado, seguro, firme, exacto. **Ant.** Equivocado, inseguro, vacilante, impreciso, errado, desacertado.

certeza, seguridad, certidumbre, convencimiento, convicción, evidencia. **Ant.** Inseguridad, incertidumbre.

certidumbre, certeza, seguridad. **Ant.** Incertidumbre.

certificado, documento, prueba, título, testimonio, garantía, certificación.

certificar, asegurar, atestiguar, documentar, testimoniar, confirmar, probar, legalizar. **Ant.** Desautorizar, invalidar.

cerval, cervuno.// Espantoso, horrible, pavoroso.

cervecería, bar, taberna.

cerviz, nuca, cuello, cogote, testuz.

cervuno-na, cerval.// Castaño, pardo, oscuro, zaino. **Ant.** Claro.

cesación, interrupción, detención, paro, cese, suspensión, descanso, aplazamiento. **Ant.** Continuación, vigencia, continuidad.

cesante, suspendido, desocupado, despedido, inactivo, destituido. **Ant.** Ocupado, activo.

cesantía, suspensión, cese, interrupción, despido, destitución.

cesar, concluir, terminar, suspender, acabar, finalizar, interrumpir, detener. **Ant.** Continuar, comenzar.// Abandonar, aflojar, renunciar. **Ant.** Trabajar.

cese, reposo, huelga, pausa, baja, detención. **Ant.** Actividad, continuidad.// Interrupción, discontinuación. **Ant.** Continuación.

cesión, transferencia, transmisión, otorgamiento, entrega, traspaso, donación, préstamo. **Ant.** Retención, usurpación. **Par.** Sesión.

césped, hierba, pasto, verde, prado.

cesta, cesto, canasta, espuerta, banasta, capacho.

cetrería, caza.

cetrino-na, verdoso, amarillento, aceitunado, tostado, oscuro, oliváceo. **Ant.** Claro, blanco.// Triste, taciturno, melancólico. **Ant.** Alegre, divertido.

cetro, vara, insignia, bastón, caduceo.// Gobierno, poder, reino, reinado, soberanía, mando, superioridad, preeminencia. **Ant.** Subordinación.

chabacanería, vulgaridad, ordinariez, chocarrería. **Ant.** Elegancia, distinción.

chabacano-na, ordinario, vulgar, soez, chocarrero, tosco. **Ant.** Elegante, distinguido.

chabola, rancho, choza, barraca, cabaña, bohío.

cháchara, charlatanería.

chacharear, charlar.

chacina, cecina.

chacó, morrión, quepis.

chacota, burla, chanza.// Barullo, jolgorio, jarana. **Ant.** Tranquilidad, seriedad, gravedad.

chafallón-na, chapucero.

chafar, aplastar, estropear, arruinar, deslucir.

chafarrinar, ensuciar, embadurnar, manchar. **Ant.** Limpiar, asear.

chafarrinón, mancha, borrón.

chaflán, esquina, bisel.

chaira, cuchilla, lezna.

chal, pañoleta, mantón, manto.

chalado-da, enamorado, acaramelado.// Extravagante, trastornado. **Ant.** Sensato, juicioso.

chaladura, aturdimiento, chifladura, extravagancia. **Ant.** Cordura, sensatez.// Enamoramiento.

chalar, trastornar, aturdir, enloquecer.// Enamorar.

chaleco, chaquetilla.

chalina, pañuelo, chal.

chalupa, bote, lancha, canoa, batel.

chambergo, sombrero.

chambón-na, torpe, chapucero. **Ant.** Hábil, diestro.

chambonada, desacierto, chapucería.

champiñón, hongo.

chamuscar, quemar, tostar, dorar.

chamusquina, tostadura, quemadura.// Riña, pelea.

chancear, burlar, bromear.

chanchullero-ra, tramposo, intrigante.
chanchullo, trampa, lío, embrollo, enredo.
chancleta, pantufla, zapatilla, alpargata, chinela, sandalia.
chanclo, zueco, chapín.
chantaje, extorsión, coacción, presión, amenaza.
chanza, burla.
chapa, placa, hoja, plancha, lámina.
chapado-da, recubierto, laminado.// Avezado, acostumbrado.
chapar, laminar, recubrir.
chaparro-rra, gordo, rechoncho. **Ant.** Esbelto, longilíneo.
chaparrón, llovizna, aguacero, chubasco.
chapitel, capitel, voluta.// Coronación, cabeza, punta.
chapotear, chapalear, salpicar, rociar, humedecer.
chapoteo, chapaleo, mojadura, rocío.
chapucear, frangollar, embrollar.
chapucería, tosquedad, imperfección.
chapucero-ra, remendón, torpe, desmañado, tosco. **Ant.** Hábil.
chapurrear, farfullar, tartamudear.
chapuzar, zambullirse, sumergirse.
chapuzón, zambullida.
chaqueta, americana, cazadora.
charanga, banda.
charco, hoyo, charca, bache.
charla, conversación, habla, parloteo.
charlar, conversar, platicar, disertar, hablar, parlotear, dialogar.
charlatán-na, hablador, parlanchín, locuaz, conversador. **Ant.** Callado, reservado.// Embaucador, embustero, impostor. **Ant.** Veraz.
charlatanería, verborragia, locuacidad, palabrerío. **Ant.** Moderación.
charolar, abrillantar, lustrar.
charretera, insignia, hombrera, trencilla, alamar.
charro-rra, vulgar, chabacano.// Recargado, barroco.
chascarrillo, cuento, chiste.
chasco, engaño, burla, desilusión, desengaño, fiasco, desencanto, decepción.
chasis, armazón, bastidor, esqueleto, montura, soporte.
chasquear, burlar, engañar.// Restallar.
chasquido, restallido, estallido.
chatarra, escoria, desperdicio.
chato-ta, romo, aplastado, plano.
chequeo, examen, reconocimiento, control.
chic, elegancia, distinción. **Ant.** Ordinariez, vulgaridad.// Elegante, distinguido. **Ant.** Tosco, rudo, torpe.
chicharra, timbre.
chichón, hinchazón, hematoma, bulto.
chico-ca, pequeño, bajo, minúsculo, corto. **Ant.** Grande, alto.// Niño, adolescente, joven, mocoso, muchacho. **Ant.** Adulto.
chiflado-da, loco, extravagante, trastornado. **Ant.** Cuerdo, sensato, sereno.
chifladura, locura, obsesión, manía, capricho. **Ant.** Sensatez, cordura.
chiflar, silbar, desaprobar, burlarse.// -se, enloquecer, trastornarse.
chillar, gritar, aullar.
chillido, grito, alarido.
chillón-na, gritón, escandaloso, vocinglero.// Agudo, penetrante.// Recargado, barroco, estridente, llamativo.
chimenea, hogar, fogón.
chinchorro, embarcación, chalupa, barquichuela.
chinela, chancleta, pantufla, zapatilla.
chingar, arruinar, estropear.
chiquero, porqueriza, pocilga, cuadra.
chiquillada, chiquillería, niñería, puerilidad, travesura.
chiquillería, chiquillada.
chiquillo, niño.
chirimbolo, trasto, bártulo, cachivache, cacharro, pertenencia.
chiripa, suerte, fortuna, casualidad, acierto.
chirlo, corte, cicatriz.

chirona, prisión, cárcel.
chirriar, rechinar, crujir.
chirrido, crujido, chillido, estridencia, crepitación.
chisme, cuento, murmuración, habladuría, comadreo, comidilla, patraña.
chismoso-sa, calumniador, cuentero, intrigante. **Ant.** Veraz.
chispa, centella, rayo, descarga.// Ingenio, vivacidad.
chispazo, destello, fogonazo, llamarada.
chispeante, ingenioso, gracioso, ocurrente, agudo, expresivo, brillante, decidor, vivo, penetrante.// Relampagueante, centelleante.
chispear, brillar, relucir, refulgir.// Lloviznar.
chistar, silbar, sisear.
chiste, broma, agudeza, ingeniosidad, chascarrillo, cuento, gracia, ocurrencia.
chistoso-sa, gracioso, ingenioso, burlón, humorista.
chivato, delator, confidente, soplón, acusón.
chivo, cabrito, cabrón, macho cabrío.
chocante, sorprendente, maravilloso, extraño, curioso, raro, original.
chocar, topar, colisionar, golpear, abordar, encontrar.
chocarrería, chabacanería, chuscada, obscenidad.
chocarrero-ra, chusco, burlón, chistoso, chabacano.
chochear, caducar, envejecer.
chochez, senilidad, envejecimiento, caducidad, atontamiento.
chocho-cha, caduco, lelo, viejo, senil. **Ant.** Joven.
chofer, conductor, automovilista.
choque, encuentro, golpe, colisión, topetazo, sacudida.// Enfrentamiento, discusión, conflicto, riña.
chorlito, tonto, lelo, distraído.
chorrear, gotear, perder, salir, brotar, fluir.
chorro, salida, hilo, efusión, pérdida, borbotón, manantial.
choza, cabaña, casucha, rancho, casilla, barraca.
chuchería, fruslería, insignificancia, baratija, bagatela.
chulo, bravucón, rufián, valentón, jactancioso.// Fatuo, lindo, coquetón, presumido.
chupado-da, consumido.
chupar, succionar, sorber, extraer, aspirar, tragar.
churrasco, asado, bistec, carne, chuleta.
churro, fritura, buñuelo.
churrete, mancha, chafarriñón.
chusco-ca, chistoso, gracioso, agudo, ocurrente, bromista.
chusma, gentuza, vulgo, masa, plebe, populacho.
chuzo, palo, pico, lanza.
cianosis, azulamiento, lividez, ennegrecimiento.
ciática, neuralgia.
cibernética, computación.
cicatear, mezquinar, regatear.
cicatería, ruindad, sordidez, mezquindad, avaricia.
cicatero-ra, avaro, mezquino, miserable, tacaño, roñoso, interesado. **Ant.** Generoso.
cicatriz, costurón, marca, señal, sutura, herida.// Recuerdo, sensación. **Ant.** Olvido.
cicatrizar, cerrar, curar, secar, sanar. **Ant.** Abrir.// Olvidar, tranquilizar, calmar. **Ant.** Recordar, angustiar.
cicerone, acompañante, guía, baquiano, intérprete.// Entendido, conocedor. **Ant.** Ignorante.
cíclico-ca, periódico, constante, sucesivo.
ciclo, época, período, duración.// Fase, serie, repetición.
ciclón, huracán, vendaval, torbellino, tromba, tornado, tifón, tormenta. **Ant.** Bonanza.
cíclope, gigante, coloso, monstruo.
ciclópeo-a, enorme, gigantesco, colosal, desmesurado. **Ant.** Insignificante, pequeño.
ciego-ga, cegato, cegado, invidente. **Ant.** Vidente.// Ofuscado, alucinado, vehemente, obcecado. **Ant.** Sereno, cuerdo, comprensivo, razonable.// Taponado, atascado, obstruido. **Ant.** Desatascado. **Par.** Siego.
cielo, firmamento, atmósfera, éter, infinito, cosmos. **Ant.** Tierra.// Edén, paraíso, gloria, bienaventuranza, empíreo, beatitud. **Ant.** Infierno, condenación.

cien, centenar. *Par.* Sien.

ciénaga, fangal, barrizal, lodazal, pantano, atascadero, charca, tremedal.

ciencia, sabiduría, conocimiento, saber, doctrina, dogma, teoría. *Ant.* Ignorancia, incultura.// Maestría, habilidad, arte. *Ant.* Desmaño.

cieno, barro, lodo, fango, sedimentos, limo, suciedad.

científico-ca, teórico, conocedor, sabio, intelectual, investigador, perito, experto, especialista. *Ant.* Ignorante.

cierne, iniciación, principio, comienzo, inminencia, preparación.// Inexperiencia.

cierre, cerramiento, clausura, oclusión, cese, suspensión, interrupción. *Ant.* Apertura, comienzo.// Cerradura, cerrojo, candado, pasador.

cierto-ta, seguro, verdadero, indudable, incuestionable, real, evidente, verídico, auténtico, irrefutable, innegable. *Ant.* Incierto, inseguro, dudoso.

ciervo, corzo, gamo, venado. *Par.* Siervo.

cifra, número, signo, guarismo, símbolo, cantidad, representación.// Suma, compendio, resumen.// Clave.// Sigla, abreviatura.

cifrado-da, secreto, misterioso, oscuro, criptográfico, enigmático, incomprensible. *Ant.* Claro, comprensible, entendible.

cifrar, abreviar, compendiar, resumir, limitar, reducir.// Transcribir.// Numerar.

cigarrera, pitillera, petaca, cajetilla.

cigarro, habano, puro, tagarnina, tabaco.

cigüeña, zancuda.// Manivela, cigoñal.

cigüeñal, eje, árbol.

cilicio, suplicio, mortificación, tortura, tormento, penitencia, disciplina.

cilindrar, moldear, comprimir.

cilindro, tambor, rollo, rodillo, rulo, columna, tubo.

cima, cúspide, punta, pináculo, cumbre, pico, vértice, corona, ápice, altura. *Ant.* Sima, hondonada, profundidad.// Apogeo, culminación, *Ant.* Decadencia, ocaso, caída. *Par.* Sima.

cimarrón-na, salvaje, montarás, montés, indómito, arisco.

címbalo, platillos, campanilla.

cimbreante, ondulante, flexible, movedizo. *Ant.* Rígido, duro.

cimbrear, vibrar, doblarse, flexionarse, contonearse. *Ant.* En-durecerse.

cimentación, base, sustentación.

cimentar, establecer, fundar, afirmar, fundamentar, instituir, asentar.

cimera, penacho, plumero, adorno, remate.// Casco, yelmo, morrión.

cimiento, base, sustentación, fundamento, basamento, sostén, soporte, apoyo, causa, motivo. *Ant.* cima.

cincel, cortafrío, cortadera, buril, escoplo.

cincelado, cinceladura, grabado, repujado.

cinceladura, bajorrelieve, relieve, talla.

cincelar, burilar, tallar, grabar, cortar, esculpir.

cincha, faja, cincho, correa.

cinchar, fajar, sujetar, ceñir, ajustar. *Ant.* Aflojar, soltar.

cine, sala, local, salón, cinematógrafo.

cineasta, cinéfilo, realizador.

cinegética, caza, cacería, montería.

cinematografía, obra, cinematógrafo, cine.

cinematografiar, filmar, rodar.

cíngaro-ra, gitano.

cínico-ca, descreído, descarado, insolente, impúdico, inmoral, obsceno, desfachatado, despreciativo. *Ant.* Vergonzoso, decente.

cinismo, impudicia, descreimiento, procacidad, insolencia, desvergüenza, impudor, desfachatez, descaro, irreverencia, sarcasmo.

cinta, banda, tira, ribete, faja, cordón.// Fila, película.

cinto, cinturón, correa, ceñidor.

cintura, talle.

cinturón, cinto, sujetador, ceñidor, correa, faja, cincha.

cipayo, mercenario.

circense, ridículo, vulgar, gracioso, divertido, grotesco.

circo, arena, redondel, hemiciclo, pista, coliseo, estadio.// Exhibición, fiesta, espectáculo, entretenimiento, diversión.

circuir, rodear, circunvalar, cercar, amurallar.

circuito, círculo, recinto, vuelta, contorno, perímetro, giro, ciclo.

circulación, movimiento, locomoción, tránsito, desplazamiento.// Difusión, transmisión. *Ant.* Quietud, paro.

circular, moverse, trasladarse, deambular, pasar, andar, recorrer, pasear, transitar. *Ant.* Detenerse, aquietarse.// Divulgarse, expandirse, propagarse, difundirse. *Ant.* Silenciarse.

circular, nota, notificación, documento, mensaje, disposición, comunicación, informe.// Redondo, curvo, orbital.

círculo, redondez, disco, circuito, aureola, órbita.// Ámbito, ambiente, // Club, asociación, sociedad, casino.

circuncidar, moderar, rebajar, disminuir. *Ant.* Aumentar.// Cercenar, mutilar.

circuncisión, corte, sección, amputación, mutilación.

circundar, circuir, rodear, circunvalar, circunscribir, ceñir, sitiar.

circunferencia, contorno, circuito.

circunloquio, vuelta, rodeo, perífrasis, ambages, evasiva, indirecta.

circunnavegación, periplo.

circunscribir-se, limitar, ceñir, restringir, ajustar, amoldar, reducir, concretar, cerrar. *Ant.* Ampliar.

circunscripción, zona, región, distrito, barrio, demarcación.// Reducción, limitación, resumen, límite, restricción. *Ant.* Ampliación, aumento.

circunscrito-ta, limitado, restringido. *Ant.* Ampliado, aumentado.

circunspección, discreción, precaución, reserva, prudencia, cautela, cordura, seriedad, mesura, compostura, decoro. *Ant.* Indiscreción, imprudencia, locuacidad.

circunspecto-ta, callado, reservado, discreto, formal, prudente, cauteloso, mesurado, cuerdo, grave. *Ant.* Locuaz, imprudente, indiscreto.

circunstancia, coyuntura, eventualidad, coincidencia, motivo, ocurrencia, caso, ocasión, situación, particularidad.// Ambiente, situación, ámbito.

circunstancial, eventual, accidental, casual, incidental, ocasional. *Ant.* Seguro, fijo, duradero, premeditado, intencionado, deliberado.

circunstanciar, detallar, especificar, pormenorizar. *Ant.* Generalizar.

circunstantes, presentes, asistentes, concurrentes.

circunvalación, rodeo, vuelta, periplo.

circunvalar, circundar, circuir, rodear, cercar, ceñir, evitar.

circunvolución, vuelta, protuberancia.

cirio, vela, bujía, candela, hacha.

ciruja, vagabundo, mendigo.

cirujano, operador.

cisco, carboncillo.// Alboroto, bulla, pendencia, gritería.

cisma, división, separación, ruptura, corte, escisión, rompimiento. *Ant.* Unidad.// discordia, disentimiento, hostilidad. *Ant.* Concordia.

cisterna, depósito, aljibe, pozo.

cisura, abertura, corte, rotura. *Ant.* Cierre.

cita, entrevista, encuentro, invitación.// Prueba, testimonio, alusión, ejemplo, nota, referencia, verificación. *Par.* Sita.

citación, llamamiento, requerimiento, orden, convocatoria, emplazamiento, intimación, notificación.

citado-da, convocado, llamado.// Mencionado, aludido, antedicho, nombrado.

citar, llamar, convocar, notificar, requerir, emplazar.// Aludir, mencionar, nombrar.// *-se,* reunirse, encontrarse, visitarse.

cítara, lira, laúd.

citerior, de acá, aquende. *Ant.* Allende, posterior.

ciudad, urbe, población, metrópoli, localidad, municipio.

ciudadanía, nacionalidad.// Civismo, civilidad.

ciudadano-na, vecino, natural, habitante, residente, domiciliado, poblador.// Municipal, urbano, céntrico. *Ant.* Campesino, pueblerino.// Elector, votante.

ciudadela, fortaleza, baluarte, fortificación, fuerte.
cívico-ca, patriota, civil, ciudadano, político. **Ant.** Incivil.// Amable, cortés. **Ant.** Grosero, maleducado.
civilidad, honradez, cortesía, afabilidad.
civilización, progreso, cultura, ilustración, refinamiento, adelanto. **Ant.** Barbarie, incultura.
civilizado-da, culto, refinado, educado, pulido, cultivado, delicado. **Ant.** Rústico.
civilizar, instruir, mejorar, educar, cultivar, ilustrar, pulir, refinar.
civismo, patriotismo, ciudadanía, lealtad, conciencia, responsabilidad.
cizaña, enemistad, discordia, odio, hostilidad, disensión, desavenencia. **Ant.** Amor, concordia.
cizañero-ra, envenenador, pendenciero, azuzador.
clamar, gritar, quejarse, gemir, lamentarse, dolerse.// Exigir, reclamar, pedir, implorar, rogar, suplicar.
clamor, queja, grito, lloriqueo, gimoteo, gemido, lamentación, lamento.// Ruido, clamoreo, estruendo, vocería, gritería. **Ant.** Silencio.
clan, pandilla, banda, facción, partido.// Familia, tribu, agrupación, grupo.
clandestinidad, ocultación, secreto, reserva, anonimato.// Ilegalidad.
clandestino-na, secreto, oculto, reservado, furtivo, subrepticio, encubierto.// Ilegítimo, ilegal. **Ant.** Legítimo, legal.
claque, barra, aplauso, adulación.
clara, albúmina, citoplasma.
claraboya, tragaluz, lucerna.
clarear, alborear, amanecer, aclarar. **Ant.** Oscurecer, anochecer.// Transparentar, traslucir.
claridad, luz, resplandor, luminosidad, brillo, fulgor. **Ant.** Negrura, oscuridad.// Sinceridad, franqueza, espontaneidad. **Ant.** Falsedad.// Lucidez, precisión. **Ant.** Confusión, imprecisión.
clarificar, dilucidar, desentrañar, explicar, aclarar. **Ant.** Complicar, confundir.// Purificar, purgar, limpiar, refinar, acrisolar, depurar. **Ant.** Ensuciar, mezclar.// Iluminar. **Ant.** Oscurecer.
clarividencia, comprensión, discernimiento, tacto, sagacidad, inteligencia, talento, intuición, adivinación. **Ant.** Incapacidad, ceguedad, ofuscación.
clarividente, sagaz, inteligente, intuitivo, agudo, perspicaz, lúcido, sensible. **Ant.** Torpe, ofuscado, tonto, ciego, enceguecido.
claro-ra, limpio, puro, neto, límpido, cristalino, transparente, nítido. **Ant.** Opaco, oscuro.// Luminoso, soleado, despejado, diáfano, radiante. **Ant.** Nublado, encapotado.// Llano, liso, inteligible, comprensible, legible, fácil, cierto, palmario, palpable, evidente, patente, manifiesto, incontestable, positivo, notorio, indudable, seguro. **Ant.** Incomprensible, confuso.// Perspicaz, agudo.// Ilustre, insigne, famoso. **Ant.** Desconocido.
claro, hueco, espacio, intervalo, intermedio.// Abertura, claraboya.
claroscuro, contraste.
clase, lección, asignatura, cátedra, estudio, disciplina.// Sala, salón, aula.// Especie, grupo, familia, orden, género, variedad.// Naturaleza, calaña, categoría, jerarquía, calidad, índole.// Idiosincrasia, carácter.
clasicismo, preceptismo, tradicionalismo, antigüedad, academicismo, pureza, tradición.
clásico-ca, notable, leído, conocido, principal. **Ant.** Desconocido.// Imitable, magistral, perfecto, insuperable. **Ant.** Chabacano.// Tradicional, antiguo, renacentista, conservador. **Ant.** Moderno.
clasificación, encasillamiento, ordenación, catalogación, organización, regularización. **Ant.** Desorganización.
clasificar, separar, archivar, ordenar, encasillar, catalogar, disponer, coordinar, agrupar, organizar, registrar. **Ant.** Desordenar, desorganizar, juntar, mezclar.
claudicación, entrega, dimisión, sometimiento, transigencia, renuncia, rendición. **Ant.** Resistencia, rebeldía.

claudicar, ceder, transigir, someterse, avenirse, desistir, entregarse, retractarse. **Ant.** Insistir, resistir, luchar, rebelarse, empecinarse.
claustro, cenobio, convento, monasterio, crujía, patio, corredor, galería.// Clausura, encierro, reclusión, retiro.// Junta, personal docente, cuerpo.
cláusula, artículo, disposición, apartado, condición, requisito, estipulación.// Oración.
clausura, cierre, terminación, cese, conclusión. **Ant.** Apertura, comienzo.// Enclaustramiento, retiro, claustro, encierro, aislamiento.
clausurar, cerrar, terminar, concluir, finalizar. **Ant.** Abrir, inaugurar.
clavado-da, adecuado, exacto, proporcionado, cabal, puntual.// Sujeto, fijo, incrustado, hundido. **Ant.** Libre, suelto.
clavar, enclavar, hundir, hincar, fijar, introducir, asegurar, pinchar, sujetar, meter. **Ant.** Desclavar, sacar, soltar, desencajar.// Engañar, estafar.
clave, combinación, secreto, cifra, quid, explicación, solución.
clave, clavicordio.
clavetear, clavar, martillear.
clavícula, isilila.
clavija, sujetador, eje, barra, espiga.
clavo, punta, hierro, tachuela, pincho.// Perjuicio, daño, preocupación, molestia.
cláxon, bocina.
clemencia, piedad, conmiseración, benevolencia, humanidad, indulgencia, compasión, misericordia. **Ant.** Inhumanidad, crueldad, rigor.
clemente, piadoso, indulgente, favorable, propicio, benigno, misericordioso, bueno. **Ant.** Cruel, severo, inclemente, duro.
cleptomanía, robo.
clerical, sacerdotal, religioso. **Ant.** Anticlerical.
clérigo, sacerdote, cura, eclesiástico.
clero, clerecía, curia.
cliente, comprador, consumidor, usuario, consumidor, interesado.
clientela, concurrencia, público.
clima, ambiente, condiciones, temperatura, circunstancia.// Climatología, meteorología.
climaterio, cambio, alteración, transformación, cese.
climático-ca, climatológico.
clímax, escala, gradación.// Erección, orgasmo.// Auge, apogeo, culminación. **Ant.** Degradación.
clínica, dispensario, policlínico, sanatorio.
clip, broche.
clisé, tópico.// Plancha, placa, reproducción, grabado.
cloaca, caño, sumidero, albañal, alcantarilla.
cloroformizar, adormecer, anestesiar, insensibilizar.
cloroformo, narcótico, anestésico, sedante.
clown, payaso, bufón.
club, asociación, agrupación, círculo, casino, peña, tertulia, sociedad, centro, ateneo.
clueco-ca, achacoso, viejo, caduco. **Ant.** Lozano, juvenil.
coacción, fuerza, violencia, coerción, presión, obligación, compulsión, amenaza, imposición, chantaje, conminación.
coaccionar, obligar, forzar, presionar, amenazar, imponer, apremiar, acosar, violentar, chantajear.
coactivo-va, apremiante.
coadjutor, párroco, sacerdote, vicario, ayudante, auxiliar.
coadyuvar, contribuir, auxiliar, asistir, cooperar, secundar, ayudar.
coagulación, cuajamiento, condensación.
coagular-se, condensar, congelar, espesar, cuajar, solidificar, helar, solidificar. **Ant.** Licuar.
coágulo, cuajarón, grumo, condensación, espesamiento.
coalición, liga, alianza, confederación, unión, asociación. **Ant.** Separación, desunión.
coartada, subterfugio, excusa, justificación, escapatoria, disculpa.

artar, cohibir, sujetar, detener, contener, refrenar, limitar. **Ant.** Tolerar, permitir, facilitar.

barde, miedoso, medroso, pusilánime, tímido, apocado, irresoluto, temeroso. **Ant.** Valiente, decidido.

bardía, miedo, temor, timidez, recelo, pavor, flaqueza, pusilanimidad, irresolución, apocamiento. **Ant.** Decisión, valentía.

bertizo, tejado, tinglado, hangar, techo.

bertor, colcha, manta, frazada, cobija, cubrecama.

bija, cobertura, cobertor, manta.

bijar, albergar, proteger, amparar, resguardar, guarecer, abrigar, cubrir. **Ant.** Desproteger.

brador-ra, recolector, recaudador, receptor, cajero. **Ant.** Pagador.

branza, cobro, recaudación, colecta, reembolso. **Ant.** Pago.

brar, recoger, recibir, percibir, recaudar, embolsar. **Ant.** Pagar.

bro, cobranza, recaudación.

calnómano-na, drogadicto, toxicómano.

cción, cocimiento, cocedura, hervor, ebullición. **Ant.** Congelación.

cear, patear.// Repeler, rechazar, resistir, repugnar. **Ant.** Aceptar.

cer, cocinar, asar, hervir, guisar, calentar, tostar, escaldar.// -se, prepararse.// Sofocarse, sudar. **Par.** Coser.

chambre, suciedad, inmundicia, porquería, basura, mugre. **Ant.** Pulcritud, limpieza.

chambroso-sa, sucio, inmundo, maloliente, asqueroso. **Ant.** Pulcro, prolijo, limpio.

che, carro, automóvil, automotor, carruaje.

chera, garaje.

chero, conductor, chofer, mayoral.

chinada, suciedad, desprolijidad, porquería, inmundicia.// Vileza, grosería, bajeza, indecencia.

chino, cerdo, chancho, marrano.// -na, sucio, desaseado, desprolijo, descuidado. **Ant.** Pulcro, prolijo.

cido, puchero, pringote, olla.// -da, calentado, guisado, hervido, escaldado. **Ant.** Crudo. **Par.** Cosido.

ciente, fracción, relación, razón.

cina, gastronomía, alimentación.// Horno, fogón, hogar.

cinar, guisar, cocer, aderezar, aliñar, adobar, condimentar, preparar, estofar, asar.

cinero-ra, marmitón.

co, fantasma, espantajo, espectro.// Cocotero, palmera.// Cabeza.// Micrococo, bacteria.

codrilo, saurio, caimán, yacaré.

cotero, coco, palmera.

ctel, bebida, combinado, copetín.// Reunión, fiesta, agasajo.

dazo, advertencia, insinuación, aviso.// Golpe, empujón.

dear, empujar, golpear.// -se, relacionarse, frecuentar, tratarse, alternar.

dice, manuscrito, libro.

dicia, ambición, avidez, avaricia, ansia, apetencia, gana, deseo, interés.// Tacañería, miseria, usura. **Ant.** Generosidad, desprendimiento.

diciar, ansiar, desear, anhelar, querer, envidiar, pretender, ambicionar, apetecer, aspirar. **Ant.** Desinteresarse, rechazar.

dicioso-sa, ansioso, sediento, deseoso, ávido, acucioso, hambriento. **Ant.** Desinteresado.// Avaro, usurero, tacaño, miserable. **Ant.** Generoso, dadivoso.

dificación, reglamentación, organización, regulación, legalización.

dificar, legalizar, compilar, recopilar, catalogar, regularizar, metodizar. **Ant.** Desordenar.

digo, recopilación, compilación, regla, reglamentación, reglamento.

do, ángulo, esquina, recodo, vuelta.// Coyuntura, articulación.

deficiente, factor, multiplicador, índice.

oercer, refrenar, constreñir, cohibir, sujetar, coartar, limitar, restringir.

oercitivo-va, restrictivo, limitativo, represivo.

coetáneo-a, contemporáneo, coexistente, simultáneo.

coexistencia, convivencia.

coexistir, convivir, cohabitar, entenderse.

cofla, tocado, gorro.

cofrade, asociado, hermano, colega, seguidor.

cofradía, congregación, hermandad, asociación, compañía, corporación, comunidad.

cofre, caja, baúl, arca, arcón, joyero.

coger, asir, tomar, agarrar, empuñar, prender, sujetar. **Ant.** Soltar.// Apresar, capturar, pillar, alcanzar, detener.// Robar, quitar.// Contener, comprender, abarcar.

cogido-da, sujeto, asido, agarrado. **Ant.** Suelto.// Preso, detenido.

cogitar, pensar, meditar.

cognación, parentesco, consanguinidad.

cognado-da, pariente, allegado, semejante, parecido.

cogollo, brote, yema, capullo.

cogote, pescuezo, cuello, nuca, cerviz.

cogotudo-da, altivo, pituco.

cohabitación, convivencia, contubernio.

cohabitar, convivir, coexistir, compartir, acompañar.// juntarse, amancebarse.

cohechar, sobornar, comprar, corromper.

cohecho, soborno, corrupción, compra.

coherencia, analogía, conformidad, adaptación, afinidad, correspondencia.// Adhesión, cohesión. **Ant.** Incoherencia, inconexión.

coherente, lógico, razonable, justo, esperado, congruente, racional, pertinente, adecuado. **Ant.** Ilógico, irracional, incoherente, incongruente.// Conectado, vinculado.

cohesión, atracción, aglomeración, enlace.// Adhesión, coherencia, trabazón.

cohete, proyectil, bólido, misil.// Petardo, buscapiés.// Señal, aviso.

cohibido-da, apocado, disminuido. **Ant.** Agrandado, envalentonado.

cohibir, restringir, coercer, limitar, refrenar, reprimir, contener, sujetar, cortar. **Ant.** Estimular.

cohonestar, disculpar, disimular, excusar, disfrazar, justificar.

cohorte, legión, séquito, multitud, muchedumbre.

coima, soborno, cohecho, unto.

coincidencia, casualidad, simultaneidad, concomitancia, chiripa, concordancia, compatibilidad.

coincidente, sincrónico, concomitante, coetáneo. **Ant.** Diacrónico.

coincidir, convenir, corresponder, concordar, coexistir, concomitar. **Ant.** Discrepar, contrastar.// Encontrarse, hallarse, verse, juntarse.

coito, cópula, fornicación, ayuntamiento.

cojear, renquear.// Torcerse, desequilibrarse, desnivelarse.

cojera, renquera, inclinación, desnivelación.// Asimetría, deformidad, defecto.

cojín, almohada, almohadón.

cojo-ja, rengo, paticojo, tullido, defectuoso, claudicante.// Desequilibrado.

col, repollo, coliflor.

cola, rabo, extremidad, apéndice, rabadilla, punta.// Terminación, conclusión, final, extremo. **Ant.** Cabeza, principio.// Adhesivo, pegamento, goma, pez.

colaboración, cooperación, ayuda, contribución, asistencia.// Patrocinio, protección, padrinazgo. **Ant.** Desasistencia.

colaboracionista, traidor, cómplice, colaborador.

colaborador-ra, ayudante, auxiliar, cooperador.

colaborar, cooperar, contribuir, coadyuvar, participar, ayudar, auxiliar, concurrir.// Patrocinar, subvencionar. **Ant.** Desasistir.

colación, comida, refrigerio.// Cotejo, confrontación.

colada, lejía, limpieza, blanqueamiento, ropa.

colador, criba, filtro, cedazo, tamiz.

colagogo, laxante.

colapso, desmayo, síncope, vahído, patatús, decaimiento, postración, agotamiento.

colar, tamizar, filtrar, depurar, cribar, cerner, limpiar. **Ant.** Mezclar, juntar, ensuciar.// **-se,** meterse, entrometerse, infiltrarse, pasar.

colcha, manta, cubrecama, cobija, cobertor, cobertura.

colchón, jergón, yacija, colchoneta.

colección, juego, repertorio, selección, compilación, surtido, muestrario, recopilación, florilegio, ramillete, conjunto, reunión.

coleccionar, recopilar, reunir, acopiar, seleccionar, agrupar, compilar, juntar.

coleccionista, atesorador, aficionado.

colecta, recaudación, suscripción, recolección.

colectividad, grupo, sociedad.

colectivo, microómnibus.

colectivo-va, común, general, global, genérico, comunal.

colector, alcantarilla.// Cobrador, recaudador.// Coleccionista.

colega, cofrade, compañero, asociado, camarada, correligionario.

colegial-la, estudiante, alumno, escolar.

colegiarse, reunirse, asociarse, agremiarse.

colegio, escuela, instituto, academia.// Corporación, comunidad, sociedad.

colegir, deducir, concluir, juzgar, conjeturar, inferir, razonar, discurrir.

cólera, plaga, peste, infección.// Ira, enojo, furia, irritación, exasperación, enfado, enojo. **Ant.** Alegría, serenidad.// Bilis.

colérico-ca, irritado, enojado, iracundo.// Enfermo, apestado, infectado.

coleta, trenza, mechón.

coletazo, azote, sacudida, sacudida.

coleto, conciencia, interior.

colgado-da, suspendido, pendiente. // Burlado, malparado.

colgadura, cortinaje, cortina, tapiz, dosel, pendón, guarnición.

colgajo, trapo, guiñapo, andrajo.

colgante, pendiente, cola, fleco, borla.

colgar, suspender, pender, enganchar.// Ahorcar, ajusticiar.// Endilgar, achacar, imputar, atribuir.

cólico, acceso, dolor. ·

colligación, coligamiento, coligadura, asociación.// Enlace, unión, trabazón, ligazón.

colgado-da, aliado, confederado, asociado, vinculado.

coligarse, ligarse, juntarse, unirse, confederarse, aliarse, asociarse. **Ant.** Separarse, enfrentarse, oponerse.

colilla, pucho.

colina, elevación, monte, montículo, otero, eminencia, cerro, altura, altozano, collado, loma.

colindante, contiguo, confinante, lindante, limítrofe. **Ant.** Alejado, distante.

coliseo, teatro, circo, anfiteatro.

colisión, choque, encuentro, golpe, atropello, rozadura.// Ataque, combate, oposición, pugna, lucha, conflicto, enfrentamiento.

colisionar, chocar, golpearse, encontrarse.

colista, rezagado, último.

colitis, diarrea.

collado, altozano, cerro, loma, eminencia, colina, otero. **Ant.** Hondonada.

collar, gargantilla, argolla, joya, abalorios, alhaja.// Correa, trailla.

colmado, tienda, droguería.// Local, establecimiento.

colmado-da, completo, lleno, repleto, abarrotado, atestado. **Ant.** Vacío.

colmar, llenar, atestar, rebosar, cargar, atiborrar, rellenar.

colmena, colmenar, panal, abejario.

colmillo, diente, incisivo, canino.

colmo, cima, culminación, máximo, plenitud, atiborramiento, exceso.

colocación, ubicación, situación, emplazamiento, instalación, posición, postura.// Empleo, puesto, cargo, ocupación, acomodo, destino, plaza.

colocar, ubicar, emplazar, poner, situar, instalar, acomoda[r], ordenar.// Destinar, emplear, ocupar. **Ant.** Despedir, cesa[r], tear.

colofón, fin, coronamiento, remate, término, conclusió[n]. **Ant.** Principio.// Comentario, nota.

coloide, gel, gelatina, disolución, líquido.

colonia, dominio, posesión, mandato, territorio.// Minorí[a], grupo, asociación.// Asentamiento, fundación, establec[i]miento, población.// Perfume, fragancia, loción.

colonial, ultramarino.// Dominado, dependiente. **Ant.** L[i]bre, independiente.

colonialismo, imperialismo.

colonización, dominación, conquista, población. A[nt.] Descolonización.

colonizar, poblar, dominar, conquistar, invadir, descub[rir] oprimir, someter, avasallar. **Ant.** Descolonizar, emancip[ar] independizar.

colono, colonizador, inmigrante, emigrante, pionero.// L[a]brador, cultivador, arrendatario.

coloquio, diálogo, charla, plática, conversación, confere[n]cia, entrevista, debate.

color, colorido, coloración, tinte, pigmento, tintura, ton[o], matiz, tonalidad.// Colorante, tintura, pintura, pigmento[.]

colorado-da, rojo, carmesí, encarnado, carmín.// Arreb[a]tado, abochornado, sofocado, avergonzado.

colorante, pigmento, tinte.

colorear, iluminar, pintar, teñir, pigmentar, policromar. A[nt.] Decolorar.

colorete, afeite, carmín, rubor.

colorido, tonalidad, tinte, color, gama, gradación, policr[o]mía.// Vivacidad.

colorido-da, brillante, animado. **Ant.** Triste, apagado.

colosal, extraordinario, inmenso, gigantesco, descomun[al] titánico, desmedido, enorme, grandioso, formidable. A[nt.] Pequeño, humilde.

coloso, titán, gigante, hércules. **Ant.** Pequeño, enano, pi[g]meo.

columbrar, divisar, atisbar, vislumbrar, entrever.// Conjet[u]rar, sospechar, adivinar.

columna, soporte, pilar, refuerzo.// Fila, hilera, caravana.

columnata, pórtico, peristilo.

columpiar-se, hamacar, mecer, acunar, balancear, bamb[o]lear, menear.

columpio, hamaca, trapecio, balancín.

colutorio, enjuagatorio.

coma, letargo, sopor, aletargamiento, adormecimiento, i[n]consciencia, colapso.// Virgulilla, signo, señal, trazo, tild[e]

comadre, vecina, amiga, confidente.// Comadrona, part[e]ra.// Alcahueta, chismosa.

comadrear, chismear, enredar, murmurar, chismorrear.

comadreo, chismorreo, cotilleo.

comadrona, partera.

comandancia, jefatura, mando.

comandante, superior, jefe.

comando, mando, poder, gobierno, dirección.

comarca, país, lugar, sitio, contorno, región, territorio, p[a]raje, terruño.

comarcano-na, colindante, cercano, vecino, contigu[o] confinante, próximo, inmediato, limítrofe, circunvecino.

comatoso-sa, agonizante, desahuciado, adormecido, al[e]targado, moribundo.

comba, curva, alabeo, torcedura, inflexión, arqueamient[o]

combado-da, abovedado, arqueado, alabeado, curvo.

combar, alabear, curvar, encorvar, abovedar, torcer, enc[or]var. **Ant.** Enderezar.

combate, lid, pelea, lucha, duelo, conflicto, pugilato, co[li]sión, riña, lidia, justa, torneo, escaramuza, acción, refrieg[a] choque, encuentro, batalla. ·

combatiente, luchador, batallador, contendiente, lidiad[or] beligerante.

combatir, luchar, pelear, batallar, contender, reñir, lidi[ar] acometer, guerrear.// Rechazar, criticar, impugnar, contr[a] decir, refutar.

combatividad, agresividad, belicosidad. **Ant.** Pasividad.

combinación, maquinación, maniobra, conspiración.// Sistema, clave.// Unión, conjunción, mezcla, composición. **Ant.** Disgregación.

combinar-se, unir, mezclar, juntar, reunir, agregar, fundir. **Ant.** Separar, disgregar.// Concertar, disponer, arreglar.

comburente, combustible.

combustión, inflamación, ignición, abrasamiento, incineración.// Incendio, fuego, hoguera, fogata, llama. **Ant.** Extinción, apagamiento.

comedia, teatro.// Pieza, obra, farsa, poema. **Ant.** Tragedia.// Fingimiento, enredo, burla.

comediante, actor, intérprete, cómico, artista, histrión.// Farsante, hipócrita. **Ant.** Leal, sincero.

comedido-da, mesurado, circunspecto, discreto, juicioso. **Ant.** Descomedido, imprudente.

comedimiento, compostura, prudencia, discreción.

comediógrafo-fa, dramaturgo, autor, escritor.

comedirse, disponerse, ofrecerse.

comedor, comedero, refectorio.// Restaurante, figón, bodegón, fonda, cantina.

comensal, invitado, huésped, convidado.

comentar, desarrollar, glosar, interpretar, aclarar.

comentario, crítica, glosa, interpretación, explicación, paráfrasis, exégesis.

comentarista, intérprete, crítico, cronista, glosador, exégeta.

comenzar, empezar, iniciar, abordar, principiar, incoar, encabezar, atacar, preludiar, estrenar, inaugurar, lanzar, emprender, abrir. **Ant.** Terminar, acabar, cerrar.

comer, ingerir, degustar, mascar, masticar, manducar, engullir, yantar, saborear. **Ant.** Ayunar.// Gastar, acabar, derrochar, dilapidar, consumir, disipar. **Ant.** Cuidar, conservar.

comercial, especulativo, mercantil.

comerciante, negociante, traficante, tratante, mercader, tendero, feriante, proveedor, especulador, mercachifle.

comercio, tráfico, transacción, operación, tráfago, especulación, librecambio, intercambio, compraventa, permutación, trapicheo, negociación.// Bazar, tienda, negocio, establecimiento.// Trato, acceso, relación, comunicación.

comestible, alimento, comida, manjar, víveres.// Alimenticio, nutritivo, asimilable. **Ant.** Indigesto.

cometa, astro.// Barrilete.

cometer, consumar, perpetrar, incurrir, ejecutar, hacer, cumplir, realizar.

cometido, obligación, encargo, misión, comisión, trabajo.

comezón, picazón, desazón, prurito, picor.// Apetito, deseo, ansia, excitación, ardor. **Ant.** Desinterés, indiferencia.

comicidad, gracia, jocosidad, bufonería, chocarrería.

cómico-ca, comediante, actor, histrión.// Gracioso, divertido, jocoso, entretenido, risible. **Ant.** Trágico, triste, aburrido, serio.

comida, alimento, sustento, yantar, pitanza, manutención.//Colación, refrigerio, ágape, convite. **Ant.** Ayuno.

comidilla, murmuración, maledicencia, chismorreo.

comienzo, inicio, principio, nacimiento, base, origen, raíz. **Ant.** Terminación, fin.// Prólogo, preámbulo, apertura.

comilón-na, glotón, voraz, tragón.

comilona, cuchipanda, banquete.

comisaría, delegado, ejercer, encargado, policía.

comisión, encargo, misión, mensaje, cometido, encomienda.// Diputación, embajada, delegación, representación.// Asamblea, junta, comité.// Porcentaje, retribución, beneficio, honorarios.

comisionado-da, delegado, enviado, representante.

comisionar, mandar, encomendar, delegar, facultar, autorizar. **Ant.** Desautorizar.

comisionista, intermediario, representante, delegado.

comisura, juntura, unión.

comité, comisión, junta.

comitiva, séquito, corte, acompañamiento, compañía.

como, a la manera de, de tal forma que.

cómoda, tocador, armario, mesa.

comodidad, bienestar, confor, holgura, desahogo, regalo, prosperidad. **Ant.** Incomodidad.

cómodo-da, conveniente, confortable, descansado, holgado.// Haragán, vago, holgazán, poltrón. **Ant.** Trabajador, activo.

compacto-ta, denso, apretado, sólido, macizo, espeso, tupido, consistente, cerrado. **Ant.** Esponjoso, poroso, laxo.

compadecerse, apiadarse, sensibilizarse, conmoverse.

compadre, camarada, compinche, compañero, amigo.// Pariente.

compadrito, pendenciero.

compaginación, organización, composición, ajuste, arreglo. **Ant.** Desorganización.

compaginar, organizar, acoplar, ajustar, arreglar, concretar, proporcionar, armar.// Relacionar, armonizar, concordar. **Ant.** Descompaginar, desorganizar.

compañerismo, camaradería, amistad, solidaridad, fidelidad, lealtad.

compañero, camarada, amigo, compinche, compadre, acólito.// Cofrade, conmilitón.// Consorte, cónyuge, novio.

compañía, acompañamiento, comitiva, séquito.// Sociedad, junta, corporación, asamblea, asociación.// Conjunto, elenco.

comparación, parangón, cotejo, comparanza, confrontación, equiparación, paralelo.

comparar, cotejar, parangonar, relacionar, confrontar, contraponer.

comparativo-va, relativo.

comparecencia, asistencia, presentación, presencia.

comparecer, asistir, presentarse, acudir, estar. **Ant.** Ausentarse, faltar.

comparsa, escolta, acompañamiento, mascarada, murga, cortejo, séquito.// Extra, figurante.

compartimiento, estante, división, casilla, sección, repartición, apartado, caja.

compartir, ayudar, participar, colaborar, cooperar, contribuir.// Distribuir, repartir, dividir, partir, fraccionar.

compás, ritmo, cadencia, movimiento, velocidad.

compasado-da, moderado, mesurado.// Acompasado, reglado, medido. **Ant.** Desacompasado, desordenado.

compasar, medir, reglar, acompasar.

compasión, piedad, lástima, misericordia, condolencia, compunción, caridad, conmiseración, clemencia, solidaridad. **Ant.** Inhumanidad, crueldad, insensibilidad.

compasivo-va, piadoso, misericordioso, solidario, sensible, clemente, humanitario, benigno, caritativo. **Ant.** Inhumano, cruel, insensible.

compatibilidad, coincidencia, afinidad, existencia, entendimiento. **Ant.** Incompatibilidad, diferencia.

compatible, posible, factible, avenido, coincidente, tolerable. **Ant.** Incompatible, intolerable.

compatriota, coterráneo, conciudadano, paisano. **Ant.** Extranjero.

compeler, obligar, estimular, constreñir, coaccionar, impulsar, forzar, violentar, coercer.

compendiar, abreviar, resumir, extractar, esquematizar, reducir, recapitular, acortar. **Ant.** Ampliar.

compendio, sumario, extracto, recopilación, resumen, epítome, sinopsis, reducción, fundamentos, principios.// Manual.

compendioso-sa, conciso, breve, resumido, preciso, sucinto, abreviado.

compenetración, identificación, avenencia, entendimiento.

compenetrarse, identificarse, entenderse, comprenderse, coincidir.// Fundirse, mezclarse.

compensación, resarcimiento, equilibrio, nivelación, indemnización, equivalencia, restitución, devolución, reparación, reivindicación.

compensar, indemnizar, reparar, nivelar, equilibrar, equivaler, contrabalancear, igualar, restablecer, resarcir, recompensar, subsanar.

competencia, disputa, porfía, rivalidad, oposición, competición, contienda, lucha, pugna, enfrentamiento, antagonismo.// Idoneidad, habilidad, suficiencia, aptitud, capacidad, disposición. **Ant.** Ineptitud, incompetencia.// Incumbencia, atribución, dominio, obligación, jurisdicción, autoridad.

competente, apto, capaz, hábil, diestro, dispuesto, idóneo, entendido, preparado, experimentado. **Ant.** Inepto, incapaz, incompetente.

competer, corresponder, pertenecer, incumbir, tocar.

competición, competencia, contienda, prueba, emulación.// Concurso, encuentro, torneo, certamen.

competidor-ra, rival, adversario, contendiente, contrincante, antagonista.

competir, rivalizar, desafiar, emular, contender, batallar, disputar, concursar, participar.

compilación, reunión, colección, repertorio, recopilación, antología, florilegio.

compilador-ra, recopilador.

compilar, recopilar, recoger, reunir, acopiar, agrupar, inventariar, codificar.

compinche, amigo, compañero, cómplice.

complacencia, satisfacción, contento, agrado, aprobación, placer, gusto, alegría, condescendencia, benevolencia. **Ant.** Contrariedad, disgusto.// Tolerancia, transigencia, condescendencia, conformidad. **Ant.** Intolerancia, intransigencia, severidad.

complacer, gustar, encantar, seducir, agradar, halagar, contentar. **Ant.** Desagradar, contrariar.// Condescender, satisfacer, consentir. **Ant.** Obstinarse.

complaciente, servicial, accesible, tolerante, benigno, condescendiente, fácil, indulgente, benévolo, obsequioso. **Ant.** Descortés, desatento.

complejidad, dificultad, confusión, multiplicidad, variedad, diversidad. **Ant.** Simplicidad, sencillez.

complejo-ja, complicado, difícil, enredado, espinoso, dificultoso. **Ant.** Sencillo, fácil.

complejo, manía, trastorno, rareza.// Conjunto.

complementar, completar, agregar, añadir, perfeccionar, sumar.

complemento, suplemento, añadidura, aditamento, adición.

completar, concluir, terminar, consumar, acabar, perfeccionar.

completo-ta, acabado, perfeccionado, entero, justo, íntegro, cabal, total, lleno, perfecto. **Ant.** Incompleto, imperfecto.

complexión, constitución, natural, naturaleza, índole, apariencia.

complicación, dificultad, tropiezo, accidente, obstáculo, estorbo, detención, enredo, embrollo. **Ant.** Facilidad, simplificación.

complicado-da, arduo, difícil, dificultoso, enmarañado, complejo, peliagudo, enredado, enrevesado, intrincado. **Ant.** Fácil, sencillo.

complicar, involucrar, mezclar, comprometer. **Ant.** Salvar.// Obstaculizar, dificultar, enredar, entorpecer, embrollar, enmarañar. **Ant.** Simplificar, allanar. // -se, empeorarse, recaer.

cómplice, partícipe, coautor, cooperador, codelincuente, colaborador, implicado, sabedor. **Ant.** Inocente, desligado.

complicidad, colaboración, coparticipación, encubrimiento, connivencia. **Ant.** Inocencia.

complot, confabulación, conspiración, trama, conjuración, intriga, maquinación.

complotar, conspirar, tramar, confabularse.

componedor-ra, arreglador.

componenda, arreglo, transacción, chanchullo, complot.

componente, integrante, constituyente, elemento.

componer, formar, concertar, arreglar, montar, combinar, integrar, hacer, ordenar, constituir, armar, disponer, construir, ajustar. **Ant.** Desorganizar.// Adornar, ataviar, embellecer. **Ant.** Afear, deteriorar.// Corregir, enmendar, rectificar, reparar. **Ant.** Deteriorar.// Crear, escribir, versificar, producir.// -se, manejarse, ingeniarse.

comportamiento, conducta, proceder, actuación.

comportar, tolerar, permitir, sobrellevar, admitir, sufrir, soportar, aguantar.// -se, actuar, proceder, conducirse, portarse.

composición, combinación, compaginación, disposición,

organización, distribución.// Obra, creación, trabajo, labor, producción, resultado.

compositor-ra, creador, autor.

compostura, arreglo, reparación, remiendo, reparo.// Decoro, modestia, mesura, circunspección, dignidad. **Ant.** Descaro, incorrección.

compra, adquisición, operación, demanda. **Ant.** Venta.// Cohecho, soborno, coima.

comprar, adquirir, mercar.// Sobornar, cohechar, coimear. **Ant.** Vender.

compraventa, cambalache, negocio.// Tráfico, comercio.

comprender, entender, penetrar, discernir, alcanzar, comprehender.// Ceñir, abarcar, rodear, encerrar, incluir, abrazar, contener.

comprendido-da, incluido, englobado, contenido.// Interpretado, entendido.

comprensión, talento, perspicacia, penetración, com-prehensión, juicio, inteligencia, visión, alcances. **Ant.** Cerrazón, idiotez.// Condescendencia, tolerancia, indulgencia, transigencia, bondad. **Ant.** Incomprensión.

comprensivo-va, tolerante, indulgente, benévolo.

compresión, opresión, apretón, apretujón, aplastamiento. **Ant.** Aflojamiento, descompresión.

compresor-ra, apretador, comprimente.

comprimido-da, apretado constreñido.

comprimido, tableta, gragea, cápsula.

comprimir, apretar, reducir, aplastar, apelmazar, oprimir, estrechar, prensar, estrujar.// Contener, retener, reprimir, sujetar, refrenar.

comprobación, verificación, confrontación, compulsa, careo, cotejo, examen.

comprobante, resguardo, papeleta, recibo, garantía, justificativo, vale.

comprobar, constatar, confirmar, cotejar, asegurarse, patentizar, verificar, compulsar, cerciorarse, evidenciar, confirmar.

comprometedor-ra, enredador.// Arriesgado, peligroso.

comprometer, exponer, aventurar, arriesgar, responsabilizar, obligar, culpar. **Ant.** Salvaguardar, exculpar.// -se, obligarse, responder, prometer. **Ant.** Disculparse.

comprometido-da, arduo, difícil, delicado, espinoso, dificultoso.// Apalabrado, implicado.

compromiso, deber, pacto, empeño, obligación, convenio, acuerdo. **Ant.** Desacuerdo.// Brete, dificultad, apuro, riesgo, aprieto.// Promesa, noviazgo.

compuesto, mezcla, agregado.// -ta, Combinado, mezclado, mixto, múltiple. **Ant.** Simple.// Aliñado, arreglado, prolijo.

compulsa, comprobación.

compulsar, cotejar, examinar, comparar, confrontar, comprobar.

compunción, dolor, tristeza, arrepentimiento, pesar, remordimiento. **Ant.** Alegría.

compungido-da, dolorido, apenado, atribulado, triste, contrito, arrepentido, pesaroso, resentido, quejumbroso, atribulado. **Ant.** Alegre, despreocupado.

compungirse, entristecerse, lamentarse, dolerse, afligirse.

computadora, ordenador, calculadora, procesadora.

computar, calcular, contar.

cómputo, cálculo, recuento, operación.

comulgar, sacramentar.// Aceptar, acatar.

común, corriente, cotidiano, vulgar, general, frecuente, trillado, habitual, banal, trivial, usual, colectivo, abundante. **Ant.** Raro, especial, original.

comuna, municipio.

comunal, municipal, comarcal, general, colectivo. **Ant.** Particular, privado.

comunicación, participación, aviso, información.

comunicado, aviso, comunicación.

comunicar, anunciar, participar, informar, avisar, manifestar, notificar.// Relacionar, tratar, conversar, compartir.// Contagiar, transmitir, contaminar.

comunicativo-va, afable, amable, sociable, expansivo, tratable, demostrativo, accesible, efusivo. **Ant.** Hosco, insociable, taciturno, reservado.

omunidad, convento, orden, congregación, monasterio.// Sociedad, asociación, corporación, grupo.

omunión, sacramento, eucaristía, ceremonia.// Vínculo, unión, lazo, relación.// Congregación, comunidad.

omunismo, socialismo, marxismo.

omunista, marxista, bolchevique, socialista.

on, junto con, al mismo tiempo que.

onato, amago, intento, tentativa, intención, propósito, anuncio, aviso, intentona. **Ant.** Consumación.

oncatenación, encadenamiento, trabazón, enlace, gradación, progresión, sucesión.

oncavidad, cavidad, hueco, oquedad, seno, depresión, hoyo. **Ant.** Convexidad.

óncavo-va, hundido, hueco, profundo, deprimido, anfractuoso, excavado. **Ant.** Convexo, prominente.

oncebir, imaginar, idear, proyectar, crear, inventar.// Entender, captar, comprender, penetrar, alcanzar.// Procrear, engendrar.

onceder, dar, otorgar, entregar, consentir, adjudicar, asignar, proporcionar. **Ant.** Denegar.// Aceptar, convenir, admitir, reconocer. **Ant.** Negar.

oncejal, edil, regidor, consejero, cabildante.

oncejo, ayuntamiento, corporación, municipio, consistorio, cabildo. **Par.** Consejo.

oncentración, densidad, condensación, aglutinación, solidificación. **Ant.** Dispersión.// Monopolio, centralización. **Ant.** Descentralización.// Manifestación, demostración, muchedumbre.

oncentrar, juntar, unir, reunir, agrupar, convocar, monopolizar.// Solidificar, condensar, consolidar. **Ant.** Dispersar.// -se, abstraerse, aislarse, reconcentrarse.// Juntarse, aglomerarse, manifestar. **Ant.** Dispersarse.

oncéntrico-ca, focal, central. **Ant.** Excéntrico.

oncepción, concepto, pensamiento, idea, noción, proyecto.// Procreación, fecundación.

oncepto, pensamiento, idea, sentencia, noción, concepción, conocimiento.// Fama, reputación, opinión, criterio, crédito.

onceptuar, estimar, juzgar, apreciar, valorar, considerar, ponderar.

onceptuoso-sa, elogioso, sentencioso, rebuscado, agudo. **Ant.** Sencillo, claro.

oncerniente, relativo, tocante, perteneciente, pertinente, correspondiente, atinente. **Ant.** Ajeno.

oncernir, pertenecer, tocar, corresponder, atañer, importar, competer, relacionarse. **Ant.** Separarse, desvincularse.

oncertar, arreglar, acordar, armonizar, conciliar, componer, ordenar.// Convenir, pactar. **Ant.** Discrepar.

oncertista, ejecutante, intérprete.

oncesión, privilegio, permiso, gracia, licencia, cesión, otorgamiento, favor, adjudicación. **Ant.** Denegación.

oncesionario-ria, representante, delegado, apoderado, comisionista.

oncha, caparazón, valva, cubierta, coraza.// Carey, nácar.

onchabarse, acomodarse, ubicarse, asalariarse, conseguir trabajo.

onciencia, discernimiento, percepción, noción, pensamiento, juicio.// Escrúpulo, remordimiento, miramiento, delicadeza. **Ant.** Insensibilidad.

oncienzudo-da, reflexivo, aplicado, meticuloso, atento, cuidadoso, minucioso, escrupuloso, laborioso. **Ant.** Despreocupado.

oncierto, convenio, ajuste, orden, acuerdo, armonía.// Recital, interpretación, ejecución.

onciliábulo, conspiración, maquinación, complot, conjuración, componenda.// Conferencia, asamblea, cónclave, conversación.

onciliación, armonía, avenencia, arreglo, conformidad.// Concordancia, conveniencia, similitud, semejanza.

onciliar, reconciliar, granjear, armonizar, concordar, ajustar, atraer, conformar, convenir, pacificar, apaciguar, terciar, arbitrar. **Ant.** Desunir, desavenir, separar.

onciliar, sinodal.

oncilio, sínodo, asamblea, reunión, congreso.

concisión, parquedad, brevedad, laconismo, sobriedad, precisión.

conciso-sa, preciso, escueto, lacónico, sucinto, compendioso, breve, corto, parco, reducido, sobrio, estricto, exacto. **Ant.** Extenso, impreciso, detallado, ampliado, ornamentado.

concitar, provocar, incitar, instigar, excitar, inducir.

conciudadano-na, compatriota, coterráneo, paisano. **Ant.** Extranjero.

cónclave, asamblea, reunión, congreso, junta, conferencia.

concluir, acabar, terminar, rematar, finalizar. **Ant.** Empezar, comenzar.// Consumir, gastar, apurar, agotar. **Ant.** Conservar, cuidar.// Decidir, determinar, regular, resolver, opinar.// Completar, perfeccionar.

conclusión, terminación, fin, final, resultado, término. **Ant.** Inicio, comienzo.// Deducción, consecuencia, corolario, resultado.// Determinación, decisión, resolución.

concluyente, terminante, convincente, rotundo, indiscutible, decisivo, aplastante, irrebatible. **Ant.** Inseguro, rebatible, discutible, dudoso.

concomerse, consumirse, agitarse, apesararse, reconcomerse.

concomitancia, correspondencia, relación, concordancia, coincidencia, coherencia.

concomitante, concordante, correspondiente, acompañante, coincidente. **Ant.** Ajeno, independiente.// Afín, similar, análogo. **Ant.** Diferente.

concomitar, corresponder, coincidir, acompañar, concordar, ayudar. **Ant.** Separarse, distanciarse.// Parecerse, semejar. **Ant.** Diferenciarse.

concordancia, correspondencia, coordinación, conformidad, reciprocidad, armonía. **Ant.** Discordancia, incompatibilidad.

concordante, compatible, coincidente, coherente.

concordar, coincidir, compatibilizar, congeniar, convenir, armonizar, relacionarse, semejarse. **Ant.** Discrepar.

concorde, acorde, conforme.

concordia, paz, unión, inteligencia, armonía, confraternidad, compañerismo, simpatía. **Ant.** Enemistad, discordia.

concreción, acumulación, endurecimiento, petrificación, sedimento, solidificación.// Cálculo, nódulo.// Realización.

concretar, solidificar, espesar, cuajar, cristalizar, combinar.// Abreviar, resumir. **Ant.** Amplificar.// Particularizar, especificar.// -se, atenerse, limitarse, constreñirse.

concreto-ta, determinado, delimitado, exacto, justo, preciso, definido. **Ant.** Impreciso.// Abreviado, resumido.

concubina, amante, querida, mantenida. **Ant.** Esposa.

concubinato, amancebamiento.

conculcar, despreciar, infringir, pisotear, hollar, atropellar, vulnerar, escarnecer.

concupiscencia, avidez, deseo, sensualidad, codicia, apetito, incontinencia. **Ant.** Continencia, sobriedad, castidad.

concupiscente, sensual, erótico, libidinoso, incontinente, impúdico, lascivo, voluptuoso. **Ant.** Casto, virtuoso, prudente.

concurrencia, auditorio, público, asistencia, afluencia, multitud, muchedumbre.// Confluencia, simultaneidad, convergencia.// Ayuda, auxilio, apoyo, asistencia.// Presencia. **Ant.** Ausencia.

concurrente, espectador, oyente, asistente, presente.// Coincidente.

concurrido-da, animado, frecuentado, lleno.

concurrir, asistir, presentarse, presenciar, encontrarse. **Ant.** Ausentarse, faltar.// Convergir, confluir, coincidir, cooperar.

concursante, participante, opositor, rival, competidor.

concursar, participar, rivalizar, asistir, competir, comparecer, presentarse, concurrir, contender. **Ant.** Faltar.

concurso, competencia, oposición, disputa, examen, certamen, torneo, competición.// Ayuda, auxilio, intervención, asistencia, cooperación, apoyo.

concusión, sacudimiento, golpe, conmoción, vibración, sacudida.// Malversación, peculado, prevaricato, exacción, arbitrariedad.

condado, territorio, jurisdicción, distrito, circunscripción.

condecir, concertar, convenir, armonizar.

condecoración, honor, galardón, distinción, premio, recompensa.

condecorar, premiar, galardonar, distinguir, recompensar, homenajear. **Ant.** Deshonrar, agraviar.

condena, sentencia, decisión, resolución, fallo, dictamen, veredicto, pena, castigo, penalidad. **Ant.** Absolución, perdón.// Censura, vituperio, crítica, reprobación.

condenación, condena, maldición.

condenar, castigar, sentenciar, sancionar, penar. **Ant.** Absolver, perdonar.// Criticar, vituperar, censurar, reprobar, desaprobar. **Ant.** Elogiar, alabar.// Cerrar, tapar, tabicar, inutilizar.

condensación, solidificación, aglomeración, cristalización.// Síntesis, resumen.

condensador, acumulador, destilador.

condensar-se, solidificar, espesar, aglomerar, aglutinar, densificar, concentrar. **Ant.** Vaporizar, desleír.// Resumir, compendiar, abreviar, sintetizar, esquematizar. **Ant.** Ampliar.

condescendencia, benevolencia, tolerancia, consentimiento, indulgencia, beneplácito, complacencia, bondad. **Ant.** Severidad, rigidez, intolerancia.

condescender, avenirse, transigir, tolerar, acomodarse, consentir, contemporizar, conceder. **Ant.** Negar, resistirse, obstinarse.

condescendiente, tolerante, transigente, complaciente, accesible, indulgente. **Ant.** Intolerante, intransigente, inaccesible.

condición, cualidad, característica, carácter, índole.// Requisito, cláusula, restricción, reserva, excepción.// Categoría, estado, situación, posición.

condicionado-da, establecido, estipulado.

condicional, supuesto, posible, eventual, potencial, incidental.

condicionar, ajustar, convenir, supeditar, estipular, reglamentar, subordinar, disponer.

condigno-na, justo, proporcionado, acomodado, merecido, consecuente.

condimentar, aderezar, sazonar, adobar, aliñar, guisar.

condimento, adobo, aderezo, aliño, salsa.

condiscípulo-la, compañero, camarada, alumno, discípulo, adiátere.

condolencia, pésame.

condolerse, apiadarse, lamentar, quejarse, compadecerse. **Ant.** Alegrarse.

condominio, posesión, pertenencia, dominio.

condón, preservativo, protección.

condonar, perdonar, indultar, redimir, suspender. **Ant.** Condenar.

condotiero, jefe, cabecilla, capitán, adalid.

conducción, transporte, acarreo, traslado.// Dirección, manejo, administración, gobierno. **Ant.** Subordinación.

conducente, conveniente, útil, procedente.

conducir, llevar, transportar, arrastrar, acarrear, trasladar.// Dirigir, gobernar, guiar, manejar, administrar, mandar, regir, pilotear, inspirar, encaminar.// **-se,** obrar, comportarse, manejarse.

conducta, proceder, comportamiento, actuación, política, costumbre.

conducto, acequia, canal, conducción, colector, cauce.// Tubo, caño. Canal, desagüe.

conductor-ra, guía, jefe, adalid, dirigente, director, caudillo. **Ant.** Subordinado.// Cochero, chofer, automovilista, piloto, auriga.// Alambre.

conectar, enlazar, comunicar, juntar, enganchar, enchufar. **Ant.** Desunir, desenchufar.

conejera, madriguera, cueva.

conejo, gazapo.

conexión, enlace, unión, vínculo, concomitancia, coordinación, nexo, amistad, relación, enchufe.

conexo-xa, ligado, unido, enlazado, relacionado, vinculado.// Semejante, análogo, afín, equivalente.

confabulación, complot, conjuración, conspiración, intriga, maquinación, trama.

confabularse, complotarse, conspirar, tramar, maquinar, aliarse.

confección, ejecución, realización, fabricación.// Corte, hechura.

confeccionar, elaborar, hacer, realizar, terminar, componer, fabricar, ejecutar, manufacturar.// Cortar, coser.

confederación, alianza, pacto, asociación, federación, coalición, liga, unión, agrupación. **Ant.** Desacuerdo, desunión.

confederado-da, aliado, ligado, asociado, afiliado, vinculado.

confederarse, ligarse, asociarse, coaligarse, unirse, aliarse, afiliarse. **Ant.** Desafiliarse, separarse.

conferencia, disertación, discurso, charla.// Conversación, plática, coloquio, diálogo.

conferenciante, disertante, charlista, orador.

conferenciar, conversar, disertar, charlar, platicar, dialogar, reunirse, entrevistarse.

conferir, dar, pasar, asignar, otorgar, adjudicar, atribuir, ceder, traspasar. **Ant.** Negar.

confesar, declarar, reconocer, confiar, admitir, aprobar, decir, descubrir, ratificar, manifestar, aseverar, confirmar. **Ant.** Omitir, ocultar.

confesión, sacramento.// Confidencia, declaración, revelación. **Ant.** Ocultación.

confesionario, confesonario, locutorio.

confesor, sacerdote.// Confidente.

confiado-da, crédulo, cándido, incauto, ingenuo. **Ant.** Cauto, desconfiado.// Presumido, vanidoso, satisfecho.

confianza, creencia, seguridad, certidumbre, esperanza, fe, tranquilidad, crédito.// Amistad, familiaridad, trato, intimidad. **Ant.** Frialdad, alejamiento, desconfianza.// Ánimo, aliento. **Ant.** Inseguridad.

confiar, creer, esperar. **Ant.** Desconfiar.// **-se,** entregarse, abandonarse, sincerarse, desahogarse.

confidencia, revelación, informe, información, delación, denuncia. **Ant.** Reserva, silencio, recelo, mutismo.

confidencial, secreto, íntimo, reservado. **Ant.** Público, conocido.

confidente, adepto, cómplice, acólito, fiel, reservado. **Ant.** Infiel, traidor, delator.

configuración, disposición, forma, conformación, formato, figura.

configurar, modelar, conformar, disponer, estructurar.

confín, límite, frontera, linde, término.

confinamiento, confinación, destierro, exilio, reclusión, aislamiento.

confinar, desterrar, alejar, exiliar, encerrar, recluir. **Ant.** Liberar.// Lindar, limitar.

confirmación, aseveración, afirmación, corroboración, seguridad, revalidación, ratificación, aprobación. **Ant.** Rectificación, negación.

confirmar, aseverar, asegurar, corroborar, ratificar, comprobar, convalidar. **Ant.** Rectificar, negar.

confiscación, apropiación, incautación, expropiación, decomiso, retención, embargo, usurpación. **Ant.** Devolución, restitución.

confiscar, quitar, incautarse, decomisar, desposeer, despojar, expropiar. **Ant.** Devolver, entregar, restituir.

confitar, azucarar, endulzar, almibarar, acaramelar.

confite, golosina, dulce, caramelo.

confitería, pastelería, repostería, dulcería.

confitura, dulce, golosina, confite.

conflagración, perturbación, guerra, revolución, contienda, conflicto.// Incendio.

conflagrar, incendiar, quemar, inflamar.

conflicto, enfrentamiento, competición, batalla, choque, disputa, conflagración, encuentro, colisión, antagonismo. **Ant.** Tranquilidad, paz.// Desasosiego, inquietud, dificultad, trance, preocupación.

confluencia, unión, convergencia, intersección. **Ant.** Separación.

onfluir, reunirse, juntarse, concurrir, acudir, converger. **Ant.** Separarse, alejarse.

onformación, configuración, forma, disposición, distribución, colocación.

onformar, concordar, ajustar, adaptar, disponer, ordenar, distribuir, adecuar, armonizar. **Ant.** Desordenar, desorganizar.// **-se,** resignarse, adaptarse, avenirse, amoldarse. **Ant.** Rebelarse.

onforme, acorde, parecido, igual, semejante, idéntico, apro-piado. **Ant.** Desacorde, desproporcionado.// Resignado, satisfecho, contento. **Ant.** Disconforme, descontento.

onformidad, aprobación, consentimiento, aquiescencia, avenencia.// Tolerancia, resignación, paciencia, sumisión. **Ant.** Rebeldía.// Semejanza, similitud, parecido, igualdad. **Ant.** Diferencia.// Acuerdo, concordia, armonía. **Ant.** Discrepancia.// Conveniencia, utilidad.

onformista, tolerante, resignado. **Ant.** Rebelde.

onfor, confort, comodidad, holgura, bienestar, desahogo, prosperidad. **Ant.** Incomodidad

onfortable, cómodo, holgado, descansado, desahogado. **Ant.** Incómodo.

onfortante, reconstituyente, reconfortante, estimulante, vivificador. **Ant.** Enervante, abrumador.

onfortar, animar, reconfortar, esperanzar, consolar, vivificar, reanimar, fortalecer, alentar, levantar. **Ant.** Desanimar, desalentar.

onfraternidad, amistad, hermandad, fraternidad, solidaridad, compañerismo. **Ant.** Hostilidad, enemistad.

onfraternizar, intimar, hermanarse, amigarse, solidarizarse. **Ant.** Separarse, distanciarse.

onfrontación, comparación, cotejo, careo, enfrentamiento, verificación.

onfrontar, cotejar, comparar, carear, enfrentar, compulsar.

onfundir, desorientar, desconcertar, turbar, enredar, embarullar. **Ant.** Aclarar, orientar.// Mezclar, desordenar. **Ant.** Ordenar.// Turbar, avergonzar, humillar. **Ant.** Elogiar, alabar.

onfusión, desorden, anarquía, caos, desbaratamiento, enredo, embrollo, desconcierto, ambigüedad, mezcolanza, revoltijo. **Ant.** Orden, concierto, organización.// Turbación, desconcierto, desasosiego, aturdimiento, desorientación. **Ant.** Claridad, aplomo, seguridad.

onfuso-sa, mezclado, desordenado, revuelto, complicado, embrollado, enmarañado, absurdo, enredado, enrevesado, difícil. **Ant.** Ordenado, organizado.// Dudoso, indefinido, difuso, incomprensible, oscuro, impreciso, vago, indeterminado, sibilino, borroso. **Ant.** Claro, nítido, inteligible.// Turbado, avergonzado, desorientado, pasmado, asombrado. **Ant.** Seguro, orientado.

ongelación, congelamiento, enfriamiento, solidificación, coagulación. **Ant.** Descongelación, licuefacción, calentamiento.

ongelar, enfriar, helar, cuajar, solidificar, coagular. **Ant.** Licuar, fundir, calentar, descongelar.

ongénere, semejante, afín, análogo, parecido, persona, individuo.

ongeniar, entenderse, comprenderse, avenirse, concordar, simpatizar. **Ant.** Oponerse.

ongénito-ta, hereditario, original, innato, natural, engendrado, constitucional. **Ant.** Adquirido.

ongestión, acumulación, saturación, abundancia, exceso, obstrucción, inflamación, apoplejía. **Ant.** Descongestión, alivio.// Embotellamiento, embrollo.

ongestionar, inflamar, saturar, acumular, henchir. **Ant.** Descongestionar, aflojar, aliviar.// Embotellar, atascar, obstaculizar, entorpecer. **Ant.** Abrir.

onglomerado, aglutinamiento, mezcla, masa, aglomeración, amontonamiento.// Compuesto, conjunto.

onglomerar, unir, aglutinar, aglomerar, juntar, reunir. **Ant.** Separar, disgregar.

ongoja, tristeza, pesar, desconsuelo, inquietud, angustia, tormento, pena, aflicción, zozobra, anhelo, ahogo. **Ant.** Alegría, consuelo, placer.

congraciarse, agradar, avenirse, confraternizar, intimar, congeniar. **Ant.** Rechazar, repeler, enemistarse.

congratulación, felicitación, pláceme, parabién, enhorabuena, cortesía, saludo, cumplido.

congratular, felicitar, celebrar, cumplimentar, galantear, agasajar.// **-se,** felicitarse, regocijarse. **Ant.** Lamentar, deplorar.

congregación, hermandad, comunidad, cofradía, orden.// Convocación.

congregar, reunir, convocar, juntar, unir, atraer, agrupar. **Ant.** Disgregar, separar.

congresista, asambleísta, parlamentario, representante, legislador.

congreso, reunión, cónclave, junta, asamblea, concilio, parlamento, cortes.

congruencia, oportunidad, conveniencia, coherencia, lógica, semejanza. **Ant.** Incongruencia, disparidad, inconveniencia.

congruente, oportuno, racional, lógico, conveniente, preciso, exacto, proporcionado. **Ant.** Incongruente, inoportuno, ilógico.

cónico-ca, coniforme, conoidal.

conjetura, suposición, sospecha, indicio, presunción, hipótesis, probabilidad, interrogante. **Ant.** Certidumbre, seguridad, certeza.

conjeturar, suponer, imaginar, presumir, opinar, columbrar, inferir, calcular, sospechar, deducir. **Ant.** Asegurar, confirmar.

conjugación, unión, enlace, aglutinación.

conjugado-da, conexo, enlazado, relacionado.

conjugar, reunir, enlazar, ajustar, fusionar, compaginar, armonizar.

conjunción, junta, unión, reunión, enlace.// Partícula, palabra.// Compaginación, conciliación.

conjuntiva, membrana, mucosa.

conjunto, compuesto, totalidad, suma, total, acervo, combinación, reunión, masa, montón. **Ant.** Parte, unidad, disgregación, separación.// **-ta,** ligado, unido. **Ant.** Separado, individual.

conjura, conjuración, conspiración, complot, confabulación, maquinación, juramentación, intriga, connivencia, plan. **Ant.** Fidelidad, lealtad.

conjuración, conjura.

conjurado-da, conspirador.

conjurar, exorcizar, adjurar, conminar.// Implorar, suplicar, rogar, reclamar, pedir, requerir, exigir.// **-se,** tramar, complotar, ligarse, maquinar, fraguar.

conjuro, exorcismo, sortilegio, encantamiento, hechizo, magia.// Imprecación, súplica, requerimiento, ruego.

conllevar, soportar, tolerar, aguantar, sobrellevar, transigir.

conmemoración, recuerdo, rememoración, recordación, celebración, evocación, ceremonia, festejo, festividad.

conmemorar, recordar, celebrar, rememorar, evocar, solemnizar.

conmemorativo-va, recordatorio, evocador.

conmensurable, medible, valorizable, evaluable, calculable. **Ant.** Inconmensurable, incalculable.

conmilitón-na, camarada, compañero, correligionario.

conminación, intimidación, amenaza, coacción, apremio, ultimátum, orden, aviso.

conminar, obligar, amenazar, ordenar, intimidar, avisar, advertir. **Ant.** Suplicar, ceder, tolerar.

conminatorio-ria, perentorio, amenazante.

conmiseración, piedad, lástima, misericordia, compasión, humanidad, enternecimiento, compasión. **Ant.** Indiferencia, inhumanidad, crueldad.

conmoción, sacudimiento, trastorno, vibración, perturbación, sacudida, temblor.// Terremoto, temblor.// Emoción, perturbación, turbación.// Levantamiento, tumulto, sublevación, alteración. **Ant.** Tranquilidad, quietud.

conmovedor-ra, enternecedor, patético, emocionante, apasionante, sentimental, impresionante. **Ant.** Indiferente.

conmover, emocionar, excitar, enternecer, impresionar, conturbar, remover, sacudir, mover, inquietar, trastornar. **Ant.** Tranquilizar, serenar, endurecer.

conmutación, trueque, cambio, permuta, sustitución.// Indulto.

conmutador, interruptor, cortacorriente, transformador, rectificador.

conmutar, cambiar, trocar, permutar, canjear, intercambiar.

connatural, innato, específico, natural, propio.

connivencia, complicidad, conjuración, confabulación, intriga.// Tolerancia, indulgencia. **Ant.** Oposición, desacuerdo.

connotación, parentesco, relación, vínculo, afinidad.

connotado-da, allegado, emparentado, relacionado, vinculado.

cono, cucurucho, conoide.

conocedor-ra, sabedor, versado, ducho, experimentado, práctico, informado, avezado, hábil, experto. **Ant.** Inexperto, ignorante.

conocer, saber, entender, advertir, dominar. **Ant.** Ignorar, desconocer.// Percatarse, distinguir, percibir, notar.// **-se,** intimar, tratar.

conocido-da, célebre, famoso, renombrado, reputado, afamado, celebrado, ilustre. **Ant.** Ignoto, desconocido, ignorado.// Vulgar, común, trillado, consabido. **Ant.** Especial, distinto.// Amigo, compañero, camarada. **Ant.** Extraño, alejado.

conocimiento, saber, cultura, instrucción, estudio, competencia.// Discernimiento, intuición, inteligencia, entendimiento, razón, conciencia. **Ant.** Ignorancia.

conquista, dominación, sometimiento, ocupación, toma, incautación, invasión.// Seducción, convencimiento. **Ant.** Rechazo, repulsa.

conquistador-ra, descubridor, invasor. **Ant.** Sometido, invadido.// Seductor, tenorio, vampiresa. **Ant.** Seducido, desagradable, repelente.

consabido-da, conocido, sabido, reputado, acreditado, renombrado, celebrado, ilustre. **Ant.** Ignoto, desconocido, ignorado.

consagración, apoteosis, confirmación, coronamiento, santificación, bendición.// Dedicación, ofrecimiento.

consagrado-da, ungido, sacramentado.// Dedicado, entregado.// Ilustre, conocido.

consagrar, bendecir, divinizar, deificar, coronar, ungir.// Dedicar, ofrecer, destinar.// **-se,** dedicarse, entregarse, limitarse, sacrificarse.

consanguíneo-a, cercano, allegado, pariente, familiar, cognado.

consanguinidad, parentesco, cercanía, afinidad, cognación, origen, tronco, progenie, fuente, atavismo, ascendencia, familia, descendencia.

consciente, cuidadoso, honrado, escrupuloso, serio, probado, previsor, voluntarioso, precavido. **Ant.** Inconsciente, irresponsable, irreflexivo. **Par.** Consiente.

consecución, obtención, alcance, logro, adquisición, victoria. **Ant.** Frustración, fracaso, derrota.

consecuencia, resultado, derivación, corolario, secuela, efecto, desenlace. **Ant.** Causa.// Importancia, trascendencia, influencia, gravedad.// Deducción, conclusión. **Ant.** Principio, antecedente.

consecuente, razonable, justo, lógico, proporcionado. **Ant.** Ilógico, desproporcionado.// Siguiente, consiguiente. **Ant.** Antecedente.// Tesonero, tenaz, firme, perseverante. **Ant.** Voluble, inconstante.

consecutivo-va, consiguiente, contiguo, próximo, cercano, inmediato. **Ant.** Lejano, alejado, antecedente.

conseguir, lograr, obtener, alcanzar, llegar, tocar, agenciar, tomar. **Ant.** Perder, malograr, frustrar.

conseja, cuento, leyenda, fábula, apólogo.

consejero-ra, asesor, guía, maestro, mentor, instructor, consultor, adiestrador.

consejo, parecer, advertencia, opinión, aviso, exhortación, insinuación, dictamen, juicio, indicación, admonición, lección, instigación.// Junta, asamblea, reunión. **Par.** Concejo.

consenso, asentimiento.

consentido-da, mimado, mimoso, malcriado.// Autorizado, permitido, legal, admitido. **Ant.** Prohibido, ilegal, ilegítimo.

consentimiento, beneplácito, anuencia, aquiescencia, autorización, asentimiento, venia, voluntad, adhesión, asenso, permiso, conformidad, licencia, condescendencia, acuerdo, aprobación. **Ant.** Prohibición, disentimiento.

consentir, permitir, tolerar, autorizar, acceder, condescender, ceder. **Ant.** Negar, rechazar.// Mimar, malcriar.

conserje, portero, ujier, mayordomo, ordenanza.

conserjería, portería, mayordomía.

conserva, conservación, esterilización, congelación.

conservación, conserva.

conservador, conservativo.// -ra, guardador, vigilante, cuidador.// Reaccionario, tradicionalista, anquilosado. **Ant.** Progresista, librepensador.

conservadurismo, tradicionalismo, moderación.

conservar, preservar, mantener, cuidar, perpetuar, guardar, prolongar, consolidar, retener. **Ant.** Abandonar, descuidar.// Embalsamar, disecar.// Archivar, almacenar.

considerable, importante, cuantioso, respetable, espacioso, ancho, colosal, alto, amplio, formidable, enorme, numeroso, inmenso, desmedido, vasto, largo, elevado, extenso. **Ant.** Minúsculo, pequeño, insignificante, desdeñable.

consideración, aprecio, atención, miramiento, popularidad, estima, respeto, deferencia, urbanidad, reputación, honor, notoriedad. **Ant.** Desprecio, grosería, descortesía, desconocimiento.// Juicio, meditación.// -es, argumentos, razones, miramientos.

considerado-da, respetado, estimado, apreciado. **Ant.** Desprestigiado, despreciado.// Respetuoso, atento, reflexivo, de-ferente, mirado. **Ant.** Desconsiderado, grosero, irrespetuoso.

considerando, fundamento, razón, motivo, causa, consideración.

considerar, meditar, examinar, pensar, reparar, reflexionar, mirar, estudiar.// Estimar, juzgar, tantear, suponer.// Reputar, conceptuar. **Ant.** Menospreciar.

consigna, salvoconducto, contraseña.// Lema, frase.// Depósito.

consignación, señal, fianza, garantía.

consignar, entregar, depositar.// Enviar, transportar, expedir, destinar.// Firmar, manifestar, establecer, estipular.

consignatario-ria, intermediario, depositario.

consiguiente, supeditado, consecuente, natural, deducido.

consistencia, coherencia, densidad, resistencia, trabazón, espesura, dureza. **Ant.** Inconsistencia, blandura.// Firmeza, duración, solidez.

consistente, sólido, fuerte, resistente, firme. **Ant.** Blando, endeble.// Estable, firme, permanente. **Ant.** Inconsistente.

consistir, fundamentarse, estribar, residir, apoyarse, basarse, descansar.

consistorio, corporación, consejo, cabildo, ayuntamiento.

consola, repisa, mesa, estante.

consolación, dolencia, consuelo, aligeramiento, remedio, confortación, alivio, apaciguamiento, atenuación, bálsamo, refugio.

consolar-se, aliviar, aligerar, animar, reconfortar, calmar, tranquilizar, fortalecer, confortar, alentar, reanimar, apaguar, atenuar. **Ant.** Apenar, desconsolar, afligir, desanimar.

consolidación,, fortalecimiento, afianzamiento.

consolidar, fijar, asegurar, fortalecer, solidificar, afianzar, afirmar, apuntalar.

consomé, caldo.

consonancia, proporción, relación, armonía. **Ant.** Discordia, formidad.// Eufonía, cadencia, similicadencia. **Ant.** Disonancia, discordancia.

consonante, acorde, rítmico, eufónico, relacionado, concordante. **Ant.** Disonante.

consorcio, sociedad, asociación, unión.// Condominio.

nsorte, cónyuge, compañero, esposo, esposa, marido, mujer, contrayente, desposado.

nspicuo-cua, sobresaliente, ilustre, distinguido, visible, insigne, notable. **Ant.** Humilde, desconocido, insignificante.

nspiración, maquinación, trama, conjuración, confabulación, intriga, complot.

nspirador-ra, conjurado, intrigante.

nspirar, confabularse, conjurarse, intrigar, complotar, maquinar.

nstancia, perseverancia, tesón, persistencia, fidelidad, firmeza, tenacidad, aplicación. **Ant.** Volubilidad, ligereza, inconstancia, informalidad.

nstante, perseverante, tenaz, persistente, firme, invariable. **Ant.** Inconstante, variable, voluble.

nstar, estar, existir.// Comprender, abarcar, contender.

nstatación, comprobación, confirmación.

nstatar, comprobar, confirmar.

nsternación, asombro, sorpresa, aflicción, abatimiento, desconsuelo, desolación.

nsternado, asombrado, sorprendido, alterado, afligido. **Ant.** sereno, calmo, tranquilo.

nsternar-se, sorprender, asombrar, alterar, afligir, entristecer, atribular, acongojar, angustiar, desolar, desesperar, apenar, amargar, desconsolar, apesadumbrar, abrumar. **Ant.** Serenar, calmar, tranquilizar, consolarse, esperanzarse.

nstipado, resfrío, catarro, enfriamiento, gripe.// **-da,** resfriado, engripado.

nstiparse, estreñirse.// Acatarrarse, resfriarse.

nstitución, carta magna, reglamento, ley, código.// Natural, complexión, naturaleza, temperamento.

nstitucional, legal, admitido, constituyente.

nstituir, formar, componer, integrar, establecer, instaurar.

nstreñimiento, exigencia, obligación, compulsión, necesidad, coerción.

nstreñir, obligar, forzar, impeler, compeler, imponer.// Apretar, oprimir.

nstricción, encogimiento, retracción, estrechamiento. **Ant.** Dilatación.

nstrictivo-va, apremiante, obligatorio, compulsivo, coercitivo.// Compresor.

nstrictor-ra, aplastante, compresivo, opresivo. **Ant.** Dilatador.

nstrucción, fabricación, levantamiento, obra, edificio, edificación. **Ant.** Destrucción, demolición.

nstructivo-va, edificante, ejemplar, provechoso, benefícioso. **Ant.** Perjudicial, negativo.

nstructor-ra, aparejador, maestro mayor de obras.

nstruir, edificar, levantar, erigir, fabricar, fundar. **Ant.** Derribar, demoler.// Hacer, trazar, componer. **Ant.** Destruir.

nsubstancial, innato, natural, propio, igual, idéntico, homogéneo.

nsuelo, alivio, consolación.

nsuetudinario-ria, acostumbrado, frecuente, ordinario, común.

nsul, diplomático, delegado, representante.

nsulado, delegación, representación.

nsulta, conferencia, junta, deliberación, reunión.// Asesoramiento, demanda, consejo, aclaración.// Referéndum, plebiscito.

nsultar, aconsejarse, asesorarse, examinar, estudiar, discurrir.// Conferenciar, deliberar.

nsultivo-va, asesor.

nsultor-ra, consejero, asesor.

nsultorio, gabinete, dispensario.

nsumación, fin, acabamiento, término, cumplimiento. **Ant.** Principio, continuación.

nsumado-da, terminado, acabado. **Ant.** Empezado, inconcluso.// Perfecto. **Ant.** Imperfecto.// Experto, diestro, hábil, conocedor. **Ant.** Inexperto.

nsumar, concluir, hacer, terminar, acabar, cumplir, realizar, ultimar. **Ant.** Empezar, comenzar, iniciar.

consumición, gasto, consumo, dilapidación.// Agotamiento, consunción, extenuación.

consumido-da, parroquiano, cliente.// Dilapidador, derrochador.

consumir, acabar, destruir, disipar, absorber, gastar, agotar, usar, extinguir, dilapidar. **Ant.** Economizar, conservar.// Abatir, afligir, apenar, desazonar, atormentar, desasosegar.

consumo, consumición, gasto, uso, dilapidación, empleo. **Ant.** Ahorro

consunción, enflaquecimiento, agotamiento, adelgazamiento. **Ant.** Fortalecimiento.// Gasto, derroche, dilapidación.

contabilidad, cómputo, administración.

contable, calculable, computable.

contacto, empalme, corto circuito.//Toque, tacto.// Frecuentación, amistad, vínculo.

contado (al), en efectivo.

contado-da, raro, escaso, infrecuente.

contador, taxímetro, medidor.

contador-ra, tenedor de libros.

contagiar, comunicar, transmitir, contaminar, infestar, ensuciar, corromper, viciar, pervertir, pegar.

contagio, transmisión, comunicación, infección, inficionamiento, perversión, corrupción, enfermedad.// Epidemia, plaga.

contagioso-sa, infeccioso, transmisor, transmisivo.

container, contenedor, receptáculo, caja.

contaminación, infección, contagio.// Polución.

contaminar, contagiar, comunicar, infectar.

contar, calcular, numerar, computar.// Incluir, considerar.// Narrar, relatar, referir.

contemplación, meditación, reflexión.// Observación, apreciación, mirada.// Miramiento, consideración.// Recogimiento, abstracción.

contemplar, meditar, reflexionar.// Considerar, observar, admirar, mirar, examinar.// Complacer, halagar.

contemporáneo-a, coetáneo, simultáneo, coincidente, actual, moderno.

contemporización, transigencia, avenencia.// Componenda.

contemporizar, avenirse, amoldarse, transigir, resignarse, acomodarse.

contención, detención, retención, inmovilización.// Moderación.

contencioso-sa, discutible, litigioso.

contender, luchar, pelear, guerrear, batallar, lidiar, combatir.// Discutir, altercar, pleitear.// Rivalizar, competir. **Ant.** Colaborar, cooperar.

contendiente, combatiente, antagonista, contrario, adversario, oponente. **Ant.** Amigo, pacifista.

contener, encerrar, comprender, abarcar, abrazar, englobar, incluir.// Moderar, sujetar, refrenar.// **-se,** mesurarse, moderarse. **Ant.** Rebelarse.

contenido, capacidad, espacio. **Ant.** Continente.// Tema, asunto, materia, significado.// **-da,** comprendido, englobado, incluido.

contentadizo-za, conformista.

contentar, agradar, complacer, halagar, satisfacer, atender, deleitar. **Ant.** Disgustar.

contento, alegría, gozo, alborozo, contentamiento, júbilo, agrado, placer. **Ant.** Disgusto, tristeza.

contento-ta, alegre, gozoso, alborozado, encantado, eufórico, jubiloso. **Ant.** Triste, apenado.

contertulio-lia, concurrente, parroquiano, invitado.

contestación, respuesta, réplica.// Discusión, querella, debate, altercado, controversia. **Ant.** Acuerdo, avenencia.

contestar, responder.// Contradecir, disputar, rebatir, recusar.

contexto, tejido, maraña.// Trama, situación, ámbito, historia.

contextura, configuración, constitución, naturaleza, estructura.

contienda, pelea, disputa, combate, choque, altercado, discusión, escaramuza.

contigüidad, cercanía, proximidad, vecindad.

contiguo-gua, cercano, próximo, vecino, inmediato, adyacente, lindante. **Ant.** Alejado, lejano.

continencia, moderación, sobriedad, templanza.// Castidad, pureza, pudor. **Ant.** Lascivia.

continente, talante, compostura, aire, aspecto, porte.// Moderado, casto, púdico, puro.// Recipiente, envase, vasija, embalaje. **Ant.** Contenido.

contingencia, evento, probabilidad, albur, riesgo, peligro, posibilidad, eventualidad, alternativa. **Ant.** Fatalidad, certeza.

contingente, probable, posible, eventual, riesgoso. **Ant.** Fatal, seguro, inexorable.// Grupo, conjunto, tropa, agrupación.

continuación, secuencia, permanencia, prolongación, decurso, prolongamiento, persistencia, prosecución. **Ant.** Interrupción, cese.

continuador-ra, seguidor, discípulo, sucesor, partidario, adicto, adepto, heredero.

continuar, durar, permanecer.// Proseguir, insistir, mantener, perpetuar, perseverar, persistir.// Extender, seguir, prolongar.

continuidad, unión, encadenamiento.// Persistencia, continuación, prolongación.

continuo-nua, persistente, ininterrumpido, incesante, constante, invariable, perpetuo. **Ant.** Alterno, discontinuo, interrumpido.

contonearse, pavonearse, menearse, moverse, balancearse.

contoneo, meneo, zarandeo.

contornear, rodear, perfilar, contornar.

contorno, perímetro, periferia, silueta, perfil, borde.// Marco, cuadro, borde.// **-s,** alrededores, aledaños. **Ant.** Centro.

contorsión, retorcimiento, torsión.

contorsionarse, enroscarse, arquearse.

contra, oposición, contrariedad, inconveniente, dificultad, obstáculo.// Hacia.// En oposición a.

contraatacar, resistir, responder, rechazar, contestar.

contraataque, reacción, contraofensiva, resistencia, rechazo.

contrabalancear, compensar, equilibrar, nivelar, contrarrestar.

contrabandista, traficante, bandido, bandolero, defraudador.

contrabando, tráfico, fraude, delito.

contracción, encogimiento, disminución, mengua.// Contractura, crispamiento, calambre, convulsión, espasmo. **Ant.** Distensión, estiramiento.

contraceptivo, anticonceptivo.

contractilidad, crispación, constricción.

contractual, pactado, convenido.

contradecir, impugnar, negar, refutar, contestar, reñir, rebatir, desmentir, objetar, protestar, oponer. **Ant.** Ratificar, confirmar.

contradicción, contrariedad, desacuerdo, antítesis, incompatibilidad, paradoja, antinomia. **Ant.** Compatibilidad.// Oposición, objeción, impugnación, refutación, negación, contestación.

contradictorio-ria, contrario, opuesto, absurdo, ilógico, paradójico, incoherente, incompatible, discordante, confuso. **Ant.** Lógico, coherente.

contraer, achicar, disminuir, acortar, reducir. **Ant.** Alargar.// Adquirir, contagiarse, tomar. **Ant.** Curar.

contrafuerte, refuerzo, pilar, apoyo, sostén, arbotante.

contragolpe, contraofensiva, contraataque.

contrahacer, falsificar, remedar, copiar, imitar, adulterar, falsear.

contrahecho-cha, deforme, jorobado, malhecho, estropeado, desproporcionado, lisiado.

contraindicación, reserva, recusación, anulación, supresión.

contraorden, revocación, cancelación. **Ant.** Confirm ción.

contrapartida, compensación.

contrapelo (a), en sentido contrario.

contrapeso, compensación, equiparación, igualació equilibrio, nivelación.// Carga, peso.

contraponer, comparar, cotejar, oponer, enfrentar. **A** Armonizar.

contraposición, oposición, antítesis, antagonismo, riva dad.

contraproducente, desacertado, erróneo, desventajos desfavorable, adverso. **Ant.** Positivo, ventajoso.

contrapuesto-ta, antagónico, opuesto, adverso, conti rio. **Ant.** Favorable, coincidente.

contrapuntear, indignar, ofender.

contrapunto, acompañamiento.

contrariar, estorbar, importunar, dificultar, resistir, ento pecer, obstaculizar, contradecir.// Enojar, disgustar. **A** Complacer, contentar.

contrariedad, obstáculo, contratiempo, dificultad. **A** Facilidad.// Desengaño, desilusión, disgusto. **Ant.** Sati facción, contento.

contrario-ria, opuesto, distinto, diferente. **Ant.** Semeja te, parecido.// Competidor, rival, antagonista, advers rio.// Perjudicial, nocivo. **Ant.** Beneficioso.// Rebelde, dis conforme, opositor. **Ant.** Favorable, simpatizante, adh rente.

contrarrestar, compensar, neutralizar, contrabalance anular.// Resistir, oponerse, afrontar.

contrasentido, equivocación, sinrazón, confusión, erro aberración, contradicción, dislate.

contraseña, consigna, lema, frase, santo y seña.

contrastar, diferenciarse, desentonar, discordar.

contraste, desigualdad, variedad, diferencia, antítesi disparidad, oposición, desemejanza, diversidad.

contrata, arreglo, contrato.

contratación, contrata, contrato.

contratar, convenir, estipular, ajustar, negociar, traficar, c merciar, acordar.// Emplear, asalariar.

contratiempo, percance, revés, accidente, tropiezo, ad versidad, contrariedad. **Ant.** Ventaja, facilidad.

contratista, empresario, contratante. **Ant.** Asalariad contratado.

contrato, convenio, pacto, acuerdo, compromiso, contr ta, transacción.

contravención, falta, desobediencia, infracción, transgre sión, incumplimiento. **Ant.** Obediencia, observanci cumplimiento.

contraveneno, antídoto, antitóxico.

contraventana, resguardo.

contrayente, cónyuge, desposado, novio.

contribución, tributo, cuota, prestación, impuesto, gab la, carga, subsidio.

contribuir, pagar.// Cooperar, ayudar, auxiliar, participa colaborar, concurrir, subvenir, asistir, coadyuvar.

contribuyente, tributario.

contrición, remordimiento, dolor, penitencia, compu ción, pesar, arrepentimiento.

contrincante, rival, competidor, opositor. **Ant.** Aliad émulo.

contristar, afligir, apenar, entristecer. **Ant.** Alegrar.

contrito-ta, arrepentido, pesaroso, compungido.

control, examen, vigilancia, inspección, verificación, cer sura.// Mando, dominio, poder, autoridad.

controlar, vigilar, contrastar, censurar, criticar, examina verificar, comprobar, testear.// Dominar, gobernar, mar dar.

controversia, debate, discusión, polémica, disputa, opc sición.

controvertir, discutir, disputar, debatir, polemizar. **An** apoyar, acordar.

contubernio, alianza, confabulación.

contumacia, porfía, obstinación, persistencia, reincider cia, rebeldía.

contumaz, obstinado, porfiado, tenaz, rebelde, solivianta-do.

contundencia, dureza, energía, firmeza.

contundente, terminante, convincente, decisivo, conclu-yente, irrebatible, categórico. *Ant.* Discutible, rebatible.// Macizo, pesado. *Ant.* Liviano.// Destructivo, hiriente.

conturbación, turbación, trastorno, desasosiego, intran-quilidad, conmoción.

conturbado-da, inquieto, turbado, alterado, confuso, re-vuelto, perturbado, conmovido, turbulento. *Ant.* Sereno, tranquilo.

conturbar, perturbar, conmover, intranquilizar, inquietar, turbar, alterar. *Ant.* Serenar, calmar.

contusión, magulladura, daño, herida, golpe, lesión.

contuso-sa, herido, lesionado, golpeado.

convalecencia, mejoría, recuperación, restablecimiento, cura. *Ant.* Recaída.

convalecer, recuperarse, mejorarse, restablecerse, curar-se, recobrarse. *Ant.* Recaer.

convaleciente, recuperado, mejorado, aliviado, paciente, enfermo.

convalidación, corroboración, legalización, ratificación, aprobación.

convalidar, confirmar, revalidar, aprobar, sancionar.

convencer, persuadir, disuadir, conquistar, fascinar.// De-mostrar, instar, inducir.

convencido-da, persuadido, sugestionado, atraído, en-gatusado.

convencimiento, certeza, convicción, persuasión, seguri-dad. *Ant.* Incertidumbre, duda.

convención, asamblea.// Pacto, acuerdo, convenio, ajus-te.

convencional, consabido, falso, afectado.

convencionalismo, conveniencia, complicación, artifi-ciosidad, falsedad.

conveniencia, beneficio, ventaja, utilidad, provecho, in-terés. *Ant.* Desventaja, perjuicio.// Comodidad. *Ant.* Incomodidad, inconveniencia.

conveniente, propio, adecuado, proporcionado, razona-ble, aprovechable. *Ant.* Inútil.// Ventajoso, fecundo, pro-vechoso, lucrativo. *Ant.* Perjudicial, dañino.

convenio, acuerdo, pacto, tratado, arreglo, compromiso, contrato. *Ant.* Ruptura, disenso.

convenir, corresponder, incumbir, atañer, cuadrar.// Acor-dar, contratar, establecer, regular, ajustar, pactar, concor-dar.

conventillero-ra, chismoso, peleador.

conventillo, inquilinato.

convento, cenobio, monasterio.

conventual, monacal, monástico.

convergencia, coincidencia, tendencia, juntura, unión, afinidad, concurrencia, confluencia. *Ant.* Divergencia, se-paración.

convergir, converger, coincidir, confluir, concurrir, juntar-se, aproximarse. *Ant.* Separarse, diverger.

conversación, charla, plática, diálogo, coloquio, parla-mento, parrafada, conferencia, entrevista.

conversar, hablar, dialogar, charlar, conferenciar, departir, parlar.

conversión, mutación, mudanza, cambio, metamorfosis, transformación.// Abjuración, retractación.

converso-sa, convertido, neófito.

convertir, cambiar, mudar, transmutar, transformar, trocar, evolucionar.// Persuadir, convencer.// -se, renegar, abju-rar.

convexidad, saliente, abultamiento, prominencia, comba, curva. *Ant.* Concavidad.

convexo-xa, abultado, prominente, panzudo. *Ant.* Cóncavo.

convicción, convencimiento.

convicto-ta, reo, condenado, procesado.

convidado-da, invitado, huésped, comensal.

convidar, invitar, incitar, inducir, atraer, llamar, mover, aco-ger, hospedar. *Ant.* Desdeñar, desairar.

convincente, terminante, contundente, concluyente, de-cisivo, elocuente. *Ant.* Dudoso.

convite, invitación, banquete, ágape, festín, celebración, agasajo.

convivencia, coexistencia, cohabitación, tolerancia, en-tendimiento.

convivir, cohabitar, coexistir.

convocar, llamar, citar, congregar, reunir, avisar, requerir, solicitar.

convocatoria, aviso, cita, anuncio, decreto, convocación, llamada.

convoy, escolta, acompañamiento, séquito, caravana, co-lumna, tren.

convulsión, agitación, espasmo, contracción, sacudida, síncope.// Movimiento, disturbio.// Terremoto.

convulsionar, agitar, trastornar, conmover, estremecer. *Ant.* Calmar, aquietar.

convulsivo-va, perturbador, espasmódico.

convulso-sa, convulsivo.

conyugal, matrimonial, nupcial, marital.

cónyuge, consorte, contrayente, desposado, compañero, marido, mujer, esposo, esposa.

cooperación, colaboración, ayuda.

cooperar, socorrer, ayudar, colaborar, contribuir, coadyu-var, auxiliar.

cooperativa, mutualidad, sociedad, asociación, economa-to.

coordenada, eje.

coordinación, compaginación, disposición, sistematiza-ción, combinación, arreglo, metodización.

coordinar, arreglar, regularizar, ordenar, acomodar, dispo-ner, metodizar, regular, organizar.

copa, cáliz, vaso, crátera, bol, grial, // Premio, trofeo.// Torneo, campeonato.

copar, rodear, sorprender, envolver, aprisionar.// Monopo-lizar, acaparar.

copartícipe, cómplice, copropietario, coautor.

copete, presunción, altanería, altivez.// Cima, altura, cum-bre.// Mechón, penacho.

copetín, cóctel, reunión, aperitivo.

copetudo-da, pituco, aristocrático, encumbrado, desta-cado, altanero.

copia, profusión, abundancia.// Imitación, calco, reproduc-ción, remedo, réplica.

copiar, remedar, contrahacer, trasladar, transcribir, plagiar, calcar, reproducir, imitar.

copioso-sa, abundante, rico, numeroso, considerable, nutrido, excesivo, colmado, cuantioso, pingüe, fecundo, infinito.

copista, copiador, escribiente, amanuense.

copla, cantar, cante, tonada, aire, canto.// Estrofa.

copo, coágulo, grumo.

copropiedad, condominio, coparticipación.

copropietario-ria, coposeedor, copartícipe.

cópula, unión, ayuntamiento, cubrición, coito, aparea-miento.// Atadura, trabazón.

copular, fornicar, ayuntar, cubrir, aparearse, ayuntarse.// Enlazar, juntar, unir.

coqueta, vanidosa, frívola, presumida, seductora, veleido-sa.

coquetear, presumir, seducir, conquistar, enamorar.

coquetería, seducción, encanto, gracia, afectación.

coraje, valor, valentía, arrojo, ánimo, ímpetu, bravura, de-cisión, atrevimiento, osadía. *Ant.* Temor, cobardía.

corajudo-da, valiente, temerario, audaz, valeroso, deci-dido. *Ant.* Cobarde, pusilánime.

coraza, armadura.// Revestimiento, envoltura.

corazón, centro, interior, meollo, médula.// Entretelas, entrañas.// Amor, cariño, amistad, benevolencia. *Ant.* De-samor, hostilidad, odio.// Coraje, valor. *Ant.* Cobardía, te-mor.

corazonada, barrunto, presagio, presentimiento, intui-ción, premonición.// Decisión, arranque.

corcel, caballo, cabalgadura, montura, palafrén, potro.

corchete, alguacil, guarda.// Signo.
corcho, corteza, alcornoque.// Tarugo, tapón.
corcova, giba, joroba.
corcovado-da, torcido, jorobado, giboso, contrahecho, deforme.
corcovo, respingo, salto.
cordel, cuerda, cinta, cordón, soga.
cordero, borrego.// Manso, inofensivo, obediente, sosegado. **Ant.** Arisco, rebelde.
cordial, amable, afectivo, afectuoso, cariñoso, hospitalario. **Ant.** Antipático, huraño.
cordialidad, amabilidad, cariño, afecto, afabilidad, llaneza, sinceridad.
cordiforme, acorazonado.
cordillera, cadena, sierra, macizo, serranía, barrera, montaña.
cordón, cordel, galón, trencilla, cuerda, cinta,cable,hilo, fibra.
cordura, sensatez, juicio, seso, sesudez, prudencia, circunspección, seriedad, cuidado, tacto. **Ant.** Locura, insensatez.
corear, repetir, halagar, adular.// Cantar, acompañar.
coriáceo-a, correoso.
corifeo, director, guía, jefe.
corista, comparsa, extra, figurante, acompañante.
cornada, golpe, puntazo.
cornamenta, cornadura, encornadura, defensa.
cornamusa, gaita.
córnea, esclerótica.
cornear, embestir, topar.
córneo-a, resistente, duro, correoso, coriáceo.
corner, ángulo, esquina.
corneta, trompeta, clarín, cornetín, cuerno.
cornisa, coronamiento, remate, saliente, capitel, moldura, resalto, friso.
cornudo-da, cabrón.
cornúpeta, astado, cornudo.
coro, conjunto, orfeón.
corolario, derivación, resultado, conclusión, consecuencia.
corona, diadema, tiara, guirnalda.// Aureola, nimbo, halo.// Galardón, premio, recompensa.// Monarquía, imperio, dinastía.
coronación, proclamación, consagración.
coronamiento, fin, conclusión, término, cumbre, remate, adorno.
coronar, aureolar, nimbar.// Proclamar, consagrar, ungir, entronizar. **Ant.** Destronar.// Completar, rematar, realizar, perfeccionar, cumplir, finalizar.
coronilla, corona.// Remolino, tonsura.
corpiño, sostén.
corporación, comunidad, asociación, agremiación, colegiatura, instituto, academia, institución, entidad, sociedad, cuerpo.
corporal, físico, corpóreo, orgánico.
corporativo-va, comunitario, colegiado, gremial, colectivo.
corpulencia, volumen, solidez, grandor, obesidad, robustez.
corpulento-ta, gordo, robusto, gigante, grande, enorme, fuerte, grueso. **Ant.** Débil, flaco, enclenque.
corpúsculo, cuerpecillo, molécula, elemento, átomo, célula.
corral, redil, aprisco, chiquero, encierro, majadal.
correa, banda, faja, cinto, cinturón, tirante.
corrección, alteración, enmienda, reforma, tachadura, rectificación, modificación.// Admonición, castigo, censura, crítica, reprensión, penitencia.// Cortesía, compostura, urbanidad. **Ant.** Incorrección, descortesía.// Perfección. **Ant.** Imperfección.
correccional, prisión, penitenciaría, cárcel, presidio.// Reformatorio, asilo.
correctivo-va, disciplinario, edificante, reformador, enmendador, rectificativo.

correctivo, castigo.
correcto-ta, exacto, justo, acertado, cabal, castizo, fiel apropiado, oportuno. **Ant.** Incorrecto, equivocado.// Cortés, discreto, circunspecto, irreprochable, culto, educado considerado. **Ant.** Descortés.
corrector-ra, censor, verificador.
corredor, pasillo, pasadizo, galería, túnel, pasaje.// -ra, deportista, carrerista, competidor, atleta.// Viajante, agente.
correduría, corretaje.
corregidor-ra, magistrado, gobernador, regidor.
corregir, reparar, enmendar, mejorar, reformar, salvar, subsanar, modificar, rectificar, retocar. **Ant.** Empeorar, mantener, ratificar.// Reprender, amonestar, sermonear increpar, castigar, advertir.// -se, arrepentirse, escarmentar.
correlación, paralelismo, parecido, analogía, sucesión relación.
correlativo-va, inmediato, continuado, sucesivo, progresivo, gradual, relativo, relacionado.
correligionario-ria, compañero, camarada, partidario, colega, cofrade, socio, afín.
correo, correspondencia, comunicaciones, franqueo.// Carta, mensaje.// Cartero, mensajero.
correoso-sa, flexible, elástico, fibroso, coriáceo. **Ant.** Duro, rígido.
correr, huir, escapar.// Volar, dispararse, acelerar, avanzar, moverse, adelantarse, precipitarse, pasar, trotar, desalarse.// Transcurrir, pasar, cursar. **Ant.** Pararse, detenerse.// Fluir, deslizarse, manar.// Divulgarse.
correría, excursión, viaje, paseo, aventura, andanza.// Intrusión, irrupción, incursión, invasión, saqueo, pillaje, travesura.
correspondencia, carteo, comunicación, correo.// Equivalencia, traducción, relación, proporción.// Trato, relación, reciprocidad, amistad, intercambio. **Ant.** Inconexión, discrepancia.
corresponder, incumbir, concernir, atañer, tocar, pertenecer.// Recompensar, retribuir, pagar, agradecer.// -se, ajustarse, armonizar, conciliar.// Comunicarse, relacionarse, escribirse.// Quererse, entenderse.
correspondiente, adecuado, proporcionado, oportuno, conveniente, debido, idóneo. **Ant.** Inadecuado, inoportuno.
corresponsal, representante, informador, cronista, enviado, delegado.
corretaje, correduría.
corretear, vagar, callejear.// Andar, correr, recorrer.
correveidile, alcahuete, chismoso.
corrida, fiesta, espectáculo.// Carrera, huida, trote.
corrido-da, avezado, experimentado, fogueado, ducho, curtido.// Libertino. **Ant.** Inexperto.
corriente, vulgar, ordinario, común, habitual, acostumbrado. **Ant.** Desacostumbrado, inusual.// Flujo, fluido.// Electricidad.// Curso, río, torrente, torbellino.
corro, rueda, peña, reunión.// Cerco, círculo.
corroboración, ratificación, confirmación, demostración, prueba. **Ant.** Desmentida.
corroborar, probar, confirmar, demostrar, ratificar. **Ant.** Negar, desmentir.
corroer, carcomer, consumir, cariar, desgastar, roer, gastar.// Remorder, perturbar.
corromper-se, pudrir, dañar, viciar, alterar, descomponer. **Ant.** Conservar.// Pervertir, depravar, sobornar, enviciar, prostituir. **Ant.** Purificar.
corrompido-da, perverso, libertino, inmoral, envilecido, vicioso. **Ant.** Virtuoso.// Apestoso, podrido, viciado, putrefacto. **Ant.** Sano.
corrosión, desgaste.// Escozor, resquemor.
corrosivo-va, cáustico, acerbo, corroyente, mordaz, irónico, sarcástico.
corrugación, contracción, encogimiento.
corrupción, alteración, error.// Putrefacción, descomposición, podredumbre, deterioro.// Depravación, corruptela, vicio, perversión, soborno.

corruptor-ra, depravado, vicioso, sobornador.

corsario, pirata, bucanero, filibustero, contrabandista.

corsé, faja, ajustador.

corso, saqueo, batida, persecución.// Concesión, permiso.// Fiesta, carnaval. **Par.** Corzo.

cortado-da, ajustado, proporcionado, acomodado, adaptado, exacto. **Ant.** Desajustado.// Tímido, indeciso. **Ant.** Audaz, desenvuelto.// Dividido, truncado, cercenado.

cortafrío, cincel.

cortante, puntiagudo, afilado, acerado, agudo.// Autoritario, inflexible, brusco.

cortapisa, traba, restricción, condición, obstáculo.

cortaplumas, navaja, cuchillo.

cortar, escindir, separar, tajar, recortar, mutilar, guillotinar, mondar, rebanar, amputar, podar, partir, seccionar, hender, dividir, recortar. **Ant.** Pegar, unir.// Interrumpir, suspender, detener, discontinuar. **Ant.** Continuar.// **-se,** agriarse, coagularse. **Ant.** Licuarse.// Turbarse. **Ant.** Serenarse.

corte, incisión, tajo, tijereteada, sección, cisura, cercenamiento, cuchillada, amputación, ablación.// Capital, centro, séquito.// Hoja, filo.

cortedad, timidez, indecisión, apocamiento, vergüenza, cobardía. **Ant.** Audacia, descaro.// Pequeñez, pobreza, escasez, estrechez, mezquindad. **Ant.** Exuberancia, abundancia.

cortejar, galantear, rondar, acompañar, asistir, festejar, enamorar.

cortejo, comitiva, desfile.// Galanteo, agasajo, regalo, fiesta.

cortés, urbano, amable, fino, obsequioso, complaciente, ceremonioso, cortesano. **Ant.** Maleducado, descortés, vulgar.

cortesana, ramera, prostituta.

cortesano-na, palaciego, noble, áulico, cortés.

cortesía, amabilidad, respetuosidad, consideración, afección, reverencia, atención, afabilidad, civilidad, urbanidad. **Ant.** Grosería, descortesía.// Obsequio, cumplimiento.

corteza, apariencia, exterioridad, revestimiento, caparazón.// Cáscara, costra, envoltura, cubierta.

cortijo, alquería, finca, granja.

cortina, cortinaje, colgadura, visillo, dosel, tapiz.// Pantalla, velo, ocultación.// Telón.

corto-ta, apocado, vergonzoso, tímido, pusilánime. **Ant.** Atrevido, audaz.// Breve, pequeño, mezquino, exiguo, insuficiente, bajo, miserable, insignificante, estrecho. **Ant.** Largo.// Conciso, breve, lacónico, sucinto. **Ant.** Ampliado.// Fugaz. **Ant.** Duradero.

cortocircuito, falla, avería.

corva, jarrete.

corvo-va, curvo, arqueado, corvado, curvado, combado, alabeado. **Ant.** Recto.

corzo, venado, ciervo, antílope. **Par.** Corso.

cosa, objeto, entidad, ente, factor, entelequia.// Tema, cuestión, esencia, existencia.

coscorrón, golpe, cabezazo, mamporro.

cosecha, recolección, colecta, siega, recogida.

cosechar, recoger, acopiar, recolectar.

coser, unir, pegar, juntar.// Hilvanar, pespuntear, sobrehilar, bordar, confeccionar. **Par.** Cocer.

cosmético, afeite, maquillaje.

cosmogonía, origen, formación, comienzo.

cosmonauta, astronauta.

cosmopolita, universal, internacional, mundano, abierto, animado. **Ant.** Nacional, local.

cosmos, mundo, universo, creación, cielo, espacio.

coso, trasto, objeto.// Tipo, hombre.

cosquillas, cosquilleo, comezón, picazón, hormigueo, picor.

cosquillear, picar, hormiguear.

costa, orilla, litoral, playa, ribera, borde, margen. **Ant.** Interior.

costado, flanco, lado, bando.

costal, saco, bolsa.

costalazo, costalada, golpe, caída, porrazo, tumbo, resbalón.

costar, valer, importar, totalizar, ascender, estimarse.// Ocasionar, provocar.

costas, costo, gasto, desembolso.

coste, importe, tarifa, gasto, costo, precio, valor, estimación.

costear, pagar, subvencionar, sufragar, abonar, mantener.// Bordear, orillar.

costilla, mujer, esposa.// Chuleta, bistec, lonja, tajada.

costillar, costillaje, armazón, tórax.

costo, coste.

costoso-sa, caro, gravoso, elevado, exorbitante, exagerado. **Ant.** Barato.// Dificultoso, difícil. **Ant.** Fácil.

costra, baño, corteza, revestimiento, cubierta, capa, recubrimiento.// Placa, escara.

costumbre, hábito, práctica, uso, estilo, usanza, modo, tradición, rutina.

costumbrista, tradicionalista, folklorista.

costura, cosido, labor, hilvanado, pespunteado.// Corte, confección.

costurera, modista.

cota, altitud, altura, nivel, elevación.// Armadura, malla, coraza.

cotejar, comparar, compulsar, parangonar, examinar, equiparar.

cotejo, comparación.

coterráneo-a, paisano, compatriota, conciudadano.

cotidiano-na, diario, corriente, ordinario, acostumbrado, frecuente, común, periódico.

cotillear, chismorrear, murmurar, enredar.

cotilleo, chismorreo.

cotillón, baile, fiesta.

cotización, valorización, valor, tasación, evaluación, precio.

cotizado-da, costoso, deseado, valioso, importante.// Valorizado, tasado.

cotizar, tasar, evaluar, estimar.// Pagar, abonar, contribuir.

coto, límite, restricción, prohibición, limitación.// Hito, mojón.

coturno, calzado, zapato.

cow-boy, vaquero, ganadero, jinete.

coyuntura, oportunidad, circunstancia, ocasión, sazón, situación, momento.// Articulación, juntura.

coyuntural, oportuno, circunstancial, favorable, momentáneo.

coz, patada, coceadura, golpe.

craneal, craneano, cefálico.

cráneo, cabeza, calavera, casco.

crápula, libertino, depravado, disoluto, vicioso.// Depravación, inmoralidad, libertinaje, disipación. **Ant.** Integridad, sobriedad, honestidad.

craso-sa, gordo, grueso, obeso.// Grasiento, graso.

cráter, boca, abertura, orificio.

creación, fundación, instauración, institución, obtención, génesis. **Ant.** Terminación, destrucción.// Cosmos, mundo, universo, infinito, espacio.// Obra, producción, producto, novedad.

creador, Dios.// **-ra,** autor, inventor, hacedor, artista, productor, padre. **Ant.** Destructor.

crear, hacer, inventar, idear, imaginar, componer, procrear, concebir, criar, parir, producir. **Ant.** Destruir, aniquilar, deshacer.// Instaurar, fundar, establecer. **Ant.** Clausurar.

crecer, aumentar, acrecentar, incementar, subir, progresar, desarrollarse, agrandarse, elevarse, fornarse, prosperar, multiplicarse, proliferar. **Ant.** Achicarse, disminuir, empequeñecer.

creces (con), ventaja, demasía, aumento, exceso.

crecida, crecimiento.// Desborde, aumento, inundación.

creciente, ascendente, progresivo, renovado, gradual.// Crecida, inundación.

crecimiento, aumento, progreso, incremento, subida, desarrollo, progresión, estirón. **Ant.** Disminución, regresión.

credencial, documento, indentificación, comprobante, justificativo.

credibilidad, confianza, credulidad, ingenuidad.

crediticio-cia, fiador.

crédito, prestigio, renombre, autoridad, influencia, honor, consideración, celebridad. **Ant.** Descrédito, desprestigio, anonimato.// Préstamo, apoyo, financiación. **Ant.** Insolvencia.

credo, creencia, dogma, doctrina, convicción, ideario, religión, teoría, culto.

credulidad, ingenuidad, simpleza, inocencia, candor. **Ant.** Incredulidad, escepticismo.

crédulo-la, incauto, confiado, inocente, ingenuo, candoroso, simple. **Ant.** Incrédulo, desconfiado, cauto, prudente.

creencia, convencimiento, convicción, certidumbre.// Suposición, oposición.// Fe, superstición, confianza.// Doctrina, dogma. **Ant.** Incredulidad, escepticismo.

creer, confiar, esperar. **Ant.** Descreer.// Profesar, venerar. **Ant.** Abjurar, renegar.// Juzgar, entender, opinar, pensar, sospechar, imaginar, presumir, suponer, pretender, afirmar, estimar.

creíble, posible, probable, aceptable. **Ant.** inadmisible, increíble.

crema, nata.// Flor, élite.// Pasta.// Diéresis.

cremación, combustión, quema, incineración.

cremallera, cierre, engranaje.

crematístico-ca, económico, financiero.

crematorio, horno.

cremar, incinerar, quemar.

cremoso-sa, grasiento, untuoso, mantecoso.

crepitar, crujir, chasquear, restallar.

crepuscular, vespertino, decadente.

crepúsculo, tarde, atardecer, anochecer, ocaso, noche, oscuridad. **Ant.** Amanecer, alba, aurora.

crespo-pa, rizado, encrespado, ensortijado, ondulado. **Ant.** Lacio.

crespón, cendal, tul, muselina.

cresta, pico, cumbre, picacho, aguja, cima, cúspide. **Ant.** Base, ladera.// Penacho, copete.// Protuberancia, carnosidad.

cretinismo, idiotez, estupidez.

cretino-na, necio, tonto, bobo, estúpido, alelado, atontado.

creyente, religioso, devoto, fiel, místico, adorador, seguidor. **Ant.** Impío, descreído, escéptico.

cría, camada, lechigada, nidada.// Criatura, cachorro, pichón, hijo, embrión.

criado-da, sirviente, camarero, servidor, mandadero, mozo, doméstico. **Ant.** Amo.

criadero, vivero, plantel, invernadero, invernáculo.

criador-ra, productor.

crianza, amamantamiento, lactancia, nutrición.// Educación, formación, preparación, enseñanza, urbanidad, civilidad, cortesía.

criar, alimentar, nutrir, engordar, amamantar, lactar.// Enseñar, dirigir, instruir, educar, preparar, cuidar, formar.// Producir.

criatura, hombre, persona, ser, sujeto, individuo.// Niño, pequeño, chico, nene, mocoso. **Ant.** Grande, adulto.

criba, tamiz, cernedor, harnero, cedazo, filtro.// Depuración, clasificación, examen, selección.

cribar, pasar, colar, filtrar, tamizar, separar, depurar, limpiar. **Ant.** Mezclar, confundir.

crimen, asesinato, homicidio.// Delito, fechoría, falta, maldad, atentado.

criminal, homicida, asesino.// Malhechor, malvado, delincuente, culpable, facineroso. **Ant.** Inocente, honesto, honrado.

crin, cerda, melena, pelo, coleta.

crío, nene, cachorro.

cripta, subterráneo, hipogeo, cueva, sótano, bóveda, galería, subsuelo.

criptografía, jeroglífico, cifra, clave.

criptográfico-ca, secreto, cifrado, jeroglífico.

crisálida, larva, ninfa.

crisis, cambio, vicisitud, mutación, desequilibrio, transición.// Dificultad, compromiso, trance, paso, brete, peligro, angustia, alarma. **Ant.** Seguridad, estabilidad, equilibrio.

crisma, unto, aceite, unción, bálsamo.

crisol, fusor, recipiente, vaso, retorta.

crispamiento, contracción, encogimiento, espasmo, estremecimiento. **Ant.** Aflojamiento, relajación, relajamiento, distensión.

crispar, encoger, convulsionar, contraer, estremecer, apretar.// Enojar, exasperar.

cristal, espejo, vidrio.// -es, lentes.

cristalera, aparador, armario.

cristalino-na, diáfano, translúcido, claro, transparente, puro. **Ant.** Opaco, sucio.

cristalizar, solidificar.

cristianar, bautizar, sacramentar.

cristiano-na, persona, alma, individuo.// Creyente, católico, fiel, bautizado. **Ant.** Hereje, heterodoxo, ateo, agnóstico.

criterio, discernimiento, juicio, persuación, convencimiento, cordura. **Ant.** Irreflexión.// Regla, pauta, norma, modelo.

crítica, reprobación, vituperio, reproche, burla, reparo. **Ant.** Aprobación.// Censura, apreciación, juicio, estimación, opinión.// Murmuración, comentario.// Crónica, comentario.

criticable, censurable, vituperable.

criticar, analizar, censurar, juzgar.// Vituperar, reprender, desprestigiar, desaprobar, amonestar. **Ant.** Aprobar, elogiar.

crítico-ca, preciso, oportuno, culminante, exacto, conveniente. **Ant.** Inoportuno, secundario.// Juez, censor, acusador, oponente. **Ant.** Defensor.

cromar, cromatizar, bañar, niquelar, abrillantar.

cromático-ca, coloreado, pigmentado, irisado, tornasolado.

cromatismo, coloración, pigmentación.

crónica, relato, narración, historia, comentario, anales, memorias.// Nota, artículo, suelto.

crónico-ca, habitual, frecuente, inveterado, arraigado, endémico.// Incurable.

cronista, historiador, relator, narrador, investigador.// Periodista, articulista.

cronología, organización, calendario, cómputo, historia, anales.

cronológico-ca, cíclico, gradual.

cronometraje, medición, evaluación, determinación.

cronométrico-ca, exacto, preciso, puntual, matemático.

cronómetro, reloj.

croquis, boceto, esbozo, dibujo, diseño, bosquejo, borrador.

crótalo, castañuela.// Culebra, serpiente.

cruce, intersección, empalme, corte, entrelazamiento, encrucijada, encuentro, crucero, cruzamiento.// Mestizaje, cruza.

crucería, moldura, nervio, adorno.

crucero, excursión, viaje, travesía.// Madero, vigueta.// Buque, barco.

crucial, entrecruzado.// Culminante, decisivo, trascendental, delicado, capital. **Ant.** Intrascendente, secundario, baladí.

crucificación, crucifixión.

crucificar, aspar.// Sacrificar, importunar, incomodar, fastidiar, molestar, torturar, atormentar. **Ant.** Contentar.

crucifixión, crucificación, tormento, tortura.

crudeza, aspereza, dureza, rigor, severidad, rigurosidad, intransigencia.

crudo-da, inmaduro, verde, indigesto. *Ant.* Maduro, cocido.// Cruel, áspero, despiadado, inhumano. *Ant.* Humano, piadoso.// Riguroso, destemplado, cruel. *Ant.* Templado.

cruel, inhumano, sanguinario, bárbaro, despiadado, desalmado, feroz, bestial, fiero. *Ant.* Humano, benevolente, benigno.// Riguroso, excesivo, inaguantable. *Ant.* Suave, soportable.

crueldad, ferocidad, brutalidad, inhumanidad, fiereza, salvajismo, barbarie, dureza, iniquidad. *Ant.* Bondad, compasión.

crujía, pasillo, galera, corredor, galería.// Sala, estancia. Par. Crujía.

crujir, restallar, rechinar, chirriar, crepitar.

crupier, croupier, banquero.

cruz, aspa, crucifijo.// Suplicio, tormento, castigo, carga, pena, sufrimiento. *Ant.* Gozo, alegría.// Reverso, revés. *Ant.* Cara.

cruzada, campaña, expedición.

cruzado-da, atravesado, oblicuo, transversal.// Mestizo. *Ant.* Puro.// Tachado, rayado.// Libertador, adalid, defensor.

cruzar, atravesar, trasponer, cortar, pasar, traspasar.// Entrecruzar.// -se, coincidir, interponer, atravesarse, estorbarse.

cuaderno, libreta, librillo, cartapacio, agenda, fascículo, pliego.

cuadra, establo, caballeriza, corral.// Calle.

cuadrado-da, cuadrangular, cuadrilátero.

cuadrante, indicador, disco, esfera.// Reloj.

cuadrar, agradar, placer, gustar, complacer.// Ajustarse, convenir, conformarse, concordar, armonizar, acomodar.// -se, plantarse, obstinarse.// Erguirse, pararse, enderezarse.

cuadrícula, ajedrezado.

cuadril, anca, grupa, trasero.

cuadrilátero, tetrágono, cuadro.// Ring.

cuadrilla, grupo, pandilla, brigada, camarilla, camada, gavilla, partida.

cuadro, pintura, tela, tabla, lienzo, lámina, dibujo.// Espectáculo.// Paisaje, descripción, vista, visión, espectáculo.// Recuadro.

cuadrumano, cuadrúmano, antropoide, antropomorfo, homínido.

cuadrúpedo, bestia, res.

cuajada, requesón.

cuajado-da, coagulado, solidificado, condensado, consolidado, helado. *Ant.* Fluido.

cuajar, condensar, coagular, endurecerse.// -se, llenarse, poblarse.

cuajarón, coágulo.

cualidad, calidad, atributo, don, virtud, naturaleza, propiedad, especie, índole, linaje, rasgo.// Conveniencia, ventaja.

cualitativo-va, propio, peculiar, específico, atributivo, adjetivo.

cualquiera, uno, quienquiera, fulano.

cuando, en el momento en que.

cuantía, suma, cantidad, valor, importe.// Importancia, valor.

cuantioso-sa, abundante, numeroso, crecido, grandioso, considerable. *Ant.* Pequeño, escaso, exiguo.

cuáquero-ra, estricto, severo, rígido, inflexible. *Ant.* Comprensivo.

cuaresma, cuarentena.// Abstinencia, penitencia, mortificación.

cuarta, porción, parte, palmo.

cuartel, acantonamiento.// Barrio, sección, distrito, circunscripción.

cuartelada, asonada, sublevación, pronunciamiento, rebelión.

cuarto, habitación, aposento, pieza, cámara, alcoba.

cuartucho, cuchitril, cubículo, tugurio.

cuatrero, ladrón, abigeo.

cuba, barril, tonel, barrica, pipa, tina.// Borracho.

cubeta, recipiente.

cubículo, aposento, habitación, dormitorio.

cubierta, cobertura, techumbre, tapa, forro, envoltorio, tapadera, cobija.

cubierto, servicio, mesa.

cubil, guarida, escondrijo, madriguera, albergue.

cubilete, vaso.

cubo, balde, vasija.// Poliedro.// Tercera potencia.

cubrecama, colcha.

cubrir, ocultar, disfrazar, velar, esconder, disimular, celar, tapar.// Vestir, abrigar. *Ant.* Descubrir, destapar, desvestir.// -se, encapotarse, oscurecer.// Cobijarse, arroparse, abrigarse.

cuchara, cubierto.// Espátula.

cuchichear, murmurar, bisbisar, susurrar, secretear, chismorrear. *Ant.* Propalar.

cuchilla, cuchillo, hoja, navaja.

cuchillada, corte, tajo, herida, navajazo.

cuchillo, cuchilla, faca, cortaplumas, navaja, machete, herramienta, daga, puñal, estilete.

cuchipanda, comilona.

cuchitril, covacha, pocilga, agujero, tugurio.

cuclillas (en), agachado, acurrucado, agazapado. *Ant.* Levantado.

cucurucho, cono.// Estuche, envoltorio.// Capirote, capuz, gorro.

cuello, garganta, pescuezo, gollete.// Garguera, golilla, gola.

cuenca, cavidad, órbita, hueco, concavidad, oquedad.// Valle, zona, región, depresión.

cuenco, vaso, escudilla, vasija.

cuenta, cálculo, cómputo, enumeración, recuento, balance.// Importe, monto, total.// Factura.// Bolita, esfera, abalorio.

cuentagotas, dosificador.

cuentista, narrador, relator, cronista, literato, autor, escritor.// Chismoso, mentiroso, soplón, camelista, exagerado.

cuento, narración, relato, crónica, conseja, historia, fábula, anécdota, ficción.// Chisme, habladuría, enredo, patraña, hablilla.

cuerda, cordel, soga, maroma, reata.// Cinta, sujetador, encordado.

cuerdo-da, sensato, juicioso, prudente, formal, reflexivo, lúcido, moderado. *Ant.* Loco, insensato, alocado, imprudente.

cuerno, asta, cornamenta, defensa.

cuero, pellejo, piel.// Odre, bota.

cuerpo, espesor, consistencia, grosor, densidad.// Congregación, corporación, gremio, colegiatura, parlamento.// Talle, figura, complexión, configuración.// Recopilación.

cuesta, pendiente, rampa, subida, repecho, declive, ladera.

cuestación, colecta, petición.

cuestión, asunto, tema, materia, argumento, razón.// Duda, problema, pregunta.// Polémica, disputa.

cuestionable, discutible, objetable.

cuestionar, debatir, discutir, disputar, controvertir, reñir, rebatir.

cuestionario, examen, temario.

cueva, antro, caverna, cubil, concavidad, gruta, espelunca. *Ant.* Superficie.// Sótano, subterráneo, bodega, subsuelo.

cuidado, atención, asistencia, vigilancia, custodia, diligencia, esmero, solicitud.// Cautela, precaución, prudencia, prevención. *Ant.* Descuido.

cuidador-ra, vigilante.

cuidadoso-sa, atento, aplicado, exacto, meticuloso, escrupuloso, ordenado, pulcro, concienzudo, diligente, celoso, minucioso, esmerado, solícito. *Ant.* Negligente, descuidado.

cuidar, proteger, guardar, vigilar, conservar, velar, atender. *Ant.* Descuidar, despreocuparse.

culta, preocupación, cuidado, zozobra, angustia, inquietud, pesadumbre, tristeza, desdicha, adversidad. *Ant.* Alegría.

cuitado-da, preocupado, triste, afligido, acongojado, desgraciado, desafortunado, temeroso, atemorizado. *Ant.* Feliz.

culata, mango, asidero.// Anca.// Posterioridad.

culebra, serpiente, reptil, ofidio, víbora.

culebrón, telenovela.

culebrear, serpentear.

culinario-ria, gastronómico, alimenticio.

culminación, terminación, conclusión, final.// Pináculo, cumbre, cima, cúspide, máximo.

culminante, sobresaliente, principal, destacado, superior. *Ant.* Insignificante.// Elevado, prominente, dominante.

culminar, acabar, terminar, sobresalir, dominar.

culo, nalgas, ancas, asentaderas, posaderas, trasero.// Extremidad, fondo.

culpa, omisión, desliz, yerro, delito, infracción, falta, incumplimiento, pecado, error, flaqueza, negligencia, imprudencia.

culpabilidad, infracción, culpa.

culpable, responsable, reo, delincuente, criminal.

culpar, atribuir, achacar, inculpar, acusar, imputar, tachar, denunciar, condenar. *Ant.* Perdonar, indultar.

culteranismo, gongorismo, rebuscamiento, afectación, ampulosidad.

culterano-na, gongorino, afectado, rebuscado, amanerado, ampuloso. *Ant.* Sobrio, sencillo, simple.

cultismo, culteranismo, gongorismo.

cultivador-ra, campesino, agricultor.

cultivar, labrar, trabajar, laborar, sembrar.// Cuidar, mantener, desarrollar, fomentar, sostener, instruir, educar. *Ant.* Descuidar.

cultivo, labranza, cultura, labor, laboreo.// Plantación, agricultura.

culto, ritual, liturgia, veneración, rito, ceremonia.

culto-ta, erudito, sabio, ilustrado, docto, estudioso, cultivado. *Ant.* Inculto.

cultura, saber, sabiduría, conocimiento, ilustración, instrucción, erudición, civilización, progreso, arte, perfección, intelectualidad, adelantamiento. *Ant.* Incultura, ignorancia, barbarie.

cultural, formativo, civilizador.

cumbre, cima, cúspide, pico, altura, cresta, corona. *Ant.* Hondonada, base, abismo, llanura.

cumpleaños, aniversario.

cumplido, fineza, galantería, atención, gentileza. *Ant.* Grosería.

cumplido-da, correcto, atento, cortés, fino, galante, obsequioso. *Ant.* Grosero, descortés.// Terminado, acabado, perfecto, completo, concluido, listo. *Ant.* Incompleto, empezado.// Holgado, grande. *Ant.* Estrecho.

cumplidor-ra, observador, puntual, exacto, cabal, solvente, celoso, fiel, serio, cuidadoso. *Ant.* Descuidado, · negligente.

cumplimentar, visitar, saludar, felicitar, agasajar, cumplir.// Cumplir, terminar.// Acatar, satisfacer, desempeñar, efectuar, obedecer.

cumplimiento, perfección, terminación, acabamiento, consumación, satisfacción. *Ant.* Incumplimiento.// Obsequio, ceremonia, cortesía, escrupulosidad, ritualidad.// Lealtad, obediencia.

cumplir, ejecutar, realizar, guardar, acatar, satisfacer, consumar, cumplimentar, cumplir, observar, obedecer, realizar, evacuar. *Ant.* Abstenerse, desobedecer, incumplir, insatisfacer.

cúmulo, acervo, aglomeración, pila, arsenal, montón, cantidad, abundacia. *Ant.* Insignificancia, escasez.

cuna, camita.// Linaje, familia, abolengo.// Principio, origen, fuente.

cundir, extenderse, desarrollarse, dilatarse, divulgarse, difundirse, multiplicarse. *Ant.* Limitarse.

cuneta, zanja, canal, desaguadero.

cuña, calce, traba, tarugo, calza.

cuño, señal, impresión, huella, marca.// Troquel, sello, matriz.

cuota, contribución, porción, cupo, asignación, parte, participación.

cupido, amor.

cuplé, cantar, canción, tonadilla.

cupletista, cancionista, tonadillera.

cupo, cuota.

cupón, vale, talón, papeleta.

cúpula, domo, bóveda, torrecilla.

cura, sacerdote, padre, eclesiástico, clérigo.// Tratamiento, régimen, curación.

curación, cura, alivio, restablecimiento, tratamiento, régimen, terapéutica. *Ant.* Recaída, agravación.

curado-da, conservado, seco, endurecido, acecinado, cocido, curtido. *Ant.* Fresco, crudo.// Acostumbrado. *Ant.* Bisoño, novato.

curador-ra, procurador, tutor.

curandero-ra, manosanta, hechicero, brujo, salvador, ensalmador, charlatán.

curar, cuidar, atender, vigilar.// Acecinar, salar, conservar, ahumar, adobar.// Tratar, sanar, remediar, reconstituir, aliviar, atender.// -se, rehabilitarse, sanarse, restablecerse. *Ant.* Empeorar, desmejorar.

curato, vicaría, parroquia.

curda, borrachera.

cureña, encabalgamiento, soporte, tronera.

cureta, legrador, ra spador.

curia, cancillería, iglesia, concilio, nunciatura.

curiosear, indagar, escudriñar, huronear, oliscar, buscar, husmear, fisgonear, olfatear, espiar, preguntar, inmiscuirse, investigar.

curiosidad, indiscreción, fiscalización, fisgoneo, investigación, indagación, intromisión, merodeo, curioseo. *Ant.* Desinterés, discreción.

curioso-sa, escudriñador, investigador, preguntón, indiscreto, fisgón, impertinente, entrometido.// Extraordinario, raro, desusado, notable, interesante. *Ant.* Común, vulgar.

currículum-vitae, antecedentes, carrera.

curro-rra, presumido, ufano.

currutaco-ca, presumido.

cursado-da, versado, conocedor, entendido, diestro, hábil, experimentado. *Ant.* Inhábil, inexperto.

cursar, seguir, asistir, estudiar.// Acostumbrar, frecuentar.// Expedir, enviar.

cursi, amanerado, afectado, remilgado, ridículo, chillón, chabacano, presumido, ramplón. *Ant.* Elegante, sencillo, simple.

cursilería, afectación, pretensión, amaneramiento, ñoñería, extravagancia, presunción. *Ant.* Sencillez, elegancia, simpleza.

cursillo, curso, estudio, perfeccionamiento.

cursiva, bastardilla.

curso, continuación, derrotero, orientación, dirección, recorrido, transcurso.// Teoría, tratado, enseñanza, materia, asignatura.// Divulgación, difusión, propagación, circulación.// Desarrollo, evolución, proceso.// Lapso, duración, transcurso, tiempo.

curtido-da, adobado, preparado, endurecido, apergaminado, atezado, moreno, tostado, bronceado.// Adiestrado, experimentado, avezado. *Ant.* Inexperto, novato.

curtir, endurecer, acostumbrar, ejercitar, avezar, adiestrar.// Adobar, aderezar.// Tostar, broncear.

curva, onda, alabeo, arco, elipse, órbita, parábola, vuelta, comba, curvatura, torsión. *Ant.* Recta.

curvado-da, curvo, ondeado, arqueado.

curvatura, torcedura, combadura, ondulación, doblamiento, torsión, enroscadura, alabeo, arquemiento, comba, retorcimiento. *Ant.* Rectitud, rigidez.

curvo-va, bombeado, corvo, arqueado, combado, redondo, alabeado, abarquillado. *Ant.* Recto, derecho.

cúspide, cumbre, cima, altura, vértice, ápice, cresta, pico, remate. *Ant.* Ladera, fondo, base, hondonada.// Apogeo, culminación.

custodia, cuidado, protección, defensa, salvaguardia, resguardo, conservación, vigilancia, encomienda, guardia.// Escolta, vigilancia. *Ant.* Abandono, descuido, desprotección, negligencia.

custodiar, defender, velar, proteger, vigilar, guardar.// Conservar, atesorar, depositar, recaudar. *Ant.* Abandonar, descuidar.

custodio, vigilante, guarda.

cutáneo-a, dérmico, superficial, externo. *Ant.* Interior, profundo.

cutícula, pellejo, piel.

cutis, piel, dermis, epidermis.

cuzco, cachorro, perrillo.

dable, posible, factible.

dactilar, digital.

dactilógrafo-fa, mecanógrafo.

dactilografía, mecanografía.

dádiva, obsequio, don, regalo, presente, donación, cesión, agasajo, soborno, propina, auxilio. **Ant.** Usurpación, exacción.

dadivoso-sa, generoso, desprendido, espléndido, caritativo, filántropo, manirroto. **Ant.** Avaro, tacaño, miserable.

dado, cubo.

dado-da, entregado, regalado, donado, cedido, transmitido.

dador-ra, donador, librador. **Ant.** Receptor.

daga, puñal.

daltonismo, acromatismo, acromatopsia.

dama, señora, mujer, ama, dueña.

damajuana, botellón, garrafa, bombona.

damasquinar, taracear, incrustar, adornar, embutir.

damisela, señorita, doncella.

damnificación, daño, perjuicio, detrimento, deterioro, menoscabo, extorsión, quebranto, accidente.

damnificado-da, dañado, víctima, perjudicado, afectado.

damnificar, lastimar, lesionar, dañar, perjudicar, deteriorar.

dandy, elegante.

dantesco-ca, horrible, terrible, infernal, tremendo, apocalíptico, espeluznante, impresionante. **Ant.** Agradable, paradisíaco, pacífico.

danza, baile, coreografía, evolución, ballet.// Fiesta, festejo, espectáculo, reunión, sarao.

danzar, bailar, agitarse, moverse, bailotear, evolucionar.

danzarín-na, bailarín, danzante.

dañado-da, roto, deteriorado, maltrecho.

dañar, romper, deteriorar, estropear, maltratar, destruir, menoscabar, perjudicar, pervertir. **Ant.** Mejorar, beneficiar.

dañino-na, perjudicial, nocivo, pernicioso, maligno, peligroso, contrario, maléfico, funesto. **Ant.** Positivo, beneficioso, favorable.

daño, perjuicio, deterioro, menoscabo, molestia, detrimento, lesión, dolor, inconveniente.// Agravio, ofensa, injuria. **Ant.** Beneficio, ventaja.

dar, donar, regalar, obsequiar, entregar, conceder, transmitir.// Proporcionar, suministrar, proveer, surtir, aportar, ofrecer.// Adjudicar, conceder, otorgar. **Ant.** Recibir, cobrar, negar, quitar.// -se, entregarse, dedicarse, consagrarse.

dardo, flecha, venablo, punta, aguijón, jabalina.// Indirecta, ironía, puya.

dársena, fondeadero, amarradero, atracadero, malecón, dique, muelle.

datar, fechar.// Corresponder, remontarse, proceder, venir.

dato, antecedente, detalle, pormenor, particularidad, noticia.

deambular, caminar, pasear, andar, vagar, callejear, corretear.

deán, canónigo, decano.

debacle, desastre.

debajo, abajo, bajo, so. **Ant.** Sobre, encima.

debate, polémica, discusión, altercado, controversia, querella, disputa.

debatir, discutir, polemizar, contender, altercar, controvertir, disputar. **Ant.** Acordar.

debe, débito, deuda, cargo, pasivo, obligación. **Ant.** Activo, haber, crédito.

debelar, conquistar, vencer, ganar, dominar, derrotar.

deber, obligación, responsabilidad, compromiso, cometido imposición, encargo, carga, trabajo. **Ant.** Derecho, prerrogativa.// Adeudar, corresponder, obligarse.

debido-da, conveniente, obligado, necesario.

débil, enclenque, endeble, flojo, enfermizo, raquítico, decaído, desfallecido, extenuado, agotado, esmirriado, enteco melindre, mortecino. **Ant.** Fuerte, vigoroso, robusto.// Cobarde, tímido, pusilánime. **Ant.** Enérgico, decidido.

debilidad, decaimiento, flojedad, languidez, extenuación laxitud, inanición, endeblez, desfallecimiento, flaqueza, desmayo, agotamiento, lasitud. **Ant.** Fuerza, fortaleza, energía.// Transigencia, pusilanimidad. **Ant.** Ánimo.

debilitar-se, disminuir, ablandar, desvirtuar, atenuar, marchitar, amortiguar, extenuar, apagar, enflaquecer, suavizar postrar. **Ant.** Fortalecer, animar.

débito, deuda, pasivo.

debut, presentación, estreno, apertura, inauguración, inicio **Ant.** Cierre, clausura.

década, decenio.

decadencia, decaimiento, descenso, ruina, bajón, destrucción, caducidad, menoscabo, disminución, degeneración corrupción, caída, debilidad, pobreza. **Ant.** Progreso, ascenso, auge.

decadente, caducante, degenerado, corrompido.

decaer, menoscabar, desfallecer, menguar, debilitarse, empobrecerse, desmoronarse, deshacerse, degenerar, disminuir, empeorar, flaquear. **Ant.** Aumentar, progresar, crecer.

decano-na, jefe, cabeza, rector, director, veterano.

decantar, trasegar, verter, trasvasar.// Inclinar, ladear, desviar.// Propalar, celebrar, alabar, ponderar, elogiar, exaltar ensalzar, encomiar.

decapitación, ejecución, corte, guillotinamiento.

decapitar, degollar, descabezar, guillotinar, desmochar.

decencia, honestidad, pudor, castidad, virtud, honradez, vergüenza, modestia, recato.// Decoro, compostura, respetabilidad. **Ant.** Indecencia.

decenio, década.

decente, recatado, pudoroso, honesto, honrado, decoroso casto. **Ant.** Impúdico, indecoroso.// Conforme, justo.// Modesto, moderado, prudente. **Ant.** Indecente.

decepción, desilusión, chasco, desencanto, fiasco, fracaso, desengaño.

decepcionar, desilusionar, desengañar, desencantar. **Ant.** Ilusión.

dechado, modelo, ejemplo, muestra, ejemplar, tipo, prototipo, ideal.

decidido-da, resuelto, denodado, valiente, esforzado, osado intrépido, enérgico, emprendedor, audaz. **Ant.** Miedoso, tímido, indeciso, apocado, pusilánime.// Concluyente, terminante, determinado. **Ant.** Dudoso, inseguro.

decidir, determinar, declarar, establecer, adoptar, concluir, fallar, acordar, disponer. **Ant.** Dudar, titubear.

decidor-ra, locuaz, dicharachero, ocurrente.

decimal, fracción, quebrado.

décimo, billete de lotería.

ecir, hablar, manifestar, explicar, proferir, contar, referir, declarar, expresar, indicar, informar, detallar, especificar, mencionar, señalar, enumerar, formular, concretar, anunciar. **Ant.** Silenciar, callar.// Opinar, juzgar, sostener, afirmar.

ecisión, acuerdo, medida, solución, determinación, deliberación, resolución.// Brío, entusiasmo, arrojo, valentía, intrepidez, firmeza. **Ant.** Indecisión, cobardía, timidez, pusilanimidad.

ecisivo-va, determinante, definitivo, concluyente, terminante, perentorio. **Ant.** Secundario.// Crucial, crítico.

eclamación, recitación, narración, oratoria.// Ampulosidad, grandilocuencia.

eclamar, recitar, orar, entonar, decir, pronunciar, actuar.

eclarado-da, manifiesto, claro, evidente, público, ostensible. **Ant.** Secreto, tapado, oscuro.

eclarar, manifestar, decir, confesar, emitir, deponer, testimoniar, testificar, revelar. **Ant.** Ocultar, silenciar.

eclinación, decadencia, ocaso, descenso, bajada, caída, depresión.// Desviación.

eclinar, decaer, disminuir, degenerar, caducar, menguar. **Ant.** Progresar.// Renunciar, rehusar, rechazar.

eclive, pendiente, cuesta, inclinación, depresión, rampa, ladera, vertiente. **Ant.** Llano, llanura.// Mengua, decadencia. **Ant.** Progreso, auge.

ecoloración, palidez, empalidecimiento. **Ant.** Coloración, tintura.

ecolorar, blanquear, desteñir, despintar.

ecomisar, tomar, confiscar, incautarse, apropiarse, embargar, desposeer. **Ant.** Restituir, devolver.

ecomiso, confiscación, embargo.

ecoración, adorno, engalanamiento, aliño, embellecimiento, ornato, ornamentación.// Decorado, escenografía.

ecorado, decoración, escenografía, fondo, ambientación.

ecorar, ornar, adornar, ornamentar, ataviar, guarnecer, engalanar.

ecorativo-va, ornamental.

ecoro, honra, dignidad, conveniencia, honor, respeto, seriedad, circunspección, decencia. **Ant.** Desvergüenza, indignidad.

ecoroso-sa, digno, respetable, recatado, honesto, circunspecto, serio, pundonoroso, decente. **Ant.** Indecoroso, indecente.

ecrecer, disminuir, menguar, descender, decaer, declinar, bajar, empequeñecerse, debilitarse, achicarse. **Ant.** Crecer, aumentar.

ecreciente, menguante, declinante.

ecrecimiento, disminución, decadencia, debilitamiento, declinación, mengua. **Ant.** Crecimiento.

ecrépito-ta, caduco, chocho, senil, vetusto, viejo. **Ant.** Joven, lozano.

ecrepitud, vejez, ancianidad, chochez, senilidad, caducidad, vetustez. **Ant.** Lozanía, juventud.

ecretar, ordenar, decidir, determinar, reglar, reglamentar, dictar, prescribir.

ecreto, orden, disposición, resolución, bando, precepto, edicto, dictamen.

ecúbito, yacente, horizontal, tendido, plano. **Ant.** Erguido, vertical.

ecurso, sucesión, continuación, curso, paso, transcurso.

édalo, laberinto, maraña, embrollo, caos.

edicación, consagración, ofrecimiento, homenaje, asignación.// Esmero, cuidado, atención. **Ant.** Negligencia, descuido.

edicar, ofrecer, entregar, consagrar, destinar, aplicar, asignar. Negar.// **-se,** consagrarse, entregarse, perseverar, afanarse. **Ant.** Desinteresarse.

edicatoria, ofrecimiento, asignación, ofrenda.

edillo (al), completamente, perfectamente.

educción, consecuencia, suposición, derivación, secuela, inferencia, conclusión, conjetura, razonamiento.// Rebaja, disminución, descuento. **Ant.** Aumento.

educir, inferir, derivar, suponer, discurrir, razonar, concluir, colegir.// Rebajar, disminuir, descontar. **Ant.** Aumentar.

eductivo-va, razonado, lógico, fundado.

defecación, evacuación, deposición.

defecar, deponer, evacuar, excretar, cagar.

defección, deserción, abandono, traición, huida, deslealtad. **Ant.** Lealtad, permanencia.

defecto, imperfección, falta, privación, carencia, deficiencia, ausencia, falla, lacra, borrón, vicio, inconveniente, anormalidad, irregularidad, deformidad. **Ant.** Exceso, abundancia, perfección, virtud.

defectuoso-sa, imperfecto, insuficiente, deforme, incompleto, incorrecto, tosco. **Ant.** Perfecto, completo, suficiente.

defender, disculpar, justificar. **Ant.** Culpar, censurar.// Preservar, proteger, cubrir, escudar, tapar, custodiar, guardar. **Ant.** Atacar.// Sostener, prohijar. **Ant.** Abandonar, descuidar.

defensa, ayuda, socorro, auxilio, protección apoyo, abrigo, resguardo, amparo, resistencia. **Ant.** Ataque.// Alegato. **Ant.** Acusación.// Fortificación.

defensor-ra, abogado, tutor, patrono, protector. **Ant.** Acusador.

deferencia, consideración, miramiento, atención, cortesía, respeto, amabilidad, condescendencia. **Ant.** Descortesía.

deferente, comedido, cortés, considerado, atento, mirado. **Ant.** Descortés, desconsiderado.

deferir, admitir, respetar, comunicar, compartir, acceder.

deficiencia, defecto, debilidad, imperfección, anomalía.

deficiente, defectuoso, incompleto, imperfecto. **Ant.** Perfecto, completo.// Retardado, imbécil. **Ant.** Normal.

déficit, pérdida, quiebra, ruina. **Ant.** Ganancia, beneficio.// Falta, escasez, carencia. **Ant.** Abundancia, superávit.

definición, decisión, determinación, dictamen, declaración.// Aclaración, explicación, exposición, descripción. **Ant.** Imprecisión.

definir, precisar, aclarar, exponer, concluir, decidir, mostrar, especificar, razonar, explicar, determinar, puntualizar, fijar. **Ant.** Mezclar, confundir.

definitivo-va, concluyente, perentorio, decisivo, terminante, final.

definitorio-ria, determinante.

deflagrar, incendiarse, arder.

deformación, desfiguración, imperfección, deformidad, alteración, fealdad, monstruosidad, aberración. **Ant.** Equilibrio, belleza.

deformar, desfigurar.

deforme, contrahecho, desproporcionado, grotesco, feo, monstruoso, imperfecto. **Ant.** Bello, proporcionado, regular.

deformidad, irregularidad, deformación.

defraudación, estafa, engaño, fraude, trampa, delito.

defraudar, engañar, timar, estafar, delinquir, trampear.// Desilusionar, desesperanzar, frustrar, decepcionar.

defunción, fallecimiento, muerte, deceso, expiración, trance. **Ant.** Nacimiento.

degeneración, declinación, decadencia, degradación, alteración, bastardización, corrupción, depravación, perversión. **Ant.** Regeneración, pureza.

degenerar, decaer, menguar, perder, declinar, transformarse, mudarse, desmerecer, empeorar, desfigurarse, prostituirse, bastardear. **Ant.** Mejorar, perfeccionar, regenerar.

deglución, ingestión, trago, engullimiento. **Ant.** Vómito.

deglutir, tragar, ingerir, engullir, sorber.

degollar, guillotinar, decapitar.

degradación, humillación, vileza, bajeza, envilecimiento, degeneración, deshonra. **Ant.** Enaltecimiento, dignificación.// Exoneración, destitución.// Matización, atenuación.

degradar, deponer, destituir, postergar, relegar. **Ant.** Ascender.// Humillar, prostituir, envilecer, enviciar, corromper. **Ant.** Ennoblecer, honrar, perfeccionar.// Matizar, atenuar, rebajar.

degustación, saboreamiento, prueba.

degustar, saborear, paladear, probar, catar, consumir.

deidad, divinidad, ídolo, dios.

deificar, divinizar, idolatrar.

deífico-ca, celestial, divino.

dejadez, abandono, incuria, desgano, negligencia, desaliño, pereza, apatía, desidia, descuido. **Ant.** Diligencia, cuidado.

dejado-da, abandonado, descuidado, desaliñado.

dejar, abandonar, soltar, renunciar, rechazar. *Ant.* Aceptar.// Permitir, tolerar, consentir, autorizar. *Ant.* Prohibir.// Irse, marcharse, ausentarse, desertar, salir, partir. *Ant.* Quedarse, permanecer.// Ceder, legar, transmitir, dar. *Ant.* Quitar.// **-se,** descuidarse, abandonarse. *Ant.* Cuidarse, precaverse.

dejo, acento, entonación.// Gusto, sabor.

delación, denuncia, acusación.

delantal, mandil, guardapolvo, bata.

delante, frente a, en presencia de, a la cabeza de.

delantera, vista, frente, fachada. *Ant.* Reverso.// Vanguardia. *Ant.* Retaguardia.// Ventaja.

delatar, acusar, denunciar, revelar, soplar.

delator-ra, soplón, denunciante, acusador, sindicador, confidente.

delectación, deleite, deleitación, placer.

delegación, comisión, encargo, mandado, recomendación, encomienda, misión.// Agencia, sucursal, anexo, dependencia. *Ant.* Central, principal.

delegar, enviar, comisionar, encargar, autorizar, confiar, mandar, transmitir.

deleitar, gustar, placer, encantar, agradar, regalar. *Ant.* Molestar, disgustar.

deleite, deleitación, delectación, agrado, gozo, complacencia, satisfacción, encanto, bienestar, placer, regalo, gusto, disfrute. *Ant.* Disgusto.

deleitoso-sa, placentero, agradable, dulce, amable, apetitoso, delicioso, deleitable, ameno, encantador, sabroso, satisfactorio, seductor. *Ant.* Desagradable.

deletéreo-a, destructor, mortal, nocivo, letal.

deletrear, interpretar.// Silabear.

deleznable, frágil, inconsistente, quebradizo, débil, delicado. *Ant.* Fuerte.// Escurridizo, fugaz, breve, perecedero. *Ant.* Permanente.

delgadez, flaqueza, magrura, flacura, escualidez, desnutrición, enflaquecimiento, finura, tenuidad, adelgazamiento. *Ant.* Gordura, obesidad.

delgado-da, flaco, escuálido, enjuto, demacrado, débil, raquítico, chupado. *Ant.* Gordo, fornido, obeso.// Fino, estrecho, exiguo, vaporoso, tenue, sutil. *Ant.* Grueso.

deliberación, discusión, reflexión, examen, análisis, consideración.// Resolución, decisión, determinación.// Debate, polémica. *Ant.* Acuerdo.

deliberar, considerar, reflexionar, meditar, analizar.// Discutir, polemizar, debatir. *Ant.* Acordar.// Resolver, decidir.

delicadeza, consideración, cortesía, fineza, finura, exquisitez, elegancia, sutileza, refinamiento. *Ant.* Tosquedad, grosería.// Suspicacia, escrupulosidad, susceptibilidad.// Languidez, debilidad. *Ant.* Fortaleza.

delicado-da, afable, cortés, educado, amable, tierno. *Ant.* Descortés, desatento.// Susceptible, suspicaz. *Ant.* Despreocupado.// Peligroso, difícil, arriesgado. *Ant.* Fácil.// Enclenque, débil, enfermizo. *Ant.* Sano.// Grácil, sutil, fino. *Ant.* Rústico, tosco.

delicia, deleite, gusto, placer, agrado. *Ant.* Disgusto, repugnancia.

delicioso-sa, sabroso, rico, gustoso, apetitoso. *Ant.* Repugnante.// Complaciente, agradable, primoroso, ameno, encantador, gracioso, deleitoso.

delictivo-va, criminal, reprensible, punible.

delimitación, demarcación, circunscripción, localización, limitación.

delimitar, demarcar, deslindar, localizar, circunscribir, limitar, concretar, aclarar, fijar, señalar. *Ant.* Ampliar.

delincuencia, complicidad, criminalidad, culpa, transgresión.

delincuente, malhechor, transgresor, violador, infractor, contraventor, bandido, bandolero, forajido. *Ant.* Inocente, honrado, honesto.

delinear, dibujar, diseñar, perfilar, bosquejar, esquematizar, trazar.// Establecer, precisar.

delinquir, infringir, transgredir, violar, atentar, vulnerar. *Ant.* Cumplir, acatar.

deliquio, desmayo, desfallecimiento, éxtasis, arrobamiento, enajenamiento.

delirante, loco, disparatado, enardecido. *Ant.* Sensato, cuerdo.

delirar, disparatar, soñar, desvariar, desbarrar, fantasear, alucinarse, enajenarse.

delirio, disparate, despropósito, desvarío, enajenación, devaneo, locura. *Ant.* Cordura, sensatez.

delito, crimen, falta, contravención, infracción, violación, quebrantamiento, incumplimiento, atentado.

demacrado-da, desmejorado, adelgazado, consumido, delgado, acabado, enflaquecido. *Ant.* Lozano, robusto.

demacrarse, enflaquecer, desmejorar, apergaminarse, adelgazar, afilarse, chuparse. *Ant.* Engordar.

demagogia, halago, palabrería.

demanda, solicitud, requerimiento, súplica, petición, ruego, exigencia. *Ant.* Oferta, concesión.

demandante, solicitante, peticionario, pretendiente, litigante, reclamante, querellante.

demandar, peticionar, solicitar, suplicar, rogar, implorar, emplazar, pedir. *Ant.* Desistir.// Apetecer, desear, reclamar.// Exigir, prescribir.// Querellar.

demarcación, limitación, delimitación, deslindamiento.// Circunscripción, jurisdicción, comarca.

demarcar, señalar, marcar, determinar, deslindar, limitar. *Ant.* Confundir.

demasía, exceso, abundancia. *Ant.* Escasez, carencia, falta.

demasiado, excesivamente, sobrado. *Ant.* Poco.

demencia, insanía, locura, insensatez. *Ant.* Cordura, sensatez.

demente, loco, insano, trastornado, enajenado, enloquecido. *Ant.* Cuerdo.

democracia, república.

demócrata, republicano, progresista, igualitario. *Ant.* Reaccionario.

demoler, arruinar, deshacer, desbaratar, arrasar, destruir. *Ant.* Construir.

demolición, destrucción, aniquilamiento.

demoníaco-ca, diabólico, endemoniado, endiablado, maligno.

demonio, diablo, genio, espíritu.// Diablo, Mefistófeles, Satanás, Lucifer.// Travieso, temerario, audaz, perverso.

demora, retraso, tardanza, dilación, retardo, prórroga, plazo, lentitud, mora, morosidad, detención. *Ant.* Adelanto, apuro.

demorar, atrasar, retardar, dilatar, rezagar, retrasar, remitir, aplazar, parar. *Ant.* Apurar, adelantar, acelerar.

demostración, exposición, manifestación, exhibición, presentación, prueba, testimonio, verificación, comprobación. *Ant.* Ocultación, confusión.

demostrar, probar, patentizar, confirmar, corroborar, testimoniar, establecer, verificar.// Evidenciar, probar. *Ant.* Ocultar.// Argumentar, explicar.

demostrativo-va, evidente, probatorio, perentorio, expresivo, persuasivo, categórico, apodíctico. *Ant.* Dudoso, confuso.

demudado-da, pálido, desfigurado.

demudar, mudar, cambiar, alterar, trastrocar, variar, desfigurar, disfrazar, deformar, turbar. *Ant.* Tranquilizar.

denegación, negativa, desaprobación, retractación, negación, repulsa. *Ant.* Aceptación.

denegar, negar, desaprobar, rehusar, condenar. *Ant.* Aceptar, conceder.

dengoso-sa, remilgado, melindroso.

dengue, remilgo, mojigatería, afectación, melindre, cursilería, artificio.

denigración, difamación, injuria, maledicencia, desacreditación, deshonra, detracción, ofensa. *Ant.* Honra, halago.

denigrar, calumniar, infamar, deshonrar, vilipendiar, injuriar, ofender. *Ant.* Enaltecer, honrar.

denodado-da, decidido, intrépido, audaz, valeroso, valiente, resuelto, arrojado, guapo, esforzado, animoso. *Ant.* Pusilánime, flojo, cobarde.

enominación, designación, título, calificación, nombre.

enominar, designar, llamar, nombrar, calificar, señalar, distinguir, apodar, titular.

enostar, injuriar, insultar, vilipendiar, ofender, ultrajar, calumniar. **Ant.** Alabar, elogiar.

enotar, significar, indicar, anunciar, señalar, mostrar, advertir, presuponer, representar, figurar, expresar, marcar, apuntar, anunciar, indicar. **Ant.** Silenciar, callar, ocultar.

ensidad, consistencia, condensación, concentración, espesor, macicez, viscosidad.

enso-sa, espeso, condensado, apelmazado, apretado, unido, amazacotado, compacto, tupido, consistente. **Ant.** Fluido, esponjoso.

ental, odontológico.

entellada, mordedura, mordisco.

entera, ansia, envidia, deseo.// Amargor.

entista, odontólogo, sacamuelas.

entro, en el interior de. **Ant.** Fuera.

enudar, desnudar, despojar.// Desintegrarse.

enuedo, valor, arrojo, ánimo, decisión, resolución.

enuesto, ofensa, improperio, dicterio, injuria, insulto, agravio, invectiva. **Ant.** Alabanza, elogio.

enuncia, acusación, delación, confidencia.

enunciante, acusador, delator, acusón, soplón, sindicador.

enunciar, acusar, soplar, delatar, confesar, revelar, descubrir, criticar.// Querellar, encausar. **Ant.** Ocultar, callar, silenciar.

eparar, suministrar, proporcionar, facilitar, conceder. **Ant.** Sacar, escatimar, quitar.

epartamento, vivienda, habitación, piso, apartamento.// Sección, división, compartimento.// Región, comarca, jurisdicción, territorio.// Agencia, sucursal, filial.

epartir, conversar, charlar, platicar, conferenciar.

epauperado-da, debilitado, enflaquecido, agotado.

epauperar, enflaquecer, debilitar, agotar, adelgazar. **Ant.** Robustecer, fortalecer, engordar.// Empobrecer. **Ant.** Enriquecer.

ependencia, sujeción, dominación, subordinación, obediencia, esclavitud, sumisión. **Ant.** Independencia, liberación.// Despacho, delegación, sucursal, agencia. **Ant.** Central.

epender, acatar, subordinar, obedecer, necesitar.

ependiente, subordinado, sometido, sujeto, tributario. **Ant.** Independiente.// Subalterno, empleado. **Ant.** Jefe, superior.

epilar, rasurar, arrancar, afeitar.

eplorable, lamentable, lastimoso, triste, miserable, desgraciado, vergonzoso, desolador. **Ant.** Elogiable.

eplorar, lamentar, llorar, sentir, afligirse, dolerse. **Ant.** Celebrar, alabar, alegrarse.

eponer, atestiguar, testificar, aseverar, asegurar, afirmar. **Ant.** Silenciar, callar, omitir.// Destronar, destituir. **Ant.** Nombrar, reponer.

eportación, destierro, exilio, confinación, ostracismo, proscripción, expatriación. **Ant.** Repatriación.

eportar, desterrar, exiliar, confinar, proscribir, expatriar, alejar, expulsar, aislar. **Ant.** Repatriar.

eporte, ejercicio, práctica, recreación, solaz, juego, entrenamiento.

eportista, jugador, atleta, gimnasta, practicante.

eposición, declaración, testimonio, explicación, comparecencia. **Ant.** Ocultamiento, silencio, incomparecencia.// Evacuación, defecación.// Destitución, despojamiento, degradación. **Ant.** Restitución, nombramiento, reposición.

epositar, dar, consignar, confiar, entregar, fiar. **Ant.** Reservar, retener.// Poner, colocar, guardar. **Ant.** Gastar.// Asentarse, sedimentar.

epositario-ria, consignatario, receptor.

epósito, arsenal, almacén, barracón, granero.// Recipiente, receptáculo.// Acopio, yacimiento, almacenamiento, provisión.// Custodia, consignación.// Sedimento, poso, asiento, precipitado.

epravación, corrupción, perversión, vicio, desenfreno, envilecimiento, degeneración, maldad. **Ant.** Integridad.

depravar, corromper, enviciar, pervertir, viciar, degradar. **Ant.** Conservar, mantener, enderezar, regenerar.

deprecación, conjuro, ruego, petición, súplica, impetración, imprecación.

deprecar, pedir, solicitar, rogar.

depreciación, desvalorización, abaratamiento, baja. **Ant.** Alza, aumento, encarecimiento.

depreciar, desvalorar, desvalorizar, abaratar, rebajar, bajar. **Ant.** Subir, aumentar, encarecer.

depredación, saqueo, rapiña, robo, desvastación, despojo, pillaje.// Exacción, abuso, malversación. **Ant.** Restitución.

depredar, despojar, saquear, devastar, pillar.// Malversar, concusionar. **Ant.** Restitutir, devolver.

depresión, hondonada, hondura, concavidad, seno, fosa, sima, hueco. **Ant.** Elevación.// Postración, debilitamiento, decaimiento, tristeza, desánimo, desaliento, agotamiento, neurastenia. **Ant.** Excitación, euforia, alegría, ánimo, energía.// Quiebra.

depresivo-va, melancólico, abatido. **Ant.** Animado.// Humillante, degradante. **Ant.** Enaltecedor.// Hueco, profundo, entrante. **Ant.** Convexo.

deprimir-se, hundir, abollar, aplastar, ahuecar. **Ant.** Levantar.// Desalentar, desanimar, abatir. **Ant.** Alegrar, animar.// Degradar, humillar, envilecer. **Ant.** Enaltecer.

depuesto-ta, destituido, degradado.

depuración, limpieza, supresión, eliminación, exclusión, purificación. **Ant.** Contaminación, mezcla, infección.

depurar, limpiar, purificar, expurgar, acendrar, purgar, perfeccionar, refinar. **Ant.** Ensuciar, contaminar.

depurativo-va, purgante.

derechista, conservador, tradicionalista.

derecho-cha, recto, lineal, erguido, directo. **Ant.** Torcido.// Enhiesto, tieso, plantado, vertical, rígido, levantado, perpendicular. **Ant.** Inclinado.

derecho, jurisprudencia, legislación, justicia, ley.// Facultad, poder, opción, prerrogativa. **Ant.** Deber.

deriva, desvío, desorientación, alejamiento.

derivación, deducción, desviación, descendencia.

derivar, desviar. **Ant.** Encaminar.// Proceder, nacer, originarse, resultar, emanar.// Deducirse, resultar.

derogación, abolición, anulación, abrogación, supresión, cancelación.

derogar, suprimir, abolir, anular.

derramar, dispersar, extender, publicar, propalar, divulgar, desparramar. **Ant.** Contener, retener.

derrapar, patinar.

derredor (en), alrededor, contorno, circuito.

derrengar, torcer, desviar, inclinar.

derretir, licuar, disolver, deshelar, desleír, fusionar. **Ant.** Solidificar.// -se, enamorarse, amartelarse.

derribar, voltear, demoler, derrumbar, volcar, hundir, arrasar, desplomar, precipitar, tumbar, abatir. **Ant.** Levantar, alzar, construir.// Destituir, derrocar. **Ant.** Entronizar.

derrocamiento, caída.// Destitución, deposición, destronamiento.

derrocar, derribar, precipitar, despeñar.// Destituir, destronar.

derrochador-ra, pródigo, despilfarrador, manirroto, desperdiciador. **Ant.** Avaro, tacaño, miserable.

derrochar, dilapidar, malversar, despilfarrar, disipar, malgastar, tirar. **Ant.** Guardar, conservar.

derroche, desperdicio, dispendio.

derrota, fracaso, descalabro, revés, jaque, vencimiento, catástrofe. **Ant.** Triunfo.// Rumbo, dirección.

derrotado-da, miserable, destrozado.// Vencido. **Ant.** Victorioso, triunfador.

derrotar, vencer, abatir, rendir, desbaratar, superar, deshacer. **Ant.** Perder.

derrotero, rumbo, dirección.

derrotismo, abatimiento. **Ant.** Triunfalismo.

derruir, derribar, demoler, derrumbar, arruinar, destrozar. **Ant.** Construir, alzar.

derrumbamiento, caída, desprendimiento, alud, desmoronamiento.

derrumbar, derribar, despeñar, precipitar, desmoronar, destruir. **Ant.** Levantar.

desabrido-da, soso, insípido. **Ant.** Sabroso.// Huraño, displicente, insociable, descortés. **Ant.** Amable, cortés.

desabrigar, desarropar, descobijar, descubrir, destapar. **Ant.** Abrigar, cubrir, tapar. arropar.// Abandonar, desamparar. **Ant.** Amparar, proteger, defender.

desabrigo, desnudez.// Abandono, desamparo.

desabrimiento, insipidez, insulsez, sosería.// Aspereza, brusquedad, dureza, hosquedad. **Ant.** Amabilidad, cortesía.

desabrochar, aflojar, abrir, desabotonar, soltar. **Ant.** Abrochar, abotonar.

desacatar, desobedecer, despreciar. **Ant.** Acatar, obedecer.

desacato, desobediencia, insubordinación, irrespetuosidad, descortesía, irreverencia. **Ant.** Acatamiento, obediencia.

desacertar, errar, fallar, piñar, equivocarse, desatinar. **Ant.** Acertar.

desacierto, error, equivocación, desatino, falla, yerro. **Ant.** Acierto.

desaconsejar, disuadir, desviar. **Ant.** Aconsejar.

desacoplar, desarticular, desencajar, desmontar. **Ant.** Unir, acoplar.

desacorde, disonante, discordante, destemplado, desafinado. **Ant.** Afinado.// Disconforme. **Ant.** Conforme.

desacostumbrado-da, inusual, insólito, desusado, raro. **Ant.** Acostumbrado, frecuente. normal.

desacreditado-da, desprestigiado, desautorizado, malmirado. **Ant.** Prestigioso, acreditado.

desacreditar, difamar, desprestigiar, denigrar, infamar, deshonrar, calumniar, menoscabar, disminuir, desdorar. **Ant.** Acreditar, prestigiar.

desacuerdo, disensión, disputa, discordia, disconformidad, discrepancia, desavenencia, disentimiento, contradicción. **Ant.** Acuerdo, concordia.

desafección, desamor, aversión, malquerencia, animadversión, desafecto, antipatía, indiferencia. **Ant.** Cariño, afecto, amor.

desafecto, desafección.// -ta, refractario, contrario, enemigo, opuesto, reacio. **Ant.** Proclive, afecto.

desaferrar, soltar, largar, destrabar. **Ant.** Atar, agarrar, unir.// Disuadir, desviar, desaconsejar.

desafiante, provocador, retador, pendenciero.

desafiar, provocar, retar.// Competir, disputar, contender, rivalizar.

desafinación, discordancia, destemple. **Ant.** Afinación.

desafinar, destemplar, discordar, desentonar, disonar. **Ant.** Templar, afinar.

desafío, reto, provocación, bravata.// Competencia, rivalidad, pugna, oposición.

desaforado-da, furioso, irritado, iracundo, furibundo, violento, frenético, colérico. **Ant.** Calmo, sereno.// Excesivo, desmesurado, desmedido. **Ant.** Justo.

desaforar, infringir, atropellar, contravenir, quebrantar, transgredir, vulnerar. **Ant.** Respetar, obedecer.

desafortunado-da, desgraciado, desdichado, infeliz. **Ant.** Afortunado, feliz.

desafuero, infracción, abuso, transgresión, exceso, desmán, atropello, extralimitación, violación, quebrantamiento. **Ant.** Acatamiento, obediencia.

desagradar, disgustar, desplacer, contrariar, fastidiar, enfadar, irritar, enojar, amargar. **Ant.** Agradar, complacer.

desagradecido-da, ingrato.

desagradecimiento, ingratitud, deslealtad, olvido. **Ant.** Agradecimiento, reconocimiento.

desagrado, disgusto, descontento. **Ant.** Contento, agrado.

desagraviar, satisfacer, compensar, indemnizar, reparar, borrar, resarcir. **Ant.** Agraviar, ofender.

desagravio, satisfacción, compensación, indemnización, reparación. **Ant.** Ofensa, agravio.

desagregación, desconexión, disociación, división, desviación, desmembración, separación, desunión. **Ant.** Unión, agregación.

desagregar, desunir, separar, disociar, dispersar, desviar, descentralizar, desarticular, disgregar, desperdigar. **Ant.** Unir, juntar, enlazar.

desaguadero, desagüe, alcantarilla.

desaguar, achicar, canalizar, vaciar, extraer, desecar, derramar.// Desembocar.

desagüe, avenamiento, achique, drenaje, salida, canalización, evacuación.// Desaguadero, alcantarilla.

desaguisado, desastre, desatino, sinrazón, torpeza, desacierto, destrozo.

desahogado-da, rico, opulento, próspero. **Ant.** Pobre. Despejado, dilatado, amplio, desembarazado, desocupado, espacioso. **Ant.** Estrecho, angosto.// Tranquilo, sosegado, aliviado, consolado.

desahogar, ampliar, ensanchar.// -se, confiar, confesar, revelar, contar, franquearse, abrirse.// Tranquilizarse, consolarse, aliviarse, reponerse.

desahogo, anchura, amplitud. **Ant.** Estrechez.// Consuelo, alivio, confortación, tranquilidad. **Ant.** Inquietud.// Diversión, regocijo, distracción, recreación, esparcimiento, solaz. **Ant.** Preocupación.

desahuciado-da, incurable, grave, moribundo, sentenciado. **Ant.** Curable, salvable.

desahuciar, condenar, sentenciar, desesperanzar, desengañar. **Ant.** Ilusionar.

desahucio, condena, abandono. **Ant.** Curación, salvación.

desairado-da, humillado, vejado, maltratado, burlado, desdeñado, despreciado.// Ridículo, desgarbado, desmedejado. **Ant.** Gracioso, airoso.

desairar, humillar, despreciar, desatender, menospreciar, rechazar, rebajar. **Ant.** Atender, honrar.

desaire, descortesía, humillación, decepción, desdén, desprecio, desatención, chasco, grosería, menosprecio. **Ant.** Desagravio, respeto, honra.

desajustar, desunir, desarticular. **Ant.** Ajustar, unir.

desajuste, desarticulación, desacoplamiento.// Perturbación, desconcierto.

desalado-da, rápido, apresurado. **Ant.** Lento.

desalarse, apresurarse, arrojarse, acelerarse, dispararse. Ansiar, anhelar, apetecer, desear.

desalentar, desanimar, desmoralizar, acoquinar, amilanar, amedrentar, abatir, descorazonar. **Ant.** Animar, alentar.

desaliento, decaimiento, desánimo, postración, desmoralización, amilanamiento, abatimiento, flaqueza. **Ant.** Valor, ánimo.

desaliñado-da, desarreglado, desprolijo, descuidado, desaseado. **Ant.** Prolijo, pulcro.

desaliñar, desarreglar, descuidar, desordenar. **Ant.** Aliñar, arreglar, ordenar.

desaliño, desprolijidad, descuido, desaseo, suciedad. **Ant.** Aliño, pulcritud, prolijidad.

desalmado-da, perverso, inhumano, despiadado, salvaje. **Ant.** Bondadoso, piadoso, humanitario.

desalojar, echar, expulsar, sacar, desplazar. **Ant.** Alojar, aposentar.

desalterar, sosegar, tranquilizar.

desamarrar, desatascar, desaferrar.// Soltar, desasir, desprender.

desamor, indiferencia, desinterés, desafecto, aversión, odio.

desamortizar, liberar.

desamparado-da, abandonado, solo, huérfano, desvalido, indefenso, desabrigado. **Ant.** Amparado, protegido.// Desierto, deshabitado. **Ant.** Habitado.

desamparar, abandonar, desproteger, dejar, desatender, desasistir, rechazar. **Ant.** Amparar, proteger.

desamparo, soledad, orfandad, desprotección, aislamiento, desvalimiento, abandono. **Ant.** Amparo, protección.

desangrar, achicar, desaguar.// Empobrecer, arruinar.

desanimado-da, triste, desalentado, decaído, descorazonado, abatido. **Ant.** Alegre, animado.

desanimar, entristecer, desalentar, acobardar, amilanar, desmoralizar. **Ant.** Alentar, animar, enardecer.

desánimo, desaliento, abatimiento, flojedad. **Ant.** Ánimo, energía.

desapacible, fatigoso, enfadoso, molesto, rudo, áspero, ingrato, duro, desagradable, destemplado, fastidioso. **Ant.** Apacible, agradable.

desaparecer, esfumarse, irse, marcharse, perderse, ocultarse, eclipsarse. **Ant.** Quedarse, estar,volver, permanecer.

desaparición, desvanecimiento, ocultación, supresión, aniquilación, disipación, dispersión, muerte. extinción, destrucción.

desapasionado-da, indiferente, imparcial, equitativo, frío, objetivo. **Ant.** Apasionado, comprometido, excitado, parcial.

desapasionamiento, objetividad, imparcialidad. **Ant.** Parcialidad.

desapegar, despegar, desasir, desprender.// -se, desencariñarse, desprenderse, alejarse, desapasionarse, desinteresarse, desaficionarse. **Ant.** Encariñarse.

desapego, desvío, desafecto, frialdad, alejamiento, indiferencia, desamor, distancia, aspereza. **Ant.** Apego, cariño.

desapercibido-da, desprevenido, descuidado, desarmado, desprovisto. **Ant.** Cuidado.// Inadvertido. **Ant.** Advertido.

desaplicación, vagancia, holgazanería.

desaplicado-da, vago, holgazán, perezoso, descuidado, negligente, ocioso. **Ant.** Activo, aplicado, trabajador.

desapoderar, desautorizar.

desaprensión, despreocupación, frescura, imperturbabilidad, descuido, desinterés. **Ant.** Cuidado, preocupación.

desaprensivo-va, cínico, desvergonzado, indiferente, irresponsable. **Ant.** Cuidadoso, preocupado.

desaprobación, rechazo, reproche, vituperio, reprobación, crítica, reconvención, reprimenda, amonestación. **Ant.** Aprobación, elogio.// Desautorización, denegación.

desaprobar, censurar, reprobar, reprochar, criticar, vituperar, condenar, reconvenir. **Ant.** Aprobar, elogiar, alabar.// Desautorizar, denegar.

desaprovechamiento, desperdicio, derroche, menoscabo, deterioro. **Ant.** Aprovechamiento, utilidad.

desaprovechar, desperdiciar, malograr, inutilizar, derrochar, dilapidar. **Ant.** Aprovechar, guardar, utilizar.

desarbolar, desmantelar.

desarmado-da, indefenso, desvalido.// Desajustado, desmontado. **Ant.** Armado, ajustado.

desarmar, despojar, privar.// Descomponer, desencuadernar, deshacer, desguazar.

desarraigado-da, arrancado.// Desterrado, exiliado. **Ant.** Arraigado.

desarraigar-se, arrancar, extraer, descuajar, erradicar.// Exterminar, suprimir, extirpar.// Expulsar, desterrar, exiliar. **Ant.** Arraigar, aquerenciar.

desarrapado-da, desarreglado, desastrado, desharrapado.

desarreglado-da, descuidado, desordenado. **Ant.** Prolijo, cuidado.

desarreglar, trastornar, perturbar, alterar, descomponer, desbaratar, desajustar, desordenar. **Ant.** Arreglar, ordenar.

desarreglo, desorden, desprolijidad. **Ant.** Arreglo, cuidado, prolijidad.// Desperfecto, avería, rotura.

desarrendar, desalquilar.

desarrimar, separar, desunir, apartar, alejar. **Ant.** Acercar, aproximar.

desarrollado-da, crecido, robusto, grande.// Adulto, maduro.// Evolucionado, avanzado, industrializado.

desarrollar, acrecentar, ampliar, fomentar, difundir, propagar, aumentar, amplificar, impulsar, expandir, extender. **Ant.** Reducir, limitar, achicar.// Explanar, explayar.// Desplegar, desenrollar, desencoger, desenvolver, extender, desdoblar. **Ant.** Enrollar, encoger.// -se, crecer, perfeccionarse, mejorar.

desarrollo, crecimiento, expansión, adelanto, desenvolvimiento, progreso, industrialización, propagación, aumento, auge, incremento, difusión, dilatación. **Ant.** Reducción, retroceso, retraso.// Explicación, exposición, esclarecimiento.

desarropar, destapar, despojar, desabrigar, desvestir, desnudar. **Ant.** Arropar, vestir.

desarticulación, desacoplamiento, desencajadura, desmembración, desajuste. **Ant.** Articulación, ajuste, acoplamiento.// Torcedura, luxación.

desarticular, desacoplar, desquiciar, desensamblar, destrabar, desvencijar, desgoznar. **Ant.** Unir, articular.// Descoyuntar, dislocar, torcer, luxar.

desaseado-da, sucio, desprolijo. **Ant.** Aseado, limpio, prolijo.

desaseo, suciedad, desprolijidad, descuido. **Ant.** Limpieza, pulcritud, aseo.

desasir, destrabar, soltar, aflojar, desprender, desatar. **Ant.** Atar, unir.

desasistir, abandonar, desamparar. **Ant.** Asistir, socorrer.

desasosegar, alterar, conmover, turbar, agitar, inquietar, perturbar, intranquilizar, alarmar. **Ant.** Sosegar, tranquilizar, serenar.

desasosiego, intranquilidad, excitación, angustia, alarma, alteración, trastorno, malestar, turbación, inquietud, temor, perturbación. **Ant.** Tranquilidad, sosiego.

desastrado-da, andrajoso, desaliñado, descuidado. **Ant.** Atildado, pulcro, cuidadoso, prolijo.// Desastroso, calamitoso.

desastre, desgracia, catástrofe, adversidad, calamidad, infortunio, revés. **Ant.** Triunfo, logro.

desastroso-sa, calamitoso, desgraciado, funesto, infeliz, devastador, adverso. **Ant.** Feliz, afortunado.

desatado-da, desquiciado, desenfrenado, violento. **Ant.** Cauto, moderado, prudente, pacífico.// Libre, suelto. **Ant.** Atado.

desatar, soltar, desligar, deshacer. aflojar, desamarrar. **Ant.** Atar, ligar.// -se, desencadenarse, sobrevenir.// Liberarse. **Ant.** Contenerse, reprimirse.

desatascar, liberar, desobstruir. **Ant.** Atascar, obstruir.

desatención, descuido, negligencia. **Ant.** Atención, cuidado.// Grosería, desprecio, incorrección. **Ant.** Delicadeza, finura.

desatender, abandonar, descuidar, despreciar, olvidar, relegar, menospreciar. **Ant.** Atender, cuidar, recordar.

desatento-ta, distraído, descuidado. **Ant.** Atento.// Descortés, grosero, desconsiderado, incorrecto. **Ant.** Amable, cortés.

desatinado-da, desacertado, disparatado, absurdo, insensato. **Ant.** Acertado, correcto.// Atropellado, aturdido. **Ant.** Lógico.

desatinar, errar, equivocarse, desacertar, desbarrar, disparatar. **Ant.** Atinar, acertar.

desatino, error, equivocación, desacierto, yerro, disparate, despropósito, barbaridad, necedad. **Ant.** Acierto, razón, lógica.

desatornillar, destornillar, soltar, desenroscar. **Ant.** Atornillar, enroscar.

desatracar, partir, zarpar. **Ant.** Atracar.

desatrancar, destapar, desobstruir. **Ant.** Atrancar, obstruir, tapar.

desautorizar, desprestigiar, destituir, desacreditar, deponer, degradar. **Ant.** Autorizar, acreditar, prestigiar.

desavenencia, disentimiento, disconformidad, divergencia, contrariedad, discordia, antagonismo, desacuerdo. **Ant.** Armonía, avenencia, acuerdo.

desavenido-da, discorde, malavenido. **Ant.** Avenido.

desavenirse, malquistarse, enemistarse, separarse, desunirse. **Ant.** Avenirse, unirse.

desayunar, comer, alimentarse. **Ant.** Ayunar.

desayuno, alimento, comida. **Ant.** Ayuno.

desazón, congoja, molestia, zozobra, agitación, malestar, desasosiego, incomodidad, intranquilidad, inquietud, indisposición, temor. **Ant.** Contento, calma, tranquilidad.

desazonado-da, disgustado, incomodado, enfadoso, angustiado, inquieto, intranquilo. **Ant.** Sereno, tranquilo.// Insípido, soso, insulso. **Ant.** Sabroso.

desazonar, inquietar, angustiar, intranquilizar, incomodar, disgustar, fastidiar, impacientar, desasosegar, soliviantar,irritar, cansar. **Ant.** Tranquilizar, serenar.

desbancar, destronar, desplazar, suplantar, reemplazar.

desbandada, huida, abandono, derrota, estampida, escapada, confusión.

desbandarse, huir, escapar, desertar, dispersarse, desperdigarse, desparramarse.// Apartarse, retraerse, separarse.

desbarajustar, perturbar, desordenar, confundir. **Ant.** Ordenar.

desbarajuste, desorden, confusión, caos, desbande, tumulto, desbaratamiento. **Ant.** Orden.

desbaratamiento, desajuste, desarreglo, desorganización, desbarajuste, confusión, descomposición.

desbaratar, arruinar, deshacer, descomponer, alterar, desordenar, desarreglar, desorganizar, trastornar, dispersar. **Ant.** Rehacer, componer, arreglar.// Dificultar, obstaculizar. **Ant.** Facilitar.

desbarrar, errar, equivocarse, disparatar, desacertar, fallar. **Ant.** Acertar.

desbastar, educar, civilizar, refinar, perfeccionar, instruir.// Limar, pulir, suavizar.

desbloquear, liberar.

desbocado-da, desvergonzado, malhablado, sinvergüenza, deslenguado, descarado.// Enloquecido, embravecido, trastornado. **Ant.** Cauto, sereno, circunspecto, dominado.

desbocarse, embravecerse, encabritarse. **Ant.** Contenerse.

desbordarse, derramarse, salir, dispersarse.// Sobrepasar, exceder. **Ant.** Contenerse.

desbrozar, limpiar, despejar, desembarazar, desarraigar, extirpar.

descabalado-da, desbaratado, incompleto.

descabalar, desbaratar, mutilar, destrozar, menguar, disminuir. **Ant.** Perfeccionar, completar.

descabalgar, desmontar, apearse, bajar, descender. **Ant.** Cabalgar, montar, subir.

descabellado-da, irracional, alocado, disparatado, absurdo, desatinado, desacertado, ilógico, insensato. **Ant.** Sensato, cuerdo.

descabezar, decapitar.

descaecer, perder, debilitarse, desfallecer, empeorar, arruinarse, desmejorar, disminuir, empobrecerse. **Ant.** Aumentar, crecer, mejorar.

descaecimiento, agotamiento, desaliento, decaimiento, enflaquecimiento, desánimo, abatimiento. **Ant.** Fortalecimiento.

descalabrar, descabezar, descrismar, herir, dañar, maltratar, lastimar, lesionar.// Perjudicar, engañar.

descalabro, revés, calamidad, desastre, ruina, contratiempo, desventura, quebranto, infortunio, desgracia, pérdida, fracaso. **Ant.** Ganancia, ventaja, triunfo.

descalcificar, debilitar. **Ant.** Endurecer, calcificar.

descalificación, desautorización, desprestigio.// Incapacidad. **Ant.** Rehabilitación.

descalificar, anular, incapacitar, inhabilitar. **Ant.** Capacitar.// Desacreditar, desautorizar, desprestigiar. **Ant.** Autorizar, prestigiar.

descalzar, despejar, quitar. **Ant.** Calzar.

descaminado-da, extraviado, apartado, descarriado, desencaminado, perdido, errado. **Ant.** Encaminado, orientado.

descaminar, apartar, desviar, alejar, extraviar, desencaminar. **Ant.** Orientar, encaminar.

descamisado-da, pobre, andrajoso, harapiento, indigente. **Ant.** Elegante, pulcro, prolijo.

descampado, despoblado.// Estepa, llanura. **Ant.** Poblado.

descansar, dormir, yacer, reposar, recostarse, tenderse, acostarse. **Ant.** Trabajar.// Holgar, veranear. **Ant.** Cansarse.// Fiar, confiar. **Ant.** Desconfiar.

descanso, rellano.// Reposo, holganza, sosiego, ocio, vacación, quietud, pausa. **Ant.** Fatiga, extenuación.// Intervalo, interrupción, intermedio.

descarado-da, desvergonzado, atrevido, maleducado, grosero, desbocado, desfachatado, procaz, insolente, zafado. **Ant.** Respetuoso, vergonzoso.

descarga, disparo, fuego, andanada, cañonazo, salva.// Alivio, aligeramiento. **Ant.** Carga.// Desembarco.// Chispazo, electrocutación.

descargar, descerrajar, disparar, tirar.// Desembarcar, alijar. **Ant.** Cargar.// Desembarazar, quitar, aliviar, aligerar.// Absolver, liberar, relevar. **Ant.** Obligar.

descargo, excusa, satisfacción, justificación, disculpa. **Ant.** Acusación.// Salida, egreso.

descarnado-da, enjuto, esquelético, flaco, demacrado, delgado. **Ant.** Gordo, robusto.// Desnudo.// Realista, crudo.

descarnar, cortar, mutilar.// Despojar, destruir.// -se, demacrarse, enflaquecer.

descaro, desvergüenza, tupé, osadía, desenvoltura, insolencia, impudor, atrevimiento, procacidad desfachatez. **Ant.** Vergüenza, cortedad.

descarriado-da, extraviado, desorientado, perdido. **Ant.** Encaminado, orientado.// Pervertido, enviciado. **Ant.** Puro, honesto.

descarriar, separar, extraviar, desviar, alejar, apartar.// -se, desencaminarse, perderse, extraviarse, apartarse. **Ant.** Encaminarse, orientarse.// Enviciarse, pervertirse.

descarrilamiento, descarriladura, choque, accidente, catástrofe, siniestro.

descarrilar, salirse, patinar.

descarrío, vicio, perdición.// Extravío, descarrilamiento, relajación.

descartar, separar, suprimir, rechazar, desechar, eliminar, quitar. **Ant.** Admitir, aceptar.

descarte, supresión, eliminación, separación.

descasarse, separarse, divorciarse.

descastado-da, renegado, despegado, ingrato, desagradecido, indiferente. **Ant.** Fiel, reconocido, agradecido.

descendencia, sucesión, prole, linaje, casta, progenie. **Ant.** Ascendencia.

descendente, decadente.// Inclinado. **Ant.** Ascendente.

descender, bajar, apearse, abatirse, desmontarse, caer, descolgarse **Ant.** Ascender, subir.// Proceder, derivar, originarse, provenir.// Resbalar, fluir.

descendiente, vástago, hijo, heredero, sucesor. **Ant.** Antepasado, ascendiente.

descenso, caída, bajada, descendimiento. **Ant.** Ascenso, subida.// Declinación, decadencia, ocaso, debilitamiento. **Ant.** Crecimiento, apogeo, aumento.

descentrado-da, apartado, alejado, desviado. **Ant.** Centrado.// Exaltado, inquieto, alterado. **Ant.** Sereno, tranquilo.

descentralizar, descentrar, desconcentrar, dispersar, descongestionar, repartir. **Ant.** Concentrar, centralizar.

descentrar, desplazar, desviar, desubicar. **Ant.** Centrar, ubicar.

desceñir, aflojar, soltar. **Ant.** Ceñir, ajustar.

descerrajar, disparar, descargar.// Forzar, violentar, romper, quebrar, fracturar, arrancar, violar.

desclfrar, dilucidar, adivinar, interpretar, aclarar, desembrollar, elucidar, penetrar.

desclavar, desengarzar, desengastar. **Ant.** Engastar.// Desprender, arrancar. **Ant.** Fijar, clavar.

descocado-da, desvergonzado, descarado, desfachatado.

descoco, desvergüenza, descaro, impudicia, desfachatez. **Ant.** Vergüenza, pudor.

descolgar, descender, bajar, apear. **Ant.** Colgar, alzar.// -se, destaparse, salir.// Presentarse, aparecer, sorprender.

descollante, sobresaliente, destacado, distinguido, dominante, excelente, superior. **Ant.** Vulgar, común, insignificante.

descollar, destacarse, sobresalir, distinguirse, despuntar, resaltar, diferenciarse.

descolorido-da, pálido, incoloro, desvaído, apagado, tenue. **Ant.** Colorido.

descomedido-da, desatento, descortés, irrespetuoso. **Ant.** Amable, cortés, respetuoso.// Excesivo, desmedido, desproporcionado. **Ant.** Justo.

descomedirse, insolentarse, desaforarse, desmandarse. **Ant.** Contenerse.

descompasado-da, arrítmico, desigual, excesivo, irregular.

descomponer, separar, partir, desunir, dividir. **Ant.** Unir, componer, arreglar.// -se, corromperse, pudrirse.// Desahogarse, alterarse. **Ant.** Calmarse.// Enfermarse, indisponerse.

descomposición, descompostura, desbaratamiento, desconcierto, descoplamiento, desarme, desintegración. **Ant.** Composición, integración.// Desarreglo, rotura. **Ant.** Arreglo.// Fracaso, frustración.// Putrefacción, corrupción, alteración. **Ant.** Conservación.// Separación, aislamiento, análisis, abstracción. **Ant.** Síntesis.

descompostura, afección, malestar, enfermedad, achaque, indisposición. **Ant.** Mejoría.

descompuesto-ta, putrefacto, alterado, podrido. **Ant.** Sano.// Indispuesto, achacoso, enfermo, desmejorado. **Ant.** Sano, curado.// Alterado, insolente, descortés. **Ant.** Mesurado.// Roto, estropeado, deteriorado, averiado, defectuoso. **Ant.** Arreglado.

descomunal, enorme, grandísimo, extraordinario, desmesurado, monstruoso, grandioso, colosal, monumental, exorbitante, gigantesco. **Ant.** Pequeño, insignificante, minúsculo.

desconcertado-da, perplejo, desorientado. **Ant.** Seguro, organizado.

desconcertante, sorprendente, inaudito, insólito. **Ant.** Común.

desconcertar, sorprender, desorientar, turbar, confundir, perturbar. **Ant.** Orientar, serenar.// Desordenar, alterar, desbarajustar, perturbar, tratrocar, dislocar, desorganizar, descomponer, trastornar, desarreglar. **Ant.** Ordenar, arreglar.

desconchar, agrietar, cuartear, descascarillar.

desconcierto, desorden, descomposición. **Ant.** Orden.// Confusión, desorientación. **Ant.** Seguridad, claridad, orientación.

desconectar, cortar, suspender, interrumpir, desenchufar, desunir. **Ant.** Unir, conectar.// Separar, aislar, suspender.

desconexión, interrupción, desunión **Ant.** Unión.// Aislamiento. **Ant.** Conexión, comunicación.

desconfiado-da, incrédulo, escéptico, receloso, suspicaz. **Ant.** Confiado, crédulo.

desconfiar, sospechar, recelar, maliciar, dudar, temer. **Ant.** Confiar, creer.

desconfianza, incredulidad, recelo, sospecha. **Ant.** Credulidad, confianza.

descongestión, alivio, desahogo, dispersión. **Ant.** Congestión, concentración.

descongestionar, aliviar, aligerar, desahogar. **Ant.** Congestionar, concentrar.

desconocedor-ra, ignorante, ingenuo.

desconocer, ignorar. **Ant.** Conocer, saber.// Olvidar.// Repudiar, rechazar, despreciar. **Ant.** Apreciar, admitir.

desconocido-da, irreconocible, mudado, alterado.// Ignorado, anónimo, incógnito, ignoto, escondido, extraño, advenedizo, hermético, impenetrable. **Ant.** Conocido.

desconocimiento, ignorancia.// Olvido, ingratitud.

desconsideración, desatención, ligereza, inadvertencia, irreflexión. **Ant.** Consideración.// Insolencia, grosería, abuso, arbitrariedad. **Ant.** Cortesía.

desconsiderado-da, desatento, incorrecto, descortés, despreciativo, ingrato. **Ant.** Considerado, atento.

desconsolado-da, pesaroso, triste, dolorido, angustiado, inconsolable, cuitado, compungido. **Ant.** Contento, alegre.

desconsolador-ra, penoso.

desconsolar, apenar, entristecer, afligir, desalentar, apesadumbrar. **Ant.** Consolar, animar, alegrar.

desconsuelo, tristeza, pesar, pena, aflicción, desolación. **Ant.** Consuelo, alegría.

descontar, deducir, restar, disminuir, menguar, rebajar, abonar, reducir, quitar, escatimar. **Ant.** Cargar, aumentar.

descontento, disgusto, pesar, desagrado, decepción, insatisfacción, malhumor, enfado, enojo, pena, pesadumbre, inquietud, impaciencia, preocupación, contrariedad, fastidio, desazón, desasosiego. **Ant.** Contento, agrado, alegría.

descontento-ta, apesadumbrado, triste, decepcionado, contrariado, fastidiado. **Ant.** Alegre, animado, contento.

descontrol, desorden, desbarajuste. **Ant.** Orden, control.

descorazonado-da, desalentado, desanimado. **Ant.** Animado, entusiasta.

descorazonar, deprimir, desalentar, desanimar. **Ant.** Animar, envalentonar.

descorchar, abrir, destapar.

descorrer, plegar, enrollar.

descortés, grosero, ordinario, desatento, maleducado, irrespetuoso. **Ant.** Amable, cortés.

descortesía, incorrección, ordinariez, grosería, desatención, inconveniencia, descaro, tosquedad, torpeza, desabrimiento. **Ant.** Cortesía, educación, amabilidad.

descortezar, descascarar, limpiar, mondar, extraer.// Educar, desbastar, refinar.

descoser, deshilvanar, separar, desatar, desunir. **Ant.** Coser, unir.

descoyuntamiento, dislocación, desmembramiento, luxación.

descoyuntar, dislocar, luxar, torcer, desencajar, desquiciar, desarticular.

descrédito, desprestigio, desdoro, deshonor, desautorización. **Ant.** Prestigio, honra, honor.

descreído-da, desconfiado, incrédulo, irreverente, ateo, irreligioso. **Ant.** Confiado, crédulo.

descreimiento, incredulidad, ateísmo, irreverencia, irreligiosidad.

describir, presentar, trazar, representar, definir, detallar, puntualizar, pintar, pormenorizar.

descripción, pintura, retrato, cuadro.// Inventario, detalle.// Representación, reseña.

descriptivo-va, representativo, gráfico, detallado, expresivo.

descrismar, desnucar, descalabrar.

descuartizamiento, despedazamiento, desmembramiento.

descuartizar, desmembrar, destrozar, dividir, despedazar, deshacer.

descubierta, reconocimiento, exploración, inspección.

descubierto-ta, desnudo, destapado. **Ant.** Cubierto, tapado.// Claro, evidente.// Déficit.

descubridor-ra, explorador, conquistador, colonizador, expedicionario.// Creador, inventor, investigador.

descubrimiento, hallazgo, invención, detección.// Conquista, exploración.// Divulgación, publicación. **Ant.** Oscuridad, desconocimiento.

descubrir, mostrar, revelar, denunciar, desenterrar, manifestar, publicar, evidenciar, destapar, desenmascarar, exhumar. **Ant.** Cubrir, tapar, esconder.// Crear, imaginar, fraguar, inventar.// Reconocer, explorar.// Sorprender, acanzar, divisar.

descuento, rebaja, deducción, abaratamiento, disminución, reducción.

descuidado-da, negligente, desprolijo, desastrado, dejado, desaliñado, despreocupado, indolente, abandonado. **Ant.** Cuidadoso, atento, prolijo.

descuidar, desatender, abandonar, distraerse, despreocuparse, olvidar, omitir. **Ant.** Cuidar, atender.

descuido, desatención, abandono, inadvertencia, imprudencia, dejadez, incuria. **Ant.** Cuidado, preocupación, atención.// Error, falta, olvido, desliz.// Desprolijidad, desaliño, desaseo. **Ant.** Aseo, prolijidad.// Apatía, desgano, abulia. **Ant.** Actividad.

desdecir, corregir, enmendar, desmerecer, contrastar. **Ant.** Confirmar.// -se, arrepentirse, retractarse.

desdén, desprecio, desaire, indiferencia, menosprecio, despego, desestima. **Ant.** Aprecio, estimación.

desdeñar, despreciar, desechar, desairar, menospreciar, desestimar. **Ant.** Apreciar, estimar, valorar.

desdeñoso-sa, despreciativo, despectivo, displicente, altanero, altivo, soberbio, ofensivo. **Ant.** Atento, preocupado.

desdibujado-da, impreciso, indefinido, borroso, confuso. **Ant.** Claro, nítido.

desdibujar, desvanecer, confundir. **Ant.** Precisar, aclarar.

desdicha, calamidad, desgracia, desventura, infortunio. **Ant.** Felicidad, suerte.

desdichado-da, desgraciado, infeliz.

desdoblamiento, despliegue, desarrollo.// División, duplicidad.

desdoblar, extender, desarrollar, abrir, desenrollar, desplegar, desenvolver.// Desglosar, duplicar.

desdorar, desprestigiar, calumniar, desacreditar, difamar, denigrar. *Ant.* Honrar.

desdoro, descrédito, desprestigio, baldón, afrenta, dehonra.

desear, querer, codiciar, ambicionar, pretender, demandar, anhelar, aspirar, envidiar. *Ant.* Rechazar, desdeñar, despreciar.

desecación, deshidratación, secado. *Ant.* Humedecimiento.// Marchitamiento. *Ant.* Frescor, lozanía.

desecar, secar, deshidratar. *Ant.* Hidratar, humedecer.

desechar, apartar, arrojar, relegar, rechazar. excluir, posponer, despreciar, descartar. *Ant.* Apreciar, valorar.

desechos, desperdicios, restos, sobras, residuos. *Par.* Deshechos.

desembalar, desempaquetar, desempacar, abrir, desatar. *Ant.* Embalar, empaquetar.

desembarazado-da, despejado, libre, abierto, expedito. *Ant.* Cerrado, atascado.// Desenvuelto, desenfadado, suelto. *Ant.* Apocado, tímido.

desembarazar, despejar, limpiar, desocupar, apartar, evacuar.// -se, deshacerse, liberarse.

desembarazo, desenvoltura, desparpajo.

desembarcadero, muelle, fondeadero.

desembarcar, bajar, descender, salir, abandonar, dejar. *Ant.* Embarcar.// Descargar. *Ant.* Cargar.

desembarco, asalto, ocupación, invasión.// Descenso, salida.// Descarga.

desembargar, deshipotecar, desempeñar.

desembargo, recuperación, devolución, restitución.

desembocadura, salida, desembocadero.

desembocar, afluir, desaguar.

desembolsar, saldar, pagar, liquidar, sacar, abonar. *Ant.* Embolsar, cobrar.

desembolso, pago, gasto. *Ant.* Cobro.

desembragar, desconectar.

desembrollar, desenredar, aclarar, esclarecer, dilucidar, desenmarañar, elucidar. *Ant.* Embrollar, confuncir, mezclar.

desembuchar, contar, confiar, desahogarse.

desemejanza, desigualdad.

desemejante, desigual, diferente, diverso, distinto, disímil. *Ant.* Igual, semejante.

desempacho, desembarazo, soltura, desenvoltura. *Ant.* Empacho, timidez.

desempaquetar, desempacar, desenvolver. *Ant.* Empaquetar, empacar.

desemparejar, aislar, apartar.// Desigualar. *Ant.* Igualar, emparejar.

desempatar, desigualar.

desempeñar, rescatar, librar, recuperar, desembargar. *Ant.* Empeñar.// Practicar, ejercer, ejercitar.

desempeño, rescate, recuperación.// Cometido, cumplimiento, función, ejecución. *Ant.* Incumplimiento.

desempleo, desocupación.

desempolvar, sacudir, limpiar.// Recordar.

desencadenamiento, iniciación, arranque, estallido.

desencadenar, liberar, soltar, librar.// Desunir, desatar, desligar. *Ant.* Encadenar.// -se, desatarse, iniciar, estallar. *Ant.* Terminar, acabar.

desencajar, dislocar, descoyuntar, desquiciar. *Ant.* Encajar.// -se, demudarse, descomponerse.

desencantar, desilusionar, decepcionar.

desencanto, desilusión, decepción. *Ant.* Ilusión.

desenchufar, desconectar, separar, desunir, desacoplar. *Ant.* Enchufar, conectar.

desenfado, despreocupación, descaro, desenvoltura, frescura. *Ant.* Cortedad, timidez.

desenfrenado-da, disoluto, desmedido, desaforado, descarriado, incontinente, desordenado, inmoral, libertino. *Ant.* Cauto, moderado.

desenfrenarse, desatarse, desquiciarse, soltarse, desmandarse. *Ant.* Contenerse, moderarse.

desenfreno, desorden, disolución, disipación, libertinaje, intemperancia, desvergüenza. *Ant.* Moderación.

desenganchar, desencadenar, desprender, soltar, separar. *Ant.* Enganchar.

desengañado-da, desilusionado, decepcionado, escarmentado. *Ant.* Engañado, ilusionado.

desengañar-se, desilusionar, decepcionar, desesperanzar, desencantar, desanimar, desalentar. *Ant.* Engañar, ilusionar.

desengaño, desilusión, decepción, desencanto, amargura despecho, contrariedad, fracaso. *Ant.* Engaño, ilusión.

desengarzar, desclavar, desprender, desengastar. *Ant.* Engarzar, clavar.

desengrasar, limpiar, lavar. *Ant.* Ensuciar, engrasar.

desenlace, final, fin, término, conclusión, terminación *Ant.* Comienzo, desarrollo, inicio, planteamiento.

desenlazar, desatar, soltar. *Ant.* Enlazar, atar.// Resolver solucionar.

desenmarañar, desembrollar, aclarar, dilucidar, esclarecer, descifrar, desentrañar. *Ant.* Enmarañar, confundir.

desenmascarar, descubrir, destapar, desembozar, revelar, sorprender, acusar. *Ant.* Enmascarar, tapar, ocultar.

desenredar, desembrollar, desovillar, desatar, soltar, desenmarañar. *Ant.* Enredar, enmarañar.// Esclarecer, solucionar, desembrollar. *Ant.* Embrollar, confundir.

desenrollar, desplegar, desarrollar, extender. *Ant.* Enrollar, plegar.

desenroscar, aflojar, destornillar. *Ant.* Enroscar, atornillar.

desentenderse, despreocuparse, olvidarse, abandonar, desatender, desinteresarse. *Ant.* Preocuparse, cuidar.

desenterrar, exhumar, excavar, descubrir. *Ant.* Enterrar.// Evocar, recordar.

desentonar, discordar, desafinar, disonar. *Ant.* Entonar, acordar.

desentrañar, desenmarañar, aclarar, explicar, desembrollar, dilucidar, resolver. *Ant.* Embrollar, confundir.

desentumecerse, desenmohecerse, desentumirse, desentorpecerse. *Ant.* Entorpecerse, entumecerse.

desenvainar, desenfundar. *Ant.* Enfundar, envainar.

desenvoltura, desembarazo, soltura, desenfado, desparpajo. *Ant.* Respeto.// Naturalidad, destreza, elegancia, galanura. *Ant.* Torpeza.

desenvolver, abrir, desplegar, desenrollar, extender, desencoger, desdoblar. *Ant.* Envolver, enrollar.// Aclarar, descubrir.// -se, manejarse.

desenvolvimiento, actuación, actividad.// Amplificación, expansión, ampliación, difusión, extensión, dilatación, dispersión.

desenvuelto-ta, desenfadado, desembarazado. *Ant.* Tímido.

deseo, apetencia, aspiración, anhelo, capricho, antojo, gana, gusto, ansia, afán, voluntad, ambición, apetito, pasión, inclinación. *Ant.* Desinterés.// Objetivo, proyecto.

deseoso-sa, ansioso, ambicioso, ávido, insaciable. *Ant.* Inapetente, desinteresado.

desequilibrado-da, loco, demente, insano.

desequilibrar, descompensar, desnivelar. *Ant.* Nivelar, equilibrar.

desequilibrio, inestabilidad.// Trastorno, locura, chifladura, manía. *Ant.* Cordura.

deserción, abandono, renuncia, apostasía, desaparición, evasión. *Ant.* Lealtad.

desertar, abandonar, abjurar, escabullirse, escaparse. *Ant.* Quedar, permanecer.

desértico-ca, desolado, árido, yermo, estéril, estepario, inhóspito. *Ant.* Fecundo, poblado.

desertor, traidor, prófugo, fugitivo. *Ant.* Leal.

desesperación, descorazonamiento, desmoralización, desilusión, decepción, irritación, exacerbación, consternación, ira, enojo, desazón. *Ant.* Optimismo, esperanza.

desesperado-da, furioso, encolerizado, exasperado, iracundo. *Ant.* Tranquilo, sereno.

desesperante, insoportable, vergonzoso, agobiante, fastidioso. *Ant.* Calmo.

desesperanza, desaliento, pesimismo, desilusión. *Ant.* Optimismo, esperanza.

desesperar, impacientar, intranquilizar, irritar, desazonar. **Ant.** Calmar, serenar.

desestimar, despreciar, desdeñar, menospreciar. **Ant.** Apreciar, estimar.// Rechazar, denegar, rehusar, desaprobar. **Ant.** Aprobar, admitir.

desfachatado-da, descarado, desvergonzado, atrevido.

desfachatez, descaro, desvergüenza, atrevimiento, insolencia. **Ant.** Timidez.

desfalco, robo, hurto, defraudación, malversación, fraude.

desfallecer, languidecer, flaquear, desgastarse, sucumbir, debilitarse, decaer, extenuarse. **Ant.** Fortalecerse, recobrarse.

desfallecimiento, desmayo, desvanecimiento.// Abatimiento, flojedad. **Ant.** Robustecimiento.

desfavorable, perjudicial, nocivo, contrario, adverso, pernicioso. **Ant.** Favorable, beneficioso.

desfigurado-da, herido.// Cambiado, transformado.

desfigurar, modificar, desnaturalizar, cambiar, variar, deformar, falsear, disfrazar.// Afear, herir, perjudicar,// -se, alterarse, turbarse.

desfiladero, paso, quebrada, valle, despeñadero, barranco, garganta.

desfilar, marchar, pasar, recorrer, maniobrar, exhibirse.

desfile, revista, parada, comitiva, procesión, cortejo.

desfloración, desvirgamiento.// Ajamiento.

desflorar, desvirgar, violentar, seducir. **Ant.** Respetar.// Ajar, deslucir.

desfogar, desahogar, desbordar.

desgaire, desaliño, descuido.// Desprecio, desaire.

desgajar, arrancar, separar, desgarrar, despedazar, extirpar.

desgana, inapetencia, anorexia, desfallecimiento. **Ant.** Apetito, gana.// Abulia, desidia. **Ant.** Energía.

desganado-da, apático, desinteresado.

desgañitarse, gritar, vociferar, enronquecerse, vocear.

desgarbado-da, desgalichado, contrahecho, deforme, torpe, desmedrado, desaliñado, grotesco. **Ant.** Elegante, garboso.

desgarrado-da, roto, rasgado.// Descarado, desfachatado.

desgarrar, destrozar, despedazar, romper, rasgar, desgajar. **Ant.** Unir, juntar.

desgarro, desgarrón, rotura.// Desfachatez, descaro, fanfarronería, jactancia. presunción, petulancia, bravuconería. **Ant.** Comedimiento, mesura.

desgarrón, desgarramiento, rotura, rasgadura, descosido.

desgastado-da, usado, gastado, rozado, sobado, lamido. **Ant.** Impecable, nuevo.

desgastar, consumir, deshacer, comer, adelgazar, ajar, raer, usar, deteriorar. **Ant.** Mantener, conservar, arreglar,// -se, debilitarse, extenuarse.

desgaste, uso, raspadura, roce, rozadura, debilitación, consumisión. **Ant.** Renovación, fortalecimiento.

desglosar, separar, quitar.

desglose, desprendimiento, separación.

desgobierno, desorden, anarquía, desconcierto, desorganización, confusión, desbarajuste, dejadez, desarreglo. **Ant.** Orden, gobierno.

desgracia, infortunio, desdicha, adversidad, desventura, fatalidad, malandanza, desamparo. **Ant.** Suerte, felicidad.// Contratiempo, revés, accidente.

desgraciado-da, infeliz, desventurado, desdichado, desafortunado, malhadado, desvalido, nefasto. **Ant.** Venturoso, feliz.// Apocado, tímido, vil, malvado.

desgraciar, perjudicar, vulnerar, lastimar, impedir, frustrar, abortar, fracasar, estropear, desbaratar, malograr, dañar. **Ant.** Favorecer, beneficiar.// -se, enemistarse, enojarse.

desgranar, desmenuzar, separar, desensartar.

desgravación, reducción, rebaja. **Ant.** Recargo.

desgravar, reducir, rebajar.

desgreñado-da, despeinado, hirsuto, desmelenado. **Ant.** Pulcro, peinado.

desguace, inutilización, desmontaje, destrucción.

desguarnecer, desmantelar, desmontar, desguazar.// Despojar, desposeer, desalhajar.// Despoblar, deshabitar.

desguarnecido-da, desvalido, desprotegido.

desguazar, desmontar, desmantelar, desarmar, deshacer. **Ant.** Montar, armar.

deshabitado-da, despoblado, desértico, abandonado, solitario. **Ant.** Poblado, habitado.

deshacer, romper, destrozar, desmoronar, desmigajar, desmontar, desbaratar, desvencijar, desorganizar, desencajar, dispersar, descomponer, desordenar, despedazar, dividir, partir, separar. **Ant.** Hacer, componer, armar.// Derrotar, aniquilar.// Derretir, licuar, disolver.// -se, desfigurarse, lastimarse, herirse.// Agotarse, consumirse.

desharrapado, desarrapado, andrajoso, haraposo, harapiento, roto, desastrado. **Ant.** Atildado, cuidadoso, elegante.// Indigente, pobre, insignificante.

deshecho-cha, roto, despedazado, destrozado, arruinado. **Ant.** Rehecho, unido.// Derretido, licuado, fundido. **Ant.** Solidificado. **Par.** Desecho.

deshelar, descongelar, derretir. **Ant.** Helar, congelar.

desheredado-da, privado, desvalido, abandonado, pobre.

desheredar, privar, abandonar, desahuciar, olvidar, castigar. **Ant.** Legar, recordar.

deshidratación, evaporación, desecación. **Ant.** Hidratación, humectación.// Marchitamiento. **Ant.** Lozanía.

deshidratar, secar, desecar, resecar. **Ant.** Humedecer.// Consumir, marchitar. **Ant.** Revivir.

deshielo, derretimiento, descongelación, fusión. **Ant.** Congelación.

deshilar, deshilvanar, deshilachar. **Ant.** Hilar.

deshilvanado-da, descosido. **Ant.** Hilvanado, cosido.// Confuso, incoherente, incongruente, desorganizado. **Ant.** Lógico, coherente.

deshilvanar, descoser, desunir.// Desorganizar.

deshinchar, desinflar.// Desfogar, desahogar.// -se, reducirse, rebajarse, humillarse.

deshojar, arrancar, despojar.

deshonestidad, inmoralidad, indecencia, impudicia, torpeza, concupiscencia, desvergüenza, obscenidad. **Ant.** Honestidad, decencia.

deshonesto-ta, inmoral, indecente, obsceno, impúdico, indecoroso, sórdido, pornográfico. **Ant.** Honesto, moral, decente.

deshonor, deshonra, vileza, ignominia, oprobio, infamia, degradación, abyección, alevosía, bajeza, vergüenza, mezquindad, ruindad. **Ant.** Honor, honra.

deshonra, deshonor, descrédito, desdoro, desprestigio, vilipendio, villanía. **Ant.** Prestigio, honor, honra.

deshonrar, desprestigiar, difamar, injuriar, mancillar, ultrajar, despreciar, burlar, escarnecer, menospreciar, afrentar, infamar, desacreditar. **Ant.** Honrar, prestigiar.

deshonroso-sa, vergonzoso, degradante, ultrajante, indecoroso, infamante, abominable, afrentoso, ignominioso, nefando. **Ant.** Decoroso, digno, prestigioso.

deshora (a), a destiempo.// Inoportuno, intempestivamente. **Ant.** Oportunamente.

desidia, abandono, dejadez, incuria, descuido, negligencia, desaliño. **Ant.** Cuidado, preocupación, dedicación.

desidioso-sa, despreocupado, descuidado, negligente, dejado, desaliñado, perezoso, indolente. **Ant.** Cuidadoso, preocupado.

desierto, estepa, erial, páramo, pedregal.// -ta, despoblado, inhabitado, desolado, solitario. **Ant.** Poblado, habitado.

designación, elección, nombramiento, nominación.

designar, llamar, titular, denominar.// Destinar, fijar, indicar.

designio, intención, voluntad, deseo, propósito, proyecto, disposición, plan.

desigual, diferente, distinto, diverso, dispar, desproporcionado. **Ant.** Igual.// Desparejo, quebrado, áspero. **Ant.** Parejo.// Caprichoso, voluble, variable.

desigualdad, disparidad, diferencia, desemejanza, heterogeneidad. . **Ant.** Semejanza, igualdad.// Anfractuosidad, irregularidad.

desilusión, decepción, desengaño, chasco, disgusto, fracaso. **Ant.** Ilusión, esperanza.

desilusionar-se, desencantar, desengañar, decepcionar, chasquear, sorprender. *Ant.* Ilusionar, engañar.

desinfección, antisepsia, asepsia, limpieza.

desinfectar, limpiar, esterilizar, aseptizar, fumigar, sanear. *Ant.* Contaminar, infectar.

desinflamar, deshinchar, descongestionar.

desinflar, deshinchar.// **-se,** abatirse, desanimarse.

desinsectar, fumigar, desinfectar.

desintegración, descomposición, separación, análisis, división, disgregación.// Desaparición, evaporación.

desintegrar, descomponer, desmembrar, disociar. *Ant.* Componer, integrar, sintetizar.// **-se,** corromperse, desmoralizarse.// Evaporarse, desaparecer.

desinterés, idealismo, generosidad, desprendimiento. *Ant.* Apego, interés, egoísmo.// Indiferencia. *Ant.* Interés, preocupación.

desinteresado-da, generoso, desprendido, altruista. *Ant.* Egoísta, interesado.

desinteresarse, despreocuparse, desentenderse, desistir, abstenerse. *Ant.* Interesarse, preocuparse.

desistimiento, renuncia, abandono, retractación, desentendimiento. *Ant.* Insistencia, empecinamiento, constancia.

desistir, renunciar, dejar, abandonar, abdicar, cesar, desanimarse, apartarse. *Ant.* Insistir, perseverar.

desjarretar, cansar, debilitar, extenuar.// Cortar, amputar, cercenar.

desleal, infiel, ingrato, aleve, vil, traidor, perjuro, infame, pérfido, felón, alevoso, traicionero, falso. *Ant.* Leal, fiel, devoto, constante.

deslealtad, infidelidad, vileza, ingratitud, felonía, alevosía, abandono, deserción, apostasía. *Ant.* Lealtad, gratitud, fidelidad.

desleimiento, disolución.

desleír, disolver, diluir, licuar, descomponer. *Ant.* Unir, compactar.

deslenguado-da, charlatán, calumniador, desbocado, difamador. *Ant.* Prudente, callado.

deslenguarse, calumniar, desbocarse, desmandarse, insolentarse, desatarse. *Ant.* Moderarse, callarse.

desligar, soltar, desunir, desenlazar, desliar, desatar. *Ant.* Ligar, unir, juntar.// Aclarar, desenredar, esclarecer, desenmarañar, desembrollar.// Eximir.

deslindar, separar, delimitar, demarcar.// Puntualizar, distinguir, precisar, determinar, aclarar, limitar, fijar, señalar. *Ant.* Embrollar, enmarañar.

deslinde, separación, delimitación, límite, señalamiento, frontera.

desliz, deslizamiento, resbalón.// Error, falta, descuido, distracción, flaqueza, debilidad. *Ant.* Acierto.

deslizamiento, desliz, escurrimiento, resbalón.

deslizar, rodar, resbalar, patinar.// **-se,** escaparse, evadirse.// Arrastrarse.

deslomar, lisiar, moler, reventar, estropear, golpear.

deslucido-da, deslustrado, ajado, rozado, usado, raído. *Ant.* Lucido, nuevo, brillante.// Desairado, desmañado.// Frustrado, malogrado. *Ant.* Logrado.

deslucimiento, desmerecimiento, ajamiento. *Ant.* Brillantez.

deslucir, deslustrar, ajar, desfigurar, deteriorar, desmejorar. *Ant.* Mejorar.

deslumbrador-ra, deslumbrante, brillante, refulgente. *Ant.* Apagado, opaco.// Lujoso, espléndido. *Ant.* Miserable, sencillo.

deslumbramiento, alucinación, ceguera, enajenación, perturbación, ofuscamiento, fascinación. *Ant.* Claridad, imperturbabilidad, serenidad.

deslumbrante, deslumbrador.

deslumbrar, cegar, alucinar, atontar, ofuscar, seducir, confundir, encandilar, perturbar.// Pasmar, maravillar.// Engañar, seducir, embaucar.

deslustrado-da, deslucido, mate, opaco, apagado, velado, oscuro. *Ant.* Brillante, lustroso.

deslustrar, esmerilar, empañar, deslucir, oscurecer.

desmadejado-da, abatido, decaído, flojo, débil. *Ant.* V[...] goroso, fuerte.

desmán, desorden, desorganización, exceso, tropelía, arb[...] trariedad, maldad.// Infelicidad, desgracia, infortunio, des[...] dicha.

desmandarse, desordenarse, desmedirse, apartarse, des[...] bocarse, insolentarse, desbandarse, propasarse, descome[...] dirse. *Ant.* Contenerse.

desmantelado-da, desarmado, destruido, desarbolado.

desmantelar, desarbolar, desguazar, desarmar.// Derriba[...] abatir, arrasar, destruir, demoler, arruinar. *Ant.* Arregla[...] construir.// Abandonar, desabrigar.

desmañado-da, torpe, rudo, chapucero, incapaz, inhábi[...] inepto, inútil. *Ant.* Hábil.

desmayado-da, desfallecido, acobardado, pálido, abar[...] donado, desvanecido. *Ant.* Animado, dinámico.

desmayar-se, desfallecer, flaquear, desalentarse, desan[...] marse, aplanarse, anonadarse. *Ant.* Fortalecerse.

desmayo, desvanecimiento, desfallecimiento, caída, sc[...] poncio, síncope, desaliento, congoja, desánimo. *Ant.* Án[...] mo.

desmedido-da, desproporcionado, desmesurado, exces[...] vo, exagerado, extraordinario, descomunal, monstruos[...] inmoderado, enorme. *Ant.* Justo, limitado, moderado.

desmedirse, desmandarse, exagerar, propasarse.

desmedrado-da, enteco, delgado, enjuto, flaco, canij[...] consumido, esmirriado, enclenque. *Ant.* Fuerte, robusto.

desmedrar, desmejorar, decaer, declinar, menguar.// Deb[...] litarse, adelgazar. *Ant.* Medrar, fortalecerse.

desmejoramiento, desmejora, decaimiento, dolencia, in[...] disposición. *Ant.* Cura, mejora.

desmejorar, decaecer, decaer, empeorar, enfermarse, de[...] bilitarse. *Ant.* Mejorar, fortalecer.// **-se,** ajarse, estropea[...] se.

desmelenar, desgreñar, despeinar.// **-se,** enfurecers[...] descontrolarse. *Ant.* Contenerse, calmarse.

desmembración, desintegración, separación.

desmembrar, desintegrar, separar, dividir, disociar, disgre[...] gar, despedazar, desunir, descuartizar.

desmemoriado-da, olvidadizo, despistado, ido, distra[...] do, aturdido. *Ant.* Memorioso, agradecido.

desmemoriarse, olvidarse, descuidarse, distraerse. An[...] Recordar.

desmentido, impugnación, contradicción.

desmentido-da, refutado, impugnado, rechazado, obje[...] tado. *Ant.* Confirmado, ratificado, corroborado.

desmentir, negar, refutar, contradecir, impugnar, objeta[...] *Ant.* Confirmar.

desmenuzar, pulverizar, disgregar, separar, descompone[...] desintegrar, triturar, desmoronar.// Analizar, examina[...] *Ant.* Sintetizar, desconcertar.

desmerecer, desvalorizar, desprestigiar, reba jar. *Ant.* Ala[...] bar, ensalzar.// Estropear, deslucir.

desmerecimiento, desprestigio, desvalorización.

desmesura, descomedimiento.

desmesurado-da, descomunal, enorme, excesivo, exa[...] gerado, desmedido. *Ant.* Medido, justo, cabal.// Insoler[...] te, descortés, deslenguado, atrevido, desfachatado, desca[...] rado. *Ant.* Moderado, prudente.

desmochar, cortar, podar, cercenar, descabezar, despunta[...]

desmontable, desarmable, separable.

desmontar, desarmar, desajustar, desacoplar, descompo[...] ner. *Ant.* Montar, armar, componer.// Derribar, arrasar, de[...] moler.// Aplanar, achatar, rebajar.

desmoralización, desánimo, desaliento, abatimient[...] aminalamiento, desorientación, desconcierto. *Ant.* Ent[...] siasmo, ánimo.// Corrupción.

desmoralizador-ra, desalentador, desanimante, ag[...] biante, pesimista. *Ant.* Optimista, alentador.

desmoralizar, desalentar, abatir, decepcionar, desconce[...] tar, descorazonar. *Ant.* Alentar.// Pervertir, corromper. An[...] Moralizar.

desmoronamiento, derrumbe, derrumbamiento, destru[...] ción. *Ant.* Construcción, reconstrucción.

esmoronar, destruir, deshacer, derribar, derrumbar. **Ant.** Levantar, construir.// **-se,** abatirse, decaer. **Ant.** Animarse.

esnatar, desgrasar.

esnaturalizado-da, desalmado, cruel, inhumano, feroz. **Ant.** Humano, benigno.// Desterrado.

esnaturalizar, bastardear, alterar, falsear, desfigurar, pervertir, deformar.// Exiliar, desterrar.

esnivel, diferencia, desproporción, altibajo, desigualdad, desemejanza, depresión.

esnivelar, desigualar, desequilibrar. **Ant.** Equilibrar, nivelar.

esnucar, descalabrar, matar.

esnudar, desabrigar, desvestir, desarropar, destaar. **Ant.** Vestir, abrigar.// Desposeer, despojar. **Ant.** Dotar, proveer.

esnudo-da, despojado, desprovisto, falto, necesitado. **Ant.** Rico.// Desvestido, desabrigado, descubierto. **Ant.** Vestido, cubierto.

esnutrición, debilidad, pauperización.

esnutrido-da, hambriento, famélico, anémico, agotado, debilitado, desfallecido, depauperado, flaco, escuálido. **Ant.** Rico, obeso, robusto, nutrido.

esobedecer, rebelarse, transgredir, violar, infringir, resistirse, rebelarse, contravenir, quebrantar, vulnerar, insubordinarse. **Ant.** Acatar, obedecer.

esobediencia, insubordinación, transgresión, indocilidad, rebeldía, rebelión, indisciplina, resistencia, contravención, infracción. **Ant.** Obediencia, sumisión, acatamiento.

esobediente, rebelde, insubordinado, indócil, indisciplinado, arisco, resistente. **Ant.** Obediente, sumiso, dócil.

esobstruir, destapar, descubrir, desatrancar, desatorar, desocupar, desembarazar, desatascar. **Ant.** Obstruir, tapar.

esocupación, desempleo, inacción, inactividad, paro. **Ant.** Ocupación, actividad, trabajo.

esocupado-da, ocioso, inactivo, cesante, quieto.// Vacío, expedito, disponible, libre, vacante. **Ant.** Lleno, ocupado.

esocupar, desalojar, vaciar, evacuar, desaguar. **Ant.** Ocupar, llenar.

esoír, desatender, desinteresarse. **Ant.** Atender, oír, escuchar.

esolación, dolor, amargura, angustia, aflicción, descontento, pena, pesar, desconsuelo. **Ant.** Alegría.// Devastación, destrucción, ruina, estrago. **Ant.** Prosperidad, reconstrucción.

esolado-da, triste, afligido, amargado.// Devastado, arruinado.

esolador-ra, desconsolador, angustiante, triste. **Ant.** Animado, alegre.// Desértico, yermo. **Ant.** Poblado.

esolar, entristecer, afligir, acongojar, apenar, desconsolar, apesarar. **Ant.** Animar, alegrar.

esollar, despellejar.

esorbitado-da, exagerado, descontrolado, abultado. **Ant.** Contenido, medido.

esorden, anarquía, desorganización, caos, desbarajuste, desarreglo, desgobierno.// Tumulto, bullicio, rebelión. **Ant.** Orden, tranquilidad.

esordenado-da, caótico, desorganizado, desarreglado, turbulento, descompuesto. **Ant.** Ordenado, arreglado.

esordenar, desorganizar, desarreglar, perturbar, confundir, desquiciar, descompaginar. **Ant.** Ordenar, arreglar, compaginar.// Revolver, trastrocar.

esorejado-da, degradado, infame, bajo, prostituido, abyecto, malo, inicuo, ignominioso.

esorejar, mutilar, afear.

esorganizar, enmarañar, desbarajustar, desordenar. **Ant.** Organizar, ordenar.

esorientación, aturdimiento, consternación, confusión, desconcierto, turbación. **Ant.** Orientación, claridad.

esorientado-da, despistado, extraviado, desencaminado, perdido. **Ant.** Orientado, encaminado.// Desconcertado, confuso.

esorientar-se, desencaminar, extraviar, despistar. **Ant.** Guiar, orientar.// Ofuscar, confundir, desconcertar. **Ant.** Encauzar, guiar.

esovar, depositar, soltar.

esove, freza, expulsión.

desovillar, desenmarañar, desenredar, deshacer.// Aclarar.

despabilado-da, despierto, despejado, listo, avispado, advertido, agudo, sagaz. **Ant.** Tonto, lelo.// Despierto, desvelado. **Ant.** Adormecido, adormilado, dormido.

despabilar, despertar. **Ant.** Adormecer.// Avivar, atizar.// Diligenciar, adiestrar, preparar.// **-se,** despertarse.

despachar, enviar, mandar, remitir, expedir.// Concluir, terminar, acabar, resolver.// Vender, expender.// Echar, arrojar, expulsar, eliminar.

despacho, oficina, bufete, escritorio.// Tienda, comercio, pulpería.// Envío, encomienda, carta, correspondencia.// Consumo, venta.

despachurrar, aplastar, reventar, despanzurrar, destripar.

despacio, lentamente, pausadamente, paulatinamente, poco a poco.

despacioso-sa, lento, paulatino, pausado, tardío. **Ant.** Rápido, veloz.// Vago, perezoso. **Ant.** Activo.

despampanante, fenomenal, prodigioso, sorprendente, admirable, estupendo, maravilloso, portentoso, pasmoso, desconcertante. **Ant.** Común, vulgar.

despanzurrar, despachurrar.

desparejo-ja, desigual.

desparpajo, desenvoltura, desenfado, desembarazo. **Ant.** Pusilanimidad.

desparramado-da, desperdigado, esparcido, separado. **Ant.** Encogido, estrecho.

desparramar, esparcir, extender, diseminar. **Ant.** Contener, retener.// Derrochar, despilfarrar.

despatarrarse, abrirse, tenderse, acostarse.

despatarrado-da, estirado, tendido, apoltronado. **Ant.** Encogido.

despavorido-da, espantado, horripilado, espantado, aterrorizado, horrorizado, asustado, medroso.

despecharse, enojarse, indignarse, irritarse, enfurecerse.

despecho, odio, animosidad, resentimiento, inquina, encono, envidia, enfado. **Ant.** Cariño, agradecimiento.

despechugarse, desabrocharse, desabotonarse.

despectivo-va, despreciativo, desdeñoso, soberbio, orgulloso. **Ant.** Atento.

despedazamiento, descuartizamiento.

despedazar, descuartizar, trozar, dividir, destrozar, desmembrar. **Ant.** Recomponer.// Maltratar, molestar, herir. **Ant.** Mimar, respetar.

despedida, saludo, despido, adiós, partida, separación. **Ant.** Recibimiento, llegada.

despedido-da, destituido, echado, expulsado.

despedir, echar, lanzar, desprender, disparar, arrojar, soltar. **Ant.** Recibir.// Expulsar, destituir, licenciar.

despegado-da, desprendido, separado. **Ant.** Pegado, uni-do.// Huraño, intratable, hosco, desabrido, áspero, desagradable. **Ant.** Amable, sociable.

despegar, separar, soltar, desunir, arrancar, dividir. **Ant.** Pegar, unir, juntar.// **-se,** desavenirse, enojarse, apartarse.

despego, desabrimiento, aspereza, desapego, desafecto. **Ant.** Cariño, apego.

despeinado-da, greñudo, desgreñado. **Ant.** Peinado, prolijo.

despeinar-se, desgreñar, desmelenar, desordenar, encrespar. **Ant.** Ordenar, peinar.

despejado-da, limpio, claro, abierto. **Ant.** Nublado, encapotado.// Abierto, desobstruido, amplio, espacioso, holgado, desembarazado, desahogado. **Ant.** Obstruido.// Inteligente, listo, vivo, lúcido, penetrante. **Ant.** Tonto, necio.

despejar, limpiar, abrir, destapar, desobstruir, desatascar. **Ant.** Atascar, obstruir.// **-se,** despabilarse, recuperarse.// Aclarar, serenarse. **Ant.** Cubrirse, nublarse.

despellejamiento, desolladura, peladura.// Censura. **Ant.** Alabanza, elogio.// Robo, despojo, desvalijamiento.

despellejar, desollar, pelar.// Censurar, criticar, vituperar. **Ant.** Elogiar, alabar.// Robar, despojar, desvalijar.

despensa, alacena, armario, estantería.// Almacén.

despeñadero, precipicio, abismo, barranco, talud, hondonada.

despeñar-se, arrojar, precipitar, lanzar, derrumbar. **Ant.** Levantar, alzar.

despepitarse, desenfrenarse, desmedirse, derretirse, pirrarse, deshacerse, interesarse, ansiar. **Ant.** Despreciar, desdeñar.// Desgañitarse, vocear, gritar.// Anhelar, desear, ansiar.

desperdiciar, malgastar, malograr, desechar, perder, desaprovechar. **Ant.** Aprovechar, utilizar.

desperdicio, residuo, sobra, bazofia, sobrante, piltrafa, excedente, resto, desecho, exceso, escombro. **Ant.** Provecho, economía.

desperdiciar, dispersar, esparcir, diseminar, desparramar, extender, desunir, separar. **Ant.** Unir, juntar, condensar, reunir.

desperezarse, desentumecerse, estirarse.

desperfecto, daño, deterioro, rotura, imperfección, detrimento, falta, defecto, perjuicio, menoscabo, avería.

despertar, recordar, evocar. **Ant.** Olvidar.// Desadormecer, despabilar, sacudir, reanimar. **Ant.** Adormecer, acunar.// Avivar, excitar, estimular, animar.

despiadado-da, cruel, sanguinario, impío, riguroso, inflexible, bárbaro, salvaje, fiero, malo, inhumano, inclemente, implacable, violento, dealmado, perverso, brutal, feroz. **Ant.** Humano, piadoso.

despido, expulsión, cesantía, destitución, exoneración, exclusión, desahucio, suspensión, degradación. **Ant.** Recibimiento, restitución, admisión.

despierto-ta, desvelado, despabilado, insomne, atento, vigilante. **Ant.** Dormido.// Inteligente, vivo, lúcido, listo, perspicaz, sagaz. **Ant.** Tonto, necio.

despilfarrador-ra, gastador, derrochón, derrochador, malversador. **Ant.** Avaro, tacaño, ahorrativo.

despilfarrar, malgastar, dispersar, malbaratar, malversar, prodigar, derrochar, dilapidar, tirar. **Ant.** Cuidar, ahorrar, economizar.

despilfarro, malversación, dilapidación, derroche, prodigalidad, dispendio. **Ant.** Ahorro, economía.

despintar, borrar, raspar. **Ant.** Colorear.// Alterar, cambiar, desfigurar. **Ant.** Delinear, perfilar.// -se, empalidecer, desteñirse, decolorarse. **Ant.** Pintarse.

despistado-da, desorientado, confuso, distraído.

despistar, confundir, desorientar. **Ant.** Orientar, encauzar.// -se, aturdirse, distraerse. **Ant.** Acertar.

despiste, desorientación.// Equivocación.

desplante, insolencia, réplica, desfachatez, descaro.

desplazado-da, desubicado, alejado, desalojado. **Ant.** Ubicado.// Inconveniente, inoportuno, impropio, extemporáneo. **Ant.** Acertado, justo.

desplazar, desalojar, apartar, empujar, correr, descentrar. **Ant.** Colocar, ubicar, centrar.// Desbancar, substituir, eliminar.// -se, marcharse, irse, viajar, transitar. **Ant.** Quedar, permanecer.

desplegar, abrir, extender, desarrollar, desenvolver, separar, expandir, dilatar, distender, dispersar, ensanchar. **Ant.** Plegar, doblar, encoger.// Ejercitar, efectuar, practicar.

despliegue, maniobra, marcha, evolución, extensión. **Ant.** Quietud, inmovilidad.// Desarrollo, desdoblamiento. **Ant.** Pliegue, encogimiento.// Práctica, actividad, realización, ejercicio.

desplomarse, derrumbarse, caerse, hundirse, desmoronarse, desmayarse. **Ant.** Levantarse, alzarse.

desplome, caída, desmoronamiento.

desplumar, pelar, arrancar, desollar.// Arruinar, estafar, despojar.

despoblación, despoblamiento, emigración, aislamiento, soledad.

despoblado-da, deshabitado, solitario, abandonado, inexplorado. **Ant.** Poblado, habitado.

despoblado, desierto, descampado, yermo.

despoblar, deshabitar, abandonar.

despojado-da, expoliado, desplumado.

despojar, desposeer, desplumar, desnudar, quitar, privar, arrancar, saquear, expoliar. **Ant.** Dar, entregar, restituir.// -se, renunciar, prescindir, desprenderse.

despojo, usurpación, expropiacióm, remoción, saque expoliación, desvalijamiento, botín.// -se, restos, sobr desechos, residuos.

desposado-da, casado, cónyuge, consorte. **Ant.** Solter divorciado.// Unido, ligado, vinculado. **Ant.** Separado, vorciado, desunido.

desposarse, casarse, prometerse. **Ant.** Divorciarse, sep rarse.// Unirse, ligarse, atarse, vincularse.

desposeer, despojar, usurpar.

desposorio, casamiento, esponsales.

déspota, dictador, tirano, opresor, autócrata, dominador

despótico-ca, tiránico, dominante, autoritario, absolutis dictatorial, opresor. **Ant.** Democrático.

despotismo, absolutismo, opresión, dominación, tirano dictadura, autoritarismo. **Ant.** Democracia, igualdad, to rancia.

despotricar, criticar, censurar, vilipendiar, maldecir, ofe der, desbarrar, disparatar. **Ant.** Contenerse, reprimirse, zonar.

despreciable, desdeñable, vil, insignificante, aborrecib miserable, abyecto, ruin, innoble, indigno, infame, rastr ro, abominable. **Ant.** Apreciable, estimable, digno, resp table.

despreciar, menospreciar, desechar, desairar, relegar, chazar, arrinconar, pisotear, rebajar. **Ant.** Apreciar, valor estimar.

despreciativo-va, despectivo, desdeñoso, menospreci tivo, orgulloso, altanero, altivo, soberbio. **Ant.** Respetu so, enaltecedor.

desprecio, despego, menosprecio, desvalorización, d sesti-mación, desafecto, desdén, indiferencia, desaire, chazo, repulsa. **Ant.** Estimación, aprecio.

desprender, soltar, desatar, separar, desenganchar, de marrar, desensartar, desunir, desasir, despegar, desaferr destrabar, arrancar, desencadenar, desanudar. **Ant.** Pre der, atar, ligar.// -se, inferirse, deducirse.// Prescindir, brarse, privarse. **Ant.** Retener, conservar, mantener.

desprendido-da, desunido, desatado, desligado, separ do. **Ant.** Prendido, unido, atado.// Generoso, dadivos magnánimo, filántropo. **Ant.** Avaro, tacaño.

desprendimiento, generosidad, dadivosidad, liberalida larguez, filantropía, altruismo. **Ant.** Tacañería, avaricia.

despreocupación, indiferencia, tranquilidad, calm abandono, serenidad. **Ant.** Inquietud, preocupación.

despreocupado-da, tranquilo.

despreocuparse, distenderse, desinteresarse, olvidars descuidar, desatender, abandonar. **Ant.** Preocuparse, quietarse.

desprestigiado-da, desacreditado.

desprestigiar, desacreditar, criticar, desmerecer, denigr vilipendiar, difamar. **Ant.** Alabar, elogiar, prestigiar.

desprestigio, descrédito, difamación, deshonra. **A** Prestigio, honra.

desprevenido-da, sorprendido, descuidado, desaperc bido, incauto, inadvertido. **Ant.** Prevenido, precavido, pr parado.

desproporción, desformidad, exceso, defecto, disconfc midad, incongruencia. **Ant.** Proporción, perfección.

despropósito, sinrazón, desatino, absurdo, desacier necedad, tontería, dislate, inconveniencia, disparate. **A** Acierto.

desprovisto-ta, despojado, desnudo, carente, desgua necido. **Ant.** Provisto, dotado.

después, luego, posteriormente. **Ant.** Antes.

despuntar, achatar, enromar, embotar, desmochar.// C rear, amanecer, salir, aparecer.// Brotar, germinar, salir Manifestarse, insinuarse.// Sobresalir, distinguirse, des carse, descollar.

desquiciado-da, perturbado, desordenado, descor puesto, desorganizado, alterado, excitado, enloquecid **Ant.** Sereno, cuerdo.

desquiciar, desencajar, desajustar, desmontar, desacopl desarticular, descoyuntar, dislatar, descomponer, desven jar. **Ant.** Componer, ajustar, ordenar.// Perturbar.

desquitarse, resarcirse, vengarse. **Ant.** Perdonar, olvidar.

desquite, venganza, reivindicación, revancha, reparación, desagravio, compensación, represalia. **Ant.** Perdón.

desriñonarse, cansarse.

destacado-da, notable, distinguido, sobresaliente, notorio, conocido, célebre, famoso, reconocido, descollante, relevante, ilustre. **Ant.** Ignoto, desconocido. // Claro, evidente, acusado, marcado.

destacamento, pelotón, patrulla, avanzada, vanguardia. **Ant.** Retaguardia.

destacar, recalcar, subrayar, señalar, acenturar, especificar.// -se, sobresalir, descollar, predominar, distinguirse, superarse. **Ant.** Estancarse.// Despegarse, separarse. **Ant.** Ocultarse.

destajo (a), con empeño.

destapar, desabrigar, desnudar, desarropar, mostrar. **Ant.** Tapar, cubrir.// Abrir.// Desatascar, desobstruir. **Ant.** Obstruir.// -se, aparecer, mostrarse.

destaponar, destapar, descorchar.

destartalado-da, desvencijado, desordenado, desproporcionado, descompuesto, desconcertado, ruinoso. **Ant.** Arreglado, ordenado.

destellar, brillar, fulgurar, centellar, chispear, resplandecer. **Ant.** Oscurecerse, apagarse.

destello, brillo, chispa, fulgor, resplandor, centelleo, chispazo. **Ant.** Negrura, oscuridad.// Atisbo, intento, asomo.

destemplado-da, desapacible, frío, desagradable, riguroso. **Ant.** Templado, agradable.// Desequilibrado, trastornado, desconsiderado, desmesurado, desmedido, intemperante, áspero, arisco. **Ant.** Grato, amable, equilibrado, mesurado.

destemplanza, inclemencia, intemperie, destemple. **Ant.** Bonanza.// Brusquedad, desorden, exceso, descomedimiento, intemperancia, abuso. **Ant.** Templanza.// Indisposición, escalofrío, alteración.

destemplarse, alterarse, perturbarse, descomponerse.// Irritarse, enfurecerse. **Ant.** Tranquilizarse, serenarse.// Indisponerse, enfermarse. **Ant.** Curarse, sanarse.

desteñir, decolorar, empalidecer, despintar, desvanecer. **Ant.** Teñir, pintar, colorear.

desterrado-da, exiliado, expatriado, deportado.

desterrar, exiliar, expulsar, expatriar, deportar, extrañar, confinar, desarraigar. **Ant.** Repatriar.// Alejar, suprimir, apartar, excluir, relegar.

destetar, despechar, desmamar.

destiempo (a), inoportunamente, intempestivamente.// Impropio, inadecuado, inoportuno. **Ant.** Oportuno.

destierro, exilio, expatriación, confinación, ostracismo, proscripción, aislamiento, expulsión, deportación. **Ant.** Repatriación.

destilación, alambicamiento, condensación, depuración, sedimento, evaporación.

destilar, alambicar, volatilizar, filtrar, condensar, extraer, sublimar, evaporar, separar, obtener.

destinar, asignar, enviar, adscribir, señalar, proponer, aplicar, consignar, emplear, consagrar, encargar, elegir, dedicar,// Predestinar.

destinatario-ria, receptor. **Ant.** Remitente.

destino, suerte, hado, sino, azar, fortuna, fatalidad, predestinación, casualidad, fatalismo.// Lugar, dirección, paradero.// Empleo, cargo, puesto, ocupación.// Designación, determinación, aplicación, objeto, fin.

destitución, deposición, degradación, exoneración, remoción, relevo, suspensión, separación. **Ant.** Restitución, rehabilitación, nombramiento, reposición.

destituir, exonerar, separar, derrocar, deponer, echar, suspender, licenciar, alejar, remover, despedir, relevar. **Ant.** Nombrar, rehabilitar.

destornillar, aflojar, sacar. **Ant.** Enroscar, atornillar.

destrabar, desprender. **Ant.** Trabar.

destreza, habilidad, pericia, maestría, maña, industria, disposición, desenvoltura. **Ant.** Torpeza, incapacidad.

destripar, despanzurrar, reventar, aplastar, despachurrar.

destronamiento, derrocamiento, relevo, expulsión. **Ant.** Entronización, reposición.

destrozar, romper, deteriorar, desbaratar, fracturar, tronchar, estrellar, quebrar, despedazar, tronzar, desgarrar, quebrantar. **Ant.** Arreglar, rechacer.// Derrotar, aniquilar.

destrozo, estropicio, destrucción, quebrantadura, rotura, estrago, quebradura, desgarro. **Ant.** Arreglo, reparación.// Mortandad, zafarrancho, carnicería.

destrucción, desolación, devastación, aniquilamiento, ruina, asolamiento, aniquilación. **Ant.** Recuperación, mantenimiento, conservación.

destructor, torpedero.

destructor-ra, destructivo, devastador, exterminador, aniquilador. **Ant.** Creador, constructor.

destruir, devastar, asolar, arrasar, aniquilar, demoler, romper, minar, exterminar. **Ant.** Construir, recomponer, reparar.// Aniquilar.

desunión, separación, ruptura, división, disconformidad, desconexión, desagregación, desmembración, desglose, desvinculación. **Ant.** Unión, unificación, unidad.// Discordia, desacuerdo, divergencia, discusión. **Ant.** Adhesión, solidaridad.

desunir, separar, disgregar, alejar, divorciar, desensamblar, desarticular, apartar. **Ant.** Juntar, unir.// Enemistar, malquistar, indisponer. **Ant.** Amistar, avenir.

desusado-da, desacostumbrado, inusual, infrecuente, extraño, inusitado. **Ant.** Usual, frecuente, común, vulgar.// Añejo, anacrónico, abolido. **Ant.** Actual, moderno.

desuso, cesación, olvido, prescripción, abandono. **Ant.** Uso, empleo.

desvaído-da, descolorido, pálido, desvanecido, borrado. **Ant.** Definido.// Desgarbado, insulso.

desvalido-da, abandonado, desprotegido, desamparado, desgraciado, menesteroso, indefenso. **Ant.** Fuerte, amparado.

desvalijar, desplumar, robar, desnudar, saquear, pillar, despojar, hurtar. **Ant.** Devolver, restituir.

desvalimiento, abandono, desprotección, desamparo.

desvalorización, degradación, mengua, depreciación, baja. **Ant.** Valorización, aumento.

desvalorizar, devaluar, depreciar, rebajar, menguar, desmerecer, abaratar. **Ant.** Apreciar, revalorizar, cotizar.

desván, altillo, bohardilla, sobrado.

desvanecer, atenuar, disipar, aclarar, esfumar, borrar, difuminar.// -se, desaparecer, irse, marcharse, evaporarse, huir. **Ant.** Aparecer, quedar, permanecer.// Desmayarse, caerse, marearse, desplomarse. **Ant.** Recuperarse.

desvanecimiento, desmayo, mareo.

desvariar, disparatar, desbarrar, delirar, fantasear, chochear, desatinar.

desvarío, desatino, locura, aberración, despropósito, disparate, desbarro, dislate.

desvelado-da, despierto, despabilado.

desvelar, despertar, despabilar. **Ant.** Dormir, adormecer.// -se, preocuparse, afanarse.

desvelo, preocupación, afán, cuidado, interés, inquietud, desasosiego. **Ant.** Despreocupación, desinterés.// Insomnio, vela, vigilia. **Ant.** Sueño, somnolencia, sopor.

desvenciar, romper, destartalar, destruir, desquiciar, desarmar, descomponer. **Ant.** Arreglar, componer.

desventaja, daño, inferioridad, menoscabo, inconveniente, dificultad, contrariedad, perjuicio. **Ant.** Ventaja, beneficio.

desventajoso-sa, perjudicial, inferior, nocivo, menor. **Ant.** Ventajoso, superior.

desventura, desgracia, desdicha. **Ant.** Felicidad.

desventurado-da, desgraciado, desdichado, infeliz, mísero. **Ant.** Feliz, venturoso.

desvergonzado-da, caradura, sinvergüenza, descarado, atrevido, indecente, procaz. **Ant.** Avergonzado, apocado.

desvergüenza, descaro, deshonestidad, impudicia, desaprensión, procacidad, atrevimiento, desfachatez, impertinencia. **Ant.** Vergüenza, respeto.

desvestir, desnudar, descubrir, destapar, mostrar, desabrigar. **Ant.** Cubrir, vestir.

desviación, separación, desvío, descarrío, extravío, apartamiento. **Ant.** Orientación.// Irregularidad, anomalía, anormalidad.// Distorsión.// Curvatura, inclinación. **Ant.** Enderezamiento.

desviar, apartar, separar, alejar.// Corromper, descarriar, viciar, pervertir.// **-se,** equivocarse, errar.// Desorientarse, perderse. **Ant.** Orientarse.

desvinculación, separación, alejamiento, distanciamiento.

desvincular, separar, desunir, alejar, apartar, desligar.

desvío, separación, desviación.

desvirgar, desflorar.

desvirtuar, cambiar, alterar, desmerecer, debilitar, transformar, estropear, corromper. **Ant.** Mantener, conservar.

desvivirse, pirrarse, deshacerse, morirse, derretirse, ansiar, anhelar. **Ant.** Desentenderse, despreocuparse.

detallado-da, preciso, pormenorizado, minucioso, escrupuloso, cuidadoso. **Ant.** Abreviado, sintético, escueto.

detallar, promenorizar, especificar, circunstanciar, aclarar, definir, puntualizar, particularizar. **Ant.** Sintetizar, englobar.// Narrar, contar. **Ant.** Omitir, callar.

detalle, parte, fragmento, pormenor, elemento, particularidad, porción. **Ant.** Todo, totalidad.// Requisito.// Enumeración, exposición, puntualización, minuciosidad, narración. **Ant.** Generalidad.

detallista, meticuloso, cuidadoso, prolijo, escrupuloso. **Ant.** Chapucero.// Tendero, minorista, comerciante, mercader. **Ant.** Mayorista.

detección, localización, descubrimiento.

detectar, señalar, localizar, descubrir, revelar, individualizar, determinar.

detective, investigador, policía, agente.

detector, localizador, descubridor, señalador.

detención, arresto, captura, apresamiento. **Ant.** Liberación.// Descanso, detenimiento, alto, parada, estación, suspensión. **Ant.** Continuación.

detener, arrestar, apresar, encarcelar, capturar. **Ant.** Liberar, soltar.// Retrasar, atajar, inmovilizar, suspender, parar, estorbar, atascar. **Ant.** Mover, impulsar.// **-se,** permanecer, quedar, estacionar, plantarse. **Ant.** Movilizarse, seguir, marcharse.

detenido-da, arrestado, preso, encarcelado, convicto, recluso. **Ant.** Absuelto, libre.// Estático, estacionado, paralizado, parado, pendiente, inmovilizado. **Ant.** Impulsado, activo.

detenimiento, detención, paralización.// Esmero, cuidado, interés, meticulosidad. **Ant.** Descuido, desinterés.

detentar, retener, usurpar, apropiarse.

detergente, limpiador, jabón, desinfectante, purificador.

deterger, limpiar, desinfectar, purificar.

deteriorado-da, estropeado, averiado, dañado, perjudicado, alterado, gastado.

deteriorar-se, estropear, gastar, averiar, desarreglar, arruinar, perjudicar, romper, dañar. **Ant.** Arreglar, mantener, mejorar, conservar.

deterioro, ruina, alteración, desperfecto, desarreglo, perjuicio, daño, avería, menoscabo, detrimento. **Ant.** Compostura, mejora, arreglo.

determinación, resolución, decisión, disposición, voluntad, conclusión. **Ant.** Indeterminación, indecisión.// Osadía, valor, arrojo, intrepidez. **Ant.** Cobardía, pusilanimidad.

determinado-da, establecido, preciso, definido, concreto. **Ant.** Indeterminado, dudoso.// Resuelto, decidido, audaz, arrojado, valeroso, osado. **Ant.** Indeciso.// Esforzado, perseverante.// Provocado, causado, originado.

determinante, concluyente.

determinar, resolver, decidir, establecer, especificar, definir, delimitar. **Ant.** Vacilar, dudar.// Ordenar, disponer, mandar.// Ocasionar, originar, producir, causar.

detestable, odioso, despreciable, vil, ruin, abominable, infame, execrable, pésimo. **Ant.** Valioso, agradable, apreciable.

detestar, odiar, aborrecer, despreciar, abominar, execrar. **Ant.** Estimar, querer.

detonación, estampido, ruido, explosión, disparo, descarga, estallido, tiro.

detonador, carga, fulminante, detonante.

detonante, ensordecedor, ruidoso. **Ant.** Silencioso.

detonar, explotar, reventar, estallar.

detracción, difamación, vituperación, murmuración. **Ant.** Alabanza, elogio.

detractar, desacreditar, criticar, vituperar, denigrar, infamar. **Ant.** Elogiar.

detractor-ra, calumniador, crítico, censor, oponente, contrario, enemigo. **Ant.** Defensor.

detrás, atrás, después, luego, posteriormente. **Ant.** Delante.

detrimento, daño, perjuicio, desmerecimiento, menoscabo, mal, deterioro. **Ant.** Provecho, beneficio.

detrito, restos, sobras, desperdicios, basura, despojos.

deuda, compromiso, obligación, deber, gravamen, saldo pasivo, déficit. **Ant.** Activo, haber, derecho.

deudo, pariente, familiar, allegado.

deudor-ra, atrasado, insolvente. **Ant.** Acreedor, fiador.

devaluar, desvalorizar, depreciar, abaratar, rebajar. **Ant.** Valorizar, encarecer, aumentar.

devaneo, galanteo, amorío, coqueteo, flirteo.// Distracción, pasatiempo.// Delirio, desatino, disparate, desvarío. **Ant.** Sensatez, firmeza.

devastación, desolación, destrucción, ruina, asolamiento, aniquilamiento.

devastador-ra, destructor, asolador, saqueador, aniquilador, arrasador, espantoso. **Ant.** Benéfico, constructor.

devastar, asolar, arruinar, desolar, destruir, arrasar, deshacer. **Ant.** Construir.

devengar, apropiarse, adquirir, atribuirse, percibir, retribuir.

devenir, acontecer, suceder, sobrevenir, acaecer.// Transformarse, convertirse.

devoción, inclinación, apego, afición, aplicación, interés. **Ant.** Desinterés, desapego.// Religiosidad, fe, fervor, piedad, unción, recogimiento, misticismo, veneración. **Ant.** Ateísmo, irreligiosidad.

devocionario, misal, breviario.

devolución, restitución, reintegro, vuelta.

devolver, restituir, reintegrar, tornar, volver, pagar. **Ant.** Retener.// Vomitar, lanzar.// Premiar, recompensar, satisfacer, reparar.

devorador-ra, tragón, voraz.

devorar, engullir, zampar, comer. **Ant.** Devolver, vomitar.// Disipar, gastar, consumir, destruir.

devoto-ta, piadoso, religioso, practicante, beato, creyente. **Ant.** Impío, irreligioso, ateo.// Admirador, seguidor, afecto, entusiasta, partidario. **Ant.** Opuesto, contrario, hostil, enemigo.

día, jornada.// Fecha, data, plazo.// Amanecer, alba, luz, claridad. **Ant.** Noche, oscuridad.

diabetes, hiperglucemia.

diablo, demonio, Satanás, Belcebú, Mefistófeles, Luzbel, Lucifer.

diablo-bla, travieso, astuto, sagaz. **Ant.** Inocente, ingenuo, corto, tranquilo, pacífico.

diablura, travesura, atrevimiento, osadía, temeridad, chiquillada, barrabasada, jugarreta, imprudencia.

diabólico-ca, perverso, maligno, malo, satánico, demoníaco, infernal, endemoniado. **Ant.** Bueno, angelical.

diácono, eclesiástico, sacerdote, cura.

diadema, joya, corona, adorno.

diafanidad, claridad, transparencia.

diáfano-na, claro, transparente, cristalino, translúcido, luminoso. **Ant.** Opaco, oscuro, nublado.

diafragma, separación, tabique, membrana, músculo.

diagnosticar, prever, pronosticar, anunciar, fijar, especificar, aclarar, definir.

diagnóstico, diagnosis, pronóstico, definición, previsión, determinación, parecer, juicio, opinión.

diagonal, atravesado, oblicuo, sesgado, transversal.// Línea, recta.

diagrama, croquis, bosquejo, esquema, esbozo, plano.

dial, interruptor, botón.

dialectal, regional, comarcal. **Ant.** Nacional.

dialéctica, lógica, razonamiento, raciocinio, argumentación.

dialéctico-ca, argumentador, discutidor, polemizador, polémico, rebatible, discutible.

dialecto, lenguaje, lengua, habla, jerga, idioma.

dialogar, charlar, conversar, platicar.

diálogo, coloquio, conversación, charla, discusión, entrevista, plática.

diamante, piedra, brillante, gema, joya.

diamantino-na, consistente, duro, inquebrantable, irrompible. *Ant.* Blando.

diámetro, eje, recta.

diana, toque, llamada, aviso, señal.

diario, periódico, rotativo, gaceta.// Memorias, relato, narración, confesiones.// **-ria,** habitual, frecuente, cotidiano. *Ant.* Esporádico, infrecuente, raro.

diarrea, colitis, descompostura, cólico.

diáspora, dispersión, éxodo, diseminación. *Ant.* Reunión, concentración.

diástole, dilatación.

diatriba, invectiva, injuria, libelo, sátira, crítica, discurso, ataque. *Ant.* Defensa, alabanza.

dibujante, diseñador, ilustrador, artista.

dibujar, diseñar, delinear, trazar, sombrear.// Describir, bosquejar, esbozar.// Representar, retratar, reproducir.

dibujo, croquis, esquema, esbozo, silueta, trazo, bosquejo, apunte, diseño, estampa, lámina.

dicción, pronunciación, articulación, elocución.

diccionario, léxico, vocabulario, glosario, enciclopedia, catálogo.

dicha, felicidad, alegría, ventura, fortuna, suerte, bienestar. *Ant.* Desdicha, desgracia.// Contento, alegría. *Ant.* Descontento.

dicharachero-ra, charlatán, locuaz, parlanchín, ocurrente, ingenioso. *Ant.* Hosco, parco.

dicho, refrán, sentencia, máxima, aforismo, proverbio.// Gracia, ocurrencia, chiste.// **-cha,** precitado, mencionado.

dichoso-sa, venturoso, feliz, afortunado, bienaventurado, contento, alegre. *Ant.* Infeliz, desgraciado.

dicotomía, partición, oposición, enfrentamiento.

dictado, pauta, canon, precepto, inspiración, guía.

dictador-ra, tirano, déspota, autócrata. *Ant.* Demócrata.

dictadura, tiranía, autarquía, despotismo, absolutismo, autoritarismo. *Ant.* Democracia.

dictamen, juicio, resolución, sentencia, parecer, opinión, decisión, veredicto, diagnóstico.

dictaminar, resolver, dictar.

dictar, imponer, sugerir, mandar, inspirar.// Promulgar, decretar, estatuir.// Leer, pronunciar, decir.

dictatorial, tiránico, autocrático, despótico, autoritario, arbitrario, opresor, absoluto, dominante. *Ant.* Democrático, igualitario, tolerante.

dicterio, injuria, insulto, provocación, invectiva, agravio. *Ant.* Alabanza, elogio.

didáctico-ca, pedagógico, claro, comprensible.

diente, resalto, saliente, punta.// Hueso, muela.

diestro-tra, hábil, experto, competente, idóneo, mañoso. *Ant.* Torpe.// Ingenioso, entendido.// Derecho.

dieta, régimen, tratamiento, abstinencia.// Junta, asamblea, congreso.// Estipendio, honorarios.

diezmar, aniquilar, destruir, exterminar, arrasar, asolar. *Ant.* Proteger.

diezmo, tasa, contribución, tributo, carga, impuesto.

difamación, calumnia, maledicencia, murmuración, desprestigio, denigración, mentira, deshonra, oprobio, censura. *Ant.* Apología, defensa alabanza, elogio.

difamar, calumniar, infamar, desacreditar, deshonrar, menospreciar, atacar, denigrar, afrentar. *Ant.* Defender, elogiar, alabar, ensalzar.

difamatorio-ria, difamador, detractor, calumniador.

diferencia, desigualdad, diversidad, desemejanza, desproporción, distinción. *Ant.* Igualdad, semejanza.// Oposición, controversia, disensión, discrepancia, disentimiento, desavenencia. *Ant.* Avenencia, acuerdo.// Resto, residuo.

diferenciar, distinguir, separar, desigualar, desempatar. *Ant.* Igualar.// **-se,** distinguirse, notarse.

diferente, desigual, desemejante, disímil, heterogéneo, diverso, variado, cambiante, distinto, discordante, opuesto, contrario. *Ant.* Igual, semejante, homogéneo, parejo.

diferir, atrasar, aplazar, retrasar, suspender, posponer, dilatar, prorrogar, demorar. *Ant.* Adelantar.// Discordar, oponerse.

difícil, complicado, complejo, enrevesado, incomprensible, confuso, dificultoso, enmarañado, escabroso, enredado. *Ant.* Fácil, claro, comprensible.// Comprometido, doloroso.// Raro, rebelde.// Indisciplinado, indócil. *Ant.* Dócil.

dificultad, complicación, estorbo, inconveniente, tropiezo, contrariedad, apuro, aprieto, problema, embrollo, entorpecimiento, atolladero, conflicto, contratiempo. *Ant.* Facilidad, solución.

dificultar, complicar, entorpecer, embrollar, estorbar, enredar, impedir, obstruir, obstaculizar, trabar, contrariar. *Ant.* Facilitar, solucionar, allanar.

difracción, desviación, desvío.

difuminar, desvanecer, esfumar, desdibujar. *Ant.* Acentuar.

difundir, propalar, divulgar, extender, derramar, esparcir, propagar, transmitir, generalizar, publicar. *Ant.* Ocultar, callar, contener, prohibir.

difunto-ta, muerto, cadáver, finado, occiso. *Ant.* Vivo.

difusión, extensión, propalación, propagación, diseminación, publicación, transmisión. *Ant.* Concentración, ocultamiento.// Contaminación, contagio.

difuso-sa, amplio, extenso, dilatado, ancho, largo. *Ant.* Estrecho, angosto.// Confuso, embrollado, borroso, farragoso. *Ant.* Claro, nítido, comprensible.

digerir, aprovechar, absorber, asimilar, deglutir. *Ant.* Desaprovechar, eliminar.// Sobrellevar, soportar, sufrir.

digestión, asimilación, nutrición, aprovechamiento, transformación. *Ant.* Indigestión.

digestivo-va, estomacal, digerible. *Ant.* Pesado, indigesto.

digesto, resumen, selección, compilación, extracto.

digital, dactilar.

dignarse, consentir, acceder, condescender, admitir. *Ant.* Negar, rechazar.

dignificar, alabar, elogiar, ensalzar, loar, honrar, ennoblecer. *Ant.* Deshonrar, vituperar.

digno-na, merecedor, acreedor, meritorio. *Ant.* Inmerecido.// Corespondiente, proporcionando, conveniente. *Ant.* Inconveniente.// Decente, honrado, honorable. *Ant.* Indigno, deshonroso.

digresión, paréntesis, divagación, rodeo, separación, apartamiento.

dije, pendiente, joya, alhaja.

dilación, moratoria, detención, demora, prórroga, dilatoria, retardo, tardanza, retraso, aplazamiento. *Ant.* Adelanto, anticipación.

dilapidar, gastar, derrochar, disipar, malversar, despilfarrar, malbaratar, malgastar. *Ant.* Cuidar, ahorrar, economizar.

dilatación, aumento, engrandecimiento, ensanche, extensión, ampliación, hinchazón, desenvolvimiento, acrecentamiento. *Ant.* Achicamiento, encogimiento, estrechamiento.

dilatar, extender, agrandar, ensanchar, aumentar, hinchar, ex-pandir, distender. *Ant.* Achicar, encoger.// Retrasar, retardar, aplazar, prolongar, demorar, diferir, prorrogar. *Ant.* Adelantar, abreviar, acortar.

dilecto-ta, querido, amado, estimado, preferido, predilecto. *Ant.* Desdeñado.

dilema, problema, conflicto, alternativa, opción, disyuntiva, dificultad.

diletante, aficionado, entusiasta, experto, entendido, melómano.

diletantismo, afición.

diligencia, coche, vehículo, carruaje.// Actividad, dedicación, afán, prisa, prontitud, cuidado, esmero, celo, solicitud, aplicación, atención. *Ant.* Descuido, despreocupación, desinterés// Encargo, comisión, trámite, gestión, mandado.

diligenciar, resolver, tramitar, realizar, cometer, gestionar, despachar, activar. **Ant.** Descuidar, desatender.

diligente, activo, atento, celoso, solícito, cuidadoso, aplicado, exacto, servicial. **Ant.** Negligente, inactivo, despreocupado.// Rápido, ágil, buscavidas, presto, pronto. **Ant.** Tardo, lento, abúlico.

dilucidar, aclarar, explicar, demostrar, elucidar, resolver, solucionar, desembrollar. **Ant.** Embrollar, confundir.

diluir, desleír, disolver, licuar, disgregar, descomponer. **Ant.** Espesar, concentrar.

diluviar, llover.

diluvio, lluvia, temporal, aguacero, borrasca, tromba, inundación, chaparrón.// Abundancia, copia, afluencia. **Ant.** Escasez.

dimanación, procedencia, origen, principio, fuente, nacimiento.

dimanar, proceder, nacer, originarse, venir, provenir, descender.

dimensión, medida, magnitud, extensión, cantidad, tamaño.

diminuto-ta, pequeño, chico, minúsculo, microscópico, mínimo, pequeñísimo, ínfimo. **Ant.** Grande, enorme, inmenso.

dimisión, renuncia, abandono, abdicación, deserción, retiro, abjuración.

dimitir, renunciar, abdicar.

dinámico-ca, activo, movedizo, rápido, apresurado, vivo, ligero, veloz, solícito. **Ant.** Estático, negligente, cachazudo, lento.

dinamismo, actividad, movimiento, rapidez, celeridad, agilidad, movilidad. **Ant.** Quietud, inactividad, dejadez, abulia.

dinamita, explosivo.// Detonante, carga.

dinamitar, estallar, volar, explotar.

dínamo, aparato, generador, transformador.// Inductor.

dinastía, familia, raza, linaje, estirpe, casa, sucesión.

dinástico-ca, hereditario, sucesorio, real, monárquico.

dineral, platal, riqueza, caudal, fortuna, millonada. **Ant.** Insignificancia.

dinero, plata, capital, fondos, fortuna, guita, moneda, metálico, efectivo.

diócesis, circunscripción, distrito, jurisdicción.

Dios, Hacedor, Creador, Señor.

dios-sa, deidad, divinidad.

diploma, título, credencial.

diplomacia, tacto, habilidad, disimulo, astucia. **Ant.** Torpeza, grosería.

diplomado-da, graduado, titulado, acreditado, autorizado.

diplomático-ca, enviado, representante, legado, embajador, agente.// Hábil, político, cortés, disimulado, sutil, astuto, ladino. **Ant.** Rudo, grosero.

dipsómano-na, borracho, alcohólico, ebrio.

díptico, cuadro, tabla.

diputación, representación, organismo, delegación.

diputado-da, delegado, representante, legislador, parlamentario, congresista.

dique, malecón, escollera, muelle, espigón, dársena, desembarcadero.// Muro, pared.// Obstáculo, freno, reparo. **Ant.** Facilidad.

dirección, sentido, rumbo, derrotero, sesgo, destino, trayectoria, curso// Domicilio, señas, residencia, paradero, destinatario.// Gobierno, manejo, orientación, administración.// Enseñanza.

directiva, norma, pauta, regla.

directivo-va, jefe, ejecutivo, regente, rector.

directo-ta, derecho, seguido, recto, ininterrumpido, continuo.// Inmediato, natural, abierto, franco, sencillo, llano. **Ant.** Hipócrita.

director-ra, rector, jefe, principal, encargado, autoridad, administrador, guía. **Ant.** Subalterno, dirigido, subordinado.

directorio, consejo, gobierno, comité, junta, presidencia, jefatura.

dirigir, mandar, gobernar, regir, administrar, tutelar, encar lar, orientar. **Ant.** Desorientar.// Educar, enseñar, acor sejar.// se, encaminarse, irse, marcharse.

dirimir, resolver, decidir, fallar, terminar, componer, ajus tar.// Separar, desunir.

discernimiento, entendimiento, juicio, apreciación, clar videncia, penetración, perspicacia, agudeza, criterio. **An** Confusión, turbación.

discernir, enjuiciar, dilucidar, comprender, apreciar, perc bir, alcanzar. **Ant.** Confundir.

disciplina, orden, regla, método, norma, obediencia, su bordinación. **Ant.** Indisciplina, desorden, insubordina ción.// Ciencia, asignatura, materia, doctrina.

disciplinado-da, organizado, ordenado, obediente, su miso, subordinado. **Ant.** Indisciplinado, desobediente.

disciplinante, penitente.

disciplinar, someter, sujetar, subordinar, dominar.// Orde nar, organizar, instruir, preparar, enseñar, educar.

disciplinario-ria, correctivo, correccional, reformatorio.

discípulo-la, alumno, estudiante, colegial. **Ant.** Docente maestro, profesor.// Adepto, seguidor, partidario. **An** Guía, jefe, maestro.

disco, rodaja, tapa, tejo, sello, chapa, redondel, rueda, cí culo.

discoidal, circular, lenticular, aplanado.

díscolo-la, travieso, desobediente, indócil, revoltoso. **An** Obediente, sumiso.

disconforme, discrepante, discorde, inconciliable, incor forme, malavenido. **Ant.** Conforme, acorde.

disconformidad, discrepancia, diferencia, contrariedac oposición, incoherencia, desacuerdo, incompatibilidad, d vergencia, antagonismo, choque. **Ant.** Conformidad.

discontinuidad, inconexión, discontinuación, incoheren cia, intermitencia. **Ant.** Continuidad.

discontinuo-nua, intermitente, irregular, interrumpidc desigual, alterno, variable. **Ant.** Ininterrumpido, continuc regular.

discordancia, divergencia, discrepancia, disentimientc desacuerdo, oposición, contrariedad, desarmonía, contras te. **Ant.** Conformidad.

discordante, contrario, inarmónico, opuesto, despro porcionado, disonante, desafinado. **Ant.** Acorde, confor me, armónico.

discordar, disentir, discrepar, diferir, divergir, desafina malsonar, disonar. **Ant.** Concordar, convenir, armonizar.

discordia, contrariedad, desacuerdo, oposición, discre pancia, desunión, desavenencia, división, querella, dispu ta. **Ant.** Concordancia, avenencia, acuerdo.

discreción, prudencia, tino, cordura, circunspección, dis cernimiento, moderación, mesura, medida, sensatez, re serva, tacto. **Ant.** Indiscreción, irreflexión, insensatez.

discrecional, potestativo, facultativo, voluntario, prudencia

discrepar, diferenciarse, disentir, divergir, oponerse, con tradecir. **Ant.** Coincidir, convenir, concordar.

discreto, oficiosidad, ingenio.

discreto-ta, moderado, sensato, mesurado, considerado cauto, prudente, juicioso, razonable, cuerdo. **Ant.** Indiscre to, insensato, imprudente.

discriminación, separación, apartamiento, segregaciór distinción.

discriminar, separar, segregar, diferenciar, apartar. **Ant.** Ir tegrar, reunir, igualar.

disculpa, pretexto, descargo, excusa, alegato, subterfugic evasiva, justificación. **Ant.** Culpa, acusación, inculpación.

disculpar, defender, excusar, justificar, atenuar, compren der, perdonar, paliar. **Ant.** Culpar, acusar.

discurrir, reflexionar, pensar, meditar, cavilar, juzgar, supo ner, razonar.// Crear, idear, inventar, imaginar.// Correr, pa sear, andar, caminar, marchar. **Ant.** Detenerse, permanece

discursear, hablar, perorar, disertar.// Amonestar, reñir, re prender.

discurso, alocución, plática, prédica, charla, perorata, d sertación, conferencia, arenga.// Apóstrofe, invectiva amonestación.// Razonamiento, reflexión.

iscusión, controversia, debate, polémica, altercado, litigio, disputa, pleito, pendencia, desacuerdo. **Ant.** Acuerdo, avenencia.// Examen, estudio.

iscutir, altercar, polemizar, contender, querellar, contestar, disputar, debatir, impugnar. **Ant.** Avenirse, concordar.

isecar, preparar, conservar, preservar, embalsamar, momificar.// Seccionar, cortar.

isección, apertura, sección, corte.// Embalsamamiento, conservación.

iseminación, dispersión, propagación, siembra. **Ant.** Reunión.

iseminar, desparramar, dispersar, esparcir, desperdigar, sembrar, disgregar, derramar. **Ant.** Juntar, reunir.

isensión, oposición, contrariedad, disputa, desavenencia, rozamiento, discordia, desacuerdo, disentimiento, diversidad, disconformidad. **Ant.** Concordia, acuerdo.

isentimiento, disensión.

isentir, discordar, discrepar.

iseñador-ra, dibujante, proyectista.

iseñar, dibujar, bosquejar, delinear, esbozar, trazar.

iseño, dibujo, bosquejo, boceto, esquema, croquis, gráfico, plano.

isertación, discurso, razonamiento, oración.

isertar, discursear, perorar, charlar, explicar, hablar, tratar, razonar, exponer.

isfraz, máscara, simulación, disimulo, embozo, artificio, velo, fingimiento. **Ant.** Verdad, exhibición.

isfrazado-da, ocultado, enmascarado.

isfrazar, enmascarar, ataviar, embozar, desfigurar.// Tapar, disimular, ocultar, encubrir, velar, celar. **Ant.** Exhibir, mostrar, manifestar.// Alterar, cambiar, falsear, desnaturalizar, solapar, modificar, engañar. **Ant.** Desenmascarar.

isfrutar, gozar, regocijarse, complacerse, deleitarse, gustar, recrearse. **Ant.** Padecer, sufrir.// Utilizar, aprovechar, usar, tener.

isfrute, placer, goce, alegría.// Posesión, utilización.

isgregación, separación, desagregación, segregación, desunión.

isgregar, desunir, separar, dividir, desagregar, disolver. **Ant.** Unir.

isgustado-da, apesadumbrado, quejoso, pesaroso, enfadado. **Ant.** Contento, alegre.// Incomodado, malhumorado.

isgustar, molestar, enojar, enfadar, contrariar, desagradar, incomodar, desconcertar. **Ant.** Alegrar, contentar.

isgusto, malestar, tormento, dolor, amargura, inquietud, tristeza, pena, preocupación, desazón, desolación, sufrimiento, aflicción, pesadumbre, desencanto, desconsuelo. **Ant.** Alegría, contento, placer, felicidad.

isidencia, desacuerdo, discrepancia, desavenencia, división, disputa, escisión.

isidente, oponente, cismático, discrepante, discorde, conflictivo, contrario, separatista. **Ant.** Partidario, seguidor.

isímil, diferente, distinto, desemejante, diverso. **Ant.** Igual, semejante.

isimulación, disimulo.

isimulado-da, fingido, falso, hipócrita, solapado, furtivo, subrepticio, ladino, taimado. **Ant.** Sincero, franco.

isimular, permitir, disculpar, tolerar, dispensar, perdonar. **Ant.** Reprochar.// Enmascarar, fingir, desfigurar, disfrazar.// Esconder, celar, ocultar, tapar, velar, callar, cubrir. **Ant.** Revelar, sincerar.

isimulo, tolerancia.// Tapujo, fingimiento, disimulación, simulación, doblez, engaño, hipocresía, argucia. **Ant.** Franqueza, sinceridad, verdad.

isipación, licencia, liviandad, depravación, vicio, libertinaje, disolución, desenfreno. **Ant.** Sobriedad, moderación.// Evaporación, desaparición, desvanecimiento. **Ant.** Materialización, solidificación.

isipado-da, evaporado.// Libertino, juerguista, disoluto, descarriado.

isipar, gastar, despilfarrar, derrochar, dilapidar. **Ant.** Conservar, ahorrar, economizar.// Aclarar, esparcir, desvanecer. **Ant.** Concentrar.// **-se,** desvanecerse, borrarse, evaporarse, perderse, esfumarse.

dislate, disparate, absurdo, insensatez, barbaridad, desatino, necedad, despropósito. **Ant.** Acierto.

dislocación, luxación, descoyuntamiento, desarticulación.

dislocar, desencajar, luxar. **Ant.** Encajar.

disloque, colmo.

disminución, descuento, reducción, rebaja, merma, menoscabo, mengua, abreviación, atenuación, descenso, deduccción, bajón, decrecimiento. **Ant.** Aumento, mejora.

disminuir, abreviar, acortar, rebajar, reducir, mermar, menguar, menoscabar, empequeñecer, subestimar, aminorar, degradar, desvalorizar, empobrecer. **Ant.** Crecer, mejorar, aumentar.

disociación, desunión, desagregación, separación, análisis, desconexión, desacoplamiento, descomposición. **Ant.** Asociación, unión.

disociar, separar, disgregar, desagregar, desmembrar, analizar, desunir, apartar, dividir. **Ant.** Asociar, unir, sintetizar.

disolución, disipación, libertinaje, liviandad, relajación, corrupción. **Ant.** Moderación, morigeración.// Licuación, desleimiento, disgregación.// Ruptura, rompimiento, desvinculación. **Ant.** Indisolubilidad.

disoluto-ta, corrupto, vicioso, libertino, disipado, licencioso, liviano, impúdico, lujurioso. **Ant.** Austero, virtuoso, moderado.

disolver-se, disgregar, desleír, diluir, licuar, descomponer, separar, aguar. **Ant.** Concentrar, solidificar.// Romper, anular, deshacer, destruir, desvincular, interrumpir, anular. **Ant.** Constituir, unir, iniciar.

disonancia, desacuerdo, discrepancia, desproporción, disconformidad, desavenencia, discordancia. **Ant.** Acuerdo, amistad.// Inarmonía, destemplanza. **Ant.** Armonía.

disonante, discordante, chocante, desproporcionado, discrepante. **Ant.** Acorde.// Desentonado, inarmónico, desafinado. **Ant.** Armónico, armonioso.

disonar, discrepar, chocar, repugnar.// Desentonar, desafinar. **Ant.** Entonar, armonizar.

dispar, disímil, diferente, distinto, desigual, desparejo, heterogéneo, variado. **Ant.** Igual, semejante, homogéneo.

disparador, tirador, artillero.// Gatillo.

disparar, tirar, gatillar, descargar, lanzar, arrojar, proyectar, enviar.// Ir, correr, huir, marcharse.// **-se,** impacientarse, desbocarse, desembuchar. **Ant.** Contenerse.

disparatado-da, destinado, absurdo, descabellado, ilógico, incongruente, inverosímil, irracional, insensato. **Ant.** Sensato, lógico.

disparatar, desvariar, desbarrar, disparar, exagerar, delirar, fantasear. **Ant.** Razonar, contenerse, reprimirse.

disparate, dislate, absurdo, despropósito, necedad, patochada, incoherencia, barbaridad, insensatez, extravagancia, delirio, desvarío, bobada. **Ant.** Acierto.

disparidad, desemejanza, desigualdad, diversidad, diferencia, desproporción. **Ant.** Igual, semejanza.

disparo, tiro, detinación, descarga, balazo, andanada.

dispendio, gasto, desembolso, derroche, despilfarro.

dispendioso-sa, excesivo, exagerado, costoso, valioso, lujoso. **Ant.** Barato.

dispensa, descargo, exención, privilegio, exoneración, inmunidad, absolución, indulgencia. **Ant.** Condena, obligación.

dispensar, conceder, otorgar, adjudicar, dar. **Ant.** Negar.// Excusar, eximir, perdonar, descargar, disculpar, exceptuar, absolver. **Ant.** Condenar, obligar.

dispensario, consultorio, clínica, servicio.

dispersar, desparramar, dividir, disgregar, separar, distanciar, desordenar, esparcir. **Ant.** Juntar, reunir.// Derrotar, vencer, aniquilar, desbaratar. **Ant.** Concentrar.

dispersión, diseminación, separación, disgregación, difusión, diáspora. **Ant.** Concentración.// Fuga, derrota, huida.

disperso-sa, suelto, esparcido, esporádico, desparramado, separado. **Ant.** Unido, concentrado.

displicencia, indiferencia, desinterés, desabrimiento, fastidio, apatía, tedio. **Ant.** Complacencia, gusto, interés.

displicente, apático, indiferente, desinteresado, desabrido, despegado, desdeñoso. **Ant.** Interesado, complaciente, vehemente.

disponer, poner, colocar, instalar, distribuir.// Determinar, decidir, prescribir, mandar, ordenar, establecer, decretar. *Ant.* Revocar.// **-se,** prepararse, alistarse, iniciar.

disponibilidad, recursos, reservas.// Vacante.

disponible, libre, utilizable, aprovechable, vacante, desocupado.

disposición, tendencia, gusto, vocación, inclinación, talento, aptitud. *Ant.* Ineptitud, incapacidad.// Ubicación, situación, colocación, distribución.// Decisión, determinación, decreto, orden, mandato, precepto.// Carácter, talante.

dispositivo, mecanismo, instalación, aparato, artificio, artilugio.

dispuesto-ta, apuesto, gallardo.// Inclinado, preparado, apto, maduro.// Hábil, capaz, idóneo, habilidoso, ingenioso, listo. *Ant.* Incapaz, inepto.

disputa, pelea, discusión, altercado, debate, discrepancia, disensión, pelotera, porfía, reyerta, querella, pendencia, disidencia, discordia, controversia, conflicto, agarrada. *Ant.* Paz, entendimiento, pacificación.

disputar, pelear, discrepar, contender, debatir, reñir, luchar, querellarse, polemizar, discutir, controvertir. *Ant.* Avenirse, reconciliarse.

disquisición, discusión, razonamiento, investigación, examen, reflexión, comentario, análisis.

distancia, lejanía, lontananza, longitud, espacio, alejamiento, separación. *Ant.* Cercanía, proximidad.// Trecho, espacio, trayecto, intervalo, camino, jornada.

distanciado-da, enemistado.

distanciar, separar, alejar, apartar, enemistar.

distante, alejado, apartado, lejano, remoto, separado. *Ant.* Próximo, cercano.

distar, separse, alejarse, distanciarse.// Diferir, discrepar.

distender, relajar.

distensión, esguince, torcedura, luxación, dislocación, descoyuntamiento.// Aflojamiento, relación.

distinción, condecoración, preferencia, honra, honor, privilegio. *Ant.* Desaire.// Elegancia, finura, clase, donaire. *Ant.* Chabacanería.// Particularidad, consideración, precisión.// Diferencia, desemejanza, distingo.

distinguido-da, elegante, educado, chic, fino, señorial. *Ant.* Ordinario, grosero.// Notable, renombrado, destacado, brillante, sobresaliente. *Ant.* Común, vulgar, anónimo.

distinguir, diferenciar, seleccionar, separar, desenredar, especificar, reconocer, apreciar. *Ant.* Confundir, mezclar.// Comprender, discernir, entender.// **-se,** despuntar, sobresalir, descollar, resaltar.

distintivo, emblema, símbolo, señal, insignia, condecoración, marca, divisa.// Particularidad, peculiaridad.

distintivo-va, específico, característico. *Ant.* Impreciso, impersonal, indeterminado.

distinto-ta, diferente, otro, desigual, disímil, contrario, opuesto. *Ant.* Igual, exacto, idéntico.

distorsión, torcedura.// Deformación, falseamiento. *Ant.* Autenticidad.

distorsionar, desfigurar, deformar.

distracción, inadvertencia, olvido, descuido, omisión, ligereza, desatención, aturdimiento. *Ant.* Cuydado, atención.// Diversión, entretenimiento, pasatiempo, recreo, juego.// Malversación, estafa, defraudación.

distraer, apartar, desviar.// Entretener, divertir, recrear, solazar, interesar. *Ant.* Aburrir.// Substraer, malversar, estafar, robar, defraudar.// **-se,** descuidarse, olvidarse, despreocuparse, desatender. *Ant.*. Cuidar, ocuparse, atender.

distraído-da, ensimismado, absorto, desatento, descuidado. *Ant.* Atento.// Agradable, entretenido, divertido. *Ant.* Aburrido.

distribución, repartición, reparto, división, partición.// Colocación, ordenación, ubicación, disposición.

distribuidor-ra, representante, delegado.

distribuir, repartir, entregar, separar, dividir, adjudicar, donar, entregar, asignar.// Clasificar, ordenar, ubicar, colocar, escalonar. *Ant.* Desordenar.

distributivo-va, equitativo, proporcional, equilibrado.

distrito, jurisdicción, comarca, departamento, territorio.

disturbio, alteración, perturbación, revuelta, desorden, trastorno, sublevación, alboroto, motín, asonada, tumulto. *An* Calma, orden.

disuadir, desalentar, desaconsejar, desviar, desanimar, pe suadir, inducir, descorazonar. *Ant.* Alentar, animar.

disuasión, desaliento, retractación.

disuelto-ta, desleído, licuado, diluido, deshecho.

disyunción, alejamiento, división, desarticulamiento, dislo cación, desunión.

disyuntiva, alternativa, dilema, elección, dualidad, opción problema.

ditirambo, alabanza, elogio.

divagación, desviación, rodeo.// Circunloquio, palabrería.

divagar, desvariar, delirar, elucubrar, errar, perderse *Ant.* Pre cisar, concretar.

diván, sofá, canapé, sillón, asiento.

divergencia, discrepancia, diferencia, disensión, desacuer do, disconformidad, diversidad, bifurcación, separación *Ant.* Unión, convergencia.

divergente, desviado.// Discrepante.

divergir, disentir, discrepar, discordar, oponerse, diferencia se. *Ant.* Coincidir.// Alejarse, desviarse, apartarse, separa se. *Ant.* Converger.

diversidad, variedad, multiplicidad, desemejanza, diferer cia, abundancia. *Ant.* Unidad, homogeneidad, coincidencia

diversificar, variar.

diversión, entretenimiento, solaz, distracción, regocijo, es parcimiento, recreo, pasatiempo. *Ant.* Aburrimiento, tedic

diverso-sa, distinto, variado, vario, diferente, disímil, múlt ple, dispar, heterogéneo. *Ant.* Igual, semejante, homogé neo, uniforme.

divertido-da, entretenido, jocoso, animado, festivo, placer tero, agradable, recreativo. *Ant.* Aburrido, tedioso.// Ale gre, cómico, chistoso. *Ant.* Triste.

divertimiento, diversión.

divertir, entretener, distraer, alegrar, recrear, deleitar.

dividendo, porción, cuota, renta, interés, lucro, ganancia.

dividir, fragmentar, seccionar, partir, separar, trozar, escindi cortar, seccionar, desmenuzar, recortar, despedazar. *An* Unir, juntar.// Repartir, distribuir.// Enemistar, malquistar, er frentar.

divieso, forúnculo, bulto, golondrino, tumor.

divinidad, deidad, dios.// Hermosura, preciosidad, bellez *Ant.* Fealdad.

divinizar, endiosar, exaltar, mitificar, beatificar, ensalsar, glor ficar.

divino-na, excelente, primoroso, perfecto, deífico, prov dencial, celestial, glorioso, milagroso, sobrenatural. *An* Humano, terrenal.// Excelente, primoroso, perfecto, delicic so.

divisa, emblema, símbolo, distintivo, insignia.// Leyenda, le ma.// Dinero, billete, moneda, valor.

divisar, ver, percibir, captar, abarcar, observar, distinguir, vis lumbrar.

división, operación, cuenta, cálculo. *Ant.* Multiplicación./ Se-paración, fraccionamiento, reparto, distribución, seccic namiento, parcelación. *Ant.* Concentración.// Desavenencia enemistad, escisión, disidencia, desunión, discordia. *An* Amistad, concordia.

divisor, denominador.

divisorio-ria, lindante, colindante, fronterizo, contiguo. *Ant.* Apartado, alejado.

divorciarse, separarse, descasarse, desunirse.

divorcio, separación, ruptura, alejamiento, descasamiento desacuerdo, disolución. *Ant.* Casamiento, unión.

divulgación, publicación, difusión, publicidad, vulgariza ción, generalización, anunciación, popularidad. *Ant.* Rese va, silencio.

divulgar, propagar, generalizar, publicar, difundir, extende pregonar, esparcir. *Ant.* Callar, silenciar, encubrir.

dobladillo, doblez, borde.

doblaje, traducción, interpretación.

oblar, plegar, torcer, arquear, doblegar, curvar, flexionar, combar. **Ant.** Enderezar.// Tañer, repicar.// **-se,** humillarse, someterse.

oble, duplo, copia, facsímil.// Par, pareja.// Falso, hipócrita, taimado, fingido. **Ant.** Franco, directo.

oblegar, combar, arquear, encorvar, torcer, doblar, curvar, plegar, flexionar. **Ant.** Enderezar.// Forzar, reducir, humillar, someter, obligar.// **-se,** ceder, acatar, acceder, rendirse, transigir. **Ant.** Rebelarse.

oblez, pliegue, repliegue, alforza, frunce.// Disimulo, fingimiento, falsedad, duplicidad, simulación, engaño, hipocresía. **Ant.** Sinceridad, franqueza, veracidad.

ocente, maestro, profesor.// Educativo, didáctico, pedagógico, instructivo.

ócil, obediente, sumiso, manso, tratable, manejable, flexible, blando, dúctil, resignando, disciplinado. **Ant.** Rebelde, indómito, díscolo, revoltoso.

ocilidad, mansedumbre, obediencia, disciplina, sumisión, subordinación. **Ant.** Rebeldía, indocilidad, indisciplina.

ock, dársena.

octo-ta, sabio, erudito, culto, entendido, versado, conocedor, ilustrado. **Ant.** Ignorante.

octor-ra, universitario, académico, facultativo, profesional.

octoral, enfático.

octorarse, graduarse, recibirse, diplomarse.

octrina, ciencia, saber, sabiduría, erudición.// Teoría, corriente, escuela, sistema, opinión, dogma.

octrinal, dogmático.

octrinario-ria, partidario, sectario, ideológico.

ocumentación, registro, archivo.

ocumentado-da, preparado, capacitado, enterado, instruido, fundamentado. **Ant.** Indocumentado, ignorante.

ocumental, testimonial, documentado.// Filme.

ocumentar, preparar, instruir, informar, aleccionar.// Fundamentar, investigar, certificar, autorizar, acreditar. **Ant.** Desautorizar.

ocumento, escrito, testimonio, comprobante, prueba, escritura.// Credencial, cédula, tarjeta.

ogma, doctrina, fundamento, base, credo.

ogmático-ca, doctrinario, tajante, imperioso, decisivo, imperativo, doctoral, pedante, intransigente. **Ant.** Sencillo, tolerante, flexible.

ogmatismo, intransigencia, pedantería. **Ant.** Transigencia, tolerancia.

ogmatizar, pontificar, asegurar, afirmar, declarar, enfatizar.

olencia, malestar, padecimiento, afección, achaque, morbo, indisposición, enfermedad. **Ant.** Mejoría, salud.

oler, atormentar, molestar, padecer, sufrir.// **-se,** lamentar, compadecerse, apiadarse, condolerse. **Ant.** Alegrarse.

oliente, sufrido, quejumbroso, enfermo, lloroso, indispuesto, afectado, achacoso. **Ant.** Sano.// Quejumbroso, lloroso, lastimero. **Ant.** Animado, alegre.

olo, engaño, trampa, fraude, doblez, simulación.

olor, sufrimiento, padecimiento, molestia, martirio, daño. **Ant.** Salud, bienestar.// Pena, aflicción, tristeza, desconsuelo, desolación, desazón, contrición, angustia. **Ant.** Alegría, felicidad.

olorido-da, sufriente, doliente.// Triste, apenado, afligido. **Ant.** Alegre.

oloroso-sa, atormentado, penoso, angustiado, apenado. **Ant.** Contento, alegre.// Lamentable, deplorable.

oloso-sa, fraudulento, falso.

oma, adiestramiento, amansamiento.

omar, amansar, domesticar, desembravecer, amaestrar, desbravar, adiestrar.// Dominar, rendir, refrenar, reducir, subyugar, someter, reprimir, vencer, sujetar. **Ant.** Rebelar.

oméstica, criada, sirvienta. **Ant.** Ama.

omesticar, amansar, domar.// Educar, civilizar.

oméstico-ca, casero, familiar, hogareño.// Manso, sumiso, dócil. **Ant.** Salvaje.

omiciliarse, vivir, habitar, avecindarse, alojarse, establecerse, radicarse, afincarse.

domicilio, casa, vivienda, hogar, residencia, morada, habitación.// Señas, dirección.

dominación, autoridad, poder, supremacía, dominio, imperialismo, abuso, opresión. **Ant.** Libertad, liberación, independencia.

dominante, autoritario, dictatorial, opresor, dominador, avasallador, tiránico, intolerante, intransigente. **Ant.** Tolerante, democrático.// Reinante, imperante.// Sobresaliente, descollante, destacado. **Ant.** Humilde.

dominar, oprimir, sojuzgar, someter, avasallar, conquistar. **Ant.** Acatar, obedecer, liberar, independizar.// Sobresalir, descollar, destacarse.// Conocer,. poseer, saber, manejar.// Reinar, imperar.// **-se,** contenerse, refrenarse, controlarse.

dómine, maestro, preceptor.

domingo, descanso, festividad.

dominguero-ra, dominical,festivo. **Ant.** Triste, laboral.

dominical, dominguero, periódoco, festivo.

dominio, propiedad, pertenencia, feudo, posesión, hacienda.// Mando, predominio, superioridad, hegemonía, despotismo. **Ant.** Servidumbre, esclavitud.// Maestría, habilidad, conocimiento.// Coonia, posesión.

dominó, juego.// Disfraz, capucha.

don, regalo, presente, dádiva, ofrenda, obsequio.// Cualidad, prenda, facultad, habilidad.

donación, transmisión, cesión, legado, entrega, don, obsequio, gratificación, auxilio, dádiva.

donaire, gracia, gentileza,gallardía, esbeltez, garbo, elegancia, arrogancia. **Ant.** Tosquedad.// Agudeza, humorismo, ingenio. **Ant.** Sosería.

donar, dar, regalar, transmitir, obsequiar, conceder, ofrecer, legar, traspasar, transferir. **Ant.** Quitar, sacar.

donativo, donación, legado, entrega, ofrenda, dádiva, regalo.

doncel, adolescente, efebo, joven, mancebo, muchacho, chico. **Ant.** Anciano, adulto.

doncella, muchacha, virgen, moza.// Criada, camarera, sirvienta.

doncellez, virginidad, castidad, pureza, pudor, virtud.

donde, do, adonde.

dondequiera, en cualquier lugar, doquiera.

donjuán, seductor, mujeriego, conquistador, tenorio.

donoso-sa, gracioso, ocurrente, chistoso.

donosura, gracia, donaire.

dopar, drogar, adormecer.

doping, droga.

dorado-da, tostado.// Áureo, brillante, bañado, recubierto.// Feliz, venturoso.

dorar, bruñir, abrillantar.// Arreglar, esconder, disfrazar.// Tostar, gratinar.

dormilón-na, perezoso, poltrón, haragán. **Ant.** Activo, trabajador.

dormir, descansar, reposar, yacer, sestear, adormilar, adormecer, dormitar, pernoctar// **-se,** descuidarse.// Entumecerse, apaciguarse, amansarse.

dormitar, adormecerse.

dormitivo-va, soporífero, narcótico, tranquilizante.

dormitorio, alcoba, aposento, habitación, cuarto.

dorsal, posterior.

dorso, revés, espalda, lomo, reverso, retaguardia. **Ant.** Cara, anverso.

dosel, colgadura, palio, baldaquín, toldo, tapiz, cortina, antepuerta.

dosificación, graduación, dosis.

dosificar, graduar, determinar, medir, partir, repartir, administrar.

dosis, cantidad, porción, dosificación, toma, medida.

dotación, personal, tripulación, equipo, servicio.

dotar, asignar, conceder, adjudicar, legar, donar, proporcionar, proveer.

dote, patrimonio, caudal, bienes, asignación.// Cualidad, don, virtud. **Ant.** Defecto.

draconiano-na, severo, riguroso, inexorable, inflexible.

dragar, limpiar.

drama, teatro, espectáculo, obra.// Desgracia, calamidad. **Ant.** Felicidad.

dramático-ca, teatral.// Conmovedor, espeluznante, trágico. **Ant.** Feliz, alegre.

dramatismo, patetismo, emoción, emotividad, sensibilidad. **Ant.** Apatía.

dramatizar, teatralizar, dialogar.// Emocionar, impresionar.

dramaturgo, autor, escritor, creador, literato.

drástico-ca, radical, tajante, cortante, enérgico, decisivo, concluyente, contundente, violento. **Ant.** Blando, suave, paulatino.

drenaje, desagüe, avenamiento.

drenar, desecar, avenar.

droga, medicamento, medicina, tranquilizante, narcótico, fármaco, estupefaciente.

drogadicto-ta, toxicómano, adicto, vicioso.

drogar, enviciar, dopar.

droguería, tienda, comercio.

drupa, fruto.

dualidad, duplicidad, desdoblamiento, bifurcación.

dubitativo-va, dudoso, indeciso, vacilante, irresoluto. **Ant.** Seguro, decidido, resuelto.

ducha, chorro, lluvia, irrigación.

duchar, bañar, mojar.

ducho-cha, hábil, diestro, perito, versado, entendido, experto, experimentado, competente, capaz, avezado. **Ant.** Incapaz, inhábil, inexperto.

dúctil, flexible, maleable, blando, plegable, manejable. **Ant.** Duro, rígido.// Transigente, dócil, condescendiente, acomodaticio. **Ant.** Intransigente, inflexible.

ductilidad, flexibilidad, maleabilidad.// Docilidad.

duda, irresolución, inseguridad, indecisión, oscilación, vacilación, incertidumbre, titubeo. **Ant.** Certidumbre, seguridad.// Recelo, sospecha, suspicacia, prevención. **Ant.** Confianza.

dudar, vacilar, titubear, hesitar, fluctuar. **Ant.** Decidir.// Recelar, desconfiar, sospechar. **Ant.** Confiar.

dudoso-sa, incierto, eventual, inseguro, problemático, hipotético, vago. **Ant.** Seguro, cierto.// Sospechoso.// Indeciso, vacilante, receloso. **Ant.** Decidido, seguro.

duelista, contendiente, rival, reñidor, pendenciero, provocador, camorrista, desafiador.

duelo, desafío, reto, provocación, pendencia, lance, encuentro, enfrentamiento.// Dolor, pesar, lamentación, luto, aflicción, tristeza, lástima, pena, desconsuelo. **Ant.** Gozo, alegría, consuelo.

duende, espíritu, genio, visión, trasgo, espectro.// Seducción, hechizo, encanto.

dueño-ña, señor, propietario, amo, patrón, titular. **Ant.** Inquilino, criado, empleado, subordinado, vasallo.

dulce, exquisito, grato, gustoso, dulzón, empalagoso, almibarado, azucarado. **Ant.** Amargo, desagradable.// Confitemasita, golosina.// Amable, cariñoso, tierno, simpático. **Ant.** Antipático, desagradable.

dulcificar, azucarar, endulzar, almibarar.// Calmar, ablandar, suavizar, apaciguar. **Ant.** Agriar, irritar.

dulzón-na, empalagoso, almibarado.

dulzura, bondad, docilidad, ternura, suavidad, mansedumbre, deleite, afabilidad, moderación. **Ant.** Aspereza.

duna, médano, montículo, promontorio.

dúo, pareja, dueto.

duplicado, copia, reproducción, duplicación, calco, réplica, facsímil. **Ant.** Original.

duplicar, copiar, repetir, reproducir, calcar, plagiar, falsificar., Desdoblar.

duplicidad, doblez, hipocresía, fingimiento, disimulo, falsedad, engaño. **Ant.** Sinceridad, franqueza.

duración, lapso, intervalo, tiempo.// Permanencia, continuación, durabilidad, perpetuidad, estabilidad. **Ant.** Fugacidad, transitoriedad.// Subsistencia, resistencia, permanencia.

duradero-ra, permanente, durable, imperecedero, inmortal, constante, perenne. **Ant.** Perecedero, mortal.// Resistente, aguantador, inalterable. **Ant.** Breve, limitado.

durante, mientras, en tanto que.

durar, continuar, permanecer, tardar, subsistir, resistir, quedar, perdurar, mantenerse, eternizarse, seguir, perpetuarse. **Ant.** Caducar, cesar, terminar.

dureza, solidez, consistencia, resistencia, tenacidad, rigidez. **Ant.** Blandura.// Aspereza, rigor, severidad, rudeza, inclemencia, violencia, insensibilidad, crudeza, impenetrabilidad. **Ant.** Ternura, suavidad, delicadeza.

durmiente, viga, travesaño.

duro-ra, resistente, fuerte, consistente, firme, sólido, tenaz, compacto, irrompible. **Ant.** Endeble, blando.// Rígido, severo, inhumano, cruel, riguroso, áspero, rudo. **Ant.** Tierno, condescendiente, benévolo.// Sufrido, estoico.// Porfiado, terco, obstinado. **Ant.** Razonable, comprensivo.

dux, príncipe, conductor, guía, jefe, adalid.

banista, carpintero, mueblero.

brio-bria, beodo, borracho, bebedor, alcoholizado, embriagado, bebido, alegre. **Ant.** Sobrio.

bullición, efervescencia, ardor, agitación.// Hervor, fermentación, cocción.

búrneo-a, marfilino.

char, arrojar, repeler, despedir, expulsar, rechazar, excluir, separar. **Ant.** Aceptar, admitir.// **-se,** tumbarse, reclinarse, recostarse.

cléctico-ca, contemporizador, moderado, conciliador, acomodaticio. **Ant.** Intransigente.

cleslástico, sacerdote, clérigo, cura.

clipsar, interceptar, tapar, ocultar, oscurecer, interponerse, cubrir, esconder. **Ant.** Mostrar, iluminar, revelar.// Aventajar, superar, deslucir, sobrepasar, exceder. **Ant.** Volver, quedarse.

clipse, ocultación, privación, oscurecimiento. **Ant.** Aparición.// Decadencia. **Ant.** Auge.// Huida, desaparición, evasión. **Ant.** Aparición, presencia.

closión, brote, nacimiento, aparición, comienzo, manifestación.

co, resonancia, repercusión, sonoridad, retumbo.// Repetición.// Rumor, chisme, noticia.

cología, protección, defensa del medio ambiente.

conomato, mutualidad, cooperativa.

conomía, ahorro, escasez, parquedad, miseria. **Ant.** Abundancia, despilfarro.// Administración, gobierno, gestión.

conómico-ca, avaro, mezquino, miserable. **Ant.** Pródigo, generoso.// Sobrio, moderado, frugal, prudente, previsor, administrador. **Ant.** Despilfarrador, gastador.// Barato, conveniente, módico, ventajoso. **Ant.** Caro, costoso.

conomizar, conservar, ahorrar.// Privar, escatimar, restringir. **Ant.** Derrochar, gastar, despilfarrar.

cuación, igualdad,

cuánlme, justo, equilibrado, imparcial, objetivo, recto, neutral, razonable. **Ant.** Injusto, parcial.// Paciente, inalterable.

cuanimidad, rectitud, imparcialidad, justicia. **Ant.** Parcialidad, injusticia.// Serenidad, tranquilidad, moderación. **Ant.** Exaltación.

cuestre, hípico, equino, caballar.

cuménico-ca, mundial, universal, total, general. **Ant.** Nacional, local.

czema, sarpullido, eccema, erupción, irritación.

dad, etapa, época, existencia, período, lapso, duración.// Años, longevidad, existencia, duración, vida.

decán, ayudante, acompañante.

dema, hinchazón.

dén, paraíso, cielo, nirvana.

dición, impresión, publicación, tirada.

dicto, disposición, decreto, bando, sentencia, orden, decisión, mandato.

dificación, construcción, obra, edificio.

dificante, aleccionador, ejemplar.

dificar, construir, levantar, fabricar, elevar, alzar. **Ant.** Destruir, demoler.// Estimular, aleccionar.

edificio, casa, edificación, obra, construcción, inmueble, vivienda.

edil, concejal, regidor.

editar, publicar, imprimir, tirar, lanzar.

editor-ra, impresor, librero.

editorial, comentario, artículo, escrito.// Imprenta, librería.

edredón, acolchado, manta, cobertor.

educación, cortesía, amabilidad, corrección, urbanidad.// Crianza, enseñanza, instrucción, cultura, formación, adiestramiento. **Ant.** Ignorancia, incultura.

educado-da, amable, cortés, correcto, fino, delicado. **Ant.** Grosero, maleducado.// Culto, instruido. **Ant.** Inculto, ignorante.

educador-ra, docente, pedagogo, instructor, preceptor, profesor, maestro. **Ant.** Estudiante, alumno, discípulo.

educar, conducir, dirigir, aleccionar, instruir, adoctrinar, enseñar, ilustrar, preparar. **Ant.** Indisciplinar, embrutecer, viciar, desencaminar.

educativo-va, pedagógico, docente, instructivo, formativo, ilustrativo.

edulcorar, almibarar, endulzar. **Ant.** Amargar, agriar.

efebo, joven, adolescente, mancebo.

efectismo, sensacionalismo, aparato.

efectista, sensacionalista, espectacular, aparatoso, deslumbrador. **Ant.** Sencillo, humilde, simple, natural.

efectividad, eficacia, vigencia, eficiencia, trascendencia. **Ant.** Inutilidad.

efectivo, dinero, billetes, moneda.// **-va,** eficaz, real, positivo, seguro, serio, verdadero. **Ant.** Imaginario, ineficaz.

efecto, secuela, repercusión, consecuencia, resultado, derivación, desenlace, alcance. **Ant.** Causa.// Impresión, sensación, emoción, sentimiento.// **-s,** bienes, útiles, enseres.

efectuar, hacer, realizar, ejecutar, consumar, perpetrar, cometer, cumplir, actuar.

efemérides, sucesos, hechos, fastos, eventos, acontecimientos.// Recuerdos, comentarios.

efervescencia, hervor, ebullición.// Agitación, exaltación, excitación, ardor. **Ant.** Tranquilidad, templanza.

eficacia, efectividad, utilidad, ahínco, energía, eficiencia. **Ant.** Ineficacia, inutilidad.

eficaz, útil, efectivo, positivo, eficiente, activo, enérgico, fuerte. **Ant.** Ineficaz, inútil, inactivo.

efigie, retrato, representación, imagen, imitación, figura.

efímero-ra, fugaz, perecedero, breve, pasajero, provisorio, transitorio, temporal. **Ant.** Duradero, permanente, perenne.

efluvio, emanación, vapor.

efugio, evasión, escapatoria, recurso, salida.

efusión, exaltación, expansión, desahogo, cordialidad. **Ant.** Frialdad, indiferencia.// Derramamiento.

efusivo-va, cariñoso, demostrativo, expresivo, expansivo, cordial, afectivo. **Ant.** Frío, circunspecto, hosco, indiferente.

égida, escudo, tutela, protección, apoyo, defensa, amparo, salvaguarda. **Ant.** Abandono, desamparo.

égloga, poema, poesía, pastoral.

egocentrismo, egoísmo, egolatría.
egoísmo, individualismo, egolatría, egocentrismo, mezquindad. **Ant.** Altruismo, filantropía, generosidad.
egoísta,ególatra, interesado, mezquino, personalista, codicioso. **Ant.** Altruista, solidario, desinteresado, generoso, filántropo.
ególatra, egocéntrico, egoísta, narcisista, vanidoso, pedante.
egolatría, egocentrismo, vanidad, narcisismo, presunción, envanecimiento.
egregio-gia, ilustre, insigne, eminente, conspicuo, famoso, distinguido, excelso, ínclito, glorioso. **Ant.** Desconocido, anónimo, oscuro, insignificante.
eje, barra, cigüeñal, vástago, árbol.// Recta, línea, diámetro.// Fundamento, base, médula, cimiento, apoyo.
ejecución, realización, cumplimiento, operación, acción, verificación.// Muerte, condena. **Ant.** Perdón, indulto.
ejecutante, intérprete, artista, autor, ejecutor.
ejecutar, realizar, cumplir, perpetrar, hacer, desarrollar, celebrar, efectuar.// Interpretar, tocar.// Matar, ajusticiar, inmolar, suprimir, condenar. **Ant.** Condonar, perdonar, indultar.
ejecutivo-va, directivo, jefe, director, gerente, dirigente.// Activo, diligente, práctico, rápido. **Ant.** Indolente.
ejecutor-ra. verdugo.// Ejecutante, autor, operador, promotor.
ejecutoria, despacho, título.// Hecho.
ejemplar, modelo, prototipo, ejemplo, espécimen.// Virtuoso, intachable, irreprochable, íntegro, perfecto, edificante.// Tomo, libro, copia.
ejemplarizar, aleccionar, edificar, aconsejar.
ejemplo, modelo, tipo, dechado, prototipo, muestra, patrón.// Cita, alusión, parábola.
ejercer, desempeñar, actuar, obrar, practicar, cultivar, accionar. **Ant.** Holgar, jubilarse.
ejercicio, práctica, entrenamiento, adiestramiento, ejercitación, uso.// Práctica, ejecución, trabajo, desempeño. **Ant.** Inactividad.// Deberes.
ejercitar, practicar, desempeñar, adiestrar, instruir, entrenar. **Ant.** Descansar.
ejército, fuerza, milicia, tropa, hueste.
elaboración, producción, fabricación, obtención, realización.
elaborar, fabricar, preparar, producir, realizar, forjar, transformar, trabajar, hacer.
elación, engreimiento, orgullo, altanería, altivez, arrogancia. **Ant.** Humildad.// Nobleza, elevación, generosidad.// Ampulosidad, grandilocuencia.
elasticidad, flexibilidad, blandura, ductilidad, agilidad. **Ant.** Dureza, rigidez.// Obediencia, benevolencia, docilidad.
elástico-ca, flexible, dúctil, maleable, blando. **Ant.** Duro, rígido.// Conformista, acomodaticio, dócil, adaptable.
elástico, resorte.
elección, electividad, arbitrio, deliberación.// Votación, comicio.// Selección, designación.// Alternativa, opción, preferencia, dilema.
electivo-va, elegible, selectivo.
electo-ta, designado, elegido.
elector-ra, votante.
electricidad, fluido, corriente, energía.
electrificar, electrizar, transformar.
electrizar, electrificar, galvanizar, conectar, alumbrar, comunicar.// Entusiasmar, inflamar, avivar, exaltar, transportar. **Ant.** Aburrir, desanimar.
electrodo, polo, varilla.
electrólisis, descomposición.
electrón, átomo, partícula.
elegancia, distinción, gracia, desenvoltura, finura, delicadeza, refinamiento, esbeltez, gallardía, apostura, chic. **Ant.** Vulgaridad, cursilería, tosquedad.
elegante, distinguido, fino, delicado, gallardo, esbelto, mundano, refinado. **Ant.** Cursi, tosco, vulgar.
elegía, lamento, queja, endecha.

elegíaco-ca, triste, melancólico, luctuoso, plañidero, qu jumbroso, lloroso. **Ant.** Alegre.
elegir, escoger, separar, preferir, designar, optar, tom nombrar, predestinar, seleccionar, destacar. **Ant.** Desech rechazar, impugnar, relegar.
elemental, básico, fundamental, primordial, primario. Sencillo, simple, obvio, fácil, conocido, corriente, eviden trivial. **Ant.** Complejo, complicado.
elemento, parte, componente, integrante, pieza, partícu ingrediente.// Instrumento, procedimiento, medio.
elenco, compañía, reparto, personal.// Repertorio, catál go, índice, lista.
elevación, ascenso, subida, ascensión.// Altura, altitud, Aumento, acrecentamiento, engrandecimiento, increme to, encarecimiento. **Ant.** Descenso, rebaja, disminución Nobleza, perfección, superioridad.
elevar, levar, alzar, izar, subir, levantar, encaramar. **A** Bajar, descender.// Acrecentar, aumentar. **Ant.** Rebajar Edificar, construir, erigir. **Ant.** Demoler, destruir. Engrandecer, realzar, encumbrar, enaltecer, ennoblec **Ant.** Disminuir, despreciar, humillar.// -se, ascender.
elfo, deidad, duende, genio, espíritu.
elidir, suprimir, omitir.
eliminación, exclusión, abolición, supresión. Exterminio, aniquilación.
eliminar, sacar, apartar, suprimir, excluir, alejar, prescinc separar, expulsar. **Ant.** Agregar, incorporar.// Mat destruir, aniquilar. **Ant.** Perdonar, conservar.
elipse, sinusoide, parábola, curvatura. **Ant.** Recta.
elíptico-ca, sobrentendido, omitido.// Curvo, parabólic elipsoide.
elisión, supresión, elipsis.// Frustración, desaparición.
élite, minoría, selección, crema, aristocracia.
elixir, medicamento, pócima, licor, remedio, brebaje.
elocución, expresión, dicción.
elocuencia, convicción, facundia, fluidez, elocució grandilocuencia, locuacidad. **Ant.** Laconismo, apatía, pa quedad.
elocuente, altisonante, retórico, grandilocuente. **A** Sobrio, seco.// Persuasivo, emocionante, conmovede convincente, arrebatador. **Ant.** Apático.
elogiar, alabar, ensalzar, loar, encarecer, enaltecer, encur brar, exaltar, aplaudir, encomiar, glorificar. **Ant.** Deshonr rebajar, criticar, vilipendiar.
elogio, alabanza, loa, encomio, ponderación, panegíric aplauso, aclamación, enaltecimiento. **Ant.** Crítica, vitup rio.
elogioso-sa, ponderativo, apologético.
elucidación, explicación, esclarecimeinto, aclaración, dil cidación, solución.
elucidar, explicar, aclarar.
elucubración, lucubración, divagación.
elucubrar, lucubrar, tramar, urdir, planear.
eludir, evitar, rehuir, soslayar, sortear, esquivar, escap obviar, escaparse. **Ant.** Desafiar, afrontar, encarar.
emanación, pérdida, efluvio, exhalación, vapor, tufo. Derivación, manifestación, resultado.
emanar, exhalar, despedir. **Ant.** Retener, conservar. Proceder, resultar, provenir, originarse, nacer, derivar.
emancipación, independencia, liberación, libertad, aut quía, autonomía. **Ant.** Dependencia, esclavitud, dominic
emancipar, independizar, liberar, soltar, desvincular. **A** Someter, sojuzgar, dominar, colonizar.
emasculación, castración.
embadurnar, untar, manchar, pintarrajear, ensucia pringar, recubrir, engrasar. **Ant.** Desengrasar, limpiar.
embajada, legación, representación, misión, delegación
embajador-ra, representante, enviado, emisario, com sionado, delegado.
embalaje, envoltorio, paquete, envase, bulto, fard empaquetamiento, cubrimiento.
embalar, empaquetar, liar, envolver, empacar, encajona **Ant.** Desembalar, desempaquetar.
embaldosar, pavimentar, enlosar, enladrillar.

embalsamar, momificar, amortajar.
embalsar, encharcar, estancar, detener, acumular.
embalse, represa, dique.
embarazada, encinta, preñada, grávida, fecundada, gestante.
embarazar, fecundar, preñar.// Molestar, incomodar, entorpecer, trabar, estorbar, impedir, obstruir, embargar, parar. **Ant.** Desobstruir, desembarazar.
embarazo, gestación, preñez, gravidez.// Obstáculo, impedimento, dificultad, molestia, estorbo. **Ant.** Facilidad.// Turbación, confusión, perplejidad. **Ant.** Seguridad.
embarazoso-sa, dificultoso, difícil, incómodo, molesto, entorpecedor, penoso. **Ant.** Simple, llevadero.// Desconcertante, turbador.
embarcación, nave, barco, buque.
embarcadero, muelle, atracadero, malecón, dársena.
embarcar, subir, ingresar, entrar, cargar, estibar. **Ant.** Desembarcar, descargar.// Inducir, lanzar, empujar, aventurar.// -se, emprender, exponerse, arriesgarse, lanzarse. **Ant.** Eludir, desistir.
embargar, confiscar, requisar, incautar, quitar, decomisar. **Ant.** Devolver.// Impedir, retener, estorbar, suspender.// Maravillar.
embargo, confiscación, retención, apropiación, requisa. **Ant.** Devolución.
embarque, ingreso, subida, embarco, entrada, carga, estiba, acceso. **Ant.** Desembarque, descarga.
embarrar, manchar, enlodar, embadurnar.// Errar, pifiar, estorbar, estropear.
embarullar-se, confundir, enredar, ofuscar, desorientar, azorar, aturdir, enmarañar, revolver, desordenar. **Ant.** Orientar, ordenar, desenredar.
embate, acometida, golpe, embestida, ataque, agresión.
embaucador-ra, impostor, engañador, farsante, embustero, embelecador, charlatán, vividor, pillo. **Ant.** Honrado, sincero.
embaucar, engañar, engatusar, embelesar, seducir, timar, enredar, embarullar. **Ant.** Desengañar.
embebecer, embelesar.
embeber, empapar, mojar.// -se, absorber.// Enfrascarse, imbuirse. **Ant.** Distraerse.
embebido-da, mojado.// Abstraído, enfrascado.
embelecar, seducir, engañar, embaucar, entontecer.
embeleco, engaño.
embelesar, seducir, atraer, entontecer, suspender, embriagar, arrebatar, encantar, cautivar, embobar, arrobar, hechizar, extasiar, maravillar. **Ant.** Desinteresar, desencantar.
embeleso, encanto, seducción, fascinación, arrobamiento. **Ant.** Rechazo, repulsión, desencanto.
embellecer, hermosear, adornar, acicalar, decorar, maquillar. **Ant.** Afear.// Poetizar, idealizar.
embellecimiento, acicalamiento.// Poetización.
embestida, acometida, ataque, arremetida, embate, asalto, choque. **Ant.** Defensa, huida, retroceso.
embestir, atacar, acometer, agredir, arremeter. **Ant.** Defender, huir.
embetunar, untar, encerar, engrasar. **Ant.** Pulir, limpiar.
emblema, alegoría, expresión, símbolo, representación, lema, divisa, imagen, atributo.
embobar, atontar, entontecer, alelar, deslumbrar, asombrar, sorprender.
embocadura, boca, abertura.
embocar, meter, entrar.// Tragar, engullir, deglutir.// Comenzar, empezar.
embolia, obstrucción, apoplejía.
embolo, pistón.
embolsar, meter, guardar, cobrar, recibir, recaudar. **Ant.** Pagar, ceder.// Embalar, empacar, introducir, meter. **Ant.** Vaciar, sacar.
emborrachar, embriagar, alcoholizar.// -se, alcoholizarse, beber, mamarse.// Marearse, atontarse. **Ant.** Despejarse.
emborrascar, irritar, ofuscar.// -se, nublarse.

emborronar, garabetear, garrapatear.
emboscada, trampa, acechanza, cepo, engaño, celada, ardid, estratagema.
embotar, despuntar, mellar, desgastar. **Ant.** Afilar.// Adormecer, debilitar, entontecer. **Ant.** Avivar, despertar.// -se, aturdirse.
embotellamiento, aglomeración, atascamiento, taponamiento, obstrucción, atolladero.
embotellar, envasar, fraccionar, enfrascar, llenar. **Ant.** Vaciar.// Atascar, obstruir.
embozado-da, tapado, oculto, arrebujado, cubierto. **Ant.** Descubierto.
embozar, cubrir, envolver, tapar, arrebujar. **Ant.** Descubrir, destapar.// Disimular, disfrazar, desfigurar.
embozo, capa, cobertura.// Disimulo, tapujo, recato, ambages. **Ant.** Franqueza, claridad.
embragar, conectar, enchufar. **Ant.** Desconectar, desenchufar.
embrague, acoplamiento, enchufe.
embravecer, encolerizar, irritar. **Ant.** Calmar, tranquilizar.
embriagado-da, ebrio, borracho, achispado, mamado, bebido, alcoholizado, beodo. **Ant.** Sobrio.// Fascinado, maravillado, embelesado.
embriagador-ra, seductor, fascinante, enloquecedor, encantador.// Aromático, perfumado.
embriagar, transportar, encantar, exaltar, enajenar, enloquecer, extasiar.// Alcoholizar, emborrachar. **Ant.** Despejar.
embriaguez, borrachera, curda, ebriedad. **Ant.** Sobriedad.// Entusiasmo, enajenación. **Ant.** Frialdad, desinterés.
embridar, sujetar, retener.
embrión, huevo, cigoto, feto, engendro.// Germen, principio, comienzo, rudimento, inicio.
embrionario-ria, tosco, rudimentario, incipiente, inicial, originario, primario.
embrollar, confundir, embarullar, enmarañar, enredar, empastelar, aturdir. **Ant.** Aclarar, desembrollar, desenredar.
embrollo, lío, desorden, embuste, invención, mentira, tapujo, conflicto. **Ant.** Claridad, orden.
embromar, burlar, chancear, engañar, enredar, fastidiar, molestar, incomodar.
embrujamiento, hechizo, maleficio, conjuro.
embrujar, conjurar, hechizar, endemoniar, encantar. **Ant.** Desembrujar, exorcizar.// Fascinar, seducir, extasiar, atraer, cautivar. **Ant.** Desencantar, desengañar.
embrujo, embrujamiento.
embrutecer-se, atontar, entontecer, atolondrar, entorpecer, idiotizar. **Ant.** Educar, instruir.
embrutecimiento, ofuscación, atontamiento.
embuchado, entripado.// Engaño, fraude.
embuchar, comer, tragar, englutir, engullir.// Introducir.
embuste, engaño, mentira, falsedad, trampa, farsa, enredo, embrollo, patraña, falacia. **Ant.** Verdad.
embustero-ra, engañador, mentiroso, embaucador, farsante, enredador. **Ant.** Escrupuloso, sincero.
embutido, fiambre, embuchado.// Incrustación, taracea.// -da, encajado, enquistado.
embutir, llenar, meter, encajar, empotrar, incluir, introducir, empalmar, atiborrar. **Ant.** Sacar.
emergencia, urgencia, accidente, suceso, evento.
emerger, salir, surgir, brotar, aparecer, mostrarse. **Ant.** Desaparecer, sumergirse.
emersión, aparición, salida. **Ant.** Inmersión.
emigración, éxodo, salida, migración, desplazamiento, expatriación, partida, marcha. **Ant.** Inmigración.
emigrante, desterrado, exiliado, expatriado. **Ant.** Inmigrante.
emigrar, partir, abandonar, salir, expatriarse, exiliarse, ausentarse, desterrarse. **Ant.** Inmigrar, volver, repatriarse.
eminencia, cima, cúspide, altura, elevación, colina, montículo. **Ant.** Hondonada, llanura, planicie.// Excelsitud, proceridad, distinción, grandeza. **Ant.** Pequeñez, insignificancia, inferioridad, vulgaridad.// Sabio, personaje, personalidad, lumbrera.

eminente, distinguido, destacado, encumbrado, superior, célebre, sobresaliente, notable, insigne, excelente, ilustre. **Ant.** Desconocido, ignorado,vulgar, desdeñable, despreciable.// Alto, elevado, encumbrado, prominente. **Ant.** Bajo.

emisario, mensajero, heraldo, enviado, legado, embajador, espía, portador, explorador, parlamentario, representante.

emisión, evacuación, salida.// Difusión, transmisión, producción, manifestación.// Acuñación.

emisor-ra, alocutor. **Ant.** Receptor.

emisora, radio, estación, transmisora, difusora.

emitir, expeler, proyectar, arrojar, lanzar, despedir, expulsar.// Difundir, transmitir.

emoción, sentimiento, inquietud, turbación, alteración, alarma, enternecimiento, agitación, conmoción, desasosiego. **Ant.** Pasividad, tranquilidad, serenidad.

emocional, emotivo, sentimental, pasional. **Ant.** Cerebral, racional.

emocionante, turbador, perturbador, inquietante, conmovedor, enternecedor, emotivo. **Ant.** Indiferente, frío.

emocionar, conmover, inquietar, enternecer. **Ant.** Serenar, insensibilizar.

emoliente, calmante, suavizante, descongestionante.

emolir, suavizar.

emolumento, honorarios, pago, salario, remuneración, retribución, paga, gaje, estipendio, gratificación.

emotividad, sensibilidad, afectividad. **Ant.** Insensibilidad.

emotivo-va, emocionante, conmovedor, sentimental. **Ant.** Insensible, indiferente.

empacar, embalar, empaquetar, enfardar. **Ant.** Desempacar, desempaquetar.// -se, obstinarse, empeñarse, porfiar, obcecarse, plantarse, pararse, detenerse.

empachar, atiborrar, hartar, empalagar, indigestar, estragar, saciar. **Ant.** Desempachar.

empacho, indigestión, hartazgo, empalago.

empadronamiento, censo, inscripción.

empadronar, censar, registrar, inscribir, anotar.

empalagar, hartar, empachar, estragar, acaramelar.// Cansar, fastidiar, molestar, enfadar, aburrir, hastiar, cargar. **Ant.** Entretener.

empalagoso-sa, acaramelado, dulzón, almibarado, pesado, indigesto.// Zalamero, pegajoso, insistente, fastidioso. **Ant.** Discreto.

empalar, atravesar, ensartar.

empalidecer, desteñir, empobrecer, atenuar, aclarar.

empalizada, valla, cerco,vallado, cercado, barrera.

empalmar, combinar, reunir, juntar, ligar, ensamblar, unir. **Ant.** Desunir, separar.// Continuar, seguir, suceder, proseguir.

empalme, enlace, unión, ensambladura, conexión, soldadura, enchufe, contacto, juntura.// Continuación.

empantanar, atascar, inundar, estancar, embalsar.// Obstaculizar, detener, paralizar, embarazar. **Ant.** Mover, movilizar.

empañar, enturbiar, manchar, ensuciar, oscurecer, deslustrar, opacar. **Ant.** Lustrar, aclarar.// Desacreditar, arruinar, despreciar, vilipendiar. **Ant.** Elogiar, ensalzar, realzar.

empapar, mojar, calar, impregnar, ensopar, humedecer. **Ant.** Enjugar, secar.

empapelar, forrar, recubrir, envolver.

empapuzar, atiborrar, hartar, llenar.

empaque, porte, traza, aire, afectación, catadura, presencia, facha, aspecto.// Afectación, solemnidad, orgullo. **Ant.** Sencillez.

empaquetar, liar, embalar, envolver, encajonar. **Ant.** Desempacar, desempaquetar.

emparedado, sandwich.

emparedado-da, encerrado, recluido, encarcelado. **Ant.** Libre. suelto.

emparedar, tapiar, enclaustrar, encerrar. **Ant.** Liberar.

emparejar, igualar, alcanzar, empatar. **Ant.** Desigualar.// Juntar, reunir. **Ant.** Separar.// Alisar, nivelar. **Ant.** Desnivelar.

emparentar, unirse, relacionarse, vincularse, entron⟨ **Ant.** Desvincularse, separarse.

emparrado, parral, glorieta, cenador, pérgola, galería.

empastar, cubrir, rellenar.

empaste, relleno, reparación.// Amalgama.

empastelar, componer, transigir, chanchullear.// Mezc⟨ embrollar.

empatar, igualar, alcanzar, nivelar, equiparar, equilibr⟨ compensar. **Ant.** Desempatar.

empate, equilibrio, nivelación, igualdad, emparejamien⟨ **Ant.** Desequilibrio, desempate.

empavesar, engalanar, adornar.// Proteger, defender. **A** Descuidar, abandonar.

empecinarse, obstinarse, aferrarse, empacarse, obcecar⟨

empedernido-da, riguroso, cruel, desalmado, impla⟨ ble, insensible, inhumano, desnaturalizado. **Ant.** Humar⟨

empedrado, adoquinado, pavimento.

empedrar, cubrir, pavimentar, adoquinar, enlosar.

empellón, empujón, arremetida, envión.

empeñar, hipotecar, prendar. **Ant.** Desempeñar.// -s⟨ endeudarse, entramparse, comprometerse.// Obstinar⟨ esforzarse, encapricharse, insistir, porfiar. **Ant.** Ceder.

empeño, cesión, préstamo, obligación, fianza, deuda⟨ Terquedad, obstinación, empecinamiento.// Ahínco, ans⟨ esfuerzo, deseo, ardor, anhelo. **Ant.** Desinterés.

empeorar, desmejorar, agravar, decaer, desmerecer, de⟨ riorar. **Ant.** Mejorar, sanar, curarse.// -se, nublar⟨ encapotarse, oscurecerse, cubrirse.

empequeñecer, achicar, disminuir, reducir. **A** Agrandar.// Desmerecer, rebajar, despreciar. **A** Enaltecer, magnificar.

emperador-triz, señor, soberano, monarca, rey.

emperifollarse, acicalarse, arreglarse, engalanar⟨ ataviarse, hermosearse. **Ant.** Afearse, desarreglarse.

empero, pero, mas, no obstante, sin embargo.

emperrarse, obstinarse, obcecarse, empeñarse, encap⟨ charse, porfiar, insistir. **Ant.** Ceder.

empezar, iniciar, comenzar, emprender, incoar, entab⟨ **Ant.** Acabar, finalizar, terminar.// Nacer, originarse.

empinado-da, alto, elevado, eminente, erguido, asce⟨ dente, encaramado. **Ant.** Bajo.// Inclinado. **Ant.** Horizo⟨ tal.// Presumido, soberbio, altivo. **Ant.** Humilde.

empinar, inclinar, ladear.// Levantar, erguir, enderez⟨ alzar.// -se, encaramarse, alzarse.

empingorotado-da, engreído, elevado, presuntuos⟨ opulento. **Ant.** Sencillo, humilde.

empíreo-a, celestial, divino.

empíreo, cielo, paraíso, edén. **Ant.** Infierno.

empírico-ca, experimental, rutinario, práctico. **A** Teórico.

empirismo, experiencia, práctica, pragmatismo.

emplasto, cataplasma, sinapismo, ungüento, fomen⟨ parche.// Arreglo, componenda.// Chapucería.

emplazamiento, ubicación, situación, colocación⟨ Llamada, convocatoria, citación, requerimiento.

emplazar, colocar, situar, ubicar.// Llamar, convocar, cit⟨ requerir.

empleado-da, dependiente, encargado, subaltern⟨ oficinista,agente, burócrata, administrativo, asalariado.

emplear, gastar, usar, utilizar, aprovechar, disfrutar, cc⟨ sumir, valerse.// Colocar, contratar, acomodar. **A** Desemplear, cesantear.

empleo, trabajo, colocación, ocupación, puesto, destir⟨ plaza, cargo, oficio.// Utilización, uso, usufructo, aprov⟨ chamiento, utilidad, aplicación. **Ant.** Desuso.// Catego⟨ jerarquía, grado.

empobrecer, arruinar, desmejorar, achicar, debilitar, dar⟨ perjudicar, endeudar. **Ant.** Enriquecer, engrandecer.

empobrecimiento, mengua, agotamiento, debilitamie⟨ to, adelgazamiento, degeneración, ruina, desolació⟨ ocaso. **Ant.** Enriquecimiento, engrandecimiento.

empollar, criar, incubar.// Pensar, meditar, elucubrar.

empolvar, ensuciar, empolvorar.// -se, acicalarse, arregl⟨ se, maquillarse.

mponzoñar, envenenar, inficionar.// Dañar, estropear, enviciar.

mporlo, mercado, almacén, establecimiento.// Foco, centro, núcleo, sede, base.

mpotrar, meter, encajar, embutir, hincar, incrustar, alojar, introducir. **Ant.** Extraer, sacar.

mprendedor-ra, decidido, resuelto, trabajador, activo, ambicioso. **Ant.** Negligente, vago, abúlico.

mprender, iniciar, comenzar, empezar, intentar, organizar, tentar, embarcarse, aventurarse. **Ant.** Dejar, abandonar, cesar, terminar.

mpreñar, embarazar, preñar.

mpresa, acción, obra, tarea, ejecución, trabajo, labor, cometido, proyecto, tentativa, gestión, negocio.// Firma, compañía, sociedad, casa, industria.

mpresario-ria, dueño, patrón, contratista, apoderado, jefe, principal, propietario, cabeza. **Ant.** Subalterno, subordinado, empleado.

mpréstito, anticipo, ayuda, préstamo.

mpujar, incitar, impulsar, lanzar, estimular. **Ant.** Desanimar, desalentar.// Expulsar, arrastrar, atropellar, barrer, echar, chocar, alejar.

mpuje, resolución, impulso, propulsión, arranque, brío, ímpetu, energía, coraje, vigor. **Ant.** Abulia, indolencia.

mpujón, empellón, choque, atropello, impulso.// Avance, adelanto.

mpuñadura, asidero, mango, manija, asa, manubrio.// Puño, pomo, guarnición.

mpuñar, agarrar, asir, coger, tomar, sujetar, enarbolar, aferrar, blandir, apretar. **Ant.** Soltar, aflojar, desaferrar.

mulación, competencia, rivalidad, superación, estímulo.

mular, rivalizar, competir, imitar, superar, oponerse.

mulo-la, rival, competidor, imitador, adversario.

mulsión, suspensión, coloide, solución.

nagua, camisa, combinación.

najenación, alienación, locura, éxtasis, demencia, desvarío.// Ensimismamiento, abstracción, insensibilidad, distracción, embelesamiento, arrobamiento.// Apropiación, traspaso, transmisión, adjudicación, pignoración.

najenar, traspasar, vender, transmitir, ceder, transferir.// Arrobar, suspender, embobar, embelesar, extasiar, encantar.// **-se,** enloquecer, trastornarse, disparatar, desvariar. **Ant.** Razonar.// Embelesarse, pasmarse.// Privarse, renunciar, abstenerse, alejarse.

naltecer, engrandecer, glorificar, magnificar, alabar, ensalzar, elogiar, encumbrar, elevar. **Ant.** Desmerecer, criticar, vilipendiar, rebajar, denigrar.

naltecimiento, alabanza, elogio, honra. **Ant.** Desmericimiento.

namoradizo-za, apasionado, vehemente, ardiente. **Ant.** Frío, serio, constante, fiel.

namorado-da, prendado, seducido, tierno, amoroso, apasionado, encariñado. **Ant.** Indiferente, desinteresado.

namorado, galán, pretendiente, cortejante, galanteador.

namoramiento, flechazo, conquista, seducción.

namorar, seducir, flechar, conquistar, galantear, requebrar, cortejar.// **-se,** apasionarse, encariñarse, metejonearse, prendarse, derretirse.

nanismo, pequeñez.

nano-na, pequeño, diminuto, raquítico, chico, pigmeo, menudo. **Ant.** Gigante, grande.

narbolar, blandir, levantar, alzar, izar, empuñar. **Ant.** Bajar, soltar, arriar.

nardecer, encolerizar, irritar, enojar, exasperar. **Ant.** Serenar, calmar.// Encender, acalorar, entusiasmar, exaltar, animar, agitar, provocar, atizar, estimular, excitar, avivar. **Ant.** Aplacar.

nardecimiento, entusiasmo, apasionamiento, acaloramiento, fogosidad, arrebato, exaltación, animación, excitación. **Ant.** Desinterés, frialdad.// Irritación. **Ant.** Serenidad, calma.

encabezamiento, principio, comienzo, preliminar, prolegómeno, título, lema, introducción. **Ant.** Final.

encabezar, comenzar, empezar, principiar. **Ant.** Terminar, finalizar.// Acaudillar, dirigir, capitanear, mandar, conducir. **Ant.** Obedecer, seguir.

encabritarse, agitarse, rebelarse.// Alzarse, levantarse.

encadenamiento, engranaje, enlace, conexión, sucesión, relación. **Ant.** Desunión.// Encarcelamiento, esclavitud. **Ant.** Libertad, liberación.

encadenar, unir, ligar, atar, trabar, enlazar. **Ant.** Desligar.// Relacionar.// Eslabonar, engarzar.// Aherrojar, esposar, esclavizar, sujetar. **Ant.** Liberar.

encajar, ajustar, engarzar, ensamblar, engranar, acoplar, embutir, enchufar, encastrar, empotrar. **Ant.** Desajustar.// Asestar, dar, acertar. **Ant.** Errar.// Embalar, encerrar.// **-se,** atascarse.

encaje, puntilla, blonda, filigrana, calado, labor.// Acoplamiento, ajuste, embrague, enchufe, empotramiento, ensambladura, engranaje, enganche, articulación, unión.

encajonar, comprimir, apretar, encerrar, meter, prensar, empaquetar, empacar.// **-se,** estrecharse, apretarse.

encalar, blanquear, estucar, enjalbegar, pintar.

encallar, atascarse, varar, embarrancar.

encallecerse, acostumbrarse, avezarse, endurecerse.

encamarse, acostarse, fornicar.

encaminar, aconsejar, orientar, educar, instruir, preparar, enseñar, adiestrar. **Ant.** Desorientar, desviar.// Dirigir, enfocar, enderezar, encauzar, encarrilar.// **-se,** irse, marcharse, dirigirse, trasladarse, caminar. **Ant.** Quedar, permanecer.

encanallar, envilecer, viciar, corromper, pervertir. **Ant.** Elevar, salvar, cuidar.

encandilar, deslumbrar, alucinar, fascinar, seducir, ofuscar, cegar, enceguecer, impresionar, pasmar.

encanecer, blanquear, envejecer, avejentarse, aviejarse. **Ant.** Rejuvenecer.

encantador-ra, agradable, hechicero, sugestivo, atrayente, seductor. **Ant.** Desagradable, repelente, antipático.// Mago, brujo, hechicero, hipnotizador. **Ant.** Exorcizador.

encantamiento, seducción, atracción, fascinación, embeleso. **Ant.** Repulsión, desagrado.// Sortilegio, hechicería, ensalmo, hechizo, brujería.

encantar, hechizar, embrujar, dominar, hipnotizar. **Ant.** Desencantar, exorcizar.// Fascinar, maravillar, seducir, atraer, embelesar, cautivar. **Ant.** Desagradar.

encanto, seducción, hechizo, maravilla, atractivo.// Magia, hechizo.

encañonar, dirigir, apuntar.

encapotado-da, nublado, oscuro.

encapotarse, nublarse, oscurecerse, cubrirse, encelajarse, cerrarse, entoldarse. **Ant.** Aclarar, despejar.

encaprichamiento, antojo, capricho, obstinación.

encapricharse, emperrarse, porfiar, insistir, empecinarse, empeñarse.// Encariñarse, enamorarse.

encaramar, subir, levantar, elevar, alzar. **Ant.** Bajar.// Elogiar, honrar. **Ant.** Deshonrar, vilipendiar.// **-se,** trepar, ascender. **Ant.** Descender.// Medrar, prosperar, progresar.

encarar, afrontar, resistir, plantarse. **Ant.** Ceder.// Apuntar, dirigir.

encarcelar, recluir, aprisionar, encerrar, enjaular. **Ant.** Liberar, soltar.

encarecer, aumentar, subir, especular. **Ant.** Abaratar.// Elogiar, alabar. **Ant.** Menospreciar.// Encargar, pedir, encomendar, recomendar.

encarecimiento, sobreprecio, carestía. **Ant.** Rebaja, abaratamiento.// Elogiar, ponderar. **Ant.** Criticar, menospreciar.

encargado-da, responsable, delegado, representante.

encargar, encomendar, delegar, responsabilizar, recomendar, acreditar, mandar, comisionar, facultar, apoderar.

encargo, recomendación, mandato, orden, solicitud, petición.

encariñarse, simpatizar, aficionarse, apegarse.

encarnación, imagen, materialización, símbolo, personalización, representación.

encarnar, representar, simbolizar, personificar.
encarnadura, cicatrización.
encarnado-da, rojo, colorado, granate, carmesí, escarlata.
encarnizado-da, sangriento, feroz, implacable. **Ant.** Benévolo.
encarnizarse, cebarse, enconarse.
encarrilar, orientar, encaminar, encauzar, guiar, dirigir. **Ant.** Desorientar, desencarrilar.// **-se,** estabilizarse, normalizarse.
encasillar, catalogar, clasificar, archivar, distribuir, encuadrar.
encasquetarse, ponerse, colocarse.
encastillarse, empacarse, emperrarse, obstinarse.
encausado-da, reo, preso, procesado. **Par.** Encauzado.
encausar, enjuiciar, procesar. **Par.** Encauzar.
encauzar, encaminar, encarrilar, dirigir, guiar, orientar, enfocar, gobernar, inspirar, educar, instruir, preparar, adiestrar. **Ant.** Desviar, desorientar. Par. Encausar.
encefálico-ca, craneal, cerebral.
encéfalo, cerebro, sesos.
encelarse, apasionarse, enamorarse, desear.
encenagar, enlodar, enfangar, ensuciar, embarrar.// Pervertir, encanallar, enviciar.
encendedor, mechero, chispero.
encender, prender, calentar, inflamar, iluminar, incendiar, accionar, pulsar. **Ant.** Apagar.// Excitar, enardecer. **Ant.** Calmar, apaciguar.// **-se,** ruborizarse, conmoverse.
encepar, atrapar, sujetar.
encerado, impermeable, pizarra.
encerar, abrillantar, embetunar.
encerrar, aprisionar, internar, emparedar, acorralar, cerrar, guardar, esconder, recluir, enclaustrar, enjaular, encarcelar, aislar, incomunicar. **Ant.** Liberar. soltar.
encerrona, engaño, celada, emboscada, añagaza, trampa.// Recogimiento, reclusión, clausura, encierro.
encharcar, anegar, inundar, enlodar, empantanar, enfangar.
enchufar, conectar, unir, encajar, ensamblar, ajustar. **Ant.** Separar, desunir.// Acomodar, recomendar, favorecer.
enchufe, unión, empalme, placa, conexión, ajuste.
encíclica, mensaje, comunicado, pastoral.
enciclopedia, diccionario.
encierro, celda, prisión, calabozo, cárcel, mazmorra.// Reclusión, clausura, aislamiento, recogimiento.
encima, sobre, arriba.// Además, aparte. Par. Enzima.
encinta, embarazada, preñada, grávida.
enclaustrar, encerrar, internar, emparedar, recluir.// **-se,** incomunicarse, aislarse, apartarse.
enclavar, traspasar, atravesar.// Clavar.
enclavado-da, ubicado, localizado, sito, emplazado, situado, establecido, plantado. **Ant.** Desplazado, trasladado.
enclave, emplazamiento, zona, territorio.
enclenque, enfermizo, débil, enteco, achacoso, encanijado, raquítico, flaco. **Ant.** Fuerte, fornido.
encofrado, revestimiento, molde, armazón, bastidor.
encofrar, recubrir, revestir.
encoger, contraer, achicar, acortar, abreviar, menguar. **Ant.** Estirar.// **-se,** amilanarse, apocarse, asustarse. **Ant.** Envalentonarse.
encolar, pegar, engomar, soldar, engrudar, unir, adherir, fijar, consolidar. **Ant.** Despegar.
encolerizar, irritar, exasperar, fastidiar, molestar, enfurecer, exacerbar, alterar. **Ant.** Tranquilizar, apaciguar.
encomendar, encargar, confiar, proteger, encarecer, solicitar, mandar.// **-se,** entregarse, confiarse, abandonarse, fiarse.
encomiar, alabar, elogiar, ensalzar, ponderar, loar, aplaudir, enaltecer. **Ant.** Criticar, censurar, denigrar.
encomienda, recomendación, encargo.// Custodia, amparo, patrocinio, protección.// Merced, renta.
encomio, halago, alabanza, elogio, ensalzamiento, defensa. **Ant.** Crítica.
enconarse, congestionarse, inflamarse. **Ant.** Sanar, descongestionarse.// Irritarse, acalorarse. **Ant.** Calmarse, tranquilizarse.

encono, odio, rencor, aversión, enemistad, resentimiento, saña, tirria, animadversión. **Ant.** Cariño, afecto.
encontradizo-za, intencionado, topadizo.
encontrado-da, descubierto, hallado.// Opuesto, distinto, contrario, antitético, enemigo. **Ant.** Compatible, favorable, acorde.
encontrar, hallar, descubrir, ver, topar, acertar. **Ant.** Perder.// Sorprender.// **-se,** coincidir, reunirse.// **Ant.** Alejarse, separarse.// Hallarse, figurar, estar.// Pelearse, oponerse, discutir.// Acordar, convenir.
encontronazo, choque, topetazo, tropezón, golpe, embestida, encuentro.
encopetado-da, linajudo, noble, patricio, aristocrático, señorial. **Ant.** Plebeyo.// Presumido, ostentoso, vano. **Ant.** Humilde, simple, sencillo.
encorchar, tapar, taponar. **Ant.** Destapar.
encorsetar, ceñir, ajustar, fajar.
encorvar, arquear, curvar, doblar, combar.// Agobiar.// **-se,** inclinarse, torcerse. **Ant.** Enderezarse.
encrespado-da, ensortijado, rizado. **Ant.** Lacio.// Irritado, enojado.
encrespar, rizar, ,ensortijar. **Ant.** Alisar.// Enfurecer, irritar, enojar.// **-se,** alborotarse, alzarse.
encrucijada, intersección, confluencia, cruce, empalme.// Dilema, opción, disyuntiva.
encuadernar, ajustar, componer, interfoliar, enlomar, empastar. **Ant.** Desencuadernar.
encuadrar, clasificar, encasillar, circunscribir, asignar, delimitar.// **-se,** afiliarse, adscribirse.
encubierto-ta, escondido, tapado, clandestino, furtivo, misterioso, reservado. **Ant.** Claro, descubierto.
encubridor-ra, cómplice, compinche, protector, colaborador. **Ant.** Denunciante, delator, descubridor.
encubrir, tapar, ocultar, esconder, fingir, callar, proteger, amparar, colaborar, omitir. **Ant.** Delatar, descubrir.
encuentro, descubrimiento, hallazgo.// Contradicción, oposición, pugna.// Choque, encontronazo, colisión, topetón, tropiezo, tope.// Reunión, asamblea.// Coincidencia.// Partido, competición, juego.
encuesta, averiguación, investigación, sondeo, indagatoria, interrogatorio, búsqueda, informe, estudio.
encumbrado-da, destacado, distinguido.
encumbrar, elogiar, ponderar. **Ant.** Criticar, denigrar.// Alzar, levantar, subir.// **-se,** subir, trepar, envanecerse, sobresalir, progresar. **Ant.** Descender, declinar.
encurtir, preparar, conservar.
ende (por), en consecuencia.
endeble, débil, enfermizo, delicado, delgado. **Ant.** Sano, robusto, fuerte.
endeblez, debilidad, inconsistencia, fragilidad. **Ant.** Fortaleza, consistencia, resistencia.
endémico-ca, infeccioso, contagioso. **Ant.** Desacostumbrado.
endemoniado-da, endiablado, poseído, diabólico, condenado, maldito, maligno. **Ant.** Bendito, bueno, angelical.
endemoniar, hechizar, embrujar, corromper, pervertir. **Ant.** Salvar.
enderezar, levantar, alzar, erguir. **Ant.** Bajar.// Extender, desencorvar.// Corregir, encauzar, orientar, educar, encarrilar.// Mandar, remitir, enviar.
endeudarse, empeñarse, comprometerse, atrasarse, entramparse. **Ant.** Pagar.
endiablado-da, endemoniado.// Feo, desproporcionado.
endilgar, endemoniar.// Dañar, corromper, pervertir.
endilgar, endosar, lanzar, dirigir, espetar, encajar.
endiosamiento, altivez, soberbia, divinización, engreimiento.
endiosar, divinizar, idolatrar, venerar.// **-se,** engreírse, ensoberbecerse.
endomingarse, acicalarse, engalanarse, embellecerse, adornarse, emperifollarse.
endosar, negociar, traspasar, transferir, cargar. **Ant.** Sacar, quitar.// Endilgar, enjaretar, encomendar, encargar.
endoso, cesión, transferencia, traspaso.

ndrino-na, azul, azulado, negro.

ndulzar, almibarar, acaramelar, azucarar, dulcificar. **Ant.** Amargar, acibarar.// Suavizar, mitigar, atemperar, apaciguar, atenuar, calmar. **Ant.** Exacerbar, enfurecer.

ndurecer, espesar, solidificar, apretar.// Fortalecer, robustecer, vigorizar, fortificar. **Ant.** Debilitar.// **-se,** acostumbrarse, insensibilizarse, encallecerse. **Ant.** Compadecerse, ablandarse.// Osificarse, momificarse.

nemigo-ga, contrario, opuesto, rival, adversario, contrincante, competidor, antagonista. **Ant.** Amigo, compinche, socio, compañero.// Refractario, opuesto.

nemistad, hostilidad, contienda, rivalidad, discordia.// Encono, odio, animadversión, aversión, rozamiento. **Ant.** Amor, cariño, simpatía.

nemistar, indisponer, enojar, malquistar, desunir, desavenir, dividir, oponer.// **-se,** pelearse. **Ant.** Amistarse, perdonarse.

nergético-ca, vitamínico, fortalecedor, vigorizante. **Ant.** Debilitador.

nergía, fuerza, poder, voluntad, vigor, pujanza, nervio, eficacia, empuje.// Tenacidad, tesón, firmeza, entereza, resolución. **Ant.** Flaqueza, debilidad.

nérgico-ca, eficaz, activo, tenaz, poderoso, fuerte, vigoroso, potente, pujante, firme, autoritario. **Ant.** Débil.

nergúmeno, endemoniado, endiablado.// Frenético, alborotado, exaltado, furioso, rabioso, cascarrabias. **Ant.** Tranquilo, calmo.

nervación, agotamiento, enervamiento, debilitamiento, atonía.

nervar, agotar, postrar, ablandar, debilitar, invalidar, desanimar. **Ant.** Vigorizar, fortalecer.

nfadar, enojar, encolerizar, irritar, molestar, desagradar, disgustar, fastidiar, aburrir.// **-se,** enemistarse, resentirse. **Ant.** Amistarse.

nfado, desagrado, enojo, malestar, disgusto, molestia, aburrimiento, malhumor, fastidio, tedio, cansancio. **Ant.** Satisfacción, calma, contento.

nfadoso-sa, irritante, enojoso, molesto, aburrido.

nfangar, ensuciar, enlodar, encenagar, embarrar. **Ant.** Limpiar, secar.// Enviciar, corromper. **Ant.** Mejorar, rehabilitar.

nfardar, embalar, empacar, empaquetar, envolver, liar. **Ant.** Desempacar, desempaquetar.

nfasis, retintín, intensidad, vehemencia, intención, dejo. **Ant.** Naturalidad.// Aspaviento, afectación, pedantería, pomposidad. **Ant.** Sencillez.

nfático-ca, redundante, pomposo, doctoral, ampuloso, solemne. **Ant.** Sencillo.

nfatizar, agudizar, acentuar.

nfermar, indisponer, atacar, acometer, afectar, postrar.// **-se,** infectarse, contraer, indisponerse, descomponerse. **Ant.** Curar, sanar.

nfermedad, mal, dolencia, indisposición, padecimiento, afección, malestar, alteración, achaque, morbo, complicación, desarreglo, trastorno. **Ant.** Salud.

nfermizo-za, débil, achacoso, enclenque, enteco, delicado. **Ant.** Fuerte, sano.

nfermo-ma, afectado, doliente, paciente, aquejado, achachoso, indispuesto. **Ant.** Sano, saludable.

nfervorizar, entusiasmar, animar, exaltar, alentar. **Ant.** Calmar.

nfilar, asestar, apuntar, enfocar, visar, dirigir.// Ensartar, enristrar, alinear.// Encaminarse, irse, dirigirse.

nflaquecer, adelgazar, demacrarse, desmejorarse, achicarse, debilitarse, chuparse, secarse, consumirse. **Ant.** Aumentar, engordar.

nflaquecimiento, adelgazamiento, consunción. **Ant.** Engrosamiento, robustecimiento.

nfocar, orientar, encaminar, encauzar, apuntar, dirigir, acertar. **Ant.** Desviar.

nfoque, orientación, dirección, rumbo, sentido.

nfrascar, embotellar. **Ant.** Vaciar.// **-se,** ensimismarse, darse, atarearse, meterse, dedicarse, ocuparse, entregarse, abstraerse, engolfarse, concentrarse, sumirse. **Ant.** Distraerse.

enfrentar, encarar, oponer, afrontar.// Desafiar, competir.// **-se,** luchar, contender, rivalizar. **Ant.** Amistarse.

enfrente, delante de, frente a. **Ant.** Atrás.

enfriamiento, distanciamiento, alejamiento, indiferencia.// Congelamiento.// Resfrío, constipado.

enfriar, refrigerar, helar, congelar, refrescar **Ant.** Calentar.// **-se,** alejarse, distanciarse.// Calmarse, apaciguarse.// Resfriarse.

enfundar, envainar, encamisar, envolver, cubrir, forrar. **Ant.** Desenfundar.

enfurecer, irritar, enojar, encolerizar, arrebatar, excitar, alterar, sublevar, provocar. **Ant.** Calmar, serenar, aplacar.// **-se,** emberrechinarse, ensoberbecerse.

enfurruñarse, irritarse, contrariarse, incomodarse, disgustarse, molestarse. **Ant.** Alegrarse, calmarse, tranquilizarse.

engalanar, adornar, ornar, embellecer, aderezar, emperifollar, ataviar, hermosear, atildar, empavesar, embanderar. **Ant.** Afear, desarreglar.

enganchar, ligar, sujetar, engarzar, prender, empalmar, acoplar, ensamblar. **Ant.** Desenganchar, desunir.// Captar, seducir, atraer. **Ant.** Rechazar, repeler.// Uncir. **Ant.** Soltar.// Reclutar, alistar.// se, comprometerse.

enganche, atractivo.// Reclutamiento.

engañar, mentir, fingir, embaucar, burlar, estafar, timar, engatusar, frustrar, ilusionar, distraer, chasquear, trampear, traicionar. **Ant.** Desengañar, desilusionar.// **-se,** ofuscarse, equivocarse. **Ant.** Escarmentar.

engaño, mentira, falsedad, añagaza, chasco, embaucamiento, embeleco, truco, fraude, artificio, ardid, fullería. **Ant.** Verdad, sinceridad.

engañoso-sa, mentiroso, ilusorio, capcioso, fraudulento, falaz, doloso, irreal, inexistente, infiel. **Ant.** Real, verdadero, sincero.

engarce, encaje, incrustación, engaste.// Encadenamiento, conexión. **Ant.** Desligamiento.

engarzar, incrustar, embutir, alojar, engastar, encajar, ajustar. **Ant.** Desengarzar, desengastar.// Conectar, unir, ligar, relacionar. **Ant.** Desunir, desligar, separar, soltar.

engastar, engarzar, encajar.

engaste, engarce, encaje, montura.

engatusar, engañar, embaucar, camelar, timar. **Ant.** Desengañar, desilusionar.

engendrar, procrear, fecundar, generar, crear, producir, reproducir, embarazar, copular. **Ant.** Abortar.// Causar, provocar, originar, ocasionar, producir.

engendro, aborto, feto, monstruo, adefesio, fenómeno.// Equivocación, disparate, desacierto.

englobar, incluir, reunir, comprender, contener, abrazar, abarcar, encerrar. **Ant.** Discriminar, separar.

engolado-da, presuntuoso, enfático, pretencioso, pedante, fatuo, vano, inflado, pomposo, ampuloso. **Ant.** Humilde, sencillo, simple.

engolfarse, enfrascarse, ensimismarse, abstraerse, concentrarse, dedicarse, consagrarse. **Ant.** Distraerse, desentenderse.

engolosinar, seducir, atraer, fascinar, encandilar, deslumbrar, sugestionar, engañar. **Ant.** Repeler, rechazar.// **-se,** encapricharse.

engomar, pegar, encolar, engrudar, adherir, fijar, unir, impregnar, untar, sujetar. **Ant.** Despegar.

engordar, cebar, criar, sainar, engrosar, alimentar.// Aumentar, fortalecerse, engrosar, ensanchar. **Ant.** Adelgazar, enflaquecer.// Enriquecerse, prosperar.

engorde, crianza, nutrición, alimentación.

engorro, fastidio, inconveniente, dificultad, estorbo, embarazo, molestia, enredo, embrollo, complicación, apuro. **Ant.** Facilidad, ayuda.

engorroso-sa, complicado, difícil, fastidioso, molesto, pesado. **Ant.** Fácil, simple, llevadero.

engranaje, enlace, conexión.// Embrague.

engranar, ajustar, enlazar, acoplar, ensamblar, embragar, empalmar. **Ant.** Desengranar, desempalmar.// Enlazar, conectar, relacionar.

engrandecer, agrandar, aumentar, ampliar, desarrollar, agigantar, acrecentar. **Ant.** Achicar, disminuir.// Ennoblecer, elogiar, enaltecer. **Ant.** Denigrar.

engrandecimiento, crecimiento, ampliación, dilatación, aumento. **Ant.** Disminución, achicamiento.// Enaltecimiento, ennoblecimiento, elogio, exaltación, elevación, encumbramiento. **Ant.** Desvalorización.

engranularse, envilecerse, corromperse. **Ant.** Rehabilitarse., ennoblecerse.

engrapar, sujetar, asegurar.

engrasar, untar, lubrificar, aceitar, pringar, cubrir, embadurnar, lubricar, encerar, recubrir. **Ant.** Desengrasar, secar.// Embadurnar, ensuciar, pringar, manchar. **Ant.** Limpiar.

engrase, lubricación, engrasado.

engreído-da, ensoberbecido, altivo, orgulloso, pedante, petulante, pretencioso, soberbio, fatuo. **Ant.** Humilde, llano.

engreírse, ensoberbecerse, envanecerse, infatuarse, fanfarronear, jactarse, endiosarse. **Ant.** Humillarse. rebajarse.

engrosar, cebar, engordar.// Agigantar, aumentar, engrandecer, incrementar. **Ant.** Achicar, disminuir.

engrudo, pasta, goma, pegamento, cola.

engrupido-da, engreído.

engullir, tragar, englutir, deglutir, sorber, empapuzarse, atiborrarse, ingerir, manducar, zampar. **Ant.** Vomitar, devolver.

enharinar, rebozar, cubrir.

enhebrar, ensartar, unir, engarzar, pasar, introducir. **Ant.** Soltar, desenhebrar.

enhiesto-ta, erguido, derecho, recto, erecto, levantado, tieso. **Ant.** Encorvado, caído.

enhorabuena, felicitación, saludo, parabién, pláceme, congratulación. **Ant.** Pésame.

enhoramala, pésame, protesta, disgusto, desaprobación. **Ant.** Enhorabuena, felicitación.

enigma, dilema, misterio, secreto, incógnita, interrogante. **Ant.** Solución, clave.// Juego, acertijo, charada.

enigmático-ca, misterioso, oscuro, abstruso, difícil, secreto, inexplicable, ininteligible, incomprensible, inescrutable, complicado, sibilino, esotérico. **Ant.** Evidente, claro, manifiesto.

enjabonar, jabonar, limpiar.

enjaezar, adornar, ensillar.

enjalbegar, estucar, blanquear, encalar.

enjambre, multitud, muchedumbre, grupo, abundancia, profusión, cúmulo. **Ant.** Carencia, pobreza.

enjaular, encerrar, recluir, encarcelar. **Ant.** Liberar, soltar.

enjoyar, adornar, ornar, engalanar.

enjuagar, lavar, limpiar, aclarar.

enjuague, lavado, aclarado.// Chanchullo, trampa, enredo.

enjugar, extinguir, cancelar, liquidar.// Limpiar, escurrir, secar, orear. **Ant.** Humedecer.

enjuiciamiento, proceso, juicio.

enjuiciar, procesar, encausar, instruir, incoar.// Sentenciar, condenar, juzgar, dictaminar, fallar.// Evaluar, apreciar, valorar.

enjundia, grasa, gordura.// Fuerza, arrestos, vigor, brío, pujanza, coraje. **Ant.** Debilidad.// Sustancia, contenido, meollo.// Personalidad, carácter.

enjundioso-sa, sustancioso, importante.// Vigoroso, enérgico.

enjuto-ta, flaco, esmirriado, delgado, enteco, magro, seco, chupado, demacrado. **Ant.** Gordo, rollizo.

enlace, conexión, encademineto, atadura, trabazón, relación, engarce, sutura, vínculo, unión, soldadura, ensamblamiento, ligazón, concatenación, juntura, alianza, reunión. **Ant.** Desunión, desenlace.// Matrimonio, casamiento. **Ant.** Separación, divorcio.

enlazar, unir, juntar, ligar, encadenar, eslabonar, entroncar, acoplar, engranar, trabar, concatenar, empalmar, anexar. **Ant.** Soltar, desunir, desligar.

enlodar, ensuciar, enfangar, embarrar, encenagar. **Ant.** Limpiar, secar.// Envilecer, prostituir, degradar, corromper, mancillar, infamar. **Ant.** Rehabilitar, honrar, enaltecer.

enloquecer, trastornarse, desequilibrarse, enajenarse, e traviarse, chiflarse, desvariar, desbarrar. **Ant.** Razonar. Gustar, maravillar, fascinar, encantar.

enlosar, pavimentar, eniadrillar, embaldosar. **Par.** Enlozar.

enlutar, oscurecer, entristecer, apenar, amargar. **Ant.** Al grar.

enmarañado-da, confuso, complicado. **Ant.** Fácil, sin ple.// Enredado, rizado, hirsuto.

enmarañar, complicar, embrollar, enredar, dificultar.

enmarcar, encuadrar.

enmascarar, disfrazar, tapar, disimular, ocultar, embosca cubrir, desfigurar. **Ant.** Mostrar, revelar.

enmendar-se, corregir, mejorar, rectificar, perfecciona reformar, reparar, pulir, limar, subsanar, expurgar. **Ant.** En peorar, mantener.

enmienda, corrección, mejora, rectificación, reforma, de puración, retoque, remiendo.// Reparación, compensa ción, resarcimiento.// Conversión, moralización. **Ant.** Rein cidencia, perversión.

enmohecer, oxidar, estropear, herrumbrar.// -se, anquilo sarse, inutilizarse.

enmohecimiento, oxidación, envejecimiento, inutiliza ción. **Ant.** Pulimiento, utilización.

enmudecer, silenciar, callar. **Ant.** Decir, hablar.

ennegrecer, oscurecer, negrear, sombrear, atezar, ahuma **Ant.** Blanquear, aclarar.

ennoblecer, dignificar, ensalzar, realzar, ilustrar, engrande cer, elevar. **Ant.** Denigrar, humillar, deshonrar.

enojar, malquistar, enfadar, irritar, enfurecer, exasperar, dis gustar, encolerizar.// -se, pelearse.

enojo, irritación, enfado, fastidio, disgusto, embuchadc rabia, cólera, ira, acaloramiento, furia. **Ant.** Calma, alegría serenidad.

enojoso-sa, molesto, fastidioso. **Ant.** Agradable, ameno

enorgullecerse, ensoberbecerse, ,engreírse, envanecerse infatuarse, ufanarse, alegrarse, presumir, alardear, jactarse blasonar. **Ant.** Humillarse, avergonzarse, rebajarse.

enorme, colosal, descomunal, desmedido, extraordinaric excesivo, formidable, extremado, importante, volumino so, exorbitante, gigantesco, titánico, ciclópeo, monumen tal, inmenso. **Ant.** Chico, pequeño, diminuto, minúsculo.

enormidad, barbaridad, extravagancia, locura, desatinc atrocidad, despropósito, disparate, dislate.// Exceso, co pia, abundancia, plétora, magnitud, exorbitancia. **Ant.** In significancia.// Maldad. **Ant.** Bondad.

enquistarse, encajarse, introducirse, embutirse. **Ant.** Sali

enraizar, arraigar, acostumbrarse, aclimatarse, establecer se. **Ant.** Desarraigarse.

enramada, emparrado, follaje.

enranciarse, añejarse, estropearse, envejecer.

enrarecer, rarificar, escasear.

enredar, embrollar, entretejer, entrelazar, trenzar.// Deso denar, revolver, enmarañar.// Entorpecer, complicar, con fundir. **Ant.** Simplificar.// Intrigar.

enredo, complicación, confusión, embrollo, trama, intriga fraude, trabazón, maraña, engaño. **Ant.** Verdad, simplici dad, sencillez.

enredos, chismes.

enrejado, empalizada, verja, celosía, emparrillado.// Re cluso, preso. **Ant.** Libre.

enrejar, vallar, cercar, aislar.// Apresar, detener, encarcela **Ant.** Liberar, soltar.

enrevesado-da, indescifrable, confuso, enredado, embro llado, incomprensible, complejo, oscuro, difícil. **Ant.** Claro sencillo, simple.

enriquecer, mejorar, proveer, impulsar, vigorizar, fortale cer, ayudar. **Ant.** Empobrecer.// -se, prosperar, progresa florecer, crece, acopiar, atesorar, acumular, especular, ex plotar, cosechar, lucrar, beneficiarse, embolsar. **Ant.** Empo brecerse.

enriscado-da, peñascoso, abrupto, escarpado, escabroso **Ant.** Liso, llano.

enriscar, levantar, empinar, alzar, elevar. **Ant.** Bajar.// -se guarecerse.

enristrar, lancear, acometer, atacar.// Atravesar, ensartar.

enrojecer, pintar, colorear, teñir. **Ant.** Decolorar, desteñir.// Avergonzarse, abochornarse, sonrojarse, ruborizarse. **Ant.** Empalidecer.

enrolar, reclutar, alistar, incorporar. **Ant.** Licenciar.

enrollar, envolver, plegar, arrollar, enroscar, retorcer. **Ant.** Desenrollar, desplegar.

enronquecer, desgañitarse, vociferar, carraspear.

enroscar, torcer, retorce, atornillar.// Liar, envolver. **Ant.** Desenroscar.

ensalada, mezcla, desorden, confusión, revoltijo, barullo, embrollo. **Ant.** Claridad.

ensalmo, exorcismo, conjuro, brujería, superstición, ruego, rezo, requerimiento.

ensalzar, enaltecer, glorificar, loar, encumbrar, entronizar, exaltar. **Ant.** Denigrar.// Elogiar, alabar.

ensamblar, acoplar, unir, juntar, enlazar, encajar, empalmar, embutir. **Ant.** Desencajar.

ensanchar, agrandar, ampliar, extender, dilatar, aumentar. **Ant.** Achicar, disminuir.// **-se,** engreírse, ensoberbecerse, infatuarse. **Ant.** Humillarse, rebajarse.

ensangrentar, salpicar, teñir, manchar.

ensañamiento, furia, ferocidad, brutalidad, encarnizamiento, saña, sevicia, crueldad. **Ant.** Bondad, benevolencia, humanidad, altruismo.

ensañarse, encarnizarse, enconarse. **Ant.** Serenarse, moderarse.

ensartar, enhebrar, engarzar, enfilar, enristrar, atravesar, perforar, unir, horadar. **Ant.** Desenhebrar.

ensayar, experimentar, tentar, sondear, probar, examinar, palpar, tantear, investigar, reconocer.// Ejercitar, adiestrar, amaestrar. **Ant.** Improvisar.

ensayista, escritor, investigador, articulista, comentarista.

ensayo, prueba, comprobación, verificación, experimentación, experiencia, tanteo, intento, tentativa, experimento, reconocimiento, sondeo, examen, simulacro, preludio.// Estudio, escrito, investigación, artículo, esquema, bosquejo, proyecto.

ensenada, golfo, fondeadero, cala, puerto, bahía, abrigo, rada, caleta.

enseña, divisa, bandera, emblema, pendón, estandarte.

enseñanza, educación, instrucción, iniciación, ilustración, adiestramiento, preparación, cultura. **Ant.** Ignorancia.// Cátedra, método, disciplina, teoría, escuela, programa, sistema, doctrina.

enseñar, instruir, preparar, adoctrinar, aleccionar, catequizar, amaestrar, disciplinar. **Ant.** Desviar, desorientar, envilecer.// Profesar, explicar, señalar.// Mostrar, exhibir, exponer, lucir, sacar. **Ant.** Tapar, ocultar.

enseñorearse, adueñarse, apropiarse, dominar, apoderarse, ocupar, posesionarse.

enseres, efectos, utensilios, bártulos, muebles, trebejos, trastos, instrumentos. Par. Enceres.

ensimismamiento, concentración, abstracción. **Ant.** Distracción.

ensimismarse, recogerse, embeberse, reconcentrarse, recogerse, abstraerse, extasiarse, embobarse, meditar, pensar. **Ant.** Distraerse.

ensoberbecerse, engreírse, infatuarse, envanecerse. **Ant.** Humillarse.

ensoberbecido-da, altivo, vano, fatuo, engreído, vanidoso, orondo, presumido. **Ant.** Humilde, sencillo.

ensoberbecimiento, altivez, arrogancia, ahuecamiento. **Ant.** Humildad.

ensombrecer, oscurecer, entenebrecer, enlobreguecer, anublar. **Ant.** Aclarar.// Apenar, entristecer, preocupar. **Ant.** Alegrar.

ensordecer, asordar, aturdir, atronar, retumbar.// Callar, enmudecer.

ensordecedor-ra, atronador, estrepitoso, estruendoso, retumbante. **Ant.** Apagado, silencioso, inaudible.

ensortijado-da, crespo, rizado, oindulado. **Ant.** Liso, lacio.

ensortijar, enrular, ondular, rizar, encrespar.

ensuciar, pringar, manchar, embadurnar, tiznar, deslucir, emporcar, percudir. **Ant.** Asear, limpiar.

ensueño, ilusión, fantasía, imaginación, sueño, quimera, irrealidad, utopía, espejismo, ficción, imagen. **Ant.** Realidad.

entablar, asegurar, trabar, afianzar, recubrir, cubrir.// Emprender, comenzar, iniciar, disponer, preparar, originar, causar. **Ant.** Arreglar, terminar.

entablillar, asegurar, sujetar, inmovilizar, vendar.

entallar, esculpir, grabar, burilar, tallar.

ente, ser, entidad, sujeto, cosa, entelequia, sustancia, unidad.

enteco-ca, débil, enfermizo, enclenque, raquítico, enfermo, enjuto, flaco. **Ant.** Sano, fuerte, robusto, lozano.

entelequia, ficción, suposición, irrealidad, invención.

entender, comprender, distinguir, penetrar, interpretar, discernir, percibir, alcanzar, inferir.// Pensar, opinar, juzgar, creer. **Ant.** Ignorar.// Sentir, oír.// **-se,** quererse, unirse, liarse.// Compenetrarse, avenirse.

entendido-da, sabio, experimentado, conocedor. **Ant.** Inexperto, novato.

entendimiento, inteligencia, agudeza, capacidad, ingenio.

entenebrecer, oscurecer, nublar, ensombrecer. **Ant.** Aclararse.

entente, convenio.

enterar, instruir, informar, comunicar, advertir, participar, revelar, explicar.// **-se,** descubrir, conocer, investigar, averiguar. **Ant.** Ignorar.

entecarse, empeñarse, encapricharse.

entereza, perfección, rectitud, probidad, honestidad, honradez, integridad. **Ant.** Deslealtad.// Fortaleza, aguante, carácter, tesón, energía. **Ant.** Debilidad.

enternecer, ablandar, conmover, emocionar, inquietar, impresionar, turbar, afectar. **Ant.** Endurecer.

entero-ra, sano, robusto, bueno, saludable. **Ant.** Enfermo, mutilado.// Cumplido, íntegro, absoluto, cabal, completo, total, indiviso, intacto. **Ant.** Partido, incompleto, fragmentado.// Recto, justo, honrado, honesto, leal, enérgico, firme. **Ant.** Desleal.

enterrar, sepultar, inhumar, acompañar, conducir. **Ant.** Exhumar.// Soterrar, ocultar, esconder, tapar. **Ant.** Desenterrar.// Olvidar, desechar, arrinconar. **Ant.** Recordar.// **-se,** recluirse, aislarse, apartarse, retirarse, enclaustrarse.

entibiar, templar, enfriar, moderar. **Ant.** Encender, calentar.// Disminuir, rebajar, decaer, debilitar. **Ant.** Enardecer.

entidad, ser, ente, esencia, sujeto, cosa.// Colectividad, corporación, firma, sociedad, asociación, empresa, institución, cofradía, mancomunidad.// Valor, importancia, magnitud. **Ant.** Insignificancia.

entierro, sepelio, inhumación, enterramiento, soterramiento.

entoldar, tapar, proteger, cubrir.

entonación, modulación, afinación, inflexión, tono, armonía.// Dejo, sonsonete.

entonado-da, adecuado, conveniente, correcto, mesurado, apropiado.// Modulado, armónico, afinado.// Animado, fortalecido. **Ant.** Débil.// Ensoberbecido, altanero, estirado. **Ant.** Humilde.

entonar, afinar, modular, vocalizar, cantar, tararear.// Matizar. **Ant.** Desentonar.// **-se,** animarse, fortalecerse, robustecerse. **Ant.** Debilitarse.

entonces, en aquel tiempo.

entono, altivez, arrogancia, pedantería, ensoberbecimiento. **Ant.** Humildad.

entorchado, alamar, fleco, adorno, bordado, galón.

entornar, entreabrir, entrecerrar, juntar.

entorpecer, retardar, paralizar, impedir, abrumar, embarazar, estorbar, dificultar. **Ant.** Ayudar, facilitar.// Anquilosar, paralizar, entumecer.

entorpecimiento, parálisis, entumecimiento, embotamiento.// Estorbo, dificultad, inconveniente. **Ant.** Facilidad.

entrada, ingreso, acceso, introducción, aparición.// Abertura, boca, agujero, puerta, embocadura. **Ant.** Salida.// Comprobante, billete, cupón, boleto.// Introducción, preámbulo, introito, obertura, prólogo. **Ant.** Final, epílogo.// Recaudación, ingresos. **Ant.** Gastos.

entramado, armazón, bastidor.

entramar, armar.

entrampar, engañar, estafar, embrollar, enredar.// **-se,** endeudarse, empeñarse, enredarse.

entrante, concavidad, hendidura. **Ant.** Protuberancia, saliente.

entraña, órgano, vísceras.// Corazón, entretelas, esencia, fondo.// Carácter, genio, índole.// Compasión, sentimientos. **Ant.** Dureza, frialdad.

entrañable, predilecto, dilecto, preferido, íntimo, amado, cordial, estimado. **Ant.** Odiado.

entrañar, incluir, introducir, implicar.

entrar, pasar, ingresar, acceder, penetrar, meterse, introducirse, irrumpir, presentarse. **Ant.** Salir.// Ingresar, afiliarse. **Ant.** Desafiliarse.// Caber.

entre, en medio de.

entreabrir, abrir, separar, entornar.

entreacto, descanso, intervalo, reposo, intermedio, interludio.

entrecejo, ceño.

entrechocar, chocar, percutir, castañetar.

entrecomillar, destacar, resaltar, enfatizar, señalar.

entrecortado-da, inseguro, balbuceante, tartamudo, discontinuo. **Ant.** Seguro, sereno, continuo.

entrecruzar, tejer, cruzar, trenzar.

entredicho, censura, prohibición, veto, veda.// Discusión, polémica.// Duda, sospecha, recelo. **Ant.** Confianza.

entredós, encaje, bordado, adorno.

entrega, traspaso, transferencia, cesión, adjudicación, reparto, distribución.// Consagración, dedicación.// Rendición, capitulación, sumisión, subordinación.// Fascículo, cuadernillo, cuaderno.

entregar, dar, ceder, transferir, transmitir, traspasar, proporcionar, conferir, largar. **Ant.** Quitar, sacar, retener.// Traicionar, vender, delatar.// **-se,** dedicarse, consagrarse, comprometerse. **Ant.** Desatender, desinteresarse.// Rendirse, capitular, someterse, subordinarse. **Ant.** Resistir, vencer.

entrelazar, entretejer, cruzar, enlazar, trabar, entrecruzar. **Ant.** Separar.

entremeter, pasar, introducir, meter, interponer, intercalar. **Ant.** Sacar.// **-se,** inmiscuirse, entrometerse, intervenir, mezclarse. **Ant.** Desinteresarse, marginarse.

entremetido-da, curioso, metido, indiscreto, inoportuno, intruso. **Ant.** Discreto, prudente.

entrenador-ra, instructor, preparador.

entrenar, ejercitar, preparar, adiestrar, instruir, guiar.

entresacar, cortar, sacar, elegir, seleccionar, aligerar.

entresijo, interioridad, interior, entretelas, entrañas, intimidad. **Ant.** Exterior, superficie.

entretanto, mientras.

entretejer, tejer, entrelazar, cruzar, entrecruzar, urdir, tramar, entreverar.

entretela, forro, relleno.// **-s,** entrañas, interior, entresijo, alma.

entretener, divertir, distraer, solazar, recrear, deleitar, regocijar, animar, interesar. **Ant.** Aburrir.// Demorar, retardar, entorpecer, retrasar. **Ant.** Apurar, urgir.

entretenimiento, diversión, distracción, pasatiempo, solaz, esparcimiento.

entrever, columbrar, divisar, vislumbrar, percibir, distinguir.// Presumir, sospechar.

entrevista, encuentro, charla, diálogo, reportaje, conferencia, audiencia.

entrevistar, interrogar, preguntar, dialogar, conferenciar.// **-se,** reunirse, encontrarse.

entristecer, afligir, apenar, acongojar, amargar, atribular, desconsolar, angustiar, apesadumbrar, atormentar. **Ant.** Alegrar, contentar.

entrometerse, entremeterse.

entroncar, empalmar, unir, enlazar, relacionar, concatenar, vincular, emparentar. **Ant.** Separar, desvincular.

entronización, coronación, instauración, nombramiento. **Ant.** Destitución.// Ensoberbecimiento.

entronizar, instaurar, implantar, asentar. **Ant.** Destituir.

entronque, empalme, lazo, vínculo, unión. **Ant.** Separación.

entuerto, perjuicio, injuria, ofensa, daño, agravio, oprobio, injusticia. **Ant.** Desagravio, beneficio.

entumecer, entorpecer, impedir.// **-se,** adormecerse, paralizarse, entumirse, agarrotarse. **Ant.** Desentumecerse, avivarse, despertarse, agilizarse.

entumecimiento, parálisis, agarrotamiento, anquilosamiento. **Ant.** Desentumecimiento, desperezamiento.

enturbiar, ensuciar, alterar, turbar, oscurecer, agitar. **Ant.** Aclarar.

entusiasmar, animar, alentar, transportar, fanatizar, arrebatar, embriagar, conmover. **Ant.** Calmar.

entusiasmo, pasión, exaltación, frenesí, arrebato. **Ant.** Indiferencia, frialdad.

entusiasta, apasionado, fanático, admirador, devoto, adorador, incondicional. **Ant.** Indiferente.

enumeración, cómputo, cuenta, lista, catálogo, inventario, recapitulación, detalle.

enumerar, contar, declarar, citar, nombrar, mencionar, especificar, exponer, detallar, computar, inventariar.

enunciación, explicación, manifestación, exposición, enunciado, mención, declaración, discurso.

enunciado, título, epígrafe.

enunciar, expresar, formular, manifestar, mencionar, citar, exponer.

envainar, meter, enfundar, envolver.

envalentonarse, animarse, atreverse, bravuconear, insolentarse. **Ant.** Acobardarse.

envanecerse, engreírse, infatuarse, ufanarse, jactarse, presumir, ensorberbecerse. **Ant.** Avergonzarse, achicarse.

envanecimiento, soberbia, orgullo, jactancia, presunción. **Ant.** Humildad.

envarado-da, tieso, rígido, duro.

envarar, entorpecer, aturdir, adormecer, entumecer.

envasar, embotellar, enfrascar, enlatar, fraccionar, llenar. **Ant.** Vaciar, extraer, sacar. **Par.** Embazar.

envase, recipiente, continente, frasco, botella, embalaje.

envejecer, aviejar, encanecer, avejentarse, chochear. **Ant.** Rejuvenecer.// Estropearse, ajarse, deteriorarse, gastarse, marchitarse, declinar, decaer.

envejecido-da, marchito, arrugado, aviejado. **Ant.** Lozano, rejuvenecido.

envejecimiento, caducidad, avejentamiento, declive. **Ant.** Rejuvenecimiento.

envenenar, emponzoñar, intoxicar, drogar, contaminar, inocular. **Ant.** Desintoxicar.// Viciar, corromper, estropear, pervertir.// Irritar, enojar, enemistar.

envergadura, magnitud, trascendencia, prestigio, importancia.// Amplitud, extensión, largo, distancia.

envés, reverso, posterioridad, revés, dorso. **Ant.** Anverso, cara.

enviar, mandar, remitir, expedir, despachar, dirigir, delegar. **Ant.** Recibir.

enviciar, dañar, corromper, pervertir, depravar, habituar.// **-se,** aficionarse, habituarse, acostumbrarse. **Ant.** Rehabilitarse.

envidia, celos, rencor, animosidad, rabia, resentimiento. **Ant.** Afecto.

envidiar, codiciar, anhelar, apetecer, desear, ansiar, ambicionar, reconcomerse. **Ant.** Contentarse.

envidioso-sa, resentido, codicioso, suspicaz, ávido, deseoso. **Ant.** Generoso.

envilecer-se, corromper, enviciar, prostituir, degradar, rebajar, denigrar, deshonrar, humillar. **Ant.** Enaltecer, regenerar, rehabilitar.

envío, expedición, remesa, encargo, paquete, carga, bulto.

envión, empellón, empujón, impulso.

envite, reto, jugada, apuesta.

envoltorio, paquete, atado, lío, fardo, bulto, envoltura.

envoltura, cubierta, cobertura, forro, recubrimiento, revestimiento, funda.

envolver, rodear, sitiar, encerrar, cercar, acotar, ceñir.// Empaquetar, enfardar, liar, enfundar, forrar, enrollar, embolsar. **Ant.** Desempaquetar.// Disimular, esconder, disfrazar. **Ant.** Mostrar.// Abrigar, cubrir, tapar, arrebujar, recubrir.

enyesar, entablillar, vendar.// Encalar.

enzarzarse, pelearse, reñir, enredarse, enardecerse. **Ant.** Amigarse.// Comprometerse.

enzima, fermento. **Par.** Encima.

épica, epopeya.

epicentro, centro, foco, núcleo.

épico-ca, heroico, glorioso, grandioso.

epicureísmo, voluptuosidad, materialismo, sibaritismo, hedonismo, refinamiento.

epidémico-ca, infeccioso, calamitoso.

epidérmico-ca, superficial, cutáneo.

epidermis, epitelio, superficie, piel, revestimiento, dermis, capa.

epígrafe, cita, sentencia, pensamiento, encabezamiento, inscripción, rótulo, título, lema.// Resumen.

epigrama, pensamiento, sentencia, burla, agudeza.// Inscripción.

epilogar, terminar, finalizar, resumir, recapitular, compendiar. **Ant.** Iniciar, prologar.

epílogo, conclusión, resumen, final, terminación, desenlace, remate, coronamiento. **Ant.** Prólogo.

episcopado, obispado.

episódico-ca, circunstancial, momentáneo, incidental, secundario, accesorio, variable, irregular. **Ant.** Regular.

episodio, sección, aparte, división, jornada, capítulo, digresión.// Acontecimiento, hecho, suceso, incidente, lance, aventura.

epístola, carta, misiva, mensaje, esquela, escrito.

epitafio, inscripción, dedicatoria, leyenda.

epíteto, nombre, apodo, adjetivo, calificativo.

epítome, compendio, resumen, recapitulación.

época, temporada, sazón, estación.// Período, era, tiempo, etapa, edad, ciclo, lapso.

epopeya, narrativa, narración, relato, gesta, hazaña, heroicidad, proeza, leyenda.

equidad, justicia, igualdad, imparcialidad, objetividad, desinterés, ecuanimidad, honradez, rectitud. **Ant.** Parcialidad, injusticia, iniquidad.

equidistante, céntrico.

equilibrado-da, armónico, igualado, estable, simétrico, proporcionado, prudente, sensato, cuerdo, ecuánime, justo. **Ant.** Desequilibrado, inestable, parcial, apasionado.

equilibrar, nivelar, compensar, estabilizar, balancear, contrarrestar, equiparar. **Ant.** Desnivelar, desequilibrar.

equilibrio, estabilidad, igualdad, simetría.// Ecuanimidad, mesura, cordura. **Ant.** Exaltación, desequilibrio.

equilibrista, trapecista, saltimbanqui, volatinero, acróbata, funámbulo.

equimosis, cardenal, moretón, magulladura.

equino, caballar, hípico, ecuestre.// Caballo, potro.

equipaje, bagaje, bártulos, equipo, maletas, valijas.

equipar, proveer, aprovisionar, suministrar, abastecer, surtir, vestir.

equiparación, cotejo, confrontación, comparación, parangón, equivalencia, homologación, rivalidad. **Ant.** Diferencia, desigualdad.

equiparar, nivelar, igualar, homologar. **Ant.** Diferenciar.// Cotejar, comparar, parangonar.

equipo, vestuario, indumentaria, atavío, ropas, ajuar.// Instrumental.// Bagaje, equipaje.// Grupo, agrupación, combinación, cuadrilla, conjunto, personal.

equitación, hípica, monta.

equitativo-va, ecuánime, justo, imparcial, recto, distributivo, objetivo, razonable. **Ant.** Parcial, injusto.

equivalencia, igualdad, semejanza, proporción, simetría, paridad. **Ant.** Desigualdad.

equivalente, parecido, parejo, semejante, similar, igual, paralelo, gemelo, simétrico. **Ant.** Diferente, opuesto.

equivaler, igualar, equilibrar, hermanar, corresponder, nivelar, significar. **Ant.** Diferenciar, desnivelar.

equivocación, error, aberración, errata, falla, desacierto, confusión, yerro, desatino, inexactitud. **Ant.** Acierto.

equivocado-da, falso, inexacto, erróneo. **Ant.** Justo, acertado.

equivocar, errar, confundir, pifiar, desacertar, fallar.// -se, engañarse. **Ant.** Avertar.

equívoco, error, confusión, anfibología, duda, ambigüedad, tergiversación, imprecisión, vaguedad. **Ant.** Seguridad, claridad.

equívoco-ca, ambiguo, anfibológico, confuso, dudoso, sospechoso, vago, impreciso. **Ant.** Definido, exacto, claro, preciso.

era, época, edad, período, tiempo, ciclo, lapso, temporada, etapa, fase, duración.// Terreno, campo.

erario, fisco, hacienda, tesoro.

erección, tiesura, tensión, tirantez, rigidez.// Elevación, enderezamiento.// Establecimiento, construcción, fundación.

eréctil, erecto, erguido, tieso, rígido. **Ant.** Blando.

erecto-ta, eréctil, alzado, levantado, empinado. **Ant.** Inclinado, blando.

eremita, ermitaño, anacoreta, cenobita, penitente, solitario.

eretismo, exaltación, orgasmo, excitación, exasperación. **Ant.** Ablandamiento, relajación, sosiego.

ergo, por lo tanto, en consecuencia.

erguido-da, tieso, enhiesto, derecho, vertical, rígido, recto.

erguir, levantar, empinar, alzar, enderezar, estirar, erigir. **Ant.** Bajar, inclinar.

erial, páramo, baldío, barbecho, yermo, planicie, llanura, estepa, descampado, campo. **Ant.** Pradera, vergel.

erigir, establecer, fundar, alzar, construir, instituir, levantar, elevar. **Ant.** Derribar, destruir.

erisipela, erupción.

erizado-da, cubierto, lleno, colmado, plagado. **Ant.** Vacío.// Rígido, tieso, derecho, empinado, erguido. **Ant.** Doblado, torcido.// Arduo, difícil, duro. **Ant.** Fácil.// Punzante, espinoso, puntiagudo. **Ant.** Romo.

erizar, atiesar, levantar, erguir, endurecer. **Ant.** Bajar.// Llenar, colmar, plagar. **Ant.** Vaciar.// -se, inquietarse, intranquilizarse, irritarse, alarmarse. **Ant.** Tranquilizarse, relajarse.

ermita, santuario, capilla, oratorio, templo.

ermitaño-ña, anacoreta, eremita, asceta, cenobita, penitente, monje.// Solitario. **Ant.** Sociable.

erosión, corrosión, desgaste, rozamiento, rebajamiento, uso, roce, fricción, consunción, merma, depresión.

erosionar, gastar, desgastar, rebajar, corroer, excavar, deteriorar.

erótico-ca, amatorio, sensual, amoroso, voluptuoso, carnal.

erotismo, sensualidad, voluptuosidad, pasión, amor. **Ant.** Frialdad, indiferencia.

errabundo-da, vagabundo, errante. **Ant.** Sedentario, estable, fijo.

erradicación, anulación, supresión, extirpación, eliminación, exterminio, desaparición. **Ant.** Radicación, permanencia.

erradicar, eliminar, suprimir, extirpar, destruir, aniquilar.

errante, vagabundo, errabundo, errático, errátil, ambulante, nómade. **Ant.** Quieto, estable.

errar, vagar, andar, moverse, vagabundear, deambular, desviarse, apartarse, callejear. **Ant.** Permanecer, establecerse.// Equivocarse, fallar, pifiar, desacertar, desatinar, confundirse, malograr. **Ant.** Acertar.

errata, error, equivocación, falla.

errático-ca, errante, errátil. **Ant.** Quieto, firme, seguro.

errátil, incierto, variable. **Ant.** Seguro.// Errante, vagabundo. **Ant.** Quieto.

erróneo-a, equivocado, inexacto, falso, errado, equívoco, confuso, engañoso. **Ant.** Seguro, cierto.

error, equivocación, falla, inexactitud, gazapo, desacierto, errata, distracción, desatino, disparate, falsedad, lapsus, descuido, falta, yerro, pifia, defecto. **Ant.** Acierto.

eructar, regoldar, regurgitar.

eructo, regurgitación, regüeldo.

erudición, conocimiento, sabiduría, instrucción, cultura, ilustración. **Ant.** Ignorancia, incultura.

erudito-ta, sabio, instruido, docto, letrado, leído, ilustrado. **Ant.** Ignorante.

erupción, eritema, irritación.// Emisión, estallido, explosión.

eruptivo-va, volcánico.// Inflamatorio.

esbeltez, arrogancia, gracia, donaire, elegancia, gallardía, gentileza, delgadez. **Ant.** Tosquedad, deformidad, desproporción.

esbelto-ta, gallardo, elegante, airoso, ligero, arrogante, grácil, delgado, fino. **Ant.** Desproporcionado, rechoncho.

esbirro, policía, represor, torturador, secuaz, seguidor, sicario. **Ant.** Adversario, opositor.

esbozar, perfilar, bosquejar, abocetar, planear, disponer, dibujar, diseñar. **Ant.** Terminar, perfeccionar.

esbozo, croquis, boceto, apunte, diseño, nota, dibujo, bosquejo, esquema.// Planteamiento, plan, proyecto.// Rudimento.

escabechar, adobar, aderezar.

escabeche, aderezo, adobo.

escabel, banquito, tarima, estrado.

escabiar, beber, emborracharse.

escabroso-sa, desigual, quebrado, abrupto, áspero, escarpado, anfractuoso, espinoso. **Ant.** Llano.// Obsceno, pornográfico, deshonesto, indecente, licencioso. **Ant.** Honesto, pudoroso, sano, normal.

escabullirse, irse, escaparse, desaparecer, escurrirse, esfumarse, ocultarse, huir. **Ant.** Aparecer, quedarse, permanecer.

escala, escalera.// Gradación, sucesión, serie, progresión, graduación.// Proporción, tamaño.// Detención, parada.

escalada, ascensión, subida.

escalafón, categoría, lista, escala, orden, progresión, clasificación.

escalar, subir, trepar, ascender, encaramarse.// Progresar, encumbrarse. **Ant.** Bajar, descender.

escaldado-da, abrasado, quemado.// Receloso, desconfiado.

escaldar, quemar, abrasar, cocer, hervir, escalfar. **Ant.** Enfriar.// Chasquear, desinflar, escarmentar, enseñar.// **-se,** escocerse.// Desengañarse.

escalera, escala, escalinata, gradería.

escalofriante, estremecedor, espeluznante, impresionante, aterrador, horrible. **Ant.** Tranquilizador, relajante.

escalofrío, calofrío, espasmo, estremecimiento, indisposición, espeluzno. **Ant.** Calma.

escalón, peldaño, grada.// Paso, grado, avance, adelanto.

escalonado-da, paulatino, gradual.

escalonar, situar, distribuir, colocar, emplazar, ordenar, regular, graduar.

escalpelo, bisturí, estilete.

escama, membrana, lámina, placa.// Recelo, temor, cuidado, sospecha, desconfianza, zozobra. **Ant.** Tranquilidad, seguridad, confianza.

escamarse, temer, recelar, sospechar, desconfiar. **Ant.** Confiar.

escamotear, quitar, sacar, robar, suprimir, ocultar, birlar, hurtar, sustraer. **Ant.** Reponer, mostrar.

escamoteo, engaño, trampa, ocultación, timo, prestidigitación, desaparición.// Hurto, robo. **Ant.** Restitución, devolución.

escampado-da, descampado, raso.

escampar, aclarar, parar, cesar, despejarse, serenarse, abrir. **Ant.** Llover, nublarse, encapotarse.

escanciar, servir, beber.

escandalizar, chillar, gritar, alborotar, vocear, molestar. **Ant.** Silenciar, sosegar.// **-se,** enojarse, encolerizarse, irritarse, ofenderse, horrorizarse, espantarse, sorprenderse, incomodarse, mosquearse, avergonzarse. **Ant.** Serenarse.

escándalo, ruido, alboroto, gritería, barullo, tumulto, vocerío, algazara, inquietud, estrépito, bulla, jarana. **Ant.** Sosiego, silencio, paz.// Desvergüenza, desenfreno, inmoralidad, impudicia, suceso.// Pelea, riña, disputa.

escáner, detector.

escaño, asiento, banco, poyo.

escapada, huida, evasión, salida, abandono.

escapar, huir, desaparecer, irse, evadirse, escurrirse, fugarse, escabullirse. **Ant.** Volver, permanecer, quedar, aparecer.

escaparate, vidriera, vitrina, estante, mostrador.// Exposición, exhibición. **Ant.** Ocultamiento.

escapatoria, excusa, salida, recurso, efugio, evasiva.

escape, evasión, fuga, pérdida.

escapulario, distintivo, insignia.

escaque, casilla, división, cuadro.

escaramuza, pelea, contienda, refriega, riña, disputa, reyerta, pendencia.

escarapela, símbolo, distintivo, insignia, divisa, lazo, cucarda.

escarbar, excavar, arañar, remover, hurgar, hozar, raspar, desenterrar.// Limpiar.// Indagar, investigar, averiguar.

escarcela, bolsa, zurrón, mochila.

escarceo, pirueta, rodeo, cabriola.// Simulacro, amago, divagación.

escarcha, hielo.

escarchar, salpicar.// Cristalizar.// **-se,** congelarse, helarse.

escardar, limpiar, extirpar.

escariar, horadar, perforar.

escarlata, carmesí, rojo, púrpura, morado, granate, encarnado.

escarmentar, desengañar, corregir, castigar, penar, sancionar. **Ant.** Perdonar.// Recelar, sospechar. **Ant.** Reincidir.

escarmiento, corrección, castigo, sanción, multa, pena. **Ant.** Perdón.// Desengaño, advertencia. **Ant.** Reincidencia.

escarnecer, humillar, zaherir, befar, burlarse, mofarse, afrentar, vilipendiar, ultrajar, agraviar, vejar. **Ant.** Respetar.

escarnio, burla, mofa, deshonra, afrenta, befa, menosprecio, injuria.

escarpado-da, arriscado, abrupto, escabroso, accidentado, intrincado, vertical. **Ant.** Fácil, accesible, llano, liso, horizontal, suave.

escarpín, calzado, babucha, pantufla.

escasear, faltar, disminuir, desaparecer. **Ant.** Abundar, sobrar.

escaso-sa, pobre, exiguo, limitado, corto, insuficiente, precario, raro, falto. **Ant.** Rico, abundante, copioso.

escatimar, privar, restringir, regatear, ahorrar, economizar, reservar. **Ant.** Gastar, dilapidar, derrochar.

escatología, teología, ultratumba.

escatológico-ca, teologal.

escayola, estuco, yeso.

escayolar, enyesar, entablillar, vendar.

escena, parte, cuadro.// Suceso, acontecimiento, espectáculo, manifestación.// Panorama, ambiente, paisaje, medio, circunstancia, escenario, perspectiva.// Teatro, drama.// Farándula.

escénico-ca, teatral, dramático.

escenario, ámbito, ambiente, lugar, circunstancia, atmósfera.// Tablas, escena.

escenografía, decorado.

escepticismo, incredulidad, desconfianza, incertidumbre, indiferencia. **Ant.** Credulidad.

escéptico-ca, desconfiado, incrédulo, indiferente, dudoso, desilusionado, descreído. **Ant.** Crédulo, creyente, confiado.

escindir-se, dividir, separar, cortar.

escisión, ruptura, corte, separación, cisma, disensión. **Ant.** Acuerdo, unión.// Tajo, corte, cortadura.

esclarecer, alborear, clarear.// Aclarar, explicar, puntualizar, descubrir, desenredar. **Ant.** Confundir, embrollar.// Ennoblecer, ilustrar. **Ant.** Denigrar.

esclarecido-da, ilustre, famoso, ínclito, preclaro, insigne, afamado. **Ant.** Desconocido, ignorado.

esclavina, chal, manteleta, capa.

sclavitud, sometimiento, sumisión, encadenamiento, servidumbre, dependencia, yugo, opresión, abuso. **Ant.** Libertad.

sclavo-va, sometido, sumiso, oprimido, atado, encadenado, explotado. **Ant.** Emancipado, libre.

sclerosis, endurecimiento.

sclusa, canal, presa, obstrucción, barrera.

scocer, irritar, picar, inflamar, enrojecer.

scolar, alumno, estudiante, colegial. **Ant.** Maestro.

scollera, dique, rompeolas.

scollo, islote, banco, peñasco, arrecife, roca, bajo, rompiente.// Riesgo, dificultad, peligro, tropiezo, escombro, obstáculo. **Par.** Escolio.

scolta, custodia, acompañamiento, séquito, comitiva.

scoltar, seguir, acompañar, cuidar.

scombro, cascote, ripio, desecho, piedra, ruina.

sconder, ocultar, encubrir, celar, guardar, callar, tapar, incomunicar, disimular. **Ant.** Mostrar.// **-se,** agazaparse, agacharse, esfumarse, desaparecer. **Ant.** Aparecer, mostrarse, presentarse.

scondite, refugio, escondrijo, guarida, madriguera, rincón, abrigo, retiro.

scoplo, formón, cuchilla.

scora, inclinación, oblicuidad.

scorar, ladearse, torcerse, desviarse, inclinarse. **Ant.** Enderezarse, nivelarse.

scorchar, molestar, fastidiar, incomodar.

scoria, desecho, hez, residuos, chatarra, detrito, sobras, despojos, impurezas, desperdicios, ceniza.

scorzar, apuntar, dibujar, diseñar.

scorzo, dibujo.

scotado-da, holgado, abierto.

scotar, cortar, descotar, abrir, ampliar, ensanchar.// Prorratear, repartir, pagar, abonar.

scote, abertura, corte, cuello, busto, seno.// Cuota, parte.

scotilla, hueco, abertura.

scozor, pena, desazón, disgusto, inquietud, resentimiento.// Picor, ardor, prurito, quemazón, pinchazo.

scriba, intérprete, exégeta.// Amanuense, copista.

scribano-na, notario.

scribiente, oficinista, empleado, mecanógrafo, secretario, burócrata, administrativo.

scribir, copiar, transcribir, apuntar, anotar, garabatear.// Redactar, componer, editar.// **-se,** cartearse.

scrito, documento, nota, mensaje, manuscrito, inscripción, artículo, texto, apunte.

scritor-ra, autor, creador, literato, prosista, poeta, artista.

scritorio, mesa, pupitre.// Oficina, despacho, bufete.

scritura, caligrafía, ortografía, estilo.// Documento, protocolo, contrato, escrito.

scriturar, formalizar, legalizar, registrar, inscribir.

scrófula, hinchazón, tumefacción, tumor, abultamiento.

scroto, envoltura, bolsa.

scrúpulo, exactitud, esmero, escrupulosidad, circunspección, miramiento. **Ant.** Descuido, desidia.// Temor, aprensión, recelo, reparo, melindres. **Ant.** Audacia.

scrupuloso-sa, miedoso, receloso, aprensivo, melindroso.// Cuidadoso, estricto, riguroso, concienzudo, consciente. **Ant.** Despreocupado.

scrutar, reconocer, verificar, comprobar, indagar, investigar, reconocer, sondear, computar.

scuadra, cartabón.// Flota, armada, flotilla, escuadrilla.// Cuadrilla, grupo, pelotón, compañía, unidad.

scualidez, flacura, delgadez.

scuálido-da, flaco, raquítico, enclenque, enteco, enfermizo, enjuto, demacrado, consumido, maciliento. **Ant.** Fuerte, robusto, rollizo.

scucha, oyente, escuchador, sesión, centinela, guardia.

scuchar, atender, oír, percibir, auscultar. **Ant.** Desatender, desoír.

scudar, amparar, cubrir, defender, resguardar, proteger. **Ant.** Desamparar.// **-se,** defenderse, abroquelarse.

scudo, adarga, rodela, broquel.// Amparo, defensa, abrigo, protección. **Ant.** Desamparo.// Blasón.// Moneda.

escudriñar, mirar, ahondar, investigar, escrutar, averiguar examinar, inquirir, avizorar, otear, observar.

escuela, colegio, instituto, establecimiento, academia, institución, liceo.// Doctrina, teoría, movimiento, disciplina, opinión.

escueto-ta, breve, conciso, estricto, despejado, sucinto, preciso, parco, corto. **Ant.** Amplificado, extenso, detallado.

esculpir, modelar, tallar, labrar, grabar, cincelar, plasmar.

escultor-ra, artista, creador, autor, estatuario, tallista, cincelador.

escultura, estatua, obra, imagen, figura.// Imaginería, estatuaria, iconografía.

escultural, perfecto, hermoso, bello, proporcionado, esbelto.

escupidera, salivadera.

escupir, salivar, esputar, expectorar.// Arrojar, lanzar, echar, despedir, expeler. **Ant.** Retener.

escurridizo-za, resbaladizo.// Rápido, veloz. **Ant.** Torpe, lento.// Evasivo, taimado, astuto.

escurrir, secar, destilar, chorrear, gotear, enjugar. **Ant.** Mojar, humedecer.// **-se,** escaparse, evadirse, desplazarse, huir. **Ant.** Quedar, permanecer, afrontar.

esencia, naturaleza, ser, substancia, calidad, carácter, espíritu.// Perfume, extracto, aroma, bálsamo.

esencial, fundamental, primordial, central, principal, indispensable, natural, inevitable, substancial. **Ant.** Accesorio, secundario.

esfera, bola, globo, balón, cuenta, pelota.// Cielo, firmamento, espacio.// Ámbito, ambiente, clase, categoría, condición.

esférico-ca, esferoidal, redondo, globular.

esfinge, misterio, enigma.// Enigmático, reservado. **Ant.** Abierto, franco.

esforzado-da, denodado, animoso, arrojado, valiente, valeroso, decidido, vehemente. **Ant.** Inseguro, miedoso.

esforzarse, procurar, luchar, batallar, pelear, insistir, pugnar, perseverar. **Ant.** Apocarse, desistir.

esfuerzo, ánimo, brío, fuerza, resistencia, denuedo, valor, vigor, puja. **Ant.** Abulia, desinterés, apatía.

esfumar, desdibujar, difuminar, disipar. **Ant.** Avivar, definir, delinear.// **-se,** desvanecerse, disiparse, diluirse.// Huir, escapar, fugarse, desaparecer, escabullirse. **Ant.** Aparecer, quedar.

esgrimir, usar, manejar, recurrir, utilizar, servirse, sostener.

esguince, luxación, distensión, torcedura, dislocación.

eslabón, anillo.

eslabonar, engarzar, juntar, unir, enlazar, relacionar, ligar.

eslora, longitud.

esmaltar, embellecer, adornar, ornar, hermosear, realzar.// Barnizar.

esmalte, adorno, esplendor, lustre.// Barniz, porcelana, baño, recubrimiento, lustre.

esmerarse, aplicarse, afanarse, esforzarse, desvivirse, dedicarse, consagrarse. **Ant.** Descuidar, desinteresarse.

esmeril, lija.

esmerilar, pulimentar, pulir, abrillantar.

esmero, atención, cuidado, preocupación, escrupulosidad, solicitud, celo, minuciosidad, sacrificio, esfuerzo. **Ant.** Desinterés.

esmirriado-da, flaco, débil, enclenque, raquítico, enteco. **Ant.** Desarrollado, fornido, fuerte, robusto.

esnobismo, afectación, pedantería, presunción, snobismo. **Ant.** Sencillez.

esotérico-ca, secreto, enigmático, oculto, misterioso. **Ant.** Conocido, exotérico.

espaciado-da, claro, ralo.// Apartado, separado. **Ant.** Cercano, junto.

espacial, cósmico, sideral, astral, celeste.

espaciar, separar, apartar, distanciar, alejar.// **-se,** dilatarse, esparcirse, extenderse.

espacio, lugar, puesto, sitio.// Infinito, extensión, cielo, atmósfera, inmensidad.// Distancia, intervalo, lapso, transcurso.// Hueco, claro.

espacioso-sa, amplio, holgado, extenso, grande, dilatado, ancho, vasto. **Ant.** Angosto, pequeño.// Lento, tranquilo, flemático, pausado. **Ant.** Ágil, rápido.

espada, acero, estoque, espadín, hoja.

espadachín, bravucón, matón, duelista.

espadaña, campanario, torre.

espalda, dorso, revés, envés, lomo, espinazo, reverso, posterior, retaguardia. **Ant.** Delantera, frente, pecho.

espantajo, espantapájaros, pelele, fantoche, esperpento, adefesio. **Ant.** Bello.

espantapájaros, espantajo, monigote, muñeco.

espantar, ahuyentar, echar, rechazar, alejar, expulsar. **Ant.** Atraer.// Acobardar, atemorizar, aterrorizar, horripilar, asustar, horrorizar.// **-se,** impresionarse, admirarse.// Asustarse.

espanto, horror, terror, miedo, pavor, asombro, susto, temor, consternación, pánico, pasmo.

espantoso-sa, horroroso, pavoroso, terrorífico, horrible, aterrador, terrible, horripilante, truculento, alucinante, temible.// Asombroso, formidable, maravilloso, pasmoso, prodigioso.

esparcimiento, distracción, diversión, entretenimiento, solaz, recreo, pasatiempo.

esparcir, extender, distribuir, derramar, diseminar, sembrar, desperdigar, separar, repartir, desparramar, dispersar, salpicar, espaciar. **Ant.** Reunir.// Propagar, divulgar, publicar, propalar.// **-se,** divertirse, solazarse, entretenerse, distraerse. **Ant.** Aburrirse.

espasmo, convulsión, contorsión, contracción, pasmo, sacudida.

espasmódico-ca, convulsivo, estremecedor, agitado, tembloroso. **Ant.** Calmo, relajado.

especia, condimento, aderezo.

especial, raro, particular, personal, distinto, diferente, extraordinario, propio, singular, peculiar, característico, típico. **Ant.** Común, general, vulgar.

especialidad, particularidad, singularidad, idiosincrasia. **Ant.** Generalidad.

especialista, experto, técnico, perito, entendido, profesional, versado.

especializarse, consagrarse, dedicarse, limitarse.

especie, grupo, orden, familia, variedad, género, tipo, serie.// Apariencia.// Noticia, dato, comentario, dicho, chisme.// Fruto, producto.

especificación, explicación, determinación, particularización, diferenciación. **Ant.** Indefinición, generalización.

especificar, determinar, particularizar, definir, explicar, individualizar, precisar, detallar, declarar. **Ant.** Generalizar, englobar.

específico, medicamento.

específico-ca, propio, particular, típico, característico, especial, distinto. **Ant.** Vulgar, común.

espécimen, ejemplar, modelo, tipo, prototipo.

espectacular, maravilloso, efectista, grandioso, aparatoso, lujoso, pomposo, teatral, dramático. **Ant.** Insignificante, discreto.

espectáculo, representación, función, exhibición, diversión.// Panorama, paisaje.

espectador-ra, asistente, concurrente, presente, circunstante.

espectral, fantasmagórico, impresionante.

espectro, fantasma, aparición, visión, sombra, aparecido, espíritu, imagen.

especulación, pensamiento, meditación, examen, reflexión, teoría.// Agio, comercio, abuso, encarecimiento, lucro. **Ant.** Abaratamiento.

especulador-ra, ventajero, logrero, agiotista, comerciante.

especular, traficar, comerciar, negociar, abusar, aprovechar.// Meditar, reflexionar, contemplar, examinar.

especulativo-va, teórico, reflexivo, racional, contemplativo. **Ant.** Activo, práctico.

espejismo, ilusión, apariencia, engaño. **Ant.** Verdad, realidad.// Reverberación, reflejo.

espejo, cristal.// Ejemplo, dechado, modelo.

espejuelos, gafas, anteojos, antiparras.

espeluznante, horroroso, horripilante, horrible, horrendo espantoso, terrorífico.

espeluznar, aterrar, aterrorizar, horripilar, espantar. **An** Calmar.

espera, expectativa, acecho, plantón, permanencia.// De mora, retraso, prórroga, aplazamiento, diferimiento, pos tergación.

esperanza, confianza, creencia, fe, seguridad, certeza, ce tidumbre, ilusión. **Ant.** Incredulidad, desconfianza, deses peranza.

esperanzar, ilusionar, animar, confortar, alentar, reanima **Ant.** Desanimar, desalentar, desesperanzar.

esperar, aguardar, permanecer.// Confiar, anhelar, desea creer, ansiar.

esperma, semen.

espermatozolde, espermatozoo, gameto, célula.

esperpento, adefesio, espantajo, mamarracho.

espesar, condensar, concentrar, amazacotar, densifica apelmazar, unir, compactar. **Ant.** Diluir.

espeso-sa, denso, tupido, apretado, trabado, cerrad condensado, compacto, concentrado.// Boscoso, abun dante, frondoso.// Macizo, sólido, fuerte.

espesor, grueso, grosor.// Condensación, densidad, con sistencia.

espesura, bosque, follaje, ramaje, fronda, selva, hojarasc frondosidad.

espetar, decir, enjaretar, contestar, sorprender, endosar.

espía, informador, soplón, agente, observador, investiga dor.

espiar, observar, escudriñar, atisbar, acechar, vigilar, ojea inspeccionar.

espiga, mazorca, panoja.

espigado-da, alto, esbelto.

espigar, buscar, recoger, escoger, elegir.// **-se,** crecer, adel gazar, estirarse.

espigón, dique, rompeolas, escollera.

espina, raquis, espinazo.// Astilla, púa, pincho, punta aguijón.// Recelo, sospecha, inquietud, escrúpulo.// Pesa dolor, angustia, congoja.

espinal, vertebral, dorsal.

espinazo, columna, raquis, espina dorsal.

espinilla, comedón, barrito, erupción, puntito, grano.

espinoso-sa, puntiagudo, punzante, agudo, aguzado, afi lado. **Ant.** Romo.// Difícil, arduo, agotador, comprometi do, complicado, dificultoso, embrollado, embarazoso **Ant.** Fácil, accesible.

espionaje, investigación, averiguación, delación, informa ción.

espiración, exhalación, expulsión.

espiral, vuelta, curva, rosca. **Ant.** Recta.

espirar, expulsar, soplar, exhalar, lanzar, expeler. **Ant.** Ins pirar.

espiritismo, ocultismo, telepatía, magia.

espiritista, médium, ocultista.

espiritoso-sa, vivo, animado, espirituoso, animoso.

espíritu, alma, ánima, psiquis.// Ánimo, esfuerzo, valo brío, vigor, energía.// Demonio, duende, fantasma.// Inge nio, vivacidad, agudeza, sal, humor, inventiva.// Carácte tendencia, esencia, principio, substancia.

espiritual, anímico, psíquico, inmaterial, psicológico, sub jetivo. **Ant.** Material, materialista, corpóreo.// Delicado, fi no, sensible, inteligente, creativo.// Místico.

espita, válvula, grifo.

esplendidez, generosidad, riqueza, abundancia, magni ficencia, ostentación, fausto. **Ant.** Miseria.

espléndido-da, rumboso, magnífico, generoso, ostento so, liberal, desprendido, dadivoso. **Ant.** Miserable, mez quino.// Resplandeciente, rutilante, maravilloso. **Ant.** In significante, humilde.

esplendor, brillo, resplandor, suntuosidad, magnificenci lustre.// Fama, nobleza, gloria, reputación, celebridad **Ant.** Decadencia.

splendoroso-sa, esplendente, fúlgido, resplandeciente, brillante, luminoso.

splín, hastío, tedio, aburrimiento, melancolía.

spolear, aguijar, aguijonear, azuzar, pinchar, estimular, excitar, incitar, picar, animar, mover. *Ant.* Calmar. *Par.* Expoliar.

spolón, punta, púa.

spolvorear, esparcir, rociar.

sponjar, ahuecar.// **-se,** ahuecarse.// Infatuarse, engreírse, ensoberbecerse, envanecerse.

sponjoso-sa, hueco, poroso, permeable.

sponsales, boda, casamiento, promesa, juramento.

spontaneidad, simpleza, sinceridad, apertura, llaneza, naturalidad, familiaridad. *Ant.* Hipocresía, doblez.

spontáneo-a, franco, llano, sincero, abierto, natural, instintivo, indeliberado.// Maquinal, automático. *Ant.* Premeditado, elaborado.

sporádico-ca, casual, ocasional, azaroso, contingente, fortuito, accidental, excepcional. *Ant.* Habitual, frecuente.

sposar, encadenar, aherrojar, ligar. *Ant.* Liberar, soltar.

sposas, ligaduras, grilletes, manillas.

sposo-sa, consorte, cónyuge, pareja.// Marido, compañero.// Mujer, compañera, pareja.

spuela, pincho, rodaja, saliente.

spuerta, cesto, cesta, capacho.

spuma, hervor, efervescencia, burbujeo.

spumante, burbujeante, efervescente.

spurio-ria, ilegítimo, falsificado, fraudulento, falso, adulterado, ficticio, remedado. *Ant.* Auténtico, legítimo.

sputar, escupir.

sputo, expectoración, escupitajo, salivazo.

squela, carta, billete, misiva, mensaje, comunicación.

squelético-ca, delgado, flaco, enjuto, raquítico, demacrado, consumido, descarnado, escuálido, magro. *Ant.* Gordo, obeso, rollizo.

squeleto, osamenta, armadura, armazón, caparazón.// Proyecto, esbozo, croquis, boceto, bosquejo.

squema, sinopsis, guión, compendio, resumen, representación, esbozo, boceto, apunte. *Ant.* Desarrollo.

squemático-ca, resumido, compendiado, sintético, simplificado, sinóptico, bosquejado. *Ant.* Ampliado, desarrollado.

squematizar, resumir, compendiar, sintetizar, extractar, reducir, simplificar.

squila, campanita, cencerro.// Corte, trasquiladura.

squilar, pelar, afeitar, trasquilar.

squina, rincón, ángulo, chanfle, arista, recodo, ochava.

squinar, arrinconar, escuadrar.

squinazo, desaire, plantón, descortesía, humillación.

squirla, astilla, pedazo, fragmento, añico.

squivar, evadir, eludir, evitar, soslayar, sortear, rehusar, rehuir. *Ant.* Enfrentar.

squivo-va, huraño, arisco, desdeñoso, áspero, despegado, huidizo, hosco, insociable. *Ant.* Amable, cortés, sociable.

stabilidad, calma, tranquilidad, seguridad, firmeza, permanencia, durabilidad, duración, inmovilidad. *Ant.* Inestabilidad, inseguridad.

stable, seguro, firme, duradero, durable, sólido, fijo, permanente, inalterable, constante. *Ant.* Inestable, inseguro, pasajero.

stablecer, fundar, cimentar, instituir, disponer, fijar, crear, asentar, instalar, construir, abrir. *Ant.* Destruir, desmontar.// Determinar, mandar, ordenar.// **-se,** afincarse, radicarse, domiciliarse, avecindarse. *Ant.* Irse, marcharse.

stablecimiento, instauración, fundación.// Institución, almacén, tienda, empresa, firma, sociedad, comercio.

stablo, caballeriza, pesebre, cuadra, cobertizo.

staca, palo, garrote, vara, tronco.

stación, tiempo, período, temporada, época, momento, etapa.// Parada, pausa, alto, detención.// Parada, apeadero.

stacionar, asentar, colocar, situar, aparcar, detener. *Ant.* Irse, movilizar.

stacionario-ria, quieto, inmóvil, parado, detenido, inalterable.

estadía, permanencia, detención, estancia.

estadio, campo, pista, circuito, ruedo, arena.// Fase, etapa.

estadista, político, gobernante, autoridad, dirigente.

estadística, recuento, registro, censo, catastro, esquema, diagrama.

estadístico-ca, catastral, censual.

estado, territorio, país, nación, tierra, patria.// Clase, calidad, orden, composición, situación, jerarquía, condición.// Poder, gobierno, administración, dominio.// Disposición, situación.

estafa, engaño, dolo, fraude, malversación, timo, trampa, chantaje.

estafador-ra, embaucador, timador, tramposo, defraudador, bribón. *Ant.* Honesto, honrado.

estafar, defraudar, trampear, engañar, embaucar, timar, malversar, desfalcar.

estafermo, embobado, parado, pasmarote, espantajo, espantapájaros, mamarracho, adefesio.

estafeta, correo, oficina.

estalactita, colgante, concreción, carámbano.

estallar, romperse, reventar, explotar.// Crujir, restallar, retumbar, prorrumpir, detonar, resonar.

estambre, urdimbre, tela, estameña, lana.

estamento, clase, condición, categoría, estado, cuerpo.

estampa, lámina, figura, grabado, imagen, efigie, dibujo, ilustración, cromo.// Huella, impresión.

estampar, marcar, imprimir, impresionar, grabar, reproducir, pintar.

estampido, detonación, explosión, estallido.

estampilla, sello, timbre.

estancamiento, detención, paralización, atascamiento.// Inundación.

estancar, obstruir, paralizar, parar, prohibir, detener, empantanar, suspender, impedir, restringir. *Ant.* Movilizar.// **-se,** rebalsar.

estancia, aposento, habitación, cuarto, pieza, alcoba, sala, dormitorio, ambiente.// Morada, vivienda, residencia, casa, mansión, asiento, domicilio.// Permanencia, detención, estadía. *Ant.* Salida, marcha.// Finca, hacienda.// Estrofa.

estanco, quiosco, puesto, expendeduría.// Almacén, depósito, archivo.// Restricción, prohibición, embargo.

estanco-ca, cerrado, impenetrable, hermético.

estandarte, insignia, pendón, banderín, divisa, oriflama, enseña, pabellón, blasón.

estanque, charca, pantano, lago, laguna, alberca, albufera, embalse.

estante, anaquel, repisa, ménsula.

estantería, anaquelería.

estar, vivir, encontrarse, hallarse, permanecer, ubicarse, existir. *Ant.* Irse, marcharse.

estatal, gubernamental, oficial, público. *Ant.* Privado, particular.

estático-ca, quieto, inmóvil, parado, fijo, inalterable. *Ant.* Móvil, inquieto.

estatua, escultura, figura, talla, efigie.

estatuario-ria, bello, escultural, perfecto, majestuoso. *Ant.* Insignificante, feo, deforme.

estatuir, establecer.

estatura, altura, porte, talla, medida, alzada.

estatuto, reglamento, decreto, disposición, reglamentación, ordenanza, regla.

este, oriente, naciente, levante. *Ant.* Oeste, occidente.

estela, huella, rastro, surco.

estentóreo-a, fuerte, retumbante, detonante, sonoro, vibrante. *Ant.* Débil.

estepa, erial, llano, yermo, páramo.

estepario-ria, desértico.

estera, alfombra, tapete, felpudo.

estercolar, fertilizar, abonar.

estereotipado-da, fijo, inmóvil, calcado.

estereotipar, calcar, reproducir.

estéril, infecundo, improductivo. *Ant.* Fértil, fecundo.// Infructuoso, vano, ineficaz, inútil, inane. *Ant.* Útil, eficaz.// Árido, yermo, desértico, pobre. *Ant.* Exuberante.

esterilidad, infecundidad. *Ant.* Fertilidad, fecundidad.// Agotamiento, improductividad, infructuosidad, ineficacia.

esterilizar, castrar, capar, emascular, infecundizar. *Ant.* Fecundar, fertilizar.// Desinfectar, aseptizar, higienizar, purificar. *Ant.* Infectar, contaminar.

estero, bañado.

estertor, ronquido, jadeo, opresión, agonía.

estética, belleza, arte, decoración.

estético-ca, bello, hermoso, artístico, decorativo. *Ant.* Feo, antiestético.

estiba, carga, colocación, disposición, lastre.

estibador, changador, cargador, peón, mozo, esportillero.

estibar, colocar, disponer, ubicar, distribuir, cargar.

estiércol, abono, excremento, guano.

estigma, señal, marca, huella, traza, mancha, mácula.// Deshonra, afrenta, vergüenza, infamia. *Ant.* Honra.

estigmatizar, marcar, manchar.// Afrentar, infamar.

estilar, acostumbrar, practicar, usar, emplear, utilizar.

estilete, puñal, punzón.

estilizado-da, esbelto, delgado, elegante, fino. *Ant.* Rústico, tosco.// Simplificado, esquematizado.

estilizar, caracterizar, esquematizar, simplificar.

estilo, manera, modo, forma, uso, costumbre, moda.// Personalidad, carácter, expresión.

estima, aprecio, consideración, estimación, respeto, afecto, cariño. *Ant.* Desprecio, odio.

estimación, estima.

estimar, apreciar, querer, valorar, respetar. *Ant.* Desdeñar, despreciar.// Tasar, valuar, justipreciar.// Juzgar, opinar, creer, considerar, presumir, pensar, conjeturar.

estimular, aguijonear, incitar, animar, instar, azuzar, excitar. *Ant.* Desanimar, desalentar, aplacar, disuadir.

estímulo, incitación, aguijoneamiento, aliciente, hostigamiento. *Ant.* Contención, freno.

estío, verano.

estipendio, remuneración, paga, sueldo, salario, honorarios, retribución.

estipulación, convenio, contrato, tratado, negociación, pacto, acuerdo.

estipular, convenir, concertar, acordar, contratar, negociar.

estirado-da, vanidoso, altivo, orgulloso, fatuo, altanero, afectado. *Ant.* Sencillo, humilde.// Dilatado, ensanchado, alargado, tenso.// Alto, esbelto, espigado.

estirar, extender, alargar, dilatar, ensanchar, prolongar, desplegar, ampliar. *Ant.* Encoger, achicar.// -se, desperezarse, desentumecerse.

estirón, desarrollo, crecimiento.// Impulso.

estirpe, familia, abolengo, raza, alcurnia, tronco, ascendencia, raíz, origen, linaje.

estival, veraniego.

estocada, tajo, cuchillada, corte.

estofa, pelaje, clase, calaña, calidad, ralea, condición, laya.

estofado, guiso, vianda.// -da, guisado, aderezado, adobado.// Engalanado.

estoico-ca, impasible, imperturbable, inalterable, insensible, indiferente, inmutable, sufrido, firme, fuerte.

estola, piel, chal, bufanda.

estolidez, necedad, estupidez, insensatez, bobería, idiotez.

estólido-da, bobo, tonto, necio. *Ant.* Sensato, prudente, inteligente.

estomacal, gástrico, digestivo.

estomagar, cansar, hastiar, molestar, fastidiar, escorchar, irritar.

estómago, órgano, víscera, buche, vientre, abdomen.

estopa, cáñamo, tejido.

estoque, espada, florete, espadín.

estorbar, molestar, fastidiar, entorpecer, impedir, embarazar, dificultar, obstruir, incomodar, perturbar. *Ant.* Ayudar, facilitar.

estorbo, impedimento, obstáculo, embarazo, dificulta[d], lastre, engorro, freno, barrera, molestia, interrupción. *A*[nt.] Ayuda, facilidad.

estornudo, sacudida, crispación, espiración.

estrábico-ca, bizco.

estrabismo, desviación, bizquera.

estrada, carretera, camino.

estrado, tarima, tablado, grada, plataforma, armazón, e[n]tarimado, entablado.

estrafalario-ria, raro, estrambótico, extravagante, ridíc[u]lo, inconveniente, cómico, grotesco. *Ant.* Normal, adecu[a]do.

estragar, arruinar, descomponer, corromper, estropear, v[i]ciar, dañar. *Ant.* Arreglar, componer, corregir.// Hasti[ar], hartar, empachar.// Estomagar, fastidiar, molestar, importu[nar.

estrago, daño, devastación, ruina, destrucción, matanz[a], carnicería, asolamiento, destrozo, desolación, catástrof[e]. *Ant.* Reconstrucción, beneficio.

estrambótico-ca, raro, extravagante, estrafalario.

estrangulación, ahogo, asfixia, contricción, compresió[n], sofocación.

estrangular, acogotar, asfixiar, ahogar, sofocar, ahorcar.

estratagema, treta, artificio, engaño, ardid, artimaña, ast[u]cia, truco.

estratega, general, militar.// Hábil, diestro, experto, d[u]cho. *Ant.* Inexperto.

estrategia, pericia, destreza, habilidad.// Táctica, mani[o]bra.

estratégico-ca, importante, principal, valioso, fundamen[tal, necesario.

estrato, capa, faja, veta, vena, franja, manto.

estraza, trapo, guiñapo, andrajo.

estrechar, rodear, abrazar, ceñir, apretar.// -se, reducirs[e], angostarse, encogerse. *Ant.* Ensanchar// -se, economiza[rse], reducirse, restringirse.

estrechez, escasez, privación, limitación, pobreza, miseri[a].

estrecho, paso, desfiladero, garganta, canal, angostura.

estrella, astro, luminaria, lucero.// Destino, azar, fatalida[d], fortuna, sino, suerte.// Artista, actriz, figura.

estrellado-da, constelado, estelífero.// Desafortunado.

estrellar, arrojar, lanzar, echar.// -se, fracasar.// Colisiona[r], chocar, tropezar, precipitarse, golpearse.

estremecer, agitar, sacudir.// Conmover, alterar, turbar, so[bre]bresaltar.// -se, tiritar, temblar, palpitar.// Impresionars[e], inquietarse.

estremecimiento, temblor, sacudimiento, conmoció[n], sobresalto, espeluzno, escalofrío.

estrenar, inaugurar, iniciar, comenzar, empezar, abrir, d[e]butar. *Ant.* Cerrar.

estreno, inauguración, apertura, debut, representació[n]. *Ant.* Cierre, clausura.

estreñimiento, constipación, indisposición.

estreñir, constipar, astringir.

estrépito, ruido, barullo, estruendo, algarabía, confusió[n], fragor. *Ant.* Paz, tranquilidad, silencio.

estrepitoso-sa, estruendoso, ruidoso, bullicioso, retum[bante], escandaloso. *Ant.* Tranquilo, silencioso.

estrés, cansancio, fatiga, desgano, agotamiento, inquietu[d], tensión.

estría, raya, ranura, acanaladura, canal, surco, muesca.

estriar, surcar, acanalar, rayar.

estribación, contrafuerte, ramificación, derivación.

estribar, gravitar, radicar, apoyarse, basarse, fundarse, des[cansar, consistir.

estribillo, repetición, matraca, muletilla, reiteración.

estribo, contrafuerte.// Sostén, apoyo, fundamento.

estricto-ta, riguroso, rígido, severo, exacto, preciso, m[i]nucioso, escrupuloso, cabal. *Ant.* Flexible, indulgente, be[né]névolo.

estridencia, destemplanza, discordancia, rechinamiento.

estridente, agrio, agudo, desapacible, destemplado, ch[i]rriante, rechinante, desentonado, discordante. *Ant.* Armo[nioso.

estro, inspiración, numen, estímulo, creación.

estrofa, parte, sección, división.

estropajo, inútil, ineficaz, incapaz, despreciable.

estropear, dañar, arruinar, menoscabar, deteriorar, malograr, averiar. **Ant.** Componer, arreglar.// **-se**, afearse, marchitarse, envejecer, desmejorar. **Ant.** Mejorar.

estropicio, desastre, rotura, destrozo, trastorno, desarreglo. **Ant.** Arreglo.

estructura, orden, esquema, organización, disposición, ordenación, distribución, constitución, armazón, esqueleto, montura, sostén.

estructural, configurativo, constitutivo, orgánico.

estructurar, organizar, ordenar, arreglar, distribuir, armar, entramar, configurar. **Ant.** Desorganizar.

estruendo, bullicio, confusión, estrépito, detonación, explosión, estampido, fragor.

estrujar, apretar, ceñir, oprimir, comprimir, prensar, agotar, extraer. **Ant.** Aflojar.

estuario, embocadura, desembocadura, entrada, boca.

estucar, revocar, encalar, blanquear.

estuche, caja, cofrecillo, envase, funda.

estuco, encaladura, yeso.

estudiado-da, afectado, fingido, amanerado, artificioso. **Ant.** Espontáneo, natural.

estudiante, colegial, alumno, escolar, aprendiz, discípulo.

estudiar, observar, meditar,investigar, prepararse, aplicarse, dedicarse, ejercitarse, instruirse, examinar, aprender, buscar, tantear. **Ant.** Embrutecerse.

estudio, aplicación, dedicación, análisis, trabajo, investigación, labor, esfuerzo, práctica, conocimiento, experiencia, instrucción, educación, ilustración.// Trabajo, monografía, ensayo, tratado, boceto, libro, publicación, artículo, bosquejo.// Oficina, despacho, bufete.// Afectación.

estudioso-sa, investigador, sabio, perito, intelectual, aplicado, laborioso. **Ant.** Vago.

estufa, calentador, brasero, hogar, calorífero, chimenea.

estulticia, necedad, estupidez, estolidez, simpleza, sandez, idiotez, disparate, majadería.

estupefacción, admiración, asombro, estupor, pasmo, extrañeza, fascinación. **Ant.** Indiferencia.

estupefaciente, narcótico, soporífero, dormitivo, anestésico, aletargante, hipnótico, droga.

estupefacto-ta, sorprendido, pasmado, admirado, atónito, maravillado.

estupendo-da, sorprendente, maravilloso, prodigioso, pasmoso, portentoso, admirable, extraordinario, soberbio, magnífico, increíble. **Ant.** Desagradable.

estupidez, necedad, bobería, tontería, sandez, simpleza. **Ant.** Agudeza, inteligencia, genialidad.

estúpido-da, bobo, tonto, necio, obtuso. **Ant.** Inteligente.

estupor, estupefacción, pasmo, admiración, extrañeza.// Insensibilidad, indiferencia, atonía, embotamiento. **Ant.** Actividad, sensibilidad, vivacidad.

estupro, abuso, violación, corrupción.

etapa, época, período, fase, ciclo.// Alto, descanso, parada.

éter, espacio, vacío, firmamento, cielo.// Anestésico.

etéreo-a, impalpable, volátil, vaporoso, sutil, incorpóreo, grácil.// Sublime, elevado, celestial.

eternidad, perdurabilidad, perennidad, inmortalidad, perpetuidad, permanencia. **Ant.** Fugacidad, transitoriedad.

eterno-na, imperecedero, perpetuo, perenne, inmarcesible, interminable, inacabable, perdurable, sempiterno, inmortal, inextinguible, indestructible, infinito, constante. **Ant.** Efímero, transitorio, breve, pasajero.

ética, moral. **Par.** Hética.

ético-ca, moral, moralista. **Par.** Hético.

etimología, origen, fuente, procedencia, raíz, derivación, principio, génesis.

etiología, causa, motivo, razón.

etiqueta, ceremonia, ceremonial, formulismo, protocolo, solemnidad, ritual.// Rótulo, marbete, inscripción.

étnico-ca, racial, etnográfico, particular, peculiar, característico.

eucaristía, sacramento, hostia.

eufemismo, indirecta, disimulo, rodeo, disfraz, tapujo, velo, embozo, perífrasis.

eufónico-ca, melodioso, agradable. **Ant.** Desagradable, discordante.

euforia, lozanía, salud, bienestar, animación, exaltación, vehemencia, arrebato.

eufórico-ca, animoso, entusiasmado, vehemente.

eunuco, castrado, emasculado.

euritmia, armonía, equilibrio, proporción.

evacuación, deposición, deyección, defecación.// Desocupación, abandono, salida.

evacuar, defecar.// Abandonar, retirarse, desocupar, salir. **Ant.** Ocupar.

evadir, evitar, esquivar, rehuir, eludir, soslayar. **Ant.** Afrontar, comprometerse.// **-se**, escapar, huir, fugarse, desaparecer, esfumarse, desvanecerse. **Ant.** Aparecer, quedarse, permanecer.

evaluación, valoración, estimación, tasación, valuación, tasa, apreciación.// Prueba, examen.

evaluar, valorar, apreciar, tasar, justipreciar.

evangelizar, cristianizar, catequizar, convertir, predicar, difundir.

evaporación, vaporización, gasificación, vaporación, volatilización, sublimación. **Ant.** Condensación, solidificación, congelamiento.// Desaparición. **Ant.** Aparición.

evaporar, volatilizar, vaporar, gasificar, disipar. **Ant.** Solidificar, congelar.// **-se**, irse, marcharse, desaparecer, fugarse, esfumarse. **Ant.** Aparecer, presentarse, quedarse.

evasión, huida, fuga, escapada, deserción, abandono, desaparición. **Ant.** Permanencia, vuelta.

evasiva, excusa, subterfugio, rodeo, argucia, ambages, escapatoria, disculpa, recurso, coartada, justificación.

evasivo-va, huidizo, esquivo, ambiguo, impreciso.

evento, hecho, acontecimiento, suceso, acaecimiento.

eventual, casual, imprevisto, accidental, fortuito, inseguro, incidental, esporádico, contingente, incierto, improbable. **Ant.** Seguro, planeado, deliberado, esperado.

eventualidad, contingencia, inseguridad, casualidad, probabilidad, posibilidad.// Evento, hecho, incidente, caso.

evidencia, certeza, seguridad, convencimiento, certidumbre, convicción. **Ant.** Inseguridad, duda, incertidumbre.

evidenciar, demostrar, afirmar, probar, patentizar, asegurar, testimoniar.

evidente, manifiesto, claro, seguro, incuestionable, innegable, incontrovertible, cierto, auténtico. **Ant.** Inseguro, dudoso, impreciso.

evitar, eludir, obviar, prevenir, sortear, huir, soslayar. **Ant.** Enfrentar, afrontar.// Impedir, obstaculizar, obviar, prevenir, precaver. **Ant.** Favorecer, ayudar, provocar.

evocar, recordar, rememorar, revivir, reanimar. **Ant.** Olvidar.// Homenajear.// Apelar, llamar, invocar.

evolución, desarrollo, transformación, crecimiento, cambio, progreso. **Ant.** Decadencia, estancamiento, retroceso.// Maniobra, movimiento.

evolucionar, desarrollarse, desenvolverse, progresar.// Maniobrar, moverse.// Cambiar, transformarse, trocarse. **Ant.** Permanecer.

evolutivo-va, gradual, escalonado.

exabrupto, inconveniencia, brusquedad, violencia, grosería.

exacción, requerimiento, exigencia, reclamación, cobro, coacción, abuso.

exacerbar, exasperar, agravar, enojar, irritar, agudizar, excitar. **Ant.** Calmar.

exactitud, precisión, estrictez, minuciosidad, escrupulosidad, corrección, conformidad, rigor, regularidad, perfección, puntualidad, veracidad. **Ant.** Imprecisión, negligencia, irregularidad.

exacto-ta, regular, preciso, verdadero, debido, cierto, estricto, fiel, correcto, puntual. **Ant.** Inexacto, impreciso.

exageración, engrandecimiento, ponderación, encarecimiento, afectación, exceso, superabundancia, abundancia, colmo, fantasía, ilusión.

exagerado-da, excesivo, desmedido, fantasioso. **Ant.** Justo, medido, mesurado.

exagerar, ampliar, amplificar, aumentar, agrandar, recargar, ponderar. **Ant.** Achicar, disminuir, simplificar.

exaltación, ensalzamiento, alabanza, elogio, glorificación, enaltecimiento, ponderación, apología.// Enardecimiento, entusiasmo, encendimiento, animación, ansia, fiebre, agitación, inquietud, ardor, efervescencia, acaloramiento, excitación, exacerbación, inflamación, fogosidad. **Ant.** Frialdad, desinterés, calma, serenidad.// Furia, violencia, arrebatamiento. **Ant.** Ecuanimidad.

exaltar, ponderar, elogiar, alabar, realzar, ensalzar, engrandecer, celebrar, enaltecer, encumbrar, encomiar. **Ant.** Rebajar, denigrar, vilipendiar.// **-se,** excitarse, enardecerse, entusiasmarse, acalorarse. **Ant.** Calmarse, tranquilizarse.

examen, observación, investigación, análisis, exploración, averiguación, ensayo, indagación, reconocimiento, tanteo, inspección.// Oposición, prueba, concurso, evaluación, ejercicio, convocatoria, selección.

examinar, investigar, observar, analizar, tantear, fiscalizar, indagar, reconocer, registrar, explorar.// Calificar, evaluar.// **-se,** presentarse, concursar.

exangüe, exánime, debilitado, débil.// Muerto, difunto.

exánime, desfallecido, debilitado, aniquilado, desmayado, agotado, inanimado, decaído. **Ant.** Fuerte, vigoroso.

exantema, erupción, irritación, sarpullido.

exasperación, exaltación, desenfreno, irritación, cólera, ira, rabia, desesperación. **Ant.** Serenidad.

exasperar, irritar, exaltar, enardecer, enfurecer, encolerizar, indignar, trastornar. **Ant.** Tranquilizar, calmar, serenar.

excarcelar, soltar, liberar, libertar, licenciar, perdonar, condonar, indultar. **Ant.** Condenar, encarcelar.

excavación, dragado, perforación.// Hoyo, cavidad, zanja, fosa, abertura, concavidad, socavón, hueco. **Ant.** Montículo.

excavar, cavar, ahondar, dragar, perforar, profundizar, socavar, zapar, penetrar.

excedente, sobrante, resto, residuo, exceso, remanente.// Innecesario, superabundante, supernumerario, excesivo.

exceder, sobrepasar, rebasar, superabundar, sobresalir, aventajar, superar, abundar. **Ant.** Limitar.// **-se,** demandarse, propasarse, extralimitarse, pasarse. **Ant.** Contenerse.

excelencia, perfección, excelsitud, grandiosidad, exquisitez, eminencia, notabilidad, prestancia, sublimidad, magnificencia, elevación, superioridad, importancia, grandeza. **Ant.** Inferioridad.

excelente, superior, óptimo, notable, destacado, colosal, magnífico, eminente, extraodinario, insuperable. **Ant.** Pésimo, inferior.

excelsitud, sublimidad, grandeza.

excelso-sa, excelente, altísimo, sublime, eximio.

excentricidad, rareza, extravagancia, particularidad, manía, originalidad. **Ant.** Sensatez, normalidad.

excéntrico-ca, estrafalario, original, raro, extravagante, estrambótico, insólito, ridículo, grotesco. **Ant.** Sencillo, común, normal, sensato.

excepción, anomalía, particularidad, rareza, irregularidad, singularidad, anormalidad. **Ant.** Generalidad.// Privilegio, exclusión, prerrogativa, merced, preferencia.

excepcional, raro, infrecuente, extraño, extraordinario, insólito, inaudito, singular, increíble. **Ant.** Corriente, común, usual, frecuente.

excepto, solo, exclusive, salvo. **Ant.** Inclusive.

exceptuar, excluir, eliminar, apartar, suprimir, quitar. **Ant.** Incluir.

excesivo-va, abundante, superabundante, sobrado, tremendo, inmoderado, exuberante, enorme, extremado. **Ant.** Pobre, carente, escaso.

exceso, enormidad, abundancia, demasía, exageración, sobra. **Ant.** Carencia, falta.// Violencia, intemperancia, delito, abuso, vicio. **Ant.** Sobriedad.

excitar, animar, entusiasmar, encender, electrizar, exasperar, exaltar, mover, acalorar, impulsar, instigar, avivar, enardecer, atizar, estimular. **Ant.** Calmar.// Irritar, sublevar.

exclamación, grito, imprecación, interjección, apóstrofe, voz.

exclamar, gritar, vocear, emitir, proferir, prorrumpir. **An** Callar.

excluir, apartar, exceptuar, separar, discriminar, rechaza eliminar, suprimir, descartar. **Ant.** Incluir.

exclusiva, privilegio, preferencia, franquicia, autorización

exclusividad, privilegio, particularidad.

exclusivismo, sectarismo, irreductibilidad.

exclusivo-va, único, propio, original, particular, excep cional, peculiar, típico, personal, distintivo. **Ant.** Vulgar/ Preferencial, privilegiado. **Ant.** Común, general.

excomulgar, rechazar, repudiar, anatematizar, prohibi expulsar. **Ant.** Perdonar, santificar.

excomunicón, anatema, rechazo, reprobación, castigo estigma. **Ant.** Aprobación, perdón.

excoriar, ulcerar, corroer, escocer.

excrecencia, carnosidad, verruga, bulto.

excremento, deposición, deyección, caca, evacuación.

exculpar, absolver, perdonar, excusar, justificar, disculpa defender, atenuar, paliar. **Ant.** Condenar, castigar.

excursión, paseo, caminata, gira, salida.// Invasión, correrí.

excursionista, viajero, caminante, paseante.

excusa, disculpa, pretexto, evasiva, escapatoria, subterfu gio, defensa.

excusado, water, retrete.

excusar, disculpar, perdonar, exceptuar, defender, justifica dispensar, atenuar, exculpar.// Eludir, evitar, rehuir, rehusa

execración, reprobación, condenación, maldición.

execrar, anatematizar, abominar, maldecir, imprecar, repro bar, condenar. **Ant.** Apreciar.

exégesis, interpretación, explicación, glosa, comentario.

exégeta, intérprete, glosador, comentarista.

exención, perdón, dispensa, libertad, ventaja, excu pación, privilegio, prerrogativa.

exento-ta, libre, franco, ajeno, descargado, exceptuad exonerado, desembarazado. **Ant.** Obligado.

exequias, funerales, honras, homenaje, ceremonia.

exhalación, vaho, emanación, vapor, tufo, olkor, pe fume.// Centella, rayo, chispa, bólido.// Suspiro.

exhalar, emanar, desprender, largar, emitir, produci humear, evaporar.// Suspirar.

exhaustivo-va, total, completo, íntegro, agotador.

exhausto-ta, agotado, cansado, consumido, extenuad exangüe, debilitado, fatigado, enflaquecido. **Ant.** Fuert vigoroso.

exhibición, muestra, presentación, exteriorización, oster tación, manifestación, exposición. **Ant.** Ocultación.// Feri muestra, exposición.

exhibir, exponer, mostrar, ostentar, lucir, exteriorizar, man festar, enseñar. **Ant.** Esconder, ocultar.

exhortación, ruego, súplica, petición.// Incitación, adve tencia, consejo.// Admonición, sermón.

exhortar, animar, alentar, excitar.// Suplicar, pedir, rogar. Sermonear, amonestar, censurar.

exhumar, descubrir, desenterrar, extraer. **Ant.** Inhuma enterrar.// Recordar, rememorar, evocar. **Ant.** Olvidar.

exigencia, petición, reclamación, demanda, coacció orden, exhortación, pedido, comunicación. **Ant.** Rueg súplica.

exigente, pretencioso, insistente, demandante, requerid pedigüeño.// Rígido, recto, severo, intransigente, meticu loso. **Ant.** Tolerante.

exigir, reclamar, pedir, requerir, necesitar, demandar, cor minar, exhortar, ordenar. **Ant.** Conceder, tolerar, suplicar.

exiguo-gua, pobre, escaso, carente, insuficiente. **An** Abundante.

exiliado-da, desterrado, proscripto, confinado. **An** Repatriado.

exiliar, desterrar, confinar, deportar, expulsar, proscribi echar. **Ant.** Acoger, repatriar.

exilio, destierro, alejamiento, expulsión, aislamiento, cor finación, proscripción, deportación. **Ant.** Regreso, repatri ción.

eximio-mia, excelente, excelso, notable, exquisito, ópt mo, ilustre. **Ant.** Inferior.

ximir, dispensar, liberar, excluir, exceptuar, indultar, perdonar. *Ant.* Obligar.

xistencia, vida, presencia, supervivencia.// Ser, entelequia, cosa.// **-s,** mercancías, repertorio, surtido, víveres.

xistir, ser, vivir, subsistir, durar, mantenerse, conservarse, hallarse, estar. *Ant.* Morir.

xito, victoria, triunfo, logro, resultado, conclusión, gloria, renombre, honor, notoriedad. *Ant.* Fracaso, desconocimiento.

xodo, emigración, salida, abandono, marcha, ausencia, huida, deportación, exportación. *Ant.* Ingreso, regreso, vuelta.

xoneración, degradación, destitución, cese.// Descargo, alivio, franquicia, dispensa, excepción. *Ant.* Carga, gravamen.

xonerar, destituir, deponer, relevar, degradar, privar, echar, cesantear, suspender. *Ant.* Rehabilitar.// Aliviar, eximir.

xorbitante, excesivo.

xorcismo, conjuro, encantamiento, magia, sortilegio, embrujo, hechizo.

xorcizar, desendemoniar, desendiablar, conjurar.

xordio, encabezamiento, prefacio, prólogo, preámbulo, principio, introducción. *Ant.* Fin, epílogo.

xotérico-ca, asequible, común, fácil, comprensible, elemental, corriente. *Ant.* Esotérico, complicado, difícil.

xótico-ca, extraño, extranjero, foráneo, remoto, lejano. *Ant.* Nacional, local.// Raro, desusado, insólito, extravagante, desacostumbrado. *Ant.* Convencional, común.

xpandir, ensanchar, extender, dilatar, agrandar, desarrollar, ampliar. *Ant.* Restringir, achicar, disminuir.

xpansión, propagación, circulación, difusión.// Dilatación, extensión, desenvolvimiento.// Diversión, solaz, recreo, esparcimiento, distracción.// Comunicación, desahogo, confidencia, efusión. *Ant.* Contención.

xpansivo-va, sociable, efusivo, demostrativo, cariñoso, comunicativo, expresivo, franco, vehemente, parlanchín, charlatán. *Ant.* Hosco, huraño.

xpatriarse, exiliarse.

xpectación, atención, afán, curiosidad, interés. *Ant.* Desinterés.

xpectativa, expectación.// Probabilidad, posibilidad, perspectiva.

xpectorar, escupir, salivar.

xpedición, viaje, excursión, gira, exploración.// Caravana, grupo, tropa.// Envío, remesa, exportación, facturación.

xpedicionario-ria, viajero, explorador.

xpediente, escrito, legajo, documento, papeleo, registro, certificación.// Caso, negocio.

xpedir, remitir, enviar, facturar.// Certificar, tramitar, despachar, cursar.

xpeditivo-va, diligente, habilidoso, diestro, rápido, apto, pronto. *Ant.* Torpe, desmañado.

xpedito-ta, libre, desembarazado, despejado, amplio, holgado. *Ant.* Obstruido, rápido, fácil, pronto.

xpeler, expulsar.

xpender, vender, despachar.

xpensas, gasto, consumo.

xperiencia, ensayo, experimentación, tanteo, sondeo, prueba, tentativa.// Destreza, maestría, conocimiento, hábito, costumbre, práctica, pericia, habilidad. *Ant.* Inexperiencia.

xperimentación, experiencia, experimento.

xperimental, empírico, práctico. *Ant.* Teórico.

xperimentar, sentir, soportar, sufrir, notar, aprender, observar, advertir, escarmentar.// Investigar, observar, tantear, sondear, examinar, ensayar, intentar. *Ant.* Teorizar.

xperimento, experiencia, prueba, observación, investigación, ensayo, tentativa.

xperto-ta, experimentado, perito, conocedor, entendido, diestro, hábil, técnico. *Ant.* Inexperto, desconocedor.

xpiación, paga, pena, purificación, purgación, reparación, satisfacción, enmienda.

explar, borrar, purgar, satisfacer, sufrir, cumplir, reparar, lavar, purificarse.

expiatorio-ria, compensador, vindicador, reparador.

expiración, fallecimiento.

expirar, fallecer, morir, acabar, concluir, fenecer, agonizar. *Ant.* Nacer.// Cesar, terminar, finiquitar. *Ant.* Comenzar, empezar.

explanada, llano, superficie, extensión, llanura, descampado.

explanar, allanar, nivelar, aplanar.

explayar, esparcir, extender.// **-se,** solazarse, divertirse, recrearse, entretenerse. *Ant.* Aburrirse.// Desahogarse, franquearse, confiarse. *Ant.,* Contenerse.

explicación, aclaración, justificación, interpretación, ilustración, exégesis, comentario.

explicar, justificar, excusar. *Ant.* Acusar, criticar.// Exponer, aclarar, ilustrar, desarrollar, esclarecer, revelar, elucidar, dilucidar, definir, especificar, desplegar. *Ant.* Embrollar.

explícito-ta, dicho, manifiesto, declarado, sincero, intencionado, franco, preciso, exacto. *Ant.* Oculto, callado, confuso.

exploración, batida, incursión, expedición, avanzada.// Investigación, indagación, sondeo.

explorador-ra, descubridor, expedicionario, viajero.

explorar, rastrear, bucear, reconocer, recorrer, batir.// Tantear, investigar, indagar, estudiar.// Recorrer, viajar.

explosión, detonación, estallido, descarga, estampido, estruendo, crepitación, reventón, disparo.// Expansión, arrebato, manifestación, arranque, impulso.

explosivo, detonante, fulminante.// va, sensacional, sorpresivo, insólito, impresionante.

explotación, empresa, factoría, industria, fabricación.// Beneficio, utilización, empleo, rendimiento, obtención.// Expoliación, abuso. *Ant.* Generosidad.

explotar, detonar, estallar, crepitar, reventar.// Abusar, aprovecharse, engañar, estafar.// Usar, utilizar, usufructuar, comercializar. *Ant.* Desaprovechar.

exportar, enviar, mandar, expedir, sacar. *Ant.* Importar.

exposición, explicación.// Ostentación, manifestación, alarde, exhibición, despliegue.// Orientación.

expósito, huérfano, inclusero, abandonado.

expositor-ra, exhibidor, participante.

expresar, manifestar, decir, indicar, citar, comunicar, formular, emitir, proferir, prorrumpir, representar, exponer, significar, participar, insinuar, enunciar, concretar, precisar. *Ant.* Callar.

expresión, término, vocablo, locución, voz, palabra, enunciado.// Gesto, gesticulación, manifestación, exposición, comunicación.// Elocuencia, animación, fogosidad.

expresivo-va, significativo.// Elocuente.// Afectuoso, cariñoso, expansivo, parlanchín, comunicativo, vehemente. *Ant.* Hosco, huraño.

expreso, a propósito, intencionado, deliberado.// Tren, rápido, directo.

exprimir, estrujar, comprimir, apretar, prensar, retorcer, extraer, macerar, despulpar.// Empobrecer, abusar, esquilmar.

expropiación, embargo, confiscación.

expropiar, confiscar, privar, desposeer, incautarse, despojar. *Ant.* Restituir, dar.

expuesto-ta, manifiesto, declarado, mostrado, exhibido. *Ant.* Oculto.// Arriesgado, aventurado, peligroso, comprometido, inseguro. *Ant.* Seguro.

expugnar, asaltar, tomar, conquistar, apoderarse.

expulsar, echar, alejar, expeler, rechazar, arrojar, emitir, lanzar, desportar, eliminar, destituir, exonerar, desterrar. *Ant.* Atraer, reintegrar, admitir.

expulsión, alejamiento, despedida, despido, exclusión, destitución, repudio, exilio. *Ant.* Aceptación, admisión, inclusión.

expurgar, limpiar, purificar, pulir.// Enmendar, corregir, modificar, eliminar, tachar, quitar. *Ant.* Incluir.

exquisito-ta, agradable, delicioso, apetitoso, sabroso, delicado, primoroso. *Ant.* Tosco, rústico.

extasiar, arrobar, cautivar, maravillar, sosprender, hechizar, pasmar.// **-se,** arrobarse, ensimismarse, embelesarse, enajenarse, transportarse.

éxtasis, embeleso, embriaguez, maravilla, hechizo, exaltación, rapto, embobamiento, transporte. **Ant.** Indiferencia, imperturbabilidad.

extático-ca, embobado, arrobado, maravillado, pasmado.

extemporáneo-a, inoportuno, impropio, inconveniente, intempestivo, inesperado. **Ant.** Oportuno.

extender, desplegar, tender, desdoblar, desenvolver, estirar. **Ant.** Plegar.// Difundir, esparcir, dispersar, divulgar, propagar. **Ant.** Ocultar.// **-se,** ramificarse.// Explayarse, desahogarse, profundizar.

extensión, vastedad, amplitud, llanura.// Desarrollo, dilatación, propagación, desenvolvimiento, ampliación, amplificación, ramificación.

extenso-sa, espacioso, dilatado, desenvuelto, amplio, desarrollado, alargado, anchuroso. **Ant.** Reducido.

extenuación, debilitamiento, agotamiento, consunción, enflaquecimiento, postración. **Ant.** Fortalecimiento.

extenuar, cansar, agotar, agobiar, fatigar, debilitar, quebrantar.// **-se,** enflaquecer, desfallecer. **Ant.** Fortalecerse, recuperarse.

exterior, exterioridad, aspecto, apariencia, semblante, fachada, figura. **Ant.** Interior.// Externo, manifiesto, visible, superficial. **Ant.** Interno.

exteriorizar, manifestar, mostrar, descubrir, revelar. **Ant.** Tapar, ocultar.

exterminar, matar, aniquilar, destruir, extinguir, eliminar, suprimir, liquidar. **Ant.** Proteger, reparar.

exterminio, aniquilación, destrucción, matanza, carnicería, liquidación, genocidio. **Ant.** Comienzo, creación, surgimiento, reparación, protección.

extinción, apagamiento, desaparición, cese, muerte, decadencia. **Ant.** Surgimiento, aparición, nacimiento, reavivamiento, plenitud.

extinguir, apagar, sofocar, ahogar.// **-se,** languidecer, morir, fallecer, agonizar, decaer, declinar. **Ant.** Nacer, surgir.

extinto-ta, difunto, muerto.

extintor, matafuego.

extirpar, arrancar, exterminar, borrar, aniquilar, desarraigar, quitar, erradicar.

extorsión, usurpación, despojamiento, expolio.// Daño, perjuicio. **Ant.** Beneficio.

extorsionar, despojar, confiscar, expoliar. **Ant.** Devolver.// Dañar, perjudicar. **Ant.** Beneficiar.

extra, figurante, comparsa, partiquino.// Complemento, aditamento, plus, gratificación.// Estupendo, soberbio, magnífico, óptimo, excelente.

extracción, arrancamiento, extirpación.// Origen, cuna, ascendencia, linaje, tronco, raza.

extractar, compendiar, condensar, resumir, reducir, sintetizar, substanciar, abreviar. **Ant.** Ampliar, desarrollar.

extracto, compendio, resumen, esencia, sumario, abreviación. **Ant.** Desarrollo.// Esencia, concentración, destilación.

extradición, entrega, cesión.

extraer, sacar, desenvainar, desclavar, arrancar, quitar, despojar, apartar, extirpar. **Ant.** Introducir, meter.

extralimitarse, excederse, propasarse, abusar. **Ant.** Limitarse, contenerse.

extramuros, alrededores, cercanías, afueras, suburbios, contornos, inmediaciones. **Ant.** Centro.

extranjero-ra, forastero, extraño, foráneo, exótico, grin go. **Ant.** Nativo.

extrañamiento, confinamiento, deportación, exilio, des tierro. **Ant.** Regreso.

extrañar, añorar.// Sorprender, admirar, chocar, asombrar./ Alejar, deportar, eciliar. **Ant.** Repatriar.

extrañeza, rareza, anomalía, singularidad.// Asombro, pe plejidad, admiración, sorpresa.

extraño-ña, raro, insólito, extravagante, singular, chocan te, peregrino, extraordinario. **Ant.** Común, frecuente./ Ajeno, impropio, desconocido, extranjero, foráneo.

extraoficial, privado, reservado, oficioso. **Ant.** Oficial.

extraordinario-ria, singular, asombroso, excepciona **Ant.** Normal, frecuente.

extraterrestre, espacial, sideral, planetario. **Ant.** Terrícola terrestre.

extravagancia, rareza, singularidad, excentricidad, origi nalidad, capricho, ridiculez, humorada, manía. **Ant.** Nor malidad.

extravagante, raro, singular, distinto, desusado, excéntri co, original, caprichoso, ridículo, estrafalario, estrambótico **Ant.** Normal, común.

extravertido-da, sociable, comunicativo, abierto. **An** Hosco, huraño.

extraviado-da, perdido, traspapelado, dejado. **Ant.** Er contrado.// Pervertido, corrompido, descarriado.

extraviar, perder, traspapelar, dejar, olvidar, confundir. **An** Encontrar.// Desorientar, desencaminar, desviar, despista **Ant.** Orientar, guiar.// Corromper, pervertir, viciar. **An** Enmendar.// **-se,** perderse, corromperse, desviarse. **Ant.** Re habilitarse, enmendarse.// Errar, equivocarse. **Ant.** Acertar.

extravío, pérdida.// Desviación, desorientación, desvío./ Aberración.// Equivocación.

extremado-da, abundante, excesivo, exagerado.

extremar, exagerar, recargar.// Rematar, terminar, acaba finalizar, concluir.// **-se,** esmerarse, extralimitarse.

extremaunción, viático, sacramento, unción.

extremidad, extremo, orilla, borde, punta, canto, remate límite, fin, término, cumbre, borde. **Ant.** Centro.// Miem bro, apéndice.

extremista, agitador, revolucionario, revoltoso, radica exaltado, ferviente, fanático. **Ant.** Moderado.

extremo, extremidad, punta, fin, remate.

extremo-ma, último, límite, distante, opuesto. **Ant.** Cer cano, central.// Exagerado, excesivo, sumo. **Ant.** Ínfimo.

extrínseco-ca, superficial, circunstancial, accesorio, se cundario. **Ant.** Principal, intrínseco.

extrovertido-da, extravertido.

exuberancia, abundancia, plenitud, prodigalidad, genero sidad, profusión, exceso. **Ant.** Carencia, falta.

exuberante, abundante, rico, pródigo, excesivo, supera bundante, fértil, frondoso, pletórico. **Ant.** Escaso.

exudar, salirse, rezumar, perder, extravasarse. **Ant.** Absor ber.

exultante, recogijado, alegre, gozoso, jubiloso, exaltado **Ant.** Apesadumbrado, triste.

exultar, alborozar, gozar, alegrarse, retozar, exaltarse, excl tarse.

exvoto, ofrenda, presente, don, ofrecimniento, agradeci miento, sufragio.

eyaculación, polución, expulsión, lanzamiento, emisiór crispación, convulsión, orgasmo.

eyacular, segregar, expeler, expulsar, emitir, arrojar.

fábrica, manufactura, industria, taller, empresa, factoría.

fabricación, elaboración, confección, producción.

fabricante, productor, industrial.

fabricar, elaborar, producir, confeccionar, construir, realizar. **Ant.** Destruir.

fábula, apólogo, leyenda, parábola, mito, quimera, narración.// Mentira, rumor, chisme.

fabuloso-sa, extraordinario, grande, magnífico, fantástico, legendario.

faca, navaja.

facción, partido, banda, parcialidad, grupo, pandilla, secta.// Guardia, centinela, patrulla.// **-es,** rasgos, líneas.

faccioso-sa, rebelde, sedicioso, sublevado, revoltoso, insurrecto.

faceta, cara, lado, arista, canto, aspecto, apariencia.

facha, figura, estampa, apariencia, catadura, pinta, porte.

fachada, frente, exterior, portada, frontis, frontispicio, cara, frente, delantera. **Ant.** Zaga.

fácil, hacedero, practicable, sencillo, elemental, accesible. **Ant.** Difícil.

facilidad, simplicidad, posibilidad, habilidad, aptitud, desenvoltura. **Ant.** Dificultad.

facilitar, posibilitar, simplificar, allanar, aclarar, desbrozar. **Ant.** Dificultar, entorpecer.// Entregar, suministrar, proporcionar.

facineroso, criminal, malhechor, delincuente, bandido, malvado, perverso. **Ant.** Honrado, honesto.

facsímile, copia, imitación, reproducción, facsímil.

factible, posible, realizable, practicable, viable. **Ant.** Imposible, irrealizable.

factor, elemento, hecho, componente, principio, agente.// Autor, realizador, ejecutor.

factoría, fábrica, comercio, depósito, almacén.

factótum, mandadero, criado, botones.// Poderoso.

factura, cuenta, cargo, nota, importe.// Hechura, ejecución, obra.

facturación, remesa, envío, expedición, despacho.// Inscripción, registro, asiento, anotación.

facturar, mandar, enviar, expedir, despachar.// Cobrar, asentar, registrar, liquidar, asentar. **Ant.** Pagar, abonar.

facultad, capacidad, aptitud, virtud.// Permiso, poder.// Estudios, ciencia.

facultar, habilitar, conceder, autorizar, comisionar, delegar, capacitar. **Ant.** Dificultar.

facultativo, médico, cirujano, profesional.// **-va,** voluntario, potestativo, discrecional.

facundia, elocuencia, locuacidad, labia, soltura.

faena, trabajo, tarea, actividad, labor, trajín. **Ant.** Ocio, descanso.

faja, ceñidor, corsé, sujetador.// Franja, lista, tira.

fajar, rodear, ceñir, envolver, encorsetar.

fajina, faena.

fajo, atado, haz, manojo, puñado.

falacia, engaño, mentira, embuste. **Ant.** Verdad.

falange, legión, tropa, cohorte, cuerpo.

falaz, mentiroso, artero, embustero, falso, hipócrita. **Ant.** Verdadero.

falda, pollera, saya, faldellín.// Costado, ladera, vertiente.

faldón, colgadura, colgante.

falible, incierto, inexacto, equivocado, débil.

falla, defecto, falta, error.// Hendidura, grieta, fisura. **Par.** Faya.

fallar, errar, omitir, descuidar, pifiar, malograr.// Sentenciar, dictaminar, resolver, decretar, condenar.

fallecer, morir, fenecer, expirar, perecer, sucumbir. Ant. Nacer.

fallecimiento, muerte, deceso, defunción. **Ant.** Nacimiento.

fallido-da, desacertado, errado, fracasado, frustrado, malogrado. **Ant.** Logrado, aprovechado.

fallo, veredicto, sentencia, resolución, decisión, dictamen.

falluto-ta, falso, hipócrita, mentiroso.

falo, pene.

falsario-ria, calumniador.

falsear, adulterar, falsificar, desnaturalizar, distorsionar, viciar, tergiversar. **Ant.** Autenticar.

falsedad, engaño, mentira, enredo, calumnia, inexactitud. **Ant.** Verdad, legitimidad.

falsificación, adulteración, mistificación.

falsificar, falsear, adulterar.

falso-sa, fingido, simulado, adulterado, inexacto, apócrifo. **Ant.** Real, verdadero, auténtico, legítimo.// Hipócrita, mentiroso, embustero, impostor, tartufo, traidor, falsario. **Ant.** Leal, sincero.

falta, carencia, penuria, escasez, ausencia. **Ant.** Abundancia.// Error, descuido, falla. **Ant.** Acierto.

faltar, carecer, escasear, acabarse, consumirse, necesitar. **Ant.** Abundar, sobrar.// Ausentarse, no asistir. **Ant.** Estar, presentarse.// Deshonrar, agraviar. **Ant.** Honrar, desagraviar.

falto-ta, carente, imperfecto, defectuoso, escaso, insuficiente. **Ant.** Completo, acabado.// Necesitado, pobre, abandonado. **Ant.** Abundante.

faltriquera, bolsa, escarcela.

falúa, lancha, batel, barca, chalupa, balandra.

fama, renombre, celebridad, conocimiento, reputación, notabilidad, notoriedad. **Ant.** Oscuridad, desconocimiento.

famélico-ca, hambriento, ansioso, necesitado, ávido. **Ant.** Hastiado.

familia, parentela, progenie, ascendencia, descendencia, casta, linaje, parentesco.

familiar, pariente, allegado, deudo, ascendiente, descendiente.// Conocido, sabido, habitual, acostumbrado. **Ant.** Extraordinario, desacostumbrado.// Hogareño.

familiaridad, confianza, llaneza, amistad, intimidad, franqueza. **Ant.** Desconfianza, solemnidad.

familiarizar-se, habituar, adaptar, acostumbrar.

famoso-sa, célebre, conocido, importante, reconocido, renombrado, notorio. **Ant.** Ignorado, desconocido, oscuro.

fámula, criada, doméstica, sirvienta, servidora.

fan, hincha, seguidor.

fanático-ca, entusiasta, entusiasmado, obstinado, ferviente, intolerante, ardiente, apasionado, obcecado, sectario, intransigente. **Ant.** Equilibrado, flexible, razonable.

fanatismo, exaltación, exacerbación, apasionamiento, ceguera, sectarismo, obcecación, partidismo. *Ant.* Tolerancia, ecuanimidad.

fanatizar, exaltar, apasionar, entusiasmar.

fandango, baile, danza.// Bullicio, jaleo. *Ant.* Calma, sosiego.

fanfarria, charanga, banda.

fanfarrón-na, farolero, bravucón, valentón, jactancioso, ostentoso, presumido. *Ant.* Simple, sencillo, humilde.

fanfarronear, bravuconear, guapear, jactarse, presumir. *Ant.* Acobardarse, humillarse.

fanfarronería, fanfarronada, bravuconada, guapeza, jactancia. *Ant.* Humildad, sencillez.

fangal, barrizal, ciénaga, lodazal.

fango, barro, lodo, limo, cieno.// Deshonor.

fantasear, imaginar, soñar, idealizar, teorizar. *Ant.* Objetivar.

fantasía, ensueño, imaginación, sueño, quimera, alucinación, entelequia, utopía, ilusión.// Ficción, narración.

fantasioso-sa, soñador, imaginativo.

fantasma, aparición, espíritu, espectro, aparecido.

fantasmagoría, quimera, alucinación, entelequia, ilusión, irrealidad.

fantasmagórico-ca, fantasmal, estremecedor, alucinante, espectral, sobrecogedor.

fantástico-ca, irreal, increíble, inverosímil, quimérico, fingido, fabuloso. *Ant.* Simple, natural.

fantoche, títere, marioneta.// Mamarracho.

faquir, santón, mago, penitente.

farallón, roca, peñón, islote, acantilado, precipicio.

farándula, compañía, teatro, artistas.

farandulero-ra, comediante, farsante.

faraón, soberano.

fardo, lío, bulto, paquete, envoltorio.

farfullar, balbucear, tartamudear. *Ant.* Articular.

faringe, garganta, tragadero.

farisaico-ca, fariseo.

fariseo, hipócrita, taimado, falso, simulador. *Ant.* Sincero, leal.

farmacéutico-ca, boticario.

farmacia, botica, droguería.

fármaco, medicamento, remedio.

faro, fanal, señal, torre, linterna.// Guía.

farol, fanal, linterna, foco, lámpara.

farolero-ra, mentiroso, presumido, fanfarrón.

farra, juerga, diversión, orgía, parranda, jarana.

fárrago, desorden, confusión, aglomeración, desconcierto. *Ant.* Orden.

farragoso-sa, desordenado, confuso.// Aburrido, tedioso, fastidioso.

farsa, bufonada, payasada.// Parodia, ficción.// Simulación, engaño, trampa, tramoya. *Ant.* Sinceridad, honradez.

farsante, comediante, actor, histrión, cómico.// Embustero, mentiroso, hipócrita, embaucador.

fascículo, cuadernillo, entrega.

fascinación, encanto, deslumbramiento, hechicería, encantamiento, seducción, atracción, magnetismo. *Ant.* Desencanto.

fascinar, embelesar, encantar, magnetizar, deslumbrar, hipnotizar, seducir, encandilar, hechizar, atraer, alucinar. *Ant.* Desencantar.

fase, etapa, faceta, cambio, situación, momento, ciclo, división.// Aspecto, apariencia, forma.

fastidiar-se, molestar, hartar, cansar, importunar, aburrir, disgustar, incomodar, enojar. *Ant.* Alegrar, divertir.

fastidio, molestia, tedio, disgusto, enfado, incomodidad, enojo, cansancio. *Ant.* Alegría, deleite, placer, entretenimiento.

fastidioso-sa, molesto, tedioso, aburrido, latoso, importuno, pesado. *Ant.* Alegre, entretenido, divertido.

fastos, sucesos, memorias, relaciones, comentarios, relatos.

fastuosidad, lujo, ostentación. *Ant.* Humildad.

fastuoso-sa, ostentoso, suntuoso, rumboso, lujoso, espléndido, aparatoso, majestuoso, vistoso, pomposo. *Ant.* Humilde, sencillo.

fatal, irremediable, ineludible, necesario, inevitable, forzoso, inexcusable, indefectible.// Desgraciado, adverso, fatídico, nefasto. *Ant.* Feliz, afortunado.

fatalidad, destino, sino, suerte, hado, fortuna.// Desgracia, infortunio.

fatalismo, pesimismo, desesperanza, desilusión, desánimo.

fatídico-ca, aciago, triste, desgraciado, fatal. *Ant.* Afortunado, propicio.

fatiga, cansancio, agotamiento, extenuación, desfallecimiento. *Ant.* Descanso, recuperación.// Ahogo, sofoco.// Penuria, molestia, pena, pesadumbre.

fatigar, cansar, rendir, extenuar, aplastar, agotar, deslomar. *Ant.* Aliviar, descansar.// Molestar, importunar.// se, jadear, ahogarse, asfixiarse.

fatigoso-sa, penoso, extenuante, trabajoso. *Ant.* Descansado.

fatuidad, vanidad, jactancia, presunción. *Ant.* Modestia, humildad.

fatuo-tua, vano, presuntuoso, petulante, presumido, ufano, engreído, pedante. *Ant.* Humilde, modesto, sencillo.

fausto, fastuosidad, solemnidad, rumbo, ostentación, prestancia, esplendor, magnificencia, grandeza, majestuosidad. *Ant.* Modestia, simplicidad.// ta, feliz, afortunado. *Ant.* Desgraciado, triste.

favor, ayuda, socorro, auxilio, amparo, asistencia, protección, defensa. *Ant.* Obstáculo, trastada.

favorecer, asistir, auxiliar, sostener, defender, socorrer, acoger, ayudar, proteger, amparar.// Agraciar, embellecer.

favoritismo, preferencia, predilección, parcialidad, propensión. *Ant.* Igualdad, equidad.

favorito-ta, predilecto, preferido, privilegiado, distinguido.

faz, cara, rostro, fisonomía, semblante.

fe, certeza, confianza, convicción, convencimiento. *Ant.* Desconfianza.// Religión, dogma, ideología, fanatismo. *Ant.* Incredulidad.

fealdad, deformidad, monstruosidad, desproporción. *Ant.* Belleza, proporción.

febril, calenturiento, ardiente, afiebrado.// Agitado, violento, nervioso, impaciente. *Ant.* Tranquilo, sosegado.

fecha, tiempo, término, data, vencimiento.

fechar, datar, encabezar.

fechoría, trastada, perversidad, crimen, felonía, maldad, travesura, canallada. *Ant.* Favor, ayuda, bondad.

fécula, albúmina, harina, almidón.

fecundación, procreación, generación, reproducción, cópula.

fecundar, fertilizar, preñar, fecundizar, engendrar, procrear, copular.

fecundidad, fertilidad, feracidad, abundancia, riqueza, opulencia, exuberancia.

fecundo-da, fértil, abundante, feraz, ubérrimo, prolífico. *Ant.* Infecundo.

federación, liga, unión, asociación, agrupación, confederación. *Ant.* Separación.

federar, aliar, unir, asociar.

fehaciente, indudable, irrebatible, fidedigno, evidente, manifiesto, palmario. *Ant.* Inseguro, dudoso.

felicidad, suerte, dicha, prosperidad, placer, complacencia, ventura, bienestar, bienaventuranza. *Ant.* Desdicha, infelicidad.

felicitación, pláceme, congratulación. *Ant.* Condolencia, pésame.

felicitar, congratular, cumplimentar, agasajar, elogiar. *Ant.* Criticar, reprobar.

feligrés, devoto, fiel, piadoso.

feligresía, parroquia.// Grey.

felino-na, gatuno.// Ladino, taimado. *Ant.* Sincero, leal.// Feroz.

feliz, dichoso, venturoso, fausto, afortunado, contento. *Ant.* Desdichado, desgraciado.

felón, desleal, perverso. **Ant.** Leal.

felonía, deslealtad, falsedad.

felpa, peluche, terciopelo.

felpeada, paliza, tunda, zurra.

felpudo, esterilla.// **-da,** aterciopelado, afelpado.

femenino, mujeril.// Débil, suave, delicado. **Ant.** Varonil, rústico, viril, masculino.

feminidad, femineidad, suavidad, delicadeza. **Ant.** Virilidad, masculinidad.

fenecer, morir, fallecer, perecer, agonizar, terminar. **Ant.** Nacer.

fenomenal, sorprendente, descomunal, enorme, monstruoso, admirable, asombroso, extraordinario, desmesurado.

fenómeno, monstruo, engendro, aberración, espantajo, rareza.// Manifestación.// Prodigio, maravilla.

feo-a, espantoso, deforme, antiestético, desagradable. **Ant.** Lindo, bello, hermoso.// Vergonzoso, reprobable, abominable, censurable. **Ant.** Elogiable.

feracidad, fertilidad, abundancia, fecundidad. **Ant.** Esterilidad.

feraz, fértil, ubérrimo, fructífero, rico, generoso, abundante. **Ant.** Estéril, pobre, infecundo.

féretro, ataúd, cajón, caja, sarcófago.

feria, mercado, certamen, exposición, muestra.// Vacación, descanso.

feriante, comerciante, expositor.

feriar, cambiar, vender, comprar, permutar, trocar.// Holgar, descansar.

fermentación, descomposición, putrefacción, alteración, corrupción.// Agitación, nerviosidad. **Ant.** Tranquilidad, sosiego.

fermentar, corromper, descomponer, pudrir.// Agitar, inquietar.

fermento, secreción.

ferocidad, fiereza, atrocidad, inhumanidad, brutalidad, crueldad, ensañamiento, violencia, encarnizamiento, salvajismo, barbarie, atrocidad. **Ant.** Humanidad, piedad.

feroz, cruel, sanguinario, atroz, violento, inhumano. **Ant.** Humano, bondadoso, piadoso.

férreo-a, fuerte, duro, resistente, tenaz, inflexible, constante. **Ant.** Débil, inconstante.

ferrocarril, tren.

fértil, feraz, productivo, prolífico, pingüe, copioso, fecundo, ubérrimo, abundante, fructífero. **Ant.** Estéril, pobre, infecundo, árido.

fertilidad, feracidad, fecundidad, abundancia. **Ant.** Esterilidad.

fertilizante, abono.

fertilizar, abonar, fecundar. **Ant.** Esterilizar.

férula, sujeción, dominio, poder, tiranía.// Sostén.

ferviente, fervoroso, piadoso, devoto, practicante, entusiasta, apasionado, arrebatado. **Ant.** Indiferente, apático, frío.

fervor, piedad, devoción, unción, pasión, impetuosidad, llama, fogosidad, excitación, intensidad. **Ant.** Incredulidad, tibieza, frialdad.

festejar, celebrar, agasajar, conmemorar, requerir, cortejar. **Ant.** Desdeñar, despreciar.

festejo, galanteo, galantería, obsequio, agasajo. **Ant.** Desdén, desprecio, desaire.// Fiesta, celebración, festividad.

festín, banquete, convite, festejo, ágape.

festival, festejo, velada, certamen.

festividad, fiesta, ceremonia, solemnidad, diversión.

festivo-va, alegre, divertido, gozoso, gracioso, entretenido, jocoso, regocijado, ocurrente. **Ant.** Solemne, triste, aburrido.

festón, ribete, terminación, borde, remate.// Colgante, adorno, guirnalda.

festonear, ribetear, orillar.

fetén, bueno, excelente, superior.

fetichismo, adoración, idolatría.

fetiche, amuleto, ídolo, talismán, efigie, deidad.

fetidez, hedor, hediondez, tufo, pestilencia. **Ant.** Aroma, fragancia.

fétido-da, maloliente, hediondo, nauseabundo, pestilente. **Ant.** Perfumado, aromático.

feto, embrión, engendro, germen, rudimento.

feudal, medieval, señorial, dominante, tiránico, solariego. **Ant.** Democrático.

feudalismo, sumisión, vasallaje.

feudo, heredad, dominio, posesión, propiedad, hacienda, señorío.

flaca, pereza, indolencia. **Ant.** Actividad.

flador-ra, garante.

fiambre, conserva, embutido.// Cadáver.// Viejo, anticuado, pasado. **Ant.** Vigente.

fianza, garantía, aval, prenda.

fiar, avalar, garantizar, prestar, ceder.// se, confiarse, encomendarse, entregarse. **Ant.** Desconfiar.

fiasco, fracaso, decepción, chasco.

fibra, filamento, hilo, hebra, torzal.// Resistencia, fuerza, energía, carácter, vigor, robustez. **Ant.** Debilidad, endeblez.

fibroso-sa, duro, filamentoso, resistente, vigoroso, enérgico. **Ant.** Blando, débil.

ficción, invención, irrealidad, fábula, relato, mito, fantasía. **Ant.** Realidad.// Mentira, simulación. **Ant.** Verdad, sinceridad.

ficha, papeleta, cédula.// Pieza, placa.

fichar, anotar, registrar, filiar, inscribir, señalar.// Observar.// Desconfiar, calar.

fichero, archivo.

ficticio-cia, falso, fingido, engañoso, imaginado. **Ant.** Real, auténtico.

fidedigno-na, auténtico, confiable, verdadero, cierto, fehaciente, verosímil, creíble.

fideicomiso, mandato, transferencia, cesión.

fidelidad, lealtad, constancia, veracidad, apego, sinceridad, devoción, confianza. **Ant.** Deslealtad, infidelidad.

fideo, pasta.// Flaco, delgado. **Ant.** Obeso, gordo.

fiduciario-ria, mandatario, legatario, heredero, beneficiario.

fiebre, temperatura, calentura.

fiel, leal, devoto, apegado, constante, veraz, sincero. **Ant.** Desleal, infiel.// Creyente, feligrés, devoto, religioso. **Ant.** Ateo, impío.// Puntual, exacto, cumplidor. **Ant.** Inexacto.

fiera, bestia, animal, bicho.// Cruel, bruto, salvaje, bestial, inhumano. **Ant.** Humano, bondadoso.

fiereza, crueldad, saña, ferocidad, salvajismo, furia, inhumanidad. **Ant.** Bondad, humanidad, ternura.// Fealdad, deformidad, monstruosidad. **Ant.** Belleza, hermosura.// Orgullo, arrogancia. **Ant.** Humildad.

fiero-ra, cruel, feroz, salvaje, brutal, inhumano, violento, bravío, furioso, indómito. **Ant.** Humano, tierno, bondadoso.// Feo, horroroso, espantoso. **Ant.** Bello, hermoso.// Altivo, arrogante. **Ant.** Humilde.

fiesta, festividad, reunión, celebración, solemnidad.// Desocupación, descanso, asueto.// Reunión, sarao, juerga, jarana.// Halago, agasajo, caricia.

fígaro, peluquero, barbero.

figura, aspecto, silueta, imagen, forma, apariencia.// Efigie, retrato.// Fisonomía, rostro, cara, faz.// Símbolo, emblema.// Persona, personaje, notabilidad.// Tropo.

figuración, sospecha, suposición.// Símbolo, representación.// Actuación, notabilidad.

figurante, partiquino, extra.

figurar, simular, aparentar, fingir, parecer.// Estar, concurrir, participar, asistir, hallarse.// Dibujar, representar.// -se, imaginarse, suponer, creer, sospechar.

figurativo-va, representativo, simbólico, emblemático. **Ant.** Abstracto.

figurín, modelo, patrón, tipo.// Gomoso, dandi.

figurón, fatuo, presumido.

fijar, estabilizar, establecer, inmovilizar, consolidar, clavar, incrustar. **Ant.** Desclavar.// Determinar, precisar, señalar, reglar. **Ant.** Indeterminar.// -se, mirar, observar, advertir, atender, notar, inspeccionar.// Avecindarse, domiciliarse, afincarse. **Ant.** Marcharse.

fijeza, persistencia, firmeza, permanencia, insistencia. **Ant.** Inestabilidad, inseguridad.

fijo-ja, pegado, adherido, sujeto, seguro, clavado, afianzado. **Ant.** Suelto, movible.// Permanente, inalterable, determinado, consolidado. **Ant.** Inseguro.

fila, hilera, línea, sarta, columna, serie, sucesión, ristra, cola, ringlera.

filamento, hilo, fibra, hebra, cerda, hilaza, cuerda, cordón, hilván.

filantropía, altruismo, caridad, generosidad, compasión, desprendimiento, desinterés. **Ant.** Tacañería, egoísmo.

filántropo, benefactor, bienhechor, caritativo, generoso, magnánimo. **Ant.** Egoísta, tacaño, interesado.

filarmónico-ca, musicólogo, diletante, músico, melómano, musicómano.

filete, orla, tira, franja, ribete, lista.// Lonja, tajada.

filiación, identidad, procedencia, identificación.

filial, sucursal, dependencia, delegación, anexo. **Ant.** Central.// Familiar, consanguíneo.

filibustero, pirata.

filigrana, primor, ornato, delicadeza, adorno, calado.// Marca, señal.

filípica, reprimenda, reto, invectiva, regaño, amonestación, censura, diatriba. **Ant.** Elogio, loa, alabanza.

filme, película.

filo, corte, arista, borde, línea.

filología, lingüística, lexicología.

filón, veta, venero, yacimiento, masa, banco.// Ventaja, provecho, negocio.

filosofar, discurrir, meditar, pensar, especular, razonar, analizar, cavilar.

filósofo-fa, sabio, estudioso.// Paciente, manso, prudente.

filosofía, doctrina, dogma.// Paciencia, resignación, conformidad, fortaleza, serenidad.

filtración, infiltración, exudación, transpiración, absorción. **Ant.** Impermeabilidad.

filtrar, colar, destilar, pasar, infiltrar, exudar, transpirar.// -se, desaparecer, esfumarse, escabullirse.

filtro, colador, destilador, pasador, tamiz.

fin, conclusión, desenlace, término, remate, cese. **Ant.** Comienzo.// Extremidad, punta, límite, cola, cabo. **Ant.** Principio, centro.// Objetivo, finalidad, motivo, meta, propósito.

finado-da, difunto, muerto, occiso, cadáver. **Ant.** Vivo, viviente.

final, último, posterior, terminal, concluyente, acabable.// Terminación, coda, desenlace, fin.

finalidad, objetivo, motivo, razón, propósito, intención, móvil.

finalista, vencedor, ganador. **Ant.** Perdedor.

finalizar, terminar, concluir, cesar, rematar, extinguir, completar, fallecer. **Ant.** Empezar.

financiar, subvencionar, respaldar, sostener, desarrollar, fomentar.

financiero-ra, economista, especulador, banquero, negociante.// Acaudalado, potentado, opulento. **Ant.** Pobre, indigente.

finca, posesión, heredad, propiedad, hacienda.// Casa, vivienda, solar.

fineza, delicadeza, finura, atención, cumplido, exquisitez.

fingido-da, ficticio, irreal, simulado, supuesto, aparente, afectado, falso, hipócrita. **Ant.** Real, auténtico, verdadero, sincero.

fingimiento, engaño, mentira, fraude, ficción, hipocresía, doblez, falsía. **Ant.** Verdad, lealtad.

fingir, mentir, ocultar, tapar, disimular, simular, disfrazar, encubrir, engañar. **Ant.** Sincerarse, descubrir.

finiquitar, terminar, acabar, saldar, cancelar, liquidar.

fino-na, delicado, refinado, sutil, tenue, suave.// Educado, urbano, cumplido, considerado, servicial. **Ant.** Descortés, vulgar, ordinario.// Delgado, estrecho, aguzado. **Ant.** Grueso.

finura, fineza, delicadeza, exquisitez, sutileza, excelencia,

primor.// Cortesía, urbanidad, educación, amabilidad. **An** Grosería, tosquedad.// Sagacidad, perspicacia, penetra ción, habilidad, astucia.// Delgadez, estrechez.

firma, rúbrica, marca, signo, autógrafo.// Empresa, socie dad, compañía, entidad.

firmamento, cielo, espacio, bóveda.

firmar, rubricar, autografiar, certificar, sancionar, suscribi **Ant.** Desaprobar.

firme, duro, resistente, rígido, tenaz, consistente, fijo. **An** Inestable.// Tieso, erguido, derecho. **Ant.** Torcido.// Ir conmovible, inquebrantable, imperturbable, inflexible **Ant.** Flexible, inconsistente.

firmeza, entereza, perseverancia, seguridad, tenacidad constancia. **Ant.** Inconstancia.// Resistencia, solidez, rigi dez.

fiscal, acusador. **Ant.** Defensor.// Fiscalizador, inspector.

fiscalización, inspección, investigación, verificación, exa men, averiguación.

fiscalizar, averiguar, investigar, inspeccionar, indagar, in quirir.

fisgar, escarbar, olisquear, curiosear, indagar, espiar.

fisgón-na, curioso, entremetido, impertinente, discreto.

fisgonear, fisgar.

físico, aspecto, fisonomía, exterior, apariencia.// -ca, mate rial, natural, concreto, corporal, orgánico. **Ant.** Psíquico metafísico, espiritual.

fisiológicoca, orgánico, funcional.

fisonomía, aspecto, faz, rostro, cara, figura, semblante, ex presión.

fisonomista, observador, reconocedor.

fisura, hendidura, grieta, rendija, falla, surco, cuarteo, raja

flaccidez, ablandamiento, flojedad, atonía, laxitud, blandu ra.

fláccido-da, blando, flojo, fofo, débil, laxo. **Ant.** Tieso, du ro.

flaco-ca, delgado, enjuto, chupado, seco, consumido, es quelético. **Ant.** Gordo, obeso.

flagelación, azotaina, castigo.

flagelante, penitente, disciplinante.

flagelar, azotar, pegar, vergajear, fustigar, castigar, zurrar.// Censurar, criticar, vituperar.

flagelo, azote, vergajo, látigo, fusta.// Calamidad, desgra cia, castigo, plaga, epidemia, peste, catástrofe.

flagrante, claro, evidente, manifiesto.// Ardiente, respland deciente.

flagrar, arder.

flamante, nuevo, reciente, moderno.// Lozano, inmacula do. **Ant.** Usado, ajado.// Brillante, resplandeciente, rutilan te, centelleante, reluciente.

flamear, arder, llamear.// Ondear, tremolar.

flamígero-ra, refulgente, resplandeciente.

flanco, costado, lado, ala. **Ant.** Centro.// Cadera, anca, gru pa.

flanquear, escoltar.// Rodear, ceñir, cercar, sitiar, envolve

flaqueza, debilitarse, desfallecer, aflojar, ceder, decaer, de sanimarse, desmayar, desalentarse. **Ant.** Insistir, perseve rar, robustecerse.

flecha, saeta, dardo.

flechar, saetear, disparar, lanzar.// Enamorar, cautivar.

flechazo, enamoramiento, arrebato, pasión, amor. **An** Odio, desprecio.// Herida, golpe.

fleco, cordón, hilo, pasamanería, alamar, adorno, flequillo

fleje, resorte, muelle.// Banda, tira, lámina, abrazadera.

flema, mucosidad, esputo, expectoración, escupitajo, gar gajo, salivazo.// Pachorra, tranquilidad, serenidad, pars monia, lentitud, tardanza, imperturbabilidad. **Ant.** Nervic sidad, impaciencia, impetuosidad, vehemencia.

flemático-ca, tranquilo, pachorriento, lento, cachazude calmo, imperturbable, impasible. **Ant.** Activo, exaltade nervioso.

flemón, absceso, hinchazón, inflamación.

flequillo, fleco, mechón, guedeja.

fletar, armar, cargar, arrendar, embarcar, equipar, transpor tar, acarrear.

flete, transporte, precio, importe, costo, cargamento.// Caballo.

flexibilidad, maleabilidad, blandura, elasticidad, ductilidad. **Ant.** Dureza, consistencia.// Tolerancia, contemporización. **Ant.** Intransigencia, inflexibilidad.

flexible, maleable, dúctil, elástico, blando, cimbreante. **Ant.** Rígido, duro.// Sutil, conformista, transigente, complaciente. **Ant.** Inflexible, intransigente.

flexión, arqueamiento.

flexionar, doblar, arquear.

flirtear, coquetear, cortejar, camelar.

flirteo, flirt, enamoramiento, cortejo.

flojedad, flaccidez, decaimiento, desaliento, desánimo, indolencia, atonía. **Ant.** Fortaleza, firmeza, decisión.

flojo-ja, débil, mustio, fláccido, blando, laxo, fofo. **Ant.** Duro, fuerte.// Holgazán, perezoso, indolente, descuidado, negligente, medroso. **Ant.** Activo, decidido.

flor, piropo, requiebro, elogio, galantería, lisonja.// Nata, espuma.

flora, vegetación.

florecer, florear, brotar, desarrollarse, crecer, aparecer.// Prosperar, progresar, evolucionar, adelantar. **Ant.** Fracasar.

floreciente, próspero, pujante, brillante.

florecimiento, brote, floración, aparición. **Ant.** Languidez.// Prosperidad, desarrollo, auge, adelanto, progreso. **Ant.** Retroceso, decadencia.

floreo, adorno, ligereza, superficialidad, frivolidad.// Charla.// Alabanza, lisonja.

florero, ramilletero, jarrón, búcaro, vasija.

floresta, fronda, arboleda, bosque, selva. **Ant.** Desierto.

florete, espadín, estoque.

floricultor-ra, jardinero, cultivador.

florido-da, selecto, lucido. **Ant.** Vulgar.// Elegante, elocuente, ameno, gracioso, retórico, opulento.

florilegio, antología, colección, selección, repertorio, crestomatía, miscelánea.

floripondio, figura, estampa, dibujo, florón.

florista, ramilletera, florera.

florón, floripondio, adorno, rosetón.// Mérito, premio, recompensa.

flota, armada, escuadra.

flotar, sostenerse, emerger, mantenerse, nadar. **Ant.** Hundirse.

fluctuación, azar, contingencia, agitación, fluctuamiento, vacilación, irresolución, oscilación, alternativa, indeterminación.// Ondulación.

fluctuante, indeciso, azaroso, vacilante, indeterminado.// Ondulante.

fluctuar, cambiar, variar, alternar, oscilar, titubear. **Ant.** Inmovilizarse.

fluidez, fluidificación, licuación. **Ant.** Solidificación.// Verbosidad, elocuencia.

fluidificar, fluir, licuar.

fluido-da, gaseoso, líquido, vaporoso. **Ant.** Sólido, denso.// Natural, claro, sencillo. **Ant.** Difícil.

fluir, correr, derramarse, manar, emanar, gotear, surtir, destilar. **Ant.** Detenerse, estancarse, secarse.

flujo, secreción, derrame, evacuación, excreción.// Corriente, marea, circulación. **Ant.** Estancamiento.

fluorescencia, luminosidad, irradiación, fosforescencia.

fluorescente, luminoso, luminiscente, fosforescente, brillante, luminoso.

fobia, odio, aversión, antipatía, inquina. **Ant.** Afecto, simpatía.

foco, farol, farola, reflector.// Centro, núcleo, base, meollo, eje, medio. **Ant.** Periferia.

fofo-fa, blando, flojo, muelle, esponjoso, fláccido. **Ant.** Duro.

fogata, hoguera, pira, falla.

fogón, hogar, cocina, hornillo, brasero.

fogonazo, destello, chispazo, llamarada, explosión, resplandor, fulgor.

fogosidad, actividad, viveza, brío, calor, hervor, ardor, ardimiento, impetuosidad, vehemencia, entusiasmo. **Ant.** Calma, tranquilidad, apatía.

fogoso-sa, pasional, ardiente, impetuoso, ardoroso, arrebatado, vehemente. **Ant.** Apático, frío.

fogueado-da, acostumbrado, avezado, baqueteado, ducho, experimentado, hecho, aguerrido. **Ant.** Inexperto.

foguear, acostumbrar, avezar, habituar, adiestrar, hacer, ejercitar, aguerrir. **Ant.** Desacostumbrar.// Cauterizar, quemar.

foliar, numerar, señalar, marcar, anotar.

folio, hoja, carilla, pliego, página.

folklore, tradición, costumbres, costumbrismo, pintoresquismo.

folklórico-ca, tradicional, popular, típico, costumbrista.

follaje, fronda, hojarasca, espesura, broza.// Fárrago, palabrerío.

folletín, serial, drama.

folletinesco-ca, novelesco, aventurero, novelero, romántico.

folleto, impreso, opúsculo, cuadernillo, panfleto, gacetilla, fascículo, prospecto.

fomentar, impulsar, apoyar, vigorizar, excitar, promover, sostener, alimentar, vivificar, avivar, provocar, atizar, mantener, proteger. **Ant.** Descuidar.

fomento, protección, apoyo, estímulo, ayuda, sostenimiento.// Cataplasma, emplasto, sinapismo.

fonda, albergue, hostería, hotel, posada, pensión, figón.

fondeadero, ancladero, dársena, cala, ensenada, abra, rada.

fondear, anclar, atracar. **Ant.** Desanclar.// Tocar, amarrar. **Ant.** Desamarrar.

fondo, hondura, profundidad, fundamento, base, asiento, apoyo. **Ant.** Superficie.// Índole, carácter, condición, ser, esencia, entrañas.// **-s,** dinero, caudal, inversión.

fonética, pronunciación.

fonético-ca, oral, vocal.

fonógrafo, tocadiscos, gramófono.

forajido, bandido, asaltante, delincuente, fascineroso, salteador, bandolero, malhechor.

foráneo-a, extranjero, forastero.

forastero-ra, extranjero, extraño, ajeno, exótico. **Ant.** Natural, nativo, indígena.

forcejear, luchar, bracear, forzar, esforzarse, combatir, reñir.

forcejeo, fuerza, brega, lucha, disputa, pelea, riña.// Oposición, resistencia.

forja, herrería, fragua, crisol, horno.

forjar, fraguar, moldear, labrar, fundir.// Idear, crear, concebir, imaginar, tramar, inventar, urdir.

forma, conformación, figura, configuración, morfología, estructura, contorno, hechura, silueta.// Manera, método, modo, proceder.// Molde, matriz.

formación, constitución, producción, fundación, elaboración, creación, institución, organización, composición.// Alineación, cuadro, orden, desfile, procesión, escuadra.// Educación, cultura. **Ant.** Incultura.

formal, explícito, teminante, preciso, determinado. **Ant.** Indeterminado.// Serio, juicioso, veraz, puntual, escrupuloso, cabal, cumplidor. **Ant.** Informal, tarambana, alocado, botarate.

formalidad, puntualidad, seriedad, asiduidad, cumplimiento, severidad, veracidad, escrupulosidad, exactitud, rectitud, veracidad, consecuencia, compostura. **Ant.** Informalidad, ligereza, irresponsabilidad.

formalizar, determinar, fijar, señalar, concretar, precisar, delimitar, establecer. **Ant.** Indeterminar.// Legalizar, legitimar, reglamentar, acordar.

formar, componer, constituir, integrar.// Producir, crear, fabricar, constituir, fundar, hacer, establecer. **Ant.** Destruir.// Moldear, modelar, conformar, configurar, plasmar. **Ant.** Deformar, desfigurar.// Educar, instruir, adiestrar.

formativo-va, educativo.

formato, forma, tamaño.

formidable, grande, gigantesco, considerable, fantástico, enorme, colosal, excesivo. **Ant.** Minúsculo.// Asombroso, impresionante, terrible, tremendo, pavoroso. **Ant.** Insignificante.

fórmula, modo, método, pauta, modelo, técnica, formulario.// Receta, prescripción, récipe.// Ley, enunciado, expresión.

formular, manifestar, exponer, concretar, expresar, proponer, aclarar.// Recetar, prescribir.

formulismo, reglamentación, régimen, formalismo, costumbre, rutina, ceremonial, protocolo.

fornicación, coito, cópula, ayuntamiento.

fornicar, copular.

fornido-da, fuerte, corpulento, forzudo, recio, vigoroso, robusto. *Ant.* Débil, enclenque.

foro, plaza.// Tribunal, abogacía, audiencia.

forraje, pasto, heno.

forrar, enfundar, tapizar, revestir, cubrir.

forro, cubierta, sobrecubierta, funda, revestimiento, envoltura, protección.

fortalecer, fortificar, vigorizar, robustecer, tonificar, reanimar, vivificar. *Ant.* Debilitar, abatir.

fortaleza, fuerte, castillo, ciudadela, alcázar.// Solidez, robustez, resistencia, dureza, firmeza, entereza, pujanza, vigor. *Ant.* Debilidad, flaqueza, abatimiento.

fortificación, fortaleza, castillo, baluarte, defensa, reducto.

fortificar, fortalecer, entonar, vivificar, robustecer, reconfortar, tonificar, animar, vigorizar, reparar, confortar.// Guarnecer, amurallar, acorazar, almenar, abastionar. *Ant.* Desguarnecer, debilitar.

fortuito-ta, casual, aleatorio, accidental, impensado, imprevisto, incidental, contingente, ocasional, esporádico. *Ant.* Premeditado, previsible.

fortuna, suerte, casualidad, hado, destino, ventura, acaso, azar, sino.// Patrimonio, recursos, riqueza, capital, valores. *Ant.* Pobreza.

forúnculo, ántrax, golondrino.

forzado-da, antinatural, fingido, falso, artificial, rebuscado, artificioso. *Ant.* Natural, espontáneo.// Violentado, allanado.// Condenado, presidiario, penado. *Ant.* Libre.

forzar, obligar, apremiar, constreñir, compeler, apremiar.// Conquistar, tomar, someter, invadir, asaltar.// Violar.

forzoso-sa, necesario, preciso, ineludible, inexcusable, inevitable, obligatorio, infalible, imprescindible, indefectible, fatal. *Ant.* Voluntario, optativo.

fosa, sepultura.// Hueco, depresión, cavidad.

fosforescencia, luminiscencia, fluorescencia, fulgurancia, brillo.

fosforescer, brillar.

fósforo, cerilla.

fósil, resto, huella, vestigio.// Viejo, anticuado. *Ant.* Actual, moderno.

fosilizarse, anquilosarse.

foso, pozo, depresión, excavación, cavidad, hueco, socavón, hoyo. *Ant.* Promontorio.

fotografía, fotorretrato, imagen, instantánea.

fotografiar, captar, plasmar.

fotográfico-ca, exacto, idéntico.

frac, chaqueta.

fracasar, fallar, frustrarse, malograrse, abortar, torcerse, desgraciarse, estropearse, arruinarse. *Ant.* Triunfar.

fracaso, malogro, frustración, revés, descalabro, desilusión, decepción. *Ant.* Triunfo.

fracción, parte, fragmento, trozo, pieza, pedazo. *Ant.* Totalidad, conjunto.// Quebrado, expresión.

fraccionamiento, división, separación, partición, segmentación.

fraccionar, dividir, descomponer, descuartizar, fragmentar.

fractura, quebradura, rotura, ruptura, destrozo, desgarrón, rompimiento.

fracturar, romper, escindir, separar, fragmentar, quebrar, partir, tronchar. *Ant.* Unir, componer, soldar.

fragancia, perfume, aroma, efluvio, olor. *Ant.* Hedor, pestilencia.

fragante, perfumado, aromático, oloroso. *Ant.* Hediondo, maloliente.

frágil, quebradizo, resquebradizo, débil, delicado, flojo. *Ant.* Robusto, fuerte, duro, resistente.

fragilidad, debilidad, inconsistencia, endeblez, flojeda< tenuidad, finura, delgadez. *Ant.* Robustez, fortaleza, dure za, consistencia, resistencia.

fragmentación, separación, fraccionamiento, desintegra< ción.

fragmentar, fraccionar, separar, seccionar, dividir, parcela< *Ant.* Unir, componer.

fragmentario-ria, incompleto, inconcluso, inacabado, de< fectuoso.

fragmento, parte, trozo, pieza, división, fracción, porción pedazo, partícula, sección. *Ant.* Totalidad, conjunto.

fragor, estrépito, ruido, estruendo.

fragoroso-sa, ruidoso, estrepitoso, estruendoso.

fragua, forja.

fraguar, idear, imaginar, planear, proyectar, maquinar, u< dir.// Forjar.

fraile, monje, religioso.

francachela, festichola, juerga, diversión, parranda, jaran< jolgorio.

francmasonería, masonería.

franco-ca, sincero, veraz, leal. *Ant.* Mentiroso, desleal., Libre, exento.

franja, faja, banda, lista, tira, ribete, cinta.

franquear, desobstruir, desatascar, desembarazar, abrir, de< satrancar. *Ant.* Atascar.// Liberar, exceptuar, librar, eximi *Ant.* Prohibir, vetar, impedir.// -se, sincerarse, confesarse explayarse.

franqueo, tasa, importe, sello.

franqueza, sinceridad, llaneza, naturalidad, espontane dad. *Ant.* Deslealtad.

franquicia, permiso, licencia, privilegio, dispensa. *An< Carga, impuesto.

frasco, botella, envase.

frase, giro, locución, expresión, enunciado.

fraseología, charlatanería, verborragia, palabrería. *Ant.* La conismo, concisión.

fraternal, fraterno, amistoso, cariñoso, afectuoso, cordial.

fraternidad, confraternidad, hermandad.// Unión, cariñc amistad, solidaridad, apego, concordia, armonía. *An< Enemistad.

fraternizar, confraternizar, hermanar, unir, armonizar, sim patizar, congeniar. *Ant.* Desunirse, desavenirse.

fraterno-na, fraternal, amistoso, solidario, entrañable, ca< riñoso. *Ant.* Enemigo.

fraude, engaño, falacia, estafa, trampa.

fraudulento-ta, falso, falaz, mentiroso, tramposo. *An< Verdadero, leal.

frecuencia, repetición, periodicidad.

frecuentado-da, concurrido, visitado.

frecuentar, acostumbrar, repetir, asistir, concurrir, menu< dear, alternar. *Ant.* Faltar.

frecuente, asiduo, reiterado, repetido, habitual, ordinario corriente, acostumbrado. *Ant.* Desusado.

fregar, friccionar, restregar, frotar, raer.// Limpiar, lavar, ja bonar. *Ant.* Ensuciar.

fregona, sirvienta, criada, limpiadora.

freír, dorar, cocinar, cocer, rehogar.// Molestar, importunar

frenar, detener, refrenar, moderar, sujetar, parar, retarda< inmovilizar. *Ant.* Movilizar, impulsar.

frenesí, furia, furor, delirio, pasión, ceguera, arrebato, exal tación. *Ant.* Serenidad, calma, paciencia.

frenético-ca, loco, exaltado, desmesurado, extraviado *Ant.* Sensato, cuerdo, moderado, sereno.

frenillo, ligamento, membrana.// Mordaza, bozal.

freno, contención, moderación, sujeción, detención, apla< camiento.// Ronzal, brida, bocado.

frente, faz, testuz.// Delantera, fachada, anverso, frontis< frontispicio.// Vanguardia, avanzada. *Ant.* Retaguardia.

fresar, perforar, agujerear, calar, barrenar.

fresco, frío, frescor, frescura. *Ant.* Calor.// -ca, nuevo, re ciente, lozano, verde, moderno, joven. *Ant.* Marchito, vie jo, antiguo.// Descarado, desvergonzado, procaz, sinver güenza. *Ant.* Tímido, honrado.

frescor, fresco, frescura.

escura, fresco, frescor.// Lozanía, pureza, juventud. **Ant.** Ancianidad, vejez, antigüedad.// Descaro, desfachatez, desenfado, procacidad, desvergüenza, insolencia, atrevimiento. **Ant.** Respeto, timidez.

aldad, frío, frigidez. **Ant.** Calidez.// Rigidez, frigidez. **Ant.** Ardor, exaltación.// Desinterés, despego, indiferencia, descuido, inhumanidad. **Ant.** Entusiasmo.

cción, frotación, frote, friega.

iccionar, frotar, fregar, restregar, refregar.

igidez, frialdad, rigidez, severidad. **Ant.** Fogosidad, ardor.

ío, frialdad, frigidez, fresco, crudeza, congelación, enfriamiento. **Ant.** Calor, bochorno.// **-a,** helado, yerto, aterido, congelado, glacial. **Ant.** Caliente.// Insensible, indiferente, impávido, apático. **Ant.** Interesado, exaltado.

isar, acercarse, aproximarse.

iso, moldura, borde, cornisamento.

ivolidad, superficialidad, trivialidad, inconstancia, ligereza, insustancialidad, liviandad. **Ant.** Profundidad, seriedad, gravedad.

ivolo-la, superficial, trivial, insustancial, liviano, baladí. **Ant.** Serio, profundo, grave.

onda, espesura, ramaje, follaje.

ondosidad, espesura, hojarasca, ramaje, follaje.

ondoso-sa, tupido, denso, espeso, impenetrable. **Ant.** Ralo, desértico.

ontal, anterior, delantero.// Sincero.

ontera, límite, confín, linde, divisoria.

onterizo-za, limítrofe, lindero, colindante, divisorio, contiguo, frontero. **Ant.** Apartado, separado, alejado.

ontis, frontispicio, fachada, delantera, frente.

otar, fregar, friccionar, refregar.

uctífero-ra, productivo, provechoso, fértil, fecundo, feraz. **Ant.** Infértil, estéril.

uctificar, producir, rendir, redituar.

ugal, sobrio, mesurado, parco, moderado, modesto. **Ant.** Glotón, comilón.

ugalidad, mesura, moderación, sobriedad, parquedad, templanza, morigeración. **Ant.** Derroche, glotonería.

uición, goce, disfrute, regodeo, deleite, placer, satisfacción, gusto. **Ant.** Disgusto.

unce, pliegue, arruga.

uncir, arrugar, plegar, plisar, encoger.

uslería, nimiedad, pavada, tontera, menudencia, bagatela, insignificancia. **Ant.** Importancia, trascendencia.

ustración, malogro, fracaso, fiasco, desacierto, desengaño, error, defraudación. **Ant.** Triunfo, acierto, logro.

ustrar, arruinar, defraudar, desaprovechar, malograr, estropear, dificultar. **Ant.** Lograr, triunfar, vencer, favorecer.

uto, fruta.// Provecho, recompensa, lucro, rendimiento, utilidad, beneficio. **Ant.** Pérdida.// Resultado, creación, hijo, producto, obra.

ego, lumbre, llama, incendio, hoguera, llamarada.// Pasión, ardor, fogosidad, vehemencia, ímpetu, vivacidad. **Ant.** Indiferencia, apatía.

ente, manantial, surtidor, fontana, hontanar.// Ensaladera, bandeja, plato.// Origen, principio, germen, comienzo, fundamento.

ero, jurisdicción, dominio, poder.// Exención, privilegio, concesión, prerrogativa.// Jactancia, presunción, soberbia. **Ant.** Humildad, sencillez.

erte, robusto, vigoroso, forzudo, corpulento, fornido, resistente. **Ant.** Débil, flojo.// Tenaz, enérgico, animoso, varonil.// Penetrante, intenso, áspero, subido. **Ant.** Suave.// Fortaleza, castillo.

ierza, impetuosidad, bravura, violencia, intensidad, ardimiento. **Ant.** Flojedad.// Robustez, energía, vigor, solidez, firmeza, reciedumbre, potencia, pujanza, vitalidad, resistencia, aguante. **Ant.** Debilidad, blandura.// Influencia, poder.// Empuje, impulso, forcejeo, presión.// Tropa, columna, armas.

iga, huida, escapada, evasión, evasiva, deserción, salida, abandono, espantada. **Ant.** Permanencia, detención, regreso.

fugarse, huir, escapar, escabullirse, evadirse, marcharse. **Ant.** Quedar, permanecer, resistir.

fugacidad, brevedad, caducidad, transitoriedad.

fugaz, breve, transitorio, efímero, breve, rápido, pasajero. **Ant.** Permanente, prolongado.

fugitivo-va, prófugo, perseguido, evadido.

fulano-na, individuo, cualquiera, tipo, sujeto.

fulgor, brillo, resplandor, claridad, chispa.

fulgurar, brillar, resplandecer.

fullería, engaño, trampa, estafa.// Astucia, picardía, sagacidad.

fullero-ra, tramposo, estafador, pícaro.

fulminante, repentino, rápido, vertiginoso, súbito, veloz.

fulminar, exterminar, aniquilar, eliminar, liquidar, destruir, matar, extinguir.

fumigar, vaporizar, desinfectar.

funámbulo, volatinero, equilibrista.

funambulesco-ca, extravagante, estrafalario.

función, fiesta, espectáculo, diversión, gala, velada, representación, reunión.// Puesto, situación, oficio, cargo, empleo, ejercicio, ocupación.

funcional, práctico, útil, cómodo, eficaz. **Ant.** Inútil.

funcionamiento, movimiento, juego, articulación.

funcionar, andar, marchar, moverse, ejecutar, activar. **Ant.** Pararse, fallar.

funcionario-ria, empleado, oficinista, burócrata, agente.

funda, cubierta, tapa, envoltura, forro.

fundación, institución, establecimiento, creación, instauración.

fundador-ra, creador, instaurador, patrono, iniciador.

fundamental, esencial, importante, primordial, elemental, principal. **Ant.** Secundario.

fundamentar, basar, establecer, razonar, asegurar, cimentar, documentar, afirmar.

fundamento, base, apoyo, sostén.// Razón, motivo, pretexto, antecedente, prueba.

fundar, crear, instituir, establecer, asentar, instalar, iniciar, comenzar. **Ant.** Destruir, derruir.

fundición, licuación, fusión. **Ant.** Solidificación.// Herrería, siderurgia.

fundir, licuar, derretir, fusionar, disolver. **Ant.** Condensar, solidificar.// Moldear, plasmar.

fundo, heredad, propiedad.

fúnebre, mortuorio, necrológico, macabro, funerario.// Triste, lúgubre, tétrico, tenebroso. **Ant.** Alegre, divertido.

funeral, exequias, sepelio, honras.// Funerario.

funesto-ta, triste, desgraciado, nefasto, aciago, desafortunado. **Ant.** Feliz, afortunado.

furia, ira, saña, cólera, rabia, violencia, arrebato, frenesí. **Ant.** Tranquilidad, serenidad.

furibundo-da, colérico, airado, rabioso, furioso.

furioso-sa, colérico, irritado, enojado, desenfrenado, iracundo. **Ant.** Apacible, tranquilo.

furor, furia, enojo, ira.

furtivo-va, cauteloso, oculto, escondido, sigiloso. **Ant.** Claro, manifiesto.

fusilamiento, ejecución, ajusticiamiento.

fusilar, ametrallar, ajusticiar, ejecutar, acribillar, disparar, descerrajar.

fusión, fundición, licuación, derretimiento. **Ant.** Solidificación.// Unificación, unión. **Ant.** Dispersión, disgregación.

fusionar, unir, unificar.

fuste, asta, poste, mástil.// Importancia, fundamento.

fustigar, latigar, flagelar, castigar, aguijonear, azotar, sacudir.// Criticar, censurar. **Ant.** Elogiar, alabar.

fútbol, balompié.

futbolista, jugador, deportista.

fútil, insignificante, insustancial, veleidoso, trivial. **Ant.** Importante, esencial.

futilidad, insignificancia, trivialidad, pequeñez, puerilidad, importancia, trascendencia.

futuro, porvenir, mañana, posteridad. **Ant.** Pasado.// **-ra,** novio, prometido.

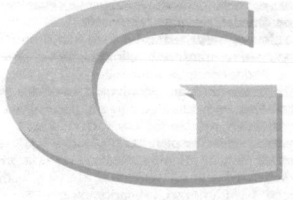

G g

gabán, abrigo, capote, sobretodo.
gabardina, impermeable, abrigo, capote.
gabela, tributo, impuesto.
gabinete, salita, cuarto, alcoba, aposento, camarín.// Ministerio, gobierno, junta, administración.
gaceta, publicación, diario, periódico.
gacetilla, suelto, noticia, artículo.
gafas, lentes, anteojos, antiparras, espejuelos.
gajes, ventajas, beneficio, provecho.// Haberes, sueldo, paga, salario, sobresueldo, gratificación.
gajo, rama, racimo.// Parte, división.
gala, ceremonia, fiesta, velada.// s, atavíos, alhajas, vestimenta, etiqueta, ropaje, atuendos, adornos.
galán, apuesto, hermoso, gallardo, guapo, elegante.// Joven.// Protagonista, actor, estrella.// Novio, pretendiente, enamorado.
galano-na, gracioso, ingenioso.// Adornado, acicalado. **Ant.** Desarreglado.
galante, amable, obsequioso, atento, cortés. **Ant.** Descortés, grosero.// Erótico.
galantear, cortejar, pretender, obsequiar, festejar.
galanteo, cortejo, flirteo, festejo, requiebro, piropo.
galantería, amabilidad, cortesía, obsequiosidad.
galanura, elegancia, gallardía, garbo.
galápago, quelonio.
galardón, distinción, premio, recompensa. **Ant.** Castigo, insulto.
galardonar, premiar, honrar. **Ant.** Censurar.
galeón, galera, nave, bajel.
galeote, penado, castigado, forzado, condenado.
galera, embarcación.// Castigo.
galerada, tirada, composición.
galería, pasillo, corredor, pasadizo.// Pinacoteca, museo.
galicismo, francesismo.
galimatías, embrollo, confusión, desorden, fárrago, jerizonga.
gallardete, banderín, insignia.
gallardía, prestancia, esbeltez, gracia, donaire, apostura. **Ant.** Tosquedad, achicamiento.
gallardo-da, apuesto, bello, esbelto, arrogante, desenvuelto, elegante. **Ant.** Torpe, feo, desgarbado.// Valiente, osado, audaz, noble.
galleta, bizcocho, bollo.
gallina, ave, volátil, polla.// Cobarde. **Ant.** Valiente.
gallinero, corral, ponedero, criadero.
gallo, ave, volátil, pollo, gallinácea.// Desafinación, desentonación, destemple.// Bravucón, mandón, fanfarrón, jactancioso. **Ant.** Tímido, apocado. **Par.** Gayo.
galón, cinta, trencilla, alamar, orla.
galopante, fulminante, rápido, vertiginoso.
galopar, trotar, correr, cabalgar.
galope, trote, carrera, cabalgada.
galvanizar, bañar, recubrir, cubrir.
gama, escala, gradación, sucesión, progresión.
gamberro, libertino, licencioso, grosero, molesto.
gameto, célula.
gamuza, paño, trapo.
ganadería, hacienda.// Hato, rebaño, manada.

ganadero, hacendado, agropecuario, terrateniente, criador.
ganado, rebaño, tropilla, manada, hato, reses.
ganancia, provecho, lucro, beneficio, renta, especulación, utilidad. **Ant.** Pérdida.
ganar, cobrar, lucrar, conseguir, especular, embolsar. **Ant.** Perder.// Vencer, triunfar, copar, alcanzar.
gancho, garfio, broche.// Atractivo, gracia, seducción.
ganchudoda, corvo, aguileño, arqueado, puntiagudo.
gandul, holgazán, vago, dejado, indolente. **Ant.** Trabajador, activo, dinámico.
ganga, oportunidad, ventaja, beneficio, bicoca, prebenda.
gangosa, ininteligible, nasal, confuso. **Ant.** Claro, inteligible.
gangrena, putrefacción, corrupción, destrucción.
gangrenar, corromper, pudrir. **Ant.** Sanar.
gángster, delincuente, bandido, malhechor, bandolero.
gansada, tontería, bobada, idiotez, sandez, necedad.
ganso-sa, ánade, oca, ánsar.// Tonto, bobo, lerdo, lento. **Ant.** Serio, sensato, ocurrente, inteligente.
ganzúa, palanca, alambre, gancho.
garabatear, garrapatear, borronear.
garabato, borrón, chapucería, garfio, gancho, rasgo.
garaje, cochera, depósito.
garantía, fianza, prenda, aval, obligación, hipoteca, depósito, seguridad, resguardo.
garantizado-da, seguro, protegido, resguardado, asegurado, garantido.
garantizar, garantir, asegurar, avalar, respaldar, certificar. **Ant.** Desentenderse.
garbo, gracia, donaire, arrogancia, desenvoltura, distinción, elegancia. **Ant.** Desaliño, tosquedad.
garboso-sa, elegante, airoso, gallardo. **Ant.** Desgarbado.
garfio, gancho, arpón, grapa, anzuelo.
gargajo, escupitajo, esputo, expectoración, flema.
garganta, tragadero, gañote, gola, gaznate.// Desfiladero, angostura, paso, precipicio.
gárgara, gargarismo, gorgoteo, limpieza.
gárgola, caño, conducto, tubería, desagüe.
garita, casilla, cabina, cuartucho, choza.
garito, timba, antro.
garlopa, cepillo, raspadera.
garra, zarpa, garfio, mano.
garrafa, bombona, botellón, redoma, recipiente, vasija.
garrafal, descomunal, enorme, excesivo, extraordinario. **Ant.** Insignificante.
garrocha, vara, percha.
garrote, palo, estaca, bastón, vara.
gárrulo-la, locuaz, charlatán.
gas, vapor, fluido, emanación, evaporación.
gasa, tul, cendal, velo.// Venda, vendaje, apósito. **Par.** Gaza.
gaseosa, refresco.
gaseoso-sa, gasiforme, fluido.
gasificación, evaporación, volatilización.
gasificar, gasear, evaporar, volatilizar. **Ant.** Condensar.
gasoducto, tubería, cañería.
gasolina, bencina, carburante, combustible.

astar, desembolsar, dilapidar, invertir, derrochar, agotar, desperdiciar. **Ant.** Ahorrar, retener, escatimar, economizar.// Desgastar, consumir, raer, ajar, consumir.// Vestir, usar.

asto, desembolso, consumición, derroche, dispendio. **Ant.** Ahorro, economía.

ástricoca, estomacal.

astronomía, cocina.

atear, arrastrarse, deslizarse.

ato, minino, micifuz.// Cric, palanca.

atuperio, embrollo, maraña, farsa, intriga, chanchullo.

auchada, favor, ayuda, auxilio.

aucho, jinete, campesino, vaquero, resero, tropero.

aveta, cajón, compartimiento, división.

avilla, haz, manojo, atado.// Pandilla, caterva, cuadrilla.

azapo, conejito, conejo, cría.// Error, desliz, descuido, omisión, falta. **Ant.** Acierto.

azmoñería, hipocresía, mojigatería, afectación. **Ant.** Sinceridad.

azmoño-ña, hipócrita, mojigato, santurrón, melindroso, cursi. **Ant.** Leal, sincero, franco, abierto.

aznápiro, tonto, lelo, necio.

azpacho, sopa.

zelatina, mucílago, jalea, emulsión.

zelatinoso-sa, mucilaginoso, viscoso, blando, inconsistente, resbaladizo. **Ant.** Seco.

zélido-da, helado, frío, glacial, frígido, congelado. **Ant.** Cálido, caliente.

zema, piedra preciosa, joya, alhaja.// Yema, botón, brote, retoño.

zemebundo-da, lastimero, quejumbroso, lloroso, plañidero, quejoso.

zemelo, mellizo, hermano, par, equivalente, igual, idéntico, semejante, parecido.// -s, broches, botones, sujetadores.// Anteojos, binóculos, prismáticos.

zemido, lloro, quejido, lamento, sollozo.

zemir, llorar, plañir, quejarse, suspirar, lamentarse, sollozar, gimotear. **Ant.** Alegrarse, reír.

zenealogía, ascendencia, abolengo, estirpe, linaje, prosapia, parentela, familia.

zeneración, engendramiento, procreación, fecundación, reproducción, concepción.

zeneral, total, global, universal, vulgar, común, absoluto, genérico. **Ant.** Particular, individual.// Frecuente, popular, vulgar, extendido, habitual, usual.

zeneralidad, mayoría, pluralidad, comunidad, totalidad, universalidad, generalización.

zeneralizar, universalizar, ampliar, pluralizar, extender, publicar, divulgar. **Ant.** Restringir, personalizar.

zenerar, engendrar, producir, originar. **Ant.** Terminar, matar.

zenérico-ca, general.

zénero, especie, orden, clase, grupo.// Estilo, forma, escuela.// Índole, naturaleza, condición, carácter.// Tela, lienzo, trapo.

zenerosidad, magnanimidad, altruismo, desinterés, esplendidez, larqueza, desprendimiento, dadivosidad, filantropía. **Ant.** Avaricia, tacañería, mezquindad, ruindad, egoísmo.

zeneroso-sa, dadivoso, espléndido, magnánimo, desinteresado, altruista, filantrópico, desprendido. **Ant.** Mezquino, tacaño.// Abundante, fértil, fecundo. **Ant.** Estéril, seco.

zénesis, origen, creación, principio, fundamento. **Ant.** Fin.

zenial, inteligente, talentoso, magnífico, excelente, perspicaz, sutil. **Ant.** Aburrido, necio, tonto.

zenialidad, genio, inteligencia, creatividad, ocurrencia, perspicacia, ingenio, singularidad, extravagancia. **Ant.** Simpleza, uniformidad.

zeniecillo, duende, trasgo, gnomo.

zenio, temperamento, índole, carácter, condición.// Inteligencia, talento, ingenio.

zenital, genésico, sexual.

zente, muchedumbre, multitud, gentío, aglomeración, personas, individuos, concurrencia.

gentil, pagano, idólatra, irreligioso, infiel, hereje.// Gallardo, apuesto, elegante, agradable.// Amable, cortés. **Ant.** Grosero.

gentileza, distinción, elegancia. **Ant.** Rudeza, fealdad.// Amabilidad, cortesía, urbanidad. **Ant.** Grosería, ordinariez.

gentilhombre, caballero, hidalgo, noble, cortesano. **Ant.** Villano, proletario.

gentilidad, paganismo, idolatría, gentilismo.

gentío, muchedumbre, multitud, aglomeración.

gentuza, chusma, caterva, turba.

genuflexión, arrodillamiento, reverencia, prosternación, sumisión.

genuino-na, propio, original, auténtico, puro. **Ant.** Adulterado, falso, impuro.

geología, geogenia.

geológico-ca, estratigráfico, sedimentario.

geométrico-ca, exacto, preciso, matemático.

gerencia, dirección, administración.

gerente, director, administrador, responsable, encargado.

germanía, jerga.// Hermandad.

germen, semilla, embrión, huevo.// Iniciación, principio, rudimento, raíz. **Ant.** Final.

germinar, brotar, crecer.

gesta, hecho, acción, hazaña, heroicidad, proeza.

gestación, engendramiento, embarazo, preñez.// Maduración, elaboración, preparación. **Ant.** Interrupción.

gesticulación, mímica, visaje, mueca.

gesticular, actuar, accionar, expresar, aspaventar. **Ant.** Moderarse.

gestión, acción, actuación, comisión, diligencia, trámite, encargo, cometido, misión.

gestionar, actuar, diligenciar, tramitar, manejar, ejecutar, realizar.

gesto, mueca, gesticulación, mohín, visaje, mímica, acción, tic.// Aspecto, semblante.

gestor-ra, realizador, mandatario, delegado.

giba, joroba, bulto, gibosidad, corcova, protuberancia, chepa.

giboso-sa, jorobado, encorvado, corcovado, chepudo, gibado.

gigante, titán, coloso, superhombre, cíclope.// Enorme, gigantesco. **Ant.** Enano, pequeño.

gigantismo, monstruosidad, acromegalia. **Ant.** Enanismo.

gimnasia, ejercicio, deporte, atletismo, práctica.

gimnasta, atleta, deportista.

gimnástico-ca, ágil, atlético.

gimotear, gemir.

gira, excursión, viaje, expedición.

girar, voltear, rotar, rodar, arrollar.

giratorioria, rotativo, girante.

giro, vuelta, rotación, oscilación, movimiento, círculo, caracoleo, curva.// Dirección, aspecto, cariz, matiz, sentido, orientación.// Locución, modismo.// Libranza, envío, remesa, pago.

gitano-na, bohemio, zíngaro, trashumante. **Ant.** Sedentario.

glacial, frío, helado, gélido, congelado, frígido. **Ant.** Caliente, cálido, tropical.// Indiferente, imperturbable, impenetrable, impávido. **Ant.** Cordial, entusiasta, apasionado.

glaciar, nevero, ventisquero.

gladiador, luchador, púgil, competidor.

glande, bálano.

global, total, integral, completo, universal, general. **Ant.** Parcial, particular.

globo, esfera, bola, balón.// Aeronave, dirigible.// Tierra, mundo, planeta.

globular, globoso, esférico, redondo, abultado, curvado, circular.

glóbulo, esferita, bolita.

gloria, bienaventuranza, inmortalidad, perfección, beatitud, paraíso, edén.// Fama, renombre, celebridad, reputación, popularidad, honor. **Ant.** Anonimato, vergüenza.

gloriar, glorificar.// -se, jactarse, vanagloriarse, presumir.

glorificación, enaltecimiento, divinización, sublimación, ensalzamiento, exaltación. **Ant.** Humillación, mortificación.

glorificar, ensalzar, alabar, honrar, exaltar, divinizar, entronizar. **Ant.** Humillar, degradar.

glorioso-sa, divino, celestial, maravilloso, bienaventurado.// Ilustre, famoso, renombrado, acreditado, célebre, egregio.

glosa, comentario, explicación, acotación, observación.

glosar, acotar, comentar, aclarar, interpretar, apostillar.

glosario, vocabulario, léxico, catálogo.

glotón-na, comilón, tragón, engullidor, voraz, goloso, ávido. **Ant.** Desganado, inapetente.

glotonería, voracidad, gula, hambre, apetito, avidez. **Ant.** Templanza, inapetencia.

glúteo, nalga.

gnomo, duende, enano, genio, espíritu.

gobernación, gobierno, mando, dominio, dirección, administración, conducción.

gobernador-ra, gobernante, administrador, caudillo, soberano, conductor, mandatario, cabecilla.

gobernar, dirigir, administrar, conducir, mandar, guiar. **Ant.** Obedecer.

gobierno, administración, dirección, mando, dominio, regencia, autoridad, manejo.// Administración, gabinete. **Ant.** Anarquía, sumisión.

goce, placer, deleite, regodeo, gusto, satisfacción, agrado. **Ant.** Repugnancia, sufrimiento, malestar.// Uso, usufructo, disfrute.

gol, tanto, punto, acierto.

gola, garganta, tragaderas, garguero.

golfo, pillo, vago, hampón, pícaro.// Rada, bahía, cala, ensenada.

gollardo, libertino, vagabundo.

gollete, garganta, abertura, entrada, boca.

golondrino, absceso, forúnculo.

golosina, dulce, exquisitez, delicia, manjar.

goloso-sa, dulcero, voraz, glotón.

golpe, choque, porrazo, encontronazo, topetazo, empujón.// Moretón, cardenal, contusión, equimosis.

golpear, zurrar, azotar, pegar, sacudir, percutir, topar, tropezar.

goma, cola, adhesivo, mucílago, pegamento, engrudo, pez.

góndola, barca, embarcación.

gonorrea, gonococcia.

gordo-da, grueso, voluminoso, obeso, rechoncho, rollizo, pesado, abultado. **Ant.** Flaco, delgado.

gordura, obesidad, robustez, adiposidad, crasitud, grosor. **Ant.** Delgadez.// Grasa, manteca, cebo.

gorgorito, trino, gorjeo, quiebro.

gorguera, gola, golilla, cuello.

gorjear, trinar, cantar, silbar, piar.

gorra, sombrero, gorro, birrete, boina.

gorro, sombrero.

gota, insignificancia, nimiedad, pizca, porción, partícula, migaja.

gotear, chorrear, destilar, filtrar, perder, fluir, salir, escurrir, rezumar.

gotera, filtración, chorro.

gozar, disfrutar, saborear, gustar, deleitarse, complacerse, regodearse. **Ant.** Sufrir, padecer.// Usar, usufructuar, tener, utilizar.

gozne, bisagra, articulación.

gozo, placer, complacencia, solaz, regodeo, contento, gusto, regocijo, animación, júbilo, voluptuosidad. **Ant.** Tristeza, descontento.

gozoso-sa, alegre, alborozado, animado, jubiloso, contento, entusiasmado. **Ant.** Triste, desanimado.

grabación, impresión, reproducción.

grabado, ilustración, lámina, estampa, dibujo.// Litografía, aguafuerte. **Par.** Gravado.

grabador, impresor, estampador, tallador.

grabar, esculpir, burilar, tallar, cincelar, imprimir.// Enseñar, fijar, inculcar. **Par.** Gravar.

gracejo, chiste, gracia.

grácil, desenvoltura, donaire, gentileza, amenidad. **Ant.** Tosquedad.// Favor, beneficio, dádiva. **Ant.** Castigo.// Per-

dón, absolución, amnistía, indulto. **Ant.** Castigo.// Comici dad, gracejo, salero, jovialidad.

gracioso-sa, jocoso, cómico, chistoso, ocurrente, alegre **Ant.** Soso, triste.// Atractivo, agradable, encantador, ele gante. **Ant.** Desagradable.// Cómico, farsante.

grada, tarima, estrado, plataforma, tribuna, gradería, escali nata.

gradación, graduación, progresión, sucesión, escala.

gradería, gradas, graderío, tribuna, escalones.

grado, categoría, graduación, rango, jerarquía.// Vínculo parentesco.// Matiz, temperatura, escala, nivel.// Voluntac

graduación, grado, categoría.// Proporción, porción, par te, cantidad, división, fracción.

graduado-da, diplomado, recibido, egresado, titulado.

gradual, escalonado, progresivo, cronológico.

graduar, regular, medir, escalonar, matizar, ajustar, acomo dar.// -se, recibirse, diplomarse, licenciarse, doctorarse, t tularse.

grafía, escritura, letra, cifra, expresión, representación.

gráfico, diagrama, escrito, representación, esquema, dibu jo.// -ca, expresivo, descriptivo, explícito, manifiesto, cla ro. **Ant.** Confuso.

grafito, carboncillo.

gragea, píldora.

grajo, cuervo.

gramófono, fonógrafo.

grana, granate, carmín.

granado-da, maduro, sazonado.// Alto, crecido.

granar, crecer, madurar.

granate, rojo, punzó, escarlata, grana.

grande, enorme, crecido, amplio, extendido, vasto, espa cioso, colosal, gigantesco. **Ant.** Chico, pequeño, reducidc enano.// Insigne, ilustre, notable, egregio, excelso, sobre saliente. **Ant.** Humilde, insignificante.

grandilocuencia, ampulosidad, elocuencia, altisonancia **Ant.** Sobriedad, sencillez.

grandilocuente, ampuloso, enfático, afectado, pedante.

grandiosidad, grandeza.

grandioso-sa, magnífico, majestuoso, colosal, espléndi do, imponente, impresionante. **Ant.** Insignificante, peque ño, vulgar, humilde.

grandor, tamaño.

graneado-da, constante, intenso, incesante.

granel (a), en abundancia.

granero, hórreo, silo, troje.

granítico-ca, duro, resistente. **Ant.** Blando, débil.

granito, rocapiedra.

granizada, pedrisco, pedrisca, piedra.

granizar, apedrear.

granizo, piedra, pedrisco, granizada, tormenta, borrasca.

granja, hacienda, caserío, finca, cortijo, rancho.

granjear, obtener, conseguir.// -se, conquistar, lograr.

granjero-ra, labrador, colono, cultivador, agricultor.

grano, semilla, cereal, fruto.// Tumor, forúnculo, absceso.

granuja, sinvergüenza, pillo, golfo, pícaro, bribón.

granujiento-ta, granoso, áspero, granuloso.

granuloso-sa, áspero, rugoso. **Ant.** Suave, liso.

grapa, sujetador, broche, gancho.

grasa, sebo, gordo, manteca, unto, pringue.// Obesidac gordura. **Ant.** Delgadez.

grasoso-sa, gordo, seboso, untuoso, pringoso. **Ant.** Seco, ma gro.

gratificación, remuneración, premio, incentivo, retribu ción.

gratificar, retribuir, recompensar, remunerar, premiar, pa gar.// Agradar, complacer. **Ant.** Desagradar.

gratis, gratuitamente, gratuito.

gratitud, agradecimiento, reconocimiento, obligación, leal tad. **Ant.** Ingratitud, deslealtad.

grato-ta, amable, agradable, deleitoso, placentero, atracti vo. **Ant.** Desagradable.

gratuito-ta, gratis, beneficioso, regalado, tirado. **Ant.** Ca ro.// Arbitrario, infundado, injusto. **Ant.** Justo.

grava, piedra, cascajo, balasto. **Par.** Graba.

ravamen, carga, obligación, imposición, tributo, impuesto.

ravar, gravitar, pesar.// Imponer, hipotecar. **Par.** Grabar.

rave, serio, importante, trascendental. **Ant.** Baladí.// Enfermo, agonizante, moribundo, delicado, débil. **Ant.** Sano.

ravedad, pesadez.// Solemnidad, circunspección, seriedad, formalidad, severidad. **Ant.** Informalidad.// Trascendencia, importancia, enormidad. **Ant.** Insignificancia.

rávida, encinta, preñada, embarazada, llena.

rávido-da, pesado, cargado.

ravitación, pesadez, gravedad, atracción.

ravitar, pesar, cargar, apoyar, descansar, basarse.

ravoso-sa, pesado, fastidioso, inaguantable. **Ant.** Grato.// Caro, oneroso, costoso. **Ant.** Barato.

reca, borde, faja, lista, orla.

reda, arcilla.

regario-ria, impersonal, adocenado, rebanego, vulgar, rutinario. **Ant.** Personal, individual, solitario.

regarismo, adocenamiento, mansedumbre, docilidad. **Ant.** Personalidad, individualidad, rebeldía.

remial, sindical, corporativo, laboral.

remio, sindicato, agrupación, corporación, cofradía.

res, arcilla, greda.

resca, pelea, riña, reyerta, trifulca, alboroto, tumulto.

rey, rebaño, manada, hato.// Hermandad, congregación.

rial, copón, cáliz.

rieta, hendidura, rendija, fisura, resquebrajadura.

rifo, llave.

rilletes, esposas, grillos, hierros, cepo.

ringo, extranjero, forastero. **Ant.** Nativo, nacional, aborigen.

ripe, trancazo, resfriado, constipado.

ris, ceniciento, plomizo.// Monótono, anodino, apagado, melancólico. **Ant.** Animado, destacado.

ritar, vociferar, desgañitarse, chillar, vocear, ulular, aullar, exclamar. **Ant.** Callar.

ritería, bulla, vocerío, algazara, clamor, alboroto. **Ant.** Silencio, paz.

rito, aullido, chillido, alarido, quejido.

rosería, ordinariez, vulgaridad, descortesía, incorrección, incultura, rudeza. **Ant.** Finura, educación, distinción.

rosero-ra, descortés, ordinario, vulgar, incorrecto, insociable. **Ant.** Cortés, fino, atento.

rosor, grueso, espesor, anchura, calibre, dimensión.// Obesidad, gordura.

rotesco-ca, ridículo, extravagante, irrisorio, mamarracho, burlesco. **Ant.** Elegante, serio.

rúa, cabrestante, cabria.

rueso-sa, gordo, corpulento, obeso, carnoso. **Ant.** Delgado, fino, enjuto.

rumete, marinero.

rumo, coágulo, dureza, condensación, cuajarrón, apelotonamiento.

ruñido, refunfuño, bufido, mugido.// Reproche, reprensión. **Ant.** Alabanza, elogio.

ruñir, bufar, rugir, bramar.// Refunfuñar, rezongar, protestar. **Ant.** Elogiar, alabar.// Chirriar, crujir.

ruñón-na, protestón, cascarrabias.

rupa, anca, trasero, cadera, flanco.

rupo, conjunto, asociación, agrupación, reunión, comunidad, colectividad.// Especie, clase, categoría, orden.

ruta, caverna, antro, cueva, socavón, espelunca.

uacamayo, papagayo.

uadaña, hoz, segur, segadera.

ualdrapa, funda, manta, cobertura.

uano, abono, estiércol.

uante, manopla, funda, mitón.

uapear, presumir, ostentar.

uapeza, bravura, valentía, valor, intrepidez, resolución.// Ostentación.// Belleza, apostura, gallardía.

uapo-pa, valeroso, decidido, valiente, fanfarrón, bravucón, pendenciero.// Ostentoso, presumido.// Lindo, bello, apuesto, hermoso, gallardo, arrogante, lucido, perfecto, grato. **Ant.** Feo, desagradable.

uarda, tutela, defensa, amparo. **Ant.** Desamparo.

guardaespaldas, acompañante, escolta.

guardagujas, cambiador, guardavías.

guardapolvo, delantal, bata, batín.

guardar, custodiar, proteger, defender, cuidar.// Atesorar, ahorrar, retener, almacenar, recaudar.// **-se**, precaverse, prevenirse, defenderse.

guardarropa, armario, ropero, arca.

guardia, guarda, vigilante, policía, defensor.// Defensa, vigilancia, amparo, protección. **Ant.** Desamparo.

guardián, vigilante, centinela, custodio.

guarecer, proteger, defender, amparar, ayudar, albergar. **Ant.** Desproteger, abandonar.// **-se**, resguardarse, abrigarse, refugiarse.

guarida, madriguera, refugio, cubil, cueva.// Amparo, protección.

guarismo, número, cifra, cantidad.

guarnecer, adornar, orlar, ornamentar, embellecer, acicalar. **Ant.** Afear.// Proveer, dotar, abastecer.

guarnición, adorno, ornamento, ornato, accesorio.// Destacamento, cuartel, fuerte.

guarniciones, arreos, jaeces.

guasa, burla, chasco, ironía.

guasón, burlón, irónico. **Ant.** Serio, grave.

guata, relleno.

gubernamental, estatal, oficial, público, gubernativo.

gubernativo-va, gubernamental, estatal, público, oficial. **Ant.** Privado.

guedeja, crencha, greña, mecha, pelambre, mechón.

guerra, beligerancia, contienda, hostilidad, conflagración, conflicto, choque. **Ant.** Paz, conciliación.

guerrear, pelear, combatir, luchar, batallar, hostilizar. **Ant.** Pacificar, aplacar.

guerrera, chaqueta, casaca, cazadora, chaquetón.

guerrero-ra, luchador, combatiente, soldado, beligerante. **Ant.** Civil.// Belicoso, batallador, aguerrido, marcial. **Ant.** Pacifista, pacificador.

guerrilla, escaramuza, facción, maquis, milicia.

guerrillero-ra, partisano, combatiente, luchador.

guía, conductor, orientador, piloto, timonel.// Consejero, tutor, maestro, asesor.// Orientación, tutela, supervisión.// Plano, folleto, manual, índice.

guiar, dirigir, orientar, conducir, encaminar, encauzar. **Ant.** Desorientar.// Educar, asesorar, adiestrar. **Ant.** Descarriar.

guijarro, pedrusco, piedrecilla, canto.

guillotinar, decapitar, ajusticiar.

guiñapo, harapo, trapo, andrajo, piltrafa, jirón.// Débil, enfermo. **Ant.** Sano, fuerte.// Abatido, desmoralizado. **Ant.** Animado.

guiñar, parpadear, bizquear.// Avisar, prevenir.

guiño, gesto, señal, visaje.// Aviso, advertencia, señal.

guión, libreto, argumento, sinopsis, asunto.// Raya, línea, trazo.

guirnalda, corona, aureola, diadema, tiara.

guisa, manera, modo, estilo.

guisar, cocinar, cocer, aderezar, condimentar.

guiso, cocido, guisado, comida, condumio, potaje.

guitarra, vihuela.

guitarreo, rasgueo, floreo, punteo.

guitarrista, guitarrero, vihuelista.

gula, glotonería, voracidad, avidez, ansia, hambre, insaciabilidad. **Ant.** Inapetencia, frugalidad, sobriedad.

gurí, niño, pequeño, chico, muchacho.

gurrumino-na, pequeño, raquítico.

gusano, oruga, larva, lombriz, helminto.

gustar, probar, paladear, tomar, comer, ingerir.// Agradar, complacer, cautivar, satisfacer, deleitar. **Ant.** Desagradar.

gusto, sabor, gustillo.// Deleite, placer, satisfacción, complacencia. **Ant.** Disgusto.// Elegancia, distinción, delicadeza, finura. **Ant.** Chabacanería, ordinariez.

gustoso-sa, sabroso, apetitoso, delicioso. **Ant.** Insulso, insípido.// Complacido, conforme, encantado. **Ant.** Disconforme.

gutural, ronco, áspero.// Desapacible, disonante, ininteligible.

habano, cigarro, tagarnina. *Par.* Abano.
haber, tener, poseer, detentar. *Ant.* Carecer.// Caudal, hacienda.// **-es,** ingreso, sueldo, salario.
hábil, competente, apto, diestro, ducho. *Ant.* Inepto, inhábil, incompetente.// Ladino, taimado. *Ant.* Ingenuo, inocente.
habilidad, destreza, aptitud, capacidad, maña. *Ant.* Ineptitud, incapacidad.// Sagacidad, astucia, sutileza. *Ant.* Necedad.
habilidoso-sa, hábil.
habilitar, autorizar, permitir, licenciar, capacitar, facultar. *Ant.* Prohibir, desautorizar, cancelar.
habitación, vivienda, morada, residencia, cuarto, estancia, recinto, alcoba, aposento.
habitar, vivir, morar, residir, aposentarse, alojarse, domiciliarse. *Par.* Abitar.
habitante, poblador, vecino, morador, residente, ocupante.
hábito, costumbre, uso, usanza, conducta, moda, rutina.// Traje, vestimenta, vestido.
habitual, repetido, común, vulgar, consuetudinario, ritual, frecuente, corriente. *Ant.* Raro, infrecuente, extraordinario, desusado.
habituar-se, familiarizar, acostumbrar, aclimatar, adiestrar, preparar. *Ant.* Desacostumbrar.
habla, lenguaje, idioma, discurso, lengua, dialecto, charla. *Ant.* Mudez.
hablador-ra, parlanchín, charlatán, parloteador, conversador, locuaz, indiscreto. *Ant.* Taciturno, silencioso.
habladuría, chisme, calumnia, enredo, injuria, murmuración, comadreo.
hablar, charlar, conversar, dialogar, disertar, orar, declamar, practicar. *Ant.* Callar.
hacedor, autor, constructor.
hacendado, estanciero, latifundista, terrateniente, agricultor, propietario.
hacendoso-sa, trabajador, diligente. *Ant.* Holgazán.
hacer, realizar, producir, trabajar, elaborar, crear, formar, engendrar, obrar.// **-se,** acostumbrarse.
hacha, velón, candela.
hacia, en dirección a.
hacienda, estancia, propiedad, finca.// Patrimonio, bienes, posesiones, caudales.
hacinamiento, amontonamiento, aglomeración.
hacinar, amontonar, juntar, aglomerar. *Ant.* Disgregar.
hada, hechicera, encantadora.
hado, destino, sino, azar, fatalidad, ventura, albur.
halagador-ra, adulador, obsequioso, lisonjero.
halago, elogio, agasajo, loa, adulación. *Ant.* Crítica, censura.
halagueño-ña, halagador, propicio, prometedor, satisfactorio, grato. *Ant.* Desfavorable.
halar, tirar, atraer.
halconería, cetrería, altanería.
hálito, aliento, vaho, aire, soplo, brisa, emanación.
hallar, encontrar, descubrir, acertar, topar, tropezar, atinar.// **-se,** estar, encontrarse. *Ant.* Ausentarse.

hallazgo, encuentro, descubrimiento, invento, creació solución, obra. *Ant.* Pérdida.
halo, aureola, nimbo, cerco, círculo, anillo.// Fulgor, re plandor.
hamaca, columpio, mecedora, coy.
hambre, apetito, gana, ansia, necesidad, avidez, voracida *Ant.* Inapetencia.// Deseo, ansiedad. *Ant.* Desinterés.
hambrear, ayunar, ansiar.
hambriento-ta, famélico, voraz, ansioso, necesitado, áv do. *Ant.* Inapetente, desinteresado.
hampa, delincuencia, chusma, canalla, gentuza.
hampón, delincuente, maleante.
handicap, ventaja.
hangar, coberizo, tinglado, depósito.
haragán-na, perezoso, holgazán. *Ant.* Trabajador, activo
haraganería, holgazanería, ocio.
harapiento-ta, andrajoso, desarrapado, desaliñado, rot astroso, haraposo. *Ant.* Elegante, atildado, aseado.
harapo, guiñapo, trapo, andrajo, jirón, pingajo.
harén, serrallo, gineceo.
harinoso-sa, feculento, farináceo.
hartar, atiborrar, saciar, satisfacer, llenar, empachar, satura cebar.// Molestar, aburrir, fastidiar. *Ant.* Agradar, divertir.
hartazgo, saciedad, hartura, satisfacción, saturación. Cansancio, fastidio.
harto-ta, lleno, colmado, saciado, ahíto, estragado, repl to. *Ant.* Vacío, hambriento.// Cansado, aburrido, molest *Ant.* Contento.
hartura, hartazgo, saciedad, plenitud, exceso, saturació empalago. *Ant.* Hambre.
hasta, inclusive. *Par.* Asta.
hastiar, aburrir, cansar, disgustar, fastidiar. *Ant.* Entretene divertir.
hastío, aburrimiento, tedio, indolencia. *Ant.* Alegría, c versión, entusiasmo.
hato, manada, rebaño, tropel, ganado.// Bulto, lío. *Par.* At
haz, gavilla, manojo, atado. *Par.* As.
hazaña, proeza, aventura, hombrada, gesta, heroísm *Ant.* Cobardía.
hazmerreír, gracioso, ridículo, adefesio, espantajo.
hebilla, broche, pasador.
hebra, hilo, filamento, fibra, hilacha.
hebreo, judío, hebraico, israelita.
hecatombe, desastre, cataclismo, catástrofe, siniestro. Matanza, holocausto, mortandad.
hechicera, maga.
hechicería, magia, brujería.
hechicero, mago, brujo, encantador, nigromante.// **-r** Seductor.
hechizar, embrujar, encantar.// Fascinar, embelesar. *Ar* Rechazar.
hechizo, embrujo, encantamiento, ensalmo, hechicería. Atractivo, seducción.
hecho, acción, obra, acto.// **-cha,** Realizado, terminad *Ant.* Imperfecto.// Acostumbrado, ducho. *Ant.* Inexpert
hechura, confección.// Conformación, configuración.
heder, apestar, expeler, atufar. *Ant.* Perfumar, aromatizar.
hediondez, fetidez.

ediondo-da, maloliente, pestilente, fétido, nauseabundo. **Ant.** Perfumado.

edonismo, voluptuosidad, sensualidad. **Ant.** Rigor, mortificación, espiritualidad.

egemonía, supremacía, superioridad, predominio. **Ant.** Sometimiento, supeditación.

elada, congelación, frío, escarcha.

elado-da, gélido, frío, fresco, congelado. **Ant.** Caliente.// Sorprendido, atónito. **Ant.** Indiferente.

elado, sorbete.

elar, congelar, enfriar, escarchar, refrigerar. **Ant.** Calentar.// **-se,** entumecerse, aterirse.

elero, ventisquero, glaciar.

élice, aspa, paleta.

ematoma, moretón, cardenal, equimosis.

embra, mujer, fémina. **Ant.** Macho.

emiciclo, semicírculo.

emorragia, hemoptisis, efusión, pérdida, flujo.

emostático, cicatrizante.

enchir, llenar, ocupar, atiborrar, saturar, atestar. **Ant.** Vaciar.

endedura, abertura, rendija, grieta, incisión, fisura.

ender, hendir, rajar, cortar, agrietar, partir.

eno, pienso, hierba, pasto, forraje.

eraldo, mensajero, enviado, emisario.

erbolario, herbario, herboristería.

ercúleo-a, fuerte, vigoroso, forzudo, musculoso, fornido. **Ant.** Débil, endeble.

eredar, recibir.

eredero-ra, sucesor, beneficiario, primogénito.

ereditario-ria, sucesorio.

ereje, apóstata, renegado, disidente, cismático, impío. **Ant.** Ortodoxo, creyente.

erejía, apostasía, sacrilegio, impiedad, desobediencia.// Ofensa, disparate.

erencia, legado, cesión, sucesión, transmisión.// Atavismo, consanguinidad.

erida, llaga, úlcera, lesión, magulladura, contusión.// Ofensa, agravio.

erido-da, lastimado, contuso, magullado, lacerado. **Ant.** Indemne, ileso.

erir, lacerar, lesionar, magullar, lastimar.// Ofender, agraviar.

ermafrodita, bisexual, ambiguo, indefinido.

ermana, monja, religiosa, sor.

ermanar, equiparar, igualar, parangonar, armonizar, fraternizar. **Ant.** Separar, diferenciar, desunir, enemistar.

ermandad, fraternidadd, confraternidad.// Cofradía, comunidad, congregación.// Coincidencia, amistad, simpatía. **Ant.** Desunión.

ermético-ca, cerrado, impenetrable. **Ant.** Abierto, permeable.// Callado, taciturno, reservado. **Ant.** Dicharachero, locuaz.

ermetismo, circunspección, reserva, impenetrabilidad.

ermosear, embellecer, arrreglar, atildar, adornar. **Ant.** Afear, deslucir.

ermoso-sa, bello, lindo, apuesto, precioso, atractivo. **Ant.** Feo, desagradable.

ermosura, belleza, apostura, perfección, encanto, atractivo. **Ant.** Fealdad.

ernia, eventración.

erniarse, eventrarse, quebrarse, estrangularse.

éroe-ína, campeón, paladín, ídolo, vencedor. **Ant.** Cobarde.// Protagonista.

eroicidad, heroísmo, proeza, valentía. **Ant.** Cobardía.

eroico-ca, valiente, audaz, bravo, osado, arrojado. **Ant.** Cobarde.

eroísmo, valentía, heroicidad. **Ant.** Cobardía.

errador, herrero, forjador.

erramienta, instrumento, utensilio, aparejo, útil.

errar, forjar, clavar. **Par.** Errar.

errería, fundición, fragua.

errero, herrador.

errumbre, orín, óxido, verdín, moho, cardenillo.

herrumbroso-sa, enmohecido.

hervir, cocer, bullir, borbotear, burbujear.// Agitarse, alborotarse. **Ant.** Tranquilizarse.

hervor, efervescencia, ebullición, cocción.// Ardor, inquietud. **Ant.** Sosiego.

heteróclito-ta, irregular, extraño, anormal, heterogéneo.

heterodoxia, herejía.

heterogeneidad, variedad, diversidad, multiplicidad, complejidad.

heterogéneo-a, irregular, diverso, variado, complejo, distinto, múltiple, mezclado. **Ant.** Homogéneo, uniforme, semejante.

hético-ca, flaco, consumido, tísico. **Par.** Ético.

hez, desperdicio, escoria, poso, precipitación.// Chusma, canalla.// Excrementos.

hiato, separación, grieta, abertura. **Ant.** Sinalefa.

hibernación, sopor, letargo, somnolencia.

hibridación, mestizaje, mezcla, combinación. **Ant.** Pureza.

híbrido-da, mestizo, heterogéneo, impuro, combinado, mezclado. **Ant.** Puro.

hidalgo, noble, caballero, señor, aristócrata. **Ant.** Plebeyo.// Generoso, distinguido.

hidalguía, generosidad, magnanimidad, altruismo. **Ant.** Vileza, mezquindad.// Aristocracia, nobleza.

hidráulica, hidrodinámica, hidrotecnia.

hidropesía, edema, acumulación, infiltración, hinchazón.

hiel, bilis.// Amargura, aspereza.

hielo, nieve, escarcha.// Indiferencia, frialdad. **Ant.** Enardecimiento, entusiasmo.

hierático-ca, sagrado, religioso.// Estático, reservado, solemne, misterioso.

hieratismo, solemnidad, gravedad. **Ant.** Sencillez, naturalidad.

hierba, césped, pasto, gramilla, prado. **Par.** Hierva.

higiene, aseo, limpieza, pulcritud, sanidad. **Ant.** Suciedad, insalubridad.

higiénico-ca, limpio, puro, aseado, desinfectado, sano. **Ant.** Sucio, antihigiénico, infectado.

higienizar, limpiar, asear, purificar, desinfectar, lavar.

hijo-ja, vástago, heredero, descendiente.// Originario, oriundo.

hila, hilacha, hilo, hilván.

hilacha, hila, brizna, hilo, hilván.

hilar, ovillar, devanar.// Discurrir, pensar.

hilarante, gracioso, divertido, festivo, cómico. **Ant.** Triste, abatido.

hilaridad, risa, alegría, regocijo, carcajada. **Ant.** Tristeza, amargura.

hilo, filamento, hebra, fibra, hilacha, hilván.// Secuencia, continuidad, curso, encadenamiento.

hilván, pespunte, costura, puntada, cosido.// Hilo, hebra.

hilvanar, pespuntear, coser.// Bosquejar, esbozar, coordinar, idear, pergeñar.

himeneo, casamiento, boda.

himno, cántico, loor, marcha.

hincapié, insistencia, confirmación, reiteración.

hincar, clavar, introducir, enterrar.// **-se,** arrodillarse.

hincha, fanático, partidario.// Odio, hostilidad, ojeriza, encono. **Ant.** Simpatía.

hinchado-da, inflamado, abultado, tumefacto, inflado.// Enfático, pomposo, afectado, rimbombante.// Engreído, soberbio, vanidoso. **Ant.** Sencillo, humilde.

hinchar, abultar, inflar, inflamar, congestionar. **Ant.** Deshinchar.// Recargar, exagerar, aumentar.// **-se,** vanagloriarse, engreírse, ensoberbecerse. **Ant.** Humillarse.

hinchazón, abultamiento, inflamación, tumefacción, bulto, absceso.// Soberbia, envanecimiento, presunción, vanidad.

hipérbole, exageración, ampliación, ampulosidad, ponderación. **Ant.** Moderación, sencillez, sobriedad.

hiperbólico-ca, exagerado.

hipertrofia, desarrollo, aumento, incremento, exceso.

hípica, equitación.

hípico-ca, equino, caballar, ecuestre.

hipnosis, sueño, sugestión.
hipnótico-ca, adormecedor, letárgico, somnífero, soporífero.
hipnotismo, magnetismo, atracción, fascinación.// Sueño.
hipnotizar, sugestionar, dormir, adormecer.// Fascinar, atraer.
hipocondría, melancolía, depresión, tristeza, extravagancia.
hipocondríaco-ca, deprimido, triste, melancólico. **Ant.** Alegre, festivo.
hipocresía, falsedad, simulación, fingimiento, doblez. **Ant.** Sinceridad, autenticidad.
hipócrita, farsante, falso, simulador, tartufo, mojigato. **Ant.** Sincero, veraz.
hipoteca, gravamen, carga, obligación, fianza.
hipotecar, gravar, garantizar, enajenar.
hipótesis, suposición, conjetura, posibilidad, presunción.
hipotético-ca, posible, dudoso, incierto, problemático. **Ant.** Cierto, seguro.
hiriente, ofensivo, injurioso, vejatorio.
hirsuto-ta, enmarañado, desmelenado.// Áspero, intratable.
hirviente, borboteante, efervescente, agitado. **Ant.** Frío, apagado.
hisopear, asperjar.
hisopo, aspersorio.
histérico-ca, nervioso, perturbado, irritable.
histerismo, histeria, nerviosidad, perturbación, excitación. **Ant.** Tranquilidad.
historia, crónica, cronología, relato.// Chisme, cuento, hablilla, anécdota.
historiador-ra, cronista.
historial, reseña, relación, informe.
historiar, narrar, referir, relatar.
histórico-ca, real, tradicional, verdadero, fidedigno, auténtico.
historieta, cuento, fábula, anécdota.// Dibujo, cómic.
histrión, actor, comediante, bufón, cómico.
histriónico-ca, bufonesco.
histrionismo, bufonería, comicidad, imitación. **Ant.** Circunspección.
hito, mojón, señal, marca, indicación.
hobby, afición.
hocicar, husmear, revolver, rebuscar, desenterrar.
hocico, morro, jeta, trompa, belfos.
hocicudo-da, jetudo.
hogaño, hoy, actualmente.
hogar, vivienda, casa, morada, nido, techo.// Lumbre, chimenea, fogón.
hogareño-ña, casero, doméstico.
hogaza, pan, bodigo.
hoguera, pira, fogata, lumbre.
hoja, página, folio, papel, pliego, carilla, plana.// Plancha, lámina.// Cuchilla, acero.
hojalata, lata, lámina, chapa.
hojarasca, follaje, frondosidad, fronda.// Fárrago, insustancialidad.
hojear, examinar, leer. **Par.** Ojear.
holgado-da, amplio, ancho, sobrado. **Ant.** Estrecho, reducido.// Acomodado, rico.
holganza, ociosidad, haraganería, pereza, descanso.// Recreo, diversión. **Ant.** Actividad, dinamismo.
holgar, descansar, haraganear, remolonear.// -se, felicitarse, alegrarse, regocijarse.
holgazán-na, vago, haragán, perezoso, indolente, ocioso. **Ant.** Activo, trabajador.
holgazanear, vaguear, vagar, zanganear, descansar, haraganear. **Ant.** Trabajar, afanarse.
holgazanería, vagancia, ociosidad, pereza, haraganería, indolencia, holganza. **Ant.** Laboriosidad, actividad.
holgorio, algazara, diversión, regocijo, bullicio, jarana. **Ant.** Aburrimiento, quietud, tristeza.
holgura, amplitud, anchura, espaciosidad. **Ant.** Estrechez.
hollar, pisar, pisotear.// Agraviar, humillar, escarnecer, maltratar. **Ant.** Enaltecer, ennoblecer.

hollejo, pellejo, piel, película.
hollín, tizne, suciedad.
holocausto, mortandad, inmolación, matanza, sacrificio, ritual.
hombre, individuo, persona, varón, mortal, semejante, sujeto, ser. **Ant.** Mujer.
hombrear, sostener, aguantar, trasladar.// Vanagloriarse, jactarse.
hombrera, charretera.
hombría, valor, energía, decisión, integridad, honor, decoro. **Ant.** Cobardía, debilidad, ruindad.
homenaje, demostración, ofrenda, ofrecimiento, veneración, cortesía, consideración.
homenajear, agasajar, celebrar.
homicida, criminal, asesino, matador.
homicidio, asesinato, crimen, muerte, atentado.
homilía, sermón, discurso.
homogeneidad, uniformidad, igualdad, similitud, parecido. **Ant.** Heterogeneidad, variedad.
homogéneo-a, uniforme, parecido, semejante, analógico. **Ant.** Heterogéneo, diferente.
homologación, confirmación, comprobación, aprobación.
homologar, ratificar, afirmar, aprobar, confirmar, equiparar.
homólogo-ga, parecido, semejante, equivalente, análogo. **Ant.** Diferente, distinto.
homónimo, tocayo.
homosexual, maricón, marica, invertido.// Lesbiana. **Ant.** Heterosexual.
hondo-da, profundo, abismado, insondable, abismal. **Ant.** Superficial, llano.// Intenso, fuerte.
hondonada, valle, depresión, concavidad, seno. **Ant.** Eminencia, altura.
hondura, profundidad, abismo, precipicio, bajío, hondonada. **Ant.** Altura.
honestidad, decoro, decencia, integridad, dignidad, rectitud. **Ant.** Deshonestidad.
honesto-ta, virtuoso, honrado, decoroso, decente, digno. **Ant.** Impuro, desvergonzado.
hongo, seta, champiñón.
honor, honra, dignidad, estima, consideración, entereza, honradez, decencia, honestidad. **Ant.** Deshonor, deshonra.// Fama, aplauso, renombre, celebridad. **Ant.** Anonimato, desconocimiento.
honorabilidad, honradez.
honorable, honrado, respetable.
honorario-ria, honorífico, imaginario, simulado, simbólico, teórico.
honorarios, sueldo, emolumentos, paga, remuneración, estipendio.
honorífico-ca, honroso.
honra, reputación, renombre, fama, gloria.// Honestidad, decencia. **Ant.** Deshonra, indignidad.
honradez, honestidad, moralidad, rectitud, probidad.
honrado-da, decente, probo, íntegro, honorable, incorruptible.// Ensalzado, enaltecido. **Ant.** Deshonrado, desdeñado, despreciado.
honrar, apreciar, respetar, reverenciar, dignificar, enaltecer, ennoblecer. **Ant.** Deshonrar, denigrar, envilecer.
honroso-sa, honorable, digno, honrado, decoroso, estimable. **Ant.** Indigno, despreciado.
hontanar, manantial, surtidor.
hora, momento, oportunidad. **Par.** Ora.
horadar, agujerear, perforar, taladrar.
horario, guía, programa, cuadro.
horca, patíbulo, cadalso. **Par.** Orca.
horda, multitud, turba, tropel, tropa, chusma.
horizontal, apaisado, extendido, plano, tendido, acostado. **Ant.** Vertical.
horizonte, confín, perspectiva, límite, lejanía.
horma, modelo, molde, módulo, plantilla.
hormigón, mezcla, argamasa, cemento, concreto, mortero.

ormiguear, bullir, moverse.// Cosquillear, reconcomer.

ormigueo, cosquilleo, sensibilidad, prurito, picazón.// Bullicio, movimiento.

ormiguero, muchedumbre, aglomeración.

ornacina, hueco, cavidad.

ornada, promoción, conjunto.

ornear, asar, tostar, cocer, calentar.

orno, quemadero, hogar, crisol, cocinilla. *Par.* Orno.

oróscopo, augurio, premonición, profecía, predicción, oráculo, vaticinio.

orrendo-da, espantoso, espeluznante, horroroso.

órreo, granero, silo, troje.

orrible, horroroso, horripilante, pavoroso, espantoso, espeluznante.

orripilar, asustar, atemorizar, horrorizar, espantar, sobrecoger, aterrar. *Ant.* Tranquilizar, serenar.

orror, espanto, susto, terror, temor, miedo, pánico. *Ant.* Agrado.// Adefesio, atrocidad, monstruosidad.

orrorizar, horripilar.

orroroso-sa, espantoso, horrible, espeluznante, aterrador.// Desagradable, feo, repulsivo, repelente, asqueroso.

ortaliza, legumbre, verdura.

ortelano, horticultor.

ortera, comerciante, dependiente.

orticultor, hortelano, labriego.

osco-ca, huraño, arisco, antipático, torvo, ceñudo, intratable. *Par.* Osco.

ospedaje, alojamiento, acogida, albergue, pensión, hotel, hostería.

ospedar, albergar, aposentar, alojar, asilar. *Ant.* Desalojar, expulsar.

ospiciano-na, inclusero, expósito.

ospicio, asilo, orfanato, inclusa.

ospital, policlínico, clínica.

ospitalario-ria, acogedor, agasajador, protector.// *Ant.* Hostil.

ospitalidad, asilo, protección, amparo, recibimiento.

ospitalizar, internar.

osquedad, brusquedad, antipatía, aspereza. *Ant.* Simpatía.

ostería, posada, parador, mesón.

ostia, oblea.

ostigar, perseguir, acosar, atosigar, importunar, hostilizar.

ostil, enemigo, contrario, desfavorable, adversario, adverso. *Ant.* Amigo, favorable.

ostilizar, hostigar, molestar, mortificar, agobiar, martirizar, agredir. *Ant.* Ayudar, favorecer.

otel, hospedaje, hostería, alojamiento, posada.

otelero-ra, posadero, hospedero.

oy, ahora, actualmente, hogaño. *Ant.* Mañana, ayer.

oyo, concavidad, hueco, agujero, depresión.// Sepultura, fosa, tumba.

oz, guadaña, segur. *Par.* Os.

ozar, hocicar, husmear, escarbar.

ucha, alcancía, arca.

ueco, hoyo, oquedad, depresión, cavidad, vano.// Espacio, lugar.// -ca, cóncavo, vacío, ahuecado, hundido. *Ant.* Lleno.// Presumido, vano, vanidoso.// Ahuecado, esponjoso, poroso.

uelga, paro, suspensión.

uella, señal, marca, pisada, rastro, impresión, traza.// Recuerdo.

uérfano-na, abandonado, solo, desamparado, inclusero.// Carente, privado, desprovisto. *Ant.* Provisto.

uero-ra, vacío, hueco.

uerta, huerto, vergal, vega, sembrado, plantío.

uesa, fosa, sepultura, hoyo.

uésped, invitado, convidado, visita. *Ant.* Anfitrión.

ueste, tropa, ejército, tropel, turba.

uesudo-da, flaco, esquelético, enjuto, consumido. *Ant.* Gordo, robusto, rollizo.

huevo, embrión.

huida, evasión, escapada, partida, ausencia, escabullida. *Ant.* Llegada, entrada.

huidizo-za, escurridizo, esquivo, evasivo.

huir, escapar, abandonar, escabullirse, desertar, desaparecer, ausentarse.

hulla, carbón, coque. *Par.* Huya.

humanidad, gente, hombre, género humano.// Misericordia, generosidad, piedad, bondad.// Cuerpo, robustez, volumen.

humanitario-ria, caritativo, compasivo, piadoso, comprensivo, misericordioso, indulgente. *Ant.* Inhumano, cruel, insensible.

humano, hombre.// -na, bueno, sensible, generoso.

humareda, humo, vapor, vaho, humarada.

humeante, caliente, hirviente, humoso.

humear, exhalar, fumar, ahumar.

humedad, higrometría, vapor, impregnación. *Ant.* Sequedad.

humedecer, humectar, empapar, mojar, bañar, saturar, embeber. *Ant.* Secar.

húmedo-da, mojado, empapado, acuoso, bañado, salpicado. *Ant.* Seco.

humildad, sencillez, modestia, moderación, sumisión. *Ant.* Soberbia.// Pobreza, miseria, envilecimiento.

humilde, modesto, sencillo, apocado, respetuoso, tímido. *Ant.* Soberbio, altivo, jactancioso.// Pobre, bajo, plebeyo.// Diminuto, insignificante.

humillación, deshonra, degradación, afrenta, mortificación, vejación, bochorno, menoscabo. *Ant.* Enaltecimiento, ensalzamiento.

humillado-da, deshonrado, ultrajado, mortificado, insultado, ofendido.

humillar, ofender, rebajar, denigrar, pisotear, desdeñar, menospreciar, afrentar. *Ant.* Enaltecer, exaltar.// -se, doblegarse, arrastrarse, envilecerse. *Ant.* Ensoberbecerse, hincharse.

humo, vapor, humareda, fumarola, fumada, emanación.

humor, linfa, líquido, secreción, destilación.// Carácter, ingenio, vena, talante.// Agudeza, chispa, gracia, jovialidad. *Ant.* Sosería, gravedad, seriedad.

humorada, ocurrencia, fantasía, disparate, extravagancia, gracia, broma.

humorismo, gracia, ingenio, chispa, agudeza.

humorista, gracioso, agudo, sarcástico, ingenioso, socarrón, burlón. *Ant.* Insulso, serio, grave.

humos, vanidad, presunción.

hundimiento, desmoronamiento, derrumbamiento, caída. *Ant.* Levantamiento.// Naufragio.// Debilitamiento, caída, depresión.

hundir, desmoronar, derrumbar.// Sumergir.// -se, abatirse, entristecerse. *Ant.* Animarse, alegrarse.// Destruir, derribar. *Ant.* Levantar, edificar.

huracán, tormenta, vendaval, ciclón, tromba, torbellino, tifón, tornado, tempestad. *Ant.* Bonanza.

huracanado-da, tormentoso, borrascoso.// Fuerte, violento. *Ant.* Suave, calmo.

huraño-ña, antipático, insociable, áspero, esquivo. *Ant.* Simpático, amable, sociable.

hurgar, escarbar, remover, hurgonear, revolver.

huronear, buscar, escarbar, fisgar, olisquear, fisgonear, curiosear, husmear, espiar.

hurtadillas (a), furtivamente, secretamente, a escondidas.

hurtar, robar. *Ant.* Restituir.// Ocultarse, quitarse. *Ant.* Aparecer.

hurto, robo, ratería. *Ant.* Restitución.

husmeador-ra, entremetido, curioso, fisgón.

husmear, curiosear, fisgar, fisgonear, fisgar, huronear, indagar, averiguar.// Heder, contaminar.

huso, torcedor, devanadera. *Par.* Uso.

ibérico-ca, íbero, iberio, español, hispano, hispánico.
iberoamericano, hispanoamericano, latinoamericano.
íbice, cabra montés, cabra salvaje, gamuza.
iceberg, témpano, hielo, banco, bloque, masa flotante, glaciar.
ícono, figura, imagen, efigie, cuadro, pintura.
iconoclasta, destructor, vandálico, vándalo, hereje, icónomaco.
ictericia, biliosidad, bilis, tiricia.
ida, marcha, viaje, mudanza, desplazamiento, traslado, visita, cambio, traslación. **Ant.** Regreso, venida, llegada.// Ímpetu, prontitud, arranque, impulso. **Ant.** Suavidad, represión.// Huella, rastro.
idea, imagen, representación, figura, noción, conocimiento, concepción, percepción, pensamiento.// Intención, propósito.// Concepto, opinión, juicio, visión, apariencia, aspecto.// Ingenio, inventiva, imaginación, fantasía, quimera.// Plan, diseño, bosquejo, proyecto, croquis, esbozo, disposición.
ideal, irreal, inmaterial, imaginario. **Ant.** Material.// Perfecto, excelente, sublime, incorpóreo, puro, elevado, supremo, soberano, absoluto. **Ant.** Defectuoso.// Modelo, arquetipo, ejemplar, prototipo, perfección. **Ant.** Vulgar, corriente.// Ilusión, ambición, ansia, apetencia, sueño, anhelo. **Ant.** Real.
idealismo, inmaterialidad, altruismo, nobleza, desinterés, pureza, generosidad, espiritualidad, hidalguía, magnanimidad, filantropía, irrealidad. **Ant.** Materialismo, realidad, desilusión.
idealista, altruista, desinteresado, generoso, filántropo, desprendido, puro, magnánimo, noble, espiritual, idealizador, soñador. **Ant.** Materialista, acomodaticio, egoísta, realista.
idear, representar, imaginar, discurrir, pensar, inventar, meditar.// Trazar, forjar, fraguar.// Proyectar, esbozar.// Reflexionar, conjeturar, suponer, sospechar.// Evocar, recordar.
ideario, teoría, sistema, doctrina.
ídem, el mismo, igual, lo mismo, igualmente. **Ant.** Diferente, distinto.
idéntico-ca, exacto, igual, equivalente, homólogo, mismo, uno. **Ant.** Distinto, diferente.
identidad, equivalencia, igualdad, exactitud, homogeneidad, semejanza, unidad, similitud, filiación. **Ant.** Antítesis, diferencia, heterogeneidad.
identificar, reconocer, determinar, establecer, señalar, retratar, detallar, registrar, describir. **Ant.** Ignorar.// Igualar, hermanar, fusionar, unificar, equiparar, uniformar, semejar, equilibrar. **Ant.** Diferenciar, discrepar, desavenir, desunir.// **-se,** unificarse, coincidir, confundirse, compenetrarse, solidarizarse. **Ant.** Diferenciarse, desavenirse, desunirse.
ideográfico-ca, gráfico, simbólico, pictórico.
ideograma, signo, representación, símbolo, elemento, trazo.
ideología, ideario, creencia, doctrina, credo, fe, partido, convicción, opinión.
idílico-ca, poético, amoroso, sentimental, paradisíaco, pastoril, églogico, erótico. **Ant.** Prosaico, vulgar.
idilio, amorío, enamoramiento, noviazgo, amartelamiento, galanteo, coqueteo, festejo, relaciones, flirteo.
idioma, lengua, habla, lenguaje, dialecto, germanía, jerga, caló, argot, expresión.

idiosincrasia, individualidad, índole, modo de ser, tempe[ramento], carácter, personalidad, peculiaridad, particular[i]dad.
idiota, necio, tonto, bobo, zoquete, mentecato, memo, le[l]o, papanatas, majadero. **Ant.** Inteligente, listo, avispa[do].// Retrasado, anormal, subnormal, cretino, imbécil, de[fi]ciente.
idiotez, bobería, necedad, majadería, insensatez, tonter[ía], estupidez, memez. **Ant.** Inteligencia, talento, genio, inge[ni]o.// Retraso, deficiencia, mongolismo, cretinismo, imbe[ci]lidad, anormalidad, deficiencia.
ido, distraído, chiflado, lelo, atontado.
idólatra, pagano, fetichista, gentil, infiel. **Ant.** Cristian[o], monoteísta.// Adorador, venerador.
idolatría, gentilismo, paganismo, fetichismo, gentilidad, politeísmo. **Ant.** Cristianismo, monoteísmo.// Apasiona[mien]to, adoración, amor, veneración, pasión, pleitesía. **Ant.** Indiferencia, desamor, desilusión.
ídolo, deidad, tótem, amuleto, imagen, divinidad, efigie, símbolo, reliquia, tabú, icono, estatuilla.// Modelo, cam[pe]ón, amado, predilecto. **Ant.** Odiado, rechazado, aborre[ci]cido.
idoneidad, competencia, aptitud, capacidad, disposición, suficiencia, facultad. **Ant.** Incompetencia, ineptitud, inca[pa]cidad.
idóneo-a, competente, apto, capaz, capacitado, dispues[to], suficiente, hábil. **Ant.** Incapaz, inhábil, incompetent[e], inútil, inapto.// Apropiado, adecuado, habilitado, confo[r]me, conveniente. **Ant.** Inadecuado, inapropiado.
iglesia, templo, basílica, catedral, oratorio, capilla, ermita, abadía, convento, monasterio, cenobio, cartuja, santuari[o], colegiata.// Congregación, comunidad, grey, asociación, comunión, rebaño, cristiandad, cristianismo, catolicismo.
ignaro-ra, inculto, indocto, desconocedor, lego, iletrado, profano, obtuso, analfabeto, pollino, alcornoque, neci[o]. **Ant.** Culto, conocedor, docto, instruido, inteligente, sabi[o].
ignavo-va, pusilánime, cobarde, temeroso. **Ant.** Valiente, osado, atrevido.// Indolente. **Ant.** Activo, entusiasta.
ígneo-a, ardiente, flagrante, encendido, abrasador, fulgu[rante], incandescente, inflamado, luminoso. **Ant.** Apagado, oscuro, helado.
ignición, combustión, quema, inflamación, incineración. **Ant.** Apagamiento, extinción.
ignominia, abyección, humillación, descrédito, deshonra, oprobio, afrenta, baldón, infamia, deshonor, bajeza, ver[gü]enza, ultraje, mancilla, estigma. **Ant.** Honor, honra, dig[ni]dad.
ignominioso-sa, odioso, abyecto, vil, deshonroso, bajo, vergonzoso, oprobioso, desacreditativo, afrentoso, hum[i]llante, difamatorio, innoble, injurioso, despreciable, indig[no], repugnante. **Ant.** Honroso, enaltecedor, noble, prest[i]gioso.
ignorado-da, desconocido, anónimo, incógnito, ignot[o], secreto, inexplorado, oculto. **Ant.** Conocido, notable.
ignorancia, incultura, nulidad, incapacidad, insuficiencia, analfabetismo, barbarie, insipiencia, ineptitud. **Ant.** Sab[i]duría, cultura, ciencia, estudio.// Omisión, olvido, duda, inexperiencia, ingenuidad. **Ant.** Conocimiento.

gnorante, analfabeto, iletrado, incapaz, inculto, indocto, ignaro, desconocedor, profano, desavisado, lego, inadecuado, vulgar, aprendiz. **Ant.** Sabio, culto, instruido, estudioso.// Necio, zote, simple, torpe, bobo, patán, monigote, mostrenco, asno, alcornoque, zafio. **Ant.** Inteligente, despierto, agudo.

gnorar, desconocer, no saber, no comprender. **Ant.** Conocer, comprender, dsaber, estudiar.// Repudiar, desconocer, rechazar, desdeñar, excluir, olvidar, relegar. **Ant.** Reconocer.

gnoto-ta, ignorado, inexplorado, incierto. **Ant.** Conocido.

gual, idéntico, parejo, semejante, exacto, análogo, equivalente, mismo, similar, exacto, simétrico, sinónimo. **Ant.** Desigual, diferente, distinto, dispar, contrario, asimétrico.// Invariable, constante. **Ant.** Variable, inconstante.// Liso, parejo, uniforme, homogéneo, llano, regular. **Ant.** Desigual, abrupto, irregular.

gualación, equilibrio, equiparación, nivelación, ajuste, igualamiento. **Ant.** Desigualdad, diferencia.// Pacto, convenio, concordia, transacción. **Ant.** Ruptura, discordia, cisma.

gualar-se, uniformar, equiparar, empatar, compensar, identificar, emparejar, parear, equilibrar, parangonar, hermanar, conformar. **Ant.** Diferenciar, distinguir, desempatar.// Allanar, nivelar, ajustar, aplanar. **Ant.** Desigualar, desnivelar.

gualdad, exactitud, equivalencia, coincidencia, paridad, identidad, semejanza, afinidad, conformidad, correspondencia, uniformidad, sinonimia. **Ant.** Desigualdad, diferencia, heterogeneidad.// Justicia, equidad, ecuanimidad, imparcialidad. **Ant.** Injusticia.

gualmente, al igual, por igual, también, lo mismo, indistintamente, a la par, asimismo, ídem, así.

iguana, lagarto, reptil.

ijada, hipocondrio, ijar, costado, cavidad.

ilación, deducción, consecuencia, inferencia, conexión, derivación, conclusión, secuela. **Ant.** Desconexión, desajuste.

ilapso, arrobamiento, éxtasis, ensimismamiento.

ilegal, ilícito, injusto, prohibido, inmoral, indebido, ilegítimo, clandestino, desaforado, arbitrario. **Ant.** Legal, justo, lícito, normal.

ilegalidad, arbitrariedad, injusticia, anomalidad, infracción, ilegitimidad, tropelía, prevaricación. **Ant.** Legalidad, justicia, legitimidad.

ilegible, indescifrable, ininteligible, incomprensible, confuso, oscuro, embrollado. **Ant.** Legible, claro, comprensible.

ilegítimo-ma, bastardo, natural, adulterino (tratándose de personas). **Ant.** Legítimo.// Espurio, ilegal, falso, ilícito. **Ant.** Legítimo, verdadero, cierto.

ilicitota, ilegal, injusto, prohibido, inmoral, clandestino, ilegítimo (v.). **Ant.** Lícito, justo, legal.

ilimitado-da, infinito, incalculable, inmenso, incontable, indefinido, dilatado, enorme, vasto, extenso, considerable, innumerable, cuantioso. **Ant.** Limitado, breve, pequeño, escaso.

iliterato-ta, ignorante (v.), iletrado (v.), ignaro (v.).

ilógico-ca, absurdo, disparatado, infundado, contradictorio, antinatural, desatinado, descabellado, irracional, incongruente, incoherente, inverosímil. **Ant.** Lógico, verosímil, racional, razonable, natural, coherente.

ilota, paria, esclavo, siervo. **Ant.** Amo.

iluminación, luz, irradiación,alumbrado, luminaria, alumbramiento, claridad, resplandor, luminiscencia, brillo, luminosidad. **Ant.** Oscuridad, tinieblas, sombra.// Inspiración, sugestión, sugerencia, visión. **Ant.** Cerrazón.

iluminar-se, encender, alumbrar, dar luz, abrillantar, relucir, esplender, lucir. **Ant.** Apagar, oscurecer.// Ilustrar, explicar, esclarecer, dilucidar. **Ant.** Deformar, complicar.// Imaginar, discurrir, inspirar, revelar, inculcar.// Colorear, ilustrar.

iluminaria, luz, luminaria.

ilusión, deseo, anhelo, esperanza, afán, apetito, confianza, ansia, capricho. **Ant.** Desilusión, desesperanza, desgana, desinterés.// Ensueño, quimera, delirio, desvarío, espejismo, ficción, imaginación, visión, fantasía, mito, utopía, ideal.

ilusionar-se, soñar, esperanzar, confiar, animar, anhelar, alimentar, acariciar, entusiasmar, convencer, suponer, prometer, conjeturar, excitar, desear. **Ant.** Desilusionarse, decepcionarse, desconfiar, desesperarse.

iluso-sa, crédulo, cándido, ingenuo. **Ant.** Avisado, desengañado.// Soñador, visionario, idealista, utopista. **Ant.** Realista, prosaico, pesimista.

ilustración, figura, lámina, grabado, estampa, dibujo, pintura, iluminación, fotografía.// Glosa, comentario, aclaración.// Preparación, cultura, erudición, instrucción, educación, estudio, comentario, aclaración, luz. **Ant.** Incultura, desconocimiento, ignorancia, confusión.

ilustrado-da, docto, letrado, culto, versado, sabio, erudito, instruido, entendido, leído, educado, documentado, estudioso, competente. **Ant.** Ignorante, inculto, rústico, inepto.

ilustrar-se, aclarar, dilucidar, explicar, explanar, esclarecer, iluminar, interpretar. **Ant.** Complicar, embrollar.// Instruir, educar, aleccionar, enseñar, cultivar, documentar, alumbrar, iluminar, iniciar, formar, civilizar, formar. **Ant.** Descarriar, deformar.// Pintar, dibujar, estampar, iluminar (v.).

ilustre, famoso, célebre, afamado, glorioso, prestigioso, reputado, augusto, brillante, conocido, conspicuo, consagrado, relevante, distinguido, eminente, egregio, acreditado, eximio, excelente, respetable, admirable, inimitable, genial, magno, magistral. **Ant.** Ignorado, oscuro, vulgar, anónimo, desconocido.

imagen, representación, figuración, idea, noción, concepto, símbolo, sensación, percepción, imaginación, vislumbre.// Figura, efigie, estatua, reproducción, modelo, apariencia, aspecto.// Lámina, dibujo, pintura, grabado, ilustración.

imaginación, ilusión, fábula, invención, ficción, idea, representación, alucinación, supuesto, mito. **Ant.** Realidad, materialidad.// Inventiva, fantasía, intuición, clarividencia, agudeza, inspiración. **Ant.** Torpeza, cortedad.

imaginar-se, idear, inventar, concebir, soñar, representar, crear, forjar, evocar, recordar, suponer, sospechar, presumir, creer, figurar, pensar, fantasear, ilusionar. **Ant.** Despertarse, desilusionarse, decepcionarse.

imaginario-ria, ficticio, fantástico, fabuloso, inventado, prodigioso, quimérico, utópico, inexistente, inmaterial. **Ant.** Real, verdadero, cierto.

imaginativo-va, genial, intuitivo, penetrante, agudo, ingenioso, perspicaz. **Ant.** Torpe.// Iluso, soñador, pensador, idealista, fantaseador, utopista. **Ant.** Realista, materialista.

imán, embeleso, atractivo, encanto, seducción.// Magnetismo, electroimán, magnetita.

imanar, imantar (v.).

imantación, magnetismo (v.).

imantar, imanar, atraer, magnetizar, inducir. **Ant.** Repeler, rechazar, desimantar.

imbécil, deficiente, retrasado, idiota, anormal, cretino. **Ant.** Inteligente, genio, desarrollado.// Tonto, necio, bobo, torpe, memo, zoquete, mentecato, majadero. **Ant.** Avispado, listo.

imbecilidad, deficiencia, idiotez, anormalidad, tara, cretinismo. **Ant.** Genio, inteligencia.// Tontería, necedad, bobería, torpeza, memez, zoquetería. **Ant.** Talento, inteligencia.

imberbe, barbilampiño, carilampiño, lampiño, barbirrapado, desbarbado. **Ant.** Barbudo, peludo.

imbibición, absorción, impregnación, empapamiento.// Embeleso, éxtasis, enajenamiento, embelesamiento.

imbornal, alcantarilla, desagüe.

imborrable, indestructible, imperecedero, permanente, indeleble, inalterable. **Ant.** Perecedero, pasajero, efímero.

imbuir-se, infundir, infiltrar,impulsar, animar, convencer, inspirar, contagiar, propagar, comunicar, traspasar.

imitación, reproducción, copia, plagio, falsificación, simulacro, duplicado, remedo, simulación, emulación. **Ant.** Originalidad, naturalidad, autenticidad.

imitador-ra, imitativo, falsificador, plagiador, adulterador, impostor. **Ant.** Original, natural, auténtico, sincero.// Émulo, rival, competidor.// Remedador, parodista, mimo.

imitar, falsificar, falsear, plagiar, copiar, reproducir, calcar, duplicar, repetir. **Ant.** Crear, inventar.// Remedar, parodiar, parafrasear, representar.// Emular, rivalizar, competir.

impaciencia, intranquilidad, desasosiego, urgencia, inquietud, ansia, zozobra, turbación, desesperación. **Ant.** Paciencia, sosiego, tranquilidad.

impacientar-se, desesperar, exasperar, irritar, exaltar, intranquilizar, alterar, incomodar, perturbar. **Ant.** Apaciguarse, calmarse, sosegarse, tranquilizarse.

impaciente, ansioso, inquieto, agitado, intranquilo, irritable, excitado, alterado, turbulento. **Ant.** Tranquilo, calmado, apaciguado, pasivo.

impacto, choque, balazo, encontronazo, golpe, colisión, percusión, proyección, impresión. **Ant.** Suavidad, impavidez.

impagable, inapreciable, inestimable, precioso. **Ant.** Inútil, baladí.

impalpable, sutil, tenue, intangible, incorporal, etéreo, incorpóreo, imperceptible, inmaterial, invisible. **Ant.** Palpable, visible, tangible, material.

impar, non, singular, dispar, desigual. **Ant.** Par.// Único, incomparable, excepcional, extraordinario, maravilloso. **Ant.** Común, vulgar, corriente.

imparcial, ecuánime, justo, equitativo, recto, neutral, objetivo, justiciero, íntegro, honesto, honrado, incorruptible. **Ant.** Parcial, injusto, apasionado, interesado.

imparcialidad, ecuanimidad, justicia, equidad, rectitud, neutralidad, integridad, objetividad, honestidad, honradez. **Ant.** Parcialidad, apasionamiento, injusticia, inequidad.

impartir, distribuir, asignar, comunicar, repartir, dar, ofrecer, ceder, transmitir.

impasibilidad, imperturbabilidad, serenidad, impavidez, indiferencia, circunspección, inalterabilidad, inmutabilidad, seriedad, inexpresividad. **Ant.** Impaciencia, desequilibrio, alterabilidad, intranquilidad.

impasible, imperturbable, sereno, impávido, tranquilo, indiferente, flemático, inmutable, frío, estoico. **Ant.** Nervioso, intranquilo, inquieto, desasosegado.

impavidez, impasibilidad (v.), arresto, audacia, arrojo, valor, serenidad, valentía. **Ant.** Cobardía.

impávido-da, impasible (v.), arrojado, denodado, atrevido, audaz, intrépido.

impecable, intachable, irreprochable, inobjetable, intacable, perfecto. **Ant.** Defectuoso.// Puro, limpio, correcto, pulcro. **Ant.** Desaliñado, incorrecto, sucio.

impedido-da, tullido, inválido, entumecido, incapacitado, imposibilitado, paralítico, anquilosado, inhabilitado, inútil. **Ant.** Sano, saludable, normal.

impedimento, dificultad, embarazo, obstáculo, estorbo, freno, atolladero, tropiezo, atascadero, traba, barrera, escollo, molestia, complicación, contrariedad, retraso, interrupción. **Ant.** Facilidad, posibilidad, solución, realización.

impedir, imposibilitar, entorpecer, obstaculizar, dificultar, embarazar, estorbar, frenar, vetar, atascar, vedar, trabar, limitar, evitar, molestar, retrasar, detener, contener, prohibir, desbaratar, obstruir, obstar. **Ant.** Facilitar, autorizar, solucionar, realizar, efectuar, desembarazar.

impeler, estimular, incitar, excitar. **Ant.** Desanimar.// Empujar, arrojar, arrastrar, impulsar, lanzar, propulsar, empellar. **Ant.** Retener, sujetar.

impenetrable, cerrado, incomprensible, hermético, indescifrable, misterioso, secreto, arcano. **Ant.** Comprensible, legible, abierto, conocido.// Fuerte, denso, duro, recio.

impenitencia, contumacia, rebeldía, ofuscación, obstinación.

impenitente, reincidente, terco, obstinado, contumaz, incorregible, protervo, incontrito, persistente, recalcitrante, empedernido, duro. **Ant.** Razonable, dócil.

impensado-da, inesperado, casual, accidental, fortuito, incidental, repentino, improviso, inopinado, imprevisto, súbito. **Ant.** Previsto, imaginado.

imperante, dominante, preponderante, difundido, propagado, dominador, reinante.

imperar, mandar, prevalecer, regir, sojuzgar, avasallar, predominar, dominar, reinar, señorear, someter, sobresalir, vencer. **Ant.** Someterse, humillarse, obedecer.

imperativo-va, imperioso, obligatorio, conminatorio, absoluto, necesario, dominante, mandante, coactivo, preceptivo, prescrito, autoritario. **Ant.** Prescindible, democrático, libre.// Necesidad, exigencia, menester, obligación, precisión. **Ant.** Libertad, exención, desembarazo.

imperceptible, gradual, paulatino, sucesivo, insensible, invisible, indiscernible, inaudible, inapreciable, ínfimo, microscópico. **Ant.** Repentino, brusco, súbito, tangible.

imperdible, broche, prendedor, hebilla, aguja, alfiler.

imperdonable, inexcusable, indisculpable, injustificable, inaceptable, garrafal, infame, vergonzoso. **Ant.** Perdonable, excusable, justificable, nimio.

imperecedero-ra, eterno (v.).

imperfección, deficiencia, defecto, deformidad, desacierto, falla, incorrección, daño, fracaso, precipitación, fealdad, mancha, tacha, vicio, falta, borrón, lunar. **Ant.** Perfección, acabamiento, corrección, destreza, primor.

imperfecto-ta, defectuoso, deforme, deficiente, inacabado, tosco, incompleto, malo, informe, chapucero, grosero, descuidado, desproporcionado, truncado, desfigurado, incorrecto, inmaduro, anormal, manco, trabajoso, áspero, verde, golpeado. **Ant.** Perfecto, virtuoso, hábil, completo.

imperial, real, soberano, regio, augusto, palaciego, palatino, mayestático, fastuoso, suntuoso, soberbio, espléndido, majestuoso. **Ant.** Humilde, sencillo, democrático.

imperialismo, dominación, colonialismo, colonización (v.), yugo, despotismo, abuso. **Ant.** Libertad, democracia (v.).

impericia, torpeza, inhabilidad, incapacidad, inexperiencia, ignorancia, desmaña, insuficiencia, ineptitud, incompetencia. **Ant.** Maña, habilidad, aptitud, capacidad, experiencia.

imperio, gobierno, estado, nación, potencia, reino, monarquía, liga. **Ant.** Anarquía, desmembración.// Autoridad, poder, dominio, mando, poderío, yugo, sujeción, supremacía, despotismo, caudillaje. **Ant.** Emancipación, separatismo, debilidad.// Orgullo, soberbia, altanería, altivez, engreimiento, arrogancia, ensoberbecimiento. **Ant.** Humildad.

imperioso-sa, orgulloso, soberbio, altanero, autoritario, despótico, imperialista, imperativo (v.). **Ant.** Humilde.

impermeable, impenetrable, aislado, tupido, seco, encerado, alquitranado. **Ant.** Permeable, traspasable, poroso./ Gabardina, gabán.

impersonal, indefinido, ambiguo, corriente, común, vulgar, vago, indeterminado. **Ant.** Personal, preciso, destacado, subjetivo, particular.

impertérrito-ta, imperturbable, sereno, impávido, impasible, intrépido, valeroso, arrojado, resuelto. **Ant.** Entusiasta, nervioso, intranquilo, inquieto, aturdido.

impertinencia, inconveniencia, insolencia, descaro, atrevimiento, osadía, frescura, audacia, indiscreción, grosería, imprudencia, desconsideración, despropósito, importunidad. **Ant.** Discreción, mesura, cortesía, educación, circunspección, oportunidad.// Melindre, monserga.

impertinente, indiscreto, importuno, inconveniente, atrevido, fresco, descortés, grosero, maleducado, irrespetuoso, cargante, pesado. **Ant.** Oportuno, atinado, conveniente, discreto, acertado.

imperturbable, impertérrito, impasible, sereno, inalterable, inmutable, inflexible, tranquilo, estoico, frío, flemático. **Ant.** Inquieto, nervioso, aturdido, entusiasta, intranquilo.

impetración, solicitación, demanda, ruego.

impetrar, solicitar, rogar, pedir, demandar, implorar, suplicar.// Alcanzar, lograr, obtener, conseguir.

ímpetu, vehemencia, violencia, impulso, impetuosidad, fuerza, brusquedad, furia, arrebato, frenesí, resolución, ardor, viveza, fogosidad. **Ant.** Sosiego, calma, tranquilidad, parsimonia.

mpetuoso-sa, vehemente, violento, lanzado, ardoroso, arrebatado, precipitado, súbito, pronto, raudo, veloz, vertiginoso. **Ant.** Sensato, sereno, tranquilo.

mpiedad, irreligiosidad, irreligión, incredulidad, infidelidad, ateísmo, indevoción, laicismo, irreverencia, profanación, sacrilegio, herejía, blasfemia. **Ant.** Religiosidad, reverencia, piedad.

mpío-a, irreligioso, incrédulo, infiel, ateo, descreído, laico, profano, blasfemo, anticristiano, sacrílego, anticlerical, irreverente. **Ant.** Devoto, religioso, creyente, fiel, reverente.

mplacable, despiadado, cruel, riguroso, inexorable, inclemente, severo, inflexible, inhumano, rencoroso. **Ant.** Compasivo, clemente, comprensivo, humano, benévolo.

mplantar, instituir, establecer, introducir, crear, constituir, fundar, instaurar, inaugurar. **Ant.** Abolir, anular, abandonar.// Colocar, incrustar, insertar. **Ant.** Quitar.

mplicación, complicación, intervención, participación, actuación, compromiso. **Ant.** Abstención, evitación, ausencia.// Contradicción, discrepancia, oposición. **Ant.** Acuerdo, asentimiento.// Significación, significado, alcance, contenido.

mplicar-se, comprometer, participar, complicar, liar, envolver, enredar. **Ant.** Eludir, facilitar, desenredar, evitar, facilitar.// Encerrar, incluir, indicar, entrañar, contener, figurar, significar.

mplícito-ta, sobrentendido, tácito, incluido, contenido, ínsito, virtual, comprendido. **Ant.** Explícito, excluido, evidente.

mplorar, suplicar, clamar, impetrar, rogar, pedir, exhortar, llorar, apelar, solicitar. **Ant.** Exigir.

mpolítica, descortesía. **Ant.** Cortesía, consideración.

mpolítico-ca, descortés, desatento, basto, incivil, inurbano, grosero. **Ant.** Cortés, atento, educado.

mpoluto-ta, limpio, puro, nítido, intachable, inmaculado, sin tacha. **Ant.** Sucio, desaseado, impuro.

mponderable, imprevisible, insuperable, inapreciable, excelente, relevante, inmejorable.// Contingencia, eventualidad, azar, riesgo. **Ant.** Previsión.

mponente, grandioso, enorme, magnífico, impresionante, solemne, soberbio, descomunal, fenomenal, colosal, tremendo, respetable, temible, venerable. **Ant.** Miserable, insignificante, corriente, humilde, mezquino.// Inversor, rentista, depositante.

mponer-se, asustar, sobrecoger, alarmar, amedrentar, turbar. **Ant.** Envalentonarse, superarse.// Asignar, coaccionar, exigir.// Cargar, gravar, colocar, aplicar, depositar, consignar.// Enseñar, educar, iniciar, instruir, enterar. **Ant.** Desinteresarse.// Incriminar, imputar, calumniar. **Ant.** Disculpar, perdonar.

mpopular, desprestigiado, desacreditado, antipático (v.), desautorizado, malquisto. **Ant.** Popular, simpático, querido.

mpopularidad, desprestigio, descrédito, antipatía (v.), odio, hostilidad. **Ant.** Popularidad, simpatía.

mportancia, valor, cuantía, magnitud, intensidad, calidad, peso, poder, ascendiente, consideración, consecuencia, monta, autoridad, entidad, trascendencia, alcance, categoría, significación, fuste, estimación, crédito, apreciación. **Ant.** Insignificancia, intrascendencia, pequeñez.// Presunción, suficiencia, vanidad, fatuidad. **Ant.** Humildad, sencillez.// Fama, prosapia, lustre, prestigio, resonancia, dignidad, nobleza, respetabilidad. **Ant.** Vulgaridad, descrédito, indignidad, bajeza.

mportante, conveniente, valioso, principal, sustancial, esencial, vital, capital, fundamental, significativo, inapreciable, notable, insustituible, primordial, grande, influyente, básico, respetable, memorable, destacado. **Ant.** Insignificante, despreciable, pueril, trivial.// Famoso, afamado, célebre, poderoso, omnipotente, prominente, ilustre. **Ant.** Humilde, vulgar, desconocido.

mportar, interesar, concernir, significar, valer la pena, merecer la pena, incumbir, afectar, referirse, competer, corresponder, pertenecer, figurar. **Ant.** Banalizar, desinteresar, frivolizar, despreciar, empequeñecer, disminuir, trivializar.// Montar, subir, elevarse, costar, valer.// Introducir, comerciar, negociar, entrar, comprar. **Ant.** Exportar.

Importe, precio, costo, cuantía, valor, monta, deuda, saldo, total.

Importunación, inoportunidad, obstinación, importunidad, pesadez, insistencia, molestia, asedio, indiscreción, acoso, porfía, impertinencia. **Ant.** Oportunidad, discreción, simpatía, agrado.

Importunar, molestar, fastidiar, incomodar, cargar, perseguir, fatigar, aburrir, mortificar, asediar, cansar, jorobar, porfiar. **Ant.** Agradar, ayudar, acertar.

Importuno-na, molesto, fastidioso, enfadoso, pesado, impertinente, indiscreto, inoportuno, majadero, latoso. **Ant.** Agradable, simpático, oportuno, discreto.

Imposibilidad, dificultad, impedimento, incapacidad, incompatibilidad, inconveniente, contrariedad, impracticabilidad, quimera, utopía. **Ant.** Facilidad, posibilidad, probabilidad, practicabilidad.

Imposibilitado-da, impedido, paralítico, tullido, lisiado, incapacitado, inválido, entumecido, atrofiado. **Ant.** Capacitado, apto, potente, ágil.// Sujeto, obstaculizado, maniatado. **Ant.** Desasido, libre.

Imposibilitar-se, impedir, obstaculizar, embarazar, estorbar, dificultar, trabar, entorpecer. **Ant.** Facilitarse.// Incapacitar, inhabilitar, tullir, lisiar, mutilar, inutilizar. **Ant.** Capacitar, habilitar.

Imposición, obligación, mandato, coacción, orden, intimación, exigencia. **Ant.** Albedrío, libertad.// Impuesto (v.), gabela, gravamen.

Imposible, impracticable, irrealizable, inaccesible, improbable, inútil, absurdo, ficticio, utópico. **Ant.** Posible, factible.// Arduo, dificultoso, intrincado, trabajoso. **Ant.** Fácil, sencillo.// Insoportable, insufrible. **Ant.** Grato, ameno.

Impostergable, inaplazable, improrrogable. **Ant.** Aplazable.

Impostor-ra, simulador, farsante, hipócrita, imitador, mentiroso, embaucador, comediante, falsario, pérfido, camandulero. **Ant.** Auténtico, honrado, sincero, veraz, honesto.// Difamador, charlatán, murmurador, maldiciente, infamador. **Ant.** Elogiador.

Impostura, mentira, calumnia, cargo, inculpación, murmuración, imputación, incriminación, engaño, falsedad, fraude. **Ant.** Verdad, autenticidad, honradez.

Impotencia, imposibilidad, insuficiencia, ineptitud, ineficacia, incapacidad, nulidad, debilidad, decaimiento. **Ant.** Capacidad, aptitud, poder.// Infecundidad, infertilidad.

Impotente, ineficaz, incapaz, inepto, inválido, débil, agotado, inactivo, desvalido. **Ant.** Potente, fuerte, vigoroso.

Impracticable, inaccesible, infranqueable, imposible, irrealizable, infructuoso, intransitable, desigual, tortuoso, intrincado. **Ant.** Posible, accesible, transitable, franqueable.

Imprecación, maldición, execración, anatema, apóstrofe, abominación, condenación, juramento. **Ant.** Elogio, alabanza, loa, bendición.

Imprecar-se, maldecir, execrar, anatematizar, apostrofar, abominar, condenar, detestar. **Ant.** Elogiar, alabar, loar.

Impreciso-sa, indefinido, vago, indeterminado, confuso, ambiguo, indistinto, desvaído, incierto. **Ant.** Preciso, definido, concreto, exacto, claro, inconfundible.

Impregnar-se, empapar, mojar, embeber, humedecer, saturar, rociar, bañar, regar, absorber, infiltrarse. **Ant.** Secar, exprimir, repeler.

Impremeditación, imprevisión (v.), irreflexión (v.).

Impremeditado-da, irreflexivo (v.), espontáneo (v.).

Imprenta, rotativa, tipografía, linotipia, taller.// Impresión.

Imprescindible, indispensable, irreemplazable, insustituible, vital, forzoso, urgente, imperioso, inexcusable, obligatorio. **Ant.** Innecesario, accidental, prescindible.

Impresión, imprenta, tirada, estampación, litografía, edición.// Huella, marca, señal, vestigio, rastro, indicio, estampa, reliquia, rastro.// Opinión, emoción, sensación, afección, efecto, excitación, pasmo, sobrecogimiento, impacto. **Ant.** Insensibilidad, indiferencia, desinterés.

Impresionable, excitable, sensible, susceptible, nervioso, emotivo, afectable, tierno, delicado. **Ant.** Insensible, frío, indiferente.

impresionante, emotivo, conmovedor, emocionante, sorprendente, deslumbrante. **Ant.** Nimio, vulgar, pobre.

impresionar-se, conmover, emocionar, turbar, suspender, excitar, alterar, conturbar, apasionar, inquietar, deslumbrar, asombrar, sorprender, sobresaltar, asustar, sobrecoger, aterrar. **Ant.** Tranquilizar, calmar, desinteresar.

impreso, hoja, folleto, fascículo, papel, volante, panfleto, pasquín, escrito, cuartilla.

impresor-ra, editor, tipógrafo, grabador, linotipista.

imprevisión, descuido, negligencia, abandono, despreocupación, omisión, indiferencia, inadvertencia, impremeditación, irreflexión, imprudencia, improvisación. **Ant.** Previsión, prudencia, reflexión, cuidado, vigilancia.

imprevisor-ra, confiado, negligente, desapercibido, descuidado, desprevenido, abandonado, abúlico, indiferente. **Ant.** Previsor, vigilante, activo, cuidadoso, escrupuloso.

imprevisto-ta, inesperado, inopinado, impensado, repentino, súbito, casual, accidental, fortuito, ocasional. **Ant.** Previsto, lógico, seguro, forzoso, obligado.

imprimir, editar, publicar, estampar, tirar, tipografiar, dar a la prensa, divulgar, prensar.

improbable, imposible, increíble, absurdo, remoto, inverosímil, raro, sorprendente, irrealizable, impracticable, utópico, quimérico, difícil. **Ant.** Probable, posible, lógico, normal, realizable.

ímprobo-ba, excesivo, rudo, abrumador, agotador, fatigoso, pesado, difícil, dificultoso. **Ant.** Fácil, ligero, expedito.// Malvado, vil, perverso, infame. **Ant.** Bueno.

improcedente, impropio (v.).

improductivo-va, estéril, infecundo, inútil, infértil, infructífero, yermo. **Ant.** Fértil, fructífero, productivo.

improperio, insulto, maldición, denuesto, injuria, ofensa, insolencia, invectiva, reniego, dicterio, ultraje, vituperio, afrenta, reproche, provocación. **Ant.** Cumplido, piropo, elogio, alabanza.

impropiedad, incongruencia, inoportunidad, disonancia, despropósito, desacuerdo, contradicción. **Ant.** Conveniencia, propiedad, corrección.

impropio-pia, incorrecto, inadecuado, disconforme, discordante, improcedente, chocante, extemporáneo, inoportuno, inadmisible, inaplicable, incongruente, contradictorio. **Ant.** Propio, conveniente, correcto, adecuado.

improrrogable, inaplazable, urgente, perentorio, apremiante. **Ant.** Prorrogable, aplazable, demorable.

improvido-da, imprevisor (v.).

improvisado-da, espontáneo, repentino, impremeditado, impensado. **Ant.** Meditado, pensado, adrede, reflexivo, previsto.

improvisar, crear, innovar, inventar, reformar, ingeniárselas, componérselas. **Ant.** Preparar, preconcebir, madurar, ensayar.

improviso (de), de repente, de pronto, de súbito, ex abrupto, repentinamente, súbitamente, rápidamente, de rebato, de sopetón. **Ant.** Premeditadamente, preconcebidamente.

imprudencia, imprevisión, descuido, despreocupación, impremeditación, irreflexión, ligereza, precipitación, indiscreción, temeridad, atrevimiento, aturdimiento. **Ant.** Prudencia, cautela, reflexión, oportunidad.

imprudente, atrevido, irreflexivo, atolondrado, inadvertido, precipitado, ligero, audaz, arrojado, temerario, indiscreto, insensato, despreocupado, indolente. **Ant.** Prudente, cauto, reflexivo, cuidadoso, sensato, comedido.

impudencia, impudor, desdoro, desvergüenza, descaro, desfachatez, atrevimiento, descomedimiento, cinismo. **Ant.** Pudor, delicadeza, decencia.

impudente, desvergonzado, descarado, desfachatado, atrevido, descomedido, inverecundo, cínico. **Ant.** Púdico, pudoroso, respetuoso, vergonzoso.

impudicia, impudencia, indecencia, deshonestidad, desvergüenza, impudor, obscenidad, pornografía, concupiscencia, cinismo, libertinaje, lujuria. **Ant.** Honestidad, delicadeza, pudor, decencia.

impúdico-ca, impudente (v.), deshonesto, libertino, luju-

rioso, desvergonzado, procaz, obsceno, lúbrico, pornográfico. **Ant.** Honesto, honorable, púdico, decente, pudoroso.

impuesto, tributo, contribución, tributación, gravamen, obligación, carga, subsidio, gabela, canon, arancel, arbitrio, tasación, pasaje, peaje. **Ant.** Liberación, exención, desgravación.// **-ta,** Forzoso (v.), forzado (v.).

impugnable, controvertible, contestable, refutable, discutible, insostenible, contradictorio. **Ant.** Indiscutible, irrefutable, sostenible, irrebatible.

impugnación, contradicción, refutación, objeción, opugnación, oposición, rebatimiento, instancia, respuesta, réplica, mentís, negación. **Ant.** Aprobación, defensa, afirmación.

impugnador-ra, oponente, contradictor, refutador, objetante, polemista, impugnante.

impugnar, contradecir, rebatir, refutar, rechazar, repeler, discutir, combatir, contestar, desmentir, reclamar, replicar, oponerse. **Ant.** Aprobar, respaldar, corroborar, acordar, defender.

impulsar, empujar, impeler, empellar, propulsar, forzar, arrastrar, lanzar, arrojar. **Ant.** Contener, resistir, inmovilizar.// Incitar, fomentar, excitar, desarrollar, promover, inspirar, activar, estimular. **Ant.** Desanimar, desalentar, descuidar.

impulsivo-va, violento, vehemente, arrebatado, brusco, irreflexivo, apasionado, ardiente, impetuoso, efusivo, precipitado, atolondrado. **Ant.** Sereno, tranquilo, sensato.

impulso, ímpetu, empuje, empujón, propulsión, presión, promoción, iniciativa. **Ant.** Freno, parada.// Incitación, iniciativa, estímulo, instigación, ánimo, aliento, acicate. **Ant.** Desgana, desaliento, pasividad.

impune, perdonado, indemne, libre, exento. **Ant.** Castigado, condenado, responsable.

impunidad, indemnidad, irresponsabilidad, perdón, exención, liberación, injusticia, arbitrariedad. **Ant.** Condena, castigo, justicia, responsabilidad.

impureza, adulteración, suciedad, mancha, mezcla, polución, mixtificación, falsificación, contaminación, corrupción, residuo, sedimento. **Ant.** Pureza, limpieza.// Indecencia, deshonestidad, impudicia, desvergüenza. **Ant.** Castidad.

impuro-ra, adulterado, sucio, manchado, inmundo, turbio, infecto, bastardo, mixto, mezclado. **Ant.** Puro, limpio, desinfectado.// Impúdico, vicioso, desvergonzado. **Ant.** Casto.

imputación, acusación, inculpación atribución, recargo, denuncia, incriminación (v.). **Ant.** Excusa, exención, disculpa.

imputar-se, atribuir, achacar, inculpar, cargar, incriminar, reprochar, denunciar, imponer, acusar. **Ant.** Excusar, eximir, disculpar, exonerar.

inabordable, intratable, inaccesible, difícil, imposible. **Ant.** Accesible, fácil.

inacabable, interminable, inagotable, inextinguible, indefinido, infinito, perdurable, eterno, sempiterno, imperecedero, duradero, permanente, perenne. **Ant.** Finito, acabable, caduco, limitado, breve.

inaccesible, inasequible, inabordable, impracticable, impenetrable, abrupto, escarpado, áspero. **Ant.** Accesible, abordable.// Difícil, imposible, inadmisible, incomprensible. **Ant.** Fácil, comprensible.

inacción, inactividad (v.).

inaceptable, inadmisible (v.).

inactividad, inacción, inmovilidad, inercia, pasividad, paro, paralización, detención, descanso, reposo, despreocupación, desaliento, pereza, ocio, indolencia. **Ant.** Actividad, acción, movimiento, trabajo, dinamismo.

inactivo-va, inmóvil, pasivo, parado, ineficaz, estático, detenido, inerte. **Ant.** Activo, dinámico, eficaz.// Cesante, parado, jubilado.// Ocioso, vago, holgazán, perezoso. **Ant.** Trabajador.

inactual, pasado, extemporáneo. **Ant.** Actual, contemporáneo.

inadecuado-da, impropio, inconveniente, indebido, incompatible, inoportuno, desacertado. **Ant.** Adecuado, propio, conveniente, indicado, oportuno.

inadmisible, inaceptable, insostenible, intolerable, insoportable, rebatible, ilógico, injusto, reprobable. **Ant.** Admisible, aceptable, soportable.

inadvertencia, descuido, negligencia, misión, irreflexión, olvido, aturdimiento, distracción, imprudencia. **Ant.** Advertencia, cuidado, atención, interés.

inadvertido-da, precipitado, irreflexivo, descuidado, distraído, imprudente. **Ant.** Advertido, cuidadoso, reflexivo, atento.

inagotable, inextinguible, inacabable (v.), interminable, indefinido, infinito, continuo, duradero, eterno. **Ant.** Finito, momentáneo, fugaz, breve.

inaguantable, insoportable (v.), intolerable (v.), insufrible, fastidioso, pesado, odioso, antipático. **Ant.** Soportable, tolerable, grato.

inalcanzable, inaccesible (v.), inasequible (v.).

inalterable, impertérrito, impasible, imperturbable, flemático, inconmovible, inexorable, invariable, firme, inmutable. **Ant.** Inestable, cambiante, tornadizo.

inamisible, imperdible. **Ant.** Perdible.

inanimado-da, exánime, inmóvil, inánime, exangüe, desmayado, muerto. **Ant.** Animado, dinámico.

inanición, desfallecimiento, extenuación, debilidad, astenia. **Ant.** Energía.

inanidad, vacuidad, puerilidad, inutilidad, futilidad, fatuidad, vanidad. **Ant.** Utilidad, importancia, trascendencia, sencillez.

inánime, inanimado (v.).

inapelable, inexorable, irremediable, inevitable, irrefutable, incuestionable, indiscutible. **Ant.** Discutible, evitable.

inapetencia, desgana (v.), anorexia, saciedad. **Ant.** Apetencia, gana.

inapetente, desganado (v.), harto.

inaplazable, improrrogable, perentorio, urgente, apremiante. **Ant.** Aplazable, demorable.

inapreciable, valioso, inestimable, insustituible, incalculable, óptimo. **Ant.** Baladí, desdeñable.// Insignificante, trivial, mínimo, minúsculo. **Ant.** Importante.// Imperceptible (v.).

inarmónico-ca, discorde, destemplado, discordante. **Ant.** Acorde, armónico.

inarticulado-da, inconexo, desarticulado, descompuesto, confuso. **Ant.** Articulado, unido, claro.

inasequible, inaccesible, inalcanzable, imposible, inabordable, impracticable. **Ant.** Asequible, accesible, realizable.// Difícil, confuso, ininteligible, incomprensible (v.), intrincado. **Ant.** Comprensible, inteligente, claro.

inatacable, invulnerable, inexorable, inexpugnable, inconquistable, inmune. **Ant.** Atacable, vulnerable, conquistable.// Irreprochable, impecable, evidente, innegable. **Ant.** Reprochable, incorrecto.

inaudito-ta, increíble, inconcebible, extraordinario, raro, sorprendente, asombroso, atroz, extraño, escandaloso, incalificable. **Ant.** Normal, conocido, frecuente, común.

inauguración, apertura, comienzo, estreno, principio. **Ant.** Cierre, clausura.

inaugurar, iniciar, abrir, comenzar, estrenar, principiar, debutar, fundar. **Ant.** Cerrar, terminar, clausurar.

incalculable, innumerable, inapreciable, inconmensurable, inmenso, ilimitado, infinito. **Ant.** Limitado, escaso, apreciable.

incalificable, inaudito (v.), censurable, vergonzoso, inconfesable, indigno, vituperable, reprobable, inconveniente, innoble. **Ant.** Encomiable, elogiable.

incandescente, encendido, candente, inflamado, ardiente, resplandeciente. **Ant.** Apagado, frío.

incansable, infatigable, resistente, firme, tenaz, fuerte, constante, perseverante, inagotable, obstinado, activo, trabajador, laborioso. **Ant.** Cansado, vago, apático, haragán.

incapacidad, incompetencia, insuficiencia, ineptitud, torpeza, inhabilidad, ignorancia, inexperiencia, nulidad, ineficacia. **Ant.** Capacidad, habilidad, destreza, aptitud.// Desautorización, descalificación, prohibición. **Ant.** Autorización.// Invalidez, parálisis, inutilidad. **Ant.** Capacidad.

incapacitado-da, imposibilitado (v.).

incapacitar-se, inhabilitar, descalificar, invalidar, inutilizar, imposibilitar (v.), prohibir. **Ant.** Calificar, habilitar, capacitar.

incapaz, incapacitado (v.), inútil, inepto, inhábil, inexperto, inhabilitado, negado, insuficiente. **Ant.** Capaz, cuerdo, hábil, útil.

incautación, retención, apropiación, usurpación, confiscación, decomiso, posesión.

incautar-se, confiscar, decomisar, retener, usurpar, despojar. **Ant.** Devolver.

incauto-ta, ingenuo, simple, inocente, cándido, crédulo, imprudente. **Ant.** Cauto, prudente, discreto.

incendiar-se, quemar, encender, prender, inflamar, incinerar.// Apasionarse, entusiasmarse. **Ant.** Apagar, sofocar, extinguir, enfriar.

incendiario-ria, violento, subversivo, agresivo, sedicioso, apasionado, escandaloso, arrebatado, incitador. **Ant.** Pacífico, indiferente, apático.

incendio, fuego, hoguera, ignición, inflamación, conflagración, calcinación. **Ant.** Extinción.// Pasión, entusiasmo.// Catástrofe, siniestro, desastre.

incensador, perfumador, sahumador, pebetero, incensario.

incensar, sahumar, perfumar.

incentivo, incitación, estímulo, incitamiento, aliciente, acicate, ánimo, aguijón. **Ant.** Desaliento, freno, desánimo.

incertidumbre, duda, vacilación, indecisión, irresolución, indeterminación, inseguridad, titubeo, dubitación, sospecha, desconfianza. **Ant.** Seguridad, certeza, confianza, firmeza.

incesante, inacabable, inagotable, ininterrumpido, constante, continuo, perpetuo, sucesivo, crónico, seguido, repetido. **Ant.** Cesante, intermitente, interrumpido.

incidencia, suceso, hecho, acontecimiento, advenimiento, episodio, incidente (v.), ocurrencia, evento, circunstancia.

incidente, disputa, riña, discusión, litigio, lance, cuestión, inconveniente, eventualidad, peripecia, circunstancia, accidente (v.), trance, situación. **Ant.** Paz, acuerdo, avenencia.// Incidencia (v.).

incidir, incurrir, caer, tropezar, deslizarse, cometer(v.). **Ant.** Saltar, evitar, abstenerse.// Contravenir, reincidir, violar, faltar, transgredir.// Penetrar, cortar, dividir, sajar.

incienso, mirra, gomorresina, resina, perfume.

incierto-ta, inseguro, dudoso, contingente. **Ant.** Cierto, seguro.// Indeciso, variable, perplejo, mudable, vacilante, inconstante. **Ant.** Cierto, fijo, constante.// Desconocido, ignorado, indeterminado, incógnito, ignoto. **Ant.** Conocido, determinado.

incinerar, calcinar, quemar (v.).

incipiente, naciente, principiante, rudimentario, primitivo, embrionario, inicial, preliminar. **Ant.** Maduro, desarrollado, compuesto. **Par.** Insipiente.

incisión, corte (v.), cisura, hendedura, punzada, punción.

incisivo-va, cortante (v.), punzante. **Ant.** Embotado, romo.// Mordaz, punzante, cáustico, corrosivo, burlón, irónico, acre, satírico. **Ant.** Benevolente, caritativo.

inciso, apartado, observación, acotación, nota, apunte, párrafo, paréntesis (v.).// Cortado, seccionado, dividido, separado, suelto.

incitación, instigación, apremio, provocación, excitación, acicate, estímulo, exhorto, inducción, tentación. **Ant.** Desaliento, disuasión, desengaño.

incitar, instigar, apremiar, provocar, excitar, acicatear, empujar, estimular, exhortar, inducir, tentar, azuzar, espolear. **Ant.** Disuadir, tranquilizar, desalentar, desanimar.

incivil, descortés, grosero, inurbano, desatento, impertinente, incorrecto, rústico, tosco, impolítico, maleducado, insolente, mal criado. **Ant.** Correcto, educado, fino, cortés.

inclasificable, indeterminable, indefinible (v.), ambiguo, vago, confuso. **Ant.** Clasificable, claro, evidente.

inclemencia, crueldad, dureza, rigor, impiedad, severidad, fiereza, inmisericordia, rigidez, destemplanza. **Ant.** Suavidad, clemencia, humanidad, caridad.// Frío, crudeza.

inclemente, cruel, duro, áspero, riguroso, despiadado, severo, inhumano, deshumanizado, feroz. **Ant.** Bueno, bondadoso, caritativo.// Glacial, destemplado. **Ant.** Apacible.

inclinación, declive, pendiente, talud, cuesta, sesgo, sesgadura. **Ant.** Llanura, planicie.// Vocación, propensión, gusto, apego, disposición, tendencia, preferencia, afecto, querencia, cariño. **Ant.** Desapego, repulsión, desafecto.// Saludo, reverencia, seña, cabezada, asentimiento.

inclinado-da, oblicuo, torcido, atravesado, cruzado, sesgado, empinado, anguloso, pendiente, descendente. **Ant.** Vertical, horizontal, erecto.// Apegado, afectado, encariñado, propenso, devoto. **Ant.** Desapegado, desafecto.

inclinar-se, mover, vencer, persuadir, convencer, impulsar. **Ant.** Disuadir, desistir.// Aficionarse, decidirse, predisponer. **Ant.** Despegarse.// Ladear, oblicuar, doblar, acostar, desviar, agachar, reclinar, respaldar, desnivelar. **Ant.** Elevar, erguir, estirar.

ínclito-ta, ilustre, afamado, célebre, esclarecido, famoso, renombrado, insigne. **Ant.** Oscuro, insignificante, anónimo, desconocido, vulgar.

incluir-se, contener, comprender, englobar, envolver, encerrar, introducir, incrustar, esconder, abarcar, implicar, contener. **Ant.** Separar, desglosar, desunir, excluir, apartar.

inclusión, introducción, instalación, inserción, intercalación, implicación. **Ant.** Exclusión, baja, despido.

inclusive, incluso, inclusivo, hasta (v.), implícito. **Ant.** Exclusive, explícito, excluyente.

incoar, comenzar, principiar, iniciar, empezar. **Ant.** Concluir, clausurar, terminar.

incobrable, perdido, moroso, fallido, irrecuperable, infructuoso, inútil. **Ant.** Cobrable, recuperable.

incoercible, irreductible, incontenible, indomable, irrefrenable. **Ant.** Sumiso, sometido.

incógnita, enigma, interrogante, misterio, secreto, arcano, adivinanza. **Ant.** Conocimiento, hallazgo.

incógnito-ta, anónimo, desconocido, ignorado, secreto, misterioso, enigmático. **Ant.** Conocido, descubierto, público.

incoherencia, inconexión, discontinuidad, disconformidad, desunión, despropósito, disparate, confusión, embrollo, irracionalidad. **Ant.** Coherencia, unión, conformidad.

incoherente, inconexo, discontinuo, incomprensible, ininteligible, disparatado, contradictorio, destinado, discordante, incongruente, ilógico. **Ant.** Coherente, unido, comprensible, lógico.

incoloro-ra, descolorido, desteñido, apagado, pálido, desvaído. **Ant.** Coloreado, vivo.// Indefinido (v.), indiferente.// Insípido, insulso, desabrido. **Ant.** Sabroso.

incólume, ileso, indemne, intacto, sano y salvo, incorrupto. **Ant.** Dañado, perjudicado.

incombustible, ininflamable, refractario, ignífugo. **Ant.** Inflamable, combustible.

incomodar-se, molestar, fastidiar, disgustar, enfadar, enojar, mortificar, estorbar, embarazar. **Ant.** Agradar, gustar, satisfacer, ayudar.

incomodidad, molestia, enojo, disgusto, fastidio, desagrado, enfado, estorbo, contrariedad. **Ant.** Comodidad, agrado, placer.

incómodo-da, molesto, enojoso, fastidioso, desagradable, enfadoso, penoso, pesado, dificultoso. **Ant.** Suave, confortable, cómodo, agradable.

incomparable, único, singular, impar, inmejorable, insuperable (v.). **Ant.** Análogo, semejante, vulgar.

incompatibilidad, disconformidad, oposición, antagonismo, discrepancia, discordancia, imposibilidad. **Ant.** Compatibilidad, avenencia, conformidad.

incompatible, opuesto, antagónico, discordante, inconciliable, diferente, inadecuado, inadaptable. **Ant.** Compatible, adecuado, semejante.

incompetencia, ineptitud, incapacidad, torpeza, insuficiencia, inhabilidad, ineficacia, torpeza. **Ant.** Habilidad, competencia, eficacia.

incompleto-ta, imperfecto, inconcluso, defectuoso, fragmentario, truncado, deficiente, falto, escaso, dispar, precoz, prematuro. **Ant.** Completo, perfecto, entero, acabado, suficiente.

incomprensible, ininteligible, inexplicable, inconcebible, sorprendente, oscuro, misterioso, complicado, enigmático, recóndito, ilegible, incoherente. **Ant.** Comprensible, fácil, accesible, claro.

incomprensión, ininteligibilidad, ambigüedad, ofuscación, misterio, desacuerdo, confusión, enigma. **Ant.** Claridad, facilidad, comprensión.// Omisión, negligencia, egoísmo, ruindad, indiferencia. **Ant.** Comprensión, interés, atención.

incomunicación, aislamiento, apartamiento, soledad, retiro, separación, alejamiento, extrañamiento. **Ant.** Comunicación, relación.

incomunicar, aislar, confinar, apartar, separar, esconder. **Ant.** Unir, relacionar.// -se, retraerse, apartarse, aislarse, arrinconarse, recogerse. **Ant.** Comunicarse, relacionarse, convivir, asociarse.

inconcebible, incomprensible, ininteligible, inexplicable, inadmisible, inusitado, absurdo, extraño, increíble, admirable, inaudito, sorprendente. **Ant.** Concebible, comprensible, natural, común.

inconciliable, desacorde, incompatible (v.), repugnante, disconforme. **Ant.** Conciliable, compatible, tolerable.

inconcluso-sa, imperfecto, inacabado, pendiente, indefinido, fragmentario. **Ant.** Completo, acabado, perfecto.

inconcuso, claro, evidente, firme, seguro, incuestionable, indudable, innegable, cierto, incontrovertible, indiscutible, palmario. **Ant.** Dudoso, oscuro, indeciso.

incondicional, ilimitado, absoluto, total, categórico, tajante. **Ant.** Limitado, parcial.// Adepto, devoto, secuaz, hincha, fanático, partidario, afiliado, adicto. **Ant.** Desleal, adversario.

inconexión, incongruencia, separación, desconexión (v.), desunión, digresión, discontinuidad. **Ant.** Conexión, unión.

inconexo-xa, incongruente, incoherente, ilógico, inarticulado, desenlazado, inadecuado, desunido, discontinuo. **Ant.** Congruente, unido, articulado.

inconfesable, deshonroso, vergonzoso, deshonesto, inmoral, bochornoso. **Ant.** Confesable, honroso, moral.

inconfundible, característico, peculiar, propio, típico, distintivo, particular, inimitable. **Ant.** Impreciso, confundible, genérico.

incongruente, incoherente (v.), incompatible, impropio, inconexo, disparatado, opuesto, disconforme. **Ant.** Congruente, conveniente, lógico.

inconmensurable, infinito, ilimitado, inmenso, incontable, desmesurado. **Ant.** Limitado.

inconmovible, inamovible, inalterable, estable, impasible (v.), insensible, invariable, firme, fijo, resistente, consistente. **Ant.** Movible, alterable, flojo.

inconquistable, inexpugnable, invencible, invulnerable, íntegro, insobornable. **Ant.** Conquistable, vulnerable, débil.

inconsciencia, desconocimiento, insensibilidad, ingenuidad, ignorancia, candidez, inadvertencia, irresponsabilidad. **Ant.** Razón, sensatez.// Desmayo, desvanecimiento, desfallecimiento, mareo. **Ant.** Conciencia.

inconsciente, automático, involuntario, instintivo, maquinal, subconsciente, irreflexivo. **Ant.** Voluntario, reflexivo, deliberado.// Aturdido, atolondrado, ignorante, irreflexivo, alocado, desquiciado, atropellado. **Ant.** Sensato, reflexivo.// Desmayado, desvanecido, desfallecido, insensible. **Ant.** Consciente.

inconsecuencia, incoherencia, irreflexión, ligereza, informalidad, inconstancia, aturdimiento. **Ant.** Constancia, firmeza, formalidad.

inconsecuente, inconstante, voluble, versátil, irreflexivo, ligero, aturdido. **Ant.** Consecuente, tenaz.// Incoherente, ilógico, casual, fortuito, impensado. **Ant.** Coherente, lógico.

inconsideración, desatención, inadvertencia, desconsideración, irreflexión, atolondramiento, precipitación, ligereza. **Ant.** Cuidado, atención, advertencia.

inconsiderado-da, desatento, desconsiderado, inadvertido, irreflexivo, atolondrado, precipitado, aturdido. **Ant.** Atento, cortés, considerado.

inconsistencia, fragilidad, ductilidad, blandura, flojedad, debilidad, endeblez. **Ant.** Dureza, resistencia.// Desatino, incoherencia (v.).

inconsistente, frágil, dúctil, blando, flojo, maleable, endeble, débil. **Ant.** Duro, consistente, tupido.

inconsolable, triste, apenado, apesadumbrado, atribulado, acongojado, abatido, afligido, desconsolado, angustiado, desesperado. **Ant.** Alegre, animado, contento.

inconstancia, versatilidad, inestabilidad, inconsecuencia, volubilidad, ligereza, levedad, mudanza, informalidad, veleidad, flaqueza, variabilidad, mutabilidad. **Ant.** Constancia, firmeza, estabilidad.

inconstante, inestable, inconsecuente, voluble, veleidoso, variable, incierto, infiel, vacilante, cambiable, mudable, informal. **Ant.** Constante, seguro, firme, estable.

incontable, infinito, innumerable, inmenso, ilimitado, inconmensurable (v.). **Ant.** Finito, limitado.

incontestable, evidente, cierto, irrefutable, indudable, incontrastable, indiscutible, incuestionable, indubitable, irrebatible, demostrado, justificado, probado, seguro, palmario, inatacable. **Ant.** Incierto, rebatible, discutible, cuestionable, inseguro.

incontinencia, lascivia, lujuria, sensualidad, libertinaje, liviandad, desenfreno, lubricidad, vicio, concupiscencia. **Ant.** Honestidad, abstención, virtud.

incontinente, lascivo, lujurioso, sensual, carnal, libertino, desenfrenado, lúbrico, vicioso, concupiscente. **Ant.** Honesto, puro, ordenado, sobrio.

incontinenti, pronto, rápido, prestamente, inmediatamente, seguidamente, sin dilación, sin tardanza, al punto, sin demora. **Ant.** Después, tardíamente.

incontrastable, irrebatible, invencible, irresistible, inconquistable, incontestable (v.), indudable. **Ant.** Discutible, rebatible, flexible.

incontrovertible, indiscutible (v.), irreplicable, indudable, inapelable (v.), incuestionable, indisputable (v.). **Ant.** Discutible, cuestionable.

inconveniencia, disconformidad, disonancia, incompatibilidad, incorrección, descortesía, despropósito, impertinencia, desacuerdo, discrepancia, inoportunidad, inadaptación, discordancia. **Ant.** Conveniencia, cortesía, compatibilidad, oportunidad.

inconveniente, inapropiado, inoportuno, inurbano, incivil, inmoral, deshonesto, inadecuado, molesto, perjudicial, incompatible. **Ant.** Conveniente, adecuado, apropiado, correcto.// Obstáculo, dificultad, trastorno, perjuicio, daño, falta. **Ant.** Ventaja, facilidad.

incordiar, molestar, fastidiar, agobiar, cansar, hartar, insistir, hostigar. **Ant.** Calmar, agradar.

incorporación, añadidura, anexión, agregación, yuxtaposición, admisión, ingreso, acrecentamiento, reincorporación, alta, afiliación. **Ant.** Separación, desunión, segregación.// Mezcla, composición.

incorporar, agregar, añadir, anexionar, juntar, concentrar, unir. **Ant.** Separar.// Enganchar, enlistar.// -se, ingresar, entrar, alistarse, asociarse, adherirse, agregarse. **Ant.** Salir.// Levantarse, alzarse, erguirse. **Ant.** Acostarse, agacharse.

incorrección, error, falta, falla, inexactitud, equivocación, falta, yerro, desliz. **Ant.** Corrección, acierto, exactitud.// Grosería, inconveniencia, descortesía, desatención, incivilidad. **Ant.** Cortesía, educación.// Barbarismo, vulgarismo.

incorrecto-ta, inexacto, defectuoso, imperfecto, errado, equivocado, falso, erróneo. **Ant.** Correcto, acertado, exacto.// Grosero, descortés, desatento, incivil, insolente, descomedido. **Ant.** Correcto, cortés, esducado.

incorregible, terco, pertinaz, reincidente, impenitente, obstinado, recalcitrante, testarudo, rebelde, intransigente. **Ant.** Corregible, dócil, razonable.

incorruptible, recto, justo, probo, honrado, insobornable, íntegro. **Ant.** Deshonesto, deshonrado.// Pudoroso, virgen, casto, puro, incólume. **Ant.** Impuro, deshonesto.

incorrupto, incorruptible (v.), decente, honrado, honesto, limpio. **Ant.** Deshonesto, indecente, corrupto.// Íntegro, sano, indemne, intacto. **Ant.** Impuro, corrompido.

incredulidad, descreencia, impiedad, irreligiosidad, ateísmo. **Ant.** Creencia, fe, piedad.// Duda, recelo, desconfianza, sospecha, suspicacia. **Ant.** Certeza, confianza.

incrédulo-la, descreído, impío, irreligioso, ateo. **Ant.** Religioso, devoto, creyente.// Receloso, desconfiado, suspicaz, escéptico, malicioso. **Ant.** Crédulo, confiado.

increíble, imposible, inverosímil, inaudito, sorprendente, extraordinario, absurdo, asombroso. **Ant.** Posible, verosímil, lógico.

incrementar, aumentar, acrecentar, ampliar, agrandar, engrosar, acrecer, incorporar, adicionar, sumar, añadir, agregar. **Ant.** Disminuir, empequeñecer.

incremento, aumento, crecimiento, desarrollo, acrecentamiento. **Ant.** Disminución, achicamiento, encogimiento.

increpación, represión, reprimenda, amonestación, riña, sermón. **Ant.** Alabanza, elogio, encomio.

increpar, amonestar, reprender, reñir, sermonear, corregir, regañar, insultar, censurar. **Ant.** Alabar, elogiar, encomiar, enaltecer.

incriminar, acusar, imputar, inculpar. **Ant.** Disculpar.

incrustar, embutir, taracear, acoplar, incluir, empotrar.// Cubrir, pegar, adherir, sedimentar. **Ant.** Extraer, sacar, arrancar.

incubar, empollar.// Desarrollarse, incrementarse.

incuestionable, indiscutible, incontestable, indudable, indisputable. **Ant.** Cuestionable, discutible.

inculcar, imbuir, introducir, infundir, infiltrar, inspirar, insistir. **Ant.** Dejar, abandonar, desistir.

inculpado-da, reo (v.), procesado, acusado, culpado.

inculpar, acusar (v.), imputar, incriminar, atribuir. **Ant.** Disculpar.

inculto-ta, ignorante, indocto, atrasado, ineducado, iletrado, lego, analfabeto, grosero, zafio, tosco, rudo, bruto, patán. **Ant.** Sabio, docto, culto.// Yermo, baldío, abandonado. **Ant.** Cultivado.

incultura, ignorancia, atraso, subdesarrollo, ineducación, analfabetismo, rudeza, brutalidad, tosquedad, torpeza, inhabilidad. **Ant.** Cultura, educación, sabiduría, civilidad.// Abandono, infertilidad. **Ant.** Cultivo, fertilidad.

incumbencia, atribución, jurisdicción, competencia, cargo, obligación, deber.

incumbir, atañer, importar, concernir, corresponder, competer, tocar, atribuir, pertenecer, interesar. **Ant.** Desinteresar, desentenderse.

incumplir, quebrantar, contravenir, infringir, vulnerar, violar, descuidar, desobedecer, omitir. **Ant.** Cumplir, observar, realizar.

incurable, irremediable, insanable, desahuciado, desesperado, condenado, sentenciado. **Ant.** Curable.// Incorregible, irremediable, perdido. **Ant.** Corregible.

incuria, descuido, abandono, negligencia, desaliño, despreocupación, dejadez, desidia, pereza, ligereza, desaplicación. **Ant.** Cuidado, interés, aliño.

incurrir, cometer, incidir, caer, pecar, tropezar. **Ant.** Eludir, evitar, esquivar.

incursión, correría, irrupción, conquista, batida, exploración, ocupación, penetración, aventura. **Ant.** Huida, pasada.

indagación, investigación, pesquisa, búsqueda, busca, inquisición, averiguación, interrogación. **Ant.** Abandono.

indagar, averiguar, inquirir, investigar, analizar, husmear. **Ant.** Desistir, abandonar.

indagatoria, indagación (v.), pregunta, encuesta, sondeo, averiguación.

indebido-da, vedado, prohibido, impropio, contrario, injusto, ilícito, ilegal. **Ant.** Permitido, legal, debido, justo.

indecencia, obscenidad, indecorosidad, grosería, indignidad, procacidad, deshonestidad, desvergüenza, impudicia. **Ant.** Decoro, honestidad, vergüenza.

indecente, obsceno, indecoroso, grosero, procaz, indigno, deshonesto, desvergonzado, impúdico, puerco, cochino, sucio. **Ant.** Decente, honesto, honrado, decoroso.

indecible, inenarrable, inexplicable, indescriptible, inexpresable.// Maravilloso, grandioso, inefable, prodigioso.

indecisión, indeterminación, vacilación, irresolución, incertidumbre, dubitación, titubeo, duda, versatilidad. *Ant.* Decisión, certidumbre, resolución.

indeciso-sa, irresoluto, incierto, dudoso, titubeante, vacilante, dubitativo. *Ant.* Decidido, seguro, resuelto.

indecorosidad, indignidad, indecencia (v.), grosería. *Ant.* Decoro, dignidad.

indecoroso-sa, indigno, indecente (v.), insolente, grosero, vergonzoso, torpe. *Ant.* Decoroso, digno.

indefectible, necesario, indispensable, imprescindible, preciso, forzoso.// Seguro, infalible, inevitable. *Ant.* Falible, dispensable, incierto.

indefendible, insostenible, contestable, refutable, impugnable, discutible, rebatible. *Ant.* Defendible, indiscutible, irrebatible.

indefenso-sa, desvalido, desamparado, inerme, desarmado, abandonado, descubierto, desabrigado, solo, impotente. *Ant.* Amparado, defendido, apoyado.

indefinible, inexplicable, incomprensible, inexpresable, inclasificable (v.). *Ant.* Definible.

indefinido-da, ilimitado (v.), indeterminado, vago, inmenso, inagotable, impreciso, confuso. *Ant.* Definido, concreto.

indeleble, imborrable, fijo, invariable, eterno, definitivo, inalterable, indestructible, permanente, indisoluble. *Ant.* Alterable, pasajero, efímero.

indeliberado-da, irreflexivo, impensado, involuntario, impremeditado, automático, espontáneo, inconsciente, precipitado. *Ant.* Voluntario, consciente, reflexivo.

indelicadeza, grosería, suciedad, torpeza, brutalidad, rudeza, inconveniencia. *Ant.* Delicadeza, finura, educación.

indemne, inmune, invulnerable, protegido, exento, seguro, privilegiado. *Ant.* Enfermo, vulnerable, desprotegido.

indemnidad, inmunidad, garantía, invulnerabilidad, incolumidad, protección, exención, seguridad, franquicia, privilegio. *Ant.* Enfermedad, vulnerabilidad, desprotección.

indemnización, reparación, compensación, resarcimiento, satisfacción, pago, retribución, desagravio, desquite, descuento.

indemnizar, reparar, compensar, resarcir, satisfacer, pagar, retribuir, desagraviar, subsanar. *Ant.* Dañar, perjudicar, impagar.

independencia, autonomía, libertad, emancipación, integridad, soberanía, separación, autarquía, entereza, indemnidad, neutralidad. *Ant.* Esclavitud, parcialidad, sometimiento.

independiente, liberal, imparcial, neutral, autónomo, libre, íntegro, emancipado, soberano, absoluto, individualista. *Ant.* Sujeto, dependiente, sometido.

independizar-se, emancipar, liberar, libertar, separar, desligar, desvincular, manumitir. *Ant.* Sujetar, oprimir, someter.

indescifrable, enredado, embrollado, ininteligible, incomprensible, inexplicable, oscuro, insondable, impenetrable, misterioso, secreto. *Ant.* Legible, claro, fácil.

indescriptible, inenarrable, indecible (v.), inexplicable, inefable, indefinible, maravilloso, fabuloso, extraordinario, colosal. *Ant.* Explicable, corriente, vulgar.

indeseable, indigno (v.).

indestructible, inalterable, invulnerable, inmune (v.), inquebrantable, irrompible, indeleble, eterno, permanente, inconmovible. *Ant.* Alterable, pasajero, rompible, perecedero.

indeterminable, indefinible (v.).

indeterminación, indecisión (v.).

indeterminado-da, indefinido, incierto, dudoso, vago, confuso, vacilante, equívoco, desconcertante. *Ant.* Determinando, claro, cierto, definido, seguro.

indicación, señal, huella, indicio, índice, pista.// Advertencia, observación, consejo, amonestación, aclaración, explicación. *Ant.* Omisión, olvido, ausencia.// Indicador (v.).

indicador, anuncio, horario, cuadro, itinerario, cartel, inscripción.// Señal, mojón, poste, hito, guía, muestra, jalón, disco, semáforo.// **-ra**, sintomático, demostrativo.

indicar, advertir, señalar, observar, aconsejar, avisar, guiar, significar, exhortar, amonestar, orientar, encaminar, enviar, apuntar, mostrar, sugerir, insinuar, acusar. *Ant.* Omitir, olvidar.

índice, catálogo, lista, repertorio, relación, tabla, inventario, registro, guía.// Señal, muestra, indicio (v.).

indicio, signo, muestra, sospecha, atisbo, demostración, indice (v.), manifestación, seña, barrunto, vislumbre.// Pista, huella, rastro, traza, marca, pisada, estela.// Reliquia, vestigio, resto.

indiferencia, despreocupación, inercia, desinterés, desapego, desgano, apatía, insensibilidad, frialdad, displicencia, pasividad, fastidio, aburrimiento, abulia, impasibilidad. *Ant.* Interés, entusiasmo.

indiferente, apático, abúlico, impasible, displicente, desapegado, desganado, desinteresado, indolente, frío, inactivo, despreocupado, abandonado, escéptico. *Ant.* Apasionado, entusiasta, apegado.

indígena, natural, aborigen, nativo, originario, autóctono, oriundo, vernáculo. *Ant.* Extranjero, exótico.

indigencia, pobreza, escasez, necesidad, estrechez, penuria, hambre. *Ant.* Opulencia, riqueza.

indigente, pobre, miserable, mísero, necesitado, menesteroso. *Ant.* Opulento, rico, acaudalado.

indigestar-se, empachar, empalagar, hartar, atiborrar, llenar, ahitar. *Ant.* Moderar, limitar.// Fastidiar, desagradar. *Ant.* Agradar, amenizar.

indigestión, empacho, hartura, hartazgo, saciedad, atiboramiento, asco. *Ant.* Apetito, moderación, limitación.// Fastidio, repugnancia, molestia, enfado. *Ant.* Placer, agrado.

indignación, irritación, enojo, cólera, desesperación, enfado, ira. *Ant.* Calma.

indignar-se, irritar (v.), enojar, enfadar, airar, encolerizar, enfurecer, ofender, excitar. *Ant.* Agradar, calmar.

indignidad, bajeza, vileza, indecencia, ignominia, humillación, vergüenza, deshonor, canallada, abyección, ruindad, inmoralidad. *Ant.* Honor, justicia, decoro, honra, dignidad.

indigno-na, repugnante, vil, bajo, innoble, ruin, despreciable, odioso, infame, abyecto, ultrajante, oprobioso, inicuo, injusto, inmerecido, impropio. *Ant.* Digno, noble, bueno, honrado, justo, honroso.

indirecta, reticencia, alusión, doblez, insinuación, embozo, sugerencia, rodeo, eufemismo, evasiva, circunloquio, ambigüedad. *Ant.* Exabrupto, verdad, rotundidad.

indirecto-ta, desviado, sinuoso, curvo, oblicuo, tortuoso, mediato, colateral, embozado, secreto, evasivo, ambiguo. *Ant.* Directo, recto, derecho.

indiscernible, imperceptible (v.), indistinguible. *Ant.* Discernible, distinguible.

indisciplina, desobediencia, insubordinación, indocilidad, rebeldía, insumisión, desafío, insurrección, obstinación, independencia, anarquía, desorden. *Ant.* Disciplina, orden, docilidad, sumisión.

indisciplinado-da, díscolo, desobediente, insubordinado, rebelde, ingobernable, indócil, incorregible, reacio, desordenado, anárquico. *Ant.* Disciplinado, ordenado, sumiso, dócil.

indisciplinarse, desafiar, insubordinarse, pronunciarse, alzarse, rebelarse, desobedecer, oponerse, resistir. *Ant.* Disciplinarse, obedecer, ordenarse, someterse.

indiscreción, indelicadeza, importunidad, intromisión, imprudencia, curiosidad, fisgoneo, estupidez, necedad, temeridad. *Ant.* Oportunidad, discreción, comedimiento, reserva, moderación.

indiscreto-ta, entrometido, imprudente, impertinente, charlatán, curioso, husmeador, descarado, hablador, indelicado, inoportuno, importuno, intruso. *Ant.* Discreto, comedido, oportuno, delicado.

indiscriminado-da, indistinto, confuso, oscuro, imperceptible, indistinguible. *Ant.* Discriminado, distinto, claro.

indisculpable, inexcusable (v.), culpable, injustificable. *Ant.* Disculpable.

indiscutible, incuestionable, incontrovertible, irrebatible, irrefutable, innegable, cierto, categórico, seguro, patente, evidente. *Ant.* Discutible, incierto, dudoso.

disoluble, fijo, estable, firme, perdurable, sólido, invariable, perenne, constante, inconmovible. **Ant.** Soluble, inestable, fugaz.

disponer, enemistar, malquistar, desavenir, desunir, cizañar, concitar, enojar, mortificar, irritar. **Ant.** Amigar, avenir, unir.// **-se**, enfermarse, sufrir, dolerse, padecer, desmejorar. **Ant.** Curarse, sanarse.

disposición, enemistad, desavenencia, hostilidad, rivalidad. **Ant.** Amistad, unión.// Malestar, trastorno, enfermedad, dolencia, achaque, desazón. **Ant.** Salud, remedio, curación.

dispuesto-ta, molesto, contrariado, enfadado, disgustado, fastidiado, mortificado.// Enfermo, doliente, achacoso, sufriente. **Ant.** Sano, saludable, curado.

disputable, indiscutible, incontrovertible, incuestionable, incontestable, innegable, incontrastable, irrebatible. **Ant.** Incierto, discutible, dudoso.

distinto-ta, imperceptible, indistinguible, indiscernible, confuso, esfumado, indefinido, vago, oscuro. **Ant.** Distinto, diferente, determinado, claro.

individual, propio, particular, peculiar, característico, privativo, específico, exclusivo, singular, personal. **Ant.** General, genérico, común, universal.

individualidad, personalidad, carácter, característica, peculiaridad, idiosincrasia, particularidad, índole, singularidad. **Ant.** Generalidad, vulgaridad.

individualismo, subjetivismo, egoísmo, aislamiento, independencia, desunión, autonomía. **Ant.** Colectivismo, generalización, generosidad.

individualista, independiente, autónomo, aislado, libre, rebelde, egoísta. **Ant.** Sujeto, sometido.

individualizar, especificar, particularizar, personificar, caracterizar. **Ant.** Generalizar.

individuo, persona (v.), ser (v.), sujeto, tipo, espécimen, hombre.

indivisible, individuo, individual, uno (v.), unitario, simple. **Ant.** Dividido, fraccionado.

indócil, rebelde, desobediente, indisciplinado, díscolo, terco, tenaz, indómito, renuente. **Ant.** Dócil, sumiso, obediente.

indocilidad, indisciplina (v.), obstinación, rebeldía (v.). **Ant.** Docilidad.

indocto-ra, inculto (v.), iletrado, ignorante (v.).

índole, naturaleza, individualidad, genio, carácter, condición, cualidad, género, inclinación, temperamento.

indolencia, pereza, apatía, flojura, vagancia, flojera, descuido, negligencia, desidia, incuria, morosidad. **Ant.** Actividad, presteza, entusiasmo.

indolente, perezoso, apático, pachorrudo, ocioso, vago, desguisado, negligente, dejado, desidioso. **Ant.** Activo, entusiasta, aplicado, trabajador.

indoloro-ra, insensible, analgésico, calmante. **Ant.** Doloroso.

indomable, indómito (v.).

indomesticable, indómito (v.).

indómito-ta, indisciplinado (v.), indomable, ingobernable, indoblegable, arisco, fiero, bravío, salvaje. **Ant.** Dócil, flexible, domesticado, obediente.

indubitable, incuestionable, innegable, infalible, seguro, cierto, positivo. **Ant.** Dudoso, cuestionable, incierto.

inducción, instigación, incitación, persuasión, estímulo, influjo, influencia, sugestión. **Ant.** Disuasión, alejamiento, desánimo.// Consecuencia, ilación, derivación.

inducir, instigar, incitar, persuadir, estimular, influir, sugerir, animar, exhortar, inspirar, convencer, fomentar, empujar, excitar, soliviantar. **Ant.** Apartar, desanimar, disuadir, desalentar.// Derivar, inferir, concluir.

indudable, indubitable, indiscutible, incuestionable, innegable, indisputable, inequívoco, preciso, exacto, cierto, seguro, evidente. **Ant.** Dudoso, incierto, discutible.

indulgencia, misericordia, piedad, perdón, clemencia, indulto, amnistía, absolución, compasión, bondad, consuelo, tolerancia, condescendencia, paciencia, benevolencia. **Ant.** Inmisericordia, impiedad, severidad, intolerancia, rigidez.

indulgente, misericordioso, piadoso, clemente, compasivo, bondadoso, tolerante, condescendiente, paciente, benevolente, comprensivo, transigente, contemporizador. **Ant.** Inmisericorde, inflexible, rígido, severo.

indultar, perdonar, amnistiar, eximir, condonar, absolver, remitir, olvidar, agraciar. **Ant.** Condenar, inculpar.

indulto, perdón, amnistía, absolución, condonación, remisión, gracia. **Ant.** Condena, inculpación.

indumentaria, vestidura, vestido, traje, ropaje, indumento, atavío, prenda.

industria, producción, fabricación, explotación, elaboración, construcción, manufactura, técnica, confección.// Capacidad, habilidad, destreza, pericia, maña, maestría, oficio, talento, experiencia. **Ant.** Incapacidad, inhabilidad.// Empresa, fábrica (v.).

industrial, fabricante, técnico, empresario, constructor, creador, ejecutor.// Fabril, manufacturero, mecánico, técnico, empresarial.

industrialización, avance, progreso, incremento, auge, expansión, prosperidad.// Fabricación, mecanización, automatización.

industrializar, desarrollar, avanzar, progresar, organizar, prosperar, incrementar, florecer.// Fabricar, manufacturar, producir, transformar, automatizar.

industrioso-sa, trabajador, ingenioso, ejercitado, diestro, hábil, diligente, práctico, inventivo, experto. **Ant.** Vago, torpe, inhábil, perezoso.// Astuto, ladino, sutil, disimulado, pícaro.

inédito-ta, nuevo, fresco, desconocido, original, reciente, actual. **Ant.** Conocido, viejo.

ineducado-da, grosero, inculto, malcriado, indocto, ignorante (v.), iletrado (v.). **Ant.** Educado.

inefable, encantador, maravilloso, sublime, inenarrable, divino. **Ant.** Despreciable, vulgar.

ineficacia, incapacidad, insuficiencia, incompetencia, ineptitud, nulidad, inutilidad, esterilidad. **Ant.** Eficacia, capacidad, eficiencia.

ineficaz, incapaz, insuficiente, incompetente, inoperante, inepto, nulo, inútil, infructuoso, vano, estéril, improductivo. **Ant.** Eficaz, activo, eficiente, provechoso, útil.

ineludible, inevitable, insoslayable, irrevocable, obligatorio, necesario, fatal, forzoso, irremediable. **Ant.** Excusable, revocable, azaroso.

inenarrable, indescriptible (v.).

ineptitud, inhabilidad, insuficiencia, impericia, incapacidad, desmaña, incompetencia, inexperiencia, torpeza, necedad, ignorancia. **Ant.** Habilidad, competencia, pericia.

inepto-ta, ineficaz, incapaz, incompetente, inexperto, torpe, necio, tonto, lento. **Ant.** Experto, diestro, capacitado.

inequívoco-ca, indudable, indiscutible, incuestionable, innegable, indubitable, seguro, cierto, evidente, verdadero, positivo, fijo. **Ant.** Incierto, dudoso, equívoco.

inercia, inacción, pasividad, inactividad, indiferencia, desidia, pereza, apatía, negligencia, flojedad, quietismo. **Ant.** Actividad, diligencia, dinamismo.

inerme, desarmado, indefenso, desamparado. **Ant.** Armado, defendido.

inerte, inactivo, indiferente, desidioso, perezoso, apático, negligente, flojo, estéril, insensible. **Ant.** Activo, entusiasta.

inescrutable, indescifrable, insondable, inescudriñable, impenetrable, incognoscible. **Ant.** Claro, comprensible, descifrable.

inescudriñable, inescrutable (v.).

inesperado-da, imprevisto, repentino, impensado, inopinado, insospechado, súbito, fortuito, sorprendente, raro. **Ant.** Previsto, sospechado, sabido, esperado.

inestabilidad, inseguridad, vacilación, variabilidad, desequilibrio, cambio, fluctuación, transitoriedad. **Ant.** Estabilidad, inmutabilidad, fijeza, permanencia.

inestable, inseguro, vacilante, variable, móvil, frágil, inconstante, precario, transitorio, cambiable, desequilibrado, cambiante. **Ant.** Inmutable, seguro, fijo, estable.

inestimable, inapreciable (v.), precioso, perfecto, valioso. **Ant.** Inútil, baladí.

inevitable, ineludible (v.), forzoso, fatal, inminente, irremediable, obligatorio, inexcusable. **Ant.** Inseguro, remediable.

inexactitud, equivocación, error, falta, falsedad, mentira, incorrección. **Ant.** Exactitud, precisión, verdad, fidelidad.

inexacto-ta, equivocado, erróneo, falso, imperfecto, mentiroso, tergiversado. **Ant.** Correcto, exacto, verídico, auténtico.

inexcusable, indisculpable, injustificable, imperdonable, ininadmisible, inevitable (v.). **Ant.** Admisible, excusable.

inexistencia, irrealidad, imaginación, insubsistencia, fantasía, nulidad, falsedad, engaño, hipótesis, apariencia. **Ant.** Realidad, autenticidad, verdad.

inexistente, ilusorio, imaginario, insubsistente, fantástico, nulo, falso, falaz, engañoso, supuesto, hipotético, aparente. **Ant.** Real, auténtico, verdadero.

inexorable, implacable, inquebrantable, inflexible, despiadado, cruel, duro, tozudo, terco. **Ant.** Flexible, tolerante.

inexperiencia, impericia, ignorancia, ineptitud, incompetencia, torpeza. **Ant.** Experiencia, habilidad, pericia.

inexperto-ta, inexperimentado, principiante, bisoño, novicio, novato, inhábil, inepto. **Ant.** Experimentado, hábil, experto, competente.

inexplicable, incomprensible, indescifrable, indescriptible, ininteligible, extraño, raro, misterioso, increíble, inconcebible, hermético, arcano. **Ant.** Claro, evidente, vulgar, descriptible, creíble.

inexplorado-da, desconocido, inhabitado, ignoto, yermo, deshabitado, despoblado, solitario, desierto. **Ant.** Habitado, explorado.

inexpresable, inefable (v.), indescriptible (v.), inenarrable, indecible. **Ant.** Expresable, comprensible.

inexpresivo-va, seco, adusto, reservado, extraño, enigmático, misterioso, frío, inmutable, impávido, impertérrito, indiferente. **Ant.** Expresivo, elocuente, comunicativo.

inexpugnable, inatacable, invulnerable, invencible, seguro, fuerte, firme, duro, sólido, obstinado, inconquistable. **Ant.** Conquistable, débil, flojo.

inextinguible, inacabable (v.).// Inapagable (v.).

inextricable, intrincado (v.).

infalibilidad, certeza, seguridad, certidumbre, garantía, evidencia, inexorabilidad, obligatoriedad, firmeza, acierto. **Ant.** Falibilidad, inseguridad, equívoco.

infalible, seguro, cierto, verdadero, evidente, indefectible, indiscutible, inequívoco, irrefutable, indudable, incontestable. **Ant.** Falible, erróneo, inseguro.

infamador-ra, detractor, denostador, calumniador, deshonrador. **Ant.** Alabador, elogiador.

infamante, deshonroso, afrentoso, oprobioso, denigrante, degradante, vergonzoso, ignominioso, ofensivo, insultante, calumnioso. **Ant.** Honroso, ennoblecedor.

infamar, deshonrar, afrentar, denigrar, degradar, avergonzar, ofender, desacreditar, insultar, calumniar, ultrajar, denostar, menospreciar, difamar, vituperar, mancillar, injuriar, oprobiar. **Ant.** Acreditar, enaltecer, honrar, alabar.

infame, despreciable, corrompido, indigno, inicuo, perverso, malvado,deshonesto, ignominioso, bajo, innoble, vil, depravado, abyecto. **Ant.** Honorable, bondadoso, honrado.

infamia, denigración, desdoro, deshonra, deshonor, indignidad, oprobio, ignominia, desprestigio, descrédito, afrenta, vilipendio, canallada, traición, ruindad, bajeza, iniquidad, vileza, perversidad, maldad, depravación, abyección. **Ant.** Honradez, bondad, justicia, decencia, dignidad, honor.

infancia, niñez, puericia, pequeñez, minoría, nacimiento. **Ant.** Vejez, senectud.

infanta, niña, chiquilla, pequeña, cría, mocosa. **Ant.** Anciana.// Princesa, alteza.

infante, niño, chico, chiquillo, mocoso, pequeño, nene, impúber. **Ant.** Anciano.// Príncipe, alteza, delfín, señor, heredero.// Soldado, recluta.

infantil, aniñado, pueril, candoroso, inocente, ingenuo, cándido, niño, pequeño. **Ant.** Maduro, senil, astuto, malicioso.

infarto, oclusión, obstrucción, coágulo, embolia. **Ant.** Di⟩ tación.

infatigable, incansable (v.).

infatuación, vanidad, jactancia, engreimiento, orgullo, p⟩ tulancia, envanecimiento, suficiencia, fatuidad, ensoberb⟩ cimiento. **Ant.** Sencillez, humildad, moderación.

infatuado-da, vanidoso, jactancioso, engreído, orgullos⟩ petulante, envanecido, suficiente, fatuo, ensoberbecid⟩ afectado, hinchado. **Ant.** Sencillo, humilde, prudente.

infatuarse, ufanarse, enorgullecerse, ensoberbecerse, e⟩ greírse, envanecerse, pavonearse, inflarse. **Ant.** Humilla⟩ se.

infausto-ta, desgraciado, infeliz, infortunado, desventur⟩ do, malaventurado, aciago, fatídico, triste, doloroso, m⟩ hadado, nefasto, funesto. **Ant.** Fausto, afortunado, feliz.

infección, contaminación, epidemia, contagio, transm⟩ sión, propagación, corrupción, perversión. **Ant.** Desinfe⟩ ción, purificación, asepsia.

infectado-da, infecto (v.).

infectar-se, inficionar, apestar, viciar, contagiar, infesta⟩ transmitir, propagar, viciar, corromper, pervertir. **Ant.** D⟩ sinfectar, sanear, esterilizar, aseptizar.

infecto-ta, contagioso, infectado, inficionado, apestad⟩ asqueroso, putrefacto, repulsivo, sucio, podrido, enven⟩ nado. **Ant.** Sano, desinfectado, limpio.

infecundidad, esterilidad (v.).

infecundo-da, infértil, infructuoso, estéril, improductiv⟩ infructífero, árido, yermo. **Ant.** Fecundo, fértil, productiv⟩

infelicidad, desgracia (v.), desdicha, desventura, tristez⟩ tribulación, cuita, aflicción. **Ant.** Dicha, ventura, alegría.

infeliz, infausto (v.), malaventurado, desdichado, atribul⟩ do, afligido, cuitado. **Ant.** Dichoso, fausto, feliz, ventur⟩ so.

inferior, dependiente, subalterno, subordinado, sujeto, ⟩ timo, servidor, siervo. **Ant.** Superior.// Ínfimo, menor, m⟩ nimo, insignificante, secundario. **Ant.** Superior, máxim⟩ importante.// Bajo, hundido, excavado, subterráneo. **Ant.** Malo, peor, defectuoso, irregular, menor. **Ant.** Mejor.

inferioridad, supeditación, dependencia, subordinació⟩ servilismo, sumisión, obediencia. **Ant.** Superioridad, ma⟩ do, rebeldía.// Desventaja, minoría, defecto, mediocrida⟩ medianía, bajura. **Ant.** Ventaja, mayoría, perfección.

inferir, ocasionar, causar, hacer, producir.// Deducir, de⟩ prender, inducir, concluir, suponer, obtener, razonar, col⟩ gir, conjeturar, sacar, derivar.// Ofender, afrentar, agravi⟩ insultar, injuriar, herir. **Ant.** Desagraviar.

infernal, demoníaco, endiablado, mefistofélico, satánic⟩ perjudicial, dañino, malo, maléfico. **Ant.** Angelical, cele⟩ tial, beneficioso, bueno, agradable.

infértil, infecundo (v.), estéril, yermo, árido. **Ant.** Fértil, f⟩ cundo.

infertilidad, esterilidad (v.).

infestar, saquear, devastar, pillar, invadir, penetrar.// Estr⟩ gar, deteriorar, dañar. **Ant.** Mejorar, beneficiar.// Infecta⟩ apestar, contaminar, contagiar. **Ant.** Desinfectar.

inficionar, infectar (v.).

infidelidad, deslealtad, traición, perjurio, engaño, ingra⟩ tud, felonía, vileza. **Ant.** Fidelidad, lealtad.// Adulterio⟩ Impiedad, irreligiosidad, paganismo, herejía. **Ant.** Religi⟩ sidad, piedad.// Error, inexactitud. **Ant.** Exactitud.

infiel, desleal, traidor, perjuro, pérfido, engañoso, hipócrit⟩ indigno, vil. **Ant.** Fiel, leal, noble.// Adúltero.// Impío, irr⟩ ligioso, incrédulo, pagano, hereje, ateo. **Ant.** Religios⟩ piadoso.// Erróneo, inexacto, falso. **Ant.** Exacto, verdad⟩ ro.

infierno, abismo, averno, tártaro, perdición, torment⟩ condenación, hoguera, pira. **Ant.** Cielo, limbo, glori⟩ edén.

infiltración, introducción, penetración, invasión. **Ant.** E⟩ pulsión.// Contagio, impregnación, filtración.// Influenci⟩ inspiración, sugestión. **Ant.** Disuasión.

infiltrar-se, introducir, penetrar, invadir, filtrar. **Ant.** Expu⟩ sar, salir.// Impregnar, instilar, empapar.// Inculcar, induc⟩ inspirar, imbuir. **Ant.** Disuadir.

fimo-ma, malo, peor, bajo, despreciable, ruin, imperfecto, deficiente, desastroso, mínimo, último, inferior (v.). **Ant.** Alto, máximo, bueno, noble.

finidad, inmensidad, vastedad, grandeza, infinito, absoluto.// Muchedumbre, multitud, montón, sinnúmero, cúmulo, abundancia, profusión. **Ant.** Pequeñez, escasez, miseria, estrechez.

finitesimal, microscópico, minúsculo, diminuto, imperceptible, ínfimo. **Ant.** Grande, mayúsculo.

finito-ta, inmenso, ilimitado, indefinido, ilimitable, eterno, inagotable, inacabable, vasto, extenso. **Ant.** Limitado, breve, agotable.

flación, engreimiento, presunción, altivez, orgullo. **Ant.** Humildad, sencillez.// Inflamiento, hinchamiento.// Desvalorización. **Ant.** Deflación.

flado-da, hinchado (v.), infatuado, afectado, petulante. **Ant.** Humilde.

flamable, combustible, incendiable, explosivo. **Ant.** Incombustible.// Apasionado, vehemente, excitable. **Ant.** Desapasionado, flemático.

flamación, hinchazón, congestión, tumefacción, bulto, turgencia, irritación, infección. **Ant.** Descongestión, desinfección.// Vehemencia, ardor, entusiasmo, pasión. **Ant.** Frialdad, desapasionamiento.

flamado-da, hinchado, congestionado, tumefacto, abultado. **Ant.** Deshinchado, descongestionado.// Vehemente, ardiente, encendido, apasionado. **Ant.** Frío, desapasionado.

flamar, arder, quemar, incendiar, encender, abrasar. **Ant.** Sofocar, apagar.// Irritar, excitar, apasionar, exaltar, acalorar, avivar, enardecer, entusiasmar, atizar. **Ant.** Calmar, enfriar.// -se, hincharse, congestionarse, infectarse, enrojecerse. **Ant.** Deshincharse.

flar, hinchar, soplar, agrandar, ensanchar, engordar, cebar. **Ant.** Desinflar, disminuir.// Exagerar, recargar, desvirtuar. **Ant.** Disminuir, moderar.

flexible, duro, inexorable, fuerte, firme, inconmovible, rígido, cruel, insobornable, severo. **Ant.** Blando, dúctil, débil, flexible, manejable.

flexión, desviación, torcimiento, comba, inclinación. **Ant.** Rectitud, rigidez.// Acento, tono, modulación, deje, tonillo, entonación.// Desinencia, terminación.

filgir, aplicar, penar, imponer, condenar, castigar, inferir, causar. **Ant.** Aliviar, remitir, obviar.

fluencia, poder, dominio, autoridad, potestad, influjo, ascendiente, persuasión, sugestión, preponderancia, predominio, efecto, imperio, apoyo, valía, fuerza, pujanza, empuje. **Ant.** Descrédito, desprestigio, desamparo.

fluenciar, influir (v.).

fluir, actuar, ejercer, intervenir, mediar, ayudar, cooperar, contribuir, respaldar, inducir, insistir, imperar, entremeterse. **Ant.** Abstenerse, desinteresarse, abandonar, desasistir.

flujo, influencia (v.), ascendiente (v.).

fluyente, acreditado, poderoso, relacionado, prestigioso, importante, predominante, respetado. **Ant.** Insignificante, humilde, desprestigiado.

formación, indicación, notificación, aviso, parte, noticia, advertencia, testimonio, manifestación, revelación, referencia, informe, relato, indagación, inquisición, averiguación, investigación, pesquisa, encuesta. **Ant.** Ocultación, silencio, omisión, reserva.

formal, incumplidor, moroso, inconstante, inconsecuente, irresponsable. **Ant.** Formal, serio, cumplidor.

formar, enterar, participar, avisar, notificar, advertir, instruir, comunicar, prevenir, declarar, manifestar, reseñar, detallar, testimoniar. **Ant.** Callar, omitir.// Averiguar, investigar, indagar, sondear, buscar. **Ant.** Olvidar.

forme, deforme, contrahecho, irregular, vago, confuso, indefinido, impreciso. **Ant.** Conforme, preciso, perfecto.// Exposición, discurso, referencia, noticia, información. **Ant.** Omisión.

fortunado-da, desgraciado, desafortunado, desventurado. **Ant.** Afortunado.

fortunio, desgracia, calamidad, desdicha, desventura, adversidad. **Ant.** Dicha, ventura.

infracción, transgresión, falta, vulneración, violación, omisión, olvido, culpa, desafuero, inobservancia, delito, desobediencia, infamia. **Ant.** Acatamiento, observancia, cuidado, cumplimiento.

infractor-ra, transgresor, incumplidor, malhechor, desobediente, vulnerador, violador, agresor, rebelde, desertor, conspirador. **Ant.** Cumplidor, respetuoso.

infranqueable, impracticable (v.), insuperable (v.), intrincado, inaccesible, incómodo, intransitable, abrupto, escarpado, imposible, inabordable, difícil. **Ant.** Superable, accesible, franqueable.

infrascrito-ta, firmante, suscrito.

infrecuente, insólito, desusado, raro, único, sorprendente. **Ant.** Frecuente, vulgar.

infringir, quebrantar, faltar, vulnerar, violar, contravenir, transgredir, delinquir, incurrir, atropellar, incumplir. **Ant.** Acatar, obedecer, respetar.

infructífero-ra, infecundo, improductivo, estéril, nulo, inútil. **Ant.** Fructífero, fecundo.

infructuosidad, esterilidad, improductividad, infecundidad, ineficacia (v.). **Ant.** Fecundidad, productividad.

infructuoso-sa, improductivo, estéril, infértil, ineficaz (v.), infecundo, infructífero, negativo, inútil, vano. **Ant.** Productivo, positivo, eficaz.

ínfulas, presunción, vanidad, fatuidad, engreimiento, orgullo, infatuación. **Ant.** Humildad, sencillez.

infundado-da, injustificado, arbitrario, injusto, temerario, inmerecido, improcedente, inaceptable, ilógico, absurdo, inmotivado. **Ant.** Fundado, justificado, justo, merecido.

infundir, inculcar, inspirar, impulsar, comunicar, propagar, animar, insuflar, infiltrar, suscitar, engendrar. **Ant.** Desistir, renunciar, anular.

infusión, disolución, solución, extracto.// Bebida, tisana, pócima.

ingeniar, idear, concebir, crear, discurrir, maquinar, imaginar.// -se, manejarse, arreglarse, componerse.

ingenio, destreza, industria, habilidad, talento, inspiración, maña, inteligencia, sensatez, discernimiento. **Ant.** Torpeza, estupidez.// Gracia, imaginación, agudeza, sal, chispa, humor, viveza. **Ant.** Sosería, insipidez.// Máquina, aparato, artificio, instrumento, utensilio, arma.

ingenioso-sa, talentoso, ocurrente, agudo, listo, hábil, industrioso, sagaz, diestro, despierto, sutil, inventivo. **Ant.** Torpe, inhábil, insípido.

ingénito-ta, connatural, innato, ínsito. **Ant.** Contraído.

ingenuidad, inocencia, candidez, naturalidad, sinceridad, candor, simplicidad, credulidad, buena fe, pureza, sencillez, puerilidad. **Ant.** Incredulidad, astucia, malicia.

ingenuo-nua, inocente, cándido, natural, sincero, franco, crédulo, candoroso, puro, simple, pueril, incauto, inexperto, infantil. **Ant.** Malicioso, pícaro, experimentado, desconfiado.

ingerir, deglutir (v.), tragar (v.), embuchar. **Ant.** Expeler, vomitar. **Par.** Injerir.

ingestión, introducción, trago, deglución, toma. **Ant.** Devolución, vómito.

ingle, entrepierna.

ingobernable, inobediente, desobediente, indisciplinado (v.), indócil, insubordinado, díscolo. **Ant.** Obediente, disciplinado, gobernable.

ingratitud, desagradecimiento, olvido, infidelidad, indiferencia, deslealtad, desprecio, desamor. **Ant.** Agradecimiento, gratitud, reconocimiento.

ingrato-ta, desagradecido, infiel, desleal, indiferente, insensible, apático, egoísta. **Ant.** Agradecido, fiel.

ingrediente, mejunje, droga, componente, integrante, sustancia, medicamento, remedio, fármaco.

ingresar, entrar, penetrar, afiliarse, inscribirse, incorporarse, introducirse. **Ant.** Salir, desunirse, renunciar.// Ganar, obtener, devengar. **Ant.** Pagar.

ingreso, entrada, recepción, acceso, admisión, inscripción, introducción, afiliación, asociación. **Ant.** Salida, despedida, expulsión, baja, renuncia.// Ganancia, devengo, cobro, recibo, pensión, sueldo, jornal, renta, retribución. **Ant.** Pérdida.

Ingurgitar, engullir, embuchar, tragar, ingerir. **Ant.** Expeler, expulsar, vomitar.

Inhábil, torpe, inepto, incapaz, ineficaz, inexperto, inexperimentado, inútil. **Ant.** Hábil, ducho, experto.

Inhabilidad, torpeza, ineptitud, incapacidad, ineficacia, inexperiencia, impericia. **Ant.** Habilidad, aptitud, capacidad, pericia.

Inhabilitar, incapacitar, imposibilitar, descalificar, prohibir, excluir. **Ant.** Habilitar.

Inhabitado-da, deshabitado, despoblado, abandonado, desierto, solitario, vacío. **Ant.** Habitado, poblado.

Inhalar, aspirar (v.), absorber.

Inherente, correspondiente, perteneciente, concomitante, unido, relacionado, congénito, innato, consustancial. **Ant.** Separado, alejado, extraño.

Inhibición, abstención, retraimiento, exención, alejamiento, apartamiento, separación. **Ant.** Unión, intromisión, presencia.

Inhibir, prohibir, estorbar, privar, impedir, suprimir, restingir, vedar. **Ant.** Permitir, autorizar.// **-se**, abstenerse, apartarse, evadirse, alejarse, desinteresarse, desligarse, desistir. **Ant.** Participar.

Inhospitalario-ria, inhabitable, desolado, inhóspito, agreste, desabrigado, desierto. **Ant.** Habitable, protector.// Adusto, rudo, cruel, inhumano, bárbaro, duro, frío, salvaje. **Ant.** Acogedor, humano.

Inhóspito-ta, inhospitalario (v.).

Inhumación, entierro (v.).

Inhumano-na, duro, bárbaro, cruel, implacable, perverso, brutal, fiero, desalmado, feroz, sanguinario, despiadado, inhospitalario, violento, inclemente. **Ant.** Humano, compasivo.

Inhumar, enterrar (v.), sepultar.

Iniciación, comienzo, principio, inicio, aprendizaje, preparación, instrucción. **Ant.** Fin, terminación.

Iniciado-da, novicio, neófito, catecúmeno, adepto, afiliado, sectario, partidario. **Ant.** Profano, ducho, experto.

Iniciador-ra, innovador, creador, instaurador, inventor, fundador, promotor.

Inicial, originario, original, primero, primordial, preliminar, inaugural, naciente. **Ant.** Último, final, terminal, postrero.

Iniciar, empezar, comenzar, incoar, principiar, inaugurar, preludiar, promover, fundar. **Ant.** Acabar, liquidar, finalizar.// Instruir, enseñar, educar, aleccionar. **Ant.** Descuidar.

Iniciativa, proposición, propuesta, idea, proyecto.// Decisión, resolución, anticipación, adelanto, acción, rapidez, invención. **Ant.** Timidez, cortedad, pereza.

Inicio, principio, origen, raíz, fundamento, comienzo, iniciación, embrión. **Ant.** Final.// Proyecto, esbozo, rudimento. **Ant.** Realización.

Inicuo-cua, injusto (v.), ignominioso, malvado, perverso, inmoral, vil, infame, improcedente. **Ant.** Justo, equitativo, moral.

Inigualado, impar (v.).

Inimaginable, raro, extraordinario, extraño, inconcebible (v.), extravagante, sorprendente.

Inimitable, inconfundible, único, excepcional. **Ant.** Imitable, confundible, vulgar.

Ininteligible, incomprensible (v.), ilegible, confuso, oscuro, embrollado, difícil, indescifrable, misterioso, impenetrable. **Ant.** Comprensible, claro, evidente.

Intencionado-da, involuntario (v.), impensado. **Ant.** Intencionado, voluntario.

Ininterrumpido-da, incesante (v.), constante, continuo, inacabable, inagotable. **Ant.** Interrumpido, intermitente.

Iniquidad, arbitrariedad, injusticia, infamia, perversidad, maldad, ignominia. **Ant.** Justicia, bondad, nobleza.

Injerencia, ingerencia, intromisión, entrometimiento, indiscreción, curiosidad, fisgoneo, descaro. **Ant.** Discreción, abstención.

Injerir-se, entremeterse, intervenir, mediar, inmiscuirse.// Incluir. **Ant.** Abstenerse, desentenderse. **Par.** Ingerir.

Injertar, inserir, injerir, prender, introducir, agregar. **Ant.** Desarraigar, desvincular.

Injerto, brote, yema, agregado, postizo, añadido, incrus[ción.

Injuria, daño, menoscabo, perjuicio, deterioro.// Insul[escarnio, ofensa, agravio, ultraje, afrenta, denuesto, hur[llación, denigración, insolencia, desaire, dicterio, vilipe[dio, improperio. **Ant.** Alabanza, elogio, enaltecimiento.

Injuriador-ra, denostador, insultador, ultrajador, agrav[dor, ofensor. **Ant.** Elogiador, alabador.

Injuriar, insultar, infamar, ofender, oprobiar, denostar, ult[jar, afrentar, deshonrar, denigrar, vilipendiar. **Ant.** Alabar, sonjear.// Jurar, blasfemar, maldecir. **Ant.** Bendecir.

Injurioso-sa, afrentoso, insultante, ofensivo, vejatorio, c[lumnioso, agravioso, humillante, ultrajante, insolente, di[mante. **Ant.** Enaltecedor, beneficioso.

Injusticia, iniquidad, arbitrariedad, ilegalidad, parcialida[irregularidad, improcedencia, sinrazón, abuso, atropel[**Ant.** Justicia, equidad, legalidad.

Injustificable, indisculpable, inaceptable, ilícito, inexcus[ble, indebido, injusto. **Ant.** Justo, lícito, disculpable, just[cable.

Injusto-ta, inicuo, arbitrario, parcial, ilícito, indebido, inju[tificable, inmoral, irrazonable, infundado, indigno, abusiv[improcedente. **Ant.** Justo, lícito, equitativo, legal.

Inmaculado-da, impecable, intachable, inmaculado, limp[puro, blanco, claro. **Ant.** Maculado, sucio, impuro.

Inmarcesible, inmarchitable, perenne (v.), impereceder[inmortal. **Ant.** Marcesible, marchitable.

Inmarchitable, inmarcesible, duradero, imperecedero, l[zano, juvenil, durable, perpetuo, fresco. **Ant.** Perecede[marchitable, mortal, transitorio.

Inmaduro-ra, incipiente, precoz, prematuro, verde, tie[no, bisoño. **Ant.** Maduro.

Inmaterial, incorpóreo, impalpable, intangible, etére[ideal, irreal, abstracto, sutil. **Ant.** Material, corpóreo, rea[

Inmediaciones, alrededores, afueras, arrabales, aledañ[cercanías, proximidades. **Ant.** Lejanía.

Inmediato-ta, cercano, próximo, contiguo, vecino, peg[do, seguido, adjunto, directo, lindante, rayano, consecu[vo. **Ant.** Lejano, distante, alejado, separado.// Rápido, i[minente, urgente, presto, raudo. **Ant.** Lento.

Inmejorable, bueno, perfecto, óptimo, excelente, insup[rable, imponderable, notable, sin par. **Ant.** Malo, pésim[

Inmemorial, inmemorable, remoto, primitivo, antigu[desconocido, vetusto, arcaico. **Ant.** Actual, nuevo, mode[no.

Inmensidad, infinitud, infinidad, multitud, muchedumb[exorbitancia, vastedad, magnitud, grandiosidad. **Ant.** E[casez, limitación, pequeñez.

Inmenso-sa, infinito, ilimitado, incontable, incalculable, i[conmensurable, indefinido, extenso, vasto, grandios[considerable, innumerable, enorme, colosal, monstruos[ancho, desmesurado, extraordinario, gigantesco. **Ant.** P[queño, estrecho, reducido.

Inmerecido-da, injusto (v.), infundado (v.), inicuo, arbitr[rio, desaforado. **Ant.** Merecido, fundado, justo.

Inmersión, sumersión, sumergimiento, hundimiento, b[ño, zambullida, chapuzón. **Ant.** Salida, ascenso, aparició[

Inmerso-sa, sumergido, abismado, anegado, sumid[hundido, zambullido.

Inmigración, entrada, migración, afluencia, establecimie[to. **Ant.** Emigración, salida.

Inmigrar, llegar, establecerse, migrar. **Ant.** Emigrar, salir.

Inminente, inmediato, próximo, pronto, cercano, apr[miante, imperioso, perentorio. **Ant.** Lejano, tardío, rem[to.

Inmiscuirse, entremeterse, interponerse, intervenir, me[clarse, entrometerse. **Ant.** Desentenderse, desinteresars[

Inmoderado-da, excesivo, exagerado, incontrolado, de[sorbitado, descomedido, desmedido. **Ant.** Comedid[atemperado, moderado, mesurado, templado.

Inmodestia, vanidad, orgullo, engreimiento, jactancia, f[tuidad, petulancia, soberbia, altanería, vanagloria, presu[ción. **Ant.** Sencillez, humildad.// Impudor, deshonestida[**Ant.** Recato.

Inmolación, sacrificio, hecatombe, catástrofe, matanza, voto, ofrenda, expiación. **Ant.** Perdón, condonación.

Inmolar, sacrificar, degollar, matar, expiar, ofrecer, ofrendar. **Ant.** Perdonar, condonar.

Inmoral, disoluto, licencioso, impúdico, deshonesto, obsceno, escabroso, pervertido, lujurioso. **Ant.** Honesto, moral, casto, decoroso, virtuoso.

Inmoralidad, deshonestidad, inmundicia, indignidad, indecencia, desvergüenza, depravación, corrupción, desaprensión, impudicia, lujuria, obscenidad, prostitución, libertinaje. **Ant.** Moralidad, virtud, decencia, honestidad.

Inmortal, imperecedero, perpetuo, eterno, perdurable, sempiterno, indefinido, duradero. **Ant.** Mortal, perecedero, caduco.

Inmortalidad, perdurabilidad, eternidad, perennidad, perpetuidad, permanencia, continuidad. **Ant.** Caducidad, fugacidad.

Inmortalizar, perpetuar, eternizar, perdurar. **Ant.** Morirse, desaparecer.

Inmóvil, inmoble, inmovible, invariable, fijo, inamovible, quieto, inconmovible, estable, inactivo, inanimado, detenido, estático, pasivo. **Ant.** Movible, móvil, variable, activo.

Inmovilidad, quietud, reposo, tranquilidad, inactividad, pasividad, inercia, invariabilidad, estabilidad, calma, parálisis. **Ant.** Movilidad, movimiento, acción, actividad.

Inmovilizar, parar, detener, paralizar, atajar, aquietar, frenar, sujetar, asegurar. **Ant.** Mover, empujar.// Dominar, cohibir, subyugar. **Ant.** Liberar.// Tranquilizar, sosegar.// -se, acongojarse, aterirse, pasmarse, congelarse.

Inmueble, edificio, casa, propiedad, vivienda, finca. **Ant.** Mueble, enser.

Inmundicia, basura, mugre, impureza, suciedad (v.), deshonestidad, vicio, porquería, impudicia. **Ant.** Higiene, limpieza, honestidad.

Inmundo-da, sucio, repugnante, nauseabundo, deshonesto, puerco, asqueroso, impuro, impúdico, astroso. **Ant.** Limpio, decente.

Inmune, libre, exento, liberado, exonerado, exceptuado, invulnerable, protegido, inviolable, indemne. **Ant.** Vulnerable.// Sano, resistente. **Ant.** Débil.

Inmunidad, exención, libertad, exoneración, dispensa, privilegio, prerrogativa, liberación. **Ant.** Igualdad.// Resistencia, vigor, invulnerabilidad, inviolabilidad, fortaleza. **Ant.** Debilidad.

Inmunizar, prevenir, exceptuar, proteger, privilegiar, eximir, liberar, vacunar. **Ant.** Someter, infectar, igualar, debilitar.

Inmutabilidad, estabilidad, permanencia, imperturbabilidad, inalterabilidad, invariabilidad, impasibilidad, serenidad, constancia, persistencia. **Ant.** Mutabilidad, inestabilidad, variabilidad.

Inmutable, estable, permanente, imperturbable, inalterable, invariable, impasible, sereno, persistente, impertérrito, indestructible, indisoluble. **Ant.** Agitado, mudable, intranquilo, versátil.

Inmutarse, alterarse, turbarse, conmoverse, conturbarse, desconcertarse, emocionarse, afectarse. **Ant.** Tranquilizarse, serenarse, contenerse.

Innato-ta, ingénito, propio, congénito, natural, peculiar, personal, esencial. **Ant.** Adquirido, contraído, formado.

Innecesario-ria, superfluo, inútil, fútil, redundante, sobrado, prescindible. **Ant.** Necesario, imprescindible.

Innegable, incuestionable, indiscutible, indisputable, incontrovertible, indudable, inequívoco, evidente, cierto, real, seguro, intachable, auténtico. **Ant.** Discutible, erróneo, dudoso.

Innoble, infame, indigno, vil, bajo, rastrero, mezquino, despreciable, desleal, abyecto. **Ant.** Noble, leal, honrado.

Innocuo-cua, inofensivo, inocente, inactivo. **Ant.** Nocivo.

Innovación, novedad, cambio, creación, renovación, invención. **Ant.** Conservación.

Innovador-ra, renovador, inventor, descubridor, iniciador, creador, reformador, introductor. **Ant.** Plagiador, copista, conservador.

Innovar, renovar, inventar, reformar, descubrir, cambiar, alterar, modificar, mudar, modernizar. **Ant.** Mantener, conservar.

Innumerable, incalculable, incontable, interminable, numeroso, crecido, copioso, múltiple, inmenso, sin fin. **Ant.** Finito, escaso.

Inobediencia, desobediencia, indisciplina, contravención, falta, rebeldía, insubordinación, inobservancia. **Ant.** Obediencia, disciplina.

Inobediente, desobediente, insubordinado, indisciplinado, indócil, ingobernable, rebelde, díscolo, reacio. **Ant.** Obediente, dócil.

Inobservancia, incumplimiento, contravención, informalidad, infracción, desobediencia. **Ant.** Cumplimiento, observancia.

Inocencia, candidez, simplicidad, candor, infantilismo, puerilidad, pureza, virtud, ingenuidad. **Ant.** Malicia, astucia.// Inculpabilidad, exculpación. **Ant.** Culpabilidad.

Inocentada, trampa, engaño, novatada, burla (v.).

Inocente, cándido, simple, candoroso, infantil, pueril, puro, ingenuo, sincero, limpio, casto. **Ant.** Astuto, malicioso.// Libre, absuelto, exculpado, inocuo. **Ant.** Culpable.

Inocular, vacunar, contagiar, transmitir, comunicar, inyectar, inmunizar, infectar. **Ant.** Sanear, esterilizar.

Inocuo-cua, inofensivo, inocente. **Ant.** Peligroso.

Inodoro-ra, neutro, sin olor, desodorante, limpio. **Ant.** Odorífero.

Inodoro, retrete, evacuatorio.

Inofensivo-va, inocuo, inocente, inerme, desarmado, pacífico, tranquilo. **Ant.** Peligroso.

Inolvidable, indeleble, imborrable, imperecedero, inmemorial, inmortal, memorable, histórico, famoso, ilustre, importante. **Ant.** Olvidable, pasajero.

Inope, mísero, miserable, pobre (v.).

Inopia, miseria, indigencia, pobreza (v.). **Ant.** Riqueza.

Inopinado-da, imprevisto, impensado, repentino, inesperado. **Ant.** Previsto, esperado.

Inoportunidad, inconveniencia, indiscreción, incorrección, improcedencia, impertinencia, contrariedad, disparate. **Ant.** Oportunidad, acierto.

Inoportuno-na, inconveniente, inadecuado, importuno, improcedente, incorrecto, extemporáneo, impropio, desaconsejado, intempestivo, destinado, impertinente. **Ant.** Oportuno, adecuado, justo, atinado, pertinente.

Inordenado-da, desordenado, desorganizado, desarreglado, descompuesto, trastornado, alterado, inordinado, revuelto. **Ant.** Ordenado, arreglado, compuesto.

Inquebrantable, inalterable, invariable, constante, tenaz, firme, inexorable, resuelto, inexpugnable. **Ant.** Alterable, variable.

Inquietante, intranquilizador, amenazador, alarmante, turbador, conmovedor, angustiante, preocupante. **Ant.** Tranquilizador.

Inquietar-se, intranquilizar, desasosegar, agitar, molestar, fastidiar, alarmar, desazonar, atormentar, perturbar, excitar, enfadar, incomodar, impacientar, sobresaltar, angustiar, preocupar, conmover, conturbar, torturar, amenazar. **Ant.** Tranquilizar, calmar, despreocupar.

Inquieto-ta, intranquilo, desasosegado, agitado, desazonado, alterado, alarmado, impaciente, nervioso, tenso, perturbado, preocupado. **Ant.** Tranquilo, sosegado.// Diligente, emprendedor. **Ant.** Indolente.

Inquietud, intranquilidad, alarma, desasosiego, desazón, sobresalto, angustia, ansiedad, malestar, conturbación, confusión, conmoción, alboroto, nerviosidad, impaciencia, agitación, tormento, zozobra, turbación, alteración, excitación, duda, sospecha, tortura, preocupación, desvelo. **Ant.** Calma, tranquilidad, sosiego, paz.// Actividad, dinamismo, diligencia. **Ant.** Indolencia, desidia.

Inquilino-na, arrendatario, ocupante, alquilador, vecino.

Inquina, antipatía, odio, aversión, enemistad, tirria, malquerencia, animadversión, animosidad, ojeriza, mala voluntad, aborrecimiento, malevolencia. **Ant.** Simpatía, amor, amistad.

Inquirir, averiguar, examinar, indagar, investigar, preguntar, escrutar, escudriñar, interrogar, escarbar, pesquisar, rastrear, sondar. **Ant.** Desentenderse, inhibirse, abstenerse.

Inquisición, indagación, pesquisa, averiguación, investigación. **Ant.** Desinterés, abstención.

Inquisidor-ra, investigador, indagador, averiguador, inquiridor.

Insaciable, insatisfecho, ávido, hambriento, tragón, glotón, famélico, avaro, ambicioso. **Ant.** Satisfecho, harto, ahíto.

Insalubre, dañino, malsano, perjudicial, nocivo, enfermizo. **Ant.** Saludable, beneficioso.

Insalvable, insuperable (v.), invencible (v.). **Ant.** Salvable, superable.

Insania, locura, demencia, enajenación, desvarío, delirio, manía, chifladura. **Ant.** Cordura, sensatez.

Insano-na, demente, loco, alienado, orate. **Ant.** Cuerdo.// Insensato, tonto, necio. **Ant.** Sensato.

Insatisfecho, descontento, disgustado, insaciable, inquieto, malhumorado, ambicioso, codicioso, desavenido. **Ant.** Satisfecho, contento.

Inscribir, grabar, trazar, registrar, apuntar, anotar. **Ant.** Borrar, tachar.// Limitar, delimitar, circunscribir, ajustar, ceñir. **Ant.** Extender.// -se, empadronarse, alistarse, afiliarse, matricularse, enrolarse, incorporarse, asociarse, agremiarse. **Ant.** Dar de baja, renunciar.

Inscripción, escrito, leyenda, letrero, rótulo, etiqueta, cartel, nota, epitafio.// Asiento, apuntación, incorporación, afiliación, agremiación, matriculación, alta. **Ant.** Renuncia, baja, dimisión, salida.

Inscrito-ta, suscrito, anotado, apuntado, asentado, afiliado. **Ant.** Borrado, tachado.

Inseguridad, inestabilidad, incertidumbre, duda, vacilación, perplejidad, indecisión, desequilibrio, riesgo, peligro. **Ant.** Estabilidad, firmeza, seguridad.

Inseguro-ra, inestable, incierto, dudoso, vacilante, variable, mudable, precario, movedizo. **Ant.** Seguro, firme.// Irresoluto, indeciso, indeterminado. **Ant.** Decidido.// Apocado, tímido, corto, vergonzoso. **Ant.** Atrevido.

Insensatez, necedad, disparate, desatino, dislate, locura, demencia, idiotez, tontería, imbecilidad, temeridad, imprudencia. **Ant.** Sensatez, juicio, prudencia, cordura.

Insensato-ta, necio, desatinado, tonto, alocado, demente, desquiciado, insano, irreflexivo, irrazonable, imprudente, tonto, imbécil, idiota, metecato. **Ant.** Sensato, prudente, cuerdo, reflexivo.

Insensibilidad, indiferencia, impasibilidad, indolencia, apatía. **Ant.** Sensibilidad.// Dureza, rigor, crueldad, **Ant.** Ternura, piedad.

Insensibilizar, calmar, adormecer, anestesiar, entorpecer, embotar. **Ant.** Sensibilizar.// -se, endurecerse. **Ant.** Conmoverse, enternecerse.

Insensible, inconsciente, adormecido, inerte, desmayado, exánime, yerto, inmóvil. **Ant.** Consciente, sensible.// Duro, cruel, inconmovible, impío, inhumano, despiadado, indiferente, empedernido, riguroso, brutal. **Ant.** Tierno, piadoso.

Inseparable, inherente, adjunto, unido, ligado, indivisible. **Ant.** Separable.// Fiel, íntimo, devoto, entrañable, **Ant.** Desunido, desafecto.

Inserción, inclusión, penetración, introducción, empotramiento. **Ant.** Exclusión.// Publicación, anuncio.

Inserir, injerir, insertar, injertar (v.).

Insertar, incluir, penetrar, introducir, embutir, intercalar, inserir. **Ant.** Excluir, extraer.// Publicar, editar, imprimir, divulgar.

Inservible, inútil, deteriorado, inaprovechable, estropeado, inaplicable. **Ant.** Útil, aprovechable.

Insidia, intriga, maquinación, acechanza, trampa, engaño, celada, emboscada, estratagema, perfidia. **Ant.** Sinceridad.

Insidioso-sa, intrigante, astuto, embaucador, engañoso, cauteloso, astuto, malévolo. **Ant.** Sincero, franco.

Insigne, célebre, ilustre, notable, relevante, reputado, famoso, afamado, esclarecido, señalado, distinguido, sobresaliente, glorioso, magno, excelso, noble, ínclito, egregio. **Ant.** Vulgar, desconocido, humilde, ignorado.

Insignia, señal, emblema, marca, distintivo, enseña, símbolo, muestra, banda, bandera (v.), estandarte, medalla, divisa, cinta, pendón, lema.

Insignificancia, menudencia, pequeñez, insuficiencia, minucia, nadería, futilidad, nulidad, inutilidad, simpleza, nimiedad, baratija, pamplina, mezquindad, trivialidad. **Ant.** Importancia, utilidad, grandeza.

Insignificante, exiguo, despreciable, miserable, pequeño, trivial, leve, fútil, imperceptible, irrisorio, minúsculo, pueril, ligero, nimio, insustancial, superficial, menguado, escaso, nulo. **Ant.** Importante, trascendental, útil, necesario.

Insinuación, sugerencia, instigación, alusión, indirecta, rodeo, ambigüedad, invitación, eufemismo, reticencia, captación, aviso.

Insinuante, sugerente, alusivo, tácito, insinuativo, persuasivo. **Ant.** Desalentador, indiferente.,

Insinuar, sugerir, decir, inspirar, apuntar, señalar, deslizar, indicar, aludir, referirse, esbozar. **Ant.** Ordenar.

Insípidez, insulsez, desabrimiento, sosería, insabor, insustancialidad. **Ant.** Sabor.

Insípido-da, insulso, desabrido, soso, insustancial, frío, inexpresivo. **Ant.** Sabroso, expresivo.

Insipiencia, ignorancia (v.).// Bobería, necedad, simpleza, inepcia, insensatez. **Ant.** Sensatez, inteligencia.

Insipiente, ignorante (v.).// Necio (v.), bobo, simple, inepto, insensato. **Ant.** Inteligente, sensato. **Par.** Incipiente.

Insistencia, perseverancia, obstinación, porfía, pertinacia, terquedad, repetición, tenacidad, testarudez, tozudez. **Ant.** Negligencia, abandono.

Insistente, obstinado, perseverante, porfiado, pertinaz, terco, tenaz, testarudo, tozudo, obcecado, obsesivo, reiterado, machacón. **Ant.** Abandonado, condescendiente.

Insistir, instar, porfiar, reiterar, reclamar, perseverar, pedir, importunar, repetir, subrayar, afirmar, obsesionarse, empeñarse, machacar. **Ant.** Desistir, dejar, renunciar.

ínsito-ta, congénito, natural, innato, propio. **Ant.** Adquirido.

Insobornable, íntegro, honrado, honesto, justo, incorruptible, firme, inflexible. **Ant.** Sobornable, deshonesto.

Insociable, insocial, intratable, huraño, arisco, áspero, hosco, misántropo, retraído, esquivo, aislado, introvertido, huidizo. **Ant.** Sociable, tratable, comunicativo.

Insolencia, atrevimiento, audacia, desfachatez, descaro, osadía, imprudencia, irreverencia, orgullo, altivez, arrogancia, temeridad, descortesía, grosería. **Ant.** Cortesía, respeto, amabilidad, humildad, reverencia.

Insolentarse, atreverse, desmandarse, desvergonzarse, desmesurarse, desbocarse, desmelenarse, osar, descomedirse, propasarse, jactarse. **Ant.** Respetar, moderarse.

Insolente, descarado, atrevido, desvergonzado, irreverente, procaz, insultante, descortés, incorrecto, desfachatado, grosero, petulante, soberbio, orgulloso, altanero, ofensivo, impertinente, descomedido, desmandado, irrespetuoso. **Ant.** Amable, cortés, respetuoso.

Insólito-ta, desacostumbrado, inusitado, inhabitual, nuevo, extraño, extraordinario, desusado, raro, extravagante, asombroso, infrecuente, anormal. **Ant.** Corriente, frecuente, normal, común.

Insoluble, irresoluble, indisoluble (v.), inconmovible, perenne, firme, resistente. **Ant.** Soluble, débil.// Incomprensible, inexplicable, indescifrable, impenetrable, misterioso, hermético, difícil, abstruso, intrincado. **Ant.** Explicable, comprensible.

Insolvencia, descrédito, irresponsabilidad, deuda, quiebra, crisis, empobrecimiento, indigencia. **Ant.** Solvencia, garantía.

Insolvente, desacreditado, inhabilitado, irresponsable, arruinado, empobrecido, fallido. **Ant.** Solvente, responsable.

Insomne, despierto, desvelado.

Insomnio, desvelo, vigilia, vela, desvelamiento, preocupación, intranquilidad. **Ant.** Sueño.

Insondable, indescifrable, incomprensible, inescrutable, impenetrable, infinito, inmenso, recóndito, oscuro, misterioso, oculto. **Ant.** Penetrable, claro, comprensible.

Insoportable, intolerable, inaguantable, insufrible, irresistible, fastidioso, pesado, incómodo, enojoso, irritante, molesto, desagradable. **Ant.** Soportable, agradable.

Insoslayable, ineludible (v.).

Insospechado-da, sorprendente (v.).

Insostenible, indefinible, inadmisible, ilógico, rebatible, refutable, impugnable, utópico. **Ant.** Admisible, irrebatible.

Inspección, investigación, fiscalización, vigilancia, reconocimiento, verificación, examen, revista, visita, registro, revisión, intervención. **Ant.** Tolerancia, desculdo.

Inspeccionar, investigar, vigilar, examinar, reconocer, registrar, controlar, revistar, verificar, supervisar, fiscalizar, observar, comprobar. **Ant.** Permitir, admitir, descuidar.

Inspector-ra, verificador, vigilante, interventor, visitador, veedor, registrador, controlador.

Inspiración, iluminación, musa, vocación, arrebato, imaginación, vena, intuición, sugestión, dugerencia, idea. **Ant.** Frialdad, cerrazón.// Aspiración, inhalación, respiración. **Ant.** Espiración, exhalación.

Inspirar, iluminar, sugerir, arrebatar, intuir, infundir, influir, transmitir, insinuar, revelar.// Inhalar, aspirar, respirar, soplar. **Ant.** Exhalar, espirar.

Instalación, colocación, emplazamiento, disposición, establecimiento, alojamiento, situación, localización. **Ant.** Desbaratamiento.

Instalar, colocar, emplazar, apostar, establecer, disponer, alojar, situar, poner, acomodar, preparar, instaurar, montar. **Ant.** Desarmar, deshacer, desmontar.

Instancia, solicitación, solicitud, petición, súplica, apelación.// Impugnación, pleito, juicio, recurso, proceso.

Instantáneo-a, rápido, súbito, breve, fugaz, pasajero, efímero, inmediato. **Ant.** Lento, largo, duradero.

Instante, momento, segundo, minuto, tris, santiamén, soplo, periquete, punto. **Ant.** Eternidad, perennidad.

Instar, pedir, solicitar, demandar, reclamar, reivindicar, insistir, suplicar, urgir, apremiar. **Ant.** Renunciar.

Instauración, restauración, restablecimiento, renovación, reposición, institución, constitución, implantación, fundación, entronización. **Ant.** Destrucción, abandono, destitución.

Instaurador-ra, iniciador, pionero, adelantado, fundador, creador, organizador.

Instaurar, restablecer, reponer, reintegrar.// Establecer, inaugurar, implantar, contituir, organizar, instalar. **Ant.** Deponer, clausurar.

Instigación, inducción, incitación, provocación, persuasión, estímulo, impulso, excitación, coacción, exhortación. **Ant.** Disuasión, desaliento.

Instigador-ra, impulsor, provocador, inductor, promovedor, sollviantador, agitador, inspirador, incitador. **Ant.** Indolente, desanimador, disuasivo.

Instigar, inducir, incitar, provocar, persuadir, influir, excitar, promover, estimular, impulsar, exhortar, empujar, alentar, mover, impeler, animar. **Ant.** Disuadir, desalentar, desanimar.

Instilar, infundir, infiltrar, inspirar. **Ant.** Desalentar.// Verter, gotear, destilar, secretar, echar. **Ant.** Extraer, recoger.

Instintivo-va, involuntario, inconsciente, intuitivo, indeliberado, espontáneo, irreflexivo, maquinal. **Ant.** Voluntario, pensado.

Instinto, inconsciencia, impulso, automatismo, inspiración, atavismo, naturaleza, reflejo, propensión, intuición, inspiración. **Ant.** Reflexión, meditación.

Institución, establecimiento, fundación, creación, organización, corporación, organismo.

Instituir, fundar, establecer, crear, erigir, instaurar, constituir, estatuir. **Ant.** Abolir, derrocar.

Instituto, institución (v.), constitución, centro, academia, corporación, sociedad, escuela, liceo, facultad.// Regla, ordenanza, reglamento, orden.

Institutriz, instructora, aya, maestra, preceptora, profesora, educadora, tutora, guía. **Ant.** Alumna.// Dama de compañía, acompañanta.

Instrucción, normas, reglas, advertencias, explicaciones, preceptos, pauta, orientación.// Educación, enseñanza, conocimiento, ilustración, saber, erudición, cultura, ciencia, pedagogía. **Ant.** Incultura, ignorancia, analfabetismo.

Instructivo-va, educativo, formativo, ilustrativo, edificante, docente, pedagógico, aleccionador. **Ant.** Destructivo.

Instructor-ra, institutor, profesor, pedagogo, educador, preceptor, ayo, monitor, entrenador, consejero, tutor, guía. **Ant.** Alumno, educando.

Instruido-da, ilustrado, docto, sabio, letrado, culto, científico, entendido, educado, cultivado, erudito, capacitado, preparado, versado, perito. **Ant.** Inculto, ignorante.

Instruir-se, ilustrar, ilustrado, informar, enseñar, educar, cultivar, adiestrar, iniciar, aleccionar. **Ant.** Ignorar, descarriar, descuidar, desinteresarse.

Instrumento, útil, herramienta, utensilio, aparato, máquina, artefacto, instrumental, maquinaria, arma.

Insubordinación, rebeldía, alzamiento, levantamiento, insdisciplina, rebelión, desobediencia, sublevación. **Ant.** Subordinación, obediencia.

Insubordinado-da, rebelde, indisciplinado, desobediente, insurrecto, sublevado, sedicioso, insurgente. **Ant.** Subordinado, disciplinado, obediente.

Insubordinar-se, indisciplinar, desobedecer, desafiar, amotinar, sublevar, insurreccionar, alzar. **Ant.** Obedecer, subordinar, someter.

Insubstancial, insignificante, trivial, vacuo, vacío, ligero, insulso, insípido, soso, desabrido, vano, fútil, frívolo, vulgar. **Ant.** Importante, substancial, trascendental.

Insubstancialidad, insignificancia, trivialidad, vacuidad, ligereza, insipidez, insulsez, vanidad, futilidad, frivolidad, vulgaridad, tontería, miseria, nimiedad. **Ant.** Substancialidad, importancia, trascendencia.

Insuficiencia, incapacidad, inhabilidad, torpeza, ineptitud, incompetencia, imperfección, impericia, ignorancia. **Ant.** Capacidad, habilidad, competencia.// Escasez, pobreza, pequeñez, carencia, falta, deficiencia, penuria. **Ant.** Abundancia, exceso.

Insuficiente, torpe, incapacitado, incompetente, inepto, incapaz, tonto. **Ant.** Capaz, competente, hábil.// Imperfecto, escaso, deficiente, carente, falto, incompleto. **Ant.** Suficiente, abundante.

Insuflar, hinchar, henchir, soplar, inflar. **Ant.** Desinflar.// Inducir, influir, mover, comunicar, animar, instigar. **Ant.** Desanimar, disuadir.

Insufrible, insoportable (v.), imposible (v.), doloroso, molesto, fastidioso, irritante, enojoso, enfadoso, cargante, desagradable. **Ant.** Llevadero, tolerable.

ínsula, isla, islote.

insular, insulano, isleño (v.).

insulsez, insipidez, sosería, sosera, desabrimiento. **Ant.** Sabor.// Necedad, tontería, estupidez, simpleza.

insulso-sa, insípido, soso, desabrido. **Ant.** Sabroso.// Tonto, necio, estúpido, simple, inexpresivo. **Ant.** Listo, vivaz.

insultante, injurioso, ultrajante, ofensivo, insolente, vejatorio, irrespetuoso, agresivo, humillante, provocatrivo, afrentoso. **Ant.** Elogioso.

insultar, injuriar, ultrajar, ofender, vilipendiar, molestar, maldecir, lastimar, deshonrar, desconsiderar, insolentar, increpar, humillar, provocar, afrentar. **Ant.** Elogiar, honrar, alabar.

insulto, ultraje, injuria, dicterio, agravio, vilipendio, humillación, descaro, blasfemia, improperio, palabrota, irreverencia, grosería, vituperio. **Ant.** Elogio, encomio.

insuperable, incomparable (v.), inmejorable, óptimo, perfecto, excelente, imponderable. **Ant.** Mejorable.// Invencible (v.), imposible, impracticable, infranqueable, difícil, arduo, dificultoso, inasequible. **Ant.** Fácil, superable.

insurgente, insurrecto (v.).

insurrección, insubordinación, levantamiento, alzamiento, revuelta, motín, sublevación, pronunciamiento, rebelión, alboroto, tumulto, sedición. **Ant.** Sumisión, acatamiento.

insurreccionar-se, sublevar, indisciplinar, desobedecer, levantar, alzar, amotinar, insubordinar, pronunciarse, rebelarse, conspirar. **Ant.** Acatar, obedecer, someterse.

insurrecto-ta, sublevado, alzado, levantado, insurgente, rebelde, provocador, faccioso, desobediente, revolucionario. **Ant.** Obediente, sumiso.

Insustituible, imprescindible, irreemplazable, indispensable, necesario. **Ant.** Sustituible, secundario.

Intachable, íntegro, irreprochable (v.), probo, respetable, recto, honrado, honorable, perfecto, intacto (v.). **Ant.** Censurable, deshonrado.

Intacto-ta, indemne, ileso, incólume, sano. **Ant.** Dañado.// Flamante, nuevo, íntegro, completo. **Ant.** Incompleto.// Puro, virgen, inmaculado, inviolado. **Ant.** Impuro.

Intangible, intocable, impalpable, inviolable, invisible, incorpóreo, espiritual, sagrado. **Ant.** Palpable, material.

Integral, total, completo, cabal, entero, íntegro. **Ant.** Incompleto, parcial.

Integrante, componente, constituyente, ingrediente, parte, elemento, material, accesorio.// Integral, adicional, parcial. **Ant.** Total.

Integrar, componer, formar, constituir, participar, completar, añadir, incluir. **Ant.** Separar, faltar, excluir.

Integridad, totalidad, plenitud, indivisión, entereza, perfección. **Ant.** Parcialidad, imperfección.// Castidad, virginidad, pureza, incorrupción. **Ant.** Impureza, deshonra.// Honradez, probidad, rectitud, decencia, virtud. **Ant.** Vicio, indignidad.

Intelecto, inteligencia (v.), mente, entendimiento.

Intelectual, mental, intelectivo, espiritual, razonado, teórico, especulativo. **Ant.** Material, corporal.// Docto, erudito, sabio, entendido, estudioso, instruido, científico, ilustrado. **Ant.** Ignorante, inculto.

Inteligencia, entendimiento, intelecto, pensamiento, talento, razón, cerebro, seso, raciocinio, conocimiento, mente, razonamiento, imaginación, penetración, lucidez, clarividencia, ingenio, sagacidad. **Ant.** Torpeza, incultura, idiotez.// Acuerdo, avenencia. **Ant.** Desavenencia.

Inteligente, astuto, listo, ingenioso, esclarecido, lúcido, profundo, clarividente, comprensivo, prudente, perspicaz, sagaz, despierto, diestro, experimentado, versado, instruido. **Ant.** Ignorante, bruto, inculto, estúpido.

Inteligible, comprensible, descifrable, fácil, claro, sencillo, asequible, legible, patente. **Ant.** Incomprensible, difícil, oscuro.

Intemperancia, destemplanza, desenfreno, exceso, inmoderación, incontinencia, libertinaje, concupiscencia. **Ant.** Templanza, moderación, sobriedad.// Intolerancia, intransigencia (v.). **Ant.** Tolerancia.// Grosería, brutalidad, violencia, desconsideración. **Ant.** Cortesía, consideración.

Intemperante, desenfrenado, inmoderado, incontinente, libertino, concupiscente. **Ant.** Sobrio, moderado.// Intolerante, intransigente (v.). **Ant.** Tolerante.// Grosero, bruto, violento, desconsiderado, impertinente, tosco. **Ant.** Cortés, considerado.

Intempestivo-va, inesperado, extemporáneo, impensado, inopinado, inoportuno, imprevisto. a deshora. **Ant.** Oportuno, previsto, adecuado.

Intención, propósito, designio, fin, mira, proyecto, determinación, decisión, idea, pensamiento, deseo, intento, objetivo, propensión. **Ant.** Abstención, renuncia. **Par.** Intensión.

Intencionado-da, premeditado, deliberado, voluntario, querido, ex profeso. **Ant.** Involuntario.

Intendencia, gobierno, dirección, administración, gerencia, gestión, regencia.// Abastecimiento.

Intendente, administrador, gerente, gestor, director, jefe, supervisor.// Mayordomo, abastecedor.

Intensidad, energía, intensificación, vigor, fuerza, poder, violencia, vehemencia, ardor, importancia, apogeo, intensión, viveza, potencia, grado, rigor, acentuación, énfasis, tensión, magnitud. **Ant.** Suavidad, debilidad.

Intensificación, agravación, incremento, recrudecimiento, acentuación, aumento, subida, crecimiento, desarrollo, rapidez. **Ant.** Disminución, debilitamiento.

Intensificar, intensar, reforzar, vigorizar, fortalecer, acentuar, aumentar, desarrollar, extender, acrecentar. **Ant.** Suavizar, disminuir, debilitar.

Intensión, intensidad (v.). **Par.** Intención.

Intenso-sa, fuerte, vigoroso, vivo, agudo, grande, violento, potente, vehemente, extremado, penetrante, profundo, acentuado, doloroso, ardiente, apasionado. **Ant.** Débil, tenue, flojo, imperceptible.

Intentar, probar, procurar, tratar, ensayar, iniciar, empezar, emprender, esforzarse, tantear, proyectar, sondear, experimentar, aspirar, encaminar, trabajar, ambicionar, querer. **Ant.** Desistir, renunciar, abandonar.

Intento, tentativa, intención, proyecto, plan, propuesta, ensayo, impulso, borrador, croquis, boceto, plano, modelo, experimento, tanteo. **Ant.** Abandono, desinterés, renuncia.

Intentona, frustración, fracaso, malogro, chasco. **Ant.** Éxito, logro.// Tentativa (v.).

Intercalación, inserción, interposición, interpolación, interlínea, introducción, incrustación, combinación. **Ant.** Separación.// Paréntesis, añadido.

Intercalar, interponer, insertar, interpolar, interfoliar, introducir, unir, interlinear, combinar, ensamblar, añadir. **Ant.** Entresacar, separar, extraer.

Intercambiar, cambiar (v.).

Intercambio, cambio, trueque, permuta, canje, reciprocidad.// Negocio, compraventa.

Interceder, mediar, intermediar, interponerse, suplicar, abogar, rogar, hablar por, interesarse, intervenir, ayudar, defender. **Ant.** Desinteresarse, desentenderse.

Intercepción, interceptación, interrupción, obstrucción, detención, corte, oposición, suspensión. **Ant.** Reanudación.

Interceptar, interrumpir, impedir, detener, estorbar, entorpecer, cortar, parar, incomunicar, aislar. **Ant.** Continuar, seguir, facilitar.

Intercesión, intervención, mediación, protección, recomendación, conciliación, influencia. **Ant.** Abandono, renuncia, abstención.

Intercesor-ra, mediador, intermediario, protector, reconciliador, árbitro. **Ant.** Imparcial, enemigo.

Interdecir, proscribir, prohibir (v.), impedir, vedar, privar. **Ant.** Autorizar, permitir.

Interdicción, prohibición, veto, privación, exclusión, negación, oposición. **Ant.** Autorización, permiso.

Interés, atractivo, encanto, afecto, inclinación, hechizo, fascinación, seducción, sugestión. **Ant.** Repulsión.// Utilidad, rendimiento, provecho, ventaja, rédito, ganancia, beneficio. **Ant.** Perjuicio, pérdida.// Propensión, inclinación, apego, afán, atención, celo, vocación, disposición, curiosidad. **Ant.** Desinterés, indiferencia.

Interesado-da, solicitante, compareciente.// Avaro, codicioso, ambicioso, materialista, egoísta, usurero. **Ant.** Generoso, altruista.// Afectado, apegado, adicto, asociado, atento.// Fascinado, atraído. **Ant.** Desinteresado.

Interesante, atrayente, atractivo, cautivador, agradable, seductor, encantador, original, importante. **Ant.** Indiferente, displicente, vulgar.

Interesar, agradar, atraer, cautivar, sugestionar, impresionar, conmover, seducir, conquistar. **Ant.** Aburrir, desagradar.// Concernir, atañer, importar, incumbir. **Ant.** Abandonar.// Invertir, producir, rentar, devengar, lograr, ganar.// -se, preocuparse, afanarse, desvelarse, impacientarse, encariñarse. **Ant.** Desinteresarse, fastidiarse.

Intereses, riqueza, bienes, fortuna, hacienda, capital, patrimonio, caudal, posesiones, renta, ganancia.

Interferencia, intercepción, cruce, corte, obstrucción. **Ant.** Reanudación.// Entrometimiento, curiosidad. **Ant.** Discreción, desinterés.

Interferir, interceptar, cruzarse, interrumpir, obstruir, impedir, estorbar, cortar, incomunicar. **Ant.** Facilitar, reanudar.

Interfoliar, interpaginar.

Interín, intervalo, entracto, entre tanto, mientras, por el momento, provisionalmente.

Interinidad, provisionalidad, transitoriedad, eventualidad, periodicidad, intermedio. **Ant.** Permanencia.

Interino-na, provisional, provisorio, suplente, sustituto, momentáneo, accidental, pasajero, transitorio. **Ant.** Fijo, perpetuo.

nterior, interno, central, céntrico, profundo, secreto, recóndito, mental, anímico. **Ant**. Externo, corporal.// Centro, núcleo, entraña. **Ant**. Exterior, periferia.// Íntimo, familiar, particular, doméstico. **Ant**. Extraño, público.

nterioridad, intimidad, fondo, alma, ánimo, corazón, entrañas, conciencia, seno.// Hueco, vacío, profundidad. **Ant**. Exterioridad, superficie, apariencia.

nterjección, exclamación, imprecación, grito.

nterlinear, intercalar (v.), interpolar (v.).

nterlocución, diálogo, coloquio, plática.

nterlocutor-ra, dialogador, escucha, oyente.

nterludio, intermedio (v.), entreacto.

ntermediar, mediar (v.), interceder, intervenir, interponerse, promediar, abogar. **Ant**. Desentenderse, acusar.

ntermediario-ria, intercesor, mediador, medianero, árbitro, componedor, negociante, negociador, traficante. **Ant**. Desinteresado.

ntermedio, interludio, intervalo, entreacto.// Interrupción, tregua, espera.

nterminable, inacabable, ininterrumpido, perpetuo, eterno (v.), inagotable, infinito, continuo, lento, largo. **Ant**. Limitado, breve.

ntermitencia, discontinuidad, interrupción, suspensión, cesación, discontinuación, inconstancia. **Ant**. Prosecución, continuidad.

ntermitente, discontinuo, periódico, irregular, esporádico, aislado, inconstante. **Ant**. Continuo, regular, constante.

nternacional, universal, mundial, cosmopolita. **Ant**. Local, regional, nacional.

nternar, encerrar, recluir, aislar, encarcelar, apartar. **Ant**. Liberar.// -se, adentrarse, penetrar, introducirse, entrar. **Ant**. Salir, evadirse, huir.

nterno-na, interior, íntimo, secreto, entrañable, familiar. **Ant**. Externo, exterior.// Pensionista, becario, pupilo.

nterpelar, interrogación (v.), pregunta, requerimiento, solicitación, demanda, petición. **Ant**. Respuesta, contestación.

nterpelar, interrogar (v.), preguntar, apelar, instar, requerir, demandar, solicitar. **Ant**. Contestar, responder.

nterplanetario-ria, interestelar, intersideral, universal, celeste, cósmico, espacil. **Ant**. Terrenal.

nterpolación, interposición, mediación, entrometimiento.// Intercalación (v.), escollo.

nterpolar, intercalar (v.).

nterponer, intercalar (v.), interpolar, insertar, entremediar, introducir, mezclar, interlinear, entremezclar, entretejer. **Ant**. Extraer, sacar.// -se, mediar, intervenir, atravesarse, entrometerse, ponerse en medio, obstaculizar. **Ant**. Apartarse, abstenerse.

nterposición, intercalación, interpolación, injerencia, intervención, mediación, intercesión, obstáculo, interrupción. **Ant**. Separación, abstención.

nterpretación, explicación, exégesis, traducción, comprensión, significación, inteligencia, apreciación, sentido, aclaración, comentario, elucidación, análisis, definición, inferencia, deducción, conclusión, glosa, descripción. **Ant**. Confusión, desconocimiento.

nterpretar, explicar, aclarar, comentar, entender, significar, expresar, traducir, descifrar, glosar, describir, deducir, elucidar, definir, inferir, concluir, asimilar. **Ant**. Confundir, complicar, oscurecer.// Actuar, representar, caracterizar.

ntérprete, interpretador, comentarista, expositor, glosador.// Traductor.// Ejecutante, solista, cantante, músico, artista.

nterrogación, pregunta, interrogante, duda, interpelación. **Ant**. Respuesta, contestación.// Incógnita, investigación, información, averiguación, indagación. **Ant**. Satisfacción.

nterrogador-ra, juez, examinador, investigador, demandante.

nterrogante, enigma, incógnita, duda, misterio, secreto.

nterrogar, preguntar, inquirir, examinar, escudriñar, interpelar, informar, consultar. **Ant**. Responder.

nterrogatorio, cuestionario, examen, juicio, encuesta, informe, investigación. **Ant**. Contestación, respuesta, aclaración.

interrumpir, suspender, cortar, interceptar, interferir, detener, impedir, truncar, discontinuar, atajar, estorbar. **Ant**. Continuar, ininterrumpir, permitir.

interrupción, suspensión, cesación, discontinuación, intervalo, descanso, obstáculo, separación, paralización, complicación, dificultad, prohibición. **Ant**. Continuación, prosecución, prolongación.

intersección, cruce, encuentro, corte, confluencia, empalme, sección, punto. **Ant**. Bifurcación, separación.

intersticio, hendedura, grieta, abertura, rendija, hueco, resquicio, resquebrajadura, paso.// Intervalo, espacio, tiempo.// Juntura, ranura, surco, corte, incisión.

intervalo, pausa, tregua, intermedio, descanso.// Lapso, espacio, tiempo, distancia, medida, duración, interín, extensión, transcurso.// Paréntesis, inciso.

intervención, intromisión, interposición, mediación, injerencia. **Ant**. Abstención.// Influencia, dominación, mando.// Inspección, fiscalización, control, arbitraje. **Ant**. Desinterés, desentendimiento.// Operación.

intervenir, mediar, participar, inmiscuirse, terciar, entrometerse, interponerse, tomar parte, mezclarse, ocuparse, actuar.// Operar.// Fiscalizar, inspeccionar, controlar, supervisar, verificar, arbitrar. **Ant**. Inhibirse, desentenderse, abstenerse, desinteresarse.

interventor-ra, inspector, mediador, supervisor.

intestino-na, interno, interior, doméstico, familiar. **Ant**. Externo, exterior.

intimación, comunicación, advertencia, aviso, aclaración, requerimiento, ultimátum.

intimar, conminar, notificar, advertir, exigir, reclamar, requerir, ordenar.// Fraternizar, avenirse, congeniar, confraternizar. **Ant**. Enemistar, discordar.

intimidación, amenaza, desafío.

intimidad, confianza, familiaridad, amistad, privanza, apego, unión, adhesión, relación. **Ant**. Generalidad, desconfianza.

intimidar, asustar, atemorizar, acobardar, arredrar, amedrentar, acoquinar. **Ant**. Envalentonar, desafiar.

íntimo-ma, privado, interior, profundo, recóndito, secreto. **Ant**. Externo.// Afecto, amigo, fraterno, familiar, adicto, entrañable, inseparable. **Ant**. Hostil, enemigo, extraño, desafecto.

intitular, titular, nombrar, señalar, llamar, designar. **Ant**. Callar, silenciar.

intocable, intangible (v.).

intolerable, inaguantable, insoportable, insufrible, fastidioso, molesto, irresistible, inadmisible, imperdonable, abusivo, excesivo. **Ant**. Tolerable, agradable, llevadero.

intolerancia, intransigencia (v.), intemperancia, fanatismo. **Ant**. Tolerancia.

intoxicación, envenenamiento, emponzoñamiento, infección, inoculación. **Ant**. Desintoxicación, antídoto.

intoxicar, envenenar, emponzoñar, infectar, atosigar, inficionar, corromper, viciar, pervertir. **Ant**. Desintoxicar, desinfectar, purificar.

intraducible, inexplicable, indecible, incomprensible, indescriptible, inexpresable. **Ant**. Comprensible, traducible.

intranquilidad, inquietud, preocupación, alarma, angustia, agitación, malestar, ansiedad, desasosiego, zozobra, turbación, conmoción. **Ant**. Tranquilidad, sosiego, calma.

intranquilizar, inquietar, preocupar, alarmar, angustiar, desasosegar, desazonar, perturbar, zozobrar, agitar, sobresaltar, impresionar, incomodar, atormentar, conmocionar. **Ant**. Tranquilizar, sosegar, calmar.

intranquilo-la, inquieto, preocupado, alarmado, nervioso, perturbado, desazonado, agitado, sobresaltado, angustiado, conmocionado. **Ant**. Tranquilo, sereno, despreocupado.

intransferible, inalienable (v.), intransmisible. **Ant**. Transferible.

intransigencia, intemperancia, obstinación, porfía, testarudez, terquedad, intolerancia (v.), resistencia, obcecación, fanatismo, dogmatismo, severidad, rigidez, inhumanidad. **Ant**. Transigencia, tolerancia, comprensión.

Intransigente, terco, pertinaz, intolerante, testarudo, intemperante (v.), obcecado, fanático, dogmático, rígido. *Ant.* Transigente, tolerante, comprensivo.

Intransitable, infranqueable, escabroso, impracticable, incaminable, fragoso, áspero, escarpado, intrincado, tortuoso, quebrado. *Ant.* Fácil, transitable, despejado.

Intransmisible, inalienable (v.), intransferible. *Ant.* Transmisible.

Intrascendencia, insignificancia (v.).

Intrascendente, insignificante (v.), trivial (v.). *Ant.* Trascendente.

Intratable, insoportable, intolerable, desagradable, huraño, descortés, insocial, retraído, esquivo, áspero, arisco, hosco, misántropo, seco, adusto. *Ant.* Amable, simpático, agradable.

Intrepidez, osadía, valentía, bravura, arrojo, valor, coraje, esfuerzo, denuedo, atrevimiento, decisión, brío, carácter, resolución, audacia. *Ant.* Timidez, cobardía, apocamiento.

Intrépido-da, osado, valiente, bravo, arrojado, valeroso, esforzado, denodado, atrevido, decidido, brioso, resuelto, audaz, lanzado, heroico. *Ant.* Tímido, cobarde, apocado.

Intriga, enredo, embrollo, ardid, trama, tramoya, manejo, complot, artimaña, maquinación, emboscada, trampa, disimulo, tejemaneje, acechanza, confabulación.// Misterio, enigma, incertidumbre, suspenso.

Intrigante, embaucador, enredador, chismoso, insidioso, conspirador, tramposo. *Ant.* Leal, discreto.// Misterioso, enigmático, interesante. *Ant.* Indiferente.

Intrigar, embaucar, enredar, maquinar, tramar, urdir, conspirar, complotar, maniobrar. *Ant.* Desbaratar, descubrir.

Intrincado-da, enredado, enrevesado, enmarañado, confuso, oscuro, difícil, complicado, indescifrable, arduo, embrollado, engorroso, enigmático, problemático, inescrutable. *Ant.* Sencillo, claro, fácil, despejado.// Intransitable, impracticable (v.), escarpado (v.). *Ant.* Accesible.

Intrincar, enmarañar, enredar, embrollar, tergiversar, embarullar, confundir, complicar. *Ant.* Desenredar, esclarecer.

Intríngulis, incógnita, dificultad, quid, nudo, duda, hito, secreto, meollo.

Intrínseco-ca, íntimo, interno, propio, peculiar, esencial, constitutivo, inherente, natural, característico. *Ant.* Extrínseco, exterior, extraño, impropio.

Introducción, preludio, prólogo, principio, prefacio, comienzo, exordio, proemio. *Ant.* Epílogo.// Entrada, admisión, penetración, inserción, implantación, intromisión, infiltración. *Ant.* Salida, exclusión.

Introducir, meter, inyectar, ensartar, penetrar, insertar, infiltrar, incluir, incorporar, intercalar, encajar, ensamblar, *Ant.* Sacar, extraer.// **-se**, inmiscuirse, meterse, entrometerse, relacionarse. *Ant.* Alejarse.

Introito, introducción (v.).

Intromisión, entrometimiento, indiscreción, fisgoneo, curiosidad, impertinencia. *Ant.* Desentendimiento, discreción, desinterés.

Introspección, introversión (v.), reflexión, meditación, examen, observación. *Ant.* Irreflexión, inhibición.

Introvertido-da, adusto, insociable (v.), huraño, tímido, retraído. *Ant.* Extrovertido, sociable.

Intrusión, intromisión (v.).

Intruso-sa, indiscreto, entremetido, entrometido, inoportuno, curioso, fisgón, importuno. *Ant.* Discreto.// Extranjero, advenedizo, forastero. *Ant.* Propio, nativo.

Intuición, instinto, percepción, conocimiento, adivinación, clarividencia, presentimiento, corazonada, discernimiento, visión, penetración, perspicacia. *Ant.* Reflexión, ceguera.

Intuir, presentir, percibir, sospechar, adivinar, pronosticar, sentir, vislumbrar, entrever, distinguir.

Intuitivo-va, instintivo, automático, espontáneo, inconsciente, irreflexivo, presentido. *Ant.* Consciente, reflexivo.

Intumescencia, hinchazón, bulto, turgencia, tumefacción, tumor, inflamación.

Inundación, anegación, diluvio, torrente, aluvión, avenida, crecida, riada, corriente. *Ant.* Sequía.// Abundancia, muchedumbre, multitud. *Ant.* Escasez.

Inundar, anegar, regar, sumergir, desbordar, aguar. *Ant.* Secar.// Llenar, rebosar, colmar. *Ant.* Vaciar, faltar.

Inurbanidad, descortesía, desatención, ordinariez, rusticidad, ineducación, incivilidad, grosería, tosquedad. *Ant.* Urbanidad, cortesía, educación.

Inurbano-na, incivil, desatento, ordinario, ineducado, descortés, impolítico, grosero. *Ant.* Atento, educado, cortés.

Inusitado-da, insólito (v.), raro, inhabitual, nuevo, inusual. *Ant.* Habitual, vulgar, corriente.

Inútil, inservible, ineficaz, nulo, inepto, ocioso, vano, incapaz, infructuoso, improductivo, estéril, holgazán, tonto, torpe, inactivo. *Ant.* Útil, fructífero, eficaz, hábil, mañoso.// Inválido, imposibilitado, paralítico, impedido, lisiado, mutilado, tullido, disminuido. *Ant.* Apto.// Innecesario, superfluo. *Ant.* Necesario.

Inutilidad, ineficacia, incapacidad, desaprovechamiento, incompetencia, infructuosidad, improductividad, esterilidad, superfluidad, holgazanería, torpeza. *Ant.* Utilidad, eficacia, habilidad.// Invalidez, parálisis, tullimiento, disminución. *Ant.* Aptitud, capacidad.

Inutilizar, anular, malograr, romper, perder, estropear, desperdiciar, desarreglar, incapacitar, imposibilitar, inhabilitar. *Ant.* Utilizar, valer, arreglar.// Lisiar, impedir, baldar.

Invadir, penetrar, entrar, irrumpir, violentar, asaltar, acometer, violar, forzar, agredir, conquistar, apoderarse, usurpar. *Ant.* Abandonar, retroceder, marcharse.

Invalidar, anular (v.), abolir, inutilizar (v.), incapacitar (v.). *Ant.* Autorizar.

Invalidez, incapacidad, inutilidad, incapacitación, inhabilitación, nulidad, parálisis, atrofia, disminución, debilidad. *Ant.* Validez, capacitación, utilidad.

Inválido-da, lisiado, tullido, impedido, imposibilitado, incapacitado, mutilado, herido, paralítico, débil, inútil. *Ant.* Útil, capaz, sano.

Invariabilidad, inmutabilidad, constancia, inalterabilidad (v.), estabilidad. *Ant.* Variabilidad, inconstancia.

Invariable, inalterable (v.), inmutable, inquebrantable, firme, seguro, constante, permanente, estable, perdurable, irreversible. *Ant.* Mudable, variable, inconstante.

Invasión, intrusión, entrada, irrupción, penetración, correría, asalto, ocupación, desembarco, usurpación. *Ant.* Retirada, abandono, retroceso.

Invasor-ra, atacante, conquistador, usurpador, saqueador, agresor, devastador. *Ant.* Defensor, sitiado, cercado.

Invectiva, diatriba, ofensa, dicterio, mordacidad, injuria, apóstrofe. *Ant.* Alabanza, elogio, defensa.

Invencible, invulnerable (v.), invicto, imbatible, victorioso, indomable. *Ant.* Vulnerable, vencido, derrotado.// Irrevocable, incontrastable, insuperable, irrebatible, inequebrantable, inconquistable. *Ant.* Superable, conquistable, vencible.

Invención, invento, descubrimiento, innovación, hallazgo, creación, proyecto, iniciativa, improvisación. *Ant.* Imitación, copia, plagio.// Ficción, fantasía, engaño, artificio, mentira, embuste, cuento, superchería, leyenda, utopía, quimera, mito. *Ant.* Revelación.

Inventar, hallar, crear, innovar, ingeniar, improvisar, forjar, discurrir, imaginar, fingir, tejer, descubrir, concebir, divagar, fantasear, idear. *Ant.* Copiar, imitar, plagiar.// Mentir, falsear. *Ant.* Revelar.

Inventariar, compilar, recopilar, catalogar, clasificar, relacionar, registrar, agrupar, codificar. *Ant.* Omitir, eludir.

Inventario, catálogo, repertorio, relación, lista, registro, censo, inscripción, enumeración, nomenclador.

Inventiva, imaginación, talento, idea, fantasía, inspiración, ingenio, facultad, iniciativa, originalidad. *Ant.* Vaciedad, torpeza.

Invento, invención (v.).

Inventor-ra, descubridor, creador, fraguador, fabricador, autor, renovador, productor, pionero. *Ant.* Copista, plagiario, imitador.

Inverecundia, desvergüenza (v.), descaro.

Inverecundo-da, desvergonzado (v.), insolente, desfachatado. *Ant.* Vergonzoso.

irreligiosidad

ivernal, hibernal, frío, crudo, riguroso, helado, duro, desapacible. *Ant.* Veraniego, cálido.

iverosímil, increíble, absurdo, imposible, incomprensible, sorprendente, inexistente, improbable, extraño, raro, asombroso, fantástico, fabuloso, inaudito. *Ant.* Normal, vulgar, probable, verosímil.

iversión, cambio, alteración, mudanza, transformación, transposición. *Ant.* Permanencia, inmutabilidad.// Adquisición, compra, financiación.

iverso-sa, alterado, invertido, trastornado, trastrocado. *Ant.* Ordenado.// Opuesto, contrapuesto, contradictorio.// Reverso.

ivertido, inverso (v.).// Sodomita, homosexual, pervertido. *Ant.* Viril, macho.

ivertir, colocar, emplear, poner, gastar, especular, financiar, destinar, negociar. *Ant.* Ahorrar, escatimar.// Cambiar, alterar, transformar, trocar, trastrocar, trasponer. *Ant.* Mantener, ordenar, pemanecer.

ivestidura, ceremonia, recepción, solemnidad, cargo, dignidad, título. *Ant.* Dimisión, abdicación.

ivestigación, averiguación, indagación, exploración, escudriñamiento, información, observación, experimento, búsqueda, encuesta, pesquisa, interrogatorio, indagatoria. *Ant.* Hallazgo, descubrimiento, encuentro.

ivestigar, indagar, averiguar, preguntar, explorar, escudriñar, examinar, buscar, inquirir, interrogar, demandar, fisgar, reconocer, estudiar, supervisar, ensayar. *Ant.* Encontrar, descubrir.

ivestir, conferir, proclamar, ungir, conceder, otorgar, adjudicar. *Ant.* Despedir.

iveterado-da, arraigado, enraizado, tradicional, acostumbrado, antiguo, añejo, viejo. *Ant.* Extraño, desarraigado.

invicto-ta, vencedor, victorioso, triunfador, invencible, campeón, glorioso. *Ant.* Vencido, derrotado.

invidente, ciego (v.).

inviolable, inmune, invulnerable (v.), seguro, protegido, intangible, sagrado, santo, respetable. *Ant.* Vulnerable, inseguro, abominablea

invisible, imperceptible (v.), oculto, secreto, misterioso, intocable, inmaterial, impalpable, etéreo, incorpóreo. *Ant.* Visible, aparente.

invitación, convite, llamamiento, convocatoria, ofrecimiento, agasajo, banquete, obsequio. *Ant.* Repulsión.// Ruego, súplica, sugerencia, insinuación, incentivo, intimación. *Ant.* Disuasión.// Entrada, billete, pase, boleto, localidad.

invitar, convidar, agasajar, hospedar, homenajear, ofrecer, rogar. *Ant.* Despreciar, desdeñar.// Instigar, incitar, conminar, inducir, mover, requerir, recomendar. *Ant.* Disuadir.

invocación, exhortación, imploración, deprecación, ruego, solicitud, súplica, petición, llamada, apelación, conjuro, plegaria. *Ant.* Maldición, denegación.

invocar, exhortar, apelar, impetrar, implorar, rogar, solicitar, pedir, suplicar, peticionar, llamar, conjurar. *Ant.* Desoír, maldecir, denegar.// Alegar, exponer. *Ant.* Omitir.

involucrar, implicar, mezclar, enredar, comprometer, complicar, envolver, comprender, incluir, introducir, insertar. *Ant.* Aclarar, desenredar.

involuntario-ria, inconsciente, instintivo, espontáneo, automático, indeliberado, impensado, maquinal, irreflexivo, natural. *Ant.* Voluntario, meditado, estudiado, consciente.

invulnerable, inexpugnable, invencible (v.), seguro (v.), inmune (v.), intacable, resistente, protegido, fuerte, duro. *Ant.* Vulnerable, vencible, inseguro, débil.

inyectar, irrigar, introducir, jeringar, insuflar, inocular. *Ant.* Extraer, exprimir.

ipso facto, en el acto, en el momento, inmediatamente, enseguida, ahora.

ir, moverse, dirigirse, encaminarse, marchar, trasladarse, acudir, largarse, salir, huir, recorrer. *Ant.* Venir.

ira, cólera, furia, rabia, irritación, enojo, arrebato, enfurecimiento, furor, frenesí, rabieta. *Ant.* Moderación, serenidad, calma.

iracundo-da, colérico, enfurecido, irritado, airado, enojado, arrebatado, frenético, encolerizado, furibundo, rabioso. *Ant.* Pacífico, tranquilo.

irascible, irritable, enojadizo, enfadadizo, iracundo (v.), quisquilloso, susceptible.

irisado-da, coloreado, tornasolado, nacarado, polícromo.

irisar, tornasolar, resplandecer, colorear.

ironía, humor, burla, sátira, sacarsmo, chanza, mordacidad, parodia, sorna, causticidad. *Ant.* Gravedad, seriedad.

irónico-ca, burlón, sarcástico, mordaz, humorístico, burlesco, punzante, cáustico, socarrón, chancero, zumbón. *Ant.* Grave, franco, serio.

ironizar, satirizar (v.).

irracional, ilógico, insensato, absurdo, disparatado, incongruente, extravagante, irrazonable. *Ant.* Lógico, racional, creíble.// Animal, bestia, salvaje.

irradiación, difusión, emisión, emanación, proyección, divergencia, radiación, resplandor. *Ant.* Concentración, absorción, convergencia.

irradiar, emitir, despedir, radiar, proyectar, difundir, diverger, centellar, destellar, refulgir, espaciar. *Ant.* Concentrar, convergir.

irrazonable, absurdo, irracional (v.), insensato, equivocado, ilógico (v.). *Ant.* Razonable, lógico, sensato.

irreal, inexistente, imaginario, ilusorio, ideal, aparente, ficticio, fantástico, inconcebible, fantasmal. *Ant.* Real, auténtico, verdadero, material.

irrealizable, imposible (v.), inejecutable, inaplicable, impracticable, quimérico, utópico. *Ant.* Realizable, posible, hacedero.

irrebatible, indiscutible, incuestionable, incontrastable, irrefutable, incontestable, innegable, evidente. *Ant.* Rebatible, refutable, discutible, incierto, dudoso.

irreconciliable, enemigo, adversario, contrario, dividido, antípoda, incompatible (v.). *Ant.* Acorde, compatible.

irrecuperable, irrecobrable, perdido, abandonado, inservible, destruido, arruinado, incurable. *Ant.* Recuperable, útil.

irrecusable, irreductible, irrechazable, irrenunciable. *Ant.* Rechazable, recusable.

irreducible, irreductible, insumiso, rebelde, insubordinado. *Ant.* Reducible.

irreductible, irreducible (v.).

irreemplazable, insustituible, indispensable, imprescindible, ineludible. *Ant.* Reemplazable, sustituible, prescindible.

irreflexión, indeliberación, impremeditación, precipitación, ligereza, inconsciencia, atolondramiento, imprevisión, irracionalidad (v.), imprudencia. *Ant.* Reflexión, meditación, recapacitación, sensatez.

irreflexivo-va, insensato, arrebatado, impensado, impetuoso, precipitado, atolondrado, imprudente, atropellado, impulsivo, alocado. *Ant.* Sensato, juicioso, prudente.// Inconsciente, impremeditado, involuntario (v.), espontáneo, automático. *Ant.* Meditado, pensado, voluntario.

irrefrenable, incontenible, indomable. *Ant.* Contenible, dominable.

irrefutable, incuestionable, incontestable, innegable, incontrastable, irrebatible, seguro, probado, categórico, cierto. *Ant.* Refutable, cuestionable, incierto.

irregular, anormal, raro, anómalo, extraño, sobrenatural, monstruoso. *Ant.* Normal, natural.// Discontinuo, intermitente, desparejo, desigual. *Ant.* Continuo.// Informa, desordenado, ilícito, ilegal, arbitrario. *Ant.* Legal, formal.

irregularidad, anormalidad, anomalía, excepcionalidad, singularidad. *Ant.* Normalidad.// Discontinuidad, desigualdad, arritmia, infrecuencia. *Ant.* Continuidad.// Arbitrariedad, ilegalidad, falta, informalidad. *Ant.* Formalidad, legalidad.

irreligión, irreligiosidad (v.).

irreligiosidad, irreligión, incredulidad, impiedad, ateísmo, irreverencia, infidelidad, laicismo, paganismo, herejía, sacrilegio, blasfemia. *Ant.* Religiosidad, religión, credulidad.

irreligioso-sa, incrédulo, impío, ateo, infiel, gentil, pagano, profano, escéptico, irreverente, hereje, anticlerical. **Ant.** Religioso, creyente.

irremediable, irreparable (v.), incurable, perdido. **Ant.** Remediable.

irreparable, irremediable, perdido, incurable, insalvable, imposible, inexorable, indefectible, fatal. **Ant.** Reparable, posible, remediable.

irreprensible, irreprochable (v.), intachable, justo, perfecto, inocente, virtuoso. **Ant.** Reprochable.

irreprochable, intachable, impecable, correcto, perfecto, probo, íntegro, honrado, honorable, incorruptible. **Ant.** Reprochable, censurable, incorrecto.// Elegante, atildado, limpio. **Ant.** Desaseado.

irresistible, incontenible, invencible, inexorable, poderoso, dominante, pujante, fuerte, violento, indomable, excesivo, arrollador (v.). **Ant.** Débil, vencible.// Intemperante, insoportable (v.). **Ant.** Suave, soportable.

irresolución, indecisión, indeterminación, duda, perplejidad, titubeo, incertidumbre, vacilación. **Ant.** Resolución, determinación, decisión.

irresoluto-ta, irresuelto, indeciso, dudoso, perplejo, titubeante, vacilante, inseguro. **Ant.** Resuelto, decidido, seguro.

irrespetuosidad, irreverencia, grosería, atrevimiento, descaro, indelicadeza, ofensa. **Ant.** Reverencia, cortesía, respeto.

irrespetuoso-sa, irreverente (v.), insolente, injurioso, desatento, grosero, inconveniente, desconsiderado, atrevido, descarado, desvergonzado. **Ant.** Respetuoso, cortés.

irrespirable, asfixiante, opresivo, denso, cargado, impurio, enrarecido, viciado. **Ant.** Puro, respirable.

irresponsabilidad, informalidad (v.), ineptitud (v.), incompetencia, insensatez, inconsciencia. **Ant.** Responsabilidad, formalidad, competencia.

irresponsable, insensato, inconsciente, informal (v.). **Ant.** Responsable, formal.

irreverencia, desconsideración, insolencia, ultraje, irrespetuosidad, indelicadeza, descortesía, grosería, impertinencia, descaro, desacato, profanación, ofensa, insulto, blasfemia, sacrilegio. **Ant.** Reverencia, acatamiento, religiosidad.

irreverente, irrespetuoso, insolente, desconsiderado, descarado, desatento, sacrílego, profano, desvergonzado. **Ant.** Respetuoso, reverente, cortés.

irreversible, invariable, inalterable, estático, definitivo. **Ant.** Reversible, mutable.

irrevocable, inapelable, invariable, irreparable, inevitable, inmutable, fijo, resuelto, decidido, determinado, definitivo, concluyente. **Ant.** Revocable, cambiable, variable.

irrigar, regar, duchar, bañar, rociar.// Inyectar, introducir (v

irrisión, risa, burla, broma, mofa, sarcasmo, befa, despr cio, ridiculez. **Ant.** Respeto, seriedad, gravedad.

irrisorio-ria, ridículo, burlón, risible, cómico, burlesc grotesco. **Ant.** Serio.// Minúsculo, insignificante. An Grande, importante.

irritable, irascible, iracundo, colérico, furioso, excitabl susceptible. **Ant.** Sereno, tranquilo, calmo.

irritación, rabia, cólera, ira, furor, furia, enojo, enfado, exc tación, violencia, agitación. **Ant.** Tranquilidad, serenidad. Inflamación, desazón, sarpullido, picor, hinchazón, escoce dura. **Ant.** Mitigación.

irritado-da, iracundo, rabioso, furioso, colérico, violente nervioso, tempestuoso, sañudo, excitado. **Ant.** Seren tranquilo.

irritante, exasperante, enervante, enojoso, desesperant mortificante, excitante, provocador, indignante, injuste **Ant.** Tranquilizante, calmante.// Inflamatorio, estimulant **Ant.** Suavizante, mitigante.

irritar, enfurecer, exasperar, enojar, encolerizar, enfadar, a terar, indignar, provocar, desesperar, enardecer, excitar, e candalizar, encolerizar, molestar, arrebatar. **Ant.** Calma tranquilizar, apaciguar.// Congestionar, inflamar, escoce **Ant.** Suavizar, mitigar.

irrogar, causar, ocasionar, producir, acarrear.

irrompible, indestructible (v.), inquebrantable (v.).

irrumpir, penetrar, entrar, invadir, introducirse, meterse ocupar, presentarse, asaltar. **Ant.** Salir, expulsar, abando nar.

irrupción, penetración, entrada, invasión, introducción presentación, ocupación, intrusión, incursión. **Ant.** Salida defensa, resistencia.

isla, ínsula, islote, cayo, antilla, atolón.

islámico-ca, mahometano, musulmán, islamita, mudéja morisco, mozárabe.

isleño-ña, insular, insulano.

israelita, israelí, judío, hebreo, semita, sefaradí.

ítem, aditamento, añadidura.// También, asimismo, igual mente, además, otrosí.

iterar, reiterar, insistir, repetir (v.).

iterativo-va, repetido (v.), renovado.

itinerario, recorrido, camino, ruta, vía, dirección, trayecto viaje, rumbo, tránsito.

izar, enarbolar, alzar, levantar, subir, suspender, enarbolar. An Arriar, bajar.

izquierdo-da, zurdo, siniestro. **Ant.** Diestro.// Torcido combado. **Ant.** Derecho, recto.// Babor. **Ant.** Estribor.

jabalina, lanza, venablo, flecha, pica, dardo.

jabardo, enjambre, jabardillo.

jabardillo, bandada, tropel, remolino.

jabeca, horno.

jabeque, chirlo, navajazo, herida, cuchillada, puñalada.

jabón, susto, miedo.// Sebillo.

jabonar, lavar, enjabonar (v.).

jabonoso-sa, saponáceo.// Suave, espumoso.

jaca, asturión, haca.// Trotón, caballo, potro, yegua, corcel.

jácara, romance, novela.// Parranda, zarabanda, zambra, juerga. **Ant.** Silencio, seriedad.// Molestia, molienda.// Mentira, patraña, embuste, bola, paparrucha. **Ant.** Verdad, sinceridad.// Danza, música.

jacarandoso-sa, gallardo, donairoso, alegre, desenfadado, airoso, garboso, gracioso, desenvuelto. **Ant.** Mustio, soso.

jacarear, parrandear, gritar, alborotar, rondar.// Enfadar, molestar, marear, importunar, mortificar, aburrir, fastidiar. **Ant.** Agradar, deleitar.

jacarero-ra, alegre, decidor, chancero, animado, ufano, festivo, dicharachero, bromista, jaranero, alborotador. **Ant.** Triste, mohíno.

jácaro-ra, chulo, guapo, fanfarrón, majo, bocón, perdonavidas, matasiete. **Ant.** Pusilánime, tímido, cobarde.

jacilla, huella, estampa, señal, vestigio, paso.

jaco, rocín, matalón, penco, sotreta, jamelgo.

jactancia, petulancia, fatuidad, alabanza, pedantería, vanagloria, ostentación, alardeo, fastuosidad, fanfarria, arrogancia, pavoneo, orgullo, suficiencia, vanidad, infatuación, fanfarronada, afectación, altanería, insolencia. **Ant.** Modestia, sencillez, humildad, recato.

jactancioso-sa, vanidoso, petulante, presuntuoso, pedante, fatuo. **Ant.** Modesto, sencillo, humilde, recatado.

jactarse, preciarse, alabarse, pavonearse, ufanarse, presumir, vocear, ensoberbecerse, gallardear, gloriarse, pagarse, vanagloriarse, engreírse, alardear, glorificarse, envanecerse. **Ant.** Humillarse, empequeñecerse.

jaculatoria, invocación, oración, rezo.

jadeante, cansado, sofocado, transido, fatigoso. **Ant.** Descansado, sosegado.

jadear, ahogarse, resollar, bufar, acezar, sofocarse, agotarse, cansarse. **Ant.** Descansar, sosegarse.

jaez, índole, laya, calaña, ley, calidad, estofa, pelaje.// Aderezo, adorno, guarnición.

jalbegar, maquillar, afeitar, enjalbegar.// Encalar.

jalea, gelatina, dulce.

jaleo, bulla, bullicio, alegría, jarana, diversión, parranda, fiesta, baile, farra. **Ant.** Orden, calma, silencio.

jalón, marca, señal, mojón, límite.

jalonar, alinear, deslindar, limitar, marcar, señalar.

jamás, ninguna vez, nunca.

jamelgo, matalón, rocín, jaco, penco.

jamón, pernil, pierna.

jangada, armadía, balsa, almadía.// Impertinencia (v.).// Travesura, bribonada, trastada, pillería.

jaque, peligro, amenaza, aviso, riesgo. **Ant.** Seguridad.

jaquear, amenazar, hostigar, molestar, inquietar, atormentar, acosar, atosigar, fustigar. **Ant.** Dejar tranquilo, defender.

jáqulma, ronzal, cabestro, cabezada, cabezal.

jarabe, almíbar, arrope, dulce, emulsión, medicamento.

jarana, parranda, holgorio, macana, jolgorio, fiesta, regocijo, solaz, pasatiempo, jaleo, francachela, juerga, farra, fandango, diversión, animación, juego, alboroto. **Ant.** Orden, tranquilidad, quietud.

jaranero-ra, vividor, juerguista, parrandero, trasnochador, alborotador, bullicioso. **Ant.** Aburrido, pacífico.

jardín, vergel, edén, parque, huerto, floresta. **Ant.** Erial, yermo, páramo, baldío.

jarifo-fa, hermoso, compuesto, peripuesto, acicalado, galano, majo. **Ant.** Abandonado, dejado, descuidado.

jarra, vasija, jarro, recipiente, jarrón, cántaro, vaso, cacharro, búcaro, florero.

jarrete, corvejón, corva.

jarro, catavino, pichel, aguatocho, aguamanil, bocal, jarra (v.).

jarrón, búcaro, vaso, florero, ánfora, jarro, jarra (v.).

jaspeado-da, veteado, salpicado, moteado, irisado.

jauja, riqueza, abundancia, exuberancia, edén, paraíso, bienestar, felicidad, opulencia. **Ant.** Estrechez, pobreza.

jaula, gayola, gavia, grillera, pajarera.// Cárcel, prisión. **Ant.** Libertad.

jauría, tralla, perrería.

jayán, hombrón, hombracho, hombretón, gigante, motetón, forzudo. **Ant.** Enano, pigmeo, cobardón.

jefatura, dirección, superintendencia, presidencia, regencia.// Gobierno, autoridad, poder, mando, dominio, superioridad. **Ant.** Subordinación.

jefe-fa, superior, principal, director, patrón, guía, conductor, cabecilla, líder. **Ant.** Subordinado, subalterno, auxiliar, servidor.

Jehová, Dios (v.).

jeque, cabecilla, cabeza, capitán, guía, dueño, cacique, regente, rey, superior. **Ant.** Súbdito, subordinado.

jerarquía, grado, subordinaciónm graduación, categoría, escalafón, cargo, orden, rango, función, escala. **Ant.** Subordinación, desorganización.

jeremiada, plañido, queja, letanía, llanto, gemido, lamento, lamentación, lloriqueo, clamor. **Ant.** Alegría, contento, satisfacción.

jeremías, gemebundo, quejilloso, plañidero, suspirón, lloroso, doliente, quejoso, quejumbroso, llorón, lagrimoso. **Ant.** Risueño, alegre, contento.

jerga, germanía, jerigonza, dialecto, argot, caló.

jergón, colchón, jerga, camastro.

jerigonza, jerga (v.).

jeringar, jorobar, enfadar, mortificar, aburrir.// Inyectar (v.).

jeroglífico, secreto, enigma, misterio.// Pasatiempo, adivinanza, enigma, acertijo, rompecabezas.

Jesucristo, Cristo, Jesús, Salvador, Mesías, Maestro, Buen Pastor, Redentor, Crucificado, Señor, Eccehomo, Ungido, Galileo, Hijo de Dios, Hijo del Hombre.

jícara, pocillo, tacita.

jeta, morro, hocico, boca.// Cara.

jifero, puerco, desaliñado, sucio. **Ant.** Limpio, aseado.// Matarife, matachín, degollador.

jineta, galón, charretera.

jinete, montador, caballista, caballero, amazona, centauro, cabalgador, vaquero.

jira, excursión, paseo, viaje, ronda, vuelta.// Merienda, juerga, diversión. **Par.** Gira.

jirón, pedazo, porción, trozo, andrajo, guiñapo, harapo, desgarrón, rasgón.

jironado-da, andrajoso, roto.

jocosidad, gracia, donaire, jovialidad, regocijo, ocurrencia, diversión, humorada, comicidad, salero, festividad, broma, chiste. **Ant.** Severidad, seriedad, gravedad.

jocoso-sa, alegre, divertido, cómico, ocurrente, gracioso, chistoso, festivo, jovial. **Ant.** Adusto, serio, grave, flemático.

jofaina, palangana, aguamanil, aljofaina.

jolgorio, jarana (v.), juerga (v.).

jornada, marcha, expedición.// Trayecto, camino, caminata, excursión, ruta, viaje, expedición, tránsito, marcha, carrera, recorrido.// Día, tiempo, lapso.// Jornal (v.).

jornal, estipendio, retribución, soldada, sueldo, salario, remuneración, paga, haber, honorarios.

jornalero-ra, operario, asalariado, obrero, trabajador, bracero, labrador, peón, artesano.

joroba, molestia, impertinencia.// Giba, deformidad, corcova, chepa, gibosidad.

jorobado-da, malhecho, giboso, deforme, jorobeta, contrahecho, corcovado.

jorobar, fastidiar, irritar, cargar, molestar, gibar. **Ant.** Agradar, distraer.

joven, mozo, adolescente, mancebo, mozalbete, doncel, muchacho, muchachuelo, zagal. **Ant.** Viejo, anciano, caduco, adulto.// Principiante, novato, inexperto, bisoño. **Ant.** Experimentado, ducho, veterano.

jovial, optimista, divertido, ameno, festivo, ruidoso, alegre, jaranero, vivaracho, risueño, agradable, gracioso, contento, animado, ufano, entretenido, jocoso, bullicioso, inquieto, comunicativo, juguetón, radiante, placentero, grato, chistoso. **Ant.** Triste, mustio.

jovialidad, alegría, jocundidad, alborozo, animación, satisfacción, felicidad, optimismo, entusiasmo, regocijo, esparcimiento, dicha. **Ant.** Tristeza, aburrimiento, amargura.

joya, alhaja, joyel, gema, aderezo, adorno. **Ant.** Baratija, chuchería.

joyería, orfebrería, bisutería, pedrería.

joyero, estuche, cofrecillo, guardajoyas.// Orfebre, platero, lapidario.

jubilación, pensión, retiro, cesantía, baja, dimisión, subsidio. **Ant.** Actividad.

jubilado-da, retirado, pensionado, licenciado, pasivo, subvencionado, cesante. **Ant.** Activo.

jubilar-se, pensionar, retirar, eximir, dar de baja, cesar. **Ant.** Continuar, trsabajar.

jubileo, perdón, indulgencia, dispensa, merced. **Ant.** Inflexibilidad.// Celebración, conmemoración.// Gentío, animación, muchedumbre, concurrencia. **Ant.** Desanimación.

júbilo, regocijo, alegría, contento, gozo, alborozo, jovialidad, algazara, felicidad, entusiasmo. **Ant.** Tristeza, aflicción, melancolía.

jubiloso-sa, regocijado, contento, ufano, gozoso, alegre, alborozado, radiante, ledo. **Ant.** Triste, afligido, melancólico, apenado.

judas, hipócrita, traidor, delator, falso, desleal, alevoso. **Ant.** Leal, sincero.

judía, habichuela, frijol, alubia.

judiada, infamia, deslealtad, crueldad, villanía, bribonada. **Ant.** Lealtad, fidelidad.

judío-a, semita, hebreo, israelita, sionista.

juego, funcionamiento, movimiento, movilidad, articulación, gozne.// Diversión, entretenimiento, distracción, pasatiempo, divertimento, descanso, broma, placer, esparcimiento, recreo, solaz, recreación, deporte, chanza. **Ant.** Tedio, aburrimiento.// Serie, combinación, colección, surtido, plan. **Ant.** Unidad.

juerga, jarana, alegría, jaleo, parranda, alboroto, diversión, francachela, bullicio, escándalo, jolgorio, orgía. **Ant.** Gravedad, moderación, formalidad.

juez, árbitro, magistrado, jurado, togado, mediador, consejero. **Ant.** Reo, acusado, criminal.

jugada, partida, tirada, lance, pasada.// Jugarreta, trastada, barrabasada, cochinada, ignominia, bajeza, granujada. **Ant.** Nobleza, lealtad.

jugador-ra, fullero, tahúr, garitero.

jugar, divertirse, retozar, juguetear, recrearse, esparcirse. **Ant.** Aburrirse, desanimarse.// Tomar parte, actuar, intervenir. **Ant.** Abstenerse.// Arriesgar, apostar, aventurar.

jugarreta, mala pasada, jugada, trastada, picardía, canallada, vileza, perrería. **Ant.** Sinceridad, lealtad.

juglar, rapsoda, bardo, coplero, poeta, trovador.

juglería, prestidigitación, destreza, juego de manos, canto, recitación.

jugo, jugosidad, esencia, extracto, zumo, substancia, néctar.// Provecho, utilidad, ventaja. **Ant.** Desventaja.

jugoso-sa, suculento, acuoso, sabroso. **Ant.** Seco, insulso.// Provechoso, ventajoso, beneficioso. **Ant.** Perjudicial, estéril.

juguetear, corretear, entretenerse, retozar, divertirse, jugar (v.). **Ant.** Aburrirse.

juguetón-na, revoltoso, retozón, bullicioso, vivaracho, enredador, inquieto, travieso, alocado, divertido.

juicio, prudencia, cordura, criterio, razón, entendimiento, seso, madurez, sensatez, inteligencia, tino, sentido común, fundamento. **Ant.** Insensatez, prejuicio, prevención, escrúpulos.// Proceso, querella, pleito, litigio, causa.// Inteligencia, razonamiento, comprensión. **Ant.** Torpeza.

juicioso-sa, recto, consecuente, cuerdo, reflexivo, prudente, grave, cabal, lógico, derecho, sentencioso, maduro, sesudo, sensato. **Ant.** Loco, imprudente, irreflexivo.

julepe, miedo, temor, susto, pavor.

jumento, asno, burro, pollino, rocín, borrico.// Ignorante, necio. **Ant.** Inteligente, talentoso.

junta, asamblea, cónclave, comité, reunión, congregación, consejo, concilio, comisión, asociación, mitin, congreso. **Ant.** Dispersión, desunión, discrepancia.// Juntura, trabazón, articulación.

juntar, unir, enlazar, reunir, acoplar, atar, agregar, asociar, unificar, ligar, fusionar, agrupar, mezclar, combinar, aglomerar. **Ant.** Separar, disgregar.

junto, cercano, vecino, inmediato, anexo, inherente, pegado, unido, adyacente, próximo, adjunto, solidario, inseparable, conexo. **Ant.** Separado, distante.// Juntamente.// -a, al lado de, cerca de.

juntura, acoplamiento, costura, articulación, atadura, unión, empalme, coyuntura, enchufe, ensambladura, ligadura. **Ant.** Desconexión, separación.

jura, promesa, compromiso, juramento (v.).

juramentar, jurar, prometer, asegurar. **Ant.** Desligarse, desentenderse.// -se, confabularse, conspirar, tramar.

juramento, jura, promesa, testimonio, compromiso, voto, palabra, confirmación, seguridad, fe. **Ant.** Deslealtad, falsedad.// Blasfemia, palabrota, maldición, insulto, denuesto, imprecación. **Ant.** Bendición.

jurar, prometer, afirmar, certificar, testimoniar, juramentar. **Ant.** Negar, denegar.// Renegar, perjurar, votar, blasfemar. **Ant.** Bendecir.

jurisconsulto, legista, jurisperito, jurista, doctor o perito en leyes, jurisprudente, letrado, abogado, legisperito.

jurisdicción, autoridad, atribuciones, dominio, gobierno, poder, competencia, fuero, mando.// Distrito, término, territorio, partido, comarca, demarcación, zona, circunscripción.

jurisperito, jurisconsulto (v.).

jurisprudencia, legislación, derecho, jurispericia.

jurisprudente, letrado, jurista, legisperito, jurisconsulto (v.).

jurista, legista, abogado, jurisprudente, jurisconsulto (v.).

justa, combate, certamen, pelea, torneo, competencia, desafío, reto, pugna. **Ant.** Paz, acuerdo.

justador-ra, rival, campeón, adversario, combatiente, luchador.

justar, pelear, rivalizar, combatir, luchar, tornear. **Ant.** Abstenerse, rendirse.

usticia, equidad, rectitud, igualdad, imparcialidad, probidad, ecuanimidad, honradez, conciencia, severidad, austeridad, moralidad, derechura, razón, justificación. **Ant.** Injusticia, parcialidad, arbitrariedad, sinrazón.

usticlero-ra, ecuánime, recto, equitativo, justo, honesto, íntegro, imparcial, incorruptible. **Ant.** Injusto, desigual.

ustificación, defensa, excusa, exculpación, prueba, testimonio, demostración, argumento, coartada, descargo, motivo, alegato, razón. **Ant.** Acusación, cargo.

ustificado-da, razonable, fundado, indiscutible, justo (v.).

ustificante, recibo, comprobante, resguardo, documento.

ustificar, enmendar, corregir, reformar, rectificar.// Demostrar, evidenciar, alegar, autorizar, aprobar, razonar, acreditar, aducir, documentar.// Defender, exculpar, excusar, vindicar, sincerar, subsanar, explicar. **Ant.** Inculpar, acusar.

ustipreciar, preciar, apreciar, evaluar, valorar, tasar, estimar, tener en cuenta. **Ant.** Menospreciar, desestimar, rechazar.

Justo-ta, equitativo, recto, imparcial, neutral, objetivo, ecuánime, íntegro, decente, insobornable, honesto. **Ant.** Injusto, inicuo, arbitrario.// Justificado (v.), razonable, fundado, motivado, legal, lícito, legítimo. **Ant.** Injustificado, ilegítimo.// Apretado, estrecho.

Juvenil, joven, adolescente, lozano, fresco, rozagante. **Ant.** Viejo, senil, caduco.// Jovial (v.), alegre.

Juventud, mocedad, pubertad, adolescencia, lozanía, verdor. **Ant.** Adultez, senectud, ancianidad.

Juzgado, judicatura, tribunal, magistratura, audiencia, sala, corte.

Juzgar, enjuiciar, valorar, conceptuar, apreciar, calificar, estimar, discernir, considerar, opinar, pensar, sentir, reputar, conjeturar, creer.// Sentenciar, deliberar, estatuir, decretar, condenar, dictaminar, arbitrar, fallar. **Ant.** Abstenerse.

kálser, emperador (v.).
kan, soberano, jefe, príncipe, caudillo, adalid. **Par.** Can.
kermes, fiesta, verbena, feria, tómbola, beneficio.

kilométrico-ca, interminable (v.), inacabable, enorme, extenso, larguísimo. **Ant.** Corto, breve.
kiosco, (v. quiosco).

lábaro, estandarte, insignia, pendón, bandera, enseña, guión.// Crismón, cruz.
laberíntico-ca, complicado, enredado, intrincado, tortuoso, difícil, confuso, enmarañado. **Ant.** Sencillo, claro, evidente.
laberinto, complicación, enredo, maraña, confusión, lío, embrollo, encrucijada, vericueto, dificultad, enigma. **Ant.** Sencillez, simplicidad.
labia, locuacidad, elocuencia, verbosidad, facundia, oratoria, parla. **Ant.** Silencio, mutismo.
lábil, frágil, débil, delicado, flojo, precario, caduco. **Ant.** Fuerte, resistente.
labio, belfo, boca, labro, befo, jeta, hocico.// Borde, orilla, extremo, canto, ribete, reborde, resalte.
labor, trabajo, tarea, faena, ocupación, quehacer, obra, oficio, empresa, función, actividad, trajín. **Ant.** Ocio.// Costura, bordado, calado, encaje, cosido, adorno, artesanía.// Labranza, cultivo.
laborable, hábil, lectivo, no festivo.
laborar, trabajar, ocuparse, obrar, operar, esforzarse, bregar. **Ant.** Holgar, holgazanear.// Labrar.
laborioso-sa, trabajador, activo, afanoso, hacendoso, diligente, aplicado, esforzado **Ant.** Vago, holgazán.// Complicado, arduo, ingrato, pesado, trabajoso (v.). **Ant.** Fácil, grato.
labrado, talla, grabado, repujado.// **-da,** adornado, bordado. **Ant.** Sencillo, desnudo.// Cultivado, laborado.
labrador-ra, labriego, cultivador, agricultor, campesino.
labrantío, sembradío. **Ant.** Secano.
labrantío-a, fértil, cultivable. **Ant.** Estéril, incultivable.
labranza, labor, cultura, cultivo, agricultura (v.).
labrar, laborar, sembrar, cultivar, arar, plantar, faenar, cavar, barbechar, roturar.// Grabar, esculpir, tallar, cincelar, adornar.// Bordar, coser.// Forjar, preparar, edificar, construir.
labriego-ga, labrador (v.), campesino (v.).
laca, goma, gomorresina, barniz, resina.

lacayo, siervo, servidor, sirviente, criado, doméstico, mozo, ayudante. **Ant.** Amo, señor.
lacear, atar, ligar, amarrar. **Ant.** Desatar, soltar.// Adornar.
laceración, herida, daño, golpe.// Desdicha (v.), pena, desventura. **Ant.** Ventura, contento.
lacerado-da, desventurado, desdichado (v.), mísero, infeliz. **Ant.** Dichoso.// Leproso.
lacerante, punzante, hiriente, doloroso, penoso, profundo.
lacerar, lastimar, herir, golpear, desgarrar, magullar, despedazar. **Ant.** Sanar, curar.// Desacreditar, dañar, perjudicar.
laceria, pobreza, miseria, estrechez, indigencia, penuria. **Ant.** Riqueza, opulencia.// Trabajo, padecimiento, pena, sufrimiento, fatiga, molestia. **Ant.** Desahogo.// Lepra.
lacio-cia, fláccido, flojo, lánguido, descaecido, mustio, blando, débil, decaído, marchito. **Ant.** Fuerte, lozano, fresco, duro.
lacónico-ca, conciso, breve, corto, preciso, abreviado, compendiado, sucinto, sumario, reducido. **Ant.** Redundante, detallado.// Callado, silencioso, taciturno. **Ant.** Locuaz.
laconismo, concisión, brevedad, precisión, exactitud, sobriedad, sequedad. **Ant.** Exuberancia.// Silencio, reserva. **Ant.** Verbosidad, locuacidad.
lacra, señal, marca, cicatriz, huella, sutura.// Vicio, defecto, achaque, flaqueza. **Ant.** Virtud, perfección, vigor.// Perjuicio, contagio, daño. **Ant.** Beneficio.
lacrar, perjudicar, dañar, contagiar. **Ant.** Beneficiar, desinfectar, sanar.// Sellar, pegar, engomar, certificar.
lacrimógeno-na, lacrimoso (v.), irritante, congestivo.
lacrimoso-sa, lloroso, lastimero, triste, lastimoso, compungido, afligido, quejoso, angustioso. **Ant.** Alegre, contento, risueño.
lactar, amamantar, mamar, alimentar (v.), nutrir.
lácteo-a, lechoso, láctico, lactífero.
ladear, inclinar, torcer, doblar, sesgar, oblicuar, desplazar, cambiar. **Ant.** Enderezar.

adera, pendiente, declinación, declive, falda, vertiente, bajada, talud, rampa, desnivel. **Ant.** Llano, cumbre, llanura.

adino-na, pillo, taimado, astuto, hábil, pícaro, bellaco, zorro, sátrapa. **Ant.** Incauto, inocente, ingenuo.

ado, canto, costado, orilla, borde, flanco, ala, perfil, extremidad, banda, margen, extremo, arista, cara, mano.// Sitio, paraje, lugar, parte.

adrar, latir, aullar, gruñir, gritar, chillar, gañir.// Vociferar, amenazar, azuzar. **Ant.** Enmudecer, callar.

adrido, aullido, gruñido, aúllo, gañido, latido, grito.// Censura, crítica, calumnia, murmuración.

adrillo, adobe, baldosa, baldosilla, baldosín, azulejo.

adrón-na, atracador, caco, bandolero, carterista, bandido, despojador, estafador, cuatrero, ratero, timador, desfalcador, pirata, salteador, chantajista, cleptómano, usurpador, rapaz, maleante, contrabandista, desvalijador, expoliador, saqueador, delincuente. **Ant.** Policía, bienhechor, honrado.

agar, tino, trujal, trullo, lagareta, legarejo, bóveda, cava.

ago, laguna, balsa, estanque, pantano, embalse, charca, marisma, charco, albufera, estero. **Ant.** Isla, ínsula, banco, arrecife.

ágrima, sollozo, lloro, lamento, pena, lloriqueo, gimoteo, queja. **Ant.** Contento, alegría.// Secreción, gota.// Pizca, insignificancia, partícula.

agrimear, gimotear, sollozar, llorar, lamentarse, lloriquear, plañir, gemir. **Ant.** Alegrarse, contentarse, alborozarse.

agrimoso-sa, lloroso, llorón, quejumbroso, lloriqueador, gimiente, desazonado, mustio, apesadumbrado. **Ant.** Alegre, contento.

laguna, lago (v.).// Vacío, espacio, supresión, hueco, falta, defecto, omisión, olvido, fallo, claro. **Ant.** Presencia, perfección, continuidad.

laico-ca, lego, secular, seglar, profano, secularizado, civil, mundano, temporal, mundanal. **Ant.** Clerical, religioso, espiritual, eclesiástico.

laja, piedra, lasca, lámina, loseta, lastra, lancha.

lama, lodo, cieno, fango, barro.

lamentable, lastimoso, lamentoso, doloroso, atroz, desgarrador, desolador, deplorable, triste, aflictivo, penoso, calamitoso. **Ant.** Gozoso, alegre.

lamentación, lloro, queja, lamento, plañido, gemido, clamor, quejido, sollozo, suspiro, gimoteo, súplica, condolencia, pesar, pena, aflicción. **Ant.** Júbilo, alborozo, risa.

lamentar, llorar, deplorar, dolerse, sentir. **Ant.** Alegrarse.// **-se**, llorar, gemir, sollozar, plañir, gimotear, implorar, quejarse. **Ant.** Alborozarse, alegrarse, contentarse.

lamento, queja, lástima, lamentación (v.).

lamer, lengüetear, chupar, relamer, lamiscar.// Rozar, tocar, acariciar.

lámina, plancha, hoja, chapa, placa, tabla, rodaja, película, membrana.// Estampa, litografía, ilustración, dibujo, figura, pintura, grabado, cromo.

laminar, aplanar, exfoliar, chapar, blindar, afinar, cilindrar, adelgazar.

lámpara, candil, bombilla, lamparilla, foco, farol, fanal, linterna, quinqué, araña, candelero, velador, velón, faro, reflector, mechero, mecha.// Mancha, lamparón.

lamparilla, mariposa, farolillo, mechero.

lamparón, mancha, lámpara.

lampiño, imberbe (v.), barbilampiño, carilampiño, calvo. **Ant.** Velludo, peludo.// Adolescente, impúber. **Ant.** Adulto.

lana, vellón, mechón, pelusa, pelo, hebra.// Borra (v.), estambre.

lance, peripecia, trance, acontecimiento, accidente, ocurrencia, suceso, incidente, percance, caso, asunto, situación, episodio.// Riña, redada, contienda, querella, encuentro. **Ant.** Paz, reconciliación.

lancear, alancear, rejonar, asaetear, apuñalar, acuchillar, tajar.

lancha, embarcación, bote, barca, chalana, chalupa, barcaza, piragua, góndola, canoa, chinchorro, falúa, esquife.

landa, páramo, llanura, meseta, pampa, estepa, sabana.

languidecer, debilitarse, deprimirse, desanimarse, extenuarse, desmayarse, desalentarse, postrarse, enflaquecer. **Ant.** Animarse, vigorizarse, robustecerse.

languidez, desmayo, abatimiento, debilidad, desánimo, extenuación, decaimiento, desaliento, postración, enflaquecimiento, flojedad, inacción, indolencia, tristeza, melancolía. **Ant.** Vivacidad, vigor, energía, actividad, fortaleza.

lánguido-da, abatido, débil, flojo, desanimado, descorazonado, indolente, perezoso, desalentado, postrado, endeble, melancólico. **Ant.** Vigoroso, fuerte, animoso, activo.

lanoso-sa, lanudo, velludo, peludo. **Ant.** Pelado.

lanudo-da, lanoso (v.).

lanza, alabarda, pértiga, vara, pica, lanceta, asta, venablo, rejón, chuzo.

lanzamiento, expulsión, proyección, botadura, tiro, tirada, impulsión, salida. **Ant.** Atracción, retención, devolución.

lanzar, emitir, despedir, proyectar, botar, arrojar, tirar, expulsar, echar, disparar, empujar, impeler. **Ant.** Atraer, retener.// Difundir, divulgar, propalar.// Vomitar.// Expulsar, desalojar. **Ant.** Ofrecer.// **-se**, emprender, decidirse, arriesgarse.

lápida, losa, estela, mausoleo, epitafio, tumba, mármol.

lapidación, apedreamiento, laceración, linchamiento, aniquilación, ejecución.

lapidar, apedrear, descalabrar, aniquilar.

lapidario-ria, sobrio, conciso, mesurado, sucinto. **Ant.** Amplio, dilatado.// Joyero, platero, bisutero.// Tallista, marmolista, escultor, cincelador.

lápiz, lapicero, pizarrín, grafito, bolígrafo, pastel, carboncillo,.

lapso, espacio, intervalo, período, etapa, tracto.// Irregularidad, error, equivocación, falta, desliz. **Ant.** Acierto, corrección.

laqueado-da, pulido, brillante, barnizado. **Ant.** .Mate.

laquear, pulir, barnizar.

lardear, pringar, untar, engrasar. **Ant.** Desengrasar.

lardoso-sa, seboso, untoso, grasiento, mugroso.

largar, soltar, aflojar, librar, desatar. **Ant.** Retener.// **-se**, marcharse, desaparecer, partir. **Ant.** Volver.

largo, longitud, extensión, amplitud, largura, envergadura. **Ant.** Ancho, espesor.

largo-ga, prolongado, extenso, amplio, dilatado, interminable, espacioso, continuo, abundante. **Ant.** Corto, pequeño, breve, reducido.// Copioso, abundante, excesivo, pródigo. **Ant.** Mezquino.// Astuto, inteligente, listo. **Ant.** Ingenuo.// Lento, tardío, interminable, inacabable, eterno, infinito, aburrido, fastidioso. **Ant.** Breve, entretenido.

largor, longitud, largura, largo (v.). **Ant.** Ancho, espesor.

larguero, travesaño, barrote, tabla, palo, viga.// Almohada, cabezal.

largueza, esplendidez, generosidad, prodigalidad, munificencia, liberalidad, desprendimiento, dadivosidad. **Ant.** Mezquindad, ruindad, egoísmo.// Largo (v.).

largura, largo, longitud (v.).

lascivia, lujuria, sensualidad, obscenidad, incontinencia, impudicia, liviandad, concupiscencia, erotismo. **Ant.** Pureza, continencia, templanza, castidad.

lascivo-va, lujurioso, sensual, lúbrico, libidinoso, liviano, obsceno, incontinente, concupiscente, vicioso, libertino, impúdico. **Ant.** Puro, casto, honesto.

lasitud, cansancio, fatiga, languidez, agobio, agotamiento, postración, flojedad. **Ant.** Vigor, lozanía, euforia, energía.

laso-sa, abatido, desfallecido, cansado, fatigado, exhausto, deprimido, débil, agotado. **Ant.** Vigoroso, entusiasta, eufórico, fuerte. **Par.** Lazo.

lástima, compasión, piedad, conmiseración, misericordia, pena, dolor. **Ant.** Impiedad, dureza.// Queja, lamento, quejido.

lastimar, herir, dañar, lesionar, ofender, golpear, tullir, magullar. **Ant.** Curar, sanar, mitigar.// Ofender, agraviar, injuriar. **Ant.** Beneficiar, favorecer.// **-se**, quejarse, lamentarse, dolerse.

lastimero-ra, triste, quejumbroso, lastimoso, lúgubre, plañidero. **Ant.** Alegre, placentero.

lastimoso-sa, lamentable (v.), desgarrador, deplorable, maltrecho, doloroso. **Ant.** Gozoso, satisfactorio, consolador.

lastrar, aplomar, gastar, cargar, sobrecargar. **Ant.** Descargar, aligerar.// Afirmar, equilibrar. **Ant.** Desequilibrar.

lastre, peso, contrapeso, sobrecarga.// Estorbo, rémora, impedimento, freno, obstáculo. **Ant.** Facilidad.

lata, pesadez, aburrimiento, hastío, fastidio, disgusto. **Ant.** Diversión, entretenimiento.// Envase, bidón, hojalata, bote, tarro.

latente, oculto, escondido, potencial, reservado, disfrazado, recóndito, secreto. **Ant.** Manifiesto, claro, evidente.

lateral, contiguo, adyacente, adjunto, limítrofe, ladero, pegado, vecino, colateral, lindante. **Ant.** Opuesto, separado, central, medio.

latido, pulsación (v.), palpitación (v.), pulso.

latifundio, heredad, finca, extensión, hacienda, propiedad, feudo, dominio. **Ant.** Minifundio.

latigazo, azote, trallazo, vergajazo, golpe. **Ant.** Caricia.// Castigo, reprensión, censura, corrección, sermón. **Ant.** Elogio, alabanza.

látigo, fusta, rebenque, fuete, tralla, vergajo, vara, azote, correa, cuerda, disciplina.

latinoamericano-na, hispanoamericano, sudamericano, iberoamericano.

latir, pulsar, palpitar (v.), percutir, golpear.// Ladrar.

latitud, clima, zona, región, comarca.// Ancho, anchura, amplitud, extensión, distancia. **Ant.** Longitud.

lato-ta, amplio, extenso, extendido, dilatado, vasto. **Ant.** Estrecho, limitado, reducido.

latoso-sa, molesto, pesado, fastidioso, cargante. **Ant.** Agradable, ameno.

latrocinio, robo (v.).

laudable, loable, pausible, encomiable, admirable, digno, ejemplar, meritorio. **Ant.** Censurable, criticable.

laudatorio-ria, encomiástico, lisonjero, alabador, halagador, elogioso, apologético, panegírico, aprobador. **Ant.** Censurador, despreciativo.

laudo, sentencia, dictamen, fallo, decisión, veredicto, decreto.

laureado-da, premiado, honrado, coronado, condecorado, triunfante. **Ant.** Despreciado, denigrado.

laurear, premiar, honrar, condecorar, coronar, enaltecer, glorificar. **Ant.** Ignorar, despreciar.

laurel, gloria, éxito, corona, honra, palma, lauro, triunfo, honor, premio, alabanza. **Ant.** Humillación, castigo, olvido.

lavabo, palangana, jofaina, lavatorio.// Retrete, excusado, baño, servicio.

lavadero, baño, fregadero, artesa, ducha, tina, pilón.

lavado, baño, limpieza, ducha, jabonadura, limpiadura, enjuague, purificación. **Ant.** Suciedad, polución.

lavar, limpiar, bañar, purificar, duchar, higienizar, enjuagar, aclarar, baldear, mojar, regar, humedecer, empapar. **Ant.** Ensuciar, manchar, secar.

lavativa, lavamiento, irrigación, jeringa, enema, ayuda.

lavatorio, lavabo, lavamanos.// Ablución, gargarismo, colirio, loción.

laxante, purgante, laxativo, lenitivo, relajante, emoliente. **Ant.** Constipante, astringente.

laxar, ablandar, aflojar, relajar, suavizar. **Ant.** Tensar.// Purgar. **Ant.** Constipar.

laxitud, dejadez, relajamiento, distensión, abulia, atonía, descanso. **Ant.** Tensión, energía, dinamismo.

laxo-xa, distendido, relajado, flojo, aflojado, suelto, desmayado, desvanecido. **Ant.** Tenso, rígido, tieso.

laya, clase, especie, género, linaje, ralea, condición, calidad.

lazar, cazar, apresar, sujetar, atar. **Ant.** Soltar.

lazo, cuerda, cordón, lazada, vuelta, nudo, ligadura, trailla, nexo, traba, liga, presilla.// Vínculo, conexión, afinidad, parentesco. **Ant.** Alejamiento, desunión.// Trampa, emboscada, ardid, celada, estratagema. **Par.** Laso.

leal, fiel, noble, sincero, franco, honrado, devoto, afecto, confiable, fidedigno, verdadero, legal, constante. **Ant.** Desleal, innoble, traidor.

lealtad, fidelidad, sinceridad, adhesión, acatamiento, franqueza, nobleza, confianza, honradez, rectitud, amistad, devoción, legalidad, verdad. **Ant.** Deslealtad, traición, infidelidad, perfidia.

lección, lectura, comprensión, entendimiento, explicación, enseñanza, adiestramiento, instrucción, clase, conferencia, estudio, cátedra. **Ant.** Ignorancia, desconocimiento./, Asignatura.// Amonestación, advertencia, ejemplo, aviso, escarmiento.

lecho, cama, camilla, camastro, litera, catre, tálamo, jergón, yacija, cuna.// Cauce, madre, álveo, cuenca.

lechón, marrano, cochinillo.// Puerco, sucio, desaliñado, desastrado, desaseado. **Ant.** Limpio, aseado.

lechoso-sa, lácteo.// Blanco, blanquecino.

lechuza, búho, mochuelo, autillo, ave rapaz.

lectivo-va, escolar, hábil, oficial. **Ant.** Vacacional, inhábil.

lector-ra, leyente, leedor.// Catedrático, conferenciante, profesor, maestro. **Ant.** Alumno, discípulo.

lectura, leída, lección, leyenda, estudio, interpretación, explicación, recital, deletreo. **Ant.** Ignorancia, incultura, analfabetismo.

leer, estudiar, descifrar, releer, repasar, hojear, ojear, interpretar, deletrear, recitar, explicar.// Percibir, adivinar, comprender, profundizar, instruir, observar, penetrar. **Ant.** Ignorar, confundir, desconocer.

legación, embajada, representación (v.), legacía.

legado, enviado, representante, comisionado, embajador, emisario, nuncio, delegado, mensajero, diplomático.// Herencia, manda, donación, dejación.

legajo, expediente, protocolo, atado, lío, registro, documentación.

legal, lícito, legalizado, reglamentario, regular, prescrito, vigente, oficial, estatutario, permitido, promulgado. **Ant.** Ilegal, ilegítimo.// Justo, verídico, puntual, válido, equitativo, razonable, formal, autorizado, jurídico. **Ant.** Injusto.

legalidad, derecho, legitimidad, vigencia, justicia, rectitud, fidelidad, sanción, validez, ley. **Ant.** Ilegalidad, injusticia, infidelidad.

legalización, legitimación, certificación, autorización, reglamentación, formalización, testimonio, sanción, promulgación. **Ant.** Derogación, invalidación, prohibición, desautorización.

legalizar, legitimar, certificar, autorizar, reglamentar, formalizar, permitir, testimoniar, sancionar, promulgar. **Ant.** Derogar, invalidar, prohibir, desautorizar.

légamo, barro, cieno, limo, lodo, fango.

legar, dejar, transmitir, transferir, traspasar, testar, donar. **Ant.** Heredar, recibir.

legatario-ria, heredero, beneficiario, usufructuario.

legendario-ria, fabuloso, mítico, imaginario, utópico, imposible. **Ant.** Real, factible, posible.// Tradicional, vetusto, antiguo, proverbial. **Ant.** Moderno, actual.

legible, descifrable, inteligible (v.), claro.

legión, ejército, tropa, falange, tercio, hueste, milicia, batallón, cohorte.// Multitud, masa, muchedumbre, cantidad, tropel, bandada, cuadrilla, caterva, cáfila, profusión. **Ant.** Falta, escasez, carencia.

legislación, ley, código, régimen, reglamento, cuerpo, estatuto.

legislador-ra, legista, codificador, procurador, diputado, senador, parlamentario.

legislar, codificar, legalizar, dictar, regular, promulgar, estatuir, establecer, decretar, sancionar, disponer, reglamentar.

legitimar, legalizar (v.).

legítimo-ma, legal, justo, lícito, reglamentario, verdadero, auténtico, reconocido, fidedigno, evidente, propio, natural, permitido. **Ant.** Ilegítimo, ilegal, injusto, bastardo.

lego-ga, laico, seglar, secular, civil. **Ant.** Clerical, regular.// Ignorante, profano, iletrado, indocto, inculto, incompetente. **Ant.** Culto, competente.

eído-da, docto, sabio, instruido, culto, erudito, letrado, versado, ilustrado. **Ant.** Inculto, analfabeto.

ejanía, separación, distancia, confín, lontananza, apartamiento, retiro, lejos. **Ant.** Cercanía, proximidad.// Antigüedad, pasado, porvenir, ausencia. **Ant.** Actualidad, presente.

ejano-na, distante, apartado, remoto, retirado, luengo, lejos, extremo. **Ant.** Cercano, vecino, próximo.// Antiguo, pasado, venidero, futuro. **Ant.** Actual, presente.

ejos, lejano.// Lejanamente, allá, a distancia, apartadamente, remotamente, allí. **Ant.** Aquí, cerca, acá.

elo-la, bobo, tonto, pasmado, simple, lerdo, memo, idiota, mentecato, obtuso. **Ant.** Listo, sensato, inteligente.

ema, divisa, insignia, mote, leyenda, tema, marca.// Título, encabezamiento.// Contraseña.// Tema.

ene, suave, blando, leve, ligero, agradable, benévolo, apacible, grato. **Ant.** Áspero, duro, desagradable.

engua, idioma, lenguaje, habla, dialecto, jerga, expresión, caló, germanía, argot.

enguaje, habla, palabra, lengua (v.), expresión, conversación, discurso. **Ant.** Mutismo, mudez, silencio, mímica, pantomima.// Estilo, dialéctica.// Pronunciación, tono, voz.

enguaraz, descarado, deslenguado, desvergonzado, desfachatado, descomedido, maldiciente, desenfadado, atrevido, insolente (v.). **Ant.** Comedido, respetuoso, discreto.

enidad, blandura, suavidad, dulzura, benevolencia, sosiego, moderación, benignidad. **Ant.** Dureza, aspereza.

enificar, suavizar, ablandar, dulcificar, calmar, consolar, aliviar. **Ant.** Agravar, agudizar.

enitivo-va, calmante, emoliente, balsámico, sedante. **Ant.** Excitante, irritante.// Bálsamo, consuelo, alivio, calma, mejoría. **Ant.** Agravamiento, agudización.

enocinio, prostitución, proxenetismo, rufianería, alcahuetería.

ente, cristal, lupa, luna, luneta, ocular, vidrio, objetivo.// -s, anteojos, gafas, quevedos, antiparras, impertinentes.

entitud, calma, tranquilidad, sosiego, pausa, pereza, parsimonia, morosidad, dilación, flema, pachorra, negligencia, indolencia. **Ant.** Prisa, rapidez, diligencia.

ento-ta, tardo, espacioso, pausado, moroso, calmoso, lerdo, indolente, remiso, tardío, flemático, parsimonioso. **Ant.** Rápido, ligero, raudo, activo.

eña, tronco, leño (v.), madera.// Castigo, paliza, zurra, tunda. **Ant.** Caricia, mimo.// Encendaja, chasca, chamiza.

eño, tronco, tarugo, tizón (v.), rama, sarmiento, madera (v.).

eón, valiente, bravo, héroe.

eonado-da, rubio, pardo, rosáceo, rubión, bermejo.

eonera, garito, timba, gazapo, tasca, matute, tahurería.// Cueva, bodega, desván, trastero.

eonino-na, injusto, abusivo, arbitrario, desmesurado, exagerado. **Ant.** Justo, equitativo.

epra, lacería, malatía.

eproso-sa, lacerado, malato, lázaro.

erdo-da, torpe (v.), tardo, lento (v.), cansino. **Ant.** Rápido, ligero.

esión, herida, daño, golpe, magulladura, traumatismo, magullamiento, lastimadura, contusión. **Ant.** Salud, bien.// Menoscabo, perjuicio, daño, pérdida. **Ant.** Beneficio.

esionado-da, herido, lastimado, dañado, golpeado, magullado, perjudicado. **Ant.** Ileso, intacto, indemne.

esionar-se, herir, dañar, enfermar, magullar, lastimar, golpear, maltratar, romper, quebrar, lisiar. **Ant.** Restablecerse.// Perjudicar, descalabrar. **Ant.** Beneficiar, favorecer.

esivo-va, dañoso, perjudicial, nocivo, peligroso. **Ant.** Beneficioso, ventajoso.

etal, mortal, mortífero, fatal, macabro, aniquilador. **Ant.** Saludable, vivificador.

etanía, rezo, súplica, invocación, plegaria.// Lista, sucesión, procesión, serie, sarta.

etargo, aletargamiento, sopor, somnolencia, modorra, aturdimiento, parálisis, entorpecimiento, insensibilidad. **Ant.** Viveza, desvelo, actividad.

letra, carácter, signo, grafía, símbolo, tipo, imprenta.// Astucia, sagacidad, picardía. **Ant.** Ingenuidad.// Pagaré, documento.

letrado-da, jurista, abogado, jurisconsulto.// Sabio, docto, instruido, erudito, culto. **Ant.** Ignorante, analfabeto.

letras, literatura, humanismo, cultura.

letrero, título, rótulo, anuncio, inscripción, etiqueta, placa, aviso, leyenda, pancarta.

letrina, retrete, excusado, baño, servicio.

leva, reclutamiento, recluta, enganche, enrolamiento, enlistamiento. **Ant.** Licencia.// Palanca, barra, alzaprima, motor, espeque.

levadura, fermento (v.).

levantado-da, sublime, excelso, encumbrado, elevado, noble, eminente, excelente, egregio. **Ant.** Insignificante, rastrero.// Orgulloso, altivo, encandilado. **Ant.** Humilde.// Subido, enhiesto, elevado. **Ant.** Bajo.

levantamiento, alzamiento, rebelión, asonada, revolución, motín, sedición, sublevación, pronunciamiento. **Ant.** Pacificación, tranquilidad.// Elevación, aumento, progreso. **Ant.** Descenso.

levantar-se, elevar, izar, subir, levar, enarbolar, enderezar, erguir, aupar, empinar. **Ant.** Descender, bajar.// Elogiar, encumbrar, magnificar, ponderar. **Ant.** Humillar, rebajar.// Edificar, erigir, construir, fabricar, fundar, asentar. **Ant.** Demoler, tirar, destruir.// Arrancar, quitar, separar, desprender, despegar. **Ant.** Adherir.// Sublevar, rebelar, amotinar, alzar, agitar, alborotar, solivantar, perturbar, revolucionar. **Ant.** Pacificar, aplacar.// Animar, alentar, aliviar, confortar, fortalecer. **Ant.** Desalentar, abatir.

levante, este, oriente, naciente, saliente. **Ant.** Poniente, oeste.

levantisco-ca, indócil, rebelde, indómito, revoltoso, insurgente, turbulento, revolucionario, subversivo. **Ant.** Dócil, sumiso, obediente.

levar, elevar, zarpar, partir. **Ant.** Bajar, atracar.// Desaferrar, desamarrar. **Ant.** Amarrar.

leve, ligero, delgado, tenue, liviano, ingrávido, sutil, insustancial, vaporoso, etéreo. **Ant.** Pesado, tosco.// Nimio, insignificante, exiguo, minúsculo, fútil, intrascendente. **Ant.** Trascendente, importante, grave.

levedad, ligereza, liviandad, ingravidez, tenuidad, delgadez, vaporosidad, suavidad, volatilidad. **Ant.** Pesadez, tosquedad.// Nimiedad, insignificancia, futilidad, frivolidad, puerilidad. **Ant.** Importancia, gravedad, trascendencia.// Inconstancia, versatilidad, volubilidad, mudanza. **Ant.** Constancia.

léxico, vocabulario, diccionario, lexicón, enciclopedia, glosario, catálogo, tesoro.// Voces, giros, modismos.

ley, norma, regla, ordenanza, disposición, precepto, decreto, estatuto, prescripción, orden, edicto, código, mandato, fuero, sanción, pragmática.// Legislación, jurisprudencia, magistratura, legalidad, derecho, justicia, moralidad. **Ant.** Ilegalidad, anarquía, desorden.// Lealtad, fidelidad, amistad, afecto, dilección, amor, veneración. **Ant.** Deslealtad.// Clase, condición, calidad, índole, ralea, raza.

leyenda, fábula, conseja, historia, fantasía, mito, cuento, ficción, invención, tradición, epopeya, saga, gesta. **Ant.** Realidad, veracidad.// Lema, letrero, divisa, inscripción.

lía, soga, soguilla, cuerda, cordel, trailla.// Sedimento, heces, pósito.

liar, atar, ligar, asegurar, amarrar, enlazar, encordelar, trabar, sujetar. **Ant.** Desatar, desligar.// Burlar, enredar, engañar, embaucar. **Ant.** Desengañarse.// -se, amancebarse, juntarse.

libación, sorbo, chupada, trago, succión, degustación.

libar, sorber, beber, chupar, succionar, catar, paladear, degustar, probar. **Ant.** Escupir, expulsar.

libelo, panfleto, pasquín, folleto.// Difamación (v.).

liberación, libertad, emancipación, redención, independencia, libramiento, salvación, licencia, evasión, huida, cancelación, exención, exoneración, salvaguardia, excarcelación, franqueamiento, manumisión. **Ant.** Sumisión, dependencia, esclavitud, prisión.

liberal, desprendido, generoso, pródigo, caritativo, altruista, desinteresado, espléndido, dadivoso, munificiente. **Ant.** Mezquino, avaro, tacaño.

liberalidad, generosidad, dadivosidad, altruismo, desinterés, munificencia, desprendimiento, magnanimidad, prodigalidad, caridad, despego, esplendidez, abnegación, largueza. **Ant.** Mezquindad, avaricia.

liberar, librar, redimir, proteger, salvar, exonerar, relevar, eximir, dispensar, quitar, rescatar, recobrar, libertar, licenciar, emancipar, franquear, manumitir, independizar, desoprimir, exculpar, perdonar, cancelar, desencarcelar, desatar, amnistiar, indultar, soltar, desbloquear. **Ant.** Oprimir, sojuzgar, condenar, encarcelar, aprisionar, acosar, detener, culpar.

libertad, independencia, autonomía, autodeterminación, libre albedrío. **Ant.** Dependencia, sujeción.// Liberación, emancipación, rescate, manumisión, quita, licenciamiento, redención. **Ant.** Opresión, prisión.// Privilegio, licencia, inmunidad, dispensa, franquicia, permisión, poder, facultad. **Ant.** Prohibición.// Franqueza, familiaridad, soltura, confianza, naturalidad. **Ant.** Respeto.// Atrevimiento, descaro, osadía. **Ant.** Cohibición.// Libertinaje, inmoralidad, desenfreno, caos, desorden. **Ant.** Orden, arreglo.// Ocio, vacación. **Ant.** Trabajo, ocupación.

libertador-ra, liberador, salvador, redentor, emancipador, protector, campeón, paladín. **Ant.** Tirano, opresor.

libertar, soltar, rescatar, redimir, librar, liberar (v.). **Ant.** Apresar, encarcelar, prender.

libertario-ria, anarquista, ácrata, nihilista. **Ant.** Conservador, reaccionario.

libertinaje, inmoralidad, indecencia, deshonestidad, desenfreno, licencia, libertad, soltura, vicio, obscenidad, liviandad, impudicia, perversidad, lascivia, lujuria, lubricidad, inmundicia. **Ant.** Moralidad, continencia, virtud, honestidad.

libertino-na, licencioso, disoluto, desenfrenado, depravado, disipado, deshonesto, indecente, inmoral, relajado, vicioso, perdido, liviano, obsceno, inmoderado, escandaloso, lujurioso, desvergonzado, impúdico, lúbrico, lascivo, libidinoso. **Ant.** Casto, moral, honesto.

libidinoso-sa, lujurioso, lascivo (v.), liviano, sensual, obsceno. **Ant.** Casto, puro, honesto.

libranza, libramiento, pagaré, orden de pago, cheque, letra de cambio, talón, giro. **Ant.** Abono, cobro, ingreso.

librar-se, librar (v.), libertar, eximir, salvar, redimir, licenciar. **Ant.** Prender, apresar, recluir.// Dar, entregar, confiar, fiar, ceder, depositar, abandonar.// Enviar, expedir, girar, despachar. **Ant.** Aceptar.// **-se**, desembarazarse, evitarse, desenredarse, olvidarse. **Ant.** Comprometerse, preocuparse.

libre, exento, dispensado. **Ant.** Sujeto, supeditado.// Independiente, emancipado, autónomo, separado, soberano, autárquico. **Ant.** Dependiente, sojuzgado.// Liberado, suelto, rescatado, evadido, excarcelado, redimido, fugado, escapado. **Ant.** Prisionero, cautivo.// Inocente, absuelto, indultado, amnistiado. **Ant.** Inculpado, castigado.// Desenfrenado, desvergonzado, disoluto, libertino (v.). **Ant.** Casto, honesto, moral.// Soltero. **Ant.** Casado.// Disponible, desocupado, vacante, vacío. **Ant.** Ocupado.

libro, obra, volumen, texto, tomo, ejemplar.

licencia, permiso, autorización, venia, aprobación, aquiescencia, asentimiento. **Ant.** Prohibición, veto.// Patente, título, documento, certificado, despacho, salvoconducto, privilegio, pase, pasaporte. **Ant.** Desautorización.// Libertinaje, desenfreno, desarreglo, relajación, deshonestidad, inmoralidad. **Ant.** Castidad, moralidad.

licenciado-da, graduado, diplomado, universitario, abogado, doctor.

licenciar, autorizar, permitir, consentir, otorgar, conceder, facultar. **Ant.** Prohibir, denegar.// Despachar, despedir, librar, excluir, echar. **Ant.** Reclutar, admitir.// **-se**, graduarse, diplomarse, titularse, concluir.

licenciatura, carrera, estudios, título, diploma.

licencioso-sa, pervertido, depravado, libertino (v.), liviano, obsceno. **Ant.** Casto.

liceo, instituto, gimnasio, seminario, escuela, pensionado, academia, colegio.// Sociedad, ateneo, asociación, círculo, centro.

licitación, concurso, puja, subasta (v.).

lícito-ta, legal, legítimo, autorizado, permitido. **Ant.** Ilícito, ilegal.

licor, bebida, brebaje, elixir, néctar.// Líquido.

licuar, liquidar, fundir, derretir, disolver, licuefacer, fluidificar. **Ant.** Solidificar, coagular.

licuefacer, licuar (v.).

lid, combate, lucha, pelea, contienda, liza, batalla, lidia, encuentro, justa, torneo. **Ant.** Paz.// Disputa, riña, controversia, altercado, polémica, debate, discusión. **Ant.** Reconciliación, acuerdo.

líder, jefe, guía, caudillo, dirigente, conductor, cabecilla. **Ant.** Subordinado.

lidia, lid (v.), pelea, combate, lucha, contienda. **Ant.** Paz.// Corrida, becerrada, novillada, encierro, rejoneo, faena.

lidiar, luchar, batallar, pelear, contender, pugnar, reñir. **Ant.** Pacificar.// Controvertir, disputar, altercar, polemizar, debatir, discutir, opugnar. **Ant.** Acordar.// Torear, correr, capear.

lienzo, paño, pañuelo, trapo, tejido, sábana.// Cuadro, pintura, tela.// Pared, fachada, panel, paramento, tabique, muralla, entrepaño.

liga, ligadura, lazo (v.), cinta, ataderas, sujetador, venda, faja.// Mezcla, aleación, unión, combinación, asociación, ligazón. **Ant.** Separación.// Federación, alianza, coalición, confederación, pacto, convenio. **Ant.** Desunión.

ligadura, ligación, ligamento, atadura, liga (v.), **Ant.** Separación.// Sujeción, trabazón, lazo, unión, traba. **Ant.** Desunión.

ligar, atar, sujetar, liar, enlazar, encadenar, amarrar, anudar. **Ant.** Soltar.// Aliar, unir, enlazar. **Ant.** Separar.// Alear, soldar.// **-se**, confederarse, comprometerse, asociarse, aliarse. **Ant.** Separarse, librarse.

ligazón, trabazón (v.), unión (v.).

ligereza, prontitud, velocidad, presteza, rapidez, prisa. **Ant.** Lentitud, tardanza.// Agilidad, viveza, vivacidad, listeza. **Ant.** Torpeza.// Inestabilidad, versatilidad, inconstancia, informalidad, imprudencia, irreflexión. **Ant.** Constancia, prudencia.// Levedad, ingravidez, liviandad, delgadez, sutileza. **Ant.** Pesadez.// Frivolidad, trivialidad, futilidad. **Ant.** Importancia, trascendencia.

ligero-ra, rápido, raudo, veloz, expedito, célere, presto, presuroso, pronto, ágil, fugaz, instantáneo, diligente, vivo. **Ant.** Lento, pausado, tranquilo.// Inconstante, versátil, informal, inestable, imprudente, irreflexivo, voluble. **Ant.** Constante, prudente, formal.// Insignificante, trivial, frívolo, fútil, inútil. **Ant.** Importante, trascendente.// Liviano, leve, sutil, grácil, vaporoso, ingrávido. **Ant.** Pesado.

lijar, pulir (v.), limar (v.).

lima, fresa, escofina, bastarda, cantón, limatón.

limar, pulir, desgastar, lijar, rallar, desbastar, raspar, raer, alisar.// Corregir, retocar, mejorar, perfeccionar. **Ant.** Empeorar, malograr.

limbo, aureola, corona, orla, halo.// Ribete, borde, extremidad.

limitación, restricción, prohibición, coacción, obstáculo, inconveniente, coto, dificultad. **Ant.** Autorización, permiso, facilidad.// Determinación, término, límite, demarcación, distrito, linde. **Ant.** Indeterminación, ampliación.

limitado-da, restringido, circunscrito, acotado, constreñido, rodeado, condicionado. **Ant.** Abierto, ilimitado.// Reducido, escaso, pequeño, chico, menguado. **Ant.** Grande, indefinido.// Torpe, obtuso. **Ant.** Agudo, inteligente.

limitar, restringir, recortar, prohibir, impedir, obstaculizar, coaccionar. **Ant.** Autorizar, permitir.// Localizar, delimitar, determinar, ceñir, circunscribir, acotar, abreviar, rodear, cercar. **Ant.** Extender, ampliar.// Lindar.// **-se**, reducirse, atenerse, ajustarse.

límite, frontera, linde, raya, confín, término, coto, borde, deslinde, divisoria, separación. **Ant.** Centro.// Final, fin, término, meta, tope, culminación. **Ant.** Origen, comienzo.

límítrofe, confinante, adyacente, colindante, frontero, contiguo, rayano, aledaño, convecino. **Ant.** Apartado, distante, separado.

limo, lodo, fango, barro, cieno.

limosna, dádiva, beneficencia, caridad, providencia, mendicidad, ayuda, colecta, óbolo, beneficio, auxilio, regalo. **Ant.** Avaricia, economía, miseria, tacañería.

limosnear, mendigar, pordiosear, pedir, implorar. **Ant.** Dar.

limosnero-ra, caritativo, dadivoso, liberal, generoso, benéfico. **Ant.** Tacaño, egoísta.// Mendigo, pedigüeño, pordiosero. **Ant.** Rico, dadivoso.

limoso-sa, barroso, sucio, cenagoso, fangoso, pantanoso.

limpiar, asear, enjabonar, fregar, blanquear, barrer, baldear, bañar, lustrar, cepillar, desempolvar, enjuagar, depurar, lavar, humedecer, mojar, frotar, desinfectar, higienizar, purificar, sanear. **Ant.** Ensuciar.// Hurtar, robar, estafar, quitar.// Eliminar, suprimir, expulsar, extirpar, desterrar. **Ant.** Consentir, admitir.

limpidez, transparencia, claridad, pureza, nitidez, blancura, diafanidad. **Ant.** Opacidad, turbiedad.// Castidad, honestidad, honradez. **Ant.** Impureza, deshonestidad.

límpido-da, diáfano, transparente, claro, puro, nítido, cristalino, impoluto, aseado, translúcido. **Ant.** Sucio, embarrado, emporcado.

limpieza, higiene, aseo, pulcritud, depuración, nitidez, saneamiento, lavado, desinfección, expurgación, descontaminación, purificación, barrido, fregado, ducha, baño, riego, enjuague, jabonado. **Ant.** Suciedad, incuria, mancha, desaseo, inmundicia.// Pureza, castidad, virginidad, honradez, honestidad, inocencia, candor. **Ant.** Deshonestidad, impureza.// Exactitud, precisión, escrupulosidad, perfección, destreza, nitidez, agilidad. **Ant.** Inexactitud, imprecisión.// Refinamiento, pulimento, meticulosidad.

limpio-pia, pulcro, aseado, atildado, cristalino, higiénico, terso, lavado, barrido, bañado, duchado, regado, enjabonado, expurgado, neto, purificado. **Ant.** Sucio, pringoso.// Casto, virgen, intacto, inmaculado. **Ant.** Impuro, maculado.// Íntegro, honesto, honrado. **Ant.** Deshonesto.// Exacto, preciso, escrupuloso, perfecto. **Ant.** Inexacto, impreciso.// Libre, despejado, vacío, solo, expedito. **Ant.** Ocupado, cubierto.

linaje, ascendencia, dinastía, estirpe, raza, casta, descendencia, sangre, alcurnia, prosapia, nobleza, abolengo, cepa. **Ant.** Plebeyez.// Especie, género, índole, clase, condición.

linajudo-da, aristocrático, noble, hidalgo, señorial, solariego. **Ant.** Servil, plebeyo.

linchar, ejecutar, ajusticiar, matar, liquidar, vengarse.

lindante, contiguo, colindante, lindero, confinante, limítrofe, adyacente. **Ant.** Apartado, lejano.

lindar, rayar, confinar, rozar, limitar, tocar, pegar. **Ant.** Distanciar, separar.

linde, borde, orilla, término, límite (v.), confín. **Ant.** Centro, origen.

lindero-ra, limítrofe (v.).

lindeza, hermosura, belleza, preciosidad, primor, encanto, donosidad, gracia, donaire, atractivo, garbo. **Ant.**, Fealdad, imperfección.// Gracia, chiste, piropo, requiebro, lisonja. **Ant.** Grosería, indelicadeza.

lindo-da, bello, hermoso, bonito, primoroso, encantador, donoso, precioso, atractivo, guapo, fino, delicado, gracioso. **Ant.** Feo, horrible, defectuoso.

línea, raya, trazo, rasgo, tilde, guión, barra, vírgula.// Renglón, hilera, fila, ristra.// Trayecto, recorrido, itinerario, vía, dirección, camino.// Límite.

lineal,

linear, rayar, tirar, subrayar.// Bosquejar (v.).

linfa, humor, serosidad, suero, plasma, acuosidad.

lingote, barra (v.).

linterna, farol, lámpara, fanal, luz, reflector, faro, foco.

lío, fardo, envoltorio, bulto, paquete, ovillo.// Enredo,

confusión, embrollo, complicación, desorden, tumulto, dificultad, caos. **Ant.** Orden, paz.// Engaño, mentira, embuste, cuento, chisme, enredo. **Ant.** Verdad, sinceridad.

liquidación, remate, abaratamiento, rebaja, finiquito, venta, saldo, quemazón. **Ant.** Alza, encarecimiento.// Muerte, aniquilación, exterminio, matanza, terminación. **Ant.** Conservación, perdón.

liquidar, saldar, vender, rebajar, ajustar, malvender, abaratar. **Ant.** Encarecer, subir.// Exterminar, matar, extinguir, aniquilar, terminar, destruir, extirpar, rematar. **Ant.** Perdonar, conservar.// Fluir, derretir, fundir, licuar. **Ant.** Solidificar.

líquido, fluido, humor, licor, zumo, jugo, néctar, bebida. **Ant.** Sólido.// Neto, deducido, saldo, residuo.// Libre, exento. **Ant.** Bruto.

lírico-ca, poético, elegíaco, bucólico, idílico, tierno, romántico. **Ant.** Prosaico, vulgar.

lirismo, inspiración, poesía, exaltación, romanticismo. **Ant.** Vulgaridad, prosaísmo.

lisiado-da, inválido, impedido, mutilado, lesionado, imposibilitado, baldado, estropeado, tullido, paralítico. **Ant.** Sano, robusto.

lisiar, mutilar, tullir, impedir, herir, lesionar, dañar, paralizar, imposibilitar, inutilizar, estropear, atrofiar. **Ant.** Rehabilitar, recuperar.

liso-sa, plano, llano, igual, nivelado, recto, horizontal, suave, terso, parejo, raso, chato, uniforme. **Ant.** Áspero, desparejo, escabroso. **Par.** Liza.

lisonja, alabanza, halago, adulación, aplauso, elogio, loa, requiebro, zalamería, obsequio, mimo, floreo. **Ant.** Desaire, crítica, vituperio, insulto.

lisonjear, alabar, halagar, adular, elogiar, requebrar, festejar, aplaudir, mimar. **Ant.** Criticar, insultar, desairar.// Agradar, gustar, deleitar, regalar, satisfacer, complacer. **Ant.** Desagradar.

lisonjero-ra, halagador, adulador (v. lisonja).// Agradable, deleitable, grato, halagüeño, favorable, satisfactorio. **Ant.** Ingrato, desagradable.

lista, inventario, nómina, repertorio, enumeración, índice, registro, catálogo, tabla, cuadro, relación, padrón, minuta, receta, factura, nomenclador, diccionario, léxico.// Tira, línea, banda, franja, veta, tabla, faja, zona, sector, ribete, cinta.

listar, inscribir, apuntar, alistar (v.), inventariar (v.).

listo-ta, rápido, vivo, activo, ligero, diligente, pronto. **Ant.** Lento, tardo, pesado.// Inteligente, despierto, astuto, sagaz, avisado, despabilado, perspicaz, agudo. **Ant.** Tonto, torpe.// Preparado, dispuesto, atento, alerta. **Ant.** Desprevenido.

listón, lista, cinta, faja.// Tabla, listel, madera, moldura.

lisura, tersura, suavidad, finura, igualdad, pulimento. **Ant.** Aspereza, rugosidad.// Dulzura, ingenuidad, afabilidad, sinceridad, franqueza, sencillez, mansedumbre. **Ant.** Malicia, fingimiento.

litera, cama, camastro, catre, yacija, hamaca.// Palanquín, angarillas, andas, silla de manos, camilla.

literal, textual, puntual, preciso, fiel, idéntico, exacto. **Ant.** Libre, impreciso.

literato-ta, escritor, autor, hombre o mujer de letras.

literatura, letras, humanidades, bellas letras.// Obras, textos, escritos, publicaciones.

litigar, debatir, pleitear, demandar, querellarse, denunciar.// Reñir, pelear, contender, altercar. **Ant.** Acordar, convenir, coincidir.

litigio, pleito, querella, juicio, proceso, demanda, actuación, causa.// Disputa, lucha, contienda, diferencia. **Ant.** Acuerdo, paz, avenencia.

litigioso-sa, pleiteante, querellante.// Contencioso, debatible, disputable, cuestionable.

litoral, costero, ribereño.// Playa, costa, orilla, ribera, margen, riba. **Ant.** Interior.

liviandad, deshonestidad, incontinencia, desenfreno, lubricidad, lascivia, impudicia, lujuria, inmoralidad, ligereza. **Ant.** Castidad, honestidad, pureza.

liviano-na, ligero, suave, frágil, sutil, vaporoso, leve, etéreo. **Ant.** Pesado.// Lascivo, libertino, lujurioso, libidinoso. **Ant.** Casto, puro, honesto.// Versátil, voluble, inconsistente, inconstante, mudable. **Ant.** Firme, constante.

lívido-da, amoratado, cárdeno, morado, violáceo.

liza, palestra, campo, plaza, ruedo, arena.// Lucha, combate, lid. **Ant.** Paz, pacificación. **Par.** Lisa.

llaga, herida, úlcera, grieta, pústula, quemadura, lesión, postilla, carnosidad, supuración.

llagar-se, ulcerar, lesionar. **Ant.** Curarse, sanarse.

llama, flama, hoguera, llamarada, lumbre, fogata, candela, fogonazo, chispazo, fulgor, luz (v.), resplandor. **Ant.** Oscuridad, frialdad.// Apasionamiento, ardor, pasión, arrebato, vehemencia, fogosidad. **Ant.** Indiferencia.

llamada, advertencia, señal, nota, signo, corrección. **Ant.** Omisión, olvido.// Llamamiento (v.), telefonazo, grito. **Ant.** Silencio.// Convocatoria, edicto, citación. **Ant.** Rechazo.// Toque, diana, orden, rebato.

llamamiento, llamada, apelación, exhortación, voz, invocación, señal, reclamo, aviso, indicación, convocación, reclamación. **Ant.** Olvido, desdén.

llamar, gritar, reclamar, exhortar, clamar, vocear, dar voces, advertir. **Ant.** Callar, silenciar.// Nombrar, designar, denominar, apellidar. **Ant.** Desdeñar, omitir.// Invitar, citar, atraer, incitar, convocar, avisar. **Ant.** Repeler, olvidar.

llamarada, llama (v.), resplandor, fogata, centelleo, chispazo, fulgor, brillo, fuego, combustión. **Ant.** Apagamiento.// Rubor. **Ant.** Palidez.// Pasión, arrebato, apasionamiento, arranque. **Ant.** Frialdad.

llamativo-va, provocativo, excitante, atractivo, sugestivo, vistoso, extravagante. **Ant.** Sencillo, vulgar, discreto.

llameante, ardiente, chispeante, brillante, rutilante, ardoroso, abrasador, ígneo, incandescente. **Ant.** Apagado.

llamear, arder, flamear, rutilar, relucir, chispear, centellar, brillar, relampaguear. **Ant.** Apagar, enfriar, extinguir.

llaneza, sencillez, naturalidad, familiaridad, simplicidad, modestia, sinceridad, afabilidad, moderación. **Ant.** Soberbia, presunción, ampulosidad, ceremonia.

llano-na, igual, plano, raso, liso, parejo, uniforme, chato. **Ant.** Escarpado, desigual, accidentado.// Accesible, asequible, sencillo, abierto, franco, tratable, campechano. **Ant.** Afectado, inaccesible, protocolario.

llano, llanura (v.).

llanto, lloro, lloriqueo, plañido, gimoteo, gemido, lágrimas, lamento, queja, rabieta, aflicción, lamentación. **Ant.** Risa, júbilo, alegría.

llanura, llano, planicie, plano, estepa, explanada, meseta, sabana, pradera, pampa, páramo, terraza, campiña, era, erial, vastedad, landa. **Ant.** Sierra, montaña, cerro, pendiente.

llave, llavero, llavín, ganzúa, punzón, cerradura.// Zancadilla, presa, traspié.// Clave, cifra, dato, información, vía, camino.// Grifo, obturador, válvula, toma, interruptor, escape, salida.// Pinzas, tenazas, alicates.// Corchete.

llegada, arribo, venida, advenimiento, acceso, aparición, afluencia, alcance, presencia, comparencia. **Ant.** Marcha, partida, ida.

llegar, arribar, venir, afluir, entrar, aparecer, comparecer, presentarse, mostrarse. **Ant.** Partir, salir, marchar.// Obtener, conseguir, lograr, triunfar, vencer. **Ant.** Perder, malograr.// Extenderse, durar, permanecer, alcanzar.

llenar, colmar, henchir, plagar, saturar, hinchar, atiborrar, atestar. **Ant.** Vaciar, derramarse.// Desempeñar, ejercer, ocupar, ejercitar.// Satisfacer, gustar, colmar.// -se, hartarse, irritarse.

lleno-na, repleto, colmado, pleno, completo, henchido, preñado, saturado, abarrotado, harto, nutrido, plagado, grávido. **Ant.** Vacío, falto, desprovisto.// Satisfecho,

complacido, ahíto, harto. **Ant.** Hambriento.// Hastiado, enfadado, irritado.

llevar, trasladar, transportar, enviar, mandar, portar, acarrear, despachar. **Ant.** Traer.// Sufrir, aguantar, soportar, resignarse, tolerar. **Ant.** Rebelarse.// Conducir, guiar, manejar, dominar, gobernar, mandar. **Ant.** Acatar.// Traer, ponerse, usar, vestir.// -se, apropiarse, apoderarse, robar, hurtar, arrebatar. **Ant.** Devolver.

llorar, plañir, gemir, lloriquear, sollozar, hipar, suspirar, lagrimear. **Ant.** Reír.// Sentir, lamentar, deplorar, condolerse, arrepentirse, emocionarse, conmoverse. **Ant.** Alegrarse, olvidar.// Destilar, manar, gotear, segregar. **Ant.** Contener.

lloro, llanto, plañido, lágrimas, llorera, llantera, llantina, sollozo, berrinche, gemido. **Ant.** Risa, sonrisa, alegría, carcajada, hilaridad.

llorón-na, lloroso, plañidero, quejoso, sollozante, quejica, gemebundo. **Ant.** Risueño, alegre.

llover, gotear, lloviznar, diluviar, aguar, rociar, mojar, calar. **Ant.** Amainar, escampar, despejar.// Ensopar, duchar, bañar, regar, mojar. **Ant.** Secar.// Manar, caer, venir, plagar.

llovizna, lluvia (v.).

lloviznar, chispear, garuar, llover (v.).

lluvia, aguacero, chubasco, chaparrón, tormenta, precipitación, nubarrada, temporal, borrasca, tromba, diluvio, llovizna, rocío. **Ant.** Calma, bonanza.// Abundancia, afluencia, copia, inundación, río, raudal, profusión, exceso. **Ant.** Escasez.

lluvioso-sa, tormentoso, borrascoso, inclemente, encapotado, nublado, torrencial, tempestuoso, húmedo, gris, oscuro. **Ant.** Seco, sereno, claro, despejado.

loa, alabanza, elogio, encomio, ponderación, enaltecimiento. **Ant.** Crítica, vituperio.

loable, ensalzable, ponderable, encomiable, elogiable, meritorio, plausible. **Ant.** Denigrable, criticable.

loar, alabar, encomiar, ponderar, elogiar, enaltecer, exaltar, aclamar, celebrar, glorificar. **Ant.** Criticar, denigrar.

lobreguez, tenebrosidad, oscuridad, sombra, tiniebla. **Ant.** Claridad, iluminación.// Amargura, tristeza, melancolía. **Ant.** Alegría, contento.

lóbrego-ga, tenebroso, oscuro, sombrío, lúgubre (v.). **Ant.** Claro, iluminado.

local, lugar, sitio, espacio, punto, paraje.// Sala, recinto, tienda, oficina, habitación.// Regional, comarcal, municipal, provincial, departamental, particular, territorial. **Ant.** Nacional, general, universal.// Localizado, parcial, limitado. **Ant.** Ilimitado.

localidad, paraje, sitio, lugar, territorio, punto, ciudad, pueblo, villa, comarca, población.// Billete, entrada, asiento, butaca.

localizar, situar, ubicar, determinar, emplazar, colocar, fijar, disponer, instalar. **Ant.** Desplazar.// Limitar, circunscribir, restringir, encerrar, confinar, ceñir. **Ant.** Ampliar.// Averiguar, buscar, hallar, detectar, descubrir.

locatario-ria, arrendatario, inquilino.

loción, lavado, baño, enjuague, lavaje.// Colonia, perfume.

loco-ca, demente, alienado, insano, enajenado, delirante, chiflado, orate, lunático. **Ant.** Cuerdo, sano.// Atolondrado, aturdido, irreflexivo, insensato, absurdo, disparatado. **Ant.** Moderado, sensato.

locomoción, transporte, traslación, tracción. **Ant.** Inmovilización.

locuacidad, verbosidad, facundia, elocuencia, palabrería, charlatanería, habladuría, labia. **Ant.** Mutismo, silencio, discreción.

locuaz, charlatán, parlanchín, hablador, facundo, elocuente, verboso, parlero. **Ant.** Callado, mudo, silencioso, huraño.

locución, alocución, frase, dicho, expresión, giro.

locura, demencia, enajenación, alienación, delirio, insania, vasanía, chifladura, desvarío, frenesí, manía. **Ant.** Cordura, lucidez.// Irreflexión, insensatez, disparate. **Ant.** Sensatez, reflexión.

)cutorio, confesionario, parlatorio, cabina.

)dazal, barrizal, ciénaga, cenagal, fangal. **Ant.** Páramo, sequedal.

)do, barro, fango, cieno, légamo, limo.

5glca, razonamiento, dialéctica, razón, conocimiento. **Ant.** Absurdo, insensatez, despropósito.

5glco-ca, racional, natural, normal, sensato, justo, evidente, indiscutible, legítimo. **Ant.** Ilógico, injusto, irracional, ilegal.

)gogrifo, enigma, adivinanza, acertijo, rompecabezas.

ograr, conseguir, alcanzar, obtener, recibir, sacar, ganar, poder, gozar, adjudicarse, conquistar, procurarse, triunfar, beneficiarse. **Ant.** Fracasar, perder, ceder.

ogrero-ra, especulador, oportunista, usurero. **Ant.** Desinteresado, generoso.

)gro, conquista, resultado, ganancia, consecución, producto, consecuencia, fruto. **Ant.** Malogro, fracaso, frustración.

oma, altura, colina, cerro, montículo, altitud. **Ant.** Llanura, planicie.

omo, espalda, dorso, envés, espinazo, respaldo.// Canto.

ongevidad, ancianidad, vejez, conservación, duración, prolongación, perennidad. **Ant.** Juventud, fugacidad, extinción.

ongevo-va, viejo (v.), anciano.

ongitud, largo, largura, largor, amplitud, extensión, dimensión, magnitud, profundidad, prolongación, distancia. **Ant.** Anchura.

onja, rodaja, tajada, filete.// Atrio.// Tienda, almacén, mercado.

oor, alabanza, elogio, loa (v.).

osa, lápida, piedra, estela, placa.// Sepulcro, tumba. **Par.** Loza.

ote, división, partición, porción, parte, fracción, parcela. **Ant.** Todo, conjunto.

otería, rifa, tómbola, juego, suerte.

oza, cerámica, porcelana, mayólica, caolín, terracota, vidrio, vidriado.// Vajilla. **Par.** Losa.

ozanía, verdor, florecimiento, frescura, ufanía, juventud, mocedad, vigor, ánimo, energía, frondosidad. **Ant.** Vejez, debilitamiento, ajamiento.

ozano-na, joven, gallardo, lustroso, robusto, ufano, saludable. **Ant.** Viejo, pasado.// Flamante, verde, fresco, frondoso. **Ant.** Marchito.// Altivo, orgulloso, arrogante. **Ant.** Mustio.

lubricar, engrasar, aceitar, lubrificar, suavizar.

lubricidad, lascivia, lujuria, obscenidad, impudicia, carnalidad. **Ant.** Honestidad, castidad.

lúbrico-ca, lujurioso, lascivo, libidinoso, deshonesto, impuro, obsceno, concupiscente, sátiro. **Ant.** Casto, puro, honesto.

lubrificar, lubricar (v.).

lucha, pelea, combate, contienda, batalla, conflicto, lid, justa, pugna, reyerta, pendencia, hostilidad, riña, querella, rivalidad. **Ant.** Concordia, acuerdo, paz.// Trabajo, brega, afán, perseverancia, empeño. **Ant.** Pereza, abulia.

luchador-ra, combativo, guerrero, batallador, lidiador, peleador, competidor, adversario, contendiente, contrincante, rival. **Ant.** Pacifista, componedor.// Trabajador, bregador, afanoso, perseverante. **Ant.** Perezoso, abúlico, desidioso.

luchar, pelear, combatir, guerrear, contender, lidiar, batallar, reñir, discutir, justar, competir, resistir. **Ant.** Pacificar, conciliar, convenir, acordar.// Emprender, perseverar, bregar, trabajar. **Ant.** Abandonarse, desistir, rendirse.

lucidez, claridad, clarividencia, inteligencia, perspicacia, sensatez, discernimiento. **Ant.**, Insensatez, torpeza.// Transparencia, limpidez. **Ant.** Oscuridad.

lucido-da, lozano (v.), robusto, lustroso, hermoso, sano, agradable, gracioso. **Ant.** Feo, débil.

lúcido-da, sagaz, inteligente, perspicaz, agudo penetrante, sensato, sutil. **Ant.** Torpe, negado, insensato.// Resplandeciente, luminoso, transparante. **Ant.** Oscuro, opaco.

Lucifer, diablo (v.).

lucir, exhibir, ostentar, enseñar, revelar. **Ant.** Esconder, ocultar.// Brillar, fulgurar, relucir, resplandecer, iluminar. **Ant.** Apagarse, opacarse.// -se, presumir, pavonear, alardear, descollar, sobresalir, aventajar, resaltar, distinguirse. **Ant.** Humillarse, esconderse.// Acicalarse, embellecerse, adornarse. **Ant.** Abandonarse, descuidarse.

lucrar, ganar, lograr, obtener, beneficiarse, rentar, enriquecerse, especular. **Ant.** Perder, desperdiciar.

lucrativo-va, útil, ventajoso, beneficioso, fructífero, provechoso. **Ant.** Perjudicial, desventajoso.

lucro, logro, ganancia, producto, beneficio, provecho, utilidad, rendimiento, ventaja, especulación. **Ant.** Pérdida, ruina, quiebra.

luctuoso-sa, fúnebre (v.), funesto, lamentable, triste (v.). **Ant.** Alegre.

lucubración, elucubración, vela, estudio. **Ant.** Abandono.// Meditación, pensamiento, reflexión. **Ant.** Desinterés, abulia.

lucubrar, elucubrar (v.), crear, planear, urdir, inventar.// Velar.

ludibrio, oprobio, befa, burla, escarnio, desprecio. **Ant.** Loor, enaltecimiento.

luego, pronto, inmediatamente, prontamente, en seguida, rápidamente.// Después. **Ant.** Antes, ahora, ya, tarde.// Por lo tanto, así que.

luengo-ga, largo, alargado, dilatado, amplio, extenso. **Ant.** Breve, reducido.

lugar, sitio, ámbito, situación, punto, parte, espacio, lado, paraje, recinto, local, comarca, localidad.// Tiempo, ocasión, momento, circunstancia.// Empleo, dignidad, cargo.

lugareño-ña, campesino, paisano, aldeano, labriego, rústico, pueblerino. **Ant.** Ciudadano.

lúgubre, lóbrego, sombrío, funesto, tétrico, tenebroso, luctuoso, aciago. **Ant.** Alegre, claro, optimista, luminoso.

lujo, riqueza, boato, ostentación, opulencia, esplendidez, fausto, suntuosidad, profusión, fasto, pompa, derroche, magnificencia. **Ant.** Pobreza, sencillez, humildad.

lujoso-sa, rico, espléndido, opulento, ostentoso, fastuoso, suntuoso, majestuoso, caro, valioso, magnífico. **Ant.** Sencillo, pobre, humilde.

lujuria, liviandad (v.), lascivia (v.), concupiscencia, carnalidad, obscenidad, lubricidad (v.), inmoralidad. **Ant.** Castidad, honestidad, pureza, moralidad, continencia.

lujurioso-sa, lascivo, incontinente, lúbrico, sensual, impúdico, indecente, concupiscente, obsceno, inmoral, vicioso. **Ant.** Casto, honesto, puro.// Exuberante, abundante, ubérrimo, pletórico. **Ant.** Escaso, estéril.

lumbre, fuego, llama, hoguera, fogata, ascua, rescoldo.// Claridad, fulgor, luz, esplendor. **Ant.** Oscuridad.

lumbrera, claraboya, escotilla, abertura, hueco, ventana.// Genio, eminencia, sabio. **Ant.** Inculto, analfabeto.

luminoso-sa, claro, resplandeciente, fulgurante, brillante, radiante, centelleante, lúcido (v.), relumbrante. **Ant.** Oscuro, apagado.// Acertado, inteligente.

lunar, peca, mancha.// Defecto, falta.// Lunario.

lunático-ca, maníatico, chiflado, maníaco, loco, extraño, caprichoso. **Ant.** Cuerdo, normal, razonable.

luneta, cristal, lente.

lupanar, prostíbulo, burdel, mancebía.

lustrar, pulir, bruñir, abrillantar, restregar, limpiar, sacar brillo. **Ant.** Empañar, deslucir.

lustre, brillo, barniz, pulimento, brillantez, resplandor. **Ant.** Opacidad, mate.// Fama, honra, gloria, distinción, nobleza, realce, prestigio. **Ant.** Descrédito, deslucimiento, desprestigio.

lustroso-sa, brillante, refulgente, terso, pulido, bruñido, liso, suave, resplandeciente, luminoso. *Ant.* Opaco, mate.

luto, duelo, dolor, pena, desconsuelo, tristeza, aflicción. *Ant.* Alegría, contento.

luz, claridad, resplandor, luminosidad, fulgor, destell[o], luminiscencia, incandescencia, irradiación. *Ant.* Oscu[ri]dad, tinieblas, opacidad.// Fuego, llama, candela, foc[o], candil, faro, lumbre (v.).// Electricidad, energía.[//] Genio, eminencia.

macabro-bra, fúnebre, mortal, lúgubre, sepulcral, funesto, espeluznante. *Ant.* Alegre, grato, vital.

macana, maza, porra, garrote, palo.// Hacha, machete.// Mentira, embuste.// *Ant.* Verdad, seriedad.// Inconveniente, error, barbaridad.

macanudo-da, magnífico, extraordinario, excelente, estupendo.

macarrónico-ca, defectuoso, ridículo, incorrecto, chapucero. *Ant.* Correcto, depurado, castizo.

macerar, ablandar, amasar, reblandecer, estrujar, prensar, machacar. *Ant.* Endurecer.// Sumergir, diluir. *Ant.* Solidificar.// Mortificar, maltratar, molestar, lastimar, castigar.

maceta, macetón, tiesto, macetero, florero, jarrón.// Maza, macillo.

machacar, triturar, moler, aplastar, macerar, martillar, golpear, deshacer, desmenuzar, quebrantar, desintegrar, destrozar, hacer añicos, hacer pedazos. *Ant.* Apelmazar.// Repetir, insistir, reiterar, importunar, porfiar. *Ant.* Ceder.

machacón-na, pesado, impertinente, insistente, importuno, porfiado, cargante, latoso, reiterativo. *Ant.* Prudente, discreto.

machete, cuchillo, hacha, hoz, podadera, hoja, bayoneta, tajadera, cercenadora.

macho, varón, hombre. *Ant.* Hembra.// Viril, masculino, fuerte, recio, valiente, varonil, robusto, enérgico. *Ant.* Pusilánime, cobarde, afeminado.// Mulo, acémila.// Semental.

machucar, majar, moler, machacar (v.).// Herir, golpear, magullar.

macilento-ta, demacrado, mustio, descolorido, desmejorado, débil, flaco, escuálido, enjuto, alicaído. *Ant.* Robusto, vigoroso, fuerte.

macizo-za, sólido, compacto, apretado, repleto, firme, denso, robusto, recio, duro, resistente, relleno, tenaz. *Ant.* Débil, minado, vacío.// Mata.// Sierra, cordillera, montaña.

mácula, mancha (v.), mancilla (v.), defecto, tacha. *Ant.* Limpieza, perfección.// Engaño, mentira, trampa, embuste. *Ant.* Verdad, honradez.

macular, deshonrar, ofender, calumniar, mancillar (v.).// Manchar (v.). *Ant.* Limpiar, honrar.

madeja, ovillo, rollo, carrete, bobina.

madera, leño, palo, astilla, listón, tabla, tablón, tarugo, travesía, viga, leña (v.), tronco (v.).

madero, tronco (v.), tabla, tablón, tablero, palo, plancha, tirante, poste, puntal, percha, apoyo, listón, viga, tarugo.

madre, origen, causa, raíz, principio. *Ant.* Fin, consecuencia.// Cauce, lecho, cuenca, curso.// Mamá, mama, ama, señora, matrona, hembra, dama, mujer. *Ant.* Padre.// Religiosa, superiora, hermana, sor.// Acequia, alcantarilla.

madriguera, guarida, cubil, cueva, escondrijo, covacha, huronera, ratonera, refugio, agujero.

madrina, comadre, protectora. *Ant.* Padrino.

madrugada, amanecer, alborada, aurora, alba, amanecida, mañana, primeras horas. *Ant.* Atardecer, ocaso, anochecida.

madrugador-ra, tempranero, mañanero, previsor (v.). *Ant.* Noctámbulo, trasnochador, perezoso.

madrugar, amanecer, alborear, levantarse temprano, levantarse al alba. *Ant.* Trasnochar.// Anticiparse, adelantarse, prever. *Ant.* Remolonear, dormirse, retrasarse.

madurar, sazonar, desarrollarse, florecer, fructificar, crecer. *Ant.* Verdear.// Estudiar, pensar, reflexionar, profundizar, meditar, perfeccionarse. *Ant.* Desdeñar, despreocuparse.// Envejecer, avezarse, experimentar, curtirse. *Ant.* Empeorar.

maduro-ra, sazonado, formado, desarrollado, florecido, pletórico, rico. *Ant.* Verde, inmaduro.// Juicioso, reflexivo, sensato, formal, atinado, prudente, avezado. *Ant.* Novato, insensato, alocado.

madurez, sazón, desarrollo, maduración, punto, fructificación. *Ant.* Verdor, precocidad.// Juicio, sensatez, prudencia, reflexión, seriedad, formalidad, experiencia, responsabilidad. *Ant.* Irreflexión, insensatez, inexperiencia, irresponsabilidad.

maestría, habilidad, arte, destreza, industria, pericia. *Ant.* Impericia, inhabilidad, torpeza.

maestro-tra, profesor, educador, preceptor, instructor, pedagogo, ayo, guía. *Ant.* Alumno, discípulo.// Artista, compositor, músico, intérprete, ejecutante.// Experto, ducho, perito, hábil, diestro, avezado. *Ant.* Aprendiz, neófito, principiante.

magia, hechicería, brujería, encantamiento, sortilegio, hechizo, ocultismo, adivinación, superstición. *Ant.* Exorcismo.// Encanto, atractivo, embeleso. *Ant.* Rechazo, repulsión.

mágico-ca, maravilloso, fantástico, extraordinario, seductor, atractivo, fascinador, hechicero, fascinante, impresionante, misterioso, arcano. *Ant.* Corriente, normal, natural.

magín, imaginación (v.), entendimiento, mente, memoria, mollera.

magisterio, enseñanza, instrucción, educación. *Ant.* Analfabetismo, ignorancia.

magistrado-da, juez, soberano, ministro, togado, consejero, censor, tribuno, funcionario.

magistral, perfecto, magnífico, sobresaliente, suerior, estupendo, maravilloso, clásico, ejemplar, colosal, notable. *Ant.* Pequeño, imperfecto, inferior.

magnanimidad, nobleza, generosidad, liberalidad, caridad, grandeza. *Ant.* Ruindad, tacañería, vileza.

magnánimo-ma, generoso, desinteresado, digno, espléndido, grande, noble, liberal, magnífico. *Ant.* Ruin, tacaño, miserable.

magnate, acaudalado, poderoso, importante, principal, grande, prócer, insigne, aristócrata, dignatario, egregio. *Ant.* Insignificante, pobre, humilde.

magnetismo, inducción, imantación (v.), electricidad.// Atracción, atractivo, sugestión, hechizo, fascinación. *Ant.* Repulsión, rechazo.

magnetizar, imantar, inducir, atraer. *Ant.* Desimantar, repeler.// Hipnotizar, fascinar, electrizar. *Ant.* Rechazar, desagradar.

magnificar, ampliar, aumentar, agrandar. *Ant.* Empequeñecer.// Honrar, elogiar, alabar, ensalzar, engrandecer. *Ant.* Humillar, rebajar.

magnificencia, esplendidez, munificencia, liberalidad, generosidad. *Ant.* Tacañería, miseria.// Esplendor, fausto, suntuosidad, brillo, gala, boato, derroche, pavonada, lujo, grandiosidad, majestuosidad. *Ant.* Sencillez, pobreza.

magnífico-ca, espléndido, liberal, generoso, munífico. **Ant.** Tacaño, mísero.// Brillante, lujoso, pomposo, suntuoso, majestuoso, regio, soberbio, opulento, fastuoso, magno. **Ant.** Sencillo, humilde.// Excelente, admirable, magistral, genial, grandioso, extraordinario. **Ant.** Insignificante, baladí.

magnitud, dimensión, extensión, tamaño, grandeza, volumen, intensidad, altura.// Importancia, excelencia, sublimidad, consideración. **Ant.** Insignificancia, nadería, futilidad.

magno-na, grande, extraordinario, superior, ilustre, excelso, óptimo, extenso, gigante, colosal. **Ant.** Mínimo, ínfimo, insignificante.

mago-ga, brujo, hechicero, nigromante, taumaturgo, encantador, adivino, vidente. **Ant.** Exorcizador.

magro-gra, descarnado, delgado, enjuto, seco, flaco. **Ant.** Grueso, gordo, grasiento.

magulladura, lesión, contusión, golpe, verdugón, choque, porrazo, señal, daño, moretón, cardenal, equimosis.

magullar, lesionar, maltratar, contusionar, lastimar, golpear, amoratar, marcar, moler, aporrear, zurrar, herir. **Ant.** Cuidar, curar, acariciar.

mahometano-na, musulmán, islámico, islamita, morisco, mudéjar, mozárabe, sarraceno.

majada, redil, aprisco, corral, encierro, refugio, guarida.// Bosta, estiércol.

majadería, bobada, imprudencia, idiotez, simpleza, necedad, imbecilidad, paparrucha, pazguatería, botaratada, zanganada. **Ant.** Sensatez, discreción, prudencia.

majadero-ra, necio, porfiado, sandio, mentecato, fastidioso, tonto, torpe, bolonio, badulaque, incapaz, majaganzas. **Ant.** Inteligente, listo, avispado.

majar, machacar (v.).

majestad, majestuosidad, grandeza, gravedad, soberanía, pompa, esplendor, magnificencia, señorío, realeza. **Ant.** Vulgaridad, pequeñez, ruindad, humildad.

majestuosidad, majestad (v.).

majestuoso-sa, grandioso, admirable, solemne, grave, soberano, pomposo, esplendoroso, magnífico, señorial, principesco, regio, imperial, mayestático, fastuoso, lujoso, ostentoso. **Ant.** Modesto, hmilde, sencillo, vulgar.

mal, daño, perjuicio, deterioro, pérdida, destrucción, catástrofe, calamidad. **Ant.** Beneficio.// Dolencia, enfermedad, sufrimiento, pesar, malestar, padecimiento, molestia, trastorno. **Ant.** Salud.// Maldad, malignidad, vicio, vileza, depravación, iniquidad, crueldad, perversidad, vileza. **Ant.** Bondad.// Desolación, dolor, aflicción, tristeza, amargura. **Ant.** Alegría.

malabarista, equilibrista, prestidigitador, saltimbanqui, ilusionista.// Hábil, astuto, diplomático. **Ant.** Torpe, inhábil.

malacostumbrado-da, malcriado (v.), consentido, mimado, regalado, viciado. **Ant.** Educado, correcto.

malandanza, infortunio, desgracia, desventura, desdicha, contratiempo, adversidad, mala suerte. **Ant.** Fortuna, ventura.

malandrín, maleante, malvado, bellaco, villano, ruin, despreciable, pillo, tuno, astuto, taimado, truhán. **Ant.** Bueno, honrado, sincero.

malaventura, contratiempo, infortunio, desgracia, desventura, malandanza (v.), infelicidad, desdicha. **Ant.** Ventura, felicidad, fortuna.

malaventurado-da, desgraciado, infeliz, desventurado, desdichado, infortunado. **Ant.** Afortunado, feliz.

malbaratar, dilapidar, dispar, malgastar (v.).

malcriado-da, mimado, maleducado, consentido, malacostumbrado (v.), descortés, desatento, caprichoso, grosero, incorrecto, descomedido, inurbano, soez. **Ant.** Educado, fino, correcto, cortés.

malcriar, mimar, consentir, maleducar, tolerar, viciar, enviciar, estropear, regalar, condescender. **Ant.** Educar, corregir, regañar, castigar.

maldad, mal, malicia, malevolencia, perversidad, crueldad, inhumanidad, ruindad, malignidad, vileza, perfidia, iniquidad, injusticia, falsedad, deslealtad, corrupción, pecado, vicio, traición, abyección, bajeza, depravación. **Ant.** Bondad, honradez, nobleza, lealtad, generosidad.

maldecir, blasfemar, increpar, condenar, renegar, insultar, jurar, denigrar, execrar, anatemamizar, vituperar, abominar. **Ant.** Bendecir.// Criticar, murmurar, ofender. **Ant.** Alaber, elogiar.

maldiciente, execrador, blasfemo, detractor, chismoso, murmurador, injurioso, malhablado. **Ant.** Ensalzador, elogioso.

maldición, blasfemia, insulto, anatema, imprecación, condenación, reprobación, repulsa, murmuración, calumnia. **Ant.** Alabanza, encomio, bendición.

maldito-ta, execrable, perverso, malvado, malintencionado, réprobo, condenado, endemoniado, maligno. **Ant.** Bendito, benévolo.

maleable, dúctil, moldeable, flexible, blando, plástico, elástico, manipulable. **Ant.** Rígido, inflexible.// Manejable, dócil, obediente. **Ant.** Indócil, rebelde, desobediente.

maleante, delincuente, malhechor (v.), hampón, forajido, criminal, aventurero, protervo, ruin, villano, ladrón (v.). **Ant.** Honrado, bienhechor, noble.

malecón, dique, rompeolas, tajamar, espigón, muralla, murallón, atracadero, muelle, desembarcadero.

maledicencia, murmuración, denigración, detracción, difamación, insidia, chismorreo. **Ant.** Alabanza, ensalzamiento.

maleficio, agüero, hechizo, sortilegio, magia, embrujo, hechicería, encantamiento, presagio, ensalmo, maldición, brujería, nigromancia. **Ant.** Bendición, beneficio, exorcismo.

maléfico-ca, dañino, maligno, nocivo, pernicioso, perjudicial. **Ant.** Benéfico, propicio.

malestar, molestia, inquietud, desasosiego, angustia, congoja, disgusto, fastidio, pesadumbre, irritación, intranquilidad, descontento, pesar, incomodidad, estrechez. **Ant.** Bienestar, contento, salud, satisfacción.

maleta, valija, maletín, equipaje, cofre, baúl, bolso.

malevolencia, animosidad, odio, resentimiento, enemistad, maldad (v.). **Ant.** Bondad, nobleza.

malévolo-la, malicioso, malo, malintencionado, perverso, hostil, contrario, malvado, enemigo, cruel, insidioso, resentido. **Ant.** Bueno, bondadoso, amigo.

maleza, maraña, zarzal, espesura, mata, matorral.

malgastar, dilapidar, despilfarrar, derrochar, malbaratar, disipar, desperdiciar, desaprovechar. **Ant.** Ahorrar, escatimar, administrar.

malhablado-da, malsonante, impertinente, desvergonzado, deslenguado, descocado, descarado, maldiciente (v.), desbocado, soez (v.). **Ant.** Comedido, bienhablado, considerado.

malhadado-da, malaventurado, desdichado, infortunado, desventurado, desgraciado, mísero, infeliz, maldito, miserable, aciago, funesto. **Ant.** Afortunado, feliz, venturoso.

malhechor, ladrón, maleante, criminal, delincuente, forajido, bandolero, asesino, canalla, malvado, perverso, facineroso, criminal. **Ant.** Bienhechor, bondadoso, honrado.

malhumor, enojo, enfado, descontento, tosquedad, irritación, modestia, impaciencia, hastío, disgusto, desazón, susceptibilidad. **Ant.** Buenhumor, alegría, contento, satisfacción.

malicia, maldad, malignidad, perversidad, astucia, picardía, socarronería, hipocresía.// Sagacidad, suspicacia.// Sospecha, desconfianza, recelo. **Ant.** Ingenuidad, inocencia, confianza, candor.

maliciar, desconfiar, recelar, sospechar, presumir, conjeturar, temer, dudar. **Ant.** Confiar, descubrir.// Inficionar, corromper, dañar, pervertir. **Ant.** Mejorar, beneficiar.

malicioso-sa, astuto, maligno, hipócrita, malvado, sagaz, socarrón, perspicaz, suspicaz, desconfiado, taimado, ladino, bellaco. **Ant.** Ingenuo, confiado, cándido.

malignidad, maldad (v.), perversidad, odio, malicia (v.), infamia, crueldad, vicio. **Ant.** Bondad, caridad.

maligno-na, malo, malicioso, perverso, siniestro, pernicioso, canalla, odioso, depravado, ladino, taimado. **Ant.** Bueno, ingenuo, bondadoso.

malo-la, dañino, perjudicial, nocivo, pernicioso, nefasto. **Ant.** Bueno.// Malvado, maligno, perverso, ruin, malicioso, maleante, vicioso, malévolo, depravado, pérfido, maldito, vil. **Ant.** Bondadoso.// Difícil, penoso, dificultoso, trabajoso, costoso. **Ant.** Fácil.// Deslucido, usado, estropeado, viejo, envejecido, imperfecto, inadecuado. **Ant.** Nuevo, lucido.// Inquieto, revoltoso, alocado, travieso, malcriado (v.). **Ant.** Tranquilo, educado.// Enfermo, indispuesto, aquejado, afectado, dolorido. **Ant.** Sano.

malograr, frustrar, fallar, estropear, desperdiciar, malgastar, deslucir, desairar, perder, echar a perder. **Ant.** Lograr, aprovechar, ganar.

maloliente, fétido, apestoso, hediondo, pestilente, nauseabundo, mefítico, enrarecido, repugnante.

malparado-da, estropeado, maltrecho, deteriorado, descalabrado. **Ant.** Sano, indemne.

malquerencia, hostilidad, enemistad, antipatía, aversión, inquina, repulsión, resentimiento. **Ant.** Amor, cariño, amistad, afecto.

malquistar-se, indisponer, enemistar, desunir, desavenir, engrescar, cizañar. **Ant.** Unir, amistar, acordar, avenirse.

malquisto-ta, desacreditado, desdeñado, discorde, disidente. **Ant.** Bienquisto, avenido, acreditado.

malsano-na, insalubre, dañino, perjudicial, nocivo, insano, pernicioso.// Enfermizo. **Ant.** Saludable.

maltratar, castigar, lastimar, estropear, dañar, herir, golpear, pegar, zarandear, deteriorar, derrengar, moler, romper, descalabrar. **Ant.** Curar, proteger.// Agraviar, ofender, ultrajar, injuriar, abusar, desconsiderar. **Ant.** Elogiar, alabar.

maltrato, desconsideración, ofensa, daño, injuria, menoscabo, insulto, abuso, golpe, lesión, violencia. **Ant.** Agasajo, homenaje, obsequio.

maltrecho-cha, maltratado, estropeado, dañado, perjudicado, malparado, golpeado, lesionado, atropellado, destrozado, roto. **Ant.** Indemne, sano, incólume, beneficiado.

malvado-da, malo (v.), malévolo (v.), odioso, pervertido, injusto, depravado, infame, miserable, desalmado, dañino, perverso, pérfido. **Ant.** Bueno, bondadoso, justo.

malversación, fraude (v.), depredación, desfalco, saqueamiento, desvalijamiento, estafa, robo. **Ant.** Honradez, regularidad.

malversar, defraudar (v.), desfalcar, falsificar, apoderarse, apropiarse, hurtar.

mama, teta, seno, pecho, ubre.

mamar, amamantar, lactar, dar el pecho, succionar, chupar, sorber, chupetear, lamer, ingerir, engullir. **Ant.** Devolver, vomitar.

mamarracho, ridículo, grotesco, raro, extravagante, estrafalario, espantajo, esperpento, espantapájaros, adefesio, hazmerreír. **Ant.** Galán, elegante, apuesto.

mamotreto, libraco, novelón, memorial, cuaderno.// Armatoste, trasto, chivache.

mamporro, golpe, bofetón, bofetada, puñetazo. **Ant.** Caricia.

manada, rebaño, hato, vacada, tropa, recua, potrada, ganado, piara, tropilla, grey, cardumen, bandada.// Caterva, multitud, muchedumbre, banda.

manantial, surtidor, fuente, fontana, fontanar, pozo, venera, noria.// Origen, principio, germen, nacimiento, comienzo. **Ant.** Final, acabamiento, desembocadura.

manar, brotar, surgir, nacer, fluir, gotear, chorrear, rezumar. **Ant.** Secar, cortar, estancarse, desembocar.// Abundar, sobrar. **Ant.** Escasear.

mancebo, joven, mozo, muchacho, adolescente, chico, zagal. **Ant.** Anciano, adulto.

mancha, suciedad, lámpara, tizne, pringue, tacha, imperfección, señal, marca, huella, pinta, peca, mugre, orín. **Ant.** Limpieza, aseo.// Mancilla (v.), deshonra (v.), mácula (v.). **Ant.** Honra, honor.

manchado-da, sucio, maculado, mugriento, poluto, tiznado, teñido. **Ant.** Limpio, lavado, inmaculado, impoluto.

manchar-se, ensuciar, pringar, tiznar, marcar, emborronar, emporcar, salpicar, enlodar, macular (v.). **Ant.** Limpiarse, lavarse, asearse.// Mancillar (v.), deshonrar (v.), profanar, menoscabar, afrentar, agraviar, ofender. **Ant.** Honrar.

mancilla, mancha, afrenta, deshonra, deshonor, ultraje, agravio, menoscabo, tilde, tacha, baldón. **Ant.** Homenaje, honor, elogio.

mancillar, afrentar, deshonrar, ultrajar, agraviar, menoscabar, ofender, infamar, vejar, oprobiar, manchar (v.). **Ant.** Honrar, enaltecer, ponderar, prestigiar.

mancomunar, aunar, asociar, unir, federar. **Ant.** Desunir, desligar.

mandado, orden, precepto, mandato, mandamiento, prescripción.// Recado, comisión, misión, aviso, noticia.

mandamiento, precepto, orden, mandado, decreto, mandato, ordenanza, edicto, disposición. **Ant.** Sumisión, obediencia.

mandar, ordenar, disponer, imponer, obligar, establecer, prescribir, decretar, dictar, disponer, exigir, encomendar. **Ant.** Obedecer, acatar.// Enviar, remitir, expedir, despachar. **Ant.** Recibir.// Gobernar, presidir, conducir, administrar, guiar, encabezar, acaudillar, regir. **Ant.** Seguir, someterse.// Encargar, comisionar, encomendar. **Ant.** Desautorizar.

mandato, orden, precepto, prescripción, dictamen, pedido, obligación, imposición, decreto, ley, mandamiento (v.), edicto, ordenanza, regla. **Ant.** Obediencia.// Delegación, representación, comisión, encargo, procuración.

mandíbula,maxilar, quijada.

mando, poder, autoridad, dominio, gobierno, señorío, imperio, jefatura, caudillaje, conducción, tutela, dirección, mandato (v.), manejo, comando. **Ant.** Obediencia, acatamiento, sumisión.// Orden, razón, consigna, mandato (v.).

mandón-na, mandamás, jefe, imperioso, despótico, autoritario, dominante, abusón, desconsiderado, tirano. **Ant.** Sumiso, obediente.

manecilla, índice, aguja, manilla, saeta, minutero, segundero.

manejable, manual, transportable, portátil, manipulable, adaptable. **Ant.** Inmanejable, ingobernable, incómodo.// Dócil, sumiso, obediente, blando. **Ant.** Desobediente, rebelde.

manejar, maniobrar, manipular, operar, emplear, empuñar, utilizar, usar, asir, blandir, esgrimir. **Ant.** Soltar.// Gobernar, conducir, tripular, mandar (v.), dominar. **Ant.** Obedecer, acatar.

manejo, maniobra, intriga, artificio, maquinación, tejemaneje, ardid, práctica, artimaña, empleo, manipulación. **Ant.** Franqueza, sinceridad.// Gobierno, dirección, administración, mando (v.). **Ant.** Acatamiento, obediencia.

manera, modo, forma, estilo, guisa, proceder, método, procedimiento, talante, costumbre, conducta, sistema, técnica, vía, rumbo, regla, medio.

maneras, modales, educación, ademán, aires, porte, modos, moda, gusto.

mango, manillar, asidero, agarradero, puño, empuñadura, manija, tirador, astil, manubrio.

manguera, manga, tubo, goma, conducto.

maní, cacahuete.

manía, capricho, extravagancia, excentricidad, obsesión, antojo, chifladura, rareza, ridiculez, obstinación. **Ant.** Cordura, normalidad.// Rabia, aversión, antipatía, odio, asco, aborrecimiento, animadversión. **Ant.** Simpatía.

maníaco-ca, maniático (v.).

maniatar, atar, sujetar, ligar, aferrar, inmovilizar, trabar, asegurar, esposar, engrillar. **Ant.** Desatar, liberar.

maniático-ca, obseso, monomaníaco, lunático, raro, caprichoso, antojadizo, extravagante, excéntrico, chiflado, ridículo, obstinado. **Ant.** Cuerdo, sensato, reflexivo.

manido-da, visto, gastado, trivial, vulgar, conocido, ajado, sobado, manoseado. **Ant.** Nuevo, original.

manifestación, demostración, exposición, expresión, declaración, ostentación, exteriorización, manifiesto, aparición, mostración, seña, divulgación. **Ant.** Ocultación, silencio, inhibición, secreto.// Reunión, asonada, revuelta.

manifestar-se, aparecer, salir, notar, mostrar, publicar, revelar, expresar, exponer, declarar, divulgar, decir, afirmar, asegurar, opinar, exhibir, evidenciar, emitir, comunicar. **Ant.** Callar, esconder, ocultar, encubrir, tapar.

manifiesto, proclama, declaración, escrito, discurso.

manifiesto-ta, claro, evidente, patente, ostensible, sensible, notorio, público, expreso, palpable, palmario, indudable. **Ant.** Oculto, callado, encubierto.

manija, mango (v.), puño, empuñadura, manecilla, manubrio.

manilla, pulsera, abrazadera.// Manecilla, saetera, aguja.// Esposas, ligaduras, argollas, grilletes.

maniobra, operación, ejercicio, entrenamiento, ensayo, adiestramiento, táctica, práctica. **Ant.** Abandono, inoperancia.// Manipulación (v.), manejo, procedimiento, proceso, tarea, faena.// Ardid, intriga, artimaña, treta, artificio, estratagema, maquinación (v.), engaño. **Ant.** Nobleza, sinceridad.

maniobrar, operar, ejercitar, instruir, entrenar, ensayar, adiestrar. **Ant.** Abandonarse.// Manipular (v.), manejar (v.).// Intrigar, maquinar, engañar, tramar. **Ant.** Ayudar.

manipular, maniobrar (v.), manejar (v.), operar, ejecutar, ejercitar, empuñar, tocar, sobar, blandir, esgrimir. **Ant.** Abandonar.// Mandar, maniobrar (v.), entremeterse, disponer, dictar, inmiscuirse, mandonear, ordenar. **Ant.** Abstenerse.

manirroto-ta, derrochador, malgastador, desprendido, liberal, disipador. **Ant.** Ahorrativo, tacaño.

manivela, manubrio, manillar, empuñadura, manija, eje, cigüeña, palanca.

manjar, alimento, sustento, vianda, vitualla, comestible.// Exquisitez, golosina, delicadeza, delicia.

mano, miembro, extremidad, garra, pata, pie, zarpa.// Poder, mando, influencia.// Habilidad, destreza.// Lado, banda, costado, ala, orientación, sentido.// Tirada, juego, partida, lance, jugada, turno.// Capa, baño.// Ayuda, socorro, auxilio.

manojo, ramo, ramillete, fajo, atado, puñado, gavilla, hato, brazada.

manosear, sobar, palpar, tocar, tentar, amnipular (v.), ajar, deslucir, hurgar, sobajar. **Ant.** Respetar, evitar, eludir.

manoseo, manoteo, manejo (v.), toqueteo, sobo, manipulación (v.), palpamiento. **Ant.** Respeto.

manotazo, manotada, guantazo, puñetazo, bofetada, golpe. **Ant.** Caricia.

mansalva (a), sobre seguro, sin peligro, cobardemente. **Ant.** Con valentía, con riesgo.

mansedumbre, docilidad, suavidad, dulzura, benignidad, bondad, apacibilidad, afabilidad, tranquilidad, mesura, moderación, serenidad. **Ant.** Rebeldía, indocilidad.

mansión, residencia, morada, edificio, hogar, vivienda, habitación, casa, caserón. **Ant.** Choza.// Estancia, detención, parada. **Ant.** Prosecución.

manso-sa, dócil, sumiso, apacible, afable, obediente, reposado, tranquilo, dulce, bondadoso **Ant.** Rebelde, indomable.// Domesticado, domado, amansado, doméstico, amaestrado, desbravado. **Ant.** Salvaje, fiera, cerril.

manta, frazada, abrigo, colcha, edredón, mantón, cobertor, cubrecama, cobija.// Tunda, paliza, zurra. **Ant.** Caricia, mimo.

mantear, sacudir, vapulear, levantar.

manteca, grasa, mantequilla, sebo, tocino, gordo, adiposidad, gordura, unto, margarina.

mantel, tapete, lienzo, paño de mesa.

mantener-se, alimentar, nutrir, conservar, proveer, sustentar. **Ant.** Desnutrir, ayunar.// Apoyar, amparar, defender, patrocinar, sostener. **Ant.** Derribar, abandonar.// Perseverar, durar, resistir, quedar. **Ant.** Renunciar, abjurar.

mantenimiento, manutención, alimento, subsistencia, sustento, provisión. **Ant.** Ayuno, hambre.// Conservación, protección, sostenimiento, sustentación, cuidado, vigilancia, asistencia, amparo. **Ant.** Abandono, desinterés, desamparo.

mántilla, velo, rebozo, toca, mantón, manto (v.), tul.

manto, mantilla (v.), túnica, clámide, veste, toga, mantón, capa, hábito, bata, chal, rebozo, abrigo.// Yacimiento, veta, capa, estrato, franja.

mantón, chal, manta, manto, capa, pañoleta, capote.

manual, manejable, portátil. **Ant.** Inmanejable.// Caser, artesano, obrero. **Ant.** Mecánico.// Manso, dócil. **Ant.** Rebelde, indómito.// Compendio, sumario, resumen, breviario, tratado, recopilación, borrador. **Ant.** Ampliación.

manubrio, manija, puño, empuñadura, manivela, mango asidero.

manufactura, obra, producto, confección, fabricación, producción, elaboración, montaje, hechura, ejecución.// Industria, fábrica, taller, factoría, empresa.

manufacturar, fabricar (v.).

manumisión, liberación, emancipación (v.).

manuscrito, escrito, libro, documento, códice, pergamino, original (v.), apunte. **Ant.** Impreso, copia, reproducción.

manutención, mantenimiento (v.), sostenimiento, protección, amparo, conservación.// Alimentación, proveeduría, sustento, provisión. **Ant.** Abandono, desinterés.

maña, habilidad, destreza, maestría, arte, ingenio, pericia, aptitud, práctica, experiencia. **Ant.** Inhabilidad, torpeza.// Astucia, picardía, ardid, artería, sagacidad, treta, artificio. **Ant.** Ingenuidad, candor.// Vicio, hábito, resabio.

mañana, día, madrugada (v.), alborada, amanecer, aurora, amanecida. **Ant.** Tarde.// Al día siguiente, después, ma, tarde, temprano, pronto. **Ant.** Hoy, ahora, ayer, antes./, Futuro, porvenir. **Ant.** Pasado.

mañoso-sa, hábil, diestro, ingenioso, habilidoso, perito, astuto, sagaz. **Ant.** Torpe, inhábil, desmañado.// Malicioso, artero, mañero (v.). **Ant.** Ingenuo, simple.// Resabiado (v.), vicioso.

mapa, plano, carta, planisferio, atlas, mapamundi.

maqueta, proyecto, reproducción, modelo, diseño, bosquejo, esbozo, muestra, prototipo, miniatura.

maquiavélico-ca, taimado, hipócrita, astuto, falso, engañoso, retorcido, falaz, solapado, tortuoso. **Ant.** Ingenuo sincero, honrado, recto.

maquillar-se, acicalar, arreglar, pintar, retocar, embellecer **Ant.** Lavar, afear.

máquina, aparato, artificio, mecanismo, artefacto, instrumento, herramienta, artilugio, utensilio.

maquinación, ardid, trama, intriga, confabulación, conspiración, conjura, maniobra (v.), treta. **Ant.** Sinceridad, ayuda.

maquinal, involuntario, automático, irreflexivo, reflejo, indeliberado, habitual, instantáneo, espontáneo, inconsciente, intuitivo. **Ant.** Pensado, consciente, deliberado.

maquinar, pensar, tramar, urdir, maniobrar (v.), conspirar, fraguar, forjar, intrigar, tejer. **Ant.** Abstenerse.

mar, océano, piélago, ponto.// Cantidad, infinidad, profusión, abundancia, multitud, vastedad.

maraña, maleza, espesura, hojarasca, zarzal, aspereza, broza, breña, matorral. **Ant.** Claro.// Confusión, desorden, caos, embrollo, lío, enredo. **Ant.** Orden, desenredo.// Engaño, embuste. **Ant.** Verdad.

maravilla, milagro, portento, prodigio, asombro, fenómeno, singularidad, preciosidad, utopía. **Ant.** Espanto, horror, fealdad, vulgaridad.// Entusiasmo, pasmo, sorpresa, aturdimiento. **Ant.** Desinterés, indiferencia.

maravillar-se, sorprender, admirar, asombrar, fascinar, suspender, extrañar, eslumbrar. **Ant.** Desilusionar, disgustar.

maravilloso-sa, prodigioso, admirable, espléndido, portentoso, fascinador, extraordinario, fantástico, sobrenatural, milagroso, mágico, inusitado, encantador, inesperado, inefable, sobrehumano. **Ant.** Natural, corriente, común.

marbete, etiqueta, precinto, cédula, señal.// Orilla, filete, perfil.

marca, provincia, distrito, territorio, comarca, región.// Señal, huella, vestigio, pista, rastro, cicatriz, mancha, traza, pisada, estigma.// Lema, rúbrica, enseña, rótulo, estampilla, insignia, distintivo, sello.// Récord, resultado.

marcar, distinguir, discriminar, diferenciar, destacar. **Ant.** Confundir, mezclar.// Sellar, imprimir, tatuar, estampillar, rotular, etiquetar, indicar, signar, estampar, denominar, señalar, remarcar. **Ant.** Borrar, olvidar.// Apuntar, puntuar.

material

marcha, paso, avance, tren, movimiento, camino, traslación, tránsito, jornada, viaje, recorrido. **Ant.** Inmovilidad, permanencia.// Partida, abandono, destierro, salida, éxodo, traslado, emigración, fuga. **Ant.** Venida, llegada, regreso.// Giro, rumbo, trayectoria, dirección.

marchar, caminar, moverse, andar, desplazarse, trasladarse, circular, dirigirse, transitar, recorrer, viajar, ir, avanzar. **Ant.** Detenerse, pararse.// Salir, abandonar, partir, zarpar, largarse, dejar, emigrar, fugarse. **Ant.** Venir, llegar.// Funcionar, moverse. **Ant.** Detenerse.

marchitar-se, ajar, deslucir, secar, desplazarse, mustiar. **Ant.** Enlozanar, reverdecer.// Enflaquecer, debilitar, adelgazar. **Ant.** Vigorizar, robustecer.// Envejecer, arrugarse. **Ant.** Rejuvenecer.

marchito-ta, ajado, mustio, deslucido, agostado, seco, reseco, desfalleciente, arrugado, envejecido, gastado, muerto. **Ant.** Lozano, nuevo, fresco, vigoroso.

marcial, guerrero, militar, castrense, bélico, soldadesca. **Ant.** Civil.// Valiente, aguerrido, bizarro, intrépido, varonil, gallardo, arrojado. **Ant.** Cobarde, tímido, pacífico.

marco, cerco, recuadro, cuadro, guarnición, encuadre.

marea, flujo, reflujo, bajamar, peamar, resaca, corriente.

marear, incomodar, molestar, importunar, insistir, irritar, agobiar, hostigar, abrumar, aburrir, turbar. **Ant.** Alegrar, facilitar.// -se, indisponerse, desvanecerse, desmayarse, aturdirse, afectarse, desfallecer. **Ant.** Reponerse, recuperarse.

marejada, oleaje.// Excitación, desorden, agitación, alboroto, perturbación. **Ant.** Calma, orden, tranquilidad.

maremágnum, desorden, tumulto, confusión. **Ant.** Orden, tranquilidad.// Muchedumbre, abundancia, profusión. **Ant.** Escasez, carencia.

mareo, desfallecimiento, desvanecimiento, vahído, desmayo, síncope. **Ant.** Restablecimiento, recuperación.// Importunación, molestia, ajetreo, engorro. **Ant.** Sosiego.

margen, orilla, borde, canto, lado, arista, filo, costado, extremo, ribera, límite. **Ant.** Centro.// Beneficio, ganancia, fruto, rendimiento, diferencia, dividendo. **Ant.** Pérdida.// Diferencia, aproximación, tolerancia, permiso.

marginar, alejar, postergar, arrinconar. **Ant.** Acercar.// Apostillar, anotar, apuntar.

marica, maricón (v.).

maricón, pusilánime, cobarde, apocado, afeminado. **Ant.** Viril, varonil.// Homosexual (v.), invertido (v.), sodomita.

maridaje, enlace, unión, vínculo, afinidad, conformidad, correspondencia. **Ant.** Desunión, discrepancia.// Matrimonio, casamiento, alianza. **Ant.** Divorcio, separación.

maridar, casar, enlazar, unirse, desposar. **Ant.** Divorciarse, separarse.// Anexar, juntar, unir, vincular, enlazar. **Ant.** Desunir.

marido, cónyuge, esposo, consorte, compañero, contrayente. **Ant.** Esposa, mujer.

marina, náutica, navegación.// Armada, flota, escuadra.// Litoral, costa, ribera.

marinero, navegante, tripulante, marino (v.).

marino, náutico, oceánico, marítimo, naval.// Navegante, marinero (v.), tripulante, piloto, oficial.

marioneta, títere, fantoche, muñeco, pelele, monigote.

mariposa, lamparilla, luz, vela, candil, mecha.

marisco, crustáceo, molusco.

marisma, pantano, cenagal, ciénaga, charca, laguna. **Ant.** Secano, desierto.

marítimo-ma, náutico, naval, marino (v.), marinero.// Oceánico, litoral, costero, ribereño.

marmita, olla, puchero, cacerola, cazuela, perol, pote.

maroma, soga, cable, cuerda, cordel, cabo, cable, amarra, cordón.

marquesina, pabellón, cobertizo, cubierta, resguardo, dosel.

marra, vacío, carencia, falta, ausencia. **Ant.** Presencia.// Error, desacierto, yerro, equivocación. **Ant.** Acierto.

marrano-na, puerco, cochino, sucio, inmundo, mugriento, asqueroso, repugnante, desaseado, roñoso. **Ant.** Limpio, aseado, noble, decente.// Cerdo, puerco, lechón, cochino.

marrar, errar, fallar, malograr, equivocarse, desviarse. **Ant.** Acertar, atinar.// Faltar, carecer.

marro, marra (v.), falta, defecto, laguna, vacío. **Ant.** Presencia.// Error, equivocación, desacierto. **Ant.** Acierto.

marrón, pardo, castaño.

marrullero-ra, tramposo, astuto, ladino, truhán, bellaco, taimado, engañador, fraudulento, pícaro, embaucador. **Ant.** Sincero, honrado, noble.

martillar, martillear, percutir, machacar (v.), golpear, batir, clavar, macear.

martillo, mazo, maza, macillo, porra, percusor.

mártir, víctima, supliciado, sacrificado, inmolado, héroe, santificado. **Ant.** Renegado, apóstata.

martirio, suplicio, tormento, tortura, sufrimiento, padecimiento, sacrificio.// Pena, angustia, dolor, amargura, aflicción, pesadumbre, penitencia, agobio. **Ant.** Placer, alegría.

martirizar, torturar, atormentar, sacrificar, inmolar, matar.// Afligir, importunar, angustiar, mortificar, molestar, inquietar. **Ant.** Agradar, contentar.

mas, pero, empero, si bien, no obstante.

masa, materia, volumen, conjunto, cuerpo, aglomeración, suma, junta, compuesto, densidad.// Pasta, mezcla, mazacote, argamasa.// Pueblo, multitud, muchedumbre. **Par.** Maza.

masacrar, aniquilar, matar, exterminar, destruir, destrozar, extinguir. **Ant.** Perdonar, salvar.

masacre, exterminio, matanza, carnicería, aniquilación, liquidación, destrucción. **Ant.** Perdón, reparación.

masaje, fricción, friega, frote, amasamiento.

mascar, masticar (v.), triturar, rumiar, ronchar, moler, roer. **Ant.** Tragar, chupar.// Mascullar (v.).

máscara, antifaz, careta, mascarón, mascarilla, velo, disfraz.// Disimulo, embozo. **Ant.** Sinceridad, franqueza.

mascota, fetiche, talismán, amuleto, ídolo.

masculinidad, virilidad, hombría, valentía, fortaleza, reciedumbre, energía, coraje. **Ant.** Feminidad, debilidad.

masculino-na, viril, varonil, hombruno, vigoroso, fuerte, macho, machote. **Ant.** Femenino, endeble, afeminado.

mascullar, mascar (v.), masticar (v.).// Balbucir, murmurar, farfullar, cuchichear, musitar, susurrar, barbotear. **Ant.** Vocear, gritar, articular.

masticar, mascar (v.), triturar, rumiar, desmenuzar, roer, moler, comer, ronchar, tascar, mordisquear, morder. **Ant.** Tragar, chupar.// Considerar, reflexionar.

mástil, palo, asta, mastelero, percha, vara, verga, poste, pértiga.// Apoyo, puntal, fuste.

masturbación, onanismo (v.).

mata, arbusto, maleza, matojo, seto, matorral, zarza.

matadero, desolladero, degolladero, macelo, sacrificadero.

matador, homicida, criminal, asesino.// Torero, espada.

matadura, herida, llaga, cicatriz, úlcera.

matalón, matalote, jamelgo, rocín, matungo, mancarrón.

matanza, mortandad, estrago, exterminio, degollina, carnicería, masacre (v.), aniquilación.

matar, asesinar, acabar, sacrificar, suprimir, eliminar, ejecutar, fusilar, exterminar, degollar, guillotinar. **Ant.** Revivir, resucitar.// Apagar, extinguir, atenuar, despabilar. **Ant.** Reanimar.// Aniquilar, destrozar, masacrar, suprimir. **Ant.** Salvar.// Penar, castigar, violentar, obligar, atormentar. **Ant.** Perdonar.

matarife, carnicero (v.), matachín, jifero, descuartizador.

matasanos, medicastro, medicucho, mediquillo. **Ant.** Eminencia.

mate, amortiguado, opaco, apagado, atenuado, empañado, deslucido, borroso, pálido. **Ant.** Brillante, resplandeciente.

matemático-ca, exacto, riguroso, preciso, estricto, fiel, justo, cabal. **Ant.** Equivocado, impreciso, incierto.

materia, elemento, sustancia, principio, cuerpo, ingrediente, componente, constituyente, masa, cuerpo, parte. **Ant.** Espíritu, nada.// Asunto, motivo, cuestión, caso, sujeto.// Razón, motivo, origen.// Asignatura, disciplina, estudio, tratado.

material, tangible, palpable, sustancial, corpóreo, orgánico, esencial. **Ant.** Inmaterial, invisible, espiritual.// Ingrediente, materia (v.).// Instrumento, herramienta, equipo, enseres.

materialismo, utilitarismo, empirismo, pragmatismo, racionalismo. *Ant.* Idealismo, espiritualismo.// Codicia, avidez, acomodación. *Ant.* Altruismo.

materialista, utilitario, práctico, empírico, pragmático, realista, racionalista. *Ant.* Espiritual, idealista.// Ávido, codicioso, vulgar, grosero, torpe, egoísta. *Ant.* Altruista, generoso.

materializar-se, concretar, realizar, confirmar, encarnar, surgir, aparecer. *Ant.* Idealizar, simbolizar, desaparecer.

maternal, materno, solícito, cariñoso, afectuoso, cuidadoso. *Ant.* Negligente, descuidado.

materno-na, maternal (v.).

matinal, matutino, temprano, mañanero, tempranero. *Ant.* Vespertino.

matiz, tonalidad, tono, tinte, gradación, viso, tornasol, gama, escala.

matizar, colorear, graduar, difuminar, sombrear, teñir (v.), variar, diversificar, combinar. *Ant.* Uniformar, desteñir, decolorar.

matón, valentón, bravucón, pendenciero, fanfarrón, jactancioso, camorrista, perdonavidas. *Ant.* Cobardón, tímido.

matorral, maleza (v.), espesura, zarzal, maraña (v.), barzal. *Ant.* Claro.

matraca, molestia, repetición, importunación, porfía, insistencia, pesadez. *Ant.* Discreción, oportunidad.// Burla, engaño, broma, zaherimiento.

matrero, astuto, avezado, avisado, diestro.// Receloso, suspicaz, perspicaz, sagaz.// Vagabundo, bandolero.

matrícula, lista, catálogo, censo, cómputo, padrón, estadística.// Documento, permiso, licencia, patente.// Inscripción, registro, enrolamiento. *Ant.* Baja.

matricular-se, inscribir, alistar, enrolar, anotar, empadronar, registrar, apuntar, asentar, catalogar. *Ant.* Separar, dar de baja, salirse, borrarse.

matrimonial, marital, conyugal, nupcial, connubial.

matrimoniar, casarse, desposarse, enlazarse, maridar (v.).

matrimonio, casamiento, enlace, boda, desposorio, nupcias, casorio, himeneo, esponsales, alianza. *Ant.* Divorcio, separación.// Cónyuges, esposos, consortes, pareja.

matriz, molde, cuño, troquel.// Útero, claustro, seno.

matrona, madre, madraza, señora, ama, dama, mujer.// Comadrona, partera.

matutino-na, temprano, matinal (v.). *Ant.* Vespertino, nocturno.

maula, perezoso, vago, holgazán. *Ant.* Activo, diligente.// Taimado, ladino, bellaco, tunante. *Ant.* Ingenuo, inocente.// Tramposo, deudor, acreedor, moroso. *Ant.* Honrado, pagador.

maullar, miar, mayar.

mausoleo, sepulcro, túmulo, tumba, panteón, lápida, sepultura, sarcófago.

máxima, sentencia, proverbio, adagio, concepto, pensamiento, axioma, precepto, regla, apotegma, moraleja, principio, fórmula, locución, refrán, aforismo.

máxime, sobre todo, más, con más razón, mayormente, principalmente, especialmente. *Ant.* Menos aún, en segundo término.

máximo-ma, mayúsculo, supremo, culminante, inmenso, enorme, colosal, sumo. *Ant.* Mínimo, exiguo.// Extremo, límite, tope, fin, remate, cumbre, culminación, récord. *Ant.* Mínimo, principio.

mayestático-ca, majestuoso (v.), solemne, imponente, regio, señorial. *Ant.* Sencillo, humilde, sobrio.

mayólica, cerámica, loza.

mayor, grande, sumo, considerable, magno, desmesurado, descomunal, principal. *Ant.* Menor, inferior, insignificante.// Jefe, superior, cabeza. *Ant.* Subordinado, súbdito.// Viejo, anciano, añoso, veterano, maduro. *Ant.* Joven, menor.

mayoral, caporal, conductor, mozo.// Cochero.// Capataz, encargado.

mayorazgo, primogenitura.// Primogénito, heredero.

mayordomo, administrador, servidor, camarero, sirviente, encargado, intendente.

mayoría, mayor edad, emancipación. *Ant.* Minoridad.// Superioridad, ventaja. *Ant.* Inferioridad, desventaja.// Generalidad, totalidad, pluralidad, multiplicidad. *Ant.* Minoría.// Grandeza, vastedad, inmensidad. *Ant.* Pequeñez.

mayúscula, inicial, capital. *Ant.* Minúscula.

mayúsculo-la, grande, considerable, enorme, colosal, máximo (v.), intenso, fenomenal. *Ant.* Minúsculo, insignificante, pequeño.

maza, mazo, porra, martillo, cachiporra, garrote. *Par.* Masa.

mazacote, masa, pasta, bodrio, bazofia, pegote. *Ant.* Manjar, exquisitez.// Esperpento, chapucería, pesadez, tosquedad. *Ant.* Ligereza, gracia.

mazmorra, calabozo, prisión, celda, cárcel, sótano, subterráneo, cueva.

mazo, maza (v.), macillo, martinete, martillo.// Manojo, hato, atado, fajo.

mazorca, panocha, panoja, espiga, panícula, choclo.

meandro, curva, recoveco, sinuosidad. *Ant.* Recta.

mear-se, orinar, evacuar, excretar.

mecánica, marcha, funcionamiento, manejo, ingeniería (v.).// Mecanismo (v.).

mecánico, ingeniero, técnico, operario.

mecánico-ca, maquinal, instintivo, espontáneo, inconsciente, automático, involuntario. *Ant.* Premeditado, voluntario.// Dinámico, automático, móvil.

mecanismo, dispositivo, ingenio, aparato, artificio, artefacto, engranaje, estructura, utensilio, herramienta, instrumento.// Funcionamiento, organización, procedimiento, proceso.

mecanizar, motorizar, industrializar, automatizar. *Ant.* Manufacturar.

mecanografía, dactilografía, estenotipia.

mecanógrafo-fa, dactilógrafo, estenotipista, tipiador.

mecenas, protector, tutor, defensor, patrocinador, benefactor, bienhechor, filántropo. *Ant.* Enemigo.

mecer-se, oscilar, balancear, acunar, columpiar, mover, agitar. *Ant.* Parar, detener, aquietar.

mecha, filamento, pabilo, cuerda.// Espiga, eje.// Mechón (v.).

mechón, guedeja, bucle, mecha, greña, rizo, flequillo, pelambre, mata, crin, vellón.

medalla, medallón, placa, moneda, insignia, distintivo.// Condecoración (v.), premio, galardón, honor, distinción.

medallón, medalla (v.).

médano, duna, arenal, montículo, bajío.

media, calcetín, escarpín.

mediación, intervención, arbitraje, intercesión, concordia, conciliación, comisión, buenos oficios. *Ant.* Ausencia, desentendimiento, desacuerdo.// Alcahuetería.

mediador-ra, árbitro, intermediario, intercesor, juez, conciliador, arreglador, pacificador, negociador, gestor. *Ant.* Desinteresado, indiferente, enemigo, intrigante.

medianero-ra, mediador (v.).// Vecino, intermedio, lindante, colindante, frontero, fronterizo. *Ant.* Alejado, distante.

medianía, mediocridad, vulgaridad, chabacanería, término medio, medianidad, pequeñez, moderación. *Ant.* Talento, excelencia, grandeza.// Mediano (v.), intermedio (v.).

mediano-na, intermedio, regular, moderado, limitado, mediocre, módico, pasable, razonable. *Ant.* Superior, excelente, destacado, inferior.

mediar, equidistar, promediar.// Arbitrar, negociar, interceder, componer, reconciliar. *Ant.* Desinteresarse, enemistar, malquistar.// Sobrevenir, ocurrir.// Transcurrir, pasar.

medicación, tratamiento, terapéutica, régimen, cura, prescripción, remedio.

medicamento, medicina (v.), medicación (v.), remedio, poción, específico, droga, pócima, brebaje.

medicina, medicamento (v.), fármaco, preparado, ingrediente, elixir.

medicinal, curativo, medicamentoso, terapéutico, beneficioso. *Ant.* Perjudicial, dañino.

medición, medida (v.), mensuración, evaluación, verificación.

médico-ca, galeno, facultativo, terapeuta, especialista.

medida, tamaño, proporción, cantidad, dimensión, talla, envergadura, longitud, anchura, grosor, volumen, calibre, capacidad, magnitud.// Orden, disposición, regla, decreto, mandato, norma. **Ant.** Abstención, abandono.// Medición.// Moderación, mesura, circunspección, prudencia, sensatez, discreción. **Ant.** Exceso, indiscreción, desmesura.

medio, mitad, centro, núcleo. **Ant.** Borde, periferia, exterior.// Manera, modo, procedimiento, vía, método, técnica, instrumento, recurso.// Auxilio, influencia, asistencia. **Ant.** Desamparo.// Ambiente, espacio, sitio, terreno, zona.// -dia, Mediano, mediocre, regular, neutro. **Ant.** Destacado.

medios, bienes, recursos, ingresos, renta, hacienda, caudal, patrimonio, capital. **Ant.** Carencia, pobreza, indigencia.// Armas, táctica, municiones, útiles.// Formas, métodos, procedimientos, recursos.

mediocre, mediano, vulgar, medio, común, regular, mezquino, imperfecto, ruin, inferior, sencillo, simple, limitado. **Ant.** Superior, talentoso, notable.

mediocridad, medianía (v.), vulgaridad, insignificancia, mezquindad, pequeñez, insuficiencia, inferioridad. **Ant.** Grandeza, importancia, singularidad.

medir, mesurar, calcular, calibrar, evaluar, contar, comparar, regular, apreciar, verificar, comprobar, estimar, examinar, juzgar.// -se, competir, rivalizar, desafiar, contender.

meditabundo-da, pensativo, meditativo, reflexivo, ensimismado, abstraído, enfrascado, cavilante, reconcentrado, absorto, preocupado. **Ant.** Distraído, despreocupado.

meditación, reflexión, cavilación, pensamiento, lucubración, atención, examen, deliberación, recogimiento, cogitación. **Ant.** Irreflexión, distracción, despreocupación.

meditar, pensar, cavilar, recapacitar, reflexionar, estudiar, discurrir, lucubrar, enfrascarse, madurar, considerar, ensimismarse. **Ant.** Desinteresarse, despreocuparse, distraerse.

mediterráneo-a, interior, interno. **Ant.** Exterior, externo.// Meridional. **Ant.** Septentrional.// Marítimo, costero, litoral.

medrar, progresar, mejorar, prosperar, crecer, florecer, enriquecerse. **Ant.** Arruinar, descender, disminuir.

medroso-sa, cobarde, miedoso, pusilánime, timorato, asustado, receloso, asustadizo. **Ant.** Valiente, osado, atrevido.

médula o medula, meollo, sustancia, tuétano, pulpa, centro, esencia, núcleo. **Ant.** Superficialidad, exterioridad.

medular, sustancial, esencial, fundamental. **Ant.** Secundario, auxiliar.

mefítico-ca, impuro, venenoso, dañino, tóxico, fétido, ponzoñoso, malsano, infecto, irrespirable. **Ant.** Sano, puro, beneficioso.

megáfono, altavoz, altoparlante, amplificador.

mejilla, carrillo, cachete, moflete, pómulo.

mejor, superior, perfecto, deseable, excelente, supremo, aventajado, alto, sumo, preeminente, sobresaliente, óptimo. **Ant.** Peor, inferior, malo, insignificante, imperfecto.

mejora, mejoría, progreso, adelanto, medra, aumento, perfeccionamiento, superación, acrecentamiento, expansión, incremento, prosperidad. **Ant.** Empeoramiento, retroceso, desventaja, ruina.// Oferta, puja, superación.

mejoramiento, aumento, perfección, progreso, provecho, ventaja, mejora (v.), bonificación, remedio. **Ant.** Empeoramiento, desventaja, fracaso.

mejorar, progresar, adelantar, desarrollar, prosperar, perfeccionar, florecer. **Ant.** Empeorar, desmejorar.// Arreglar, corregir, renovar, reparar, embellecer, enriquecer. **Ant.** Estropear, deteriorar.// Despejar, serenarse, aclarar, escampar. **Ant.** Nublarse, empeorar.// -se, curarse, sanarse, aliviarse, recuperarse, restablecerse. **Ant.** Recaer, agravarse.

mejoría, progreso, mejora (v.), adelantamiento, ventaja, perfeccionamiento. **Ant.** Desmejoramiento, empeoramiento, retroceso.// Alivio, restablecimiento, rehabilitación. **Ant.** Agravamiento, recrudecimiento.

mejunje, brebaje, bebedizo, pócima, medicamento.

melancolía, tristeza, nostalgia, añoranza, ansia, pesadumbre, desconsuelo, pena, cuita, aflicción. **Ant.** Alegría, contento, satisfacción.

melancólico-ca, triste, sombrío, afligido, nostálgico, mustio, pesaroso, cuitado. **Ant.** Alegre, optimista, contento, vivaz.

melena, cabello, cabellera, pelambre, mechas, guedejas, mata, greñas. **Ant.** Calva.

melifluo-flua, dulzón, meloso, almibarado.// Melindroso, delicado, mimoso. **Ant.** Natural, sencillo, tosco.

melindre, escrúpulo, remilgo, ridiculez, pamplina, ñoñería, afectación, cursilería. **Ant.** Sencillez, sobriedad, seriedad.// Dulce, golosina, bocadillo.

melindroso-sa, escrupuloso, melifluo (v.), remilgado, mimoso, quisquilloso. **Ant.** Sencillo, sobrio, natural.

mella, hendidura, rotura, falla, grieta, hueco, entrante, vacío.// Deterioro, desperfecto, desgaste. **Ant.** Incolumidad, integridad.// Impacto, huella, impresión. **Ant.** Indiferencia.

mellado-da, dentado, hendido, desgastado, roto, deteriorado, gastado, embotado, romo, chato, desafilado.// Menoscabado, arruinado, deteriorado. **Ant.** Entero, completo.

mellar-se, deteriorar, menoscabar, arruinar, mancillar, mermar, estropear, disminuir. **Ant.** Reparar, beneficiar.// Desafilar, embotar, gastar. **Ant.** Afilar.

melodía, armonía, musicalidad, cadencia, acorde, ritmo. **Ant.** Discordancia.

melodioso-sa, musical, armonioso, cadencioso, sonoro, rítmico, timbrado. **Ant.** Desacorde, inarmónico.// Agradable, suave, grato, delicioso. **Ant.** Desagradable, enojoso.

melodrama, tragedia, drama, tragicomedia.// Falsedad, patetismo, emoción. **Ant.** Realidad.

meloso-sa, melindroso (v.), empalagoso, remilgado, melifluo (v.), almibarado.

membrana, tejido, piel, tegumento, capa, túnica, cápsula, película, pellejo, tela.

membrete, rótulo, título, encabezamiento, nombre, epígrafe, sello, aviso, anotación, nota, lema.

membrudo-da, corpulento, fornido, forzudo, robusto, vigoroso, atlético, musculoso, fortachón. **Ant.** Esmirriado, alfeñique, escuálido.

memo-ma, tonto (v.), sandio, lelo, bobo, mentecato, necio (v.), simple (v.), fatuo, imbécil, tilingo. **Ant.** Listo, sagaz, despierto, talentoso.

memorable, evocable, recordable, inolvidable, famoso, célebre, notable, importante, famoso, glorioso, imperecedero. **Ant.** Insignificante, despreciable, oscuro.

memorándum, agenda, memorial, vademécum, libreta.// Comunicación, nota, despacho, aviso, parte, circular.

memoria, recuerdo, reminiscencia, rememoración, recordación, conmemoración, evocación. **Ant.** Olvido.// Retentiva.// Escrito, memorándum, informe, relación, memorial.

memorial, ruego, demanda, solicitud, petición, memorándum (v.), mensaje.

memorizar, recordar, retener, estudiar. **Ant.** Olvidar, borrar.

menaje, ajuar, moblaje, equipaje, enseres.// Loza, vajilla.// Material.

mención, alusión, citación, cita, referencia, indicación, recuerdo, memoria, llamada, evocación, insinuación, sugerencia. **Ant.** Olvido, omisión, silencio.

mencionar, citar, nombrar, aludir, referirse, evocar, llamar, recordar, insinuar, sugerir. **Ant.** Omitir, olvidar, silenciar.

mendaz, falso, falaz, embustero, fingido. **Ant.** Auténtico, veraz.

mendicidad, limosna, mendicación, perdioseo, petición, carencia, indigencia, necesidad. **Ant.** Riqueza, dadivosidad.

mendigar, limosnear, pedir, suplicar, solicitar, pordiosear, implorar. **Ant.** Dar, regalar.

mendigo-ga, pobre, mísero, necesitado, menesteroso, pordiosero, indigente, mendicante, limosnero, vagabundo. **Ant.** Rico, potentado, dadivoso.

mendrugo, pedazo, zoquete, trozo de pan.// Bobo, tonto, necio. **Ant.** Inteligente, listo.

menear, mover, agitar, sacudir, oscilar, blandir, balancear, manejar.// Paralizar, reposar.// Gestionar, gobernar, guiar.

meneo, oscilación, temblor, movimiento, traqueteo.// Contoneo. *Ant.* Quietud, inmovilidad.// Paliza, vapuleo, tunda. *Ant.* Caricia, mimo.// Censura, represión. *Ant.* Elogio.

menester, necesidad, urgencia, falta, carencia, carestía, escasez. *Ant.* Abundancia, cantidad.// Ocupación, profesión, empleo, ejercicio, tarea, ministerio, labor, desempeño, función. *Ant.* Ocio, holganza.

menestoroso-sa, necesitado, indigente, miserable, pobre, falto, mísero, desvalido. *Ant.* Rico, potentado.

mengua, merma, disminución, rebaja, falta, menoscabo. *Ant.* Aumento.// Defecto, imperfección. *Ant.* Perfección.// Pobreza, necesidad, penuria, carencia, escasez. *Ant.* Abundancia, riqueza.// Deshonra, deshonor, descrédito, afrenta, desdoro, daño, menoscabo, perjuicio. *Ant.* Honra, honor, crédito.

menguado-da, cobarde, pusilánime, apocado. *Ant.* Valiente, arrojado.// Tonto (v.), lerdo, necio (v.).

menguar, disminuir, mermar, decrecer, aminorar, achicar, empequeñecer, reducir, contraerse, decaer, encoger, acortar, bajar, descender, consumir, empobrecer. *Ant.* Aumentar, crecer, prosperar.

menor, pequeño, reducido, exiguo, mínimo, minúsculo, ínfimo, menudo, corto, escaso. *Ant.* Mayor, grande.// Niño, criatura, pequeño, párvulo. *Ant.* Adulto.

menos, excepto, salvo, fuera de, tampoco. *Ant.* Incluido, incluso.// Escasez, carencia, ausencia, falta, baja, disminución, restricción. *Ant.* Aumento, más.

menoscabar, disminuir, rebajar, reducir, mermar, empequeñecer, meliar, deteriorar, dañar, perjudicar. *Ant.* Aumentar, agrandar.// Desacreditar, deshonrar, desprestigiar, ofender, herir, envilecer. *Ant.* Honrar, prestigiar, enaltecer.

menoscabo, disminución, merma, mengua, rebaja, detrimento, pérdida, desmejora, mella. *Ant.* Aumento, mejora, beneficio.// Deshonor, deshonra, afrenta, descrédito, mancilla, ofensa, menosprecio, perjuicio. *Ant.* Enaltecimiento, honra.

menospreciar, despreciar, desestimar, desdeñar, desairar, subestimar, disminuir, rebajar, postergar, ignorar, humillar, ofender. *Ant.* Justipreciar, enaltecer, estimar.

menosprecio, desprecio, desaire, desdén, desestima, desconsideración, repulsa, deshonor, ofensa, vilipendio, humillación, ultraje. *Ant.* Consideración, aprecio, enaltecimiento.

mensaje, nota, aviso, recado, envío, encargo, comunicación, anuncio, misiva, escrito.// Legación, embajada.

mensajero, enviado, correo, recadero, comisionado, heraldo. *Ant.* Recepcionista, receptor, destinatario.

mensual, periódico, habitual, regular, fijo. *Ant.* Variable.

mensualidad, sueldo, salario, remuneración, paga, pago, haber, honorarios, estipendio, emolumento.

mensurar, medir (v.).

mental, intelectual, cerebral, imaginativo, espiritual, ilusorio, especulativo. *Ant.* Corporal, material.

mentalidad, pensamiento, concepción, mente, razón, conocimiento.

mentar, nombrar, mencionar, citar, recordar, evocar, rememorar, llamar, designar. *Ant.* Silenciar, olvidar, omitir.

mente, mentalidad (v.), inteligencia, imaginación, cerebro, intelecto, entendimiento, razón, imaginación.// Sentido, espíritu, ánimo, voluntad, alma. *Ant.* Cuerpo, materia.

mentecato-ta, necio (v.), tonto (v.), majadero (v.), simple, idiota, imbécil, memo, lerdo, bobo, pazguato, estólido, sandio. *Ant.* Inteligente, listo, agudo.

mentir, engañar, falsear, fingir, falsificar, inventar, urdir, aparentar, desvirtuar, calumniar. *Ant.* Sincerarse, revelar, confesar, decir la verdad.

mentira, engaño, embuste, falsedad, enredo, invención, patraña, disimulo, artificio, lío, bola, fábula, exageración, inexactitud, falacia, calumnia. *Ant.* Verdad, veracidad, autenticidad, sinceridad.

mentiroso-sa, embustero, falaz, falso, engañador, engañoso, infundioso, farsante, bolero, mendaz, tramposo. *Ant.* Veraz, verdadero, auténtico, fidedigno.

mentís, contradicción, denegación, desdicho, contestación, desaprobación, desmentida, negativa, repulsa, impugnación. *Ant.* Confirmación, ratificación, aprobación.

mentón, barbilla, perilla, barba.

mentor-ra, guía, maestro, consejero, preceptor, instructor, inspirador, asesor, aconsejador, tutor.

menú, lista, carta, minuta (v.).

menudear, frecuentar, acostumbrar, asistir. *Ant.* Faltar.// Puntualizar, detallar, especificar, pormenorizar. *Ant.* Generalizar.// Repetir, reiterar.

menudencia, insignificancia, bagatela, pequeñez, nimiedad, nadería, minucia. *Ant.* Importancia, enormidad.

menudo-da, chico, pequeño, minúsculo, insignificante, diminuto, baladí, despreciable. *Ant.* Grande, importante.

meollo, médula, sustancia, núcleo, centro, corazón, tuétano, base, fundamento. *Ant.* Exterior, superficie.// Inteligencia, juicio, caletre, sensatez, cacumen, razón, razonamiento, entendimiento. *Ant.* Insensatez, necedad.

mequetrefe, botarate, tarambana, mamarracho, irresponsable, despreciable, insensato. *Ant.* Serio, grave, cabal.

mercachifle, mercader (v.), comerciante, buhonero, marchante, feriante, ambulante, trujamán.

mercader, comerciante, negociante, vendedor, mercachifle (v.), traficante, especulador, exportador, importador. *Ant.* Comprador, cliente.

mercadería, mercancía, género, efecto, existencias.

mercado, feria, plaza, tienda, puesto, rastro, zoco.

mercancía, género, mercadería (v.), efectos, producto, artículo.

mercantil, mercante, comercial, traficante, mercantilista.

mercar, negociar, traficar, comerciar, comprar, vender, exportar, especular, intercambiar.

merced, dádiva, don, gracia, favor, beneficio, privilegio, regalo, donación, ayuda, socorro, remuneración. *Ant.* Injusticia, abandono.// Misericordia, piedad, perdón, indulto. *Ant.* Castigo, crueldad, dureza.// Voluntad, arbitrio.

mercenario, servidor, criado, asalariado, jornalero.// Venal, codicioso, materialista, interesado. *Ant.* Desinteresado, íntegro, idealista.

merecedor-ra, digno, acreedor, merecido, justo, estimable, razonable. *Ant.* Indigno, inmerecido, reprobable.

merecer, ganar, obtener, lograr, meritar, cosechar, beneficiarse, ser digno. *Ant.* Desmerecer, reprobar.

merecido-da, justo, meritorio, apropiado, debido, correspondiente, digno. *Ant.* Inmerecido, indebido, injusto.

merecimiento, mérito (v.), virtud, estimación, valor, justicia, premio. *Ant.* Injusticia, maldad.

meretriz, prostituta, ramera, buscona, hetaira, zorra, cortesana, puta, mujerzuela, perdida. *Ant.* Casta, virtuosa.

meridiano-na, claro, evidente, indudable, concluyente, terminante, palmario, patente, diáfano, luminoso, inobjetable. *Ant.* Oscuro, confuso, impreciso.

meridional, austral, antártico, del sur, sureño, latino. *Ant.* Norteño, septentrional, del norte, ártico.

merienda, refrigerio, tentempié, piscolabis, aperitivo.

meritar, merecer (v.).

mérito, merecimiento (v.), valor, estimación, virtud, estima, consideración, valía, precio. *Ant.* Desestimación, perjuicio.

meritorio-ria, digno, loable, estimado, alabable, plausible, encomiable. *Ant.* Criticable, indigno.

merma, pérdida, disminución, menoscabo, decrecimiento, descenso, deterioro, reducción, quebranto, rebaja. *Ant.* Aumento, incremento.// Consumo, gasto, desembolso. *Ant.* Ahorro.// Sustracción, consunción. *Ant.* Devolución.

mermar, disminuir, menguar, reducir, aminorar, decrecer, diezmar, desgastar, deteriorarse, rebajar. *Ant.* Aumentar, incrementar.// Quitar, sustraer, robar, sisar. *Ant.* Devolver.

mermelada, jalea, dulce, compota, confitura.

mero-ra, puro, simple, sencillo, sin mezcla.

merodeador-ra, vagabundo, explorador, delincuente, vago, malhechor, forajido. *Ant.* Honrado, decente.

merodear, deambular, vagar, vagabundear. *Ant.* Permanecer, quedarse.// Reconocer, explorar, observar, curiosear, fisgar, husmear, acechar. *Ant.* Desentenderse.

1es, mensualidad (v.).

1esa, tabla, mesilla, mesita, tablero, ménsula, mueble.

1esar, tirar, arrancar.

1esenterlo, redaño, peritoneo.

1eseta, descanso, rellano.// Planicie, altiplanicie, altiplano, llano, llanura, estepa. **Ant.** Serranía, montaña.

1esías, Jesucristo, Jesús, Hijo de Dios, Redentor, Nazareno.

1esnada, tropa, hueste, partida, banda, facción, falange, guardia.// Junta, congregación, compañía, reunión. **Ant.** Disolución, separación.

1esón, hostería, posada, hostal, hotel, venta, fonda, albergue, taberna, parador.

1esonero-ra, ventero, patrón, dueño, huésped, posadero.

1estlzar, cruzar, mezclar. **Ant.** Purificar.

1estlzo-za, cruzado, mixto, mezclado, híbrido, bastardo. **Ant.** Puro.

1esura, moderación, comedimiento, juicio, prudencia. **Ant.** Imprudencia, descomedimiento.// Compostura, dignidad, sensatez, equilibrio, circunspección, consideración, cortesía. **Ant.** Descortesía, irreverencia, desconsideración.

1esurado-da, moderado, comedido, circunspecto, prudente, juicioso, discreto, cauteloso. **Ant.** Descomedido, imprudente.// Templado, sobrio, circunspecto, considerado, equilibrado, respetuoso, serio, grave, formal, digno, austero. **Ant.** Desordenado, irreverente, informal, desconsiderado.

1esurar, medir.// **-se**, contenerse, comedirse, reprimirse, dominarse, apaciguarse, reglarse, refrenarse, morigerarse.

1eta, término, final, límite, remate, culminación. **Ant.** Principio, comienzo.// Objeto, objetivo, fin, propósito, intención. **Ant.** Desinterés, despreocupación.

1etafísico-ca, sutil, difícil, oscuro, abstracto, arduo. **Ant.** Claro, evidente, comprensible.

1etáfora, alegoría, imagen, símbolo, representación, comparación, figura. **Ant.** Realidad.

1etafórlco-ca, simbólico, figurado, alegórico, comparado, imaginario. **Ant.** Real, natural.

1etamorfosear, transformar, cambiar, mudar, convertir, transmutar, transfigurar. **Ant.** Continuar, permanecer.

1etamorfosls, transformación, cambio, mutación, conversión, transfiguración, modificación, reforma. **Ant.** Permanencia, persistencia.

1eteorito, aerolito, astrolito, bólido, estrella fugaz.

1eter, introducir, insertar, incluir, encajar, embutir, ensartar, clavar, internar, empotrar, enterrar. **Ant.** Sacar.// Inducir, promover. **Ant.** Disuadir.// Contrabandear, pasar, introducir.// **-se**, entrometerse, intervenir. **Ant.** Abstenerse, inhibirse.

1eticuloso-sa, escrupuloso, metódico, minucioso, detallista, puntilloso, concienzudo, exacto. **Ant.** Negligente.// Pusilánime, cobarde, miedoso, temeroso. **Ant.** Valiente, decidido.

1etódlco-ca, minucioso, meticuloso (v.), ordenado, regular, cuidadoso, sistemático (v.), exacto, formal, justo, puntual, concienzudo. **Ant.** Desordenado, desarreglado.

1etodizar, ordenar, arreglar, normalizar, regularizar, sistematizar, ajustar, poner en orden. **Ant.** Desarreglar, irregularizar, desordenar.

1étodo, sistema, orden, forma, modo, norma, procedimiento, técnica, manera, práctica, régimen, criterio, reglamento.// Uso, costumbre, modo. **Ant.** Desorden, indisciplina, desuso.

1etrópoll, ciudad, capital, urbe.

1ezcla, compuesto, mezcladura, amalgama, mezcolanza, liga, aleación, composición, unión, superposición, ligazón. **Ant.** Separación, disgregación.

1ezclado-da, revuelto, mixto, impuro, reunido, abigarrado, vario, unido, diverso, complejo, desordenado, confuso, surtido. **Ant.** Aislado, distinto, puro, separado.

1ezclar, unir, juntar, mixturar, ligar, combinar, incorporar, amalgamar, conglomerar, revolver, compilar, juntar. **Ant.** Separar, aislar, diferenciar.// **-se**, inmiscuirse, meterse, intervenir, introducirse, interponerse. **Ant.** Abstenerse, inhibirse.

mezcolanza, mezcla (v.), revoltijo, confusión, enredo, miscelánea, amasijo, fárrago, heterogeneidad, bodrio, mazacote. **Ant.** Disgregación, separación, pureza.

mezquindad, ruindad, vileza, tacañería, bajeza, sordidez. **Ant.** Generosidad, esplendidez, derroche.// Miseria, escasez, estrechez, pobreza, penuria. **Ant.** Riqueza, abundancia.

mezquino-na, miserable, roñoso, tacaño, ruin, avaro, usurero, vil, avaricioso. **Ant.** Generoso, desprendido, dadivoso.// Mísero, pobre, indigente, necesitado. **Ant.** Rico, potentado.

mlasma, emanación, efluvio, fetidez, infección, contagio.

mico, mono, simio, macaco.// Feo, mamarracho. **Ant.** Hermoso.

microblo, microorganismo, bacteria, virus, bacilo, protozoo.

microscóplco-ca, diminuto, insignificante, imperceptible, invisible. **Ant.** Enorme, gigantesco.

mledo, terror, susto, pavor, temor, horror, preocupación, cuidado, alarma, aprensión, cobardía, sobrecogimiento, pusilanimidad. **Ant.** Valentía, audacia, osadía, valor.

mledoso-sa, temeroso, medroso, asustadizo, cobarde, pusilánime, timorato, receloso, aprensivo, desconfiado, cauteloso. **Ant.** Valiente, osado, audaz.

mlembro, parte, órgano, extremidad, sección, componente, porción. **Ant.** Totalidad.// Socio, adepto, cofrade, afiliado, asociado. **Ant.** Extraño.// Falo, pene, verga.

mlentras, en tanto, entretanto, durante.

mlerda, excremento, defecación, deposición, evacuación, heces, detrito, abono, estiércol, suciedad, porquería, inmundicia, cagada.

mles, cereal, espiga, granos.

mlga, pedazo, trozo, partícula, sobra, resto, menudencia, pizca. **Ant.** Hogaza.// Migaja (v.).// Sustancia, meollo, entidad, esencia. **Ant.** Superficie.

migaja, partícula, fragmento, pedazo.// **-s**, desechos, restos, residuos. **Ant.** Abundancia.

migración, emigración, inmigración, destierro, éxodo, traslado. **Ant.** Llegada, estancia, permanencia.

migraña, jaqueca (v.).

mil, milésimo.// Millar.

mllagro, portento, prodigio, maravilla, fenómeno, pasmo, asombro. **Ant.** Realidad, vulgaridad.

mllagroso-sa, portentoso, maravilloso, fantástico, sobrenatural, extraordinario, prodigioso, sorprendente, insólito, providencial. **Ant.** Natural, real, vulgar.

milenario-ria, antiquísimo, remoto, arcaico, antiguo, vetusto. **Ant.** Nuevo, reciente.

milicia, ejército, tropa, hueste, banda, legión, falange, facción, guardia.

mllltar, soldado, combatiente, guerrero, miliciano. **Ant.** Civil.// Castrense, marcial, belicoso. **Ant.** Civil, pacífico.// Afiliarse, pertenecer a, servir, engancharse, cumplir.

millonario-ria, potentado, acaudalado, rico, poderoso. **Ant.** Pobre, indigente.

mlmado-da, malcriado (v.), maleducado, consentido, malacostumbrado, obsequiado, festejado, halagado, caprichoso. **Ant.** Educado, correcto, disciplinado.

mlmar, consentir, malcriar (v.), transigir, agasajar, festejar, obsequiar, regalar, acariciar, abrazar, besar. **Ant.** Disciplinar, educar, maltratar.

mimetismo, imitación, adaptación, ocultación (v.). **Ant.** Invariabilidad, firmeza.

mímica, gesticulación, imitación, gesto, expresión, ademán, remedo, pantomima.

mimo, caricia, arrumaco, halago, cariño, ternura, fiesta. **Ant.** Desdén, brusquedad.// Complacencia, condescendencia, malcrianza, contemplación. **Ant.** Dureza, rigor, educación.

mimoso-sa, consentido, malcriado, regalón, zalamero, melindroso, delicado. **Ant.** Arisco, frío, indiferente.

mina, yacimiento, explotación, excavación, criadero, venero, filón, vena, veta.

minar, excavar, horadar, perforar, socavar, dragar. **Ant.** Rellenar,// Desgastar, debilitar, consumir, abatir, destruir, arruinar. **Ant.** Fortalecer.

mineral, inorgánico.

miniatura, pequeñez, reducción, menudencia. **Ant.** Enormidad.

mínimo-ma, minúsculo (v.), ínfimo, diminuto, insignificante, imperceptible, exiguo, pequeño, bajo, inferior, microscópico, nimio. **Ant.** Máximo, mayor, grande, enorme.

ministerio, gobierno, gabinete, cartera, departamento, dirección, administración.// Empleo, función, cargo, ocupación, actividad, oficio, profesión.

ministro, gobernante, consejero, funcionario.// Embajador, delegado, enviado, legado.// Representante, agente.

minorar, reducir, disminuir, atenuar, amortiguar, mitigar, amenguar, empequeñecer, restringir. **Ant.** Aumentar, agrandar.

minoría, menoría, minoridad, niñez. **Ant.** Mayoridad.// Exigüidad, inferioridad, sumisión, dependencia. **Ant.** Independencia.// Facción, oposición. **Ant.** Mayoría.

minucia, nimiedad, pequeñez, bagatela, menudencia, insignificancia, miseria, fruslería, futilidad, nadería. **Ant.** Importancia, categoría, valor, enormidad.

minucioso-sa, nimio, meticuloso, detallista, cuidadoso, riguroso, prolijo, escrupuloso, exagerado, puntilloso, perfeccionista, detallado, exacto. **Ant.** Negligente, descuidado, despreocupado.

minúsculo-la, diminuto, microscópico (v.), ínfimo, imperceptible, menudo, pequeñísimo. **Ant.** Enorme, gigante, mayúsculo.

minuta, nota, apunte.// Catálogo, inventario, lista, nómina, relación.// Resumen, extracto, borrador, modelo, manuscrito.// Cuenta, honorarios, factura.

minutero, manecilla, aguja, saeta.

mira, propósito, designio, idea, intención, fin. **Ant.** Realización, ejecución.// Reparo, cuidado, observación.

mirada, observación, ojeada, vistazo, atisbo, contemplación, visión.

mirado-da, atento, circunspecto, cuidadoso, cauto, prudente, mesurado, comedido, respetuoso, considerado, discreto. **Ant.** Imprudente, desconsiderado, abusivo.// Visto, examinado, reparado, observado, revisado. **Ant.** Omitido.

mirador, vigía, observador, oteador, espectador, atisbador.// Terrado, terraza, azotea, balcón, galería, torreón, pabellón, tribuna, observatorio.

miramiento, reparo, atención, consideración, respeto, cuidado, precaución, cautela, deferencia, circunspección, mesura. **Ant.** Descuido, desconsideración, negligencia.

mirar, observar, ver, contemplar, escrutar, vislumbrar, divisar, advertir. **Ant.** Omitir.// Juzgar, pensar, considerar, reflexionar. **Ant.** Desentenderse.// Apreciar, estimar, admirar, atender. **Ant.** Desatender, despreocuparse.// Investigar, buscar, inquirir. **Ant.** Descubrir.// Proteger, cuidar, defender. **Ant.** Descuidar.

miríada, multitud, millonada, caudal, inmensidad, cuantía. **Ant.** Pequeñez, insignificancia, menudencia.

mirón-na, curioso, fisgón, observador, chismoso. **Ant.** Discreto, recatado.

misantropía, aislamiento, intratabilidad, insociabilidad, retraimiento, introversión, tristeza, melancolía, apartamiento, reclusión. **Ant.** Filantropía, sociabilidad, cordialidad.

misántropo-pa, huraño, insociable, intratable, solitario, retraído, sombrío, hosco, pesimista, introvertido, esquivo, amargado. **Ant.** Sociable, filántropo, amable.

miscelánea, mezcla, revoltijo, mixtura, variedad, amalgama. **Ant.** Homogeneidad, separación.

miserable, pobre, mísero, indigente, menesteroso, necesitado. **Ant.** Rico, acaudalado.// Perverso, ruin, canalla, abyecto, despreciable, granuja. **Ant.** Bondadoso, honrado.// Desventurado, desgraciado, infeliz. **Ant.** Afortunado, feliz.// Avaro, tacaño, codicioso, mezquino. **Ant.** Generoso.// Desmoralizado, desalentado, derrotado, abatido. **Ant.** Animoso.

miseria, pobreza, necesidad, estrechez, escasez, indigencia. **Ant.** Riqueza, abundancia.// Ruindad, avaricia, tacañería, mezquindad. **Ant.** Generosidad.// Infortunio, desventura, desgracia, desdicha, pena. **Ant.** Felicidad, ventura.

misericordia, compasión, lástima, piedad, conmiseración, ternura, humanidad, caridad. **Ant.** Crueldad, impiedad.// Clemencia, perdón, indulgencia. **Ant.** Inclemencia, dureza.

misericordioso-sa, compasivo, piadoso, humanitario, sensible, caritativo, tierno, comprensivo. **Ant.** Cruel, inhumano.// Clemente, indulgente, transigente. **Ant.** Inclemente, inflexible.

mísero-ra, desventurado, infortunado, desdichado, desgraciado, infeliz (v.). **Ant.** Dichoso, afortunado.// Miserable (v.), pobre, necesitado, indigente. **Ant.** Rico, acaudalado.

misión, encargo, cometido, gestión, comisión, función, labor, ocupación, servicio.// Embajada, legación, delegación, envío, expedición.

misiva, carta, billete, nota, esquela, mensaje.

mismo-ma, igual, idéntico, semejante, exacto, análogo, equivalente, propio, justo, similar. **Ant.** Otro, distinto, diferente.

misterio, enigma, incógnita, secreto, arcano, reserva, interrogante, ocultación. **Ant.** Evidencia, claridad, sinceridad.

misterioso-sa, oculto, incógnito, enigmático, arcano, impenetrable, cifrado, secreto. **Ant.** Claro, evidente, patente.

místico-ca, religioso, espiritual, arrebatado, piadoso, devoto, contemplativo. **Ant.** Prosaico, escéptico, agnóstico.

mitad, medio. **Ant.** Doble, entero.// Centro, medio, promedio. **Ant.** Completo, entero.

mítico-ca, legendario, fantástico, fabuloso, mitológico, imaginario, ficticio. **Ant.** Verdadero, histórico, real.

mitigar, aplacar, moderar, paliar, atenuar, aliviar, calmar, suavizar, dulcificar, sedar, tranquilizar, atemperar. **Ant.** Exacerbar, exasperar.

mitin, reunión, concentración, asamblea, junta, sesión.

mito, leyenda, fábula, tradición, símbolo, saga, ficción, quimera, invención. **Ant.** Realidad, autenticidad.

mitológico-ca, legendario, tradicional, fabuloso, imaginario, fantástico. **Ant.** Real, histórico, auténtico.

mixtificar, adulterar, engañar, embaucar, falsificar, burlar. **Ant.** Sincerar.

mixto-ta, compuesto, mezclado, complejo, combinado, heterogéneo. **Ant.** Simple, puro.

mixtura, mezcla, composición. **Ant.** Pureza, homogeneidad.// Pócima, medicamento, poción, brebaje.

mixturar, mezclar, amalgamar, combinar, confundir. **Ant.** Separar, disgregar.

moblaje, muebles, enseres, útiles, artículos, ajuar, menaje, mobiliario (v.).

mobiliario, moblaje (v.), menaje, efectos, enseres, ajuar.

mocedad, juventud, pubertad, adolescencia. **Ant.** Adultez, vejez.

mochila, morral, zurrón, bolsa, saco.

mocho-cha, pelado, esquilado, afeitado. **Ant.** Peludo.// Romo, chato, mondado. **Ant.** Puntiagudo.

moción, proposición, sugerencia, propuesta.// Propensión, inclinación, impulso.// Movimiento (v.).

moco, mucosidad, humor, flema, secreción, esputo.

mocoso-sa, chiquillo, muchachito. **Ant.** Viejo.// Mucoso.

moda, uso, costumbre, modo, boga, novedad, hábito, estilo, actualidad. **Ant.** Desuso, antigüedad.

modales, maneras, modos, formas, ademanes, educación, conducta, acciones, gestos.

modalidad, particularidad, modo, manera, circunstancia, peculiaridad, variante, forma.

modelar, configurar, moldear, formar, crear, esculpir, plasmar, tallar, cincelar, ajustar, educar. **Ant.** Destruir, deformar.

modelo, ejemplo, patrón, tipo, prototipo, arquetipo, pauta, muestra, molde, medida, paradigma, fórmula, norma. **Ant.** Reproducción, copia, imitación.// Tipo, clase (v.).// Figurín, maniquí.// Ideal, perfecto, ejemplar, único. **Ant.** Imperfecto.

moderación, comedimiento, mesura, sobriedad, morigeración, temperancia, discreción, templanza, frugalidad, cordura, sensatez, honestidad, freno, virtud, moralidad, contención. **Ant.** Intemperancia, desmesura, desenfreno, inmoderación, exageración.

moderado-da, sobrio, mesurado, comedido, templado, prudente, reposado, morigerado, suave, regular, continente. **Ant.** Descomedido, abusivo, excesivo, inmoderado.

moderar, mesurar, refrenar, calmar, frenar, aplacar, suavizar, atemperar, regular, mitigar, aminorar, reducir, reprimir, contenerse. **Ant.** Exagerar, descomedirse.

modernizar, renovar, actualizar, rejuvenecer, innovar, restaurar, mejorar. **Ant.** Envejecer.

moderno-na, actual, nuevo, último, renovado, remozado, flamante, contemporáneo, actualizado, innovado, de moda, reciente. **Ant.** Antiguo, pasado, vetusto, arcaico.

modestia, sencillez, humildad, sobriedad, moderación, templanza, comedimiento, reserva. **Ant.** Inmodestia, orgullo.// Recato, pudor, honestidad, castidad, decoro. **Ant.** Deshonestidad, impudor.// Timidez. **Ant.** Petulancia.

modesto-ta, sencillo, humilde, sobrio, austero, moderado, templado, comedido. **Ant.** Altivo, arrogante, orgulloso.// Recatado, honesto, pudoroso, decente, reservado. **Ant.** Desvergonzado, deshonesto.// Pobre, insignificante. **Ant.** Poderoso.// Tímido, corto, pusilánime, apocado. **Ant.** Petulante.

módico-ca, escaso, reducido, bajo, limitado, moderado. **Ant.** Abundante, inmoderado.// Barato, rebajado, económico, asequible. **Ant.** Caro.

modificación, alteración, variación, cambio, reforma, enmienda, innovación, metamorfosis, evolución. **Ant.** Invariabilidad.

modificar, alterar, variar, cambiar, innovar, corregir, enmendar, reformar, rectificar, mudar, renovar, metamorfosear, revolucionar. **Ant.** Mantener, conservar, permanecer.

modismo, giro, expresión, locución, dicho, regionalismo.

modista, costurera, sastra, diseñadora.

modisto, creador, diseñador, sastre.

modo, forma, manera, medio, procedimiento, método, práctica, proceder, técnica, fórmula, regla, orden, sistema, táctica.// Naturaleza, carácter, clase, linaje, natural, género, ralea.

modorra, somnolencia, letargo, sopor, pesadez, flojera, aturdimiento. **Ant.** Vigilia, actividad.

modoso-sa, mesurado, educado, cortés, amable, considerado, atento, respetuoso, circunspecto. **Ant.** Grosero, descarado.

modular, entonar, vocalizar, afinar, cantar.

módulo, tipo, canon, medida, regla, patrón, paradigma.

mofa, burla, broma, befa, escarnio, chasco, engaño. **Ant.** Sinceridad, respeto.

mofar-se, burlarse, agraviar, escarnecer, chasquear, bromear, chancearse. **Ant.** Tomar en serio, elogiar.

moflete, carrillo, mejilla, pómulo, cachete.

mohín, mueca, gesto, ademán, visaje, gesticulación, guiño, monería.

mohíno-na, enojado, enfadado, contrariado, airado, descontento, sombrío, triste, cabizbajo. **Ant.** Alegre, contento.

moho, hongo, herrumbre, orín, verdín, cardenillo, óxido.// Desidia, pereza, ociosidad, haraganería. **Ant.** Actividad, trabajo.

mohoso-sa, herrumbroso, rancio, descompuesto, oxidado, corrompido, pútrido. **Ant.** Fresco, flamante.

mojadura, remojo, empapamiento, mojada, caladura. **Ant.** Sequedad.

mojar-se, humedecer, empapar, calar, remojar, bañar, sumergir, embeber, inundar, regar, rociar, impregnar, salpicar. **Ant.** Secar, enjugar.

mojigatería, hipocresía, puritanismo, gazmoñería, pazguatería, beatería. **Ant.** Sinceridad.

mojigato-ta, santurrón, beato, timorato, gazmoño, afectado, puritano, melindroso. **Ant.** Sincero, religioso.

mojón, hito, jalón, poste, señal, marca, indicación, indicador.// Límite (v.), linde, término (v.).

molde, matriz, troquel, horma, cuño.// Ejemplo, modelo, muestra, tipo, regla.

moldear, modelar (v.), vaciar, fundir, forjar, crear, formar, acuñar, plasmar. **Ant.** Deshacer, destruir.

mole, bulto, volumen, masa, cuerpo, magnitud, porte. **Ant.** Insignificancia, pequeñez.// Suave, blando, muelle (v.).

molécula, partícula, elemento.// Corpúsculo, residuo, vestigio, grano, triza. **Ant.** Abundancia, copia.

moler, triturar, quebrantar, desmenuzar, machacar, aplastar, pulverizar, romper, majar, desintegrar. **Ant.** Construir, comprimir.// Maltratar, molestar, fastidiar. **Ant.** Deleitar, animar.

molestar-se, fastidiar, incomodar, irritar, disgustar, hostigar, agobiar, enfadar, mortificar, maltratar, abrumar, estorbar, hartar, incordiar. **Ant.** Alegrar, divertir, entretener.

molestia, estorbo, incomodidad, fastidio, enfado, mortificación, incomodo, inconveniente, dificultad, contrariedad.// Fatiga, agobio, inquietud, preocupación, alarma. **Ant.** Comodidad, bienestar, ayuda, favor, beneficio.

molesto-ta, fastidioso, enojoso, dificultoso, incómodo, mortificante, insoportable, penoso, agobiante, embarazoso, engorroso, importuno. **Ant.** Agradable, oportuno, cómodo.

molicie, pereza (v.), blandura, abandono, incuria, flojera. **Ant.** Diligencia, dureza, resistencia.

molido-da, triturado, machacado, pulverizado, aplastado. **Ant.** Comprimido.// Cansado, rendido, fatigado, dolorido, extenuado, agotado, exhausto. **Ant.** Descansado, fresco.

molienda, trituración, machacadura, pulverización, quebrantamiento, desmenuzamiento.

molimiento, fatiga, molestia, cansancio. **Ant.** Descanso.

mollera, seso, sesera, meollo, cacumen, caletre, inteligencia, talento. Torpeza, necedad.

molusco, marisco, cefalópodo, lamelibranquio.

momentáneo-a, instantáneo, transitorio, breve, rápido, efímero, fugaz, provisorio, pasajero, súbito, circunstancial. **Ant.** Duradero, permanente.

momento, instante, tiempo, plazo, período, hora, etapa, rato, lapso, época, tris, segundo, minuto. **Ant.** Eternidad, continuidad.// Oportunidad, ocasión, circunstancia, actualidad.

momificar-se, desecar, embalsamar, disecar.

monacal, conventual, monástico, cenobial, claustral. **Ant.** Secular, mundano.

monacillo, monaguillo (v.).

monada, monería, mohín, zalamería, gracia, gesto, mimo. **Ant.** Seriedad, sobriedad, gravedad.// Encanto, primor, preciosura.

monaguillo, monacillo, ayudante, acólito.

monarca, rey, soberano, príncipe, emperador, majestad, señor. **Ant.** Súbdito.

monarquía, reino, reinado, realeza, imperio, corona, señorío, principado.

monasterio, abadía, convento, cenobio, claustro, cartuja, beaterio, priorato.

mondadientes, escarbadientes, limpiadientes, palillo.

mondar, podar, talar.// Descortezar, descascarar, pelar, despellejar, desvainar.// Limpiar, purificar.

mondo-da, pelado, rapado, pelón, limpio. **Ant.** Peludo.// Descortezado, despellejado, descascarado, podado, cortado.

mondongo, intestinos, vientre, tripas, vísceras, panza, barriga.

moneda, numerario, dinero, metálico, pecunio, caudal, efectivo.// Disco, pieza, sello.

monería, gracia, monada, zalamería, melindre, mimosería. **Ant.** Seriedad.// Nimiedad, fruslería, bagatela, nadería, insignificancia. **Ant.** Importancia.

monigote, muñeco, títere, fantoche, pelele, marioneta.// Ignorante, rudo, torpe, tosco. **Ant.** Culto, despierto.

monitor-ra, tutor, custodio, cuidador, celador, guardián, instructor, consejero, maestro. **Ant.** Alumno, pupilo.

monja, religiosa, sor, hermana, madre, novicia, profesa, superiora, priora, abadesa. **Ant.** Seglar.

monje, religioso, fraile, cenobita, eremita, ermitaño, anacoreta.

mono, simio, mico, macaco, cuadrumano, antropoide.

mono-na, bonito, lindo, primoroso, delicado, fino, bello. **Ant.** Feo.

monografía

monografía, tratado, estudio, exposición, descripción.

monólogo, soliloquio, aparte, parlamento. **Ant.** Conversación.

monomanía, manía (v.), paranoia, locura, capricho, extravagancia, obsesión, excentricidad, afición, chifladura. **Ant.** lucidez, cordura.

monomaníaco-ca, maníaco (v.), maniático, obsesivo, excéntrico. **Ant.** Razonable, sensato.

monopolio, consorcio, cartel, trust, centralización, privilegio, exclusiva, acaparamiento. **Ant.** Competencia.

monopolizar, acaparar, centralizar, copar, retener, especular. **Ant.** Competir, descentralizar.

monotonía, uniformidad, regularidad, igualdad, invariabilidad, repetición, continuidad, hastío, aburrimiento, fastidio. **Ant.** Variedad, amenidad.

monótono-na, igual, uniforme, regular, insistente, invariable, continuo, repetido, aburrido, fastidioso, enojoso, pesado. **Ant.** Variado, diverso, divertido, ameno.

monstruo, engendro, fenómeno, espantajo, quimera, prodigio, esperpento. **Ant.** Perfección, belleza, normalidad.

monstruosidad, deformidad, aberración, atrocidad, anomalía, anormalidad, horror, bestialidad, enormidad. **Ant.** Normalidad, humanidad.

monstruoso-sa, deforme, aberrante, grotesco, contrahecho, prodigioso, colosal, extraordinario, fenomenal, desproporcionado, horrible, horroroso. **Ant.** Normal, perfecto, bello.// Bestial, cruel, atroz, perverso, inhumano. **Ant.** Humano.

montaje, estructura, disposición, ensamblaje, acoplamiento, montura. **Ant.** Desmontaje.// Ajuste, unión, empalme, enlace, juntura. **Ant.** Separación, desunión.

montaña, monte, cordillera, cerro, sierra, serranía, macizo, pico, colina.// Cumbre, cima, cresta, pico. **Ant.** Llanura, llano, planicie, valle.

montañoso-sa, montuoso, montano, abrupto, rocoso, escarpado, ondulado. **Ant.** Llano.

montar, cabalgar, jinetear, enancarse. **Ant.** Descabalgar, apearse.// Armar, ajustar, ensamblar, acoplar, articular. **Ant.** Desarmar.// Empalmar, juntar, ajustar. **Ant.** Desajustar.// **-se**, subir, encaramarse, auparse, ascender. **Ant.** Descender, bajar.

montaraz, rústico, silvestre, rudo, salvaje, agreste, indómito, cerril, arisco, intratable, fiero, indócil, grosero. **Ant.** Fino, sociable.

monte, bosque, espesura, boscosidad, zarzal, fronda, floresta, maleza, enramada. **Ant.** Claro, desierto.// Montaña (v.). **Ant.** Planicie, llanura.// Soto, oquedal, peñasco, erial.

montepío, mutualidad, cooperativa, socorro, ayuda, auxilio.

montículo, elevación, eminencia, altura, túmulo, colina, cerro, loma, otero, altozano. **Ant.** Hoyo, llano.

montón, pila, acumulación, cúmulo, parva, aglomeración, rimero.// Multitud, muchedumbre, gentío, sinnúmero, tropel, legión, masa. **Ant.** Nada, nadie, escasez.

montura, montaje (v.).// Cabalgadura.// Arreos, arnés, aperos.

monumental, grande, enorme, grandioso, colosal, descomunal, gigantesco, inmenso, ciclópeo, mayúsculo, formidable, excesivo. **Ant.** Minúsculo, insignificante, pequeño, corriente.

monumento, obra, construcción, estatua, monolito.

moño, rodete, rulo.// Bucle, lazo, adorno.// Copete, penacho.

morada, vivienda, residencia, domicilio, mansión, hogar, estancia, casa, habitación, albergue.

morado-da, violáceo, cárdeno, violado, azulado, purpúreo, amoratado, violeta, lívido, malva.

morador-ra, habitante, residente, vecino, ocupante, inquilino, domiciliado. **Ant.** Transeúnte, nómada.// Natural, aborigen, poblador. **Ant.** Extranjero.

moral, ética, moralidad, escrúpulo, obligación, decencia, decoro, dignidad, probidad, integridad, virtud, rectitud, pudor. **Ant.** Inmoralidad, indecencia.// Ético, espiritual, decente, decoroso, honorable, honesto, íntegro, recto, pú-

dico, ejemplar, insobornable, intachable. **Ant.** Inmoral, desleal, indigno.

moraleja, enseñanza, consejo, máxima, lección, moralida, ejemplo, demostración.

moralidad, virtud, probidad, decencia, honradez, rectitu, integridad, justicia, honor, entereza, hombría de bien, e, piritualidad (v.). **Ant.** Inmoralidad, deshonor.// Morale (v.).

moralizar, aleccionar, educar, predicar, amonestar, serme, near, reformar, edificar. **Ant.** Desmoralizar, corromper.

morar, habitar, residir, vivir, estar, ocupar, parar, perman, cer, hospedarse. **Ant.** Marchar, emigrar.

moratoria, prórroga, dilación, aplazamiento, plazo, esper, mora, retraso. **Ant.** Adelanto, anticipo.

mórbido-da, delicado, blando, suave, fláccido, muelle, flo, jo, maleable, mullido. **Ant.** Duro, macizo, áspero.// Enfe, mizo, malsano, morboso (v.). **Ant.** Sano.

morbo, enfermedad, dolencia, afección. **Ant.** Salud, biene, tar.

morboso-sa, insalubre, malsano, nocivo. **Ant.** Saludable., Enfermizo, perverso, torvo. **Ant.** Sano.

mordacidad, causticidad, maledicencia, mortificación, v, rulencia, sacarsmo, aspereza, sátira, zaherimiento, acritu, socarronería, indirecta. **Ant.** Benevolencia, alabanza.

mordaz, acre, picante, corrosivo, punzante, áspero, cínico, incisivo, virulento, zaheridor, sarcástico, satírico, socarrón **Ant.** Benévolo, franco, directo.

mordedura, mordisco, mordisquear, dentellear, triturar, ta, rascar, mascar, masticar, roer, desgarrar.

mordisquear, mordiscar, morder (v.), roer, corroer, tasca, lacerar.

moreno-na, tostado, trigueño, bronceado, quemado, ate, zado, bruno, cetrino, cobrizo, pardo, aceitunado, oscuro, **Ant.** Rubio, blanco, claro.

moretón, cardenal, magulladura, equimosis, moradura, contusión, verdugón, mancha.

moribundo-da, agonizante, expirante, agónico, semidi, funto, desahuciado, incurable. **Ant.** Sano, resucitado, vivo.

morigeración, moderación, mesura, comedimiento, so, briedad, templanza, prudencia, continencia, circunspec, ción, discreción. **Ant.** Descomedimiento, incontinencia.

morigerado-da, moderado, medido, prudente, templa, do, sobrio, mesurado, contenido, comedido, frugal, cir, cunspecto, sensato. **Ant.** Abusivo, descomedido, insensa, to.

morigerar-se, moderar, templar, medir, contener, come, dir, suavizar, abstenerse. **Ant.** Abusar, extralimitar. **Ant** Nacer, vivir.

morisqueta, mueca, gesto, mohín, visaje, ademán.

moro-ra, musulmán, marroquí, mauritano, sarraceno, ma, hometano, islamita, berberisco, bereber, mudéjar, árabe.

morosidad, dilación, tardanza, demora, lentitud, retraso, retardo, detención, espera, prórroga, aplazamiento, atra, so. **Ant.** Rapidez, celeridad, puntualidad.

moroso-sa, lento, tardo, premioso, atrasado, diferido, tar, dío, remiso, retrasado. **Ant.** Activo, rápido, adelantado, puntual.// Deudor, informal. **Ant.** Cumplidor, formal.

morral, bolsa, talego, mochila (v.), zurrón.

morrión, casco, yelmo, almete, casquete, capacete, celada, cimera, gorro, chacó.

morro, hocico, boca, jeta, belfo, labios, rostro, cara.// Peñasco, monte, picacho.

mortal, ser, hombre, humano, persona.// Perecedero, efímero, transitorio, fugaz, breve, temporal, caduco, precario. **Ant.** Inmortal, perdurable, eterno.// Funesto, fatal, letal, mortífero (v.), fatídico, definitivo. **Ant.** Vivificador, saludable.

mortalidad, muerte (v.), mortandad (v.), fin, destrucción, desaparición. **Ant.** Permanencia, inmortalidad.

mortandad, mortalidad (v.), matanza, carnicería, masacre, degollina, exterminio, desolación, hecatombe.

mortecino-na, apagado, lánguido, débil, desfalleciente, moribundo, caído, exangüe, amortiguado, tenue, vacilante, borroso. **Ant.** Fuerte, vigoroso, intenso.

mortífero-ra, mortal (v.), letal, fatal, aniquilador, destructor, funesto, deletéreo, nefasto, irremediable, nocivo, insalubre, perjudicial. *Ant.* Sano, saludable, ventajoso, beneficioso.

mortificación, aflicción, zaherimiento, laceración, vejación, daño, molestia, humillación, tormento. *Ant.* Deleite.

mortificante, injurioso, humillante, vergonzoso, degradante, ofensivo, denigrante, irritante. *Ant.* Elogioso, enaltecedor, inofensivo.

mortificar, atormentar, torturar, martirizar, fastidiar, molestar, zaherir, apesadumbrar, afligir, dañar, vejar, incomodar, hostilizar, ofender, ultrajar, irritar. *Ant.* Halagar, complacer.

mortuorio-ria, fúnebre, funerario, luctuoso, necrológico, tétrico, sombrío. *Ant.* Alegre, vital.

mosaico, baldosa, azulejo, mayólica, baldosín, cerámica, ladrillo.

mosquearse, picarse, ofenderse, resentirse, recelar, sospechar, irritarse, enfadarse. *Ant.* Confiar, tranquilizarse.

mosto, jugo, zumo, concentrado, extracto.

mostrar-se, exhibir, enseñar, exponer, ostentar, descubrir, presentar, asomar, manifestar, revelar, evidenciar. *Ant.* Ocultar, esconder.// Indicar, señalar, demostrar, explicar, expresar, apuntar, marcar.// Desorientar.

mota, nudillo, hilacha, granillo, pinta.// Pizca, partícula.// Defecto, mancha, tara.

mote, lema, emblema, divisa, empresa, sentencia, máxima.// Sobrenombre, apodo, alias, seudónimo.

motear, salpicar, vetear, jaspear, manchar.

motejar, calificar, señalar, tildar, apodar, tachar, censurar, criticar, desaprobar. *Ant.* Alabar, aprobar.

motín, rebelión, insurrección, sublevación, sedición, alzamiento, levantamiento, revuelta, asonada, tumulto, desorden, pronunciamiento. *Ant.* Orden, disciplina, pacificación.

motivar, originar, causar.// Formar, razonar, apoyar, influir, mover. *Ant.* Abstenerse, inhibirse.

motivo, causa, razón, móvil, fundamento, impulso, génesis, principio, objeto, finalidad. *Ant.* Consecuencia, derivación.// Asunto, tema, sujeto, cuestión, materia.

motor, mecanismo, máquina, artefacto, aparato, dispositivo.// Impulsor, propulsor.// Causa, motivo (v.), empuje, impulso. *Ant.* Consecuencia.

movedizo-za, inquieto, turbulento, intranquilo, ágil, revoltoso. *Ant.* Tranquilo, quieto.// Portátil, movible, llevadero, manual. *Ant.* Fijo, inmueble.// Voluble, versátil, inseguro, cambiante, inconstante, variable. *Ant.* Permanente, seguro.

mover, desplazar, trasladar, cambiar, mudar, apartar, correr, quitar, empujar. *Ant.* Inmovilizar, parar.// Activar, impeler, propulsar, conducir, empujar, guiar. *Ant.* Paralizar, estancar.// Incitar, inducir, estimular, animar. *Ant.* Desanimar.// -se, caminar, marchar, andar, afanarse, ajetrear. *Ant.* Detenerse.

móvil, razón, motivo, causa, origen, objetivo, impulso, estímulo, pretexto. *Ant.* Efecto, consecuencia.// Dinámico, movedizo (v.), movible, portátil. *Ant.* Fijo.

movilidad, movimiento (v.).

movilizar, reclutar, llamar, reunir, levantar, armar, militarizar.

movimiento, actividad, animación, agitación, ajetreo, bullicio, circulación, alteración, conmoción, trajín. *Ant.* Quietud, inmovilidad.// Celeridad, velocidad, evolución, marcha. *Ant.* Estancamiento, paralización.// Rebelión, levantamiento, alzamiento, revolución, sublevación, motín (v.). *Ant.* Tranquilidad, pacificación.// Corriente, tendencia, opinión, estilo.

moza, criada.

mozo, joven, muchacho, chico, chiquillo, adolescente, mancebo, zagal. *Ant.* Viejo, anciano.// Soltero, célibe. *Ant.* Casado.// Criado, camarero, servidor, doméstico, sirviente.// Amo, patrón.// Peón, estibador, cargador.// Recluta, soldado.

mucama, criada, sirvienta, muchacha.

muchacha, chica, joven, adolescente, moza, zagala. *Ant.* Vieja.// Criada, sirvienta, doméstica, fámula. *Ant.* Ama.// Doncella, soltera, virgen. *Ant.* Casada.

muchachada, niñada, chiquillada, chiquillería. *Ant.* Seriedad, gravedad.

muchacho, niño, mozo, joven, chiquillo, zagal, doncel, rapaz, mancebo, chicuelo, jovenzuelo. *Ant.* Viejo, anciano.// Recadero, mensajero.

muchedumbre, multitud, gentío, turba, aglomeración, tropel, afluencia, montón, copia, sinnpumero, cáfila, tumulto, hervidero, horda, pandilla. *Ant.* Individuo, soledad.

mucho, demasía, profusión, montón, cúmulo, abundancia, exuberancia, afluencia, plétora, fárrago. *Ant.* Poco.// -cha, abundante, bastante, copioso, considerable, colmado, demasiado, grande, escesivo. *Ant.* Limitado, moderado, sobrio.

mucilaginoso-sa, pegajoso, viscoso, gelatinoso, pringoso, adhesivo, gomoso. *Ant.* Seco.

mucosa, membrana, revestimiento, tegumento, epitelio.

muda, cambio, renovación, transformación. *Ant.* Permanencia.// Mudanza.// Remuda, ropa.

mudable, cambiable, renovable, modificable, alterable, trasladable, convertible, transformable, reformable. *Ant.* Firme, inmutable.// Versátil, voluble, veleidoso, inconstante, inconsecuente, cambiante. *Ant.* Constante.

mudanza, cambio, traslación, traslado, muda (v.), tránsito, traspaso. *Ant.* Inmutabilidad.// Enmienda, corrección, reforma, innovación, renovación. *Ant.* Inalterabilidad.// Veleidad, inconstancia, versatilidad, volubilidad, infidelidad. *Ant.* Constancia, fidelidad.

mudar, cambiar, trocar, transformar, reformar, variar, modificar, innovar, renovar, corregir, enmendar, alterar. *Ant.* Mantener, conservar, perdurar.// -se, trasladarse, moverse, irse, salir, cambiarse, partir. *Ant.* Permanecer, quedarse.

mudez, silencio, mutismo, afonía, sordomudez, afasia. *Ant.* Sonido.

mudo-da, sordomudo, afónico.// Callado, silencioso, reservado, taciturno, hosco, lacónico. *Ant.* Charlatán, hablador.

mueble, enser, trasto, prenda, utensilio, cachivache.// Mobiliario, moblaje, efectos.

mueca, gesto, ademán, visaje, mohín, monería, mimo, guiño, contorsión. *Ant.* Impasibilidad.

muelle, blando, suave, delicado, elástico, tierno, mórbido, fláccido. *Ant.* Duro, rudo, áspero, incómodo.// Espiral, resorte, fleje, suspensión.// Puerto, dársena, embarcadero, dique, espigón, escollera, malecón, rompeolas, andén.

muerte, fallecimiento, defunción, expiración, óbito, desaparición, fenecimiento, trance. *Ant.* Vida, nacimiento, resurrección.// Homicidio, asesinato, crimen, matanza, liquidación.// Ruina, estrago, exterminio, destrucción. *Ant.* Reconstrucción.

muerto-ta, difunto, finado, fallecido, extinto, cadáver, occiso, interfecto, víctima, restos, despojos. *Ant.* Vivo, resucitado, viviente, animado.

muesca, entalladura, corte, rebaje, hueco, concavidad, portillo, uña, incisión.

muestra, modelo, prototipo, ejemplar, molde, tipo, regla, pauta, patrón, original. *Ant.* Copia.// Indicio, señal, demostración, prueba, evidencia, testimonio. *Ant.* Ocultación.// Fragmento, trozo, pedazo.// Feria, exposición, exhibición.

muestrario, colección, repertorio, serie, surtido, catálogo.

mugido, bramido, brama, gruñido, berrido, bufido, aullido.

mugir, bramar, rugir, gruñir, berrear, aullar, bufar, ulular. *Ant.* Callar, silenciar.

mugre, suciedad, roña, pringue, grasa, porquería, basura, inmundicia. *Ant.* Limpieza, higiene, pulcritud.

mugriento-ta, mugroso, sucio, grasiento, roñoso, pringoso, inmundo, puerco, manchado, repugnante, asqueroso. *Ant.* Pulcro, limpio, aseado, higiénico.

mujer, hembra, señora, dama, señorita, doncella, matrona. *Ant.* Hombre, varón.// Esposa, cónyuge, consorte, pareja. *Ant.* Marido, esposo.

mujeriego, faldero, tenorio, seductor, donjuán, conquistador, putañero. *Ant.* Misógino.// Lujurioso, libidinoso, vicioso, concupiscente. *Ant.* Casto.

mujeril, afeminado, afectado, amariconado, mariquita. **Ant.** Varonil.

mulato-ta, mestizo, cruzado, mezclado. **Ant.** Puro.// Moreno, oscuro. **Ant.** Rubio, claro.

mulero, arriero, yegüero, carretero, acemilero.

muleta, apoyo, sostén, ayuda.

muletilla, estribillo, repetición.// Muleta (v.).

mullido-da, blando, mórbido, esponjoso, suave, muelle, cómodo, elástico. **Ant.** Duro, incómodo.

mullir, ablandar, esponjar, suavizar, ahuecar. **Ant.** Endurecer.

mulo, acémila, mula, caballería, bestia de carga. **Ant.** Mula.

multa, castigo, pena, sanción, penalidad, recargo, gravamen, escarmiento, imposición, correctivo. **Ant.** Indulto, gratificación, perdón.

multar, castigar, sancionar, penar, gravar, penalizar, escarmentar, corregir. **Ant.** Perdonar, gratificar.

multicolor, polícromo, coloreado, cromático, multicromo, colorido, matizado, irisado. **Ant.** Monocolor, liso.

multiforme, polimorfo, variado, diverso, heterogéneo, vario, desigual. **Ant.** Uniforme, igual, homogéneo.

multimillonario-ria, archimillonario, rico, potentado, acaudalado, poderoso, opulento, pudiente, magnate. **Ant.** Pobre.

múltiple, variado, vario, polifacético, diverso, numeroso, heterogéneo, complejo, multiforme. **Ant.** Único, solo.

multiplicación, aumento, proliferación, reproducció, repetición. **Ant.** División, reducción.

multiplicar, reproducir, proliferar, procrear, aumentar, acrecer. **Ant.** Dividir, disminuir, reducir.

multiplicidad, variedad, pluralidad, diversidad, heterogeneidad, abundancia, multitud (v.), muchedumbre. **Ant.** Uniformidad, homogeneidad, unidad.

multitud, gentío, aglomeración, muchedumbre (v.), turba, tropel, horda, gente, asistencia, enjambre, bandada. **Ant.** Individuo, unidad, soledad.// Profusión, abundancia, infinidad, exceso, cantidad, infinitud, copia. **Ant.** Escasez, poquedad.

mundanal, mundano, terrenal, humano, mortal, perecedero. **Ant.** Espiritual, celestial, eterno.

mundano-na, frívolo, experimentado, conocedor, fogueado, cosmopolita, sofisticado, galante, vano, trivial. **Ant.** Inexperto, ingenuo.// Profano, mundanal (v.). **Ant.** Espiritual.

mundial, general, internacional, universal, cosmopolita, global. **Ant.** Local, nacional.

mundo, cosmos, universo, orbe, creación, materia.// Humanidad, género humano.// Tierra, globo terráqueo.// Cortesía, educación, experiencia, sofisticación. **Ant.** Grosería.

munición, balas, proyectiles, carga, explosivo, metralla, perdigones.// Armamento, pertrechos, bastimento, provisión.

municipal, local, comunal, urbano, metropolitano, edilicio, comunitario, corporativo, vecinal.

municipalidad, municipio (v.).

municipio, ayuntamiento, municipalidad, concejo, cabildo, alcaldía, comuna, comunidad.// Ciudad, villa, vecindad.

munificencia, esplendidez, generosidad, liberalidad, magnificencia, fastuosidad. **Ant.** Tacañería, simpleza, mezquindad.

munífico-ca, generoso, liberal, espléndido, dadivoso, desprendido, pródigo. **Ant.** Mezquino, tacaño.

muñeco, muñeca, figura, figurilla, juguete, títere, maniquí, fantoche, pelele, espantajo, monigote.

muralla, muro, murallón, baluarte, defensa, paramento, parapeto, barrera, fortificacion, bastión.

murga, banda, comparsa, charanga, serenata.// Ruido, lata, molestia. **Ant.** Tranquilidad.

murmullo, susurro, bisbiseo, rumor, runrún, cuchicheo.

murmuración, rumor, bisbiseo, censura, cuchicheo, chisme, comentario, zaherimiento, detracción, maledicencia, descrédito, chascarrillo, farfullo, crítica, difamación. **Ant.** Alabanza.

murmurar, susurrar, bisbisear, balbucear, cuchichear, mascullar, musitar, farfullar.// Chismorrear, cotillar, criticar, desacreditar, difamar, calumniar, zaherir, censurar, intrigar. **Ant.** Elogiar, defender.

muro, pared, tapia, tabique, medianera, paredón, valla, muralla, murallón, barrera, vallado, defensa, dique.

musa, inspiración, numen, ingenio, soplo, estímulo, poesía.

musculoso-sa, fornido, fuerte, vigoroso, corpulento, forzudo, recio, atlético. **Ant.** Débil, enclenque.

museo, galería, exposición, sala, colección.

música, armonía, melodía, ritmo, tonalidad, polifonía, canto, cadencia, concierto.// Composición, partitura, pieza, obra.

musical, melodioso, armonioso, armónico, acordado, rítmico, sinfónico, polifónico.

músico, compositor, autor, maestro, ejecutante, intérprete, solista, artista, concertista.

muslo, anca, pata, pernil, zanca, jamón.

mustio-tia, ajado, marchito, deslucido. **Ant.** Floreciente, lozano.// Triste, melancólico, lánguido, cabizbajo, desalentado, desmayado, decaído, mohíno. **Ant.** Alegre, alborozado.

musulmán, mahometano, árabe, moro, islámico, ismaelita, sarraceno, bereber, berberisco.

mutación, transformación, alteración, conmutación, cambio, modificación, mudanza, variación, vaivén, perturbación, metamorfosis. **Ant.** Persistenica, inmutabilidad.

mutilación, ablación, corte, amputación, cercenamiento, inutilización. **Ant.** Totalidad, indemnidad.

mutilado-da, lisiado, tullido, impedido, inválido, incapacitado, incompleto, amputado, trunco, cercenado, estropeado, disminuido. **Ant.** Indemne, completo, entero, capacitado.

mutilar, lisiar, cercenar, cortar, amputar, truncar, desmembrar, castrar.// Estropear, deteriorar, romper, descalabrar, fragmentar. **Ant.** Conservar, componer.

mutis, salida, desaparición, retirada, huida.// Silencio, mutismo, pausa.

mutismo, mudez, silencio, reserva, discreción, sigilo, secreto, mutis, mudez, sequedad. **Ant.** Charlatanería, ruido.

mutualidad, cooperativa, montepío, sindicato, asociación, agrupación.

mutuo-tua, recíproco, mutual, correlativo, alternativo, solidario, equitativo, sucesivo. **Ant.** Unilateral.

muy, bastante, mucho, demasiado, superlativo, suficiente, harto, abundante, excesivo. **Ant.** Poco.

nacarado-da, irisado, pulido, terso, brillante, liso, tornasolado. *Ant.* Opaco, deslucido.

nacer, originarse, venir al mundo, brotar, surgir, aparecer. *Ant.* Morir.// Provenir, derivarse, emanar, principiar, arrancar, proceder.

nacido-da, nato, hijo.// Natural, oriundo, originario, aborigen.

naciente, principiante, incipiente, reciente, nuevo, inicial. *Ant.* Acabado, moribundo.// Este, oriente, levante. *Ant.* Poniente.

nacimiento, origen, principio, aparición, fuente, brote, creación. *Ant.* Muerte.// Descendencia, casta, linaje, extracción, prole, cuna, raza. *Ant.* Ascendencia.// Natividad, natalidad, natalicio, Navidad.

nación, país, patria, territorio, pueblo, estado, reino, terruño.// Pueblo, familia, raza, tribu, ciudadanos, gente.

nacional, patrio, regional, territorial, vernáculo.// *Ant.* Foráneo, internacional.// Nativo, oriundo, originario, compatriota. *Ant.* Extranjero.// Estatal, oficial, público, administrativo.

nacionalidad, origen, naturaleza, peculiaridad, procedencia, ciudadanía, país, raza, patria, estirpe, cuna. *Ant.* Internacionalidad.

nacionalismo, patriotismo, regionalismo, civismo, tradicionalismo. *Ant.* Internacionalismo.// Chauvinismo, xenofobia, patriotería, fanatismo. *Ant.* Xenofilia.

nacionalizar, incautarse, confiscar, estatificar, controlar, dirigir. *Ant.* Liberalizar, descentralizar.// **-se**, naturalizarse (v.).

nada, nulidad, ausencia, carencia, falta, ninguna cosa, inexistencia. *Ant.* Todo, cantidad.

nadar, flotar, bucear, sobrenadar, bañarse. *Ant.* Hundirse, sumergirse.

nadería, fruslería, baratija, pamplina, pequeñez, insignificancia, friolera, chuchería. *Ant.* Importancia, categoría.

nadie, ninguno. *Ant.* Todos.

naipe, cartas, baraja, juego, tarjeta, mazo.

nalgas, trasero, posaderas, asentaderas, culo, glúteo, asiento.

nao, navío, nave, bajel, barco, embarcación (v.), buque, velero.

narcótico, somnífero, soporífero, estupefaciente, hipnótico, dormitivo, sedante, calmante, barbitúrico, tranquilizante, alcaloide, anestésico. *Ant.* Excitante.

narcotizar, adormecer, anestesiar, embotar, tranquilizar, hipnotizar, calmar. *Ant.* Excitar, despertar.

narigón-na, narigudo, narizota, narizón.

narigudo-da, narigón (v.).

nariz, narices, naso, napias, hocico, morro, trompa.

narración, relato, cuento, historia, exposición, relación, referencia, reseña, pormenor, crónica, leyenda, memorias, epopeya, tradición, consejo.

narrar, contar, relatar, referir, detallar, historiar, exponer, recitar, explicar.

narrativa, narración (v.).

nata, crema, película, natilla, telilla.// Excelsitud, excelencia, selección, exquisitez.

natal, nacido, nativo, oriundo, natural, aborigen, autóctono. *Ant.* Extranjero.// Nacimiento (v.).// Aniversario, natalicio (v.).

natalicio, nacimiento, aniversario, natal, cumpleaños, celebración, festejo.

nativo-va, natural, nato, nacido, natal, oriundo, originario, autóctono, patrio, indígena, aborigen, hijo. *Ant.* Extranjero, forastero.// Propio, innato. *Ant.* Adquirido.

natural, originario, nacido, nato, nativo (v.).// Índole, genio, condición, temperamento, naturaleza (v.).// Normal, corriente, lógico, habitual, común, acostumbrado, ordinario, usual. *Ant.* Extraño, desusado.// Auténtico, puro, verdadero, genuino, sincero, legítimo. *Ant.* Falsificado, falso.// Sencillo, abierto, directo, veraz, espontáneo, llano. *Ant.* Artificial.// Instinto, inclinación, propensión.

naturaleza, esencia, sustancia, natural, principio, característica, propiedad, cualidad, materia.// Índole, carácter, temperamento, condición, temple, humor, fondo, genio, modo, conducta, idiosincrasia, especie, personalidad.

naturalidad, sencillez, ingenuidad, pureza, simplicidad, sinceridad, franqueza, espontaneidad, llaneza. *Ant.* Hipocresía, afectación, estiramiento, excentricidad.

naturalizar, aclimatar, habituar, establecer, acostumbrar. *Ant.* Desarraigar, rechazar.// **-se**, nacionalizarse.

naufragar, zozobrar, hundirse, sumirse, anegarse, sumergirse. *Ant.* Flotar.// Fracasar, arruinarse, malograrse, frustrarse. *Ant.* Salvar, triunfar.

naufragio, hundimiento, inmersión. *Ant.* Flotamiento, salvamento.// Derrumbe, fracaso, frustración, siniestro, desastre, malogro. *Ant.* Triunfo, éxito.

náusea, arcada, basca, ansia, vómito, vértigo, vahído.// Asco, repugnancia, aversión, repulsión, fastidio, disgusto. *Ant.* Agrado, atracción.

nauseabundo-da, nauseoso, vomitivo, vomitorio.// Asqueroso, repugnante, inmundo, repelente, repulsivo, fétido. *Ant.* Atractivo, agradable.

náutico, marítimo, marino, marinero, oceánico.

navaja, cuchillo, faca, cortaplumas, daga, hoja, cuchilla.

navajazo, corte, tajo, cuchillada, puñalada, herida.

naval, náutico (v.).

nave, nao, buque, navío, bajel, embarcación (v.).// Tinglado, pabellón, espacio, recinto, crujía, salón.

navegación, crucero, travesía, periplo, viaje.

navegar, viajar, cruzar, atravesar, pilotar, surcar, zarpar, bogar, tripular. *Ant.* Anclar.

navío, barco, buque, embarcación (v.)., nao, bajel, carabela, galeón, lancha, barca, transatlántico.

neblina, bruma, niebla (v.).

nebuloso, nublado, neblinoso, brumoso. *Ant.* Despejado.// Impreciso, vago, confuso, borroso, incierto, incomprensible. *Ant.* Claro, comprensible.// Triste, tétrico, sombrío, oscuro, lóbrego. *Ant.* Alegre, diáfano.

necedad, tontería, idiotez, estupidez, sandez, torpeza, imbecilidad, insensatez, desatino, dislate, absurdo, mentecatez, ignorancia, bobería. *Ant.* Sensatez, razón.

necesario-ria, indispensable, preciso, forzoso, imprescindible, insustituible, imperioso, obligatorio, esencial, irreemplazable, vital, ineludible, indefectible, inevitable. *Ant.* Innecesario, prescindible.// Provechoso, útil, beneficioso, ventajoso. *Ant.* Inútil, desventajoso.

necesidad, obligación, menester, requisito, condición. **Ant**. Licencia, libertad.// Urgencia, apuro, aprieto, angustia, escasez, pobreza, penuria, privación, carencia, indigencia, miseria, estrechez, carencia. **Ant**. Abundancia, esplendidez.

necesitado-da, pobre, menesteroso, escaso, indigente, miserable, falto, carente, mísero. **Ant**. Rico, acaudalado.

necesitar, precisar, requerir, urgir, exigir, demandar, instar.// Carecer, escasear, faltar. **Ant**. Sobrar, abundar.

necio-cia, tonto, bobo, lerdo, lelo, idiota, estúpido, majadero, mentecato, insensato, imbécil, simple, sandio, incauto, obtuso, botarate, ignorante, alcornoque, zoquete, papanatas, disparatado, alelado, atontado. **Ant**. Sensato, inteligente, despierto, sabio.

necrópolis, cementerio, camposanto, panteón.

néctar, elixir, licor, jugo, zumo, ambrosía.

nefando-da, abominable, indigno, repugnante, ignominioso, execrable, torpe, vil, odioso, infame, perverso. **Ant**. Elogiable, honorable, digno.

nefasto-ta, funesto, desgraciado, perjudicial, adverso, aciago, ominoso, desastroso, desventurado, luctuoso, fatídico, triste, sombrío, siniestro, fatal, desafortunado. **Ant**. Benéfico, afortunado, venturoso.

negación, negativa, oposición, no, refutación, objeción, impugnación. **Ant**. Confirmación, afirmación.// Carencia, falta, privación, insuficiencia. **Ant**. Demasía, exceso.

negado-da, incapaz, necio, torpe, obtuso, inepto, retrasado, incompetente. **Ant**. Preparado, capaz.

negar, impugnar, oponerse, denegar, repulsar, refutar, contradecir, objetar, rebatir, invalidar, impedir, obstaculizar, vedar, prohibir, decir no, desechar, rechazar, rehusar. **Ant**. Afirmar, permitir, aceptar, consentir.// Disimular, ocultar, esconderse, solapar, encubrir. **Ant**. Manifestar.

negativa, negación (v.), denegación, recusación, repulsa, rechazo. **Ant**. Afirmación.

negativo, película, placa, imagen.

negativo-va, contradictorio, dañino, nocivo, perjudicial, dañoso, maligno, desventajoso, pernicioso, contrario. **Ant**. Positivo, favorable.

negligencia, desidia, descuido, imprevisión, omisión, indolencia, despreocupación, distracción, olvido, abandono, desaplicación, dejadez, inadvertencia, imprudencia. **Ant**. Atención, diligencia.

negligente, desidioso, descuidado, indolente, despreocupado, distraído, dejado, imprudente, inadvertido. **Ant**. Atento, cuidadoso.// Indiferente, informal, vago, flojo, holgazán, perezoso, abandonado. **Ant**. Activo, diligente.

negociación, convenio, acuerdo, pacto, trato, negocio, tratado, compromiso, contrato, entendimiento, operación. **Ant**. Desacuerdo, diferencia.

negociar, comerciar, traficar, intercambiar, especular, tratar, mercar, comprar, vender.// Convenir, pactar, acordar, concertar, comprometerse. **Ant**. Romper.

negocio, negociación (v.), comercio (v.), trato, transacción, tráfico, ocupación, especulación, ejercicio, servicio, cargo, faena. **Ant**. Inactividad.// Utilidad, provecho, beneficio, lucro, dividendo, rendimiento, fruto. **Ant**. Pérdida.

negrero-ra, esclavista, tirano, déspota, explotador, trafiante, abusador.

negro-gra, oscuro, bruno, atezado, tostado, tinto, quemado, azabache, moreno, renegrido. **Ant**. Blanco.// Africano, moreno, indígena, nativo, mulato.// Triste, melancólico, disgustado, infausto, infeliz, sombrío. **Ant**. Alegre.

nene-na, niño (v.).

neófito-ta, novicio, novato, nuevo, inexperto, principiante, incipiente, reciente, novel, **Ant**. Experimentado.// Converso, profeso, bautizado. **Ant**. Pagano.

nervio, ánimo, vigor, energía, ímpetu, empuje, arranque, fuerza, vitalidad, resistencia, poder, potencia, brío. **Ant**. Apatía, debilidad, indolencia.

nervioso-sa, intranquilo, excitable, agitado, exaltado, irritable, inquieto, frenético, histérico, perturbado. **Ant**. Tranquilo, sereno, apático.

nervudo-da, robusto, fornido, fuerte, vigoroso, membrudo. **Ant**. Enclenque, débil.

neto-ta, limpio, puro, diáfano, claro, terso, transparente inmaculado. **Ant**. Sucio, empañado, borroso.// Líquido deducido, saldo, exacto. **Ant**. Bruto.

neumático, cámara, llanta, goma, rueda, cubierta.

neurastenia, neurosis, manía.// Depresión, abatimiento perturbación, excitación, nerviosidad, ansiedad, inquietud rareza, excentricidad, tristeza. **Ant**. Sosiego, equilibrio.

neutral, imparcial, objetivo, ecuánime, justo, equitativo recto, neutro, indiferente. **Ant**. Parcial, apasionado, simpatizante.

neutralidad, imparcialidad, ecuanimidad, desapasionamiento, objetividad, justicia, rectitud, indiferencia. **Ant** Parcialidad, simpatía, apasionamiento.

neutralizar, contrarrestar, debilitar, contraponer, dificultar compensar, equilibrar, igualar. **Ant**. Facilitar, fomentar.

neutro-tra, imparcial, neutral (v), ambiguo, indefinido, indeciso, indeterminado, indistinto. **Ant**. Definido, determinado, parcial, rotundo.

nevada, nevazón, nevisca.

nevar, neviscar, caer nieve.

nexo, unión, enlace, vínculo, nudo, lazo, ligadura, conexión, relación, afinidad, parentesco, familiaridad, correspondencia. **Ant**. Desvinculación.

nicho, cavidad, hueco, concavidad, oquedad, hornacina, cripta.// Fosa, sepultura (v.).

nido, hogar, vivienda, albergue, morada, casa.// Cueva, refugio, escondrijo, guarida.

niebla, neblina, bruma, celaje, vaho, vapor, nube. **Ant**. Claro.// Confusión, sombra, oscuridad, tenebrosidad. **Ant**. Claridad, diafanidad.

nieto-ta, descendiente, sucesor. **Ant**. Abuelo.

nieve, nevisca, nevada, aguanieve.

nigromante, brujo, hechicero, mago, adivino, augur, taumaturgo, encantador.

nimbo, aureola, halo, corona, anillo, cerco, resplandor, fulgor. **Ant**. Opacidad.

nimiedad, prolijidad, detalle, minuciosidad, circunloquio, exigüidad, menudencia. **Ant**. Sencillez.// Insignificancia, pequeñez, monada, fruslería, nadería, puerilidad. **Ant**. Importancia.

nimio-mia, detallado, excesivo, minucioso, prolijo, dilatado, difuso, ampuloso. **Ant**. Conciso, extractado.// Insignificante, irrisorio, fútil, mísero, pueril, baladí, menudo, pequeño. **Ant**. Grande, importante.

ninfa, náyade, nereida, sirena, sílfide, ondina, dríada, deidad.

niña, pupila.// Niño (v.).

niñera, nodriza, ama, criada, ñaña, nana, chacha.

niñería, niñada, chiquillada, travesura, muchachada.// Insignificancia, nimiedad (v.), pequeñez.

niñez, infancia, puericia, muchachez, inocencia, pubertad. **Ant**. Vejez.

niño, pequeño, criatura, infante, párvulo, nene, crío, chiquillo, chiquitín, chicuelo, mozo, zagal, impúber. **Ant**. Viejo.// Inexperto, novato, bisoño. **Ant**. Ducho, veterano.

nitidez, pureza, tersura, limpieza, transparencia, brillantez, claridad, brillo, pulimento. **Ant**. Oscuridad, impureza.

nítido-da, limpio, puro, terso, pulido, transparente, brilante, neto, inmaculado, claro, bruñido, aseado, intacto, impoluto, resplandeciente. **Ant**. Sucio, oscuro, impreciso.

nivel, elevación, horizontalidad, plano, altitud, cota, altura, horizonte, raya, marca, señal, medida, grado, límite, nivelación. **Ant**. Desnivel.// Categoría, calidad, valor.

nivelación, horizontalidad (v.), allanamiento, aplanación.

nivelar, allanar, alisar, emparejar, explanar, rellenar. **Ant**. Desnivelar.// Igualar, equiparar, equilibrar, compensar, empatar, contrarrestar. **Ant**. Diferenciar, desequilibrar.

níveo-a, nevado, blanco, inmaculado, albo, puro, limpio. **Ant**. Oscuro, negro.

no, jamás, de ninguna manera, nones, en absoluto, ni hablar, de ningún modo, ni mucho menos. **Ant**. Sí.// Negación (v.).

noble, ilustre, insigne, estimable, superior, encumbrado. **Ant.** Indigno, despreciable.// Aristócrata, señorial, patricio, hidalgo, caballero, gentil, hombre, encopetado. **Ant.** Plebeyo, villano.// Generoso, altruista, respetable, leal, excelente, sincero, abierto, grande. **Ant.** Mezquino, perverso, despreciable.

nobleza, aristocracia, hidalguía, prosapia, señorío, dignidad, alcurnia, superioridad, distinción. **Ant.** Villanía, plebeyez.// Generosidad, altruismo, magnanimidad, grandeza, desinterés, sinceridad. **Ant.** Vileza, mezquindad.

noche, crepúsculo, anochecer, anochecida, sombras, oscuridad, tinieblas, vigilia, vela. **Ant.** Día, claridad.

noción, idea, concepto, entendimiento, fundamento, conocimiento.// **-es**, rudimentos, elementos, noticias, principios.

nocivo-va, dañino, dañoso, perjudicial, pernicioso, malo, malsano, insalubre, ofensivo, desfavorable, maléfico. **Ant.** Favorable, beneficioso, inofensivo.

noctámbulo-la, trasnochador, noctívago, nocherniego. **Ant.** Madrugador.

nodriza, ama, niñera (v.).

nómada, trashumante, errante, ambulante, vagabundo, trotamundos, deambulante, migratorio, peregrino. **Ant.** Sedentario, estable, asentado.

nomadismo, trashumancia, traslado, vagabundeo, desarraigo. **Ant.** Sedentarismo, asentamiento, arraigo.

nombradía, fama, renombre, crédito, celebridad, reputación, popularidad, notoriedad, nombre (v.), título, estimación, lucimiento. **Ant.** Ignorancia, anonimato, olvido.

nombramiento, designación, denominación, proclamación, nominación, elección, distinción, investidura. **Ant.** Omisión, destitución.// Documento, despacho, credencial, cédula, diploma.

nombrar, denominar, nominar, mencionar, designar, bautizar, apellidar, aludir, llamar, especificar. **Ant.** Omitir, ignorar, callar.// Elegir, designar, proclamar, seleccionar, investir, poner, ascender, escoger. **Ant.** Destituir, cesar.

nombre, denominación, apelativo, apellido, designación, patronímico, apodo, título, mote, seudónimo, alias.// Fama, nombradía (v.).

nomenclador, catálogo, lista, índice, nómina, repertorio, registro, enumeración, directorio.

nómina, lista, catálogo, relación, inventario, repertorio, registro, enumeración, detalle.

nominación, designación, elección, llamamiento, nombramiento (v.).

nominal, honorario, falso, figurado, representativo, irreal. **Ant.** Real, auténtico.

non, impar, dispar, desigual, desparejo. **Ant.** Par, parejo.// Nones, negación (v.).

nonada, insignificancia, bagatela, bicoca, menudencia, pizca, fruslería, nadería. **Ant.** Mucho, importancia.

nonato-ta, no nacido, inexistente. **Ant.** Nacido.

nórdico-ca, ártico, septentrional, boreal, hiperbóreo, escandinavo. **Ant.** Meridional.

norma, modelo, guía, pauta, regla, precepto, ejemplo, canon, principio, patrón, sistema. **Ant.** Irregularidad, anomalía.

normal, natural, usual, acostumbrado, habitual, corriente, vulgar, común, rutinario, ordinario, cotidiano, regular. **Ant.** Desusado, anormal.// Regulado, reglamentado, estatuido. **Ant.** Irregular.// Equilibrado, sensato, juicioso, cuerdo. **Ant.** Desequilibrado, insensato.

normalidad, orden, uso, regla, costumbre, legalidad, naturalidad, equilibrio, paz, calma, tranquilidad, cordura. **Ant.** Anormalidad, irregularidad.

normalizar, ordenar, regular, regularizar, encauzar, arreglar, organizar, metodizar. **Ant.** Desordenar, desorganizar.

norte, septentrión, ártico, bórea. **Ant.** Sur.// Camino, rumbo, fin, meta, dirección, finalidad, propósito.

norteño-ña, nórdico (v.), septentrional, boreal, hiperbóreo. **Ant.** Austral, meridional.

nostalgia, melancolía, añoranza, ausencia, remembranza, soledad, tristeza, evocación, pesadumbre. **Ant.** Olvido, indiferencia.

nostálgico-ca, melancólico, afligido, evocador. **Ant.** Indiferente, alegre.

nota, anotación, apunte, notación, acotación, registro, asiento, explicación, comentario, borrador, observación, apostilla, llamada, inscripción, glosa, dato. **Ant.** Omisión.// Aviso, comunicación, anuncio, advertencia, noticia, mensaje, aclaración. **Ant.** Silencio.// Reputación, fama, nombradía, crédito, prestigio.// Calificación, evaluación, puntuación, resultado, valoración, estima.

notable, importante, trascendental, admirable, considerable, sobresaliente, destacado, señalado, conspicuo, ilustre, señero, principal, famoso, extraordinario, capital. **Ant.** Insignificante, vulgar, despreciable.

notación, anotación, signo, escritura, clave.

notar, apreciar, advertir, reparar, percatarse, observar, percibir, distinguir, captar, descubrir, vislumbrar, ver, oír, fijarse. **Ant.** Ignorar, omitir.// Anotar, marcar apuntar, inscribir, registrar. **Ant.** Omitir, ocultar.

notario-ria, escribano, actuario, funcionario, secretario.

noticia, suceso, novedad, parte, aviso, informe, nueva, especie, comunicación, mensaje, publicación. **Ant.** Desconocimiento.// Rumor, chisme, hablilla. **Ant.** Verdad.

noticioso-sa, sabedor, enterado, erudito, versado, instruido, docto, entendido. **Ant.** Ignorante, desconocedor.

notificación, comunicación, aviso, anuncio, participación, circular, instrucción.// Nombramiento, cédula, documento, despacho.

notificar, informar, comunicar, anunciar, reseñar, declarar, ordenar, avisar, prevenir, manifestar, imponer. **Ant.** Callar, esconder.

notoriedad, celebridad, fama, popularidad, prestigio, reputación, renombre, notabilidad, gloria, nombradía. **Ant.** Anonimato, oscuridad.

notorio-ria, manifiesto, evidente, patente, probado, claro, palpable, conocido, visible, palmario, público. **Ant.** Oscuro, dudoso, desconocido.

novatada, broma, inocentada, jugada, jugarreta, inexperiencia. **Ant.** Veteranía.

novato-ta, principiante, novicio, bisoño, nuevo, novel, inexperto, neófito, aprendiz, iniciado, primerizo. **Ant.** Experto, veterano.

novedad, noticia (v.), reseña, aviso, nueva.// Actualidad, primicia, creación, invención, modernidad, originalidad, innovación. **Ant.** Antigüedad.// Cambio, mutación, mudanza, alteración, trueque. **Ant.** Permanencia, persistencia.

novedoso-sa, nuevo, reciente, moderno, actual. **Ant.** Antiguo, conocido.

novel, novato (v.), nuevo, aprendiz, bisoño. **Ant.** Veterano.

novela, narración, relato, relación, romance, historia, folletín.// Mentira, fábula, patraña, embuste, farsa. **Ant.** Verdad.

novelesco-ca, fabuloso, irreal, fingido, fantástico, inventado, romancesco, ficticio, sorprendente. **Ant.** Realista.

novelista, escritor, literato, creador, narrador.

noviazgo, idilio, coqueteo, amorío, devaneo, festejo, cortejo, flirteo, relaciones. **Ant.** Separación, ruptura.

novicio-cia, novato (v.), nuevo, principiante, iniciado, inexperto, novel (v.). **Ant.** Experto, veterano.// Seminarista, aspirante.

novio-via, prometido, pretendiente, festejante, cortejador, futuro, enamorado, galán, desposado, recién casado.

nube, nubosidad, nublado, nubarrón, cúmulo, nimbo, celaje, cirros, niebla. **Ant.** Claro.// Abundancia, enjambre, aglomeración. **Ant.** Escasez.

nublado, nube, nubarrón, nubarrada, nubada.// Nebuloso, cubierto, cerrado, encapotado, oscuro, velado, plomizo, gris, lluvioso, sombrío. **Ant.** Claro, despejado.

nublarse, encapotarse, cargarse, oscurecerse, cerrarse, aborrascarse. **Ant.** Despejarse, abrirse.

nubosidad, nube (v.).

nuca, cerviz, cogote, testuz, cuello, occipucio, morrillo.

núcleo, centro, meollo, foco, médula, corazón, interior, entraña, sustancia. **Ant.** Periferia.

nudo, lazo, unión, atadura, vínculo, ligadura, trabazón, yugo, eslabón, lazada. *Ant.* Separación.// Dificultad, enredo, intriga. *Ant.* Facilidad.// Origen, causa, razón, motivo. *Ant.* Consecuencia.

nueva, noticia (v.), novedad (v.), suceso.

nuevo-va, reciente, flamante, moderno, novedoso, actual, fresco, inédito, lozano, virgen, naciente. *Ant.* Antiguo, usado, pasado, ajado, viejo.// Distinto, diferente, desconocido, extraño. *Ant.* Usado, conocido, remanido, trillado.

nulidad, invalidación, anulación, destitución, derogación, rescisión, cancelación, desautorización. *Ant.* Confirmación.// Invalidez, impotencia, incapacidad, incompetencia, inepcia, torpeza, insuficiencia. *Ant.* Competencia, sensatez, habilidad.

nulo-la, inepto, torpe, ignorante, inútil, incapaz. *Ant.* Apto, competente.// Anulado, desautorizado, abolido, suprimido, cancelado, rescindido, derogado, prescrito. *Ant.* Confirmado, autorizado.

numen, deidad, musa, inspiración, genio, magín, creación, imaginación. *Ant.* Torpeza.

numeración, anotación, ordenación, número, inscripción.// Orden, alineación, sucesión, clasificación. *Ant.* Desorden.

numerar, enumerar, contar, ordenar, marcar, inscribir, clasificar, apuntar. *Ant.* Desordenar, confundir.

número, cifra, guarismo, signo, símbolo, notación, representación.// Cantidad, magnitud, conjunto, cuantía, total. *Ant.* Unidad, nada, falta.

numeroso-sa, innumerable, abundante, nutrido, profuso, copioso, considerable, populoso, cuantioso, mucho, crecido, excesivo. *Ant.* Escaso.

nunca, jamás, no, en la vida, de ningún modo.

nuncio, representante, mensajero, emisario, enviado, delegado, legado.

nupcial, matrimonial, conyugal, marital, connubial, vincular.

nupcias, casamiento, matrimonio, enlace, esponsales, desposorio, himeneo, unión, boda, connubio, maridaje, vínculo. *Ant.* Separación, divorcio.

nutrición, alimentación, sustento, mantenimiento, manutención. *Ant.* Desnutrición.

nutrido-da, abundante, copioso, colmado, profuso, atestado, abarrotado, numeroso. *Ant.* Escaso.// Alimentado. *Ant.* Desnutrido, debilitado.

nutrir-se, alimentar, mantener, sostener, sustentar, suministrar, atestar. *Ant.* Desnutrirse, escatimar.// Fortalecer, reforzar, robustecer, vigorizar. *Ant.* Debilitarse.

nutritivo-va, alimenticio, nutricio, sustancioso, vigorizante, fortificante, reconstituyente. *Ant.* Debilitante, insustancial.

ñandú, avestruz americano.

ñoñería, tontería, simpleza, timidez, cortedad, melindre, pusilanimidad, cursilería, necedad, afectación, gazmoñería, bobería. **Ant.** Decisión, viveza.

ñoñez, ñoñería (v.).

ñoño-ña, remilgado, melindroso, quejumbroso, llorón.// Necio, insustancial, simple, hueco, soso. **Ant.** Vivo.//

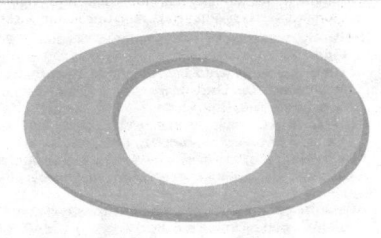

oasis, descanso, respiro, reposo, refugio, alivio, consuelo. **Ant.** Barullo, aglomeración.// Vergel, manantial. **Ant.** Desierto.

obcecación, tozudez, empecinamiento, ofuscación, testarudez, terquedad, ceguera, obnubilación. **Ant.** Comprensión.// Confusión, velo. **Ant.** Claridad.

obcecado-da, terco, testarudo, tozudo, obstinado, ofuscado, obsesionado, empecinado, emperrado.// **Ant.** Comprensivo.

obcecarse, obstinarse, ofuscarse, emperrarse, obsesionarse, cegarse, empeñarse. **Ant.** Reflexionar, comprender.

obedecer, someterse, observar, respetar, acatar, subordinarse, transigir, adherirse, disciplinarse. **Ant.** Desobedecer.

obediencia, acatamiento, sumisión, sometimiento, sujeción, observancia, subordinación, respeto, disciplina, conformidad, docilidad. **Ant.** Desobediencia, subversión.

obediente, sumiso, sometido, subordinado, disciplinado, dócil, manejable, respetuoso. **Ant.** Desobediente, insumiso, rebelde.

obertura, introducción, preludio, introito.// Final, coda.

obeso-sa, grueso, rollizo, corpulento, adiposo, carnoso, pesado, rechoncho, gordo. **Ant.** Flaco.

óbice, obstáculo, estorbo, inconveniente, entorpecimiento, dificultad. **Ant.** Facilidad.

obispo, prelado, pontífice, patriarca.

óbito, fallecimiento, muerte, defunción. **Ant.** Nacimiento, vida.

objeción, reparo, impugnación, negativa, observación, oposición, réplica, contrariedad, censura, pero, dificultad. **Ant.** Conformidad, acuerdo, aprobación.

objetar, refutar, replicar, contradecir, impugnar, oponer, rechazar, censurar, criticar. **Ant.** Aprobar.

objetividad, ecuanimidad, imparcialidad, neutralidad, justicia, honradez. **Ant.** Parcialidad, subjetividad.

objetivo, fin, meta, objeto, finalidad, mira, designio, aspira-

ción, destino.// **-va,** neutral, imparcial, desapasionado, ecuánime, desinteresado, justo. **Ant.** Subjetivo, parcial.

objeto, asunto, cuestión, materia, tema.// Ente, sujeto, elemento, naturaleza, cosa, obra.// Propósito, intento, fin, finalidad, intención, empeño, empresa, mira, objetivo (v.), dirección, rumbo.

oblación, ofrenda, ofrecimiento, don, sacrificio.

oblicuo-cua, sesgado, diagonal, inclinado, transversal, desviado, atravesado. **Ant.** Derecho, recto, perpendicular.

obligación, compromiso, deber, imposición, carga, responsabilidad, gravamen, exigencia, necesidad, deber. **Ant.** Libertad, facultad.// Empleo, profesión, cargo.// Deuda, título, cargo.

obligado-da, comprometido, agradecido, reconocido, deudor. **Ant.** Desagradecido.// Obligatorio, forzoso, ineludible, inexcusable.// Movido, impulsado, incitado, forzado.

obligar, forzar, imponer, coaccionar, exigir, comprometer, apremiar, abrumar, violentar, mandar. **Ant.** Consentir, liberar.

obligatorio-ria, forzoso, necesario, indispensable, imperioso, ineludible, preciso, insoslayable, imprescindible, apremiante, compulsivo. **Ant.** Libre, voluntario, evitable.

obliteración, obstrucción, oclusión, obturación, cierre. **Ant.** Desatascamiento.

obliterar, obstruir, obturar, cerrar, taponar, atascar. **Ant.** Abrir, desatascar.

obnubilar, obcecarse, ofuscar.// Ensombrecer, nublar, velar.

óbolo, dádiva, donativo, limosna, contribución, ayuda. **Par.** Óvolo.

obra, manufactura, labor, faena, tarea, empresa, arte, oficio, misión, trabajo, ocupación. **Ant.** Ocio.// Producto, fruto, realización, resultado.// Edificio, construcción, edificación.// Libro, texto, volumen, tratado, escrito, tomo, ejemplar.

obrar, trabajar, actuar, ejecutar, hacer, ejercer, operar, maniobrar. **Ant.** Descansar, parar.// Fabricar, producir, construir, edificar.// Portarse, proceder.

obrero-ra, trabajador, artesano, operario, asalariado, peón, jornalero, menestral.

obscenidad, impudicia, deshonestidad, indecencia, torpeza, liviandad, lubricidad, pornografía, procacidad, escabrosidad, concuspiscencia. **Ant.** Pudor, honestidad, decencia.

obsceno-na, impúdico, deshonesto, indecente, liviano, lúbrico, pornográfico, indecoroso, libidinoso, procaz, lascivo, escabroso, lujurioso, licencioso, concuspiscente. **Ant.** Pudoroso, honesto, casto.

obscurecer, ensombrecer, entenebrecer, nublar, opacar, ennegrecer, sombrear, enturbiar, deslucir, ocultar.// Confundir, ofuscar. **Ant.** Aclarar, iluminar, clarificar.// Anochecer, atardecer. **Ant.** Amanecer.// **-se,** encapotarse, cubrirse. **Ant.** Aclarar, despejarse.

obscuridad, sombras, negrura, tinieblas, tenebrosidad, cerrazón, lobreguez, opacidad, penumbra, bruma. **Ant.** Claridad, luz.// Confusión, embrollo, incertidumbre, ambigüedad, ofuscación. **Ant.** Esclarecimiento.// Noche, crepúsculo. **Ant.** Amanecer, alba.// Ignorancia, ceguera, cerrazón, atraso. **Ant.** Iluminación.

obscuro-ra, sombrío, negro, tenebroso, cerrado, brumoso, opaco, apagado, umbroso, entenebrecido, renegrido.// Crepuscular, anochecido, nocturno. **Ant.** Claro.// Nublado, encapotado, cerrado. **Ant.** Despejado.// Confuso, ambiguo, ofuscado, ininteligible, difícil, impreciso, incomprensible, equívoco, inexplicable. **Ant.** Preciso, claro.// Modesto, sencillo, humilde, desconocido, insignificante. **Ant.** Ilustre, destacado.

obsecuencia, condescendencia, sumisión, obediencia, docilidad, rendición, cumplimiento, servilismo. **Ant.** Indocilidad, rebeldía.

obsecuente, manejable, cumplido, servil, dócil, rendido, sumiso. **Ant.** Indócil, rebelde.

obsequiar, regalar, dar, donar, ofrecer, entregar, ofrendar, gratificar, dispensar, proporcionar. **Ant.** Recibir.// Agasajar, homenajear, festejar, mimar, convidar. **Ant.** Descuidar, despreciar.

obsequio, regalo, ofrenda, donativo, dádiva, cesión, gratificación, concesión, óbolo, presente.// Agasajo, homenaje, lisonja, fiesta, festejo. **Ant.** Desprecio, omisión.

obsequioso-sa, amable, servicial, cortés, atento, lisonjero, complaciente, adulador, solícito, rendido, zalamero. **Ant.** Descortés, grosero.

observación, corrección, amonestación, reprimenda, rectificación, consejo, opinión, admonición.// Aviso, advertencia, notificación, nota.// Investigación, examen, vigilancia, inspección, análisis, estudio. **Ant.** Descuido, inadvertencia, omisión.

observador-ra, asistente, espectador, examinador, presente.// Atento, curioso, agudo. **Ant.** Despreocupado, distraído.

observancia, acatamiento, cumplimiento, disciplina, obediencia, respeto, reverencia, cuidado, escrupulosidad. **Ant.** Indisciplina, desacato.

observar, mirar, examinar, investigar, explorar, inspeccionar, reconocer. **Ant.** Desatender, descuidar.// Acatar, cumplir, obedecer, respetar, guardar, cumplimentar. **Ant.** Desobedecer, rebelarse.

obsesión, preocupación, obstinación ofuscación, prejuicio, obcecación, manía, idea fija. **Ant.** Despreocupación.

obsesionar-se, preocupar, obnubilar, obstinarse, insistir. Obsesión (v). **Ant.** Despreocuparse.

obsesivo-va, insistente, reiterativo, repetido, fijo, maníaco, obcecado. **Ant.** Despreocupado.

obseso-sa, obcecado, tozudo, tenaz, maniático, maníaco, emperrado, cegado, insistente. **Ant.** Comprensivo.

obstaculizar, dificultar, interponer, entorpecer, obstruir, oponerse, estorbar. **Ant.** Facilitar.

obstáculo, dificultad, impedimento, estorbo, embarazo, contrariedad, traba, escollo, obstrucción, molestia, complicación. **Ant.** Facilidad.

obstar, impedir, imposibilitar, dificultar, obstaculizar, se óbice. **Ant.** Facilitar.// Oponerse, repugnar, obviar, se contrario. **Ant.** Acordar.

obstinación, tozudez, tenacidad, porfía, contumaci pertinacia, obcecación, insistencia, empeño, empecina miento, tesonería, ofuscación. **Ant.** Flexibilidad, com prensión.

obstinado-da, terco, tenaz, porfiado, testarudo, contu maz, empecinado, impenitente. **Ant.** Dócil, comprensivo condescendiente.

obstinarse, porfiar, entercarse, obcecarse, insistir, emperi cinarse, emperrarse. **Ant.** Condescender, transigir.

obstrucción, oclusión, atascamiento, taponamiento, ato lladero, cerramiento, entorpecimiento, estancamiento, ob turación. **Ant.** Facilidad.

obstruir, obturar, atorar, ocluir, atascar, trabar, atranca impedir, embotellar, cerrar, estancar, interceptar. **An** Abrir, destapar, liberar.

obtención, alcance, logro, consecución, adquisición, con quista, cosecha, ganancia, beneficio, producto, resultado Pérdida, fracaso.

obtener, lograr, conseguir, alcanzar, ganar, cosechar, saca conquistar, extraer. **Ant.** Perder, fracasar.// Producir, fabri car, preparar, realizar. **Ant.** Desperdiciar.

obturar, cerrar, tapar, ocluir, taponar, obstruir (v.). **Ant** Abrir.

obtuso-sa, torpe, lerdo, limitado, tardo, tosco, zafio, estú pido, memo. **Ant.** Listo, inteligencia.// Chato, mocho, me llado, romo. **Ant.** Puntiagudo.

obviar, evitar, rehuir, apartar, eludir. **Ant.** Entorpecer./ Obstar, oponerse. **Ant.** Conciliar, avenirse.

obvio-via, claro, manifiesto, evidente, patente, innegable palmario, cierto, indiscutible. **Ant.** Inexplicable, incom prensible.

ocasión, oportunidad, coyuntura, circunstancia, lance, si tuación, ocurrencia, suceso, vez, época.// Ventaja, prove cho, ganga, negocio, oportunidad. **Ant.** Desventaja.

ocasional, casual, fortuito, eventual, accidental, contin gente, incierto, inseguro. **Ant.** Casual, voluntario.

ocasionar, causar, producir, provocar, motivar, originar, de terminar, suscitar. **Ant.** Impedir.

ocaso, occidente, oeste, poniente. **Ant.** Oriente, este.// Anochecer, atardecer, crepúsculo, puesta de sol. **Ant** Amanecer.// Decadencia, declinación, acabamiento, me noscabo, postrimería, terminación. **Ant.** Esplendor.

occidental, ponentino, hespérido. **Ant.** Oriental

occidente, oeste, poniente, ocaso. **Ant.** Oriente.

océano, mar, piélago.// Extensión, vastedad, inmensidad infinitud, infinidad.

ocio, asueto, holganza, desocupación, inactividad, inacción descanso, vagancia, vacación. **Ant.** Actividad, trabajo.

ociosidad, ocio (v.), holgazanería, pereza, haraganería.

ocioso-sa, inactivo, desocupado, vacante, descansado. **Ant.** Activo.// Perezoso, holgazán, haragán, indolente, va go. **Ant.** Diligente, trabajador.// Vano, insustancial, inútil, estéril, vacío. **Ant.** Útil, provechoso.

ocluir, cerrar, obstruir, obturar, tapar. **Ant.** Abrir.

oclusión, obstrucción, cierre, obturación (v.). **Ant.** Desatas co, facilidad.

ocultación, encubrimiento, disimulo, emboscamiento. **Ant.** Manifestación, exhibición.// Desaparición, engaño, secreto, misterio, incógnito. **Ant.** Publicidad, ostenta ción.

ocultar, esconder, cubrir, tapar, encubrir, disimular, disfrazar. **Ant.** Manifestar, descubrir.// Omitir, callar, silenciar. **Ant.** Publicar.

oculto-ta, escondido, disimulado, encubierto, clandestino, disfrazado, callado, omitido, silenciado, misterioso, indescifrable, impenetrable, invisible, recóndito. **Ant.** Visible, mostrado, público, exhibido.

ocupación, actividad, labor, quehacer, trabajo, tarea, función, cargo, cometido, negocio, deber, oficio, profesión, destino, empleo, puesto. **Ant.** Desempleo, licencia, permiso, vacación.

ocupado-da, atareado, activo, abrumado, agobiado. **Ant.** Desocupado.// Completo, lleno, rebosante, conquistado, tomado, vencido. **Ant.** Abandonado, vacío.

ocupar, adueñarse, tomar, apoderarse, posesionarse, invadir, usurpar. **Ant.** Liberar, ceder, abadonar.// Habitar, llenar, vivir, instalarse. **Ant.** Deshabitar, dejar.// **-se,** ejercer, dedicarse, trabajar, consagrarse, entregarse, enfrascase, intervenir, actuar. **Ant.** Desocuparse.

ocurrencia, agudeza, gracia, sutileza, ingenio, salida, picardía. **Ant.** Necedad.

ocurrente, agudo, ingenioso, oportuno, chistoso, jocoso. **Ant.** Torpe.

ocurrir, suceder, acontecer, producirse, sobrevenir, verificarse, acaecer, pasar. **Ant.** Fallar.// **-se,** imaginarse, pensar, antojarse.

odiar, aborrecer, detestar, abominar, repugnar, execrar. **Ant.** Amar.

odio, abominación, aversión, rencor, aborrecimiento, repugnancia, encono, ojeriza, execración, saña, desamor, malquerencia, hostilidad. **Ant.** Amor, simpatía, afecto.

odioso-sa, aborrecible, antipático, irritante, detestable, execrable, repelente, indigno. **Ant.** Adorable, amoroso, estimado.

odisea, penalidad, sufrimiento, martirio, persecución, fuga, hazaña, afanes, aventura. **Ant.** Dicha, paz.

odontólogo-ga, dentista.

odorífero-ra, aromático, oloroso, fragante, perfumado. **Ant.** Desodorante, maloliente.

odre, pellejo, cuero, bota, cantimplora.

oeste, occidente, ocaso, poniente. **Ant.** Este.

ofender, agraviar, injuriar, afrentar, ultrajar, infamar, herir, denostar, insultar, deshonrar, vilipendiar, desprestigiar, menospreciar, desacreditar, escarnecer. **Ant.** Alabar, elogiar.// **-se,** molestarse, resentirse, enfadarse, incomodarse. **Ant.** Amistarse, congraciarse.

ofendido-da, utrajado, afrentado, agraviado, insultado, injuriado, vilipendiado, despreciado, humillado, molesto, resentido. **Ant.** Alabado, elogiado, estimado.

ofensa, injuria, afrenta, agravio, insulto, herida, desaire, ultraje, vituperio, insolencia, vejamen, menosprecio. **Ant.** Elogio, alabanza.

ofensiva, arremetida, ataque, asalto, acometida, irrupción, incursión, combate. **Ant.** Retirada, huida.

ofensivo-va, afrentoso, injurioso, ultrajante, humillante, ignominioso, vejatorio, insultante. **Ant.** Inofensivo, elogioso.

oferta, ofrecimiento, propuesta, proposición, sugerencia, promesa. **Ant.** Petición, demanda.// Dádiva, donativo, ofrenda, convite, regalo. Aceptación.

oficial, autorizado, gubernativo, público, estatal, gubernamental, nacional, reconocido. **Ant.** Privado.// Superior, jefe, comandante. **Ant.** Soldado.// Artesano.

oficiar, celebrar, concelebrar, decir misa.// Actuar, ejecutar, realizar, ejercer, intervenir, mediar, abritar. **Ant.** Abstenerse, inhibirse.

oficina, despacho, escritorio, bufete, administración, departamento, secretaría, ministerio, dirección, notaría.

oficinista, empleado, escribiente, funcionario, auxiliar, ayudante, burócrata.

oficio, ocupación, profesión, cargo, empleo, actividad, ministerio, función, quehacer, tarea, puesto, plaza, arte. **Ant.** Desocupación.// Comunicación escrito, comunicado, carta, nota, despacho, expediente.// Oración, rezo.

oficioso-sa, extraoficial, infundado. **Ant.** Oficial.// Cuidadoso, solícito, servicial, diligente, complaciente. **Ant.** Descuidado, indiferente.// Importuno, entrometido, indiscreto. **Ant.** Discreto, oportuno.// Mediador, inermediario, intercesor. **Ant.** Indiferente.

ofrecer, ofrendar, prometer, brindar, dar, entregar, proponer, sugerir, convidar. **Ant.** Pedir, aceptar.// Consagrar, sacrificar, dedicar. **Ant.** Rechazar.// **-se,** entregarse, someterse, darse, comprometerse, servir. **Ant.** Negarse.

ofrecimiento, propuesta, oferta (v.), promesa, proposición, envite. **Ant.** Negación.

ofrenda, ofrecimiento (v.), promesa, presente, regalo, dádiva, entrega, donación, homenaje. **Ant.** Petición, abstención, rechazo.// Oración, exvoto, oblación.

ofrendar, ofrecer (v.), obsequiar, regalar, sacrificar, donar. **Ant.** Pedir, denegar, rechazar.

oftalmóloga, oculista.

ofuscación, obcecación, obstinación, obnubilación, ceguera, perturbación, confusión, turbación. **Ant.** Serenidad, razón, lucidez.

ofuscado-da, obsesionado, obstinado, ciego, terco, confundido, perturbado, turbado. **Ant.** Razonable, lúcido.

ofuscar-se, obsesionar, obcecar, obstinarse, alucinar, cegar, confundir, enajenar, perturbar, turbar. **Ant.** Discernir, serenarse.

ogro, monstruo, coloso, gigante, espantajo.// Horrible, horroroso, feo, desagradable, repugnante. **Ant.** Hermoso.// Cruel, feroz, inhumano, bárbaro, salvaje, insociable. **Ant.** Humano, sociable, amable.

oído, audición, percepción, atención. **Ant.** Sordera.

oír, escuchar, percibir, atender, advertir, entender.// Acceder, conceder, admitir, otorgar. **Ant.** Desoír, ignorar.

ojeada, vistazo, mirada, atisbo, repaso. **Par.** Hojeada.

ojear, observar, atisbar, examinar, mirar. **Ant.** Descuidar, despreocuparse. **Par.** Hojear.

ojeriza, odio (v.), aborrecimiento, enemistad, antipatía, inquina, aversión, animosidad, fobia, rencor, enojo. **Ant.** Simpatía.

ojo, orificio, agujero, abertura, boca.

ola, onda, ondulación, oleada, curva.

oleada, muchedumbre, multitud, raudal, gentío, tropel, torbellino, agolpamiento.// Oleaje (v.).

oleaginoso-sa, oleoso, aceitoso, graso, grasoso. **Ant.** Seco, astringente.

oleaje, oleada, ondulación, marejada, rompiente, resaca, marea. **Ant.** Calma.

oleoso-sa, oleaginoso, aceitoso, grasoso, grasiento, graso, seboso. **Ant.** Seco.

oler, olfatear, husmear, oliscar, percibir, sentir, notar, advetir.// Perfumar, sahumar, aromatizar, odorizar.// Heder, apestar, asfixiar, atufar.

olfatear, oler (v.).

olfato, intuición, perspicacia, instinto, sagacidad, penetración. **Ant.** Insensibilidad.

olímpico-ca, solemne, grandioso, soberbio, supremo, soberano, divino, celestial, majestuoso. **Ant.** Humilde.

olimpo, paraíso, edén, campos, elíseos.

olla, cacerola, marmita, pote, recipiente, perol.// Guiso, cocido. **Par.** Hoya.

olor, aroma, fragancia, efluvio, emanación, exhalación.// Tufo, miasma, fetidez, peste, hedor, tufarada, pestilencia.

oloroso-sa, aromático, perfumado, fragante, odorífero. **Ant.** Inodoro, desodorante, hediondo.

olvidadizo-za, desmemoriado, distraído, aturdido, negligente, inadvertido, despistado, atolondrado. **Ant.** Atento, cuidadoso.

olvidado-da, omitido, postergado, relegado, desdeñado, negado, desaparecido, desatendido, abandonado. **Ant.** Presente, vigente, actual.

olvidar, omitir, descuidar, relegar, desatender, postergar, desdeñar, marginar, abandonar, perder, extraviar. **Ant.** Recordar, considerar.// **-se,** desmemoriarse, distraerse, despistarse. **Ant.** Acordarse.

olvido, abandono, extravío, descuido, distracción, amnesia, omisión, negligencia, inadvertencia, relegación, aturdimiento, atolondramiento. **Ant.** Recuerdo.// Desagradecimiento, desprecio, ingratitud, desamor. **Ant.** Agradecimiento, gratitud, recordación.

ominoso-sa, aciago, siniestro, azaroso, trágico, funesto, fatal, desastroso, calamitoso, abominable, detestable, fatídico, execrable, vergonzoso, desgraciado. **Ant.** Alegre, feliz, beneficioso.

omisión, supresión, exclusión, abstención, distracción, olvido, inadvertencia, falta, negligencia, descuido, desatención. **Ant.** Atención, advertencia, alusión.

omitir, olvidar, suprimir, excluir, prescindir, relegar, abandonar, desatender, despreocuparse, olvidar (v.). **Ant.** Atender, recordar, considerar.

ómnibus, autobús, vehículo.

omnímodo-da, absoluto, total, general, todopoderoso. **Ant.** Parcial.

omnipotencia, superioridad, absolutismo, supremacía, soberanía, dominación, potestad, poder absoluto. **Ant.** Impotencia, sumisión.

omnipotente, todopoderoso, supremo, absoluto, soberano, preponderante. **Ant.** Inferior, sometido, débil.

onanismo, masturbación, placer solitario.

onda, rizo, ondulación, bucle, sortija, tirabuzón.// Ola (v.). **Par.** Honda.

ondear, ondular, flamear, flotar, tremolar, oscilar, agitar, serpentear. **Ant.** Pender. **Par.** Hondear.

ondulación, oscilación, sinuosidad, fluctuación, serpenteo, curva, curvatura. **Ant.** Derechura.// Flameo, ondeo. **Ant.** Tiesura.

ondulado-da, ondeado, rizado, ensortijado, encrespado, crespo. **Ant.** Liso, lacio.// Sinuoso, zigzagueante, ondeante, flameante. **Ant.** Recto, tieso.

ondular, rizar, ensortijar, encrespar. **Ant.** Alisar.// Zigzaguear, flamear, serpentear, ondear, curvar. **Ant.** Enderezar.

oneroso-sa, caro, costoso, gravoso, dispendioso. **Ant.** Barato.// Molesto, enfadoso, pesado, enojoso, fastidioso, importuno, insoportable. **Ant.** Agradable.

opacidad, oscuridad, velo, deslustre, mate, turbiedad. **Ant.** Transparencia, brillo.

opaco-ca, oscuro, mate, velado, turbio, sombrío, nebuloso, tenebroso. **Ant.** Transparente, brillante.// Triste, melancólico. **Ant.** Alegre.

opción, elección, alternativa, disyuntiva, decisión, selección, preferencia.// Facultad, derecho, privilegio. **Ant.** Coacción.

operación, trabajo, actuación, ejecución, realización, obra.// Maniobra, ejercicio.// Trato, convenio, negocio, contrato, negociación.// Intervención quirúrgica, extirpación.

operar, actuar, realizar, obrar, maniobrar, manipular, efectuar, ejecutar, practicar.// Negociar, comerciar, contratar.// Intervenir, extirpar, cortar, abrir, amputar.

operario-ria, trabajador, obrero, mecánico, peón, jornalero, artesano.

operativo-va, activo, operante, ejecutivo, eficaz. **Ant.** Inoperante, ineficaz.

opilación, impedimento, obstrucción (v.).

opinar, estimar, juzgar, enjuiciar, calificar, creer, valorar, pensar, apreciar, sentir, considerar, dictaminar, suponer. **Ant.** Callar.

opinión, juicio, parecer, pensamiento, dictamen, convicción, voto, interpretación, conjetura, suposición, decisión, sentir, voz, idea, creencia, resolución, explicación, criterio. **Ant.** Abstención.

opíparo-ra, abundante, copioso, suculento, sustancioso, espléndido, abundoso, magnífico, deleitoso. **Ant.** Escaso, desagradable.

oponente, rival, contrincante, competidor, contendiente, adversario, antagonista, enemigo, opositor. **Ant.** Partidario, favorable, amigo.

oponerse, enfrentar, rechazar, resistir, impugnar, opugnar, disentir, repeler, rebatir, objetar, obstruir, negarse, contrariar, refutar, discrepar, obstar, pelearse, impedir, interponerse, prohibir, disputar. **Ant.** Favorecer, autorizar, consentir, acceder.

oportunidad, ocasión, circunstancia, coyuntura, casualidad, eventualidad, tiempo, azar. **Ant.** Inconveniencia.// Provecho, ventaja, ganga. **Ant.** Desventaja.

oportunista, ventajista, aprovechado, especulador, práctico, utilitario. **Ant.** Desinteresado, ingenuo.

oportuno-na, conveniente, adecuado, apropiado, exacto, propicio, pertinente, coyuntural, procedente, necesario, idóneo. **Ant.** Inoportuno, desacertado, inconveniente, impropio.// Ocurrente, gracioso, chistoso, agudo.

oposición, antagonismo, desacuerdo, contradicción, disparidad, disconformidad, competencia, antinomía, rivalidad, discordia, opugnación, enemistad, pugna, negación, prohibición. **Ant.** Acuerdo, autorización, paz.// Obstáculo, impedimento, obstrucción, resistencia, traba, dificultad, embarazo, barrera. **Ant.** Facilidad.// Minoría.// Concurso, examen.

opositor-ra, contrincante, rival, contendiente, oponente, antagonista.

opresión, dominación, subyugación, tiranía, abuso, despotismo, arbitrariedad, mando, imposición, predominio, absolutismo, intolerancia, sojuzgamiento. **Ant.** Libertad.// Sujeción, sumisión, servidumbre, esclavitud, avasallamiento, vejación. **Ant.** Emancipación.// Comprensión, peso, presión, apretura.// Ahogo, sofocación, asfixia, congoja. **Ant.** Alivio.

opresivo-va, abusivo, dominante, tiránico, arbitrario, intransigente, intolerante. **Ant.** Liberador, conciliador, tolerante.// Sofocante, angustiante, asfixiante, acongojante, aplastante. **Ant.** Aliviador, suavizador.

opresor-ra, déspota, tirano, sojuzgador, subyugador, dictador, avasallador.// Despótico, intolerante, cruel, opresivo, tiránico, dominador. **Ant.** Flexible, liberal, tolerante.

oprimir, comprimir, aplastar, asfixiar, apretar, apretujar, apremiar, estrujar.// Dominar, esclavizar, tiranizar, abusar, sojuzgar, subyugar, humillar. **Ant.** Liberar, tolerar, transigir.

oprobio, deshonra, baldón, ignominia, deshonor, afrenta, vilipendio, mancilla, descrédito, estigma, vergüenza. **Ant.** Honra, enaltecimiento.

optar, elegir, preferir, seleccionar, decidir, inclinarse, escoger, adoptar. **Ant.** Rechazar, renunciar.

optativo-va, voluntario, facultativo, potestativo. **Ant.** Obligatorio, forzoso.

optimismo, esperanza, ánimo, confianza, seguridad, humor, fe, certidumbre, convicción, aliento, brío. **Ant.** Pesimismo, desesperanza.

optimista, animoso, esperanzado, confiado, brioso, ilusionado, seguro, feliz, ufano. **Ant.** Pesimista, desesperanzado.

óptimo-ma, perfecto, inmejorable, excelente, buenísimo, insuperable, exceso, estupendo, magnífico. **Ant.** Pésimo, deplorable.

opuesto-ta, adversario, contrario, oponente, divergente, antagónico, enemigo, encontrado, antípoda, rival. **Ant.** Coincidente, compatible, convergente, amistoso.

opugnar, oponerse, enfrentar, contraponer, rechazar, refutar, resistir. **Ant.** Acceder, consentir.// Dificultar, obstruir. **Ant.** Facilitar.

opulencia, exuberancia, riqueza, abundancia, copiosidad. **Ant.** Escasez.// Bienes, fortuna, caudal, hacienda, tesoro. **Ant.** Pobreza.

opulento-ta, abundante, profuso, ubérrimo, pletórico, exuberante, espléndido, lujoso, colmado, surtido, fecundo, lujuriante. **Ant.** Escaso.// Rico, adinerado, acaudalado, poderoso, afortunado, ricachón. **Ant.** Pobre, mísero.

oquedad, agujero, cavidad, orificio, hueco, depresión, hoyo, concavidad.

oración, plegaria, rezo, ruego, invocación, súplica, preces, imploración. **Ant.** Blasfemia, imprecación.// Frase, expresión, cláusula.

oráculo, profecía, adivinación, presagio, vaticinio, augurio, auspicio, agüero, predicción.

orador-ra, disertador, conferenciante, discursante, predicador, declamador, retórico, recitador.

oral, verbal, hablado, expresado, enunciado. **Ant.** Escrito.// Bucal (v.).

orar, rogar, rezar, invocar, implorar, pedir, suplicar, impetrar. **Ant.** Renegar, blasfemar.

orate, loco, (v.), chiflado, maniático, enajenado, ido, demente. **Ant.** Cuerdo, juicioso.

oratoria, retórica, elocuencia, facundia, labia, verbosidad, alocución, dialéctica, predicación, discurso. **Ant.** Silencio.

rbe, mundo, esfera, globo, planeta, tierra, universo, creación.

rbicular, esférico, redondo, circular, lenticular.

rbita, trayectoria, curva, camino, recorrido, elipse, parábola.// Espacio, ámbito, área, zona, esfera, dominio, actividad.// Cuenca, concavidad, cavidad, hueco, agujero, oquedad.

rden, formación, sucesión, colocación, ordenación, gradación, proporción, situación, alineación, serie. **Ant.** Descolocación.// Método, sistema, organización, coordinación, articulación, ordenación, reglamentación, regulación. **Ant.** Desorganización.// Autoridad, equilibrio, regularidad, normalidad, armonía, paz, seguridad, disciplina, concierto, tranquilidad. **Ant.** Desorden, indisciplina, caos.// Regla, mandato, imposición, norma, decreto, disposición, ordenanza. **Ant.** Libertad.// Cofradía, hermandad, comunidad, congregación, instituto.

rdenación, reglamentación, ordenamiento, coordinación, organización, disposición, norma, regla, disciplina, regularidad, agrupación, sistematización. **Ant.** Confusión, alteración.// Orden, decreto, mandato, precepto.

rdenado-da, organizado, dispuesto, metódico, reglado, mesurado, clasificado, cuidadoso, meticuloso. **Ant.** Desordenado, descuidado.

rdenador, computador, procesador de datos, calculadora electrónica.

rdenador-ra, organizador, regulador, concertador, coordinador. **Ant.** Desorganizador.

rdenanza, reglamento, norma, estatuto, precepto, disposición. **Ant.** Acatamiento.// Bedel, asistente, servidor.

rdenar, arreglar, coordinar, regularizar, organizar, sistematizar, reglamentar, normalizar, componer, dirigir, distribuir, reglar, catalogar, numerar. **Ant.** Desordenar, desorganizar.// Mandar, decretar, reglamentar, establecer, legislar, prescribir, decidir, disponer, disciplinar. **Ant.** Cumplir, obedecer.

ordinariez, incorrección, vulgaridad, incivilidad, grosería, bajeza, ignorancia, chabacanería. **Ant.** Finura, cortesía.

ordinario-ria, común, vulgar, corriente, normal, habitual, general, frecuente, acostumbrado, usual, familiar, simple, sencillo, trivial. **Ant.** Extraordinario.// Vulgar, grosero, bajo, soez, bruto, descortés, bárbaro, chabacano, maleducado, ramplón, zafio. **Ant.** Fino, cortés, educado.

orear, ventilar, airear, refrescar, secar, ventear.

orfandad, desamparo, desprotección, desabrigo, abandono, separación. **Ant.** Familia, protección.

orfanato, orfelinato, hospicio, asilo, hogar, inclusa.

orfebre, platero, joyero, orífice, artífice.

orgánico-ca, vivo, viviente, organizado. **Ant.** Inorgánico, inanimado.// Armónico, consonante, concordante, ajustado, unido. **Ant.** Inarmónico, desorganizado.

organismo, ser, criatura, espécimen, ente, individuo.// Entidad, corporación, institución, colectividad, organización, cuerpo, instituto.

organización, disposición, ordenación, orden, sistema, estructura, distribución, colocación, constitución, estructuración. **Ant.** Desorganización, desorden.// Organismo (v.).

organizar, arreglar, coordinar, concertar, ajustar, regularizar, regular. **Ant.** Desorganizar.// Fundar, crear, establecer, estatuir, instaurar, constituir. **Ant.** Disolver.

órgano, víscera, aparato.// Portavoz, medio, instrumento, representante, vocero.

orgasmo, clímax, exaltación, culminación.

orgía, festín, desenfreno, escándalo, bacanal. **Ant.** Recato, seriedad, austeridad.

orgiástico-ca, escandaloso, libertino, lujurioso, desenfrenado, lascivo. **Ant.** Decoroso, serio, sobrio.

orgullo, soberbia, vanidad, arrogancia, presunción, jactancia, vanagloria, suficiencia, engreimiento, altivez. **Ant.** Humildad.// Honra, dignidad, honor, prez, satisfacción, contento. **Ant.** Deshonor.

orgulloso-sa, soberbio, altivo, arrogante, presuntuoso,

vanidoso, jactancioso, suficiente, engreído, altanero, ufano, infatuado, pedante. **Ant.** Humilde, modesto, sencillo.// Contento, satisfecho, ufano. **Ant.** Insatisfecho, descontento.

orientado-da, encaminado, dirigido, guiado. **Ant.** Desorientado.

orientación, situación, posición.// Dirección, enfoque, guía, encauzamiento. **Ant.** Desorientación, extravío.// Explicación, consejo, instrucción, recomendación, referencia.

orientar, situar, colocar, disponer, emplazar, acomodar, dirigir. **Ant.** Descolocar.// Guiar, dirigir, encaminar, encauzar, aconsejar, instruir, recomendar, informar, asesorar. **Ant.** Desorientar, descarriar.

oriente, este, levante, naciente, saliente. **Ant.** Poniente, occidente.

orificio, agujero, boquete, abertura, boca, ojo, resquicio, hoyo, hueco, brecha. **Ant.** Tapón, cierre.

origen, principio, causa, comienzo, raíz, nacimiento, germen, génesis, fundamento, fuente, motivo, iniciación, procedencia. **Ant.** Fin, término, desenlace.// Ascendencia, linaje, estirpe, cepa, cuna. **Ant.** Descendencia.// Patria, país, oriundez.

original, único, singular, peculiar, personal, curioso, extraño, raro, extraordinario, inédito, nuevo. **Ant.** Vulgar, corriente, trillado.// Oriundo, originario, autóctono, procedente.// Modelo, prototipo, muestra, ejemplar. **Ant.** Copia.// Inicial, primitivo, básico. **Ant.** Derivado.

originalidad, innovación, novedad, creación, singularidad, peculiaridad, rareza, inventiva, inspiración, talento. **Ant.** Imitación, plagio, rutina.

originar, producir, provocar, causar, motivar, ocasionar, crear, engendrar, determinar, suscitar, acarrear. **Ant.** Impedir.// Comenzar, iniciar, empezar, resultar, derivarse, dimanar, proceder. **Ant.** Acabar, terminar, concluir.

originario-ria, original (v.), oriundo, nativo, procedente, natural, indígena, vernáculo, aborigen. **Ant.** Forastero, extranjero.// Primero, primitivo, primario, inaugural. **Ant.** Secundario.

orilla, margen, término, extremo, borde, límite, extremidad, canto, arista, costado, banda. **Ant.** Centro.// Costa, ribera, litoral, márgenes, riba, playa, ribazo. **Ant.** Interior.

orillar, bordear, costear, marginar. **Ant.** Centrar.// Evitar, soslayar, esquivar. **Ant.** Encarar, enfrentar.

orín, herrumbre (v.), moho, roña.

orina, orín, meada, pis, necesidad, aguas menores, micción.

oriundo-da, originario, nativo, procedente, autóctono, original, indígena, natural, vernáculo, aborigen. **Ant.** Extranjero, forastero.

orla, filete, ribete, franja, faja, contorno, cenefa.// Adorno, ornamento.// Orilla, borde.

ornamentación, decoración, adorno, aderezo, ornamento, decorado, atavío, ornato, gala. **Ant.** Sobriedad, sencillez.

ornamental, decorativo, decorado, engalanado. **Ant.** Sencillo, sobrio, desnudo.

ornamentar, decorar, revestir, adornar, engalanar, ornar, aderezar, guarnecer, acicalar. **Ant.** Despojar.

ornamento, ornamentación (v.), atavío, adorno, aderezo, gala, ornato, decorado. **Ant.** Sencillez, sobriedad.// Atributos, cualidades, prendas.

ornar, ornamentar (v.).

ornato, ornamento (v.), aparato, gala, atavío.

oro, metal precioso, metal amarillo.// Dinero, caudal, bienes, capital.

orondo-da, satisfecho, ufano, presumido, engreído, orgulloso, infatuado. **Ant.** Humilde.// Hinchado, hueco, vacío, esponjado, fofo, ahuecado. **Ant.** Macizo.// Barrigudo, robusto, grueso. **Ant.** Enjuto.

oropel, baratija, bicoca, bisutería, imitación, chuchería. **Ant.** Joya.// Apariencia, vanidad, pompa, vacuidad. **Ant.** Verdad, autenticidad.

orquesta, banda, agrupación, conjunto, grupo musical. **Ant.** Solista.

orquestar, componer, instrumentar, ejecutar, interpretar.// Organizar, dirigir, guiar.

ortodoxo-xa, dogmático, conforme, fiel, puro, obediente, escrupuloso, rígido, inflexible. **Ant.** Heterodoxo, impuro, flexible.

osadía, atrevimiento, audacia, intrepidez, arrojo, valentía, resolución, empuje, brío, coraje. **Ant.** Apocamiento, cobardía, temor.// Desvergüenza, desfachatez, temeridad, insolencia. **Ant.** Respeto, prudencia.

osado-da, arriesgado, atrevido, resuelto, valiente, animoso, arrojado, audaz, temerario, resoluto, decidido, emprendedor, intrépido. **Ant.** Timorato, cobarde, medroso.// Descarado, desfachatado, desvergonzado, insolente, imprudente, descomedido. **Ant.** Respetuoso, reverente.

osar, atreverse, arriesgarse, decidirse, animarse, aventurarse, resolverse, lanzarse, intentar, afrontar. **Ant.** Temer, vacilar, acobardarse. **Par.** Hozar.

oscilación, balanceo, bamboleo, vaivén, fluctuación, ondulación (v.), sinuosidad, oleaje, vibración, temblor. **Ant.** Inmovilidad, estabilidad.// Vacilación, indecisión, duda, irresolución. **Ant.** Obstinación, decisión, resolución.

oscilar, bambolearse, balancearse, fluctuar, mecerse, columpiarse, vibrar, titilar, temblar, zigzaguear, tremolar. **Ant.** Permanecer, fijarse, inmovilizarse.// Vacilar, dudar. **Ant.** Decidirse, obstinarse.

oscurecer, anochecer, atardecer, ensombrecer, nublar, encapotarse, ennegrecer, sombrear. **Ant.** Aclarar, despejarse.

oscuridad, (v. obscuridad)

oscuro-ra, (v. obscuro)

ostensible, palpable, manifiesto, visible, claro, patente, evidente, notorio. **Ant.** Secreto, escondido.

ostentación, fausto, boato, pompa, lujo, exhibición, lujo, alarde, gala, magnificencia, suntuosidad, apariencia. **Ant.** Humildad, sobriedad.// Jactancia, pedantería, petulancia, vanagloria, presunción, afectación, fanfarronada, fantochada. **Ant.** Recato, modestia.

ostentar, exhibir, exponer, mostrar, manifestar, revelar, presentar. **Ant.** Ocultar.// Lucir, pavonearse, alardear, blasonar, darse aires. **Ant.** Recatarse, moderarse.

ostentoso-sa, pomposo, fastuoso, aparatoso, regio, espléndido, suntuoso, grandioso, magnífico. **Ant.** Sobrio, sencillo.// Jactancioso, petulante, ufano, fanfarrón, afectado, presuntuoso. **Ant.** Humilde, discreto.

ostracismo, destierro, proscripción, alejamiento, aislamiento, exclusión, relegación. **Ant.** Reincorporación, regreso.

otear, escudriñar, mirar, observar, avizorar, vislumbrar, divisar, distinguir, fisgar, examinar. **Ant.** Abandonarse, descuidar.

otero, cerro, loma, colina, altura, collado, altozano, montículo, alcor. **Ant.** Llanura, llano.

otoñal, maduro, veterano, vetusto, añejo, tardío, decadente. **Ant.** Joven, primaveral.

otorgamiento, permiso, concesión, licencia, consentimiento, autorización, gracia. **Ant.** Denegación.

otorgar, consentir, acordar, dispensar, asentir, conceder, permitir, dispensar, dar, condescender, ofrecer. **Ant.** Prohibir, impedir, recibir.// Disponer, prometer, estipular, establecer. **Ant.** Denegar.

otro-tra, diferente, distinto, nuevo. **Ant.** Mismo, igual.

ovación, aplauso, aclamación, aprobación, homenaje, loa, vivas, vítor, alabanza. **Ant.** Abucheo, desaprobación.

ovacionar, aclamar, aplaudir, alabar, enaltecer, loar, aprobar, vitorear, vivar. **Ant.** Silbar, desaprobar, repeler.

oval, ovalado, ovoide, aovado. **Ant.** Recto.

ovalado-da, oval (v.).

ovillar, enrollar, envolver, liar, arrollar. **Ant.** Desovillar.// -se, acurrucarse, encogerse, contraerse, recogerse. **Ant.** Estirarse.

ovillo, madeja, rollo, bola, lío, bobina, pelota, carrete.// Confusión, embrollo, enredo, aglomeración, montón, complicación, revoltijo. **Ant.** Claridad, escasez.

oxidar, enmohecer, herrumbrar, aherrumbrar, estropear, inutilizar. **Ant.** Limpiar, desenmohecer.

óxido, orín, herrumbre, verdín, cardenillo, moho.

oxigenar, airear, ventilar, purificar, vivificar.

pabellón, glorieta, quiosco, templete, cobertizo, nave.// Dosel, colgadura, marquesina, tinglado, ala, local.// Cortinaje, estandarte, bandera. (v.) insignia, pendón.

pabilo, mecha, cordón, filamento, torcida, pábilo.

pábulo, alimento, fundamento, motivo, base, pie, pasto, sustento.

pacato-ta, tímido, asustadizo, timorato, moderado, tranquilo, bonachón, irresoluto, cobarde. **Ant.** Atrevido, audaz.

pacer, pastar, comer, tascar, apacentar, ramonear.

pachorra, calma, tranquilidad, cachaza, flema, abulia, indolencia. **Ant.** Actividad, diligencia.

paciencia, tolerancia, conformidad, resignación, aguante, docilidad, condescendencia, apacibilidad, mansedumbre, estoicismo, tenacidad, constancia. **Ant.** Impaciencia, ira.// Lentitud, tardanza, pachorra, espera, calma.

paciente, tolerante, sufrido, resignado, flemático, manso, sereno, tranquilo. **Ant.** Impaciente, inquieto.// Enfermo, doliente, afectado. **Ant.** Sano.

pacificación, apaciguamiento, reconciliación, componenda, paz, entendimiento, arreglo, negociación, sosiego, tranquilidad. **Ant.** Intranquilidad, desasosiego, enemistad.

pacificar, apaciguar, amistar, reconciliar, conciliar, arreglar, calmar, aquietar, tranquilizar, sosegar. **Ant.** Solivantar, armarse, reñir.

pacífico-ca, apacible, reposado, paciente, tranquilo, sosegado, benigno, plácido, afable, manso, dulce, suave, bonachón, pausado. **Ant.** Inquieto, beligerante, irascible.

pacifismo, pacificación, (v.), paz, condescendencia, serenidad, amistad. **Ant.** Belicismo, guerra, enemistad.

pacotilla, mercancía, mercadería.// Baratija, desecho, sobrante.

pactar, negociar, concertar, tratar, convenir, acordar, avenirse, entenderse, condescender. **Ant.** Desligarse, desentenderse, separarse.

pacto, negociación, convenio, contrato, tratado, concierto, alianza, entendimiento, componenda, compromiso, armisticio, arreglo, ajuste, transacción. **Ant.** Desacuerdo, ruptura, hostilidad.

padecer, sufrir, penar, sobrellevar, aguantar, tolerar, resignarse, sentir, afligirse, resistir. **Ant.** Rebelarse, rechazar.

padecimiento, sufrimiento, penalidad, tormento, enfermedad, angustia, daño, mal, dolencia, desgracia, infortunio, dolor, calvario, aflicción, pena, congoja. **Ant.** Dicha, felicidad, gozo, alegría.

padre, progenitor, papá, procreador, ascendiente. **Ant.** Hijo.// Inventor, autor, creador.// Sacerdote, religioso.

padrino, protector, patrocinador, tutor, mecenas, favorecedor, valedor, amparador. **Ant.** Protegido, ahijado.

padrón, modelo, patrón, muestra.// Catastro, empadronamiento, lista, nómina, censo.

paga, honorarios, salario, sueldo, retribución, estipendio, jornal, remuneración, pago, emolumento, asignación. **Ant.** Exacción.// Recompensa, agradecimiento, gratitud, correspondencia. **Ant.** Ingratitud.

pagado-da, presumido, envanecido, orgulloso, vano, presuntuoso. **Ant.** Sencillo.// Abonado, retribuido, satisfecho. **Ant.** Debido.// Asalariado, comprado, mercenario.

pagano-na, infiel, hereje, gentil, idólatra, descreído, incrédulo, fetichista, escéptico, irreligioso, réprobo. **Ant.** Creyente, fiel, religioso.

pagar, abonar, satisfacer, saldar, solventar, remunerar, retribuir, cubrir, recompensar, desembolsar, asalariar, cubrir, devolver. **Ant.** Adeudar, cobrar.// Satisfacer, expiar, sufrir, purgar, cumplir.

página, carilla, hoja, plana, folio, anverso, reverso.

pago, recompensa, satisfacción, premio.// Desembolso, abono, liquidación, retribución, mensualidad, paga. (v.)// Región, comarca, territorio.

país, pueblo, nación, territorio, comarca, provincia, región, zona, lugar, paraje, tierra, patria.

paisaje, paraje, panorama, vista, espectáculo, campiña, campo.// Pintura, dibujo.

paisano-na, coprovinciano, coterráneo, conciudadano, compatriota, connacional. **Ant.** Extranjero.// Campesino, aldeano, pueblerino, provinciano, lugareño. **Ant.** Ciudadano.// Civil. **Ant.** Militar.

paja, brizna, hierba, broza, hojarasca.// Nimiedad, inutilidad.// Tallo, pajuela.

pájaro, ave,// -ra, pícaro, astuto, taimado, sagaz, pillo.

palabra, vocablo, término, voz, locución, dicción.// Promesa, juramento, compromiso, pacto, obligación. **Ant.** Incumplimiento.

palabrería, locuacidad, verbosidad, charlatanería, cháchara, labia, retórica. **Ant.** Discreción, mutismo.

palabrota, grosería, juramento, insulto, maldición. **Ant.** Elogio, terneza.

palacio, mansión, castillo, residencia, casona, alcázar, palacete. **Ant.** Choza, cuchitril.

paladear, saborear, gustar, catar, probar, relamerse. **Ant.** Rechazar, repugnar.

paladín, héroe, defensor, campeón, gladiador, adalid, guerrero, caballero, sostenedor. **Ant.** Cobarde, tímido, atacante.

palafrén, caballo, corcel, montura, cabalgadura.

palanca, barra, barrote, palanqueta, varilla, palo, viga.// Influencia, protección, intercesión, recurso, valimento.

palangana, jofaina, lavabo, lavamanos, aguamanil, cubeta.

palanquín, litera, andas, silla de manos, angarillas.

palenque, cercado, valla, cerca, empalizada, estacada.// Liza, arena, palestra, plataforma, pista, plaza, tablado.

palestra, palenque (v.), arena, plaza, estadio, campo, ruedo.// Lucha, liza, desafío, combate, torneo, duelo.

paleta, pala, espátula, badil.

paliar, atemperar, aminorar, suavizar, calmar, aliviar, aquietar, atenuar, templar, dulcificar, disminuir, rebajar, apaciguar, serenar. **Ant.** Agravar, aumentar, exacerbar.// Disculpar, justificar, excusar, encubrir. **Ant.** Culpar, acusar.

paliativo-va, calmante, sedante, atenuante, balsámico, suavizante, emoliente. **Ant.** Excitante, exacerbante.

palidecer, empalidecer, emblanquecer, blanquear, desvaírse, decolorar. **Ant.** Colorar.// Demacrar, demudarse, desencajarse, turbarse. **Ant.** Sonrojarse, ruborizarse.

palidez, amarillez, blancura, decoloración, demacración, turbación. **Ant.** Color, sonrojo.

pálido-da, descolorido, blanquecino, incoloro, amarillento, maciento, exangüe, demacrado, apagado, desvaído, borroso, descaecido. *Ant.* Coloreado.

paliza, tunda, zurra, vapuleo, castigo, soba, azotaina, apaleamiento, felpa. *Ant.* Caricia.

palma, gloria, recompensa, triunfo, laurel, fama, galardón, homenaje. *Ant.* Frustración.// **-s**, aplauso, aclamación, ovación, vítores. *Ant.* Abucheo.

palmada, golpe, manotazo, bofetada, bofetón. *Ant.* Caricia.

palmario-ria, claro, evidente, notorio, palpable, ostensible, comprensible. *Ant.* Secreto.

palmear, palmotear, aplaudir, celebrar. *Ant.* Abuchear, censurar.

palmotear, palmear (v.).

palo, vara, madero, estaca, varilla, listón, cayado, pértiga, varal.// Báculo, puntero, larguero, barra.// Poste, asta, mástil, puntal.// Golpe, bastonazo, porrazo, paliza, trancazo. *Ant.* Caricia.

palote, garabato, trazo, rasgo.

palpable, tangible, táctil, real, material, concreto, perceptible, evidente, manifiesto, palmario, patente, claro. *Ant.* Impalpable, secreto, inmaterial, inasequible.

palpar, tocar, sobar, hurgar, toquetear, tentar, manosear, manipular, probar, frotar, tantear.// Demostrar, comprender, evidenciar.

palpitación, pulso, pulsación, latido, estremecimiento, contracción, dilatación.

palpitante, anhelante, jadeante.// Emocionante, conmovedor, penetrante.

palpitar, latir, contraerse, dilatarse, pulsar, estremecerse.// Conmoverse, emocionarse.

palúdico-ca, palustrre, pantanoso, lacustre, cenagoso, estancado, malsano, contagioso, dañoso. *Ant.* Seco, árido, sano, saludable.

palurdo-da, tosco, rústico, rudo, grosero, zafio, zopenco, basto, patán, pánfilo, aldeano. *Ant.* Culto, refinado, ciudadano.

pampa, llanura, llano, prado, pradera.

pamplina, insignificancia, nadería, necedad, nimiedad, futilidad, paparrucha, fruslería, remilgo, melindre, tontería. *Ant.* Importancia.

pan, hogaza, bollo, pieza, panecillo.

panacea, remedio, curalotodo, sanalotodo, bálsamo, droga, elixir.

panal, colmena, avispero.

pancarta, cartelón, cartel (v.).

pandemónium, escándalo, bulla, confusión, gritería, caos. *Ant.* Calma, silencio.

pandilla, unión, reunión, liga, asociación, junta. *Ant.* Desunión.// Gavilla, camarilla, caterva, panda, grupo, bandada, tropel.

panegírico, alabanza, apología, loa, exaltación, encomio, homenaje, glorificación, enaltecimiento. *Ant.* Reprobación, diatriba.

panfleto, libelo, folleto, cartel, impreso, escrito.

pánico, terror, pavor, horror, espanto, susto, sobrecogimiento. *Ant.* Serenidad, valor.

panoja, panícula, espiga, panocha, mazorca.

panorama, vista, paisaje, espectáculo, panorámica, perspectiva.

panorámico-ca, general, total, de conjunto. *Ant.* Parcial.

pantagruélico-ca, exuberante, descomunal, desmesurado, exorbitante, desbordante, descomedido. *Ant.* Mesurado, sobrio.

pantano, lodazal, fangal, tremedal, ciénaga, laguna, estero, marisma, marjal. *Ant.* Sequedal.// Dificultad, atolladero. *Ant.* Facilidad.

pantanoso-sa, lacustre, cenagoso, anegadizo, fangoso. *Ant.* Seco.

panteón, mausoleo, sepulcro, sepultura, cripta, túmulo.

pantomima, mímica, imitación, remedo, simulación, representación.

pantufla, chinela, zapatilla, chancleta, sandalia, babucha.

panza, barriga, abdomen, vientre, estómago, tripa.

panzudo-da, barrigón, panzón, ventrudo, abultado, barri gudo. *Ant.* Esbelto.

paño, tela, tejido, lienzo, género, fieltro.// Tapiz, colgadura

papa, Sumo Pontífice, Santo Padre, Padre Santo, Santidad Su Santidad, Vicario de Cristo.

papal, pontificio, pontifical.

papanatas, tonto, mentecato, bobalicón, badulaque, bobo pazguato, pánfilo, ingenuo, necio, papamoscas, bableca *Ant.* Listo, despierto.

paparrucha, insignificancia, necedad, tontería, sandez, de satino, estupidez, absurdo. *Ant.* Sensatez, cordura.

papel, hoja, pliego, impreso, página, cuartilla.// Documen to, escrito, credencial, título, manuscrito.// Personaje, representación, actuación, labor.

papeleta, talón, cupón, comprobante, tarjeta, ficha, recibo cédula.

papelón, ridículo, piña, error.

paquete, bulto, atado, envoltorio, fardo, embalaje, saco mazo.

par, yunta, dúo, pareja, dos, duplo. *Ant.* Uno.// Igual, similar, semejante, equivalente, parejo, simétrico. *Ant.* Impar desigual.

parabién, felicitación, enhorabuena, congratulación, pláceme, agasajo, cumplido. *Ant.* Descortesía, injuria.

parábola, fábula, alegoría, moraleja, enseñanza, apólogo, historia, narración, cuento.

parada, alto, detención, interrupción, descanso, pausa, suspensión, cese, fin, escala, etapa. *Ant.* Continuación, marcha, movimiento.// Estación, parador.// Desfile, exhibición, formación.

paradero, dirección, señas, alojamiento, domicilio, residencia, refugio, escondite, localización, destino.

paradigma, ejemplo, modelo, ejemplar, muestra, prototipo.

paradisíaco-ca, delicioso, maravilloso, perfecto, glorioso, celestial. *Ant.* Infernal, horroroso.

parado-da, detenido, quieto, inmóvil, paralizado, estancado, estático, estacionado, estacionado, interrumpido. *Ant.* Móvil, activo.// Desocupado, inactivo, desempleado, vacante, ocioso, cesante. *Ant.* Ocupado, empleado, activo.// Flojo, tímido, indeciso, corto, timorato. *Ant.* Osado, atreviso.

paradoja, contradicción, absurdo, contrasentido, rareza, singularidad. *Ant.* Lógica, compatibilidad.

paradójico-ca, contradictorio, chocante, disparatado, absurdo, extravagante. *Ant.* Lógico, normal, natural.

parador, posada, hostería, fonda, mesón, albergue.

parafrasear, glosar, comentar, ampliar, explicar, interpretar. *Ant.* Complicar.

paráfrasis, comentario, glosa, explicación, ampliación, traducción, aclaración, apostilla, exégesis.// Parodia, imitación, reproducción.

paraíso, cielo, edén, gloria, olimpo, bienaventuranza, reino de los cielos. *Ant.* Infierno.

paraje, lugar, sitio, punto, parte, terririrorio, localidad, plaza, comarca, zona, región.

paralelismo, correspondencia, equivalencia, correlación, analogía, equidistancia, conformidad, reciprocidad.

paralelo, comparación, cotejo, símil, semejanza, analogía. *Ant.* Diferencia, discrepancia.// **-la**, comparable, correspondiente, equidistante, afín, semejante. *Ant.* Diferente, discrepante.

parálisis, inmovilización, atrofia, invalidez, impedimento, tullimiento, entorpecimiento, embotamiento. *Ant.* Movimiento.

paralítico-ca, inmovilizado, inmóvil, tullido, impedido, atrofiado, imposibilitado, anquilosado. *Ant.* Ágil, válido, sano.

paralizar, tullir, entumecer, atrofiar, anquilosar, lisiar, inmovilizar, impedir. *Ant.* Mover, funcionar.// Suspender, detener, interrumpir, obstaculizar, entorpecer, parar, cesar. *Ant.* Continuar, favorecer, facilitar.

páramo, desierto, yermo, erial, pedregal, estepa, landa. *Ant.* Vergel.

arangón, comparación, paralelo, equiparación, cotejo, similitud, semejanza, equivalencia. **Ant.** Diferencia.

arangonar, comparar, confrontar, cotejar, equiparar, correlacionar, asimilar, parear. **Ant.** Diferenciar.

arapetarse, protegerse, atrincherarse, abroquelarse, guarecerse, resguardarse, precaverse, cubrirse, esconderse. **Ant.** Descubrirse, ofrecerse.

arapeto, defensa, trinchera, terraplén, protección, barricada, barrera, muro, resguardo.// Baranda, mampara, antepecho, brocal, pretil, balaustrada.

arar-se, detener, frenar, contener, impedir, inmovilizar, paralizar, interrumpir, suspender, atajar, obstaculizar, estorbar. **Ant.** Facilitar.// Demorar, dilatar, retrasar. **Ant.** Apresurar.// Cesar, acabar, concluir, terminar, finalizar. **Ant.** Continuar.// Estacionar, acampar, quedarse, posarse, anclar. **Ant.** Transitar, circular, moverse.// Descansar, yacer, reposar, sosegarse. **Ant.** Trabajar, cansarse.// Habitar, hospedarse, residir, alojarse, pernoctar.

arásito, inútil, vividor, aprovechador, explotador. **Ant.** Útil, trabajador.

arasol, sombrilla, quitasol.

arcela, parte, porción, lote, zona.// Terreno, solar, término.

arcelar, dividir, fraccionar, fragmentar, partir. **Ant.** Sumar, agregar.

parche, remiendo, sobrepuesto, compostura.// Emplasto, ungüento.

parcial, incompleto, fragmentario, segmentario, fraccionario, inacabado, imperfecto, truncado. **Ant.** Cabal, completo, entero, total.// Tendencioso, injusto, arbitrario, apasionado. **Ant.** Imparcial.// Partidario, seguidor, secuaz.

parcialidad, preferencia, favoritismo, desigualdad, arbitrariedad, injusticia, partidismo, privilegio. **Ant.** Imparcialidad.// Secta, partido, agrupación, bando, camarilla.

parco-ca, sobrio, moderado, frugal, templado, abstemio. **Ant.** Exagerado.// Escaso, pobre, corto, mezquino, exiguo, ahorrativo, limitado. **Ant.** Abundante.// Taciturno, circunspecto, reservado, serio. **Ant.** Parlanchín, locuaz, comunicativo.

pardo-da, oscuro, grisáceo, sombrío, ceniciento, plomizo, sucio. **Ant.** Claro.

parear, igualar, comparar, cotejar, parangonar. **Ant.** Diferenciar.// Aparear, juntar, emparejar. **Ant.** Desigualar, distinguir.

parecer, concepto, opinión, dictamen, juicio, creencia, pensamiento, consideración, entender.// Creer, considerar, intuir, pensar. **Ant.** Ignorar.// **-se**, igualarse, semejarse, compararse, parangonarse, equipararse.

parecido, analogía, semejanza, similitud, parentesco, relación, identidad. **Ant.** Diferencia.// **-da**, similar, análogo, semejante, afín, homólogo, idéntico, paralelo. **Ant.** Diferente.

pared, muro, tapia, tabique, muralla, parapeto, tapial, paredón.

pareja, par, yunta, dúo, dos, dualidad, duplo, apareamiento. **Ant.** Unidad.// Compañero, compañía, matrimonio, novios.

parejo-ja, llano (v.), liso, regular, uniforme, terso. **Ant.** Áspero.// Igual, semejante, similar, parecido. **Ant.** Desigual.// Compensado, equilibrado. **Ant.** Desparejo.

parentesco, afinidad, familiaridad, consanguinidad, atavismo, filiación, apellido.// Unión, vínculo, relación, conexión, lazo. **Ant.** Desconexión.

paréntesis, inciso, digresión, pausa, interrupción, cese, interregno. **Ant.** Reanudación.

paria, plebeyo, ruin, canalla, rufián. **Ant.** Noble.// Repudiado, excluido, desheredado. **Ant.** Estimado, considerado.// Intocable, ilota, esclavo.

paridad, igualdad, equivalencia, uniformidad. **Ant.** Disparidad.// Cotejo, equiparación, comparación. **Ant.** Desigualdad.

pariente, deudo, allegado, familiar, consanguíneo, ascendiente, descendiente, heredero, emparentado, antecesor, antepasado, sucesor. **Ant.** Ajeno, extraño.// Semejante, similar, parecido. **Ant.** Diferente, desigual.

parihuela, camilla, angarilla, andas, litera.

parir, alumbrar, dar a luz, procrear, traer al mundo.// Crear, producir, inventar.

parlamentar, tratar, conferenciar, concertar, dialogar, debatir, negociar. **Ant.** Discrepar, callar.

parlamentario, senador, diputado, legislador, representante.// Emisario, enviado, mensajero, legado, delegado, negociador.// **-ria**, senatorial, bicameral, legislativo.

parlamento, asamblea, cónclave, congreso, concilio, cortes, senado, diputación, convención, comisión.// Discurso, proclama, arenga, peroración, perorata, recitado. **Ant.** Silencio.

parlanchín-na, locuaz, charlatán, hablador, lenguaraz, parlero, facundo. **Ant.** Silencioso, taciturno.// Indiscreto, imprudente, inoportuno, entremetido. **Ant.** Discreto.

parlotear, conversar, charlatanear, hablar (v.). **Ant.** Callar.

parloteo, charla (v.).

paro, interrupción, suspensión, detención, atasco, freno, paralización, inacción, cesación, término, acabamiento. **Ant.** Continuación.// Huelga, desempleo, cesantía, inactividad, desocupación. **Ant.** Actividad, ocupación.

parodia, imitación, remedo, simulacro, caricatura, copia, repetición, fingimiento, pantomima. **Ant.** Originalidad.

parodiar, imitar (v.), remedar, caricaturizar (v.), copiar. **Ant.** Crear, inventar.

paroxismo, exacerbación, excitación, exaltación, irritación, arrebato, enardecimiento, acaloramiento, exasperación, frenesí. **Ant.** Suavidad, serenidad.// Acceso, ataque, síncope.

parpadear, pestañear.

parpadeo, pestañeo, guiño, caída de ojos.

parque, jardín.// Coto, vedado, vergel, arboleda, fronda, dehesa. **Ant.** Erial, yermo.

parquedad, circunspección, austeridad, mesura, frugalidad, moderación, prudencia, templanza. **Ant.** Exceso.// Economía, mezquindad, escasez, avaricia. **Ant.** Derroche, generosidad.

párrafo, parágrafo, aparte, período, división.

parranda, juerga, francachela, jolgorio, farra, diversión, bullicio, jaleo, bulla.

parrandear, divertirse, farrear, jaranear. **Ant.** Aburrirse.

párroco, sacerdote, cura. **Ant.** Seglar.

parroquia, iglesia, feligresía, templo, fieles, congregación.// Clientela, compradores, público.

parroquiano, devoto, feligrés, fiel.// Cliente, consumidor, comprador, abonado.

parsimonia, calma, lentitud, pachorra, cachaza, tranquilidad, tardanza. **Ant.** Dinamismo.// Moderación, templanza, circunspección, mesura, sobriedad. **Ant.** Exceso.

parsimonioso-sa, tranquilo, lento, cachazudo, pachorriento, calmoso. **Ant.** Dinámico.// Meticuloso, circunspecto, sobrio, mesurado. **Ant.** Exagerado.

parte, porción, fragmento, pedazo, segmento, sección, tramo, fracción, división, partícula, elemento, lote, ración, parcela, residuo, resto. **Ant.** Totalidad, todo.// Sitio, lugar, paraje, lado, zona, punto.// Participación, sociedad, asociación.// Apartado, sección, división, capítulo.// Litigante, querellante, pleiteador.// Participante.// Aviso, comunicación, cédula, orden, despacho.

partera, comadrona, matrona, obstetra.

partición, reparto, repartición, división, sección, fraccionamiento, distribución, desmembramiento, despedazamiento. **Ant.** Unificación.// Herencia.

participación, colaboración, intervención, cooperación, asociación, repartición. **Ant.** Desvinculación, ausencia.// Noticia, aviso, notificación, comunicado, invitación, despacho. **Ant.** Incomunicación, silencio.// Parte.

participar, contribuir, intervenir, colaborar, cooperar, compartir, terciar, mediar, asociarse. **Ant.** Desentenderse, desvincularse.// Notificar, avisar, informar, prevenir, anunciar, advertir. **Ant.** Callar.

partícipe, participante, parte, interesado, colaborador, condueño.

partícula, parte, pizca, brizna, ápice, migaja, grano, gota, átomo, molécula, corpúsculo. **Ant.** Totalidad.

particular

particular, privado, personal, privativo, individual. **Ant.** General.// Característico, específico, propio, típico, original, único, distinto, diferenciado, singular. **Ant.** Común, vulgar, indistinto.// Raro, extraordinario, especial. **Ant.** Habitual.// Tema, asunto, motivo, materia, punto.

particularidad, singularidad, atributo, distintivo, característica, peculiaridad, rasgo, especialidad, propiedad, originalidad, diferencia.// Rareza, extravagancia, extrañeza. **Ant.** Vulgaridad, generalidad.

particularizar, especificar, detallar, individualizar, singularizar, pormenorizar, aislar, caracterizar, personificar. **Ant.** Generalizar.

partida, salida, marcha, ida, retirada, viaje, éxodo, traslación, destierro, alejamiento. **Ant.** Llegada, vuelta.// Pandilla, banda, cuadrilla, patrulla, facción, bando.// Expedición, remesa, envío, género, mercancía.// Certificación, documento.// Juego, mano, jugada, lance, tirada, partido, pasada.

partidario-ria, simpatizante, adicto, prosélito, seguidor, acólito, aficionado, hincha, fanático, admirador, correligionario, epígono. **Ant.** Enemigo, discrepante, rival.

partido, bando, facción, parcialidad, agrupación, asociación, secta, liga, camarilla.// Juego, competición, jugada, desafío, lucha.// Utilidad, provecho, ventaja, lucro, beneficio. **Ant.** Desventaja, pérdida.// Distrito, término, jurisdicción, zona, administración, territorio.

partir, dividir, segmentar, fragmentar, cortar, separar, quebrar, rajar, romper, hender, seccionar, tronchar. **Ant.** Unir, juntar.// Marcharse, irse, mudarse, salir, emigrar, ausentarse, alejarse, largarse. **Ant.** Volver, venir.

parto, alumbramiento, nacimiento, parición. **Ant.** Muerte, aborto.// Creación, fruto, producto.

parva, pajar, mies, trilla.

parvedad, pequeñez, levedad, exigüidad, escasez, nimiedad. **Ant.** Abundancia.

parvo-va, escaso, pequeño, mínimo, leve, exiguo, insignificante. **Ant.** Grande, aumentado.

párvulo-la, niño, chico, nene, criatura, infante. **Ant.** Adulto.

pasadizo, callejón, pasillo, pasaje, travesía, garganta, desfiladero, estrecho, angostura, cañón, paso.

pasado, antigüedad, anterioridad, ancianidad, ayer. **Ant.** Presente, futuro.// **-da**, pretérito, lejano, remoto, antiguo, caduco, anterior. **Ant.** Actual.// Marchito, rancio, podrido, ajado. **Ant.** Sano, en sazón, verde.

pasador, pestillo, aldaba, cerrojo.// Aguja, alfiler, sujetador, broche.// Filtro, colador.

pasaje, pasadizo (v.), comunicación, camino, travesía, vado, túnel, puente, entrada, salida.// Episodio, fragmento, parte, trozo, punto, texto.// Billete, impuesto, peaje.// Viajeros, pasajeros.// Callejón, callejuela.

pasajero-ra, viajero, turista, caminante, excursionista, transeúnte.// Breve, fugaz, momentáneo, efímero, caduco. **Ant.** Duradero.

pasamanería, cordonería, pasamano, galoneadura.// Galón, cordón, trencilla, cinta.

pasamano, baranda, barandilla, barandal, balaustrada, asidero, listón, andarivel.

pasaporte, salvoconducto, permiso, pase, licencia, visado, autorización.// Carnet, cédula, credencial, documentación.

pasar, conducir, llevar, trasladar, transportar, cargar. **Ant.** Dejar.// Transferir, mandar, enviar, remitir. **Ant.** Recibir.// Transitar, circular, desfilar, atravesar, viajar, cruzar, franquear. **Ant.** Detenerse.// Aventajar, vencer, exceder, superar. **Ant.** Perder.// Comunicar, propagar, contagiarse, extenderse. **Ant.** Estacionarse.// Sufrir, tolerar, soportar, padecer, sobrellevar. **Ant.** Rechazar.// Introducir, contrabandear. **Ant.** Cesar, acabar, desaparecer, expirar, fenecer.// Tragar, engullir, beber, comer. **Ant.** Atragantarse.// Ocurrir, suceder, acaecer, sobrevenir, acontecer, verificarse. **Ant.** Faltar.// **-se**, excederse, extralimitarse, descomedirse, destemplarse, exagerar. **Ant.** Comedirse, respetar.// Pudrirse, estropearse, marchitarse, ajarse.

pasarela, puente, planchada, tabla, plancha, pasadera, escala.

pasatiempo, entretenimiento, diversión, juego, esparcimiento, divertimento, solaz, recreo. **Ant.** Aburrimiento.

pase, salvoconducto, pasaporte (v.), visado.// Permiso, aprobación, autorización, licencia. **Ant.** Prohibición. **Par.** Pace.

pasear, andar, deambular, caminar, transitar, vagar, errar, callejear, rondar, recorrer. **Ant.** Detenerse, encerrarse.

paseo, caminata, salida, excursión, callejeo, viaje, vagabundeo. **Ant.** Detención.// Avenida, rambla, plaza, parque, jardín, ronda, alameda, camino. **Ant.** Callejón.

pasillo, pasaje (v.), pasadizo (v.), galería, paso, callejón.

pasión, emoción, entusiasmo, excitación, ardor, fiebre, vehemencia, frenesí, delirio, paroxismo, efervescencia, arrebato, apasionamiento. **Ant.** Indiferencia, frialdad.// Padecimiento, sufrimiento. **Ant.** Alegría, consuelo.// Amor, afecto, afición, inclinación, predilección, preferencia, propensión. **Ant.** Aversión.

pasional, entusiasta, impulsivo, ardiente, vehemente, apasionado, amoroso. **Ant.** Indiferente.

pasividad, indiferencia, inacción, inmovilidad, inercia, abulia, quietud, calma, apatía, displicencia, indolencia. **Ant.** Acción, dinamismo.// Padecimiento, paciencia, sufrimiento. **Ant.** Resistencia, beligerancia.

pasivo, débito, deuda. **Ant.** Activo.

pasivo-va, indiferente, inactivo, inerte, insensible, inmóvil, parado, abúlico, impasible, neutral, indolente, quieto, estático. **Ant.** Activo, dinámico, diligente.// Jubilado, retirado.

pasmado-da, atontado, papanatas, embobado, bobo, necio, tonto, sandio. **Ant.** Listo, vivo.// Asombrado, deslumbrado, atónito, estupefacto, maravillado. **Ant.** Impasible, inmutable.

pasmar, atontar, embobar, atolondrar, maravillar, embelesar, asombrar, extasiar, suspender, alelar, encantar, turbar, trastornar. **Ant.** Repugnar, serenarse.// **-se**, helarse, congelarse, inmovilizarse, aterirse. **Ant.** Calentarse, movilizarse.

pasmo, asombro, admiración, estupefacción, aturdimiento, enajenación, embobamiento, suspensión, maravilla, arrobo, éxtasis, deslumbramiento, aielamiento, extrañeza. **Ant.** Impasibilidad.// Frío, resfriado, constipado, enfriamiento, catarro. **Ant.** Calentamiento.

pasmoso-sa, asombroso, maravilloso, prodigioso, admirable, estupendo, sorprendente, portentoso, extraordinario, formidable. **Ant.** Corriente, común.

paso, tranco, zancada, marcha, movimiento.// Pisada, huella, rastro.// Camino, travesía, senda, vereda, atajo, abra, vado, pasadizo, sendero.// Entrada, salida, acceso, comunicación, abertura, puerta. **Ant.** Obstáculo, interrupción.// Progreso, avance, adelantamiento, ascenso. **Ant.** Retroceso, atraso.// Suceso, trance, aventura. **Par.** Pazo.

pasquín, libelo, folleto, difamatorio, anónimo.// Anuncio, cartel, edicto.

pasta, mezcla, masa, mazacote, piasta, crema.

pastar, pacer, apacentar, rumiar, ramonear, pastorear, rozar, tascar.

pastel, dulce, bollo, torta, tarta, golosina, empanada.

pastilla, gragea, píldora, tableta, comprimido, cápsula.

pasto, hierba, forraje, herbaje.// Pastura, pastizal, dehesa.// Alimento, sustento, fomento, incentivo.

pastor, zagal, mayoral, caporal, vaquero, cabrero, ovejero, boyero.// Sacerdote, cura, prelado.

pastoso-sa, espeso, grumoso, denso, cremoso, viscoso, blando. **Ant.** Líquido, duro, consistente.

pata, pierna, miembro, extremidad, pernil, garra, pinza, remo, mano.// Base, pie, apoyo, soporte.

patada, puntapié, coz, pateo, pateadura, coceadura. **Ant.** Caricia.

pataleo, pateo, abucheo, protesta.

patán, palurdo, aldeano, rústico, campesino, pueblerino.// Grosero, ordinario, inculto, ignorante, tosco, ineducado, soez. **Ant.** Civilizado, cortés, educado, refinado.

patatús, desmayo, rapto, desfallecimiento, síncope, soponcio, ataque. **Ant.** Recuperación.

patear, reprobar, criticar, abuchear, censurar, protestar, condenar. *Ant.* Alabar, aplaudir.// Cocear, patalear, zapatear, taconear, pisotear. *Ant.* Acariciar.

patentar, registrar, inscribir, legalizar, licenciar.

patente, manifiesto, evidente, palmario, claro, ostensible, visible, palpable, notorio, incontrovertible, indiscutible. *Ant.* Oculto, dudoso, incierto.// Licencia, registro, título, cédula, permiso, concesión, certificado, privilegio, despacho.

paternal, afectuoso, bondadoso, cariñoso, benévolo, indulgente, solícito. *Ant.* Severo, rígido.// Paterno, parental.

patético-ca, emocionante, conmovedor, enternecedor, turbador, impresionante, dramático, trágico, doloroso, emotivo. *Ant.* Alegre, gozoso, alentador.

patetismo, angustia, tristeza, emoción, tragedia, melancolía, sufrimiento. *Ant.* Alegría, consuelo, satisfacción.

patibulario-ria, siniestro, terrible, horripilante, horroroso, avieso, perverso, espantoso, feroz. *Ant.* Agradable, bueno.

patíbulo, cadalso, tablado, suplicio, horca, estrado, garrote.

pátina, lustre, brillo, barniz, pulimento, tono.

patinar, deslizarse, resbalar, esquiar, escurrirse, derrapar.// Equivocarse, errar. *Ant.* Escapar.

patio, corral, claustro, cercado, vallado, huerto, impluvio, exedra.// Platea, butacas.

patitieso-sa, extasiado, boquiabierto, admirado, sorprendido, aturdido. *Ant.* Indiferente.// Desmayado, desfallecido, inanimado. *Ant.* Recuperado.

patraña, embuste, mentira, invención, infundio, calumnia, falacia, engaño, enredo. *Ant.* Verdad.

patria, pueblo, país, nación, tierra, suelo natal, cuna, origen, procedencia. *Ant.* Extranjero.// Nacionalidad, ciudadanía.

patriarca, jefe, cabeza, anciano, sabio.// Honrado, venerable, respetable.// Obispo, prelado.

patriarcal, anciano, antiguo, añejo, rancio. *Ant.* Nuevo, moderno.// Ancestral, tradicional, familiar, primitivo.// Benévolo, solícito, afectuoso. *Ant.* Rígido, intransigente.

patricio-cia, aristócrata, noble, prócer, notable, señor, personalidad. *Ant.* Plebeyo, vulgar.

patrimonio, bienes, fortuna, riqueza, dinero, peculio, hacienda, dote.// Herencia, sucesión. *Ant.* Indigencia.

patrio-tria, nacional, autóctono, nativo, vernáculo, oriundo. *Ant.* Extranjero.

patriota, nacionalista, fiel, leal, tradicionalista. *Ant.* Réprobo, apátrida.

patriótico-ca, patrio (v.), nacional, tradicional, nacionalista. *Ant.* Antipatriótico, extranjero, xenófilo.

patriotismo, tradicionalismo, civismo, lealtad, nacionalismo. *Ant.* Antipatriotismo, xenofilia.

patrocinador-ra, protector, favorecedor, auxiliador, mecenas, defensor.

patrocinar, auspiciar, ayudar, favorecer, proteger, amparar, defender, respaldar, sostener, apadrinar, financiar. *Ant.* Desamparar, desentenderse.

patrocinio, favor, protección, socorro, amparo, defensa, auxilio, auspicio. *Ant.* Desprotección, desamparo.

patrón, santo, titular, protector.// Amo, señor, dueño, jefe, principal, director, maestro, empresario, capitán. *Ant.* Subordinado.// Modelo, molde, horma, prototipo, original, pauta. *Ant.* Reproducción.

patronato, consejo, organismo, corporación, fundación, institución, sociedad, asociación.

patrono-na, patrón (v.).

patrulla, partida, ronda, escuadra, escuadrilla, piquete, destacamento, escuadrón, grupo, pelotón, cuadrilla.

patrullar, rondar, vigilar, recorrer, guardar, custodiar, reconocer, velar. *Ant.* Descuidar.

paulatino-na, gradual, progresivo, pausado (v.), lento, despacioso, lerdo. *Ant.* Rápido.

pausa, interrupción, detención, intervalo, parada, reposo, alto, paréntesis, tregua, cese. *Ant.* Continuación.// Calma, reposo, pachorra, cachaza. *Ant.* Actividad.

pausado-da, lento, tardo, calmoso, espacioso, lerdo, flemático, paulatino (v.).

pauta, guía, modelo, norma, molde, patrón (v.), regla.

pavada, necedad, bobada, tontería, bobería. *Ant.* Agudeza, sensatez.

pavimentación, pavimento (v.).

pavimentar, empedrar, adoquinar, enlosar, asfaltar, embaldosar, enladrillar, entarugar, solar.

pavimento, piso, suelo, embaldosado, enladrillado, asfaltado, entarugado, recubrimiento, adoquinado, calzada.

pavo-va, necio, bobo, imbécil, incauto, estúpido, soso, ganso. *Ant.* Gracioso, agudo.

pavonearse, ufanarse, jactarse, presumir, alardear, ostentar, vanagloriarse, envanecerse, fanfarronear, enorgullecerse, exhibirse, preciarse, pagarse. *Ant.* Menospreciarse.

pavor, miedo, horror, pánico, pavura, espanto, terror, susto, alarma. *Ant.* Ánimo, valentía.

pavoroso-sa, terrorífico, espantoso, horrible, aterrador, horrendo, horripilante, truculento, consternador. *Ant.* Tranquilizador, agradable.

payador, coplero, cantor.

payaso, cómico, clown, bufón, mimo, gracioso, histrión, saltimbanqui, mamarracho.// Ridículo, necio, mamarracho. *Ant.* Austero, serio.

paz, tranquilidad, sosiego, quietud, serenidad, reposo, orden. *Ant.* Intranquilidad, agitación.// Concordia, amistad, unión, armisticio, conciliación, reconciliación, armonía, neutralidad, alianza, acuerdo, pacificación. *Ant.* Guerra, ruptura.

peaje, derecho, impuesto, pasaje, canon, tasa, carga. *Ant.* Gratuidad.

peana, base, pie, pedestal, plataforma, basamento, apoyo, tarima, fundamento.

peatón, transeúnte, caminante, viandante, ambulante, andante. *Ant.* Sedentario.

pebetero, sahumador, perfumador, incensador.

pecado, falta, yerro, infracción, culpa, desliz, flaqueza, vicio, defecto, caída. *Ant.* Inocencia, perfección, penitencia.

pecador-ra, culpable, infractor, violador, nefando. *Ant.* Inocente, virtuoso.

pecaminoso-sa, inmoral, indecente, nefando, impuro, deshonesto, vergonzoso, obsceno. *Ant.* Puro, virtuoso, decente.

pecar, faltar, errar, infringir, caer, corromperse, enviciarse. *Ant.* Arrepentirse, expiar, renegarse.

pecho, busto, tórax, torso, caja torácica. *Ant.* Espalda.// Seno, mama, teta.

peculiar, característico, particular (v.), distintivo, propio, especial, singular, típico, exclusivo, privativo, original, personal. *Ant.* Común, general.

peculiaridad, particularidad (v.), individualidad, especialidad, característica (v.). *Ant.* Generalidad.

peculio, capital, dinero (v.), caudal, hacienda, moneda.

pedagogía, didáctica, enseñanza, instrucción, educación, formación.

pedagógico-ca, educativo, didáctico, formativo.

pedagogo-ga, educador, maestro, profesor. *Ant.* Alumno, educando.

pedante, petulante, suficiente, presumido, afectado, estirado, vanidoso, engreído. *Ant.* Sencillo, humilde.

pedantería, afectación, jactancia, suficiencia, vanidad, inmodestia, ostentación. *Ant.* Sencillez, modestia.

pedazo, parte, trozo, parcela, pieza, pizca, porción, fragmento, sección, bocado, mordisco, añico, gota, gajo. *Ant.* Totalidad.

pedestal, peana, base, fundamento, cimiento, basamento, zócalo, apoyo, soporte, sostén, plataforma, pie.

pedestre, corriente, vulgar, chabacano, rampión, ordinario, inculto, común. *Ant.* Exquisito, singular.// A pie, caminante, peatón.

pedido, encargo, petición, comisión, solicitación, solicitud, ruego, demanda. *Ant.* Ofrecimiento.

pedigüeño-ña, mendigo, pordiosero, vividor, mangante, sablista, parásito. *Ant.* Trabajador.

pedir, rogar, suplicar, reclamar, solicitar, requerir, impetrar, insistir, rezar, exigir, ordenar, obligar, demandar, exhortar.// Mendigar, pordiosear, mangar. *Ant.* Dar, ofrecer, devolver.

pedregal, peñascal, pedrera, cantizal, cantera.
pedrusco, canto, piedra, guijarro.
pedúnculo, pedículo, pezón, rabillo, apéndice, pecíolo, cabillo, prolongación.
pegajoso-sa, viscoso, adhesivo, aglutinante, pegante, mucilaginoso, gomoso, aceitoso, grasiento, untuoso. **Ant.** Liso, limpio.// Pegadizo, sobón, empalagoso.
pegamento, adhesivo, cola, goma, engrudo.
pegar, adherir, unir, engomar, aglutinar, encolar, soldar, engrudar. **Ant.** Despegar, separar.// Castigar, maltratar, zurrar, apalear, dar, aporrear. **Ant.** Acariciar.// Unir, atar, encadenar, prender, enganchar, juntar, coser, asir, fijar, vincular, engrillar, enlazar. **Ant.** Desvincular, desunir, descoser.// Contagiar, contaminar, transmitir. **Ant.** Inmunizar.
pegote, emplasto, parche, cataplasma.// Bodrio,// Pegajoso, pesado, parásito.
peinar, alisar, cardar, desenredar, acicalar, atusar, desenmarañar. **Ant.** Despeinar.
pelado-da, calvo, pelón, liso, mondo, lampiño, despellejado, raso. **Ant.** Peludo.// Despojado, desértico, árido, yermo, liso, llano, limpio. **Ant.** Fértil, habitado.// Ajado, usado, raído, gastado. **Ant.** Nuevo.// Pobre, indigente, mísero, escaso. **Ant.** Rico.
pelagatos, pobrete, mísero, insignificante, pobretón, ruin. **Ant.** Poderoso, rico.
pelaje, pelambre.// Naturaleza, índole, calidad, disposición, ralea, cualidad, calaña.
pelar, rapar, cortar, afeitar, tonsurar, trasquilar, arrancar, rasurar.// Descortezar, mondar, descascarar.// Robar, desplumar, desvalijar, despojar.
peldaño, escalón, grada, paso.
pelea, lucha, riña, contienda, combate, disputa, batalla, liza, lid, lance, hostilidad, discordia, rivalidad, pugna, enfrentamiento, conflicto. **Ant.** Paz, concordia, coincidencia.// Enfado, disgusto, enemistad, desavenencia. **Ant.** Amistad.// Fatiga, esfuerzo, afán, actividad, ajetreo, trabajo, dinamismo. **Ant.** Descanso, sosiego.
pelele, monigote, fantoche, maniquí, muñeco, juguete, espantajo, robot, autómata.// Mequetrefe, pelagatos, simple, infeliz, torpe, incapaz, inútil. **Ant.** Despierto, hábil, importante.
peliagudo-da, difícil, complicado, intrincado, embarullado, escabroso, dificultoso, enrevesado, arduo. **Ant.** Fácil.
película, filme, cinta, negativo.// Piel, membrana, capa, hollejo, tela, túnica, lámina, cutícula, epidermis.
peligrar, amenazar, zozobrar, correr riesgo.// Arriesgarse, exponerse, aventurarse. **Ant.** Asegurarse, salvar.
peligro, amenaza, riesgo, trance, contingencia, alarma, aventura, dificultad, apuro, aprieto. **Ant.** Seguridad.
peligroso-sa, arriesgado, aventurado, comprometido, alarmante, amenazador, temible, difícil, expuesto. **Ant.** Seguro.
pellejo, piel, cuero, vellón, hollejo, cáscara, tela.
pellizcar, picar, tomar, apresar, asir, retorcer.
pellizco, torniscón, pizco. **Ant.** Caricia.// Pizca, menudencia, bocadito, trozo, insignificancia.
pelmazo, pesado, cargante, molesto, fastidioso, inoportuno. **Ant.** Discreto, oportuno.// Lento, tardo, calmoso, torpe. **Ant.** Rápido, diligente.
pelo, cabello, vello, bozo, vellosidad, pelambrera, crin, hebra, cerda, pelambre, mechón, pelaje. **Ant.** Calvicie, calva.
pelota, bola, balón, esfera, esférico, ovillo.
pelotear, disputar, contender, pelearse, reñir, discutir. **Ant.** Avordar, avenirse.
pelotera, bochinche, riña. gresca, bronca, jaleo, batifondo, camorra. **Ant.** Paz, calma, tranquilidad.
pelotón, escuadra, cuerpo, grupo, patrulla, sección, comando.
peluca, bisoñé, peluquín, pelucón, añadizo, postizo. **Ant.** Cabellera.
peludo-da, velludo, velloso, melenudo, piloso, lanudo, hirsuto, tupido, espeso. **Ant.** Calvo, lampiño.
pelusa, bozo, pelillo, vello, hebra.
pena, castigo, sanción, condena, penitencia, correctivo, penalidad. **Ant.** Perdón.// Dolor, pesar, tristeza, aflicción, sufrimiento, amargura, congoja, pesadumbre, tribulación, angustia, consternación, padecimiento. **Ant.** Alegría.// Agobio, trabajo, fatiga, molestia, dificultad. **Ant.** Alivio.
penacho, copete, plumero, cimera, pompón.
penado-da, condenado, preso, recluso, presidiario, recprisionero, acusado. **Ant.** Absuelto.
penalidad, aflicción, mortificación, disgusto, inconveniencia, penuria, desgracia, sufrimiento, padecimiento, contrariedad. **Ant.** Felicidad, premio.// Castigo, pena, condena, sanción. **Ant.** Perdón, absolución.// Miseria, escasez, indigencia, pobreza. **Ant.** Abundancia.
penar, padecer, sufrir, tolerar, aguantar, doler. **Ant.** Consolarse.// Entristecerse, afligirse, apesadumbrarse, acongojarse, angustiarse. **Ant.** Alegrarse.// Castigar, condenar, multar, supliciar, escarmentar. **Ant.** Premiar, perdonar.
pendencia, riña, reyerta, contienda, pelea, disputa, altercado, batalla, camorra, trifulca, alboroto, discusión. **Ant.** Acuerdo, paz.
pendenciero-ra, bravucón, provocador, matachín, belicoso, camorrista, matasiete, pleitesta.
pender, colgar, suspender, caer, oscilar, descender. **Ant.** Subir.// Depender, esperar, diferir, atrasar. **Ant.** Resolver, anticipar.
pendiente, aplazado, suspenso, prorrogado, diferido, inconcluso, inacabado, indeciso. **Ant.** Acabado, en curso./ Péndulo, suspendido, colgante. **Ant.** Subido.// Cuesta, inclinación, subida, bajada, declive, rampa, desnivel, ladera vertiente, caída. **Ant.** Llano.// Arete, colgante, aro, zarcillo, arracada.
pendón, bandera (v.), estandarte, insignia, enseña, guía oriflama.
péndulo, pendiente, péndola, inclinado.
pene, falo, miembro, verga, órgano viril. **Ant.** Vulva.
penetrable, permeable, transparente, translúcido, límpido. **Ant.** Impermeable, opaco.
penetración, inserción, introducción, atravesamiento, encaje, embutimiento. **Ant.** Exclusión, salida.// Incursión, invasión, correría, acceso, avance, profundización. **Ant.** Expulsión, salida.// Sagacidad, comprensión, talento, sutileza, agudeza, perspicacia. **Ant.** Estupidez, torpeza.
penetrante, profundo, hondo. **Ant.** Superficial.// Puntiagudo, aguzado, afilado. **Ant.** Romo.// Estrepitoso, estruendoso, agudo, ensordecedor, hiriente, chillón, fuerte, subido. **Ant.** Suave.// Sagaz, sutil, ingenioso, perspicaz, inteligente, despierto, mordaz. **Ant.** Tonto, torpe, obtuso.
penetrar, introducir, irrumpir, entrar, acceder, ingresar, adentrar, filtrarse, insertarse, embutirse. **Ant.** Sacar, salir.// Meter, filtrar, infiltrar, traspasar, implantar, incluir, inyectar. **Ant.** Expulsar.// Comprender, intuir, ahondar, percatarse, entender, adivinar. **Ant.** Ignorar, desconocer.
península, istmo, cabo, punta, peñíscola. **Ant.**, Golfo, bahía, ensenada.
penitencia, disciplina, expiación, mortificación, arrepentimiento, contrición, enmienda. **Ant.** Alivio.// Mortificación, pena, castigo. **Ant.** Perdón.
penitenciaría, cárcel, presidio, penal, prisión, correccional.
penitente, disciplinante, arrepentido, mortificado, flagelante. **Ant.** Impenitente, contumaz.
penoso-sa, arduo, trabajoso, duro, difícil, laborioso, rudo, costoso, pesado, ímprobo, esforzado, oneroso, molesto. **Ant.** Grato, fácil.// Triste, doloroso, terrible, angustioso, cruel, lamentable, desconsolador. **Ant.** Alegre, jubiloso.
pensador-ra, sabio, erudito, estudioso, filósofo.
pensamiento, inteligencia, intelecto, mente, razón, raciocinio, reflexión, cogitación, meditación, elucubración, juicio, introspección, caletre. **Ant.** Ofuscación.// Idea, concepto, proyecto, plan, intención, programa, propósito, concepción, opinión.// Frase, proverbio, dicho, refrán, aforismo, adagio, sentencia.
pensar, meditar, reflexionar, cavilar, razonar, especular, cogitar, considerar, discurrir, juzgar, examinar, elucubrar. **Ant.** Ofuscarse.// Imaginar, idear, fantasear, planear, proyectar, urdir, concebir, soñar, discurrir, intentar.// Sospechar, suponer, recelar, maliciar, figurarse, creer. **Ant.** Confirmar.

ensativo-va, meditabundo, pensante, reflexivo, concentrado, ensimismado, contemplativo, absorto, preocupado. *Ant.* Distraído.

ensión, hospedaje, pupilaje, casa de huéspedes, alojamiento, residencia.// Renta, retribución, asignación, retiro, subsidio, subvención, auxilio, ayuda, jubilación.

ensionado, internado, pupilaje, colegio, instituto, seminario.

ensionar, jubilar, asignar, subvencionar, subsidiar, asignar, becar.

enumbra, oscuridad, sombra, crepúsculo, tenuidad, media luz. *Ant.* Claridad.

enuria, escasez, falta, carencia, insuficiencia, ausencia. *Ant.* Abundancia.// Indigencia, miseria, estrechez, pobreza, necesidad. *Ant.* Riqueza.

eña, peñasco, risco, peñón, escollo, pedrusco.// Tertulia, círculo, club, asociación, reunión.

eñascal, guijarral, cascajar, llera, roquedal.

eñasco, risco, promontorio, roca, escollo, morro.

eñascoso-sa, rocoso, riscoso, escabroso, abrupto.

eón, obrero, jornalero, menestral, bracero, mozo, trabajador.// Trompo, peonza.

eonza, perinola, trompo, peón.

eor, malo, ínfimo, bajo, vil, detestable, desdeñable, deficiente, pésimo. *Ant.* Mejor.

pequeñez, insignificancia, menudencia, mezquindad, minucia, nimiedad, parvedad, fruslería, trivialidad, escasez, pamplina, bagatela.

pequeño-ña, minúsculo, diminuto, escaso, corto, limitado, reducido, exiguo, insuficiente, módico, nimio, reducido, enano, pigmeo, liliputiense, insignificante. *Ant.* Grande, importante.// Chico, chiquillo, niño (v.).

percance, daño, contratiempo, perjuicio, accidente, peripecia, desgracia, contrariedad, incidente, avería. *Ant.* Solución.

percatarse, notar, observar, percibir, advertir, apreciar, penetrar, reparar, considerar. *Ant.* Ignorar, inadvertir.

percepción, sensación, sentido, aprehensión, impresión, conocimiento.// Imagen, representación, idea.// Penetración, inteligencia, comprensión, juicio, apreciación. *Ant.* Indiferencia.

perceptible, manifiesto, apreciable, inteligible, visible, ostensible, observable, notorio, palpable, patente, claro. *Ant.* Imperceptible, invisible.

percha, perchero, colgador, tendedero, gancho, varal, sostén, colgadero.

percibir, sentir, ver, apreciar, avistar, divisar, distinguir, descubrir, percatarse, notar, advertir, observar, comprobar, reparar. *Ant.* Omitir, inadvertir.// Entender, comprender, penetrar, intuir. *Ant.* Ignorar.// Recaudar, recibir, recolectar, tomar, ingresar, embolsar. *Ant.* Dar, abonar.

percusión, golpe, choque, golpeteo, tableteo, pulsación, tañido.

percusor, martillo, percutor, gatillo, llave, detonador, disparador.

percutir, golpear, batir, chocar, martillar, pulsar, tañir, repicar, sacudir. *Ant.* Rozar, acariciar.

percutor, percusor (v.).

perder, extraviar, olvidar, abandonar, dejar, traspapelar, omitir. *Ant.* Encontrar, recuperar.// Dilapidar, derrochar, arruinarse, desperdiciar, enajenar. *Ant.* Ganar.// -se, extraviarse, confundirse, desorientarse, desviarse, corromperse. *Ant.* Encarrilarse, enmendarse.

perdición, ruina, pérdida, caída, daño, destrucción, menoscabo, hundimiento, quiebra, bancarrota, adversidad, revés, infortunio, desgracia. *Ant.* Fortuna, triunfo.

pérdida, perjuicio, daño, quiebra, menoscabo, quebranto, carencia, merma, déficit, extravío, ruina, desgracia. *Ant.* Ganancia, provecho, beneficio.

perdido-da, olvidado, abandonado, dejado. *Ant.* Encontrado.// Despistado, desorientado, extraviado. *Ant.* Orientado.// Libertino, perdulario, vicioso, sinvergüenza, crápula, calavera. *Ant.* Moral, decente, virtuoso.

perdón, absolución, indulto, gracia, clemencia, amnistía, indulgencia, merced, olvido, misericordia, piedad, compasión. *Ant.* Castigo, inculpación, condena.

perdonar, absolver, redimir, dispensar, amnistiar, indultar, condonar, liberar, exonerar, condescender, relevar, disculpar, tolerar. *Ant.* Castigar, condenar, acusar.

perdurable, eterno, inmortal, duradero, imperecedero, sempiterno, perenne, permanente, perpetuo, inacabable. *Ant.* Efímero, pasajero, fugaz.

perdurar, durar, permanecer, continuar, subsistir, seguir, perpetuarse, mantenerse, eternizarse, perpetuar, persistir. *Ant.* Morir, acabar.

perecedero-ra, pasajero, mortal, temporal, fugaz, breve, efímero, frágil, precario, transitorio, caduco. *Ant.* Eterno, perdurable.

perecer, morir, fallecer, fenecer, expiar, sucumbir, caducar, extinguirse, desaparecer, finalizar. *Ant.* Nacer, empezar, vivir.

peregrinación, viaje, excursión, procesión, romería, trayecto, itinerario, travesía, emigración.

peregrinar, viajar, caminar, andar, recorrer, deambular, aventurarse. *Ant.* Quedarse.

peregrino-na, romero, penitente, cruzado.// Viajero, excursionista, vagabundo, visitante.// Insólito, raro, extraño, singular, extraordinario. *Ant.* Común, corriente.

perenne, perpetuo, incesante, ininterrumpido, permanente, persistente, perdurable, imperecedero, inmortal, eterno, constante, inacabable. *Ant.* Mortal, fugitivo, transitorio.

perennidad, eternidad, perpetuidad, perdurabilidad, inmortalidad, permanencia, continuidad, indestructibilidad, ininterrupción. *Ant.* Caducidad, transitoriedad.

perentorio-ria, urgente, apremiante, imperioso, preciso, concluyente, terminante, definitivo, indispensable, ineludible, obligatorio. *Ant.* Dilatorio, aplazable, indefinido.

pereza, haraganería, holgazanería, negligencia, ociosidad, molicie, flojera, desidia, apatía, descuido, indolencia, inacción, inercia. *Ant.* Diligencia, actividad.

perezoso-sa, holgazán, indolente, haragán, ocioso, negligente, dejado, vago, descuidado, desidioso, flojo, apático, tardo, lento, inerte. *Ant.* Diligente, activo, trabajador.

perfección, excelencia, superioridad, corrección, exquisitez, pureza, sazón, cumplimiento, plenitud. *Ant.* Imperfección.// Dechado, prototipo, modelo, ideal.

perfeccionamiento, mejora, mejoría, adelanto, progreso, desarrollo, incremento, corrección. *Ant.* Empeoramiento.

perfeccionar, mejorar, corregir, desarrollar, ampliar, completar, pulir, limar, retocar, progresar, consumar, terminar. *Ant.* Estropear, perjudicar, estancar.

perfeccionista, detallista, exigente, concienzudo. *Ant.* Descuidado.

perfectible, mejorable, corregible, superable, imperfecto, reprochable, defectuoso, deficiente, falto. *Ant.* Imperfectible, perfecto, intacable.

perfecto-ta, acabado, completo, insuperable, óptimo, excelente, cumplido, magistral, ideal, cabal, sublime, exquisito, inimitable, correcto, puro, terminado, consumado. *Ant.* Imperfecto, incompleto.

perfidia, maldad, deslealtad, traición, insidia, falsedad, alevosía, infidelidad, felonía, vileza, perjurio, engaño, mala fe. *Ant.* Nobleza, lealtad.

pérfido-da, desleal, falso, traidor, perjuro, alevoso, insidioso, renegado, vil, infame, engañoso, falaz. *Ant.* Noble, leal, sincero.

perfil, silueta, figura, contorno, lado, rasgo, línea, canto, perímetro.// Adorno, borde, vivo.

perfilar, acabar, detallar, perfeccionar, precisar, retocar.// -se, manifestarse, aparecer.

perforar, horadar, taladrar, agujerear, cavar, penetrar, traspasar, trepanar, barrenar. *Ant.* Tapar, taponar, obturar.

perfumar, aromatizar, aromar, sahumar, embalsamar. *Ant.* Heder, apestar.

perfume, fragancia, aroma, bálsamo, esencia, sahumerio, efluvio. *Ant.* Hedor.

pergamino, documento, título, inscripción.// Piel, papiro.

pergeñar, trazar, bosquejar, disponer, confeccionar, arreglar. **Ant.** Desarreglar.

pérgola, glorieta, emparrado, galería, quiosco.

pericia, destreza, habilidad, maestría, maña, aptitud, ingenio, experiencia, capacidad, práctica, idoneidad, arte. **Ant.** Impericia, ineptitud.

periferia, alrededores, cercanías, afueras, proximidades, suburbios.// Contorno, borde, circunferencia. **Ant.** Centro, foco, interior.

perífrasis, circunloquio, giro, rodeo, digresión.

perímetro, contorno, periferia, ámbito, circunferencia, borde, exterior, interior. **Ant.** Centro, interior.

periódico, diario, gaceta, revista, hoja, semanario, boletín, noticiero, hebdomadario, publicación, órgano.// **-ca**, Regular, corriente, alternativo, repetido, asiduo, reiterado. **Ant.** Irregular.

periodista, reportero, redactor, cronista, corresponsal, gacetillero, articulista, informador.

período, lapso, ciclo, fase, etapa, estado, estadio, espacio, división, tiempo, época, plazo, temporada.// Párrafo, cláusula, frase, locución, enunciado.// Menstruación, menstruo, regla.

peripecia, incidente, lance, ocurrencia, suceso, trance, episodio, circunstancia, accidente, acaecimiento.

periplo, viaje, circunnavegación, itinerario, navegación.

peristilo, columnata, galería.

peritaje, evaluación, valoración, informe, estimación, cálculo, estudio, juicio, consideración.

perito-ta, experto, técnico, especialista, experimentado, idóneo, competente, versado, ducho, apto, conocedor, entendido, diestro, práctico. **Ant.** Inexperto, incompetente.

perjudicar, dañar, damnificar, menoscabar, arruinar, deteriorar, quebrantar, afectar, agraviar, hundir, castigar, desfavorecer. **Ant.** Beneficiar, favorecer.

perjudicial, dañino, nocivo, malsano, malo, pernicioso, negativo, nefasto, contraindicado, peligroso. **Ant.** Beneficioso, benigno.

perjuicio, daño, menoscabo, detrimento, lesión, quebranto, deterioro, damnificación, ofensa, hostilidad, agravio, estropicio, malogro, contratiempo. **Ant.** Ventaja, beneficio, ganancia.

perjurio, traición, incumplimiento, falsedad, apostasía, deslealtad, mentira. **Ant.** Lealtad.

perjuro-ra, traidor, apóstata, desleal, renegado, falso. **Ant.** Leal.

permanecer, perdurar, durar, persisitir, seguir, continuar, conservarse, subsistir, perseverar, perpetuarse, fijarse, resistir, conservarse, sostenerse, quedarse, afincarse, mantenerse, residir, vivir, morar, establecerse. **Ant.** Abandonar, irse, cambiar.

permanencia, duración, persistencia, continuación, estabilidad, invariabilidad, perpetuidad, perduración, existencia, inmutabilidad, conservación, perseverancia. **Ant.** Fugacidad, variabilidad.

permanente, duradero, persistente, invariable, fijo, estable, constante, inalterable, incesante, continuo, perpetuo, firme, inacabable, estático. **Ant.** Pasajero, fugaz, temporal.

permeable, penetrable, traspasable, absorbente, poroso, filtrable, esponjoso. **Ant.** Impermeable, denso, impenetrable.

permiso, autorización, consentimiento, aprobación, concesión, tolerancia, licencia, venia, condescendencia, aquiescencia, salvoconducto. **Ant.** Veto, prohibición.

permitir, autorizar, acceder, asentir, aprobar, dejar, consentir, facultar, condescender, acceder, admitir. **Ant.** Prohibir, vetar, desautorizar, denegar.

permuta, cambio, trueque, canje, permutación, intercambio. **Ant.** Conservación.

permutación, permuta (v.).

permutar, cambiar, canjear, trocar, conmutar, intercambiar, alternar. **Ant.** Conservar.

pernicioso-sa, dañoso, dañino, nocivo, perjudicial (v.). **Ant.** Beneficioso, benigno.

pernil, anca, muslo, pata, nalgada, pernera, jamón.

pernoctar, pasar la noche, dormir, parar, alojarse, hosp[...] darse, detenerse.

pero, obstáculo, objeción, dificultad. **Ant.** Facilidad.// D[...] fecto, mancha, tacha. **Ant.** Perfección.// Mas, no obstant[...] sin embargo, empero, aunque, a pesar de

perogrullada, necedad, obviedad, bobada, simpleza.

peroración, conversación, discurso, oración, razonamie[...] to, charla.

perorar, hablar, discursear, charlar, sermonear, declam[...] **Ant.** Callar.// Suplicar, orar. **Ant.** Dar, otorgar.

perorata, lata, sermón, arenga, alocución, cháchara, per[...] ración.

perpendicular, vertical, derecho, eréctil, recto, parad[...] **Ant.** Horizontal.

perpetrar, consumar, cometer, realizar, ejecutar. **Ant.** Ab[...] tenerse.

perpetuar, perdurar, subsistir, permanecer, mantener, co[...] tinuar, durar, sobrevivir, persistir. **Ant.** Acabar.// Inmortal[...] zar, eternizar, glorificar. **Ant.** Olvidar.

perpetuidad, eternidad, inmortalidad, perennidad, perpe[...] tuación, perdurabilidad, permanencia. **Ant.** Mortalida[...] provisionalidad.

perpetuo-tua, eterno, duradero, perenne, imperecedel[...] sempiterno, perdurable, inagotable, interminable, perm[...] nente. **Ant.** Efímero, caduco, fugaz.

perplejidad, extrañeza, vacilación, duda, indecisión, tit[...] beo, incertidumbre, irresolución, indeterminación, confu[...] sión, desorientación, sorpresa. **Ant.** Decisión, certeza.

perplejo-ja, asombrado, dudoso, extrañado, vacilante, i[...] deciso, irresoluto, desorientado, estupefacto. **Ant.** Resue[...] to, determinado, decidido.

perro-rra, can, cuzco, chucho.

persecución, caza, busca, seguimiento, batida, hostiga[...] miento, acoso, acechanza. **Ant.** Abandono, huida.

perseguido-da, seguido, acosado, acorralado, hostigad[...] buscado, amenazado, sitiado. **Ant.** Libre, eximido.

perseguir, seguir, hostigar, cazar, acosar, rastrear, acecha[...] acorralar, arrinconar.//Atormentar, apremiar, molestar, im[...] portunar. **Ant.** Abandonar, liberar, escapar.

perseverancia, constancia, permanencia, firmeza, obst[...] nación, porfía, persistencia, tesón, voluntad, insistencia[...] tenacidad, empeño. **Ant.** Inconstancia, dejadez, veleidac[...]

perseverante, constante, paciente, insistente, obstinado[...] tenaz, porfiado, empeñoso, tesonero. **Ant.** Veleidoso, in[...] constante.

perseverar, persistir, insistir, reiterar, seguir, prosegui[...] mantener, perpetuar, obstinarse, empeñarse, continuar, re[...] sistir, permanecer. **Ant.** Abandonar, desistir.

persiana, celosía, cortina, corredera, contraventana.

persignarse, signarse, santiguarse.

persistencia, constancia, insistencia, continuidad, perse[...] verancia, pertinacia, tenacidad. **Ant.** Dejadez, abandono[...] versatilidad.

persistente, insistente, obstinado, terco, constante, tena[...] testarudo, pertinaz, continuo, porfiado, paciente, resisten[...] te, incansable, firme. **Ant.** Inconstante, voluble.

persistir, seguir, continuar, proseguir, permanecer, mante[...] nerse, durar, insistir, perdurar, perseverar, obstinarse. **Ant** Desistir, abandonar, renunciar.

persona, ser, individuo, hombre, mujer, alguien, humano[...] sujeto. **Ant.** Objeto, animal.

personaje, personalidad, figura, notabilidad, eminencia[...] lumbrera, dignatario, héroe. **Ant.** Desconocido, vulgar./[...] Actor, protagonista, intérprete, papel.

personal, particular, propio, individual, original, peculiar[...] característico, íntimo, privado, privativo, subjetivo, exclu[...] sivo. **Ant.** General, público, objetivo.// Empleados, traba[...] jadores, servicio.

personalidad, temperamento, carácter, identidad, idiosin[...] crasia, individualidad, índole, sello, distintivo, particulari[...] dad, temple, genio, manera, modo, originalidad.// Notabi[...] lidad, personaje (v.). **Ant.** Vulgaridad.

personificación, individualización, representación, ima[...] gen, símbolo, figura. **Ant.** Abstracción.

personificar, personalizar, encarnar, representar, simbolizar, individualizar, figurar.

perspectiva, aspecto, apariencia, traza, faceta, circunstancia.// Contingencia, posibilidad, proyección, programa.// Lejanía, alejamiento.

perspicacia, agudeza, astucia, penetración, sagacidad, discernimiento, sutileza, entendimiento. **Ant.** Torpeza.

perspicaz, agudo, sagaz, astuto, sutil, penetrante, listo, profundo, despierto, lúcido. **Ant.** Torpe, necio, obtuso.

perspicuo-cua, claro, evidente, inteligible, diáfano, transparente, manifiesto, límpido. **Ant.** Oscuro.

persuadir, convencer, sugerir, seducir, inducir, imbuir, inclinar, incitar, tentar, atraer, sugestionar. **Ant.** Disuadir, fracasar.

persuasión, convencimiento, sugestión, incitación, sugerencia, inducción. **Ant.** Duda, ineficacia.

pérsuasivo-va, sugerente, convincente, subyugante, seductor, concluyente, contundente, persuasor. **Ant.** Contraproducente, ineficaz.

pertenecer, atañer, corresponder, concernir, tocar, incumbir, respetar, afectar, recaer, referirse. **Ant.** Desligarse.// Depender, subordinarse, sujetarse, supeditarse. **Ant.** Librarse, desligarse.

pertenencia, propiedad, dominio, apropiación, poder, control, posesión. **Ant.** Expropiación.// Bienes, hacienda, riqueza, capital, renta. **Ant.** Pobreza.

pértiga, palo, vara, bastón, asta, caña, cayado, garrocha, pica.

pertinacia, obstinación, contumacia, terquedad, tozudez, testarudez, porfía, empeño, tesón, persistencia, tenacidad. **Ant.** Negligencia, abandono.

pertinaz, terco, obstinado, tozudo, testarudo, empeñoso, porfiado, tenaz, persistente, tesonero, contumaz. **Ant.** Transigente, razonable.

pertinente, perteneciente, concerniente, referente, tocante, a propósito, conectado, relacionado, relativo. **Ant.** Ajeno, extraño.// Oportuno, conveniente, apropiado, adecuado, debido. **Ant.** Impertinente, inadecuado, inoportuno.

pertrechar, abastecer, proveer, dotar, equipar, aprovisionar, surtir, proporcionar, bastimentar, suministarar. **Ant.** Desatender.

pertrechos, víveres, abastos, municiones, equipo, útiles, instrumental.// Provisiones, vituallas, suministros, alimentos, aparejo, avíos.

perturbación, alteración, turbación, desorganización, desarreglo, trastorno, convulsión, desorden, alboroto, inquietud, desconcierto. **Ant.** Orden, tranquilidad.

perturbado-da, alborotado, conmovido, inquieto, soliviantado, revuelto, conturbado, trastornado. **Ant.** Sosegado, tranquilo.// Loco (v.). **Ant.** Cuerdo.

perturbador-ra, alborotador, faccioso, escandaloso, rebelde, levantisco, sedicioso, agitador, revolucionario. **Ant.** Tranquilo, pacífico.// Inquietante, alarmante, amenazador, angustioso, impresionante. **Ant.** Tranquilizador.

perturbar, inquietar, alarmar, desconcertar, desordenar, desorganizar, alterar, desarreglar, intranquilizar, alborotar, trastornar, agitar. **Ant.** Tranquilizar, pacificar.

perversidad, perversión, depravación, perfidia, maldad, malignidad, crueldad, iniquidad, amoralidad. **Ant.** Benevolencia, rectitud.

perversión, perversidad, depravación, disolución, corrupción, maldad, desenfreno, degeneración, inmoralidad, vicio, amoralidad, envilecimiento, malignidad. **Ant.** Benevolencia, virtud, rectitud.

perverso-sa, maligno, maldito, depravado, disoluto, vicioso, libertino, corrompido, pervertido, avieso, inmoral, inicuo, canalla, licencioso, pérfido, infame. **Ant.** Virtuoso, inocente, noble.

pervertido-da, perverso, vicioso, malvado, degenerado. **Ant.** Regenerado, virtuoso.

pervertir, depravar, corromper, viciar, alterar, envilecer, degenerar, contaminar, descarriar, estropear, prostituir, escan-. dalizar, dañar. **Ant.** Perfeccionar, mejorar.

pesadez, peso, gravedad, pesantez.// Desazón, cargazón,

molestia, fatiga. **Ant.** Alivio.// Impertinencia, terquedd, insistencia, tozudez, porfía, testarudez, obstinación. **Ant.** Levedad, amenidad.

pesadilla, delirio, alucinación, ensueño, desvarío, visión, espejismo.// Preocupación, contrariedad, disgusto. **Ant.** Desahogo.

pesado-da, macizo, oneroso, gravoso, bruto, denso. **Ant.** Ligero, liviano.// Lento, calmoso, cachazudo, tardo. **Ant.** Activo.// Molesto, fastidioso, latoso, cargante, insoportable. **Ant.** Ameno, agradable.

pesadumbre, disgusto, preocupación, desazón, pesar (v.), aflicción, dolor, pena, padecimiento. **Ant.** Alegría, satisfacción.// Peso, pesadez (v.).

pésame, condolencia, duelo, pesar, piedad.

pesar, dolor, pesadumbre (v.), pena, disgusto, aflicción, sentimiento, arrepentimiento, remordimiento. **Ant.** Alegría, contento.// Fatigar, cargar, enojar. **Ant.** Agradar.// Abrumar, disgustar, afligir, angustiar, inquietar. **Ant.** Alegrar.// Dolerse, apesadumbrarse, arrepentirse, remorder. **Ant.** Alegrarse.// Medir, evaluar, sopesar, comprobar, determinar, ponderar, tomar el peso.// Considerar, examinar. **Ant.** Descuidar.

pesaroso-sa, afligido, apesadumbrado, acongojado, triste, arrepentido, dolorido, disgustado, apenado, consternado, abrumado, abatido. **Ant.** Contento, despreocupado.

pescar, capturar, atrapar, apresar, extraer, sacar. **Ant.** Soltar.

pescuezo, cogote, cerviz, garganta, cuello, gollete.

pesebre, corral, caballeriza, comedero, cuadra, establo.

pesimismo, desánimo, escepticismo, abatimiento, tristeza, derrotismo, desesperación, desesperanza, consternación, desilusión. **Ant.** Optimismo.

pesimista, desanimado, abatido, desilusionado, triste, desesperado, melancólico, amargado. **Ant.** Optimista.

pésimo-ma, malísimo, deplorable, detestable, atroz, despreciable, lo peor. **Ant.** Óptimo, superior.

peso, pesantez, pesadez, gravedad, gravitación, ponderosidad, carga.// Lastre, tara, cargazón, contrapeso, sobrecarga. **Ant.** Ligereza, ingravidez.// Importancia, influencia, fuerza, trascendencia. **Ant.** Insignificancia.

pesquisa, investigación, indagación, inquisición, búsqueda, exploración, averiguación, rastreo. **Ant.** Abandono, desinterés.

peste, plaga, enfermedad, azote, flagelo, epidemia, contagio. **Ant.** Salubridad.// Hedor, fetidez, pestilencia, hediondez, tufo. **Ant.** Fragancia.

pestífero-ra, apestoso, pestilente, fétido, hediondo, repugnante, putrefacto. **Ant.** Aromático.// Dañino, perjudicial, nocivo, pernicioso, venenoso. **Ant.** Beneficioso.

pestilencia, peste (v.), fetidez, hedor, tufo, hediondez, emanación. **Ant.** Aroma.

pestilente, maloliente, fétido, hediondo, pestífero, nauseabundo, apestoso. **Ant.** Aromático, fragante.// Dañoso, pernicioso, perjudicial, nocivo. **Ant.** Beneficioso.

pestillo, cerrojo, pasador, aldaba, falleba, picaporte, tranca, barra.

petaca, cigarrera, estuche, tabaquera, pitillera.

petate, equipaje, bártulos, atadijo, equipo, lío.// Camastro, esterilla.

petición, pedido, demanda, exhorto.// Súplica, rogativa, solicitud, reclamación, exigencia, imploración, requerimiento, ruego. **Ant.** Ofrecimiento.

petimetre, figurín, elegante, amanerado, presumido. **Ant.** Sencillo.

petiso-sa, bajo, chico, pequeño. **Ant.** Alto.

pétreo-a, rocoso, pedregoso, peñascoso, petroso.// Duro, fuerte, inquebrantable, recio. **Ant.** Blando.

petulancia, vanidad, presunción, pedantería, engreimiento, fatuidad, jactancia, ínfulas, descaro, atrevimiento, insolencia. **Ant.** Sencillez.

petulante, insolente, creído, vanidoso, presumido, jactancioso, fatuo, engreído, atrevido, descarado. **Ant.** Sencillo, humilde.

peyorativo-va, despectivo, despreciativo, desdeñoso, humillante, insultante. **Ant.** Elogioso.

piadoso-sa, misericordioso, compasivo, caritativo, humano, bondadoso, afable. **Ant.** Cruel, inmisericordioso.// Religioso, pío, devoto, fervoroso, fiel, ferviente. **Ant.** Impío, irreligioso.

piar, gritar, chillar, clamar, pipiar. **Ant.** Silenciar.

pica, lanza, asta, garrocha, rejón, venablo, aguijada, dardo, pértiga.

picacho, pico, cima, cumbre, cúspide, cresta, aguja. **Ant.** Base, ladera, llanura.

picada, picotazo, punzada, pinchazo, picadura.

picadura, picada, pinchazo, picotazo.// Horadación, perforación, agujero.

picante, ácido, acre, cáustico, acerbo, corrosivo, agrio, penetrante, intenso, excitante, urticante. **Ant.** Suave, dulce.// Condimentado, sazonado, fuerte. **Ant.** Soso, insípido.// Agudo, irónico, mordaz, punzante, sarcástico, agudo. **Ant.** Moderado, benévolo.// Picaresco, escabroso, verde, obsceno. **Ant.** Recatado.

picaporte, falleba, aldaba, pasador, pestillo.

picar, estimular, incitar, excitar, espolear, aguijonear. **Ant.** Disuadir.// Clavar, pinchar, herir, acribillar, punzar.// Partir, cortar, desmenuzar, triturar, machacar, moler, pulverizar. **Ant.** Unir.// Rejonear, alancear.// -se, ofenderse, enfadarse, molestarse, disgustarse. **Ant.** Alegrarse.// Pudrirse, estropearse, avinagrarse.// Encresparse (el mar).

picardía, malicia, ruindad, vileza, astucia, engaño, bellaquería, argucia, travesura, bribonada, canallada, trastada. **Ant.** Nobleza, seriedad.

pícaro-ra, astuto, pillo, bribón, tunante, granuja, travieso.// Vil, ruin, taimado, sinvergüenza, disimulado, sagaz, malicioso, canalla, engañador, embustero, mentiroso, enredador. **Ant.** Honrado, sincero, caballero.

picazón, picor, comezón, prurito.// Disgusto, enojo, resentimiento.

pico, hocico, boca, rostro.// Cúspide, cresta, picacho, vértice, monte, montaña. **Ant.** Llanura, falda, ladera.// Zapapico, piqueta.// Labia, locuacidad. **Ant.** Silencio.// Saliente, extremo, punta, extremidad.

picor, comezón, prurito, picazón (v.), irritación, escozor, sarpullido, urticaria.

picota, columna, viga, rollo, madero, poste.// Suplicio.

picotear, picar (v.).

pie, extremidad, extremo, mano, pata.// Base, peana, fundamento, basa, apoyo.// Fundamento, origen, germen, motivo. **Ant.** Fin.

piedad, caridad, misericordia, lástima, humanidad, conmiseración, clemencia, bondad, merced, compasión, gracia, perdón. **Ant.** Dureza, crueldad, inmisericordia.// Devoción, veneración, fervor, religiosidad. **Ant.** Irreligiosidad.

piedra, roca, peñasco, peña, risco, pedrusco, guijarro, canto, grava, cascajo.

piel, epidermis, dermis, tez, cutis, cutícula, tegumento, membrana.// Cuero, pellejo, badana.

piélago, mar, océano, ponto.// Inmensidad, vastedad, abismo. **Ant.** Escasez, falta.

pienso, forraje, pasto, grano, paja, pación.

pierna, extremidad, pata, remo, zanca, muslo, pernil, anca, jamón, miembro.

pieza, sala, cuarto, habitación, aposento, alcoba, dormitorio.// Trozo, pedazo, fragmento, porción, parte, fracción, segmento, sección, división.// Moneda, ficha.// Herramienta, utensilio.

pifia, error, equivocación, fallo, torpeza, desatino, descuido, desacierto. **Ant.** Acierto.

pifiar, fallar, equivocarse, errar, marrar, desatinar, descuidarse. **Ant.** Acertar.

pigmento, colorante, tinte, color, matiz.

pigmeo-a, diminuto, bajo, pequeño, insignificante, enano (v.). **Ant.** Gigante, importante.

pignorar, prendar, hipotecar, empeñar. **Ant.** Desempeñar.

pila, montón, rimero, acumulación, cúmulo.// Fuente, pilón, lavabo, artesa, lavadero.// Acumulador, batería, generador.

pilar, columna, poste, mojón, pilastra, hito.// Base, cimiento, sostén, contrafuerte.

pilastra, columna (v.).

píldora, gragea, pastilla (v.), comprimido.

pillaje, robo, saqueo, hurto, rapiña, latrocinio, despojo, depredación. **Ant.** Restitución.

pillar, sorprender, apresar, atrapar, aprehender, capturar, descubrir. **Ant.** Soltar.// Robar, saquear, hurtar, desvalijar, rapiñar, despojar. **Ant.** Restituir.

pillería, pillada, bribonada, canallada, picardía (v.), bellaquería, trastada. **Ant.** Honradez.// Travesura, chiquillada.

pillo-lla, pícaro (v.), astuto, tunante, ladino, listo, taimado, granuja, canalla, desvergonzado. **Ant.** Honrado, bueno.

pilotaje, navegación, conducción, guía, mando, dirección, gobierno.

pilotar, conducir, guiar, mandar, gobernar, timonear, navegar, tripular, dirigir.

piloto, conductor, guía.

piltrafa, residuo, despojo, desecho, pellejo, restos, desperdicios.

pimpollo, brote, vástago, retoño, cogollo, capullo, botón.

pináculo, cima, altura, pico, cumbre, cresta. **Ant.** Llanura.// Apogeo, auge, ápice, colmo, término, máximo. **Ant.** Mínimo, inferioridad.

pincelada, toque, brochazo.// Rasgo, trazo, carácter.// Descripción, explicación.

pinchar, herir, punzar, agujerear, aguijar, clavar, lancear.// Incitar, mover, excitar, hostigar, atosigar, zaherir. **Ant.** Agradar, consolar.

pinchazo, pinchadura, punzada, picadura, aguijonazo, incisión, corte, punción, estocada.

pinche, ayudante, aprendiz, auxiliar, asistente.

pincho, aguijón, punta, pico, aguja, púa, punzón, aguijada, estilete, piqueta, alfiler, clavo, espina, garfio, pica, lezna.

pingo, caballo, cabalgadura, corcel.

pingüe, abundante, cuantioso, considerable, provechoso, ventajoso. **Ant.** Escaso, inconveniente.

pinta, señal, mancha, mota, lunar, peca, marca, gota, mácula.// Aspecto, presencia, traza, catadura, facha.

pintar, colorear, teñir, pinterrajear, dibujar, trazar, representar. **Ant.** Borrar.// Describir, detallar, explicar. **Ant.** Callar.

pintoresco-ca, atractivo, curioso, típico, atrayente, vivo, animado, característico. **Ant.** Desagradable, monótono.

pintura, cuadro, lienzo, tela, tabla, lámina, representación, mural, reproducción.// Color, tinte, tono, matiz.// Descripción.

pío-a, devoto, religioso, piadoso (v.), fervoroso. **Ant.** Irreligioso, impío.// Misericordioso, bondadoso, bueno, compasivo, virtuoso, piadoso (v.). **Ant.** Cruel.

piojoso-a, avaro, mezquino, tacaño, miserable. **Ant.** Generoso.// Sucio, astroso, asqueroso. **Ant.** Pulcro.

pionero-ra, precursor (v.), adelantado, explorador, fundador, colonizador.

pipa, boquilla, cachimba.// Semilla, pepita, simiente, grano.// Tonel, barrica, cuba, tina, barril.

pique, desazón, enojo, disgusto, resentimiento, resquemor, enfado, desagrado, molestia. **Ant.** Agrado.

piquete, patrulla, grupo, conjunto.

pira, fogata, hoguera, fuego.

piragua, bote, lancha, canoa, chalupa, esquife, chinchorro, falúa, barca, junco, batel.

pirata, corsario, bucanero, filibustero, bandido, corso, forajido, contrabandista.

piratear, robar, asaltar, saquear, capturar.

piratería, pillaje (v.), robo, saqueo, incursión, despojo, contrabando.

piropear, requebrar, halagar, galantear, florear. **Ant.** Ofender.

piropo, requiebro, lisonja, alabanza, halago, fineza, galantería, cortejo, terneza, adulación. **Ant.** Ofensa, vituperio.

pirueta, voletereta, cabriola, volantín, brinco, salto, contorsión, bote, rebote, vuelta, giro, quiebro.

pisada, huella, señal, rastro, pista, marca, paso, holladura, patada, taconazo.

pisar, hollar, pisotear, taconear, apisonar.// Atropellar, abatir, despreciar, infringir, quebrantar. **Ant.** Respetar.

piscina, estanque, pileta, alberca.

piscolabis, refrigerio, tentempié, aperitivo, colación, bocadillo.

piso, suelo, pavimento, empedrado, embaldosado, enladrillado, asfalto, asfaltado.

pisotear, pisar (v.).// Atropellar, escarnecer, humillar, maltratar, despreciar, aplastar, conculcar. **Ant.** Respetar.

pista, huella, señal, indicio, vestigio, pisada (v.), traza, marca.// Vía, carretera, explanada.// Circo, hipódromo.// Surco, banda.

pistolero-ra, bandido, asaltante, atracador, malhechor, delincuente, forajido. **Ant.** Policía.

pitanza, comida, alimento, vitualla, nutrición. **Ant.** Ayuno.

pitar, silbar, rechiflar, soplar.

pitido, silbo, silbido, soplido, chiflido. **Ant.** Silencio.

pito, silbato, silbo, chifle, sirena.

pitonisa, sacerdotisa, profetisa, sibila, adivinadora, hechicera.

pitorreo, burla, guasa, chacota, chanza, chasco, befa.

pituco-ca, amanerado, afectado, presumido.

pivote, eje, apoyo, extremo, punta.

pizca, pellizco, partícula, menudencia, parte, porción, migaja, pequeñez, fragmento. **Ant.** Mucho.

placa, lámina, película, plancha, chapa, hoja, estrato, capa.// Insignia, condecoración, distintivo.

pláceme, elogio, felicitación, parabién, enhorabuena, congratulación.

placentero-ra, agradable, grato, ameno, atractivo, afable, amable, deleitoso, encantador, apacible, delicioso, confortante, satisfactorio, cómodo, plácido. **Ant.** Desagradable, molesto.

placer, agrado, deleite, solaz, goce, dicha, regocijo, felicidad, gloria, delicia, júbilo, regalo, gusto, distracción, contentamiento. **Ant.** Desagrado, disgusto.// Sensualidad, voluptuosidad, erotismo. **Ant.** Sobriedad.// Gustar, agradar, satisfacer, deleitar, contentar, halagar. **Ant.** Desagradar.

placidez, tranquilidad, serenidad, calma, dulzura, mansedumbre, paz. **Ant.** Agresividad, agitación.

plácido-da, tranquilo, sosegado, quieto, calmo, sereno, pacífico, manso, reposado, apacible. **Ant.** Inquieto, agitado.// Placentero (v.), deleitoso, agradable, ameno. **Ant.** Desagradable.

plaga, peste (v.), epidemia, calamidad, azote, daño, desgracia, desastre, infortunio, catástrofe, estrago. **Ant.** Bienestar, salud.// Abundancia, copia, profusión, multitud, caudal, raudal. **Ant.** Escasez, carencia.

plagiar, copiar, imitar, falsificar, apropiarse, reproducir. **Ant.** Inventar, crear.

plagiario-ria, imitador, falsificador, falseador, pirata. **Ant.** Innovador, creador.

plan, proyecto, idea, programa, intención, propósito, empresa, esquema, esbozo, diseño, conjura, maquinación. **Ant.** Realización.

plana, hoja, página, folio, cara, carilla, anverso, reverso.

plancha, placa (v.), lámina, placa, chapa, cubierta, hoja.

planchar, alisar, allanar, desarrugar, estirar, aplastar, prensar, aplanar, laminar, plegar, plisar. **Ant.** Desplanchar, arrugar.

planear, urdir, proyectar, fraguar, preparar, idear, concebir, esbozar, diseñar. **Ant.** Realizar, efectuar.

planeta, astro, satélite, cuerpo celeste.

planicie, llano, llanura, meseta, sabana, estepa, explanada. **Ant.** Cordillera, serranía.

planificar, planear (v.).

plano, mapa, carta, croquis, trazado, dibujo, boceto.// Superficie, cara, lado, área, extensión, explanada.// **-na**, liso, chato, romo, raso, llano, uniforme, aplastado. **Ant.** Desigual, montañoso, abrupto.

planta, vegetal, arbusto, mata, árbol, hortaliza, verdura, hierba.// Piso.// Plan (v.), diseño.// Cimiento.

plantación, plantel, criadero, vivero, plantío, cultivo, sembrado, sembradío.

plantar, hincar, enterrar, encajar, colocar, fijar. **Ant.** Sacar, extraer.// Sembrar, cultivar. **Ant.** Recolectar, arrancar.// Dejar, abandonar, desairar, burlar, chasquear. **Ant.** Acudir, acompañar.// **-se**, pararse, encararse, detenerse, rebelarse. **Ant.** Soportar.

plantear, exponer, sugerir, proponer, suscitar, explicar, demostrar. **Ant.** Reservarse.// Planear (v.), idear, concebir, trazar, diseñar, proyectar, esbozar, bosquejar. **Ant.** Realizar.

plantel, plantío, semillero, criadero, vivero, jardín.// Formación (v.).

plantilla, suela, recubrimiento, forro.// Patrón, guía, regla.

plantío, plantación (v.).

plañidero-ra, lloroso, lastimero, lacrimoso, quejumbroso, llorón. **Ant.** Risueño.

plañido, lloro, sollozo, queja, lamento, gemido, lamentación, gimoteo. **Ant.** Risa.

plañir, llorar, sollozar, gimotear, lloriquear, lamentarse, quejarse, clamar. **Ant.** Reír.

plasmar, formar, forjar, modelar, hacer, crear, esculpir. **Ant.** Destruir, deshacer.

plasticidad, flexibilidad, maleabilidad, ductilidad, docilidad. **Ant.** Inflexibilidad, dureza.

plástico-ca, dúctil maleable, blando, muelle, flexible, amasable. **Ant.** Duro, rígido.

plata, dinero, fortuna, metal, capital.

plataforma, tablado, tarima, tribuna, entarimado, estrado, púlpito, peana, pedestal.

plátano, banana, banano, cambur.

platea, patio, palco, butacas.

plateado-da, argentino, reluciente, bruñido, brillante, blanco. **Ant.** Opaco.

platear, platinar, argentar.

platería, orfebrería, joyería.

plática, conversación, charla, coloquio, diálogo.// Conferencia, exposición, discurso, disertación, sermón.

platicar, conversar, hablar, dialogar.

plato, platillo, bandeja, fuente, escudilla, patena.// Vianda, manjar, comida.

platónico-ca, ideal, espiritual, desinteresado, sentimental, honesto, puro, virtuoso. **Ant.** Material.

plausible, laudable, alabable, meritorio, recomendable. **Ant.** Censurable, criticable.// Aceptable, admisible, recomendable. **Ant.** Inadmisible, inaceptable.

playa, arenal, ribera, litoral, costa, orilla, borde, margen, riba. **Ant.** Interior, rompiente.

plaza, plazoleta, plazuela, glorieta, explanada.// Feria, mercado, zoco.// Fortaleza, ciudadela, fuerte.// Sitio, espacio, terreno, lugar, asiento.// Población, ciudad, villa, pueblo.// Empleo, oficio, cargo, dignidad, destino, ministerio.

plazo, período, tiempo, lapso, término, vencimiento, caducidad.// Moratoria, aplazamiento, dilación, prórroga.// Pago, cuota, mensualidad, parte. **Ant.** Contado.

plebe, pueblo, populacho, vulgo, chusma, gentuza, proletariado. **Ant.** Nobleza, aristocracia.

plebeyo-ya, vasallo, villano, advenedizo. **Ant.** Noble, aristócrata.// Vulgar, soez, grosero, innoble, ordinario, burdo, inculto. **Ant.** Aristocrático, distinguido.

plebiscito, sufragio, votación, elección, consulta popular.

plegable, muelle, maleable, blando, flexible, enrollable, desmontable. **Ant.** Rígido, duro.

plegar, doblar, plisar, fruncir, tablear. **Ant.** Estirar.// **-se**, inclinarse, adherir, someterse. **Ant.** Resistir.

plegaria, oración, ruego, súplica, invocación, rezo, preces. **Ant.** Imprecación, maldición.

pleitear, litigar, disputar, querellar, procesar, debatir. **Ant.** Avenirse.

pleitesía, acatamiento, reverencia, sumisión, sometimiento. **Ant.** Rebeldía, desobediencia.

pleito, litigio, proceso, demanda, juicio, causa, debate, querella, causa, disputa. **Ant.** Acuerdo, avenencia.

plenario-ria, entero, lleno, completo, cabal, íntegro.

plenipotenciario, ministro, embajador, representante, diplomático, enviado, legado.

plenitud, totalidad, integridad. *Ant.* Parcialidad.// Exceso, abundancia, henchimiento, hartura, saciedad. *Ant.* Escasez.
pleno-na, lleno, completo, colmado, henchido, atiborrado, atestado, ocupado, plenario (v.). *Ant.* Parcial, escaso.
plétora, plenitud, abundancia, exceso, pluralidad, hartura, profusión, afluencia, exuberancia, demasía. *Ant.* Escasez.
pletórico-ca, lleno, pleno, exuberante, colmado, henchido, cuajado, saturado, repleto, cargado. *Ant.* Escaso, carente, vacío.
pliego, carta, oficio, documento.// Cuadernillo, hoja, cartapacio.
pliegue, doblez, repliegue, pinza, plisado, plegado, frunce, arruga, alforza, ondulado. *Ant.* Estiramiento.
plisar, plegar (v.), fruncir (v.).
plomada, pesa, peso, vertical, plomo.
plomizo-za, gris, grisáceo, nublado, plúmbeo, oscuro. *Ant.* Abierto, despejado.// Pesado, cargante.
pluma, cálamo, estilográfica, portaplumas, bolígrafo, estilete, lapicera.
plumazo, trazo, rasgo, tachadura, raya.
plúmbeo-a, pesado, cargante, plomizo, fastidioso.
plural, múltiple, diverso, vario, numeroso. *Ant.* Singular.
pluralidad, multiplicidad, numerosidad, diversidad, abundancia, muchedumbre. *Ant.* Unidad, escasez.
pluralizar, diversificar, generalizar. *Ant.* Singularizar.
plus, añadido, aditamento, sobresueldo, gratificación, propina, regalía, sobrepaga, extra, viático. *Ant.* Descuento, deducción.
plusvalía, sobreprecio, incremento, aumento, encarecimiento. *Ant.* Depreciación.
población, ciudad, localidad, pueblo, urbe, villa, aldea, municipio, poblado. *Ant.* Campo.// Residentes, vecinos, ciudadanos, habitantes, vecindario.
poblado, pueblo (v.), ciudad, villa, aldea, población (v.).
poblador-ra, habitante, morador, vecino, ciudadano.
poblar, habitar, morar, colonizar, asentarse, establecerse, urbanizar, fundar. *Ant.* Emigrar, despoblar.// Crecer, ocupar, aumentar, incrementar, procrear. *Ant.* Decrecer, disminuir.
pobre, necesitado, menesteroso, indigente, desvalido, mendigo, arruinado, mísero, miserable, proletario, desacomodado, pordiosero, insolvente, arruinado. *Ant.* Rico, adinerado, acomodado.// Mezquino, pequeño, falto, escaso, subdesarrollado, carente, insignificante. *Ant.* Abundante.
pobreza, miseria, indigencia, estrechez, penuria, carestía, necesidad, carencia, ruina, privación, lacería, inopia, infortunio, desgracia. *Ant.* Riqueza, caudal, patrimonio.// Escasez, ausencia, insuficiencia, mediocridad, falta, decadencia. *Ant.* Abundancia.
pocilga, chiquero, establo, porqueriza, cuchitril, corral. *Ant.* Palacio.// Suciedad. *Ant.* Limpieza.
pócima, brebaje, cocimiento, mejunje, cocción, bebida, poción.
poción, pócima, brebaje, infusión (v.).
poco-ca, limitado, escaso, corto, exiguo, falto, reducido, insuficiente, mínimo, módico, breve, ralo, pobre, minúsculo, menguado. *Ant.* Mucho, copioso, abundante, excesivo.
poda, tala, corta, desmoche, podadura.
podar, cortar, recortar, cercenar, talar, limpiar.
poder, poderío, dominio, mando, autoridad, supremacía, potestad, arbitrio, imperio, señorío. *Ant.* Obediencia, sumisión.// Fuerza, potencia, empuje, energía, virtud, influencia, vigor. *Ant.* Debilidad.// Autorización, licencia, prerrogativa, salvoconducto, delegación, permiso, privilegio, pase. *Ant.* Prohibición.// Lograr, obtener, disfrutar, conseguir. *Ant.* Fallar.
poderío, poder, dominio, mando, jurisdicción, imperio, potestad, señorío. *Ant.* Subordinación, impotencia.// Fuerza, eficacia, influencia. *Ant.* Debilidad.
poderoso-sa, opulento, pudiente, acaudalado, potentado, rico, adinerado. *Ant.* Pobre, miserable.// Excelente, magnífico, enérgico, valeroso, pujante, vigoroso, potente, recio. *Ant.* Débil.
podio, basa, pedestal, base, plataforma, basamento.

podredumbre, putrefacción, podre, corrupción, infección, impureza. *Ant.* Pureza.// Vicio, inmoralidad, corruptela, relajamiento. *Ant.* Moralidad.
podrido-da, pútrido, putrefacto, infecto, corrompido, descompuesto, fétido, infectado, viciado. *Ant.* Sano, puro, fresco.
poesía, poema, verso, copla, estrofa, composición poética. *Ant.* Prosa.// Musa, inspiración, numen.// Atractivo, encanto, dulzura, suavidad.
poeta, vate, bardo, juglar, rapsoda, trovador, rimador, trovero, lírico. *Ant.* Prosista.
polarizar, reflejar, refractar.// Concentrar, reunir, captar, absorber. *Ant.* Dispersar.
polémica, controversia, debate, discusión, disputa, querella, porfía, rivalidad, discordia, litigio. *Ant.* Acuerdo.
polémico-ca, controvertible, discutible, debatible, dialéctico. *Ant.* Indiscutible, definitivo.
polemizar, discutir, controvertir, debatir, litigar, replicar, rivalizar, disputar. *Ant.* Acordar.
policía, agente, vigilante, guardia, investigador, detective. *Ant.* Delincuente.// Orden, regla, seguridad, vigilancia, guardia, fuerza pública. *Ant.* Desorden, inseguridad, caos.
polícromo-ma, coloreado, irizado, matizado, multicolor, variado, vistoso. *Ant.* Apagado, monótono.
polifacético-ca, variado, heterogéneo, múltiple. *Ant.* Único.
politeísmo, paganismo, idolatría, gentilidad, fetichismo. *Ant.* Monoteísmo.
política, gobierno, autoridad, administración, régimen, instituciones, legalidad.// Urbanidad, cortesía, corrección, educación, finura. *Ant.* Grosería.
político-ca, estatal, gubernamental, ministerial, administrativo, oficial, público. *Ant.* Privado.// Estadista, gobernante, mandatario, hombre de Estado, hombre público, legislador. *Ant.* Apolítico.// Cortés, urbano, culto, cumplido, diplomático, educado. *Ant.* Grosero.
póliza, documento, libranza, contrato.// Impuesto, tributo, sello, reintegro.
pollera, falda, refajo, saya.
pollino, asno, burro, borrico.
polo, centro, base, fundamento.// Extremo, borne.
polución, derrame, efusión, salida, flujo. *Ant.* Retención.// Contaminación, mancha, suciedad, impureza. *Ant.* Limpieza.
pomada, ungüento, unto, crema, bálsamo, mixtura.
pompa, lujo, esplendor, ostentación, fausto, solemnidad, boato, aparato, alarde, fastuosidad, magnificencia, gala, exhibición, grandeza, suntuosidad, pomposidad, soberbia. *Ant.* Humildad, modestia, discreción.
pomposidad, lujo, derroche, fastuosidad, alarde, ostentación, ampulosidad, presuntuosidad, afectación, altisonancia. *Ant.* Humildad, sencillez, naturalidad.
pomposo-sa, fastuoso, ostentoso, majestuoso, lujoso, suntuoso, magnífico, aparatoso, esplendoroso, solemne.// Presumido, vanidoso, inflado, afectado, presuntuoso, ampuloso.// Recargado, adornado, enfático, exagerado, altisonante. *Ant.* Sencillo, pobre.
poncho, manta, capa, capote, abrigo.
ponderación, alabanza, elogio, encomio, enaltecimiento, aplauso, loa. *Ant.* Crítica.// Equilibrio, prudencia, sensatez, circunspección. *Ant.* Desequilibrio.
ponderado-da, sobrio, mesurado, equilibrado, sensato, ordenado, prudente, cuidadoso. *Ant.* Desenfrenado.// Elogiado, alabado, enaltecido, encarecido. *Ant.* Criticado.
ponderar, medir, considerar, pesar, reflexionar, examinar. *Ant.* Descuidar.// Alabar, encomiar, loar, elogiar. *Ant.* Denigrar, criticar.
poner, situar, colocar, ubicar, depositar, instalar, fijar, asentar, dejar. *Ant.* Quitar.// **-se**, ataviarse, vestirse, enfundarse, colocarse, componerse. *Ant.* Quitarse.// Ocultarse (los astros).
poniente, occidente, ocaso, oeste. *Ant.* Oriente, este.
pontífice, obispo, prelado, arzobispo.// **-Sumo**, papa (v.).
ponto, mar, piélago, océano.

ponzoña, veneno, tósigo, tóxico, toxina.
ponzoñoso-sa, venenoso, virulento, nocivo, tóxico, deletéreo, tosigoso, mortífero. **Ant.** Beneficioso, saludable.
populacho, plebe (v.), chusma, vulgo (v.), turba. **Ant.** Aristocracia, nobleza.
popular, público, general, vulgar, común, habitual, difundido, extendido. **Ant.** Individual, restringido.// Estimado, afamado, querido, aplaudido, conocido, nombrado, acreditado, famoso. **Ant.** Impopular, desconocido.
popularidad, fama, renombre, aplauso, estima, predicamento, estimación, boga, notoriedad. **Ant.** Impopularidad.
popularizar, afamar, aplaudir, glorificar, encomiar, alabar, ponderar, generalizar, divulgar, publicar, difundir. **Ant.** Denigrar, desacreditar.
poquedad, timidez, cortedad, apocamiento, cobardía, pusilanimidad. **Ant.** Arrojo, atrevimiento.// Exigüidad, nimiedad, miseria, escasez. **Ant.** Abundancia.
porcentaje, proporción, ración, tanto por ciento, promedio.
porche, soportal, atrio, zaguán, vestíbulo, portal, pórtico, cobertizo, arcada, galería.
porción, trozo, parte, fragmento, segmento, pedazo, fracción, puñado, bocado, tajada, resto, residuo. **Ant.** Totalidad.// Dosis, cuota, ración, cantidad. **Ant.** Total.
pordiosero-ra, mendigo, mendicante, indigente, menesteroso, falto, desvalido, mísero, pobre (v.). **Ant.** Rico, potentado.
porfía, obstinación, testarudez, terquedad, pertinacia, insistencia, contumacia, tenacidad. **Ant.** Abandono, contemporización.// Disputa, riña, controversia, debate, discusión, diferencia, polémica, lucha. **Ant.** Acuerdo, paz, condescendencia.
porfiado-da, testarudo, obstinado, terco, contumaz, insistente, tozudo, pesado, importuno, empecinado, emperrado, ofuscado. **Ant.** Razonable.
porfiar, obstinarse, insistir, encterarse, repetir, encapricharse, emperrarse. **Ant.** Condescender, ceder.// Discutir, reñir, disputar, polemizar, altercar. **Ant.** Acordar, pacificar.
pormenor, detalle, particularidad, nimiedad, menudencia, circunstancia, relación, descripción, especificación, puntualización. **Ant.** Ampliación, generalización.
pormenorizar, detallar, describir, enumerar, especificar, puntualizar, particularizar. **Ant.** Generalizar.
pornografía, obscenidad, inmoralidad, impudicia, lujuria, indecencia, concupiscencia, deshonestidad, liviandad, escabrosidad, desvergüenza. **Ant.** Pureza, castidad, decencia.
pornográfico-ca, impúdico, inmoral, obsceno, escabroso, deshonesto, libertino, desvergonzado, amoral. **Ant.** Puro, casto, decente.
poro, intersticio, agujero, hueco, orificio.
porosidad, permeabilidad, esponjosidad, filtrabilidad. **Ant.** Impermeabilidad, densidad.
poroso-sa, esponjoso, permeable, agujereado, filtrable, absorbente. **Ant.** Denso, impermeable.
porque, ya que, dado que, puesto que, visto que, debido a que, pues que.
porqué, razón, causa, explicación motivo, móvil, fundamento, objeto, finalidad. **Ant.** Sinrazón, absurdo.
porquería, suciedad, inmundicia, mugre, basura, cochambre, cochinada, desechos, desperdicios, excrementos. **Ant.** Limpieza.// Indecencia, inmoralidad, vileza, trastada, bribonada, villanía. **Ant.** Moralidad, favor, atención.
porra, maza, cachiporra, palo, garrote, estaca, bastón.
porrazo, golpe, mazazo, garrotazo, bastonazo, porrada, trompazo, topetazo, caída, batacazo.
portada, frontispicio, fachada, frente, cara, primera página.
portafolio, cartera, carpeta, vademécum.
portal, atrio, acceso, entrada, soportal, vestíbulo, pórtico, zaguán, porche.
portarse, comportarse, conducirse, actuar, obrar, proceder, gobernarse, manejarse.
portátil, manejable, trasladable, móvil, tranportable, ligero, cómodo, desarmable, manual. **Ant.** Inmóvil, fijo.

portavoz, vocero, representante, delegado, emisario, enviado. **Ant.** Representado.// Cabecilla, jefe, líder, caudillo. **Ant.** Subordinado.
porte, compostura, aspecto, apariencia, presencia, postura, continente, actitud, ademán, exterior, modales, traza, aire, facha.// Calidad, nobleza, lustre, prestancia, gallardía. **Ant.** Inelegancia.// Acarreo, transporte, conducción.
portento, prodigio, maravilla, milagro, fenómeno, asombro, admiración, pasmo, esplendor. **Ant.** Vulgaridad, insignificancia.
portero-ra, conserje, cuidador, guardián, ordenanza, bedel, mayordomo.
pórtico, soportal, atrio, vestíbulo, pérgola, porche, portal, zaguán, entrada, acceso, claustro, peristilo.
portillo, postigo, puerta, portal, abertura, traspuerta, cancel.
porvenir, futuro, mañana, posterioridad, suerte, azar, fortuna. **Ant.** Pasado, ayer, presente.// Venidero, ulterior, futuro. **Ant.** Pasado, presente.
posada, mesón, parador, hostería, hostal, pensión, albergue, venta, taberna, hotel.// Hospedaje, alojamiento.
posaderas, nalgas, asentaderas, trasero, culo.
posar, depositar, dejar, colocar, soltar. **Ant.** Remover.// -se, descansar, apoyarse, reposar, descender, detenerse. **Ant.** Remontarse, marcharse.// Sedimentarse, decantarse, depositarse.
pose, postura, actitud, apariencia, ademán, aire, continente, porte, gesto.// Afectación, empaque, amaneramiento, fingimiento. **Ant.** Naturalidad, sencillez.
poseedor-ra, dueño, propietario, amo, titular, tenedor. **Ant.** Desprovisto, necesitado.
poseer, tener, disfrutar, obtener, lograr, conseguir, contar con, dominar, disponer de. **Ant.** Carecer, necesitar.// Saber, conocer.// Abusar, forzar, yacer, copular, fornicar. **Ant.** Respetar.
poseído-da, endemoniado, poseso, hechizado, embrujado. **Ant.** Exorcizado.
posesión, heredad, finca, hacienda, predio.// Propiedad, dominio, usufructo, tenencia, adquisición, pertenencia. **Ant.** Carencia.// Colonia, feudo, dominio.
poseso-sa, poseído (v.).
posibilidad, probabilidad, contingencia, eventualidad, facultad, potencia, aptitud, poder. **Ant.** Imposibilidad.
posible, probable, eventual, virtual, verosímil, practicable, admisible, factible, realizable, asequible, concebible, hacedero. **Ant.** Imposible, utópico.
posición, postura, actitud, disposición, estado.// Colocación, ubicación, emplazamiento, sitio, lugar, punto.// Nivel, categoría, clase, esfera, condición.// Reducto, trinchera, fortificación.
positivo-va, cierto, seguro, afirmativo, concreto, verdadero, efectivo, real, auténtico, indubable, innegable. **Ant.** Incierto, irreal, inseguro.
poso, sedimento, remanente, sarro, asiento, residuo, turbiedad. **Ant.** Suspensión. **Par.** Pozo.
posponer, aplazar, retrasar, diferir, retardar. **Ant.** Adelantar.// Menospreciar, relegar, postergar, preterir. **Ant.** Exaltar, anteponer.
poste, sostén, palo, madero, columna, estaca, mástil, pilar, tronco, asta, soporte, mojón, hito, señal, aviso.
postergación, posposición, preterición, relegamiento, olvido, menosprecio, desconsideración. **Ant.** Recuerdo, vigencia.// Aplazamiento, prórroga, retardo, moratoria, demora. **Ant.** Adelanto, anticipación.
postergar, preterir, humillar, omitir, posponer, menospreciar. **Ant.** Ensalzar, anteponer.// Aplazar, prorrogar, diferir, retardar, retrasar. **Ant.** Adelantar, anticipar.
posteridad, mañana, porvenir, futuro, suerte, hado. **Ant.** Pasado, anterioridad.// Sucesión, descendencia, progenie, herencia, familia. **Ant.** Ascendencia.
posterior, ulterior, postrero, siguiente, zaguero, sucesivo, seguido, detrás, último, trasero. **Ant.** Anterior, vanguardia.
posterioridad, posteridad (v.), sucesión, continuación. **Ant.** Comienzo, anterioridad.

postigo, contrapuerta, contraventana, portillo, traspuerta.

postizo, falso, artificial, añadido, sobrepuesto, fingido, supuesto, ficticio.// Peluca, peluquín.

postor-ra, licitador, pujador, licitante, concursante.

postración, decaimiento, debilidad, abatimiento, desánimo, aflicción, languidez, desfallecimiento, extenuación. **Ant.** Vigor, ánimo.

postrar, abatir, rendir, humillar, inclinar.// -se, desfallecer, debilitarse, abatirse, acobardarse, desanimarse, languidecer. **Ant.** Animarse, vigorizarse.// Arrodillarse, hincarse, prosternarse, humillarse, venerar, adorar. **Ant.** Erguirse.

postrero-ra, posterior, último, zaguero, ulterior, póstumo, extremo. **Ant.** Anterior, primero.

postrimería, ocaso, fin, final, muerte, decadencia, acabamiento, consumación, desenlace. **Ant.** Principio.

postulación, petición, solicitud, demanda, súplica, petitorio. **Ant.** Entrega.

postulante, pretendiente, solicitante, candidato, aspirante, demandante. **Ant.** Dador.

postular, solicitar, pedir, demandar, pretender, reclamar. **Ant.** Ofrecer, dar.

póstumo-ma, último, postrero, posterior, final, postrimero. **Ant.** Primero, anterior.

postura, posición, actitud, pose (v.), colocación, situación.

potable, puro, bebible, saludable. **Ant.** Impotable.

pote, vasija, bote, tarro, recipiente, frasco, envase, vaso, tiesto, maceta.

potencia, fuerza, vigor, fortaleza, poder, pujanza, capacidad, energía, brío. **Ant.** Impotencia, debilidad.

potencial, probable, eventual, latente, posible. **Ant.** Improbable, imposible.// Capacidad, posibilidad, energía, potencia, poder. **Ant.** Impotencia, debilidad.

potenciar, favorecer, incrementar, desarrollar, aumentar, fortificar, fortalecer. **Ant.** Debilitar, atenuar, disminuir.

potentado-da, millonario, acaudalado, poderoso, pudiente, magnate, opulento. **Ant.** Humilde, pobre.

potente, vigoroso, fuerte, enérgico, robusto, recio, brioso, pujante, poderoso, fornido, indómito, rollizo, corpulento, majestuoso, soberano. **Ant.** Impotente, débil.

potestad, facultad, dominio, poder, jurisdicción, mando, autoridad. **Ant.** Debilidad.// Privilegio, prerrogativa, atribución, virtud. **Ant.** Prohibición.

potro, caballo, corcel.

poyo, banco, estrado, sitial, asiento. **Par.** Pollo.

poza, charca, alberca, balsa, charco, hoya, estanque, cenagal, pozuela. **Par.** Posa.

pozo, hoyo, foso, excavación, depresión, hueco, agujero, perforación, túnel, sima, sumidero. **Par.** Poso.

práctica, experiencia, costumbre, rutina, uso, hábito, ejercicio, aplicación, trabajo, ejercitación, acción, usanza, pericia, destreza, praxis, adiestramiento, habilidad. **Ant.** Inexperiencia, ineptitud.

practicar, ejecutar, ejercer, ejercitar, obrar, trabajar, usar, manejar, maniobrar, acostumbrarse, adiestrarse, instruirse. **Ant.** Abandonar.

práctico-ca, experto, diestro, preparado, avezado, experimentado, perito, ducho, versado, hábil, fogueado. **Ant.** Inexperto.// Útil, provechoso, cómodo, beneficioso, funcional, conveniente, aprovechable. **Ant.** Inútil.

pradera, prado, campiña, pastizal, terreno, pasto. **Ant.** Yermo, erial, desierto.

prado, pradera, dehesa, pastos, césped, campiña, llano, llanura. **Ant.** Montaña, yermo, desierto.

preámbulo, prólogo, exordio, prefacio, introito, introducción, preludio, presentación, preparación, comienzo, exposición. **Ant.** Epílogo, desenlace.

prebenda, beneficio, renta, dote, beca, canonjía.// Provecho, ventaja.// Empleo, cargo, destino, ocupación. **Ant.** Desventaja, pérdida.

precario-ria, efímero, frágil, transitorio, inseguro, inestable, incierto, perecedero. **Ant.** Estable, firme, duradero.

precaución, cautela, prudencia, recaudo, previsión, prevención, moderación, reserva, sensatez, tacto. **Ant.** Imprevisión, imprudencia.

precaver, prever, prevenir.// Rehuir, sortear, conjurar, preservar. **Ant.** Aventurar, confiar.

precavido-da, previsor, prevenido, cauto, cauteloso. **Ant.** Imprevisor, confiado, desprevenido.

precedencia, anterioridad, anteposición. **Ant.** Posterioridad.// Preferencia, superioridad, preeminencia, predominio. **Ant.** Subordinación.

precedente, precitado, antedicho.//Antecedente, previo, antepuesto, preliminar, anterior. **Ant.** Consecuente, siguiente.

preceder, anticipar, anteceder, adelantar, anteponer, encabezar, conducir, guiar. **Ant.** Seguir.// Descollar, aventajar, sobresalir, predominar, superar, destacarse. **Ant.** Subordinarse, someterse.

precepto, mandamiento, norma, regla, reglamento, mandato, prescripción, principio, ordenanza, disposición, decreto, ley, obligación. **Ant.** Irregularidad, desorden.// Disciplina, régimen, normalidad, ortodoxia. **Ant.** Desgobierno, irregularidad.

preceptor-ra, maestro, ayo, tutor, monitor, instructor, guía, auxiliar, consejero. **Ant.** Alumno, discípulo.

preces, oraciones, rezos, ruegos, súplicas, plegarias, imploraciones, votos.

preciado-da, apreciado, estimado, valioso, querido, estimable, amado. **Ant.** Despreciado, despreciable.

preciar, estimar, considerar, valorar, apreciar, evaluar, tasar. **Ant.** Despreciar.// -se, jactarse, presumir, alabarse.

precintar, sellar, lacrar, asegurar, garantizar. **Ant.** Abrir.

precinto, sello, lacre, cierre, fleje, ligadura, marbete, sujetador.

precio, valor, cotización, tasación, valía, estimación, evaluación, tasa, costo, importe.// Consideración, estimación, significación. **Ant.** Desconsideración, desprecio.

preciosidad, hermosura, belleza, lindeza, beldad, primor, encanto, ricura, graciosidad. **Ant.** Fealdad.

precioso-sa, primoroso, hermoso, bello, bonito, delicioso, exquisito, gracioso, atractivo, perfecto. **Ant.** Feo, repugnante.// Valioso, preciado, estimado, importante, raro, costoso, caro. **Ant.** Despreciable.

precipicio, despeñadero, barranco, vertiente, abismo, talud, quebrada, desfiladero, sima, fosa. **Ant.** Llano, planicie.

precipitación, apremio, prisa, apresuramiento, premura, atropello, aceleración, prontitud, celeridad, atolondramiento, brusquedad, arrebato. **Ant.** Pausa, serenidad.

precipitado-da, atropellado, alocado, impulsivo, impetuoso, violento, atolondrado, arrebatado, inconsciente, desenfrenado. **Ant.** Calmo, sereno, templado.// Caído, arrojado, despeñado, tirado.

precipitar, arrojar, lanzar, despeñar, tirar, empujar, derribar, derrumbar. **Ant.** Sujetar, retener.// -se, apresurarse, atolondrarse, adelantarse, abalanzarse, arrojarse, impacientarse, atropellarse. **Ant.** Calmarse, contenerse, tranquilizarse.

precisar, delimitar, concretar, determinar, puntualizar, especificar, fijar, señalar, establecer, detallar, deslindar. **Ant.** Indeterminar, esbozar.// Exigir, obligar, constreñir, compeler, coaccionar. **Ant.** Permitir.// Necesitar, urgir, requerir, demandar, exigir, carecer. **Ant.** Sobrar, abundar.

precisión, necesidad, obligación menester, requisito, carencia, apremio.// Exactitud, puntualidad, rigor, fidelidad, regularidad. **Ant.** Inexactitud.// Rigurosidad, concisión, delimitación, brevedad. **Ant.** Imprecisión, incertidumbre.

preciso-sa, obligatorio, necesario, indispensable, forzoso, imperioso, esencial, útil, inexcusable, irreemplazable. **Ant.** Innecesario.// Determinado, puntual, justo, fiel, definido, certero, riguroso, conciso, exacto, categórico, estricto. **Ant.** Inexacto, impreciso, difuso.

preclaro-ra, ilustre, esclarecido, afamado, insigne, conspicuo, notable, egregio, célebre, principal, admirado, glorioso. **Ant.** Anónimo, desconocido.

precocidad, anticipación, prontitud, prematuridad, inexperiencia. **Ant.** Atraso, experiencia.

preconcebir, madurar, pensar, meditar, planear, proyectar, premeditar, anticipar, estudiar. **Ant.** Desconsiderar.

preconizar, encomiar, ensalzar, alabar, celebrar, ponderar, elogiar, exaltar. **Ant.** Vituperar, rebajar.

recoz, anticipado, temprano, prematuro, adelantado, aventajado, avanzado. **Ant**. Retrasado, tardo, maduro.

recursor-ra, avanzado, primero, profeta, anticipador, pionero, iniciador, adelantado, anunciador. **Ant**. Continuador.// Progenitor, antecesor, antepasado. **Ant**. Descendiente.

redecesor-ra, precursor (v.), antepasado, antecesor, ascendiente, progenitor. **Ant**. Descendiente.

redecir, adivinar, anunciar, presagiar, profetizar, vaticinar, adelantarse, augurar, prever, pronosticar. **Ant**. Desconocer, equivocarse.

redestinación, fatalidad, hado, sino, destino, suerte, determinación, estrella. **Ant**. Albedrío, incertidumbre.

redestinado-da, destinado, señalado, escogido, elegido, consagrado.

redestinar, elegir, anunciar, destinar, consagrar, señalar, sentenciar, reservar.

rédica, sermón, arenga, perorata, exhortación, predicación, homilía.

redicamento, autoridad, estima, consideración, reputación, notoriedad, crédito. **Ant**. Descrédito.

predicar, misionar, evangelizar, sermonear, catequizar, adiestrar, instruir. **Ant**. Descarriar.// Amonestar, reprender, regañar, exhortar, recomendar. **Ant**. Alabar, ensalzar.

predicción, profecía, pronóstico, presagio, vaticinio, adivinación, anuncio, augurio, oráculo, señal, agüero, sospecha, previsión. **Ant**. Yerro, equivocación.

predilección, preferencia, inclinación, predisposición, protección, distinción. **Ant**. Aversión, repulsión.// Ventaja, primacía, valimiento, favoritismo. **Ant**. Objetividad, imparcialidad.

predilecto-ta, favorito, preferido, dilecto, elegido. **Ant**. Rechazado, menospreciado.

predio, feudo, posesión, dominio, finca, heredad, hacienda, propiedad, solar.

predisponer, disponer, inclinar, influir, preparar, aprestar.

predisposición, propensión, inclinación, tendencia, preferencia, vocación, atracción, cariño, interés. **Ant**. Aborrecimiento, aversión.

predominante, preponderante, dominante, sobresaliente, preeminente, prestigioso, aventajado. **Ant**. Oscuro, inadvertido.

predominar, preponderar, prevalecer, dominar, descollar, sobresalir, superar, aventajar, influir, imperar. **Ant**. Depender, someterse.

predominio, dominio, señorío, poder, autoridad, superioridad, influjo, supremacía, imperio, ascendiente, dominación, potestad. **Ant**. Sometimiento.

preeminencia, preponderancia, supremacía, privilegio, prerrogativa, preferencia, ventaja, superioridad. **Ant**. Inferioridad.

preeminente, preponderante, descollante, sobresaliente, destacado, insigne, sumo, supremo, superior, eminente. **Ant**. Insignificante, bajo.

preexistencia, anterioridad, precedencia, prelación. **Ant**. Posterioridad.

preexistir, preceder, anteceder, anticipar, anteponer. **Ant**. Seguir, sobrevivir.

prefacio, introito, preámbulo (v.), introducción, prólogo, exordio. **Ant**. Epílogo.

preferencia, predilección, propensión, inclinación, primacía, favor, distinción, parcialidad, tendencia, ventaja. **Ant**. Hostilidad, repulsión.

preferente, predominante, preponderante, predilecto, prevaleciente, distinguido, aventajado. **Ant**. Inferior, relegado.

preferible, preferente (v.), deseable, mejor, superior, primero, envidiable. **Ant**. Relegado.

preferido-da, predilecto, favorito, distinguido, dilecto, escogido, elegido, mimado, querido. **Ant**. Rechazado, malquisto.

preferir, proteger, anteponer, elegir, distinguir, seleccionar, favorecer. **Ant**. Postergar.// Desear, optar, querer, ansiar. **Ant**. Odiar.

prefijar, determinar, predefinir, precisar, predeterminar, anteponer, establecer, estipular, preestablecer. **Ant**. Indeterminar, desculdar, posponer.

prefigurar, adivinar, predecir (v.), vaticinar, barruntar. **Ant**. Equivocarse, desconocer.

pregón, proclama, anuncio, notificación, aviso, divulgación, promulgación, información, edicto, mandato. **Ant**. Silencio.

pregonar, publicar, proclamar, divulgar, vocear, anunciar, avisar, propagar, informar, enterar, notificar, advertir. **Ant**. Callar, silenciar.

pregunta, interrogación, interpelación, cuestión, interrogatorio, cuestionario, consulta, pesquisa. **Ant**. Respuesta, contestación.

preguntar, interrogar, interpelar, inquirir, consultar, investigar, examinar, averiguar. **Ant**. Contestar, responder.

preguntón-na, inquisidor, inquiridor, interrogador, indiscreto, inoportuno, entremetido. **Ant**. Contestón.

prejuicio, aprensión, escrúpulo, prevención, parcialidad, obcecación, recelo. **Ant**. Imparcialidad, objetividad.

prejuzgar, preconcebir, figurarse, presumir, desconfiar, prevenir, predecir, recelar. **Ant**. Reflexionar, confiar.

prelación, anticipación, prioridad, primacía, preferencia (v.), antelación. **Ant**. Posterioridad, preteritación.

prelado, pontífice, papa, obispo, cardenal, clérigo, pastor, párroco, nuncio, jerarca, legado.

preliminar, inicial, anterior, preparatorio, antecedente, primordial. **Ant**. Posterior, final.// Prólogo, preámbulo, principio, introito, prefacio, proemio. **Ant**. Epílogo.

preludiar, probar, ensayar.// Iniciar, introducir, anunciar, preparar, empezar, dar el tono. **Ant**. Terminar, finalizar.

preludio, ensayo, prueba, acorde, arpegio.// Prólogo, preámbulo, introducción, principio, introito. **Ant**. Final, coda.

prematuro-ra, precoz (v.), anticipado. **Ant**. Maduro.

premeditación, deliberación, preparación, reflexión, previsión, recapacitación, proyecto. **Ant**. Impremeditación, irreflexión.

premeditado-da, deliberado, planeado, proyectado, preparado, madurado, urdido, pensado, reflexionado. **Ant**. Impremeditado, improvisado.

premeditar, reflexionar, deliberar, meditar, proyectar, planear, preparar, pensar. **Ant**. Despreocuparse.

premiar, galardonar, laurear, recompensar, retribuir, remunerar, gratificar, homenajear, coronar, condecorar, glorificar. **Ant**. Denigrar, condenar, humillar, castigar.

premio, recompensa, gratificación, lauro, galardón, distinción, honor, honra, enaltecimiento, remuneración, retribución, pago, distinción, concesión. **Ant**. Castigo.

premioso-sa, lento, tardo, pausado, retardado, moroso, parsimonioso, remiso. **Ant**. Rápido, ligero.// Molesto, gravoso. **Ant**. Ameno, agradable.// Perentorio, apremiante, acucioso, urgente. **Ant**. Aplazable.

premisa, indicio, señal, vestigio, signo, síntoma.// Proposición, antecedente, supuesto.

premonición, presentimiento, corazonada, sospecha, conjetura, presagio, anuncio, anticipación.

premura, apuro, prisa, urgencia, prontitud, perentoriedad, apremio, precipitación. **Ant**. Lentitud, calma.

prenda, ropa, atavío, vestido, traje.// Mueble, alhaja, útil, enseres, utensilios, ajuar.// Cualidad, virtud, facultad, dote, capacidad, atributo. **Ant**. Defecto.// Garantía, resguardo, fianza, caución, aval, hipoteca, rehén, crédito, vale.

prendarse, enamorarse, encariñarse, aficionarse. **Ant**. Aborrecer.

prender, sujetar, agarrar, asir, tomar, aferrar, aprehender, trabar. **Ant**. Soltar.// Encarcelar, apresar, detener. **Ant**. Liberar.// Arraigar, prosperar, echar raíces. **Ant**. Decaer.// Encender, quemar, inflamar, abrasar, arder. **Ant**. Apagar.

prensa, compresora, estampadora, impresora, troquel, apelmazador, troqueladora, imprenta.// Periódicos, revistas, publicaciones, periodismo.

prensar, comprimir, estrujar, aplastar, apretujar, apretar, imprimir. **Ant**. Aflojar, expandir.

preñada, encinta, embarazada, grávida, gestante, gruesa.

preñado-da, cargado, colmado, lleno, copioso, exuberante, abundante, fecundo. *Ant.* Estéril, vacío.

preñar, fecundar, fertilizar, embarazar. *Ant.* Esterilizar.

preñez, embarazo, gestación, gravidez. *Ant.* Esterilidad.

preocupación, intranquilidad, inquietud, desasosiego, ansiedad, desazón, malestar, pesadumbre, angustia, mortificación, aflicción, turbación, tribulación. *Ant.* Despreocupación, tranquilidad.

preocupado-da, intranquilo, inquieto, ensimismado, abstraído, pensativo, cabizbajo, meditabundo, turbado, obsesionado, desvelado, mortificado, angustiado, afligido. *Ant.* Despreocupado, tranquilo, sosegado, confiado.

preocupar, intranquilizar, desasosegar, turbar, agitar, inquietar, alarmar, obsesionar, atribular, angustiar, perturbar, excitar, mortificar, agitar, afligir, acongojar. *Ant.* Despreocupar, sosegar, alegrar.// **-se**, interesarse, dedicarse, encargarse, cuidar. *Ant.* Despreocuparse, desinteresarse.

preparación, disposición, prevención, previsión, apresto, organización, aprontamiento, acondicionamiento, aparejamiento. *Ant.* Improvisación, impremeditación.// Introducción, preámbulo, preliminares, prólogo, gestación. *Ant.* Epílogo, final.// Instrucción, estudio, cultura, sabiduría. *Ant.* Incultura.

preparado-da, listo, dispuesto, prevenido, aparejado, presto, practicado. *Ant.*. Desprevenido, improvisado.// Capacitado, educado, instruido, culto, conocedor. *Ant.* Inculto, ignorante.

preparar, aprestar, prevenir, disponer, arreglar, aparejar, organizar, urdir, ordenar, elaborar, proyectar, ensayar, comenzar, hacer. *Ant.* Improvisar, desorganizar, omitir.// Instruir, capacitar, enseñar, informar, ilustrar. *Ant.* Abandonar.

preparativos, proyectos, preliminares, disposiciones, previsiones, ensayos, comienzos, arreglos, trámites. *Ant.* Improvisaciones.

preparatorio-ria, preparativo, inicial, básico.

preponderancia, predominio, superioridad, preeminencia, hegemonía, prestigio, primacía, supremacía, autoridad, influencia. *Ant.* Inferioridad, dependencia.

preponderante, sobresaliente, aventajado, elevado, superior, prevaleciente, influyente, predominante, prestigioso, hegemónico, supremo. *Ant.* Inferior, subordinado.

preponderar, aventajar, pasar, exceder, superar, predominar, prevalecer, sobresalir, dominar, descollar, influir, destacar, imperar. *Ant.* Depender.

prepotencia, poderío, dominio, fuerza. *Ant.* Inferioridad, servidumbre.

prepotente, dominador, poderoso, dominante, enérgico, subyugador, opresor. *Ant.* Dependiente, débil.

prerrogativa, gracia, privilegio, exención, merced, ventaja, dispensa, inmunidad, facultad, preferencia, atributo, derecho, franquicia, distinción, poder, preeminencia, valimiento. *Ant.* Desventaja, igualdad, imparcialidad.

presa, botín trofeo, captura, despojo, rapiña, rehén. *Ant.* Devolución.// Dique, embalse, represa, muro, reparo.

presagiar, pronosticar, vaticinar, augurar, predecir, presentir, prever, anunciar, adivinar. *Ant.* Errar, equivocarse.

presagio, vaticinio, augurio, predicción, anuncio, presentimiento, adivinación, pronóstico, agüero, prefiguración, auspicio, premonición, conjetura. *Ant.* Error, equivocación.

presbítero, sacerdote, párroco, cura, clérigo.

prescindir, desentenderse, excluir, dejar, eliminar, retirar, expulsar, relegar, desechar, desembarazarse, repudiar, renunciar, posponer, privarse, despreciar. *Ant.* Considerar, contar con, incluir.

prescribir, terminarse, caducar, vencer, concluir, extinguirse, finalizar, anularse. *Ant.* Comenzar, convalidar.// Ordenar, disponer, dictar, determinar, preceptuar, fijar, establecer, recetar. *Ant.* Obedecer.

prescripción, orden, mandato, disposición, precepto, ordenanza, acuerdo, constitución. *Ant.* Acatamiento.// Conclusión, extinción, caducidad, vencimiento. *Ant.* Prórroga, vigencia.

prescrito-ta, caduco, anulado, tardío, cesado, terminado acabado, extinguido, vencido. *Ant.* Vigente, actual.

presea, alhaja, prenda, gala, adorno, aderezo.

presencia, aspecto, apariencia, aire, traza, figura, planta porte.// Asistencia, comparencia, existencia, aparición, estancia, permanencia, estado. *Ant.* Ausencia.

presenciar, asistir, observar, ver, testimoniar, contemplar concurrir, estar presente, ser testigo. *Ant.* Ignorar, ausentarse.

presentable, correcto, limpio, aseado, digno, conveniente, decente. *Ant.* Impresentable, indigno.

presentación, exhibición, manifestación, muestra, demostración, exteriorización, ostentación. *Ant.* Ocultación.// Introducción, ceremonia, saludo.// Prólogo (v.), proemio preámbulo (v.). *Ant.* Epílogo.

presentar, mostrar, exhibir, exteriorizar, ostentar, exponer enseñar, lucir, descubrir. *Ant.* Ocultar, esconder.// Introducir, exponer, explicar, anunciar.// **-se**, comparecer, asistir acudir, llegar. *Ant.* Ausentarse.// Saludar, conocer, vincularse. *Ant.* Desvincularse.

presente, asistente, concurrente, testigo, espectador, circunstante. *Ant.* Ausente.//Regalo, obsequio, dádiva ofrenda, don, cumplido, donativo. *Ant.* Exacción.// Actual, reciente, vigente, contemporáneo, moderno. *Ant.* Antiguo, pasado.// Actualidad, vigencia, hoy, ahora. *Ant.* Pasado.

presentimiento, presagio, premonición, sospecha, corazonada, augurio, agüero, adivinación, intuición, revelación, prenuncio, anuncio, aviso, conjetura, pálpito. *Ant.* Equivocación.

presentir, adivinar, sospechar, presagiar, preconocer, pronosticar, conjeturar, intuir, prever. *Ant.* Equivocarse.

preservación, mantenimiento, conservación, protección, amparo, resguardo, defensa, salvaguardia, custodia. *Ant.* Descuido, negligencia, desamparo.

preservar, proteger, defender, amparar, salvaguardar, conservar, mantener, resguardar, garantizar. *Ant.* Desproteger

preservativo, condón, profiláctico, protección.

presidencia, jefatura, superioridad, directiva.

presidente, gobernador, jefe, guía, gobernante, superior cabeza, administrador, principal. *Ant.* Subordinado, gobernado.

presidiario-ria, recluso, preso, penado, prisionero, condenado, cautivo. *Ant.* Libre.

presidio, reclusión, prisión, cárcel, penitenciaría, penal.

presidir, gobernar, regir, mandar, encabezar, guiar, dirigir, ordenar. *Ant.* Obedecer.

presión, tensión, compresión, opresión, apretón, estrujamiento, aplastamiento, fuerza. *Ant.* Relajación.// Apremio, coacción, imposición, conminación. *Ant.* Sugerencia.

presionar, apretar, comprimir, estrujar, aplastar, prensar, exprimir. *Ant.* Soltar, aflojar.// Coaccionar, obligar, violentar, conminar, influir, forzar, imponer. *Ant.* Sugerir.

preso-sa, recluso, presidiario, penado, cautivo, prisionero, condenado. *Ant.* Libre.

prestación, servicio, asistencia, auxilio, ayuda. *Ant.* Desasistencia.// Préstamo (v.).// Renta, impuesto.

prestamista, especulador, usurero (v.). *Ant.* Prestatario, deudor.

préstamo, empréstito, adelanto, anticipo, crédito, cesión, prestación, financiación, garantía. *Ant.* Deuda.

prestancia, distinción, excelencia, porte, gallardía, donaire, garbo, gracia, figura, estilo. *Ant.* Vulgaridad.

prestar, anticipar, adelantar, empeñar, fiar, ofrecer, entregar. *Ant.* Devolver.// Facilitar, favorecer, auxiliar, socorrer, suministrar, asistir, beneficiar, servir. *Ant.* Abandonar.// **-se**, ofrecerse, avenirse, resignarse. *Ant.* Negarse.

presteza, prontitud, rapidez, ligereza, diligencia, prisa, agilidad, actividad, aceleración, resolución. *Ant.* Lentitud, irresolución.

prestidigitación, habilidad, destreza, truco, juego de manos.

prestigiar, honrar, acreditar, estimar, reputar, afamar. *Ant.* Desprestigiar, desacreditar.

restigio, crédito, fama, reputación, renombre, celeridad, honra, importancia, predicamento, autoridad. **Ant.** Desprestigio, descrédito.

restigioso-sa, acreditado, famoso, reputado, renombrado, afamado, célebre, influyente, popular, valido. **Ant.** Desacreditado, desprestigiado.

resto-ta, pronto, veloz, rápido, raudo, ligero, ágil, expeditivo. **Ant.** Lento.// Listo, preparado, aparejado, dispuesto. **Ant.** Desprevenido.// Diligente, activo, resuelto, eficaz. **Ant.** Indolente, tardo.

resumible, previsible, factible, probable, presunto, posible, conjeturable. **Ant.** Imprevisible, improbable.

resumido-da, vanidoso, presuntuoso, orgulloso, petulante, ostentoso, ufano, pretencioso, creído, ensoberbecido, jactancioso. **Ant.** Sencillo, modesto.

resumir, sospechar, conjeturar, suponer, barruntar, maliciar, prever, husmear. **Ant.** Ignorar, desconocer.// Vanagloriarse, envanecerse, enorgullecerse, engreírse, alardear, pavonearse, fanfarronear. **Ant.** Humillarse, menospreciar.

resunción, sospecha, suposición, conjetura, asomo, barrunto. **Ant.** Ignorancia, desconocimiento.// Vanidad, alarde, pavoneo, ostentación, orgullo, soberbia, petulancia, engreimiento, impertinencia, pedantería, fanfarronería. **Ant.** Humildad, sencillez.

resuntuoso-sa, engreído, fatuo, presumido (v.), petulante, insolente, vanidoso. **Ant.** Humilde.

resuponer, suponer, conjeturar, sospechar, figurarse, presumir, estimar, barruntar, deducir, entrever. **Ant.** Desestimar.

resupuesto, evaluación, cálculo, cómputo, importe, supuesto, hipótesis, presuposición, postulado.// Causa, pretexto, motivo.

resuroso-sa, apresurado, rápido, raudo, veloz, activo, vertiginoso. **Ant.** Lento, calmoso.

retencioso-sa, presumido, jactancioso, presuntuoso (v.), engreído, vanidoso. **Ant.** Humilde, sencillo.

retender, ambicionar, anhelar, procurar, solicitar, reclamar, codiciar, perseguir. **Ant.** Desistir.

retendiente, aspirante, solicitante, candidato, suplicante. **Ant.** Titular.// Galanteador, enamorado. **Ant.** Desdeñoso.

retensión, reclamación, petición, demanda, aspiración, ambición, empeño. **Ant.** Renuncia.// **-es**, deseos, anhelos, ganas, ínfulas, vanagloria, impertinencias. **Ant.** Modestia, humildad.

reterir, relegar, excluir, postergar, posponer, omitir, olvidar. **Ant.** Incluir, recordar.

retérito-ta, pasado, ido, distante, retrospectivo, caduco, vencido, antiguo, remoto. **Ant.** Actual, próximo, futuro.// Ayer. **Ant.** Hoy.

retextar, alegar, excusarse, justificar, disculparse, defenderse, achacar. **Ant.** Admitir.

retexto, excusa, disculpa, alegato, argumento, coartada, razón, motivo, causa, subterfugio, argucia, evasiva. **Ant.** Sinceridad, verdad, realidad.

retil, valla, antepecho, baranda, pasamano, cercado.

retina, correa, cinturón, cincha, tira, banda.

revalecer, sobresalir, superar, aventajar, descollar, preponderar, predominar, imperar, reinar, señorear, imponerse, valer, brillar, dominar. **Ant.** Someterse, humillarse.

revaricación, transgresión, infracción, violación, contravención, falta, delito. **Ant.** Observancia.

prevaricar, delinquir, transgredir, faltar, incumplir, quebrantar, infringir, violar. **Ant.** Cumplir, respetar.

prevención, aviso, cautela, recelo, aprensión, desconfianza, suspicacia, prejuicio, duda. **Ant.** Seguridad, confianza.// Preparación, precaución, preparativos, disposición, organización, providencia. **Ant.** Imprevisión.

prevenir, avisar, advertir, informar, participar, notificar, comunicar. **Ant.** Silenciar, callar.// Preparar, aparejar, disponer, aprestar, aprontar, apercibir. **Ant.** Desprevenir, inadvertir.// Evitar, impedir, eludir, estorbar, obstaculizar. **Ant.** Facilitar, favorecer.

prever, adivinar, vaticinar, preconocer, presumir, sospechar, presentir, presagiar, profetizar, pronosticar, anticipar. **Ant.** Errar, equivocarse.

previo-via, anterior, anticipado, antecedente, preliminar, precursor. **Ant.** Posterior.

previsible, presumible, predecible, probable, pronosticable, forzoso, fatal. **Ant.** Imprevisible, improbable, inimaginable.

previsión, precaución, prudencia, cautela, cuidado, atención, desconfianza. **Ant.** Imprevisión, imprudencia.// Presentimiento, sospecha, pronóstico, suposición, anuncio. **Ant.** Ignorancia, desconocimiento.

previsor-ra, cauto, precavido, prudente, apercibido, prevenido, avisado, cauteloso, advertido. **Ant.** Imprevisor, incauto, confiado.

previsto-ta, sabido, conocido, anticipado, predicho. **Ant.** Ignorado.

prez, estimación, distinción, consideración, estima, fama, honra, gloria, nobleza. **Ant.** Desconsideración, deshonor.

prima, recompensa, regalo, premio (v.), indemnización, sobreprecio, estímulo, comisión, cuota.

primacía, superioridad, supremacía, preponderancia, preeminencia, preferencia, ventaja, prioridad, predominio. **Ant.** Inferioridad, desventaja.

primado, superior, prelado.

primario-ria, primero, primordial, fundamental, principal. **Ant.** Secundario, auxiliar.// Primitivo, inicial, elemental, rudimentario, antiguo, anticuado. **Ant.** Nuevo, reciente.

primaveral, juvenil, fresco, flamante, renacido, lozano, vigoroso, alegre. **Ant.** Invernal, otoñal, viejo.

primerizo-za, novato, principiante, bisoño, neófito, inexperto, novicio.// Primípara. **Ant.** Experto, veterano.

primero, primitivo, inicial, primario (v.), preliminar, originario, inaugural. **Ant.** Final, postrero.// Principal, precursor, delantero, superior, primordial, fundamental. **Ant.** Secundario.// Antes, al comienzo, al principio, anteriormente, antiguamente. **Ant.** Después.

primicia, principio, comienzo, inicio. **Ant.** Final.// Privilegio, exclusividad, ventaja. **Ant.** Desventaja.

primitivo-va, antiguo, viejo, originario, autóctono, oriundo, original. **Ant.** Actual, derivado.// Rudo, salvaje, sencillo, rudimentario, tosco. **Ant.** Perfeccionado.// Primero (v.), primario (v.), inicial. **Ant.** Posterior, postrero.

primogénito-ta, primero, mayorazgo, heredero, hijo mayor. **Ant.** Segundogénito.

primor, cuidado, perfección, finura, exquisitez, delicadeza, gracia, destreza, habilidad, maestría, pulcritud, belleza. **Ant.** Imperfección.

primordial, fundamental, originario, principal, primitivo (v.), esencial, primario (v.), sustancial, original. **Ant.** Secundario, accidental, eventual.

primoroso-sa, delicado, fino, pulido, exquisito, bello, bonito, gracioso, grácil, atractivo, excelente, perfecto. **Ant.** Imperfecto.// Diestro, hábil, habilidoso. **Ant.** Inhábil.

principal, fundamental, importante, esencial, primordial (v.), preferente, sustancial, trascendental, señalado. **Ant.** Secundario, incidental.// Notable, distinguido, respetable, famoso, esclarecido, ilustre. **Ant.** Insignificante, humilde.

principiante, novicio, neófito, bisoño, novel, aprendiz, debutante, incipiente, primerizo (v.), novato, inexperto, practicante. **Ant.** Experto, ducho, veterano.

principiar, comenzar, empezar, iniciar, encabezar, inaugurar, fundar, preludiar, abordar. **Ant.** Rematar, concluir.// Surgir, nacer, brotar. **Ant.** Extinguir, acabar, morir.

principio, inicio, comienzo, origen, génesis, causa, inauguración, estreno, introducción, partida, iniciación, arranque, entrada. **Ant.** Final.// Base, fundamento, cimiento. **Ant.** Consumación.// Precepto, norma, regla, máxima.

pringar, engrasar, untar, manchar, tiznar, emporcar. **Ant.** Limpiar.// Mancillar, deshonrar, denigrar. **Ant.** Honrar, enaltecer.

pringoso-sa, grasiento, sucio, seboso, untoso, manchado, cochino. **Ant.** Limpio.

pringue, grasa, unto, tocino, sebo, manteca.// Suciedad (v.). **Ant.** Limpieza, aseo.

prior, superior, abad, rector, director, prelado, primado.

prioridad, preferencia, preeminencia, prerrogativa, preponderancia. *Ant.* Desventaja.// Anterioridad, precedencia, primacía, antelación. *Ant.* Posterioridad.

prisa, rapidez, urgencia, celeridad, premura, presteza, perentoriedad, aceleración, apremio. *Ant.* Parsimonia, lentitud.

prisión, cárcel, mazmorra, presidio, penal, reformatorio, penitenciaría, celda. *Ant.* Libertad.// Reclusión, encarcelamiento, arresto, captura, pena, condena, cautiverio, cautividad. *Ant.* Liberación.

prisionero-ra, preso, cautivo, detenido, recluido, encarcelado, arrestado, recluso, presidiario, penado, rehén, galeote. *Ant.* Libre.

prismáticos, binoculares, anteojos, largavistas, gemelos.

prístino-na, originario, primero (v.), antiguo, primitivo, original, primigenio. *Ant.* Moderno.

privación, carencia, falta, ausencia, necesidad, escasez, penuria, miseria. *Ant.* Abundancia, riqueza.// Despojo, desposeimiento, usurpación, prohibición. *Ant.* Restitución.

privado-da, particular, personal, íntimo, familiar, reservado, exclusivo. *Ant.* Público.// Favorito, predilecto, preferido. *Ant.* Detestado.// Despojado, desposeído, desprovisto, desvalijado. *Ant.* Restituido.

privanza, favoritismo, preferencia, favor, valimiento. *Ant.* Desconfianza.// Intimidad, exclusividad. *Ant.* Generalidad.

privar, quitar, despojar, desheredar, usurpar, expoliar, robar, tomar, hurtar, expropiar, sustraer. *Ant.* Restituir, devolver.// Prohibir, vedar. *Ant.* Permitir.

privativo-va, propio, exclusivo, particular, privado, individual. *Ant.* Común, general.

privilegiado-da, favorito, elegido, aventajado, predilecto, especial, superior, excelente. *Ant.* Desafortunado, inferior.

privilegio, exclusividad, ventaja, favor, prerrogativa, concesión, dispensa, gracia, exclusiva, derecho, inmunidad, fuero, distinción, preferencia, franquicia, regalía. *Ant.* Desventaja, prohibición, postergación.

pro, favor, provecho, utilidad, gracia, progreso. *Ant.* Contra, perjuicio.

probabilidad, posibilidad (v.), eventualidad, contingencia, hipótesis, verosimilitud. *Ant.* Improbabilidad, imposibilidad.

probable, posible, contingente, verosímil, viable, factible, presumible, asequible, admisible, hipotético, eventual, previsible, potencial. *Ant.* Improbable, imposible, difícil.

probar, demostrar, certificar, verificar, evidenciar, testimoniar, justificar, testificar. *Ant.* Abstenerse, inhibirse.// Intentar, experimentar, ensayar, comprobar. *Ant.* Fallar.// Gustar, catar, paladear, degustar, saborear.

probidad, rectitud, integridad, virtud, honradez, honorabilidad, lealtad, decencia, seriedad, moralidad, escrupulosidad, ecuanimidad. *Ant.* Deshonestidad.

problema, cuestión, dificultad, duda, enigma, incógnita, conflicto, rompecabezas. *Ant.* Solución, facilidad, certeza.

problemático-ca, enigmático, dudoso, incierto, inseguro, ambiguo, disputable, discutible, difícil, insoluble, incomprensible, confuso, nebuloso. *Ant.* Cierto, soluble.

probo-ba, honrado, íntegro, honesto, recto, justo, escrupuloso, moral, irreprochable. *Ant.* Deshonesto.

procacidad, insolencia, indecencia, atrevimiento, desvergüenza, impudicia, desfachatez, grosería, osadía, descaro. *Ant.* Comedimiento, decencia.

procaz, grosero, insolente, desvergonzado, descarado, atrevido, deslenguado, cínico, zafado. *Ant.* Discreto, decente, honrado.

procedencia, origen, fuente, filiación, nacimiento, principio, ascendencia, extracción, cuna, antecedente, fundamento. *Ant.* Fin, destino.

procedente, oriundo, originario, proveniente, derivado, precursor.// Oportuno, arreglado, razonable, apropiado, adecuado. *Ant.* Improcedente, inoportuno.

proceder, provenir, dimanar, derivar, remontarse, originarse, salir, arrancar, venir, comenzar, iniciarse. *Ant.* Destinarse, concluirse.// Comportarse, actuar, conducirse. *Ant.* Abstenerse.// Conducta, comportamiento, maneras, modos, actuación. *Ant.* Abstención.

procedimiento, forma, método, sistema, manera, actuación, técnica, práctica, conducto, fórmula. *Ant.* Abstención, inoperancia.

proceloso-sa, tempestuoso, tormentoso, borrascoso, guroso, inclemente, turbulento, agitado. *Ant.* Calmo, sereno, tranquilo.

prócer, ilustre, distinguido, noble, magnate, eminente, prhombre, dignatario. *Ant.* Insignificante, humilde.

procesar, inculpar, acusar, enjuiciar, incriminar, encausar. *Ant.* Absolver, sobreseer.

procesión, sucesión, desfile, serie, marcha, manifestación, acompañamiento, comitiva, séquito, peregrinación.

proceso, juicio, pleito, procedimiento, causa, sumario, e juiciamiento, demanda. *Ant.* Avenencia.// Desarrollo, ev lución, progreso, transcurso, marcha, paso. *Ant.* Estancamiento, paréntesis, cesación.

proclama, pregón, aviso, publicación, notificación, divulgación, arenga, bando, anuncio, manifiesto, edicto, exhotación, declaración. *Ant.* Reserva, silencio.

proclamación, anuncio, publicación, declaración. *Ant.* Silencio, secreto.// Nombramiento, coronación, investidura *Ant.* Anonimato.

proclamar, anunciar, publicar, declarar, pregonar, divulga revelar. *Ant.* Callar, omitir.// Ungir, aclamar, nombrar, elegir, coronar, destacar. *Ant.* Rechazar, deponer.

proclive, propenso (v.), inclinado.

proclividad, tendencia, propensión. *Ant.* Aversión.

procreación, reproducción, propagación, fecundación engendramiento. *Ant.* Limitación, esterilización.

procrear, engendrar, reproducirse, multiplicar, producir propagar, generar. *Ant.* Limitar, esterilizar.

procurar, intentar, pretender, proponer, probar, ensayar, afanarse, tratar. *Ant.* Abstenerse.// Gestionar, diligencia agenciar, trabajar, negociar. *Ant.* Obstaculizar, impedir.// **se**, proporcionarse, agenciarse. *Ant.* Privarse.

prodigar, despilfarrar, disipar, gastar, dilapidar, derrochar, dispensar, distribuir. *Ant.* Ahorrar, escatimar.// **-se**, brindarse, darse, multiplicarse, esforzarse. *Ant.* Contenerse.

prodigio, maravilla, portento, milagro, asombro, pasme fenómeno, primor, prodigiosidad. *Ant.* Vulgaridad.

prodigioso-sa, maravilloso, portentoso, milagroso, asombroso, fenomenal, sensacional, sorprendente, sobrenatural, extraordinario. *Ant.* Vulgar, corriente.

pródigo-ga, generoso, espléndido, dadivoso, liberal, derrochador, despilfarrador, disipador. *Ant.* Avaro, ahorrativo.// Abundante, exuberante, profuso, copioso, rico. *Ant.* Escaso.

producción, elaboración, fabricación, creación, realización, industria, productividad, manufactura, acción, resultado. *Ant.* Consumo, improductividad.

producir, fabricar, hacer, elaborar, manufacturar, crear, trabajar. *Ant.* Deshacer, evitar.// Rentar, reportar, obtener, rendir. *Ant.* Perder.// -se, originarse, resultar, suceder, provocar, ocasionar.

productividad, producto, logro, rendimiento, obtención, provecho, beneficio, resultado, utilidad, realización. *Ant.* Pérdida, ineficacia.

productivo-va, fructífero, fecundo, fértil, feraz. *Ant.* Estéril.// Provechoso, lucrativo, beneficioso, remunerativo. *Ant.* Infructuoso, desventajoso.

producto, resultado, obtención, provecho, beneficio, renta, lucro, rédito, ganancia, interés, utilidad. *Ant.* Pérdida desventaja.// Artículo, género, obra, especie, fruto, elaboración, producción, manufactura.

proemio, prólogo, prefacio, preludio, preámbulo, exordio, introito, prolegómenos, introducción, entrada. *Ant.* Epílogo, final.

proeza, hazaña, heroicidad, osadía, valentía, empresa, temeridad, gallardía, guapeza. *Ant.* Cobardía, pusilanimidad.

profanación, sacrilegio, violación, blasfemia, degradación, deshonra, envilecimiento, irreverencia, escarnio, perjurio. *Ant.* Respeto, veneración.

rofanar, deshonrar, violar, degradar, envilecer, escarnecer, prostituir, insultar, blasfemar. **Ant.** Respetar, venerar, honrar.

rofano-na, sacrílego, irreverente, deshonesto, impiadoso, impío. **Ant.** Respetuoso, reverente.// Libertino, deshonesto, licencioso. **Ant.** Honesto.// Laico, seglar, mundano, temporal, secular, terrenal. **Ant.** Religioso, espiritual.// Indocto, desautorizado. **Ant.** Docto, autorizado.

rofecía, predicción, augurio, pronóstico, agüero, auspicio, previsión, adivinación, anuncio, vaticinio, presagio. **Ant.** Error, equivocación.

roferir, pronunciar, prorrumpir, decir, articular, exclamar, hablar, emitir. **Ant.** Callar.

rofesar, ejercer, desempeñar, practicar, ocuparse, actuar. **Ant.** Abstenerse.// Confesar, creer, reconocer, declarar. **Ant.** Renegar.

rofesión, ocupación, oficio, puesto, trabajo, carrera, cargo, función, empleo, menester, labor, actividad, quehacer. **Ant.** Desocupación.// Vocación, inclinación, afición, creencia, idea. **Ant.** Abstención.

rofesional, experto, titular, competente, perito, ducho, entendido, idóneo, capacitado. **Ant.** Aficionado.

rofeso-sa, iniciado, adepto, ingresado, neófito.

rofesor-ra, maestro, catedrático, educador, pedagogo, instructor, erudito, letrado. **Ant.** Alumno.

rofeta, adivino, vaticinador, clarividente, inspirado, enviado, agorero, vidente.

rofético-ca, augural, adivinatorio, présago, sibilino, fatídico, aciago.

rofetisa, pitonisa, adivinadora, hechicera, sibila. **Par.** Profetiza.

rofetizar, presagiar, vaticinar, augurar, adivinar, predecir, presumir, prever, anunciar, pronosticar, conjeturar. **Ant.** Equivocarse.

rofiláctico-ca, preservativo, higiénico, preventivo.

rofilaxis, desinfección, prevención, depuración. **Ant.** Infección.

rófugo-ga, fugitivo, evadido, desertor, fugado, huido, tránsfuga. **Ant.** Perseguidor.

rofundidad, hondura, cavidad, sima, abismo, depresión, concavidad, hondonada, precipicio, pozo, barranco. **Ant.** Cúspide, superficialidad.

rofundizar, ahondar, perforar, penetrar, hundir, adentrar, calar, agujerear. **Ant.** Surgir, elevar.// Analizar, investigar, examinar, escrutar, indagar.

rofundo-da, hondo, cóncavo, perforado, cavado. **Ant.** Elevado.// Interior, íntimo, insondable, impenetrable. **Ant.** Superficial.// Penetrante, agudo, inteligente, sagaz. **Ant.** Torpe.// Intenso, acentuado, fuerte, vivo. **Ant.** Débil.

rofusión, abundancia, exuberancia, copia, exceso, raudal, exageración, colmo, plétora. **Ant.** Escasez, carencia.

rogenie, linaje, tronco, casta, abolengo, antecesores, antepasados.

rogenitor-ra, antepasado, ascendiente, procreador, engendrador.

rograma, plan, proyecto, planteamiento, esquema, boceto. **Ant.** Imprevisión.// Doctrina, declaración.

rogramar, proyectar, preparar, planear, sistematizar. **Ant.** Indeterminar, imprecisar.

rogresar, mejorar, adelantar, prosperar, evolucionar, florecer, ascender, aumentar, ampliar, expandir, renovar. **Ant.** Retroceder, empeorar, arruinarse.

rogresión, serie, proporción, graduación.// Evolución, progreso, adelanto, mejoramiento. **Ant.** Disminución, descenso, empeoramiento.

rogresivo-va, avanzado, creciente, próspero, adelantado, evolucionado, floreciente. **Ant.** Retrasado, regresivo.// Gradual (v.).

rogreso, adelanto, mejoramiento, evolución, florecimiento, mejora, prosperidad, perfección, avance, desarrollo, auge, incremento, acrecentamiento, ascenso, perfeccionamiento. **Ant.** Retroceso.

rohibición, impedimento, veda, anulación, negativa, veto, limitación, interdicción, proscripción, inhabilitación, privación, oposición. **Ant.** Autorización, permiso.

prohibir, vedar, impedir, negar, denegar, limitar, evitar, privar, restringir, invalidar, oponerse, proscribir, anular, excluir, suprimir. **Ant.** Autorizar, permitir, conceder, acceder.

prohibitivo-va, excesivo, desmedido, exorbitante, exagerado, caro. **Ant.** Asequible, barato.

prohombre, ilustre, grande, prócer (v.).

prójimo, semejante, próximo, hermano, camarada, vecino.// Pariente, allegado.

prole, descendencia, sucesión, progenie, familia, hijos, cría, generación, retoños. **Ant.** Ascendencia.

proletario-ria, plebeyo, vulgar, popular. **Ant.** Aristócrata.// Pobre, indigente. **Ant.** Rico, acaudalado.// Obrero, trabajador, jornalero, asalariado. **Ant.** Amo, patrón.

proliferación, abundancia, multiplicación, reproducción, desarrollo, generación, producción, difusión, incremento, crecimiento, dispersión, irradiación. **Ant.** Disminución, escasez, estancamiento.

proliferar, abundar, pulular, extenderse, difundirse, crecer, aumentar, reproducirse, desarrollarse, divulgarse, multiplicarse, dispersarse, generarse. **Ant.** Limitarse, disminuir, restringirse.

prolífico-ca, fértil, fecundo, prolífero. **Ant.** Estéril.

prolijo-ja, minucioso, esmerado, escrupuloso. **Ant.** Desprolijo, desculdado.// Ampuloso, difuso, extenso, dilatado, farragoso, detallado. **Ant.** Conciso, somero.

prologar, introducir, preludiar, comenzar, iniciar, encabezar. **Ant.** Epilogar, concluir.

prólogo, preludio, preámbulo (v.), comienzo, inicio, introducción, prefacio (v.), proemio. **Ant.** Epílogo, conclusión.

prolongación, alargamiento, extensión, continuación, ampliación, estiramiento, dilatación. **Ant.** Reducción.// Apéndice, agregado, suplemento.// Prórroga, aplazamiento, retardamiento. **Ant.** Anticipación.

prolongar, alargar, extender, dilatar, estirar, ampliar, desarrollar, ensanchar, expandir, amplificar, tirar. **Ant.** Acortar, estrechar.// Retrasar, diferir, demorar, prorrogar, postergar. **Ant.** Anticipar, continuar.

promedio, término medio, media, cociente, proporción. **Ant.** Total.

promesa, oferta, ofrecimiento, esperanza, promisión, invitación, compromiso. **Ant.** Olvido, incumplimiento.// Voto, ofrenda.// Juramento, convenio, palabra.

prometer, ofrecer, proponer, comprometerse, obligarse, pactar, jurar, convenir, apalabrar, consentir. **Ant.** Negar, eludir.

prometido-da, novio, desposado, pretendiente (v.), futuro.

prominencia, saliente, elevación, bulto, eminencia, protuberancia, relieve, abultamiento, resalto. **Ant.** Concavidad.// Relevancia, preponderancia (v.). **Ant.** Insignificancia.

prominente, saliente, elevado, sobresaliente, abultado, convexo, protuberante, abombado. **Ant.** Cóncavo, deprimido, profundo.// Ilustre, destacado, preponderante, eminente. **Ant.** Insignificante.

promiscuidad, mezcla, confusión, heterogeneidad, reunión.

promiscuo-cua, mezclado, heterogéneo, mixturado.

promoción, desarrollo, impulso, empuje. **Ant.** Desidia.// Ascenso. **Ant.** Degradación.// Serie, hornada, curso.

promocionar, desarrollar, fomentar, respaldar.

promontorio, altura, elevación, peñasco.

promotor-ra, impulsor, animador, promovedor, organizador, iniciador. **Ant.** Desidioso, desdeñoso.

promover, fomentar, iniciar, organizar, inspirar, suscitar. **Ant.** Desistir, desanimar.// Ascender, elevar, levantar. **Ant.** Degradar, rebajar.

promulgación, divulgación, publicación, difusión, revelación, propagación. **Ant.** Reserva.

promulgar, proclamar, divulgar, publicar, difundir, propagar, revelar. **Ant.** Callar, silenciar.// Dictar, sancionar, aprobar, decretar. **Ant.** Revocar.

pronosticar, anunciar, presagiar, vaticinar, predecir, augurar, prever.

pronóstico, predicción, augurio, anuncio, profecía, presagio, vaticinio.

prontitud, presteza, celeridad, brevedad, aceleración, rapidez, urgencia, diligencia, prisa. *Ant.* Lentitud, retardo.

pronto, velozmente, en seguida, rápidamente. *Ant.* Tarde, lentamente.

pronto-ta, rápido, acelerado, veloz, ligero, ágil, diligente, expeditivo. *Ant.* Lento.// Listo, alerta, dispuesto, preparado. *Ant.* Desprevenido.

prontuario, síntesis, compendio, resumen, breviario, esquema, sinopsis, repertorio, colección. *Ant.* Ampliación.

pronunciación, vocalización, entonación, articulación, dicción, modulación, fonación.

pronunciado-da, agudo, marcado, acentuado, acusado, señalado, prominente. *Ant.* Imperceptible.

pronunciamiento, asonada, rebelión, sublevación, alzamiento, motín, levantamiento, insurrección, sedición, revolución. *Ant.* Disciplina, acatamiento.

pronunciar, articular, emitir, decir, modular, proferir, hablar, enunciar. *Ant.* Callar.// Determinar, resolver, sentenciar, declarar, juzgar, decretar.// **-se**, sublevarse, alzarse, rebelarse, levantarse. *Ant.* Acatar, obedecer.

propagación, difusión, reproducción, diseminación, generación, dispersión, extensión, divulgación. *Ant.* Reserva, restricción.

propaganda, publicidad, difusión, publicación, irradiación, divulgación, información, predicación, comunicación. *Ant.* Silencio, limitación.

propagar, difundir, anunciar, divulgar, esparcir, publicar, transmitir, pasar, expandir, comunicar, extender, generalizar. *Ant.* Callar, ocultar.// **-se**, reproducirse, multiplicarse, acrecentarse, contagiarse, desarrollarse. *Ant.* Exterminarse.

propalar, divulgar, propagar (v.), difundir, pregonar, vocear, transmitir, anunciar, proclamar (v.). *Ant.* Callar, silenciar, restringir.

propasarse, excederse, exagerar, desmedirse, abusar, extralimitarse, descomedirse. *Ant.* Frenarse, contenerse.

propender, inclinarse, tender, preferir, simpatizar, aficionarse. *Ant.* Rechazar, repeler.

propensión, tendencia, predisposición, afición, simpatía, inclinación, vocación, interés, apego, adhesión. *Ant.* Aborrecimiento, aversión.

propenso-sa, predispuesto, propicio, inclinado, aficionado, adicto, apegado, partidario, proclive. *Ant.* Contrario.

propiciar, favorecer, inclinar, respaldar, predisponer. *Ant.* Oponerse.// Suavizar, calmar, pacificar, serenar, aplacar. *Ant.* Irritar.

propicio-cia, favorable, benévolo, complaciente, conforme, dispuesto, inclinado, oportuno, predispuesto. *Ant.* Contrario, inadecuado.

propiedad, pertenencia, dominio, posesión, bienes, usufructo, renta, capital, patrimonio. *Ant.* Pobreza.// Hacienda, predio, inmueble, feudo, terreno, heredad, herencia, tierra, finca, edificio.// Característica, atributo, virtud, cualidad, natural, carácter, disposición.// Exactitud, rigor, ajuste, rigurosidad, conveniencia, oportunidad, claridad. *Ant.* Impropiedad.

propietario-ria, dueño, señor, amo, titular, poseedor, hacendado, potentado, patrón. *Ant.* Inquilino, trabajador.

propina, regalo, extra, plus, gratificación, recompensa, óbolo, premio, compensación.

propinar, suministrar, proporcionar, dar, administrar.// Golpear, azotar, pegar, maltratar, asestar, descargar. *Ant.* Acariciar.

propio-pia, perteneciente, correspondiente, inherente, particular. *Ant.* Ajeno.// Peculiar, característico, privativo, específico, exclusivo, personal, individual. *Ant.* General.// Conveniente, adecuado, oportuno, justo, apto, conforme. *Ant.* Impropio, inadecuado.

proponer, sugerir, plantear, proyectar, insinuar, ofrecer, exponer. *Ant.* Callar, desentenderse.// **-se**, intentar, acometer, aventurarse, aspirar, ensayar, procurar. *Ant.* Abandonar, abstenerse.

proporción, armonía, relación, correspondencia, equilibrio, simetría, conformidad, consonancia. *Ant.* Desproporción.// Dimensión, medida, tamaño, escala.

proporcionado-da, equilibrado, armonioso, proporcional, simétrico, conveniente, mesurado. *Ant.* Desproporcionado, desmesurado.

proporcional, equitativo, equilibrado, conforme, ajustado, conveniente, proporcionado. *Ant.* Desigual, injusto.

proporcionar, suministrar, proveer, facilitar, abastecer, deparar. *Ant.* Quitar.// Equilibrar, ajustar, adecuar. *Ant.* Desequilibrar.

proposición, oferta, propuesta, ofrecimiento, invitación, insinuación, sugerencia, indicación. *Ant.* Negativa.// Enunciación, frase, oración.

propósito, intención, idea, voluntad, mira, proyecto, objetivo, fin, finalidad, empresa, aspiración. *Ant.* Abandono, pasividad.

propuesta, proposición (v.), ofrecimiento, promesa, invitación, proyecto (v.), oferta. *Ant.* Negativa.

propugnar, proteger, amparar, ayudar, auxiliar, apoyar, impulsar. *Ant.* Abandonar, abstenerse.

propulsar, promover, impulsar, propugnar, mover, empujar, impeler. *Ant.* Contener, detener.

prorratear, repartir, distribuir, ratear, compartir.

prorrateo, reparto, distribución, repartición, división, partición. *Ant.* Totalidad.

prórroga, aplazamiento, retardo, dilación, prorrogación. *Ant.* Cumplimiento.// Continuación, consecución, prolongación. *Ant.* Abreviación.

prorrogar, aplazar, demorar, retrasar, retardar, dilatar, extender, diferir, prolongar. *Ant.* Terminar, continuar, suspender.

prorrumpir, surgir, brotar, salir, saltar. *Ant.* Desaparecer.// Exclamar, gritar, decir, proferir (v.). *Ant.* Callar.

prosaico-ca, vulgar, tosco, chabacano, pedestre, grosero, banal, trivial, material. *Ant.* Espiritual, elegante.

prosapia, estirpe, linaje, abolengo, alcurnia, casta, sangre, cuna, ralea, ascendencia. *Ant.* Plebeyez.

proscribir, desterrar, expulsar, deportar. *Ant.* Repatriar.// Prohibir, vedar, restringir. *Ant.* Autorizar.

proscrito-ta, desterrado, expatriado, expulsado.// Bandido, delincuente, bandolero, condenado.

prosecución, continuación, prolongación, insistencia, proseguimiento. *Ant.* Interrupción.

proseguir, continuar, seguir, prolongar, insistir, reanudar, repetir, persistir, avanzar. *Ant.* Interrumpir, detener.

proselitismo, propaganda, partidismo, publicidad.

prosélito-ta, partidario, seguidor, secuaz, adicto, adepto, afiliado, simpatizante. *Ant.* Enemigo, imparcial.

prosopopeya, afectación, presunción, pompa. *Ant.* Sencillez.

prosperar, mejorar, progresar, medrar, ascender, enriquecerse, florecer, adelantar, triunfar. *Ant.* Fracasar, arruinarse.

prosperidad, progreso, adelanto, florecimiento, mejora, bonanza, ventura, auge, éxito, felicidad, apogeo, esplendor. *Ant.* Decadencia, desmejoramiento, desdicha.

próspero-ra, progresivo, floreciente, adelantado, desarrollado, fértil, fecundo, propicio, venturoso, rico, feliz, esplendoroso. *Ant.* Infeliz, pobre, arruinado.

prosternarse, arrodillarse, postrarse, hincarse, humillarse. *Ant.* Levantarse.

prostíbulo, burdel, lupanar, lenocinio, mancebía, casa pública.

prostitución, ramería, amancebamiento, mancebía, putería, trata, alcahuetería, corrupción, envilecimiento, relajación, degeneración, deshonra, degradación. *Ant.* Honradez, rectitud, virtud.

prostituir, corromper, degradar, envilecer, deshonrar, degenerar, humillar, manchar, mancillar. *Ant.* Ennoblecer, honrar.

prostituta, meretriz, ramera, cortesana, hetera, hetaira, puta, zorra, buscona, perdida. *Ant.* Honesta, casta, virtuosa.

protagonista, héroe, estrella, personaje principal. *Ant.* Secundario, extra.

protagonizar, interpretar, desempeñar, representar, actuar.

protección, amparo, custodia, defensa, seguridad, tutela, refugio, cobijo, abrigo, favor, asilo, ayuda, auxilio, influencia. **Ant.** Desamparo, inseguridad.

protector-ra, amparador, defensor, patrocinador, bienhechor, guardián, campeón, padrino, mecenas. **Ant.** Enemigo, opresor.

proteger, amparar, defender, patrocinar, favorecer, socorrer, resguardar, abrigar, ayudar, auxiliar, asegurar, garantizar, preservar, acoger, apoyar, cobijar. **Ant.** Desamparar, perseguir, abandonar.

protegido-da, favorito, preferido, recomendado. **Ant.** Abandonado, desvalido.

protervo-va, rebelde, perverso, pertinaz, impenitente, malvado, cruel. **Ant.** Benevolente.

protesta, desacuerdo, desaprobación, crítica, queja, reprobación, reclamación, reproche, lamentación. **Ant.** Aprobación.

protestar, quejarse, reclamar, rebelarse, replicar, oponerse, reprochar, refutar, contestar, reprobar, condenar. **Ant.** Aprobar, consentir, aclamar.// Confesar, declarar, sostener, negar. **Ant.** Aceptar.

protocolo, formalidad, etiqueta, ritual, cortesía, solemnidad, formulismo, rito. **Ant.** Naturalidad, sencillez.// Documento, testimonio, pruebas, actas.

prototipo, ejemplo, modelo, dechado, muestra, ejemplar, patrón, arquetipo, ideal.

protuberancia, saliente, abultamiento, prominencia, bulto, promontorio, hinchazón. **Ant.** Concavidad, lisura.

provecho, ganancia, utilidad, beneficio, ventaja, fruto, producto, rendimiento, dividendo, interés, obtención, conveniencia, lucro, renta, usufructo. **Ant.** Desventaja, pérdida, perjuicio.

provechoso-sa, beneficioso, lucrativo, rentable, ventajoso, útil, redituable, remunerativo, fructífero, productivo. **Ant.** Desventajoso, ineficaz.

provecto-ta, viejo, anciano, caduco, senil, decrépito, maduro. **Ant.** Joven.

proveedor-ra, abastecedor, suministrador, aprovisionador, consignatario, agente.

proveer, suministrar, abastecer, aprovisionar, dotar, avituallar, facilitar, surtir, proporcionar. **Ant.** Quitar, privar, negar.

provenir, proceder, venir de, dimanar, brotar, descender, derivar, surgir, resultar, nacer. **Ant.** Llegar.

proverbial, notorio, tradicional, conocido, sabido, habitual. **Ant.** Ignorado, desconocido.// Axiomático, dogmático, sentencioso. **Ant.** Falso, dudoso.

proverbio, máxima, aforismo, sentencia, refrán, adagio, dicho, moraleja, axioma.

providencia, disposición, resolución, remedio, previsión, medida, orden, mandato, mandamiento.// Suerte, hado, destino, azar, fatalidad, albur, ventura, estrella, sino, acaso, fortuna.

providencial, oportuno, propicio, beneficioso, salvador. **Ant.** Fatal, desgraciado.

próvido-da, avisado, prevenido, prudente, cauto, diestro, sagaz, hábil, mañoso. **Ant.** Desprevenido, incauto.// Benigno, propicio, favorable, beneficioso. **Ant.** Nocivo, desfavorable.

provincia, territorio, departamento, comarca, distrito, jurisdicción, demarcación, localidad, región.

provisión, abastecimiento, acopio, reserva, almacenamiento, avituallamiento, depósito, suministro, abasto, existencias, equipo, víveres, pertrechos. **Ant.** Escasez.

provisional, provisorio, transitorio, temporal, circunstancial, interino, momentáneo, pasajero, accidental. **Ant.** Definitivo, duradero.

provocación, desafío, incitación, reto, ofensa, instigación, bravata. **Ant.** Calma, amistad.

provocador-ra, incitador, alborotador, bravucón, pendenciero, fanfarrón, belicoso, instigador, revoltoso. **Ant.** Sensato, pacificador, manso.

provocar, azuzar, excitar, inducir, instigar, irritar, estimular, exacerbar, aguijar, apremiar, enfurecer. **Ant.** Apaciguar.// Causar, promover, suscitar, ocasionar, producir, motivar, crear, originar. **Ant.** Impedir.// Retar, desafiar, hostigar, enfrentarse. **Ant.** Calmar, sosegar, pacificar.

provocativo-va, provocador (v.), excitante, incitante, estimulante, instigador, sugerente, descarado, insinuante. **Ant.** Inofensivo.

proximidad, cercanía, inmediación, contigüidad, adyacencia, vecindad, inminencia, víspera, actualidad. **Ant.** Lejanía, antigüedad.

próximo-ma, cercano, vecino, inmediato, contiguo, lindante, adyacente, junto, inminente, limítrofe, fronterizo, adjunto, colindante. **Ant.** Lejano, remoto.// Futuro, venidero.

proyección, impulso, lanzamiento, disparo, propulsión, fuerza, envión.// Perspectiva, representación, esquema.

proyectar, idear, trazar, planear, bosquejar, esbozar, urdir, programar, inventar. **Ant.** Impedir.// Lanzar, arrojar, tirar, despedir. **Ant.** Atraer, retener.

proyectil, bala, cohete, tiro, munición, metralla, granada, dardo, flecha, venablo, torpedo, obús.

proyecto, idea, propósito, plan, designio, concepción, objetivo, finalidad, programa, tentativa, presupuesto. **Ant.** Obra, realización, resultado, ejecución.// Croquis, borrador, bosquejo, esquema, diseño.

prudencia, cordura, mesura, sensatez, acierto, tino, tiento, tacto, discernimiento, prevención, juicio, comedimiento, previsión, precaución, cautela, reflexión, medida, equilibrio, ecuanimidad, discreción, moderación, templanza, buen juicio. **Ant.** Insensatez, temeridad, imprudencia.

prudente, cuerdo, sensato, comedido, juicioso, moderado, mesurado, equilibrado, discreto, formal, templado, circunspecto. **Ant.** Imprudente, temerario, alocado.

prueba, ensayo, experimento, análisis, experiencia, tentativa, examen, comprobación, verificación, investigación. **Ant.** Abstención.// Argumento, razón, justificación, testimonio, indicio, muestra, confirmación, corroboración, fundamento, evidencia. **Ant.** Duda.

prurito, comezón, escozor, picazón.// Deseo, anhelo, ansia, afán, apetencia. **Ant.** Moderación.

psicológico-ca, psíquico, anímico, espiritual, mental.

psíquico-ca, espiritual, psicológico, mental.

púa, punta, pincho, aguja, espina, aguijón.// Pelo, cerda.

pubertad, adolescencia, mocedad, juventud, nubilidad. **Ant.** Madurez, vejez.

publicación, edición, impresión, difusión, divulgación, propagación, vociferación. **Ant.** Silencio, secreto.// Libro, periódico, revista, diario, prensa, pregón, gaceta.

publicar, difundir, promulgar, divulgar, revelar, pregonar, proclamar, propalar, transmitir, notificar, avisar. **Ant.** Callar, ocultar.// Imprimir, editar, lanzar.

publicidad, información, anuncio, propaganda, divulgación, aviso, difusión, informe, comunicación. **Ant.** Desconocimiento, silencio.

público, gente, concurrencia, muchedumbre, asistencia, espectadores, auditorio, presentes, concurrentes, asistentes.// -ca, conocido, notorio, difundido, manifiesto, popular, divulgado, sabido. **Ant.** Secreto, ignorado.// Oficial, estatal, administrativo, gubernamental, nacional. **Ant.** Privado.// Vulgar, normal, común, corriente, ordinario. **Ant.** Especial, extraordinario.

puchero, olla, marmita, pote, cacerola, perol, cazuela, vasija.// Cocido.// -s, sollozos, lloros, gemidos.

pudibundo-da, pudoroso (v.).

púdico-ca, honesto, casto, pudoroso (v.).

pudiente, rico, opulento, acomodado, acaudalado, próspero. **Ant.** Pobre, necesitado.

pudor, honestidad, castidad, recato, decoro, pudicia, decencia, vergüenza. **Ant.** Desvergüenza, indecencia.

pudoroso-sa, púdico, casto, recatado, decoroso, honesto, vergonzoso, decente, moderado, respetable, afectado. **Ant.** Impúdico, desvergonzado, indecente.

pudrir, corromper, descomponer, alterar, deteriorar, estropear, contaminar, picar. **Ant.** Conservar.// -se, impacientarse, exasperarse, disgustarse.

pueblerino-na, aldeano, provinciano, tosco, rústico, palurdo, campesino.

pueblo, población, poblado, villa, villorrio, aldea, lugar. *Ant.* Ciudad, urbe.// Nación, país, patria, estado.// Raza, tribu, clan, familia, linaje, población, habitantes, ciudadanos, vecinos.// Plebe, vulgo. *Ant.* Corte.

puente, pasarela, paso, pontón, viaducto, plataforma, pasadera. *Ant.* Vado.

puerco, cerdo, cochino, lechón, marrano.// **-ca**, sucio, roñoso, mugriento, desaseado, asqueroso, desaliñado. *Ant.* Limpio, aseado.// Grosero, descortés, ordinario. *Ant.* Fino, delicado.

pueril, infantil, aniñado, inocente, tierno, cándido, ingenuo, candoroso. *Ant.* Maduro, malicioso.// Trivial, vano, fútil, nimio. *Ant.* Importante.

puerilidad, candidez, inocencia, ingenuidad, candor. *Ant.* Malicia.// Nimiedad, trivialidad, futesa, fruslería, bagatela, simpleza, bobería, nadería. *Ant.* Importancia.

puerta, abertura, portón, paso, pórtico, portada, entrada, acceso, ingreso, postigo, portal.

puerto, desembarcadero, fondeadero, dársena, embarcadero, dique, muelle, ensenada, estuario, rada, bahía, abra.

pues, puesto que, luego, por lo tanto, ya que, por consiguiente, en vista de que.

puesta, apuesta, postura, jugada.// Ocaso, crepúsculo, atardecer, anochecer, oscurecer. *Ant.* Amanecida, amanecer.

puesto, sitio, posición, situación, lugar, punto, paraje, emplazamiento, parte, terreno.// Tienda, quiosco, caseta, stand.// Oficio, cargo, empleo, ocupación, destino, colocación, dignidad. *Ant.* Desempleo, desocupación.

púgil, boxeador, pugilista, luchador, combatiente, gladiador.

pugilato, pugna, contienda, lucha, boxeo, combate, riña, pelea, batalla.

pugilismo, boxeo, lucha, combate, pugilato (v.).

pugna, lucha, combate, pelea, reto, desafío, batalla, rivalidad, antagonismo. *Ant.* Acuerdo, concordia.// Obstinación, porfía, oposición, esfuerzo, insistencia. *Ant.* Abandono.

pugnar, pelear, batallar, contender, combatir, competir, rivalizar, reñir. *Ant.* Pacificar.// Porfiar, esforzarse, obstinarse, procurar, instar, insistir. *Ant.* Abandonar.

puja, impulso, esfuerzo.// Mejora, aumento, oferta, alzamiento. *Ant.* Rebaja.

pujante, fuerte, poderoso, vigoroso, potente, floreciente, robusto, brioso. *Ant.* Impotente, débil.

pujanza, fuerza, vigor, potencia, impulso, poder, fortaleza, reciedumbre, energía, robustez, brío, desarrollo, florecimiento. *Ant.* Debilidad, decaimiento, impotencia.

pujar, licitar, aumentar, subastar, sobrepujar, mejorar, subir. *Ant.* Rebajar.// Empujar (v.). *Ant.* Abandonar.

pulcritud, aseo, cuidado, esmero, limpieza, escrupulosidad, atildamiento, prolijidad. *Ant.* Suciedad.

pulcro-cra, aseado, limpio, atildado, prolijo, esmerado, cuidadoso, acicalado, pulido. *Ant.* Sucio, desaseado.// Delicado, bello, exquisito, fino. *Ant.* Grosero.

pulido-da, bruñido, lustroso, brillante, liso, alisado, lijado, barnizado. *Ant.* Áspero.// Educado, fino, cortés, delicado, amable, atento. *Ant.* Descortés, grosero.// Pulcro (v.), acicalado, aseado. *Ant.* Descuidado.

pulir, abrillantar, pulimentar, alisar, lustrar, bruñir, laquear, lijar, limar, suavizar. *Ant.* Empañar.// **-se**, instruirse, perfeccionarse, refinarse, componerse.

pulla, broma, befa, chacota, chanza, mofa, afrenta, escarnio, burla. *Ant.* Seriedad, respeto. *Par.* Puya.

pulpa, médula, tuétano.// Carne, carnosidad, masa, pasta, papilla.

púlpito, plataforma, tribuna, balconcillo, antepecho.

pulsación, palpitación, latido, contracción, dilatación.

pulsar, latir, palpitar, percutir, contraerse, dilatarse.// Apretar, oprimir, tocar, presionar.

pulsera, brazalete, argolla, aro, anillo, manilla, esclava, ajorca.

pulso, pulsación, palpitación, latido, movimiento.

pulular, bullir, proliferar, hormiguear, abundar, multiplicarse, agitarse, diseminarse, reproducirse. *Ant.* Escasear.

pulverizar, moler, triturar, rallar, vaporizar, atomizar, desmenuzar, desintegrar. *Ant.* Concentrar.// Rociar, esparcir, diseminar. *Ant.* Solidificar.// Aniquilar, destruir. *Ant.* Construir.

punción, pinchadura, punzada, incisión.

pundonor, dignidad, honor, honra, decoro, fama, honradez, crédito, honorabilidad, respeto, vergüenza, orgullo. *Ant.* Desvergüenza, deshonor.

pundonoroso-sa, decente, honrado, decoroso, honorable, orgulloso, caballeroso. *Ant.* Desvergonzado.

punitivo-va, sancionador, correctivo, disciplinario, ejemplar.

punta, extremo, extremidad, remate, vértice, pico, arista.// Púa, pincho, pico, aguijón, espolón, uña, espina, diente, clavo.// Pico, cima, cabo, eminencia, cumbre, promontorio. *Ant.* Falda, ladera.

puntal, sostén, apoyo, soporte, cimiento, base, fundamento. *Ant.* Desamparo.// Madero, contrafuerte, mástil, pilar, pilote, columna, estribo.

puntapié, patada, coz, golpe, cocedura, porrazo, pataleo.

puntería, tino, vista, pulso, destreza, acierto, habilidad, ojo, mano. *Ant.* Torpeza, desacierto.

puntero, palo, punzón, vara.// **-ra**, primero, cabeza, destacado, sobresaliente.

puntiagudo-da, afilado, agudo, picudo, penetrante, punzante, fino, delgado. *Ant.* Romo, liso.

punto, sitio, lugar, parte, paraje, localidad, puesto, situación, emplazamiento, zona, localización, término, territorio.// Señal, marca, trazo.// Puntada, nudo, costura.// Cuestión, asunto, tema, materia.

puntuación, calificación, nota, valoración, estima.

puntual, exacto, preciso, formal, cumplidor, escrupuloso, regular, estricto, metódico. *Ant.* Impuntual, informal.

puntualidad, precisión, exactitud, regularidad, escrupulosidad, formalidad, cumplimiento, rigurosidad. *Ant.* Impuntualidad, informalidad.

puntualizar, detallar, delimitar, pormenorizar, precisar, fijar, recalcar, especificar. *Ant.* Generalizar.

punzada, pinchazo, aguijonazo, pinchadura, herida, incisión.

punzante, lacerante, doloroso, agudo, hondo, intenso, penetrante, picante. *Ant.* Suave.// Mordaz (v.).

punzar, pinchar, picar, herir.

punzón, buril, pincho, clavo, punta, lezna, aguja, sacabocados, estilete.

puñado, manojo, porción, cantidad, conjunto. *Ant.* Pizca.

puñal, daga, navaja, cuchillo, estilete, machete, faca.

puñalada, cuchillada, navajazo, machetazo, herida.

puñetazo, golpe, puñada, moquete, bofetada, mojicón, mamporro, trompada, bofetón, torta. *Ant.* Caricia.

puño, empuñadura, pomo.// Mango, asidero, manubrio, guarnición, cacha.

pupilo-la, interno, huésped, pensionista, residente. *Ant.* Externo.// Huérfano (v.).

pupitre, escritorio, buró, bufete.

pureza, pudor, castidad, integridad, honestidad, virginidad, virtud, decoro. *Ant.* Deshonestidad.// Limpieza, salud, corrección, simpleza, sencillez. *Ant.* Impureza.

purga, laxante, depurativo, purgante.// Depuración, purificación, eliminación. *Ant.* Suciedad.

purgante, laxante, depurativo, purgatorio, purga (v.).

purgar, laxar, depurar, evacuar, expulsar, expeler.// Limpiar, purificar, depurar. *Ant.* Ensuciar.// Expiar, pagar, padecer, satisfacer. *Ant.* Gozar, premiar.// Destituir, eliminar, exonerar. *Ant.* Nombrar.

purgatorio, dolor, penitencia, sufrimiento, expiación, penalidad. *Ant.* Cielo.// **-ria**, purgante (v.).

purificación, depuración, saneamiento, descontaminación, purgación, limpieza, clarificación. *Ant.* Suciedad, corrupción.

purificar, limpiar, expurgar, purgar, sanear, higienizar, desinfectar. *Ant.* Ensuciar, infectar.// Filtrar, clarificar, refinar, destilar, cribar. *Ant.* Mezclar.

puritano-na, austero, rígido, severo, ascético, estricto, riguroso, penitente, inflexible, intransigente. **Ant.** Flexible, comprensivo, transigente.// Mojigato, ñoño, hipócrita.

puro-ra, casto, incorrupto, íntegro, inocente, decoroso, virtuoso, pudoroso, virgen. **Ant.** Depravado, deshonesto.// Limpio, sano, natural, genuino, exento, perfecto. **Ant.** Impuro.// Legítimo, depurado, correcto. **Ant.** Falseado.// Cigarro, habano.

púrpura, granate, escarlata, encarnado, rojo, violado, rubí, carmesí, colorado.

pus, podre, purulencia, supuración, humor.

pusilánime, cobarde, corto, apocado, medroso, tímido, timorato. **Ant.** Valiente, enérgico.

pústula, vejiga, úlcera, postilla.

puta, prostituta (v.).

putrefacción, corrupción, descomposición, podredumbre, podre, desintegración, alteración, fermentación, carroña, pudrición.

putrefacto-ta, podrido, pútrido, descompuesto, corrompido, infecto, purulento, fermentado, corrupto, alterado, desintegrado. **Ant.** Sano.

quebrada, paso, garganta, angostura, desfiladero, cañón, cañada, despeñadero, barranco.

quebradero, cavilación, inquietud, preocupación, problema.

quebradizo-za, frágil endeble, delicado, débil, rompible, rajable. *Ant.* Resistente.

quebrado-da, abrupto, escabroso, áspero, montañoso, desigual, barrancoso, accidentado. *Ant.* Llano.// Roto, partido. *Ant.* Entero.// En quiebra, en bancarrota. *Ant.* Floreciente.

quebradura, fractura, rotura, grieta, hendidura, rendija.// Quiebra, quebrantamiento.

quebrantamiento, incumplimiento, transgresión, omisión, culpa, infracción, vulneración. *Ant.* Cumplimiento.

quebrantar, vulnerar, violar, infringir, incumplir, transgredir, profanar. *Ant.* Cumplir, respetar.// Romper, tronchar, despedazar, fracturar, partir, quebrar, fragmentar, rajar, hender, dividir, destruir. *Ant.* Reparar, componer, unir.

quebranto, perjuicio, deterioro, daño, pérdida, menoscabo, menosprecio, merma, ruina, déficit. *Ant.* Ganancia, beneficio.// Dolor, pena, aflicción, padecimiento, tormento. *Ant.* Contento, bienestar.

quebrar, romper, quebrantar, tronchar, rajar, cascar, fragmentar, dividir, hender, romper, destruir. *Ant.* Reparar, unir.// Arruinarse, fracasar, hundirse, frustrarse. *Ant.* Prosperar.

quedar, acordar, convenir, decidir, pactar, avenirse. *Ant.* Discrepar.// Ubicarse, situarse, estar.// Faltar, restar.// **-se**, permanecer, persistir, mantenerse, continuar. *Ant.* Irse.// Residir, establecerse, arraigar, morar. *Ant.* Mudarse.// Abandonar, retrasarse, detenerse. *Ant.* Adelantar, progresar.// Apropiarse, apoderarse, guardarse, retener. *Ant.* Devolver, restituir.

quedo-da, lento, paso, quieto, suave, callado, despacio. *Ant.* Apresurado, ruidoso.

quehacer, trabajo, ocupación, faena, tarea, negocio.

queja, lamentación, lamento, gemido, llanto, plañido, suspiro, clamor. *Ant.* Risa, contento.// Reclamación, querella, demanda, protesta, reproche. *Ant.* Satisfacción, elogio.

quejarse, lamentarse, dolerse, gemir, llorar, gimotear, sollozar, plañir, rezongar, clamar, refunfuñar. *Ant.* Reírse.// Protestar, reclamar, querellarse, demandar, reprochar. *Ant.* Contentarse, elogiar.

quejido, lamento, queja, plañido, sollozo, lamentación, quejumbre. *Ant.* Risa, júbilo.

quejoso-sa, quejumbroso, lacrimoso, lastimero, lloroso. *Ant.* Risueño, alegre.// Disgustado, resentido, agraviado, descontento, ofendido. *Ant.* Contento.

quema, incendio, combustión, quemazón, cremación, ignición, hoguera. *Ant.* Apagamiento.

quemar, abrasar, incendiar, chamuscar, calcinar, incinerar, inflamar, carbonizar, achicharrar, encender, consumir. *Ant.* Apagar.

quemazón, quema (v.).// Resentimiento, resquemor, rencilla, queja (v.). *Ant.* Amistad, benevolencia.// Picazón, picor, irritación, ardor.

querella, litigio, pleito, queja, juicio, demanda, denuncia, acusación, protesta, recurso, procedimiento. *Ant.* Reconciliación, acuerdo.// Riña, reyerta, pelea, disputa, altercado, debate, discusión, contienda, rencilla, pendencia, cuestión, discordia. *Ant.* Paz, avenencia.

querellar, litigar, demandar, quejarse (v.), acusar, reclamar. *Ant.* Acordar.// Reñir, altercar, pelear, contender, disputar, discutir, cuestionar. *Ant.* Apaciguar.

querencia, afecto, atracción, inclinación, afinidad. *Ant.* Desapego.

querer, amor, afecto, cariño, afección, estimación. *Ant.* Odio, desdén.// Desear, anhelar, apetecer, codiciar, ambicionar, aspirar. *Ant.* Abandonar, rechazar.// Estimar, apreciar, amar, venerar, idolatrar, adorar, enamorarse. *Ant.* Aborrecer, odiar, despreciar.// Aceptar, acceder, consentir, dignarse, avenirse. *Ant.* Negar, rechazar.// Decidir, proponerse, empeñarse. *Ant.* Abandonar.// Pedir, exigir, requerir. *Ant.* Renunciar.

querido-da, estimado, respetado, apreciado. *Ant.* Despreciado, odiado.

querubín, querube, serafín, ángel.// Hermoso, bello, gracioso. *Ant.* Feo, horrible.

quid, esencia, motivo, clave.

quiebra, rotura, grieta, fractura, hendidura, abertura, fisura, hendedura. *Ant.* Arreglo, compostura.// Ruina, bancarrota, hundimiento, pérdida, fracaso, menoscabo. *Ant.* Florecimiento, prosperidad.

quieto-ta, inmóvil, detenido, firme, inerte, parado, estático, paralizado, inactivo, fijo, tieso, inanimado, muerto. *Ant.* Móvil, animado.// Apacible, sosegado, tranquilo, calmado, silencioso. *Ant.* Bullicioso.

quietud, paz, sosiego, tranquilidad, reposo, descanso, calma, placidez, silencio. *Ant.* Bullicio.// Estabilidad, inacción, inmovilidad, permanencia, firmeza, estacionamiento, pasividad. *Ant.* Actividad.

quilo, humor, linfa. *Par.* Kilo.

quimera, ensueño, delirio, fantasía, utopía, ficción, imaginación, visión, alucinación, sueño. *Ant.* Verdad, realidad.

quimérico-ca, ilusorio, fabuloso, imaginario, fantástico, utópico, mitológico, imposible, irreal, improbable, ficticio. *Ant.* Verdadero, posible, real.

quincalla, bagatelas, fruslerías, baratijas.// Mercería.

quinta, finca, inmueble, propiedad, villa, chalé.

quintaesencia, pureza, refinamiento, extracto, sumo. *Ant.* Vulgaridad.

quiosco, templete, tenderete, puesto, glorieta, pabellón.

quisquilloso-sa, melindroso, delicado, puntilloso, meticuloso, susceptible, detallista, cascarrabias. *Ant.* Descuidado.

quiste, tumor, bulto, protuberancia, dureza, nódulo.

quitar, eliminar, suprimir, excluir, extraer, separar, retirar, sacar, cortar, apartar, cercenar, anular. *Ant.* Poner.// Despojar, privar, robar, usurpar, arrebatar, hurtar. *Ant.* Devolver, restituir.// Derrocar, destituir, eliminar, deponer. *Ant.* Entronizar.// Derogar, eximir, anular. *Ant.* Instituir.

quizá, acaso, probablemente, posiblemente, quizás, tal vez, pudiera ser, a lo mejor, quien sabe. *Ant.* Ciertamente, seguramente.

rabia, hidrofobia.// Ira, enfado, furia, enojo, irritación, cólera, furor, indignación. **Ant.** Calma, serenidad.

rabiar, irritarse, enfurecerse, encolerizarse, enojarse, impacientarse, desesperarse, exasperarse, trinar, enfadarse. **Ant.** Apaciguarse, calmarse.

rabieta, disgusto, enfado, enojo, berrinche, pataleo. **Ant.** Se-renidad.

rabioso-sa, hidrófobo.// Furioso, colérico, enfadado, iracundo, enojado, frenético, enfurecido, violento. **Ant.** Tranquilo, pacífico.

rabo, cola.// Pedúnculo, rabillo, cabo, extremo.

racha, época, lapso, etapa, momento, período, serie.

racimo, manojo, conjunto, ramillete, ristra, grupo, colgajo. **Ant.** Unidad, dispersión.// Inflorescencia, infrutescencia.

raciocinio, razón, entendimiento, criterio, lógica, juicio, deducción, razonamiento, cavilación. **Ant.** Absurdo, disparate.

ración, porción, parte, distribución, medida, asignación, cuota, cupo. **Ant.** Totalidad.

racional, razonable, lógico, justo, equitativo, ecuánime, coherente, sensato. **Ant.** Irracional, ilógico, absurdo.

racionalidad, lógica, coherencia, sensatez, cordura. **Ant.** Irracionalidad.

racionamiento, reparto, distribución, proporción, cupo, tasa, restricción, asignación, limitación. **Ant.** Derroche.

racionar, repartir, partir, limitar, asignar, tasar, distribuir, proveer, suministrar. **Ant.** Derrochar.

racismo, discriminación, segregación.

racista, segregacionista, intolerante.

rada, bahía, ensenada, golfo, puerto, fondeadero, caleta, abra, cala.

radiación, propagación, irradiación, luminiscencia, fulgor, reverberación.

radiante, luminoso, brillante, claro, refulgente, resplandeciente, rutilante, fulgurante. **Ant.** Oscuro, empañado.// Alegre, feliz, contento, satisfecho, jubiloso, complacido, entusiasmado. **Ant.** Triste.

radiar, difundir, comunicar, transmitir, notificar, divulgar. **Ant.** Silenciar, callar.

radicación, establecimiento, permanencia, afincamiento, estancia, arraigo, asentamiento. **Ant.** Desarraigo.

radical, fundamental, esencial, básico, primordial, sustancial. **Ant.** Superficial.// Completo, absoluto, definitivo, drástico, concluyente, tajante, enérgico, contundente, violento, aplastante. **Ant.** Relativo, suave, transitorio.

radicar, estar, hallarse, encontrarse.// **-se**, establecerse, afincarse, asentarse, permanecer. **Ant.** Desarraigarse.

radio, receptor, radiorreceptor.

radiodifusión, transmisión, emisión.

radiorreceptor, radio, receptor, transmisor.

raer, raspar, pulir, rasar, arañar, rapar, frotar.

ráfaga, vendaval, torbellino, ramalazo, oleada, soplo, ventolera.// Abundancia, afluencia.// Andanada, salva, descarga, disparos, tiros.

raído-da, ajado, gastado, estropeado, desgastado, viejo, deslucido, usado, deteriorado, marchito. **Ant.** Nuevo, reluciente.// Raspado, rallado, lijado, limado, raso.

raigambre, arraigo, permanencia, establecimiento, afincamiento. **Ant.** Desarraigo.// Estabilidad, firmeza, consolidación, fundamento, base, consistencia. **Ant.** Inconsistencia.

raíz, radícula, raigón, cepa, rizoma, bulbo. **Ant.** Tallo.// Origen, fundamento, cimiento, principio, causa, motivo, fuente, comienzo. **Ant.** Consecuencia, fin.

raja, grieta, abertura, resquicio, resquebrajadura, quebradura, fisura, rendija, ranura, falla. **Ant.** Integridad, unión, soldadura.

rajar, agrietar, hender, cascar, partir, quebrar, romper, abrir. **Ant.** Unir, soldar.

rajatabla (a), rigurosamente, inflexiblemente, estrictamente.

ralea, especie, género, clase, calidad, jaez, estofa, pelaje, calaña, casta, nivel, condición, alcurnia, raza.

ralladura, raedura, raspadura, limadura.

rallar, desmenuzar, limar, triturar, pulir, picar, lijar, pulverizar. *Par.* Rayar.

ralo-la, raído, sobado, deteriorado, gastado. **Ant.** Nuevo.// Espaciado, disperso, distanciado. **Ant.** Apretado, tupido.

rama, brote, ramo, vara, vástago, tallo, sarmiento.// Bifurcación, ramal, desviación, derivación.

ramaje, enramada, follaje, fronda, frondosidad, hojarasca, espesura, boscaje, broza. **Ant.** Erial.

ramal, ramificación, derivación, subdivisión, rama (v.).

ramalazo, ráfaga (v.).// Dolor, pinchazo, punzadura, punzada, acometida.

ramera, prostituta (v.).

ramificación, bifurcación, rama (v.), división, desviación, cruce. **Ant.** Unificación.// Vástago, retoño, hijuelo.// Consecuencia, derivación. **Ant.** Antecedente.

ramificarse, bifurcarse, dividirse, subdividirse, separarse. **Ant.** Unificarse, reunirse.// Propagarse, proliferar, extenderse, propalarse, incrementarse. **Ant.** Limitarse, restringirse.

ramillete, rama (v.).

ramo, ramillete, manojo, conjunto, brazada, atado.// Rama (v.).// Sección, división, sector, grupo, actividad.

rampa, pendiente, desnivel, cuesta, repecho, inclinación, talud, escarpa. **Ant.** Llano.

ramplón-na, vulgar, ordinario, tosco, basto, zafio, chabacano, rudo, pedestre. **Ant.** Refinado, selecto, distinguido.

rancho, choza, cabaña, albergue.// Guisado, menestra.// Granja, hacienda, propiedad.

rancio-cia, antiguo, añejo, provecto, vetusto, arcaico. **Ant.** Nuevo, reciente.// Pasado, podrido. **Ant.** Fresco.

rango, clase, nivel, categoría, condición, casta, situación, jerarquía, índole.

ranura, estría, hendedura, surco, raja, canal, hendidura, corredera, abertura, acanaladura, rendija, incisión. **Ant.** Juntura, unión.

rapacidad, avaricia, codicia, apetencia, ambición, avidez, usura. **Ant.** Generosidad.// Latrocinio, hurto, expoliación, saqueo. **Ant.** Honradez.

rapaz, codicioso, avariento, avaro, ávido, usurero. **Ant.** Generoso.// Saqueador, rapilador, expoliador. **Ant.** Honrado, honesto.,

rapidez, ligereza, prontitud, velocidad, premura, diligencia, celeridad, presteza, actividad, vertiginosidad, precipitación. *Ant.* Lentitud, calma.

rápido, corriente, torrente, torrentera// **-da**, ligero, presuroso, veloz, precipitado, vertiginoso, presto, ágil, raudo, acelerado, pronto, apresurado, diligente, listo. *Ant.* Lento.

rapiña, despojo, expoliación, saqueo, robo, hurto, latrocinio, pillaje, usurpación. *Ant.* Restitución.

rapiñar, hurtar, saquear, despojar, robar, expoliar, pillar, usurpar. *Ant.* Restituir.

rapsoda, poeta, vate, juglar, trovador, cantor.

raptar, secuestrar, retener, recluir, encerrar, robar. *Ant.* Liberar.

rapto, impulso, arranque, arrebato. *Ant.* Serenidad, calma.// Éxtasis, arrobo, ensimismamiento, arrobamiento, embeleso, enajenamiento. *Ant.* Imperturbabilidad.// Secuestro, robo, encierro, reclusión. *Ant.* Liberación.

raquítico-ca, débil, endeble, anémico, esmirriado, enclenque, escaso, mezquino, exiguo, desmedrado, alfeñique. *Ant.* Robusto, fuerte, sano.

rarefacción, enrarecimiento (v.).

rarefacer, enrarecer (v.), rarificar, contaminar.

rareza, extravagancia, originalidad, curiosidad, anomalía, extrañeza, peculiaridad, excepcionalidad. *Ant.* Vulgaridad.

raro-ra, extraño, extravagante, excéntrico, anómalo, anormal,. extraordinario, excepcional, sobresaliente, notorio, singular, sorprendente, curioso, inusitado, especial, original, inaudito, exótico, desacostumbrado, exclusivo, infrecuente. *Ant.* Vulgar, normal, habitual.// Escaso (v.). *Ant.* Abundante.

ras, igualdad, nivelación, llaneza. *Ant.* Desigualdad.

rasar, rozar, tocar, lamer, besar.// Nivelar, igualar.

rascar, frotar, fregar, refregar, arañar, restregar, limar, lijar, raspar, cepillar. *Ant.* Acariciar.

rasgar, romper, desgarrar, rasguñar, despedazar, destrozar, hender, tronzar. *Ant.* Unir, componer.

rasgo, trazo, perfil, raya, línea, marca.// Cualidad, carácter, nota, atributo, distinción, personalidad, propiedad, característica, distintivo.// **-s**, facciones, fisonomía, aire, semblanza.

rasguear, tañer, tocar, pulsar, puntear.

rasgueo, toque, tañimiento, pulsación.

rasguñar, rascar, arañar, herir, señalar, rasgar, escarbar.

rasguño, arañazo, rasgadura, erosión, rasguñadura, uñada, marca, zarpazo, señal, herida.

raso-sa, liso, plano, despejado, claro, pelado, suave, descubierto, libre. *Ant.* Accidentado, cubierto, áspero. *Par.* Raza.

raspadura, arañazo, rasguño, ralladura.

raspar, frotar, raer, restregar, limar, lijar, roer, desgastar, rozar.

rasposo-sa, mísero, raído, estropeado, ajado, deslucido. *Ant.* Nuevo, reluciente.// Avaro, tacaño. *Ant.* Generoso.

rastrear, batir, buscar, explorar, reconocer, escudriñar, averiguar, perseguir, preguntar. *Ant.* Abandonar, extraviar.

rastreo, búsqueda, indagación, exploración, batida.

rastrero-ra, bajo, vil, indigno, innoble, abyecto, mezquino. *Ant.* Digno.

rastrillo, rastra, trailla, horquilla, recogedor.

rastro, señal, huella, indicio, pista, marca, estela, signo, traza, pisada.

rasurar, afeitar, pelar, rapar.

ratear, distribuir, prorratear, repartir, escotar.// Disminuir, rebajar. *Ant.* Aumentar.

ratería, robo, hurto, latrocinio, desfalco, estafa, timo. *Ant.* Honradez.

ratero-ra, hurtador, ladrón, descuidero, carterista. *Ant.* Honesto.

ratificación, confirmación, revalidación, validación, corroboración, aprobación, legalización. *Ant.* Anulación.

ratificar, confirmar, reafirmar, corroborar, convalidar, aprobar, legalizar, certificar, sancionar. *Ant.* Rechazar, anular.

rato, instante, momento, pausa, lapso, santiamén, periquete, período, etapa.

ratonera, cepo, trampa, lazo.// Madriguera, escondrijo, agujero.// Engaño, artificio, ardid, celada.

raudal, abundancia, afluencia, exceso, torrente, plétora, aluvión, torbellino, diluvio, copia., *Ant.* Escasez.

raudo-da, rápido (v.).

raya, línea, trazo, rasgo, tilde, surco, estría, guión, marca./. Límite, linde, frontera, confín, extremo, término, demarcación.

rayado-da, estriado, listado, surcado.

rayano-na, contiguo, limítrofe, confinante, lindante, próximo, cercano. *Ant.* Alejado.

rayar, vetear, listar, trazar, marcar, señalar, surcar, delinear, subrayar, pautar.// Superar, distinguirse, sobresalir.// Amanecer. *Par.* Rallar.

rayo, ralámpago, destello, centella, fulguración, chispa, exhalación, fulgor, meteoro.// Radio, línea, varilla, barra.

raza, linaje, origen, dinastía, ascendencia, casta, clase, género, ralea, especie, estirpe, grey, pueblo, patria, nación, clan, progenie, prosapia. *Par.* Rasa.

razón, raciocinio, entendimiento, mente, discernimiento, juicio, lógica, pensamiento, inteligencia, reflexión, comprensión, intelecto, sensatez. *Ant.* Torpeza, irreflexión./ Demostración, explicación, argumento, prueba, justificación, testimonio.// Causa, motivo, fundamento, motivación, principio, nudo, raíz, móvil.// Justicia, equidad, rectitud, derecho, prudencia, moderación, cordura, tacto, acierto. *Ant.* Sinrazón, injusticia.

razonable, moderado, equitativo, regular, conveniente, suficiente, mediano, bastante. *Ant.* Insuficiente.// Sensato, prudente, lógico, justo, comprensible, racional, procedente. *Ant.* Insensato, injusto.// Benévolo, tolerante, comprensivo. *Ant.* Rígido, severo, intolerante.

razonamiento, razón (v.), raciocinio (v.).

razonar, discurrir, dilucidar, reflexionar, argüir, argumentar, pensar, analizar, comprender, inferir, deducir, distinguir, exponer, alegar, plantear. *Ant.* Disparatar, empecinarse.

razzia, incursión, irrupción, inavasión, correría.

reacción, oposición, resistencia, rechazo, contraataque, repulsión, reflejo, choque, rebeldía, intransigencia, contraposición, contrarresto, recuperación. *Ant.* Sometimiento, pasividad.// Progreso, evolución, cambio, modificación. *Ant.* Retroceso, detención.

reaccionar, oponerse, rebelarse, rechazar, contrarrestar, contraponer, contraatacar. *Ant.* Someterse.// Responder, reanimarse, transformarse, evolucionar, progresar. *Ant.* Retroceder, pararse.

reaccionario-ria, retrógrado, tradicionalista, conservador. *Ant.* Avanzado, revolucionario.

reacio-cia, opuesto, contrario, remiso, refractario, resistente, adverso, rebelde, terco. *Ant.* Sumiso, disciplinado, dócil.

reactivación, renovación, reacción (v.), regeneración. *Ant.* Abandono, inhibición.

reafirmar, ratificar (v.).// Asegurar, afianzar, consolidar. *Ant.* Descuidar.

reajustar, rectificar, reorganizar, renovar, modificar, cambiar, actualizar. *Ant.* Dejar, abandonar.

reajuste, reorganización, reforma, renovación, rectificación, modificación, cambio, ajuste, actualización. *Ant.* Abandono, abstención.

real, soberano, regio, noble, realista, principesco. *Ant.* Plebeyo.// Excelente, espléndido, magnífico, suntuoso. *Ant.* Insignificante, pobre.// Verdadero, existente, auténtico, verídico, cierto, positivo, innegable, efectivo. *Ant.* Irreal, abstracto.

realce, brillo, esplendor, lustre, grandeza, estimación, importancia. *Ant.* Oscuridad, insignificancia.

realeza, majestad, nobleza, monarquía, dinastía. *Ant.* Plebe.// Dignidad, majestuosidad, boato, magnificencia, grandiosidad. *Ant.* Sencillez, humildad.

realidad, existencia, verdad, efectividad, materialidad, objetividad, certeza, autenticidad. *Ant.* Irrealidad, abstracción.

ealista, monárquico, tradicionalista. *Ant.* Republicano.// Práctico, pragmático, positivo, objetivo, efectivo. *Ant.* Iluso, teórico.

ealización, ejecución, elaboración, producción, fabricación. *Ant.* Abstención, destrucción.

ealizar, hacer, ejecutar, efectuar, desarrollar, producir, elaborar, confeccionar, fabricar, construir, formar, crear. *Ant.* Abstenerse, destruir.

ealzar, acentuar, subrayar, engrandecer, encumbrar, elogiar, alabar, levantar, aclamar, glorificar. *Ant.* Humillar, ensombrecer, degradar.

eanimar, reavivar, reconfortar, fortalecer, estimular, rehabilitar, animar, alentar, tonificar, vigorizar. *Ant.* Debilitar, desalentar.

eanudar, continuar, seguir, recomenzar, restablecer, proseguir, repetir, mantener, renovar. *Ant.* Detenerse, acabar, interrumpir.

eaparecer, volver, regresar, retornar, reanudar, renacer, resurgir, presentarse, exhibirse. *Ant.* Desaparecer, quedarse.

eata, hilera, recua, fila, columna.// Correa, cuerda, traílla.

eavivar, revivificar, vivificar, vigorizar, reanimar (v.), resucitar (v.).

ebaja, disminución, descuento, abaratamiento, deducción, desgravación, baja. *Ant.* Aumento, encarecimiento.

ebajar, disminuir, descontar, abaratar, reducir, descender, decrecer, desvalorizar. *Ant.* Aumentar, encarecer.// Menospreciar, humillar, abatir, degradar, subestimar, avergonzar. *Ant.* Elogiar, enaltecer.

ebalsar, estancar, embalsar (v.).

ebanada, rodaja, lonja, tajada, loncha, pedazo, rueda, porción, trozo. *Ant.* Totalidad.

abanar, cortar, seccionar, tajar, cercenar, amputar.

ebaño, tropel, tropilla, manada, jauría, recua, hato, bandada.// Grupo, grey, congregación, reunión.

ebasar, exceder, colmar, extralimitarse, desbordarse, sobrepasar, superar, derramarse, salirse. *Ant.* Limitarse, contenerse.

ebatir, resistir, rechazar, contrarrestar, impugnar, refutar, contradecir, contrariar, repeler. *Ant.* Confirmar, admitir.

ebato, aviso, convocación, alarma. *Ant.* Tranquilidad.

ebelar-se, insubordinar, sublevar, resistir, provocar, conspirar, insurreccionar, alborotar, indisciplinar, amotinar, alzarse, revolucionar. *Ant.* Someterse, acatar. *Par.* Revelar.

ebelde, insurrecto, insurgente, amotinado, subversivo, sublevado, faccioso, levantisco, revolucionario, conspirador. *Ant.* Disciplinado.// Desobediente, insumiso, indócil, insubordinado, reacio, contumaz, indómito, tozudo, terco, refractario, obstinado. *Ant.* Dócil, subordinado, obediente.

ebeldía, sublevación, insurrección, levantamiento, amotinamiento, conspiración. *Ant.* Acatamiento.// Indisciplina, desobediencia, insubordinación, indocilidad, porfía, obstinación. *Ant.* Disciplina, acatamiento, sumisión.

ebelión, sublevación, conjura, subversión, rebeldía, pronunciamiento, alzamiento, motín, levantamiento, insubordinación. *Ant.* Obediencia, acatamiento, sumisión.

eblandecer, ablandar, enternecer, suavizar, debilitar, lenificar. *Ant.* Endurecer.

eblandecido-da, blando, maduro, muelle, fofo. *Ant.* Duro, resistente.// Afeminado, débil, degenerado.

eborde, borde, saliente, resalte, orillo, filete, ala, moldura, relieve, remate, margen. *Ant.* Centro, vértice.

ebosar, rebasar, salirse, verterse, derramarse, desbordarse. *Ant.* Contener.// Abundar, exceder, sobrar. *Ant.* Faltar. *Par.* Rebozar.

ebotar, saltar, botar, rechazar, repercutir, brincar.

ebote, brinco, bote, consecuencia, efecto, rechazo.

ebozar, arrebozar, enharinar, empanar.// Cubrir, embozar, tapar. *Ant.* Descubrir. *Par.* Rebosar.

ebozo, embozo, envoltura, rebujo, ocultamiento, encubrimiento.// Mantilla, toca, chal. *Par.* Reboso.

ebujar, arrebujar, taparse, envolverse.

ebuscado-da, amanerado, afectado, artificioso, ficticio, falso, melifluo. *Ant.* Natural.

rebuscamiento, amaneramiento, afectación, falsedad, fingimiento. *Ant.* Naturalidad.

rebuscar, investigar, escudriñar, inquirir, escrutar, sondear, examinar, indagar, husmear, fisgonear. *Ant.* Encontrar, abandonar.

recabar, demandar, pedir, exigir, reclamar. *Par.* Recavar.

recado, mensaje, encargo, comisión, aviso, misión, comunicación, misiva, cometido.

recaer, empeorar, agravarse, desmejorar, recrudecer. *Ant.* Mejorar, recuperarse.// Incurrir, reincidir, repetir, insistir, reaparecer. *Ant.* Corregirse.

recaída, reincidencia, repetición, reiteración.// Empeoramiento, desmejoramiento, agravación, reagudización, retroceso. *Ant.* Mejoría, restablecimiento.

recalar, llegar, fondear, anclar, arribar, penetrar.

recalcar, repetir, machacar, reiterar, acentuar, insistir, subrayar. *Ant.* Desistir.

recalcitrante, obstinado, pertinaz, contumaz, porfiado, terco, reacio, empedernido, rebelde, impenitente, incorregible. *Ant.* Razonable, flexible.

recámara, habitación, cuarto, sala, estancia.

recambio, repuesto, reserva, accesorio.

recapacitar, pensar, meditar, reflexionar, recapitular, sosegarse, arrepentirse, dominarse.

recapitulación, compendio, resumen, síntesis, revisión, sumario, inventario, revista, minuta, extracto.

recapitular, sintetizar, resumir, revisar, rememorar, repasar, reducir, recordar, inventariar. *Ant.* Ampliar, olvidar.

recargado-da, profuso, abigarrado, complicado, exuberante, pomposo, sobrecargado, exagerado, excesivo. *Ant.* Sencillo, elegante.

recargar, aumentar, sobrecargar, abarrotar, abrumar, acumular, llenar, elevar, encarecer. *Ant.* Rebajar, aligerar, disminuir.// Abigarrar, emperifollar, complicar.

recargo, aumento, incremento, sobreprecio, encarecimiento, gravamen, multa. *Ant.* Rebaja.

recatado-da, discreto, reservado, circunspecto, modoso, prudente. *Ant.* Indiscreto.// Honesto, pudoroso, decente, decoroso, modesto, casto, púdico. *Ant.* Impúdico, indecoroso.

recato, discreción, reserva, prudencia, comedimiento. *Ant.* Indiscreción, imprudencia.// Honestidad, decoro, vergüenza, modestia, castidad, pudibundez, humildad. *Ant.* Impudicia, descaro.

recaudación, cobranza, percepción, reembolso, ingreso, recaudo. *Ant.* Pago, abono.

recaudar, cobrar, percibir, recibir, ingresar, recolectar, recoger, embolsar. *Ant.* Pagar, abonar.

recelar, temer, desconfiar, maliciar, sospechar, dudar, barruntar, preocuparse. *Ant.* Confiar.

recelo, sospecha, temor, malicia, barrunto, suspicacia, desconfianza, susceptibilidad, escrúpulo, suposición, conjetura. *Ant.* Confianza, seguridad.

receloso-sa, desconfiado, malicioso, temeroso, suspicaz. *Ant.* Confiado.

recepción, admisión, ingreso, entrada, recibo, aceptación. *Ant.* Expulsión.// Recibimiento, bienvenida, acogida, saludo. *Ant.* Despedida.// Fiesta, ceremonia.

receptáculo, recipiente, vasija, saco, funda, vaso, bolso, cavidad, cápsula.

receso, descanso, suspensión, intervalo, vacación, cese de actividades.

receta, fórmula, prescripción, composición, mezcla.

recetar, prescribir, ordenar, aconsejar, formular, disponer.

rechazar, negar, repeler, expulsar, rehusar, rehuir, ahuyentar, apartar, alejar, despedir, repudiar, oponerse, refutar, repugnar. *Ant.* Atraer, aprobar, aceptar.

rechazo, repudio, repulsa, expulsión, despido. *Ant.* Atracción, aceptación.

rechifla, protesta, desaprobación, abucheo, burla, mofa. *Ant.* Aplauso.

rechinar, chirriar, crujir, gruñir, crepitar, resonar.

rechoncho-cha, gordo, barrigudo, regordete, rollizo, gordinflón, obeso, grueso, robusto.

rechupete (de), bueno, exquisito, agradable, excelente, soberbio.

recibidor, recibimiento, vestíbulo, antecámara, entrada, antesala, estancia.

recibir, aceptar, acoger, percibir, admitir, adoptar, tomar. **Ant.** Ofrecer.// Cobrar, percibir, obtener. **Ant.** Rechazar.

recibo, resguardo, vale, documento, cupón, bono, talón, comprobante.

reciedumbre, fortaleza, vigor, energía, fuerza, firmeza, robustez, vitalidad, ánimo, empuje, potencia, poder. **Ant.** Debilidad.

reciente, nuevo, flamante, moderno, actual, estrenado, naciente, fresco, tierno. contemporáneo. **Ant.** Viejo, estropeado. **Par.** Resiente.

recinto, espacio, perímetro, lugar, aposento, estancia, habitación, ambiente, cámara.

recio-cia, vigoroso, fuerte, potente, fornido, forzudo, robusto, animoso, enérgico, firme, corpulento, vital, poderoso. **Ant.** Débil, endeble.// Riguroso, desapacible, extremado. **Ant.** Apacible, suave.

recipiente, envase, vasija, receptáculo, vaso, pote, olla, cacharro.

reciprocidad, correspondencia, correlatividad, correlación, relación, mutualidad, intercambio, alternación. **Ant.** Unilateralidad.

recíproco-ca, correlativo, correspondiente, relacionado, mutuo, bilateral, relativo, equitativo, alternativo. **Ant.** Unilateral.

recitación, declamación, recitado, discurso, narración. **Ant.** Silencio.

recitado, recitación (v.).

recitar, decir, pronunciar, declamar, narrar, entonar, hablar, leer.// Narrar, contar, referir, explicar, relatar. **Ant.** Callar.

reclamación, solicitud, demanda, exigencia, petición, ruego, protesta, súplica, reproche, queja. **Ant.** Concesión.

reclamar, pedir, solicitar, exigir, demandar, requerir, recabar, protestar, quejarse, reivindicar, reprochar, suplicar, querellarse. **Ant.** Conceder.

reclamo, llamada, voz, canto, atracción, sugestión, señuelo. **Ant.** Silencio.// Publicidad, propaganda, pregón. **Ant.** Secreto.

reclinarse, apoyarse, inclinarse, recostarse, ladearse, descansar. **Ant.** Erguirse.

recluir, confinar, encerrar, encarcelar, aprisionar, arrestar, aislar, enclaustrar, internar, enrejar. **Ant.** Libertar, rescatar.

reclusión, encerramiento, internamiento, aislamiento, prisión, encierro, enclaustramiento, presidio, encarcelamiento. **Ant.**, Liberación.

recluso-sa, presidiario, preso, prisionero, encerrado, aislado, confinado, incomunicado, convicto, cautivo, penado, reo. **Ant.** Libre.

recluta, conscripto, enrolado, enganchado, soldado, bisoño. **Ant.** Licenciado.

reclutar, alistar, enganchar, levar, enrolar, incorporar, inscribir, movilizar. **Ant.** Licenciar, despedir.

recobrar, recuperar, rescatar, resarcir, reintegrar, reconquistar, reembolsar, rehabilitar. **Ant.** Perder.// -se, mejorarse, reponerse, restablecerse, convalecer. **Ant.** Empeorarse.

recodo, esquina, rincón, vuelta, recoveco, revuelta, ángulo, curva. **Ant.** Recta.

recoger, reunir, tomar, congregar, recolectar, acopiar, acumular. **Ant.** Tirar, desparramar.// Encerrar, guardar, asilar, internar, albergar. **Ant.** Echar.// -se, encerrarse, retirarse, aislarse, enclaustrarse. **Ant.** Salir.

recogido-da, retirado, aislado, apartado, recluido, retraído, solitario, alejado. **Ant.** Comunicado.

recogimiento, reflexión, meditación, reconcentración, devoción, unción. **Ant.** Dispersión.// Aislamiento, apartamiento, abstracción, retraimiento, retiro, reclusión. **Ant.** Comunicación, entretenimiento, libertad.

recolección, cosecha, siega. **Ant.** Siembra.// Recaudación, cobranza.// Compendio, resumen, recopilación. **Ant.** Ampliación.// Reunión, acopio, acumulación, almacenamiento. **Ant.** Dispersión.

recolectar, cosechar, segar, coger. **Ant.** Sembrar, arar.// Re copilar, resumir, compendiar. **Ant.** Ampliar.// Reunir, ace piar, almacenar, acumular. **Ant.** Dispersar.

recoleto-ta, austero, sobrio, recatado, retirado, alejade **Ant.** Mundano.

recomendación, advertencia, consejo, aviso, sugerenci admonición, exhortación. **Ant.** Omisión.// Influencia, inte cesión, protección, favoritismo. **Ant.** Desamparo.// Ala banza, elogio, ensalzamiento. **Ant.** Crítica.

recomendado-da, favorecido, protegido, beneficiadc privilegiado. **Ant.** Desamparado.

recomendar, aconsejar, avisar, advertir, exhortar, sugeri pedir, invitar, insinuar. **Ant.** Omitir.// Influir, interceder, fa vorecer, proteger, amparar, apadrinar, mediar. **Ant.** De samparar.// Elogiar, alabar, ensalzar. **Ant.** Criticar.

recompensa, retribución, premio, propina, pago, remune ración, compensación, gratificación, galardón, merced **Ant.** Castigo.

recompensar, remunerar, satisfacer, premiar, galardona retribuir, compensar, gratificar, resarcir, indemnizar, home najear. **Ant.** Castigar, sancionar.

recomponer, reparar, enmendar, rehacer, arreglar, compc ner, reformar. **Ant.** Descomponer, desarreglar.

reconcentración, ensimismamiento, aislamiento, abstrac ción, reserva.

reconcentrar, concentrar, reunir, agrupar. **Ant.** Dispersar./ Aislarse, abstraerse, ensimismarse.

reconciliación, avenencia, acuerdo, arreglo, componen da, entendimiento, apaciguamiento, pacificación. **Ant.** Se paración, hostilidad.

reconciliar, interceder, apaciguar, mediar, reunir, aproxi mar. **Ant.** Enemistar, alejar.// -se, amigarse, unirse, olvida hacer las paces. **Ant.** Enemistarse, separarse.

recóndito-ta, apartado, oculto, profundo, íntimo, secretc arcano, encubierto, furtivo, disimulado. **Ant.** Conocido, su perficial.

reconfortar, reanimar, vivificar, fortalecer, consolar, alenta animar. **Ant.** Desalentar, desanimar.

reconocer, investigar, examinar, sondear, registrar, inspec cionar, observar, escrutar, verificar, revisar, fiscalizar, vigilai **Ant.** Obviar, omitir.// Aceptar, admitir, acatar, conceder **Ant.** Negar.// Acordarse, evocar, identificar, distinguii **Ant.** Olvidar.// Considerar, reputar, advertir. **Ant.** Deseni tenderse.

reconocido-da, agradecido, obligado, deudor. **Ant.** Desa gradecido, ingrato.// Identificado, comprobado, observa do, examinado. **Ant.** Omitido.

reconocimiento, examen, exploración, inspección, regis tro, estudio, investigación, observación, revista. **Ant.** Omi sión.// Agradecimiento (v.). **Ant.** Ingratitud.// Aceptación acatamiento. **Ant.** Desentendimiento.// Recuerdo, evoca ción, reminiscencia. **Ant.** Olvido.

reconquista, recuperación, reivindicación, rescate, restau ración, restablecimiento, desquite. **Ant.** Pérdida.

reconquistar, recobrar, recuperar, redimir, reivindicar, res catar, libertar, restaurar, reparar, restablecer. **Ant.** Perder.

reconstituir, curar, fortalecer, regenerar, recobrar. **Ant.** De bilitar.// Reorganizar, reconstruir (v.), rehacer. **Ant.** Des truir.

reconstituyente, confortante, vigorizante, reconfortante fortalecedor. **Ant.** Debilitante.

reconstrucción, restauración, reconstitución, reparación reedificación, reanudación, arreglo, recuperación, restable cimiento. **Ant.** Demolición, destrucción.

reconstruir, reedificar, reparar, rehacer, restablecer, arre glar, reconstituir (v.). **Ant.** Demoler, derribar.

reconvención, reproche, reprensión, amonestación, ad monición. **Ant.** Aprobación, alabanza.

reconvenir, reprochar, recriminar, reprender, regañar amonestar, increpar, reñir. **Ant.** Aprobar, alabar.

recopilación, compendio, selección, antología, colección resumen, extracto. **Ant.** Dispersión.

recopilar, resumir, coleccionar, compendiar, reunir, reco lectar. **Ant.** Dispersar.

recordar, rememorar, evocar, remembrar, acordarse, memorar, conmemorar, invocar, recapitular, revivir. **Ant.** Olvidar.

recordatorio, aviso, memorándum, comunicación, nota, advertencia.// Celebración, conmemoración.

recorrer, transitar, deambular, venir, ir, atravesar, andar, cruzar, viajar, peregrinar. **Ant.** Detenerse.

recorrido, viaje, trayecto, ruta, itinerario, trecho, trayectoria, marcha, tránsito, jornada. **Ant.** Detención, parada.

recortado-da, cercenado, cortado, mutilado, irregular, desigual, desparejo. **Ant.** Entero, regular.

recortar, cortar, cercenar, pelar, talar, mondar, podar, truncar, segar, partir, atusar, tusar, amputar, esquilar.// Limitar, disminuir, empequeñecer. **Ant.** Aumentar.

recorte, corte, poda, cercenamiento, sección, truncamiento.// Retazo, sobrante, residuo. **Ant.** Totalidad.

recostar-se, reclinar, inclinar, descansar, ladear, apoyar. **Ant.** Enderezar.

recoveco, vuelta, recodo (v.), revuelta, sinuosidad, rincón, curva, esquina, meandro, ángulo. **Ant.** Recta.// Artilugio, artificio, ardid, evasiva, trampa. **Ant.** Descubierta.

recreación, recreo (v.), diversión, esparcimiento, entretenimiento, solaz, pasatiempo, distracción, juego. **Ant.** Aburrimiento.

recrear, rehacer, regenerar. **Ant.** Destruir.// **-se**, distraerse, divertirse, refocilarse, complacerse, gozar, regocijarse, deleitarse. **Ant.** Aburrirse.

recreativo-va, entretenido, divertido, ameno, agradable, placentero, regocijante, alegre. **Ant.** Aburrido.

recreo, recreación (v.). distracción, fiesta, placer, asueto, solaz, vacación, holganza, entretenimiento, regodeo, juego, esparcimiento. **Ant.** Aburrimiento, trabajo.

recriminación, reproche, reprimenda, reprobación, observación, amonestación, admonición, acusación, regaño, sermón, filípica. **Ant.** Aprobación, elogio.

recriminar, reprochar, amonestar, reconvenir, aconsejar, censurar, advertir, regañar, reprender, sermonear. **Ant.** Aprobar, alabar.

recrudecer, agravar, intensificar, aumentar, redoblar, recaer. **Ant.** Disminuir.

recrudecimiento, aumento, incremento, intensificación, agravamiento, redoblamiento, empeoramiento. **Ant.** Disminución, mejoría.

rectangular, cuadrilongo, cuadrangular.

rectificación, corrección, reparación, modificación, enmienda, cambio, transformación.// Retractación, rebatimiento, desdecimiento. **Ant.** Corroboración, ratificación.

rectificar, corregir, enmendar, reformar, modificar, mejorar, perfeccionar, reajustar. **Ant.** Estropear.// Abjurar, arrepentirse. **Ant.** Ratificar.

rectitud, derechura, horizontalidad, verticalidad. **Ant.** Sinuosidad.// Honradez, integridad, probidad, moralidad, justicia, honestidad, legalidad, equidad. **Ant.** Injusticia, deshonestidad.

recto-ta, íntegro, justo, probo, honrado, honesto, ecuánime, imparcial. **Ant.** Injusto, deshonesto.// Derecho, vertical, horizontal, rectilíneo, seguido, alineado, erguido. **Ant.** Curvo, sinuoso.

recua, arria, reata, tropa, traílla, manada.

recubierto-ta, envuelto, protegido, revestido. **Ant.** Descubierto.

recubrir, cubrir, revestir, forrar, tapizar, abrigar, resguardar, vestir. **Ant.** Descubrir, desvestir.

recuento, arqueo, inventario, repaso, escrutinio, balance, cómputo.

recuerdo, memoria, recordación, reminiscencia, remembranza, evocación, rememoración, huella, vestigio. **Ant.** Olvido.

recular, retroceder (v.).// Ceder, transigir, claudicar, renunciar, flaquear. **Ant.** Insistir, permanecer.

recuperación, reivindicación, rescate, restauración, reembolso, resarcimiento. **Ant.** Pérdida.// Mejora, restablecimiento, cura, convalescencia. **Ant.** Agravamiento, empeoramiento.

recuperar, rescatar, recobrar, resarcirse, redimir, reivindicar, reconquistar, restaurar. **Ant.** Perder.// **-se**, recobrarse, restablecerse, mejorarse, convalecer, aliviarse, sanarse. **Ant.** Desmejorarse, agravarse.

recurrir, apelar, acudir, pedir, solicitar, buscar, acogerse, requerir, llamar, invocar. **Ant.** Abandonar.// Litigar, demandar, pleitear.// Repetirse, reiterarse, reincidir.

recurso, medio, procedimiento, modo, táctica, manera.// Apelación, demanda, requerimiento, informe, exhorto, requisitoria, pleito, instancia.// **-s**, bienes, fortuna, medios, capital, fondos, caudales, patrimonio. **Ant.** Indigencia, pobreza.

recusación, objeción, reprobación, repulsa, inadmisión. **Ant.** Admisión, aceptación.

recusar, denegar, rechazar, repeler, negar. **Ant.** Aceptar, aprobar.

red, trampa, ardid, treta, astucia, engaño, lazo, asechanza, celada.// Malla, redecilla, urdimbre, enrejado, retículo, trama, tejido.// Aparejo, esparvel, traína.// Sistema, organización, servicio, distribución.

redacción, escrito, composición, escritura, expresión.

redactar, escribir, componer, idear, concebir, expresar, representar.

redada, batida, incursión, arresto, apresamiento, detención. **Ant.** Liberación.

redaño, mesenterio, peritoneo, epiplón.

redargüir, rebatir, contradecir, objetar, impugnar, rechazar, replicar, refutar. **Ant.** Aceptar.

rededor, contorno, periferia, marco. **Ant.** Lejanía.

redención, liberación, rescate, emancipación, salvación, independencia, manumisión, libertad, sufragio, reconquista. **Ant.** Esclavitud, sometimiento.

redentor-ra, salvador, liberador, protector, emancipador, defensor.

redil, apero, aprisco, encerradero.

redimir, liberar, rescatar, emancipar, manumitir, salvar, libertar, librar, eximir, reconquistar, perdonar, exonerar. **Ant.** Oprimir, esclavizar.

rédito, renta, beneficio, producto, rendimiento, provecho, ganancia, utilidad, interés. **Ant.** Pérdida, quebranto.

redituar, producir, rendir, rentar.

redivivo-va, resucitado, reaparecido, resurgido. **Ant.** Muerto.

redoblar, intensificar, aumentar, duplicar, doblar. **Ant.** Disminuir.// Tocar, percutir, golpear, tamborilear.

redoma, damajuana, frasco, botija, garrafa, botellón, porrón, matraz.

redomado-da, astuto, taimado, cauteloso, sagaz, ladino. **Ant.** Inocente, ingenuo.

redondear, curvar, combar, ovalar.// Completar, perfeccionar.

redondo-da, esférico, circular, combado, cilíndrico, curvo, globular, anular. **Ant.** Cuadrado, recto.// Claro, evidente, rotundo, comprensible, completo, perfecto. **Ant.** Imperfecto, inacabado.

reducción, rebaja, deducción, disminución, merma, baja, descuento, aminoramiento, decrecimiento, retracción. **Ant.** Aumento, desarrollo.// Resumen, compendio, condensación. **Ant.** Ampliación.

reducido-da, exiguo, escaso, restringido, ceñido, limitado, breve, corto. **Ant.** Amplio, grande.

reducir, disminuir, aminorar, mermar, menguar, rebajar, menoscabar, estrechar, restringir, achicar, atenuar, limitar, circunscribir, abreviar. **Ant.** Aumentar.// Condensar, resumir, compendiar. **Ant.** Ampliar.

reducto, fortificación, defensa, refugio, posición.

redundancia, exceso, abundancia, demasía, sobra, ampulosidad, repetición (v.). **Ant.** Concisión.

redundante, ampuloso, enfático, hinchado, pomposo. **Ant.** Conciso.// Repetido, reiterativo, insistente. **Ant.** Parco.

redundar, resultar, acarrear, causar, provocar, obrar.// Salirse, rebosar, derramarse.

reedificar, rehacer, reconstruir (v.).

reembolsar, devolver, reintegrar, pagar, compensar, indemnizar, restituir. **Ant**. Recibir, retener.

reembolso, reintegro, devolución, indemnización.

reemplazante, suplente, sustituto, sucesor.

reemplazar, sustituir, suceder, suplir, relevar, representar. **Ant**. Mantenerse, continuar.

reemplazo, relevo, sustitución, cambio, suplencia. **Ant**. Permanencia.

referencia, relación, relato, narración.// Alusión, nota, mención, comentario, reseña, observación.// **-s**, recomendación, informaciones, calificación, datos.

referéndum, consulta, votación, sufragio, comicio, elección.

referente, relativo, pertinente, concerniente, atinente, relacionado, referido.

referir, relatar, narrar, contar, exponer, explicar, detallar. **Ant**. Omitir, callar.// Relacionar, vincular, encadenar, atribuir. **Ant**. Separar, desvincular.// **-se**, aludir, mencionar, citar. **Ant**. Silenciar.

refinación, purificación, depuración, limpieza, expurgación. **Ant**. Impurificación.

refinado-da, delicado, exquisito, fino, distinguido, elegante, primoroso. **Ant**. Tosco, vulgar.// Depurado, clarificado, purificado. **Ant**. Impuro.

refinamiento, delicadeza, elegancia, exquisitez, perfección, finura, distinción. **Ant**. Vulgaridad, imperfección.

refinar, clarificar, purificar, perfeccionar, depurar, limpiar, pulir, filtrar, tamizar. **Ant**. Impurificar, descuidar.// **-se**, mejorarse, esmerarse. **Ant**. Empeorar.

refirmar, confirmar, corroborar, afirmar, ratificar, asevevar, revalidar, mantener. **Ant**. Negar.

reflejar, reflectar, rebotar, reverberar, devolver, fulgurar, emitir, espejar.// Mostrar, expresar, manifestar. **Ant**. Retener.

reflejo, reverberación, destello, irradiación, espejeo, reacción, rebote, irradiación, fulgor, vislumbre, brillo.// Automático, inconsciente, involuntario, maquinal, irreflexivo. **Ant**. Deliberado, consciente.

reflexión, consideración, cavilación, meditación, introspección, recapacitación, abstracción, especulación, pensamiento, estudio, examen. **Ant**. Despreocupación, precipitación.

reflexionar, pensar, meditar, cavilar, considerar, deliberar, pensar, atender, especular, capacitar, reconcentrarse, ensimismarse, examinar, estudiar, discernir, discurrir, analizar. **Ant**. Descuidar, precipitarse.

reflexivo-va, pensativo, considerado, concienzudo, meditabundo, juicioso, sensato. **Ant**. Irreflexivo.

refocilar-se, solazar, recrear, divertir, alegrar, entretener, deleitar. **Ant**. Aburrir.

reforma, renovación, reparación, modificación, transformación, mudanza, cambio, restauración, mejoramiento, corrección, enmienda, rectificación, perfección. **Ant**. Conservación.

reformar, arreglar, reparar, renovar, modificar, transformar, cambiar, reorganizar, corregir, enmendar, perfeccionar, rectificar, restaurar, mejorar. **Ant**. Conservar, mantener.

reformatorio, correccional, internado, asilo, encierro.

reforzado-da, fortalecido, fortificado, robustecido, vigorizado.

reforzar, fortalecer, fortificar, robustecer, vigorizar, consolidar, afianzar, apoyar. **Ant**. Debilitar.// Intensificar, aumentar, añadir, engrosar. **Ant**. Disminuir.

refractario-ria, reacio, opuesto, remiso, contrario, rebelde, irreductible, contumaz. **Ant**. Dócil.// Ignífugo, ininflamable, incombustible. **Ant**. Inflamable.

refrán, proverbio, adagio, dicho, aforismo, sentencia, máxima, moraleja.

refregar, frotar, estregar.

refrenar, contener, moderar, frenar, detener, sujetar, sofrenar. **Ant**. Incitar.// Reprimir, domar, limitar, corregir, cohibir. **Ant**. Descomedir, desbocarse.

refrendar, avalar, autorizar, respaldar, garantizar, aprobar, legalizar. **Ant**. Desautorizar, desaprobar.

refrescante, refrigerante, enfriante, mitigante, calmante, sedante. **Ant**. Abrasador, calorífero.

refrescar, refrigerar, helar. **Ant**. Calentar.// Mitigar, atemperar, moderar, calmar, disminuir. **Ant**. Calentar, acalorar.// Recordar, evocar, revivir. **Ant**. Olvidar.// Renovar, rejuvenecer, reverdecer. **Ant**. Conservar, envejecer.

refresco, bebida, limonada, naranjada, gaseosa.

refriega, combate, batalla, pelea, encuentro, riña, contienda, disputa, escaramuza, reyerta, pendencia. **Ant**. Armonía, paz.

refrigerar, enfriar, refrescar, helar, atemperar, congelar, aterir. **Ant**. Calentar.

refrigerio, refresco, colación, tentempié, piscolabis, aperitivo.

refrito, copia, refundición, recopilación, imitación, repetición, pastiche. **Ant**. Original.

refuerzo, ayuda, socorro, protección, auxilio, colaboración, amparo, asistencia. **Ant**. Desamparo.// Apoyo, sostén, soporte, puntal, contrafuerte.

refugiado-da, asilado, exiliado, desterrado, expatriado. **Ant**. Repatriado.

refugiar, acoger, amparar, auxiliar, proteger, cobijar, asistir, salvaguardar. **Ant**. Desamparar, perseguir.// **-se**, esconderse, ocultarse, guarecerse, cobijarse, albergarse, resguardarse. **Ant**. Exponerse.

refugio, asilo, amparo, ayuda, protección, cobijo, acogida. **Ant**. Desamparo.// Albergue, alojamiento, hospicio.

refulgente, resplandeciente, brillante, radiante, luminoso, esplendoroso, rutilante, espléndido. **Ant**. Opaco.

refulgir, resplandecer, fulgurar, brillar, lucir, esplender, relumbrar, arder, irradiar. **Ant**. Oscurecer.

refundir, rehacer, reformar, modificar.// Fusionar, recopilar, unir.

refunfuñar, renegar, murmurar, gruñir, rezongar, mascullar, quejarse, protestar, reprochar. **Ant**. Alabar.

refutable, indefinible, impugnable, insostenible, rebatible, discutible, rechazable, controvertible, inconsistente. **Ant**. Aceptable, admisible, irrefutable.

refutar, contradecir, rebatir, objetar, impugnar, replicar, resistir, repeler, rechazar, oponer, controvertir, combatir. **Ant**. Admitir, aprobar.

regadío, fértil (v.), regadizo. **Ant**. Yermo.// Cultivo, sembradío, sembrado, terreno, parcela, huerta. **Ant**. Secano.

regalado-da, barato, gratis, gratuito.// Placentero, deleitoso, cómodo, agradable, sabroso. **Ant**. Desagradable, incómodo.

regalar, obsequiar, dar, entregar, ofrendar, ofrecer, dispensar, gratificar, halagar, agasajar, lisonjear, festejar. **Ant**. Recibir, vender.// **-se**, recrearse, alegrarse, deleitarse, regocijarse. **Ant**. Aburrirse, molestarse.

regalía, franquicia, privilegio, prerrogativa, excepción, concesión, preeminencia, ventaja. **Ant**. Desventaja, igualdad.// Sobresueldo, gratificación, plus.

regalo, obsequio, presente, ofrenda, don, gratificación, donativo, óbolo, propina, agasajo, dádiva. **Ant**. Venta, préstamo.// Comodidad, bienestar, placer, regocijo. **Ant**. Malestar.

regañar, refunfuñar (v.), reprender, amonestar, recriminar, reprochar, increpar, reconvenir, sermonear. **Ant**. Elogiar, alabar.// Disputar, pelear, contender, lidiar, enemistarse, enfadarse. **Ant**. Amigarse, apaciguarse.

regaño, reproche, reconvención, reprensión, amonestación, admonición, sermón. **Ant**. Elogio.

regar, mojar, rociar, bañar, irrigar, salpicar, impregnar, humedecer, inundar. **Ant**. Secar.

regata, carrera, competición, prueba, competencia, certamen.

regatear, discutir, cicatear, debatir.

regazo, falda, enfaldo.// Amparo, cobijo, refugio, consuelo. **Ant**. Desamparo.

regencia, administración, dirección, gobierno, jefatura, tutela.

regeneración, restauración, renovación, restablecimiento, innovación, reforma, reconstitución, renacimiento, perfeccionamiento. **Ant**. Vicio, corrupción.

regenerar-se, renovar, reconstituir, mejorar, reformar, restaurar, rehabilitar, recuperar, salvar, redimir, corregir, enmendar. **Ant.** Enviciar, descarriar.

regentar, regir, administrar, gobernar, presidir, dirigir. **Ant.** Obedecer, servir.

regidor-ra, concejal, edil, gobernante, consejero.

régimen, dirección, gobierno, administración, reglamentación.// Sistema, método, modo, procedimiento, política, regla, orden. **Ant.** Desorden.// Dieta, moderación, abstinencia, tratamiento, medicación.

regio-gia, soberbio, suntuoso, magnífico, majestuoso, espléndido, grandioso, ostentoso, fastuoso, imponente. **Ant.** Humilde.// Real, imperial, palaciego, soberano. **Ant.** Plebeyo.

región, área, zona, territorio, comarca, término, demarcación, provincia, país, nación.

regional, territorial, provincial, comarcal.// Particular, local, típico. **Ant.** Nacional.

regir, reinar, regentar, gobernar, mandar, dirigir. **Ant.** Obedecer.// Reglamentar, reglar, establecer, determinar. **Ant.** Desorientar.// Estar vigente, funcionar, actuar.

registrar, examinar, inspeccionar, mirar, reconocer, investigar, cachear. **Ant.** Desinteresarse.// Anotar, inventariar, copiar, asentar, inscribir, apuntar, matricular, empadronar. **Ant.** Anular.// Grabar, imprimir.

registro, padrón, inventario, catálogo, protocolo, archivo, anales, catastro.// Libro, cuaderno, diario, lista.// Inscripción, patente, anotación, asiento, matriculación, apunte.// Búsqueda, examen, investigación, rastreo, exploración, inspección, palpación, cacheo, incursión, batida.// Grabación.

regla, precepto, mandato, norma, estatuto, reglamento, regulación, guía, ordenanza, pauta, fórmula, modelo. **Ant.** Desorden, indisciplina.// Templanza, moderación, morigeración. **Ant.** Exceso.// Menstruación.

reglamentación, regulación, codificación, ordenación, estatuto, disciplina. **Ant.** Irregularidad, anarquía.

reglamentar, ordenar, arreglar, regular, preceptuar, regir, regularizar, estatuir, codificar, reglar. **Ant.** Desorganizar, desordenar.

reglamentario-ria, legal, lícito, establecido, reglado, preceptuado, ordenado, admitido. **Ant.** Irregular, antirreglamentario.

reglamento, orden, estatuto, ley, ordenanza, código, norma, precepto, regla (v.).

reglar, regular, ajustar, rectificar, corregir. **Ant.** Desajustar.// Reglamentar (v.).

regocijado-da, divertido, contento, alegre, gozoso, jubiloso, exultante, ufano, satisfecho, placentero, animado, alborozado. **Ant.** Triste, desanimado.

recocijar-se, alegrar, divertir, alborozar, entretener, solazar, recrear, deleitar, contentar, satisfacer, entusiasmar. **Ant.** Entristecer, sufrir.

regocijo, alegría, diversión, contento, júbilo, fiesta, jolgorio, entusiasmo, algazara, placer, regodeo, alborozo, hilaridad, bulla, animación. **Ant.** Tristeza, lamentación, fastidio.

regodearse, complacerse, regalarse, deleitarse, regocijarse, recrearse, alegrarse. **Ant.** Aburrirse, entristecerse.

regodeo, solaz, diversión, alborozo, algazara, regocijo (v.), alegría, contento. **Ant.** Tristeza, fastidio, aburrimiento.

regresar, volver, retornar, tornar, reingresar, retroceder, reanudar, repatriar. **Ant.** Alejarse, salir, marcharse.

regresión, retroceso, involución, retracción, retrogradación, retirada, huida. **Ant.** Avance.

regreso, retorno, vuelta, reingreso, reaparición. **Ant.** Ida, marcha.

regulación, reglamento, normalización, orden, regla, estatuto, código, ley, sistema.

regular, regulado, metódico, uniforme, medido, reglamentado, normal., común, usual, habitual, repetido. **Ant.** Irregular, desusado.// Mediano, mediocre, vulgar, razonable, intermedio. **Ant.** Malo, bueno.// Reglamentar, reglar, ordenar, ajustar, regularizar, organizar, legalizar, medir, sistematizar, preceptuar, estatuir. **Ant.** Desordenar.

regularidad, uniformidad, orden, periodicidad, método, precisión, regulación, puntualidad, normalidad, disciplina, observancia, obediencia. **Ant.** Irregularidad, desorden, anormalidad.

regularizar, ordenar, ajustar, regular (v.), metodizar, normalizar. **Ant.** Irregularizar.

regurgitar, eructar, vomitar, expeler, devolver, expulsar, lanzar. **Ant.** Retener.

rehabilitación, reivindicación, desagravio, reparación, restablecimiento, readmisión, restitución, recuperación. **Ant.** Destitución.

rehabilitar, reivindicar, restituir, restablecer, reponer, redimir, salvar, rescatar, recuperar. **Ant.** Descarriar, destituir.

rehacer, reconstruir, reformar, recomponer, reparar, refundir, restablecer, reedificar, rehabilitar, renovar. **Ant.** Destruir.// **-se**, sobreponerse, recobrarse, reanimarse.

rehén, prenda, fianza, garantía, seguro, recaudo.// Prisionero, detenido, secuestrado, retenido.

rehuir, eludir, soslayar, rehusar, sortear, esquivar, evitar. **Ant.** Afrontar.// Aislarse, retraerse, apartarse. **Ant.** Encararse.

rehusar, rechazar, esquivar, rehuir, negar, repudiar, desdeñar, objetar, desestimar, despreciar, denegar, menospreciar. **Ant.** Aceptar, estimar.

reinado, dominio, predominio, mando, imperio, autoridad, potestad, regencia, dominación. **Ant.** Inferioridad, sometimiento.

reinante, actual, dominante, imperante, presente, existente, gobernante. **Ant.** Pasado.

reinar, gobernar, regir, mandar, dominar, imperar, dirigir, regentar. **Ant.** Abdicar, obedecer.

reincidencia, reiteración, repetición, contumacia, obstinación, terquedad, recurrencia, porfía. **Ant.** Enmienda, reparación.

reincidente, insistente, contumaz, recalcitrante, terco, rebelde. **Ant.** Dócil.

reincidir, reiterar, repetir, insistir, recaer, incurrir, rebelarse, insubordinarse, obstinarse, reanudar. **Ant.** Escarmentar, desistir.

reincorporación, reintegro, regreso, reingreso, rehabilitación, restablecimiento. **Ant.** Retención, denegación.

reincorporar, devolver, restituir, reponer, reingresar, restablecer, reintegrar. **Ant.** Retener, negar.

reino, dominio, imperio, reinado, soberanía, feudo, monarquía, territorio, nación, país, dinastía.// Dominio, ámbito, campo, especialidad.

reintegración, devolución, reposición, restitución, reintegro, resarcimiento, reincorporación. **Ant.** Retención, negación.

reintegrar, devolver, restituir, reponer, resarcir, recuperar, restablecer, reconstruir, regresar, reingresar. **Ant.** Conservar, retener.

reintegro, devolución, reembolso, entrega, pago. **Ant.** Retención.// Póliza, documento.

reír-se, gozar, carcajear, desternillarse, celebrar, estallar. **Ant.** Llorar.// Burlarse, chancearse, humillar, ridiculizar, embromar, mofarse. **Ant.** Tomar en serio, respetar.

reiteración, repetición (v.).

reiterar, repetir, insistir, redoblar, machacar, redundar, renovar, porfiar, reafirmar, ratificar. **Ant.** Desistir, abandonar.

reivindicación, reclamación, demanda, exigencia, queja, protesta, solicitud.// Recuperación, irredentismo, restitución, rescate, desagravio, reparación, resarcimiento. **Ant.** Abandono, renuncia.

reivindicar, exigir, pedir, solicitar, pretender, reclamar, protestar.// Vindicar, redimir, recuperar, resarcir, rehabilitar, restituir, reparar. **Ant.** Desistir, abandonar.

reja, cancela, verja, barrote, enrejado, celosía.

rejilla, celosía, enrejado, rejuela, mirilla.

rejo, punta, aguijón, rejón, púa, pincho.

rejonear, picar, torear, lidiar, herir.

rejuvenecer, remozar, refrescar, renovar, vigorizar, reverdecer, modernizar, robustecer, fortalecer, restablecerse, tonificar, revivir. **Ant.** Envejecer, debilitar.

relación, descripción, narración, relato, referencia, informe, memoria, explicación.// Correspondencia, dependencia, unión, ilación, vínculo, enlace, correlatividad, conexión, correlación, asociación, articulación, entendimiento, lazo, nexo, parentesco. **Ant.** Desconexión, desvinculación.// **-es**, amigos, trato, conocimiento, influencias. **Ant.** Enemistad.

relacionar-se, enlazar, conectar, vincular, coordinar, emparentar, combinar, reunir, unir, eslabonar, entrelazar, asociar, juntar. **Ant.** Desvincular, desconectar.// Competer, atañer, concernir, afectar, incumbir, corresponder, importar.

relajación, laxitud, flojedad, relajamiento, aflojamiento, debilitamiento, relajo. **Ant.** Tensión.// Alivio, disminución, atenuación, desahogo. **Ant.** Preocupación.// Depravación, inmoralidad, descarrío, desenfreno, disolución, corrupción. **Ant.** Moralidad, virtud.

relajar, laxar, aflojar, enervar, distender, desahogar, calmar, aliviar, tranquilizar. **Ant.** Tensar.// Corromper, viciar, desenfrenar, envilecer, descarriar, depravar. **Ant.** Conservar, regenerar.

relajo, desorden, desenfreno, inmoralidad, vicio, corrupción. **Ant.** Virtud, moralidad.

relamerse, jactarse, gloriarse, deleitarse, regodearse, disfrutar, gozar.

relamido-da, acicalado, afectado, atildado, compuesto, remilgado, almidonado, presumido. **Ant.** Natural, abandonado.

relámpago, fulgor, resplandor, centella, relampagueo, chispazo, descarga, rayo.

relampaguear, fucilar, fulgurar, resplandecer, brillar, centellear, deslumbrar.

relatar, contar, narrar, referir, decir, notificar. **Ant.** Callar, silenciar.

relativo-va, relacionado, referente, tocante, perteneciente, correspondiente. **Ant.** Ajeno.// Limitado, condicional, incidental, subordinado, condicionado, restringido, indefinido, indeterminado, contingente. **Ant.** Absoluto.

relato, narración, crónica, exposición, explicación, referencia, detalle, pormenor, cuento, informe, reseña, historia. **Ant.** Omisión, silencio.

releer, repasar, estudiar, repetir, profundizar.

relegar, postergar, apartar, posponer, olvidar, rechazar, excluir, arrinconar. **Ant.** Considerar, ensalzar.// Desterrar, deportar, expatriar, aislar. **Ant.** Repatriar.

relente, sereno, humedad, rocío, vaho.

relevante, notable, sobresaliente, superior, descollante, excelente, eximio, selecto, inmejorable, magnífico, inestimable, extraordinario. **Ant.** Corriente, vulgar, insignificante.

relevar, reemplazar, sustituir, suplir, suplantar.// Exonerar, eximir, liberar, absolver, perdonar. **Ant.** Castigar, acusar.

relevo, sustitución, reemplazo, cambio, permuta.

relieve, realce, saliente, resalte, bulto, perfil, prominencia, protuberancia, abultamiento. **Ant.** Hendidura, concavidad.// Importancia, grandeza, esplendor, mérito, magnificencia, valía, renombre. **Ant.** Insignificancia.

religión, creencia, fe, dogma, credo, culto, doctrina, confesión, convicción, piedad, fervor, devoción. **Ant.** Impiedad, irreligión, ateísmo.

religiosidad, devoción, piedad, creencia, fervor, fe, dogma, celo, cumplimiento. **Ant.** Impiedad, ateísmo, irreligiosidad.// Puntualidad, exactitud. **Ant.** Impuntualidad.

religioso-sa, devoto, piadoso, místico, fervoroso, pío, fiel, creyente. **Ant.** Impío, ateo.// Ordenado, profeso. **Ant.** Seglar.

reliquia, vestigio, traza, señal, fragmento, resto.// Antigualla. **Ant.** Novedad.

rellano, tramo, plataforma, descansillo.

rellenar, atiborrar, atestar, henchir, llenar, colmar, inundar, atracar, embotar, completar, hartar. **Ant.** Vaciar.// Refundir, allanar, nivelar, tapar, alisar.

relleno-na, saturado, sobrecargado, repleto, atiborrado, colmado, atestado, harto, abarrotado. **Ant.** Vacío.

reloj, cronómetro, cronógrafo, horario, metrónomo.

reluciente, brillante, relumbrante, resplandeciente, fulgurante, esplendoroso, esplendente, centellante. **Ant.** Opaco, deslustrado.

relucir, lucir, brillar, resplandecer, centellar, deslumbrar, refulgir. **Ant.** Oscurecerse, deslucir.// Sobresalir, resaltar destacar. **Ant.** Empequeñecerse.

relumbrante, resplandeciente (v.), brillante, reluciente, fulgurante. **Ant.** Opaco.

relumbrar, brillar, resplandecer, deslumbrar, rutilar, relucir (v.). **Ant.** Oscurecer, apagarse.

remachado-da, clavado, sujeto, atornillado, machacado, fijo.

remachar, machacar, clavar, aplastar, doblar. **Ant.** Desclavar.// Afianzar, insistir, recalcar, asegurar. **Ant.** Desistir.

remache, roblón, clavo, perno, clavija, sujetador.

remanente, residuo, sobrante, restyo, restante, desecho, sobras, escoria. **Ant.** Totalidad.// Saldo, liquidación.

remanso, balsa, recodo, meandro, revuelta, vado, hoya, recoveco. **Ant.** Rápido, corriente.

remar, bogar, impulsar, avanzar, paletear, sirgar.

remarcar, subrayar, destacar, señalar, recalcar, acentuar marcar. **Ant.** Omitir, olvidar.

rematar, suprimir, eliminar, aniquilar, matar, exterminar destruir, finiquitar, liquidar. **Ant.** Perdonar.// Finalizar, concluir, perfeccionar, completar, coronar, consumar. **Ant.** Empezar, comenzar.// Subastar, adjudicar, licitar, pujar, vender. **Ant.** Comprar.

remate, fin, término, conclusión, coronamiento, acabamiento. **Ant.** Inicio, comienzo.// Subasta, adjudicación, venta, licitación, liquidación, puja. **Ant.** Compra.

remedar, imitar, plagiar, fingir, parodiar, falsificar, emular, burlarse. **Ant.** Honrar, innovar.

remediar, reparar, subsanar, corregir, remendar, solucionar, restaurar. **Ant.** Estropear, deteriorar.// Auxiliar, socorrer, ayudar, aliviar, proteger. **Ant.** Abandonar.

remedio, medicina, medicamento, panacea, cura, tratamiento, fármaco, recurso.// Auxilio, ayuda, socorro, beneficio, favor, refugio. **Ant.** Abandono.

remedo, imitación, copia, simulacro, parodia, calco, refrito, burla, caricatura. **Ant.** Originalidad, creación.

remembranza, memoria, reminiscencia, evocación, recuerdo. **Ant.** Olvido, amnesia.

rememorar, recordar, evocar, acordarse, revivir, remembrar. **Ant.** Olvidar.

remendar, arreglar, zurcir, recoser, reparar, restaurar, recomponer. **Ant.** Romper, estropear.// Corregir, enmendar, rectificar. **Ant.** Reincidir, empeorar.

remesa, envío, encargo, partida, expedición, remisión. **Ant.** Recibo, recepción.

remiendo, parche, recosido, arreglo, compostura, zurcido, reparación, añadido.

remilgado-da, mojigato, melindroso, lamido, afectado, amanerado, relamido, rebuscado, ñoño, cursi. **Ant.** Natural.

remilgo, melindre, amaneramiento, afectación, cursilería, mojigatería, presuntuosidad, rebuscamiento. **Ant.** Naturalidad.

reminiscencia, evocación, recuerdo, memoria, remembranza, recordación. **Ant.** Olvido.

remirar-se, preocuparse, cuidar, esmerarse, reflexionar. **Ant.** Descuidar.

remisión, remesa (v.), envío. **Ant.** Recibo.// Perdón, absolución, indulto, dispensa, gracia. **Ant.** Castigo.

remiso-sa, reacio, refractario, renuente, tardo, lento, perezoso, recalcitrante. **Ant.** Decidido, resuelto, activo.

remitir, enviar, expedir, mandar, despachar, cursar, dirigir. **Ant.** Recibir.// Perdonar, eximir. **Ant.** Acusar.// Aplazar, diferir, retrasar, dilatar, suspender.

remojar, humedecer, empapar, ensopar, irrigar, regar (v.). **Ant.** Secar.

remojón, chapuzón, mojadura, zambullida, baño, empapamiento.

remolcar, arrastrar, tirar, atraer, acarrear, llevar, halar, empujar. **Ant.** Detener.

remolino, torbellino, vorágine, tromba, tolvanera, vórtice, turbulencia, ciclón, tornado, manga. **Ant.** Calma.

remolón-na, haragán, vago, indolente, perezoso, remiso, flojo, reacio, gandul, descuidado, tranquilo, renuente, refractario. **Ant.** Activo, dinámico, vivo.

remolonear, holgazanear, haraganear, holgar, rezagarse. **Ant.** Trabajar.

remolque, arrastre, acarreo, transporte, sirga.

remontar, subir, ascender, elevarse, despegar, escalar, volar, encumbrarse. **Ant.** Bajar.// Superar, progresar, adelantar, aventajar, vencer. **Ant.** Fracasar.

rémora, obstáculo, impedimento, dificultad, traba, lastre, contratiempo, estorbo, molestia, atasco, atranco. **Ant.** Facilidad, ayuda.

remorder, doler, pesar, atormentar, desasosegar, punzar, corroer, desazonar. **Ant.** Tranquilizarse.

remordimiento, arrepentimiento, pesar, sentimiento, dolor, pesadumbre, tormento, desazón, aflicción, pena, compunción, contrición, inquietud. **Ant.** Consuelo, paz.

remoto-ta, distante, lejano, apartado, retirado. **Ant.** Cercano.// Viejo, antiguo, arcaico, pasado, legendario, inmemorial, milenario. **Ant.** Actual, presente.// Incierto, improbable. **Ant.** Probable.

remover, mover, menear, sacudir, agitar, hurgar, escarbar, revolver. **Ant.** Parar, inmovilizar.

remozar, rejuvenecer, renovar, reformar, vivificar, rehabilitar, restaurar, reparar, arreglar, lozanear. **Ant.** Envejecer.

remuneración, retribución, gratificación, compensación, recompensa, sueldo, pago, salario, jornal, estipendio, haberes, honorarios. **Ant.** Exacción, descuento.

remunerar, retribuir, pagar, gratificar, indemnizar, premiar, recompensar. **Ant.** Deber.

renacer, revivir, reaparecer, renovarse, resurgir, retoñar, reverdecer, resucitar. **Ant.** Desaparecer, morir.

renacimiento, resurgimiento, renovación, reaparición, retorno, regeneración, resurrección. **Ant.** Muerte, desaparición.

rencilla, riña, trifulca, discordia, conflicto, altercado, disputa, cuestión, querella, encono, agarrada. **Ant.** Paz, concordia.

rencor, resentimiento, encono, inquina, odio, animadversión, antipatía, ojeriza, aversión, enemistad. **Ant.** Simpatía, afecto.

rencoroso-sa, hostil, malintencionado, odioso, resentido, vengativo, sañudo, cruel. **Ant.** Afectuoso, indulgente.

rendición, entrega, capitulación, rendimiento, derrota, sumisión, acatamiento, resignación. **Ant.** Resistencia, rebeldía.

rendido-da, obsequioso, galante, sumiso, atento. **Ant.** Indiferente, distante.// Fatigado, cansado, extenuado, molido, agotado. **Ant.** Descansado.

rendija, hendidura, raja, hendedura, abertura, grieta, resquicio, fisura.

rendimiento, beneficio, utilidad, producto, renta, rédito, ganancia. **Ant.** Pérdida.

rendir, producir, beneficiar, redituar, rentar, fructificar, aprovechar, lucrar, compensar. **Ant.** Perjudicar.// **-se**, claudicar, capitular, entregar, doblegarse, acatar, pactar, someter, ceder. **Ant.** Resistir, rebelarse.// Fatigarse, extenuarse, agotarse, desfallecer, abatirse. **Ant.** Descansar.

renegado-da, perjuro, desleal, traidor, infiel, desertor. **Ant.** Fiel, leal.

renegar, desertar, renunciar, traicionar, abandonar, repudiar. **Ant.** Permanecer.// Perjurar, blasfemar, maldecir, vituperar, insultar. **Ant.** Alabar.

renombrado-da, reconocido, afamado, reputado, famoso, célebre, acreditado, prestigioso, insigne, ínclito. **Ant.** Desconocido, humilde.

renombre, celebridad, fama, popularidad, notoriedad, prestigio, estima, crédito, honor, gloria. **Ant.** Descrédito, anonimato.

renovación, reforma, restauración, regeneración, rejuvenecimiento, remozamiento, modernización, transformación, rehabilitación, reconstrucción. **Ant.** Conservación.

renovar, modernizar, reformar, regenerar, rejuvenecer, restablecer, reconstruir, restaurar, remozar, rehabilitar, innovar, reemplazar. **Ant.** Conservar.

renta, beneficio, utilidad, rendimiento, producto, provecho, ganancia, rentabilidad, lucro. **Ant.** Pérdida.// Pensión, retiro, rédito, remuneración, jubilación, interés.

rentable, productivo, beneficioso, útil, provechoso, conveniente. **Ant.** Desventajoso.

rentar, producir, rendir, fructificar, lucrar, redituar. **Ant.** Perder.

renuencia, resistencia, indocilidad, rebeldía. **Ant.** Docilidad.

renuente, reacio, contrario, remiso. **Ant.** Dócil.

renuncia, abandono, cesación, resignación, dimisión, cese. **Ant.** Permanencia.// Sacrificio, abnegación, claudicación.

renunciar, dimitir, desistir, abandonar, abdicar, declinar, resignar, abjurar, retirarse, cesar, dejar. **Ant.** Permanecer.// Sacrificarse, privarse, abnegarse.

reñido-da, enemistado, indispuesto, hostil, contrario, peleado. **Ant.** Amistoso.// Encarnizado, feroz, sañudo, sangriento, duro. **Ant.** Tranquilo, pacífico.

reñir, pelear, disputar, pugnar, luchar, altercar, pleitear, combatir, batallar, contender. **Ant.** Pacificar, avenirse.// Amonestar, reprender, regañar, increpar, reconvenir. **Ant.** Elogiar, alabar.// Enemistarse, enfadarse, indisponerse, disgustarse. **Ant.** Amigarse.

reo-a, culpable, convicto, condenado, inculpado, acusado. **Ant.** Inocente.// Malvado, bribón, vago, malandrín. **Ant.** Virtuoso, bueno.

reorganizar, restaurar, renovar, restablecer, reajustar, regularizar, cambiar, modificar. **Ant.** Desorganizar, empeorar.

repantigarse, arrellanarse, acomodarse, retreparse. **Ant.** Erguirse.

reparación, arreglo, compostura, restauración, reforma, saneamiento, renovación. **Ant.** Desarreglo, abandono.// Desagravio, resarcimiento, compensación, satisfacción, indemnización. **Ant.** Agravio.

reparar, arreglar, componer, restaurar, reformar, rehacer, recomponer, renovar. **Ant.** Desarreglar, estropear, abandonar.// Resarcir, remediar, compensar, satisfacer, desagraviar, rehabilitar, indemnizar. **Ant.** Agraviar.// Mirar, advertir, observar, percatarse, fijarse, atender, considerar, notar. **Ant.** Omitir.

reparo, defensa, resguardo, abrigo, protección, parapeto. **Ant.** Desprotección, abandono.// Objeción, advertencia, censura, crítica, pero. **Ant.** Facilidad.// Miramiento, aprensión, timidez, vergüenza. **Ant.** Atrevimiento.

repartición, división, partición, prorrateo, reparto.

repartir, dividir, distribuir, proporcionar, adjudicar, asignar, prorratear, racionar, dosificar, separar, esparcir, donar. **Ant.** Acaparar.

reparto, distribución, división, adjudicación, prorrateo, dosificación,a signación, proporción, ración, entrega. **Ant.** Monopolio, acaparamiento.

repasar, examinar, verificar, corregir, enmendar, retocar, mejorar, perfeccionar. **Ant.** Estropear.// Releer, estudiar, revisar.

repaso, verificación, inspección, examen, reconocimiento. **Ant.** Desinterés, abandono.// Estudio, repetición, leída, ojeada.// Remate, culminación, rectificación, retoque. **Ant.** Descuido.

repatriar, restituir, devolver, reintegrar, regresar a la patria. **Ant.** Expatriar, desterrar.

repecho, cuesta, rampa, pendiente, escarpa, subida.

repelente, repulsivo, desagradable, repugnante, asqueroso, recusable, inadmisible. **Ant.** Agradable, atractivo.

repeler, rechazar, repudiar, desechar, rehusar, despreciar, despachar, arrojar. **Ant.** Atraer.// Impugnar, oponerse, denegar, refutar, contradecir. **Ant.** Admitir.

repente (de), inesperadamente, de improviso, de pronto, súbitamente, repentinamente, impensadamente. **Ant.** Lentamente.

repentino-na, inesperado, imprevisto, rápido, súbito, instantáneo, inopinado, insospechado, pronto. **Ant.** Premeditado, lento.

repercusión, efecto, alcance, consecuencia, secuela, trascendencia, derivación, resultado. **Ant.** Causa, intrascendencia.

repercutir, trascender, causar, implicar, resultar, derivar, influir, obrar. **Ant.** Eludir.

repertorio, inventario, colección, compilación, catálogo, recopilación, lista, muestra.

repetición, insistencia, reproducción, reanudación, reiteración, imitación, reincidencia, asiduidad, porfía, contumacia, pertinacia. **Ant.** Variación.

repetido-da, insistente, recurrente, periódico, reiterado, frecuente, redundante, habitual. **Ant.** Variado.// Copiado, reproducido, imitado. **Ant.** Original, único.

repetir, reiterar, reincidir, insistir, recurrir, reanudar, porfiar, machacar, reproducir, imitar, duplicar, reeditar. **Ant.** Desistir.

replicar, doblar, repiquetear, resonar, tañer.

repique, tañido, repiqueteo, sonido, redoble. **Ant.** Silencio.

repisa, estante, ménsula, soporte, anaquel, rinconera, estantería.

replegar-se, retroceder, retirarse, ceder, alejarse, irse, recular. **Ant.** Avanzar.

repleto-ta, lleno, colmado, atestado, pleno, henchido, atiborrado, pletórico. **Ant.** Vacío.// Harto, saciado, satisfecho, ahíto. **Ant.** Falto.

réplica, respuesta, contestación, alegato, objeción, protesta, contraposición, negación. **Ant.** Conformidad.// Copia, reproducción, calco, duplicado, facsímil.

replicar, contestar, contradecir, responder, oponer, argumentar, argüir, rebatir, impugnar, alegar, objetar, protestar, rechazar. **Ant.** Asentir, callar.

repliegue, retirada, retroceso, alejamiento, huida, desvío. **Ant.** Avance, resistencia.// Pliegue, doblez.

repoblar, colonizar, desarrollar, instalarse, fomentar. **Ant.** Descolonizar, despoblar, abandonar.// Cultivar, replantar, sembrar. **Ant.** Abandonar.

reponer, restituir, restablecer, reintegrar, reformar, reemplazar, restaurar, rehabilitar, reparar, reanudar. **Ant.** Apropiarse, conservar.// -se, restablecerse, recobrarse, sanar, mejorarse. **Ant.** Empeorarse.

reportaje, información, crónica, noticia, artículo, reseña.

reportar, lograr, producir, obtener, crear. **Ant.** Perder.// Informar, reseñar, denunciar, notificar.// -se, contenerse, refrenarse, moderarse, apaciguarse, calmarse. **Ant.** Excitarse, desenfrenarse.

reposado-da, apacible, quieto, tranquilo, sosegado, pacífico, moderado, manso, sereno, plácido, juicioso, reflexivo. **Ant.** Intranquilo, irreflexivo.

reposar, descansar, dormir, sosegarse, desahogarse, holgar, parar. **Ant.** Agitarse, trabajar.

reposición, reconstitución, reforma, restablecimiento, renovación, reinstalación, reconstrucción, reintegración, rehabilitación, retorno, repuesto. **Ant.** Destrucción.

reposo, descanso, quietud, tranquilidad, sosiego, calma, inmovilidad, ocio, placidez, siesta, sueño. **Ant.** Inquietud, movimiento, actividad.

reprender, reconvenir, increpar, reprochar, amonestar, reñir, corregir, regañar, censurar, sermonear, reprobar, acusar. **Ant.** Alabar, elogiar.

reprensión, reconvención, amonestación, increpación, reprobación, regaño, sermón, reprimenda, riña, reproche. **Ant.** Elogio, alabanza, encomio.

represa, embalse, estanque, presa.

represalia, venganza, desquite, revancha, resarcimiento, reparación, castigo, vindicación, satisfacción, desagravio. **Ant.** Perdón.

represar, estancar, detener, embalsar, estacionar.

representación, imagen símbolo, idea, figura, alegoría, personificación.// Delegación, embajada, encargo, misión.// Función, espectáculo, velada.

representante, delegado, emisario, agente, suplente, portavoz, nuncio, comisionado, embajador.// Cónsul, diplomático, dignatario.

representar, encarnar, personificar, simbolizar, figurar, ejemplificar.// Aparentar, simular, parecer.// Sustituir,

reemplazar, relevar, delegar, apoderar.// Interpretar, actuar, desempeñar, protagonizar.

represión, freno, contención, prohibición, limitación, coacción, restricción. **Ant.** Autorización, libertad.

reprimenda, amonestación, reprensión, regaño, reproche, recriminación, reconvención, sermón, riña, desaprobación, censura. **Ant.** Elogio, encomio.

reprimir, contener, frenar, medir, dominar, limitar, sofrenar, coercer, aplacar, apaciguar, moderar. **Ant.** Estimular, estallar.

reprobación, reprensión, desaprobación, censura, crítica, condena, vituperación, desautorización. **Ant.** Aprobación.

reprobar, condenar, desaprobar, censurar, vituperar, reprochar, reconvenir, denigrar. **Ant.** Aprobar, elogiar.

réprobo-ba, maldito, condenado, execrable, hereje. **Ant.** Bendito.

reprochar, recriminar, reprender, regañar, reprobar, desaprobar, reconvenir, condenar, acusar, censurar, vituperar. **Ant.** Aprobar, alabar.

reproche, recriminación, censura, regaño, reconvención, desaprobación, queja, reprensión, desautorización, vituperio. **Ant.** Elogio, aprobación.

reproducción, multiplicación, proliferación, difusión, generación, repetición. **Ant.** Extinción.// Copia, imitación, duplicado, calco, repetición, plagio, remedo. **Ant.** Original.

reproducir, imitar, calcar, copiar, repetir, duplicar. **Ant.** Inventar, crear.// -se, propagarse, difundirse, desarrollarse, multiplicarse, proliferar, pulular, generarse. **Ant.** Extinguirse.

reptar, arrastrarse, zigzaguear, serpentear, deslizarse.

repudiar, rechazar, despreciar, apartar, expulsar, desconocer, desechar, rehusar, negar, aborrecer, repeler. **Ant.** Aceptar.

repudio, rechazo, repulsión, expulsión, repugnancia, aborrecimiento, exclusión, abandono, separación. **Ant.** Aceptación.

repuesto, recambio, accesorio, provisión, reserva, suplemento.// -ta, mejorado, aliviado, restablecido, recuperado, convaleciente. **Ant.** Agravado, recaído.

repugnancia, náusea, asco, basca.// Aversión, aborrecimiento, repulsión, odio, antipatía. **Ant.** Atracción.

repugnante, repulsivo, repelente, asqueroso, desagradable, sucio, nauseabundo, inmundo, infecto. **Ant.** Agradable, bonito.

repugnar, asquear, repeler, rechazar, desagradar, disgustar, resistir, rehusar. **Ant.** Atraer, aceptar.

repulsa, repulsión (v.).

repulsión, adversión, rechazo, repugnancia (v.), antipatía. **Ant.** Atracción.

repulsivo-va, asqueroso, desagradable, repelente, repugnante (v.). **Ant.** Atractivo, agradable.

reputación, renombre, prestigio, crédito, nombradía, celebridad, fama, notoriedad, nota, consideración, merecimiento, popularidad, gloria, honra, prez. **Ant.** Descrédito, impopularidad.

reputar, juzgar, estimar, considerar, valorar, conceptuar, calificar, preciar. **Ant.** Descalificar.

requemar, quemar, tostar, calcinar. **Ant.** Enfriar, apagar.

requerimiento, demanda, solicitación, exigencia, requisitoria, petición, exhorto. **Ant.** Contestación.

requerir, intimar, advertir, avisar, notificar.// Solicitar, pedir, pretender, demandar, invitar. **Ant.** Contestar.

requiebro, lisonja, piropo, halago, galanteo, cortejo. **Ant.** Vituperio.

requisa, confiscación, incautacion, requisición, comiso, embargo, expropiación. **Ant.** Devolución.// Inspección, revista, registro, cateo.

requisar, incautarse, apoderarse, confiscar, embargar, decomisar. **Ant.** Devolver.

requisito, condición, requerimiento, formalidad, obligación, limitación. **Ant.** Informalidad, facilidad.

requisitoria, requerimiento (v.), interrogación, interpelación. **Ant.** Respuesta.

es, rumiante, vacuno, bovino.

esablo, vicio, defecto, lacra, achaque. **Ant.** Virtud.// Desazón, amargura, disgusto.

resaltar, destacar, distinguirse, sobresalir, aventajar, descollar, predominar, diferenciarse, señalarse, relevar. **Ant.** Confundirse, rebajar.

resalto, saliente, prominencia, relieve, resalte, reborde, remate, punta, filo. **Ant.** Hendidura, concavidad.

esarcimiento, indemnización, compensación, reparación, desquite, desagravio, restitución. **Ant.** Daño.

resarcir, indemnizar, compensar, reintegrar, reparar, recompensar, devolver, enmendar, restituir, recuperar. **Ant.** Quitar, retener.

resbalar, deslizarse, escurrirse, rodar, patinar.// Errar, fallar, equivocarse. **Ant.** Acertar.

resbalón, deslizamiento, desplazamiento, traspié, tropiezo.// Desacierto, yerro, equivocación, pifia. **Ant.** Acierto.

rescatar, recobrar, redimir, recuperar, salvar, liberar, reconquistar. **Ant.** Retener, perder.

rescate, restitución, recuperación, reivindicación, salvación, salvamento, reconquista, resarcimiento, redención. **Ant.** Pérdida.// Pago, reembolso, entrega. **Ant.** Retención.

rescindir, anular, invalidar, cancelar, abolir, abjurar, deshacer, revocar, derogar. **Ant.** Confirmar.

rescición, anulación, cancelación, abolición, derogación. **Ant.** Convalidación.

resentido-da, ofendido, enfadado, disgustado, molesto, agraviado, contrariado. **Ant.** Conforme, desagraviado.

resentimiento, ofensa, disgusto, animosidad, enfado, rencor, enojo, agravio, inquina, descontento, indignación, envidia. **Ant.** Alegría, conformidad.

resentirse, ofenderse, molestarse, enfadarse, disgustarse, mosquearse, agraviarse. **Ant.** Contentarse.// Aflojar, flaquear, debilitarse, languidecer, desmayar, dolerse. **Ant.** Fortalecerse.

reseña, resumen, detalle, descripción, narración. **Ant.** Omisión.

reseñar, describir, referir, narrar, contar, resumir (v.). **Ant.** Omitir, callar.

reserva, repuesto, previsión, recambio, almacenamiento, stock. **Ant.** Imprevisión.// Discreción, recato, sigilo, comedimiento, prudencia, moderación, silencio, precaución, circunspección, secreto. **Ant.** Imprudencia, indiscreción.// **s**, ahorros, base, fondos.

reservado-da, discreto, disimulado, cauteloso, silencioso, reticente, circunspecto, cauto, prudente, receloso, retraído. **Ant.** Abierto, expansivo.// Secreto, privado, confidencial. **Ant.** Divulgado, evidente.

reservar, guardar, separar, retener, apartar, conservar. **Ant.** Usar.// Ahorrar, economizar, aprovisionar, almacenar. **Ant.** Gastar, despilfarrar.// **-se**, callar, omitir, ocultar, esconder, encubrir. **Ant.** Hablar.

resfriado, resfrío (v.).

resfrío, resfriado, catarro, constipado, enfriamiento.

resfriarse, acatarrarse, constiparse.

resguardar, preservar, proteger, defender, abrigar, salvaguardar, amparar, auxiliar, guarecer. **Ant.** Exponer.

resguardo, amparo, seguridad, protección, auxilio, abrigo, cobijo, defensa, refugio, apoyo, reparo. **Ant.** Desamparo.

residencia, morada, hogar, estancia, mansión, sede, habitación.// Dirección, paradero, refugio.

residente, morador, habitante, poblador, vecino, inquilino, colono.

residir, vivir, habitar, morar, radicar, domiciliarse, afincarse, asentarse, arrendar, alquilar, albergarse.

residuo, resto, desecho, vestigio, sobras, remanente, desperdicio, sobrante.

resignación, conformidad, sometimiento, paciencia, mansedumbre, docilidad, aguante, acatamiento, rendición. **Ant.** Inconformismo, rebeldía.

resignar-se, someterse, doblegarse, avenirse, aguantar, acatar, conformarse, condescender, consentir. **Ant.** Rebelarse.

resistencia, fuerza, solidez, vigor, consistencia, entereza, fortaleza, potencia, robustez, dureza, aguante. **Ant.** Debilidad.// Rebeldía, oposición, renuencia, intransigencia, reacción. **Ant.** Docilidad, aceptación.// Dificultad, obstrucción. **Ant.** Facilidad.

resistente, fuerte, duro, firme, robusto, vigoroso, consistente, poderoso, potente, tenaz, incansable, invulnerable, vital. **Ant.** Débil, frágil, blando.

resistir, soportar, aguantar, tolerar, sufrir, sostener, transigir. **Ant.** Rebelarse.// Rechazar, reaccionar, oponer, rebatir, pugnar, pelear, desafiar, enfrentarse, desobedecer. **Ant.** Desistir, someterse.

resolución, audacia, osadía, atrevimiento, valor, intrepidez, ánimo, arresto. **Ant.** Indecisión, cobardía.// Decisión, disposición, sentencia, providencia, conclusión, dictamen, determinación, decreto.// Diligencia, rapidez, presteza, prontitud. **Ant.** Lentitud, irresolución.

resolver, determinar, solucionar, arreglar, remediar, despachar, expedir, dirimir, terminar. **Ant.** Complicar.// Decidir, decretar, disponer, dictaminar.

resonante, sonoro, rimbombante, ruidoso, estrepitoso, ensordecedor. **Ant.** Silencioso, sordo.

resonar, repercutir, retumbar, tronar, atronar, bramar, rugir. **Ant.** Acallar, silenciar.

resorte, muelle, fuelle, elástico, espiral, fleje, tensor, ballesta, suspensión.

respaldar, apoyar, defender, favorecer, amparar, sostener, soportar, patrocinar, auxiliar, secundar. **Ant.** Abandonar, desamparar.

respaldo, espalda, descanso, respaldar, espalda.// Apoyo, protección, amparo, defensa, soporte, favor. **Ant.** Desamparo, abandono.

respectivo-va, recíproco, mutuo.// Correspondiente, relativo, concerniente, referente. **Ant.** Ajeno, extraño.

respetable, venerable, serio, digno, honorable, admirable, noble, grave, notable, honrado, íntegro. **Ant.** Insignificante, indecente, indigno.// Importante, considerable, grande, vasto, extenso, amplio. **Ant.** Limitado, pequeño.

respetar, obedecer, honrar, considerar, estimar, venerar, admirar, reverenciar, enaltecer, acatar, rendirse. **Ant.** Despreciar, insolentarse, deshonrar.

respetuoso-sa, considerado, atento, complaciente, cumplido, reverente, amable, cortés, deferente, educado. **Ant.** Irrespetuoso, grosero, descortés.

respiración, espiración, inspiración, aspiración, ventilación.// Vaho, aliento, hálito, resoplido, resuello.

respirar, inspirar, espirar, aspirar, exhalar, expulsar, resoplar, resollar, alentar, acezar, jadear, suspirar. **Ant.** Asfixiarse.

respiro, alivio, reposo, descanso, sosiego, paz, tranquilidad, calma. **Ant.** Preocupación, trabajo.// Prórroga, pausa, tregua. **Ant.** Prosecución, reanudación.

resplandecer, relucir, relumbrar, brillar, fulgurar, alumbrar, centellear, deslumbrar, relampaguear. **Ant.** Oscurecerse, apagarse.

resplandeciente, reluciente, brillante, deslumbrante, fulgurante, relumbrante, radiante, luminoso, chispeante, centellante, esplendente, relampagueante. **Ant.** Oscuro, apagado.

resplandor, brillo, fulgor, luminosidad, claridad, esplendor, centelleo, destello, relampagueo. **Ant.** Opacidad, oscuridad.

responder, replicar, contestar, alegar, argüir, argumentar, objetar, retrucar. **Ant.** Preguntar.// Avalar, garantizar, certificar, fiar, respaldar. **Ant.** Desconfiar, abandonar.

responsabilidad, compromiso, obligación, deber, carga, peso, exigencia.// Madurez, sensatez, juicio, formalidad, seriedad, solvencia. **Ant.** Irresponsabilidad.// Garantía, fianza, solidaridad, deuda, contrato, empeño.

responsable, solidario, garante, comprometido, avalista.// Sensato, conciente, maduro, juicioso, cumplidor, fiel, recto. **Ant.** Irresponsable.// Culpable, reo. **Ant.** Inocente.// Encargado, administrador, delegado, ejecutor, principal.

respuesta, réplica, contestación, satisfacción, solución. **Ant.** Pregunta, interrogación.

resquebrajadura, grieta, fractura, abertura, intersticio, raja, hendedura.

resquebrajar, rajar, hender, agrietar, abrir, quebrar, cuartear. *Ant.* Unir, cerrar.

resquemor, remordimiento, molestia, desazón, disgusto, pesadumbre, pena, tormento. *Ant.* Olvido, agrado.

resquicio, grieta, intersticio, hendidura, ranura, hendedura, abertura, hueco, espacio, rendija. *Ant.* Juntura.// Posibilidad, oportunidad, coyuntura, ocasión.

resta, sustracción, diferencia, disminución, descuento. *Ant.* Suma, aumento.

restablecer, reintegrar, reponer, restituir, reinstalar, restaurar, renovar, reanudar, reconstruir. *Ant.* Destituir, quitar.// -se, mejorar, sanar, recuperarse, curarse, convalecer, recobrarse, aliviarse. *Ant.* Empeorar.

restablecimiento, reparación, reposición, restitución, reintegración, reedificación, restauración, reconstitución. *Ant.* Destrucción, abandono.// Recuperación, convalecencia, mejoría, curación. *Ant.* Empeoramiento.

restallar, chasquear, estallar, chocar, crujir, crepitar, repercutir, resonar. *Ant.* Silenciar.

restañar, detener, parar, estancar, contener, atajar, obstruir. *Ant.* Soltar.

restar, sustraer, descontar, disminuir, rebajar, deducir, quitar, excluir, mermar, sacar. *Ant.* Sumar, añadir.

restauración, reparación, reconstrucción, restablecimiento, rehabilitación, reconstitución, regeneración. *Ant.* Destrucción, empeoramiento.

restaurar, reponer, restablecer, recobrar, recuperar, reparar, reintegrar, reconstruir, arreglar, componer. *Ant.* Destruir, deponer.

restitución, reintegración, restablecimiento, reposición, devolución, reintegro, restauración, renovación. *Ant.* Usurpación, retención.

restituir, devolver, reintegrar, reponer, restablecer, reembolsar, reincorporar. *Ant.* Quitar, retener.

resto, resta, resultado, diferencia, residuo, vestigio, fracción, parte, remanente, saldo. *Ant.* Total.// -s, sobras, desperdicios, basura, detrito, sedimentos.// Cadáver, despojos, muerto, cuerpo.

restregar, fregar, frotar, estregar, rozar, raer, raspar, rascar, limar, lijar, pulir, bruñir, limpiar. *Ant.* Acariciar, suavizar.

restricción, limitación, impedimento, obstáculo, reserva, prohibición. *Ant.* Licencia.

restringido-da, limitado, circunscrito, reducido, condicionado, acotado. *Ant.* Autorizado, permitido, extendido, amplio.

restringir, limitar, condicionar, ceñir, deslindar, reducir, coartar, prohibir, circunscribir, obstaculizar. *Ant.* Autorizar, permitir, liberar, extender.

resucitado-da, aparecido, redivivo. *Ant.* Muerto.

resucitar, renacer, revivir, reanimar, reencarnar, reaparecer, resurgir, restablecer, regenerar, restaurar. *Ant.* Morir, desaparecer.

resuello, jadeo, exhalación, respiración, aliento, resoplido, hálito.

resuelto-ta, decidido, determinado, osado, audaz, intrépido, denodado, arriesgado, temerario, atrevido, valiente. *Ant.* Indeciso, cobarde, timorato.// Rápido, ágil, expedito, diligente. *Ant.* Lento.

resultado, producto, efecto, consecuencia, derivación, alcance, fruto, desenlace, fin, conclusión. *Ant.* Causa, antecedente.

resultar, aparecer, manifestarse, comprobarse, suceder, ocurrir, evidenciarse.// Derivarse, deducirse, proceder, inferirse, implicar. *Ant.* Originarse.// Producir, rendir, beneficiar, fructificar, favorecer. *Ant.* Perder.

resumen, compendio, reducción, recapitulación, suma, recopilación, extracto, condensación, sumario, breviario. *Ant.* Ampliación. *Par.* Rezumen.

resumir, abreviar, extractar, recapitular, condensar, reducir, sintetizar, compendiar. *Ant.* Ampliar, detallar.

resurgir, reaparecer, renacer, resucitar, reanimarse, revivir, retornar, reencarnar. *Ant.* Desaparecer.

resurrección, renacimiento, resurgimiento, reaparición, regeneración, revivificación. *Ant.* Desaparición, muerte, agonía.

retaguardia, zaga, posterioridad, detrás, cola, extremidad. *Ant.* Vanguardia.

retahíla, serie, sarta, sucesión, hilera, fila, rosario.

retar, provocar, desafiar, incitar, encararse, amenazar. *Ant.* Apaciguar, aplacar.

retardar, atrasar, aplazar, diferir, retrasar, posponer, postergar, demorar, preterir, detener, prorrogar. *Ant.* Adelantar, acelerar.

retardo, atraso, demora, aplazamiento, dilación, prórroga, tardanza. *Ant.* Adelantamiento, urgencia.

retén, provisión, repuesto, prevención, reserva, acopio. *Ant.* Negligencia, escasez.

retención, reserva, detención, suspensión, obstrucción, retraso, dilación, detenimiento. *Ant.* Continuación.// Secuestro, arresto. *Ant.* Liberación.

retener, detener, paralizar, conservar, guardar, reservar, preservar, impedir, dificultar, retardar, estancar, inmovilizar. *Ant.* Soltar.// Monopolizar, concentrar, acaparar, confiscar. *Ant.* Distribuir.

reticencia, restricción, omisión, evasiva, rodeo, indirecta, tapujo. *Ant.* Franqueza.

retículo, red, malla, trama, urdimbre.

retirada, retroceso, repliegue, huida, desbandada, escapada, alejamiento, vuelta, retorno. *Ant.* Avance, progresión, resistencia.

retirado-da, apartado, lejano, solitario, separado, oculto. *Ant.* Cercano.// Insociable, huraño, incomunicado, enclaustrado. *Ant.* Sociable, comunicativo.// Jubilado, licenciado. *Ant.* Activo.

retirar, alejar, apartar, separar, distanciar, echar, restar, incomunicar, encerrar, aislar. *Ant.* Acercar.// -se, huir, retroceder, replegarse, escaparse, recular. *Ant.* Avanzar, resistir.// Jubilarse, licenciarse, renunciar. *Ant.* Ejercer, trabajar.

retiro, apartamiento, destierro, encierro, retraimiento, alejamiento, clausura, soledad, incomunicación, exclusión, recogimiento. *Ant.* Comunicación, sociabilidad, relación.// Jubilación, licenciamiento, pensión, licencia. *Ant.* Actividad.// Refugio, amparo, abrigo. *Ant.* Desamparo.

reto, provocación, amenaza, desafío, bravata. *Ant.* Acuerdo.// Advertencia, sermón, amonestación. *Ant.* Elogio.

retocar, arreglar, corregir, perfeccionar, modificar, restaurar, mejorar, componer. *Ant.* Dejar, abandonar.

retoñar, reverdecer, brotar, renovar, florecer. *Ant.* Secarse.

retoño, brote, vástago, renuevo, rebrote, pimpollo, botón, tallo, cogollo.// Hijo, descendiente, vástago, heredero, sucesor. *Ant.* Antecesor.

retoque, corrección, modificación, mejora, restauración, transformación. *Ant.* Empeoramiento.

retorcer, torcer, enroscar, arquear, curvar, combar, contorsionar, rizar. *Ant.* Enderezar, alisar, extender.

retorcido-da, curvo, rizado, ensortijado, arqueado, ondulado, enroscado. *Ant.* Enderezado, liso.// Complicado, intrincado, complejo. *Ant.* Simple, sencillo.// Tergiversador, maquiavélico, tortuoso, avieso, astuto, maligno, sinuoso. *Ant.* Derecho, leal.

retorcimiento, torcedura, retorcedura, ondulación, sinuosidad, curvadura, retorsión, contorsión, retortijón. *Ant.* Derechura.

retórica, oratoria, elocuencia, persuasión, convicción, argumentación, conceptuosidad, rebuscamiento. *Ant.* Sencillez, sobriedad.

retornar, regresar, volver, retroceder, replegarse, retirarse. *Ant.* Alejarse, salir.// Devolver, restituir, reintegrar. *Ant.* Apropiarse.

retorno, vuelta, regreso, retroceso, regresión. *Ant.* Ida, marcha.// Devolución, restitución, reintegro. *Ant.* Retención, usurpación.

retortijón, retorcimiento, contracción, contorsión, espasmo, torción, crispamiento, convulsión.

retozar, juguetear, travesear, corretear, brincar, saltar, jugar. *Ant.* Apaciguarse.

etractar-se, arrepentirse, desdecirse, rectificar, revocar, retroceder, abjurar, retirar. **Ant.** Ratificar, confirmar, sostener.

etraer-se, aislar, retirar, esquivar, rehuir, alejar, arrinconar, huir. **Ant.** Relacionar, frecuentar.

etraído-da, apartado, solitario, hosco, reservado, huraño, misántropo, insociable, introvertido, esquivo. **Ant.** Sociable.

retraimiento, retiro, inhibición, incomunicación, soledad, destierro, reserva, clausura, aislamiento. **Ant.** Comunicación.// Timidez, insociabilidad, introversión, cortedad. **Ant.** Sociabilidad, atrevimiento.

etrasar, atrasar, diferir, demorar, aplazar, retardar, dilatar, prorrogar, preterir, postergar, relegar. **Ant.** Avanzar, adelantar.

retraso, demora, aplazamiento, dilación, retardo, detención, diferimiento, suspensión, prórroga. **Ant.** Adelanto.// Atraso, ignorancia, incultura, decaimiento, miseria. **Ant.** Progreso.

retratar, fotografiar, copiar, pintar, dibujar, representar.// Detallar, describir, delinear.

retrato, reproducción, copia, representación, imagen, cuadro, pintura, fotografía, impresión.// Descripción, detalle, semblanza.

retrete, letrina, excusado, servicio, baño, urinario, inodoro.

retribución, remuneración, gratificación, pago, recompensa, asignación, estipendio, premio, indemnización, subvención, compensación. **Ant.** Deuda.

retribuir, pagar, remunerar, gratificar, subvencionar, recompensar, asignar, compensar, devolver, premiar, indemnizar. **Ant.** Deber, adeudar, percibir, cobrar.

retroceder, retirarse, recular, remontar, desandar, replegarse, escapar, abandonar, dar marcha atrás, huir. **Ant.** Avanzar, progresar.

retroceso, regresión, repliegue, retirada, retorno, vuelta, marcha atrás, abandono, regreso, contramarcha, huida. **Ant.** Avance, progreso.

retrógrado-da, reaccionario (v.), conservador, retardatario. **Ant.** Progresista.// Atrasado, salvaje, inculto. **Ant.** Adelantado.

retrospectivo-va, recapitulador, evocador. **Ant.** Presente, actual.

retruécano, conmutación, inversión, cambio.// Chiste, agudeza, ocurrencia, juego de palabras.

retumbante, atronador, estridente, resonante, ruidoso, escandaloso. **Ant.** Silencioso.

retumbar, resonar, sonar, estallar, restallar, atronar, escandalizar, ensordecer. **Ant.** Silenciar.

reunión, unión, fusión, agrupación, aglomeración, concentración, acumulación, convocatoria, conjunto, agrupamiento, grupo, sociedad. **Ant.** Desunión, separación, dispersión.// Velada, fiesta, tertulia, festejo, celebración.

reunir, juntar, unir, congregar, aglomerar, agrupar, concentrar, compilar, colectar, acumular. **Ant.** Separar, dispersar.// **-se**, encontrarse, concurrir, festejar.

revalida, revalidación, confirmación, corroboración, convalidación, aprobación. **Ant.** Rectificación, desaprobación, rechazo.

revalidar, ratificar, corroborar, confirmar, convalidar. **Ant.** Rectificar, desaprobar.

revancha, desquite, represalia, desagravio, resarcimiento, venganza, reparación, satisfacción. **Ant.** Olvido, perdón.

revelación, divulgación, manifestación, descubrimiento, publicación, difusión, declaración, exhibición. **Ant.** Ocultación.

revelar, descubrir, manifestar, declarar, divulgar, publicar, denunciar, pregonar, confesar, explicar, difundir. **Ant.** Ocultar, callar. **Par.** Rebelar.

reventar, resquebrajarse, abrirse, romperse. **Ant.** Cerrarse.// Estallar, detonar, deflagrar, volar, explotar, desintegrarse.// Salir, nacer, brotar.// **-se**, extenuarse, fatigarse, agobiarse, agotarse. **Ant.** Descansar.

reverberación, reflejo, destello, luminosidad, brillo, refracción, resol. **Ant.** Opacidad, oscuridad.

reverberar, reflejar, brillar, destellar, irradiar, refractar. **Ant.** Oscurecer.

reverdecer, renovar, regenerar, rejuvenecer, renacer, revivir, remozarse. **Ant.** Envejecer.

reverencia, respeto, veneración, homenaje, cumplido, acatamiento, pleitesía, sumisión.// Inclinación, venia, genuflexión, saludo. **Ant.** Irreverencia, desacato, insulto.

reverenciar, respetar, considerar, venerar, acatar, obedecer, inclinarse, servir, obedecer. **Ant.** Desobedecer.// Honrar, adorar, idolatrar, rendir honores. **Ant.** Ofender.

reverente, piadoso, respetuoso, devoto, obediente, sumiso. **Ant.** Irreverente.

reverso, dorso, vuelta, revés (v.).

revertir, volver, reintegrar, devolver, restituir

revés, vuelta, dorso, reverso, espalda, zaga, envés, contrario, trasero. **Ant.** Cara, anverso.// Bofetada, golpe, cachetada, sopapo. **Ant.** Caricia.// Contratiempo, desgracia, accidente, infortunio, percance, desastre, fracaso. **Ant.** Éxito, triunfo.

revestimiento, recubrimiento, capa, cubierta, envoltura, encofrado.

revestir, recubrir, vestir, forrar, cubrir, tapar, tapizar, guarnecer, bañar, encalar, encofrar, revocar. **Ant.** Descubrir, desnudar.

revisar, examinar, inspeccionar, reconocer, investigar, estudiar, vigilar, comprobar, verificar, fiscalizar. **Ant.** Descuidar.

revisión, examen, repaso, control, estudio, inspección, observación, exploración, verificación, comprobación, fiscalización. **Ant.** Descuido.

revista, examen, control, inspección, verificación, revisión, observación. **Ant.** Descuido.// Publicación, semanario, periódico, hebdomadario, boletín.

revivir, resucitar, renacer, vivificar, rejuvenecer, renovar, remozar, resurgir. **Ant.** Morir, acabar.// Rememorar, recordar, recapitular. **Ant.** Olvidar.

revocar, anular, cancelar, abolir, derogar, invalidar, rescindir, retractar, desdecir. **Ant.** Confirmar, aprobar.

revolcar, derribar, tirar, revolver, maltratar. **Ant.** Levantar, cuidar.// **-se**, estregarse, echarse, frotarse, tirarse, tumbarse, retorcerse. **Ant.** Levantarse.

revolotear, volar, aletear.

revoloteo, vuelo, revuelo, aleteo, agitación.

revoltijo, confusión, enredo, mezcla, embrollo, maraña, mezcolanza, fárrago, desorden. **Ant.** Orden.

revoltoso-sa, rebelde, insurrecto, sedicioso, alborotador, perturbador, sublevado, amotinado, revolucionario, turbulento, faccioso, agitador. **Ant.** Pacífico, sumiso.// Inquieto, travieso, vivaracho, juguetón, vivaz, alegre, indisciplinado, enredador. **Ant.** Sosegado.

revolución, sedición, sublevación, revuelta, levantamiento, insurrección, subversión, motín, agitación. **Ant.** Orden, disciplina.// Vuelta, giro, rotación.// Conmoción, renovación, transformación, modificación, innovación. **Ant.** Contrarrevolución.

revolucionar, sublevar, levantar, insurreccionar, subvertir, amotinar, agitar, excitar, conspirar, rebelarse, convulsionar, perturbar. **Ant.** Pacificar, obedecer.// Transformar, modificar, innovar, renovar, reformar, progresar. **Ant.** Mantener, conservar.

revolucionario-ria, rebelde, insurrecto, sedicioso, subversivo, agitador, amotinado, alborotador, conspirador, revoltoso, turbulento. **Ant.** Pacífico, obediente, disciplinado.// Innovador, renovador, reformador, creador, inventor, avanzado. **Ant.** Conservador.

revolver, mover, agitar, batir, remover, menear, hurgar, mezclar. **Ant.** Aquietar.// Escarbar, investigar, husmear, buscar, registrar. **Ant.** Ignorar.// Desordenar, embrollar, enredar, trastornar, desarreglar. **Ant.** Ordenar.// Meditar, reflexionar, discurrir (v.).

revuelo, agitación, conmoción, inquietud, tumulto, alboroto, confusión. **Ant.** Orden, calma.// Revoloteo, vuelo, aleteo.

revuelta, alboroto, revolución (v.).// Disputa, riña. **Ant.** Paz, calma.// Desvío, cambio, recodo, recoveco.

revuelto-ta, turbio, mezclado, mixturado. *Ant.* Claro, puro.// Agitado, trastornado. *Ant.* Sereno.// Inquieto, turbulento, revoltoso, tumultuoso. *Ant.* Calmo, apacible.

rey, monarca, soberano, señor, emperador, majestad. *Ant.* Vasallo, súbdito.

reyerta, disputa, pelea, rencilla, altercado, riña, pendencia, trifulca, escaramuza. *Ant.* Concordia, paz.

rezagado-da, atrasado, lento, tardo, negligente. *Ant.* Adelantado, rápido.

rezagar-se, retrasar, atrasar, demorar, tardar, suspender, diferir. *Ant.* Adelantar, avanzar.

rezar, orar, invocar, suplicar, pedir, impetrar. *Ant.* Blasfemar.

rezo, plegaria, oración, petición, adoración, ruego, súplica, impetración. *Ant.* Blasfemia.

rezongar, protestar, gruñir, refunfuñar, mascullar, renegar. *Ant.* Alegrarse.

rezumar, exudar, transpirar, sudar, filtrarse, gotear, escurrir, calar. *Ant.* Secarse, estancarse.

ría, desembocadura, estuario, embocadura, entrada. *Ant.* Nacimiento.

riachuelo, río, arroyuelo, riacho.

riada, avenida, crecida, diluvio, aluvión, aguada, inundación, desbordamiento, torrente, anegamiento. *Ant.* Sequía.

riba, orilla (v.), ribera (v.), ribazo.

ribazo, declive, talud, terraplén, pendiente. *Ant.* Llano.

ribera, orilla, margen, borde, costa, playa, litoral, riba, ribazo. *Par.* Rivera.

ribereño-ña, costero, litoral, costanero.

ribete, galón, cinta, borde, orla, filete, fleco, festón, orilla, orillo, reborde.

ribetear, orlar, festonear, galonear, rematar, adornar.

rico-ca, acaudalado, adinerado, opulento, pudiente, acomodado, millonario, potentado. *Ant.* Pobre.// Fecundo, abundante, copioso, fértil, floreciente, exuberante, próspero, feraz. *Ant.* Desértico, escaso, pobre.// Sabroso, apetitoso, gustoso, exquisito, delicioso, suculento. *Ant.* Insípido, repugnante.

ridiculez, extravagancia, excentricidad, disparate, irrisión, mamarrachada, burla, payasada. *Ant.* Seriedad.// Pequeñez, nimiedad, mezquindad. *Ant.* Importancia.

ridiculizar, burlarse, remedar, mofarse, avergonzar, zaherir, satirizar, escarnecer, caricaturizar. *Ant.* Alabar.

ridículo-la, grotesco, risible, extravagante, excéntrico, extraño, peculiar, irrisorio, caricaturesco, cómico, estrafalario, absurdo. *Ant.* Serio, grave.// Escaso, insignificante, trivial, pequeño. *Ant.* Importante, grande.// Melindroso, meticuloso, delicado, quisquilloso, puntilloso. *Ant.* Natural, sencillo.

riego, irrigación, regadío, mojadura, remojo, impregnación, humedecimiento, rociamiento, empapadura. *Ant.* Secado, sequía.

riel, vía, carril, raíl, entrevía.

rielar, lucir, destellar, resplandecer, rutilar, brillar, titilar, reflejar. *Ant.* Apagarse.

rienda, correa, brida, cincha, cabo, correaje, ronzal, freno, cabestro.// Contención, freno, moderación. *Ant.* Inmoderación.// Dirección, gobierno, conducción, guía, autoridad.

riesgo, peligro, inseguridad, exposición, albur, aventura, ocasión, apuro, azar, suerte, trance, dificultad, lance, escollo, eventualidad. *Ant.* Seguridad, certeza.

rifa, sorteo, lotería, tómbola, juego, azar, suerte, fortuna.

rifar, sortear, jugar.

rigidez, dureza, tensión, tiesura, tirantez, firmeza, resistencia, consistencia. *Ant.* Blandura, flexibilidad.// Rigurosidad, severidad, intransigencia, intolerancia. *Ant.* Flexibilidad, tolerancia.

rígido-da, duro, tenso, tirante, tieso, yerto, firme, erguido, consistente. *Ant.* Blando, flexible.// Estricto, riguroso, intransigente, inflexible, austero. *Ant.* Flexible, tolerante.

rigor, dureza, aspereza, intolerancia, severidad, rigidez, austeridad, rigurosidad, brusquedad. *Ant.* Blandura, benevolencia.// Inclemencia, crudeza, intensidad. *Ant.* Bonanza.// Precisión, exactitud, puntualidad, minuciosidad, es-

crupulosidad. *Ant.* Imprecisión, negligencia.// Rigidez, tie sura, endurecimiento, anquilosamiento, inflexibilidad. *An* Blandura, flexibilidad.

rigurosidad, rigor (v.).

riguroso-sa, severo, inflexible, austero, estricto, duro, re cio, implacable, firme, rígido. *Ant.* Blando, tolerante.// Exacto, preciso, minucioso, justo. *Ant.* Impreciso.// Incle mente, crudo, desapacible, brusco, extremado. *Ant.* Apa cible.

rima, asonancia, consonancia.

rimar, asonantar, aconsonantar.// Versificar.

rimbombante, resonante, estruendoso, estrepitoso, atro nador, altisonante. *Ant.* Callado, silencioso.// Pomposc ostentoso, afectado, exagerado, grandilocuente, ampulo so. *Ant.* Discreto, sencillo.

rimero, montón, pila, cúmulo.

rincón, recodo, esquina, ángulo, entrante, recoveco, vuel ta, canto.// Escondite, guarida, escondrijo, refugio.

riña, pelea, lucha, disputa, escaramuza, pugna, batalla, dis gusto, conflicto, discusión, lid, contienda, altercado, gres ca, trifulca, pendencia, camorra, encuentro, liza, forcejeo refriega, hostilidad. *Ant.* Paz, entendimiento, concordia./ Regaño, reprensión, reconvención, amonestación. *Ant* Elogio.

río, corriente, torrente, afluente.// Profusión, abundancia caudal, afluencia, raudal. *Ant.* Escasez.

ripio, cascajo, residuo, escombro, desperdicio.// Superflui dad, palabrería. *Ant.* Esencia.

riqueza, abundancia, prosperidad, profusión, copia, opu lencia, exuberancia, fertilidad, fecundidad. *Ant.* Escasez./ Hacienda, caudal, dinero, tesoro, medios. *Ant.* Pobreza miseria.

risa, carcajada, sonrisa, risotada.// Regocijo, alegría, jolgo rio, hilaridad. *Ant.* Seriedad, gravedad. *Par.* Riza.

risco, peña, peñasco, roca, piedra, peñón, acantilado, des peñadero, escarpadura.

ristra, hilera, fila, sarta, serie, cadena, ringlera, rosario, suce sión.

risueño-ña, sonriente, riente, alegre, contento, satisfecho festivo, divertido, jocoso, placentero. *Ant.* Triste.// Hala güeño, próspero, favorable, prometedor. *Ant.* Infeliz, rui noso.

rítmico-ca, armonioso, acompasado, cadencioso, periódi co, constante, sincopado, mesurado. *Ant.* Desacompasa do, disonante.

ritmo, cadencia, compás, regularidad, medida, armonía. *Ant.* Arritmia, irregularidad, disonancia.

rito, ceremonia, ritual, culto, protocolo, costumbre, solem nidad, regla.

ritual, rito (v.).

rival, competidor, adversario, contrario, enemigo, contrin cante, antagonista, oponente, contendiente. *Ant.* Aliado.

rivalidad, oposición, contienda, antagonismo, competen cia, hostilidad, enemistad, desavenencia, odio, lucha. *Ant.* Amistad, concordia.

rivalizar, luchar, pugnar, contender, oponerse, competir, desafiar. *Ant.* Ceder, desistir, acordar.

rivera, río (v.), arroyo. *Par.* Ribera.

rizado-da, ensortijado, crespo, ondulado, rizoso, retorci do, ondeado. *Ant.* Liso, lacio.

rizar, ensortijar, ondular, encrespar, retorcer. *Ant.* Alisar.

rizo, bucle, sortija, onda, tirabuzón.

robar, hurtar, sustraer, quitar, despojar, desvalijar, expoliar, timar, usurpar, apoderarse, asaltar, pillar, sacar, depredar, desplumar. *Ant.* Devolver, restituir.

robo, hurto, timo, fraude, engaño, saqueo, malversación, pillaje, ratería, latrocinio, expoliación, rapiña, depredación. *Ant.* Devolución, restitución.

robustecer-se, fortalecer, vigorizar, fortificar, reforzar, to nificar, endurecer, reanimar, consolidar, nutrir. *Ant.* Debili tar, adelgazar.

robustez, fuerza, vigor, firmeza, fortaleza, reciedumbre, pujanza, lozanía, poderío, ánimo, energía, brío. *Ant.* Debi lidad, endeblez.

busto-ta, fuerte, vigoroso, duro, fornido, recio, potente, endurecido, corpulento, pujante, fortachón, musculoso. **Ant.** Débil, endeble.

)ca, peña, peñasco, peñón, risco, piedra, escollo.

)ce, frote, fricción, rozamiento, frotamiento.// Relación, trato, frecuentación, comunicación.// Disgusto, desavenencia, discusión. **Ant.** Avenencia.

)clar, mojar, duchar, salpicar, bañar, regar, asperjar, espolvorear.

)cín, rocino, jamelgo, matalón, penco.

)cío, escarcha, sereno, helada, relente.

)coso-sa, pedregoso, guijarroso, peñascoso, roqueño, escarpado, áspero, desigual. **Ant.** Liso, llano.

odaja, rebanada, lonja, tajada, filete, rueda.

odar, girar, rolar, voltear, rodear, virar, circular, deslizarse, contonear.// Vagar, desplazarse, vagabundear, deambular, viajar, errar, recorrer. **Ant.** Detenerse, pararse.// Filmar.

odeado-da, cercado, sitiado, encerrado, asediado, acorralado, circundado. **Ant.** Liberado.

odear, cercar, circundar, envolver, circunvalar, cerrar, acotar, circunscribir, asediar, aislar, limitar, ceñir. **Ant.** Liberar.// Esquivar, evitar, eludir, desviarse, rehuir, ladear, orillar. **Ant.** Atravesar.

odeo, desvío, desviación, virada, vuelta, circunvalación. **Ant.** Acortamiento, través.// Ambigüedad, circunloquio, reticencia, tapujo, digresión, evasiva, vaguedad, ambages. **Ant.** Exabrupto.

oer, mordisquear, carcomer, corroer, desgastar, dentellar.// Atormentar, molestar, perturbar, desazonar, afligir. **Ant.** Tranquilizar.

ogar, orar, suplicar, invocar, implorar, impetrar, solicitar, pedir. **Ant.** Ofrecer, conceder.

ogativa, ruego, invocación, petición, súplica, plegaria, imploración. **Ant.** Exigencia.

oído-da, mordido, desgastado, carcomido, mordisqueado. **Ant.** Completo, íntegro.

ojo-ja, colorado, encarnado, carmesí, bermejo, bermellón, escarlata, granate, grana, cárdeno.

oldana, rueda, polea, rodaja.

ollizo-za, gordo, grueso, corpulento, regordete, gordinflón, robusto (v.). **Ant.** Delgado, flaco.

ollo, cilindro, rulo, rodillo, tambor, eje.// Ovillo, madeja, carrete.// Lata, pesadez. **Ant.** Agrado.

omance, amorío, idilio, noviazgo, galanteo, coqueteo, flirteo.

omántico-ca, sentimental, apasionado, tierno, idealista, fantasioso. **Ant.** Realista.

omería, peregrinación, procesión, viaje, marcha. **Ant.** Regreso.// Multitud, afluencia, concurrencia, muchedumbre. **Ant.** Soledad.

omo-ma, chato, mocho, embotado, despuntado, mellado, aplastado. **Ant.** Afilado.

ompecabezas, enigma, acertijo, problema, jeroglífico, adivinanza. **Ant.** Solución.

ompeolas, espigón, escollera, malecón, dique, muelle, tajamar, rompiente.

omper, destrozar, quebrar, partir, quebrantar, cascar, agrietar, tronchar, rajar, destruir, fragmentar, triturar, deshacer, despedazar, desbaratar, estropear. **Ant.** Componer, arreglar.// Salir, irrumpir, empezar, brotar, reventar. **Ant.** Acabar, terminar.// Anular, desligarse, desdecirse.

omplente, bajío, escollo, escollera, arrecife, banco, peñasco, farallón, atolón.

oncar, resollar, jadear, silbar.// Bramar, ulular, aullar, rugir.

onco-ca, bronco, afónico, enronquecido, áspero, cascado, profundo. **Ant.** Suave, agudo.

onda, guardia, vigilancia, custodia, centinela, vigía, patrulla, escolta, pelotón, destacamento, piquete.// Invitación, agasajo, convite.// Tanda, vuelta, turno.

ondar, vigilar, guardar, custodiar, patrullar, escoltar. **Ant.** Descuidar.// Deambular, pasear, merodear.

onquera, afonía, carraspera, enronquecimiento.

onquido, resuello, jadeo, estertor, respiración, gruñido, mugido, gañido.

ronronear, ronquear, gruñir, cuchichear, susurrar, marrullar.

ronroneo, gruñido, cuchicheo, rumor, susurro, murmullo.

roña, mugre, suciedad, porquería, cochambre, inmundicia, asquerosidad, pringue. **Ant.** Limpieza, pulcritud.

roñoso-sa, sucio, cochino, puerco, inmundo, asqueroso, mugriento, pringoso. **Ant.** Limpio, pulcro.// Tacaño, miserable, avaro, mezquino, mísero. **Ant.** Generoso, dadivoso, espléndido.

ropa, vestido, vestimenta, ropaje, vestidura, prenda, indumentaria, vestuario, traje, atuendo, atavío.

ropaje, vestido (v.), ropa (v.).

ropero, armario, aparador, guardarropa.

roquedal, peñascal, riscal, roquedo, cascajar.

rosario, sarta, ristra, cadena, serie, ringlera, sucesión, retahíla. **Ant.** Corte, interrupción.

rosca, bollo, rosquilla.// Rollo, espiral, resalto, hélice, tuerca, vuelta.

rostro, cara, semblante, faz, facciones, fisonomía, aspecto, visaje, rasgos, expresión.

rotación, vuelta, giro, revolución. **Ant.** Quietud.

rótulo, título, inscripción, epígrafe, letrero, anuncio, cartel, encabezamiento, etiqueta.

rotundo-da, preciso, claro, terminante, definitivo, concluyente. **Ant.** Impreciso.// Redondo, circular, esférico. **Ant.** Recto.// Sonoro, vibrante, lleno.

rotura, fractura, rompimiento, ruptura, rasgadura, desgarrón, quiebra, quebranto, destrozo. **Ant.** Compostura, arreglo.

rozadura, arañazo, escoriación, lesión, erosión, herida.

rozagante, vistoso, ufano, satisfecho, brillante, arrogante, presumido, llamativo. **Ant.** Abatido, deslucido.// Saludable, sano, lozano, fresco, flamante. **Ant.** Enfermizo.

rozar, tocar, lamer, acariciar, besar. **Ant.** Maltratar.// Raer, restregar, estregar, rascar, desgastar, arañar, magullar, fregar, manosear, frotar.

rubicundo-da, rubio, rojizo, pelirrojo, colorado, sanguíneo.

rubio-bla, blondo, rubicundo, rúbeo, bermejo, dorado. **Ant.** Moreno, oscuro.

rubor, sonrojo, soflama, rubicundez, sofoco, encendimiento. **Ant.** Palidez.// Vergüenza, turbación, timidez, candor, confusión, bochorno. **Ant.** Desvergüenza, desfachatez.

ruborizar-se, enrojecer, sonrojarse, sofocarse. **Ant.** Palidecer.// Avergonzarse, turbarse, abochornarse. **Ant.** Serenarse.

rúbrica, firma, marca, rasgo, señal.

rubricar, firmar, sellar, trazar, signar.// Autorizar, ratificar, refrendar, legalizar, suscribir.

rudeza, brusquedad, tosquedad, torpeza, aspereza, grosería, descortesía, brutalidad, dureza, incultura, ignorancia, violencia. **Ant.** Delicadeza, finura, cortesía, cultura.

rudimentario-ria, elemental, primario, primitivo, tosco. **Ant.** Perfecto, acabado.

rudimento, germen, embrión, fundamento, comienzo, esbozo, principio. **Ant.** Fin.// -s, principios, fundamentos, elementos, nociones. **Ant.** Ampliación.

rudo-da, tosco, áspero, ordinario, basto, bruto, burdo. **Ant.** Delicado, fino.// Brutal, violento, brusco, riguroso. **Ant.** Suave.// Grosero, descortés, torpe, duro. **Ant.** Delicado, cortés.

rueda, círculo, disco, corona, arandela, aro, anillo, circunferencia.// Grupo, corrillo, corro, redondel.// Tanda, vez, turno.// Neumático, llanta.

ruedo, redondel, círculo, circunferencia.// Plaza, arena.// Borde, límite, contorno.

ruego, súplica, petición, exhortación, solicitud. **Ant.** Concesión, exigencia.// Oración, plegaria, rezo, invocación, preces. **Ant.** Blasfemia.

rufián, alcahuete, mediador, traficante.// Infame, granuja, canalla, bribón, hampón, bellaco, malandrín, truhán, ruin, miserable. **Ant.** Noble, digno, caballero.,

rugido, bramido, berrido, gruñido.

rugir, bramar, bufar, gruñir, mugir, aullar, chillar, berrear, ulular.

rugoso-sa, áspero, arrugado, desigual, desnivelado, escabroso, nudoso, imperfecto. *Ant.* Liso, llano, igual.

ruido, sonido, fragor, chirrido, estrépito, estruendo, chasquido, rechino, rumor, murmullo, estampido. *Ant.* Silencio.// Escándalo, batahola, alboroto, bullicio, griterío, algarabía, juerga. *Ant.* Tranquilidad.

ruidoso-sa, ensordecedor, estridente, fragoroso, atronador, sonoro, estruendoso. *Ant.* Silencioso.// Escandaloso, bullicioso. *Ant.* Tranquilo.

ruin, vil, bajo, despreciable, indigno, miserable, rufián, malandrín, malvado, innoble, rastrero, sinvergüenza, infame, canalla, pillo, bellaco, abyecto. *Ant.* Noble, digno.// Avaro, mísero, mezquino, roñoso, tacaño. *Ant.* Generoso, espléndido.

ruina, quiebra, quebranto, bancarrota, pérdida, hundimiento, fracaso, desastre, catástrofe, decadencia, daño, perdición, destrucción. *Ant.* Prosperidad.// -s, restos, vestigios, reliquias, escombros.

ruindad, maldad, vileza, indignidad, bajeza, canallada, abyección, ignominia. *Ant.* Dignidad, nobleza.// Tacañería, mezquindad, miseria, avaricia, sordidez. *Ant.* Generosdidad, esplendidez.

ruinoso-sa, arruinado, viejo, estropeado, devastado, deshecho, asolado. *Ant.* Floreciente.

rulo, rizo, bucle, onda.

rumbo, dirección, ruta, camino, derrotero, orientación, senda, trayectoria, sentido. *Ant.* Desorientación.// Boato, pompa, ostentación, lujo, suntuosidad, esplendidez. *Ant.* Sencillez.

rumiar, mascar, tascar, triturar, desmenuzar, mordisquear.// Meditar, reflexionar, considerar, madurar, urdir.

rumor, murmullo, susurro, bisbiseo, runrún, zumbid son.// Fama, chisme, murmuración, hablilla, cotilleo, cue to. *Ant.* Discreción.// Noticia, resonancia, difusión, ec *Ant.* Silencio.

rumorear-se, murmurar, susurrar, cuchichear, secrete comentar, divulgar, correr, sonar. *Ant.* Callar, silenciar.

rumoroso-sa, susurrante, murmurante, sonoro, cantari *Ant.* Callado.

ruptura, disolución, rompimiento, desavenencia, separ ción, discordia, riña, disgusto. *Ant.* Avenencia.// Rotu quiebra, quebradura, fractura. *Ant.* Arreglo.

rural, aldeano, campesino, agreste, agrario, pastoril, rústic campestre. *Ant.* Urbano.

rústico-ca, tosco, rudo, burdo, ordinario, basto, incult *Ant.* Refinado.// Aldeano, paleto, palurdo, patán, puebl rino, lugareño, campesino, paisano. *Ant.* Ciudadano. Campestre, agreste, rural, pastoril, montaraz, bucólic *Ant.* Urbano.

ruta, rumbo, camino, recorrido, itinerario, trayecto, traye toria, dirección, derrotero, periplo, vía.// Carretera, aut pista.

rutilante, brillante, refulgente, esplendoroso, fulgurante resplandeciente, centelleante, luminoso, deslumbrant *Ant.* Opaco, apagado.

rutilar, refulgir, brillar, centellear, fulgurar, resplandecer, re lucir, deslumbrar, encender. *Ant.* Apagarse, opacarse, os curecerse.

rutina, hábito, costumbre, repetición, frecuencia, usanz práctica, moda. *Ant.* Novedad.

rutinario-ria, acostumbrado, habitual, usual, mecánico, re petido, frecuente. *Ant.* Original, insólito.

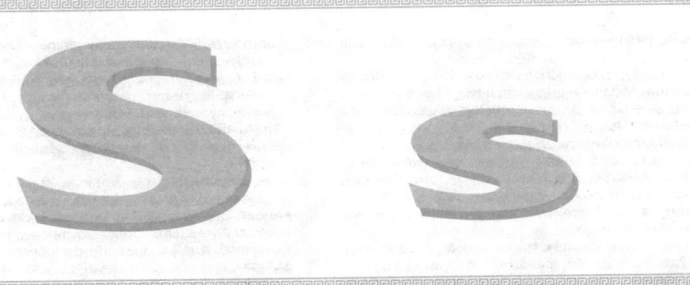

sabana, llanura, planicie, llano, pradera, llanada, estepa, pampa. *Ant.* Altura, montaña.

sabandija, alimaña, insecto, bicho.// Granuja, rufián, despreciable. *Ant.* Honrado.

saber, ciencia, conocimiento, erudición, sapiencia, ilustración, cognición, información, idea. *Ant.* Ignorancia, desconocimiento.// Conocer, entender, dominar, suponer, discernir, interpretar, pensar, juzgar, percibir, concebir, comprender, advertir, observar.

sabido-da, notorio, público, conocido, proverbial, consabido, corriente.

sabiduría, ciencia, conocimiento, erudición, saber, ilustración, sapiencia, instrucción, penetración, dominio, pericia, juicio, tino, cordura, educación. *Ant.* Ignorancia, necedad, desconocimiento, impericia.

sabihondo-da, sabelotodo, presumido, pedante. *Ant.* Humilde.

sabio-bia, docto, culto, ilustrado, conocedor, instruido, erudito, perito, sesudo, juicioso, científico, lumbrera, versado, sapiente. *Ant.* Inculto, analfabeto, ignorante. *Par.* Savia.

sabor, gusto, paladeo, dejo, sensación, impresión, degustación. *Ant.* Insipidez.

saborear, gustar, paladear, catar, probar, degustar, deleitarse. *Ant.* Repugnar, asquear.

sabotaje, daño, perjuicio, avería, menoscabo, inutilización, deterioro, desperfecto, entorpecimiento, paralización. *Ant.* Beneficio.

sabotear, entorpecer, obstaculizar, averiar, perjudicar, arruinar, dañar, estropear. *Ant.* facilitar, beneficiar, cooperar.

sabroso-sa, gustoso, apetitoso, grato, sustancioso, suculento, sazonado. *Ant.* Insípido.

sabueso, investigador, inquisidor, rastreador, indagador, detective, policía.

saca, saco (v.), talego, costal.

sacar, extraer, quitar, arrancar, abrir, vaciar, separar, descubrir, privar, arrebatar, exhumar, usurpar, desplumar, desposeer, desenvainar, desenfundar, desenterrar, alejar, retirar. *Ant.* Meter, incluir, poner, devolver.// Lograr, obtener, conseguir, ganar. *Ant.* Perder.// Revelar, exponer, mostrar, exhibir, lucir, enseñar. *Ant.* Ocultar.// Deducir, inferir, descifrar, solucionar. *Ant.* Abstenerse.// Inventar, crear, producir, concebir. *Ant.* Destruir.

sacerdote, cura, clérigo, eclesiástico, párroco, religioso, padre, confesor, capellán, predicador, presbítero, canónigo, prelado, ordenado. *Ant.* Lego, seglar.

saciar, aplacar, calmar, hartar, satisfacer, atiborrar, atracar, ahitar, empachar, cebar. *Ant.* Hambrear.

saciedad, satisfacción, hartura, atiborramiento, empalago, hartazgo, atracón, exceso. *Ant.* Hambre.

saco, saca, valija, talego, costal, bolsa, bolso, fardo, zurrón, mochila.

sacramentar, consagrar, ungir, convertir.

sacrificar, ofrendar, inmolar, consagrar, ofrecer, propiciar.// Matar, degollar, extinguir, ajusticiar, decapitar, guillotinar. *Ant.* Perdonar.// -se, renunciar, privarse, sufrir, arriesgarse. *Ant.* Disfrutar.

sacrificio, ofrenda, martirio, inmolación, expiación, ofrecimiento, propiciación, tributo, pago, holocausto, muerte.// Matanza, hecatombe, muerte, degollina.// Abnegación, desinterés, renunciamiento, privación, mortificación, entrega. *Ant.* Beneficio.

sacrilegio, blasfemia, profanación, violación, irreverencia, perjurio, impiedad, herejía, abominación. *Ant.* Respeto, devoción.

sacrílego-ga, blasfemo, irreverente, hereje, perjuro, profanador, apóstata, violador, renegado. *Ant.* Devoto.

sacro-cra, sagrado (v.).

sacudida, convulsión, conmoción, estremecimiento, temblor, vibración, zarandeo, agitación. *Ant.* Quietud.

sacudir, mover, menear, estremecer, temblar, convulsionar, agitar, chocar, golpear, trepidar, percutir, palpitar, latir, batir. *Ant.* Aquietar.// Apalear, zurrar, vapulear, zamarrear, pegar. *Ant.* Mimar, acariciar.// -se, quitarse, esquivar, librarse, desembarazarse, eludir. *Ant.* Dejar.

saeta, flecha, dardo, venablo, sagita, ballesta.// Aguja, manecilla, minutero, segundero.

saga, leyenda, fábula, historia, tradición. *Par.* Zaga.

sagacidad, astucia, perspicacia, agudeza, malicia, sutileza, viveza, lucidez, clarividencia. *Ant.* Ingenuidad, torpeza.

sagaz, perspicaz, agudo, astuto, penetrante, lúcido, sutil, clarividente, vivo. *Ant.* Torpe, ingenuo.

sagrado-da, santo, divino, consagrado, beatificado, venerable, bienaventurado. *Ant.* Profano.// Intangible, inviolable, improfanable. *Ant.* Vulnerable, profanable.

sahumar, incensar, perfumar, aromar.

sahumerio, perfume, incienso, aroma.

sala, estancia, aposento, habitación, recinto, pieza, cuarto, local, aula.

salario, sueldo, mensualidad, retribución, jornal, remuneración, gratificación, honorarios, haberes, estipendio.

saldar, liquidar, pagar, satisfacer, finiquitar, abonar. *Ant.* Deber.

saldo, liquidación, pago, finiquito, abono, remate. *Ant.* Deuda.// Resto, resultado, remanente. *Ant.* Carestía.// Ocasión, ganga.

salida, marcha, ida, partida, huida, alejamiento, evasión, fuga, éxodo, emigración, escape, paseo, excursión, viaje. *Ant.* Llegada, arribo.// Abertura, desembocadura, puerta, paso, boca, agujero, comunicación, desagüe, evacuación. *Ant.* Entrada.// Escapatoria, justificación, pretexto, recurso, subterfugio.// Gracia, ocurrencia, ingeniosidad.// Derrame, desbordamiento, efusión. *Ant.* Penetración.

saliente, borde, resalte, relieve, elevación, prominencia, eminencia, protuberancia, abultamiento. *Ant.* Concavidad, entrante, llano.

salir, marchar, ir, partir, huir, escapar, evadirse, ausentarse, emigrar, alejarse. *Ant.* Llegar, regresar.// Desembocar, evacuar, derramarse, desbordarse, rebosar, fluir. *Ant.* Entrar.// Surgir, aparecer, brotar, nacer, emerger, manar, asomar. *Ant.* Hundirse, desaparecer.// Proceder, venir de, originarse. *Ant.* Concluir, terminar.// Publicarse, aparecer, editarse.

salivar, escupir, babear, gragajear.

salivazo, gargajo, esputo, flema, escupitajo.

salmo, cántico, salmodia, alabanza, rezo, canto.

salmodia, melopea, canturreo, cántico, repetición, monserga.

salón, sala (v.).// Exposición, feria, exhibición, muestra.

salpicadura, rociadura, irrigación, lluvia, chorro.

salpicar, asperjar, mojar, rociar, duchar, irrigar, bañar, humedecer, esparcir, pulverizar. **Ant.** Secar.

salsa, caldo, condimento, adobo, aderezo, jugo, unto.

saltar, brincar, botar, rebotar, retozar. **Ant.** Aquietarse.// Lanzarse, arrojarse, precipitarse, tirarse. **Ant.** Detenerse.// Estallar, explotar, reventar, volar.

salteador-ra, bandolero, atracador, asaltante, saqueador, ladrón. **Ant.** Honrado.

salto, brinco, bote, cabriola, tranco, rebote, retozo, pirueta.// Cambio, mutación, transformación, variación.// Cascada, torrente, catarata, caída, precipicio, despeñadero.// Omisión, olvido, laguna, descuido, falta. **Ant.** Corrección.

salud, vitalidad, energía, lozanía, fuerza, vigor, robustez, brío, resistencia. **Ant.** Enfermedad.

saludable, vital, sano, fuerte, vigoroso, robusto, lozano, higiénico. **Ant.** Enfermo.// Provechoso, beneficioso, ventajoso, propicio. **Ant.** Nocivo.

saludar, reverenciar, congratular, cumplimentar, felicitar, festejar. **Ant.** Despedirse.

saludo, cumplido, cortesía, tratamiento, ceremonia, reverencia, presentación, bienvenida, inclinación, recepción, congratulación, atención. **Ant.** Descortesía, grosería.

salva, aclamación, saludo (v.).// Descarga, andanada, disparos, cañonazo.

salvación, rescate, liberación, manumisión, emancipación, huida, fuga, libertad. **Ant.** Condenación, sujeción.// Salvamento, protección, amparo, seguridad, abrigo, ayuda, asilo, defensa, inmunidad. **Ant.** Desprotección, abandono.

salvador-ra, protector, libertador, defensor, liberador, guardián, bienhechor. **Ant.** Enemigo.

salvaguardar, salvar (v.).

salvaguardia, salvoconducto, pasaporte, pase.// Amparo, seguridad, defensa, protección, garantía, custodia, asilo. **Ant.** Desamparo.

salvajada, barbaridad, brutalidad, bestialidad, atrocidad, incultura, incivilidad. **Ant.** Cultura, civilidad.

salvaje, brutal, bárbaro, bestial, atroz, cruel, feroz, incivil. **Ant.** Culto, civilizado.// Antropófago, irracional, caníbal, primitivo. **Ant.** Civilizado.// Montaraz, insociable, intratable, indomable, arisco, incivil, inculto, inhospitalario, agreste, bravío. **Ant.** Manso, tratable.

salvajismo, salvajada, vandalismo, barbarie, bestialidad, brutalidad, violencia, irracionalidad, canibalismo. **Ant.** Humanidad.// Incultura, incivilidad, descortesía, grosería, insociabilidad. **Ant.** Civilidad, cultura, finura.

salvamento, rescate, socorro, ayuda, salvación, recuperación. **Ant.** Desamparo.

salvar, atravesar, pasar, franquear, traspasar, vencer, cruzar, vadear, escalar.// Proteger, librar, amparar, salvaguardar, socorrer, ayudar, defender, guardar, liberar, refugiar, favorecer, escapar. **Ant.** Desamparar.// -se, sanar, mejorar, recuperarse, reponerse. **Ant.** Empeorar.

salvedad, limitación, excepción, justificación, reserva, restricción, excusa, descargo, explicación, especificación. **Ant.** Generalidad, facilidad.

salvo-va, ileso, indemne, seguro. **Ant.** Perjudicado.// Excluido, omitido, exceptuado.

salvoconducto, pase, permiso, autorización, pasaporte, licencia, venia, credencial, aval.

sanar, curar, restablecerse, reponerse, convalecer, mejorar, recobrarse, aliviarse. **Ant.** Enfermarse, empeorar, agravarse.

sanatorio, clínica, nosocomio, policlínico, hospital.

sanción, ley, norma, estatuto, precepto, reglamento, ordenanza.// Pena, castigo, condena, prohibición. **Ant.** Premio.// Aprobación, autorización, confirmación, anuencia, permiso. **Ant.** Prohibición.

sancionar, promulgar, convalidar, confirmar, autorizar, aprobar, ratificar, decretar, legitimar. **Ant.** Desautorizar.// Castigar, penar, condenar, punir. **Ant.** Premiar, perdonar.

sandez, necedad, bobería, imbecilidad, idiotez, estupidez, tontería, insensatez, desatino, disparate, dislate, despropósito, memez. **Ant.** Sensatez.

sandio-dia, tonto, bobo, idiota, imbécil, necio (v.), insensato, disparatado, desatinado. **Ant.** Inteligente, agudo, sensato.

saneamiento, higiene, limpieza, purificación, salubridad, sanidad (v.). **Ant.** Insalubridad, suciedad.

sanear, limpiar, higienizar, purificar, asear, desinfectar. **Ant.** Ensuciar, infectar.// Arreglar, componer, remediar, reparar, restaurar. **Ant.** Estropear, descomponer.

sangrar, abrir, desaguar, desangrar, sajar. **Ant.** Cerrar, taponar.

sangre, humor, líquido, flujo, linfa.// Casta, familia, linaje, estirpe, raza, abolengo, parentesco, vínculo, lazo.

sangriento, sanguinolento, sangrante.// Cruento, brutal, feroz, sanguinario, salvaje, inhumano, encarnizado, atroz. **Ant.** Incruento, piadoso, bondadoso.

sanguinario-ria, cruel, feroz, brutal, inexorable, bestial, despiadado, vengativo, inhumano, carnicero. **Ant.** Humano, bondadoso.

sanidad, higiene, salubridad, salud, limpieza. **Ant.** Insalubridad.

sano-na, saludable, higiénico, limpio, salubre, bueno. **Ant.** Insalubre, antihigiénico.// Robusto, fuerte, lozano, íntegro, intacto, incólume, vigoroso, resistente, fresco. **Ant.** Enfermo.

santidad, virtud, bondad, pureza, gracia, integridad. **Ant.** Pecado, condenación.

santificar, beatificar, honrar, venerar, glorificar, bendecir, consagrar, loar. **Ant.** Profanar.

santiguarse, signarse, persignarse.// Asombrarse, maravillarse, escandalizarse.

santo-ta, sagrado, puro, divino, perfecto, virtuoso, ejemplar, beato, consagrado, venerable, bienaventurado, bendito, inmaculado. **Ant.** Profano, pecador, condenado.

santuario, templo, oratorio, capilla, ermita, cenobio.

saña, furor, crueldad, ensañamiento, encono, vesania, fiereza, furia, ojeriza, antipatía, encarnizamiento. **Ant.** Suavidad, dulzura, afecto.

sapiencia, sabiduría (v.).

saque, tirada, tiro, lanzamiento.

saquear, robar, desvalijar, pillar, rapiñar, asaltar, despojar, atracar, depredar, expoliar, capturar. **Ant.** Restituir, respetar.

saqueo, robo, pillaje, rapiña, asalto, despojo, expoliación, usurpación, latrocinio, atraco. **Ant.** Devolución, restitución.

sarcasmo, mordacidad, burla, ironía, causticidad, zaherimiento, chanza, befa, sutileza, escarnio, mofa. **Ant.** Cumplimiento, amabilidad.

sarcástico-ca, mordaz, irónico, satírico, punzante, burlón, virulento, zaheridor, cáustico. **Ant.** Amable, adulador.

sarcófago, féretro, catafalco, sepultura, ataúd, cajón, tumba, sepulcro.

sarpullido, erupción, irritación, eritema.

sarraceno-na, musulmán, árabe, moro, islámico, islamita, beréber, berberisco, agareno.

sarro, costra, sedimento, borra, asiento.

sarta, serie, sucesión, hilera, fila, retahíla, cadena, ringlera, recua.

sastre, costurero, modisto.

satanás, demonio, diablo, Lucifer, Mefistófeles, Belcebú.

satánico-ca, demoníaco, diabólico, endiablado, endemoniado, perverso, maligno. **Ant.** Angelical, bueno.

satinado-da, lustroso, terso, brillante, bruñido, sedoso, pulido, laqueado, abrillantado. **Ant.** Opaco, empañado.

satinar, abrillantar, bruñir, pulir, laquear, pulimentar, lustrar. **Ant.** Deslucir.

sátira, sarcasmo, ironía, mordacidad, burla, zaherimiento, causticidad, diatriba. **Ant.** Alabanza, elogio.

satírico-ca, mordaz, sarcástico, cáustico, burlón, punzante, virulento, hiriente, incisivo. **Ant.** Elogioso.

atirizar, criticar, burlarse, ridiculizar, escarnecer, ironizar, chancear, caricaturizar, zaherir. **Ant.** Alabar, elogiar.

átiro, lúbrico (v.), lascivo (v.), licencioso (v.). **Ant.** Casto.// Fauno.

atisfacción, retribución, recompensa, pago, reparación, indemnización, resarcimiento, disculpa, compensación. **Ant.** Deuda, agravio.// Contento, gusto, placer, alegría, agrado, tranquilidad, deleite, alborozo. **Ant.** Desagrado.// Respuesta, réplica, contestación, solución. **Ant.** Incumplimiento.

atisfacer, pagar, devolver, abonar, retribuir, cancelar, saldar, reparar, indemnizar. **Ant.** Deber.// Alegrar, agradar, gustar, contentar, complacer. **Ant.** Desagradar.// Hartar, llenar, saciar.// Desagraviar, subsanar, resarcir, expiar.

satisfactorio-ria, favorable, conveniente, grato, agradable, cómodo, próspero, ameno. **Ant.** Insatisfactorio, desfavorable.

satisfecho-cha, complacido, ufano, contento, conforme. **Ant.** Insatisfecho.// Saciado, harto, lleno, colmado. **Ant.** Ansioso.

saturar, saciar, colmar, llenar, hartar, ahitar, rebosar, atiborrar, repletar. **Ant.** Carecer, faltar.

savia, jugo, zumo, líquido.// Energía, fuerza, vigor. **Par.** Sabia.

saya, falda.

sazón, madurez, punto, perfección, desarrollo. **Ant.** Inmadurez.// Oportunidad, ocasión, conveniencia, coyuntura, circunstancia. **Ant.** Inoportunidad.

sazonar, madurar, granar, florecer, fructificar.// Perfeccionar, culminar, concluir.// Aderezar, condimentar, adobar, salar, salpimentar.

sebo, grasa, gordura, unto, pringue, manteca, tocino, adiposidad. **Ant.** Magrez.

secano, sequedal, desierto, sequero. **Ant.** Regadío.

secar, escurrir, enjugar, desecar, deshumedecer, evaporar, orear, airear, ventilar, deshidratar. **Ant.** Mojar.// -se, enflaquecer, arrugarse. **Ant.** Engordar.// Marchitarse, languidecer, amustiarse, ajarse, apergaminarse. **Ant.** Reverdecer, rejuvenecer.

sección, división, fracción, sector, grupo, agrupación, apartado, departamento. **Ant.** Conjunto.// Corte, separación, incisión, división, tajo, cisura, cercenamiento, amputación, mutilación. **Ant.** Unión, costura.

seccionar, dividir, cortar, fragmentar, cercenar, tajar, amputar, hender, extirpar. **Ant.** Unir, juntar.

secesión, segregación, separación, desmembración, disgregación, desunión, división, cisma. **Ant.** Unión.

seco-ca, desecado, escurrido, enjugado, aireado, evaporado, ventilado, deshidratado. **Ant.** Mojado, húmedo.// Marchito, enflaquecido, magro, delgado, flaco, consumido, arrugado. **Ant.** Rejuvenecido.// Áspero, rígido, austero, riguroso, adusto, inexpresivo, antipático. **Ant.** Amable, simpático.// Árido, estéril, agostado. **Ant.** Fértil.

secreción, segregación, exudado, excreción, exudación. **Ant.** Absorción.

secretar, segregar, destilar, evacuar, filtrar. **Ant.** Absorber.

secretaría, oficina, dependencia, despacho, ayudantía, ministerio.

secreto, enigma, incógnita, interrogante, misterio, arcano, sigilo, clave, cifra. **Ant.** Divulgación, aclaración.// -ta, oculto, reservado, escondido, misterioso, clandestino, desconocido, ignorado, recóndito, íntimo, furtivo, enigmático, indescifrable, confidencial. **Ant.** Evidente, claro, divulgado.// Callado, silencioso, reservado, discreto. **Ant.** Conocido, indiscreto.

secta, liga, doctrina, grupo, confesión, clan, camarilla.

sectario-ria, partidario, secuaz, adepto.// Fanático, intransigente. **Ant.** Comprensivo, tolerante.

sector, parte, porción, fragmento, división, nivel, esfera, grado. **Ant.** Conjunto, todo.// Zona, situación, punto, sitio, lugar, región, emplazamiento.

secuaz, partidario, adepto, seguidor, fanático, esbirro, sicario, gregario.

secuela, consecuencia, resultado, derivación, efecto, alcance, desenlace, fruto. **Ant.** Antecedente, origen.

secuencia, serie, sucesión, encadenamiento, continuidad, proceso, fase. **Ant.** Discontinuidad, unidad.

secuestrar, raptar, retener, aislar, detener, recluir, arrebatar, robar, forzar. **Ant.** Devolver, liberar.// Decomisar, requisar, embargar, incautar. **Ant.** Liberar.

secuestro, rapto, encierro, detención, reclusión, aislamiento. **Ant.** Liberación.// Embargo, requisa, retención, incautación, decomiso. **Ant.** Devolución.

secular, seglar, temporal, laico, civil, lego. **Ant.** Religioso.// Centenario.

secundar, cooperar, ayudar, apoyar, favorecer, auxiliar, socorrer, complementar, conllevar. **Ant.** Desentenderse, abandonar.

secundario-ria, subordinado, subalterno, complementario, accesorio, subsidiario, adjunto, dependiente. **Ant.** Principal.// Trivial, insignificante, fútil, despreciable. **Ant.** Importante.

sed, ansia, deseo, apetito, avidez, ambición, afán, necesidad. **Ant.** Conformidad, saciedad.// Sequedad, deshidratación, desecación, sequía, aridez.

sedante, calmante, tranquilizante, paliativo, sedativo, consolador. **Ant.** Excitante.

sede, residencia, domicilio, centro, asiento, base, central. **Par.** Cede.

sedentario-ria, quieto, fijo, inmóvil, estático, invariable, inactivo, inmutable. **Ant.** Nómada.

sedición, sublevación, revolución, alzamiento, levantamiento, insurrección, motín, alboroto, agitación, asonada, rebelión. **Ant.** Pacificación, orden, disciplina.

sedicioso-sa, rebelde, insurrecto, sublevado, amotinado, faccioso, revoltoso, turbulento, amotinador, tumultuoso. **Ant.** Obediente, sumiso, pacífico.

sediento-ta, anhelante, ávido, deseoso, ansioso, afanoso, vehemente, apasionado. **Ant.** Saciado.// Sitibundo, reseco, seco.

sedimentar, depositar, posarse, acumularse, precipitar, asentar, decantar. **Ant.** Flotar.

sedimento, borra, poso, sarro, lodo, asiento, depósito, residuo, cieno, fango, limo.

sedoso-sa, suave, liso, fino, terso, muelle, delicado. **Ant.** Áspero.

seducción, atracción, fascinación, sugestión, embelesamiento, atractivo, encanto, persuasión. **Ant.** Repulsión.// Señuelo, engaño, soborno.

seducir, atraer, fascinar, presuadir, sugestionar, cautivar, arrebatar, prendar, embelesar, hechizar, ilusionar. **Ant.** Repugnar, repeler.// Engañar, sobornar, corromper, abusar.

segar, cortar, seccionar, cercenar, talar, guadañar, troncar, decapitar, tronchar. **Ant.** Sembrar. **Par.** Cegar.

segmento, parte, fragmento, fracción, trozo, pedazo, división, sector, parcela. **Ant.** Totalidad, conjunto.

segregación, discriminación, diferenciación, separación, secesión, desunión, desmembración. **Ant.** Igualación.// Secreción (v.), evacuación. **Ant.** Absorción.

segregar, discriminar, separar, apartar, dividir, cortar, despreciar, expulsar, diferenciar. **Ant.** Retener, igualar.// Secretar, evacuar, destilar, sudar, eliminar, excretar. **Ant.** Absorber.

seguido-da, continuo, incesante, consecutivo, ininterrumpido, sucesivo, repetido. **Ant.** Interrumpido, discontinuo.// Acompañado, escoltado.

seguimiento, persecución, búsqueda, acorralamiento, acoso. **Ant.** Abandono.

seguir, perseguir, acosar, acorralar, rastrear, acechar, hostigar. **Ant.** Dejar, abandonar.// Continuar, proseguir, insistir, reanudar, prorrogar, persistir. **Ant.** Interrumpir.// Apoyar, secundar, respaldar, simpatizar, imitar. **Ant.** Oponerse.// Derivarse, dimanarse, inferirse, deducirse, proceder. **Ant.** Preceder.

según, conforme, de acuerdo con, como, a menos que.

segundero, aguja, saetilla, manecilla, indicador.

seguridad, certidumbre, certeza, firmeza, convicción, confianza, fe, infalibilidad. **Ant.** Inseguridad, incertidumbre.// Confianza, equilibrio, aplomo, tino. **Ant.** Vacilación.// Garantía, inmunidad, estabilidad, salvaguardia, fianza, aval. **Ant.** Inseguridad.

seguro-ra, cierto, indudable, claro, infalible, irrebatible, indiscutible, innegable. *Ant.* Incierto, inseguro, rebatible.// Resguardado, abrigado, protegido, defendido, garantido. *Ant.* Desprotegido, indefenso.// Invulnerable, sólido, fijo, firme, salvo, inamovible, inexpugnable, indemne. *Ant.* Endeble, peligroso.// Inevitable, forzoso, insoslayable, irremediable. *Ant.* Evitable, excusable.// Garantía, contrato, fianza, compromiso.

selección, elección, distinción, preferencia, clasificación, separación. *Ant.* Confusión, mezcla.// Colección, conjunto, compendio, repertorio, extracto.

sellar, lacrar, cerrar, precintar. *Ant.* Abrir.// Estampillar, imprimir, estampar, grabar. *Ant.* Borrar.// Terminar, concluir. *Ant.* Empezar.

sello, estampilla, timbre, precinto, lacre, grabado, impresión.// Gragea, pastilla, comprimido.

selva, bosque, jungla, espesura, floresta. *Ant.* Desierto, sabana.

selvático-ca, boscoso, espeso, frondoso. *Ant.* Claro, desierto.// Agreste, rústico, salvaje. *Ant.* Culto.

semanario, periódico, revista, hebdomadario.

semblante, cara, rostro, fisonomía, facciones, faz, aspecto, rasgos.

semblanza, descripción, retrato, biografía, bosquejo.

sembrado, huerto, cultivo, plantío, labrantía, sembradío, criadero, vivero. *Ant.* Erial.// -da, diseminado, lleno, cubierto.

sembrar, plantar, sementar, labrar, cultivar, diseminar. *Ant.* Cosechar.// Esparcir, derramar, publicar, propagar, divulgar. *Ant.* Callar.

semejante, prójimo, próximo, hermano, pariente, congénere.// Similar, igualado, parecido, análogo, homólogo, equivalente, idéntico, sinónimo, afín, copiado. *Ant.* Distinto.

semejanza, parecido, analogía, igualdad, similitud, identidad, equivalencia, copia. *Ant.* Diferencia, disparidad, desigualdad.

semejar, parecerse, equivaler, asemejarse, igualarse, equipararse, remedar. *Ant.* Diferenciarse, variar.

semen, esperma.

semilla, simiente, germen, grano, pepita, pipa, almendra.// Origen, principio, causa, fundamento. *Ant.* Consecuencia, fruto.

semita, hebreo, judío (v.).

sempiterno-na, eterno, perenne, perdurable, infinito, perpetuo, imperecedero, inmortal, duradero. *Ant.* Efímero, transitorio.

senado, congreso, asamblea, cámara.

senador-ra, congresista, parlamentario.

sencillez, simplicidad, naturalidad, ingenuidad, candidez, humildad, llaneza, franqueza, sinceridad. *Ant.* Complicación, dificultad, altanería.

sencillo-lla, simple, natural, llano, normal, común, espontáneo, abierto, sincero, inocente, ingenuo, claro, fácil. *Ant.* Complicado, afectado.

senda, camino, sendero, vereda, trocha, ramal, travesía, atajo.

sendero, senda (v.).

sendos, ambos, respectivos, correspondientes, mutuos.

senectud, vejez, senilidad, ancianidad, vetustez, decrepitud. *Ant.* Juventud.

senil, anciano, viejo, longevo, caduco, decrépito, provecto, vetusto, vejestorio. *Ant.* Niño, joven.

seno, pecho, mama, busto, ubre, teta.// Amparo, refugio, protección.// Ensenada, golfo, entrante, hueco, concavidad, depresión. *Par.* Ceno.

sensación, impresión, percepción, emoción, excitación, sensibilidad, representación, sentimiento. *Ant.* Insensibilidad.// Asombro, maravilla, sorpresa, conmoción. *Ant.* Indiferencia.

sensacional, impresionante, asombroso, fantástico, emocionante, portentoso, insólito, extraordinario. *Ant.* Corriente, común.

sensacionalista, escandaloso, efectista, populachero. *Ant.* Mesurado, discreto.

sensatez, prudencia, discreción, cordura, moderación, juicio, cautela, seriedad, mesura, tino, lógica, formalidad. *Ant.* Insensatez, necedad.

sensato-ta, prudente, mesurado, moderado, discreto, juicioso, serio, atinado, precavido, cauteloso, sesudo, equilibrado, formal. *Ant.* Insensato, irreflexivo.

sensibilidad, sensación, sentimiento, sentido, impresión, afectividad, emotividad, susceptibilidad, excitabilidad, impresionabilidad. *Ant.* Insensibilidad.

sensible, sensitivo, impresionable, sentimental, tierno, emotivo, delicado. *Ant.* Insensible.// Visible, manifiesto, evidente, palpable, apreciable.// Penoso, lastimoso, lamentable, doloroso, desgraciado. *Ant.* Gozoso.

sensual, sensitivo, sibarita, refinado, profano, mundano.// Lujurioso, voluptuoso, lascivo, apasionado, concupiscente, libidinoso, lúbrico. *Ant.* Casto, sobrio. *Par.* Censual.

sensualidad, erotismo, sensualismo, voluptuosidad, lujuria, libidinosidad, lascivia. *Ant.* Frialdad, continencia.

sentado-da, asentado, sedentario, sedente. *Ant.* Levantado.// Sensato, prudente, juicioso, pacífico, tranquilo. *Ant.* Alocado.// Determinado, fijado, establecido.

sentar, asentar, asegurar, afirmar.// Allanar, igualar, aplanar.// Establecer, estipular, determinar, fundamentar, fijar.// -se, arrellanarse, repantigarse, apoltronarse, acomodarse. *Ant.* Levantarse.

sentencia, dictamen, decisión, veredicto, fallo, resolución, sanción, decreto, condena, castigo. *Ant.* Exculpación.// Refrán, proverbio, máxima, aforismo, dicho.

sentenciar, sancionar, condenar, penar, fallar, dictaminar, decidir, juzgar, disponer, decretar. *Ant.* Absolver, indultar.

sentido, juicio, sensatez, discernimiento, entendimiento, comprensión. *Ant.* Desatino, insensatez.// Significado, acepción, significación, alcance, interpretación, valor.// Sensación, sensibilidad, perceptibilidad, percepción. *Ant.* Insensibilidad.// Dirección, curso, orientación, rumbo, derrotero, trayectoria.// -da, emotivo, afectivo, profundo, cariñoso. *Ant.* Indiferente.

sentimental, emotivo, sensible, tierno, afectivo, delicado. *Ant.* Frío, indiferente.

sentimiento, dolor, pena, compasión, afecto, piedad, lástima, aflicción, conmiseración. *Ant.* Indiferencia.// Emoción, sensación, sensibilidad, instinto. *Ant.* Insensibilidad.

sentir, lamentar, deplorar, afectarse, conmoverse, padecer, condolerse. *Ant.* Alegrarse.// Percibir, experimentar, notar, apreciar, advertir, percatarse.// -se, encontrarse, hallarse, notarse, verse.

seña, signo, gesto, manifestación, ademán, expresión, indicación, característica.// Señal (v.), marca.// -s, descripción, filiación, identidad.// Domicilio, residencia, dirección.

señal, marca, huella, vestigio, resto, indicio, cicatriz, estigma, reliquia, impresión, pista.// Síntoma, sospecha, anuncio, manifestación.// Poste, mojón, guía, jalón, hito, señalización, indicador.

señalado-da, ilustre, famoso, destacado, insigne, distinguido, glorioso, notable. *Ant.* Ignorado.// Indicado, signado, marcado, apuntado.

señalar, marcar, imprimir, sellar, registrar, anotar, rotular.// Indicar, mostrar, denotar, determinar, avisar, tildar, apuntar, designar. *Ant.* Indeterminar, omitir.// Delimitar, señalizar, cercar, jalonar.// Criticar, apuntar, censurar.

señalizar, señalar (v.).

señero-ra, único, solo, aislado, solitario. *Ant.* Vario.// Preclaro, insigne, señalado, sobresaliente. *Ant.* Vulgar.

señor, noble, aristócrata, caballero, hidalgo, patricio. *Ant.* Plebeyo.// Dueño, amo, propietario, patrón, jefe, patriarca, titular, cabecilla, hacendado, terrateniente. *Ant.* Subordinado, vasallo.

señora, dama, matrona, dueña, ama. *Ant.* Mujerzuela.// Esposa, consorte, mujer, compañera, pareja.

señorear, someter, sujetar, apoderarse, sojuzgar, subyugar. *Ant.* Rebelarse, liberar.// Mandar, dominar, disponer. *Ant.* Rebelarse.

señorial, majestuoso, aristocrático, elegante, distinguido, pomposo, noble. *Ant.* Plebeyo, vulgar.

señorío, dominio, mando, poder, potestad, imperio, dominación. *Ant.* Servidumbre.// Distinción, gravedad, nobleza, mesura, elegancia, aristocracia, hidalguía. *Ant.* Plebeyez.// Territorio, dominio, posesión, feudo.

señorita, doncella, muchacha, moza, ama. *Ant.* Señora.

señuelo, carnada, cebo, añagaza, engaño, trampa, incentivo, lazo., *Ant.* Sinceridad.

separación, segregación, cisma, escisión, independencia, manumisión. *Ant.* Unidad.// Alejamiento, destierro, expulsión, despido, exilio. *Ant.* Unión.// Clasificación, división.// Ruptura, divorcio.

separado-da, aislado, distante, distanciado, apartado. *Ant.* Comunicado, unido.// Independizado, emancipado, libre. *Ant.* Sujeto.// Expulsado, rechazado, destituido. *Ant.* Admitido.// Divorciado.

separar, alejar, apartar, distanciar, segregar, desprender, dividir, desviar, desunir, dispersar, despedir, destituir, eliminar. *Ant.* Vincular, juntar, admitir.// Desunir, disociar, disgregar, desligar, desatar, desenganchar, desconectar, interrumpir. *Ant.* Unir.// Cortar, amputar, hender, dividir. *Ant.* Juntar.// Clasificar, seleccionar, repartir.// Delimitar, demarcar, distanciar.// -se, divorciarse, romper, desligarse. *Ant.* Unirse.// Emanciparse, independizarse, liberarse, desunirse. *Ant.* Someterse.

separatismo, secesión, autonomía, desunión. *Ant.* Unidad.

sepelio, entierro, inhumación, enterramiento.

septentrional, boreal, nórdico, ártico, glacial, hiperbóreo. *Ant.* Austral, meridional.

séptico-ca, infeccioso, contagioso, putrefacto.

sepulcral, lúgubre, fúnebre, funesto. *Ant.* Alegre.

sepulcro, sepultura, tumba, hoyo, sarcófago, fosa, cripta, nicho, mausoleo, panteón.

sepultar, enterrar, inhumar, dar sepultura. *Ant.* Exhumar.// Soterrar, esconder, sumergir, ocultar, enterrar. *Ant.* Desenterrar, descubrir.

sepultura, sepulcro (v.).

sequedad, sed, sequía, deshidratación, aridez, desecación. *Ant.* Humedad.// Aspereza, dureza, descortesía, adustez, desabrimiento. *Ant.* Amabilidad, cortesía.

sequía, aridez, sed, agostamiento, resecación. *Ant.* Humedad, inundación.

séquito, corte, acompañamiento, comitiva, cohorte, escolta, compañía, cortejo.

ser, esencia, sustancia, naturaleza, existencia. *Ant.* Nada, inexistencia.// Ente, criatura, individuo, sujeto, organismo, cosa.// Existir, estar, hallarse, permanecer, durar. *Ant.* Desaparecer, morir.// Suceder, ocurrir, acontecer, acaecer, pasar. *Ant.* Faltar.// Pertenecer, consistir, corresponder.

serafín, ángel, querubín. *Ant.* Demonio.// Hermoso, bello, divino, sublime. *Ant.* Feo.

serenar-se, aplacar, sosegar, tranquilizar, apaciguar, aquietar, pacificar. *Ant.* Intranquilizar, excitar.

serenidad, tranquilidad, sosiego, calma, imperturbabilidad, inmutabilidad, impavidez, quietud, reposo, placidez. *Ant.* Inquietud, excitación.

sereno-na, tranquilo, sosegado, apacible, plácido, impávido, impasible, inmutable, quieto, imperturbable. *Ant.* Inquieto, nervioso, excitado.// Claro, despejado, diáfano, bonancible. *Ant.* Tormentoso, borrascoso.

serie, sucesión, encadenamiento, secuencia, orden, progresión, hilera, lista, fila, grupo, colección, tirada. *Ant.* Unidad, discontinuidad.

seriedad, circunspección, formalidad, cumplimiento, escrupulosidad, puntualidad. *Ant.* Informalidad.// Gravedad, austeridad, severidad, sequedad, adustez. *Ant.* Alegría.// Gravedad, importancia, trascendencia. *Ant.* Insignificancia.

serio-ria, formal, cumplidor, puntual, minucioso, escrupuloso, juicioso, sensato, reservado. *Ant.* Informal.// Adusto, hosco, taciturno, seco, severo, grave, austero. *Ant.* Alegre.// Trascendental, grave, importante, delicado. *Ant.* Insignificante. *Par.* Cerio.

sermón, prédica, homilía, arenga, alocución.// Represión, regaño, amonestación. *Ant.* Elogio, alabanza.

sermonear, predicar, arengar.// Reprender, amonestar, censurar, reconvenir, reprochar. *Ant.* Elogiar, alabar.

serpentear, culebrear, reptar, zigzaguear, ondular.

serpiente, ofidio, sierpe, víbora.

serranía, sierra (v.). *Ant.* Llanura.

serrar, aserrar, cortar, partir, talar. *Par.* Cerrar.

servicial, atento, solícito, complaciente, amable, cortés, cumplido, considerado, esmerado. *Ant.* Descortés, desatento.

servicio, ayuda, asistencia, auxilio, favor, solicitud, beneficio. *Ant.* Desamparo.// Prestación, asistencia, destino, oficio, función, misión, empleo, ocupación, encargo.// Utilidad, provecho, rendimiento, ganancia, usufructo. *Ant.* Pérdida, inutilidad.// Servidumbre, personal, empleados, criados.// Retrete (v.).// Vajilla.// Organización, corporación, entidad.

servidor-ra, doméstico, criado, mucamo, camarero, sirviente (v.). *Ant.* Amo, patrón.

servidumbre, servicio (v.), criados, personal, séquito.// Obligación, esclavitud, sujeción, sumisión. *Ant.* Derecho, poder.

servil, indigno, abyecto, rastrero, adulador, sumiso, esclavo, bajo, vil. *Ant.* Altanero.

servilismo, vasallaje, sometimiento, sumisión, acatamiento, adulación, indignidad, vileza, abyección, bajeza. *Ant.* Soberbia, dignidad, altanería.

servir, aprovechar, utilizar, valer, ser útil, ser adecuado, usar. *Ant.* Desaprovechar.// Ayudar, auxiliar, asistir. *Ant.* Desamparar.// Ocuparse, emplearse, trabajar. *Ant.* Holgar.// Distribuir, repartir, partir, ofrecer, proporcionar, suministrar, asignar, dosificar, dispensar.// -se, aprovecharse, utilizar, beneficiarse. *Ant.* Desaprovechar.// Dignarse, acceder, aceptar, permitir. *Ant.* Negarse.

sesgado-da, oblicuo, transversal, inclinado, torcido, desviado. *Ant.* Recto, derecho.

sesgar, atravesar, inclinar, torcer, cruzar. *Ant.* Enderezar.

sesión, reunión, asamblea, conferencia, congreso, deliberación, consejo, junta, concilio.

seso, cerebro (v.), inteligencia, sentido, juicio, caletre, prudencia, madurez. *Ant.* Tontería.

sesudo-da, sensato, juicioso, prudente, reflexivo, maduro, cuerdo, reposado, inteligente, profundo. *Ant.* Irreflexivo, insensato, alocado.

seto, valla, vallado, cercado, cerco, cerca, estaca, alambrada.

seudónimo, alias, sobrenombre, apodo, mote.

severidad, rigurosidad, rigor, intolerancia, seriedad, austeridad, adustez, dureza, rigidez, crudeza, estrictez, inexorabilidad, inflexibilidad, disciplina. *Ant.* Tolerancia, transigencia, benevolencia.

severo-ra, grave, serio, riguroso, exigente, austero, intolerante, intransigente, rígido, estricto, duro. *Ant.* Flexible, benevolente, tolerante.

sibarita, refinado, delicado, voluptuoso, regalado, sensual. *Ant.* Tosco.

sibila, adivina, hechicera, sacerdotisa, pitonisa, vidente.

sibilino-na, profético, misterioso, enigmático, esotérico, hermético, confuso, indescifrable. *Ant.* Claro, evidente.

sicario-ria, esbirro, secuaz, mercenario, sayón.

sideral, astronómico, estelar, espacial, cósmico, celeste, universal, astral.

siega, cosecha, recolección, segada. *Ant.* Siembra.

siembra, sembrado, sementera, labranza, plantación, laboreo. *Ant.* Siega, cosecha.

siempre, eternamente, perennemente, permanentemente, continuamente. *Ant.* Nunca, jamás.

sierra, cordillera, serranía, montaña. *Ant.* Valle, llanura. *Par.* Cierra.

siervo-va, sirviente, esclavo, servidor, subalterno. *Ant.* Amo. *Par.* Ciervo.va.

siesta, reposo, descanso, pausa, modorra. *Ant.* Insomnio, actividad.

sigilo, secreto, ocultación, silencio, disimulo, reserva, discreción, sordina, cautela, hipocresía. *Ant.* Franqueza, indiscreción.

sigiloso-sa, silencioso, reservado, callado, discreto, secreto, disimulado, encubierto, solapado. *Ant.* Indiscreto, franco.

signar, sellar, firmar, suscribir, marcar, rubricar.// **-se**, persignarse, santiguarse.

significación, significado (v.).// Trascendencia, importancia, valor, posición. *Ant.* Insignificancia.

significado, sentido, significación, acepción, alcance, valor, extensión.

significar, representar, denotar, decir, expresar, simbolizar, implicar, indicar, entrañar. *Ant.* Omitir.

significativo-va, elocuente, representativo, expresivo, revelador, característico. *Ant.* Inexpresivo.

signo, marca, trazo, nota, rasgo, carácter, símbolo.// Síntoma, señal, indicio, pista, huella, vestigio, dato.// Ademán, gesto, seña.// Suerte, destino, hado, sino.

siguiente, consecuente, sucesivo, posterior, ulterior, correlativo, consecutivo. *Ant.* Anterior, antecesor.

silabear, deletrear (v.).

silba, silbido, rechifla, pitada, abucheo, reprobación. *Ant.* Aplauso.

silbar, pitar, chiflar, rechiflar, abuchear, protestar, reprobar. *Ant.* Aplaudir, aclamar.

silbato, pito, silbo, chifle, chiflo.

silbido, soplido, silbo, silba, chiflido, pitido.

silenciar, callar, enmudecer, omitir, ocultar, reservar, encubrir. *Ant.* Hablar.

silencio, mudez, mutismo, enmudecimiento. *Ant.* Ruido.// Calma, paz, tranquilidad, quietud, sosiego, reposo. *Ant.* Estridencia, ruido.// Sigilo, secreto, discreción, reserva, disimulo, prudencia, cautela.

silencioso-sa, mudo, insonoro. *Ant.* Sonoro.// Tranquilo, calmo, sosegado, pacífico. *Ant.* Ruidoso.// Reservado, discreto, taciturno, hermético, disimulado, prudente, cauteloso. *Ant.* Indiscreto.

silla, asiento, butaca, banqueta, sillón. *Par.* Cilla.

sillón, butaca, butacón, poltrona, escaño, asiento.

silo, granero, depósito, almacén, troj, bodega.

silueta, perfil, contorno, sombra, trazo, bosquejo, esbozo, borde, marco, forma.

silvestre, salvaje, agreste, montaraz, selvático, inculto, rudo, bárbaro, campestre, rústico. *Ant.* Domesticado, urbano.

sima, profundidad, depresión, precipicio, despeñadero, abismo, fosa, barranco. *Ant.* Elevación, altura.

simbólico-ca, alegórico, figurado, alusivo, representativo, metafórico. *Ant.* Real, auténtico.

simbolizar, representar, alegorizar, significar, figurar, parecer, encarnar.

símbolo, signo, emblema, figura, personificación, insignia, efigie, apariencia.// Alegoría, imagen, representación.

simetría, proporción, armonía, correspondencia, concordancia, semejanza, equilibrio. *Ant.* Desproporción, desequilibrio.

simétrico-ca, proporcionado, armonioso, equilibrado, análogo. *Ant.* Desequilibrado, desproporcionado.

simiente, semilla, pepita, germen, embrión, semen.

símil, semejanza, analogía, comparación, homología. *Ant.* Diferencia, desemejanza.

similar, parecido, equivalente, análogo, homólogo, próximo, igual, afín. *Ant.* Diferente.

similitud, analogía, parecido, equivalencia, semejanza, igualdad, identidad. *Ant.* Diferencia.

simpatía, encanto, atractivo, gracia, donaire, cordialidad. *Ant.* Repulsión.// Inclinación, apego, cariño, afinidad, coincidencia. *Ant.* Antipatía.

simpático-ca, agradable, atractivo, gracioso, amable, encantador, expansivo, extrovertido, tratable, jovial. *Ant.* Antipático, intratable, repulsivo.

simpatizante, adicto, partidario, adepto, prosélito, seguidor. *Ant.* Hostil, contrario.

simpatizar, congeniar, avenirse, congraciarse, entenderse, compenetrarse, concordar, atraerse, agradar. *Ant.* Antipatizar, repugnar, desavenirse.

simple, sencillo, elemental, natural, fácil, llano, único, solo *Ant.* Complejo, compuesto.// Necio, bobo, tonto, estúpido, zonzo. *Ant.* Sagaz, astuto.// Inocente, cándido, incauto, ingenuo, crédulo. *Ant.* Malicioso.

simpleza, bobería, necedad (v.), majadería, estupidez, imbecilidad. *Ant.* Inteligencia, sagacidad.

simplicidad, sencillez, naturalidad, espontaneidad, facilidad, sinceridad. *Ant.* Complejidad.// Candor, ingenuidad, inocencia, candidez. *Ant.* Malicia.

simplificar, facilitar, abreviar, sintetizar, reducir, resumir, allanar, compendiar, descomponer. *Ant.* Complicar.

simposio, asamblea, congreso, junta, reunión.

simulación, disimulo, fingimiento, apariencia, fraude, engaño, ficción, encubrimiento, farsa. *Ant.* Sinceridad, verdad.

simulacro, simulación (v.), apariencia, representación, engaño, imitación, copia. *Ant.* Veracidad, autenticidad.// Maniobra, ejercicio, práctica.

simulado-da, fingido, aparente, falso, artificial, apócrifo, engañoso. *Ant.* Auténtico, verdadero.

simular, fingir, imitar, aparentar, falsificar, disimular, encubrir, engañar. *Ant.* Revelar, descubrir.

simultaneidad, coincidencia, contemporaneidad, coexistencia, sincronía. *Ant.* Discrepancia.

simultáneo-a, coincidente, coetáneo, coexistente, sincrónico, concurrente. *Ant.* Anacrónico, sucesivo.

sincerar-se, franquearse, confesar, revelar, descubrir, reconocer, declarar. *Ant.* Mentir, ocultar.

sinceridad, franqueza, veracidad, lealtad, honradez, sencillez, naturalidad, rectitud, nobleza. *Ant.* Fingimiento.

sincero-ra, franco, leal, abierto, veraz, claro, llano, espontáneo, honrado, honesto. *Ant.* Hipócrita, desleal.

síncope, desmayo, vahído, vértigo, mareo, colapso, ataque, desfallecimiento. *Ant.* Recuperación.

sincronía, coincidencia, concordancia, simultaneidad. *Ant.* Diacronía.

sincronizar, coincidir, concordar. *Ant.* Discordar.

sindicar, asociar, agrupar, agremiar, integrar, unir, reunir, afiliar.// Acusar, sospechar, delatar, censurar.

sindicato, gremio, confederación, asociación, organismo, liga.

síndrome, síntoma, signo, indicio, manifestación, revelación.

sinfín, sinnúmero, infinidad, inmensidad, abundancia, pluralidad, exceso. *Ant.* Limitación, escasez.

singular, único, solo, impar. *Ant.* Plural.// Especial, notable, raro, excepcional, original, anormal, fenomenal. *Ant.* Común, corriente.

singularidad, particularidad, distingo, propiedad, originalidad, excentricidad, extrañeza, anomalía.

singularizar, destacar, distinguir, diferenciar, particularizar. *Ant.* Generalizar, confundir.

siniestro, catástrofe, desastre, accidente, hecatombe, calamidad. *Ant.* Bonanza, suerte.// **-tra**, funesto, desgraciado, aterrador, espantoso, horrible, lúgubre, trágico, espeluznante, tétrico. *Ant.* Bueno, simpático.// Izquierdo, zurdo. *Ant.* Derecho.

sinnúmero, sinfín (v.).

sino, hado, destino, fortuna, fatalidad, suerte, predestinación, providencia, azar, ventura, estrella, albur.

sinónimo-ma, equivalente, semejante, análogo, idéntico, parecido. *Ant.* Antónimo, opuesto.

sinopsis, compendio, resumen, síntesis, abreviación, extracto. *Ant.* Ampliación.

sinóptico-ca, resumido, compendiado, claro, breve, sintético. *Ant.* Ampliado, confuso.

sinrazón, arbitrariedad, injusticia, iniquidad, atropello, contrasentido. *Ant.* Justicia, imparcialidad.

sinsabor, disgusto, pena, desazón, dolor, amargura. *Ant.* Alegría.

síntesis, resumen, compendio, extracto, sinopsis, simplificación, compilación, condensación, reducción. *Ant.* Ampliación.

sintético-ca, abreviado, resumido, compendiado, simplificado, condensado. *Ant.* Ampliado.// Artificial, elaborado, adulterado, químico. *Ant.* Natural.

sintetizar, resumir, abreviar, simplificar, reducir, extractar, compilar, condensar. *Ant.* Ampliar.// Componer, constituir, producir.

síntoma, síndrome, signo, señal, indicio, evidencia, manifestación, revelación.

sinuosidad, ondulación, recodo, vuelta, zigzag.

sinuoso-sa, ondulante, zigzagueante, tortuoso, torcido, ondulado, reptante. *Ant.* Recto, derecho.

sinvergüenza, desvergonzado, desfachatado, bribón, tunante, pícaro, granuja, canalla, ladino. *Ant.* Honrado, decente.

sirena, náyade, nereida, ninfa, ondina.// Silbato, pito, alarma.

sirviente-ta, criado, servidor, doméstico, camarero, lacayo. *Ant.* Amo.

sisar, rapiñar, hurtar, robar, extraer, sangrar, ratear, estafar. *Ant.* Devolver.

sistema, procedimiento, método, plan, regla, organización, modalidad, régimen, coordinación, disposición, ordenación, conjunto, ordenanza, gobierno. *Ant.* Desorganización.

sistemático-ca, metódico, regular, ordenado, reglamentado, dispuesto, condicionado. *Ant.* Anárquico, irregular.

sistematizar, regular, reglamentar, ordenar, normalizar, organizar, metodizar. *Ant.* Desorganizar.

sitiar, cercar, asediar, rodear, bloquear, aislar, acorralar. *Ant.* Liberar.

sitio, lugar, punto, parte, región, zona, comarca, rincón, territorio.// Asedio, cerco, rodeo, acorralamiento, bloqueo. *Ant.* Liberación.

sito-ta, situado, ubicado, fundado. *Par.* Citota.

situación, posición, postura, colocación, disposición, ubicación, dirección.// Actitud, condición, circunstancia, aspecto, constitución, curso.// Lugar, sitio (v.), emplazamiento, localización.

situar, colocar, poner, ubicar, instalar, localizar, asentar, disponer, acomodar, orientar. *Ant.* Desplazar.

sobar, manosear, palpar, toquetear, fregar, restregar.// Estropear, desgastar, ajar, deteriorar.

soberanía, autonomía, emancipación, independencia, dominio, imperio, mando, poder. *Ant.* Dependencia.

soberano, emperador, rey, majestad, monarca, señor. *Ant.* Vasallo, súbdito.// **-na**, excelente, grande, espléndido, majestuoso, soberbio, magnífico, elevado, imperial, regio. *Ant.* Humilde.// Independiente, autónomo, libre, liberado, emancipado. *Ant.* Dependiente.

soberbia, altanería, altivez, petulancia, orgullo, presunción, vanidad, jactancia, arrogancia, insolencia, ínfulas, inmodestia. *Ant.* Humildad, sencillez.

soberbio-bia, orgulloso, altivo, arrogante, altanero, engreído, ufano, presumido, insolente, petulante, vanidoso. *Ant.* Modesto, humilde.// Magnífico, espléndido, grandioso, maravilloso, estupendo, admirable, regio, suntuoso, lujoso. *Ant.* Sencillo, humilde.

sobornar, corromper, cohechar, comprar, untar, pagar, seducir, conquistar.

soborno, cohecho, dádiva, compra, unto, corrupción.

sobra, exceso, demasía, excedente, sobrante, exuberancia, superabundancia. *Ant.* Escasez, falta.// **-s**, desperdicios, desechos, restos, residuos, despojos, migajas, piltrafas, saldos.

sobrante, residuo, remanente, excedente, resto, saldo.// **-s**, sobras (v.).

sobrar, abundar, exceder, superar, rebosar, colmar, rebasar, desbordar, quedar, restar, sobrepasar, sobreabundar. *Ant.* Escasear, faltar.

sobre, encima, arriba. *Ant.* Abajo, debajo de.// Acerca de, referente a, relativo a, concerniente a, respecto de, relacionado con.

sobreabundante, excesivo, superabundante. *Ant.* Escaso.

sobrecarga, exceso, recarga, demasía, añadidura. *Ant.* Falta, escasez.// Sobreprecio, gravamen, impuesto.

sobrecargar, recargar, abusar, incrementar, gravar, abrumar, exceder. *Ant.* Aliviar.// Molestar, fastidiar.

sobrecogedor-ra, conmovedor, estremecedor, espeluznante, terrible, pavoroso, espantoso, escalofriante, patético, imponente. *Ant.* Agradable, tranquilizador, alentador.

sobrecoger, sorprender, alarmar, espantar, impresionar, intimidar, emocionar, horrorizar, asombrar, amedrentar. *Ant.* Animar, sosegar, calmar.

sobrecogimiento, horror, terror, espanto, susto, pasmo, intimidación, impresión, sorpresa, asombro. *Ant.* Alivio, sosiego, tranquilidad.

sobreexcitar, inquietar, agitar, excitar (v.), irritar. *Ant.* Calmar, tranquilizar.

sobreexcitación, inquietud, conmoción, agitación, irritación, nerviosidad, angustia. *Ant.* Tranquilidad, calma.

sobrehumano-na, heroico, sobrenatural, prodigioso, extraordinario, maravilloso, ultraterreno, mágico. *Ant.* Vulgar, normal.// Agobiante, ímprobo, agotador. *Ant.* Fácil.

sobrellevar, sufrir, soportar, tolerar, resistir, aguantar, conformarse. *Ant.* Lamentarse.

sobrenadar, flotar, emerger, nadar. *Ant.* Hundirse, sumergirse.

sobrenatural, milagroso, inexplicable, fabuloso, asombroso, sobrehumano (v.). *Ant.* Vulgar, normal.

sobrenombre, seudónimo, mote, apodo, alias, apelativo, calificativo.

sobrepasar, exceder, superar, rebasar, aventajar, vencer. *Ant.* Retrasarse.

sobreponerse, dominarse, animarse, refrenarse, recuperarse, reponerse, superar, reprimirse. *Ant.* Abandonarse.

sobreprecio, aumento, recargo, impuesto, sobrecarga, alza, gravamen. *Ant.* Descuento.

sobresaliente, descollante, destacado, superior, principal, aventajado, notable, excelente, preponderante, distinguido, brillante. *Ant.* Vulgar, corriente, malo.

sobresalir, resaltar, descollar, destacar, exceder, prevalecer, distinguirse, preceder, aventajar, señalarse. *Ant.* Empequeñecerse.

sobresaltar, intranquilizar, asustar, amedrentar, alarmar, atemorizar, estremecer, conmover, impresionar, alterar, inquietar. *Ant.* Tranquilizar.

sobresalto, susto, alteración, inquietud, sorpresa, alarma, pánico, angustia. *Ant.* Tranquilidad.

sobreseer, suspender, aplazar, detener, desistir, abolir, suprimir, cancelar. *Ant.* Proseguir, ejecutar, pronunciarse.

sobreseimiento, suspensión, aplazamiento, cancelación, desistimiento, cese, interrupción, abstención. *Ant.* Prosecución, resolución, sentencia.

sobrevenir, venir, suceder, producirse, pasar, acaecer, acontecer, ocurrir, verificarse. *Ant.* Desaparecer, cesar.

sobrevivir, permanecer, pervivir, perdurar, mantenerse, perpetuarse, prolongarse. *Ant.* Morir.

sobriedad, moderación, templanza, mesura, frugalidad, continencia, morigeración, temperancia, freno, cautela, moralidad. *Ant.* Abuso, exageración, exceso, desmesura.// Elegancia, sencillez, naturalidad, refinamiento. *Ant.* Grosería, descompostura, sofisticación.

sobrio-bria, mesurado, moderado, circunspecto, frugal, parco, medido, virtuoso, prudente, parsimonioso, templado, discreto. *Ant.* Exagerado, inmoderado, descomedido.// Elegante, sencillo, refinado, natural. *Ant.* Sofisticado, grosero.

socarrón-na, taimado, malicioso, astuto, bellaco, solapado, disimulado, cínico, irónico. *Ant.* Serio.

socavar, minar, profundizar, excavar, cavar, ahondar. *Ant.* Tapar.// Debilitar, quebrantar, minar, atacar. *Ant.* Defender, fortalecer.

socavón, hoyo, hundimiento, zanja, agujero, hueco, oquedad, mina. *Ant.* Prominencia.

sociabilidad, trato, cordialidad, comunicación, civilidad, cortesía. *Ant.* Insociabilidad, adustez.

sociable, comunicativo, tratable, expansivo, abierto, cordial, amable, efusivo, accesible, simpático. *Ant.* Insociable, intratable, huraño.

sociedad, colectividad, comunidad, clase, grupo, familia, población, estado. *Ant*. Individuo.// Empresa, compañía, corporación, asociación, entidad.// Centro, club, reunión, agrupación, ateneo.

socio-cia, aliado, asociado, participante, afiliado, adepto, cofrade.

socorrer, auxiliar, salvar, amparar, asistir, remediar, proteger, sufragar. *Ant*. Abandonar.

socorro, auxilio, amparo, ayuda, protección, defensa, salvamento, asistencia, remedio. *Ant*. Abandono, desamparo.

soez, grosero, bajo, ruin, infame, indigno, vil, ordinario, insultante, indecente, abyecto. *Ant*. Cortés, culto.

sofá, diván, sillón, canapé.

sofisticado-da, artificial, falso, falsificado. *Ant*. Natural.// Experimentado, mundano, refinado. *Ant*. Humilde.

sofocación, extinción, contención, aplastamiento, dominación. *Ant*. Levantamiento.// Sofoco, asfixia, ahogo, opresión.

sofocante, abrasador, bochornoso, abrumador, asfixiante, ardiente, cálido, tórrido. *Ant*. Refrescante.// Opresivo, angustiante, avasallante, irritante. *Ant*. Suavizante.

sofocar, extinguir, apagar, reprimir, aplastar, dominar, controlar, neutralizar. *Ant*. Avivar.// **-se**, asfixiarse, acalorarse, jadear, resollar, arrebatarse. *Ant*. Aliviarse.// Avergonzarse, abochornarse, turbarse, enrojecer.

sofoco, sofocación (v.).

sofocón, disgusto, vergüenza, bochorno.

sofrenar, dominar, atajar, moderar, contener, sujetar. *Ant*. Soltar.

soga, cuerda, trailla, maroma, cabo, amarra, cable.

sojuzgar, someter, dominar, subyugar, oprimir, avasallar, tiranizar, esclavizar. *Ant*. Liberar, emancipar.

solapado-da, taimado, ladino, astuto, malicioso, disimulado, falso, hipócrita. *Ant*. Sincero.

solar, terreno, parcela, asiento, suelo, tierra, propiedad.// Linaje, raíz, casta, casa, cuna, familia, alcurnia.

solariego-ga, antiguo, ancestral, linajudo, noble, aristocrático// Familiar, originario, patrimonial. *Ant*. Advenedizo, reciente.

solaz, recreo, diversión, distracción, esparcimiento, expansión, pasatiempo, entretenimiento. *Ant*. Aburrimiento.

solazar, divertir, entretener, distraer, recrear, regodear. *Ant*. Aburrir.

soldado, militar, guerrero, recluta. *Ant*. Civil.

soldar, pegar, unir, ligar, adherir, amalgamar, engarzar, estañar, emplomar. *Ant*. Despegar, desunir.

soledad, aislamiento, incomunicación, retiro, alejamiento, separación, desamparo, orfandad. *Ant*. Compañía, sociabilidad.// Melancolía, nostalgia, pesar, tristeza, pena, añoranza. *Ant*. Alegría.

solemne, ceremonioso, grave, formal, protocolar, ritual.// Fastuoso, pomposo, majestuoso, suntuoso, sublime, grandioso, augusto. *Ant*. Sencillo, simple, común.

solemnidad, ceremonia, celebración, rito, función, fasto, acto, fiesta, protocolo, ceremonial. *Ant*. Sencillez, humildad.

solicitación, solicitud, pedido, petición, reclamación, demanda, pretensión. *Ant*. Ofrecimiento.

solicitar, pedir, suplicar, demandar, exigir, buscar, requerir, gestionar. *Ant*. Conceder, denegar.

solícito-ta, servicial, atento, considerado, amable, cuidadoso, escrupuloso, esmerado, diligente. *Ant*. Desatento, descuidado.

solicitud, petición, solicitación, súplica, ruego. *Ant*. Rechazo, ofrecimiento.// Diligencia, aplicación, esmero, cuidado, amabilidad, escrupulosidad. *Ant*. Desinterés, despreocupación.

solidaridad, ayuda, devoción, adhesión, apoyo, fraternidad, hermandad, respaldo. *Ant*. Insolidaridad, repulsa.

solidario-ria, fraternal, identificado, leal, fiel, devoto, partícipe, protector. *Ant*. Desentendido, hostil, indiferente.

solidarizar-se, unirse, hermanarse, respaldar, apoyar, secundar, fraternizar. *Ant*. Desamparar, desentenderse.

solidez, fortaleza, dureza, robustez, firmeza, resistencia, entereza, tenacidad. *Ant*. Debilidad, inestabilidad.

solidificar, endurecer, consolidar, cuajar, coagular, robustecer, petrificar, cristalizar. *Ant*. Licuar, derretir, disolver.

sólido-da, firme, macizo, duro, resistente, pétreo, compacto, denso, recio. *Ant*. Débil, endeble.// Consolidado, seguro, estable, arraigado, asentado, inconmovible. *Ant*. Inseguro, inestable.

solitario-ria, retraído, insociable, intratable, huraño, huidizo, esquivo. *Ant*. Sociable, acompañado.// Deshabitado, abandonado, despoblado, vacío, desolado. *Ant*. Poblado, concurrido.

solívíantar, excitar, incitar, inducir, alborotar, sublevar, amotinar, insubordinar. *Ant*. Calmar.

sollozar, llorar, gimotear, gemir, lloriquear, quejarse, lamentarse. *Ant*. Reír.

sollozo, llanto, quejido, plañido, gimoteo, lloriqueo, convulsión, estremecimiento. *Ant*. Risa.

solo-la, uno, único, singular, impar, exclusivo, sin par.// Solitario (v.).

soltar, liberar, excarcelar, librar, indultar, manumitir, redimir. *Ant*. Encarcelar.// Desatar, desligar, despegar, separar, desprender, arrancar, desasir, desencadenar.

soltero-ra, célibe, doncel, libre. *Ant*. Casado.

soltura, desenvoltura, agilidad, destreza, rapidez, facilidad, agilidad, prontitud, maña. *Ant*. Torpeza, lentitud.

solución, resolución, remedio, explicación, hallazgo, respuesta, desenlace, remate, procedimiento, clave. *Ant*. Problema.

solucionar, resolver, remediar, descubrir, reparar, enderezar, arreglar. *Ant*. Desarreglar.

solvencia, seguridad, garantía, crédito, responsabilidad. *Ant*. Insolvencia.// Seriedad, honradez, dignidad, honorabilidad. *Ant*. Informalidad.

sombra, oscuridad, penumbra, tinieblas, negrura, lobreguez, tenebrosidad. *Ant*. Claridad.// Figura, contorno, imagen, silueta, perfil.

sombrilla, quitasol, parasol.

sombrío-a, umbrío, tenebroso, lúgubre, tétrico, oscuro, nebuloso, opaco, lóbrego, crepuscular. *Ant*. Claro, soleado.// Apenado, amargado, triste, disgustado, melancólico, mustio. *Ant*. Alegre, contento.

somero-ra, rápido, ligero, sucinto, superficial. *Ant*. Profundo.

someter, dominar, sojuzgar, subyugar, sujetar, subordinar, esclavizar, forzar, tiranizar. *Ant*. Liberar.// **-se**, rendirse, entregarse, obedecer, resignarse, capitular, claudicar, doblegarse. *Ant*. Desobedecer, resistir.

sometimiento, sumisión, acatamiento, rendición, subordinación, dependencia, capitulación, vasallaje, entrega, esclavitud. *Ant*. Liberación, insubordinación, libertad.

somnífero, narcótico, hipnótico, sedante, calmante, tranquilizante, soporífero. *Ant*. Excitante.// **-ra**, pesado, aburrido, cargante, fastidioso,. *Ant*. Divertido.

somnolencia, adormecimiento, aletargamiento, amodorramiento, letargo, modorra, sopor. *Ant*. Actividad, desvelo.

somnoliento-ta, amodorrado, aletargado, adormilado. *Ant*. Despierto, activo.

sonar, vibrar, resonar, retumbar, atronar, tronar, gemir, gritar, vocear, murmurar, vociferar, clamar, crujir, repicar. *Ant*. Callar, enmudecer.// Tocar, tañer, pulsar.

sondear, averiguar, buscar, explorar, inquirir, investigar, indagar. *Ant*. Desinteresarse, revelar, descubrir.

sondeo, medición, verificación, exploración.// Indagación, averiguación, búsqueda, tanteo, investigación.

sonido, son, ruido, voz, estruendo, fragor, tañido, repique, griterío, crujido, alboroto. *Ant*. Silencio.

sonoro-ra, vibrante, rumoroso, ruidoso, tonante, retumbante, estruendoso, estrepitoso, fragoroso, altisonante, resonante. *Ant*. Silencioso, callado.

sonrisa, risita, gesto, mohín. *Ant*. Llanto.

sonrojar, ruborizar, avergonzar, enrojecer, abochornar, encenderse. *Ant*. Palidecer.

onrojo, vergüenza, rubor, bochorno, calor, encendimiento, turbación, arrebol. **Ant.** Palidez.

onrosado-da, colorado, encendido, rosado, saludable, fresco, sano, lozano. **Ant.** Pálido.

onsacar, averiguar, inquirir, explorar, escudriñar, sondear, buscar, tantear. **Ant.** Revelar, ocultar.

oñador-ra, idealista, iluso, fantasioso, utópico, imaginativo. **Ant.** Realista.

oñar, fantasear, imaginar, divagar, ilusionarse, anhelar, vislumbrar, idear, discurrir. **Ant.** Despertar.

oñoliento-ta, somnoliento (v.).

opa, caldo, consomé, gachas.

opapo, bofetón, moquete, tortazo, revés, mamporro, bofetada.

opesar, tantear, calcular, apreciar.

oplar, exhalar, espirar, expulsar, insuflar, inflar, aventar. **Ant.** Inspirar, aspirar.// Robar, hurtar, sonsacar, despojar, defraudar. **Ant.** Devolver.

oplo, exhalación, aliento, soplido.// Delación, acusación, denuncia.

oplón-na, delator, denunciante, confidente, acusador, chismoso. **Ant.** Leal.

oponclo, desmayo, vahído, síncope, patatús, pataleta, desvanecimiento, convulsión.

opor, letargo, somnolencia (v.), modorra, pesadez, adormecimiento, embotamiento. **Ant.** Insomnio.// Aburrimiento, fastidio, molestia.

soporífero-ra, somnífero (v.).

soportar, aguantar, resistir, sostener, llevar, sustentar, tener. **Ant.** Soltar.// Sufrir, aguantar, sobrellevar, resignarse, tolerar. **Ant.** Rebelarse.

soporte, apoyo, sostén, puntal, respaldo, parapeto, apoyadura, base, fundamento, cimiento, sustento, trípode, viga, pilar, poste, pata, atril.

sorber, tragar, absorber, chupar, succionar, mamar, libar, beber, aspirar, abrevar. **Ant.** Expeler, escupir.

sorbo, trago, chupada, bocanada, mamada, succión, libación, absorción, aspiración.

sórdldo-da, vil, ruin, miserable, mezquino, avaro, usurero. **Ant.** Generoso.// Indecente, sucio, vil, inmundo, indecoroso, deshonesto. **Ant.** Noble, virtuoso.

sordidez, suciedad, miseria, inmundicia, basura. **Ant.** Limpieza.// Ruindad, mezquindad, avaricia, tacañería. **Ant.** Generosidad.// Indecencia, impudicia, deshonestidad, obscenidad. **Ant.** Decencia.

sordo-da, privado de oído, impedido, disminuido.// Silencioso, apagado, ahogado, amortiguado. **Ant.** Estruendoso.// Inconmovible, impasible, insensible, indiferente. **Ant.** Sensible.

sorna, disimulo, tapujo, socarronería, doblez.// Burla, ironía, mofa, befa.

sorprendente, asombroso, portentoso, admirable, maravilloso, fantástico, inaudito, sensacional, prodigioso, pasmoso. **Ant.** Corriente, vulgar.

sorprender, asombrar, maravillar, impresionar, anonadar, admirar, pasmar.// Descubrir, atrapar, pillar, cazar, prender, pescar, encontrar. **Ant.** Perder.

sorpresa, asombro, estupor, extrañeza, admiración, maravilla, pasmo. **Ant.** Indiferencia.// Sobresalto, confusión, susto, alarma, desconcierto, turbación. **Ant.** Calma.

sortear, rifar, jugar.// Esquivar, eludir, soslayar, evitar, rehuir, escabullirse. **Ant.** Enfrentar.

sorteo, rifa, suerte, juego, azar, lotería, tómbola.

sortija, anillo, aro, alianza, sello.

sortilegio, adivinación, pronóstico, profecía, augurio.// Encantamiento, magia, hechizo, brujería. **Ant.** Exorcismo.

sosegado-da, tranquilo, sereno, reposado, calmo, pacífico. **Ant.** Alterado, alocado.

sosegar, tranquilizar, pacificar, apaciguar, calmar, aplacar. **Ant.** Inquietar, alterar.

sosiego, serenidad, calma, tranquilidad, reposo, quietud, descanso, placidez, ocio. **Ant.** Agitación, movimiento, intranquilidad.

soslayar, evitar, eludir, sortear, obviar, esquivar. **Ant.** Asumir, enfrentar.

soso-sa, insulso, insípido, desabrido. **Ant.** Sabroso.// Tonto, simple, necio, ganso, inexpresivo, aburrido. **Ant.** Gracioso.

sospecha, presunción, suposición, indicio, recelo, aprensión, desconfianza, barrunto, conjetura. **Ant.** Seguridad, confianza.

sospechar, dudar, recelar, presumir, barruntar, desconfiar, presentir, atisbar, presagiar. **Ant.** Confiar, creer, asegurar.

sospechoso-sa, extraño, raro, anormal, misterioso, incierto, desusado. **Ant.** Normal.// Vagabundo, furtivo, maleante, merodeador. **Ant.** Inocente.

sostén, soporte, base, puntal, apoyo, sustento, pilar, fundamento, cimiento.// Ayuda, protección, socorro, auxilio, amparo, apoyo, defensa. **Ant.** Desamparo, abandono.// Defensor, protector, favorecedor, padrino.// Corpiño, ceñidor.

sostener, soportar, apoyar, sustentar, apuntalar, aguantar, mantener. **Ant.** Abandonar, soltar.// Defender, proteger, ayudar, auxiliar, asistir, socorrer, favorecer. **Ant.** Abandonar, desamparar.

sostenido-da, permanente, continuo, constante, uniforme, perpetuo, seguido. **Ant.** Interrumpido.

sótano, cueva, túnel, bóveda, subterráneo, catacumba. **Ant.** Ático.

soterrar, enterrar, sepultar. **Ant.** Desenterrar.// Guardar, encerrar, esconder, ocultar. **Ant.** Descubrir.

soto, arboleda, bosquecillo, matorral, floresta, monte.

suave, terso, pulido, liso, sedoso, raso, parejo, bruñido, lustroso, pulimentado. **Ant.** Áspero.// Delicado, blando, flojo, dócil, tenue, dulce. **Ant.** Fuerte, abrupto, recio.

suavidad, lisura, tersura, sedosidad, lustre, igualdad. **Ant.** Rugosidad, aspereza.// Docilidad, mansedumbre, serenidad, delicadeza, calma, tranquilidad, blandura, dulzura. **Ant.** Dureza, reciedumbre.

suavizar, alisar, pulir, igualar, limar, bruñir, abrillantar, lijar, afinar.// Calmar, moderar, atenuar, aliviar, apaciguar, sosegar. **Ant.** Intranquilizar.

subalterno-na, subordinado, dependiente, seguidor, empleado, auxiliar, súbdito. **Ant.** Superior, principal.

subasta, licitación, remate, compraventa, concurso, liquidación, ocasión, oportunidad.

subastar, rematar, liquidar, vender, pujar. **Ant.** Comprar.

subdesarrollado-da, rezagado, restrasado, atrasado, pobre, primitivo. **Ant.** Adelantado, progresista.

subdesarrollo, atraso, pobreza, retraso. **Ant.** Adelanto, riqueza.

súbdito-ta, habitante, natural, ciudadano, residente. **Ant.** Extranjero.// Subordinado (v.), subalterno (v.).

subida, cuesta, pendiente, escarpa, rampa, declive, desnivel, talud, repecho, ladera, inclinación. **Ant.** Bajada.// Ascensión, monta, elevación, escalamiento. **Ant.** Descenso.// Mejora, progreso, ascenso, adelanto. **Ant.** Retroceso, descenso.

subido-da, fuerte, vivo, intenso, agudo, penetrante, acentuado. **Ant.** Débil, suave.

subir, ascender, montar, remontar, trepar, encaramarse, alzar, izar, elevar, empinar, escalar. **Ant.** Bajar, descender.// Mejorar, progresar, adelantar, desarrollar. **Ant.** Empeorar.

súbito-ta, repentino, instantáneo, imprevisto, impensado, rápido, brusco, inosespechado. **Ant.** Lento.

subjetivo-va, personal, propio, individual, parcial. **Ant.** Objetivo.

sublevación, alzamiento, insurrección, rebelión, levantamiento, convulsión, disturbio, subversión, asonada, conmoción. **Ant.** Orden, disciplina, pacificación.

sublevar, excitar, provocar, incitar, insurreccionar, rebelar, revolucionar, solivlantar, levantar, alzar, desobedecer, amotinar. **Ant.** Obedecer, ordenar, someterse.// **-se**, indignarse, excitarse, enfurecerse, encolerizarse. **Ant.** Calmarse, sosegarse.

sublimación, encumbramiento, exaltación, glorificación, idealización, ensalzamiento, enaltecimiento. **Ant.** Rebajamiento.

sublimar, glorificar, exaltar, ensalzar, idealizar. *Ant.* Rebajar, humillar.

sublime, noble, excelso, magnífico, eminente, grandioso, glorioso, relevante, trascendental, divino. *Ant.* Vulgar, innoble.

sublimidad, nobleza, excelsitud, belleza, superioridad, majestad, eminencia, gloria, notabilidad, divinidad, grandeza. *Ant.* Bajeza, mediocridad, vulgaridad.

subordinación, sumisión, obediencia, sometimiento, supeditación, dependencia, inferioridad, esclavitud, acatamiento. *Ant.* Independencia, liberación.

subordinado-da, dependiente, inferior, subalterno, súbdito, ayudante, auxiliar, doméstico. *Ant.* Superior, amo.// Sometido, sumiso, obediente, disciplinado. *Ant.* Rebelde, indisciplinado.

subordinar, sujetar, someter, supeditar, humillar, esclavizar. *Ant.* Independizar, liberar.// -se, obedecer, someterse, respetar, acatar. *Ant.* Desobedecer.

subrayar, acentuar, destacar, remarcar, señalar, recalcar, insistir. *Ant.* Ignorar.// Marcar, rayar, señalar, tachar.

subrepticio-cia, encubierto, furtivo, oculto. *Ant.* Evidente, claro.

subsanar, enmendar, rehacer, rectificar, corregir, arreglar, compensar, solucionar. *Ant.* Empeorar.

subscribir, firmar, rubricar, refrendar, aprobar. *Ant.* Disentir.// -se, abonarse, inscribirse, afiliarse.

subsidiario-ria, dependiente, suplementario, secundario, adicional, anexo. *Ant.* Principal.

subsidio, subvención, asistencia, ayuda, amparo, contribución, protección, pensión. *Ant.* Desamparo, abandono.

subsistencia, persistencia, perduración, conservación, mantenimiento, resistencia, permanencia. *Ant.* Acabamiento.

subsistir, permanecer, durar, perdurar, mantenerse, resistir, persistir, conservarse. *Ant.* Perecer, acabarse.

substancia, materia, elemento, principio, compuesto.// Esencia, ser, naturaleza.// Jugo, zumo, extracto, concentrado.// Juicio, talento, sensatez.// Médula, fondo, meollo, alma, núcleo, contenido, trascendencia.

substancial, esencial, importante, trascendente, principal, básico, medular. *Ant.* Trivial, intrascendente.// Intrínseco, propio, inmanente, natural, inherente, innato. *Ant.* Adquirido.

substancioso-sa, nutritivo, alimenticio, suculento, jugoso, delicioso, exquisito, sabroso. *Ant.* Insípido, seco, desabrido.// Trascendente, valioso, importante, interesante. *Ant.* Insignificante.

substitución, reemplazo, relevo, suplantación, conmutación, permuta, representación. *Ant.* Permanencia.

substituir, reemplazar, suplantar, relevar, rerpresentar, suceder, suplir. *Ant.* Permanecer, quedarse.

substituto-ta, relevo, suplente, representante, reemplazante. *Ant.* Titular, permanente.

substracción, resta, diferencia, disminución, descuento, merma. *Ant.* Aumento, suma, incremento.// Robo, hurto, sisa, usurpación.

substraer, restar, deducir, mermar, disminuir, descontar.// Robar, hurtar, sisar, despojar, quitar, usurpar. *Ant.* Devolver.// -se, evitar, eludir, evadir, salvar, sortear. *Ant.* Encarar, asumir.

substracto, esencia, fundamento, meollo, base, substancia. *Ant.* Superficie.

subsuelo, subterráneo, hondura, profundidad, interior. *Ant.* Superficie.

subterfugio, pretexto, excusa, evasiva, salida, escapatoria, simulación, disculpa. *Ant.* Franqueza, verdad.

subterráneo, caverna, sótano, catacumba, subsuelo, cueva, bóveda, cripta, socavón, túnel, mina. *Ant.* Superficie, exterior, cima.// -a, profundo, secreto, oculto, hondo, furtivo. *Ant.* Claro, superficial.

suburbano-na, periférico, lindante, circundante, limítrofe. *Ant.* Céntrico.

suburbio, arrabal, afueras, barrio, aledaños, contornos, alrededores, periferia, extramuros. *Ant.* Centro.

subvención, pensión, subsidio (v.), asistencia, financición, donativo, auxilio, apoyo. *Ant.* Desamparo, abandono.

subvencionar, sufragar, costear, financiar, contribuir, pensionar, becar, favorecer, auxiliar, proteger.

subversión, revolución, levantamiento, alzamiento, insurrección, conmoción, disturbio, revuelta, motín, perturbación, sedición, insubordinación (v.). *Ant.* Orden, obediencia, acatamiento.

subversivo-va, revolucionario, insurrecto, sedicioso, alzado, faccioso, provocador, revoltoso, perturbador. *Ant.* Obediente, sumiso, disciplinado.

subyugar, conquistar, dominar, sujetar, someter, oprimir, sojuzgar, vencer, humillar, tiranizar. *Ant.* Liberar, rebelar.// Atraer, fascinar, seducir, cautivar, hechizar. *Ant.* Asquear.

succión, absorción, libación, sorbo, trago, mamada.

succionar, absorber, sorber, chupar, libar, tragar, beber. *Ant.* Escupir, expulsar.

suceder, acontecer, producirse, ocurrir, sobrevenir, pasar, acaecer, resultar, registrarse, efectuarse, cumplirse, verificarse, desencadenarse, desarrollarse.// Reemplazar, sustituir, suplir, suplantar. *Ant.* Permanecer.

sucesión, serie, secuencia, orden, proceso, línea, cadena, lista, curso, hilera, continuación. *Ant.* Interrupción.// Herencia, testamento, legado.// Herederos, descendencia, prole, linaje.

sucesivo-va, continuo, incesante, progresivo, seguido, continuado, gradual, encadenado. *Ant.* Discontinuo./ Posterior, siguiente. *Ant.* Anterior.

suceso, acontecimiento, hecho, acaecimiento, evento, caso, accidente, circunstancia, incidente, episodio, peripecia, lance, vicisitud, andanza, trance, experiencia.

sucesor-ra, heredero, descendiente, substituto, legatario. *Ant.* Antecesor.

suciedad, inmundicia, porquería, basura, mugre, pringue, mancha, roña, cochinada, impureza, polución. *Ant.* Limpieza, aseo, higiene.

sucinto-ta, breve, escueto, somero, compendiado, conciso, lacónico. *Ant.* Dilatado, largo.

sucio-cia, desaseado, manchado, pringoso, cochino, mugriento, cochambroso, grasiento, inmundo, asqueroso. *Ant.* Limpio, aseado, pulcro.// Impuro, obsceno, indecente, pornográfico, deshonesto. *Ant.* Honesto, puro.// Traicionero, tramposo, ruin, desleal, artero. *Ant.* Leal, sincero.

suculento-ta, sabroso, gustoso, delicioso, jugoso, substancioso, nutritivo, apetitoso, alimenticio. *Ant.* Insulso.

sucumbir, morir, perecer, fallecer, fenecer, acabar. *Ant.* Sobrevivir.// Ceder, someterse, entregarse, rendirse, claudicar, abandonar. *Ant.* Resistir.

sucursal, dependencia, filial, agencia, delegación, anexo, representación, sección. *Ant.* Central.

sudar, transpirar, rezumar, exudar, destilar, expeler, exhalar, segregar.// Afanarse, agotarse, fatigarse. *Ant.* Holgar.

sudor, transpiración, segregación, resudación, secreción.// Cansancio, afán, fatiga. *Ant.* Descanso.

sudoroso-sa, transpirado, mojado, húmedo. *Ant.* Seco.// Fatigado, agotado, exhausto. *Ant.* Fresco, descansado.

sueldo, retribución, estipendio, paga, salario, mensualidad, asignación, honorarios, remuneración, jornal.

suelo, terreno, superficie, tierra, pavimento, piso.// Territorio, solar, país, tierra.

suelto, cambio.// -ta, desprendido, libre, desanudado, desligado. *Ant.* Atado.// Disgregado, disperso, esparcido, diseminado. *Ant.* Junto.// Libre, liberado, emancipado, excarcelado, manumitido. *Ant.* Preso, encarcelado.

sueño, letargo, sopor, modorra, somnolencia, adormecimiento. *Ant.* Insomnio, desvelo.// Deseo, ilusión, ensueño, ideal, fantasía, alucinación. *Ant.* Desilusión, desengaño.

suerte, destino, azar, hado, sino, ventura, providencia, fatalidad, estrella, albur. *Ant.* Previsión.// Éxito, felicidad, fortuna, dicha. *Ant.* Desgracia, infortunio.

uficiencia, engreimiento, petulancia, orgullo, soberbia, pedantería, presunción. *Ant.* Humildad.

uficiente, bastante, adecuado, justo, sobrado. *Ant.* Escaso, insuficiente.// Hábil, idóneo, apto, competente, habilidoso, capaz. *Ant.* Incapaz, inepto.// Petulante, pedante, engreído, orgulloso. *Ant.* Humilde, modesto.

ufragar, ayudar, favorecer, sostener, socorrer, subvencionar, mantener, costear, contribuir. *Ant.* Desatender, desamparar.

ufragio, voto, votación, comicios, elección, plebiscito, referéndum.// Ayuda, socorro, favor, protección, auxilio. *Ant.* Abandono, desinterés.// Redención, salvación, expiación.

ufrido-da, resistente, duro, impasible, entero, paciente, estoico. Blando, endeble.// Manso, sumiso, resignado. *Ant.* Intolerante, rebelde.

ufrimiento, padecimiento, pena, dolor, tormento, angustia, pesadumbre, mal, suplicio. *Ant.* Deleite, alegría.// Paciencia, resignación, estoicismo, conformidad, mansedumbre. *Ant.* Rebeldía, impaciencia.

ufrir, padecer, aguantar, soportar, sobrellevar, resistir, tolerar. *Ant.* Rebelarse.// Afligirse, angustiarse, atormentarse, penar. *Ant.* Deleitarse, alegrarse, recrearse.

ugerencia, insinuación, consejo, propuesta, indicación.

ugerir, insinuar, aconsejar, indicar, proponer, inspirar, aludir. *Ant.* Ordenar.

ugestión, sugerencia (v.).// Hechizo, fascinación, magnetismo, atractivo, sortilegio, influencia, persuasión, convencimiento. *Ant.* Rechazo, repulsa.

ugestionar, influir, fascinar, cautivar, magnetizar, embrujar, hechizar, inspirar, captar, convencer. *Ant.* Rechazar,.// -se, obstinarse, obcecarse, cegarse, alucinarse. *Ant.* Transigir, razonar.

ugestivo-va, encantador, atractivo, seductor, cautivante, atrayente, fascinante, llamativo, tentador. *Ant.* Desagradable, repelente.

uicidarse, matarse, eliminarse, inmolarse, quitarse la vida.

uicidio, muerte, inmolación, sacrificio, autodestrucción, autoeliminación.

ujeción, atadura, ligadura, vínculo, unión, fijación, asimiento, amarre, enganche. *Ant.* Separación, desatadura.// Dependencia, supeditación, subordinación, dominio, opresión, coacción, yugo. *Ant.* Insubordinación, emancipación, rebelión.

ujetar, retener, asir, fijar, atar, agarrar, contener, prender, trabar, asegurar, pegar, juntar. *Ant.* Soltar, desprender.// Someter, dominar, oprimir, subyugar, sojuzgar, subordinar, esclavizar. *Ant.* Liberar, emancipar.

ujeto, individuo, persona, ser.// Asunto, tema, materia, motivo, cuestión.// -ta, atado, trabado, firme, retenido, asido, encadenado. *Ant.* Suelto, desasido.// Dependiente, dominado, subyugado, subordinado, supeditado, sumiso, sometido. *Ant.* Libre, emancipado.

suma, adición, monto, total, aumento, incremento, acrecentamiento. *Ant.* Resta, disminución.// Conjunto, totalidad. *Ant.* Unidad.

sumar, adicionar, añadir, adjuntar, agregar, incluir, unir, superponer, acrecentar, aumentar, aunar, incorporar. *Ant.* Restar, disminuir.// -se, apoyar, agregarse, juntarse, adherir. *Ant.* Abandonar.

sumario, índice, resumen, compendio, síntesis, recopilación, recapitulación, extracto, sinopsis. *Ant.* Ampliación.// Expediente, antecedentes, causa, proceso.// -ria, breve, conciso, resumido, abreviado, lacónico. *Ant.* Extenso, ampliado.

sumergir-se, hundir, sumir, abismar, naufragar, anegar, zozobrar.// Sumirse, preocuparse, abismarse, abstraerse.

sumidero, desagüe, alcantarilla, escurridero, cloaca, coladero, tragadero, conducto.

suministrar, repartir, proveer, proporcionar, surtir, entregar, abastecer, racionar, procurar. *Ant.* Desmantelar, negar.

suministro, entrega, abastecimiento, provisión, equipo, víveres, dotación, abasto, acopio, reserva, distribución. *Ant.* Consumo.

sumir-se, sumergirse (v.).

sumisión, sometimiento, acatamiento, rendición, entrega, capitulación, subordinación (v.). *Ant.* Libertad, emancipación.// Obediencia, mansedumbre, docilidad, respeto, humildad, reverencia. *Ant.* Desacato, irreverencia, desobediencia.

sumiso-sa, sometido, sujeto, subordinado (v.). *Ant.* Libre, emancipado.// Dócil, manso, manejable, reverente, obediente. *Ant.* Desobediente, rebelde.

sumo-ma, máximo, supremo, superior. *Ant.* Bajo, inferior. *Par.* Zumo.

suntuario-ria, lujoso, suntuoso (v.). *Ant.* Humilde, sencillo.

suntuosidad, lujo, esplendidez, esplendor, boato, fausto, magnificencia, riqueza, fastuosidad, pompa, aparato, alarde, sublimidad. *Ant.* Sencillez, humildad, pobreza.

suntuoso-sa, magnífico, lujoso, fastuoso, opulento, ostentoso, regio, señorial, solemne, rico, costoso, esplendoroso, imponente. *Ant.* Humilde, mezquino, pobre.

supeditación, dependencia, sumisión, sujeción, acatamiento, subordinación (v.). *Ant.* Independencia, liberación.

supeditar, subordinar, someter, sujetar, depender, condicionar, postergar, relegar, posponer. *Ant.* Liberar, independizar.

superabundancia, exceso, demasía, copiosidad, exuberancia, derroche, prodigalidad, profusión. *Ant.* Escasez, falta.

superación, ventaja, superioridad, preeminencia, progreso, dominio, mejora. *Ant.* Retroceso, inferioridad.

superar, aventajar, vencer, ganar, rebasar, exceder, prevalecer, adelantar, sobreexceder, progresar. *Ant.* Retrasarse, fracasar, perder.

superávit, exceso, beneficio, ganancia, sobra, provecho, dividendo. *Ant.* Déficit.

superchería, engaño, invención, falsedad, fraude, estafa, simulación, embuste, ardid, trampa, triquiñuela. *Ant.* Verdad, autenticidad.

superficial, externo, visible, exterior, saliente, manifiesto. *Ant.* Profundo, interior.// Trivial, frívolo, ligero, insignificante, insubstancial, pueril, vano, voluble, anodino. *Ant.* Fundamental, esencial, substancial.

superficialidad, trivialidad, insubstancialidad, ligereza, bagatela, futilidad, simpleza. *Ant.* Importancia, profundidad.

superficie, espacio, extensión, término, perímetro, cara, faz, plano, cubierta, exterior, suelo. *Ant.* Interior.

superfluo-flua, trivial, inútil, innecesario, redundante, excedente. *Ant.* Necesario.

superhombre, héroe, gigante, titán, semidiós, campeón, deidad.

superior, supremo, sobresaliente, eminente, preeminente, sublime, destacado, conspicuo, excelente, descollante, predominante, magnífico. *Ant.* Inferior, vulgar.// -ra, jefe, dirigente, director, abad, primado, prior, amo, patrón, líder.

superioridad, ventaja, supremacía, preeminencia, predominio, preponderancia, hegemonía, elevación, eminencia, dominio. *Ant.* Inferioridad, insignificancia.// Jefatura, dirección, gerencia, autoridad, administración.

superponer, sobreponer, añadir, incorporar, recargar. *Ant.* Retirar, quitar.

superstición, credulidad, hechicería, fetichismo, brujería, paganismo, idolatría. *Ant.* Religiosidad, ortodoxia.

supervisar, revisar, inspeccionar, controlar, verificar, fiscalizar, vigilar, observar. *Ant.* Descuidar, abandonar.

supervivencia, persistencia, conservación, longevidad, vitalidad, duración. *Ant.* Muerte, extinción.

superviviente, sobreviviente, longevo, perenne. *Ant.* Fallecido.

suplantar, sustituir, suplir, reemplazar, suceder.// Engañar, estafar, falsear, simular.

suplementario-ria, complementario, adicional, accesorio, adjunto, anexo. *Ant.* Principal.

suplemento, complemento, aditamento, agregado, añadido, adición, añadidura. **Ant.** Fundamento, esencia.// Reemplazo, substitución (v.).

suplencia, substitución, reemplazo, relevo, suplantación, cambio. **Ant.** Titularidad.

suplente, substituto, reemplazante, interino, sucesor, representante, relevo. **Ant.** Titular, principal.

supletorio-ria, accesorio, suplente, suplementario (v.). **Ant.** Titular, principal.

súplica, ruego, petición, imprecación, solicitud, exhortación, reclamación, queja, pedido, voto, demanda. **Ant.** Exigencia.// Rezo, plegaria, oración, rogativa.

suplicar, demandar, implorar, exhortar, impetrar, invocar, solicitar, clamar, requerir, demandar. **Ant.** Exigir, denegar.

suplicio, martirio, tormento, tortura, sacrificio, inmolación, padecimiento, dolor, daño, perjuicio, desgracia, castigo. **Ant.** Caricia, placer.

suplir, reemplazar, relevar, suplantar, substituir (v.).

suponer, imaginar, sospechar, conjeturar, presuponer, figurarse, creer, entender, considerar, estimar, barruntar, calcular. **Ant.** Desestimar, rechazar.

suposición, presunción, conjetura, deducción, barrunto, atribución, sospecha, creencia, inducción, consideración. **Ant.** Comprobación, realidad, prueba.

supremacía, superioridad, predominio, preponderancia, hegemonía, dominio, preeminencia, ventaja, imperio. **Ant.** Inferioridad.

supremo-ma, superior, sumo, máximo, dominante, destacado, poderoso, preeminente, sobresaliente. **Ant.** Inferior, ínfimo.

supresión, omisión, abolición, eliminación, destrucción, desaparición. **Ant.** Añadidura.

suprimir, abolir, omitir, eliminar, aniquilar, destruir, excluir, exterminar, anular, liquidar, callar. **Ant.** Incluir, añadir.

supuesto, suposición, presunción, creencia, postulado. **Ant.** Seguridad.// -ta, pretendido, figurado, presumible, atribuido, aparente, imaginado, teórico. **Ant.** Verdadero, auténtico, real.

supurar, segregar, excretar.

sur, mediodía, austro. **Ant.** Norte, ártico, septentrión.

surcar, hender, cortar, atravesar, cruzar, navegar. **Ant.** Unir, juntar.// Arar, roturar, labrar.

surco, corte, estría, cisura, ranura, hendedura.// Estela, rastro, huella, rodada, senda.// Cauce, zanja, canal, excavación, conducto.

surgir, brotar, emerger, aparecer, manar, nacer, manifestarse, asomar, retoñar, florecer. **Ant.** Desaparecer, hundirse.

surtido, variedad, colección, repertorio, conjunto, muestrario, juego.// -da, variado, diverso, diferente. **Ant.** Uniforme.

surtidor, manantial, chorro, surtidero, fuente, ducha.

surtir, abastecer, proveer, aprovisionar, suministrar, equipar, racionar, proporcionar. **Ant.** Retirar, negar.

susceptibilidad, suspicacia, recelo, desconfianza, escrúpulo, malicia. **Ant.** Seguridad, confianza.

susceptible, delicado, impresionable, quisquilloso, des-

confiado, receloso, malicioso, suspicaz. **Ant.** Sereno, de preocupado.// Apto, apropiado, adecuado, idóneo.

suscitar, provocar, causar, promover, excitar, producir, m tivar, ocasionar, originar, influir. **Ant.** Eludir, evitar.

suscribir, subscribir (v.).

susodicho-cha, antedicho, citado, mencionado, nombr do, señalado, indicado.

suspender, interrumpir, detener, diferir, retardar, aplaza cancelar, retrasar, demorar, frenar, entorpecer, limitar, ob taculizar. **Ant.** Reanudar, continuar.// Colgar, izar, pende enarbolar, levantar. **Ant.** Descolgar.// Admirar, maravilla pasmar, embelesar, sorprender, arrobar.// Descalificar, re probar, desaprobar. **Ant.** Aprobar.// Separar, privar, disc plinar, penar. **Ant.** Perdonar.

suspensión, interrupción, paralización, detención, cance lación, contención, retraso, cesación, privación. **Ant.** Cor tinuación.// Enganche, colgamiento.// Arrobo, admira ción, sorpresa, aturdimiento.

suspicacia, desconfianza, malicia, barrunto, sospecha, pre vención, duda, recelo, susceptibilidad. **Ant.** Credulidad confianza.

suspicaz, receloso, malicioso, desconfiado, susceptible **Ant.** Confiado.

suspirar, exhalar, respirar, soplar, espirar. **Ant.** Aspirar./ Afligirse, lamentarse, apenarse, quejarse. **Ant.** Alegrarse./ Desear, anhelar, ansiar, ambicionar, codiciar.

suspiro, exhalación, espiración, respiración. **Ant.** Aspira ción.

sustancia, substancia (v.).

sustancial, substancial (v.).

sustancioso-sa, substancioso (v.).

sustentar, soportar, sostener, mantener, apoyar, sujeta apuntalar, aguantar, contener, respaldar. **Ant.** Ceder, abar donar.// -se, alimentarse, nutrirse.

sustento, alimento, nutrición, comida, comestibles, sostén manutención. **Ant.** Ayuno.

sustitución, substitución (v.).

sustituir, substituir (v.).

sustituto-ta, substituto (v.).

susto, sobresalto, temor, alarma, sobrecogimiento, miedo estremecimiento, pavura, espanto, zozobra, agitación, pa vor, aprensión. **Ant.** Valor, serenidad, osadía.

sustracción, substracción (v.).

sustraer, substraer (v.).

susurrar, murmurar, mascullar, cuchichear, balbucear, musi tar, ronronear, rumorear. **Ant.** Gritar.

susurro, murmullo, cuchicheo, bisbiseo, balbuceo, rumor ronroneo. **Ant.** Grito.

sutil, agudo, sagaz, astuto, perspicaz, ocurrente, ingenioso **Ant.** Torpe.// Fino, delicado, tenue, suave, incorpóreo, li gero, vaporoso, etéreo. **Ant.** Tosco, burdo.

sutileza, agudeza, ingeniosidad, astucia, ingenio, perspica cia, argucia, fineza, exquisitez, ocurrencia, vivacidad. **Ant** Torpeza, tosquedad.

sutura, costura, juntura, unión, soldadura, puntada. **Ant.** Separación.

taba, astrágalo.

tabaquera, cigarrera, petaca.

taberna, bodegón, bodega, cantina, fonda, tasca, bar.

tabernáculo, trono, altar, sagrario.

tabique, muro, pared, parapeto, tapia, tapial.

tabla, tablón, madera, lámina, chapa, tablero, listón, plancha.// Lista, índice, catálogo.// Pliegue.

tablado, tarima, tribuna, entarimado, tinglado, plataforma, estrado.

tableta, píldora, pastilla, gragea, comprimido, cápsula.

tablón, tabla (v.).

tabú, prohibición, obstáculo, veto, impedimento.

taburete, banquillo, banqueta, escabel, escaño, asiento, silla.

tacañería, mezquindad, avaricia, codicia, roñosería, ruindad. **Ant.** Generosidad, dadivosidad.

tacaño-ña, avaro, roñoso, miserable, ruin, mezquino. **Ant.** Generoso, dadivoso, pródigo.

tacha, falta, defecto, mancha, descrédito, tara, mancilla, mácula. **Ant.** Perfección.

tachar, anular, corregir, suprimir, borrar, enmendar. **Ant.** Subrayar, añadir.// Calificar, motejar, incriminar, tildar, culpar. **Ant.** Elogiar, respetar.

tácito-ta, implícito, virtual, sobreentendido, supuesto, omiso.

taciturno-na, callado, silencioso, huraño, retraído, reservado, hosco, melancólico. **Ant.** Expresivo, comunicativo.

taco, tarugo, tapón.

táctica, método, procedimiento, estrategia, plan, sistema, maniobra.

tacto, sentido, sensación, percepción, impresión.// Diplomacia, delicadeza, habilidad, destreza, tiento, tino, discreción. **Ant.** Incapacidad, rudeza, grosería.

tahúr, jugador, fullero, garitero.

taimado-da, sagaz, astuto, tunante, ladino, disimulado, hipócrita, tuno. **Ant.** Inocente, ingenuo.

tajada, rebanada, corte, lonja, pedazo, rueda, raja, parte.

tajante, categórico, firme, seco, autoritario, rudo, cortante, incisivo. **Ant.** Flexible, condescendiente.

tajar, cortar, partir, rebanar, rajar, seccionar. **Ant.** Unir.

tajo, corte, sección, cortadura, incisión, herida, hendidura, sajadura.// Precipicio, sima, despeñadero. **Ant.** Llanura, planicie.

tala, corte, poda, podadura, cercenamiento.

taladrar, agujerear, perforar, barrenar, atravesar, punzar, horadar, trepanar, fresar. **Ant.** Cerrar.

tálamo, cama, lecho.

talante, humor, ánimo, índole, temperamento, disposición, aspecto, carácter, modo, cariz.

talar, cortar, podar, serrar, segar, truncar, tajar. **Ant.** Unir.

talento, inteligencia, entendimiento, intelecto, ingenio, capacidad, cacumen, perspicacia, agudeza, lucidez, habilidad. **Ant.** Tontería, imbecilidad, torpeza.

talentoso-sa, inteligente, ingenioso, agudo, sagaz, capaz, hábil, listo. **Ant.** Inhábil, imbécil, tonto.

talismán, amuleto, fetiche, mascota, tótem, ídolo.

talla, entalladura, talladura.// Escultura, estatua, figura, efigie.// Estatura, medida, alzada, altura.

tallar, esculpir, cincelar, repujar, trabajar, labrar, modelar, cortar.

talle, cintura.// Cuerpo, figura, traza, proporción, aspecto.

taller, obrador, fábrica, factoría, oficina, manufactura, tienda, despacho.

tallo, tronco, rama, retoño, vástago.

talud, pendiente, desnivel, rampa, declive, repecho, cuesta, vertiente, escarpa, ribazo. **Ant.** Llanura.

tamaño, dimensión, magnitud, medida, extensión, volumen, proporción.

tambalear, vacilar, oscilar, bambolear, trastabillar, inclinarse, titubear, fluctuar. **Ant.** Sostener, asegurar.

también, asimismo, además, igualmente, incluso, de igual modo, así. **Ant.** Tampoco.

tamiz, cedazo, criba, zaranda, cernedor, colador.

tamizar, colar, cribar, zarandear, cerner.

tanda, turno, vez, vuelta, ciclo, sucesión.// Grupo, cantidad, conjunto.

tangente, adyacente, lindante, contiguo, rayano, tocante, colindante. **Ant.** Separado.

tangible, palpable, perceptible, evidente, cierto, patente, material. **Ant.** Intangible.

tanque, depósito, cisterna, cuba, recipiente.

tantear, calcular, evaluar, tasar, estimar. **Ant.** Desestimar.// Ensayar, examinar, sondear, explorar, averiguar, investigar. **Ant.** Descuidar.// Reflexionar, considerar, recapacitar, conjeturar.

tanteo, sondeo, cálculo, ensayo, exploración, tentativa, evaluación.

tanto, cantidad, punto, puntuación.// **-ta**, bastante, mucho, excesivo.

tañer, tocar, pulsar, rasguear, sonar.// Repicar, doblar, voltear.

tañido, repique, sonido, toque, repiqueteo, campaneo.

tapa, cubierta, tapón, obturador, cierre, funda, cobertera.

tapado-da, escondido, cubierto, oculto, revestido, envuelto, forrado. **Ant.** Destapado, descubierto.// Atascado, obstruido, taponado, obturado. **Ant.** Abierto, desatascado.

tapar, cerrar, obstruir, atascar, tapiar, atorar, tabicar, recubrir, atrancar. **Ant.** Abrir, destapar, descubrir.// Abrigar, envolver, arropar, cubrir, vestir, forrar, recubrir. **Ant.** Desvestir.// Ocultar, embozar, esconder. **Ant.** Esconder.

tapia, muro, pared, tabique, tapial, muralla, parapeto, valla, cerca.

tapiar, encerrar, emparedar, empalizar, vallar, tabicar, obstruir. **Ant.** Descubrir, abrir.

tapizar, recubrir, forrar, revestir, enfundar. **Ant.** Descubrir.

tapón, taco, cierre, tarugo, tapa (v.).

taponar, cerrar, tapar, obturar, obstruir, interceptar, ocluir, sellar, atascar. **Ant.** Desatascar, abrir.

tapujo, disimulo, reserva, pretexto, engaño.

tara, envase, embalaje.// Defecto, estigma, lacra, vicio, anomalía, falla, mácula. **Ant.** Perfección.

tarambana, imprudente, alocado, calavera, aturdido, ligero, irreflexivo. **Ant.** Serio, sensato.

tararear, canturrear, entonar.

tardanza, calma, pereza, lentitud, demora, dilación, retardo, morosidad. **Ant.** Ligereza, rapidez.

tardar, demorar, retrasar, dilatar, alargar, prorrogar, diferir, rezagarse, remolonear, atrasar. **Ant.** Apresurar, adelantar.

tardío-a, retrasado, atrasado, demorado, inoportuno. **Ant.** Adelantado.// Torpe, cachazudo, lento, pausado, pachorriento, remiso, tardo, perezoso. **Ant.** Diligente, rápido, pronto.

tardo-da, tardío (v.), moroso.// Lento, pesado, torpe, obtuso. **Ant.** Rápido, hábil.

tarea, trabajo, faena, obra, quehacer, labor, ocupación. **Ant.** Inactividad, desocupación.

tarifa, precio, valor, costo, tasa, honorarios.

tarima, tablado, estrado, plataforma, tribuna.

tarro, pote, vasija, cacharro, envase, recipiente, frasco.

tartamudear, tartajear, farfullar, balbucear, mascullar. **Ant.** Articular.

tartamudeo, balbuceo, tartajeo, chapurreo. **Ant.** Articulación.

tasa, precio, tasación, tarifa, evaluación.// Medida, pauta, norma, regla. **Par.** Taza.

tasación, tasa, evaluación, apreciación, justiprecio, tarifa, arancel, derechos. **Ant.** Exención.

tasar, valorar, apreciar, estimar, evaluar, graduar, justipreciar.// Repartir, distribuir, ahorrar, economizar, racionar, restringir. **Ant.** Extralimitarse, derrochar. **Par.** Tazar.

taumatúrgico-ca, milagroso, maravilloso, sobrenatural, prodigioso, extraordinario.

taxativo-va, restringido, limitado, preciso, concluyente, estricto, categórico. **Ant.** Amplio.

taza, jícara, escudilla, pocillo, cacharro, vasija, cuenco, jarra, recipiente.// Retrete. **Par.** Tasa.

tea, antorcha, candela, hacha, astilla, cirio.

teatral, dramático, histriónico, melodramático, cómico, trágico.// Exagerado, aparatoso, conmovedor, fantástico. **Ant.** Moderado, espontáneo.

teatro, representación, dramatismo, histrionismo.// Espectáculo, tragedia, comedia, melodrama.// Coliseo, sala de espectáculos, anfiteatro, escena, sala.// Simulación, fingimiento, afectación, aparatosidad. **Ant.** Naturalidad.

techar, cubrir, revestir, tapar, tejar, abovedar.

techo, tejado, cobertizo, techumbre, cubierta, techado, cielo raso, artesonado. **Ant.** Suelo, pavimento.// Hogar, morada, amparo, cobijo.

techumbre, techo (v.).

técnica, método, procedimiento, sistema, práctica.// Habilidad, pericia, industria, maña. **Ant.** Torpeza.

técnico-ca, experto, especialista, diestro, práctico, competente, profesional, perito. **Ant.** Incompetente, inhábil.

tedio, hastío, cansancio, aburrimiento, fastidio, molestia, desagrado, monotonía, rutina. **Ant.** Diversión, distracción.

tedioso-a, aburrido, fastidioso, molesto, enfadoso, fatigoso, importuno, monótono, rutinario. **Ant.** Divertido, ameno.

tegumento, tejido, membrana, revestimiento, túnica, película.

tejado, techo (v.).

tejemaneje, destreza, habilidad, diligencia, actividad. **Ant.** Inacción.// Engaño, intriga, maquinación, manejo, trampa, fraude. **Ant.** Verdad, sinceridad.

tejer, urdir, tramar, hilar, entrelazar, trenzar. **Ant.** Destejer.

tejido, lienzo, paño, tela, trama, género.// Tegumento.

tela, tejido (v.).// Película, tegumento, membrana, revestimiento.

telegráfico-ca, breve, sucinto, escueto, rápido, veloz.

telespectador-ra, televidente.

telón, cortina, bastidor, cortinaje, lienzo, decorado.

tema, motivo, argumento, asunto, sujeto.

temblar, estremecerse, agitarse, trepidar, titilar, tiritar, centellear, latir, vibrar, sacudirse, oscilar. **Ant.** Calmarse, tranquilizarse.// Temer, asustarse, atemorizarse, amedentrarse. **Ant.** Desafiar.

temblor, estremecimiento, trepidación, palpitación, titilación, tremor, vibración. **Ant.** Calma, quietud.// Sacudida, terremoto, sismo, maremoto.

tembloroso-sa, trémulo, vibrante, tremante, trepidante, tembloso, convulso, palpitante, estremecido. **Ant.** Quieto,

tranquilo.// Asustado, sobresaltado, amedrentado, atemorizado. **Ant.** Osado, arrojado.

temer, asustarse, amedrentarse, intimidarse, aterrarse, recelar, atemorizarse, sobrecogerse, recelar, sospechar. **Ant.** Confiar, calmarse, envalentonarse.

temerario-ria, atrevido, valiente, arrojado, audaz, resuelto, imprudente, osado, precipitado. **Ant.** Cauto, cobarde.

temeridad, atrevimiento, arrojo, valentía, audacia, osadía, denuedo, decisión, intrepidez, irreflexión. **Ant.** Cobarde, cauto.

temeroso-sa, miedoso, asustadizo, cobarde, timorato apocado, medroso, pusilánime. **Ant.** Osado, arrojado.

temible, espantoso, terrible, horrible, horrendo, tremendo alarmante, inquietante, atemorizador. **Ant.** Tranquilizante, inofensivo.

temor, miedo, pavor, pánico, horror, aprensión, susto, espanto, amedrentamiento. **Ant.** Valentía, arrojo.// Duda desconfianza, preocupación, recelo, intranquilidad, sospecha. **Ant.** Confianza.

temperamental, apasionado, vehemente, impulsivo, efusivo, arrojado, exaltado. **Ant.** Frío, flemático.

temperamento, temple, carácter, índole, tipo, personalidad, idiosincrasia.// Apasionamiento, vehemencia, exaltación, efusividad. **Ant.** Sosiego, reflexión.

tempestad, tormenta, borrasca, temporal, huracán, turbión, tromba. **Ant.** Calma, tranquilidad.

tempestuoso-sa, borrascoso, tormentoso, torrencial, inclemente. **Ant.** Sereno, calmo.// Violento, agitado, impetuoso, iracundo, furioso. **Ant.** Tranquilo, calmo.

templado-da, tibio, suave, cálido, tenue, moderado. **Ant.** Extremado, frío, caliente.// Sereno, audaz, animoso, valiente, intrépido, aplomado. **Ant.** Temeroso, miedoso.

templanza, moderación, prudencia, morigeración, frugalidad, sobriedad, temple. **Ant.** Imprudencia, exageración.

templar, suavizar, moderar, sosegar, atenuar, apaciguar, amainar, calmar. **Ant.** Excitar, enardecer.// Entibiar, calentar, encender, caldear. **Ant.** Enfriar.

temple, arrojo, valentía, audacia, entereza, temeridad, bravura. **Ant.** Temor, debilidad.// Carácter, ánimo, humor, índole, disposición.// Dureza, elasticidad, flexibilidad, resistencia.

templete, quiosco, oratorio, glorieta, pabellón, pérgola.

templo, iglesia, oratorio, santuario, ermita, capilla, abadía, cartuja, tabernáculo, basílica, catedral.

temporada, época, período, etapa, lapso, fase, ciclo.

temporal, borrasca, tempestad (v.).// Transitorio, provisional, precario, fugaz, efímero, pasajero. **Ant.** Duradero, permanente.// Profano, secular, laico, terrenal. **Ant.** Espiritual.

temprano-na, pronto, tempranamente.// -na, adelantado, precoz, prematuro, anticipado, avanzado. **Ant.** Tardío, retrasado.

tenacidad, perseverancia, constancia, persistencia, insistencia, obstinación, pertinacia, testarudez, resistencia, terquedad. **Ant.** Abandono, renuncia.

tenaz, perseverante, constante, tesonero, terco, tozudo, testarudo, persistente, obstinado. **Ant.** Inconstante.

tendencia, predisposición, inclinación, propensión, disposición, vocación, proclividad, preferencia, afecto, gusto, simpatía.

tendencioso-sa, injusto, arbitrario, parcial, partidario, apasionado, inclinado, sectario. **Ant.** Neutral, ecuánime.

tender, extender, desplegar, expandir. **Ant.** Recoger.// Colgar, suspender, airear, orear.// Propender, inclinarse, simpatizar, tirar. **Ant.** Rechazar.// -se, extenderse, echarse, acostarse, tumbarse, yacer, descansar, relajarse. **Ant.** Levantarse.

tendido-da, extendido, echado, tumbado, yacente, acostado. **Ant.** Levantado, erguido.

tenebroso-sa, lóbrego, lúgubre, tétrico, sombrío, oscuro, triste. **Ant.** Claro, alegre.

tenencia, posesión, propiedad.

tener, poseer, haber, disfrutar, detentar, dominar. **Ant.** Carecer.// Asir, sujetar, agarrar, sostener. **Ant.** Dejar, soltar.// Juzgar, considerar, estimar, extender.

enor, suerte, disposición, estilo.

enorio, donjuán, mujeriego, galán, conquistador, galanteador.

ensar, estirar, atirantar, atiesar. **Ant.** Aflojar.

ensión, tirantez, rigidez, fuerza, tiesura, resistencia. **Ant.** Flojedad.// Voltaje.// Intranquilidad, zozobra, incertidumbre, angustia, nerviosidad. **Ant.** Tranquilidad, quietud.

enso-sa, tirante, estirado, rígido, duro, tieso. **Ant.** Flojo.// Ner-vioso, intranquilo, angustiado, inquieto, preocupado. **Ant.** Relajado, calmo, tranquilo.

entación, atracción, seducción, fascinación, incentivo, incitación, inducción, instigación. **Ant.** Rechazo.

tentar, instigar, inducir, provocar, estimular, incitar, fascinar. **Ant.** Repugnar, repeler.// Intentar, procurar, emprender. **Ant.** Abandonar, desistir.// Tocar, palpar, tantear, reconocer.

tentativa, intento, proyecto, empeño, esfuerzo, intención, propósito. **Ant.** Abandono, indiferencia.

tenue, frágil, ingrávido, delicado, sutil, vaporoso, etéreo, fino, suave, grácil, ligero. **Ant.** Grueso, denso, recio.

tenuidad, sutileza, finura, delicadeza, fragilidad, gracia, ingravidez. **Ant.** Densidad, rudeza.

teñir, colorear, pintar, tintar. **Ant.** Desteñir, decolorar.

teoría, suposición, hipótesis, proposición, conjetura, especulación. **Ant.** Realidad, pragmatismo.

teórico-ca, hipotético, supuesto, presunto, especulativo. **Ant.** Real, pragmático.

teorizar, concebir, imaginar, suponer, especular, discurrir, reflexionar. **Ant.** Probar, experimentar.

terapéutico-ca, curativo, benéficioso, higiénico.

terciar, intervenir, mediar, interponerse, tomar parte. **Ant.** Abstenerse.

terco-ca, testarudo, obstinado, obcecado, contumaz, intransigente, porfiado, caprichoso, tozudo, empecinado. **Ant.** Flexible, razonable, blando.

tergiversación, falseamiento, elusión, desfiguración, embrollo, deformación, retorcimiento, ambigüedad. **Ant.** Autenticidad, franqueza.

tergiversar, torcer, deformar, alterar, cambiar, falsear, desfigurar, trocar, confundir, enredar. **Ant.** Rectificar, traducir.

terminación, conclusión, final, término, desenlace, cierre, fin, liquidación, epílogo, cesación, remate. **Ant.** Comienzo, prólogo.// Límite, extremo, frontera, borde.

terminal, final, postrero, último, extremo. **Ant.** Primero, delantero.

terminante, concluyente, decisivo, rotundo, irrefutable, preciso, tajante, definitivo, perentorio. **Ant.** Dudoso, indeciso.

terminar, acabar, concluir, finalizar, rematar, finiquitar, extinguir, suprimir, cesar, agotar, liquidar. **Ant.** Empezar, comenzar.// -se, morir, fenecer, fallecer, perecer. **Ant.** Nacer.

término, límite, confín, frontera, tope, extremo, jalón.// Final, terminación, fin, conclusión, desenlace. **Ant.** Comienzo, principio.// Jurisdicción, zona, partido, territorio, circunscripción.// Plazo, tiempo, período, curso.// Palabra, vocablo, expresión, voz, giro.

terna, trío, terceto.

terneza, mimo, caricia, requiebro. **Ant.** Aspereza, insulto.

ternura, cariño, afecto, dulzura, afección, terneza, estima, apego. **Ant.** Antipatía, animosidad.

terquedad, obstinación, testarudez, porfía, tozudez, ofuscación, pertinacia, tenacidad, contumacia. **Ant.** Flexibilidad, docilidad, transigencia.

terraplén, pendiente, talud, desnivel, parapeto, defensa, reparo, resguardo.

terraza, azotea, terrado, mirador, tejado, solana.

terremoto, sismo, temblor, sacudida, cataclismo.

terrenal, terreno, terrestre, terráqueo. **Ant.** Espiritual, celestial.// Temporal.// Material, concreto, carnal, real.

terreno, suelo, tierra, campo, espacio, piso, solar.// Ámbito, esfera, espacio, condición.// -na, terrestre, terrenal (v.).

terrestre, terreno, terrenal (v.), terrícola.

terrible, atroz, espantoso, aterrador, pavoroso, tremebun-

do, horripilante, temible, impresionante, terrorífico, truculento, horroroso, espantable. **Ant.** Grato, agradable.// Cruel, duro, inhumano, repelente, monstruoso, fiero, torvo, desagradable, repugnante. **Ant.** Bello, tierno.

territorio, jurisdicción, circunscripción, distrito, región, zona, lugar, estado, nación, país.

terror, susto, espanto, miedo, pánico, temor, horror, pavor, sobrecogimiento. **Ant.** Valentía, arrojo.

terruño, patria, cuna, suelo, tierra natal, hogar.

terso-sa, bruñido, pulido, brillante, suave, liso, resplandeciente, lustroso. **Ant.** Áspero, opaco.

tersura, lisura, suavidad, brillantez, resplandor, nitidez. **Ant.** Aspereza, opacidad.

tertulia, reunión, peña, cenáculo, sociedad, junta, velada, centro.// Charla, discusión, coloquio, disertación.

tesis, argumento, proposición, razonamiento, razón.

tesón, perseverancia, pertinacia, constancia, insistencia, persistencia, terquedad, tozudez, testarudez, firmeza, tenacidad. **Ant.** Abandono, inconstancia.

tesoro, caudal, bienes, valores, fondos, fortuna, riquezas, oro.

testar, legar, ceder, adjudicar, ofrecer, transmitir.

testarudez, obstinación, pertinacia, terquedad, obcecación, porfía, intransigencia, empecinamiento. **Ant.** Flexibilidad.

testarudo-da, obstinado, pertinaz, obcecado, terco, empecinado, porfiado, tozudo, emperrado. **Ant.** Transigente, flexible.

testificar, testimoniar, declarar, atestiguar, afirmar, alegar, demostrar.

testigo, declarante, atestante, deponente.

testimonial, documental, verídico, legítimo, cierto.

testimoniar, testificar, declarar, atestiguar, expresar, atestar.

testimonio, certificación, demostración, evidencia, alegato, declaración, prueba, información, testificación.

teta, ubre, mama, seno, busto, pecho.

tétrico-ca, lóbrego, lúgubre, fúnebre, tenebroso, funesto, sombrío, luctuoso, macabro. **Ant.** Optimista, alegre.

texto, obra, libro, manual, ejemplar, volumen, tomo./ Contenido, escrito.

textual, literal, exacto, fiel, idéntico. **Ant.** Inexacto, tergiversado.

tez, piel, cutis, dermis, color. **Par.** Tes.

tibio-bia, cálido, templado, atemperado, suave. **Ant.** Helado, ardiente.

tic, contracción, crispación, convulsión, espasmo.

tiempo, período, espacio, plazo, era, etapa, época, temporada, estación, momento, duración, intervalo.// Clima, temperatura, estado atmosférico.

tienda, establecimiento, negocio, comercio, local, despacho, almacén, bodega, depósito.

tiento, consideración, cautela, cuidado, miramiento, prudencia, moderación.

tierno-na, blando, delicado, suave, débil, dócil, flexible. **Ant.** Duro.// Cariñoso, afectuoso, dulce, amoroso. **Ant.** Insensible, cruel.// Joven, nuevo, reciente, inexperto, novato. **Ant.** Experimentado, maduro.

tierra, globo, mundo, orbe, planeta.// País, territorio, región, comarca, terruño, pueblo, patria.// Piso, suelo, pavimento, terreno.// Hacienda, heredad, dominio, predio.

tieso-sa, tirante, estirado, rígido, duro, tenso, erecto, firme, yerto, empinado. **Ant.** Flojo, relajado.// Orgulloso, petulante, vanidoso. **Ant.** Humilde.// Grave, serio, circunspecto.

tiesto, maceta, recipiente, pote.

tifón, huracán, tornado, tromba, torbellino, temporal.

tildar, acusar, injuriar, tachar, censurar, criticar, apodar, motejar. **Ant.** Elogiar.

tilde, señal, marca, rasgo, trazo, vírgula.// Tacha, nota, mancha, difamación, estigma, mancilla.

timar, estafar, engañar, defraudar, embaucar, chantajear, despojar, robar. **Ant.** Devolver, reintegrar.

timbrar, sellar, precintar, estampillar.

timbre, señal, estampilla, precinto.// Llamador, chicharra, campanilla.// Sonoridad, resonancia, tono.

timidez, apocamiento, cohibimiento, vergüenza, irresolución, indecisión, introversión, cortedad. **Ant.** Intrepidez, descaro, audacia.

tímido-da, cohibido, apocado, corto, turbado, indeciso, temeroso, vergonzoso, introvertido, miedoso, timorato. **Ant.** Audaz, osado, resuelto.

timo, fraude, estafa engaño, trampa, embaucamiento. **Ant.** Honestidad, honradez.

timón, dirección, mando, gobierno, autoridad, guía.

timorato-ta, apocado, corto, asustadizo, temeroso, tímido (v.). **Ant.** Audaz, arrojado.

tina, tinaja, cuba, vasija, artesa, cubeta, recipiente.

tinaja, tina, vasija, cántaro.

tinglado, cobertizo, tablado, armazón.

tinieblas, oscuridad, sombra, lobreguez, tenebrosidad, negrura, opacidad, nebulosidad, noche. **Ant.** Claridad, luminosidad, día.// Ignorancia, oscurantismo, incultura, atraso. **Ant.** Cultura, conocimiento.

tino, puntería, acierto, destreza, ojo, tiento, pulso, seguridad, habilidad. **Ant.** Desacierto, inseguridad.// Discreción, prudencia, moderación, equilibrio, tiento. **Ant.** Imprudencia, desequilibrio.

tinta, color, pintura, matiz, coloración.

tinte, colorante, tinta (v.), tintura, barniz, matiz, tonalidad.

tintinear, sonar, resonar.

tinto-ta, teñido, coloreado.

tintura, barniz, tinte (v.), coloración.

tiña, mezquindad, avaricia, miseria, roña, escasez, tacañería. **Ant.** Abundancia, generosidad.

típico-ca, original, peculiar, característico, personal, representativo, pintoresco. **Ant.** Atípico.// Tradicional, popular, costumbrista.

tipo, modelo, muestra, arquetipo, ejemplar, representación, patrón, paradigma.// Apostura, figura, aspecto, aire, traza.// Índole, clase, naturaleza, condición.// **-pa**, persona, sujeto, individuo.

tira, banda, cinta, lista, venda, faja.// Pedazo, trozo.// Ribete, borde, franja, filete.// Correa, ceñidor.

tirabuzón, bucle, rizo, caracol, sortija.

tirada, serie, sarta, retahíla, ristra, rosario. **Ant.** Interrupción, paréntesis.// Trecho, distancia, tramo, trayecto.// Edición, impresión, tiraje.

tirado-da, caído, abatido, postrado. **Ant.** Erguido, levantado.// Regalado, barato. **Ant.** Caro.

tiranía, absolutismo, despotismo, dictadura, opresión, autocracia, totalitarismo, abuso, yugo, esclavitud. **Ant.** Democracia, libertad, tolerancia.

tiránico-ca, despótico, abusivo, injusto, avasallador, dictatorial, dominante, opresivo, totalitario, sojuzgador, autocrático. **Ant.** Democrático, liberal, justo.

tiranizar, dominar, sojuzgar, someter, oprimir, subyugar, despotizar, esclavizar, avasallar, abusar, dominar. **Ant.** Liberar, democratizar.

tirano, déspota, injusto, arbitrario, opresor, dictador, dominador. **Ant.** Demócrata.

tirante, rígido, tieso, tenso, duro, estirado, firme. **Ant.** Flojo.// Enojoso, dificultoso, delicado, espinoso. **Ant.** Amable, fácil.// Madero, viga, soporte, barra, puntal.// Sostén, sujetador, tira, correa.

tirantez, tensión, rigidez, dureza, tiesura, turgencia. **Ant.** Flojedad, blandura.// Hostilidad, violencia, enemistad, disgusto. **Ant.** Entendimiento.

tirar, echar, arrojar, lanzar, proyectar, emitir, impulsar, verter, expeler. **Ant.** Retener.// Derrumbar, derribar, abatir, desmoronar, derruir, devastar, arrasar, destruir. **Ant.** Erigir, levantar.// Disparar, descargar, hacer fuego.// Derrochar, dilapidar, malgastar, despilfarrar. **Ant.** Ahorrar.// Llevar, arrastrar, remolcar.// **-se**, tenderse, tumbarse, acostarse, yacer, descansar.

tiritar, temblar, estremecerse, vibrar.

tiro, disparo, estallido, detonación, balazo, descarga, salva, cañonazo, explosión, andanada.// Ventilación.// Tronco yunta.// Conducto, tubo.

tirón, estirón, empujón, sacudida, zarandeo, empellón, arrastre.

tirotear, disparar, hacer fuego, tirar, descargar, lanzar.

tiroteo, disparos, balazos, refriega, enfrentamiento, descarga.

tirria, antipatía, repulsión, odio, repugnancia, aborrecimiento, rabia. **Ant.** Agrado, afecto, simpatía.

tisana, infusión, brebaje.

titán, gigante, cíclope, coloso, superhombre. **Ant.** Enclenque.

titánico-ca, colosal, ciclópeo, descomunal, gigantesco, hercúleo. **Ant.** Mezquino, pequeño.

títere, muñeco, fantoche, polichinela, marioneta, monigote.// Pelele, mamarracho, mequetrefe.

titilación, temblor, fulgor, centelleo, estremecimiento, temblequeo, palpitación.

titilar, brillar, refulgir, chispear, centellear.// Temblar (v.).

titubeante, vacilante, indeciso, irresoluto, incierto, inseguro, inestable. **Ant.** Seguro, decidido.

titubear, vacilar, dudar, fluctuar, oscilar, trastabillar, flaquear tambalearse. **Ant.** Decidirse, confiar.

titubeo, vacilación, irresolución, incertidumbre, hesitación duda, perplejidad, azoramiento. **Ant.** Decisión, seguridad.

titular, nombrar, denominar, mencionar, llamar, rotular, designar, indicar, señalar.// Nombre, designación, título, denominación, etiqueta, cartel.// Efectivo, nominativo, nominal.

título, rótulo, designación, lema, inscripción, letrero, encabezamiento.// Licencia, autorización, nombramiento, diploma, credencial, certificado.// Linaje, prosapia, abolengo, jerarquía.

tiznar, manchar, ensuciar, ahumar, pringar, ennegrecer.

tizón, rescoldo, leño, brasa.

tobera, abertura, tubo, conducto.

tobillo, maléolo.

tocar, palpar, tentar, tantear, acariciar, manipular, sobar.// Pulsar, ejecutar, sonar, rasguear, tañer, teclear, interpretar.// Rozar, tropezar.// Lindar, limitar, confinar, rayar.// Concernir, corresponder, pertenecer, afectar.

tocayo-ya, homónimo, del mismo nombre.

todavía, aún.

todo, total, conjunto, integridad, totalidad, suma. **Ant.** Nada.// Completamente, íntegramente, enteramente.// **-da**, íntegro, completo, entero, total global. **Ant.** Parte.

todopoderoso-sa, omnipotente, omnímodo, absoluto, sumo. **Ant.** Impotente, inferior.

toldo, techo, cubierta, entoldado, dosel, palio, lona.

tolerable, admisible, soportable, aceptable, permisible. **Ant.** Intolerable.

tolerancia, indulgencia, condescendencia, anuencia, conformidad, consideración, transigencia, contemporización, benevolencia, comprensión. **Ant.** Intolerancia, intransigencia, incomprensión.

tolerante, indulgente, condescendiente, transigente, paciente, comprensivo, flexible, blando, considerado. **Ant.** Intransigente, intolerante.

tolerar, soportar, sufrir, aguantar, transigir, resistir, condescender, admitir, comprender, contemporizar, aceptar, sobrellevar. **Ant.** Rechazar, rebelarse.

toma, conquista, ocupación, apropiación, asalto, incautación, usurpación, expolio. **Ant.** Devolución.// Dosis (v.).// Orificio, abertura.

tomar, asir, agarrar, aferrar, coger, capturar, apresar. **Ant.** Soltar.// Arrebatar, despojar, apresar, ocupar, conquistar.// Asaltar, apoderarse, apropiarse, usurpar. **Ant.** Libertar.// Beber, ingerir, libar, tragar. **Ant.** Arrojar.

tomo, volumen, ejemplar.

tonalidad, tono, matiz, gradación, coloración.

tonel, barril, barrica, cuba, casco, tina, vasija, pipa, recipiente.

tónico-ca, reconstituyente, reconfortante, estimulante, vigorizante, tonificante. **Ant.** Debilitante.

tonificar, fortificar, vigorizar, fortalecer, robustecer, reanimar, estimular, animar, reconfortar. **Ant.** Debilitar.

tonina, delfín.

tono, voz, sonido, tonalidad, inflexión, elevación, dejo, tonillo, modulación, entonación.

tonsurar, rapar (v.).

tontería, bobada, idiotez, imbecilidad, estupidez, sandez, necedad, tontera, insensatez, torpeza, disparate. **Ant.** Agudeza, ingenio, sagacidad, talento, juicio.// Nimiedad, insignificancia (v.). **Ant.** Importancia.

tonto-ta, necio, bobo, idiota, imbécil, estúpido, sandio, zafio, mentecato, majadero, torpe, zopenco, palurdo, zonzo, memo. **Ant.** Inteligente, agudo, sagaz, ingenioso.

topar, tropezar, chocar, dar, pegar, golpear.// Encontrar, hallar. **Ant.** Evitar, eludir.

tope, extremo, límite, término, remate, final, fin.// Impedimento, obstáculo, estorbo.

topetazo, encontronazo, choque, golpe, colisión.

tópico, clisé, frase hecha, trivialidad, lugar común, repetición, vulgaridad.// Apósito, ungüento, vendaje.

toque, señal, aviso, llamada, advertencia.// Roce, contacto, fricción.

toquetear, manosear, tocar (v.).

torbellino, vorágine, remolino, rápido, revuelta, espiral, ciclón.// Muchedumbre, aglomeración, multitud, turba, revuelo, tumulto, confusión, revolución, turbulencia, bulla. **Ant.** Calma, tranquilidad, sosiego.

torcer, retorcer, doblar, curvar, enroscar, rizar, arquear, combar, flexionar, cimbrear. **Ant.** Enderezar.// Desviarse, virar, girar, separarse, cambiar. **Ant.** Seguir, continuar.// Desviar, descarriar, corromper. **Ant.** Enmendar.// -se, luxarse, dislocarse, retorcerse.

toreo, lidia, corrida, faena.

torero, lidiador, matador, espada, rejoneador.

tormenta, temporal, tempestad, borrasca, aguacero, vendaval, huracán, turbión, ciclón. **Ant.** Calma, serenidad, bonanza.

tormento, tortura, padecimiento, suplicio, sufrimiento, martirio, sacrificio, holocausto. **Ant.** Placer, felicidad.// Molestia, angustia, congoja, aflicción. **Ant.** Alegría.

tormentoso-sa, borrascoso, tempestuoso, proceloso, inclemente, agitado. **Ant.** Sereno, bonancible.

tornar, regresar (v.).

tornasol, irisación, fulgor, reflejo.

tornasolado-da, irisado, brillante, refulgente, matizado.

tornear, alisar, labrar, pulir, conformar, redondear.

torneo, justa, competición, combate, pugna, liza, desafío.

torniquete, ligadura, vendaje, atadura.

torpe, inhábil, incapaz, tonto, lento, pesado, inútil, incompetente, inexperto, inepto, desmañado, nulo. **Ant.** Hábil, competente.// Obsceno, lúbrico, licencioso, indecoroso, deshonesto. **Ant.** Honesto, virtuoso.

torpeza, inhabilidad, ineptitud, necedad, impericia, rudeza, lentitud, pesadez, incompetencia, incapacidad. **Ant.** Habilidad, competencia.

torrefacción, torrado, tostado, calcinación. **Ant.** Refrigeración.

torrencial, caudaloso, tempestuoso, violento, impetuoso, furioso. **Ant.** Suave, escaso.

torrente, corriente, rápidos, catarata, avenida.// Multitud, muchedumbre.

tórrido-da, abrasador, caluroso, quemante, canicular, bochornoso, ardiente, sofocante. **Ant.** Frío, helado.

torta, pastel, bizcocho, bollo, tarta, pasta.// Bofetada, cachetazo, tortazo, bofetón.

tortazo, sopapo, cachetazo, bofetada (v.).

tortuoso-sa, torcido, sinuoso, retorcido, ondulante, serpenteante, zigzagueante. **Ant.** Derecho, recto.// Disimulado, solapado, hipócrita, cauteloso, artero, avieso, astuto. **Ant.** Sincero, directo.

tortura, martirio, suplicio, tormento (v.). **Ant.** Placer, satisfacción.// Incertidumbre, inseguridad, angustia, zozobra, desazón. **Ant.** Certidumbre.

torturador-ra, mortificador, torturante, mortificante, martirizador, doloroso, angustioso. **Ant.** Deleitoso, placentero.

torturar, martirizar, atormentar, supliciar, sacrificar. **Ant.** Contentar, consolar.// -se, mortificarse, padecer, sufrir, afligirse. **Ant.** Alegrarse, consolarse.

torvo-va, hosco, fiero, malvado, amenazador, avieso, terrible, horripilante. **Ant.** Agradable, benévolo.

tosco-ca, rudo, grosero, ordinario, vulgar, rústico, inculto, palurdo, chabacano, torpe. **Ant.** Refinado, pulido, educado.// Basto, áspero, desigual. **Ant.** Fino, liso.

tósigo, ponzoña, veneno, tóxico.

tosquedad, grosería, brutalidad, ordinariez, incivilidad, incultura, rudeza, chabacanería, vulgaridad. **Ant.** Refinamiento, educación.// Bastedad, aspereza. **Ant.** Suavidad, lisura.

tostado-da, moreno, bronceado, asoleado, atezado, curtido. **Ant.** Pálido.// Asado, dorado, cocido, torrado, quemado. **Ant.** Crudo.

tostar, asar, quemar, calentar, dorar, cocer, torrar, cocinar, calcinar.// Broncear, asolear, atezar, ennegrecer.

total, todo, conjunto, totalidad, integridad, generalidad. **Ant.** Parte.// Suma, adición, agregación. **Ant.** Resta.// Absoluto, universal, general, entero, cabal. **Ant.** Parcial.

totalidad, todo (v.), total (v.).

totalitario-ria, absolutista, dictatorial, arbitrario, tiránico. **Ant.** Democrático.

tótem, ídolo, talismán, deidad.

tóxico, veneno, ponzoña, tósigo, toxina. **Ant.** Antídoto.// -ca, Ponzoñoso, venenoso, intoxicante, nocivo, dañino, perjudicial, deletéreo. **Ant.** Sano, beneficioso.

toxicómano-na, drogadicto.

tozudez, porfía, obcecación, obstinación, ofuscación, capricho, terquedad, contumacia. **Ant.** Flexibilidad, contemporización.

tozudo-da, porfiado, obstinado, obcecado, intransigente, empecinado, obsesionado, caprichoso, terco, contumaz, testarudo. **Ant.** Flexible, comprensivo, transigente.

traba, obstáculo, dificultad, estorbo, engorro, embarazo, inconveniente. **Ant.** Facilidad.

trabado-da, ligado, sujeto, atado, asegurado. **Ant.** Desligado, libre.

trabajador-ra, laborioso, diligente, emprendedor, afanoso, aplicado, solícito, activo, voluntarioso, cumplidor, dinámico, hacendoso. **Ant.** Vago, haragán, holgazán.// Obrero, artesano, operario, asalariado, peón.

trabajar, laborar, elaborar, obrar, hacer, producir, bregar, esforzarse, ocuparse, atarearse, ejercer, ganarse la vida. **Ant.** Holgar, descansar.

trabajo, labor, faena, tarea, actividad, ocupación, quehacer, obra, operación, ejercicio, elaboración, producción, fabricación, confección. **Ant.** Holganza, descanso.// Empleo, oficio, profesión, función.// Investigación, estudio, examen, análisis, tratado, ensayo, tesis, monografía.// Esfuerzo, dolor, penalidad, molestia, brega, lucha, padecimiento. **Ant.** Reposo, inactividad, vacación.

trabajoso-sa, pesado, costoso, penoso, molesto, abrumador, oneroso, fatigoso, ingrato, agotador. **Ant.** Fácil, descansado.

trabar, unir, sujetar, enlazar, ligar, asir, inmovilizar. **Ant.** Soltar.// Dificultar, obstaculizar, impedir. **Ant.** Facilitar.

trabazón, ligazón, enlace, juntura, unión, sujeción, lazo. **Ant.** Desunión, separación.

trabucar, enredar, trastornar, desordenar, confundir, turbar, alterar. **Ant.** Ordenar, enderezar.

tracción, arrastre, remolque, tirón, empuje, tiro. **Ant.** Parada.

tracto, trecho, trozo, porción.

tradición, leyenda, creencia, fábula, mito, gesta, rito.// Uso, costumbre, hábito, práctica, herencia.

tradicional, ancestral, legendario, proverbial, acostumbrado, consagrado, usual. **Ant.** Nuevo, actual.

traducción, traslación, transposición, transcripción, versión, interpretación. **Ant.** Original.

traducir, trasladar, transcribir, interpretar, verter, descifrar, explicar.

traer, atraer, acercar, aproximar. **Ant.** Alejar.// Transportar, trasladar, acarrear, conducir, portar. **Ant.** Llevar.

traficante, tratante, comerciante, negociante.

traficar, negociar, comerciar, tratar, especular, vender, comprar.

tráfico, comercio, negocio, transacción, especulación, compraventa, intercambio, trato.// Circulación, tránsito, movimiento, tráfago, transporte.

tragaluz, claraboya, lumbrera, ventanal, cristalera, lucerna.

tragar, ingerir, deglutir, engullir, embuchar, ingurgitar, pasar, comer, zampar. **Ant.** Expeler.// Absorber, chupar, hundir, abismar, devorar.// Soportar, admitir, sufrir, resistir. **Ant.** Repeler.

tragedia, infortunio, desgracia, desastre, desdicha, calamidad. **Ant.** Fortuna, felicidad.

trágico-ca, desastroso, infausto, fatal, infortunado, desgraciado, aciago, penoso, desventurado, catastrófico, fatídico, funesto. **Ant.** Alegre, afortunado.

trago, sorbo, deglución, bocado. **Ant.** Expulsión.

traición, infidelidad, deslealtad, engaño, perfidia, falsía, perjurio, falsedad, infamia, delación, insidia, felonía. **Ant.** Lealtad, fidelidad, honestidad.

traicionar, engañar, delatar, entregar, abandonar, falsear, estafar, conspirar, renegar. **Ant.** Proteger.

traidor-ra, infiel, perjuro, felón, falso, desleal, delator, artero, tránsfuga, alevoso, infame, ingrato, vil. **Ant.** Fiel, leal, noble.

trailla, cadena, correa, atadura, correaje.// Jauría, perrería.

traje, vestido, atavío, vestimenta, indumentaria, ropa, ropaje, prenda.

trajín, ajetreo, traqueteo, actividad, movimiento. **Ant.** Calma, quietud.// Quehacer, ocupación, esfuerzo. **Ant.** Descanso, reposo.// Tránsito, tráfico, circulación. **Ant.** Quietud.

trama, intriga, confabulación, maquinación, componenda, enredo, artificio.// Red, tejido, urdimbre, malla.// Tema, asunto, argumeto, materia.

tramar, urdir, tejer.// Maquinar, planear, fraguar, confabular, preparar, intrigar, complotar, maniobrar, conspirar.

tramitación, trámite (v.).

tramitar, gestionar, diligenciar, expedir, despachar, substanciar. **Ant.** Demorar, obstaculizar.

trámite, gestión, tramitación, diligencia, despacho, expediente, substanciación, procedimiento, proceso, recurso, formalidad.

tramo, parte, trecho, trayecto, distancia, espacio, recorrido.

tramoya, artificio, ingenio, artilugio, ingenio.// Intriga, enredo, engaño, disimulo, trampa, engañifa, embuste. **Ant.** Autenticidad.

trampa, ardid, engaño, embuste, artificio, celada, fraude, emboscada, intriga, argucia, asechanza, insidia, estratagema, confabulación. **Ant.** Ayuda, verdad, honradez.// Red, cepo, lazo.

tramposo-sa, estafador, embustero, farsante, embaucador, timador, bribón, mentiroso, defraudador, tahúr, fullero. **Ant.** Honrado, noble, sincero.

tranca, palo, vara, estaca, garrote, porra.

trance, apuro, aprieto, brete, dificultad, dilema, lance, riesgo, compromiso. **Ant.** Seguridad, garantía.

tranquilidad, quietud, serenidad, reposo, paz, placidez, moderación, mansedumbre, sosiego, calma, silencio, suavidad. **Ant.** Agitación, intranquilidad.// Despreocupación, indiferencia, pachorra, cachaza, imperturbabilidad. **Ant.** Sobresalto, actividad.

tranquilizar, calmar, apaciguar, serenar, aplacar, moderar, suavizar, sosegar, pacificar, mitigar, aquietar, sedar. **Ant.** Inquietar, irritar, agitar.

tranquilo-la, sosegado, calmo, sereno, suave, reposado, silencioso, manso, plácido, pacífico, calmado, apacible. **Ant.** Intranquilo, nervioso, excitado.// Indolente, indiferente, impávido, impasible, pachorriento, cachazudo. **Ant.** Desasosegado, irritado.

transacción, negociación, trato, acuerdo, convenio, arreglo, componenda, pacto, compromiso. **Ant.** Desavenencia, desacuerdo, ruptura.

transatlántico, buque, embarcación, nave, barco, navío vapor, paquebote.// **-ca**, transoceánico, ultramarino transmarino.

transcribir, trasladar, reproducir, copiar.

transcripción, reproducción, traducción, traslación, copia.

transcurrir, pasar, correr, sucederse, verificarse, acontecer marchar. **Ant.** Retroceder, detenerse.

transcurso, paso, sucesión, trecho, marcha, duración, intervalo, plazo, curso. **Ant.** Detención.

transeúnte, peatón, viandante, caminante, paseante, ambulante.

transferencia, traspaso, traslado, cesión, transmisión. **Ant.** Retención.

transferir, pasar, traspasar, trasladar, transmitir. **Ant.** Retener.// Dilatar, aplazar, diferir.

transfigurar, transformar, transmutar, alterar, metamorfosear, modificar, cambiar, variar. **Ant.** Quedar, permanecer.

transformación, modificación, cambio, reforma, mutación, variación, transfiguración, metamorfosis. **Ant.** Permanencia, inalterabilidad.

transformar, mudar, modificar, cambiar, trocar, transmutar, metamorfosear, convertir, conmutar, reformar, innovar, corregir. **Ant.** Conservar, permanecer, continuar.

tránsfuga, desertor, prófugo, traidor (v.). **Ant.** Leal.

transgredir, infringir, violar, quebrantar, traspasar, vulnerar, contravenir. **Ant.** Respetar, obedecer, cumplir.

transgresión, infracción, violación, contravención, desobediencia, vulneración, falta, atropello, delito, desobediencia. **Ant.** Obediencia, respeto, cumplimiento.

transgresor-ra, contraventor, vulnerador, violador, infractor, desobediente, quebrantador, rebelde, **Ant.** Obediente, cumplidor, respetuoso.

transición, paso, cambio, mutación, evolución, mudanza, transformación (v.). **Ant.** Permanencia.

translido-da, acongojado, abrumado, consumido, fatigado, angustiado, aterido. **Ant.** Animoso.

transigir, tolerar, ceder, condescender, contemporizar, acceder, convenir, tratar, aceptar, consentir, otorgar. **Ant.** Negarse, exigir.

transitable, accesible, practicable, franqueable, vadeable, libre. **Ant.** Intransitable, infranqueable.

transitar, circular, pasar, viajar, andar, recorrer, marchar, deambular, atravesar, franquear. **Ant.** Quedarse, detenerse.

tránsito, transporte, tráfico, circulación, traslación, tráfago, movimiento. **Ant.** Inactividad, detención.// Comunicación, paso, cruce, recorrido, trayecto.// Muerte, óbito, fallecimiento, defunción, desaparición.

transitorio-ria, momentáneo, pasajero, perecedero, efímero, accidental, temporal, fugaz, precario, breve, corto. **Ant.** Eterno, perpetuo.

translúcido-da, transparente, límpido, nítido, diáfano. **Ant.** Opaco.

transmisión, traspaso, transferencia, traslado, cesión, entrega, traslación. **Ant.** Retención.// Contaminación, propagación, contagio, infección.// Comunicación, difusión, emisión.

transmitir, trasladar, comunicar, transferir, ceder, traspasar, entregar. **Ant.** Retener.// Propagar, contagiar, contaminar.// Comunicar, difundir, emitir, propalar, radiar.

transmutar, mudar, trocar, transformar, convertir, cambiar. **Ant.** Permanecer.

transoceánico-ca, transatlántico.

transparencia, claridad, lucidez, nitidez, tersura, diafanidad, limpieza, luminosidad. **Ant.** Opacidad, oscuridad.

transparentarse, traslucirse, clarearse, entrelucirse. **Ant.** Oscurecerse.// Adivinarse, descubrirse. **Ant.** Velarse.

transparente, traslúcido, nítido, claro, límpido, diáfano, terso, luminoso. **Ant.** Opaco, oscuro, empañado.

transpiración, sudor, secreción, excreción, trasudor.

transpirar, sudar, rezumar, secretar, segregar, humedecerse, trasudar, excretar, exudar. **Ant.** Secar, retener.

transponer, atravesar, traspasar, cruzar.

transportar, trasladar, acarrear, conducir, llevar, cargar, enviar, traer, pasar, arrastrar. *Ant.* Dejar, permanecer.// **-se**, embelesarse, enajenarse, suspenderse, pasmarse, arrobarse. *Ant.* Desilusionarse, sobreponerse.

transporte, traslado, conducción, carga, traslación, acarreo. *Ant.* Permanencia.// Arrobamiento, rapto, embeleso, éxtasis, delirio.

transposición, traslación, traducción.// Intercalación, inversión, superposición.

transversal, atravesado, sesgado, oblicuo, cruzado, torcido. *Ant.* Derecho, recto.

trapero-ra, ropavejero, quincallero, botellero, basurero.

trapisonda, lío, embrollo, enredo, embuste, fraude, estafa.

trapo, tela, paño, género.// Harapo, guiñapo, retazo.

traquetear, mover, zarandear, sacudir, golpear, agitar.

traqueteo, zarandeo, meneo, sacudimiento, golpeteo, zangoloteo, ajetreo. *Ant.* Quietud.

trascendencia, importancia, gravedad, sustancia. *Ant.* Insignificancia.// Consecuencia, resultado, efecto, secuela, derivación, repercusión. *Ant.* Causa, antecedente.// Perspicacia, penetración, sagacidad. *Ant.* Ingenuidad.

trascendental, esencial, importante, notable, vital, principal, significativo, imprescindible, básico. *Ant.* Intrascendente, insignificante.

trascendente, trascendental (v.).

trascender, penetrar, comprender.// Difundirse, propagarse, manifestarse, comunicarse, extenderse, traslucirse. *Ant.* Ocultarse, circunscribirse.

trascripción, transcripción.

trasegar, trasvasar (v.).

trasero, posaderas, nalgas, asentaderas, culo.// **-ra**, posterior, final, postrero, último, zaguero. *Ant.* Delantero.

trasferir, transferir (v.).

trasgo, duende, engendro, fantasma, espectro, aparición, visión, espíritu.

trasgredir, transgredir (v.).

trasgresión, transgresión (v.).

trasgresor, transgresor (v.).

trashumante, errante, nómada, vagabundo, viajero, ambulante. *Ant.* Sedentario, estable.

traslación, traslado (v.).

trasladar, transportar, mudar, cambiar, desplazar, remover, llevar, acarrear, viajar. *Ant.* Quedarse, asentarse.// Traducir, reproducir, calcar, copiar, verter.

traslado, traslación, transferencia, remoción, cambio, mudanza, tránsito. *Ant.* Permanencia.// Transporte, migración, traspaso. *Ant.* Asentamiento.

traslúcido-da, translúcido (v.).

trasnochado-da, anacrónico, extemporáneo, antiguo. *Ant.* Moderno, actual.

trasnochador-ra, noctámbulo, nocturno, noctívago, calavera, juerguista. *Ant.* Madrugador.

traspapelar, confundir, extraviar, perder, mezclar, embrollar, embarullar, enredar. *Ant.* Encontrar, ordenar.

traspasar, perforar, atravesar, horadar, taladrar, pasar, penetrar.// Transferir, ceder, trasladar, endosar, transmitir.// Cruzar, atravesar, trasponer, franquear. *Ant.* Detenerse.// Violar, quebrantar, infringir, vulnerar. *Ant.* Cumplir, respetar.

traspaso, transferencia, traslado, cesión, transmisión, legado.

trasplé, resbalón, tropezón (v.).// Confusión, error, yerro, equi-vocación, piña, desliz, desacierto. *Ant.* Acierto.

trasplantar, replantar, mudar, remover, trasladar. *Ant.* Permanecer, quedar.

trasplante, cambio, mudanza, traspaso.

trasponer, atravesar, cruzar, salvar, franquear, traspasar (v.).

trastabillar, tropezar.// Vacilar, tambalear.

trastada, canallada, fechoría, picardía, barrabasada, bellaquería, truhanería, jugarreta. *Ant.* Ayuda.// Diablura, travesura, broma. *Ant.* Seriedad.

trasto, cachivache, armatoste, bártulo, artefacto, cacharro, chirimbolo.

trastornado-da, revuelto, alterado, embarullado, perturbado, desordenado, desarreglado. *Ant.* Ordenado.// Confuso, perturbado, desconcertado, enloquecido, enajenado, desquiciado. *Ant.* Juicioso.

trastornar, revolver, desarreglar, embrollar, enredar, perturbar, desordenar, embarullar. *Ant.* Ordenar.// Angustiar, inquietar, apenar, impresionar. *Ant.* Tranquilizar, calmar.// **-se**, enloquecer, chiflarse, perturbarse, desvariar.

trastorno, complicación, dificultad, perturbación, desorden, molestia, fastidio, inconveniente. *Ant.* Orden.// Locura, chifladura, perturbación, demencia. *Ant.* Cordura.

trastrocar, invertir, cambiar, revolver, trocar, confundir. *Ant.* Ordenar.

trasunto, copia, imitación, reproducción, remedo, transcripción. *Ant.* Original.// Compendio, resumen, síntesis, extracto, esquema. *Ant.* Ampliación.

trasvasar, trasegar, trasfundir, trasladar. *Ant.* Retener.

trata, tráfico, negociación, comercio, trato.

tratable, sociable, amable, cordial, afable, atento, cumplido, considerado, accesible, franco. *Ant.* Intratable, insociable.

tratado, acuerdo, pacto, convenio, negociación, compromiso, alianza. *Ant.* Desacuerdo, ruptura.// Escrito, ensayo, monografía, manual.

tratamiento, régimen, cura, medicación, procedimiento.// Método, sistema.// Dignidad, título, honores, trato.

tratar, asistir, cuidar, atender.// Acordar, comerciar, negociar, convenir. *Ant.* Romper.// Discutir, debatir, estudiar, examinar, considerar, versar.// Relacionarse, comunicarse, alternar, frecuentar. *Ant.* Aislarse.// Procurar, intentar. *Ant.* Abandonar.

trato, pacto, acuerdo, convenio, arreglo, negociación. *Ant.* Desacuerdo.// Relación, confianza, intimidad, frecuentación, comunicación, familiaridad. *Ant.* Enemistad, insociabilidad.// Tratamiento, título.

trauma, traumatismo (v.).

traumatismo, contusión, golpe, lesión, herida. *Ant.* Indemnidad.

traumatizar, lesionar, golpear, herir.

travesaño, listón, madero, tabla, viga, barra, travesero, larguero, refuerzo.

travesía, viaje, recorrido, trayecto, crucero.

travesura, diablura, juego, pillería, chiquillinada, trastada. *Ant.* Seriedad, formalidad.

travieso-sa, juguetón, revoltoso, inquieto, bullicioso, pícaro, enredador, diablillo. *Ant.* Serio, formal.

trayecto, tramo, trecho, etapa, recorrido.// Travesía, itinerario, camino, trayectoria.

trayectoria, trayecto, itinerario, dirección, camino.

traza, apariencia, aspecto, figura, porte, pinta, aire.

trazar, diseñar, perfilar, bosquejar, delinear, esbozar, marcar.// Planear, proyectar, imaginar. *Ant.* Desechar.

trazo, línea, rasgo, trazado, delineación, perfil, marca, raya, tachadura.

trecho, recorrido, tramo, distancia, espacio.

tregua, armisticio, aplazamiento, suspensión, espera, alto el fuego, conciliación, descanso, respiro, intervalo, reposo. *Ant.* Acitividad, prosecución, reanudación.

tremebundo-da, horrible, horroroso, tremendo, terrible, horripilante, espantoso, aterrador. *Ant.* Agradable, grato.

tremendo-da, tremebundo (v.).// Enorme, gigante, formidable, fenomenal, monumental, imponente. *Ant.* Insignificante, pequeño.

tremolar, ondular, fluctuar, flamear, ondear, flotar, mecer, enarbolar. *Ant.* Inmovilizarse.

tremolina, escándalo, confusión, alboroto, bullicio, tumulto, riña, pelea (v.). *Ant.* Calma, paz, quietud.

trémulo-la, tembloroso, trepidante, temblequeante, estremecido, tremulante. *Ant.* Firme.// Asustado, temeroso, palpitante, vacilante, agitado. *Ant.* Valeroso.

trenzar, tramar, entretejer, entrelazar, urdir, tejer. *Ant.* Deshacer.

trepanación, perforación, taladramiento, horadamiento.

trepanar, taladrar, perforar, horadar. *Ant.* Cerrar, obturar.

trepar, ascender, subir, encaramarse, escalar. *Ant.* Bajar.

trepidación, temblor, convulsión, agitación, vibración, sacudimiento, estremecimiento. *Ant.* Quietud, firmeza.

trepidar, temblar, estremecerse, palpitar, vibrar, retemblar, sacudirse, agitarse. *Ant.* Aquietarse, serenarse.

treta, ardid, truco, engaño, artimaña, estratagema, trampa, fraude, astucia. *Ant.* Honradez.

tribu, clan, familia, grupo, raza, pueblo, estirpe, linaje.

tribulación, desgracia, amargura, aflicción, congoja, angustia, dolor, sufrimiento, pesadumbre. *Ant.* Dicha, alegría, ventura.

tribuna, estrado, plataforma, tablado, grada, podio.

tribunal, juzgado, jurado, foro, judicatura, fuero, corte.

tributar, pagar, contribuir, subsidiar. *Ant.* Adeudar, retener.// Consagrar, dedicar, profesar. *Ant.* Omitir.

tributo, contribución, gravamen, impuesto, subsidio, tasa, obligación, derecho, exacción. *Ant.* Exención, desgravamiento.// Homenaje, ofrenda, consagración, dedicación. *Ant.* Ingratitud.

trifulca, riña, pendencia, pelea, batahola, camorra, altercado, gresca, escaramuza, refriega, disputa, revuelta. *Ant.* Paz, calma.

trigueño-ña, moreno, tostado, castaño.

trillado-da, conocido, corriente, sabido, visto. *Ant.* Nuevo, original.

trinar, cantar, gorjear, piar.// Enfurecerse, enojarse, rabiar (v.).

trinchera, defensa, resguardo, parapeto, baluarte, muralla.

trino, canto, gorjeo.

tripa, vientre, panza, barriga, abdomen.// ~s, vísceras, intestinos.

trípode, sostén, soporte, base, armazón, pedestal.

tripulación, dotación, equipo, personal.

tripular, manejar, conducir, dirigir, comandar.

triquiñuela, argucia, ardid, treta, subterfugio, simulación, engaño, enredo, truco. *Ant.* Autenticidad, franqueza.

triste, apesadumbrado, afligido, acongojado, apenado, amargado, abatido, desdichado, melancólico, nostálgico. *Ant.* Alegre, regocijado, feliz.// Desgraciado, funesto, lamentable, deplorable, luctuoso, aciago, penoso, desventurado. *Ant.* Venturoso.

tristeza, desolación, pena, amargura, angustia, desánimo, desconsuelo, aflicción, congoja, abatimiento, melancolía, nostalgia, desánimo. *Ant.* Alegría, optimismo, contento.

triturar, desmenuzar, moler, majar, machacar, pulverizar, picar, desintegrar. *Ant.* Rehacer.

triunfador-ra, victorioso, glorioso, invencible, triunfante, invicto, vencedor. *Ant.* Vencido, derrotado.

triunfal, triunfador, triunfante, glorioso, exitoso, invicto, apoteótico. *Ant.* Vencido, despreciable.

triunfar, superar, vencer, derrotar, conquistar, prevalecer, ganar, dominar, aniquilar, imponerse, aventajar, arrollar, aplastar. *Ant.* Perder, fracasar.

triunfo, éxito, victoria, gloria, dominio, ganancia, lauro, palma, premio, prosperidad, superación, consagración, predominio, gloria. *Ant.* Pérdida, derrota, inferioridad.

trivial, ligero, insignificante, superficial, nimio, pueril, baladí, fútil, anodino. *Ant.* Trascendente, extraordinario.

trivialidad, insignificancia, nimiedad, frivolidad, fruslería, bagatela, necedad, bobada, puerilidad, banalidad, futilidad, ligereza, intrascendencia. *Ant.* Importancia, trascendencia.

triza, pizca, trozo, migaja, menudencia, porción, parte, fragmento, partícula. *Ant.* Totalidad, integridad.

trocar, cambiar, permutar, canjear, intercambiar. *Ant.* Permanecer, mantener.// Equivocar, desfigurar, tergiversar.// Transformar, convertir, mudar, cambiar. *Ant.* Mantener, conservar.

trocha, camino, vereda, sendero.

trochemoche (a), disparatadamente, desatinadamente, absurdamente. *Ant.* Sensatamente.

trofeo, premio, galardón, recompensa, laurel, triunfo.// Botín, despojo.

troj, granero, silo, depósito.

troje, troj (v.).

tromba, tifón, torbellino, manga, remolino, tornado, vorá gine, ciclón, tempestad, huracán. *Ant.* Bonanza.

trompada, puñetazo, sopapo, trompis, trompazo, bofet da, mojicón, bofetón, moquete. *Ant.* Caricia.

trompazo, golpe, porrazo, caída.// Trompada (v.).

trompo, peón, peonza, perinola.

tronar, resonar, atronar, estallar, detonar, retumbar. *Ant.* S lenciar.// Enojarse, encolerizarse, jurar, apostrofar, malde cir, rugir. *Ant.* Calmarse.

tronchar, segar, truncar, partir, quebrantar, talar, dividi romper, doblar. *Ant.* Enderezar, componer.

tronco, vía, conducto, canal.// Tórax, torso, pecho, busto. Origen, genealogía, linaje, ascendencia, casta, raza, cepa *Ant.* Descendientes.

trono, sitial, solio, escaño, sede.

tropa, hueste, milicia, falange, partida, grupo, ejército, le gión, patrulla, piquete, brigada, ronda, regimiento, guar nición, comando, pelotón, vanguardia, retaguardia.

tropel, turba, muchedumbre, gentío, horda, caterva chusma, camarilla, banda.// Atropellamiento, prisa, agi tación, precipitación, desorden. *Ant.* Orden, tranquilli dad.

tropelía, atropello, abuso, injusticia, arbitrariedad, desmár desafuero. *Ant.* Respeto, justicia.

tropezar, chocar, topar, rozar, trastabillar.// Encontrarse, to parse.

tropezón, tropiezo, traspié, choque, encontronazo, tumbo resbalón.

tropical, caluroso, ardiente, tórrido, caliente, sofocante, bo chornoso. *Ant.* Helado, frío.

tropiezo, desliz, error, equivocación, desacierto, mal pasc *Ant.* Acierto.// Tropezón (v.).

tropo, figura.

troquel, molde, cuño, matriz.

troquelar, moldear, recortar, estampar.

trotamundos, vagabundo, andarín, viajero. *Ant.* Sedenta rio.

trotar, correr, andar, apresurarse, fatigarse. *Ant.* Detenerse

trote, actividad, esfuerzo, brega, cansancio, fatiga. *Ant.* De tención, holganza.

trovador, juglar, bardo, rapsoda, vate, poeta, trovero.

trozo, pedazo, fragmento, parte, porción, sección, resto, re siduo, pizca, partícula, segmento, tramo. *Ant.* Totalidad conjunto.

trucar, engañar, trampear, inventar.

truco, engaño, ardid, trampa, artimaña, treta, señuelo, engañifa. *Ant.* Honradez.// Juego de manos, prestidigitación ilusionismo, maniobra, suerte.

truculencia, atrocidad, ferocidad, violencia, crueldad, es panto, horror, sadismo, brutalidad. *Ant.* Bondad.

truculento-ta, terrorífico, atroz, espantoso, brutal, sinies tro, feroz, macabro, tremebundo. *Ant.* Agradable, bonda doso.

trueno, estrépito, estampido, estruendo, detonación, estallido, fragor, retumbo. *Ant.* Silencio.

trueque, intercambio, permuta, canje, cambio, conmutación, alteración, modificación, sustitución. *Ant.* Conservación, mantenimiento.

truhán, bribón, pícaro, pillo, granuja, bellaco, tramposo, estafador, vago. *Ant.* Formal, honrado.

truncar, cortar, cercenar, mutilar, seccionar, amputar, tronchar, segar, separar, podar, decapitar. *Ant.* Unir.

tubo, caño, conducto, cilindro, cánula, cañón, manga. Par Tuvo.

tuétano, meollo, médula, sustancia.

tufo, emanación, efluvio, exhalación.// Fetidez, hediondez, hedor, pestilencia, mal olor. *Ant.* Perfume.

tugurio, cuartucho, cuchitril, desván, antro, pocilga, covacha. *Ant.* Palacio.

tullido-da, mutilado, inválido, paralítico, impedido, imposibilitado, baldado, contrahecho, estropeado. *Ant.* Sano, válido, apto.

tullir-se, baldar, lisiar, paralizar, atrofiar, mutilar, deformar, incapacitar. *Ant.* Recuperarse, valerse.

tumba, sepultura, sepulcro, sarcófago, mausoleo, panteón, fosa, cripta, nicho, túmulo.

tumbado-da, caído, echado, acostado, derribado, derrumbado, tendido. **Ant.** Levantado.

tumbar, acostar, derribar, tirar, abatir, derrumbar, demoler, volcar, voltear. **Ant.** Levantar.// **-se**, echarse, tenderse, acostarse, descansar, yacer. **Ant.** Levantarse, incorporarse.

tumbo, sacudida, traqueteo, vaivén, zarandeo. **Ant.** Inmovilidad.

tumefacción, hinchazón, abultamiento, inflamación, congestión, bulto.

tumefacto-ta, hinchado, abultado, turgente, edematoso, inflamado, congestionado. **Ant.** Deshinchado, desinflamado.

tumor, quiste, absceso, bulto, excrecencia.

túmulo, sepultura (v.), tumba (v.).// Monumento, catafalco.// Montón, montículo.

tumulto, alboroto, confusión, desorden, escándalo, estrépito, revuelta, bullicio, trifulca, riña, pelea. **Ant.** Tranquilidad, calma.

tumultuoso-sa, revuelto, desordenado, alborotado, confuso, turbulento, estrepitoso, escandaloso. **Ant.** Pacífico, tranquilo.

tunante, pillo, sinvergüenza, taimado, sagaz, descarado, embustero, canalla. **Ant.** Honrado.

tunda, paliza, zurra, felpa, vapuleo, castigo. **Ant.** Caricia.

túnel, paso, conducto, galería, pasadizo, subterráneo, pasaje, corredor.// Gruta, cueva, caverna.

túnica, manto, toga, casulla, hábito, sotana.// Membrana, película, capa, piel.

tupé, descaro, atrevimiento, desfachatez, desvergüenza, frescura, insolencia. **Ant.** Prudencia, consideración.

tupido-da, denso, espeso, prieto, poblado, compacto, cerrado. **Ant.** Ralo.

turba, tumulto, muchedumbre, multitud, tropel, agolpamiento.// Banda, chusma, pandilla, gentuza.

turbación, confusión, desorientación, desconcierto, azoramiento, aturdimiento, consternación, perplejidad, perturbación. **Ant.** Serenidad, tranquilidad.

turbador-ra, inquietante, perturbante, emocionante, sorprendente, impresionante, estremecedor, desconcertante. **Ant.** Calmante, tranquilizante.

turbar, desconcertar, sorprender, desorientar, aturdir, azorar, conturbar, emocionar, perturbar, intranquilizar, agitar. **Ant.** Calmar, serenar.

turbio-bia, velado, opaco, oscuro, empañado, confuso, sucio, borroso. **Ant.** Transparente, claro, limpio.// Dudoso, sospechoso, embrollado, enrevesado, enredado, vago, ilícito, deshonesto. **Ant.** Honrado, seguro.

turbulencia, disturbio, alboroto, desorden, agitación, revuelta, intranquilidad, escándalo, levantamiento. **Ant.** Orden.// Torbellino, remolino, vorágine, perturbación. **Ant.** Tranquilidad.

turbulento-ta, alborotador, escandaloso, perturbador, revoltoso, agitador, tumultuoso, ruidoso, levantisco. **Ant.** Sereno, pacífico.

turgencia, hinchazón, abultamiento, levantamiento, tensión, redondez, carnosidad. **Ant.** Flaccidez.

turgente, hinchado, tirante, levantado, erecto, rígido, empinado, abultado, redondo, carnoso. **Ant.** Fláccido, blando.

turismo, viaje, excursión, visita, paseo, recorrido, gira.

turista, visitante, excursionista, viajero, veraneante, paseante, peregrino.

turnar-se, alternar, relevarse, suplantar, permutar, mudar, sustituir, repartir. **Ant.** Continuar.

turno, vuelta, alternativas, vez, tanda, ciclo, rueda, período, sucesión, sustitución.

tutela, protección, apoyo, guía, sostén, patrocinio, guarda, defensa. **Ant.** Desamparo.

tutelar, proteger, dirigir, sostener, patrocinar, guiar, defender, prohijar. **Ant.** Abandonar, descuidar, desamparar.

tutor-ra, defensor, protector, guardián, guía, supervisor.

tutoría, tutela (v.).

ubérrimo-ma, exuberante, pletórico, abundante, fértil, prolífico, productivo, rico, colmado. **Ant.** Estéril, pobre, exiguo.

ubicación, situación, sitio, posición, lugar, emplazamiento.

ubicar-se, estar, hallar, encontrar, situar, colocar, poner, disponer, asentar. **Ant.** Quitar, ausentarse.

ubicuidad, omnipresencia, simultaneidad.

ubicuo-cua, omnipresente.

ubre, teta, mama.

ufanarse, envanecerse, vanagloriarse, jactarse, engreírse, pavonearse, alardear, presumir. **Ant.** Humillarse, rebajarse.

ufano-na, soberbio, presumido, jactancioso, arrogante, engreído, envanecido, vanidoso, fanfarrón. **Ant.** Humilde.// Alegre, gozoso, contento, jovial, optimista, jubiloso. **Ant.** Triste, mustio.

úlcera, llaga, herida, lesión, fístula, pústula.

ulterior, posterior, subsiguiente, sucesivo, venidero, consecutivo. **Ant.** Anterior.

ultimar, acabar, terminar, concluir, consumar, finiquitar, completar, liquidar. **Ant.** Comenzar, empezar.// Matar, asesinar, eliminar.

ultimátum, exigencia, intimación, conminación. **Ant.** Condescendencia.

último-ma, postrero, póstumo, posterior, final, zaguero, ulterior, extremo. **Ant.** Anterior, primero.// Nuevo, actual, moderno. **Ant.** Viejo, antiguo.// Definitivo, terminante, concluyente.

ultrajante, vejatorio, ofensivo, insolente, afrentoso, humillante, agraviante, infamante, difamador, insultante. **Ant.** Halagador, elogioso.

ultrajar, injuriar, humillar, vejar, afrentar, agraviar, deshonrar, mancillar, ofender, despreciar, escarnecer, calumniar, insultar. **Ant.** Elogiar, alabar, ensalzar.

ultraje, deshonra, agravio, injuria, afrenta, insulto, ofensa, humillación, vejamen, infamia, violación, escarnio, desprecio, insolencia, atropello. **Ant.** Elogio, encomio, enaltecimiento, alabanza.

ultramarino-na, transatlántico, transoceánico, transmarino.

ultranza (a), resueltamente, a todo trance, decisivamente.

ulular, aullar, clamar, vociferar, bramar, rugir, gañir. **Ant.** Callar.

umbral, acceso, escalón, paso, entrada. **Ant.** Dintel.// Origen, comienzo, principio. **Ant.** Final, término.

umbroso-sa, sombrío, umbrío, sombreado, tenebroso, brumoso, crepuscular, oscuro.

unánime, acorde, concorde, conforme, coincidente, general, unísono, avenido. **Ant.** Contrario, restringido, parcial.

unanimidad, acuerdo, conformidad, unidad, avenencia, adhesión, correspondencia, reciprocidad. **Ant.** Discrepancia, desavenencia, desacuerdo.

unción, veneración, piedad, fervor, reverencia, recogimiento. **Ant.** Frialdad, irreverencia.

uncir, atar, unir, amarrar, juntar, enganchar, enyugar, aparear, acoplar, enyuntar. **Ant.** Desatar, desuncir.

undoso-sa, sinuoso, ondulante, ondulado.

ungido-da, consagrado, señalado, proclamado, investido.

ungir, proclamar, consagrar, investir, entronizar, honrar, conferir.// Sacramentar.

ungüento, unto, bálsamo, untura, pomada.

único-ca, solo, uno, singular, simple, aislado, indivisible, característico, peculiar, raro, distintivo, impar. **Ant.** Vario, plural.// Extraordinario, magnífico, valioso, insuperable, inimitable. **Ant.** Vulgar, corriente.

unidad, uno, cifra, cantidad.// Unión, conformidad, acuerdo.// Ente, ser, sujeto, individuo.

unido-da, junto, incorporado, fusionado, soldado, pegado. **Ant.** Desunido.// Asociado, ligado, aliado. **Ant.** Desavenido.

unificar, juntar, unir, agrupar, reunir, aunar. **Ant.** Desunir, separar.// Uniformar (v.).

uniformar, igualar, nivelar, unificar, equiparar. **Ant.** Desnivelar, diferenciar.

uniforme, traje, vestido, atuendo.// Igual, análogo, idéntico, parejo, similar. **Ant.** Desparejo, desigual.// Monótono, aburrido, invariable, regular, sistemático. **Ant.** Irregular, diverso.// Suave, fino, llano, liso. **Ant.** Áspero, quebrado.

uniformidad, igualdad, semejanza, identidad, similitud, analogía, homogeneidad, conformidad. **Ant.** Desigualdad, varie-dad.// Monotonía, aburrimiento, regularidad, invariabilidad. **Ant.** Diversidad.

unión, enlace, nexo, ligazón, trabazón, lazo, conexión, vínculo, ligadura. **Ant.** Desunión.// Mezcla, fusión, cohesión, amalgama, unificación. **Ant.** Disgregación.// Conformidad, amistad, unidad, correspondencia, fraternidad, adhesión, identificación, integración, concordancia, afinidad, solidaridad. **Ant.** Separación, divergencia.// Alianza, federación, coalición, pacto, convenio, concordato, hermandad. **Ant.** Desvinculación.// Matrimonio, casamiento, enlace. **Ant.** Separación, divorcio.

unir, juntar, reunir, mezclar, aunar, asociar, fundir, fusionar, ligar, trabar, combinar, incorporar, atar, vincular, relacionar, ensamblar, anexar. **Ant.** Desunir, separar.// **-se**, asociarse, aliarse, coaligarse, conformar, federarse, unificarse. **Ant.** Disociarse, desligarse.// Casarse, desposarse. **Ant.** Divorciarse, separarse.

unísono-na, unánime, acorde.

unitario-ria, uno, indiviso, indisoluble, inseparable, indivisible. **Ant.** Vario.

universal, general, total, absoluto, global, completo. **Ant.** Local, limitado.// Mundial, internacional. **Ant.** Nacional, local.

universo, mundo, cosmos, orbe, infinito, creación.

uno, unidad, individuo.// **-na**, alguno.// Solo, único, indiviso. **Ant.** Varios.

untar, embadurnar, pringar, engrasar, manchar, ensuciar, aceitar.// Sobornar, cohechar.

unto, ungüento (v.).// Grasa, gordura, pringue.// Soborno, cohecho, gratificación, propina.

urbanidad, educación, cortesía, amabilidad, cultura, corrección, diplomacia, respeto, sociabilidad, modales. **Ant.** Grosería, incorrección.

urbano-na, civil, ciudadano, cívico, metropolitano. **Ant.** Rústico, rural.// Educado, cortés, atento, correcto, amable. **Ant.** Descortés, grosero.

urbe, ciudad, metrópoli, capital, centro. *Ant.* Aldea, pueblo.

urdimbre, tejido, trama, red, textura.// Intriga, maquinación, enredo, conjura, conspiración.

urdir, tejer, tramar, hilar, trenzar.// Confabularse, intrigar, conspirar, tramar, fraguar.

urente, ardiente, urticante, abrasante, quemante. *Ant.* Refrescante.

urgencia, apremio, exigencia, perentoriedad, prisa, necesidad, premura. *Ant.* Parsimonia, lentitud.

urgente, apremiante, perentorio, indispensable, necesario, acuciante, apresurado, precipitado. *Ant.* Postergable, lento, aplazable.

urgir, apremiar, acuciar, atosigar, solicitar, precisar, incitar, instar. *Ant.* Aplazar, diferir.

urna, arca, estuche, caja, receptáculo.

urticante, picante, irritante, quemante, urente. *Ant.* Refrescante.

usado-da, gastado, ajado, desgastado, dereriorado, viejo, raído, estropeado. *Ant.* Nuevo, flamante.

usanza, costumbre, uso, práctica, hábito, moda, estilo.

usar, utilizar, servirse, aprovechar, emplear, aplicar, disfrutar, practicar, recurrir, usufructuar, disponer. *Ant.* Desaprovechar, desechar.// Acostumbrar, soler.

uso, empleo, provecho, utilización, ocupación, utilidad, servicio, beneficio, destino, aplicación, función. *Ant.* Desuso.// Desgaste, deterioro, ajamiento, envejecimiento, gasto, daño, deslucimiento. *Ant.* Conservación.// Costumbre, hábito, práctica, manera, moda, usanza. *Ant.* Olvido, prescripción.

usual, habitual, vulgar, tradicional, frecuente, corriente, familiar, ordinario. *Ant.* Desusado, infrecuente.

usuario-ria, beneficiario, usufructuario, cliente, consumidor.

usufructo, uso, utilización, empleo. *Ant.* Desuso.// Beneficio, provecho, rendimiento, lucro, interés. *Ant.* Perjuicio, pérdida.

usufructuar, usar, utilizar, emplear, ganar, lucrar, explotar.

usura, lucro, ganancia, abuso, rapiña, ventaja, provecho, rapacidad, cicatería. *Ant.* Generosidad.

usurero-ra, prestamista, avaro, rapaz, explotador. *Ant.* Generoso.

usurpación, ocupación, incautación, apropiación, expolio, confiscación, retención, arrebatamiento. *Ant.* Devolución, restitución.

usurpador-ra, invasor, atropellador, expoliador, depredador, despojador. *Ant.* Respetuoso, digno.

usurpar, apoderarse, apropiarse, expoliar, detentar, robar, explotar, incautarse, despojar. *Ant.* Restituir, reintegrar, respetar.

utensilio, herramienta, útil, instrumento, artefacto, aparato, adminículo, elemento.

útil, provechoso, ventajoso, adecuado, conveniente, beneficioso, lucrativo, valioso, favorable, práctico, rentable, estimable, apto. *Ant.* Inútil, inconveniente, ineficaz.// **-es**, herramientas, utensilios (v.).

utilidad, provecho, ventaja, beneficio, rendimiento, lucro, conveniencia, ganancia, dividendo, fruto, interés. *Ant.* Desventaja, perjuicio, pérdida.// Uso, empleo, aplicación, finalidad, función, valor. *Ant.* Inutilidad, inconveniencia.

utilitario-ria, aprovechado, interesado, egoísta. *Ant.* Desinteresado.// Económico, útil (v.), ventajoso.

utilizar, usar, emplear, aprovechar, servirse, usufructuar, aplicar, disponer. *Ant.* Desechar, desaprovechar, prescindir.

utopía, quimera, ilusión, fantasía, ficción, ideal, sueño, anhelo, imposible. *Ant.* Realidad.

utópico-ca, irrealizable, fantástico, quimérico, ficticio, soñado, imposible, ideal, ilusorio. *Ant.* Real.

vaca, res, mamífero, ternera. *Par.* Baca.

vacación, ocio, descanso, licencia, reposo, inacción, asueto, recreo, diversión, alto, pausa, receso, paro. *Ant.* Actividad, trabajo.

vacante, vacío, desierto, disponible, libre, solo, solitario, desocupado, expedito, abandonado.// Disponibilidad, cargo, ocupación, puesto. *Par.* Bacante.

vacar, cesar, desocupar, descansar, holgazanear, haraganear. *Ant.* Trabajar.

vaciado, moldeado.// -da, agotado, desagotado, descargado. *Ant.* Lleno.

vaciar, ahuecar, esculpir, moldear, modelar, desocupar, evacuar, desagotar, desaguar. *Ant.* Ocupar, llenar.

vaciedad, necedad, simpleza, sandez, tontería. *Ant.* Sagacidad, inteligencia.

vacilación, perplejidad, duda, irresolución, incertidumbre, titubeo, indecisión, indeterminación, confusión, fluctuación, turbación, inseguridad. *Ant.* Seguridad, certidumbre, certeza.

vacilante, dudoso, fluctuante, perplejo, irresoluto, irresuelto, indeciso, indeterminado, remiso. *Ant.* Seguro, constante.// Oscilante.

vacilar, titubear, dudar, fluctuar, balancear. *Ant.* Afirmarse, asegurarse.// Oscilar, balancearse, tambalearse, pender, bascular, *Ant.* Afirmarse, detenerse, inmovilizarse. *Par.* Bacilar.

vacío, cavidad, hueco, vano, depresión, hendidura, capacidad, laguna, intervalo, blanco.// -a, hueco, deshabitado, desocupado, desierto, desagotado, evacuado, expedito.// Superficial, presuntuoso, vano, necio. *Ant.* Sensato, profundo, serio. *Par.* Bacía.

vacuidad, necedad, insensatez, vaciedad, futilidad, frivolidad, trivialidad. *Ant.* Profundidad, sensatez, inteligencia.

vacuna, inyección.

vacunación, inmunización, inoculación, preservación, prevención. *Ant.* Contaminación.

vacunar, inocular, inmunizar, preservar, proteger, prevenir. *Ant.* Desproteger, contaminar, contagiar, infectar.

vacuno, res, mamífero, vaca, bovino, bóvido.

vacuo-cua, vacío, necio, superficial, trivial, tonto, estúpido. *Ant.* Inteligente, profundo, sensato.

vadear, atravesar, pasar, cruzar, franquear.

vademécum, agenda, cartapacio, carpeta, portafolio.// Manual, compendio, índice, catálogo.

vado, paso, cruce, remanso.

vagabundear, callejear, vagar, holgazanear, haraganear, deambular, corretear, errar, vacar. *Ant.* Ocuparse, trabajar, asentarse, detenerse.

vagabundo-da, vago, holgazán, ocioso, atorrante, andador, callejero, trotamundo. *Ant.* Dinámico, activo, trabajador.

vagancia, holgazanería, haraganería, inacción, pereza, ocio, inactividad, flojedad. *Ant.* Dinamismo, actividad, laboriosidad.

vagar, errar, vagabundear, deambular, holgazanear.

vagido, quejido, llanto, gemido, gimoteo, lloro, lamento. *Ant.* Risa.

vagina, vulva, conducto.

vago-ga, indeciso, equívoco, indeterminado, inseguro confuso, desdibujado, aproximado, incierto. *Ant.* Seguro, definido, perfilado, determinado.// Holgazán, haragán, perezoso, ocioso, zángano, apático, indolente *Ant.* Activo, dinámico, trabajador.

vagón, coche, compartimiento, vehículo.

vaguada, cañada, hondonada, desfiladero, barranco.,

vaguedad, indeterminación, indecisión, imprecisión, ambigüedad, generalidad. *Ant.* Seguridad, precisión claridad.

vaharada, vaho.

vahído, desmayo, desvanecimiento, vértigo, mareo, síncope, colapso, lipotimia, desfallecimiento.

vaho, exhalación, aliento, emanación, efluvio, hálito, vaharada.// Vapor, neblina.

vaina, funda, estuche, envoltura, protección, forro.// Cáscara, valva, túnica. *Ant.* Contenido, semilla.

valvén, balanceo, bamboleo, traqueteo, cabeceo, inestabilidad. *Ant.* Quietud, estabilidad.// Volubilidad, inconstancia, veleidad, capricho. *Ant.* Constancia, firmeza.

vajilla, loza, servicio, enseres, platos.

vale, bono, papeleta, cupón, boleta, resguardo. *Par.* Bale.

valedero-ra, vigente, válido, legal, conveniente, reglamentario, irrevocable. *Ant.* Ilegal, caduco.

valentía, valor, coraje, arrojo, temeridad, bravura, intrepidez, hombría, entereza, ánimo, decisión. *Ant.* Temor, cobardía.

valentón, fanfarrón, guapo, compadrito, matasiete, perdonavidas, bravo, matón, terne, gallito, jactancioso *Ant.* Tímido, apocado, corto.

valer, costar, importar, representar, ascender, sumar, totalizar.// \ utilizar, servirse, emplear.

valeroso-sa, valiente, esforzado, animoso, arrojado, denodado, resuelto, varonil, heroico, bravo, fuerte, atrevido, osado. *Ant.* Temeroso, cobarde.

valía, valor, estimación, aprecio.

valido, favorito, privado, predilecto, protegido. *Ant.* Despreciado. *Par.* Balido.

válido-da, sano, útil, robusto, fuerte. *Ant.* Débil, enfermo.// Auténtico, vigente, actual, eficaz.// Legal, legítimo, reglamentario, constitucional. *Ant.* Ilegal.

valiente, valeroso, esforzado, animoso, arrojado, resuelto, varonil, entero, heroico, guapo, apocado, atrevido, osado. *Ant.* Cobarde, temeroso, pusilánime.

valija, maleta, maletín.

valimiento, ayuda, amparo, protección.// Influencia, ascendiente, favoritismo, privanza, favor, valía, poder. *Ant.* Desprecio, abandono, arrinconamiento.

valioso-sa, apreciable, insustituible, ventajoso, conveniente, positivo, interesante, meritorio, importante. *Ant.* Despreciable.// Costoso, caro, exorbitante, prohibitivo. *Ant.* Barato, acomodado.

valla, vallado, cercado, cerca, seto, empalizada, estacada, cerramiento, circunvalación, tabla, obstáculo, foso, trinchera. *Par.* Vaya, baya.

valladar, obstáculo, impedimento, dificultad, contrariedad, engorro, tropiezo, inconveniente, barrera, freno, escollo. *Ant.* Ventaja, posibilidad.

vallar, cercar, tapiar, rodear, empalizar, incomunicar, cerrar, limitar, aislar, acotar. **Ant.** Abrir.

valle, llanura, hoya, paso, profundidad, vaguada, abertura, cañada, cajón, abra, cuenca. **Ant.** Altura, eminencia, cumbre.

valor, valentía, coraje, arrojo, temeridad, ánimo, aliento, esfuerzo, resolución, audacia, heroísmo, atrevimiento, acometividad, entereza, impavidez. **Ant.** Temor, cobardía, apocamiento.// Conveniencia, utilidad, uso, empleo, beneficio, estimación, valía.// Precio, costo, plusvalía, remuneración, renta, monto.// Atrevimiento, descaro, desvergüenza. **Ant.** Timidez, vergüenza.// Actualidad, vigencia, validez, legalidad. **Ant.** Ilegalidad, anacronismo.

valorar, valuar, tasar, apreciar, estimar, cotizar, calcular, evaluar, tantear. **Ant.** Despreciar, rebajar.

valorizar, encarecer, especular, aumentar, alzar, subir.// Mejorar, progresar, desarrollar, engrandecer. **Ant.** Achicar, estancar, perjudicar.

valquiria, deidad.

valva, concha, caparazón, cubierta.

válvula, grifo, obturador.// Escape, salida.

vampiresa, seductora, coqueta, frívola.

vampiro, murciélago.// Monstruo, aparecido, resucitado, espectro.// Codicioso, usurero, explotador, avaro, negrero. **Ant.** Solidario, generoso, pródigo.

vanagloria, jactancia, engreimiento, presunción, vanidad. **Ant.** Humildad.

vanagloriarse, jactarse, presumir, enorgullecerse, preciarse, alabarse, enaltecerse, envanecerse, gloriarse, endiosarse, hincharse. **Ant.** Empequeñecerse, rebajarse.

vandálico-ca, bárbaro, salvaje, destructor, devastador, destructivo, cruel, sanguinario, impío, despiadado, inhumano, depredador, encarnizado, implacable, expoliador. **Ant.** Civilizado, humano, perdonador, benévolo.

vandalismo, barbarie, salvajismo, expoliación, bandidaje, asolación, ruina, destrucción, devastación, fiereza, crueldad, pillaje, atropello. **Ant.** Civilización, cultura, respeto, bondad.

vándalo, bárbaro, salvaje, sanguinario, expoliador, saqueador, depredador, violento. **Ant.** Civilizado, culto, pacífico, humanitario, benévolo.

vanguardia, avanzada, delantera, frente. **Ant.** Retaguardia.// Progreso, evolución, adelanto, desarrollo. **Ant.** Retraso.

vanguardista, progresista, adelantado, iniciador, atrevido, moderno. **Ant.** Desactualizado, anacrónico, atrasado.

vanidad, presunción, vanagloria, engreimiento, envanecimiento, soberbia, fatuidad, jactancia, arrogancia, pedantería, petulancia, ostentación, altivez, altanería. **Ant.** Humildad, sencillez.

vanidoso-sa, orgulloso, altivo, altanero, fatuo, arrogante, presumido, presuntuoso, pretencioso, frívolo, hueco, vacío, vano, soberbio, pedante, petulante. **Ant.** Humilde, modesto, sencillo, natural.

vano-na, hueco, vacío, vanidoso, presuntuoso, presumido, soberbio, trivial, fútil, superficial, necio, tonto, vacuo. **Ant.** Profundo, substancial.// Irreal, infundado, inexistente, absurdo, ilusorio.// Inútil, estéril, ineficaz, incapaz. **Ant.** Fecundo, útil, provechoso.

vano, hueco, arcada, abertura, luz, arco, galería.

vapor, exhalación, emanación, gas, vaho, vaharada, humo.// Barco, buque.

vaporizador, rociador, pulverizador.

vaporizar, rociar, humedecer, pulverizar, perfumar, salpicar, difundir, dispersar.

vaporoso-sa, volátil, gaseoso, aeriforme, evaporable, aerostático.// Sutil, etéreo, ligero, tenue, aéreo, impalpable, fluido. **Ant.** Concreto, denso, espeso, pesado.

vapulear, golpear, zurrar, sacudir, apalear, azotar, flagelar, mantear, castigar. **Ant.** Mimar, acariciar.// Censurar, criticar, reprender, reprochar. **Ant.** Elogiar, alabar, aprobar.

vapuleo, zurra, paliza, castigo, azotaina, sacudimiento, apaleo, flagelación, apaleamiento. **Ant.** Cuidado, mimo, caricia.// Crítica, censura, reproche, reprimenda. **Ant.** Alabanza, elogio.

vaquería, rancho, granja, establecimiento, tambo, lechería.// Manada, grey, rebaño.

vaquero, gaucho, cowboy, ganadero, mayoral, pastor.

vara, pértiga, palo, garrote, bastón, verga, madero, pica, percha.

varadero, muelle, atracadero, dique.

varar, botar.// Encallar, embancar, detenerse, inmovilizarse, atascarse. **Ant.** Desatascarse.

varear, golpear, derribar, sacudir, zarandear.// Rejonear, picar.

variabilidad, inconstancia, volubilidad, fugacidad, fluctuación, alternativa, variación, mudanza, cambio, informalidad, ductilidad, flexibilidad, maleabilidad, frivolidad. **Ant.** Permanencia, constancia.

variable, inconstante, voluble, mudable, tornadizo, versátil, inestable, veleidoso, frívolo, flexible, elástico, errático. **Ant.** Constante, tenaz, permanente, invariable.

variación, cambio, transformación, mudanza, alteración, modificación, vicisitud, reforma. **Ant.** Continuación, inalterabilidad, estabilidad.

variado-da, distinto, diverso, diferente, vario, multiforme, heterogéneo, entretenido, divertido, animado. **Ant.** Homogéneo, constante, igual.

variar, cambiar, mudar, alterar, transformar, desfigurar, metamorfosear, renovar, evolucionar, diversificar. **Ant.** Fijar, mantener, conservar.

várice, hinchazón, dilatación.

variedad, diversidad, disparidad, heterogeneidad, multiplicidad, pluralismo. **Ant.** Homogeneidad, simpleza.// Inconstancia, inestabilidad, volubilidad. **Ant.** Estabilidad, constancia, firmeza.// **-es**, espectáculo.

varilla, varita, barra, caña, rama, listón, palo, batuta, pincho.

vario-ria, diverso, distinto, diferente, desigual, heterogéneo, variado, dispar, polifacético. **Ant.** Constante, homogéneo.// **-s**, Algunos, ciertos, unos cuantos, muchos. **Ant.** Pocos, ninguno.

varón, macho, hombre, señor, caballero. **Ant.** Mujer, hembra. **Par.** Barón.

varonil, viril, masculino, hombruno, fuerte, vigoroso, recio. **Ant.** Femenino, afeminado, débil.

vasallaje, feudalismo, sumisión, subordinación, dependencia, esclavitud, servidumbre, servilismo, sometimiento, lealtad. **Ant.** Liberación, rebeldía.// Tributo.

vasallo, súbdito, servidor, siervo, esclavo, tributario, feudatario. **Ant.** Señor, amo, rebelde.

vasija, recipiente, cacharro, búcaro, vaso, olla, cántaro, tiesto.

vaso, pote, copa, copón, cacharro, cáliz, crátera.// Tubo, conducto.// Uña, casco. **Par.** Bazo.

vástago, tallo, brote, retoño, renuevo, cogollo, rama.// Descendiente, hijo. **Ant.** Ascendiente, progenitor, padre.

vastedad, extensión, dilatación, inmensidad, infinidad, vacío. **Ant.** Estrechez. **Par.** Bastedad.

vasto-ta, dilatado, amplio, grande, extenso, espacioso, capaz, infinito, incalculable, inmenso, enorme, ilimitado, gigantesco. **Ant.** Pequeño, estrecho, limitado. **Par.** Basto.

vate, rapsoda, poeta, cantor, recitador, bardo. **Par.** Bate.

vaticano-na, papal, pontifical, pontificio, apostólico.

vaticinar, augurar, predecir, anticipar, pronosticar, profetizar, presagiar, presentir, anunciar. **Ant.** Errar, ignorar.

vaticinio, augurio, predicción, pronóstico, presagio, anticipo, profecía, premonición, previsión, adivinación, agorería, suposición, sospecha. **Ant.** Error.

veces, (hacer las), representar, substituir, reemplazar. **Par.** Beses.

vecinal, público, comunal, común, general. **Ant.** Privado, particular.

vecindad, cercanía, proximidad, inmediación, contornos, alrededores.// Vecindario, población, ciudadanía, pueblo.// Inmediaciones, contornos, alrededores, arrabales, suburbios. **Ant.** Centro.

vecindario, población, pueblo, vecinos, habitantes.

vecino-na, residente, habitante, poblador, morador, ciudadano.// Inmediato, próximo, cercano, colindante. **Ant.** Lejano, alejado.// Parecido, análogo, semejante, afín. **Ant.** Dispar, distinto.

vector, segmento, línea, recta.

veda, prohibición, impedimento.

vedar, prohibir, impedir, privar. **Ant.** Autorizar, permitir.

vedado-da, coto, sector.// -da, prohibido, acotado, privado, impedido. **Ant.** Permitido, autorizado.

vega, vergel, terreno, huerta, plantación, plantío, sembrado. **Ant.** Desierto.

vegetación, flora, espesura, follaje, bosque, selva, plantaciones.

vegetal, planta, árbol, arbusto.// Fitográfico, fitológico.

vegetar, brotar, germinar, nutrirse, crecer, desarrollarse, reventar, verdear, aumentar.// Sobrevivir, subsistir, estancarse, anquilosarse.

vegetariano-na, naturista.

vehemencia, ímpetu, impetuosidad, violencia, fuego, ardor, pasión, entusiasmo, impulsividad, intensidad, frenesí, energía, apasionamiento. **Ant.** Frialdad, indiferencia, desinterés.

vehemente, impetuoso, violento, ardoroso, fogoso, intenso, ardiente, apasionado, entusiasta, enérgico, exaltado, excitado, efervescente, inflamado, irrefrenable. **Ant.** Frío, desinteresado, indiferente, apático, racional, moderado, abúlico.

vehículo, carruaje, carro, coche, automóvil.

vejación, molestia, maltrato, agravio, ofensa, mortificación, menosprecio, calumnia, difamación. **Ant.** Ensalzamiento, consideración, alabanza.

vejar, maltratar, agraviar, ofender, oprimir, molestar, ultrajar, humillar, injuriar, despreciar. **Ant.** Enaltecer, alabar, elogiar.

vejamen, vejación.

vejatorio-ria, ultrajante, humillante, agraviante, mortificante, hiriente, degradante, injurioso, denigrante, despreciativo, irritante. **Ant.** Enaltecedor, elogioso.

vejestorio, viejo, anciano, carcamal, matusalén. **Ant.** Joven, adolescente, niño.

vejez, senectud, ancianidad, decrepitud, caducidad, vetustez, chochez, decadencia, declinación, senilidad, derrumbamiento. **Ant.** Juventud, lozanía, adolescencia, rejuvenecimiento.

vejiga, ampolla, bolsa.

vela, custodia, vigilancia, cuidado, insomnio, trasnochada.// Paño, lino, trapo.// Velón, hachón, candela, cirio, cera.

velada, reunión, fiesta, sarao, tertulia, trasnochada, festejo.

velado-da, turbio, oculto, escondido, disimulado, encubierto, tapado, enmascarado, nublado, celado. **Ant.** Descubierto, destapado.

velador, cuidador, centinela.// Candelero, lámpara, lamparita.

velamen, trapío, aparejo, velaje.

velar, cuidar, vigilar, atender, amparar, guardar. **Ant.** Descuidar, desproteger.// Pernoctar, trasnochar, desvelarse. **Ant.** Dormir.// Tapar, disimular, cubrir, esconder, enmascarar, disfrazar, atenuar. **Ant.** Destapar, descubrir.

velatorio, velorio, reunión, vigilia, acompañamiento, compañía.

veleidad, inconstancia, volubilidad, ligereza, versatilidad, capricho, antojo, frivolidad, inestabilidad, variabilidad, devaneo, mudanza, variación. **Ant.** Constancia, firmeza, inmutabilidad, permanencia, lealtad, fijeza.

veleidoso-sa, inconstante, ligero, voluble, versátil, mudable, variable, tornadizo, caprichoso, antojadizo, infiel, desleal, frívolo, inestable, desigual, lunático, frágil. **Ant.** Constante, firme, leal, fiel, seguro, permanente.

velero, yate, embarcación.

veleta, giralda.

vello, pelusa, bozo, pelo. **Par.** Bello.

vellocino, cuero, piel, vellón.

vellón, mecha, mechón, lana.

vellosidad, pelusa, pilosidad, hirsutismo.

velludo-da, hirsuto, piloso, peludo, lanoso, barbudo, afelpado, espeso, tupido. **Ant.** Lampiño, pelado, calvo.

velo, lino, trapo, tul, manto, pañuelo, gasa.// Ocultamiento, disimulo, encubrimiento. **Ant.** Claridad, sinceridad, franqueza.

velocidad, prontitud, rapidez, ligereza, celeridad, presteza, prisa, vertiginosidad, aceleración, vértigo, premura, viveza, apresuramiento, agilidad, urgencia. **Ant.** Lentitud, tardanza, parsimonia, cachaza.

veloz, rápido, ligero, pronto, presto, presuroso, raudo, apresurado, ágil, acelerado, vertiginoso, súbito, diligente, resuelto, repentino, vivo, violento. **Ant.** Lento, lerdo, calmo, perezoso, abúlico, cachazudo.

velódromo, pista, autódromo.

velón, hachón, cirio, vela, lámpara.

vena, conducto, vaso, capilar, tubo.// Franja, filón, veta.// Manía, impulso, humor.// Aptitud, inspiración, iluminación, intuición.

venablo, arma, jabalina, arpón.

venado, cérvido, ciervo.

venal, interesado, comercial, vendible, sobornable, vendido, inmoral, desleal. **Ant.** Honrado, leal, insobornable, idealista.

venalidad, interés, corrupción, inmoralidad, deshonestidad. **Ant.** Honradez, honestidad, idealismo.

vencedor-ra, triunfador, ganador, dominador, triunfante, victorioso, aniquilador, finalista, campeón. **Ant.** Derrotado, vencido, dominado.

vencer, dominar, derrotar, aniquilar, someter, subordinar, rendir, batir, destrozar, subyugar, conquistar, quebrar, desconcertar, anonadar. **Ant.** Perder, ceder.// Triunfar, ganar, superar.// Zanjar, allanar, vadear. **Ant.** Quedarse, detenerse.

vencimiento, plazo, término, cumplimiento, prescripción, final.

venda, faja, gasa, banda, cinta.

vendaje, venda, cura, ligazón, apósito, atadura, compresa.

vendar, ligar, curar, atar, inmovilizar, comprimir.

vendaval, ventarrón, tormenta, huracán, viento, ventolera, tornado, torbellino, ciclón. **Ant.** Bonanza, calma.

vendedor-ra, expendedor, despachante, comerciante, mercader, mayorista, minorista, negociante, corredor, representante, proveedor, dependiente, empleado. **Ant.** Comprador, adquiriente, cliente, consumidor.

vender, expender, despachar, comerciar, negociar, traficar, mercar, proveer, suministrar, subastar. **Ant.** Adquirir, comprar, consumir.// Traicionar, delatar, entregar.// -se, ofrecerse.// Descubrirse.

vendimia, recolección, cosecha, colecta.

veneno, ponzoña, tóxico, toxina, tósigo.

venenoso-sa, tóxico, tósigo, ponzoñoso, dañino, nocivo, contaminado, infectado. **Ant.** Antitóxico.

venerable, respetable, digno, honorable, noble, virtuoso. **Ant.** Despreciable.// Respetado, calificado. **Ant.** Desconocido, ignorado, desestimado, desacreditado.// Sabio, anciano.

venerar, respetar, considerar, honrar, reverenciar, admirar, postrarse, someterse, acatar. **Ant.** Deshonrar, rebelarse.

veneración, respeto, acatamiento, reverencia, devoción, sumisión, homenaje, adoración, respetuosidad, cariño, amor. **Ant.** Desprecio, desacato, desconsideración.

venéreo-a, sexual, erótico, carnal, amatorio.

venero, fuente, manantial, pozo, alfaguara, hontanar.// Origen, nacimiento, raíz, comienzo, iniciación. **Ant.** Final.// Abundancia, riqueza, copia. **Ant.** Pobreza, escasez.

vengador-ra, vindicador, vengativo, reparador, justiciero. **Ant.** Magnánimo, perdonador.

venganza, vindicta, represalia, represión, vindicación, satisfacción, desquite, reparación, desagravio, expiación, compensación, castigo. **Ant.** Perdón, reconciliación, olvido, magnanimidad.

vengar, vindicar, desagraviar, satisfacer, reparar, reprimir, linchar, penar, reivindicar.// **-se**, desquitarse, satisfacerse. **Ant.** Perdonar, olvidar.

vengativo-va, rencoroso, vindicativo, amenazador, irreconciliable, feroz, cruel, sanguinario, inhumano, encarnizado, enconado, despiadado. **Ant.** Humanitario, indulgente, magnánimo, misericordioso, piadoso.

venia, permiso, licencia, autorización, consentimiento, anuencia. **Ant.** Prohibición, denegación.// Disculpa, perdón, indulgencia, olvido. **Ant.** Acusación, castigo, venganza.// Inclinación, saludo, reverencia.

venial, superficial, leve, ligero.

venida, llegada, regreso, retorno, vuelta, entrada, acceso, advenimiento, acercamiento, aproximación, repatriación, afluencia, inmigración. **Ant.** Partida, ida, marcha.

venidero-ra, próximo, cercano, futuro, pendiente, eventual. **Ant.** Pasado, pretérito.

venir, llegar, regresar, volver, arribar, tornar, ingresar, inmigrar, retornar, repatriarse, aparecer, presentarse, asistir, comparecer. **Ant.** Irse, marcharse, alejarse, partir.// Nacer, originarse, provenir, proceder.// Ajustarse, convenir.

venta, transacción, salida, entrega, cesión, liquidación, negocio, trato, especulación, provisión, suministro, negociación, operación. **Ant.** Compra, adquisición.// Posada, mesón, albergue, merendero, hostería, taberna, parador.

ventaja, superioridad, utilidad, ganancia, aventajamiento, comodidad, ocasión, ganga, logro, prebenda, oportunidad, negocio.// Superioridad, preeminencia, valor, virtud, mérito, importancia. **Ant.** Desventaja, inferioridad, insignificancia.

ventajista, aprovechador, ventajero, oportunista, utilitario, pragmático, estafador, inmoral. **Ant.** Honrado, leal, idealista.

ventajoso-sa, conveniente, útil, beneficioso, fructuoso, barato, económico, gratis, acomodado, gratuito, rentable, remunerativo, superior, excelente, favorable. **Ant.** Incómodo, inútil, desventajoso, caro, costoso, difícil, desfavorable.

ventana, abertura, vano, lucerna, claraboya, mirador.

ventero-ra, hotelero, posadero, mesonero. **Ant.** Parroquiano, cliente.

ventilación, aireamiento, aireación, purificación. **Ant.** Enrarecimiento.// Ventana, abertura.

ventilador, aparato, abanico, molinete.

ventilar, airear, refrescar, orear, purificar, oxigenar.// Propagar, propalar, difundir, esparcir. **Ant.** Ocultar, esconder.

ventisca, nevada, tempestad.

ventisquero, glaciar, hielo.

ventolera, huracán, viento, tormenta, borrasca, torbellino, ráfaga, tromba, remolino.

ventosidad, flatulencia, meteorismo.

ventoso-sa, tempestuoso, borrascoso, inclemente, riguroso, turbulento, huracanado. **Ant.** Estable, apacible.

ventral, intestinal, abdominal.

ventregada, camada, prole, cría.

ventrículo, cavidad.

ventrílocuo-cua, imitador.

ventrudo-da, grueso, barrigón, panzón, gordo, voluminoso. **Ant.** Delgado, flaco, esbelto.

ventura, dicha, felicidad, fortuna, contento, alegría, placer, seguridad, prosperidad, bienestar, satisfacción, gozo, gloria, contento. **Ant.** Desgracia, adversidad.// Suerte, acaso, casualidad, azar, hado, destino, sino, eventualidad.

venturoso-sa, feliz, dichoso, agraciado, contento, alegre, afortunado, ufano, optimista, jubiloso, radiante, placentero. **Ant.** Infeliz, desgraciado, desafortunado, nefasto.

venus, belleza, hermosura, beldad.

ver, percibir, notar, captar, mirar, ojear, observar, catar, examinar, vigilar, atender, otear, vislumbrar.// Considerar, juzgar, reflexionar.// Comprender, entender.// **-se**, reunirse, encontrarse.

vera, costado, lado, borde, orilla.

veracidad, sinceridad, realidad, autenticidad, fidelidad, honradez, verdad. **Ant.** Falsedad, engaño, hipocresía, mentira.

veranear, descansar, reposar, pasear, viajar, holgar, recuperarse, divertirse. **Ant.** Trabajar.

veraneo, vacación, asueto, licencia, holganza, reposo, distracción, ocio, sosiego, inactividad. **Ant.** Actividad, trabajo.

veraniego-ga, estival, caluroso, canicular. **Ant.** Invernal.// Leve, ligero, fresco, liviano. **Ant.** Grueso, pesado.

veras (de), en realidad, ciertamente, seguramente.

veraz, auténtico, sincero, verdadero, exacto, fiel, fidedigno, incontrastable, leal, franco, puro, honrado, probo, espontáneo. **Ant.** Hipócrita, doble, falso, desleal, mentiroso, inexacto. **Par.** Verás.

verbal, oral, articulado, hablado. **Ant.** Escrito.

verbena, fiesta, diversión, feria, festividad, festejo.

verbo, palabra, vocablo.// Conjugación, paradigma.

verbosidad, elocuencia, locuacidad, verborragia, verborrea, facundia, charlatanería, labia, cháchara, desparpajo, soltura, pico. **Ant.** Laconismo, concisión, parquedad, sequedad.

verboso-sa, locuaz, elocuente, hablador, parlanchín, charlatán, verborrágico, divagador, redundante, vocinglero. **Ant.** Lacónico, silencioso, parco.

verdad, sinceridad, certeza, exactitud, veracidad, certidumbre, autenticidad, realidad, lealtad, franqueza, legitimidad, ortodoxia, infalibilidad, verosimilitud, naturalidad. **Ant.** Falsedad, engaño, mentira.

verdadero-ra, real, auténtico, verídico, cierto, efectivo, serio, fundado, indudable, legítimo, genuino, natural, positivo, ortodoxo, probado, puro, indiscutible, infalible, verosímil. **Ant.** Falso, engañoso, adulterado, incierto, irreal.

verde, esmeralda, aceitunado, verduzco, oliváceo, cetrino.// Lozano, fresco, sano, nuevo, crudo. **Ant.** Sazonado, maduro.// Joven, novato, inexperto. **Ant.** Adulto, maduro, experto, experimentado.// Follaje, hojarasca, vegetación, fronda, espesura.// Procaz, obsceno, deshonesto, inmoral, torpe, licencioso, pornográfico. **Ant.** Decente, moral, honesto.

verdín, herrumbre, óxido, cardenillo, orín.

verdor, lozanía, juventud, vigor, fortaleza, energía. **Ant.** Ancianidad, senilidad, decrepitud, decadencia.// Hierba, vegetación, verdura, pasto.// Primicia, precocidad. **Ant.** Fin.

verdugo, ejecutor, martirizador, torturador, sayón.// Ajusticiado, víctima.// Cruel, sanguinario, sádico, criminal, inhumano. **Ant.** Humano, compasivo, benévolo.

verdura, verdor, follaje, ramaje, vegetación, espesura.

vereda, senda, sendero, atajo, camino, desvío.// Acera.

veredicto, dictamen, sentencia, decisión, arbitrio, fallo, resolución, parecer.

verga, palo, vara, percha.// Pene.

vergajazo, galope, garrotazo, latigazo.

vergajo, látigo, flagelo, vara.

vergel, huerta, jardín, vega, parque.

vergonzoso-sa, apocado, tímido, corto, embarazado, abochornado, confundido, cabizbajo, avergonzado, azorado. **Ant.** Despreocupado, desvergonzado, fresco, insolente, descarado.// Deleznable, despreciable, abyecto, deshonesto, inmoral, inconfesable, impúdico, infame, indecoroso, ignominioso. **Ant.** Honesto, honrado, decoroso, digno.

vergüenza, turbación, cortedad, aturdimiento, cortedad, encogimiento, confusión, rubor, empacho.// Honor, dignidad, pundonor, decoro, honra, decencia. *Ant.* Deshonra.// Castigo, picota.

vericueto, vuelta, rodeo, desvío, aspereza, sendero, andurrial.

verídico-ca, verdadero, auténtico, real, positivo, serio.

verificación, comprobación, certeza, confirmación, examen, control, revisión.

verificar, comprobar, examinar, observar, demostrar, justificar, confirmar, ejemplificar. *Ant.* Abandonar, descuidar.// Ejecutar, realizar, efectuar.// -se, suceder, acaecer.

verja, enrejado, reja, cerca, valla, tapia, enverjado, alambrada.

verme, gusano, lombriz, parásito.

vermiforme, vermicular, alargado, alombrizado, agusanado.

vermífugo, antiparasitario, vermicida, insecticida.

vermut, aperitivo.

vernáculo-la, regional, local, nativo, indígena, aborigen. *Ant.* Extranjero, foráneo.

verosímil, posible, probable, factible, creíble, posible, admisible, verdadero. *Ant.* Irreal, imposible, inverosímil, inadmisible, improbable.

verosimilitud, posibilidad, probabilidad, credibilidad, certeza, practicabilidad, conjetura, suposición. *Ant.* Imposibilidad, inverosimilitud.

verraco, marrano, cochino, cerdo, puerco.

verruga, carnosidad, excrecencia.

versado-da, instruido, preparado, ejercitado, experto, experimentado, perito, práctico, diestro, conocedor, entendido, fogueado, erudito, leído, ilustrado, ducho, competente. *Ant.* Inexperto, desconocedor, indocumentado, novato.

versar, tratar, referirse, discurrir, relacionar, ocuparse.// Foguearse, documentarse, ilustrarse, adiestrarse.

versátil, voluble, tornadizo, cambiante, veleidoso, caprichoso, inconstante, ligero, antojadizo, mudable, variable, vacío, vacilante. *Ant.* Constante, fiel, invariable.

versatilidad, volubilidad, inconstancia, capricho, indecisión, inestabilidad, liviandad, frivolidad, disipación, diversidad, elasticidad, flexibilidad. *Ant.* Constancia, firmeza, estabilidad.

versículo, verso.// Fragmento, parte.

versificar, rimar, poetizar, metrificar.

verso, renglón, línea.// Poesía, composición, copla, estrofa. *Ant.* Prosa.

vértebra, hueso.

vertebrado, mamífero. *Ant.* Invertebrado.

vertebral, espinal, raquídeo.

vertedero, albañal, basurero.

verter, rebosar, esparcir, derramar, vaciar, volcar.// Traducir.// -se, derramarse, volcarse.

vertical, erguido, derecho, recto, tieso, enhiesto, empinado, perpendicular, rígido. *Ant.* Horizontal, inclinado, sinuoso, torcido, tumbado, echado.

verticalidad, perpendicular, tiesura, rigidez, empinadura, erectilidad. *Ant.* Horizontalidad, inclinación.

vértice, punto, culminación, cúspide, extremo, remate.

vertiente, costado, ladera, falda, cuesta, rampa, inclinación, despeñadero.

vertiginoso-sa, rápido, acelerado, pronto, presto, veloz, presuroso, activo, ligero, desenfrenado, apresurado, dinámico, vehemente, violento, apasionado. *Ant.* Lento, calmo, sereno, pausado, cachazudo.

vértigo, vahído, desvanecimiento, desmayo, mareo, desfallecimiento, descompostura, atontamiento. *Ant.* Recuperación.// Actividad, dinamismo, celeridad.// Ímpetu, furia. *Ant.* Calma, tranquilidad, serenidad, moderación, sosiego.

vesícula, ampolla, bolsa, hinchazón.

vespertino-na, crepuscular.

vestal, sacerdotisa, virgen.

vestíbulo, entrada, atrio, pórtico, galería, zaguán, porche, lobby, hall, antesala, recepción, conserjería, portería.

vestido, traje, vestimenta, vestidura, atuendo, ropa, atavío, indumentaria.

vestidura, vestido.

vestiglo, huella, señal, marca, impresión, indicio, recuerdo, noticia.//Restos, residuos, partícula.

vestir, cubrir, engalanar, tapar, acicalar, emperifollar, trajear, envolver, recargar.// -se, ponerse, calzarse, encajarse, endomingarse, llevar, traer. *Ant.* Desnudar, quitar desarroparse, descubrirse.

vestuario, guardarropa, equipo, vestiduras, atuendos.

veta, filón, yacimiento, mina, vena.// Franja, línea, banda faja, lista. *Par.* Beta.

vetar, prohibir, impedir, denegar, oponerse.

vetear, listar, rayar, estriar.

veteranía, madurez, competencia, experiencia, baquía conocimiento, entrenamiento, experimentación, preparación. *Ant.* Inexperiencia, incompetencia, ignorancia inmadurez.

veterano-na, experimentado, experto, conocedor aguerrido, avezado, ejercitado, ducho, preparado, acostumbrado, diestro, curtido, maduro, entrenado. *Ant.* Inexperto, novato, novicio.// Añejo, anciano, viejo. *Ant.* Chico, adolescente, joven.

veterinaria, zootecnia.

veto, impedimento, prohibición, oposición, desacuerdo, censura, disentimiento. *Ant.* Aprobación, autorización.

vetustez, ancianidad, vejez, arcaísmo, decrepitud, antigüedad. *Ant.* Modernidad, actualidad.

vetusto-ta, antiguo, arcaico, viejo, decrépito, decadente, arruinado, destruido, ruinoso, añejo, inmemorial. *Ant.* Moderno, actual, reciente, nuevo, lozano, flamante.

vez, momento, ocasión, oportunidad, coyuntura, situación.// Turno, vuelta, mano, tanda, repetición, serie, frecuencia, ritmo. *Par.* Ves.

vía, camino, senda, carretera, vereda, acceso, calle, avenida, paseo.// Carril.

viable, posible, factible, probable, realizable, hacedero, practicable, alcanzable, apto, cómodo. *Ant.* Inviable, imposible, improbable.

vía crucis, martirio, calvario, sufrimiento, castigo, tormento, dolor, pena, aflicción, padecimiento, carga. *Ant.* Contento, satisfacción, alegría, felicidad.// Recorrido, camino.

viaducto, acueducto, puente.

viajante, comisionista, representante, vendedor, agente, corredor.

viajar, andar, pasear, marchar, trasladarse, transportarse, peregrinar, recorrer, explorar, rodar. *Ant.* Permanecer, quedarse.

viaje, caminata, camino, excursión, expedición, travesía, traslado, paseo, correría, jornada, itinerario, trayecto, traslación, peregrinación, peregrinaje, periplo, odisea, exploración, crucero.

viajero-ra, pasajero, paseante, turista, excursionista, explorador, peregrino, expedicionario, trotamundos.

vianda, alimento, comida, ración, manjar, plato.

viandante, pasajero, paseante, caminante.

viático, dinero, gastos, reserva, prevención, subsidio, subvención, ayuda.// Sacramento, eucaristía.

víbora, culebra, serpiente, reptil, áspid, ofidio.

vibración, agitación, temblor, ondulación, cimbreo, oscilación, ondeo, onda, temblequeo, trepidación, meneo, estremecimiento, palpitación, conmoción, convulsión. *Ant.* Quietud.

vibrar, temblar, estremecerse, agitar, ondular, moverse, menearse, cimbrear, oscilar, palpitar, sacudirse. *Ant.* Inmovilizarse, pararse.// Conmoverse, entusiasmarse. *Ant.* Enfriarse, apaciguarse, calmarse.

vibratorio-ria, trepidante, ondulante, oscilante. *Ant.* Fijo, inmóvil.

vicaría, parroquia, territorio.

vicario, sacerdote, cura, párroco, eclesiástico.// Delegado, substituto, representante.

viceversa, recíprocamente, al revés.

viciar, corromper, pervertir, enviciar, prostituir, perjudicar, dañar, degenerar.// Cambiar, falsificar, adulterar, tergiversar. **Ant.** Mantener, conservar, preservar.// Contaminar, contagiar, infectar.// **-se**, enviciarse, torcerse, extraviarse, recaer, abandonarse, relajarse, perderse. **Ant.** Rehabilitarse.

vicio, defecto, imperfección, falta, enviciamiento, estragamiento, desvío, lacra, perdición, depravación, enfermedad, degeneración, incontinencia. **Ant.** Virtud, honestidad, moralidad.

vicioso-sa, depravado, licencioso, perdulario, crapuloso, calavera, tronera, corrompido, disipado, lujurioso, disoluto, desenfrenado, desviado, deshonesto. **Ant.** Moral, virtuoso, honesto, honrado.

vicisitud, alternativa, incidencia, vuelta, contingencia, albur, eventualidad, casualidad, altibajo, accidente. **Ant.** Fijeza, monotonía.

víctima, mártir, sacrificado, inmolado. **Ant.** Verdugo, victimario.// Damnificado, perjudicado, perdedor, dañado, accidentado. **Ant.** Beneficiado.

victoria, triunfo, logro, superación, dominio, consecución, conquista, ganancia, laurel, trofeo, coronación, aclamación. **Ant.** Derrota, fracaso, frustración.

victorioso-sa, vencedor, triunfante, ganador, campeón, premiado. **Ant.** Perdedor, derrotado, fracasado.

vid, cepa.

vida, existencia, subsistencia, supervivencia, persistencia, duración, vivir. **Ant.** Muerte, deceso.// Aliento, energía, vitalidad, fortaleza. **Ant.** Debilidad.// Conducta, comportamiento.// Biografía, memorias, confesiones.

vidente, pronosticador, clarividente, adivinador, profeta. **Par.** Bidente.

vidriar, vitrificar, biselar, esmerilar, bañar, recubrir, revestir.

vidriera, ventanal, escaparate.

vidrio, cristal.

vidrioso-sa, quebradizo, frágil, rompible, delicado. **Ant.** Duro, fuerte.// Cristalino, vitrificado, transparente. **Ant.** Opaco.// Resbaladizo.// Susceptible, quisquilloso.

viejo-ja, anciano, mayor, matusalén, patriarcal, decano, provecto, senil, veterano, vejestorio. **Ant.** Joven, adolescente, chico.// Consumido, apergaminado, envejecido. **Ant.** Juvenil, lozano.// Añejo, arcaico, histórico, prehistórico, antiguo, inmemorial, primitivo, tradicional. **Ant.** Actual, moderno, vigente.// Deslucido, estropeado, usado, ajado, gastado, desgastado. **Ant.** Nuevo, flamante.

viento, soplo, hálito, brisa, aire, aura, céfiro, corriente, ventolín, chiflón, tifón, huracán.

vientre, panza, barriga, abdomen, tripa.// Estómago.// Intestino.

viga, madero, crucero, poste, tarugo, puntal, traviesa, durmiente, tirante.// Barra, hierro. **Par.** Biga.

vigencia, actualidad, permanencia, validez, efectividad, supervivencia, legalidad. **Ant.** Prescripción.

vigente, válido, actual, legal, presente, obligatorio. **Ant.** Abolido, acabado, muerto, prescrito.

vigía, guardia, centinela, guardián, escucha, espía, vigilante, sereno.

vigilancia, guardia, inspección, cuidado, atención, celo, supervisión, custodia, resguardo, control. **Ant.** Descuido, negligencia.

vigilante, guardián, policía, vigía, sereno, inspector, encargado, centinela, supervisor.// Atento, cuidadoso, concienzudo, cauteloso, diligente, presto, listo. **Ant.** Descuidado, desatento.

vigilar, cuidar, atender, preocuparse, observar, avizorar, controlar, velar, espiar, acechar, inspeccionar, celar, custodiar. **Ant.** Descuidar, desatender, desinteresarse, despreocuparse.

vigilia, vela, desvelo, insomnio. **Ant.** Sueño, somnolencia.// Abstinencia, privación, abstención, ayuno. **Ant.** Exceso, abuso, inmoderación.// Proximidad.

vigor, brío, fuerza, energía, eficacia, robustez, fortaleza, potencia, pujanza, vitalidad, auge, lozanía, esfuerzo. **Ant.** Debilidad, impotencia.// Vigencia. **Ant.** Desuso, prescripción.

vigorizar, fortalecer, fortificar, robustecer, avivar, tonificar, animar, rejuvenecer, activar, intensificar. **Ant.** Debilitar, desanimar.

vigoroso-sa, fuerte, robusto, potente, poderoso, enérgico, eficaz, forzudo, saludable, ardoroso. **Ant.** Débil, desanimado, decaído, endeble, impotente.

vihuela, guitarra.

vil, bajo, torpe, indigno, traidor, infiel, deleal, alevoso, villano, despreciable, grosero, abyecto, vituperable, canalla, ignominioso, mezquino, miserable. **Ant.** Digno, honroso, loable, elevado, exquisito.

vileza, bejeza, indignidad, maldad, deshonestidad, villanía, traición, deslealtad, infamia, ruindad, abyección, mezquindad, ignominia, oprobio, deshonra, grosería, bribonada, falsedad. **Ant.** Lealtad, dignidad, grandeza, honestidad, honradez, elevación.

vilipendiar, despreciar, desprestigiar, rebajar, denigrar, vituperar, difamar, envilecer. **Ant.** Ensalzar, enaltecer, honrar.

vilipendio, desprestigio, deshonra, desprecio, desmerecimiento, escarnio, difamación, calumnia, insulto, deshonor. **Ant.** Elevación, enaltecimiento, elogio, loa.

vilipendioso-sa, denigrante, calumniador, humillante, desprestigiante, injurioso.

villa, pueblo, localidad, población.// Casa, quinta.

villancico, canción, copla, poesía, tonada, cantar, cántico.

villanía, vileza, bajeza, indignidad, ignominia, ruindad, maldad, deslealtad, infidelidad, traición, alevosía, infamia. **Ant.** Lealtad, honradez, honor, dignidad, nobleza.// Ignorancia, atraso. **Ant.** Progreso, adelanto, civilización.// Grosería, obscenidad, torpeza. **Ant.** Decencia, corrección.

villano-na, campesina, rústico, labriego, aldeano, lugareño. **Ant.** Ciudadano, noble, cortesano.// Basto, grosero, ordinario, torpe. **Ant.** Elegante, distinguido, refinado, cortés.// Bajo, abyecto, indigno, ruin, infame, vergonzoso. **Ant.** Digno, elevado, honesto.

villorrio, caserío, aldea, lugar, pueblito.

vilo (en), suspendido, colgado, pendiente. **Ant.** Apoyado, asentado, firme.// Alarmado, intranquilo, inseguro, angustiado, inquieto, impaciente. **Ant.** Calmo, tranquilo, sereno.

vinagre, acetato, ácido.// Condimento.// Malhumorado, irritable. **Ant.** Amable, dulce, suave.

vinagrera, vinajera, vasija.

vinculación, unión, vínculo, lazo.

vincular, atar, ligar, enlazar, juntar, reunir, fusionar. **Ant.** Separar, desunir, desligar.// Sujetar, subordinar, someter.// **-se**, conocer, relacionarse, entroncar, emparentar.

vínculo, enlace, vinculación, ligazón, unión, atadura, reunión, amistad, relación, parentesco. **Ant.** Separación.// Sometimiento, sujeción. **Ant.** Liberación, rebelión.

vindicación, venganza, rehabilitación, defensa, reivindicación. **Ant.** Olvido, perdón.

vindicar, vengar, reivindicar, rehabilitar.

vindicativo-va, vengativo, vengador, rencoroso, resentido, enconado, irreconciliable. **Ant.** Magnánimo, generoso.

vinicultura, vitivinicultura, enología, enotecnia.

vino, bebida, alcohol, mosto, arrope.

viña, parral, viñedo, plantación.

viñeta, dibujo, estampa, figura, croquis, adorno.

violáceo-a, violado, morado, violeta, amoratado.

violación, abuso, violencia, profanación, delito, fuerza, deshonra.// Transgresión, infracción, desobediencia, contravención. **Ant.** Respeto, obediencia.

violado-da, morado, violáceo, amoratado, violeta.// Profanado, deshonrado, quebrantado, transgredido.

violador-ra, forzador, ofensor, delincuente, infractor, profanador, raptor, transgresor. **Ant.** Respetuoso, cumplidor, obediente.

violar, quebrantar, vulnerar, infringir, transgredir, atropellar, incumplir. **Ant.** Acatar, respetar, obedecer.// Forzar, deshonrar, violentar, raptar, atropellar, profanar.

violencia, fuerza, impetuosidad, intensidad, ira, ímpetu, furor, furia, frenesí, arrebato, virulencia, vehemencia, fogosidad, ardimiento, efusión, excitación, pasión, fanatismo, ceguedad, ceguera, brusquedad, brutalidad, salvajismo, irracionalidad. **Ant.** Comprensión, razonamiento, consideración, persuasión, circunspección.// Violación.// Malestar, tensión, tirantez.

violentar, coaccionar, quebrantar, obligar, amenazar. **Ant.** Persuadir, convencer.// Violar, romper, quebrantar, transgredir. **Ant.** Acatar, respetar.// **-se**, irritarse, desenfrenarse, enfurecerse. **Ant.** Dominarse, contenerse.

violento-ta, impetuoso, vehemente, arrebatado, iracundo, salvaje, furioso, impulsivo, apasionado, bravo, enardecido, ardiente, efusivo, extremista, irracional, rabioso, irritado, virulento. **Ant.** Tranquilo, sereno, apaciguado, frío, desinteresado, racional.// Retorcido, rebuscado.

violeta, violado, violáceo, morado, amoratado, lila, color.

viperino-na, peligroso, dañino, venenoso, ponzoñoso. **Ant.** Magnánimo, benévolo.

virar, cambiar, girar, desviar. **Ant.** Mantener, fijar.

virgen, vestal, sacerdotisa, adolescente, muchacha, doncella, soltera.// Casto, puro, virginal, entero, inmaculado, intacto, virtuoso, íntegro, incorrupto. **Ant.** Impuro, corrupto.// Desconocido, inexplorado, impenetrable. **Ant.** Conocido, explorado, transitado.

virginal, virgen, entero, casto, puro, incorrupto, íntegro.

virginidad, castidad, pureza, entereza, integridad, doncellez, soltería, honestidad.

virgo, himen, membrana, virginidad.

vírgula, rayita, trazo, coma, tilde.

viril, masculino, varonil, fuerte, hombruno. **Ant.** Femenino, afeminado, suave, débil.

virilidad, masculinidad, hombría, reciedumbre, fortaleza, potencia. **Ant.** Femineidad, debilidad.

virtual, implícito, tácito, supuesto, posible, probable. **Ant.** Improbable, imposible.

virtud, excelencia, cualidad, capacidad, fuerza, poder, eficacia, particularidad, atributo, potestad, condición.// Bondad, generosidad, magnanimidad, excelencia, altruismo, austeridad, moderación. **Ant.** Corrupción, vileza, bajeza, ruindad.

virtuosismo, habilidad, destreza, técnica, arte. **Ant.** Torpeza.

virtuoso-sa, honesto, íntegro, honrado, justo, ejemplar, venerable, incorruptible, moralizante, moral.// Artista, intérprete, ejecutante, experto, técnico, conocedor. **Ant.** Inexperto.

viruela, enfermedad, contagio, peste, epidemia, infección.

virulencia, malignidad, infección.// Violencia, furia, acrimonia, mordacidad, encono, aspereza, causticidad. **Ant.** Benevolencia, benignidad.

virulento-ta, ponzoñoso, maligno, dañino, tóxico, venenoso. **Ant.** Antídoto.// Sañudo, mordaz, insidioso, cáustico, crítico. **Ant.** Elogioso, bondadoso.

viruta, cepilladuras, limaduras.

visado, autorización, permiso, documento.

visaje, gesto, mueca, gesticulación, expresión, seña.

visar, examinar, comprobar, reconocer, conceder, autorizar, permitir, firmar, aceptar. **Ant.** Prohibir, rechazar.// Encarar, encuadrar. **Ant.** Desajustar, descentrar. **Par.** Bisar.

víscera, órgano.// **-s**, entrañas, despojos, tripas.

viscosidad, apelmazamiento, densidad, adherencia.

viscoso-sa, pegajoso, adherente, gelatinoso, espeso.

visera, anteojera.

visibilidad, visión, perceptibilidad, diafanidad, luminosidad, evidencia. **Ant.** Invisibilidad, opacidad.

visible, claro, patente, palpable, manifiesto, perceptible, sensible, observable, columbrable. **Ant.** Invisible, imperceptible.// Cierto, evidente, indudable, palmario, notorio, manifiesto, patente. **Ant.** Dudoso.// Dessalliente, conocido, popular. **Ant.** Ignorado, desconocido.

visillo, cortina, cortinita.

visión, sentido, percepción, contemplación, visibilidad visual, atisbo.// Paisaje, perspectiva, panorama.// Agudeza, intuición, perspicacia.// Aparición, alucinación ilusión, espejismo, quimera, fantasía.

visionario-ria, idealista, imaginativo, creador, fantaseador, alucinado. **Ant.** Realista.

visita, invitado, visitante, convidado.// Cita, invitación encuentro, reunión, audiencia, entrevista.// Inspección examen.

visitador-ra, inspector, controlador.

visitante, visita, invitado, convidado, agasajado.// Viajero, forastero.

visitar, entrevistar, conferenciar, encontrarse, cumplimentar, frecuentar.// Revisar, inspeccionar, examinar.

vislumbrar, sospechar, conjeturar, adivinar, apreciar.// Atisbar, entrever, reconocer, percibir, distinguir.

vislumbre, sospecha, conjetura, indicio, presunción.// Resplandor, visión, atisbo, reflejo.// Traza, semejanza apariencia.

viso, apariencia, aspecto, traza, aire, figuración, estampa.

visón, mamífero.// Piel, cuero.

visor, lente, objetivo, mira.

víspera, inmediación, cercanía, antedía.

vista, visibilidad, visión, claridad.// Mirada, ojeada, vistazo.// Apariencia, aspecto, traza.// Sagacidad, intuición, perspicacia.// Espectáculo, panorama, paisaje.// Causa, sumario, proceso.

vistazo, mirada, ojeada.

visto-ta, conocido, observado, examinado, contemplado, mirado, registrado. **Ant.** Desconocido, ignorado.

vistosidad, brillo, espectacularidad, brillantez, atractivo, encanto, sugestión, lucimiento. **Ant.** Deslucimiento, pobreza.

vistoso-sa, lúcido, brillante, aparatoso, espectacular, llamativo, impresionante, fascinante. **Ant.** Deslucido, pobre, humilde.

visual, ocular, óptico.// Mirada, visión.

vital, vivificante, tonificante, tónico, estimulante.// Importante, indispensable, imprescindible, preponderante, valioso, neurálgico, fundamental. **Ant.** Secundario, accesorio.

vitalicio-cia, permanente, perpetuo, definitivo, duradero. **Ant.** Pasajero, transitorio.

vitalidad, dinamismo, viveza, vigor, actividad, resistencia, vehemencia, entusiasmo, empuje, nervio, ánimo. **Ant.** Decaimiento, debilidad.

vitalizar, vivificar, fortalecer, robustecer, animar, entusiasmar. **Ant.** Debilitar, desanimar, enervar.

vitorear, vivar, aclamar, aplaudir, homenajear, honrar, glorificar, encumbrar, encomiar. **Ant.** Criticar, censurar, denigrar, vituperar.

vítreo-a, transparente, cristalino, translúcido. **Ant.** Opaco.// Quebradizo, rompible, frágil. **Ant.** Duro.

vitrificar, cubrir, vidriar, recubrir.

vitrina, aparador, armario.

vituperar, censurar, reprochar, criticar, afear, acusar, condenar, injuriar, humillar, infamar, difamar, desacreditar, desprestigiar, denigrar, menospreciar. **Ant.** Elogiar, alabar, ensalzar, enaltecer.

vituperio, censura, reproche, crítica, insulto, ofensa, deshonra, infamia, difamación, humillación. **Ant.** Elogio, alabanza, encomio.

viudedad, viudez, pensión, subvención, renta.

viudez, viudedad.// Soledad, luto, pena, tristeza.

viudo-da, desamparado, solo, enlutado, triste, apenado.

vivac, cuartel, campamento, alojamiento, acuartelamiento.

vacidad, viveza, alegría, vitalidad, energía, vigor, fuerza, agilidad, animación, dinamismo, celeridad, prontitud, rapidez.// Brillantez, colorido. **Ant.** Languidez, tristeza.

vaquear, acampar, alojarse.

varacho-cha, animado, vivo, rápido, listo, alegre, activo, vivaz, dinámico. **Ant.** Triste, lánguido.// Avispado, perspicaz, listo, despierto. **Ant.** Tonto, lento.

vaz, vigoroso, enérgico, eficaz, vívido. **Ant.** Débil, desanimado.// Agudo, brillante, perspicaz, vivaracho. **Ant.** Lento, tonto.

vencia, experiencia, conocimiento, costumbre, moraleja, lección, ejemplo, escarmiento, enseñanza.

víveres, alimentos, provisiones, comestibles, vitualla, rancho.

vero, invernadero, criadero, semillero.

veza, prontitud, celeridad, rapidez, resolución, ligereza, dinamismo. **Ant.** Lentitud.// Energía, ardimiento, ardor, vitalidad, ánimo, impetuosidad. **Ant.** Decaimiento.// Agudeza, perspicacia, chispa, sagacidad, imaginación, penetración.// Brillantez, brillo, esplendor, vivacidad.

vívido-da, neto, distinto, claro.

vividor-ra, enérgico, trabajador, activo.// Parásito, aprovechador, sablista.

vivienda, morada, casa, habitación, alojamiento, domicilio, hogar, residencia.

vivificante, tonificante, tónico, reconfortante, estimulante. **Ant.** Calmante, sedante, enervante.

vivificar, reanimar, confortar, alentar, animar, estimular, fortificar, vigorizar, robustecer. **Ant.** Debilitar, desanimar, desalentar.

vivir, ser, existir, subsistir, sobrevivir, perdurar, durar, vegetar. **Ant.** Morir, acabar.// Morar, residir, habitar, domiciliarse, anidar, establecerse, arraigarse. **Ant.** Mudarse, marcharse.

vivisección, disección, corte.

vivo-va, biológico, orgánico, superviviente, sobreviviente, existente, persistente. **Ant.** Muerto, fallecido, inorgánico.// Enérgico, fuerte, agudo, penetrante, intenso, profundo. **Ant.** Débil.// Actual, vigente. **Ant.** Viejo, anacrónico.// Expresivo, elocuente.// Listo, ingenioso, sagaz, astuto. **Ant.** Tonto, torpe.// Activo, listo, diligente, dinámico. **Ant.** Apático, abúlico.

vocablo, palabra, voz, término, expresión, locución, verbo.

vocabulario, léxico, glosario, terminología, repertorio, nomenclatura, catálogo, diccionario.

vocación, disposición, preferencia, inclinación, afición, propensión, tendencia, don. **Ant.** Repulsión, indiferencia.

vocal, letra, sonido.// Componente, constituyente, consultor, consejero.

vocalizar, entonar, modular, pronunciar, deletrear.

vocear, vociferar, gritar, chillar.// Propalar, difundir, pregonar.// Vitorear, aclamar. **Ant.** Callar, silenciar.

vocerío, gritería, algarabía, algazara, clamor, vociferación, rumor, alboroto. **Ant.** Calma, silencio.

vocero-ra, representante, portavoz, delegado, emisario.

vociferación, vocerío, clamor, gritería, escándalo.

vociferar, gritar, aullar, chillar, bramar.

vocinglero-ra, barullero, ruidoso, gritón, voceador, alborotador, escandaloso, chillón, aullador, estridente. **Ant.** Callado, silencioso.// Canoro, cantarín.

vodevil, espectáculo, obra, representación.

voladizo-za, saliente, saledizo.

volador-ra, volante, volátil.

voladura, explosión, estallido, descarga, detonación.// Demolición, derrumbamiento, hundimiento. **Ant.** Construcción, reconstrucción, erección.

volandas (en), rápidamente, velozmente, en el aire.

volandero-ra, volador.// Inestable, inconstante, caprichoso, voluble. **Ant.** Constante, firme.

volante, vagabundo, inestable, ambulante. **Ant.** Fijo.// Comunicación, comunicado, nota, impreso, escrito, aviso, hoja.// Pliegue, adorno, fruncido.

volar, saltar, remontarse, elevarse, desplazarse, alzarse, deslizarse, evolucionar, aletear.// Huir, escaparse, desaparecer.// Divulgarse, trascender.// Saltar, estallar, desintegrarse, detonar, reventar.

volátil, volador, volante.// Ligero, sutil, aéreo, etéreo. **Ant.** Denso, pesado.// Mudable, versátil, tornadizo, inconstante, variable, caprichoso, antojadizo. **Ant.** Constante, firme, seguro, fiel.

volatilizar, gasificar, evaporar, vaporizar. **Ant.** Solidificar.// -se, disparse, desaparecer, elevarse.

volatín, voltereta, cabriola, pirueta, salto, contorsión.

volatinero-ra, contorsionista, saltimbanqui, equilibrista, acróbata, gimnasta.

volcán, boca, cráter, pico, montaña.// Violencia, pasión.

volcánico-ca, ígneo, crateriforme.// Violento, apasionado, fogoso, vehemente. **Ant.** Desapasionado, frío, indiferente, desinteresado.

volcar, abatir, tumbar, inclinar, desnivelar, torcer. **Ant.** Levantar, enderezar.// Verter, derramar, esparcir, dispersar. **Ant.** Contener, llenar.// -se, aplicarse, dedicarse, consagrarse, ayudar, favorecer.

volea, golpe, sacudida, impulso. **Par.** Bolea.

volquete, carretilla, carro, vehículo.

voltear, cambiar, mudar, volver, invertir.

voltereta, cabriola, salto, pirueta, volatín, vuelta, contorsión, brinco.

volubilidad, veleidad, inconstancia, vacilación, inestabilidad, mudanza, inconsecuencia, infidelidad, deslealtad. **Ant.** Constancia, estabilidad, firmeza, lealtad, fidelidad.

voluble, inconstante, mudable, tornadizo, caprichoso, desleal, infiel, versátil, variable, inestable, fantasioso, volátil, superficial, trivial, liviano, casquivano. **Ant.** Constante, consecuente, firme, seguro, estable, leal, fiel, inconmovible.

volumen, ejemplar, tomo, libro, obra.// Espacio, bulto, cuerpo, dimensión, amplitud, corpulencia.// Capacidad, cabida.

voluminoso-sa, grueso, abultado, grande, corpulento, enorme, gordo, robusto, desmesurado, ancho. **Ant.** Chico, estrecho, pequeño, angosto.

voluntad, deseo, afán, ansia, anhelo, apetencia, ganas, arbitrio, interés. **Ant.** Indiferencia, desinterés.// Cariño, amor, afecto, afición. **Ant.** Odio, desamor.// Tenacidad, voluntariedad, perseverancia, persistencia, constancia. **Ant.** Inconstancia.

voluntario-ria, deliberado, premeditado, conciente, volitivo, libre, espontáneo, intencionado, potestativo, facultativo, intencional. **Ant.** Obligatorio, involuntario.

voluntarioso-sa, caprichoso, terco, testarudo, obstinado, perseverante, tozudo, porfiado, obcecado. **Ant.** Abandonado, apático.

voluptuosidad, hedonismo, placer, complacencia, deleite, sensualidad, erotismo, lujuria. **Ant.** Templanza, sobriedad.

voluptuoso-sa, sensible, placentero, deleitoso, gozoso, complaciente, sensual, erótico, apasionado, delicado, exquisito, hedonista, liviano, licencioso, desenfrenado. **Ant.** Moderado, sobrio, espiritual.

voluta, adorno, espiral, vuelta, curva.

volver, regresar, tornar, retornar, llegar, reaparecer, aparecer, repatriarse, retroceder. **Ant.** Irse, partir.// Devolver, restituir, pagar, retribuir.// Reincidir, insistir, reanudar.// Cambiar, invertir, torcer, trastrocar, remover.// -se, transformarse, tornarse, convertirse, alterarse, mudarse. **Ant.** Permanecer, mantenerse.

vomitar, devolver, lanzar, arrojar, echar, expulsar. **Ant.** Retener, deglutir, tragar.// Declarar, decir, proferir, prorrumpir.

vomitivo-va, nauseabundo, emético, nauseoso.

vómito, arcada, náusea, asco, lanzada, vomitona, repugnancia. **Ant.** Deglución, retención.

voracidad, hambre, avidez, ansia, insaciabilidad, gula, glotonería, desenfreno, apetito. *Ant.* Moderación, sobriedad.// Codicia, avaricia.

vorágine, torbellino, remolino.// Desorden, caos. *Ant.* Orden, calma, tranquilidad.

voraz, glotón, engullidor, tragón, comilón, hambriento, insaciable, devorador. *Ant.* Anoréxico, inapetente, moderado, sobrio.// Colérico, desenfrenado, violento, agresivo. *Ant.* Sereno, calmo, tranquilo.// Codicioso, avaro, ansioso, egoísta, ambicioso. *Ant.* Generoso, desinteresado.

vórtice, torbellino, vorágine, remolino.

votación, elección, sufragio, comicios.

votante, elector, sufragante, participante, concurrente.

votar, sufragar, elegir, emitir, seleccionar, opinar, depositar.// Jurar, renegar, blasfemar, perjurar, maldecir. *Par.* Botar.

votivo-va, ofrecido, expiatorio, sacrificado.

voto, promesa, compromiso, ofrecimiento.// Juramento, deseo, súplica.// Sufragio, elección, parecer, dictamen, juicio, opinión, voz.// Papeleta, boleta.// Maldición, palabrota, blasfemia. *Par.* Boto.

voz, fonación, sonido, emisión, pronunciación, acento, palabra, término, verbo, vocablo.// Canto, grito.// Voto, opinión, juicio.// Chisme, rumor, murmullo. *Par.* Vos.

vozarrón, bramido, rugido.

vuelco, tumbo, vuelta, voltereta, caída.// Cambio, transformación.// Hundimiento, ruina.

vuelo, revuelo, revoloteo, planeo, desplazamiento, deslizamiento.// Anchura, holgura, amplitud.// Fantasía, humos, imaginación.

vuelta, regreso, retorno, venida, llegada. *Ant.* Ida, partida.// Rodeo, circunvalación, revolución, rotación.// Inversión, voltereta, desvío.// Vez, mano, ronda.// Curva, recodo, esquina.// Reintegro, restitución.// Reverso, dorso, revés, envés, espalda, retaguardia. *Ant.* Cara, frente.

vulgar, común, frecuente, corriente, usual, general, ordinario, tosco, rústico, grosero, trivial, trillado. *Ant.* Raro, exquisito, elegante, exótico, extraordinario.

vulgaridad, ordinariez, chabacanería, inelegancia, grosería, banalidad, ramplonería, mediocridad, monotonía, simpleza. *Ant.* Elegancia, distinción, exquisitez, rareza, singularidad.

vulgarismo, incorrección, barbarismo, vulgaridad. *Ant.* Cultismo.

vulgarizar, generalizar, banalizar, popularizar.// Divulgar, propagar, propalar. *Ant.* Preservar, reservar.

vulgo, plebe, muchedumbre, chusma, populacho, masa, turba. *Ant.* Aristocracia.

vulnerable, indefenso, débil, frágil, inseguro, desprotegido, desvalido, desamparado, sensible, lastimable, enclenque. *Ant.* Invulnerable, seguro, defendido, protegido, insensible.

vulnerar, herir, llagar, lastimar, lacerar, lesionar, lisiar, maltratar, dañar. *Ant.* Cuidar, proteger, curar.// Quebrantar, transgredir, quebrantar, violar, infringir, desobedecer. *Ant.* Acatar, obedecer, respetar.

vulva, órgano, vagina, conducto, abertura.

walkie-talkie, radio, receptor, emisor, aparato.
water-closet, retrete, inodoro, letrina, excusado, servicio.

weekend, fin de semana, descanso.
western, filme, película, filme del oeste.
whisky, alcohol, bebida, trago.

xenofilia, extranjerismo.
xenófilo-la, extranjerista.
xenofobia, nacionalismo, patriotería, chauvinismo. **Ant.**
Xenofilia.

xenófobo-ba, nacionalista, patriotero, fanático, separatista, segregacionista, racista, chauvinista. **Ant.** Xenófilo.
xerografía, reproducción, imagen, fotografía.
xilografía, grabado, copia, imagen, figura.

ya, ahora, en este momento, en esta oportunidad.
yacente, acostado, tumbado, tendido, horizontal. **Ant.**
Vertical, parado, erguido, levantado.
yacer, reposar, descansar, tenderse, tumbarse, echarse,
dormir, acostarse. **Ant.** Pararse, levantarse, erguirse.//
Estar, existir.// Hallarse, encontrarse.
yacija, lecho, cama, catre, camastro, jergón.// Sepultura,
tumba, sepulcro.
yacimiento, venero, filón, veta, vena, cantera, depósito,
banco.
yantar, vianda, comida, manjar, sustento. **Ant.** Ayuno.//
Comer, alimentarse, nutrirse. **Ant.** Ayunar.

yate, embarcación, velero, barco.
yegua, potra, potranca, madrina, jaca.
yeguada, caballada, tropa, recua.
yelmo, casquete, casco, celada, armadura.
yema, brote, retoño, pimpollo, vástago, tallo.// Centro,
núcleo, medio, corazón.
yerba, hierba.// Planta.
yermo-ma, despoblado, desierto, desértico, deshabitado, inhabitado, solitario, desolado, inhóspito. **Ant.** Habitado, concurrido, populoso.// Estéril, infecundo. **Ant.**
Fértil, fecundo, cultivado.
yerno, hijo político, pariente, familiar.

yerro, equivocación, error, descuido, falta, desliz, ofuscación. *Ant.* Acierto. *Par.* Hierro.

yerto-ta, rígido, tieso.// Frío, helado, muerto, exangüe, entumecido, agarrotado. *Ant.* Flexible, cálido, caliente.

yeso, cal, tiza.// Estuco, estuque, lechada, enyesadura, escayola.

yesca, lumbre, pedernal.

yo, ego, egocentrismo, egolatría.

yogur, cuajada.

yugo, coyunda, cornal, cincha, guarnición.// Someti-

miento, esclavitud, servidumbre, sometimiento, dominación, opresión, vasallaje, dominio. *Ant.* Libertad, liberación, rebelión, emancipación.

yunque, forja.

yunta, pareja, par.

yuxtaponer, acercar, aproximar, juntar, adosar, enfrentar, arrimar. *Ant.* Alejar.

yuxtaposición, acercamiento, juntura, aproximación enfrentamiento. *Ant.* Separación, distanciamiento, alejamiento.

zafar, embellecer, engalanar, adornar.

zafarrancho, preparativos, limpieza.// Alarma, toque.// Pelea, riña, refriega, desorden, alboroto.

zafarse, librarse, esquivar, desembarazarse, huir, escaparse. **Ant.** Afrontar, resistir.

zafiedad, ordinariez, tosquedad, incultura, grosería, chabacanería. **Ant.** Distinción, cultura, urbanidad, exquisitez.

zafio-fia, grosero, tosco, rústico, inculto, torpe, chabacano. **Ant.** Culto, educado.

zafra, restos, desechos, residuos.// Recolección, cosecha, cultivo.

zaga, retaguardia, posterior, talón, dorso, revés, reverso, cola, espalda.// **(a la)**, a la espalda. **Par.** Saga.

zagal, muchacho, mozo, adolescente, chico.// Pastor.

zaguero, defensa.// **-ra**, posterior, último, rezagado.

zaheridor-ra, mortificador, mordaz, satírico.

zaherimiento, mortificación, humillación, vejamen, detracción, sátira, crítica, escarnio, mordacidad. **Ant.** Elogio, alabanza.

zaherir, mortificar, molestar, agraviar, ofender, afrentar, maltratar, despreciar.// Censurar, reprender. **Ant.** Elogiar.

zahurda, zaquizamí, cuchitril, tugurio, pocilga.

zaino-na, desleal, falso, infiel, traidor. **Ant.** Leal, fiel.// Pardo, marrón, castaño.

zalamería, halago, fiesta, arrumaco, embeleco, monería, lisonja, adulación, piropo, elogio. **Ant.** Insulto, hostilidad, desprecio.

zalamero-ra, lisonjero, halagador, adulador, piropeador, adulón, embaucador. **Ant.** Hostil, crítico.

zalema, saludo, reverencia, inclinación.

zamarra, chaqueta, cazadora, chaquetón.

zamarrear, menear, sacudir, agitar, maltratar, golpear. **Ant.** Acariciar, mimar.// Humillar.

zamarreo, sacudida, meneo, zarandeo, maltrato. **Ant.** Caricia.// Humillación.

zambo-ba, torcido, patizambo, deforme. **Ant.** Derecho. **Par.** Samba.

zambomba, instrumento.

zambombazo, explosión, detonación, estallido, estruendo.

zambra, algazara, bulla, alboroto, jaleo, fiesta, jarana, barullo, escándalo, gresca, pelea.

zambullida, inmersión, chapuzón. **Ant.** Salida, ascenso.

zambullirse, sumergirse, meterse, hundirse, arrojarse, largarse. **Ant.** Flotar, salir, emerger.

zamparse, comer, tragar, devorar, engullir, atiborrarse. **Ant.** Ayunar.

zampatortas, zampabollos, comilón, tragón, glotón, voraz, devorador. **Ant.** Sobrio, frugal.

zampoña, instrumento, flauta.

zanca, pierna, extremidad, miembro, muslo.// Soporte, viga.

zancada, tranco, paso.

zancadilla, contrapié.// Estratagema, ardid, trampa, engaño.

zanco, palo, madero.

zancudo-da, zanquilargo, larguirucho, alto, patilargo, patudo.

zanganear, holgazanear, haraganear, vagar, deambular, callejear. **Ant.** Trabajar.

zángano, abejorro.// **-na**, vago, holgazán, indolente, negligente, inactivo, perezoso, abúlico, apático. **Ant.** Activo, trabajador, dinámico.// Inútil, torpe.

zanguango-ga, indolente, vago, holgazán, remolón. **Ant.** Trabajador, laborioso, activo.

zanja, trinchera, cuneta, surco, hoyo, fosa.// Canal, conducto, acequia.

zanjar, allanar, vencer, solucionar, obviar, arreglar, resolver, terminar. **Ant.** Entorpecer, dificultar.

zanquilargo-ga, alto, zancudo, largo, larguirucho, patilargo, alto. **Ant.** Bajo, retacón.// Espigado, delgado.

zapa, pellejo, cuero, piel.// Herramienta, pala.// Perforación, excavación.

zapador, perforador, excavador, soldado, palero.

zapar, cavar, profundizar, excavar, penetrar, perforar, abrir. **Ant.** Tapar, rellenar.

zapatear, taconear, bailar.

zapateo, zapateado, danza, taconeo.

zapatero-ra, remendón, artesano.

zapateta, pirueta, cabriola, salto.

zapatilla, alpargata, chinela, chancleta.

zapato, calzado, botín, tamango.

zaquizamí, desván, buhardilla, cuartucho, tugurio, cuchitril, leonera.

zar-rina, emperador.

zarabanda, baile, música, danza.// Diversión, fiesta, jaleo, algazara.

zarandear, ajetrear, traquetear, menear, zamarrear, revolver.// **-se**, contonearse.

zarandeo, meneo, sacudida, agitación, sacudimiento.// Actividad.

zarcillo, pendiente, arete, arracada, colgante.

zarpa, garra, uña, mano.

zarpada, partida.

zarpar, partir, desatracar, desanclar, largarse, marcharse. **Ant.** Atracar.

zarpazo, arañazo, manotón, herida.// Batacazo, golpe.

zarrapastroso-sa, andrajoso, sucio, desaseado, desaliñado, roto, harapiento, desastrado, abandonado, descuidado. **Ant.** Pulcro, prolijo, aseado, elegante.

zarria, harapo, pingajo, andrajo, guiñapo, trapo.

zarza, arbusto, espino, zarzamora.

zarzal, matorral.

zarzuela, obra, comedia.

zascandil, aturdido, botarate, mequetrefe, informal, tarambana. **Ant.** Formal, serio, prudente.

zigzag, ondulación, serpenteo.

zigzaguear, caracolear, ondular, serpentear, culebrear.// Evitar, eludir.

zipizape, riña, alboroto, trifulca, pendencia, contienda, vocerío, discusión. **Ant.** Calma, tranquilidad.

zócalo, friso.// Soporte, pie.// Base, basamento.

zoco, mercado, feria, plaza.

zodiacal, cardinal.

zodíaco, cuadrante, eclíptica.

zoilo-la, murmurador, censor, crítico.

zona, franja, banda, faja, círculo.// Sector, región, terreno, área, territorio, circunscripción, distrito.

zoncería, zoncera, tontería, bobada.

zonzo-za, tonto, bobo.

zoo, zoológico.

zoológico, zoo, colección, parque.// **-ca**, animal.

zoospermo, espermatozoo, espermatocito.

zootecnia, cría, cruce, cruzamiento, hibridismo, selección, reproducción.

zopenco-ca, tonto, bobo, necio, zoquete, idiota, memo, lerdo, bruto. **Ant.** Inteligente.

zoquete, tonto, lelo, necio, bobo, tosco, ignorante, lerdo. **Ant.** Inteligente, capaz.

zorra, vulpeja, raposa.

zorro-rra, astuto, sagaz, taimado. **Ant.** Ingenuo, inocente

zorrería, astucia.

zote, ignorante, rudo, rústico, zaño. **Ant.** Hábil, capaz.

zozobra, inquietud, intranquilidad, congoja, angustia desasosiego. **Ant.** Calma, serenidad.

zozobrar, naufragar, anegarse, perderse.

zueco, calzado, zapato. **Par.** Sueco.

zumbón-na, burlón, mofador, escarnecedor, bromista.

zumo, jugo, leche, baba, caldo, humedad, sudor, viscosi dad, secreción. **Par.** Sumo.

zurcir, recoser, coser, remendar.

zurdo-da, izquierdista.// Izquierdo, siniestro.

zurra, tunda, paliza, golpe, felpa, soba.

DICCIONARIO
ESPAÑOL -
INGLÉS

Dirección de redacción
Prof. Alejandro Marcelo Itzik
Prof. Pablo Valle

A modo de presentación

El idioma inglés es predominante, sin dudas, en los negocios, las comunicaciones, el transporte y el turismo a nivel internacional. Además, la informática y la moderna tecnología utilizan, en la mayoría de los casos, palabras provenientes de este idioma. Por eso, el manejo del inglés se ha convertido en una herramienta indispensable, y la tendencia actual es incorporarlo como materia de estudio en los distintos niveles educativos, en particular en los países de habla hispana.

Este diccionario bilingüe Español-Inglés e Inglés-Español incluye una serie de vocablos (o entradas) en **letra destacada**. En la parte superior de las páginas pares figura la primera voz de la entrada, y en las páginas impares, la última. De tal manera que en las páginas enfrentadas se pueden encontrar todos los vocablos que se hayan comprendidos por orden alfabético entre las dos voces de los cabezales.

En el apartado Inglés-Español, (separado por una portada que lo identifica, a continuación del que corresponde a éste, de Español-Inglés), a continuación de la voz inglesa figura la **pronunciación aproximada** (se emplean sólo las letras del alfabeto español, y no signos fonéticos, de muy difícil comprensión) de la misma, entre paréntesis. P. ej.: **animator** (animeitor).

Los **vocablos** han sido ubicados por estricto orden alfabético (incorporando la reciente decisión de la Real Academia Española de eliminar la *ch* y la *ll* como letras independientes). A continuación de los mismos se incluye la abreviatura del tipo de palabra correspondiente. En inglés la mayoría de los sustantivos son neutros (sin género) y se indican con la abreviatura *n.* (*noun*, sustantivo), señalando la diferencia (*m.* o *f.*) sólo si tienen formas distintas. P. ej.: **bear. 1.** m. oso// **she bear.** f. osa. En el caso de los vocablos ingleses que se utilizan como sustantivo y como verbo, se omite el auxiliar *to* que indica la forma de infinitivo. P. ej.: **cut. 1.** n. corte. **2.** i. cortar. Ante cualquier duda respecto de los vocablos, consultar la tabla de abreviaturas.

Las **diferentes acepciones** en que se usa una voz (y que correspondan a voces distintas en el otro idioma) se indican de manera separada (numeradas o con punto y coma). También se incluyen como acepciones las **frases verbales** y los **giros idiomáticos** de los que forma parte la voz que se traduce. En este caso no se repite la voz completa sino sólo su inicial.

Este diccionario será de gran utilidad tanto para estudiantes del nivel inicial como para los más avanzados, ya que contiene más de **20.000 voces** de uso cotidiano, y más de **50.000 acepciones** (que incluyen usos técnicos y específicos de diversas materias).

LOS EDITORES

ABREVIATURAS

a.	adjetivo	interrog.	interrogativo
adv.	adverbio	inv.	invariable
Aer.	Aeronáutica	Law	Derecho
Anat.	Anatomía	Lit.	Literatura
Arg.	Argentina	m.	sustantivo masculino
art.	artículo	Mach.	machinary (maquinaria)
Astron.	Astronomía	Mar.	Marítimo
aux.	auxiliar	Mat./Math.	Matemática
Biol.	Biología	Mec./Mech.	Mecánica
Bot.	Botánica	Med.	Medicina
Chem.	Chemistry *(Química)*	Metal.	Metalurgia
Com.	Comercio	Min.	Mineralogía
Comp.	Computación	Mus./Mús.	Música
conj.	conjunción	n.	noun (sustantivo neutro)
def.	definido	neut.	neutro
dem.	demostrativo	Opt.	Óptica
Dep.	Deportes	p.	pasado
Der.	Derecho	pl.	plural
Ecol.	Ecología	Poet.	Poética
Educ.	Educación	Pol.	Política
Electr.	electricidad/electrónica	pos.	posesivo
esp.	especialmente	prep.	preposición
f.	femenino, sustant. f.	pron.	pronombre
fam.	familiarmente	Psic.	Psicología
Farm.	Farmacia	Quím.	Química
fig.	figurado, uso cotidiano	ref.	verbo reflexivo
Filos.	Filosofía	rel.	relativo
Fís.	Física	Relig.	Religión
Fisiol.	Fisiología	sing.	singular
Fotog.	Fotografía	Sociol.	Sociología
Geog.	Geografía	Sp.	Sports (Deportes)
Geol.	Geología.	subj.	subjuntivo
Geom.	Geometría	superl.	superlativo
Gram.	Gramática	Tecn./Tech.	Tecnología
Hist.	Historia	TV	Televisión
i.	verbo intransitivo	tr.	verbo transitivo
Ing.	Ingeniería	Vet.	Veterinaria
interj.	Interjección	Zool.	Zoología

a. f. first letter of Spanish alphabet.

a. prep. **1.** to: a)*voy a:* (I am going to Buenos Aires); b) *cara a cara* (face to face) **2.** at: *¿a qué hora?* (at what time?). **3.** on, on the: *a bordo* (on board); *a la orilla* (on the shore). **4.** by: *escrito a mano* (written by hand). **5.** in: *a la americana* (in the american manner). **6.** from: *se lo compré a Carlos* (I bought it from Charles). **7.** with: *lo asediaron a preguntas* (they besieged him with questions). **8.** *a menos que; a no ser que:* unless.

ábaco. m. abacus.

abad. m. abbot.// **abadesa.** f. abbess.

abadejo. m. codfish.

abadía. f. abbey.

abajo. prep. **1.** down, below. **2.** *escaleras a.:* downstairs. **3.** *echar a.:* to demolish; to overthrow. **4.** *hacia a.:* downward/s. **5.** *¡a. con él!:* ¡down with him!.

abalanzar. 1. tr. to fling. **2.** ref. to hurl oneself.

abalorio. m. glass bead.

abanderado, da. a. standard-bearer.

abandonado, da. a. **1.** abandoned. **2.** careless (*descuidado*). **3.** slovenly (*desaliñado*).

abandonar. tr. **1.** to abandon, to desert (*desertar*). **2.** to leave, to go out of (*un lugar*). **3.** to neglect (*descuidar*). **4.** ref. to become slovenly. **5.** to abandon oneself to (*abandonarse a*).

abandono. m. **1.** abandonment, abandon. **2.** neglect (*descuido*).

abanicar. tr./ref. to fan.// **abanico.** m. fan.

abaratar. tr./ref. to cheapen.// **abaratamiento.** m. cheapening.

abarcar. tr. to embrace, to cover.

abarrotar. tr. to fill up.// **abarrotado, da.** a. **1.** crowded (*de gente*). **2.** full (*lleno*).

abastecer. tr. to supply.// **abastecedor, ra.** m./f. supplier.// **abastecimiento.** m. supply, supplying.

abasto. m. **1.** supplying, provisioning. **2.** *dar a.:* to produce to capacity.

abatir. tr. **1.** to knock down, to demolish (*derribar*). **2.** to depress, to discourage (*desanimar*). **3.** ref. to become discouraged.// **abatimiento.** m. low spirits, depression, discouragement.

abdicar. tr. to abdicate.// abdication (f.).

abdomen. m. abdomen.

abducción. f. abduction.

abductor, ra. **1.** a. abducent. **2.** m. abductor.

abecé. m. rudiments.

abecedario. m. alphabet.

abedul. m. birch.

abeja. f. bee.

abejorro. m. bumblebee.

aberración. f. aberration.

abertura. f. **1.** opening. **2.** *Phot.* aperture.

abeto. m. fir.

abierto. irreg. pp. of **abrir.**// **1.** open. **2.** clear (*claro*). **3.** sincere (*sincero*).

abigarrado, da. a. variegated, multicolored.

abigarrar. tr. to variegate, to mottle.

abigeato. m. cattle rustling.

abisal. a. abyssal.

abismo. m. abyss, chasm.// abysmal (a.).

abjurar. tr. to abjure, to renounce.

ablandamiento. m. softening.

ablandar. tr./refl. **1.** to soften. **2.** fig. to pacify, to calm down.

ablución. f. ablution, washing.

abnegación. f. abnegation, self-denial.

abnegar. 1. tr. to abnegate. **2.** ref. to deny onself.

abocar. tr. **1.** to bite. **2.** to face. **3.** ref. to approach. **4.** *Arg.* to engage.

abochornar. 1. to suffocate, to embarrass. **2.** ref. to become embarrassed.

abofetear. tr. to slap.

abogacía. f. law (profession).

abogado, da. m./f. lawyer, attorney.

abogar. i. **1.** to advocate, to plead (*defender*). **2.** to intercede (*interceder*).

abolengo. m. lineage, ancestry.

abolición. f. abolition.

abolir. tr. def. to abolish, to repeal.

abolladura. f. dent.

abollar. tr. to dent.

abombado, da. a. **1.** swollen, convex. **2.** *L.A.* stupefied, confused(*aturdido*).

abombar. tr. **1.** to make convex. **2.** *L.A.* tr/ref. to stupefy, to confuse.

abominable. a. abominable, disagreeable.

abominar. tr. to abominate, to detest.

abonado, da. a. suscriber, season ticket holder.

abonar. tr. **1.** to suscribe (*suscribir*). **2.** to pay (*pagar*). **3.** to vouch for, to guarantee (*acreditar, garantizar*). **3.** *Agr.* to fertilize.

abono. f. **1.** subscription. **2.** payment. **3.** fertilizer.

abordar. tr. **1.** *Mar.* to board. **2.** to approach (*acercarse*). **3.** to tackle (a difficult or assignment).

abortar. i./tr. **1.** to abort. **2.** fig. to fail.

aborto. m. **1.** abortion. **2.** fig. failure.

abotonar. tr/ref. to button up.

abovedar. tr. to arch, to vault.
abra. f. cove, valley.
abrasador, ra. a. burning.
abrasar. tr. to burn, to overheat.
abrasivo, va. a. abrasive.
abrazadera. f. clamp, bracket.
abrazar. tr. 1. to embrace, to hug. 2. to include, to comprise (incluir). 3. to adopt, to follow (una fe).
abrazo. m. embrace, hug.
abrecartas. m. letter opener.
abrelatas. m. can opener.
abrevar. tr. to water cattle.
abreviado, da. a. brief, short, shortened (books).
abreviar. tr. to abbreviate, to shorten.
abreviatura. f. abbreviation, compendium.
abrigar. tr. 1. to shelter (proteger). 2. to keep warm (cubrir). 3. to harbor (sospechas). 4. ref. to wrap oneself up.
abrigo. m. 1. shelter, cover (protección). 2. overcoat (sobretodo). 3. Mar. harbor.
abril. m. April.
abrillantar. tr. to brighten.
abrir. tr. 1. to open. 2. to begin (empezar). 3. to lead, to head (encabezar). 4. ref. to clear up (clima); to blossom (florecer). 5. a. paso: to make way.
abrochador, ra. m./f. buttonhook.
abrochar. tr. 1. to button up (botones). 2. to fasten (cinturón o zapatos).
abrojo. m. thistle, caltrop.
abroquelar. tr./ref. to protect (oneself).
abrumador, ra. a. overwhelming, oppresive.
abrumar. 1. tr. to overwhelm, to oppress. 2. ref. to become foggy.
abrupto, ta. a. abrupt, rugged.
absceso. m. abscess.
absolución. f. absolution.
absoluto, ta. 1. a. absolute. 2. en a.: absolutely not, not at all. 3. m. dogmatic assertion.
absolver. tr. 1. to absolve. 2. Law. to acquit.
absorber. tr. to absorb.// absorption (f.).
absorto, ta. irreg. pp. of **absorber.**// a. engrossed, entranced.
abstemio, mia. a. abstemious, teetotaler.
abstenerse. ref. to abstain, to refrain.
abstinencia. f. abstinence.
abstracción. f. 1.abstraction. 2. instrospection.
abstracto, ta. irreg. pp. of **abstraer.**// a./m. abstract.
abstraer. 1. tr. to abstract. 2. ref. to withdraw.
abstraído, da. a. absorbed, withdrawn.
absuelto, ta. irreg. pp. of **absolver.**
absurdo, da. 1. a. absurd. 2. m. absurdity.
abuelo. m. 1. grandfather. 2. old man (viejo). 3. pl. grandparents.// **abuela.** f. 1. grandmother. 2. old woman.
abultar. tr. to enlarge, to swell.
abundancia. f. abundance.
abundar. i. to abound.// abundant (a.).
aburrido, da. a. bored, tiresome.
aburrimiento. m. boredom, tedium.
aburrir. 1. tr. to bore. 2. ref. to become bored.
abusar. i. to abuse, to go too far.

abuso. m. 1. abuse (of power). 2. excess.
abyecto, ta. a. abyect, low.
acá. adv. 1. here, over here. 2. más a.: nearer, closer. 3. por a.: around here. 4. a. y allá: here and there.
acabado, da. 1. a. finished, complete. 2. m. finish.
acabar. tr. 1. to finish, to complet. 2. to end. 3. to die (morir). 4. to use up (consumir). 5. ref. to run out of. 6. a. de: to have just.
academia. f. academy.// **académico, co.** 1. a. academic. 2. m. academician.
acaecer. i. to happen.
acalorado, da. a. heated, warm.
acalorar. 1. tr. to heat or warm up. 2. ref. to get heated, to get excited.
acallar. tr. to quiet, to hush.
acampanado, da. a. bell-shaped.
acampar. i. to camp.
acantilado. m. vertical cliff.
acaparador, ra. 1. a. hoarding. 2. m. stockpiller, monopolizer.
acaparar. tr. 1. to stockpile, to hoard (acumular). 2. to monopolize (monopolizar).
acaramelado, da. a. 1. caramelized. 2. fig. sweet.
acaramelar. 1. tr. to caramelize. 2. ref. to be or become extremely sweet.
acariciar. tr. to carish, to cherish.
acarrear. tr. 1. to cart, to transport. 2. fig. to cause, to bring on.
acarreo. m. cartage, transportation.
acaso. 1. m. chance, accident. 2. adv. perhaps, maybe. 3. por si a.: just in case.
acatar. tr. to respect, to comply with, to obey.
acatarrarse. ref. to catch a cold.
acaudalado, da. a. rich.
acaudalar. tr. to accumulate.
acaudillar. tr. to lead, to head.
acceder. tr. 1. to agree, to consent. 2. to accede.
acceso. m. 1. access, entry (entrada). 2. outburst (arrebato). 3. Med. attack.// accessible (a.).
accesorio, ria. a./m. accesory.
accidentado, da. 1. a. rough, uneven. 2. m./f. accident victim.
accidentarse. to suffer or have an accident.
accidente. m. 1. accident. 2. roughness, unevenness (de terreno). 3. por a.: by chance.
acción. f. 1. action. 2. act, deed (hecho). 3. lawsuit (acto legal). 4. plot (teatro). 5. share (comercio). 6. thanksgiving (acción de gracias).
accionar. tr. to work, to operate.
accionista. m./f. shareholder, stockholder.
acechanza. f. ambush.
acechar. tr. to spy on, to watch.
acecho. m. 1. watching. 2. al a.: in ambush.
acéfalo, la. a. 1. acephalous. 2. fig. leaderless.
aceitar. tr. to oil, to lubricate.
aceite. m. oil, fuel oil (combustible).
aceitera. f. oil cruet, oil cup (lubricación).
aceitoso, sa. a. oily.
aceituna. f. olive.
aceleración. m. acceleration.// **acelerador.** m. accelerator.

acelerar. tr. 1. to speed up. 2. to expedite. 3. i. to hurry.

celga. f. chard, beet.

cento. m. 1. accent (signo). 2. tone (tone). 3. a. ortográfico: written accent:.

centuar. tr. 1. to accent. 2. to emphasize. 3. ref. to stand out.// accentuation (f.).

cepción. f. meaning.

ceptación. f. 1. acceptance (acción). 2. approval (aprobación).

ceptar. tr. 1. to accept. 2. to believe in (admitir, creer). 3. to approve (aprobar).

cequia. f. irrigation ditch.

cera. f. sidewalk.

cerado, da. a. steel, steely.

cerbo, ba. a. sour, harsh.

cerca de. prep. about, concerning.

cercamiento. m. approach.

cercar. 1. tr. to bring near. 2. ref. to come near.

cería. f. steel mill.

cero. m. 1. steel. 2. fig. sword (espada).

cérrimo, ma. a. 1. staunch. 2. fanatic.

certado, da. a. correct, accurate.

certar. tr. 1. to hit. 2. to guess correctly (adivinar). 3. to find (encontrar).

certijo. f. riddle.

cetato. m. acetate.

cetileno. m. acetylene.

cetona. f. acetone.

chacar. tr. to attribute, to imput.

chaque. m. ailment, illness.

chicar. tr. 1. to reduce. 2. to take in (ropa). 3. ref. to get smaller. 4. to shrink back (acobardarse).

chicharrar. 1. tr. to scorch. 2. ref. to burn.

chicoria. f. chicory.

chisparse. 1. tr. fig. to make tipsy. 2. ref. fig. to get tipsy.

churas. f. pl. L.A. offal, innards.

ciago, ga. a. fateful, unlucky.

cicalar. tr./ref. to spruce up.

cicate. m. spur, incentive.

cicatear. tr. to spur, to incentive.

cidez. f. ácidity.

ácido, da. 1. a. acid, sour (agrio). 2. m. acid.

cierto. m. 1. good shot, good choice, hit, success. 2. good sense (cordura). 3. skill (habilidad).

clamar. tr. to acclaim.// acclamation (f.).

clarar. 1. tr. to clarify, to explain. 2. i. to clear up, to dawn (amanecer). 3. ref. to clear up; to become clear (hacerse entendible).

claratorio, ria. a. clarifying, explanatory.

climatar. 1. tr. to acclimatize, to acclimate. 2. ref. to become acclimatized or acclimated.

cobardar. 1. tr. to intimidate. 2. ref. to become intimidate.

cogedor, ra. a. welcoming, friendly.

coger. tr. 1. to welcome (dar la bienvenida). 2. to shelter (amparar). 3. ref. to take refuge (refugiarse). 4. ref. a. a: to have recourse in.// acogida. f. 1. reception, welcome: 2. tener buena a.: to be well received.

acolchado, da. 1. a. padded, quilted. 2. m. padding. 3. Arg. bedspread.

acolchar. tr. to quilt.

acólito. m. 1. acolyte. 2. follower (discípulo). 3. altar-boy (monaguillo).

acometer. tr. 1. to attack. 2. to undertake.

acometida. f. attack, assault.

acomodador, ra. m./f. usher.

acomodar. tr. 1. to put in order (ordenar). 2. to accomodate (colocar). 3. i. to suit. 4. ref. to adapt.

acomodo. m. 1. job (empleo). 2. lodgings (alojamiento). 3. fig. connections.

acompañamiento. m. 1. Mus. accompaniment. 2. company, retinue.

acompañante. 1. a. accompanying. 2. m./f. companion; accompanist (música).

acompañar. tr. 1. to accompany, to escort (escoltar). 2. to enclose (agregar). 3. ref. Mus. to accompany oneself on.

acompasar. tr. to give rhytm to.

acomplejar. 1. tr. to give a mental complex. 2. ref. to suffer a mental complex.

acondicionado, da. a. 1. conditoned. 2. aire a.: air-conditioned. 3. bien o mal a.: in good or bad condition.

acondicionador. m. 1. conditioner. 2. a. de aire: air-conditioner.

acondicionar. tr. 1. to condition. 2. to outfit (un vehículo).

acongojar. 1. tr. to afflict. 2. ref. to be afflicted.

aconsejable. a. advisable.

aconsejar. tr. to advise, to counsel.

acontecer. i. to happen.

acontecimiento. m. happening, event.

acopiar. tr. to gather, to collect.

acopio. m. gathering, stock, collection.

acorazado, da. 1. a. armored. 2. m. battleship (buque de guerra).

acordar. tr. 1. to agree (concordar). 2. to decide (decidir). 3. ref. to remind, to remember.

acorde. 1. a. in agreement. 2. m. Mus. chord.

acordeón. m. accordion.

acordonar. tr. 1. to cordon off, to sorround. 2. to tie, to lace (cordones).

acorralar. tr. 1. to corner (personas). 2. to corral (animales).

acortar. tr. to shorten.

acosar. tr. to harass.// acoso. m, harassment.

acostar. 1. tr. to put to bed. 2. ref. to go to bed.

acostumbrar. tr./ref. to accustom, to be in the habit.

acotación. m. mark, elevation note, marginal note.

acotar. tr. to mark off, to annotate.

acre. 1. a. acrid. 2. m. acre.

acrecentamiento. m. increase.// acrecentar. tr. to increase.

acreditación. f. accreditation.

acreditar. tr. 1. to accredit. 2. to make famous. 3. to guarantee. 4. to credit (comercio).

acreedor, ra. 1. a. worthy. 2. m./f. creditor.

acrílico, ca. a./m. acrylic.

acrisolar. tr. to refine, to purify.

acrobacia. f. acrobatics.// acrobat (m./f.).// acrobatic (a.).

acta. f. **1.** record *(registro)*. **2.** minutes. **3.** certificate *(certificado)*.

actinio. m. actinium.

actitud. f. attitude.

activar. tr. to activate.

actividad. f. **1.** activity. **2.** en a.: in operation. **3.** campo de a.: field of action.

activar. tr. **1.** to activate *(poner en funcionamiento, realizar actividad)*. **2.** to expedite *(aclererar)*.

activista. a. activist.

activo, va. **1.** a. active. **2.** m. *Com.* assets.

acto. m. **1.** act. **2.** ceremony. **3.** en el a.: inmediately.

actor. m. **1.** actor. **2.** *Law.* plaintiff.// actress (f.).

actuación. f. **1.** permormance. **2.** behavior *(conducta)*. **3.** pl. *Law.* proceedings.

actual. a. present, current.

actualidad. f. **1.** present time. **2.** current situation. **3.** pl. news, current events. **4.** en la actualidad: at present.

actualizar. tr. **1.** to modernize. **2.** to bring up to date.

actualmente. adv. at present.

actuar. **1.** tr. to actuate. **2.** i. to act *(teatro)*.

actuario. m. actuary.

acuarela. f. water color.

acuario. m. aquarium.

acuartelar. tr. to quarter.

acuático, ca. a. aquatic.

acuatizar. i. to land on water.

acuciante. a. eager.

acuciar. tr. to hasten, to urge.

acuchillar. tr. to slash, to cut.

acudir. i. **1.** to go, to come. **2.** to attend, to show up. **3.** acudir a: to turn to.

acueducto. m. aqueduct.

acuerdo. m. **1.** agreement, accord *(convenio)*. **2.** opinion, ruling *(dictamen)*. **3.** estar de a.: to be in agreement. **4.** de a. con: in agrrement with.

acumulación. f. accumulation.

acumulador, ra. **1.** a. accumulating. **2.** m. storage battery.

acumular. tr. to accumulate, to gather.

acunar. tr. to rock.

acuñar. tr. **1.** to coin. **2.** to wedge *(meter cuñas)*.

acuoso, sa. a. aqueous, watery.

acupuntura. f. acupuncture.

acusado, da. **1.** a. acussed. **1.** m./f. defendant.

acusar. tr. **1.** to accuse. **2.** to denounce, to give away *(denunciar)*. **3.** a. recibo: to acknowledge receipt.// accusation (f.).

acusativo. m. accusative.

acuse. m. acknowledgement.

acústico, ca. **1.** a. acoustic, acoustical. **2.** f. acoustics.

adagio. m. **1.** adage *(proverbio)*. **2.** *Mús.* adagio.

adalid. m. leader, head of a party.

adaptación. f. adaptation, adjustment.

adaptar. tr./ref. to adjust, to adapt. // adapter (m.).

adecuación. f. fitting, adjustment.

adecuar. tr. to make suitable, to adapt, to adjust.

adelantado, da. **1.** a. advanced, fast *(reloj)*. **2.**

m. governor of a frontier province *(España)*. **3** por a.: in advance.

adelantar. tr. **1.** to advance, to move forwar *(avanzar)*. **2.** to surpass *(aventajar)*. **3.** to go fas *(reloj)*. **4.** i. fig. to make progress. **5.** ref. to ge ahead.

adelante. **1.** adv. forward, ahead. **2.** ¡a.!: com in!, forward! **3.** de aquí en a.: from now on. **3** más a.: farther on.

adelanto. m. **1.** progress, advance. **2.** a. e cuenta corriente: overdraft.

adelgazar. **1.** tr. to make thin or slim. **2.** i. to los weight, to be slim *(una persona)*.

ademán. m. **1.** gesture. **2.** pl. manners.

además. adv. besides, in additon, furthermore.

adentro. **1.** adv. inside. **2.** a. *Amér.* de tierr adentro: from the interior. **3.** m. pl. the innermos self.

adepto, ta. **1.** a. adept, initiated. **2.** m./f. followe

aderezar. tr. **1.** to season *(comida)*. **2.** to ador *(adornar)*.// **aderezo.** m. seasonment *(condi mento)*, adornment *(adorno)*.

adeudar. tr. **1.** to owe. **2.** *Com.* to debit *(debitar,*

adherir. **1.** tr. to stick on. **2.** i./ref. to adhere. **3** to support *(respaldar)*.// adherence (f.).// adhe sive (a./m.).

adhesión. f. **1.** adhesion. **2.** loyalty *(lealtad)*.

adicción. f. addiction.

adición. f. **1.** addition. **2.** *Amér.* bill, check.

adicto, ta. **1.** a. addicted, devoted. **2.** m./ addict, follower *(seguidor)*.

adiestramiento. m. training.// **adiestrar.** tr. t train, to coach.

adinerado, da. a. rich, wealthy.

adiós. interj./m. good bye.

aditamento. f. addition, attachment.

aditivo, va. a./m. additive.

adivinanza. f. riddle, puzzle.

adivinar. tr. **1.** to predict *(predecir)*. **2.** to gues *(conjeturar)*. **3.** to read *(el pensamiento)*.

adivino, na. m./f. fortuneteller.

adjetivar. tr. to qualify.// adjective (a./m.).

adjudicar. **1.** to award. **2.** ref. to appropiate.

adjuntar. tr. to attache, to enclose.

adjunto, ta. **1.** a. attached, enclosed. **2.** m./ assistant, associate.

administración. f. **1.** administration, manag ment *(dirección)*. **2.** headquarters *(oficina)*.

administrador, ra. **1.** a. administrative. **2.** m manager.

administrar. tr. **1.** to manager. **2.** to administer.

admiración. f. **1.** admiration. **2.** surprise, wonde *(sorpresa)*. **3.** signo de a.: exclamation point.

admirar. tr. to admire.

admisible. a. admissible.

admisión. f. **1.** admission. **2.** *Mech.* intake.

admitir. tr. **1.** to admit *(entrada)*. **2.** to accep *(aceptar)*. **3.** to acknowledge *(reconocer)*.

adobar. tr. **1.** to marinate, to pickle *(comida)*. **2** to tan *(pieles)*.

adoctrinar. tr. to indoctrinate, to instruct.

adolecer. tr. **1.** to fall ill. **2.** a. de: to suffer from

adolescencia. f. adolescence, youth.// **adoles cente.** a./m./f. adolescent, youth, teen ager.

adonde. adv. where, to which place.
adondequiera. adv. wherever, anywhere.
adoptar. tr. to adopt.// adoption (f.).
adoptivo, va. a. adoptive, adopted.
adoquín. m. paving block.
adorador, ra. 1. a. worshipping; idolizing. **2.** m./f. worshipper; idolizer.
adorar. i./tr. **1.** to worship, to adore. **2.** fig. to love.
adormecer. 1. tr. to put to sleep. **2.** ref. to become or to get sleepy.// **adormecido, da.** a. sleepy.// **adormecimiento.** m. sleepiness, drowsiness.
adornar. tr. to decorate, to adorn.
adorno. m. adornment, ornament, trimming.
adosar. tr. **1.** to place or lean against. **2.** to join (unir). **3.** to attach (agregar).
adquirir. tr. to acquire, to buy.
adquisición. f. acquisition, purchase.
adquisitivo, va. a. **1.** acquisitive. **2.** poder a.: buying power.
adrede. adv. on purpose, deliberately.
aduana. f. customs.
aduanero, ra. 1. a. customs. **2.** m. customs officer.
aducir. tr. to adduce.
adueñarse. ref. to take over or possesion.
adulador, ra. 1. a. adulating, flattering. **2.** m. adulater, flatterer.
adular. tr. to adulate, to flatter.
adulterar. tr. to adulterate.
adulterio. m. adultery.
adulto, ta. a./m./f. adult, mature.
adustez. f. austerity, harshness.
adusto, ta. a. austere, severe.
advenedizo, za. a./m. foreign, alien.
advenimiento. m. advent, arrival, coming.
adverbio. m. adverb.
adversario, ria. m./f. adversary, opponent.
adversidad. f. adversity, misfortune.
adverso, sa. a. **1.** adverse. **2.** opposite (opuesto).
advertencia. f. **1.** warning. **2.** advice (consejo). **3.** notice (noticia).
advertir. tr. **1.** to notice (notar). **2.** to warn (avisar). **3.** to advice (aconsejar).
adyacencia. f. adjacency.// adjacent (a.).
aéreo, a. a. air, aerial.
aerodinámico, ca. 1. a. aerodynamic, streamlined. **2.** f. aerodynamics.
aeródromo. m. airdrome, aerodrome.
aeroespacial. a. aerospace.
aerolínea. f. airline.
aerolito. m. aerolite, meteorite.
aeromodelismo. m. airplane modeling.
aeronauta. m./f. aeronaut.
aeronáutico, ca. 1. a. aeronautic. **2.** f. aeronautics.
aeronave. f. airship.
aeroplano. m. airplane.
aeropostal. a. air mail.
aeropuerto. m. airport.
aerosol. m. aerosol.
afabilidad. f. affability.// affable (a.).
afamado, da. a. famous, renowned.
afán. m. **1.** eagerness (fervor). **2.** desire (anhelo).

afanar. ref. **1.** to hurry, to strive. **2.** fig. Arg. to steal.
afanoso, sa. a. **1.** laborious, diligent. **1.** eager (fervoroso).
afear. tr. to make ugly.
afección. f. affection, disease.
afectar. tr. **1.** to affect. **2.** to influence. **3.** to afflict(afligir).// affectation (f.).
afecto, ta. 1. a. affectionate. **2.** m. affection.
afectuoso, sa. a. affectionate.
afeitadora. f. shaver.
afeitar. tr./ref. to shave.
afeite. m. cosmetics, make-up.
afeminado, da. a. effeminate.
aferrar. 1. tr. to grasp, to grip, to hook. **2.** ref. to cling to, to persist.in (persistir).
afianzar. tr. **1.** to make fast, to secure. **2.** to guarantee (garantizar).
afiche. m. poster.
afición. f. **1.** inclination, liking. **2.** fans, enthusiasts (aficionados).// **aficionado, da.** m./f. **1.** fan (simpatizante de un deporte). **2.** amateur (deporte no profesional).
aficionarse. ref. to develop a liking for.
afiebrado, da. a. feverish.
afilador, ra. m./f. **1.** grinder (persona). **2.** sharpener (máquina).
afilar. tr. to sharpen, to grind.
afiliación. f. affiliation.
afiliado, da. m./f. affiliate, member.
afiliar. tr./ref. to affiliate to join.
afín. a. similar, akin.
afinador, ra. m./f. **1.** tuner. **2.** tuning key.
afinar. tr. **1.** to refine. **2.** Mus. to tune.
afinidad. f. affinity.
afirmar. tr. **1.** to affirm. **2.** to secure (afianzar). **3.** ref. to hold fast.// affirmation (f.).
afirmativo, va. 1. a. affirmative. **2.** f. affirmative statement.
aflicción. f. affliction.
afligido, da a. saddened, distressed.
afligir. tr. **1.** to sadden, to distress. **2.** to afflict.
aflojar. tr. **1.** to loosen, to slacken. **2.** fig. to pay up (pagar); to let go (irse, huir).
aflorar. i. **1.** to emerge. **2.** Geol. to outcrop.
afluencia. f. **1.** affluence. **2.** crowd (gentío). **3.** flow (flujo).// **afluente. 1.** a. flowing. **2.** m. tributary river.
afluir. tr **1.** to flow (fluir). **2.** to flock (acudir).
afonía. f. aphonia.
afónico, ca. 1. a. voiceless (sin sonido). **2.** aphonic.
aforar. tr. to appraise, to gauge.
aforismo. m. aphorism.
aforo. m. measurement, appraisal.
afrecho. m. bran.
afrenta. f. affront.
afuera. 1. adv. out, outside. **2.** ¡afuera!: get out!. **3.** f. pl. outskirts.
agachar. 1. tr. to bow, to bend down. **2.** ref. to crouch. **3.** fig. to submit.
agalla. f. **1.** gill. **2.** fig. pl. guts, courage.
ágape. m. banquet.
agarradera. f. handle, holder.

agarrar. tr. **1.** to grab, to grasp. **2.** *Amer.* to take (*un vehículo*). **3.** to get, to catch (*una enfermedad*). **4.** ref. to hold on, to cling. **5.** ref. fig. to fight (*pelearse*). **6.** *a. para:* to head for.

agasajar. tr. to entertain, to feast someone.// **agasajo.** m. **1.** entertainment (*festejo*). **2.** present (*regalo*).

agazaparse. ref. **1.** to crouch (*agacharse*). **2.** to hide out (*esconderse*).

agencia. f. agency.

agente. m. **1.** agent. **2.** *a. de policía:* policeman. **3.** *a. de bolsa o de comercio:* broker.

ágil. a. nimble, agile.// **agilidad.** f. agility, nimbleness.

agilizar. tr. to make agile or nimble.

agio. m. speculation.

agitación. f. agitation, excitement.

agitar. tr. **1.** to shake. **2.** to excite (*alborotar*). **3.** ref. to wave (*el mar*). **4.** ref. to be agitated (*perturbarse*).

aglomeración. f.: **1.** agglomeration. **2.** crowd (*gentío*).

aglomerar. tr. **1.** to agglomerate. **2.** to crowd (*apiñarse*).

aglutinar. tr. to agglutinate.// **aglutinante.** a. agglutinant.

agnóstico, ca. a./m./f. agnostic.

agobiar. **1.** tr. to overwhelm. **2.** ref. to depress (*deprimirse*).// **agobio** m. burden, fatigue (*fatiga*).

agolparse. ref. to flock, to crowd.

agonía. f. agony, anguish.// **agonizante.** a. dying.

agonizar. i. to be dying, to be in agony.

agosto. m. August.

agotador, ra. a. exhausting, tiring.

agotamiento. m. exhaution, depletion.

agotar. **1.** tr. to exhaust. **2.** ref. to be exhausted (*cansarse*). **3.** ref. to run out (*entradas*). **4.** ref. to sold-out (*mercancías*).

agraciado, da. a. good loocking, atractive.

agraciar. tr. **1.** to embellish (*embellecer*). **2.** to grace (*favorecer*).

agradable. a. pleasent, agreeable.

agradar. i./tr. to please.

agradecido, da. a. grateful, thankful.

agradecer. tr. to thank.// **agradecimiento.** m. thanks.

agradar. i./ tr. to please.// **agrado.** m. **1.** pleasure (*placer*). **2.** taste, liking (*gusto*).

agrandar. tr. **1.** to enlarge. **2.** to exaggerate (*exagerar*). **3.** ref. to grow larger.

agrario, ria. a. agrarian, agricultural.

agravamiento. m. aggravation.

agravante. a. aggravating.

agravar. tr./ref. to worsen, to make worse.

agraviar. **1.** tr. to offend. **2.** ref. to take offense.

agravio. m. offense.

agredir. tr. to attack, to assault.

agregado, da. **1.** a. aggregate. **2.** m. attache, aggregate.

agregar. **1.** tr. to add, to attach. **2.** ref. to join.

agresión. m. aggression.// **agresividad** f. aggressiveness.

agresor, ra. **1.** a. aggressive. **2.** m./f. aggressor.

agreste. a. rustic.

agriar. **1.** tr. to sour. **2.** ref. to become sour.

agrícola. a. agricultural, farming.

agricultor, ra. m./f. farmer.

agricultura. f. agriculture, farming.

agridulce. a. bitter-sweet.

agrietar. tr./ref. to crack, to split.

agrimensor, ra. m./f. surveyor.

agrimensura. f. surveying.

agrio, gria. a. sour.

agro. m. agriculture.

agronomía. f. agronomy, agronomics.// **agrónomo, ma.** **1.** a. agronomical. **2.** m. agronomist.

agropecuario, ria. a. pertaining to agriculture and livestock activity.

agrupación. f. group, association.

agrupar. tr./ref. to group.

agua. f. **1.** water. **2.** *a. corriente:* running water. **2.** *a. de colonia:* toilet water. **3.** *a. dulce:* fresh water. **4.** *a. potable:* drinking water. **5.** pl. *a. termales:* hot springs. **5.** *claro como el a. :* crystal-clear. **6.** *hacer a.:* to leak.

aguacero. m. downpour.

aguado, da. a. watery, diluted.

aguafuerte. m. etching.

aguamarina. f. aquamarine.

aguantar. tr. **1.** to endure (*durar*). **2.** to tolerate (*tolerar*). **3.** to hold, to retain (*contener*). **4.** ref. to control oneself.// **aguante.** m. **1.** endurance. **2.** tolerance.

aguar. tr. **1.** to water down. **2.** fig. to spoil a party (*una fiesta*).

aguardar. tr. to wait for, await.

aguarrás. m. turpentine oil.

agudeza. f. **1.** sharpness. **2.** fig. witticism.

agudo, da. a. **1.** sharp. **2.** *fig.* keen, witty. **3.** *Mus.* high-pitched. **4.** *Geom./Gram.* acute.

aguerrido, da. a. hardened, experienced.

aguijón. m. sting, spur.

águila. f. eagle.// **aguileño, ña.** a. aquiline, hook-nosed.

aguinaldo. m. Christmas gift or bonus.

aguja. a. **1.** needle. **2.** hand (*de reloj*).

agujerear. tr. to pierce, to perforate.

agujero. m. hole.

aguzar. tr. to sharpen.

ahí. prep. **1.** there. **2.** *por ahí:* thereabout.

ahijado, da. m./f. godchild, godson (*niño*), goddaughter (*niña*).

ahínco. m. eagerness.

ahíto, ta. a. stuffed.

ahogar. tr. **1.** to drown. **2.** to choke (*sofocar*).

ahogo. m. **1.** suffocation. **2.** anguish (*angustia*).

ahondar. to deepen, to go into deeper.

ahora. adv. **1.** now. **2.** just now (*recién*). **3.** *a. bien:* now then. **4.** *a. mismo:* right now. **5.** *hasta a.:* until now. **6.** *por a.:* for the time being.

ahorcado, da. m./f. hanged person.

ahorcar. tr./ref. to hang.

ahorrar. **1.** tr. to save. **2.** tr./ref. to spar (*evitar/se*).

ahorro. m. **1.** saving. **2.** pl. savings.

ahuecar. tr. to make hollow.

ahumado, da. a. 1. smoked (comida). 2. smoky (lleno de humo).

ahumar. tr. to smoke.

ahuyentar. tr. to drive away.

aindiado, da. a. L.A. indian-like.

airado, da. a. angry, irate.

aire. m. 1. air. 2. wind (viento). 3. appearance (apariencia). 4. a. acondicionado: air conditioning. 5. al a. libre: in the open air. 6. estar en el a. (TV): to be on the air.

airear. tr. to ventilate. to aerate.

airoso, sa. a. graceful, gallant.

aislador, ra. 1. a. insulating. 2. m. insulator.

aislamiento. m. insulation.

aislar. tr. 1. to isolate. 2. Electr. to insulate.

ajar. tr. to cruple, to wrinkle.

ajedrez. m. chess.

ajeno, na. a. 1. someone else's. 2. alien.

ají. m. chilli pepper.

ajo. m garlic.

ajuar. m. trousseau.

ajustado, da. a. tight.

ajustador, ra. m./f. 1. adjuster. 2. fitter(máquina). 3. toolmaker (operario).

ajustar. tr. 1. to adjust, to adapt. 2. to tighten (apretar). 3. Mec. to fit. 4. to conform, to comply.

ajuste. m. 1. adjustment. 2. fitting (adecuación, afinación). 3. arrangement (arreglo). 4. settlement (de precios).

ajusticiar. tr. to execute.

al. contrac. of a and el.

ala. f. 1. wind. 2. brim (del sombrero). 3. blade (de la hélice). 4. eave (alero). 5. pl. dar a.: to encourage.

alabanza. f. praise.

alabar. tr. to praise.

alacena. f. cupboard, closet.

alacrán. m. scorpion.

alado, da. a. winged.

alambique. m. still, destilery.

alambrado, da. 1. a. wire fenced. 2. m. wire fence. 3. f. wire netting.

alambre. m. 1. wire. 2. a. de púas: barbed wire.

alameda. f. poplar grove, boulevard (avenida).

álamo. m. poplar.

alarde. m. ostentation, show.

alardear. tr. to show off.

alargar. tr. 1. to lengthen. 2. to strech out (estirar). 3. ref. to get longer.

alarido. m. yell, howl.

alarma. f. 1. alarm. 2. anxiety (ansiedad). 3. warning (advertencia).

alarmar. tr. 1. to alarm. 2. to scare (asustar).

alazán, na. a. sorrel, chestnut.

alba. f. dawn.

albacea. m./f. executor.

albañal. m. sewer, drain.

albañil. m. bricklayer, mason.// **albañilería.** f. bricklaying, masonry.

albedrío. m. free will.

albergar. tr. 1. to lodge, to house. 2. fig. to harbor. 3. ref. to take lodgings.

albergue. m. 1. shelter (refugio). 2. lodging (alojamiento). 3. hostel (hostería).

albóndiga. f. meatball.

albor. m. whiteness, dawn (alba).

alborotar. tr. 1. to excite. 2. to disturb.

alboroto. m. disturbance, tumult. riot (motín).

alborozar. tr. to delight, to overjoy.// **alborozo.** m. joy.

albur. m. chance, risk.

alcahuete, ta. m./f. 1. gossip. 2. procurer (entregador).

alcahuetear. tr. 1. to squeal (soplar). 2. to procure, to pander.// **alcahuetería.** f. 1. pimping. 2. andar con a.: to squeal on people.

alcalde. m. mayor.

alcaldía. f. mayoralty(cargo), mayor's office(oficina).

álcali. m. alkali.// **alcalino, na.** a. alkaline.

alcance. m. 1. reach (distancia). 2. scope (extensión). 3. range (de tiro, de onda). 4. significance (significación). 4. al a.: accesible. 5. largo a.: long-range.

alcancía. f. coinbox, piggy bank.

alcantarilla. f. sewer, drain.

alcanzar. tr. 1. to reach. 2. to attain (conseguir). 3. to catch up with (igualar a). 4. i. to be enough (ser suficiente). 5. to be able to (ser capaz de).

alcaucil. m. artichoke.

alcázar. m. castle.

alce. m. elk.

alcoba. f. bedroom.

alcohol. m alcohol.// alcoholic (a./m./f.).// alcohlism (m.).

alcoholizar. tr. to alcoholize.

alcurnia. f. ancestry, lineage.

aldaba. f. door knocker.

aldea. f. village.

aldeano, na. m./f. villager, peasant (campesino).

aleación. f. alloy.

aleatorio, ria. a. contingent, aleatory.

aleccionar. tr. to instruct, to teach.

aledaño, ña. 1. a. bordering. 2. m. border. 3. m. pl. outskirts.

alegar. tr. to argue.

alegato. m. 1. allegation, argument. 2. Law. plea.

alegoría. f. allegory.

alegrar. 1. tr. to cheer, to enliven. 2. ref. to enjoy.

alegre. m. happy, cheerful.// **alegría.** f. happiness, joy.

alejamiento. m. 1. removal, withdrawal. 2. distance (distancia).

alejar. tr. 1. to separate, to put away. 2. ref. to move away.

aleluya. interj. hallelujah.

alemán, na. a./m./f. German.

alentador, ra. a. encouraging.

alentar. 1. to breathe. 2. tr. to encourage.

alerce. m. larch.

alergia. f. allergy.// allergic (a.).

alero. m. eaves.

alerta. 1. adv. on the alert. 2. m. alarm, alert. 3. ¡alerta!: watch out!

alertar. tr. to alert, to warn.

aleta. f. **1.** fin *(de pez).* **2.** blade *(de hélice).* **3.** *Mec.* leaf, flipper.

aletargar. tr./ref. to make drowsy.

aletear. i. to flutter, to flap.

alevosía. f. treachery, perfidy.

alfabetizar. tr. to alphabetize, to teach to read and write.

alfabeto. m. alphabet.

alfanumérico, ca. a. alphanumeric.

alfarería. f. pottery.// **alfarero, ra.** m./f. potter, ceramist.

alférez. m. second liutenant.

alfil. m. bishop.

alfiler. pin, safety pin *(de gancho).*

alfombra. f. carpet, rug.// **alfombrar.** tr. to carpet.

alforja. f. saddlebag, knapsack.

alga. f. seaweed.

algarabía. f. uproar.

algarrobo. m. carob tree.

álgebra. f. algebra.// algebraic (a.).

algo. indef. pron. **1.** something. **2.** anything *(negación o interrogación).* **3.** some *(alguno).* **4.** adv. somewhat.

algodón. m. cotton.

alguien. indef. pron. **1.** someone, somebody. **2.** anyone, anybody *(negación e interrogación).*

algún o **alguno, na. 1.** indef. pron. someone; *a. que otro:* a few. **2.** adj. some; any *(negación o interrogación).*

alhaja. f. jewel, gem.

alharaca. f. fuss, ado.

aliado, da. 1. a. allied. **2.** m./f. ally.

alianza. f. alliance.

aliar. tr./ref. to ally, to join.

alias. m. alias.

alicaído, da. a. downcast, depressed.

alicate. m. plier.

aliciente. m. incentive.

alienar. tr. to alienate.// alienation (f.).

aliento. m. **1.** breath *(respiración).* **2** courage, encouragement.

aligerar. tr. **1.** to lighten. **2.** to quicken *(acelerar).*

alimaña. f. animal pest.

alimentación. f. **1.** feeding *(acción).* **2.** food *(alimentos).*

alimentar. tr. to feed, to nourish.

alimenticio, cia. a. nourishing, nutritious.

alimento. m. food, nourishment.

alineación. f. **1.** alignment. **2.** line-up *(deporte).*

alinear. tr./ref. to align, to line up.

alisar. tr. to smooth.

alisios. m. pl. trade winds.

alistar. tr. **1.** to list *(listar).* **2.** to recruit *(reclutar).* **3.** to get ready *(dejar listo).* **4.** ref. to enlist.

aliviar. tr. **1.** to mitigate, to relieve. **2.** to ease *(facilitar).* **3.** to lighten *(aligerar).* **4.** ref. to get better.

alivio. m. relief.

aljibe. m. cistern.

allá. adv. **1.** there. **2.** *a. lejos (tiempo):* way back. **3.** *más a. de:* beyond. **4.** *por a.:* over there.

allanar. tr. **1.** to flatten *(nivelar).* **2.** to overcome *(superar).* **3.** to raid *(invadir).* **4.** ref. to agree to.

allegado, da. a. **1.** near, close. **2.** m. relative.

allegar. 1. tr. to gather. **2.** ref. to approach.

allí. adv. there.

alma. f. **1.** soul. **2.** human being *(ser humano).* **3.** core *(de un artefacto).*

almacén. m. **1.** store, grocery store *(comercio).* **2.** warehouse *(depósito).*// **almacenamiento.** m. storage.

almacenar. tr. to store, to warehouse.

almacenero, ra. m./f. **1.** warehouseman. **2.** *Amér.* grocer man

almácigo. m. mastic tree, seedbed.

almanaque. m. calendar.

almeja. f. clam.

almendra. f. almond.// **almendro.** m. almond tree.

almíbar. m. syrup.

almidón. m. starch.

almirante. m. admiral.

almohada. f. pillow.// **almohadilla.** f. **1.** small pillow. **2.** inkpad *(entintadora).*// **almohadón.** m. cushion.

almorzar. tr. to lunch.// **almuerzo.** m. lunch.

alocado, da. a. reckless, crazy.

alocar. tr. to drive crazy.

alocución. f. address, allocution.

alojamiento. m. lodging, housing *(casa).*

alojar. tr./ref. to lodge, to house.

alondra. f. lark.

alpaca. f. alpaca.

alpargata. f. hemp sandal.

alpinismo. m. mountain climbing.

alpino, na. a. alpine.

alpiste. m. birdseed.

alquilar. tr. **1.** to rent, to lease. **2.** *se alquila:* for rent or hire.

alquiler. m. **1.** rent *(dinero).* **2.** hiring *(acción).*

alquimia. f. alchemy.// alchemist (m./f.).

alquitrán. m. tar, coal tar.

alrededor. adv. **1.** around *(en torno).* **2.** about *(cerca de).* **3.** m. pl. sourronding, outskirts *(afueras).*

alta. f. **1.** discharge. **1.** *dar de a.:* to discharge.

altanería. f. arrogance, haughtiness.

altar. m. altar.

altavoz. m. loudspeaker.

alteración. f. alteration, disturbance.

alterado, da. a. **1.** altered. **2.** upset *(perturbado).* **3.** angry *(enfadado).*

alterar. tr. **1.** to alter. **2.** to upset *(perturbar).* **3.** ref. to change *(cambiar),* to get upset *(perturbarse).*

altercado. m. dispute.

alternar. i./tr. **1.** to alternate. **2.** to mix *(con personas).*

alternativo, va. 1. a. alternating, alternate. **2.** f. alternative, choice. **3.** f. pl. ups and downs.

alteza. f. highness.

altibajos. m. pl. ups and downs.

altillo. m. **1.** hillock *(colina).* **2.** *S.A.* attic *(desván).*

altímetro. m. altimeter.

altiplanicie. f. high plateau.

altitud. f. altitude, height.

altivez. f. haughtiness, pride.
alto, ta. a. **1.** high. **2.** tall (estatura). **3.** upper (superior). **4.** pl. a. horas: late hours. **5.** m. height, elevation (altura). **6.** m. stop (parada). **7.** adv. up high, above. **8.** ¡a.!: stop! **9.** pasar por a.: to ignor.
altruismo. m. altruism.// altruist (m./f.).
altura. f. **1.** height. **2.** altitude (altitud). **3.** level (nivel). **4.** pl. the heavens. **5.** a esta a.: at this point. **6.** estar a la a.: to measure up.
alucinación. f. hallucination.
alud. m. avalanche.
aludir. i. to allude, to refer to.
alumbrado, da. 1. a. lighted, lit. **2.** m. lighting.
alumbrar. tr. **1.** to light, to illuminate, to enlighten. **2.** to give birth (dar a luz).
aluminio. m. aluminium.
alumno, na. m./f. pupil, student.// **alumnado.** m. student body.
alunizaje. lunar landing.
alusión. f. allusion.
aluvial. a. alluvial.
aluvión. m. flood, sediment.
alza. f. rise, increase.
alzado, da. 1. a. raised, elevated. **2.** m./f. insurgent. **3.** height.
alzamiento. m. uprising, rebellion.
alzar. 1. tr. to raise, to lift. **2.** ref. to rise, to get up.
ama. f. **1.** lady, mistress. **2.** a. de casa: housekeeper.
amabilidad. f. kindness.
amado, da. a./m./f. beloved, dear.
amaestrar. tr. train.
amagar. tr. **1.** to threaten. **2.** to feign.
amago. m. **1.** sign. **2.** threat (amenaza).
amalgama. f. amalgam.
amalgamar. tr. to amalgamate.
amanecer. i. **1.** to dawn. **2.** to wake up (despertar). **3.** m. daybreak, dawn.
amaneramiento. m. affectation.
amansar. tr. to tame.
amante. 1. a. loving. **2.** m./f. lover.
amapola. f. poppy.
amar. i./tr. to love.
amargar. tr./ref. to make bitter, to embitter.
amargo, ga. a. **1.** bitter. **2.** fig. painful.
amargura. f. **1.** bitterness. **2.** fig. pain.
amarillo, lla. a./m. yellow.
amarradero. m. **1.** hitching post. **2.** Mar. mooring.
amarrar. tr. **1.** to tie up. **2.** Mar. to moor.
amartillar. tr. **1.** to hammer. **2.** to cock (un arma).
amasar. tr. **1.** to knead **2.** fig. to amass.
amatista. f. amethyst.
amazona. f. horsewoman, amazon.
amazónico, ca. a. Amazonian.
ámbar. m. amber.
ambición. f. ambition.
ambicionar. tr. to aspire to, to covet.
ambiciosa, sa. a./m./f. ambitious, greedy.
ambientar. 1. tr. to set. **2.** ref. to adjust oneself.
ambiente. m. **1.** atmosphere. **2.** environment (medio ambiente). **3.** Arg. room (cuarto).
ambigüedad. f. ambiguity.// ambiguous (a.).

ámbito. m. **1.** boundary (límite). **2.** field (campo).
ambos, bas. a./indef. pron. both.
ambulancia. f. ambulance.
ambulante. a. **1.** roving, itinerant. **2.** vendedor a.: peddler.
ameba. f. amoeba.
amén. m. **1.** amén. **2.** a. de: besides, in addittion to.
amenaza. f. threat, menace.
amenazar. tr. to threaten, to menace.
amenguar. tr. to diminish.
amenizar. tr. to make pleasent.
ameno, na. a. pleasent.
americanismo. m. americanism.
americano, na. a./m./f. American.
ametralladora. f. machine gun.
amianto. m. amianthus, asbestos.
amigable. a. friendly.
amigar. 1. tr. to become friend. **2.** ref. to reconcile.
amígdala. f. tonsil.
amigo, ga. m./f. **1.** friend. **2.** fig. ser a. de: to be fond of.
aminorar. tr. to reduce, to diminish.
amistad. f. friendship.// **amistoso, sa.** a. friendly.
amnesia. f. amnesia.
amnistía. f. amnesty.
amo. m. **1.** master. **2.** owner (dueño).
amoblar. tr. to furnish.
amolador, ra. m./f. grinder, sharpener.
amoldar. 1. tr. to mould. **2.** ref. to adapt oneself.
amonestación. f. reprimand.
amonestar. tr. to admonish, to reprimand.
amoníaco. m. ammonia.
amonio. m. ammonium.
amontonamiento. m. pilling up; crowding (de gente).
amontonar. 1. tr. to pile up. **2.** ref. to crowd.
amor. m. **1.** love. **2.** affection (afecto). **3.** pl. love affair. **4.** a. propio: pride, self esteem. **5.** hacer el a.: to make love.
amoratado, da. a. purple.
amordazar. tr. to gag (gente), to muzzle (animales).
amorfo, fa. a. shapeless.
amoroso, sa. a. loving.
amortiguador, ra. 1. a. damping, dimming. **2.** m. shock absorber (auto), dimmer (de luz).
amortiguar. tr. **1.** to absorbe (golpes). **2.** to dim (luces). **3.** to muffle (ruidos).
amortización. f. amortization, repayment (pago).
amortizar. tr. **1.** to amortize. **2.** to repay (pagar).
amotinado, da. a./m. mutineer.
amotinar. 1. tr. to incite to riot. **2.** ref. to riot, to mutiny.
amparar. tr. to protect.// **amparo.** m. protection, shelter.
amperímetro. amperimeter.
amperio. m. ampere.
ampliación. f. **1.** extension. **2.** enlargement (foto).
ampliar. tr. **1.** to expand, to extend. **2.** to increase (aumentar). **3.** to enlarge (foto).
amplificador. m. amplifier, loudspeaker.

amplificar. tr. to amplify, to magnify.// amplification (f.).

amplio, plia. a. ample, roomy.

amplitud. f. fullness, extent.

ampolla. f. 1. blister. 2. *Med.* ampoule.

ampollar. tr./ref. to blister.

amputar. tr. to amputate, to cut off.

amuleto. m. amulet.

amurallar. tr. to fortify with wall, to wall.

anacronismo. m anachronism.

ánade. m. duck, goose.

analfabetismo. m. illiteracy.

analfabeto, ta. a./m./f. illiterate.

análisis. m. analysis.

analizar. tr, to analyze.

analogía. f. analogy.// **análogo, ga.** a. analogous, similar.

ananá. f. pineapple.

anaquel. m. shelf.

anaranjado, da. 1. a. orange-colored. 2. m. orange.

anarquía. f. anarchy.// anarchyst (a./m./f.).

anatomía. f. anatomy.// anatomic (a.).

anca. f. crump, rump.

ancho, cha. a. 1. wide, broad. 2. loose *(holgado).* 3. pl. *a sus a.:* at one's ease.// m. width.

anchoa. f. anchovy.

anchura. f. width.

ancianidad. f. old age.

anciano, na. m./f. old man, old woman.

ancla. f. anchor.

anclar. tr. to anchor.

andadas. f. pl. 1. tracks, long walks. 2. fig. old tricks.

andamio. m. scaffold.

andante. a. 1. walking. 2. *Mus.* andante. 3. *caballero a.:* knight errant.

andanza. f. event, adventure.

andar. i. 1. to walk, to move. 2. to work *(funcionar).* 3. to be *(estar).* 4. to feel *(sentirse).* 5. to go *(marchar).* 6. *a. en:* to be mixed up in. 7. ¡andando!: get going.

andar. m. pace, gait.

andén. m. 1. railway plataform. 2. sidewalk.

andinismo. m. mountain climbing in the Andes.

andino, na. a. Andean.

andrajo. m. rag, tatter.

androide. m. android.

anécdota. f. anecdote.

anegamiento. m. flooding.

anegar. tr. to flood, to inundate.

anemia. f. anemia.

anestesia. f. anesthesia.

anestesiar. tr. to anesthize.

anexar. tr. to annex.// **anexo, xa.** 1. a. joined, enclosed. 2. m. annex, enclosure.

anfibio, bia. 1. a. amphibious. 2. m. amphibian.

anfiteatro. m. amphitheater.

anfitrión, na. m./f. hoss, hostess.

ángel. m. angel.// angelic, angelical (a.).

anglicano, na. a./m./f. Anglican.

anglicismo. m. anglicism.

angloamericano, na. a./m./f. Anglo-American.

anglosajón, na. a./m./f. Anglo-Saxon.

angostar. tr./ref. to narrow.// **angosto, ta.** a. narrow.

angostura. f. narrowness.

anguila. f. eel.

angular. a. angular.

ángulo. m. 1. angle. 2. corner *(esquina).*

angustia. f. anguish, distress.

angustiar. tr./ref. to anguish, to distress.

anhelante. a. yearning, longing for.

anhelar. i./tr. to yearn, to long for.

anhelo. m. yearning, longing.

anidar. i. to nest, to harbor.

anilina. f. aniline.

anillo. m. 1. ring. 2. *Biol.* annulus.

animación. f. 1. liveliness. 2. animation *(movimiento).*

animado, da. a. 1. lively. 2. animated.

animador, ra. 1. a. enliveling. 2. m./f. master of ceremonies.

animal. a./m./f. animal.

animar. tr. 1. to enlive *(avivar).* 2. to animate *(dar movimiento).* 3. to encourage *(dar coraje).* 4. ref. to take heart or courage.

ánimo. m. 1. spirit. 2. energy, vitality *(vitalidad).* 3. encouragement *(coraje).* 4. ¡á.!: courage!

animosidad. f. animosity.

animoso, sa. spirited, courageous.

aniñado, da. a. childish.

aniquilar. tr. to anihilate, to destroy.

anís. m. anise, anisette *(licor).*

aniversario. m. anniversary.

ano. m. anus.

anoche. adv. last nigh.

anochecer. 1. i. to get dark, to fall night. 2. m. nightfall, dusk.

anodino, na. a. anodyne.

ánodo. m. anode.

anomalía. f. anomaly.// anomalous (a.).

anónimo, ma. 1. a. anonymous. 2. m. anonymous letter.

anormal. a. abnormal.// abnormality (f.).

anotación. f. 1. noting *(acción).* 2. note *(nota).*

anotar. tr. 1. to annotate. 2. to comment *(comentar).* 3. to score *(deporte).*

ansia. f. 1. anxiety, anguish *(angustia).* 2. yearning, longing *(anhelo).*

ansiar. tr. to yearn, to long for.

ansiedad. f. anxiety, worry.// **ansioso, sa.** a. anxious.

antagónico, ca. a. antagonistic, opposed.

antagonismo. m. antagonism.

antaño. adv. in olden times.

antártico, ca. a. antarctic.

ante. prep. 1. before, in front of *(delante de).* 2. in view of *(considerando).* 3. *a. todo:* above all.

anteayer. adv. day before yesterday.

antebrazo. m. forearm.

antecedente. a./m. 1. antecedent. 2. pl. background.

anteceder. tr. to precede.

antecesor, ra. 1. a. former. 2. m. ancestor.

antedicho, cha. a. aforesaid.

antelación. a. 1. anticipation. 2. *con a.:* in advance.

antemano (de). adv. forehand, in advance.

antena. f. antenna.

anteojo. m. **1.** telescope. **2.** eyeglass.

antepasado, da. 1. a. before the last. **2.** m. ancestor.

anteponer. tr. **1.** to place in front. **2.** fig. to prefer, to put before.

anteproyecto. m. preliminary plan, draft.

anterior. a. **1.** previous, before to. **2.** Biol. front.

anterioridad. f. **1.** priority. **2.** con a.: previously, in advance.

antes. adv. **1.** before, formerly. **2.** rather, rather than (más bien, en vez de).

anteúltimo, ma. a. penultimate.

antiaéreo, a. a. antiaircraft.

antibiótico, ca. a./m./f. antibiótic.

anticipación. f. **1.** anticipation. **2.** con a.: in advance.

anticipar. tr. **1.** to advance, to move forward. **2.** to foresee, to anticipate (prever). **3.** ref. to be or arrived early (llegar temprano). **4.** ref. to get ahead of.

anticipo. m. **1.** anticipation. **2.** advance (dinero).

anticlerical. a./m./f. anticlerical.

anticonceptivo, va. a./m./f. contraceptive.

anticudo, da. a. old fashioned.

anticuario. m. antique dealer

antídoto. m. antidote.

antifaz. m. mask.

antiguo, gua. a. **1.** ancient, old (viejo). **2.** former (anterior).

antigüedad. f. **1.** ancient times, antiquity (época). **2.** seniority (en el empleo). **3.** pl. antiques.

antihigiénico, ca. a. unsanitary.

antílope. m. antelope.

antillano, na. a./m./f. West-Indian.

antimonio. m. antimony.

antipatía. f. dislike, antipathy.

antipático, ca. a. disagreeable, unpleasent.

antípoda. m. antipode.

antisemita. a. anti-Semitic.

antiséptico, ca. a./m. antiseptic.

antisocial. a. antisocial.

antítesis. f. antithesis.

antojadizo, za. a. capricious.

antojarse. ref. **1.** to feel like, to fancy (desear). **2.** to seem (parecer).

antojo. m. **1.** whim, fancy (capricho). **2.** craving (de comida). **3.** a su a.: as one pleases.

antología. f. anthology.

antorcha. f. torch.

antro. m. **1.** cavern, cave. **2.** fig. den, lair.

antropófago, ga. a./m./f. cannibal.

antropoide. a./m. antropoid, ape.

antropología. f. anthropology.// anthropologist (m./f.).

antropomorfo, fa. a. anthropomorphous.

anual. a. annual.// **anualidad.** f. annual or yearly payment.

anuario. m. yearbook, annual.

anudar. tr. **1.** to tie in knots. **2.** to tie (atar)

anular. 1. tr. to nulify, to void. **2.** a. annular, ring shaped. **3.** m. ring finger.

anunciante. m./f. advertiser.

anunciador, ra. m./f. **1.** annoouncer (persona). **2.** advertiser (empresa).

anunciar. tr. **1.** to announce (informar). **2.** to advertise (publicitar). **3.** to foreshadow (presagiar).

anuncio. m. **1.** announcement (noticia). **2.** poster (afiche). **3.** sign (señal). **4.** advertisement (publicidad).

anverso. m. obverse.

anzuelo. m. **1.** fishhook. **2.** fig. lure.

añadir. tr. to add, to increase.

añejar. tr. to age, to cure.// **añejo, ja.** a. aged, mature.

añicos. m. pl. fragments.

año. m. **1.** year. **2.** a. bisiesto: leap year. **3.** a. económico: fiscal year. **4.** a. luz: light-year. **5.** pl. tener tantos a.: to be so many years old. **6.** ¿cuántos a. tienes?: how old are you?

añoranza. f. nostalgia.

añorar. i./tr. to pine for.

apabullar. tr. to crush, to squash.

apacible. a. calm, peaceable.

apaciguar. 1. tr. to pacify. **2.** ref. to calm down.

apadrinar. tr. fig. to sponsor.

apagar. tr. **1.** to put out (el fuego). **2.** to turn out (la luz). **3.** to silence (el ruido). **4.** to tone down (el color). **5.** ref. to fade.// **apagón.** m. blackout.

apalabrar. tr. to agree to.

apalear. tr. to beat, to thrash.

apañar. tr. Arg. fig. to cover up for.

aparador. m. **1.** cupboard (armario). **2.** showwindow (escaparate).

aparato. m. **1.** apparatus. **2.** machine. **3.** fig. show.

aparcero, ra. m./f. **1.** sharecropper. **2.** Arg. comrade.

aparear. tr. **1.** to pair off. **2.** to mate (animales).

aparecer. i./ref. **1.** to appear. **2.** to show up (mostrarse).

aparejo. m. **1.** harness (arnés). **2.** derrick (poleas). **3.** gear, equipment (engranaje).

aparente. a. apparent, seeming.

aparentar. tr. **1.** to feign, to pretend (fingir). **2.** to look, to seem (parecer).

aparición. f. apparition.

apariencia. f. appearance.

apartado, da. 1. a. remote, isolated. **2.** m. post office box (postal).

apartamento. m. apartment.

apartar. tr. **1.** to separate, to take aside (separar). **2.** to put away (alejar). **3.** ref. to move aside or away.

aparte. adv. **1.** apart (separado). **2.** aside (lateral). **3.** aparte de: besides. **4.** punto y a.: paragraph.

apasionado, da. a. passionate.

apasionar. 1. tr. to impassion. **2.** ref. to become enthused or excited.

apatía. f. apathy.// **apático, ca.** a. apathetic.

apeadero. m. **1.** wayside station. **2.** inn (fonda).

apearse. ref. **1.** to dismount (de un caballo). **2.** to get out of (de un vehículo).

apechugar. i. L.A. to put up with.

apedrear. tr. to stone.

apegarse. ref. to become fond of.// **apego.** m. fondness.
apelación. f. appeal, recurse.
apelar. tr. to appeal.
apellidar. **1.** tr. to call, to name. **2.** ref. to be named.
apellido. m. surname, family name.
apenar. **1.** tr. to sadden, to pain. **2.** ref. to be pained.
apenas. adv. **1.** scarcely, hardly. **2.** as soon as (inmediatamente).
apéndice. m. appendance, appendix.
apercibir. **1.** tr. to warn (advertir). **2.** ref. to arm oneself.
aperitivo. m. aperitif.
aperos. m. pl. **1.** farm implement. **2.** L.A. riding gear.
apertura. f. **1.** opening, begining (principio). **2.** aperture.
apesadumbrar. tr. to grieve, to distress.
apestar. **1.** tr. to infect. **2.** i. to stink.// **apestoso, sa.** a. stinking.
apetecer. tr. **1.** to crave, to desire.// **apetecible.** a. desirable.
apetito. m. appetite.// **apetitoso, sa.** a. appetizing.
apiadarse. ref. to have pity.
ápice. m. apix.
apicultura. f. beekeeping, apiculture.// **apicultor, ra.** beekeeper. m./f.
apilar. tr. to pile up.
apiñar. tr./ref. **1.** to cram. **2.** to crawd (gente).
apio. m. celery.
apisonar. tr. to pack down, to steam roller.
aplacar. tr. to placate, to calm down.
aplanar. tr. to flatten, to level.
aplastante. a. overwhelming, exhausting.
aplastar. tr. **1.** to crush. **2.** to overwhelm (derrotar). **3.** ref. fig. to become discouraged.
aplaudir. tr. to applaud, to clap.
aplauso. m. applause, clapping.
aplazamiento. m. postponement.
aplazar. tr. **1.** to postpone. **2.** Amer. to fail (fallar).
aplicación. m. **1.** application. **2.** diligence (esmero).
aplicar. tr. **1.** to apply (colocar). **2.** to use (usar). **3.** ref. to apply oneself.
aplomo. a. self-assurance.
apocado, da. a. timid.
apócrifo, fa. a. apocryphal.
apodar. tr. to nickname.
apoderado, da. **1.** a. empowered. **2.** m. attorney.
apoderar. **1.** tr. to grant power (otorgar un poder). **2.** ref. to take possesion (tomar posesión).
apodo. m. nickname.
apogeo. m. **1.** Astron. apogee. **2.** fig. height, power.
apología. f. **1.** defense. **2.** eulogy.
apoplegía. f. apoplexy.
aporrear. tr. **1.** to beat. **2.** to bang on (un instrumento).
aportar. tr. **1.** to contribute. **2.** to bring (traer).

aporte. m. contribution.
aposento. m. **1.** room. **2.** lodging (hospedaje).
apostar. tr. to bet, to wager.
apóstata. m./f. apostate.
apostilla. f. footnote, marginal note.
apóstol. m. apostle.// apostolic (a.).
apostrofar. tr. **1.** to insult. **2.** fig. to address.
apóstrofo. m. apostrophe.
apostura. f. bearing, grace.
apotema. f. apothem.
apoteosis. f. apotheosis.
apoyar. tr. **1.** to support (respaldar). **2.** to sponso (promover). **3.** to uphold (confirmar). **4.** ref. to lean, to rest.
apoyo. m. **1.** support (respaldo). **2.** basis (base).
apreciación. f. **1.** appraisal (valor). **2.** appreciation (aprecio).
apreciar. tr. **1.** to appraise (valorar). **2.** to appreciate (estimar). **3.** to consider (considerar).
aprecio. m. esteem, appreciation.
aprehender. tr. to apprehend.
apremiante. a. pressing, urgent.
apremiar. tr. **1.** to urge. **2.** to press (presionar).
apremio. m. **1.** compulsion. **2.** judicial order.
aprender. tr. to learn.
aprendiz, za. m./f. apprentice.
aprendizaje. m. **1.** learning, **2.** apprenticeship.
aprensión. m. apprehension, suspicion, fear.
aprensivo, va. a. apprehensive, fearful.
apresar. tr. to arrest, to capture.
aprestar. tr. to prepare, to make ready.
apresto. m. **1.** preparation. **2.** sizing (de tela).
apresuramiento. m. hastiness.
apresurar. **1.** tr. to hurry. **2.** ref. to hasten.
apretado, da. a. **1.** tight. **2.** fig. to be short o money.
apretar. tr. **1.** to tighten (nudos). **2.** to compress to squeeze (comprimir). **3.** to urge (apremiar) **4** i. to be too tight (zapatos, ropa). **5.** a. los dientes to grit one's teeth. **6.** a. los puños: to shake hands.
apretón. m. **1.** squeeze. **2.** a. de manos: handshake.
aprieto. m. predicament.
aprisa. adv. quickly, swiftly.
aprisionar. tr. to imprision, to bind.
aprobación. f. approval.
aprobar. tr. **1.** to approve. **2.** to pass (un examen).
aprontar. tr. to make or have ready.
apropiación. f. appropriation.
apropiado, da. a. appropriate, suitable./ **apropiar.** **1.** tr. to adapt. **2.** ref. to take possesion of, to seize.
aprovechamiento. m. use, utilization.
aprovechable. a. usable.
aprovechar. i./tr. **1.** to make use of. **2.** ref. to take advantage of.
aprovisionar. tr. to supply.
aproximación. f. approximation.
aproximar. tr. **1.** to bring near. **2.** ref. to approach
aptitud. f. **1.** aptitude. **2.** pl. gift, talent.
apto, ta. a. apt, capable, fit.
apuesta. f. wager, bet.
apuesto, ta. a. good-looking.

apuntador, ra. m./f. **1.** pontier. **2.** prompter (teatro).
apuntar. tr. **1.** to aim (armas). **2.** to point (puntos). **3.** to make a note (anotar). **4.** to suggest (sugerir). **5.** to prompt (teatro).
apunte. m. **1.** note, memorandum. **2.** Arg. fig. llevar el a.: to pay attention.
apuñalar. tr. to stab, to knife.
apurado, da. a. **1.** hurried. **2.** fig. needy.
apurar. **1.** tr. to hurry, to press. **2.** ref. to hurry.
apuro. m. **1.** hurry. **2.** pl. estar en a.: to be in a jam.
aquejar. tr. to afflict, to distress.
aquel, lla, llos, llas. pron. dem. **1.** sing. that, that one. **2.** pl. those, those ones. **3.** the former (el primero nombrado).
aquello. neut. dem. pron. that, that matter.
aquí. adv. **1.** here (acá). **2.** now (ahora). **3.** de aquí en adelante: from now on. **4.** por aquí: around here (cerca); this way (por este lado).
aquietar. **1.** tr. to calm. **2.** ref. to calm down.
árabe. a./m./f. Arabian.
arabesco. m. arabesque.
arácnido, da. a./m. arachnid.
arado. m. **1.** plow (máquina). **2.** plowing (acción).
arancel. m. tariff, duty.
arandela. f. washer.
araña. f. **1.** spider. **2.** chandelier (candelabro).
arañar. tr. to scratch.
arar. tr. to plow.
araucano, na. a./m./f. Araucanian.
arbitraje. m. arbitration.
arbitrar. tr. **1.** to arbitrate. **2.** to referee (deporte).
arbitrariedad. f. arbitrariness.// arbitrary (a.)
árbitro. m. **1.** arbiter, judge. **2.** Sp. referee, umpire.
árbol. m. **1.** tree. **2.** Mech. axle.// **arboleda.** m. grove.
arbusto. m. bush, shrub.
arca. f. **2.** chest. **2.** ark (nave). **3.** pl. coffers.
arcada. f. **1.** arcade. **2.** pl. retching (nauseas).
arcaico, ca. a. archaic.// archaism (m.)
arcángel. m. archangel.
arce. m. maple tree.
arcilla. f. clay.// **arcilloso, sa.** a. clayey.
arco. m. **1.** Geom. arc. **2.** Arq. arch. **3.** Mus. bow. **4.** Sp. goal. **5.** a. iris: rainbow.
arcón. m. large chest.
archiduque, sa. m. archiduke, f. archiduchess.
archipiélago. m. archipielago.
archivar. tr. to file.// archivista. m./f. file clerk.
archivo. m. **1.** file (legajo). **2.** file cabinet (armario).
arder. **1.** i. to burn, to blaze. **2.** fig. to rage.
ardid. m. stratagem, scheme.
ardiente. a. **1.** burning. **2.** fervent (fervoroso).
ardilla. f. squirrel.
ardor. m. **1.** ardor. **2.** fig. passion.// **ardoroso, sa.** a. hot, ardent.
arduo, dua. a. arduous, hard.
área. f. area.
arena. f. **1.** sand. **2.** arena (circo).// **arenal.** f. sandy ground.// **arenoso, sa.** sandy.
arenque. m. herring.

arete. m. earring.
argamasa. f. mortar, plaster.
argelino, na. a./m./f. Algerian.
argentino, na. a./m./f. Argentine, Argentinian.
argolla. f. ring, hoop.
argot. m. slang.
argón. m. argon.
argucia. f. sophistry, subtely.
argüir. tr. to argue.
argumentar. i. to argue.// argumentation (f.).
argumento. m. **1.** argument. **2.** plot (de un libro).
aridez. f. aridity.// arid (a.).
ariete. m. batering ram.
ario, ria. a./m./f. Aryan.
arisco, ca. a. wild, untamed.
arista. f. edge.
aristocracia. f. aristocracy.// aristocrat (m./f.).
aritmética. f. arithmetic.
arma. f. **1.** weapon, arm. **2.** troops, army (fuerza militar). **3.** pl. military profession (carrera militar). **4.** pl. alzarse en a.: to rebel.
armada. f. navy, fleet.
armador, ra. m./f. **1.** assembler (ensamblador). **2.** ship owner (naviero). **3.** Sp. play-maker.
armadura. f. **1.** armor. **2.** framework (armazón).
armar. tr. **1.** to assemble, to mount (ensamblar, montar). **2.** to arm (dar armas). **3.** fig. to create (crear). **4.** to make (escándalo).
armario. m. wardrope, cabinet.
armazón. m. framework.
armería. f. armory.
armiño. m. ermine.
armisticio. m. armistice.
armonía. f. harmony.// harmonic (a.).
armónica. f. harmonica.
armonizar. tr. to harmonize.
arnés. m. **1.** armor. **2.** pl. harness.
aro. m. hoop, large ring.
aroma. m. aroma.// aromatic (a.)
arpa. f. harp.
arpía. f. harpy.
arpón. m. harpoon.
arquear. tr. to curve, to arch.
arqueo. m. **1.** curve. **2.** a. de caja: cash inventory.
arqueología. f. archaeology.// archaeologist (m./f.).
arquero, ra. m./f. **1.** archer. **2.** Sp. goalkeeper.
arquitecto, ta. m./f. architect.// arquitecture (f.).
arrabal. m. **1.** suburb, slum. **2.** pl. outskirts.
arraigar. tr. **1.** to take root. **2.** ref. to establish.
arrancar. tr. **1.** to pull out or up. **2.** to start (up) (una máquina). **3.** a. de: to get started.
arranque. m. **1.** start (inicio), **2.** starter (dispositivo). **3.** outburst (arrebato).
arrasar. tr. **1.** to level (aplanar). **2.** to destroy (destruir).
arrastrado, da. a. wretched, miserable.
arrastrar. **1.** tr. to drag, to pull along. **2.** i./ref. to crawl.
arrastre. m. **1.** dragging. **2.** fig. influence, pull.
arrayán. m. myrtle.
arrear. tr. to herd, to drive cattle.
arrebatado, da. a. impetuous, rash.

arrebatar. tr. **1.** to snatch. **2.** ref. fig. to carry away *(personas)*; to be burned *(comidas)*.

arrebato. m. **1.** rage *(furor)*. **2.** rapture *(rapto)*.

arreciar. tr. to become intense.

arrecife. m. reef,

arreglar. tr. **1.** to arrange. **2.** to adjust *(ajustar)*. **3.** to repair *(reparar)*. **4.** to resolve *(resolver)*. **5.** to put in order *(ordenar)*. **6.** to agree *(acordar)*. **7.** ref. to adjust *(conformarse)*; to get dressed up *(ataviarse)*. **8.** *arreglárselas:* to manage.

arreglo. m. **1.** arrangement *(acción/música)*. **2.** repair *(reparación)*. **3.** order *(orden)*. **4.** agreement *(acuerdo)*.

arremangar. tr./ref. to roll up.

arremetida. f. attack, assault.

arremeter. tr. to attack, to assault.

arremolinar. tr. **1.** to swirl *(agua)*. **2.** to crowd *(gente)*.

arrendamiento. m. **1.** rental *(acción)*. **2.** rent *(pago)*.

arrendar. tr. to let, to rent, to lease.

arrendataro, ria. I. a. renting. **2.** m./f. tenant.

arreos. m. pl. **1.** harness. **2.** accessories.

arrepentirse. ref. to repent.// repenetant (a.)

arrepentimiento. m. repentance.

arrestar. to arrest.

arresto. m. **1.** arrest *(detención)*. **2.** boldness *(audacia)*.

arriar. tr. to lower.

arriba. adv. **1.** above. **2.** upstairs *(en una casa)*. **3.** ¡a.!: get up!, hurrah! **3.** *más a.:* higher.

arribar. i. to arrive.// **arribo.** m. arrival.

arriero, ra. m./f. muleteer.

arriesgado, da. a. **1.** risky *(riesgoso)*. **2.** daring *(audaz)*.

arrimar. tr. **1.** to bring near. **2.** ref. to approach.

arrinconar. tr. **1.** to put in a corner. **2.** to corner *(acorralar)*.

arrodillarse. ref. to kneel down.

arrogancia. f. arrogance.// arrogant (a.).

arrogarse. ref. to arrogate.

arrojado, da. a. bold, resolute.

arrojar. tr. **1.** to throw. **2.** Com. to shaw *(un balance)*.

arrojo. m. daring.

arrollador, ra. a. irresistible, desvastating.

arrollar. tr. **1.** to roll up. **2.** to trample *(atropellar)*.

arropar. tr. to clothe.

arroyo. m. brook, gutter.

arroz. m. rice.// **arrozal.** m. rice paddy.

arruga. f. wrinkle.

arrugar. tr. to wrinkle.

arrullar. tr. to coo, to lull to sleep.// **arullo.** m. cooing, lullaby.

arrumaco. m. caress.

arrumbar. tr. to put aside, to neglect.

arsenal. m. arsenal, shipyard.

arsénico. m. arsenic.

arte. m. or f. **1.** art. **2.** skill *(habilidad)*. **3.** pl. *bellas a.:* fine arts. **4.** *por amor al a.:* for free.

artefacto. m. appliance, gadget.

arteria. f. artery.

artero, ra. a. underhanded.

artesanía. f. handicrafts.

artesano, na. m. craftsman, artisan, f craftswoman.

ártico, ca. a. arctic.

articulación. f. **1.** articulation. **2.** *Med./Mech* joint.

articular. tr. **1.** to articulate **2.** *Mech.* to join. **3.** tc ennunciate *(pronunciar)*.

artículo. m. **1.** article. **2.** commodity *(mercancía)*

artífice. m./f. artificer.

artificial. a. artificial.

artificio. m. **1.** artifice *(acción)*. **2.** device *(apara to)*.

artillería. f. artillery.// **artillero.** m. gunner.

artimaña. f. trick.

artista. m./f. **1.** artist. **2.** m. actor, f. actress./ artistic (a.).

artritis. f. arthritis.

arveja. f. pea.

arzobispo. m. archbishop.

as. m. ace.

asa. f. handle.

asado. m. roast.

asador. m. **1.** spit *(varilla)*. **2.** grill *(parrilla)*.

asalariado, da. **1.** a. salaried. **2.** m. salarie worker.

asaltante. m./f. assailant

asaltar. tr. to assault, to attack.

asalto. m. **1.** assault, attack. **2.** round *(box)*. **3** surprise party *(fiesta sorpresa)*.

asamblea. f. assembly, conference, meeting.

asar. tr. to roast.

ascendencia. f. **1.** ancestry. **2.** influence *(influen cia)*.

ascendente. a. ascending.

ascender. i. **1.** to climb, to rise. **2.** to be promot ed *(de categoría)*. **3.** tr. to promote *(promover)*.

ascenso. m. **1.** ascention, rise. **2.** promotio *(promoción)*.

ascensor. m. elevator.// **ascensorista.** m./f. ele vator operator.

asceta. m./f. ascetic, hermit.// asceticism (m.).

asco. m. **1.** disgust, repugnance. **2.** *dar asco:* sicken, to disgust.

asear. **1.** to clean, to wash. **2.** ref. to clean o wash up.

asechar. tr. to trap, to snar.

asediar. tr. **1.** to besiege *(sitiar)*. **2.** to pester *(mo lestar)*.

asedio. m. siege.

asegurador, ra. m./f. insurance company.

asegurar. tr. **1.** to secure *(afirmar)*. **2.** to make fas *(reforzar)*. **3.** *Com.* to insure. **4.** ref. to make sure *(cerciorarse)*. **5.** *Com.* to insure oneself.

asemejar. **1.** to make like. **2.** ref. to ressemble

asentado, da. a. **1.** quiet *(estable)*. **2.** settlee *(establecido)*. **3.** judicious *(juicioso)*.

asentar. tr. **1.** to record *(registrar)*. **2.** to foune *(fundar)*. **3.** to place *(colocar)*. **4.** to affirm *(afir mar)*. **5.** to iron *(la ropa)*. **6.** ref. to settle dow *(establecerse)*.

asentimiento. m. assent, consent.

asentir. tr. to assent, to consent.

aseo. m. cleanliness.

asequible. a. accesible, approachable.

serción. m. assertion.
serradero. m. sawmill.
serrar. tr. to saw.
serrín. m. sawdust.
sesinar. tr. to murder, to assassinate.
sesinato. m. murder, assassination.
sesino, na. 1. a. murderous. 2. m./f. murderer, killer.
sesor, ra. 1. a. advising. 2. m./f. adviser, counselor.
sesoramiento. m. 1. advising (acción). 2. advice.
sesorar. 1. tr. to advise. 2. ref. to seek advice.
severación. f. asseveration, assertion.
severar. tr. to affirm, to assert.
sfalto. m. asphalt.
sfixia. f. suffocation, asphyxia.
sfixiar. 1. tr. to asphyxiate. 2. ref. to suffocate.
sí. adv. 1. so, this way. 2. a. como: as son as. 3. a. no más: just like that. 4. a. sea: so be it. 4. algo a,: thereabouts. 5. conj. therefore, thus. 6. adj. such.
siático, ca. a./m./f. Asiatic.
siduo, dua. a. assidous, frequent.
siento. m. 1. seat, chair. 2. Com. entry.
signación. f. 1. allowance. 2. assignation.
signar. tr. 1. to assign (señalar). 2. to appoint (designar).
signatura. f. subject, course.
silado, da. a./m./f. refugee.
silar. tr. 1. to shelter (refugiar). 2. to give asylum (albergar).
silo. m. 1. asylum (acción). 2. shelter (refugio). 3. home (hogar). 4. a. de pobres: poorhouse. 5. a. de huérfanos: orphanage.
similar. tr./ref. to assimilate.// ref. to be similar.
simismo. adv. 1. likewise (igualmente). 2. also, too (también).
sir. tr. to grasp.
sirio, ria. a./m./f. Assyrian.
sistencia. f. 1. attendance (presencia). 2. help, aid (ayuda). 3. a. pública: health clinic.
sistente. 1. a. assisting. 2. m./f. assistant, helper.
sistir. 1. i. to attend. 2. tr. to assist, to help.
sma. f. asthma.// asthmatic (a.).
sno. m. donkey.
sociación. f. association.
sociado, da. 1. a. associated. 2. m./f. associate.
sociar. tr. 1. to associate. 2. to connect (ligar).
solar. tr. to lay waste.
solear. 1. tr. to sun. 2. ref. to sun oneself.
somar. 1. i. to appear. 2. tr. to show. 3. ref. to lean out.
sombrar. tr. to amaze, to astonish.
sombro. m. amazement, astonishment.
sombroso, sa. a. astonishing.
somo. m. 1. sign, hint. 2. ni por a.: no way.
sonada. f. riot.
spa. f. blade.
spaviento. m. fuss.
specto. m. 1. aspect. 2. appearance (apariencia).
spereza. f. roughness.

áspero, ra. a. 1. rough (rugoso). 2. rugged.
aspersión. f. sprinkling.
aspiración. f. 1. aspiration (anhelo). 2. inhalation (respiración).
aspirador, ra. m. suction pump; f. vacuum cleaner.
aspirante. m./f. candidate.
aspirar. tr. 1. to inhale. 2. a. a: to aspire to.
aspirina. f. aspirine.
asquear. tr./ref. to disgust, to revolt.
asqueroso, sa. a. disgusting, repulsive, filthy.
asta. f. 1. flagpole. 2. horn (cuerno).
asterisco. m. asterisk.
astilla. f. splinter.
astillar. tr. to splinter.
astillero. m. shipyard.
astringente. a. astringent.
astro. m. star.
astrología. f. astrology.// astrologist (m./f.).
astronauta. m./f. astronaut.
astronáutica. f. astronautics.
astronomía. f. astronomy.// astronomer (m./f.).
astucia. f. 1. astutenness. 2. trick (ardid).
astuto, ta. a. astute, shrewd.
asueto. m. short holiday, day off.
asumir. tr. 1. to assume. 2. to take on (un cargo).
asunción. f. assumption.
asunto. m. 1. subject, matter (tema). 2. affair, businness.
asustadizo, za. a. easily frightened.
asustar. 1. tr. to frighten. 2. ref. to be frightened.
atacante. m. 1. assailant, attacker. 2. Sp. forward.
atacar. tr. to attack.
atado. m. bundle.
atadura. f. fastening.
atajar. tr. 1. to intercept. 2. to stop. 3. Sp. to catch.
atajo. m. short cut.
atalaya. f. watchtower.
ataque. m. 1. attack. 2. raid.
atar. tr. to tie, to fasten.
atardecer. 1. i. to get dark. 2. m. late afternoon.
atareado, da. a. busy, occupied.
atarear. 1. tr. to assign work to. 2. ref. to busy or ocuppy oneself.
atascamiento. m. obstruction.
atascar. 1. tr. to clog. 2. ref. to get clogged.
ataúd. m. coffin.
ataviar. tr. to adorn, to dress.
atavío. m. dress, ornament.
ateísmo. m. atheism.
atemorizar. 1. tr. to frighten. 2. ref. to be frghtened.
atemperar. tr. 1. to pacify. 2. to moderate (moderar).
atención. f. 1. attention. 2. pl. courtesies.
atender. 1. i. to pay attention (prestar atención). 2. tr. to take care of (cuidar). 3. tr. to wait on (servir).
atenerse. ref. to rely on.
ateniense. a./m./f. Athenian.
atentado. m. 1. attempt, attack. 2. criminal attack.
atentar. i./tr. to attempt.
atento, ta. a. 2. attentive. 2. corteous (cortés).

atenuante. 1. a. attenuating. **2.** m. *Law.* extenuating.
atenuar. tr. **1.** to attenuate. **2.** *Law.* to extenuate.
ateo, a. m./f. atheist.
aterciopelado, da. a. velvety.
aterrado, da. a. terrified.
aterrador, ra. a. terrifying.
aterrar. tr. to terrify.
aterrizaje. m. landing.
aterrizar. i. to land.
aterrorizar. tr. to terrorize, to terrify *(aterrar)*.
atesorar. tr. **1.** to store up. **2.** fig. to possess.
atestar. tr. **1.** to testify *(atestiguar)*. **2.** to stuff *(llenar)*.
atestiguar. tr. to testify, to attest.
atiborrar. tr. to pack. to stuff.
ático, ca. a./m./f. Attic.// m. attic *(altillo)*.
atinar. tr. **1.** to find *(encontrar)*. **2.** to hit *(acertar)*.
atisbar. tr. to watch, to spy on.
atizar. tr. to poke.
atlántico, ca. a. Atlantic.
atlas. m. atlas.
atleta. m./f. athlete.// athletic (a.).
atletismo. m. athletics.
atmósfera. f. atmosphere.// atmospheric (a.).
atolón. m. atoll.
atolondrado, da. a. **1.** reckless. **2.** confused.
atolondrarse. ref. to become confused.
atolladero. m. **1.** mudhole. **2.** fig. predicament.
átomo. m. atom.// atomic (a.).
atomizar. tr,. to atomize, to pulverize.
atónito, ta. a. astonished.
atontar. tr. **1.** to stun. **2.** to confuse *(aturdir)*.
atorar. 1. tr. to obstruct, to clog. **2.** ref. to get clogged.
atormentar. tr. to torment, to torture.
atornillador. m. screw driver.
atornillar. tr. to screw.
atorrante. m./f. *Arg.* loafer, bum.
atracadero. m. dock.
atracar. tr. **1.** to hold up *(asaltar)*. **2.** to stuff *(hartar)*. **2.** to dock *(un barco)*.
atracción. f. attraction.
atraco. m. hold up, robbery.
atracón. m. overeating, big feed.
atractivo, va. 1. a. attractive. **2.** m. appeal, attraction.
atraer. tr. to attract.
atrapar. tr. to catch, to trap.
atrás. adv. **1.** behind *(lugar)*. **2.** ago *(tiempo)*.
atrasado, da. a. **1.** backward *(lugar)*. **2.** late *(demorado)*. **3.** slow *(reloj)*, **4.** underdeveloped *(país)*.
atrasar. tr. **1.** to delay *(demorar)*. **2.** to set back *(un reloj)*. **3.** i./ ref. to be slow. **4.** ref. to be late.
atraso. m. **1.** delay. **2.** tardiness *(tardanza)*. **3.** backwardness *(lugar)*. **4.** undevelopment *(de un país)*.
atravesar. tr. **1.** to cross *(cruzar)*. **2.** to lay across *(poner oblicuo)*. **3.** to pierce *(traspasar)*. **4.** ref. to block.
atrayente. a. attractive.
atreverse. ref. to dare.
atrevido, da. a. **1.** bold *(osado)*. **2.** imprudent.

atrevimiento. m. **1.** daring *(osadía)*. **2.** impert nence.
atribuir. 1. tr. to credit. **2.** ref to take credit for.
atribución. f. **1.** attribution. **2.** pl. powers.
atril. m. music stand, lectern.
atrincherar. tr. to entrench.
atrio. m. porch, hall.
atrocidad. f. **1.** atrocity. **2.** fig. enormity.
atrofia. f. atrophy.
atrofiar. tr./ref. to atrophy.
atronador, ra. a. thundering.
atronar. tr. to deafen. to stun.
atropellado, da. a. hasty.
atropellar. tr. **1.** to trample *(arrollar)*. **2.** to ru over *(derribar)*. **3.** ref. to hasty.
atropello. m. **1.** assault. **2.** fig. abuse.
atrocidad. f. **1.** atrocity. **2.** fig. enormity.
atroz. a. atrocious, brutal.
atuendo. m. attire, apparel.
atún, m. tuna.
aturdido, da. a. **1.** stunned. **2.** confused.
aturdir. tr. **1.** to stun *(atontar)*. **2.** to confuse *(co* fundir)*.
audacia. f. boldness.// **audaz.** a. daring, bold.
audible. a. audible.
audición. f. **1.** hearing *(oído)*. **2.** audition *(pr* grama)*.
audiencia. f. **1.** hearing *(oído)*. **2.** audience *(aud torio)*. **3.** *Law.* court of justice.
auditorio. m. **1.** audience *(gente)*. **2.** auditoriu *(lugar)*.
auge. m. **1.** peak *(apogeo)*. **2.** popularity. **3.** *Con* boom.
augurar. tr. to augur, to predict.
augurio. m. augury, omen.
aula. f. classroom.
aullar. i. to howl, to wail.// **aullido** m. howl, wai
aumentar. tr. **1.** to increase. **2.** to magnify *(ópt* ca)*.
aumento. m. **1.** increase. **2.** magnification *(lentes*
aun. conj. **1.** even, still. **2.** a. *cuando:* although.
aún. adv. **1.** yet, still **2.** *más a.:* furthermore.
aunque. conj. **1.** although *(si bien)*. **2.** even if pesar de)*.
áureo, a. a. **1.** gold *(de oro)*. **2.** golden *(dorad*
aureola. f. halo, aureole.
aurícula. f. auricle.
auricular. 1. a. auricular. **2.** earpiece. **3.** pl. ea phones.
aurífero, ra. a. gold-bearing.
aurora. dawn.
auscultar. tr. to auscultate.// auscultation (m.).
ausencia. f. absence.
ausentar. 1. to be absent. **2.** ref. to leave.
ausente. 1. a. absent. **2.** absentee.// absenteeis (m.).
auspiciar. tr. *Amer.* to sponsor.
auspicio. m. **1.** sponsorship. **2.** fig. pl. auspices
austeridad. f. austerity.// austere (a.).
austral. a. southern, austral.
australiano, na. a./m./f. Australian
austríaco, ca. a./m./f. Austrian.
autarquía. f. autarchy, self-sufficiency.
autenticar. tr. to authenticate.// authencity (f.).

auténtico, ca. a. authentic, genuine.
autista. a. autistic.
auto. m. **1.** judicial decree. **2.** fig. automobile, car.
autobiografía. f. autobiography.// autobiographic (a.).
autobús. m. bus.
autocracia. f. autocracy.// autocrat (m./f.).// autocratic (a.).
autocrítico, ca. 1. a. self-criticist. **2.** f. self-crticism.
autóctono, na. a. native, aboriginal.
autodidacta. a./m./f. self-taught.
autódromo. m. automobile racetrack.
autógrafo, fa. 1. a. autographic. **2.** m. autograph.
autómata. m. automaton, robot.// automatic (a.).
automatizar. tr. to automatize.// automatization (f.).
automotor, ra. 1. a. automotive. **2.** m. motor vehicle.
automotriz. a. /f. automotive.
automóvil. 1. a. self-propelling. **2.** m. automobile, car.
automovilismo. m. **1.** motoring. **2.** Sp. racing car.
automovilista. m./f. motorist, car driver.
autonomía. f. autonomy.// **autónomo, ma.** a. autonomous (a.).
autopista. f. expressway, highway.
autopsia. s. autopsy.
autor, ra. m./f. author.
autoridad. f. authority.
autoritario, ria. a. authoritarian.
autorización. f. authorization.
autorizar. tr. to authorize, to permise.// authorized (a.)
autorretrato. m. self-portrait.
autoservicio. m. self-service.
auxiliar. 1. tr. to assist, to aid (ayudar). **2.** a. auxiliary. **3.** m./f. assistant.
auxilio. m. **1.** assitance, aid. **2.** pl. primeros a.: first aid.
avalancha. f. avalanche.
aval. m. endorsement, guarantee.
avalar. tr. **1.** to guarantee. **2.** to endorse (endosar).
avance. m. **1.** advance. **2.** preview (cine, TV).
avanzada. f. Mil. outpost.
avanzar. tr. to advance.// advanced (a.).
avaricia. f. avarice.// avaricious (a.).
avaro, ra. m./f. miser.
avasallante. a. subjugating.
avasallar. tr. to subjugate, to enslave.
ave. f. bird.
avecinarse. ref. to approach.
avejentar. tr./ref. to age prematurely.
avellana. f. hazelnut.
avemaría. f. **1.** Hail Mary (canto). **2.** ¡a.!: Good Heavens!
avena. f. oats.
avenida. f. avenue.
avenirse. ref. to agree, to reconcile.
aventajado, da. a. outstanding.
aventajar. tr. **1.** to surpass (sobrepasar). **2.** to be

ahead of (llevar ventaja).
aventura. f. adventure.
aventurar. tr. **1.** to risk. **2.** to venture (proponer).// adventurous (a.).// adventurer (m./f.).
avergonzar. 1. tr. to shame. **1.** ref. to be ashamed of.
avería. f. damage.// **averiar.** tr. to damage.
averiguación. f. inquiry, investigation.
averiguar. tr. **1.** to investigate. **2.** to inquiry (inquirir).
aversión. f. aversion.
avestruz. f. ostrich.
aviación. f. **1.** aviation. **2.** Mil. Air Force.// aviator (m./f.).
avícola. a. poltry-breeding.
avicultor, ra. m./f. chicken farmer.
avicultura. f. poltry breeding.
avidez. f. avidity, greed.// **ávido, da.** a. avid, greedy.
avión. m. airplane, plane.// **avioneta.** f. small plane.
avisar. tr. **1.** to inform (informar). **2.** to warn (advertir).
aviso. m. **1.** notice (notificación). **2.** warning (advertencia). **3.** advertisement (anuncio). **4.** estar sobre a.: to be alert.
avispa. f. wasp.// **avispero.** m. wasp nest.// **avispón.** m. hornet.
avistar. tr. to sight.
avivar. tr. **1.** to spur on (animar). **2.** to stoke (un fuego). **3.** ref. to enliven, to revive.
avizorar. tr. to watch.// **avizor, ra** a. watchful.
axila. f. armpit.
axioma. m. axiom.// axiomatic (a.).
¡ay! interj. ow!, ouch!, oh!
ayer. 1. m. yesterday, the past. **2.** adv. yesterday.
ayuda. f. help, aid.
ayudante. m./f. assitant, female assistant.
ayudar. tr. to help, to aid.
ayunar. i. to fast.
ayuno. m. **1.** to fasting. **2.** en ayunas: fasting. **3.** quedarse en ayunas (fig,): to miss the point.
ayuntamiento. m. **1.** city council (concejo). **2.** city hall (edificio).
azabache. m. jet (piedra).
azada. f. hoe.// **azadón.** m. large hoe.
azafata. f. **1.** lady-in-waiting. **2.** stewardess (de avión).
azafrán. m. saffron.
azahar. m. orange blossom.
azar. m. chance, hazard.// **azaroso, sa.** a. risky.
azogue. m. quick silver.
azotar. tr. to flog.// **azote.** m. whip (látigo); lash (golpe).
azotea. f. flat roof.
azteca. a./m./f. Aztec.
azúcar. m. sugar.
azucarar. tr. to sugar-coat.// **azucarero, ra. 1.** a. sugar. **2.** m./f. sugar bowl.
azucena. f. white lily.
azufre. m. sulfur.
azul. a./m. blue.// **azulado, da.** a. bluish.
azulejo. m. glaced tile.
azuzar. tr. **1.** to set dogs. **2.** fig. to incite.

b. f. second letter of the Spanish alphabet.

baba. f. spittle.

babear. **1.** tr. to drool. **2.** ref. to dribble.

babero. m. bib.

babilonio, nia. a./m./f. Babylonian.

babor. m. port, portside.

babosear. i./tr. to drool.// **baboseo.** m. dribbling.// **baboso, sa.** **1.** a. drolling. **2.** f. slug.

bacalao. m. **1.** codfish. **2.** *cortar el b.:* to be in charge.

bache. m. pothole.

bachiller. m. bachelor.// **bachillerato.** m. **1.** bachelor's degree *(carrera)*. **2.** high-scholl *(escuela)*.

bacilo. m. bacillus.

bacín. m. chamber pot.

bacteria. f. bacteruim.// bactericid (a./m./f.).

bacteriología. f. bacteriology.// bacteriologist (m./f.).

báculo. m. staff.

bagaje. m. baggage, equipment.

bagatela. f. trifle.

bagazo. m. bag'asse.

bagre. m. catfish.

bagual. m. **1.** untamed animal. **2.** wild horse.

bahía. f. bay.

bailar. tr. to dance.// **bailarín, na.** m./f. dancer.

baile. m. **1.** dance *(danza)*. **2.** ball *(fiesta)*.// **ballongo.** m. *Amer.* public or village dance.

baja. f. **1.** drop *(caída)*. **2.** loss *(muerto en combate)*. **3.** *dar de b.:* to discharge.

bajada. f. slope, descent, sloped path.

bajamar. f. low tide.

bajar. **1.** i. to descend, to drop. **2.** tr. to bring down *(llevar abajo)*, to go down *(ir abajo)*. **2.** ref. to get off *(apearse)*; to go down.

bajeza. f. **1.** lowliness *(altura)*. **2.** baseness *(villanía)*.

bajío. m. shoal, sand bank.

bajo, a. **1.** a. low; short *(de estatura)*; soft *(volumen)*; abject *(abject)*; cheap *(barato)*. **2.** adv. below. **3.** prep. under. **4.** m. bass *(música)*; shoal, sand bank *(bajío)*. **5.** *clase b.:* humble class. **6.** *tierras b.:* lowland.

bajorrelieve. m. bass-relief.

bala. f. **1.** bullet, cannon ball *(de cañón)*. **2.** shot *(tiro)*.

balada. f. ballad.

baladí. a. trivial.

balance. m. **1.** oscilattion. **2.** *Com.* balance *(acción)*; balance sheet *(hoja de balance)*.

balancear. **1.** i. to rock. **2.** tr. to balance. **3.** ref. to swing.// **balanceo.** m. rocking.

balancín. m. balancing pole.

balanza. f. **1.** scale, balance. **2.** *b. comercial o de pagos:* trade or payments balance.

balar. i. to bleat.

balasto. m. ballast.

balaustrada. f. balustrade.

balazo. m. **1.** shot *(tiro)*. **2.** bullet wound *(herida)*.

balbucear o balbucir. i. to stammer.// **balbuceo.** m. stammering.

balcánico, ca. a./m./f. Balkan.

balcón. m. balcony.

baldar. tr. to crippled.// **baldado, da.** a. crippled.

balde. m. **1.** pail, bucket. **2.** *como un b. de agua fría:* like a ton of bricks. **3.** *de b.:* free, in vain.

baldear. tr. to wash down.

baldío, a. **1.** a. uncultivated. **2.** m. wasted land.

baldosa. f. floor tile.

balero. m. *Amer.* cup and ball.

balido. m. bleating.

balístico, ca. **1.** a. ballistic. **2.** f. ballistics.

baliza. f. buoy. beacon *(de avión)*.

ballena. f. **1.** whale. **2.** stay *(de un cuello)*.// **ballenero, ra.** **1.** a. whaling. **2.** m. whaler. **3.** f. whale boat.

ballesta. f. crossbow.// **ballestería.** f. archery.// **ballestero.** m. crossbowman.

ballet. f. ballet.

balneario, ria. **1.** a. bathing. **2.** m. bathing resort.

balompié. m. football, soccer *(EE.UU.)*.

balón. m. **1.** ball *(pelota)*. **2.** ballon *(globo)*.// **baloncesto.** m. basketball.// **balonmano.** m. handball.// **balonvolea.** m. voleyball.

balotaje. f. balloting.

balsa. f. **1.** raft. **2.** poll *(embalse)*.

bálsamo. m. balsam.// balsamic (a.).

baluarte. m. bulwark.

bambolear. i./ref. to wobble.// **bamboleo.** m. wobble.

bambú. m. bamboo.

banal. a. banal.// banality (f.).

banana. f. banana.// **bananero, ra.** a./m. banana.

banca. f. **1.** bench. **2.** banking *(finanzas)*.

bancario, ria. a. bank, banking.

banco. m. **1.** bench, seat *(asiento)*: **2.** workbench *(de trabajo)*. **3.** bank *(institución)*. **4.** sandbar *(de arena)*.

banda. f. **1.** band. **2.** side *(lado)*. **3.** gang *(pandilla)*. **4.** *b. de sonido:* soundtrack.// **bandada.** f. flock.

bandeja. f. tray.

bandera. f. flag, banner.// **banderín.** m. pennant.

bandido. m. bandit.

bando. m. **1.** faction, party *(facción)*. **2.** edict *(edicto)*.

bandolero. m. bandit.// **bandolera.** f. bandoleer.

bandoneón. m. concertina.

banquero, ra. m./f. banker.

banquete. m. banquet.

banquillo. m. **1.** small stool. **2.** *Law.* defendant's seat.

bañadera. f. bathtub.
bañado. m. *Amér.* swamp.
bañar. tr. **1.** to inmerse (*sumergir*). **2.** to coat (*cubrir*). **3.** tr./ref. to bathe.
bañera. m. bathtub.
bañista. m./f. **1.** bather. **2.** swimmer (*nadador*),
baño. m. **1.** bath. **2.** bathroom (*lugar*). **3.** coat (*capa*).
baqueano, na. m./f. **1.** expert. **2.** guide (*guía*).
baquelita. f. bakelite.
bar. m. **1.** barroom. **2.** bar (*medida*).
baraja. f. **1.** card (*naipe*). **2.** playing card (*juego*).
barajar. tr. **1.** to shuffle (*naipes*). **2.** to juggle (*cifras*).
baranda. f. banister.// **barandal.** f. banister.// **barandilla.** f. railing.
baratija. f. trinket.
barato, ta. a. cheap.// **baratura.** f. cheapness.
baraúnda. f. uprorar.
barba. f. **1.** chin (*barbilla*). **2.** beard (*pelo*).
barbaridad. a. **1.** outrage, atrocity. **2.** excessive amount (*mucha cantidad*). **3.** nonsense (*necedad*). **4.** ¡qué b.!: how awful!
barbarie. f. **1.** savegery, barbarism. **2.** fig. incivility.
bárbaro, ra. a. **1.** barbarous, savage. **2.** uncivilized. **3.** fig. terrific. **4.** m. Barbarian.
barbecho. m. fallow.
barbería. f. barbershop.// barber (m.).
barbilla. f. chin.
barbitúrico, ca. 1. a. barbituric. **2.** m. barbiturate.
barbudo, da. a. heavily bearded.
barca. f. small boat.// **barcaza.** f. launch.
barcino, na. a. roan.
barco. m. ship, boat.
bardo. m. bard, poet.
bario. m. barium.
barítono. m. baritone.
barlovento. m. windward.
barniz. m. varnish, glaze, lacquer.
barnizar. tr. to varnish.// **barnizado.** m. varnishing, lacquering.
barómetro. m. barometer.// barometric (a).
barón, nesa. m. baron, f. baroness.
barquero. m. boatman, ferryman.
barquilla. f. small boat.
barquillo. m. wafer, wafer cone.
barra. f. **1.** bar. **2.** crowbar (*palanca*). **3.** railing (*barandilla*). **4.** L.A. public fan (*público*). **5.** Arg. group, gang.
barraca. f. **1.** hut, cabin. **2.** Amer. warehouse.
barranco, ca. m./f. cliff, gorge.
barredor, ra. **1.** a. sweeping. **2.** m./f. sweeper.
barredura. f. sweeping.
barrenar. tr. to drill, to bore.
barreno, na. m./f. drill, bore.
barrer. tr. to sweep.
barrera. f. **1.** barrier. **2.** fig. obstacle.
barreta. f. small bar.
barriada. f. quarter, district.
barricada. f. barricade.
barrido. m. sweeping.
barriga. f. abdomen, stomach, belly.
barrigón, na. m. potbellied.
barril. m. barrel.
barrio. m. **1.** district. **2.** neighborhood (*vecindario*). **3.** b. bajos: slums.
barrizal. f. clay pit, mud hole.

barro. m. **1.** clay (*arcilla*) **2.** mud (*lodo*). **3.** blackhead (*granillo*).
barroco, ca. a. baroque.
barroso, sa. a. muddy.
barrote. m. **1.** hanbar. **2.** crosspiece.
barruntar. tr. to conjecture.
bartola (a la). adv. without a care.
bártulos. m. pl. household goods.
barullo. m. confusion, uproar.
basa. f. base, pedestal.
basalto. m. basalt.
basar. tr. **1.** to base, to support. **2.** ref. to be based on.
báscula. f. **1.** bascule. **2.** platform scale (*balanza*).
base. f. **1.** base. **2.** basis (*fundamento*). **3.** foot (*pie*). **4.** Sp. guard, playmaker (*jugador base*).
básico, ca. a. basic.
basílica. f. basilica.
básquetbol. m. basketball.
¡basta! interj. it is enough!
bastante. **1.** a. enough, sufficient. **2.** adv. enough, sufficiently.
bastar. **1.** i. to be sufficient. **2.** ref. to be self-sufficient.
bastardear. **1.** i. to degenerate. **2.** tr. to bastardize, to adulterate.
bastardilla. f. italics.
bastardo, da. a./m./f. bastard.
bastidor. m. **1.** framework. **2.** wing (*de teatro*). **3.** chassis (*de un auto*). **4.** entre b.: behind the scenes.
bastión. m. bastion.
basto, ta. 1. rough, coarse. **2.** m. pl. clubs (barajas).
bastón. m. **1.** cane, walking stick. **2.** truncheon (*vara*).
basura. f. garbage, trash.// **basural.** f. garbage dump.
basurero. m. **1.** garbage collector. **2.** trash can (*cubo*).
bata. f. robe.
batacazo. m. thud.// dar el b.: to win unexpectedly.
batahola. f. bustle.
batalla. f. battle.
batallar. i. to battle, to fight.
batallador, ra. a. warring, battling.
batata. f. sweet potato.
bate. m. bat.
batea. f. **1.** tray. **2.** washtub (*palangana*).
batear. tr. to bat, to hit.// **bateador.** m. hitter.
batería. f. **1.** battery. **2.** drums (*instrumento*). **3.** b. de cocina: kitchenware.
batido, da. 1. a. beaten **2.** m. beating (*acción*); batter (*comida*); shake (*bebida*). **3.** f. police raid.
batidor, ra. 1. a. beating. **2.** f. beater, mixing, bowl.
batir. tr. **1.** to beat, to heat (*golpear*). **2.** to defeat (*derrotar*). **3.** to mix, to shake (*revolver*). **4.** ref. to fight.
batíscafo. m. bathyscaphe.
batista. f. batiste.
batracio, cia. a./m./f. batrachian.
batuta. f. baton.
baúl. m. trunk, chest.
bautismo. m. **1.** baptism. **2.** christening (*bautizo*).
bautista. a./m./f. Baptist.
bautizar. m. **1.** to baptize. **2.** to name (*poner nombre*).
baya. f. berry.
bayeta. f. blaize.// **bayetón.** m. heavy woolen cloth.
bayo, ya. a. bay.
bayoneta. f. bayonet.
baza. f. **1.** trick. **2.** meter b.: to butt in.
bazar. m. bazaar.

bazo. m. spleen.
bazofia. f. hogwash.
beatificar. tr. to beatify.// beatification (f.).
beatitud. f. beatitude.// **beato, ta. 1.** a. beatified. **2.** m./f. beatified person; lay brother or sister *(religioso)*; prude *(santurón)*.
bebé. m. baby.
bebedero. m. watering or drinking place.
bebedor, ra. 1. a. drinking. **2.** m./f. drinker.
beber. tr. **1.** to drink. **2.** *b. a sorbos:* to sip. **3.** *b. a tragos:* to gulp. **4.** *b. como una esponja:* to drink like a fish.
bebido, da. 1. a. drunk. **2.** f. drink, beverage.
beca. f. grant, scholarship.
becar. tr. to grant a scholarship.// **becario, ria.** m./f. scholarship student.
becerro, rra. m./f. yearling bull.
becuadro. m. *Mus.* natural time.
beduino, na. a./m./f. Bedouine.
béisbol. m. baseball.
beldad. f. beauty.
belga. a./m./f. Belgian.
bélico, ca. a. war like.// bellicose (a.).
beligerancia. f. belligerence.// belligerent (a./m./f.).
belleza. f. **1.** beauty *(cualidad)*. **2.** beautiful woman.
bello, lla. a. beautiful, fair.
bellota. f. acorn.
bemol. a./m. flat.
benceno. m. benzene.// **bencina.** f. benzine.
bendecir. tr. to bless.// **bendición.** f. blessing.
benedictino, na. a./m./f. Benedectine.
benefactor, ra. a./m./f. benefactor, benefactress.
beneficencia. f. welfare.
beneficiar. 1. tr. to benefit. **2.** ref. to profit.// beneficiary (a./m./f.).// **beneficio.** m. **1.** benefit. **2.** pl. profits *(ganancias)*.// **beneficioso, sa.** a. beneficial, profitable.// **benéfico, ca.** a. beneficial.
benemérito, ta. a. meritorious, worthy.
beneplácito. m. approval, consent.
benevolencia. f. benevolence.// benevolent (a.).
bengala. f. signal flare.
benigno, na. a. benign, benevolent, mild *(clima)*.
beodo, da. a./m./f. drunk.
beréber. a./m./f. Berber.
berenjena. f. eggplant.// **berenjenal.** f. **1.** eggplant patch. **2.** *meterse en un b.:* to get into a jam.
berilio. m. beryllium.// **berilo.** m. beryl.
berkelio. m. berkelium.
bermejo, ja. a. bright red.
berrear. i. to bleat, to howl *(gritar)*.
berrido. m. bleat, shriek *(grito)*.
berrinche. m. fig. rage.
berro. m. watercress.
besar. tr. to kiss.
beso. m. kiss.
bestia. f. beast, animal.// **bestial.** a. bestial, beastly.// **bestialidad.** f. beastliness, beastility.
besugo. m. red porgy.
besuquear. tr. to lavish kisses.
betún. m. shoe polish.
biberón. m. baby bottle.
biblia. f. bible.// biblical (a.).
bibliografía. f. bibliography.// bibliographic (a.).
biblioteca. f. library, bookcase.

bibliotecario, ria. m./f. librarian.
bicarbonato. m. bicarbonate.
bicho. m. bug, insect.
bicicleta. f. bicycle.
bidé. m. bidet.
biela. f. connecting rod.
bien. m. **1.** good, goodness *(el bien)*. **2.** welfare *(bienestar)*. **3.** pl. possesions, assets. **4.** pl. *b. gananciales* community property. **5.** *b. raíces:* real state.
bien. adv. **1.** well. **2.** very *(muy)*. **3.** right *(correctamente)*. **4.** *ahora b.:* then. **5.** *más b.:* rather. **6.** *o b.:* o. else.
bienal. a. biennial.
bienaventurado. a. blessed.
bienaventuranza. f. bless, well-being *(bienestar)*.
bienestar. m. **1.** well-being. **2.** welfare *(público)*.
bienvenida. f. **1.** welcome. **2.** *dar la b.:* to welcome.
bife. m. **1.** beefsteak. **2.** *Arg.* fig. slap.
bifurcación. f. bifurcation.
bigamia. f. bigamy.// bigamist (a./m./f.).
bigote. m. **1.** mustache. **2.** whiskers.
bikini. f. bikini.
bilingüe. a. bilingual.
bilis. f. bile.// bilious (a.).
billar. m. **1.** billiards *(juego)*. **2.** billiard room *(local)*.
billete. m. **1.** ticket. **2.** bill *(papel moneda)*.
billetera. f. billfold.
billón. m. billion, trillion *(EE.UU.)*.
bimestre. m. bimonthly.// **bimestral.** a. bimonthly.
bimotor. a. twin-motored.
binario, ria. a. binary.
binoculares. m. pl. binoculars.
binomio. m. binomial.
biografía. f. biography.// biographic (a.).
biología. f. biology.// biologic (a.).// biologist (m./f.).
biombo. m. folding screen.
bioquímico, ca. 1. a. biochemical. **2.** m./f. biochemist. **3.** f. biochemistry.
biosfera. f. biosphere.
bípedo, da. a./m./f. biped.
biplano. m. biplane.
birlar. tr. to steal, to sweap.
bisabuelo, la. m. great-grandfather, f. great-grandmother.
bisagra. f. hinge.
bisel. m. bevel.
biselar. tr. to bevel.
bisexual. m. bisexual.
bisiesto. a. leap.
bismuto. m. bismuth.
bisnieto, ta. m. great-grandson, f. great-granddaughter.
bisonte. m. bison.
bisturí. m. scalpel.
bisutería. f. costume jewelry.
bitácora. f. binnacle.
bizarría. f. bravery, gallantry.
bizarro, rra. a. brave, gallant.
bizco, ca. a. cross-eyed.
bizcocho. m. **1.** cake. **2.** biscuit.
blanco, ca. 1. a. white. **2.** m./f. white *(color/persona)*. **3.** m. blank *(espacio)*. **4.** m. goal, aim, target *(objetivo)*.
blancura. f. whiteness.
blandir. tr. to brandish, to flourish.

blando, da. a. **1.** soft. **2.** tender *(tierno)*. **3.** flabby *(flácido)*. **4.** *b. de carácter:* weak-willed.// **blandura.** f. softness.

blanquear. tr. **1.** to whiten. **2.** to whitewash *(pasar cal)*. **3.** to bleach *(ropa)*. **4.** i./ref. to turn white.// **blanquecino, na.** a. whitish.// **blanqueo.** m. **1.** whitening. **2.** bleaching.

blasfemar. i. to blaspheme.// **blasfemia.** f. blasphemy.// **blásfemo, ma.** a. m./f. blasphemer.

bledo. m. **1.** *no importarle un b.:* not to give a hoot. **2.** *no valer un b.:* not to be worth two cents.

blindaje. m. armor plating.

blindar. tr. to armor.// **blindado, da.** a. armored.

bloc. m. writing pad.

bloque. m. **1.** block. **2.** bloc *(político)*.

bloquear. tr. **1.** to block, to obstruct. **2.** to brake *(frenar)*. **3.** Com. to freeze *(bienes)*.// **bloqueo.** m. **1.** blocking. **2.** freezing.

blusa. f. blouse, tunic.

boa. f. boa.

boato. m. show, ostentation.

bobalicón, na. a./m./f. silly, foolish, idiot.

bobear. i. to fool.// **bobería.** f. foolishness.

bobina. f. **1.** spool. **2.** bobbin *(hilo)*. **3.** coil *(cableado)*.

bobo, ba. 1. a. silly, foolish. **2.** m./f. idiot, fool.

boca. f. **1.** mouth. **2.** entrance, opening *(entrada)*. **3.** Zool. pincer. **4.** *a pedir de b.:* just as one like it. **5.** *andar de b. en b.:* to be the subject of gossip. **6.** *b. abajo:* downward. **7.** *b. arriba:* upward.

bocacalle. f. street intersection.

bocadillo. f. snack, tidbit.

bocado. m. mouthful, bite.

bocanada. f. **1.** gust, rush *(de aire)*. **2.** puff *(de humo)*.

bocetar. tr. to sketch, to draft.// **boceto.** m. sketch, draft.

bocha. f. bowling ball.

bochinche. m. *L.A.* uproar, commotion.

bochorno. m. **1.** embarrassment. **2.** suffocating heat *(calor)*.// **bochornoso, sa.** a. embarrassing, suffocating.

bocina. f. **1.** horn. **2.** megaphone *(megáfono)*.

boda. f. wedding, marriage.

bodega. f. **1.** wine cellar *(de vino)*. **2.** warehouse *(almacén)*. **3.** hold *(de un barco)*.// **bodegón.** m. **1.** tavern. **2.** *Art.* still life.// **bodeguero, ra.** m./f. owner or keeper of a wine cellar.

bofetada. f. slap.// **bofetón.** m. hard slap.

boga. f. **1.** vogue, fashion *(moda)*. **2.** rower *(flotante)*.

bogar. i. to row, to sail *(navegar)*.

bohemio, mia. 1. a./m./f. bohemian. **2.** f. bohemian life.

boicotear. tr. to boycott.// boycott (m.).

boina. f. beret, cap.

bola. f. **1.** ball. **2.** rumor, gossip *(rumor)*. **3.** *no dar pie con b.:* to make one mistake after another.

bolchevique. a./m./f. Bolshevik.// bolshevism (m.).

boleadoras. f. pl. *Arg.* bolas.

bolear. i. **1.** to bowl. **2.** to throw balls *(arrojar bolas)*.

boleta. f. **1.** ticket. **2.** certificate. **3.** ballot *(voto)*.

boletería. f. ticket office.

boletín. m. bulletin.

boleto. m. ticket.

boliche. m. **1.** bowling *(juego)*. **2.** *Arg.* small shop *(comercio)*, cheap restaurant.

bólido. m. fireball.

bolígrafo. m. ballpoint pen.

boliviano, na. a./m./f. Bolivian

bolo. m. **1.** pin *(palo)*. **2.** bun *(bollo)*. **3.** pl. bowling.

bolsa. f. **1.** sack, bag. **2.** *Anat.* pocket, sac. **3.** *B.:* stock exchange *(finanzas)*.

bolsillo. m. pocket.

bolso. m. handbag.// **bolsón.** m. large handbag.

bollo. m. **1.** bun, roll. **2.** fritter *(fritura)*. **3.** lump *(golpe)*.

bomba. f. **1.** bomb. **2.** pump *(bombeador)*.

bombacha. f. knicker, baggy trouser.

bombardear. tr. to bomb, to bombard.// **bombardeo.** m. bombardment.// **bombardero.** m. bomber *(avión)*, bombardier *(soldado)*.

bombear. tr. to bomb, to pump.// **bombeador.** m. pump.// **bombeo.** m. pumping.

bombero. m. fireman, firefighter.

bombilla. f. **1.** light bulb. **2.** *Arg.* tube for maté.

bombo. m. **1.** bass drum. **2.** *hacer b.:* to put on airs.

bombón. m. bonbon, candy of chocolat.

bonachón, na. a. good-natured.

bonanza. f. **1.** fair weather *(clima)*. **2.** bonanza.

bondad. f. goodness, kindness.// **bondadoso, sa.** a. kind, good.

bonete. m. bonnet.

bongó. m. bongo drum.

bonificar. tr. **1.** to improve *(gratificar)* **2.** to discount *(descontar)*.// **bonificación.** f. improvement, discount, bonus.

bonito, ta. 1. a. pretty. **2.** m. tuna.

bono. m. **1.** bond. **2.** deventure. **3.** certificate.

boquear. i. **1.** to gasp. **2.** to be dying *(agonizar)*.

boquete. m. gap, hole.

boquiabierto, ta. a. openmouthed.

boquilla. f. **1.** mouth piece. **2.** cigarette holder.

bórax. m. borax.

borbotar o borbotear. i. to boil, to bubble.// **borbotón.** m. **1.** boiling, bubbling. **2.** pl. *a b.:* in a torrent.

borceguí. m. ankle boot.

borda. f. gunwale.

bordar. tr. to embroider.// **bordado.** m. embroidery.

borde. m. **1.** border, edge. **2.** *al b. de:* on the brink of.

bordear. tr. **1.** to border. **2.** to skirt *(ir por el borde)*.

bordo. m. **1.** board. **2.** *a b.:* aboard, on board.

boreal. a. boreal, northern.

borne. m. *Elec.* terminal, binding post.

boro. m. boron.

borra. f. **1.** dregs. **2.** coffe grounds *(del café)*.

borrachera. f. drunkenness.// **borracho, cha.** a./m./f. drunk.

borrador. m. **1.** rough draft *(escrito)*. **2.** eraser *(que borra)*.// **borradura.** f. erasure.

borrar. tr. to erase.

borrasca. f. storm.// **borrascoso, sa.** a. stormy.

borrego, ga. m./f. yearling lamb.

borrón. m. **1.** ink blot. **2.** *b. y cuenta nueva:* clean slate.

borronear. tr. to scribbled.

borroso, sa. a. blurred, fluzzy.

boscoso, sa. a. wodded, woddy.

bosque. m. wood, forest.

bosquejar. tr. to sketch.// **bosquejo.** m. sketch.

bosta. f. manure.

bostezar. i. to yawn.// **bostezo.** m. yawn.

bota. f. **1.** boot. **2.** wineskin *(odre)*.

botánico, ca. 1. a. botanical. **2.** m./f. botanist. **3.** f. botany.

botar. 1. to bounce *(dar botes)*. **2.** to launch *(lanzar)*.

bote. m. **1.** boat. **2.** bounce (rebote).
botella. f. bottle.// **botellón.** m. large bottle.
botica. f. drugstore.// **boticario, ria.** m./f. druggist.
botín. m. **1.** half boot. **2.** booty (presa).
botiquín. m. medicine chest.
botón. m. **1.** button. **2.** Bot. bud. **3.** buzzer (timbre). **4.** starter, push button (arrancador). **5.** pl. bellboy.
botonera. f. set of buttons.
bóveda. f. **1.** vault. **2.** dome (techo). **3.** crypt (cripta).
bovino, na. a./m./f. bovine.
boxear. i. to box.// **boxeador.** m. boxer.// **boxeo.** m. boxing.
boya. f. buoy.
bozal. m. muzzle.
bracear. i. **1.** to swing one's arms. **2.** to swim (nadar).
bracero, ra. m./f. day laborer, worker.
bragas. f. pl. breeches.
braguero. m. Med. truss.
bragueta. f. fly of trousers.
bramar. i. to bellow, to roar.// **bramido.** m. roar, bellow.
brasa. f. hot coal.// **brasero.** m. brazier.
brasileño, ña. a./m./f. Brazilian.
bravío, a. a. wild, untamed.
bravo, va. a. **1.** brave, valiant. **2.** angry, furious (enojado). **3.** ¡b.!: well done!.// **bravucón, na.** m./f. boastful.// **bravura.** f. **1.** fierceness (fiereza). **2.** bravery.
brazada. f. **1.** fathom (medida). **2.** stroke (natación).
brazalete. m. bracelet.
brazo. m. **1.** arm. **2.** foreleg (animales). **3.** branch (rama). **4.** pl. workmen. **5.** b. de mar o río: inlet.
brea. f. tar, pitch.
brebaje. m. potion.
brecha. a. breach, gap.
bregar. i. **1.** to struggle. **2.** to work hard (esforzarse).
brete. m. **1.** shackles, fetters. **2.** fig. tigh spot.
breve. **1.** a. brief, short. **2.** en b.: shorly, soon.
brevedad. f. **1.** briefness. **2.** a la mayor b.: as soon as.
bribón, na. m./f. roguish.// **bribonada.** f. roguishness.
brida. f. bridle.
brigada. f. brigade.// brigadier (m.).
brillante. **1.** a. brilliant. **2.** m. diamond.// **brillantez.** f. brilliance, brightness.
brillar. i. to shine, to glitter.
brillo. m. shine, glitter.// **brilloso, sa.** a. briliant.
brincar. i. to jump.// **brinco.** m. jump.
brindar. **1.** i. to toast. **2.** tr./ref. to offer (ofrecer).
brindis. m. toast.
brío. m. spirit, vigor.// **brioso, sa.** a. spirited, vigorous.
brisa. f. breeze.
británico, ca. a./m./f. British.
brizna. f. **1.** string, bit. **2.** glade (de hierba).
brocha. f. **1.** paintbrush. **2.** shaving brush (de afeitar).
broche. m. **1.** clasp, fastener. **2.** brooch (prendedor).
brócoli. m. broccoli.
broma. f. **1.** joke. **2.** fun (diversión). **3.** ni en b.: never.
bromear. i. to joke, to jest.// **bromista.** m./f. joker.
bromo. m. bromine.
bronca. f. **1.** row, quarrel. **2.** armar b.: to start a row.
bronce. m. bronze.// **bronceado, da.** **1.** a. bronze, tanned (tostado). **2.** m. bronzing, suntan (tostado).
broncear. tr. **1.** to bronze. **2.** to tan, to suntan (tostarse).
bronquio. m. bronchus.// bronchial (a.).// bronchiole (m.).// bronchitis (f.).
brotar. i. **1.** to spring. **2.** Bot. to sprout, to bud.

brote. m. **1.** bud, shoot. **2.** outbreak (estallido).
bruces (de). adv. phr. face-down.
brujo, ja. m. wizard, f. witch.// **brujería.** f. witchcraft.
brújula. f. compass, magnetic needle.
bruma. f. fog, mist.// **brumoso, sa.** a. foggy.
bruñir. tr. to burnish, to polish.
brusco, ca. a. brusque, rough. // brusqueness (f.).
brutal. a. brutal.// brutality (a.).
bruto, ta. **1.** a. brutish, stupid (estúpido). **2.** m. brute (persona), beast (animal). **3.** peso b.: gross weight.
bubón. m. large pustule or tumor.// bubonic (a,).
bucal. a. buccal, oral.
bucanero, ra. m./f. bucaneer.
bucear. i. to dive.// **buceo.** m. diving.
bucle. m. ringlet, curl.
buche. m. **1.** crop. **2.** sag (pliegue). **3.** belly (barriga).
bucólico, ca. a. bucolic.
budín. m. pudding.
buen. adv. good.
buenaventura. f. good luck.
bueno, na. a. **1.** good. **2.** useful (útil). **3.** healthy (sano). **4.** tasty (sabroso). **5.** por las buenas: willingly **6.** adv. very well, okay, all right.
buey. m. ox, bullock.
búfalo. m. buffalo.
bufanda. f. scarf, muffler.
bufar. tr.. to snort.// **bufido.** m. snort.
bufé. f. buffet.
bufete. m. **1.** writing desk. **2.** lawyer's office.
bufo, fa. m. comic, clownish. **2.** m. clown, buffoon.
buhardilla. f. garret.
búho. m. owl.
buitre. m. vulture.
buje. m. axle box, bushing.
bujía. f. **1.** candle (candil). **2.** spark plug (automóvil).
bula. f. bull, edict.
bulbo. m. bulb.
bulla. f. noise, racket.
bullicio. m. noise, hubbub.// **bullicioso, sa.** a. noisy.
bullir. i. **1.** to boil, to bubble. **2.** tr. to move.
bulto. m. **1.** bulk (tamaño). **2.** package (paquete). **3.** Med. swelling, lump. **4.** escurrir el b.: to duck, to dodge. **5.** hacer b.: to take up space.
buque. m. ship, steamer.
burbuja. f. bubble.
burbujear. i. to bubble.// **burbujeante.** a. bubbling.
burdel. brothel.
burdo, da. a. coarse, vulgar.
burgués, sa. a./m./f. bourgeois.// bourgeoise (f.).
buril. m. burin, graver.
burla. f. **1.** joke. **2.** jeer (mofa). **3.** trick (engaño).
burlar. **1.** tr. to dodge (eludir). **2.** ref. to joke (bromear). **3.** ref. to make fun of (de alguien o algo).
burlón, na. a. **1.** a jeering, joking. **2.** mocker, joker.
burocracia. f. bureaucracy.// **burócrata.** m./f bureaucrat.// **burocrático, ca.** a. bureaucratic.
burra. f. she-ass.// **burrada.** f. fig. stupidity.
burro. m. **1.** donkey. **2.** b. de arranque: blockhead.
bursátil. a. relative to stock market.
buscar. tr. to search, to look for.// **búsqueda.** f. search.
busto. m. chest, bust.
butaca. f. **1.** armchair. **2.** box seat (teatro).
buzo. m. diver.
buzón. m. mailbox.

c. f. third letter of Spanish alphabet.
cabal. a. **1.** complete *(completo)*. **2.** precise *(exacto)*. **3.** *estar en sus c.:* to be in one's right mind.
cábala. f. cabala.// cabalistic (a.).
cabalgar. i. to ride horseback.// **cabalgata.** f. cavalcade.
caballada. f. herd of horses.
caballa. f. mackerel.
caballería. f. **1.** horse, mount *(animal)*. **2.** *Mil.* cavalry. **3.** knighthood *(calidad de caballero)*.
caballeriza. f. stable.
caballero. m. **1.** gentleman *(señor)*. **2.** knight *(noble)*. **3.** sir *(título)*. **4.** *c. andante:* knight errant.// **caballeroso, sa.** a. gentlemanly.// **caballerosidad.** f. gentlemanliness.
caballete. m. **1.** easel *(trípode)* **2.** ridge of roof. **3.** sawbuck *(de carpintero)*.
caballo. m. **1.** horse. **2.** knight *(ajedrez)*. **3.** *c. de fuerza:* horsepower. **4.** *a c.:* horseback.
cabaña. f. hut, cabin.
cabecear. tr. **1.** to nod. **2.** *Sp.* to head.
cabecera. f. **1.** head *(lugar principal)*. **2.** capital *(de distrito)*. **3.** *médico de c.:* attendig physician.
cabecilla. m. ringleader.
cabellera. f. **1.** head of hair. **2.** comet's tail.
cabello. m. **1.** hair. **2.** *cuero cabelludo:* scalp.
caber. i. **1.** to fit. **2.** to fall on *(corresponder)*. **3.** *cabe decir:* one might say. **4.** *no cabe duda:* there's no doubt. **5.** *no c. en sí:* to be beside oneself.
cabestrillo. m. sling.// **cabestro.** m. halter.
cabeza. f. **1.** head. **2.** leader *(jefe)*. **3.** mind, brain *(cerebro)*. **4.** *a la c.:* at the head *(delante)*; in charge *(a cargo)*. **5.** fig. *c. de turco:* scapegoat. **6.** *meterse de c.:* to plunge into. **7.** *sentar c.:* to settle down.
cabezal. f. **1.** headpiece. **2.** headline *(de un texto)*.
cabezazo. m. **1.** butt. **2.** *Sp.* header.
cabezón, na. a. **1.** bigheaded. **2.** fig. stubborn.
cabida. f. **1.** room, space. **2.** *tener c.:* to have a place.
cabildo. m. **1.** town council. **2.** town hall *(edificio)*.
cabina. f. **1.** booth. **2.** cabin *(barco)*. **3.** cockpit *(avión)*.
cabizbajo, ja. a. crestfallen.
cable. m. cable.
cablegrafiar. i./tr. to cable.// cablegram (m.).
cabo. m. **1.** end, butt. **2.** *Geog.* cape. **3.** *Mil.* cor-

poral. **4.** *al c. de:* at the end of. **5.** *al fin y al c.:* after all. **5.** *llevar a c.:* to carry out.
cabotaje. m. coastal trading.
cabra. f. goat.// **cabrío.** a. of goats.
cabrero, ra. a. fig. hot tempered.
cabritilla. f. goatskin.
cabrito. m. kid, young goat.
cabrón, na. 1. m. he-goat. **2.** m./f. fig. bastard.
cacao. m. cacao, cocoa.
cacarear. i. **1.** to cackle. **2.** fig. to boast.
cacatúa. f. cockatoo.
cacería. f. hunting.
cacerola. f. saucepan.
cachalote. m. sperm whale.
cacharro. m. **1.** crock *(vasija)*. **2.** piece of junk *(trasto)*.
cachear. tr. to search, to frisk.
cachete. m. cheek.// **cachetada.** f. slap.
cachetear. tr. to slap.
cachivache. m. **1.** junk *(trasto)*. **2.** pl. pots and pans *(utensillos)*.
cacho. m. **1.** piece *(pedazo)*. **2.** *Arg.* bunch of bananas. **3.** *un c.:* a bit.
cachorro, rra. m./f. **1.** pup. **2.** puppy *(perro)*.
cacique. m. **1.** Indian chief. **2.** fig. political boss.// **caciquismo.** m. fig. bossism.
cacto. m. cactus.
cada. a. **1.** each, every. **2.** *c. cual o c. uno:* each one.
cadalso. m. gallows.
cadáver. m. corpse, body.// cadaverous (a.).
cadena. f. **1.** chain. **2.** network (TV, radio). **3.** *c. de montaje:* assembly line. **4.** *c. montañosa:* mountain range.
cadencia. f. cadence, rhytm.// **cadencioso, sa.** a. rhythmical.
cadera. f. hip, hip joint.
cadete. m. cadet.
caducar. i. **1.** to lapse, to expire. **2.** *Law.* to be invalid.// caducity (f.).// **caduco, ca.** a. **1.** lapsed, expired. **2.** senile. **3.** *Law.* canceled.
caer. i. **1.** to fall **2.** to fall down *(derrumbarse)*. **3.** to suit, to fit *(calzar)*. **4.** to see, to realize *(comprender)*. **5.** to be caught *(ser atrapado)*. **6.** to drop *(precios)*. **7.** to die *(morir)*. **8.** *al c. la noche:* at nightfall. **9.** *c. bien:* to like, to please *(personas)*; to agree with *(alimentos)*. **10.** *estar al c.:* to be about to arrive *(por llegar)* or happen *(süceder)*.
café. m. **1.** coffee. **2.** café, coffee shop *(cafetería)*.// caffeine (f.).// **cafetal.** f. coffee plantation.// **cafetalero, ra. 1.** a. coffee. **2.** m./f. coffee grower

cafetero, ra. 1. a. coffee. **2.** m./f. coffe merchant, coffee owner. **3.** f. coffepot// **cafetín.** m. small cafe.// **cafeto.** m. coffee tree.

caída. f. **1.** fall. **2.** slope (declive). **3.** drop (precios). **4.** c. de la tarde: nightfall. **5.** c. del sol: sunset.

caja. f. **1.** box. **2.** chest (cofre). **3.** cash (efectivo). **4.** cashier's office (oficina); cashier's window (ventanilla). **5.** cabinet (armazón). **6.** type case (imprenta). **7.** c. de ahorros: saving bank. **8.** c. de cambios: transmission. **9.** c. de jubilaciones: pension fund. **10.** c. fuerte: safe. **11.** c. registradora: cash registrer. **12.** c. torácica: chest.

cajero, ra. m./f. cashier.

cajetilla. f. **1.** pack. **2.** Arg. fig. dandy.

cajón. m. **1.** large box. **2.** drawer. **3.** coffin (ataúd).

cal. f. lime.

calabaza. f. squash.

calabozo. m. dungeon, jail cell.

calado. m. **1.** drawnwork (tejido). **2.** depth (profundidad). **3.** draft (de un barco).

calamar. m. squid.

calambre. m. cramp.

calamidad. f. calamity.// calamitous (a.).

calandria. f. lark.

calaña. f. nature, type, sort.

calar. tr. **1.** to penetre (penetrar). **2.** to drench, to soak (mojar). **3.** to cut (cortar). **4.** to fix (bayonetas). **5.** Mar. to draw. **6.** Arg. fig. to stare at (mirar fijo).

calavera. f. **1.** skull. **2.** Arg. fig. reveler.

calcañar. m. heelbone.

calcar. tr. **1.** to trace. **2.** to copy.

calcáreo, a. a. calcareous, limy.

calcinar. tr. **1.** to calcine. **2.** fig. to burn.

calcio. m. calcium.

calco. m. **1.** tracing. **2.** fig. copy.

calcomanía. f. decal, transfer.

calculador, ra. 1. a. calculating. **2.** m./f. calculator.

calcular. tr. to calculate, to compute.

cálculo. m. **1.** calculation. **2.** Mat. calculus. **3.** pl. Med. gallstones.

caldear. tr. to heat.

caldera. f. caldron, boiler.// **calderero, ra.** m./f. coppersmith.// **caldero.** m. kettel, small caldron.

caldo. m. **1.** broth (consomé). **2.** juice (jugo).

calefacción. f. heating.// **calefactor.** m. heater.

calendario. m. calendar, almanac.

calentador, ra. 1. a. heating. **2.** m. heater.

calentar. 1. tr. to heat, to warm. **2.** ref. to become warm. **3.** ref. fig. to be excited (excitarse); to be angry (enojarse).// **calentura.** f. **1.** fever. **2.** fig. excitation (excitación); anger (enojo).

calera. f. lime quarry.

calesita. f. Arg. merry-go-round.

calibrar. tr. **1.** to gauge (medir). **2.** to calibrate (graduar).// **calibre.** m. **1.** caliber (armas), **2.** diameter (tubos). **3.** quality (calidad). **4.** calipers (medidor).

'**calidad.** f. **1.** quality. **2.** class (clase). **3.** en c. de: as.

cálido, da. a. warm.// **calidez.** f. warmness

calidoscopio. m. kaleidoscope.

caliente. a **1.** hot. **2.** fig. excited, angry

califa. m. caliph.

calificación. f. **1.** classification. **2.** grade, mark (nota)

calificado, da. a. qualified, competent.

calificar. 1. i. to qualify. **2.** tr. to classify (clasificar) **3.** tr. to grade (poner nota).// **calificativo, va. 1** a. qualifying. **2.** m. qualifier.

caligrafía. f. caligraphy.// caligrapher (m./f.).

calistenia. f. calisthenics.

cáliz. m. **1.** chalice. **2.** Bot. calyx.

calizo, za. f. **1.** a. calcareous, limy. **2.** f. limestone.

callar. 1. i. to be silent. **2.** tr. to silence. **3.** ref. to omit (omitir), to become quiet or silent (silenciar se). **4.** ¡cállate!: shut up!// **callado, da.** 1. a silent, reserved (reservado).

calle. m. **1.** street. **2.** Sp. lane.

callejear. i. to walk the street.// **callejero, ra.** a street, of the street.

callejón. m. **1.** alley. **2.** fig. c. sin salida: deadlock

callo. m. **1.** corn. **2.** pl. tripe.// callosity (f.).

calma. f. **1.** calm, calmness. **2.** c. calma: calmly.

calmante. **1.** a. calming. **2.** m. sedative.

calmar. i./tr. **1.** to calm. **2.** to pacify. **3.** ref. to calm down.// calm (a.).

calofrío. m. chill.

calor. m. **1.** heat, warmth. **2.** ardor, passion. **3** entrar en c.: to get warm.// calorie (f.).

calorífero, ra. 1. a. heating. **2.** m. heater.

calumnia. f. calumny, slander.

calumniar. tr. to calumniate, to slander.// **calumniador, ra.** a. slanderer.// **calumnioso, sa.** a slanderous.

caluroso, sa. a. warm, hot.

calvario. m. calvary.

calvicie. f. baldness.// **calvo, va. 1.** a. bald. **2** m./f. bald person. **3.** f. bald spote.

calza. f. **1.** wedge (cuña). **2.** pl. breeches

calzado, da. 1. a. shod. **2.** m. footwear. **3.** f road, way.

calzador. m. shoehorn.

calzar. tr. **1.** to wedge (poner calzas). **2.** to wear shoes (usar zapatos). **3.** i. fig. to fit (ir bien). **4.** ref to put on (zapatos o prendas).

calzón. m. pl. breeches, panties.

calzoncillo. m. pl. drawers, underpants.

cama. f. **1.** bed. **2.** bedstide (armazón). **3.** floor (piso, base).

camada. f. litter (animales), brood (pájaros).

camafeo. m. cameo.

camaleón. m. chameleon.

cámara. f. **1.** chamber (junta, sala). **2.** hall (sala) **3.** camera (cine, TV, foto). **4.** house (legislativa). **5.** inner tube (auto). **6.** en c. lenta: in slow motion.

camarada. m./f. comrade.// camaraderie (f.).

camarero, ra. 1. m. waiter, f. waitress (restaurant). **2.** m. steward, f. stewardess (hotel, barco).

camarilla. f. clique.

camarín. tr. dressing room.

camarón. m. shrimp.

camarote. m. cabin, stateroom.

cambalache. m. **1.** barter (trueque). **2.** Arg. secondhand store.// **cambalachear.** tr. to bart.

cambiante. a. changeable.

cambiar. 1. i./tr. to change. **2.** tr. to exchange *(intercambiar).* **3.** tr. to replace *(reemplazar).* **4.** ref. to change.

cambio. m. **1.** change *(acción).* **2.** exchange *(intercambio).* **3.** rate of exchange *(cotización).* **4.** switch *(cambiavía).* **5.** gearshift *(auto).* **6.** en c.: on the other hand. **7.** libre c.: free trade.// **cambista.** m./f. **1.** money changer *(dinero).* **2.** switchman *(ferrocarril).*

camelia. a. camelia.

camello. m. camel.

camilla. f. stretcher.// **camillero, ra.** m./f. stretcher-bearer.

caminante. m. wayfare, hiker.

caminar. 1. i./tr. to walk. **2.** fig. to work.

caminata. f. walk, hike.

camino. m. **1.** road. **2.** path, way *(senda).* **3.** fig. way. **4.** abrirse c.: to make way. **5.** a medio c.: halfway. **6.** c. a: towards. **7.** por buen c.: on the right track.

camión. m. truck.// **camionero.** m. truck driver.// **camioneta.** f. light truck, van.

camisa. f. **1.** shirt. **2.** Mech. jacket, casing *(envoltura).* **3.** mantle *(de un farol a gas).*// **camisería.** f. shirt shop.// **camiseta.** f. T-shirt, undershirt.// **camisón.** m. longshirt, night shirt *(de dormir).*

camorra. m. quarrel, squabble.// **camorrista.** m./f. quarrelsome person.

camote. m. sweet potato.

campal. a. field.

campamento. m. camp, camping.

campana. f. **1.** bell. **2.** Arg. fig. lookout.// **campanada.** f. stroke of a bell.// **campanario.** m. bell tower.// **campanear.** i. **1.** to ring the bells. **2.** Arg. fig. to be the lookout.// **campanero.** m. bell ringer.

campanilla. f. **1.** doorbell *(timbre).* **2.** hand bell. **3.** Anat, uvula. **4.** Bot. bellflower.

campante. a. buoyant, satisfied.

campaña. f. **1.** campaign. **2.** countryside *(campiña).*

campechano, na. a. good-natured.

campeón, na. m./f. champion.// **campeonato.** m. championship.

campero, ra. 1. a. rural. **2.** f. Arg. jacket.

campesino, na. i. a. rural, rustic. **2.** peasant, farmer.

campestre. a. rural, rustic.

campiña. f. countryside.

campo. m. **1.** country, countriside. **2.** field *(plantío, deportes).* **3.** scope, range *(ámbito).* **4.** room, space *(espacio).* **5.** a c. raso: in the open. **6.** a c. traviesa: cross-country. **7.** c. magnético: magnetic field. **8.** c. operatorio: surgical area.

canadiense. a./m./f. Canadian.

canal. m. **1.** canal. **2.** channel *(naveg., TV).* **3.** strait, inlet *(estrecho).* **4.** Anat. duct. **5.** roof gutter *(de riego, desagüe).*

canalizar. tr. **1.** to canalize *(abrir canales).* **2.** to channel *(dar cauce).* **3.** to pipe *(por tuberías).*

canalla. m./f. scoundrel.// **canallada.** f. dirty trick.

canapé. m. **1.** sofa. **2.** canapé *(bocadillo).*

canario. 1. a./m./f. Canarian. **2.** m. canary.

canasto, ta. 1. m./f. basket. **2.** f. canasta *(juego).*

cancelación. f. **1.** cancelation. **2.** payment *(pago).*

cancelar. tr. **1.** to cancel. **2.** to pay off *(pagar).*

cáncer. m. cancer.// cancerology (f).// cancerous (a.).

cancha. f. **1.** Sp. field, court *(tenís),* link *(golf).* **2.** tener c.: to be experienced.// **canchero, ra. 1.** a. Arg. expert, skilled. **2.** m./f. fieldkeeper *(cuidador).*

canciller. m. chancellor.// chancellery (f.).

canción. f. **1.** song. **2.** c. de cuna: lullaby.

candado. m. padlock.

candeal. a. white *(trigo y pan).*

candela. f. candle.// **candelabro.** m. candelabrum.// **candelero.** m. **1.** candlestick. **2.** estar en el c.: to be on the top.

candente. a. **1.** very hot, burning **2.** fig. important.

candidato, ta. m./f. candidate.// candidacy (f.).

candidez. f. candour.// candid (a.).

candil. m. oil lamp.

candor. m. candor, naiveté.// **candoroso, sa.** a. innocent, naive.

canela. f. cinnamon.// **canelo.** m. cinnamon tree.

cangrejo. m. crab.

canguro. m. kangaroo.

caníbal. a./m./f. cannibal.

canícula. f. dogdays.

canilla. f. **1.** tap. **2.** shinbone *(hueso).*

canillita. m. Arg. newspaper boy.

canino, na. a./m. canine.

canje. m. barter, exchange.

canjear. tr. to barter, to exchange.

cano, na. 1. a. white-haired. **2.** f. gray hair. **3.** f. fig. Arg. police; jail *(estar preso).*

canoa. f. canoe, rowboat.

canon. m. **1.** canon. **2.** tax, rent *(tasa).*

canónico, ca. a. canonical.

canonizar. tr. to canonize.

cansado, da. a. **1.** tired. **2.** boring *(aburrido).*

cansancio. m. fatigue, tiredness.

cansar. tr. **1.** to tire. **2.** to bore *(aburrir).* **3.** fig. to annoy.

cantante. i. a. singing. **2.** m./f. singer.

cantar. m. **1.** folk-song. **2.** otro c.: another story.

cantar. i./tr. **1.** to sing. **2.** fig. to confess *(confesar).*

cántaro. m. **1.** jug. **2.** llover a c.: to rain cats and dogs.

cantera. f. quarry.

cantero. m. **1.** stonecutter. **2.** Amer. flowerbed.

cántico. m. canticle.

cantidad. f. quantity, sum.

cantimplora. f. canteen, water bottle.

cantina. f. **1.** wine shop. **2.** Amér. tavern, saloon.// **cantinero, ra.** m. bartender, f. barmaid.

canto. m. **1.** song *(canción).* **2.** singing *(arte).* **3.** epic poem *(poema).* **4.** edge, border *(extremo, borde).* **5.** pebble *(guijarro).* **6.** c. rodado: boulder.

cantón. m. canton, district.

cantor, ra. 1. a. singing. **2.** m./f. singer.
caña. f. **1.** cane, reed. **2.** stalk *(tallo)*. **3.** leg *(de una bota)*. **4.** *Archit.* shaft. **5.** *Anat.* long bone. **6.** *c. de azúcar:* sugar cane. **7.** *c. de pescar:* fishing rod.
cañada. f. **1.** ravine. **2.** *Amer.* stream.// **cañadón.** m. ravine.
cáñamo. m. hemp.
cañaveral. f. sugar cane plantation.
caño. m. **1.** pipe *(tubo)*. **2.** drainpipe *(desagüe)*.// **cañería.** f. pipeline.
cañon. m. **1.** cannon. **2.** barrel *(de un arma)*. **3.** *Geog.* canyon.// **cañonazo.** m. cannon shot.
cañonear. tr. to cannonade, to bombard.// **cañoneo.** m. cannonade.// **cañonero, ra.** m. cannon shooter, f. gunboat.
caoba. f. mahogany.
caos. f. chaos.// chaotic (a.).
capa. f. **1.** cape *(manto)*. **2.** coat *(pintur.)* **3.** covering *(cobertura)*. **4.** *Geol.* layer. **5.** *de c. caída:* crestfallen. **6.** *de c. y espada:* cloak and dagger.
capacidad. f. **1.** capacity. **2.** room *(espacio)*.
capacitar. tr. **1.** to train *(instruir)*. **2.** to qualify *(calificar)*. **3.** to authorize *(autorizar)*.
capar. tr. to castrate.
caparazón. f. shell, caparison.
capataz. m. foreman.
capaz. a. capable, competent.
capcioso, sa. a. captious, tricky.
capear. tr. **1.** to dodge. **2.** to weather the storm.
capellán. m. chaplain.
capilar. a.m. capillary.// capillarity (f.).
capilla. f. chapel.
capital. 1. a. capital, vital. **2.** f. capital city. **3.** m. capital, assets.
capitalismo. m. capitalism.// capitalist (a./m./f.).
capitalizar. tr. to capitalize.// capitalization (f.).
capitán, na. m. captain, f. woman captain.// **capitanía.** f. **1.** captainship *(cargo)*. **2.** captaincy *(territorio)*.
capitel. m. capital *(columna)*, spire *(iglesia)*.
capitolio. m. capitol.
capitular. 1. a. capitular. **2.** i. to capitulate, to surrender.// capitulation (f.).
capítulo. m. **1.** chapter. **2.** *Bot.* capitulum.
capón. 1. a. castrated **2.** m. capon.
caporal. m. foreman.
capota. f. **1.** automobile top. **2.** bonnet *(sombrero)*.
capote. m. **1.** cape, greatcoat. **2.** *hacer c.:* to triumph.
capricho. m. whim, fancy.// **caprichoso, sa.** a. capricious, whimsical.
cápsula. f. capsule.
captar. tr. **1.** to grasp *(aprehender)*. **2.** to attract *(atraer)*. **3.** to understand *(comprender)*.// **captación.** f. graspping, attraction, understanding.
captura. f. capture, apprehension.
capturar. tr. to capture, to apprehend.
capucha. f. hood.// **capuchón.** m. hooded cloak.
capullo. m. **1.** bud *(brote)*. **2.** cocoon *(larva)*.
cara. f. **1.** face. **2.** look *(semblante)*. **3.** surface *(superficie)*. **4.** facade, front *(fachada)*. **5.** appear-

ance *(aspecto)*. **6.** *Geom.* plane. **7.** *dar la c.:* to face. **8.** *dar la c. por:* to stick up for. **9.** *de cara a:* facing. **10.** *de dos c.:* two faced. **11.** *echar en c.:* to reproach.
carabela. f. carabel.
carabina. f. carabine.// carabineer (m.).
caracol. m. **1.** snail. **2.** snail shell *(concha)*. **3.** spiral *(espiral)*. **4.** *Anat.* cochlea.// **caracola.** f. conch.
carácter. m. **1.** character. **2.** nature *(índole)*. **3.** capacity *(capacidad)*. **4.** type *(tipo)*. **5.** letter *(letra)*.// characteristic (a./f.).
caracterizar. 1. tr. to characterize. **2.** ref. to be characterized.// characterization (f.).
caracú. m. bone marrow.
caradura. a./m./f. shameless.
¡caramba!. interj. **1.** good heavens! *(asombro)*. **2.** damn it! *(enojo)*.
carambola. f. **1.** carom. **2.** *de c.:* by chance.
caramelo. m. **1.** caramel. **2.** candy *(dulce)*.
carátula. f. title page, cover of a book or magazine.
caravana. f. caravan.
carbohidrato. m. carbohydrate.
carbón. m. coal, charcoal *(de leña)*.
carbonada. L.A. meat stew.
carbonato. m. carbonate.// carbonated (a.).
carbonería. f. coal shop.// **carbonero, ra. 1.** a. charcoal. **2.** m. coal supplier. **3.** f. coal ship or engine.
carbónico, ca. a. carbonic.
carbonizar. tr. to carbonize, to char, to burn.
carbono. m. carbon.
carburador. m. carburator.// **carburante.** m. fuel.
carburo. m. carbide.
carcajada. f. loud laughter.
cárcel. f. jail.// **carcelero, ra.** m./f. jailer, warden.
carcoma. f. wood borer.
carcomer. tr. to gnaw.
cardar. tr. to card.// **cardador, ra.** m./f. carder.
cardenal. m. cardinal.
cardíaco, ca. a. cardiac.
cardinal. a. cardinal.
cardiología. f. cardiology.// cardiologist (m./f.).
cardo. m. thistle.
cardumen. m. school of fish.
carear. tr. to bring face to face.
carecer. tr. to lack.// **carencia.** f. **1.** lack. **2.** *Med.* deficiency.// **carente.** a. lacking.
careo. m. confrontation.
carero, ra. a. expensive shopkeeper.
carestía. f. **1.** high prices *(precios altos)*. **2.** high cost of living *(costo de vida)*.
careta. f. mask.
carey. m. tortoiseshell.
carga. f. **1.** loading *(acción)*. **2.** load. **3.** freight *(flete)*. **4.** burden *(peso)*. **5.** duty *(obligación)*. **6.** attack *(ofensiva)*. **7.** charge *(de armas, eléctrica)*.// **cargado, da.** a. **1.** loaded. **2.** strong *(sabor)*. **3.** heavy *(cielo)*. **4.** *c. de años:* old. **5.** fig. *Arg.* joke.// **cargador.** m. **1.** loader. **2.** shipper, porter *(operario)*. **3.** battery charger *(para baterías)*. **4.** charger *(de armas)*.// **cargamento.** m. cargo.

cargar. tr. **1.** to load. **2.** to charge (armas, elect.). **3.** to burden (con peso). **4.** to duty (con obligaciones). **5.** to debit (debitar). **6.** to attack (atacar). **7.** to carry (acarrear). **8.** Arg. fig. to joke.

cargo. m. **1.** position (posición). **2.** charge (acusación). **3.** burden (peso). **4.** debit (debit). **5.** a c. de: in charge. **6.** hacer c. de: to make responsible for. **7.** hacerse c.: to take charge of.

cargosear. tr. to pester, to bother.// **cargoso, sa.** a. bothersome, tiresome.

carguero. m. carrier, freighter.

cariarse. ref. to decay.

caribe. a./m./f. Caribbean.

caricatura. f. **1.** caricature. **2.** cartoon (animados).

caricia. f. caress.

caridad. f. charity.// **caritativo, va.** a. charitable.

caries. f. caries, decay.

cariño. m. love, affection.// **cariñoso, sa.** a. affectionate.

carisma. m. charisma.// charismatic (a.)

cariz. m. look, aspect.

carmesí. m. crimson.

carmín. m. carmine.

carnada. m. **1.** bait (cebo). **2.** trap (trampa).

carnal. a. **1.** carnal. **2.** sensual, lustful (sensual).

carnaval. m. carnival.

carne. m. **1.** flesh. **2.** meat (comida). **3.** en c. viva: raw.

carné. a. identification card.

carnear. tr. Amer. to slaughter.

carnero. m. **1.** sheep, ram. **2.** Arg. fig. scab.

carnicería. f. **1.** butcher shop. **2.** fig. carnage.// **carnicero, ra.** m./f. butcher.

carnívoro, ra. 1. a. carnivorous. **2.** m. carnivore.

carnoso, sa. a. fleshy.

caro, ra. a. **1.** expensive. **2.** dear (querido).

carótida. f. carotid.

carozo. m. stone or pit of a fruit.

carpa. f. **1.** carp (pez). **2.** L.A. tent (tienda).

carpeta. f. **1.** table cover. **2.** file folder (de archivo).

carpintería. f. **1.** carpentry (arte). **2.** carpenter's shop.// carpenter (m.).

carpo. m. carpus.

carrera. f. **1.** race (acción, competencia). **2.** run (espacio recorrido). **3.** career (profesión). **4.** a la c.: running.

carreta. f. wagon, cart.

carrete. m. **1.** reel (de caña). **2.** bobbin, spool (de hilo).

carretel. m. spool.

carretera. f. highway.

carretero. m. wagoner, carter.

carretilla. f. wheelbarrow.

carril. m. **1.** lane (de tránsito). **2.** rail (vía). **3.** track (pista).

carro. m. cart, wagon.

carrocería. f. body (of a car).

carroña. f. carrion.// carronier (a./m./f.).

carroza. f. **1.** carriage. **2.** hearse (fúnebre).

carruaje. m. coach, carriage.

carrusel. m. merry-go-rounds.

carta. f. **1.** letter. **2.** card (naipe). **3.** charter (declaración). **4.** map (mapa). **5.** a c. cabal: thoroughly.

6. c. blanca: carte blanche. **7.** tomar c.: to intervene in.

cartaginés. a./m./f. Carthaginian.

cartearse. ref. to exchange letter.

cartel. m. **1.** poster. **2.** show bill (aviso). **3.** cartel, trust (de empresas).// **cartelera.** f. billboard.

cárter. m. casing, crank case (del cigüeñal).

cartera. f. **1.** handbag, pocketbook. **2.** portfolio (de documentos). **3.** cabinet post (ministerio).

cartero. m. mailman, postman.

cartílago. m. cartilage.// cartilaginous (a.).

cartilla. f. booklet.

cartografía. f. cartography.// cartographier (m./f.).

cartón. m. **1.** cardboard. **2.** carton (de cigarrillos). **3.** c. piedra: papier-maché.

cartuchera. f. cartridge box or belt.

cartucho. m. **1.** cartridge. **2.** cassette.

cartulina. f. pasteboard, fine cardboard.

casa. f. **1.** house. **2.** home (hogar). **3.** firm (empresa). **4.** c. de cambios.: money exchange office. **5.** c. matriz: headquarters, main office. **6.** ser de la c.: to be like one of the family. **7.** ser de su c.: to be a home-loving.

casaca. f. dress coat.

casado, da. a. **1.** married. **1.** recién c.: newlywed.

casamiento. m. marriage.

casar. 1. i./tr. to marry. **2.** ref. to get married.

cascabel. m. **1.** jingle bell. **2.** víbora de c.: rattlesnake.

cascada. f. waterfall.

cascar. 1. tr./ref. to crack. **2.** fig. to beat.

cáscara. f. **1.** shell. **2.** skin (de fruta). **3.** rind (de queso).// **cascarón.** m. eggshell.

casco. m. **1.** helmet. **2.** hull (barco). **3.** Zool. hoof. **4.** Mech. casing. **5.** pl. ligera de c.: easy woman.

caserío. m. **1.** hamlet (pueblo). **2.** country house.

casero, ra. 1. a. home-loving (hogareño); homemade (hecho en casa). **2.** m./f. landlord, landlady.

casi. adv. **1.** almost, nearly. **2.** c. nada: next to nothing.

casilla. f. **1.** cabin. **2.** hut (caseta). **3.** post office box (postal). **4.** square (ajedrez). **5.** booth (telefónica). **6.** sacar de las c.: to infuriate.// **casillero.** m. filling cabinet.

casino. m. casino.

caso. m. **1.** case. **2.** event (suceso). **3.** c. perdido: lost cause. **4.** en c. de: in the event of. **5.** en el mejor/peor de los c.: at best/at worst. **6.** en todo c.: in any event. **7.** hacer c.: to pay attention. **8.** venir al c.: to be pertinent.

caspa. f. dandruff.

casquete. m. **1.** helmet. **2.** cap (mecánico, polar).

casete. m. cassette.// cassetter (f.).

casta. f. **1.** breed (animales). **2.** lineage (personas). **3.** caste (sector social).

castaño, ña. 1. a. brown. **2.** m. chestnut tree. **3.** f. chestnut.

castañuela. f. castanet.

castellano, na. 1. a./m./f. Castillian. **2.** m./f. lord or lady of a castle. **3.** m. Spanish (idioma).

castidad. f. chastity.

castigar. tr. **1.** to punish. **2.** to mortify the flesh (flagelar). **3.** Sp. to penalize.

castigo. m. 1. punishment. 2. selfdenial *(fla-gelación)*. 3. *Sp.* penalty.
castillo. m. 1. castle. 2. *c. de proa:* forecastle. 3. *c. de naipes:* house of cards.
castizo, za. a. 1. genuine. 2. *Lit.* pure style. 3. *Arg.* fig. in good Spanish language.
casto, ta. a. chaste.
castor. m. beaver.
castrar. tr. to castrate.// castration (f.).// castrated (m.).
castrense. a. military.
casual. a. casual.// **casualidad.** f. 1. chance, hazard. 2. coincidence. 3. *por c.:* by chance.
casucha. f. hovel.
cataclismo. m. cataclysm.
catacumbas. f. pl. catacombs.
catador, ra. a. taster, sampler.
catadura. f. 1. sampling. 2. appearance *(apariencia)*.
catalejo. m. spyglass.
catálisis. f. catalysis.// catalytic (a.).// catalyst (m.).
catalogar. tr. to catalogue.// catalogue (m.).
cataplasma. f. poultice.
catapulta. f. catapult.
catar. tr. 1. to sample, to taste. 2. to examine.
catarata. f. 1. waterfall. 2. *Med.* cataract.
catarro. f. cold, catarrh.
catastro. m real estate register.
catástrofe. f. catastrophe.// catastrophic/al (a.).
catecismo. m. cathecism.// cathequist (m./f.).
cátedra. f. 1. professorship *(rango)*. 2. classroom *(aula)*. 3. subject *(asignatura)*.
catedral. f. cathedral.
catedrático, ca. m./f. university professor.
categoría. f. 1. category. 2. type *(clase)*. 3. fig. standing. 4. *de c.:* important. 5. *primera c.:* first-rate.// categorical (a.).
cateto. m. side of a right triangle.
catéter. m. catheter.
cátodo. m. cathode.
catolicismo. f. Catholicism.// Catholic (a./m./f.).
catorce. a./m. forteen(th).
catre. m. cot, camp bed.
cauce. m. 1. riverbed. 2. ditch *(acequia)*.
caucho. m. 1. rubber *(goma)*. 2. rubber tree *(árbol)*.
caución. f. 1. caution *(cautela)*. 2. bail, bond *(fianza)*.
caudal. 1. a. *Zool.* caudal. 2. m. volume *(de agua)*. 3. m. wealth *(riqueza)*.// **caudaloso, sa.** a. deep.
caudillo. m. 1. leader, chief. 2. *Amer,* political boss.// **caudillismo.** f. caciquism.
causa. f. 1. cause. 2. *Law.* trial, lawsuit. 3. *a c. de:* because of.// **causante.** a. causative.
causar. tr. 1. to cause. 2. to provoke *(ira, enojo)*.
cautela. f. caution.// cautious (a.).
cauterizar. tr. to cauterize.// cauterization (f.).
cautivar. tr 1. to capture. 2. fig. to captivate.// **cautiverio.** m. captivity.// **cautivo, va.** a./m./f. captive.
cauto, ta. a. cautious.
cava. f. 1. excavation. 2. wine cellar *(bódega)*. 3. *Anat.* vena cava.

cavar. tr. to dig, to excavate.
caverna. f. cavern, cave.// **cavernícola.** a. 1. cave-dwelling. 2. fig. backward. 3. m. cave man f. cave woman.// **cavernoso, sa.** a. cavernous.
cavidad. f. cavity.
cavilar. tr. to ponder, to meditate.// **cavilación.** f. pondering.
cayado. m. staff, crosier.
cayo. m. key, islet.
caza. f. 1. hunting, chase. 2. wild game *(deporte)*. 3. fighter plane *(avión)*.// **cazador, ra.** 1. a. hunting. 2. m./f. hunter.
cazar. tr. 1. to hunt. 2. to catch *(agarrar)*.
cazón. m. dogfish.
cazuela. f. 1. casserole. 2. stew *(guisado)*.
cebada. f. barley.
cebar. tr. 1. to fatten *(engordar)*. 2. to bait *(un anzuelo)*. 3. to start up *(un motor)*. 4. *Arg.* to brew *(mate)*. 5. ref. to become excited.
cebo. m. 1. feed *(alimento)*. 2. charge *(detonador)*. 3. bait *(del anzuelo)*. 4. enticement *(aliciente)*.
cebolla. f. onion.// **cebollín.** m. onion seed.
cebra. f. zebra.
cebú. m. zebu.
ceca. f. 1. royal mint. 2. *de la c. a la Meca:* from milliard to post.
cecear. i. to lisp.// **ceceo.** m. lisp.
cedazo. m. sieve.
ceder. tr. 1. to cede. 2. to transfer *(transferir)*. 3. to give in *(rendirse)*. 4. *Sp.* to pass.
cedro. m. cedar.
cédula. f. 1. certificate, document. 2. *c. de identidad:* identification card.
cegar. tr. 1. to blind. 2. to close up *(tapar)*. 3. ref. to become blinded.// **ceguera.** f. blindness.
ceja. f. 1. eyebrow. 2. edge, border *(borde, saliente)*.
cejar. i. 1. to back up *(retroceder)*. 2. to give in *(ceder)*.
celada. f. ambush.
celador, ra. m./f. 1. monitor *(escuela)*. 2. guard *(cárcel)*.
celar. tr. 1. to be jealous. 2. to watch out *(cuidar)*.
celda. f. 1. cell *(célula)*. 2. jail *(prisión)*.
celebración. f. celebration.
celebrar. tr. 1. to celebrate. 2. to hold *(una reunión)*. 3. ref. to fall on *(cumplir años)*; to take place *(una reunión)*.
célebre. a. famous, well-known.// **celebridad.** f. 1. celebrity *(persona)*. 2. renown, fama *(renombre, fama)*.
celenterado, da. a./m./f. coelenterate.
celeridad. f. celerity, speed.
celeste. a./m. 1. sky-blue. 2. celestial *(del cielo)*.// **celestial.** a. celestial, heavenly.
celestina. f. procuress, madam.
celibato. m. celibacy.// **célibe.** a./m./f. celibate.
celo. m. 1. zeal *(entusiasmo, cuidado)*. 2. pl. jealousy. 3. heat *(deseo sexual)*. 4. pl. *dar c.:* to make jealous. 5. *en c.:* in heat. 6. *tener c.:* to be jealous.
celofán. m. cellophane.
celoso, sa. a. jealous *(con celos)*; zealous *(cuidadoso)*.

celta. a./m./f. Celtic.
célula. f. cell.// cellular (a.).
celuloide. m. celluloid.
celulosa. f. cellulosa.
cementar. tr. to cement.
cementerio. m. cemetery, graveyard.
cemento. m. **1.** cement. **2.** concret *(concreto)*.
cena. f. dinner, supper.
cenagoso, sa. a. miry, muddy.
cenar. **1.** i. to have dinner. **2.** tr. to have for dinner.
cencerro. m. cowbell.
cenicero. m. ashtray.
ceniciento, ta. a. ashen, ash-gray.
cenit. m. zenith.
ceniza. f. ash, cinder.
censar. tr. to take a census.// **censo.** m. census.
censor. m. censor.// **censura.** f. censure, censorship.
censurar. tr. to censure.
centauro. m. centaur.
centavo. m. cent.
centella. f. flash *(rayo)*, spark *(chispa)*.
centellear. i. to flash, to sparkle.// **centelleante.** a. sparkling.// **centelleo.** m. sparkle.
centena. f. hundred.// **centenar.** m. one hundred.
centenario, ria. **1.** a. centenarian. **2.** m. centennial.
centeno. m. rye.
centésimo, ma. a. hundredth.
centígrado, da. a. centigrade.
centímetro. m. centimeter.
céntimo, ma. **1.** a. hundredth. **2.** m. cent, centime.
centinela. m./f. sentry, guard.
centolla. f. spider crab.
central. a. central.// f. **1.** head office, headquarters *(oficina)*. **2.** telephone exchange *(telefónica)*.
centralismo. m. centralism.// centralist (m./f.).
centralizar. tr. to centralize.
centrar. tr. to center.
céntrico, ca. a. central, centric.
centrifugar. tr. to centrifuge.
centrífugo, ga. **1.** a. centrifugal. **2.** m./f. centrifuge.
centrípeto, ta. a. centripetal.
centro. m. **1.** center. **2.** middle *(medio)*. **3.** core *(núcleo)*. **4.** downtown *(de ciudad)*.
centroamericano, na. a./m./f. Central American.
centuplicar. tr. to centuple.// **céntuplo.** m. hundredfold.
centuria. f. century.// centurion (m.).
ceñir. tr. **1.** to bind *(atar)*. **2.** to be tight *(ropa)*. **3.** ref. to limit oneself, to adjust.
ceño. m. frown.// **ceñudo, da.** a. frowning.
cepa. f. **1.** grapevine stock *(vid)*. **2.** stump *(tronco)*. **3.** de buena c.: of good stock. **4.** de pura c.: genuine.
cepillar. tr. **1.** to brush. **2.** to plane *(madera)*.
cepillo. f. **1.** brush. **2.** plane *(para madera)*.
cepo. m. **1.** pillory. **2.** trap *(trampa para animales)*.
cera. f. **1.** wax. **2.** earwax *(del oído)*. **3.** polish *(pomada)*.

cerámico, ca. **1.** a. ceramic. **2.** f. ceramics, pottery.
cerbatana. f. blowgun.
cerca. **1.** adv. near, close. **2.** f. fence.
cercanía. f. **1.** nearness. **2.** pl. outskirts.// **cercano, na.** a. **1.** close, near. **2.** neighboring *(vecino)*.
cercar. tr. **1.** to fence in (con cerca). **2.** to sorround *(rodear)*. **3.** to besiege *(sitiar)*.
cerciorarse. ref. to make sure.
cerco. m. **1.** fence *(cerca)*. **2.** enclosure *(cercado)*. **3.** siege *(sitio)*.
cerda. f. **1.** bristle. **2.** Zool. sow.
cerdo. m. pig, hog.
cereal. a./m. **1.** cereal. **2.** pl. cereals, grain.// **cerealero, ra** a. cereal.
cerebro. m. **1.** brain. **2.** fig. brains.// cerebral (a.).
ceremonia. f. ceremony.// ceremonial (a./m.).
cereza. f. cherry.// **cerezo.** m. cherry tree.
cerilla. f. **1.** match *(fósforo)*. **2.** earwax *(del oído)*.
cerner. **1.** tr. to sift, to sieve. **2.** ref. fig. to be inminent.
cernidor. m. sieve.
cero. m. **1.** zero. **2.** un c. a la izquierda: useless.
cerrado, da. a. **1.** closed. **2.** overcast *(nublado)*. **3.** fig. obstinate, stubborn *(testarudo)*.
cerradura. f. lock.
cerrajería. f. locksmith shop.// **cerrajero.** m. locksmith.
cerrar. tr. **1.** to close (up). **2.** to lock *(con llave)*. **3.** to turn off *(canilla, válvula)*. **4.** to close down *(un comercio)*. **5.** to block off *(bloquear)*.// ref. **1.** to close. **2.** fig. to remain stubborn. **3.** to cloud over *(nublarse)*.
cerrazón. f. **1.** overcast sky *(cielo)*. **2.** fig. obstinacy.
cerril. a. rough.
cerro. m. hill.
cerrojo. m. bolt, latch.
certamen. m. contest, competition.
certero, ra. a. **1.** accurate *(tiro)*. **2.** skilfull *(persona)*.
certeza o certidumbre. f. certainty.
certificado, da. **1.** a. certified; registered *(carta)*. **2.** m. certificate.
certificar. tr. **1.** to certify *(verificar)*. **2.** to register *(cartas)*.
cervecería. f. **1.** brewery *(fábrica)*. **2.** bar, pub *(taberna)*.// **cervecero, ra.** m./f. brewer.
cerveza. f. beer, ale.
cervical. a. cervical.// **cerviz.** f. cervix.
cesación. f. cessation, ceasing.
cesante. a./m./f. unemployed.// **cesantía.** f. unemployment.
cesar. i. to cease, to end, to stop.
cese. m. **1.** stoppage. **2.** cessation *(cesación)*. **3.** c. de fuego: ceasefire.
cesio. m. cesium.
cesión. f. cession.
césped. m. **1.** lawn, grass. **2.** Sp. field.
cesta. f. o **cesto.** m. basket.
cetáceo, a. a./m. cetacean.
cetrino, na. a. salow, olive.
cetro. m. scepter.

chabacano, na. a. tasteless, vulgar.
chacal. m. jackal.
chacarero, ra. 1. m./f. peasant, farmer. 2. f. *Arg.* peasant dance.
chacota. f. 1. joking. 2. *tomar a la c.:* to take as a joke.
chacotear. i. to kid.
chacra. f. small farm.
chajá. m. chaja, crested screamer.
chal. m. shawl.
chalé. m. chalet.
chaleco. m. 1. vest. 2. jacket
chalina. f. scarf.
chalupa. f. sloop.
chambergo. m. broad-brimmed soft hat.
chambón, na. 1. a. bungling. 2. m./f. bungler.
champaña. m. champagne.
champiñón. m. champignon, mushroom.
champú. m. shampoo.
chamullar. i. fig. to talk, to speak.
chamullo. m. talking, chat.
chamuscar. 1. tr to scorch. 2. ref. to get scorched.
chamusquina. f. singe, scorch.
chance. f. chance.
chancear. i./ref. to joke.
chancleta. f. 1. slipper. 2. *fig.* baby girl. 3. *tirar la c.:* to let one's hair down.
chancro. m. chancre.
chancho, cha. 1. a. fig. dirty, filthy. 2. m. pig.
chanchullo. m. swindle, crocked deal.
changador. m. porter, carrier.
changar o **changuear.** i. *Arg.* to do odd jobs.
chango, ga. 1. m./f. *Arg.* child. 2. f. odd job.
chantaje. m. blackmail.// **chantajista.** m./f. blackmailer.
chantar. tr. 1. to put on (*ropa*). 2. to drive in (*clavar*). 3. to say something straight (*decir en la cara*).
chanza. f. joke.
chapa. f. 1. sheet (*metal, madera*). 2. plate (*patente*).
chapado, da. 1. a. plated. 2. *c. a la antigua:* old-fashioned.
chapalear. i. to splash.
chapaleo. m. splashing.
chaperón, na. m./f. chaperone.
chapista. m./f. sheet-metal worker or repairman.
chapotear. i. to splash.
chapoteo. m. splashing.
chapucear. tr. to bungle.
chapucería. f. sloppy job.
chapucero, ra. 1. a. sloppy. 2. m./f. careless worker.
chaqueta. f. jacket.
charada. f. charade.
charanga. f. brass band.
charango. m. Andean guitar.
charco, ca. m./f. pool, pond.
charla. f. 1. chat (*diálogo*). 2. talk (*conferencia*).
charlar. tr. to chat, to talk.
charlatán, na. a. 1. talkative (*hablador*). 2. gossipy (*chismoso*).// **charlatanería.** f. 1. talkativeness (*hablar mucho*). 2. gossip (*chisme*).

charol. m. patent leather.
charretera. f. epaulet.
charqui. m. jerky.
charro, rra. 1. m./f. *Mex.* peasant. 2. m. horseman.
chascarrillo. m. joke, spicy tale.
chasco. m. 1. trick (*broma*). 2. disappointment (*decepción*).
chasis. m. chassis.
chasquear. tr. 1. to play a joke (*bromear*). 2. to crack (*el látigo*). 3. ref. to disappont (*decepcionarse*).
chasqui. m. Indian messenger, Indian mail.
chasquido. m. crackle.
chatarra. f. scap iron.
chatarrería. f. junk yard.
chato, ta. 1. a. flat, blunt. 2. f. barge (*barcaza*). 3. f. flatcar (*carro*).// **chatura.** f. flatness.
¡chau! interj. goodbye!
chaucha. f. 1. *Arg.* string beam. 2. pl. fig. small money.
chaval, la. m. boy, f. young girl.
chaveta. f. 1. key. 2. *perder la ch.:* to go crazy.
¡che! interj. hey!.
checoslovaco, ca. a./m./f. Czechoslovakian.
chelo. m. cello.
cheque. m. check.
chequear. tr. 1. to check. 2. *Med.* to checkup.
chequeo. m. 1. check. 2. *Med.* checkup.
chequera. f. checkbook.
chicano, na. a./m./f. Chicano.
chicha. f. chicha.
chicharra. f. 1. cicade. 2. doorbell (*timbre*).
chicharrón. m. crisp pork rind.
chiche. 1. a. well-decorated (*lugar*). 2. m. toy (*juguete*).
chichón. m. bump.
chichonear. i. fig. to make jokes.
chicle. m. 1. chicle (*resina*). 2. chewing gum (*goma de mascar*).
chico, ca. 1. a. small, little. 2. m. boy, f. young girl.
chicote. m. 1. whip. 2. end of a lace.
chicotazo. m. whiplash.
chiflado, da. a. crazy.
chifladura. f. craziness.
chiflar. 1. tr. to whistle. 2. ref. to go crazy.
chiflido. m. whistle.
chile. m. chile, pepper.
chileno, na. a./m./f. Chilean.
chillar. tr. 1. to scream. 2. to squeak (*ruedas*).// **chillido.** m. 1. scream. 2. squeak (*de ruedas*).// **chillón, na.** a. 1. screaming. 2. fig. strident, flashy.
chiflado, da. a. crazy.
chifladura. f. craziness.
chimenea. f. 1. chimney. 2. smokestack (*industrial*).
chimpancé. m. chimpanzee.
chinche. f. 1. bedbug (*insecto*). 2. thumbtack (*clavo*).
chinchilla. f. chinchilla.
chinela. f. slipper.
chino, na. a./m./f. Chinese.

chiquero. m. pigsty.
chiquillín, na. m./f. child.// **chiquillinada.** f. childish act.
chirimbolo. m. 1. gadget. 2. pl. gear.
chiripa (de). adv. by a fluck.
chiripá. m. 1. gaucho's trousers. 2. baby's trousers.
chirona. f. fig. jail.
chirriar. tr. to squeak.// **chirrido.** m. squeak.
chiflado, da. a. crazy.// **chifladura.** f. craziness.
chipá. m. corn cake.
chisme. m. gossip.
chismear. i. to gossip.// **chismerío.** m. gossip.// **chismoso, sa.** a. gossipy.
chispa. f. 1. spark. 2. wit (viveza). 3. pl. echar c.: to flure up. 4. tener c.: to be witty.// **chispazo.** m. 1. spark. 2. witticism (agudeza).// **chispeante.** a. 1. sparkling. 2. fig. brilliant.
chispear. i. 1. to spark. 2. to drizzle (lloviznar).
chisporrotear. i. to crackle.// **chisporroteo.** m. crackling.
chistar. i. 1. to speak. 2. sin c.: without a word.
chiste. m. joke.
chistido. m. whistle.
chistoso, sa. a. funny, humorous.
chivar. 1. tr. fig. to annoy. 2. ref. fig. to get annoyed.
chivo, va. 1. m./f. goat. 2. f. goatee (barba). 3. c. expiatorio: scapegoat.
chocante. a. shocking, offensive.
chocar. tr. 1. to collide, crash. 2. to clash (pelear). 3. to shock (ser chocante).
chochear. i. 1. to dote. 2. fig. to dote on.// **chochera.** f. 1. dotage (senilidad). 2. fig. doting.// **chocho, cha.** a. 1. senile. 2. doting.
choclo. m. ear of corn.
chocolate. m. 1. chocolate. 2. cocoa (bebida).
chofer. m. driver.
cholo, la. a./m./f. half-breed, mestizo.
chompa. f. jumper, pullover, jersey.
chopo. m. black poplar.
choque. m. 1. crash, collision. 2. clash (pelea). 3. shock.
chorizo. m. sausage.
chorlito. m. 1. golden plover. 2. cabeza de c.: scatterbrain.
chorrear. i. 1. to gush (fluir). 2. to trickle (gotear). 3. tr./ref. Arg. fig. to steal.// **chorrera.** f. fig. string.// **chorro.** m. 1. spout (líquido). 2. flood (luz). 3. Arg. fig. thief. 4. pl. a c.: abundantly. 5. avión a c.: jet.
choza. f. hut, cabin.
chozno, na. m./f. great-great-great grandchild.
chubasco. m. downpour.
chúcaro, ra. a. 1. wild (salvaje). 2. shy (huraño).
chuchería. f. trinket.
chucho. m. 1. shivers (escalofrío). 2. fright (susto).
chueco, ca. a. 1. bowlegged. 2. crocked (torcido).
chuleta. f. cutlet.
chupado, da. a. 1. emaciated (flaco). 2. drunk (bebido). 3. f. sucking.// **chupador, ra.** 1. a. sucking. 2. m./f. sucker.// **chupadura.** f. sucking.
chupar. 1. i./tr. to suck. 2. tr. to absorb. 3. fig. to

drink. 4. ref. fig. to become drunked.
chupete. m. 1. pacifier. 2. nipple (de mamadera).// **chupetín.** m. lollypop.
churrasco. m. grilled steak.
churrero. m. fritter maker or seller.
churro, rra. 1. a. fig. handsome. 2. m. fritter.
chusco, ca. a. unrefined.
chusma. f. rabble.
chuza. f. lance, pike.// **chuzazo.** m. pike blow.
cianuro. m. cyanide.
cibernética. f. cybernetics.// cybernetic (a.).
cicatriz. f. scar.
cicatrizar. i./tr. to heal.
cíclico, ca. a. cyclical.
ciclismo. m. cycling.// cyclist. (m./f.).
ciclo. m. 1. cycle. 2. c. primario o universitario: elementary or university studies. 3. c. de conferencias: series of comferences.
ciclón. m. cyclone.
cíclope. m. cyclops.// cyclopean (a.).
cicuta. f. hemlock.
ciego, ga. a./m./f. 1. blind. 2. blocked up (conducto).
cielo. m. 1. sky, firmament. 2. heaven (paraíso). 3. fig. darling. 4. a c. abierto: in the open air. 5. c. raso: ceiling.
ciemplés. m. centipede.
cien. a. one hundred.
ciénaga. f. swamp, marsh.
ciencia. f. 1. science. 2. a c. cierta: for certain. 3. c. ficción: science fiction.
científico, ca. 1. a. scientific. 2. m./f. scientist.
ciento. a. 1. one hundred. 2. por c.: percent.
ciernes (en). m. pl. 1. in blossom. 2. fig. in the offing.
cierre. m. 1. closing. 2. shut down (clausura). 3. zipper(cremallera).
cierto, ta. a. 1. true, trueth (verdadero). 2. some, certain (alguno).
ciervo, va. m. deer; f. doe.
cifra. f. 1. digit. 2. quantity (cantidad). 3. cipher, code (clave, código).// **cifrada, do.** a. coded, in cipher.
cifrar. tr. 1. to encode. 2. c. esperanzas. to place hopes.
cigarra. f. cicada.
cigarrería. f. tobacco shop.// **cigarrero, ra.** 1. m. tobacconist. 2. f. cigar box.// **cigarrillo.** m. cigarette.// **cigarro.** m. cigar.
cigoto. m. zygote.
cigüeña. f. stork.
cigüeñal. f. crankshaft (de motor).
cilia. f. cilium.// **ciliado, da.** 1. a. ciliate. 2. m. pl. Ciliata.
cilindrada. f. Mech. cylinder capacity.
cilindro. m. cylinder, roller.// cylindric (a.).
cima. f. summit.
cimarrón, na. a. L.A. runaway, wild.
cimbrar. i./tr. to swing, to vibrate.// **cimbreante.** a. swaying, swinging.
cimbronazo. m. violent shake.
cimentar. tr. to lay the foundation. // **cimiento.** m. 1. foundation. 2. fig. basis.
cinc. m. zinc.

cincel. m. chisel.// **cincelar.** tr. to chisel.
cincha. f. cinch, girth.// **cinchar.** tr. to cinch, to girth.
cincho. m. **1.** belt *(faja).* **2.** iron hoop *(zuncho).*
cinco. a./m. five.
cincuenta. a./m. fifty.
cine. m. **1.** cinema *(local).* **2.** movies *(arte).*// cinematography (f.).// cinematographic (a.).
cinético, ca. 1. a. kinetic. **2.** f. kinetics.
cínico, ca. 1. a. cynical. **2.** m./f. cynic.
cinismo. m. cynicism.
cinta. f. **1.** ribbon. **2.** film *(película).* **3.** tape *(tira).* **4.** band *(banda).*
cinto. m. belt.
cintura. f. waist, waistline.// **cinturón.** m. belt.
ciprés. m. cypress.
circo. m. circus.
circonio. m. zirconium.
circuito. m. circuit.
circulación. f. **1.** circulation. **2.** traffic *(tráfico).*// **circulante. 1.** a. circulating. **2.** m. currency.
circular. 1. a./f. circular. **2.** i./tr. to circulate.
circulatorio, ria. a. circulatory.
círculo. m. **1.** circle. **2.** club, group *(grupo).*
circuncidar. to circumcise.// circumcision (f.).// circumcised (a.).
circundante. a. sourronding, encircling.
circundar. tr. to sourrond, to encircle.
circunferencia. f. circumference.
circunflejo, ja. a. circumflex.
circunloquio. m. circumlocution.
circunscribir. tr. to circumscribe.
circunscripción. f. district.
circunspección. f. cirscumpection.// circumspect (a.).
circunstancia. f. circumstance.// circumstantial (a.).
circunvalación. f. circumvallation.
circunvolar. tr. to fly around.
cirio. m. wax candle.
cirro. m. cirrus.
ciruela. f. plum.// **ciruelo.** m. plum tree.
cirugía. f. surgery.// **cirujano, na.** m./f. surgeon.
cisma. m. schism.// **cismático, ca.** a. schismatic.
cisne. m. swan.
cisterna. f. cistern.
cita. f. **1.** appointment, date. **2.** quote *(referencia).*
citar. tr. **1.** to make an appointment or date. **2.** to quote *(referirse).* **3.** Law. to summon.
citatorio. m. Arg. summons.
cítrico, ca. 1. a. citric. **2.** m. pl. citrus fruit.
ciudad. f. city, town...
ciudadanía. f. **1.** citizenship *(derecho).* **2.** citizenry *(población).*// **ciudadano, da. 1.** a. civic, urban. **2.** m./f. citizen.
ciudadela. f. citadel.
cívico, ca. a. civic.
civil. 1. a. civil. **2.** m./f. civilian.// civility (a.).
civilización. f. civilization.// civilizated (a.).
civilizar. tr. to civilize.
civismo. m. civic spirit.
cizaña. f. **1.** weed. **2.** fig. *meter c.:* to cause trouble.
clamar. tr. **1.** to cry out. **2.** fig. to demand.

clamor. m. outcry, clamor.// clamorous (a.).
clan. m. clan.
clandestinidad. f. clandestinity.// clandestine (a.).
clara. f. egg white.
claraboya. f. skylight.
clarear. i./tr. to dawn.
claridad. f. **1.** clarity. **2.** clearness *(nitidez).* **3.** lightness *(luz).*
clarificar. tr. to clarify.// clarification (f.).
clarín. m. bugle.
clarinete. m. clarinet.// clarinetist (m./f.).
clarividencia. f. clairvoyance.// **clarividente.** a./m./f. clairvoyant.
claro, ra. a. **1.** clear. **2.** bright *(luminoso).* **3.** light *(color).* **4.** intelligible *(entendible).* **5.** evident *(evidente).* **6.** adv. clearly. **7.** m. clearing *(espacio)*; gap *(abertura).* **8.** ¡claro!: of course!
clase. f. **1.** class. **2.** lesson *(lección).* **3.** classroom *(aula).* **4.** de c.: of distinction.
clásico, ca. a./m./f. classic.
clasificar. 1. tr. to classify. **2.** i./ref. to qualify.// classification (f.).// classificatory (a.).
claudicación. f. claudication, back down.
claudicar. i. to back down.
claustro. m. **1.** cloister. **2.** faculty *(cuerpo docente).*
cláusula. f. clause.
clausura. f. **1.** closing *(cierre).* **2.** monastic life.
clausurar. tr. **1.** to close. **2.** to bring a close *(un acto).*
clavar. tr. **1.** to nail. **2.** to fix *(la vista).* **3.** fig. to cheat *(engañar).*
clave. f. **1.** code *(cifra).* **2.** key *(de un tema).* **3.** Mus. clef. **4.** m. clavichord.
clavel. m. carnation.
clavicordio. m. clavichord.
clavícula. f. collar bone.
clavija. f. **1.** peg, pin. **2.** apretar las c.: to put the screws on.
clavo. m. **1.** nail. **2.** Bot. clove. **3.** dar en el c.: to hit the nail on the head.
clemencia. f. mercy.// **clemente.** a. merciful.
cleptomanía. f. kleptomania.// kleptomaniac (a.).
clerecía. f. clergy.// **clerical.** a. clerical.
clérigo. m. clergyman.// **clero.** m. clergy.
cliente. m./f. client, customer.// **clientela.** f. clientele, customers.
clima. m. climate.// climatic (a.).
climatizar. tr. to air-condition.
climax. m. climax.
clínico, ca. 1. a. clinical. **2.** m. clinical, physician. **3.** f. clinic.
clisé. m. cliché.
cloaca. f. sewer.
clon. m. clone.
cloro. m. chlorine.
clorofila. f. chlorophyll.
cloroformo. m. chloroform.
club. m. club.
coacción. f. coercion.// **coaccionar.** tr. to force, to coerce.
coagular. tr./ref. to coagulate, to curdle *(leche).*
coágulo. m. clot.

coalición. f. coalition.
coartada. f. alibi.
coartar. tr. to limit, to restrict.
cobalto. m. cobalt.
cobarde. 1. a. cowardly. 2. m./f. coward.//
  cobardía. f. cowardice.
cobayo. m. Guinea pig.
cobertizo. m. 1. shed (barraca). 2. garage.
cobertor. m. bedspread, blanket.
cobertura. f. 1. covering (cubierta). 2. coverage
  (TV).
cobija. f. 1. L.A. blanket. 2. pl. bedclothes.
cobijar. tr. 1. to cover. 2. to shelter (proteger).
cobra. f. cobra.
cobrador, ra. m./f. bill or tax collector.
cobranza. f. collection, cashing.
cobrar. tr. 1. to collect. 2. to cash (un cheque). 3.
  to get (fama). 4. to take (ánimo o corage).
cobre. m. 1. copper. 2. pl. Mus. brass.
cocaína. f. cocaine.
cocción. f. cooking, baking (en horno).
cóccis. m. coccyx.
cocer. tr. 1. to cook. 2. to bake (en horno).
coche. m. 1. carriage (carruaje). 2. car (auto,
  vagón).// cochera. f. garage.// cochero. m.
  coach man.
cochinada. f. dirt or filth trick.
cochino, na. a. 1. filthy (sucio). 2. rotten (ruin). 3.
  m./f. pig.
cociente. m. quotient.
cocimiento. f. 1. cooking. 2. baking (en horno).
cocina. f. 1. kitchen (cuarto). 2. stove (aparato). 3.
  cooking (acción).
cocinar. i./tr. to cook.// cocinero, ra. m./f. cook.
coco. m. coconut.
cocodrilo. m. crocodile.
cocotero. m. coconut palm.
cóctel. m. cocktail.// coctelera. f. cocktail shaker.
codazo. m. jab, poke.
codear. 1. i. to elbow. 2. ref. to rub elbows with.
codicia. f. greed.
codiciar. tr. to covet, to desire.// codicioso, sa.
  a./m./f. covetous, greedy.
codificar. tr. 1. to encode. 2. Law. to codify.//
  codification (f.).// codifying (a.).
código. m. code.
codo. m. 1. elbow. 2. Mech. angle.
codorniz. f. quail.
coeficiente. m. coefficient.
coerción. f. coercion.// coercitivo, va. a. coer-
  cive.
coexistencia. f. coexistence.// coexistent (a.).
coexistir. i. to coexist.
cofia. f. coif, bonnet.
cófrade. m./f. member.// cofradía. f. brotherhood (de hombres); sisterhood (de mujeres).
cofre. m. chest, coffer, box (caja).
coger. tr. 1. to grab, to grasp (agarrar). 2. to gather up (recoger). 3. to pick (fruta). 4. Arg. fig. to
  fuck.
cogote. f. nape.// cogotudo, da. a. 1. bull-
  necked. 2. wealthy or influential person.
cohabitar. i. to cohabit.// cohabitation (f.).
cohecho. m. bribery.

coherencia. f. coherence.// coherent (a.).
cohesión. f. cohesion.// cohesive (a.).
cohete. m. rocket.// cohetería. f. rocketry.
cohibir. 1. tr. to inhibit. 2. ref. to be inhibited.
cohorte. f. cohort.
coima. f. Amer. bribe, payola.
coincidencia. f. coincidence.// coincident (a.).
coincidir. i. 1. to coincide. 2. to agree (acordar).
cojear. i. to limp.
cojera. f. limp, lameness.
cojín. m. cushion.
cojinete. m. Mech. bearing.
cojo, ja. a. lame, crippled.
cojones. m. pl. fig. balls, testicles.
col. f. cabbage.
cola. f. 1. tail (de animal, vehículo). 2. queue (fila).
  3. glue (pegamento). 4. a la c.: last. 5. hacer c.:
  to line up. 6. traer c.: to bring consequences.
colaboración. f. 1. collaboration. 2. contribution
  (con un diario).// colaborador, ra. 1. a. collabo-
  rating. 2. m./f. collaborator; contributor (con un
  diario).
colaborar. i. 1. to collaborate. 2. to contribute
  (con un diario).
colado, da. 1. a. cast. 2. m./f. Arg. fig. slipped. 3.
  f. wash (lavado). 4. f. Metal. tap.
colador. m. strainer.
colapaso. m. collapse.
colar. tr. 1. to strain. 2. Metal. to cast iron. 3. ref.
  fig. to slip in, to sneak in.
colateral. a. collateral.
colcha. f. bedspread.
colchón. m. mattres.// colchoneta. f. light mattres.
colección. f. collection.
coleccionar. tr. to collect.// coleccionista. m./f.
  collector.
colecta. f. 1. collection. 2. charity drive (de caridad).
colectividad. f. community.
colectivismo. m. collectivism.// collectivist
  (m./f.).
colectivo, va. 1. a. collective. 2. m. bus (transporte).
colector, ra. 1. a. collector. 2. m. main sewer.
colega. m./f. colleague.
colegial. 1. a. school. 2. m./f. pupil.
colegio. m. 1. college. 2. high-school (secundaria).
colegir. tr. to infer.
cólera. 1. f. anger. 2. m. cholera.// colérico, ca. a.
  angry.
colgante. 1. a. hanging. 2. puente c.: suspension
  bridge. 3. m. pendant (pendiente).
colgar. 1. i./tr. to hang. 2. i. to be suspended.
colibrí. m. hummingbird.
cólico. m. colic.
coliflor. m. cauliflower.
colina. f. hill.
colindante. a. adjacent, adjoining.
colirio. m. eye drops, eyewash.
coliseo. m. coliseum.
colisión. f. collision.
collar. m. 1. necklace. 2. collar (para animales).

colmar. tr. **1.** to fill up *(llenar).* **2.** to fulfill *(satisfacer).*
colmena. f. beehive.
colmillo. m. eyetooth.
colmo. m. **1.** overflow. **2.** *¡es el c.!:* it's the limit! **3.** *para c. de males:* to make things worse.
colocación. f. **1.** placing *(acción).* **2.** place *(lugar).* **3.** job, position *(empleo).* **4.** investment *(inversión).*
colocar. tr. **1.** to place. **2.** to invest *(invertir).*
colofón. m. colophon.
colombiano, na. a./m./f. Colombian.
colon. m. colon.
colonia. f. **1.** colony. **2.** cologne *(perfume).// colonial (a.).// colonialism (m.).*
colonizar. tr. to colonize, to settle.// colonization (f.).
colono. m. **1.** settler. **2.** tenant farmer *(agricultor).*
color. m. color.// **coloración.** f. coloring.
colorado, da. 1. a. colored, red. **2.** m. red.
colorante. 1. a. coloring. **2.** m. colorant.
colorear. tr. to color.// **colorido, da.** (a.). coloring.
colosal. a. colossal.// **coloso.** m. colossus.
columna. f. column.// columnist (m./f.).
columpiar. i./ref. to swing.// **columpio.** m. swing.
coma. f. **1.** comma *(signo).* **2.** *Med.* coma.
comadre. f. **1.** midwife *(partera).* **2.** godmother.
comandancia. f. **1.** command *(grado).* **2.** headquarters *(edificio).// comandante.* m. commander, commandant.
comandar. tr. to command, to lead.// **comando.** m. **1.** command *(mando).* **2.** commando *(soldado).* **3.** control *(de un aparato).*
comarca. f. region, district.
comba. f. bend, curve.
combar. tr./ref. to bend, to curve.
combate. m. combat, battle.// **combatiente. 1.** a. fighting. **2.** m./f. combatant, fighter.
combatir. 1. i. to battle. **2.** tr./ref. to fight, to struggle.
combinar. tr./ref. to combine.// combination (f.).
combustible. 1. a. combustible. **2.** m. fuel.
combustión. f. combustion.
comedia. f. comedy.// **comediante.** m. actor, f. actress.
comedor. m. dining room.
comensal. m./f. dinner guest.
comentar. tr. to comment.// **comentario.** m. commentary.// **comentarista.** m./f. commentator.
comenzar. i./tr. to begin, to start.
comer. tr. **1.** to eat. **2.** to corrode *(corroer).* **3.** to take *(en un juego).* **4.** *dar de c.:* to feed.
comercial. 1. a. commercial. **2.** *centro c.:* shopping center. **3.** m. advertisement *(propaganda).*
comerciante. m./f. **1.** merchant, trader, shopkeeper. **2.** businessman.
comerciar. i. to trade, to deal.
comercio. m. **1.** business *(negocios).* **2.** trade *(intercambio).* **3.** store, shop *(tienda).* **4.** *c. exterior:* foreign trade.
comestible. 1. a. edible. **2.** m. food *(alimentos).*

3. m. pl. provision *(provisiones).*
cometa. m. **1.** comet. **2.** kite *(barrilete).*
cometer. tr. **1.** to commit *(crimen).* **2.** to make *(error).*
cometido. m. assignment.
comezón. f. itch, itching.
comicidad. f. comicalness, funniness.
comicio. m. elections.
cómico, ca. 1. a. comical, funny. **2.** m./f. comic actor or actress.
comida. f. **1.** food. **2.** lunch, dinner.
comidilla. f. common talk.
comienzo. m. **1.** begin, start. **2.** *al c.:* at first.
comilón, na. 1. m./f. glutton. **2.** f. big meal, feast.
comillas. f. pl. **1.** quotation marks. **2.** *entre c.:* in quotes.
comino. m. **1.** cumin. **2.** *no importar un c.:* not to give a damn. **2.** *no valer un c.:* to be worthless.
comisaría. f. **1.** commisariat *(cargo).* **2.** police station *(edificio).// comisario.* **1.** commissioner. **2.** police chief *(jefe de policía).*
comisión. f. **1.** commission. **2.** committee *(comité).*
comisionar. tr. to commission.
comisionista. m./f. commission agent.
comité. m. committee.
comitiva. f. retinue.
como. adv. **1.** as *(lo mismo que).* **2.** like *(similar a).* **3.** how *(¿cómo?).* **4.** why *(¿por qué?).* **5.** conj. as, since *(puesto que).* **6.** conj. if *(si).* **7.** *c. quien dice:* so to speak. **8.** *c. quiera que:* however. **9.** *c. sea:* one way or the other. **10.** *c. si:* as if. **11.** *¡c. no!:* of course!
comodidad. f. **1.** comfort. **2.** convenience.
comodín. m. joker, wild card.
cómodo, da. a. **1.** comfortable, convenient. **2.** f. chest of drawers.
comodoro. m. commodore.
compactar. tr. **1.** to compact.// compact (a.).
compadecer. tr./ref. to feel sorry for.
compadre. m. **1.** godfather *(padrino).* **2.** fig. pal.
compañero, ra. m./f. **1.** companion. **2.** comrade *(camarada).* **3.** mate *(pareja).* **4.** classmate *(de clase).*
compañía. f. company.
comparar. tr. to compare.// comparision (f.).// comparative (a.).
comparecer. i. to appear.
comparsa. f. masquerade.
compartimiento. m. compartment.
compartir. tr. **1.** to divide up. **2.** to share *(participar).*
compás. m. **1.** compass. **2.** *Mus.* rhythm, time.
compasión. f. compassion.// compassionate (a.).
compatible. a. compatible.
compatriota. m./f. compatriot, fellow-citizen.
compendiar. tr. **1.** to summarize, to abridge.// **compendio.** m. summary, abridgment.
compensar. tr. to compensate.// compensation (f.).
competencia. f. **1.** competition. **2.** competence *(aptitud).* **3.** *Law.* jurisdiction.// **competente.** a. competent.// **competición.** f. competition.// **competidor, ra. 1.** a. competing. **2.** m./f. competitor.

ompetir. i. **1.** to compete *(contender)*. **2.** to be on a par *(igualar)*.// competitive (a.).

compinche. m./f. **1.** pal *(amigo)*. **2.** accomplice.

complacer. **1.** tr. to please, to satisfy. **2.** ref. to delight in.// **complaciente.** a. **1.** complasiant *(obsequioso)*. **2.** satisfied *(satisfecho)*.

complejidad. f. complexity.// **complejo, ja. 1.** a. complicated. **2.** m. complex.

complementar. tr./ref. to complement.// complementary (a.).// complement (m.).

completar. tr. **1.** to complete. **2.** to finish *(terminar)*.// **completo, ta. 1.** a. complete. **2.** finished *(terminado)*. **3.** por c.: entirely.

complexión. f. complexion, constitution.

complicar. tr. to complicate.// complication (f.).

cómplice. m./f. accomplice.// complicity (f.).

complot. m. plot, conspiracy.

componente. a./m. component.

componer. tr. **1.** to compose *(ser parte)*. **2.** to fix *(reparar)*. **3.** to reconcile *(reconciliar)*. **4.** to create *(música)*. **5.** ref. to be composed.

comportamiento. m. behavior, conduct.

comportar. **1.** tr. to cause. **2.** ref. to behave.

composición. f. composition.

compositor, ra. m./f. composer.

compostura. f. **1.** repair *(reparación)*. **2.** neatness *(aseo)*. **3.** composure *(calma)*.

compota. f. compote, stewed fruit..

compra. f. **1.** purchasing *(acción)*. **2.** purchasing *(objetos)*. **3.** pl. shopping. **4.** hacer c.: to shop.

comprador, ra. 1. a. purchasing. **2.** m./f. purchaser.

comprar. tr. to buy, to purchase.

comprender. tr. **1.** to understand *(entender)*. **2.** to include *(incluir)*.// **comprensible.** a. understandable.// **comprensión.** f. understanding.

compresa. f. compress.

compresión. f. compression.// **compresor, ra. 1.** a. compressing. **2.** m. compressor.

comprimido, da. 1. a. compressed. **2.** f. tablet.

comprimir. tr. to compress.

comprobación. f. verification, proof.// **comprobante.** m. **1.** proof *(prueba)*. **2.** voucher *(boleta)*.

comprobar. tr. **1.** to check. **2.** to prove *(probar)*.

comprometer. tr. **1.** to compromise. **2.** to implicate *(implicar)*. **3.** to endanger *(arriesgar)*. **4.** ref. to commit oneself *(prometer)*; to get engaged *(novios)*.

compromiso. m. **1.** commitment *(promesa)*. **2.** obligation *(obligación)*. **3.** engagement *(novios)*. **4.** appointment, date *(cita)*.

compuerta. f. **1.** flood gate *(exclusa)*. **2.** hatch *(puerta)*.

compuesto, ta. 1. a./m. compound *(múltiple)*. **2.** a. repaired *(reparado)*. **3.** a. calm *(calmo)*.

compulsión. f. compulsion.// compulsive (a.).

compungir. ref. to feel compunction.

computación. f. computation, calculation.// **computador, ra.** m./f. computer.

computar. tr. to compute, to calculate.// **cómputo.** m. calculation, count.

común. a. **1.** common. **2.** usual *(usual)*. **3.** shared *(compartido)*. **4.** m. general public.

comuna. f. commune.// communal (a.).

comunicación. f. communication.// **comunicado.** m. **1.** communiqué. **2.** press release *(de prensa)*.

comunicar. **1.** i. to join *(unir)*. **2.** i./tr./ref. to communicate.// communicative (a.).

comunidad. f. community.

comunión. f. communion.

comunismo. m. communism.// communist (m./f.).

con. prep. **1.** with. **2.** c. que: so that. **3.** c. tal que: provided that. **4.** c. todo: nevertheless.

concavidad. f. **1.** hollowness *(cualidad)*. **2.** hollow *(hueco)*.// **cóncavo, va.** a. concave, hollow.

concebir. 1. i./tr. to conceive *(engendrar)*. **2.** tr. to imagine *(imaginar)*.// conceivable (a.).

conceder. tr. **1.** to grant *(conceder)*. **2.** to concede *(admitir)*.

concejal. m./f. town councillor.

concejo. m. municipal council.

concentrar. tr./ref. to concentrate.// concentrated (a.).// concentration (f.).// concentric (a.).

concepción. f. conception.

concepto. m. **1.** concept. **2.** opinion *(opinión)*.

concernir. tr. to concerne.// concerning (a.).

concertar. 1. tr. to arrange, to coordinate. **2.** i. to agree.

concertista. m./f. concert, performer, soloist.

concesión. f. concession.// concessionaire (m./f.).

concha. f. **1.** shell. **2.** L.A. fig. cunt.

conciencia. f. **1.** conscience. **2.** awareness *(conocimiento)*.// conscientious (a.).

concierto. m. **1.** concert. **2.** agreement *(acuerdo)*.

conciliar. tr. **1.** to conciliate. **2.** c. el sueño: to get sleep.// conciliation (f.).// concilliatory (a.).

conclave. m. conclave.

concluir. tr. **1.** to conclude. **2.** to deduce *(deducir)*. **3.** c. por: to end up.// **conclusión.** f. **1.** conclusion, end *(final)*. **2.** deduction *(deducción)*.// conclusive (a.).

concordancia. f. **1.** concordance. **2.** agreement.

concordar. 1. tr. to be in agreement. **2.** i. to agree.// **concordato.** m. concordat.// **concordia.** f. **1.** concord. **2.** agreement *(acuerdo)*.

concretar. tr. **1.** to specify *(precisar)*. **2.** to summarize (resumir). **3.** ref. to confine oneself to *(remitirse)*. **4.** ref. to take shape *(tomar forma)*.// **concreto, ta.** a. **1.** concret, specific. **2.** en c.: in short.

concubina. f. concubine.// **concubinato.** m. common-law marriage.

concurrencia. f. **1.** concurrence *(coincidencia)*. **2.** audience *(audiencia)*.// **concurrente. 1.** a. coinciding *(coincidente)*. **2.** m./f. person attending.

concurrir. i. **1.** to coincide *(coincidir)*. **2.** to attend *(asistir)*. **3.** to converge *(converger)*.

concurso. m. **1.** competition, contest. **2.** fuera de c.: out of running.// **concursante.** m./f. contestant, competitor.

condado. m. county.

conde. m. count, earl.

condecorar. tr. to decorate with medal.

condena. f. **1.** sentence. **2.** conviction *(fallo)*. **3.** censure *(censura)*.

condenar. tr 1. to convict. 2. to censure (censurar).

condensación. f. condensation.// condenser (m.).

condensar. tr. to condense.

condesa. f. countess.

condescender. tr. to acquiesce.// **condescendencia.** f. acquiescence.// **condescendiente.** a. complaisant, obliging.

condición. f. 1. condition. 2. state (estado). 3. stipulation (requisito). 4. pl. talent. // conditional (a.).

condimentar. tr. to season.// **condimento.** m. condiment, seasoning.

condiscípulo, la. a. classmate, fellow student.

condolencia. f. condolence.

condolerse. fig. to sympathize with, to condole.

condonar. tr. to pardon.

condón. m. condom.

cóndor. m. condor.

conducción. f. 1. transportation (transporte). 2. driving (auto). 3. leading (liderazgo).

conducir. i./tr. 1. to lead (guiar). 2. to manage (dirigir). 3. to drive (auto). 4. ref. to behave (comportarse).

conducta. f. behavior.

conducto. m. 1. conduit, pipe. 2. Anat. duct, tract. 3. por c. de: through, by mean of.

conductor, ra. 1. a. conducting, conductive. 2. m./f. driver (de auto); conductor (de electricidad).

conectar. tr. 1. to connect. 2. to plug in (enchufar).

conejo, ja. m. rabbit, f. doe rabbit.

conexión. f. connection.// connected (a.).

confabulación. f. plot.// plotter (m./f.).

confabular. tr./ref. to plot.

confección. f. 1. manufacture (fabricación). 2. dress making (de ropa). 3. ready-made dress (ropa hecha).

confeccionar. tr. to make, to manufacture.

confederación. f. confederation.// confederated (a.).

confederar. tr./ref. to confederate.

conferencia. f. 1. conference. 2. lecture (discurso).// **conferenciante.** m./f. lecturer, speaker.

conferenciar. i. to confer.

confesar. tr./ref. to confess// **confesión.** f. confession.// **confesionario.** m. confession box.// **confeso, sa.** a. self-confessed.// **confesor.** m. confessor.

confiabilidad. f. reliability.// **confiable.** a. reliable.

confiado, da. a. 1. confident (en sí mismo). 2. trusting (en otros). 3. gullible (crédulo).

confianza. f. 1. confidence. 2. self-reliance (en sí mismo). 3. closeness (familiaridad). 4. de c.: reliable (confiable). 5. en c.: confidentially.

confiar. i./ tr. 1. to trust (creer). 2. to entrust (encargar). 3. to confide (un secreto).

confidencia. f. confidence.// confidential (a.).// confidant (m./f.).

configurar. tr. to form, to shape.

confín. m. border, boundary.

confinar. 1. i. to border. 2. tr. to confine (encar-

celar). 3. tr. to exile (desterrar).// confinemen (m.).

confirmar. tr. to confirm.// confirmation (f.).

confiscar. tr. to confiscate.// confiscation (f.).

confite. m. candy, sweet.// **confitería.** f. 1. candy shop. 2. Amer. tearoom.// **confitura.** f. confiture

conflagración. f. conflagration.

conflicto. m. conflict.// conflictive (a.).

confluencia. f. confluence.

confluir. i. to converge.

conformar. tr. 1. to shape (dar forma). 2. t adjust. 3. i. to agree (aprobar). 4. ref. to resig oneself.

conforme. a. 1. in agreement (satisfecho). 2 resigned (resignado). 3. adv. in accordance wit (de acuerdo a). 4. m. approval. 5. ¡c.!: O.K./, **conformidad.** f. 1. agreement (acuerdo). 2. res ignation.

confort. m. comfort.// comfortable (a.).

confortar. f. 1. to comfort. 2. to console (conso lar).

confraternizar. tr. to fraternize.// confraternity (f.).

confrontar. tr. 1. to confront. 2. to compare (comparar).// confrontation (f.).

confundir. tr. 1. to confuse. 2. to mix up (desor denar). 3. to mistake (equivocarse).// confusio (f.).// confused (a.).

congelador, ra. m./f. freezer.// **congelamiento** m. freezing.

congelar. tr. to freeze.

congeniar. i. to get along.

congénito, ta. a. congenital.

conglomerar. tr. to conglomerate.// conglomer ate (a./m.).// conglomeration (f.).

congoja. f. anguish.

congraciarse. ref. to ingratiate.

congratular. tr. to congratulate.// congratulatior (f.).

congregar. tr./ref. to congregate.// congregation (f.)

congresal. m. congressman, f. congresswoman.

congreso. m. congress.

congruencia. f. congruence.// congruent (a.).

cónico, ca. a. conical, conic.

coníferas. f. pl. Coniferae.

conjetura. f. conjecture, guess.

conjeturar. tr. to conjecture, to guess.

conjugar. tr. to conjugate.// conjugation (f.).

conjunción. f. conjunction.

conjunto, ta. a. 1. joint. 2. de c.: general. 3. er c.: as a whole.// m. 1. whole (totalidad). 2. Math set. 3. Mech. unit. 4. Mus. band. 5. outfit (ropa).

conjurar. 1. i./ref. to conspire. 2. tr. to exorcise.

conjuro. m. incantation, exorcism.

conmemorar. tr. to commemorate.// commemoration (f.).

conmigo. pron. 1. with me. 2. c. mismo: with myself.

conminar. tr. to menace.

conmoción. f. 1. commotion. 2. upheaval (tumulto).

conmovedor, ra. a. moving, touching.

conmover. tr. 1. to move, to touch. 2. to shake (sacudir). 3. ref. to be moved or touched.

conmutador, ra. 1. a. commuting. **2.** m. switch.
conmutar. tr. **1.** to exchange. **2.** *Law.* to commute.
connivencia. f. connivance.
connotar. tr. to connote.// connotation (f.).
cono. m. cone.
conocedor, ra. 1. a. knowing. **2.** m./f. connoiseur.
conocer. tr. **1.** to know *(saber).* **2.** to meet *(personas).*// **conocido, da. 1.** a. well-known. **2.** m./f. acquaintance.
conocimiento. m. **1.** knowledge. **2.** *Med.* consciousness.
conque. conj. so, then.
conquista. f. **1.** conquest.// **conquistador, ra. 1.** a. conquering. **2.** m./f. conqueror.
conquistar. tr. **1.** to conquer.
consabido, da. a. usual.
consagrar. 1. *Rel.* tr. to consecrate. **2.** ref. to devote *(dedicarse).* **3.** ref. fig. to become famous.// consecration (f.).
consanguíneo, a. a. consanguineous.// **consanguinidad.** f. blood relationship.
consciente. a. **1.** *Med.* conscious. **2.** conscientious.
conscripción. m. conscription.// conscript (m.)
consecuencia. f. **1.** consequence. **2.** deduction.// consequent (a./m./f.).// consecutive (a.).
conseguir. tr. to obtain, to get.
consejero, ra. m./f. counselor.
consejo. m. advice.
consenso. m. consensus.
consentido, da. a. spoiled, pampered.
consentimiento. m. consent.
consentir. tr. **1.** to consent *(autorizar).* **2.** to spoil *(mimar).* **3.** to allow *(permitir).*
conserje. m. concierge, porter.
conserva. f. preserve, preserved food.
conservación. f. conservation.
conservador, ra. a. **1.** conserving. **2.** *Pol.* conservative. **3.** m. conservator *(oficio).* **4.** m. *Pol.* conservative.
conservar. tr. **1.** to conserve. **2.** to keep *(mantener).*
conservatorio. m. conservatory.
considerar. tr. to consider.// considerable (a.).// consideration (f.).// considerate (a).
considerando. *Law.* whereas.
consigna. f. password, orders.
consignar. tr. to consigne.// **consignación.** f. consignment.// **consignatario.** m. consignee.
consigo. pron. with him (m.), her (f.), them (pl.).
consiguiente. a. **1.** consequent. **2.** *por c.:* consequently.
consistencia. f. consistency.// consistent (a.).
consistir. i. to consist.
consola. f. console.
consolar. tr./ref. to console.// consolation (f.).
consolidar. tr./ref. to consolidate.// consolidation (f.).
consonancia. f. consonance.// consonant (a./m./f.).
consorcio. m. consortium.
consorte. m./f. consort.

conspiración. f. conspiracy.// conspirator (m./f.)
conspirar. i. to conspire.
constancia. tr. **1.** perseverance. **2.** record *(registro).* **3.** proof *(prueba).*// **constante. 1.** a./m./f. constant. **2.** a. persevering *(perseverante).*
constar. i. **1.** to be clear *(ser claro).* **2.** to be on record *(registrar).* **3.** to consist *(consistir).* **4.** c. *que:* let it be clearly known that.
constatar. tr. to verify.// **constatación.** f. verification.
constelación. f. constellation.
consternar. tr. to consternate.// consternation (f.).
constitución. f. constitution.// constitutional (a.).
constituir. tr. **1.** to constitute. **2.** to establish *(fundar).* **3.** ref. to be established.// **constitutivo, va.** a. component.
construcción. f. **1.** construction. **2.** building *(edificio).*
constructivo, va. a. constructive.
constructor, ra. 1. a. construction. **2.** m./f. constructor.
construir. tr. to construct, to build.
consuelo. m. consolation.
cónsul. m. consul.// consulate (m.).
consulta. f. consultation, advice.
consultar. i./tr. **1.** to consult. **2.** to get advice. **3.** to look up *(diccionario).* **4.** c. *con la almohada:* to sleep on it.// **consultivo, va.** a. consultative, advisory.// **consultor, ra. 1.** a. advisory. **2.** m./f. advisor, counselor.
consultorio. m. doctor's office.
consumación. f. **1.** consummation. **2.** end *(fin).*
consumado, da. 1. a. consummate. **2.** *hecho c.:* accomplished fact.
consumar. tr. to consummate.
consumición. f. consumption.// **consumidor, ra. 1.** a. consuming. **2.** m. consumer.
consumir. tr. **1.** to consume. **2.** to use up *(desgastar).* **3.** ref. to be consumed.// **consumo.** m. **1.** consumption. **2.** *bienes de c.:* consumer goods.
contabilidad. f. **1.** accounting *(acción).* **2.** accountancy *(profesión).*
contabilizar. tr. to enter, to record.// **contable. 1.** a. countable. **2.** m./f. acountant, bookkeeper.
contacto. m. **1.** contact. **2.** *en c.:* in touch.
contado. 1. a. rare. **2.** a. pl. numbered. **3.** *al c.:* cash.
contador, ra. 1. m./f. accountant. **3.** m. counting device, meter.// **contaduría.** f. accounting office.
contagiar. tr. **1.** to give a disease. **2.** ref. to get a disease. **2.** fig. to transmit.// contagion (m.).// contagious (a.).
contaminación. f. **1.** contamination. **2.** pollution.
contaminar. tr. **1.** to contaminate. **2.** to pollute.
contante. a. **1.** ready. **2.** *dinero c. y s.:* ready cash.
contar. i./tr. **1.** to count. **2.** to tell *(referir).* **3.** c. *con:* to rely on *(confiar).*
contemplar. i./tr. to contemplate.// contemplation (f.).// contemplative (a.).
contempóraneo, a. a./m./f. contemporary.
contención. f. **1.** containment. **2.** *Law.* dispute.
contencioso, sa. a. contentious.

contender. i. **1.** to contend. **2.** to dispute.// **contendiente. 1.** a. contending. **2.** m./f. contender *(en juicio),* competitor *(en deporte).*

contener. 1. tr./ref. to contain. **2.** to restrain *(restringir).*// **contenido, da. 1.** a. contained. **2.** m. contents.

contentar. 1. tr. to content. **2.** ref. to be content.

contento, ta. a. **1.** happy *(feliz).***2.** satisfied *(satisfecho).*

contestación. f. answer.// **contestar.** i./tr. to answer.

contexto. m. context.

contextura. f. **1.** composition, estructure. **2.** fig. build.

contienda. f. **1.** battle. **2.** *Law.* dispute.

contigo. pron. **1.** with you. **2.** *c. mismo:* with yourself.

contiguo, gua. a. adjacent.

continente. a./m. continent.// continental (a.).

contingencia. f. contingency.// contingent (a.).

continuación. f. continuation.// **continuar.** i./tr. to continue.// continuity (f.).// **continuo, nua. 1.** a. continuous. **2.** *de c.:* continually. **3.** m. continuum.

contorno. m. **1.** outline. **2.** perimeter. **3.** pl. environs.

contorsión. f. contortion.// contortionist (m./f.).

contra. 1. prep. against. **2.** f. *L.A.* opposition.

contraatacar. i. to counterattack.// counterattack (m.).

contrabajo. m. double bass.

contrabandear. i. to smuggle.// **contrabandista.** m./f. smuggler.// **contrabando.** m. **1.** contraband *(mercancía).* **2.** smuggling *(acción).*

contracción. f. contraction.

contractual. a. contractual.

contradanza. f. country dance.

contradecir. tr./ref. to contradict.// contradiction (f.).// contradictory (a.).

contraer. tr. **1.** to contract. **2.** to incur *(deudas).* **3.** to catch *(enfermedades).* **4.** to get married *(matrimonio).*

contrafuerte. m. **1.** reinforcement *(refuerzo).* **2.** mountain ridge *(de montaña).*

contragolpe. m. counterblow.

contrahecho, cha. m./f. deformed, humpbacked.

contraindicar. tr. to contraindicate.// contraindicated (a.).// contraindication (f.).

contralor. m. comptroller.// comptrollership (f.).

contramaestre. m. **1.** foreman. **2.** *Mar.* boatswain.

contramano (a). adv. the wrong way.

contramarcha. f. **1.** countermarch. **2.** *Mech.* reverse gear.

contraorden. f. countermand.

contraparte. f. counterpart.

contrapelo (a). adv. against the grain.

contrapesar. tr. to counterbalance.// **contrapeso.** m. counterbalance, counterweight.

contraponer. tr. **1.** to oppose. **2.** to contrast *(comparar).*// **contraposición.** f. opposition, contrast.

contraproducente. a. counterproductive.

contrapunto. m. counterpoint.

contrariar. tr. **1.** to oppose. **2.** to contradict *(contradecir).* **3.** to vex *(enfadar).*

contrariedad. f. **1.** setback *(contratiempo).* **2.** vexation *(enojo).*

contrario, ria. 1. a. opposite,, adverse. **2.** adv. contrary. **3.** m. opponent, adversary.

contrarrestar. tr. to counteract.

contrarrevolución. f. counterrevolution.

contrasentido. m. nonsense.

contraseña. f. **1.** password *(palabra).* **2.** control ticket.

contrastar. 1. i. to contrast. **2.** tr. to verify.// **contraste.** m. **1.** contrast. **2.** opposition.

contratar. tr. **1.** to contract for. **2.** to hire *(emplear).*// contract (m.).// contractor (m./f.).

contratiempo. m. setback.

contravención. f. contravention, violation.// **contraventor, ra. 1.** a. violating. **2.** m./f. violator.

contravenir. i. to contravene, to violate a law.

contrayente. 1. a. contracting. **2.** m./f. contracting party *(de matrimonio).*

contribución. f. **1.** contribution. **2.** tax *(impuesto).*

contribuir. i./tr. to contribute.// **contribuyente. 1.** a. contributing. **2.** m./f. taxpayer.

contrición. f. contrition.// contrite (a.).

contrincante. m./f. rival, opponent.

control. m. **1.** control. **2.** check *(comprobación).* **3.** checkpoint *(lugar).*

controlar. tr. to control, to check.

controversia. f. controversy.// controvertible (a.).

controvertir. i. to controvert, to argue.

contumacia. f. obduracy.// **contumaz.** a. obdurate.

contundente. a. **1.** bruising. **2.** fig. conclusive.

contusión. f. bruise.// **contuso, sa.** a. bruised.

convalecer. i. to convalesce.// convalescence (f.).// convalescent (a./m./f.).

convalidar. tr. to confirm, to ratify.

convección. f. convection.

convencer. 1. tr. to convince. **2.** ref. to be convinced.// **convencimiento.** m. conviction.

convención. f. convention.// conventional (a.).

conveniencia. f. convenience.// convenient.

convenio. f. agreement, pact.

convenir. i. **1.** to agree *(pactar).* **2.** to be fiting *(venir bien).* **3.** to be advisable *(ser aconsejable).*

conventillo. m. *Arg.* tenement house.

convento. m. convent, monastery.

converger, convergir. i. to converge.// convergence (f.).// convergent (a.).

conversación. f. conversation, talk.// **conversador, ra.** a. talkative.

conversar. i. to converse, to talk.

conversión. f. conversion.// convert (m./f.).

convertir. tr. **1.** to convert *(convencer).* **2.** to change *(cambiar).*// convertible (a./m.).

convexo, xa. a. convex.

convicción. f. convicction.

convicto, ta. 1. a. convicted. **2.** m. convict.

convidado, da. m./f. guest.

convidar. tr. **1.** to invite *(invitar).* **2.** to offer *(ofrecer).*

convincente. a. convincing.
convivencia. f. living together, cohabitation.
convivir. tr. to live together, to cohabit.
convocar. tr. to convoke, to summon.// **convocatoria.** f. summons.
convoy. m. convoy.
convulsión. f. convulsion.// convulsive (a.).
conyugal. a. conjugal.
cónyuge. m./f. spouse, consort.
cooperar. i. to cooperate.// cooperation (f.).// cooperative (a./f.).
coordenada. f. coordenate.
copa. f. **1.** glass. **2.** glasfull (contenido). **3.** drink (trago). **4.** tree top (de árbol). **5.** Sp. cup.
copar. tr. **1.** to cover (la banca). **2.** fig. to sweep (barrer, ganar todo).
copartícipe. m./f. copartner.
copete. m. **1.** tuft (mechón). **2.** crest (cresta). **3.** top (parte alta). **4.** tener mucho c.: to be arrogant.
copia. f. copy, duplicate.
copiar. tr. **1.** to copy. **2.** to make a copy (hacer una c.).
copiloto. m. copilot.
copioso, sa. a. abundant.
copista. m./f. copyst.
copla. f. **1.** ballad (canción). **2.** verse (poema).
cópula. f. **1.** coupling (unión). **2.** copulation (coito). **3.** Gram. copula.// copulative (a.).
coquetear. i. to flirt.// **coqueteo.** flirtation.// **coquetería.** f. **1.** flirting (romance). **2.** coquetry (arreglo).// **coqueto, ta.** a. charming.
coraje. m. courage.
coral. **1.** a. choral. **2.** m. coral.
coraza. f. **1.** cuirass. **2.** armor plate (de un barco).
corazón. m. **1.** heart (órgano). **2.** core (centro).
corazonada. f. hunch.
corbata. f. tie, cravat.
corbeta. f. corvette.
corcel. m. steed.
corchea. f. eight note.
corchete. m. bracket.
corcho. m. cork.
cordel. m. cord, thin rope.
cordero. m. lamb.
cordial. a. cordial.// cordiality (f.).
cordillera. f. cordillera, chain of mountains.
cordón. m. **1.** cord (cuerda). **2.** cordon (policial). **3.** Arg. curb (de vereda). **4.** shoe laces (de zapato).
cordura. f. wisdom.
coreografía. f. choreography// choreographer (m./f.).
corista. f. **1.** chorus singer (canto). **2.** chorus girl (baile).
cornada. f. **1.** butt (golpe). **2.** goring (herida).
cornamenta. f. **1.** horns **2.** antlers (de ciervo).
córnea. f. cornea.
cornear. tr. **1.** to gore. **2.** fig. to cuckold (ser infiel).
córneo, a. a. horny.
corneta. f. bugle, cornet, horn.
cornisa. f. cornice.
cornudo, da. **1.** a. horned. **2.** m./f. fig. cuckold.
coro. m. **1.** chorus. **2.** a c.: in unison.

corola. f. corolla.
corolario. m. corollary.
corona. f. **1.** crown. **2.** wreath (de funeral). **3.** Astron. corona. **4.** Geom. annulus. **5.** crawn wheel (dentada).
coronación. f. coronation, crowning.
coronar. tr. to crown.
coronario, ria. a. coronary.
coronel. m. colonel.
coronilla. f. **1.** crown. **2.** estar hasta la c.: to be fed up.
corpiño. m. brassiere.
corporación. f. corporation.// corporative (a.).
corporal. a. corporal.// **córporeo, a.** a. corporeal.
corpulencia. f. corpulence.// corpulent (a.).
corral. m. yard, corral.
correa. tr. **1.** belt, strap. **2.** dog leash (de perro).
corrección. f. **1.** correction (ajuste). **2.** correctness (urbanidad). **3.** proofreading (de textos).// correct (a.).// **corrector, ra.** **1.** a. correcting, corrective. **2.** m./f. corrector; proofreader (de textos).
corredera. f. runner, groove.
corredizo, za. a. sliding, slip (nudo).
corredor, ra. m./f. **1.** runner (que corre). **2.** corridor (pasillo). **3.** agent, broker (agente de ventas).
corregir. tr. **1.** to correct. **2.** to proofread (textos).
correlación. f. correlation.// correlative (a.).
correligionario, ria. a. correligionist.
correo. m. **1.** mail, post. **2.** post office (oficina). **3.** courier (persona).
correr. i. **1.** to run. **2.** to race (carreras). **3.** to flow (las aguas). **4.** to stretch (calles). **5.** to pass (el tiempo). **6.** to persecute (perseguir). **7.** to slide (muebles). **8.** to draw (cortinas). **9.** to be valid (ser válido). **10.** ref. to get away, to go far. **11.** c. la voz: to pass the word. **12.** c. mundo: to see the world. **13.** c. peligro: to be in danger. **14.** c. por cuenta: to be responsible for.
correspondencia. f. **1.** relationship (relación). **2.** correspondence (cartas).
corresponder. tr. **1.** to correspond. **2.** to fit (ir bien). **3.** to return (reciprocidad). **4.** to fall (incumbir).// **correspondiente.** a. corresponding.
corretaje. m. brokerage.
corretear. tr. **1.** to run around. **2.** to do brokerage.
corrido, da. **1.** a. fig. experienced. **2.** f. run.
corriente. a. **1.** running (agua). **2.** current (actual). **3.** common, usual (usual). **4.** al c.: up-to-date.// f. **1.** current. **2.** fig. trend (tendencia).
corroborar. tr. to corroborate.// corroboration (f.).
corroer. tr. to corrode.
corromper. tr. **1.** to corrupt. **2.** to pervert (pervertir).
corrosión. f. corrosion.
corrupción. f. corruption.// corrupt (a.).// corrupter (m./f.).
corsé. m. corset.
cortador, ra. **1.** a. cutting. **2.** m./f. cutter.// **cortadura.** f. **1.** cutting (acción). **2.** cut (corte).// **cortante.** **1.** a. cutting, sharp. **2.** m. cutter.
cortaplumas. m. penknife.

cortar. tr. **1.** to cut, to shorten *(acortar)*. **2.** to cut off *(la luz, separar, interrumpir)*. **3.** to cut out *(un vestido)*. **4.** to cut down *(árboles)*. **5.** to cut short *(acortar)*. **6.** to discountinue *(discontinuar)*. **7.** ref. to curdle *(la leche)*. **8.** c. camino: to cut through. **9.** c. por lo sano: to take decisive action.

corte. m. **1.** cutting. **2.** edge *(filo)*. **3.** fit *(de ropa)*. **4.** piece *(de tela)* **4.** c. de pelo: haircut. **5.** f. court.

cortejar. tr. to woo, to court.

cortejo. m. **1.** courting *(galanteo)*. **2.** entourage *(séquito)*. **3.** cortege *(fúnebre)*.

cortés. a. corteous.// courtesy (f.).

cortesano, na. 1. a. court. **2.** m./f. courtier.

corteza. f **1.** bark *(de árbol)*. **2.** crust *(de pan)*.

cortina. f. **1.** curtain. **2.** fig. screen *(pantalla)*.

corto, ta. a. **1.** short. **2.** scarce *(escaso)*.

cosa. f. **1.** thing, something *(algo)*, anything, nothing *(en negación y pregunta)*. **2.** matter, business *(asunto)*. **3.** como c. tuya: as if it came from you. **4.** como quien no quiere la c.: offhandedly. **5.** como si tal c.: as if nothing had happened. **6.** c. seria: serious matter.

cosecha. f. **1.** harvest. **2.** harvest time *(temporada)*.

cosechar. i./tr. to harvest.

coseno. m. cosine.

coser. tr. to sew.

cosmético, ca. a./m. cosmetic.

cósmico, ca. a. cosmic.

cosmografía f. cosmography.// cosmographic (a.).

cosmonauta. m./f. cosmonaut.// cosmonautics (f.).

cosmopolita. a. cosmopolitan.

cosmos. m. cosmos.

cosquillas. f. pl. tickling.

cosquillear. tr. to tickle.// **cosquileo.** m. tickling.

costa. f. **1.** coast. **2.** cost *(costo)*.

costado. m. side, flanck.

costal. 1. a. costal. **2.** m. sack, bag.

costanero, ra. a. coastal.

costar. i. **1.** to cost. **2.** to be difficult. **3.** c. barato o caro: to be cheap or expensive. **4.** c. un ojo de la cara: to cost a fortune. **5.** c. creerlo: to be hard to believe it.

costarricense. a./m./f. Costa Rican.

costear. tr. **1.** to pay for. **2.** to hug *(bordear la costa)*.

costero, ra. a. coastal.

costilla. f. **1.** rib. **2.** cutlet *(chuleta)*. **3.** a c. de: at the expense of.

costo. m. cost.// **costoso, sa.** a. expensive.

costra. tr. **1.** crust. **2.** scab *(de una herida)*.

costumbre. f. custom.

costura. f. **1.** sewing *(acción)*. **2.** needlework *(trabajo)*.

costurero, ra. 1. a. sewing basket. **2.** f. sewstress.

cota. f. coat.

cotejar. tr. to comparate.// **cotejo.** m. comparision.

cotidiano, na. a. daily, everyday.

cotiledón. m. cotyledon.

cotizar. tr. to quote.// **cotización.** f. quotation.

coto. m. **1.** landmark *(terreno cerrado)*. **2.** preserve

(de caza). **3.** poner c.: to put stop.

cotorra. f. parrot.

covacha. f. **1.** small cave *(cueva)*. **2.** shack *(vivienda)*.

coyote. m. coyote.

coyuntura. f. **1.** Anat. joint. **2.** circumstance.

coz. f. kick.

cráneo. m. cranium, skull.// cranial (a.).

craso, sa. a. crass, gross.

cráter. m. crater.

creación. f. creation.// creator (m./f.).

crear. tr. **1.** to create. **2.** to found *(fundar)*. **3.** to invent *(inventar)*.// creative (a.).

crecer. i. **1.** to grow. **2.** to increase *(incrementar)*.

creces (con). f. pl. abundantly.

creciente. a. **1.** growing *(crece)*. **2.** increasing *(aumenta)*. **3.** cuarto c.: crescent moon. **4.** f. flood tide.

crecimiento. m. **1.** growth. **2.** increase *(aumento)*.

credencial. f. credential, carnet.

credibilidad. f. credibility.

crédito. m. **1.** credit. **2.** reputation.

credo. m. creed, credo.

credulidad. f. gullibility.// **crédulo, la.** a. gullible.

creencia. f. **1.** faith *(fe)*. **2.** belief *(convicción)*.

creer. tr. **1.** to believe. **2.** to trust *(confiar)*. **3.** to think *(pensar)*. **4.** ¡ya lo creo!: of course!

creíble. a. believable.

crema. f. **1.** cream. **2.** cold cream *(cosmética)*.

cremación. f. cremation.// crematory (m.).

cremallera. f. **1.** Mech. rack. **2.** zipper *(cierre)*.

crepúsculo. f. twilight.

crespo, pa. a. curly.

cresta. f. **1.** crest. **2.** summit *(cima)*. **3.** comb *(de animal)*.

cretino, na. m./f. cretin.// cretinism (m.).

creyente. 1. a. believing. **2.** m./f. believer.

cría. f. **1.** breeding *(acción)*. **2.** offspring *(animal)*. **3.** litter *(lechada)*.// **criadero.** m. breeding place.

criado, da. m. servant, f. maid.

criador, ra. m./f. breeder.

crianza. f. **1.** breeding *(animales)*. **2.** bringing up *(niños)*, manners *(educación)*.

criar. tr.**1.** to breed *(animales)*. **2.** to bring up *(niños)*.

criatura. f. **1.** creature *(creación)*. **2.** infant *(niño)*.

crimen. m. crime.// criminal (a./m./f.).

crin. f. horsehair.

crío. m. **1.** infant *(lactante)*. **2.** kid *(niño)*.

criollo, lla. a./m./f. creole.

cripta. f. crypt.

crisálida. f. chrysalis.

crisantemo. m. chrysanthemum.

crisis. f. **1.** crisis. **2.** shortage *(escasez)*. **3.** nervous breakdown *(nerviosa)*.

crisma. f. head.

crisol. m. crucible.

crispar. tr. **1.** to contract. **2.** fig. to irritate.

cristal. m. **1.** crystal *(material)*. **2.** glass *(vidrio)*.// **cristalería.** f. **1.** glassware *(objetos)*. **2.** glassware factory or shop *(fábrica o comercio)*.// **cristalino, na. 1.** a. crystaline *(de cristal)*. **2.** a. crystal clear *(diáfano)*. **3.** m. crystaline lens.

cristalizar. i./tr./ref. to crystallize.
cristiandad. f. Christendom.// **cristianismo.** m. Christianity.// **cristiano, na.** a./m./f. Christian.
criterio. m. 1. criterion. 2. judgment *(juicio)*. 3. opinion.
criticar. tr. to criticize.// **crítico, ca.** 1. a. carping *(persona)*. 2. a. critical *(situación)*. 3. m. critic, reviewer. 4. f. criticism *(análisis)*; review *(reseña)*.
croar. i. to croak.
cromático, ca. a. chromatic.// chromatism (m.).
cromo. m. chromium.
cromosoma. m. chromosome.// chromosomatic (a.).
crónico, ca. 1. a. chronic 2. f. chronicle *(historia)*. 3. f. article *(artículo)*.// chronicity (f.).
cronista. m./f. 1. chronicler *(historiador)*. 2. reporter.
cronógrafo. m. chronograph.
cronología. f. chronology.// chronologic (a.).
cronometrar. tr. to chronometer.// chronometer (m.).
croqueta. f. croquette.
croquis. m. sketch.
cruce. f. 1. crossing *(acción)*. 2. crossroad *(vial)*. 3. cross, hybrid *(cruza)*.
crucero. m. 1. cruiser. 2. cruising speed *(velocidad)*.
crucificar. tr. to crucify.// crucified (a.).// crucifix (m.).// crucifixion (f.).
crucigrama. f. crossword puzzle.
crudeza. f. 1. rawness *(estado)*. 2. roughness *(rudeza)*.// **crudo, da.** a. 1. raw *(comida)*. 2. green *(fruta)*. 3. rough *(rudo)*. 4. m. crude oil *(petróleo)*.
cruel. a. cruel.// cruelty (f.).
cruento, ta. a. bloody.
crujido. m. creak.
crujir. tr. to creak, to crack.
crústaceo, a. a./m. crustacean.
cruz. f. 1. cross. 2. crucifix. 3. *en c.:* cross-shaped.
cruza. f. crossbreeding *(de animales)*.
cruzado, da. a. 1. crossed. 2. hybrid.// m. crusader.// f. crosade.
cruzar. tr. 1. to cross. 2. to pass *(pasarse)*. 3. *c. palabras:* to have words. 3. *c. de brazos:* to do nothing.
cuaderno. m. notebook.
cuadra. f. 1. stable *(establo)*. 2. block *(de ciudad)*.
cuadrado. a./m. square.
cuadragésimo, ma. a. fortieth.
cuadrangular. a. quadrangular.// quadrangle (m.).
cuadrante. m. 1. quadrant. 2. dial *(de reloj)*.
cuadrar. 1. i. to fit *(calzar)*. 2. tr. to square. 3. ref. to stand firm.
cuadrícula. f. grid.// **cuadricular.** 1. a. squared. 2. tr. to square paper.
cuadrilátero. 1. a./m. quadrilateral. 2. m. box ring.
cuadrilla. f. crew of workers.
cuadro. m. 1. square *(cuadrado)*. 2. painting *(pintura)*. 3. scene *(teatro)*. 4. description *(descripción)*. 5. frame *(bastidor)*. 6. table *(tabla)*. 7. *a c.:* checkered.

cuadrúpedo. 1. a. quadrupedal. 2. m. quadruped.
cuadruplicar. tr. to quadruple.// quadruple (a./m.).// quadriplicate (a./m.).
cuajada. f. curd.
cuajar. tr./ref. 1. to coagulate. 2. to curdle *(leche)*. 3. i. fig. to turn out well *(tener éxito)*.
cuajo. m. 1. rennet. 2. *de c.:* by the roots.
cual. 1. rel. pron./int. pron. which. 2. *c. cual:* each one. 3. *el c.:* who. 4. por lo c.: whereby. 5. *tal c.:* just as. 5. adv. like.
cualidad. f. 1. quality.// qualitative (a.).
cualquier, ra (pl. **cuales-**). 1. a. any. 2. ind. pron. anyone, anybody. 2. rel. pron. whoever *(persona)*; whatever *(cosa)*. 3. a./m./f. nobody.
cuan. adv. 1. how *(cuanto)*. 2. as *(tan)*.
cuando. 1. adv. when. 2. conj. if, since *(si)*. 3. *aun c.:* altough, even if. 4. *c. menos:* at least. 5. *c. mucho:* at the most. 6. *de vez en c.:* sometimes.
cuandoquiera. adv. whenever.
cuantía. f. 1. amount *(cantidad)*. 2. importance *(valor)*.
cuantitativo, va. a. quantitative.
cuanto, ta. 1. a./rel. pron. sing. how much; pl. how many *(cantidades)*, how long *(duración)*. 2. adv. how *(enfático)*. 3. adv. as much as, all *(todo lo que)*; as long as *(todo el tiempo que)*. 4. adv. the more, the less *(c. más/c. menos, en comparaciones)*. 5. *c. antes:* as soon as possible. 6. *en c.:* as soon as. 7. *en c. a:* as to. 8. *por c.:* insofar as. 9. *unos c.:* a few, some. 10. ind. pron. pl. all those who *(personas)*, all that *(cosas)*. 11. m. quantum.
cuarenta. a./m. forty.// **cuarentavo, va.** fortieth.
cuarentena. f. 1. group of fourty *(grupo)*. 2. *Med.* quarantine.
cuartear. tr. 1. to crack *(quebrar)*. 2. to quarter *(dividir)*.
cuartel. m. 1. barrack *(militar)*. 2. quarter *(distrito)*. 3. firehouse *(bomberos)*. 4. *sin c.:* mercyless.
cuarteto. f. 1. m. quartet. 2. m./f. quatrain *(versos)*.
cuarto, ta. 1. a./m./f. fourth. 2. m. room.
cuarzo. m. quartz.
cuatro. a./m. four.
cuatrocientos. a./m. four hundred.
cuba. f. 1. vat *(tina)*. 2. cask *(tonel)*.
cubano, na. a./m./f. Cuban.
cúbico, ca. a. 1. cubic. 2. *raíz c.:* cube root.
cubierto, ta. 1. a. covered. 2. m. tablewear *(utensilios)*, fixed price meal *(menú fijo)*. 3. f. cover *(cobertura)*; deck *(de barco)*; tire *(neumático)*. 4. *a c.:* under cover.
cubil. m. lair, den.
cubilete. f. dice cup.
cubismo. f. cubism.// cubist (a./m./f.).
cubo. m. 1. bucket *(balde)*. 2. *Math.* cube.
cubrecama. m. bedspread.
cubrir. tr. 1. to cover. 2. to protect *(proteger)*. 3. ref. to cover or protect oneself
cucaracha. f. cockroach.
cuchara. f. 1. spoon. 2. trowel *(de albañil)*. 3. *meter la c.:* to meddle.// **cucharada.** f. spoonful.// **cucharilla.** f. teaspoon.// **cucharón.** m. ladle, serving spoon.

cucheta. f. cabin, berth.
cuchichear. i. to whisper.// **cuchicheo.** m. whisper.
cuchilla. f. **1.** knife. **2.** blade (hoja). **3.** ragged mountain (montaña).
cuchillada. f. slash, stab.
cuchillo. m. **1.** knife. **2.** pasar a c.: to kill.
cuchitril. m. den, hole.
cuclillas (en). adv. **1.** squatting. **2.** ponerse en c.: to squate.
cuco. m. **1.** ghost (fantasma). **2.** cuckoo (pájaro).
cucurucho. m. cone.
cuello. m. **1.** neck. **2.** collar (de ropa).
cuenca. f. **1.** valley (valle). **2.** eye socket (del ojo). **3.** c. hidrográfica: watershed.
cuenta. f. **1.** counting (acción). **2.** count (cáculo). **3.** account (comercial). **4.** check, bill (adición). **5.** c. corriente: current account, bank account. **6.** dar c.: to report. **7.** darse c.: to realize. **8.** por mi c.: in my opinion (opinión); on my charge (cargo). **9.** tener en c.: to bear in mind.
cuantagotas. m. **1.** dropper. **2.** a c.: little by little.
cuentakilómetros. m. odometer.
cuentista. m./f. **1.** short-story writer. **2.** short teller.
cuento. m. **1.** story, tale. **2.** Lit. short story. **3.** gossip (chisme). **4.** lie (mentira). **5.** c. de nunca acabar: endless story. **6.** venir a c.: to be relevant.
cuerda. m. **1.** cord. **2.** spring (de reloj). **3.** string (de guitarra). **4.** bajo c.: underhandedly. **5.** c. floja: tightrope. **6.** dar c.: to wind (a un reloj).
cuerdo, da. a. sane.
cuerno. m. **1.** horn. **2.** fig. pl. poner los c: to cuckold
cuero. m. **1.** leather. **2.** skin (piel). **3.** c. cabelludo: scalp. **4.** pl. en c.: naked. **5.** sacar el c.: to censure.
cuerpo. m. **1.** body. **2.** figure (figura). **3.** thickness (densidad). **4.** corps (militar, de baile). **5.** a c. de rey: like a king. **6.** c. a c.: hand to hand. **7.** de c. entero: full-lenght. **8.** de c. y alma: entirely. **9.** ir de c.: to relieve oneself. **10.** tomar c.: to take shape.
cuervo. m. raven.
cuesta. f. **1.** slope, hill. **2.** pl. a c.: on shoulders. **3.** c. abajo: downhill. **4.** c. arriba: uphill.
cuestión. f. question, matter.// questionable (a.).
cuestionar. f. to debate, to discuss.
cuestionario. m. questionnaire.
cuidado. m. **1.** care, caution. **2.** con c.: carefully. **3.** ¡cuidado!: careful! **4.** c. con: beware of. **5.** perder c.: not to worry. **6.** poner c.: to take care. **7.** tener c.: to be careful.// **cuidador, ra.** m./f. caretaker.// **cuidadoso, sa.** a. careful.
cuidar. **1.** tr. to take care of. **2.** ref. to take care of oneself. **3.** ref. c. de: to be careful about (estar alerta).
culata. f. **1.** butt (arma). **2.** breech (cañón). **3.** salir el tiro por la c.: to backfire.
culebra. f. snake.
culinario, ria. a. culinary.
culminar. i. to culminate.// culmination (f.).// culminating (a.).
culo. m. **1.** ass. **2.** bottom (fondo).

culpa. f. **1.** blame, guilt. **2.** fault (falta).
culpabilidad. f. guilt.// **culpable.** **1.** a. guilty. **2.** m./f. culprit.
culpar. tr. to blame, to accusse.
cultivable. a. cultivatable, arable.
cultivar. tr. **1.** to cultivate. **2.** Biol. to culture.
cultivo. m. **1.** cultivation (labor). **2.** cosecha (crop). **3.** Biol. culture. **4.** pl. plantation (plantación).
culto, ta. **1.** a. cultured, learned (con estudios); refined (refinado). **2.** m. cult, religion (religión); ritual (rito).
cultura. f. culture.// cultural (f.).
cumbre. m. **1.** summit. **2.** fig. pinnacle.
cumpleaños. m birthday.
cumplido, da. **1.** a. complete. **2.** m. compliment.
cumplidor, ra. a./m./f. reliable.
cumplimentar. tr. to carry out, to fulfill.// **cumplimiento.** m. fulfillment.
cumplir. **1.** tr. to carry out. **2.** tr. to serve (condena). **3.** to fall due (con deudas). **4.** i. to fulfill, to keep. **5.** ref. to come true. **6.** c. años: to have one's birthday. **7.** por c.: as a formality.
cúmulo. m. **1.** heap. **2.** cumulus (nube).
cuna. f. **1.** cradle (cama). **2.** birthplace, origin (orígenes).
cundir. i. **1.** to spread (extenderse). **2.** to increase (incrementarse).
cuneta. f. gutter.
cuña. f. **1.** wedge. **2.** tener c.: to have influence.
cuñado, da. m. brother-in-law, f. sister-in-law.
cuño. m. **1.** die, mold. **2.** de nuevo c.: new.
cuota. f. **1.** quota, share (parte). **2.** payment (pago).
cupo. m. **1.** quota (cuota). **2.** place, room (lugar).
cupón. m. coupon.
cúpula. f. dome, cupola.
cura. **1.** m. priest. **2.** f. cure.// curable (a.).
curandero, ra. m./f. quack.
curar. tr. **1.** to cure (sanar). **2.** to treat (tratar). **3.** to salt (carne); **4.** to tan (cuero). **5.** to dress (heridas). **6.** ref. to heal.// curative (a.).
curiosear. i. to snoop.// **curiosidad.** f. **1.** curiosity. **2.** curio (rareza).// **curioso, sa.** **1.** a. curious; odd (raro). **2.** busybody (metido).
cursar. tr. **1.** to study (estudiar). **2.** to process (dar curso).
cursivo, va. **1.** a. cursive. **2.** f. cursive script, italics.
curso. m. **1.** course. **2.** direction. **3.** en c.: under way.
curtidor. m. tanner.// **curtiduría** o **curtiembre.** f. **1.** tanning (proceso). **2.** tannery (fábrica).
curtir. **1.** tr. to tan. **2.** ref. to become sun-tanned (tostarse). **3.** ref. to hard (endurecerse).
curvar. tr. **1.** to curve, to bend.// curvature (f.).// **curvo, va.** **1.** a. curved. **2.** f. curve, bend.
cúspide. f. **1.** summit. **2.** fig. pinnacle.
custodiar. tr. **1.** to watch over (vigilar). **2.** to protect (proteger).// **custodio, dia.** m. guardian; f. custody.
cutáneo. a. cutaneous, skin.
cutícula. f. cuticle.
cutis. m. skin, cutis.
cuyo, ya. rel. pron. **1.** whose. **2.** of whom (personas), of which (cosas).

d. f. fourth letter of Spanish alphabet.

dactilografía. f. typing.// **dactilógrafo, fa.** m./f. typist.

dádiva. f. gift.// **dadivosidad.** f. generosity.// **dadivoso, sa.** a. generous.

dado, a. 1. a. given. **2.** *d. que:* provided that **3.** m. die, pl. dice.

dador, ra. m./f. donor.

daga. f. dagger.

daltónico, ca. a. color blind.// **daltonismo.** m. color blindess.

dama. f. **1.** lady. **2.** pl. checkers.

damajuana. f. demijohn.

damasco. m. damson, apricot.

damnificado, da. 1. a. damaged. **2.** m./f. victim.

damnificar. tr. to injure, to damage.

danés, sa. a./m./f. Danish.

danza. f. dance.

danzar. i./tr. to dance.// **danzarín.** m./f. dancer.

dañar. tr. **1.** to damage. **2.** ref. to spoil *(averiarse).*// **dañino, na.** a. damaging, destructive.// **daño.** m. damage, injury.

dar. tr. **1.** to give. **2.** to deal *(repartir).* **3.** to grant *(otorgar).* **4.** to offer *(ofrecer).* **5.** to strike *(la hora).* **6.** to grow *(crecer).* **7.** to hit *(acertarle).* **8.** ref. to happen *(suceder).* **9.** ref. to give oneself *(entregarse).* **10.** *d. a conocer:* to make known. **11.** *d. a luz:* to give birth. **12.** *d. con:* to find. **13.** *d. cuenta.:* to report on. **14.** *d. cuerda:* to wind. **15.** *d. de comer:* to feed. **16.** *d. el sí:* to assent. **17.** *d. fe:* to certify. **18.** *d. fin a:* to finish. **19.** *d. ganas de:* to long for. **20.** *d. gusto:* to please. **21.** *d. la bienvenida:* to welcome. **22.** *d. la lata:* to pester. **23.** *d. la razón:* to agree with. **24.** *d. muerte:* to kill. **25.** *d. que hacer:* to cause trouble. **26.** *d. igual:* to be all the same. **27.** ref. *d. cuenta:* to realize. **28.** *d. la mano:* to shake hands. **29.** *dárselas de:* to pose as. **30.** *d. prisa:* to hurry. **31.** *dársele bien:* to be lucky. **32.** *d. por vencido:* to sourrender.

dardo. m. **1.** dard, arrow. **2.** fig. cutting remark.

dársena. f. dockyard.

data. f. **1.** data. **2.** *de larga d.:* of long ago.

datar. tr. **1.** to date. **2.** *d. de:* to date from.

dátil. m. date.

dato. m. **1.** fact. datum. **2.** pl. data, information.

de. prep. **1.** of *(indica posesión, asunto, contenido, materia, cualidad).* **2.** -'s *(propiedad).* **3.** from *(origen, causa).* **4.** in, on, as *(manera).* **5.** to *(antes de infinitivos).* **6.** than *(en comparaciones).* **7.** about *(acerca de)* **8.** *d. día:* by day. **9.** *d. noche:* at nigh.

deambular. i. to roam around.

debajo. adv. underneath, below.

debate. m. debate.

debatir. tr. to debate.

debe. m. debit.

deber. m. **1.** duty, obligation. **2.** pl. homework.

deber. tr. **1.** to owe. **2.** *d. de:* to ought to *(obligación moral).* **3.** *d. de:* to have to *(tener que).* **4.** *d. de:* to must *(conjetura).* **5.** ref. *d. a:* to be due to.

debidamente. adv. properly, duly.// **debido, da. 1.** a. proper, **2.** *como es d.:* as it should be. **3.** *d. a:* due to, because of

débil. 1. a. weak. **2.** m./f. weakling.// **debilidad.** f. weakness.// **debilitamiento.** m. weakening.

debilitar. tr./ref. to weaken.

debitar. tr. to debit.// debit (m.).

debut. m. debut,// debutant (a./m./f.).

debutar. i. to make's debut.

década. f. decade.

decadencia. f. decadence.// decadent (a./m./f.).

decaer. i. to decay, to decline.

decaimiento. m. **1.** decadence *(decadencia).* **2.** weakness *(debilidad).* **3.** discouragement *(desaliento).*

decálogo. m. decalogue.

decámetro. m. decameter.

decano. m. **1.** dean. **2.** fig. doyen.

decantación. f. decanting, pouring off.

decantar. tr. to decant, to pour off.

decapitar. tr. to decapitate.// decapitation (f.).

decena. f. group of ten units.// decennial (a.).

decencia. f. decency, honesty.// decent (a.).

decenio. m. decade.

decepción. f. **1.** deception. **2.** disappointment *(desengaño).*

decepcionar. tr. to disappoint, to desenchant.

dechado. m. model, sampler.

decidido, da. a. determined.

decidir. tr./ ref. to decide, to determine.

decigramo. m. decigram.// deciliter (m.).

decimal. a./m. decimal.

decímetro. m. decimeter.

décimo, ma. a./m./f. tenth.// **decimoctavo, va.** a. eighteenth.// **decimocuarto, ta.** a. fourteenth.// **decimonoveno, na.** a. nineteenth.// **decimoquinto, ta.** a. fifteenth.// **decimoséptimo, ma.** a. seventeenth.// **decimosexto, ta.** a. sixteenth.// **decimotercero, ra.** a. thirteenth.

decir. tr. **1.** to say. **2.** to tell *(relatar).* **3.** *como quien d.:* so to say. **4.** *querer d.:* to mean.

decisión. f. **1.** decision. **2.** determination *(firmeza).*// **decisivo, va.** a. decisive.

declamar. tr. to declame, to recite.// declamation (f.).// declamatory (a.).
declaración. f. 1. declaration. 2. Law. deposition.
declarar. tr. 1. to declare. 2. Law. to depose.
declinación. f. declinación, decay.
declinar. 1. i./tr. to decline. 2. i. to decay.
declive. m. 1. slope. 2. en d.: sloping.
decomisar. tr. to confiscate, to seize.// **decomiso.** m. confiscation, seizure.
decoración. m. decoration.// **decorado.** m. scenery (teatro).// decorator (m./f.).
decorar. tr. to decorate.// decorative (a.).
decoro. m. decorum.// decorous (a.).
decrecer. i. to decrease.// **decreciente.** a. decreasing.// **decrecimiento.** m. decrease.
decrépito. ta. a. decrepit.// decrepitude (f.).
decretar. tr. to decree.// **decreto.** m. decree.
decuplicar. tr. to decuple.// decuple (m./f.).
dedal. m. thimble.
dedicación. f. dedication, consecration.
dedicar. tr./ref. to dedicate.// dedicatory (f.).
dedillo (al). adv. by heart.
dedo. m. finger; toe (del pie).
deducir. tr. 1. to deduce (razonar). 2. to deduct (descontar).// deduction (f.).// deductible (a.).
defecar. tr. to defecate.// defecation (f.).
defección. f. defection, desertion.
defecto. m. 1. defect. 2. absence (carencia).// **defectuoso, sa.** a. defective, imperfect.
defender. 1. i./tr. to defend. 2. ref. fig. to manage.// **defendido, da.** m./f. defendant.// **defensa.** f. 1. defense (acción). 2. fender (valla). 3. Sp. back.// defensive (a./f.).// **defensor, ra.** m./f. 1. defender. 2. Sp. back.
deferencia. f. deference.// deferential (a.).
deficiencia. f. deficiency.// deficient (a.).
déficit. m. 1. deficit. 2. lack (carencia).
definición. f. 1. definition. 2. decision.
definir. tr. 1. to define. 2. to decide.// definitive (a.).
deflación. f. deflation.// deflationary (a.).
deformar. tr. to deforme.// deformation (f.).// deformed (a.).// deformity (a.).
defraudar. tr. 1. to defraud. 2. to disappoint (decepcionar).// defrauding (a.).// defrauder (m./f.).
defunción. f. death.
degenerar. i. to degenerate.// degeneration (f.).// degenerate (a.).
deglutir. tr. to swallow.// deglutition (f.).
degollar. tr. 1. to cut the throat. 2. to behead (decapitar).
degradar. tr./ref. to degrade.// degradation (f.).
degüello. m. 1. throat-cutting. 2. beheading (decapitación). 3. slaughter (matanza).
degustar. tr. to taste.// **degustación.** f. tasting.
deidad. f. deity.
deificar. tr. to deify.// deism (m.).// deist (a./m./f.).
dejadez. f. 1. neglect. 2. slovenliness (desaliño).// **dejado, da.** a. 1. negligent . 2. slovenly (desaliñado).
dejar. tr. 1. to leave (partir). 2. to let (permitir). 3. to lend (prestar). 4. ref. to become slovenly (abandonarse). 5. d. caer: to drop. 6. d. de: to stop, to cease. 7. d. de existir: to die. 8. d. dicho to leave word. 9. d. pasar: to let pass. 10. d plantado: to leave in the larch. 11. ref. d. lleva por: to get carried away with. 12. d. ver: to show
dejo. m. 1. aftertaste (gusto). 2. accent (acento).
del. contract. of the.
delación. f. denunciation.
delantal. m. apron.
delante. adv. 1. before, ahead (antes). 2. in front of (enfrente de). 3. in presence of (en presencia de).
delantero, ra. 1. a. fore, front. 2. m. Sp. forward. 3. f. front part (frente); lead (primera posición).
delatar. tr. 1. to denounce. 2. to reveal.// **delator, ra.** 1. a. informing. 2. m./f. informer.
delegación. f. 1. delegation. 2. branch (sucursal).
delegar. tr. to delegate.// delegate (a./m./f.).
deleitar. 1. tr. to delight. 2. ref. to delight in.// **deleite.** m. delight.
deletrear. tr. to spell.// **deletreo.** m. spelling.
delfín. m. 1. dolphin. 2. dauphin (príncipe).
delgadez. f. 1. thinness (espesor). 2. slimness (esbeltez).// **delgado, da.** a. thin; slim.
deliberar. i./ref. to deliberate.// deliberation (f.).// deliberate (a.).
delicadeza. f. 1. delicacy. 2. tact (tacto). 3. weakness (debilidad).// **delicado, da.** a. 1. delicate. 2. sensitive. 3. fragile. 4. frail (enfermizo).
delicia. f. delight.// **delicioso, sa.** a. delightful.
delimitar. tr. to delimit.// delimitation (f.).
delincuencia. f. delinquency.// delinquent (m./f.).
delineador, ra. m./f. 1. delineator. 2. designer.
delinear. tr. to delineate, to draw.
delinquir. i. to break the law.
delirante. m./f. delirous.
delirar. i. 1. to be delirous. 2. to rave (decir disparates).// **delirio.** m. 1. delirium. 2. raving (disparate).
delito. m. crime, felony.
delta. f. delta.
demacrado, da. a. emaciated.
demagogia. f. demagoguery.// demagogic (a.).// demagogue (m./f.).
demanda. f. 1. demand. 2. request (petición). 3. Law. lawsuit.// **demandado, da.** m./f. defendant.// **demandante.** m./f. plaintiff.
demandar. tr. 1. to demand. 2. to request (pedir). 3. Law. to sue.
demarcar. tr. to demarcate.// demarcation (f.).
demás. a. 1. other. 2. lo/la d.: the rest of. 3. por d.: excessively. 4. por lo d.: otherwise. 5. todo lo d.: everything else. 6. adv. moreover.
demasía. f. 1. excess. 2. en d.: excessively.
demasiado. a./adv. too much.
demencia. f. madness, insanity.// **demente.** 1. a. mad, insane. 2. m. madman, f. madwoman.
democracia. f. democracy.// democrat (m./f.).// democratic (a.).
democratizar. tr. to make democratic.
demoler. tr. to demolish.// demolisher (m./f.).// demolishing (a.).// demolition (f.).
demonio. m. demon, devil.
demora. f. delay, wait.

demorar. 1. i. to stay. 2. tr./ref. to delay.
demostración. f. 1. demonstration. 2. proof (prueba).
demostrar. tr. 1. to demonstrate, to show (mostrar). 2. to prove (probar).// demonstrative (a.).
denegar. tr. 1. to deny (negar). 2. to refuse (rechazar).// **denegación.** f. denial.
denigrar. tr. 1. to denigrate. 2. to defame (difamar).// denigration (f.).// denigratory (a.).
denodado, da. a. bold.
denominar. tr. to denominate, to name.// denomination (f.).// denominative (a.).// denominator (m.).
denostar. tr. to abuse, to insult.
denotar. tr. to denote.// denotation (f.).
densidad. f. density.// dense (a.).
dentado, da. a. dentate, toothed.// **dentadura.** f. 1. set of teeth. 2. d. postiza: denture.// dental (a.).
dentar. 1. tr. to tooth. 2. i. to cut teeth.
dentellada. f. 1. bite (mordisco). 2. jaws snap (mordedura).
dentición. f. teething period.// **dentífrico.** m. tooth past.// dentist (m./f.).
dentro. adv. 1. inside, within. 2. d. de poco: soon.
denuedo. m. courage.
denuesto. m. abuse, insult.
denuncia. m. 1. accusation, denounciation. 2. declaration, report (declaración).// denouncing (a.).// denouncer (m./f.).
denunciar. tr. 1. to accuse, to denounce. 2. to report (reportar).
departamento. m. 1. apartment (vivienda). 2. department (división). 3. district (distrito).
departir. i. to talk, to chat.
dependencia. f. 1. dependence (relación). 2. agency, branch (sucursal). 3. pl. accesories.
depender. i. to depend (on).// **dependiente.** 1. a. dependent. 2. m. employee, clerk (empleado).
depilar. tr/ref. to depilate.// depilation (f.).// depilatory (a.).
deplorar. tr. to deplore.// deplorable (a.).
deponer. tr. 1. to put aside. 2. to depose, to bring down (sacar). 3. Law. to testify.
deportar. tr. to deport, to exile.// deportation (f.).
deporte. m. sport.// **deportista.** m. sportsman, f. sportswoman.// **deportivo, va.** a. sporting.
deposición. f. 1. deposition. 2. defecation.
depositante. a./m./f. depositor.
depositar. tr. 1. to deposit. 2. ref. to settle.// depositary (a./m./f.).// **depósito.** m. 1. deposit. 2. warehouse (almacén). 3. sediment. 4. cistern.
depravación. f. depravity.// depraved (a.).
depravar. tr. to deprave, to corrupt.
depreciar. tr. to depreciate.// depreciation (f.).
depredación. f. 1. depredation (animales). 2. plundering (pillaje).// **depredador, ra.** m./f. 1. predator (animal). 2. plunderer.
depredar. tr. 1. to depredate (animales). 2. to plunder (pillaje).
depresión. f. depression.// depressive (a./m./f.).// **deprimente.** a. depressing.// depressed (a.).

deprimir. 1. tr. to depress. 2. ref. to get depressed.
depurar. tr. to depurate.// depuration (f.).
derecho, cha. 1. a. right. 2. adv. straight (dirección). 3. m. right. 4. law (ley). 5. f. right-hand (mano); right-side (lado); right-wing (política).// **derechista.** m./f. rightist.// **derechura.** f. rightness.
deriva. f. drift.
derivar. 1. i./tr. to derive. 2. i. to drift (navegación). 3. ref. to be derived.// derivative (a./m./f.).
dermatología. f. dermatology.// dermatologist (m./f.).
derogar. tr. to derogate.// derogation (f.).
derramamiento. m. 1. spilling. 2. d. de sangre: bloodshed.
derramar. 1. tr. to spill. 2. ref. to overflow.// **derrame.** m. 1. spilling. 2. hemorrhage (hemorragia).
derredor. 1. contour. 2. en d.: around.
derretir. 1. tr. to melt. 2. ref. fig. to fall madly in love.
derribar. tr. 1. to throw down. 2. to demolish.
derrocamiento. m. overthrow.
derrocar. tr. to overthrow.
derrochador, ra. m./f. spendthrift, squanderer.
derrochar. tr. squander.// **derroche.** m. squandering.
derrota. f. defeat.
derrotar. tr. to defeat, to beat.
derrotero. m. course, direction.
derrotismo. m. defeatism// defeatist (m./f.).
derruir. tr. to demolish.
derrumbamiento. m. 1. demolition. 2. landslide (de tierra). 3. collapse, fall (caída, ruina).
derrumbar. 1. tr. to throw down, to demolish. 2. ref. to fall down.// **derrumbe.** m. 1. demolition. 2. landslide (de tierra). 3. collapse, fall (caída).
desabotonar. tr. to unbutton.
desabrido, da. a. tasteless, insipid.
desabrigar. tr. 1. to undress (ropa). 2. to uncover.
desabrochar. tr. 1. to unfasten. 2. to unbutton (la ropa).
desacatar. tr. to disrespect.// **desacato.** m. disrespect.
desacertado, da. a. mistaken, misguided.// **desacierto.** m. error, mistake.
desaconsejado, da. a. imprudent.
desaconsejar. tr. to advise against.
desacoplar. tr. to uncouple.
desacorde. a. discordant.
desacostumbrado, da. a. 1. unusual (inusual). 2. estar d.: to be disaccostumed.
desacostumbrar. tr./ref. to disaccostume, to lose the custom of.
desacuerdo. m. disagreement.
desafecto, ta. 1. a. opposed. 2. m. ill-will.
desafiar. tr. to challenge, to defy.// **desafiante.** 1. a. defiant. 2. m./f. challenger.// **desafío.** m. challenge.
desafilar. 1. tr. to blunt. 2. ref. to become blunt.
desafinar. tr. to be or sing out of tune.
desaforado, da. a. 1. lawless (sin ley). 2. wild (salvaje).
desafortunado, da. a. unfortunate.

desafuero. m. **1.** lawlessness. **2.** privation of privileges (pérdida de fueros).
desagradable. a. disagreeable.
desagradar. tr. to displease.
desagradecer. tr. to be ungrateful.// **desagradecido, da.** a. ungrateful.
desagrado. m. displeasure.
desagravio. m. amends, satisfaction.
desaguadero. m. drain.
desaguar. tr. to drain.// **desagüe.** m. drainage.
desahogado, da. a. **1.** well-to-do (próspero). **2.** roomy (espacioso). **3.** relieved (liberado).
desahogar. tr. **1.** to alleviate (aliviar). **2.** to vent (dar rienda suelta). **3.** ref. to confide (confidenciar). **4.** to vent (sentimientos).// **desahogo.** m. **1.** relief (alivio). **2.** vent (sentimientos). **3.** confidence (confidencia).
desahuciado, da. a. hopeless.
desahuciar. to loss hope for.// **desahucio.** m. eviction.
desairado, da. a. **1.** ungraceful (sin gracia). **2.** to unsuccessful (sin éxito).
desairar. tr. to reject, to rebuff.// **desaire.** m. **1.** rebuff (rechazo). **2.** slight (desprecio).
desajustar. tr. **1.** to disturb. **2.** to upset (estropear). **2.** ref. to go wrong.// **desajuste.** m. breakdown.
desalentador, ra. a. discouraging.
desalentar. **1.** tr. to discourage. **2.** ref. to become discouraged.// **desaliento.** m. discouragement.
desaliñado, da. a. slovenly, untidy.
desaliñar. **1.** tr. to disarrange. **2.** ref. to become untidy.// **desaliño.** m. untidiness, dirtiness.
desalmado, da. a. heartless, ruthless.
desalojar. tr. **1.** to displace (desplazar). **2.** to evict (inquilino).// **desalojo.** m. displacement; eviction.
desamarrar. tr. to untie.
desamor. m. lack of love.// **desamorado, da.** a. loveless.
desamparado, da. a. abandoned, forsaked.
desamparar. tr. to forsake, to abandon.// **desamparo.** m. abandonment.
desandar. tr. to go back.
desangrar. tr./ref. to bleed.
desanimado, da. a. discouraged.
desanimar. **1.** tr. to discourage. **2.** ref. to become discouraged.// **desánimo.** m. discouragement.
desanudar. tr. to untie, to unknot.
desapacible. a. **1.** unpleasant. **2.** raw (clima).
desaparecer. **1.** i./ref. to disappear. **2.** ref. to make disappear.// **desaparición.** f. disappearance.
desapasionado, da. a. dispassionate.
desapego. m. **1.** indifference. **2.** lack of affection.
desapercibido, da. a. **1.** unprepared. **2.** unseen.
desaplicación. f. carelessness.// **desaplicado, da.** a. indolent, lazy.
desaprobar. tr. to disapprove.// disapproval (f.).
desaprovechamiento. m. waste, missue.
desaprovechar. tr. to waste, to missue.
desarmado, da. a. **1.** unarmed. **2.** dismantled.
desarmar. tr. **1.** i./tr./ref. to disarm. **2.** to dismantle.// **desarme.** m. disarment.

desarraigar. tr. to uproot.// **desarraigo.** m uprooting.
desarreglado, da. a. **1.** disorderly (desordenado). **2.** out of order (roto). **3.** untidy (desaliñado).
desarreglar. **1.** tr. to disarrange. **2.** ref. to get untidy.// **desarreglo.** m. **1.** disorder. **2.** untidiness.
desarrollar. tr. **1.** to develop. **2.** to explain (ideas).// **desarrollo.** m. **1.** development. **2.** exposition.
desarticular. tr. to dislocate; to disjoint.
desaseado, da. a. dirty.
desasosegar. **1.** i. to make uneasy. **2.** ref. to become uneasy.// **desasosiego.** m. uneasiness.
desastre. m. disaster.// disastrous (a.).
desatar. **1.** tr. to untie. **2.** ref. to break loose.
desatención. f. **1.** inattention. **2.** discourtesy.
desatender. tr. **1.** to disregard. **2.** to neglect (descuidar).// **desatento, ta.** a. **1.** inattentive. **2.** discourteous.
desatinado, da. a. **1.** foolish (tonto). **2.** rash (imprudente).// **desatino.** m. nonsense, foolish act.
desautorizar. tr. **1.** to deprive of authority. **2.** to deny (desmentir).
desavenencia. f. discord.
desavenirse. ref. to disagree.
desayunar. i./tr./ref. to breakfast.// **desayuno.** m. breakfast.
desazón. m. uneasinesss, anxiety.// **desazonado, da.** a. uneasy, restless.
desbancar. tr. **1.** to break the bank. **2.** to supplant.
desbandada. f. **1.** disbandment. **2.** a la d.: in disorder.
desbandarse. ref. to disband, to disperse.
desbarajuste. f. confusion, disorder.
desbaratar. **1.** tr. to ruin. **2.** ref. to break down.
desbocado, da. a. runaway.
desbocarse. ref. to runaway, to bolt out.
desbordar. i./tr./ref. to overflow.// **desbordante.** a. overflowing.// **desborde.** m. overflowing.
desbrozar. tr. to clear of brushwood.
descabellado, da. a. absurd, crazy.
descabezado, da. a. headless.
descabezar. tr. **1.** to behead (decapitar). **2.** to cut the top of. **3.** d. un sueño: to take a nap.
descalabrar. tr. **1.** tr. fig. to ruin. **2.** ref. to break down.// **descalabro.** m. setback, misfortune.
descalificar. tr. to disqualify.// disqualification (f.).
descalzar. tr./ref. to take off shoes.// **descalzo, za.** a. barefoot.
descampado. m. open field.
descansado, da. a. **1.** restful. **2.** oficio d.: easy job.
descansar. i. **1.** to rest . **2.** to lean on (apoyarse). **3.** d. en: to rely on.// **descanso.** m. **1.** rest. **2.** leave (licencia). **3.** landing (de escalera). **4.** Sp. half-time.
descapotable. a./m. convertible.
descarado, da. a./m./f. shameless.
descarga. f. **1.** unloading. **2.** discharge (arma, eléctrica).
descargar. tr. **1.** to unload. **2.** to discharge (arma).

descargo. f. 1. release (*dispensa*). 2. *Law.* plea.

descarnado, da. a. 1. bare (*relato*). 2. thin (*flaco*).

descaro. m. shamelessness.

descarriarse. ref. to stray, to get lost.

descarrilamiento. m. derailment.

descarrilar. i./ref. 1. to get derailed. 2. fig. to go astray.

descartar. tr. 1. tr./ref. to discard. 2. tr. to put aside.// **descarte.** m. discard.

descascarar. tr./ref. to peel.

descendencia. f. descendants.

descendente. a. descending.

descender. i. 1. to go down, to descend. 2. *d. de:* to descend from.// descendant (m./f.).// **descenso.** m. descent, fall.

descentralizar. tr. to descentralize.// descentralized (a.).// descentralization (f.).

descentrar. 1. tr. to put off center. 2. ref. to become off center.

descifrar. tr. to decipher.

descocado, da. a. brazen.

descocarse. ref. to become brazen.

descolgar. tr. 1. to take down. 2. to let down (*bajar*). 3. to pick up (*teléfono*). 4. ref. to come down. 5. fig. *d. con:* to blurt out.

descollar. i. to stand out.// **descollante.** a. prominent.

descolorar. tr. 1. to discolor. 2. to fade (*desteñir*).// **descolorido, da.** a. 1. colorless. 2. faded (*desteñido*).

descomponer. tr. 1. to decompouse (*pudrir*). 2. to mess up (*desordenar*). 3. *Math.* to break.// ref. 1. to rot (*pudrirse*). 2. *Mech.* to break down. 3. to feel sick (*indisponerse*). 4. to change for the worse (*clima*).// decomposition (f.).// **descompostura.** f. 1. *Mech.* break down. 2. indisposition.

descomprimir. tr. to decompress.// decompression (f.).

descompuesto, ta. a. 1. decomposed (*podrido*). 2. *Math./Mech.* broken. 3. indiposed. 4. out of order (*fuera de uso*).

desconcertar. fig. 1. tr. to perplex. 2. ref. to be perplexed.// **desconcertado, da.** a. perplexed.// **desconcertante.** a. perplexing.// **desconcierto.** f. perplexity.

desconectar. tr. 1. to disconnect. 2. to unplug (*corriente*). 3. ref. to become disconnected.

desconfiado, da. a. distrustful, suspicious.// **desconfianza.** f. distrust, suspicion.

desconfiar. i. 1. to distrust. 2. to suspect (*sospechar*).

descongelar. tr. to defrost.

descongestionar. tr. to relieve the congestion.

desconocer. tr. 1. not to know, to be ignorant. 2. to deny (*negar*). 3. not to recognize (*no reconocer*).// **desconocido, da.** 1. a. unknown. 2. a./m./f. extranger.// **desconocimiento.** m. ignorance.

desconsideración. f. inconsiderateness.// **desconsiderado, da.** a./m./f. thoughtless.

desconsolado, da. a. disconsolate, sad.// **desconsuelo.** m. grief, distress.

descontar. tr. 1. to discount. 2. to deduct. 3. *dar por d.:* to take for granted.

descontento, ta. 1. a. dissatisfied. 2. m. discontent.

descorazonar. 1. tr. to dishearten. 2. ref. to lose heart.

descorchar. tr. to uncork.

descorrer. tr. to draw, to unveil.

descortés. a./m./f. dicourteous,; rude (*persona*).// discourtesy (f.).

descoser. 1. tr. to unstitch. 2. ref. to come unstitched. 3. *como un d.:* inmoderately.

descoyuntar. 1. tr. to dislocate. 2. ref. to become dislocate.

descrédito. m. discredit.

descreer. tr. to disbelieve.// **descreído, da.** 1. a. unbelieving. 2. m./f. disbeliever.// **descreimiento.** m. disbelief; lack of faith.

describir. tr. to describe.// description (f.).// descriptive (a.).// described (a.).

descuartizar. a. to quarter, to cut up.

descubierto, ta. a. 1. uncovered. 2. discovered (*recién conocido*). 3. *girar en d:* to overdrawn. 4. *a la d.:* openly. 5. m. overdraft (*en cuenta corriente*).

descubridor, ra. m./f. discoverer.// **descubrimiento.** m. discovery.

descubrir. 1. tr. to discover. 2. to uncover (*sacar la cubierta*). 3. to reveal (*revelar*). 4. ref. to remove (*el sombrero*). 5. ref. to show oneself (*mostrase*).

descuento. m. discount.

descuidado, da. a. 1. careless (*negligente*). 2. neglected (*abandonado*). 3. unprepared (*desprevenido*).

descuidar. 1. tr. to neglect (*no cuidar*). 2. i./ref. to be careless. 3. to neglect oneself (*uno mismo*).// **descuido.** m. 1. carelessness. 2. untidiness (*desaliño*).

desde. prep. 1. from (*lugar*). 2. since (*tiempo, d. que*). 3. *d. luego:* of course.

desdecir. i. 1. to contradict (*contradecir*). 2. ref. to contradict oneself . 3. ref. to retract (*retractarse*).

desdén. m. disdain.

desdentado, da. a. toothless.

desdeñar. tr. to disdain.

desdicha. f. misfortune.// **desdichado, da.** 1. a. unfortunate; unhappy (*infeliz*). 2. m./f. wretch.

desdoblamiento. m. unfolding; split (*división*).

desdoblar. tr. 1. to unfold. 2. to split (*dividir*).

desear. tr. to wish, to desire.// desirable (a.).

desechar. tr. 1. to reject (*rechazar*). 2. to exclude (*excluir*). 3. to discard (*descartar*).

desecho. m. waste, residue.

desembalar. tr. to unpack.

desembarazado, da. a. free, clear.

desembarazar. 1. tr. to free. 2. ref. to free oneself.// **desembarazo.** m. ease, naturalness.

desembarcar. i./tr. to land, to disembark.// **desembarco.** m. landing, disembark

desembocadura. f. 1. outlet. 2. mouth of a river.

desembocar. i. 1. to flow (*río*). 2. to end (*calle*).

desembolsar. tr. to disburse.// **desembolso.** m. disbursement, payment.

desembragar. tr. to disengage.

desemejante. a. dissimilar.// dissimilarity (f.).

desempacar. tr. to unpack.// unpacking (m.).
desempatar. tr. to break a tie.// tie-break (m.).
desempeñar. tr. 1. to perform, to fulfill. 2. to play *(un rol).*// **desempeño.** m. performance.
desempleado, da. a./m./f. unemployed.// **desempleo.** m. unemployment.
desempolvar. tr. to remove the dust.
desencadenar. tr. 1. to unchain. 2. to free *(liberar).* 3. to start *(iniciar).* 4. ref. to unfold *(los hechos).* 5. to break *(tormenta).*
desencajar. 1. tr. to disjoint, to dislocate. 2. ref. fig. to become distorted.
desencaminar. tr. to led astray.
desencantar. tr. to disenchant, to disillusion.// **desencanto.** m. disenchantment.
desenchufar. tr. to unplug, to disconnect.
desenfadado, da. a. self-assured.// **desenfado.** m. self-assurance, boldness.
desengañar. 1. tr. to disillusion. 2. ref. to become disillusioned.// **desengaño.** m. disillusionment.
desenlace. m. end, outcome.
desenmarañar. tr. to uravel.
desenmascarar. tr. 1. to unmask. 2. to reveal.
desenredar. tr. 1. to disentangle. 2. to put in order.
desenrollar. tr. to unroll, to unwind.
desenroscar. tr. unscrew.
desensillar. tr. to unsaddle.
desentenderse. ref. to take no part in, to have nothing to do.
desenterrar. tr. to unearth, to dig up.
desentonar. i. 1. to be out of tone. 2. fig. to clash.
desentrañar. tr. to get to the bottom of *(un asunto).*
desenvainar. tr. to draw.
desenvoltura. f. 1. naturalness 2. eloquence.
desenvolver. 1. tr. to unroll. 2. ref. to conduct oneself.
desenvuelto, ta. a. 1. natural. 2. eloquent.
deseo. m. 1. wish, desire. 2. sexual urge.// desirous (a.).
desequilibrar. 1. tr. to unbalance. 2. ref. to become mentally unbalanced.// unbalanced (a.).// **desequilibrio.** m. 1. unbalance 2. derangement *(mental).*
desertar. i. to desert.// desertion (f.).// deserter (m./f.).
desesperación. f. desperation.// desperated (a.).
desesperante. a. 1. exasperating *(que impacienta).* 2. hope less *(situación).*
desesperar. 1. tr. to exasperate. 2. ref. to hope less, to despair.
desestimar. tr. to hold in low esteem.
desfachatado, da. a. shameless.// **desfachatez.** f. shamelessness.
desfalcar. tr. to defalcate.// defalcation (f.).
desfallecer. i/tr. 1. to weaken. 2. to faint *(desmayarse).*// **desfallecimiento.** m. fainting.
desfavorable. a. unfavorable.
desfigurar. 1. tr. to disfigure, to deform. 2. ref. to become desfigured or deformed.
desfiladero. m. defile, narrow pass.
desfilar. i. 1. to defile, to parade. 2. fig. to file in.
desfile. m. parade.

desfondar. tr. to break the bottom of.
desgajar. 1. tr. to rip off. 2. ref. to break off.
desganado, da. a. 1. unwilling. 2. not hungr *(inapetente).*// **desgano.** m. reluctance, unwilling ness.
desgarbado, da. a. ungainly, unkward.
desgarrador, ra o **desgarrante.** a. heartbreaking
desgarrar. i./ref. to rip, to tear.// **desgarro.** m. rip ping.
desgastar. 1. tr./ref. to wear away. 2. ref. t become weak *(debilitarse).*// **desgaste.** m. wea wearing off.
desgobierno. m. misgovernment.
desgracia. f. 1. misfortune *(adversidad).* 2 mishap *(accidente).* 3. caer en d.: to fall into dis grace. 4. por d.: unfortunately.// **desgraciado da.** a. 1. unfortunate *(hecho).* 2. unluck *(persona)* 3. unhappy *(infeliz).* 4. wretched, despicable *(despreciable).*
desgranar. 1. tr. to shell. 2. ref. to break off.
deshabitado, da. a. uninhabited.
deshacer. tr. 1. to undo. 2. to destroy *(destruir)* 3. to take apart *(desarmar).*// ref. 1. to melt *(disolverse).* 2. d. de: to get rid of. 3. d. en: to dissolve into.
deshecho, cha. a. 1. undone. 2. exhaustec *(cansado).*
desheredar. tr. to disinherit.// disinherited (a.).
deshidratar. 1. tr. to dehydrate. 1. ref. to become dehydrated.// dehydratation (f.).// dehydratatec (a.).
deshielo. a. thaw, thawing.
deshilachar. 1. tr. to ravel. 2. ref. to tray.
deshilvanado, da. a. fig. disjointed, disconected.
deshinchar. 1. tr. to deflate *(desinflar).* 2. ref. to become deflated. 3. tr./ref. to relieve swelling of.
deshojar. tr. to defoliate.
deshonestidad. f. dishonesty.// dishonest (a.).
deshonor. m. o **deshonra.** f. dishonor.
deshonrar. tr. to dishonor.// dishonorable (a.).
deshora. f. inconvenient time.
deshuesar. tr. to bone.
desidia. f. indolence.// **desidioso, sa.** a. lazy.
desierto, ta. 1. a. deserted. 2. m. desert.
designar. tr. to designate.// designation (f.).// design (m.).
desigual. a. 1. unequal *(no igual).* 2. inequitable *(injusto).*// **desigualdad.** f. inequality.
desilusionar. 1. tr. to dissilusion. 2. ref. to become dissilusioned.// dissilusion (f.).
desinfectar. tr. to disinfect.// disinfection (f.).// disinfectant (a./m.).
desinflar. 1. tr. to deflate. 2. ref. to become deflated.
desintegrar. tr. to disintegrate.// disintegration (f.).
desinterés. m. 1. selfessness. 2. indifference *(desgano).*
desinteresarse. ref. to lose interest.
desistir. i. to desist.
desleal. a. disloyal.// disloyalty (f.).
desligar. 1. tr. to untie. 2. ref to break away.
deslindar. tr 1. to delimit. 2. to clarify.// **deslinde.** m. demarcation.

desliz. m. slip.// **deslizamiento.** m. 1. slipping *(de objetos)*. 2. landslide *(de tierra)*.
deslizar. 1. tr./ref. to slip, to slide. 2. ref. fig. to let slip.
deslucir. tr. 1. to spoil *(estropear)*. 2. to tarnish *(quitar el brillo)*. 3. ref. to become tarnished.
deslumbrante. a. dazzling, brilliant.
deslumbrar. tr. to dazzle.
desmán. m. outrage, excess.
desmantelar. tr. to dismantle.// dismantling (m.).
desmayado, da. a. unconscious.
desmayar. 1. tr. to dismay. 2. ref. to faint.// **desmayo.** m. 1. faint. 2. *sin d.*: without dismay.
desmedido, da. a. excessive.
desmejorar. tr. to damage.// i./ref. to get worse.
desmembrar. tr. to dismember.
desmemoriado, da. a. forgetful, absent mind.
desmentida. f. denial, contradiction.
desmentir. tr. 1. to contadict. 2. to refute *(refutar)*. 3. to go against *(actuar contra)*. 4. ref. to contradict oneself.
desmenuzar. tr. 1. to crumble. 2. to examine closely.
desmerecer. tr. to be unworthy of.
desmesurado, da. a. excessive.
desmilitarizar. tr. to demilitarize.
desmonetizar. tr. to demonetize.
desmontar. 1. i./tr./ref. to dismount. 2. tr. to dismantle *(desmantelar)*. 3. to cut down *(bosque o terreno)*.
desmoralizar. 1. tr. to demoralize. 2. ref. to become demoralized.// demoralization (f.).// demoralizing (a.).
desmoronar. tr./ ref. to crumble.
desmovilizar. tr. to demobilize.// demobilization (f.).
desnaturalizar. tr. 1. to denaturalize. 2. to pervert *(corromper)*. 3. ref. to become denaturalized.// denaturalization (f.).// denaturalized (a.).
desnivel. m. 1. uneveness. 2. difference.
desnivelar. tr. 1. to make uneven. 2. to unbalance *(desequilibrar)*. 3. ref. to become tilted.
desnucar. 1. tr. to break the neck of. 2. ref. to break one's neck.
desnudar. tr./ ref. 1. to undress. 2. fig. to denude.// **desnudez.** f. nudity, nakedness.// **desnudismo.** m. nudism.// nudist (m./f.).// **desnudo.** 1. a. naked; fig. bare. 2. m. nude.
desnutrición. f. malnutrition.// **desnutrido, da.** a. undernourished.
desobedecer. i. to disobey.// disobedience (f.).// disobedient (a.).
desocupación. f. unemployment.// **desocupado, da.** 1. a. vacant. 2. a./m./f. unemployed
desocupar. tr. 1. to empty *(envase)*. 2. to vacate *(casa, cuarto)*. 3. to clear *(espacio)*. 4. ref. to finish.
desodorante. a./m. deodorant.
desoír. tr. to ignore, to pay no attention to.
desolación. f. desolation.// **desolado, da.** a. 1. desolate. 2. disconsolate.// **desolador, ra.** a. desolating.
desollar. tr. to skin.
desorbitado, da. a. 1. out of proportion *(desproporcionado)*. 2. beside oneself *(fuera de sí)*.

desorden. m. 1. disorder. 2. disturbance// **desordenado, da.** a. disorderly.
desordenar. tr. to disarrange, to disorder.
desorganizar. tr. to desorganize.// desorganization (f.).
desorientación. f. disorientation, confusion.
desorientar. tr. 1. to disorient. 2. to confuse. 3. ref. to become disoriented or confused.
desovar. tr. to spawn *(peces)*; to oviposit *(insectos)*.
despabilado, da. a. alert, smart.
despabilar. 1. tr. to liven up 2. ref. to wake up.
despachar. tr. 1. to dispatch *(enviar)*. 2. to resolve *(resolver)*. 3. to kill *(matar)*. 4. to sale *(vender)*. 5. ref. to speak one's mind *(hablar)*.// **despacho.** m. 1. dispatch *(envío, comunicación)*. 2. office *(oficina)*. 3. official writting *(escrito)*. 4. sale *(venta)*.
despacio. adv. 1. slow *(lento)*. 2. in a low voice *(bajo)*. 3. *¡d.!:* easy! // **despacioso, sa.** a. slow.
desparejo, ja. a. 1. uneven. 2. odd *(dispar)*.
desparpajo. m. 1. ease. 2. pertness *(descaro)*.
desparramar. tr. to scatter.
despavorido, da. a. terrified.
despecho. m. 1. spite, rancor. 2. ill-will *(mala voluntad)*. 3. *a d. de:* in spite of. 4. *por d.:* out of spite.
despectivo, va. a. disparaging, pejorative.
despedido, da. 1. a. discharged. 2. f. farewell.
despedir. tr. 1. to throw *(arrojar)*. 2. to emit *(emitir)*. 3. to dismiss *(echar)*. 4. tr./ref. to say goodbye to *(decir adiós)*.
despegar. 1. i. to take-off *(avión)*. 2. tr. to unstick. 3. to detach *(separar)*. 3. ref. to become unstuck or detached.// **despegue.** m. take-off.
despeinar. tr. to disarrange the hair of.
despejado, da. a. clear *(cielo, espacio, mente)*.
despejar. 1. tr. to clear *(lugar)*. 2. tr./ref. to clear up *(clima)*. 3. ref. to enjoy oneself *(divertirse)*.
despensa. f. 1. larder. 2. grocery store *(almacén)*.
desperdiciar. tr. 1. to waste. 2. to miss *(oportunidades)*.// **desperdicio.** 1. m. waste. 2. pl. garbage.
desperdigar. tr. to scatter, to disperse.
desperezarse. ref. to stretch oneself.
desperfecto. m. blemish, imperfection.
despertador. m alarm clock.
despertar. 1. i./tr./ref. to wake up. 2. tr. to awaken *(sospechas, emociones)*. 3. tr. to whet *(apetito)*.// **despierto, ta.** a. 1. awaken. 2. clever *(listo)*.
despido. m. dismissal.
despilfarrar. tr. to waste.// **despilfarro.** m. waste.
despistado, da. a. disoriented, lost.
despistar. tr. 1. to lead astray. 2. to desorient.
desplazar. tr. 1. to diplace. 2. to move *(mover)*.// displacement (m.).
desplegar. tr./ref. 1. to unfold. 2. to display *(mostrar)*.// **despliegue.** m. unfolding, deployment.
desplomar. 1. tr. to knock down. 2. ref. fall down *(derrumbarse)*; to faint *(desmayarse)*.
desplumar. tr. 1. to pluck. 2. fig. to fleece.
despoblado. m. desert, wilderness.
despoblar. tr./ref. to depopulate.// depopulation (f.).

despojar. tr. 1. to strip (quitar). 2. to rob (robar).// **despojo.** m. 1. stripping, robbing (acción). 2. pl. offal (animal); mortal remains (persona).

desposar. tr./ref. to marry, to wed.

déspota. m./f. despot.// despotic (a.).// despotism (m.).

despotricar. i. to rant, to rave.

despreciable. a. 1. despicable. 2. worthless (sin valor).

despreciar. tr. 1. to despise. 2. to disdain (desdeñar).// **desprecio.** m. contempt, disdain.

desprender. tr. 1. to detach. 2. to emit (emitir). 3. ref. to give away (despojarse). 4. ref. d. de: to be inferred (inferirse).// **desprendido, da.** a. generous, disinterested.// **desprendimiento.** f. 1. detachment. 2. generosity. 3. landslide (de tierra).

despreocupado, da. a. carefree.

despreocuparse. ref. 1. to stop worrying (dejar de afligirse). 2. to become careless (descuidarse). 3. d. de: to forget (olvidarse).

desprestigiar. 1. tr. to discredit. 2. ref. to loss one's prestige.// **desprestigio.** m. loss of prestige.

desprevenido, da. a. unprepared, off guard.

desproporción. f. disproportion.// disproportioned (a.).

despropósito. m. absurdity, nonsense.

desprovisto, ta. a. lacking.

después. adv. 1. later (más tarde). 2. after (d. de).

despuntar. tr. 1. to begin (comenzar). 2. d. el día: to dawn. 3. para d. el vicio: for hobby.

desquitarse. ref. 1. to get even with, to win back (resarcirse). 2. to take revenge (vengarse).// **desquite.** m. 1. revenge (venganza). 2. Sp. return match.

destacado, da. a. outstanding, prominent.

destacamento. m. detachment; station (policial).

destacar. tr. 1. to underline. 2. Mil. to detail. 3. i./ref. to stand out.

destajo (a). m. piecework.

destapar. tr. 1. to uncover. 2. to uncork (botellas). 3. to reveal (revelar). 4. ref. to take off the covers.

destellar. tr. 1. Mus. to flash.// **destello.** m. flash.

destemplado, da. 1. Mus. off tune. 2. intemperate (clima, ánimo). 3. feverish (febril).// **destemplanza.** f. 1. intemperance (trato). 2. inclemency (tiempo).

desteñir. i. to fade, to discolor.

desterrar. 1. tr. to exile. 2. ref. to go into exile.

destetar. tr. to wean.// **destete.** m. weaning.

destiempo (a). adv. inopportunely, out of time.

destierro. m. exile.

destilar. tr. to distil.// distillation (f.)// distillery (f.).

destinar. 1. tr. to destin. 2. to assign (asignar). 3. to send (enviar).// **destinatario, ria.** a. addressee.// **destino.** m. 1. destiny (fortuna). 2. destination. 3. job (trabajo). 4. use (uso). 5. con d. a: bound for.

destornillador. m. screwdriver.

destornillar. 1. tr. to unscrew. 2. ref. fig. to go crazy.

destrabar. tr. to unbind, to untie.

destreza. f. 1. skill (habilidad). 2. dexterity.

destripar. tr. 1. to gut. 2. fig. to crush.

destronar. f. 1. to dethrone. 2. fig. to overthrow.

destrozar. 1. tr./ref. to smash. 2. tr. to destroy.// **destrozo.** m. 1. damage (daño). 2. destruction.

destrucción. f. destruction.// destructive (a.).// destroyer (m.).

destruir. tr. to destroy.

desunir. tr. 1. to disunite, to separate. 2. to cause discord (enemistar).// disunion (f.).

desusado, do. a. 1. obsolete. 2. non common.// **desuso.** m. disuse, obsolescence.

desvalido, da. a./m./f. needy, helpless.

desvalijar. tr. to rob, to plunder.

desvalorizar. tr. to devalue.// devaluation (f.).

desván. m. attic, garret.

desvanecer. 1. tr./ref to vanish, to disappear (desaparecer). 2. to dispel (disiparse). 3. ref. to faint (desmayarse).// **desvanecimiento.** m. faint.

desvariar. i. 1. to be delirious. 2. to rave (decir disparates).// **desvarío.** m. delirium; raving.

desvelar. tr. 1. to keep awake. 2. ref. to stay awake (no dormir). 3. d. por: to be watchful for.// **desvelo.** m. sleeplessness (insomnio); devotion (devoción).

desventaja. f. disadvantage.

desventura. f. misfortune.// unfortunate (a.).

desvergonzado, da. a. shameless.// **desvergüenza.** f. shamelessness.

desvestir. tr./ref. to undress.

desviación. f. 1. deviation (de normas). 2. deflection (de una onda). 3. detour (desvío).

desviar. 1. tr. to divert. 2. ref. to deviate (de normas); to take a detour (de una ruta).// **desvío.** m. 1. detour (rodeo). 2. deviation (desviación).

desvirtuar. tr./ref. to spoil.

desvivirse. ref. to be eager.

detallar. tr. to detail, to specify.// **detalle.** m. 1. detail. 2. gesture (gesto).

detectar. tr. to detect.// detector (m./f.).

detective. m./f. detective.

detención. f. 1. stopping (acción); stoppage (tiempo). 2. arrest. 3. delay (demora).

detener. 1. tr./ref. to stop (parar). 2. tr. to delay (demorar). 3. tr. to arrest.// **detenido, da.** 1. a. thorough (cuidadoso). 2. m./f. person under arrest.

detenimiento. m. thoroughness.

detergente. m. detergent.

deteriorar. tr. to deteriorate.// deterioration (m.).

determinación. f. determination.// **determinado, da.** a. determined; specific (preciso).// determinant (a.).

determinar. 1. tr. to determine. 2. tr./ref. to convince, to decide (decidir).

detestable. a. hateful.

detestar. tr. to hate.

detonar. tr. to detonate.// detonation (f.).

detractar. tr. to detract.// detractor (m./f.).

detrás. a. 1. behind. 2. por d: behind one's back.

detrimento. m. detriment.

deudo, da. 1. m./f. relative. 2. f. debt.// **deudor, ra.** 1. a. indebted; debit (cuenta). 2. m./f. debtor.

devaluar. tr. to devaluate.// devaluation (f.).

devanado. m. winding.

devanar. 1. tr. to wind, to reel. 2. ref. d. los sesos: to rack one's brains.

desvastar. tr. to desvastate.// desvastation (f.).

devengar. tr. to earn.

devenir. i. **1.** to happen (suceder). **2.** to become (llegar a ser). **3.** m. destiny.

devoción. f. devotion.

devolución. f. **1.** return. **2.** Com. refund.

devolver. 1. tr. to return, to send back. **2.** tr. fig. to throw up (vomitar).

devorar. tr. **1.** to devour. **2.** to consume.

devoto, ta. a. devout (religioso); devoted (aficionado).

día. m. **1.** day. **2.** daytime (claridad). **3.** al d.: up to date (actual). **4.** al otro d.: the next day. **5.** ¡buen d.!: good morning! **6.** de d.: by day. **7.** d. de semana: weekday. **8.** d. feriado: holiday. **9.** hoy en d.: nowadays. **10.** todo el santo d.: all day long. **11.** todos los d.: daily. **12.** vivir al d.: to live from hand to mouth.

diabetes. f. diabetes.// diabetic (a./m./f.).

diablo. m. devil.// deviltry (f.).// diabolical (a.).

diácono. m. deacon.

diadema. f. diadem.

diáfano, na. a. clear, diaphanous.

diafragma. m. diaphragm.

diagnosticar. tr. to diagnose.// diagnosis (m.).

diagonal. a./f. diagonal.

diagramar. tr. to diagram.// diagram (m.).

dialéctico, ca. 1. a. dialectic. **2.** f. dialectics.

dialecto. m. dialect.

dialogar. tr. to dialogue.// dialogue (m.).

diamante. m. diamond.

diámetro. m. diameter.// diametrical (a.).

diana. f. reveille.

diapasón. m. diapason.

diapositiva. f. slide.

diario, ria. a./adv. **1.** daily. **2.** a d.: every day.// m. **1.** diary (libro personal). **2.** newspaper (periódico). **3.** journal (libro comercial).

dicción. f. diction.// **diccionario.** m. dictionary.

dicho, cha. a. **1.** said. **2.** mejor d.: rather. **3.** m. saying, proverb **4.** f. happiness.// **dichoso, sa.** a. **1.** happy (feliz). **2.** lucky (con suerte). **diciembre.** December.

dicotomía. f. dichotomy.

dictado. m. **1.** dictation (acción). **2.** title. **3.** pl. dictates.

dictador. m. dictator.// **dictadura.** f. dictatorship.

dictamen. m. **1.** judgement (juicio). **2.** sentence.

dictaminar. tr. Law. to pronounce sentence.

dictar. tr. **1.** to dictate. **2.** Law. to pronounce sentence. **3.** to give (cursos).

diecinueve. a./m. nineteen; nineteenth (en fechas).// **diecinueveavo, va.** a./m. nineteenth.// **dieciochavo, va.** a./m. eighteenth.// **dieciocho.** a./m. eighteen, eighteenth (en fechas).// **dieciséis.** a./m. sixteen.// **dieciseisavo, va.** a./m.

sixteenth.// **diecisiete.** a./m. seventeen; seventeenth (en fechas).// **diecisieteavo, va.** a./m. seventeenth.

diente. m. **1.** tooth. **2.** Mech. cog.

diéresis. f. dieresis.

diestro, tra. a. **1.** right. **2.** skilful (hábil).// f. **1.** right hand. **2.** a d. y siniestra: right and left.

dieta. f. diet.// dietetic (a.).// dietetics (f.).

diez. a./m. ten; tenth (en fechas).

diezmar. tr. to decimate.// **diezmo.** m. tithe.

difamar. tr. to defamate.// defamation (f.).// defamer (m./f.).// defamatory (a.).

diferencia. f. **1.** difference. **2.** a d. de: unlike, in contrast to.// differential (a./f.).// differentiation (f.).

diferenciar. 1. tr. to differentiate. **2.** ref. to differ.

diferente. 1. a. different. **2.** pl several. **3.** adv. differently.

diferir. 1. i. to differ. **2.** tr. to defer, to postpone.

difícil. a. difficult.// difficulty (f.).

dificultar. tr. **1.** to make difficult. **2.** to consider difficult (considerar difícil).

difteria. f. diphteria.// diphteric (a.).

difundir. tr. **1.** to diffuse. **2.** to broadcast (transmitir). **3.** to disseminate. **4.** ref. to spread.

difunto, ta. a./m./f. deceased.

difusión. f. **1.** diffusion. **2.** broadcasting (por radio).

difuso, sa. a. **1.** diffuse. **2.** hazy (vago).

digerir. tr. **1.** to digest. **2.** fig. to suffer.// digestible (a.).// digestion (f.).// digestive (a.).

dígito. m. digit.// digital (a.).

dignarse. tr. to deigh, to conscend.

dignatario. m. dignatary.

dignidad. f. **1.** dignity. **2.** rank (rango).

dignificar. tr. to dignify.

digno, na. a. **1.** worthy (merecedor). **2.** honorable.

dije. m. pendant, charm.

dilación. f. delay.

dilapidar. tr. to waste, to squander.

dilatación. f. dilation, expansion.// **dilatado, da.** a. **1.** vast, extended. **2.** delayed (demorado).

dilatar. tr./ref. **1.** to dilate, to expand. **2.** to postpone, to delay (demorar).// dilatory (a.).

dilecto, ta. a. beloved.

dilema. f. dilemma.

diligencia. f. **1.** diligence. **2.** stage coach (carruaje). **3.** Law. proceeding.

diligenciar. tr. to deal with, to process.// **diligente.** a. diligent, speedy.

dilucidar. tr. to elucidate.

diluir. tr. to dilute, to dissolve.

diluviar. i. to pour down.// **diluvio.** m. flood.

dimensión. f. dimension.

diminutivo, va. a. diminutive.

diminuto, ta. a. small, little, tiny.

dimitir. i. to resign.// resignation (f.).

dinamarqués, sa. 1. a. Danish. **2.** m./f. Dane.

dinámico, ca. 1. a. dynamic. **2.** f. dynamics.// dynamism (m.).// dynamo (f.).

dinamitar. tr. to dynamite.// dynamite (f.).

dinastía. f. dynasty.// dynastic (a.).

dineral. m. fortune.

dinero. m. **1.** money. **2.** d. efectivo: ready cash.

dinosaurio. m. dinosaur.

diócesis. f. diocese.
dios, sa. 1. m. god, God. **2.** f. goddess.
dióxido. m. dioxide.
diploma. m. diploma.
diplomacia. f. diplomacy.
diplomado, da. a. graduated.
diplomar. tr./ref. to graduate.
diplomático, ca. 1. a. diplomatic. **2.** m. diplomat.
diptongo. m. diphtong.
diputación. f. deputation.// **diputado, da.** m./f. deputy, representative.
dique. m. **1.** dike. **2.** dam (de contención). **3.** d. seco: dry dock.
dirección. f. **1.** direction. **2.** directorship (cargo). **3.** director's office (oficina). **4.** managment (administración). **5.** address (señas). **6.** Mech. steering.// **directivo, va. 1.** a. directing. **2.** m./f. director. **3.** f. directive (orden); board of directors.
directo, ta. a. **1.** direct. **2.** straight (derecho). **3.** tren d.: trough train.
director, ra. m./f. **1.** director. **2.** principal (escuela). **3.** editor (diario), **4.** conductor (orquesta).// **directorio.** m. **1.** directory (agenda). **2.** directorate (junta).
dirigente. m. **1.** director (directivo). **2.** leader.
dirigible. a./m. dirigible.
dirigir. tr. **1.** to direct. **2.** to lead (liderar). **3.** to manage (empresa). **4.** to conduct (orquesta). **5.** tr./ref. adress (carta, la palabra). **6.** ref. to go (ir).
discernir. tr. to discern.// discernment (m.).
disciplinar. tr. to discipline.// discipline (f.).
discípulo, la. m./f. **1.** disciple. **2.** pupil (alumno).
disco. m. **1.** disk. **2.** record (fonográfico). **3.** dial (teléfono). **4.** Comp. diskette. **5.** Sp. discus.
discoteca. f. **1.** discotheque. **2.** record collection.
discordia. f. discord.// discordant (a.).
discreción. f. **1.** discretion. **2.** tact. **3.** a d.: at one's discretion.// discretionary (a.).
discrepar. i. to differ.// discrepancy (f.).
discreto, ta. a. **1.** discreet. **2.** passable.
discriminar. tr. to discriminate.// discrimination (f.).
disculpa. f. **1.** excuse. **2.** apology (por una ofensa).
disculpar. 1. tr. to excuse. **2.** ref. to apologize.
discurso. m. speech.
discusión. f. discussion.
discutible. a. debatable, disputable.
discutir. 1. i./tr. to discuss. **2.** tr. to argue (disputar).
disecar. tr. **1.** to dissect. **2.** to stuff (animales).// dissection (f.).
diseminar. tr. to disseminate.// dissemination (f.).
disensión. f. disension.
disentir. i. to dissent, to disagree.
diseñar. tr. to design.// **diseño.** m. design.// **diseñador, ra.** m./f. designer.
disertar. i. to discourse.// dissertation (f.).
disfraz. m. **1.** disguise. **2.** mask (máscara).
disfrazar. tr./ref. to disguise.
disfrutar. i./tr. to enjoy.// **disfrute.** m. enjoyment.
disgregar. tr./ref. to disintegrate.
disgustar. 1. tr. to annoy. **2.** ref. to be annoyed.
disgusto. m. **1.** annoyance. **2.** a d.: unwillingly.

disidencia. f. dissidence.// dissident (a./m./f.).
disímil. a. unlike.// **disimilitud.** f. unlikeness.
disimulado, da. a. **1.** dissembling. **2.** hidden (encubierto).
disimular. tr. **1.** to dissemble. **2.** to hide, to mask (enmascarar).// dissimulation (f.).
disipación. f. dissipation// **disipado, da.** a. dissolute.
disipar. 1. tr. to dissipate. **2.** to dispel (una duda). **3.** ref. to vanish (devanecerse).
dislocar. tr./ref. to dislocate.// dislocation (f.).
disminuir. i./tr./ref. to diminish.// diminution (f.).
disociar. tr./ref. to dissociate.// dissociation (f.).
disoluble. a. soluble.// **disolución.** f. **1.** solution (química). **2.** breakup (ruptura). **3.** liquidation (empresa).
disolver. 1. tr./ref. to dissolve. **2.** tr. to break up (dispersar). **3.** tr. to annule. **4.** to liquidate (empresa).
disonancia. f. dissonance.// dissonant (a.).
dispar. a. unequal.
disparada. f. flight, race.
disparador. m. trigger.
disparar. 1. i./tr. to fire, to shoot. **2.** tr. to hurl (arrojar). **3.** ref. to dash off (irse corriendo).
disparatado, da. a. absurd, crazy.// **disparate.** m. absurdity, nonsense.
desparejo, ja. a. uneven.
disparidad. f. disparity.
dispensar. tr. **1.** to dispense. **2.** to excuse.// dispensation (f.).// dispensary (m.).
dispepsia. f. dyspepsia.// dyspeptic (a.).
dispersar. tr./ref. to disperse.// dispersion (f.).
displicencia. f. coolness, indifference.// **displicente.** a. indifferent.
disponer. tr. **1.** to arrange (ubicar). **2.** to order (ordenar). **3.** d. de: to have. **4.** tr./ref. to prepare (preparar, disponerse a).
disponibilidad. f. availability.// **disponible.** a. available.
disposición. f. **1.** disposition. **2.** talent (aptitud, talento). **3.** decree, order (decreto). **4.** pl. measures. **5.** estar en d: to be ready to.
dispositivo. m. mechanism.
dispuesto, ta. a. **1.** estar d. a: to be ready to. **2.** estar bien o mal d.: to be well or ill disposed.
disputar. tr./ref. to dispute.// dispute (f.).
distancia. f. **1.** distance. **2.** difference.
distanciar. 1. to separate. **2.** ref. to be separated.
distante. a. distant.
distar. tr. **1.** to be a certain distance. **2.** to differ.
distensión. f. **1.** Med. distention. **2.** Pol. detente.
distinción. f. **1.** distinction. **2.** deference (trato). **3.** distinctness (análisis).
distinguir. 1. tr./ref. to distinguish (diferenciar/se). **2.** to pay tribute (honrar).
distinto, ta. a. **1.** distinct. **2.** different.
distorsión. f. distortion.
distracción. f. **1.** distraction. **2.** innatention.
distraer. 1. tr. to distract. **2.** to entertain. **2.** ref. to be distracted or entertained.
distraído, da. a. absent-minded.
distribuir. tr. to distribute.// distribution (f.).// distributor (a.).// distributive (a.).

distrito. m. district.

disturbio. a. disturbance.

disuadir. tr. to dissuade.// dissuasion (f.).// dissuasive (a.).

diurno, na. a. diurnal.

diván. m. couch, divan.

divergir. i. to diverge.// divergence (f.).// divergent (a.).

diversidad. f. diversity.

diversión. f. **1.** diversion. **2.** entertainment, amusement.

diverso, sa. a. **1.** diverse. **2.** pl. several.

divertir. 1. tr. to divert. **2.** tr./ref. to amuse, to entertain.

dividendo. m. dividend.

dividir. 1. tr./ref. to divide. **2.** ref. to separate.

divino, na. a. divine.// divinity (f.).

divisa. f. **1.** emblem. **2.** pl. currency.

divisar. tr. to descry.

división. f. division.// divisible (a.).// divider (m.).// Math. divisor (m.).// **divisorio, ria.** a. dividing.

divorciar. tr./ref. to divorce.// divorce (m.).

divulgar. tr. **1.** to reveal, to popularize.

doblar. tr. **1.** to double. **2.** to bend (curvar). **3.** to dub (cine). **2.** tr./ref. to fold (plegar/se).// **doble. 1.** a. double; two-faced (de dos caras). **2.** m./f. double; copy. **3.** adv. doubly. **4.** al d.: doubly.

doblez. m. **1.** fold (pliegue). **2.** duplicity.

doce. a./m. twelve.// **docena.** f. dozen.

docente. 1. a. teaching. **2.** m./f. teacher.

dócil. a. docile; ductile.// docility (f.).

doctor, ra. m./f. doctor.// doctorate (m.).

doctrina. f. doctrine.// doctrinarian (a.).

documentacion. f. documentation.// **documental. 1.** a. documental. **2.** m. documentary.// document (m.).

dodecaedro. m. dodecahedron.

dogma. f. dogma.// dogmatic (a.).// dogmatism (m.).

dólar. m. **1.** dollar. **2.** EE,UU. fig. buck.

dolencia. f. illness.

doler. 1. i. to hurt; to pain. **2.** ref. to complain (quejarse). **2.** to be sorry for (compadecerse).// **doliente. 1.** a. ailing. **2.** m./f. mourner (enlutado).

dolo. m. fraud.// **doloso, sa.** a. fraudulent.

dolor. m. **1.** pain. **2.** sorrow (congoja).// **dolorido, da.** a. pained.// **doloroso, sa.** a. painful.

doma. f. taming.// **domador, ra.** m./f. tamer.

domar. tr. to tame.

domesticar. tr. **1.** to domesticate.// domestic (a./m./f.).

domiciliarse. ref. to domicile.// **domicilio.** m. **1.** domicile. **2.** address (dirección). **2.** a d.: home delivery.

dominación. f. domination.// dominant (a.).

dominar. 1. i./tr. to dominate. **2.** tr. to subdue (someter). **3.** to master (pasiones, ciencias). **4.** ref. to control oneself (controlarse).

domingo. m. sunday.// dominical (a.).

dominicano, na. a./m./f. Dominican.

dominio. m. **1.** domination. **2.** dominion (territorios).

don. m. **1.** gift (regalo). **2.** talent.

donar. tr. to donate.// donation (f.).// donor (m./f.).

doncella. f. maid.

donde. adv. **1.** where. **2.** ¿de d.?: from where?

dondequiera. adv. anywhere.

doquier, ra. adv. **1.** wherever. **2.** por d.: everywhere.

dorado, da. 1. a. golden. **2.** m. gilt, gilding.

dorar. 1. tr. to gild. **2.** ref. to become golded or gilded.

dormilón, na. m./f. sleepyhead.

dormir. 1. tr. to sleep. **2.** ref. to fall asleep.

dormitorio. m. bedroom (cuarto); dormitory (casa).

dorso. m. back.// dorsal (a.).

dos. a./m. **1.** two. **2.** d. por tres: frequently.

doscientos. a./m. two hundred.

dosificar. tr. to dose.// **dosis.** m. dose.

dotación. f. **1.** crew, personnel. **2.** equipment.

dotar. tr. **1.** to equip. **2.** to staff (personal). **3.** to endow (dones).// **dote.** f. **1.** dowry. **2.** pl. gifts.

dragar. tr. to dredge.// **draga.** f. dredge.

dragón. m. dragon.

drama. f. drama.// dramatic (a.).

drástico, ca. a. drastic.

drenar. tr. to drain.// drainage (m.).

drogar. tr./ref. to drug, to dope.// drug (f.).// drugaddict (m./f.).// **droguería.** f. drugstore.

dromedario. m. dromedary.

dual. a. dual.// duality (f.).

ducado. m. dukedom.// ducal (a.).

dúctil. a. ductile, malleable.// ductility (f.).

duchar. tr./ref. to shower.

ducho, cha. 1. a. skilled. **2.** f. shower.

dudar. tr. to doubt.// **duda.** f. doubt.// **dudoso, sa.** a. **1.** doubtful (hechos). **2.** hesitant (persona).

duelo. m. **1.** duel. **2.** mourning (luto).// duelist (m./f.).

duende. m. elf.

dueño, ña. 1. m./f. owner. **2.** m. master, f. lady (de una casa). **3.** ser d. de sí mismo: to have self-control.

dulce. 1. a. sweet; fresh (agua). **2.** m. candy, sweet. **3.** adv. sweetly, gently.

dulzura. sweetness.

duna. f. dune.

dúo. m. duet, duo.

duodécimo. adj. twelfth.

duodeno. m. duodenum.// duodenal (a.).

duplicar. tr. to duplicate.// duplicate (m.).

duplicidad. f. duplicity.

duplo. m. double.

duque. m. duke.

duquesa. f. duchess.

durabilidad. f. durability.// durable (a.).// duration (f.).

durante. prep. during.

durar. i. **1.** to last, to endure. **2.** to remain (permanecer).

duraznero. m. peach tree.// **durazno.** m. peach.

dureza. f. **1.** hardness. **2.** thoughness (rudeza).

durmiente. 1. a. sleeping. **2.** m. sleeper.

duro, ra. a. **1.** hard. **2.** strong (fuerte). **3.** harsh (cruel).

e. 1. f. fifth letter of Spanish alphabet. **2.** conj. and.
ebanista. m. cabinetmaker.// **ébano.** m. ebony.
ebrio, bria. a./m./f. drunk.
ebullición. f. boiling; ebuliance *(efervescencia)*.
echar. tr. **1.** to throw *(arrojar)*. **2.** to throw out *(expulsar)*. **3.** to emit *(emitir)*. **4.** to dismiss *(del empleo)*. **5.** to put *(poner)*. **6.** ref. to lied down. **7.** e. a perder: to spoil; to waste. **8.** e. abajo: to demolish. **9.** e. de menos: to miss. **10.** e. llave: to turn. **11.** e. mano: to grab. **12.** e. tierra: to cover up. **13.** e. una siesta: to take a nap.
eclesiástico, ca. a./m. ecclesiastic.
eclipsar. tr. to eclipse.// eclipse (m.).// ecliptic (a.).
eclosión. f. **1.** budding. **2.** appearance.
eco. m. echo.
ecología. f. ecology.// ecologic (a.).// ecologist (m./f.).
economía. f. **1.** economy. **2.** savings *(ahorro)*. **3.** economics *(ciencia)*.// economic; economical *(ahorrador)* (a.).// economist (m./f.).
economizar. tr. to economize on, to save.
ecosistema. m. ecosystem.
ecuación. f. equation.
ecuador. m. equator.// equatorial (a.).
ecuánime. a. impartial.// equanimity (f.).
ecuatoriano, na. a./m./f. Equadorean.
ecuestre. a. equestrian.
edad. f. **1.** age. **2.** Age *(era)*. **3.** d. e. avanzada: elderly. **4.** e. adulta: middle age. **5.** mayor de e.: legal age. **6.** menor de e.: minor. **7.** temprana e.; youth. **8.** ¿qué e. tienes?: how old are you?
edén. m. Eden.// edenic (a.).
edición. f. **1.** edition. **2.** issue *(número)*.
edicto. m. edict.
edificación. f. **1.** edification. **2.** building *(edificio)*.
edificante. a. edifying.
edificar. tr. to build.// **edificio.** m. building.
editar. tr. to publish.// **editor, ra. 1.** a. publishing. **2.** m./f. publisher, editor.// **editorial. 1.** a. editorial. **2.** f. editorial *(nota)*; publishing house *(casa)*.// **editorialista.** m./f. editorial writer.
educación. f. **1.** education. **2.** good manners.// **educado, da.** a. educated; well-mannered.// **educador** (m./f.).// **educando.** m. pupil.
educar. tr. **1.** to educate. **2.** to raise *(criar)*. **3.** to train *(entrenar)*.// educational (a.).// educative (a.).
efectivamente. adv. **1.** really *(realmente)*. **2.** certainly *(ciertamente)*.

efectivo, va. 1. a. effective *(con efecto)*; real. **2.** m. cash *(dinero)*. **3.** pl. forces.// effectiveness (f.).
efecto. a. **1.** effect. **2.** end, purpose *(propósito)*. **3.** impact. **4.** spin *(rotación)*. **5.** pl. goods. **6.** a e. de: for the purpose of. **7.** en e.: in fact. **8.** hacer e.: to have an effect. **9.** tener e.: to have effect.
efectuar. 1. tr. to effect. **2.** ref. to take place.
efervescencia. f. effervescence.// effervescent (a.).
eficacia. f. efficacy.// **eficaz.** a. effective.
eficiencia. f. efficiency,// efficient (a.).
efigie. f. effigy.
efímero, ra. a. ephimeral.
efusión. f. effusion.// effusive (a.).
egipcio, cia. a./m./f. Egyptian.
egoísmo. m. selfishness.// **egoísta.** a. selfish.
egresado, da. a./m./f. graduate.
egresar. tr. **1.** to go out. **2.** to graduate.// **egreso.** m. **1.** departure *(partida)*. **2.** expense *(gasto)*.
eje. m. **1.** axis. **2.** Mech. axle.
ejecución. f. **1.** execution. **2.** Mus. performance.
ejecutar. tr. **1.** to execute. **2.** Mus. to performe.// executive (a./m.).// executor (a./m./f.).
ejemplar. 1. a. exemplary. **2.** m. copy *(libro)*; issue *(revista)*.
ejemplificar. tr. to exemplify.// example (m.).
ejercer. tr. to practice *(oficio)*; to exercise *(derechos)*.
ejercicio. m. exercise; practice *(desempeño)*.
ejercitar. tr. to exercise.
el. m. art. the.
él. m. pron. he, him *(objeto indirecto)*, it *(cosas y animales)*, his *(de él)*.
elaboración. f. manufacture.// **elaborar.** tr. **1.** to manufacture *(fabricar)*. **2.** to make *(crear)*.
elástico, ca. a./m./f. elastic.// elasticity (f.).
elección. f. election.// elect (a.).// elective (a.).// electoral (a.).// electorate (m.).
electricidad. f. electricity.// electric (a.).// electrician (m./f.).// **electrificar.** tr. to electrify.// **electrizante.** a. electrifying.
electrocardiograma. m. electrocardiogram.
electrocutar. tr. to electrocute.// electrocution (f.).
electrodo. m. electrode.
electrólisis. f. electrolysis.// electrolytic (a.).
electromagnético, ca. a. electromagnetic.
electrón. m. electron.// **electrónico, ca. 1.** a. electronic. **2.** f. electronics.
elefante. m. elephant.
elegancia. f. elegance.// elegant (a.).

elegía. f. elegy.

elegir. tr. **1.** to chose (optar). **2.** to elect (elecciones).

elemento. m. element.// elementary (a.).

elenco. m. cast.

elevación. f. elevation.// **elevado, da.** a. **1.** high, tall (alto). **2.** lofty, elevated (noble).// elevator (m.).

elevar. tr. **1.** to elevate. **2.** to exalt. **3.** Math. to raise. **4.** ref. to rise.

eliminar. tr. to eliminate.// elimination (f.).// **eliminatorio, ria.** **1.** a. eliminatory. **2.** f. pl. preliminary.

elipse. f. ellipse.// ellipsis (f.).// elliptical (a.).

ella. f. pron. she, her (dativo, posesivo).// **ello.** ind. pron. it.// **ellos, llas.** m./f. pron. pl. they, them.

elocuencia. f. eloquence.// eloquent (a.).

elogiar. tr. to praise.// **elogio.** m. praise

eludir. tr. **1.** to elude. **2.** to avoid (evitar).

emanar. i. to emanate.// emanation (f.).

emancipar. **1.** tr. to emancipate. **2.** ref. to become emancipated.// emancipation (f.).

embajada. f. embassy.// ambassador (m.); ambassadress (f.).

embalaje. m. packing.// **embalar.** tr to pack.

embalsamar. tr. to embalsam.

embalse. m. damming; reservoir (artificial).

embarazada. a. pregnant.// **embarazar.** tr. **1.** to make pregnant. **2.** to embarrass (molestar).// **embarazo.** m. **1.** pregnancy. **2.** embarrassment (timidez).// **embarazoso, sa.** a. embarrassing.

embarcación. f. boat, ship.// **embarcar.** **1.** tr./ref. to embark. **2.** tr. to load (cargar). **3.** ref. fig. to get involved in (enredarse).

embargar. tr. **1.** Law. to embargo. **2.** fig. to overcome.// embargo (m.).

embarque. m. loading, shipment.

embarrar. tr. to splash with mud.

embate. m. sudden attack.

embaucador, ra. m./f. swindler.// **embaucar.** tr. to swindle.

embeber. tr. **1.** to absorb. **2.** to soak (empapar).

embelesar. **1.** tr. to enthrall. **2.** ref. to be enthralled.// **embeleso.** m. enchantment.

embellecer. tr. to beautify.// **embellecimiento.** m. beautification (f.).

embestida. f. attack.// **embestir.** i./tr. to attack.

emblema. f. emblem.

embobar. **1.** tr. to amaze. **2.** ref. to be amazed.

embocar. tr. **1.** to hole. **3.** fig. to hit.

émbolo. m. piston.

embolsar. tr./ref. to pocket.

emborrachar. **1.** tr. to intoxicate. **2.** ref. to get drunk.

emboscada. f. ambush.// **emboscar.** tr. to ambush.

embotellamiento. f. traffic jam.// **embotellar.** **1.** tr. to bottle. **2.** ref. to paralyze (tráfico).

embragar. tr. to engage.// **embrague.** m. clutch.

embravecer. **1.** tr. to irritate. **2.** ref. to become rough.

embriagar. **1.** tr. to intoxicate. **2.** ref. to get drunk.// **embriaguez.** f. intoxication.

embrión. m. embryo.// embryonic (a.).

embrollar. tr. to mix up.// **embrollo.** m. mess.

embromar. tr. to cheat (engañar); to annoy (fastidiar).

embrujar. tr. to bewitch.// **embrujo.** m. charm.

embrutecer. tr. to brutalize.// brutalization (m.).

embudo. m. funnel.

embuste. m. **1.** lie. **2.** trick (ardid).// **embustero, ra.** m./f. lier.

embutido. m. **1.** sausage (salchicha). **2.** inlay (aplique).// **embutir.** tr. to inlay; to stuff (rellenar).

emergencia. f. emergency.

emerger. i. to emerge.

emigración. f. emigration.// emigrant (m./f.).// **emigrar.** i. to emigrate.

eminencia. f. eminencia.// eminent (a.).

emisario, ria. m./f. emissary.

emisión. f. **1.** emission. **2.** broadcast (radio). **3.** issue (dinero).// **emisor, ra.** **1.** a. emitting; broadcasting; issuing. **2.** f. broadcasting station.

emitir. tr. **1.** to emit. **2.** to broadcast (radio). **3.** to issue (moneda, acciones).

emoción. f. emotion, feeling, thrill.// emotional (a.).// **emocionante.** a. moving, thrilling.// **emocionar.** **1.** tr. to move, to thrill. **2.** ref. to be moved.

empacar. tr. to pack.

empachar. **1.** tr. to cause indigestion. **2.** ref. to get indigestion.// **empacho.** m. **1.** indigestion. **2.** embarrassment (timidez).

empadronar. tr. to take a census.// **empadronamiento.** m. census.

empalagar. tr. to cloy.// **empalago.** m. cloying.// **empalagoso, sa.** a. **1.** oversweet. **2.** fig. annoying.

empalmar. tr. to connect, to join.// **empalme.** m. **1.** joint (unión). **2.** junction (vías, caminos).

empanada. f. turnover.

empantanarse. ref. to become swamped.

empañar. **1.** tr. to blur. **2.** ref. to become blurred.

empapar. **1.** tr. to soak. **2.** ref. fig. to know completely.

empapelado. m. papering.// **empapelar.** tr. to paper.

empaque. m. packing.// **empaquetar.** tr. to pack.

emparedado. m. sandwich.

emparejar. tr. **1.** to match (igualar). **2.** to level (nivelar).

emparentarse. ref. to be relative of.

empastar. tr. to cover with past.

empatar. i./tr. to tie.// **empate.** m. tie.

empecinado, da. a. stubborn.// **empecinarse.** ref. to become stubborn.

empedrado. m. stone pavement.// **empedrar.** tr. to pave with stones.

empeine. m. instep.

empeñar. **1.** tr. to pawn. **2.** ref. to get into debt (endeudarse). **3.** ref. to insist.// **empeño.** m. **1.** pawn. **2.** casa de e,: pawnshop. **3.** determination. **4.** con e.: eagerly. **5.** tener e.: to be eagerly.

empeorar. **1.** tr. to make worsen. **2.** i./tr. to worsen.

empequeñecer. tr. **1.** to diminish. **2.** to belittle (desprestigiar).

emperador. m. emperor.// **emperatriz.** f. emperess.

empero. conj. however.

emperrarse. ref. to become obstinate.

empezar. i./tr. **1.** to begin. **2.** *para e.:* to begin with.

empinado. a. very high.// **empinar.** tr. **1.** to raise. **2.** *e. el codo:* to drink heavily.

empírico, ca. a. empirical.// empiricism (m.).

emplazamiento. f. **1.** location. **2.** *Law.* summons.

emplazar. tr. **1.** *Law.* to summon. **2.** to place.

empleado, da. m./f. employee.// **empleador, ra.** m./f. employer.// **emplear.** tr. **1.** to employ. **2.** to use *(usar)*. **3.** ref. to get a job. **empleo.** m. employment, job.

empobrecer. tr. to impoverish.// impoverishment (m.).

empolvar. tr./ref. to powder.

empollar. tr. to hatch.

emporio. m. **1.** emporium. **2.** fig. capital, center.

empotrar. tr. to embed.

emprendedor, ra. a. enterprising.// **emprender.** tr. to begin, to set about.

empresa. m. **1.** enterprise. **2.** company.// **empresario, ria.** m. businessman, f. businesswoman.

empréstito. m. loan.

empujar. tr. to push.// **empuje.** push; energy.// **empujón.** m. shove.

empuñadura. f. hilt, handle.// **empuñar.** tr. to grasp.

emular. tr. to emulate.// emulation (f.).// emulator (m./f.).

en. prep. in, into, at, on, upon, by.

enagua(s). f. underskirt(s).

enajenación. f. **1.** alienation. **2.** transfering *(propiedades).*// **enajenar. 1.** tr. to transfer. **2.** ref. to become alienated.

enamorado, da. 1. a. in love. **2.** m./f. lover.

enamorar. 1. tr. to inspire love. **2.** ref. to fall in love.

enano, na. 1. a. small. **2.** m./f. dwarf.

enarbolar. tr. to hoist.

enardecer. 1. tr. to inflame. **2.** ref. to become excited.

encabezamiento. m. headline *(titular);* heading *(carta).*// **encabezar.** tr. to head.

encadenamiento. m. sequence.// **encadenar.** tr. **1.** to chain. **2.** to link *(ligar).*

encajar. 1. tr. to put in. **2.** to deal *(golpes).* **3.** i./tr. to fit *(calzar bien).* **2.** ref. to squeeze in.

encaje. m. **1.** lace. **2.** cash reserve *(bancario).*

encallar. i. to run aground.

encallecer. i./ref. **1.** to develop corns. **2.** fig. to harden.

encaminar. 1. tr. to direct. **2.** ref. to make for.

encandilar. 1. tr. to dazzle. **2.** ref. to light up.

encanecer. i./tr. to go gray.// **encanecido, da.** a. gray haired.

encantado, da. a. delighted; haunted *(casa).*// **encantador, da.** a. charming.// **encantamiento.** m. charm, sorcery.// **encantar.** tr. to enchant; to bewitch *(hechizar).*// **encanto.** m. **1.** enchantment. **2.** pl. charms.

encapricharse. ref. **1.** to become stubborn. **2.** encapricharse con: to take a fancy to.

encaramarse. ref. to climb.

encarar. 1. i./tr./ref. to face **2.** tr. to aim, to point

encarcelar. tr. to imprison.

encarecer. tr. **1.** to increase *(precios).* **2.** to recommend.// **encarecidamente.** adv. earnestly.

encargado, da. 1. a. in charge. **2.** m./f. person in charge.// **encargar.** tr. **1.** to recommend. **2.** to request, to order *(requerir).* **3.** ref. to take charge.// **encargo.** m. **1.** assignment *(trabajo).* **2.** order *(pedido).*

encarnación. f. incarnation.// **encarnado, do.** a. **1.** flesh-colored *(color).* **2.** incarnated *(personificado).*// **encarnar.** tr. to embody *(personificar).*

encarnizado, da. a. bloody, cruel.// **encarnizarse.** ref. to be cruel.

encarrilar. tr. to put on (the well) tracks.

encasillar. tr. to pigeonhole.

encausar. tr. to prosecute, to sue.

encauzar. tr. **1.** to channel. **2.** fig. to guide.

encéfalo. m. encephalon.// encephalic (a.).// encephalogram (m.).

encendedor. m. lighter.// **encender.** tr. **1.** to light *(fuego).* **2.** to turn on *(luz).*// **encendido.** m. ignition.

encerar. tr. to wax.

encerrar. tr. **1.** to lock up *(cerrar).* **2.** to enclose. **3.** ref. to shut oneself; to go into seclusion.

enchapado. m. veneer, overlay; veneering, overlaying *(acción).*// **enchapar.** tr. to veneer, to overlay.

enchufar. tr. to plug in.// **enchufe.** m. plug.

encía. m. gum, gingiva.

encíclica. f. encyclical.

enciclopedia. f. encyclopedia.// encyclopedic (a.).

encierro. m. **1.** enclosure *(en recinto).* **2.** shutting *(acción).* **3.** retirement *(retiro).*

encima. adv. **1.** on top *(sobre).* **2.** *e. de:* above. **3.** in addition to *(además).*

encinta. a. pregnant.

encintar. tr. **1.** to beribbon. **2.** to adorn with ribbon.

enclaustrar. tr. to cloister.

enclavar. tr. **1.** to nail. **2.** to locate *(ubicar).*// enclave (m.).

encoger. 1. to shrink. **2.** ref. e. de hombros: to shrug.// **encogimiento.** m. shrinking.

encolar. tr. to glue.

encolerizar. 1. tr. to anger. **2.** ref. to become angry.

encomendar. 1. tr. to entrust, to commend. **2.** ref. to entrust oneself.// **encomienda.** f. postal package.

encomio. m. encomium.

encono. m. rancor, ill-will.

encontrado, da. a. contrary, opposite.

encontrar. 1. i./tr./ref. to meet *(personas).* **2.** tr. to find *(cosas, lugares).* **3.** ref. to be *(en un lugar);* to feel *(sentirse).*

encordar. tr. to put string.

encorvar. 1. tr to bend, to curve. **2.** ref. to bend down.

encrucijada. f. crossroads.

encuadernación. m. bookbinding.// **encuadernador, ra. 1.** m./f. bookbinder. **2.** f. bindery.// **encuadernar.** tr. to bind.

encuadrar. tr. **1.** to frame. **2.** to fit (encajar). **3.** fig. to fit in; to focus (enfocar).// **encuadre.** m. fig. focus.

encubierto, ta. a. hidden.// **encubridor, ra.** m./f. concealer; harborer ·(de un criminal).// **encubrir.** tr. **1.** to conceal, to hide. **2.** to harbor (a un criminal).

encuentro. m. **1.** meeting. **2.** find (hallazgo). **3.** Sp. match. **4.** salir al e.: to go out to meet.

encuesta. f. survey, poll.// **encuestar.** tr. to take a poll.

encumbrar. tr. **1.** to raise. **2.** fig. to exalt. **3.** ref. to rise.

endeble. a. weak, feeble.

endemia. f. endemic.// endemic (a.).

endemoniado, da. a. devilish.

enderezar. tr. **1.** to straighten. **2.** to set right (poner vertical). **3.** to direct (encaminar). **4.** to correct (corregir). **4.** ref. to become straight.

endeudarse. ref. to go into debt.

endilgar. tr. to palm off, to foist.

endiosar. tr. to deify.

endocrino, na. a. endocrine.

endosante. m./f. endorser.// **endosar.** tr. **1.** to endorse. **2.** fig. to palm off.// **endoso.** m. endorsement.

endulzar. tr. **1.** to sweeten. **2.** to soften (suavizar).

endurecer. tr./ref. to harden.

enemigo, ga. a./m./f. enemy.// **enemistad.** f. enemity.

enemistar. 1. tr. to antagonize. **2.** ref. to fall out.

energía. f. energy; vitality.// energetic (a.).

enero. m. january.

enervar. tr. to enervate// enervation (f.).

enfadar. tr. to anger, to annoy.// **enfado.** m. anger, annoyance.

enfardar. tr. to bale, to pack into bale.

énfasis. m. emphasis.// emphatic (a.).

enfermar. 1. tr. to make ill. **2.** i./ref. to get sick, to fall ill.// **enfermedad.** f. illness, sickness.// **enfermería.** f. hospital.// **enfermero, ra.** m./f. nurse.// **enfermo, ma.** a./m./f. sick, ill.

enfilar. tr. **1.** to line up. **2.** to follow (encaminarse).

enflaquecer. i. to lose weight.

enfocar. tr. to focus.// **enfoque.** m. focus

enfrascar. 1. tr. to bottle. **2.** ref. to become absorbed.

enfrentamiento. m. confrontation.// **enfrentar. 1.** i./tr./ref. to face. **2.** tr./ref. to confront.// **enfrente.** adv. in front, opposite, in opposition.

enfriamiento. f. **1.** cooling. **2.** chill, cold (resfrío).// **enfriar. 1.** i./tr. to cool. **2.** ref. to catch a cold (resfriarse).

enfurecer. 1. tr. to infuriate. **2.** ref. to become furious.

engalanar. 1. tr. to adorn. **2.** ref. to adorn oneself.

enganchar. tr. **1.** to hook. **2.** to couple (unir). **3.** tr./ref. to enlist (reclutar).// **enganche.** m. **1.** hooking. **2.** coupling (unión). **3.** enlistment (reclutamiento)

engañar. tr. **1.** to deceive. **2.** to cuckold (ser infiel).// **engaño.** m. **1.** deceit. **2.** error. **3.** fraud.// **engañoso, sa.** a. deceitful; misleading (mentiroso).

engarce. m. linking (collar); setting (piedra).// **engarzar.** tr. to link (encadenar); to set (piedras).

engatusar. tr. to inveigle.

engendrar. tr. **1.** to engender. **2.** to create.// **engendro.** m. fetus; monster; botch (mal hecho).

englobar. tr. to include everything.

engolosinar. 1. tr. to entice. **2.** ref. to take a liking to.

engomar. tr. to glue, to gum.

engordar. 1. i. to fat. **2.** tr. to fatten. **3.** fig. to get rich.

engorroso, sa. a. troublesome.

engranaje. m. **1.** gear. **2.** fig. link.// **engranar.** tr. **1.** to engage. **2.** ref. to interlock (trabarse).

engrandecer. tr. **1.** to enlarge. **2.** to magnify (exagerar). **3.** fig. to exalt.// **engrandecimiento.** m. enlargement.

engrasar. tr. **1.** to grease, to oil. **2.** to blot with grease.// **engrase.** m. oiling, lubrication.

engreído, da. a. arrogant, conceited.// **engreírse.** ref. to become conceited.// **engreimiento.** m. conceit.

engrosar. tr. **1.** to make thick. **2.** to increase (aumentar).

engrudo. m. paste.

engullir. tr. to gulp down.

enhebrar. tr. **1.** to thread. **2.** fig. to link.

enhiesto, ta. a. upright.

enigma. f. enigma.// enigmatic (a.).

enjabonar. 1. tr. to soap. **2.** ref. to soap oneself.

enjambre. m. **1.** swarm. **2.** fig. crowd.

enjaular. 1. tr. to cage. **2.** to jail (meter preso).

enjuagar. tr./ref. to rinse.// **enjuague.** m. **1.** rinse, rinsing. **2.** fig. scheme, plot.

enjuiciar. 1. tr. Law. to prosecute. **2.** to judge.

enjuto, ta. a. **1.** dry (seco). **2.** lean (delgado).

enlace. m. **1.** link. **2.** wedding (boda). **3.** bond (químico).

enlatar. tr. to can.

enlazar. tr. **1.** to lace. **2.** to link (ligar). **3.** to marry (casarse).

enlodar. tr. **1.** to muddy. **2.** fig. to defame.

enloquecer. 1. i./ref. to go crazy or insane. **2.** tr. to make crazy.

enlutar. 1. tr. to put in mourning. **2.** fig. to darken.

enmarañar. tr. to entangle; to muddle.

enmarcar. tr. to frame.

enmascarar. 1. tr. to mask. **2.** ref. to put on a mask.

enmendar. tr. to correct, to amend.// **enmienda.** f. amendment, correction.

enmudecer. 1. i, to be silent. **2.** tr, to silence.

ennegrecer. i./tr. to blacken. **2.** ref. to become blacken.

ennoblecer. tr. to ennoble.// ennoblement (f.).

enojar. 1. tr. to angry. **2.** ref. to become angry.// **enojo.** m. **1.** anger (ira). **2.** annoyance (fastidio).

enorgullecer. tr. to make proud.

enorme. a. enormous, huge.// **enormidad.** f. enormity, hugeness.

enraizar. i. to take root.

enrarecer. tr. to rarefy.// **enrarecimiento.** f. rarefying.

enredadera. f. creeper, climbing plant.

enredar. tr. 1. to entangle (enmarañar). 2. to involve (comprometer). 3. to confuse (confundir). 4. ref. to get entangled; to get involved (en compromiso o amoríos).

enredo. m. 1. tangle (maraña). 2. mess (lío). 3. affair (amorío).

enrejado. m. railing; trellis.// **enrejar.** tr. to put railings.

enriquecer. 1. tr. to enrich. 2. i./ref. to get rich.// **enriquecimiento.** m. enrichment.

enrojecer. 1. tr. to make red. 2. ref. to turn red.// **enrojecimiento.** m. reddening.

enrollar. tr. to roll up.

enronquecer. 1. tr. to make hoarse. 2. ref. to become hoarse.// **enronquecimiento.** m. hoarseness.

ensalada. f. salad.// **ensaladera.** f. salad bowl.

ensalzar. tr. to exalt.

ensamblar. tr. 1. to join (unir). 2. to assemble (armar).// **ensamble.** m. joint, connection.

ensanchamiento. f. widening.// **ensanchar.** tr. 1. to widen. 2. to extend.// **ensanche.** m. widening, extension.

ensagrentar. tr. to cover with blood.

ensañarse. ref. to be cruel.

ensartar. tr. to string, to thread.

ensayar. tr. 1. to test, to try. 2. to rehearse (una obra).// **ensayista.** m./f. essayist.// **ensayo.** m. 1. trial, test. 2. rehearsal (obra). 3. essay (escrito).

ensenada. f. cove, inlet.

enseña. f. insignia, flag.

enseñanza. f. teaching.// **enseñar.** tr. 1. to teach. 2. to show (mostrar). 3. to point (apuntar).

enseres. m. pl. goods, equipment.

ensillar. tr. to saddle.

ensimismarse. ref. to become absorbed in thought.

ensoberbecerse. ref. to become arrogant.

ensombrecer. tr. to darken.

ensordecedor, ra. a. deafening.// **ensordecer.** tr. to deafen.// **ensordecimiento.** m. deafening.

ensortijar. tr. to curl.

ensuciar. 1. tr. to dirty, to soil. 2. ref. to become dirty.

ensueño. m. 1. dream. 2. fantasy.

entablar. tr. 1. to board. 2. to file (juicio). 3. i. to tie (ajedrez). 4. e. amistad: to become friends.

entablillar. tr. to splint.

ente. m. 1. being. 2. company.

entenado, da. m./f. stepchild.

entendedor, ra. a./m./f. expert.

entender. tr. 1. to understand. 2. to believe (creer). 3. to know (saber de). 4. ref. to be meant (interpretarse); to agree (acordar); to get along (llevarse bien); to have an affair (tener amoríos). 5. m. thinking.// **entendido, da.** a. experienced, expert.// **entendimiento.** m. understanding (comprensión); agree (acuerdo).

enterado, da. a. 1. informed. 2. darse por e.: to be well aware of. 3. ¡e.! OK!

enterar. 1. tr. to inform, to make aware. 2. ref. to find out, to become aware; to hear (escuchar).

entereza. f. 1. integrity. 2. fortitude.

enterizo, za. a. one-piece

enternecedor, ra. a. touching.// **enternecer.** 1. tr. to move, to touch. 2. ref. to be touched.

entero, ra. a. 1. entire, whole. 2. honest. 3. Math. whole. 4. por e.: entirely. 5. m. integer, whole number.

enterrador. m. gravedigger.

enterrar. 1. tr. to bury. 1. ref. to bury oneself.

entibiar. tr. 1. to make warm. 2. to temper.

entidad. f. 1. entity. 2. importance. 3. company, firm.

entierro. m. burial; funeral.

entintar. tr. to ink.

entonar. i./tr. 1. to intone. 2. to sing in tone.// intonation (f.).

entonces. adv. 1. then. 2. por. e.: at that time. 3. desde e.: since then. 4. hasta e.: untill then.

entornar. tr. to half-close.

entorpecer. tr. 1. to make dull. 2. to hamper (obstaculizar). 3. ref. to became dull.// **entorpecimiento.** m. dulling.

entrado, da. a. 1. advanced. 2. f. entrance, entry (lugar de ingreso); ticket (boleto); entry, income (ingreso). 3. de e.: right away, from the start.

entrampar. tr. 1. to trap. 2. to trick (trampear).

entrante. a. 1. coming, incoming. 2. next (próximo).

entraña. f. 1. center. 2. escence. 3. pl. entrails.// **entrañable.** a. dear, beloved.

entrar. i. 1. to enter, to come in. 2. to join (ingresar). 3. to fit (calzar). 4. to take part (tomar parte). 5. to penetrate (penetrar). 6. e. a: to start to. 7. e. en calor: to warm up. 8. e. en sospecha: to become suspicious. 9. e. en vigencia: to come into force. 10. no entrarle a uno: to be unable to learn or to understand.

entre. prep. 1. between. 2. among (cifras). 3. in (signos de ortografía).

entreabierto, ta. a. half-opened.// **entreabrir.** 1. to open halfway. 2. ref. to be open halfway.

entreacto. m. intermission.

entrecejo. m. frown.

entrecortado, da. a. broken.// **entrecortar.** tr. to cut into (pelo); to cut partially.

entrecruzar. tr. to intercross, to interweave.

entredicho. m. interdict, interdiction.

entrega. f. 1. delivery (mercaderías). 2. surrender (rendición). 3. abandon. 4. heart (corazón).// **entregar.** tr. 1. to deliver (dar). 2. to hand over (en la mano). 3. to betray (traicionar). 4. ref. to surrender (rendirse); to abandon oneself to (abandonarse); to devote oneself to (a una causa).

entrelazar. tr. to interlace.

entrenador, ra. m./f. trainer, coach.// **entrenamiento.** m. training.// **entrenar.** tr/ref. to train.

entreoír. tr. to half hear.

entrepiernas. f. crotch.

entrepiso. m. mezzanine.

entresacar. tr. to pick out.

entretanto. adv. meanwhile.

entretejer. tr. to interweave.

entretener. tr. **1.** to entertain, to amuse. **2.** to delay *(demorar)*. **3.** ref. to be entertained; to dally *(demorarse)*// **entretenimiento.** m. entertaiment, amusement.

entrever. tr. **1.** to half-see. **2.** to guess *(adivinar)*.

entreverar. tr. to intermingle.

entrevista. f. meeting *(reunión)*; interview *(reportaje)*.

entrevistar. tr. to interview.

entristecer. 1. tr. to sadden. **2.** ref. to become sadden.

entrometer. 1. tr. to put between. **2.** ref. to meddle.// **entrometido, da. 1.** a. meddlesome.

entroncar. tr. to link up.// **entronque.** m. junction.

entubamiento. f. tubing.// **entubar.** tr. to tub; to insert a tube in.

entuerto. m. wrong, injustice.

entumecerse. ref. to go numb.// **entumecido, da.** numb.// **entumecimiento.** f. numbness.

enturbiar. 1. tr. to muddy. **2.** to become muddy.

entusiasmo. m. enthusiasm.// enthusiastic (a.).

enumerar. tr. to enumerate.// enumeration (f.).

enunciado. m. enunciation, statement.// **enunciar.** tr. to enunciate.// enunciation (f.).

envalentonar. 1. tr. to embolden. **2.** ref. to become bold.

envanecerse. ref. to become conceited or vain.// **envanecimiento.** m. conceit, vanity.

envasado. m. packing, packaging.// **envasador, ra.** m./f. packer, bottler *(embotelladora)*.// **envasar.** tr. to pack, to bottle *(botellas)*, to can *(latas)*.// **envase.** m. container, package *(paquete)*.

envejecer. 1. i./tr./ref. to age. **2.** i./ref. to grow old.// **envejecimiento.** aging, age.

envenenar. tr. to poison.

envergadura. f. **1.** wingspread. **2.** fig. importance.

enviado, da. m./f. envoy.

enviar. tr. **1.** to send. **2.** to dispatch *(despachar)*. **3.** to convey *(transmitir)*.

enviciar. 1. tr. to corrupt. **2.** ref. to become addicted *(adicción)*; to acquire a bad habit *(malos hábitos)*.

envidia. f. envy.// **envidiable.** a. enviable.// **envidiar.** tr. to envy.// **envidioso, sa.** a. envious.

envilecer. tr./ref. to degrade.// **envilecimiento.** m. degradation.

envío. m. **1.** sending. **2.** shipment *(productos)*. **3.** remittance *(dinero)*.// **envión.** m. push, shove.

enviudar. i. to become a widow(er).

envoltorio. m. bundle.// **envoltura.** f. wrapper, cover.// **envolvente.** a. enveloping.

envolver. tr. **1.** to envelop *(cubrir)*. **2.** to pack *(empaquetar)*. **3.** fig. to involve. **4.** ref. to be covered *(cubrirse)*; to become involved *(involucrarse)*.// **envuelto, ta.** irreg. p.p. de **envolver.**

enyesar. tr. **1.** to plaster. **2.** Med. to set in plaster.

enzima. f. enzyme.// enzymatic (a.).

epicentro. m. epicenter.

épico, ca. 1. a. epic. **2.** f. epic poetry.

epidemia. f. epidemic.// epidemic (a.).

epidermis. f. epidermis.// epidermal (a.).

epifanía. f. Epiphany.

epígrafe. m. epigraph.

epilepsia. f. epilepsy.// epileptic (a.).

episcopado. m. episcopate.// episcopal (a.).

episodio. f. episode.// episodic (a.).

epistemología. f. epistemology.// epistemologic (a.).// epistemologist (m./f.).

epístola. f. epistle.

epitafio. m. epitaph.

epítome. m. epitome.

época. f. **1.** epoch, age. **2.** time *(tiempo)*.

epopeya. f. epic poem.

equidad. f. equity, fairness.

equidistancia. f. equidistance.// equidistant (a.)

equilátero. a. equilateral.

equilibrado, da. a. **1.** well-balanced. **2.** sensible *(sensato)*.// **equilibrar.** tr./ref. to balance.// equilibrium (m.).// **equilibrista.** m./f. acrobat, tightrope walker.

equino, na. a. equine.

equinoccio. m. equinox.

equipaje. m. baggage.

equipar. tr. to equip, to outfit.// equipment (m.).

equiparable. a. comparable.// **equiparación.** f. comparing.// **equiparar.** tr. to compar, to equal.

equipo. m. **1.** equipment *(equipamiento)*. **2.** outfit *(de ropa)*. **3.** crew *(trabajadores)*. **4.** Sp. team.

equitación. f. riding, equitation.

equitativo, va. a. equitable, fair.

equivalencia. f. equivalence.// equivalent (a.).// **equivaler.** tr. to be equivalent to.

equivocación. f. error, mistake.// **equivocado, da.** wrong, mistaken.// **equivocar. 1.** tr. to mistake. **2.** ref. to be mistaken or wrong.// **equívoco.** m. ambiguity.

era. f. era, age, epoch.

erario. m. public treasury.

erección. f. erection.// erect (a.).

erguido, da. a. erect.// **erguir. 1.** tr. to raise. **2.** ref. to straighten up.

erigir. tr. **1.** to erect, to build *(levantar)*. **2.** to raise *(elevar)*. **3.** ref. to set up.

erizar. tr. **1.** to bristle. **2.** to make stand on end *(pelo)*.// **1.** ref. to stand on end.

erizo. m. **1.** hedgehog. **2.** e. *de mar:* sea urchin.

ermita. f. hermitage.// **ermitaño, ña.** m./f. hermit.

erogación. f. disbursment.// **erogar.** tr. to pay.

erosionar. tr. to erode.// erosion (f.).// erosive (a.).

erotismo. m. erotism.// erotic (a.).

erradicar. tr. to erradicate.// erradication (f.).

errante. a. **1.** errant **2.** *caballero e.:* knight errant.

errar. tr. **1.** to miss *(no acertar)*. **2.** to make a mistake *(equivocarse)*. **3.** to wander *(vagar)*.

errata. f. erratum.

errático, ca. a. erratic; wandering *(errabundo)*.

erróneo, a. a. wrong, mistaken.

error. m. error, mistake.

eructar. i. to burp, to belch.// **eructo.** m. burp, belch.

erudición. f. erudition.// erudite (a./m./f.).

erupción. f. eruption.// eruptive (a.).

esa, esas. 1. a. that. **2.** pron. that one. **3.** pl. those.

esbeltez. f. slenderness.// **esbelto, ta.** a. slender.

esbozar. tr. to sketch.// **esbozo.** m. sketch, outline.

escabeche (al). m. marinated.

escabroso, sa. a. rough; dangerous.

escabullirse. ref. to escape.

escala. f. **1.** scale. **2.** ladder (e. de mano). **3.** port of call, stopping place. **4.** range (gama). **5.** pl. sin e.: non-stop.

escalafón. m. list, roll.

escalamiento. m. scaling.

escalar. **1.** tr. to scale, to climb. **2.** i. fig. to rise to climb.

escaldar. tr. to scald.// **escaldadura.** f. scald.

escalera. f. **1.** stairs. **2.** ladder (escalerilla). **3.** straight (póker).// **escalinata.** f. front steps.

escalofrío. m. shiver, chill.

escalón. m. step (escalera); rung (escalerilla).// **escalonar.** tr. **1.** to space out (espacio). **2.** to stagger (tiempo).

escalpelo. m. scalpel.

escama. f. scale.// **escamoso, sa.** a. scamy.

escamotear. tr. **1.** to make dissapear. **2.** fig. to filch.

escampar. i. to stop raining.

escandalizar. tr. to scandalize.// scandal (m.).// scandalous (a.).

escandinavo, va. a./m./f. Scandinavian.

escaño. m. seat, bench.

escapada. f. **1.** escape (huida); escapade (aventura).// **escapar.** i./ref. to escape.// **escapatoria.** f. escape; subterfuge.// **escape.** m. **1.** escape. **2.** leak (pérdida). **3.** caño de e.: exhaust pipe.

escapulario. m. scapular.

escarabajo. m. beetle.

escaramuza. f. skirmish.

escarapela. f. cockade.

escarbadientes. m. toothpick.

escarbar. tr. **1.** to dig (tierra). **2.** to pick (dientes). **3.** fig. to dig up.

escarcha. f. frost.// **escarchar.** **1.** tr. to frost. **2.** ref. to become frost.

escarlata. a. scarlet.

escarlatina. f. scarlet fever.

escarmentar. **1.** tr. to chastise. **2.** i. to learn one's lesson.// **escarmiento.** m. **1.** chastisement. **2.** lesson.

escarnio. m. derision.

escarpa. f. rough slope.// **escarpado, da.** a. steep.

escasear. tr. to be scarce.// **escasez.** f. scarcity.// **escaso, sa.** a. scarce.

escatimar. tr. to skimp.

escena. f. **1.** scene. **2.** poner en e.: to stage.// **escenario.** m. stage, set.// **escénico, ca.** a. **1.** scenic. **2.** arte e.: dramatic art. // **escenificación.** f. dramatización.(f.).// **escenografía.** f. scenery.// **escenógrafo, fa.** a. set designer.

escepticismo. f. skepticism.// skeptical (a.).// skeptic (m./f.).

esclarecer. tr. **1.** to clarify (clarificar). **2.** to light up (iluminar).// **esclarecimiento.** m. clearing up.// **esclarecido, da.** a. illustrious.

esclavismo. m. pro-slaverism.// **esclavista.** a./m./f. pro-slavery.// **esclavitud.** f. slavery.// **esclavizar.** tr. to enslave.// **esclavo, va.** **1.** a. slaved. **2.** m./f. slave.

esclusa. f. lock; floodgate (compuerta).

escoba. a. broom.// **escobilla.** f. small broom, brush.

escocés, sa. **1.** a. Scottish. **2.** m./f. Scot, Scotch.

escofina. f. rasp.

escoger. tr. to choose, to select.

escolar. m. pupil, student.

escolástico, ca. **1.** a. scholastic. **2.** f. Scholastic.

escolta. f. escort.// **escoltar.** tr. to escort.

escollera. f. breakwater.

escollo. m. **1.** reef. **2.** fig. obstacle.

escombro. m. rubble.

esconder. tr./ref. to hide.// **escondidas.** f. pl. hide-and-seek.// **escondite.** m. hiding place.

escopeta. f. shotgun.// **escopetazo.** m. gunshot.

escorbuto. m. scurvy.

escoria. f. **1.** scoria, slag. **2.** fig. trash, scum.

escorpión. m. scorpion.

escote. m. neck, neckline.

escozor. m. smarting.

escribanía. f. notary office.// **escribano, na.** m./f. notary.

escribiente. m./f. clerk, secretary.

escribir. **1.** i./tr. to write. **2.** ref. to write to. **3.** e. a máquina: to type. **4.** máquina de e.: typewriter.

escrito, ta. **1.** a. written. **2.** m. writing. **3.** m. pl. writings. **4.** e. a mano: manuscript. **5.** e. a máquina: type. **6.** por e.: in writing.// **escritor, ra.** m./f. writer.// **escritorio.** m. desk (mueble); office, study (despacho).// **escritura.** f. writing (acción); script (sistema); deed, contract (documento); Script (biblia); Scripture.

escroto. m. scrotum.

escrúpulo. m. **1.** scruple. **2.** pl. scrupulousness.// **escrupuloso, sa.** a. scrupulous.

escrutar. tr. **1.** to examine. **2.** to count votes.// **escrutinio.** m. scrutiny.

escuadra. f. **1.** squad (escuadrilla). **2.** fleet (barcos). **3.** angle iron (grapa). **4.** drawing triangle (para dibujo).// squadron (m.).

escualidez. f. squalor.// squalid (a.).

escualo. m. shark.

escucha. f. listening.// **escuchar.** i./tr. to listen.

escudar. **1.** tr./ref. to shield. **2.** ref. toshield oneself (protegerse).// **escudería.** f. fleet.// **escudero.** m. squire, page.// **escudo.** m. **1.** shield. **2.** e. de armas: coat-of-arms.

escudriñar. tr. to scrutinize.

escuela. f. school.

escuerzo. m. toad.

escueto, ta. a. plain, unadorned.

esculpir. tr. to sculpture.// **escultor, ra.** m. sculptor, f. sculptress.// **escultórico, ca.** a. sculptural.// **escultura.** f. sculpture, statue.

escupidera. f. spitoon.// **escupida.** f. spit.// **escupir.** i./tr. to spit.

escurridizo, za. a. slippery.

escurridor. m. draining rack.

escurrir. **1.** tr./ref. to drain. **2.** i. to drip. **3.** ref. fig. to slip out.

ese. a. that.// **ése.** pron. that one.

esencia. f. essence.// essential (a.).

esfera. f. esphere; dial (de reloj).// espheric (a.).

esferográfica. f. ball-point pen.
esfinge. f. sphinx.
esforzado, da. a. brave, courageous.// **esforzarse.** ref. to strive.// **esfuerzo.** m. effort; heart *(ánimo)*.
esfumar. 1. tr. to tone down. 2. ref. to dissapear.
esgrima. f. fencing.
esgrimir. tr. 1. to wield *(armas)*. 2. to use *(argumentos)*. 3. i. to fence.// **esgrimista.** m./f. fencer.
esguince. m. sprain, twist.
eslabón. m. link.
eslavo, va. a./m/f. Slav.
esmaltar. tr. to enamel.
esmalte. m. enamel.
esmerado, da. a. careful.
esmeralda. f. esmerald.
esmerarse. ref. to take pains, to take great care.
esmeril. m. emery.
esmero. m. extreme care.
eso, esos. neut. pron. that, pl. those.
esófago. m. esophagus.
espacial. a. 1. spacial. 2. *viaje e.:* space travel.
espaciar. tr. to space out.// **espacio.** m. space.// spacious (a.).
espada. f. 1. sword. 2. pl. spades *(naipes)*.
espalda. f. 1. back, back part. 2. *dar la e.:* to turn one's back. 3. *a e.:* behind one's back.// **espaldar.** f. 1. back *(silla)*. 2. trellis *(cama)*.// **espaldarazo.** m. support, backing.
espantadizo, za. a. scary, timid.
espantapájaros. m. 1. scarecrow. 2. fig. sight.
espantar. tr. to frighten, to scare away.// **espanto.** m. 1. fright, panic. 2. fig. ghost *(fantasma)*.// **espantoso, sa.** a. frightening, terrifying.
español, la. a./m./f. Spanish.
esparadrapo. m. adhesive tape.
esparcimiento. m. 1. scattering. 2. recreation.// **esparcir.** tr. 1. to scatter. 2. to relax, to entertain.
espárrago. f. asparragus.
espartano, na. a./m./f. Spartan.
espasmo. m. spasm.// spasmodic (a.).
espátula. f. spatula, palette knife.
especia. f. spice.
especial. a. special.// specialty (a.).// specialist (m./f.).// **especializar.** tr. to specialize.// specially (adv.).
especie. f. 1. class, kind *(clase)*. 2. news *(noticia)*. 3. pl. species.
especificar. tr. to specify.// specific (a./m.).// specification (f.).// specifity (f.).
espécimen. m. specimen.
espectacular. a. spectacular.// **espectáculo.** m. spectacle; show.
espectador, ra. m./f. 1. spectator. 2. pl. audience.
espectro. m. 1. spectrum *(colores)*. 2. ghost *(fantasma)*.// spectral (a.).
especular. tr. 1. to speculate. 2. to trade *(comerciar)*. 3. a. specular.// speculation (f.).// speculative (a.).// speculator (m./f.).
espejismo. m. mirage, illusion.
espejo. m. 1. mirror. 2. fig. model, example.
espeluznante. a. hair-raising.
espera. f. 1. wait. 2. *en e. de:* awaiting.

esperanza. f. hope.// **esperanzado, da.** a. hopeful.// **esperanzar.** 1. to give hope. 2. ref. to become hopeful.
esperma. m. sperm.// spermatic (a.).
espesar. tr. to thicken.// **espeso, sa.** a. thick *(grosor)*; dense.// **espesor.** m. thickness.
espía. m./f. spy.// **espiar.** 1. i. to spy. 2 tr. to spy on.
espiga. f. spike.// **espigado, da.** a. tall, slender.
espigón. m. breakwater.
espina. f. 1. thorn *(de rosa)*. 2. fishbone *(de pez)*. 3. *e. dorsal:* spine. 4. *dar mala e.:* to cause suspicion.
espinaca. f. spinach.
espinazo. m. backbone.
espino. m. hawthorn.
espinoso, sa. a. thorny.
espionaje. m. espionage.
espiral. a./f. spiral.
espiración. f. exhalation.
espirar. i./tr. to exhale.
espiritismo. m. spiritualism.// spiritualist (m./f.).
espíritu. m. 1. spirit. 2. ghost *(fantasma)*.// spiritual (a.).// spirituallity (f.).
espita. f. tap, spigot.
espléndido, da. a. 1. splendid. 2. generous.// splendor (m.).// splendorous (a.).
espolear. tr. to spur.
espoleta. f. 1. fuse *(bomba)*. 2. wishbone *(hueso)*.
espolón. m. 1. spur *(espuela)*. 2. cutwater *(barco)*.
espolvorear. tr. to sprinkle.
esponja. f. sponge.// **esponjar.** 1. tr. to make spongy. 2. ref. to become spongy.// **esponjoso, sa.** a. spongy, fluffy.
esponsales. m. pl. betrothal, engagement.
espontaneidad. f. spontaneity.// spontaneous (a.).
espora. f. spore.
esporádico, ca. a. sporadic.
esposar. tr. to handcuff.
esposo, sa. 1. m. husband, f. wife. 2. f. pl. handcuff.
espuela. f. spur.
espulgar. tr. to remove fleas.
espuma. f. foam, froth.// **espumadera.** f. skimmer.// **espumante.** a. sparkling *(vino)*.// **espumoso, sa.** a. foaming, frothing.
espurio, ria. a. spurious.
esputar. tr. to spit.// **esputo.** m. spittle.
esquela. f. 1. short letter. 2. note, notice *(nota)*.
esquelético, ca. a. 1. skeletal. 2. emaciated *(demacrado)*.// **esqueleto.** m. skeleton.
esquema. f. 1. outline *(bosquejo)*. 2. diagram. 3. scheme *(plan)*.// schematic (a.).// **esquematizar.** tr. to schematize.
esquí. m. ski.// skier (m./f.).// **esquiar.** tr. to ski.
esquila. m. shearing.// **esquilar.** tr. to shear.
esquilmar. tr. 1. to harvest. 2. fig. to exhaust.
esquimal. a./m./f. Eskimo.
esquina. f. corner.
esquirol. m./f. strike breaker.
esquivar. tr. to avoid, to evade.// **esquivo, va.** a. unsociable, distant.

esquizofrenia. f. schizophrenia.// schizophrenic (a.).

esta, estas. a. that, pl. those.// **ésta, éstas.** pron. that one, pl. those.

estabilidad. f. stability.// stable (a.).

establecer. tr. **1.** to establish *(fundar)*. **2.** to decree *(decretar)*. **3.** ref. to set up residence *(residencia)* or in business *(negocios)*.// establishment (m.).

establo. m. stable.

estaca. f. stack; stick.// **estacada.** f. **1.** stockade. **2.** *dejar en la e.:* to leave in the lurch.

estación. f. **1.** station. **2.** season *(del año)*.

estacionamiento. m. **1.** stationing. **2.** parking *(de autos)*. **3.** ripening *(comida)*.// **estacionar.** tr. **1.** to station. **2.** to park *(autos)*. **3.** to ripe *(comida)*.// stationary (a.).

estadía. f. stay, stop.

estadio. m. **1.** stadium. **2.** phase *(etapa)*.

estadista. m. statesman.

estadístico, ca. **1.** a. statistical. **2.** f. statistics.

estado. m. **1.** state *(nación, condición)*. **2.** status, rank *(ubicación social)*. **3.** statement *(resumen)*. **4.** *e. civil:* legal state. **5.** *e. de sitio:* martial law. **6.** *e. mayor:* headquarter, staff. **7.** *en buen e.:* in good condition.

estadounidense. a./m./f. american.

estafa. f. swindle.// **estafador, ra.** a. swindler.// **estafar.** tr. to swindle.

estafeta. f. post office.

estalactita. f. stalagtite.

estalagmita. f. stalagmite.

estallar. tr. **1.** to explode. **2.** to break out *(epidemia, revolución)*.// **estallido.** m. **1.** explosion. **2.** fig. outbreak.

estambre. m. stamen.

estampa. f. **1.** print *(imagen)*. **2.** looks *(aspecto)*.// **estampado, da.** **1.** a. stamped. **2.** m. printing.// **estampar.** tr. **1.** to stamp *(tela)*. **2.** to print *(imprimir)*. **3.** fig. to throw *(arrojar)*.

estampida. f. stampede.

estampido. m. crash, explosion, bang *(de bala)*.

estampilla. f. stamp, postage stamp *(de correo)*.// **estampillar.** tr. to stamp.// **estampillado.** m. stamping. /

estancar. **1.** tr. to dam up. **2.** ref. to become standstill.

estancia. f. **1.** stay *(estadía)*. **2.** room *(cuarto)*. **2.** cattle ranch *(rancho)*.// **estanciero, ra.** m./f. ranch owner.

estándar. a./m. standard.// **estandarizar.** to standardize.

estandarte. f. standard, banner.

estanque. m. pound, pool.

estante. m. shelf.// **estantería.** f. set of shelves, bookcase.

estaño. m. tin.

estar. tr. **1.** to be *(en lugar, condición, tiempo)*. **2.** to stay *(permanecer, quedarse)*. **3.** to cost *(valer un precio)*. **4.** *e. bien:* to be all right *(correcto)*; to be feeling good *(sentirse bien)*. **5.** *e. con:* to have *(tener hambre, sed)*. **6.** *e. de más:* to be superfluous. **7.** *e. mal:* to be wrong *(errado)*; to be ill *(enfermo)*.// ref. to be.

estatal. a. state, of state.

estático, ca. **1.** static. **2.** statics.

estatua. f. statue.

estatuir. tr. to establish.

estatura. f. heigh, stature.

estatuto. f. statute, rules.

este. m. east.

este. a. that.// **éste.** pron. this one.

estela. f. trail *(cometa)*; wake *(barco)*.

estelar. a. stellar.

estenografía. a. stenography.// stenographer (m./f.).

estepa. f. steppe.// **estepario, ria.** a. steppen.

estera. f. straw mat.

estéreo. a./m. stereo.// stereophony (f.).// stereophonic (a.).

estereotipo. m. stereotype.

estéril. a. sterile; barren *(árido)*.// sterility (f.).// **esterilizar.** tr. to sterilize.// sterilization (f.).

esterlina. a. sterling.

esternón. m. breastbone.

estero. m. tideland; marsh *(pantano)*.

estertor. m. stertor, death rattle.

estético, ca. **1.** a. aesthetic. **2.** f. aesthetics.

estetoscopio. m. stethoscope.

estiba. f. stowage.// **estibador.** m. stevedore.// **estibar.** tr. to stow, to load.

estiércol. m. dung, manure.

estigma. m. stigma.// stigmatic (a.).// **estigmatizar.** tr. to stigmatize.

estilar. i./ref. **1.** to be customary *(usar)*. **2.** to be in fashion *(estar de moda)*.

estilete. m. dagger.

estilo. m. **1.** style. **2.** *por el e.:* like that.

estilográfica. f. fountain pen.

estima. f. esteem, respect.// **estimable.** a. **1.** estimable *(querible)*. **2.** computable.// **estimación.** f. appraisal.// **estimar.** tr. **1.** to esteem *(querer)*. **2.** to estimate *(calcular)*. **3.** to considere.

estimulación. m. stimulation.// **estimulante.** **1.** a. stimulating. **2.** m. stimulant.// **estimular.** tr. to stimulate.// **estímulo.** m. stimulus, incentive.

estío. m. summer.

estipendio. m. stipend.

estipular. tr. to stipulate.// stipulation (f.).

estirado, da. a. fig. haughty.

estirar. tr. **1.** to stretch. **2.** to extend. **3.** ref. to stretch oneself; to grow rapidly *(crecer)*.

estirpe. f. ancestry, lineage.

estival. a. summer, estival.

esto. pron. this.

estocada. m. stab; stab wound *(herida)*.

estofado, da. **1.** a. stewed. **2.** m. stew.// **estofar.** tr. to stew.

estoicismo. m. stoicism.// stoic (a./m./f.).

estómago. m. stomach.// stomachic (a.).

estopa. f. **1.** tow. **2.** burlap *(tela)*.

estornudar. i. to sneeze.// **estornudo.** m. sneeze.

estrafalario. a. outlandish, eccentric.

estrago. m. devastation, havoc.

estrangulador, ra. m./f. strangler.// **estrangular.** tr. to strangle.// strangulation (f.).

estratagema. f. stratagem.

estratega. m./f. strategist.// **estrategia.** f. strategy.// strategic (a.).

estrato. m. **1.** layer, stratum. **2.** stratus *(nube).*

estratosfera. f. stratosphere.// stratospheric (a.).

estrechamente. adv. tightly *(firme);* closely *(cercano).*// **estrechar.** tr. **1.** to tighten *(apretar).* **2.** to narrow *(reducir).* **3.** to hug *(abrazar).* **4.** e. las manos: to shake hands.// **estrechez.** f. **1.** narrowness *(angostura).* **2.** poverty, need *(necesidad).* **3.** jam *(aprieto).*// **estrecho, cha.** **1.** a. narrow *(angosto);* close *(cercano).* **2.** m. strait.

estrella. f. **1.** star. **2.** e. de mar: starfish.// **estrellado, da.** a. **1.** starry *(cielo).* **2.** star-shapped *(forma).*// **estrellar. 1.** tr. to smash against. **2.** ref. to crash *(chocar);* to starry *(el cielo).*

estremecer. 1. tr. to shake **2.** ref. to tremble.// **estremecimiento.** m. shake; shiver *(de frío).*

estrenar. 1. tr. to use or wear for first time. **2.** ref. to premiere, to open.// **estreno.** m. debut, premiere.

estreñimiento. m. constipation.// **estreñir. 1.** tr. to constipate. **2.** ref. to become constipated.

estrépito. m. great noise.// **estrepitoso, sa.** a. very noisy.

estría. f. groove, stria.

estribación. m. mountain spur.

estribar. tr. to rest on, to lie on.

estribillo. m. refrain.

estribo. m. **1.** stirrup *(de montura).* **2.** footboard *(de carruaje).* **3.** perder los estribos: to loose one's head.

estribor. m. starboard.

estricto, ta. a. strict.

estridencia. f. stridence, shrill.// strident (a.).

estrofa. f. strophe, stanza.

estrógeno. m. estrogen.

estropajo. m. dishcloth; sparto brush.

estropear. tr. to spoil, to ruin.

estructura. f. structure.// structural (a.).// **estructurar.** tr. to construct; to organize.

estruendo. m. uproar.// **estruendoso, sa.** a. clamorous, very noisy.

estrujar. tr. to squeeze, to crush.

estuario. m. estuary.

estuco. m. stucco.

estuche. m. case, box.

estudiantado. m. student body.// **estudiante.** m./f. student.// **estudiantil.** a. student.

estudiar. tr. to study.// study (m.).// studious (a.).

estufa. f. stove, heater.

estupefaciente. m. narcotic.

estupefacto. ta. a. astonished.

estupendo, da. a. wonderful.

estupidez. f. stupidity.// **estúpido, da. 1.** a. stupid. **2.** m./f. idiot, fool.

estupor. m. stupefaction, astonishment.

etapa. f. stage, step, phase.

éter. m. ether.// **etéreo, a.** a. ethereal.

eternidad. f. eternity.// **eternizar. 1.** tr. to perpetuate. **2.** ref. to be eternal.// **eterno, na.** a. eternal.

ético, ca. 1. a. ethic. **2.** f. ethics.

etimología. f. etymology.// etymologic (a.).

etíope. a./m./f. Ethiopian.

etiqueta. f. **1.** tag, label *(rótulo).* **2.** etiquette.// **etiquetar.** tr. to label.

etnia. f. ethnia.// ethnic (a.).

eucalipto. m. eucalyptus.

eucaristía. f. Eucharist.

eufemismo. m. euphemism.// euphemistic (a.).

eufonía. f. euphony.// euphonic (a.).

euforia. f. euphoria.// euphoric (a.).

europeo, a. a./m./f. European.

evacuar. tr. to evacuate.// evacuation (f.).

evadir. 1. to evade, to avoid. **2.** ref. to get away.

evaluar. tr. to evaluate.// evaluation (f.).

evangélico, ca. a. evangelical.// **evangelio.** m. gospel.// evangelism (m.).// evangelist (m./f.).// **evangelizador, ra. 1.** a. evangilizing. **2.** m./f. evangelizer.// **evangelizar.** tr. to evangelize.

evaporar. 1. tr. to evaporate. **2.** ref. to vanish.// evaporation (f.).

evasión. f. evasion *(evasiva);* escape.// evasive (a.).// evader (m./f.).

evento. m. **1.** contingency. **2.** Sp. event.// **eventual.** a. contingent.// **eventualidad.** f. contingency.// **eventualmente.** adv. by chance *(casualmente);* possibly *(posiblemente).*

evidencia. f. **1.** certainty *(certeza).* **2.** proof *(prueba).*// **evidenciar.** tr. **1.** to make evident *(mostrar).* **2.** to prove *(demostrar).*// evident (a.).

evitar. tr. **1.** to avoid *(eludir).* **2.** to prevent *(prevenir).*

evocar. tr. to evoke.// evocation (f.).// evocative (a.).

evolucionar. i. to evolve.// evolution (f.).

exacerbar. tr. to exacerbate.

exactitud. f. exactitude, exactness.// exact (a.).

exagerar. tr. to exaggerate.// exaggeration (f.).

exaltación. f. exaltation *(enaltecimiento);* over-excitement *(excitación).*// **exaltado, da. 1.** a. exalted *(enaltecido);* over-excited. **2.** m./f. hothead.// **exaltar. 1.** tr. to exalt. **2.** ref. to get excited.

examen. m. examination, test.// **examinador, ra.** m./f. examiner.// **examinar. 1.** tr. to examine. **2.** ref. to take an examination.

exasperar. tr. to exasperate.// exasperation (f.).

excavar. tr. to excavate, to dig.// excavation (f.).

excedente. a./m. surplus. // **exceder. 1.** tr. to exceed, to surpass. **2.** ref. to go too far.

excelencia. f. excellence.// excellent (a.).

excentricidad. f. eccentricity.// eccentric (a./m./f.).

excepción. f. **1.** exception. **2.** a e. de: except for.// exceptional (a.).

excepto. adv. except, excepting.

exceptuar. tr. to except.

exceso. m. excess.// excessive (a.).

excitable. a. excitable.// **excitación.** f. excitement.// **excitante.** a. exciting.// **excitar. 1.** tr. to excite. **2.** ref. to become excited.

exclamación. f. **1.** exclamation. **2.** signo de e.: exclamation point.// **exclamar.** i./tr. to exclaim.

excluir. tr. to exclude.// exclusion (f.).// **exclusive.** adv. not included.// **exclusivo, va. 1.** a. exclusive. **2.** f. exclusive right.

excomulgar. tr. to excommunicate.// **excomunión.** f. excommunication.

excretar. tr. to excret.// excrement (m.).// excretion (f.).

excursión. f. excursion, tour.// excursionist (m./f.).

excusa. f. excuse.

excusado. m. **1.** private (privado). **2.** toilet.

excusar. tr./ref. to excuse.

exención. f. exemption.// **exento, ta.** a. exempt.

exhalar. tr. to exhale.// exhalation (f.).

exhausto, ta. a. exhausted.

exhibir. tr. to exhibit.// exhibition (f.).// exhibitionist (a.).

exhortar. tr. to exhort.// exhortation (f.).

exhumar. tr. to exhume.// exhumation (f.).

exigencia. f. exigency, demand.// **exigente.** a./m./f. demanding, exigent.// **exigir.** tr. **1.** to exact (dinero). **2.** to demand (requerir).

exiliado, da. m./f. exile.// **exiliar. 1.** tr. to exile. **2.** ref.: to be exiled.// **exilio.** m. exile.

eximio, mia. a. most excellent.

existencia. f. **1.** existence. **2.** stock (de bienes). **3.** en e.: in stock.

éxodo. m. exodus.

exonerar. tr. to exonerate.// exoneration (f.).

exótico, ca. a. exotic.// exotism (m.).

expandir. tr. to expand.// expansion (f.).

expatriar. 1. tr. to expatriate. **2.** ref. to go to exile.// expatriation (f.).

expectativo, va. 1. a. expectant. **1.** f. expectation.

expectorar. tr. to expectorate.// expectoration (f.).

expedición. f. **1.** expedition. **2.** dispatch (despacho).// expeditionary (a./m./f.).

expediente. m. **1.** file (legajo). **2.** Law. proceedings.

expedir. tr. **1.** to issue (emitir). **2.** to dispatch.

expendedor, ra. 1. m. salesman (vendedor). **2.** f. spender (máquina).// **expendio.** m. sale (venta); store (comercio).// **expender.** tr. to expend, to spend.

expensas. f. pl. expenses.

experiencia. f. **1.** experience. **2.** experiment.

experimentar. tr. **1.** to experiment (hacer). **2.** to experience (sentir).// experienced (a.).// experimental (a.).// experiment (m.).

experto, ta. a. expert.

expiar. tr. to expiate.// expiation (f.).

expirar. tr. to expire.// expiration (f.).

explayar. 1. tr. to spread out. **2.** ref. to explatiate.

explicación. f. explanation.// **explicar. 1.** tr. to explain. **2.** ref. to understand (comprender).

explícito, ta. a. explicit.

exploración. f. exploration.// **explorador, ra.** m./f. **1.** explorer. **2.** niños e.: boy scouts.// **explorar.** tr. to explore.// exploratory (a.).

explosión. f. explosion.// explosive (a./m./f.).

explotación. f. **1.** exploitation. **2.** running, operation (negocios). **3.** cultivation (campos).// **explotador, ra.** m./f. exploiter.// **explotar. 1.** tr. to explode (bombas). **2.** to exploit (trabajadores). **3.** to operate (negocios). **4.** to cultivate (campos). **5.** to work (minas).

exponente. m. **1.** exponent. **2.** example (ejemplar).

exponer. tr. **1.** to expose. **2.** to exhibit (exhibir). **3.** to explain (explicar). **4.** ref. to expose oneself.

exportar. i./tr. to export.// exportation (f.).// exporter (m./f.).

exposición. f. **1.** exposition (de ideas). **2.** exhibition, fair (feria). **3.** exposure (al peligro, sol, luz).

expresar. tr./ref. to express.// expression (f.).// expressive (a.).// **expreso, sa.** a./m. express.

exprimido, da. a. squeeze.// **exprimidor.** m. squeezer, juicer.// **exprimir.** tr. to squeeze.

expropiar. tr. to expropiate.// expropiation (f.).

expuesto, ta. a. **1.** exposed. **2.** on display (exhibido). **3.** in danger (en peligro).

expulsar. tr. **1.** to expel. **2.** to eject (objetos).// **expulsión.** f. expulsion, ejection.

exquisitez. f. **1.** exquisiteness (gusto). **2.** excellence.// **exquisito, ta.** a. exquisite; delicious.

extasiar. 1. tr. to enrapture. **2.** ref. to go into rapture.// **éxtasis.** m. ecstasy.

extemporáneo, a. a. untimely, inopportune.

extender. tr. **1.** to spread (epidemia, doctrina, sábanas). **2.** to extend (expandir, alargar). **3.** to draw up (documentos). **4.** ref. to last (durar). **5.** to speak at lenght (en el uso de la palabra).// **extensión.** f. **1.** extension (tamaño, expansión). **2.** duration (tiempo). **3.** additional line (teléfono). **4.** en toda la e.: in every sense (de una palabra).// extensive (a.).// **extenso, sa.** a. **1.** extended, vast (espacio). **2.** extensive (tiempo).

extenuación. f. exhaustion, weakening.// **extenuar.** tr. to exhaust, to weaken.

exterior. a. **1.** exterior, external. **2.** foreign (extranjero). **3.** m. exterior, outside. **4.** foreign countries (extranjero).

exterminar. tr. to exterminate.// extermination (f.).

externo, na. 1. a. external, outward. **2.** m./f. day pupil.

extinguir. 1. tr. to extinguish. **2.** to become extinguished.// extinct (m./f.).// extinction (f.).// **extintor.** m. fire extinguisher.

extirpar. tr. to extirpate.// extirpation (f.).

extorsión. f. extortion, blackmail.// **extorsionar.** tr. to blackmail.// **extorsionista.** m./f. blackmailer.

extra. 1. a. extra. **2.** m./f. extra (cine). **3.** f. tip (yapa).

extracción. f. extraction.

extractar. tr. to summarize.// **extracto.** m. **1.** extract. **2.** summary (resumen).

extradición. f. extradition.

extraer. tr. to extract.

extralimitarse. ref. **1.** to abuse authority. **2.** to go to far.

extranjero, ra. 1. a. foreign **2.** m./f. foreigner. **3.** m. foreign countries, abroad.

extrañar. tr. **1.** to miss. **2.** to find extrange.// **extraño, ña.** a. **1.** extrange (raro). **2.** alien (extranjero).

extraordinario, ria. a. extraordinary.

extravagancia. f. extravagance.// extravagant (a.).

extraviar. 1. tr. to misplace (perder). **2.** ref. to get lost.

extravío. m. misplacement (pérdida); going astray.

extremidad. f. extremity.// **extremo, ma.** a./m. extreme.

exhuberancia. f. exuberance.// exuberant (m./f.).

eyacular. i. to ejaculate.// eyaculation (f.).

eyectar. tr. to eject.// ejector (m.).

f. f. sixth letter of the Spanish alphabet.
fábrica. f. factory.// **fabricación.** f. manufacturing.// **fabricante.** m./f. manufacturer.// **fabricar.** tr. to manufacture, to make.// **fabril.** a. manufacturing.
fábula. f. fable.// fabulous (a.).
facción. f. **1.** faction. **2.** pl. features.
faceta. f. facet.// a. faceted.
facha. f. looks, apearance.
fachada. f. facada, front.
fácil. a. easy.// **facilidad.** f. **1.** facility. **2.** *f. de pago:* easy terms. **3.** *tener f. para:* to be apt to.// **facilitar.** tr. **1.** to facilitate, to make easy. **2.** to supply *(dar).*
facineroso, sa. a. criminal.
facón. m. big knife.
factible. a. feasible, practicable.
factor. m. factor.
factoría. f. factory.
factura. f. **1.** build *(hechura).* **2.** invoice, bill *(boleta).*// **facturación.** f. billing.// **facturar.** to bill, to invoice.
facultad. f. faculty.// **facultativo, va. 1.** a. optional. **2.** m. physician.
faena. f. **1.** task, job. **2.** *Arg.* slaughter.// **faenar.** tr. to slaughter
faisán. m. pheasant.
faja. f. **1.** strip. **2.** girdle *(corsé).* **3.** belt *(cinturón).*// **fajar.** tr. **1.** to to band, to belt. **2.** fig. to give blows.
fajo. m. bundle; roll *(billetes).*
falacia. f. deceit, fraud.
falange. f. phalanx.
falaz. f. deceitful.
falda. f. **1.** skirt *(prenda).* **2.** mountain side.
falible. a. fallible.// fallibility (f.).
falla. f. **1.** failure *(acción).* **2.** defect. **3.** *Geol.* fault.// **fallar.** i./tr. **1.** to fail. **2.** *Law.* to pass sentence.
fallecer. i. to die.// **fallecimiento.** m. death.
fallo. m. **1.** fault. **2.** sentence, veredict.
falsear. tr. **1.** to falsify. **2.** ref. to pick *(cerradura);* to bend *(torcerse).*// **falsedad.** f. falsehood.
falsificar. tr. **1.** to falsify *(falsear).* **2.** to counterfait *(dinero).*// falsification (f.).// falsifier (m./f.).
falso, sa. a. **1.** false. **2.** counefeit *(falsificado).*
falta. f. **1.** fault *(culpa).* **2.** lack *(carencia).* **3.** error. **4.** absence. **5.** *a f. de:* for lack of. **6.** *hacer f.:* to be lacking. **7.** *sin f.:* without fail// **faltar.** i. **1.** to be lacking *(hacer falta).* **2.** to be missing *(estar ausente).* **3.** *f. a una cita:* to break an appointment. **4.** *f. el respeto:* to insult. **5.** *f. mucho/poco:* to be a long/short way *(distancia);* to be long/short time *(tiempo).*// **falto, ta.** a. short, lacking.
fama. f. fame.
famélico, ca. a. famished, starving.

familia. f. family.// **familiar. 1.** a. familiar. **2.** m./f. relative.// familiarity (f.)// **familiarizar.** tr./ref. to familiarize.
famoso, sa. a. famous.
fanático, ca. 1. a./m./f. fanatic. **2.** m./f. fan *(simpatizante).*// fanaticism (m.).// **fanatizar.** tr. to fanaticize.
fanfarrón, na. 1. a. bragging. **2.** m./f. braggart.// **fanfarronear.** i. to brag.// **fanfarronería.** f. bragging.
fango. m. mud.// **fangoso, sa.** a. muddy.
fantasear. tr. to fancy, to dream.// **fantasía.** f. **1.** fantasy *(irrealidad);* fancy *(imaginación).* **2.** *de f.:* imitation.
fantasma. m. phantom, ghost.// phantasmagoric (a.).
fantástico, ca. a. fantastic, stammer.
fantoche. m. **1.** puppet. **2.** fig. popinjay.
farallón. m. cliff.
farándula. f. show business.
faraón. m. Pharaon.
fardo. m. bale, bundle.
faringe. f. pharinx.
farmacéutico, ca. 1. a. pharmaceutical. **2.** m./f. pharmacist.// **farmacia.** f. drugstore; pharmacy.
faro. m. **1.** lighthouse. **2.** headlight *(de auto).*// **farol. 1.** lantern. **2.** street lamp *(público).*// **farolero. 1.** a. fig. bragging. **2.** m. lamplighter.
farra. f. spree, party.
fárrago. m. hodgepodge.
farsa. f. farce.// **farsante.** a. fraud, fake.
fascículo. m. fascicle.
fascinar. tr. to fascinate.// fascination (f.).// fascinating (a.).
fascimo. m. fascism.// fascist (a./m./f.).
fase. f. phase.
fastidiar. tr. to annoy.// **fastidio.** m. annoyance.// **fastidioso, sa.** a. annoying.
fasto. m. pomp.// **fastuosidad.** f. splendor.// **fastuoso, sa.** a. splendid.
fatal. a. **1.** fatal. **2.** deadly *(mortal).*// **fatalidad.** f. **1.** fate *(destino).* **2.** calamity *(desgracia).*// fatalism (m.).// fatalist (m./f.).
fatiga. f. **1.** fatigue. **2.** shortness of breath *(falta de aliento).*// **fatigar.** tr. to tire.// **fatigoso, sa.** a. tiring.
fauna. f. fauna.
fauno. m. faun.
favor. m. **1.** favor; help. **2.** *por f.:* please.// favorable (a.).// **favorecer.** tr. to favor.// favoritism (m.).// favorite (a./m./f.).
faz. f. **1.** face. **2.** obverse *(de una moneda).*
fe. f. **1.** faith. **2.** credence *(creencia).* **3.** trust *(confianza).* **4.** *buena/mala f.:* honesty/dishonesty. **5.** *dar f.:* to attest. **6.** *f. de erratas:* errata.
fealdad. f. ugliness.
febrero. m. February.
febril. a. feverish.

fecha. f. **1.** date. **2.** day. **3.** *a la f.:* at present.// **fechar.** tr. to date.

fechoría. f. villainy, misdeed.

fécula. f. starch.

fecundar. tr. **1.** to impregnate (*preñar*). **2.** to fecundate.// fecundation (f.).// fecundity (f.).// **fecundo, da.** a. fecund; fruitful.

federación. f. federation.// federal (a.).

fehaciente. a. authentic, reliable.

felicidad. f. **1.** happiness. **2.** pl. *¡f.!:* congratulations.

felicitar. tr. to congratulate.// **felicitación.** f. **1.** congratulation. **2.** pl. *¡f.!:* congratulations!

feligrés, sa. m./f. parishioner.// **feligresía.** f. parish.

feliz. a. **1.** happy. **2.** successful (*exitoso*).

felonía. f. perfidy.

felpa. f. plush.

felpudo. m. mat, rug.

femenino, na. a./m./f. feminine.// feminism (m.).// feminist (a./m./f.).

fémur. m. femur, tighbone.

fenecer. i. **1.** to die. **2.** to finish.

fenicio, cia. a./m./f. Phoenician.

fenómeno. m. phenomenon.// phenomenal (a.).

feo, a. 1. a. ugly. **2.** adv. bad (*mal*); awful (*atroz*).

féretro. m. coffin.

feria. f. **1.** fair. **2.** market (*mercado*).

feriado. a./m. holiday.

fermentar. i./tr. to ferment.// fermentation (f.).// ferment (m.).

feroz. a. ferocius, fierce.// ferocity (f.).

férreo, a. a. 1. iron. **2.** *vía f.:* rail road.

ferretería. f. hardware; hardware store (*comercio*).

ferrocarril. m. railroad, railway.// **ferroviario, ria. 1.** a. railroad. **2.** m./f. railroad employee.

fértil. a. **1.** fertile. **2.** *f. en:* rich in.// fertility (f.).// **fertilizar.** tr. to fertilize.// fertilizer (m.).

ferviente. a. **1.** fervent. **2.** earnest (*muy devoto*).

fervor. m. fervor.// **fervoroso, sa.** a. fervent, fervid.

festejar. tr. **1.** to celebrate. **2.** to feast (*fiesta religiosa*). **3.** to court (*cortejar*).// **festejo.** m. **1.** celebration. **2.** feast. **3.** courting (*galanteo*). **4.** pl. festivities.

festival. f. festival.

festividad. f. festivity; holiday (*día*).// **festivo, va.** a. **1.** festive, joyful. **2.** *día f.:* holiday.

fetal. a. fetal.

fetiche. m. fetish.// fetishism (m.).// fetishist (m./f.).

fetidez. f. fetidness.// **fétido, da.** a. fetid, stinking.

feudo. m. feud.// feudal (a.).// feudalism (m.).

fiado (al). adv. on credit.

fiador, ra. m./f. guarantor.

fiambre. m. cold-cuts.// **fiambrería.** f. cold-cuts store.

fianza. f. **1.** guaranty, bond. **2.** *bajo f.:* on bail.

fiar. tr. **1.** to sell on credit. **2.** ref. to trust (*confiar*).

fiasco. m. failure.

fibra. f. fiber.// fibrous (a.).

ficción. f. fiction.// **ficticio, cia.** a. fictitious.

ficha. f. **1.** chip (*de juego*). **2.** data card. **3.** token (*cóspel*). **4.** plug (*enchufe*).// **fichar.** tr. **1.** to make a dossier on (*confeccionar*). **2.** to punch in or out (*entrada/salida*).// **fichero.** m. filling cabinet, card catalogue.

fidedigno, na. a. trustworthy.

fidelidad. f. fidelity.

fideo. m. noodle.

fiebre. a. fever.

fiel. a. **1.** loyal (*leal*). **2.** exact, accurate (*exacto*).

fieltro. m. felt.

fiera. f. **1.** wild beast. **2.** fig. hothead (*muy irritado*).

fiereza. f. fierceness, ferocity.// **fiero, ra.** a. **1.** fierce. **2.** fig. ugly (*feo*).

fierro. m. **1.** iron. **2.** pl. tools (*herramientas*).

fiesta. f. **1.** holiday (*día*). **2.** party (*reunión*).

figura. f. figure.// **figurar. 1.** i. to figure, to appear (*en una lista*). **2.** tr. to feign (*fingir*). **3.** ref. to imagine.// figuration (f.).// figurative (a.).

fijar. tr. **1.** to fix (*asegurar, dejar fijo*). **2.** to establish (*establecer*). **3.** ref. to pay attention (*mirar, prestar atención*).// **fijeza.** f. **1.** firmness, fixedness. **2.** *mirar con f.:* to stare at.// **fijo, ja.** a. **1.** firm, fixed (*firme*). **2.** permanent. **3.** fast (*colores*). **4.** f. sure thing.

fila. f. **1.** file (*hilera*). **2.** line (*cola*). **3.** pl. ranks.

filamento. m filament.

filantropía. f. philanthropy.// philanthropist (m./f.).

filármonico, ca. a./m./f. philharmonic.

filatelia. f. philately.// philatelic (a.).// philatelist (m./f.).

filete. m. fillete.// **filetear.** tr. to fillete.

filiación. f. filiation, personal data.

filial. 1. a. filial. **2.** f. branch.

filigrana. f. filigree.

filisteo, a. a./m./f. Philistine.

filmar. tr. to film.// film (m.).// filmation (f.).

filo. f. **1.** cutting edge. **2.** dividing line.

filón. m. vein, seam.

filoso, sa. a. sharp, sharp-edged.

filosofía. f. philosophy.// philosopher (m./f.).

filtrar. i./tr./ref. to filter.// filter (m.).// filtration (f.).

fin. m. **1.** end. **2.** aim (*objetivo*). **3.** *a. f. de:* in order to. **4.** *a f. de que:* so that. **5.** *a fines de:* at the end of. **6.** *al f. y al cabo:* after all. **7.** *f. de semana:* weekend. **8.** *por f.:* at last.

finado, da. 1. a. late. **2.** m./f. deceased.

final. 1. a./f. final. **2.** m. end.// **finalidad.** f. purpose, aim.

finalista. a./m./f. finalist.

finalizar. 1. i. to end. **2.** tr. to finish.

financiación. f. financing.// **financiar.** tr. to finance.// financial (a.).// financier (m./f.).// **finanzas.** f. pl. finance.

finca. f. **1.** property. **2.** farm (*granja*).

fineza. f. **1.** courtesy. **2.** gift (*regalo*).

fingido, da. a. feigned, false.// **fingir.** tr. to feign.

finlandés, sa. 1. a. Finish. **1.** m./f. Finn.

fino, na. a. **1.** fine (*de calidad*). **2.** refined. **3.** thin (*delgado*).// **finura.** f. **1.** fineness. **2.** refinement. **3.** sublety (*sutileza*).

fiordo. m. fiord.

firma. f. **1.** signature. **2.** firm (*empresa*).

firmamento. m. firmament, sky.

firmante. a. signatory; m./f. signer.// **firmar.** i./tr. to sign.

firme. a. **1.** firm, steady; fast (*color*). **2.** adv. firmly. **3.** *en f.:* final. **4.** pl. *¡f!:* attention!.// **firmeza.** f. firmness

fiscal. 1. a. fiscal. **2.** m./f. Law. prosecutor.// **fiscalizar.** tr. **1.** to supervise. **3.** to investigate.

fisco. m. public treasury.

fisgón, na. a. snooper.// **fisgonear.** tr. to snoop.

físico, ca. 1. a. physical. **2.** m./f. physicist. **3.** m. physique. **4.** f. physics.

fisiología. f. physiology.// physiological (a.).// physiologist (m./f.)

fisión. f. fission.

fisonomía. f. looks, face.
fisura. f. fissure.// **fisurar.** tr./ref. to fissure.
flacidez. f. flaccidity.// flaccid (a.).
flaco, ca. a. thin. lean.// **flacura.** f. thinness, leanness.
flagelar. tr. to flagellate.// flagellation (f.).// **flagelo.** m.
1. whip (látigo). 2. calamity. 3. Zool. flagellum.
flagrante. a. flagrant, in the act.
flamante. a. 1. new. 2. bright (brilloso).
flamear. 1. to flame (llamear). 2. to flap (ondear).
flamenco, ca. 1. a. Fleming. 2. m. flamingo.
flan. a. flan, custard.
flanco. m. flank.// **flanquear.** tr. to flank.
flaquear. i. to weaken.
flaqueza. f. 1. thinness (delgadez). 2. weakness.
flato. m. flatus.// flatulence (f.).// flatulent (a.).
flauta. f. flute.// **flautín.** m. piccolo// flutist (m./f.).
fleco. m. 1. fringe (adorno). 2. bangs (flequillo).
flecha. f. arrow.// **flechar.** tr. 1. to strike with an arrow.
2. fig. to make a hit with.// **flechazo.** m. 1. arrow
shot. 2. fig. sudden love.
fleje. m. iron hoop.
flema. f. phlegm.// phlegmatic (a.).
fletar. tr. to charter.// **flete.** m. freight; charter (acción).
flexibilidad. f. flexibility.// flexible (a.).
flexión. f. 1. flection. 2. inflection (de las palabras).
flojear. i./ref. to weaken.// **flojedad.** f. weakness.
flojo, ja. a. 1. loose (suelto). 2. weak (débil). 3. flaccid.
flor. f. 1. flower. 2. a f. de: on the surface of. 3. la f. de
la vida: prime of life. 4. f. y nata: the cream.// **flora.** f,
flora.// **florecer.** 1. i. to flower; to flourish (prosperar).
2. ref. to become moldy.// **floreciente.** a. flourishing.// **florecimiento.** m. 1. flowering. 2. flourishing.//
florería. f. flower shop.// florist (m./f.).// **florero.** m.
flower vase.// **floresta.** f. forest.// floriculture (f.).//
floriculturist (m./f.).// **florido, da.** a. 1. flowery. 2.
choice, select (selecto).
flota. f. fleet.
flotación. f. 1. flotation. 2. línea de f.: waterline.//
flotador, ra o **flotante.** 1. a. floating. 2. m. float.//
flotar. tr. to float.// **flote.** m. 1. floating. 2. a f.: afloat.
flotilla. f. flotilla.
fluctuar. i. to fluctuate.// fluctuation (f.).
fluir. i. 1. to flow. 2. to stream (brotar).// fluid (a./m.).//
fluidity (f.).// **flujo.** m. flow; flood.
flúor. m. fluorine.// fluorescence (f.).// fluorescent (a.).
fluvial. a. fluvial, river.
fobia. f. phobia.
foca. f. seal.
foco. m. 1. focus. 2. fig. center, source.
fofo, fa. a. soft; flabby.
fogata. f. bonfire.
fogón. m. 1. stove (hornalla). 2. bonfire.// **fogonazo.**
m. powder flash.// **fogonero.** m. stoker, fireman.
fogosidad. f. fire; impetuosity.// **fogoso, sa.** a. fiery.
foja. f. leaf, sheet.
follar. tr. to foliate.// **folio.** m. page.
follaje. f. foliage.
folletín. m. serial.// **folleto.** m. pamphlet.
fomentar. tr. to foment.// **fomento.** m. promotion.
fonda. f. inn, eating house.
fondear. 1. i. to anchor (anclar). 2. tr. to sound (sondear).
fondista. m./f. long-distance runner.
fondo. m. 1. bottom (base). 2. depth (profundidad). 3.
background (de un cuadro). 4. back (parte trasera). 5.

essence. 6. fund (fundación). 7. pl funds (dinero). 8. a
f.: thoroughly. 9. bajos f.: the underword. 10. en el f.:
at heart. 11. f. disponibles: ready cash.
fonema. f. phonema.// **fonético, ca.** 1. a. phonetic. 2.
f. phonetics.
fonógrafo. m. phonograph, record player.
fonología. f. phonology.
forajido, da. m./f. outlaw, fugitive.
forastero, ra. m./f. stranger, newcomer.
forcejear. i. to struggle.// **forcejeo.** m. strruggle.
forense. a. forensic.
foresta. f. forest.// forestation (f.).
forja. f. 1. forge. 2. foundry (actividad).// **forjar.** tr. 1.
to forge. 2. to make (hacer).// **forjador.** m. smith.
forma. f. 1. form, shape. 2. format. 3. way (manera).
4. de f. que: so that. 5. en debida f.: in due form. 6.
en f.; in good form. 7. guardar las f.: to keep the
appearence.// **formación.** f. 1. formation. 2. upbring-
ing (educación).
formal. a. formal.// formality (f.).// formalism (m.).
formalizar. tr. to formalize.
formar. tr. 1. to form. 2. to shape (dar forma). 3. to
bring up (criar). 4. i. to fail in. 2. ref. to take form.
formato. m. format.
formidable. a. formidable.
formón. m. chisel.
fórmula. f. 1. formula. 2. recipe (receta). 3. method.//
formular. tr. 1. to formulate. 2. to prescribe (recetar).
3. to ask (preguntas).// **formulario.** m. form.
fornido, da. a. strong.
foro. m. forum.
forraje. m. forage.
forrar. tr. 1. to line (un vestido). 2. to cover (cubrir). 3.
ref. fig. to get rich.// **forro.** m. 1. lining (ropa). 2.
cover (cubierta). 3. fig. condom.
fortalecer. tr. to fortify; to strenghten.// **fortalecimiento.** m. strenghtening.// **fortaleza.** f. 1. strenghten
(fuerza). 2. fortress (fortín).
fortificar. tr. to fortify, to strengten.// fortification (f.).
fortín. m. small fort.
fortuna. f. 1. fortune. 2. luck (suerte).
forúnculo. m. furuncle, boil.
forzar. tr. 1. to force. 2. to break (una puerta).//**forzoso, sa.** a. unavoidable.// **forzudo, da.** a. strong.
fosa. f. 1. grave (tumba). 2. pit, fosse (foso). 3. f.
nasales: nostrils.
fosfato. m. phosphate.
fósforo. m. 1. phosphorus. 2. match (cerilla).// phosphorescence (f.).// phosphorescent (a.).
fósil. a./m. fossil.
foso. m. 1. pit. 2. service pit (de un garaje).
foto. f. photo.// photocopy (f.).// photoelectric (a.).//
photogenic (a.).// **fotograbado.** m. photoengraving.
fotografía. f. 1. photography (arte). 2. photograph,
picture (foto).// **fotografiar.** tr. to photograph.// photographer (m./f.).
fotón. m. photon.
fotosíntesis. f. photosynthesis.
fracasar. i. to fail.// **fracaso.** m. failure.
fracción. f. fraction.// **fraccionar.** tr. to break up.
fractura. f. fracture.// **fracturar.** i./tr. to fracture.
fragancia. f. fragrance.// fragrant (a.).
fragata. f. frigate.
frágil. a. fragile.// fragility (f.).

fragmentar. tr. to fragment.// fragment m.
fragor. m. din, uproar.// **fragoroso, sa.** a. thunderous.
fragua. f. forge.// **fraguar. 1.** i. to set (cemento). **2.** tr. to forge.
fraile. f. friar, brother.
frambuesa. f. raspberry.
francés. a./m./f. French.
franciscano. a./m. franciscan.
franco. a. m. **1.** frank (sincero). **2.** free (libre). **3.** m. franc.
franela. f. flannel.
franja. f. **1.** band, strip. **2.** fringe, border (margen, zona).
franquear. tr. **1.** to free (liberar). **2.** to exempt (eximir). **3.** to cross (cruzar). **4.** ref. to confide. **5.** to frank (pagar).// **franqueo.** m. postage.// **franqueza.** f. **1.** frankness.// **franquicia.** f. **1.** franchise. **2.** exemption.
frasco. m. flask, bottle.
frase. m. phrase; sentence.// phraseology (f.).
fraternal o **fraterno, na.** a. fraternal.// **fraternidad.** f. **1.** brotherhood (grupo). **2.** fraternity (camaradería).
fraude. m. fraud.// fraudulent (a.).
frazada. f. blanket.
frecuentar. tr. to frecuent.// frecuency (f.).// **frecuente.** a. **1.** frecuent. **2.** habitual.
fregadero. m. sink.// **fregado. 1.** a. fig. annoyed. **2.** m. scrubbing.// **fregar.** tr. **1.** to scrub. **2.** fig. to annoy.
freír. tr. to fry.
frenar. 1. i./tr. to brake. **2.** to restrain (restringir).
frenesí. m. frenzy.// **frenético, ca.** a. frantic.
freno. m. **1.** brake. **2.** restrint (restricción).
frente. 1. adv. in front of. **2.** m. front. **3.** f. forehead. **4.** f. a f.: face to face.
fresa. f. **1.** strawberry. **2.** drill (herramienta)
fresco, ca. a. **1.** fresh (nuevo). **2.** cool (frío). **3.** m. coolness; fresco (pintura). **4.** m./f. cool or fresh air.// **frescura.** f. **1.** freshness. **2.** coolness. **3.** impertinence.
fresno. m. ashtree.
frialdad. f. coldness, coolness.
fricción. f. friction; massage.// **friccionar.** tr. to massage.
friega. f. rubbing.
frigidez. f. frigidity.// frigid (a.).
frigorífico, ca. 1. a. refrigerating. **2.** m. cold storage plant.
frío. a./m. cold.// **friolento, ta.** a. sensitive to the cold.
frito. 1. a. fried. **2.** m. fry. **3.** estar f.: to be sunk.// **fritura.** f. **1.** fry (acción). **2.** pl. fritters.
frivolidad. f. frivolity.// frivolous (a.).
fronda. f. frond.// **frondoso, sa.** a. frondose.
frontal. a. frontal.
frontera. f. border, frontier.
frontón. m. jai-alai court; front wall.
frotación. f. rubbing.// **frotar.** tr. to rub.
fructificar. i. to be fruitful.// **fructífero, ra.** a. fruitful.
frugal. a. frugal.// frugality (f.).
fruncir. tr. **1.** to frown (frente). **2.** to purse (labios). **3.** to shirr (costura).
frustrar. tr. to frustrate.// frustration (f.).
fruta. f. fruit.// **frutal. 1.** a. fruit. **2.** m. fruit tree.// **frutero, ra. 1.** a. fruit. **2.** m. fruit seller. **3.** f. fruit bowl.
frutilla. f. strawberry.
fruto. m. fruit.
fuego. m. **1.** fire. **2.** light (para encender). **3.** heat, passion (pasión). **4.** f. artificiales: fireworks. **5.** hacer f.: to shoot. **6.** prender f.: to set fire. **7.** romper el f.: to open fire. **8.** ¡f.!: fire.

fuelle. m. bellows.
fuente. f. **1.** fountain (aparato). **2.** spring (manantial). **3.** source (origen). **4.** font (pila). **5.** dish, platter (plato). **6.** f. bien informadas: well-informed source.
fuera. adv. **1.** outside, out. **2.** ¡f!: get out!. **3.** f. de sí: besides oneself. **4.** por f. de; besides (además).
fuero. m. **1.** jurisdiction. **2.** privilege. **3.** f. interno: con science.
fuerte. a. **1.** strong. **2.** loud (sonido). **3.** powerful (intenso). **4.** m. fort, fortress (fortaleza); forte (punto fuerte). **5.** adv. hard, strongly (duro); loudly (voz).
fuerza. f. **1.** strenght (fortaleza). **2.** force (violencia cuerpo armado). **3.** a f. de: by dint of. **4.** a la f.: by force (forzado); of necessity (por necesidad). **5.** f. mayor: force majeure.
fuga. f. **1.** flight. **2.** Mus. fugue. **3.** leak (pérdida).
fugacidad. f. fugacity.
fugarse. ref. to flee, to run away.
fugaz. a. **1.** fleeting, brief. **2.** estrella f.: shooting star.
fugitivo, va. a./m./f. fugitive.
fulano, na. m./f. so-and-so.
fulgor. m. brilliance, brightness.// **fulgurante.** a. shining.// **fulgurar.** i. to flash.
fulminante. 1. a. sudden (repentino); fatal. **2.** m. fulminate; percussion cap (de una bomba).
fullería. f. trickery.// **fullero, ra.** a. trickster.
fumada. f. puff.// **fumadero.** m. smoking-room.// **fumador, ra.** m./f. smoker.// **fumar.** tr. to smoke.
fumigar. tr. to fumigate.// fumigation (f.).// fumigator (m./f.).// fumigatory (a.).
función. f. **1.** function. **2.** position (cargo). **3.** show (cine, teatro). **4.** pl. entrar en f.: to take office.// functional (a.).// functionality (f.).// **funcionamiento.** f. working.// **funcionar.** i. to function, to work, to run.
funcionario, ria. m./f. official.
funda. f. cover, case.
fundación. f. **1.** foundation. **2.** fund (organismo).// **fundador, ra. 1.** a. founding. **2.** m./f. founder.
fundamental. a. fundamental.// **fundamentar.** tr. to base.// **fundamento.** f. **1.** basis (base). **2.** reason, grounds.
fundar. tr. **1.** to found, to establish. **2.** to base (basar).
fundición. f. **1.** melting, casting. **2.** foundry (fábrica).// **fundir.** tr. **1.** to melt. **2.** to cast (moldear). **3.** ref. to merge (fusionarse); to burn out (quemarse); to go bankrupt (quebar).
fúnebre. a. funeral.// funeral (m.).
funesto, ta. a. ill-fated, fatal.
fungicida. 1. a. funguicidal. **2.** m. funguicide.
furgón. m. **1.** wagon. **2.** box car.
furia. f. fury.// **furioso, sa.** a. furious, enraged.
furor. m. rage, furor, fury.
furtivo, va. a. furtive.
fuselaje. m. fuselage.
fusible. 1. a. fusible. **2.** m. fuse.
fusil. m. rifle.
fusilamiento. m. shooting, execution.// **fusilar.** tr. to shoot, to execute.
fusión. f. **1.** fusion, melting. **2.** merging (empresas).// **fusionar.** tr. to merge.
fusta. f. horsewhip.
fútbol. m. football; soccer (E.E.U.U.).// **futbolista.** m./f. soccer, player.
futuro, ra. a./m. future.// futurism (m.).// futurist (m.).

g. f. seventh letter of the Spanish alphabet.

gabán. m. overcoat.

gabardina. f. **1.** gabardine. **2.** raincoat *(prenda)*.

gabinete. m. **1.** study; laboratory. **2.** cabinet *(de ministros)*.

gacela. f. gazelle.

gaceta. f. gazette.// **gacetilla.** f. shorts news item.

gacho, cha. a. curve dawn..

gafas. f. pl. spectacles, glasses.

gaita. f. bagpipe.

gaje. m. **1.** wages. **2.** pl. *g. del oficio:* ocupacional hazards.

gajo. m. **1.** branch *(rama)*. **2.** slice *(de fruta)*.

gala. f. **1.** *función de g.:* gala perfomance, **2.** *hacer g. de:* to take pride of. **3.** *vestido de g.:* full dress.

galán. m. **1.** hansome men. **2.** leading man *(cine, TV)*. **3.** suitor *(pretendiete)*.

galante. a. galant, courteous.// **galantear.** to woo, to flirt.// **galanteo.** m. wooing, flirting.// **galantería.** f. **1.** courtesy. **2.** elegance.

galápago. m. sea turtle.

galardón. m. prize, reward.

galaxia. f. galaxy.// galactic (a.).

galeón. m. galleon.

galeote. m. galley slave.

galera. f. **1.** galley *(barco)*. **2.** top hat *(sombrero)*.

galería. f. gallery.

galés, sa. a./m.f. Welch.

galgo. m. greyhound.// **galguear.** i. fig. to be starved.

galimatías. m. rigmarole.

gallardía. f. **1.** elegance. **2.** gallantry *(valor)*.// **gallardo, da.** a. **1.** elegant. **2.** brave.

gallego, ga. a./m./f. Galician.

gallera. f. cockpit.

galleta. f. biscuit; cracker.

gallina. f. **1.** hen. **2.** fig. coward.// **gallinero.** m. chicken coop.// **gallo.** f. **1.** cock, rooster. **2.** false note *(en canto)*. **3.** *peso g.:* bantam weight.

galo, la. a. Gallic.

galón. m. **1.** gallon *(envase)*. **2.** stripe *(tira)*.

galopar. i. to gallop.// gallop (m.).

galpón. f. large shed.

galvanizar. tr. to galvanize.// galvanization (f.).

gama. f. **1.** gamut *(música)*. **2.** range *(colores)*.

gamba. f. **1.** prawn. **2.** fig. leg.

gameto. m. gamete.

gamo, ma. m./f. buck, deer; f. doe.

gamuza. f. chamois, shammy leather.

gana. f. **1.** desire. **2.** *de buena/mala g.:* willingly, unwillingly. **3.** pl. *con g.:* heartily. **4.** pl. *tener g.:* to want to, to feel like.

ganadería. m. cattle rasing.// **ganadero, ra. 1.** a. cattle **2.** m./f. cattle rancher.// **ganado.** m. cattle.

ganador, ra. a./m./f. winner.

ganancia. f. profit, gain.// **ganancioso, sa.** a. profitable *(ganancias)*; winning *(ganador)*.

ganar. i./tr. **1.** to win *(triunfar)*. **2.** to profit *(tener ganancias)*. **3.** to earn *(intereses)*. **4.** to beat *(derrotar)*. **5.** ref. to earn.

gancho. m. **1.** hook. **2.** charm *(atractivo)*.

ganga. f. bargain.

gangoso, sa. a. nasal, twangy.

gansada. f. fig. nonsense.// **ganso, sa. 1.** m. gander, f. goose. **2.** fig. m./f. silly person, dummy.

ganzúa. f. picklock.

garabatear. tr. to scribble.// **garabato.** f. **1.** hook, grappel. **2.** fig. scribble.

garaje. m. garage.

garante. m./f. guarantor.// **garantía.** f. guarantee, guaranty.// **garantizar.** tr. to guarantee.

garbanzo. m. chickpea.

garbo. m. grace, elegance.// **garboso, sa.** a. graceful.

garfio. m. grapple, hook.

garganta. f. **1.** throat. **2.** gorge *(desfiladero)*.// **gargantilla.** f. necklace.

gárgara. f. **1.** gargle. **2.** pl. *hacer g.:* to gargle.

garita. f. **1.** sentry box *(centinela)*. **2.** porter's office.

garito. m. gambling house.

garlopa. f. jack plane.

garra. f. **1.** claw. **2.** fig. heart.

garrafa. f. carafe, decanter.

garrafal. a. fig. huge.

garrapata. f. tick.

garrapatear. tr. to scribble.

garrocha. f. vaulting pole.

garrotazo. blow.// **garrote.** m. club, stick.

garúa. f. drizzle.// **garuar.** i. to drizzle.

garza. f. heron.

gas. m. gas.// **gasista.** m. gas fitter.

gasa. m. gauze.

gaseoso, sa. 1. a. gaseous. **2.** f. fizzy drink.

gasóleo. m. gasoil.// gasoline (f.).// gasoline station (f.).

gastado, da. a. warn out.// **gastador, ra.** a. spendthrift.

gastar. tr. **1.** to spend *(dinero)*. **2.** to use up, to consume *(consumir)*. **3.** to waste *(malgastar)*. **4.** ref. to be used up *(terminarse)*; to wear up *(desgastarse)*.

gasto. m. **1.** expense. **2.** use *(consumo)*.

gastronomía. f. gastronomy.// gastronome (m./f.).

gata. f. **1.** female cat. **2.** pl. *a g.:* with difficulty.

gatear. i. to crawl.

gatillo. m. hammer, firing pin.

gato. m. **1.** cat. **2.** jack *(cric)*.// **gatuno, na.** a. catlike.

gauchada. f. favor.// gaucho (m.).
gaveta. f. drawer.
gavilán. m. sparrow hawk.
gavilla. f. band, gang.
gaviota. f. seagull.
gaznate. m. throat.
géiser. m. geyser.
gelatina. f. gelatine, jelly.// **gelatinoso, sa.** a. jelly-like.
gema. f. gem.
gemelo, la. a./m./f. twin.
gemido. m. moan, wail.// **gemir.** i. to moan, to wail.
gendarme. m. gendarme.
gen. m. gen.// genealogy (f.).// genealogic (a.).
generación. f. generation.// generational (a.).// generating (a.).// generator (m./f.).
general. a./m. general.// **generalidad.** f. **1.** generality. **2.** majority (mayoría).// **generalizar.** tr. to generalize.// generalization (f.).
generar. tr. to generate.
genérico, ca. a. generic.
género. m. **1.** type, kind (clase). **2.** way, manner (manera). **3.** Biol. genus. **4.** fabric (tela). **5.** gender (gramática). **6.** genre (arte). **7.** g. humano: humankind.
generosidad. f. generosity.// generous (a.).
génesis. **1.** f. origin. **2.** m. Genesis.
genético, ca. **1.** a. genetic. **2.** f. genetics.
genial. a. **1.** brilliant. **2.** fig. genial.// **genialidad.** f. **1.** peculiarity. **2.** brilliant words or deed.// **genio.** m. **1.** genius (persona, deidad). **2.** temper (carácter).
genocidio. m. genocide.
genovés. a./m./f. Genoese.
gente. f. **1.** people. **2.** nation. **3.** family. **4.** como la g.: decent. **5.** g. baja: common people. **6.** g. bien: upper class. **7.** g. de bien: respectable folk. **8.** ser g.: to be decent.
gentil. **1.** a. kind, gallant. **2.** m./f. gentile.// **gentileza.** f. **1.** gallantry (acción). **2.** kindness (cualidad).
gentilicio. m. gentilic noun.
gentío. m. crowd.
gentuza. f. rabble.
genuflexión. f. genuflection.// genuflect (a.).
genuino, na. a. genuine.
geofísico, ca. **1.** a. geophysic. **2.** f. geophysics.
geografía. f. geography.// geographic (a.).// geographer (m./f.).
geología. f. geology.// geologic (a.).// geologist (m./f.).
geometría. f. geometry.// geometric (a.).
geranio. m. geranium.
gerencia. f. management (gestión); managership (cargo); manager's office (oficina).// **gerente.** m. manager.
germano, na. a./m./f. German.
germen. m. **1.** germ. **2.** origin, source (origen).
germinar. i. to germinate.// germination (f.).
gerundio. m. gerund.
gestar. tr. to gestate.// gestation (f.).
gesticular. i. to gesticulate.// gesticulation (f.).
gestión. f. **1.** administration. **2.** step (trámite).// **gestionar.** tr. to take steps to.
gesto. f. **1.** gesture (ademan). **2.** face (expresión).
gestor, ra. m./f. negociator.
giba. f. hump.
gibón. m. gibbon.
gigante. a./m. giant.// gigantic (a.).
gimnasia. f. gymnastics.// **gimnasio.** m. gymnasium.// gymnast. (m./f.).// gimnastic (a.).
gimotear. i. to whine.// **gimoteo.** m. whining.
ginebra. f. gin.
ginecología. f. gynecology.// gynecologist (m.).
gira. f. tour.
girado, da. m./f. drawee.// **girador, ra.** m./f. drawer.
girar. i. **1.** to rotate (dar vueltas). **2.** to girate (rotar). **3.** to turn (doblar). **4.** i./tr. to draw (una cuenta).
girasol. m. sunflower.
giratorio, ria. a. rotating, revolving.
giro. m. **1.** turn (desvío, cambio). **2.** rotation. **3.** draft (documento). **4.** g. a la vista: sight draft. **5.** g. en descubierto: overdraft. **6.** g. postal: money order.
gitano, na. a./m./f. gypsy.
glacial. a. glacial.// **glaciar.** m. glacier.
gladiador. m. gladiator.
glándula. f. gland.// glandular (a.).
gleba. f. glebe.
glicerina. f. glycerine.
globo. m. **1.** globe. **2.** baloon.// global (a.).
glóbulo. m. corpuscle; globule.// globular (a.).
gloria. f. **1.** glory. **2.** paradise.
glorieta. f. garden arbor.
glorificar. tr. to glorify.// glorification (f.).
glorioso, sa. a. glorious.
glosa. f. gloss.// **glosar.** tr. to gloss.// glossary (m.).
glotón, na. m./f. glutton.// **glotonería.** f. gluttony.
glucosa. f. glucose.
gnomo. m. gnome.
gobernación. f. government (gobierno); governor's office or house (lugar).// **gobernador.** m. governor.// **gobernante.** **1.** a. ruling. **2.** m./f. ruler.// **gobierno.** m. **1.** government. **2.** management (dirección).
goce. m. enjoyment, pleasure.
gol. m. goal.
goleta. f. schooner.
golf. m. golf.// **golfista.** m./f. golfer.
golfo. m. gulf.
golondrina. f. swallow.
golosina. f. delicacy, tidbit.
goloso, sa. a. sweet-tooothed.
golpe. m. **1.** blow, strike. **2.** hit (acierto). **3.** de g.: suddenly. **4.** g. de estado: coup d'etate. **5.** g. de gracia: coup de grace. **6.** g. de vista: glance.// **golpear.** i./tr. to strike, to hit, to beat.
goma. f. **1.** gum. **2.** glue (cola). **3.** rubber (de borrar).// **gomoso, sa.** a. gummy.
gónada. f. gonad.
góndola. f. gondola.// gondolier (m.).
gordinflón, na. m./f. fatty.
gordo, da. **1.** a. fat (obeso); fatty (graso); thick (grueso). **2.** m./f. fat persons; first prize (premio).// **gordura.** f. **1.** fatness. **2.** grease (grasa).
gorgojo. m. weevil.
gorila. m. gorilla.
gorjear. i. to warble.// **gorjeo.** m. warble.
gorra. f. cap.
gorrión. m. sparrow.
gorro. m. cap, bonnet.
gota. f. **1.** drop. **2.** Med. gout.// **gotear.** i. to drip.// **goteo.** m. dripping.// **gotera.** f. leak.// **gotero.** m. dropper.
gótico, ca. a. Ghotic.
gozar. **1.** i./tr. to enjoy. **2.** tr. to take plesure in.

gozne. m. hinge.

gozo. m. joy, pleasure.// **gozoso, sa.** a. joyful.

grabación. f. recording.// **grabado.** m. **1.** engraving (arte). **2.** print (ilustración).// **grabador, ra.** m./f. **1.** engraver (artista). **2.** recorder (aparato).// **grabar.** tr. **1.** to engrave (arte). **2.** to record (cinta, disco).

gracia. f. **1.** grace. **2.** charm (atractivo). **3.** witticism (agudeza). **4.** favor. **5.** caer en g.: to please. **6.** pl. ¡g.¡: thanks; dar las g.: to thank. **7.** tener g.: to be funny.// **gracioso, sa.** a. **1.** funny (divertido). **2.** free (gratuito).

grada. f. **1.** step (peldaño). **2.** pl. tiers.// **gradería.** f. tier.

grado. f. **1.** degree (nivel). **2.** grade (calidad). **3.** stage (fase). **5.** rank (militar). **6.** de buen/mal g.: willingly/unwillingly. **7.** en alto g.: to a high degree.

graduación. f. **1.** graduation. **2.** gradation (grado). **3.** rank (militar).// **graduado (a.).// graduate (m./f.).// gradual (a.).// graduar.** **1.** tr. to grade (medir); to regulate (regular). **3.** ref. to graduate.

gráfico, ca. f. **1.** a. graphic. **2.** m./f. graph, diagram.

grafito. m. graphite.

gragea. f. sugar-coated pill.

grama. f. grass.

gramática. f. grammar.// grammatical (a.).

gramo. m. gram.

gran. a. great; big (tamaño).

granada. f. **1.** pomegranate (fruta). **2.** grenade (arma).// **granadero.** m. grenadier.

granado, da. a. choice, select.

granate. a./m. garnet.

grande. a. **1.** big (tamaño). **2.** great (notable).// **grandeza.** f. greatness; size (tamaño).// **grandiosidad.** f. magnificence.// **grandioso,sa.** a. magnificent, grand.

granel (a.). m. **1.** in bulk (suelto). **2.** in abundance.

granero. m. granary, barn.

granito. m. **1.** granite. **2.** blackhead (barrito).

granizada. f. hailstorm.// **granizar.** i. to hail.// **granizo.** m. hail.

granja. f. farm.

granjero, ra. m./f. farmer.

grano. m. **1.** grain. **2.** blackhead (facial). **2.** al g.: to the point.// granular (a.).

grapa. f. staple (para papel); clip (para madera).

grasa. f. grease.// **grasiento, ta.** a. greasy.// **graso, sa.** a. fatty.// **grasoso, sa.** a. greasy.

gratificación. f. **1.** gratification. **2.** bonus (salarial).// **gratificar.** tr. **1.** to gratify. **2.** to reward (recompensar).

gratis. adv. gratis, free.

grato, ta. a. pleasent.// **gratitud.** f. gratitude.

gratuito, ta. a. **1.** free (gratis). **2.** arbitrary.

gravamen. m. **1.** burden (carga). **2.** tax (impuesto).// **gravar.** tr. **1.** to burden (cargar). **2.** to tax, to impose.

grave. a. **1.** grave (rostro, acento). **2.** serious (enfermo). **3.** important (asunto). **4.** deep, low (sonido).// **gravedad.** f. **1.** seriousnnes. **2.** gravity (ley).

gravitar. i. to gravitate.// gravitation (f.).

gravoso, sa. a. **1.** onerous. **2.** expensive (costoso).

graznar. i. to croak.// **graznido.** m. croak.

gregario, ria. a. gregarious.

gremio. m. **1.** guild. **2.** trade union (sindicato).// **gremial.** a. guild; union.

gresca. f. brawl.

grey. a. flock, congregation.

griego, ga. a./m./f. Greek, Grecian.

grieta. f. crack, crevice.

gripe. f. influenza.

gris. a./m. grey, gray.

gritar. i. to shout, to cry.// **griterío.** f. din, uproar.// **grito.** m. shout, cry.

grosería. f. **1.** roughness (tosquedad). **2.** vulgarity (indecencia). **3.** rudeness (descortesía).// **grosero, ra.** coarse (tosco); rude (descortés); vulgar.

grosor. m. thickness.

grotesco, ca. a./m. grotesque.

grúa. f. **1.** crane (máquina). **2.** tow truck (camión).

grueso, sa. a. **1.** thick. **2.** fat (gordo). **3.** m. bulk (parte principal); thickness (grosor).

grumete. m. cabin boy.

grumo. m. lump.// **grumoso, sa.** a. lumpy.

gruñido. m. grumble.// **gruñir.** i. to grumble.// **gruñón, na.** a. grumpy.

grupo. group.// groupal (a.).

gruta. m. grotto, cave.

guadaña. f. **1.** scythe. **2.** fig. death (la muerte).

guanaco. m. huanaco.

guano. m. bird manure.

guante. m. **1.** glove (la mano). **2.** echar el g.: to capture.

guapo, pa. **1.** a. good-looking (atractivo); brave (valiente). **2.** m. bully.

guarda. m./f. **1.** guard (guardián). **2.** rib (cinta). **3.** ¡g!: watch out!// **guardabarros.** m. mudward.// **guardabarreras.** gatekeeper.// **guardabosques.** m. forest ranger.// **guardacostas.** m. coastguard.// **guardaespaldas.** m. bodyguard.// **guardameta.** m. goalkeeper.

guardar. tr. **1.** to keep (mantener, cumplir). **2.** to guard (proteger). **3.** to save (almacenar).

guardarropa. m. **1.** wardrobe (ropa). **2.** pl. cloakroom.

guardería. f. day nursery.

guardia. m./f. guard.// **guardián.** m. guardian, watchman.

guarecer. tr. to shelter.// **guarida.** f. **1.** lair, den (de animales). **2.** shelter (refugio). **3.** hideout (escondite).

guarismo. m. figure, number.

guarnición. f. **1.** garrison (militar). **2.** setting (joyería). **3.** garnish (comida). **4.** fitting (de una máquina).

guasón. m. joker.

guatemalteco, ca. a./m./f. Guatemalan.

gubernamental. a. governmental.

guerra. f. war.// **guerrear.** i. to war.// **guerrero, ra.** **1.** a. warring. **2.** m./f. warrior.// **guerrilla.** f. guerrilla.// **guerrillero, ra.** m./f. guerrilla.

guía. **1.** m./f. guide. **2.** f. guide; directory (libro).// **guiar.** tr. **1.** to guide, to lead. **2.** to drive (auto).

guijarro. m. pebble.

guillotinar. tr. to guillotine.// guillotine (f.).

guineano, na. a./m./f. Guinean.

guiñar. tr. to wink.// **guiño.** m. wink.

guión. m. **1.** hyphen (signo). **2.** script (escrito).

guirnalda. f. garland.

guisado. m. stew.// **guisante.** m. pea.// **guisar.** tr. to stew.// **guiso.** m. stew.

guitarra. f. guitar.// guitarist (m./f.).

gula. f. gluttony.

gusano. f. caterpillar, warm.

gustar. **1.** i. to like, to please. **2.** tr. to taste (saborear).

gusto. m. **1.** taste (sentido). **2.** flavor (sabor). **3.** pleasure (placer). **4.** whim (antojo).// **gustoso, sa.** a. tasty (sabroso); pleased (con placer).

gutural. a. guttural.

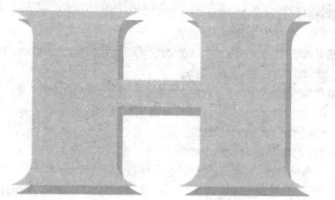

h. f. eighth letter of the Spanish alphabet.
haba. f. bean.
havano. m. Havan cigar.
haber. m. **1.** credit. **2.** assets *(activos)*; wage *(salario)*. **3.** *tener uno en su h.:* to have to one's credit.
haber. 1. aux. v. to have. **2.** imp. v. to must, to have to *(h. de)*. **3.** *hay:* there is *(sing.)*, there are *(pl.)*. **4.** *hay que:* it's necessary. **5.** *no hay de qué:* don't mention it. **6.** *¿qué hay?:* what's up? **7.** *¿qué hay de nuevo?:* what's new?. **8.** *todo lo habido y por h.:* everything imaginable.
hábil. a. **1.** capable *(capaz).* **2.** skillful *(diestro).* **2.** *día h.:* work day. // **habilidad.** f. capablity *(capacidad)*; skill *(destreza).* // **habilidoso, sa.** a. skillful.
habilitación. f. **1.** qualification. **2.** authorization.
habilitar. tr. **1.** to enable *(permitir).* **2.** to authorizate.
habitación. f. room.
habitante. m./f. inhabitant. // **habitar.** tr. to inhabit, to live, to reside.
hábito. m. **1.** habit. **2.** pl. vestments. // habitual *(a.).* // **habituar. 1.** tr. to accustom. **2.** ref. to become accustomed.
habla. f. **1.** speech. **2.** *perder el h.:* to be speechless. // **hablador, ra. 1.** a. talkative. **2.** m./f. gossip. // **habladuría.** f. gossip, rumor. // **hablar. 1.** i. to talk. **2.** tr. to speak *(una lengua).* **3.** *¡ni h.!:* out of the questions!
hacedor, ra. m. maker.
hacendado, da. m./f. landowner, rancher.
hacendoso, sa. a. industrious.
hacer. tr. **1.** to make. **2.** to do *(efectuar).* **3.** to prepare *(preparar).* **4.** to cause *(causar).* **5.** to think *(creer, suponer).* **6.** ref. to become *(volverse).* **7.** *h. agua:* to leak. **8.** *h. caso:* to obey, to pay attention. **9.** *h. cola:* to queue up. **10.** *h. falta:* to be needed. **11.** *h. frente:* to face. **12.** *h. frío/calor:* to be cold/hot. **13.** *h. pedazos:* to smash. **14.** *h. presente:* to notify. **15.** *h. saber:* to let know. **16.** *h. sombra:* to cast a shadow. **17.** *h. un milagro:* to work a miracle. **18.** *h. una maleta:* to pack a suitcase. **19.** *h. una pregunta:* to ask a question. **20.** *h. una visita:* to pay a visit. **21.** *h. un viaje:* to take a strip. **22.** *hace mucho/poco:* long ago, a little while ago. **23.** ref. *h. tarde.:* to get late.
hacha. f. ax; battle-ax *(arma).* // **hachazo.** m. ax blow. // **hachero.** m. wood cutter.
hacia. prep. **1.** toward(s). **2.** about *(tiempo).*
hacienda. f. **1.** ranch. **2.** livestock *(ganado).* **3.** finance.

hacinamiento. f. stacking. // **hacinar.** tr. to stack.
hada. f. fairy.
haitiano, na. a./m./f. Haitian.
halagar. tr. **1.** to flatter. **2.** to please *(deleitar).* **halago.** m. flattery. // **halagüeño, ña.** a. flattering; attractive.
halar. tr. to pull.
halcón. m. falcon.
hálito. m. breath.
hallar. 1. tr. to find *(encontrar);* to note *(notar).* **2.** ref. to be. // **hallazgo.** m. discovery *(hecho);* find *(objeto).*
hamaca. f. hammock.
hambre. m. hunger *(apetito);* famine *(social).* // **hambriento, ta.** a. hungry; starved *(famélico).* // **hambruna.** f. famine, starvation.
hampa. m. underworld. // **hampón.** m. gangster.
haragán, na. m./f. loafer. // **haraganear.** i. to loaf.
harapiento, ta. a. ragged. // **harapo.** m. rag.
harén. m. harem.
harina. f. flour *(de trigo);* meal *(de otro cereal).*
hartar. tr. **1.** to satiate *(saciar).* **2.** to annoy *(cansar).* **3.** ref. to overeat *(comida);* to be fed up *(aburrirse).* // **hartazgo.** m. fill off, society. // **harto, ta.** a. full, fed up.
hasta prep. **1.** until, till, up to, as far as. **2.** *h. luego:* so long. **3.** adv. even *(incluso, aun).*
hastiar. tr. to bore. // **hastío.** m. boredom.
haz. m. pencil, beam.
hazaña. f. heroic feat.
hazmerreír. m. laughingstock.
hebilla. f. buckle.
hebra. f. **1.** thread *(hilo).* **2.** fiber *(fibra).*
hebreo, a. a./m./f. Hebrew.
hectárea. f. hectare.
hechicería. f. witchcraft. // **hechicero, ra. 1.** a. bewitching. **2.** m. sorcerer; f. sorceress. // **hechizar.** tr. to bewitch. **2.** fig. to charm. // **hechizo.** m. spell; charm.
hecho, cha. a. **1.** finished *(terminado).* **2.** used to *(acostumbrado).* **3.** done *(cocido).* **4.** like *(como).* **5.** m. fact, deed, event. **6.** *de h.:* really.
hechura. f. **1.** make. **2.** workmanship *(confección).*
heder. i. to stink. // **hediondez.** f. stink. // **hediondo, da.** a. stinking. // **hedor.** m. stench, stink.
heladera. f. refrigerator, freezer. // **heladería.** f. ice-cream parlor. // **helado, da. 1.** a. freezing. **2.** m. ice-cream. **3.** f. frost. // **helar.** tr./ref. to freeze.
helecho. m. fern.
helénico, ca. a. Hellenic.
hélice. f. **1.** helix *(figura).* **2.** propeller *(de avión).*

helicóptero. m. helicopter.
helio. m. hellium.
hembra. f. 1. female (animal). 2. woman (mujer).
hemisferio. m. hemisphere.// hemispheric (a.).
hemofilia. f. hemophilia.// hemophiliac (m./f.).
hemorragia. f. hemorrhage.// hemorrhagic (a.).
hendidura. f. crack, fissure.
heno. m. hay.
hepático, ca. a. hepatic.
heráldico, ca. 1. a. heraldic. 2. f. heraldry.// herald (m.).
herbívoro, ra. 1. a. herbivorous. 2. m. herbivore.
heredar. tr. to inherite.// heredero, ra. m./f. heir, inheritor.// hereditary (a.).
hereje. m./f. heretic.// herejía. f. heresy.
herencia. f. 1. inheritance (bienes). 2. heritage (tradiciones). 3. heredity (biológica).
herido, da. 1. m./f. wounded person. 2. f. wound, injury.// herir. tr. to wound, to injure, to hurt.
hermandad. f. brotherhood; sisterhood.// hermano, na. m. brother, f. sister. m. pl. brethren.
hermético, ca. a. 1. airtight (cerrado). 2. impenetrable (incomprensible).// hermetismo. m. secrecy.
hermoso, sa. a. beatiful.// hermosura. f. beauty.
hernia. a. hernia.
héroe. m. hero.// heroína. f. 1. heroine. 2. heroin (droga).// heroic (a.).// heroism (m.).
herradura. f. horseshoe.
herraje. m. iron fitting, iron-work.
herramienta. f. tool.
herrar. f. to shoe horses.// herrería. f. blacksmith's shop.// herrero. m. blacksmith.
herrumbre. f. rust.
hervidero. m. fig. swarm.// hervir. i. to boil.// hervor. m. boil.
hesitar. i. to hesitate.// hesitation (f.).
hexágono. m. hexagon.// hexagonal (a.).
hez. f. 1. dregs. 2. pl. feces.
híbridez. f. hybridity.// hybrid (a.).
hidalgo, ga. a./m./f. noble.// hidalguía. f. nobility.
hidratar. tr. to hydrate.// hydratation (f.).
hidráulico. ca. 1. a. hydraulic. 2. f. hydraulics.
hidroavión. m. hydroplane.
hidrocarburo. m. hydrocarbon.
hidroeléctrico, ca. m./f. hydroelectric.
hidrofobia. f. hydrophobia.
hidrógeno. m. hydrogen.
hiedra. f. ivy.
hiel. f. 1. bile. 2. fig. bitterness.
hielo. m. ice.
hiena. f. hyena.
hierba. f. 1. grass (pasto). 2. herb.
hierro. m. 1. iron. 2. h. dulce: soft iron.
hígado. m. liver.
higiene. f. hygiene.// hygienic (a.).
higo. m. fig.// higuera. f. fig tree.
hijastro, tra. m. stepson, f. stepdaughter.
hijo, ja. m. son, f. daughter, pl. children.
hilacha. f. thread.
hilado. m. 1. spinning (acción). 2. thread (hilo).// hilandería. f. spinning mill.// hilandero, ra. a. spinning.// hilar. tr. 1. to spin. 2. h. fino: to split hairs.
hilera. f. row, file.
hilo. m. 1. thread. 2. filament. 3. trickle (líquido).

hilván. m. basting.// hilvanar. tr. 1. to baste. 2. fig. to cordinate.
himno. m. 1. hymn. 2. h. nacional: national anthem.
hincapié. m. hacer h.: to insist on, to stress.
hincar. 1. tr. to drive in. 2. ref. to kneel down.
hincha. m./f. fan; fig. annoying.
hinchado, da. a. 1. Med. swollen. 2. fig. annoyed.// hinchar. tr. 1. to swell. 2. fig. to annoy (fastidiar); to be fan (de un club).// hinchazón. f. swelling.
hindú. a./m./f. Hindu.
hinojo. m. fennel.
hipar. i. to have the hiccups.
hipérbola. f. hiperbola.// hiperbole. f. hiperbole.// hiperbolic (a.).
hipersensible. a. hypersensitive.
hipertensión. f. hypertension.
hípico, ca. 1. a. horseback. 2. f. horseback riding.
hipnotismo. m. hypnotism.// hipnotizar. tr. to hypnotize.// hypnotist (m./f.).
hipo. m. hiccup.
hipocondría. f. hypochondria.// hypochondriac (m./f.).
hipocresía. f. hypocrisy.// hypocrite (m./f.).
hipodérmico, ca. a. hypodermic.
hipódromo. m. race track.
hipopótamo. m. hippopotamus.
hipoteca. f. mortgage.// hipotecar. tr. to mortgage.// hypothecary (a.).
hipotensión. f. hypotension.// hypotensive (a.).
hipotenusa. f. hypotenuse.
hipótesis. f. hypothesis.// hypothetic (a.).
hirviente. a. boiling.
hispano, na. a./m./f. Hispanic.// hispanoamericano, na. a./m./f. Spanish American.
histeria. f. hysteria.// hysterical (a.).
historia. f. 1. history (materia). 2. story.// historiador, ra. m./f. historian.// historial. m. record, dossier.// historical (a.).// historieta. f. 1. short story. 2. comic.
hito. m. 1. milestone (señal). 2. landmark (punto).
hocico. f. snout.
hogar. m. 1. home (casa). 2. hearth.// hogareño, ña. a. 1. home-loving (casero). 2. domestic.
hoguera. f. bonfire.
hoja. f. 1. leaf (árbol). 2. sheet (papel). 3. blade (cuchilla). 4. record (foja).
hojalata. f. tinplate.// hojalatería. tinsmith's shop.// hojalatero. m. tinsmith.
hojaldre. m. puff pastry.
hojarasca. f. dead leaves.
hojear. tr. to leaf through.
¡hola!. interj. hello!
holandés, sa. a./m./f. Dutch.
holgado, da. a. 1. loose (grande). 2. well-off (bienestar).
holganza. f. 1. idleness (ociosidad). 2. recreation.// holgar. i. to be idle.
holgazán, na. a./m./f. loafer.// holgazanear. i. to loaf.// holgazanería. f. idleness.
holgura. f. 1. roominess (espacio). 2. comfort.
hollar. tr. to tread on.
hollejo. m. skin.
hollín. m. soot.

holocausto. m. holocaust.
holografía. f. holography.// holograph (m.).// holographic (a.).
hombre. m. man.// **hombría.** f. manliness; honesty.
hombro. m. **1.** shoulder. **2.** *poner el h.:* to lend a hand.
homenaje. m. homage.// **homenajear.** tr. to pay homage.
homicida. 1. a. murderous, homicidal. **2.** m./f. murderer, homicide.// **homicidio.** m. homicide
homogeneidad. f. homogeneity.// homogeneous (a.).
homónimo, ma. 1. m. homonym. **2.** m./f. namesake.
homosexual. a./m./f. homosexual.// homosexuality (f.).
hondo, da. 1. a. deep. **2.** m. bottom. **3.** f. sling.// **hondonada.** f. ravine.// **hondura.** f. depth.
hondureño, ña. a./m./f. Honduran.
honestidad. f. **1.** honesty *(honradez).* **2.** decency.// **honesto, ta.** a. **1.** honest. **2.** decent.
hongo. m. **1.** mushroom. **2.** fungus *(microscópico).*
honor. m. honor.// honorable (a.).// **honorario, ria. 1.** a. honorary. **2.** m. pl. fees.
honra. f. **1.** honor. **2.** virtue *(virtud).* **3.** pl. honors.
honradez. f. honesty; decency.// **honrado, da.** a. honest; decent.// **honrar. 1.** tr. to honor. **2.** ref. to be honored.// **honroso, sa.** a. honorable; decent.
hora. f. **1.** hour. **2.** time *(tiempo).* **3.** *¿a qué h.?:* at what time? **4.** *pedir h.:* to request an appointment. **5.** *poner en h.:* to set. **6.** *¿qué h. es?:* what time is it?
horadar. tr. to perforate.
horario, ria. 1. a. hourly. **2.** m. timetable.
horca. f. gallows.
horcajadas (a). adv. astride.
horda. f. horde.
horizonte. m. horizon.// horizontal (a./f.).
horma. f. **1.** mold, form. **2.** shoetree *(de zapatero).*
hormiga. f. ant.
hormigón. f. concrete.
hormiguero. m. **1.** antill. **2.** fig. hub of activity.
hormona. f. hormone.// hormonal (a.).
hornada. f. oven batch.// **hornear.** tr. to bake.// **hornero.** m. **1.** baker. **2.** baker bird *(pájaro).*
horno. m. **1.** oven *(cocina).* **2.** furnace *(industrial).*
horrendo, da. a. horrid.// horrible (a.).// **horripilante.** a. hair-raising.// **horror.** m. horror.// **horrorizar.** tr. to horrify.// **horroroso, sa.** a. **1.** horrible. **2.** terrible.
hortaliza. f. vegetable.// **hortelano, na.** m./f. truck farmer.// horticulture (f.).// horticulturist (m./f.).
hosco, ca. a. gruff.
hospedaje. m. **1.** lodging *(acción).* **2.** inn, hostel *(hostería).*// **hospedar.** to lodge.
hospicio. m. **1.** poorhouse *(para pobres).* **2.** asylum.
hospital. m. hospital.// **hospitalario, ria.** a. **1.** hospital *(de los hospitales).* **2.** hospitable.// **hospitalizar.** tr. to hospitalize.// hospitalization (f.).
hostería. f. inn, hostel.
hostigar. tr. to harass.// **hostigamiento.** m. harassment.
hostil. a. hostile.// hostility (f.).// **hostilizar.** tr. to harass.

hotel. m. hotel.// **hotelería.** f. hotel administration.// **hotelero, ra.** m./f. hotel keeper.
hoy. adv. **1.** today *(día).* **2.** nowadays *(presente).*
hoyo. m. **1.** hole. **2.** grave *(tumba).*
hoyuelo. m. dimple.
hoz. f. sickle.
hueco, ca. 1. a./m. hollow. **2.** m. hole.
huelga. f. **1.** strike. **2.** *ir a la h.:* to go on strike.// **huelguista.** m./f. striker.
huella. f. **1.** footprint *(de pie).* **2.** track *(de animal).* **3.** sign *(señal).* **4.** trail *(senda).* **5.** *h. dactilar:* fingerprint.
huérfano, na. a./m./f. orphan.
huerta. f. vegetable garden.// **huerto.** m. orchard.
hueso. m. **1.** bone. **2.** stone, pit *(carozo).*
huésped. m./f. guest.
hueste. f. host.
huesudo, da. a. bony.
huevo. f. **1.** egg. **2.** *h. duro:* hard-boiled egg. **3.** *h. frito:* fried egg. **4.** *h. pasado por agua:* soft-boiled egg.
huída. f. flight, escape.// **huir.** i. to flee, to escape.
hule. m. oilcloth.
hulla. f. coal.// **hullera.** f. coal mine.
humanidad. f. **1.** mankind *(género humano).* **2.** humanity *(calidad de hombre).* **3.** humaneness.// humanism (m.).// humanist (m./f.).// humanitarian (a.).// **humanizar.** tr. to humanize.// **humano, na. 1.** a./m. human *(hombre).* **2.** humane *(bueno).*
humareda. f. cloud of smoke.// **humeante.** a. smoking, fuming.// **humear.** i. **1.** to smoke. **2.** to stream *(emitir vapor).*
humedad. f. **1.** humidity *(clima).* **2.** moisture.// **humectar.** tr. to humidify.// **humedecer.** tr. to moisten, to dampen.// **húmedo, da.** a. **1.** dump, moist. **2.** humid *(clima).*
humildad. f. humbleness, humility.// **humilde.** a. humble.
humillante. a. humiliating.// **humillar.** tr. to humiliate.// humiliation (f.).
humo. m. **1.** smoke. **2.** stream *(vapor).* **3.** pl. airs, conceite, pride.
humor. m. humor, mood *(ánimo).*// **humorada.** f. joke.// **humorismo.** m. humor.// humorist (m./f.).// **humorístico, ca.** a. humorous.
humoso, sa. a. smoky.
hundimiento. m. **1.** sinking *(naufragio).* **2.** cave-in *(derrumbe).*// **hundir.** tr. **1.** to sink *(sumergir).* **2.** to ruin *(arruinar).* **3.** to press in *(un botón).* **4.** to plunge *(cuchillo).* **5.** ref. to sink; to fall dawn *(caer).*
húngaro, ra. a./m./f. Hungarian.
huracán. m. hurrican.// **huracanado, da.** a. hurrican-like.
huraño, ña. a. unsociable.
hurgar, hurguetear. tr. to poke.
hurón, na. m./f. ferret.
hurtadillas (a). adv. secretly, furtively.
hurtar. tr. to steal.
hurto. m. theft, robbery.
húsar. m. hussar.
husmear. tr. **1.** to sniff, to smell out. **2.** fig. to snoop.// **husmeo.** m. **1.** smelling *(olfateo).* **2.** snooping *(curioseo).*
huso. m. **1.** spindle *(textil).* **2.** drum *(mecánico).* **3.** *h. horario:* time zone.

i. f. ninth letter of the Spanish alphabet.

Ibérico, ca. a./m.f. Iberian.// Ibero-American (a./m./f.).

Icono. m. icon.// iconograpy (f.).

Ida. f. 1. going, departure. 2. *i. y vuelta:* round trip. 3. pl. *i. y vueltas:* coming and goings.

Idea. f. 1. idea. 2. mind.// ideal (a./m.).// idealism (m.).// idealist (a./m./f.).// **idealizar.** tr. to idealize.// **idear.** tr. 1. to invent. 2. to think up *(concebir).*

ídem. pron. idem, ditto.

Idéntico, ca. a. identical.// **identidad.** f. identity.// identifiable (a.).// identification (f.).// **identificar.** 1. tr. to identify. 2. ref. to identify oneself.

Ideología. f. ideology.// ideological (a.).// ideologist (m./f.).

Idilio. m. idyl.// idylic (a.).

Idioma. m. language, tonge.// idiomatic (a.).

Idiosincrasia. f. idiosyncrasy.

Idiota. a./m./f. idiot.// **idiotez.** f. idiocy.

Ido, da. a. 1. distracted *(distraído).* 2. crazy *(loco).*

Idólatra. m./f. idolater.// **idolatrar.** tr. to idolize.// idolatry (f.).// **ídolo.** m. 1. idol. 2. star *(estrella).*

Idoneidad. f. 1. aptitude. 2. fitness *(conveniencia).*// **idóneo, a.** a. 1. capable *(capaz).* 2. fit.

Iglesia. f. church.

Iglú. m. igloo.

ígneo, a. a. igneous.// ignition (f.).

Ignominia. f. ignominy.// ignominious (a.).

Ignorancia. f. ignorance.// **ignorante.** 1. a. ignorant *(no educado);* uninformed *(no informado).*// **ignorar.** tr. to be ignorant of.

Ignoto, ta. a. unknown.

Igual. a. 1. equal. 2. similar. 3. even *(parejos).* 4. the same *(lo mismo).* 5. *al i. que:* just like. 6. m./f. equal.// **igualar.** tr. 1. to make equal *(hacer i.).* 2. to level *(allanar).* 3. to equate *(juzgar i.).* 4. to tie *(empatar).* 5. ref. to be equal.// **igualdad.** f. 1. equality. 2. similiraty. 3. tie *(empate).* 4. *en i:* on equal basis.// **igualitario, ria.** a./m./f. egalitarian.// **igualmente.** adv. also *(también);* the same *(de la misma manera).*

Iguana. f. iguana.

ilegal. a. illegal.// illegality (a.).

ilegitimidad. f. illegitimacy.// illegitimate (a.).

ileso, sa. a. unhurt.

ilícito, ta. a. illicit, unlawful.

ilimitado, da. a. unlimited.

ilógico, ca. a. illogical.

iluminación. f. illumination; fig. enlightening.// **iluminar.** tr. to illuminate; fig. to enlighten.

ilusión. f. illusion; hope *(esperanza).*// **ilusionar.** 1.

tr. to build up hopes. 2. ref. to have hopes.// **ilusionista.** m./f. illusionist, magician.// illusory (a.).

ilustración. f. 1. illustration. 2. picture *(grabado).*

ilustrado, da. a. 1. learned *(educado).* 2. illustrated *(libro).*// illustrator (m./f.).// **ilustrar.** tr. to illustrate.// illustrative (a.).

ilustre. a. distinguished.

imagen. f. image.

imaginar. tr. to imagine.// imaginary (a.).// imagination (f.).// imaginative (a.).

imán. m. magnet.// **imantar.** tr. to magnetize.

imbécil. m./f. imbecile.// imbecility (f.).

imberbe. a. beardless.

imborrable. a. indelibel.

imitar. tr. to imitate.// imitation (f.).// imitator (m./f.).

impaciencia. f. impatience.// **impacientar.** tr. to make lose patience.// impatient (a.).

impactar. tr. to impact, to hit.

impacto. m. impact.

impar. a. 1. odd. 2. uneven *(números).*

imparcial. a. impartial.// impartiality (a.).

impartir. tr. to impart.

impasible. a. impassible.

impávido, da. a. fearless.// **impavidez.** f. fearlessness.

impecable. a. impeccable.

impedido, da. a./m./f. disabled.

impedir. tr. to prevent, to obstruct.// impediment (m.).

impeler. tr. to impel.

impenetrable. a. impenetrable.

impensado, da. a. unexpected.

imperante. a. ruling.// **imperar.** tr. to rule, to reign.

imperativo, va. a./m. imperative.

imperceptible. a. imperceptible.

imperdible. m. safety pin.

imperdonable. a. unpardonable, inexcusable.

imperfección. f. imperfection.// imperfect (a.).

imperial. a. imperial.// imperialism (m.).

impericia. f. unskilfullness.

imperio. m. 1. empire. 1. rule *(gobierno).*

imperioso, sa. a. imperative, imperious.

impermeable. 1. a. waterproof. 2. m. watercoat.

impersonal. a. impersonal.

impertérrito, ta. a. dauntless.

impertinencia. f. impertinence.// impertinent (a.).

ímpetu. m. impetus.// impetuosity (f.).// impetuous (a.).

impiedad. f. impiety.// impious (a.).

implacable. a. implacable.

Implantar. tr. to implant.// implantation (f.).
Implemento. m. tool.
Implicar. tr. **1.** to implicate. **2.** to imply *(significar)*.
Implícito, ta. a. implicit.
Implorar. tr. to implore.
Imponderable. a./m. imponderable.
Imponente. a. imposing.// **Imponer.** tr. **1.** to impose. **2.** to inform. **3.** ref. to be necessary; to beat *(derrotar)*.
Importación. f. **1.** importation. **2.** pl. importer goods.
Importancia. f. importance.// important (a.).
Importar. 1. i. to be important. **2.** tr. to import. **3.** tr. to cost (valer). **4.** *no importa:* no matter; never mind.
Importe. m. amount.
Importunar. tr. to importune.
Imposibilidad. f. impossibility.// impossible (a.).
Imposición. f. **1.** imposition. **2.** tax *(impuesto)*.
Impostor, ra. m./f. impostor.// imposture (f.).
Impotencia. f. impotence.// impotent (a.).
Impracticable. a. impracticable.
Imprecisión. f. lack of precision.// **impreciso, sa.** a. vague, indefinite.
Impregnar. tr. to impregnate.
Imprenta. f. **1.** printing. **2.** printing shop *(comercio)*.
Imprescindible. a. indispensable.
Impresión. f. **1.** impression. **2.** printing *(imprenta)*.// **impresionante.** a. impressive.// **impresionar.** tr. **1.** to impress. **2.** fig. to move. **3.** ref. to be moved.// impressionism (m.).// impressionist (a./m./f.).
Impreso. m. printed matter.// **Impresor, ra.** m./f. printer.
Imprevisión. f. lack of foresight.// **imprevisto, ta.** a. unforeseen. **2.** m. unforeseen event or expense.
Imprimir. tr. **1.** to print. **2.** to imprint *(dejar huella)*.
Improbable. a. improbable.// improbability (f.).
ímprobo, ba. a. dishonest, corrupt.
Improcedente. a. inappropriate; contrary to law.
Improductivo, va. a. unproductive.
Impropio. pia. a. **1.** improper. **2.** inappropriate.
Improvisar. tr. to improvisate.// improvisation (f.).// **improviso (de).** adv. unexpectedly.
Imprudencia. f. imprudence.// imprudent (a.).
Impúdico, ca. a. shameless.// impudicity (f.).
Impuesto. m. tax.
Impugnar. tr. to impugn.// impugnation (f.).
Impulsar. tr. to impel.// impulsive (a.).// impulse (m.).
Impune. a. unpunished.// impunity (f.).
Impureza. f. impurity.// impure (a.).
Imputación. f. **1.** imputation. **2.** charge *(contable)*.// **imputar.** tr. **1.** to impute. **2.** to assign.
Inacabable. a. endless.
Inaccesible. a. inaccesible.
Inacción. f. inaction.
Inaceptable. a. unacceptable.
Inactividad. f. inactivity.// inactive (a.).
Inadecuado, da. a. inadequate.
Inadvertido, da. a. unnoticed.
Inagotable. a. inexhaustible.
Inaguantable. a. unbearable, insufferable.
Inalámbrico, ca. a. wireless.
Inalterable. a. unalterable.
Inamovible. a. immovable.
Inanición. f. starvation.

Inanimado, da. a. lifeless.
Inapetencia. f. inappetence.// inappetent (a.).
Inaplazable. a. unpostponable.
Inaplicable. a. inapplicable.
Inaudito, ta. a. unheard-of.
Inaugurar. tr. to inaugurate.// inauguration (f.).
Inca. m. Inca.// **incaico, ca.** a. Incan.
Incalculable. a. incalculable.
Incandescente. a. incandescent.// incandescence.
Incansable. a. tireless.
Incapacitar. tr. to incapacitate.// incapacity (f.).
Incapaz. a. incapable; incompetent.
Incautar. tr./ref. to seize, to confiscate.
Incauto, ta. a. unwary.
Incendiar. 1. tr. to set fire to. **2.** ref. to catch fire.// incendiary (a./m./f.).// **incendio.** m. fire.
Incentivar. tr. to incentive.// incentive (m.).
Incertidumbre. a. uncertainly.
Incesante. a. incessant.
Incidencia. f. incidence.// incidental (a.).// incident (a.).
Incidir. tr. **1.** to fault *(en errores)*. **2.** i. *sobre:* to influence.
Incienso. m. incense.
Incierto, ta. a. uncertain.
Incinerar. tr. to incinerate.// incineration (f.).
Incipiente. a. incipient.
Incisión. f. incision.// **incisivo, va. 1.** a. incisive. **2.** m. incisor.
Inciso. m. clause, paragraph.
Incitar. tr. to incite.// incitation (f.).// inciting (a.).
Inclemencia. f. inclemency.// inclement (a.).
Inclinación. f. inclination.// **inclinar. 1.** tr. to incline. **2.** tr./ref. to bow *(la cabeza)*. **3.** tr./ref. to lean *(ladear)*. **4.** ref. to feel or be inclined.
Incluir. tr. **1.** to include; to contain.// **inclusión.** f. inclusion.// **inclusive.** a. included.// **incluso.** adv. **1.** inclusive. **2.** even *(aún más)*.
Incobrable. a. uncollectable.
Incógnito, ta. 1. m. incognito. **2.** f. unknown quantity. **3.** *de i.:* on incognito.
Incoherencia. f. incoherence.// incoherent (a.).
Incoloro, ra. a. colorless.
Incomodar. tr. to inconvenience.// **incomodidad.** f. discomfort.// **incómodo, da.** a. **1.** uncomfortable. **2.** inconvenient *(incomodado)*.
Incomparable. a. incomparable.
Incompatible. a. incompatible.// incompatibility (f.).
Incompetencia. a. incompetence.// incompetent (a.).
Incompleto, ta. a. incomplete.
Incomprensible. a. incomprehensible.
Incomunicado, da. a. isolated.
Inconcebible. a. inconceivable.
Inconcluso, sa. a. unfinished.
Incondicional. a. unconditional.
Inconexo, xa. a. unconnected.
Inconfundible. a. unmistakable.
Incongruencia. f. incongruence.// incongruent (a.).
Inconsciencia. f. **1.** unconsciousness *(desmayo, psiquis)*. **2.** unawareness *(decuido)*.// **inconsciente.** a./m. unconscious.
Inconsistencia. f. inconsistency.// inconsistent (a.).
Inconstancia. f. fickleness.// **Inconstante.** a. fickle.

inconstitucional. a. unconstitutional.// **Inconstitucionalidad.** f. unconstitutionality.

incontable. a. countless.

incontinencia. f. incontinence.// incontinent (a.).

inconveniente. 1. a. inconvenient. 2. m. obstacle; objetion.// inconvenience (f.).

incorporar. 1. tr. to incorporate. 2. ref. to join (unirse); to sit up (levantarse).// incorporation (f.).

incorrección. f. incorrection.// incorrect (a.).// incorregible (a.).

incorruptible. a. incorruptible.

incredulidad. f. incredulity.// incredulous (a.).

increíble. a. incredible, unbeliable.

incrementar. tr. to increase.// increment (m.).

incruento, ta. a. bloodless.

incrustar. tr. 1. to enlay (joyas). 2. to encrust.// **incrustación.** f. incrustation; enlaying.

incubar. i./tr. to incubate.// incubation (f.).// incubator (f.).

inculcar. tr. to inculcate.

inculpar. tr. to blame.

inculto, ta. a. 1. uncultured. 2. unrefined.

incumbencia. f. incumbency.

incumplimiento. m. breach.

incurable. a. incurable.

incurrir. tr. 1. to incur. 2. to commit (cometer).// incursion (f.).

indagación. f. investigation.// **indagar.** tr. to inquire.

indecencia. f. indecency.// indecent (a.).

indecisión. f. indecision.// **indeciso, sa.** a. undecided.

indefenso, sa. a. defenseless.

indefinido, da. a. indefinite.

indemnizar. tr. to indemnify.// indemnification (f.).

independencia. f. independence.// independent (a.).

indeseable. a. indesirable.

indicar. tr. to indicate.// indication (f.).// indicative (a.).

índice. m. 1. index. 2. forefinger (dedo).

indicio. m. 1. sign, indication. 2. pl. clues.

indiferencia. f. indifference.// indifferent (a.).

indígena. a./m./f. native.

indigencia. f. indigence.// indigent (a.).

indigesto, ta. a. indigestible.// indigestion (f.).

indignado, da. a. indignant.// indignation.

indigno, na. a. 1. unworthy (sin mérito). 2. despicable (vil).// indignity (f.).

indio. a./m. Indian.

indirecto, ta. 1. a. indirect. 2. f. insinuation.

indiscreción. f. indiscretion.// indiscreet (a.).

indiscutible. a. inquestionable.

indisponer. 1. tr. to set against. 2. ref. to fall ill.// indisposition (f.).// indisposed (a.).

indistinto, ta. a. indistinct.

individuo. m. individual.// individual (a.).// individuality (f.).

índole. f. 1. nature. 2. type.

indolencia. f. indolence.// indolent (a.).

indomable. a. indomitable.

indonesio, sia. a./m./f. Indonesian.

inducir. tr. to induce.// induction (f.).

indudable. a. indubitable.

indulgencia. f. indulgency.// indulgent (a.).

indultar. m. to pardon.// **indulto.** m. pardon, remission.

indumentaria. f. dress, clothing.

industria. f. industry.// **industrial.** 1. a. industrial. 2. m./f. indutrialist.// **industrializar.** tr. to industrialize.

inédito, ta. a. unpublished.

ineficiencia. f. inefficiency.// inefficient (a.).

ineludible. a. unavoidable.

ineptitud. f. ineptitude.// inept (a.).

inequívoco, ca. a. unequivocal.

inercia. f. inertia.// inert (a.).

inesperado, da. a. unexpected.

inestable. a. unstable.

inestimable. a. invaluable.

inevitable. a. inevitable.

inexactitud. f. inaccuracy.// **inexacto, ta.** a. inaccurate (a.).

inexorable. a. inexorable.

inexperto, ta. a. inexperienced.// inexperience (f.).

inexplicable. a. inexplicable.

infalible. a. infallible.// infallibility (a.)

infame. a. infamous.// infamy (f.).

infancia. f. infancy.// **infante.** m. infant; infantryman (soldado).// infantile (a.).

infantería. f. infantry.

infatigable. a. indefatigable.

infectar. tr. to infect.// infection (f.).// infectious (a.).

infelicidad. f. unhappiness.// **infeliz.** 1. a. unhappy. 2. m./f. poor devil.

inferior. 1. a. lower, inferior. 2. m./f. subordinate.// inferiority (f.).

infernal. a. infernal.

infestar. tr. to infest.// infestation (f.).

infiel. 1. a. disloyal (desleal). 2. m./f. infidel.// infidelity (f.).

infierno. m. hell.

infiltrar. tr. to infiltrate.// infiltration (f.).

ínfimo, ma. a. lowest; least.

infinidad. f. 1. infinity (calidad). 2. countless (incontables).// infinitive (a./m.).// **infinito, ta.** 1. a./m. infinite. 2. m. Math. infinity. 3. adv. ad infinitum.

inflación. f. inflation.// inflationary (a.).

inflamar. tr. to inflame.// inflammable (a.).// inflammation (f.).

inflar. tr. 1. to inflate. 2. fig. to exaggerate.

inflexibilidad. f. inflexibility.// inflexible (a.).

inflexión. f. inflection.

influir. tr. to influence.// influence (f.).// influential (a.).

información. f. information; data (datos).// **informar.** 1. tr. to inform; to report on (por escrito). 2. ref. to inquire (buscar i.); to find out (lograr i.).// informative (a.).// **informe.** m. report.// informer (m./f.).

infortunio. m. misfortune.

infracción. f. infraction, transgression.// **infractor, ra.** transgressior, violator.

infraestructura. f. infraestructure.// infraestructural (a.).

in fraganti. adv. in the act.

infrarrojo, ja. a./m. infrared.

infringir. tr. to violate, to transgress.

infructuoso, sa. a. fruitless.

infundado, da. a. groundless.
infundir. tr. to instill.
infusión. f. infusion.
ingeniería. f. engineering.// engineer (m./f.).
ingenio. m. **1.** ingenuity *(habilidad).* **2.** wit *(agudeza).* **3.** sugar mill *(de azúcar).*// ingeniuos (a.).
ingenuidad. f. naiveté.// **ingenuo, nua.** a./m./f. naive.
ingle. f. gloin.
inglés, sa. **1.** a./m. English. **2.** m. Englishman, f. Englishwoman.
ingrato, ta. a. **1.** ungrateful *(desagradecido).* **2.** disagreeable *(desagradable).*// ingratitude (f.).
ingrediente. m. ingredient.
ingresar. **1.** i./tr. to enter. **2.** tr. to deposit.// **ingreso.** m. **1.** entrance *(acción, lugar).* **2.** income *(dinero, bienes).* **3.** pl. earnings.
inhabilitar. tr. **1.** to disqualify. **2.** to incapacitate.
inhabitable. a. uninhabitable.
inhalar. tr. to inhale.// inhalation (f.).
inherencia. f. inherence.// inherent (a.).
inhibir. tr. to inhibit.// inhibition (f.).// inhibitory (a.).
inhumano, na. a. inhuman.
iniciar. tr. **1.** to initiate *(en una actividad).* **2.** to begin *(comenzar).*// initial (a.).// initiate (m./f.).// initiation (f.).// initiative (f.).// **inicio.** m. begining.
iniquidad. f. iniquity.
injertar. tr. to graft, to implant.// **injerto.** m. grafting.
injuria. f. insult.// **injuriar.** tr. to insult. // **injurioso, sa.** a. insulting.
injusticia. f. injustice.
injustificable. a. unjustifiable.// **injustificado, da.** a. unjustified.
injusto, ta. a. unjust.
inmaduro, ra. a. **1.** inmature *(persona).* **2.** green *(fruta).*// inmaturity (f.).
inmediación. f. **1.** inmediacy. **2.** pl. outskirts.
inmediato, ta. **1.** a. inmediate; next. **2.** de i.: immediately.
inmejorable. a. perfect, excellent.
inmensidad. f. inmensity.// inmense (a.).
inmerecido, da. a. undeserved.
inmersión. f. immersion.
inmigrar. i. to immigrate.// immigrant (a./m./f.).// immigration (f.).
inminencia. f. imminence.// imminent (a.).
inmiscuirse. ref. to meddle, to interfere.
inmoralidad. f. immorality.// immoral (a.).
inmortalizar. to immortalize.// immortal (a.).// immortality (f.).
inmovilizar. tr. to immovilize.// inmobile (a.).
inmueble. **1.** m. building. **2.** pl. *bienes i.:* real state.
inmundicia. f. filth, dirt.// **inmundo, da.** a. filth.
inmunizar. i. to immunize.// immune (a.).// immunity (f.).
inmutarse. ref. to become agitated or worried.// immutable (a.).
innato, ta. a. innate.
innecesario, ria. a. unnecessary.
innegable. a. undeniable.
innovar. tr. to innovate.// innovation (f.).// innovator (m./f.).
inocencia. f. innocence.// innocent (a./m./f.)
inocular. tr. to innoculate.// innoculation (f.).

inocuo, cua. a. innocuous, harmless.
inodoro, ra. **1.** a. odorless. **2.** m. toilet.
inofensivo, va. a. harmless.
inolvidable. a. unforgettable.
inoperante. a. inoperative.
inoportuno, na. a. inopportune, untimely.
inoxidable. a. stainless.
inquebrantable. a. unbreakeable.
inquietar. **1.** tr. to disturb. **2.** tr./ref. to worry.// **inquieto, ta.** a. restless *(intranquilo)*; worried *(preocupado).*// **inquietud.** f. restlessness; worry.
inquilinato. m. tenancy.// **inquilino, na.** m./f. tenant.
inquisición. f. inquisition.// inquisitor (m./f.).
insaciable. a. insatiable.
insalubre. a. unhealthy.
insatisfacción. f. dissatisfaction.// **insatisfactorio, ria.** a. unsatisfactory.// **insatisfecho, cha.** a. unsatisfied *(no satisfecho)*; dissatisfied *(desilusionado).*
inscribir. **1.** tr. to inscribe *(grabar).* **2.** tr./ref. to register.// **inscripción.** f. **1.** inscription. **2.** enrollment.
insecto. m. insect.// insecticide (m.).
inseguridad. f. **1.** insecurity. **2.** uncertainty *(indecisión).*// **inseguro, ra.** a. **1.** insecure; uncertain.
insensatez. f. foolishness.// **insensato, ta.** a. foolish.
insensibilidad. f. insensibility *(sin sensación)*; insensitivity *(sin sentimiento).*// **insensible.** a. **1.** insensible *(sin sensación).* **2.** insensitive *(sin sentimiento).* **3.** imperceptible.
inseparable. a. inseparable.
insertar. tr. to insert.// inserted (a.).// insertion (f.).
inservible. a. useless.
insidia. f. malice.// insidious (a.).
insigne. a. famous, distinguished.
insignia. f. badge, emblem.
insignificancia. f. insignificance.// insignificant (a.).
insinceridad. f. insincerity.// insincere (a.).
insinuar. tr. to insinuate, to suggest.// insinuation (f.).
insípido, da. a. insipidit, tasteless.// insipidity (f.).
insistir. i. to insist.// insistence (f.).// insistent (a.).
insociable. a. unsociable.
insolación. f. sunstroke.// **insolarse.** ref. to get sunstroke.
insolencia. f. insolence.// insolent (a.).
insólito, ta. a. unusual, uncommon.
insoluble. a. insoluble.
insolvencia. f. insolvency.// insolvent (a.).
insomne. a. sleepless.// **insomnio.** m. sleeplessness.
insoportable. a. unbereable, intolerable.
insospechado, da. a. unsuspected.
inspeccionar. tr. to inspect.// inspection (f.).// inspector (m./f.).
inspiración. f. **1.** inspiration. **2.** inhalation *(aire).*// **inspirar.** **1.** tr. to inhale *(aire)*; to inspire *(sentimientos).* **2.** ref. to be inspired.
instalación. f. **1.** installation *(acción).* **2.** equipment *(equipo).* **3.** pl. plant. **4.** *i. sanitaria:* plumbing.// **instalar.** **1.** tr. to install. **2.** ref. to establish oneself.
instancia. f. **1.** instance. **2.** *en última i.:* as a final resort.
instantáneo, a. **1.** a. instantaneous. **2.** f. snapshot.

instante. m. **1.** instant. **2.** *a cada i.:* constantly. **3.** *al i:* inmediately.

instar. tr. to urge, to press.

instigar. tr. to incite.

instinto. m. instinct.// instinctive (a.).

institución. f. institution.// institutional (a.).

instituir. tr. to insititute.// institution (f.).// institutional (a.).// institute (m.).

institutriz. f. governess.

instrucción. f. **1.** instruction. **2.** education, teaching. **3.** pl. directions.// instructive (a.).// instructor (m./f.).// **instruido, da.** a. well-educated.// **instruir.** tr. **1.** to instruct. **2.** to teach (*enseñar*). **3.** ref. to learn (*aprender*); to be informed (*informarse*).

instrumental. 1. a. instrumental. **1.** f. instruments.// instrument (m.).

insuficiencia. f. insufficiency.// insufficient (a.).

insufrible. a. intolerable.

insular. a. insular.

insulso, sa. a. **1.** tasteless (*sin sabor*). **2.** dull (*soso*).

insultar. tr. to insult.// insult (m.).

insuperable. a. insuperable.

insurrección. f. insurrection.

insurrecto, ta. 1. a. insurgent. **2.** m. rebel.

intacto, ta. a. intact.

intachable. a. irreproachable.

intangible. a. intangible.

integrar. 1. tr. to integrate. **2.** ref. to join (*unirse*).// integral (a.).// integrant (a./m./f.).// integration (f.).// integrity (f.).// **íntegro, gra.** a. **1.** whole, complete. **2.** honest, honorable.

intelecto. m. intellect.// intellectual (a./m./f.).

inteligencia. f. intelligence.// intelligent (a.).

intemperancia. f. intemperance.// intemperant (a.).

intemperie. f. **1.** bad weather. **2.** *a la i.:* in the open.

intención. f. intention; wish (*voluntad*).// intentional (a).

intendencia. f. *Arg.* mayoralty.// **intendente.** m. *Arg.* mayor.

intensificar. tr. to inteisfy.// intense (a.).// intensive (a.).// intensivity (f.).

intentar. tr. to try, to attemp.// **intento.** m. attempt.

interamericano, na. a. inter-American.

intercalar. tr. to insert, to intercalate.

intercambiar. i. to exchange.// **intercambio.** m. exchange, trade.

interceder. i. to intercede.

interceptar. tr. to intercept.// interception (f.).// interceptor (m.).

interdicción. f. interdiction.// interdict (a./m.).

interés. m. interest.// **interesante.** a. interesting.// **interesar.** tr. **1.** to interest. **2.** *Med.* to affect (*afectar*).

interferir. tr. to interfere.// interference (f.).

ínterin (en el). adv. meanwhile.

interino, na. a. **1.** temporary. **2.** acting (*suplente*).

interior. a. **1.** interior, inner (*interno*). **2.** *ropa i.:* underclothes. **3.** m. interior; heart (*alma*).

interjección. f. intejection.

interlocutor, ra. a./m./f. interlocutor.

intermediario. a./m./f. intermediary.

intermedio, dia. 1. a. intermediate. **2.** m. intermission.

interminable. a. interminable.

intermitencia. f. intermitence.// intermittent (a.).

internacional. a./f. international.// internationalism (m.).// internationalist (a./m./f.).

internado. m. boarding school.

internar. tr. **1.** to hospitalize. **2.** to confine (*encerrar*). **3.** ref. to penetrate (*adentrarse*).// **interno, na. 1.** a. internal (*de adentro*); interior. **3.** m./f. boarding student (*alumno*); internist (*médico*).

interpelar. tr. to interpellate.// interpellation (f.).

interpolar. tr. to interpolate.// interpolation (f.).

interponer. tr. **1.** to interpose. **2.** *Law.* to present (*un recurso*). **2.** ref. to put oneself between.

interpretación. f. **1.** interpretation. **2.** performance (*músico, actor*).// **interpretar.** tr. **1.** to interpret. **2.** to play (*actuar*). **2.** to perform (*música*).// **intérprete.** m./f. **1.** interpreter. **2.** actor. **3.** performer (*músico*).

interrogación. f. **1.** question. **2.** *signo de i.:* question mark.// m./f. interrogator.// **interrogante. 1.** a. interrogating. **2.** m. question; fig. uncertainty.// **interrogar.** tr. to interrogate, to question.// interrogative, (a.).// **interrogatorio.** m. interrogation.

interrumpir. tr. **1.** to interrupt. **2.** to block (*obstruir*).// interruption (f.).// **interruptor.** m. switch, circuit breaker.

intersectar. tr. **1.** to intersect. **2.** to cross (*dos calles*).// **intersección.** m. intersection; cross (*de calles*).

intervalo. m. interval.

intervención. f. **1.** intervention (*mediación*). **2.** participation. **3.** auditing (*auditoría*). **4.** operation.// **intervenir.** i./tr. **1.** to intervene (*mediar*). **2.** to participate. **3.** to audit (*auditar*); to operate on.// **interventor, ra.** m./f. inspector, auditor.

intestino, na. 1. a. internal. **2.** m. intestine.

intimación. f. **1.** ultimatum. **2.** *Law.* notice.

intimar. 1. i. to become intimate. **2.** to notify.// **intimidad.** f. **1.** intimacy (*cercanía*). **2.** privacy.// **íntimo, ma.** a. **1.** intimate. **2.** private. **3.** m./f. close friend.

intolerable. a. intolerable.

intolerancia. f. intolerance.// intolerant (a.).

intoxicar. tr. to intoxicate.// intoxication (f.).

intranquilidad. f. restlessness, uneasiness.// **intranquilo, la.** a. restless, uneasy.

intransigencia. f. intransigence.// intransigent (a.).

intransitable. a. impassable.

intransitivo, va. a. intransitive.

intratable. a. unsociable.

intravenoso, sa. a. intravenous.

intrepidez. f. intrepidity.// intrepid (a.).

intriga. f. intrigue.// **intrigante. 1.** a. intriguing. **2.** m./f. intriguer.// **intrigar.** i./tr. to intrigue.

intrincado, da. a. intrincate.

intrínseco, ca. a. intrinsic.

introducción. f. **1.** introduction. **2.** insertion. **3.** preface. **4.** *Mus.* overture.// **introducir.** tr. **1.** to introduce. **2.** to put into (*meter*). **3.** to show in (*dar entrada*). **4.** to insert. **5.** ref. to enter.

introvertido, da. a. **1.** introverted. **2.** m./f. introvert.// introversion (f.).

intruso, sa. 1. a. intrusive. **2.** m./f. intruder.

intuir. tr. to sense, to intuit.// intuition (f.).// intuitive (a.).

inundación. f. flood.// **inundar.** tr. to flood.

inusual. a. unusual.
inútil. a. useless.// **inutilidad.** f. uselessness.
inutilizar. tr. **1.** to make useless. **2.** to destroy.
inútilmente. adv. in vain.
invadir. tr. to invade.
invalidar. tr. to invalidate.// invalidation (f.).
invalidez. f. invalidity (nulidad); disability (incapacidad).// **inválido, da. 1.** a. invalid. **2.** m./f. disabled person.
invariable. a. invariable.
invasión. f. invasión.// **invasor, ra. 1.** a. invading. **1.** m./f. invader.
invencible. a. invincible.
invención. f. invention.// **inventar.** tr. **1.** to invent. **2.** to imagine. **3.** to fabricate (mentiras).
inventariar. tr. to inventory, to make an inventory.// **inventario.** m. inventory.
inventivo, va. 1. a. inventive. **2.** f. inventiveness.
invento. m. invention.// inventor (m./f.).
invernadero. m. greenhouse.// **invernal.** a. wintry.// **invernar.** i. **1.** to winter. **2.** to hibernate (hibernar).
inverosímil. a. **1.** unlikely (improbable). **2.** unbeliable (increíble).
inversión. f. **1.** inversion. **2.** investment (financiera).// **inversionista.** m./f. investor.
inverso, sa. 1. a. inverse, inverted. **2.** a la i.: on the contrary. **3.** en sentido i.: in the opposite direction.
invertebrado, da. a./m./f. invertebrate.
investidura. f. investiture.
investigación. f. **1.** investigation. **2.** research (científica).// **investigador, ra. 1.** a. investigative; researching (que experimenta). **2.** m./f. investigator; researcher (científico).// **investigar.** tr. **1.** to investigate. **2.** to research (experimentar).
investir. tr. to invest, to confer on.
invicto, ta. a. unbeaten.
invierno. m. winter.
inviolable. a. inviolable.
invisible. a. invisible.
invitación. f. invitation.// **invitado, da.** m./f. guest.// **invitar.** tr. to invite.
invocar. tr. to invoke.// invocation (f.).
involucrar. tr. to involve, to implicate.
involuntario, ria. a. involuntary.
invulnerable. a. invulnerable.
inyección. f. injection.// **inyectable.** a. injectable.// **inyectar.** tr. to inject.// **inyector.** m. injector.
ion. m. ion.
ionósfera. f. ionosphere.
ir. i. **1.** to go. **2.** to move (moverse). **3.** to walk (caminar). **4.** to travel (viajar). **5.** to proceed (proceder). **6.** to suit, to fit (quedar bien). **7.** to lead (dirigirse). **8.** to be going to (acciones que se van a realizar de inmediato; p.ej: voy a leer/ I am going to read). **9.** to be doing well/bad (ir bien/mal en una actividad). **10.** ¿cómo le va?: how are you? **11.** ¿cómo va el asunto?: how is the matter going? **12.** i. adelante: to progress (adelantar). **13.** i. a caballo: to ride. **14.** i. a pie: to walk. **15.** i. de compras: to go shopping. **16.** i. de mal en peor: to go from bad to worse. **17.** i. del brazo: to walk arm in arm **18.** i. de paseo: to go for a walk. **19.** i. de viaje: to go on strip. **20.** i. en coche: to go by car. **21.** i. tiran-

do: to manage. **22.** ¡qué va!: I don't believe it! **23.** ¡vámonos!: let's go. **24.** ¡vaya usted a saber!: who knows! **25.** ref. to go away, to leave (partir). **26.** to die (morir).
ira. f. **1.** angry (cólera). **2.** fury (fury).// **iracundo, da.** a. irate, angry.
irascible. a. irascible.
iraní. a./m./f. Iranian.
iridiscente. a. iridiscent.
iris. m. **1.** iris. **2.** arco i.: rainbow.
irlandés, sa. a./m./f. Irish.
ironía. f. irony.// **irónico, ca.** a. ironic.// **ironizar.** tr. **1.** to ironize. **2.** to make fun of.
irracional. a. irrational.
irradiar. tr. to radiate.
irrazonable. a. unreasonable.
irreal. a. unreal.// **irrealidad.** f. unreallity (f.).
irrealizable. a. unrealizable.
irreconciliable. a. unreconciliable.
irrecuperable. a. irrecoverable.
irreemplazable. a. unreplaceable.
irrefutable. a. irrefutable.
irreflexión. f. impetuosity.// **irreflexivo, va.** a. impetuous, thoughless.
irregular. a. irregular.// irregularity.
irrelevancia. f. irrelevance.// irrelevant (a.).
irremediable. a. irremediable.
irreparable. a. irreparable.
irreprochable. a. irreproachable.
irresistible. a. irresistible.
irresoluble. a. unsolvable.// **irresolución.** f. irresolution, insecurity.// **irresoluto, ta.** a. irresolute.
irrespetuoso, sa. a. **1.** coarse, vulgar. **2.** disrespectful.
irresponsabilidad. f. irresponsibility.// **irresponsable.** a. irresponsible.
irreverencia. a. irreverence.// irreverent (a.).
irrevocable. a. irrevocable.
irrigar. tr. to irrigate.// irrigation (f.).
irrisión. f. ridicule.// **irrisorio, ria.** a. **1.** laughable (risible). **2.** ridiculously low (precios).
irritar. tr. to irritate.// irritable (a.).// irritant (a.).// irritation (f.).
irrompible. a. unbreakable.
irrupción. f. bursting in, irruption.// **irrumpir.** i. to burst in, to invade.
isla. f. island.
islamismo. m. islamism.// islamic (a.).
islandés, sa. 1. a. Icelandic. **2.** m./f. Icelander.
isleño, ña. a./m./f. islander.
islote. m. islet.
israelí. a./m./f. Israelite.
israelita. a./m./f. Israelite.
isobara. f. isobar.
isótopo. m. isotope.
istmo. m. isthmus.
italiano, na. a./m./f. italian.// **itálico, ca.** a. **1.** italic. **2.** letra i.: italics.
ítem. m. item, article.
itinerario. m. **1.** itinerary. **2.** time table (horario).
izar. tr. to hoist.
izquierda. f. **1.** left hand (mano). **2.** left side (lado). **3.** left (política).// **izquierdista.** a./m./f. leftist.// **izquierdo, da.** a. left.

J. f. tenth letter of the Spanish alphabet.

jabalí. m. wild boar.

jabalina. m. javelin.

jabón. m. **1.** soap. **2.** *Arg.* fig. *tener un j.:* to be afraid.// **jabonadura.** f. soaping.// **jabonar.** tr. to wash.// **jabonera.** f. soap dish.// **jabonoso, sa.** a. soapy.

jaca. m. small horse.

jacinto. m. hyacinth.

jacobino, na. a./m./f. Jacobin.// jacobinism (m.).

jactancia. f. **1.** boast *(alarde).* **2.** arrogance.// **jactancioso, sa.** a. boastful; arrogant.// **jactarse.** ref. to boast.

jade. m. jade.

jadeante. a. panting, out of breath.// **jadear.** i. to pant.// **jadeo.** m. pant.

jaguar. m. jaguar.

jalar. tr. to pull.

jalea. f. jelly.

jaleo. m. **1.** cheering on. **2.** fig. uproar.

jalón. m. range pole, milestone *(hito).*// **jalonar.** tr. to stake on, to mark.

jamás. adv. never.

jamelgo. m. nag, hack.

jamón. m. ham.

jangada. f. **1.** float. **2.** logjam *(de troncos).*

japonés, sa. a./m./f. Japanese.

jaque. m. **1.** check. **2.** *dar j.:* to check. **3.** *j. mate:* checkmate.// **jaquear.** tr. **1.** to check. **2.** to harass *(a un enemigo).*

jaqueca. f. migraine, headache.

jaquetón. m. long jacket.

jarabe. m. syrup.

jarana. f. **1.** uproar *(alboroto).* **2.** party *(diversión).* **3.** *andar de j.:* to be having a party.// **jaranear.** i. to be having a party time.

jardín. m. **1.** garden. **2.** *j. de infantes:* kindergarden.// **jardinería.** gardening.// **jardinero, ra.** m./f. gardener.

jarro, ra. m./f. **1.** pitcher, jug. **2.** *a. boca de j.:* at pointblank. **3.** *con los brazos en j.:* with arms akimbo.// **jarrón.** m. urn, vase.

jaspe. m. jasper.// **jaspeado, da.** a. marbled.

jaula. f. **1.** cage. **2.** crate *(para transporte).*

jauría. f. pack of hounds.

jazmín. m. jasmine.

jefatura. f. **1.** leadership *(dirección).* **2.** headquarters *(cuartel central).* **3.** police station *(de policía).*// **jefe, fa.** m./f. **1.** chief. **2.** boss *(patrón, capataz).* **3.** leader *(líder).* **4.** head *(cabeza, cabecilla).* **5.** master *(de estación).* **6.** foreman *(j. de taller).*

jengibre. m. ginger.

jerarca. f. hierarch.// hierarchy (f.).// hierarchic (a).

jerez. m. sherry.

jerga. f. jargon, slang.

jergón. m. straw mattress.

jerigonza. f. jargon *(jerga)*; gibberish *(galimatías).*

jeringa. f. syringe.// **jeringuilla.** f. hipodermic syringe.

jeroglífico, ca. a./m. hieroglyphic.

jesuita. a./m. Jesuit.

jeta. f. **1.** snout *(hocico).* **2.** mug *(cara).* **3.** *poner la j.:* to make a face.

jíbaro, ra. a./m./f. Jibaran.

jilguero. m. goldfinch.

jinete. m. (horseback) rider.// **jinetear.** tr. to ride.

jirafa. f. giraffe.

jirón. m. shred.

jocosidad. f. humor, fun.// **jocoso, sa.** a. amusing, funny, jocular.

joder. tr. vulg. **1.** to annoy *(fastidiar).* **2.** to fuck.

jolgorio. m. frolic, fun.

jónico, ca. a./m./f. Ionic, Ionian.

jordano, na. a./m./f. Jordanian.

jornada. f. **1.** journey *(travesía).* **2.** workday *(de trabajo).* **3.** *de media j.:* part time.

jornal. m. day's wages.// **jornalero, ra.** m./f. day laborer.

joroba. f. hump.// **jorobado, da.** a./m./f. hunchback.

jorobar. tr. fig. to bother, to pester.

joven. **1.** a. young. **2.** m. youngman; f. young woman.

jovial. a. jovial.// joviality (f.).

joya. f. jewel.// **joyería.** f. jewelry, jewelry store *(comercio).*// **joyero, ra.** m./f. jeweler.

juanete. m. bunion.

jubilación. f. retirement; pension *(renta).*// **jubilado, da.** m./f. retired.// **jubilar.** tr./ref. to retire.

jubileo. m. jubilee.// **júbilo.** m. joy, rejoicing.// **jubiloso, sa.** a. joyful.

judaico, ca. a. Jewish.// Judaism. (m.).

judicial. a. judicial.

judío, a. **1.** a. Jewish. **2.** m. Jew, f. Jewess.

juego. m. **1.** game. **2.** sport. **3.** gambling *(vicio).* **4.** *Mech.* play. **5.** jest *(broma).* **6.** *casa de j.:* gambling house. **7.** *hacer doble j.:* to be two faced. **8.** *hacer j.:* to match. **9.** *j. de azar:* game of chance. **10.** *j. de ingenio:* guessing game. **11.** *j. de palabras:* play of words. **12.** *j. limpio:* fair play. **13.** *j. sucio:* foul play. **14.** *poner en j.:* to put into play.

juerga. f. spree.// **juerguista.** m./f. carouser.

jueves. m. Thursday.

juez. m./f. **1.** judge. **2.** *Sp.* referee.

jugada. f. play, move.// **jugador, ra.** m./f. **1.** player. **2.** gambler *(apostador).*// **jugar.** tr. **1.** to play. **2.** to gamble *(apostar).* **3.** to make a move *(mover).*// **jugarreta.** f. dirty trick.

juglar. m. minstrel.

jugo. m. juice.// **jugoso, sa.** a. juicy.

juguete. m. toy.// **juguetear.** i. to play around.// **juguetería.** f. toy shop.// **juguetón, na.** a. playful.

juicio. m. **1.** judgement. **2.** reason *(razonamiento).* **3.** good sense *(cordura).* **4.** *Law.* trial, suit. **5.** *estar en su sano j.:* to be of sound mind. **6.** *estar fuera de j.:* to be out of one's mind. **7.** *perder el j.:* to lose one's mind. **8.** *poner en tela de j.:* to call into question.// **juicioso, sa.** a. judicious.

julepe. m. fig. scare, fright.

julio. m. **1.** July. **2.** joule *(medida).*

juncal. f. clump of rushes.

junco. m. rush.

jungla. f. jungle.

junio. m. June.

junta. f. **1.** junction *(unión).* **2.** joint, washer *(pieza).* **3.** board, council *(comité).*

juntar. tr. **1.** to join *(unir).* **2.** to assemble *(reunir).* **3.** to collect *(dinero).* **3.** ref. to gather *(reunirse);* to live together *(vivir juntos).*// **junto, ta. 1.** a. together. **2.** adv. *j. a:* next, near.

juntura. f. **1.** joint *(unión).* **2.** coupling *(acople).*

jura. f. **1.** oath. **2.** swearing in *(ceremonia).*

jurado. m. jury.

juramentar. 1. tr. to swear in. **2.** ref. to take an oath.// **juramento.** m. oath.

jurar. tr. **1.** to swear. **2.** *jurársela a alguien:* to threaten with revenge.

jurásico, ca. a. Jurassic.

jurídico, ca. a. juridical.// **jurisconsulto, ta.** m./f. jurist, legal expert.// **jurista.** m./f. jurist.

jurisdicción. f. jurisdiction.

jurisperito, ta. m./f. jurist, legal expert.

jurisprudencia. f. **1.** jurisprudence. **2.** case law *(precedentes).*

justa. f. joust.

justamente. adv. **1.** justly *(con justicia).* **2.** exactly *(exactamente).* **3.** precisely *(precisamente).* **4.** *j. ahí:* in that very place.

justicia. f. **1.** justice. **2.** fairness *(equidad).* **3.** law *(ley).*

justiciero, ra. m./f. just person.

justificar. tr. to justify.// justification (f.).// **justificativo, va.** a. justifying

justipreciar. tr. to value, to appraise.

justo, ta. a. **1.** just; fair. **2.** justified *(justificado).* **3.** righteous *(honrado).* **4.** exact. **5.** tight *(ajustado).* **6.** m./f. just person. **6.** adv. justly *(justamente);* exactly *(exactamente);* tightly *(ajustado).*

juvenil. a. young, youthful.

juventud. f. youth; the youngs.

juzgado. m. court, tribunal.

juzgar. tr. **1.** to judge. **2.** to consider. **3.** to assess *(estimar).*

k. f. eleventh letter of Spanish alphabet.

káiser. m. kaiser.

kaki. m. khaki.

kan. m. khan.

karate. m. karate.

káyak. m. kayak.

kéfir. m. kefir.

keniano, na. a./m./f. Kenian.

kepis. m. kepi.

keratina. f. keratin.

kermese. f. fair, fete.

kerosén. m. kerosene.

kilo. m. kilo.

kiloamperio. m. kiloampere.

kilocaloría. f. kilocalorie.

kilociclo. m. kilocycle.

kilogramo. m. kilogram.

kilojulio. m. kilojoule.

kilometraje. m. distance or speed in kilometer.

kilométrico, ca. a. kilometric.

kilómetro. m. kilometer.

kilovatio. m. kilowatt.

kimono. m. kimono.

kinesiología. f. kinesitherapy.

kinesiólogo, ga. m. masseur, f. maseuse.

kinesioterapia. f. kinesiotherapy.

kinesioterapeuta. m. masseur, f. maseuse.

kirie. m. Kirie.

kiwi. m. kiwi.

koala. m. koala.

kopek. m. kopek.

kulak. m. kulak.

kurdo, da. 1. a. Kurdish. **2.** m./f. Kurd.

kuwaití. a./m./f. Kuwaitian.

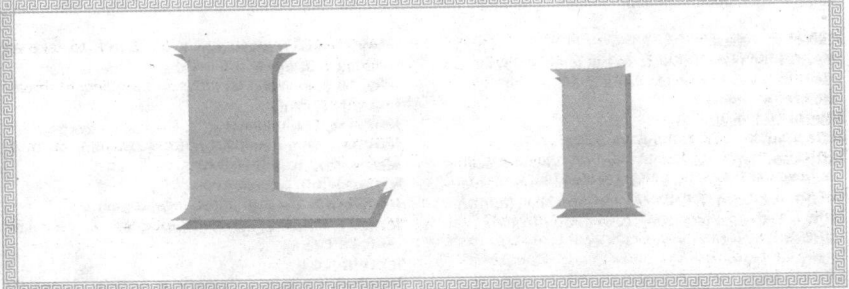

l. f. twelfth letter of the Spanish alphabet.

la. art. **1.** the. **2.** *l. que:* the one that, the one who. **3.** pron. her. **4.** f. *Mus.* la.

laberinto. m. labyrinth, maze.

labia. f. loquacity; eloquence.

labial. a. labial.// **labio.** m. lip

labor. m. **1.** work, labor. **2.** job *(tarea).* **3.** needlework *(costura).* **4.** farm work *(labranza).//* **laborable.** a. work.// **laboral.** a. laboral, work.// **laborar.** tr. to work, to labor.

laboratorio. m. laboratory.

laboriosidad. f. laboriousness.// **laborioso, sa.** a. **1.** industrious. **2.** difficult *(dificultoso).*

labrado. m. **1.** tilling land *(tierra).* **2.** carving *(piedra).* **3.** working *(metal).//* **labrador, ra.** m./f. peasant.// **labranza.** f. tilling.// **labrar.** tr. **1.** to work *(metal).* **2.** to carve *(piedra).* **3.** to cultivate *(tierra).*

laca. f. **1.** lac *(resina).* **2.** lacquer *(pintura).*

lacayo, ya. a. lackey.

lacerar. tr. **1.** to lacerate. **2.** to injure *(dañar).//* laceration (f.).

lacio, cia. a. **1.** flaccid. **2.** straight *(cabello).*

lacónico, ca. a. laconic.

lacra. m. blemish.

lacrar. tr. to seal with wax.// **lacre.** m. sealing wax.

lactancia. f. lactation.// **lactante.** m./f. nursing infant.// **lactar.** i./tr. to nurse, to suckle.

lácteo, a. a. milky.

lacustre. a. lacustrine.

ladear. i./tr./ref. to tilt.// **ladera.** f. slope, hillside.

ladilla. f. crab louse.

ladino, na. a. astute.

lado. m. **1.** side *(costado).* **2.** place *(lugar).* **3.** way *(camino).* **4.** *al l.:* beside, aside *(al costado);* next, near *(cercano).* **5.** *l. débil:* weak spot. **6.** *por el l. de:* toward. **7.** *por un/otro l.:* on the one/other hand.

ladrar. i./tr. to bark.// **ladrido.** m. bark.

ladrillo. m. brick.

ladrón. m. thief.

lagartija. f. small lizard.// **lagarto.** m. lizard.

lago. m. lake.

lágrima. f. tear.// **lagrimear.** tr. to cry; to water *(ojos).*

laguna. f. **1.** lagoon. **2.** lacuna *(texto, memoria).*

laico, ca. a. lay, laical.

laja. f. flagstone.

lama. m. Lama.

lamentar. tr. to lament.// lament (m.).// lamentable (a.).// lamentation (f.).

lamer. tr. to lick.

lámina. a. **1.** plate, sheet. **2.** print, picture.// **laminar.** tr. to laminate.// lamination (f.).

lámpara. f. **1.** lamp. **2.** valve *(válvula).* **3.** light *(lamparilla).*

lampiño, ña. a. beardless *(barba),* hairless *(pelo).*

lana. f. wool.// **lanar.** a. **1.** wool. **2.** *ganado l.:* sheep.

lance. m. **1.** event. **2.** move *(jugada).* **3.** throw *(lanzamiento).* **4.** predicament *(trance).*

lancear. tr. to lance.// **lancero.** m. lancer.

lancha. f. boat, launch.// **lanchón.** m. barge.

langosta. f. **1.** locust *(insecto).* **2.** lobster *(marina).//* **langostino.** m. crawfish.

languidecer. i. to languish.// **languidez.** f. weakness.// languid (a.).

lanudo, da. a. woolly.

lanza. f. lance.

lanzadera. f. shuttle.

lanzallamas. f. flamethrower.

lanzamiento. f. throw.// **lanzar.** tr. **1.** to throw *(arrojar).* **2.** to shoot *(flechas).* **3.** to launch *(proyectiles, noticias).* **4.** fig. to vomit.

lanzazo. m. lance thrust *(golpe);* lance wound *(herida).*

lapicero, ra. m./f. pen, penholder.

lápida. m. **1.** gravestone. **2.** stone tablet.// lapidary (a.).

lápiz. m. pencil.

lapón, na. a./m./f. Lapp.

lapso. m. lapse.

largada. f. *Arg.* start.

largamente. adv. **1.** at length. **2.** fig. generously.

largar. tr. **1.** to throw *(arrojar).* **2.** to slacken *(aflojar).* **3.** to let go *(soltar).* **4.** i. to start *(partir).* **5.** ref. to go away *(irse);* to begin to *(empezar).*

largo, ga. a. **1.** long. **2.** lengthy *(extenso).* **3.** tall *(alto).* **4.** *a la l.:* in the long run. **5.** *a lo l.:* lengthwise *(en su extensión);* through *(a través).* **6.** *¡l.l.:* get out! **7.** *l. y tendido:* at length. **8.** *pasar de l.:* to pass by.

largor. m. length.

largueza. f. generosity.

largura. f. length.

laringe. f. larynx.// laryngitis (f.).

larva. f. larva.

las. **1.** f. art. pl. the. **2.** pron. them.

lasaña. f. lasagna.

lascivia. f. lasciviousness.// lascivious (a.).

láser. m. laser.

lástima. f. **1.** pity, shame. **2.** *dar l.:* to inspire pity. **3.** *¡qué l.l* what a shame!. **4.** *tener l. de:* to feel sorry for.

lastimadura. f. injury; wound *(herida).//* **lastimar.** tr. **1.** to injure. **2.** fig. to hurt.// **lastimero, ra** o **lastimoso, sa.** a. pitiful, sad.

lastre. m. ballast.
lata. f. **1.** tin plate (hoja). **2.** tin can (envase). **3.** fig. dar la l.: to bore. **4.** ¡qué l.! what a bore!
latente. a. latent.
lateral. a. lateral.
latido. m. **1.** beat. **2.** throb (de dolor).
latigazo. m. whiplash (golpe); whip-cracking (sonido).// **látigo.** m. whip; horsewhip (de montar).
latino, na. a./m./f. Latin.// Latin-American (a./m./f.).
latir. i. **1.** to beat (corazón). **2.** to throb (herida).
latitud. f. **1.** width (ancho). **1.** Geog. latitude.
latón. m. brass.
latoso, sa. a. a boring, tiresome.
laucha. f. mouse.
laúd. m. lute.
laurear. tr. fig. to honor, to reward.
laurel. m. laurel.
lauro. m. fig. honor, glory.
lava. f. lava.
lavable. a. washable.// **lavabo.** m. washroom, lavatory.// **lavadero.** m. washroom, laundry.// **lavado.** m. washing.// **lavadora.** f. washing machine.// **lavamanos.** m. wash stand.// **lavandería.** f. laundry.// **lavandero, ra.** m. laundryman, f. laundress.// **lavaplatos.** m. dishwasher.// **lavar.** tr. to wash.// **lavarropas.** f. washing machine.
lavativa. f. enema.
laxante. a./m. laxative.
laya. f. kind, nature.
lazar. tr. to lasso.
lazarillo. m. blindman's guide.
lazo. m. **1.** knot (nudo). **2.** lasso (para enlazar). **3.** tie, bond (vínculo). **4.** trap, snare (trampa).
le. pron. m. him, f. her, it (objeto, animal), you (usted).
leal. a. loyal.// **lealtad.** f. loyalty.
lección. f. **1.** lesson. **2.** chapter (capítulo).
leche. f. **1.** milk. **2.** fig. luck (suerte).// **lechería.** f. dairy store.// **lechero, ra.** **1.** a. dairy, milk. **2.** m. milkman, f. milkwoman; milk jug (jarra).
lecho. m. **1.** bed (cama). **2.** bottom (fondo).
lechón. m. suckling pig.
lechoso, sa. a. milky.
lechuga. f. lettuce.
lechuza. f. owl.
lectivo, va. a. school.
lector, ra. m./f. reader.// **lectura.** f. reading.
leer. i./tr. to read.
legación. f. legation.
legado. m. legacy.
legajo. m. file, dossier.
legal. a. legal.// legality (f.).// **legalizar.** tr. to legalize.
legar. tr. to bequeath.
legendario, ria. a. legendary.
legible. a. legible.
legión. f. legion.// legionary (a./m./f.).
legislar. i. to legislate.// legislation (f.).// legislative (a.).// legislator (m./f.).// legislature (f.).
legítimo, ma. a. legitimate; lawful (legal).// legitimity (f.).
lego, ga. a. **1.** lay (laico). **2.** ignorant.
legua. f. **1.** league. **2.** a la l.: far away, miles away.
legumbre. f. legume.
leído, da. a. well-read.
lejanía. f. distance, remoteness.// **lejano, na.** a. dis-

tant, remote.// **lejos.** adv. **1.** far away **2.** a lo l.: in the distance. **3.** desde l.: from afar. **4.** l. de: far from.
lelo, la. a. foolish.
lema. f. slogan.
lencería. f. **1.** underwear. **2.** linen store (comercio).
lengua. f. **1.** tongue. **2.** language (idioma).
lenguado. m. flounder.
lenguaje. m. language.
lengüeta. f. tongue of shoes; small tongue.
lente. **1.** f. lens. **2.** m. pl. eyeglass.
lenteja. f. lentil.
lentejuela. f. spangle.
lentitud. f. slowness.// **lento, ta.** a. slow.
leña. f. firewood.// **leñador, ra.** m./f. woodcutter.// **leño.** m. log, wood.// **leñoso, sa.** a. woody.
león. m. lion.// **leona.** f. lioness.
leonino, na. a. leonine.
leopardo. m. leopard.
lepra. f. leprosy.// leprous (a.).// leper (m./f.)
lerdo, da. a. **1.** slow. **2.** fig. dull.
les. pron. them.
lesión. f. lesion, injury.// **lesionar.** tr. to injure.
letanía. f. litany.
letargo. m. lethargy.// lethargic.
letra. f. **1.** letter. **2.** handwriting (escritura). **3.** words (canción). **4.** bill of exchange (documento). **5.** pl. literature. **6.** al pie de la l.: literally.
letrado, da. m./f. lawyer.
letrero. m. **1.** sign. **2.** label (etiqueta).
letrina. f. letrine.
leucemia. f. leukemia.
leucocito. m. leukocyte.
leva. f. **1.** levy (de soldados). **2.** Mech. cam.
levadura. f. yeast.
levantamiento. m. **1.** raising (acción). **2.** uprising (motín).// **levantar.** tr. **1.** to raise (alzar, construir, la voz, el ánimo). **2.** to straighten up (enderezar). **3.** to set up (un imperio). **4.** to break (campamento, reunión). **5.** to incite (incitar). **6.** ref. to stand up (ponerse de pie); to rebel (rebelarse); to get up (de la cama).
levante. m. East, Orient.
levar. m. to weigh (el ancla).
leve. a. **1.** light (ligero). **2.** slight (sin importancia).// **levedad.** f. lightness.
léxico. m. lexicon.
ley. f. **1.** law. **2.** rule (regla). **3.** standard (norma). **4.** precept. **5.** fineness (metales).
leyenda. f. **1.** legend. **2.** inscription.
lezna. f. awl.
liar. tr. **1.** to tie (atar). **2.** to roll (cigarrillos). **3.** ref. to be mixed up in (mezclarse).
libanés, sa. a./m./f. Lebanese.
libélula. f. dragonfly.
liberar. tr. to liberate; to release (de una carga).// liberation (f.).
liberal. a./m./f. liberal.// liberality (f.).// liberalism (m.).
libertad. f. freedom, liberty.// **libertador, ra.** a./m./f. liberator.// **libertar.** tr. to liberate.
libertinaje. f. licentiousness.// libertine (a.).
líbido. f. libido.// libidinous (a.).
libio, bia. a./m./f. Libian.
libra. f. pound.

librar. tr. **1.** to free (salvar). **2.** to draw (cheques, letras). **3.** to release (eximir). **4.** to wage (guerra). **5.** ref. to avoid.

libre. a. **1.** free. **2.** vacant. **3.** independent.

librería. f. bookshop.// **librero, ra.** m./f. bookseller.

libreta. f. notebook.

libro. m. **1.** book. **2.** register.

licencia. f. **1.** license. **2.** permission.

licenciado, da. m./f. university graduate.

licenciar. tr. to license.

licenciatura. f. master's degree.

licencioso, sa. a. licentious.

liceo. m. high school.

licitación. f. bid.// **licitar.** tr. to bid on.

lícito, ta. a. licit, lawful.

licor. m. liquor.

licuado. m. milkshake.// **licuadora.** m. mixer.// **licuar.** tr. to liquefy.

lid. f. struggle.

líder. m. leader.// **liderazgo.** m. leadership.

lidia. f. fight.// **lidiar.** tr. to fight.

liebre. f. hare.

lienzo. m. **1.** linen. **2.** canvas (pintura).

liga. f. **1.** garter (prenda). **2.** league (alianza).

ligadura. f. **1.** tie (atadura). **2.** ligature.

ligamento. m. ligament.

ligar. tr. **1.** to tie (atar). **2.** to join (unir). **3.** to alloy (metales). **4.** i. to be lucky (tener suerte).// **ligazón.** f. bond.

ligereza. f. **1.** lightness (levedad). **2.** frivolity. **3.** swiftness (rapidez).// **ligero, ra.** a. **1.** light (leve). **2.** quick, swift (rápido). **3.** agile. **4.** frivolous.

lija. f. sandpaper.// **lijar.** tr. to sandpaper.

lima. f. **1.** lime (fruta). **2.** file (herramienta).// **limar.** tr. **1.** to file. **2.** fig. to polish.

limeño, ña. a./m./f. Limean.

limitar. tr. **1.** to limit (poner límites). **2.** to reduce (reducir). **3.** i. l. con: to be bounded by.// limitation (f.).// limited (a.).// **límite.** m. **1.** limit. **2.** boundary (geográfico).// **limítrofe.** a. bordering.

limón. m. lemon.// lemonade (f.).// lemon tree (m.).

limosna. f. alms.// **limosnero, ra.** m./f. beggar.

limpiador, ra. a./m./f. cleaner.

limpiaparabrisas. m. windshield wiper.

limpiar. tr. **1.** to clean. **2.** to clear (depurar, clarificar). **3.** fig. to steal (robar).// limpid (a.).// **limpieza.** f. cleaning (acción); cleanliness (cualidad).// **limpio, pia.** a. **1.** clean. **2.** clear (claro, puro). **3.** honest. **4.** en l.: net (neto); clear up (en claro).

linaje. m. lineage.

linaza. f. linseed.

lince. m. lynx.

linchamiento. m. lynching.// **linchar.** tr. to lynch.

lindante. a. boundary.// **lindar.** i. to border.

lindo, da. a. **1.** pretty. **2.** nice (day). **3.** de lo l: much, a lot. **4.** adv. prettily, nicely.

línea. f. **1.** line. **2.** figure (silueta). **3.** estar en l.: to be slim. **4.** l. ferroviaria: railway.// lineal (a.).// lineament (m.).

linfa. f. lympha.// lymphatic (a.).

lingote. m. ingot.

lingüista. m./f. linguist.// linguistic (a.).

linimento. m. liniment.

lino. m. **1.** flax (planta). **2.** linen (tela).// linoleum (m.).

linotipia. f. linotype.// linotypist (m./f.).

linterna. f. **1.** lantern. **2.** flashlight (manual).

lío. m. **1.** bundle (bulto). **2.** mess (embrollo).

liquidación. f. **1.** liquidation. **2.** clearance sale (venta de saldos).// **liquidar.** tr. **1.** liquefy (hacer líquido). **2.** to pay off (una deuda). **3.** to sell off (vender). **4.** to put end to (poner fin). **5.** fig. to kill (matar).

liquidez. f. liquidity.// **líquido.** a. **1.** liquid. **2.** net. **3.** m. liquid, fluid. **4.** net amount (monto neto).

lira. f. **1.** lyre (instrumento). **2.** lire (moneda).

lírico, ca. a. **1.** a. lyric. **2.** f. lyric poetry or music.

lirio. m. lily; iris.

lirismo. m. lyricism.

lisiado, da. a./m./f. crippled.// **lisiar.** tr. to cripple.

liso, sa. a. **1.** plain (plano). **2.** smooth (alisado).

lisonja. f. flattery.// **lisonjear.** tr. to flatter.// **lisonjero, ra.** a. flattering.

listo, ta. a. **1.** a. ready (dispuesto); smart (avispado). **2.** f. list (enumeración); roll (listado).

listón. m. **1.** ribbon (franja). **2.** trip of woods (madero).

litera. f. **1.** litter (vehículo). **2.** berth (camastro).

literal. a. literal.// literary (a.).// **literato, ta.** man or woman of letters.// **literatura.** literature, letters.

litigar. tr. to litigate.// litigant (a./m./f.).// **litigio.** m. **1.** lawsuit (judicial). **2.** dispute.

litio. m. lithium.

litografía. f. lithography (arte); lithograph (imagen).

litoral. a./m. littoral, coast.

litosfera. f. lithosphere.

litro. m. liter.

liturgia. f. liturgy.// liturgic (a.).

liviano, na. a. **1.** light (ligero). **2.** fickle (inconstante).

lividez. f. lividity.// livid (a.).

llaga. f. **1.** wound (herida). **2.** ulcer.// **llagar.** tr. to ulcer.

llama. f. **1.** flame . **2.** llama (animal).

llamada. f. **1.** call. **2.** footnote (nota). **3.** knock, ring (a la puerta).// **llamador.** knocker; doorbell.// **llamamiento.** f. summons; appeal.

llamar. tr. **1.** to call. **2.** to appeal (apelar). **3.** to knock, to ring (a la puerta).

llamarada. f. flare; flush.

llamativo, va. a. **1.** attractive. **2.** showy.

llano, na. 1. a. flat (liso); natural. **2.** m. plain.

llanta. f. **1.** rim. **2.** tire (neumático).

llanto. m. crying, weeping.

llanura. f. **1.** plain. **2.** prairie (pradera).

llave. f. **1.** key. **2.** switch (eléctrica). **3.** faucet (canilla). **4.** wrench (herramienta). **5.** bracket (signo). **6.** lock (de lucha).// **llavero.** m. key ring.

llegada. f. **1.** arrival. **2.** Sp. finish.

llegar. i. **1.** to arrive, to come (venir). **2.** to reach, to get (alcanzar). **3.** to amount (ascender). **4.** l. a ser: to become. **5.** ref. to approach.

llenar. tr **1.** to fill, to fill up. **2.** to fulfill, to satisfy (satisfacer). **3.** ref. to be filled up (colmarse); to be fed up (de comida, hartarse).// **lleno, na.** a. **1.** full, filled. **2.** m. full house.// **llenura.** f. fullness.

llevadero, ra. a. bearable.

llevar. tr. **1.** to carry, to take (transportar, traer). **2.** to wear (usar). **3.** to lead (conducir). **4.** to manage, to run (las cuentas). **5.** to have spent (pasar cierto tiempo). **6.** l. a cabo: to carry out. **7.** l. adelante: to go ahead with. **8.** l. puesto: to be wearing. **9.** ref. to take with me. **10.** l. bien/mal: to get along well/ not to get along well.

llorar. i. to cry, to weep.// **lloriquear.** i. to whimper.
llorón, na. a. crying, weeping.// **lloroso, sa.** a. tearful.
llover. i. to rain.// **llovizna.** f. drizzle.// **lloviznar.** i. to
drizzle.// **lluvia.** f. rain.// **lluvioso, sa.** a. rainy.
lo. 1. art. the; what (lo que). **2.** pron. him (para personas), it (para animales y cosas).
loa. f. praise.// **loable.** a. praiseworthy.// **loar.** tr. to
praise.
lobato. m. wolf cub.// **lobo, ba. 1.** m. wolf, f. female
wolf. **2.** l. marino: sea wolf.
lóbrego, ga. a. **1.** dark (oscuro). **2.** gloomy (triste).
lóbulo. m. lobe. lobule.
local. 1. a. local. **2.** m. locale. **3.** m. pl. premises.
localidadad. f. **1.** town (pueblo). **2.** seat (butaca).
localizar. tr. **1.** to localize (limitar). **2.** to locate
(ubicar).// localization (f.).
locatario, ria. m./f. tenant.
loción. f. lotion.
loco, ca. 1. a. mad, crazy. **2.** m. madman, f. mad
woman. **4.** como l.: like crazy. **5.** estar l. por: to be
crazy about. **6.** estar l. de contento: to be wild of joy.
7. hacerse el l.: to play dumb. **8.** l. de remate: raving
lunatic.
locomoción. f. locomotion.// **locomotor, ra. 1.** a.
locomotor. **2.** f. locomotive, engine.// **locomotriz.** a.
locomotor.
locuacidad. f. loquacity.// **locuaz.** a. loquacious.
locución. f. **1.** locution. **2.** Gram. phrase.
locura. f. **1.** madness. **2.** fig. folly, absurdity. **3.** pl.
hacer l.: to commit follies.
locutor, ra. m./f. speaker, announcer.
lodazal. f. mudhole.// **lodo.** m. mud.
logaritmo. m. logarithm.// logarithmic (a.).
logia. f. lodge.
lógico, ca. 1. a. logical. **2.** f. logic.
lograr. tr. **1.** to get (obtener). **2.** to achieve (realizar).//
logro. m. achievement.
loma. f. hillock.
lombriz. f. worm; earthworm (de tierra); tapeworm
(solitaria).
lomo. m. **1.** loin. **2.** back (espalda, de libros). **3.** doblar
el l.: to work very hard. **4.** sobar el l: to pat on the
back.
lona. f. canvas.
londinense. m./f. Londoner.
longaniza. f. pork sausage.
longevidad. f. longevity.// **longevo, va.** a. long-
lived.
longitud. f. **1.** lenght. **2.** Geog. longitude.// longitudinal (a.).
lonja. f. slice.
lontananza. f. far horizon.
loro, ra. m. parrot, f. female parrot.
los. 1. art. the. **2.** pron. them.
losa. 1. flagstone. **2.** l. sepulcral: gravestone, tombstone.
lote. m. **1.** share, part (parte). **2.** lot (grupo de objetos). **3.** lot, plot (de tierra).
lotear. tr. to divide into lots.
lotería. f. **1.** lottery. **2.** bingo. **3.** ser una l.: to be a
gamble.
loto. m. lotus.
loza. f. crockery, porcelain.
lozanía. f. **1.** luxuriance (exhuberancia). **2.** vigor, vita-

lity.// **lozano, na.** a. **1.** luxuriant (exhuberante). **2.**
vigorous.
lubricante. 1. a. lubricating. **2.** m. lubricant.// **lubricación.** f. lubrication.// **lubricar.** tr. to lubricate.
lucero. m. **1.** bright star. **2.** l. del alba: morning star.
lucha. f. **1.** struggle, fight. **2.** Sp. wrestling. **3.** l. de
clases: class struggle.// **luchador, ra.** m./f. **1.** fighter. **2.** Sp. wrestler.// **luchar.** tr. **1.** to fight. **2.** Sp. to
wrestle.
lucidez. f. lucidity.// **lúcido, da.** a. **1.** brilliant (brillante). **2.** intelligent.
lucido, da. a. **1.** splendid. **2.** brilliant.
luciérnaga. f. firefly.
lucimiento. m. **1.** brilliance (brillo). **2.** success, triumph (éxito).
lucir. i. **1.** to look (tener apariencia). **2.** to shine
(brillar, destacar). **3.** tr. to show (mostrar). **4.** ref. to
be successful (tener gran éxito).
lucrar. tr. to profit.// **lucrativo, va.** a. profitable.//
lucro. m. profit.
luctuoso, sa. a. sorrowful, mournful.
luego. adv. **1.** then, afterward (después). **2.** later
(más tarde). **3.** conj. therefore, then (entonces). **4.**
desde l.: of course. **5.** hasta l.: so long.
lugar. m. **1.** place (sitio). **2.** room (espacio). **3.** town
(pueblo). **4.** position (puesto). **5.** opportunity (oportunidad). **6.** dar l.: to give cause for. **7.** en l. de:
instead of (en cambio). **8.** en primer l.: in the first
place. **9.** l. común: common place. **10.** Law. no ha l.:
petition denied. **11.** tener l.: to take place (suceder).
lugareño, ña. m./f. villager.
lugarteniente. m. lieutenant.
lúgubre. a. lugubrious.
lujo. m. **1.** luxury. **2.** de l.: de luxe.// **lujoso, sa.** a. luxurious.
lujuria. lust.// **lujurioso, sa.** a. lustful.
lumbago. m. lumbago.// lumbar (a.).
lumbre. f. **1.** fire (fuego). **2.** light (luz, encendedor).
3. dar l.: to give a light.// **lumbrera.** f. **1.** light. **2.**
Mech. port, vent. **3.** fig. genius, luminary.
luminaria. f. **1.** altar light. **2.** pl. lights. **3.** fig. luminary (genio).
luminosidad. f. luminosity.// **luminoso, sa.** a.
luminous.
luna. f. **1.** moon. **2.** moonlight (brillo de luna). **3.**
mirror (espejo). **4.** estar en la l.: to be daydreaming.
5. l. de miel: honeymoon. **6.** media l.: half moon
(figura); croissant (factura).// **lunar. 1.** a. lunar. **2.** m.
mole (de la piel); blot, dot (de una tela).
lunático, ca. a. lunatic.
lunes. m. Monday.
lunfardo. m. slang.
lupa. f. magnifying glass.
lúpulo. m. hops.
lustrar. tr. to polish, to shine.// **lustre.** m. **1.** luster,
shine (brillo). **2.** shoe polish (pomada)
lustro. m. five-years period.
lustroso, sa. a. shiny.
luterano, na. a./m./f. Lutheran.
luto. m. mourning.
luz. f. **1.** light. **2.** lamp (lámpara). **3.** daylight (luz de
día). **4.** guiding (guía). **5.** dar a l.: to publish (publicar); to give birth to (parir). **6.** sacar a la l.: to bring
to light. **7.** ver la l.: to be born.

m. f. thirteenth letter of Spanish alphabet.

macabro, bra. a. macabre.

macanudo, da. a. *Arg.* wonderful, great.

macerar. tr. to macerate.// maceration (f.).

maceta. f. flowerpot.// **macetero.** m. flowerpot stand.

machacante. a. fig. insistent.// **machacar.** tr. **1.** to crush. **2.** fig. to insist on.

machete. m. machete.

macho. 1. a. male; manly, virile. **2.** m. male; male part *(pieza).*

machucar. tr. to bruise.// **machucón.** m. bruise.

macilento, ta. a. emaciated.

macizo, za. 1. a. solid. **2.** m. *Geog.* massif.

macro. macro *(prefijo que indica de gran tamaño).*

mácula. f. spot, blemish.

madeja. f. **1.** skein. **2.** *enredarse la m.:* to confuse.

madera. f. **1.** wood. **2.** lumber *(de construcción).* **3.** fig. talent, gift.// **maderamen.** m. woodwork.// **maderería.** f. lumberyard.// **madero.** m. log.

madrastra. f. stepmother.

madre. f. **1.** mother. **2.** riverbed *(cauce).*

madriguera. f. **1.** burrow. **2.** den *(cubil).*

madrileño, ña. m./f. Madrilenian.

madrina. f. **1.** godmother. **2.** bridesmaid *(de bodas).*

madrugada. f. **1.** dawn. **2.** *de m.:* at daybreak. **3.** *tal hora de la m.:* in the morning.// **madrugador, ra. 1.** a. early-rising. **2.** m./f. early-riser.// **madrugar.** i. to get up early; fig. to be ahead.

madurar. 1. i./tr to ripen *(fruta).* **2.** i. to mature *(personas).*// **madurez.** f. **1.** ripeness. **2.** maturity.// **maduro, ra.** a. ripe; mature.

maestría. f. **1.** mastery *(habilidad).* **2.** master's degree *(título).*// **maestro, tra. 1.** a. master; main *(principal).* **2.** m./f. master *(experto);* teacher *(profesor).*

magia. f. magic.// **mágico, ca.** a. magic, magical.

magisterio. m. teaching *(profesión);* teachers.

magistrado. m. magistrate.

magistral. a. masterly, masterful.

magma. f. magma.

magnanimidad. f. magnanimity.// magnanimous (a.).

magnate. m. magnate.

magnesia. f. magnesia.// **magnesio.** m. magnesium.

magnetizar. tr. to magnetize.// magnetic (a.).// magnetism (m.).// magneto (m.).

magnetofónico, ca. a. recording.

magnificar. tr. to magnify.// magnification (f.).

magnificencia. f. **1.** splendor. **2.** generosity.// magnificent (a.).

magnífico, ca. a. **1.** excellent. **2.** wonderful.

magnitud. f. **1.** magnitude *(tamaño).* **2.** importance. **3.** *Math.* quantity.

magno, na. a. great, grand.

mago, ga. m./f. magician.

magro, gra. a. lean, thin.

magulladura. f. bruise.// **magullar.** tr. to bruise.

mahometano, na. m./f. Muslim.

maíz. m. corn.// **maizal.** m. cornfield.

majada. f. **1.** sheepfold. **2.** flock of sheep *(rebaño).*

majestad. m./f. majesty.// **majestuoso, sa.** a. majestic.

mal. m. **1.** evil. **2.** damage *(daño).* **3.** illness *(enfermedad).* **4.** misfortune *(desgracia).*// adv. **1.** badly *(pobremente).* **2.** wrongly *(incorrectamente).* **3.** hardly *(difícilmente).* **4.** *estar m.:* to be ill *(enfermo).* **5.** *estar m. con:* to be on bad terms with. **6.** *estar m. de:* to suffer from. **7.** *hacer m.:* to hurt *(dañar).* **8.** *menos m.:* just as well. **9.** *tomar a m.:* to take offense.// a. Ver **malo.**

malabares. m. *hacer m.:* to juggle.// **malabarista.** m./f. juggler.

malacate. m. winch.

malagradecido, da. a. ungrateful.

malcriado, da. a. ill-bred.

maldad. m. **1.** evil. **2.** evil act *(acción).*

maldecir. i./ tr. to curse, to damn.// **maldición. 1.** f. damnation, imprecation.// **maldito, ta.** a. damned.

maleante. m./f. hodlum, criminal.

malecón. m. dike, sea wall.

maledicencia. f. slander.

maleducado, da. a. bad-mannered.

maleficio. f. curse, spell.// **maléfico, ca.** a. evil, maleficent.

malentendido. m. misunderstanding.

malestar. m. **1.** malaise. **2.** unease *(del ánimo).*

maleta. f. suitcase.// **maletero.** m. porter.// **maletín.** m. attache case; traveling bag.

malevolencia f. malevolence.// malevolent (a.).

maleza. f. **1.** weeds *(hierbas).* **2.** underbrush.

malgastar. tr. to squander, to waste.

malhechor. m. **1.** evildoer. **2.** criminal.

malhumor. m. bad-temper.// bad-tempered (a.).

malicia. f. **1.** malice. **2.** fig. suspicion.// **maliciar.** tr. to supect.// malicious (a.).

maligno, na. a. malignant.

malintencionado, da. a. ill-intentionated.
malla. f. **1.** net *(red)*. **2.** swimsuit *(prenda)*.
malo, la. a. **1.** bad. **2.** ill *(enfermo)*. **3.** incorrect. **4.** perverse. **5.** harmful *(dañino)*. **6.** unpleasent *(desagradable)*. **7.** defective *(defectuoso)*. **8.** *a las m.:* by force. **9.** *lo m. es:* the trouble is. **10.** *m. pata:* bad luck. **11.** *hacerse m. sangre:* to worry.
malograr. 1. tr. to spoil *(arruinar)* **2.** ref. to fail.
maloliente. a. smelly.
malón. m. Indian attack.
malpensado, da. a. evil-minded, malicious.
malquerer. tr. to dislike.
malsano, na. a. pernicious, harmful.
malta. f. **1.** malt. **2.** toasted grain.
maltratar. tr. to mistreat.// **maltrato.** m. mistreatment.
maltrecho, cha. a. damaged, battered.
malvado, da. 1. a. evil. **2.** m./f. evildoer.
malversación. f. emblezzement, misapropiation.
mama. f. mamma.// **mamá.** f. mother, mommy.
mamada. f. sucking.// **mamadera.** f. baby bottle.
mamar. 1. tr. to suckle. **2.** ref. fig. to get drunk.
mamarracho. m. grotesque figure.
mameluco. m. overall.
mamífero, ra. 1. a. mammalian. **2.** m. mammal.
mampara. f. screen.
mampostería. f. masonry.
manada. f. herd, flock.
manantial. f. **1.** spring *(surgente)*. **2.** source *(origen)*.
manar. i./ tr. **1.** to spring. **2.** to flow from *(fluir de)*.
mancebo. m. youg man.
mancha. f. **1.** stain, spot. **2.** blot *(borrón)*.// **manchar. 1.** tr. to spot *(hacer manchas)*; to soil *(ensuciar)*. **2.** ref. to become soiled.
mancillar. tr. to stain, to blemish.
manco, ca. a. one-handed; one-armed.
mancomunar. tr. to unite, to join.
mandado. m. **1.** task *(tarea)*. **2.** errand *(recado)*.
mandamás. m./f. boss.
mandamiento. m. command, commandment.
mandarina. f. tangerine.
mandatario. m. **1.** mandatary. **2.** *primer m.:* the president.// **mandato.** m. **1.** order. **2.** precept. **3.** *Law.* mandate.
mandíbula. f. jaw.
mando. m. **1.** command. **2.** authority. **3.** control.
mandón, na. a. bossy.
manecilla. f. hand.
manejar. tr. **1.** to handle *(objetos, situaciones)*. **2.** to manage *(empresas)*. **3.** to drive *(autos)*.// **manejo.** m. handling; management; driving.
manera. f. **1.** manner, way. **2.** pl. manners. **3.** *de alguna m.:* in some way. **4.** *de m. que:* so that. **5.** *de ninguna m.:* in no way. **5.** *m. de ser:* personality.
manga. f. **1.** sleeve. **2.** *sin m.:* sleeveless.
mango. m. **1.** mango *(fruta)*. **2.** handle *(asa)*. **3.** *Arg.* fig. buck *(un dólar)*.
manguera. f. hose.
maní. m. peanut.
manía. f. **1.** manía. **2.** habit.// maniac (a.).
maniatar. tr. to manacle, to hand off.
manicomio. m. madhouse.
manicuro, ra. 1. m./f. manicurist. **2.** f. manicure.
manifestación. f. **1.** manifestation. **2.** demonstration *(reunión)*.// **manifestante.** m./f. demonstrator.// **manifestar. 1.** tr. to manifest. **2.** i. to demonstrate.// **manifiesto.** a./m. manifest.
manija. f. handle.
maniobra. f. maneuver.// **maniobrar.** tr. to maneuver.
manipular. tr. **1.** to manipulate. **2.** to handle *(manejar)*.// manipulation (f.).
manjar. m. delicacy; dish *(plato)*.
mano. f. **1.** hand. **2.** forefoot *(pata delantera)*. **3.** coat *(capa)*. **4.** side *(lado)*. **5.** *a m.:* on hand *(cerca)*; by hand *(escritura)*. **6.** *a m. llenas:* openly. **7.** *buena m.:* skill. **8.** *dar la m.:* to shake hands. **9.** *dar una m.:* to lend a hand. **10.** *echar m. de:* to resort. **11.** *hecho a m.:* hand-made. **12.** pl. *irse a las m.:* to come to blows. **13.** *irse la m.:* to overdo it *(excederse)*. **14.** pl. *¡m. a la obra!:* let's go to work!. **15.** *tener algo entre m.:* to be working on something. **16.** *traer algo entre m.:* to be involved in.
manojo. m. bunch, bundle.
manómetro. m. pressure gauge.
manosear. tr. to handle.
mansalva (a). adv. without risk.
mansedumbre. f. **1.** tameness *(animal)*. **2.** gentleness *(suavidad)*.// **manso, sa.** a. **1.** tame *(animal)*. **2.** gentle, mild *(suave)*.
manta. f. blanket.
manteca. m. butter.// **mantecoso, sa.** a. buttery.
mantel. m. tablecloth.
mantener. tr. **1.** to mantain *(sustentar)*. **2.** to keep *(conservar)*. **3.** to fed *(alimentar)*. **4.** ref. to keep oneself in good shape *(mantenerse bien)*.// **mantenimiento.** m. **1.** maintenance *(tiempo, estado)*. **2.** sustenance *(sustento)*.
manto. m. **1.** mantle *(capa)*. **2.** robe *(prenda)*. **3.** layer, stratum *(geológico)*. **4.** fig. cover.
manual. 1. a. manual. **2.** m. handbook.
manubrio. m. handle.
manufactura. f. **1.** manufacture. **2.** factory *(fábrica)*. **3.** pl. manufacture goods.// **manufacturar.** tr. to manufacture.
manuscrito, ta. 1. a. hand-writen. **2.** m. manuscript.
manzana. f. **1.** apple. **2.** block *(de casas)*.
maña. a. **1.** skill. **2.** bad habit *(hábito)*. **3.** *darse m. para:* to manage for.// **mañero, ra.** a. hard to manage.
mañana. 1. m. the future. **2.** f. morning. **3.** adv. tomorrow. **4.** *hasta m.:* see you tomorrow.
mapa. m. map.// **mapamundi.** m. map of the world.
maqueta. f. model.
maquillaje. m. **1.** makeup *(cosméticos)*. **2.** making up *(acción)*.// **maquillar.** tr. to make up.
máquina. f. **1.** machine. **2.** engine *(motor)*. **3.** *m. de escribir:* typewriter.// **machination** (f.).// **maquinar.** tr. to plot.// **maquinaria.** f. **1.** machinery *(conjunto)*. **2.** mechanism.// **maquinista.** m./f. **1.** machinist. **2.** engineer *(ferroviario)*.
mar. m. **1.** sea. **2.** *la m. de:* very *(muy)*; a lot of *(muchos)*.
maraña. a. tangle.
maratón. f. marathon.
maravilla. f. marvel, wonder.// **maravilloso, sa.** a. marvelous, wonderful.
marca. tr. **1.** mark. **2.** trademark *(comercial)*.

marcar. tr. **1.** to mark. **2.** to dial (teléfono).
marcha. f. **1.** march. **3.** speed (velocidad). **4.** function, work (funcionamiento). **5.** m. atrás: reverse.// **marchar.** tr. **1.** to march. **2.** to go (ir). **3.** to work (funcionar). **4.** ref. to leave, to go away.
marchitar. 1. tr./ref. to wilt. **2.** ref. fig. to languish.// **marchito, ta.** a. wilted.
marco. m. **1.** frame; framework. **2.** mark (moneda).
marea. f. tide.
marear. tr. **1.** tr. to make dizzy. **2.** ref. to become nauseate or dizzy.
marejada. f. swell.
mareo. m. dizziness.
marfil. m. ivory.
margarita. f. daisy.
margen. m. **1.** margin. **2.** al m.: in the margin (del papel); on the fringe (por fuera). **3.** dar m.: to give cause.// **marginal** (a.).
maricón. a./m. gay.
marido. m. husband.
marinero. m. sailor.// **marino, na. 1.** a. marine, sea. **2.** m. sailor. **3.** f. navy (militar); marine (mercante).
mariposa. f. **1.** butterfly. **2.** wing nut (pieza).
mariscal. m. marshal.
marisco. m. shellfish.
marítimo, ma. a. maritime, sea.
marmita. m. boiler, kettle.
mármol. m. marble.// marmoreal (a.).
marmota. f. **1.** groundhog. **2.** fig. sleepyhead.
marqués, sa. m. marquis, f. marquise.
marrano. m. pig.
marrón. a./m. brown.
marroquí a./m./f. Morroccan.
martes. m. Tuesday.
martillar. tr. to hammer.// **martillo.** m. hammer.
mártir. m. martyr./f. **martirio.** m. martyrdom.// **martirizar.** tr. to martyrize; to torment.
marxismo. m. Marxism.// marxist (a./m./f.).
marzo. m. March.
mas. conj. but.
más. adv. **1.** more (mayor o mejor). **2.** most (en comparaciones). **3.** longer (más tiempo). **4.** rather (más bien). **5.** a lo m.: at most. **6.** de m.: too much. **7.** estar de m.: to be superfluous. **8.** m. allá: further. **8.** m. de/ m. que: more than. **9.** no m.: only. **10.** por m. que: no matter how much. **11.** ¿qué m. da?: what difference does it make? **12.** prep. plus (suma).
masa. f. **1.** mass. **2.** people (pueblo). **3.** Electr. ground. **4.** con las manos en la m.: red-handed.
masaje. m. massage.// **masajear.** tr. to massage.// **masajista.** m. masseur; f. masseuse.
mascar. tr. to chew.
máscara. f. mask.
masculino, na. a. masculine.
masticar. tr. **1.** to chew. **2.** fig. to ponder.
mástil. m. mast.
mastín. m. mastiff.
mata. f. **1.** shrub. **2.** head of hair (de pelo).
matafuego. m. fire extinguisher.
matamoscas. m. flyswatter.
matanza. f. slaughtering (animales); killing (personas).// **matar.** tr. **1.** to kill. **2.** to slaughter (animales).
matasellos. m. cancelling stamp.
mate. 1. a. matte. **2.** m. mate (ajedrez); maté (bebida).

matemático, a. 1. a. mathematical. **2.** m./f. mathematician. **3.** f./f. pl. mathematics.
materia. f. **1.** matter. **2.** subject (tema; asignatura). **3.** m. prima: raw material.// material (a./m.).
materialismo. m. materialist.// materialistic (a.).
maternal. a. maternal.// maternity (f.)./ maternity hospital.// **materno, na.** a. maternal.
matinal. a. morning, matinal.
matiz. m. shade.// **matizar.** tr. to shade; fig. to vary.
matón. m. bully.
matorral. m. underbrush.
matrícula. registration, enrollment.// **matricular.** tr./ref. to register, to matriculate.
matrimonio. m. **1.** marriage. **2.** married couple (pareja). **3.** contraer m.: to marry.
matriz. f. **1.** womb (útero). **2.** mold (molde). **3.** Math. matrix. **4.** casa m.: main office.
maullar. tr. to mew.// **maullido.** m. miaowing.
mausoleo. m. mausoleum.
maxilar. m. jaw.
máximo, ma. 1. a. maximum, greatest. **2.** m. maximum. **3.** f. maxim. **4.** como m.: at the most.
maya. a./m./f. Mayan.
mayo. m. May.
mayonesa. f. mayonnaise.
mayor. a. **1.** bigger, larger (más grande); biggest, largest (el más grande). **3.** greater (más importante); greatest (el más importante). **4.** older (más viejo); oldest (el más viejo). **5.** m. major (rango). **6.** m. de edad: of age, adult. **7.** venta al por m.: wholesale.
mayordomo. m. steward.
mayoría. f. **1.** majority. **2.** legal age (de edad).
mayorista. a./m./f. wholesaler.
mayúsculo, la. 1. a. great, major. **2.** f. capital letter.
maza. f. mace, mallet.
mazo. m. mallet.
mazorca. f. ear of corn.
me. pron. **1.** me. **2.** to me, for me (para mí). **3.** from me. **4.** myself (verbos ref.).
mecánico, ca. 1. a. mechanical. **2.** m. mechanic. **3.** f. mechanics (materia); mechanism.// mechanism (m.).// **mecanizar.** tr. to mechanize.
mecanografía. f. typing.// **mecanografiar.** to type.// **mecanógrafo, fa.** m./f. typist.
mecedora. f. rocking chair.// **mecer.** tr. **1.** to rock (acunar). **2.** to sway (balancear).
mecha. f. **1.** wick (lámpara). **2.** fuse (bomba). **3.** lock (mechón). **4.** drill bit (taladro).
mechero. m. gas burner.
mechón. m. lock.
medalla. f. medal.
médano. m. sand dune.
media. f. **1.** stock, stocking. **2.** Math. mean.
mediación. f. mediation.// **mediado, da.** a. **1.** half-full. **2.** pl. a m. de: in the middle of.
mediador, ra. 1. a. mediating. **2.** m./f. mediator.
medianera. f. joining wall.
mediano, na. a. **1.** medium. **2.** mediocre.
medianoche. f. midnight.
mediante. adv. by mean of; through.
mediar. i. **1.** to be in the middle (estar en la mitad). **2.** to intercede (interponerse).
medicamento. m. medicine, drug.// **medicar.** tr. to medicate.// **medicina.** f. medicine.

medición. f. measurement.
médico, ca. 1. a. medical. **2.** m./f. doctor.
medida. f. **1.** measuring (acción). **2.** measure. **3.** standard (patrón). **4.** a m. que: as, while.// **medidor, ra. 1.** a. measuring. **2.** m. meter.
medieval. a. medieval.
medio, dia. a. **1.** half. **2.** medium (mediano). **3.** mid, midway (mitad de camino).// m. **1.** Math. half. **2.** center. **3.** measure (medida). **4.** pl. means, way (forma, camino); fund, cash (recursos). **5.** m. ambiente: environment. **6.** m. de transporte: mean of transportation.
mediocre. a. mediocre.// mediocrity (f.).
mediodía. m. midday, noon.
medir. 1. tr. to measure. **2.** ref. to be moderate.
meditar. tr. to meditate.// meditation (f.).
mediterráneo, a. a. mediterranean.
médula. f. **1.** marrow. **2.** m. espinal: spinal cord.
megáfono. m. megaphone.
mejicano, na. a./m./f. Mexican.
mejilla. a. cheek.
mejillón. m. mussel.
mejor. adj. **1.** better (superior). **2.** best (en comparaciones).// adv. rather (antes bien, m. dicho).
mejora. f. improvement.// **mejorar. 1.** i./tr./ref. to improve. **2.** i./ref. to clear (clima). **3.** tr. to recover (salud).// **mejoría.** f. improvement.
melancolía. f. melancholy.// melancholic (a.).
melena. m. **1.** mane (león). **2.** long hair.
melodía. f. melody.// melodic (a.).// melodious (a.).
melón. m. melon.
mella. f. **1.** nick. **2.** hacer m.: to have an effect on.
mellizo, za. a./m./f. twin.
membrana. m. membrane.
membrete. m. letterhead.
memorable. a. memorable.// **memoria.** f. **1.** memory. **2.** report (informe). **3.** pl. memoirs. **4.** hacer m.: to remember, to recall.
mención. f. mention.// **mencionar.** tr. to mention.
mendicidad. f. mendicancy.// **mendigar.** i./tr. to beg.// **mendigo, ga.** m./f. beggar.
mendrugo. m. crust.
menear. tr./ref. **1.** to move. **2.** to sway (oscilar).// **meneo.** m. movement; sway, swing.
menester. m. **1.** occupation (actividad). **2.** ser m.: to be necessary.// **menesteroso, sa.** a. needy.
menguante. a. **1.** diminishing. **2.** cuarto m.: last quarter.// **menguar.** i./tr. **1.** to diminish (disminuir). **2.** to decline (declinar). **3.** to reduce.
menor. a **1.** lesser (menos); lest (el menor). **2.** small (más chico); smallest (el más chico). **3.** younger (más joven); youngest (el más joven).// m./f. **1.** minor. **2.** m. de edad: under age.
menos. adv. **1.** less; lest (el que menos). **2.** fewer (menos de). **3.** al m.: at least. **4.** a m. que: unless. **5.** de m.: short. **6.** echar de m.: to miss. **7.** más o m.: more or less. **8.** venirse a m.: to decline.// conj. **1.** Math. minus (resta). **2.** but (excepto).
menoscabar. tr. **1.** to impair. **2.** to discredit.// **menoscabo.** m. **1.** damage. **2.** detriment.
menospreciar. tr. **1.** to underestimate. **2.** to despise (despreciar).// **menosprecio.** m. **1.** underestimation. **2.** contemp (desprecio).
mensaje. m. message.// messenger (a./m./f.).

menstruar. i. to menstruate.// menstrual (a.).// menstruation (f.).
mensual. a. monthly.// **mensualidad.** f. monthly wage (salario); monthly payment (pago).
menta. f. mint.
mente. m. mind.// mental (a.).// mentality (f.).
mentir. i./tr. to lay; to tell lies.// **mentira.** f. lie.// **mentiroso, sa. 1.** a. lying. **2.** m./f. lier.
mentol. m. menthol.
mentón. m. chin.
mentor, ra. m./f. mentor.
menudencia. f. **1.** minuteness; triffle. **2.** pl. giblets.
menudo, da. a. **1.** small (pequeño). **2.** tiffling (poco importante). **3.** pl. giblets. **4.** a menudo: frequently.
meñique. m. little finger.
meollo. m. **1.** marrow. **2.** fig. essence.
mercader. m./f. merchant.// **mercadería.** f. merchandise, goods.// **mercado.** m. **1.** market. **2.** estudio de m.: marketing.// **mercancía.** f. merchandise.// merchant (a./m./f.).// **mercantil.** a. mercantile, commercial, trading.// **mercar.** tr. to buy.
merced. f. **1.** gift, favor. **2.** mercy, grace (título).
mercenario, ria. a./m. mercenary.
mercería. f. **1.** notions. **2.** notions store.
mercurio. m. mercury.
merecer. tr. **1.** to deserve; to be worthy of. **2.** to earn (lograr).// **merecido, da. 1.** a. deserved. **2.** m. just desert.// **merecimiento.** m. merit.
merendar. 1. i. to have a snack. **2.** ref. to snack on.
meridiano, na. 1. a. fig. very clear. **2.** m. meridian.
meridional. a. southern.
merienda. f. snack, lunch.
mérito. m. **1.** merit. **2.** worth (valor). **3.** hacer m.: to try to deserve something.// meritorious (a.).
merluza. f. hake.
mermar. i./tr. to decrease, to diminish.
mermelada. f. jam, marmalade.
mero, ra. 1. a. mere. **2.** m. jewfish.
merodear. i. to maraud.
mes. m. month.
mesa. f. **1.** table. **2.** board (junta). **3.** food (comida). **4.** poner la m.: to set the table.// **mesero, ra.** m. waiter, f. waitress.
meseta. f. plateau.
mesón. m. **1.** inn (fonda). **2.** meson (partícula).
mesozoico, ca. a./m. Mesozoic.
mestizo, za. 1. a. hybrid; half-breed. **2.** m./f. mestizo.
mesura. f. **1.** composture. **2.** moderation.// **mesurado, da.** a. moderate, prudent.
meta. f. **1.** goal (objetivo). **2.** finish (llegada).
metabolismo. m. metabolism.// metabolic (a.).
metafísico, ca. 1. a. metaphysic. **2.** f. metaphysics.
metáfora. f. metaphore.// metaphoric (a.).
metal. m. metal.// **metálico, ca. 1.** a. metallic. **2.** m. cash.// metallurgy (f.).
metamorfosis. f. metamorphosis.
metano. m. methane.
meteorito. m. meteorite.// **meteoro.** m. meteor.// meteorology (f.).// meteorologic (a.).// metereologist (m./f.).
meter. tr. **1.** to put in. **2.** to involve (involucrar). **3.** ref. to get in (entrar); to intervene (entrometerse); m. con: to provoke.; m. de: to become.

meticuloso, sa. a. meticulous.
metido, da. a. **1.** involved *(involucrado)*. **2.** fig. meddlesome.
método. m. method.// methodical (a.).
metraje. m. **1.** lenght. **2.** *corto/largo m.:* short film/ feature film.
metralleta. f. submachine gun.
métrico, ca. 1. a. metric. **2.** f. metrics.
metro. m. meter.
metrópoli. f. metropolis.// metropolitan (a.).
mezcla. f. **1.** mixing *(acción)*. **2.** mixture. **3.** mortar *(construcción)*.// **mezclar.** tr. **1.** to mix. **2.** to mix up *(desordenar)*. **3.** ref. fig. to be mixed up.// **mezcolanza.** f. hodgepodge.
mezquindad. f. **1.** stinginess *(avaricia)*. **2.** ill turn *(acción)*.// **mezquino, na.** a. **1.** stingy *(avaro)*. **2.** poor *(pobre)*. **3.** small *(pequeño)*.
mezquita. f. mosque.
mi, mis. pos. adj. my.
mí. pron. me; myself *(reflexivo)*.
mico. m. monkey.
micro. m. *Arg.* microbus.
microbio. m. microbe.// microbiology (f.).
micrófono. m. microphone.
microeconomía. f. microeconomics.
microonda. f. microwave.
microscopio. m. microscope.// microscopic (a.).
miedo. m. **1.** fear. **2.** aprehension. **3.** *dar o meter m.:* to frighten. **4.** *tener m.:* to be afraid.// **miedoso, sa.** m./f. cowardly.
miel. f. honey.
miembro. m. **1.** member. **2.** limb *(extremidad)*. **3.** penis *(pene)*.
mientras. adv. **1.** *m. más:* the more. **2.** *m. tanto:* meanwhile. **3.** conj. while *(durante)*; whereas *(pero)*.
miércoles. m. Wednesday.
miga. f. **1.** bit; crumb *(del pan)*. **2.** fig. sustance. **3.** *hacer buenas m.:* to get along well.
migración. f. migration.// migratory (a.).
mil. a./m. thousand.
milagro. m. miracle.// miraculous (a.).
milenio. m. millenium.// millenary (a.).
milicia. f. **1.** militia. **2.** military service.// **miliciano.** m. militiaman, partisan.
militar. 1. a. military. **2.** m. soldier; pl. the militaries.// i. to militate.// militarism (m.)// militarist (m./f.).// **militarizar.** tr. to militarize.
milla. f. mile.
millar. m. one thousand.
millón. m. million.// millionarie (a./m./f.).
mimar. tr. **1.** to caress. **2.** to pamper *(consentir)*.
mimbre. m. wicker.
mimeógrafo. m. mimeograph.
mímica. f. mimicry.
mimo. m. **1.** mime. **2.** caress *(caricia)*.// **mimoso, sa.** a. pampered.
mina. f. **1.** mine. **2.** pencil lead *(de lápiz)*. **3.** *Arg.* woman *(mujer)*; concubine *(concubina)*.
mineral. a./m. mineral.// **minería.** mining (f.).// **minero, ra. 1.** a. mining. **2.** m. miner.
miniatura. f. miniature.
mínimo, ma. 1. a. minimum, least; *Math.* lowest; low *(temperatura)*. **2.** m. minimum.
ministerio. m. ministry.// minister (m.).

minoría. f. minory.// **minoritario, ria.** a. minority.
minorista. 1. a. retail. **2.** m./f. retailer.
minucia. f. trifle.// **minucioso, sa.** a. detailed; meticulous.
minúsculo, la. 1. a. minuscule. **2.** f. lower case letter.
minuta. f. **1.** draft *(borrador)*. **2.** record *(registro)*.
minuto. m. minute.// minute hand *(minutero)*.
mío, a, íos, ías. pos. pron. mine.
miope. a./m./f. near-sighted.// **miopía.** f. near-sightedness.
mira. f. **1.** sight. **2.** aim *(intención)*.
mirada. f. look, glance.// **mirador.** m. balcony.
miramiento. m. **1.** regard. **2.** prudence.
mirar. tr. **1.** to look at. **2.** to watch *(televisión)*. **3.** to considere. **4.** to face *(orientación)*.// i. to look.
mirilla. f. peephole.
mirlo. m. blackbird.
misa. f. mass.
misceláneo, a. 1. a. miscellaneous. **2.** miscellany.
miserable. a. **1.** miserable. **2.** stingy *(avaro)*.// m./f. **1.** miserable. **2.** despicable *(despreciable)*.
miseria. f. **1.** misery; poverty. **3.** pittance *(pequeñez)*.
misericordia. f. mercy.// **misericordioso, sa.** a. mercyful.
mísero, ra. a. **1.** miserable. **2.** miserly *(avaro)*.
misión. m. mission.// missionary (a./m./f.).
mismo. adj. **1.** same *(idéntico)*. **2.** very *(exacto)*. **3.** *ahora m.:* right now. **4.** *así m.:* in that way *(manera)*; also *(también)*. **5.** *lo m.:* the same thing. **6.** *dar lo m.:* to be all the same. **7.** *yo/mí m.:* myself.
misterio. m. mystery.// mysterious (a.).
místico, ca. 1. a./m./f. mysticism. **2.** mysticism.
mitad. f. **1.** half. **2.** center, middle *(medio)*.
mitigar. tr. to mitigate.
mitin. m. meeting, rally.
mito. m. myth.// mythology (f.).
mitra. ta. f. miter.
mixto, ta. a. mixed.
mobiliario, ria. 1. a. movable. **2.** m. furniture.
mocasín. m. moccasin.
mocedad. f. youth.
mochila. f. pack, knacksap.
moción. f. motion.// **mocionar.** i./tr. to propose.
moco. m. **1.** mucus. **2.** fig. snot.// **mocoso, sa. 1.** a. snoty. **2.** snoty kid.
moda. f. **1.** fashion, style. **2.** *de m.:* in fashion. **3.** *fuera de m.:* out of fashion.
modal. 1. a. modal. **2.** m. pl. manners.
modalidad. f. **1.** modality. **2.** way *(forma)*.
modelar. tr. to model.// model (a./m./f.).
moderar. tr. to moderate; to restrain *(restringir)*.// moderate (a./m/f.).// moderation (f.).
modernizar. tr. to modernize.//modern (a./m./f.).// modernism (m.).// modernist (a./m./f.).
modestia. f. modesty.// modest (a./m./f.).
módico, ca. a. moderate; inexpensive *(precios)*.
modificar. tr. to modify.// modification (f.).
modismo. m. idiom.
modista. f. dressmaker, modist.
modo. m. **1.** mode. **2.** way *(forma)*. **3.** *Gram.* mood. **4.** pl. manners. **5.** *del mismo m.:* likewise. **6.** *de m. que:* so that. **7.** *de ningún m.:* by no means. **8.** *de todos m.:* in anyway. **9.** *en cierto m.:* in a way.

modorra. f. drowsiness.
modular. i/tr. to modulate.// **módulo.** m. **1.** module. **2.** Math. modulus.// modulation (f.).
mofa. f. mockery.// **mofar.** i./ref. to mock.
moho. m. **1.** mold (hongo). **2.** rust (herrumbre).// **mohoso, sa.** a. moldy; rusty.
mojadura. f. wetting.// **mojar. 1.** tr. to wet. **2.** ref. to get wet.
mojón. m. landmark; road marker (hito).
molde. m. **1.** mold, cast. **2.** pattern (patrón).// **moldear.** tr. to mold, to cast.
molécula. f. molecule.// molecular (a.).
moler. tr. **1.** to grind, to mill. **2.** m. a palos: to beat up.
molestar. tr. **1.** to annoy (fastidiar). **2.** to disturb (interrumpir). **3.** ref. to get annoyed (fastidiarse); to take the trouble to (tomarse la molestia).// **molestia.** f. **1.** bother (fastidio). **2.** discomfort (malestar).// **molesto, ta.** a. **1.** annoying (fastidioso). **2.** annoyed (fastidiado). **3.** umcomfortable.
molienda. f. milling (acción); mill (molino); milling season (época).// **molinero, ra.** m./f. miller
molinete. m. **1.** pinwheel (juego). **2.** current meter (aparato).
molinillo. m. hand miller.// **molino.** m. mill.
mollera. f. **1.** crown. **2.** fig. brains.
molusco. m. mollusk.
momentáneo, a. a. momentary.// **momento.** m. **1.** moment. **2.** al m.: inmediatelly. **3.** ¡m!: just a moment!. **4.** en. cualquier m.: any moment.
momia. f. mummy.
monaguillo. m. altar boy.
monarca. m./f. monarch.// monarchy (f.).// monarchical (a.).// monarchist (m./f.).
monasterio. m. monastery.
mondongo. m. tripe.
moneda. f. **1.** coin. **2.** Econ. currency. **3.** pagar con la misma m.: to give tit for tat.// **monedero.** m. coin purse.// monetary (a.).
monigote. m. silly figure.
monitor. m. monitor.
monje, ja. m. monk; f. nun.
mono, na. 1. a. cute. **2.** m. monkey; f. female monkey. **3.** m. overall. **4.** m. fig. drunkeness.
monocultivo. m. monoculture.
monogamia. m. monogamy.// monogamous (a.).// monogamist (m./f.).
monograma. m. monogram.
monologar. i. to monologue.// monologue (m.).
monopolizar. tr. to monopolize.// monopoly (m.).
monorriel. m. monorail.
monosílabo, ba. 1. a. monosyllabic. **2.** m. monosyllabe.
monotonía. f. monotony.// monotonous (a.).
monstruo. m. monster.// monstruous (a.).
monta. f. **1.** mounting (acción). **2.** horse (caballo). **3.** de poca m.: insignificant.
montacargas. m. freight elevator.
montaje. m. **1.** assembling (ensamblado). **2.** mounting. **3.** montage (cine).
montaña. f. **1.** mountain. **2.** m. rusa: rollercoaster.// **montañés, sa. 1.** a. a highland. **2.** m./f. higlander.// montainous (a.).

montar. 1. i./tr. to mount (subir). **2.** tr. to ride (caballo, bicicleta). **3.** to assemble (ensamblar). **4.** to edit (cine). **5.** to set (joyas).
monte. m. **1.** mont. **2.** forest (bosque).
montevideano, na. a./m./f. Montevidean.
montículo. m. mond, hillock.
monto. m. amount, total.// **montón.** m. **1.** pile. **2.** lots (mucho). **3.** del m.: ordinary.
montonera. f. troop of mounted rebels; guerrilla.
montura. f. **1.** harness (arnés). **2.** mounting support (soporte). **3.** setting (joyería).
monumento. m. monument.// monumental (a.).
moño. m. **1.** bow (lazo). **2.** bun (de pelo).
mora. f. **1.** blackberry (fruta). **2.** delay (demora).
morado, da. 1. a./m. purple. **2.** f. house.// **morador, ra.** m./f. resident.
moral. 1. a. moral. **2.** f. morale (ánimo); morals (ética).// morality (f.).// moralist (m./f.).
moraleja. f. moral of a story.
morar. tr. to dwell, to reside.
moratoria. f. moratorium.
morbo. m. disease.// **morbosidad.** f. morbidity.// morbid (a.).
morcilla. f. blood sausage.
mordaz. a. corrosive, mordant.// moradacity (f.).
mordaza. f. **1.** gag. **2.** Mech. clamp.
mordedura. f. bite.// **morder.** i./tr. **1.** to bite. **2.** to grasp (agarrar).// **mordisco.** m. bite.// **mordisquear.** tr. to nibble.
moreno, na. 1. a. brown (pardo); mulatto. **2.** m./f. Black (negro); brunet (castaño); mulatto.
morfina. f. morphine.
moribundo, da. a. moribund; dying.// **morir. 1.** to die. **2.** m. de ganas por: to be dying to. **3.** m. por alguien: to be crazy about.
moro, ra. 1. a. Moorish. **2.** m./f. Moor.
morocho, cha. a./m./f. brunet.
morosidad. f. **1.** slowness (lentitud). **2.** delay (mora).// **moroso, sa.** a. slow (lento); in delay.
morro. m. hill, knoll.
morsa. f. walrus (animal).
mortadela. f. mortadella, bologna sausage.
mortaja. f. shroud.
mortal. a./m. mortal.// mortality (f.).// **mortandad.** f. mass death.// **mortecino, na.** a. **1.** dying. **2.** pale (pálido).
mortero. m. mortar.
mortífero, ra. a. fatal, letal.
mortificar. tr. **1.** to mortify. **2.** to annoy (fastidiar).
mortuorio, ria. a. mortuary.
mosaico. m. mosaic.
mosca. f. **1.** fly **2.** fig. money, dough (plata).// **moscardón.** m. botfly.
moscovita. a./m./f. Muscovite.
mosquetero. m. musketeer.
mosquitero. m. mosquito net.// mosquito (m.).
mostacho. m. mustache.
mostaza. f. mustard.
mosto. m. must.
mostrador. m. counter, table top.
mostrar. tr. **1.** to show. **2.** to demonstrate. **3.** to express. **4.** to show oneself.
mota. f. mote, burl.

mote. m. nickname.

motín. f. uprising, riot.

motivar. tr. to motivate.// motivation (f.).// **motivo.** m. 1. motive, causa, reason. 2. motif (arte).

moto. f. motorcycle.// **motocicleta.** f. motorcycle.// motocyclist (m./f.).// **motoneta.** f. scooter.

motonáutico, ca. 1. a. motorboat. 2. f. motorboating.

motor. 1. a. motor. 1. m. motor, engine.// **motorista.** m. 1. motorist. 2. motorman.// **motorizar.** tr. to motorize.

motriz. a. motive, motor.

movedizo, za. a. moving, shifting.

mover. i./tr. to move.// **movible.** a. movable.// **móvil.** 1. a. mobile. 2. m. motive; moving body (objeto físico); mobile (escultura).

movilizar. tr. to mobilize, to move.// movilization (f.).

movimiento. m. 1. movement. 2. Mech. motion. 3. poner en m.: to put in motion.

mozo, za. 1. a. young. 2. m./f. young person. 3. m. waiter. 4. buen, na m.: good-looking.

mucamo, ma. m./f. servant.

muchachada. f. group of youngsters.// **muchacho, cha.** m. boy, f. girl.

muchedumbre. f. crowd, multitude.

mucho, cha. a. 1. much. 2. pl. many.// adv. 1. much, very much. 2. too much (demasiado). 3. a long time (para tiempo). 4. ni m. menos: by means. 5. por m.: by far. 6. por m. que: howevever much.// pron. pl. many.

muda. f. 1. change (ropa). 2. molt (del pelo).

mudanza. f. 1. change (cambio). 2. moving (traslado).// **mudar.** tr. 1. to change (cambiar). 2. to move (mover). 3. to molt (pelo). 5. ref. to be moving.

mudez. f. dumbness, muteness.// **mudo, da.** a. 1. mute (sin voz). 2. silent (silencioso). 3. m./f. mute person, dumb.

mueble. 1. a. movable. 2. m. furniture.

mueca. f. grimace.

muela. f. 1. molar. 2. millstone (mecánica).

muelle. m. dock.

muerte. f. 1. death. 2. murder (homicidio).// **muerto, ta.** a. 1. dead. 2. exhausted (cansado). 3. lifeless (sin vida). 3. m./f. dead person.

muestra. f. 1. sample, specimen. 2. sign, indication. 3. model. 4. show (exhibición). 5. dar m. de: to show signs of.// **muestrario.** m. sample book; sample collection.// **muestrear.** tr. to sample.// **muestreo.** m. survey.

mugido. m. moo.// **mugir.** i. to moo.

mugre. filth, grime.// **mugriento, ta.** a. filthy, grimmy.

mujer. f. 1. woman. 2. wife (esposa).

mujeriego. a. philandring, donjuanish.

mula. f. 1. mule. 2. fig. brute, beast. 2. hacer m.: to trick, to cheat.

mulato, ta. m./f. mulatto.

muleta. f. crutch.

muletilla. f. pet expression.

mulo. m. mule.

multa. f. 1. fine. 2. traffic ticket (de tránsito).// **multar.** tr. to fine, to mulct.

multicolor. a. multicolor.

multimillonario, ria. a./m./f. multimillonaire.

multinacional. a./f. multinational.

múltiple. a. multiple.// multiplicity (f.).

multiplicar. tr./ref. to multiply.// multipication (f.).

múltiplo. m. multiple.

multiprocesador, ra. a./m./f. multiprocessor.

multitud. f. 1. multitude. 2. crowd (gente).//**multitudinario, ria.** a. multitudinous.

mullido, da. a. soft, fluffy.// **mullir.** to fluff.

mundanal. a. mundane.// mundane (a.).

mundial. a. 1. world (del mundo). 2. worlwide (de alcance mundial). 3. m. world cup.

mundo. m. 1. world. 2. Earth (Tierra). 3. bajo mundo, submundo: underworld. 4. correr m.: to see the world. 5. de otro m.: wonderful (maravilloso). 6. desde que el m. es m.: since time began. 7. echar al m.: to bring into the world. 8. irse al otro m.: to pass away. 9. gran m.: high society. 10. tener m.: to be experienced. 11. todo el m.: everybody.

munición. m. munition.

municipal. a. municipal.// **municipalidad.** f. town council, municipality.// **municipio.** m. township, district, municipality.

muñeca. f. 1. doll (juguete). 2. Anat. wrist.

muñeco. m. 1. puppet (marioneta). 2. doll (juguete).

muñón. m. stump.

mural. a./m. mural.

muralla. f. wall, rampart.

murciélago. m. bat.

murmullo. m. murmur.

murmuración. f. gossip.// **murmurar.** tr. 1. to murmur (hablar en voz baja). 2. to gossip (chismear). 3. to gramble (quejarse en voz baja).

muro. m. wall.

musa. f. Muse.

músculo. m. muscle.// muscular (a.).// **musculoso, sa.** a. muscular, brawny.// musculature (f.).

muselina. f. muslin.

museo. m. museum.

musgo. m. moss.

músico, ca. 1. m./f. musician. 2. f. music.// musical (a.).

musitar. tr. to mutter.

muslo. m. 1. thigh. 2. leg (de pollo).

mustio, tia. a. 1. withered (seco). 2. gloomy (triste).

musulmán, na. a./m./f. Moslem.

mutabilidad. f. mutability.// mutation (f.).

mutilar. tr. to mutilate.// mutilated (a.).// mutilation (f.).

mutismo. m. mutism, silence.

mutual. 1. a. mutual. 2. f. mutual benefit society.// **mutualidad.** f. 1. mutuality (acción). 2. mutual benefit society.

mutuamente. adv. mutually.

mutuo, tua. a. mutual.

muy. adv. 1. very. 2. too (demasiado). 3. m. de madrugada: very earling in the morning. 4. m. de noche: very late at night. 5. m. de prisa: very quickly. 6. m. señor mío: my dear sir. 7. m. tarde: too late.

n. f. fourteenth letter of the Spanish alphabet.
nabo. m. turnip.
nácar. m. nacre, mother of pearl.// nacarine (a.).
nacer. i. **1.** to be born. **2.** to be hatched *(salir del huevo)*. **3.** to sprout *(germinar)*. **4.** to bud *(un pimpollo)*. **5.** to rise *(brotar; salir los astros)*. **6.** to stem from *(originarse en)*. **7.** *al n.:* at birth. **8.** *n. parado:* to born lucky. **9.** *volver a n.:* to have a narrow escape.// **nacido, da. 1.** a. born. **2.** *bien n.:* well-born. **3.** *mal n.:* ill-bred. **4.** *recién n.:* newborn.
naciente. 1. a. incipient; growing. **2.** f. source.// **nacimiento.** m. **1.** birth. **2.** source *(origen)*.
nación. f. nation.// national (a.).// nationality (f.).
nacionalizar. 1. tr. to nationalize. **2.** ref. to become naturalized.// nationalization (f.).
nada. 1. pron. nothing. **2.** adv. not at all. **3.** f. nothingness *(la nada)*; insignificant thing *(nadería)*. **4.** *antes que n.:* before anything else. **5.** *de n.:* you are welcome. **6.** *n. de:* no, none. **7.** *n. de eso:* not at all. **8.** *n. más:* nothing else. **9.** *n. menos:* no less. **10.** *no es n.:* it's nothing.
nadador, ra. m./f. swimmer.// **nadar.** i. to swim.
nadie. 1. pron. nobody, no one. **2.** m. nobody.
nafta. f. **1.** *Arg.* gasoline. **2.** naphta.
naftalina. f. **1.** naphtalene. **2.** monthballs *(antipolilla)*.
naipe. m. card, playing card.
nalga. f. **1.** buttock. **2.** pl. bottom.
nana. f. nanny, nurse.
naranja. m./f. orange.//**naranjada.** f. orangeade.// **naranjal.** f. orange grove.// **naranjo.** m. orange tree.
narciso. m. narcissus.// narcissism (m.).
narcótico, ca. a./m. narcotic.// **narcotizar.** to narcotize, to drug.// **narcotraficante.** m./f. drug dealer.// **narcotráfico.** m. drug trade.
nardo. m. spike nard.
narigón, na. a. long-nosed.
nariz. f. **1.** nose, nostril. **2.** sense of smell *(olfato)*. **3.** *en las propias n.:* under one's nose. **4.** *meter la n.:* to stick one's nose.
narración. f. **1.** account *(cuento)*. **2.** narration.// **narrador, ra.** m./f. narrator.// **narrar.** tr. to narrate, to relate.// **narrativo, va.** a./f. narrative.
nasal. a. nasal.
nata. f. **1.** cream. **2.** skim *(capa)*. **3.** fig. the cream.
natación. f. swimming.
natal. a. **1.** natal *(de nacer)*. **2.** native *(del lugar)*.// **natalicio.** a./m. birthday.// **natalidad.** f. birth rate.
natividad. f. nativity.

nativo, va. a./m./f. native.
nato, ta. a. born.
natural. a. **1.** natural. **2.** native. **3.** innate. **4.** m./f. native. **5.** *al n.:* naturally.// **naturaleza.** f. **1.** nature. **2.** type. **3.** temperament. **4.** *n. muerta:* still life.// **naturalidad.** f. naturalness.// naturalization (f.).// **naturalizar. 1.** tr. to nationalize. **2.** ref. to become nationalized.
naufragar. i. **1.** to be wrecked. **2.** fig. to fail.// **naufragio.** m. shipwreck.// **náufrago, ga.** m./f. shipwrecked.
náusea. f. **1.** nausea. **2.** fig. disgust. **3.** *dar n.:* to disgust, to nauseate. **4.** *tener n.:* to feel sick.// **nauseabundo, da.** a. nauseating, sickening.
náutico, ca. a. **1.** a. nautical. **2.** f. navigation.
navaja. f. **1.** jack knife. **2.** razor *(de afeitar)*.
naval. a. naval.// **nave.** f. **1.** ship. **2.** nave *(iglesia)*.
navegar. i./tr. to navigate, to sail.// navigable (a.).// navigation (f.).// navigator (m./f.).
Navidad. f. **1.** Christmas. **2.** *¡Feliz N.!:* Merry Christmas!// **navideño, ña.** a. Christmas.
naviero, ra. a. shipping.// **navío.** m. ship.
nazareno, na. a./m./f. Nazarene.
nazi. a./m./f. Nazi.// Nazism (m.).
neblina. f. fog.
nebuloso, sa. a. **1.** foggy *(con neblina)*. **2.** nebulous, haze *(poco claro)*.// f. nebula.
necedad. f. foolishness, nonsense.
necesario, ria. a. necessary.// **necesidad.** f. **1.** necessity, need. **2.** need *(pobreza)*.// **necesitado, da.** a. needy.// **necesitar. 1.** i/tr. to need. **2.** tr. to have, to need to *(tener que)*.
necio, cia. 1. a. foolish. **2.** m./f. fool.
néctar. m. nectar.
nefasto, ta. a. ominous; unlucky *(infortunado)*.
negación. f. **1.** denial, negation. **2.** refusal *(denegación)*. **3.** *Gram.* negative.// **negar. 1.** tr. to deny. **2.** ref. to refuse *(rehusarse)*. **3.** ref. to deny oneself *(privarse)*.// **negativo, va.** a./f. negative.
negligencia. f. negligence.// negligent (a.).
negociación. f. negotiation.// negotiable (a.).
negociado. m. **1.** transaction. **2.** fig. shady deal.
negociador, ra. 1. a. negotiating. **2.** m./f. negotiator.// **negociante. 1.** m./f. merchant *(comerciante)*. **2.** m. businessman; f. businesswoman *(hombre/mujer de negocios)*.
negociar. 1. i./tr. to negotiate. **2.** to do business *(hacer negocios)*.// **negocio.** m. **1.** transaction. **2.** pl. business. **3.** shop, store *(local, tienda)*.
negrero, ra. a. **1.** fig. slave trader; fig. slave-driver.
negrilla. f. bold *(tipografía)*.

negro, gra. 1. a./m./f. black. **2.** f. quarter note.// **negrura.** f. blackness.// **negruzco, ca.** a. blackish.

nene, na. m./f. baby, infant.

neoyorquino, na. m./f. New Yorker.

nervio. m. **1.** nerve. **2.** vein (nervadura). **3.** rib (de metal).// **nerviosidad** o **nerviosismo.** f. nervousnnes, agitation.// **nervioso, sa.** a. **1.** nervous. **2.** nerve (célula, sistema). **3.** ponerse n.: to get nervous.

neto, ta. a. net.

neumático, ca. 1. a. pneumatic. **2.** m. tire.

neumonía. f. pneumonia.

neuralgia. f. neuralgia.// neuralgic (a.).

neurastenia. f. neurasthenia.// neurasthenic (a.).

neurosis. f. neurosis.// neurotic (a.).

neutral. a. neutral.// neutrality (f.).// **neutralizar.** tr. to neutralize.// **neutro, tra.** a. **1.** neutral. **2.** Biol./Gram. neuter.

neutrón. m. neutron.

nevado, da. 1. a. snowy, snow-covered. **2.** m. snow-capped mountain. **3.** f. snowfall.// **nevar.** i. to snow.

nevera. f. refrigerator, icebox.

nexo. m. nexus, link.

ni. conj. **1.** neither, nor (I neither drink nor smoke: ni bebo ni fumo). **2.** n. siquiera: not even. **3.** n. siquiera que: not even if.

nicaragüense. a./m./f. Nicaraguan.

nicho. m. **1.** nich. **2.** tomb (tumba).

nicotina. f. nicotine.

nido. m. **1.** nest. **2.** home (hogar).

niebla. f. fog.

nieto, ta. m. grandson, f. granddaughter.

nieve. f. snow.

nilón. m. nylon.

nimbo. m. nimbus.

ninfa. f. nymph.

ningún, ninguno, na. 1. a. none, no. **2.** pron. nobody (nadie), not any.

niñería. f. childish act.// **niñera.** f. babysitter, nursemaid.// **niñez.** a. **1.** childhood (infancia). **2.** infancy (época).// **niño, ña.** m. child, boy, f. girl, pl. children.

níquel. m. nickel.

nitidez. f. clarity; sharpness (de fotos).// **nítido, da.** a. clear; sharp (foto).

nitrato. m. nitrate.// **nitrógeno.** m. nitrogen.

nivel. m. **1.** level. **2.** n. de vida: living standard.// **nivelar.** tr. **1.** to level. **2.** to grade (graduar).

no. adv. **1.** no. **2.** not (en frases negativas). **3.** non (para formar opuestos). **4.** n. bien: as soon as. **5.** n. sea que: lest.// m. no.

noble. a./m./f. noble.// **nobleza.** f. **1.** nobility (aristocracia). **2.** nobleness (cualidad).

noche. f. night.// **Nochebuena.** f. Christmas eve.

noción. f. **1.** notion. **2.** pl. rudiments.

nocivo, va. a. noxious, harmful.

nocturno, na. 1. a. nocturnal, nightly. **2.** m. nocturne.

nodriza. f. wetnurse.

nogal. m. walnut.

nómada. 1. a. nomadic. **2.** m./f. nomad.

nombramiento. m. appointment.

nombrar. tr. **1.** to name. **2.** to appoint.

nombre. m. **1.** name. **2.** Gram. noun (sustantivo). **3.** no tener n.: to be unspeakable.

nómina. f. list; payroll (de personal).

nominar. tr. to nominate.// nomination (f.).

nominal. a. nominal.

nordeste. m. northeast.

nórdico, ca. a./m./f. Nordic.

noria. f. water wheel.

norma. f. norm; standard.// normal (a.).// normality (f.).// **normalizar.** tr. **1.** to make normal. **2.** to standardize.// normalization (f.).

noroeste. m. northwest.

norte. m. **1.** north. **2.** fig. guide.

norteamericano, na. a./m./f. North American.

norteño, ña. 1. a. northern. **2.** m./f. northerner.

noruego, ga. a./m./f. Norwegian.

nos. pron. us (dativo).// **nosotros, tras.** pron. **1.** we. **2.** us (dativo).

nostalgia. f. nostalgia, homesickness.// nostalgic (a.).

nota. f. **1.** note. **2.** grade (calificación).// notation (f.).

notable. a./m. notable.

notar. 1. tr. to note (indicar). **2.** tr./ref. to notice (observar).

notario. m. notary.

noticia. f. news.// **noticiario.** m. newscast.// **noticiero.** m. news report.

notificar. tr. to notify.// notification (f.).

notoriedad. f. renown.// **notorio, ria.** a. notorious; well-known.

novato, ta. a. begginer, fig. roockie.

novedad. f. **1.** newness (calidad). **2.** news.

novela. f. novel.// novelist (m./f.).

noveno, na. a. ninth.

noventa. a./m. ninety.

noviazgo. m. courtship, bethroyal.

noviembre. m. November.

novillo. m. young bull.

novio, via. 1. m. boyfriend, f. girlfriend. **2.** m. fiancé, f. fiancée (prometidos). **3.** m. groom, f. bride (boda).

nube. f. cloud.// **nublado, da.** a. cloudy, overcast.// **nublar. 1.** tr. to cloud. **2.** ref. to become cloudy.

nuca. f. nape.

núcleo. m. **1.** nucleus. **2.** core.// nuclear (a.).

nudillo. m. knuckle.

nudo. m. **1.** knot. **2.** tie.// **nudoso, sa.** a. knotty.

nuera. f. daughter-in-law.

nuestro, tra. 1. a. our. **2.** pron. ours.

nuevo, va. 1. a. new. **2.** f. pl. news.

nueve. a./m. nine; ninth (en fecha).

nuez. f. nut.

nulidad. f. nullity.// **nulo, la.** a. null.

numerar. tr. to number.// numeral (a.).// numeration (f.).// numerator (m.).// numerary (a.).// numerical (a.).// **número.** m. **1.** number. **2.** numeral (signo). **3.** issue (ejemplar). **4.** size (medida).// numerous (a.).

nunca. adv. never, not ever.

nupcias. f. pl. wedding.

nutria. f. otter.

nutrido, da. a. full, abundant.

nutrir. tr. to nourish.// nutrition (f.).// nutritive (a.).

ñ. f. fifteenth letter of the Spanish alphabet.
ñandú. m. nandu, American ostrich.
ñandubay. m. nandubay.
ñanduty. m. nanduty.
ñato, ta. a. pug-nosed.
ño, ña. m. mister, f. mistress.

ñapa. f. tip, bonus.
ñoñería. f. timidity, shyness.
ñoñez. f. timidity, shyness.// **ñoño, ña.** a. timid, shy.
ñu. m. gnu.
ñudo. m. knot.
ñudoso, sa. a. knotty.

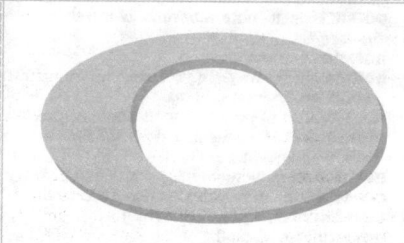
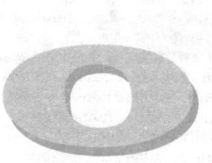

o. f. sixteenth letter of the Spanish alphabet.// conj. **1.** or, either (por las buenas o por las malas: *either willingly or unwillingly*). **2.** *o sea:* that is; that is to say.
oasis. m. oasis.
obedecer. tr. **1.** i./tr. to obey. **2.** to be due to *(deberse a).*// obedience.// obedient (a.).
obelisco. m. obelisk.
obesidad. f. obesity.// obese (a.).
obispo. m. bishop.
obituario. m. obituary.
objetar. tr. to object.// objection (f.).
objetividad. f. objectivity.// objective (a./m.).
objeto. m. **1.** object *(cosa).* **2.** subject *(tema).* **3.** aim *(fin).*
oblicuo, cua. a. oblique.
obligación. f. **1.** obligation. **2.** duty *(deber).*// **obligar.** tr. **1.** to oblige. **2.** to compel *(forzar).*// obligatory (a.).
oboe. m. oboe.
obra. f. **1.** work. **2.** product. **3.** construction. **4.** *Mus.* opus. **5.** play *(teatro).*
obrar. **1.** tr. to work. **2.** i. to act *(actuar).* **3.** *o. en:* to be in *(estar en).*
obrero, ra. m./f. worker, laborer.// obrerism (m.).// obrerist (a.).
obscenidad. f. obscenity.// obscene (a.).
obsequiar. tr. **1.** to give *(regalar).* **2.** to entertain

(agasajar).// **obsequio.** m. gift.// **obsequioso, sa.** a. obliging, attentive.
observación. f. **1.** observation. **2.** objetion. **3.** remark *(nota aclaratoria).*// **observador, ra. 1.** a. observant. **2.** m./f. observer.
observar. tr. **1.** to observe. **2.** to object *(objetar).* **3.** to watch *(espiar).* **4.** to obey *(obedecer).*// observatory (m.).
obsesión. f. obsession.// obsessive (a./m./f.).
obstaculizar. tr. to obstruct.// obstacle (m.).
obstante (no). adv. however.
obstetricia. f. obstetrics.
obstinarse. ref. to be or become obstinate.// obstinacy (f.).// obstinate (a.).
obstruir. tr. to obstruct.// obstruction (f.).
obtener. tr. to obtain, to get.// obtaining (f.).
obturador. m. plug; shutter *(fotog.).*// **obturar.** tr. to shut, to plug up.
obtuso, sa. a. obtuse.
obviar. tr. to obviate.// obvious (a.).
oca. f. goose.
ocasión. f. **1.** occasion. **2.** opportunity. **3.** time *(vez).* **4.** *de o.:* bargain.// occasional (a.).
ocasionar. tr. **1.** to cause. **2.** to provoke.
ocaso. m. **1.** sunset *(atardecer).* **2.** decline *(declinación).*
occidental. a. western, occidental.// **occidente.** m. western, occident.

océano. m. ocean.// oceanic (a.).

ochenta. m./f. eighty.

ocho. a./m. eight; eighth (en fechas).

ochocientos. a./m. eight hundred.

ocio. m. **1.** idleness (inactividad). **2.** free time (tiempo libre).// **ocioso, sa.** a. idle.

octavo, va. 1. a./m. eighth. **2.** f. Mus. octave.// **octeto.** m. octet.

octógono. m. octogon.// octogonal (a.).

ocular. a. **1.** ocular. **2.** eye.// oculist (m./f.).

ocultar. tr. **1.** to hide (esconder). **2.** to hush (callar).// **oculto, ta.** a. **1.** hidden (escondido); occult (sobrenatural).

ocupación. f. **1.** occupation. **2.** job, profession (trabajo).// **ocupado, da.** a. **1.** engaged (línea). **2.** busy (persona). **3.** occuppied (territorio). **4.** taken (asiento).

ocupar. tr. **1.** to occupy. **2.** ref. o. en: to work at; o. de: to pay attention to.// occupant (m./f.).

ocurrencia. f. **1.** occurence. **2.** witticism (ingenio). **3.** pl. tener o.: to be witty.// **ocurrente.** a. witty.

ocurrir. 1. i. to happen. **2.** ref. to occur. **3.** ¿qué ocurre?: what's the matter?

oda. f. ode.

odiar. tr. to hate, to loathe.// **odio.** m. hatred, hate.// odious (a.).

odisea. f. odyssey.

oeste. m. west.

ofender. 1. tr. to offend. **2.** ref. to take offense.// offense (f.).// offensive (a./f.).

oferta. f. **1.** offer (propuesta). **2.** Econ. supply.// **ofertar.** tr. to offer.

oficial. 1. a. official. **2.** m. officer; skilled worker.

oficiar. 1. tr. to celebrate. **2.** i. to act as (actuar de).

oficina. f. office.// **oficinista.** m./f. clerk, office worker.

oficio. m. **1.** profession, job. **2.** craft, trade (artesanía). **3.** office (misa). **4.** official notice (comunicado).

ofrecer. tr. to offer.// **ofrecimiento.** m. offer.

ofrenda. f. offering, gift.// **ofrendar.** tr. to offer, to give.

oftalmología. f. ophtalmology.// ophtalmologist (m./f.).

ofuscar. tr. to dazzle.

ogro. m. ogre.

oído. m. **1.** hearing (sentido). **2.** ear (órgano).

oír. tr. **1.** to hear. **2.** to listen (escuchar).

ojal. m. buttonhole.

¡ojalá!. interj. would to God!

ojeada. f. glance.// **ojear.** tr. **1.** to eye. **2.** to cast the evil eye on (hacer un mal).

ojera. f. dark circle (under the eyes).

ojo. m. **1.** eye. **2.** hole (agujero). **3.** attention. **4.** abrir bien los o.: to be on the alert. **5.** a o.: approximately. **6.** clavar los o. en: to stare at. **7.** con los o. cerrados: blindly. **8.** con mucho o.: very carefully. **9.** costar un o. de la cara: to cost an arm and a leg. **10.** echar el o.: to covet. **11.** ¡o.!: take care! **12.** pl. tener entre o.: to loathe.

ojota. f. Indian sandal.

ola. f. wave.// **oleada.** f. wave.// **oleaje.** surf.

oleaginoso, sa. a. oily, oleaginous.

óleo. m. **1.** oil. **2.** oil painting (pintura).// **oleoducto.** f. oil pipeline.

oler. tr. **1.** to smell. **2.** o. mal: to smell fishy.

olfatear. tr. to sniff, to smell.// **olfato.** m. **1.** sense of smell. **2.** intuition. **3.** buen o.: good nose.

oligarquía. f. oligarchy.// oligarchic (a.).

olimpiada. f. Olympic game.// Olympic (a.).

oliva. f. olive.// **olivar.** f. olive grove.// **olivo.** m. olive tree.

olla. f. **1.** pot, kettle. **2.** stew (estofado). **3.** o. a presión: pressure cooker.

olmo. m. elm.

olor. m. smell, odor.// **oloroso, sa.** a. fragrant, perfumed.

olvidadizo, za. a. forgetful.// **olvidar. 1.** tr./ref. to forget. **2.** ref. to leave behind (dejarse); to leave off (omitir).// **olvido.** m. **1.** forgetfulness (desmemoria). **2.** oblivion (estado).

ombligo. m. navel.

ombú. m. umbra tree, ombu.

omisión. f. omission.// **omiso, sa.** a. hacer caso o.: to ignore.// **omitir.** tr. to omit.

ómnibus. m. omnibus, bus.

omnipotencia. f. omnipotence// omnipotent (a.).

omnívoro, ra. m./f. omnivorous.

omóplato. m. shoulder blade.

once. a./m. eleven.

onda. f. **1.** wave. **2.** fig. buena o.: good feeling.// **ondeado, da.** a. wavy.// **ondear.** i. to wave; to undulate.

ondulación. f. **1.** undulation (movimiento). **2.** wave (del pelo).// **ondulado, da.** a. wavy.// **ondular.** tr. to wave. **2.** i. to undulate.

oneroso, sa. a. onerous; expensive.

onza. f. **1.** ounce (medida). **2.** Anat. leopard.

opaco, ca. a. opaque.// opacity (f.).

ópalo. m. opal.

opción. f. option, choice.// optional (a.).

ópera. f. opera.

operar. 1. i. to operate. **2.** tr. to operate on. **3.** ref. to be operate on.// operation (f.).// operator (m./f.).// **operario, ria.** m./f. worker.

opinar. i. **1.** to think (pensar). **2.** to express an opinion.// opinion (f.).

opio. m. opium.

oponer. 1. tr. to offer (resistencia). **2.** ref. to oppose; to object.// opponent (m./f.).

oporto. m. port wine.

oportunidad. f. opportunity.// opportune (a.).

oposición. f. opposition.// **opositor, ra.** m./f. opponent.

opresión. f. oppression.// oppressive (a.).// oppressor (m./f.).

oprimir. tr. to oppress.// oppressed (m./f.).

oprobio. m. ignominy.

optar. tr. to choose.

óptico, ca. 1. optical. **2.** m./f. optician. **3.** f. optics.

optimismo. m. optimism.// optimist (a./m./f.).

óptimo, ma. a. optimal, best.

opuesto, ta. a. **1.** opposite (enfrente). **2.** opposing (contrario).

opulencia. f. opulence.// opulent (a.).

oración. f. **1.** oration. **2.** *Gram.* sentence. **3.** prayer *(religiosa).*
oráculo. m. oracle.
orador, ra. m./f. orator.
oral. a. oral.
orangután. m. orangutan.
orar. i. to pray.// **oratorio, ria. 1.** a./m./f. oratory. **2.** *Mus.* oratorio.
orbe. m. **1.** globe. **2.** world (mundo).
órbita. f. **1.** orbit. **2.** field *(campo).*// orbital (a.).
orbitar. tr. to orbit.
orden. m./f. **1.** order. **2.** *de primer o.:* first rate. **3.** *a sus o.:* at your service.
ordenada. f. ordinate.
ordenador, ra. a. ordering.// m. computer.
ordenamiento. m. arrangement, ordering.
ordenanza. 1. m. clerk. **2.** f. ordinance.
ordenar. tr. **1.** to arrange *(poner o.).* **2.** to order *(poner o dar órdenes).* **3.** ref. to be ordained *(tomar los hábitos).*
ordeñar. tr. to milk.
ordinal. a. ordinal.
ordinario, ria. a. **1.** ordinary *(común).* **2.** vulgar, coarse *(vulgar, inculto).*
oreja. f. ear.
orfanato. m. orphanate.// **orfandad.** f. orphanhood.
orfebre. m. goldsmith *(de oro);* silversmith *(platero).*// **orfebrería.** f. **1.** gold or silver work *(trabajo).* **2.** gold or silver workshop *(taller).*
orgánico, ca. a. organic.
organismo. m. **1.** organism, body. **2.** organization.
organizador, ra. 1. a. organizing. **2.** m./f. organizer.
organizar. tr. to organize.// organization (f.).
órgano. m. organ.// organist (m./f.).
orgía. f. orgy.
orgullo. m. **1.** pride *(legítimo).* **2.** arrogance, conceit *(arrogancia).*// **orgulloso, sa.** a. **1.** proud. **2.** conceited, arrogant.
orientación. f. **1.** orientation. **2.** guidance *(guía).* **3.** bearing *(dirección).*
oriental. 1. a. eastern, oriental. **2.** m./f. Oriental.
orientar. tr. **1.** to orient, to position. **2.** to guide *(guiar).* **3.** ref. to find one's bearings *(encontrar la dirección).*
oriente. m. east, East, orient.
orificio. m. orifice.
origen. a. **1.** origin. **2.** source *(fuente).* **3.** birth *(nacimiento).*
original. a. **1.** original. **2.** first *(primero).* **3.** new *(nuevo).* **4.** authentic.// original (m.).// **originalidad.** f. originality.
originar. tr./ref. to originate, to cause.// **originario, ria.** a. coming from *(objetos);* native of *(personas).*
orilla. f. **1.** border. **2.** shore *(costa).* **3.** pl. *a o. de:* beside. **4.** pl. *a o. del camino:* wayside.
orín. m. rust.// **orín.** m. u **orina.** f. urine.// **orinar. 1.** i. to urinate. **2.** ref. to wet oneself.
oriundo, da. a. native of.
ornamentar. tr. to ornament.// ornament (m.).// ornamental (a.).// ornamentation (f.).

ornitología. f. ornithology.// ornithologist (m./f.).
oro. m. gold.
orondo, da. a. self-satisfied.
orquesta. f. orchestra.// **orquestar.** tr. to orchestrate.// orchestration (f.).
orquídea. f. orchid.
ortiga. f. nettle.
ortodoxia. f. orthodoxy.// orthodox (a.).
ortografía. f. orthography.// orthographical (a.).
ortopedia. f. orthopedics.// orthopedic (a.).
oruga. f. caterpillar.
orzuelo. m. sty.
os. pron. you, to you.
osadía. f. boldness.// **osado, da.** a. bold.
osamenta. f. bones; skeleton.
osar. i. to dare.
oscilar. i. to oscillate.// oscillation (f.).
oscurecer. 1. tr./ref. to darken, to obscure. **1.** i. to get dark *(el día).*// **oscuridad.** f. darkness.// **oscuro, ra.** a. **1.** dark *(sin luz).* **2.** obscure *(desconocido).* **3.** pl. *a o.:* in the dark. **4.** *quedarse a oscuras:* to be left in the dark
óseo, a. a. osseous; bony *(huesudo).*
oso, sa. m. bear; f. she bear.
ostentar. tr. **1.** to show *(mostrar).* **2.** to make a show of *(hacer gala de).*// ostentation (f.).// ostentatious (a.).
ostra. f. oyster.
ostracismo. m. ostracism.
otitis. f. otitis.
otomano, na. a./m./f. Ottoman.
otoño. m. autumn, fall.// autumnal (a.).
otorgar. tr. to grant.
otorrinolaringología. f. otorhinolaryngology.// otorhinolaryngologist (m./f.).
otro, tra. adj. **1.** other, another. **2.** *o. cosa:* something else. **3.** *o. vez:* again.// pron. another one; each other.
otrora. adv. formerly.
ovacionar. tr. to give an ovation to.// ovation (f.).
óvalo. m. oval.// oval (a.).
ovario. m. ovary.// ovarian (a.)
oveja. f. **1.** ewe, female sheep. **2.** *o. descarriada:* lost sheep.// **ovejero, ra. 1.** m. shepherd; f. shepherdess. **2.** *perro o.:* sheepdog.
overo, ra. a. golden-colored.
ovillo. m. **1.** ball *(hilo, lana).* **2.** tangle *(enredo).*
ovino, na. 1. a./m. ovine. **2.** pl. ovinae.
ovíparo, ra. 1 a. oviparous. **2.** m./f. oviparous animal.
ovni. m. UFO.
ovular. i. to ovulate.// ovular (a.).// ovulation (f.).// ovule (m.).
oxidar. tr. **1.** to oxidize *(química).* **2.** to rust *(metales).*// oxidation (f.).// **óxido.** m. **1.** óxide. **2.** rust *(orín).*
oxigenado, da. a. **1.** oxygenated. **2.** *agua o.:* hydrogen peroxide.// **oxigenar. 1.** tr. to oxygenate. **2.** ref. to take some fresh air *(tomar aire fresco).*// **oxígeno.** m. oxygen.
oyente. 1. a. hearing, listening. **2.** m./f. hearer, listener; *Educ.* auditor *(alumno).* **3.** pl. *los o.:* the audience.
ozono. m. ozone.

p. f. seventeenth letter of Spanish alphabet.
pabellón. m. **1.** flag, banner. **2.** pavilion *(edificio)*. **2.** outer ear *(del oído)*.
pacer. i. to graze.
paciencia. f. patience.// **paciente.** a./m./f. patient.
pacificar. tr. to pacify.// pacification (f.).// **pacífico, ca.** a. pacific, peaceful.
pactar. 1. i. to make a pact. **2.** tr. to agree to.// **pacto.** m. pact, agreement.
padecer. i./tr. to suffer.// **padecimiento.** m. suffering; ailment *(enfermedad)*.
padrastro. m. stepfather.
padre. 1. m. father. **2.** pl. parents.
padrenuestro. m. Lord's Prayer.
padrillo. a. stallion.
padrino. m. **1.** godfather. **2.** best man *(de boda)*. **3.** fig. sponsor. **4.** pl. godparents.
padrón. m. census, register.
paga. f. **1.** payment *(pago)*. **2.** wages *(sueldo)*.
pagadero, ra. a. payable.// **pagador, ra.** m./f.**1.** paymaster *(empleado)*. **2.** payer *(que paga)*. **3.** banco p.: bank teller.
pagano, na. a./m./f. pagan.// paganism (m.).
pagar. tr. **1.** to pay. **2.** to repay *(un favor)*. **3.** p. con la misma moneda: to pay in the same coin. **4.** p. los platos rotos: to pay the piper.
pagaré. m. promissory note.
página. f. page.
pago. m. **1.** payment. **2.** recompense, repayment. **3.** region, native region *(zona, lugar natal)*. **4.** p. contra entrega: cash on delivery.
pagoda. f. pagode.
país. m. **1.** country, nation *(nación)*. **2.** region, territory *(región)*.
paisaje. m. landscape.
paisano, na. m./f. **1.** peasant *(campesino)*. **2.** compatriot, fellow countryman/countrywoman. **3.** vestido de p.: in civilian clothes.
paja. f. **1.** straw. **2.** rubbish *(insignificancia)*.// **pajar.** m. barn, straw loft.
pajarera. f. bird cage.
pájaro. m. **1.** bird. **2.** p. carpintero: woodpecker. **3.** p. mosca: humming bird.
paje. m. page.
pajizo, za. a. **1.** of straw. **2.** straw-colored *(color)*.
pala. f. **1.** shovel *(herramienta)*. **2.** shovelful *(contenido)*. **3.** blade *(remo)*. **4.** p. mecánica: power shovel.
palabra. f. **1.** word. **2.** speech *(facultad)*. **3.** promise *(promesa)*. **4.** dar la p.: to give the floor

to. **5.** de p.: orally. **6.** dirigir la p.: to address. **7.** pedir la p.: to ask for the floor. **8.** tener p.: to keep one's promise.// **palabrerío.** m. empty talk.
palabrota. f. **1.** swearword, dirty word. **2.** decir p.: to swear.
palaciego, ga. a. courtier.// **palacio.** m. palace.
paladar. m. **1.** palate. **2.** taste *(gusto)*.
paladear. tr. to savor, to relish.
paladín. m. champion.
palanca. f. **1.** lever. **2.** crowbar *(pieza)*. **3.** fig. influence. **4.** p. de cambios: gear lever.
palangana. f. washbowl, washbasin.
palco. m. **1.** stage *(tribuna)*. **2.** box *(teatro)*.
palenque. m. hitching post.
paleta. f. **1.** palette *(de pintor)*. **2.** paddle, blade. (aspa). **3.** Anat. shoulder blade. **4.** front tooth *(diente)*. **5.** jai-alai *(deporte)*. **6.** paddle, racket.
palidecer. i. to grow pale.// **palidez.** f. paleness.// **pálido, da.** a. pale, pallid.
palillo. m. toothpick *(escarbadientes)*.
paliza. f. beating.
palma. f. **1.** palm. **2.** pl. applause.// **palmada.** f. slap.
palmear. 1. i. to clap. **2.** tr. fig. to slap.
palmera. f. palm tree.
palmo. m. **1.** span *(medida)*. **2.** un p.: a little.
palo. m. **1.** stick, pole *(vara)*. **2.** mast *(mástil)*. **3.** post *(poste)*. **4.** hit, whack *(golpe)*. **5.** suit *(de la baraja)*.
paloma. m. dove, pigeon.// **palomar.** f. dovecote.// **palomo.** m. cock pigeon.
palpar. tr. **1.** to touch *(tocar)*. **2.** to feel *(sentir)*.// palpable (a.).
palpitación. f. **1.** throbing. **2.** Med. palpitation.// **palpitar.** i. **1.** to throb *(temblar)*. **2.** to beat *(latir)*.
paludismo. m. malaria.
pampa. f. pampa, great plain.
pan. m. **1.** bread. **2.** loaf of bread *(pieza)*.// **panadería.** f. bakery.// **panadero, ra.** m./f. baker.
panal. m. honeycomb.
panameño, ña. a./m./f. Panamanian.
panamericano, na. a./m./f. Pan-American.
pancho. m. fig. hot dog.
páncreas. f. pancreas.
pandilla. f. gang.
panel. m. panel.
panfleto. m. pamphlet.
pánico. m. panic.
panorama. m. panorama.// panoramic (a.).
pantalla. f. **1.** screen. **2.** shade *(de lámpara)*.
pantalón, nes. m. (pl.). pants, trousers.

pantano. m. swamp.
pantera. f. panther.
pantorrilla. f. calf.
pantufla. f. slipper.
panza. f. belly, paunch.// **panzón, na.** m./f. paunchy.
pañal. m. cloth, diaper.
pañuelo. m. handkerchief.
papa. 1. m. Pope. **2.** f. potato.
papá. m. father; daddy *(papito)*.
papal. a. papal.
papanatas. m./f. fool.
papel. m. **1.** paper. **2.** piece of paper *(pedazo)*. **3.** role *(rol)*. **4.** *hacer el p. de:* to act as. **5.** *hacer un buen/mal p.:* to do well/poorly.// **papeleo.** m. red tape.// **papelera.** f. **1.** waste-paper basket *(cesto)*. **2.** paper mill *(fábrica)*.// **papelería.** f. stationery.
papelón. m. *hacer un p.:* to make a fool of oneself.
paperas. f. pl. mumps.
papiro. m. papyrus.
paquete. m. **1.** package *(bulto)*. **2.** pack *(caja)*.
par. a. **1.** equal. **2.** Math. even. **3.** couple, pair. **4.** *a la p.:* on a par *(altura)*; at the same time *(tiempo)*. **5.** *de p. en p.:* wide open. **6.** *sin p.:* peerless.
para. prep. **1.** for. **2.** toward *(hacia)*. **3.** *p. que:* so that. **4.** *¿p. qué?:* why? *(¿por qué?;* what for?
parábola. f. **1.** parable. **2.** Math. parabole.
parabrisas. m. windshield.
paracaídas. m. parachute.
paragolpes. m. bumper, fender.
parada. f. **1.** stop. **2.** bus stop (lugar). **3.** parade *(militar)*.// **paradero.** m. **1.** stopping place *(parada)*. **2.** whereabouts *(ubicación)*.
paradoja. f. paradox.
paraguas. m. umbrella.
paraguayo, ya. a./m./f. Paraguayan.
paraíso. m. paradise.
paraje. m. place, spot.
paralelo, la. 1. a./m. parallel. **2.** f. parallel line. **3.** f. pl. parallel bars.
parálisis. m. paralysis.// paralytic (a./m./f.).// **paralizar.** tr. to paralyze.
páramo. m. moor.
parangón. m. comparison.
parar. 1. i./tr./ref. to stop *(detener)*. **2.** to lodge *(alojarse)*. **3.** ref. to stand up *(ponerse de pie)*. **4.** *ir a p. :* to end up.
pararrayos. m. lightning rod.
parásito, ta. 1. a. parasitic. **2.** n. parasite.
parcela. f. parcel, plot.
parche. m. **1.** patch *(remiendo)*. **2.** plaster *(engomado)*. **3.** drumhead *(de tambor)*.
parcial. 1. a. partial. **2.** m. follower *(seguidor)*; periodic exam *(examen)*.// parciality (f.).
parco, ca. a. sparing.
pardo, da. a./m. brown.
parecer. 1. i. to seem *(dar la impresión)*; to like *(querer)*. **2.** ref. to seem or look like// m. opinion.
parecido, da. a. **1.** similar, like. **2.** *bien p.:* good-looking. **3.** m. similarity.
pared. f. wall.// **paredón.** m. large thick wall.
parejo, ja. 1. a. level, equal. **2.** f. pair; couple *(hombre y mujer)*; partner *(en baile y juego)*.
parentela. f. relatives.// **parentesco.** m. kindship.

paréntesis. f. parenthesis.
paria. m./f. pariah.
paridad. f. parity.
pariente. ta. m./f. relative.
parir. i./tr. to give birth.
parisiense. a./m./f. Parisian.
parlamentario, ria. 1. a. parliamentary. **2.** m./f. member of parliament.// parliament (m.).
parlante. 1. a. speaking. **2.** m. loudspeaker.
paro. m. **1.** work stoppage. **2.** strike *(huelga)*.
parodia. f. parody.// **parodiar.** tr. to parody.
parpadear. i. to blink.// **parpadeo.** m. blink.// **párpado.** m. eyelid.
parque. m. park.
parra. f. grapevine.
párrafo. m. paragraph.
parranda. f. spree.
parrilla. f. **1.** grill. **2.** steak house *(restaurante)*.
párroco. m. parish priest.// **parroquia.** f. parish.
parte. f. **1.** part. **2.** portion. **3.** share *(proporción)*. **4.** Law. party. **5.** side *(lado)*. **6.** place *(lugar)*. **7.** *de mi p.:* from me. **8.** *¿de p. de quién?:* who is calling? **9.** *en alguna p.:* somewhere. **10.** *en cualquier p.:* anywhere. **11.** *en ninguna p.:* nowhere. **12.** *en todas p.:* everywhere. **13.** *por otra p.:* on the other hand. **14.** *tener p.;* to take part.// m. **1.** report, dispatch. **2.** *dar p.:* to report.
partera. f. midwife.
partición. f. partition.
participación. f. **1.** participation. **2.** share *(parte)*.// participant (a.).// **participar. 1.** i. to take part *(tomar parte)*; to share *(compartir)*. **2.** ref. to inform, to notify.// **partícipe.** m./f. participant.
participio. m. participle.
partícula. f. particle.
particular. a. **1.** particular. **2.** private. **3.** personal.// m. **1.** private person. **2.** matter *(tema)*.
partido, da. 1. a. divided. **2.** m. party *(político)*; profit *(ganancia)*; Sp. game, match; district, country *(distrito)*. **3.** f. departure *(salida)*; certificate; party *(expedición)*; Com. entry *(anotación en libros)*.
partir. 1. i. to leave, to depart. **2.** tr. to divide, to split. **3.** *a p. de:* starting from. **4.** *a p. de ahora:* from now on.
partitura. f. score.
parto. m. childbirth.// parturient (a.).
pasado, da. a. **1.** past. **2.** last *(anterior)*. **3.** spoiled *(comida)*. **4.** m. past. **5.** f. pass. **6.** *p. de moda:* out of fashion. **7.** *pasado mañana:* day after tomorrow. **8.** *de pasada:* in passing.
pasaje. m. **1.** passage. **2.** ticket *(boleto)*. **3.** passengers *(pasajeros)*.// **pasajero, ra. 1.** a. passing; not permanent. **2.** m. /f. passenger.
pasamano. m. handrail.
pasaporte. m. passport.
pasar. tr. **1.** to pass *(alcanzar, aprobar)*. **2.** to cross *(cruzar)*. **3.** to go beyond *(ir más allá)*. **4.** to transfer *(transferir)*. **5.** to spend *(vacaciones)*. **6.** to suffer *(sufrir)*. **7.** to run *(el peine, la mano, una película)*. **8.** i. to go by *(transitar, transcurrir)*. **9.** i. to happen *(suceder)*. **10.** ref. to pass by *(pasar de largo)*. **11.** ref. to exceed *(excederse)*. **12.** *p. en limpio:* to make a clear copy. **13.** *p. lista:* to call roll. **14.** *pasarla bien/mal:* to have a good/bad time. **15.** *p. por alto:*

to omit. **16.** *p. a ser:* to become. **17.** *p. por:* to stop by *(detenerse);* to suffer *(sufrir).* **18.** ¡*pase!:* come in! **19.** *¿qué pasa?:* what's the matter? **20.** *¿qué te pasa?:* what's the matter with you?

pasatiempo. m. pastime, hobby.

pascuas. m. pl. Easter.

pase. m. pass.

pasear. 1. i. to go for a walk, for a ride *(caminata, en coche).* **2.** tr. to take for a walk.// **paseo.** m. **1.** walk *(caminata).* **2.** ride *(en coche, bicicleta).* **3.** excursion. **4.** avenue.

pasillo. m. corridor.

pasión. f. passion.// passional (a.).

pasivo, va. 1. a. passive. **2.** m. *Com.* liabilities.

paso. m. **1.** step. **2.** pace *(distancia).* **3.** Geog. pass. **4.** passing *(acción).* **5.** *abrir p.:* to make way. **6.** *a cada p.:* at every turn. **7.** *a ese p.:* at that rate. **8.** *cerrar el p.:* to block the way. **9.** *de p.:* in passing. **10.** *salir al p.;* to intercept; to confront.

pasta. f. **1.** paste. **2.** pl. pasta.

pastar. i. to graze.

pastel. m. **1.** cake *(dulce).* **2.** pie *(salado).* **3.** pastel *(pintura).* **4.** pl. pastry.// **pastelería.** f. pastry, pastry shop.// **pastelero, ra.** m./f. pastry cook.

pasteurizar. tr. to pasteurize.

pastilla. f. **1.** tablet *(medicinal).* **2.** mint *(caramelo).*

pastizal. f. pasture.// **pasto.** m. **1.** grass *(hierba).* **2.** pasture *(sitio).*

pastor, ra. 1. m./f. shepherd. **2.** pastor *(religioso).* **3.** *p. ovejero:* dogsheep.

pastoso, sa. a. softy *(blando);* coated *(lengua).*

pata. f. **1.** foot *(pie).* **2.** leg *(pierna, base).* **3.** *a p.:* on foot. **4.** *estirar la p.:* to kick the bucket. **5.** *meter la p.:* to put one's foot in it. **6.** *p. arriba:* upside down.

patada. f. kick.

patalear. i. to kick.

patatús. m. fainting; swoon.

patear. tr. to kick.

patentar. tr. to patent.// **patente. 1.** a. evident. **2.** f. patent; license; registration *(de auto).*

paternal. a. fatherly.// **paternidad.** f. **1.** paternity. **2.** fig. authorship.// **paterno, na.** a. paternal.

patetismo. m. pathos.// pathetic (a.).

patilla. f. sideburn.

patín. m. **1.** skate. **2.** shoe *(zapata).*// **patinada.** f. skid.// **patinaje.** m. skating.// **patinar.** i. **1.** to skate. **2.** to skid *(auto);* to slip *(resbalar).*

patio. m. yard, court.

pato. m. **1.** duck; drake *(pato macho).* **2.** *pagar el p.:* to take the rap.

patraña. f. humbug, lie.

patriarca. m. patriarch.// patriarchal (a.).

patrimonio. m. patrimony; heritage *(herencia).*

patrio, tria. 1. a. native. **2.** f. homeland; fatherland; *madre p.:* motherland; *p. potestad:* parental authority.// patriot (m./f.).// patriotic (a.).

patrocinar. tr. to sponsor.

patrón, na. 1. m./f. patron saint. **2.** m. master, owner *(propietario);* pattern, standard *(medida).* **3.** f. owner, landlady.// **patronal. 1.** a. patronal *(santos patronos).* **2.** employer *(empleadores).*

patrulla. f. squad, patrol.// **patrullar.** i./tr. to patrol.// **patrullero.** m. patrol car.

paulatino, na. a. gradual.

pausa. f. **1.** pause. **2.** calm. **3.** *Mus.* rest.// **pausado, da.** a. slow.

pauta. f. **1.** rule *(regla).* **2.** guideline *(líneas).*

pava. f. teakettle *(tetera).*

pavada. f. foolishness.

pavimentar. tr. to pave.// **pavimento.** m. pavement.

pavo, va. 1. m. turkey, f. turkey hen; *p. real:* peacock. **2.** m./f. fig. foolish, dull.

pavor. m. panic, fright.// **pavoroso, sa.** a. frightful.

payar. i. to improvise songs.

payasada. f. clownish act.// **payaso.** m. clown.

paz. f. peace.

peaje. m. toll.

peatón. m. pedestrian.

pebete, ta. m./f. *Arg.* kid, child.

peca. f. freckle.

pecado. m. sin.// **pecador, ra.** m./f. sinner.// **pecaminoso, sa.** a. sinful.// **pecar.** i. to sin.

pecarí. m. peccary.

pecera. f. fish bowl.

pechera. f. **1.** shirt front. **2.** chest protector.

pecho. m. **1.** chest. **2.** breast *(busto).* **3.** bosom *(seno).* **4.** *dar el p.:* to breast-feed a child. **4.** *poner el p.:* to face. **5.** *tomar a p.:* to take to heart.//

pechuga. f. breast.

pecoso, sa. a. freckled.

pectoral. a./m. pectoral.

peculiar. a. peculiar.// peculiarity (f.).

peculio. m. founds, money.

pedagogía. f. pedagogy.// pedagogue (m./f.).

pedal. m. pedal.// **pedalear.** i. to pedal.

pedante. 1. a. pedantic. **2.** m./f. pedant.// **pedantería.** f. pedantry.

pedazo. m. piece; fragment.

pedestal. m. pedestal.

pedestre. a. pedestrian.

pediatría. f. pediatrics.// pediatrician (f.).

pedicuro, ra. m./f. podiatrist.

pedido. m. **1.** order *(orden).* **2.** request *(petición).*

pedir. tr. **1.** to ask, to request *(requerir).* **2.** to order *(ordenar).* **3.** to beg *(mendigar).* **4.** *p. la palabra:* to ask for the floor. **5.** *p. prestado:* to borrow.

pedrada. a. blow with a stone.// **pedrea.** f. stonefight.

pedregoso, sa. a. rocky, stony.

pegajoso, sa. a. **1.** sticky. **2.** catching *(contagioso).* **3.** cloying *(meloso).*

pegamento. m. sticking, gluing.

pegar. 1. tr. to glue, to paste *(engomar).* **2.** i./tr. to hit, to beat *(golpear).* **3.** i./ref. to adhere. **4.** *p. un grito:* to shout. **5.** *p. un salto:* to jump. **6.** *p. un susto:* to frighten. **7.** *p. un tiro:* to shoot.

peinado. m. hairdo, hair style.// **peinador, ra.** m./f. hairdresser.// **peinar.** tr. to comb.// **peine.** m. comb.// **peineta.** f. ornamental comb.

pelado, da. a. **1.** bald *(calvo).* **2.** bare, barren *(desnudo).* **3.** m. baldy man. **4.** f. bald head.

pelagatos. m. poor devil.

pelaje. m. hair *(pelo);* fur *(piel).*

pelar. tr. **1.** to peel *(fruta).* **2.** to cut *(pelo).* **3.** to pluck *(desplumar).* **4.** fig. to clean out.

peldaño. m. step.

pelea. f. fight.// **pelear.** i. to fight; to quarrel *(disputar).*

peletería. f. fur trade (actividad); fur shop (negocio).// **peletero, ra.** m./f. fur maker; furrier.
peliagudo, da. a. very difficult.
pelícano. m. pelican.
película. f. 1. film. 2. picture (de cine).
peligrar. i. to be in danger.// **peligro.** m. danger.// **peligroso, sa.** a. dangerous.
pelirrojo, ja. 1. a. red-haired. 2. m./f. redhead.
pellejo. m. 1. skin. 2. hide (animal). 3. peel (fruta).
pellizcar. tr. 1. to pinch. 2. to nibble (comer algo).// **pellizco.** m. pinch.
pelmazo, za. a. bore; dull.
pelo. m. 1. hair. 2. whisker (de la barba). 3. fur (piel de animal). 4. nap (de tejido). 5. al p.: perfectly. 6. de p. en pecho: brave. 7. no tener p. en la lengua: to be outspoken. 8. p. y señales: details. 9. ponerse los p. de punta: to stand on end the hair. 10. tomar el p. a: to pull someone's leg.
pelota. f. 1. ball. 2. fig. en p.: naked (desnudo).// **pelotazo.** m. hit of a ball.// **pelotear.** tr. 1. to kick a ball around. 2. fig. to quarrel (disputar).
pelotera. f. fam. brawl.
pelotón. m. squad, platoon.
peluca. f. wig.
peluche. m. plush.
peludo, da. 1. a. hairy, shaggy. 2. m. armadillo.
peluquería. f. barber shop (hombres); beauty shop (mujeres).// **peluquero, ra.** m./f. barber; hairdresser (peinador).// **peluquín.** m. toupee.
pelusa. f. down (de fruta); fuzz (de tela).
pena. f. 1. punishment, penalty (castigo). 2. sorrow, grief (aflicción). 3. pain (dolor). 4. a duras p.: hardly.// **penado, da.** m./f. convict.
penacho. m. crest, panache.
penal. 1. a. penal. 2. m. prison; Sp. penalty.// **penalidad.** f. hardship; penalty.
penar. 1. tr. to punish. 2. i. to suffer.
pendencia. f. quarrel.// **pendenciero, ra.** a. quarrelsome.
pender. i. 1. to hang (colgar). 2. to be pending (estar pendiente).// **pendiente.** 1. a. hanging (colgante); pending (irresuelto). 3. m. earing; f. slope.
péndulo. m. pendulum.
penetrante. a. 1. penetrating. 2. acute (inteligente). 3. piercing (mirada, voz). 4. biting (frío).// **penetrar.** i./tr. to penetrate; to permeate (empapar).// penetration (f.).
penicilina. f. penicillin.
península. f. peninsula.// peninsular (a.).
penique. m. penny.
penitencia. f. penitence.// **penitenciaria.** f. prison.// penitent (a./m./f.).
penoso, sa. a. 1. difficult. 2. sad (triste).
pensador, ra. m./f. thinker.// **pensamiento.** m. thought (idea); thinking (facultad); maxim (frase).// **pensar.** tr. 1. to think; to think about. 2. to intend (planear).// **pensativo, va.** a. pensive.
pensión. f. 1. pension. 2. boarding house (casa).// **pensionado, da.** m./f. 1. pensioner. 2. boarder (pensionista). 3. m. boarding school.
pentágono. m. pentagon.// pentagonal (a.).
pentagrama. m. staff.
penúltimo, ma. a./m./f. penultimate.
penumbra. f. semidarkness; penumbra.

penuria. f. penury; poverty.
peña. f. 1. rock. 2. circle (círculo).// **peñasco.** m. crag; cliff.// **peñón.** m. craggy rock.
peón. m. 1. day laborer. 2. pawn (ajedrez).
peor. a./adv./m./f. worse.
pepino. m. cucumber.
pepita. f. 1. seed (semilla). 2. gold nugget (oro).
pequeñez. f. 1. smallness (cualidad). 2. trifle (menudencia).// **pequeño, ña.** 1. a. small; short (corto). 2. m./f. child; de p.: as a child.
pequinés. m. Pekinese.
pera. f. 1. pear. 2. goatee (barbilla). 3. pedir p. al olmo: to ask for the moon.// **peral.** m. pear tree.
percance. m. mishap.
percha. f. hanger.// **perchero.** m. clothes rack.
percibir. tr. 1. to perceive. 2. to collect (cobrar).// perception (f.).// perceptive (a.).
percudir. tr. to stain, to soil.
percusión. f. percussion.
perdedor, ra. 1. a. losing. 2. m./f. loser.
perder. 1. i./tr./ref. to lose (extraviar, ser derrotado). 2. tr. to miss (desaprovechar, no alcanzar). 3. ref. to get lost (extraviarse). 4. echar a p.: to spoil. 5. ref. p. de vista: to disappear.
perdición. f. 1. ruin. 2. damnation (cristiana).
pérdida. f. 1. loss. 2. damage (daño).
perdidamente. adv. madly.// **perdido, da.** a. 1. lost (extraviado). 2. inveterate (rematado). 3. m. dissolute person; f. loose woman.
perdiz. f. partridge.
perdón. m. 1. pardon. 2. ¡p!: excuse me!.// **perdonar.** tr. to pardon, to forgive.
perdurable. a. durable, long-lasting.// **perdurar.** i. to last.
perecedero, ra. a. perishable.// **perecer.** i. 1. to perish. 2. to die.
peregrinación. f. pilgrimage.// **peregrinar.** i. to make a pilgrimage.// **peregrino, na.** m./f. pilgrim.
perejil. m. parsil.
pereza. f. laziness.// **perezoso, za.** a. lazy.
perfeccionar. tr. 1. to make perfect. 2. to improve (mejorar).// perfect (a.).// perfection (f.).
perfidia. f. perfidy.// **pérfido, da.** a. perifidious.
perfil. m. 1. profile. 2. outline (contorno).// **perfilar.** tr. 1. to outiline. 2. to polish (pulir). 3. ref. to take shape (tomar forma).
perforador, ra. m./f. 1. pinch (papeles). 2. driller (taladro).// **perforar.** tr. to perforate; to drill (taladrar).// perforation (f.).
perfumar. tr. to perfume.// **perfume.** m. perfume; fragrance.// perfumery (f.).
pergamino. m. 1. parchment. 2. pl. fig. titles.
pericia. f. skill, expertness.
perico. m. parakeet.
perilla. f. 1. knob. 2. goatee (barbilla).
perímetro. m. perimeter.
periódico, ca. 1. a. periodical. 2. m. newspaper.// **periodismo.** m. journalism.// **periodista.** m./f. journalist.
período. m. 1. period. 2. age (era).
peripecia. f. vicissitude.
periscopio. m. periscope.
perito, ta. a./m./f. expert.
peritoneo. m. peritoneum.

perjudicar. tr. **1.** to harm. **2.** to damage *(dañar).//*
perjudicial. a. harmful, detrimental.// **perjuicio.**
m. damage, detriment.
perjurar. i. to comit perjury.// perjurer (m./f.).//
perjury (m.).
perla. f. **1.** pearl. **2.** pl. *de p.:* just right.
permanecer. tr. to stay, to remain.// **permanen-**
cia. f. **1.** permanence. **2.** stay *(estadía).//* **per-**
manente. 1. a. permanent. **2.** f. permanent
wave.
permeable. a. permeable.
permiso. m. **1.** permission. **2.** permit *(documen-*
to). **3.** *con p.:* excuse me.
permitir. tr. **1.** to permit *(autorizar).* **2.** to allow
(tolerar). **3.** ref. to take the liberty to.
permuta. f. exchange.// **permutar.** tr. to
exchange; *Mat.* to permute.// permutation (f.).
pernicioso, sa. a. pernicious.
perno. m. bolt.
pero. 1. conj. but, yet. **2.** m. objection, buts.
perogrullada. f. trite remark, truism.
perpendicular. a. perpendicular.
perpetrar. tr. to perpetrate.
perpetuar. tr. to perpetuate.// perpetuity (f.).//
perpetuo, tua. a. perpetual; *cadena p.:* life imprisonment.
perplejo, ja. a. perplexed.// perplexity (f.).
perrera. f. kennel *(casilla);* dogcatcher
perro, rra. 1. m. dog, dog. **2.** i. she-dog. **2.** a. hard, rotten.
persa. a./m./f. Persian.
pesecución. f. pursuit *(seguimiento);* persecution
(manía).// **perseguidor, ra.** m./f. pursuer.//
perseguir. tr. to pursue *(seguir);* to persecute
(atormentar).
perseverar. i. to persevere.// perseverance (f.).//
perseverant (a.).
persiana. f. blind.
persignarse. ref. to cross oneself.
persistir. i. to persist.// persistence (f.).// persistent (a.).
persona. f. **1.** person. **2.** pl. people.// **personal.**
1. a. personal. **2.** m. personnel; crew *(dotación).//*
personaje. m. **1.** *Lit.* character. **2.** celebrity.
personalidad. f. personality; public figure.
personificar. tr. to personify.// personification
(f.).
perspectiva. f.. **1.** perspective. **2.** panorama.
perspicacia. f. perspicacity.// **perspicaz.** a. sharp.
persuadir. tr. to persuade.// persuasive (a.).
pertenecer. tr. **1.** to belong *(ser de, ser parte de).*
2. to pertain *(concernir).//* **perteneciente.** a.
belonging.
pertinencia. f. pertinence.// pertinent (a.).
pertrechos. m. pl. supplies; equipment.
perturbar. tr. to perturb, to disturb.
peruano, na. a./m./f. Peruvian.
perversidad. f. perversity.// perverse (a.).
pervertir. tr. to pervert.// pervert (m./f.).
pesa. f. **1.** weight. **2.** pl. weightlifting *(deporte).*
pesadez. f. **1.** heaviness *(cualidad).* **2.** oppresive-
ness *(del clima).*
pesadilla. f. nightmare.
pesado, da. a. **1.** heavy *(peso).* **2.** oppresive
(clima). **3.** tiresome *(cargoso).*

pésame. m. condolence.
pesar. m. **1.** sorrow *(pena);* regret *(arrepentimien-*
to). **2.** *a p. de:* in spite of.
pesar. 1. i./tr. to weight *(tener peso, determinar el*
peso); to be heavy *(ser pesado).* **2.** tr. to grieve
(tener pena).// **pesaroso, sa.** a. sorrowful.
pesca. f. fishing *(acción);* catch *(lo pescado).//*
pescadería. f. fish market.// **pescado.** m. fish.//
pescador. m. fisherman.// **pescar.** tr. **1.** to fish. **2.**
fig. to get, to catch.
pescuezo. m. neck.
pesebre. m. manger.
pesimismo. m. pesimism.// pesimist (a./m./f.).
pésimo, ma. a. very bad, terrible.
peso. m. **1.** weight. **2.** burden *(carga).* **3.** importance. **4.** peso *(moneda).* **5.** *levantar en p.:* to lift
up. **6.** *p. bruto:* gross weight. **7.** *p. específico:*
density. **8.** *quitar un p.:* to load off.
pesquero, ra. a. fishing.
pesquisa. f. investigation.
pestaña. f. **1.** eyelash. **2.** *Mech.* flange.// **pes-**
tañear. i. to blink, to wink.
peste. m. **1.** plague. **2.** stench *(olor).* **3.** pl. curs-
es.// **pestilencia.** f. pestilence; stench.
pestillo. m. lock bolt.
pétalo. m. petal.
petardo. m. petard; firecracker.
petate. m. bundle.
petición. f. petition, request.
petirrojo. m. redbreast.
petiso, sa. 1. a. short, stubby. **2.** m. small horse.
pétreo, a. a. rocky.// **petrificar.** tr. to petrify.
petróleo. m. oil, petroleum.// **petrolero, ra. 1.** a.
oil. **2.** m. oil man; oil tanker. **3.** oil company.//
petrolífero, ra. a. oil-bearing.
petroquímico, ca. 1. a. petrochemical. **2.** f.
petrochemistry.
petulancia. f. arrogance.
pez. m. **1.** fish. **2.** *p. gordo:* ringleader.
pezón. m. nipple.
pezuña. f. hoof.
piadoso, sa. a. **1.** pious *(pío).* **2.** merciful.
piano. m. piano.// pianist (m./f.).
piar. i. to chirp.
pibe, ba. m./f. child, kid.
pica. f. **1.** pick. **2.** spade *(cartas).*
picadero. m. riding school.
picadillo. m. chopped meat.
picadura. f. **1.** sting, bite. **3.** caries.
picaflor. f. **1.** humming bird. **2.** fig. fickle lover.
picante. 1. a. spicy, hot. **2.** m. piquancy.
picaporte. m. latch.
picar. tr. **1.** to sting *(picadura).* **2.** to pierce *(pun-*
zar). **3.** to punch *(boletos).* **4.** to peck *(un ave).* **5.**
to chop *(cortar).* **6.** to spur *(azuzar).* **7.** to nibble
(comer). **8.** i. to itch *(escocer);* to be hot *(estar*
picante). **9.** ref. to become choppy *(el mar).*
picardía. f. **1.** mischievousness *(cualidad).* **2.** mischief *(travesura).* **3.** trick *(árdid).*
picaresco, ca. 1. a. mischievous. **2.** f. picaresque.
pícaro, ra. 1. a. sly *(astuto);* impish *(cariñosa-*
mente). **2.** m./f. sly person *(astuto);* scoundrel
(bribón); rascal *(cariñosamente).*
picazón. f. itch.

pichón, na. m./f. young pigeon.
pico. m. **1.** beak *(aves).* **2.** tip *(punta).* **3.** spout *(botellas).* **4.** peack *(cima).* **5.** pick *(herramienta).* **6.** *y p.:* odd *(cifras);* a little after *(hora).//* **picotazo.** m. peck.// **picotear.** tr. to peck.
pictórico, ca. a. pictorical.
pie. m. **1.** foot, pl feet; footing *(paso).* **2.** base, basis. **3.** *a p.:* on foot. **4.** *al p. de la letra:* literally. **5.** *a p. firme:* standing fast. **6.** *con p. de plomo:* cautiously. **7.** *dar p.:* to give cause. **8.** *en p. de guerra:* ready for war. **9.** *hacer p.:* to touch bottom *(pisar).* **10.** *no dar p. con bola:* to do nothing right. **11.** *sin p. ni cabeza:* neither head nor tail.
piedad. f. piety; compassion.
piedra. f. **1.** stone. **2.** *p. angular:* cornerstone. **3.** *p. caliza:* limestone. **4.** *p. fundamental:* keystone. **5.** *p. pómez:* pumice stone.
piel. f. **1.** skin. **2.** fur *(de animal).* **3.** leather *(cuero).* **4.** peel *(cáscara).* **5.** *p. de gallina:* goose pimples.
pierna. f. leg.
pieza. f. **1.** piece. **2.** Mech. part. **3.** room *(cuarto).* **4.** play *(teatro).* **5.** bolt *(tela).* **6.** *de una p.:* honest.
pigmento. m. pigment.
pigmeo, a. a./m./f. pigmy.
pijama. m. pijamas, piyamas.
pila. f. **1.** pile. **2.** battery, cell. **3.** *nombre de p.:* Christian name.
pilar. f. **1.** basin. **2.** pillar, column.
píldora. f. pill.
pileta. f. **1.** sink. **2.** swimming pool *(piscina).*
pillaje. m. pillage.
pillar. **1.** tr. to catch. **2.** i. fig. to urinate.
pillo, lla. **1.** a. mischievous. **2.** m./f. thief *(ladrón);* rascal *(travieso).*
pilote. m. stoke.
pilotear. m. to pilot *(avión);* to drive *(auto).//* pilot (a./m./f.).¹
pimiento, ta. m./f. pepper.
pimpollo. m. **1.** flower bud. **2.** fig. pretty girl.
pinacoteca. f. painting gallery or collection.
pináculo. m. pinnacle.
pinar. m. pine grove.
pincel. m. paint brush.// **pincelada.** f. brush stroke.
pinchar. tr. **1.** to puncture. **2.** to get a flat tire *(neumático).//* **pinchazo.** m. prick, puncture.
ping-pong. m. table tennis.
pingo. m. Arg. horse.
pingüe. a. greasy; juice *(ganacias).*
pingüino. m. penguin.
pino. m. pine.
pinta. f. **1.** spot *(mancha).* **2.** fig. look *(apariencia).*
pintar. tr. **1.** to paint. **2.** to depict *(describir).* **3.** ref. to put on make-up.
pintón, na. a. good-looking.
pintor, ra. m./f. painter; housepainter *(de casas).*
pintoresco, ca. a. picturesque.
pintura. f. **1.** painting *(arte, cuadro).* **2.** picture *(cuadro).* **3.** paint *(color).* **4.** make-up (maquillaje).
pinza. f. **1.** Zool. claw *(de animal).* **2.** tuck *(en ropa).* **3.** tweezer *(tenaza);* clamp *(abrazadera, cirugía).*
piña. f. **1.** pine cone; pineapple *(ananá).* **2.** blow *(golpe).* **3.** pl. *darse p.:* to came to blows.
piñón. m. pinion.
pío, a. **1.** m./f. pious. **2.** m. chirp.

piojo. m. louse.// **piojoso, sa.** a. **1.** lousy. **2.** fig. dirty *(sucio);* stingy *(miserable).*
piola. f. string *(cuerda).*
pionero, ra. a./m./f. pioneer.
pipa. f. pipe.
pique. m. **1.** catch (pesca). **2.** *echar o irse a p.:* to sink.
piquete. m. picket.
piragua. f. light canoe.
pirámide. f. pyramid.
pirata. m./f. **1.** pirate. **2.** hijacker *(secuestrador).//* **piratería.** f. **1.** piracy. **2.** hijacking.
piropo. m. flattering remarks, compliments.
pirotecnia. f. fireworks.
pisada. f. step *(acción);* footprint *(huella).*
pisapapeles. m. paperweight.
pisar. tr. **1.** to tread on. **2.** to press *(uvas).* **3.** to pack down *(tierra).* **4.** to copulate *(aves).*
piscina. f. pool.
piso. m. **1.** floor. **2.** ground *(suelo).* **3.** apartament.
pisotear. tr. **1.** to trample. **2.** fig. to humiliate.// **pisotón.** m. step on someone's foot.
pista. f. **1.** trail, track *(huella, camino).* **2.** clue. **3.** racetrack *(de carrera).* **4.** dance floor *(de baile).* **5.** landing strip, runway *(de aterrizaje).*
pistilo. m. pistil.
pistola. f. **1.** pistol. **2.** paint sprayer *(de pintura).//* **pistolero.** m. gunman.
pistón. m. piston.
pitar. **1.** i. to whistle. **2.** i./tr. to smoke *(fumar).*
pitillo. cigarette.
pito. m. **1.** whistle. **2.** *no importar un p.:* not to give a damn. **3.** *no valer un p.:* to be worthless.
pizarra. f. slate.// **pizarrón.** m. blackboard.
pizca. f. bit, pinch.
pizpireta. a. vivacious.
placa. f. **1.** plaque. **2.** plate *(chapa, electr., foto).* **3.** badge *(insignia).* **4.** license plate *(patente).*
placenta. f. placenta.
placentero, ra. a. pleasant.// **placer.** m. pleasure.
placidez. f. placidity.// placid (a.).
plaga. f. **1.** plague. **2.** pest.// **plagar.** tr. to plague.
plagiar. tr. to plagiarize.// **plagio.** m. plagiarism.
plaguicida. f. plaguicide.
plan. m. **1.** plan. **2.** project. **3.** program. **4.** *p. de estudio:* curriculum.
plana. f. *primera p.:* front page; *p. mayor:* staff.
plancha. f. **1.** metal plate. **2.** iron *(de planchar).* **3.** sheet *(lámina).//* **planchado.** m. ironing.// **planchar.** tr. to iron.
planeador. m. glider.
planear. **1.** tr. to plan. **2.** i. to glide *(volar).*
planeta. m. planet.// **planetario.** **1.** a. planetary. **2.** m. planetarium.
planicie. f. plain.
planificación. f. planning.// **planificar.** tr. to plan.
plano, na. **1.** a. flat. **2.** m. plane; diagram; map; ground *(cine).*
planta. f. **1.** plant. **2.** sole *(del pie).* **3.** floor *(piso).*
plantar. tr. **1.** to plant. **2.** to put *(poner).* **3.** to leave *(dejar).* **4.** ref. to stand firm.// plantation (f.).
plantear. tr. **1.** to expound *(exponer).* **2.** to propose *(proponer).*
plantel. m. group.
planteo. m. exposition; proposal; focus.

plantilla. f. **1.** insole (*suela*). **2.** pattern (*molde*). **3.** roll of employees (*lista de empleados*).

plantón. m. *de p.:* to be standing a long time.

plaqueta. f. plaquette, platelet.

plasma. m. plasma.

plasmar. tr. to create, to form.

plástico, ca. 1. a./m. plastic. **2.** f. plastic arts.

plastificar. tr. to shellac.

plata. f. **1.** silver. **2.** money (*dinero*).

plataforma. f. **1.** platform. **2.** *p. continental:* continental shelf.

plátano. m. **1.** banana. **2.** plane tree (*árbol*).

platea. f. **1.** orchestra floor. **2.** seat (*asiento*).

plateado, da. a. silvery; silver plated.// **platear.** tr. to silver; to silver plate.// **platero.** m. silversmith.

plática. f. chat.// **platicar.** i. to chat.

platillo. m. **1.** saucer. **2.** dish (*comida*). **3.** pan (*balanza*). **4.** pl. cymbals.

platino. m. platinum.

plato. m. **1.** plate. **2.** dish (*comida*). **3.** pan (*balanza*). **4.** *p. fuerte:* main course.

platónico, ca. a. Platonic.

playa. f. beach, shore.// **playero, ra.** a. beach.

plaza. f. **1.** plaza, square (*lugar público*). **2.** market. **3.** place (*lugar*).

plazo. f. **1.** term, period, time. **2.** pl. *a p.:* on credit. **3.** *corto/largo p.:* short/long term.

pleamar. f. high tide.

plebe. f. masses, common people.// **plebeyo, ya.** a./m./f. plebeian.

plebiscito. m. plebiscite, referendum.

plegadizo, za. a. folding.// **plegamiento.** m. fold.// **plegar. 1.** tr. to fold (*doblar*); to pleat (*hacer pliegues*). **3.** ref. to join (*unirse*).

plegaria. f. prayer.

pleito. m. dispute; lawsuit (*juicio*).

plenipotenciario, ria. a. plenipotentiary.

plenitud. f. fullness.// **pleno, na. 1.** a. full, complete. **2.** m. plenum. **3.** *en p.:* in the middle of.

plexo. m. plexus.

pliego. m. **1.** sheet of paper. **2.** document.// **pliegue.** m. fold; pleat (*plisado*).

plomada. f. plumb.// **plomería.** f. plumbing.// **plomero.** m. lead worker; plumber.// **plomizo, za.** a. leaden.// **plomo.** m. **1.** lead. **2.** bullet (*bala*). **3.** *a p.:* vertically.

pluma. f. **1.** feather. **2.** pen (*lapicera*).// **plumaje.** m. **1.** feather (*plumas*). **2.** plumage (*color*).// **plumero.** feather duster.// **plumón.** m. down.

plural. a./m. plural.// plurality (f.).

plusvalía. f. surplus value.

plutonio. m. plutonium.

pluvial. a. pluvial, rain.

población. f. **1.** population. **2.** town (*pueblo*).// **poblado, da. 1.** a. populated. **2.** m. town.// **poblador, ra.** m./f. inhabitant.// **poblar. 1.** to populate. **2.** ref. to become populated (*de gente*); to become full of (*llenarse*).

pobre. 1. a. poor; needy (*necesitado*); humble (*humilde*); fig unfortunate. **2.** m. poor person; pl. the poors.// **pobreza.** f. poverty; indigence.

pocilga. f. pigsty.

pocillo. m. cup.

poco, ca. 1. a. little; short (*tiempo*); pl. few; *p. veces:* not very often. **2.** m. little; pl. few. **3.** adv. little, not much (*con escasez*); not long (*corta duración*); not very (*no muy*). **4.** *p. a p.:* little by little. **5.** *p. poco:* almost.

poda. f. pruning.// **podar.** tr. to prune.

poder. m. **1.** power. **2.** force. **3.** capacity. **4.** might (*vigor*). **5.** hands (*posesión*), **6.** goverment. **7.** *p. ejecutivo/judicial/legislativo:* the executive/the judiciary/the legislative branch.

poder. 1. i. can. **2.** i./tr. to be able (*ser capaz, lograr*). **3.** *p. ser:* to may, to be possible. **4.** *no p. más:* to be exhausted (*fatiga*); to be fed up (*hartarse*). **5.** *no puede ser:* it's impossible. **6.** *puede ser:* maybe. **7.** *¿puedo?/¿se puede?:* may I?

poderío. m. **1.** power. **2.** wealth (*riquezas*).// **poderoso, sa.** a. **1.** powerful. **2.** wealthy.

podredumbre. f. **1.** putrefaction. **2.** fig. corruption.// **podrido, da.** a. **1.** rotten. **2.** fig. annoyed.

poema. m. poem.// **poesía.** f. poetry (*arte*).// **poeta.** m. poet.// poetic (a.).// **poetisa.** f. poetess.

polaco, ca. 1. a. Polish. **2.** m./f. Pole.

polar. a. polar.// polarity (f.).// **polarizar. 1.** tr. to polarize. **2.** ref. to become polarized.

polémico, ca. a./f. polemic.// **polemizar.** i. to argue.

polen. m. pollen.

policía. 1. f. police. **2.** m. policeman, f. policewoman. **3.** *perro de p.:* police dog.// **policial. 1.** a. police. **2.** f. detective story.

poliedro. m. polyhedron.

poligamia. f. polygamy.

polígloto, ta. a./m./f. polyglot.

polígono. m. polygon.// polygonal (a.).

polilla. f. moth.

polinizar. tr. to pollinate.// pollination (f.).

polinomio. m. polynomial.

pólipo. m. polyp, polypus.

politécnico, ca. a. polytechnic.

político, ca. 1. a. political; -in-law (*parentesco*). **2.** m./f. politician. **3.** f. politics; policy (*acción*).

póliza. f. **1.** contract. **2.** insurance policy (*seguros*).

pollo, lla. m. **1.** chick; chicken (*cocido*). **2.** m. fig. spit (*escupitajo*). **3.** f. fig. gambling pool (*apuesta*).

polo. m. **1.** pole. **2.** *Sp.* polo.

polución. m. pollution.

polvareda. f. cloud of dust.

polvo. m. **1.** dust (*tierra*). **2.** powder (*sustancia*). **3.** *en p.:* powdered. **4.** *hacer p.:* to smash. // **pólvora.** f. gunpowder.// **polvoriento, ta.** a. dusty// **polvorín.** m. powder magazine; fig. powder keg.

pomada. f. **1.** pomade. **2.** shoe polish (*betún*).

pomelo. m. grapefruit; grapefruit tree (*árbol*).

pomo. m. **1.** pome. **2.** perfume bottle.

pompa. f. **1.** pomp. **2.** bubble (*burbuja*). **3.** *p. fúnebre:* funeral.// **pomposo, sa.** a. pompous.

ponche. m. punch.

poncho. m. poncho; cape.

ponderar. tr. **1.** to ponder. **2.** to praise (*alabar*).

poner. tr. **1.** to put (*colocar*). **2.** to set up (*instalar*). **3.** to write (*escribir*). **4.** to suppose (*suponer*). **5.** to give (*nombrar*). **6.** to leave (*dejar*). **7.** to contribute. **8.** to lay (*huevos*). **9.** *p. precio:* to price. **10.** ref. to turn (*volverse*); to set (*sol, luna*); *p. a:* to begin; to put on (*ropa*).

poniente. m. west.
pontífice. m. 1. pontiff. 2. *Sumo P.:* the Pope.
ponzoña. f. poison, venom.// poisonous (a.).
popa. f. 1. stern. 2. *viento en p.:* well.
populacho. m. rabble.
popular. a. popular.// popularity (f.).// **popularizar.** tr. to popularize.
populoso, sa. a. heavily populated.
por. prep. 1. for *(causa, tiempo, cambio).* 2. by *(causa, medio).* 3. through *(a través, por medio de).* 4. around, about *(aproximación de tiempo o lugar).* 5. over *(por la superficie).* 6. Math. times. 7. *dar p.:* to consider. 8. *estar p.:* to be about. 9. *p. acá/ahí:* about here/there. 10. *p. ahora:* for the time being. 11. *p. causa de:* because of. 12. *p. cierto:* indeed. 13. *p. completo:* completely. 14. *p. eso/lo tanto:* therefore. 15. *p. favor:* please. 16. *p. fin:* at last 17. *¿por qué?:* why? 18. *p. si acaso:* in case. 19. *p. supuesto:* of course.
porcelana. f. porcelain.
porcentaje. m. percentage; per cent (por ciento).
porción. f. portion.
porche. m. porch.
porcino, na. 1. a. porcine. 2. m. pig.
pordiosero, ra. m./f. beggar.
porfía. f. 1. quarrel *(disputa).* 2. stubborness *(calidad).*// **porfiado, da.** a./m./f. stubborn.// **porfiar.** i. to argue *(polemizar);* to persist *(persistir).*
pormenor. m. detail.
poro. m. pore.// porosity (f.).// porous (a.).
poroto. m. bean.
¿por qué? why?
porque. conj. 1. because *(por causa).* 2. so that.
porqué. m. reason, cause.
porquería. f. 1. filth. 2. dirty trick *(mala acción).* 3. junk *(chatarra).*
porra. f. 1. club. 2. long hair.// **porrazo.** m. fall blow.
porrón. m. carafe; bottle.
portaaviones. m. aircraft carrier.
portada. f. 1. title page *(diario).* 2. cover *(tapa).*
portador, ra. 1. a. bearing. 2. m./f. carrier.
portaequipajes. m. luggage rack.
portafolio. m. portfolio, attaché case.
portal. m. 1. vestibule. 2. city gate.
portar. 1. tr. to carry. 2. ref. to behave.
portarretrato. m. picture frame.
portátil. a. portable.
portavoz. m. spokesman.
portazo. m. slam.
porte. m. 1. transporting. 2. size *(tamaño).*
portento. m. prodigy, portent.
portería. f. 1. doorman's office. 2. *Sp.* goal.// **portero.** m. 1. doorman. 2. *Sp.* goalkeeper.
pórtico. m. portico.
portón. m. large front door.
portugués, sa. a./m./f. Portuguese.
porvenir. m. future.
pos (en). adv. after, in pursuit of.
posada. f. inn *(mesón);* lodging *(albergue).*
posaderas. f. pl. buttocks.
posar. 1. i. to pose. 2. ref. to perch.
postdata. f. postscript.
pose. f. pose.
poseedor, ra. m./f. owner *(propietario);* holder

(acciones, títulos).// **poseer.** tr. 1. to possess. 2. to have *(tener).* 3. to hold *(acciones, títulos).*
poseído, da. 1. a. possessed. 2. m./f. possessed person.// **posesión.** m. 1. possession. 2. property.
posesionar. 1. tr. to give possesion. 2. ref. to size *(apoderarse).*// possessive (a./m.).
posguerra. f. postwar.
posibilidad. f. possibility.// **posibilitar.** tr. to make possible.// possible (a.).
posición. f. 1. position. 2. *p. social:* status.
positivo, va. 1. a./m. positive; affirmative.
posponer. tr. to postpone.
posta. f. 1. relay *(de caballos).* 2. staging post.
postal. 1. a. postal. 2. f. postcard.
poste. m. post, pole.
postergación. f. postponement.// **postergar.** tr. 1. to postpone. 2. to pass over *(a una persona).*
posteridad. f. posterity.
posterior. a. 1. posterior. 2. back *(trasero).*// **posterioridad.** f. 1. posteriority. 2. *con p.:* after.
postigo. m. shutter; postern.
postizo, za. a. artificial, false.
postor, ra. m./f. bidder.
postrar. tr. 1. to humiliate. 2. to weaken *(debilitar).* 3. ref. to kneel.
postre. 1. m. dessert. 2. *a la p.:* in the end, at last.
postrero, ra. a. last.
postrimería. f. last years *(época),* final stages *(hechos).*
postulado. m. postulate.// **postulante.** m./f. applicant.// **postular.** tr. to apply for *(empleo);* to stand as candidat *(candidatura).*
póstumo, ma. a. posthumous.
postura. f. 1. posture. 2. position. 3. attitude. 4. stand *(opinión).* 5. bet *(apuesta).* 6. putting on *(ropa).* 7. laying *(aves).*
potable. a. potable; *agua p.:* drinking water.
potaje. m. stew *(guiso);* bew *(bebida).*
potasa. f. potash.// **potasio.** m. potassium.
pote. m. pot.
potencia. f. 1. power. 2. potency *(fuerza).*// potencial (a./m.).// **potentado, da.** m./f. potentate.// **potente.** a. potent; powerful.
potestad. f. 1. authority. 2. *patria p.:* parental authority.
potranca. f. filly.// **potrero.** m. 1. pasture. 2. playground *(campo).*// **potrillo.** m. colt.// **potro.** m. 1. colt. 2. torture rack *(tormento)*
pozo. m. 1. well *(agua, petróleo).* 2. deep pool *(en un río).* 3. pit *(hoyo).* 4. mine *(mina).*
practicante. 1. a. practicing. 2. m./f. intern.
practicar. 1. tr. to practice; to perform *(realizar).* 2. i. to train *(entrenar).*// practicable (a.).// **práctico, ca.** 1. a. practical. 2. m./f. useful *(útil);* experienced. 3. f. practice; experience; training.
pradera. f. meadow.
prado. m. meadow *(pradera);* promenade *(paseo).*
pragmatismo. m. pragmatism.// pragmatist (a./m./f.).
preámbulo. m. 1. prologue. 2. disgression.
precario, ria. a. precarious.
precaver. 1. tr. to prevent, to forestall. 2. ref. to take precautions.// **precavido, da.** a. cautious.// precaution (f.).

precedente. 1. a. preceding. **2. m.** precedent.// precedence (f.).// **preceder. tr.** to precede.

precepto. m. precept.// **preceptor, ra.** m./f. preceptor, tutor.

preciar. 1. tr. to value. **2. ref.** to boast.// **preciado, da. a.** prizzed.

precio. m. 1. price. **2.** cost (costo, sacrificio).

preciosidad. f. 1. preciousness (cualidad). **2.** beauty.// **precioso, sa.** precious; lovely (lindo).

precipicio. m. precipice, cliff.

precipitación. f. precipitation.// precipitate (a./m./f.).// **precipitar. 1.** i./tr./ref. to precipitate. **2. ref.** to hurry (apurarse).

precisar. tr. 1. to especify (especificar). **2.** to need (necesitar).// precision (f.).// **preciso, sa. a. 1.** exact. **2.** necessary.

precolombino, na. a. pre-Columbian.

precoz. a. precocious.// precocity (f.).

precursor, ra. 1. a. precursory. **2.** m./f. precursor.

predecesor, ra. m./f. predecessor.

predecir. tr. to predict; to foretall (adivinar).

predestinar. tr. to predestinate.

prédica. f. 1. sermon. **2.** fig. harangue.

predicado. m. predicate.

predicador. m. preacher.// **predicar. tr.** to preach.

predicción. f. prediction.

predilecto, ta. a. favorite.// predilection (f.).

predio. m. property, state, land.

predisponer. tr. to predispose; to prejudice.

predominar. i. to predominate.// predominant (a.).// **predominio. m.** predominance.

prefabricado, da. a. prefabricate.

prefacio. m. preface.

preferir. tr. to prefer.// preferable (a.).// preference (f.).// preferential (a.).

prefijo. m. prefix.

pregón. m. announcement.// **pregonar. tr. 1.** to proclaim. **2.** to hawk (mercancía).

pregunta. f. question.// **preguntar. 1. tr.** to ask; to question. **2. ref.** to wonder.

prehistoria. f. prehistory.

prejuicio. m. prejudice.// **prejuzgar. tr.** to prejudge.

preliminar. a. preliminary.

preludio. m. prelude.

prematuro, ra. a. premature.

premeditar. tr. to premeditate.// premeditation (f.).

premiar. tr. 1. to reward (recompensa). **2.** to award a prize to (en un certamen).// **premio. m.** reward (recompensa); prize (lauro).

premisa. f. premise.

premura. f. urgency, haste.

prenda. f. 1. guaranty. **2.** garment (ropa). **3.** token (señal).// **prendar. 1. tr.** to pawn. **2. ref.** to fall in love.

prendedor. m. clasp; pin (adorno).

prender. tr. 1. to grasp (asir). **2.** to turn on (aparatos). **3.** to fasten (asegurar). **4.** to light (con fuego). **5. i.** to take root (plantas). **6.** to catch fire (el fuego). **7.** to take (vacuna).

prensa. f. press.// **prensar. tr.** to press.

preñado, da. 1. m./f. full. **2. f.** pregnant.// **preñar.** tr. to impregnate.// **preñez. f.** pregnancy.

preocupación. f. preoccupation; anxiety.

preocupar. 1. tr./ref. to worry. **2. ref.** to take care.

preparar. tr. to prepare.// preparation (f.).// **preparado, da. 1. a.** learned, capable. **2. m.** medicine, preparation.// **preparativo, va. 1. a.** preparatory. **2. m. pl.** preparations.// preparatory (a.).

preponderancia. f. preponderance.

preposición. f. preposition.

prepotencia. f. arrogance.// **prepotente. a.** arrogant, overbearing.

prerrogativa. f. prerogative.

presa. f. 1. prey, catch (de caza). **2.** piece (de comida). **3.** dam (represa). **4.** ave de p.: bird of prey. **5.** ser p. de: to be seized with.

presagiar. tr. to presage.// **presagio. m.** presage.

prescindencia. f. leaving aside.// **prescindible. a.** dispensable.// **prescindir. tr. 1.** to do without. **2.** to leave out.

prescribir. i./tr. to prescribe.// prescription (f.).

presencia. f. 1. presence. **2.** appearance.

presenciar. tr. to witness.

presentable. a. presentable.

presentar. tr. 1. to present. **2.** to show (mostrar). **3. ref.** to appear (aparecer); to present oneself.

presente. 1. a./m. present. **2.** tener p.: to keep in mind. **3.** interj. present!, here!

presentimiento. m. presentiment.// **presentir. tr.** to have a presentiment.

preservar. tr. to preserve, to keep.// preservation (f.).// **preservativo. 1. a./m.** preservative. **2.** condom, prophylactic.

presidencia. f. presidency; chairmanship (de una junta).// **presidente. m.** president; chairman

presidiario, ria. m./f. convict.// **presidio. m.** prison, penitenciary.

presidir. tr. to preside.

presilla. f. loop.

presión. f. pressure.// **presionar. tr.** to press.

preso, sa. 1. a. imprisoned. **2.** m./f. convict.

prestación. f. services, rendering.

préstamo. m. 1. lending (acción). **2.** borrow (recibir). **3.** loan (empréstito).// **prestar. tr. 1.** to lend. **2.** to give (ayuda, atención). **3. ref.** to consent; to be suitable (ser apto).

presteza. f. speed, diligence.

prestidigitación. f. prestidigitation.// prestidigitator (m./f.).

prestigio. f. prestige.// prestigious (a.).

presto, ta. a. 1. quick (rápido). **2.** ready (listo).

presumido, da. a. presumptuos.// **presumir. 1.** tr. to presume. **2. i.** to boast.

presunción. f. 1. presumption. **2.** conceit (vanidad).// **presunto, ta. a.** presumptive.// **presuntuoso, sa. a.** presumptuous.

presupuesto. m. budget.

presuroso, sa. a. quick, hasty.

pretender. a. 1. to pretend. **2.** to seek after (buscar). **3.** to try (intentar). **4.** to court (a una mujer). **5.** to claim (reclamar).// **pretendiente. 1.** m./f. candidate, pretender. **2. m.** suitor (novio).

pretensión. f. 1. aspiration. **2.** claim (reclamo). **3.** pretentiousness (vanidad).// pretentious (a.).

pretérito, ta. a./m. past.

pretexto. m. pretext.

prevalecer. i. to prevail.

prevención. f. 1. prevention. 2. warning *(advertencia).*// **prevenir.** tr. 1. to prevent. 2. to warn. 3. ref. to take precautions.// preventive (a.).
prever. tr. to foresee.
previo, via. 1. a. previous. 2. adv. upon.
previsión. f. 1. prevision, precaution. 2. *p. social:* social security.// **previsor, ra.** a./m./f. cautious, prudent.// **previsto, ta.** a. foreseen; provided.
prima. f. premium; insurance premium *(seguro).*
primacía. f. supremacy.
primario, ria. a. 1. primary. 2. basic. 3. *escuela p.:* elementary scholl.
primavera. f. spring, springtime.
primero, ra. a. 1. first. 2. front *(página).* 3. best *(el mejor).* 4. former *(anterior).*// 1. m./f. first. 2. first gear *(cambio).*// adv. first.
primicia. f. exclusive news.
primitivo, va. a./m./f. primitive.
primo, ma. 1. a. first; *Math.* prime; *materia p.:* raw material. 2. m./f. cousin.
primogénito, ta. m./f. first-born.
primor. m. delicacy, exquisite thing.
primordial. a. primordial.
princesa. f. princess.
principal. a. principal; main *(lo más importante).*
príncipe. m. prince.
principiante. m./f. beginner.
principio. m. 1. beginning *(comienzo).* 2. principle *(fundamento).* 3. source *(origen).*
prioridad. f. priority.
prisa. f. 1. hurry, hasty. 2. speed *(velocidad).* 3. *dar p.:* to hurry. 4. *tener p.:* to be in a hurry.
prisión. f. prison.// prisoner (m./f.).
prisma. f. prism.
prismáticos. m. pl. binoculars.
privación. f. lack; deprivation.
privado, da. a. 1. private; personal. 2. *p. de:* without. 3. *vida p.:* privacy.
privar. tr. 1. to deprive *(quitar).* 2. to forbid *(prohibir).* 3. ref. *p. de:* to abstain from.
privilegiar. tr. to privilege.// privilege (m.).
pro. m. 1. pro. 2. *en p. de:* in favor of.
proa. f. prow, bow.
probabilidad. f. probability.// probable (f.).
probar. tr. 1. to test *(ensayar).* 2. to try *(intentar).* 3. to taste *(comida).* 4. to prove *(demostrar).* 5. ref. to try on *(ropa).*
problema. m. 1. problem. 2. pl. *estar en p:* to be in troubles.
procedencia. f. origin, point of origin.// **procedente.** a. 1. coming from. 2. *Law.* lawful, rightful.
proceder. i. 1. to come from *(venir de).* 2. to proceed *(ejecutar).* 3. to behave *(comportarse).* 4. m. behavior// **procedimiento.** m. 1. procedure. 2. *Law.* proceedings.
prócer. m. national hero, founding father.
procesar. tr. 1. to process. 2. to prosecute *(juicio).*
procesión. f. procession.
proceso. m. 1. process. 2. *Law.* trial.
proclama. f. 1. proclamation. 2. speech *(arenga).*
proclamar. tr./ref. to proclaim.
procrear. tr. to procreate// procreation (f.).
procurar. tr. 1. to procure. 2. to try *(intentar).* 3. ref. to obtain.

prodigio. m. prodigy *(persona);* miracle *(hecho).*// **prodigioso, sa.** a. marvelous.
pródigo, ga. a. prodigal, generous.
producir. tr. 1. to produce. 2. to manufacture *(fabricar).* 3. to cause. 4. ref. to take place.// production (f.).// productive (a.).// productivity (f.).// **producto.** m. 1. product. 2. profit *(ganancia).*// **productor, ra.** a./m./f. producer.
proeza. f. feat.
profanar. tr. to profane.// profanation (f.).
profano, na. a./m./f. profane.
profecía. f. prophecy.
proferir. tr. to utter.
profesar. tr. to profess.
profesión. f. profession.// professional (a./m./f.).
profesor. m./f. professor; teacher.
profesorado. m. faculty *(cuerpo de profesores).*
profeta. m. prophet.// prophetess (f.).// prophetic (a.).// **profetizar.** tr. to prophesy.
prófugo, ga. a./m./f. fugitive.
profundidad. f. 1. profundity. 2. depth.// **profundizar.** tr. 1. to deepen. 2. fig. to delve deeply into *(un tema).*// **profundo, da.** a. 1. deep *(hondo, penetrante).* 2. profound *(intenso).*
profusión. f. profusion.// profuse (a.).
progenitor, ra. 1. progenitor. 2. pl. parents.
programa. m. 1. program. 2. curriculum. 3. platform *(político).* 4. show *(TV).*// **programación.** f. programming.// **programador, ra.** m./f. programmer.// **programar.** tr. 1. to plan. 2. to progam *(computación).*
progresar. i. to progress.// progression (f.).// progresive (a.).// progress (m.).
prohibir. tr. 1. to prohibit, to forbid. 2. *prohibido fumar:* no smoking.// prohibition (f.).
prójimo. m. fellow-man; mankind *(humanidad).*
prole. f. progeny.
proletariado. m. proletariat.// proleterian (a./m.).
proliferar. i. to proliferate.// proliferation (f.).
prolijo, ja. a. clean; detailed.
prólogo. m. prologue.
prolongación. f. prolongation; continuation.// **prolongar.** tr. 1. to prolong *(continuar).* 2. to lengthen *(alargar).* 3. ref. to last longer *(durar más).*
promediar. 1. tr. to average *(sacar el promedio).* 2. i. to be half-way through *(día, mes).*// **promedio.** m. average
promesa. f. promise.// **prometedor, ra.** a. promising.// **prometer.** 1. tr. to promise. 2. ref. to become engaged *(comprometerse).*// **prometido, da.** 1. m. fiancé, f. fiancée. 2. m. promise.
prominencia. f. prominence.// prominent (a.).
promisorio, ria. a. promissory.
promoción. f. 1. promotion. 2. graduating class.
promotor, ra. m./f. 1. promoter. 2. instigator.
promulgar. tr. to promulgate.// promulgation (f.).
pronombre. m. pronoun.// pronominal (a.).
pronosticar. tr. to forecast.// **pronóstico.** m. forecast.
prontitud. f. 1. speed. 2. promptness *(diligencia).* 3. sharpness *(agudeza).*// **pronto, ta.** 1. a. quick *(rápido);* willing *(dispuesto);* prompt *(diligente).* 2. adv. promptly. 3. *de p.:* suddenly. 4. *tan p. como:* as soon as.

prontuario. m. **1.** dossier. **2.** record *(criminal)*.

pronunciamiento. m. **1.** military coup *(golpe militar)*. **2.** sentence *(sentencia)*.

pronunciar. tr. **1.** to pronounce. **2.** to deliver *(un discurso)*. **3.** ref. to pass *(sentencia)*. **4.** to declare oneself.// pronunciation (f.).

propaganda. f. **1.** propaganda. **2.** advertising *(publicidad)*. **3.** *hacer p.:* to advertise.

propagar. tr./ref. **1.** to propagate **2.** fig. to spread.// propagation (f.).

propalar. tr. to divulge.

propasarse. ref. to go too far.

propenso, sa. a. prone.// propensity (f.).

propiamente. adv. properly *(apropiado)*; exactly *(exacto)*.

propiciar. tr. **1.** to propitiate. **2.** to sponsor.// **propicio, cia.** a. favorable, propitious.

propiedad. f. **1.** property *(cualidad)*. **2.** ownership *(posesión)*. **3.** pl. real estate *(inmueble)*. **4.** *p. intelectual:* copyright.// **propietario, ria.** m./f. owner.

propina. f. tip.

propio, pia. a. **1.** own. **2.** proper *(conveniente)*. **3.** typical. **4.** -self. **5.** *nombre p.:* proper noun.

proponer. tr. to propose.

proporción. f. **1.** proportion. **2.** size *(tamaño)*.// proportional (a.).

proporcionar. **1.** tr. to provide. **2.** ref. to get.

propósito. m. **1.** purpose; intention. **2.** *a p.:* on purpose. **3.** *a p. de:* apropos of.

propuesta. f. proposal.

propulsión. f. propulsion.// propeller (m./f.).

prorratear. tr. to prorate.

prórroga. f. extension.

prosa. f. prose.

prosaico, ca. a. prosaic.

proscribir. tr. to proscribe.// proscription (f.).

prosecución. f. continuation.

proseguir. i./tr. to continue.

prospecto. m. prospectus.

prosperar. i. to prosper.// prosperity (f.).// prosperous (a.).

próstata. f. prostate.

prostituir. tr. to prostitute.// prostitute (f.).

protagonista. **1.** m./f. protagonist. **2.** *Lit.* m. hero, f. heroine.// **protagonizar.** tr. to be the protagonist.

protección. f. protection.// protectionism (m.).// protectionist (a./m./f.).// protector (m./f.).

proteger. tr. to protect.// protegée (m./f.).

proteína. f. protein.

prótesis. f. prosthesis.

protesta. f. protest; *Law.* protestation.

protestante. a./m./f. Protestant.

protestar. i./tr. protest.

protocolo. m. protocol.

protón. m. proton.

prototipo. m. prototype.

protuberancia. f. bulge.

provecho. m. **1.** benefit; profit. **2.** *¡buen p.!:* enjoy your meal!// **provechoso, sa.** a. profitable, good.

proveedor, ra. m./f. supplier.// **proveer.** tr. to provide; to supply.

provenir. i. to come from.

proverbio. m. proverb.// proverbial (a.).

providencia. f. providence.// providencial (f.).

provincia. m. province.// provincial (a.).

provisión. f. **1.** provision. **2.** pl. supplies.// **provisional.** a. temporary.

provocar. tr. **1.** to provoke. **2.** to cause.// provocation (f.).// provocative (a.).

próximamente adv. soon.// **próximo, ma.** a. **1.** close, near *(cercano)*. **2.** next *(siguiente)*.

proyección. f. **1.** projection. **2.** forecast *(pronóstico)*. **3.** screening *(cine)*.// **proyectar.** tr. **1.** to project *(cine, geom.)*. **3.** to plan. **2.** to design *(diseñar)*.

proyectil. m. projectile; missile.

proyecto. m. **1.** project. **2.** plan. **3.** design *(diseño)*.

proyector. m. projector.

prudencia. f. prudence.// prudent (a.).

prueba. f. **1.** test *(examen, ensayo)*. **2.** proof *(evidencia; comprobación)*. **3.** ordeal *(dificultad)*. **4.** *Sp.* competition. **5.** *a p. de:* -proof.

psicología. f. psychology.// psychological (a.).// psychologist (m./f.).

psicópata. m./f. psychopath.

psiquiatría. f. psyquiatry.// psyquiatrist (m./f.).

psiquis. f. psyche.

púa. f. **1.** barb. **2.** *Bot.* thorn. **3.** *Zool.* quill. **4.** *alambre de p.:* barbed wire.

púber. a. pubescent.// **pubertad.** f. puberty.

pubis. m. pubis.// pubic (a.).

publicar. tr. to publish.// publication (f.).

publicidad. f. **1.** publicity. **2.** advertising.

público, ca. a. **1.** public. **2.** common *(del pueblo)*. **3.** m. public; audience *(auditorio)*; readers *(lectores)*; viewers *(TV)*.

puchero. m. **1.** stew. **2.** daily bread *(comida diaria)*.

pucho. f. **1.** end *(resto)*. **2.** cigarette.

púdico, ca. a. chast, modest.

pudiente. a. wealthy.// **pudoroso, sa.** a. modest.

pudor. m. chastity.

pueblo. m. **1.** people *(gente)*. **2.** town *(lugar)*.

puente. m. bridge.

puerco. m. **1.** hog. **2.** fig. filthy.

puerta. f. door.

puerto. m. **1.** port. **2.** harbor.

pues. conj. **1.** because *(porque)*. **2.** then *(entonces)*. **3.** since *(ya que)*. **4.** adv. well.

puesto, ta. **1.** a. dressed; ready, **2.** m. place *(lugar)*; post *(militar)*; stand *(de venta)*; position, job *(trabajo)*. **3.** f. sunset *(del sol)*; *p. en marcha:* start-up. **4.** *p. que:* since.

púgil. m. boxer.// **pugilato.** m. boxing.

pugna. f. struggle.// **pugnar.** i. to struggle.

puja. f. struggle.// **pujante.** a. strong.// **pujanza.** f. vigor.// **pujar.** i. to struggle.

pulcritud. f. cleanliness.// **pulcro, cra.** a. clean.

pulga. f. flea.

pulgada. f. inch.

pulgar. m. thumb.

pulir. tr. to polish.

pulmón. m. lung.// pulmonary (a.).// **pulmonía.** f. pneumonia.

pulpa. f. pulp.

púlpito. m. pulpit.

pulpo. m. octopus.

pulsación. f. pulsation, beat *(latido)*.

pulsar. tr. **1.** to play *(tocar)*. **2.** to push *(apretar)*.

pulso. m. pulse.

pulverizar. tr. **1.** to pulverize. **2.** to spray.
puma. m. puma.
puna. f. puna, plateau.
punta. f. **1.** point. **2.** tip *(extremidad)*. **3.** top *(cima)*. **4.** *a p. de:* by dint of. **5.** *sacar p.:* to sharpen.
puntada. f. **1.** stitch. **2.** sharp pain *(dolor)*.
puntal. m. foundation.
puntapié. m. kick.
puntería. f. aim.
puntero, ra. 1. a. front, leading. **2.** m. pointier
puntiagudo, da. a. sharp, pointed.
puntilla. f. lace trim.
punto. m. **1.** point. **2.** dot *(sobre i o j)*. **3.** stitch *(puntada)*. **4.** matter *(asunto)*. **5.** *a p.:* just in time. **6.** *a p. de:* about to. **7.** *dos p.:* colon. **8.** *p. final:* period. **9.** *p. muerto:* neutral. **10.** *p. suspensivos:* suspension points. **11.** *p. y aparte:* new paragraph. **12.** *p. y coma:* semicolon.
puntuación. f. **1.** punctuation. **2.** grade *(nota)*.
puntual. a. punctual.// punctuality (f.).
puntualizar. tr. to refer in detail.

punzada. f. stabbing pain.// **punzante.** a. piercing, stabbing.// **punzar.** tr. to stab.
punzón. m. punch.
puñado. m. handful.
puñal. m. dagger.// **puñalada.** f. stab; knife wound.
puñetazo. m. punch.
puño. m. fist.
pupila. f. pupil.
pupitre. m. school desk.
puré. m. purée.
pureza. f. purity.
purga. f. laxative; purge.// **purgar.** tr. to purge.
purgatorio. m. Purgatory.
purificar. tr. to purify.
puritano, na. a./m./f. Puritan.
puro, ra. a. **1.** pure. **2.** chast. **3.** m. cigar.
púrpura. a./m. purple.
pus. m. pus.
puta. f. prostitute, whare; *hijo de p.* son of a bitch.// **puto.** m. gay, sodomite.
putrefacción. f. rotting.// **putrefacto, ta.** a. rotten.

q. f. eighteenth letter of the Spanish alphapeth.
que. rel. pron. **1.** that. **2.** who *(el que, la que)*. **3.** whom *(los que)*. **4.** which *(lo cual)*. **5.** what *(lo que)*.// conj. **1.** that. **2.** than *(en comparaciones)*. **3.** haber q., hay q., tener q.: queda implícito en el prefijo *to* de la acción (verbo) a realizar.
qué. a. **1.** what. **2.** how *(cuando significa cuán)*.// pron. **1.** what. **2.** which *(cuál)*. **3.** *¿para q.?:* what for? **4.** *¿por q.?:* why?. **5.** *¿q. pasa?:* what's the matter? **6.** *¿q. te pasa?:* what's the matter with you? **7.** *¿q. tal?:* how are you? **8.** *no hay de q.:* don't mention it. **9.** *¿y q.?:* so what?
quebracho. m. quebracho.
quebradizo, za. a. brittle, fragile.// **quebrado, da.** a. **1.** broken *(roto)*. **2.** bankrupt *(en quiebra)*. **3.** rough *(terreno)*.// **1.** m. fraction. **2.** f. ravine. **3.** m./f. bankrupt person.// **quebradura.** f. **1.** crack *(grieta)*. **2.** fracture.
quebrantar. 1. tr. to break. **2.** ref. to break down *(la salud)*.// **quebranto.** m. **1.** weakness *(salud)*. **2.** loss *(pérdida)*.
quebrar. 1. tr. to break. **2.** i. *Com.* to go bankrup. **3.** ref. to get a rupture.
quechua. a./m./f. Quechua.
quedar. i. **1.** to stay, to remain *(permanecer)*. **2.** to be *(estar situado, quedar en un estado o condición)*.

3. *q. bien/mal:* to look good/badly *(ropa, arreglo)*. **4.** *q. en:* to agree *(acordar)*. **5.** *q. por:* to remains to be *(pendiente)*. **6.** ref. to stay *(permanecer)*; to become *(en un estado o condición)*; *q. con:* to keep.
quehacer. m. task, chore.
queja. f. complaint *(reclamo)*; moan *(quejido)*.// **quejarse.** ref. to complaint; to moan.
quemador. m. burner.
quemadura. f. burn.// **quemar. 1.** i./tr./ref. to burn *(arder, consumir con el fuego)*. **2.** i. to be burning hot *(estar muy caliente)*. **3.** ref. to feel hot *(sentir calor)*; to get a tan *(broncearse)*; to blow *(un fusible)*.
quemarropa (a). adv. at pointblank range.
quena. f. Indian reed flute.
querella. f. **1.** quarrel *(disputa)*. **2.** lawsuit *(juicio)*.// **querellar.** ref. to bring suit against.
querer. tr. **1.** to want *(desear)*. **2.** to require *(requerir)*. **3.** to love *(amar)*. **4.** *como quiera que:* however.// m. love.
querido, da. a. dear, darling.
querosén. m. kerosene.
queso. m. cheese.
quetzal. m. quetzal.
quicio. m. **1.** frame jamb. **2.** *sacar de q.:* to exasperate.

quiebra. f. **1.** break, fissure. **2.** bankrupt. **3.** *ir a la q.:* to go bankrupt.
quien, es. rel. pron. **1.** who. **2.** whom, he who, she who *(el que, la que).* **3.** they who, those *(los que, aquellos que).* **4.** whoever *(quienquiera).* **5.** whomever *(quienesquiera).*
quién, nes. int./exc. pron. **1.** who. **2.** whom *(de quién).* **3.** whose *(de quién, de quiénes; indica pertenencia).*
quienquiera. ind. pron. sing. anyone, whoever; pl. anybody, whomever.
quieto, ta. a. **1.** quiet *(tranquilo).* **2.** still *(inmóvil).//* **quietud.** f. **1.** quiet *(de una persona).* **2.** calm, rest *(sosiego, tranquilidad).*
quijada. f. jaw.
quijotada. f. quixotic act.// **quijote.** m. quixotic person.// **quijotesco, ca.** a. quixotic.
quilate. m. carat.
quilla. f. keel.
quimera. f. chimera.// **quimérico, ca.** a. chimerical.
químico, ca. 1. a. chemical. **2.** m./f. chemist. **3.** f. chemistry.
quina. f. chinchona bark.
quincallería. f. small hardware.
quince. a./m. fifteen.// **quinceavo, va.** m. fifteenth.
quincena. f. **1.** fifteen days, two weeks. **2.** half-month's pay *(salario).//* **quincenal.** a. semi-monthly, fortnightly.
quinientos. a./m. five hundred.

quinina. f. quinine.
quinqué. m. kerosene lamp.
quinquenal. a. five-years.// **quinquenio.** m. five-years.
quinta. f. **1.** country house. **2.** vegetable garden *(huerta)*
quintacolumnista. a./m/f. quintacolumnist.
quintal. m. quintal.
quinteto. m. **1.** quintet *(conjunto).* **2.** five lines stanza *(versos).*
quinto, ta. a./m. fifth.
quiosco. m. kiosk, stand.
quirófano. m. operating room.
quiromancia. f. chiromancy, palmistry.// chiromantic (a.).// chiromancer (m./f).
quirúrgico, ca. a. surgical.
quisquilloso, sa. a. touchy.
quiste. m. cyst.
quitamanchas. m. spot-remover.
quita. f. acquittance, release *(de una condena o deuda).*
quitaesmalte. m. nail polish remover.
quitar. tr. **1.** to remove, to take away *(sacar).* **2.** to substract *(restar).* **3.** to take off *(la ropa).* **4.** to rob of *(robar).* **5.** to forbid *(prohibir).* **6.** to deprive of *(privar de).* **7.** ref. to take off *(la ropa).* **8.** q. de encima: to get rid of. **9.** q. del medio; to get out of the way.
quite. m. dodge.
quizá, quizás. adv. maybe, perhaps.
quórum. m. quorum.

r. f. nineteenth letter of the Spanish alphabet.
rabadilla. f. **1.** tailbone. **2.** fig. rump.
rábano. m. **1.** radish. **2.** *me importa un r.:* I couldn't care less.
rabia. f. **1.** rabies. **2.** fig. angry, fury. **3.** *dar r.:* to infuriate. **4.** *tener r. a alguien:* to loathe someone.
rabiar. i. to rave, to get furious.// **rabieta.** f. tantrum.// **rabioso, sa.** a. **1.** rabid. **2.** fig. furious.
rabino. m. rabbi.
rabo. m. **1.** tail. **2.** flower stalk *(de las flores).*
racha. f. fig. run of luck; series of events.
racimo. m. **1.** raceme. **2.** fig. cluster, bunch.
raciocinio. m. **1.** reason *(razón).* **2.** reasoning *(razonamiento).*
ración. f. ration.
racional. a. rational.// **racionalidad.** f. reason.//

rationalism (m.).// rationalist (a./m./f.).
racionamiento. m. rationing.// **racionar.** tr. to ration.
racismo. m. racism.// racist (a./m./f.).
rada. f. bay, inlet.
radar. m. radar.
radiación. f. radiation.
radiactividad. f. radioactivity.// radioactive (a.).
radiador. m. radiator.
radiante. a. radiant, beaning.
radial. a. **1.** radial *(del radio).* **2.** radio *(de la radio).*
radiar. i. **1.** radiate. **2.** to broadcast *(transmitir).*
radicación. f. **1.** taking root *(arraigo).* **2.** Math. finding root.// **radical.** a./m./f. radical.
radicar. 1. tr. to be *(estar).* **2.** ref. to locate, to settle.

radio

radio. m. 1. radium *(metal)*. 2. radius.// f. radio broadcasting *(emisora)*; radio set *(aparato)*.
radioaficionado, da. m./f. ham radio operator.
radiodifusión. f. broadcasting.// **radioemisora.** f. radio broadcasting station.// **radioescucha.** m./f. radio listener.// **radiofonía.** f. radiophony.// radiophonic (a.).
radiografía. f. x-ray, radiograph.// **radiografiar.** tr. to x-ray, to radiograph.
ráfaga. f. gust *(de viento)*.
raído, da. a. frayed, worn out.
raíz. f. 1. root. 2. *a r. de:* because of. 3. *bienes r.:* real state. 4. pl. *echar r.:* to take root.
rajadura. f. crack, split, fissure.
rajar. 1. tr/ref. to split, to crack. 2. ref. fig. to back down; to rush off *(huir)*.
rajatabla (a.). adv. at any cost.
ralea. f. kind, ilk.
ralladura. f. gratings.// **rallar.** tr. to grate.
ralo, la. a. sparse, thin.
rama. f. 1. branch. 2. *irse por las r.:* to digress.// **ramaje.** m. branches.// **ramal.** m. branch.
rambla. f. boulevard.
ramera. f. prostitute.
ramificarse. ref. 1. to ramify. 2. to branch off.// ramification (f.).
ramillete. m. 1. cluster. 2. bouquet *(de flores)*.
ramo. m. 1. bouquet *(de flores)*. 2. branch, field *(de actividad)*.
rampa. f. ramp.
rampante. a. rampant.
rana. f. frog.
rancherío. m. hamlet, settlement.// **rancho.** m. 1. mess *(comida)*. 2. hut *(casilla)*. 3. farm *(granja)*. 4. straw hat *(sombrero)*.
rancio, cia. a. 1. old *(antiguo)*. 2. rancid *(comida)*.
rango. m. rank, class.
ranura. f. slot, groove.
rapar. tr. to crop.
rapaz. a. 1. of prey, predatory *(animales)*. 2. thievish *(personas)*.// rapacity (f.).
rapé. m. snuff.
rapidez. f. speed, rapidity.// **rápido, da.** 1. a. rapid, quick, speedy. 2. m. rapids *(de un río)*; express train.
rapiña. f. 1. pillage. 2. *ave de r.:* bird of prey.
rapsodia. f. rhapsody.
raptar. tr. to abduct; to kidnap.// **rapto.** m. 1. kidnapping *(delito)*. 2. rapture *(éxtasis)*. 3. burst *(arrebato)*.
raqueta. f. 1. racket. 2. snowshoe *(para nieve)*.
raquitismo. m. rickets.// rachitic (a.).
rareza. f. 1. eccentricity. 2. rarity *(objeto)*.
raro, ra. a. 1. rare *(poco común, escaso)*. 2. odd *(extraño)*. 3. *r. vez;* seldom, infrequently.
ras. m. 1. evenness. 2. *al r.:* level.
rascacielos. m. skyscraper.
rascar. tr. 1. to scratch. 2. to scrape *(raspar)*.
rasgadura. f. tear.// **rasgar.** tr. 1. to tear. 2. to strum *(cuerdas)*.
rasgo. f. 1. stroke *(trazo)*. 2. trait, feature *(caracter)* 3. pl. features *(del rostro)*.
rasguñar. tr. to scratch.// **rasguño.** m. scratch.
raso, sa. a. 1. flat *(liso)*. 2. private *(soldado)*. 3. al

r.: in the open air. 4. *cielo r.:* ceiling.// m. satin.
raspador. m. scraper.// **raspadura.** f. 1. scraping; scratch. 2. pl. scrapings.// **raspar.** tr. to scrape.// **raspón.** m. scratch.
rastra. f. 1. track *(rastro)*. 2. string of fruit *(ristra)*. 3. *a la r.:* dragging. 4. *traer a la r.:* to drag.
rastreador, ra. m./f. tracker.// **rastrear.** tr. 1. to track, to trail *(seguir el rastro)*. 2. to inquire into *(indagar)*. **rastrero, ra.** a. 1. dragging. 2. fig. low, vile. 3. tracker *(perro)*.
rastrillar. tr. to rake.// **rastrillo.** m. rake.
rastro. m. 1. trail *(senda)*. 2. trace, vestige *(señal)*.// **rastrojo.** m. stubble, stubble field.
rasurar. tr. to shave
rata. f. rat, female rat.
ratería. f. petty thievery.// **ratero, ra.** m./f. petty thief.
ratificar. tr. to ratify.// ratification (f.).
rato. m. 1. while. 2. *a cada r.:* all the time. 3. *al poco r.:* shortly after. 4. pl. *a r.:* from time to time. 5. *pasar el r.:* to spend the time.
ratón, na. m. mouse, f. female mouse.
raudal. m. 1. torrent. 2. pl. *a r.:* abundantly.
raudo, da. a. 1. swift. 2. impetuous.
raya. f. 1. line, stripe. 2. part *(del pelo)*. 3. limit. 4. dash *(signo)*. 5. ray *(pez)*. 6. *a r.:* at bay. 7. pl. *a r.:* stripped. 8. *hacerse la r.:* to part. 9. *pasarse de la r.:* to go too far.
rayar. tr. 1. to draw lines on *(trazar líneas)*. 2. to scratch *(arañar)*. 3. to be next to *(estar próximo a)*. 4. *r. a gran altura:* to excel.
rayo. m. 1. ray. 2. spoke *(de rueda)*. 3. thunderbolt *(descarga)*.
rayón. m. 1. scratch *(arañazo)*. 2. rayon *(fibra)*.
raza. f. 1. race *(humana)*. 2. breed *(animales)*.
razón. f. 1. reason. 2. rate *(cómputo)*. 3. Math. ratio. 4. *a r. de:* in the rate of. 5. *¡con r.!:* no wonder! 6. *dar la r. a:* to agree with. 7. *perder la r.:* to lose one's mind. 8. *tener r/no tener r.:* to be right/wrong. 9. *r. social:* business name.
razonable. a. reasonable.// **razonamiento.** m. reasoning.// **razonar.** i./tr. 1. to reason. 2. to give reasons *(exponer razones)*.
re. m. *Mus.* re, D.
reabrir. tr. to reopen.
reaccionar. i. to react.// reaction(f.).// reactionary (a./m./f.).
reacio, cia. a. reluctant.
reactivar. tr. to reactivate.// reactivation (f.).// **reactivo, va.** 1. a. reactive. 2. m. reagent.// reactor (m.).
reafirmar. tr. to reaffirm, to reassert.
reajustar. tr. to readjust.// readjust (m.).
real. a. 1. real, actual. 2. royal *(de reyes)*.
realce. m. luster, splendor.
realeza. f. royalty.
realidad. f. 1. reality. 2. *en r.:* actually.
realismo. m. realism; royalism.// **realista.** 1. a./m. realist. 2. royalist.
realización. f. 1. execution. 2. fulfillment *(cumplimiento)*. 3. production *(cine)*.// **realizar.** tr. 1. to carry out *(llevar a cabo)*. 2. to sell out *(vender)*. 3. ref. to come true.
realzar. tr. to enhance.

reanimar. tr. **1.** to revive. **2.** to encourage. **3.** ref. to recover.

reaparecer. i. reappear.// **reaparición.** f. reappearance.

rebaja. f. **1.** reduction. **2.** discount.// **rebajar.** tr. **1.** to reduce. **2.** to low (bajar). **3.** to humiliate. **4.** ref. to degrade oneself.

rebanada. f. slice.// **rebanar.** tr. to slice.

rebaño. m. flock, herd.

rebasar. 1. tr. to surpass. **2.** i. to overflow.

rebatir. tr. **1.** to refute. **2.** to drive back.

rebato (a). m. call to arms.

rebelarse. ref. to rebel.// **rebelde. 1.** a. rebelious; Med. resistant. **2.** m./f. rebel.// **rebeldía.** f. rebeliousness.// **rebelión.** f. rebellion.

rebenque. m. whip.

reblandecer. 1. tr. to soften. **2.** ref. to become soften.// **reblandecido, da.** a. soften.

reborde. m. border, flange.

rebosante. a. full.// **rebosar.** i./ref. to overflow.

rebuscado, da. a. affected, unnatural.

rebuznar. i. to bray.// **rebuzno.** m. braying.

recabar. tr. to request.

recado. m. **1.** message. **2.** equipment. **3.** r. de montar: riding outfit.

recaer. i. **1.** to relapse. **2.** r. en: to fall to.// **recaída.** f. relapse.

recalar. tr. to arrive.

recalcar. 1. tr. to stress. **2.** ref. to sprain.

recalentar. 1. tr. to reheat. **2.** i. to overheat.

recámara. f. **1.** bedroom. **2.** chamber (arma).

recapacitar. tr. to reconsider, to reflect upon.

recapitular. tr. to recapitulate.// recapitulation (f.).

recargar. tr. **1.** to reload. **2.** to overload (sobrecargar). **3.** to overcharge (cobrar más). **4.** to overburden (abrumar)./ **recargo.** m. surcharge.

recatado, da. a. **1.** chast. **2.** cautious.// **recato.** m. chastity; caution.

recauchar o **recauchutar.** tr. to recap.

recaudación. f. collection (acción); receipts (monto).// **recaudador, ra.** m./f. **1.** collector. **2.** caja r.: cash register.// **recaudar.** tr. to collect.// **recaudo.** m. caution; a buen r.: in safety.

recelar. tr. to suspect.// **recelo.** m. suspicion.// **receloso, sa.** a. suspicious.

recepción. f. **1.** reception. **2.** admission. **3.** front desk (de un hotel).// receptionist (m./f.).

receptáculo. m. receptacle.

receptor, ra. m./f. receiver.// receptive (a.).

recesión. f. recession.// **receso.** m. recess; Sp. half-time.

receta. f. recipe (cocina); prescription (medicinal).// **recetar.** tr. to prescribe.

rechazar. tr. **1.** to reject. **2.** to repel. **3.** to refuse. **4.** to deny (negar).// **rechazo.** f. rejection.

rechifla. f. hissing.// **rechiflar.** i. to hiss.

rechinar. tr. to grate; to grind (los dientes).

rechoncho, cha. a. chubby.

rechupete (de). adv. delicious.

recibimiento. m. reception; welcome.

recibir. 1. i./tr. to receive. **2.** to welcome. **3.** ref. r. de: to graduate.// **recibo.** m. receipt.

reciclar. tr. to recycle.

reciedumbre. f. strength, vigor.

recién. 1. adv. newly, recently. **2.** a. new.// **reciente.** a. recent.// **recientemente.** adv. recently.

recinto. m. place; enclosure.

recio, cia. a. **1.** strong (vigoroso). **2.** hard (duro). **3.** adv. strongly.

recipiente. m. container.

recíproco, ca. a. reciprocal.// reciprocity (f.).

recitado. m. recitative.// **recitador, ra.** m./f. reciter.// recital (m.).// **recitar.** tr. to recite.

reclamar. tr. **1.** to claim (pedir). **2.** to demand (exigir). **3.** i. to protest.// **reclamo.** m. complaint.

reclinar. tr. to recline.

recluir. tr. **1.** to seclude. **2.** to imprison. **3.** ref. to go into seclusion.// **reclusión.** m. imprisonment.// **recluso, sa.** a. prisoner, convict.

recluta. m. recruit, conscript.// **reclutamiento.** m. recruitment.// **reclutar.** tr. to recruit.

recobrar. tr./ref. to recover.

recodo. m. bend, twist.

recoger. tr. **1.** to pick up. **2.** to collect (juntar); to harvest (cosechar).// **recogimiento.** m. withdrawal.

recolección. f. **1.** summary. **2.** harvest (cosecha). **3.** collection (acción).// **recolectar.** tr. to collect; to harvest (cosecha).// **recolector, ra.** m./f. collector; harvester (de cosecha).

recomendar. tr. to recommend.// recommendation (f.)

recompensa. f. recompense; reward (premio).// **recompensar.** tr. to compensate; to reward (premiar).

recomponer. tr. to repair (reparar); to recompose.

reconciliar. tr. to reconcile.// reconciliation (f.).

reconocer. tr. **1.** to recognize. **2.** to admit. **3.** to examine. **4.** ref. to be clear.// **reconocimiento.** m. **1.** recognition. **2.** acknoledgement (confesión). **3.** gratitude. **4.** inspection.

reconquistar. tr. to reconquer.// reconquest (f.).

reconstrucción. f. reconstruction; rebuilding.// **reconstruir.** tr. to reconstruct, to rebuild.

recontar. tr. to re-count.

recopilar. tr. to compile.// compilation (f.).

récord. m. record.

recordar. 1. i./tr. to remember. **2.** to remind (avisar). **3.** to remind of (evocar).// **recordatorio.** m. reminder.

recorrer. tr. **1.** to travel; to go through (viajar; ir por). **2.** to look over (mirar).// **recorrido.** m. journey (viaje); path (camino); route (ruta).

recortar. tr. to cut (cortar); to reduce (reducir).// **recorte.** m. cutting (acción); reduction; clipping (objeto recortado).

recostar. 1. tr./ ref. to lean on. **2.** ref. to lie down.

recrear. 1. tr. to entertain. **2.** ref. to enjoy.// recreation (f.).// **recreativo, va.** a. entertaining.// **recreo.** m. recess (en la escuela); recreation place.

recriminar. i./ref. to recriminate.// recimination (f.).

rectángulo. m. rectangle.// rectangular (a.).

rectificar. tr. **1.** to rectify. **2.** Mech. to resurface.// rectification (f.).

rectitud. f. **1.** straightness. **2.** fig. honesty.// **recto, ta.** a. **1.** straight. **2.** fig. honest. **3.** Geom. right. **4.** m. rectum. **5.** f. straight line.

rector, ra. 1. a. ruling. **2.** m./f. principal.

recuento. m. **1.** re-count. **2.** inventory.

recuadro. m. box.
recubrir. tr. to cover.
recuerdo. m. 1. memory. 2. keepsake, souvenir *(objeto)*. 3. pl. regards.
recuperación. f. recovery.// **recuperar.** 1. tr./ref. to recover. 2. tr. to regain *(fuerza, ánimo)*.
recurrir. i. to appeal,// **recurso.** m. 1. recourse *(acción)*, mean *(medio)*. 2. *Law.* appeal. 3. pl. means. 4. r. *naturales:* natural resources.
recusación. f. *Law.* challenge.// **recusar.** tr. *Law.* to challenge.
red. f. 1. net. 2. mesh *(malla)*. 3. network *(cadena)*. 4. *caer en la r.:* to fall into trap.// **redada.** f. catch.
redacción. f. 1. writing. 2. editorial office *(lugar)*. 3. editorial staff *(personal)*.// **redactar.** tr. 1. to write. 2. to edit.// **redactor, ra.** m./f. writer; editor.
redención. f. redemption.// **redentor, ra.** 1. a. redeeming. 2. m./f. redeemer. 3. m. the Savior.
redil. f. sheepfold.
redimir. tr. 1. to redeem. 2. to free *(liberar)*.
rédito. m. income, profit.// **redituar.** tr. to yield.
redoblar. tr. to double, to intensify.// **redoble.** m. roll *(de un tambor)*.
redondear. tr. 1. to make round. 2. *Math.* to round off.// **redondel.** m. circle.// **redondez.** f. roundess.// **redondo, da.** 1. a. round. 2. *a la r.:* around. 3. f. *Mus.* semibreve.
reducir. tr. 1. to reduce. 2. to subjugate *(sujetar)*. 3. ref. to boil down.// reduction (f.).
reducto. m. redoubt.
reductor, ra. 1. a. reducing. 2. m./f. reducer.
redundar. i. 1. to result in. 2. to be superfluous *(sobrar)*.// redundancy (f.).// redundant (a.).
reelegir. tr. to reelect.// reelection (f.).
reembolsar. tr. to reimburse.// **reembolso.** m. reimbursement; *entrega contra r.:* cash on delivery.
reemplazante. m./f. replacement.// **reemplazar.** tr. to replace.// **reemplazo.** m. replacement.
refacción. f. renovation, repair.
referencia. f. reference.// **referente.** a. referring.// **referir.** 1. i./ref. to refer. 2. tr. to tell.
refilón (de). adv. obliquely.
refinamiento. m. 1. refinement. 2. refining *(industrial)*.// **refinar.** tr. to refine.// refinery (f.).
reflector, ra. 1. a. reflecting. 2. m. reflector.// **reflejar.** tr. to reflect.// **reflejo, ja.** 1. a. reflected. 2. m. reflection *(en física)*; gleam *(brillo)*; reflex *(físico, mental)*.
reflexionar. tr. to reflect.// reflection (f.).// **reflexivo, va.** a. 1. reflective. 2. *Gram.* reflexive.
reflujo. m. ebb tide.
reforma. f. 1. reform. 2. renovation.// **reformar.** tr. 1. to reform. 2. to renovate. // reformatory (a./m./f.).// reformism (m.).// reformist (a.).
reforzar. tr. to reinforce.
refractar. tr. to refract.// refraction (f.).// refractory (a.).
refrán. f. proverb, adage.
refrescante. a. refreshing; cooling.// **refrescar.** 1. tr. to refresh. 2. to become fresh or cool.// **refresco.** m. cold drink.
refrigerar. tr. to refrigerate.// refrigeration (f.).// refrigerator (m./f.).
refrigerio. m. light snack.

refuerzo. m. 1. reinforcement. 2. help *(ayuda)*.
refugiado, da. m./f. refugee.// **refugiar.** 1. tr. to shelter. 2. ref. to take refuge.// **refugio.** m. refuge, shelter.
refundir. tr. to recast.
refunfuñar. tr. to grumble.
refutar. tr. to refute.// refutation (f.).
regadera. f. watering can.
regadío. m. irrigated land.
regalar. tr. to give as a gift.// **regalía.** f. royalty.// **regalo.** m. gift.// **regalón. na.** a. pampered.
regañadientes (a). adv. reluctantly.
regañar. tr. to scold.// **regaño.** m. scolding.// **regañón. na.** a. grumbler, scolder.
regar. tr. 1. to water, to irrigate. 2. to strew *(esparcir)*.
regata. f. regatta.
regatear. tr. to bargain.// **regateo.** m. haggling.
regazo. m. lap.
regencia. f. regency.
regenerar. tr. to regenerate.// regeneration (f.).
regente. 1. a. ruling. 2. m./f. regent.
regidor, ra. 1. a. ruling. 2. m. councilman.
régimen. m. 1. regime *(gobierno)*. 2. system. 3. rules *(reglas)*. 4. diet.// regimentation (f.).
regimiento. m. regiment.
regio, gia. a. royal; fig. magnificent.
región. f. region.// regional (a.).// regionalism (m.).
registrador, ra. a. 1. registering. 2. *caja r.:* cash register.// **registrar.** tr. 1. to examine. 2. to register *(anotar)*.// **registro.** m. 1. registration *(acción)*. 2. register, record book *(libro)*. 3. registry *(oficina)*. 4. entry *(asiento)*.
regla. f. 1. rule *(norma)*. 2. ruler *(útil)*. 3. menstruation. 4. *en r.:* in order. 5. *por r. general:* as a rule.
reglamentar. tr. to regulate by rules.// **reglamentario, ria.** a. prescribed. // **reglamento.** m. rules.
regocijar. tr. to delight,// **regocijo.** m. rejoicing.
regordete, ta. a. chubby.
regresar. i./tr./ref. to return, to came back.// **regreso.** m. return; *estar de r.:* to be back.
reguero. m. trail; trickle *(de sangre)*.
regulador, ra. 1. a. regulating. 2. m. regulator; control.// regulation (f.).
regular. a. 1. regular. 2. fairly good *(aceptable)*.
regular. tr. 1. to regulate. 2. to adjust.// regularity (f.).// **regularmente.** adv. 1. ordinarly. 2. fairly *(aceptablemente)*.
rehabilitar. tr. to rehabilitate.// rehabilitation (f.).
rehacer. tr. 1. to redo *(una acción)*. 2. to remake *(reelaborar)*.
rehén. m. hostage.
rehuir. tr. to avoid.
rehusar. tr. to refuse.
reina. f. queen.// **reinado.** m. reign.// **reinante.** a. ruling.// **reinar.** tr. to reign.
reincidencia. f. recidivism, relapse.// **reincidente.** a. recidivous, relapsing.// **reincidir.** i. to relapse.
reino. m. kingdom.
reintegrar. 1. tr. to reintegrate *(restablecer)*; to refund *(dinero)*. 2. ref. to rejoin *(volver)*.// **reintegro.** m. reintegration; reimbursment *(dinero)*.
reír. i. 1. to laugh. 2. *r. a carcajadas:* to laugh loudly. 3. *r. de:* to laugh at.

reiterar. tr. to reiterate.// reiteration (f.).
reivindicar. tr. 1. to vindicate. 2. to claim.
reja. f. grille (ventana); plowshard (arado); pl. bars.
rejilla. f. grille; grid.
rejuvenecer. 1. tr. to rejuvenate. 2. i./ref. to beome rejuvenated.// **rejuvenecimiento.** m. rejuvenation.
relación. f. 1. relation. 2. Math. ratio. 3. pl. acquaintances (conocidos); connections.// **relacionar.** 1. tr. to connect. 2. to make connections or friends.
relajamiento. m. relaxaton; laxity (moral).// **relajar.** tr. 1. to relax. 2. to slacken (disciplina).
relamerse. tr. to lick one's lip; fig. to relish.
relámpago. m. flash.// **relampaguear.** i. to flash.
relatar. tr. to relate, to narrate.
relatividad. f. relativity.// relative (a.).
relato. m. narration; story (cuento).// **relator, ra.** m./f. narrator, relator.
relé. m. rele.
relegar. tr. to relegate; to cast (al olvido).
relevante. a. outstandig; important.
relevar. tr. to relieve.// **relevo.** m. relief; Sp. relay.
relicario. m. reliquary.
relieve. m. 1. Geog. relief. 2. prominence. 3. p. de r.: to emphasize.
religión. f. religion. // **religioso, sa.** 1. a. religious. 2. m. monk, f. nun.
relinchar. i. to neigh.// **relincho.** m. neigh.
reliquia. f. 1. relic. 2. vestige (del pasado).
reloj. m. 1. watch (pulsera). 2. clock (de pared). 3. alarm clock (despertador).// **relojería.** f. watchmaker's shop.// **relojero, ra.** m./f. watchmaker.
reluciente. a. shining.// **relucir.** 1. i. to shine. 2. sacar a r.: to bring up.
relumbrante. a. dazzling.// **relumbrar.** tr. to dazzling.
rellano. m. stair landing.
remachar. tr. 1. to rivet; to clinch. 2. to stress (insistir).// **remache.** m. rivet, clincher.
remanente. m. remnant; Com. surplus.
remar. i. to row, to paddle.
rematar. tr. 1. to finish, to end. 2. to auction (subastar). 3. Sp. to shoot.// **remate.** m. end (terminación); auction (subasta); Sp. shot; loco de r.: stark mad.
rembolsar, rembolso. Ver reembolsar.
remedar. tr. to imitate; to mimic.// **remedo.** m. imitation.
remediar. tr. to correct, to remedy.// **remedio.** m. 1. remedy. 2. medicine, drug (medicamento). 3. no haber más r.: to be unavoidable. 4. no tener más r.: to have no alternative.
rememorar. tr. to recall.
remendar. tr. to mend.// **remendón, na.** m./f. mender; cobbler (zapatero).
remero, ra. 1. m./f. rower, paddler. 2. f. T-shirt.
remesa. f. shipment (mercadería); remittance (dinero).
remiendo. m. patch, mend.
remilgado, da. a. affected.
reminiscencia. f. reminiscence.
remisión. f. remission.// **remitente.** m./f. sender.
remitir. tr. 1. to send. 2. to remit (dinero). 3. to

refer (referir). 4. Com. to ship. 5. i. to diminish (ceder). 6. ref. to refer to.
remo. m. oar, paddle.
remojar. tr. to soak.
remolacha. f. beet.
remolcador. m. to tugboat.// **remolcar.** tr. to tow.
remolino. m. whirlpool (agua); whirlwind (viento).
remolón, na. m./f. loafer.
remolque. m. 1. towing (acción). 2. tow truck (camión). 3. trailer (vehículo remolcado).
remontar. 1. tr. fig. to raise. 2. ref. to soar (levantar vuelo); to go back (retroceder).
rémora. f. remora.
remorder. tr. to sting one's conscience.// **remordimiento.** m. remorse.
remoto, ta. a. remote.
remover. tr. 1. to remove. 2. to stir (mezclar).
remplazar, remplazo. Ver reemplazar.
remunerar. tr. to remunerate.// remuneration (f.).// remunerative (a.).
renacer. i. 1. to be reborn. 2. to spring up (plantas).// **renacimiento.** m. rebirth; Renaissance.
renacuajo. m. tadpole.
rencilla. f. quarrel.
rencor. m. rancor.// rancorous (a.).
rendición. f. surrender.// **rendido, da.** fig. exhausted (cansado); submissive (sumiso).
rendimiento. m. 1. yield (producto). 2. performance (acción).// **rendir.** tr. 1. to yield (producir). 2. to pay (homenaje, culto). 3. to take (un examen). 4. to give (cuentas). 5. ref. to surrender; to give up.
renegar. 1. tr. to renege. 2. fig. to grumble. 3. r. de: to renounce to// renegade (a./m./f.).
renglón. m. 1. line. 2. a r. seguido: right after.
reno. m. reindeer.
renombre. m. renown.// renowned (a.).
renovación. f. renovation; renewal (extensión).// **renovar.** tr. to renew (extender); to renovate; to replace (reemplazar).
renquear. i. to limp.
renta. f. 1. income (ingresos). 2. profit (ganancia). 3. rent (alquiler). 4. interest. 5. r. nacional: national income. 6. r. bruta.: gross rent.// **rentabilidad.** f. profitability.
renuncia. f. renunciation; resignation (al empleo).// **renunciar.** tr. to renounce; to resign (al empleo).
reñido, da. a. 1. hard-fought. 2. r. con: contrary to,// **reñir.** tr. to quarrel (pelear); to reprimand.
reo, a. m./f. defendant.
reorganizar. tr. to reorganize.
reparación. f. repair; indemnity (indemnización).// **reparar.** tr. to repair; to notice (notar).// **reparo.** m. objection.
repartición. f. division; branch.
repartir. tr. 1. to divide. 2. to distribute. 3. to deliver (entregar). **reparto.** m. 1. distribution. 2. delivery (entrega). 3. cast (cine, TV).
repasar. tr. 1. to review (rever). 2. to pass again.// **repaso.** m. review.
repente (de). adv. suddenly.// **repentino, na.** a. sudden.
repercutir. i./tr. 1. to resound (resonar). 2. to have repercussion on.// repercussion (f.).

repertorio. m. repertory.

repetición. f. **1.** repetition. **2.** *de r.:* repeater *(mecanismo).*// **repetir.** tr. to repeat.

repicar. tr. to peal.// **repique.** pealing.

repisa. f. shelf, console.

replegar. 1. tr. to fold. **2.** ref. to fall back.

repleto, ta. a. full.

réplica. f. **1.** reply *(respuesta).* **2.** replica *(obra).*

repliegue. m. **1.** double fold. **2.** retreat.

repollo. m. cabbage.

reponer. tr. **1.** to replace. **2.** to reply *(responder).* **3.** ref. to recover.

reportaje. m. report; interview *(entrevista).*

reportar. tr. **1.** to inform. **2.** to produce. **3.** ref. to present oneself *(aparentar).*// **reporte.** news, report.// **reportero, ra.** m./f. reporter.

reposar. i. **1.** to rest *(descansar).* **2.** to settle *(sustancias).* **3.** to lie *(yacer).*

reposición. f. replacement; reset; revival *(cine).*

reposo. m. rest, repose.

repostería. f. confectionery; pastry shop.// **repostero, ra.** m./f. confectioner.

reprender. tr. to scold.

represa. f. dam.

represalia. f. retaliation.

representación. f. representation; performance *(función).*// **representante.** a./m./f. representative (a.).// **representar.** tr. **1.** to represent. **2.** to appear to be *(aparentar).* **3.** to perform *(teatro).*// representative (a.).

represión. f. repression.// repressive (a.).

reprimenda. f. reprimand.

reprimir. tr. to repress.

reprobar. tr. to disaproval; to fail *(un examen).*

reprochar. tr. to reproach.// **reproche.** m. reproach.

reproducir. tr./ref. to reproduce./ // reproduction (f.).// **reproductor, ra. 1.** a. reproducing, reproducer *(que copia).* **2.** Zool. breeding; breeder.// reproductive (a.).

reptil. m. reptile.

república. f. republic.// a./m./f. republican.

repudiar. tr. to repudiate.

repuesto. 1. a. recovered. **2.** m, spare part *(reemplazo);* supply *(reserva).*

repugnancia. f. repugnance.// repugnant (a.).

repugnar. tr. to disgust; to cause repugnance.

repulsivo, va. a. repulsive.// repulsion (f.).

reputación. f. reputation.

repuntar. i. to begin to improve.

requerimiento. f. requirement; request.// **requerir.** tr. to require *(necesitar);* to request *(solicitar);* to woo *(de amores).*

requisar. tr. **1.** to inspect. **2.** to confiscate.

requisito. m. requisite, requirement.

res. f. head of cattle.

resabio. m. aftertaste *(sabor);* bad habit *(costumbre).*

resaca. f. undertow *(marea);* fig. hangover.

resaltar. i. **1.** to jut out; to stand out. **2.** *hacer r.:* to stress.

resbaladizo, za. a. slippery.// **resbalar.** i. to slip, to slide.// **resbalón.** m. **1.** slip. **2.** fig. blunder.

rescatar. tr. **1.** to ransom *(cautivos).* **2.** to recover *(recobrar).*// **rescate.** m. ransom.

rescindir. tr. to rescind.// rescission,

resecar. tr. to dry up.// **reseco, ca.** a. dried up.

resentido, a. a. resentful.// **resentirse.** ref. to become resentful; *r. por:* to take offense.// **resentimiento.** m. resentment.

reseña. f. outline; review.// **reseñar.** tr. to outline; to review.

reserva. f. **1.** reserve. **2.** stock *(provision).* **3.** reservation. **4.** discretion.// reservation (f.).// **reservar.** tr. **1.** to reserve. **2.** to save *(guardar).* **3.** to conceal.

resfriarse. ref. to catch a cold.// **resfrío.** m. cold.

resguardar. tr. to protect, to shelter.// **resguardo.** m. protection; safeguard *(documento).*

residencia. f. residence.// residencial (a.).// resident (a./m./f.).

residir. tr. **1.** to reside. **2.** to lie *(consistir).*

residuo. m. **1.** residue. **2.** Math. remainder. **3.** pl. waste.// residual (a.).

resignar. tr. to resign.// resignation (f.).

resina. f. resin.

resistir. 1. i./tr./ref. to resist. **2.** i. to endure *(durar).* **3.** i. to bear *(aguantar).* **4.** ref. *r. a:* to refuse to.// resistance (f.).

resolución. f. resolution; solution.// **resolver.** tr. **1.** to resolve *(decidir).* **2.** to solve *(un problema).*

resonar. i. to resound.// resonance (f.).

resoplar. i. to puff.// **resoplido.** m. puffing.

resorte. m. **1.** spring. **2.** fig. means.

respaldar. 1. tr. to back, to support. **2.** ref. to back oneself.// **respaldo.** m. backing *(garantía);* back *(de un mueble);* support *(apoyo).*

respecto (a). adv. **1.** about the matter. **2.** *r. a;* with regard to.// respective (a.).

respetar. tr. to respect.// **respeto.** m. respect.// respectable (a.).// **respetuoso, sa.** a. respectful.

respiración. f. respiration, breathing.// **respirar.** i./tr. to breathe.// **respiro.** m. rest, respite.

resplandecer. i. to shine.// **resplandeciente.** a. resplendent.// **resplandor.** m. brightness; shine.

responder. tr. **1.** i./tr. to answer. **2.** to respond *(reaccionar, funcionar).*

responsable. a. responsible.// responsibility (f.).

respuesta. f. **1.** answer. **2.** response *(reacción).*

resquebrajar. tr. to crack.

resquicio. m. **1.** chink. **2.** fig. chance.

resta. f. substraction; remainder *(resultado).*// **restar. 1.** tr. to substract; to reduce *(reducir).* **2.** i. to remain *(quedar).*

restante. a. remaining.

restaurante. m. restaurant.

restaurar. tr. to restore.// restoration (f.).

restituir. tr. to return.// restitution (f.).

resto. m. **1.** remainder. **2.** rest. **3.** pl. left over; *r. mortales:* mortal remains.

restringir. tr. to restrict.// restriction (f.).// restrictive (a.).

resucitar. i./tr. to resurrect.

resuelto, ta. a. **1.** resolute. **2.** decided.

resultado. m. result; effect.

resultar. i. **1.** to result from *(ser resultado de).* **2.** to turn out *(salir).* **3.** to work out *(funcionar).* **4.** to find *(opinar de algo o alguien).*

resumen. m. summary.// **resumir.** tr. to summarize.

resurgir. i. to resurge.
resurrección. f. resurrection.
retaguardia. f. rear, rear guard.
retar. tr. **1.** to challenge. **2.** to scold (dar retos).
retardar. 1. tr. to detain. **2.** ref. to be late.// **retardo.** m. delay; retardation.
retazo. m. **1.** scrap. **2.** fig. fragment.
retén. m. Mech. catch.
retención. f. **1.** retention. **2.** amount withheld (deducción).// **retener.** tr. **1.** to retain, to keep. **2.** to arrest. **3.** to withhold (deducir).
retina. f. retina.
retirada. f. retreat.
retirar. tr. **1.** to remove (remover). **2.** to take away (quitar). **3.** to withdraw (sacar). **4.** ref. to retire.
retiro. m. **1.** retreat (lugar). **2.** retirement (acción, jubilación). **3.** withdrawal (de fondos).
reto. m. **1.** challenge (desafío). **2.** reprimand.
retocar. tr. to retouch.
retomar. tr. to take back.
retoño. m. sprout, shoot.
retoque. m. retouching.
retorcer. tr. to twist.// **retorcido, da.** a. evil-minded.
retórico, ca. 1. a. rhetorical. **2.** f. rhetoric; fig. subtleties.
retornar. 1. tr. to return, to give back (devolver). **2.** i. to return, to go back.// **retorno.** m. return.
retozar. i. to romp.
retractarse. ref. to retract.// retraction (f.).
retraerse. ref. to withdraw.// **retraído, da.** a. withdrawn.// **retraimiento.** m. withdrawn.
retrasado, da. a. **1.** late (demorado). **2.** retarded (persona).// **retrasar.** tr. **1.** to delay (demorar). **2.** to postpone (posponer). **3.** ref. to be late.// **retraso.** m. **1.** delay. **2.** con r.: late.
retratar. tr. **1.** to paint (pintar). **2.** to depict (describir). **3.** to photograph.// **retrato.** m. portrait; description; photograph.
retrete. m. toilet.
retribuir. tr. **1.** to pay (pagar). **2.** to reward (recompensar). **3.** to reciprocate.// retribution (f.).
retroactividad. f. retroactivity.// retroactive (a.).
retroceder. i. **1.** to go back. **2.** to worsen (empeorar). **3.** tr. to move back.// **retroceso.** m. **1.** retrocession. **2.** backward movement.
retrógrado, da. a. retrograde; retrogresive.
retumbar. i. to resound.
reumatismo. m. rheumatism.// rheumatic (a.).
reunión. f. **1.** reunion. **2.** meeting (de negocios, política).
reunir. tr. **1.** to collect (fondos). **2.** to gather (juntar, agrupar). **3.** to fulfill (satisfacer). **4.** tr./ref. to meet (en una reunión).
revalidar. tr. to revalidate.// revalidation (f.).
revancha. f. **1.** revenge. **2.** Sp. return game.
revelado. m. development (de fotos).// **revelador, ra.** a. revealing.// **revelar. 1.** tr. to reveal. **2.** to develop (fotos).// revelation (f.).
revendedor, ra. m./f. reseller, retailer.// **revender.** tr. to resell.// **reventa.** f. resale; retail.
reventar. 1. i./tr./ref. to burst (un globo). **2.** i. to blow (neumático). **3.** i. fig. to die (morir). **4.** tr. to smash (aplastar). **5.** r. de cansancio: to be exhausted.// **reventón.** m. blowout.

rever. tr. to review; to retray.
reverdecer. 1. i. to grow green again. **2.** tr. to give new vigor.
reverencia. f. reverence.// **reverenciar.** tr. to reverence, to reverenciate.
reverendo, da. a./m. reverend.
reverso. m. reverse.// reversion (f.).
revertir. tr. to revert.
revés. m. **1.** back, reverse (reverso). **2.** setback (derrota). **3.** al r.: upside down (cabeza abajo); inside out (ropa).
revestimiento. m. covering.// **revestir.** tr. to cover.
revisación. f. examination; inspection; checking (médica).// **revisar.** tr. to revise; to check.// **revisión.** f. **1.** examination, inspection. **2.** review (repaso).// **revisor, ra. 1.** a. examining. **2.** m./f. auditor.
revista. f. **1.** review (revisión, revista especializada). **2.** magazine (publicación). **3.** pasar r.: to review.
revivir. i. to revive.
revocación. f. revocation, annulment.// **revocar.** tr. **1.** to revoke, to repeal (cancelar). **2.** to plaster (una pared).// revocatory (a.).
revolcar. 1. tr. to tumble. **2.** ref. to roll about.
revolotear. i. to fly around.
revoltijo. fig. jumble, mess.
revoltoso, sa. m./f. troublemaker.
revolución. f. revolution.// **revolucionar.** tr. to revolutionize.// revolutionary (a./m./f.).
revólver. m. revolver, gun.
revolver. tr. **1.** to stir, to mix (mezclar). **2.** to mix up (desordenar). **5.** ref. to turn around (dar vueltas).
revuelo. m. commotion.
revuelto, ta. a. **1.** mixed (mezclado). **2.** mixed up (desordenado). **3.** f. revolt, revolution.
rey. m. king.
reyerta. f. fight, row.
rezagar. 1. tr. to leave behind. **2.** ref. to remain behind.// **rezago.** m. remainder; left-over.
rezar. 1. i. to pray. **2.** tr. to say (oraciones, la misa).// **rezo.** m. prayer.
rezongar. i. to grumble.// **rezongo.** m. grumbling.// **rezongón, na.** m./f. grumbler.
rezumar. i./tr. to ooze.
ría. f. estuary.// **riachuelo.** m. rivulet.
ribera. f. river bank, shore.// **ribereño, ña. 1.** a. riverside. **2.** m./f. riverside dweller.
ribete. m. **1.** trimming. **2.** pl. streaks.// **ribetear.** tr. to trim.
ricino. m. castor-oil plant.
rico, ca. a. **1.** rich. **2.** fertile. **3.** abundant. **4.** delicious. **5.** fig. adorable. **6.** m./f. rich person; pl. the rich. **7.** hacerse r.: to get rich.
ridiculez. f. ridiculousness.// **ridiculizar.** tr. to ridicule.// **ridículo, la. 1.** a. ridiculous. **2.** m. ridiculous situation. **3.** poner en r./hacer el r.: to make a fool of (oneself).
riego. m. irrigation.
riel. m. rail.
rienda. f. rein.
riesgo. m. risk.

rifa. f. raffle.// **rifar.** tr. to raffle.
rifle. m. rifle.
rigidez. f. 1. rigidity. 2. r. cadavérica: rigor mortis.// **rígido, da.** a. 1. rigid. 2. strict.
rigor. m. 1. rigor. 2. de r.: obligatory. 3. en r.: strictly.// **riguroso, sa.** a. 1. rigurous. 2. estrict. 3. exact.
rima. f. rhyme; pl. poems.// **rimar.** i./tr. to rhyme.
rincón. m. corner.// **rinconera.** f. corner furniture.
rinoceronte. m. rhinoceros.
riña. m. dispute, quarrel.
riñón. m. kidney.
río. m. 1. river. 2. fig. flood. 3. r. abajo: downstream. 4. r. arriba: upstream.
riqueza. f. 1. wealth. 2. opulence. 3. richness (fecundidad). 4. pl. riches. 5. r. naturales: natural resources.
risa. f. laughter, laught.
risco. m. cliff.
risible. a. laughable.
risotada. f. guffaw.
ristra. f. string, row.
risueño. a. smiling.
ritmo. m. rite; ceremony.// **rítmico (a.).**
rito. m. rite; ceremony.// ritual (a./m.).
rival. a./m./f. rival.// **rivalidad.** f. rivalty.// **rivalizar.** i. to rival, to compete.
rizado, da. a. curling.// **rizar.** tr./ref. to curl.// **rizo.** m. curl.
robar. tr. 1. to steal. 2. to burgle (saquear).
roble. m. 1. oak. 2. ser un r.: to be very strong.// **robledal.** f. oak forest.
robo. m. robbery, theft.
robustecer. tr. to strengthen, to fortify.// **robusto, ta.** a. robust.
roca. f. rock.
roce. m. 1. friction. 2. fig. frequent contact.
rociada. f. sprinkling.// **rociador.** m. sprayer.// **rociar.** tr. 1. to sprinkle. 2. to spray.
rocío. f. 1. dew (humedad). 2. sprinkle (llovizna).
rocoso, sa. a. rocky.
rodado. m. vehicle.
rodaja. f. slice.
rodaje. m. 1. set of wheels (conjunto de ruedas). 2. filming (de una película).
rodamiento. m. bearing.
rodar. i. 1. to roll (girar). 2. to run on wheels (andar sobre ruedas). 3. to fall down (caer). 4. i./tr. to shoot (filmar).
rodear. tr. 1. to surround, to encircle. 2. to go around (dar la vuelta). 3. ref. r. de: to surround oneself.
rodeo. m. 1. rodeo (jineteada). 2. roundabout way (desvío). 3. circumlocution (circunloquio).
rodilla. f. 1. knee. 2. de r.: on one's knees. 3. ponerse de r.: to kneel.// **rodillera.** m. knee ward; knee patch.
rodillo. m. 1. roller. 2. roller pin (de cocina).
roedor. m. rodent.
roer. tr. 1. to gnaw. 2. to corrode (corroer).
rogar. 1. i. to pray. 2. tr. to beg, to entreat. 3. hacerse r.: to want to be coaxed.
rogativa. f. public prayer.
rojizo, za. a. reddish.

rojo, ja. 1. a. red. 2. ruddy (mejillas). 3. m. red. 4. ponerse r.: to blush. 5. estar al r. vivo: to be heated.
rol. m. role.
roldana. f. pulley wheel.
rollizo, za. a. chubby, plump.
rollo. m. 1. roll. 2. roller (rodillo). 3. fig. long boring speech (charla aburrida). 4. soltar el r.: to talk a lot.
romance. 1. a. Romance (lenguas). 2. m. romance. 3. ballad, romance (poema). 4. en buen r.: in plain or clear language.// **romancero.** m. collection of romances.
romano, na. 1. a./m./f. Roman. 2. f. Roman balance.
romanticismo. m. romanticism.// **romántico, ca.** a. romantic.
rombo. m. rhombus, rhomb.// **romboide.** m. rhomboid.
romeo. m. fig. lover.
romería. f. 1. pilgrimage. 2. fig. crowd.
romero, ra. 1. m./f. pilgrim. 2. m. rosemary (planta, condimento).
romo, ma. a. blunt, stubby.
rompecabezas. m. puzzle.
rompehielos. m. ice breaker.
rompeolas. m. breakwater.
romper. 1. i./tr./ref. to break. 2. tr. to break off (cancelar). 3. r. con: to break with. 4. r. en: to burst into. 5. ref. r. el alma: to brak one's neck. 6. ref. r. la cabeza: to rack one's brains (pensar).
rompiente. f. reef, shoal.
rompimiento. m. breaking; breaking off (ruptura).
ron. m. rum.
roncar. i. to snore.
roncha. f. rash; bruise.
ronco, ca. a. hoarse.
ronda. f. 1. night patrol (patrulla). 2. round (vuelta de copas, cigarrillos). 3. street serenade (serenata). 4. circle (círculo).
rondar. i. 1. to patrol (patrullar). 2. to serenade (dar serenatas). 3. to prawl around (dar vueltas). 4. tr. to pursue (perseguir).
rondó. m. rondo.
rondón (de). adv. abruptly.
ronquido. m. snore.
ronronear. i. to purr.// **ronroneo.** m. purring.
roña. f. 1. filth. 2. fig. stinginess (tacañería).
roñoso, sa. a. 1. filthy. 2. fig. stingy (tacaño).
ropa. 1. clothes, clothing. 2. r. blanca: linen, sheets. 3. r. interior: underwear. 4. r. usada: seond-hand clothes. 5. r. vieja: shredded beef (comida).
ropaje. m. 1. wardrobe, clothes. 2. fig. style, form of expression.
ropero. m. clothes closet.
rosa. 1. a. rose, pink. 2. f. rose. 3. r. de los vientos: mariner's compass.
rosáceo, a. a. rosaceous.
rosado, da. a. pink, rosy.
rosal. m. 1. rosebush (arbusto). 2. rose garden (jardín de rosas).
rosario. m. rosary.
rosbif. m. roast beef.

rosca. f. 1. ring-shaped pastry (pastel). 2. thread (de un tornillo). 3. spiral, coin. 4. pasarse de r.: to go too far, to take too many liberties. 5. r. hembra: female thread.

roscar. tr. 1. to thread (enroscar). 2. to make or cut a screw thread on (matrizar una rosca).

roséola. f. roseola.

roseta. f. rosette.

rosquilla. f. ring-shaped pastry.

rostro. m. 1. face, countenance. 2. torcer el r.: to show displeasure.

rotación. f. 1. rotation. 2. r. de cultivos: rotation of crops.

rotante. a. rotating, revolving.

rotar. i./tr. to rotate.

rotario, ria. a./m./f. Rotarian.

rotativo, va. 1. a. revolving; rotary. 2. m. newspaper (diario, periódico). 3. f. rotary printing press.

rotatorio, ria. a. 1. rotary, rotating. 2. movimiento r.: rotary motion.

roto, ta. a. 1. broken. 2. cracked. 3. worn out (gastado).

rotonda. f. rotunda, round building.

rotor. m. rotor.

rotoso, sa. a. tattered.

rótula. f. 1. Anat. rotula, kneepan, patella kneecap. 2. Mech. rounded joint, universal joint, ball and socket joint.

rotulación. f. labeling, lettering.

rotulador, ra. 1. m./f. labeler, sign maker. 2. a. labeling, lettering.

rotular. tr. 1. to label. 2. to design or make a sign, an inscription, etc.

rótulo. m. 1. label (etiqueta). 2. sign, poster.

rotundamente. adv. categorically, flatly, peremptorily.

rotundo, da. a. 1. categorical, peremptory. 2. sonorous (sonoro).

rotura. f. 1. breaking, breakage. 2. tear (en papel o tela).

roturación. f. breaking up new ground; newly broken up ground.

roturador, ra. a. breaking up.// m. 1. plow. 2. harrow.

roturar. tr. to break up.

round. m. round.

rozadura. f. 1. rubbing (acción). 2. rubbed spot (señal).

rozagante. f. 1. splendid-looking. 2. flowing, sweeping.

rozamiento. m. 1. rubbing, friction. 2. fig. friction, disagreement.

rozar. tr. 1. to rub (frotar). 2. to border on (estar cerca de ser). 3. i. to touch lightly. 4. ref. r. con: to rub against.

ruana. f. square poncho.

ruano, na. a. roan (caballo).

rubéola. f. rubella.

rubí. m. ruby.

rubicundo, da. a. rubby.

rubidio. m. rubidium.

rubio, bia. 1. a./m. blond. 2. a./f. blonde. 3. a. golden (dorado).

rubor. m. 1. blush (arrebol). 2. embarrassment (vergüenza).

ruborizar. tr./ref. to blush.

rúbrica. f. 1. flourish (de una firma). 2. rubric (terminación).

rubricar. tr. 1. to sign (firmar). 2. fig. to attest (atestiguar).

rubro. m. 1. title (título). 2. item (contabilidad, comercio).

ruda. f. rue.

rudeza. 1. roughness. 2. harshness, severity (del clima).

rudimentario, ria. a. rudimentary, primitive.

rudimento. m. rudiment.

rudo, da. a. 1. rough. 2. severe, harsh (clima).

rueda. f. 1. wheel. 2. roller (de muebles). 3. ring, circle (de gente). 4. turn, time, successive order. 5. pl. ir sobre r.: to go smoothly. 6. r. de auxilio: spare tire. 7. r. dentada: cogwheel. 8. r. de prensa: press comference. 9. r. de presos: line-up. 10. r. de timón: steering wheel.

ruedo. m. 1. hem (dobladillo). 2. bullring (de una plaza de toros).

ruego. m. request, entreaty.

rufián. m. ruffian.

rugido. m. roar.

rugir. i. 1. to roar. 2. fig. to howl.

rugoso, sa. a. wrinkled.

ruido. m. 1. noise. 2. fig. hacer mucho r.: to create a stir. 3. mucho r. y pocas nueces: much ado about nothing.

ruidoso, sa. a. noisy.

ruin. m. base, despicable.

ruina. f. 1. ruin (restos). 2. bankrupt (bancarrota). 3. estar hecho una r.: to be a wreck.

ruindad. f. baseness, meanness.

ruinoso, sa. a. ruinous.

ruiseñor. m. nightingale.

ruleta. f. roulette.

rulo. m. curl, lock of hair.

rumano, na. a./m./f. Rumanian.

rumba. f. rumba.

rumbear. i. to take a course or direction.

rumbo. m. 1. direction, course. 2. r. a: toward, on the way to.

rumboso, sa. a. lavish.

rumiante. a./m./f. ruminat.

rumiar. tr. to ruminate.

rumor. m. 1. murmur (sonido quedo). 2. rumor, gossip.

rumoroso, sa. a. murmurous.

rumorear. tr./ref. to be rumored.

ruptura. f. 1. rupture, breaking. 2. fracture (fractura).

rural. 1. a. rural. 2. m./f. peasant.

ruso, sa. a./m./f. Russian.

rústicamente. adv. rustically, rudely.

rústico, ca. 1. a. rustic, rural. 2. f. en r.: paperbound.

ruta. f. 1. route, way. 2. highway (carretera). 3. r. aérea: air lane.

rutenio. m. ruthenium.

rutina. f. routine.

rutinario, ria. a. routine.

s. f. twentieth letter of Spanish alphabet.

sábado. m. 1. Saturday. 2. Sabbath *(religioso)*.

sabalo. m. shad.// **sabalero.** m. shad fisherman.

sábana. f. savanna.

sábana. f. bed sheet.

sabandija. f. 1. bug, insect. 2. fig. vermin.

sabañón. m. chilblain.

sabático, ca. a. sabbatical.// **sabatino, na.** a. Saturday.

sabelotodo. m./f. know-it-all.

saber. m. learning, knowledge.

saber. 1. i./tr. to know. 2. tr. to know how *(saber hacer)*. 3. tr. to learn *(enterarse)*. 4. *hacer s.:* to inform. 5. *¿qué se yo?:* how should I know? 6. *que yo sepa:* as far as I know. 7. *¿quién sabe?:* who knows? 8. ref. to be known. 9. to taste *(tener cierto sabor)*.// **sabiduría.** f. 1. wisdom *(cualidad)*. 2. knowledge *(conocimiento)*.

sabiendas (a). adv. knowingly.

sabio, bia. a. 1. wise *(prudente)*. 2. learned *(instruido)*.// m./f. 1. wise person *(prudente)*. 2. learned person *(instruido)*. 3. sage *(persona de gran conocimiento)*.

sablazo. m. 1. saber blow *(golpe)* or wound *(herida)*. 2. fig. sponging *(mangazo)*.// **sable.** m. saber.

sabor. m. taste, flavor.// **saborear.** tr. to taste.

sabotaje. m. to sabotage.// **saboteador, ra.** m./f. saboteur.// **sabotear.** tr. to sabotage.

sabroso, sa. a. 1. tasty *(con sabor)* 2. delightful *(delicioso)*.

sabueso. m. bloodhound.

sacabocados. m. punch.

sacacorchos. m. corkscrew.

sacapuntas. m. pencil sharpener.

sacar. tr. 1. to take out. 2. to remove *(quitar)*. 3. to pull out *(arrancar)*. 4. to get *(lograr)*. 5. to solve *(resolver)*. 6. to publish *(publicar)*. 7. to extract *(extraer)*. 8. to take *(fotos, apuntes)*. 9. *s. adelante:* to carry out. 10. *s. a relucir:* to bring up. 11. *s. la cara por:* to stand for. 12. *s. ventaja:* to take advantage. 13. ref. to take off *(ropa)*; to win *(un premio)*.

sacarina. f. saccharine.

sacerdocio. m. priesthood.// **sacerdote.** m. 1. priest, clergyman. 2. *sumo s.:* high priest.// **sacerdotisa.** f. priestess.

saciar. tr. to satiate.// **saciety** (f.).

saco. m. 1. sack, bag *(bolsa)*. 2. jacket *(chaqueta)*. 3. *Anat.* sac.

sacramento. m. sacrament.

sacrificar. tr. 1. to sacrifice. 2. to slaughter *(animales)*.// **sacrificio.** m. 1. sacrifice. 2. slaughter *(de animales)*.

sacrilegio. m. sacrilege.// sacrilegious (a./m./f.).

sacristán. m. sacristan, sexton.// sacristy (f.).

sacro, cra. 1. a. sacred. 2. m. *Anat.* sacrum.

sacrosanto, ta. a. sacrosant.

sacudida. f. 1. shake *(acción)*. 2. tremor *(sismo)*. 3. jolt *(emoción)*.// **sacudir.** tr. 1. to shake *(agitar)*. 2. to dust off *(el polvo)*. 3. to beat *(golpear)*. 4. to flat *(aletear)*. 5. to jolt *(emocionar)*. 6. ref. to shake *(agitarse)*; to brush off *(la ropa)*.

sádico, ca. 1. a. sadistic. 2. m./f. sadist.// **sadismo.** m. sadism.

saeta. f. dart, arrow.

sagaz. a. sagacious, wise.// sagacity (f.).

sagrado, da. a. sacred.// **sagrario.** m. sanctuary.

sahumar. tr. to burn incense.// **sahumerio.** m. incense; aromatic smoke *(humo)*.

sainete. m. one-fact-farce.

sajón. a./m./f. Saxon.

sal. f. 1. salt. 2. charm *(gracia)*. 3. wit *(ingenio)*. 4. *s. aromáticas:* smelling salts.

sala. f. 1. living room *(casa)* 2. auditorium. 3. house *(teatro)*. 4. courtroom *(juzgado)*.

salado, da. a. salty.// **salar.** tr. to salt.

salamandra. f. salamander.

salario. m. wage, salary.// **salarial.** a. wage.

salazón. m. salted meats.

salchicha. f. sausage, frankfurter.// **salchichón.** m. large sausage; salami.

saldar. tr. 1. to pay off *(cuentas)*. 2. to remainder *(vender)*.// **saldo.** m. 1. balance *(cifra)*. 2. remnant *(mercancía)*.

salero. m. 1. saltshaker. 2. charme, grace *(gracia)*.

salida. f. 1. exit *(de un lugar)*. 2. departure *(partida)*. 3. outlet *(de un circuito)*. 4. sale *(venta)*. 5. way out *(escapatoria)*. 6. expenditure *(gasto)*. 7. sally, witty remark *(ocurrencia)*. 8. *s. del sol:* sunrise.

saliente. f. projection.

salino, na. 1. a. saline. 2. f. salt mine.

salir. i. 1. to leave *(de un lugar, partir)*. 2. to go out *(a caminar o pasear)*. 3. to come out *(aparecer)*. 4. to rise *(sol, luna)*. 5. to emerge *(una idea)*. 6. to lead *(cartas, números, una calle)*. 7. to result, to turn out *(resultar)*. 8. to be elected *(ser elegido)*. 9. *s. adelante:* to get ahead. 10. *s. con alguien:* to go out with someone. 11. *s. con la suya:* to get one's own way. 12. *s. del paso:* to get out of a jam.

salitral. f. saltpeter bed.// **salitre.** m. saltpeter.// **salitroso, sa.** a. saltpetrous.

saliva. f. saliva.
salmo. m. psalm.
salmodiar. tr. to chant.
salmón. m. salmon.
salmuera. f. brine, pickle.
salobre. a. brackish.
salón. m. **1.** hall (sala grande). **2.** exposition. **3.** gallery. **4.** s. de baile: ballroom. **5.** s. de té: tearoom. **6.** s. de belleza: beauty parlor.
salpicadura. m. spattering.//**salpicar.** tr. to spatter, to sprinkle.
salpicón. m. mincemeat.
salpullido. m. rash.
salsa. f. sauce, gravy.
saltamonte. m. grasshopper.
saltar. i. **1.** to jump (brincar). **2.** to jump up (levantarse). **3.** to hop (dar saltitos). **4.** to bound (rebotar, salir con ímpetu). **5.** tr. to skip over (omitir). **6.** s. a la vista: to be obvious.
salteador, ra. m./f. bandit, highway robber.//**saltear.** tr. **1.** to hold up (robar). **2.** to skip (omitir). **3.** to sauté (cocinar).
salto. m. **1.** jump. **2.** waterfall (de agua). **3.** pl. a s.: by leaps and bounds. **4.** s. de cama: negligée.
salubre. a. healthfull.// **salubridad.** f. **1.** healthfullness. **2.** public health (salud pública).
salud. f. **1.** health. **2.** s. pública: public health. **3.** ¡s.!: Good bless you! (estornudo); cheers! (brindis).// **saludable.** a. **1.** healthfull (que da salud). **2.** wholesome (de buen aspecto).
saludar. tr. **1.** to greet (mostrar cortesía). **2.** to salute (honrar). **3.** to say good-by (decir adiós). **4.** Le saluda atentamente: yours truly.// **saludo.** m. **1.** greeting (cortesía). **2.** salute (honra). **3.** saludos a: greetings a.// **4.** salutation (f.).
salva. f. **1.** salvo. **2.** s. de aplausos: round of applause.
salvación. f. salvation.// **salvada.** f. good fortune, good luck.// **salvador, ra. 1.** a. saving. **2.** m./f. savior. **3.** m. Savior (Jesucristo).
salvado. m. bran (fibra).
salvadoreño, ña. a./m./f. Salvadoran.
salvaguardar. tr. to safeguard.// **salvaguardia.** f. safeguard.
salvaje. 1. a. wild (silvestre, no domesticado); savage (bárbaro). **2.** m./f. savage.// **salvajada.** f. savagery.// **salvajismo.** m. savageness.
salvamento. m. saving, rescue.
salvar. tr. **1.** to save. **2.** to rescue (rescatar). **3.** to certify (errores). **4.** ref. to escape (escapar).// **salvataje.** m. saving, rescue.// **salvavidas. 1.** m. life preserver (aparato); life belt (cinturón); life jacket (chaleco); safeboat (bote). **2.** m./f. lifeward (persona).
¡salve! interj. hail!
salvedad. f. exception, reservation.
salvo, va. 1. a. saved. **2.** adv. except, save. **3.** a s.: safe. **4.** s. que: unless.
salvoconducto. m. safe-conduct.
sambenito. m. stigma.
san. a. Saint.
sanar. 1. i. to recover (de una enfermedad); to heal (una herida). **2.** tr. to cure (curar).
sanatorio. m. hospital; sanatorium.

sanción. f. **1.** punishment (castigo). **2.** sanction (aprobación).// **sancionar.** tr. **1.** to punish (castigar). **2.** to sanction (aprobar).
sancocho. m. stew.
sandalia. f. sandal.
sándalo. m. sandalwood.
sandez. f. foolishness; nonsense.
sandía. f. watermelon.
saneamiento. m. **1.** sanitation (limpieza). **2.** improvement (mejora).// **sanear.** tr. **1.** to sanitize (limpiar). **2.** to improve (mejorar).
sangrante. a. bleeding.// **sangrar.** i./tr. to bleed. // **sangre.** f. **1.** blood. **2.** lineage (linaje). **3.** a s. fría: in cold blood. **4.** de s. caliente: warm-blooded. **5.** de s. fría: cold-blooded.
sangría. f. **1.** bleeding (sangrado). **2.** wine and fruits drink (bebida). **3.** indentation (de un texto). **4.** fig. draining (de dinero).
sangriento, ta. a. bloody.
sanguijuela. f. leech.
sanguinario, ria. a. bloodthirsty, cruel.// **sanguíneo, a.** a. **1.** blood (de la sangre). **2.** sanguine (temperamento).
sanidad. f. **1.** health, healthness. **2.** s. pública: public health.
sanitario, ria. 1. a. sanitary. **2.** pl. water closet, toilet.
sano, na. a. **1.** healthy (de salud). **2.** unharmed (sin daño). **3.** wholesome (sin vicios, provechoso). **4.** whole (entero). **5.** cortar por lo s.: to take drastic measures. **6.** s. y salvo: safe and sound.
¡sanseacabó! interj. that's the end of it!
santabárbara. f. powder magazine.
santiamén (en un). adv. in a jiffy.
santidad. f. **1.** sanctity. **2.** Su S.: His Holiness.
santificar. tr. **1.** to sanctify (hacer santo). **2.** to make holy (consagrar).
santiguarse. ref. to cross oneself.
santísimo, ma. a. **1.** most holy. **2.** S. Sacramento: Holy Sacrament.
santo, ta. a. **1.** holy, Holy. **2.** fig. todo el s. día: the whole blessed day. **3.** m./f. Saint. **4.** m. saint's image (imagen); saint's day (día). **5.** s. y seña: password.// **santuario.** m. sanctuary.// **santurrón, na. 1.** a. affecting piety. **2.** m./f. sanctimonius.
saña. f. fury, cruelty.
sapiencia. f. sapience.// sapient (a.).
sapo. m. toad.
saque. m. Sp. serve, service (tenis); s. de meta: goal kick.
saquear. tr. to plunder.// **saqueo.** m. plundering.
sarampión. m. measles.
sarcasmo. m. sarcasm.// sarcastic (a.).
sarcófago. m. sarcophagus.
sardina. f. sardine.
sargento. m. sergeant.
sarmiento. m. shoot of grapevine.
sarna. f. mange, scabies.// **sarnoso, sa.** a. mangy.
sarro. m. **1.** crust. **2.** tartar (dental).
sarta. f. string, row.
sartén. f. frying pan.
sastre. m. taylor.// **sastrería.** f. taylor's shop.
satánico, ca. satanic.
satélite. f. satellite.// satellital (a.).

satén. m. satin.// **satinado, da.** a. 1. satiny. 2. *papel s.*: glossy or coated paper.

sátira. f. satire.// satiric (a.).// **satirizar.** tr. to satirize.

sátiro. f. satyr.

satisfacer. tr. 1. to satisfy. 2. to fulfill *(requisitos)*.// satisfaction (f.).// satisfactory (a.).// **satisfecho, cha.** a. 1. satisfied. 2. *estar o quedar s.*: to be full, to be sated.

saturar. tr. to saturate.// saturation (f.).

sauce. m. willow; *s. llorón*: weeping willow.

savia. f. sap.

saxofón. m. saxophone.// saxophonist (m./f.)

sayo. m. smock.

sazón. f. 1. seasoning *(condimento)*. 2. season *(maduración)*. 3. fig. *a la s.*: at that time.// **sazonar.** tr. 1. to season *(condimentar)*. 2. to ripen *(madurar)*.

se. ref. pron. 1. oneself, yourself, himself, herself, itself, etc. *(en verbos reflexivos; p. ej. mirarse:* to look oneself). 2. to oneself, to yourself, etc. *(en ciertos verbos reflexivos con el significado de "sí mismo"; p. ej. hablarse a sí mismo:* to talk to oneself). 3. each other, one another *(indica acción recíproca de un sujeto en plural; p. ej. ellos se aman:* they love each other). 4. to each other, to one another *(acciones recíprocas que incluyen intercambio: p. ej. se mandaron regalos:* they sent presents to one another). 5. his, her, it, etc. *(para indicar posesión del objeto directo; p. ej. ella se tiñe el pelo:* she dyes her hair.). 6. to him, to her, etc. *(cuando indica el objeto indirecto; p.ej. Ana se lo dijo a él:* Ann said it to him). 7. *no se traduce en los casos de verbos no reflexivos en castellano que tomen forma reflexiva; p.ej.* la silla se rompió. 8. *tampoco se traduce en las formas reflexivas de los verbos impersonales; p. ej.* se dice, se entiende, etc.

sebo. m. 1. tallow *(para velas)*. 2. grease *(grasa)*.

secador, ra. m./f. 1. dryer. 2. *s. de pelo*: hair dryer.

secante. 1. a. drying. 2. m. blotter *(papel secante)*. 3. f. Math. secant.

secar. 1. tr. to dry. 2. ref. to dry out. 3. ref. to wither *(plantas)*.

secarropas. m. clothes dryer.

sección. f. 1. section. 2. department.// **seccionar.** tr. to section.

secesión. f. secession.// secessionist (a./m./f.).

seco, ca. a. 1. dry. 2. whithered *(plantas)*. 3. sharp *(golpe)*. 4. laconic *(de pocas palabras)*.

secretar. tr. to secrete.// secretion (f.).

secretaría. f. secretaryship *(cargo)*; secretary's office *(oficina)*.// **secretariado.** m. secretariat.// **secretario, ria.** m./f. secretary.

secretear. i. to whisper.

secreto, ta. a./m. 1. secret; hidden *(oculto)*. 2. *s. a voces*: open secret.

secta. f. sect.// **sectario, ria.** a. sectarian.

sector. m. sector.// sectorial (f.).

secuaz. m./f. henchman; accomplice.

secuela. f. 1. sequel, consequence. 2. *Med.* sequela.

secuencia. f. sequence.

secuestrador, ra. m./f. 1. kidnaper *(de personas)*. 2. hijacker.// **secuestrar.** tr. 1. to kidnap *(personas)*. 2. to hijack *(vehículos)*.// **secuestro.** m. 1. kidnapping *(personas)*. 2. hijacking *(vehículos)*.

secular. a. secular.

secundar. tr. to second.

secundario, ria. 1. a./m.f. secundary. 2. *escuela s.*: high school.

sed. f. thirsty.

seda. f. silk.

sedal. f. fishline.

sedante. a./m. sedative.

sedar. tr. to sedate.

sede. m. 1. seat *(gobierno)*. 2. headquarters *(empresa)*. 3. *Santa S.*: Holy See.

sedentario, ria. a. sedentary.

sedición. f. sedition.// **sedicioso, sa.** a. seditious.

sediento, ta. a. 1. thirsty. 2. fig. eager.

sedimento. m. sediment.// sedimentary (a.).

sedoso, sa. a. silky.

seducción. f. 1. seduction. 2. temptation. 3. charme *(atractivo)*.// **seducir.** tr. 1. to seduce. 2. to captivate *(cautivar)*.// **seductor, ra.** 1. a. seductive. 2. m./f. seducer.

segadora. f. harvester.// **segar.** tr. 1. to reap. 2. to cut off *(cortar al ras)*.

segmento. m. segment.

segregar. tr. to segregate.// segregation (f.).

seguida (en). adv. inmediately.

seguidilla. f. sequence.

seguido, da. a. 1. continuous. 2. consecutive. 3. adv. often.// **seguidor, ra.** m./f. follower.

seguimiento. m. 1. pursuit. 2. chase *(persecución)*.

seguir. tr. 1. to follow. 2. to pursue *(perseguir)*. 3. to continue *(continuar)*. 4. to watch *(observar)*. 5. to study *(estudiar)*. 6. i. to feel *(sentirse)*.

según. prep./adv. according to.

segundero. m. second hand.

segundo, da. 1. a. second. 2. m. second. 3. f. second gear *(auto)*.

seguramente. adv. 1. surely. 2. probably *(probablemente)*.

seguridad. f. 1. security. 2. certainty *(certeza)*. 3. safety *(protección)*.

seguro, ra. a. 1. safe *(protegido)*. 2. certain *(cierto)*. 3. sure *(convencido)*. 4. steady *(firme)*. 5. trustworthy *(confiable)*.// m. 1. insurance *(poliza)*. 2. safety catch *(dispositivo)*.

seis. a./m. six; sixth *(en fechas)*.

seiscientos. a./m. six hundred.

selección. f. selection; choice *(elección)*.// **seleccionar.** tr. to choice, to select.// select (a.).// selective (a.).

sellar. tr. 1. to seal *(cerrar)*. 2. to stamp *(estampar)*.// **sello.** m. stamp.

selva. f. 1. woods *(bosque)*. 2. jungle *(jungla)*.// **selvático, ca.** a. forest, jungle-like.

semáforo. m. semaphore.

semana. f. 1. week. 2. *fin de s.*: weekend.// **semanal.** a. weekly.// **semanario.** m. weekly.

semblante. m. 1. face. 2. *tener mal s.*: to look ill.

semblanza. f. biographical sketch.

sembrado. m. cultivate land.// **sembrar.** m. to sow; to plant *(plantar)*,

semejante. a. **1.** similar. **2.** such, like that *(tal, como ese).* **3.** m./f. fellow man.// **semejanza.** f. similarity.// **semejar. 1.** i./ref. to resemble. **2.** *s. a:* to look like.

semen. m. semen, sperm.// **semental.** m. breeder.

semestral. a. semi-annual.// **semestre.** m. semester, six month.

semiautomático, ca. a. semiautomatic.

semicírculo. m. semicircle.// semicircular (f.).

semidesnudo, da. a. half-naked.

semifinal. a./f. semifinal.// semifinalist (a./m./f.).

semilla. f. seed.// **semillero.** m. seedbed.

seminal. a. seminal.

seminario. m. seminary; seminar *(reunión sobre un tema).*// **seminarista.** m./f. seminarian

semita. a./m./f. semite.

sempiterno, na. a. everlasting, eternal.

senado. m. senate.// senator (m./f.).

sencillez. f. **1.** simplicity. **2.** easiness *(facilidad).*// **sencillo, lla.** a. **1.** simple *(natural, fácil, simple).* **2.** easy *(fácil).* **3.** m. change *(cambio).*

senda. f. path, way.// **sendero.** m. footpath.

sendos, das. adj. pl. each, one each.

senectud. f. old age.

senil. a. senile.

seno. m. **1.** breast *(pecho).* **2.** cavity *(cavidad).* **3.** Math. sine.

sensación. f. sensation.// sensational (f.).

sensatez. f. good sense.// **sensato, ta.** a. sensible.

sensibilidad. f. **1.** sensibility *(facultad).* **2.** sensitivity *(emotividad, susceptibilidad).*// **sensibilizar.** tr. to sensitize.// **sensible.** a. **1.** sensitive. **2.** sentient *(que percibe).*// **sensitivo, va.** a. **1.** sensitive *(sensible).* **2.** sentient *(que percibe).* **3.** sense *(sensorial).*

sensual. a. sensual.// sensuality (f.).

sentar. tr. **1.** to sit. **2.** to set *(establecer).* **3.** i. to fit *(la ropa);* to agree *(la comida).* **3.** ref. to sit down.

sentencia. f. **1.** sentece. **2.** maxim *(refrán).*// **sentenciar.** tr. to sentence.

sentido, da. a. **1.** heart-felt *(de corazón).* **2.** hurt *(herido).*// m. **1.** sense *(físico).* **2.** meaning *(significado).* **3.** way, direction *(dirección).* **4.** consciousness *(conciencia).*

sentimiento. m. **1.** sentiment, feeling. **2.** sorrow *(pena).*// sentimental (a.).

sentir. i./tr./ref. to feel.// tr. **1.** to hear *(escuchar).* **2.** to be sorrow *(lamentar).* **3.** to think *(opinar).*// ref. to hurt.// m. feeling

seña. f. **1.** sign *(indicio).* **2.** signal *(señal).*// **señal.** f. **1.** sign *(indicio).* **2.** signal *(aviso, cartel).* **3.** landmark *(hito).* **4.** sympton *(síntoma).*// **señalar.** tr. **1.** to point at *(apuntar).* **2.** to mark *(marcar).* **3.** to determine *(determinar).*

señor. m. **1.** Míster, Sir *(tratamiento).* **2.** master *(dueño).* **3.** the Lord *(el Señor).* **4.** gentleman *(caballero).*// **señora.** f. **1.** mistress. **2.** lady. **3.** wife *(esposa).*// **señorío.** m. **1.** lord's domain *(dominio).* **2.** gentlemanliness *(caballerosidad).*

señorita. f. **1.** miss *(tratamiento).* **2.** young lady.

señuelo. m. bait, lure.

separación. f. separation.// **separado, da.** a. **1.** separated. **2.** divorced.

separar. 1. tr./ref. to separate. **2.** to divide. **3.** to set aside *(poner aparte).* **4.** ref. to divorce.

separata. f. reprint.

separatismo. m. separatism.// separatist (a./m./f.).

sepelio. m. burial.

septentrional. a. northern.

septiembre. m. September.

séptimo, ma. a./m.f. seventh.

sepulcro. m. grave, tomb.// sepulchral (a.).

sepultar. tr. to bury.// **sepultura.** f. grave.// **sepulturero, ra.** m./f. grave-digger.

sequedad. f. **1.** dryness. **2.** fig. brusqueness.

sequía. f. dry season.

séquito. m. retinue, court.

ser. m. being.

ser. 1. i./tr./aux. to be. **2.** to belong *(ser de, pertenecer).* **3.** to be made *(ser de, estar hecho de).* **4.** *a no ser q.:* unless. **5.** *érase una vez:* once upon time. **6.** *no sea que:* lest. **7.** *o sea, esto es:* that is to say. **8.** *sea como sea:* one way or the other. **9.** *sea lo que sea:* be that as it may.

serafín. m. seraph.

serenar. tr./ref. to calm, to calm down.

serenata. f. serenade.

serenidad. f. calm, tranquility.

sereno, na. 1. a. serene, calm. **2.** m. night air *(noche);* night watchman *(cuidador).*

serie. f. **1.** series. **2.** *en s.:* mass-. **3.** *fuera de s.:* out of sight.

seriedad. f. **1.** seriousness *(carácter).* **2.** responsability.// **serio, ria.** a. **1.** serious *(carácter).* **2.** stern *(gesto).* **3.** grave, important. **4.** reliable *(confiable).*

sermón. m. sermon.

serpentina. f. **1.** paper streamer *(papel).* **2.** serpentine *(cañería).*

serpiente. f. snake.

serranía. f. mountains.// **serrano, na.** a. **1.** mountain *(de las sierras).* **2.** m./f. highlander

serrar. tr. to saw.

serrucho. m. saw.

servible. a. useful.

servicial. a. obliging.// **servicio.** m. **1.** service. **2.** domestic service. **3.** pl. closet, toilet. **4.** *estación de s.:* gas station. **5.** *prestar un s.:* to perform a service.

servidor, ra. 1. m./f. servant. **2.** f. worker *(trabajador).* **3.** *s. de usted:* at your service. **4.** *Su seguro s.:* yours truly.

servidumbre. f. **1.** servitude *(estado).* **2.** servants *(conjunto de sirvientes).*

servil. a. servile .// **servilismo.** m. servility.

servilleta. f. napkin.

servir. i./tr. **1.** to serve. **2.** to be useful, to be good *(ser útil, dar resultado).* **3.** to serve as *(s. como, s. de).* **4.** *no s.:* to be useless, to be no good. **5.** ref. to make use of *(usar);* to serve oneself. **6.** *sírvase:* please.

sesenta. a./m. sixty.

sesión. f. session.

seso. m. **1.** brain. **2.** *devanarse los s.:* to rack one's brain.// **sesudo, da.** a. wise.

seta. m. mushroom.

setecientos. a./m. seven hundred.

setenta. a./m. seventy.

setiembre. m. September.

seto. m. fence, hedge.
seudo. pref. pseudo-.
seudónimo. m. pseudonym, penname.
severidad. f. severity; rigor.// **severo, ra.** a. 1. severe. 2. rigorous.
sevillano, na. a./m./f. Sevillian.
sexagenario, ria. a./m./f. sexagenarian.
sexo. m. 1. sex. 2. genitals.
sexteto. a. sextet.
sexto, ta. a./m./f. sixth.
sexuado, da. a. sexed.// sexual (a.).
si. 1. conj. if; wether *(en oposiciones)*; si bien: although. 2. m. *Mus.* ti, B.
sí. 1. adv. yes *(en afirmación)*; so *(que sí).* 2. m. yes. 3. ref. pron. oneself, himself, herself, itself, etc.; *antecedidos por to en la forma para sí.*
siciliano, na. a./m./f. Sicilian.
sicología. f. psychology.// psichologic (a.).// psychologist (m./f.).
sicópata. m./f. psychopath.
sida. m. aids.
sideral. a. astral.
siderurgia. f. iron and steel industry.
sidra. f. cider.
siega. f. harvest.
siembra. f. 1. sowing *(acción).* 2. sowing season *(época).*
siempre. adv. 1. always. 2. *para s.:* forever. 3. *s. que:* everytime *(cada vez)*; provided that *(s. y cuando).*
sien. m. temple.
sierra. f. 1. mountain range. 2. saw *(herramienta).*
siervo, va. m./f. serf, servant.
siesta. f. nap.
siete. a./m. seven.
sifón. m. siphon.
sigilo. m. secrecy.// **sigiloso, sa.** a. secretive.
sigla. tr. acronym, initial.
siglo. m. 1. century. 2. age *(época).* 3. *por los s. de los s.:* forever and ever.
signatario, ria. a./m./f. signatory.
significación. f. 1. significance *(importancia).* 2. meaning *(significado).*// **significado.** m. meaning.// significant (a./m.).// **significar.** tr. 1. to signify *(representar).* 2. to mean *(querer decir).*// **significativo, va.** a. significant.
signo. m. 1. sign. 2. symbol. 3. mark, point *(de puntuación).*
siguiente. a. following, next.
sílaba. f. syllabe.// **silabear.** tr. to syllabe.// **silabeo.** m. syllabication.
silbar. i. 1. to whistle. 2. to whizz *(una bala).* 3. to boo *(chiflar).*// **silbatina.** f. booing.// **silbato.** whistle.// **silbido.** whistle; *Med.* wheeze
silenciador. m. silencer; muffler *(auto).*
silenciar. tr. 1. to silence *(hacer callar).* 2. to hush up *(ocultar).*// **silencio.** m. 1. silence. 2. *guardar s.:* to keep silence.// **silencioso, sa.** a. silent, quiet.
sílfide. f. sylph.
silicio. m. silicon.// **silicona.** f. silicone.
silla. f. 1. chair. 2. saddle *(montura).*// **sillón.** m. armchair, easychair.
silo. m. silo.
silueta. f. silhoutte. outline.

silvestre. a. wild.
silvicultor. m. forester.// **silvicultura.** f. forestry.
sima. f. chasm.
simbiosis. f. symbiosis.// symbiotic (a.).
simbolizar. tr. to symbolize.// **símbolo.** m. symbol.// symbolic (a.).// symbolism (m.).
simetría. f. symmetry.// symmetric (a.).
simiente. f. seed.
símil. 1. a. similar. 2. m. similarity, simile.// similar (a.).// **similitud.** f. similarity.
simio, mia. m. simian, ape.
simpatía. f. 1. affection. 2. affinity. 3. empathy.// **simpático, ca.** a. 1. friendly *(amistoso)*; pleasent *(agradable).* 2. m. sympathetic nervous system.
simpatizante. m./f. sympathizer, follower.// **simpatizar.** i. 1. to get along *(llevarse bien).* 2. to like *(gustar).* 3. to sympathize with *(un partido, club).*
simple. a. 1. simple. 2. easy *(fácil).* 3. plain *(sin adornos).* 4. naive *(ingenuo).*// **simpleza.** f. simpleness.// **simplicidad.** f. simplicity.
simplificar. tr. to simplify.// simplification (f.).
simplón. na. m./f. simpleton.
simposio. m. symposium.
simulación. f. pretense.// **simulacro.** m. 1. pretense. 2. sham battle, war game *(ensayo).*
simulador, ra. 1. a. pretending. 2. m./f. simulator, pretender.// **simular.** tr. to simulate; to pretend.
simultaneidad. f. simultaneity.// **simultáneo, a.** a. simultaneous.
sin. prep. 1. without. 2. un- *(prefijo).* 3. -less *(sufijo).* 4. *s. embargo:* howewer.
sinagoga. f. sinagogue.
sincerar. tr./ref. to confide; to tell all.// **sinceridad.** f. sincerity.// sincere (a.).
síncopa. f. syncope.
síncope. m. 1. syncope, fainting spell. 2. *s. cardíaco:* heart attack.
sincronizar. tr. to synchronize.// synchrony (f.)// synchronization (f.).
sindical. a. trade-union.// **sindicalismo.** m. tradeunionism.// **sindicalista.** m./f. tradeunionist.// **sindicalizar.** tr. to unionize; ref. to join a labor union.
sindicar. tr. to accuse.
sindicato. m. labor union, trade-union.
síndico. m. syndic.
síndrome. m. syndrome.
sinecura. f. sinecure.
sinfonía. f. symphony.// symphonic (a.)
singular. a. singular; unique *(excepcional).*// **singularidad.** f. 1. singularity. 2. uniqueness.// **singularizar.** 1. tr. to singularize. 2. ref. to distinguish oneself.
siniestro, tra. a. 1. left, left-hand. 2. evil, sinister *(malvado).* 3. sinister, unlucky *(desafortunado).* 4. m. disaster, accident.
sinnúmero. m. countless number.
sino. conj. 1. but. 2. except *(excepto, salvo).* 3. but also *(en frases iniciadas con "no solo es").*// m. fate, destiny.
sinónimo. m. synonym.
sinopsis. f. synopsis.// synoptic (a.).
sinrazón. f. injustice.
sinsabor. m. 1. trouble *(problemas).* 2. sorrow, grief *(pena).*

sintaxis. f. syntax.// syntactic (a.).

síntesis. f. **1.** synthesis. **2.** summary (resumen).// synthetic (a.).// **sintetizar.** tr. to synthesize.

síntoma. f. symptom.// symptomatic (a.).

sintonía. f. tuning.// **sintonizador.** m. tuner.// **sintonizar.** tr. to tune in.

sinuoso, sa. a. sinuous.// sinuosity (f.).

sinvergüenza. a. shameless.

siquiatra. m./f. psychiatrist.// psychiatry (f.).

siquiera. adv. **1.** at least, even. **2.** ni s.: not even.

sirena. f. **1.** siren. **2.** mermaid (mitología).

sirviente. ta. m. servant; f. maid.

sisa. f. armhole.

sisal. m. hemp.

sísmico, ca. a. seismic.// **sismo.** m. earthquake.// seismograph (m.).

sistema. m. system.// systematic (a.).// **sistematizar.** tr. to systematize.

sitiar. tr. to lay siege.

sitio. m. **1.** site (localidad). **2.** place (lugar, espacio). **3.** siege (acoso).

situación. f. **1.** situation (lugar, circunstancia). **2.** condition.// **situar.** tr. to place, to situate.

so. prep. under.

sobaco. m. armpit.

sobar. tr. **1.** to knead (amasar). **2.** to flatter (adular).

soberanía. f. sovereignity.// sovereign (a./m./f.).

soberbio, bia. a. **1.** arrogant. **2.** fig. superb. **3.** f. arrogance.

sobornar. tr. to bribe.// **soborno.** m. bribery.

sobra. f. **1.** excess. **2.** pl. left-overs. **3.** de s.: amply; superfluous.// **sobrante.** a./m. surplus.// **sobrar. 1.** i. to be too much (ser demasiado); to remain (quedar); to be superfluous (ser superfluo). **2.** tr. to surpass.

sobre. m. envelope.// adv. **1.** above, over. (por encima, superior). **2.** on, upon, on top of (encima, tras). **3.** about (acerca). **4.** on, against (contra). **5.** in addition to (además). **6.** in, out (dividido).

sobreabundancia. f. superabundance.

sobrealimentar. tr. to overfeed.

sobrecarga. f. overload.// **sobrecargar.** tr. **1.** to overload. **2.** to overburden.

sobrecoger. 1. to scare. **2.** ref. to be scared.

sobreentender. tr. to understand.// **sobreentendido.** m. understood.

sobreexitación. f. overexcitement.// **sobreexcitar.** tr. to overexcite.

sobregirar. tr. to overdraw.

sobrehueso. m. bony tumor.

sobrehumano, na. a. superhuman.

sobrellevar. tr. to bear.

sobremanera. adv. exceedingly.

sobremesa. f. after-dinner.

sobrenatural. a. supranatural.

sobrenombre. m. nickname.

sobrentender. Ver sobreentender.

sobrepasar. 1. i. to surpass. **2.** ref. to go too far.

sobrepeso. m. overload.

sobreponer. 1. tr. to superimpose (superponer). **2.** ref. to overcome.

sobreprecio. m. surcharge.

sobresaliente. 1. a. outstanding. **2.** m. highest mark. // **sobresalir.** i. to stand out.

sobresaltar. tr. to startle.// **sobresalto.** m. sudden fright; start.

sobresueldo. m. over pay.

sobretodo. m. overcoat.

sobrevenir. i. to befall, to come upon.

sobreviviente. m./f. survivor.// **sobrevivir.** i. to survive.

sobrevolar. tr. to fly over.

sobriedad. f. sobriety; moderation.// **sobrio, bria.** a. **1.** moderate. **2.** sober (sin beber).

socarrón, na. a./m./f. sarcastic.

socavar. tr. to undermine.// **socavón.** m. cave-in.

sociable. a. sociable.

social. a. social.// socialism (m.).// socialist (a./m./f.).

socializar. tr. to socialize.// socialization (f.).

sociedad. f. **1.** society. **2.** company, corporation, partnership. **3.** s. anónima: stock company.

socio, cia. m./f. **1.** member (asociado). **2.** partner (en los negocios).

sociología. f. sociology.// sociologic (a.).// sociologist (a.).

socorrer. tr. to aid, to help.// **socorro.** m. help, aid; ¡s.!: help!

soda. f. **1.** soda (química). **2.** carbonated water (bebida).// **sodio.** m. sodium.

soez. a. vulgar.

sofá. m. sofa.

sofisma. f. sophism.// sophist (a./m./f.).

sofocante. a. suffocating.// **sofocar.** tr. **1.** to suffocate. **2.** to put out (fuego). **3.** to supress (una rebelión).// **sofoco.** m. suffocation.

soga. f. rope.

soja. f. soya, soybean.

sojuzgar. tr. to subjugate.// subjugation (f.).

sol. m. **1.** sun; sunlight (luz); tomar s.: to sunbathe. **2.** Mus. sol, G.

solamente. adv. only.

solapa. f. **1.** lapel (ropa). **2.** flap.// **solapado, da.** a. fig. underhanded.

solar. 1. a. solar. **2.** m. lot, land.// **solariego, ga.** a. **1.** ancestral. **2.** casa s.: homestead.// solarium (m.).

solaz. m. solace, rest.

soldado. m. soldier.

soldador. m. **1.** solderer (operario). **2.** blow torch (soplete).// **soldadura.** f. soldering; wedding (autógena); arc wedding (de arco).// **soldar.** i./tr./ref. **1.** to solder. **2.** to knit (huesos).

soleado, da. a. sunny.

soledad. f. **1.** solitude (aislamiento). **2.** loneliness (sentirse solo).

solemnidad. f. solemnity.// solemn (a.).

soler. tr. **1.** to be in the habit (tener el hábito). **2.** to be usual (ser usual). **3.** usually, often (reemplazan la función del verbo).

solfear. tr. to sing sol-fa.// **solfeo.** m. solfeggio.

solicitante. 1. a. petitioning. **2.** m./f. petitioner; applicant.// **solicitar.** tr. **1.** to request (pedir). **2.** to apply for (gestionar)// solicitous (a.).// **solicitud.** f. **1.** solicitude (cuidado). **2.** request (pedido). **3.** applicaton (gestión).

solidario, ria. a. **1.** joint (conjunto). **2.** solidary. **3.** jointly responsible (comercio).// solidarity (f.). // **solidarizarse.** ref. to make common cause.

solidez. f. solidity.// **solidificar.** tr. to solidify.// solid (a./m./f.).

solitario, ra. a. 1. lone (solo). 2. solitary (desierto). 3. m. solitaire (juego).

sollozar. i. to sob.// **sollozo.** m. sob.

solo. 1. a. lonely (aislado); alone (sin compañía). 2. m. Mus. solo.

sólo. adv. 1. only. 2. just.

soltar. tr. 1. to loosen (aflojar). 2. to let go of (desasir). 3. to let run (abrir, dejar correr). 4. ref. to loosen up.

soltero, ra. 1. a. unmarried. 2. m./f. unmarried person, single person.// **solterón, na.** m. old man unmarried, f. old maid.

soltura. f. confidence; agility; fluency (fluidez).

soluble. a. soluble.

solución. f. 1. solution. 2. ending (desenlace).// **solucionar.** tr. to solve.

solvencia. f. solvency.// **solventar.** tr. to settle.// solvent (a./m.).

sombra. f. 1. shade (zona, penumbra). 2. shadow (imagen). 3. pl. darkness. 4. dar s.: to cast a shadow.// **sombrear.** tr. to shade.

sombrero. m. 1. hat. 2. Bot., Mech. cap.

sombrilla. f. parasol.

sombrío, a. a. somber (lugar); gloomy (person).

somero, ra. a. superficial; brief (breve).

someter. tr. 1. to subjugate (subyugar). 2. to subordinate (subordinar). 3. to subject (a tratamiento). 4. ref. to surrender; to subject oneself.// **sometimiento.** m. subjugation.

somnolencia. f. somnolence.// **somnoliento, ta.** a. sleepy.

son. m. sound, tune.

sonado, da. a. 1. talking-about (conocido). 2. fig. crazy.

sonajero. m. baby's rattle.

sonambulismo. m. sleepwalking.// **sonámbulo, la.** m./f. sleepwalker.

sonar. i. 1. to sound (producir sonido). 2. ring (timbre, teléfono). 3. to ring a bell (recordar). 4. to be pronounced (pronunciarse). 5. s. como to sound like. 6. tr./ref. to blow (la nariz).

sonata. f. sonata.

sonda. f. sounding line; Med. probe.// **sondear.** tr. 1. to sound. 2. Med. to probe. 3. to sound out (averiguar).// **sondeo.** m. sounding; Med. probing; poll (encuesta).

soneto. m. sonnet.

sónico, ca. a. sonic.// **sonido.** m. sound; noise (ruido).// **sonoro, ra.** a. sound,; sonorous.

sonreír. i. to smile.// **sonriente.** a. smiling.// **sonrisa.** m. smile.// **sonrojarse.** ref. to blush.// **sonrojo.** m. blush.

sonrosado, da. a. rosy pink.

sonsacar. tr. to wheedle.

soñador, ra. 1. a. dreaming. 2. m./f. dreamer.// **soñar.** i./tr. to dream.

sopa. f. soup.

sopapo. m. slap, blow.

sopetón (de). adv. unexpectedly.

soplete. m. blowtorch.

soplón, na. m./f. stool pigeon.

sopor. m. sopor; fig. sleepiness.// soporific (a.).

soportar. tr. 1. to support (sostener). 2. to bear (sufrir).// **soporte.** m. support.

soprano. f. soprano.

sor. f. sister.

sorber. tr. 1. to sip. 2. to absorb (absorver).// **sorbo.** m. sip, swallow.

sordera. f. deafness.

sórdido, da. a. sordid.

sordina. f. mute.

sordo, da. a. 1. deaf. 2. muffled (apagado). 3. m./f. deaf.// **sordomudo, da.** m./f. deaf-mute.

sorgo. m. sorghum.

sorna. f. sarcasm.

sorprender. tr. to surprise.// **sorpresa.** f. surprise.// **sorpresivo, va.** a. unexpected.

sortear. tr. 1. to raffle. 2. to avoid (un obstáculo).// **sorteo.** m. drawing (acción); raffle (rifa).

sortija. f. ring; ringlet (para el pelo).

sosegado, da. a. quiet, peaceful.// **sosegar.** tr./ref. to calm down.// **sosiego.** m. tranquility, peace.

soslayar. tr. to sidestep, to avoid.// **soslayo (de).** adv. obliquely; in passing (de pasada).

soso, sa. a. 1. tasteless (sin sabor). 2. dull (tonto).

sospecha. m. suspicion.// **sospechar.** 1. tr. to suspect. 2. i. to be suspicious.// **sospechoso, sa.** a./m./f. suspicious.

sostén. m. 1. support. 2. brassiere (prenda).// **sostener.** tr. 1. to support (sustentar, apoyar). 2. to keep out (mantener). 3. to hold up (sujetar). 4. ref. to support oneself.// **sostenimiento.** m. support (respaldo); sustenance (sustento).// **sostenido.** a./m. Mus. sharp.

sotana. f. cassock.

sótano. m. basement, cellar.

sóviet. m. soviet.// **soviético, ca.** a./m./f. Soviet.

soya. f. soya, soybean.

su, sus. pron. his, her, its, their.

suave. a. 1. soft. 2. smooth (liso). 3. sweet (dulce). 4. gentle (tranquilo).// **suavidad.** f. 1. softness. 2. smoothness. 3. sweetness. 4. gentleness.// **suavizar.** 1. tr./ref, to soften. 2. tr. to temper (moderar); ref. to be tempered (moderarse).

suba. f. raise.

subalterno, na. a./m. subordinate.

subasta. f. auction.// **subastar.** tr. to auction.

subcomisión. f. o **subcomité.** m. subcommittee.

subconciente. m. subconscious mind.

subdesarrollo. m. underdevelopment.

subdirector, ra. a./m./f. assistant manager.

súbdito, ta. m./f. subject; citizen (ciudadano).

subida. f. rise (acción); slope (declive).

subir. i./tr. 1. to go up. 2. to raise.

súbito, ta. a. sudden.

subjetivo, va. a. subjective.// subjectivity (f.).

subjuntivo. a./m. subjunctive.

sublevación. f. uprising, rebellion.// **sublevar.** tr. to incite to rebellion; ref. to revolt.

sublimar. tr. to sublimate.// sublimation (f.).// sublime (a.).

submarino, na. a./m. submarine.

suboficial. m./f. sergeant major.

subordinar. tr. to subordinate.// subordinate (a./m./f.).// subordination (f.).

subproducto. m. by-product.
subrayar. tr. 1. to underline. 2. to emphasize.
subsanar. tr. to remedy, to correct.
subsecretario, ria. m./f. undersecretary.
subsecuente. a. subsequent.
subsidiar. tr. to subsidize.// subsidiary (a./m.).//
  subsidio. m. subsidy; help.
subsiguiente. a. subsequent.
subsistencia. f. subsistence (vida); sustenance
  (sustento).// **subsistir.** i. to subsist; to remain.
subsuelo. m. subsoil.
subteniente. m. second lieutenant.
subterfugio. m. subterfuge.
subterráneo, a. 1. a. undeground. 2. m. subway.
suburbano, na. a. suburban.// **suburbio.** m. suburb, pl. outskirts.
subvención. f. subsidy. // **subvencionar.** tr. to
  subsidize.
subvertir. tr. to subvert.// subvertion (f.).
subyugar. tr. to subjugate.
succión. f. suction.// **succionar.** tr. to suck.
sucedáneo, a. a. substitute.
suceder. i. 1. to succeed (continuar). 2. to happen
  (ocurrir). 3. ¿qué sucede?: what's the matter?
sucesión. f. 1. succession (serie, herencia). 2.
  issue (descendencia).// **sucesivo , va.** a. following; en lo s.: from now on.// **suceso.** m. 1. event.
  2. success (éxito).// **sucesor, ra.** m./f. successor.
suciedad. f. 1. dirtiness, filth. 2. fig. obscenity.//
  sucio, cia. a. 1. dirty. 2. dishonest. 3. foul (juego).
suculento, ta. a. succulent.
sucumbir. tr. to succumb.
sucursal. f. branch, branch office.
sudafricano, na. a./m./f. South African.
sudamericano, na. a./m./f. South American.
sudar. i./tr. to sweat.
sudeste. m. southeast.
sudoeste. m. southwest.
sudor. m. sweat.// **sudoroso, sa.** a. sweaty.
sueco, ca. 1. a./m. Swedish. 5. m./f. Swede.
suegro, gra. m. father-in-law, f. mother-in-law.
suela. f. sole of shoe.
sueldo. m. salary, wage.
suelo. a. 1. soil, land. 2. ground, floor (piso).
suelto, ta. a. 1. loose. 2. free (libre).
sueño. m. 1. dream. 2. sleep (dormir).
suero. m. 1. serum. 2. whey (lácteo).
suerte. f. 1. luck. 2. fate (destino). 3. kind, type
  (tipo). 4. tener s.: to be lucky.
suéter. m. sweater.
suficiente. a. 1. sufficient, enough. 2. pedantic.
sufijo. m. suffix.
sufragar. tr. 1. to pay (pagar). 2. to vote (votar).//
  sufragio. m. vote.
sufrido, da. a. long-suffering.// **sufrimiento.** m. suffering.// **sufrir.** tr. 1. to suffer. 2. to bear (tolerar).
sugerencia. f. suggestion.// **sugerir.** tr. to suggest.// suggestive (a.).
sugestión. f. suggestion.// **sugestionar.** tr. to
  influence by suggestion.
suicida. 1. a. suicidal. 2. m./f. suicide.// **suicidarse.**
  ref. to commit suicide.// **suicidio.** m. suicide.
suizo, za. a./m./f. Swiss.
sujeción. f. subjection.

sujetar. tr. 1. to fasten (fijar). 2. to hold (sostener).
  3. to subject (dominar).// ref. to subject oneself.
sujeto. m. subject.
sulfamida. f. sulfamide.
sulfato. m. sulfate.
sulfuro. m. sulfide.// sulfuric (a.).
sultán. m. sultan.// sultanate (m.).
suma. f. 1. sum, ammount. 2. Math. addition. 3. en
  s.: in shortly.// **sumar.** 1. tr. to add. 2. ref. to join.
sumario, ria. a./m. summary.
sumergir. tr. to submerge.// submergible (a./m.).
sumidero. m. drain, sewer.
suministrar. tr. to supply.// **suministro.** m. supply.
sumir. 1. tr. to sink. 2. ref. to be deep in.
sumisión. f. submission.// **sumiso, sa.** a. submissive.
sumo, ma. a. 1. supreme, high. 2. a lo s.: at the
  most. 3. S. Pontífice: the Pope.
suntuario, ria. a. luxury.// **suntuoso, sa.** a. sumptuous.
supeditar. tr. to subordinate.
superabundancia. f. superabundance.// superabundant (a.).
superar. tr. 1. to surpass. 2. to overcome (dificultades). 3. to beat (derrotar). 4. ref. to improve.
superávit. m. surplus.
superestructura. f. superestructure.
superficial. a. 1. superficial. 2. fig. shallow.//
  superficie. f. surface; Math. area.
superfluo, flua. a. superfluous.
superhombre. m. superman.
superior. a. 1. top, upper (arriba). 2. superior, better (mejor). 3. greater (mayor). 4. m./f. superior.//
  superiority (f.).
superlativo, va. a. superlative.
supermercado. m. supermarket.
superpoblación. f. overpopulation.
superponer. tr. overimposed.
supersónico, ca. a. supersonic.
superstición. f. superstition.// superstitious (a.).
supervisar. tr. to supervise.// supervisor (m./f.).
supervivencia. f. survival.
suplantar. tr. to supplant.
suplemento. m. supplement.// supplementary (a.).
suplente. 1. a. substituting. 2. m./f. substitute.
súplica. f. supplication.// **suplicar.** tr. to implore.
suplicio. m. torment.
suplir. tr. 1. to supply (abastecer). 2. to substitute
  for (suplantar).
suponer. tr. 1. to suppose. 2. to imply (implicar).
suposición. f. supposition.
supremacía. f. supremacy.// supreme (a.).
supresión. f. suppression.
suprimir. tr. to suppress.
supuesto, ta. a. a. supposed. 2. m. supposition.
  3. por s.: of course.
supurar. i. to suppurate.// suppuration (f.).
sur. m. south.
surcar. tr. 1. to plow (arar). 2. to cross (navegar).//
  surco. m. 1. furrow. 2. wrinkle (arruga).
sureño, ña. a./m./f. southern.
surgir. 1. i. to spring up; to emerge. 2. fig. to get
  on (comenzar a triunfar).
surtido, da. 1. a. assorted. 2. m. assortment; stock.

surtidor. m. **1.** supplier (*proveedor*). **2.** gasoline pump (*de combustible*).// **surtir.** tr. **1.** to supply. **2.** s. *efecto:* to work.

susceptible. a. **1.** susceptible. **2.** sensitive.

suscitar. tr. to cause.

suscribir. tr./ref. **1.** to suscribe (*ideas, suscripción*). **2.** to sign (*firmar*).// suscription (f.).// suscriber (m./f.).

susodicho, cha. a. aforementioned.

suspender. tr. **1.** to suspend. **2.** to interrupt. **3.** to remove temporally (*en un trabajo*). **3.** to hang (*colgar*).// suspension (f.).// **suspensivo, va.** a. **1.** suspensive. **2.** *puntos s.:* ellipsis.// **suspenso.** m. **1.** suspense. **2.** *en s.;* pending.

suspicacia. f. suspicion.// **suspicaz.** a. suspicious.

suspirar. i. **1.** to sigh. **2.** *s. por:* to long for.// **suspiro.** m. sigh; breath.

sustancia. f. substance.// substantial (a.).

sustantivo, va. **1.** a. substantive. **2.** m. noun.

sustentar. tr. to support.// **sustento.** m. **1.** support (*base*). **2.** sustenance (*mantenimiento*).

sustituir. tr. to replace.// substitution (f.).// substitute (a./m./f.).

susto. m. frighten.

sustracción. f. **1.** theft (*robo*). **2.** substraction (*resta*).// **sustraer.** tr. **1.** to steal (*robar*). **2.** to substract (*restar*).

susurrar. tr. to whisper.// **susurro.** m. whisper.

sutil. a. **1.** subtle. **2.** tenue.// **sutileza.** f. subtlety.

sutura. f. suture.// **suturar.** tr. to suture.

suyo, ya, suyos, yas. **1.** adj. his, her, its, your, their (*cuando puede reemplazarse por "su"*). **2.** pron. his, hers, its, yours, theirs. **3.** *de s.:* of itself. **4.** pl. *los s.:* one's family. **5.** *salirse con la s.:* to get one's way.

t. f. twenty-first letter of Spanish alphabet.

taba. f. anklebone.

tabaco. m. tobacco.

tábano. m. gadfly.

taberna. f. tavern.// **tabernero, ra.** m./f. tavern keeper.

tabique. m. **1.** partition wall. **2.** *t. nasal:* nasal bone.

tabla. f. **1.** board. **2.** table, chart (*lista*). **3.** pl. tie (*empate*); stage (*escenario*).// **tablado.** m. **1.** wooden platform (*plataforma*). **2.** stage (*escenario*).// **tablero.** m. **1.** board. **2.** chessboard (*ajedrez*). **3.** *Elect,* switchboard. **4.** panel.

tableta. f. tablet.

tablón. m. plank.

tabú. m. taboo.

tabular. tr. to tabulate.// tabulator (m.).

taburete. m. stool.

tacañería. f. stinginess.// **tacaño, ña.** a. stingy.

tacha. f. defect, flaw.

tachadura. f. erasure; crossing out.// **tachar.** tr. to cross out.

tacho. m. metal bowl; *t. de basura:* garbage can.

tachuela. f. tack.

tácito, ta. a. tacit.

taciturno, na. a. taciturn.

taco. m. **1.** heel (*zapato*). **2.** wedge (*cuña*). **3.** billiard cue (*de billar*).// **tacón.** m. heel.// **taconear.** i. to tap the heels.

táctico, ca. **1.** a. tactical. **2.** f. tactic.

tacto. m. touch (*sentido*); touching (*acción*); tact (*delicadeza*).// tactile (a.).

tacuara. f. kind of bamboo.

tafetán. m. taffeta.

tahúr. m. gambler.

taiga. f. taiga.

taimado, da. a. crafty.

tajada. a. cutting.

tajo. m. cut, slash.

tal. adj. **1.** such. **2.** certain (*cierto*). **3.** pron. such a thing (*tal cosa*). **4.** adv. such as, just like that (*tal cual*). **5.** *con t. que:* provided that. **6.** *¿qué t.?:* how are you?. **7.** *tal para cual:* two of a kind.

tala. f. felling.// **talar.** tr. to fell.

taladrar. tr. to drill.// **taladro.** m. drill.

tálamo. m. **1.** nuptial bed. **2.** *Anat.* thalamus.

talante. m. disposition, mood.

talco. m. talc, talcum.

talento. m. talent.// **talentoso, sa.** a. talented.

talismán. m. talisman.

talla. f. **1.** carving (*escultura*). **2.** heigh (*estatura*). **3.** size (*talle*).// **tallador.** m. engraver.// **tallar.** tr. to carve (*madera*); to engrave (*piedra*); to cut (*joyas*).

tallarín. m. noodle.

talle. m. **1.** waist (*cintura*). **2.** size (*ropa*).

taller. m. **1.** factory (*fábrica*). **2.** workshop, machine shop.

tallo. m. stem, stalk

talón. m. **1.** heel *(pie, media)*. **2.** receipt *(comprobante)*. **3.** stub *(de cheque).// **talonario.** m. receipt book, stub book.

talud. m. embankment.

tamaño, ña. **1.** a. so large. **2.** m. size.

tambaleante. a. staggering.// **tambalear.** i. to stagger.

también. adv. also, too.

tambo. m. dairy farm.

tambor. m. drum.// **tamborilear.** i. to beat *(el tambor)*; to tap *(con los dedos)*.

tamiz. m. sieve.// **tamizar.** tr. to sift.

tampoco. adv. neither, not either, nor.

tan. adv. **1.** so. **2.** as *(en comparaciones)*.

tanda. f. **1.** turn. **2.** series.

tangente. a./f. tangent; *irse por la t.:* to evade the issue.// tangential (a.).

tangible. a. tangible.

tango. m. tango.

tanque. m. tank.

tanteador. m. score, score board.// **tantear.** tr. **1.** to test *(probar)*. **2.** to keep the score *(llevar el tanteador)*.// **tanto, ta.** **1.** a./adv. so much, pl. so many; so large *(tamaño)*, so far *(distancia)*, so long *(distancia)*. **2.** m. little, bit; *Sp.* goal, point. **3.** *estar al t.:* to be informed. **4.** *entre t.. mientras t.:* meanwhile. **5.** *por lo t.:* consequently.

tapa. f. **1.** lid *(olla)*. **2.** cover *(libro)*. **3.** bottle cap.// **tapar.** tr. **1.** to cover. **2.** to plug up *(cerrar)*. **3.** fig. to conceal

tapete. m. rug, carpet; *sobre el t.:* under discussion.

tapia. f. wall, mud wall.// **tapiar.** tr. to wall in.

tapicería. f. tapestry *(tapices)*; upholstery *(muebles)*.

tapir. m. tapir.

tapiz. m. tapestry.// **tapizado.** m. upholstery.// **tapizar.** tr. to upholster.

tapón. m. **1.** plug. **2.** fig. traffic jam.

tapujo. m. concealment, secrecy.

taquigrafía. f. stenography.// **taquígrafo, fa.** m./f. stenographer.

taquilla. f. box office; receipts *(recaudación)*.// **taquillero, ra.** a. box-office hit.

tara. f. **1.** defect. **2.** tare *(peso)*.// **tarado, da.** a./m./f. idiot.

tarántula. f. tarantula.

tararear. tr. to hum.

tardanza. f. delay.// **tardar.** tr. **1.** to delay. **2.** to take *(durar)*. **3.** to take a long time *(demorarse)*. **4.** *a más t.:* at the latest.// **tarde.** **1.** f. afternoon*(luego del mediodía)*; evening *(al atardecer)*. **2.** a. pm *(de la tarde, en la hora)*. **2.** adv. late, too late.// **tardío, día.** a. late; slow *(lento)*.

tarea. f. **1.** task. **2.** homework *(escolar)*.

tarifa. m. tariff; price list *(lista)*.

tarima. f. platform, stand.

tarjeta. f. card.// **tarjetero.** m. card file.

tarro. m. **1.** can. **2.** *tener t.:* to be lucky.

tarso. m. tarsus.

tarta. f. tart, pie.

tartamudear. i. to stammer.// **tartamudo, da.** m./f. stammering.

tarugo. m. peg.

tasa. f. rate; price.// **tasación.** f. appraisal.

tasajo. f. sherked beef.

tasar. tr. to appraise.

tata. m. dad.

tatarabuelo, la. m. great-great-grandfather, f. great-great-grandmother.// **tataranieto, ta.** m. great-great-grandson, great-great-granddaughter.

tatuaje. m. tatoo.// **tatuar.** tr. to tatoo.

taxi. m. taxi; taxi cab.// **taxista.** m./f. taxi driver.

taza. f. cup; cupful *(contenido)*.// **tazón.** m. large cup.

te. pron. you, to you, for you, from you.

té. m. tea.

teatral. a. theatrical.// **teatro.** m. theater.

techado. m. roofing.// **techar.** tr. to roof.// **techo.** m. roof.

tecla. f. key.// **teclado.** m. keyboard.// **teclear.** tr. to finger; to type *(tipear)*.

técnico, ca. **1.** a. technical. **2.** m./f. technician. **3.** f. technique.// **tecnología.** f. technology.// **tecnológico, ca.** a. technological.

tedio. m. boredom.// tedious (a.).

teja. f. roof tile.// **tejado.** m. tiled roof.

tejedor, ra. **1.** m./f. weaver. **2.** f. weaver machine.// **tejeduría.** f. textile factory.// **tejer.** tr. to weave; to knit *(de punto)*.// **tejido.** m. **1.** weave; knit *(de punto)*. **2.** Biol. tissue.

tejo. m. **1.** chip *(juego)*. **2.** metal disk.

tela. f. **1.** fabric, cloth. **2.** canvas *(lienzo)*. **3.** *en t. de juicio:* in doubt.// **telar.** f. loom

telaraña. f. spider web.

telecomunicación. f. telecommunication.

teledifusión. f. telecast.

teledirigido, da. a. remote-controlled.

telefonear. tr. to phone.// telephony (f.).// **telefónico, ca.** a. telephone; *llamada t.:* call phone.// **telefonista.** m./f. telephone operator.// **teléfono.** m. telephone, phone.

telegrafiar. tr. to telegraph, to cable.// telegraphy (f.).// telegraph (m.).// telegraphic (a.).// **telegrafista.** m./f. telegraph operator.// **telegrama.** m. telegram.

teleobjetivo. m. telephoto lens.

telepatía. f. telepathy.// telepathic (a.).

telescopio. f. telescope.// telescopic (a.).

teletipo. m. teletype.

televidente. m./f. television viewer.// **televisar.** tr. to televise.// television (f.).// **televisor.** m. television set.

telón. m. **1.** curtain. **2.** *t. de fondo:* backdrop.

telúrico, ca. a. telluric.

tema. m. **1.** subject. **2.** *Mus.* theme.// **temario.** m. agenda, list of topics.// thematic (a.).

temblar. f. **1.** to tremble. **2.** to quake *(la tierra)*.// **temblor.** m. **1.** tremor, tremble. **2.** earthquake *(sismo)*.// **tembloroso, sa.** a. tremulous, shaking.

temer. i./tr. **1.** to fear. **2.** *t. a:* to be afraid of.//

temerario, ria. a. reckless; temerity (f.).

temeroso, sa. a. fearful.// **temible.** a. frightening.// **temor.** m. fear *(miedo)*.

témpano. m. iceberg.

temperamento. m. temperament.

temperatura. f. temperature.

tempestad. f. storm, tempest.// **tempestuoso, sa.** a. stormy.

templado, da. a. 1. luckwarm *(líquido, comida)*. 2. temperate, mild *(clima, zona).//* **templanza.** f. temperance.

templar. tr. to temper.// **temple.** m. 1. temperament; valor, courage. 2. temper *(materiales)*

templo. m. temple.

temporada. f. season.

temporal. 1. a. temporal *(del mundo)*: temporary *(temporario)*. 2. m. storm; temporal bone *(hueso)*.

temprano, na. a./adv. early.

tenacidad. f. tenacity, persistence.// **tenaz.** a. tenacious, persevering.

tenazas. f. pl. 1. plers. 2. *Zool.* pincers.

tendencia. f. 1. tendency. 2. trend *(moda)*.

tender. tr. 1. to spread out *(extender)*. 2. to stretch out *(estirar)*. 3. to hang *(colgar)*. 4. to lay *(cable, trampa)*. 5. to make *(cama)*. 6. to build *(puente)*. 7. i. to tend. 8. ref. to lie down.

tendero, ra. m./f. shopkeeper.

tendiente. a. tending.

tendón. m. tendon.

tenebroso, sa. a. dark, obscure.

tenedor, ra. 1. m./f. holder, owner. 2. m. fork. 3. *t. de libros:* bookkeeper.// **tenencia.** f. possession.

tener. tr. 1. to have. 2. to possess *(poseer)*. 3. to take hold *(sostener)*. 4. to contain *(contener)*. 5. to be *(sensaciones, edad, suerte, apuro)*. 6. to take *(tomar)*. 7. *t. éxito:* to succeed. 8. *t. ganas de:* to feel like, to desire. 9. *t. lugar:* to take place. 8. *t. entendido que:* to understand that. 10. *t. presente:* to keep in mind. 11. *t. pensado:* to intend to. 12. *t. razón:* to be right. 13. ref. to steady.

tenia. f. tapeworm.

teniente. m. lieutenant.

tenis. m. tennis.// **tenista.** m./f. tennis player.

tenor. m. tenor.

tensar. tr. to stretch.// **tensión.** f. 1. tension. 2. stress *(emocional)*. 3. *t. arterial:* blood pressure.// **tenso, sa.** a. 1. tense *(tirante)*. 2. strained *(situación)*. 3. stressed.

tentación. f. temptation.

tentáculo. m. tentacle.

tentador, ra. a. tempting.// **tentar.** tr. 1. to tempt. 2. to try *(intentar)*.

tentativo, va. 1. a. tentative. 2. f. attempt.

tenue. a. thin *(delgado)*; soft *(suave)*.

teñir. tr. to dye.

teocracia. f. theocracy.

teología. f. theology.// theologist (a.).

teorema. f. theorem.

teoría. f. theory.// **teórico, ca.** 1. a. theoretical. 2. m./f. theorician.

tercero, ra. 1. a./m./f. third. 2. m. third party. 3. f. third gear. 4. *t. parte:* one third *(un tercio)*.

terciar. i. 1. to mediate *(mediar)*. 2. to take part *(intervenir)*.

tercio. a./m. one third.

terciopelo. m. velvet.

terco, ca. a. stubborn.

tergiversación. f. distortion.

tergiversar. tr. to distort.

termal. a. 1. thermal. 2. *aguas t.:* hot springs.// **termas.** f. pl. hot baths.// thermic (a.).

terminación. f. 1. ending. 2. finish *(acabado)*.

terminal. a./m./f. terminal.// **terminante.** a. definite, final.// **terminar.** i./tr. 1. to finish, to end. 2. *t. de:* to have just. 3. *t. en:* to end up in. 4. *t. por:* to end up. 5. ref. to be over *(tiempo)*.

término. m. 1. end *(final)*. 2. term *(palabra, expresión)*. 3. limit. 4. period, time. 5. *llevar a buen t.:* carry out. 6. *t. medio:* average.// terminology (f.)

termita. f. termite.

termo. m. thermos bottle.

termoeléctrico, ca. a. thermoelectric.

termómetro. m. thermometer.

termonuclear. a. thermonuclear.

termostato. m. thermostat.

terna. f. list of three candidates.

ternero, ra. m. calf, f. veal.

terno. m. 1. set of three. 2. suit *(traje)*.

ternura. f. tenderness.

tero. m. teru teru.

terquedad. f. stubborness.

terraplén. m. embankment.

terráqueo, a. a. terrestrial.

terraza. f. terrace.

terremoto. m. earthquake.

terrenal. a. wordly.

terreno, na. 1. a. wordly. 2. m. land *(tierra)*; ground *(suelo)*; *Geol.* terrain; *Sp.* field. 3. *preparar el t.:* to pave the way.

terrestre. a. earthly.

terrible. a. terrible.

territorio. m. territory.// territorial (a.).

terrón. m. clod *(tierra)*, lamp *(azucar)*.

terror. m. terror.// **terrorífico, ca.** a. terrifying.

terruño. m. native land.

terso, sa. a. clear, smooth.// **tersura.** f. smoothness.

tesis. f. thesis.// tessitura (f.).

tesón. m. tenacity, perseverance.

tesorería. f. treasury.// **tesorero, ra.** m./f. treasurer.// **tesoro.** m. treasure; treasury *(estatal)*.

testa. f. 1. head. 2. fig. brains.

testamento. m. will; testament.// testamentary (a.).

testarudo, da. a. obstinate, stubborn.

testículo. m. testicle.

testigo. m. witness.

testimonio. m. 1. testimony. 2. *falso t.:* perjury.

teta. f. 1. teat, breast. 2. *dar la t.:* to nurse.

tétano. m. tetanus.

tetera. f. teapot.

tétrico, ca. a. gloomy, somber.

téxtil. a./m. textile.

texto. m. text *(escrito)*; textbook *(libro)*.// textual (a.).

textura. f. texture.

tez. f. complexion.

ti. pron. you; yourself *(ti mismo)*.

tía. f. aunt.

tibieza. f. lukewarmness.// **tibio, bia.** 1. a. lukewarm. 2. f. tibia.

tiburón. m. shark.

tiempo. m. 1. time. 2. times *(época)*. 3. season *(temporada)*. 4. weather *(clima)*. 5. *a t.:* on time. 6. *al mismo t:* just as. 7. *andado el t.:* in the course of time. 8. *con t.:* in advance. 9. *darse t.:* to bide one's time. 10. *ganar t.:* to save time. 11. *los buenos t.:* the good old days. 12. *perder el t.:* to waste time. 13. *t. atrás:* some time ago.

tienda. f. 1. store. 2. tent (carpa).

tientas (a). adv. andar a t.: to feel one's way.

tiento. m. leather strip.

tierno, na. a. 1. soft (suave). 2. tender (blando). 3. loving (afectuoso). 4. very young (´muy joven).

tierra. m. 1. earth, Earth (planeta). 2. land (campo, superficie). 3. country (patria). 4. ground (suelo, masa). 5. dust, dirt (polvo, suciedad). 6. t. adentro: inland. 7. t. firme: mainland. 8. caer a t.: to fall down. 9. echar t.: to bury. 10. t. de nadie: no man's land. 11. tocar t.: to land.

tieso, sa. a. 1. rigid. 2. tense.

tifoidea. f. typhoid fever.

tifón. m. typhoon.

tifus. m. typhus.

tigre. m. tiger.// **tigresa.** f. tigress.

tijera(s). f. (f. pl.). scissors.// **tijeretear.** tr. to cut, to clip.

tildar. tr. 1. to put a tilde on (poner tildes). 2. to call (llamar).// **tilde.** m./f. accent mark.

tilo. m. linder.

timba. f. gambling.

timbal. m. kettledrum.

timbre. m. 1. stamp (sello). 2. doorbell (llamador). 3. timbre, tone (tono).

timidez. f. timidity.// **tímido** (a.).

timón. m. rudder.// **timonear.** i./tr. to steer.// **timonel.** m. helman.

timorato, ta. a. shy.

tímpano. m. eardrum.

tina. f. bath tub.

tinglado. m. 1. shed (cobertizo). 2. platform.

tinieblas. f. darkness.

tino. m. good aim (puntería); fig. good judgement.

tinta. f. 1. ink. 2. tint, dye (tintura). 3. cargar las t.: to exaggerate. 4. t. china: Indian ink.// **tinte.** m. tint, color.// **tintero.** m. inkwell.

tinto, ta. a. 1. dyed. 2. vino t.: red wine.

tintorería. f. dry cleaning shop.// **tintoreo, ra.** m./f. dry-cleaner.

tintura. f. dye, tincture.

tío. m. 1. uncle. 2. pl. uncle and aunt (los tíos).

típico, ca. a. tipical.

tipo. m. 1. type. 2. fig. guy, fellow. 3. t. de cambio: rate of exchange.

tipografía. f. typography.// **tipógrafo, fa.** m./f. typesetter.

tira. f. strip.

tirabuzón. m. corkscrew.

tirada. f. 1. throw (lanzamiento). 2. edition (impresos).// **tirador, ra.** m./f. 1. thrower (lanzador). 2. shooter (de pistola). 3. m. pl. suspenders.

tiralíneas. m. ruling pen.

tiranía. f. tyranny.// **tirano.** m. tyrant.

tirante. 1. a. tense. 2. m. pl. suspenders.

tirantez. f. 1. tightness. 2. fig. strain.

tirar. tr. 1. to throw (arrojar). 2. to throw away (desechar). 3. to knock down (derribar). 4. to stetch (estirar). 5. to fire (disparar). 6. to draw (trazar). 7. to wast (malgastar). 8. to print (imprimir). 9. to give (golpes). 10. i. to attract (atraer); to pull (traer hacia sí); to draw (un conducto); to last (durar). 11. ref. to throw oneself (arrojasrse); to lie down (tenderse). 12. ir tirando: to manage.

tiritar. i. to shiver.

tiro. m. 1. throw (lanzamiento). 2. shot (disparo). 3. draft (de un conducto). 4. range (alcance). 5. caballo de t.: draft horse. 6. t. al blanco: target practice. 7. t. por la culata: backfire.

tiroides. a./f. thyroid.

tirón. m. 1. pull (acción). 2. distance. 3. twist (muscular). 4. de un t.: with one stroke.

tirotear. tr. to fire at.// **tiroteo.** m. shooting.

titán. m. titan.// titanic (a.).

titanio. m. titanium.

títere. m. 1. puppet. 2. pl. puppet show.// **titiritero, ra.** m./f. puppeter.

titubear. i. to hesitate.// **titubeo.** m. hesitation.

titular. 1. a. regular. 2. m./f. regular. 3. m. headline (de un diario).

titular. 1. tr. to entitle. 2. ref. to be entitled.

título. m. 1. title. 2. heading (encabezado). 3. degree (diploma). 4. section. 5. bond (bono). 6. certificate (de propiedad).

tiza. f. chalk.

tizne. m. soot.

toalla. f. towel.

tobillo. m. ankle.

tobogán. m. slide.

tocadiscos. m. record player.

tocado, da. 1. a. fig. crazy. 2. m. hairdo; headdress.

tocador. m. dressing table (mueble); dressing room (cuarto); artículos de t.: toiletries.

tocante. 1. a. touching. 2. t. a: concerning.

tocar. tr. 1. to touch. 2. to feel (palpar). 3. to play (instrumentos). 4. to knock (la puerta). 5. i. to be up (corresponder); to be one's turn (ser el turno); to get (obtener); to be time (ser el momento de).

tocayo. m. namesake.

tocino. m. salt pork.

todavía. adv. 1. still. 2. even (aún). 3. t. no: not yet.

todo, da. a. 1. all. 2. every (cada). 3. whole (completo).// adv. completely, entirely.// m. whole.// pron. 1. everything. 2. pl. everybody.

todopoderoso, sa. a. almighty.

toga. f. toga.

toldería. f. Arg. Indian camp.// **toldo.** f. 1. awning. 2. Arg. Indian tent.

tolerar. tr. 1. to tolerate. 2. to allow (permitir).// tolerable (a.).// tolerance (f.).// tolerant (a.).

toma. f. 1. taking (acción). 2. take (cine). 3. intake (entrada). 4. grip, hold (lucha, yudo). 5. t. de conciencia: awareness. 6. t. de posesión: assumption of office (un cargo). 7. t. y daca: give and take.

tomar. tr. 1. to take. 2. to capture. 3. to drink (beber). 4. to pick (escoger). 5. to adopt (adoptar). 6. t. parte: to participate. 7. t. prestado: to borrow.

tomate. m. tomato.

tomo. m. tome, volume.

tonada. f. 1. tune. 2. regional accent.

tonalidad. f. tonality.

tonel. m. barrel.

tonelada. f. ton.

tónico, ca. a./m./f. tonic.

tono. m. 1. tone. 2. Mus. key (clave). 3. bajar el t.: to tone down. 3. subir el t.: to become heated.

tontería. f. foolishness, nonsense.// **tonto, ta.** 1. foolish. 2. m./f. fool (necio); clown (payaso).

topacio. m. topaz.

topar. i. **1.** to bump into (chocar). **2.** to find, to meet (encontrar/se).

tope. m. **1.** butt end (extremo). **2.** catch (sostén). **3.** top (máximo). **4.** hasta el t.: fed up (harto), full (lleno).

topetazo. m. butt, collision, bump.

tópico. m. **1.** topic. **2.** Med. local application.

topo. m. mole.

topografía. f. topography.// topographer (m./f.).

toque. m. **1.** touch. **2.** ringing (campanas). **3.** beat (tambor). **4.** t. de queda: curfew. **5.** t. final: finishing touch.

tórax. m. thorax.// thoracic (a.).

torbellino. m. whirlwind.

torcedura. f. twist, sprain.

torcer. tr. **1.** to twist. **2.** to bend (doblar). **3.** to contort (el rostro). **4.** to turn (girar). **5.** Med. to sprain. **6.** no dar el brazo a t.: to stand firm.

tordo. m. thrush.

torear. tr. **1.** to fight bulls. **2.** fig. to provoke.// **torero.** m. bull fighter.

tormenta. f. storm.// **tormentoso, sa.** a. stormy.

tornado. m. tornado.

tornar. **1.** i. to return. **2.** tr. to turn. **3.** ref. to become.

tornasol. m. iridescence.// **tornasolado, da.** a. iridescent.

tornear. tr. to turn.

torneo. m. tournament; championship.

tornero, ra. m./f. lathe operator.

tornillo. m. screw.

torniquete. m. tourniquet.

torno. m. **1.** lathe. **2.** en t. a: around.

toro. m. **1.** bull. **2.** pl. bullfight.

toronja. f. grapefruit.

torpe. a. **1.** clumsy. **2.** dull (tonto).

torpedero. m. torpedo boat.// torpedo (m.).

torpeza. f. **1.** clumsiness. **2.** stupidity.

torrar. tr. to roast.

torre. f. **1.** tower. **2.** rook (ajedrez).

torrente. m. torrent, flood.

tórrido, da. a. torrid.

torsión. f. torsion.

torta. m. cake.

tortícolis. f. torticollis.

tortilla. f. omelet.

tortuga. f. turtle, tortoise.

tortuoso, sa. a. tortuous; devious.

tortura. f. torture.// **torturar.** tr. to torture.

tos. f. cough.

tosco, ca. a. **1.** crude (basto). **2.** coarse (persona).

toser. i. to cough.

tosquedad. f. coarseness.

tostada. f. toast.// **tostadora.** f. toaster.

tostar. tr. **1.** to toast. **2.** to roast (torrar). **3.** to tan (la piel).

total. **1.** a./m. total. **2.** adv. in total.// totality (f.).

totalitario, ria. a. totalitarian.

totalmente. adv. entirely.

tóxico, ca. a./m. toxic.// toxin (f.).

tozudo, da. a. obstinate, stubborn.

traba. f. **1.** tie (trabazón). **2.** bolt (pasador). **3.** obstacle.

trabajador, ra. **1.** a. hard-working. **2.** m./f. worker.// **trabajar.** **1.** i./tr. to work. **2.** to till (la tierra).// **trabajo.** m. **1.** work. **2.** task (tarea). **3.** job (esfuerzo). **4.** employment (empleo). **5.** trouble (problema).// **trabajoso, sa.** a. hard, difficult.

trabalenguas. m. tongue twister.

trabar. tr. **1.** to join (unir). **2.** to bolt (con un pasador). **3.** to start up (conversación). **4.** to impede (impedir). **5.** ref. to lock (interlocar). **6.** ref. t. a golpes: to come to blows.// **trabazón.** f. tie bond.

trabuco. m. blunderbuss.

tracción. f. **1.** traction. **2.** t. delantera: front drive.

tractor. m. tractor.

tradición. f. tradition; pl. heritage.// traditional (f.).

traducción. f. translation.// **traducir.** tr. to translate.// **traductor, ra.** m./f. translator.

traer. tr. **1.** to bring. **2.** to wear (usar). **3.** to attract (atraer). **4.** to cause (causar). **5.** to carry (contenido de una publicación). **6.** to contain (contener). **7.** t. a mal: to pester. **8.** t. al mundo: to give birth.

traficante. m./f. dealer, trader.// **traficar.** tr. to deal, to traffic.// traffic (m.).

tragaluz. m. skylight.

tragar. **1.** i./tr. to swallow. **2.** tr. to devour. **3.** fig. to stomach (soportar).

tragedia. f. tragedy.// **trágico, ca.** a. tragic.

trago. m. **1.** gulp (porción, sorbo). **2.** drink (bebida). **3.** de un t.: in one shot. **4.** t. amargo: bad time.

traición. f. **1.** treason. **2.** a t.: treacherously.// **traicionar.** tr. to betray.// **traicionero, ra.** a. treacherous.// **traidor, ra.** **1.** a. treasonous. **2.** m. traitor, f. traitress.

traje. m. **1.** dress (vestido). **2.** suit (conjunto). **3.** t. de baño: swimming suit. **4.** t. sastre: tailored suit.

trajín. m. work (trabajo); hustle and bustle (ajetreo).// **trajinar.** i. to bustle about.

trama. f. **1.** weft (tejido). **2.** plot (intriga). **3.** line screen (de un impreso).// **tramar.** tr. **1.** to weave (tejer). **2.** to plot (intrigar).

tramitación. f. **1.** transaction, procedures.// **tramitar.** tr. to transact, to negociate.// **trámite.** m. procedure.

tramo. m. **1.** section, stretch (de un camino). **2.** flight (de escalera).

tramoya. f. **1.** stage machinery. **2.** fig. plot.

trampa. f. **1.** trap (cepo). **2.** trick (ardid). **3.** hacer t.: to cheat.// **trampear.** tr. **1.** to cheat (juego, dinero). **2.** fig. to trick.

trampolín. m. spring board.

tramposo, sa. **1.** a. dishonest. **2.** m./f. cheat.

tranca. f. **1.** crossbar. **2.** fig. drunken spree.

trance. m. **1.** trance. **2.** tight moment (apuro). **3.** a todo t.: at all costs.

tranco. m. long step.

tranquera. f. gate.

tranquilidad. f. tranquility.// **tranquilizante.** **1.** a. tranquilizing. **2.** m. tranquilizer.// **tranquilizar.** to tranquilize, to quiet, to calm down.// **tranquilo, la.** a. tranquil, quiet.

transacción. f. transaction.// **transar.** i. to compromise.

transandino, na. a. transandean.

transatlántico, ca. **1.** a. transatlantic. **2.** m. ocean liner.

transbordador. m. ferry boat; space shuttle (*espacial*).// **transbordar.** tr. to transfer.
transcontinental. a. transcontinental.
transcribir. tr. to transcribe.// transcription (f).
transcurrir. i. to elapse.// **transcurso.** m. course.
transeúnte. m./f. passerby.
transferencia. f. transference.// **transferir.** tr. to transfer.
transformar. tr. to transform.// transformation (f.).// transformer (m./f.).
transfusión. f. transfusion.
transgredir. tr. to transgress.// transgression (f.).// transgressor (m./f.).
transición. f. transition.
transigir. i. to compromise.// **transigente.** a. compromising.
transistor. m. transistor.
transitable. a. passable.// **transitar.** i. to go (*pasar*); to travel (*viajar*).
transitivo, va. a. transitive.
tránsito. m. 1. transit (*paso*). 2. traffic. 3. *de mucho t.*: busy. 4. *en t.*: in transit.// **transitorio, ria.** a. transitory, temporary.
transmisión. f. 1. transmission. 2. broadcast (*emisión*). 3. *t. delantera*: front-wheel drive.// **transmisor, ra.** a. transmitting.// **transmitir.** tr. 1. to transmite (*comunicar*). 2. to broadcast (*emitir*).
transparencia. f. transparence.// transparent (a.).
transpiración. f. perspiration.// **transpirar.** i. to perspire, to exude.
transplantar. tr. to transplant.// **transplante.** m. transplantation.
transportador, ra. 1. a. transporting. 2. m./f. transporter. 3. m. portractor.// **transportar.** tr. 1. to transport. 2. *Mus.* to transpose.// **transporte.** m. 1. transportation (*acción*). 2. *Com.* transport. 3. transport ship (*embarcación*).// **transportista.** m./f. carrier.
transversal. 1. a. transverse. 2. f. side street.
tranvía. m. trainway, trolley car.
trapecio. m. 1. trapeze. 2. *Mat.* trapezoid. 3. *Anat.* trapezius (*músculo*); trapezium (*hueso*).
trapiche. m. sugar mill.
trapo. m. 1. rag. 2. pl. fig. clothing.
tráquea. f. trachea.
tras. prep. 1. after (*orden*). 2. behind (*atrás de*).
trascendencia. f. importance, consequence.// **trascendente.** a. trascendent.// **trascender.** i. 1. to become known. 2. to extend.
trasegar. tr. to decant.
trasero, ra. 1. a. back. 2. m. rump, behind.
trashumante. a. nomad.
traslación. f. transfer, move.// **trasladar.** tr. 1. to move (*mover*). 2. to transfer (*transferir*). 3. ref. to change residence.// **traslado.** m. 1. move. 2. transfer. 3. change of residence.
traslúcido, da. a. translucid.
trasluz (al). adv. against the light.
trasmano (a). adv. out of reach (*alcance*); out of the way (*lugar*).
trasnochador, ra. m./f. night owl.// **trasnochar.** i. to spend the night.
traspapelar. 1. tr. to misplace. 2. ref. to get lost.
traspasar. tr. 1. to pierce (*perforar*). 2. to cross (*cruzar*). 3. ref. to pass over (*pasarse*); to go too far (*excederse*).// **traspaso.** m. transfer.
traspié. m. 1. slip. 2. *dar un t.*: to slip.
trasponer. tr. to transpose.
traste. m. 1. fret (*de guitarra*). 2. fig. behind.
trastienda. f. stock room.
trasto. m. 1. utensil. 2. old piece.
trastocarse. ref. to disarrange.
trastornar. tr. 1. to turn upside the down (*poner patas arriba*). 2. to worry (*preocupar*). 3. to drive mad (*volver loco*). 4. ref. to go mad.// **trastorno.** m. 1. upset. 2. *Med.* disorder.
trata. f. 1. slave trade (*esclavos*). 2. *t. de blancas*: white slavery.
tratable. a. sociable.
tratado. m. treaty.
tratamiento. m. 1. treatment. 2. form of address (*título*). 3. process.
tratante. m./f. dealer, trader.
tratar. tr. 1. to treat (*trato, tratamiento*). 2. to handle (*manejo*). 3. to address (*título*). 4. to trade (*comerciar*). 5. to try (*intentar*). 6. to process. 7. ref. to treat each other; *t. de*: to be a question of.
trato. m. 1. treatment. 2. form of address (*título*). 3. deal, agreement (*acuerdo*). 4. *t. hecho*: it's a deal.
trauma. m. trauma.// traumatic. (a.).// traumatism (m.).// **traumatizar.** tr. to traumatize.
través (a). adv. through.
travesaño. m. cross piece.
travesía. f. 1. voyage (*viaje*). 2. journey (*jornada*).
travesura. f. mischief.// **travieso, sa.** a. mischievous.
trayecto. m. 1. distance. 2. way, journey.// **trayectoria.** f. trajectory.
traza. f. looks.
trazar. tr. 1. to draw (*planos*). 2. to trace (*una línea*).// **trazo.** m. 1. line. 2. design (*diseño*). 3. stroke (*escritura*).
trebejo. m. chess piece.
trébol. m. 1. clover. 2. pl. clubs (*naipes*).
trece. a./m. thirteen.
trecho. m. 1. stretch. 2. pl. *a t.*: in parts.
tregua. f. 1. truce. 2. rest (*descanso*).
treinta. a./m. thirty.
tremendo, da. a. tremendous; huge.
tren. m. 1. train. 2. *t. de aterrizaje*: landing gear. 3. *t. de vida*: way of life.
trenza. f. braid.// **trenzar.** tr. to braid.
trepador, ra. a. climbing; *planta t.*: creeper.// **trepar.** tr. to climb; to creep (*plantas*).
trepidar. i. to vibrate, to tremble.
tres. a./m. three.
trescientos. a./m. three hundred.
treta. f. trick.
triángulo. m. triangle.// triangular (a.).
tribu. f. tribu (a.).
tribuna. f. 1. rostrum (*para oradores*). 2. *Sp.* stand, grandstand.
tribunal. m. tribunal, court.
tribuno. m. tribune.
tributar. tr. to pay.// **tributario, ria.** a. 1. tax (*impositivo*). 2. a./m. tributary.// **tributo.** m. 1. tribute. 2. tax (*impuesto*).
triciclo. m. tricycle.

tricolor. a. tricolor.
tridente. m. trident.
tridimensional. a. three-dimensional.
trienio. m. triennium.// triennial (a.).
trifulca. f. fight, squabble.
trigal. m. wheat field.// **trigo.** m. wheat.
trigonometría. f. trigonometry.
trilla. f. threshing.// **trillado, da.** a. 1. well-worn (camino). 2. fig. trite.// **trilladora.** f. thresher machine.// **trillar.** to thresher.
trimestral. a. quarterly.// **trimestre.** m. quarter.
trinar. i. 1. to warble. 2. fig. to fume.
trinchar. tr. to slice, to carve.// **trinche.** m. carving fork.
trinchera. f. trench.
trineo. m. sled, sleigh.
trinidad. f. trinity.
trino. m. warbling.
trío. m. trio.
tripa. f. 1. intestine. 2. pl. innards.
triple. a./m. triple.// **triplicado, da.** a./m. triplicate.// **triplicar.** tr. to triplicate.// **triplo, a.** a./m. triple.
trípode. m. tripod.
tríptico. m. triptych.
triptongo. m. triphthong.
tripulación. f. crew.// **tripulante.** m./f. 1. crew member. 2. pl. crew.// **tripular.** tr. to man.
triquiñuela. f. trick.
tris. m. 1. en un t.: in a trice. 2. estar a un t. de: to be within an inch of.
triste. a. 1. sad. 2. melancholy. 3. sorry (apenado). 4. miserable.// **tristeza.** f. 1. sadness. 2. sorrow (pena).
triturar. tr. to triturate, to crush.
triunfador, ra. a. triumphant. 2. m./f. winner.// **triunfal.** a. triumphal.// **triunfante.** a. triumphant.// **triunfar.** i. 1. to win (ganar). 2. to succeed (tener éxito).// **triunfo.** m. 1. triumph. 2. success (éxito).
triunvirato. m. triumvirate.
trivial. a. trivial.// triviality (f.).
triza. f. shred; hacer t.: to tear to shreds.
trocar. 1. tr. to change. 2. ref. to become.
trocha. f. gauge, trail.
trochemoche (a). adv. helter-skelter.
trofeo. m. trophy.
troglodita. m./f. troglodyte.
trolebús. m. trolley bus.
tromba. f. 1. whirlwind (de viento). 2. waterspout (de agua).
trombón. m. trombone.
trombosis. f. thrombosis.
trompa. f. 1. Mus. horn. 2. Zool. trunk. 3. Anat. tube, duct.
trompada. f. punch, blow.
trompeta. f. trumpet.
trompo. m. spinning top.
tronar. i. to thunder.
troncal. a. trunk, main.// **tronco.** m. trunk.
tronchar. tr. to split.
tronera. f. 1. porthole. 2. pocket (billar).
trono. m. throne.
tropa. f. troop.

tropel (en). adv. in a mad rush.
tropezar. i. 1. to stumble. 2. to slip up (equivocarse). 3. t. con: to bump into.// **tropezón.** m. 1. stumble. 2. fig. slip.
trópico. m. tropic.// tropical (a.).
tropiezo. m. 1. stumble. 2. fig. slip.
tropilla. f. troop of horses.
trotar. i. to trot.// **trote.** m. trot.
trova. f. poem, love ballad.// **trovador, ra.** m./f. troubadour.
trozar. tr. to cut into pieces.// **trozo.** m. piece.
trucha. f. trout.
truco. m. 1. trick. 2. card game (de naipes).
truculencia. f. truculence.// **truculento, ta.** a. truculent, ferocious.
trueno. m. thunder.
trueque. m. exchange, barter.
truhán. m. scoundrel.
truncar. tr. to truncate.// **trunco, ca.** a. truncated; incomplete.
tu, tus. a. your.
tú. pron. you.
tuba. f. tuba.
tubérculo. m. tuber.
tuberculosis. f. tuberculosis.// tuberculous (a.).
tubería. f. 1. pipeline. 2. plumbing (instalación).// **tubo.** m. 1. tube (TV, pipeta). 2. pipe (tubería). 3. Biol. canal.// tubular (a.).
tucán. m. toucan.
tuco. m. tomato sauce.
tuerca. f. nut.
tuerto, ta. a. one-eyed.
tuétano. m. marrow.
tufo. m. bad olor.
tul. m. tulle.
tulipán. m. tulip.
tumba. f. tomb, grave.
tumbar. tr. to knock down.// **tumbo.** m. tumble.
tumor. m. tumor.
tumulto. m. tumult; uproar (revuelta).// **tumultuoso, sa.** a. tumultuous.
tunda. f. beating.
tundra. f. tundra.
túnel. m. tunnel.
túnica. f. tunic.
tupido, da. a. thick, dense.
turba. f. 1. peat. 2. mob (multitud).
turbación. f. upset, confusion.
turbante. m. turban.
turbar. tr. to upset.
turbina. f. turbine.
turbio, bia. a. turbid; fig. shady.
turbulencia. f. turbulence.// turbulent (a.).
turco, ca. a./m./f. Turkish.
turismo. m. tourism.// tourist (m./f.).// **turístico, ca.** a. tourist.
turnar. i./ref. to take turns.// **turno.** m. 1. turn (vez). 2. shift (de trabajo). 3. de t.: on duty.
turquesa. f. turquoise.
turrón. m. nougat.
tutear. tr. to address as tú.
tutela. f. guardianship; protection.// **tutor, ra.** m./f. guardian tutor.
tuyo, ya. a./pron. yours, of yours.

u. f. twenty-second letter of the Spanish alphabet.
u. conj. or.
ubicación. f. location, situation.// **ubicado, da.** a. located, placed.// **ubicar. 1.** tr. to locate, to place. **2.** ref. to be located or placed; to place oneself.
ubicuidad. f. ubiquity.// **ubicuo, cua.** a. ubiquitous.
ubre. f. udder.
ufanarse. ref. to boast, to pride oneself.// **ufano, na.** a. conceited, self-satisfied.
ugandés, sa. a./m./f. Ugandan.
úlcera. f. 1. Pat. ulcer. **2.** Bot. rot.// **ulcerar.** tr. ref. to ulcerate.
ulterior. a. **1.** ulterior. **2.** subsequent.// **ulteriormente.** adv. ulteriorly.
últimamente. adv. lately, recently.
ultimar. tr. **1.** to finish. **2.** fig. to kill (matar).
último, ma. a. **1.** last, final. **2.** latest, latter. **3.** most remote (el más lejano). **4.** m./f. the last one. **5.** estar en las ú.: to be at one's end. **6.** por ú.: lastly.
ultra. 1. adv. besides. **2.** prep. ultra. **3.** m./f. extremist.
ultraderecha. f. far right.
ultraizquierda. f. far left.
ultrajar. i. to offense, to outrage.// **ultraje.** m. offense, outrage.
ultramar. m. overseas.
ultranza (a). adv. **1.** to the death (a muerte). **2.** resolutely (resueltamente).
ultrarrojo, ja. a./m. ultrared.
ultrasónico, ca. a. ultrasonic.
ultratumba. f. beyond the grave.
ultravioleta. a./m. ultraviolet.
ulular. i. to ululate.
umbilical. a. umbilical.
umbral. m. threshold.
umbrío, a. a. shady, dark.
un, una. art. a, an. **2.** a./f. one.
unánime. a. unanimous.// unanimity (f.).
unción. f. unction, fervor.
uncir. tr. to yoke.
undécimo, ma. a./m./f. eleventh.
ungir. tr. to anoint.
ungüento. m. ointment.
únicamente. adv. only.
unicelular. a. unicellular.
único, ca. 1. a. only. **2.** m./f. only one. **3.** lo ú.: the only thing.
unicornio. m. unicorn.

unidad. f. **1.** unity (unión). **2.** unit.// **unido, da.** a. united, close.
unificar. tr. to unify.
uniforme. a./m. uniform.// uniformity (f.).
unilateral. a. unilateral.
unión. f. union; joint (juntura).// **unir. 1.** tr. to unite. **2.** tr./ref. to join.
unísono, na. a./m. unison.
universal. a. **1.** universal. **2.** world (del mundo).
unitario, ria. 1. a. unified. **2.** m./f. unitarian.
universidad. f. university.// **universitario, ria. 1.** a. university. **2.** m./f. university student.
universo. m. universe.
uno, una. 1. a./m./pron. one. **2.** cada u.: each one, every one. **3.** la u.: one o'clock. **4.** u. cuantos: a few.
untar. tr. to spread; to rub (ungüento).
uña. f. **1.** fingernail (mano). **2.** toenail (de los pies). **3.** hoof (pezuña).
uranio. m. uranium.
urbanidad. f. good manners.// **urbanización.** f. **1.** urbanization. **2.** development.// **urbanizar.** tr. **1.** to civilize. **2.** to develop land (construir).// **urbano, na.** a. **1.** urban (citadino). **2.** urbane (cortés).// **urbe.** f. city.
urdimbre. f. weave.// **urdir.** tr. to weave; fig. to plot.
urea. f. urea.// **uréter.** m. ureter.// urethra (f.).
urgencia. f. **1.** urgency. **2.** emergency.// urgent (a.).// **urgir.** i. to urge.
urinario, ria. 1. a. urinary. **2.** m. urinal.
urna. f. **1.** urn. **2.** ballot box (de votación).
urología. f. urology.// urologist (m./f.).
uruguayo, ya. a./m./f. Uruguayan.
usado, da. a. **1.** worn-out (gastado). **2.** second-handed.// **usanza.** f. custom.// **usar.** tr. **1.** to use (utilizar). **2.** to wear (ropa).// **uso.** m. **1.** use. **2.** custom (costumbre). **3.** exercise. **4.** wear and tear (desgaste). **5.** u. de razón: power of reason.
usted. pron. you; yours (de usted).
usual. a. usual.// **usuario, ria.** m./f. user.
usufructo. m. usufruct.
usura. f. usury.// usurer (m./f.).
usurpar. tr. to usurp.// usurpation (f.).
utensilio. m. utensil.
útero. m. uterus.// uterine (a.).
útil. 1. a. useful. **2.** m. pl. items.// **utilidad.** f. **1.** usefulness. **2.** profit (ganancia).// **utilizar.** tr. to use, to utilize.
utopía. f. utopia.// utopian (a./m./f.).
uva. f. grape.

v. f. twenty-third letter of the Spanish alphabet.

vaca. f. **1.** cow. **2.** pl. fig. v. *gordas;* years of plenty.

vacación. f. vacation.

vacante. 1. a. vacant. **2.** f. vacancy.

vaciado. m. *Met.* casting.// **vaciar. 1.** i./tr./ ref. to empty. **2.** tr. to drain *(líquidos).* **3.** to cast *(metal).*

vacilación. f. hesitation; *sin v.:* unhesitantingly.// **vacilante.** a. hesitating.// **vacilar.** i. to hesitate.

vacío, a. 1. a. empty; vacant *(desocupado).* **2.** m. vacuum *(en física);* emptiness *(cavidad);* empty space *(espacio);* void *(falta);* envasado al v.: vacuum-packed.

vacuna. f. vaccine.// **vacunar.** tr. to vaccinate.

vacuno, na. a. bovine; *ganado v.:* cattle.

vadear. tr. to ford; to wade across.// **vado.** m. ford.

vagabundo, da. m./f. vagabond.// **vagancia.** f. vagancy.// **vagar.** i. **1.** to wander *(errar).* **2.** to be idle *(holgazanear).*// **vago, ga. 1.** a. vague. **2.** m./f. idler *(holgazán);* vagrant *(linyera).*

vagón. m. car, coach.// **vagoneta.** f. small wagon.

vaguedad. f. vagueness.

vaho. m. steam.

vaina. f. **1.** sheath *(envoltura).* **2.** *Bot.* pod.

vainilla. f. vanilla.

vaivén. m. fluctuation; coming and going.

vajilla. f. tableware; silverware *(platería);* chinaware *(porcelana).*

vale. m. voucher; receipt *(recibo).*

valedero, ra. a. valid.

valenciano, na. a./m./f. Valencian.

valentía. f. courage; boldness *(ánimo).*

valer. i./tr. **1.** to be worth *(tener valor).* **2.** to cost *(precio).* **3.** to be valid *(ser válido).* **4.** to be of use *(servir).* **5.** *hacer v.:* to assert. **6.** *más vale:* it's better. **7.** *v. la pena:* to be worth the trouble. **8.** ref. *v. de:* to make use of.

valeroso, sa. a. corageous.

valía. f. worth.

validar. tr. to validate, to make valid.// valid (a.).// **validez.** f. validity.

valiente. 1. a. brave *(valeroso);* bold *(osado).* **2.** m./f. brave man (woman).

valija. f. suitcase.

valioso, sa. a. valuable.

valla. f. **1.** fence. **2.** obstacle. **3.** *Sp.* hurdle.

valle. m. valley.

valor. m. **1.** value. **2.** courage. **3.** pl. *Econ.* securities.// **valorar.** tr. **1.** to appraise *(valuar).* **2.** to appreciate *(apreciar).* **3.** ref. to increase in value.// **valoración.** f. appraisal; appreciation; value increase.// **valuación.** f. appraisal.

vals. m. waltz.

valuar. tr. to value; to appraisal.

válvula. f. **1.** *Anat./Mech.* valve. **2.** *Electr.* tube.

vampiro, ra. m./f. vampire.

vanagloria. f. pride.// **vanagloriarse.** ref. to boast.

vándalo, la. m./f. vandal.// vandalism (m.).

vanguardia. f. **1.** vanguard. **2.** avant-garde *(arte).*

vanidad. f. vanity.// **vanidoso, sa.** a. vain, conceited.// **vano, na. 1.** a. in vain. **2.** m. opening.

vapor. m. steam *(gas);* vapor *(vaho).*// **vaporizar.** tr. to vaporize.// **vaporoso, sa.** a. vaporous; sheer *(tejido).*

vapulear. tr. to thrash.

vaquero. m. **1.** cowboy. **2.** jeans *(pantalón).*

vara. f. **1.** stick *(palo).* **2.** rod *(rama).*

varar. 1. i. to run aground **2.** tr. to beach *(un buque).*

variable. a./f. variable.// variation (f.).// **variado, da.** a. variegated.// **variante.** a./f. variant.// **variar.** i./tr. to vary.// **variedad.** f. **1.** variety. **2.** pl. miscellany; variety show.

varilla. f. **1.** thin rod *(rama).* **2.** rib *(pieza).*

varios, rias. adj. pl./pron. several.

varón. m. man, male.// **varonil.** a. manly.

vasallo. m./f. vassal.

vasco, ca. a./m./f. Basque.

vascular. a. vascular.

vaselina. f. vaseline.

vasija. f. vessel; bowl.

vaso. f. **1.** glass. **2.** *Biol.* vessel.

vástago. m. **1.** offspring *(hijo).* **2.** *Bot.* shoot. **3.** *Mech.* rod.

vasto, ta. a. vast.

vaticano, na. a./m./f. Vatican.

vaticinar. tr. to predict.// **vaticinio.** m. prediction.

vatio. m. watt.

vecindad. f. nearness *(cualidad);* vicinity *(cercanía).*// **vecindario.** m. neighborhood.// **vecino, na. 1.** a. next *(próximo);* near *(v. a).* **2.** m./f. neighbor. **3.** *cualquier hijo de v.:* anybody.

veda. f. **1.** prohibition. **2.** closed season *(caza).*// **vedar.** tr. to prohibit.

veedor, ra. m./f. overseer, inspector.

vegetación. f. vegetation.// **vegetal. 1.** a. vegetable; *reino v.:* plant kingdom. **2.** m. vegetable, plant.// **vegetar.** i. to vegetate.

vehemencia. f. vehemence.// vehement (a.).

vehículo. m. vehicle.

veinte. m./f. twenty; twentieth *(en fechas).*// **veintena.** f. score, twenty.// **ventiuno.** a./m. twenty-one; twenty-first *(en fechas).*// **veintidós.** a./m. twenty-two.// *se repite la estructura hasta* **veintinueve.**

vejación. f. vexation.// **vejamen.** m. vexation; affront *(afrenta).*// **vejar.** tr. to vex.

vejestorio, ra. m./f. old fool *(persona);* old wreck *(objeto).*// **vejete.** m. comic old men.

vejez. f. old age.

vejiga. f. bladder.

vela. f. **1.** candle. **2.** wax candle *(de cera).* **3.** sail *(de un velero).* **4.** *en v.:* awake.

velado, da. 1. a. veiled *(oculto);* blurred *(imagen).* **3.** f. evening.

velador. m. **1.** watchman *(sereno).* **2.** night lamp.

velamen. m. sails.

velar. 1. i. to stay awake *(no dormir).* **2.** tr. to watch over *(vigilar);* to tend at nigh *(un enfermo);* to hold a wake over *(un muerto);* to veil *(hacer difuso).* **3.** ref. to blur *(foto).* **4.** *v. por:* to care for.

veleidad. f. whim *(capricho);* inconstancy.// **veleidoso, sa.** a. fickle.

velero. m. sailboat.

veleta. f. **1.** weather vane. **2.** fig. fickle.

velo. m. veil.

velocidad. f. **1.** speed. **2.** gear *(cambio, marcha).*// **velocímetro.** m. speedmeter.

velorio. m. wake; fig. dull party *(fiesta aburrida).*

veloz. a. speedy; swift.

vello. m. hair; fuzz *(pelusa).*// **velloso, sa.** a. hairy.

vena. f. **1.** vein. **2.** *estar en v.:* to be inspired.

venado. m. deer, stag.

venal. a. venal.// venality (f.).

vencedor, ra. 1. a. winning. **2.** m./f. winner.// **vencer.** tr. **1.** to defeat *(derrotar).* **2.** to overcome *(superar).* **3.** to control. **4.** i. to win *(ganar);* to expire *(un plazo);* to fall due *(una deuda).* **5.** ref. to bend *(curvarse);* to collapse *(romperse).*// **vencimiento.** m. expiration *(término);* maturity *(deuda).*

venda. f. **1.** bandage. **2.** blindfold *(para los ojos).*// **vendaje.** m. bandages.// **vendar.** tr. to bandage.

vendaval. m. strong wind, gale.

vendedor, ra. 1. a. selling. **2.** m./f. seller, m. salesman, f. saleswoman.// **vender.** tr. to sell; fig. to betray.// **vendible.** a. marketable.

vendimia. f. grape harvest.

veneno. m. poison.// **venenoso, sa.** a. poisonous.

venerar. tr. to venerate.// veneration (f.).

venéreo, a. a. venereal.

venezolano, na. a./m./f. Venezuelan.

vengador, ra. m./f. avenger.// **venganza.** f. revenge.// **vengar.** tr. to avenge; ref. to take revenge.// **vengativo, va.** a. vindictive.

venia. f. **1.** permission. **2.** salute.

venida. f. coming, arrival.// **venidero, ra.** a. coming.// **venir.** i. **1.** to come. **2.** to arrive *(llegar).* **3.** to come from *(provenir).* **4.** to fit *(convenir, caer bien).* **5.** to follow *(seguir, ser consecuencia).* **6.** *v. a (suceder):* to end up to. **7.** *v. a la memoria/mente:* to come to mind. **8.** *v. al caso:* to be relevant. **9.** *v. al mundo:* to be born. **10.** *v. a ser como:* to be like. **11.** *v. bien (una hora):* to be convenient. **12.** *v. haciéndolo (repetida-*

mente): to have been + *gerundio.* **13.** ref. to come, to return *(volver);* *v. abajo:* to fall down. **14.** *que viene:* next *(próximo).*

venoso, sa. a. venous.

venta. f. sale.

ventaja. f. **1.** advantage. **2.** *Sp.* lead.

ventajoso, sa. a. advantageous.

ventana. f. window.// **ventanilla.** f. **1.** small window. **2.** window *(de atención).*

ventilador. m. fan, ventilator.// **ventilar.** tr. **1.** to ventilate. **2.** fig. to air.// **ventilación.** f. ventilation.

ventisca. f. blizzard.// **ventisquero.** m. glacier.

ventosa. f. ventouse.

ventoso, sa. a. windy.

ventrículo. m. ventricle.

ventrílocuo, cua. m./f. ventroloquist.

ventura. f. chance, fortune; *por v:* by chance.// **venturoso, sa.** a. lucky, fortunate.

ver. tr. **1.** to see. **2.** to look at *(mirar).* **3.** to watch *(TV, cine).* **4.** to look and see *(averiguar).* **5.** to examinate. **6.** to visit *(visitar).* **7.** ref. to look *(lucir);* to see one another *(visitarse);* to meet *(encontrase);* to be visible *(ser visible).* **8.** *a v.:* let's see. **9.** ref. *estar por v.:* to remain to be seen. **10.** *no poder v. (algo o alguien):* to loathe the sight of. **11.** *tener que v.:* to have to do with. **12.** *véase:* see. **13.** *veremos (hay que v.):* we'll see. **14.** *vérselas con:* to have to deal with.

vera. f. edge, side.

veracidad. f. truthfulness, veracity.

veraneante. m./f. summer vacationer.// **veranear.** i. to spend the summer.// **veraniego, ga.** a. summer.// **veraneo.** m. summer vacation.// **verano.** m. summer.

veras (de). adv. really.

veraz. a. truthful.

verbal. a. verbal.// **verbo.** m. verb.// **verbosidad.** f. verbosity, wordiness.

verdad. f. **1.** truth. **2.** *a decir v.:* to be honest. **3.** *decir la v.:* to tell the truth. **4.** *de v.:* really *(de veras);* real. **5.** *¿v.?:* is that so?// **verdadero, ra.** a. **1.** true *(real).* **2.** genuine.

verde. 1. a./m. green. **2.** a. dirty *(obsceno).*// **verdín.** m. moss.// **verdor.** m. verdancy.// **verdoso, sa.** a. greenish.

verdugo. m. executioner.

verdulería. f. greengrocer's shop.// **verdulero, ra.** m./f. greengrocer.// **verdura.** f. vegetable, greenery.

vereda. f. sidewalk.

veredicto. m. verdict; *Law.* sentence.

vergonzoso, sa. a. **1.** shameless *(ignominioso).* **2.** shy *(tímido).*// **vergüenza.** f. **1.** shame *(bochorno).* **2.** shyness *(timidez).*

verídico, ca. a. true.

verificar. tr. **1.** to verify; to check *(un objeto).* **2.** ref. to take place.// verification (f.).

verja. f. grating *(ventana);* railing *(cerca).*

verosímil. a. credible.

verruga. f. wart.

versado, da. a. versed.// **versar.** i. to treat of.

versículo. m. versicle.

versión. f. version.

verso. m. 1. verse. 2. pl. poetry. 3. line *(línea de un poema)*.

vértebra. f. vertebra.// **vertebral** (a.).// **vertebrate** (a./m./f.).

verter. tr. 1. to pour *(líquido)*. 2. to translate *(traducir)*. 3. to express *(opinión)*. 4. i. to flow.

vertical. a./f. vertical.// **verticality** (f.).

vértice. m. vertex.

vertiente. f. 1. slope *(declive)*. 2. spring *(manantial)*.

vertiginoso, sa. a. dizzy, vertiginous.// **vértigo.** m. vertigo, dizziness; rush *(de la vida moderna)*.

vesícula. f. vesicle; *v. biliar:* gall bladder.

vespertino, na. a. evening.

vestíbulo. m. vestíbule, hall.

vestido. m. dress; clothes *(ropa)*.// **vestidura.** f. clothes; vestments.

vestigio. m. vestige.

vestir. tr. 1. to dress *(poner la ropa, proveerla)*. 2. to wear *(usar, llevar)*. 3. i. to dress. 4. ref. to dress oneself; *v. de:* to wear.// **vestuario.** m. wardrobe *(ropas)*; Sp. locker room.

veta. f. grain *(madera)*; vein *(minería)*.// **veteado, da.** a. veined.

vetar. tr. to veto.

veterano, na. a./m./f. veteran.

veterinario, ria. 1. m./f. veterinarian. 2. veterinary medicine.

veto. m. veto.

vetusto, ta. a. very old, ancient.

vez. f. 1. time. 2. *a la v.:* at the same time. 3. *a la v. que:* while. 4. *alguna v.:* once. 5. *alguna que otra v.:* once in a while. 6. *algunas v.:* sometimes. 7. pl. *a v:* at times. 8. *cada v.:* every time. 9. *cada v. más:* more and more. 10. *cada v. que:* whenever. 11. *de una v.:* at once. 12. *dos v.:* twice. 13. *en v. de:* instead of. 14. *muchas v.:* often. 15. *otra v.:* again. 16. *rara v.:* rarely. 17. *tal v.:* perhaps, maybe.

vía. f. 1. way. 2. rail *(cada v.)*. 3. Anat. track. 4. proceedings *(procedimientos)*. 5. *en vías de:* in the process of. 6. *en vías de desarrollo:* depeloping. 7. *v. oral:* orally. 8. *v. férrea.:* railroad.// **viable.** a. viable.// **viaducto.** m. viaduct.

viajante. m. traveling salesman.// **viajar.** i. to travel.// **viaje.** m. 1. trip. 2. pl. travel. 3. journey *(travesía)*. 4. *¡buen v.!:* bon voyage!// **viajero, ra.** m./f. traveler.

vial. a. road, traffic.

vianda. f. vianda.

viático. m. viaticum, travelling allowance.

víbora. f. viper.

vibrar. i. to vibrate.// **vibrante.** a. vibrating.// vibration (f.).

vicepresidencia. f. vicepresidency.// vicepresident (m.).

viceversa. adv. vice versa.

viciar. tr. to vitiate.// **vicio.** m. 1. vice. 2. bad habit *(costumbre)*.// **vicioso, sa.** m./f. addicted

vicisitud. f. vicissitude.

víctima. f. victim.

victoria. f. victory, triumph.// victorious (a.).

vicuña. f. vicuña.

vid. f. grapevine.

vida. f. 1. life. 2. lifetime *(duración)*. 3. living *(sustento)*. 4. *modo de v.:* way of life. 5. *de por v.:* for life. 6. *jugarse la v.:* to risk one's life. 7. *la otra v.:* the afterlife. 8. *pasar a mejor v.:* to die, to pass on.

videncia. f. clear-sightedness.// **vidente.** 1. a. seeing. 2. m./f. seer, prophet.

vídeo. m. vídeo.

vidriar. tr. to glaze.// **vidriería.** f. glass shop.// **vidriero.** m./f. glazier; f. show window.// **vidrio.** m. 1. glass *(material)*. 2. window-pane *(de ventana)*.// **vidrioso, sa.** a. glassy, vitreous.

viejo, ja. 1. a. old. 2. m. old man, f. old woman. 3. pl. fig. parents.

vienés, sa. a./m./f. Viennese.

viento. m. wind.

vientre. m. belly *(abdomen)*; bowels *(intestino)*.

viernes. m. Friday.

viga. f. beam.

vigencia. f. force, effect.// **vigente.** a. in force.

vigésimo, ma. a./m./f. twentieth.

vigía. m. watchman.

vigilancia. f. vigilance.// **vigilante.** 1. a. vigilant. 2. m. watchman *(guardia)*; policeman *(policía)*.// **vigilar.** 1. tr. to watch over. 2. i. to watch.

vigilia. f. vigil.

vigor. m. vigor.// **vigorizar.** tr. to invigorate.// **vigoroso, sa.** a. vigorous.

vil. a. base, despicable.// **vileza.** f. baseness.

villa. f. 1. villa *(casa)*. 2. town, village *(pueblo)*. 3. *v. miseria:* shantytown.// **villano, na.** m./f. villain.

vilo (en). adv. up in the air.

vinagre. m. vinegar.

vincular. tr. to link, to join; Law. to entail.// **vínculo.** m. bond, tie; Law. entail.

vino. m. wine.// **viña.** f. vineyard.// **viñedo.** m. vineyard.

viñeta. f. vignette.

violáceo, a. a. violet.

violación. f. 1. violation. 2. rape *(sexual)*.// **violador, ra.** m./f. violator; rapist.// **violar.** tr. to violate; to rape.

violencia. f. violence.// **violentar.** 1. tr. to force, to enter by force. 2. ref. to become furious.// **violento, ta.** a. 1. violent. 2. furious. 3. intense.

violeta. a./m./f. violet.

violín. m. violin.// violinist (f.).

violoncelo. m. cello.// cellist (m./f.).

viraje. m. to turn.// **virar.** i./tr. to turn; to tune *(foto)*.

virgen. a./f. virgin.// virginal (a.).// virginity (f.).

viril. a./m. virile; male.// virility (f.).

virología. f. virology.// virologist (m./f.).

virreinato. m. viceroyalty.// **virrey.** m. viceroy.

virtual. a. virtual.

virtud. f. 1. virtue. 2. property, quality.// **virtuoso, sa.** a. virtuous.

viruela. f. smallpox.

virulencia. f. virulence.// virulent.// virus (m.).

viruta. f. shavings.

visa. f. **visado.** m. visa.// **visaje.** m. visage.// **visar.** tr. to visa.

víscera. f. viscera.

viscosidad. f. viscosity.// viscous (a.).

visera. m. **1.** visor. **2.** eye shade.

visible. a. visible.// visibility (f.).

visión. f. **1.** vision. **2.** sight *(vista)*.// visionary *(m./f.)*.

visir. m. vizier.

visita. f. visit *(acción)*; visitor *(persona)*.// **visitante.** m./f. visitor, visitant; *Sp.* guest.// **visitar.** tr. to visit; ref. to visit one another.

vislumbrar. tr. to glimpse.

viso. m. shim, glim; appearance.

visón. m. mink.

visor. f. viewfinder *(de cámara)*.

víspera. f. even.

visto, ta. a. **1.** *Law.* whereas. **2.** *bien/ mal v.*: proper/improper. **3.** *por lo v.*: apparently. // f. **1.** sight *(visión)*; eyesight *(sentido)*. **2.** eyes *(mirada)*. **3.** view *(panorama)*. **4.** *a la v.*: in sight. **5.** *a primera v.*: at first sight. **6.** *hasta la v.*: so long.

vistoso, sa. a. showy.

visual. a. visual.// **visualizar.** tr. to visualize.

vital. a. vital.

vitalicio, cia. a. life.

vitalidad. f. vitality.// **vitalizar.** tr. to vitalize.

vitamina. f. vitamin.

vitivinícola. a. grape-growing and wine-making.

vítor. m. acclaim.// **vitorear.** tr. to cheer.

vitral. f. stained-glass window.// **vítreo, a.** a. vitreous.// **vitrina.** f. glass cabinet; show window.

vituallas. f. pl. victuals.

vituperar. tr. to revile.

viudez. f. widowhood.// **viudo, da.** m. widower, f. widow.

¡viva! interj. hurrah!; long live!

vivacidad. f. vivacity; liveliness.// **vivamente.** adv. **1.** deeply *(profundamente)*. **2.** vividly.

vivaracho, cha. a. sprightly.// **vivaz.** a. lively.

víveres. m. pl. food supplies.

vivero. m. plant nursery.

viveza. f. liveliness *(vivacidad)*; sharpeness *(agudeza)*.

vividor, ra. m./f. sponger.

vivienda. f. housing *(lugar)*; house *(casa)*.

viviente. a. living.

vivir. 1. i./tr. to live. **2.** i. to be alive *(estar vivo)*. **3.** *saber v.*: to know how to live. **4.** *v. de*: to live on; to live off. **5.** m. life, living.// **vivo, va.** a. **1.** alive *(con vida)*. **2.** deep *(intenso)*. **3.** vivid *(vívido)*. **4.** sharp *(agudo)*. **5.** m. fig. wise guy. **6.** m. pl. the lives.

vizcacha. f. viscacha, vizcacha.

vizconde, desa. m. viscount, f. viscountess.

vocablo. m. word.// vocabulary (m.).

vocación. f. vocation.// vocational (a.).

vocal. 1. a. vocal. **2.** m./f. board or committee member. **3.** f. vowel.// **vocalizar.** tr. to vocalize.

vocear. i./tr. to shout.// **voceo.** m. shouting.// **vocero, ra.** m. spokesman; f. spokeswoman.

vociferar. tr. to vociferate.

voladora, ra. a. flying.

volando. adv. in a flash.

volante. 1. a. flying. **2.** m. flywheel; steering wheel *(de auto)*. **3.** flier; pamphlet *(papel)*.

volar. i. **1.** to fly. **2.** to fly away *(irse volando)*. **3.** to disappear suddenly *(desaparecer)*. **4.** tr. to blow up *(explotar)*.

volátil. a. volatile.

volcán. m. volcano// volcanic (a.).

volcar. 1. tr. to dump *(verter)*; to turn over *(dar vuelta)*. **2.** i./ref. to overturn *(dar un vuelco)*.

volear. tr. to volley.// **vóleibol.** m. volleyball.// **voleo.** m. volley.

volición. f. volition.// **volitivo, va.** a. volitive.

volquete. m. dump truck.

voltaico, ca. a. voltaic.

voltaje. m. voltage.

voltear. tr. **1.** to turn over *(volcar)*. **2.** to knock down *(derribar)*. **3.** to turn *(dar vuelta)*. **4.** i. to tumble.

voltereta. f. somersault.

voltímetro. m. voltimeter.// **voltio.** m. volt.

voluble. a. voluble; fig. fickle.

volumen. m. **1.** volume. **2.** bulky *(cuerpo)*. **3.** corpulence. **4.** *a todo v.*: loud.// **voluminoso, sa.** a. voluminous, bulky.

voluntad. f. **1.** will. **2.** wish *(deseo)*. **3.** intention. **4.** *a v.*: at will. **5.** *buena/mala v.*: good/ill will. **6.** *última v.*: last will.// **voluntario, ria. 1.** a. voluntary. **2.** m./f. volunteer.// **voluntarioso, sa.** a. willfull.

voluptuosidad. f. voluptuosness.// **voluptuoso, sa.** a. voluptuous.

volver. tr. **1.** to turn, to turn around *(dar vuelta)*. **2.** to turn inside out *(poner del revés)*. **3.** to turn *(dirigir)*. **4.** i./tr./ref. to return *(retornar)*. **5.** to become *(tornarse)*. **6.** *v. a (repetir)*: to (do) again. **7.** ref. *v. atrás*: to back down. **8.** *v. contra*: to turn against. **9.** *v. loco*: to go crazy.

vomitar. i./tr. to vomit.// **vómito.** m. vomit.// **vomitivo, va.** a. vomitive.

voracidad. f. voraciousness.

vorágine. f. whirlpool.

voraz. a. voracious.

vos. pron. you.

vosotros, tras. pron. you; yourselves.

votación. f. voting.// **votante.** m./f. voter.// **votar.** i./tr. to vote.// **voto.** m. **1.** vote. **2.** vow *(religioso)*.

voz. f. **1.** voice. **2.** term, word *(vocablo)*. **3.** rumor.

vozarrón. m. strong voice.

vuelco. m. overturning.

vuelo. m. **1.** flight. **2.** flare *(de un vestido)*. **3.** *al v.*: immediately. **4.** *de alto v.*: big-time.

vuelta. f. **1.** turn *(giro)*. **2.** revolution. **3.** return *(regreso)*. **4.** reverse. **5.** *Sp.* lap. **6.** *a la v.*: on the way back *(al volver)*; on the otherside *(al revés)*; around the corner *(lugar)*. **7.** *darse una v.*: to take a walk.

vuelto. m. change.

vuestro, tra. a. your, of yours.

vulgar. a. **1.** vulgar. **2.** common.// vulgarity (f.).// vulgarism (m.).// **vulgarizar.** tr. **1.** to vulgarize *(hacer vulgar)*. **2.** to popularize.// **vulgo.** m. masses, common people.

vulnerabilidad. f. vulnerability.// vulnerable (a.).// **vulnerar.** tr. to harm, to injure.

vulva. f. vulva.

vulvitis. f. vulvitis.

w. f. twenty-fourth letter of the Spanish alphabet.
wagneriano, na. a. Wagnerian.
wat. m. watt.

whisky. m. whisky.
wolframio. m. wolfram.
wulfenita. f. wulfenite.

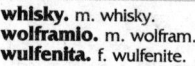

x. f. twenty-fifth letter of the Spanish alphabet.
xenofobia. f. xenophobia.**// xenófobo, da. 1.** a. xenophobic. **2.** m./f. xenophobe.
xerografía. f. xerography.**//** xerographic (a.).

xenón. m. xenon.
xilófono. m. xylophone.
xilografía. f. xylography; xylograph.**//xilográfico, ca.** a. xylographic.

y. f. twenty-sixth letter of the Spanish alphabet.
y. conj. and.
ya. adv. **1.** now (ahora). **2.** already. **3.** soon.
yacaré. m. alligator.
yacer. i. to lie.**// yacimiento.** m. deposit.
yapa. f. extra, bonus.
yarda. f. yard.
yate. m. yacht.
yegua. f. mare.
yema. f. yolk (huevo); tip (dedo).
yerba. f. **1.** grass. **2.** maté.
yerno. m. son-in-law.

yerro. m. error.
yeso. m. plaster.
yo. 1. pron. I. **2.** m. ego.
yodo. m. iodine.
yogur. m. yogurt.
yudo. m. judo.
yugo. m. yoke.
yunque. m. anvil.
yunta. f. yoke; team of oxen.
yute. m. yute.
yuxtaponer. tr. to juxtapose.**//** juxtaposition (f.).
yuyal. m. weed patch.**// yuyo.** m. weed.

z. f. twenty-seventh letter of the Spanish alphabet.

zafar. tr. **1.** to loosen. **2.** i./ref. to escape, toget away.

zafiro. m. sapphire.

zafra. f. sugar harvest.

zaga. f. **1.** end, rear. **2.** *Sp.* back. **3.** *a la z.:* at the rear, behind.// **zaguero, ra.** m. *Sp.* fullback.

zaguán. m. front hall, vestibule.

zaherir. tr. to mock.

zaino, na. a. chestnut-colored.

zalamería. f. flattery.// **zalamero, ra.** m./f. flatterer.

zamarrear. tr. to shake.// **zamarreo.** m. shaking.

zambo, ba. **1.** a. club foot. **2.** m./f. zambo.

zambullir. i. to plunge.// **zambullirse.** ref. to dive.

zampar. **1.** tr. to stuff. **2.** ref. to stuff down.

zanca. f. long leg.// **zancada.** f. long step; stride.// **zancadilla.** f. tripping.

zanco. m. stilt.// **zancudo, da.** **1.** a. long-legged. **2.** m. wading bird.

zángano. m. **1.** drone. **2.** fig. loafer.

zanja. f. ditch.

zanjar. tr. to settle, to resolve.

zapa. f. trenching spade.// **zapador, ra.** m./f. sapper.// **zapar.** i. to sap.

zapallo. m. pumpkin.

zapata. f. shoe.

zapatear. i./tr. to tap-dance.// **zapateo.** m. tapping, tap-dancing.

zapatería. f. shoe maker's shop *(taller)*, shoe store *(tienda)*.// **zapatero, ra.** m./f. shoemaker *(fabricante)*, shoe seller *(vendedor)*, cobbler *(remendón)*.// **zapatilla.** f. tennis *(deportiva)*, dancing shoe *(de baile)*.// **zapato.** m. shoe.

zar. m. czar.

zaranda. f. sieve.// **zarandear.** tr. **1.** to sift *(pasar por la z.)*. **2.** to shake *(sacudir)*.// **zarandeo.** m. sifting *(colada)*; shaking *(sacudida)*.

zarcillo. m. **1.** earring *(arito)*. **2.** *Bot.* tendril.

zarina. f. czarina.// **zarista.** a./m./f. czarist.

zarpa. f. paw.

zarpar. i. to set sail.

zarpazo. m. lash of a paw.

zarza. f. bramble.

zarzamora. f. blackberry.

zarzuela. f. Spanish operetta.

zenit. m. zenith.

zigoto. m. zigote.

zigzag. m. zigzag.// **zigzaguear.** i. to zigzag.// **zigzagueo.** m. zigzagging.

zinc. m. zinc.

zíngaro, ra. a./m./f. gypsy.

zócalo. m. **1.** socle *(de edificio)*. **2.** skirting board *(de pared)*. **3.** *Geol.* shelf.

zodíaco. m. zodiac.

zona. f. **1.** zone. **2.** district.// zonal (a.).

zoncera. f. nonsense.

zonificar. tr. to zone.

zonzo, za. **1.** a. foolish. **2.** m./f. fool.

zoología. f. zoology.// **zoológico, ca.** **1.** a. zoological. **2.** m. zoo.// **zoólogo, ga.** m./f. zoologist.

zoom. m. zoom lens.

zoquete. m. dummy *(tonto)*.

zorra. f. **1.** fox *(macho)*; vixen *(hembra)*. **2.** whore *(prostituta)*. **3.** dray *(carro)*.

zorrino. m. skunk.

zorro. m. **1.** fox. **2.** sly fox *(astuto)*.

zorzal. m. thrush.

zozobra. f. **1.** capsizing, sinking *(en el mar)*. **2.** anxiety *(ansiedad)*.// **zozobrar.** i. **1.** to capsize, to sink. **2.** fig. to fail.

zueco. m. clog.

zumbar. i. to buzz *(insecto)*; to ring *(oído)*.// **zumbido.** m. buzzing; ringing.

zumbón, na. **1.** a. teasing. **2.** m./f. joker.

zumo. m. juice.

zuncho. m. metal strap.

zurcido. m. darn.// **zurcir.** tr. to darn.

zurdo, da. **1.** a. left-handed. **2.** m./f. left-handed person. **3.** m./f. fig. leftist *(izquierdista)*.

zurra. f. beating *(paliza)*.// **zurrar.** tr. to give a beating.

zutano, na. m./f. so-and-so.

DICCIONARIO

INGLÉS -

ESPAÑOL

Dirección de redacción
Prof. Alejandro Marcelo Itzik
Prof. Pablo Valle

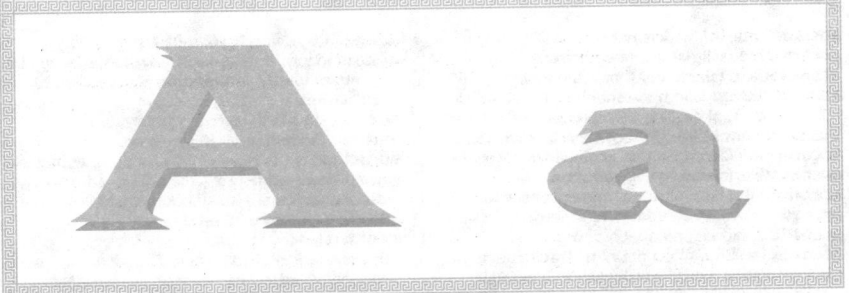

a (ei). n./a. primera letra del abecedario.// art. **1.** un, una; cuando precede a una palabra que empieza con vocal o h muda se transforma en *an*. **2.** por, el, la.// *Mús.* nota La.

abandon (abandon). tr. abandonar, dejar, desamparar, desertar, desistir, renunciar, evacuar, repudiar.// *a. oneself to* (a. oanself tu). abandonarse a.

abandoned (abandond). a. abandonado, desierto, deshabitado.

abash (abash). tr. avergonzar, confundir, desconcertar.// **abashment.** n. vergüenza, confusión, desconcierto.

abbess (abes). f. abadesa.

abbey (abi). n. abadía.

abbot (abot). m. abad.

abbreviate (abriviait). tr. abreviar.// *Mat.* simplificar.// **abbreviation** (abriviaishon). n. **1.** resumen; **2.** abreviatura de una palabra.

abdicate (abdicait). tr. i. abdicar, renunciar, dimitir.// **abdication** (abdikeishon). n. abdicación, renuncia, dimisión.

abdomen (abdomen). n. abdomen, vientre.// **abdominal** (abdominal). a. abdominal.

abduct (abdact). tr. secuestrar, raptar.// **abduction** (abdacshon). n. secuestro, rapto.// **abductor** (abdactor). n. **1.** secuestrador. **2.** *Anat.* músculo aductor.

aberrant (aberant). a. aberrante.

aberration (abereishon). n. aberración.

abhor (abor). tr. aborrecer, detestar, abominar, repudiar.// **abhorrence** (aborens). n. aborrecimiento.// **abhorrent** (aborent). a. detestable, aborrecible, abominable.

abide (abaid). i. **1.** permanecer. **2.** morar. **3.** sostener, resistir. **4.** esperar, aguardar.

ability (abiliti). n. habilidad, capacidad, destreza, talento, ingenio.

abject (abyect). a. abyecto.

abjure (abyur). tr. abjurar, renunciar.// **abjuration** (abyureishon). n. abjuración.

able (eibl). a. capaz, hábil, competente.// *to be a.* (tu bi eibl). id. ser capaz de, poder.// **ably** (eibli). a. hábilmente.

abnormal (abnormal). a. anormal.// **abnormality** (abnormaliti). a. anormalidad.

aboard (abord). adv. a bordo.

abode (aboud). n. domicilio.

abolish (abolish). tr. abolir.// **abolition** (abolishon). n. abolición.

aborigen (aboriyen). n. aborigen.

about (abaut). prep. **1.** alrededor de, cerca de. **2.** respecto a, sobre.// adv. casi; alrededor, por ahí, aquí y allá; a punto de; en torno.

above (abov). adv. **1.** (más) arriba, encima, en lo alto.

abrasive (abrasiv). a./n. abrasivo.

abridge (abriy). tr. abreviar.

abroad (abrod). adv. fuera del país, en el extranjero.

abrupt (abrapt). a. abrupto, brusco.

abscess (abses). n. abceso.

abscissa (absisa). n. *Geom.* abscisa.

absence (absens). n. ausencia, falta.// *leave of a.:* licencia, permiso.

absent (absent). a. **1.** ausente. **2.** distraído.

absolute (absolut). a. **1.** absoluto. **2.** autocrático, totalitario.

absolute zero *Fís.* (a. zirou). n. cero absoluto.

absolution (absolushon). n. absolución.

absolutism (absolutism). n. absolutismo.

absolve (absolv). tr. absolver.

absorb (absorb). tr. absorber.// **absorbent** (absorbent). a. absorbente.

abstain (abstein). i. abstenerse.// **abstemious** (abstemios). a. abstemio.// **abstinence** (abstinens). n. abstinencia.

abstract (abstract). a. abstracto.// **abstraction** (abstrakshon). n. abstracción.

absurd (abserd). a. absurdo.

abundant (abandant). a. abundante.

abuse (abius). tr. abusar.// n. **1.** abuso. **2.** insulto **3.** maltrato. **4.** violación.// **abusive** (abiusiv). a. abusivo, insultante.

abyss/abysm (abis/abism). n. abismo.// **abysmal** (abismal). a. abismal.

academy (acádemi). n. academia.// **academic** (académic). a. académico.// **academician.** n.

accede (aksid). i. acceder.

accelerant (accelerant). n. acelerador.// *Quím.* catalizador.

accelerate (akselereit). tr. acelerar.// **acceleration.** n.

accent (aksent). n. acento.// tr. acentuar.// **accentuation** (aksentueishon). n. acentuación.

accept (aksept). tr. aceptar, admitir, acoger, recibir, aprobar.// **acceptable** (akseptabl). a. aceptable.// **accepted** (akseptid). aceptado.

access (akses). n. acceso.// **accesible** (aksesibl). a. accesible.

accessory (aksesori). a. accesorio.

accident (aksident). n. accidente.

acclaim (acleim). tr. aclamar.
acclimatize (aklimataiz). tr. aclimatar.
accomodate (akomodeit). tr. acomodar.
accomodation (akomodeishon). n. **1.** adaptación. **2.** arreglo. **3.** pl. facilidades, comodidades. **4.** alojamiento, hospedaje. **5.** reconciliación, convenio.
accompany (acómpani). tr. acompañar, escoltar.
accomplice (akomplis). n. cómplice.
accomplish (akomplish). tr. lograr, consumar.
accord (acord). tr. acordar.// n. acuerdo.
accordion (acordion). n. acordeón.
account (acaunt). n. cuenta.// tr. **1.** dar cuenta de. **2.** responder por.// **accountable** (akountabl). a. **1.** responsable. **2.** explicable.// **accountant** (acauntant). n. contador.// account book (akaunt buk). n. libro de cuentas.// **accounting** (akaunting). n. contabilidad.
accumulate (akiumiuleit). tr. acumular.// **accumulation** (akiumiuleishon). n. acumulación.// **acumulative** (akiumiulativ). a. acumulativo.
accurate (aciurat). a. exacto, preciso, esmerado.// **accuracy** (ákiurasi). n. exactitud, precisión, esmero.
accuse (akius). tr. acusar, culpar.// **accusation** (akiuseishon). n. acusación.// **accused** (akiusd). n. acusado(a).// **accuser** (akiuser). n. acusador(a).
accustom (akastom). tr. acostumbrar.// **accostumed** (akastomd). a. **1.** acostumbrado. **2.** usual, habitual.
ace (eis). n. as.
ache (eik). n. dolor.
achieve (achiv). tr. **1.** llevar a cabo, realizar. **2.** alcanzar, lograr.// i. alcanzar éxito.// **achievement** (achivment). n. **1.** logro, hazaña. **2.** obra, realización.
acid (asid). n. ácido// a. ácido.
acknowledge (aknoley). tr. **1.** reconocer. **2.** certificar.
acorn (eicorn). n. bellota.
acoustics (acustics). n. acústica.// **acoustic.** a. acústico.
acquaint (akueint). tr. conocer, informar.// **acquaintance** (akueintans). n. persona conocida, conocido.
acquire (akuair). tr. adquirir.
acre (eikr). n. Agr. acre.
acrid (akrid). a. ácido, mordaz.
acrobat (akroubat). n. acróbata.
acronym (akronim). n. sigla.
across (akros). adv. **1.** a través; horizontalmente.// Elec. en paralelo.// a.-the-board (a.da-bord). fig. que abarca todo.
act (akt). n. **1.** hecho, acción, acto. **2.** acta, protocolo, ley.// **1.** i./tr. hacer, desempeñar, actuar. **2.** ref. comportarse.
action (akshon). n. acción.
active (aktiv). a. **1.** activo **2.** vigente. **3.** enérgico. **4.** voz activa del verbo. **5.** que rinde intereses **6.** Mil. en servicio activo.// Gram. active verb (a. verb). n. verbo activo, verbo transitivo.
actor. (áktor). m. actor.// **actress** (áktris). f. actriz.
actual (aktual). a. **1.** actual, presente. **2.** real, efectivo, verdadero.
acute (akiut). a. agudo.

adage (aday). n. adagio, refrán, proverbio.
adapt (adapt). tr. adaptar.// **adaptable** (adaptabl). a. adaptable.// **adaptation** (adapteishon). n. adaptación.
add (ad). tr. añadir, agregar, juntar, sumar.
addend (adend). n. Mat. sumando.
addict (adict). tr. acostumbrar, dedicar, entregar.// n. adicto.// **addicted** (adicted). n. adicto.// **addiction** (adicshon). n. adicción, enviciamiento.
addition (adishon). n. adición.// **additive** (aditiv). n. aditivo.
address (adres). tr. **1.** dirigir. **2.** dirigirse a.// n. dirección.// **adressee** (adresi). n. destinatario.// **adresser** (adreser). n. remitente.
adequate (adecuet). a. adecuado.
adhere (adir). i. adherirse.// **aherence.** n.// **adhesive/adherente** (adesiv/adirent). n. adhesivo.
adjacent (adyacent). a. adyacente.
adjective (adyectiv). n. adjetivo.
adjourn (ayourn). tr. suspender, levantar, aplazar, clausurar o diferir.
adjust (ayast). tr. ajustar, arreglar.// **adjustment.** n.
administer (administer). tr. administrar, suministrar.
administration (administreishon). n. administración, gobierno, manejo.// **administrative** (administrativ). a. administrativo.
admire (admair). tr. admirar.// **admirable** (admairabl). a. admirable.
admiral (admiral). n. almirante.
admit (admit). tr. admitir.// **admittance** (admitans). n. admisión.
adolescence (adolesens). n. adolescencia.// **adolescent** (adolesent). n. adolescente.
adopt (adopt). tr. adoptar.// **adoption** (adopshon). n. adopción.
adore (ador). tr. adorar, glorificar, idolatrar.// **adorable** (adorabl). a. adorable.
adorn (adorn). tr. adornar.// **adornment** (adornment). n. adorno.
adrift (adrift). adv. a la deriva.
adult (adalt). n. adulto.
adulterate (adultereit). tr. adulterar.
adultery (adúlteri). n. adulterio.
advance (advans). tr. avanzar.// **advanced** (advansd). a. avanzado.
advantage (advantay). n. ventaja.
adventure (adventiur). n. aventura.
adverb (adverb). n. Gram. adverbio.
adverse (advers). a. adverso, contrario.// **adversary** (adversari). n. adversario.// **adversity** (adversiti). n. adversidad.
advertise (advertais). tr. anunciar, publicitar.
advice (advais). n. consejo.// tr. aconsejar.
advocate (advokeit). n. abogado.// tr. defender.
aerial (aerial). a. a. aéreo.
aerobic (airobic). a. aeróbico.
aerosol (erosol). n. aerosol.
aerospace (airouspeis). n. la atmósfera terrestre y el espacio exterior.
affair (afeir). n. **1.** asunto, negocio, acontecimiento. **2.** aventura amorosa.
affect (afect). tr afectar.// Psic. n. afecto, emoción, anhelo.

affection (afekshon). n. afecto.
affiliate (afilieit). tr. afiliar.// **affiliation** (afilieishon). n. afiliación.
affirm (aferm). tr. afirmar.// **affirmation** (afirmeishon). n. afirmación.
afflict (aflict). tr. afligir.// **affliction** (aflikshon). n. aflicción.
affluence (afluens). n. afluencia, abundancia.
afford (aford). tr. **1.** proporcionar, proveer de. **2.** tener dinero suficiente.// fig. poder soportar una situación.
afloat (aflout). adv. a flote, flotando.
afraid (afreid). a. asustado.
after (after). prep. después, detrás.
afternoon (afternun). n. la tarde.
again (aguen). adv. nuevamente, otra vez.
against (aguenst). prep. contra, en contra de, frente a, enfrente de, junto a.
age (eiy). n. edad.// **aged** (eiyed). a. envejecido, anciano, viejo.
agency (eiyenci). n. agencia.
agenda (ayenda). n. agenda, orden del día, temario.
agent (eiyent). n. agente.
agglomeration (aglomereishon). n. aglomeración.
agglutinant (aglutinant). n./a. aglutinante.
aggregate (agregueit). tr. agregar.
aggressive (agresiv). a. agresivo.// **aggressor** (agresor). n. agresor.
aghast (agast). a. espantado, horrorizado, estupefacto.
agile (ayail). a. ágil.
ago (agou). adv. hace (hace tiempo).
agonize (agonaiz). tr. agonizar, atormentarse.
agony (ágoni). n. agonía.
agrarian (agrarian). a. agrario.
agree (agri). i. **1.** estar de acuerdo, ponerse de acuerdo. **2.** consentir, acceder.// **agreed** (agrid). a. acordado.// **agreement** (agriment). n. acuerdo.
agriculture (agricalchor). n. agricultura.
agronomist (agronomist). n. agrónomo.// **agronomy** (agrónomi). n. agronomía.
aground (agraund). adv. Mar. encallado.
ahead (ajed). adv. adelante.// a. of.: delante de.
aid (eid). tr. ayudar.// n. **1.** ayuda. **2.** ayudante.
ail (eil). tr. aquejar.// **ailment** (eilment). n. enfermedad, dolencia, malestar, indisposición.
aim (eim). n. puntería.// tr. apuntar.
aimless (eimles). a. sin objeto, sin propósito.
ain't (eint). fam. contracción de am not, is not o are not.
air (eir). n. aire.// **a. compressor** (a. compresor). compresor de aire// **a. conditioner** (a. condishener). n. acondicionador de aire.// **a. gauge** (a. gosh). n. válvula de aire.
aircraft (eircraft). n. aeronave.// aircraft carrier (eircraft carrier). Mil. Nav. portaaviones.
airless (eirles). a. falto de aire.
airline (eirlain). n. línea aérea.
airmail (eirmeil). n. correo aéreo.
airplane (eirplein). n. avión, aeroplano.
airport (eirport). n. aeropuerto.
air pump (eir pamp). n. bomba de vacío.
air spray (eir sprei). n. pulverizador.
air strike (eir straik). n. ataque aéreo.

aisle (ail). n. pasillo.
ajar (ayar). a. entreabierto, entornado.
alarm (alarm). n. alarma.// tr. alarmar.// **alarming** (alarming). a. alarmante.
alarm clock (alarm clok). n. (reloj) despertador.
alas (alás). interj. ¡ay de mí!
albumin (álbumin). n. albúmina.
alcohol (álkajol). n. alcohol.// **alcoholic** (alkajolic). n. alcohólico.// **alcoholism** (alkolism). n. alcoholismo.
alcove (alcouv). n. nicho.
alderman (álderman). n. concejal.
ale (eil). n. cerveza negra.
alert (alért). n. alerta.// tr. alertar.
alertness (alertnes). n. agudeza mental.
algebra (álgebra). n. álgebra.
algid (álgid). a. álgido.
algorithm (algorizm). n. Mat. algoritmo.
alias (eiliaz). n. alias.
alibi (alibai). n. coartada.
alien (eilien). a. ajeno, extraño, extranjero, alienígena.// tr. **1.** enajenar, enemistar. **2.** apartar.// **alienate** (alieneit). tr. enajenar, apartar, enemistar.
alight (alait). tr. descender, tocar tierra, apearse, posarse.// a. iluminado, encendido.
align (alain). tr. alinear.
alike (alaik). adv. parecido.
alimony (alimouni). n. asistencia de divorcio, pensión.
alive (alaiv). a. vivo, viviente, en vigencia, en uso, funcionando, activo, enérgico.
alkaloid (álcaloid). Quím. n. alcaloide.
all (ol). a. todo.// adv. del todo, completamente, enteramente.// n. todo, la totalidad.
allege (aley). tr. alegar.
allegiance (aliyanc). n. lealtad, fidelidad, alianza.
allegoric (alegóric). a. alegórico.// **allegory** (alegóri). n. alegoría.
allergic (aleryic). a. alérgico.
alley (ali). n. callejón.
alliance (alaians). n. alianza.
allied (alaid). a. aliado.
allocate (alokeit). tr. distribuir.// **allot** (alot). tr. asignar.
allow (alaw). tr. permitir.
allowance (alauans). n. asignación.
alloy (aloi). n. aleación.// tr. alear.
allusive (alusiv). a. alusivo.
alluvial (aluvial). a. aluvional.
almanac (álmanac). n. almanaque.
almighty (almaiti). a. todopoderoso.// the a.: n. el todopoderoso, Dios.
almond (almond). n. almendra.
almost (olmoust). adv. casi.
aloft (aloft). adv. arriba, en lo alto.
alone (aloun). a. solo, solitario.
along (along). prep. **1.** por, **2.** a lo largo de. **3.** paralelo a. **4.** en el curso de. **5.** en conformidad con.// adv. **1.** a lo largo. **2.** adelante. **3.** junto con. **4.** conmigo, consigo.// **alongside** (alongsaid). adv. **1.** a lo largo. **2.** al lado.
aloud (alaud). adv. en voz alta.
alphabet (álfabet). n. alfabeto.
also (olsou). adv. también, igualmente, asímismo, además.

altar (oltar). n. altar.
alter (alter). i./tr. alterar.// **alteration** (altereishon). n. alteración.
alternate (alterneit). tr. alternar.// a. alterno.// *alternating current* (alterneiting carent). n. corriente alterna.// **alternation** (alteneishon). n. alternancia.// *alternative* (altérnativ). a. alternativo(a).
altimeter (altimiter). n. altímetro.
altitude (áltitud). n. altitud.
altogether (altuguezer). adv. tomado todo de conjunto.
altruism (oltruism). n. altruismo.
aluminum (alúminum). n. aluminio.
am (am). tr. (primera pers. sing. del pres. de indicativo del verbo to be). soy, estoy.
amass (amás). tr. amasar (una fortuna), acumular.
amateur (amater). n. Amateur.// a. amateur, no profesional.
amaze (ameiz). tr. asombrar.// **amazing** (ameizing). a. asombroso.
ambassador (ambásador). n. embajador.
amber (ámber). n. ámbar.
ambience (ambiens). n. ambiente.
ambiguos (ambiguious). a. ambiguo.
ambition (ambishon). n. ambición.// **ambitious** (ambishos). a. ambicioso.
ambivalence (ambivalens). n. ambivalencia.
ambulance (ambiulans). n. ambulancia.
ambulant (ambiulant). a. ambulante.
ambulatory (ambiulatori). a. ambulatorio.
ambush (ambush). n. emboscada.
amend (amend). tr. enmendar.// **amends** (amends). n. indemnización, reparación, satisfacción, compensación.
America (Amérika). n. América.
American (américan). a. americano.
amiable (amáiabl). a. amable.
amicable (amícabl). a. amigable.
amid (amid). prep. **1.** entre, en medio de, rodeado por. **2.** en el curso de, durante.
amiss (amís). adv. mal, impropiamente, fuera de lugar, erradamente.
ammonia (amounia). n. *Quím.* amoníaco.
ammonium (amounium). n. *Quím.* amonio.
ammunition (amiunishon). n. munición, municiones, cartucho.// tr. *Mil.* pertrechar.
amnesia (amniyia). n. amnesia.
amnesty (ámnesti). n. amnistía.
amniotic (amniótik). a. amniótici, ca.// *amniotic fluid* (a, fluid). líquido amniótico.
among (among). prep. **1.** entre, mezclado con, en medio de. **2.** entre (todos).
amoral (eimoral). a. amoral.
amorous (amoros). a. amoroso.
amortize (amortaiz). tr. amortizar.
amount (amaunt). n. suma.// tr. sumar.// fig. tr. representar, ser (he doesn't amount to much, el no es [representa] gran cosa).
amp (amp). n. *Elec.* **1.** amperio. **2.** amplificador.// **amperage** (amperay). n. amperaje.// **amperemeter** (amperímiter). n. amperímetro.
amphibious (amfibious). a. anfibio.
ample (ampl). a. amplio.
amplify (amplifai). tr. amplificar.

amputate (ampiuteit). tr. amputar.// **amputation** (ampiuteishon). n. amputación.
amulet (amiulet). n. amuleto.
amuse (amius). tr. entretener, distraer, divertir.// **amusement** (amiusment). n. entretenimiento, diversión.// **amusing** (amiusing). a. entretenido, divertido.
amygdala (amígdala). n. amígdala.
anabolic (anabolic). a. anabólico.
anachronism (anakronism). n. anacronismo.
anal (ánal). n. *Anat. Psic.* anal.
analgesic (analyesic). n. analgésico.
analogic computer (analoyic compiuter). n. computadora analógica.
analogical (analóyical). a. analógico.
analogy (análoyi). n. analogía.
analysis (análisis). n. **1.** análisis. **2.** *Mat.* análisis, metodo del cálculo y el álgebra. **3.** psicoanálisis.
analyst (ánalist). n. analista.// *Psic.* psicoanalista.
analyze (ánalaiz). tr. analizar.// *Psic.* psicoanalizar.
anarchy (ánarki). n anarquía.// **anarchism** (anarkism). n. anarquismo.// **anarchist** (ánarkist). n. anarquista.
anathema (anatema). n. anatema.
anatomy (anátomi). n. anatomía.// **anatomic** (anatomic). a. anatómico.
ancestral (ancéstral). a. ancestral.// **ancestor** (ancestor). n. antepasado.
anchor (ankor). n. ancla.
anchorage (ankoray). n. anclaje, fondeadero.
ancient (einshent). a. antiguo.// *a. history* (a. jístori). n. historia antigua.
and (and). conj. y.
android (android). n. androide, robot.
anecdote (anecdout). n anécdota.// **anecdotic** (anecdótic). a. anecdótico.
anemia (anemia). n. anemia.// **anemic** (anémic). a. anémico.
anesthesia (anestiyia). n. anestesia.// **anasthetist** (anaszetist). n. anestesista.// **anasthetize** (anaszetaiz). tr. anestesiar.
anew (aniu). adv. de nuevo.
angel (einyel). n. ángel.// **angelic** (anyelic). a. angelical.
angle (angl). n. ángulo, esquina, codo.// *angle of deflection* (angl of diflecshon). n. ángulo de desvío.// *angle of incidence* (angl of incidence). n. *Fís.* ángulo de incidencia.// *a. of. reflection* (riflecshon). n. ángulo de reflexión.
angleworm (angluorm). n. lombriz de tierra.
angora (angora). n. lana de angora.
angry (angri). a. enojado.
angst (angst). n. ansiedad.
anguish (angüish). n. angustia.// **anguished** (angüished). a. angustiado.
angular (anguiular). a. angular.// **a. momentum.** n. *Fís.* momento angular.// **a. speed** (spid). n. velocidad angular.
anhydride (anidraid). n. *Quím.* anhídrido.
anil (anil). n. añil.
aniline (anilin). n. anilina.
animal (ánimal). n. animal.
animate (animeit). tr. animar.
animated (animeited). a. animado, vivaz.

animator (animeitor). n. animador.
animist (ánimist). a. animista.
animosity (animósiti). n. animosidad.
ankle (ankl). n. tobillo.
annals (anals). n. anales, crónicas.
annexation (anexeishon). n. anexión.
annihilation (anijileishon). n. aniquilación.
anniversary (aniversari). n. aniversario.
annotate (anotate). tr. anotar.
announce (anauns). tr. anunciar.// announcement (anaunsment). n. anuncio.
announcer (anauncer). n. locutor (a), anunciador (a). n. anuncio.
annoy (anoi). tr. enojar, molestar, fastidiar, incomodar.// annoyance (anoians). n. fastidio, molestia, disgusto, incomodidad.// annoying (anoiing). a. molesto, enojoso, fastidioso, inoportuno, irritante.
annual (aniual). a. anual.
annuity (anuiti). n. pensión anual.
annul (anul). tr. anular, invalidar, cancelar.
annular (anular). a. (dedo) anular.
annunciation (anuncieishon). n. anunciación.
anode (anoud). n. ánodo.
anodize (anodaiz). tr. anodizar, revestir un metal de una capa de otro metal.
anomalous (anomalous). a. anómalo.
anomaly (anómali). n. anomalía.
anonym (ánonim). a. anónimo.
anonymity (anonímiti). n. anonimidad.
answer (anser). n. 1. respuesta, contestación. 2. solución a un problema. 3. explicación.// tr. 1. contestar, responder, replicar. 2. convenir a. 3. satisfacer. 4. resolver. 5. solucionar. 6. refutar.
ant (ant). n. hormiga.
antagonism (antagonism). n. antagonismo, oposición, hostilidad, rivalidad.
antagonize (antagonaiz). tr. antagonizar, enajenar, provocar la hostilidad de.
Antárctica (antárctica). n. Antártida.
ant bear (ant beir). n. oso hormiguero.
antecede (anticid). tr./i. anteceder.
antecessor (antecesor). n. antecesor.
antelope (anteloup). n. antílope.
antenna (antena). n. antena.// a. array (a. arrei). n. antena direccional.
anterior (antirior). a. anterior.// anteriority (anterióriti). n. anterioridad.
anthem (anzem). n. himno.
anthology (anzóloyi). n. antología.
anthropoid (anzropoid). a. antropomorfo, antropoide.// anthropomorphic (anzropomorfic). a. antropomorfo.
anthropophagy (antropófayi). n. antropofagia.
anthropology (anzropóloyi). n. antropología.
anti (nti). prep. anti, opuesto a.
antibiotic (antibiotic). n. antibiótico.
antic (antic). n. payasada.
anticipate (anticipeit). tr. anticipar.// anticipation (anticipeishon). n. anticipación.
anticlimax. (anticlimax). n. anticlímax.
anticoagulant (anticoagulant). n. anticoagulante.
anticonstitutional (anticonstitushonal). a. anticonstitucional.
antidote (ántidout). n antídoto.
antimatter (antimater). n. antimateria.

antipathy (antípazi). n. antipatía.
antipode (antipoud). n. antípoda.
antique (antic). n. objeto antiguo.
antiquity (antícuíti). n. antigüedad.
antithesis (antitisis). n. antítesis.
antitrust (antitrast). n. antimonopólico.
antler (antler). n. asta, cornamenta, cuerno del ciervo.
antonym (antonim). n. antónimo.
anus (anus). n. ano.
anxiety (anxíeti). n. ansiedad.// anxious (angshos). a. ansioso.// anxiousness (angshosnes). n. ansiedad.
any (eni). a. 1. cualquier, cualquiera. 2. algún, alguno, alguna.// anybody (anibodi). pron. alguno, alguna, alguien, cualquiera, quienquiera, todo el mundo.// anyhow (enijau). adv. de cualquier modo.// anymore (enimor). adv. nunca más, no más, ya no// anyplace (enipleis). adv. en cualquier parte, donde quiera, a cualquier parte.// anything (enizing). n. alguna cosa, algo, cualquier cosa, todo, todo lo que.// anyway (eniwei). adv. de cualquier modo, en cualquier forma, de todos modos, en todo caso.// anywhere (eniueir). adv. en cualquier parte, donde quiera.// anywise (eniuais). adv. de cualquier modo, en cualquier forma.
apart (apart). adv. aparte, separadamente, independientemente, a un lado, a distancia.
apartment (apartment). n. apartamento, departamento.// a. building (a. bilding). n. edificio de departamentos.
apathy (ápazi). n. apatía.
ape (eip). n. mono, simio.
apex (eipex). n. ápice.
apiece (apís). adv. a cada uno, por cada uno, para cada uno.
aplenty (aplenti). adv. mucho, en abundancia.
apocalypse (apocalips). n. apocalipsis.
apocope (apocoup). n. apócope.
apolitical (apolítical). a. apolítico.
apologia (apología). n. apología.
apologize (apoloyaiz). i. disculparse, pedir disculpas o perdón.
apology (apóloyi). n. disculpa, excusa, justificación.
apparatus (apereitos). n. aparato.
apparel (aparel). n. 1. ropa, vestido, traje. 2. aparejo.
apparent (aparent). a. aparente.
apparition (aparishon). n. aparición, visión, fantasma, espectro.
appeal (apiial). tr. apelar.// n. 1. apelación. 2. petición, súplica, recurso, instancia. 3. atracción, encanto.// appealing (apiiling). a. atractivo, llamativo.
appear (apiir). i. aparecer, asomarse, manifestarse, parecer, editarse.// appearance (apiirans). n. apariencia, aspecto, aparición, publicación.
appease (apís). tr. apaciguar, aplacar, reconciliar, aquietar, conciliar.// appeasement (apisment). n. apaciguamiento.
append (apend). tr. añadir, agregar, anexar.
appendix (apendix). n. apéndice.

appetite (apetait). n. apetito.
applaud (aplod). tr. aplaudir.// **applause** (aplos). n. aplauso.
apple (apl). n. manzana.
apple orchard (apl orchard). n. manzanar.
appliance (aplains). n. aplicación, artefacto, electrodoméstico.
application (aplikeishon). n. **1.** aplicación, uso. **2.** pedido de empleo o de ingreso.
apply (aplai). tr. aplicar.
appoint (apoint). tr. nombrar, designar.
appointment (apointment). n. **1.** nombramiento, designación. **2.** cita, compromiso.
appraise (apreiz). tr. evaluar, valorar, tasar.
appreciate (aprishiait). tr. **1.** apreciar, estimar, agradecer. **2.** elevar el valor.// **appreciation** (aprishiaishon). n. **1.** apreciación, valoración. **2.** agradecimiento. **3.** aumento del valor.
apprehend (aprijend). tr. **1.** aprehender, prender, arrestar, detener. **2.** comprender, entender, aprehender, percibir.
apprehension (aprijenshon). n. **1.** aprensión, temor, recelo, percepción, comprensión, reconocimiento.// **apprehensive** (aprijensiv). a. aprensivo.
apprentice (aprentis). n. aprendiz.
approach (aprouch). tr. **1.** aproximarse, acercarse. **2.** parecer. **3.** abordar. **4.** enfocar.// n. **1.** aproximación. **2.** acercamiento. **3.** enfoque. **4.** abordaje.
appropriate (aproupiait). a. apropiado.
approve (apruv). tr. aprobar.
approximate (aproximeit). a. aproximado.
April (eipril). n. abril.
aprioristic (aprioristic). a. apriorístico.
apron (eipron). n. delantal.
apt (apt). a. **1.** apto, capaz, listo. **2.** apropiado. **3.** propenso, inclinado, dispuesto.
aptitude (aptitud). n. aptitud.
aquatic (acuatic). a. acuático.
aquanaut (acuenot). n. acuanauta.
aquaplane (acuaplein). n. hidroavión.
aqueduct (acuedact). n. acueducto.
Arab (arab). n. árabe.// a. árabe, arábigo.
arable (arabl). a. arable.
arbiter (árbiter). n. árbitro.
arbitrage (árbitray). n. arbitraje.
arbitrate (arbitreit). tr. arbitrar.
arc (ark). n. arco.
arcade (arkeid). n. conjunto de arcos.
arch (arch). n. arco.
archaeology (arkeóloyi). n. arqueología.
archaic (arkaik). a. arcaico.
archbishop (archbishop). n. arzobispo.
archdeacon (archdicon). n. archidiácono.
arched (archd). a. arqueado.
archer (archer). n. arquero.
archetype (arketaip). n. arquetipo.// **archetypical** (arketípical). a. arquetípico.
architect (árquitect). n. arquitecto.// **architecture** (arquitecchur). n. arquitectura.
archive (arkaiv). n. archivo.
arc welding (ark uelding). n. soldadura de arco.
ardent (ardent). a. ardiente, ferviente, fervoroso.
ardor (ardor). n. ardor.
arduous (arduous). a. arduo, difícil, trabajoso.

area (éria). n. área.
Argentina (Aryentina). n. Argentina.
argot (argot). n. jerga.
argue (arguiu). i. **1.** argüir, argumentar, razonar. **2.** discutir, disputar.// tr. **1.** indicar, demostrar, ser prueba de. **2.** debatir, discutir.
argument (arguiument). n. **1.** argumento, razonamiento. **2.** discusión, disputa. **3.** argumento, resumen.
arid (arid). a. árido.
arise (araiz). i. **1.** levantarse. **2.** aparecer, surgir. **3.** proceder, resultar, originarse en. **4.** subir, ascender, elevarse. **5.** resucitar.
arista (arista). n. arista.
aristocracy (arístocrat). n. aristocracia.// **aristocrat** (arístocrat. n. aristócrata.// **aristocratic** (aristocrátic). a. aristocrático.
arithmetic (arízmetic). n. aritmética.
ark (ark). n. **1.** arca, barcaza. **2.** arca, caja, cofre.
arm (arm). n. **1.** brazo. **2.** manga.
arm (arm). n. arma, armamento.// **armament** (ármament). n. armamento.
armada (armada). n. armada, flota.
armadillo (armadílou). n. *Zool.* armadillo.
armchair (armcheir). n. sillón.
armed forces (armd forces). n. fuerzas armadas.
armor o armour (armor). n. armadura.// *armored car* (a. car). n. coche blindado.
armory (ármori). n. armería, fábrica de armas, depósito de armas, arsenal.
armpit (armpit). n. sobaco.
armrest (armrest). n. apoya brazos.
army (armi). n. ejército.
aroma (erouma). n. aroma, francancia.// **aromatic** (eroumatic). a. aromático.
around (araund). adv. **1.** alrededor, en derredor, a la redonda, en torno. **2.** a la vuelta, en la dirección contraria. **3.** cerca, aproximadamente.
around-the-clock (a. the cloc). adv. continuamente, todo el días, las veinticuatro horas del día.
arouse (araus). tr. despertar, excitar (esp. sexual).
arpeggio (arpegio). *Mús.* arpegio.
arrange (arreiny). tr. arreglar, disponer, ordenar.// i. **1. a. with:** convenir, llegar a un acuerdo. **2. a. for:** tomar medidas o hacer arreglos para, disponer.
arrangement (arreinyment). n. arreglo, planes, medidas.
array (arrei). tr. **1.** disponer en orden de batalla, ordenar, formar. **2.** vestir, adornar, ataviar. **3.** *fig.* revestir **4.** *Der.* elegir el jurado.// n. **1.** orden del campo de batalla. **2.** orden, arreglo. **3.** conjunto, serie, colección. **4.** vestido, atavío. **5.** *Mat.* ordenación, matriz.
arrear (ariar). n. deudas, atrasos.
arrest (arrest). tr. arrestar.// n. arresto.
arresting (arresting). a. cautivador, llamativo, impresionante.
arrival (arraival). n. llegada, arribo.
arrive (arraiv). i. llegar, arribar, alcanzar.
arrogance (arrogans). n. arrogancia.// **arrogant** (arrogant). a. arrogante.
arrogate (arrogeit). tr. arrogarse.
arrow (arrou). n. flecha.// **arrowhead** (a. jed). punta de flecha.

arsenal (ársenal). n. arsenal.
arsenic (arsénic). n. arsénico.
art (art). n. **1.** arte. **2.** habilidad, arte, técnica. **3.** estratagema, artificio, maña.
artery (árteri). n. arteria.// **arterial** (arterial). a. arterial.// **arterial tension**. n. tensión arterial.
artful (artful). a. **1.** diestro, habilidoso. **2.** astuto.
article (árticl). n. artículo, cláusula, objeto, pieza, mercancía.// Gram. artículo.
articulate (artículet). n. **1.** articulado. **2.** capaz de hablar. **3.** inteligible, claro.// tr. **1.** articular, anunciar claramente. **2.** unir con articulaciones. **3.** expresar claramente emociones, sentimientos.// i. articular, enunciar claramente.// **articulated joint** (artikiuleited yoiint). Anat. articulación.
artificial (artifichal). a. artificial.
artillery (artíleri). n. artillería.// **artilleryman** (artíleriman). n. artillero.
artisan (ártisan). n. artesano.
artist (artist). n. artista.// **artistic**. a.
as (as). conj. **1.** como. **2.** tal como, al igual que. **3.** cuando, al. **4.** aunque, por (adjetivo) que sea, ej. por rico que sea. **5.** como, para.
ascend (asend). i. ascender.// **ascendancy** (aséndansi). n. ascendencia, dominio, predominio.// **ascendant** (asendant). n. **1.** dominio, predominio. **2.** ascendiente, antepasado.// a. predominante.
ascent (asent). n. ascensión, subida, cuesta, subida, pendiente, ascenso, promoción, progreso.
ascertain (aserten). tr. averiguar, indagar.
ascetic (asetic). a. ascético.// n. asceta.
asepsis (asepsis). n. asepsia.
ash (ash). n. ceniza.// fig. restos mortales.// **a. tray** (a. trei). n. cenicero.
ashamed (asheimd). a. avergonzado.
ashore (ashor). adv. Mar. en tierra, hacia la costa.
aside (asáid). adv. a un lado, al lado.// s. aparte.
ask. tr. **1.** preguntar. **2.** pedir, solicitar.// i. formular preguntas.
askew (áskiu). a. oblicuo, torcido.
asleep (aslíp). a. dormido.
aspect (áspekt). n. aspecto, apariencia.
asphalt (ásfalt). n. asfalto.// tr. asfaltar.
aspirate (áspereit). tr. aspirar.// **aspirationr.** n.// **aspirator**. n.
ass. n. **1.** asno. **2.** fam. culo.
assault (esált). n. asalto.// tr. asaltar.
assay (**astern** (astern). adv. Mar. a popa.
assemble (asémbel). **1.** i./tr. comgregar(se), juntar(se). **2.** tr. montar, ensamblar.
assent (asént). n. asentimiento.// tr. asentir.
assert. tr. aseverar, afirmar, sostener.
assess. tr. valuar, valorar.
asset (áset). n. **1.** propiedad. **2.** pl. Com. activo.
assign (asáin). tr. asignar, destinar.
assignment. (-ment). n. **1.** asignación. **2.** tarea.
assistance (asístens). n. asistencia, ayuda.// **assistant**. n. asistente, ayudante.
associate. i./tr. asociar(se).// n. socio.// **association**. n. asociación, sociedad.
assume. tr. **1.** asumir. **2.** suponer.// **assumption** (asámpshon). **1.** suposición. **2.** premisa.
assurance. (ashúrens). n. **1.** promesa. **2.** seguridad. **3.** Com. seguro.

asterisk. n. asterisco.
asteroid (ásteroid). n. asteroide.
asthma (asma). n. asma.
astonish (astonish). tr. asombrar, sorprender.
astound (astaund). tr. asombrar, sorprender.
astral (astral). n. astral.
astray (astray). a. perdido, por mal camino.
astride (astraid). a. horcajadas.
astronomer (astrónomer). n. astrónomo.
astronomy (astrónomi). n. astronomía.
astute (astut). a. astuto, sagaz, agudo.
asylum (asailum). n. asilo, protección, amparo, casa de beneficencia.
asymetry (asímetri). n. asimetría.
asymptote (asimptout). n. asíntota.
asynchronism (asincronism). n. asincronismo.
at (at). prep. a, en.
atheism (azeism). n. ateísmo.// **atheist** (azeist). n. ateo.
athlete (azlit). n. atleta.
atlas (atlas). n. atlas.
atmosphere (atmosfiir). n. atmósfera.
atom (atom). n. átomo.// **atomic**. a. atómico.
atomize (atomaiz). tr. atomizar.// **atomizer** (atomaizer). n. atomizador.
atop (atop). prep. encima de.
atrocious (atroushus). a. atroz.
attach (atach). atar, ligar, unir, juntar, vincular, apegar.// i. acompañar, unirse, corresponder.
attack (atac). tr. atacar, acometer, asaltar, embestir, abordar.// i. ir al ataque.
attain (atein). tr. alcanzar, obtener, lograr.
attempt (atempt). tr. intentar, procurar, probar, ensayar.// n. **1.** intento, prueba, tentativa. **2.** asalto, ataque, atentado.
attend (atend). i./tr. **1.** atender, cuidar, asistir. **2.** concurrir, asistir.
attendance (atendans). n. concurrencia.
attendant (atendans). a. **1.** concomitante. **2.** asistente.
attention (atenshon). n. atención.// **attentive** (atentiv). a. atento.
attic (atic). n. desván, buhardilla.
attire (atair). n. vestimenta.
attitude (attitud). n. actitud.
attorney (atorni). n. abogado.
attract (atract). tr. atraer.// **attraction** (atracshon). n. atracción.// **attractive** (atractiv). a. atractivo.
attribute (atribiut). n. atributo.// **attribution** (atribiushon). n. atribución.
auction (ocshon). n. subasta.// **auctioneer** (ocshoniir). n. martillero.
audacity (odáciti). n. audacia.// **audacious** (odeishos). a. audaz.
audible (ódibl). a. audible, perceptible.
audience (odiens). n. público, auditorio, .
audio (odio). n. audio.
audit (odit). tr. **1.** examinar, tomar una prueba. **2.** hacer una prueba (como actor o cantante).// **audition** (odishon). n. prueba, audición.
augment (ogment). tr. aumentar, crecer, incrementar.
August (ogust). n. agosto.
aunt (ont). n. tía.
aurora (eróra). n. aurora.

austere (ostíir). a. austero.// **austerity.** n. austeridad.
autarky (ótarki). n. autarquía.
authentic (ozentic). a. auténtico.
author (ozor). n. autor.
authoritarian (ozoriterian). a. autoritario.
authority (ozóriti). n. autoridad.// **authorization** (ozorizeishon). n. autorización.// **authorize** (ozorize). tr. autorizar.
auto (otou). n. auto.// **autobus** (otobus). n. autobús.
autocthone (otoczoun). a. autóctono.
autograph (ótograf). n. autógrafo.
automatic (otomatic). a. automático.
automobile (otomobil). n. automóvil.
autonomy (otónomi). n. autonomía.// **autonomous** (otónomus). n. autónomo.
autopsy (otopsi). n. autopsia.
autotype (ototaip). n. facsímil.
autumn (otom). n. otoño.
auxiliary (oxilaliri). a. auxiliar.
avail (aveil). tr. beneficiar, ayudar.// n. uso, utilidad, provecho, beneficio, ventaja.
available (avéilabl). a. disponible, obtenible, a mano.
avalanche (ávalnch). n. avalancha, alud.
avaricious (avarishos). a. avaro.
avenge (aveny). tr. vengar.
avenue (áveniu). n. avenida.
average (áveray). n. promedio, término medio.
averse (avérs). adverso.

aversion (aversshon). n. aversión.
avert (avert). tr. desviar, apartar, prevenir.
aviation (eivieishon). n. aviación.
aviculture (aviculchur). n. avicultura.
avid (avid). a. ávido, ansioso, codicioso.
avoid (avoid). tr. evitar, eludir, huir de abstenerse de.// **avoidable** (-dabel). a. evitable.// **avoidance** (avoidans). n. prevención, abstinencia, anulación.
avow (avau). tr. declarar, admitir, confesar.
await (auaeit). i./tr. esperar, aguardar.
awake (aueik). a. despierto, alerta.// i. despertar.
award (auord). tr. conceder, asignar, conferir, adjudicar, otorgar.// n. **1.** premio, honor, condecoración. **2.** Der. fallo, decisión judicial, adjudicación.
aware (aueir). a. consciente, enterado, alerta.
away (auei). adv. lejos, a lo lejos, a distancia.
awe (o). temor reverente, admiración temerosa, pavor, espanto.// **awesome** (ósom). a. pavoroso, pasmoso, imponente.
awful (oful). n. horrible, atroz, feísimo, detestable.
awhile (auail). adv. por un rato.
awkward (okuerd). a. torpe, desgarbado, sin gracia.
ax (ax). n. hacha.
axil (axil). n. axila.
axiom (axiom). n. axioma.// **axiomatic.** a. axiomático.
axis (asis). n. eje.// **axial** (axial). a. axial.
axle (axl). n. eje, árbol.
axon (axon). n. Neurol. axón.

b (bi). n. **1.** b. segunda letra del abecedario. **2.** Mús. si.
babe (beib). n. criatura, criaturita, bebé.// fig. mujer, muchacha.
baby (beibi). n. bebé.// **baby sitter.** n. niñera, persona que cuida niños en ausencia de sus padres.
baby blue (beibi blu). n. celeste.
bachelor (báchelor). a. soltero.
bacillus (bacilus). n. bacilo.
back (back). n. **1.** espalda, columna vertebral. **2.** parte de atrás. **3.** espaldar, respaldo. **4.** revés. **5.** zaguero, defensor.// **backbone** (bakboun). n. columna vertebral.// **backer** (baker). n. patrocinador, apostador, financiador.
background (bakgraund). n. **1.** fondo, trasfondo, lontananza. **2.** medio, ambiente. **3.** información básica, datos esenciales, fundamento. **4.** antecedentes, experiencia, conocimientos. **5.** fig. segundo término, segundo plano, oscuridad. **6.** Rad. ruido de fondo.

backrest (bacrest). n. respaldo (de un asiento).
backroad (bacroud). n. camino vecinal, secundario, alejado de la ruta principal.
backstage (bacsteiy). n. **1.** Teat. bambalinas, camerinos o camarines. **2.** fig. privado, reservado, confidencial.// adv. entre bambalinas.
backward (bacuerd). adv. hacia atrás, en orden o dirección contraria, al revés.
backwoods (bacwuds). n. región remota y silvestre.
backyard (baciard). n. patio trasero.
bacon (beicon). n. tocino.
bacterium (bactirium). n. bacteria.
bad (bad). a. **1.** malo, inferior, deficiente. **2.** desfavorable. **3.** descompuesto. **4.** malo, depravado. **5.** impropio. **6.** desagradable. **7.** abatido, indispuesto, enfermo. **8.** dañino, nocivo. **9.** intenso, severo. **10.** grave, serio, desastroso. **11.** incorrecto, erróneo, equivocado. **12.** falso.

badge (bay). n. distintivo, insignia, divisa, placa.
badly (badli). adv. mal, sin éxito, defectuosamente.
bag. (bag). n. **1.** bolsa, saco, costal, cartera, bolso, maleta, maletín, valija. **2.** vejiga, ubre, bolsa.
baggage (bagay). n. equipaje, maletas.
baggy (bagui). n. abolsado, bolsudo.
bail (beil). n. fianza, caución.
bailiff (beilif). n. alguacil.
bait (bait). n. carnada.// fig. provocar, atormentar.
bake (beic). tr. cocer, hornear, asar al horno.// i. cocerse, asarse, endurecerse.// **baker** (beiker). n. panadero.// **bakery** (beíkeri). n. panadería.
bakelite (baquelait). n. baquelita.
balance (balans). n. **1.** balanza. **2.** equilibrio. **3.** contrapeso. **4.** resto, saldo.// **balance sheet** (b. shiit). n. balance, hoja de balance.
bald (bold). n. pelado, calvo.
bale (beil). n. bala, fardo, atado.
ball (bol). n. bola, pelota.// n. baile social.// **ballroom** (bolrum). n. salón de baile o de fiestas.
ballad (balad). n. balada.
ballast (balast). n. lastre.
ballet (balet). n. ballet.// *b.* dancer (b. dancer). n. bailarín o bailarina de ballet.
ballistic (balistic). n. balística.// **ballistics.** n. balística.
balloon (balún). n. globo.// i. inflarse como un globo.
ballot (balot). n. **1.** votación. **2.** bolilla para votar. **3.** cédula electoral, papeleta para votar.// i. votar.// **ballot box** (b. box). n. urna electoral.
ball-point pen (b.-point pen). n. bolígrafo.
balm o balsam (balm o balsam). n. bálsamo.
balsa (balsa). n. balsa.
ban (ban). tr. proscribir, prohibir.// **1.** prohibición, proscripción. **2.** desaprobación. **3.** *Rel.* excomunión.
banal (banal). a. banal.
banana (banana). n. banana, plátano.
band (band). n. banda, faja, cinta, lista, franja.// *Rad.* banda de frecuencia.// n. banda de guerrilleros, ladrones o músicos.// i. agruparse, apiñarse, unirse, asociarse, confederarse.// tr. agrupar, apiñar, asociar, reunir, confederar.
bandage (banday). n. vendaje, venda.// tr. vendar, fajar.
bandit (bandit). n. bandido, bandolero, proscripto.
bandstand (bandstand). n. escenario para orquesta.
bandwagon (bandwagon). n. fig. el carro de los triunfadores.
bang (bang). tr. Golpear, chocar, golpear ruidosamente, con violencia, cerrar de golpe.
banish (banish). tr. desterrar, deportar, expulsar, proscribir.// **banishment** (banishment). n. deportación, destierro, proscripción.
bank (bank). n. **1.** banco. **2.** la banca. **3.** ribera, margen, orilla. **4.** terraplén. **5.** montón de nubes, masa (de niebla). **6.** inclinación lateral, ladeo de un avión en vuelo.// tr. depositar (dinero en el banco).// i. confiar en.// i. ladearse.// *b.* account (b.account). n. cuenta bancaria.
banker (banker). n. banquero.// **bankrupt** (bankrapt). n. quebrado, insolvente, en bancarrota.// **bankruptcy.** n. bancarrota, quiebra.

banner (baner). n. bandera, banderín, estandarte.
banquet (bancuet). n. banquete.
baptism (baptism). n. bautismo.// **baptize** (baptaiz). tr. bautizar.
bar (bar). n. **1.** bar. **2.** barra. **3.** valla, barrera, impedimento, obstáculo. **4.** pl. rejas..
barb (barb). n. púa.
barbarous (bárbarus). a. bárbaro.
barbacue (bárbakiu). n. asado, barbacoa, carne asada a la parrilla.
barber (barber). n. barbero.
bare (beir). a. **1.** desnudo, pelado, descubierto. **2.** sin muebles, vacío, sin aislamiento, desnudo, sin pintura, sin revestir.
bargain (bargan). n. convenio, pacto, trato de compraventa, ganga.
barge (bary). n. barcaza.
bark (bark). n. **1.** ladrido. **2.** corteza. **3.** barca, barco.
barley (barly). n. cebada.
barm (barm). n. levadura.
barmaid (barmeid). n. camarera, moza de bar.// **barman** (barman). n. empleado de bar que sirve copas en el mostrador
barn (barn). n. granero, establo, cuadra, corral, cochera.// **barnyard** (barniard). n. patio o corral de granja.
barometer (barometer). n. barómetro.
baron (baron). m. barón.// **baroness** (baronés). f. baronesa.
baroque (barouc). a. barroco.
barrack (barrak). n. barraca.
barred (bard). a. **1.** rayado. **2.** atrancado.
barrel (barrel). n. tonel, barril.
barren (barren). a. esteril, infecundo, yermo, árido, infructuoso, improductivo.
barricade (barrikeid). n. barricada.// tr. obstruir o cerrar con barricada.
barrier (barrier). n. barrera, valla.
barter (barter). tr. trocar, cambiar.// i. traficar, comerciar.// n. trueque.
basal (beisal). n. básico, fundamental.
base (beis). n. **1.** base, fundamento, apoyo, fondo.// deshonesto, ruin, vil, villano, rastrero.// *Mús.* bajo grave.
baseless (beisles). a. infundado, sin fundamento.
basement (beisment). n. sótano.
bash (bash). n. **1.** golpe, porrazo. **2.** intento, tentativa.// tr. golpear fuertemente, asestar un golpe fuerte, romper con un golpe.// i. estrellarse, romperse.
basin (beisín). **1.** vasija, jofaina, palangana, tazón. **2.** pila. **3.** cuenca (de un río).
bask (bask). i. tomar el sol, asolearse.// fig. complacerse.
basket (basket). n. canasta.// **basketball** (basketbol). n. baloncesto.
bass (bas). n. *Mús.* bajo.
bastard (bastard). n. bastardo.
bastion (bastion). n. bastión.
bat (bat). n. **1.** maza, palo, garrote. **2.** golpe, porrazo. **3.** bate.// tr. golpear con una maza.// n. *Zool.* murciélago.// tr. pestañear.
batch (bach). n. tanda, lote, hornada.

bath (baz). n. baño, cuarto de baño.
bathe (beiz). tr. bañarse.
bathtub (baztab). n. bañera.
battering ram (bátering ram). n. ariete.
battery (báteri). n. batería.
battle (batl). n. batalla.
battlefield (batelfíld). n. campo de batalla.
bawd (bod). n. alcahueta, madama de burdel.
bawdiness (bodiness). n. obscenidad.
bay (bei). n. bahía, ensenada.
bayonet (beionet). n. bayoneta.
bayou (baiu). n. brazo pantanoso de un río.
be (bi). tr. **1.** ser. **2.** haber. **3.** estar. **4.** tener. **5.** existir. **6.** vivir. **5.** *b. about:* estar por (hacer). **7.** *b. out:* no estar, haber salido. **8.** *b. up to:* estar a la altura de.
beach (biich). n. playa.
beacon (bicon). n. baliza.
bead (bid). n. cuenta, abalorio, bolita, mostacilla.
beading (biding). n. moldura, reborde.
beak (bic). n. pico.
beam (bim). n. **1.** viga, madero. **2.** rayo, haz.
beaming (biming). a. radiante.
bean (bin). n. haba, habichuela, judía, alubia, frijol.
bear (bear). tr. **1.** llevar, cargar, portar. **2.** conducir, acompañar, llevar. **3.** ostentar. **4.** sentir, abrigar, guardar, profesar. **5.** dar, prestar. **6.** mantener, sostener. **7.** soportar, cargar con. **8.** permitir, admitir. **9.** dar a luz, parir.// *Zool.* m. oso.
beard (biird). n. barba.
bearer (beirer). n. portador.
bearing (bering). n. presencia, porte, aire.// n. orientación.
beast (bist). n. bestia, bruto.
beat (bit). tr. **1.** golpear, apalear, aporrear, azotar. **2.** derrotar.// n. ritmo.
beating (biting). n. paliza.
beautiful (biutiful). a. hermoso.
beauty (biuti). n. belleza.
become (bicom). i. **1.** convertirse en, hacerse. **2.** llegar a existir, nacer, adquirir identidad.
becoming (bicoming). n. que sienta bien.
bed (bed). n. cama, lecho.// **bedclothes** (bedclouzs). n. ropa de cama.
bedroom (bedrum). n. dormitorio, alcoba.
bee (bi). n. abeja.// **beehive** (bijaiv). n. colmena.
beef (bif). n. carne de res.
beer (biir). n. cerveza.
beetle (biitl). n. escarabajo.
before (bifor). adv. antes, delante.
beforehand (biforjand). adv. de antemano.
beg (beg). tr. implorar, suplicar, rogar, pedir limosna.
beggar (beguer). n. pordiosero.
begin (biguin). tr. comenzar, empezar, iniciar.// **beginning** (biguining). n. comienzo.
behalf (bijaf). n. beneficio, interés, favor.
behave (bijeiv). i. **1.** comportarse, portarse, conducirse. **2.** portarse bien.// **behaviour** (bijeiviour). n. conducta, comportamiento, reacción.
behind (bijaind). adv. **1.** detrás, atrás, hacia atrás. **2.** atrasado, en retardo, a la zaga.
being. n. **1.** ser. **2.** existencia.
behold (bijould). tr. mirar, avistar, contemplar.
belief (bilif). n. creencia, credo, religión, convencimiento, opinión, parecer.

believe (biliv). tr. **1.** creer, tener fe. **2.** opinar. **3.** ser partidario de. **4.** *to make b.:* aparentar.
bell (bel). n. campana.// *Bot.* n. corola de una flor.
bellboy (belboi). n. botones de un hotel.
belligerence (belíyerans). n. beligerancia.// **belligerant** (beliyerant). a. beligerante.
bellow (belou). i./tr. bramar, gritar, vociferar.// n. bramido, grito.
bellows (belous). n. fuelle.
belly (beli). n. vientre, barriga, panza, estómago.
belong (bilong). i. pertenecer, atañer, corresponder, tocar, ser de, deber estar.
beloved (biloved). a. amado, querido.
below (bilou). adv. abajo, debajo, hacia abajo, río abajo.
belt (belt). n. **1.** cinturón, cinto, banda, correa, faja. **2.** zona, región, franja. **3.** fig. golpe.
bemoan (bimoun). tr. lamentar, plañir, gemir por.
bench (bench). n. **1.** banco, banca, banqueta. **2.** corte de justicia, asiento de los jueces, judicatura, cuerpo de jueces. **3.** escaño, travesaño. **4.** mesa de trabajo. **5.** *b. mark:* hito.
bend (bend). n. curva, vuelta, recodo, inclinación.// tr. **1.** doblar, inclinar, torcer, combar, encorvar, arquear, enarcar, doblar, inclinar. **2.** aplicar, emplear. **3.** encauzar, dirigir.
beneath (biniz). adv. debajo, abajo.
benefit (bénefit). n. beneficio.// tr. beneficiar.//
benefactor (benefáktor). n. benefactor.// **benefic** (benéfic). a. benéfico.// **beneficence** (benéficens). n. beneficencia.// **beneficial** (benefishal). a. beneficioso, provechoso.// **benevolence** (benévolens). n. benevolencia.// **benevolent** (benévolent). a. benevolente.
benign (benign). a. benigno.
beret (berei). n. boina.
berry (berri). n. baya, fruta pequeña, semilla, grano, haba.
berth (berz). *Mar.* n. amarradero.
beset (biset). tr. sitiar, rodear, acosar, hostigar, perseguir, molestar.
beside (bisaid). prep. junto a, cerca de, al lado de, además de, junto con.// **besides** (bisaids). adv. además, también.
besiege (bisiy). tr. sitiar, asediar, acosar.
best (best). a. superior, óptimo, mayor, mejor.
bestial (bischal). a. bestial.
bet (bet). tr. apostar.// n. apuesta.
betray (bitrei). tr. traicionar.// **betrayel** (bitreiel). n. traición.
better (beter). a. mejor, mayor, preferible, superior.
between (bitwin). n. prep. entre.
beware (biueir). i. estar en guardia, estar alerta, precaverse.// **¡beware!** interj. ¡cuidado! ¡alerta!// tr. cuidarse, guardarse.
bewilder (biuailder). tr. confundir, azorar, aturullar, dejar perplejo.// **bewildered** (biuailderd). a. perplejo, confundido, enredado.
beyond (biond). adv. más allá, más lejos, allende, al otro lado.
bias (baias). n. propensión, inclinación, predilección, prejuicio.// a. sesgado.// tr. sesgar, soslayar, prejuzgar, influir, predisponer, prejuiciar.
bible (baibl). n. Biblia.

bibliography (bibliógrafi). n. bibliografía.
bicker (biker). i. altercar, disputar, porfiar.// n. altercado, disputa, porfía, pelea, pendencia.
bicycle (baícicle). n. bicicleta.// i. ir en bicicleta, montar bicicleta.
bid (bid). tr. 1. pedir, mandar, ordenar. 2. expresar, dar, decir. 3. invitar, convidar. 4. licitar, pujar, ofrecer, declarar, rematar.
bide (baid). i. estarse, quedarse, permanecer.// tr. esperar, resistir, aguantar.// b. one's time (b. uons taim). esperar su oportunidad, hacer tiempo.
big (big). a. 1. grande, extenso. 2. fuerte. 3. cargado, lleno. 4. importante, imponente. 6. magnánimo, noble.// b. brother (b. brozer). n. hermano mayor.
bigamy (bígami). n. bigamia.
bigot (bigot). n. fanático, persona intolerante o guiada por prejuicios.
bile (bail). n. bilis.// fig. mal humor.
bill (bil). n. 1. documento, escrito. 2. cartel, letrero, volante. 3. billete de banco. 4. cuenta. 5. factura. 6. giro, letra. 7. proyecto de ley, ley. 8. pico de ave.
billion (bilion). n. 1. billón. 2. EE.UU. mil millones.
bimester (bimester). n. bimestre.
binary (bainari). a. binario.
bind (baind). tr. 1. atar, liar, amarrar, enlazar, ligar, juntar, unir, ceñir, vendar. 2. obligar, comprometer.
binding (bainding). n. 1. encuadernación. 2. ligadura.// a. que compromete, que liga.
binge (biny). n. parranda.
biography (baió'grafi). n. biografía.// **biographer** (baiógrafer). n. biógrafo.
biology (baióloyi). n. biología.// **biologist**. n. biólogo.
bipolar (baipoular). a. bipolar.
bird (berd). n. pájaro, ave.
birth (berz). n. nacimiento, parto, alumbramiento, origen, principio.// **birthday** (berthdei). n. cumpleaños.// **birthplace** (berzpleis). n. lugar de nacimiento.
bis (bis). repetición.
biscuit (biscuit). n. bizcocho, galleta, bollo.
bishop (bishop). n. obispo.
bit (bit). n. 1. pedacito, trocito, pizca, ápice. 2. bocado. 3. ratito. 4. broca, mecha, barrena.
bitch (bich). n. zorra, ramera, puta.
bite (bait). tr. 1. morder. 2. picar, punzar.// n. 1. mordedura. 2. picadura.
bitter (biter). a. amargo, desagradable, penoso, cruel.// n. 1. amargura. 2. pl. sabor amargo.
black (blak). a./n. negro, oscuro.// **blacklist** (blaklist). n. lista negra.// **b. market** (b. market). n. mercado negro.// **blackout** (blakaut). n. 1. apagón, oscurecimiento total. 2. desmayo.// **b. race** (b. reis). n. raza negra.// **blacksmith** (blaksmiz). n. herrero.
bladder (blader). n. vejiga, bolsa, saco, ampolla.
blade (bleid). n. 1. hoja, cuchilla, pala, paleta, aspa. 2. hoja de hélice, navaja, espada, cuchillo. 3. cuchilla de patín. 5. pala de remo.
blame (bleim). n. culpa, censura.// tr. culpar, censurar.// **blameless** (bleimles). a. intachable, inocente, libre de culpa.
blank (blank). a. 1. en blanco. 2. vacío. 3. b. cartridge: cartucho de fogueo, bala de fogueo. 4. b.

endorsement: endoso en blanco.// n. 1. blanco. 2. vacío.
blanket (blanket). n. manta, frazada, cobija.// tr. arropar, cobijar.// a. general, que cubre todo.
blare (bleir). tr. sonar a toda fuerza.// i. resonar.// n. 1. sonido estridente, fragor, estruendo. 2. brillo deslumbrante.
blasphemy (blásfemi). n. blasfemia.
blast (blast). n. 1. estallido, explosión, arranque (de ira). 2. ráfaga, ventolera, chorro, descarga.// b. furnace (b. fernas). n. alto horno.// b. off (b. of). n. despegue.
blatant (blatant). a. flagrante.
blaze (bleiz). fuego vivo, llamarada, hoguera, incendio.
bleach (blich). tr. blanquear.// n. blanqueo.
bleak (blik). n. desierto, desolado, yermo, triste, sombrío.
bleary (bliirl). a. nublado, turbio.
bleat (blit). i. balar.
bleed (blid). sangrar, perder sangre, derramar sangre.
blend (blend). tr. mezclar, combinar, matizar, fundir.// n. mezcla, mixtura, combinación, fusión.
bless (bless). tr. bendecir, consagrar, alabar, exaltar, glorificar.// **blessed** (blessed). a. bendito.// **blessing** (blesing). n. 1. bendición, gracia, protección, felicidad, satisfacción, buena suerte. 2. aprobación.
blind (blaind). a. ciego.// **blindness** (blaindnes). n. ceguera.
blink (blink). tr. parpadear.// n. parpadeo.
bliss (blis). n. dicha.
blister (blister). n. ampolla, vejiga.
bloat (blout). tr. hinchar, inflar.// **bloated** (blouted). a. hinchado.
block (bloc). tr. 1. bloquear, atajar, obstruir. 2. cegar, cerrar. 3. calzar. 4. reforzar. 5. anestesiar.// n. 1. bloque. 2. adoquín. 3. cubo. 4. taco o block de papel. 5. obstrucción, estorbo, bloqueo. 6. cuadra o manzana de una ciudad.
blockade (blakeid). n. 1. bloqueo, asedio, sitio. 2. obstrucción.// tr. bloquear, asediar, sitiar.
blockage (blocay). n. obstrucción.
blond (blond). a./n. rubio, rubia.
blood (blad). n. sangre.// b. clot (b. clot). n. coágulo.// **bloody** (bladi). a. sangriento, ensangrentado, sanguinario, encarnizado, cruento.
bloom (blum). n./a. 1. flor. 2. fluorescencia. 3. lozanía.// i. florecer.
blot (blot). n. borrón, mancha.
blouse (blaus). n. blusa.
blow (blou). tr. soplar, silbar, sonar, jadear.// n. golpe, porrazo.
blowoff (blouof). n. descarga, escape, fuga, explosión.
blowpipe (bloupaip). n. soplete, tobera.
blowup (blouap). n. explosión.// Fotog. ampliación.// tr. ampliar.
blue (blu). n. azul.// a. 1. triste, melancólico, desanimado. 2. pl. jeans. n. pantalones vaqueros.
blues (blus). n. 1. estilo de jazz. 2. melancolía
bluff (blaf). n. 1. fanfarronada. 2. bluff.// tr. engañar, simular, hacer creer mediante falsas apariencias.

blunder (blander). n. error craso, desacierto.// i. andar a tropezones, moverse torpemente, equivocarse.

blunt (blant). a. rudo, brusco, contundente, directo, obtuso.// tr. embotar, desafilar, adormecer.

blur (bler). n. borrón, mancha borrosa.// tr. hacer borroso, empañar.

blush (blash). i. sonrojarse, ruborizarse.// n. sonrojo, rubor.

board (bord). n. **1.** tabla, tablero. **2.** pensión. **3.** tribunal, consejo, junta, directorio.// tr. **1.** subir a bordo de un tren u otro vehículo, abordar. **2.** enmaderar, entarimar, **3.** hospedar.

boast (boust). tr. alardear, vanagloriarse, jactarse.// n. jactancia, alarde, vanagloria.

boat (bout). n. bote, barca, chalupa, lancha, barco, buque, nave, navío, bajel, embarcación.

body (bodi). n. cuerpo, cadáver, parte principal.// **bodyguard** (bodigard). n. guardaespaldas, escolta.

boil (boil). tr. hervir.// n. ebullición, hervor.

boiler (boiler). n. caldera.

bold (bould). a. **1.** valiente, intrépido. **2.** arrojado, atrevido. **3.** osado, temerario. **4.** descarado. **5.** vigoroso. **6.** conspicuo, destacado, pronunciado.// *b. type* (b. taip). negrilla, negrita.

bolt (bolt). n. **1.** pestillo. **2.** flecha. **3.** rayo, relámpago.// tr. cerrar con pestillo.

bomb (bomb). tr. bombardear.// n. bomba.

bond (bond). n. **1.** lazo, atadura, enlace, vínculo. **2.** bono, título. **3.** fianza.// tr. hipotecar, garantizar, ligar, trabar.// i. trabarse, unirse, pegarse.

bone (boun). n. hueso, espina, semilla.

bonnet (bonet). bonete.

book (buk). n. libro, tomo, volumen, libreto, talonario.// tr. reservar, hacer reserva de, contratar un artista.

bookkeeper (bukkiper). n. tenedor de libros.

boom (bum). n. expansión económica.

boon (bun). n. beneficio, bendición.

boost (bust). tr. levantar, alzar, empujar hacia arriba, fomentar, incrementar, elevar.// n. empuje, impulso, ayuda.

boot (but). n. bota, botín.

booth (buz). n. casilla, garita, barraca, cabina, puesto, quiosco.

border (border). n. orilla, borde, margen, frontera, límite.// tr. bordear.

bore (bor). tr. **1.** taladrar, perforar. **2.** fam. aburrir.

born (born). a. nacido, nato, innato.

borrow (borou). tr. pedir u obtener de prestado.

bosom (bosom). n. seno, pecho.

boss (bos). n. jefe, amo, patrón, capataz.

both (bouz). pron. ambos, los dos, uno y otro.

bottle (botl). n. botella.// **bottleneck** (botlnek). n. embotellamiento, atolladero, atascadero.// a. estrecho, angosto.

bottom (botom). n. **1.** fondo. **2.** último lugar.

bounce (bauns). n. rebotar.

bound (bound). tr. ir con destino a.// n. límite.

boundary (baunderi). n. término, límite, linde, lindero, frontera.

bow (bau). n. venia, reverencia, saludo.// tr. **1.** ceder, someterse, conformarse. **2.** inclinarse, hacer reverencia, saludar con una venia.

bow (bou). n. arco, curva.

bowel (bauel). n. intestinos, tripas.

bowl (boul). n. tazón, escudilla, cuenco, bol, ponchera, palangana, jofaina.// n. bolos, bolo, bocha, bola.

box (box). n. caja, cajón, estuche, cofre, arca, casilla, compartimiento, apartado, pescante.// **boxcar** (boxkar). n. furgón.// *box office* (b. ofis). n. taquilla, boletería.

boxer (boxer). n. boxeador, púgil.// **boxing** (boxing). n. boxeo.

boy (boi). n. muchacho, chico, niño.

boycott (boikot). n. boicot.

boyfriend (boifrend). n. novio.

brace (breis). n. abrazadera.// tr. apuntalar, ligar, asegurar, reforzar.// i. afirmarse.

bracket (braket). n. corchete o paréntesis.

brag. (brag). i. jactarse, fanfarronear.

brain (brein). n. cerebro.// *b. case* (breinkeis). n. cráneo.

brake (breik). n. freno.// tr. frenar.

branch (branch). n. rama.

brand (brand). n. marca.// tr. marcar (ganado).

brass (bras). n. cobre.// fig. la jefatura (militar y en general).

brassière (brasier). n. corpiño.

brat (brat). n. mocoso.

brave (breiv). a. valiente, esforzado.

brawl (brol). n. camorra, riña, altercado.

breach (brich). n. **1.** brecha. **2.** rotura, ruptura, rompimiento.

bread (bred). n. pan.

break (breik). tr. romper, quebrar, partir, dividir, truncar, cortar.// n. rotura, rompimiento, ruptura, grieta.

breakdown (breikdaun). n. falla, avería, rotura.

breakfast (brekfast). n. desayuno.

breast (brest). n. pecho, seno, mama.// **breastbone** (brestboun). n. esternón.

breath (brez). n. aliento.

breathe (briz). tr. respirar.

breed (brid). tr. criar.// n. raza de ganado.

breeze (briz). n. brisa.

brew (bru). tr. fabricar cerveza.// n. infusión, licor, bebida.// **brewer** (bruer). n. cervecero.// **brewery** (brueri). n. cervecería.

bribe (braib). n. soborno, cohecho.// tr. sobornar.

brick (brik). n. ladrillo.

bride (braid). n. novia, desposada.

bridge (bridch). n. puente.// tr. tender un puente, cerrar una brecha.

bridle (braidl). n. brida, freno.// tr. frenar, poner freno.

brief (brif). a. breve, corto, conciso, sucinto.

briefcase (brifkeis). n. portafolio.

briefing (brifing). n. instrucciones.

brigade (brigueid). n. brigada.

bright (brait). a. brillante, inteligente.

brilliant (briliant). a. brillante.

brim (brim). n. borde, margen, canto, labio.// **brimming** (briming). a. lleno hasta el borde.

bring (bring). tr. **1.** traer. **2.** llevar. **3.** resultar en.

brisk (brisk). a. vivo, activo, lleno de vida, enérgico, avispado.

bristle (brisl). i. erizarse.// **bristly** (brisel). a. erizado.

british (british). a. británico.// **B. Isles** (b. ailes). n. Islas Británicas.

brittle (britl). a. **1.** quebradizo, frágil. **2.** fig. susceptible, irritable.

broad (brod). a. **1.** ancho, amplio, extenso, espacioso, pleno. **2.** claro, obvio, explícito. **3.** vulgar, atrevido.

broadcast (brodcast). n. transmisión (por radio), difusión.// tr. transmitir, difundir.// **broadcaster** (brodcaster). n. locutor.// **broadcasting.** n. transmisión, emisión.

broad-minded (brodmainded). a. comprensivo, tolerante.

brocade (brokaid). m. brocado.

broil (broil). tr. **1.** asar a la parrilla. **2.** fig. pasar mucho calor.

broken (brouken). a. **1.** roto. **2.** fracturado, quebrado.// **brokenhearted** (brokenjerted). a. acongojado, con el corazón quebrado.

broker (brouker). n. corredor, agente, comisionista, intermediario.

brood (brud). f. camada, nidada, pollada, cría.// i. empollar, incubar.// i. meditar, cavilar, rumiar.

broom (brum). n. escoba.// tr. barrer.

bromate (broumeit). n. bromato.

bronchia (brankia). n. pl. bronquios.

brothel (brozel). n. burdel, lupanar.

brother (brozer). n. hermano.// **brotherhood** (brozerjud). n. hermandad.

brow (brau). n. ceja.

brown (braun). n. pardo, marrón.

browse (braus). tr. hojear un libro.// *Comput.* recorrer sucesivas pantallas de un programa.

bruise (bruz). magulladura, contusión, raspón.// tr. magullar.

brush (brash). n. cepillo, brocha, pincel.// tr. **1.** cepillar. **2.** rozar al pasar.

brushwood (brashwud). n. maleza.

brutal (brutal). a. brutal.// **brutality** (brutáleti). n. brutalidad.// **brute** (brut). n. bruto.

bubble (babl). n. burbuja.

buck (bak). n. **1.** gamo, venado. **2.** fig. dólar.

bucket (baket). n. balde, cubo, cubeta.

buckle (bakel). n. hebilla.

bud (bud). n. brote, pimpollo.

budge (buy). i. moverse.

budget (buyet). n. presupuesto.

buffer (bafer). n. **1.** parachoques, amortiguador. **2.** tope. **3.** rueda o máquina pulidora.

bug (bag). n. **1.** insecto, bicho. **2.** falla en un aparato.// tr. colocar un micrófono para hacer espionaje electrónico. **2.** molestar, fastidiar.

bugle (biugl). n. corneta, clarín.

build (bild). tr. construir, erigir, edificar, fabricar, hacer, establecer, fundamentar.// **building.** n. edificio.

bulb (balb). n. **1.** bulbo. **2.** bombilla, foco.

bulge (buldch). n. comba, saliente.// tr. combarse, hincharse, abultarse, estar abultado.

bulk (balk). n. magnitud, volumen, tamaño.

bull (bul). n. toro.

bulldozer (buldouzer). n. topadora.

bullet (bulet). n. bala.

bulletin (báletin). n. boletín.

bullshit (bulshit). n. vulg. pavadas, mentiras, exageración, insinceridad.

bully (buli). abusador, pendenciero.// tr. intimidar, amedrentar.

bulwark (bulwark). n. baluarte, bastión.

bum (bam). n. vagabundo, vago, holgazán, pobre diablo, borrachín.

bump (bamp). n. chichón.// tr. chocar.

bumper (bamper). n. paragolpes.

bunch (banch). n. racimo, ristra, puñado, montón, haz, mazo, manojo, atado.

bundle (bandl). n. atado, lío, envoltorio.// fig. mucho dinero.

bunk (bank). n. litera, camastro.

bunker (banker). n. casamata.

buoy (boy). n. boya, baliza.// tr. boyar.// **bouyancy** (boiansi). n. flotabilidad.

burden (berden). n. carga, peso.

bureau (buró). n. oficina, despacho.

bureaucracy (burókrasi). n. burocracia.

burglar (berglar). n. ladrón.

burial (berial). n. entierro.

burn (bern). tr. quemar.// tr. quemarse.// n. quemadura.

burner (berner). n. mechero.

burrow (barou). n. madriguera, conejera, vivar, escondrijo, refugio.

burst (berst). n. estallar, reventar, explotar.

bury (beri). tr. enterrar, inhuimar, sepultar, esconder, ocultar.

bush (bush). n. arbusto, mata, maleza, matorral, breña.

business (bisnes). n. **1.** ocupación, profesión, especialidad. **2.** negocio, comercio. **3.** tarea, deber. **4.** incumbencia.// **businessman, businesswoman** (bisnesman, bisneswuman). n. hombre, mujer de negocios, empresario, empresaria, comerciante.

bust (bast). n. busto.

bustle (basl). i. apresurarse, ir o venir presuroso, trabajar con ahínco.

busy (bízi). a. ocupado. atareado.

but (bat). conj. pero, más.

butcher (bacher). n. carnicero.// tr. matar, hacer una carnicería.// **butchery** (bácheri). n. carnicería.

butt (bat). n. mango, cabo.

butter (bater). n. manteca.

butterfly (baterflai). n. mariposa.

button (baton). n. botón.// **buttonhole** (batonjoul). n. ojal.

buttres (batres). m. contrafuerte, estribo.

buy (bai). tr. comprar.

by (bai). prep. **1.** para, por, de, indicando tiempo o duración. **2.** por, indicando agente, instrumento o causa.

bye-bye (bai-bai). n. hasta luego, adiós.

bygone (baigoun). n. algo pasado, de otro tiempo.

by-law (bailo). n. estatuto, regla, reglamento interno.

bypass (baipas). n. desvío, derivación, tubo de paso, desagüe secundario.

by-product (bai-prodakt). n. producto secundario, subproducto, residuo, derivado.

bystander (baistander). n. espectador circunstancial.

c (si). n. tercera letra del abecedario.// *Mus.* do.
cab (cab). n. taxi.
cabalistic (cabalistic). a. cabalístico, oculto.
cabaret (cabareit). n. cabaret.
cabbage (cabadch). n. col, repollo.
cabin (kabin). n. cabaña, choza, camarote, cabina.
cabinet (cábinet). n. gabinete ministerial.// **cabinet council.** n. consejo de ministros.
cable (keibl). n. **1.** cable. **2.** cablegrama, telegrama.
caboose (cabús). n. furgón de cola.
cabotage (cabotadch). n. cabotaje.
cache (cashé). n. **1.** escondrijo, escondite, hueco. **2.** provisiones escondidas, reserva secreta de armas. **3.** *Comp.* reserva de memoria.// tr. ocultar o guardar en un escondrijo.
cadre (cadrei). n. **1.** cuadro, armazón. **2.** *Mil./Pol.* jefe, cuadro, conjunto de jefes.
cage (keidch). n. jaula.// tr. enjaular.
cajole (cayoul). tr. engatusar, lisonjear, persuadir a alguien con lisonjas para que haga algo.
cake (keik). n. **1.** torta, pastel, bizcocho, bollo. **2.** pan de jabón, de cera, etc.// i. incrustarse, coagularse, cuajarse, aterronarse.
calamine (kálamain). n. calamina.
calamity (kalámiti). n. calamidad.
calcium (kalsium). n. calcio.
calculate (kálkiuleit). tr. **1.** calcular, computar. **2.** fam. creer, considerar, suponer.// i. hacer cálculos.
calculus (kálkiulus). n. *Mat., Med.* cálculo.
calendar (kálender). n. **1.** calendario, almanaque. **2.** orden del día, lista, horario. **3.** *Der.* tabla o lista de causas.// tr. registrar en un calendario.
calf (kaf). n. **1.** ternero, becerro, cría. **2.** pantorrilla.// **calf bone.** n. peroné.
caliber, calibre (káliber). n. calibre.
calibrate (kálibreit). tr. calibrar.
calico (kálicou). n. percal.
call (kol) i. **1.** dar voces, llamar, gritar. **2.** hacer una visita, ir o venir a visitar, hacer una parada, hacer una escala. **3.** hacer una llamada telefónica.// tr. **1.** llamar. **2.** enunciar. **3.** convocar, emplazar. **4.** telefonear. **5.** ordenar, proclamar (una huelga, una pausa, un descanso, etc.). **6.** despertar. **7.** reclamar. **8.** considerar, juzgar. **9.** invitar a jugar, pedir a otro jugador que exponga su mano en un juego de cartas. **10.** dar por terminado.// n. **1.** llamada, exclamación. **2.** llamamiento, invitación. **3.** llamada telefónica. **4.** visita. **5.** escala. **6.** vocación. **7.** canto de aves. **8.** toque de corneta, de tambor. **9.** demanda, pedido, exigencia.

callus (kalus). n. callo.
calm (kalm). n. calma, quietud, serenidad, tranquilidad.// a. calmo, calma.// tr. calmar.// i. calmarse, apaciguarse, aplacarse.
calorie (kálorie). n. caloría.// **caloric** (calórik). a.
camera (kámera). n. cámara.
camp (kamp). n. campamento.// tr. acampar.// **camper** (kamper). n. acampante.
campaign (kampein). n. campaña.// i. hacer campaña.
campus (kampus). n. predio universitario, ciudad universitaria.
can (kan). v. aux. defect. **1.** poder hacer algo. **2.** saber hacer algo. **3.** tener permiso para.// n. lata (como en *lata* de gaseosa), tacho.// **canned** (kand). a. enlatado.
canal (kanal) n. canal, acequia, zanja, conducto, meato.// **canalize** (kánalaiz). tr. canalizar, encauzar.// **canal lock** (c. lok). n. esclusa.
cancel (kánsel). tr. cancelar.
cancer (kánser). n. cáncer.
candent (kandent). a. candente.
candid (kándid). a. cándido, franco, sincero.
candidate (kándideit). n. candidato.
candle (kandl). n. vela.
candy (kandi). n. caramelo, confite, bombón, dulce.
cane (kein). n. **1.** caña. **2.** bastón.
cannibal (kánibal). n. caníbal.// **cannibalism.** n.
cannon (kánon). n. cañón.// tr. cañonear.
can't (kant). tr. contracción de *cannot*: no puedo, no puede, no se puede.
canteen (kantín). n. **1.** cantina. **2.** cantimplora.
canvas (kanvas). n. lona; lienzo.
canvass (kanvas). n. escrutinio.// tr. recorrer un barrio o distrito para solicitar votos, fondos, etc.
cap (kap). n. **1.** gorro, gorra. **2.** toca, bonete. **3.** tapa. **4.** cápsula, fulminante.// tr. **1.** cubrir, poner la tapa. **2.** rematar. **3.** sobrepasar, superar, exceder.
capable (keípabl). a. capaz.
capacity (kapáciti). n. **1.** capacidad. **2.** habilidad. **3.** **in c. of.:** en calidad de.
cape (keip). n. **1.** capa, mantón. **2.** cabo, promontorio, punta de tierra.
caper (keiper). cabriola, salto, brinco.
capital (kápital). n. capital.// **capitalist.** n. capitalista.// **capitalize.** tr. **1.** capitalizar. **2.** escribir con mayúsculas.// **capital letter.** n. letra mayúscula.
capitol (kápitol) n. capitolio.
capitulate (kapítuleit). i. capitular.// **capitulation.** n.
capsule (kapsul). n. cápsula.

caption (capshon). encabezamiento, título, titular, epígrafe, subtítulo.
capture (kapchur). tr. capturar.// n. captura.//
captive (kaptiv). a. cautivo.
car (kar). n. coche.
caravan (káravan). n. caravana.
carbon (karbon). n. carbón.
carburant (kárburant). n. carburante.
carcass (karcas). n. cadáver de animal.
card (kard). n. 1. tarjeta. 2. naipe.
cardboard (cardboard). n. cartulina, cartón.
cardholder (cardjoulder). n. miembro de una organización.
cardiac (kardiac). n. cardíaco.
cardinal (kárdinal). n. cardenal.// a. fundamental, principal.
card index (kard index). n. fichero.
care (keir). n. cuidado, cargo, custodia, protección, atención, cautela, preocupación, ansiedad, inquietud.// i. 1. preocuparse, importarle a uno. 2. cuidar.// **careful.** a. cuidadoso, cauteloso, meticuloso, prudente, esmerado.// **careless.** a. 1. descuidado, negligente, irresponsable. 2. despreocupado, alegre.
career (cariir). n. carrera profesional.
caress (karés). n. caricia.
caretaker (keirtaker). n. celador, guardián, cuidador, encargado.// a. interino, provisional.
cargo (kargou). n. carga.
carnal (kárnal). a. carnal.
carnival (kárnival). n. carnaval.
carnivore (kárnivore). n. carnívoro.
carpet (kárpet). n. alfombra, tapete, tapiz.
carriage (karidch). n. carruaje.
carrier (karrier). n. 1. mensajero, mandadero. 2. cargador, portador, transportador. 3. compañía transportadora.
carrot (kárrot). n. zanahoria.
carry (kary). tr. 1. llevar, transportar. 2. conducir, llevar. 3. llevar consigo, tener (encima). 4. portar (armas, estandarte, etc.). 5. tener en existencia, ser distribuidor de. 6. **c. out:** llevar a cabo.
cart (kart). n. carreta.// tr. acarrear, transportar.
cartel (kártel). n. monopolio, cártel.
Cartesian (kariyian). a. cartesiano.
carton (kárton). n. envase de cartón (como en cartón de cigarrillos).
cartoon (kartún). n. caricatura, tira cómica, dibujo animado.
carve (karv). tr. 1. tallar. 2. trinchar.// **carving.** n. escultura, talla.
cascade (kaskeid). n. cascada.
case (keis). 1. caso, caso clínico. 2. argumento, tesis, punto de vista. 3. caja, estuche, cajón, vaina. 4. caja, camisa. 5. caja de imprenta.
cash (kash). n. dinero efectivo, pago al contado.// a. al contado.// **cashbox.** caja (registradora).// **cashier.** n. cajero.
casing (keising). n. 1. funda, cubierta, envoltura, estuche. 2. revoque de una pared.
cask (kask). n. barril, tonel, cuba, casco.
casket (kasket). n. ataúd.
cast (kast). tr. 1. lanzar, tirar (dados, red). 2. fundir metal. 3. dar papeles a actores. 4. **c. a ballot:** tr.

votar.// n. Teatro./Cine. elenco.// **casting.** n. 1. Met. fundición, vaciado. 2. selección de actores.
caste (keist). n. casta.
castle (kasl). n. 1. castillo. 2. ajedrez, torre.
castrate (kastreit). tr. castrar.
casual (kayual). a. 1. casual, accidental, fortuito. 2. eventual, ocasional. 3. informal.
cat (kat). n. gato, felino.
cataclysm (kátaclism). cataclismo.
catacomb (katacoumb). n. catacumba.
catalog (kátalog). n. catálogo.
catalyze (kátalaiz). tr. catalizar.// **catalyst.** n. catalizador.// **catalytic.** a. catalítico.
catch (kach). tr. 1. atrapar, capturar, coger, agarrar, adueñarse de. 2. engancharse. 3. pillar, pescar, sorprender. 4. contraer, contagiarse (una enfermedad). 5. atraer, captar. 6. tomar, alcanzar (tren, avión). 7. entender, captar. 8. reproducir. 9. recibir (un golpe).// i. 1. prender fuego. 2. comprender.// n. 1. atajada (de la pelota). 2. pesca, botín, presa. 3. retén, pestillo. 4. impedimento, dificultad. 5. engaño, trampa. 6. buen partido.
catchword (kachword). n. lema, mote, divisa.
categorical (kategórical). a. categórico, absoluto, rotundo, explícito.
category (kátegori). categoría, clase, división.
cater (keiter). i. 1. proveer, abastecer, surtir. 2. complacer (a una persona, dar el gusto).
caterpillar (katerpiler). 1. oruga. 2. tractor de orugas.
catharsis (catarsis). n. catarsis.
cathedra (katédra). n. cátedra.
cathedral (katidral). n. catedral.
catheter (kazeter). tr. catéter.
catholic (kátholic). n. catolicismo.// a. católico.
catsup (kechup). n. kétchup.
cattle (katl). n. ganado.
catwalk (catuok). n. andén, pasadizo.
caucus (kaukus). n. 1. junta de dirigentes, comité político. 2. reunión privada.// i. reunir a una junta de dirigentes, hacer una reunión privada.
cauliflower (colifauer). n. coliflor.
cause (cos). n. causa, motivo, razón.// tr. 1. causar, motivar. 2. hacer que alguien o algo haga algo.
caustic (kostik). a. cáustico.
cauterize (koteraiz). tr. cauterizar.
caution (koshon). n. 1. cautela, cuidado, precaución. 2. advertencia, amonestación, aviso.// 1. advertir, prevenir de. 2. amonestar, advertir.// **cautious.** a. cauteloso, cauto, precavido.
cave (keiv). cueva, n. caverna, gruta.// i. caerse, ceder, hundirse.
cavity (káviti). n. 1. cavidad. 2. caries.
cease (siz). i. 1. cesar, acabarse, terminarse, pararse. 2. desistir de, dejar de.// tr. acabar, terminar, suspender.// **cease-fire.** n. alto el fuego, tregua.// **ceaseless** (sizles). a. incesante, perpetuo.
cede (sid). tr. ceder, transferir, traspasar, entregar.
ceiling (siiling). n. cielo raso, techo, tope, máximo, límite, altura máxima.
celebrate (sélebreit). tr. celebrar, oficiar, exaltar, alabar, conmemorar, solemnizar.// i. oficiar, celebrar.
celebrity (selébriti). n. celebridad, personalidad, fama.

celerity (seleriti). n. celeridad.
celestial (seleschal). a. celestial.
cell (sel). n. **1.** celda. **2.** célula.
cellar (selar). n. sótano, bodega.
celluloid (séluloid). n. celuloide.
cellulose (sélulous). n. celulosa.
cement (sement). n. cemento.// tr. cimentar, cubrir con cemento.// fig. consolidar, fortalecer, estrechar.// i. pegarse, unirse, consolidarse.
cemetery (semeteri). n. cementerio.
censor (sensor). n. censor.// tr. censurar.// **censorship.** n. censura.
census (sensus). n. censo, empadronamiento, registro general de ciudadanos.
cent (sent). n. centavo.
center (senter). n. centro.// tr. centrar, centralizar, concentrar.// i. centrarse, concentrarse.// **central.** a. central, céntrico, principal, dominante.// n. central telefónica.
centigrade (séntigreid). a. centígrado.
centigram (sentigram). n. centígramo.
centimeter (sentimiter). n. centímetro.
centrifuge (séntrifiug). tr. centrifugar.// **centrifugal.** a. centrífugo, centrífuga.
centripetal (sentrípital). a. centrípeto.
century (sénchuri). n. siglo.
ceramics (seramics). n. cerámica.
cereal (sirial). n. cereal.
cerebral (serebral). a. cerebral.
certain (sertan). a. **1.** cierto, seguro, indudable, inevitable. **2.** cierto(a), algún, alguno(a).// **certainly.** adv. ciertamente, indudablemente.
certificate (sertifikeit). n. **1.** certificado. **2.** bono, obligación.// tr. certificar, dar certificado.// **certify.** tr. **1.** certificar, atestiguar, dar o dejar constancia. **2.** garantizar.
certitude (sértitud). n. certeza.
chain (chein). n. cadena.// tr. encadenar.
chair (cher). n. **1.** silla. **2.** presidencia.// tr. **1.** asentar. **2.** instalar en funciones (a un presidente, un funcionario, etc.). **3.** presidir (una reunión, una junta, etc.).// **chairman.** n. presidente.
chalk (chok). n. tiza.// tr. apuntar, anotar, atribuir, acreditarse.
challenge (chaleny). n. **1.** reto, desafío. **2.** recusación, objeción, tacha.// tr. **1.** retar, desafiar, objetar. **2.** impugnar. **3.** requerir, exigir, demandar, probar. **4.** estimular, excitar. **5.** recusar, poner reparos.// **challenger.** n. retador.// **challenging.** a. desafiante, provocativo, intrigante, excitante.
chamber (cheimber). n. **1.** cuarto, cámara, alcoba, dormitorio. **2.** cámara (del legislativo, judicial). **3.** despacho. **4.** recámara, cámara (de las armas).
chamberlain (cheimberlein). n. **1.** chambelán. **2.** tesorero.
champion (champion). n. campeón.// **championship.** n. campeonato.
chance (chans). n. **1.** fortuna, suerte. **2.** azar, casualidad. **3.** oportunidad, ocasión. **4.** posibilidad.// tr. arriesgar, correr el riesgo de, probar.// i. suceder, acontecer, acaecer.
chancellery. n. cancillería.// **chancellor** (chánselor). n. canciller.
chandelier (chandelier). n. candelabro, araña.

change (cheiny). tr. cambiar, alterar, mudar, modificar, transformar, convertir, reemplazar, substituir.// i. cambiar, mudar, transformarse, reformarse, corregirse.// n. **1.** cambio, alteración, sustitución, mutación, mudanza. **2.** novedad, variedad, variación. **3.** muda (de ropa). **4.** vuelto (de dinero).
channel (chanel). n. **1.** canal. **2.** cauce, lecho, madre (de un río). **3.** caño.// tr. **1.** acanalar, estriar, ranurar. **2.** canalizar, encauzar, conducir por.
chaos (keios). n. caos.// **chaotic.** a. caótico.
chapel (chapel). n. capilla, santuario.// **chaplain.** n. capellán.
chapter (chapter). n. **1.** capítulo. **2.** sección local de una organización, seccional.
character (cárakter). n. **1.** carácter, temperamento. **2.** carácter, índole, característica. **3.** marca, distintivo. **4.** carácter, signo (de escritura), tipo, caracter (de imprenta), escritura, letra, caligrafía.
characteristic (característik). a. característico, distintivo.// n. característica.
charcoal (charcoul). n. carbón.
charge (chary). tr. **1.** cargar, recargar, alimentar, llenar. **2.** exhortar, instruir, mandar. **3.** atacar. **4.** debitar,// i. **1.** ir a la carga. **2.** cobrar.// n. **1.** carga, peso. **2.** tarea, deber, responsabilidad, obligación. **3.** mando, dirección. **4.** acusación. **5.** encargo, orden.// **charged.** a. cargado.
charisma (karizma). n. carisma.
charity (cháriti). n. caridad.
charlatan (chárlatan). n. charlatán.
charm (charm). n. gracia, atractivo, encanto, hechizo,// tr. encantar, hechizar, cautivar, atraer, deleitar.// i. practicar hechicería, ejercer fascinación.// **charming.** n. encantador, fascinante, seductor.
chart (chart). **1.** mapa, carta de navegación, mapa hidrográfico. **2.** gráfica, diagrama, hoja de papel graduado. **3.** esquema, cuadro, tabla.// tr. **1.** cartografiar, trazar. **2.** planear, proyectar. **3.** graficar.
charter (charter). n. **1.** carta, cédula, título, constitución. **2.** permiso legal. **3.** privilegio, exención, inmunidad. **4.** alquiler. **5.** viaje contratado.// tr. **1.** otorgar o constituir por carta. **2.** fletar, alquilar.
chartographer (cartógrafer). n. cartógrafo.
chase (cheis). n. **1.** persecución. **2.** cacería, montería.// tr. perseguir, acosar, dar caza.
chasm (chasm). n. abismo, precipicio.
chaste (cheist). a. casto.
chasten (chasen). tr. castigar, disciplinar.
chat (chat). n. charla.// tr. charlar.
chatter (chater). n. cotorreo.// tr. cotorrear.
chauffeur (shofer). n. chofer.
cheap (chiip). a. **1.** barato. **2.** fácil. **3.** vulgar, común. **4.** vil, despreciable.
cheat (chiit). i. hacer trampas, practicar fraude o engaño.// n. **1.** tramposo, timador. **2.** trampa, timo, engaño.// **cheater.** n. tramposo, timador, engañoso, embustero.
check (chek). n. **1.** freno, control. **2.** comprobación, verificación, fiscalización, inspección. **3.** talón, contramarca, contraseña. **4.** cuenta (de restaurante). **5.** ficha. **6.** cuadro. **7.** cheque (bancario). **8.** interrupción súbita (de un avance). **9.** jaque (ajedrez).// tr. **1.** detener, parar, frenar. **2.** impedir// **c. mate.** n. jaque mate.

checker (cheker). n. **1.** diseño a cuadros. **2.** verificador.// **checkers.** n. juego de damas.

checkup (chekap). n. examen médico.

cheek (chiik). n. **1.** mejilla, carrillo, cachete. **2.** desfachatez.

cheer (chiir). n. **1.** aliento, vítor. **2.** ánimo, alegría.// **cheerful.** a. **1.** alegre, animado, jovial. **2.** alentador, grato, placentero.

cheese (chiis). n. queso.

chef (chef). n. chef.

chemical. n. producto químico.// **chemistry** (kémistri). n. química.// **chemist.** n. químico.

cherry (cherri). n. **1.** cerezo. **2.** cereza.

chess (ches). n. ajedrez.

chest (chest). n. **1.** arca, cofre, cajón, baúl, caja. **2.** *Anat.* pecho, tórax.

chestnut (chestnat). n. almendra.

chew (chu). tr. masticar, mascar.

chewing gum (chuing gam). n. chicle, goma de mascar.

chicken (chiken). n. pollo, polluelo.

chief (chiif). n. jefe, caudillo, cacique.

child (chaild). n. **1.** niño, niña, criatura. **2.** hijo, hija.// **childbirth.** n. parto, alumbramiento.// **childhood.** n. infancia, niñez.

chill (chil). n. **1.** frío, frialdad. **2.** escalofrío.// tr. **1.** enfriar, refrigerar. **2.** deprimir, desanimar, desalentar. **3.** acerar, templar (metal).// i. **1.** enfriarse. **2.** tiritar, tener escalofríos. **3.** enfriarse, acerarse.

chime (chaim). n. **1.** carillón, campanas. **2.** timbre, campana, campanilla. **3.** campaneo, repique de campanas. **4.** son, sonsonete.

chimera (kimera). n. quimera.

chimney (chimni). n. chimenea.

chin (chin). n. mentón, barbilla, barba.

chip (chip). n. **1.** astilla. **2.** pl. papas fritas.// tr. picar, tajar con cincel.

chirp (cherp). tr. gorjear.// n. gorjeo.

chisel (chisel). n. formón.// tr. cincelar, esculpir.

chocolate (chócolat). n. chocolate.

choice (chois). n. **1.** selección, elección. **2.** opción, alternativa. **3.** preferencia, cosa escogida, persona preferida. **4.** variedad, surtido. **5.** lo mejor.// a. escogido, selecto, florido, granado, de calidad, superior.

choir (cuaier). n. coro.

choke (chouk). tr. **1.** estrangular, sofocar. **2.** ahogar, apagar (fuego). **3.** obturar, atorar, atascar, obstruir. **5.** taponar. **6.** disimular con dificultad una emoción.// n. **1.** sofocamiento, ahogo. **2.** atoramiento, obstrucción.

cholera (cólera). n. cólera.

choose (chuz). tr. **1.** escoger, elegir, seleccionar. **2.** decidir, optar.

chop (chop). tr. cortar, tajar, recortar, tronchar.

chord (cord). n. **1.** cuerda. **2.** acorde.

chore (chor). n. tarea, faena.

choreography (coreógrafi). n. coreografía.

Christian (cristian). a./n. cristiano.

Christmas (crismas). n. Navidad.

chrome (croum). n. cromo.// tr. cromar.

chronicle (crónicl). n. crónica.

chum (cham). n. compinche.

church (cherch). n. iglesia.

churn (chern). tr. batir.

cigar (sigar). n. cigarro.// **cigarette.** n. cigarrillo.

cinch (sinch). **1.** cincha. **2.** cosa fácil, sencilla.

cinder (sinder). n. ceniza.

cinema (cínema). n. cine.

cinnamon (sínamon). n. canela.

cipher (saifer). n. **1.** cifra, número. **2.** cero. **3.** código, clave. **4.** monograma.// i. usar cifras, escribir en cifras.// tr. cifrar con clave, calcular, computar.

circle (sercl). n. **1.** círculo, circunferencia, ruedo, anillo.// tr. **1.** circundar, rodear. **2.** girar alrededor de. **3.** dar la vuelta a.// i. circular, dar vueltas. **2.** girar.// **circular.** a. circular.// **circumference.** n. circunferencia.

circuit (sircuit). n. **1.** circuito, contorno. **2.** área, ámbito. **3.** gira, viaje. **4.** rodeo, camino indirecto. **5.** distrito.// i. dar vueltas, hacer un circuito.

circumstance (sércumstans). n. circunstancia.

circus (sircus). n. circo.

cistern (sistern). n. cisterna.

cite (sait). tr. citar.

citizen (sítizen). n. ciudadano.// **citizenship.** n.

citrus (sitrus). n. citrus, cítrico.// **citric.** a. cítrico.

city (siti). n. ciudad, urbe.

civil (sivil). a. civil.// **civilian.** n. civil.

civilize (sívilaiz). tr. civilizar.// **civilization.** n.

claim (kleim). n. reclamo.// tr. reclamar.

clam (klam). n. almeja.

clamp (klamp). n. abrazadera.// tr. sujetar.

clan (clan). n. clan.

clandestine (klandestain). a. clandestino, secreto.

clap (clap). n. **1.** aplauso. **2.** ruido seco.// tr. aplaudir.

clarify (klárifai). tr. clarificar.

clash (klash). tr. chocar.// n. choque.

clasp (klasp). n. **1.** estrechar, apretar.// n. **1.** broche, hebilla, abrazadera, presilla. **2.** apretón de manos.

class (clas). n. **1.** clase. **2.** condición, categoría, grado. **3.** orden, linaje, género. **4.** promoción de alumnos. **5.** elegancia, distinción, calidad.

classic (clasic). a. clásico.// n. clásico.

classify (clásifai). tr. clasificar.// **classified.** a. clasificado.

clause (cloz). n. **1.** cláusula. **2.** *Gram.* oración.

claw (clo). n. garra.// tr./i. arañar, desgarrar, rasgar, rascar.

clay (klei). **1.** arcilla, greda. **2.** barro, lodo, tierra.

clean (cliin). a. limpio.// tr. limpiar.

clear (clier). a. **1.** claro. **2.** limpio. **3.** libre, despejado.// tr. **1.** aclarar. **2.** limpiar. **3.** despejar.

clearing (cliaring). n. **1.** claro en un bosque. **2.** compensación bancaria.

clerk (klerk). n. oficinista, empleado.

client (klaient). n. cliente.

cliff (clif). n. acantilado.

climate (klaimat). n. clima.// **climatic.** a.

climax (klaimax). n. clímax.

climb (klaimb). tr. trepar, ascender, subir.// **c. down.** tr. descender, bajar.

cling (kling). i./tr. aferrarse, asirse.

clinic (klinic). n. **1.** clínica. **2.** clínico.

clip (clip). n. grapa, pinza, sujetador de papeles, gancho sujeta papeles, abrazadera.// tr. agarrar, prender, juntar con grapa.// tr. cortar con tijeras, recortar, esquilar, trasquilar, cercenar, podar, mondar.

clique (clik). n. pandilla, camarilla.
cloak (clouk). n. capa, manto.
clock (clock). n. reloj (que no es de pulsera).// **clockwise.** n. en el sentido de las agujas del reloj.
clog (klog). n. atascamiento, taponamiento.// tr. **1.** atascar. **2.** taponar.
clone (kloun). n. clon.// tr. clonar.
close (clous). tr. **1.** cerrar, bloquear, clausurar. **2.** tapar, obstruir. **3.** concluir, finalizar. **4.** cerrar, concluir, finiquitar. **5.** llenar, rellenar (grietas). **6.** juntar. **7.** cubrir, recorrer (una distancia).// n. fin, terminación, conclusión, cierre// a. **1.** cerrado. **2.** estrecho, limitado, restringido. **3.** pesado, sofocante, mal ventilado. **4.** cerrado, denso, compacto. **5.** prohibido, limitado, de veda. **6.** secreto, oculto, escondido. **7.** callado, reservado. **8.** cerca, cercano, próximo, inmediato. **9.** (estudio). detenido, profundo. **10.** (resultado) ajustado, reñido.// **closed.** a. **1.** cerrado, clausurado. **2.** concluido, terminado. **3.** exclusivo, reservado. **4.** vedada (temporada).
closet (klozet). n. placard, armario, alacena.
clot (kot). n. coágulo, grumo// i. coagularse, cuajarse, engrumecerse.// tr. coagular.
cloth (kloz). n. paño.// **clothe** (klouz). tr. vestir.// **clothes** (kloudzis). n. ropa, vestimenta, vestuario, indumentaria.// **clothesline.** n. tendedero, cuerda o soga para colgar ropa.// **clothespin.** n. broche para colgar la ropa.// **clothing.** n. ropa, vestimenta, atuendo, ropaje.
cloud (claud). n. nube.// tr. nublar, oscurecer, ocultar.// **cloudy.** a. **1.** nublado. **2.** nebuloso, falto de lucidez.
clout (claut). n. **1.** golpe, bofetada. **2.** poder.
club (clab). n. **1.** porra, cachiporra, maza, garrote. **2.** palo de golf. **3.** palo de los naipes de pócker que corresponde al de bastos en los naipes españoles. **4.** club.// tr. aporrear, golpear.
clue (clu). n. indicio, pista.
clump (clamp). n. **1.** grupo de árboles o arbustos, montón, masa, terrón.// i. amontonarse, amasarse.// tr. amontonar, amasar.
clumsy (clamsi). a. **1.** torpe, desmañado. **2.** desatinado. **3.** chabacano, mal hecho, incómodo.
cluster (claster). n. **1.** racimo, ramo, ramillete, hato, manada, caterva, enjambre, multitud, grupo.// *Astr.* n. grupo de estrellas.
clutch (clach). tr. asir, agarrar, empuñar, embragar.// i. tratar de agarrar o de empuñar.// n. **1.** embrague. **2.** dominio.
coach (couch). n. **1.** coche, carruaje, carroza. **2.** vagón, coche. **3.** asiento de segunda clase. **4.** entrenador, director técnico.// tr. preparar a un estudiante, entrenar o dirigir técnicamente a un deportista o un equipo deportivo.// **coaching.** n. acción de instruir, preparar o entrenar.
coal (coul). n. carbón, hulla, carbón de piedra, carbón mineral, brasa.// **coalfield.** n. yacimiento de carbón.// **coal pit.** o **coal mine.** n. mina de carbón.
coalition (coualishon). n. coalición.
coarse (cors). a. burdo, basto, ordinario, grosero, tosco, rudo, vulgar, soez.
coast (coust). n. costa.// i. **1.** costear. **2.** deslizarse.// **c. guard.** n. guardacostas.
coat (cout). n. **1.** saco, abrigo, gabán, sobretodo. **2.**

capa, manto, cubierta. **3.** piel, pelo, pelaje. **4.** mano de pintura.// tr. cubrir, tapar, revestir, dar una mano o capa de pintura.
coax (cox). tr. instar, inducir.
cob (cob). mazorca del maíz.
cobbler (cobler). n. zapatero remendón.
cobblestone (cobblestone). n. adoquín.
cobweb (cobueb). n. telaraña.
coca (kouca). n. coca.// **cocain** (koukain). n. cocaína.
coccyx. (koksix). n. coxis.
cock (kok). n. **1.** gallo. **2.** macho de ave. **4.** campeón, galán, jefe, líder, amo. **5.** llave, espita, grifo, robinete, llave de cierre. **6.** gatillo, martillo (de armas de fuego). **7.** montoncillo (de paja), heno, estiércol. **8.** fiel, aguja de balanza. **9.** inclinación, sesgo (del sombrero).// i. **1.** levantarse, erguirse, enderezarse. **2.** contonearse, pavonearse, engreírse.// tr. **1.** montar, amartillar (un arma de fuego). **2.** enderezar, levantar. **3.** hacinar, amontonar (paja, heno, estiércol, etc.).
cockeyed (kokaid). a. bisco.
cockpit (kokpit). n. cabina del piloto.
cockroach (kokrouch). n. cucaracha.
cocktail (koktail). n. cóctel.
code (coud). n. código.// tr. codificar.
coerce (couers). tr. ejercer coerción, reprimir.// **coercion.** n. coerción.
coexist (couexist). i. coexistir.
coffee (cofi). n. café.
coffer (cofer). n. cofre.
coffin (cofin). n. ataúd, féretro, cajón.
cog (cog). n. *Mec.* diente de un engranaje, cama, leva.// *fig.* elemento, factor, pieza.
coherence (coujirens). n. coherencia.
cohesion (coujiyon). n. cohesión.
coil (koil). n. **1.** rollo. **2.** espiral, serpentín. **3.** vuelta, rosca,. rizo de cabellos, bucle.// *Elec.* bobina, carrete.// tr. enrollar, adujar.// i. andar en círculos, serpentear, enrollarse, enroscarse.
coin (koin). n. moneda, dinero, cospel.// tr. acuñar.
coke (kouk). n. coque.
cold (could). a. **1.** frío, helado. **2.** frígido. **3.** desalentador. **4.** sin interés. **5.** débil (rastro, pista).// n. **1.** frío. **2.** *to catch a c.;* resfriarse.// **c. meat.** n. fiambre.
colic (kolik). n. cólico.// **colitis.** n. colitis.
collaborate (colaboreit). tr. colaborar.
collapse (kolaps). n. colapso.// i. colapsarse, desplomarse, derrumbarse, caerse, hundirse.
collar (kolar). n. cuello.// tr. agarrar del cuello.// **collarbone.** n. clavícula.
collateral (koláteral). n. garantía// a. colateral.
colleague (kolig). n. colega.
collect (kolect). tr. **1.** recolectar. **2.** coleccionar. **3.** reunir, juntar, acopiar.// **collection** (kolekshon). n. colección; recolección.
collective (kolectiv). a. colectivo.
college (koley). n. **1.** universidad, facultad universitaria. **2.** colegio.
collision (koliyon). n. **1.** colisión. **2.** oposición.
colony (kóloni). n. colonia.// **colonial.** a. colonial.// **colonize.** tr. colonizar.
color o **colour** (kálor). n. **1.** color. **2.** colorante, tinte. **3.** buen color. **4.** colores, distintivo, divisa, insignia, enseña.// tr. colorear.

colossus (kolosus). n. coloso.
colt (kolt). n. potrillo.
column (kolum). n. columna, pilar, soporte.
comb (koumb). n. peine.// tr. peinar.// i. peinarse.
combat (kombat). n. combate, batalla, lucha.// tr. combatir.
combine (kombain). tr. combinar.// **combination** (kombineishon). n. combinación.
come (kom). i. 1. venir. 2. llegar. 3. recorrer. 4. progresar, desarrollarse. 5. tener un orgasmo. 6. ¡ven!, ¡venga! ¡vamos!
comedy (kómedi). n. comedia// **comedian.** n. comediante.
comet (komet). n. cometa.
comfort (komfort). n. 1. comodidad. 2. consuelo, solaz, alivio. 3. bienestar, confort.// tr. consolar, confortar, reconfortar, alentar, ayudar.// **comfortable.** n. cómodo, confortable.
comic (komic). n. 1. cómico. 2. historietas (revista).
command (komand). tr. 1. ordenar, mandar, dictar, imponer, regir. 2. poseer, disponer de. 3. demandar, exigir. 4. merecer. 5. dominar, contener. 6. comandar tropas. 7. dominar posición.// i. 1. mandar, dar orden. 2. gobernar. 3. tener el mando, ser comandante.// n. mando, orden, mandato, mandamiento, ordenanza. 2. autoridad, mando, dirección, cargo, gobierno. 3. dominio, control. 4. alcance, disposición, recursos. 5. mando, comando. 6. comandancia.// **commandant.** n. comandante.
comment (koment). n. comentario.// tr. comentar.
commerce (komers). n. comercio.// tr. comerciar.
comission (komishon). n. comisión.// tr. comisionar.
commit (komit). tr. 1. cometer. 2. consignar a.// **commitment.** n. compromiso, obligación.
committee (komiti). n. comité, comisión, junta.
commodity (komóditi). n. 1. mercancía, mercadería, producto, género. 2. productos primarios.
common (komon). a. común.
commotion (comoushon). n. conmoción.
communicate (komiunikeit). tr. comunicar.// **communication.** n. comunicación.
communion (komiunion). n. comunión.
communism (komiunism). n. comunismo.
community (komiuniti). n. comunidad.
commute (komiut). tr. 1. viajar diariamente. 2. conmutar.
compact (kompact). a. compacto.// tr. consolidar, apretar, comprimir, condensar, compactar.
companion (kompanion). n. compañero.
company (kámpani). n. 1. compañía. 2. empresa.
compare (kompeir). tr. comparar.// **comparation.** n. comparación.
compass (kompas). n. compás.
compassion (kompashon). n. compasión.
compatibility (kompatibiliti). n. compatibilidad.
compatriot (kompeitriot). n. compatriota.
compensate (kompenseit). tr. compensar.// **compensation.** n. compensación.
compete (kompit). tr. competir.// **competition.** n. competencia.
competence (kómpetence). n. competencia.// **competent** (kómpetent). a. competente.
complain (kompein). i. quejarse, lamentarse.// **complaint.** n. queja.

complement (kómplement). n. complemento.
complete (komplit). tr. completar.// a. completo.
complex (komplex). n. complejo.
complexion (komplecshon). n. tez.
complicated (komplikeited). a. complicado.// **complicate.** tr. complicar.
compliment (kómpliment). n. cumplido, lisonja.// tr. felicitar.
complot (komplot). n. complot.
component (kompounent). n. componente.
compose (kompous). tr. componer.
composite (komposit). a. compuesto.
composition (komposishon). n. composición.
comprehend (komprehend). tr. comprender.// **comprehensive.** a. comprensivo, abarcante.
compress (kompress). tr. comprimir.// **compression.** n. compresión.
compromise (kómpromaiz). n. concesión.// tr. acomodar, componer, hacer concesiones.
compulsive (kompalsiv). a. compulsivo.
computer (kompiuter). n. computadora.
concave (konkeiv). a. cóncavo.
conceal (consial). tr. ocultar, esconder, encubrir, disimular.
concede (konsid). tr. conceder.
conceit (konsít). n. engreimiento, vanidad.
conceive (consiv). tr. concebir, entender, imaginar.
concentrate (kónsentreit). tr. concentrar.// **concentration.** n. concentración.
concentric (konsentric). a. concéntrico.
concept (koncept). n. concept.
conception (konsepshon). n. concepción.
concern (konsern). tr. 1. atañer, concernir, interesar. 2. tratar de. 3. estar relacionado con. 4. preocupar, inquietar.// n. preocupación.
concert (konsert). n. concierto.
concerted (konserted). a. concertado.
concession (konseshon). n. concesión.
conclude (konklud). tr. concluir.// **conclusion.** n. conclusión.
concordance (konkordans). n. concordancia.
concrete (konkrit). n. concreto.
condemn (kondem). tr. condenar.
condense (condens). tr. condensar.// **condensation.** n. condensación.
condition (kondishon). n. condición// tr. condicionar.// **conditional.** a. condicional.
condolence (kondoulens). n. condolencia, pésame.
condom (kondom). n. condón, preservativo.
conduct (kóndact). n. conducta.// tr. conducir.
conductance (kondactans). n. *Elec.* conductancia.
conductor (kondactor). n. conductor.
cone (coun). n. 1. cono. 2. piña.
confect (konfect). tr. confeccionar, preparar, confitar.// **confection.** n. confección, hechura, preparación.
confederacy (konfedéraci). n. confederación.
conference (kónferens). n. conferencia.
confess (konfes). tr. confesar.// **confession.** n. confesión.
confidence (kónfidens). n. confianza// **confide.** tr. confiar.// **confidential.** a. confidencial.
configure (konfiguiur). tr. configurar.// **configuration.** n. configuración.

confine (konfain). tr. confinar.// **confinement**. n. **1.** prisión, encierro, reclusión, confinamiento. **2.** restricción, limitación, límite.

confirm (konfirm). tr. confirmar.// **confirmation**. n. confirmación.// **confirmative**. a. confirmativo.

confiscate (kónfiskeit). tr. confiscar.// **confiscation**. n. confiscación.

conflict (konflikt). n. conflicto.

confluence (kónfluens). n. confluencia.

conform (konform). tr. conformar.// i. conformarse, amoldarse, acatar, someterse.// **conformist**. n. conformista.// **conformity**. n. conformidad.

confront (konfront). tr. confrontar.// **confrontation**. n. confrontación.

confuse (konfius). tr. confundir.// **confusion**. n. confusión.

congenital (konyénital). a. congénito.

congestion (konyeschon). n. congestión.

congratulate (kongráchuleit). tr. congratular, felicitar.// **congratulation**. n. congratulación, felicitación.

congregate (kongregeit). tr. congregar.// **congregation**. n. congregación.

congress (kongres). n. congreso, asamblea, reunión, convención, concilio.// **congressman, congresswoman**. n. congresista, congresal, parlamentario(a), diputado(a).

congruence (kóngruens). n. congruencia.// **congruent**. a. congruente.

conifer (konifer). n. conífera.

conjugate (cónyugueit). tr. conjugar.

conjunction (konyankchon). n. conjunción.

conjure (konyur). tr. conjurar.

connect (konect). tr. conectar.// **connection**. n. conexión.

conquer (konker). tr. conquistar.// **conqueror**. n. conquistador.// **conquest**. n. conquista.

conscience (konshens). n. conciencia.// **conscious** (conshos). a. consciente.

consensus (konsensus). n. consenso.

consent (konsent). i. consentir.// n. consentimiento.

consequence (kónsecuens). n. consecuencia.// **consequently**. adv. consecuentemente.

conserve (konserv). tr. conservar.// **conservation**. n. conservación.// **conservative**. a. conservador.

consider (konsider). tr. considerar, pensar en, tomar en cuenta, mirar, examinar, juzgar, estimar.

consideration (konsidereishon). n. **1.** consideración, reflexión. **2.** miramiento, tacto.

considered (konsiderd). a. considerado.

consist (konsist). i. consistir.// **consistent**. a. **1.** consistente, denso, uniforme. **2.** consistente, compatible. **3.** consecuente. **4.** firme.

console (konsoul). tr. consolar.

consort (konsort). consorte.

consortium (konsorshum). n. consorcio.

conspicuous (konspíquiuos). a. conspicuo.

conspiracy (konspíraci). n. conspiración.// **conspire**. tr. conspirar.// **conspirator**. n. conspirador.

constant (konstant). a. constante// **constancy**. n. constancia.// **constantly**. adv. constantemente.

constellation (konsteleishon). n. constelación.

consternation (konsterneishon). n. consternación.

constipate (kónstipeit). tr. constipar.// **constipation**. n. constipación.

constituency (konstítuenci). n. **1.** distrito electoral. **2.** grupo de votantes, base electoral. **3.** base social.

constitution (konstitushon). n. constitución.

constrain (konstrein). tr. constreñir.// **constraint**. **1.** constreñimiento, coacción, apremio, compulsión. **2.** límite. **3.** represión.

construct (konstract). tr. construir.// **construction**. n. construcción.

consul (konsul). n. cónsul.

consult (konsalt). tr. consultar.

consume (konsum). tr. consumir.

consumer (konsumer). n. consumidor.

contact (kontact). n. contacto// tr. contactar.

contagious (konteiyious). a. contagioso.

contain (kontein). tr. contener.

contemplate (kóntempleit). tr. contemplar.

contemporary (contemporari). n. contemporáneo.

contemporize (kontemporaiz). tr. contemporizar.

contempt (kontempt). n. **1.** desdén, desprecio. **2.** desacato.

contender (kontender). n. contendiente.

content (kontent). n. contenido.// a. contento, satisfecho.// tr. contentar, complacer, satisfacer.

contest (kontest). n. **1.** certamen, competencia, concurso, contienda, lid, torneo. **2.** debate, discusión, disputa.// tr. disputar, debatir.

context (kontext). n. contexto.

continent (kóntinent). n. continente.

continue (kontiniu). tr. continuar.// **continued**. a. continuado.

contract (kontract). i. contraerse.// n. contrato.// **contraction** (kontrakshon). n. contracción.

contradict (kontradict). tr. contradecir.//**contradiction** (kontradikshon). n. contradicción.

contrary (kontrari). n. contrario.

contrast. n. contraste.// tr. contrastar.

contribute (kóntribiut). tr. contribuir.// **contribution**. n. contribución.

control (kontroul). n. control.// tr. controlar.

controversy (kontróversi). n. controversia.// **controversial**. a. discutible, polémico, disputable, problemático.

convenience (konviniens). n. conveniencia.

convention (konvenshon). n. **1.** convención, asamblea, congreso, junta. **2.** convenio, pacto, acuerdo, contrato.// **conventional**. a. convencional.

converge (convery). tr. converger.

conversation (konverseishon). n. conversación.

convert (konvert). tr. convertir.// **convertible**. a./n. convertible.

convex (konvex). a. convexo.

convey (konvei). tr. transportar, llevar, acarrear, conducir, transmitir, impartir, comunicar, dar a entender, transferir, traspasar, ceder.

convict (konvict). tr. condenar, declarar culpable.// n. convicto.// **conviction**. n. **1.** condena. **2.** convencimiento, creencia firme, persuasión.

convince (konvins). tr. convencer.

convoy. n. convoy.

convulsion (konvulshon). n. convulsión, espasmo.
cook (kuk). n. cocinero.// tr. cocinar// **cookbook**. n. libro de recetas de cocina.
cool (cul). a. fresco, frío.// tr. enfriar.
coop (cup). n. jaula de gallinas, gallinero.
cooperate (kouapereit). tr. cooperar.// **cooperation**. n. cooperación.// **cooperative**. a./n. cooperativo, cooperativa.
coordinate (kouordineit). tr. coordinar.
cop (kop). n. fig. agente de policía.
cope (koup). i. arreglárselas, poder manejar una cuestión, situación o problema.
copier (kopier). n. 1. copista. 2. fotocopiadora.
copper (kopper). n. cobre.
copula (kópiula). n. cópula.// **copulate** (kópiuleit). tr. copular.
copy (kopi). tr. copiar// n. copia.// **copybook**. n. cuaderno.// **copyright**. n. derechos de autor.
coral (koral). n. coral.
cord (kord). n. 1. cordel, cuerda, cordón. 2. cuerda vocal. 3. cordón umbilical. 4. lazo. 5. pana inglesa. 6. cuerda (medida de leña 3,625 metros cúbicos).
cordial (kordial). a. cordial// **cordiality**. n. cordialidad.
core (kor). n. 1. corazón. 2. parte central, centro, núcleo. 3. meollo, médula, esencia. 4. foco. 5. núcleo magnético. 6. alma, ánima, eje de cable y muestra de sondaje de petróleo. 7. macho o ánima de molde.
cork (kork). n. corcho.// tr. tapar con corcho.// **corkscrew**. n. tirabuzón, sacacorchos.
corn (korn). n. 1. grano, cereal. 2. maíz, trigo, avena.// **cornmeal**. n. harina de maíz.
corner (kórner). n. 1. esquina, rincón, ángulo. 2. escondrijo, lugar retirado. 3. rincón, región. 4. acaparamiento, monopolio, tiro de esquina.// tr. 1. acaparar, monopolizar. 2. atrapar, lograr, abordar.// i. dar la vuelta, doblar, tomar la curva.// **c. stone**. n. piedra angular, piedra basal.
corporation (korporeishon). n. corporación.// **corporative**. n. corporativo.
corporal (korporal). n. corporal.
corps (korps). n. cuerpo de ejército.
corpse (korps). n. cadáver.
corral (koral). n. corral.
correct (korect). a. correcto.// tr. corregir.// **correction**. n. corrección.
correspond (korespond). tr. corresponder.
corridor (koridor). n. corredor.
corrode (koroud). tr. corroer.// **corrosion**. n. corrosión.// **corrosive**. a. corrosivo.
corrupt (korrupt). tr. corromper.// n. corrupto.// **corruption** (korapshon). n. corrupción.
cortex (kortex). n. corteza.
cosmetic (kosmetic). a. cosmético.
cosmos (kosmous). n. cosmos.// **cosmic**. a. cósmico.// **cosmonaut**. n. cosmonauta.
cosmopolitan (kosmopólitan). a. cosmopolita.
cost (kost). n. costo, precio, costas, gastos.// i. costar.// **costly**. a. costoso.
costume (kostum). n. traje, disfraz, vestuario (teatro).
costumer (kóstamer). n. sastre.

cot (kot). n. catre, camilla.
cottage (kotay). n. casita de campo, cabaña.
cotton (koton). n. algodón.
couch (kauch). n. sofá.// tr. recostar.// i. acostarse.
cough (kof). i. toser.// tr. expectorar, esputar, decir tosiendo.// n. tos, carraspera.
could (kud). verbo aux. defectivo: pude, podría.// **couldn't** (kudnt). no pude, no podría.
council (kaunsil). n. consejo, concilio.
counsel (kaunsel). tr. aconsejar.// n. consejo, parecer.// **counselor**. n. consejero.
count (kaunt). tr. 1. contar. 2. considerar, estimar, juzgar. 3. tomar en cuenta, tener en cuenta.// **countable**. a. contable.// **counter**. n. 1. contador, computador, calculista. 2. máquina contadora. 3. ficha, tanto. 4. mostrador, bar. 5. lo opuesto, contrario 6. a. contra.// tr. contrarrestar, oponer.// i. contestar, desquitarse, oponerse.// **counterpart**. n. contraparte.
counterclockwise (kaunterklokuaiz). a. en el sentido opuesto al de las agujas del reloj.
counterfeit (kaunterfit). a. falso, falsificado, fingido, espurio.// n. falsificación, moneda falsa.// tr. falsificar, falsear.
country (kantri). n. 1. país. 2. región distrito, territorio, tierra. 3. campo.// **countryman**. n. compatriota.
county (kaunti). n. condado.
couple (kapl). n. 1. pareja. 2. par.// tr. acoplar, conectar, unir, empalmar, juntar, unir en matrimonio, formar pares o parejas.// i. 1. copularse. 2. unirse, juntarse.
coupon (kupon). n. cupón.
courage (karay). n. coraje.// **courageous**. a. valiente.
course (kors). n. 1. curso, paso, transcurso, marcha. 2. dirección, rumbo, sentido. 3. campo (de golf). 4. corriente (de agua). 5. plato (de una comida).
court (kort). n. 1. corte. 2. comitiva, séquito, cortejo. 3. patio, atrio. 4. callejuela, plazuela, plazoleta. 5. cortejo, galanteo, cortesía, homenaje. 6. cancha de tenis.// **marshal c.**: n. corte marcial.// **justice c. of**: n. corte de justicia.
courtesy (kértesi). n. cortesía.
cousin (kasin). n. primo.
cover (kaver). tr. 1. cubrir, tapar. 2. vestir, revestir, cubrirse, forrar. 3. investir (de gloria). 4. incluir, abarcar, abrazar, ocupar. 5. proteger, amparar, cobijar. 6. disimular, ocultar, encubrir. 7. apuntar (un arma de fuego) contra (alguien).// i. cubrir// n. 1. cubierta, tapa, cobertor, colcha. 2. cubierto, techo, refugio, escondite, escondrijo, guarida. 3. amparo, protección 4. pretexto, excusa. 5. envoltura, cubierta, sobre. 6. funda, forro.
coverage (káveray). n. 1. alcance. 2. circulación (de una publicación). 3. reportaje. 4. cobertura.
covert (kouvert). a. secreto, furtivo, disimulado, encubierto.
covet (kovet). tr. codiciar.
cow (kau). n. vaca.
coward (kauard). n. cobarde.
cowboy (kauboi). n. vaquero.
cower (kauer). i. agacharse, agazaparse, encogerse.

coy (koi). a. **1.** reservado, tímido. **2.** evasivo.
cozy (kouzi). a. cómodo, acogedor, agradable.
crab (krab). n. **1.** cangrejo. **2.** grúa.
crack (krak). i. **1.** romperse, partirse, abrirse. **2.** rajarse, resquebrajarse, agrietarse, cuartearse. **3.** estallar, restallar, crujir. **4.** cascarse, quebrarse. **5.** volverse loco, perder el control.// tr. **1.** romper, partir. **2.** rajar, resquebrajar. **3.** pegar, golpear. **4.** abrir, destapar, estudiar. **5.** resolver un problema o enigma, explicar un misterio, descifrar un código.// n. **1.** grieta, rajadura, resquebrajadura. **2.** chasquido, estallido, crujido, estrépito, estruendo, trueno. **3.** gallo de la voz. **4.** golpe fuerte. **5.** intento, ensayo, prueba. **6.** agudeza, sutileza, sarcasmo, réplica insolente. **7.** robo. **8.** *Econ.* quiebra.
cracker (kráker). n. galleta.
cradle (kreidl). n. cuna.// tr. acunar.
craft (kraft). n. **1.** arte, habilidad, destreza, pericia. **2.** oficio, trabajo manual, ocupación. **3.** gremio. **4.** astucia, artimaña. **5.** nave, embarcación, barco, vehículo, aeronave.
cram (kram). tr. rellenar, llenar.
cramp (kramp). n. calambre.
cramped (krámped). a. **1.** acalambrado. **2.** atestado.
crane (krein). n. **1.** grúa. **2.** grulla.
crank (krank). n. **1.** manivela, manija.
crap (krap). n. insensatez, disparate, estupidez.
crash (krash). tr. **1.** estrellar, chocar. **2.** hacerse añicos.// i. estallar, estrellarse contra.// n. estallido, estrépito, fragor, choque, colisión, caída (de un avión), bancarrota, quiebra.
crass (kras). a. craso.
crave (kreiv). **1.** suplicar **2.** desear, apetecer.// **craving.** n. deseo, apetencia.
crawl (krol). i. **1.** arrastrarse, reptar. **2.** gatear, andar a gatas. **3.** andar paso a paso, marchar a paso de tortuga. **4.** arrastrarse, trepar. **5.** hormiguear.// n. **1.** paso lento. **2.** estilo de natación.
crayon (kreion). n. crayón.
craze (kreiz). n. locura.// **crazy.** a. loco.
creak (krik). tr. crujir.
cream (krim). n. crema, nata.
crease (kris). n. **1.** arruga, pliegue, doblez.// tr. plegar, arrugar.
create (krieit). tr. crear.// **creation.** n. creación.
creature (krichur). n. criatura.
credence (kridens). n. creencia.
credential (kredenshal). n. credencial.
credit (kredit). n. crédito.
creep (krip). arrastrarse, reptar.// n. persona detestable y desagradable, tipo raro.
cremate (kremeit). tr. cremar.
crest (krest). n. cresta.
crib (krib). **1.** cuna. **2.** establo, cuadra.// tr. enjaular, encerrar.
cricket (kriket). n. **1.** grillo. **2.** juego de cricket.
crime (kraim). n. crimen.// **criminal.** n. criminal.
critic (kritik). n. crítico.
crocodile (krócodail). n. cocodrilo.
crook (kruk). n. **1.** gancho, garfio. **2.** ladrón.
crooked (kruked). a. torcido, encorvado.
crop (krop). n. cosecha.
cross (kros). n. **1.** cruz, crucifijo.// a. enojado.// tr.

1. cruzar, formar una cruz. **2.** atravesar, pasar al otro lado. **3.** impedir, oponerse.// i. cruzar, pasar de través. **2.** cruzarse, entrecruzarse.// **crossing.** n. cruce.
crow (krou). n. cuervo.// i. cacarear, cantar el gallo.
crowd (kraud). n. **1.** multitud. **2.** cuadrilla, equipo de trabajo. // **crowded.** a. atestado.
crown (kraun). n. corona.// tr. coronar.
crucial (krushal). a. crucial.
crucify (krúsifai). tr. crucificar.
crude (krud). a. crudo.
cruel (kruel). a. cruel.
cruise (krus). i. **1.** cruzar. **2.** hacer un crucero por mar. **3.** ambular, deambular, vagar, pasear, circular. **4.** navegar o volar a velocidad de crucero.// tr. navegar.
crumb (kramb). n. migaja.
crumble (krambl). tr. desmoronarse.
crumple (krampl). arrugar, hacer un bollo.
crusade (kruseid). n. cruzada.
crush (krash). tr. aplastar.
crust (krast). n. costra, corteza.
crutch (krach). n. muleta.
cry (krai). i **1.** gritar, exclamar. **2.** llorar, lamentarse. **3.** aullar.// n. **1.** grito, aullido, exclamación. **2.** llanto.
crypt (kript). n. cripta.
crystal (kristald). n. cristal.
cube (kiub). n. cubo.
cuckoo (kaku). n. coo coo.
cucumber (kiukamber). n. pepino.
cue (kiu). *Teatro* pie, apunte.
cuff (kaf). n. puño de la camisa.
culprit (kalprit). n. delincuente, reo, criminal, acusado.
cultivate (kaltiveit). tr. cultivar.
culture (kalchur). n. cultura.
cunning (kaning). a. astuto.
cup (kap). **1.** taza. **2.** copa. **3.** golpe de Estado.
curative (kiúrativ). a. curativo.
curb (kerb). n. **1.** freno. **2.** reborde. **3.** brocal.// tr. poner freno.
cure (kiur). n. cura.// tr. curar.
curl (kerl). n. rizo.// tr. rizar.
currency (kárrensi). n. moneda, circulante.
current (karent). a. actual.
curse (kers). n. maldición // tr. maldecir.// **cursed.** a. maldito.
cursive (kursiv). a. cursiva.
curtain (kertan). n. cortina, telón.
curve (kerv). n. curva.// tr. curvar.
cushion (kashon). n. almohadón.
custodian (kastoudian). n. custodio.
custom (kastom). n. costumbre.// pl. aduana.
customer (kástomer). n. cliente.
cut (kat). tr. **1.** cortar. **2.** tallar, labrar. **3.** segar, cortar. **4.** acortar, cercenar, reducir. **5.** atravesar.// n. corte.
cute (kiut). a. lindo, mono, atractivo, encantador.
cutlet (katlet). n. chuleta, costilla.
cybernetic (sibernetic). a. cibernético.
cycle (saicl). n. ciclo.
cylinder (sílinder). n. cilindro.
cynic (cinic). a. cínico.
czar. m. zar.// **czaress.** f. zarina.

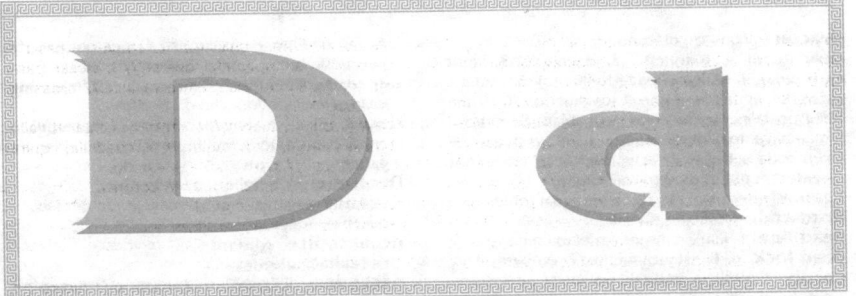

d (di). n. cuarta letra del abecedario.

dab (deb). n. golpecito, palmada.

dabble (debal). tr. ocuparse superficialmente de un asunto o actividad.// **dabbler.** n.

daschund (dáksjunt). n. perro salchicha.

dactilography (dáktilografi). n. dactilografía.

dad, daddy. m. papá, papito.

daffodil (défodil). n. narciso.

dagger (déguer). **1.** daga. **2.** *to look daggers at:* mirar con odio.

daguerrotype (deguerotáip). n. daguerrotipo.

dahlia (délia). n. dalia.

daily (déili). **1.** a./m. diario. **2.** adv. diariamente.

dainty (deinti). a. **1.** delicado, refinado. **2.** delicioso, apetitoso. **3.** n. pl. golosinas.

dairy (deiri). **1.** lechería, tambo. **2.** *d. cattle:* ganado lechero.

daisy (deisi). n. margarita.

dalliance (delians). n. coqueteo, frivolidad.// **dally** (deli). i. juguetear; perder tiempo.

dam. n. dique, presa, represa, embalse.

damage (damedch). n. **1.** daño, avería. **2.** perjuicio. **3.** pl. daños y perjuicios.// **1.** tr. dañar, averiar; perjudicar. **2.** ref. averiarse.

damask. n. damasco.

dame (déim). f. dama, señora, mujer.

damn (demn). **1.** condenar, censurar. **2.** maldecir.// n. **1.** maldición. **3.** *I don't give a d.:* me importa un comino.// **damnable** (demnabel). a.// **damned** (demnd). a. maldito; detestable.

damnify (demnifai). tr. damnificar, perjudicar.

damp. 1. a. húmedo. **2.** n. humedad.// tr. humedecer (se).// **dampen.** tr./ref. humedecer (se).

damper. n. **1.** regulador de tiro de una caldera. **2.** influencia moderadora.

damsel (dámsel). f. damisela.

dance (dans). i. bailar, danzar.// n. danza, baile.// **dancer.** n. bailarín, bailarina.

dandruff (dendrof). n. caspa.

dandy. n. **1.** petimetre. **2.** hombre elegante.

danger (dényer). n. peligro, riesgo.// **dangerous.** a. peligroso, arriesgado.

dangle (danguel). i. pender, colgar, balancearse.// **dangling.** n. pendiente, colgante.

Danish. a./n. danés.

dare (der). **1.** i. osar, atreverse. **2.** tr. retar, desafiar.// n. reto, desafío, osadía.// **daredevil** (derdévil). a./n. atrevido, osado.// **daring** (derin). **1.** n. osadía, audacia. **2.** a. osado, audaz.

dark (derk). a. **1.** oscuro. **2.** fig. sombrío, misterioso. **3.** fig. malvado, malo, siniestro.// **darken. 1.** i./ref. oscurecerse, ensombrecerse. **2.** tr. oscurecer.// **darkness.** n. oscuridad.// **dark-eyed** (derkaid). a. de ojos oscuros.// **darkroom** (derkrum). n. cuarto oscuro.

darling (dérlin). a./n. querido, amor.

darn. i./tr. zurcir.// n. zurcido.

dart. n. dardo, saeta.// tr. lanzar, arrojar.

dash. tr./ref. **1.** lanzar (se), arrojar (se). **2.** estrellar (se). **3.** salpicar. **4.** arruinar, frustrar. **5.** *d. away:* salir corriendo. **6.** *d. by:* pasar corriendo. **7.** *d. off:* salir de prisa.// n. **1.** trazo; guión, raya *(signos).* **2.** chorro de agua. **3.** pizca. **4.** carrera corta.

dashboard (dashbord). n. tablero de instrumentos; guardabarros.

dashing (dashin). a. **1.** vigoroso, animoso. **2.** ostentoso, vistoso.

dastard (destar). n. cobarde, hombre vil.// **dastardly.** a. cobarde, vil.

data (deita). n. pl. datos, información.// **data entry.** n. operador de computadora.

date (déit). n. **1.** fecha. **2.** época, período. **3.** cita. **4.** dátil. **5.** *out of d.:* anticuado. **6.** *up to date:* al día, actualizado.// i. **1.** fechar. **2.** citar. **3.** volverse anticuado. **4.** *d. from:* datar de./// **dater** (déiter). n. fechador.

daub (dob). tr. **1.** embadurnar. **2.** pintarrajear. **3.** cubrir de yeso.// n. **1.** embadurnadura. **2.** mancha.// **dauby** (dobi). a. embadurnado, pegajoso.

daughter (dóter). f. hija.// **d.-in-law.** f. nuera.

daunt (dónt). tr. acobardar. // **dauntless.** a. intrépido, valiente.

dauphin (dófin). n. delfín, heredero.

dawdle (dódel). i. haraganear, perder el tiempo.

dawn (don). n. **1.** amanecer, alba. **2.** inicio, principio, esbozo.// i. **1.** amanecer. **2.** comenzar, esbozarse. **3.** comenzar a darse cuenta.

day (déi). n. **1.** día. **2.** pl. período, época. **3.** *all d. long:* todo el santo d. **4.** *any d.:* cualquier d. **5.** *d. off:* d. franco. **6.** *this very d.:* hoy mismo. **7.** *to call it a d.:* dar por terminado el d.// **daybook** (deibuk). n. Com. libro diario.// **daybreak** (deibrik). n. alba, aurora.

daydream (deidrím). m. ilusión; pl. castillos en el aire.// i. soñar despierto; ilusionarse.

day laborer. n. jornalero, peón.

daylight (dailait) o **daytime** (deitaim). n. luz de día.

daze (déis). n. ofuscamiento.// tr. ofuscar, aturdir.

dazzle (dázel). n. deslumbramiento, reflejo deslumbrante.// i./tr. brillar, deslumbrar, encandilar.

deacon (dícon). m. diácono.
dead (ded). a. **1.** muerto. **2.** insensible. **3.** inerte (materia). **4.** extinto, apagado (fuego). **5.** estancado (aire, agua). **6.** pl. *the d:* los muertos. **7.** *d. men tell no tales:* los muertos no hablan. **8.** *more d. than alive:* más muerto que vivo. **9.** *in d. earnest:* con toda seriedad.// adv. completamente.// **d. center.** n. punto muerto (*del motor*).
deaden (déden). i./tr./ref. amortiguar (se).
dead end. n. callejón sin salida.
dead line (- lain). n. fin de un plazo o tiempo.
dead lock. n. **1.** estancamiento. **2.** empate.
deadly (dédli). a. mortal; nocivo.// adv. sumamente, al extremo.
deaf (def). a. **1.** sordo. **2.** insensible. **3.** *d. and dumb:* sordomudo. **4.** *to turn a d. ear:* hacerse el sordo, hacer oídos sordos.
deal (dil). n. **1.** negocio, trato. **2.** trato recibido. **3.** *a good d.:* una buena cantidad. **4.** *it's a deal!:* ¡trato hecho! **5.** *raw d.:* trato injusto, mal trato. **6.** *square d.:* trato justo.// tr. **1.** distribuir, repartir, dar. **2.** *d. in:* comerciar en. **3.** *d. with:* abordar, encargarse (tema, asunto); tratar (bien o mal).// **dealer** (díler). n. **1.** comerciante, distribuidor. **2.** el que reparte los naipes.// **dealing.** n. **1.** comportamiento. **2.** pl. negocios, relaciones.
dean (din). n. **1.** deán. **2.** decano.
dear (dir). a. **1.** querido; estimado. **2.** caro, costoso. **3.** sincero, profundo. **4.** *oh, d.!:* ¡Dios mío!. **5.** *D. Sir:* Estimado señor.// adv. caro, costoso.//
dearth (derz). n. carestía; escasez.
death (dez). n. **1.** muerte. **2.** fin, extinción. **3.** *at d.'s door:* a las puertas de la muerte. **4.** *to the d. of:* llevar a la tumba. **5.** *to d.:* sumamente. **6.** *to the d.:* a muerte; hasta las últimas consecuencias.// **d. bed.** n. lecho de muerte.// **d. blow** (-blou). n. golpe mortal.// **deathly** (dézli). a. mortal; cadavérico.
debase (dibéis). tr. degradar, envilecer.
debate (dibéit). n. debate, discusión, disputa.// i./tr. debatir, discutir, disputar.
debauch (dibésh). i./tr. corromper(se).// **debauchery.** n. libertinaje, corrupción.
debenture (debénchur). n. bono de deuda.
debilitate (dibíliteit). tr. debilitar.// **debilitation** (dibílitaishn). n.// **debility.** n. debilidad.
debit. n. débito, debe.// tr. debitar.// **d. balance.** n. saldo deudor.
debonair (debonér). a. agraciado; festivo.
debris. n. **1.** escombro. **2.** *Geol.* detrito.
debt (dét). n. **1.** deuda. **2.** *in d.:* adeudado. **3.** *out of d.:* libre de d. **4.** *to be deeply in d:* estar lleno de deudas. **5.** *to go into d.:* endeudarse.// **debtor.** n. deudor.
debut (dibiú). n. **1.** debut. **2.** *to make one's d.:* debutar.// **debutant.** n.
decade (dekeid). n. década.
decadence (decadéns). n. decadencia.// **decadent.** a./n.
decalcomania (dikalcomenia). n. calcomanía.
decamp (dikámp). i. levantar campamento.
decanter (dikánter). n. garrafa.
decapitate (dikapiteit). tr. decapitar.
decay. i. **1.** decaer. **2.** pudrirse (fruta). **3.** cariarse.

4. tr. arruinar, destruir.// n. **1.** descomposición, podredumbre. **2.** caries. **3.** decadencia.
decease (disis). n. fallecimiento.// i. fallecer.// **deceased.** a. fallecido; the *d.:* el difunto.
deceit (dicit). n. engaño, fraude.// **deceitful.** a. engañoso, fraudulento.// **deceive** (disiv). tr. engañar.
December (disémber). n. diciembre.
decency (disensi). n. decencia.// **decent.** a. decente; adecuado; amable.
decentralize (diséntralis). tr. descentralizar.// **decentralization.** n.
deception (disépshn). n. decepción.// **deceptive.** a. engañoso, ilusorio.
decide (disáid). tr./ref. decidir (se).// **decided.** a. **1.** decidido, determinado. **2.** indiscutible.
decimal. a./n. decimal.
decimate (décimeit). tr. diezmar.
decipher (disáifer). tr. descifrar.
decision (disishn). n. **1.** decisión. **2.** resolución. **3.** firmeza.// **decisive.** a.
deck. n. **1.** cubierta (buque). **2.** plataforma.// tr. vestir, ataviar.
declaim (diklem). tr. declamar.// **declamation.** n.
declaration (deklaréishn). n. declaración.// **declare.** tr. declarar.// **declarer.** n.
declension (deklénshn). n. declinación.// **declination.** f.// **decline. 1.** i./tr. declinar. **2.** n. declinación; decadencia; declive. **3.** *to be on d.:* estar en decadencia.
decolor. tr. decolorar.// **decolorant.** a./n.
decompose (dikompóus). tr./ref. descomponer (se).// **decomposition.** n.
decorate (dékoreit). tr. decorar; condecorar.// **decoration.** n.// **decorative.** a. // **decorator.** n.
decorum (dikórum). n. decoro.
decoy (dikóy). n. señuelo.
decrease (dikrís). disminución.// i./tr. disminuir, menguar, reducir.
decree (dicrí). n. decreto.// tr. decretar.
decrepit. a. decrépito.
decry (dikrí). tr. desaprobar; menospreciar.
decuple (dikupel). a./n. décuplo.
dedicate (dédikeit). tr. dedicar.// a. dedicado.// **dedication.** n.
deduce (didús). tr. deducir, inferir.
deduct (didókt). tr. deducir, descontar.// **deductible.** a. // **deduction.** n. // **deductive.** a.
deed (did). n. **1.** hecho, acción. **2.** hazaña. **3.** *Der.* título de propiedad. **4.** *in d.:* de hecho.
deem (dim). i./tr. juzgar, creer, pensar.
deep (dip) n. **1.** profundo. **2.** intenso. **3.** n. profundidad. **4.** *the d.:* el mar, lo profundo.// **deepen.** tr. profundizar (se); intensificar (se).
deer (dir). n. ciervo, venado.
deface (diféis). tr. desfigurar.
defame (diféim). tr. difamar.// **defamation.** f.
default (difólt). n. **1.** omisión, descuido. **2.** incumplimiento, falta de pago. **3.** *Sp.* abandono.// **1.** i. faltar, incumplir **2.** tr. dejar de pagar.
defeat (difít). n. derrota; frustración.// tr. **1.** derrotar, vencer. **2.** frustrar.
defection (difékshn). n. defección; deserción.// **defective.** a. **1.** defectuoso. **2.** *Gram.* defectivo.

defend (difénd). tr. **1.** defender. **2.** *d, oneself:* defenderse.// **defendant.** n. acusado; demandado.// **defender** (diféner). n. defensor, protector.// **defense** (diféns). n. defensa.// **defensive.** a./n. defensivo.

defer (difér). tr. diferir, postergar.

deference (déferens). n. deferencia.

defiance (difaians). n. **1.** desafío. **2.** oposición, rebeldía.// **defiant.** a. desafiante.

deficiency (defíshensi). n. deficiencia.// **deficient** (defíshent). a. deficiente.

deficit. n. **1.** déficit. **2.** deficiencia.

defier (difáier). n. retador, desafiante.

defile (defáil). tr. **1.** manchar, mancillar. **2.** profanar.// n. desfiladero.

define (defáin). tr. definir.// **definite** (definit). a. definido, preciso; definitivo.// **definition** (definíshn). n. definición; nitidez.// **definitive.** a.

deflate (difléit) tr. **1.** desinflar, reducir. **2.** reducir precios.// **deflation** (difláishn). n. deflación.

deflect. tr. desviar (se).// **deflection** (difléishn). n. desviación.

deform. tr. deformar.// **deformation** (diformaishn). n.// **deformed.** a.// **deformity.** n.

defraud (defród). tr. estafar.// **defraudation.** n.

defray (difréi). tr. sufragar, pagar.

defrost (difróst). tr. descongelar.

deft. a. diestro, hábil.

defy (difáy). tr. **1.** desafiar. **2.** oponerse.

degenerate (diyénereit). i. degenerar.// a./n. degenerado.// **degeneration.** n.

degrade (digréid). tr. degradar.// **degradation.** n.// **degrading.** a. degradante.

degree (digrí). n. **1.** grado. **2.** rango. **3.** *to take a d.:* graduarse, recibir un título.

dehumanize (dijiúmanais). tr. deshumanizar, embrutecer.// **dehumanization.** n.

deign (dein). i./tr. permitir, dignarse.

deity (díeti). n. deidad, dios.

dejected (diyécted). a. acongojado.// **dejection** (diyécshn). n. aflicción, depresión.

delay (diléi). tr./ren. demorar (se); retardar(se); detener(se).// n. demora, retraso, detención.

delectable (diléktabel). a. delicioso.

delegate (délegueit). n. delegado.// tr. delegar.// **delegation.** n.

delete (dilít). tr. borrar, suprimir.// **deletion** (delíshn). n. supresión.

deliberate (delibereit). tr. deliberar, considerar.// a. deliberado; pausado.// **deliberation.** n.// **deliberative.** a.

delicacy. n. **1.** delicadeza. **2.** golosina. **3.** precisión.// **delicate** (dilikéit). a. **1.** delicado. **2.** muy preciso.// **delicatessen.** pl. comestibles preparados; sing. tienda donde se venden.

delicious (delíshos). a. delicioso.

delight (diláit). n. deleite.// tr./ref. deleitar (se).// *to be delighted to:* estar encantado de.// **delightful.** a. encantador.

delimitate (dilimiteit). tr. delimitar.

delineate (delinieit). tr. delinear.// **delineation.** n.

delinquency. n. **1.** delincuencia. **2.** *Com.* morosidad.// **delinquent.** n.

delirious (delirós). a. delirante.// **delirium.** n.

deliver (dilíver). tr. **1.** entregar, enviar. **2.** liberar, librar.// **delivery.** n. **1.** entrega, envío. **2.** parto. **3.** *cash on d.:* pago contra entrega.// **deliveryman.** m. repartidor.// **delivery room.** n. sala de partos.

deluge (diliudch). n. diluvio, inundación.

delusion (delushn). n. **1.** ilusión, engaño.// psic. delirio.

deluxe (dilócs). a. de lujo.// adv. lujosamente.

delve (delv). i./tr. **1.** cavar. **2.** *d. into:* averiguar.

demagogue. n. demagogo.// **demagogy.** n.

demand. tr. demandar, requerir, exigir, reclamar.// n. **1.** demanda, exigencia, reclamo. **2.** *Com. on d.:* a la vista.// **demanding.** a. exigente.

demarcate (dimarkéit). tr. demarcar, delimitar.// **demarcation.** n.

demeanor (dimínor). n. comportamiento, semblante.

demented. a. demente.// **dementia.** n.

demerit. n. demérito, falta.

demesne (diméin). n. dominio, región.

demijohn (demiyón). n. damajuana.

demise (dimáis). n. **1.** defunción. **2.** traspaso de un propiedad.// i. morir,; tr. traspasar, legar.

demission (dimishn). n. dimisión.// **demit** (dimít). i. dimitir.

demobilize (dimóubilais). tr. desmovilizar.

democracy. n. democracia.// **democrat.** n.// **democratic.** a.

demography (demógrafi). n. demografía.

demolish. tr. demoler.// **demolition.** n.

demon (dimon). n. demonio.// **demonic.** a. demoníaco.// **demoniac.** a. endemoniado.

demonstrate (démonstreit). tr. **1.** demostrar. **2.** manifestar.// **demonstration.** n. demostración; manifestación pública.// **demonstrator.** n. muestra; manifestante.// **demonstrative.** a.

demoralize (dimóralais). tr. desmoralizar, desalentar.// **demoralization.** n.

demount. tr. desmontar, desarmar.

demur. i. vacilar, tener escrúpulos.// **demure** (dimúr). a. modesto, púdico.

den. n. madriguera, guarida.// i. habitar un lugar feo y sucio.

denaturalize (dináchuralais). tr. desnaturalizar.

denial (dináial). n. negación, negativa, rechazo.

denigrate (denigreit). tr. denigrar.// **denigration.** n.

denizen (denezen). n. habitante, ciudadano.

denominate (denomineit). tr. denominar.// **denomination.** n.// **denominator.** n.

denote (denóut). tr. denotar, indicar.

denounce (denáuns). tr. denunciar.// **denouncement** (-ment). n. denuncia, censura.

dense (dens). a. **1.** denso, compacto. **2.** torpe.// **density** (dénseti). n. densidad; torpeza.

dent. n. abolladura, impacto, mella.

dental (déntal). a. dental.// **dentifrice** (déntifris). n. dentífrico.// **dentist.** n.// **dentistry** (déntistry). n. odontología.// **denture** (dénchur). n. dentadura postiza.

denude (denúd). tr. **1.** desnudar. **2.** *Geol.* desgastar.

denunciate (denunsieit). tr. denunciar.// **denunciation** (denunsiéishn). n.

deny (denái). tr. **1.** negar. **2.** desmentir. **3.** desconocer.

deodorant (dióudorant). a./n. desodorante.
depart. tr. **1.** partir, irse. **2.** d. from: desviar (se).
department (dipártment). n. departamento, repartición, distrito, ministerio (EE.UU.).
departure (depárchur). n. **1.** partida; punto de partida. **2.** d. from: desviación. **3.** rumbo.
depend (dipénd). tr. **1.** depender. **2.** confiar.// **dependable** (dipendaibl). a. confiable.// **dependency.** n. dependencia.// **dependent.** a./n.
depict. (depíct). tr. **1.** retratar. **2.** describir.// **depiction.** n. pintura, descripción.
depilate (depileit). tr. depilar.// **depilation.** n.
deplete (deplit). tr. reducir, agotar.// **depletion.** n. reducción, agotamiento.
deplore (deplór). tr. deplorar.// **deplorable.** a.
deploy (diplói). tr. desplegar.// **deployment.** n. despliegue.
depopulate (depopuleit). tr. despoblar (se).
deport (depórt). **1.** tr. deportar. **2.** i. portarse.// **deportation.** n. deportación.// **deportment.** n. comportamiento.
deposal (depousal). n. destitución.// **depose** (depóus). tr. **1.** deponer, destituir. **2.** testificar.// **deposition.** n.
deposit. tr. depositar.// n. depósito.//**depositor** (dipositor). n. depositante.
depot (dípou). n. **1.** depósito, bodega. **2.** estación de tren o autobús (EE.UU.).
deprave (dipréiv). tr. depravar.// **depravation.** n.// **depravity.** n. depravación; acto depravado.
depreciate (deprishieit). tr. **1.** desacreditar. **2.** Econ. depreciar.// **depreciation.** n.
depredate (deprídeit). tr. depredar.// **depredation.** n.// **depredator.** n.
depress (deprés). tr. **1.** deprimir, oprimir. **2.** reducir, depreciar.// **depression.** n.
deprive (dipráiv). tr. privar.// **deprivation.** n. privación.// **deprived.** a. Sociol. carenciado.
depth. n. **1.** profundidad. **2.** in d.: a fondo.
depurate (depiureit). tr. depurar.// **depuration.** n.
deputation (depiuteishn). n. diputación.// **depute** (dipiut). tr. delegar, comisionar.// **deputy** (dépiuti). n. **1.** diputado, delegado. **2.** suplente.
derail (diréil). i. descarrilar.// **derailment.** n. descarrilamiento.
derange (diréinch). tr. **1.** desordenar. **2.** molestar. **3.** perturbar, enloquecer.// **derangement.** n. desorden; perturbación mental.
derelict. a. abandonado; negligente.// **dereliction.** n. abandono, negligencia.
deride (diraid). tr. ridiculizar, escarnecer.// **derision** (derishn) n. escarnio, mofa.
derivation (deriveishn). n. **1.** derivación, derivado. **2.** origen.// **derivative. 1.** a. derivado, derivativo. **2.** n. Gram./Quím. derivado; Mat. derivada.// **derive** (diráiv). tr. **1.** derivar (se). **2.** obtener de un origen, trazar el origen.
dermatology (dermatóloyi). n. dermatología.// **dermatologic.** a.// **dermatologist.** n.
derrick. n. grúa.
derring-do (déringdu). proeza, intrepidez.
descend (desénd). tr. **1.** descender. **2.** d. upon: caer encima.// **descendant. 1.** a. descendente. **2.** n. descendiente.

descent (desént). n. **1.** descenso. **2.** ascendencia. **3.** Der. sucesión. **4.** embestida, asalto, invasión.
describe (discraib). tr. describir.// **description.** n.// **descriptive.** a.
desecrate (désekreit). tr. profanar.// **desecration** (desekreishn). n. profanación.
desert (désert). a./n. desierto.// n. merecimiento. merecido.// tr. abandonar, desertar.// **deserter.** n. desertor.// **desertion.** n. deserción; abandono.
deserve (desérv). tr. merecer.// **deserving. 1.** a. meritorio. **2.** n. merecido, merecimiento.
desiccate (désikeit). tr. disecar.// **desiccation.** n. disecación, deshidratación.
design (disáin). n. **1.** diseño. **2.** plan, intención. **3.** designio.// tr. **1.** diseñar. **2.** planear. **3.** destinar.
designate (désigneit). tr. **1.** designar. **2.** señalar.// a. designado.// **designation.** n.
designer (desáiner). n. diseñador; proyectista.
desirable (desairabel). a. deseable; conveniente.// **desire** (desáir). **1.** n. deseo. **2.** tr. desear.// **desirous** (desáiros). a. deseoso.
desist. i. desistir.
desk. m. **1.** escritorio, pupitre. **2.** recepción de un hotel.
desolate (desoleit). **1.** a. desolado, despoblado. **2.** fig. afligido.// tr. desolar; fig. afligir.// **desolation.** n.
despair (despér). tr. desesperar(se).// n. deseperación, desesperanza.// **desperate** (despereit). a. **1.** desesperado. **2.** grave.// **desperation.** n. desesperación.
despicable (déspikabl). a. despreciable.
despise (despáis). tr. despreciar.
despite (despáit). **1.** n. desprecio. **2.** prep. in d. of; a pesar de.
despoil (despóil). tr. despojar.// **despoliation.** n. despojo, pillaje.
despondence (despóndes). n. desaliento, desánimo.// **despondent.** a. desanimado.
despot (déspot). n. déspota. // **despotic.** a.// **despotism.** n.
dessert (desért). n. postre.
destination (destinéishn). n. destino.// **destine** (destin). tr. destinar.// **destined.** a. destinado.// **destiny.** n. destino.
destitute (destitiut). a. desprovisto; indigente.// **destitution.** n. indigencia, pobreza.
destroy (destrói). tr. destruir.// **destroyer.** n. destructor.// **destruction** (destrókshon). n.// **destructive.** a.
detach (ditách). tr. **1.** desprender. **2.** destacar.// **detachment.** n. **1.** desprendimiento. **2.** destacamento.
detail (díteil). tr. **1.** detallar. **2.** asignar.// n. detalle.
detain (ditéin). tr. detener; arrestar.
detect (ditéct). tr. detectar.// **detection.** n. detección; descubrimiento.// **detector.** n.// **detective.** a./n.
detention (diténshon). n. detención.
deter (ditér). tr. disuadir; impedir.
detergent (ditéryent). a./n. detergente.
deteriorate (ditírioreit). tr. deteriorar.
determination (diterminéishon). n. **1.** determinación. **2.** firmeza.// **determine.** tr. determinar.// **determined.** a. **1.** decidido. **2.** Gram. determinado.

determinism (ditérminisem) n. determinismo.

detest (ditést). tr. detestar.// **detestable.** a.

dethrone (dizrón). tr. destronar, derrocar.

detonate (détoneit). tr. detonar.// **detonation.** n.

detour (dítur). n. atajo.// tr. tomar un atajo.

detract (ditráct). tr. 1. distraer. 2. denigrar.// **detraction.** n.// **detractor.** n.

detriment. n. detrimento.

detritus (ditráitus). n. detritus.

deuce (dus). n. 1. dos (dados, naipes). 2. empate (tenis).

devaluate (diváluieit). tr. devaluar.// **devalution.** n.

devastate (dévasteit). tr. devastar.// **devastation.** n.

develop. tr. 1. desarrollar. 2. adquirir. 3. urbanizar. 4. revelar (fotos).// **developing.** a. *Pol.* en vías de desarrollo.// **development.** n. 1. desarrollo. 2. urbanización. 3. revelado (fotos).

deviate (dívieit). tr. desviar.// a. desviado.// **deviation.** n. desviación.

device (diváis). n. 1. dispositivo. 2. estratagema. 3. *one's own device:* los recursos propios.

devil (dévil). n. diablo.// **devilish.** a. diabólico, endiablado.

devious (dívios). a. 1. tortuoso. 2. descarriado. 3. remoto.

devise (diváis). tr. ingeniar, idear.

devoid (divóid). a. desprovisto, exento.

devolve (divólv). 1. tr. transferir. 2. i. corresponder.

devote (divóut). i./ ref. dedicar (se).// **devoted.** a. 1. devoto. 2. *d. to:* dedicado a.// **devotee** (divotí). n. partidario, seguidor.// **devotion.** n.

devour (deváur). tr. devorar.

dew (diu). n. rocío.// **dewy.** a. fig. fresco, puro.

dexterity. n. destreza, agilidad.// **dexterous.** a. diestro.

diabetes (daiabítis). n. diabetes.// **diabetic.** a./n.

diabolical (daiabólical). a. diabólico.

diadem (dáiadem). n. diadema.

diaeresis (daiéresis). n. diéresis.

diagnose (dáiagnos). tr. diagnosticar.// **diagnosis.** n. diagnóstico.

diagonal (daiágonal). a./n. diagonal.

diagram (dáiagram). n. diagrama.// tr. diagramar.

dial (dáil). n. 1. cuadrante. 2. selector.// tr. 1. marcar el teléfono. 2. sintonizar.

dialect (dáialect). n. dialecto.

dialogue (dáialog). n. diálogo.// i. dialogar.

diameter (daiámeter). n. diámetro.

diamond (dáiamond). n. 1. diamante. 2. rombo (naipes).

diapason (daiapéison). n. diapasón.

diaper (dáiaper). n. pañal.

diaphanous (daiáfanos). a. diáfano.

diaphragm (dáiafram). n. diafragma.

diarrhea (daiaría). n. diarrea.

diary (dáiari). n. diario personal.

diatonic (daiatónic). a. diatónico.

diatribe (dáiatraib). n. diatriba.

dice (dáis). 1. n. pl. dados. 2. *to load the d.:* hacer trampas.// tr. cortar en dados.

dichotomy (daicótomi). n. dicotomía.

dicker (diker). tr. regatear.// n. regateo.

dictate (díkteit). tr. dictar.// n. pl. dictado.

dictator (diktéitor). m. dictador.// **dicatorial.** a.// **dictatorship.** n. dictadura.

diction (dikshon). n. dicción.

diccionary (díkshoneri). n. diccionario.

didactic (daidáktic). a. didáctico.// **didactics.** n. pl. didáctica.

die (dai). i. 1. morir. 2. extinguirse. 3. apagarse.

die. n. 1. dado. 2. *the d. is cast:* la suerte está echada. 3. pl. troquel.// **die-cast.** tr. troquelar.

dielectric (daieléktric). a./n. dieléctrico.

diesel engine (dísel ényin). m. motor diésel.

diet (dáiet). n. dieta.// **dietary.** a. dietético.// **dietetics.** n. dietética.

differ (difer). i. diferir, discrepar.// **difference.** n. 1. diferencia. 2. *it make's no difference:* da igual.// **different.** a.// **differential.** a./n.

differentiate (diferénshielt). tr. diferenciar (se).// **differentiation.** n.

difficult. a. difícil.// **difficulty.** n. dificultad.

diffidence. n. timidez.// **diffident.** a. tímido, inseguro.

diffuse (difiús). a. difuso.// tr. difundir.// **diffusion.** n. difusión.

dig. tr. 1. cavar. 2. *d. into:* investigar. 3. *d, up:* desenterrar.// n. 1. excavación. 2. fig. ironía.

digest (dáiyest) n. compendio.

digest (daiyést). tr. 1. digerir. 2. clasificar.// **digestible.** a. digerible.// **digestion.** n.// **digestive.** a./n. digestivo.

digit (díyit). n. dígito.// **digital.** a.

dignified (dígnifaid). a. digno.// **dignify.** tr. dignificar.

dignitary (díg-). n. dignatario.

dignity. n. 1. dignidad. 2. *to stand on one's dignity:* hacerse respetar.

digress (daigrés). tr. hacer una disgresión.// **digression.** n.

dike (dáik). n. 1. dique. 2. terraplén.

dilapidate (dilápideit). tr. dilapidar.

dilate (dáileit). tr. dilatar.// **dilation.** n. dilatación.// **dilatory.** a. dilatorio.

dilemma. n. dilema.

dilettante (diletánt). a./n. aficionado.

diligence (diliyens). n. diligencia.// **diligent** (díliyent). a. diligente.

diluent (díluent). a./n. disolvente.

dilute (dailut). tr. diluir.// **dilution.** n.

dim. a. 1. débil. 2. opaco. 3. lerdo.

dimension (diménshon). n. dimensión.

diminish (dimínsh). tr. disminuir, menguar.

diminution (diminiushon). n. disminución.

diminutive (dimíniutiv). a./n. diminutivo

dimple (dímpl). n. hoyuelo.

din. n. alboroto.// tr. ensordecer; repetir mucho.

dine (dain). i. cenar, comer.// **diner.** n. 1. comensal. 2. vagón comedor.

dingy (dínyi). a. sucio, manchado.

dining room. (dáinin rum). n. comedor.

dinner (díner). n. cena, comida.

dinosaur (dáinosor). n. dinosaurio.

dint. n. 1. fuerza. 2. *by d. of hard work:* con gran esfuerzo.

diocese (daiósis). n. diócesis.// **diocesan.** a.

dioxide (daióksid). n. dióxido.

dip. tr. **1.** sumergir (en un líquido), mojar, bañar. **2.** d. out o up: sacar un líquido con cuchara. **3.** i./ ref. zambullirse, entrar y salir rápidamente del agua. **4.** d. one's fingers into: meter la cuchara en, entrometerse. **5.** d. into: ocuparse superficialmente de algo.// n. **1.** baño, zambullida. **2.** baja, caída (precios). **3.** salsa.

diphteria (difzíria). n. difteria.

diphtong (dífzong). n. diptongo.

diploma (diplóma), n. diploma.

diplomacy (diplómacy). n. diplonmacia.// **diplomat** (díplomat). n. diplomático.// **diplomatic.** a.

dipper (díper). n. cucharón.

dire (dair). a. terrible, horrendo, espantoso.

direct (diréct). tr. **1.** dirigir, guiar. **2.** manejar. **3.** dirigirse. **4.** mandar, ordenar.// a./adv. **1.** directo. **2.** d. current: corriente continua. **3.** d. drive: transmisión directa (autos).// **direction.** n. **1.** dirección. **2.** pl. instrucciones.// **directive. 1.** a. indicativo. **2.** n. directiva.// **director.** m.// **directory.** n. directorio (comité; guía).// **directress.** n. directora.

dirigible (díriyibl). a./n. dirigible.

dirt. n. **1.** tierra, suciedad. **2.** fig. bajeza, indecencia, chisme malicioso.// **dirty.** a. **1.** sucio; malévolo; indecente. **2.** to do d.: hacer una jugada sucia. **3.** tr. ensuciar, enlodar.

disability (diseibíliti). n. incapacidad.// **disable.** tr. incapacitar.// **disabled.** a. incapacitado; lisiado; roto.

disabuse (disabíus). tr. desilusionar; desengañar.

disadvantage (disadvánteich). n. desventaja; detrimento.// **disadvantaged.** a. Sociol. carenciado, de muy baja posición económica.

disagree (disagrí). i. **1.** disentir. **2.** d. with: caer mal (comida).// **disagreeable.** a. desagradable; ingrato; descortés.// **disagreement.** n. desacuerdo.

disannul. tr. anular, invalidar.

disappear (disapír). tr. desaparecer.// **disappearance.** n. desaparición.

disappoint (disapónt). tr. desilusionar.// **disappointment.** n. desilusionar.

disapproval (disapruval). n. desaprobación.// **disapprove.** tr. desaprobar.

disarm. tr. **1.** desarmar; deponer las armas. **2.** desmontar. **3.** fig. cautivar.// **disarment.** n. desarme.// **disarming.** a. cautivador.

disarrange (disarrendch). tr. desarreglar, desordenar.// **disarrangement.** n. desarreglo, desorden.

disaster. n. desastre, calamidad.// **disastrous.** a. desastroso.

disavow (disaváu). tr. repudiar, negar.

disband. tr./ref. desbandar(se), dispersar(se).// **disbandment.** n. desbandada, dispersión.

disbar. tr. Der. excluir del foro.

disbelief (dibelíf). n. incredulidad.// **disbelieve.** i./tr. descreer.// **disbeliever.** n. incrédulo.

disburden (disberden). tr. descargar; aliviar.

disburse (disbúrs). tr. desembolsar.// **disbursement.** n. desembolso. pago.

discard. tr. **1.** descartar, desechar. **2.** abandonar.

discern. tr. discernir.// **discernible.** a.// **discernment.** n. discernimiento.

discharge (dischárdch). tr. **1.** descargar. **2.** eximir. **3.** despedir (empleo). **4.** dar de baja (soldado). **5.** secretar. **6.** saldar (deuda, obligación).// n. **1.** descarga. **2.** despido, baja. **3.** pago. **4.** cumplimiento. **5.** descargo. **6.** secreción.

disciple (disáipl). n. discípulo.

disciplinary (dísiplineri). a. disciplinario.// **discipline. 1.** n. disciplina. **2.** tr. disciplinar.

disclaim (diskléim). tr. **1.** negar, desconocer. **2.** Der. desistir; declinar; rechazar.

disclose (disclóus). tr. revelar, descubrir.// **disclosure.** n. revelación.

discolor. tr. desteñir(se).// **discoloration.** n.

discomfit. tr. desconcertar.// **discomfiture.** n. desconcierto; frustración.

discomfort. n. incomodidad, molestia.// tr. incomodar, molestar.

disconcert. tr. desconcertar.

disconnect. tr. desconectar.// **disconnection.** n.

disconsolate (diskónsolet). a. desconsolado.

discontent. a./n. descontento.

discontinuance (diskontíniuens). n. discontinuidad, interrupción.// **discontinue.** tr. discontinuar, suspender.// **discontinuous.** a.

discord (dískord). tr. discordar, discrepar.// n. **1.** discordia, desacuerdo. **2.** Mus. disonancia.// **discordant.** a.

discotheque (diskótec). n. discoteca.

discount (diskáunt). tr. descontar.// n. descuento.

discourage (diskóredch). tr. desalentar, disuadir.// **discouragement.** n. desaliento, desánimo.

discourse (dískors). n. **1.** conversación. **2.** discurso.// i. conversar; disertar.

discourteous (diskértios). a. descortés.// **discourtesy.** n. descortesía.

discover. tr. descubrir.// **discoverer.** n. descubridor.// **discovery.** n. descubrimiento.

discredit (diskrédit). n. descrédito; desconfianza.// tr. desacreditar; desconfiar.

discreet (diskrít). a. discreto, mesurado.

discrepancy. n. discrepancia.// **discrepant.** a.

discrete (discrít). a. separado, distinto.

discretion (diskréishon). n. **1.** discreción. **2.** age of d.: edad de la razón. **3.** at the d. of: a juicio de.

discriminate (diskrímineit). tr. discriminar; discernir.// a. que discierne.// **discrimination.** n. **1.** discrimación. **2.** discernimiento.// **discriminating.** a. que discierne; que discrimina.

discursive. a. **1.** discursivo. **2.** razonado.

discus (diskos). n. Sp. disco.

discuss (diskós). tr. discutir, tratar un tema.// **discussion.** n. discusión, debate, tratamiento.

disdain (disdéin). n. desdén.// tr. desdeñar.// **disdainful.** a. desdeñoso; altivo.

disease (disís). n. enfermedad, dolencia.

disembark. i./tr. desembarcar (se).// **disembarkation.** n. desembarque.

disenchant. tr. desencantar, desilusionar.// **disenchantment.** n. desencanto, desilusión.

disengage (disengéidch). tr. **1.** soltar, liberar. **2.** Mec. desengranar.

disentangle (disentángl). tr. desenredar.

disfavor (disféivor). n. desagrado; desprestigio.// tr. desaprobar.

disfigure (disfíguiur). tr. desfigurar.// **disfigurement.** n. desfiguración.

disgorge (disgórdch). tr. **1.** vomitar. **2.** verter. **3.** descargar.

disgrace (disgréis). n. desgracia, deshonra.// tr. deshonrar.// **disgraceful. a.** deshonroso.

digruntle (disgróntl). tr. malhumorar.

disguise (disgáis). tr. disfrazar.// n. disfraz.

disgust (disgóst). n. repugnancia.// i. repugnar.// **disgusting. a.** repugnante.

dish. n. 1. plato, fuente. **2.** contenido (comida). **3.** pl. vajilla.// tr. d. up: servir.

dishabille (disabíl). n. deshabillé; fig. desaliño.

dishearten (disjárten). tr. descórazonar.

dishevel (dishével). tr. desaliñar.

dishonest. a. deshonesto.// **dishonesty. n.**

dishonor. n. deshonra.// tr. **1.** deshonrar, afrentar. **2.** rechazar (cheque).// **dishonorable. a.** deshonroso, oprobioso.

dishpan. n. fregadero de platos.

disilusion (disilúshn). n. desilusión.// tr. desilusionar.

disinfect. tr. desinfectar.// **disinfection. n.**// **disinfectant. n.**

disinherit (disnjérit). tr. desheredar.

disintegrate (disíntegreit). tr. desintegrar.// **disintegration. n.**

disinterest. n. desinterés.// **desinterested. a.** desinteresado.

disjoint (disyóint). tr. desarticular, desunir.// a. dislocado, desunido.

disjunction (disyónkshon). n. disyunción.// **disjuntive. 1.** a. disyuntivo. **2.** n. disyuntiva.

disk. n. disco.

dislike (disláik). disgustar, no gustarle a uno.// n. aversión.

dislocate (díslokeit). tr. dislocar, transtornar.// **dislocation. n.**

dislodge (dislodche). tr. desalojar.

disloyal (dislóial). a. desleal.// **disloyalty. n.**

dismal. n. melancolía, depresión.// a. deprimente.

dismantle (dismántl). desmantelar.

dismay (disméi). tr. desanimar.// n. desánimo.

dismember. tr. desmembrar.// **dismemberment.** n. desmembramiento.

dismiss. tr. **1.** destituir, despedir. **2.** desechar.// **dismissal.** n. despido; disolución.

dismount (dismáunt). **1.** i. desmontar(se), apearse. **2.** tr. desmontar, desarmar.// n. desmonte.

disobedience. (disoubídiens). n. desobediencia.// **disobedient. a.**// **disobey.** tr. desobedecer.

disorder. n. desorden.// tr. desordenar.// **disorderly. a. 1.** desordenado. **2.** alborotador. **3.** d. conduct: alteración del orden público.

disorganize (disórganais). tr. desorganizar.// **desorganization.** n. desorganización, desorden.

disorientate (disorientet). desorientar.// **disorientation. n.**

disparate (dispareit). a. dispar, desigual.// **disparity.** n. disparidad.

dispassionate (dispashonet). a. desapasionado; imparcial.

dispatch (dispách). tr. despachar; enviar.// n. despacho; envío.

dispel. tr. disipar(se), desvanecer(se).

dispensable (dispensaibl). a. innecesario.

dispensary. n. dispensario.

dispense (dispéns). tr. **1.** dispensar. **2.** administrar (justicia). **3.** d. with.: prescindir de.// **dispenser.** n. surtidor.

dispersal. n. dispersión.// **disperse.** tr. **1.** dispersar(se). **2.** disipar(se).// **dispersion. n.**

displace (displéis). tr. desplazar.// **displacement.** n. desplazamiento, destitución, reemplazo.

display (displéi). tr. exhibir.// n. **1.** exhibición, demostración. **2.** on d.: a la vista.

displease (displís). tr. disgustar.// **displeasure.** n. **1.** disgusto, molestia. **2.** desaprobación.

disposable (dispóusabl). a. **1.** disponible. **2.** descartable.// **disposal.** n. **1.** disposición. **2.** ubicación. **3.** recolección de basura.//**dispose.** tr. **1.** disponer. **2.** predisponer. **3.** d. of: eliminar.// **disposition.** n.

dispossess (dispossés). tr. desposeer, depojar.

disproportion (dispropórshon). n. desproporción.// **disproportionate.** a. desproporcionado.

disprove (disprúv). tr. refutar.

disputation (dispiutéishon). n. controversia, disputa.// **dispute.** i./tr. disputar.// n. disputa.

disqualification (discualifikéishon). n. descalificación.// **disqualify.** tr. descalificar; inhabilitar.

disquisition (diskuisishon). n. disquisición.

disregard (disrigárd). tr. desatender.// n. desatención.

disrepair (disripér). n. mal estado, deterioro.

disreputable (disrépiutabl). a. **1.** de mala fama. **2.** deshonroso.

disrespect (disrispéct). n. falta de respeto.// tr. faltar el respeto.// **disrespectful.** a. irrespetuoso.

disrobe (disróub). tr. desnudar.

disrupt (disrópt). tr. romper, interrumpir.

dissatisfaction (disatisfákshon). n. insatisfacción.// **dissatisfy.** tr. desagradar; no satisfacer.

dissect. tr. disecar.// **dissection.** n. disección; objeto disecado.

dissemble (disémbl). tr. disimular, simular.

disseminate (disémineit). tr. diseminar.

dissension (disénshon). n. disenso.// **dissent** (dísent). **1.** i. disentir. **2.** n. disentimiento, disidencia.// **dissenter.** n. disidente.

dissert (disért). tr. disertar.// **dissertation** (disertéishon). n. disertación; tesis académica.

dissimilar (disímilar). a. disímil.// **dissimilarity.** n. disimilitud, diversidad.

dissimulate (disímuleit). tr. disimular.

dissipate (dísipeit). tr. disipar(se), dispersar(se).

dissociate (disóusieit). tr. disociar.// **dissociation.** n. disociación.

dissoluble (disóliubl). a. soluble.

dissolute (disoliut). a. disoluto.// **dissolution.** n.

dissolve (disólv). tr. disolver.

dissonance (dísonans). n. disonancia.// **dissonant.** a. disonante.

dissuade (disuéid). tr. disuadir.

distance (dístans). n. distancia.// i./tr. **1.** distanciar(se). **2.** dejar atrás.// **distant.** a. distante.

distaste (distéist). tr. aversión, desagrado.// **distasteful.** a. desagradable.

distemper. a. mal humor, mal genio.// tr. destemplar; malhumorar.

distend. tr. **1.** inflar, hinchar. **2.** *Med.* distender.
distill (distíl). tr. destilar.// **distillation.** n. **1.** destilación. **2.** *Quím.* solución destilada.// **distillery.** n.
distinct (distínct). a. **1.** preciso, claro. **2.** distinto. **3.** concreto. **4.** *d. from:* distinto a/de.// **distinction.** n.// **distinctive.** a.// **distinctly.** adv. claramente.
distinguish (distínguish). tr. distinguir.// **distinguished.** a. distinguido.
distort (distórt). tr. distorsionar, deformar.// **distortion.** n.
distract. tr. distraer; aturdir.// **distraction.** n. **1.** distracción. **2.** aturdimiento.
distress. n. **1.** aflicción. **2.** apuro. **3.** necesidad.// tr. afligir.// **distressed.** a. afligido; en apuros.
distribute (distríblut). tr. distribuir.// **distributor.** n.// **distribution.** n.
district. n. distrito; barrio.
distrust (distróst). n. desconfianza.// i. desconfiar.// **distrustful.** a. desconfiado.
disturb (distérb). tr. molestar, perturbar.// **disturbance.** n. disturbio, desorden.
disunion (disiúnion). n. desunión.
disuse (disiús). n. desuso.// tr. desusar.
ditch. n. zanja; trinchera.
ditto. n. **1.** ídem. **2.** copia, duplicado.
ditty (dit). cancioneta.
diurnal (daiúrnal). a. **1.** diurno. **2.** diario.
dive (deiv). tr. **1.** zambullirse. **2.** lanzarse.// n. zambullida; caída.
diverge (divérdch). i. divergir, desviar.// **divergence.** n.// **divergent.** a.
divers (dáivers). a. diversos, varios.// **diverse.** a. **1.** diferente. **2.** variado.
diversify (daivérsifai). tr. diversificar.// **diversification.** n.
diversion (divérshon). n. diversión.
diversity. n. **1.** diversidad. **2.** diferencia.
divert. tr. **1.** distraer **2.** desviar.
divest. tr. despojar.
divide (diváid). tr. dividir.// a./n. *Geol.* divisoria.
dividend. n. dividendo.
divination (divinéitshon). n. adivinación.// **divine** (diváin). tr. adivinar.// n. teólogo.// **diviner.** n.
divinity. n. **1.** divinidad; deidad. **2.** teología.
division (divíshon). n. división.// **divisor.** n.
divorce (divórs). n. divorcio.// tr. divorciar(se).
divulge (divóldch). tr. revelar, divulgar.
dizzy. a. mareado.// **dizziness.** n. vértigo.// **dizzily.** adv. vertiginosamente.
do (du). tr. **1.** hacer. **2.** cumplir. **3.** limpiar. **4.** arreglar. **5.** dedicarse a **6.** recorrer. **7.** trabajar en. **8.** *do again:* hacer de nuevo. **9.** *do away with:* eliminar. **10.** *do for:* servir de; hacer el papel de. **11.** *do over:* rehacer. **12.** *do up:* atarse; arreglar. **13.** *do with:* conformarse con; venir bien algo a uno. **14.** i. conducirse; actuar. **15.** *how do you do?:* ¿cómo estás? **16.** *to be doing badly/well:* irle mal/bien. **17.** *the do's and dont's:* lo que se debe y no se debe hacer. **18.** *well done:* bien hecho, bien cocido.
do. aux. v. para énfasis, interrogación o negación.
docile (dósil). a. dócil.// **docility.** n. docilidad.
dock. n. **1.** muelle. **2.** dique.// i. *Mar.* atracar.
docket. n. **1.** resumen. **2.** orden del día.

dockyard. n. astillero.
doctor. n. doctor, médico.// tr. medicar, curar.
doctrine (dóktrin). n. doctrina.
document (dókiument). n. documento.// tr. documentar.// **documentary.** n. documental.// **documentation.** n.
dodge (dodch). tr. **1.** esquivar. **2.** evadir(se).// n. **1.** truco. **2.** esquive.
doe (dou). n. hembra del gamo y otros animales.
doer (dúer). n. **1.** hacedor. **2.** persona activa.
dog. n. **1.** perro. **2.** macho (lobo. zorro). **3.** fig. canalla. **4.** *d. days:* días calurosos. **5.** *go to the dogs:* irse al diablo, arruinarse.// tr. seguir, perseguir.
dogged. a. tenaz.// **doggedness.** n. tenacidad.
doghouse (dogjaus). n. **1.** perrera (cucha). **2.** *to be in the d.:* estar en desgracia.
dogma. n. dogma.// **dogmatic.** a.// **dogmatism.** m.
doily. n. tapete; servilleta individual.
doing (dúing). n. **1.** acción, esfuerzo **2.** pl. actividades, ocupaciones.
do-it-yourseln. a. para hacer uno mismo.
dole (doul). tr. repartir.// n. **1.** reparto. **2.** limosna.
doll. n. muñeca.// ref, *to d. up:* acicalarse.
dollar. n. dólar.
dolly. n. muñequita.
dolmen. n. dolmen.
dolphin (dólfin). n. delfín.
domain (doméin). n. dominio.
dome (doum). n. domo, bóveda.
domestic. a. **1.** doméstico. **2.** nacional, interior.// **domesticate** (doméstikeit). tr. domesticar.// **domesticity.** n.
domicile (dómisail). domicilio.// i. domiciliar.
dominance (dóminens). n. dominación.// **dominant.** a.// **dominate.** tr. dominar.
domineer (dominír). tr. tiranizar.// **domineering.** a. tiránico.
dominion. n. dominio.
donate (donéit). tr. donar.// **donation.** n.
donkey (dónki). n. burro.
donor. n. donante.
doodle (dúdl). n. garabato.// tr. garabatear.
doom (dum). n. **1.** destino, sino. **2.** juicio, sentencia.// **doomday.** n. día de juicio final.
door. n. **1.** puerta. **2.** *d.-to-d.:* puerta a puerta. **3.** *next d.:* la casa más cercana. **4.** *outs of d.:* afuera, al aire libre. **5.** *to knock the d. down:* tirar la puerta abajo. **6.** *to lay at the d. of:* echarle a uno la culpa de.// **doorbell.** n. timbre de la puerta.// **doorman.** n. portero.// **doormat.** n. felpudo.// **doorway.** n. entrada; camino de entrada.
dope (doup). n. droga, narcótico.// tr. dopar.// **doping.** n. *Sp.* uso ilegal de drogas.
dormitory. n. dormitorio.
dorsal. a. dorsal.
dosage (dóusedch). n. dosis.// **dose.** n. dosis.// tr. dosificar.
dot. n. **1.** punto. **2.** poco.// tr. poner los puntos.
double (dóbl). a. **1.** doble. **2.** el doble de.// tr. **1.** doblar. **2.** duplicar. **3.** redoblar. **4.** *d. back:* volver atrás. **5.** *d. up:* doblarse; compartir el cuarto.
doubt (daut). n. duda; recelo.// tr. dudar, desconfiar.// **doubtful.** a dudoso.// **doubtless.** a./adv. indudable.

dought (dou). n. **1.** masa. **2.** fig. guita (dinero).
doughtnut (dóunat). n. rosquilla.
dove (dov). n. **1.** paloma. **2.** fig. pacifista.
dowdy (dáudi). a. mal vestido.
dowel (dáuel). n. clavija, tarugo.
down (dáun). adv. abajo, hacia abajo.// prep. **1.** por abajo. **2.** a lo largo. **3.** d. whit (someone)!: ¡abajo con (alguien)!//a. **1.** descendente. **2.** deprimido. **3.** d. payment: cuota inicial.// n. **1.** descenso, caída. **2.** ups and d.: altibajos.// tr. engullir, tomar de un trago.
down (dáun). n. plumón.
downcast. a. abatido, cabizbajo.
downfall. n. caída; ruina.
downhearted (dáunjarted). a. descorazonado.
downhill (dáunjil). adv. cuesta abajo.
downright (dáunrait). adv. absolutamente, sumamente.// a. absoluto.
downstairs (dáunstérs). adv. escaleras abajo.// n. el piso de abajo.
downtown (dántáun). n. centro (de la ciudad).// adv. hacia el centro.
downward(s) (daunuárd/s). adv. pl. descendente, hacia abajo.// a. descendente.
dowry (dáuri). n. dote.
dozen (dózen). n. **1.** docena. **2.** daily d.: ejercicio diario.
drab. a. deslustrado, ordinario.
draft. n. **1.** borrador, proyecto. **2.** corriente (aire). **3.** tiraje (chimenea). **4.** conscripción, reclutamiento. **5.** Com. giro, letra.// a. **1.** de tiro (animal). **2.** preliminar. **3.** d. beer: cerveza tirada.// tr. hacer un borrador.// **draftsman.** n. dibujante, proyectista.
drag. tr. **1.** arrastrar. **2.** rezagarse. **3.** d. on, d. out: dilatar(se), demorar(se).
dragon. n. dragón.
dragonfly (drágonflai). n. libélula.
drain (dréin). tr. **1.** drenar. **2.** escurrir. **3.** fig. gastar.// n. drenaje.// **drainage** (dréinedch). n. **1.** drenaje. **2.** cloacas, desagües. **3.** cuenca hidrográfica.// **drainer.** n. escurridor, colador.
drama. n. drama.// **dramatic.** a. dramático.// **dramatics.** n. pl. arte dramático.// **dramatist.** n. dramaturgo.// **dramatize.** tr. dramatizar, actuar dramáticamente.
drape (dreip). tr. cubrir, tapizar, vestir.// n. cortina.// **drapery.** n. cortinado; forro de muebles.
drastic. n. drástico.
draw (dro). tr **1.** tirar de, arrastrar. **2.** atraer. **3.** sacar, extraer. **4.** delinear, dibujar. **5.** Com. girar. **6.** d. a blank: fracasar; no recordar. **7.** d. away: apartarse. **8.** d. off.: extraer. **9.** d. oneself up: erguirse. **10.** d. the curtain: correr el telón. **11.** d. the line: poner un límite. **12.** d. up: extender (documentos).// n. atracción; tiraje; sorteo.
drawback. n. **1.** desventaja. **2.** reintegro, descuento.
drawbridge (dróbridch). n. puente levadizo.
drawer (dróer). n. **1.** gaveta (cajón). **2.** dibujante. **3.** Com. girador, librador. **4.** pl. calzoncillos.
drawing (dróing). n. **1.** dibujo. **2.** sorteo.
dread (dred). n. pavor.// tr. temer, tener pavor.// a. espantoso.// **dreadful.** a. espantoso.
dreadnought (drednot). n. el que no teme a nada.

dream (drim). n. **1.** sueño. **2.** ensueño.// i./tr. **1.** soñar. **2.** ensoñarse. **3.** d. up: inventar.// **dreamer.** n. soñador.// **dreamy.** a. **1.** soñador. **2.** de ensueño.
dreg. n. **1.** hez; sedimento. **2.** pl. fig. escoria.
drench. tr. mojar, remojar, empapar.
dress. n. **1.** vestido. **2.** ropa.// tr. **1.** vestir(se). **2.** adornar. **3.** peinar. **4.** preparar, alistar. **5.** curtir (pieles). **6.** tallar (piedra). **7.** aderezar (cocina). **8.** vendar. **9.** d. down: regañar.// a. **1.** de etiqueta. **2.** d. rehearsal: ensayo general.// **dresser.** n. tocador, vestidor.// **dressing.** n. **1.** aderezo, salsa. **2.** vendaje. **3.** d. gown: bata. **4.** d. room: camerino.// **dressmaker.** n. modista, costurera.// **dressmaking.** n. costura.// **dressy.** a. elegante, de gala.
dribble (dríbl). i. **1.** gotear. **2.** babear. **3.** Sp. gambetear.// n. goteo, gota.
drier (dríer). n. **1.** secante. **2.** secadora.
drift. i. **1.** flotar. **2.** ir a la deriva. **3.** vagabundear.// n. **1.** deriva. **2.** pila, montón. **3.** rumbo.
drill. n. **1.** taladro, fresa. **2.** ejercitación.// tr. **1.** taladrar, perforar. **2.** ejercitar, enseñar por repetición.
drink. tr. **1.** beber, tomar. **2.** d. to: brindar por.// n. bebida, copa, brindis.// **drinkable.** a. potable.// **drinker.** n. bebedor.// **drinking.** n. beber (acción y hábito).
drip. i. **1.** gotear. **2.** tr. echar a gotas.// n. goteo.
drive (dráiv). tr. **1.** impulsar. **2.** conducir (un auto). **3.** llevar (pasajeros). **4.** recorrer (distancia). **5.** i. ir en coche. **6.** d. against: lanzar contra. **7.** d. back: regresar. **8.** d. crazy: enloquecer. **9.** d. out: lanzar afuera.// n. **1.** vuelta en coche. **2.** viaje. **3.** carretera, camino. **4.** transmisión, tracción. **5.** impulso. **6.** d. belt: correa de transmisión.// **drive-in.** a./n. con servicio al coche.// **driver.** n. **1.** conductor. **2.** rueda motriz.// **driveway.** n. camino de entrada para coches.
drizzle (drízl). n. llovizna.// i. lloviznar.
droll. a. chistoso.
dromedary (dromederi). n. dromedario.
drone (droun). n. **1.** zángano. **2.** zumbido.// i. zumbar.
droop (drup). i./tr. **1.** pender. **2.** dejar caer.
drop. n. **1.** gota. **2.** pendiente. **3.** pizca. **4.** baja. **5.** at the d. of a hat: en el acto.// i. **1.** gotear. **2.** caer. **3.** dejar(se) caer. **4.** descender. **5.** abandonar. **6.** d. away: retirarse. **7.** d. back: quedarse atrás. **8.** d. by: visitar de pasada.// **drop-out.** n. abandono, deserción escolar.
drought (drot). n. sequía.
drove (drouv). n. **1.** manada. **2.** multitud.
drown (draun). tr. **1.** ahogar (se). **2.** empapar. **3.** fig. sumirse.
drowse (drauz). i./ref. dormitar(se).// **drowsy.** a. somnoliento.
drug (drog). n. droga.// tr./ref. drogar.// **drugaddict.** n. drogadicto.// **drugstore.** n. **1.** droguería, farmacia. **2.** farmacia que vende bebidas y helados.// **druggist.** n. farmacéutico.
drum (drom). n. tambor.// i. **1.** tocar el tambor. **2.** d. up: reunir, conseguir. **3.** d. into: inculcar. **4.** beat the d.: hacer propaganda.

drunk (dronk). a./n. borracho, pl. drunken.
dry (drai). a. **1.** seco; árido. **2.** *d. cleaning:* limpieza en seco. **3.** *d. land:* tierra firme.// tr. secar.// n. sequedad.// **dry-eyed.** a. que no llora.// **dry wash.** n. ropa lavada y seca.
dual (dúal). a./n. dual.
dub (dob). tr. **1.** apodar, apellidar. **2.** doblar voces (cine).
dubious (dúbios). a. dudoso, indeciso.
duchess (dóches). f. duquesa.// **duchy** (dúshi). n. ducado.
duck (dok). n. pato.// tr. **1.** zambullir. **2.** agacharse. **3.** esquivar.
duct (doct). n. conducto, canal.
ductile (dóctil). a. dúctil.
due (dú). a. **1.** debido. **2.** pagadero. **3.** esperado. **4.** *to be d. to:* deber/tener que (hacer algo).
duel. n. duelo, combate.// i. batirse a duelo.// **duelist.** n.
dues (duz). n. pl. cuota; impuesto.
duet. n. dueto, dúo.
dugout (dógaut). n. **1.** piragua. **2.** trinchera. **3.** *Sp.* banco de suplentes.
duke (duk). m. duque.// **dukedom.** n. ducado.
dull (dol). a. **1.** estúpido, torpe. **2.** romo. **3.** opaco. **4.** débil, apagado. **5.** aburrido. **6.** nublado.// tr. embotar, apagar, opacar, atenuar.
dully. adv. **1.** torpemente. **2.** tediosamente.
dumb (dom). a. **1.** mudo. **2.** fam. tonto.
dumbbell (dombel). n. **1.** pesa de gimnasia. **2.** fig. tonto.
dumbfound (dómfaund). tr. dejar atónito.
dummy (dómi) n. **1.** bobo. **2.** testaferro. **3.** maniquí. **4.** imitación. **5.** maqueta.// a. **1.** postizo, falso. **2.** nominal (testaferro).
dump (domp). tr. **1.** descargar. **2.** abandonar. **3.** *Com.* inundar el mercado, vender a bajo costo.// **dumping.** n. venta a precios menores al costo.
dune (dun). n. duna.
dung (dong). n. estiércol.// tr. abonar, fertilizar.

dungeon (dondchon). a. calaboso, mazmorra.
dunk (donk). tr. ensopar, remojar (pan).
duodenum (duodínom). n. duodeno.
dupe (dup). n. incauto.// tr. embaucar.
duplex (dúplex). a. dúplex, de dos partes.// n. departamento de dos plantas.
duplicate (dúplikeit). a./n. duplicado.// tr. duplicar, copiar.// **duplication.** n.// **duplicator.** n. copiadora.
duplicity. n. duplicidad, engaño.
durability. n. durabilidad.// **durable** (diuraibl). a.// **duration.** n.
duress. n. **1.** coacción. **2.** cautiverio, prisión.
during (diuring). prep. durante.
dusk (dosk). n. **1.** crepúsculo. **2.** oscuridad.
dust (dost). n. **1.** polvo. **2.** *to bit the d.:* morder el polvo.// i. **1.** desempolvar. **2.** levantar una polvareda.
Dutch (doch). a./n. **1.** holandés. **2.** *to go d.:* ir o pagar a medias.
dutiful (diutifol). a. cumplidor, obediente.// **duty.** n. **1.** deber. **2.** acatamiento. **3.** deuda, impuesto. **4.** derecho. **5.** *in d. bound:* obligado moralmente. **6.** *on d.:* de servicio.// **duty-free.** a. libre de impuestos.
dwarf (duarf). a.//n. enano.// tr. empequeñecer.// **dwarfish.** a. diminuto, enano.
dwell (duel). tr. **1.** habitar, residir, morar. **2.** *d. upon:* explayarse.// **dweller.** n. morador, habitante.// **dwelling.** n. morada, lugar de residencia.
dwindle (duíndl). tr. menguar.
dye (dai). n. tinte, tintura.// tr. teñir(se).// **dyestuff.** n. pigmento.
dynamic (dainámic). a. dinámico.// n. pl. dinámica (ciencia).
dynamite (dáianimait). n. dinamita.// tr. dinamitar.
dynamo (dáinamo). n. dínamo.
dynasty (dáinasti). n. dinastía.
dysfunction. n. disfunción.
dyspepsia. n. dispepsia.// **dyspeptic.** a.
dysphony (dísfoni). n. disfonía.

e (i). n. quinta letra del abecedario.
each (ich). a. cada.// pron. cada uno.// adv. **1.** por persona, cada uno. **2.** *e. other, e. another:* mutuamente, el uno al otro.
eager (íguer). a. deseoso, anhelante.// **eagerness.** n. avidez, entusiasmo.
eagle (ígl). n. águila.

ear (ir). n. **1.** oído. **2.** oreja. **3.** *give e.:* hacer caso. **4.** *keep an e. to the ground:* estar alerta.// **eardrum** (írdrom). n. tímpano.
early (érli). a. **1.** temprano. **2.** antiguo. **3.** primero. **4.** pronto. **5.** *e. bird:* madrugador. **6.** *at your earliest convenience:* a la mayor brevedad.// adv. **1.** temprano, prematuramente. **2.** *earlier on:* previamente.

earmark. n. marca, señal.// tr. **1.** marcar. **2.** destinar fondos.

earn (ern). tr. **1.** ganar. **2.** merecer.// **earnest.** a. **1.** serio, grave. **2.** intenso.// n. seriedad.// **earnings.** n. pl. ingresos; utilidades.

earphone (írfoun). n. audífono; auricular.

earring (íring). n. pendiente, arito.

earshot (íryot). n. alcance del oído.

earth (erdz). n. **1.** tierra. **2.** mundo. **3.** E.: Tierra. **4.** *down-to-e:* con los pies en la tierra.// **earthen.** a. de tierra.// **earthenware. 1.** n. loza. **2.** a. de barro.// **earthling** (erdzling). n. terrícola.// **earthly.** (érdzli). a. terrenal, mundanal.

earthquake (érdzkueik). n. temblor, sismo.

earthwork (erdzgúrk). m. terraplén.

earthworm (erdzgúrm). n. lombriz de tierra.

ease (iz). n. **1.** sosiego, reposo. **2.** comodidad. **3.** facilidad. **4.** *at e.:* cómodo.// i./tr. **1.** aliviar, mitigar. **2.** descargar. **3.** relajar. **4.** facilitar.

easel (ízl). n. caballete.

easily (ízili). adv. fácilmente; sobradamente.

east (ist). n. **1.** este, oriente.// a. del este, oriental.// adv. hacia el este.

Easter (íster). n. Pascuas.

eastern (ístern). a. del este, oriental.

easy (ízi). a. **1.** fácil, sencillo. **2.** cómodo. **3.** leve. **4.** suave (modales).// adv. **1.** fácilmente. **2.** con calma. **3.** *e. does it:* con calma, sin apuro. **4.** *to go e. on:* usar con moderación. **5.** *to take it e.:* tomar con calma.// **easygoing.** a. **1.** de buena gana. **2.** pausado.

eat (it). tr. **1.** comer. **2.** corroer. **3.** *e. one's heart out:* comerse el hígado. **4.** *e. out;* comer afuera. **5.** *e. up:* comérselo todo.// n. pl. comida, alimento.// **eatable** (ítaibl). a./n. comestible.

eavesdrop (ívsdrop). i. escuchar secretamente.

ebb. n. menguante, mengua.// tr. menguar.

ebony. n. ébano.

ebullinece (ibúliens). n. ebullición.// **ebullient.** a. **1.** hirviente, burbujeante. **2.** entusiasta.

eccentric (ekséntric). **1.** a./n. excéntrico, ca.// **eccentricity.** n. excentricidad.

ecclesiastical (eklisiástical). a./n. eclesiástico.

echelon. n. jerarquía, grado.

echo (ého). n. eco.// i. hacer eco.

eclair (eclér). n. pastelito de crema.

eclectic. a./n. ecléctico.

eclipse (eklíps). n. eclipse.// tr. eclipsar.

ecology (ekóloyi). n. ecología.// **ecologic.** a.// **ecologist.** n.

economic. 1. a. económico (de la economía). **2.** n. pl. economía (ciencia).// **economical.** a. económico (barato, módico).// **economist.** n.// **economize** (ekonomés). i./tr. economizar.// **economy.** n. economía (actividad, sistema, ahorro).

ecosystem. n. ecosistema.

ecstasy. n. éxtasis.

Ecuadorian. a./n. ecuatoriano.

ecumenical (ekiménical). a. ecuménico.

eczema (ekzíma). n. eczema.

eddy. n. remolino.// i. arremolinar(se).

edge (edch). n. **1.** filo. **2.** borde. **3.** orilla. **4.** arista. **5.** *on e:* irritable. **6.** *to have the e. on:* llevar ventaja.// tr. **1.** afilar. **2.** bordear. **3.** i. avanzar con cui-

dado.// **edgeways** (edchueis). adv. de filo, de lado.// **edgy** (édchi). a. **1.** afilado. **2.** nervioso.// **edgyness.** n. nerviosismo.

edible (édibl). a. comestible.

edict. n. edicto.

edification. n. edificación.

edifice (édifis). n. edificio.

edify (édifai). tr. edificar (educar, inculcar).

edit. tr. **1.** editar. **2.** redactar, corregir (escritos). **3.** dirigir (publicaciones). **4.** montar (cine, video).// **edition.** n.// **editor.** n. **1.** editor. **2.** director (publicaciones).// **editorial.** a./n. editorial.

educate (édiukeit). tr. educar.// **education.** n.// **educational.** a.// **educator.** n.

eel (íl). n. anguila.

eerie (íri). a. misterioso, sobrenatural.

efface (eféis). tr. **1.** borrar. **2.** eclipsar.

effect. n. **1.** efecto. **2.** vigencia. **3.** resultado. **4.** *for e.:* para impresionar. **5.** *in e.:* efectivamente; en vigencia. **6.** pl. *no e.:* sin fondos (cheque). **7.** *of no e.:* sin resultado. **8.** *to go into e.:* entrar en vigencia. **9.** *to the e. to:* al e. de.// tr. efectuar, producir.// **effective.** a. **1.** efectivo. **2.** vigente. **3.** impresionante.// **effectual.** a. **1.** eficaz. **2.** válido.

effeminate (efémineit). a./n. afeminado.

effervescence. n. efervescencia.// **effervescent.** a. efervescente.

efficacious (efikéisios). a. eficaz.// **efficacy.** n. eficacia.

efficiency. n. eficiencia.// **efficient.** a.

effigy. n. efigie.

effort. n. **1.** esfuerzo. **2.** Fís, fuerza efectiva. **3.** *every e.:* todo lo posible.

effulgence (efúlyens). n. refulgencia.

effusion (efiúshon). n. efusividad.// **effusive.** a.

egg. n. **1.** huevo. **2.** óvulo.// tr. *e. on:* incitar.

eggplant. n. berenjena.

ego (ígou). n. ego, yo.// **egoism.** n.// **egoist.** a./n.// **egotism.** n. egolatría.// **egotist.** n.ególatra.

elder (áider). n. pato.

eight (eit). a./n. ocho.// **eighth.** a. octavo; ocho (en fechas).

eighteen (eitín). a./n. dieciocho.// **eigteenth.** a. décimoctavo; dieciocho (en fechas).

eighty (éiti). a./n. ochenta.

either (ídzer). a./pron. uno u otro, cualquiera de los dos.// conj. o (al inicio de opciones).// adv. tampoco.

ejaculate (iyákiuleit). i./tr. **1.** eyacular. **2.** exclamar.

eject (iyeect). tr. expulsar, expeler.// **ejection.** n. expulsión.

eke out (ik aut). tr. **1.** ganarse la vida a duras penas. **2.** economizar para que algo dure.

elaborate (eláboreit). tr. **1.** elaborar. **2.** *e. on:* explicar, explayarse.// a. elaborado; complejo.// **elaboration.** n.

elapse. i. transcurrir, pasar el tiempo.

elastic. a./n. elástico.// **elasticity.** n.

elate (iléit). tr. regocijar(se).// **elation.** n. regocijo, júbilo.

elbow (élbou). n. **1.** codo. **2.** recodo. **3.** *to e. one's way:* abrirse paso a codazos. **4.** *to rub e. with:* codearse con.// tr. dar un codazo.

elbowroom (elbourúm). n. espacio.

elder. a./n. mayor (edad).// **elderly.** a. anciano.
elect. i./tr. elegir.// a. electo.// n. pl. *the e.:* los elegidos.// **election. 1.** n. elección; elecciones. **2.** a. electoral.// **electioneer.** i. hacer campaña electoral.// **elective.** a. **1.** electivo. **2.** selectivo. **3.** electoral.// **elector.** n.// **electorate.** n. electorado.
electric. a. eléctrico.// **electric power.** n. energía eléctrica.// **electrician.** n. electricista.// **electricity.** n. electricidad.// **electrification.** n.// **electrify.** tr. electrificar, electrizar.// **electrocute.** tr. electrocutar.
electrode (eléktroud). n. electrodo.
electrolysis. n. electrólisis.// **electrolyte** (eléktroleit). n. electrolito.
electromagnet. n. electroimán.// **electromagnetic.** a.
electron. n. electrón.// **electronic.** a. electrónico.// **electronics.** n. electrónica.
electroplate (eléktropleit). tr. galvanizar.
elegance (élegans). n. elegancia.// **elegant.** a.
elegy (éleyi). n. elegía.
element. n. **1.** elemento. **2.** *one e. of;* algo de.// **elemental.** a.// **elementary.** a.
elephant (élefant). elefante.
elevate (éleveit). tr. elevar.// **elevation.** n. **1.** elevación. **2.** *Geog.* altura, altitud.// **elevator.** n. **1.** ascensor. **2.** elevador.
eleven. a./n. once.// **eleventh.** a. décimo primero, undécimo; once (en fechas).
elf. m. duende.
eligible (éliyibl). a. elegible, apto.
eliminate (elímineit). tr. eliminar.// **elimination.** n.
elite (elít). n. élite.
elixir. n. elixir.
elk. n. alce.
ellipse (elíps). n. elipse.
ellipsis. n. elipsis.// **elliptic(al).** a. elíptico.
elm. n. olmo.
elocution (elokiúshon). n. elocución.
elongate (elóngueit). i./tr. alargar, extender.
elope (elóup). i. fugarse (amantes).
eloquence (élokuens). n. elocuencia.// **eloquent.** a. elocuente.
else (els). a./adv. **1.** otro (persona). **2.** otra cosa, algo más. **3.** otra parte, otro lugar. **4.** más, lo demás, los demás. **5.** de lo contrario.
elsewhere (élsuer). adv. en otra parte, a otra parte.
elucidate (elúsideit). tr. elucidar.
elude (elúd). tr. eludir.// **elusive.** a. elusivo, evasivo.
emaciated (eméisietited). a. demacrado.
emanate (émaneit). **1.** i. emanar. **2.** tr. emitir.
emancipate (emánsipeit). tr. emancipar.// **emancipation.** n.// emancipator. n.
embalm. tr. embalsamar.
embankment. n. terraplén.
embargo. n. embargo.// tr. embargar.
embark. tr. embarcar(se).
embarrass. tr. **1.** avergonzar. **2.** desconcertar. **3.** poner en un aprieto.// **embarrassing.** a. desconcertarse.// **embarrassment.** n. **1.** vergüenza. **2.** desconcierto. **3.** aprieto.
embassy. n. embajada.

embellish. tr. adornar, embellecer.
ember. n. ascua, brasa.
embezzle. tr. malversar, defraudar.
embitter. tr. amargar.
emblem. n. emblema.// **emblematic.** a.
embody. tr. **1.** encarnar, personificar. **2.** incluir. **3.** dar forma.// **embodiment.** n. personificación.
embolden. i./tr. envalentonar(se).
embolism. n. embolia.
emboss. tr. grabar en relieve; repujar.
embrace (embréis). i./tr. abrazar (se).// n. abrazo; adopción.
embroider. tr. bordar.// **embroidery.** n. bordado.
embroil. tr. embrollar, enredar.
embryo (émbriou). n. embrión.// **embryology.** n.// **embryonic.** a. embrionario.
emend. tr. enmendar.// **emendation** n. (emendéishon). n. enmienda.
emerald. n. esmeralda.
emerge (emérdch). i. emerger, surgir.
emergency (eméryenci). n. emergencia.
emeritus. a./n. emérito.
emery. n. **1.** esmeril. **2.** *e. board:* lima para uñas.
emigrant. a./n. emigrante.// **emigration.** n.// **emigré.** n. emigrado.
eminence (éminens). n. eminencia.// **eminent.** a.
emir. n. emir.
emissary (émiseri). n. emisario.
emission (emíshon). n. emisión.// **emit.** tr. emitir.
emolument (emóliument). n. emolumento.
emotion. n. emoción.// **emotional.** a.
emperor. n. emperador.
emphasis (émfasis). n. énfasis.// **emphasize.** tr. enfatizar.// **emphatic.** a.
empire (émpire). n. imperio.
empirical. a. empírico.// **empiricism.** n. empirismo.
employ. 1. n. empleo. **2.** tr. emplear.// **employee.** n. empleado.// **employer.** n. empleador.// **employment.** n. empleo.
empower (empáuer). tr. autorizar.
empress. n. emperatriz.
empty. a. **1.** vacío. **2.** desprovisto. **3.** hueco.// tr. **1.** vaciar(se). **2.** dejar vacío. **3.** *to e. into:* desembocar en.// **emptiness.** n. vacío; vacuidad.
emulate (émiuleit). tr. emular.// **emulation.** n.
emulsify (emólsifai). tr. emulsionar.// **emulsion.** n.
enable (anáibl). tr. permitir, habilitar.
enact (enáct). tr. **1.** promulgar. **2.** representar (teatro).// **enactment.** m. promulgación; representación.
enamel. n. esmalte.
enamor. tr. enamorar.
encamp. i. acampar.// **encampment.** n. campamento.
encase (enkéis). tr. encajar, embutir.
enchant. tr. encantar.// **enchanter.** m. hechicero.// **enchanting.** a encantador.// **enchantment.** n. hechizo, encanto.// **enchantress.** n. hechicera.
encircle. tr. circundar, rodear.
enclose (enklóus). tr. **1.** encerrar. **2.** incluir.// **enclosure.** n. **1.** cerco. **2.** vallado. **3.** anexo, adicional.
encomium. n. encomio.

encore (ánkor). bis (repetición).

encounter (enkáunter). tr. encontrar.// n. encuentro.

encourage (enkéradch). tr. animar, dar coraje.// **encouragement.** n. estímulo, aliento.

encumber (encómber). tr. **1.** recargar, estorbar. **2.** gravar.// **encumbrance.** n. **1.** estorbo. **2.** gravamen.

encyclical. n. encíclica.

encyclopedia (ensaiclopídia). n. enciclopedia.

end. n. **1.** fin, final. **2.** extremo, punta. **3.** desenlace. **4.** *at the e.:* al cabo de. **5.** *in the e.;* al fin, al final. **6.** *on e.:* incesantemente. **7.** pl. *to make e. meet:* hacer alcanzar el dinero. **8.** *to what e.?:* ¿con qué fin?// i./tr. **1.** terminar(se), concluir(se). **2.** destruir. **3.** *e. up:* terminar, ir a parar.

endanger (endéinger). tr. poner en peligro.

endear (endír). i. **1.** hacerse querer. **2.** encariñarse.// **endeary.** a. atractivo, querible.

endeavor. n. esfuerzo, intento.// i. intentar.

endemic. 1. a. endémico. **2.** n. endemia.

ending. n. terminación.

endless. a. interminable, sinfin.

endmost. a. último, extremo.

endorse (endórs). tr. **1.** endosar. **2.** apoyar. **3.** sancionar.// **endorsement.** n. **1.** endoso. **2.** sanción. **3.** apoyo.

endow (endáu). tr. dotar.// **endowment.** n. **1.** dotación. **2.** talento.

endurance (endúrans). n. duración, resistencia.// **endure.** i. durar; resitir.

enema (énema). N. enema.

enemy. a./n. enemigo.

energetic (eneryétic) a. enérgico.// **energize** (eneryáis). **1.** dar energía. **2.** vigorizar. **3.** *Elect.* excitar.// **energizer.** n. excitador.// **energy.** n. energía.

enfeeble (enfíble). tr. debilitar.

enfold. tr. envolver; abrazar.

enforce (enfórs). tr. imponer, hacer cumplir.// **enforcement.** n. **1.** imposición. **2.** *Der.* ejecución.

enfranchise (enfránchais). tr. **1.** liberar. **2.** dar franquicia. **3.** otorgar derechos políticos.

engage (enguéidch). tr. **1.** emplear, contratar. **2.** comprometer(se). **3.** librar (batallas). **4.** *Mec.* embragar; engranar.// **engagement.** n. **1.** contrato. **2.** compromiso. **3.** cita. **4.** combate. **5.** *Mec.* engranaje.// **engaging.** a. atractivo, agraciado.

engender (enyénder). tr. engendrar.

engine (ényin). **1.** máquina, motor. **2.** locomotora.// **engineer.** n. **1.** ingeniero. **2.** maquinista.// **engineering.** n. ingeniería.

English (inglish). a./n. inglés.

engorge (engórdch). tr. devorar, engullir.

engrave (ingráiv). grabar, cincelar, imprimir.// **engraver.** n. tallador.// **engraving.** n. **1.** tallado, grabado. **2.** clisé.

engulf (engólf). tr. **1.** rodear. **2.** absorber.

enhance (enjáns). tr. **1.** aumentar. **2.** realzar.// **enhancement.** n. aumento; realce.

enigma. n. enigma, adivinanza.

enjoin (inyóin). mandar; prohibir.

enjoy (inyói). tr. **1.** gozar, disfrutar. **2.** gustar de.// **enjoyable.** a. agradable, encantador, divertido.// **enjoyment.** n. goce, disfrute, usufructo.

enlarge (inlárdch). tr. agrandar, ensanchar, ampliar (foto).// **enlargement.** m. extensión, expansión, ampliación (foto).

enlighten (enláiten). tr. iluminar, esclarecer.// **enlightenment.** n. iluminación, esclarecimiento.

enlist (enléist). tr. alistar(se), enganchar(se).// **enlistment.** n. alistamiento, reclutamiento.

enliven (enláivn). tr. avivar, animar.

ennoble (énoubl). tr. ennoblecer.

enormity (inórmiti). n. enormidad; atrocidad.// **enormous.** a. enorme.

enough (inóf). a./adv.1 suficiente, bastante. **2.** *sure e.:* sin duda.

enquire (inkuáir). tr. averiguar, inquirir, investigar.// **enquiry.** n. inquisidor.

enrage (enreidch). tr. enfurecer.

enrapture (enrápcher). i. embelesar(se).

enrich. i./tr. enriquecer.// **enrichment.** n. enriquecimiento.

enroll (enróul). tr. alistar, matricular.// **enrollment.** n. inscripción; registro.

ensemble (ansámbl). n. conjunto, ensamble.

ensign (énsain). n. **1.** divisa, enseña. **2.** alférez.

enslave (ensléiv). tr. esclavizar.// **enslavement.** n. esclavitud.

ensnare (insnér). tr. atrapar, engañar.

ensure (enshúr). tr. asegurar.

entail (entéil). tr. **1.** ocasionar. **2.** *Der.* vincular.

entangle (entángl). tr. enredar.// **entanglement.** n. enredo.

enter. tr. **1.** entrar, ingresar. **2** salir a escena. **3.** matricular. **4.** anotar. **5.** *e. on.:* emprender.

enterprise (énterpráis). n. empresa.// **enterprising.** a. emprendedor.

entertain (entertéin). tr. **1.** entretener, distraer, divertir. **2.** agasajar.// **entertainer.** n. **1.** anfitrión. **2.** animador.// **entertaining.** a. entretenido.// **entertainment.** n. **1.** agasajo. **2.** entretenimiento, diversión.

enthrall (endzról). tr. cautivar, dominar.

enthrone (endzróun). tr. entronizar.

enthusiasm. n. entusiasmo.// **enthusiast.** a./n.

entice (entáis). tr. atraer seducir.// **enticement.** n. **1.** tentación. **2.** aliciente.

entire (entáier). a. entero, completo.// **entirety.** n. totalidad, entereza.

entitle (entáitl). **1.** i. intitular. **2.** tr. titular; tener o dar derecho.

entity (éntiti). n. entidad.

entomb (entúmb). tr. sepultar.// **entombment.** n. sepultura.

entourage (anturádch). n. séquito.

entrails (éntreils). n. pl. entrañas.

entrance (éntrans). n. entrada, ingreso, admisión.

entreat (entrít). i. suplicar.// **entreaty.** n. súplica.

entrench (intrénch). i. atrincherar(se).

entrepreneur (antreprenér). n. empresario.

entrust (entróst). tr. encargar, recomendar.

entry. n. **1.** entrada. **2.** anotación.

entwine (intuáin). tr. entretejer.

enumerate (enúméréit). tr. enumerar.// **enumeration.** n.

enunciate (inónciéit). tr. enunciar.// **enunciation.** n.

envelope (énveloup). n. sobre, cubierta.// **envelopment.** n. envoltorio, envoltura.

environment (envéairenment). n. medio ambiente.

envoy. n. enviado, representante.

envy. n, envidia.// tr. envidiar.

enzyme (énzaim). n. enzima.

epaulet (épolet). n. charretera.

ephemeral (efémeral). a. efímero.

epic. a. épico.// n. epopeya.

epidemic. a. epidémico.// n. epidemia.

epidermical. a. epidérmico.// **epidermis.** n. epidermis.

epigraph (epígraf). n. epígrafe.

epilepsy. n. epilepsia.// **epileptic.** a./n. epiléptico.

epilogue (épilog). n. epílogo.

episcopal (ipískopel). a episcopal.// **episcopalian.** n. episcopal (protestante).

episode (épisod). n. episodio.

epistemology (ipístemoloyi). n. epistemología.

epistle (ipísel). n. epístola.

epitaph (épitaf). n. epitafio.

epithet (épitet). n. epíteto.

epitome (epítomi). n. epítome.

epoch (épok). n. época, era.

equable (ékuabl). **1.** invariable, igual. **2.** calmo.

equal (íkual). **1.** a. igual, parejo.// tr. **1.** ser igual a. **2.** igualar.// n. **1.** igual. **2.** e. *sign*: signo igual.// **equality.** n. igualdad.// **equalize.** i./tr. igualar, equilibrar.

equanimity. n. ecuanimidad.

equate (ikuéit). tr. **1.** igualar. **2.** *Mat.* poner en ecuación. **3.** i. ser iguales.// **equation.** n. ecuación.

equator (ekuéiter). n. ecuador.// **equatorial.** a. ecuatorial.

equestrian (ekuéstrien). a. ecuestre.

equidistance (ekidístans). n. equidistancia.// **equidistant.** a.

equilateral. a. equilátero.

equilibrium. n. equilibrio.

equinox (íkuinaks). n. equinoccio.

equip (ekúip). tr. equipar.// **equipment.** n. equipo; accesorios.

equitable (ékuitabl). a. equitativo.

equity (ékuiti). n. **1.** equidad. **2.** *Com.* patrimonio neto.

equivalence (ekúivalens). n. equivalencia.// **equivalent** a.

equivocal (ekúivocal). a. equívoco.

era (íra). n. era, época.

eradicate (irádikeit). tr. erradicar, extirpar.

erase (iréis). tr. borrar.// **eraser.** n. borrador.// **erasure.** n. borradura.

erect. tr. **1.** erguir. **2.** erigir.// a. erguido, erecto.// **erection.** n.

erg. n. ergio.

ermine (érmin). n. armiño.

erode (iróud). i./tr. corroer (se), desgastar (se), erosionar.// **erosion.** n.

erotic. a. erótico.// **eroticism.** n. erotismo.

err. i. errar, vagar.

errand. n. encargo, mandado.

errant. a. errante.

errata. n. pl. erratas.

erratic. a. errático, irregular, excéntrico.

erratum. n. errata.

erroneous (iróneos). a. erróneo, falso.

error (éror). n. error.

erudite (érudait). n. erudito.// **erudition.** n. erudición.

erupt (irópt). i. hacer erupción.// **eruption.** n.// **eruptive.** a.

erysipelas. n. erisipela.

escalade (iskaleid). tr. escalar,

escalate (eskaléit). tr. intensificar.

escapade (éskapeid). n. escapada, aventura.// **escape.** tr. **1.** escapar(se). **2.** filtrarse.// n. huida.// **escapement.** n. escape.

eschew (eschiú). i. huir de, evitar.

escort (eskórt). tr. escoltar.// n. escolta, acompañante.

escutcheon (eskóchn). n. escudo de armas.

Eskimo (éskimou). a./n. esquimal.

esoteric. a. esotérico.

especial (espéshl). a. especial.

espionage (espionádch). n. espionaje.

esplanade (esplanád). n. explanada.

espousal (espáusal). n. boda, esponsales.// **espouse.** tr. **1.** casarse. **2.** abogar por.

espy (espái). tr. divisar.

essay (ései). n. **1.** ensayo. **2.** intento.// **essay** (eséi). tr. ensayar, intentar.// **essayist.** n. ensayista.

essence (ésens). n. esencia.// **essential.** a. esencial.

establish. i./tr. establecer(se).// **establishment.** n. **1.** establecimiento. **2.** clase gobernante.

estate (estéit). n. **1.** estado. **2.** hacienda. **3.** bienes. **4.** propiedad.

esteem (estím). n. estima.// tr. estimar, juzgar.

esthetics (esdzétiks). n. estética.

estimable (éstimabl). a. estimable.// **estimate** (estimeit). tr. estimar.// n. estimación.// **estimation.** n. cálculo, opinión.

estrange (estréindch). tr. alejar, enemistar.// **estrangement.** n. alejamiento, desaveniencia.

estuary (éstiuéri). n. estuario.

eternal (itérnal). a. eterno.// **eternity.** n. eternidad.

ether (ídzer). n. éter.// **ethereal.** a. etéreo.

ethical (édzikal). a. ético.// **ethics.** n. ética.

ethnic (édznik). a étnico.// **ethnology.** n. etnología.

ethyl (édzil). n. etilo.// **ethylene.** n. etileno.

etiquette (étiket). n. etiqueta.

etimology (etimáloyi). n. etimología.// **etimologic.** a. etimológico.

eucalyptus (iukalíptes). n. eucalipto.

Euclidean (iuklídian). a. euclidiano.

eulogize (iúloyais). tr. elogiar.// **eulogy.** n. elogio.

eunuch (iúnok). n. eunuco.

euphemism (iúfemism). n. eufemismo.

euphony (iúfani). n. eufonía.

euphoria (iúforia). n. euforia.

European (iúropian). a./n. europeo.

evacuate (ivákiueit). tr. evacuar.// **evacuation** n. evacuación.

evangelical (ivanyélikal). a. evangélico.// **evangelism.** n.// **evangelist.** n.// **evangelize.** tr. evangelizar.

evaporate (iváporeit). i./tr. evaporar(se).// **evaporation.** n.

evasion (ivéishon). n. **1.** evasión. **2.** evasiva.// **evasive.** a.

eve (ív). n. víspera.

even (ívn). a. **1.** plano, llano. **2.** igual. **3.** *Mat.* par. **4.** equitativo. **5.** *to be e.:* estar mano a mano. **6.** *to get e.:* desquitarse.// adv. **1.** exactamente, justo cuando. **2.** aun, hasta, incluso. **3.** *e. so:* aun así. **4.** *e. now:* ahora mismo.// i./tr. **1.** emparejar(se), nivelar(se). **2.** *Sp. e. up the score:* empatar, igualar; fam. ajustar cuentas.

evenhanded (ívnjánded). a. imparcial.

evening (ívning). n. **1.** tarde, noche. **2.** anochecer. **3.** *e. dress:* traje de etiqueta (hombres); traje de noche (mujeres). **4.** *e. perfomance:* función de noche. **5.** *good e!:* ¡buenas tardes!; ¡buenas noches! (después de la puesta del sol).

evenly (ívnli). adv. **1.** llanamente, suavemente. **2.** equitativamente.

evenness (ívness). n. **1.** uniformidad. **2.** imparcialidad.

event (ivént). n. **1.** suceso, evento. **2.** *at all e.:* en todo caso. **3.** *in the e. of:* en caso de.// **eventual.** a. **1.** eventual. **2.** final.// **eventuality.** n. eventualidad.// **eventually.** adv. **1.** eventualmente. **2.** finalmente.

ever. adv. **1.** siempre. **2.** alguna vez. **3.** *as e:* como siempre. **4.** *better than e.:* mejor que nunca. **5.** *e. since:* desde que. **6.** *e. so happy:* tan feliz. **7.** *e. so little:* tan poco. **8.** *e. so much:* mucho, muchísimo. **9.** *for e. and e.:* por siempre jamás, para siempre.

everglade (évergléid). n. zona pantanosa cubierta de hierba.

evergreen (évergrín). a. perenne.

everlasting. a. perdurable, eterno.

evermore (évermór). adv. para siempre.

every (évri). a. **1.** cada. **2.** todo, todos. **3.** *e. now and then:* de vez en cuando. **4.** *e. other (two):* cada dos, uno por medio.

everybody (évribadi). n. todos, todo el mundo, cada cual.

everyday (évridéi). a. diario.// adv. todos los días, cada día.

everyone (évriuán). n. todos, todo el mundo, cada cual.

everything (évridzing). n. todo, todas las cosas.

every time. adv. cada vez.

everywhere (évriuér). adv. en todas partes, por todos lados.

evict. tr. expulsar, desahuciar.// **eviction.** n. expulsión.

evidence (évidens). n. **1.** evidencia. **2.** prueba. **3.** hechos, datos. **4.** declaración. **5.** *to show e.:* mostrar singnos de.// tr. evidenciar, probar.// **evident.** a. evidente.

evil (ívl). n. mal, perversidad; desgracia.// a. **1.** maligno. **2.** nocivo, pejudicial, pernicioso. **3.** *e. eye:* mal de ojo.

evildoer (ívlduer). n. malhechor.

eviscerate (ivísereit). tr. eviscerar.// **evisceration.** n. evisceración.

evocation (evokéishon). n. evocación.// **evoke** (ivóuk). tr. evocar.

evolution (evolushon). n. evolución.// **evolutionary.** a. **1.** evolucionista. **2.** evolutivo.

evolve (ivólv). tr. desarrollar, desenvolver.

ewe (iú). n. oveja.

exacerbate (eksácerbéit). tr. exacerbar.// **exacerbation.** n.

exact. a. exacto.// tr. exigir, imponer// **exacting.** a. exigente.// **exactly.** **1.** adv. exactamente. **2.** *¡e.!:* ¡exacto!// **exactness.** n. exactitud.

exaggerate (eksáyereit). tr. exagerar.// **exaggeration.** n.

exalt (egsólt). tr. exaltar.// **exaltation.** n.

exam. n. examen.// **examination.** n. **1.** examen. **2.** investigación.// **examine.** tr. **1.** examinar. **2.** revisar. **3.** interrogar.

example (iksámpl). n. ejemplo.

exasperate (igsaspereit). tr. exasperar.// **exasperation.** n.

excavate (ekscaveit). tr. excavar.// **excavation.** n.// **excavator.** n. excavador, excavadora.

exceed (eksíd). tr. **1.** exceder. **2.** aventajar.// **exceedent.** a. excesivo

excellence (ekseléns). n. excelencia.// **excellency.** n. Excelencia (título).// **excellent.** a.// **excelling.** a. admirable.

except (iksépt). prep. **1.** excepto. **2.** *e. for:* si no fuera por.// conj. sino, fuera de que.// tr. exceptuar, excluir.// **excepting.** prep. salvo, fuera de.// **exception.** n. **1.** excepción. **2.** objeción.// **exceptional.** a.

excerpt (ékserpt). n. extracto.// tr. extractar, resumir.

excess. n. **1.** exceso. **2.** excedente.// **excessive.** a. excesivo.

exchange (ekschéindch). tr. **1.** cambiar. **2.** permutar. **3.** comerciar.// n. **1.** cambio, canje. **2.** Bolsa. **3.** *Stock E.:* Bolsa de Valores.

excise (eksáis). tr. cortar, extirpar.

excitable (eksáitabl). a. excitable.// **excite.** tr. excitar.// **excitement.** n. excitación.// **exciting.** a. excitante, emocionante.

exclaim (ekskléim). tr. exclamar.// **exclamation.** n. **1.** exclamación. **2.** *e. point:* signo de exclamación.// **exclamatory.** a.

exclude (eksklúd). tr. excluir.// **exclusion.** n.// **exclusive.** a.

excommunicate (ekskomiúnikeit). tr. excomulgar.// **excommunication.** n. excomunión.

excoriation (ekskorieshon). n. escoriación.

excrement. n. excremento.

excrete (ekskrít). tr. excretar.// **excretion.** n.// **excretory.** a.

excruciate (ekskrúsieit). tr. atormentar.// **excruciating.** a. agudísimo, dolorosísimo.

excursion (ekskershon). n. excursión.

excuse (ekskúis). n. excusa.// tr. excusar, disculpar.

execute (eksekiut). tr. ejecutar.// **execution.** n.// **executioner.** n. verdugo.// **executive.** a/n. ejecutivo.// **executor.** n. ejecutor.

exemplary (eksémplari). a. ejemplar.// **exemplify.** tr. ejemplificar, ilustrar.

exempt. a. exento.// tr. eximir.// **exemption.** n. exención.

exercise (eksérsais). n. ejercicio.// tr. **1.** ejercer. **2.** ejercitar.

exhale (eksjéil). tr. exhalar.// **exhalation.** n. exhalación.

exhaust (eksóst). tr. **1.** vaciar. **2.** agotar, fatigar. **3.** consumir.// n. escape (auto).// **exhaustion.** n. agotamiento.

exhibit (esíbit). tr. exhibir.// **exhibition.** n.// **exhibitor.** n. expositor.

exhort (eksórt). tr. exhortar.// **exhortation.** n,

exhume (ekjiiun). tr. exhumar.// **exhumation.** n.

exigency (eksiyensi). n. exigencia.// **exigent.** a.

exile (éksail). n. **1.** destierro. **2.** desterrado.// tr. desterrar.

exist. i. existir.// **existence.** n.// **existent.** a. existente.

exit. n. salida.

exodus. n. éxodo.

exonerate (eksánereit). tr. **1.** exonerar. **2.** disculpar.// **exoneration.** n.

exorbitant. a. exorbitante.

exorcize (eksórsais). tr. exorcisar.

exotic (eksátik). a. exótico.

expand. tr. ensanchar, extender.// **expanse.** n. espacio, extensión.// **expansion.** n.// **expansive.** a. expansivo.

expatiate (ekspéishiet). tr. extenderse, explayarse.

expatriate (ekspéitrieit). a./n. expatriado.// tr. desterrar.// **expatriation.** n.

expect. tr. **1.** esperar. **2.** fam. suponer.// **expectancy.** n. expectativa.// **expectant.** a. **1.** expectante. **2.** encinta.// **expectation.** n. **1.** espera. **2.** esperanza.

expectorant. n. expectorante.// **expectorate.** n. expectorar.// **expectoration.** n.

expedient (ekspídient). a. oportuno.// n. recurso.

expedite (ekspedait). tr. **1.** acelerar. **2.** expedir.

expedition (ekspedíshon). n. expedición.// **expeditionary.** a./n.

expel. tr. expulsar.

expend. tr. gastar.// **expenditure** (ekspendicher). n. gasto.// **expense.** n. costo, gasto.// **expensive.** a. costoso, caro.

experience (ekspíriens). n. experiencia.// **experienced.** a. experimentado.

experiment. n. experimento.// **experimentation.** n.// **experimental.** a.

expert. a. experimentado.// n. experto.// **expertly.** adv. hábilmente.// **expertness.** n. destreza, pericia.

explate (ekpíeit). tr. expiar.// **explation.** n.

expiration (ekspiréishon). n. expiración.// **expire** (ekspáier). i. expirar.

explain (ekspléin). tr. explicar.// **explanation.** n. explicación.// **explanatory.** a. explicativo.// **explainable.** a. explicable.

explicit. a. explícito.

explode (eksplód). tr. volar, estallar.

exploit. tr. explotar, aprovechar.// **exploitation.** n.

exploiter. n. explotador.

exploration (eksploréishon). n. exploración.// **exploratory.** a.// **explore.** tr. explorar.// **explorer.** n. explorador.

explosion (eksplóshon). n. explosión.// **explosive.** a./n.

exponent (ekspónent). n. **1.** exponente. **2.** expositor.

export. n. exportación.// tr. exportar.// **exportation.** n. exportación.// **exporter.** n. exportador.

expose (ekspós). tr. exponer.// **exposition.** n.// **expository.** a. expositivo.

exposure (ekspóshur). n. **1.** exposición. **2.** descubrimiento. **3.** orientación.

express. a. **1.** explícito. **2.** rápido.// n. expreso.// tr. **1.** expresar. **2.** EE.UU. enviar por expreso.// **expression.** n.// **expressive.** a.

expropriate (eksprópriet). expropiar.// **expropriation.** n. expropiación.

expulsion (ekspólshon). n. expulsión.

expurgate (éksporgueit). tr. purificar.// **expurgation.** n. purificación.

exquisite (ekskúisit). a. **1.** exquisito. **2.** agudo, vivo.

extemporize (ekstemporais). tr. improvisar.

extend. tr. **1.** extender. **2.** prorrogar. **3.** ofrecer.// **extensible.** a. extensible.// **extention.** n. **1.** extensión. **2.** aumento.// **extensive.** a. extendido, amplio.// **extent.** n. extensión, alcance, grado.

extenuate (eksténiueit). tr. atenuar, mitigar.// **extenuation.** n. atenuación.

exterior (ekstírier). a./n. exterior.

exterminate (ekstérmineit). tr. exterminar.// **extermination.** n. exterminio.// **exterminator.** n.

external. a. externo.

extinct. a./n. extinto.// **extinction.** n.// **extinguish.** tr. extinguir, destruir.// **extinguisher.** n. extinguidor.

extirpate (eksterpeit). tr. extirpar.

extort. tr. extorsionar.// **extortion.** n.

extra. a. extraordinario, suplementario; extra.

extract. n. extracto.// tr. **1.** extraer. **2.** extractar.// **extraction.** n. extracción.

extradite (ekstradait). tr. extraditar.// **extradition.** n.

extraordinary (ekstrórdinari). a. extraordinario.

extrasensory. a. extrasensorial.

extravagance. n. **1.** extravagancia. **2.** derroche.// **extravagant.** a. **1.** extravagante. **2.** derrochador.

extreme (ekstrím). a. **1.** extremado. **2.** postrero. **3.** severo.// n. extremo.// **extremely.** adv. extremadamente.// **extremist.** n.// **extremity.** n. **1.** extremidad. **2.** miseria, necesidad.

extrinsic. a. extrínseco.

extrovert. a./n. extrovertido.

exuberance (eksiúberans). n. exuberancia.// **exuberant.** a.

exude (eksúd). tr. exudar, rezumar.// **exudation.** n.

exult (eksólt). tr. exultar; alegrarse.// **exultant.** a.

eye (ai). n. ojo.// tr. mirar, observar.// **eyeball.** n. globo ocular.// **eyebrow.** n. ceja.// **eyeglass.** n. **1.** anteojo. **2.** pl. gafas.// **eyelash.** n. pestaña.// **eyelid.** n. párpado.// **eyesight.** n. vista, alcance visual.// **eyestrain.** n. cansancio visual.// **eyewash.** n. colirio.// **eyewink.** n. guiño.// **eyewitness.** n. testigo ocular.

f (ef). n. sexta letra del abecedario.

fable (faibl). n. **1.** fábula. **2.** mentira, falsedad, cuento.// i. escribir o contar fábulas.

fabric (fábrik). n. **1.** tejido, tela. **2.** fábrica, edificio.// **fabricate** (fábrikeit). tr. **1.** fabricar, construir. **2.** inventar, falsificar.// **fabrication** (fabrikeiyon). n. **1.** fabricación, construcción. **2.** mentira, cuento.// **fabricator.** n. **1.** fabricante. **2.** mentiroso.

fabulous (féibulus). a. fabuloso, estupendo.

face (feis). n. **1.** cara, rostro. **2.** aspecto, cariz. **3.** superficie, faz, lado. **4.** f. down: boca abajo. **5.** f. to f.: cara a cara. **6.** f. up: boca arriba. **7.** in the f. of: frente a. **8.** to lose. f.: perder prestigio.// tr. **1.** mirar hacia, estar orientado a. **2.** estar enfrente de. **3.** enfrentar, arrostrar, hacer frente.

facilitate (fasíliteit). tr. facilitar.// **facility** (fasíliti). n. facilidad.

fact (fakt). n. **1.** hecho. **2.** realidad. **3.** pl. datos. **4.** in f.: de hecho, en realidad. **5.** the facts of life: las cosas de la vida.

factor (fáktor). n. factor, elemento.// **factory.** n. fábrica.

factual (fáktual). a. **1.** objetivo. **2.** real.

faculty (fákulti). n. **1.** facultad, capacidad. **2.** facilidad. **3.** facultad (de una universidad). **4.** autorización.

fade (feid). i. **1.** desteñirse, decolorarse. **2.** apagarse, desvanecerse, desaparecer. **3.** fundirse.// f. in: Cine. fundido de apertura.// f. out.: Cine. fundido de cierre.// **fading.** **1.** desvanecimiento. **2.** Cine. fundido.

fail (feil). n. falta.// i. **1.** fallar. **2.** fracasar. **3.** ser suspendido (en exámenes).// **failing.** n. **1.** defecto. **2.** flaqueza, debilidad. **3.** Com. quiebra.// **failure.** n. **1.** fracaso. **2.** avería, rotura. **3.** incumplimiento. **4.** Med. ataque.

fair (feir). a. **1.** bello, hermoso. **2.** rubio. **3.** blanco. **4.** justo, equitativo. **5.** honrado, íntegro. **6.** amable, bueno. **7.** leal, limpio. **8.** f. play: juego limpio. **9.** f. sex: bello sexo.// adv. **1.** exactamente, justo. **2.** cortésmente. **3.** francamente.// n. feria.

fairy (feiri). n. hada.// adv. **1.** de hadas. **2.** encantador.// f. tale: cuento de hadas.

faith (feit). n. **1.** confianza. **2.** fe. **3.** in bad, in good f.: de mala, de buena fe. **4.** in f.: en verdad. **5.** upon my f.: a fe mía.// **faithful.** a. **1.** fiel. **2.** fidedigno.// **faithfulness.** n. fidelidad.// **faithless.** a. desleal, infiel.

fake (feik). n. **1.** falsificación. **2.** impostor.// a. **1.** falso. **2.** fingido.// tr./i. falsificar.

falcon (falcon). n. halcón.

fall (fol). n. **1.** caída. **2.** derrumbamiento. **3.** baja, disminución. **4.** declive, pendiente. **5.** otoño. **6.** pl. cascada, cataratas. **7.** free f.: caída libre.// i. **1.** caer. **2.** bajar, descender. **3.** desembocar. **4.** quebrar. **5.** to f. in love with: enamorarse de. **5.** to f. back: caerse de espaldas. **6.** to f. to: ponerse a, empezar a.// **falling** (folin). n. **1.** caída. **2.** f. star: estrella fugaz.// **fallen** (folen). a. **1.** caído. **2.** perdido.

false (fols). a. **1.** falso. **2.** erróneo. **3.** mal entendido. **4.** postizo. **5.** f. alarm: falsa alarma. **6.** f. ceiling: cielo raso. **7.** f. step: paso en falso.// adv. hipócritamente.// **falsehood** (fólsjud). n. falsedad, mentira.

fame (feim). n. **1.** fama, reputación. **2.** to find f.: conseguir fama, triunfar.// **famed.** a. afamado, famoso.

familiar. a. **1.** familiar, conocido. **2.** íntimo.// n. amigo íntimo.// **family.** n. **1.** familia. **2.** The Holy F.: La Sagrada Familia.// a. **1.** familiar. **2.** f. doctor: médico de cabecera. **3.** f. man: padre de familia. **4.** f. name: apellido.

famous (feimus). a. **1.** famoso, célebre. **2.** fabuloso, magnífico.

fan. n. **1.** abanico. **2.** ventilador. **3.** aficionado, admirador. **4.** f. club: club de admiradores.// tr. **1.** abanicar. **2.** agitar. **3.** acariciar.// i. abrirse en abanico.

fanatic (fanátic). a./n. fanático.// **fanaticism.** n. fanatismo.

fancy (fanci). n. **1.** fantasía, imaginación. **2.** capricho, antojo. **3.** idea. **4.** quimera.// a. **1.** de fantasía. **2.** de fantasía. **3.** de lujo. **4.** estrafalario.// tr. **1.** imaginar. **2.** suponer, creer. **3.** apetecer, gustar. **4.** fancy!: ¡imagínese! **5.** f. dress: disfraz.

fang. n. **1.** colmillo. **2.** diente.// **fanged.** con colmillos.

fantastic (fantástik). a. fantástico, imaginario.

fantasy (fántasi). n. **1.** imaginación, fantasía. **2.** capricho. **3.** ensueño.// tr. imaginar, fantasear.

far. adv. **1.** lejos. **2.** f. better: mucho mejor. **3.** as f. as: hasta. **4.** as f. as possible: en lo posible. **5.** f. away: lejos. **6.** f. from: lejos de. **7.** to go f.: llegar lejos.// a. **1.** lejano, remoto. **2.** largo.

farce (fars). n. farsa.

farewell (ferwel). interj. ¡adiós!// n. adiós.// a. **1.** de despedida. **2.** f. party: fiesta de despedida.

farm. n. granja.// a. agrícola.// tr. cultivar, labrar.// **farmer.** n. **1.** agricultor, granjero. **2.** campesino.// **farming.** n. **1.** labranza, cultivo. **2.** agricultura. **3.** cría. **4.** a. agrícola.

farther (farder). a. más lejano.// adv. **1.** más lejos. **2.** más adelante. **3.** además.// **farthest.** a. más lejano.// adv. más lejos.

fascinate (fascineit). tr. fascinar.// **fascinating.** a. fascinante, fascinador.// **fascination.** n. fascinación, hechizo.

fascism (fascism). n. fascismo.// **fascist.** a./n. fascista.

fashion (fayion). n. **1.** manera, modo. **2.** moda. **3.** elegancia. **4.** costumbre. **5.** all the f.: muy de moda. **6.** in f.: de moda. **7.** to be in f.: estar de moda. **8.** woman of f.: mujer elegante.// tr. **1.** moldear. **2.** forjar, hacer. **3.** adaptar.// **fashionable.** a. **1.** de moda. **2.** elegante.

fast (fast). a. **1.** rápido, veloz. **2.** sólido, inalterable. **3.** fiel, constante. **4.** seguro, firme. **5.** f. woman: mujer fresca.// adv. **1.** rápidamente. **2.** firmemente. **3.** profundamente, completamente.// n. **1.** ayuno. **2.** f. day: día de ayuno.// i. ayunar.// i./tr.

fasten. fijar(se), afirmar(se)

fat (fat). a. **1.** grueso, gordo, obeso. **2.** que tiene mucha grasa. **3.** fértil. **4.** lucrativo. **5.** torpe. **6.** to grow f.: engordar.// n. **1.** grasa, carnes. **2.** sebo.

fatal (fatal). a. **1.** mortal. **2.** fatal, funesto.// **fatalism.** n. fatalismo.// **fatalist.** a./n. fatalista.// **fatality.** n. **1.** calamidad, desgracia. **2.** muerte. **3.** muerto, víctima. **4.** fatalidad.

fate (feit). n. **1.** destino. **2.** muerte.// tr. **1.** predestinar. **2.** condenar.// **fateful.** a. **1.** profético. **2.** fatídico.

father (fader). n. **1.** padre. **2.** padre, sacerdote. **3.** God the F.: Dios Padre. **4.** The Holy F.: El Santo Padre. **5.** Our F.: Padre Nuestro.// tr. **1.** engendrar. **2.** ser autor de.// **fatherhood.** n. paternidad.// **father-in-law.** n. suegro.// **fatherland.** n. patria, madre patria.// **fatherless.** a. **1.** huérfano de padre. **2.** sin padre, bastardo.

fault (folt). n. **1.** culpa. **2.** defecto. **3.** falta.// tr. criticar.// **faulty.** a. **1.** malo. **2.** erróneo.

fauna (fona). n. fauna.

favorite (féivorit). a./n. **1.** favorito. **2.** f. son: hijo predilecto.

favour (féivor). n. **1.** favor. **2.** favoritismo. **3.** obsequio. **4.** permiso.// tr. **1.** favorecer. **2.** apoyar. **3.** obsequiar.// **favourable.** a. favorable, propicio.

fay (fei). n. hada.

fear (fiar). n. **1.** miedo. **2.** f. of God: miedo de o a Dios. **3.** for f. of: por miedo a. **4.** to be in f. of: tener miedo a.// tr./i. temer, tener miedo.// **fearful.** **1.** espantoso, horrible. **2.** temeroso.// **fearless.** a. audaz, valiente.

feast (fist). n. **1.** fiesta religiosa. **2.** banquete.// tr. agasajar, festejar.// i. **1.** deleitarse. **2.** banquetear.

feather (feder). n. **1.** pluma. **2.** pestaña, reborde.// tr. **1.** emplumar. **2.** adornar.// i. cubrirse de plumas.// **feathered.** a. **1.** emplumado. **2.** alado. **3.** veloz, ligero.

feature (fichur). n. **1.** característica. **2.** rasgo. **3.** figura. **4.** película de largometraje. **5.** pl. rostro, facciones.// tr. **1.** presentar un film o un actor. **2.** describir. **3.** destacar.// **featured.** a. destacado.

febrile (fibrail). a. febril.

fecundate (fécundeit). tr. **1.** fecundar. **2.** fertilizar.// **fecundation.** n. fecundación.

feed (fid). n. **1.** comida. **2.** pienso. **3.** comilona. **4.** mineral bruto.// tr. **1.** dar de comer, alimentar. **2.** dar de mamar, amamantar. **3.** acrecentar.// **feedback.** n. **1.** realimentación, retroalimentación. **2.** reacción.// **feeder.** n. **1.** alimentador. **2.** biberón. **3.** río afluente.// **feeding.** n. comida, alimentación.

feel (fil). n. **1.** tacto. **2.** sensación.// tr. **1.** tocar. **2.** mirar. **3.** sentir. **4.** tantear, sondear.// i. **1.** sentir. **2.** parecer. **3.** to f. like death: sentirse muy mal. **4.** to f. up to: sentirse capaz de.// **feeling.** n. **1.** sentimiento. **2.** sensación. **3.** opinión, parecer. **4.** ternura. **5.** emoción. **6.** tacto. **7.** pl. good f.: buenos sentimientos.// a. sensible.

felicity (felíciti). n. **1.** felicidad. **2.** idea feliz. **3.** expresión feliz.

fellow (felou). n. **1.** chico. **2.** hombre. **3.** persona. **4.** compañero. **5.** colega. **6.** socio. **7.** poor f.: pobre diablo. **8.** old f.: viejo amigo. **9.** young f.: joven.// **fellowship.** n. **1.** comunidad. **2.** compañerismo. **3.** asociación.

felt (felt). n. fieltro.// a. de fieltro.// tr. cubrir con fieltro.

female (fímeil). a. **1.** hembra. **2.** femenino.// n. **1.** hembra. **2.** mujer.

fence (fens). n. **1.** cerca, empalizada. **2.** sitio donde se ocultan objetos robados. **3.** esgrima.// i. practicar esgrima.// tr. **1.** cercar, vallar. **2.** proteger.// **fencing.** n. **1.** esgrima. **2.** vallado.

ferry (ferri). n. **1.** trasbordador.// tr. transportar.// **ferryman.** n. barquero.

fertile (fértail). a. **1.** fértil, feraz. **2.** abonado.// **fertility.** n. fertilidad, fecundidad.// **fertilization.** n. fecundación.

fester (féster). n. **1.** pústula.// i. supurar.// tr. envenenar.

festival (féstival). n. **1.** fiesta. **2.** festival.// a. de fiesta, festivo.

fetch (fetch). n. estratagema.// tr. **1.** buscar. **2.** atraer.// i. navegar.// **fetching.** a. atractivo.

fetus (fítus). n. feto.

feudal (fiudl). a. feudal.// **feudalism.** n. feudalismo.

fever (fíver). n. **1.** fiebre. **2.** scarlet. f.: escarlatina.// tr. **1.** dar fiebre. **2.** apasionar, inflamar.// **feverish.** a. febril.

few (fiu). a. **1.** poco. **2.** raro. **3.** a f.: algunos.// n. **1.** minoría. **2.** pocos. **3.** not a f.: muchos.// **fewer.** a. comp. menos.// **fewest.** a. superl. menos.

fiancé. m. novio.// **fiancée.** f. novia.

fibre o **fiber** (fáiber). n. **1.** fibra. **2.** carácter.// textile f.: fibra textil.// **fibreglass** o **fiberglass.** n. fibra de vidrio.

fiction (fikyon). n. **1.** ficción. **2.** novela. **3.** género novelístico. **4.** fact and f.: la realidad y la ficción.// **fictional.** a. **1.** ficcional, novelesco. **2.** ficticio.

fiddle (fidl). n. **1.** violín. **2.** trampa.// i./tr. **1.** tocar el violín. **2.** hacer trampa.// **fiddler.** n. **1.** violinista. **2.** tramposo.

fidelity (fidéliti). n. **1.** fidelidad. **2.** high f.: alta fidelidad.

field (fild). n. **1.** campo. **2.** yacimiento. **3.** sector, esfera. **4.** f. hospital: hospital de campaña. **5.** f. of battle: campo de batalla. **6.** f. of medicine: campo de la medicina.

fierce (firs). a. **1.** feroz. **2.** cruel. **3.** violento. **4.** furioso.// **fierceness.** n. **1.** ferocidad, fiereza. **2.** crueldad.

fifteen (fiftín). a./n. quince.// **fifteenth.** a./n decimoquinto; quince (en fechas).// **fifth** (fift). a./n. quinto; cinco (en fechas).// **fifty.** a./n. cincuenta.

fight (fait). n. **1.** lucha, pelea. **2.** batalla, combate.// tr./i. **1.** pelearse con. **2.** discutir. **3.** *f. back:* rechazar. **4.** *f. down:* reprimir.// **fighter.** n. combatiente, luchador.

figure (fígur). n. **1.** cifra, número. **2.** precio. **3.** figura. **4.** dibujo. **5.** forma. **6.** *f. of speech:* figura retórica. **7.** *to have a good f.:* tener buena presencia.// tr. **1.** representar. **2.** imaginar. **3.** *figured language:* lenguaje figurado.// i. hacer cálculos.

file (fail). n. **1.** lima. **2.** ficha. **3.** fichero, archivo. **4.** fila. **5.** *in f.:* en fila. **6.** *Indian f.:* fila india. **7.** *to be on f.:* estar archivado.// tr. **1.** limar. **2.** archivar, clasificar.// i. marchar en fila.// **filer.** n. limador. **2.** archivero.

fill (fil). n. **1.** hartura. **2.** terraplén.// tr. **1.** llenar. **2.** ocupar. **3.** cumplir con.// i. **1.** llenarse. **2.** *f. out:* rellenar.// **filling.** n. **1.** relleno. **2.** trama.

film (film). n. **1.** película, capa. **2.** filme. **3.** cine. **4.** *to make a f.:* hacer una película. **5.** *f. industry:* industria cinematográfica.// tr./i. **1.** rodar, filmar. **2.** cubrir con una película.

filter (fílter). n. filtro.// tr./i. filtrar.// **filtering.** n. filtración.// a. filtrante.

final (fáinal). a. **1.** último, final. **2.** decisivo.// n. **1.** final. **2.** pl. exámenes finales.// **finally.** adv. finalmente, definitivamente.

finance (fináns). n. **1.** finanzas. **2.** fondos.// tr. financiar.// **financial.** a. **1.** financiero. **2.** económico.

find (faind). n. hallazgo, descubrimiento.// tr. **1.** encontrar, hallar. **2.** facilitar.// **finding.** n. descubrimiento.

fine (fain). a. **1.** excelente. **2.** hermoso. **3.** elegante. **4.** agradable. **5.** fino, refinado. **6.** bueno. **7.** puro. **8.** *f. gold:* oro puro. **9.** *f. fellow:* buen mozo. **10.** *that's f.!:* ¡muy bueno!// adv. **1.** finamente. **2.** muy bueno. **3.** *to feel f.:* sentirse bien.// tr./i. purificar, refinar.

finger (fínguer). n. dedo.// tr. tocar.// **fingered.** a. con dedos, digital.// **fingerprint.** n. huella digital.// **fingertip.** n. yema de los dedos.

finish (fínish). n. **1.** fin, final, conclusión. **2.** llegada. **3.** buenos modales.// tr./i. terminar, acabar.// **finished.** a. **1.** terminado, acabado. **2.** consumado, excelente. **3.** agotado, rendido.

finn (fin). n. finlandés.

fire (fair). n. **1.** fuego. **2.** incendio. **3.** estufa. **4.** *forest f.:* incendio forestal. **5.** *between two f.:* entre dos fuegos. **6.** *f. at will:* fuego a discreción. **7.** *on a slow f.:* a fuego lento.// interj. ¡fuego!// tr./i. **1.** disparar. **2.** prender. **3.** inflamar. **4.** calentar. **5.** explotar. **6.** funcionar.// **firefly.** n. luciérnaga.// **fireman.** n. bombero.// **fireplace.** n. chimenea.// **fireproof.** a. no inflamable, incombustible.// **firestone.** n. pedernal, piedra refractaria.// **firework.** n. fuego de artificio.

firm (firm). a. **1.** firme, sólido. **2.** estable.// adv. firme.// n. **1.** afirmar, afianzar.// i. ponerse firme.// **firmly.** adv. firmemente, sólidamente.

first (ferst). a. **1.** primero. **2.** básico. **3.** elemental. **4.** *at f. hand:* de primera mano. **5.** *a f. sight:* a primera vista.// adv. **1.** por primera vez. **2.** en primer lugar. **3.** *f. of all:* en primer lugar.// n. **1.** primero. **2.** sobresaliente. **3.** *at f.:* al principio.// *f. aid.* n. primeros auxilios.// *f. class.* a. de primera clase o calidad.// *f. name.* n. nombre de pila.

fish (fish). n. **1.** pez, pescado. **2.** *poor f.:* pobre hombre.// i. **1.** pescar. **2.** buscar.// *f. bone.* n. espina de pescado.// **fisher.** n. **1.** pescador. **2.** barco pesquero.// **fisherman.** n. pescador.// **fishing.** n. **1.** pesca. **2.** a. de pesca, pequero. **3.** *f. line:* sedal. **4.** *f. net:* n. red de pesca.

fist (fist). n. **1.** puño. **2.** mano.// tr. **1.** dar puñetazos. **2.** asir.

fit (fit). a. **1.** conveniente, apropiado. **2.** apto. **3.** capacitado. **4.** digno. **5.** *to get fit:* entrenarse.// n. **1.** arrebato. **2.** ataque, acceso.// tr. **1.** capacitar. **2.** adaptar. **3.** probar. **4.** encajar, colocar. **5.** *to f. in:* intercalar, meter. **6.** *to f. up:* equipar.// **fitness.** n. **1.** conveniencia, oportunidad. **2.** salud. **3.** aptitud.

five (faiv). a./n. cinco.// *f. o'clock.* adv. las cinco en punto.// *f. year.* a. quinquenal.

fix (fix). n. **1.** aprieto. **2.** situación.// tr. **1.** fijar, asegurar. **2.** determinar, establecer. **3.** arreglar, amañar. **4.** preparar, servir.// **fixation.** n. fijación.// **fixed.** a. **1.** fijo. **2.** amañado. **3.** *f. idea:* idea fija.

fixture (fíxchur). n. **1.** instalación. **2.** artefacto. **3.** programación.

fizz (fiz). n. **1.** burbujeo. **2.** gaseosa.// i. burbujear.

flag. n. bandera.// tr. hacer señales con banderas.// **flagship.** n. buque insignia.

flake (fleik). n. **1.** copo. **2.** trozo, pedazo. **3.** *snow f.:* copo de nieve.// tr. **1.** desconchar. **2.** cubrir de copos.// i. caer en copos.

flame (fleim). n **1.** llama. **2.** brillo. **3.** *in f.:* en llamas.// i. **1.** arder, llamear. **2.** brillar. **3.** encenderse.// **flameproof.** a. a prueba de fuego.

flap (flap). n. **1.** solapa. **2.** aleteo. **3.** chasquido. **4.** alerón. **5.** lóbulo.// tr. **1.** batir. **2.** agitar. **3.** dar una bofetada.// i. **1.** aletear. **2.** ponerse nervioso.

flare (flear). n. **1.** fulgor. **2.** llamarada.// tr. hacer llamear.// i. **1.** llamear. **2.** resplandecer.

flash (flash). a. **1.** chillón. **2.** elegante.// n. **1.** destello, fogonazo. **2.** ráfaga. **3.** ostentación. **4.** noticia de última hora.// tr. **1.** despedir, lanzar. **2.** encender.// i. echar destellos, brillar.// **flashback.** n. *Cine.* escena retrospectiva, racconto.// **flasher.** n. luz intermitente.// **flashlight.** n. linterna.

flat (flat). a. **1.** llano, plano. **2.** uniforme, liso. **3.** categórico, rotundo. **4.** aburrido.// adv. **1.** completamente. **2.** categóricamente.// n. **1.** superficie plana. **2.** piso.// **flatfoot.** n. pie plano.// **flatness.** n. **1.** llanura. **2.** monotonía.

flavour (fléivor). n. **1.** sabor. **2.** aroma. **3.** condimento.// tr. condimentar.

flea (fli). n. pulga.

flesh. n. **1.** carne. **2.** color carne. **3.** *in the f.:* en persona.// tr. **1.** encarnar. **2.** cebar. **3.** *f. eating:* a. carnívoro.

flexible (fléxibl). a. flexible, elástico.

flick. n. **1.** golpecito. **2.** chasquido.// tr. **1.** chasquear. **2.** dar un capirotazo.// **flicker.** n. parpadeo.

flight (flait). n. **1.** vuelo. **2.** recorrido. **3.** escuadrilla. **4.** *in f.:* en vuelo. **4.** *to take f.:* alzar el vuelo.// i. volar.

fling. n. **1.** lanzamiento. **2.** baile.// tr. **1.** lanzar, arrojar. **2.** *f. down:* tirar al suelo. **3.** *f. up:* abandonar.

flip (flip). n. **1.** capirotazo. **2.** golpe. **3.** vuelo.// tr. **1.** dar un capirotazo. **2.** *f. a coin:* echar a cara o cruz.// **flipper.** n. **1.** aleta. **2.** juego mecánico.

flirt (flert). n. coqueteo.// i. coquetear.

flit. n. revoloteo.// i. revolotear.

float (flout). n. **1.** flotador. **2.** vejiga natatoria. **3.** carroza.// i. flotar.// tr. hacer flotar, poner a flote.// **floatation.** n. flotación.// **floating.** a. flotante.// n. flotación.

flock (flok). n. **1.** bandada. **2.** rebaño. **3.** muchedumbre.// i. **1.** congregarse, reunirse. **2.** *f. in:* entrar en tropel.

flood (flud). n. **1.** inundación. **2.** torrente. **3.** pleamar. **4.** *Rel.* Diluvio.// tr. **1.** inundar, anegar. **2.** irrigar.// i. desbordar.

floor (flor). n. **1.** suelo, piso. **2.** *ground f.:* planta baja.// tr. echar al suelo.// **f. lamp.** n. lámpara de pie.

flour (flauer). n. harina.// tr. enharinar.

flourish (flurish). n. **1.** ostentación. **2.** ademán. **3.** floreo.// i. florecer.// tr. **1.** agitar. **2.** hacer alarde.

flow (flau). n. **1.** flujo. **2.** chorro. **3.** circulación. **4.** torrente. **5.** curso. **6.** movimiento. **7.** fluidez.// i. **1.** fluir. **2.** circular. **3.** manar, correr. **4.** *f. back:* refluir. **5.** *f. with:* abundar en.

flower (flauer). n. **1.** flor. **2.** *f. girl:* florista. **3.** *f. shop:* florería.// i. florecer.// tr. adornar con flores.// **flowering.** n. floración, florecimiento.// a. floreciente.

fluid. n. fluido.// a. **1.** fluido. **2.** variable.

flush (flush). n. **1.** sofoco. **2.** arrebol. **3.** arrebato, brote.// a. **1.** a nivel. **2.** empotrado. **3.** crecido. **4.** abundante. **5.** ruboroso.// adv. al mismo nivel.// i. **1.** ruborizarse. **2.** resplandecer.// tr. **1.** limpiar con agua. **2.** inundar. **3.** nivelar.

flute (flut). n. **1.** flauta.// i. tocar la flauta.// **flutist.** n. flautista.

fly (flai). n. **1.** vuelo. **2.** mosca. **3.** *to catch f.:* papar moscas.// i. **1.** volar. **2.** ir en avión. **3.** huir, escapar.// tr. **1.** echar a volar. **2.** pilotar. **3.** *f. about:* revolotear. **4.** *f. past:* desfilar.// **flying.** a. **1.** volador. **2.** rápido. **3.** de vuelo.// n. **1.** vuelo. **2.** aviación, pilotaje.// **f. boat.** n. hidroavión.// **f. fish.** n. pez volador.// **f. saucer.** n. plato volador.

foam (foum). n. espuma.// i. espumar.// **foaming.** a. espumoso.

focus (focus). n. **1.** foco. **2.** epicentro. **3.** *fixed f.:* foco fijo. **4.** *out of f.:* fuera de foco.// tr. **1.** enfocar. **2.** fijar, concentrar. **3.** i. converger.// **focusing.** n. **1.** convergencia. **2.** enfoque.

fog (fog). n. niebla, bruma.// tr. **1.** envolver en niebla. **2.** velar.// i. empañarse.// **foggy.** a. brumoso, nebuloso.

foil (foil). n. **1.** lámina fina de metal. **2.** azogue.// tr. **1.** chapar. **2.** hacer fracasar.// **f. paper.** n. papel de aluminio.

fold (fauld). n. **1.** redil. **2.** pliegue. **3.** arruga.// tr. **1.** acorralar. **2.** plegar, doblar. **3.** envolver.// i. **1.** plegarse. **2.** fracasar. **3.** quebrar.// **folder.** n. **1.** carpeta. **2.** folleto.// **folding.** a. plegable.// *f. screen:* biombo.// n. *Geol.* plegamiento.

folk (foulk). n. **1.** gente. **2.** pueblo. **3.** pl. amigos.// a. popular.// **folklore.** n. folclore.// **f. music.** n. música popular.

follow (folou). n. **1.** continuación. **2.** carambola.// tr./i. **1.** seguir. **2.** perseguir. **3.** dedicarse a, ejercer. **4.** *f. through:* llevar a cabo.// **follower.** n. seguidor, partidario.// **following.** a. siguiente.// n. partidarios.

font. n. **1.** fuente. **2.** pila.

food (fud). n. **1.** alimento, comida. **2.** comestibles. **3.** suministro. **4.** *f. value:* valor nutritivo.

fool (ful). a./n. **1.** tonto, estúpido. **2.** *don't be a f.:* no seas tonto.// tr. **1.** engañar. **2.** dejar perplejo.// i. bromear.// **foolish.** a. **1.** insensato. **2.** ridículo.

foot (fut). n. **1.** pie. **2.** pata. **3.** paso. **4.** base. **5.** *f. soldier:* infante.// tr. pisar.// i. avanzar.

footage (futash). n. **1.** longitud en pies. **2.** metraje.

football (fútbol). n. **1.** fútbol. **2.** pelota.// **footed.** a. con pie.// **footing.** n. **1.** pie, equilibrio. **2.** colocación. **3.** condición.// **footnote.** n. nota a pie de página.// **footprint.** n. huella, pisada.

for (for). prep. **1.** para. **2.** por. **3.** de. **4.** *as f.:* en cuanto a. **5.** *f. ever:* para siempre. **6.** *to go f.:* ir a buscar. **7.** *f. what f.?:* ¿para qué?// conj. ya que, puesto que.

forbid (forbid). tr. prohibir.// **forbidden.** a. prohibido.

force (fors). n. **1.** fuerza. **2.** contingente. **3.** *brute f.:* fuerza bruta. **4.** *by f.:* por la fuerza. **5.** *in f.:* en vigor.// tr. **1.** forzar, obligar. **2.** violar. **3.** *f. away:* obligar a alejarse. **4.** *f. back:* hacer retroceder.// **forced.** a. forzado.// **forceful.** a. fuerte.

fore (for). a. delantero.// adv. delante.// n. proa.

forecast (forcast). n. **1.** previsión, pronóstico.// tr. pronosticar.// **forehead.** n. frente.

foreign (forin). a. **1.** extranjero. **2.** exterior. **3.** ajeno. **4.** *f. affairs:* asuntos extranjeros. **5.** *f. debt:* deuda externa.

forest (forist). n. **1.** selva. **2.** bosque.// a. **1.** selvático. **2.** forestal.// tr. poblar de árboles.

forget (forguét). tr. olvidar.// i. tener poca memoria.// **forgotten.** a. olvidado.

forgive (forguív). tr. perdonar.// **forgiveness.** n. **1.** perdón. **2.** indulgencia.

fork (fork). n. **1.** tenedor. **2.** horca. **3.** horquilla. **4.** bifurcación. **5.** zigzag. **6.** diapasón.// tr. cargar con la horca.// i. bifurcarse.// **forked.** a. ahorquillado.

form (form). n. **1.** forma. **2.** figura. **3.** molde.// *f. bad f.:* malos modales.// tr. **1.** hacer. **2.** modelar. **3.** crear. **4.** concebir.// i. tomar forma.// **formal.** a. formal, solemne.// **formality** . n. formalidad, ceremonia.// **formally.** adv. **1.** formalmente. **2.** en debida forma.

former (fórmer). a. **1.** anterior. **2.** antiguo. **3.** pasado.// pron. ése, ésa, aquél, aquélla, el primero, la primera.// **formerly.** adv. **1.** anteriormente. **2.** antiguamente.

forsake (forseik). tr. abandonar, dejar.

forth (forz). adv. en adelante.

fortress (fortris). n. fortaleza.

fortune (fórchun). n. **1.** fortuna. **2.** *f. hunter:* cazador de fortunas.

forty (forti). a./n. cuarenta.

forward (forward). a. **1.** delantero. **2.** avanzado. **3.** impertinente, atrevido.// adv. adelante, hacia adelante.// n. delantero.// tr. expedir, enviar.

fossil (fósil). a./n. fósil.

foul (faul). a. **1.** asqueroso, sucio. **2.** grosero. **3.** peligroso. **4.** atascado. **5.** ilícito.// adv. **1.** sucio, suciamente. **2.** *play f.:* jugar sucio.// n. **1.** choque. **2.** falta.// tr./i. ensuciar.

found (faund). tr. **1.** fundar. **2.** fundamentar. **3.** i. fundarse, basarse.

foundation (faundeishon). n. **1.** fundación. **2.** cimientos.

fount (faunt). n. fuente, manantial.// **fountain.** n. fuente, surtidor.

four (four). a./n. cuatro.// **f. month.** a. cuatrimestral.// **fourteen.** a./n. catorce.// **fourteenth.** a./n. decimocuarto; catorce (en fechas).// **fourth.** a./n. cuarto; cuatro en fechas.

fowl (faul). n. **1.** ave de corral. **2.** gallo. **3.** gallina. **4.** pollo.// i. cazar aves.

fox (fox). m. zorro.// tr. engañar.// **f. hunt.** n. caza de zorros.// **foxtail.** n. cola de zorro.

fracture (frákchur). n. fractura.// tr./i. fracturar.

frame (freim). n. **1.** marco. **2.** cuadro. **3.** armazón, estructura.// tr. **1.** enmarcar. **2.** elaborar, concebir. **3.** adaptar.

franchise (fránchais). n. concesión de licencia.// tr. otorgar una concesión.

frantic (frantik). a. **1.** frenético. **2.** loco.

fraud (frod). n. **1.** fraude, engaño. **2.** impostor.

freak (frik). n. **1.** monstruo. **2.** fenómeno de circo.// a. imprevisto, inesperado.// i. bailar como un loco.

free (fri). a. **1.** libre. **2.** gratis, gratuito. **3.** independiente. **4.** desocupado. **5.** desenvuelto. **6.** autorizado. **7.** *f. admission:* entrada libre. **8.** *for f.:* gratuitamente.// adv. gratuitamente.// tr. **1.** poner en libertad. **2.** desatar, soltar.// **freeborn.** a. nacido libre.// **freedom** (fridom). n. libertad.// **free lance.** **1.** n. trabajador independiente. **2.** a. independiente.// **free love.** n. amor libre.// **free speech.** n. libertad de expresión.// **free time.** n. tiempo libre, ocio.// **f. trade.** n. libre cambio.

freeway (friuéi). n. autopista sin peaje.

free will. n. libre albedrío.

freeze (friz). n. **1.** helada. **2.** congelación.// i. **1.** helarse. **2.** quedarse inmóvil.// **1.** congelar. **2.** refrigerar.

freezer (frizer). n. congelador.// **freezing.** a. glacial.// n. **1.** congelación. **2.** *f. point.* n. punto de congelación.

freight (freit). n. **1.** flete, transporte. **2.** carga.// tr. fletar, transportar.

french (french). a./n. francés.

frenzy (frenzi). n. frenesí.

frequency (frécuenci). n. frecuencia.// **frequent.** a. frecuente, corriente.// tr. frecuentar.// **frequently.** adv. a menudo, frecuentemente.

fresh (fresh). a. **1.** fresco. **2.** tierno. **3.** puro. **4.** natural. **5.** *f. water:* agua dulce.// adv. recientemente.// n. frescor.// **freshen.** tr./i. refrescar.// **freshness.** n. frescura.

friction (fríkchon). n. fricción.// **frictional.** a. de fricción.

fried (fraid). a. frito.

friend (frend). n. amigo.// **friendly.** a. amable, amistoso, simpático.

friendship (frenyip). n. amistad.

fright (frait). n. susto, miedo, horror.// **frighten.** tr. asustar.// **frightening.** a. espantoso.

frog. n. rana.

frogman. n. hombre rana.

from (from). prep. **1.** de. **2.** desde. **3.** con. **4.** según. **5.** *as f.:* a partir de. **6.** *far f.:* de lejos. **7.** *f. birth.* de nacimiento. **8.** *f. memory:* de memoria.

front (front). n. **1.** parte delantera. **2.** fachada. **3.** principio. **4.** cara. **5.** frente. **6.** *f. to f.:* frente a frente. **7.** *in f.:* delante.// a. **1.** delantero. **2.** principal.// tr. **1.** dar a, estar delante de. **2.** hacer frente a.

frozen (frouzen). a. **1.** congelado, helado. **2.** paralizado.

fructify (fróktefai). i. fructificar.

fruit (frut). n. **1.** fruto, fruta. **2.** *dried f.:* fruta seca. **3.** *forbidden f.:* fruto prohibido.// i. dar fruto.// **fruitful.** a. fructífero, productivo.

fry (frai). tr./i. freír.

fuel (fuel). n. combustible.// tr. **1.** alimentar. **2.** echar gasolina.

fulfill (fulfíl). tr. **1.** cumplir. **2.** satisfacer. **3.** realizar.// **fulfillment.** n. **1.** cumplimiento. **2.** satisfacción. **3.** ejecución, realización.

full (ful). a. **1.** lleno. **2.** completo. **3.** entero. **4.** máximo. **5.** *f. capacity:* capacidad máxima. **6.** *f. employment:* pleno empleo. **7.** *f. powers:* plenos poderes.// adv. justo.// n. máximo.

fullback. n. defensor, zaguero.

fullness. n. plenitud, abundancia.// **full-time.** a. de jornada completa.// **fully.** adv. completamente, plenamente.

fume (fium). n. **1.** vapor. **2.** gas. **3.** humo.// tr. ahumar.// i. echar humo.

fun (fun). n. **1.** alegría, gracia, diversión. **2.** *in f.:* en broma. **3.** *to have f.:* divertirse.// i. bromear.// **funny.** a. divertido.

function (fánkyon). n. **1.** función. **2.** acto. **3.** espectáculo.// i. funcionar.

fund (fand). n. **1.** fondo. **2.** *International Monetary F.:* Fondo Monetario Internacional.// tr. **1.** consolidar. **2.** invertir.

funeral (fúneral). n. funeral, entierro, cortejo.// a. fúnebre.

funnel (fánel). n. embudo.// tr. verter por un embudo.

fur (for). n. **1.** pelo, pelaje. **2.** piel.// a. de pieles.// tr. forrar con pieles.

furnace (fárnis). n. **1.** horno. **2.** hogar. **3.** estufa.// tr. calentar en un horno.

furnish (fárnish). tr. **1.** amueblar. **2.** proveer, suministrar.

furniture (fárnisher). n. muebles.

further (fárder). a. **1.** otro. **2.** posterior. **3.** superior.// adv. **1.** más lejos. **2.** además.// tr. favorecer, fomentar.

furthermore (fárdermor). a. además.

fury (fiuri). n. furia, furor, ira.

fuse (fius). n. fusible.// tr./i. fundir.

future (fiúchur). a. futuro, venidero.// n. **1.** futuro, porvenir. **2.** *in (the) f.:* en lo futuro, en lo sucesivo.// **futurism.** n. futurismo.// **futuristic.** a. futurista.

fuzz (fas). n. pelusa, vello.// **fuzzy.** a. velludo; cubierto de pelusa.

g (yi). n. séptima letra del abecedario.
gabble (gabl). n. parloteo.// i. parlotear, hablar atropelladamente.
gad (gad). n. aguijón.
gadget (gadyet). n. artilugio, dispositivo.
gaff (gaf). n. arpón.// tr. arponear.
gaffe (gaf). n. **1.** error, metida de pata. **2.** *to make a g.:* meter la pata.
gag (gag). n. **1.** mordaza. **2.** broma, chiste.// tr. **1.** amordazar. **2.** bromear.
gain (guein). n. **1.** ganancia, beneficio. **2.** aumento.// tr. **1.** ganar. **2.** conseguir.// i. **1.** adelantar. **2.** *g. in weight.:* engordar.
galaxy (gálaxi). n. galaxia, constelación.
gallery (gáleri). n. **1.** galería. **2.** tribuna.
gallon (galon). n. galón.
gallop (galop). n. **1.** galope. **2.** *at a g.:* al galope. **3.** *at full g.:* a galope tendido.// i. galopar.
gallstone (golston). n. cálculo biliar.
gam (gam). n. manada de ballenas.
gambit (gámbit). n. gambito de ajedrez.
gamble (gambl). n. jugada.// i. jugar.// **gambler.** n. jugador.// **gambling.** n. juego.
game (gueim). n. **1.** juego. **2.** deporte. **3.** partida, partido. **4.** *big g.* n. caza mayor; a. de caza.// tr./i. jugar.
gamecock. n. gallo de riña.
game warden. n. guardabosques.
gang (gang). n. **1.** cuadrilla, equipo. **2.** pandilla, banda.
gangster. n. pistolero, pandillero.
gap (gap). n. **1.** brecha, hueco, resquicio. **2.** desfiladero, quebrada. **3.** diferencia.
gape (gueip). n. bostezo.// i. **1.** quedarse boquiabierto. **2.** bostezar.
garage (gárash). n. garaje.
garbage (gárbish). n. **1.** basura. **2.** *g. can:* cubo de la basura.
garden (garden). n. **1.** jardín. **2.** huerto. **3.** parque.// a. de jardín.// i. trabajar en un jardín o en un huerto.
gardener (gardener). n. jardinero.// **gardening.** n. jardinería, horticultura.
gargle (gargl). n. gárgara.// i. hacer gárgaras.
garland (gárland). n. guirnalda.// tr. adornar con guirnaldas.
garner (gárner). n. granero.// tr. **1.** guardar en un granero. **2.** acumular.
gas (gas). n. **1.** gas. **2.** gasolina. **3.** *g. chamber:* cámara de gas. **4.** *g. furnace:* horno de gas. **5.** *g. pi-*

pe: tubería de gas.// tr. asfixiar con gas.// i. despedir gas.
gaseous. a. gaseoso.// **gaslight.** n. luz de gas.// **gasman.** n. gasista.// **gasometer.** n. gasómetro.
gasp (gasp). n. **1.** boqueada. **2.** grito de asombro. **3.** jadeo.// i. **1.** quedar boquiabierto. **2.** jadear.// **gasping.** n. jadeo.
gastric (gástrik). a. gástrico.// **g. juice.** n. jugo gástrico.
gate (gueit). n. **1.** verja. **2.** puerta. **3.** entrada.// **gatehouse.** n. casa del guarda.// **gatekeeper.** n. guardabarrera.
gather (gáder). n. cosecha.// tr. **1.** recoger. **2.** acumular. **3.** recaudar.// i. amontonarse.
gauge (geish). n. **1.** calibre. **2.** muestra.// tr. calibrar.
gaze (gueis). n. mirada, contemplación.// i. mirar.
gear (guíar). n. **1.** equipo. **2.** herramientas. **3.** engranaje. **4.** dispositivo. **5.** *Mech.* velocidad, cambio. **6.** *neutral g.:* punto muerto. **7.** *out of g.:* descompuesto. **8.** *to change g.:* cambiar de velocidad.// tr. **1.** aparejar. **2.** engranar.// **gearbox.** n. caja de cambios.// **gearing.** n. engranaje.// **gear wheel.** n. piñón.
gel (yel). n. gel.
gem (yem). n. gema, piedra preciosa, joya.// tr. adornar con joyas.
gene (yin). n. *Biol.* gen.// **genealogy.** n.
gender (yénder). n. **1.** género. **2.** sexo.
general (yéneral). a. **1.** general. **2.** *in g.:* en general.// n. general.// **generality.** n. generalidad.// **generally.** adv. generalmente.
generate (yénereit). tr. engendrar, generar, procrear.
generating (yénereitin) a. generador.// **generation.** n. generación.// **generator.** n. generador.
genial (yíniel). a. **1.** afable, cordial. **2.** vivificante. **3.** genial.
genital (yénitl). a. genital.
genius (yínius). n. genio.
gentle (yentl). a. **1.** suave, bondadoso. **2.** manso. **3.** de buena familia.
gentleman (yentlman) n. **1.** caballero, gentilhombre. **2.** *g. farmer:* terrateniente.// **gentleness.** n. **1.** amabilidad. **2.** mansedumbre.// **gently.** adv. **1.** amablemente. **2.** despacio.
geometry (yiómitri). n. geometría.
germ (yerm). n. **1.** germen, microbio, bacteria. **2.** *g. killer:* bactericida.

german (yérman). n./a. **1.** alemán. **2.** hermano.

gerund (yérond). n. gerundio.

gestate (yésteit). tr. gestar, concebir.

gesticulate (yestíkiuleit). i. gesticular.

gesture (yéschur). n. gesto, ademán.// i. gesticular.

get (guet). tr. **1.** obtener, tener. **2.** recibir. **3.** llevarse, ganar. **4.** hacer, preparar.// i. **1.** ponerse. **2.** llegar. **3.** g. across: atravesar. **4.** g. around: viajar. **5.** g. away: escaparse. **6.** g. back: volver a poner. **7.** g. down: bajar. **8.** g. out: salir. **9.** g. together: reunir. **10.** g. up: levantarse.

getaway (guetgúei). n. **1.** huida, fuga. **2.** escapada.

ghost (goust). n. fantasma, espectro.// **ghostly.** adv. fantasmal.

giant (yáiant). n. gigante.// a. gigantesco.

gift (guift). n. **1.** regalo. **2.** donación. **3.** don. **4.** ofrenda.// tr. regalar, obsequiar.

gifted (guifted). a. dotado, talentoso.

gill (guil). n. branquia, agalla.

gin (yin). n. ginebra.

ginger (yínyer). n. jengibre.// a. rojizo.// tr. echar jengibre.

gipsy (yípsi). n./a. gitano.

girl (guerl). n. **1.** chica, muchacha. **2.** niña. **3.** novia. **4.** alumna.

girlfriend (guerlfrend). f. novia.

give (guiv). tr. **1.** dar, entregar. **2.** regalar. **3.** brindar por.// i./tr. **1.** hacer regalos. **2.** g. a smile: sonreír. **3.** g. hear: prestar oídos. **4.** g. away: distribuir. **5.** g. back: devolver. **6.** g. in: rendirse. **7.** g. up: dejar, abandonar, rendirse.// **given.** a. fijado, dado, determinado.// **giving.** n. don.

glad (glad). a. **1.** contento, alegre. **2.** agradable, bueno. **3.** to be g.: alegrarse.// **gladness.** n. alegría.

glance (glans). n. **1.** mirada, ojeada. **2.** destello.// i. **1.** echar una mirada. **2.** brillar.// **glancing.** a. **1.** oblicuo. **2.** indirecto.

gland (gland). n. glándula.

glass (glas). n. **1.** vidrio. **2.** vaso, copa. **3.** espejo. **4.** cristal. **5.** lente. **6.** escaparate. **5.** g. door: puerta de cristales. **6.** g. eye: ojo de vidrio. **7.** g. paper: papel de lija.

glide (glaid). n. deslizamiento.// tr. hacer deslizar.// i. deslizarse.// **glider.** n. planeador.

glimpse (glimps). n. vislumbre.// tr./i. vislumbrar, entrever.

glitter (glíter). n. brillo.// i. relucir, brillar.

globe (gloub). n. **1.** globo, esfera. **2.** globo terráqueo.// **globe-trotter.** n. trotamundos.// **global.** a. **1.** global. **2.** esférico.

glory (glouri). n. **1.** gloria, fama.// i. gloriarse, enorgullecerse.

glove (glav). n. **1.** guante.// tr. enguantar.// **glove box.** n. guantera.

glow (glau). n. **1.** incandescencia. **2.** brillo, resplandor. **3.** rubor.// i. **1.** estar al rojo vivo. **2.** brillar. **3.** enrojecerse.// **glowing.** a. **1.** incandescente. **2.** entusiasta.

glue (glu). n. pegamento, cola.// tr./i. pegar.

go (gou). i. **1.** ir, irse. **2.** salir. **3.** llegar.// tr. **1.** andar, recorrer. **2.** g. about: circular. **3.** g. after: perseguir.

4. g. against: ir en contra de. **5.** g. back: volver. **6.** g. between: interponerse. **7.** g. down: bajar. **8.** g. on: seguir, continuar. **9.** g. over: cruzar. **10.** g. round: dar la vuelta. **11.** g. through: atravesar. **12.** g. under: hundirse. **13.** g. with: acompañar.

goal (goul). n. **1.** gol, tanto.// **2.** objetivo, meta.

goalkeeper (goulkíper). n. portero, arquero.

goat (gout). n. cabra.

go-between (goubítwin). n. intermediario, mensajero.

God (god). n. **1.** dios, Dios. **2.** by G.! ¡por Dios! **3.** G. bless you: Dios te bendiga. **4.** G. help us: Dios nos perdone. **5.** Thank G.: gracias a Dios.

godchild. n. ahijado.// **goddess.** f. diosa.// **godfather.** m. padrino.// **godlike.** a. divino.// **godmother.** f. madrina.// **godship.** n. divinidad.

going (góin). n. **1.** salida. **2.** camino.// a. que funciona bien.

gold (gould). n. **1.** oro. **2.** dorado. **3.** g. bath: baño de oro. **4.** g. mine: mina de oro. **5.** g. rush: fiebre de oro. **6.** heart of g.: corazón de oro. **5.** g. digger: n. buscador de oro.// **golden.** a. **1.** dorado. **2.** de oro. **3.** g. age: edad de oro.// **goldfield.** n. yacimiento de oro.

goldfinch. n. jilguero.

goldsmith. n. orfebre.

gone (gon). a. **1.** pasado. **2.** loco. **3.** acabado. **4.** muerto. **5.** g. with the wind: lo que el viento se llevó. **6.** to be g.: estar fuera.

goner. n. enfermo, desahuciado.

good (gud). a. **1.** bueno. **2.** amable. **3.** agradable. **4.** ventajoso. **5.** competente. **6.** a g. deal: mucho. **7.** as g. as: como si. **8.** g. deal: buen negocio. **9.** g. sense: sentido común. **10.** to feel g.: sentirse bien. **11.** very g.: muy bien.// n. **1.** bien. **2.** utilidad. **3.** for g.: definitivamente. **4.** the g.: lo bueno. **5.** to do g.: hacer el bien.// adv. bien.// **good-bye.** **1.** interj. ¡Adiós! **2.** n. adiós, despedida.// **good-for-nothing.** a./n. inútil.// **good-looking.** a. guapo.// **goodness.** n. bondad. **2.** calidad.// **goodwill.** n. buena voluntad.

goose (gus). n. **1.** ganso. **2.** bobo.

gore (gor). n. sangre coagulada.// tr. **1.** cornear. **2.** acuchillar.// **gory.** a. ensangrentado.

gospel (gospel). n. evangelio.

gossip (gosip). n. **1.** habladuría, chisme. **2.** charla.// i. **1.** contar chismes. **2.** charlar.

gothic (gózik). a. **1.** godo. **2.** gótico.// n. lengua gótica.

govern (góvern). tr. **1.** gobernar. **2.** dirigir. **3.** dominar.

governing (góvernin). a. gobernante, dirigente.// **government.** n. **1.** gobierno. **2.** administración.// **governor.** n. gobernador.

gown (gaun). n. traje.// tr. vestir.

grab (grab). n. **1.** cuchara. **2.** asimiento.// a. tomado al azar.// tr. agarrar.

grace (greis). n. **1.** gracia, elegancia. **2.** cortesía, delicadeza. **3.** bondad.// with god g.: de buena gana.// tr. adornar, embellecer.// **graceful.** a. **1.** elegante. **2.** gracioso. **3.** cortés.// **graceless.** a. **1.** falto de gracia. **2.** feo. **3.** descortés.

grade (greid). n. **1.** grado. **2.** clase, categoría. **3.** curso.// tr. **1.** graduar. **2.** clasificar.

graduate (greidueit). n. graduado.// tr. graduar.// i. graduarse, recibirse.// **graduation.** n. graduación.

grain (grein). n. **1.** grano. **2.** pl. cereales.// tr. granear.// i. granularse.// **g. elevator.** n. silo de cereales.

gram (gram). n. **1.** gramo. **2.** garbanzo.

grammar (grámar). n. gramática.

grand (grand). a. **1.** grandioso. **2.** principal. **3.** completo.// n. piano de cola.

grandchild. n. nieto.// **granddaughter.** f. nieta.// **grnadfather.** m. abuelo.// **grandmather.** f. abuela.// **grandson.** m. nieto.

granite (gránit). n. granito.// a. granítico.

grant (grant). n. **1.** concesión. **2.** subvención, beca.// tr. conceder, otorgar.

grantee (grante). n. donante.

grape (greip). n. uva.

grapefruit (greipfruit). n. pomelo.

grapevine. n. vid, parra.

grasp (grasp). n. **1.** asimiento. **2.** control. **3.** alcance. **4.** comprensión.// tr. **1.** agarrar. **2.** apretar.

grass (gras). n. hierba, pasto, césped.// tr. sembrar de hierba.// i. cubrirse de hierba.

grasshopper (grasjóper). n. saltamontes.

grassland (grasland). n. prado, pastizal.

grateful (greitful). a. **1.** agradecido. **2.** agradable, grato.// **gratefully.** adv. con gratitud.// **gratefulness.** n. agradecimiento, gratitud.

grave (greiv). a. **1.** serio, solemne. **2.** grave.// n. tumba, sepultura.// tr. grabar, esculpir.

graven (greivn). a. esculpido.// *g. image:* n. ídolo.

gravestone (greivstón). n. lápida.// **graveyard.** n. cementerio.

graze (greis). n. **1.** rozadura. **2.** pasto. **3.** apacentamiento.// tr. **1.** rozar. **2.** apacentar.// i. pastar, pacer.

grazing (greisin). n. apacentamiento, pastoreo.

grease (gris). n. grasa.// tr. engrasar.

great (greit). a. **1.** grande. **2.** mucho, largo. **3.** estupendo.// adv. estupendamente.// n. grande.

greed (grid). n. **1.** avaricia. **2.** glotonería.// **greedy.** a. **1.** glotón. **2.** avaro.

greek (grik). a./n. griego.

green (grin). a. **1.** verde. **2.** crudo. **3.** pálido. **4.** novato. **5.** crédulo.// n. **1.** verde. **2.** verdor. **3.** prado. **4.** pl. verduras.// tr. poner verde.// i. volverse verde.

greenhouse (grinjáus). n. invernadero.

green light. n. luz verde.

greet (grit). tr. saludar.// **greeting.** n. **1.** saludo. **2.** felicitación.

gremlin (gremlin). n. duende.

grey (grei). a. **1.** gris. **2.** triste. **3.** nublado. **4.** canoso.// n. gris.// tr. poner gris.// i. volverse gris. **2.** encanecer.

greybeard. n. anciano.

greyhound. n. galgo.

grid (grid). n. **1.** verja. **2.** rejilla. **3.** cuadrícula.

grill (gril). n. **1.** parrilla. **2.** asado, parrillada.// tr. asar a la parrilla.// i. asarse a la parrilla.// **grilled.** a. asado a la parrilla.

grim (grim). a. **1.** feroz, severo. **2.** terrible, horrible. **3.** macabro.

grimace (griméis). n. mueca.// i. hacer muecas.

grin (grin). n. sonrisa.// i. sonreír abiertamente.

grip (grip). n. **1.** asimiento. **2.** apretón de manos. **3.** bolsa de viaje.// tr. agarrar, apretar.

groan (graun). n. **1.** gemido. **2.** gruñido.// i. **1.** gemir. **2.** gruñir.

grocer (gráuser). n. tendero.// **grocery.** n. tienda de comestibles.

groggy (grógui). a. **1.** tambaleante. **2.** débil. **3.** inestable.

groom (grum). n. novio.// **groomsman.** n. padrino de boda.

groove (gruv). n. **1.** ranura. **2.** estría. **3.** surco.// **1.** acanalar. **2.** estriar.// **grooved.** a. acanalado.

ground (graund). n. **1.** suelo, tierra. **2.** campo, terreno. **3.** fondo. **4.** fundamento. **5.** *Holy G.:* Tierra Santa. **6.** *on the g.:* en el terreno. **7.** *to gain g.:* ganar terreno. **8.** *to lose g.:* perder terreno.// a. **1.** a ras de tierra. **2.** terrestre. **3.** básico.// tr. **1.** hacer encallar. **2.** fundar, basar.

group (grup). n. **1.** grupo, conjunto. **2.** *blood g.:* grupo sanguíneo.// tr. agrupar.

grow (grou). tr. **1.** cultivar. **2.** dejar crecer. **3.** adquirir.// i. **1.** crecer. **2.** volverse. **3.** *g. from:* derivarse de. **4.** *g. into:* hacerse, convertirse en.// **grower.** n. cultivador.// **growing.** n. crecimiento, desarrollo.// a. creciente, que crece.

grown (graun). n. adulto.// **growth.** n. crecimiento, incremento, desarrollo.

grumble (grambl). n. **1.** queja. **2.** rugido.// i. quejarse.// **grumbling.** a. gruñón.

guarantee (gáranti). n. **1.** garantía. **2.** certificado.// tr. garantizar.// **guaranteed.** a. garantizado.

guard (gard). n. **1.** guarda. **2.** defensa. **3.** *civil g.:* guardia civil. **4.** *to keep g. over:* vigilar. **5.** *to stand g.:* montar la guardia.// tr. vigilar, custodiar.// **guarded.** a. precavido.

guess (gues). n. **1.** cálculo. **2.** opinión.// tr./i. adivinar.// **guessing game.** n. adivinanza.

guest (guest). n. **1.** invitado. **2.** parásito.

guesthouse (guestjáus). n. casa de huéspedes.

guidance (gáidens). n. **1.** conducción. **2.** consejo. **3.** gobierno. **4.** *vocational g.:* orientación vocacional.

guide (gaid). n. **1.** guía. **2.** consejero.// tr. guiar, dirigir.// **guidebook.** n. guía turística.

guilt. n. **1.** culpa. **2.** culpabilidad.// **guilty.** a. **1.** culpable. **2.** *not g.:* inocente (de una culpa).

guitar (guítar). n. guitarra.// a. de guitarra.

gulf (galf). n. golfo.// tr. sumir, absorber.

gull (gal). n. gaviota.

gum (gam). n. **1.** goma. **2.** chicle.// tr. pegar con goma, engomar.// **gumdrop.** n. pastilla de goma.// **gummy.** a. gomoso, pegajoso.// **gum tree.** n. gomero.

gun (gan). n. **1.** arma. **2.** pistola. **3.** escopeta, carabina. **4.** cañón. **5.** pistolero. **6.** *machine g.:* ametralladora.// tr. disparar.// i. acelerar a fondo.// **gunfight.** n. tiroteo.// **gunsmith.** n. armero.

gunman (ganman). n. pistolero.// **gunpowder.** n. pólvora.

gut (gat). n. **1.** intestino. **2.** pl. agallas.// a. fundamental, esencial.// tr. **1.** destripar. **2.** vaciar.

guy (gai). n. tipo, individuo.// tr. ridiculizar.

gym (yim). n. **1.** gimnasio. **2.** gimnasia.

gypsy (yípsi). n. gitano.

H h

h (eich). n. octava letra del abecedario.

habit (hábit). n. **1.** costumbre, hábito. **2.** traje. **3.** manera de ser.// tr. vestir.

habitant (hábitant). n. habitante.// **habitation** (habitéiyon). n. **1.** habitación, acción de vivir en un lugar. **2.** morada.

habitual (habítual). a. **1.** habitual, acostumbrado. **2.** empedernido, inveterado.// **habituate** (habítueit). tr. habituar, acostumbrar.

hachure (hachur) n. raya.// tr. sombrear con rayas.

hack (jak). n. **1.** jamelgo, camello. **2.** coche de alquiler.// a. mercenario.// tr. **1.** cortar. **2.** alquiler.// **hackman.** n. cochero.

hag (jag). n. bruja.

haggard (jágad). a. **1.** ojeroso. **2.** extraviado.

haggle (jagl). n. regateo.// i. regatear.

hail (jeil). n. **1.** granizo. **2.** saludo.// interj. ¡hola!// tr. llamar.// i. granizar.

hair (jéar). n. **1.** pelo, cabello. **2.** *against the h.:* a contrapelo. **3.** *white h.:* cana.// **hairbrush.** n. cepillo.// **hair clip.** n. horquilla.// **haircut.** n. corte de pelo.// **hairdresser.** n. peluquero de damas.// **hairdressing.** n. **1.** peinado. **2.** peluquería.// **hairless.** a. sin pelo, lampiño.// **hairstyle.** n. peinado.// **hairy.** a. **1.** peludo. **2.** melenudo.

hake (jeik). n. merluza.

half (jalf). a. **1.** medio.// adv. a medias.// n. **1.** mitad. **2.** *by h.:* con mucho. **3.** *h. and h.:* mitad y mitad.// **half-alive.** a. medio muerto.// **half blood.** n. mestizo.// **half-full.** a. medio lleno.// **half hour.** n. media hora.// **half-life.** n. *Fís.* vida media, período de actividad nuclear.// **half-light.** n. **1.** primeras luces. **2.** media luz.// **half price.** adv. a mitad de precio.// **half year.** n. semestre.

hall (jol). n. **1.** entrada, vestíbulo. **2.** sala. **3.** comedor.// *city h.:* ayuntamiento.

hallow (jálou). tr. santificar.

halt (jolt). n. alto, parada.// tr. parar, detener.

ham (jam). n. jamón.

hamburger (jámberguer). n. hamburguesa.

hamlet (jámlit). n. aldea, caserío.

hammer (jámer). n. **1.** martillo. **2.** percutor.// tr. **1.** martillar. **2.** clavar.// **hammering.** n. martilleo.

hamster (jámster). n. hámster (roedor).

hand (jand). n. **1.** mano. **2.** manecilla de reloj. **3.** trabajador, operario. **4.** mano de cartas. **5.** *at first h.:* de primera mano. **6.** *at h.:* a mano. **7.** *from h. to h.:* de mano en mano. **8.** *h. and foot:* de pies y manos. **9.** *hands up!:* ¡arriba las manos! **10.** *in the hands of:* en las manos de.// a. de mano.// tr. **1.** dar. **2.** ayu-

dar a. **3.** *h. down:* transmitir. **4.** *h. round:* hacer circular.// **handbag.** n. bolso.// **handball.** n. balonmano.// **handbook.** n. guía, manual, libro de apuntes.// **handful.** n. puñado.// **hand glass.** n. espejo de mano.// **hand grenade.** n. granada de mano.// **handless.** a. manco.// **handmade.** a. hecho a mano.// **hand-to-hand.** a./adv. cuerpo a cuerpo.// **handwheel.** n. volante.// **handwork.** a. trabajo hecho a mano.// **handwrite.** tr. escribir a mano.// **handy.** a. a mano, cercano.

handicap. n. **1.** desventaja. **2.** *Sp.* ventaja que se da.

handle (jándl). n. **1.** mango, asa. **2.** manubrio.// tr. **1.** tocar. **2.** dirigir, manejar. **3.** poder con. **4.** tratar. **5.** *h. with care:* frágil, tratar con cuidado.

handsel (jánsel). n. aguinaldo.// tr. **1.** dar un aguinaldo. **2.** estrenar.

handsome (jándsom). a. **1.** hermoso, guapo, apuesto. **2.** muy bueno. **3.** generoso.// **handsomely.** adv. elegantemente.

hang (jang). n. **1.** caída. **2.** inclinación.// tr. **1.** colgar. **2.** adornar. **3.** ahorcar. **4.** *h. back:* quedarse atrás. **5.** *h. on:* mantenerse firme. **6.** *h. upon:* estar pendiente de.// **hanging.** a. colgante, pendiente.// n. ahorcamiento.// **hangman.** n. verdugo.

happen (jápen). i. suceder, ocurrir.// **happening.** n. **1.** suceso, acontecimiento. **2.** espectáculo vanguardista.

happy (jápi). a. feliz, contento, alegre.// **happily.** adv. **1.** felizmente. **2.** afortunadamente.// **happiness.** n. felicidad.

harbor, harbour (járbor). n. puerto.// tr. encubrir.// i. refugiarse.

hard (jard). a. **1.** duro. **2.** difícil. **3.** severo.// *a h. look:* mirada penetrante.// adv. **1.** fuerte. **2.** mucho. **3.** *to work h.:* trabajar mucho. **4.** *to look h.:* mirar fijamente.// **harden.** tr. endurecer.// **hardly.** adv. osadamente.// **hardly.** adv. apenas, escasamente.// **hardness.** n. **1.** dureza. **2.** dificultad.// **hardware.** n. **1.** ferretería. **2.** equipos que integran una computadora.

hare (jear). n. liebre.// i. correr muy de prisa.

harm (jarm). n. **1.** daño.// tr. dañar, estropear.// **harmful.** a. perjudicial, nocivo.// **harmless.** a. inofensivo.

harp (jarp). n. arpa.// i. tocar el arpa.

harpy (járpi). n. arpía.

harsh (jarsh). a. **1.** áspero. **2.** duro.// **harshness.** n. **1.** aspereza. **2.** severidad.

harvest (járvist). n. cosecha, recolección.// tr. cosechar, recoger.// **h. time.** n. mies, siega.

haste (jeist). n. prisa.// i. apresurarse.// **hasten.** tr. apresurar.// **hastily.** adv. de prisa.
hat (jat). n. sombrero.// **h. shop.** n. sombrerería.
hatch (jatch). n. salida del cascarón.// tr. incubar, empollar.// i. salir del cascarón.// **hatching.** n. 1. incubación. 2. salida del cascarón.
hatched (játchit). n. hacha.
hate (jeit). n. odio.// tr. odiar, aborrecer.// **hateful.** a. odioso.
have (jav). tr. 1. tener. 2. recibir. 3. llevar. 4. tomar. 5. pasar. 6. *h. a bath:* darse un baño. 7. *h. a try:* intentar. 8. *h. to:* tener que, deber. 9. *h. against:* tener en contra. 10. *h. back:* hacer volver. 11. *h. up:* hacer venir, invitar.// aux. haber.
have-not. n. pobre.
having. n. posesión.
hawk (jok). n. 1. halcón. 2. carraspeo.// tr. vender de puerta en puerta.// i. carraspear.// **hawking.** n. halconería.
hay (jei). n. heno.// tr. echar forraje.// **h. fever.** n. fiebre de heno.
hazard (jázard). n. 1. peligro, riesgo. 2. azar.// tr. arriesgar, poner en peligro.
hazel (jeizl). n. avellano.
hazelnut (jeizlnot). n. avellana.
he (ji). pron. él.// n. 1. macho. 2. hombre.
head (jed). n. 1. cabeza. 2. jefe, director. 3. frente, cara. 4. encabezamiento, título. 5. inteligencia. 6. tapa. 7. *by a h.:* por una cabeza. 8. *h. first:* de cabeza. 8. *h. of state:* jefe de Estado.// a. principal delantero.// tr. 1. encabezar. 2. dirigir. 3. poner tapa. 4. decapitar.// **headache.** n. dolor de cabeza.// **heading.** n. encabezamiento, membrete.// **headline.** n. titular.// **headphones.** n. auriculares.// **headquarters.** n. cuartel general.
heal (jil). tr. 1. curar. 2. cicatrizar.// **healing.** a. 1. curativo. 2. cicatrizante.// n. 1. curación. 2. cicatrización.
health (jelz). n. 1. salud. 2. sanidad.// **healthy.** a. 1. sano. 2. saludable.
hear (jíar). tr. 1. oír. 2. escuchar.// **hearer.** n. oyente.// **hearing.** n. 1. oído. 2. audiencia. 3. audición.
heart (jart). n. 1. corazón. 2. centro. 3. *h.:* de memoria. 4. *h. disease:* enfermedad cardíaca. 5. *in the h. of winter:* en pleno invierno. 6. *out of h.:* descorazonado.// **heartache.** n. angustia, pesar.// **heartily.** adv. cordialmente.// **heartless.** a. despiadado, sin corazón.
heat (jit). n. 1. calor. 2. pasión. 3. *dead h.:* empate.// a. de calor.// tr. calentar.// i. acalorarse.// **heater.** n. calentador.// **heat rash.** n. sarpullido.
heaven (jevn). n. 1. cielo. 2. paraíso. 3. *by h.!:* ¡cielos! 4. *h. knows:* sabe Dios.// **heavenly.** a. 1. celestial. 2. divino.
heavy (jevi). a. 1. pesado. 2. grande. 3. intenso. 4. *h. industry:* industria pesada. 5. *h. water:* agua pesada.// **heavily.** adv. 1. pesadamente. 2. mucho. 3. profundamente.// **heaviness.** n. pesadez, peso.// **heavyweight.** n. peso pesado.
hedge (jesh). n. 1. seto. 2. hilera. 3. barrera.// tr. 1. cercar. 2. poner trabas.
hedgehog (jeshjog). n. erizo.
heel (jil). n. talón.// i. seguir de cerca.// **heelpiece.** n. tacón.

height (jait). n. 1. altura. 2. colina, montaña. 3. cumbre.// **h. sickness.** n. vértigo.// **heighten.** tr. elevar, aumentar.// **heightening.** n. elevación.
hell (jel). n. 1. infierno. 2. *like h.:* a. demonios, mucho.// interj. ¡demonios!, ¡caramba!// **hellish.** a. infernal, diabólico.
helmet (jélmit). n. casco.
help (jelp). n. 1. ayuda. 2. criado.// tr. 1. ayudar. 2. evitar.// **helper.** n. ayudante, auxiliar.// **helpful.** a. útil, provechoso.// **helpless.** a. desamparado.
hen (jen). n. 1. gallina. 2. mujer.// **hencoop.** n. gallinero.
hence (jens). adv. 1. de aquí a. 2. por lo tanto.// interj. ¡fuera de acá!
her (jer). pron pos. su, de ella.// pers. pron. la, le, ella.
herald (jérald). n. heraldo.// tr. anunciar.
herb (jerb). n. 1. hierba. 2. *medicinal h.:* hierba medicinal.// **herbal.** a./n. herbario.// **herbicide.** n. herbicida.
herd (jerd). n. 1. manada, rebaño. 2. pastor, vaquero. 3. multitud.// tr. 1. guardar. 2. reunir en manada.
here (jíar). adv. 1. aquí. 2. en este momento. 3. *h. and now:* ahora mismo. 4. *h. is:* he aquí. 5. *h. lies:* aquí yace.// interj. ¡presente!// **hereabouts.** adv. de ahora en adelante.// **hereby.** adv. por este medio, por la presente.// **herein.** adv. en esto, aquí mencionado.// **hereof.** adv. de esto.
heresy (jéresi). n. herejía.// **heretic.** n. hereje.// a. herético.
heritage (jéritich). n. herencia.
hermit (jérmit). n. ermitaño.// **hermitage.** n. ermita.
hero (jírou). n. héroe.// **heroic.** a. heroico.// **heroism.** n. heroísmo.
herring (jérin). n. arenque.
hesitate (jésiteit). i. vacilar.
hew (jiu). tr. 1. cortar. 2. tallar.// i. dar golpes de hacha.
hex (jeks). n. 1. bruja. 2. mal de ojo.// tr. embrujar.
hi (jai). interj. 1. ¡oye! 2. ¡hola!
hibernate (háiberneit). i. hibernar.
hiccup (jíkap). n. hipo.// i. hipar, tener hipo.
hidden (jidn). a. escondido, oculto.
hide (jáid). n. 1. puesto. 2. piel.// tr. 1. esconder, ocultar. 2. tapar, cubrir. 3. encubrir.// i. esconderse.// **hideaway.** n. escondrijo.// **hiding.** n. ocultación, encubrimiento.
hi-fi (jai-fai). n. alta fidelidad.// a. de alta fidelidad.
high (jai). a. 1. alto, elevado. 2. de altura. 3. agudo. 4. crecido. 5. culminante. 6. brillante. 7. *h. and low:* de todas las clases. 8. *h. and mighty:* engreído. 9. *h. day:* día de fiesta. 10. *h. hat:* sombrero de copa. 11. *h. official:* funcionario importante. 12. *h. water:* marea alta.// adv. 1. alto. 2. fuerte. 3. muy bien. 4. *to sigh h.:* cantar con voz aguda.// n. 1. altura. 2. *on h.:* en las alturas.// **highborn.** a. de alta alcurnia.// **high-class.** a. de categoría.// **high-frequency.** a. de alta frecuencia.// **highland.** 1. a. montañoso. 2. n. tierras altas.// **highlander.** n. montañés.// **highly.** adv. 1. muy. 2. favorablemente.// **highness.** n. 1. alteza. 2. nobleza de sentimientos.// **high-pressure.** a. de alta presión.// **high-price.** a. caro.// **highway.** n. carretera.

hill (jil). **1.** colina. **2.** cuesta.// **hillside.** n. ladera.// **hilltop.** n. cumbre de una colina.// **hilly.** a. accidentado, con cuestas.

hind (jaind). a. trasero.// **hinder.** tr. entorpecer, dificultar.

hinge (jinch). bisagra, gozne.// i. depender.// **hinged.** a. de bisagra.

hint (jint). n. **1.** indirecta. **2.** pista. **3.** consejo. **4.** idea.// tr. dar a entender.// i. soltar indirectas.

hinterland (jínterland). n. interior.

hip (jip). n. **1.** cadera. **2.** h. *bath:* baño de asiento.// interj. ¡hurra!

hire (jáir). n. **1.** alquiler. **2.** contratación. **3.** *for h.:* de alquiler. **4.** *on h.:* alquilado.// tr. **1.** alquilar. **2.** contratar.// **hired.** a. **1.** de alquiler. **2.** mercenario.

his (jis). pron. su, de él.// pos. pron. suyo, suya.

hispanic (jispánik). a. hispánico.

history (jístori). n. historia.

hit (jit). n. **1.** golpe. **2.** tiro. **3.** impacto. **4.** ataque. **5.** acierto, impacto. **6.** h. *parade:* lista de éxitos. **7.** *luck h.:* golpe de suerte.// tr. **1.** pegar, golpear. **2.** dar en. **3.** h. *the mark:* dar en el clavo.// **hitter.** n. golpeador.

hitch (jitch). n. obstáculo, impedimento.// tr. atar, amarrar.// i. andar a tropezones.

hoary (jori). a. **1.** canoso. **2.** viejo.

hobby (jobi). n. pasatiempo, afición.

hog (jog). n. cerdo, puerco.// **hoggish.** a. glotón.

hold (jould). n. **1.** asidero. **2.** prisión. **3.** autoridad, dominio. **4.** fortificación.// tr. **1.** tener, poseer. **2.** agarrar. **3.** mantener, sostener. **4.** defender. **5.** detener, retener. **6.** reservar. **7.** ocupar.// i. **1.** mantenerse, agarrarse. **2.** h. *back:* reprimirse. **3.** h. *by:* pegarse a. **4.** h. *forth:* perorar. **5.** h. *off:* sujetar. **6.** h. *over:* aplazar. **7.** h. *together:* unir. **8.** h. *with:* estar de parte de.// **holder.** n. **1.** poseedor. **2.** soporte.// **holding.** n. **1.** posesión. **2.** organización financiera.// **holdup.** n. atraco a mano armada.

hole (jóul). n. **1.** agujero. **2.** madriguera. **3.** bache.// tr. **1.** agujerear. **2.** meter en el hoyo.

holiday (jólidei). **1.** fiesta. **2.** pl. vacaciones.// a. **1.** de fiesta. **2.** de veraneo.// i. veranear.

hollow (jólou). a. **1.** hueco. **2.** engañoso. **3.** vacío. **4.** vano.// tr. ahuecar.// **hollowness.** n. cavidad.

holy (jóuli). a. **1.** santo, sagrado. **2.** H. *Family:* Sagrada Familia. **3.** H. *Week:* Semana Santa.// **holiness.** n. santidad.

homage (jómish). n. homenaje.

home (joum). n. **1.** casa. **2.** hogar. **3.** patria chica, ciudad natal. **4.** hábitat. **5.** *Dep.* meta. **6.** *rest h.:* casa de reposo. **7.** *to be, to feel at h.:* sentirse a gusto.// a. **1.** casero. **2.** de familia. **3.** nacional. **4.** h. *affairs:* asuntos interiores.// adv. **1.** a casa. **2.** a fondo. **3.** *to be h.:* estar de vuelta.// i. volver a casa.// **homecoming.** n. regreso al hogar.// **home fire.** n. fuego del hogar.// **homeland.** n. tierra natal.// **homeless.** a./n. sin hogar.// **homely.** a. **1.** sencillo. **2.** familiar.// **homemade.** a. casero, hecho en casa.// **homework.** n. deberes.

homicide (jómisaid). n. **1.** homicidio. **2.** homicida.

honest (ónist). a. **1.** honrado. **2.** sincero. **3.** honesto. **4.** justo. **5.** *the h. truth:* la pura verdad.// **honestly.** adv. honradamente.// **honesty.** n. honradez.

honey (jáni). n. miel.// tr. endulzar.// **honeybee.** n. abeja.// **honeycomb.** n. panal.// **honeymoon.** n. luna de miel.

honk (jonk). n. **1.** graznido. **2.** bocinazo.// i. **1.** graznar. **2.** tocar la bocina.

honour (ónor). n. **1.** honor, honra. **2.** orgullo. **3.** *Your H.:* Su Señoría. **4.** *field of h.:* campo del honor. **5.** *last honours:* honras fúnebres.// tr. **1.** honrar. **2.** rendir homenaje.

hood (jud). n. **1.** capucha.// tr. cubrir con una capucha.// **hooded.** a. con capota.

hook (juk). n. **1.** gancho. **2.** anzuelo. **3.** pl. garras.// tr. **1.** enganchar. **2.** pescar.// i. engancharse.// **hooked.** a. ganchudo.

hooligan (júligan). n. gamberro, hincha fanático de fútbol.

hoop (jup). n. aro.

hop (jop). n. **1.** lúpulo. **2.** salto. **3.** etapa.// tr./i. saltar.

hope (joup). n. **1.** esperanza. **2.** *as a last h.:* como última esperanza. **3.** *to build up hopes:* hacerse ilusiones.// i. **1.** esperar. **2.** *to h. for:* tener esperanzas de éxito.// **hopeful.** a. **1.** esperanzador. **2.** optimista. **3.** n. promesa.// **hopeless.** a. **1.** desesperado. **2.** imposible.

horn (jorn). n. **1.** cuerno. **2.** bocina. **3.** *french h.:* trompa. **4.** *hunting h.:* cuerno de caza.// tr. cornear.// **hornbook.** n. abecedario.// **horned.** a. con cuernos.// **hornless.** a. mocho.// **horny.** a. córneo.

horrible (jóribl). a. horrible, horroroso.

horror (joror). n. horror, pavor.

horse (jors). n. **1.** caballo.// **2.** a. de caballos.// **horsebreaker.** n. domador de caballos.// **horse doctor.** n. veterinario.// **horsefly.** n. tábano.// **horseless.** a. sin caballo.// **horseman.** n. jinete.// **horsepower.** n. caballo de vapor.// **horse racing.** n. carrera de caballos.// **horse thief.** n. cuatrero.// **horsy.** a. caballuno.

hospital (jóspitl). n. **1.** hospital. **2.** *field h.:* hospital de sangre.// **hospitalize.** tr. hospitalizar.

host (houst). n. **1.** anfitrión, huésped. **2.** hueste. **3.** montón. **4.** *Rel.* hostia.

hostage (jóstich). n. rehén.

hot (jot). a. **1.** caliente. **2.** fuerte, subido. **3.** discutido, controvertido. **4.** peligroso. **5.** h. *for:* ansioso por. **6.** h. *news:* noticia bomba. **7.** *to get h.:* acalorarse. **8.** *white h:* calentado al rojo blanco.// adv. calurosamente, ardientemente.// tr. calentar.// **hot baths.** n. termas.// **hot dog.** n. perro caliente, bocadillo de salchicha, pancho.// **hot pot.** n. estofado.// **hot spot.** n. situación crítica.

hour (áuer). n. **1.** hora. **2.** momento. **3.** *after hours:* fuera de horas. **4.** *at all hours:* a todas horas. **5.** *peak hours:* horas pico. **6.** *working hours:* horas de trabajo.// **hourglass.** n. reloj de arena.// **hourly.** a. **1.** de cada hora. **2.** incesante.// adv. cada hora.

house (jaus). n. **1.** casa. **2.** *country h.:* casa de campo. **3.** *fashion h.:* casa de modas. **4.** *to clean h.:* hacer las tareas domésticas.// tr. alojar, dar alojamiento.// i. alojarse, vivir en.// **house agent.** n. agente inmobiliario.// **household.** **1.** casa, familia. **2.** a. **1.** casero, doméstico. **2.** familiar, común.// **householder.** n. cabeza de familia.// **housekeeper.** f. ama de casa.// **house organ.** n. publicación interna.// **house painter.** n. pintor de brocha gorda.

housing. n. **1.** alojamiento. **2.** vivienda.
how (jau). adv. **1.** como. **2.** cómo. **3.** qué tal. **4.** qué. **5.** *h. do you do?:* ¿cómo está usted? **6.** *h. late?* ¿a qué hora? **7.** *h. many?*¿cuántos? **8.** *h. much?* ¿cuánto?// n. modo, manera, forma.// **however.** adv. **1.** como. **2.** de cualquier manera. **3.** sin embargo.
howl (jaul). n. **1.** aullido. **2.** gritos, abucheo.// i. **1.** aullar. **2.** gritar, vociferar.// **howler.** n. mono aullador.
hug (jog). n. abrazo.// tr. abrazar.
huge (jiuch). a. enorme, inmenso.// **hugely.** adv. enormemente.// **hugeness.** n. inmensidad.
human (jiuman). a./n. humano.// **humanness.** n. humanidad.// **humanism.** n. humanismo.// **humanity.** n. **1.** humanidad. **2.** pl. humanidades.
humble (jombl). a. humilde.// tr. humillar.// **humbling.** a. humillante.
humid (jiúmid). a. húmedo.
humming (jómin). a. que zumba.// n. zumbido.// **hummingbird.** n.colibrí.
humour (jiúmor). n. **1.** humor, gracia. **2.** capricho.// **humourless.** **1.** a. sin sentido del humor. **2.** sin gracia.
hump (jomp). n. joroba.// tr. cargar con.
hundred (jóndred). a. cien, ciento.// n. ciento, centenar.
hunger (jónger). n. hambre.// i. tener hambre.// **hungrily.** adv. ávidamente.// **hungry.** a. hambriento.
hunt (jont). n, **1.** caza, cacería. **2.** búsqueda.// tr. **1.**

perseguir. **2.** cazar.// i. ir de cacería.// **hunter.** n. cazador.// **hunting.** n. caza.// a. de caza.// *h. dog:* n. perro de caza.// **huntress.** n. cazadora.
hurl (jorl). n. lanzamiento.// tr. lanzar, arrojar.// **hurler.** n. lanzador.
hurry (juri). n. **1.** prisa, precipitación. **2.** *there is no h.:* no hay prisa.// tr. dar prisa, apurar.// i. apresurarse.// **hurried.** a. **1.** apresurado. **2.** hecho de prisa.
hurt (jort). n. daño.// tr. hacer daño, lastimar.// i. doler.// **hurtful.** a. dañoso, nocivo, perjudicial.// **hurtless.** a. inofensivo.
husband (jásband). n. marido, esposo.
hut (jat). n. cabaña.
hybrid (jáibrid). a. híbrido.
hydrogen (jáidrishen). n. hidrógeno.
hydroplane (jáidroplein). n. hidroavión.
hydroxide (jaidróksaid). n. hidróxido.
hygiene (jáishin). n. higiene.
hymen (jáimen). n. himen.
hymn (jim). n. himno.// tr./i. cantar himnos o alabanzas.
hypersensitive (jáipersénsitiv). a. hipersensible.
hyphen (jáifen). n. guión.// tr. escribir con guiones, separar en sílabas.
hypo (jáipou). n. **1.** hiposulfito sódico. **2.** fijador. **3.** inyección.
hypotenuse (jaipótinius). n. hipotenusa.
hypothec (jaipózek). n. hipoteca.
hysteria (jistiérie). n. histeria.// **hysteric.** a. histérico.// **hysterics.** n. histerismo, ataque de histeria.

I (ai). n. novena letra del abecedario.
I (ai). n. yo, ego.// pers. pron. yo.
ibis (aibis). n. ibis.
ice (ais). n. **1.** hielo. **2.** helado. **3.** polo.// tr. **1.** helar. **2.** enfriar, refrescar.// **Ice Age.** n. Geol. período glaciar.// **iceberg.** n. iceberg, témpano.// **iceboat.** n. trineo de vela.// **Icebox.** n. nevera.// **ice cream.** n. helado.// **iced.** a. helado.// **ice field.** n. banco de hielo.// **Iceman.** n. **1.** fabricante de hielo. **2.** repartidor de hielo.// **Ice point.** n. punto de congelación.// **Ice skate.** n. patín de cuchilla.// **Icily.** adv. fríamente.// **Iciness.** n. frialdad.// **Icy.** a. helado, cubierto de hielo.
Icon (aicon). n. icono.// **Iconography.** n. iconografía.
Idea (áidie). n. **1.** idea. **2.** *fixed i.* idea fija. **3.** *no i.l:*

¡ni idea! **4.** *to get an i. of:* hacerse una idea de.//
ideal. a./n. ideal.// **Idealize** (aidiélaiz). tr. idealizar.// **Ideate.** tr. idear, concebir.
ideology (aidióloyi). n. ideología.
idiom (ídiom). n. **1.** idioma. **2.** estilo.
Idiot (ídiot). n. **1.** tonto. **2.** *to play the i.:* hacerse el tonto.
Idle (aidl). a. **1.** perezoso. **2.** desocupado. **3.** inútil. **4.** *i. moment:* momento de ocio.// i. perder el tiempo.
Idol (aidl). n. ídolo.// **Idolatry.** n. idolatría.
If (if). conj. **1.** si. **2.** si bien, aunque. **3.** *i. so:* si es así, de ser así.// n. **1.** condición. **2.** suposición.
igloo (íglu). n. iglú.
ignorance (ígnorans). n. ignorancia.// **Ignorant.** a. ignorante.// **Ignore.** tr. no hacer caso de, ignorar.

Ilex (áileks). n. encina.
Ill (il). a. **1.** enfermo. **2.** malo. **3.** *to feel i.:* sentirse enfermo. **4.** *i. news:* malas noticias.// adv. mal.// n. mal, desgracia.// **Ill-bred.** a. maleducado.// **Ill health.** n. mala salud.// **Ill humour:** n. mal humor.// **Ill nature.** n. mal carácter.// **Illness.** n. enfermedad.// **Ill-timed.** a. inoportuno.// **Ill-treat.** tr. maltratar.// **Ill will.** n. mala voluntad.
Illegal (ilígal). a. ilegal.
Illumination (iluminéishon). n. iluminación.// **Illuminate.** tr. iluminar.// **Illuminating.** a. **1.** luminoso. **2.** de alumbrado.
Illusion (ilúshon). n. ilusión.
Image (ímish). n. **1.** imagen. **2.** reputación.// tr. **1.** reflejar. **2.** imaginar.// **Imagine.** tr. imaginar.
Imitate (ímiteit). tr. imitar.// **Imitation.** n. imitación.
Immature (imachiur). a. inmaduro.
Immediacy (imídiasi). n. inmediación, proximidad.// **Immediate.** a. inmediato, cercano.// **Immediately.** adv. inmediatamente, enseguida.
Immesh (imésh). tr. enredar.
Immigrant (ímigrant). n. inmigrante.
Immix (imiks). tr. mezclar.
Immobile (imóubail). n. inmóvil.
Immodest (imódist). a. inmodesto.
Immoral (imóral). a. **1.** inmoral. **2.** vicioso.
Immortal (imórtl). a. inmortal.// **Immortality.** n.
Immunity (imiúniti). n. inmunidad.
Immure (imiúr). tr. emparedar.
Impact (ímpakt). n. impacto, choque.// tr. incrustar.
Impair (impéar). tr. dañar, perjudicar.// **Impairment.** n. deterioro, daño.
Impartial (impárshal). a. imparcial.
Impasse (impás). n. callejón sin salida.
Impatient (impéishent). a. **1.** impaciente. **2.** *to get i.:* perder la paciencia.
Impawn (impón). tr. empeñar.
Impeach (impích). tr. acusar, encausar, enjuiciar.// **Impeachment.** n. acusación, enjuiciamiento.
Impede (impíd). tr. estorbar.// **Impediment.** n. estorbo, obstáculo.
Impel (impél). tr. impeler, impulsar.// **Impellent.** a. impelente.// **Impeller.** n. impulsor.
Imperfect (impérfikt). a. imperfecto, incompleto.// **Imperfection.** n.
Imperial (impíriel). a. imperial.// **Imperialism.** n.
Imperishable (impérishebl). a. imperecedero.
Impermissible (impermísibl). a. inadmisible, intolerable.
Impertinence (impértinens). n. impertinencia.// **Impertinent.** a.
Impious (ímpies). a. impío.
Implant (implant). n. *Med.* injerto.// tr. implantar.
Implicate (ímplikeit). tr. implicar.// **Implication.** n.
Implicit (implísit). a. implícito.
Implore (implor). tr. suplicar.// **Imploring.** a. suplicante.
Import (ímport). n. **1.** artículo importado. **2.** significado, sentido. **3.** importancia.// tr. **1.** importar bienes. **2.** significar, querer decir.// i. tener importancia.// **importance.** n. importancia.
Impose (impóus). tr./i. imponer condiciones.// **Imposing.** a. imponente, impresionante.// **Imposition.** n.

Impossible (impósebl). a. **1.** imposible. **2.** insoportable. **3.** *to do the i.:* hacer lo imposible. **4.** *not i.:* quizás.// **Impossibleness.** n. imposibilidad.// **Impossibly.** adv. imposiblemente.
Impost (ímpoust). n. impuesto.
Imposture (impóschur). n. impostura, engaño.
Impotence (ímpotens). n. impotencia.// **Impotent.** a.
Impress (ímpres). n. **1.** impresión. **2.** sello.// tr. **1.** imprimir. **2.** estampar.// **Impression.** n. impresión.
Improper (impróper). a. **1.** indecente, indecoroso. **2.** impropio, inadecuado.
Improve (impruf). tr./i. **1.** mejorar, perfeccionar. **2.** aumentar.// **Improvement.** n. **1.** mejora, progreso. **2.** aumento.
Impulse (ímpols). n. impulso.// tr. impulsar.// **Impulsive.** a. impulsivo.
In (in). prep. **1.** en (lugar, tiempo, manera, actividad). **2.** de. **3.** al. **4.** *i. all:* en total. **5.** *i. fact:* de hecho. **6.** *i. sun:* al sol.// adv. **1.** dentro, adentro. **2.** *i. and out:* entrando y saliendo.
Inaccuracy (inákiurasi). n. inexactitud, equivocación.// **Inaccurate.** a.
Inalterable (inólterebl). a. inalterable.// **Inalterability.** n.
Inaugurate (inóguioreit). tr. **1.** dar posesión de un cargo. **2.** inaugurar.// **Inauguration.** n.
Inborn (inbon). a. innato.
Incapable (inkéipebl). a. incapaz, incompetente.
Incarnate (inkárnit). a. **1.** encarnado. **2.** rojo.// tr. encarnar.// **Incarnation.** n.
Incense (ínsens). n. incienso.// tr./i. inciensar.
Inch (inch). n. **1.** pulgada. **2.** pizca. **3.** *by inches:* poco a poco.
Incident (ínsident). a./n. incidente.// **Incidental.** a. **1.** incidente. **2.** incidental. **3.** imprevisto.// n. elemento accesorio.
Incise (insáiz). tr. cortar, hacer una incisión.// **Incision.** n. incisiób.
Incite (insáit). tr. incitar, provocar.
Inclination (inklinéishon). n. **1.** inclinación. **2.** tendencia.// **Incline.** tr. **1.** inclinar. **2.** inducir.
Include (inklud). tr. incluir.// **including.** a. incluso, inclusive.// **Inclusive.** a. **1.** inclusivo. **2.** inclusive.
Income (ínkom). n. **1.** ingresos. **2.** renta. **3.** rédito. **4.** *earned i.:* ingresos profesionales. **5.** *gross i.:* renta bruta. **6.** *national i.:* renta nacional.// **Incomer.** n. **1.** inmigrante. **2.** intruso.
Incomplete (inkomplit). a. incompleto, inacabado.
Inconceivable (inkonsívebl). a. inconcebible.
Inconsequent (inkónsikuent). a. inconsecuente, ilógico, inconexo.// **Inconsequential.** a. **1.** de poca importancia. **2.** inconsecuente.
Inconvenience (inkonvíniens). n. inconveniente, molestia.// tr. incomodar, molestar.
Incorporate (inkóperit). a. **1.** incorporado. **2.** incorpóreo.// **Incorporated.** a. **1.** incorporado. **2.** constituido en sociedad.
Increase (inkrís). n. aumento.// tr. aumentar, incrementar.// i. subir.// **Increasing.** a. creciente.
Incubate (ínkiubeit). tr. incubar.// **Incubation.** n.
Incumbent (inkómbent). a. apoyado.// n. beneficiado, titular.
Indebted (indétid). a. **1.** endeudado. **2.** agradecido.// **Indebtedness.** n. **1.** deuda. **2.** agradecimiento.

indeed (indíd). adv. **1.** efectivamente, en efecto. **2.** indeed?: ¿de verdad?

indemnity (indémniti). n. **1.** indemnidad. **2.** indemnización, compensación.

indent (indent), n. muesca, hendidura.// tr. **1.** hacer muescas. **2.** dejar sangría (en escritos).// **indentation.** n. **1.** muesca. **2.** sangría.

independence (indipéndans). n. independencia.// **independency.** n. estado independiente.// **independent.** a. independiente.

index (índeks). n. **1.** índice. **2.** indicador.// **index card.** n. ficha.// **index finger.** n. dedo índice.// tr. **1.** poner un índice. **2.** clasificar.

Indian (índien). a./n. indio.// **indian file.** n. fila india.// **indian ink.** n. tinta china.

indicate (índikeit). tr. indicar, señalar.// **indication.** n. indicación.

indirect (indirekt). a. **1.** indirecto. **2.** sucio.

individual (individual). a. **1.** individual, particular.// n. individuo.

indolence (índolens). n. indolencia.// **indolent.** a. **1.** indolente. **2.** indoloro.

indoor (índor). a. **1.** interior. **2.** i. activities: actividades caseras. **3.** i. games: juegos de salón. **4.** i. swimming: piscina cubierta.// **indoors.** adv. dentro.

induce (indiús). tr. **1.** inducir, persuadir. **2.** causar, provocar.// **inducer.** n. provocador.

induction (indókshon). n. **1.** inducción. **2.** admisión.// **inductor.** n. inductor.

industry (índestri). n. **1.** industria. **2.** laboriosidad. **3.** aplicación. **4.** heavy i.: industria pesada.

inefficiency (inifiyensi). n. ineficacia, inutilidad.// **inefficient.** a.

inept (inépt). a. inepto, incapaz.// **ineptitude.** n.

inevitable (inévitabl). a. inevitable.// n. lo inevitable.

inexpensive (inikspénsiv). a. barato, económico.// **inexpensevely.** adv. barato.

infamous (ínfemes). a. de mala fama, infame.

infancy (ínfensi). n. **1.** infancia. **2.** minoría de edad.// **infant.** n. niño.// a. naciente.

infatuate (infátiueit). tr. enamorar locamente.// **infatuated.** a. enamorado.// **infatuation.** n. enamoramiento.

infer (infer). tr. inferir, deducir.// **inference.** n. **1.** inferencia, deducción. **2.** by i.: por deducción.

inferior (infírior). a./n. inferior.// **inferiority.** n.

infernal (inférnl). a. infernal, endemoniado.// **infernally.** adv. infernalmente.

infighting (infaitin). n. lucha cuerpo a cuerpo.

infinite (ínfinit). a./n. infinito.

infirm (inférm). a. **1.** enfermizo. **2.** nulo.// tr. invalidar.// **infirmary.** n. enfermería.// **infirmity.** n. enfermedad.

inflate (infleit). tr. hinchar, inflar.// **inflation.** n.

influence (ínfluens). n. **1.** influencia. **3.** a man of i.: un hombre influyente. **3.** to be an i: tener influencia.// tr. influenciar.

influent (ínfluent). a./n. afluente.

inform (inform). tr. **1.** informar. **2.** formar, moldear. **3.** to i. against.: delatar.// **information.** n. **1.** información. **2.** a piece of i.: una información, un dato. **3.** classified i.: información secreta.

infuse (infiús). tr. **1.** infundir. **2.** hacer una infusión.// **infusion.** n.

ingoing (íngoin). a. entrante, que entra.

ingrown (íngreun). a. **1.** crecido hacia dentro. **2.** innato. **3.** i. nail: uña encarnada.

inhabit (inhábit). tr. habitar, vivir en.// **inhabitant.** a./n. habitante.

inheritance (injéritans). n. herencia.// **inheritor.** n. heredero.

initial (iníshal). a. inicial, primero.// n. letra inicial.// tr. poner las iniciales.// **initially.** adv. al principio.// **initiate.** tr. iniciar.

injure (ínshur). tr. **1.** herir, lastimar. **2.** perjudicar. **3.** ofender. **4.** the injured: los heridos.// **injury.** n. herida, lesión.

ink (ink). n. **2.** tinta. **3.** in i.: con tinta.// tr. entintar.// **inkpot.** n. tintero.// **inky.** a. manchado de tinta.

in-law (inló). a./n. pariente político.

inmost (ínmoust). a. más íntimo, profundo.

inn (in). n. posada, hostería.

inner (íner). a. interior, interno.// **inner meaning:** sentido oculto.

input (ínput). n. **1.** entrada. **2.** energía de entrada. **3.** Comp. información inicial.

inquire (inkuáir). tr. informarse de, preguntar.// **inquirer.** n. **1.** el que pregunta. **2.** investigador.// **inquiring.** a. curioso.// **inquiry.** n. **1.** pregunta. **2.** encuesta.

insane (inséin). a. loco, demente.// **insanity.** n. locura, demencia.

insensible (insénsibl). a. **1.** insensible. **2.** inconsciente. **3.** imperceptible.// **insensitive.** a. insensible.

inset (ínset). n. recuadro.// tr. insertar.

inside (insáid). a. **1.** interior. **2.** i. wall: pared interior.// adv. **1.** dentro, adentro. **2.** go i.: vete adentro.// prep. dentro de.// n. interior.// **inside out.** adv. al revés.// **insider.** n. persona enterada.

insight (ínsait). n. **1.** perspicacia, penetración. **2.** idea.

insist (insíst). i. insistir, empeñarse.// tr. insistir en.// **insistence.** n.

inspire (inspaiar). tr. **1.** inspirar. **2.** sugerir.// **inspired.** a. **1.** inspirado. **2.** genial.// **inspiring.** a. inspirador.

install (instol). tr. instalar.

instance (ínstans). n. **1.** ejemplo. **2.** caso. **3.** for i.: por ejemplo. **4.** in many instances: en muchos casos.// tr. ilustrar.

instant (ínstant). a. **1.** urgente. **2.** inminente. **3.** instantáneo.// n. instante, momento.

instead (insted). adv. **1.** en su lugar. **2.** i. of: en vez de.

institute (ínstitiut). tr. instituir, fundar, establecer.// **institution.** n.

insulate (ínsiuleit). tr. aislar, apartar.

insult (insolt). n. insulto, injuria.// tr. insultar, injuriar.

insurance (inshúrens). n. **1.** seguro. **2.** i. against theft: seguro contra robos. **3.** i. policy: póliza de seguros. **3.** fire i.: seguro contra incendios.// **insurant.** a. asegurado.// **insurer.** n. asegurador.

intake (ínteik). n. **1.** toma, entrada. **2.** consumo.

intellect (íntelect). n intelecto.// **intellectual.** a. intelectual.

intelligence (intéliyens). n. **1.** inteligencia. **2.** información.// **intelligent.** a. inteligente.

intelligible. a. inteligible.

intemperance (intémperans). n. intemperancia.// **intemperant.** a. intemperante.

intend (inténd). tr. **1.** querer hacer, tener la intención de, proponerse. **2.** i. *for:* destinar a.

intense (intens). a. intenso, profundo, apasionado, vehemente.// **intensify.** tr. intensificar.// **intensity.** n. intensidad.// **intensive.** a. intensivo.

intent (intent). a. **1.** atento, profundo.// n. intención, propósito.// **intention.** n. intención.// **intentional.** a. intencional.

inter (inter). tr. enterrar.

intercede (intersíd). tr. interceder.

intercept (intersépt). tr. interceptar.// **interception.** n. intercepción.

interchange (intérchendsh). n. intercambio.// tr. intercambiar.

intercourse (ínterkors). n. trato, relaciones, intercambio.

interdict (ínterdikt). n. interdicto, prohibición.// tr. prohibir.

interest (íntrist). n. **1.** interés. **2.** beneficio. **3.** pl. negocios. **4.** *to put out at i.:* poner a interés. **5.** *to take an i. in:* tomar interés en.// tr. interesar.// **interested.** a. interesado.// **interesting.** a. interesante.

interfere (interfír). i./tr. **1.** intervenir. **2.** interferir.// **interference.** n. **1.** tropiezo. **2.** intromisión. **3.** *Fís.* interferencia.

interim (ínterim). n. ínterin.// a. provisional.

interior (intíerior). a. interior, interno.// n. interior.

interjection (inteyékshon). n. intejección.

intermit (intérmit). tr. interrumpir.// **intermittent.** a. intermitente.

intern (intern). n. interno.// tr. internar.// **internal.** a. interno, interior.// **internally.** adv. internamente.

interplay (ínterplei). n. interacción.// i. interactuar.

interpose (intérpous). tr. interponer.// i. intervenir.

interpret (intérprit). tr. interpretar.// **interpreter.** n. intérprete.

interrogation (interoguéishon). n. **1.** interrogatorio. **2.** interrogación.// **interrogate.** tr. interrogar.// **interrogative.** a.

interview (interviu). n. entrevista.// tr. entrevistar.

intestine (intéstin). n. intestino.// intestinal. a.

intimacy (íntimasi). n. intimidad.// **intimate.** a. íntimo, personal.// i. insinuar.

into (íntu). prep. **1.** en. **2.** hacia. **3.** contra. **4.** dentro.

intoxicate (intóksikeit). tr. embriagar, emborrachar.// **intoxicating.** a. embriagador.

intrigue (intríg). n. intriga.// tr./i. intrigar.// **intriguer.** n. intrigante.

introduce (introdiús). tr. **1.** presentar. **2.** introducir. **3.** iniciar.// **introduction.** n. introducción.

intrude (intrud). tr. imponer.// i. entrometerse.// **intruder.** n. intruso.// **intrusion.** n. intrusión.

invade (inveid). tr. invadir.// **invader.** n. invasor.// **invasion** (invéishon). n. invasi'on.

invalid (ínvalid). a./n. **1.** inválido. **2.** enfermo.

invalid (inválid). a. nulo.// tr. dejar inválido.// i. quedarse inválido.

invent (invent). tr. inventar.// **invention.** n.

invert (ínvert). n./a. invertido.// (-vért). tr. invertir.

invest (invest). tr. **1.** invertir. **2.** investir, conferir.// tr. hacer una inversión.// **investment.** n. **1.** inversión. **2.** investidura. **3.** sitio, cerco.

investigate (invéstigueit). tr. investigar, estudiar.// i. hacer una investigación.// **investigating.** a. investigador.// **investigator.** n. investigador.// **investigation.** n. investigación.

invite (invait). n. invitación.// tr. **1.** invitar, convidar. **2.** pedir, solicitar. **3.** incitar, provocar.// **inviting.** a. atractivo, tentador.

invoice (ínvois). n. factura.// tr. facturar.

invoke (invouk). tr. invocar.// **invoker.** n. invocador.

involve (involv). tr. **1.** concernir, atañer. **2.** afectar. **3.** suponer, implicar. **4.** acarrear, ocasionar. **5.** comprometer, complicar. **6.** envolver, mezclar.// **involved.** a. complicado.// **involvement.** n. **1.** envolvimiento. **2.** complicación, enredo.

ire (áier). n. ira, cólera.// **ireful.** a. iracundo.

iris (áieris). n. iris.

irish (áirish). a./n. irlandés.

iron (áiron). n. **1.** hierro. **2.** plancha. **3.** revólver. **4.** *in irons:* encadenado. **5.** *old i.:* chatarra. **6.** *will of i.:* voluntad de hierro.// tr. **1.** herrar. **2.** *to i. out.:* planchar.// **ironer.** n. planchador.// *i. horse:* n. locomotora.// **ironing.** n. planchado.// *i. ore:* n. mineral de hierro.// **ironwork.** n. herrajes.// **irony.** a. de hierro.

irony (áironi). n. ironía.

irradiate (iréidiet). tr. **1.** irradiar. **2.** iluminar.// i. lucir, brillar.

irrelevant (irélivant). a. fuera de propósito, no pertinente.// **irrelevance.** n.

irresolvable (irizólvebl). a. insoluble, irresoluble.

irritate (íriteit). tr. **1.** irritar. **2.** poner nervioso.// **irritant.** a.

islam (ízlam). n. islam.// **Islamic.** a.

island (áiland). n. isla.// *small i.:* islote.// tr. aislar.// **islander.** n. isleño.

isolate (áisoleit). tr. aislar.// **isolating.** a. aislador.// **isolation.** n.

issue (íshu). n. **1.** salida. **2.** publicación. **3.** venta. **4.** cuestión, punto, problema. **5.** *at i.:* en discusión. **6.** *side i.:* cuestión secundaria. **7.** *to force the i.:* forzar una decisión.// *i. salir.*// tr. **1.** publicar. **2.** pronunciar.

it (it). pron. **1.** él, ella, ello. **2.** lo, la. **3.** le.// n. atractivo, no sé qué.

italian (itálian). a./n. italiano.

italic (itálik). n. letra bastardilla, cursiva.

itch (ich). n. picazón.// i. picar.// **itchiness.** n. picazón.// **itching.** a. que pica.// **itchy.** a. picante.

iterate (ítereit). tr. iterar, repetir.// **iteration.** n.

itinerate (itínereit). i. viajar, desplazarse constantemente. \

its (its). pos. pron. su, sus.

ivory (áivori). n. **1.** marfil. **2.** color marfil. **3.** pl. teclas. **4.** pl. dados.// a. de marfil, marfileño.

ivy (áivi). n. hiedra.

izard (ízed). n. gamuza.

J (yéi). n. décima letra del abecedario.

jab (yab). n. **1.** golpe seco. **2.** pinchazo. **3.** estocada. **4.** codazo.// tr. **1.** pinchar. **2.** herir. **3.** dar un codazo o un puñetazo.

jack (yak). n. **1.** gato, cric. **2.** bandera de proa. **3.** marinero.

jackal (yákal). n. chacal.

jacket (yakit). n. **1.** chaqueta, americana. **2.** sobrecubierta; forro. **3.** carpeta. **4.** casco de bala.// tr. cubrir.

jackpot (yákpot). n. premio gordo.

jade (yeid). n. **1.** jade. **2.** color jade.

jail (yeil). n. cárcel, prisión.// tr. encarcelar.// **jailbreak.** n. evasión.// **jailer.** n. carcelero.

jam (yam). n. **1.** mermelada. **2.** embotellamiento. **3.** apuro, lío.// tr. **1.** meter a la fuerza. **2.** atestar. **3.** causar un embotellamiento.// i. atrancarse.// **jam session.** n. concierto de jazz improvisado.

japanese (japániz). a./n. japonés.

jar (yar). n. **1.** tarro. **2.** jarra. **3.** choque, sacudida.// tr. **1.** sacudir. **2.** lastimar.// i. **1.** chirriar. **2.** desentonar.

jaw (yo). n. **1.** mandíbula. **2.** quijada.// **jawbone.** n. maxilar.

jealous (yelos). a. celoso, envidioso.// **jealousy.** n. celos, envidia.

jeans (yins). n. pantalones vaqueros.

jelly (yeli). n. **1.** gelatina. **2.** jalea. **3.** petroleum j.: vaselina.// **jellyfish.** n. medusa.

jenny (yeni). n. hembra.

jerk (yerk). n. sacudida, empujón.// tr. mover a tirones.// i. moverse a trompicones.// **jerky.** a. espasmódico.

jesuit (yezuit). a./n. jesuita.

jet (yet). n. **1.** chorro, surtidor. **2.** avión de reacción.// tr. lanzar en chorro.// i. salir a chorros.// **jet engine.** n. reactor.// **jet-propelled.** a. de propulsión a chorro.// **jetsprayer.** n. pulverizador.

jewel (yúel). **1.** joya, alhaja. **2.** piedra preciosa.// tr. alhajar.// **jewel box** o **j. case.** n. joyero.// **jeweller.** n. vendedor de joyas.// **jewellery.** n. joyería.

jewish (yúish). a./n. judío.// **jewishness.** n. judaísmo.

jigsaw (yígso). n. rompecabezas.

jingle (yíngle). n. **1.** cascabeleo. **2.** cascabel. **3.** rima infantil. **4.** anuncio comercial cantado.// i. cascabelear, tintinear.// **jingly.** a. que tintinea.

job (yob). n. **1.** trabajo, empleo. **2.** asunto. **3.** a bad j.: un mal asunto.// a. **1.** a destajo. **2.** laboral.// i. trabajar a destajo.// **jobless.** a. sin trabajo.

jockey (yókey). n. jinete.

jog (yog). n. empujón.// tr. dar un empujón.

join (yoin). n. **1.** juntura, unión. **2.** costura.// tr. juntar, unir.// i. **1.** unirse. **2.** j. in: participar en. **3.** j. up: alistarse.// **joinder.** n. reunión.// **joiner.** n. carpintero.// **joining.** n. **1.** unión. **2.** bisagra.

joint (yoint). a. **1.** unido. **2.** colectivo. **3.** conjunto. **4.** mutuo, solidario.// n. **1.** juntura, unión. **2.** articulación.// tr. juntar, unir.// **jointed.** a. articulado.

joke (youk). n. **1.** chiste, broma. **2.** as a j.: bromeando.// i. bromear, contar chistes.// tr. gastar bromas a (alguien).// **joker.** n. bromista, payaso.// **joking.** a. gracioso, humorístico.

jolly (yóli). a. **1.** jovial, alegre. **2.** bonito.// adv. **1.** muy. **2.** j. tired: muy cansado.// tr. convencer.

journal (yúrnl). n. **1.** diario, periódico. **2.** revista.// **journalist.** n. periodista.

journey (yúrni). n. viaje.// i. viajar.

joy (yoi). n. **1.** alegría. **2.** deleite, placer.// **joyful.** a. alegre, contento.// **joyless.** a. triste, sin alegría.// **joystick.** n. palanca de mando.

judge (yash). n. juez.// tr. **1.** juzgar. **2.** declarar. **3.** arbitrar. **4.** considerar, estimar.// i. **1.** opinar. **2.** juzgar.// **judgement.** n. **1.** juicio. **2.** sentencia, fallo. **3.** apreciación.

jug (yag). n. jarra.

juggernaut (yaguernot). n. **1.** monstruo que destruye a los hombres. **2.** fuerza irresistible.

juggle (yagl). n. juegos de malabares.// i. hacer juegos de malabares.// **juggler.** n. malabarista.

juice (shus). n. jugo.// **juiciness.** n. jugosidad.// **juicy.** a. jugoso.

july (yulai). n. julio.

jump (yomp). n. **1.** salto. **2.** aumento grande. **3.** obstáculo.// i. **1.** saltar. **2.** sobresaltarse. **3.** rebotar.// tr. saltar, salvar.// **jumper.** n. saltador.// **jumpy.** a. nervioso.

juncture (yúnchor). n. unión, juntura.

june (yun). n. junio.

jungle (yangl). n. selva, jungla.

junior (yúnior). a. **1.** hijo. **2.** subalterno. **3.** de menor antigüedad.// n. jovencito.

junkie (yonki). n. drogadicto.

jury (yúari). n. **1.** jurado. **2.** tribunal.// **juryman.** m. miembro de un jurado.

just (yast). a. **1.** justo. **2.** exacto.// adv. **1.** justo, justamente. **2.** sólo, solamente. **3.** ahora mismo. **4.** sencillamente, francamente.// **justice** (yástis). n. **1.** justicia. **2.** juez. **3.** j. of the peace: juez de paz.// **justly.** adv. con justicia.// **justness.** n. justicia, rectitud.

justify (yástifai). tr. justificar.

juvenile (yúvinail). a. **1.** juvenil. **2.** de menores.// **juvenile court.** n. tribunal de menores.

juxtapose (yúkstapous). tr. yuxtaponer.// **juxtaposition.** n. yuxtaposición.

k (kei). n. undécima letra del abecedario.
kaki (káki). n. caqui.
kaleidoscope (kaláideskoup). n. calidoscopio.// **kaleidoscopic.** a. calidoscópico.
kangaroo (cangáru). n. canguro.
karat (cárat). n. quilate.
kayak (káiak). n. káyac.
keel (kil). n. **1.** quilla. **2.** barco.// tr. dar de quilla./ i. zozobrar, volcar.
keen (kin). a. **1.** afilado, agudo. **2.** fuerte, vivo. **3.** *a k. mind:* una mente aguda. **4.** *a k. desire:* un vivo deseo.// n. lamento fúnebre.// i. cantar un lamento.// **keenly.** adv. **1.** con entusiasmo. **2.** profundamente, vivamente.// **keenness.** n. lo afilado.
keep (kip). n. **1.** torreón. **2.** sustento.// tr. **1.** guardar. **2.** quedarse. **3.** mantener. **4.** reservar, guardar. **5.** cuidar. **6.** *k. order:* mantener el orden. **7.** *k. the law:* observar la ley.// i. **1.** seguir, continuar. **2.** *k. singing:* seguir cantando. **3.** *k. at:* seguir con. **4.** *k. away:* mantener la distancia. **5.** *k. back:* contener. **6.** *k. from:* impedir. **7.** *k. in:* disimular. **8.** *k. on:* no quitarse. **9.** *k. to:* quedarse en. **10.** *k. together:* poner juntos. **11.** *k. under:* dominar. **12.** *k. up:* levantar.// **keeper.** n. guarda, guardián.// **keeping.** n. cargo, cuidado, mantenimiento.
kermess (kérmis). n. quermés.
key (ki). n. **1.** llave. **2.** clave. **3.** tono. **4.** tecla. **5.** conmutador. **6.** *k. to the problem:* clave del problema. // a. **1.** clave. **2.** *k. industry:* industria clave.// tr. calzar con chavetas.// **keyboard.** n. teclado.// **keyhole.** n. ojo de la cerradura.// **keyman.** m. hombre clave.// **keynote.** n. nota tónica.// **key ring.** n. llavero.// **keystone.** n. piedra angular.
kick (kik). n. **1.** patada, puntapié. **2.** coz. **3.** golpe.// tr. **1.** dar un puntapié, dar patadas. **2.** *k. against:* oponerse a. **3.** *k. down:* derribar. **4.** *k. up:* levantar.// **kicker.** n. pateador.
kid (kid). n. **1.** cabrito. **2.** niño.// i. bromear.// *are you kidding?:* ¿en serio?// **kidder.** n. bromista.
kidnap (kidnap). tr. raptar, secuestrar.// **kidnapper.** n. secuestrador.// **kidnapping.** n. rapto, secuestro.
kidney (kídni). n. riñón.// **k. machine.** n. riñón artificial.// **k. stone.** n. cálculo renal.
kill (kil). n. **1.** muerte. **2.** caza.// tr./i. matar.// **killer.** n. asesino.// **killer whale.** n. orca.// **killing.** a. **1.** mortal. **2.** agotador. **3.** n. asesinato, matanza.
kind (kaind). a. **1.** amable, amistoso. **2.** favorable, benigno.// n. **1.** clase, tipo. **2.** especie, género. **3.** *a k. of:* cierto. **4.** *in k.:* en especie. **5.** *of all kinds:* de todas clases.// **kindhearted.** a. bondadoso, de buen corazón.// **kindliness.** n. bondad, amabilidad.// **kindly. 1.** a. amable, bondadoso. **2.** adv. amablemente.// **kindness.** a. amabilidad.
kindergarten (kíndergardn). n. jardín de infantes.
king (kin). m. rey.// **kingdom.** n. reino.// **kingfisher.** n. martín pescador.// **kingly.** a. real.// **king of arms.** m. rey de armas.// **kingship.** n. realeza, majestad.// **king-size.** a. enorme, gigante.
kiss (kis). n. **1.** beso. **2.** *the k. of life:* respiración boca a boca.// tr. **1.** besar. **2.** *k. away:* hacer olvidar con besos.// **kisser.** n. besucón.// **kissproof.** a. indeleble.
kit (kit). n. **1.** herramientas. **2.** caja de herramientas. **3.** equipo. **4.** conjunto de piezas para armar.// tr. equipar.// **kit bag.** n. bolsa.
kitchen (kítchen). n. cocina.// **k. boy.** n. pinche.// **k. range.** n. cocina económica, fogón.
kitten (kítn). n. gatito.
knack (nak). n. **1.** facilidad. **2.** truco.
knee (ni). n. rodilla.// **kneecap.** n. rótula.// **kneel.** i. arrodillarse.// **kneeling chair.** n. reclinatorio.
knife (naif). n. cuchillo, navaja, bisturí.// tr. **1.** cortar con cuchillo. **2.** apuñalar.// **knife-edge.** n. filo.
knight (nait). n. **1.** caballero. **2.** *k. errant:* n. caballero andante.// tr. armar caballero.// **knighthood.** n. caballería.
knit (nit). n. punto de tejido.// tr. tejer.// i. hacer punto.// **knitter.** n. tejedor.// **knitting.** n. tejido de punto.// **knitting needle.** n. aguja de tejer.
knock (nok). n. golpe, llamada.// tr. **1.** golpear, llamar. **2.** *k. about:* maltratar. **3.** *k. against:* dar contra. **4.** *k. out:* vaciar. **5.** *k. up:* despertar.// **knocker.** n. aldaba.// **knockout.** n. fuera de combate.
knot (not). n. **1.** nudo. **2.** lazo. **3.** grupo. **4.** haz. **5.** nódulo.// tr. **1.** atar con un nudo. **2.** fig. enredar, enmarañar.// **knotty.** a. **1.** nudoso. **2.** fig. difícil, intrincado.
know (nou). tr. **1.** saber, conocer. **2.** *k. a thing or two:* saber algo. **3.** *k. each other:* conocerse. **4.** *k. (one) for:* conocer (a uno) como. **5.** *k. how:* saber cómo (hacer algo). **6.** *k. too much:* saber más de la cuenta.// i. **1.** saber, conocer. **2.** tener información, estar informado. **3.** *k. oneself:* conocerse (a sí mismo).// **knowable.** a. conocible.// **know-all, know-it-all.** n. sabelotodo.// **know-how.** n. **1.** habilidad. **2.** conocimientos.// **knowing.** a. astuto.// **knowledge.** n. conocimiento.
koala. n. koala, coala.
koran (kóran). n. Corán.
Korean (kárian). a./n. coreano.
krypton (kríptan). n. criptón.
kyle (kail). n. estuario, estero.

l (el). n. duodécima letra del abecedario.
la. n. *Mus.* la.
lab. n. fam. laboratorio.
label (léibel). n. rótulo, etiqueta, marca.// tr. rotular, marcar.
labor (léibor). n. **1.** trabajo. **2.** mano de obra. **3.** clase obrera.// i. trabajar.// a. laboral.// **laboratory.** n. laboratorio.// **laborer.** n. trabajador, peón.// **laborious.** a. laborioso.
labyrinth (lábirindz). n. laberinto.
lace (leis). n. cordón; encaje.// tr. atar.
lack. n. falta, carencia.// i./tr. faltar, hacer falta, carecer de, necesitar.
laconic (lakánik). a. lacónico.
lacquer. n. laca.// tr. barnizar.
lad. m. muchacho.
ladder. n. escalera.
laden (léiden). a. cargado, abrumado.
ladle (léidel). n. cucharón.
lady (léidi). f. señora, dama, dueña.// **ladylike.** a. **1.** bien educada. **2.** elegante. **3.** afeminado.
lag. tr. retrasarse; ir despacio.// n. atraso, demora.// **laggard.** a. lento, perezoso.
lagoon (lagún). n. laguna.
lair (ler). n. cubil, madriguera.
laity (léiti). n. laicos, laicado.
lake (léik). n. lago.
lamb. n. cordero.
lame (léim). a. **1.** cojo, rengo. **2.** lisiado.
lament (leimént). n. lamento.// i./tr. lamentar(se).// **lamentable.** a.// **lamentation.** n.
laminate (lámineit). tr. laminar.// n. laminado.
lamp. n. lámpara.
lampshade (lámyeid). n. pantalla.
land. n. **1.** tierra, suelo. **2.** país.// tr. desembarcar; aterrizar.// **landholder.** n. terrateniente.// **landing.** n. aterrizaje; desembarco.// **landlady.** f. propietaria, casera, patrona.// **landlocked.** a. rodeado de tierra.// **landlord.** m. patrón, arrendador.// **landmark.** n. mojón, hito.// **landowner.** n. hacendado, terrateniente.// **landscape.** n. paisaje.// **landslide.** n. derrumbe.
lane (léin). n. **1.** sendero. **2.** callejón. **3.** carril.
language (lángwidch). n. **1.** idioma. **2.** lenguaje.
languid (langwid). a. lánguido.// **languish.** i languidecer.// **languor.** n. languidez, desfallecimiento.
lantern. n. linterna.
lap. n. **1.** regazo. **2.** *Sp.* vuelta.// tr. **1.** doblar, plegar. **2.** cubrir, envolver. **3.** lamer.

lapel (leipél). n. solapa.
lapse (laps). n. **1.** lapso. **2.** transcurso.// tr. decaer, caer en desuso.
larceny. n. hurto.
larch. n. alerce.
large (lardch). a. **1.** grande, amplio. **2.** numeroso. **3.** *at l.:* en libertad.// **largely.** adv. en gran parte.
lariat. n. lazo (para ganado).
lark. n. **1.** alondra. **2.** diversión, broma.// tr. retozar.
larva. n. larva.
laryngitis (larinyáites). n. laringitis.// **larynx.** n. laringe.
lascivious (lasívios). a. lascivo.
lash. n. **1.** latigazo. **2.** pestaña.// tr. azotar.
lass. f. muchacha.
lassitude (lásitiud). n. lasitud, languidez.
lasso. n. lazo.// tr. enlazar.
last. a. **1.** último. **2.** pasado. **3.** *l. but one:* penúltimo. **4.** *l. night:* anoche.// tr. durar.// n. horma de zapato.// **lasting.** a. duradero.
latch. n. cerrojo.
late (léit). a. **1.** tardío. **2.** a hora avanzada. **3.** difunto.// adv. **1.** tarde. **2.** últimamente. **3.** *to be l.:* estar retrasado.// **lately.** adv. recientemente, últimamente.// **lateness.** n. tardanza, demora.
later (léiter). a. posterior, más reciente.// adv. más tarde, después.// pron. *the l.:* este último.
lateral. a. lateral.
latest (léitest). a./adv. el último.
lather (ladzer). n. espuma.// tr. enjabonar, hacer espuma.
latitude (látitiud). n. latitud.
lattice (látis). n. celosía, enrejado.
laugh (láf). n. risa, sonrisa.// i. reír.// **laughable.** a. risible, ridículo.// **laughingstock.** n. hazmerreír.// **laughter.** n. **1.** risa. **2.** *to burst with l.:* reventar de risa.
launch (lonch). tr. **1.** lanzar(se). **2.** botar. **3.** emprender.// n. lancha.// **launcher.** n. lanzador.// **launching.** n. lanzamiento.
launder (lónder). tr. lavar y planchar.// **laundress.** f. lavandera.// **laundry.** n. **1.** lavandería. **2.** ropa para lavar.
laureate (lórieit). a./n. laureado.// **laurel.** n.
lava. n. lava.
lavatory. n. **1.** lavamanos. **2.** excusado.
lavender. n. lavanda.
lavish. a. **1.** generoso. **2.** abundante.

law (ló). n. **1.** ley. **2.** *Law:* Derecho.// a. legal.// **law-abiding.** a. observante de la ley.// **lawful.** a. legal, lícito.// **lawgiver.** n. legislador.// **lawless.** a. **1.** sin ley. **2.** desenfrenado.// **lawmaker.** n. legislador.

lawn (lon). n. prado, césped.// **lawn mower.** n. cortadora de césped.

lawsuit (lósut). n. pleito, litigio.

lawyer (lóier). n. abogado, jurista.

lax. a. **1.** laxo. **2.** negligente.

laxative. a. laxativo.// n. laxante.

laxity. n. laxitud; relajamiento.

lay (lei). tr. **1.** poner, echar. **2.** poner (huevos la gallina). **3.** calmar(se). **4.** imponer. **5.** cubrir. **6.** *to be laid up:* guardar cama. **7.** *to l. aside:* ahorrar; dejar a un lado. **8.** *to l. in:* proveerse. **9.** *to l. off:* suspender, abandonar. **10.** *to l. on:* atacar, caer sobre.

lay. a. laico.// n. **1.** capa, estrato. **2.** balada.

layer (léier). n. **1.** capa, estrato. **2.** *good l.:* gallina ponedora.

layette (leiét). n. ajuar para el bebé.

layman (léiman). m. lego; laico.

layoff (leióf). n. paro forzoso; suspensión de empleados.

layout (leiáut). n. plan, esquema, disposición.

laziness (léisines). n. pereza.// **lazy.** a. perezoso.

lead (led). n. **1.** plomo. **2.** plomada. **3.** grafito, lápiz.

lead (lid). tr. **1.** conducir, guiar, llevar. **2.** dirigir. **3.** liderar, mandar. **4.** mover, impulsar. **5.** *l. astray:* descarriar.// n. dirección, mando, guía.// **leader.** n. líder, dirigente, jefe.// **leadership.** n. liderazgo, dirección, jefatura.// **leading.** 1. n. conducción. 2. a. conductor, principal. 3. *l. article:* editorial, artículo de fondo.

leaf (lif). n. hoja, pétalo.// tr. echar hojas.// **leaflet.** n. **1.** hojuela. **2.** hoja suelta.

league (lig). n. **1.** liga. **2.** legua.

leak (lik). n. **1.** grieta, gotera. **2.** escape, filtración.// tr. filtrarse, salirse.// **leakage.** n. **1.** escape, filtración. **2.** noticia oficiosa.

lean (lin). i. inclinar(se), ladear(se), reclinar(se).// a. flaco, escaso.

lean-to (líntú). n. cobertizo.

leap (lip). tr. saltar.

leap year. n. año bisiesto.

learn (lern). tr. **1.** aprender. **2.** *l. by heart:* aprender de memoria. **3.** saber. **4.** enterar(se).

lease (lis). tr. arrendar, alquilar.// n. arriendo.// **leasehold.** **1.** a. que se tiene en arriendo. **2.** n. inquilinato.// **leasing.** n. alquiler.

leash (lish). n. correa, traílla.

least (list). a. **1.** el menor, mínimo. **2.** *at l.:* al menos. **3.** *not in the l.:* en lo más mínimo.// adv. menos.// n. lo menos.

leather (lédzer). n. cuero, piel.

leave (lív). i./tr. **1.** salir de, partir, marcharse. **2.** dejar, abandonar. **3.** legar. **4.** encomendar. **5.** *l. alone:* dejar en paz. **6.** *l. aside:* dejar de lado. **7.** *l. out:* omitir, olvidar. **8.** *l. word:* dejar dicho. **9.** *to be left:* quedar (acordar; en un punto). **10.** *to be left over:* sobrar.

leaven (léven). n. levadura; fermento.

lecture (lékcher). n. **1.** conferencia. **2.** amonestación.// tr. **1.** disertar. **2.** sermonear.

ledge (ledch). n. **1.** reborde, saliente. **2.** repisa. **3.** arrecife.

ledger (lédcher). Com. libro mayor.

lee (lí). n. **1.** sotavento. **2.** refugio.

leech (lich). n. sanguijuela.

leer (lir). tr. mirar de reojo.

leeway (líuei). n. deriva.

left. a. izquierdo; izquierda.// **left-handed.** a. **1.** zurdo. **2.** torpe.// **leftist.** a./n. izquierdista.

leftover (léftouver). a. sobrante.

leg. n. **1.** pierna; pata. **2.** *to pull one's l.:* tomar el pelo.

legacy (légasi). n. herencia.

legal (lígal). a. legal.

legation (liguéishon). n. legación.

legend (léyend). n. **1.** leyenda. **2.** inscripción.// **legendary.** a.

legible (léyibel). a. legible.// **legibility.** n

legion (líyen). n. legión.// **legionary.** n.

legislate (léyisléit). tr. legislar.// **legislation.** n.// **legislative.** a.// **legislator.** n.// **legislature.** n. legislatura; Poder Legislativo.// **legist.** n. legista.

legitimacy (leyítimasi). n. legitimidad.// **legitimate.** a. legítimo.// tr. **1.** legitimar. **2.** aprobar.

leisure (lísher). n. ocio, tiempo libre.

lemon. n. **1.** limón. **2.** fig. *EE.UU.* maula.// **lemonade.** n. limonada.

lend. tr. **1.** proporcionar, dar **2.** *l. a hand:* dar una mano, ayudar. **3.** *l. an ear:* prestar atención. **4.** *l. itself to:* prestarse a.

lender. n. prestamista.

length. n. **1.** longitud. **2.** duración. **3.** trozo, pieza. **4.** *Sp.* largo, cuerpo. **5.** *at l.:* completamente, al fin.// **lengthen.** tr. alargar.// **lengthwise.** adv. longitudinalmente, a lo largo.// **lengthy.** a. largo.

leniency (líniensi). n. indulgencia.// **lenient** (líinient). a. indulgente.

lens. n. **1.** lente. **2.** pl. *contac l.:* lentes de contacto.

Lent. n. Cuaresma.

lentil. n. lenteja.

leopard (lépard). n. leopardo.

leper. n. leproso.// **leprosy.** n. lepra.

less. a. **1.** menor, menos. **2.** *-less:* sin (como sufijo).// **lessen.** tr. disminuir.

lesson. n. **1.** lección. **2.** clase.

lest. conj. para que no, por miedo de, por miedo a.

let. tr. **1.** permitir, dejar. **2.** alquilar. **3.** *l. alone:* dejar en paz; mucho menos. **4.** *l. in:* admitir, dejar entrar. **5.** *l. know:* avisar, informar. **6.** *l. loose:* soltar. **7.** *l. out:* dejar salir. **8.** *let's go!* ¡vámonos!

letdown (létdáun). n. **1.** relajación. **2.** fig. humillación.

lethal. a. letal, mortífero.

lethargic. a. letárgico.// **lethargy.** n. letargo.

letter. n. **1.** letra. **2.** carta.// **letter box.** n. buzón.// **letterhead.** n. membrete.

lettuce (létos). n. lechuga.

leukemia (liukímia). n. leucemia.

level. a. **1.** plano, llano. **2.** parejo, igual.// n. **1.** nivel. **2.** piso (de un edificio).// tr. nivelar, igualar.

lever. n. palanca.// **leverage.** n. potencia de la palanca.

levity. n. ligereza, veleidad.

levy. tr. reclutar.// n. reclutamiento.
lexicon. n. léxico.
liability (laiabíliti). n. responsabilidad, obligación.// **liable.** a. 1. responsable. 2. expuesto.
liar (láier). a. mentiroso.
liberal. a./n. liberal.// **liberalism.** n.// **liberality.** n.
liberate (libereit). tr. libertar, librar.// **liberation.** n.// **liberator.** n. liberador, libertador.
libertinage (libertineidch). n. libertinaje.// **libertine.** a./n. libertino.
liberty. n. libertad.
librarian (laibrérian). n. bibliotecario.// **library.** n. biblioteca.
lice (lais). n. pl. piojos.
license (láisens). n. licencia.// tr. licenciar.// **licentious.** a. licencioso.
lichen (láiken). n. líquen.
lick. tr. lamer.
lid. n.1. tapa. 2. párpado.
lie (lai). i. 1. acostar(se). 2. yacer, estar.
lie. n. mentira, embuste.// i. mentir.
lien. n. embargo.
lieutenant (liuténant). n. teniente, lugarteniente.
life (laif). n. 1. vida. 2. energía. 3. *not one your l.:* ¡de ninguna manera! 4. fig. alma.// a. 1. vital. 2. de la vida. 3. al natural (modelo).
lifeboat (láifbout). n. bote salvavidas.// **life belt.** n. cinturón salvavidas.// **lifeguard.** n. guardavidas, bañero.// **life jacket.** n. chaleco salvavidas.
lifeless (láifles). a. sin vida, exánime.
lifelike (láiflaik). a. natural, que parece vivo.
lifelong. a. de toda la vida; duradero.
lifesaver (láifséiver). n. salvavidas.
lifesize (láifsáis). a. de tamaño natural.
lifetime (láiftáim). a. de por vida.// n. vida (tiempo).
light (láit). n. 1. luz, claridad. 2. fuego, fósforo.// tr. 1. encender. 2. *l. up:* iluminar.// a. liviano; ligero.// **lighten.** tr. 1. iluminar. 2. aclarar. 3. aliviar, aligerar.// **lighter.** n. encendedor.// **lighthearted.** a. despreocupado, alegre.// **lighthouse.** n. faro.// **lighting.** n. 1. alumbrado. 2. encendido, ignición.// **lightly.** adv. levemente, ligeramente.// **lightness.** n. liviandad, ligereza, levedad.// **lightning.** n. relámpago, rayo.// **lightweight.** a. de poco peso.
likable (láikabl). a. simpático.
like (láik). a. 1. semejante. 2. equivalente. 3. igual a. 4. dispuesto 5. *l. that:* así nomás. 6. *nothing l. it:* nada como eso. 7. *something l. that:* algo como, algo así como. 8. *to feel l.:* tener ganas de (seguido de verbo). 9. *to look l.:* ser parecido.// adv. 1. como. 2. del mismo modo. 3. de esa manera. 4. semejante a.// tr. 1. gustar de, gustarle. 2. tener afecto a. 3. caerle simpático a uno.// prep. como, tal como.// n. semejante, igual.// conj. como, tal como.
likely (láikeli). a. 1. probable. 2. apropiado, apto.// adv. probablemente.
likelyhood (láikelijúd). n. probabilidad.
like-minded (láikmáinded). a. del mismo parecer o pensamiento.
liken (láiken). tr. comparar.// **likeness.** n. semejanza.

likewise (láikuáis). adv. asimismo; además.
lilac (láilac). a./n. lila.
lily. n. 1. lirio. 2. azucena.
limb. n. 1. miembro (extremidad). 2. rama. 3. limbo.
limber. a. flexible.
lime (láim). 1. lima (fruta). 2. cal.// a. calizo.
limelight (láimláit). n. 1. candilejas. 2. fig. centro de atención.
limestone (láimstóun). n. piedra caliza.
limit. n. 1. límite. 2. *it's the l.!:* ¡es el colmo!// tr. limitar, restringir.// **limitation.** n.
limousine (límusin). n. limosina.
limpid. a. límpido.
line (láin). n. 1. línea. 2. cuerda. 3. arruga (cara). 4. hilera, fila.// tr. 1. rayar. 2. delinear. 3. completar (un formulario). 4. *l. out:* trazar, marcar. 5. *l. up:* alinear(se). 6. arrugar(se).
lineage (línidch). n. linaje.
lineal (linial). a. 1. lineal. 2. hereditario.// **linear.** a. lineal, linear.
linen. n. 1. lino. 2. ropa blanca.
liner. n. buque o avión de travesía.
linesman (láinsman). m. Sp. juez de línea.
lineup (láinap). n. 1. fila. 2. Sp. alineación, formación.
lingerie (lányeri). n. lencería; ropa interior femenina.
linguist (língüist). n. lingüista.// **linguistics.** n. lingüística.
liniment. n. linimento.
lining (láining). n. forro.
link. n. eslabón; enlace; unión, conexión; vínculo.// i./tr. unir(se), enlazar(se), conectar(se).
linoleum (linóleom). n. linóleo.
linseed (linsíd). n. linaza.
lint. n. hilacha, pelusa.
lion (láion). m. león.// **lioness.** f. leona.
lip. n. 1. labio. 2. reborde.// **lipread.** i. leer los labios.// **lipstick.** n. lápiz labial.
liquefaction (likuefákshon). n. licuefacción.// **liquefy.** tr. licuar.
liqueur (likér). n. licor.
liquid (likuid). 1. a./n. líquido. 2. a. claro, límpido.
liquidate (likuideit). tr. liquidar, terminar.// **liquidation.** n.
liquor (líkor). n. licor.
lisp. i. cecear.// n. ceceo.
list. n. a. lista.// tr. hacer una lista, poner en una lista.
listen (lísen). tr. 1. escuchar. 2. *l. up:* escuchar bien.// **listener.** n. oyente.
listless. a. desganado, apático.
liter. n. litro.
literacy. n. alfabetismo.
literal. a. literal// **literary.** a.// **literature.** n.
lithograph. n. 1. litografía (copia). 2. tr. litografiar.// **lithographer.** n. litógrafo.// **litography.** n.
litigant. n. litigante.// **litigate.** i. litigar.// **litigation.** n. litigio.
litter. n. 1. litera; camilla. 2. basura.// i./tr. hacer o tirar basura.
little (lítel). a. 1. pequeño. 2. poco.// adv. poco, un poco, algo.// n. poco; momento.
liturgy (líteryi). n. liturgia.

livable (livábl). a. **1.** habitable. **2.** soportable.

live (liv). i./tr. **1.** vivir. **2.** *l. in:* vivir donde se trabaja. **3.** *l. on:* perdurar. **4.** *l. through:* sobrevivir.// a. **1.** vivo. **2.** encendido. **3.** a./adv. en directo (TV).// **livelihood.** n. subsistencia.// **liveliness.** n. viveza; animación.// **lively. 1.** a. animado, alegre. **2.** adv. vivamente.

liver. n. hígado.

livestock (láivstóck). n. ganado.

lizard. n. lagarto.

load (lóud). n. carga, presión, peso.// tr. cargar, abrumar; i. cargarse, abrumarse.

loaf. n. hogaza de pan, terrón de azúcar.

loafer. n. haragán.

loan (lóun). n. **1.** préstamo. **2.** *on l.:* a préstamo.// tr. prestar, dar un préstamo.

loathe (lóudz). tr. aborrecer, detestar.// **loathing.** n. aborrecimiento.// **loathsome.** a. aborrecible, repugnante.

lobby. n. **1.** pasillo, vestíbulo. **2.** presión política.// i. ejercer presión política.

lobe (loub). n. lóbulo.

lobster (lábster). n. langosta marina.

local (lóucal). a local.// **locality.** n. localidad.// **localize.** tr. localizar.

locate (lokeit). tr. situar.// **location.** n. ubicación.

lock (lák). n. **1.** cerradura. **2.** esclusa. **3.** rizo, mechón (cabello).// tr. **1.** echar llave, cerrar. **2.** *l. up:* encerrar.// **locker.** n. **1.** armario con llave o candado. **2.** *l. room:* vestuario.

lockjaw (lákjau). n. tétanos.

lockout (lákaut). n. huelga patronal.

locksmith. n. cerrajero.

locomotion (lákomoshon). n. locomoción.

locomotive (lakomóutiv). n. locomotora.

locust (lóukest). n. **1.** langosta. **2.** cigarra. **3.** algarrobo.

lodestone (lóudstoun). n. piedra magnética.

lodge (ladch). n. **1.** casa campestre. **2.** logia.// tr. **1.** alojar. **2.** incrustarse. **3.** presentar (una queja).// **lodgement.** n. **1.** alojamiento. **2.** acumulación.// **lodger.** n. huésped, inquilino.// **lodging.** n. hospedaje.

loft. n. **1.** desván. **2.** depósito.

lofty. a encumbrado.// **loftiness.** n. encumbramiento.

log. n. tronco, leño.// **logging.** n. tala; explotación forestal.

logarithm. n. logaritmo.

logic (lóyik). n. lógica.// **logical.** a. lógico.// **logistic. 1.** n. logística. **2.** a. logístico.

logotype (logotaip). n. logotipo.

loin. n. ijar, lomo.

loiter. i. holgazanear.

lollipop. n. chupetín, caramelo.

lone, lonely (lóun-ly). a. solitario, solo.// **loneliness.** n. soledad.// **lonesome.** a. solitario.

long. a. **1.** largo. **2.** *l. ago:* hace mucho tiempo. **3.** *l. before:* mucho antes.// adv. durante largo tiempo, largamente.

long. i. **1.** añorar. **2.** ansiar, anhelar.// **longing. 1.** n. anhelo. **2.** a. ansioso, anhelante.

longevity (lonyéviti). n. longevidad.

longitude (lányitiud). n. longitud.

longshoreman. m. estibador.

longwise (lónguais). adv. a lo largo, longitudinal.

look (luk). tr. **1.** mirar. **2.** parecer. **3.** *l. after:* cuidar. **4.** *l. for:* buscar. **5.** *l. like:* parecerse a. **6.** *l. out:* vigilar.// n. **1.** mirada. **2.** aspecto. **3.** moda.

looking glass. n. espejo.

lookingout. n. **1.** vigilancia. **2.** vigía. **3.** perspectiva.

loom (lum). tr. asomarse, aparecer.// n. telar.

loop (lup). n. **1.** lazo. **2.** vuelta. **3.** rizo, bucle. **4.** abrazadera.

loose (lus). a. **1.** suelto. **2.** holgado. **3.** relajado.// tr. soltar, aflojar.// **loosely.** adv. libremente.// **loosen.** tr. **1.** desatar. **2.** aflojar.

loot (lut). n. saqueo, botín.// tr. saquear.

lopsided (lopsaided). a. ladeado.

loquacious (lokuéicios). a. locuaz.// **loquacity.** n. locuacidad.

lord. m. **1.** señor. **2.** amo. **3.** *the Lord:* el Señor.

lose. tr. **1.** perder. **2.** hacer perder.

loss. n. **1.** pérdida. **2.** pl. bajas.

lost. a. **1.** perdido. **2.** olvidado.

lot. n. **1.** lote, porción. **2.** cuota. **3.** *a l. of, lots of:* mucho, un montón de.// tr. lotear, sortear.

lotion (lóushon). n. loción.

lottery. n. lotería.

loud (láud). a. alto, fuerte (sonido).// **loudspeaker.** n. altoparlante.

lounge (láundch). tr. haraganear.// n. salón social.

louse (láus). n. piojo.

lovable. a. amoroso, adorable.

love (lóv). n. **1.** amor. **2.** cariño. **3.** gusto. **4.** *in l.:* enamorado. **5.** *to fall in l.:* enamorarse.// tr. **1.** amar, querer. **2.** gustar de. **3.** encantarle a uno.// **lovelorn.** a. abandonado por su amante.// **loveliness.** n. hermosura.// **lovely.** a. hermoso, delicioso.

lover. n. **1.** amante; novio. **2.** *l. of:* aficionado a.

low (lóu). a. **1.** bajo. **2.** inferior. **3.** *to feel l.:* sentirse deprimido.// adv. **1.** abajo, debajo de, bajo. **2.** *to speak l.:* hablar bajo.

lowbred. a. malcriado, vulgar.

lower (lóuer). tr. **1.** bajar, reducir. **2.** humillar.

lowland (lóuland). n. tierra(s) baja(s).

lowly. a. humilde, modesto.// **lowliness.** n. humildad, modestia.

loyal (lóial). a. leal, fiel.// **loyalty.** n. lealtad.

lozenge (lásendch). n. **1.** *Geom.* rombo. **2.** pastilla, comprimido.

lubricant. a./n. lubricante.// **lubricate.** tr. lubricar.// **lubrication.** n. lubricción.

lucid. a. lúcido.

luck (lok). n. suerte.// **lucky.** a. **1.** afortunado, con suerte. **2.** *to be l:* tener buena suerte.

lucrative. a. lucrativo.

lug (lóg). tr. arrastrar.// **luggage.** n. equipaje.

lukewarm (lúkuorm). a. tibio.

lull (lól). tr. arrullar.// **lullaby.** n. canción de cuna.

lumbago (lombéigou). n. lumbago.

lumber (lómber). n. **1.** madera. **2.** trastos.// **lumberjack.** n. maderero.// **lumberyard.** n. depósito de madera.

luminous (lúmines). a. luminoso.

lump (lómp). n. **1.** terrón. **2.** protuberancia. **3.** montón. **4.** *a l. in the throat:* un nudo en la garganta.// tr. apelotonar.// **lumpy.** a. apelmazado, grumoso.

lunatic. a. lunático.
lunch (lónch). n. almuerzo, refrigerio.// tr. almorzar.
luncheon. n. almuerzo, merienda.
lung (long). n. pulmón.
lunge (londch). n. arremetida, estocada.// tr. **1.** lanzar. **2.** *l. at:* arremeter contra.
lurch (lerch). n. bamboleo.// tr. tambalear.
lure (lur). n. **1.** atractivo, tentación. **2.** carnada, señuelo.// tr. seducir.
lurk (lerk). tr. acechar, esconderse.

luscious (lócios). a. sabroso, rico.
lust (lóst). n. **1.** lujuria. **2.** codicia.// **lustful.** a. lujurioso, codicioso.
luster. n. lustre, brillo.
luxuriant. a. frondoso, lozano.
luxurious (luksorios). a. suntuoso, lujoso.// **luxury.** n. lujo.
lying. a. **1.** mentiroso, falso. **2.** yacente.
lynch. tr. linchar.
lynx. n. lince.
lyric. 1. a. lírico. **2.** n. lírica.// **lirical.** a. lírico.

m (ém). n. decimotercera letra del abecedario.
macaber, macabre. a. macabro
macaroni. n. macarrones.
mace (máis). n. maza.
macerate (masereit). tr. macerar.
machination (makinéishon). n. maquinación.
machine (mashín). n. **1.** máquina. **2.** *m. gun:* ametralladora. **3.** *m. shop:* taller de mecánica. **4.** *m. tool:* máquina-herramienta.// **machinery.** n. maquinaria; mecanismo.// **machinist.** n. maquinista.
mackerel. n. caballa.
mackintosh. n. gabardina, impermeable.
mad. a. **1.** demente, loco; furioso. **2.** *to drive m.:* volver loco. **3.** *to go m.:* volverse loco.
madam. f. señora.
madden. i./tr. enloquecer, enfurecer.// **madman.** m. loco.// **madness.** n. locura, demencia.// **madhouse.** n. manicomio.
magazine. n. **1.** revista. **2.** cargador (arma). **3.** depósito de armas.
magenta (mayénta). n. púrpura, solferino.
maggot. n. gusano, larva.
magic (máyik). **1.** n. magia. **2.** a. mágico.// **magical.** a. mágico.// **magician.** n. mago, hechicero.
magistrate (máyistreit). n. magistrado.
magnanimity. n. magnanimidad.// **magnanimous.** a. magnánimo.
magnate (mágneit). n. magnate.
magnesia (magnísha). n. magnesia.// **magnesium.** n. magnesio.
magnet. n. imán.// **magnetic.** a. magnético, imantado.// **magnetism.** n.// **magnetize.** tr. magnetizar.// **magneto.** n. magneto.

magnificence (magnifísens). n. magnificencia.// **magnificent.** a. magnífico.
magnification (magnifikéishon). n. **1.** magnificación. **2.** ampliación, aumento.
magnifier (magnifaier). n. lente de aumento, lupa.
magnify (magnífai). tr. amplificar, aumentar.
magnitude (magnítiud). n. magnitud.
magpie (magpai). n. **1.** urraca. **2.** fig. charlatán.
maharaja (majaráya). n. maharajá.
mahogany (majágani). n. caoba.
maid (meid). f. doncella.// **maiden. 1.** f. doncella. **2.** a. virgen, soltera.
mail (meil). n. **1.** correo, correspondencia. **2.** *by return m.:* a vuelta de correo.// **mailbox.** n. buzón.// **mailman.** m. cartero.
maim (meim). tr. lisiar, tullir.// **maimed.** a. lisiado, mutilado.
main (mein). a. principal, esencial.// n. **1.** cañería matriz. **2.** parte principal.// **mainly.** adv. principalmente.
mainland (méinland). n. tierra firme, continente.
mainspring. n. fig. causa principal, móvil.
maintain (meintéin). tr. mantener.// **maintenance.** n. **1.** mantenimiento. **2.** manutención.
maize (meis). n. maíz.
majestic (mayéstik). a. majestuoso.// **majesty.** n. majestad.
majolica (mayólica). n. mayólica.
major (méiyer). a. mayor, principal.// n. **1.** mayor. **2.** *m. general:* general de división. **3.** especialidad.// i. especializar(se).
major-domo. n. mayordomo.
majority. n. **1.** mayoría. **2.** mayoría de edad.

make (méik). tr. **1.** hacer. **2.** fabricar. **3.** formar. **4.** ganar (dinero). **5.** ser igual a (cuentas). **6.** preparar (comida). **7.** cometer. **8.** *Sp.* marcar (tantos). **9.** *m. clear:* poner en claro. **10.** *m. easy:* facilitar. **11.** *m. into:* convertir. **12.** *m. much of:* sacar gran provecho; dar mucha importancia. **13.** *m. out:* llenar, redactar (documentos); salir (bien o mal). **14.** *m. over:* transferir, traspasar. **15.** *m. run:* abrir campo. **16.** *m. time:* ganar tiempo. **17.** *m. up:* completar; reunir; componer; pintarse, maquillarse; inventar; reconciliarse. **18.** *m. up one's mind:* decidirse.// n. fabricación, marca.
make-believe (méikbiliv). n. engaño, artificio.// a. simulado, fingido.
make-do (méikdú). a. improvisado, provisional.
maker (méiker). n. fabricante.
makeup (méikap). n. **1.** composición. **2.** cosméticos. **3.** maquillaje.
maladjustment (malayéstment). n. **1.** desajuste. **2.** inadaptación.
maladroit. a. torpe, desatinado.
malady. n. dolencia, enfermedad.
malaria. n. malaria, paludismo.
malcontent. n. descontento, revoltoso.
male (meil). a. masculino, varón, macho.
malediction (meledikshon). n. maldición.
malefaction (malefákshon). n. delito, crimen.// **malefactor.** m. malhechor.// **malefactress.** f. malhechora.
malevolence (malévolens). n. malevolencia.// **malevolent.** a. malevolente.
malformation (malforméishon). n. malformación, deformación.
malice (mális). n. malicia.// **malicious.** a. malicioso.
malign (maláin). **1.** a. maligno, nocivo. **2.** tr. calumniar.// **malignancy.** n. malignidad.// **malignity.** n. malevolencia.
mall. n. galería comercial.
mallard (máliard). n. pato silvestre.
malleability. n. maleabilidad.// **malleable.** a.
mallet. n. mazo.
malnutrition (malnutríshon). n. desnutrición.
malodor (malóuder). mal olor, fetidez.// **malodorous.** a. maloliente, fétido.
malpractice (malpráktis). n. mala práctica profesional, mala praxis.
malt (molt). n. malta.// **malted milk.** n. leche malteada.
maltreat (maltrít). tr. maltratar.// **maltreatment.** n. maltrato.
mamma. n. **1.** mama. **2.** mamá.// **mammal.** n. mamífero.// **mammalian.** a. mamífero.
mammoth (mamúdz). n. mamut.
man. m. **1.** hombre. **2.** varón. **3.** sirviente. **4.** peón. **5.** marido. **6.** *men's room:* baño de caballeros. **7.** *no m.:* nadie. **8.** *no men's land:* tierra de nadie. **9.** *one's own m.:* un hombre independiente. **10.** *self made men:* que triunfó por sí mismo.// tr. tripular.
manacle. n. **1.** grillete. **2.** pl. esposas.// tr. esposar.
manage (mánidch). tr. **1.** dirigir. **2.** administrar. **3.** poder con. **4.** arreglárselas.// **manageable.** a. **1.** manejable. **2.** dócil.// **management.** n. **1.** administración. **2.** gerencia.// **manager.** n. **1.** gerente.

2. representante, agente.// **managerial.** a. administrativo, ejecutivo.
mandarin. n. mandarín.
mandate (mándeit). n. **1.** mandato. **2.** territorio bajo mandato.// tr. ordenar.// **mandatory.** a. obligatorio.
mandible. n. mandíbula.
mane (mein). n. crin, melena.
maneuver (manúver). n. maniobra.// i. maniobrar, manipular.
manful. a. varonil, viril.
manganese (mánganis). n. manganeso.
manger (méindcher). n. pesebre.
mangle (mánguel). tr. mutilar.
mango (mángou). n. mango.
mangy (méinyi). a. sarnoso; roñoso.
manhandle (mánjándel). tr. maltratar.
manhood (mánjúd). n. **1.** hombría. **2.** madurez.
mania (méinia). n. manía.// **maniac.** a./n. maníaco.
manicure (méinikiur). n. manicuría.// **manicurist.** n. manicuro, manicura.
manifest. a./n. manifiesto.// i./tr. declarar, manifestar.// **manifestation.** n.// **manifesto.** n.
manifold (mánifould). a. diverso, múltiple.
manipulate (mánípuleit). tr. **1.** manipular. **2.** falsificar.// **manipulation.** n. manipulación.
mankind. n. humanidad.
manly. a. varonil, caballeroso.// adv. como un hombre.// **manliness.** n. hombría.
mannequin. n. maniquí.
manner. n. **1.** manera. **2.** pl. modales.// **mannerism.** n. amaneramiento.
manpower (mánpáuer). n. mano de obra, fuerza de trabajo.
mansion (mánshon). n. mansión.
mantle (mántel). n. manto, capa.// tr. tapar.
manual (mániual). a. manual.
manufacture (maniufákcher). n. manufactura.// tr. manufacturar.// **manufacturer.** n. fabricante.// **manufacturing.** a. industrial, fabril.
manure (manúr). n. abono, estiércol.
manuscript. a./n. manuscrito.
many (méni). a. **1.** muchos, varios. **2.** *a great m.:* muchísimos. **3.** *how m.:* cuántos. **4.** *so m.:* tantos. **5.** *too m.:* demasiados. **6.** *as m. as:* tanto como. **7.** *twice as m.:* dos veces más.// n./pron. muchos.
map. n. mapa.
maple (méipl). n. arce.
marathon (máracion). n. maratón.
maraud (maród). i. merodear.// **marauder.** n. merodeador.
marble (merbl). n. mármol.// a. marmóreo.// **marbled.** a. marmolado.
march. n. marcha.// i. marchar.
March. n. marzo.
mare (mer). f. yegua.
margarine (márdzerin). n. margarina.
margin (mardzin). n. **1.** margen. **2.** garantía.// **marginal.** a.// **marginally.** adv. marginalmente.
marinade (marinéid). n. escabeche.
marine. a. marino, marítimo.// n. marina. **2.** *EE.UU.* infante de marina.// **mariner.** n. marinero.
marionette (marionét). n. marioneta.
maritime (máritaim). a. marítimo.

mark. n. **1.** marca, señal. **2.** signo de puntuación. **3.** calificación.// tr. marcar.// **marker.** n. marcador.
market. n. **1.** mercado. **2.** demanda. **3.** Bolsa.// **marketable.** a. vendible.// **marketing.** n. mercadotecnia.
marking. a. que marca.// n. marcación, marca.
marksman. m. tirador.
markup (markáp). n. aumento de precios; margen de ganancia.
marmalade (mármaleid). n. mermelada.
markee (markí). n. marquesina.
marquis (márkuis). m. marqués.// **marquise.** f. marquesa.
marriage (máridch). n. matrimonio.// **marriageable.** a. casadero.// **married.** a. **1.** casado. **2.** conyugal. **3.** m. couple: matrimonio. **4.** to get m.: casarse.
marrow (márou). n. **1.** médula. **2.** meollo.
marsh. n. pantano, ciénaga.
marshal. n. **1.** mariscal. **2.** alguacil.
marshy. a. pantanoso.
mart. n. mercado, centro comercial.
marten. n. marta.
martial (márshel). a. marcial.
martyr (márter). n. mártir.// tr. martirizar.// **martyrdom.** n. martirio.
marvel. n. maravilla.// i. maravillar(se).// **marvelous.** a. maravilloso.
Marxism (márksísm). n. marxismo.// **Marxist.** n.
marzipan. n. mazapán.
mascot. n. mascota.
masculine (máskiulin). a. masculino.// **masculinity.** n.
mash. n. masa blanda, puré.// tr. amasar; moler.
mask. m. **1.** máscara. **2.** careta.// tr. enmascarar.
mason (méison). n. **1.** masón. **2.** albañil.// **masonry.** n. **1.** masonería. **2.** albañilería.
masquerade (máskereid). n. mascarada.
mass. n. **1.** masa. **2.** misa.// a. masivo.// i. congregarse en masa.
massacre (mésiker). n. masacre.
massage (masádch). n. masaje.// tr. masajear.// **masseur.** m., **masseuse.** f. masajista.
massive (masív). a. **1.** masivo. **2.** macizo. **3.** imponente.
mast. n. **1.** mástil. **2.** poste.
master. n. **1.** amo, señor, patrón. **2.** maestro. **3.** original.// tr. dominar.// **masterful.** a. **1.** dominante. **2.** diestro.// **masterly.** **1.** a. magistral. **2.** adv. magistralmente.// **mastermind.** n. genio creador.// **masterpiece.** n. obra maestra.// **mastery.** n. **1.** maestría. **2.** dominio.
masticate (mástikeit). tr. masticar.// **mastication.** n.
mastiff. n. mastín.
mastodon. n. mastodonte.
masturbate (masterbéit). i./tr. masturbar(se).// **masturbation.** n.
mat. n. **1.** esterilla. **2.** felpudo.// a. mate, sin brillo.
match. n. fósforo.// **match box.** n. caja de fósforos.
match (mach). n. **1.** pareja. **2.** Sp. partido.// tr. **1.** hacer juego con. **2.** oponer. **3.** igualar.// **matchless.** a. sin igual.
mate (méit). n. **1.** compañero. **2.** cónyuge.// i./tr. **1.** hermanar(se). **2.** casar(se). **3.** aparear(se).

mate (meit). n. jaque mate.// i./tr. dar jaque mate.
maté. n. mate (bebida y recipiente).
material (matírial). a./n. material.// **materialism.** n.// **materialist.** n.// **materialize.** tr. materializar, realizar.// **materially.** adv. materialmente.
maternal. a. maternal.// **maternity.** n.
mathematical (mazemátikal). a. matemático.// **mathematician.** n. matemático.// **mathematics.** n. matemática(s).
matinée. n. matiné.
matriarch (méitriark). matriarca.// **matriarchate** (meitriarkeit), **matriarchy.** n. matriarcado.
matriculate (matrikiuleit). i./tr. matricular(se).// **matriculation.** n.
matrimony. m. matrimonio.
matrix (méitriks). n. matriz.
matron (méitron). f. matrona; celadora.
matted. n. enmarañado.
matter. n. **1.** materia, asunto. **2.** as a m. of fact: en realidad. **3.** no m.: no importa. **4.** what's the matter?: ¿qué pasa? **5.** what's the m. with you: ¿qué te pasa? **6.** what does it m.?: ¿qué importa?// **matter-of-fact.** a. práctico, realista.
mattock. n. zapapico.
mattress. n. colchón.
mature. a **1.** maduro. **2.** Com. vencido.// i./tr. madurar.// **maturity.** n. **1.** madurez. **2.** vencimiento.
maul (mol). aporrear, magullar.
mausoleum (mosoliom). n. mausoleo.
mauve (mov). a. color de malva.
maverick. n. **1.** disidente. **2.** EE.UU. animal sin marca.
mawkish (mókish). a. sensiblero.
maxim. n. máxima.
maximal. a. máximo.// **maximize.** tr. maximizar.// **maximum.** n. máximo.
may (mei). aux. **1.** poder. **2.** permitir.
May (mei), n. mayo.
maybe (méibi). adv. puede ser, tal vez, quizás.
mayonnaise (maionéis). n. mayonesa.
mayor (méior). n. alcalde, intendente.
maze (méis). n. laberinto.
mazurca (masúrca). n. mazurca.
me (mi). pron. **1.** me. **2.** mí (después de preposición). **3.** it's me: soy yo. **4.** with me: conmigo.
meadow (médou). n. pradera.
meager (míguer). a. flaco, magro.// **meagerness.** n. flaqueza; pobreza.
meal (mil). **1.** comida. **2.** harina.// **mealtime.** n. hora de comer.
mean (min). tr. **1.** querer decir, significar. **2.** tener la intención. **3.** m. it: hablar en serio. **4.** m. well: tener buenas intenciones.// n. **1.** punto medio. **2.** Mat. promedio; media. **3.** pl. medios; recursos. **4.** by all m.: sin duda. **5.** by any m.: como sea. **6.** by m. of: por medio de. **7.** by no m.: de ningún modo.// a. **1.** malo. **2.** mediocre. **3.** de baja calidad. **4.** ruin, mezquino. **5.** tacaño.
meander (mínder). a. meandro.// i. serpentear.
meaning (míning). n. sentido, significado.// **meaningless.** a. sin sentido, vacío.
meanness (mínes). n. mezquindad.
meantime (míntaim), **meanwhile** (mínjuáil). n. ínterin.// adv. mientras tanto, entre tanto.

measles (mísles). n. sarampión.
measure (méshur). n. **1.** medida. **2.** cantidad.// n. medir.// **measurement.** n. **1.** medida. **2.** dimensión.// **measurer.** n. medidor.
meat (mít). n. **1.** carne. **2.** pulpa.// **meatball.** albóndiga.// **meaty.** a. carnoso.
mecca. n. meca.
mechanic (mekánik). a./n. mecánico.// **mechanical.** a. mecánico.// **mechanics.** n. mecánica; mecanismo.// **mechanism.** n. mecanismo.// **mechanize.** tr. mecanizar.// **mechanization.** n.
medal. n. medalla.// **medalist.** n. **1.** condecorado. **2.** *Sp.* ganador (de una medalla).// **medallion.** n. medallón.
meddle (médel). i. entrometer(se).// **meddler.** n. entrometido.// **meddlesome.** a. entrometido.
media. n. medios de comunicación.
median. a. mediano, intermedio.
mediate (midiait). a. mediato.// **1.** i. mediar, interceder. **2.** tr. reconciliar, arbitrar, intermediar.// **mediation.** n.// **mediator.** n.
medical. a. médico, medicinal.// **medicate.** tr. medicar, curar.// **medicinal.** a.// **medicine.** n. medicina.// **medicine man (woman).** n. curandero(ra).
medieval (mídival). a. medieval.
meditate (méditeit). tr. meditar.// **meditation.** n.
mediterranean (mediterénian). a. mediterráneo.
medium (mídiom). n. medio.
medley (medli). n. mezcla, miscelánea.
meek (mik). a. manso, sufrido.// **meekness.** n. mansedumbre.
meet (mit). tr. **1.** encontrar(se) con. **2.** conocer. **3.** verse con. **4.** hacer frente a. **5.** reunirse con.// **meeting.** n. **1.** reunión. **2.** mitín.// **meetinghouse.** n. templo (protestante).
megaphone (mégafoun). n. megáfono.
melancholia (melankóulia). n. melancolía.
meliorate (mílioreit). i./tr. mejorar.// **melioration.** n. mejora.
mellifluous (melífluos). a. dulce, melifluo.
mellow (mélou). a. suave; maduro; maduro.// i./tr. madurar(se), añejar(se).// **mellowness.** n. sazón, madurez.
melodic. a. melódico.// **melodious.** a. melodioso.// **melody.** n. melodía.
melon (mélon). n. melón.
melt. **1.** i./tr. fundir(se), derretir(se). **2.** i. desvanecer(se).// n. fusión, derretimiento.
member. n. miembro; socio.// **membership.** n. calidad de miembro o socio.
membrane (mémbrein). n. membrana.
memo. ver **memorandum.**
memoir (mémuar). n. **1.** memoria (informe). **2.** pl. memorias.// **memorable.** a.
memorandum (dom). n. memorando.
memorial. a. conmemorativo.// n. **1.** monumento. **2.** memorial.
memorize (mémorais). tr. memorizar.// **memory.** n. **1.** memoria. **2.** recuerdo.
men. m. pl. hombres.
menace (ménas). n. amenaza.// tr. amenazar.
mend. tr. **1.** enmendar. **2.** remendar, componer.
meningitis (meninyáitis). n. meningitis.
menopause (ménopos). n. menopausia.

menstrual. a. menstrual.// **menstruate.** i. menstruar.// **menstruation.** n.
mensurable (menserébl). a. mensurable.// **mensuration.** n. medición, mensura.
mental (méntal). a. mental.// **mentality.** n. mentalidad.// **mentally.** adv. mentalmente.
menthol (méntol). n. mentol.
mention (ménshon). n. mención.// tr. **1.** mencionar. **2.** *don't m. it:* no hay de qué.
menu (méniu). n. menú.
mercantile (mérkantil). a. mercantil.// **mercantilism.** n.// **mercantilist.** n.
mercenary (mércenari). n. mercenario.
mercerize (mércerais). tr. mercerizar.
merchandise (mérchandais). **1.** n. mercadería. **2.** i./tr. comerciar.// **merchandising.** n. promoción de ventas.// **merchant.** **1.** n. comerciante, mercader. **2.** a. mercante, mercantil.// **merchantman.** n. buque mercante.
merciful. a. compasivo, misericordioso.// **mercifulness.** a. misericordia.// **merciless.** a. despiadado, cruel.
mercury (mérkiury). n. mercurio.// **mercurial.** a.
mercy. n. **1.** misericordia. **2.** merced.
mere (mir). a. mero, solo, no más que.// **merely.** adv. meramente, simplemente.
merge (merdch). i./tr. fusionar(se), fundir(se).// **merger.** n. *Com.* fusión (de empresas).
meridian. a./n. meridiano.// **meridional.** a.
meringue (meréng). n. merengue.
merit. n. mérito.// **meritorious.** a. meritorio.
mermaid (mérmeid). n. sirena.
merrily (mérily). adv. alegremente.// **merriment.** n. alegría, fiesta.// **merry.** a. **1.** alegre, jocoso. **2.** *¡m. seasons!:* ¡felices fiestas!
merry-go-round (merigouráund). n. calesita, carrusel.
merrymaker. n. juerguista.// **merrymaking.** **1.** a. alegre. **2.** n. juerga.
mesh. n. **1.** malla. **2.** trampa.
mesmerize (mésmerais). tr. hipnotizar.// **mesmerism.** n. hipnotismo.
mess. n. **1.** plato, ración. **2.** confusión, lío.// i. **1.** *m. about:* entretenerse. **2.** *m. in:* meterse en (asuntos ajenos).
message (mésadch). n. mensaje.// **messenger.** n. mensajero.
Messiah (mesáia). n. Mesías.
messy. a. desordenado.
metabolism. n. metabolismo.
metacarpus (metakárpes). n. metacarpo.
metal (métal). n. **1.** metal. **2.** temple.// **metallic.** a.// **metallurgy** (métalerdchi). n. metalurgia.// **metallurgic.** a. metalúrgico.
metamorphic. a. metamórfico.// **metamorphose.** i./tr. metamorfosear(se).// **metamorphosis.** n.
metaphor. n. metáfora.// **metaphorical.** a.
metaphysic (metafísik). a. metafísico.// **metaphysics.** n. metafísica.
metastasis (metástasis). n. metástasis.
meteor (mítior). n. meteoro.// **meteoric.** a.// **meteorite.** n.
meteorology (mitioróloyi). n. meteorología.// **meteorologic.** a.// **meteorologist.** n. meteorólogo.

meter (míter). n. **1.** metro. **2.** medidor (como sufijo). **3.** *Mus.* compás.
method (médod). n. método.// **methodical.** a metódico.// **methodology.** n. metodología.
methodist. n. metodista.
meticulous (metíkuilous). a. meticuloso.
metrical. a. métrico.
metrology (mitráloyi). n. metrología.
metronome (métronóum). n. metrónomo.
metropolis. n. metrópoli.// **metropolitan** a.
mettle (métl). n. temple, valor.
Mexican (méksikan). a./n. mex(j)icano.
mezzanine (mésanin). n. entrepiso.
miasma (maiásma). n. miasma.
mice (máis). n. pl. ratones.
microbe (maikróub). n. microbio.// **microbiology.** n. microbiología.
microeconomics (máikroeconomics). n. microeconomía.
microfilm (máikrofilm). n. microfilme.
micrometer (máikromiter). n. micrómetro.
micron (máikron). n. micrón.
microorganism (máikroorganizem). n. microorganismo.
microphone (máikrofóun). n. micrófono.
microprocessor. m. microprocesador.
microscope (máikroskóup). n. microscopio.// **microscopic.** n.
microsurgery (máikrosúryeri). n. microcirugía.
microwave (máikrouéiv). n. microonda.
mid. a. **1.** medio. **2.** pleno. **3.** mediados (como prefijo). **4.** intermedia (letras).// n. medio.
midday (mídei). n. mediodía.// a. del/al mediodía.
middle (mídel). a. medio.// n. mitad, centro.
middle-aged (mídeléiyed). a. de edad madura.
Middle Ages (mídeléiyes). n. Edad Media.
middleclass. a. de clase media.
middleman. m. *Com.* intermediario.
middleweight (mídluéit). a. *Sp.* de peso medio.
midget (mídchet). n. **1.** enano. **2.** objeto pequeño.
midnight (mídnait). n. medianoche.
midriff. n. diafragma.
midshipman. m. guardiamarina.
midst. n. medio, centro.// prep. entre.
midstream (mídstrim). n. centro de una corriente de agua.
midsummer (midsámer). n. pleno verano.
midway (míduei). n. mitad del camino.
Midwest (mídwest). n. medio oeste.
midwife (míduaif). n. partera, comadrona.
midwinter. n. pleno invierno.
mien (min). n. aire, aspecto, semblante.
might (máit). n. poderío.// **mighty.** a. poderoso.
migrant (máigrant). a. migratorio.// **migrate.** i. migrar.// **migration.** n.// **migratory.** a.
milady (milaidi). f. dama (tratamiento).
mild (máild). a. suave; dulce; benigno.// **mildness.** n. suavidad; dulzura; benignidad.
mildew (míldiu). n. moho.// i. enmohecer(se).
mile (máil). n. milla.// **mileage.** n. distancia (millas).
milestone (máilstóun). n. mojón; hito.
militant. a./n. militante.
militarism. n. militarismo.// **militarist.** n.// **militarize.** tr. militarizar.// **military.** a. militar.

militate (militéit). i. militar.
militia (milíshe). n. milicia.// **militiaman.** m. miliciano.
milk. n. **1.** leche. **2.** *m. products:* productos lácteos. **3.** *m. shake:* licuado de leche.// **milkmaid.** f. lechera; ordeñadora.// **milkman.** m. lechero; ordeñador.// **milk-white.** a. blanco lechoso.// **milky.** a. **1.** lácteo. **2.** lechoso.
mill. n. **1.** molino. **2.** hilandería. **3.** fábrica.// tr. moler.// **miller.** n. molinero.
millenary. a. milenario.// **millennium.** n. milenio.
millet. n. mijo.
milligram. n. miligramo.
millimeter. n. milímetro.
millenary. a. milenario.// n. milenio.
million (mílion). n. millón.// **millonaire** (milionér). n. millonario.// **millionth.** a./n. millonésimo.
milord. m. caballero (tratamiento).
mime (maim). n. **1.** mimo (actor). **2.** pantomima.// i./tr. hacer pantomima.
mimeograph. n. mimeógrafo.// tr. mimeografiar.
mimic. a. **1.** mímico. **2.** fingido.// n. mimo (actor).// tr. remedar.// **mimicry.** n. **1.** mímica; remedo. **2.** *Biol.* mimetismo.
mimosa (mimóusa). n. mimosa.
mince (míns). tr. picar (carne).// **mincemeat.** n. **1.** carne picada. **2.** mezcla de frutas picadas.
mind. n. **1.** mente. **2.** inteligencia. **3.** opinión. **4.** memoria. **5.** juicio, razón. **6.** *to speak one's m.:* hablar con franqueza, desahogarse. **7.** *to change one's m.:* cambiar de opinión.// tr. considerar, preocuparse por.// **mindcure.** n. psicoterapia.// **minded.** a. dispuesto, propenso.// **mindful.** a. atento, cuidadoso.// **mindless.** a. estúpido; descuidado.
mine (máin). pron. mío, mía, míos, mías.
mine. n. mina.// tr. **1.** minar. **2.** *m. for:* cavar en busca de.// **miner.** n. minero.// **mineral.** a./n.// **mineralogy.** n. mineralogía.
mingle. i./tr. mezclar(se).
miniature (míniacher). n. miniatura.// **miniaturize.** tr. miniaturizar, diseñar miniaturas.
minimal. a. mínimo.
minimize (minimáis). t. minimizar.// **minimization.** n.
minimum. a./n. mínimo, muy pequeño.
mining. n. minería.
minister. n. ministro.// tr. asistir, auxiliar, contribuir.// **ministry.** n. ministerio.
mink. n. visón; piel de visón.
minor. a. menor, secundario, inferior, minoritario.// n. menor (de edad).// **minority.** n. minoría.
minstrel. a. trovador, juglar.// **minstrelsy.** n. juglaría.
mint. n. **1.** menta. **2.** pastilla de menta. **3.** casa de moneda.// tr. acuñar.
minuend. n. minuendo.
minuet. n. minué.
minus. *Mat.* **1.** a. negativo, menos. **2.** prep. menos. **3.** n. signo menos.
minute (mínit). n. **1.** minuto, instante. **2.** minuta, informe.// a. **1.** diminuto, insignificante. **2.** minucioso.
minuteman. m. miliciano de la independencia de EE.UU.
miracle (mírakl). n. milagro.// **miraculous.** a. milagroso.

mirage (mirádch). n. espejismo; ilusión.

mire (máir). n. lodazal; lodo, fango.

mirror (míror). n. espejo.

misadventure (misavéncher). n. desgracia, contratiempo.

misanthrope (misandzróup). n. misántropo.// **misanthropy.** n.

misapprehend (misaprijénd). tr. malentender.// **misapprehension.** n. malentendido.

missappropriate (misapróupiet). malversar fondos.// **missappropriation.** n. malversación.

misbegotten. a. mal habido, espurio.

misbehave (misbijéiv). i. portarse o conducirse mal.// **misbehavior.** n. mala conducta.

misbelief (misbilíf). n. creencia u opinión errónea.

miscalculate (miskálkiuléit). tr. calcular mal.// **miscalculation.** n. error de cálculo.

miscarriage (miskáridch). n. **1.** fracaso. **2.** Med. aborto. **3.** extravío.// **miscarry. 1.** fracasar. **2.** abortar. **3.** extraviarse.

miscegenation (misedzenéishon). n. mestizaje, cruza.

miscellaneous (miseléinies). a. misceláneo.// **miscellany.** n. miscelánea.

mischief (míschif). n. daño, agravio.// **mischievous.** a. dañino, malicioso.

misconception (miskonsépshon). n. mala interpretación; concepto erróneo.

misconduct. tr. administrar mal.// **misconduction.** n. **1.** malversación. **2.** inmoralidad.

miscreant (miskríant). a. inescrupuloso.

misdeed (misdíd). n. fechoría.// **misdemeanor.** n. delito menor.

misdoer (misdúer). n. malhechor.

miser. n. avaro, tacaño.// **miserable.** a. // **miserly.** a. mísero, avaro.// **misery.** m. miseria, desgracia, sufrimiento.

misfire (misfáier). tr. fallar (el encendido, el tiro).

misfit. n. **1.** lo que no cae o ajusta bien. **2.** inadaptado.// i. no caer o ajustar bien.

misfortune (misfórchiun). n. desgracia.

misgiving. n. desconfianza, sospecha.

misgovernment. n. desgobierno.

misguide (misgáid). i./tr. dirigir o guiar mal.

mishap (mísjap). n. percance.

misinform. tr. informar mal, desinformar.

misinterpret. tr. malinterpretar.// **misinterpretation.** n.

misjudge (misyódch). juzgar mal, errar.

mislay (misléi). tr. **1.** colocar mal. **2.** traspapelar.// **mislaid.** a. traspapelado.

mislead (mislíd). tr. desencaminar, despistar.// misleading. a. engañoso.

mismanage (mimánadch). tr. manejar mal.

misnomer (misnóumer). n. nombre incorrecto.

misplace (mispléis). tr. desubicar; dar equivocadamente.

misprint. n. error de imprenta.

mispronounce (misprnáuns). i./tr. pronunciar mal.

misquote (miskuót). tr. citar incorrectamente.

misrepresent. tr. tergiversar.// **misrepresentation.** n. tergiversación.

misrule (misrúl). n. desgobierno.

miss. f. señorita.

miss. tr. **1.** perder. **2.** errar. **3.** no encontrar. **4.** no ver. **5.** no entender. **6.** extrañar, echar de menos. **6.** faltar. **7.** m. out: omitir.// n. fallo, fracaso.

missile (mísil). n. misil.

missing. a. **1.** perdido. **2.** desaparecido. **3.** faltante.

mission (míshon). n. misión.// **missionary.** a./n. misionero.

missis. f. señora, patrona.

missive (mísiv). a. misiva.

misspell. tr. cometer faltas de ortografía.

misspend. tr. malgastar.

misstate (mistéit). tr. relatar mal.

misstep. n. tropezón, mal paso.

mist. n. **1.** niebla, bruma. **2.** vapor.

mistake (mistéik). n. error, falta.// tr. equivocar(se), confundir(se).// **mistaken.** a. equivocado.

mister. n. señor.

mistreat (mistrít). tr. maltratar.// **mistreatment.** n. maltrato.

mistress. f. **1.** señora. **2.** dueña. **3.** amante.

mistrial (mistráiel). n. Der. juicio nulo.

mistrust (mistróst). tr. desconfiar, recelar.// desconfianza.// **mistrustful.** a. desconfiado.

misty. a. brumoso, con neblina.

misunderstand (misanderstánd). i./tr. entender mal.// **misunderstanding.** n. desacuerdo; malentendido.

misuse (misiús). n. mal uso; maltrato.// tr. usar mal; maltratar.

mite (mait). n. **1.** garrapata. **2.** suma ínfima.

miter (máiter). n. mitra.

mitigate (mitiguéit). tr. mitigar.// **mitigation.** n.

mitten. n. mitón.

mix. tr. **1.** mezclar, juntar, combinar. **2.** to get mixed up: meterse en. **3.** m. in: agregar. **4.** m. up: confundir; reñir.// **mixed.** a. mezclado, variado.// **mixer.** n. mezcladora; batidora.// **mixture.** n. mezcla; mixtura.// **mix-up.** n. **1.** confusión, lío. **2.** riña.

moan (móun). n. gemido, queja.// i. gemir, quejarse.

moat (móut). n. foso.

mob (mob). n. plebe, masas.

mobile (móubil). a. móvil.// n. móvil (escultura).// **mobility.** n. movilidad.

mocha (móka). n. moca.

mock. tr. **1.** burlarse. **2.** simular// a. simulado.// **mockery.** n. mofa.// **mock-up.** n. modelo de tamaño natural.

mode (moud). n. modo, forma.// **model. 1.** n. modelo; maqueta. **2.** tr. modelar; diseñar.// **modeling.** n. modelado; profesión de modelo.

moderate (módereit). tr. moderar.// **moderation.** n.// **moderator.** n.

modern. a. moderno.// **modernism.** n.// **modernist.** n.// **modernize.** tr. modernizar.

modest. a. **1.** modesto. **2.** honesto, pudoroso.// **modesty.** n. **1.** modestia. **2.** honestidad, pudor.

modification (modifikéishon). n. modificación.// **modifier.** n. modificador.// **modify.** tr. **1.** modificar. **2.** moderar.

modish. a. de moda, en boga.

modiste (modíst). n. modista.

modulate (modiuléit). tr. modular.// **modulation.** n.

Mogul. a./n. mogol, mongol.

Mohammedan (mojámedan). a./n. mahometano.

moist. a. **1.** húmedo. **2.** mojado.// **moisten** i./tr. humeder(se).// **moisture** (moischér). n. humedad.

molar (mólar). n. muela.// a. molar.

molasses. n. melaza.

mold (móuld). n. **1.** molde. **2.** modelo.// tr. moldear// **molding.** n. **1.** moldeado. **2.** moldura.

mold. n. moho.// **moldy.** a mohoso.

mole (móul). n. **1.** lunar. **2.** topo. **3.** Quím. molécula.

molecular (molékiuler). a. molecular.// **molecule.** n.

molest. tr. **1.** molestar. **2.** abusar sexualmente.// **molestation.** n. **1.** molestia. **2.** abuso sexual.// **molestator.** n. **1.** persona molesta. **2.** abusador sexual.

mollusk (mólosk). n. molusco.

molt. i./tr. mudar el pelo o el plumaje.

molten. a. derretido, fundido.

molybdenum (móulidénom). n. molibdeno.

mom. f. fam. mami.

moment. n. momento.// **momentary.** a. momentáneo.

monarch (mónark). n. monarca.// **monarchic.** a. rel. a la monarquía// **monarchist.** a. monárquico (partidario).// **monarchy.** n. monarquía.

monastery (mónasteri). n. monasterio.//**monastic.** a.

Monday (móndi). n. lunes.

monetary. a. monetario.// **monetize.** tr. monetizar.// **money** (móni). n. dinero.// **money bag.** n. monedero.// **moneyed.** a. adinerado.// **money-making.** n. enriquecimiento.// **money order.** n. giro postal.

mongrel. n. mestizo, híbrido, cruzado.

monitor (móniter). n. monitor.// tr. monitorear.

monk. n. monje.

monkey (mónki) n. mono.

monkey wrench. n. llave inglesa.

monkish. a. monacal.

monochromatic (monokromátik). a. monocromático.// **monochrome.** a. monocromo.

monocle (mónokl). n. monóculo.

monogamy (monogamia). n. monogamia.// **monogamous.** a.

monogram. n. monograma.

monograph. n. monografía.

monolith. n. monolito.

monologue (mónolog). n. monólogo.

monopolic. a. monopólico.// **monopolize.** tr. monopolizar.// **monopoly.** n. monopolio.

monosyllable (monosílabl). n. monosílabo.

monotheism (monodzism). n. monoteísmo.

monotone (mónótóun). **1.** n. monotonía. **2.** a. monótono.// **monotonic.** a. monótono.

monoxide (monóksaid). n. monóxido.

monsoon (monsún). n. monzón.

monster. n. monstruo.// **monstrosity.** n. monstruosidad.// **monstruous.** a. monstruoso.

month (móndz). n. mes.// **monthly. 1.** a. mensual. **2.** n. mensuario. **3.** adv. mensualmente.

monument (móniument). n. monumento.// **monumental.** a.

moo (mu). n. mugido.// i. mugir.

mood (mud). n. **1.** humor, ánimo. **2.** Gram. modo.// **moody.** a.**1.** malhumorado. **2.** temperamental.// **moodiness.** n. **1.** malhumor. **2.** temperamento.

moon (mun). **1.** n. luna. **2.** i. estar en la luna.// **moonbeam.** n. rayo de luna.// **moonlight.** n. **1.** claro o luz de luna. **2.** i. fig. tener dos empleos.//

moonlit. a. iluminado por la luna.// **moonstruck.** a. lunático.

Moor (mur). a./n. moro.

moor. 1. n. páramo. **2.** tr. amarrar.// **mooring.** n. amarre.

moose (mus). n. alce.

moot (mut). tr. debatir.

mop. tr. trapear, fregar.// n. estropajo.

moral (móral). **1.** a. moral. **2.** n. moraleja. **3.** n. pl. moral, ética (materia, cualidad).// **morale.** n. moral (estado de ánimo).// **moralist.** n. moralista; moralizador.// **moralize.** tr. moralizar.

moratorium. n. moratoria.

morbid. a. **1.** morboso. **2.** patológico.// **morbidity.** n. Med. morbilidad.// **morbidness.** n. morbosidad.

mordant. a. mordaz.

more (mor). a./adv./n./pron. **1.** más. **2.** m. and m.: cada vez más. **3.** once m., one m. time: otra vez. **4.** to be no m.: no existir más.

moreover (moróuver). adv. además.

mores (mors). n. pl. usos, costumbres.

morgue (morg). n. morgue.

morning. n. **1.** mañana; alba. **2.** good m.!: ¡buenos días!.// a. matutino.

moron. n. débil mental.

morphine (mórfin). n. morfina.

morphology (morfolodgi). n. morfología.

morrow (morou). n. mañana (día siguiente).

morsel (mórsel). n. bocado.

mortal (mórtal). a. mortal.// **mortality.** n. mortalidad; mortandad.

mortgage (mórguedch). n. **1.** hipoteca. **2.** m. bank: banco hipotecario.// tr. hipotecar.

mortification (mortifikéishon). n. mortificación.// **mortify.** tr. mortificar.

mortise (mórtis). n. muesca.

mortuary (mórtiueri). n. funeraria.// a. funerario.

mosaic (mouséic). n. mosaico.

Moslem (móslem). a./n. musulmán.

mosque (mosk). n. mezquita.

moss. n. musgo.

most (móust) **1.** a./adv. (el) más (adjetivo), (el) más (adjetivo) que; mayor; la mayoría de; muy. **2.** n./pron. la mayoría; la mayor parte, lo máximo.// **mostly.** adv. en su mayor parte, principalmente.

mote (móut). n. mota.

motel (moutél). n. motel.

moth (modz). n. polilla.// **mothball.** n. bolilla de naftalina.// **motheaten.** a. apolillado.

mother (módzer). **1.** n. madre. **2.** a. materno. **3.** tr. dar a luz; tratar maternalmente.// **motherhood.** n. maternidad.// **mother-in-law.** n. suegra.// **motherland.** n. patria; madre patria.// **motherly.** adv. maternalmente.// **mother tongue.** n. lengua materna.

motif (moutíf). n. motivo (arte).

motion (móushon). n. **1.** movimiento. **2.** moción. **3.** Der. petición. **4.** gesto. **5.** m. picture: película. **6.** i. hacer una seña.// **motionless.** a. inmóvil.

motivate (móutiveit). tr. motivar.// **motivation.** n.// **motive.** n. motivo.

motley (mótli). a. abigarrado, variado.

motor (móutor). n. **1.** motor. **2.** vehículo automotor. **3.** i. pasear en auto.// **motorbike.** n. motocicleta.

motorboat (móutorbot). n. lancha a motor.// **motorcar**. n. automóvil.// **motorcycle**. n. moto, motocicleta.// **motor home**. n. casa rodante.// **motorist**. n. automovilista.// **motorize**. tr. motorizar.// **motorman**. m. conductor de tranvía o tren eléctrico.

mottle (mótel). tr. motear, jaspear.// **mottled**. moteado, jaspeado.

motto (mot). n. lema.

mound. n. montículo.// tr. amontonar.

mount. n. 1. monte. 2. montura. 3. soporte.// i./tr. 1. montar. 2. subir. 3. fijar.

mountain (máunten). n. 1. montaña. 2. *m. climbing:* montañismo. 3. *m. range:* cordillera.// **mountaineer**. n. 1. montañés. 2. alpinista.// **mountain lion**. n. puma.// **mountainous**. a. montañoso.

mourn (morn). i./tr. 1. llorar. 2. enlutar(se).// **mourner**. n. deudo, doliente.// **mourning**. n. luto, duelo.

mouse (máus). n. ratón.// **mousehole**. n. ratonera.// **mouse trap**. n. trampa para ratones.

moustache (móstach). n. bigote, mostacho.

mouth (máudz). n. 1. boca. 2. desembocadura. 3. *to be down in the m.:* estar deprimido.// tr. pronunciar, decir; i. *m. off;* hablar con descaro.// **mouthful**. n. 1. bocado, bocanada. 2. comentario.// **mouthpiece**. n. 1. boquilla. 2. auricular (teléfono).// **mouthwatering**. a. apetitoso.

movable (múvabl). a. móvil.// n. muebles.

move (muv). i./tr. 1. mover(se). 2. mudar(se). 3. conmover(se). 4. *m. around.:* cambiar de lugar. 5. *m. along:* seguir adelante. 6. *m. away:* alejarse. 6. *m. in:* instalarse. 7. *m. up:* ascender.// n. 1. movimiento. 2. movida, jugada.// **movement**. n. movimiento.

movie (múvi). n. 1. película. 2. *the m.:* el cine (industria, arte).// **moviger**. n. aficionado al cine.

moving (múving). a. 1. móvil. 2. conmovedor.// **m. van**. n. camión de mudanza.

mow (mou). segar, cortar.// **mower**. n. cortadora de césped.

much (mach). 1. a. mucho. 2. *as m. as:* tanto como. 3. *how m.?:* ¿cuánto? 4. *too m.:* demasiado. 5. adv. muy, mucho, mucho más (en comparaciones). 6. *however m.:* por más que. 7. *very m.:* muchísimo. 8. n. mucho.

muck (mok). n. estiércol; humus.

mucous (miúcos). a. mucoso.// **mucus** (miúcos). n. moco.

mud (mod). n. lodo.

muddle (módl). tr. 1. enturbiar. 2. mezclar, confundir.// n. 1. revoltijo. 2. confusión mental.

muddy (módi). a. 1. fangoso. 2. turbio. 3. confuso.// tr. enlodar, enturbiar.

mudguard (módgard). n. guardabarros.

muffle (mófl). tr. amortiguar un ruido.// **muffler**. n. 1. silenciador. 2. bufanda.

mug (mog). n. jarra.

mug. tr. *EE.UU.* asaltar a una persona.// **mugger**. n. asaltante.

mulatto. n. mulato.

mulberry (mólberi). n. mora.

mule (miul). n. mula.// **muleteer**. n. arriero.

mull (mol). i./tr. meditar sobre algo.

multilateral. a. multilateral.

multimillionaire. n. multimillonario.

multiple (móltipl). a. múltiple.// n. múltiplo.// **multiplication**. n.// **multiplicity**. n. multiplicidad.// **multiplier**. n. multiplicador.// **multiply**. tr. multiplicar.

multitude (móltitiud). n. multitud.

mum (mom). a. silencioso.// n. 1. crisantemo. 2. fig. mamá.

mumble (mómbl). tr. mascullar.

mummify (mómifai). tr. momificar.// **mummy**. n. momia.

mumps (momps). n. paperas.

munch (monch). tr. masticar ruidosamente.

mudane (mondein). a. mundano.

municipal (miunícipal). a. municipal.// **municipality**. n. municipalidad.

munition (miuníshon). n. munición.

mural (miúral). a./n. mural.

murder (múrder). n. 1. asesinato. 2. tr. asesinar.// **murderer**. n. asesino.// **murderous**. a. asesino, devastador.

murmur (múrmur). n. 1. murmullo. 2. *Med.* soplo.// tr. murmurar.

muscle (móscl). n. músculo.// **muscular**. a. fornido.

Muse (mius). n. musa.

museum (míusiom). n. museo.

mushroom (móshrum). n. hongo comestible.

music (miúsic). n. música.// **musical**. a.// **music hall**. n. teatro de variedades.// **musician**. n. músico.

musk (mosk). n. almizcle.// a. almizclero.

musket (mósket). n. mosquete.// **musketeer**. n. mosquetero.

muskmelon. n. melón amarillo.

muslim. ver **Moslem**.

must. aux. deber, deber de, tener que.

mustang. n. caballo salvaje.

mustard. n. mostaza.

muster. tr. 1. reunir, congregar. 2. llamar a filas.

musty (mósti). a. 1. mohoso. 2. ambiguo.

mutate (miúteit). i./tr. mutar(se).// **mutation**. n.

mute (miut). a./n. mudo.// tr. amortiguar, poner sordina.// **muteness**. n. mudez.

mutilate (miútileit). tr. mutilar.// **mutilation**. n.

mutinous (miútinos). a. amotinado.// **mutiny**. n. motín, sedición.// i. amotinar(se).

mutter. i./tr. murmurar, rezongar.

mutual (miutual). a. mutual.

muzzle (mózl). 1. hocico. 2. bozal. 3. orificio de un arma de fuego.

my (mai). 1. pron. mi, mis. 2. adj. mío. 3. interj. ¡caramba!

myopia (maióupia). n. miopía.// **myopic**. a. miope.

myriad. n. 1. miríada. 2. diez mil.// a. innumerable.

myrtle (mírtl). n. mirlo.

myself (maisélf). pron. mí, mismo, yo mismo.

mysterious (mistírios). a misterioso.// **mistery**. n. 1. misterio. 2. novela policial.

mystic. a./n. místico.// **mysticism**. n.

mystify (místifai). tr. 1. mistificar. 2. dejar perplejo.// **mystification**. n.

myth. n. mito.// **mythical**. a. mítico.

mythology (mitóloyi). n. mitología.// **mythological**. a. mitológico.

n (en). n. decimocuarta letra del abecedario.
nab (neb). tr. **1.** arrestar. **2.** coger, agarrar.
nacre (náker). n. nácar.
nag. i./tr. regañar; reñir.
nail (neil). n. **1.** uña. **2.** clavo.// tr. **1.** clavar, asegurar con clavos. **2.** fig. coger, atrapar.// **nail clippers.** n. pl. cortauñas.// **nailer** (néiler). n. máquina clavadora.// **nail polish.** n. esmalte para uñas.
naive (naív). a. ingenuo, cándido.// **naiveté.** n. ingenuidad.
naked (néiked). a. **1.** desnudo. **2.** despojado. **3.** the n. truth: la pura verdad. **4.** to the n. eyes: a simple vista.// **nakedness.** n. desnudez.
name (néim). n. **1.** nombre. **2.** apellido. **3.** fama, renombre. **4.** what's your n.?: ¿cómo te llamas?// tr. **1.** llamar, nombrar, dar el nombre de. **2.** fijar (precio, hora).// **name day.** n. santo, onomástico.// **nameless.** a. sin nombre, anónimo.// **namely.** adv. **1.** es decir. **2.** sobre todo.// **namesake.** n. tocayo, homónimo.
nanny (náni). f. **1.** nodriza. **2.** institutriz.
nap. i. dormitar.// n. **1.** siesta. **2.** to take a n.: dormir un rato, dormir una siesta.
nape (néip). n. nuca.
napkin (nápkin). n. **1.** servilleta. **2.** pañal. **3.** toallita.
narcissus. n. narciso.// **narcicism.** n.
narcotic. a./n. narcótico.// **narcotize.** tr. narcotizar.
narrate (náreit). tr. narrar.// **narration.** n.// **narrative. 1.** a. narrativo. **2.** n. narrativa, relato.// **narrator.** n.
narrow (nárow). a. **1.** estrecho, angosto. **2.** limitado. **3.** estricto. **4.** intolerante.// n. pl. estrecho.// i./tr. angostar(se), reducir(se).// **narrowly.** adv. estrechamente.// **narrow-minded.** a. intolerante, de mente estrecha.// **narrowness.** n. **1.** estrechez, angostura. **2.** intolerancia.
nasal (néisal). a. nasal.
nascent (néiscent). a. naciente, incipiente.
nasty. a. **1.** sucio, desagradable. **2.** malicioso. **3.** repugnante.
natal (néital). a natal.
nation (néishon). n. nación.// **national.** a.// **nationalism.** n.// **nationalist.** n.// **nationality.** n. nacionalidad; ciudadanía.// **nationalize.** tr. nacionalizar.// **nationalitation** n.// **nationwide.** a. de alcance nacional.
native (néitiv). a. **1.** nativo. **2.** autóctono. **3.** originario.// n. nativo, natural.// **native-born.** a. nacido en el país.

nativity. n. **1.** nacimiento. **2.** N. navidad.
natural (nátural). **1.** a. natural. **2.** lógico. **3.** propio.// **naturalism.** n.// **naturalist.** n.// **naturalize** (náchuralais). i./tr. naturalizar(se).// **naturalization.** n.// **naturally.** adv. naturalmente.// **nature.** n. **1.** naturaleza. **2.** something in the n. of: algo así como.
naugth (not). n. nada; cero.// **naughty** (noti). a. **1.** desobediente, travieso. **2.** picante (chiste).
nausea (nóshia). n. náusea.// **nauseate** (nósieit). tr. dar náuseas, dar asco.// **nauseating.** a. nauseabundo.
nautical (nótical). a. náutico.
naval (néival). a. naval.
navel (néivel). n. ombligo.
navigable (návigabl). a. navegable.// **navigate** (návigueit). i./tr. navegar.// **navigation.** n.// **navigator.** n. navegante.
navy (néivi). n. marina, armada.// **navy blue.** n. azul marino.// **navy yard.** n. arsenal naval.
nay (nei). adv. más bien, hasta, aun más.// n. **1.** negativa. **2.** voto negativo.
near (nir). a. **1.** cercano, próximo. **2.** inmediato. **3.** íntimo. **4.** directo, corto.// adv. **1.** cerca, próximo. **2.** casi.// prep. cerca de; casi.// i./tr. acercar(se).// **nearby. 1.** a. cercano. **2.** adv. cerca de.// **nearly.** adv. casi.// **nearness.** n. proximidad.
nearsighted (nírsaited). a. miope.
neat (nit). a. **1.** puro. **2.** pulcro. **3.** nítido. **4.** bien hecho.
nebula (nébiula). n. nebulosa.// **nebulous.** a. nebuloso.
necessarily (neceséreli). adv. necesariamente.// **necessary.** a. necesario.// **necessitate.** tr. necesitar; hacer necesario.// **necessity.** a. necesidad.
neck. n. **1.** cuello. **2.** pescuezo. **3.** n. and n.: cabeza a cabeza. **4.** to be on one's n.: pisar los talones. **5.** to stick one's n. out: arriesgar el pescuezo.// **neckerchief.** n. pañuelo para el cuello.// **necklace.** n. collar.// **neckline.** n. escote.// **necktie.** n. corbata.
necrology (nekróloyi). n. necrología.
necropolis. n. necrópolis.
necrosis (nekróusis). n. necrosis.
nectar. n. néctar.
need (nid). n. **1.** necesidad. **2.** carencia. **3.** pobreza.// tr. **1.** necesitar. **2.** if n. be: si fuere necesario.// **needful.** a. necesario.
needle (nídl). n. aguja.// tr. **1.** coser. **2.** fam. fastidiar.// **needlepoint.** n. bordado, crochet.

needless (nídles). a. **1.** innecesario. **2.** n. to say: está demás decir.

needlework. n. bordado, costura, crochet.

needy (nídi). a. necesitado.

ne'er-do-well (nérduel). n. haragán, inútil.

negation (neguéishon). n. negación.// **negative.** a.

neglect. tr. descuidar.// n. descuido, negligencia.// **neglectful.** a. negligente.// **negligence.** n. negligencia.// **negligent.** a. negligente.

negotiable (negóushabl). a. negociable.// **negotiate.** tr. **1.** negociar. **2.** tramitar. **3.** fam. salvar, superar.// **negotiation.** n.// **negotiator.** n.

Negress (nígres). f. negra, mujer de raza negra.

Negro (nígrou). a./m. negro, hombre de raza negra.

neigh. tr. relinchar.// n. relincho.

neighbor. 1. n. vecino. **2.** tr. colindar.// **neighborhood.** n. vecindario, vecindad.// **neighboring.** a. aledaño, vecino.// **neighborly.** a. amistoso, sociable.

neither (níder). pron./a. ninguno (de ambos).// conj./adv. ni, tampoco.

neolithic (nioulídzic). a. neolítico.

neon (níon). n. neón.

neophyte (níoufait). n. neófito.

neoplasm (níouplasm). n. neoplasma.

nephew (néfiu). m. sobrino.

nephritis (nefráitis). n. nefritis.

nepotism. n. nepotismo.

nerve (nerv). n. **1.** nervio. **2.** tendón. **3.** fig. descaro. **4.** to get on one's nerves: irritarlo a uno.// tr. animar.// **nervous.** a. nervioso.// **nervousness.** n. nerviosismo.

nest. n. **1.** nido. **2.** nidada.// i. anidar; tr. envolver, empaquetar.// **nest egg.** n. fig. ahorros.

nestle (nesl). i. arrimarse, acomodarse.

nestling. n. polluelo.

net. n. **1.** red, malla. **2.** tul.// tr. **1.** cubrir con red. **2.** atrapar.

net. a. neto.// tr. ganar, producir.

nether (nédzer). a. más bajo.// **nether world.** n. el infierno.

nettle (netl). n. ortiga.// tr. provocar.// **nettlesome.** a. irritante.

network (nétuork). n. red, cadena (comercial, TV).

neuralgia (niurályia). n. neuralgia.

neurasthenia (niurasdzínia). n. neurastenia.

neuritis (niuráitis). n. neuritis.

neurology (niurólodgi). n. neurología.// **neurologic.** a.// **neurologist.** n. neurólogo.

neuron (niúron). n. neurona.

neurosis (niuróusis). n. neurosis.// **neurotic.** a.

neuter (niúter). a. neutro.// **neutral.** a. neutral, neutro.// **neutrality.** n. neutralidad.// **neutralize.** tr. neutralizar.

never. adv. **1.** nunca, jamás. **2.** n. mind: no importa.// **nevermore.** adv. nunca más.// **nevertheless.** adv. sin embargo.

new (niú). **1.** a. nuevo, reciente. **2.** adv. recientemente.// **newborn.** a./n. recién nacido.// **newcomer.** n. recién llegado.// **new-made.** a. recién hecho.// **newness.** n. novedad.// **newly.** adv. nuevamente.// **newlywed.** n. recién casado.

news. n. **1.** noticia, novedad. **2.** pl. noticias, novedades.// **newsboy.** n. vendedor de periódicos, cani-

llita.// **newscast.** n. noticiario, noticiero.// **newscaster.** n. comentarista de noticias.// **news comference.** n. conferencia de prensa.// **newsletter.** n. boletín informativo.// **newsman.** m. reportero, periodista.// **newspaper.** n. periódico.// **newspaperman.** m. periodista.// **newsprint.** n. papel de diario.// **newsreel.** n. noticiario cinematográfico.// **newsstand.** n. puesto de venta de periódico.// **newsy.** a. **1.** lleno de noticias. **2.** chismoso.

New Year (niúier). n. Año Nuevo.

next. a. próximo, siguiente, cercano, vecino, el que sigue.// adv. luego, enseguida, después, casi.// prep. al lado de.

nibble (nibl). tr. mordisquear, picar.// n. bocadillo.

nice (nais). a. **1.** agradable, placentero, gentil. **2.** bonito. **3.** preciso, exacto. **4.** exigente. **5.** be a n. boy!: ¡pórtate bien! **6.** n. to met you: encantado de conocerla.// **nicely.** adv. muy bien, con precisión.// **niceness.** n. refinamiento, gentileza.// **nicety.** n. **1.** precisión, sutileza. **2.** delicadeza.

niche. n. nicho, rincón.

nick. n. **1.** muesca, mella, corte. **2.** momento crítico.// tr. **1.** mellar. **2.** hacer muescas. **3.** herir levemente.

nickel. n. níquel.// tr. niquelar.

nicker. n. relincho.// i. relinchar.

nickname (níknaim). n. apodo, sobrenombre.// tr. apodar.

nicotine. n. nicotina.

niece (nis). f. sobrina.

nigger (níguer). n. EE.UU. negro (despectivo).

night (náit). **1.** n. noche. **2.** a. nocturno.// **night clothes.** n. pl. ropa de dormir.// **night club.** n. cabaret, club nocturno.// **night dress.** n. camisón.// **nightfall.** n. anochecer.

nightingale (náitingueil). n. ruiseñor.

nightly. a. **1.** nocturno. **2.** de cada noche.// adv. todos las noches.

nightmare (náitmer). n. pesadilla.

night owl (náit aul). n. **1.** lechuza. **2.** noctámbulo.

nighttime (náitaim). n. noche, horas de la noche.

nightwalker (náituoker). n. merodeador nocturno.

night watch (náituoch). n. ronda nocturna.// **night watchman.** m. sereno, guardia.

nigritude. n. negrura.

nihilism (náilism). n. nihilismo.// **nihilist.** a./n.

nil. n. nada, cero.

nimble (nímbl). a. **1.** ágil. **2.** vivo, ingenioso.

nimbus. n. nimbo.

nine (náin). a. nueve.// **ninefold. 1.** a. nueve veces mayor. **2.** adv. nueve veces.

nineteen (naintín). a./n. diecinueve.// **nineteenth.** a. decimonoveno; diecinueve (en fechas).

ninetieth (náintiedz). a. nonagésimo; noventavo.// **ninety.** a./n. noventa.

ninth (nindz). a. noveno; nueve (en fechas).

nip. tr. **1.** pellizcar. **2.** mordisquear. **3.** helar.// n. **1.** mordisco, pellizco. **2.** frío. **3.** pinzas. **4.** fig. sátira.

nippers (níper). n. pl. tenazas, pinzas.

nipple (nípl). n. **1.** pezón. **2.** chupete. **3.** Mec. boquilla.

nitrate (náitreit). **1.** n. nitrato. **2.** tr. nitrar, nitratar.// **nitric.** a. nítrico.// **nitrify.** tr. nitrificar.// **nitrogen.** n. nitrógeno.// **nitroglycerin.** n. nitroglicerina.

no (nou). adv. no.// adj. ningún, ninguno, sin.// n. no; voto negativo.
nobility (noubíliti). n. nobleza (rango).// **noble**. a. noble.// **nobleness**. n. nobleza (cualidad).// **nobleman**. m. noble.// **noblewoman**. f. noble.// **nobly**. adv. noblemente.
nobody (nóubodi). n./pron. nadie.
nocturnal. a. nocturno.// **nocturne**. n. *Mus.* nocturno.
nod. i. inclinar o mover la cabeza (pará asentir, saludar, etc.).// n. asentimiento, saludo, seña, etc., hecho con la cabeza.
nodule (nódiul). n. nódulo.
nogood (nóugud). a. inútil, sin valor.
noise (nois). n. **1.** ruido. **2.** sonido. **3.** rumor.// i. **1.** hablar mucho. **2.** hacer ruido. **3.** tr. divulgar.// **noiseless**. a. silencioso.// **noisy**. a. ruidoso.
nomad (nóumad). a./n. nómada.
nomenclature (nóumenkleichur). n. nomeclatura.
nominal (nóminal). a. nominal.// **nominate**. tr. nominar, nombrar, proponer como candidato.// **nomination**. n. **1.** nominación. **2.** nombramiento.// **nominative**. a.// **nominee** (nominí). n. candidato.
non. a./ pref. neg. no, sin, falto de.
nonaligned (nonelined). a. no alineado.
nonattendance (nonátendens). n. ausencia.
nonbreakeable (nonbrekebel). a. irrompible.
nonchalance (nonchálans). n. indiferencia, imperturbabilidad.// **nonchalant**. a. indiferente.
noncombatant. n. no combatiente.
noncommittal. a. evasivo.
noncompliance. n. incumplimiento.
nonconformist. n. disidente, inconformista.
nondescript. a. indefinido.
none (non). pron. **1.** nadie, ninguno, nada. **2.** *n. but.*: solamente.// adv. nada.
nonentity. n. nulidad, lo inexistente.
nonetheless (nondzelés). adv. sin embargo.
noexistent. a. inexistente.
nonfiction (nonfíkshon). n. no ficción (literatura).
nonfat (nónlat). a. desgrasado, descremado.
nonpareil (nónparel). a. sin par, sin igual.
nonpayment (nónpeiment). n. falta de paga.
nonplussed (nónplosd). a. perplejo.
nonproductive. a. improductivo.
nonprofit. a. sin fines de lucro.
nonresident. a./n. no residente.
nonsense (nonséns). n. sinsentido, disparate.
nonskid. a. antideslizante.
nonstop. a./adv. expreso, sin paradas.
nontaxable (nontaksebl). a. no imponible.
nontransferible (nontrasferábl). a. intransferible.
nonunion (noniúnion). a. no sindicalizado.
noodle (núdl). n. fideo.
nook (nuk). n. rincón.
noon (nun). **1.** n. mediodía. **2.** a. del mediodía.// **noonday, noontime**. n. **1.** mediodía. **2.** punto culminante.
noose (nus). n. **1.** nudo corredizo. **2.** dogal. **3.** fig. trampa.
nor. conj. ni, tampoco.
norm. n. **1.** norma. **2.** promedio.// **normal**. a/n.// **normality**. n. normalidad.// **normally**. adv. normalmente.

north (nordz). **1.** n. norte. **2.** a. del norte. **3.** adv. hacia el norte.// **northeast**. **1.** n. noreste. **2.** a. del noreste. **3.** adv. hacia el noreste.// **northeastern**. a. nororiental.// **northerly**. **1.** a. del norte. **2.** adv. hacia el norte.// **northern**. a. norteño, del norte.// **northerner**. n. norteño.// **northward**. **1.** a./adv. hacia el norte. **2.** n. dirección al norte.// **northwest**. **1.** n. noroeste. **2.** a. del noroeste. **3.** adv. hacia el noroeste.// **northwesthern**. a. noroccidental.
Norwegian (noruíyan). a./n. noruego.
nose (nous). n. **1.** nariz. **2.** olfato. **3.** proa. **4.** *right under one's n.*: delante de las narices. **5.** *to blow one's n.*: sonarse la nariz. **6.** *to lead by the n.*: llevar de las narices. **7.** *to turn one's n. at*: despreciar.// tr. oler, husmear.// **nosebleed**. n. hemorragia nasal.// **nosedive**. n. picada (avión).
nostalgia (nostálya). n. nostalgia.// **nostalgic**. a.
nostril. n. **1.** ventana de la nariz. **2.** pl. narices.
not. adv. **1.** no, ni. **2.** *n. at all*: nada, de ningún modo. **3.** *n. even*: ni siquiera.
notable (nóutabl). a. notable.
notarize (nóutarais). tr. formalizar ante notario.// **notary**. n. notario.
notation (noutéishon). n. notación, nota, anotación.
notch. n. **1.** muesca, marca. **2.** desfiladero.// tr. hacer una muesca, marcar.
note (nout). a. **1.** nota. **2.** aviso, mención. **3.** pagaré. **4.** billete.// tr. **1.** notar. **2.** anotar.// **notebook**. n. cuaderno.
nothing (nádzing). n./pron. nada.//adv. no, nada, de ninguna manera.// **nothingness**. n. la nada.
notice (nóutice). **1.** anuncio, aviso, notificación. **2.** observación, mención. **3.** atención. **3.** crítica, nota.// tr. notar, mencionar, avisar, notificar, advertir.// **noticeable**. a. **1.** notable, evidente. **2.** sensible, perceptible.// **notification**. n.// **notify**. tr. notificar, avisar.
notion (nóushon). a. **1.** noción, idea. **2.** intención.
notoriety (notoráieti). n. notoriedad.// **notorious**. (notórius). a. notorio, de mala fama.
notwithstanding (nátuidztanding). prep./adv. a pesar de, no obstante.
nought (not). n. nada, cero.
noun (noun). n. sustantivo, nombre.
nourish (nórish). tr. nutrir, alimentar, mantener.// **nourishing**. a. nutritivo, alimenticio.// **nourishment**. n. nutrición, alimento.
novel. a. novel, reciente.// n. novela.// **novelist**. n. novelista.// **novelty**. n. novedad.
November. n. noviembre.
novice. n. **1.** novato. **2.** novicio.
now (náu). adv. **1.** ahora, ya. **2.** *from n. on*: a partir de ahora, de aquí en adelante. **3.** *just n.*: hace un momento. **4.** *n. and then*: de vez en cuando. **5.** *right n.*: ahora mismo.// **nowadays**. adv. en estos días, actualmente.
noways (nóueis). adv. de ninguna manera.
nowhere (nóujuer). adv. en ninguna parte, a ningún lado.
noxious (nákshios). a. nocivo.
nozzle (násel). n. **1.** boquilla. **2.** hocico.
nuclear (núklier). a. nuclear.// **nucleus**. n. núcleo.
nude (miud). a./s. desnudo.// **nudity**. n. desnudez.

nudge (nódch). tr. dar un codazo, codear.// n. codazo.

nugget (nóguet). n. **1.** pepita de oro. **2.** carozo.

nuisance (niúsans). n. **1.** estorbo, molestia. **2.** persona molesta, pesado.

null. 1. a. nulo. **2.** n. cero.// **nullify.** tr. anular.// **nullifying.** a. anulatorio, que anula.

number (nómber). n. **1.** número. **2.** *a n. of:* varios, muchos. **3.** pl. aritmética. **4.** *beyond n.:* innumerable. **5.** fig. *your n. is up:* te llegó la hora. **6.** tr. numerar.// **numberless.** a. innumerable.// **numeral.** n. número, cifra.// **numarator.** n.// **numerical.** a numérico.// **numerous.** a. numeroso.

numismatics. n. numismática.

numskull (nómskól). n. tonto, bobo.

nun (nón). f. monja, religiosa.// **nunnery.** n. convento de monjas.

nuptial (nópshal). a. nupcial.

nurse (ners). n. **1.** niñera. **2.** enfermera.// tr. **1.** criar. **2.** culdar. **3.** i. mamar, dar de mamar.// **nursery.** n. **1.** guardería; cuarto de los niños. **2.** vivero.

nurture (nércher). n. **1.** crianza, formación. **2.** alimento, nutrición.// tr. **1.** criar. **2.** nutrir.

nut. n. **1.** nuez. **2.** tuerca. **3.** fig.. chiflado.// **nutcracker.** n. cascanueces.// **nutmeg.** n. nuez moscada.

nutrient. a./n. nutriente.// **nutriment.** n. alimento.// **nutrition.** n.// **nutritive.** a.// **nutritious.** a. nutritivo.

nutshell. n. **1.** cáscara de nuez. **2.** *in a n.:* en pocas palabras.

nuzzle (nósl). n. **1.** boquilla. **2.** hocico.// i. hocicar.

nylon (náilon). n. nailon.

nymph (nimf). f. ninfa.// **nymphomania.** n. ninfomanía.// **nymphomaniac.** f.

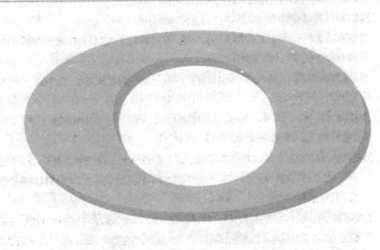

o (ou). n. decimoquinta letra del abecedario.

oak (óuk). n. roble.// **oaken.** a. de roble.

oar (or). n. remo.// **oarsman.** n. remero.

oasis (ouéisis). n. oasis.

oat (óut). n. avena.

oath (óudz). n. juramento.

oatmeal (óutmil). n. harina de avena.

obdurate (ábdiureit). a. obstinado, terco.

obedience (óbediens). n. obediencia.// **obedient.** a. obediente.

obelisk (óbelisk). n. obelisco.

obese (óbes). a. obeso.// **obesity.** a. obesidad.

obey. tr. obedecer.

obituary (obíchuari). n. obituario.

object (obyéct). **1.** n. objeto **2.** tr. objetar.// **objection.** n. objeción, reparo.// **objectionable.** a. **1.** objetable. **2.** ofensivo.// **objective.** a.// **objectivity.** n. objetividad.// **objector.** n. objetor.

obligate (óbligueit). tr. obligar.// **obligation.** n. obligación.// **obligatory.** a. obligatorio.

oblige (obláidch). tr. **1.** obligar. **2.** complacer.// **obliging.** a. servicial, complaciente.

oblique (oblík). a. **1.** oblicuo. **2.** evasivo.

oblivion. n. olvido.// **oblivious.** a. olvidadizo.

oblong. a. oblongo.

oboe (óbou). n. oboe.

obscene (obsín). a. obsceno.// **obscenity.** n.

obscure (obskiúr). **1.** a. oscuro. **2.** tr. oscurecer.// **obscurity.** n. obscuridad.

obsequious (obsíkuies). a. servil, obsecuente.

observance (obsérvans). n. observancia.// **observant.** a. observador, atento.// **observation.** n.// **observatory.** n.// **observe.** tr. observar.// **observer.** n. observador.

obsess (obsés). tr. obsesionar.// **obsession.** n. obsesión.// **obsessive.** a. obsesivo.

obsolescence (obsolésens). n. obsolescencia.// **obsolete.** n. obsoleto.

obstacle (óbstikel). n. obstáculo.

obstetrician (obstetríshan). n. obstetra.// **obstetrics.** n. obstetricia.

obstinacy (óbstineci). n. obstinación.// **obstinate.** a. **1.** obstinado. **2.** *Med.* rebelde.

obstreperous (obstréperos). a. estrepitoso.

obstruct (obstrókt). tr. obstruir.// **obstruction.** n. obstrucción.// **obstructive.** a.

obtain (obtéin). **1.** tr. obtener. **2.** i. estar en vigencia.// **obtainable.** a. posible, asequible.

obtrusive (obtrúsiv). a. intruso.

obtuse (obtiús). a. obtuso.

obviate (óbviéit). tr. obviar.// **obvious.** a. obvio.// **obvioulsy.** adv. obviamente.

occasion (okéishon). n. **1.** ocasión. **2.** razón, motivo.// **occasional.** a.// **occasionally.** a. ocasionalmente.

occident. n. occidente.// **occidental.** a.

occult. a. oculto, misterioso.

occupancy (ókiupansi). n. ocupación, residencia.// **occupant.** a. ocupante; inquilino, huésped, pasajero.

occupation (okiupáishon). n. **1.** ocupación, posesión. **2.** trabajo, empleo.// **ocuppy.** tr. ocupar.

occur (okér). i. ocurrir, suceder.// **occurence.** n. suceso, hecho.

ocean (oúshan). n. océano.// **oceanic.** a.

ochre (óuker). n. ocre.

o'clock. adv. **1.** hora completa. **2.** *at one o.:* a la una, a la una en punto.

octagon (óktagon). n. octágono.// **octagonal.** a.

octave (ókteiv). n. octava.

October (októuber). n. octubre.

octopus (óktopus). n. pulpo.

ocular (ókiuler). a. ocular.// **oculist.** n. oculista.

odd. a. **1.** impar. **2.** suelto. **3.** raro. **4.** y pico, y tantos (para cifras imprecisas). **5.** casual.

odds. n. pl. **1.** disparidad, desigualdad. **2.** ventaja. **3.** posibilidad. **4.** *at o.:* en desacuerdo.

ode (oud). n. oda.

odious (óudios). a. odioso, repulsivo.

odor (ódor). n. olor, aroma.// **odoriferous.** a. oloroso.// **odorless.** a. inodoro, sin olor.

odysey (n. odisea.

of. prep. **1.** de. **2.** menos (en la hora).

off. adv. **1.** fuera. **2.** lejos. **3.** completamente.// a. **1.** apagado, desconectado. **2.** inferior, más bajo. **3.** cancelado. **4.** equivocado. **5.** opuesto de, del otro lado. **6.** lejano. **7.** por fuera de.// prep. de, desde, fuera, lejos de.

offal (ófal). n. **1.** menudencias (achuras, entrañas). **2.** desperdicios.

off-color. a. desteñido.

offend (ofénd). tr. **1.** ofender, disgustar. **2.** pecar, transgredir. **3.** i. ser ofensivo.// **offender.** n. transgresor, infractor, pecador.// **offense.** n. **1.** agravio. **2.** pecado. **3.** delito, crimen. **4.** ataque. **5.** *Sp.* ofensiva, ataque. **6.** *to take o.:* ofenderse.// **offensive.** a. **1.** ofensivo. **2.** desagradable.

offer (ófer). tr. **1.** ofrecer(se). **2.** ofrendar.// n. **1.** oferta, propuesta.// **offering.** n. **1.** ofrecimiento. **2.** ofrenda.

offhand (ófjand). a. espontáneo.// adv. de improviso.

office (ófis). n. **1.** oficina. **2.** consultorio. **3.** sección. **4.** cargo. **5.** ministerio. **6.** cocina pequeña (lugar). **7.** *to be in o.:* ocupar un cargo.// **office-boy.** n. mensajero, cadete.// **officer.** n. **1.** funcionario. **2.** agente de policía. **3.** oficial.

official. **1.** a. oficial. **2.** n. oficial, funcionario, dirigente.

officiate (oficieit). i. oficiar; hacer las veces de.

officious (ofishes). a. oficioso.

offing. n. **1.** alta mar. **2.** *in the o.:* a la vista.

offset. **1.** tr. compensar, contrarrestar. **2.** n. impresión offset.

offshoot (ofshut). n. **1.** ramal. **2.** vástago. **3.** retoño.

offshore (ofshór). a. costero.// adv. mar adentro.

offspring. n. descendencia, prole.

offstage (ofstéidch). a. entre bastidores.

off-the-record. a. extraoficial.

often. adv. frecuentemente, a menudo.

ogre (óuguer). n. ogro.

ohm (óum). n. ohmio.

oil. **1.** aceite. **2.** petróleo.// **oilcloth.** n. hule.//

oiled. a. aceitado, lubricado.// **oil field.** n. campo petrolífero.// **oil panting.** n. óleo, pintura al óleo.// **oilskin.** n. tela impermeable.// **oil well.** n. pozo petrolífero.// **oily.** a. aceitoso, grasoso.

ointment. n. ungüento, pomada.

OK (óukéi). adv./interj. muy bien, correcto.

old (óuld). a. viejo, antiguo, envejecido.// **old age.** n. vejez.// **olden.** a. antiguo.// **old-fashioned.** a. pasado de moda, anticuado.// **old-timer.** a. **1.** veterano. **2.** antiguo.// **old-world.** a. del Viejo Mundo.

oleo. n. margarina.// **oleomargarine.** n. óleo-margarina.

olfactory (olfáktory). a. olfatorio.

oligarch (oligárk). n. oligarca.// **oligarchy.** n. oligarquía.

olive (óliv). n. oliva.// **olive oil.** n. aceite de oliva.

Olympic. **1.** a. olímpico. **2.** n. pl. Juegos Olímpicos.

ombudsman. m. ombudsman, defensor del pueblo.

omelet (ómlit). n. tortilla.

omen (óumen). n. presagio, agüero.// tr. presagiar.// **ominous.** a. ominoso, de mal agüero.

omission (omíshon). n. omisión.// **omit.** tr. omitir.

omnibus. n. ómnibus, autobús.

omnipotence (omnípotens). n. omnipotencia.// **omnipotent.** a. omnipotente.

omnivorous (omnívoros). a. omnívoro.

on (on). prep. **1.** en, sobre, encima. **2.** por, hacia, a. **3.** durante, a. **4.** sobre, referente a.// adj./adv. encendido, prendido, abierto, en curso.// **1.** *and so on:* y así sucesivamente. **2.** *on and on:* sin parar. **3.** *later on:* más tarde.

once (uáns). adv. **1.** una vez. **2.** antes, en otro tiempo. **3.** *at o.:* al mismo tiempo; inmediatamente. **4.** *o. and for all;* de una vez y para siempre.// n. una vez.// conj. una vez que.

oncoming (onkiúming). a. el que viene.

one (uán). a. **1.** un, uno, una. **2.** solo, único.// n. uno, unidad.// pron. uno.

one-man (uánmán). a. unipersonal.

onerous (óneres). a. oneroso.

oneself (uánself). pron. se (en verbos reflexivos), uno mismo, sí, sí mismo.

one-sided (uansáided). a. **1.** de un solo lado. **2.** desigual, parcial.

one-time (uantáim). a. de una sola vez.

one-to-one (uántuán). *Mat.* exacto.

one-way (uánuei). a. **1.** de sentido único (calle). **2.** de ida (pasaje).

onion. n. cebolla.

on-line (onláin). a. controlado por una computadora central.

only (óunli). adv. sólo, solamente, únicamente.// a. único.

onset (óunset). n. **1.** ataque. **2.** comienzo.

onto (óuntu). prep. en, sobre, encima de.

onward. adv. adelante, hacia adelante.// adj. avanzado, progresivo.// **onwards.** adv. hacia adelante.

onyx. n. ónix.

ooze (us). tr. rezumar, supurar, exudar.

opacity. n. opacidad.

opal (óupal). n. ópalo.

opaque (opéik). a. opaco.

open (óupen). a. **1.** abierto. **2.** descampado. **3.** libre, despejado. **4.** vigente (invitación, oferta). **5.** público (lugar). **6.** franco, sincero. **7.** sin prejuicios (persona).// tr. **1.** abrir(se). **2.** descubrir, revelar. **3.** iniciar. **4.** instalar (un negocio). **5.** destapar (botellas). **6.** *o. out:* desplegar. **7.** *o. up:* dar a conocer.// n. **1.** claro, lugar abierto. **2.** *in the o.:* al aire libre; en el campo. **3.** *to bring into the o.:* sacar a la luz.// **open-air.** a. al aire libre.// **opener.** n. **1.** abridor. **2.** *bottle-o.:* destapador. **3.** *can-o.:* abrelatas.// **open-handed.** a. generoso.// **openhearted.** a. **1.** sincero. **2.** generoso.// **opening.** n. **1.** apertura, comienzo, inauguración. **2.** abertura, orificio. **3.** *Pol.* apertura.// **openly.** adv. públicamente, abiertamente.

opera. n. ópera.

operate (operéit). tr. **1.** operar. **2.** actuar, funcionar. **3.** surtir efecto.// **operation.** n. **1.** operación. **2.** funcionamiento.// **operative.** a. **1.** operativo. **2.** *Med.* operatorio.// **operator.** n. operador.

operetta. n. opereta.

ophtalmology (oftalmólyi). n. oftalmología.

opine (opín). i. opinar.// **opinion.** n. opinión, juicio.

opium (óupiom). n. opio.

opponent (opónent). n. opositor, adversario.

opportune (óporchun). a. oportuno.// **opportunism.** n.// **opportunist.** n.// **opportunity.** n. oportunidad.

oppose (opóus). i./tr. oponerse a, hacer frente a, contraponer.// **opposer.** n. opositor.// **opposite.** a. opuesto, contrario.// **opposition.** n. oposición.

oppress (oprés). tr. oprimir.// **oppression.** n. **1.** opresión. **2.** tiranía.// **oppressive.** a. **1.** opresivo. **2.** sofocante.// **oppressor.** n. **1.** opresor. **2.** tirano.

optic, optical. a. óptico.// **optician.** n. óptico.// **optics.** n. óptica.

optimism. n. optimismo.// **optimist.** n.// **optimistic.** a. optimista.

option (ópshon). n. opción.// **optional.** a.

opulence (ópiulens). n. opulencia.// **opulent.** a.

or. conj. o, u.

oracle (órakel). n. oráculo.

oral (óral). a. oral.

orange (órandch). n. naranja.// **orangeade.** n. naranjada.

oration (oréishon). n. oración, discurso.

orator (órator). n. orador.// **oratory.** n. **1.** oratoria. **2.** oratorio.

orbit (órbit). n. órbita.// tr. poner en órbita.

orchard (órchard). n. huerto.

orchestra (órkestra). n. **1.** orquesta. **2.** platea.

orchid (órkid). n. orquídea.

ordain (ordéin). tr. **1.** ordenar (sacerdote). **2.** disponer, mandar.

order (órder). n. **1.** orden. **2.** *in o. that:* a fin de que. **3.** *out of o.:* fuera de servicio; en desorden.// tr. ordenar.// **orderly.** a. **1.** ordenado. **2.** obediente. **3.** n. *Mil.* ordenanza; *Med.* ayudante.

ordinal. a. ordinal.

ordinance. n. reglamento, ordenanza.

ordinary. a. ordinario, común, término medio.

ordnance (órdnans). n. artillería; equipos de guerra.

organ (órgan). n. órgano.// **organic.** a.// **organism.** n.// **organist.** n.// **organization.** n.// **organize.** tr. organizar.// **organizer.** n. organizador.

orgy (óryi). n. orgía.

Orient. n. Oriente.// **oriental.** a.

orient. tr. orientar.// **orientation.** n.

orifice (órifis). n. orificio.

origin (óriyin). n. origen.// **original.** a./n.// **originality.** n.// **originate.** tr. originar.

ornament (órnament). **1.** n. adorno, ornamento. **2.** tr. ornamentar.// **ornamental.** a.// **ornamentation.** n.

ornithology (ornitóloyi). n. ornitología.

orphan (órfan). n. huérfano.// **orphanage.** n. orfanato.

orthodox (órdzodoks). a. ortodoxo.// **orthodoxy.** n. ortodoxia.

orthopedics. n. ortopedia.// **orthopedic.** a.

oscillate (ósileit). i. oscilar.// **oscillation.** n.

osmium (ósmiom). n. osmio.

osmosis (osmóusis). n. ósmosis.

ossify (ósifai). i./tr. osificar(se).// **ossification.** n.

ostensible (oténsibl). a. ostensible.

ostentation (ostentéishon). n. ostentación.// **ostentatious.** a. ostentoso.

osteopathy (osteópadzi). n. osteopatía.

ostracism. m. ostracismo.

ostrich. n. avestruz.

other (ódzer). a./pron. **1.** otro, otra. **2.** *every o. day:* día por medio. **3.** *o. than:* diferente de. **4.** *each o.:* mutuamente.

otherwise (ozeruáis). adv. de otro modo; de lo contrario.

otter (óter). n. nutria.

ought (ot). aux. deber (obligación); tener que; convenir.

ounce (óuns). n. **1.** onza. **2.** pizca.

our (aur). a./pron. nuestro, tra, tros, tras.

ours (aurs). pron. pos. el nuestro, la nuestra, etc.

ourselves (aursélvs). pron. **1.** nos (en verbos reflexivos). **2.** nosotros (mismos).

oust (áust). tr. desalojar, expulsar.// **ouster.** n. desalojo, expulsión.

out (áut). adv. fuera, afuera, por fuera.// a. **1.** exterior. **2.** ausente. **3.** apagado.// prep. fuera de, al otro lado de.// n. **1.** salida. **2.** excusa.// i. descubrirse.// *¡o.!:* ¡fuera!

outage (autéidch). n. corte de energía.

out-and-out. a. completo, absoluto.

outbid. i. ofrecer más (subasta, oferta).

outboard. n. fuera de borda.

outbreak (áutbreik). n. brote; estallido; erupción.

outbuilding (áutbílding). n. dependencia, anexo.

outburst (áutberst). n. explosión (ira); erupción.

outcast (áutcast). a. **1.** inútil. **2.** desamparado// n. **1.** paria. **2.** vago. **3.** desterrado.

outcome (áutkam). n. resultado, efecto.

outcry (áutcrai). n. **1.** alarido. **2.** alboroto.

outdated (autdéited). a. anticuado; fuera de moda.

outdo (áutdu). tr. superar, vencer.

outdoor. a. al aire libre.// **outdoors. 1.** n. aire libre; campo abierto. **2.** a. fuera de casa; a la intemperie.

outer (áuter). a. exterior, externo.// **outermost.** a. extremo, último, más exterior.

outfit. n. **1.** equipamiento. **2.** equipo, juego. **3.** conjunto.// i./tr. equipar(se).

outgo (áutgou). n. gasto.// **outgoing. 1.** a. de salida, que se va. **2.** n. ida. salida, partida.

outgrow. tr. **1.** crecer más que. **2.** ser mayor que. **3.** *he has outgrown his clothes:* la ropa le queda chica.

outhouse. n. edificio anexo, dependencia.

outing. n. paseo, salida.

outland. n. el extranjero, tierras lejanas.

outlandish. a. extravagante.

outlast. i. sobrevivir.

outlaw (áutlou). n. persona fuera de la ley.

outlet. n. **1.** salida. **2.** desagüe.

outline. n. **1.** resumen. **2.** contorno. **3.** *in o.*: a grandes rasgos.

outlive. tr. sobrevivir a.

outnumber. tr. sobrepasar en número.

out-of-door(s). a./adv. de puertas afuera.

out-of-the-way. a. apartado.

outpatient. n. paciente externo.

outpost. n. puesto de avanzada.

output. n. **1.** producción final, rendimiento. **2.** *Comp.* información de salida.

outrage (autréidch). n. **1.** ultraje. **2.** violación. **3.** atrocidad.// **outrageous.** a. **1.** ultrajante. **2.** violento. **3.** atroz.

outright. a. **1.** completo. **2.** cabal. **3.** franco.

outrun. tr. dejar atrás, correr más que.

outset. n. principio.

outside (áutsaid). n. **1.** exterior. **2.** apariencia. **3.** extremo.// **outsider.** n. **1.** forastero. **2.** extraño. **3.** intruso.

outskirts (áutskerts). n. pl. afueras, suburbios.

outspoken (autspóuken). a. franco, abierto.

outspread (autspríd). tr. desplegar, extender.// n. despliegue.

outstand. i. sobresalir, descollar.// **oustanding.** a. sobresaliente, descollante.

outstretch. tr. extender, alargar.

outward. 1. adv. fuera, hacia fuera, exteriormente. **2.** a. externo.// **outwardly.** adv. exteriormente.

outwear (áutuer). tr. **1.** gastar. **2.** durar más que.

outweigh (autuéi). tr. **1.** pesar más que. **2.** importar. **3.** valer más que.

outwit (autúit). tr. engañar, ser más listo que.

outworn (autuórn) a. **1.** anticuado. **2.** usado, gastado.

oval (óuval). a. ovalado.// n. óvalo.

ovary (óuvari). n. ovario.

ovation (ovéishon). n. ovación.

oven. n. horno.

over (óuver). adv. **1.** terminado. **2.** arriba, encima. **3.** en exceso, más. **4.** en todo, por todas partes. **5.** al revés. **6.** de nuevo. **7.** del principio al fin.// prep. **1.** sobre (sin contacto). **2.** por encima. **3.** de un lado a otro. **4.** durante, mientras.// **1.** *o. again:* otra vez. **2.** *o. and above:* además de. **3.** *o. and o.:* repetidamente. **4.** *o. there:* allá, por allá.

overact. tr. exagerar, sobreactuar.

over-all. adv. **1.** total, en general. **2.** de pies a cabeza.// a. completo, total.

overalls. n. pl. ropa de trabajo.

overbearing. a. altanero, dominante.

overboard. adv. sobre la borda.

overcast. a. nublado// n. cerrazón.

overcharge. tr. **1.** recargar, sobrecargar. **2.** cobrar demasiado.// n. sobrecarga; sobreprecio.

overcoat. n. sobretodo.

overcome. tr. superar, vencer.

overcrowd. tr. atestar.

overdo. tr. excederse en, exagerar, atarear demasiado.

overdraft. n. *Com.* sobregiro.// **overdraw.** tr. sobregirar.

overdue. a. *Com.* vencido.

overestimate. tr. sobrestimar.

overflow. tr. inundar, rebosar.// n. inundación.

overgrow. i. extenderse, crecer demasiado.

overhang. tr. **1.** sobresalir. **2.** amenazar. **3.** colgar.

overhaul. tr. **1.** examinar, revisar. **2.** reparar. **3.** dar alcance.// n. revisión.

overhead. a. superior, elevado.// adv. encima, arriba.// n. *Com.* gastos generales.

overhear. tr. alcanzar a oír.

overheat. i./tr. recalentar(se).

overjoyed. a. muy contento.

overland. a./adv. por tierra.

overlap. tr. superponer.// n. superposición.

overlook. tr. **1.** dominar, mirar desde lo alto. **2.** inspeccionar. **3.** pasar por alto.

overnight. a. **1.** de noche. **2.** nocturno.// adv. durante la noche.

overpass. n. paso elevado, viaducto.// tr. **1.** pasar por encima, atravesar. **2.** sobrepasar(se).

overpower. tr. vencer, abrumar.

overproduction. n. superproducción.

overrate. tr. sobrestimar.

overreach. tr. **1.** ir más allá. **2.** engañar.

override. tr. **1.** pisotear, pasar por encima de. **2.** prevalecer sobre.

overrule. tr. rechazar, fallar en contra.

oversea. adv. en ultramar.

oversee. tr. supervisar, fiscalizar.// **overseer.** n. superintendente.

overshadow. tr. hacer sombra, opacar.

overshoe. n. galocha.

oversight. n. descuido, omisión.

oversleep. i. quedarse dormido.

overspread. tr. esparcir, recubrir.

overstatement. n. exageración.

overstay. i. quedarse más tiempo del esperado.

overstep. tr. traspasar, exceder.

overt (óuvert). a. abierto, público, evidente.

overtake. tr. **1.** alcanzar. **2.** sorprender. **3.** sobrecoger.

overthrow. tr. echar abajo, derrocar.// n. **1.** vuelco. **2.** caída. **3.** derrocamiento. **4.** ruina.

overtime. n. tiempo extra, sobretiempo.

overture (óuverchur). n. **1.** *Mus.* obertura. **2.** oferta, proposición.

overturn. tr. **1.** volcar, derribar. **2.** *Mar.* zozobrar.

overuse (óuverius). n. uso excesivo.// tr. usar en exceso.

overview. n. resumen.

overweight. a. obeso.

overwhelm (ouverjuélm). tr. abrumar, arrollar.// **overwhelming.** a. **1.** abrumador. **2.** aplastante. **3.** irresistible.

overwork. tr. hacer trabajar demasiado.// n. exceso de trabajo.
overwrought (óuverot). a. sobreexcitado.
owe (ou). tr. **1.** deber, adeudar. **2.** *owing to:* por causa de, debido a.
owl (ául). n. lechuza.
own (óun). a. **1.** propio. **2.** *on one's o.:* por cuenta propia, por su cuenta.// pron. lo mío, lo tuyo, lo suyo, etc.// tr. **1.** poseer. **2.** admitir, reconocer.

owner. n. propietario, dueño.// **ownership.** n. propiedad, título.
ox. n. buey.// **oxen.** n. pl. bueyes.// **oxcart.** n. carreta de bueyes.
oxidation (oksidéishon). n. oxidación.// **oxide** (ócsaid). n. óxido.// **oxidize.** tr. oxidar.
oxygen (óksiyen). n. oxígeno.
oyster. n. ostra.
ozone (óuson). ozono.

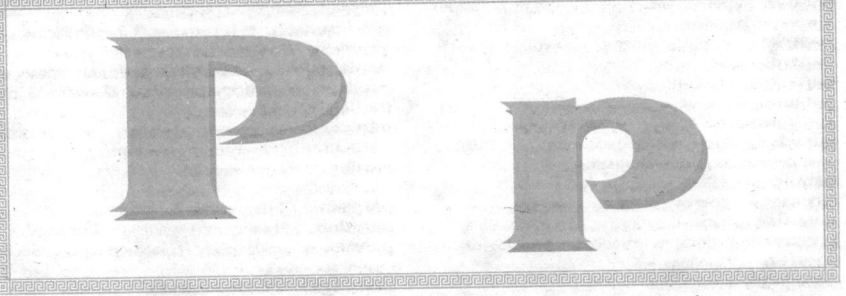

p (pi). n. decimosexta letra del abecedario.
pace (peis). n. paso, marcha.// tr. marchar con pasos regulares.
pacemaker (péismeiker). n. marcapasos.
pacific. a. **1.** pacífico. **2.** del Pacífico.// **pacifier.** n. **1.** pacificador. **2.** chupete.// **pacifism.** n.// **pacifist.** n.// **pacify** (pásifai). tr. pacificar, tranquilizar.
pack. n. **1.** paquete. **2.** cajetilla. **3.** envase. **4.** fardo. **5.** banda, pandilla. **6.** *Med.* compresa.// tr. envasar; empacar; apiñar.// **package** (pákedch). n. paquete, envase.// **pack animal.** n. bestia de carga.// **packer.** n. empacador, envasador.// **packet.** n. paquete pequeño.// **packing.** n. **1.** embalaje, envasado. **2.** materiales para embalaje. **3.** *Mec.* guarnición, camisa.
pact. n. pacto, trato, convenio.
pad. n. **1.** almohadilla. **2.** relleno acolchado. **3.** bloc (calendario), cuaderno de notas.// tr. acolchar, rellenar.// **padding.** n. relleno.
paddle. n. remo; paleta; hélice.// tr. remar.
padlock. n. candado.
pagan. a./n. pagano.// **paganism.** n.
page (péidch). n. **1.** página, carilla. **2.** paje; botones.// tr. **1.** foliar, numerar. **2.** llamar por altoparlante.
pageant (pádchent). n. espectáculo al aire libre.
paid (péid). a. pagado.
pail (péil). n. cubo, balde.
pain (péin). n. **1.** dolor. **2.** pl. esmero, esfuerzo.// **1.** i. doler. **2.** tr. angustiar.// **painful.** a. doloroso; arduo.// **pain killer.** n. calmante.// **painless.** a. indoloro.// **painstaking.** a. esmerado, cuidadoso.
paint (péint). i./tr. **1.** pintar. **2.** teñir. **3.** describir.// n. pintura; colorante; maquillaje.// **paintbrush.** n. pincel, brocha.// **painter.** n. pintor.// **painting.** n. **1.** pintura. **2.** cuadro.
pair (per). n. par, pareja.// i./tr. emparejar, formar pareja, aparearse.
pajamas (peyamas). n. pl. piyama.

pal. n. fam. compañero, compadre.
palace (pálas). n. palacio.
palatable (pálateibl). a. **1.** sabroso. **2.** admisible.// **palate.** n. **1.** paladar. **2.** *soft p.:* velo del paladar.
palatial. a. **1.** palaciego. **2.** magnífico.
pale (péil). **1.** a. pálido. **2.** i. palidecer.// **paleface.** n. carapálida.// **paleness.** n. palidez.
palette (pálet). n. paleta del pintor.
palisade (paliséid). n. empalizada.// tr. empalizar.
pall. n. paño mortuorio; ataúd.// i./tr. tornar(se) soso o aburrido.
pallet. n. **1.** paleta. **2.** tarima.
palliate (pálieit). t. paliar, mitigar.// **palliative.** a. paliativo.
pallid. a. pálido.// **pallor.** n. palidez.
palm. n. **1.** palma. **2.** palmo.
palpate (pálpeit). tr. palpar, examinar.
palpitate (pálpiteit). i. palpitar.// **palpitant.** a.// **palpitation.** n.
palsy (pólsi). n. parálisis.// tr. paralizar.
pamper. tr. mimar.
pamphlet (pámflet). n. folleto, panfleto.
pan. n. cazuela, cacerola.// tr. **1.** lavar en batea. **2.** fig. criticar.
Panamanian. a./n. panameño.
Pan-American. n. panamericano.
pancake (pánkeik). n. torta delgada; panqueque.
pancreas (pánkrias). n. páncreas.
panda. n. panda.
pander. **1.** i. alcahuetear. **2.** tr. complacer.// n. alcahuete.
pane (péin). n. **1.** hoja de ventana. **2.** panel.// **panel.** n. panel.// **paneling.** enchapado de madera.// **panelist.** n.
pang. n. punzada de dolor.
panhandle (pánjandl). tr. mendigar.
panic. n. pánico.// i. sentir pánico.
panne. n. pana.

panorama. n. panorama.// **panoramic.** a.
pansy. n. *Bot.* pensamiento.
pant. i. **1.** jadear. **2.** latir, palpitar.
pantheon (pándzion). n. panteón.
panther. n. pantera.
panties (pántis). n. pl. calzón, bombacha.
pants. n. pl. pantalones.
papacy (péipaci). n. papado.// **papal.** a. papal.
paper (péiper). n. **1.** papel. **2.** hoja escrita. **3.** artículo, trabajo. **4.** pl. papeles, credenciales, documen-
tos.// tr. empapelar.// **paperback.** n. libro de bolsillo.// **paperweight.** n. pisapapeles.// **paper
work.** n. papeleo.
papryka. n. paprika, pimentón (polvo).
papyrus (papáiros). n. papiro.
par. n. paridad, nivel, igualdad.
parable. n. parábola.// **parabola.** n. *Mat.* parábola.// **parabolic.** a.
parachute (párashut). n. paracaídas.// i. lanzarse
en paracaídas.// **parachutism.** n.
parade (paréid). n. **1.** desfile. **2.** ostentación.// i. **1.**
desfilar. **2.** hacer ostentación.
paradise (páradais). n. paraíso.// **paradisiac.** a.
paradox (páradoks). n. paradoja.// **paradoxical.** a.
paraffin. n. parafina.
paragraph (páragraf). n. párrafo.
parakeet (párakit). n. perico.
parallel. a. paralelo.// n. paralelo, paralela.// tr.
comparar.// **parallelism.** n.// **parallelogram.** n.
paralysis. n. parálisis.// **paralytic.** a.// **paralyze.** tr.
paralizar.
paramount. a. sumo, superior.
paranoia. n. paranoia.// **paranoid.** n.
parapet. n. parapeto.
paraphrase (párafreis). n. paráfrasis.// tr. parafrasear.
parasite (párasait). n. parásito.// **parasitic.** a. para-
sitario.
parasol (párasol). n. sombrilla.
paratrooper (páratruper). n. paracaidista.
parcel (pársel). n. **1.** parcela. **2.** parte, fracción. **3.**
paquete.// tr. parcelar; fraccionar.// **parcel post.** n.
paquete postal.
parch. tr. tostar, resecar.
parchment. n. pergamino.
pardon. n. **1.** perdón. **2.** *I beg your p.:* ¿cómo dijo?// tr. perdonar.
pare (per). tr. pelar, mondar.
parents (párent). n. pl. padres.// **parentage.** n. **1.**
ascendencia. **2.** paternidad.// **parental.** a. paterno,
materno.
parenthesis (paréndzeses). n. paréntesis.
parenthood (párentjud). n. paternidad, maternidad.
parish. n. parroquia, feligresía.// **parishioner.** n.
parroquiano, feligrés.
Parisian (paríshan). a./n. parisino.
parity. n. paridad.
park. n. **1.** parque. **2.** estacionamiento.// tr. estacionar.// **parkway.** n. avenida.
parlance (párlans) n. **1.** dicción. **2.** modo de hablar
o escribir.
parliament. n. parlamento.// **parliamentary.** a.
parlor. n. **1.** sala, salón. **2.** *beauty p.:* salón de belleza.

parody. n. parodia.// tr. parodiar.
parole (paróul). n. **1.** libertad bajo palabra. **2.** palabra de honor.
paroxysm. n. paroxismo.
parquet. n. **1.** parquet. **2.** platea.
parricide (párisaid). n. **1.** parricidio. **2.** parricida.
parrot (parot). n. loro.// tr. repetir como loro.
parsimony (pársimouni). n. parsimonia.
parsley (pársli). n. perejil.
parson. n. pastor protestante.
part. n. **1.** parte. **2.** papel (teatro).// tr. **1.** separar. **2.**
repartir.// **partial.** a. **1.** parcial. **2** *p. to:* aficionado
a.// **partiality.** n. **1.** parcialidad. **2.** predilección.//
partially. adv. parcialmente.
participant. a./n. participante.// **participate.** n.
participar.// **participation.** n. participación.
participle (párticipl). n. participio.
particle (pártikl). n. partícula.
particular (partíkiular). a. particular.// n. pormenor.
parting. a. **1.** que sale. **2.** divisorio.// n. **1.** partida.
2. división.
partisan. n. **1.** partidario. **2.** partisano.
partition (partíshon). n. **1.** partición. **2.** mampara.
partner. n. socio; pareja.// **partnership.** n. asociación, sociedad.
partridge (pártridch). n. perdiz.
part-time (partáim). a. de tiempo parcial.
party. n. **1.** partido político; bando. **2.** fiesta. **3.** *Der.*
parte.
pass. n. **1.** paso. **2.** pase. **3.** pasada.// i./ tr. **1.** pasar. **2.** *p. away:* morir. **3.** *p. by:* pasar cerca de, pa-
sar(se) de largo, omitir. **4.** *p. on:* decidir(se); entregar. **5.** *p. up:* dejar pasar. **6.** *p. out:* desmayarse.//
passable. a. **1.** pasable. **2.** transitable.// **passage.**
n. **1.** paso. **2.** pasaje. **3.** transición.// **passageway.**
n. pasillo corredor.
passbook (pásbuk). n. libreta de ahorros.
passenger (pásendcher). n. pasajero; transeúnte.//
passer-by. transeúnte.// **passing.** a. **1.** pasajero.
2. de paso. **3.** n. tránsito; aprobación.
passion (páshon). n. pasión.// **passionate.** a. apasionado.
passive (pásiv). a. pasivo.
passport. n. pasaporte.
password. n. santo y seña; consigna.
past. a./n. pasado.// prep. más allá de.
paste (péist). n. pasta, masa.// tr. pegar.
pasteboard. n. **1.** cartón. **2.** carta.
pasteurize (pástcherais). tr. pasteurizar.
pastime (pástaim). n. pasatiempo.
pastor. n. pastor.// **pastoral.** a./n. pastoral.
pastry. n. pastelería.
pasturage (pásteredch). n. pastura.// **pasture.** n.
pasto.//**1.** i. pacer. **2.** i./tr. pastar.
pasty (péist). a. pastoso.// n. pastelillo.
pat. n. **1.** palmadita. **2.** trocito.// **1.** tr. dar palmadi-
tas. **2.** i. andar con pasitos ligeros.
patch (pach). n. parche, remiendo.// tr. remendar,
emparchar.
pate (peit). n. coronilla, mollera.
patent. a. patente, evidente.// n. patente.// tr. patentar.
paternal. a. paterno, paternal.// **paternalism.** n.//
paternity. n. paternidad.

path (pas). n. **1.** senda, sendero. **2.** trayectoria.
pathetic (pasétik). a. patético.
pathfinder. n. explorador.
pathological (padsolódyical). a. patológico.// **pathology.** n. patología.
pathway (pádzuei). n. senda.
patience (péishens). n. paciencia.// **patient.** a./n.
patriarch (pétriark). n. patriaca.// **patriarchal.** a.
patrician (patríshan). a./n. patricio.
patrimony. n. patrimonio.
patriot. n. patriota.// **patriotic.** a.// **patriotism.** n.
patrol. n. patrulla; ronda.// tr. patrullar.// **patrolman.** m. patrullero, agente de policía.
patron (péitron). n. **1.** patrón. **2.** patrono. **3.** cliente.// **patronize.** tr. **1.** patrocinar. **2.** proteger. **3.** frecuentar un lugar.
pattern. n. **1.** patrón, modelo. **2.** diseño. **3.** molde.// tr. ajustar a un modelo.
paunch (ponch). n. panza.
pauper (póper). n. indigente.// **pauperism.** n.
pause (pos). n. pausa.// i./tr. detener(se).
pave (péiv). tr. pavimentar.// **pavement.** n.
pavilion. n. pabellón.
paving (péiving). n. pavimento, pavimentación.
paw (pou). n. garra, pata, zarpa.
pawn (poun). n. **1.** empeño, prenda. **2.** peón.// tr. empeñar.// **pawnbroker.** n. prestamista.// **pawnshop.** n. casa de empeño.
pay (pei). tr. **1.** pagar. **2.** rendir. **3.** prestar (atención).// n. pago; sueldo.// **payable.** a. pagadero.// **pay clerk.** n. pagador (empleado).// **payee.** n. beneficiario de un pago.// **payer.** n. pagador (de un documento).// **payment.** n. pago.// **payoff.** n. utilidad, recompensa.// **payroll.** n. nómina de empleados.
pea (pi). n. arveja.
peace (pis). n. paz.// **peaceable.** a. apacible.// **peaceful.** a. pacífico.// **peacemaker.** n. pacificador.
peach (pich). n. melocotón, durazno.
peacock (píkok). n. pavo real.// i. pavonearse.
peack (pik). n. pico, cumbre.// i. llegar al máximo// a. máximo.
peal (pil). n. repique.// tr. tañer, repicar.
pear (per). n. pera.
pearl (perl). n. perla.
peasant (pésant). n. campesino; paisano.
pebble. n. guijarro.
peck. tr. picotear.// n. picoteada.
pectoral. a./n. pectoral.
peculiar (pekiúiliar). a. **1.** peculiar. **2.** extraño.// **peculiarity.** n.
pedagogue (pédagog). n. pedagogo.// **pedagogy.** n.
pedal (pédal). n. pedal.// i. pedalear.
pedant. n. pedante.// **pedantry.** n. pedantería.
peddle. tr. vender por la calle.// **peddler.** n. vendedor ambulante.
pedestal. n. pedestal.
pedestrian. n. peatón.// a. pedestre.
pediatrics (pidiátrics). n. pediatría.
pedigree. n. pedigrí.
peel (pil). tr. pelar.// n. cáscara, hollejo.
peep (pip). i. **1.** piar. **2.** atisbar. // n. **1.** pío. **2.** atisbo.
peer (pir). n. igual, semejante.// **peerless.** a. sin igual.

peg. n. **1.** clavija. **2.** estaca. **3.** gancho. **4.** broche de ropa. **5.** fig. nivel, grado. **4.** p. leg: pata de palo.// tr. **1.** fijar. **2.** poner clavijas.
pejorative (peyórative). a. peyorativo.
pelican. n. pelícano.
pellet. n. **1.** pastilla. **2.** bollo.
pelt. tr. **1.** tirar, lanzar. **2.** golpear repetidas veces.
pelvis. n . pelvis.
pen. n. **1.** corral. **2.** pluma, lapicera.// tr. **1.** acorralar. **2.** escribir.
penal (pínal). a. penal.// **penalize.** tr. castigar.// **penalty.** n. **1.** pena, sanción. **2.** Sp. penal (tiro libre).// **penance.** n. penitencia.
pencil. n. lápiz.// tr. dibujar con lápiz.
pendant. n. pendiente; medalla.
pending. a. pendiente.
penetrate (pénetreit). tr. penetrar.// **penetration.** n.
penguin (péngüin). n. pingüino.
penicillin. n. penicilina.
peninsula. n. península.
penitence (pénitens). penitencia.// **penitent.** n.
penitentiary (peniténshari). a. penitenciario.// n. penitenciaría.
penknife (pénknaif). n. cortaplumas.
penmanship. n. caligrafía.
penname (pénnaim). n. sobrenombre.
penny. n. penique.// **penniless.** n. sin dinero.
penology (penólodchi). n. derecho penal.
pension (pénshon). n. pensión.// tr. pensionar.
pentagon. n. pentágono.
penthouse. n. departamento de azotea.
penury (péniuri). n. penuria.
people (pípl). n. **1.** gente. **2.** personas. **3.** pueblo. **4.** familia.// tr. poblar.
pep. n. brío.// tr. animar.
pepper. n. pimienta; pimiento.// **peppermint.** n. menta.// **peppery.** a. **1.** picante. **2.** mordaz.
per. prep. por, según.
perambulator (perámbiuleiter). n. coche de niño.
percale (perkéil). n. percal.
perceiv (persív). tr. percibir.
percent. a./adv./n. por ciento, porcentaje.// **percentage.** n. porcentaje.
perceptible (perséptibl). a. perceptible.// **perception.** n.// **perceptive.** a.
perch. n. percha.
perchance. adv. quizás, por ventura.
percolate (pérkoleit). tr. filtrar.// **percolator.** n. cafetera de filtro.
percussion (perkóshon). n. percusión.
perdition. n. perdición.
perennial. a. perenne.
perfect. a. perfecto.// tr. perfeccionar.// **perfection.** n. **1.** perfección. **2.** perfeccionamiento.
perfidy. n. perfidia.
perforate (pérforeit). tr. perforar.// **perforator.** n.// **perforation.** n.
perform. tr. ejecutar, cumplir.// **performance.** n. **1.** ejecución, desempeño. **2.** representación (teatro).// **performer.** n. ejecutante.
perfume (pérfium). **1.** n. perfume. **2.** tr. perfumar.// **perfumer.** n. perfumero.// **perfumery.** n.
perhaps (pérjaps). adv. tal vez.
peril (péril). peligro.// **perilous.** a. peligroso.

perimeter. n. perímetro.
period (píriod). n. **1.** período. **2.** época. **3.** *Gram.* punto.// a. de estilo (muebles).// **periodic.** a.// **periodical.** a./n. periódico.
periscope (periscoup). n. periscopio.
perishable (périshibl). **1.** a. perecedero. **2.** n. pl. bienes perecederos.
perjure (péryur). i. perjurar.// **perjurer.** n. perjuro.// **perjury.** n. perjurio.
permanence (pérmanens). n. permanencia.// **permanent.** a.
permeable (pérmeabl). a. permeable.// **permeability.** n.// **permeate.** tr. penetrar, infiltrar.
permissible. a. permisible.// **permission.** n. permiso.// **permit. 1.** tr. permitir. **2.** n. permiso.
permutate (pérmiuteit). tr. permutar.// **permutation.** n. **1.** permutación. **2.** permuta.
pernicious (perníshos). a. pernicioso.
perpendicular. a. perpendicular.
perpetrate (pérpetreit). tr. perpetrar.
perpetual (perpétiual). a. perpetuo; perenne.// **perpetuate.** tr. perpetuar.// **perpetuity.** n. **1.** perpetuidad. **2.** renta vitalicia.
perplex. tr. desconcertar.// **perplexing.** a. desconcertante.// **perplexity.** n. perplejidad.
persecute (pérsekiut). tr. perseguir.// **persecutor.** n.// **persecution.** n.// **persecutory.** a.
perseverance (persevírans). n. perseverancia.// **persevere.** i. perseverar.// **persevering.** a. tenaz.
persist. tr. persistir.// **persistence.** n.// **persistent.** a.
person. n. persona.// **personable.** a. agradable, guapo.// **personage.** n. personaje.// **personal.** a.// **personality.** n. **1.** personalidad. **2.** *legal p.:* personería jurídica.// **personalize.** n. personalizar.// **personification.** n.// **personify.** tr. personificar.// **personnel.** n. personal (de una empresa).
perspective. n. perspectiva.
perspicacity. n. perspicacia.
perspiration (perspiréishon). n. sudor.// **perspire.** tr. sudar.
persuade (persuéid). tr. persuadir.// **persuasion.** n. **1.** persuasión. **2.** creencia, credo.// **persuasive.** a.
pertain (pertéin). i. **1.** pertenecer. **2.** corresponder.// **pertaining.** a. **1.** perteneciente. **2.** correspondiente a.
perturb (pérterb). tr. perturbar, molestar.// **perturbation.** n.
Peruvian. a./n. peruano.
pervasive (pervéis). a. penetrante.
perverse. a. perverso.// **perversion.** n.// **perversity.** n. perversidad.// **pervert. 1.** tr. pervertir. **2.** n. perversión. **3.** n. pervertido.
pessimism. n. pesimismo.// **pessimist.** n.
pest. n. **1.** peste. **2.** plaga. **3.** latoso.// **pester.** tr. infortunar, fastidiar.// **pesticide.** n. plaguicida.// **pestiferous.** a. **1.** pestífero. **2.** malsano.// **pestilence.** n. pestilencia.// **pestilent.** a. **1.** pestilente. **2.** nocivo.
pet. n. **1.** animal doméstico (mascota). **2.** persona mimada.// tr. acariciar, mimar.
petal (pétal). n. pétalo.
petition (petishon). n. petición.// tr. peticionar.
petrifaction (petrifákshon). n. petrificación.// **petrify.** tr. petrificar.

petrol. n. *GB* gasolina.// **petroleum.** n. petróleo.
petticoat (pétikout). n. enaguas.
petty. a. trivial, pequeño.// **pettiness.** n. trivialidad.
petulance (péchiulans). n. malhumor.// **petulant.** a. impaciente, malhumorado.
phalanx (félenks). n. falange.
phantom (fántom). n. fantasma.// a. ilusorio.
Pharisee (fáresi). a./n. fariseo.
pharmacist (phármasest). n. farmacéutico.// **pharmacy.** n. farmacia.
pharynx (fárinks). n. faringe.
phase (féis). n. **1.** fase. **2.** etapa.// tr. *EE.UU.* ejecutar por etapas.
pheasant (fésant). n. faisán.
phenomenon (fenómenon). n. fenómeno.
phial (fáial). n. ampolleta, ampulla de vidrio.
philander (filánder). i. galantear.
philanthropy. n. filantropía.
philately. n. filatelia.
Philharmonic. a/n. filarmónico.
Philippine (filépin). a./n. filipino.
Philistine (filístin). a./n. filisteo.
philosopher (filósofer). n. filósofo.// **philosophic.** a.// **philosophy.** n. filosofía.
philter (filter). n. filtro.
phlegm (flem). n. flema.// **phlegmatic.** a. flemático.
phobia (fóubia). n. fobia.
Phoenician (feníshan). a./n, fenicio.
phoenix (fíniks). n. fénix.
phone (foun). n. teléfono.// tr. telefonear.
phonetics (fonétiks). n. fonética.// **phonetic.** a.
phonograph (fóunograf). n. fonógrafo.// **phonographic.** a.
phosphate (fásfeit). n. fosfato.// **phosphorescence.** a. fosforescencia.// **phosphorescent.** a.// **phosphoric.** a.// **phosphorus.** n. fósforo.
photo (fóto). n. fotografía.// **photocopy. 1.** n. fotocopia. **2.** tr. fotocopiar.// **photoengraving.** n. fotograbado.// **photograph. 1.** n. fotografía. **2.** tr. fotografiar.// **photographer.** n. fotógrafo.// **photography.** n. fotografía.// **photographic.** a.// **photogravure.** n. huecograbado.// **photolithograph. 1.** n. fotolitografía. **2.** tr. fotolitografiar.
photosynthesis. n. fotosíntesis.
phrase (fréis). n. frase.// tr. expresar en palabras.
phylum (fáilom). n. *Zool.* tipo; *Bot.* división
physic. n. purgante.
physical. a. **1.** físico. **2.** *f. examination:* reconocimiento médico.// **physician.** n. médico.// **physicist.** n. físico.// **physics.** n. física.
physiognomy (fisióngnomi). n. fisonomía.
physiologist. n. fisiólogo.// **physiology.** n. fisiología.
physique (fisík). n. físico, figura.
pi (pai). n. pi (letra griega).
pianist. n. pianista.// **piano.** n. piano.
pica (páika). n. pica (medida).
picaresque (pikarésk). a. picaresco.
pick. tr. **1.** escoger. **2.** picar, perforar, agujerear. **3.** mondar (dientes). **4.** desplumar (ave). **5.** *p. out:* escoger. **6.** *p. up:* recoger, recolectar. **7.** *p. up speed:* acelerar. **8.** *p. on someone:* atormentar a alguien.// n. **1.** lo mejor, lo escogido. **2.** *to take one's pick:* escoger a su gusto.
picker. n. recolector.

picket. n. 1. piqueta. 2. piquete.

pickle (píkel). n. pepinillo encurtido.// tr. encurtir.

pickpocket. n. carterista.

pickup (píkap). n. 1. recolección. 2. aceleración. 3. detención. 4. camión de reparto. 5. conquista callejera.

picnic. n. picnic.

pictorial. a. pictórico, gráfico.// **picture** (píkcher). n. 1. lámina, cuadro, fotografía, ilustración. 2. retrato, descripción. 3. película. 4. tr. pintar; describir. 5. i. imaginar(se).// **picturesque.** a. pintoresco.

ple (pái). n. pastel relleno, empanada.

piece (pis). n. 1. pieza. 2. trozo, porción. 3. ejemplo. 4. *a p. of land:* una parcela. 5. *all of a p.:* de una sola pieza. 6. *by the p.:* a destajo. 7. *to fall to pieces:* deshacerse en pedazos.// tr. 1. remendar. 2. juntar las piezas. 3. *p. together:* reconstruir.// **piece goods.** n. pl. géneros que se venden por metros.// **piecemeal.** 1. a. gradual. 2. adv. pieza por pieza.

pier (pir). n. 1. pilar. 2. muelle.

pierce (pirs). tr. 1. perforar. 2. atravesar. 3. penetrar.

piety (páieti). n. piedad, fervor.

pig. n. cerdo.

pigeon (píyon). n. pichón (paloma).// **pigeonhole.** n. 1. palomar. 2. casillero.// tr. encasillar.

piggish (píguish). a. 1. cochino. 2. codicioso.

pigheaded (pijéded). a. testarudo.

pig iron (pigáiren). n. hierro en lingotes.

pigment. n. pigmento.

pigmy. a./n. pigmeo.

pike (páik). n. 1. pica. 2. punta de lanza.

pile (páil). n. 1. montón. 2. pilote. 3. pira funeraria.// i. 1. amontonar(se). 2. *p. in:* entrar atropelladamente.

pilfer. tr. hurtar.

pilgrim. n. peregrino.// **pilgrimage.** n. peregrinación.

pill. n. píldora.

pillage (piládch). n. 1. saqueo. 2. botín.// tr. saquear.

pillar (pílar). n. pilar, columna.

pillory (pílori). n. cepo.// tr. encepar.

pillow (pílou). n. almohada.// **pillowcase.** n. funda de almohada.

pilot (páilot). n. 1. piloto. 2. guía. 3. práctico de puerto.// a. piloto, guía.// tr. pilotear, timonear, guiar, dirigir.

pimple (pímpl). n. 1. granito, barrito.

pin. n. 1. alfiler. 2. pasador. 3. prendedor. 4. pinza, broche de la ropa. 5. *safety p.:* alfiler de gancho.// tr. 1. prender con alfileres. 2. *p. down:* inmovilizar; obligar a alguien a manifestar sus intenciones. 3. *p. one's hope on:* cifrar sus esperanzas en.

pinafore (pínafor). n. delantal.

pincers. n. pinzas, tenazas.

pinch. tr. 1. pellizcar. 2. apretar, estrujar. 3. *p. pennies:* cuidar el centavo; mezquinar.// n. 1. pellizco. 2. apuro. 3. punzada.

pincushion (pínkushon). n. alfiletero.

pine (páin). n. 1. pino. 2. madera de pino.// tr. 1. languidecer. 2. *p. for:* suspirar por.// **pineapple.** n. piña, ananá.// **pine cone.** n. piña.

ping-pong. n. pimpón, tenis de mesa.

pinion. n. piñón.// tr. maniatar.

pink. 1. a./n. rosado. 2. n. clavel. 3. *to be in the p.:* rebosar de salud.

pinkeye (pínkai). n. conjuntivitis aguda.

pinkie. n. dedo meñique.

pink money. n. dinero para imprevistos.

pinnacle (pínakl). n. pináculo.

pint (paint). n. pinta (medida).

pin wheel (pínjuil). n. molinete.

pioneer (paionír). n. 1. pionero. 2. zapador.// a. precursor.// tr. explorar, colonizar.

pious (páios). a. 1. piadoso. 2. mojigato. 3. digno de alabanza.

pipe (páip). n. 1. tubo, cañería. 2. pipa. 3. silbido. 4. flautín.// tr. conducir por tuberías.// **pipe dream.** n. castillos en el aire.// **pipeline.** n. 1. tubería. 2. oleoducto.// **piper.** n. 1. flautista, gaitero. 2. *to pay the p.:* pagar el pato.// **piping.** n. 1. cañería. 2. cordoncillo (costura). 3. silbido agudo. 4. a. agudo.

piquant (píkant). a. 1. picante. 2. provocativo.

pique (pik). n. inquina, rencor.// tr. 1. enojar, irritar. 2. despertar (curiosidad, interés).

piracy (páirasi). n. 1. piratería. 2. plagio.// **pirate.** n. 1. pirata. 2. tr. piratear, robar, plagiar.

pistol (pístol). n. pistola (arma).

piston. n. pistón.

pit. n. 1. foso. 2. concavidad. 3. pozo (mina). 4. picaduras (viruela). 5. carozo, semilla.// tr. 1. enterrar en fosos o pozos. 2. *p. against:* incitar a la pelea con. 3. descarozar.

pitch (pich). n. 1. brea, resina. 2. lanzamiento, tiro. 3. inclinación de un techo. 4. *Mus.* tono, diapasón.// tr. 1. armar (una carpa). 2. lanzar (una pelota). 3. *Mus.* graduar el tono. 4. alquitranar, embetunar. 5. *p. in:* ayudar. 6. *p. into:* acometer.// **pitcher.** n. 1. cántaro, jarra. 2. *Sp.* lanzador (béisbol).

pitchfork. n. horca.

pitfall (pítfol). n. trampa.

pith (pids). n. 1. médula, meollo, esencia.// 1. medular. 2. conciso.

pitiable (pítiabl). a. 1. lamentable. 2. despreciable.// **pitiful.** a. 1. lastimero. 2. despreciable.// **pitiless.** a. despiadado, desalmado.

pituitary. a. pituitario.// **p. gland.** n. pituitaria.

pity. n. 1. lástima, compasión. 2. *what a p.!:* ¡qué lástima!// tr. sentir lástima, compadecer.

pivot (pívot). n. 1. pivote, espiga. 2. factor fundamental.// a. esencial.

pixie, pixy. n. duende.

placard (plákard). n. cartel, letrero.// tr. cubrir con carteles.

placate (plákeit). tr. aplacar.

place (pléis). 1. lugar, sitio. 2. puesto, empleo. 3. posición. 4. espacio. 5. *in p. of:* en lugar de. 6. *to take p.:* tener lugar. 7. *to take the p. of:* sustituir a.// tr. 1. colocar, ubicar 2. establecer, instalar. 3. dar empleo a. 4. i. *Sp.* integrar el podio. 5. *p. before:* someter a (votación, discusión).// **placement.** n. colocación, empleo.

placid (plásid). a. plácido.// **placidity.** n. placidez.

plagiarize (pleyérais). tr. plagiar.

plague (pléig). n. 1. plaga, peste. 2. calamidad. 3. molestia.// tr. 1. plagar. 2. apestar, infestar. 2. fastidiar.

plain (plein). a. **1.** llano, plano. **2.** sencillo, sin adornos, claro. **3.** feo.// n. **1.** llano, llanura.// **plainly.** adv. **1.** claramente. **2.** modestamente.// **plainness.** n. **1.** simpleza, sencillez. **2.** fealdad. **3.** llaneza.// **plainsman.** m. llanero.// **plainspoken.** a. franco, sincero.
plaintiff. n. Der. demandante.
plait. n. pliegue.// tr. plegar.
plan. n. **1.** plano (esquema). **2.** plan.// tr. diseñar; proyectar; planear.
plane (pléin). a. plano, nivelado.// n. **1.** plano (superficie). **2.** nivel. **3.** avión. **4.** cepillo de carpintero.// i. **1.** planear (un avión). **2.** cepillar (madera).
planet (plánet). n. planeta.// **planetary.** a.// **planetarium.** n. planetario.
plank. n. **1.** tabla, tablón. **2.** punto de un programa político.// tr. entablar, entarimar.// **planking.** n. entarimado.
plant. n. **1.** planta. **2.** fábrica.// tr. **1.** plantar, sembrar, cultivar. **2.** implantar.
plantain. n. plátano, bananero.
plantation (plantéishon). n. **1.** plantación. **2.** hacienda. **3.** colonia, asentamiento.// **planter.** n. **1.** cultivador. **2.** dueño de una plantación.
plaque (plak). n. placa.
plasma. n. plasma.
plaster. n. **1.** emplasto. **2.** yeso.// tr. **1.** enyesar. **2.** pegar, fijar, adherir. **3.** cubrir completamente con (carteles, etiquetas, etc.).
plastic (plástic). a./n. plástico.// **plastics.** n. plástica.
plate (pléit). n. **1.** plato. **2.** placa, lámina. **3.** plancha, clisé.// tr. **1.** platear, dorar. **2.** enchapar, blindar. **3.** hacer un clisé de.
plateau (platóu). n. meseta, altiplano.
plated (pléited). a. **1.** enchapado. **2.** blindado. **2.** plateado.
plateful-(pléitful). n. plato lleno (comida).
platelet. n. Fisiol. plaqueta.
plating (pléiting). n. **1.** capa metálica (dorado, plateado, niquelado, etc.). **2.** armor.: blindaje.
platinum (plátinom). n. platino.
Platonic. a. platónico.
platoon (platún). n. pelotón; grupo.
platter. n. fuente, bandeja.
plaudit (plódit). n. aclamación.
plausible (plósibl). a. razonable, verosímil.
play (pléy). tr. **1.** jugar. **2.** tocar (un instrumento). **3.** hacerse el, simular, fingir. **4.** representar; hacer el papel de (teatro). **5.** p. back: tocar (una grabación). **6.** p. into the hands of: hacerle el juego a. **7.** p. down: restar importancia (a algo).// n. **1.** juego. **2.** pieza teatral. **3.** p. on words: juego de palabras. **4.** to be at p.: estar jugando. **5.** to give full p.: dar rienda suelta.// **player.** n. **1.** jugador. **2.** actor. **3.** ejecutante.// **playful.** a. **1.** juguetón. **2.** humorístico.// **playground.** n. patio o parque de juegos.// **playhouse.** n. **1.** teatro. **2.** casa de muñecas.// **playmate.** n. compañero de juegos.// **playroom.** n. cuarto de juego.// **playtime.** n. tiempo de recreo o de juego.// **plaything.** n. juguete.// **playwright.** n. dramaturgo, comediógrafo.
plea (pli). n. **1.** argumento. **2.** súplica. **3.** Der. alegato, defensa.// **plead.** i. **1.** suplicar. **2.** razonar. **3.** tr. defender, alegar. **4.** p. guilty: declararse culpable. **5.** p. with: tratar de convencer (a alguien).

pleasant (plésant). a. **1.** agradable. **2.** simpático,// **pleasantness.** n. afabilidad, simpatía.// **pleasantry.** n. chanza, humorada.
please (plis). i./tr. **1.** agradar, complacer, gustar. **2.** estar dispuesto, tener ganas de. **3.** satisfacer. **4.** do as you p.: haga como usted guste. **5.** to be pleased: estar complacido. **6.** to be pleased with: estar satisfecho de. **7.** to p. oneself: darse gusto. **8.** hacer el favor// interj. ¡por favor!.// **pleasing.** a. agradable, placentero.
pleasurable (plésherabl). a. grato.// **pleasure.** n. **1.** placer, goce. **2.** gusto, preferencia. **3.** at p.: a voluntad.
pleat (plít). n. pliegue.// tr. plegar, plisar.
plebeian (plibían). a./n. plebeyo.
plebiscite (plébisait). n. plebiscito.
pledge (pledch). n. **1.** promesa. **2.** prenda, garantía.// tr. **1.** prometer. **2.** asegurar. **3.** empeñar. **4.** p. one's wedge: dar la palabra.
plenary (plénari). a. plenario.
plenipotentiary (plenipoténsheri). a./n. plenipotenciario.
plentiful. a. abundante.// **plenty.** n. **1.** abundancia. **2.** p. of: bastante. **3.** a. bastante.
pleura. n. pleura.// **pleurisy** (plúresi). n. pleuresía.
pliable (pláiabl). a. **1.** flexible. **2.** dócil.// **pliant.** a. **1.** flexible. **2.** manejable, acomodable.
pliers (pláiers). n. alicates.
plight (pláit). n. **1.** apuro, aprieto. **2.** condición.
plot. n. **1.** parcela, lote. **2.** plano, mapa. **3.** complot. **4.** trama (de una novela).// tr. **1.** delinear. **2.** tramar. **3.** complotar, conspirar.// **plotter.** n. conspirador.
plow (plou). n. **1.** arado.// tr. arar.// **plowman.** m. labrador, arador.// **plowshare.** n. reja del arado.
pluck (plok). **1.** arrancar, sacar. **2.** desplumar (un ave). **3.** depilar. **4.** Mus. puntear. **5.** p. up one's spirit: cobrar coraje.// n. **1.** arranque, tirón. **2.** valor, coraje.
plug (plog). n. **1.** tapón. **2.** boca de agua. **3.** enchufe, ficha. **4.** bujía (auto). **5.** publicidad insistente.// tr. **1.** taponar. **2.** p. in: enchufar.
plum (plom). n. **1.** ciruela. **2.** fig. ganga, pichincha. **2.** p. tree: ciruelo.
plumage (plúmidch). n. plumaje.
plumb (plamb). n. **1.** plomada, plomo. **2.** in p.: a plomo.// a. **1.** perpendicular, vertical. **2.** out of p.: fuera de línea, torcido. **3.** fig. absoluto, completo.// tr. **1.** verificar la verticalidad. **2.** sellar con plomo.// **plumber.** n. plomero, fontanero.// **plumbing.** n. plomería, cañerías.
plume (plum). n. **1.** pluma. **2.** plumaje. **3.** penacho.// tr. adornar con plumas.
plump (plomp). a. **1.** rollizo, regordete. **2.** rotundo, categórico.// i. **1.** engordar. **2.** caer a plomo. **3.** dejar caer.// adv. directamente; categóricamente.
plunder (plónder). n. **1.** saqueo, pillaje. **2.** botín.// tr. **1.** saquear. **2.** cometer pillaje.
plunge (plandch). n. **1.** zambulli(se). **2.** hundir. **3.** precipitarse.// n. **1.** zambullida. **2.** remojón. **3.** to take the p.: aventurarse.// **plunger.** n. **1.** zambullidor. **2.** pistón, émbolo.
pluperfect. a./n. pluscuamperfecto.
plural (plúral). a./n. plural.// **plurality.** n. **1.** pluralidad. **2.** mayoría.

plus (plos). prep. más.// a. positivo.// n. 1. signo más. 2. excedente.

plush (plosh). n. felpa.// a. 1. afelpado. 2. lujoso.

plutocracy. n. plutocracia.// **plutocrat.** n.

ply (plái). tr. 1. emplear, manejar (con diligencia). 2. trabajar con ahínco (en); ejercer (un oficio). 3. hacer servicio regular (entre dos ciudades). 4. doblar, plegar. 5. *p. with:* acosar con (preguntas, problemas).// n. 1. pliegue, doblez. 2. capa (de tela, tejido), chapa (de madera).// **plywood.** n. madera terciada.

pneumatic (numátik). a. neumático.

pneumonia (numóunia). n. neumonía.

pocket (páket). n. 1. bolsillo. 2. monedero. 3. cavidad. 4. *Aer.* pozo de aire. 5. tronera (billar). 6. pl. *empty p.:* sin recursos. 7. *to be out of p.:* haber perdido.// tr. 1. embolsar. 2. reprimir (emociones, palabras). 3. aceptar soborno. 4. embocar en la tronera.// a. de bolsillo.// **pocketbook.** n. billetera, cartera.// **pocket book.** n. libro de bolsillo.// **pocketknife.** n. cortaplumas.

pockmark. n. picadura de viruela.

pod. n. 1. vaina (de legumbre). 2. manada.

podium (póudiom). n. podio.

poem (póuem). n. poema.// **poet.** m. poeta.// **poetic, poetical.** a. poético.// **poetry.** n. poesía.

poignant (póiñant). a. 1. vivo, intenso. 2. conmovedor. 3. mordaz.// **poignancy.** n. 1. viveza, intensidad. 2. mordacidad. 3. efecto conmovedor.

point. n. 1. punto. 2. sitio, lugar. 3. momento crítico (de una situación); cuestión central (de un debate, charla). 4. sentido (de un chiste). 5. punta, extremo. 6. *at the p. of death:* al borde de la muerte. 7. *beside the p.:* (que) no viene al caso. 8. *in p.:* apropiado, oportuno, (que) viene al caso. 9. *on the p. of:* a punto de. 10. *that's just the p.:* eso es lo importante. 11. *to come to the p.:* ir al grano. 12. *to make a p. of:* dar mucha importancia a. 13. *p. of view.* n. punto de vista.// tr. 1. apuntar. 2. *p. out.:* hacer notar, señalar. 3. sacar punta.// **point-blank.** a. directo, categórico.// **pointed.** a. 1. puntiagudo. 2. significativo. 3. evidente. 4. mordaz.// **pointer.** n. 1. indicador. 2. puntero. 3. buen consejo. 4. perro perdiguero.// **pointless.** a. 1. sin punta. 2. inútil. 3. sin gracia. 4. *Sp.* sin goles o tantos.

poise (póis). n. 1. aplomo, serenidad. 2. equilibrio, balance.// i./tr. 1. equilibrar(se). 2. estar o mantener(se) en equilibrio.

poison. n. 1. veneno. 2. ponzoña.// a. venenoso; ponzoñoso.// tr. envenenar.// **poisonous.** a. venenoso, ponzoñoso.

poke (póuk). tr. 1. picar, aguijonear. 2. atizar (el fuego). 3. meter, introducir. 4. golpear. 5. i. meterse, husmear. 6. *p. along:* moverse con pereza o desgano. 7. *p. about:* fisgonear. 8. *p. at:* dirigir golpes a. 9. *p. out:* asomar, sobresalir.// n. 1. golpe. 2. empujón. 3. aguijonazo.

poker (póuker). n. 1. atizador. 2. póquer (juego).

polar (pólar). a. polar.// **polarization.** n.// **polarize.** tr. polarizar.

pole (póul). n. 1. polo. 2. *P.:* polaco. 3. poste, vara. 5. garrocha.

polemic. a. polémico.// **polemics.** n. polémica.// **polemist.** a.

polestar. n. estrella polar.

police (polís). n. policía.// tr. 1. vigilar el orden. 2. supervisar.// **policeman.** m. **police woman.** f. agente de policía.// **police record.** n. antecedentes penales.// **police station.** n. comisaría, cuartel de policía.

policy (pálesi). n. 1. política (línea de acción). 2. póliza de seguros.

Polish (póulish). a./n. polaco.

polish (pálish). n. 1. brillo. 2. refinamiento. 3. betún, cera. 4. *shoe p.:* pomada para zapatos. 5. tr. pulir, bruñir, lustrar.// **polished.** a. 1. pulido. 2. consumado, terminado. 3. perfecto.

polite (poláit). a. cortés, culto, fino.// **politeness.** n. cortesía, urbanidad.

politic. a. 1. prudente. 2. sagaz, astuto.

political. a. 1. político.// **politician.** n. político.// **politics.** n. política (actividad).

poll (póul). n. 1. votación, elecciones. 2. escrutinio. 3. encuesta. 4. pl. lugar de votación, urnas.// tr. 1. hacer el escrutinio. 2. hacer una encuesta. 3. *p. for:* votar, votar por.

pollen (pálen). n. polen.// **pollinate.** tr. polinizar.

poll tax. n. impuesto per cápita.

pollute (polút). tr. contaminar.// **pollution.** n. contaminación, polución.

polo (pólous). n. *Sp.* polo.

polyandry (páliandri). n. poliandria.

polyclinic (páliklínic). n. policlínico.

polygamist. n. polígamo.// **polygamy.** n.

polyglot (páliglat). n. políglota.

polygon (páligan). n. polígono.

polyp (pálep). n. pólipo.

polysyllabe (pálisilabl). n. polisílabo.

polytechnic (palitéknik). a./n. politécnico.

pommel (pámel). n. empuñadura, perilla, manija, culata.// tr. golpear con el puño.

pomp. n. pompa.// **pompous.** a. pomposo.

pond. n. charca, estanque, laguna.

ponder (pánder). tr. reflexionar, meditar, considerar.

poniard. n. puñal, daga.

pontiff (pántif). n. pontífice.// **pontificate.** i. pontificar.

pony (póuni). n. pony, caballo enano.

poodle (púdel). n. perro de lanas.

pool (pul). n. 1. charco. 2. piscina, pileta de natación. 3. pozo (conjunto de apuestas). 4. consorcio de empresas. 5. conjunto de material y personal para uso común. 6. cierto juego de billar.// tr. aunar, mancomunar, combinar.

poor (pur). a. 1. pobre. 2. deficiente. 3. inferior. 4. modesto, humilde. 5. estéril, árido. 6. n. pl. *the p.:* los pobres.// **poorhouse.** n. asilo, hogar de pobres.// **poorly.** adv. 1. pobremente. 2. mal.

pop. n. 1. chasquido, ruido seco. 2. detonación, estampido. 3. *p. in:* estallar, reventar, dispararse, salirse. 2. tr. hacer estallar o reventar. 3. *p. in:* entrar de sopetón. 4. *p. out:* aparecer inesperadamente.

pop. a. 1. popular. 2. n. música popular.// **pop art.** n. arte realista.

popcorn (pápkorn). n. pochoclo, rosetas de maíz.

pope (póup). n. 1. papa. 2. pope. 3. *the P.:* el Papa.// **popedom.** n. papado.

poplar. n. álamo.

poppy (pápi). n. amapola.
populace (pápileis). n. populacho.
popular (pópiular). a. **1.** popular. **2.** común.// **popularity.** n.
populate (pópiuleit). tr. poblar.// **population.** n. población.// **populous.** n. populoso, poblado.
porcelain (pórselen). n. porcelana.
porch. n. porche, portal.
porcupine (pórkiupain). n. puerco espín.
pore (por). n. poro.// tr. **1.** escrutar. **2.** mirar o leer con atención.
pork. n. carne de cerdo.// **pork chop.** n. chuleta (costilla) de cerdo.
pornography (pórnografi). n. pornografía.
porosity. n. porosidad.// **porous.** a. poroso.
porpoise (pórpos). n. marsopa.
port. n. **1.** puerto. **2.** porte. **3.** oporto (vino). **4.** babor.// a. portuario.
portable (pórtabl). a. portátil.
portal. n. portal.
portend. tr. **1.** augurar, presagiar. **2.** significar, indicar.// **portent.** n. **1.** presagio, augurio. **2.** portento.
porter. n. **1.** GB. portero. **2.** cargador, changador. **3.** EE.UU. camarero de trenes.
portfolio. n. **1.** portafolio. **2.** cartera, ministerio. **3.** Com. valores al cobro o en cartera.
portion (pórshon). n. **1.** porción, parte.// tr. **1.** dividir en porciones. **2.** p. out: dividir en cuotas.
portly. a. **1.** corpulento. **2.** solemne.
portrait (pórtreit). n. retrato.// **portraiture.** n. **1.** pintura de retratos. **2.** descripción.// **portray.** tr. **1.** retratar. **2.** representar (teatro).// **portrayal.** n. **1.** retrato. **2.** representación.
Portuguese (pórchiuguis). a./n. portugués.
pose (póus). tr. **1.** poner en cierta postura. **2.** proponer, plantear (preguntas, problemas). **3.** i. posar; tener actitudes afectadas. **4.** p. as: hacerse pasar por, dárselas de.// n. **1.** posición, postura. **2.** pose. **3.** afectación.
position (posíshon). n. **1.** posición. **2.** empleo. **3.** postura. **4.** opinión, punto de vista. **5.** to be in the p. to (do): estar en condiciones de (hacer algo).// tr. situar, poner.
positive (pásitiv). a. **1.** positivo. **2.** absoluto. **3.** seguro, cierto.// **positively.** adv. **1.** positivamente. **2.** absolutamente.
possess (posés). tr. **1.** poseer. **2.** poner en posesión.// **possession.** n. **1.** posesión. **2.** Der. tenencia. **3.** pl. propiedades, territorios.// **possessive.** a./n. posesivo.// **possessor.** n. poseedor.
possibility. n. posibilidad.// **possible.** a. **1.** posible. **2.** as soon as p.: cuanto antes.// **possibly.** adv. **1.** posiblemente. **2.** acaso.
post (poust). n. **1.** poste. **2.** puesto. **3.** cargo. **4.** correo.// tr. **1.** apostar, situar. **2.** destinar. **3.** despachar por correo. **4.** contabilizar. **5.** informar, tener al tanto.// **postage.** n. franqueo.// **postal.** a. postal.// **post card.** n. tarjeta postal.// **poster.** n. cartel, letrero, anuncio.
posterior (postírior). **1.** a. posterior. **2.** a./n. trasero.// **posteriority.** n. posterioridad.// **posterity.** n. posteridad.
postgraduate (póustgradiueit). a. de posgrado.// n. posgraduado.

posthaste (póustjéist). adv. a toda prisa.
posthumous (pósdchemos). a. póstumo.
postman (póustnman). m. cartero.
postmark. n. matasellos.
postmaster. n. jefe de correos.
postmeridian. a. pasado meridiano.
post-mortem. a. postmórtem.// n. autopsia.
post office. n. oficina de correos, correo.
postpaid (póustpéid). a. con franqueo pago.
postpone (póustpon). tr. posponer, postergar.// **postponement.** n. aplazamiento, postergación.
postcript (póuscript). n. posdata.
postulate (póschiulet). n. postulado.// tr. postular.// **postulation.** n. postulación.
posture (póschiur). n. **1.** postura, actitud. **2.** posición.// i. asumir una postura.
posy (póusi). n. ramillete de flores.
pot (pat). n. **1.** olla, marmita. **2.** maceta. **3.** montón. **4.** fig. marihuana. **5.** to go p.: echarse a perder. **6.** to keep the p. boiling: parar la olla.// tr. **1.** envasar en potes. **2.** plantar en macetas.
potable (pótabl). a. potable.
potash (pótash). n. potasa.// **potassium.** n. potasio.
potation (potéishon). n. bebida alcohólica, licor.
potato (potéitu). n. papa, patata.
potbelly. n. barriga.
potency (pótensi). n. potencia.// **potent.** a. potente.// **potential.** a./n. potencial.
pothole (pátjoul). n. bache.
potion (póushon). n. poción.
potluck (pátlak). n. **1.** comida ordinaria. **2.** to take p.: aceptar lo que venga.
pot shot. n. tiro a mansalva.
pottage (pátash). n. potaje.
potter (páter). n. alfarero.// **pottery.** n. alfarería.
pouch (pauch). n. bolsa, bolsón, valija.
poulterer. n. gallinero.// **poultry.** n. aves de corral.
pounce (páuns). i. **1.** arrojarse, saltar. **2.** p. upon: abalanzarse, caer sobre.
pound (páund). n. **1.** libra. **2.** golpe. **3.** corral, depósito.// tr. **1.** aporrear. **2.** encerrar en corral.
pour (por). i./tr. **1.** verter. **2.** derramar. **3.** manar. **4.** llover a cántaros. **5.** p. in: llegar en abundancia.
poverty. n. pobreza, indigencia, miseria.
powder (páuder). n. **1.** polvo. **2.** pólvora.// tr. **1.** empolvar, espolvorear. **2.** triturar, hacer polvo.
power (páuer). n. **1.** poder. **2.** fuerza. **3.** capacidad. **4.** facultad. **5.** Fís., Mat. potencia. **6.** fuerza motriz, energía eléctrica.// **powerful.** a. **1.** potente, poderoso. **2.** influyente.// **powerless.** a. **1.** impotente. **2.** sin autoridad.
powwow (páwuau). n. **1.** ceremonia de hechicería. **2.** fig. conferencia.
practicable (praktikabl). a. **1.** factible. **2.** transitable. **3.** práctico.// **practical.** a. **1.** práctico. **2.** virtual. **3.** p. joke: broma pesada.
practice (práktis). n. **1.** práctica. **2.** ejercicio (de una profesión). **3.** costumbre. **4.** out of p.: falto de práctica. **5.** in p.: en la práctica.// tr. **1.** practicar. **2.** ejercitar(se). **3.** ejercer.// **practiced.** a. diestro, experto.
pragmatic. a. pragmático.// **pragmatism.** n.
prairie (préri). n. llanura, pradera.
praise (préis). n. alabanza, elogio.// tr. alabar, elogiar.// **praiseworthy.** a. loable.

prank. n. jugarreta, travesura.
prattle (prátel). n. parloteo.// i. parlotear.
pray (prei). **1.** i. orar, rezar. **2.** tr. rogar, implorar.// **prayer.** n. **1.** oración, rezo. **2.** ruego, súplica.
preach. i./tr. predicar.// **preacher.** n. predicador.// **preaching. 1.** n. prédica. **2.** a. sermoneador.
preamble (príambl). n. preámbulo.
prearrange (priárendch). tr. arreglar de antemano, predisponer.// **prearrangement.** n. disposición o arreglo previo.
precarious (prikerios). a. precario.
precaution (prikóshon). n. precaución.
precede (priséd). tr. preceder.// **precedence.** n. precedencia.// **precedent.** n.// **preceding.** a. precedente, anterior.
precept. n. precepto.// **preceptor.** m.// **preceptress.** f. preceptora.
precinct (prísinkt). n. **1.** recinto, distrito. **2.** pl. inmediaciones. **3.** policial p.: distrito policial, Arg. comisaría.
precious (préshios). a. **1.** precioso. **2.** querido. **3.** considerable, mucho.
precipice (présipis). n. precipicio.
precipate (présipiteit). a./n. precipitado.// i./tr. precipitar(se).// **precipitation.** n.
precipitous (présipitos). a. escarpado, empinado.
precise (prisáis). a. **1.** preciso. **2.** justo. **3.** minucioso.// **precisely.** adv. **1.** precisamente. **2.** minuciosamente.// **precision.** n.
preclude (prekliúd). tr. **1.** evitar. **2.** excluir.
precocious (prikóushios). a. precoz.// **precocity.** n.
preconceive (prikonsiv). tr. preconcebir.// **preconception.** n. **1.** idea preconcebida. **2.** prejuicio.
precondition (prikondishon). n. condición previa, requisito.
precursor (prekérser). n. precursor.
predator (prídeter). n. depredador.// **predatory.** a. depredador, rapaz.
predecessor (prédeséser). n. predecesor.
predestinate (pridesteneit). **1.** a. predestinado. **2.** tr. predestinar.// **predestination.** n.
predetermine (predetérmin). tr. predeterminar.
predicament. n. apuro, aprieto.
predicate (prédikeit). tr. **1.** declarar, afirmar. **2.** basar.// a./n. (-ket). predicado.
predict. tr. predecir.// **predictable.** a. predecible.// **prediction.** n.
predilection (predilékshon). n. predilección.
predispose (predispóse). tr. predisponer.// **predisposition.** n.
predominance (pridominens). n. predominancia.// **predominant.** a.// **predominate.** i. predominar.// **predomination.** n. predominio.
preempt. tr. adquirir el derecho de prioridad o exclusividad.// **preemption.** n. prioridad, exclusividad.
prefabricated (prefabrekeited). a. prefabricado.
preface (préfas). n. prefacio.
prefect (prífect). n. prefecto.
prefer. tr. **1.** preferir. **2.** dar preferencia. **3.** p. against : presentar (cargos).// **preferable.** a. preferible.// **preferably.** adv. preferentemente.// **preference.** n. **1.** preferencia. **2.** promoción, ascenso.// **preferential.** a.

prefix. n. prefijo.// tr. anteponer.
pregnancy. n. embarazo.// **pregnant.** a. preñada, embarazada.
prehistory (prijístori). n. prehistoria.
prejudice (préjudis). n. **1.** prejuicio. **2.** perjuicio.// tr. predisponer.
prelate (prélet). n. prelado.
preliminary. a. preliminar.
prelude (préliud). n. preludio.
premature (primacher). a. prematuro.
premeditate (preméditeit). tr. premeditar.// **premeditation.** n. premeditación.
premier. n. primer ministro.// a. principal.
premise (prémis). n. **1.** premisa. **2.** predio, local.// tr. presuponer.
premium (prímiom). n. prima, bonificación.
premonition (premoníshon). n. premonición.// **premonitory.** a.
prenatal (prinéitl). a. prenatal.
preoccupation (prokiupéishon). n. preocupación.// **preoccupy.** tr. **1.** preocupar(se). **2.** ocupar con anterioridad.
prepaid (pripéid). a. prepago, pagado por adelantado.
preparation (preparéishon). n. preparación.// **preparatory.** a.// **prepare.** tr. preparar.// **preparedness.** n. preparación, apresto.
prepay (pripéi). tr. pagar anticipadamente.
preponderance (prepónderans). n. preponderancia.// **preponderant.** a.
preposition (preposíshon). n. preposición.
prepossess (pripóses). tr. predisponer.// **prepossessing.** a. simpático, atractivo.
preposterous (pripósteros). a. descabellado, absurdo.
prerequisite (prirékuisit). n. condición previa.
prerogative (prerógativ). n. prerrogativa.
presage (présadch). n. presagio.// tr. presagiar.
Presbyterian. a./n. presbiteriano.
prescribe (priskráib). tr. prescribir.// **prescription.** n. prescripción; receta.
presence (présens). n. **1.** presencia. **2.** p. of mind: presencia de ánimo.
present (présent). a./n. presente.// tr. **1.** presentar. **2.** representar. **3.** exponer. **4.** regalar.// **presentable.** a. presentable.// **presentation.** n.
presentiment. n. presentimiento.
presently. adv. **1.** pronto. **2.** al presente.
presentment. n. presentación.
preservation (preservéishon). n. preservación.// **preservative.** a./n.// **preserve. 1.** tr. preservar, conservar. **2.** n. pl. conservas.
preside (prisáid). tr. presidir.// **presidency.** n.// **president.** n.// **presidential.** a.
press. tr. **1.** apretar. **2.** presionar. **3.** forzar. **4.** prensar. **5.** planchar. **6.** p. for: insistir en. **7.** p. forward: arremeter, avanzar.// n. **1.** presión. **2.** multitud. **3.** prensa. **4.** imprenta. **5.** the p.: la prensa, el periodismo.// **press agent.** n. agente de prensa.// **pressing.** a. **1.** urgente, insistente. **2.** inoportuno, pesado. **3.** n. prensado.// **pressman.** n. **1.** impresor. **2.** GB. periodista.
pressure (présher). n. presión.// **pressurize.** tr. presurizar.

prestidigitation (prestidiyitéishon). n. prestidigitación.// **prestidigitator.** n.
prestige (prístích). n. prestigio.// **prestigious.** a.
presume (presúm). tr. **1.** presumir, suponer. **2.** atreverse. **3.** i. presumir.// **presumption.** n. **1.** presunción. **2.** atrevimiento.// **presumptive.** a. presunto.// **presumptuous.** a. presuntuoso.
presuppose (presupóus). tr. presuponer.// **presupposition** n.
pretend (priténd). tr. **1.** pretender, aspirar a. **2.** afirmar, alegar. **3.** pretender ser, simular, fingir.// **pretender.** n. **1.** pretendiente. **2.** simulador.// **pretense.** n. **1.** pretensión. **2.** pretexto. **3.** simulación.// **pretension.** n.// **pretentious.** a. **1.** pretencioso, ambicioso. **2.** presumido.
preterit. a./n. pretérito.
pretext. n. pretexto.
prettines (prítines). n. hermosura, belleza.// **pretty.** a. **1.** bonito, lindo. **2.** pulcro. **3.** bueno. **4.** bastante. **5.** adv. moderadamente, algo, muy.
prevail (prevéil). i. **1.** prevalecer. **2.** p. on: convencer.// **prevailing.** a. **1.** predominante. **2.** común.// **prevalence.** n. frecuencia, hecho frecuente.// **prevalent.** a. frecuente, usual.
prevent (privént). tr. impedir, evitar, prevenir.// **prevention.** n. **1.** prevención. **2.** impedimento.// **preventive.** a.
preview (priviú). n. pesentación de una película antes de su estreno.// tr. presentar o ver previamente.
previous (prívios). n. previo.// **previously.** adv. previamente.
prey (prei). n. víctima, presa.// tr. oprimir.
price (práis). n. precio, valor, costo.// tr. valuar, tasar, poner precio.// **priceless.** a. inapreciable, inestimable.
prick. n. **1.** picadura, pinchazo. **2.** aguijón. **3.** punzón. **4.** escozor. **5.** remordimiento.// tr. **1.** agujerear. **2.** pinchar, punzar. **3.** escocer. **4.** remorder.// **prickly.** a. espinoso.
pride (práid). n. **1.** orgullo, amor propio. **2.** lo mejor, la flor y nata. **3.** vigor, brío.// i. enorgullecerse; jactarse.// **prideful.** a. orgulloso, engreído.
priest (prist). m. cura, sacerdote.// **priestess.** f. sacerdotisa.// **priesthood.** n. sacerdocio.
primacy (práimasi). n. supremacía.
primary (práimari). a. primario.
primate (práimet). n. **1.** primado. **2.** primate.
prime (práim). a. **1.** primero. **2.** principal. **3.** Mat. primo.// n. **1.** primera hora. **2.** lo mejor (de algo). **3.** Mat. número primo.// tr. **1.** preparar. **2.** dar la primera mano.
primer. n. **1.** primer libro de lectura. **2.** manual.
primitive. a. primitivo.// n. **1.** hombre primitivo. **2.** concepto básico.
prince (prins). m. príncipe.// **princely.** a. principesco.// **princess.** f. princesa.
principal. a./n. principal.// n. director de escuela.// **principally.** adv. principalmente.
principle. n. principio, norma.
print. n. **1.** huella. **2.** impresión. **3.** estampa, dibujo, ilustración. **4.** letra impresa. **5.** out of p.: agotado (libro). **6.** tr. imprimir.// **printer.** n. **1.** impresor, editor. **2.** impresora.// **printing.** n. **1.** imprenta. **2.** impresión.

prior (práior). **1.** m. prior. **2.** a. anterior.// **prioress.** f. prioresa.
priority (práioriti). n. **1.** prioridad. **2.** superioridad.
prism. n. prisma
prison. **1.** n. prisión. **2.** tr. encarcelar.// **prisoner.** n. preso, prisionero.
privacy (práivasi). n. intimidad, privacidad.// **private.** a. **1.** privado. **2.** íntimo. **3.** personal. **4.** n. soldado raso.
privation (priveishon). n. privación.
privilege (príviledch). n. privilegio.// tr. privilegiar; otorgar privilegio.
privy. a. secreto, reservado.
prize (praiz). n. **1.** premio, recompensa. **2.** competencia con premio.
probability. n. probabilidad.// **probable.** a.// **probably.** adv. probablemente.
probation (probéishon). n. **1.** prueba. **2.** período de prueba.
probe (proub). **1.** Med. sonda. **2.** encuesta, sondeo.// tr. sondear, indagar.
problem. n. problema.// **problematic.** a.
procedure (prosídzer). n. proceder, procedimiento.// **proceed.** i. proceder.// **proceeding.** n. **1.** proceder. **2.** pl. proceso. **3.** Der. procedimiento.
proceeds (prosíds). n. producto, ganancias.
process. n. **1.** proceso. **2.** procedimiento. **3.** transcurso (del tiempo).// tr. **1.** procesar. **2.** elaborar. **3.** dar curso, tramitar.
procession (proséshon). n. **1.** procesión. **2.** progresión.
proclaim (prokléim). tr. proclamar.// **proclamation.** n. **1.** proclamación. **2.** proclama.
proclivity. n. proclividad.
procreate (prokréit). v./tr. procrear.// **procreation.** n.
procuracy (prokiurasi). n. procuraduría.// **procuration.** n.// **procurator.** n.
procure (prokiúr). tr. adquirir, lograr, obtener.// **procurement.** n. obtención, adquisición.
prod. tr. aguijonear, estimular.
prodigal. a. pródigo.// **prodigality.** a. prodigalidad.
prodigious (prodíyios) a. prodigioso.// **prodigy.** n. prodigio.
produce (prodiús). n. **1.** producto, producción, renta. **2.** i./tr. producir.// **producer.** n. **1.** productor. **2.** director de escena.// **producer goods.** n. bienes de producción.// **product.** n. producto.// **production.** n. producción.// **productive.** a.// **productivity.** n. productividad.
profanation (profanéishon). n. profanación.// **profane.** **1.** tr. profanar. **2.** a. profano.// **profanatory.** n. profanador.// **profanity.** n. blasfemia, obscenidad.
profess. tr. **1.** profesar. **2.** manifestar. **3.** ejercer (una profesión u oficio). **4.** sentir.// **professed.** a. declarado, profeso.// **profession.** n. **1.** profesión. **2.** declaración. **3.** creencia.// **professional.** a./n.// **professionalism.** n.
professor. n. profesor.// **professorship.** n. **1.** profesorado. **2.** cargo de profesor.
proffer. tr. ofrecer, proponer.// n. oferta, propuesta.
profficiency. n. pericia, destreza.// **profficient.** a./n. perito, experto, diestro.
profile (próufail). n. perfil, silueta, contorno.

profit. n. ganancia, provecho.// **profitable.** a. **1.** provechoso. **2.** lucrativo.// **profiteer.** n. acaparador.
profound (profáund). a. **1.** profundo. **2.** intenso.// **profoundity.** n. profundidad.
profuse (profiús). a. **1.** profuso. **2.** generoso.// **profusely.** adv. profusamente.// **profusion.** n. profusión; generosidad.
progeny (próyeni). n. progenie, prole.
prognosis (proñóusis). n. pronóstico.// **prognosticate.** tr. pronosticar.
program (próugram). n. programa.// tr. programar.
progress (pró). n. progreso.// (grés). tr. progresar.// **progressive.** a.
prohibit (projíbit). tr. prohibir.// **prohibition.** n.// **prohibitive.** a.
project (proyéct). n. proyecto, plan.// (pró). tr. proyectar (arrojar, planear, dibujar, resaltar).// **projectile.** n.// **projection.** n.// **projector.** n. **1.** proyector. **2.** proyectista. **3.** promotor.
proletarian. n. proletario.// **proletariat.** n.
prolific. a. prolífico.
prolix. a. prolijo.// **prolixity.** a. prolijidad.
prologue. n. prólogo.// **prologuize.** tr. prologar.
prolong. tr. prolongar.// **prolongation.** n.
prom. EE.UU. baile escolar.
promenade (prominéid). n. paseo.
prominence. n. **1.** prominencia. **2.** eminencia.// **prominent.** a. eminente, destacado.
promiscuity. n. promiscuidad.// **promiscuous.** a. promiscuo.
promise (prómis). **1.** n. promesa. **2.** tr. pometer.// **promising.** a prometedor.// **promissory. 1.** a. promisiorio. **2.** p. note: pagaré.
promontory. n. promontorio.
promote (promóut). tr. promover, fomentar.// **promoter.** n. promotor.// **promotion.** n. promoción.
prompt. a. **1.** pronto, dispuesto. **2.** rápido, puntual.// n. **1.** plazo, vencimiento. **2.** aviso.// tr. **1.** impulsar, urgir. **2.** soplar, apuntar.// **prompter.** n. apuntador (teatro).// **promptitude.** n. prontitud.// **promptness.** n. presteza.
promulgate (prómulguéit). tr. promulgar.// **promulgation.** n.
prone (proun). a. **1.** boca abajo. **2.** p. to: propenso a.
prong. n. púa, punta, diente.
pronoun (pronáun). n. pronombre.
pronounce (pronáuns). i./tr. pronunciar(se).// **pronounced.** a. marcado, pronunciado.// **pronouncement.** n. pronunciamiento, declaración.// **pronunciation.** n. pronunciación.
proof (pruf). n. prueba.// a. **1.** resistente. **2.** a prueba de (en palabras compuestas).// **proofread.** tr. corregir las pruebas de.// **proofreader** corrector de pruebas.
propaganda. n. propaganda.// **propagandist.** n.
propagate (propaguéit). tr. propagar.// **propagation** n.
propel. tr. propulsar, impulsar.// **propellant.** a./n. propulsor.// **propeller.** n. hélice.
propensity. n. propensión.
proper. a. **1.** propio. **2.** correcto.// **properly.** adv. **1.** propiamente. **2.** correctamente.// **property.** n. propiedad.
prophecy (prófesi). n. profesía.// **prophesy.** i./tr.

profetizar.// **prophet.** m. profeta.// **prophetess.** f. profetisa.// **prophetic.** a. profético.
prophylactic. a./n profiláctico.// **prophylaxis.** n.
propitiate (propíshéit). tr. propiciar, apaciguar, conciliar.// **propitiation.** n.// **propitiatory.** a.// **propitious.** a.
propone (propoun). tr. proponer.// **proponent.** n.
proportion (propórshon). n. **1.** proporción. **2.** porción, parte.// **proportional.** a.// **proportionate. 1.** a. adecuado, proporcionado. **2.** tr. proporcionar, adecuar.
proposal (propóusal). n. propuesta.// **propose.** tr. proponer(se).// **proposition.** n. **1.** propuesta. **2.** proposición. **3.** asunto, tema.
proprietor (propráietor). n. propietario.
propriety. n. propiedad, corrección, conveniencia.
propulsion (propólshon). n. propulsión.
prorate (proréit). tr. prorratear.
prosaic. a. prosaico.
proscribe (prouskráib). tr. proscribir.// **proscription.** n.
prose (próus). n. prosa.// a. prosaico, común.// i./tr. escribir en prosa.
prosecute (prósekiut). tr. **1.** proseguir. **2.** Der. enjuiciar.// **prosecution.** n. **1.** continuación. **2.** Der. enjuiciamiento; parte acusadora.// **prosecutor.** n. Der. fiscal.
prospect. n. perspectiva, panorama.// tr. explorar.// **prospective.** a. en perspectiva.// **prospector.** n.
prospectus. n. prospecto.
prosper. i. prosperar.// **prosperity.** n. prosperidad.// **prosperous.** a. próspero.
prostate (prósteit). a. **1.** de la próstata. **2.** p. gland: próstata.
prostitute (próstitut). **1.** n. prostituta. **2.** i./tr. prostituir (se).// **prostitution.** n. prostitución.
prostrate (próstreit). **1.** a. postrado. **2.** tr. postrar; derribar.// **prostration.** n. postración.
protagonist. n. protagonista.
protect. tr. proteger.// **protection.** n.// **protectionism.** n.// **protectionist.** n.// **protective.** a. protector.// **protector.** n.// **protege.** n. protegido.
protein (próutin). n. proteína.
protest (próutest). n. protesta.// (-tést). tr. protestar.
Protestant. a./n. protestante.// **Protestantism.** m. n.
prothesis (prodzeses). n. prótesis.
protocol (pró). n. protocolo.
proton. n. protón.
protoplasm (próutoplasem). n. protoplasma.
prototype (próutotaip). n. prototipo.
protozoan. n. protozoario.
protractor. n. transportador (dibujo).
protrude (protrúd). tr. **1.** sacar, empujar hacia afuera. **2.** sobresalir.
protuberance (túberens). n. protuberancia.// **protuberant.** a.
proud (práud). a. **1.** orgulloso. **2.** imponente.
prove (pruv). tr. **1.** probar, comprobar. **2.** resultar, demostrar.// **proven.** a. comprobado.
proverb. n. proverbio.
provide (prováid). tr. **1.** proveer, suministrar. **2.** disponer. **3.** p. against: tomar medidas, precaver. **4.** p. for: sostener, mantener.// **provided.** conj. con tal que, siempre que.

providence

providence (próvedens). n. providencia.
provident. n. precavido.
providential (providénshal). a. providencial.
providing (vái). conj. con tal que, siempre que.
province (próvins). n. **1.** provincia. **2.** campo (de acción). **3.** rama (del saber). **4.** a. provincial.// **provincial.** a provinciano.
provision (províshon). n. provisión.
provisional (províshonal). a. provisional.
proviso (prováisou). n. condición, salvedad.
provocation (provokéishon). n. provocación.// **provocative.** a.// **provoke.** tr. provocar.// **provoker.** n. provocador.
prowl (praul). i. rondar, merodear.
proximity. n. proximidad.
proxy. n. **1.** apoderado. **2.** by p.: por poder.
prude (prud). n. mojigato, puritano.
prudence (prúdens). n. prudencia.// **prudent.** a.// **prudential.** a.
prune (prun). **1.** n. ciruela. **2.** podar, cortar.// **pruning.** n. poda, corte.
prurient. a. sensual.
Prussian. a./n. prusiano.
pry (prai). n. palanca.// tr. hacer palanca.
psalm (sam). n. salmo.// **psalmist.** n.
pseudonym. n. seudónimo.
psychiatrist (saikáiatrist). n. siquiatra.// **psychiatry.** n. siquiatría.
psychic (sáikik). a. síquico.// **psychoanalysis.** n. psicoanálisis.// **psychological.** a. sicológico.// **psychologist.** n. sicólogo.// **psychology.** n. sicología.// **psychopath.** n. sicópata.// **psychosis.** n. sicosis.
pub (pab). n. GB taberna, bar.
puberty (piúberti). n. pubertad.
pubis (piúbis). n. pubis.
public (públik). a./n. público.
plublication (publikéishon). n. publicación.
publicist. n. publicista.// **publicity.** n.
publicly (pó). adv. públicamente.
publish. n. publicar, editar.// **publisher.** n. editor.
pucker (póker). i./tr. arrugar(se).// n. arruga, pliegue.
pudding. n. torta, budín.
puddle (pódl). n. **1.** charco. **2.** mezcla, argamasa.// tr. **1.** embarrar. **2.** mezclar.
pudgy (pódyi). n. gordinflón.
puff (pof). n. **1.** soplido, resoplido. **2.** bocanada. **3.** bollo, buñuelo. **4.** mota. **5.** mechón de pelo.// i. **1.** soplar, resoplar. **2.** echar bocanadas de humo o vapor. **3.** p. out: apagar a soplos. **4.** p. up: inflar.
pug (pog). n. **1.** perro dogo faldero. **2.** pug-nose: nariz respingada.// tr. batir, amasar, mezclar (argamasa, yeso).
pugilism (piúyilisem). n. pugilismo, boxeo.// **pugilist.** n. pugilista, boxeador.
pugnacious (pagnéishes). a. belicoso.
pull. tr. **1.** tirar, tirar de. **2.** atraer. **3.** sacar, desenvainar. **4.** p. apart: atraer. **5.** p. out: arrancar. **6.** p. one's leg: tomar el pelo. **6.** i. tirar.// n. tirón.
pullet (púlit). n. pollo.
pulley (púli). n. polea.
pullman. n. coche cama, coche salón.
pulmonary. a. pulmonar.
pulmotor. n. pulmotor.

pulp (polp). n. pulpa.
pulpit. n. púlpito.
pulsate (pólseit). i. latir, palpitar.// **pulsation.** n. **1.** pulsación. **2.** latido.// **pulse.** n. pulso; pulsación; impulso.
pulverize (pólverais). tr. pulverizar; desmenuzar.
puma. n. puma.
pumice (pómis). n. piedra pómez.
pump (pámp). n. **1.** bomba. **2.** inflador. **3.** bombeador.// tr. **1.** bombear. **2.** extraer. **3.** p. into: verter en. **4.** p. out: vaciar con bomba. **5.** p. up: inflar.
pumper (pámper). n. autobomba.
pumpkin (pámpkin). n. calabaza, zapallo.
pun (pon). n. juego de palabras.
punch (ponch). tr. **1.** picar, perforar. **2.** golpear.// n. **1.** punzón. **2.** puñetazo. **3.** perforador, sacabocados. **4.** ponche.
punctilious (ponktílios). a. puntilloso.
punctual (pónkchual). a. puntual// **punctuality.** n.
punctuate (pónkcheit). tr. **1.** puntuar, poner puntuación. **2.** resaltar, destacar.// **punctuation.** n. puntuación.
puncture (pónkcher). n. **1.** pinchazo. **2.** punción.
pungent (pónyent). a. **1.** picante, punzante. **2.** satírico.// **pungency.** n. **1.** picante. **2.** agudeza, mordacidad.
punish (pónish). tr. penar, castigar.// **punishment.** n. pena, castigo.
puny (piúni). a. pequeño, diminuto.
pupil (piúpil). n. **1.** alumno. **2.** pupila.
puppet (pópet). n. muñeco, títere.
puppy (pópi). n. cachorro, perrito.
purchase (pérches). **1.** n. compra. **2.** tr. comprar, adquirir.// **purchaser.** n. comprador, cliente.
pure (piur). a. puro.// **purely.** adv. **1.** simplemente. **2.** sin mezcla. **3.** completamente. **4.** virtuosamente.
purgative (pérgativ). a. purgativo, purgante.
purgatory (pér). n. purgatorio.
purge (perdch). tr. **1.** purgar, purificar. **2.** absolver.// n. **1.** purgante. **2.** purga. **3.** expurgación.
purification (piurifikéishon). n. purificación.// **purify.** tr. purificar.
purism. n. purismo.// **purist.** n.
Puritan. a./n. puritano.
purity. n. pureza.
purple (pérpl). a./n. púrpura.
purport (perpórt). tr. significar, querer decir.// (pérport). n. significado; intención.
purpose (pérpes). n. **1.** propósito. **2.** on p.: a propósito, adrede. **3.** to little p.: de poca utilidad. **4.** to the p.: a propósito, pertinente.// **purposely.** adv. adrede.
purr (per). i. ronronear (gato); zumbar (motor).// n. ronroneo, zumbido.
purse (pers). n. **1.** bolso, monedero. **2.** fondos.// tr. **1.** fruncir (los labios). **2.** p. up: embolsar.
pursuant. a. **1.** consiguiente. **2.** p. to: de acuerdo a.
pursue (pursú). tr. **1.** perseguir. **2.** buscar (con afán). **3.** seguir (un plan).// **pursuer.** n. perseguidor.// **pursuit.** n. **1.** persecución. **2.** búsqueda. **3.** profesión.
purvey (pervéi). tr. proveer, abastecer.// **purveyance.** n. abastecimiento.// **purveyor.** n. proveedor.
purview (pérviu). n. límite legal, competencia.

pus (pos). n. pus.
push. tr. **1.** empujar, mover. **2.** urgir, apremiar. **3.** p. *ahead:* avanzar. **4.** p. *aside:* hacer a un lado. **5.** p. *back:* rechazar. **6.** p. *on:* seguir adelante.// n. **1.** empujón; impulso. **2.** apremio.
push button. n. conmutador, pulsador.
pushcart. n. carretilla.
pustule (póschul). n. pústula.
put. tr. **1.** poner, colocar. **2.** lanzar, tirar. **3.** presentar, exponer. **4.** calcular, estimar. **5.** p. *across:* llevar a cabo. **6.** p. *away:* guardar, ahorrar; consumir. **7.** p. *back:* reponer, retornar. **8.** p. *down:* reprimir; anotar. **9.** p. *in:* meter, intercalar; presentar. **10.** p. *off:* posponer; sacarse alguien de encima. **11.** p. *on:* ponerse (ropa); encender (luces). **12.** p. *out:* extender; extinguir; incomodar. **13.** p. *them up!:*

¡manos arriba! **14.** p. *up:* hospedar, alojar; producir, financiar; postular; ofrecer (precio); envolver, guardar. **15.** p. *up with:* tolerar, soportar.// n. tiro, lanzamiento.// a. fijo, en su sitio.
putrefaction (putrefákshon). n. putrefacción.// **putrefied.** a. putrefacto.// **putrefy.** i./tr. pudrir(se); descomponer(se)./// **putrid.** a. pútrido; corrompido.
puzzle (pósl). tr. **1.** confundir. **2.** p *on.:* descifrar.// n. **1.** perplejidad. **2.** rompecabezas, juego de ingenio.// **puzzling.** a. enigmático; incomprensible.
pygmy. n. pigmeo.
pyorrhea (páiorría). n. piorrea.
pyramid. n. pirámide.// **pyramidal.** a.
pyre (pair). n. pira.
pyrryc. a. pírrico.
python (páiton). n. pitón.

q (kiu). n. decimoséptima letra del abecedario.
quack. n. curandero, charlatán.// **quackerry.** n. curanderismo.
quadrangle. n. cuadrilátero.// **quadrant.** n. cuadrante.// **quadratic.** a.// **quadrilateral.** n. cuadrilátero.// **quadruped.** a./n. cuadrúpedo.
quadruple. a. cuádruple.// n. cuádruplo.//, tr. cuadruplicar.
quaff. i./tr. beber de un solo golpe.
quagmire (quágmair). n. lodazal; fig. atolladero.
quail (kuéil). n. codorniz.// i. acobardarse.
quaint (kuéint). a. raro, extraño.
quake (kuéik). i. temblar.// n. temblor; sismo.
Quaker (kuéiker). a./n. cuáquero.
qualification (kualifikéishon). n. **1.** calificación. **2.** idoneidad.// **qualified.** a. calificado; competente.// **qualifier.** n. Gram. calificativo.// **qualify.** tr. **1.** capacitar; calificar. **2.** limitar; modificar.
qualitative (-téitiv). a. cualitativo.// **quality.** n. **1.** calidad. **2.** cualidad.
qualm. n. escrúpulo, remordimiento.
quandary. n. dilema, apuro.
quantify (-fái). tr. **1.** medir. **2.** cuantificar.// **quantity.** n. cantidad.
quantum (kuántom). n. **1.** suma. **2.** Fís. cuanto, quántum.
quarantine (kuórentin). n. cuarentena.
quarrel (kuórel). n. pelea, disputa.// i. pelear, reñir.// **quarrelsome.** a. pendenciero.
quarry (kuóri). n. **1.** cantera. **2.** presa, caza.// tr. **1.** excavar. **2.** explotar una cantera.
quart. n. cuarta, cuarto (medidas).

quarter (quórter). n. **1.** cuarto, cuarta parte. **2.** trimestre. **3.** barrio. **4.** pl. cuartel. **5.** *from every q.:* de todas partes.// tr. **1.** cuartear; descuartizar. **2.** acuartelar.
quarterback. n. Sp. EE.UU. defensor.
quarterly. adv. por cuartos; trimestralmente.// n. periódico trimestral.
quartet (kuártet). n. Mus. cuarteto.
quartz. n. cuarzo.
quaternary. a./n. cuaternario.
quatrain (kuétrein). n. cuarteta (versos).
quaver (kuéiver). i. **1.** temblar, vibrar. **2.** Mús. trinar.// n. Mús. trino; corchea.
quay (ki). n. muelle, atracadero.
queen (kuín). f. **1.** reina. **2.** diosa.
queer (kuir). a. **1.** raro, peculiar. **2.** indispuesto.
quell (kuel). tr. sofocar, reprimir.
quench (kuench). tr. apagar, calmar, extinguir, enfriar.
querulous (kuérulos). a. quejumbroso.
query (kúiri). n. **1.** pregunta, duda. **2.** signo de interrogación.// tr. preguntar, averiguar.
quest (kuest). n. búsqueda, averiguación.// **question** (kuéschon). n. **1.** pregunta. **2.** cuestión. **3.** *beyond q.:* fuera de duda. **4.** *out of q.:* inaceptable, imposible. **5.** i. inquirir; tr. interrogar; cuestionar.'/ **questionable.** a. cuestionable.// **questioner.** n. interrogador.// **question mark.** n. signo de interrogación.// **questionnaire.** n. cuestionario.
queue (kiu). n. **1.** cola, fila. **2.** trenza.// i. hacer cola.
quibble (kuibl). n. evasiva, equívoco.

quick (kuik). a. **1.** rápido. **2.** vivo, despierto.// **quicken.** tr. **1.** avivar. **2.** acelerar.// **quick-fire.** a. de tiro rápido.// **quicklime.** n. cal viva.// **quickly.** adv. rápidamente.// **quickness.** n. rapidez; viveza.// **quicksand.** n. arena movediza.// **quicksilver.** n. mercurio, azogue.// **quick-witted.** a. vivo, ingenioso.

quiescence (kuaiésens). n. inmovilidad, reposo.// **quiescent.** a. inmóvil, en reposo.

quiet (kuáiet). a. **1.** quieto. **2.** callado. **3.** discreto. **4.** tranquilo, apartado.// **quietly.** adv. tranquilamente, silenciosamente.// **quietness.** n. quietud; silencio.

quill (kuil). n. **1.** pluma. **2.** púa (erizo).

quilt. n. colcha, acolchado.

quina. n. quina.

quince (kuins). n. membrillo.

quinine (kuáinan). n. quinina.

quintessence (-eséns). n. quintaesencia.

quintet. n. quinteto.

quip. n. agudeza, salida.

quit (kuit). tr. dejar, dejar de, salir de, renunciar.// **quitclaim.** n. renuncia.

quite (kuait). adv. **1.** completamente. **2.** bastante, muy.

quiver (kuiver). i. temblar, estremecerse, vibrar.// n. temblor, estremecimiento, vibración.

quixotic (kuiksótic). a. quijotesco.

quiz (kuis). **1.** broma, chanza. **2.** examen, interrogatorio.// tr. **1.** chancear. **2.** interrogar.

quizzical (kuisikel). **1.** raro, extravagante. **2.** burlón.

quorum. n. quórum.

quota. n. cuota.

quotable (kuotéibl). a. citable.// **quotation.** n. **1.** cita, referencia. **2.** Com. cotización. **3.** q. marks: comillas.// **quote.** tr. **1.** citar, poner entre comillas. **2.** Com. cotizar.

quotidian (kuoutidien). a. cotidiano.

quotient (kuóshent). n. cociente.

r (ar). n. decimoctava letra del abecedario.

rabbi (rábai). n. rabino.

rabbit (rábit). n. conejo.

rabble (rábl). n. populacho, plebe.

rabid (rábid). a. **1.** rabioso. **2.** fig furioso.// **rabies.** n. hidrofobia.

raccoon (rakún). n. mapache.

race (reis). n. **1.** carrera, competencia. **2.** corriente de agua. **3.** raza.// **racecourse.** n. hipódromo; autódromo.// **racer.** n. corredor.// **racetrack.** n. pista de carreras.

racial (ríshal). a. racial.// **racism.** n.// **racist.** n.

rack. n. **1.** pesebre. **2.** percha, perchero. **3.** Mec. cremallera. **4.** portaequipaje. **5.** potro (tormento).// tr. hacer sufrir, atormentar.

racket. n. **1.** raqueta. **2.** alboroto, parranda. **3.** fraude, estafa.// **racketeer.** n. estafador, extorsionista.

radar (réidar). n. radar.

radial (réidial). a. radial.

radian (réidian). n. radián.

radiance (réidians). n. radiación; brillo.// **radiant.** a.// **radiate.** tr. **1.** resplandecer. **2.** irradiar.// **radiation.** n. **1.** radiación. **2.** irradiación.// **radiator.** n. radiador.

radical. a./n. radical.// **radicalism.** n.

radio (réidio). n. radio.// tr. comunicar por radio.

radioactive (reidioáktiv). a. radioactivo.// **radioactivity.** n.

radiogram (réidiogram). n. radiograma.

radiograph (réidiograf). **1.** n. radiografía. **2.** tr. radiografiar.// **radiography.** n.// **radiology.** n. radiología.

radiotelegram. n. radiotelegrama.// **radiotelegraph.** n.// **radiotelephone.** n.

radiophony. n. radiofonía.

radish. n. rábano.

radium (réidiam). n. Quím. radio.

raffle (ráfl). n. rifa.

raft. n. balsa.

rag. n. **1.** trapo. **2.** pl. harapos.// tr. regañar.

ragamuffin (rágamófin). n. pelagatos.

rage (reidch). n. **1.** ira, furia. **2.** fig. furor (moda).// i. **1.** rabiar, enfurecerse. **2.** extenderse (epidemia, incendio).

ragged (rágued). a. **1.** roto, rasgado. **2.** andrajoso. **3.** áspero, desigual.

raging (réiying). a. **1.** violento. **2.** tremendo.

ragtime (rágtáim). n. Mus. jazz sincopado.

raid (reid). n. **1.** ataque sorpresivo. **2.** allanamiento.// tr. **1.** atacar sorpresivamente. **2.** allanar.

rail (reil). n. **1.** riel, carril. **2.** baranda. **3.** cerco, valla. **4.** pl. off the r.: descarrilado. **5.** on the r.: sobre rieles.// i. **1.** denostar, insultar. **2.** GB transportar por ferrocarril.// **railing.** n. **1.** barrera, baranda. **2.** verja. **3.** rieles.// **railroad.** EE.UU. ferrocarril.// **railway.** GB ferrocarril.

raiment (reilment). n. vestimenta.

rain (rein). n. **1.** lluvia. **2.** pl. *the r.:* estación de lluvias.// i. **1.** llover. **2.** r. *cats an dogs:* llover a cántaros.// **rainbow.** n. arcoiris.// **raincoat.** n. impermeable.// **raindrop.** n. gota de lluvia.// **rainfall.** n. **1.** aguacero. **2.** precipitaciones (cantidad de lluvia caída).// **rainstorm.** n. temporal.// **rainy.** a. lluvioso.
raise (reis). tr. **1.** levantar, alzar, elevar, erguir. **2.** reclutar, alistar. **3.** reunir, juntar. **4.** presentar, plantear. **5.** criar, cultivar. **6.** *Mat.* elevar. **7.** abandonar. **8.** armar lío.// **raised.** a. en relieve, saliente.// **raising.** n. levantamiento; elevación; cría.
rake (ráik). **1.** i. inclinarse. **2.** rastrillo. **3.** libertino.// n. **1.** inclinación. **2.** rastrillar.// **rakish.** a. libertino.
rally. tr. **1.** reunir, reagrupar. **2.** recuperar, revivir. **3.** unirse.// n. **1.** reunión popular, reunión política. **2.** recuperación.
ram. n. **1.** carnero. **2.** ariete; émbolo. **3.** *R.: Aries.*// tr. **1.** apisonar. **2.** r. *against:* embestir.
ramble (rámbl). i. **1.** vagabundear. **2.** divagar. **3.** serpentear (un camino).// n. paseo.
ramification (ramifikéishon). n. ramificación.// **ramify.** tr. ramificar.
ramp. n. rampa.
rampage (rampéidch). tr. alborotarse, andar furioso.// n. comportamiento violento.
rampant. a. **1.** agresivo, imperioso. **2.** exuberante. **3.** rampante.
rampart. n. baluarte.
ramshackle (rámshakl). a. destartalado.
ranch. n. rancho, estancia, hacienda.// **ranchman.** n. ganadero, hacendado.
rancid. a. **1.** rancio. **2.** repugnante.
rancor. n. rencor.// **rancorous.** a. rencoroso.
random. a. **1.** casual. **2.** *at r.:* al azar.
range (réindch). n. **1.** fila, línea. **2.** cadena de montañas. **3.** escala, serie, gama. **4.** orden, clase. **5.** campo, ámbito. **6.** polígono de tiro. **7.** *Biol.* hábitat. **8.** cocina económica. **9.** EE.UU. pradera.// tr. **1.** alinear. **2.** clasificar. **3.** recorrer. **4.** llevar a pastar. **5.** extenderse. **6.** fluctuar. **7.** tomar partido.
rank. n. **1.** hilera. **2.** serie. **3.** rango; grado. **4.** pl. *the r.:* la tropa; fig. el pueblo.// i. **1.** tener un cierto rango o grado. **2.** ocupar o figurar en un cierto puesto.
ransack. tr. **1.** escrudriñar. **2.** saquear.
ransom. n. **1.** rescate.// tr. **1.** rescatar, liberar. **2.** exigir rescate.
rap. tr. **1.** dar un golpe corto y seco, tocar. **2.** reprender.// n. **1.** golpecito. **2.** fig. reprimenda. **3.** *I don't care a r.:* me importa un bledo.
rapacious (rapéishos). a. rapaz, voraz.// **rapacity.** n. rapacidad.
rape (reip). tr. violar, ultrajar.// n. violación, estupro.
rapid. a. rápido, veloz.// **rapidity.** n. rapidez.
rapine (rápin). n. rapiña, pillaje.
rapport. n. armonía, afinidad.
rapt. a. extasiado, absorto.// **rapture.** n. éxtasis, arrobamiento.// **rapturous.** a. **1.** extasiado. **2.** arrobador.
rare (rer). a. **1.** raro. **2.** EE.UU. poco cocido.// **rarefy.** tr. **1.** enrarecer(se). **2.** fig. purificar.// **rarely.** adv. rara vez.// **rarity.** n. rareza.
rascal. n. pícaro, villano.

rash. **1.** n. salpullido. **2.** a. imprudente; precipitado.// **rashness.** n. imprudencia, temeridad.
rasp. tr. **1.** raspar. **2.** irritar, molestar.// n. escofina; lima.
raspberry. n. frambuesa.
rat. n. **1.** rata. **2.** vil, canalla.// i. actuar con cobardía o vileza.
ratchet. n. *Mec.* trinquete; retén.
rate (reit). **1.** valor, precio. **2.** porcentaje. **3.** proporción. **4.** cuota, tasa. **5.** tarifa. **6.** *at any r.:* en todo caso. **7.** *at this r.:* de esta manera.// tr. estimar, evaluar, tasar.
rather (rádzer). adv. **1.** más bien, antes. **2.** algo, bastante. **3.** *r!:* ¡cómo no!
ratification (ratifikéishon). n. ratificación.// **ratify.** tr. ratificar.
rating (réiting). n. **1.** clasificación. **2.** clase. **3.** reputación o crédito comercial. **4.** porcentaje de audiencia (radio, TV).
ratio (réisho). n. **1.** proporción. **2.** *Mat.* razón.
ration (réishon). n. **1.** ración. **2.** cuota.
rational (ráshonal). a. racional.// **rationalism.** n.// **rationalize.** tr. **1.** explicar racionalmente. **2.** racionalizar (industria, empresas).
rattle (ratl). n. matraca; cascabel.
rattlesnake (rátlsnéik). n. víbora de cascabel.
ravage (rávadch). n. devastación.// tr. devastar, asolar.
rave (réiv). i. **1.** delirar. **2.** enfurecerse.// n. delirio.
raven (réiven). n. cuervo.// a. de color negro brillante.
ravine (ravín). n. barranco, barranca.
raving (réiving). n. desvarío.// a. delirante.
ravish. tr. **1.** arrebatar, raptar. **2.** violar. **3.** encantar, cutivar.
raw (ro). a. **1.** crudo. **2.** en bruto. **3.** inexperto. **4.** rudo, tosco. **5.** r. *material:* materia prima.// **rawhide.** n. cuero sin curtir.// **rawness.** n. **1.** crudeza. **2.** inexperiencia. **3.** tosquedad.
ray (rei). n. **1.** rayo. **2.** raya (línea, pez).
raze (reiz). tr. **1.** cortar, rasar. **2.** demoler.// **razor.** n. navaja de afeitar.
reach (rich). tr. **1.** extender, alargar. **2.** tocar, dar en. **3.** entregar, alcanzar a. **4.** llegar a.// n. **1.** extensión. **2.** alcance. **3.** capacidad. **4.** tramo.
react (riákt). tr. reaccionar.// **reaction.** n.// **reactionary.** a./n. reaccionario.// **reactor.** n. **1.** reactor. **2.** *Quím.* reactivo.
read (rid). tr. **1.** leer. **2.** estudiar. **3.** a. leído, instruido.// **readable.** a. **1.** legible. **2.** interesante (lectura).// **reader.** n. **1.** lectura. **2.** recitador. **3.** corrector. **4.** libro de lecturas.
readily (rédili). adv. **1.** sin demora. **2.** de buen grado. **3.** con facilidad.// **readiness.** n. **1.** prontitud. **2.** destreza. **3.** *to be in r.:* estar listo (para).
reading (ríding). n. **1.** lectura. **2.** recital. **3.** material de lectura. **4.** versión, interpretación.
readjustment (riadyóstement). n. readaptación, reajuste.
ready (rédy). a. **1.** listo. **2.** fácil. **3.** diestro. **4.** *to get or make r.:* alistar(se), preparar(se).// **ready-made.** a. **1.** ya hecho. **2.** r. *clothing:* ropa de confección. **3.** r. *beliefs:* preconceptos, prejuicios.
reaffirm (riáferm). tr. reafirmar, confirmar.

real

real (ríal). a. real, auténtico.// **realism.** n. realismo.// **realist.** a.// **reality.** n. realidad.
realization (realiséishon). n. **1.** comprensión. **2.** realización. // **realize.** tr. **1.** comprender, darse cuenta. **2.** realizar. **3.** convertir en dinero.
really. adv. realmente, efectivamente.
real state. n. bienes raíces.
realtor (riálter). n. *EE.UU.* corredor de bienes raíces.// **realty.** n. inmuebles, bienes raíces.
reap (rip). tr. segar; cosechar.// **reaper.** n. cosechador; cosechadora (máquina).
reappear. i. reaparecer.
rear (riar). n. retaguardia, zaga, fondo// tr. levantar, erigir, cuidar.
rearm. tr. rearmar.
rearrange (riárrendch). tr. reordenar, arreglar nuevamente.
reason (ríson). n. **1.** razón. **2.** causa. **3.** explicación. **4.** *to bring to r.:* hacer entrar en razón.// **reasonable.** a. **1.** razonable. **2.** moderado.// **reasonably.** adv. razonablemente.
reassemble (riasémbl). i./tr. volver a reunir(se).
reassign. tr. reasignar.
reassurance (riashúrens). n. **1.** seguridad, garantía. **2.** *Com.* reaseguro.// **reassure.** tr. **1.** tranquilizar. **2.** *Com.* reasegurar.
rebel (ribél). i. rebelarse.// (rébel). n. rebelde.// **rebellion.** n.// **rebellious.** a. rebelde.
rebirth (ribérdz). n. renacimiento.
rebound (ribaund). n. rebote.// tr. rebotar.
rebuff (ribóf). n. rechazo, desaire.// tr. rechazar.
rebuild (ribíld). tr. reconstruir.
rebut (ribót). tr. refutar, rebatir.// **rebuttal.** n. *Der.* refutación.
recalcitrant. a. recalcitrante.
recall (rekól). tr. **1.** hacer volver. **2.** recordar. **3.** revocar, anular.
recapitulate (recapíchuleit). tr. recapitular.// **recapitulation.** n.
recapture (rekápcher). tr. recobrar.// n. recuperación.
receipt. n. recibo.// **receivable.** a. **1.** admisible. **2.** *Com.* por cobrar.// **receive.** tr. **1.** recibir. **2.** cobrar.// **receiver.** n. **1.** receptor. **2.** tesorero. **3.** síndico.// **receivership.** n. **1.** sindicatura. **2.** receptoría.
recent. a. reciente.// **recently.** adv. recientemente.
receptacle. n. **1.** receptáculo. **2.** recipiente.
reception (recepshon). n. recepción.// **receptive.** a. receptivo.
recess (rísés). n. **1.** hueco. **2.** escondite. **3.** receso.// tr. **1.** ahuecar. **2.** suspender temporariamente. **3.** separar, apartar.// **recession.** n. **1.** recesión. **2.** retroceso.// **recessive.** a. **1.** regresivo. **2.** recesivo. **3.** n. *Biol.* carácter recesivo.
recipe (résipi). n. receta.
reciprocal. a. recíproco.// **reciprocate.** tr. **1.** corresponder, intercambiar. **2.** *Mec.* alternar; oscilar.// **reciprocity.** n.
recital (resáital). n. **1.** recitado. **2.** recital.// **recitation.** n. recitación, declamación, narración.// **recite.** i./tr. **1.** recitar. **2.** narrar.
reck. tr. preocuparse, importar.// **reckless.** a. imprudente, temerario.
reckon. tr. **1.** calcular. **2.** considerar, pensar. **3.** deducir.// **reckoning.** n. cálculo, cuenta.

reclaim (rekléim). tr. **1.** corregir. **2.** recuperar (tierras no cultivables u objetos). **3.** reclamar.// **reclamation.** n. **1.** reclamo. **2.** recuperación.
recline (rekléin). i./tr. **1.** reclinar(se). **2.** recostar(se).
recluse (riklús). a./n. solitario, ermitaño.
recognition (-níshon). n. reconocimiento.// **recognize.** tr. reconocer.
recoil (rikóil). tr. retroceder, recular.// n. retroceso.
recollect. tr. recordar, acordarse.// **recollection.** n. recuerdo.
recommence (-coméns). tr. recomenzar.
recommend (-coménd). tr. recomendar.// **recommendation.** n. recomendación.
recompense (rékompéns). tr. recompensar.// n. recompensa.
reconcilable (-sáilabl). a. reconciliable; compatible.// **reconcile.** i. reconciliar.// **reconciliation.** n. reconciliación.
recondition (-díshon). tr. reacondicionar.
reconnaissance (rikónesans). n. reconocimiento, exploración.// **reconnoiter.** tr. explorar, reconocer.
reconsider (-síder). tr. reconsiderar.
reconstruct (-trókt). tr. reconstruir.// **reconstruction.** n. reconstrucción.
record (ré-). n. **1.** registro. **2.** documento. **3.** crónica. **4.** foja de servicios. **5.** disco fonográfico. **6.** *Sp.* marca.// tr. **1.** registrar. **2.** grabar.// **recorder.** n. **1.** registrador. **2.** grabadora.// **recording.** n. grabación.
recount (rikáunt). **1.** recontar. **2.** recontar.// n. recuento.
recourse (rikórs). n. **1.** recurso. **2.** ayuda. **3.** *to have r. to:* recurrir a.
recover (rikóver). tr. recobrar.// **recovery.** n. recuperación.
recreate (ríkreit). tr. recrear(se).// **recreation.** n. recreación.
recriminate (-néit). tr. recriminar.// **recrimination.** n.
recrudesce (ríkrudes). i. recrudecer.// **recrudescence.** n. recrudecimiento.
recruit (-krút). tr. reclutar.// n. recluta.
rectangle (réktangl). n. rectángulo.
rectify (-fai). tr. rectificar.// **rectification.** n. rectificación.
rectilineal (-tílinial). a. rectilíneo.
rector (rékter). n. rector.// **rectory.** n. rectoría.
rectum (réktom). n. *Anat.* recto.
recuperate (rikiúpereit). tr. recuperar.// **recuperation.** n.
recur (rikér). i. repetirse, ser recurrente.// **recurrent.** a. recurrente, periódico.
recurrence (-kórens). n. recurrencia, repetición.
red. **1.** a./n. rojo. **2.** a. enrojecido. **3.** tinto (vino).// **redden.** **1.** tr. teñir de rojo. **2.** i. enrojecerse.
redbreast (-brest). n. petirrojo.
redcap. n. *EE.UU.* maletero, changarín.
reddish. a. rojizo.
redeem (ridím). tr. **1.** redimir. **2.** cumplir.// **redeemable.** a. redimible.// **redeemer.** n. redentor.// **redemption.** n. redención.
redhead (redjed). n. pelirrojo.
redistribute (-tríbut). tr. redistribuir.

red-letter. a. **1.** feriado. **2.** memorable (día).
redness. n. calidad de rojo.
redouble (rídobl). tr. redoblar.
redound (rídáund). i. redundar.
redress (-drés). tr. remediar, enmendar.
redskin. n. piel roja.
red tape. n. papeleo, trámites.
reduce (ridiús). tr. **1.** reducir. **2.** adelgazar. **3.** debilitar.// **reduction.** n.
redundancy (ridóndansi). n. redundancia.// **redundant.** a. redundante.
redwood (-wud). n. secoya, sequoia.
reed (rid). n. **1.** caña. **2.** Mus. lengüeta.
reef (rif). n. arrecife.
reel (ril). n. carrete; bobina.// tr. **1.** enrollar, bobinar. **2.** r. off: desenrollar.
reelect. tr. reelegir.// **reelection.** n.
reenter. tr. reintegrar; reingresar (personas. datos).// **reentry.** n. reingreso.
refer. tr. **1.** atribuir, imputar. **2.** referir(se). **3.** consultar.// **reference.** n. **1.** referencia. **2.** recomendación.
referee (réferi). n. juez, árbitro.
refill (rífil). n. repuesto, recambio.// tr. rellenar.
refine (rifáin). tr.**1.** refinar. **2.** pulir, educar.// **refinement.** n. **1.** refinación. **2.** refinamiento.// **refinery.** n. refinería.
reflect (riflékt). tr. **1.** reflejar. **2.** reflexionar.// **reflection.** n. reflexión; reflejo.// **reflector.** n. reflector.// **reflex.** a./n. reflejo.// **reflexive.** a. reflexivo.
reform. n. reforma.// tr. reformar.// **reformation.** n. reforma.// **reformatory.** a./n. reformatorio.// **reformer.** n. reformador.// **reformist.** n.
refract. tr. refractar.// **refraction.** n.// **refractory.** a./n. refractario.
refrain (rifréin). n. refrán, estribillo.// i./tr. r. from: refrenar(se), abstenerse de.
refresh (rifrésh). tr. refrescar.// **refreshing.** a. **1.** refrescante. **2.** placentero.// **refreshment.** n. **1.** refresco. **2.** pl. refrigerio.
refrigerate (refrídcheréit). tr. refrigerar.// **refrigeration.** n.// **refrigerator.** n.
refuge (réfiudch). n. refugio.// **refugee** (réfiudch). a. refugiado.
refund (refónd). n. reembolso.// tr. reembolsar.
refusal (refiúsal). n. negativa.// **refuse.** tr. **1.** rehusar; negarse. **2.** desperdicios. basura.
refute (rifiút). tr. refutar.// **refutation.** n. refutación.
regain (riguéin). tr. recobrar, reconquistar.
regale (riguéil). **1.** tr. agasajar. **2.** i. deleitarse.
regard (rigárd). tr. **1.** mirar. **2.** respetar. **3.** considerar, tener en cuenta.// n. **1.** mirada. **2.** respeto. **3.** consideración. **4.** pl. saludos. **5.** pl. as r., in r. to: con respecto a.// **regarding.** prep. con respecto a.// **regardless.** a. **1.** desconsiderado. **2.** r. of. adv. a pesar de; sin considerar.
regatta (rigáta). n. regata.
regency (ríyensi). n. regencia.
regenerate (ríyenerít). i./tr. regenerar(se).// a. regenerado.// **regeneration.** n.
regent (ríyent). a./n. regente.
regime (reyím). n. régimen, gobierno.
regimen (réyimen). n. régimen, dieta.
regiment (réyiment). n. regimiento.// tr. regimentar.// **regimentation.** n. regimentación.

region (ríyen). n. región.// **regional.** a. regional.// **regionalism.** n. regionalismo.
register (réyister). n. **1.** registro, archivo, lista. **2.** archivador, archivista.// tr. **1.** registrar; matricular, anotar. **2.** certificar (una carta).// **registration.** n. registro, inscripción.// **registry.** n. registro, matrícula.
regress (rígres). n. regreso, retroceso.// i. regresar.
regret (rigrét). tr. lamentar, sentir.// n. **1.** pesar, remordimiento. **2.** pl. excusas.// **regretful.** a. pesaroso.// **regrettable.** a. lamentable.
regular (réguiular). a. **1.** regular. **2.** metódico. **3.** bueno.// **regularity.** n.
regulate (reguleit). tr. regular, reglamentar.// **regulation.** n. regla, reglamento.// **regulator.** n. regulador.
rehabilitate (rehabíliteit). tr. rehabilitar, restablecer.
rehearsal (rijérsal). n. ensayo (teatro).// **rehearse.** tr. **1.** ensayar. **2.** repetir, recitar.
reign (rein). n. **1.** reinado. **2.** dominio.// i. **1.** reinar. **2.** predominar.
reimburse (rimbérs). tr. reembolsar.// **reimbursement,** n. reembolso, indemnización.
rein. n. **1.** rienda. **2.** freno, control.
reindeer (reindir). n. reno.
reinforce (reinfórs). tr. reforzar.// **reinforcement.** n. refuerzo.
reiterate (ríitereit). tr. reiterar.// **reiteration.** n. reiteración.
reject (riyékt). tr. rechazar; descartar.// **rejection.** n. rechazo.
rejoice (riyóis). i./tr. regocijar(se).// **rejoicing.** n. regocijo.
rejoin. 1. (riyóin) tr. replicar. **2.** (ríyoin) tr. reunir; reincorporar(se).// **rejoinder.** n. respuesta, réplica.
rejuvenate (reyúveneit). tr. rejuvenecer.// **rejuvenation.** n. rejuvenecimiento.
relapse (reláps). i. **1.** recaer. **2.** r. into: sumirse en.
relate (riléit). **1.** tr. relatar. **2.** i./tr. relacionar(se). **3.** tener que ver.// **relation.** n. **1.** relato. **2.** relación. **3.** parentesco; pariente.// **relationship.** n. **1.** relación. **2.** parentesco.// **relative. 1.** a./n. relativo. **2.** n. pariente.
relax (riláks). i./tr. relajar(se).// n. **1.** relajación, relajamiento. **2.** descanso, esparcimiento.
relay (riléi). tr. **1.** transmitir, retransmitir. **2.** reponer.// n. **1.** relevo. **2.** posta, carrera de postas. **3.** relé.
release (rilís). tr. **1.** soltar, liberar. **2.** relevar, eximir. **3.** emitir, editar (publicaciones).// n. **1.** alivio. **2.** exención. **3.** permiso de publicación. **4.** comunicado.
relegate (rélegueit). tr. **1.** relegar. **2.** posponer.
relent (rilent). i. ceder, aplacarse.// **relentless.** a. implacable.
relevance (rélevans). n. relevancia, oportunidad.// **relevant.** a. relevante.
reliability (relaiabíliti). n. confiabilidad.// **reliable.** a. confiable, seguro.// **reliance.** n. confianza, seguridad.
relic (ré-). n. **1.** reliquia. **2.** pl. ruinas, restos.
relief (rilíf). n. **1.** alivio, consuelo. **2.** relevo. **3.** desagravio. **4.** limosna, caridad. **5.** relieve, realce.// **relieve** (rilív). tr. **1.** remediar, aliviar. **2.** relevar. **3.** reemplazar. **4.** desagraviar.

religion (rilíyon). n. religión.// **religious**. a. religioso.
relish. n. **1.** gusto, placer. **2.** sabor, sazón. **3.** dejo.// tr. **1.** gustar de. **2.** paladear. **3.** sazonar.
relocate (rilokéit). tr. establecer nuevamente.
reluctance (relóktans). a. reluctancia, renuencia, mala gana.// **reluctant**. a. reacio
rely (rilái). i. confiar, contar con.
remain (riméin). i. **1.** quedar, sobrar. **2.** permancer. **3.** continuar.// **remainder**. n. **1.** residuo. **2.** saldo, remanente. **3.** n. pl. residuos; restos mortales, despojos.
remake (riméik). tr. rehacer.
remark (rimárk). tr. **1.** notar. **2.** observar, comentar.// n. observación, comentario, nota.// **remarkable**. n. notable.
remedy (rémedi). n. **1.** remedio. **2.** Der. recurso.// tr. curar; remediar.
remember (rimémber). tr. **1.** recordar. **2.** conmemorar. **3.** tener presente. **4.** recompensar.// **remembrance**. n. recuerdo, memoria.
remind (rimáind). tr. recordar, acordarse.// **reminder**. n. recordatorio.
reminiscence (remínisens). n. reminiscencia.// **reminiscent**. a.
remiss. a. **1.** negligente, deficiente. **2.** remiso.
remission (rimíshon). n. **1.** remisión, perdón. **2.** cancelación. **3.** disiminución.
remit. tr. **1.** perdonar, eximir de. **2.** remitir, remesar.// **remittance**. n. giro, remesa.
remnant. n. **1.** saldo, remanente. **2.** fragmento.
remodel (rimódel). tr. remodelar.
remorse (rimórs). n. **1.** remordimiento. **2.** without r.: sin piedad.// **remorseful**. a. arrepentido, compungido.// **remoseless**. a. despiadado.
remote (remóut). a. remoto, retirado.
removable (remúvabel). a. movible, móvil.// **removal**. n. remoción, traslado.// **remove**. tr. **1.** remover. **2.** destituir. **3.** deshacerse de.
remunerate (rimiunreit). tr. remunerar.// **remuneration**. n.
renaissance (renesáns). n. renacimiento.
rend. tr. **1.** rasgar, desgarrar. **2.** arrancar.
render (ré-). tr. **1.** rendir (honores, intereses, cuentas). **2.** dar, presentar (gracias, saludos). **3.** pronunciar, emitir (sentencia). **4.** convertir, cambiar. traducir. **5.** interpretar (papel, música).// **rendition** (rendíshon). n. **1.** rendición, interpretación. **3.** traducción. **4.** versión.
renegade (rénigueíd). a./n. renegado.
renew (reniú). tr. renovar(se); reiterar, reponer.// **renewal**. n. renovación.
rennet (ré-). n. cuajo.
renounce (rínáuns). i. renunciar (a).// **renouncement**. n. renuncia.
renovate (rénoveit). tr. renovar.// **renovation**. n.
renown (rínáun). n. renombre, fama.// **renowned**. a. renombrado, afamado.
rent. tr. rentar, alquilar.// n. **1.** arrendamiento. **2.** renta.// **rental**. n. **1.** alquiler (precio). **2.** propiedad alquilada.
renunciation (rinonsiéshon). n. renunciamiento, abnegación.
reorganize (reórganais). tr. reorganizar.// **reorganization**. n. reorganización.

repair (ripér). tr. **1.** reparar. **2.** sanar.// n. reparación; remiendo.// **repairman**. n. mecánico de reparaciones, reparador.// **reparation**. n. **1.** reparación. **2.** compensación.
repast. n. comida.// i. comer.
repay (ripéi). tr. **1.** reembolsar. **2.** compensar. **3.** pagar con la misma moneda.// **repayment**. n. reembolso; compensación.
repeal (ripíl). tr. derogar.// n. derogación.
repeat (ripít). tr. repetir.// **repeatedly**. adv. repetidamente, reiteradamente.// **repeater**. n. **1.** repetidor (alumno). **2.** reincidente. **3.** arma de repetición. **3.** Mat. periódica.
repel (ripél). tr. **1.** repeler. **2.** aborrecer.// **repellent**. a. repelente.
repent (ripént). i. arrepentir(se).// **repentance**. n. arrepentimiento.// **repentant**. a. arrepentido.
repercussion (reperkóshon). n. repercusión.
repertoire (répertuar). n. repertorio.
repetition (repitíshon). n. repetición.// **repetitious**. a. repetitivo; redundante.
replace (ripléis). tr. reponer; reemplazar, restituir.// **replaceable**. a. reemplazable, sustituible.
replacement. n. reemplazo; devolución.
replete (riplít). a. repleto.
replica (ré-). n. réplica, copia.
reply (riplei). i./tr. contestar.// n. contestación.
report (ripórt). tr. **1.** reportar(se). **2.** contar. **3.** informar. **4.** denunciar.// n. **1.** reporte, informe. **2.** narración. **3.** rumor. **4.** fama. **5.** estallido.// **reporter**. n. reportero.
repose (ripóus). i. **1.** reposar. **2.** basarse.// n. reposo, paz, calma.
reposit. tr. depositar.// **repository**. n. almacén.
reprehensible (reprijensibl). a. censurable.
represent (ripresént). tr. representar.// **representation**. n. **1.** representación. **2.** delegación. **3.** protesta.// **representative**. a. representativo.
repress (riprés). tr. **1.** reprimir. **2.** oprimir.// **repression**. n. represión; opresión.// **repressive**. a. represivo.
reprieve (reprív). tr. **1.** indultar. **2.** aliviar.// n. **1.** indulto. **2.** alivio.
reprimand. n. reprimenda.// tr. regañar.
reprint (riprínt). n. reimpresión.// tr. reimprimir.
reprisal (repráisal). n. represalia.
reproach (repróuch). i. reprochar.// n. reproche.// **reproachful**. a. reprochable.
reprobate (réprobeit). a. malvado; depravado.
reproduce (riprodiús). i./tr. reproducir(se).// **reproduction**. n. reproducción. // **reproductive**. a. reproductivo.
reproof (ripruf). n. reproche.
reprove (riprúv). tr. reprobar, desaprobar.
reptile (reptáil). a./n. reptil.
republic (ripóblik). n. república.// **republican**. a./n. republicano.
repudiate (ripiúdiet). tr. **1.** repudiar. **2.** negar.// **repudiation**. n. repudio.
repugnance (ripógnans). n. repugnancia.// **repugnant**. a.
repulse (ripóls). tr. **1.** repeler, rechazar. **2.** desairar.// n. rechazo; desaire.// **repulsion**. n.// **repulsive**. a. repulsivo.

reputable (rípiutabl). a. **1.** respetable. **2.** de buena fuente.// reputation. n.// **repute.** tr. **1.** estimar, considerar. **2.** *to be reputed as:* tener la reputación de.
request (rikuést). n. ruego; petición; demanda.// tr. pedir; rogar; demandar.
requiem (rékiuem). n. réquiem.
require (rikuáier). tr. **1.** requerir. **2.** ordenar.// **requirement. 1.** requerimiento. **2.** requisito.
requisite (rékuisit). n. requisito.// a. necesario.
requisition (rekuisíshon). n. requisición.// tr. requisar.
requital (rikuátl). n. **1.** compensación. **2.** desquite.// **requite.** i. **1.** corresponder. **2.** recompensar. **3.** vengarse de.
rescind. tr. rescindir.
rescue (réskiu). tr. salvar, rescatar.// n. rescate, salvamento.// **rescuer.** n. salvador, rescatador.
research (risérch). n. **1.** investigar. **2.** buscar.// n. **1.** investigación. **2.** búsqueda.
resemblance (risémblans). n. parecido, semejanza.// **resemble.** i. semejar, parecerse a.
resent (risént). i. resentirse; tomar a mal.// **resentful.** a. resentido, ofendido.// **resentment.** n. resentimiento.
reservation (reservéishon). n. resreva; reservación.// **reserve. 1.** n. reserva. **2.** tr. reservar.
reservoir (réservuar). n. **1.** represa. **2.** depósito de agua, reservorio.
reside (risáid). i. residir.// **residence.** n. residencia.// **resident.** a./n. residente// **residential.** a. residencial.
residue (résidiu). n. residuo.
resign (risáin). tr. **1.** renunciar. **2.** resignar.// **resignation.** n. **1.** renuncia. **2.** resignación.
resilience (risíliens). n. elasticidad.// **resilient.** a. elástico; flexible.
resin (résen). **1.** n. resina. **2.** pasar resina a.// **resinous.** a. resinoso.
resist (risíst). i./tr. resistir.// **resistance.** n. resistencia.// **resistent.** a.
resolute (réselut). a. resuelto.// **resolution.** n. **1.** resolución. **2.** acuerdo.// **resolve.** i./tr. **1.** resolver(se). **2.** solucionar(se) **3.** *to r. into:* transformar(se) en.
resort (risórt). i. recurrir (a).// n. **1.** recurso. **2.** refugio. **3.** lugar de recreo (club). **4.** *to have r. to:* recurrir a.
resound (risáund). i. **1.** resonar. **2.** repercutir.
resource (risórs). n. **1.** recurso. **2.** inventiva, habilidad. **3.** pl. bienes, riquezas.// **resourceful.** a. inventivo; hábil.
respect (rispékt). tr. **1.** respetar. **2.** concernir, referirse, relacionarse.// n. **1.** respeto. **2.** relación. **3.** aspecto, punto de vista. **4.** *in r. of:* respecto de. **5.** *in that r.:* a ese respecto. **6.** *to pay r. to:* respetar; prestar atención. **7.** pl. *to pay one's r. to:* presentar sus respetos a.// **respectability.** n. respetabilidad.// **respectable.** a. respetable.// **respectful.** a. respetuoso.// **respective.** a.// **respectively.** adv. respectivamente.
respiration (-éishon). n. respiración.// **respiratory.** a. respiratorio.
respite (réspit). n. **1.** respiro, pausa. **2** *Der.* prórroga. **3.** *without r.:* sin tregua.
resplendent (risplén-). a. resplandeciente.

respond (rispánd). n. responder.// **response** (ríspáns). n. **1.** respuesta. **2.** reacción.
responsibility (rispánsebílieit). n. responsabilidad.// **responsible.** a. responsable.
rest. n. **1.** descanso, reposo; calma, quietud. **2.** *Mus.* pausa. **3.** base, soporte. **4.** *at r.:* en reposo. **5.** *to come to r.:* detenerse finalmente. **6.** *to lay to r.:* enterrar. **6.** *the r.:* el resto, los demás.// i./tr. **1.** descansar. **2.** apoyar. **3.** permancer. **4.** *r. assured:* pierda cuidado.// **restful.** a. descansado, sosegado.
restaurant. n. restaurante.
restitution (-túshon). n. restitución.
restless. a. inquieto, intranquilo.// **restlessness.** n. inquietud, desasosiego.
restoration (-réishon). n. **1.** restauración. **2.** restitución.// **restore.** tr. **1.** restaurar. **2.** restituir. **3.** curar, reponer.
restrain (ristréin). tr. **1.** refrenar. **2.** restringir. **3.** *Der.* prohibir.// **restraint.** n. restricción; prohibición.
restrict ((ristríkt). tr. restringir.// **restriction.** n.// **restrictive.** a.
result (risólt). n. **1.** resultado. **2.** *as a r. of:* a causa de. **3.** i. resultar.// **resultant.** a.
resume (risúm). tr. **1.** reasumir. **2.** volver a ocupar. **3.** reiniciar.
résumé (résemei). n. **1.** resumen, compendio. **2.** currículum vitae.
resumption (risómshon). n. reanudación.
resurrect (resorékt). i./tr. resucitar.// **resurrection.** n.
retail (ritéil). n. venta minorista.// a. minorista.// tr. vender(se) al por menor.// **retailer.** n. comerciante minorista.
retain (ritéin). tr. **1.** retener. **2.** contener. **3.** *Der.* contratar.
retaliate (ritálieit). tr. ejercer represalias.// **retaliation.** n. represalias.// **retaliatory.** a. vengativo.
retard (ritárd). i./tr. retardar(se).// n. retardo.
retention (riténshon). n. **1.** retención. **2.** retentiva.
reticence (rétisens). n. reserva, discreción.// **reticent.** n. reservado, discreto.
reticule (rétikiul). n. retículo.
retina (ré-). n. retina.
retinue (rétiniu). n. comitiva.
retire (ritáir). i./tr. **1.** retirar(se). **2.** jubilar(se). **3.** irse a dormir.// **retired.** a. **1.** retirado. **2.** retraído. **3.** jubilado.// **retirement.** n. **1.** retiro. **2.** jubilación. **3.** refugio.
retort (ritórt). n. **1.** réplica. **2.** *Quím.* retorta.// tr. **1.** replicar. **2.** retorcer.
retouch (ritóch). n. retoque.// tr. retocar.
retrace (ritréis). **1.** repasar. **2.** trazar de nuevo. **3.** desandar.
retract (ritráckt). i./tr. **1.** retractar(se). **2.** retraer(se). **3.** contraer(se).// **retraction.** n. **1.** retracción; contracción.// **retractable.** a. retráctil.
retreat (ritrít). n. **1.** retirada. **2.** retiro. **3.** refugio. **4.** retreta.// i./tr. retirar(se); retraer(se).
retrench (ritrénch). tr. **1.** disminuir. **2.** abreviar. **3.** economizar.
retribution (-búshon). n. retribución.
retrieve (ritrív). tr. **1.** cobrar. **2.** recuperar.
retroactive (retrouáktiv). a. retroactivo.// **retroactivity.** n. retroactividad.

retrograde (retróugreid). a. retrógrado.// i./tr. retroceder.

retrogression. n. regresión, retroceso.

restrospect (ré-). n. restrospección.// **retrospective.** a.

return (ritórn). i./tr. **1.** regresar. **2.** responder. **3.** corresponder. **4.** rendir. **5.** devolver. **6.** producir. // n. **1.** retorno, vuelta. **2.** devolución. **3.** pl. ganancias. **4.** *in r.:* a cambio. **5.** *in r. of:* a cambio de. **6.** *by r. mail:* a vuelta de correo.// **returnable.** a. **1.** restituible. **2.** *Com.* retornable, con derecho de devolución.

reunion (riúñon). n. reunión.// **reunite.** i./tr. reunir(se), juntar(se).

reuse (riús). tr. volver a usar.// n. uso repetido.

revalue (riváliu). tr. revaluar.// **revaluation.** n. revaluación.

reveal (rivíl). tr. revelar, dar a conocer.

reveille (rivíl). n. toque de diana.

revel (ré-). i. jaranear.

revelation (-léishon). n. revelación.

revelry (ré-). n. parranda, juerga.

revenge (rivendch). n. venganza.// tr. vengar.// **revengeful.** a. vengativo.

revenue (réveniu). n. **1.** renta. **2.** renta pública.

reverberate (rivérbereit). i. reverberar.

reverence (réverens). n. reverencia, respeto.

reverend (ré-). a./n. reverendo.

reverent (ré-). a. reverente.// **reverential.** a. reverencial.

reversal (rivér-). n. **1.** transtorno, trastocamiento. **2.** *Der.* revocación.// **reverse.** a. **1.** inverso, invertido. **2.** contrapuesto. **3.** n. reverso, dorso. **4.** *the r.:* lo contario. **8.** tr. invertir; trasponer; *Der.* revocar.

reversible (rivérsibl). a. reversible.// **revert.** tr. revertir.

review (riviú). tr. **1.** repasar. **2.** reflexionar. **3.** reseñar; analizar. **4.** revisar. **5.** pasar revista.// n. **1.** revista. **2.** crítica, reseña. **3.** reflexión. **4.** repaso. **5.** *Der.* revisión.// **reviewer.** n. **1.** crítico. **2.** revisor.//

revision. n. revisión; repaso; corrección.

revival (riváival). n. **1.** renacimiento. **2.** renovación. **3.** reestreno, reedición. **4.** restauración.// **revive** (riváiv). i./tr. **1.** revivir. **2.** reanimar(se). **3.** reactivar. **4.** volver en sí.

revocation (rivoukéishon). n. revocación. anulación.// **revoke** (rivóuk). tr. revocar, anular.

revolt (rivóult). i./tr. **1.** revelarse. **2.** repugnar.// n. **1.** revuelta, rebelión. **2.** repulsión.// **revolting.** a. repulsivo.

revolution (-lúshon). n. **1.** revolución. **2.** giro.// **revolutionary.** a.// **revolutionist.** n. revolucionario.// **revolutionize.** tr. revolucionar.

revolve (riválv). tr. **1.** revolver. **2.** girar. **3.** dar vueltas.

revolver (riválver). n. revólver.

revolving (riválving). a. giratorio.

revulsion (rivólshon). n. repugnancia.

reward (riuórd). n. premio, recompensa.// tr. premiar.// **rewarding.** a. provechoso, útil.

rewrite (riráit). tr. reescribir.

rhapsody (rápsodi). n. rapsodia.

rheostat (río-). n. reóstato.

rhetoric (ré-). n. retórica.

rheumatism (rúmatisem). n. reumatismo.

rhinoceros (raináseros). n. rinoceronte.

rhyme (ráim). n. **1.** rima. **2.** *without r.* or *reason:* sin ton ni son.// i./tr. rimar, hacer rimar.

rib. n. **1.** costilla. **2.** nervadura. **3.** varilla. **4.** cordoncillo.

ribald (ríbold). a. procaz.// **ribaldry.** n. procacidad.

ribbon (ríban). n. **1.** cinta, banda, faja, tira. **2.** pl. riendas.

rice (ráis). n. arroz.

rich. a. **1.** rico. **2.** grasoso. **3.** muy dulce. **4.** intenso. **5.** sonoro. **6.** *the r.:* los ricos.// **riches** (rí-). n. riqueza.

rickety (rí-). a. **1.** raquítico. **2.** desvencijado.

rid. tr. **1.** librar, quitar de encima. **2.** *to be r. of:* estar libre de. **3.** *to get r. of:* librarse de.

riddle (rídl). n. acertijo.// **1.** tr. resolver. **2.** *r. with bullets:* acribillar a balazos.

ride (ráid). i. **1.** montar, cabalgar. **2.** viajar en un vehículo. **3** flotar. **4.** *let it r.:* déjalo pasar, no le prestes atención.// tr. **1.** montar, guiar, conducir. **2.** recorrer. **3.** oprimir, dominar. **4.** *r. horseback:* montar a caballo.// n. **1.** viaje, paseo (a caballo o en un vehículo). **2.** *to go for a r.:* ir de paseo.// **rider.** n. jinete; pasajero.

ridge (rídch). n. **1.** cerro, colina, cordillera. **2.** cresta; reborde.

ridicule (rídikiul). n. burla, ridículo.// tr. ridiculizar.// **ridiculuous.** a. ridículo.

rife (ráif). a. **1.** corriente. **2.** *r. with:* repleto de.

rifle (ráifel). n. fusil.// **rifleman.** n. fusilero.

rift. n. **1.** hendidura. **2.** desavenencia.// i. agrietarse.

rig. n. **1.** aparejo. **2.** equipos. **3.** fig. vestimenta.// tr. **1.** armar, montar (aparatos). **2.** erigir provisionalmente. **3.** fig. arreglar (juego, carreras).

right (ráit). a. **1.** derecho, recto. **2.** correcto, cierto, exacto. **3.** legítimo. **4.** justo, honesto. **5.** del lado derecho. **6.** *the r. people;* la gente que cuenta.// adv. **1.** directo, directamente. **2.** exactamente. **3.** bien, correctamente. **4.** hacia la derecha. **5.** *all r.:* bien, muy bien, sano, a salvo. **6.** *all r.!:* ¡de acuerdo¡. **7.** *r. afterwards:* inmediatamente después. **8.** *r. along:* sin cortes, sin cesar. **9.** *r. here/there:* aquí/allí mismo. **10.** *r. now:* ahora mismo. **11.** *to be r.:* tener razón. **12.** *to get it r.:* entenderlo bien. **13.** *to put r.:* enmendar. **14.** *to turn out r.:* salir bien.// n. **1.** justicia, derecho, razón. **2.** derecha (mano, sector político); derecho (lado). **3.** *r. and wrong:* el bien y el mal. **4.** *to be in the r.:* tener razón o derecho. **5.** *to do one's r.:* ser justo con uno. **6.** *to put to rights:* poner en orden.// tr. **1.** enderezar; rectificar. **2.** corregir. **3.** poner en orden. **4.** hacer justicia (a). **5.** i. enderezarse.// **righteous.** a. recto; virtuoso; justo.// **righteousness.** n. rectitud, probidad.// **rightful.** a. justo, lícito, legítimo.// **right hand.** n. mano derecha.// **righthanded.** a. derecho, diestro.// **rightist.** n. derechista.// **rightly.** adv. **1.** rectamente. **2.** correctamente. **3.** *r. so:* con toda justicia.// **rightness.** n. rectitud; corrección; exactitud.

rigid (ríyid). a. rígido.// **rigidity, rigidness.** n. rigidez.

rigmarole (rígmaroul). n. jerigonza.

rigor. n. rigor.// **rigorous.** a. riguroso.

rim. n. **1.** borde, orilla. **2.** *Mec.* reborde, pestaña. **3.** llanta, aro. **4.** corona.

rind. n. corteza (fruta, queso).

ring. n. **1.** anillo. **2.** aro. **3.** corrillo, círculo (de gente). **4.** arena (circo). **5.** cuadrilátero (boxeo). **6.** *Quím.* cadena. **7.** campanada, tintineo. **8.** tono, timbre. **9.** zumbido.// tr. **1.** circundar, rodear. **2.** tocar, hacer sonar (timbre, teléfono, campana). **3.** dar (la alarma). **4.** i. moverse en círculos. **5.** i. sonar, tocar (timbre, campana, teléfono). **6.** *r. at the door:* tocar a la puerta. **7.** *r. for* (llamar). **8.** fig. *r. a bell:* sonar, hacer recordar.// **ring finger.** n. dedo anular.

ringleader (-líder). n. cabecilla, caudillo.

ringside (-sáid). n. primera fila (boxeo).

ringworm (-uérm). n. culebrilla.

rinse (rins). n. enjuague.// tr. enjuagar.

riot (ráiot). n. **1.** motín. **2.** tumulto, gresca, alboroto.// i. amotinarse.// **riotous.** a. amotinado, tumultuoso.

rip. i./tr. **1.** rasgar(se), desgarrar(se). **2.** descoser. **3.** aserrar (madera). **4.** *r. off:* quitar, robar.

ripe (ráip). a. maduro.// **ripen.** i./tr. madurar(se).// **ripeness.** n. madurez, sazón.

ripple (rípl). n. **1.** onda. **2.** murmullo del agua.// i. agitarse el mar.

ripsaw (rípsou). n. sierra de corte horizontal.

rise (ráis). i. **1.** levantarse, subir, elevarse, surgir, salir (un astro). **2.** ponerse de pie. **3.** extenderse, alcanzar. **4.** rebelarse. **5.** aumentar. **6.** *r. from:* surgir de, originarse en. **7.** *r. to the ocassion:* ponerse a la altura de las circunstancias. **8.** *r. levatar.*// n. **1.** ascensión. **2.** salida (de un astro). **3.** subida, alza, ascenso. **4.** fuente, origen.// **rising.** a. ascendente, prometedor, naciente, creciente.

risk. n. riesgo.// i./tr. arriesgar(se).// **risky.** a. riesgoso.

risqué. a. escabroso, subido de tono.

rival (rálval). a./n. rival.// **rivalize.** i. rivalizar.// **rivalry.** n. rivalidad.

river. n. río.

rivet (rí-). n. remache.// tr. **1.** remachar. **2.** afianzar. **3.** clavar los ojos (en).// **riveter.** n. remachador.

rivulet (rívielet). n. riachuelo.

roach (róuch). n. cucaracha.

road (róud). n. camino, senda, carretera.// **roadhouse.** n. parador.// **roadside.** **1.** n. orilla del camino. **2.** a. a la orilla del camino.// **roadway.** n. carretera, calzada.

roam (róum). i. vagar, vagabundear.// **roamer.** n. vagabundo.

roar (ror). i. **1.** rugir. **2.** reírse estrepitosamente. **3.** tr. hablar a los gritos.// n. **1.** rugido. **2.** estrépito.

roast (róust). tr. **1.** asar. **2.** tostar.// a./n. asado.// a. tostado.// **roast beef.** n. rosbif.

rob. tr. robar, despojar.// **robber.** n. ladrón.// **robbery.** n. robo, hurto.

robe (róub). n. **1.** manto, túnica. **2.** toga. **3.** pl. vestiduras.// i./tr. vestir(se).

robin (rábin). n. petirrojo.

robot (róubat). n. robot.

robust (róubast). a. **1.** robusto, vigoroso. **2.** sano.

rock. n. **1.** roca, peñasco. **2.** piedra. **3.** escollo. **4.** oscilación. **5.** pl. *on the r.:* en la ruina; con hielo (bebida).// i./tr. **1.** mecer(se). **2.** sacudir. **3.** estremecer(se).

rock-bottom. n. el fondo, lo profundo.// a. mínimo, bajísimo.

rocket. n. cohete.// tr. elevar por cohete.

rocking chair. n. silla mecedora

rocky. a. rocoso; pétreo.

rod. n. **1.** vara (objeto y medida). **2.** azote. **3.** bastón. **4.** caña de pescar.

rodent (róundent). a./n. roedor.

rodeo (róudiou). n. rodeo.

rogue (róug). n. bribón, pícaro.// **roguish.** a. **1.** bribón. **2.** travieso.

role (róul). n. rol, papel.

roll (róul). tr. **1.** enrollar. **2.** hacer girar. **3.** rodar. **4.** envolver. **5.** redoblar (tambor). **6.** balancear(se). **7.** laminar. **8.** *r. back:* hacer retroceder. **9.** *r. in:* entrar a raudales. **10.** *r. out:* desenrollar. **11.** *r. up:* enrollarse; hacerse una bola. **12.** *to be rolling in:* nadar en (dinero, etc.) // n. **1.** rollo, bobina. **2.** cilindro. **3.** balanceo. **4.** ondulación. **5.** cadencia, ritmo. **6.** fajo de dinero. **7.** registro, lista.// **roller.** n. **1.** rodillo, cilindro. **2.** ruedita (de un mueble). **3.** *r. coaster:* montaña rusa. **4.** *r. skate:* patín de ruedas.// **rolling mill.** n. taller de laminación.// **rolling pin.** n. rodillo (palo) de amasar.

romance (roumáns). n. **1.** romance. **2.** novela de amor. **3.** *R. a.* romance.// **romantic.** a.// **romanticism.** n.// **romanticist.** n. romántico.

romp. i. retozar, corretear.// n. retozo, brinco.

rookie (rúki). n. **1.** recluta. **2.** novato.

roof (ruf). n. **1.** techo, tejado, azotea. **2.** *r. of the mouth:* paladar. **3.** *to raise the r.:* poner el grito en el cielo.// tr. techar.

room (rum). n. **1.** lugar, espacio. **2.** cuarto, habitación. **3.** posibilidad. **4.** *to make r. for:* hacer lugar para. **5.** *to take r.:* ocupar lugar. **6.** *there is no r. for:* no cabe.// i./tr. alojar(se).// **roommate.** n. compañero de cuarto.// **roomy.** a. amplio, espacioso.

roost (rust). n. gallinero.

root (rut). n. **1.** raíz. **2.** base, fundamento. **3.** *to take r.:* arraigar.// i./tr. **1.** arraigar(se). **2.** establecer(se). **3.** *r. out:* extirpar. **4.** *r. up:* desarraigar.

rope (róup). n. **1.** cuerda, soga. **2.** lazo. **3.** *to know the ropes:* conocer todos los trucos.// tr. **1.** amarrar con una soga, atar. **2.** enlazar.

rosary (ró). n. rosario.

rose. **1.** a./n. rosa. **2.** a./n. rosado.// **rosebud.** n. capullo de rosa.// **rosebush.** n. rosal.

rosette (róusete). n. **1.** rosetón. **2.** escarapela.

rosewood (róuswud). n. palo de rosa.

roster (ráster). n. **1.** lista. **2.** orden del día. **3.** nómina.

rostrum (rástrom). n. tribuna.

rosy (róusy). a. rosado; sonrojado.

rot. i. podrir(se).// n. podredumbre, putrefacción.

rotary (róu-). i. **1.** a. rotatorio, rotativo. **2.** a./n. rotario.

rotate (róuteit). i./tr. **1.** rotar, girar. **2.** alternar(se).// **rotation.** n. rotación

rotten (ráten). a. **1.** podrido. **2.** corrupto.

rotund (rotónd). a. **1.** rotundo. **2.** regordete.

rotunda (rotónda). n. rotonda.

rouge (rush). n. colorete, lápiz de labios.

rough (rof). a. **1.** áspero. **2.** turbulento. **3.** tosco; brusco; grosero; rudo. **4.** en bruto. **5.** en borrador, preliminar, aproximado. **6.** r. time: mal rato.// i. r. it: vivir sin comodidades.// **roughen** (rófen). i./tr. **1.** endurecer(se), curtir(se). **2.** poner(se) tosco o áspero.// **roughly.** adv. **1.** ásperamente. **2.** rudamente. **3.** aproximadamente.

roulette (rulét). n. ruleta.

round (ráund). a. **1.** redondo. **2.** circular. **3.** completo. **5.** rotundo. **6.** severo.// n. **1.** redondel. **2.** giro, vuelta. **3.** ronda, recorrido. **4.** tanda. **5.** ciclo. **6.** rutina. **7.** porción. **8.** in r.: redondeado. **9.** in the r.: en su totalidad. // adv. alrededor, en torno de, en círculos.// tr. **1.** redondear. **2.** doblar, dar la vuelta. **3.** r. off: completar. **4.** r. up: rodear; reunir.// **rondabout. 1.** a. indirecto; tortuoso. **2.** circunloquio.// **roundly.** adv. **1.** completamente. **2.** lisa y llanamente.// **roundness.** n. redondez.

round-shouldered (-shoulderd). a. cargado de hombros.

roundup (ráundap). n. **1.** rodeo. **2.** redada. **3.** resumen.

rouse (ráus). i./tr. **1.** despertar(se). **2.** animar, estimular. **3.** provocar, originar.

rout (raut). n. **1.** derrota. **2.** huida.// tr. **1.** derrotar. **2.** echar fuera, hacer salir.

route (rut). n. **1.** ruta. **2.** itinerario.// tr. **1.** encaminar. **2.** enviar, dirigir.

routine (rutín). n. rutina.

rove (róuv). i. vagar.// **rover.** n. vagabundo.

row (rou). n. **1.** fila, hilera. **2.** columna de cifras. **3.** in a r.: en fila; segudos.// i. **1.** remar. **2.** alinear.// **rowboat.** n. bote a remos.

row. n. pendencia, trifulca.// i. armar trifulca.// **rowder.** a./n. pendenciero.

royal (róial). a. regio, real.// **royalist.** a./n. realista.// **royalty.** n. **1.** realeza. **2.** pl. regalías.

rub (rab). tr. **1.** frotar. **2.** rozar. **3.** restregar. **4.** r. elbows with: coderase con. **5.** r. off: desgastar. **6.** r. out: borrar con goma.// n. **1.** roce, frotación. **2.** dificultad.// **rubber.** n. **1.** caucho, gome. **2.** goma de borrar.// **rubbers.** n. galochas.

rubbish (rábish). n. **1.** basura. **2.** disparate.

rubble (ráble). n. **1.** ripio. **2.** escombro. **3.** piedra en bruto.

rubicund (rúbikand). a. rubicundo.

rubric (rú-). n. **1.** rúbrica. **2.** título.

ruby (rúbi). n. rubí.

rucksack (rák-). n. mochila.

rudder (róder). n. timón.

ruddy (ródi). a. **1.** rojizo. **2.** saludable (aspecto).

rude (rud). a. **1.** rudo, tosco. **2.** descortés. **3.** duro, crudo (clima).// **rudeness.** n. rudeza.

rudiment (rúde-). n. rudimento.// **rudimentary.** a.

ruffian (róffian). a./n. rufián.

ruffle (ráfl). n. **1.** fruncido (costura). **2.** encrespamiento (de las aguas). **3.** desazón.// tr. **1.** fruncir. **2.** encrespar(se). **3.** enfadar(se).

rug (rog). n. alfombra; manta.

rugged (rágued). a. **1.** áspero. **2.** tosco, basto. **3.** duro, desapacible. **4.** resistente.

ruin (rúin). n. **1.** ruina. **2.** pl. escombros.// i./tr. arruinar(se).// **ruinous.** a. ruinoso.

rule (rul). n. **1.** regla. **2.** autoridad, gobierno. **3.** costumbre. **4.** raya (signo). **5.** as a r.: como regla general.// tr. **1.** gobernar, mandar. **2.** rayar. **3.** Der. fallar. **4.** to r. out: excluir.// **ruler.** n. **1.** gobernante. **2.** regla (instrumento).// **ruling.** a. predominante.

rum (ram). n. ron.

rumble (rámble). i. retumbar.// n. ruido sordo.

ruminant (rúm-). **1.** a./n. rumiante. **2.** a. pensativo.// **ruminate** (rúmineit). i./tr. rumiar.

rummage (rámadch). n. **1.** búsqueda desordenada. **2.** mezcolanza.// **1.** tr. registrar, buscar en, revolver. **2.** hallar, desenterrar.

rumor (rú-). n. rumor.// tr. rumorear.

rumple (rámpel). tr. arrugar, ajar.

run (ran). i. **1.** correr. **2.** escapar(se). **3.** andar de prisa. **4.** competir, participar. **5.** marchar, funcionar. **6.** llegar, alcanzar (la vista, el oído). **7.** manar, brotar. **8.** circular, estar en vigencia. **9.** correrse (media). **10.** r. about: deambular. **11.** r. across: atravesar; tropezar con. **12.** r. after: perseguir, ir detrás. **13.** r. against: competir; ser contrario. **14.** r. at: arremeter. **15.** r. away: perseguir. **16.** r. by: ser conocido por. **17.** r. down: pararse (reloj, máquina). **18.** r. dry: secarse. **19.** r. high: exaltarse. **20.** r. low: escasear. **21.** r. off: irse de prisa. **22.** r. out: agotarse; expirar (plazo). **23.** r. over: atropellar. **24.** r. up: aumentar; llegar segundo. **25.** r. up with: tropezar con (una dificultad). **26.** r. up and down: correr de un lado al otro. **27.** tr. correr, hacer correr, recorrer, seguir. **28.** r. errands: hacer mandados. **29.** r. in: hacer funcionar.// n. **1.** corrida. **2.** carrera. **3.** viaje. **4.** curso, dirección. **5.** serie, período, racha. **6.** in the long r.: a la larga. **7.** to be on a r.: estar en fuga.

runabout (ránabaut). n. **1.** vagabundo. **2.** coche o lancha ligera.

runaway (runeuei). **1.** a./n. fugitivo. **2.** a. desbocado. **3.** decisivo, amplio.

run-down (rándaun). a. **1.** agotado. **2.** ruinoso. **3.** sin cuerda.

rundown. n. resumen, sumario.

runner (ráner). n. **1.** corredor. **2.** mensajero. **3.** cuchilla de patín. **4.** r.-up: subcampeón.

running (ráning). n. **1.** dirección, manejo. **2.** funcionamiento. **3.** corrida. **4.** in the r.: en carrera.// a. **1.** veloz. **2.** corriente (agua, gastos). **3.** conrinuo. **4.** linear (media). **5.** Com. flotante, abierto.// adv. continuamente.// **running board.** n. estribo.

runway (ránuei). n. **1.** cauce. **2.** vía. **3.** pista de aterrizaje.

rupture (rápcher). n. **1.** ruptura. **2.** Med. hernia.// i./tr. romper(se); desgarrar(se).

rural (rú-). a. rural.

rush (rásh). n. **1.** prisa, apuro. **2.** torrente. **3.** embestida. **4.** agolpamiento (de gente). **5.** in a rush: apresuradamente.// tr. **1.** apurar. **2.** apremiar. **3.** embestir. **4.** afluir.

rust (rást). n. **1.** óxido, herrumbre. **2.** ronco. **3.** falto de uso, falto de práctica.

rustic (rástik). a./n. rústico.

rusty (rásti). a. **1.** oxidado. **2.** ronco. **3.** falto de uso o de práctica.

rut (rot). n. **1.** surco. **2.** rutina.

ruth (rudz). n. piedad, compasión.// **ruthless.** a. despiadado.

rye (rái). n. centeno.

s (es). n. decimonovena letra del abecedario.
Sabbath (sábadz). n. **1.** sábado hebreo. **2.** día de descanso.// **sabbatical.** a. sabático.
saber (séiber). n. sable.// tr. herir con saber.
sable (séibel). n. marta cibellina.
sabotage (sábotadch). n. sabotaje.// tr. sabotear.
sack. n. **1.** saco, costal. **2.** saqueo. **3.** fam. despido.// tr. **1.** ensacar. **2.** saquear. **3.** fig. despedir.// **sackcloth.** n. arpillera.
sacrament (sá-). n. sacramento.// **sacral.** a./n. sacro.// **sacred.** a. sagrado.
sacrifice (sákrifais). n. **1.** sacrificio. **2.** *at the s. of:* con pérdida.// tr. **1.** sacrificar. **2.** vender con pérdida.
sacrilege (sákrilidch). n. sacrilegio.// **sacrilegious.** a. sacrílego.
sacristy (sá-). n. sacristía.// **sacristan.** n.
sad. a. **1.** triste. **2.** lamentable. **3.** *s. to say:* desgraciadamente.// **sadden.** tr. entristecer.
saddle (sádl). n. **1.** silla de montar, montura. **2.** sillín (bicicleta). **3.** *Mec. silleta.* **4.** *in the s.:* al mando.// tr. **1.** ensillar. **2.** *s. with:* cargar con.// **saddlebag.** n. alforja.
sadism (séidism). n. sadismo.// **sadist.** a./n. sádico.
sadness (sád-). n. tristeza.
safe (séif). a. **1.** seguro, a salvo. **2.** sin peligro, sin riesgo. **3.** confiable. **4.** prudente. **5.** *s. and sound:* sano y salvo. **6.** *to be s.:* estar a salvo. **7.** *to be on the s. side:* actuar sin riesgo. **8.** n. caja fuerte.// **safe-conduct.** n. salvoconducto.// **safeguard. 1.** n. salvaguarda. **2.** tr. salvaguardar.// **safekeeping.** n. custodia, depósito.// **safely.** adv. sin peligro; sincontratiempos.// **safety. 1.** n. seguridad. **2.** a. de seguridad. **3.** *s. pin:* alfiler de gancho.
saffron (sáfran). n. azafrán.
sag. n. hundimiento; comba; depresión; deriva.// i./tr. hundir(se), combar(se).
saga. n. saga, leyenda.
sagacious (saguéicios). a. sagaz.// **sagacity.** n. sagacidad.
sage (seidch). a. sabio; juicioso.// n. sabio.
said (sed). a. citado, antedicho.
sail (séil). n. **1.** vela, velamen. **2.** paseo en velero. **3.** *full s.:* a toda vela. **4.** *to set s.:* hacerse a la mar. **5.** *under s.:* con las velas desplegadas.// i./tr. **1.** navegar; conducir un buque. **2.** zarpar. **3.** surcar los mares.// **sailboat.** n. velero.// **sailing.** n. **1.** náutica, navegación. **2.** partida (de un buque). **3.** *clear s.:* camino o cosa fácil. **4.** adj. náutico.// **sailor.** n. marinero.

saint (séint). a./n. santo.// **saintliness.** n. santidad.// **saintly.** a. santo.
sake (séik). **1.** causa, motivo. **2.** amor, respeto, bien. **3.** *for art's s.:* por amor al arte. **4.** *for your own s.:* por tu propio bien. **5.** *for the sake of:* por respeto a.
salable (séilabl). a. vendible, comercializable.
salad (sálad). n. ensalada.
salamander (-mán-). n. salamandra.
salary (sá-). n. salario.// **salaried.** a. asalariado.
sale (séil). n. **1.** venta. **2.** *on s.:* liquidación. **3.** *for s.:* a la venta, en venta.// **salesman.** m. vendedor, corredor, viajante.// **salesmanship.** n. arte de vender.// **saleswoman.** f. vendedora.
salient (séi-). a. **1.** saliente. **2.** prominente, dominante.
saline (séilain). a. salino.// **salinity.** a.
saliva (saláiva). n. saliva.// **salivary.** a. salival.
sallow (sealou). a. cetrino.// **sallowish.** a. aceitunado.
salmon (sálmon). n. salmón.// a./n. color salmón.
salon (sá-). n. salón.// **saloon** (-lún). n. **1.** salón. **2.** *EE.UU.* bar, taberna.
salt (sólt). n. **1.** sal. **2.** fig. marinero. **3.** *smelling salts:* sales aromáticas.// a. salado; curado con sal; salino.// tr. salar.// **saltcellar.** n. salero.// **salt marsh.** n. salina.// **saltpeter.** n. salitre.// **salty.** a. **1.** salado, sabroso. **2.** agudo, saleroso.
salubrious (salúbrios). a. salubre.// **salutary.** a. saludable.
salutation (sáliuteishon). n. salutación, saludo.// **salute. 1.** tr. saludar. **2.** n. saludo; salva.
salvage (sálvidch). n. salvamento.// tr. salvar, rescatar.// **salvation.** n.// **salve.** tr. salvar.
same (séim). a. **1.** mismo, idéntico, igual. **2.** *all the s.:* a pesar de todo. **3.** *if it's the s. to you:* si a Ud. le es igual. **4.** *the s. as:* lo mismo que.// adv. del mismo modo; igualmente.// pron. el mismo.
sample (sámpl). n. muestra, modelo.// tr. **1.** probar, catar. **2.** tomar muestras de.
sanctify (sánktifai). tr. santificar.// **sanctification.** n.// **sanctimonius.** a. santurrón, mojigato.
sanction (sánkshon). n. sanción.// tr. sancionar.
sanctity (sánkteit). n. santidad.// **sanctuary.** n. **1.** santuario. **2.** asilo.
sand. n. **1.** arena. **2.** pl. arenales, playas, bajíos.// tr. **1.** arenar; mezclar con arena. **2.** lijar.
sandal (sándol). n. sandalia.
sandalwood (sándolwud). n. sándalo.
sandbag (sánd-). n. bolsa de arena.
sandpaper (sándpeipar). n. papel de lija.// tr. lijar.

sandstone (sándstoun). n. arenisca.
sandwich. n. emparedado.// tr. intercalar.
sandy. a. **1.** arenoso. **2.** de color de arena.
sane (séin). a. **1.** sensato. **2.** cuerdo.
sanguinary (sánguineri). a. sanguinario.// **sangui-ne.** a. **1.** sanguíneo. **2.** confiado.
sanitary (sániteri). a. sanitario, higiénico.// **sanita-tion.** n. **1.** saneamiento. **2.** higiene pública.
sanity (sániti). n. cordura; sensatez.
sap. n. **1.** savia. **2.** fig. vigor. **3.** fam. tonto.// tr. de-secar.
sapling (sáplin). n. árbol joven; vástago.
sapphire (sáfaier). n. zafiro.
sarcasm (sárkasem). n. sarcasmo.// a. sarcástico.
sarcophagus (-kófagos). n. sarcófago.
sardine (sardín). n. sardina.
sardonic (-dó-). a. sardónico.
sash. n. **1.** marco de ventana. **2.** faja, banda.
satanic (satánik). a. satánico.// **Satanism.** n.
satchel (sáchel). n. cartapacio.
sate (séit). tr. saciar, hartar.
sateen (satín). n. raso, satén.
satellite (sátelait). n. satélite.
satiate (seishiét). tr. saciar.// (séi-). a. saciado.// **satiety.** n. saciedad.
satire (sátair). n. sátira.// **satirical.** a. satírico.// **sa-tirize.** tr. satirizar.
satisfaction (satisfákshon). n. satisfacción.// **satis-factory.** a.// **satisfied.** a. satisfecho.// **satisfy.** i./tr. **1.** satisfacer(se). **2.** convencerse.
saturate (sáchureit). **1.** tr. saturar. **2.** a. saturado.// **saturation.** n. saturación.
Saturday (sáterdi). n. sábado.
satyr (sáter). n. sátiro.
sauce (sos). n. **1.** salsa. **2.** EE.UU. compota. **3.** fam. insolencia.// **saucepan.** n. cacerola, cazuela.// **saucer.** n. plato (para taza).// **sauciness.** n. inso-lencia.// **saucy.** a. insolente.
saunter (sónter). i. deambular.
saurian (sórian). n. saurio.
sauté (sotéi). tr. saltear (comida).// a. salteado.
savage (sávadch). a. salvaje.// **savagery.** n. salva-jismo; ferocidad.
savanna. n. sabana.
savant. n. sabio, erudito.
save (séiv). tr. **1.** salvar. **2.** guardar. **3.** proteger. **4.** ahorrar. **5.** redimir. **6.** prep. excepto, salvo. **7.** conj. salvo que.// **saver.** n. ahorrador.// **saving.** a. **1.** salvador, redentor. **2.** ahorrativo.// **savings.** n. ahorros.// **savior.** n. salvador.
savor (séiver). n. sabor, gusto.// **1.** i. saber a, tener el sabor de; oler a. **2.** tr. sazonar.// **savory.** a. sa-broso, sazonado, fragante.
saw (so). **1.** n. sierra, serrucho. **2.** tr. serrar, ase-rrar.// **sawdust.** n. aserrín.// **sawhorse.** n. caba-llete de aserrar.// **sawmill.** n. aserradero.
Saxon (sákson). a./n. sajón.
saxophone (sáksofoun). n. saxofón.
say (sei). tr. **1.** decir, expresar. **2.** recitar. **3.** indicar, marcar. **4.** sayl: ¡oiga! **5.** it's to say: es decir. **6.** you don't s.l: ¡no me diga!// **saying.** n. **1.** proverbio, refrán, dicho. **2.** as the s. is: como dice el refrán.
scab. n. **1.** costra. **2.** fig. esquirol; canalla.// **scab-by.** a. **1.** costroso. **2.** fig. mezquino, vil.

scaffold (ská-). n. **1.** andamio. **2.** patíbulo.
scald (scold). tr. **1.** escaldar. **2.** calentar sin hervir, cocer.
scale (skéil). n. **1.** escala. **2.** balanza. **3.** Bot. esca-ma. **4.** capa de óxido.// i./tr. **1.** pesar. **2.** escalar. **3.** quitar las escamas. **4.** descamar(se); descasca-rar(se).// a. a escala, en escala.
scallop (ská-). n. **1.** concha. **2.** escalope. **3.** festón.
scalp. n. cuero cabelludo.// tr. escalpar.// **scalpel.** n. escalpelo.
scaly (skéili). a. escamoso.
scan. tr. **1.** examinar. **2.** explorar. **3.** registrar.
scandal (skán-). n. escándalo.// **scandalize.** tr. es-candalizar.// **scandalous.** a. escandaloso.
scanner. n. aparato explorador y/o registrador de imágenes y/o sonido.
scant. a. escaso, limitado.// **scantily.** adv. escasa-mente.// **scantiness.** n. escasez.// **scanty.** a. cor-to, escaso.
scapegoat (skéipgout). n. chivo expiatorio.
scar. n. cicatriz.// **1.** i. cicatrizar. **2.** tr. dejar cicatriz.
scarab (ská-). n. escarabajo.
scarce (skers). a. escaso, raro.// **scarcely.** adv. apenas; difícilmente.// **scarcity.** n. escasez.
scare (skér). i./tr. **1.** asustar(se). **2.** s. away: ahuyen-tar. **3.** n. miedo, espanto.// **scarecrow.** n. espanta-pájaros.
scarf. n. bufanda, chal, chalina.
scarlet (skár-). a./n. escarlata.// **scarlet fever.** n. escarlatina.
scary. a. **1.** miedoso. **2.** alarmante.
scat. i. largarse, irse corriendo.
scatter. tr. esparcir, dispersar.
scatterbrain (skéitbrein). n. cabeza de chorlito.
scene (sin). n. escena.// **scenery.** n. **1.** decorado. **2.** vista, paisaje.// **scenic.** a. escénico.
scent. tr. **1.** oler, husmear. **2.** sospechar. **3.** perfu-mar.// **1.** n. aroma, olor. **2.** rastro, pista.// **scen-ted.** a. perfumado, aromatizado.
scepter (sépter). n. cetro.
schedule (skéiyul, shéyul). n. **1.** plan, esquema. **2.** programa, horario. **3.** lista, inventario.// tr. **1.** pro-gramar. **2.** proyectar. **3.** clasificar.
scheme (skim). n. **1.** esquema. **2.** plan, proyecto. **3.** ardid.// tr. **1.** proyectar. **2.** urdir, maquinar.// **schemer.** n. maquinador, intrigante.// **scheming.** a. intrigante, astuto.
schism (sism, skism). n. cisma.
schizophrenia (skizofrinia). n. esquizofrenia.
scholar (skóler). n. **1.** escolar. **2.** docto. **3.** beca-rio.// **scholarly.** a. erudito, letrado.// **scholars-hip.** n. **1.** erudición. **2.** beca.// **scholastic.** a. **1.** es-colar. **2.** académico. **3.** escolástico.
school (skul). n. **1.** escuela. **2.** cardumen. **3.** tr. educar.// **schoolbook.** n. texto escolar.// **school-boy.** m. **schoolgirl.** f. escolar, colegial/la.// **schoolhouse.** n. escuela (edificio).// **scholling.** n. instrucción, educación.// **schoolmaster.** n. maes-tro de escuela.// **schoolmate.** n. compañero de clase, condiscípulo.// **schoolroom.** n. aula.// **schoolteacher.** n. maestro primario.// **school-yard.** n. patio de recreos.
schooner (skúner). n. goleta.
sciatica (saiátika). n. ciática.

science (sáiens). n. ciencia.// **science-fiction.** n. ciencia ficción.// **scientific.** a. científico.// **scientist.** n. científico.

scintillate (síntileit). i. centellear; titilar.

scion (sáion). n. **1.** púa. **2.** vástago.

scissors (sísers). n. tijera, tijeras.

sclerosis (-róusis). n. esclerosis.

scoff. n. mofa, burla.// i. mofarse.

scold. n. **1.** regañón. **2.** regaño.// tr. regañar.

scoop (skup). n. **1.** cuchara. **2.** pala. **3.** cucharada. **4.** hueco, cavidad. **5.** primicia.// tr. **1.** dar la primicia. **2.** s. out: sacar con cuchara. **3.** s. up: cavar, excavar.

scoot (skut). n. pasada veloz.// i. **1.** pasar velozmente. **2.** poner los pies en polvorosa.

scooter (skuter). n. **1.** patineta. **2.** motoneta.

scope (skoup). n. alcance, radio de acción.

scorch. i./tr. **1.** chamuscar(se). **2.** tostar(se).

score (skor). n. **1.** marca, muesca, raya. **2.** cuenta. **3.** motivo. **4.** Sp. tanteador, resultado. **5.** Mus. partitura. **6.** veintena. **7.** on that s.: a ese respecto. **8.** to pay off old scores: ajustar cuentas.// tr. **1.** rayar, marcar. **2.** anotar. **3.** calificar. **4.** Sp. marcar tantos o goles.

scorn. n. desprecio.// tr. despreciar.// **scornful.** a. despectivo.

Scotch. a. escocés.

scot-free. a. **1.** impune. **2.** ileso. **3.** libre de pago.

scour (skaur). tr. **1.** fregar, frotar. **2.** limpiar, pulir. **3.** correr/recorrer en persecución.

scourge (skerdch). n. **1.** azote. **2.** calamidad.// tr. **1.** azotar. **2.** castigar.

scout (skaut). tr. explorar.// n. **1.** exploración. **2.** explorador.

scowl (skaul). i. fruncir el entrecejo.

scrap. n. **1.** recorte, pedazo. **2.** desecho, chatarra. **3.** fam. trifulca.// **scrapebook.** n. álbum de recortes.

scrape (skréip). tr. **1.** raspar, rasgar, arañar. **2.** fig. contar las monedas.// n. **1.** rasguño, arañazo. **2.** lío, embrollo.// **scraper.** n. raspador, fasqueta. **2.** ahorrador, avaro.

scratch. tr. **1.** arañar, rasgar, rascar. **2.** garabatear. **3.** s. out: tachar.// n. **1.** rasguño. **2.** garabato.

scrawl (skraul). tr. garabatear.// n. garabato.

scream (scrim). i./tr. chillar, gritar.// n. grito, chillido.

screen (skrin). n. **1.** biombo, tabique. **2.** pantalla. **3.** the s.: el cine.// tr. **1.** defender. **2.** ocultar, encubrir. **3.** proyectar (cine). **4.** tamizar.

screw (skrú). n. **1.** tornillo. **2.** rosca. **3.** hélice, espiral.// tr. atornillar, enroscar.// **screw driver.** n. destornillador.

scribe (skraib). n. **1.** amanuense. **2.** escriba.

scrimmage (skrímadch). n. escaramuza.

script. n. **1.** caligrafía. **2.** Der. escritura. **3.** Cine. guión.

Scripture(s) (skrípcher/s). n. las Escrituras, la Biblia.

scrub (skrob). n. **1.** matorral, maleza. **2.** escobilla.// tr. fregar, restregar.

scrupulous (skrpiulos). a. escrupuloso.

scrutinize (skrútinais). tr. escudriñar, escrutar.

scrutiny (skrú-). n. escrutinio.

scuffle (skófl). tr. **1.** caminar arrastrando los pies. **2.** forcejear, luchar.// n. forcejeo.

sculptor (skólpter). n. escultor.// **sculpture.** **1.** n. escultura. **2.** tr. esculpir.

scum (skom). n. **1.** espuma. **2.** capa sobre un líquido. **3.** escoria.// **scummy.** a. espumoso.

scurrilous (skériles). a. soez, insolente.

scurry (skeri). i. escabullirse, escurrirse.

scuttle (skotl). n. **1.** escotilla. **2.** fuga, huida.

scythe (saidz). n. guadaña.// tr. guadañar, segar.

sea (si). n. **1.** mar. **2.** at s.: en el mar. **3.** by the s.: en la playa. **4.** on the s. en el mar. **5.** to follow the s.: ser marinero. **6.** to put to s.: hacerse a la mar.// a. **1.** del mar, marino. **2.** marítimo, náutico.// **seabag.** n. bolsa marinera.// **sea biscuit.** n. galleta marinera.// **seaboard.** n. costa, litoral.// **seacoast.** n. costa del mar.// **seafaring.** n. navegación.// **seagirt.** a. rodeado por el mar.// **sea food.** n. frutos de mar.// **seagoing.** a. de alta mar.// **sea gull.** n. gaviota.

seal (sil). n. **1.** sello; precinto; lacrado. **2.** foca. **3.** to set one's s. to: autorizar, confirmar.// tr. sellar; lacrar.

sea level. n. nivel del mar.

sealing wax. n. lacre.

sealskin. n. piel de foca.

seam (sim). n. **1.** costura. **2.** juntura. **3.** cicatriz. **4.** arruga. **5.** Med. sutura. **6.** Geol. veta, filón.// tr. **1.** pespuntear. **2.** arrugar(se). **3.** suturar. **4.** marcar cicatrices.

seaman (siman). n. marinero.

seamstress (simstris). f. costurera.

seaplane (siplein). n. hidroavión.// **seaport.** n. puerto marítimo.

sear (sir). tr. **1.** secar. **2.** tostar. **3.** cauterizar. **4.** endurecer. **5.** insensibilizar.

search (serch). tr. **1.** buscar. **2.** examinar. **3.** registar. **4.** s. out: descubrir.// n. búsqueda; inspección, investigación.// **searchlight.** n. faro, reflector.// **search warrant.** n. orden de allanamiento.

sea shell. n. concha marina.

seashore (sishor). n. costa marina.

seasick (sisik). a. mareado.// **seasickness.** n. mareo.

season (síson). n. **1.** estación (del año). **2.** temporada. **3.** sazón.// i./tr. **1.** sazonar(se). **2.** madurar(se).// **seasonable.** a. oportuno; estacional.// **seasonal.** a. estacional.// **seasoning.** n. **1.** sazón. **2.** condimento.

seat (sit). n. **1.** asiento. **2.** sitio.// tr. sentar, asentar.

seaward (siuard). a./adv. hacia el mar, mar adentro.

seaweed (siiud). n. alga marina.

secant. n. secante.

secede (-sid). i. separarse.// **secession.** n. reclusión; retiro.

seclude (siklúd). tr. recluir; aislar.// **seclusion.** n. reclusión; retiro.

second. (sé-). n. **1.** segundo. **2.** segunda (mercadería). **3.** dos (en fechas).// a. **1.** segundo. **2.** s. best: segundo (clasificación). **3.** s. rate: de segunda. **4.** everey s. day: cada dos días. **5.** on s. thought: después de pensarlo bien.// adv. en segundo lugar.// tr. secundar, ayudar.// **secondary.** a. secundario.// **second-hand.** a. de segunda mano.// **secondly.** adv. en segundo término.

secrecy (síkesi). n. secreto.// **secret.** a secreto.

secretariat. n. secretaría, secretariado.// **secretary.** n. **1.** secretario. **2.** ministro.
secrete (sikrít). tr. **1.** ocultar. **2.** *Biol.* secretar.// **secretion.** n. secreción.// **secretly.** adv. secretamente.// **secretory. 1.** a. secretorio. **2.** glándula secretoria.
sect. n. secta.// **sectarian.** a. sectario.
section (sékshon). n. **1.** sección. **2.** párrafo, inciso.
secular (sékiuler). **1.** a. secular. **2.** a./n. seglar.
secure (sikiúr). **1.** a. seguro; asegurado. **2.** tr. asegurar, garantizar.// **security.** n. **1.** seguridad; firmeza. **2.** pl. valores, títulos.
sedate (sidéit). a. **1.** sereno. **2.** serio.// **sedative.** a./n. sedante.
sedentary (sé-). a. sedentario.
sediment (sé-). n. sedimento.
sedition (sedíshon). n. sedición.// **seditious.** a. sedicioso.
seduce (sedús, sediús). tr. seducir.// **seducer.** n. seductor.// **seduction.** n.// **seductive.** a. seductor.
see (si). tr. **1.** ver. **2.** comprender. **3.** imaginar. **4.** atender. **5.** *s. off:* despedir. **6.** *s. out:* acompañar a la puerta. **7.** *s. things:* tener visiones. **8.** *s. youl:* ¡nos vemos! **9.** i. darse cuenta. **10.** *let me s.:* déjeme pensarlo. **11.** *let's see:* veamos. **12.** fam. *s.?:* ¿comprendido?
see. n. **1.** sede. **2.** *Holy S.:* Santa Sede.
seed (sid). n. **1.** semilla. **2.** simiente. **3.** *in s.:* germinando. **4.** *to go to s.:* envejecer.// i./tr. sembrar.// **seeding.** n. siembra
seek (sik). tr. **1.** buscar. **2.** aspirar a, intentar. **3.** *s. for:* andar en busca de. **4.** *s. from:* solicitar. **5.** *s. out:* seleccionar.
seem (sim). i. parecer.// **seeming.** a. aparente.// **seemingly.** adv. aparentemente.// **seemly.** a. bien parecido; correcto.
seer (síer). n. vidente.
seesaw (siso). n. **1.** balancín. **2.** sube y baja.
segment (ség-). n. **1.** segmento. **2.** gajo.// (-mént). i./tr. segmentar(se).
segregate (ségregueit). tr. segregar, separar.// **segregation.** n. segregación.
seismic (sáismik). a. sísmico.
seize (siz). tr. **1.** asir, coger. **2.** arrestar. **3.** embargar, decomisar. **4.** comprender. **5.** *s. on:* apoderarse de. **6.** *s. up:* atascarse.// **seizure** (sízer). n. **1.** embargo. **2.** ataque, acceso.
seldom. adv. rara vez, pocas veces.
select (sélekt). a. selecto.// tr. seleccionar.// **selection.** n.// **selective.** a. selectivo.
self. n. personalidad, identidad.// pron. uno mismo, sí mismo.// a. propio.// **self-centered.** a. egoísta, egocéntrico.// **self-confidence.** n. confianza en sí mismo.// **self-conscious.** a. cohibido, tímido.// **self-consciousness.** n. timidez.// **self-contained.** a. **1.** autónomo. **2.** reservado. **3.** *Mec.* de una pieza.// **self-control.** n. autodominio.// **self-defense.** n. legítima defensa.// **self-denial.** n. abnegación.// **self-esteem.** n. amor propio.// **self-evident.** a. patente, manifiesto.// **self-government.** n. autonomía.// **self-interest.** n. egoísmo.// **selfish.** a. egoísta.// **selfishness.** n. egoísmo.// **self-made.** a. logrado por esfuerzo propio.// **self-protection.** n. defensa propia.//

self-sacrifice. n. abnegación.// **selfsame.** a. igual.// **self-service.** n. autoservicio.// **self-starter.** n. arranque automático.
sell. tr. **1.** vender. **2.** *s. off:* rematar.// **seller.** n. vendedor.
semblance (sémblans). n. **1.** semblante. **2.** parecido.
semester. n. semestre.
semicircle (sémiserkl). n. semicírculo.
semicolon (sémikouln). n. punto y coma.
semifinal (semifáinal). a. semifinal.
seminar. n. seminario (reunión).// **seminary.** n. seminario (colegio; conciliar).
senate (senat). n. senado.// **senator.** n. senador.
send. tr. **1.** enviar. **2.** transmitir. **3.** *s. away:* despedir. **4.** *s. back:* devolver. **5.** *s. out:* exhalar. **6.** *s. up:* condenar a prisión. **7.** *s. words:* dejar un mensaje.// **send-off.** n. despedida amistosa.
senile (sínail). a. senil.// **senility.** n. senilidad.
senior (sínior). a. **1.** mayor de edad. **2.** más antiguo, de más jerarquía.// n. persona mayor.// **seniority.** n. antigüedad.
sensation (senséishon). n. sensación.// **sensational.** a.
sense (sens). n. **1.** sentido. **2.** juicio, sensatez.// tr. sentir.// **senseless.** a. **1.** inconsciente. **2.** insensato.// **sensibility.** n. **1.** sensibilidad. **2.** sensatez.//
sensible. a. **1.** sensible. **2.** sensato.// **sensitive.** a. **1.** sensitivo. **2.** susceptible.// **sensitiveness.** n. **1.** sensibilidad. **2.** susceptibilidad.// **sensitize.** tr. sensibilizar.// **sensory.** a. sensorio, sensorial.
sensual (sénshual). a. sensual.// **sensuality.** n.// **sensuous.** a. **1.** sensorial. **2.** sensual.
sentence (séntens). n. **1.** *Gram.* oración. **2.** sentencia.
sentiment (sén-). n. **1.** sentimiento. **2.** sensibilidad. **3.** juicio.// **sentimental.** a.// **sentimentality.** n. sentimentalismo.
sentinel, sentry. n. centinela.
separate (sépareit). a. separado.// tr. separar.// **separation.** n.
September. n. setiembre.
septet. n. septeto.
septic. a. séptico.
sepulture (sépulcher). n. **1.** sepultura. **2.** sepulcro.
sequel (síkuel). n. **1.** secuela. **2.** continuación.
sequence (síkuens). n. **1.** secuencia. **2.** serie.
sequoia. n. secoya.
seraph. n. serafín.
serenade (serenéid). n. serenata.
serene (serín). a. sereno.// **serenity.** n. serenidad.
sergeant (sáryent). n. sargento.
serial (sírial). a. **1.** seriado. **2.** por entregas.// **series.** n. serie.
serious (síries). a. **1.** serio.// **seriousness.** n. seriedad.
sermon (sérmon). n. sermón.
serpent (sérpent). n. serpiente.
serpentine (sérpentin). n. serpentina.
serum (sírom). n. suero.
servant. n. **1.** sirviente. **2.** *public s.:* servidor público. **4.** pl. servidumbre.
serve (serv). tr. **1.** servir. **2.** prestar servicio militar. **3.** desempeñar. **4.** abastecer. **5.** atender. **6.** cumplir una condena.// **server.** n. **1.** servidor, criado. **2.** mozo.// **service.** n. **1.** servicio. **2.** mantenimiento.// **serviceable.** a. útil; durable.

servile. a. servil.// **servility.** n. servilismo.// **servitude.** n. servidumbre (situación).

session (séshon). n. sesión.

set. tr. **1.** poner, colocar. **2.** ajustar, armar. **3.** engastar, montar. **4.** asignar, dar. **5.** adornar. **6.** endurecer, fraguar. **7.** fijar, determinar. **8.** ponerse, caer (los astros). **9.** s. *aside*: reservar; descartar. **10.** s. *back*: echar atrás; retrasar; derrotar. **11.** s. *down*: sentar, establecer. **12.** s. *down to*: atribuir a. **13.** s. *fire*: prender fuego. **14.** s. *going*: poner en marcha. **15.** s. *off*: partir, irse. **16.** s. *on*: incitar. **17.** s. *out for*: irse para. **18.** s. *up*: levantar; emprender; fundar; originar. **19.** s. *upon*: atacar. **20.** i. caer (bien o mal).// n. **1.** juego, colección. **2.** compañía, camrilla. **3.** forma, postura, configuración. **4.** dirección, tendencia. **5.** aparato. **6.** puesta, caída (de un astro). **6.** caída (de una prenda).// a. **1.** establecido, fijo. **2.** meditado.

setback. n. **1.** retraso, parada. **2.** derrota. **3.** caída (precios).

settee (setí). n. canapé.

setter. n. perro perdiguero.

settle (setl). tr. **1.** colocar, asentar, establecer. **2.** arreglar, disponer. **3.** acordar, resolver. **4.** pagar. **5.** colonizar, establecer(se). **6.** i. calmar(se); asentar(se). **7.** s. *on*: decidirse.// **settled.** a. arraigado, establecido.// **settlement.** n. **1.** establecimiento, instalación. **2.** colonización, colonia, asentamiento. **3.** poblado, caserío. **4.** arreglo, conciliación. **5.** pago. **6.** donación.// **settler.** n. **1.** colonizador, poblador. **2.** árbitro, conciliador.

setup (setap). n. **1.** organización, estructura. **2.** porte, presencia. **3.** plan. **4.** situación. **5.** cubierto, servicio de mesa.

seven. a./n. siete.

seventeen (seventín). a./n. diecisiete.// **seventeenth.** a./n. decimoséptimo; diecisiete (en fechas).

seventh (sevendz). a./n. séptimo; siete (en fechas).

seventy. a./n. setenta.

several. a. **1.** varios. **2.** distinto; individual.// **severally.** adv. separadamente; respectivamente.// **severance.** n. **1.** separación, ruptura. **2.** cesantía.

severe (sevír). a. **1.** severo. **2.** grave, duro.// **severity.** n. **1.** severidad. **2.** gravedad.

sew (sou). tr. coser.// **sewing.** n. costura, labor.

sex. n. sexo.

sextet. n. sexteto.

sexton. n. sacristán.

sexual. a. sexual.// **sexuality.** n. sexualidad.

shabby. a. **1.** usado, raído. **2.** ruin.// **shabbiness.** n. **1.** estado ruinoso. **2.** ruindad.

shack (yak). n. choza, cabaña.

shackle. n. **1.** argolla, abrazadera. **2.** pl. grillos, esposas.// tr. **1.** esposar. **2.** estorbar.

shade (shéid). n. **1.** sombra. **2.** celosía, persiana. **3.** matiz. **4.** pantalla.// tr. **1.** esconder, ocultar. **2.** sombrear (dibujo).// **shadow.** n. **1.** sombra, oscuridad. **2.** vestigio. **3.** *to cast a s.*: dar sombra.// tr. **1.** sombrear. **2.** fig. seguirle los pasos a uno.// **shadowy.** a. **1.** sombrío, tenebroso. **2.** vago, impreciso.// **shady.** a. sombreado.

shaft. n. **1.** lanza, arpón. **2.** rayo; haz de luz. **3.** palo, vara. **4.** tallo. **5.** mango, asa. **6.** *Mec.* eje, árbol.

shake (shéik). tr. **1.** sacudir, agitar. **2.** debilitar. **3.** s. *hands*: dar(se) la mano. **4.** s. *off*: librarse de. **5.** estremecer, hacer temblar.// n. **1.** sacudida. **2.** estremecimiento, temblor. **3.** apretón de manos. **4.** batido.// **shaky.** a. **1.** tembloroso. **2.** vacilante.

shall. aux. Ver **apéndice gramatical.**

shallow (shálou). a. **1.** bajo, poco profundo. **2.** superficial.// **shallowness.** n. superficialidad.

sham. n. **1.** impostura. **2.** impostor.// a. simulado, falso.// tr. simular, pretender.

shame (shéim). n. **1.** vergüenza. **2.** pudor.// tr. avergonzar.// **shamefaced.** a. avergonzado.// **shameful.** a. vergonzoso.// **shameless.** a. desvergonzado.

shampoo (shampú). i./tr. lavar(se) la cabeza.// n. **1.** lavado de cabeza. **2.** champú.

shamrock. n. trébol.

shape (shéip). n. **1.** forma, aspecto. **2.** condición, estado. **3.** *out of s.*: deformado.// tr. **1.** formar, diseñar. **2.** dar forma.// **shapeless.** a. deforme.// **shapely.** a. bien formado.// **shaping.** n. conformación.

share (sher). n. **1.** porción, cuota. **2.** *Com.* acción. **3.** *the lion's s.*: la parte del león.// tr. **1.** partir, compartir. **2.** s. *out*: repartir. **3.** s. *in*: participar. **4.** *to go shares in*: compartir con otros.// **shareholder.** n. accionista; inversionista.

shark. n. **1.** tiburón. **2.** fam. estafador.

sharp. a. **1.** agudo, afilado. **2.** claro, nítido. **3.** penetrante. **4.** vivo, perspicaz. **5.** riguroso. **6.** *Mus.* sostenido. **7.** certero.// adv. **1.** vivamente. **2.** puntualmente.// **sharpen.** tr. **1.** afilar. **2.** agudizar.// **sharpener.** n. **1.** afilador. **2.** sacapuntas.// **sharpness.** n. **1.** agudeza. **2.** nitidez. **3.** acritud. **4.** astucia.

shatter. tr. **1.** destrozar, romper. **2.** frustrar, aniquilar.

shave (shéiv). i./tr. **1.** afeitar(se), rapar(se). **2.** cepillar (madera). **3.** rebanar. **4.** rozar.// n. **1.** afeitada. **2.** tajada.// **shaver.** n. afeitadora.// **shaving.** n. **1.** afeitada. **2.** cepillada.

she (shi). pron. ella.// n./prefijo. hembra: *she-bear* (osa).

shear (shir). tr. **1.** esquilar. **2.** podar.// **shears.** n. pl. **1.** tijeras grandes. **2.** cizalla.

sheath (shidz). n. **1.** vaina. **2.** envoltura.// **sheathe.** tr. **1.** envainar. **2.** guardar en un estuche.

shed. n. **1.** cobertizo, barraca.// tr. **1.** verter, derramar. **2.** difundir. **3.** mudar (pelo).

sheep (ship). n. **1.** oveja, carnero. **2.** piel o cuero de oveja.// **sheep dog.** n. perro ovejero. // **sheepfold.** n. redil, corral.// **sheepish.** a. tímido.// **sheepskin.** n. pergamino.

sheer (shir). a. **1.** delgado, transparente. **2.** escarpado, abrupto. **3.** verdadero.// adv. abruptamente.

sheet (shit). n. **1.** sábana. **2.** hoja. **3.** lámina, plancha. **4.** capa, cortina.

shelf. n. **1.** estante, anaquel. **2.** banco de arena. **3.** plataforma submarina; lecho de roca. **4.** *on the s.*: olvidado, arrinconado.

shell. n. **1.** cáscara; vaina. **2.** concha, caparazón. **3.** granada. **4.** cápsula, casquillo. **5** lancha liviana.// tr. **1.** descascarar; pelar. **2.** cañonear.// **shellac.** n. laca, barniz.// **shellfish.** n. molusco, crustáceo, marisco.// **shellproof.** a. a prueba de bombas.

shelter. n. refugio, amparo.// tr. refugiar.
shelve (shelv). tr. **1.** colocar en estantes. **2.** postergar, arrinconar.
shepherd (shéperd). n. pastor
sheriff. n. alguacil de policía.
sherry. n. jerez.
shield (shild). n. **1.** escudo. **2.** defensa. **3.** blindaje.// tr. escudar, amparar.
shift. tr. **1.** cambiar. **2.** desplazar. **3.** s. about: mover de un lado al otro. **4.** s. gears: cambiar de marcha (auto). **5.** arreglárselas.// n. **1.** cambio. **2.** turno. **3.** maña, ardid.// **shiftless.** a. inútil, inepto, ocioso.
shilling. n. chelín (moneda).
shimmy. n. vibración.// i. vibrar.
shin. n. Anat. canilla.// tr. trepar.
shine (shain). i. **1.** brillar. **2.** relucir. **3.** tr. hacer brillar; dirigir un haz de luz; lustrar.// n. **1.** brillo, resplandor. **2.** rain or s.: llueva o truene.
shingle (shíngl). n. **1.** guijarro. **2.** teja.
shiny (shaíni). a. brillante.
ship. n. **1.** buque, nave, barco.// tr. **1.** embarcar. **2.** enviar por (un transporte).// **shipboard.** n. on s.: a bordo.// **shipmate.** n. compañero de a bordo.// **shipment.** n. embarque, envío.// **shipping.** n. **1.** embarque. **2.** flota.// **shipper.** n. **1.** embarcador. **2.** remitente.// **shipwreck.** n. naufragio.// **shipyard.** n. astillero.
shirt (shert). n. **1.** camisa. **2.** blusa.
shiver. 1. i. tiritar, temblar. **2.** tr. flamear.// n. temblor, escalofrío.
shoal (shoul). n. **1.** cardumen. **2.** bajío.
shock. n. **1.** choque. **2.** golpe. **3.** sobresalto, susto. **4.** Med. conmoción.// tr. **1.** chocar (a). **2.** sobresaltar. **3.** conmover. **4.** escandalizar.
shoddy. a. burdo, de baja calidad.
shoe (shu). n. **1.** zapato, calzado. **2.** herradura. **3.** llanta. **4.** patín, zapata.// tr. **1.** calzar. **2.** herrar.// **shoeblack.** n. lustrabotas.// **shoehorn.** n. calzador.// **shoelace.** n. cordón de zapatos.// **shoemaker.** n. zapatero.
shoot (shut). tr. **1.** tirar, lanzar. **2.** disparar. **3.** herir o matar a tiros. **4.** cazar. **5.** fusilar. **6.** fotografiar, rodar, filmar. **7.** punzar. **8.** s. up.: crecer rápidamente.// n. **1.** disparo, tiro, lanzamiento. **2.** punzada. **3.** brote, vástago, retoño.// **shooter.** n. tirador.// **shooting.** n. disparo; lanzamiento.
shop. n. **1.** tienda, comercio. **2.** taller. **3.** tr. comprar.// **shopkeeper.** n. tendero, comerciante.// **shopper.** n. comprador.// **shopping.** n. **1.** compras. **2.** to go s.: ir de compras.
shore (shor). n. costa, ribera, orilla.
short. a. **1.** corto. **2.** breve. **3.** pequeño. **4.** bajo. **5.** seco, brusco. **6.** poco. **7.** for s.: para abreviar. **8.** s. of: escaso de.// n. **1.** corto (cine). **2.** pl. pantalones cortos.// **shortage.** n. déficit, escasez.// **short circuit.** n. cortocircuito.// **shortcoming.** n. defecto, falla.// **shorten.** i./tr. acortar(se), abreviar(se).// **shortening.** n. disminución, reducción.// **shortfall.** n. déficit.
shorthand. n. taquigrafía.
short-lived. a. de corta vida, efímero.
shortly. adv. **1.** en breve. **2.** en pocas palabras. **3.** descortésmente. **4.** s. after/before: poco después/antes.

shortsight (shortsait). n. miopía.// **shortsighted.** a. miope.
shot. n. **1.** disparo, tiro. **2.** bala. **3.** toma (foto, cine).// **shotgun.** n. escopeta.
should. aux. Ver apéndice gramatical.
shoulder (shóulder). n. **1.** hombro. **2.** borde (del camino). **3.** pl. espaldas. **4.** to give the cold s.: dar la espalda.// tr. **1.** empujar con los hombros. **2.** cargar sobre los hombros.// **shoulder blade.** n. omóplato.
shout (shaut). tr. gritar.// n. grito.
shove (shov). n. empujón.// tr. empujar.
shovel (shoval). n. pala.// tr. cavar con pala.
show (shou). tr. **1.** mostrar; lucir; exhibir. **2.** descubrir, revelar. **3.** demostrar. **4.** Der. alegar. **5.** s. off: alardear, fanfarronear. **6.** s. the way: dar el ejemplo. **7.** s. up: sacar a la luz. **8.** s. someone in/out: hacer pasar/acompañar hasta la puerta. **9.** i. mostrarse, aparecer; parecer; exhibirse (una película).// n. **1.** muestra, exhibición. **2.** apariencia. **3.** señal, indicio. **4.** función, programa.// **showcase.** n. vitrina.
showdown (shoudaun). n. confrontación, ajuste de cuentas.
shower (shóuer). n. **1.** exhibidor. **2.** aguacero. **3.** fig. lluvia. **4.** ducha.// i. **1.** fig. llover. **2.** ducharse. **3.** tr. regar.
showman. n. director o productor teatral.
showroom (shourrum). n. sala de exposición.
showy (shoui). a. vistoso, ostentoso.
shred. n. **1.** filamento. **2.** fragmento. **3.** pl. in s.: hecho pedazos.// tr. despedazar.
shrewd (shrud). a. astuto, sagaz.// **shrewdness.** n. astucia.
shrill (shril). a. agudo, estridente.// n. chillido.
shrimp. n. camarón, langostino.
shrine (shrain). n. **1.** relicario. **2.** santuario.
shrink. i./tr. **1.** encoger(se), contraer(se). **2.** acobardarse.// **shrinkage.** n. **1.** contracción, encogimiento. **2.** merma, pérdida.
shroud (shraud). n. **1.** mortaja, sudario. **2.** cubierta.// tr. **1.** amortajar. **2.** ocultar.
shrub (shrob). n. arbusto.// **shrubbery.** n. arbustos, maleza.
shrug (shrog). i. encogerse de hombros.
shuffle (shófl). tr. **1.** mezclar. **2.** barajar. **3.** arrastrar los pies. **4.** i. andar con rodeos.
shunt. tr. desviar, apartar, derivar.
shut (shat). tr. **1.** cerrar. **2.** encerrar. **3.** s. down: bajar (persiana, ventana). **4.** s. off: aislar; cortar. **5.** s. up: hacer callar; reducir.// **shutdown.** n. paro laboral.// **shutter.** n. **1.** postigo; persiana. **2.** obturador, disparador (foto).
shuttle (shótl). n. **1.** lanzadera. **2.** trasbordador.
shy. a. **1.** tímido, apocado. **2.** cauteloso.// i. asustarse, apocarse.// **shyness.** n. timidez.
sick. a. **1.** enfermo. **2.** pálido, demacrado. **3.** to be s. at heart: estar afligido. **4.** to be s. for: anhelar. **5.** to be s. of: estar harto de. **6.** to make s.: provocar náuseas. **7.** pl. the s.: los enfermos.// **sicken.** i./tr. enfermar(se); marear(se).// **sickening.** a. nauseabundo.
sickle (sikl). n. hoz.
sickly. a. enfermizo.// **sickness.** n. enfermedad; náusea.

side (said). n. **1.** lado, costado. **2.** cara. **3.** ladera. **4.** bando, facción. **5.** aspecto, fase.// a. lateral; secundario; indirecto.// i. estar al o del lado de.
sideboard. n. aparador.
sideline. n. **1.** actividad secundaria. **2.** ramal secundario. **3.** on the s.: sin tomar parte.// **sidelong. 1.** adv. lateralmente, oblicuamente. **2.** a. de soslayo.
siderurgy (sideradchi). n. siderurgia.
sidetrack. n. desvío.// tr. desviar.
sidewalk (saiduok). n. acera, vereda.
sideways (saidueis). adv. de costado.
siege (sidch). n. sitio, asedio.// tr. sitiar.
sieve (siv). n. tamiz, colador.// tr. tamizar, colar.
sigh (sai). n. suspiro.// i. suspirar.
sight (sait). n. **1.** vista, visión. **2.** mirada, vistazo. **3.** percepción. **4.** campo visual. **5.** lugar de interés. **6.** by s.; de vista. **7.** s. unseen: sin revisar. **8.** to come in s.: asomar. **9.** to loose s. of: perder de vista. **10.** out of my s.!: ¡fuera de mi vista!// **sightless.** a. ciego.// **sight-seeing.** n. paseo a lugares de interés.
sign (sain). n. **1.** signo. **2.** seña, gesto. **3.** aviso, señal. **4.** muestra, prueba. **5.** s. and contersign: santo y seña. **6.** s. language: lenguaje de señas.// tr. **1.** firmar. **2.** santiguarse. **3.** s. over: traspasar, ceder. **3.** s. up: firmar/cerrar un contrato.// **signal. 1.** n. señal, contraseña, aviso, indicación. **2.** a. notable, insigne. **3.** tr. indicar por señales.// **signatory.** a. firmante.// **signature.** n. firma.
significance (signíficans). n. significado; importancia.// **significant.** a. significativo, importante.// **signify.** i./tr. significar; tener importancia.
signpost. n. poste indicador, señal de poste.
silence (sáilens). **1.** n. silencio. **2.** tr. silenciar, acallar.// **silencer.** n. silenciador.// **silent.** a. **1.** callado, silencioso. **2.** mudo (cine).
silhouette (siluét). n. silueta.
silicon (sí-). n. silicio.
silk. n. seda.// **silken.** a. sedoso.// **silkworm.** n. gusano de seda.
sill. n. alféizar (ventana); umbral (puerta).
silly. a. **1.** tonto, bobo. **2.** ridículo.
silo (sáilo). n. silo.// tr. almacenar en silo.
silver (síl-). n. **1.** plata. **2.** vajilla de plata.// **silversmith.** n. platero.
similar (sí-). a. similar.// **similarity.** n. similitud.// **simile.** n. símil.
simmer (sí-). tr. cocer o hervir a fuego lento.
simper (sí-). n. sonrisa tonta.
simple (símpol). a. **1.** simple, solo. **2.** sencillo. **3.** humilde. **4.** cándido.// **simpleton.** n. bobalicón.// **simplicity** (-plí-). n. **1.** sencillez, simplicidad. **2.** tontería.// **simplify.** tr. simplificar.// **simplification.** n.// **simply.** adv. **1.** sencillamente. **2.** solamente.
simulate (símioleit). tr. simular.// **simulation.** n.
simultaneous (saimolténios). a. simultáneo.
sin. n. **1.** pecado. **2.** pl. the seven deadly s.: los siete pecados capitales.// i. pecar.
since (sins). adv. **1.** desde, desde entonces. **2.** long s.: desde hace mucho tiempo.// prep. desde, después de.// conj. desde que, después que.
sincere (sincír). a. sincero.// **sincerely.** adv. sinceramente.// **sincerity.** n. sinceridad.
sinew (síniu). n. **1.** tendón. **2.** fig. vigor, fibra.// **sinewy** (sínui). a. **1.** tendinoso. **2.** vigoroso.

sinful. a. pecaminoso.
sing. cantar.// **singer.** n. cantante, cantor.
single (síngl). a. **1.** solo. **2.** único. **3.** soltero. **4.** sencillo. **5.** singular. **6.** sincero.// **singlehanded.** a. hecho sin ayuda ajena.// **single-minded.** a. **1.** con un solo propósito. **2.** sincero.// **singly.** adv. **1.** individualmente. **2.** sin ayuda.
singular (sínguiuler). a./n. singular.// **singularity.** n.
sinister (sí-). a. siniestro.
sink. i. **1.** hundir(se). **2.** caer, bajar. **3.** sumirse. **4.** declinar. **5.** decaer, debilitarse. **6.** tr. hundir, sumergir, hechar a pique.// n. **1.** sumidero, vertedero, pileta. **2.** Geol. depresión.
sinner. n. pecador.
sinuous (sínioes). a. sinuoso; intrincado.
sinus (sáines). n. seno.
sip. i./tr. sorber, beber a sorbos.// n. sorbo.
siphon (sáifon). n. sifón.
sir (ser). n. señor, caballero.// **sire.** n. majestad.
siren (sáiren). n. sirena.
sister (síster). n. hermana.// **sister-in-law.** f. cuñada.
sit. i. **1.** tomar asiento; estar sentado. **2.** posarse. **3.** reunirse, sesionar. **4.** sentar, caer (bien o mal). **5.** s. at ease: arrellanarse. **6.** s. down: sentarse. **7.** s. for: ser diputado por. **8.** s. on: ser miembro de (junta, comité). **9.** s. up: quedarse en vela; enderezarse.// tr. **1.** sentar, ubicar. **2.** mandar a sentarse. **3.** tener asientos o sitio. **4.** s. out: quedarse hasta el final.
site (sáit). n. sitio; lugar; local.// tr. ubicar.
sitting. n. **1.** incubación. **2.** sesión. **3.** asiento.
sitting room. n. sala de estar, salón.
situated (sichéited). a. **1.** situado. **2.** acomodado, adinerado.
situation (sichuéshon). n. **1.** puesto, colocación. **2.** situación, posición.
six. a./n. seis.// **sixfold.** a. séxtuplo; seis veces.
sixteen (-tín). a./n. dieciséis.// **sixteenth.** a./n. decimosexto; dieciséis (en fechas).
sixth. a./n. sexto; seis (en fechas).
sixty. a./n. sesenta.
sizable (sálsabl). a. grande, considerable.// **size.** n. **1.** tamaño. **2.** talle. **3.** importancia. **4.** tr. clasificar o medir según el tamaño.
skate (skei). **1.** n. patín. **2.** i. patinar.// **skater.** n. patinador.
skein. n. **1.** madeja. **2.** bandada.
skeleton (skelton). n. esqueleto.
skeptic. a./n. escéptico.// **skepticism.** n.
sketch. n. esbozo, bosquejo, esquema, borrador.// tr. esbozar, bosquejar.
skewer (skiúer). n. brocheta; pinche.
ski. n. esquí.// i. esquiar.
skid. n. resbalón, patinazo.// **1.** tr. deslizar sobre rodillos. **2.** patinar, resbalar.
skill. n. habilidad, pericia.
skillet (skí-). n. sartén.
skillful. a. hábil, diestro.
skim. tr. **1.** desnatar. **2.** hojear. **3.** rozar, tocar.// **skim milk.** n. leche desnatada.
skimp. 1. tr. escatimar. **2.** i. economizar.// **skimpy.** a. escaso, limitado.
skin. n. **1.** piel. **2.** pellejo. **3.** odre.// tr. **1.** cubrir con piel. **2.** despellejar, desollar.// **skinny.** a. flaco, enjuto.

skip. i. **1.** saltar, brincar, hacer cabriolas. **2.** rebotar. **3.** pasar por alto. **4.** escapar, huir.// n. **1.** salto, cabriola. **2.** rebote.// **skipper.** n. **1.** saltador. **2.** Mar. capitán, patrón.

skirmish (skér-). n. escaramuza.

skirt (skert). n. **1.** falda. **2.** borde, orilla. **3.** pl. alrededores.// tr. bordear; dar un rodeo.

skit. n. burla.// **skittish.** a. vivo, juguetón.

skull (skol). n. cráneo.

skunk (skonk). n. zorrino, zorrillo.

sky (skai). n. cielo, firmamento.

skylark. n. alondra.

skylight (skailait). n. claraboya.

skyscraper (skaiskreiper). n. rascacielos.

slab. n. trozo plano y grueso.

slack. a. **1.** flojo, suelto. **2.** descuidado.// tr. relajar, aflojar.// **slacken.** tr. **1.** aflojar. **2.** disminuir. **3.** volverse negligente.

slam. tr. **1.** cerrar de un golpe. **2.** fam. criticar duramente.// n. golpe; portazo.

slander. **1.** n. calumnia. **2.** tr. difamar.// **slanderer.** n. difamador.

slang. n. jerga; lenguaje popular.

slant. n. inclinación.// i./tr. inclinar(se).

slap. n. **1.** palmada. **2.** bofetada.// tr. **1.** dar una palmada. **2.** abofetear.

slash. n. cuchillada, tajo.// tr. acuchillar.

slate (sleit). n. **1.** pizarra. **2.** pizarrón.

slattern. n. mujer sucia y desaliñada.

slaughter (slóter). n. **1.** matanza de reces. **2.** matanza, carnicería.// tr. **1.** sacrificar reces. **2.** masacrar.// **slaughterhouse.** n. matadero.

slave (sleiv). n. esclavo.// **slavery.** n. esclavitud.// **slavish.** a. servil.

slay (slei). tr. asesinar.// **slayer.** n. asesino.

sled. n. trineo.// **sledge.** n. trineo de carga.

sleep (slip). n. sueño, descanso, reposo.// i./tr. **1.** dormir. **2.** s. at/in: dormir en. **3.** s. on it: consultar con la almohada. **4.** s. out: dormir afuera. **5.** s. with: dormir con, acostarse con.// **sleepiness.** n. soñolencia.// **sleepless.** a. desvelado.// **sleepy.** a. soñoliento.

sleet (slit). n. aguanieve.

sleeve (sliv). n. manga.

sleigh (slei). n. trineo.// i. ir en trineo.

sleight (sleit). n. **1.** artificio; destreza. **2.** s. of hand: prestidigitación.

slender (slé-). a. **1.** delgado, esbelto. **2.** leve, escaso.

slice (slais). n. **1.** rebanada. **2.** espátula.// tr. rebanar, tajar.

slick. tr. **1.** pulir, suavizar. **2.** s. up: refinar; acicalar.// a. ingenioso; embaucador.

slide (sláid). i. **1.** resbalar (se). **2.** deslizarse. **3.** patinar. **4.** moverse con sigilo. **5.** s. over: pasar por alto. **6.** let things s.: dejar pasar las cosas. **7.** tr. hacer deslizar o resbalar.// n. **1.** resbalón, desliz. **2.** tobogán. **3.** platina (microscopio). **4.** diapositiva.

slide rule. n. regla de cálculo.

slight (slait). a. **1.** flaco, delgado. **2.** delicado. **3.** ligero. **4.** escaso. **5.** superficial, trivial.// tr. **1.** menospreciar. **2.** descuidar.// n. menosprecio; desdén.// **slightly.** adv. ligeramente, un poco.

slim. a. **1.** delgado, flaco. **2.** leve. 3 escaso, poco.// **1.** i./tr. adelgazar. **2.** hacer bajar de peso.

slime (slaim). n. cieno, fango.// tr. embarrar.// **slimy.** a. fangoso.

sling. n. **1.** honda. **2.** cabestrillo.// tr. **1.** tirar con honda. **2.** poner cabestrillo.

slip. i. **1.** escabullirse, escaparse. **2.** deslizarse, resbalar. **3.** soltarse, zafarse. **4.** pasar rápida o suavemente. **5.** s. away: huir. **6.** s. by: correr (tiempo, agua). **7.** s. down: descolgarse. **8.** s. in/out: introducirse/salir en secreto. **9.** s. one's mind: olvidársele a uno.// n. **1.** resbalón. **2.** desliz. **3.** huida. **4.** enaguas. **5.** funda de almohada.// a. escurridizo, resbaladizo.

slipper. n. pantufla.

slippery. a. **1.** resbaloso. **2.** astuto, evasivo.

slit. tr. rajar, partir.// n. hendidura, ranura.

slobber (sló-). i. babear.

slogan (slóugan). n. **1.** consigna. **2.** lema publicitario.

slope (slóup). n. **1.** inclinación, declive, pendiente. **2.** cuesta, ladera.// i./tr. inclinar(se); sesgar(se).

sloppy. a. **1.** húmedo, mojado. **2.** desordenado.

slot. n. ranura, muesca.

sloth (slodz). n. pereza.// **slothful.** a. holgazán.

slovenly. a. desaliñado, sucio, descuidado.

slow (slou). a. **1.** lento. **2.** torpe. **3.** atrasado (reloj). **4.** aburrido.// **slowly.** adv. lentamente.

slug. n. **1.** Zool. babosa. **2.** bala.

sluggish (slóguish). a. **1.** perezoso. **2.** lento.

slump. i. **1.** hundirse, desplomarse. **2.** Com. baja repentina.

slur (sler). tr. **1.** manchar. **2.** difamar. **3.** farfullar. **4.** pasar por alto. **5.** Mus. unir dos o más notas.// n. **1.** mancha. **2.** difamación. **3.** Mus. unión de notas.

sly (slai). a. **1.** mañoso, solapado. **2.** fam. hábil, astuto. **3.** on the s.: a escondidas.

smack. n. **1.** dejo, sabor. **2.** pizca, tris. **3.** chasquido. **4.** palmada. **5.** beso sonoro.// tr. **1.** hacer un chasquido. **2.** besar sonoramente. **3.** dar una palmada. **4.** i. chasquear. **5.** s. of: saber/oler a.

small (smol). a. **1.** pequeño. **2.** poco. **3.** insignificante.

smallpox. n. viruela.

smart. a. **1.** inteligente, vivo, ingenioso, agudo. **2.** alerta. **3.** elegante.// i. **1.** escocer, picar. **2.** sufrir, dolerse.

smash. tr. **1.** destrozar(se); hacer(se) pedazos. **2.** golpear con violencia. **3.** destruir. **4.** s. into: embestir. **6.** s. through: abrirse paso a la fuerza. **7.** s. up: aniquilar.// **smashup.** n. **1.** colisión violenta. **2.** ruina.

smattering. n. noción superficial, conocimientos generales sobre un tema.

smell. n. olor, olfato.// tr. **1.** oler. **2.** s. out: husmear. **3.** s. of: oler a.// **smelly.** a. maloliente.

smog. n. mezcla de humo y niebla.

smoke (smouk). n. humo.// i./tr. **1.** fumar. **2.** humear.// **smoker.** n. fumador.// **smokestack.** n. chimenea.// **smoking.** **1.** a. humeante. **2.** n. el fumar.// **smoky.** a. humeante; ahumado.

smolder (smóul-). i. arder en llamas.// n. rescoldo.

smooth (smudz). a. **1.** liso, plano. **2.** uniforme, continuo. **3.** afable, sereno. **4.** grato.// tr. **1.** alisar, pulir. **2.** calmar. **3.** suavizar.// **smoothness.** n. **1.** suavidad. **2.** serenidad; afabilidad.

smother (smódzer). n. **1.** sofoco. **2.** confusión.// tr. **1.** sofocar; ahogar. **2.** suprimir.
smudge (smodch). n. **1.** tizne. **2.** humo denso.// i./ tr. tiznar(se); manchar(se).
smuggle (smogl). i./tr. contrabandear.// **smuggler.** n. contrabandista.
snack. n. refrigerio; bocadillo.
snail (sneil). n. **1.** caracol. **2.** *at a s.'s pace:* a paso de tortuga.
snake (snéik). n. serpiente.// i. viborear.
snap. tr. **1.** mordiscar. **2.** hablar con irritación. **3.** romperse; crujir. **4.** hacer un chasquido o estampido. **5.** sacar una foto.// n. **1.** chasquido, crujido, estallido. **2.** mordisco. **3.** foto instantánea.// **snappy.** a. **1.** mordaz; irritable. **2.** enérgico. **3.** refrescante. **4.** crujiente. **5.** *make it s.!:* ¡hágalo rápido!// **snapshot.** n. foto instantánea.
snare (sner). n. trampa; tentación.
snatch. tr. **1.** agarrar, arrebatar. **2.** fig. raptar.// n. **1.** arrebato. **2.** rapto. **3.** rato. **4.** trozo.
sneak (snik). i. escabullirse; andar a hurtadillas.// n. **1.** salida furtiva. **2.** ladrón de guante blanco. **3.** pl. zapatillas de gimnasia.
sneer (snir). i. hablar o reír despectivamente.
sneeze (snis). i. estornudar.// n. estornudo.
snicker. n. risita.// i. reír con disimulo.
sniff. tr. olfatear, husmear; aspirar.// n. **1.** aspiración. **2.** desdén.// **sniffy.** a. altivo, desdeñoso.
snip. tr. cortar de un tijeretazo.// n. **1.** tijeretazo. **2.** recorte, retazo.
sniper (snaiper). n. franco tirador.
snob. n. esnob, presuntuoso.
snoop (snup). tr. curiosear, husmear.// n. husmeador, curioso.
snooze (snus). n. siesta.// tr. dormitar.
snore (snor). i. roncar.// n. ronquido.
snorkel. n. tubo de respiración.
snot. n. moco.
snout (snaut). n. hocico.
snow (snou). n. **1.** nieve.// i./tr. nevar.// **snowfall.** n. nevada.// **snowflake.** n. copo de nieve.// **snowshoe.** n. raqueta de nieve.// **snowstorm.** n. tormenta de nieve.// **snowy.** a. cubierto de nieve.
snub (snob). tr. **1.** rechazar; desairar; humillar. **2.** detener bruscamente.// n. repulsa, rechazo, desaire.
snub-nosed. a. ñato, chato.
snuff (snof). tr. **1.** aspirar; oler. **2.** *s. out:* apagar.// n. olfateo.
snug (snog). a. cómodo; abrigado.// tr. acomodar;, abrigar.
so (sou). adv. **1.** así, de este modo. **2.** tan, tanto. **3.** también. **4.** *and so on:* y así sucesivamente. **5.** *in so far as:* hasta donde. **6.** *just so:* ni más ni menos. **7.** *or so:* más o menos (después de cantidades). **8.** *so long:* hasta pronto. **9.** *so much:* tanto. **10.** *so so:* tal cual. **11.** *so much:* tanto. **12.** *so that:* de modo que. **13.** *so to say:* por decirlo así.// conj. así que, pues, por lo tanto, para que.// n. Mus. sol.// **so-and-so.** n. fulano.
soak (souk). i./tr. **1.** empapar(se). **2.** beber en exceso. **3.** *soaked to the skin:* calado hasta los huesos.
soap (soup). n. jabón.// tr. enjabonar.// **soap dish.** n. jabonera.// **soap opera.** n. novelón.// **soap-**

suds. n. espuma o pompas de jabón.// **soapy.** a. jabonoso.
soar (sor). i. remontarse, encumbrarse, elevarse.
sob. i. sollozar.// n. sollozo.
sober (sóuber). a. **1.** sobrio. **2.** serio. **3.** sensato.// **sobriety.** n. sobriedad; seriedad.
so-called (soukeld). a. llamado, así llamado.
soccer (sóker). EE.UU. fútbol.
social (sóushal). a. social.// **socialism.** n.// **socialist.** a./n.// **socialize** (-lais). tr. socializar.// **society** (sosáieti). n. sociedad.// **sociology** (-lódchi). n.// **sociologist.** n. sociólogo.
sock. n. calcetín, media.
socket (só-). n. **1.** cuenca. **2.** portalámpara.
sod. n. césped.// tr. cubrir de césped.
soda (souda). n. **1.** soda. **2.** gaseosa.// **sodium.** n. sodio.
sodomy (sódomai). n. sodomía.// **sodomit.** n.
sofa (sóufa). n. sofá.
soft. a. **1.** blando. **2.** tierno. **3.** suave. **4.** templado// **soften.** i./tr. ablandar(se); suavizar(se).//
softhearted. n. bondadoso.// **software.** n. conjunto de programas y sistemas de informática.
soggy (sógui). a. **1.** empapado. **2.** blando, pastoso. **3.** aburrido, pesado.
soil. n. **1.** suelo, tierra. **2.** mancha, suciedad.// i./tr. ensuciar(se).
solace (sólas). n. solaz; consuelo.// tr. consolar.
solar (sóuler). a. solar.
solder (sólder). n. soldadura.// i./tr. soldar(se).
soldier (sóuldzier). n. soldado, militar.
sole (soul). n. **1.** planta del pie. **2.** suela. **3.** lenguado (pez).// a. **1.** solo. **2.** soltero.// **solely.** a. únicamente.
solemn (só-). a. solemne.// **solemnity.** n.
solicit (-lí-). tr. **1.** reclamar, solicitar, pedir. **2.** inducir, atraer.// **solicitant.** n.// **solicitor.** n. **1.** GB abogado. **2.** EE.UU. el que pide contribuciones.// **solicitous.** a. solícito.// **solicitude.** n. solicitud, afán.
solid (sólid). **1.** a./n. sólido. **2.** a. cúbico; unánime.// **solidarity** (-dá-). n. solidaridad.// **solidary.** a.// **solidify** (solidífai). i./tr. solidificar(se).// **solidity.** n. solidez.// **solid-state.** a. Electr. a. de estado sólido.
soliloquy (solílokui). n. soliloquio.
solitary (só-). a./n. solitario.// **solitude.** n. soledad.
solo. n. Mus. solo.// **soloist.** n. solista.
solution (solúshon). n. solución.
solve (solv). tr. resolver, solucionar.
solvency (sól-). n. solvencia.// **solvent.** a. **1.** solvente. **2.** soluble. **3.** n. solvente, disolvente.
somber (sóm-). a. sombrío.
some (som). a. **1.** algún, alguno. **2.** algunos. **3.** cerca de, más o menos.// pron. algunos, algo, un poco.// adv. algo, un poco.// **somebody. 1.** n. alguien. **2.** pron. alguien, alguno. **3.** *s. else:* algún otro, otra persona.// **someday.** adv. algún día.// **someone.** pron. alguien, alguno.// **someplace.** adv. en/hacia alguna parte.
somersault (somersolt). n. **1.** salto mortal. **2.** fig. cambio total de actitud u opinión.
something (samzing). n. **1.** algo, alguna cosa. **2.** *or s.:* o algo así. **3.** *s. else:* otra cosa, algo más. **4.** *s. of a:* medio (seguido de cualidad). **5.** *s. or other:* una cosa u otra.// adv. algo, un poco, cerca de.

sometime (samtaim). adv. algún día, alguna vez, un día de estos.// **sometimes.** adv. a veces, de vez en cuando.// **someway.** adv. de algún modo.// **somewhat. 1.** s. algo, un poco, en cierto modo, algo/alguien importante. **2.** adv. algo, un poco.// **somewhere.** adv. **1.** en/hacia alguna parte. **2.** s. *else:* en/hacia otra parte.

son. m. hijo.

song. n. **1.** canto, canción. **2.** poesía, versos.// **songwriter.** n. compositor de música o letra para canciones.

sonic. sónico.

son-in-law. n. yerno.

sonnet. n. soneto.

sonorous (sonóres). a. sonoro, resonante.

soon (sun). adv. **1.** pronto, en breve. **2.** temprano. **3.** *as s. as:* tan pronto como. **4.** *how s.?:* ¿cuándo? **5.** *no sooner:* no antes; apenas. **6.** *the sooner the better:* cuanto antes, mejor. **7.** *sooner or later:* tarde o temprano.

soot (sut). n. hollín, tizne.

soothe (sudz). tr. **1.** calmar. **2.** halagar.

sop. i./tr. **1.** empapar(se); ensopar(se). **2.** s. *up:* absorber.

sophistication (sofistikéishon). n. **1.** sofisticación. **2.** sutileza, refinamiento. **3.** complejidad.

sophistry (sófistri). n. sofisma.

soporific (-rí-). a. soporífero.

soprano (-pránou). n. soprano.

sorcerer (sór-). m. brujo, hechicero.// **sorceress.** f. bruja, hechicera// **sorcery.** n. hechicería.

sordid (sór-). a. sórdido.// **sordidness.** n. sordidez.

sore (sor). a. **1.** dolorido. **2.** inflamado. **3.** arduo. **3.** triste.// n. **1.** úlcera, llaga. **2.** dolor, disgusto.// **soreness.** n. **1.** estado de dolor. **2.** amargura. **3.** rigor.

sorrow (sórou). n. dolor, pesar, pena.// i. dolerse, arrepentirse.// **sorrowful.** a. pesaroso; arrepentido.// **sorry.** a. **1.** doloroso, penoso. **2.** triste. **3.** triste, afligido. **4.** *s.!:* ¡perdón!, ¡lo siento! **5.** *to be s.:* sentirlo, arrepentirse.

sort. n. **1.** clase, tipo, variedad. **2.** forma, modo. **3.** índole, naturaleza.

soul. n. **1.** alma, espíritu. **2.** fig. persona.

sound (saund). a. **1.** sano, saludable. **2.** ileso. **3.** firme. **4.** correcto. **5.** seguro. **6.** profundo. **7.** a. sonoro, de sonido.// n. **1.** sonido; ruido.// i. **1.** sonar. **2.** resonar. **2.** parecer.// tr. **1.** sonar, tocar. **2.** expresar. **3.** sondear; *Med.* explorar con sonda.// **soundless.** a. silencioso, mudo.// **soundness.** n. salud; firmeza; rectitud.

soup (sup). n. **1.** sopa. **2.** fam. *in the s.:* en apuros.

sour (saur). a. **1.** ácido, agrio. **2.** rancio. **3.** malhumorado.

source (sors). n. fuente, origen.

south (saudz). **1.** n. sur. **2.** a. meridional, sureño. **3.** adv. hacia el sur.// **southeast.** n. sudeste.// **southern.** a. meridional, sureño.// **Southerner.** n. sureño.// **southwest.** n. suroeste, sudoeste.

souvenir (súvenir). n. recuerdo.

sovereign (sóvrein). a./n. soberano.// **sovereignty.** n. soberanía.

soviet (sóuviet). **1.** n. sóviet. **2.** a. soviético.

sow (sau). i./tr. sembrar.// n. marrana.

soya (sóia), **soybean** (soibin). n. soja.

space (speis). **1.** n. espacio. **2.** a. espacial. **3.** tr. espaciar.// **spacecraft.** n. nave espacial.// **spaceman(woman).** m./f. astronauta.// **spacious.** a. espacioso.

spade (speid). n. pala, azada.

span. n. **1.** cuarta, palmo. **2.** tramo. **3.** lapso. **4.** yunta.// tr. **1.** medir. **2.** extender.

spangle (spángl). n. lentejuela.// tr. adornar, con lentejuelas; tachonar.

Spaniard. n. español.

spaniel. n. perro de aguas.

Spanish. 1. a/n. español. **2.** n. castellano.

spank. tr. dar palmada, azotar.// **spanking. 1.** a. asombroso. **2.** fuerte (viento). **3.** n. zurra, paliza.

spare (sper). tr. **1.** escatimar, no usar, privarse de. **2.** ahorrar. **3.** exceptuar. **4.** perdonar. **5.** conceder, dedicar. **6.** preocuparse.// a. **1.** disponible, sobrante, de repuesto. **2.** libre, de ocio. **3.** frugal, parco. **4.** mezquino.// n. **1.** reserva, repuesto. **2.** rueda de auxilio. **3.** *Sp.* jugador de reserva.

spark. n. **1.** chispa. **2.** centella. **3.** resplandor. **4.** *Mec.* encendido de bujías.// tr. chispear, echar chispas.// **sparkle. 1.** n. destello, chispa. **2.** centellear.// **sparkling.** a. **1.** centelleante, chispeante. **2.** efervescente.

sparrow (spárou). n. gorrión.

sparse (spars). a. disperso, escaso, ralo.

spasm. n. espasmo.// **spasmodic.** a.

spatter (-pá-). tr. salpicar.// n. salpicadura.

speak (spik). i. **1.** hablar. **2.** sonar. **3.** *so to s.:* como quien dice. **4.** s. *about:* hablar de/acerca de. **5.** s. *for:* hablar por (en favor, en nombre de). **6.** s. *ill of:* hablar mal de. **7.** s. *out:* hablar claro. **8.** s. *up:* hablar en voz alta.// **speaker.** n. **1.** orador. **2.** portavoz. **3.** altavoz.// **speaking.** a. hablante, que habla.

spear (spir). n. lanza; arpón.

special (spéshal). a. **1.** especial. **2.** específico. **3.** cosa o persona especial.// **specialist.** a./n.// **specialization.** n.// **specialize.** i./tr. especializar(se).// **specialty.** n. especialidad.

specie (spíshi). n. moneda, metálico.

species (spíshis). n. especie, variedad.

specification (spisifikíishon). n. especificación.// **specific.** a.// **specify.** tr. especificar.

specimen (spé-). espécimen; muestra.

speck. n. **1.** manchita, mota. **2.** partícula. **3.** tr. manchar, motear.// **speckle. 1.** n. manchita, puntito. **2.** tr. manchar, salpicar.

spectacle (spéktacl). n. espectáculo.// **spectacled.** a. que usa gafas.// **spectacles.** n. pl. anteojos, gafas.// **spectacular.** a. espectacular.

spectator (spéktéitor). n. espectador.

specter (spék-). n. espectro, aparición.// **spectroscope.** n. espectroscopio.// **spectrum.** n. *Fís.* espectro.

speculate (spékiuleit). i. especular.// **speculation.** n.// **speculative.** a.// **speculator.** n.

speech (spich). n. **1.** habla, palabra. **2.** idioma, lenguaje. **3.** discurso. **4.** *to make a s.:* pronunciar un discurso.// **speechless.** a. **1.** sin habla. **2.** *to be left s.:* quedarse sin habla.

speed (spid). n. **1.** velocidad, rapidez. **3.** *at full s.:* a toda velocidad. **4** *to put on s.:* acelerar.//**1.** i. correr, apurarse. **2.** tr. despachar, despedir.

speedboat (spidbout). n. lancha de carreras.
speedily. adv. velozmente.// **speedometer.** n. velocímetro. // **speedy.** a veloz.// **speedway.** n. 1. carril de tránsito rápido. 2. pista de carreras.
spell. tr. 1. deletrear; tener (buena o mala) ortografía. 2. significar. 3. hechizar, encantar. 4. relevar, reemplazar.// m. 1. hechizo. 2. turno. 3. tanda. 4. temporada.// **spellbound.** a. encantado, hechizado.// **spelling.** n. ortografía, deletreo.
spend. tr. 1. gastar. 2. emplear. 3. pasar (tiempo).// **spender.** a. gastador, derrochador.
sperm. n. esperma, semen.
sphere (sfir). n. esfera.// **spherical.** a. esférico.
spew (spiu). i./tr. vomitar.// n. vómito.
sphinx (sfinks). n. esfinge.
spice (spais). n. 1. especia. 2. aroma. 3. sazón, sabor.// tr. sazonar.// **spicy.** a. condimentado.
spider (spáider). n. araña.
spike (spaik). n. 1. púa. 2. clavo largo. 3. espiga.// tr. 1. clavar. 2. perforar.
spill. tr. 1. derramar. 2. divulgar. 3. tumbar, hacer caer.
spin. tr. 1. hilar. 2. hacer girar. 3. dar efecto. 4. i. girar, dar vueltas.// n. vuelta, giro, rotación.
spinach (spí-). n. espinaca.
spinal (spainal). n. espinal.
spindle. n. huso; perno; eje.// i. espigarse.
spine (spain). n. 1. espina, púa. 2. espina dorsal, espinazo.// **spineless.** a. invertebrado.
spinner (spí-). n. hilandero.// **spinning.** n. hilado; hilandería.
spinster. f. solterona.
spiral (spairal). a./n. espiral.
spire (spair). n. 1. brizna. 2. chapitel. 3. rosca.
spirit (spí-). n. 1. espíritu. 2. alcohol. 3. pl. licor fuerte.// **spirited.** a. animoso, vivo.// **spiritual.** a. 1. espiritual. 2. EE. UU. canto religioso de los negros.// **spiritualism.** n. espiritismo.// **spirituous.** n. espirituoso (licores)
spit. i./tr. escupir.// n. escupitajo.
spite (spait). n. 1. despecho, rencor. 2. in s. of: a pesar de. 3. out of s.: por despecho.// tr. 1. despechar. 2. fastidiar.// **spiteful.** a. resentido.
splash. tr. 1. salpicar. 2. rociar. 3. exhibir o publicar llamativamente. 4. chapalear.// n. salpicadura; manchón.
spleen (splín). n. 1. bazo. 2. melancolía; malhumor.
splendid (splén-). a. espléndido.// **splendor.** n. esplendor.
splint. n. 1. astilla, esquirla. 2. Med. entablillado.// tr. Med. entablillar.// **splinter.** 1. n. astilla, esquirla. 2. i./tr. astillar(se).
split. tr. 1. rajar, partir. 2. resquebrajar. 3. s. one's sides: desternillarse (de risa). 4. s. up: repartir; fraccionar; separar(se).// n. 1. grieta, fisura. 2. división, cisma.
spoil. tr. 1. estropear(se), averiar(se). 2. mimar, consentir. 3. despojar, desposeer.// **spoilage.** n. 1. corrupción. 2. desecho.
spoke (spouk). n. radio, rayo de rueda.
spoken (spouken). a. oral, hablado.// **spokesman.** n. vocero.
sponge (spondch). 1. esponja. 2. fam. vividor, sablista, manguero.// **spongecake.** n. bizcochue-

lo.// **sponger.** n. sablista, manguero.// **spongy.** a. esponjoso, poroso.
sponsor (spónser). n. 1. fiador, garante. 2. patrocinador. 3. padrino.// tr. patrocinar, apadrinar.
spontaneity (-níiti). n. espontaneidad.// **spontaneous.** a. espontáneo.
spool (spul) n. carrete, bobina.// tr. devanar.
spoon (spun). n. cuchara.// **spoonful.** n. cucharada.
sporadic (sporádic). a. esporádico.
sport. n. 1. deporte. 2. recreación, diversión. 3. broma.// i. 1. jugar. 2. practicar deportes. 3. divertirse.// **sportive.** a. deportivo; bromista.// **sports.** a. deportivo.// **sportsman** (-woman). m./f. deportista.
spot. n. 1. mancha; defecto; falta. 2. lunar. 3. lugar, paraje. 4. on the s.: en el acto, sobre el terreno. 5. tender s.: punto débil.// tr. 1. manchar, mancillar. 2. situar, emplazar.// **spotless.** a. inmaculado.// **spotlight.** 1. n. proyector. 2. tr. iluminar con proyector.// **spotted.** a. moteado.
spouse (spaus). n. esposo, esposa.
spout (spaut). tr. echar a borbotones.// n. 1. pico (vasija). 2. canilla, surtidor.
sprain (sprein). tr. dislocarse, torcerse (muñeca o tobillo).// n. torcedura, luxación.
spray (sprei). tr. 1. rociar. 2. pintar con rociador.// n. 1. rocío. 2. vaporizador.
spread (spred). tr. 1. extender, estirar. 2. desplegar. 3. esparcir, untar.// n. 1. extensión, expansión, difusión. 2. cobertor, colcha. 3. alimento untable.
spree (spri). n. parranda, juerga.
spring. tr. 1. saltar, rebotar. 2. salir, brotar. 3. originarse en, provenir. 4. torcerse, combarse. 5. rajarse (madera). 6. explotar, estallar. 7. s. at: abalanzarse sobre. 8. s. up: nacer, manar.// n. 1. resorte. 2. elasticidad. 3. brinco. 4. manantial. 5. primavera.// a. primaveral.// **springboard.** n. trampolín.// **springtime.** n. primavera.
sprinkle (srínkl). tr. rociar; espolvorear.
sprint. i. correr a toda velocidad.// Sp. n. carrera corta de velocidad.
sprout (spraut). i. brotar, germinar, echar.
spruce (sprus). n. abeto.// a. pulcro, elegante.// i. vestirse con esmero.
spur (sper). n. 1. espuela. 2. estímulo, acicate.// tr. espolear, acicatear.
spurious (spiúrios). a. espurio.
spurt (spert). n. 1. esfuerzo, arranque. 2. momento, rato. 3. chorro repentino.// i. 1. salir a chorros. 2. estar muy activo.
sputter (spóter). tr. farfullar.// n. balbuceo.
spy (spai). tr. 1. divisar. 2. espiar, acechar.// n. espía.// **spyglass.** n. largavista.
squabble (skuábl). i./tr. reñir.// n. riña.
squad. n. 1. cuadrilla, grupo, equipo. 2. escuadrón, patrulla.// **squadron.** n. escuadrón, escuadrilla.
squall (skuol). n. 1. ráfaga (viento); borrasca; chubasco. 2. chillido.// i./tr. chillar, gritar.
squander (skuánder). tr. derrochar.// n. despilfarro.
square (skuer). n. 1. cuadrado. 2. plaza, parque. 3. manzana (casas). 4. Mat. cuadrado (potencia). 5.

escuadra. **6.** *s. dance:* contradanza. **7.** *s. root:* raíz cuadrada.*//* tr. **1.** cuadrar. **2.** cuadricular. **3.** elevar al cuadrado. **4.** empatar. **5.** *s. a debt:* liquidar una deuda. **6.** *s. with:* conformar, conciliar. **7.** *s. away:* prepararse.*// a.* **1.** rectangular, cuadrado, cuadriculado. **2.** justo, ordenado. **3.** saldado.*//* **squarely.** adv. **1.** a escuadra. **2.** cara a cara. **3.** honradamente.

squash. tr. **1.** machacar. **2.** aplastar. **3.** reprimir.*//* n. **1.** pulpa, masa blanda. **2.** aplastamiento. **3.** *Sp.* juego de paleta. **4.** *GB* refresco, jugo. **5.** calabaza.

squat. 1. i. ponerse en cuclillas. **2.** tr. ocupar ilegalmente (terreno, edificio).

squawk (skuok). tr. **1.** graznar. **2.** hablar con voz chillona.*//* n. graznido.

squeak (skuik). i. **1.** chirriar. **2.** pronunciar en voz chillona. **3.** *s. by:* ingeniarse. **4.** *s. through:* pasar a duras penas.*//* n. chirrido, chillido.

squeal (skuil). i. chillar; quejarse; protestar.*//* n. alarido.

squeamish (skuimish). a. remilgado, quisquilloso.

squeeze (eskuiz). tr. **1.** apretar, exprimir. **2.** oprimir, agobiar. **3.** i. estrujarse, apiñarse.*//* n. **1.** apretón. **2.** apiñamiento.

squelch. tr. aplastar, apabullar.

squid (skuid). n. calamar.

squire (skuair). n. **1.** escudero. **2.** *GB* terrateniente.

squirm (skuerm). i. retorcerse, serpentear.

squirrel (skuirel). n. ardilla.

stab. tr. **1.** apuñalar. **2.** *s. to death:* matar a puñaladas.*//* n. puñalada.

stability (-bí-). n. estabilidad.*//* **stabilize.** tr. estabilizar.*//* **stabilizer.** n. estabilizador.

stable (stéibl). n. establo.*//* tr. poner en un establo.*//* a. estable.

stack. n. **1.** pila (montón). **2.** tubo de escape. **3.** pl. estantes para libros.*//* tr. amontonar, apilar.

stadium. n. estadio.

staff. n. **1.** palo, estaca, bastón, báculo pastoral. **2.** asta (bandera). **3.** personal, empleados. **4.** *Mus.* pentagrama. **5.** *Mil.* estado mayor.*//* tr. dotar de funcionarios.

stag. n. venado.*// a. EE.UU.* fam. banquete sólo para hombres.

stage (stéidch). n. **1.** escenario. **2.** plataforma. **3.** fig. arte dramático. **4.** etapa. **5.** *to be in its early stages:* estar en pañales.*//* tr. poner en escena.

stagecoach. n. diligencia (coche).

stagehand. n. tramoyista.

stagger (stáguer). i./tr. **1.** tambalearse, hacer tambalear. **2.** dejar perplejo. **3.** escalonar, espaciar.*//* n. tambaleo, vacilación.

stagnant (stáñant). a. estancado.*//* **stagnate.** i. estancarse.*//* **stagnation.** n. estancamiento.

stain (stéin). n. **1.** mancha. **2.** tintura, colorante.*//* i./n. **1.** manchar(se), ensuciar(se). **2.** oxidar(se), corroer.*//* **stained glass.** n. **1.** vidrio de color. **2.** *s. g. window:* vitral.*//* **stainless.** a. **1.** a. sin mancha. **2.** inoxidable.

stair (stér). n. **1.** peldaño, escalón.*//* **stairs.** n. **1.** escalera/s. **2.** *flight of s.:* tramo de escalera.*//* **staircase.** **stairway.** n. escalera.

stake (stéik). n. **1.** estaca. **2.** postura, apuesta. **3.** aporte, interés. **4.** *to be at s.:* correr riesgo. **5.** *to die at the s.:* morir en la hoguera. **6.** pl. *to pull up*

s.: levantar el campamento.*//* tr. **1.** marcar con estacas. **2.** arriesgar.

stalactite (stálaktait). n. estalactita.*//* **stalagmite.** n. estalagmita.

stale (stéil). a. **1.** rancio, pasado, viciado. **2.** gastado, anticuado, trillado. **3.** *Sp.* pasado de entrenamiento.*//* **stalemate.** n. **1.** estancamiento. **2.** ahogo (ajedrez).

stalk (stok). n. **1.** tallo. **2.** cañón de pluma.*//* tr. **1.** cazar al acecho. **2.** taconear.

stall (stol). n. **1.** establo, caballeriza. **2.** puesto, mostrador. **3.** pl. butacas.*//* i. **1.** parar(se), ahogar(se) el motor. **2.** dar largas a un asunto. **3.** tr. guardar en establo.

stallion. n. semental.

stalwart (stóluert). a. **1.** fornido. **2.** bravo, denodado. **3.** resuelto.

stamina (stámena). n. vigor, aguante.

stammer (stá-). tr. tartamudear. **2.** n. tartamudeo.*//* **stammerer.** n. tartamudo.

stamp. tr. **1.** patear, pisotear. **2.** estampar; imprimir. **3.** marcar, caracterizar. **4.** estampillar. **5.** extirpar, erradicar. **6.** *s. out:* apagar a pisotones.*//* n. **1.** estampilla, sello. **2.** estampa. **3.** impresión.

stampede (stampíd). n. **1.** estampida. **2.** pánico colectivo.*//* i. huir en tropel.

stanch, staunch (stónsh). a. **1.** constante, leal, fiel. **2.** hermético.*//* tr. taponar, restañar (heridas).*//* **stanchion.** **1.** n. puntal, poste. **2.** tr. apuntalar.

stand. i. **1.** estar o ponerse de pie. **2.** erguirse, levantarse. **3.** tener cierta altura. **4.** estar en cierta posición. **5.** durar, perdurar. **6.** permanecer, mantenerse. **7.** *s. aloof:* aislarse, retraerse. **8.** *s. aside:* hacerse a un lado. **9.** *s. in the way:* ser un obstáculo. **10.** *s. on end:* poner(se) de punta (el pelo). **11.** *s. out:* destacarse. **12.** *s. up:* levantarse.*//* tr. **1.** poner de pie. **2.** colocar verticalmente. **3.** aguantar, sufrir, someterse a. **4.** sostener, soportar. **5.** sufragar un gasto. **6.** *s. by:* esperar. **7.** *s. corrected:* reconocer su error. **8.** *s. for:* abogar por, representar a. **9.** *s. fast:* no cejar. **10.** *s. up for:* apoyar a. **11.** *s. up to:* hacer frente a.*//* n. **1.** parada, detención. **2.** posición, postura. **3.** puesto. **4.** pedestal. **5.** estrado, tribuna. **6.** estradas, graderías. **7.** *to take one's s.:* decidirse por. **8.** *to take the s.:* subir al estrado de los testigos.

standard. a. **1.** normal, de uso corriente. **2.** reglamentario. **3.** de ley.*//* n. **1.** norma, criterio. **2.** tipo, modelo, patrón. **3.** estandarte.*//* **standarization.** n. uniformación, normalización.*//* **standarize.** tr. uniformar, normalizar, estandarizar.

standby (stándbai). n. **1.** sustituto. **2.** persona de confianza. **3.** persona en lista de espera para viajar.

standing. a. **1.** vertical, de pie. **2.** parado, inactivo; estancado. **3.** permanente.*//* n. **1.** postura, posición. **2.** permanente. **3.** fama, reputación.

standoff. n. **1.** alejamiento, retiro. **2.** empate.

stanpoint. n. punto de vista.

standstill. n. parada, alto.

stanza. n. estrofa.

staple (stéipel). n. **1.** grapa, grampa. **2.** renglón o artículo principal de un comercio. **3.** materia prima. **4.** pl. artículos de primera necesidad.*//* a. principal, básico.*//* tr. engrampar, fijar con grampas.

star. n. estrella, astro.// tr. **1.** estrellar, adornar con estrellas. **2.** presentar(se) como estrella; protagonizar (cine, teatro).// a. **1.** estrellado. **2.** estelar.
starboard (-bord). n. estribor.
starch. n. almidón, fécula.// tr. almidonar.
stare (stér). tr. mirar fijamente.// n. mirada fija.
starfish. n. estrella de mar.
stargazer (stárgueiser). n. astrólogo.
stark. a. **1.** tieso, **2.** riguroso. **3.** escueto. **4.** árido. **5.** absoluto.// adv. totalmente.
starlight (stárlait). n. luz de las estrellas.// **starlit.** a. iluminado por las estrellas.// **starred.** a. **1.** estrellado. **2.** presentado como estrella.// **starry.** a. estrellado.// **starry-eyed.** a. soñador.// **starspangled.** a. estrellado; tachonado de estrellas.
start. tr. **1.** comenzar. **2.** poner en marcha, encender, arrancar. **3.** sobresaltar(se). **4.** partir, salir. **5.** iniciar, instalar (un negocio). **6.** s. after: salir en busca de. **7.** s. back: iniciar el regreso. **8.** s. off: salir, ponerse en marcha.// n. **1.** principio, inicio. **2.** sobresalto. **3.** salida, partida. **4.** impulso, arranque, botón de arranque. **5.** ventaja, delantera. **6.** to make a fresh s.: empezar de nuevo.// **starter.** n. **1.** iniciador. **2.** despachador. **3.** arranque (auto).// **startle.** tr. **1.** sobresaltar(se), asustar(se). **2.** sobresalto, susto.
starvation (starvéishon). n. hambre, inanición, hambruna.// **starve. 1.** i. padecer o morir de hambre. **2.** hambrear, matar de hambre. **3.** s. for: sufrir pr falta de. **4.** s. out: rendir por hambre.
state (steit). n. **1.** estado. **2.** pompa; solemnidad. **3.** in s.: con solemnidad.// a. **1.** estatal. **2.** de lujo; de gala.// tr. **1.** manifestar, afirmar. **2.** declarar, exponer.// **stated.** a. **1.** fijo. **2.** reconocido. **3.** dicho, expresado.// **stately.** adv. majestuosamente.// **statement.** n. **1.** declaración. **2.** informe, relato. **3.** estado de cuenta.
stateroom (stéitrum). n. camarote.
statesman (stéitsman). n. estadista.
state-wide (stéituaid). a. por todo el estado.
static (stá-). a. estático.// **statics.** n. pl. estática.
station (stéishon). n. **1.** estación. **2.** puesto, sitio. **3.** estado, rango. **4.** emisora (radio, TV).// tr. estacionar, situar, apostar.// **stationary.** a. **1.** estacionario. **2.** inalterado.
stationer (stéishoneri). n. papelero.// **stationary.** n. papelería.
statistical (statístekal). a. estadístico.// **statistician.** n. estadístico.// **statistics.** n. **1.** estadística. **2.** datos estadísticos.
statue (estachiu). n. estatua.// **statuesque.** a. escultural.// **statuette.** n. estatuilla.
stature (stacher). n. estatura.
status (stéitos). n. estado, condición (social, civil, etc.).
statute (stáchiut). n. estatuto, ley.// **statutory.** a. estatutaio.
stay (stei). tr. **1.** sostener, apoyar. **2.** durar, permanecer, quedar (cierto tiempo). **3.** calmar, aplacar. **4.** Der. posponer (un fallo). **5.** impedir, poner freno.// i. **1.** parar, quedarse, permanecer, detenerse, demorarse. **2.** alojarse, hospedarse. **3.** aguantar, resistir. **4.** s. away: ausentarse. **5.** s. in: quedarse en casa. **6.** s. up: quedarse levantado.// n. **1.** es-

tadía, permanencia. **2.** freno, impedimento. **3.** sostén, apoyo.
stead (stéd). n. ventaja, provecho.
steadfast (stedfast). a. constante, inmutable.// **steadily.** adv. firmemente; continuamente.// **steadiness.** n. firmeza, estabilidad.// **steady** (stédi). a. **1.** firme, estable. **2.** fijo, continuo, constante.// tr. **1.** afianzar, asegurar. **2.** calmar(se).// interj. ¡calma!
steak (stik). n. filete.
steal (stil). i./tr. **1.** robar, hurtar. **2.** mover(se) furtivamente. **3.** fig. cautivar. **4.** s. away: escabullirse. **5.** s. into: entrar clandestinamente. **6.** s. out of: salir a escondidas.// n. robo.// **stealth.** n. by s.: a hurtadillas.// **stealthy.** a. subrepticio.// **stealthily.** adv. subrepticiamente.
steam (stim). n. **1.** vapor; vaho. **2.** vigor, fuerza. **3.** on one's own s.: por sus propios recursos. **4.** to get up s.: levantar vapor. **5.** to let off s.: descargar vapor; desahogarse.// **1.** tr. cocer al vapor. **2.** i. emitir vapor; navegar al vapor.// **steamer.** n. **1.** máquina a vapor. **2.** vapor (buque).// **steamship.** n. vapor (buque).// **steam shovel.** n. pala mecánica.// **steamy.** a. vaporoso, humeante.
steed (stid). n. corcel.
steel (stil). n. acero.// a. de acero.// tr. **1.** acerar. **2.** endurecer, fortalecer.// **steel mill.** n. acería.
steep (stip). a. **1.** empinado, escarpado. **2.** alto, exorbitante.// i./tr. empapar(se); remojar(se).
steeple. n. aguja, torre de iglesia.
steer (stir). n. res, novillo.// tr. **1.** gobernar, guiar, conducir. **2.** encaminar, encauzar. **3.** s. clear of: evitar. **4.** s. for: dirigirse a.// **sterage.** n. gobierno, dirección (de un vehículo).// **steering.** a. directivo, de dirección.// **steersman.** n. timonel, piloto.
stellar (sté-). a. estelar.
stem. n. **1.** tallo. **2.** linaje. **3.** raíz de una palabra. **4.** vástago, varilla. **5.** Bot. pecíolo. **7.** proa. **8.** from s. to stern: de proa a popa.// tr. **1.** estancar; contener. **2.** restañar. **3.** s. from: provenir de, derivar de, originarse.
stench. n. hedor.
stenographer (-nágrafer). n. taquígrafo.// **stenography.** n. estenografía.
step. n. **1.** paso. **2.** pisada. **3.** escalón, peldaño. **4.** grado, etapa. **5.** pl. escalera de mano. **6.** in/out s.: llevando el paso, no llevando el paso; conforme, disconforme. **7.** to break s.: perder el paso. **8.** watch your s.!: ¡fíjese por donde pisa!, ¡tenga cuidado!// i. **1.** dar un paso (pasos), andar. **2.** s. aside: dar un paso al costado. **3.** s. back: dar un paso atrás. **4.** s. down: bajarse. **5.** s. in: entrar. **6.** s. on: pisotear. **7.** s. up: subir, aumentar. **8.** s. out: salir. **9.** tr. pisar, poner el pie.
stepbrother(sister). m. hermanastro, f. hermanastra.// **stepchild.** n. hijastro(tra).// **stepfather(mother).** m. padrastro, f. madrastra.
stepladder. n. escalera de tijera, escalerilla.
steppe (step). estepa.
stereophony (steriofáni). n. estereofonía.// **stereophonic.** a.
stereotype (steriotaip). n. estereotipo.
sterile (stéril). a. estéril.// **sterility.** n. esterilidad.// **sterilize.** tr. esterilizar.// **sterilization.** n.

sterling. n. 1. plata fina.// a. 1. genuino. 2. s. pound: libra esterlina.

stern. a. 1. severo. 2. inflexible. 3. n. popa.// **sterness.** n. 1. severidad. 2. firmeza.

stethoscope (stétoscoup). n. estetoscopio.

stevedore (stívedor). n. estivador.

stew (stiú). tr. cocer a fuego lento.// n. guisado, estofado.

steward (stiúard). m. 1. mayordomo. 2. administrador. 3. camarero.// **stewardess.** f. camarera.

stick. n. 1. palo. 2. vara. 3. garrote. 4. barra. 5. cartucho. 6. tallo. 7. palanca de mando (avión).// tr. 1. clavar, fijar. 2. picar, punzar. 3. pegar, adherir. 4. timar. 5. s. it on: cobrar mucho; exagerar. 6. s. up: poner de punta; robar, atracar. 7. s. to it: perseverar en algo.// i. 1. estar pegado o clavado. 2. pegarse, adherirse. 3. permanecer, quedarse, atascarse. 4. s. out: sobresalir; asomar. 5. s. together: permanecer unidos.// **sticker.** a. etiqueta autoadhesiva.// **sticky.** a. pegajoso.

stiff. a. 1. tieso, duro, rígido. 2. tenso, tirante. 3. fuerte. 4. estirado (modales). 5. denso. 6. severo. 7. alto (precio). 8. difícil. 9. as s. as a board: duro como un palo. 10. to be bored s.: estar aburrido como una ostra. 11. to be scared s.: estar muerto de miedo.// **stiffen.** i./tr. poner(se) rígido; endurecer(se); fig. obstinar(se).// **stiffness.** n. 1. rigidez, inflexibilidad. 2. obstinación.// **stiff neck.** n. torticolis.

stifle (stáifel). i./tr. 1. sofocar(se). 2. ahogar(se). 3. extinguir, reprimir.

stigma. n. estigma.// **stigmatize.** tr. estigmatizar.

still. a. 1. inmóvil, fijo. 2. callado. 3. tranquilo.// n. silencio, quietud, tranquilidad.// i./tr. aquietar(se); calmar(se); acallar(se).// adv. 1. todavía, aún. 2. habitualmente. 3. s. do: seguir con la costumbre.// conj. sin embargo, no obstante.// **stillborn.** a. nacido muerto.

stimulant (stímiulant). n. estimulante.// **stimulate.** tr. estimular.// **stimulating.** a. estimulante.// **stimulation.** n.// **stimulus.** n. estímulo.

sting. tr. 1. picar, aguijonear. 2. escocer. 3. estafar. 4. fig. estimular, acicatear.// n. 1. aguijón. 2. picadura. 3. acicate.

stinginess (stínyines). n. mezquindad; insuficiencia.// **stingy.** a. 1. avaro, tacaño, mezquino. 2. escaso, poco.

stink. i. oler mal, heder.// n. hedor.

stint. tr. 1. coartar, limitar. 2. escatimar, restringir. 3. i. ser frugal.// n. 1. limitación, restricción. 2. tarea, cuota de trabajo.

stipend (stái-). n. estipendio.

stipulate (stípioleit). tr. estipular.// **stipulation.** n.

stir (stér). 1. i./tr. agitar(se). 2. mover(se).// tr. 1. revolver. 2. atizar, avivar. 3. incitar. 4. despertar, provocar, conmover. 5. s. up: agitar, provocar. 6. ref. s. oneself: esforzarse.// n. 1. movimiento. 2. impresión, sensación. 3. agitación, alboroto. 4. to create a s.: meter ruido. 5. to make a s.: dejar una impresión.// **stirring.** a. conmovedor.

stirrup (estérop). n. estribo.

stitch. n. 1. puntada, punto. 2. sutura. 3. pl. to be in s.: descoserse de risa.// tr. coser, hilvanar.

stock (stak). n. 1. materias primas. 2. existencias,

surtido (de mercadería). 3. acciones, títulos, valores. 4. tronco, poste. 5. base, puntal. 6. estirpe, raza. 7. fuente, origen. 8. cepo, potro. 9. esencia. 10. ganado. 11. in s.: en existencia. 12. out of s.: agotado. 13. to take s.: inventariar. 14. to take s. of: evaluar, estimar.// tr. 1. abastecer, surtir. 2. almacenar.// a. 1. usual, muy usado. 2. bursátil. 3. ganadero, para ganado.// **stockade.** 1. n. empalizada. 2. tr. empalizar.// **stockbrocker.** n. corredor de bolsa.// **stock exchange.** n. bolsa de valores.// **stockholder.** n. accionista.

stocking. n. media.

stock-still. a. inmóvil, como un poste.

stocky. a. rechoncho, robusto.

stockyard. n. corral para ganado.

stoic. a./s. estoico.// **stoicism.** n. esoicismo.

stolid. a. impasible.

stomach (estámak). n. 1. estómago. 2. apetito, deseo.// tr. aguantar, sufrir.

stone (stóun). n. 1. piedra. 2. carozo, hueso. 3. Med. cálculo. 4. s. deaf: sordo como una tapia.// tr. 1. apedrear. 2. descarozar.// **stonecutter.** n. picapedrero.// **stony.** a. 1. pedregoso,; pétreo. 2. rígido, inflexible.

stool (stul). n. 1. taburete. 2. bacín, inodoro. 3. evacuación del vientre.// i. 1. defecar. 2. fam. fig. dar el soplo, buchonear.

stoop (stup). i. 1. agacharse. 2. acceder. 3. rebajarse.// n. 1. inclinación. 2. concesión. 3. pórtico.

stop. i./tr. 1. parar(se), detener(se); cesar, interrumpir(se), dejar de. 2. cerrar, tapar. 3. hospedarse; quedarse, pasar la noche. 4. s. at nothing: no detenerse ante nada. 5. s. by: hacer una visita corta. 6. s. dead: parar(se) en seco. 7. s. off (at). apearse, bajarse (en). 8. s. up: atascarse.// n. 1. alto, detención, parada. 2. cese, interrupción. 3. permanencia, estadía. 4. apeadero, parada. 5. tapón. 6. obstáculo. 7. full s.: parada completa.// **stopcock.** n. llave de cierre.// **stopgap.** n. recurso provisorio.// **stopover.** n. escala, apeadero.// **stoppage.** n. 1. parada. 2. interrupción. 3. impedimento.// **stopper.** n. tapón.// **stopwatch.** n. cronómetro.

storage (stóreidch). n. 1. almacenamiento. 2. depósito, almacén.// **storage battery.** n. acumulador.

store (stor). n. 1. tienda, almacén. 2. depósito. 3. pl. pertrechos. 4. in s.: en reserva.// tr. 1. almacenar; estibar. 2. abastecer.// **store house.** n. depósito, almacén.// **storekeeper.** n. tendero, comerciante.// **storeroom.** n. bodega.

stork. n. cigüeña.

storm. n. 1. tormenta, tempestad. 2. ataque, asalto (militar). 3. to take by s.: tomar por asalto.// i. 1. haber tormenta. 2. estallar en cólera.// **stormy.** a. tempestuso, borrascoso.

story. n. 1. historia, cuento, relato. 2. argumento. 3. versión. 4. mentira.

stout (stáut). a. 1. corpulento, sólido. 2. firme. 3. duradero.

stove (stóuv). n. estufa, cocina.

stow (stou). tr. 1. almacenar, estivar. 2. alojar.

straddle. i. 1. ponerse a horcajadas. 2. nadar entre dos aguas.

straggle. i. 1. rezagarse. 2. estar disperso.

straight (stréit). a. **1.** recto, derecho. **2.** continuo, de corrido. **3.** en orden. **4.** correcto, exacto. **5.** puro, sin mezcla. **6.** confiable, de confianza. **7.** fijo, uniforme.// adv. **1.** directamente. **2.** francamente. **3.** correctamente. **4.** s. off: sin vacilar. **5.** to go s. to: ir directo a. **6.** to keep s. on: seguir derecho. **7.** to put things s.: poner las cosas en su lugar. **8.** to set (one) s.: explicar bien las cosas a. **9.** to think s.: pensar correctamente.// **straightway.** adv. inmediatamente.// **straighten.** tr. **1.** enderezar. **2.** s. out: arreglar(se), ordenar(se).// **straightforward.** a. franco, directo, honrado.

strain (stréin). n. **1.** tirantez, tensión. **2.** esfuerzo violento. **3.** torcedura, distensión. **4.** raza, casta. **5.** tono, melodía. **6.** modo, estilo. **7.** humor, ánimo.// tr. **1.** poner tirante, forzar. **2.** torcer, distender. **3.** i. esforzarse, tensarse. **4.** s. every nerve: esforzarse al máximo.

strainer. n. colador.

strait (stréit). n. (pl). **1.** estrecho. **2.** apuro, aprieto.

strand. n. **1.** hebra, filamento. **2.** cable, cordón. **2.** playa, ribera.// tr. **1.** varar(se). **2.** abandonar.// **stranded.** a. **1.** varado. **2.** abandonado.

strange (streindch). a. **1.** extraño. **2.** nuevo, inusual.// **stranger.** n. **1.** extraño, forastero. **2.** to be s. to: ser inexperto en, desconocer. **3.** to make a s. of: tratar fríamente.

strangle (stránguel). tr. **1.** extrangular(se). **2.** suprimir.// **strangler.** n. extrangulador.

strap. n. **1.** correa, banda, tira.// tr. sujetar o azotar con correa.

stratagem (strátayem). n. estratagema.

strategic(al) (stratíyic). a. estratégico.// **strategist.** n. estratega.// **strategy.** n. estrategia.

stratosphere (strátosfir). n. estratosfera.// **stratum.** n. estrato.

straw (stro). n. **1.** paja. **2.** fig. insignificancia. **3.** the last s.: el colmo.// a. pajizo, de color pajizo.

strawberry (stróberi). n. fresa, frutilla.

stray (stréi). i. **1.** perderse, extraviarse; fig. descarriarse. **2.** vagar, deambular.// a. **1.** perdido, extraviado. **2.** disperso, aislado, suelto.

streak (strik). n. **1.** línea, raya, rayo. **2.** veta, filón. **4.** fig. vena. **5.** fam. racha.// **1.** tr. rayar. **2.** i. pasar velozmente.

stream (strim). n. **1.** corriente, curso (de agua). **2.** flujo, chorro. **3.** rayo, haz. **4.** desfile, sucesión. **5.** down/up s.: aguas abajo/arriba.// i. **1.** correr, fluir, manar. **2.** s. up: salir a chorros.

streamline (strimlain). n. perfil aerodinámico.// **streamlined.** a. aerodinámico.

street (strit). n. calle.// a. de calle, en la calle.// **streetcar.** n. tranvía.

strength (strendz). n. **1.** fuerza, fortaleza. **2.** solidez, firmeza. **3.** on the s. of: sobre la base de.// **strengthen.** tr. fortalecer, robustecer.

streptomycin (-máisin). n. estreptomicina.

stress. n. **1.** tensión, carga. **2.** apremio, apuro. **3.** esfuerzo intenso. **4.** acento. **5.** fatiga nerviosa.// tr. **1.** acentuar, dar énfasis. **2.** someter a un esfuerzo, fatigar.

stretch (stréch). i./tr. **1.** estirar(se), extender(se). **2.** alargar(se), dilatar. **3.** forzar, extremar. **4.** ref. s. oneself: desperezarse.// n. **1.** estiramiento. **2.** tre-

cho, intervalo. **3.** alcance. **4.** fam. pena, condena.// **stretcher.** n. **1.** tensor, ensanchador. **2.** camilla.

strew (stru). tr. esparcir, regar, diseminar.

strict. a. estricto.// **strictly.** adv. estrictamente.

stride (stráid). **1.** tr. cruzar de un tranco. **2.** i. andar a trancos largos.// n. **1.** zancada, tranco. **2.** adelanto. **3.** pl. to make great s.: adelantar a grandes pasos. **4.** to take in s.: vencer sin esfuerzo (obstáculos).

strike (stráik). tr. **1.** pegar, golpear. **2.** chocar con (contra). **3.** herir. **4.** atacar. **5.** caer sobre. **6.** descubrir, hallar. **7.** parecer(le); ocurrirse(le). **8.** declararse en huelga. **9.** dar la hora. **10.** cerrar (un trato). **11.** encender (un fósforo). **12.** s. at: dar contra. **13.** s. down: derribar. **14.** s. dumb: dejar mudo. **15.** s. off: quitar de golpe. **16.** s. one's fancy: antojársele a uno. **17.** s. out: trabar (amistad). **18.** s. out for: salir para. **19.** how does it s. you?: ¿qué le parece?// n. **1.** golpe. **2.** huelga. **3.** hallazgo. **4.** to go on s.: declararse en huelga.// **striking.** a. llamativo, impresionante.

string. n. **1.** cuerda, cordón. **2.** hilera, sarta. **3.** pl. Mus. instrumentos de cuerda. **4.** pl. to pull s.: usar las influencias. **5.** to touch a s.: tocar las fibras del corazón.// tr. **1.** encordar. **2.** tender (cables). **3.** ensartar. **4.** colocar en serie.

stringent (stríityent). a. severo, estricto.

strip. n. **1.** franja, tira. **2.** air s.: pista de aterrizaje.// tr. **1.** descortezar, depellejar. **2.** desnudar(se). **3.** desmantelar. **4.** s. of: privarse de.

stripe (stráip). n. **1.** raya, lista. **2.** pl. galones (grado militar). **3.** fig. índole, calaña.// tr. rayar, listar.

strive (stráiv). i. **1.** esforzarse, procurar. **2.** pugnar, luchar.

stroke (stróuk). n. **1.** golpe. **2.** ataque de apoplejía o parálisis. **3.** lance, jugada. **3.** campanada. **4.** latido, pulsación. **5.** palada. **6.** brazada. **7.** trazo, plumazo. **8.** caricia.// tr. pasar la mano sobre; frotar suavemente.

stroll. i. dar un paseo, pasearse por.// n. paseo.

strong. a. **1.** fuerte, resistente. **2.** vigoroso. **3.** intenso. **4.** firme. **5.** ardiente.// **stronghold.** n. fortaleza, plaza fuerte.// **strong minded.** a. resuelto, decidido.

structure (strókcher). n. **1.** estructura. **2.** construcción.

struggle (stróguel). i. **1.** luchar, combatir. **2.** forcejear.// n. **1.** lucha, contienda. **2.** forcejeo.

strum (strom). tr. rasguear.// n. rasgueo.

strut (strot). i. pavonearse.// n. pavoneo.

strychine (stríknain). n. estricnina.

stub (stob). n. **1.** cepa. **2.** trozo, fragmento. **3.** talón (de cheque, etc.). **4.** colilla, pucho. **5.** pluma de escribir.// tr. **1.** arrancar. **2.** s. out: apagar aplastando (un cigarrillo). **3.** s. one's toe: tropezar.

stubble (stóbel). n. **1.** rastrojo. **2.** barba hirsuta.

stubborn (stáborn). a. **1.** porfiado; obstinado. **2.** refractario, intratable.// **stubborness.** n. obstinación, terquedad.

stucco (stóko). n. estuco.// tr. estucar.

stud (stod). n. **1.** yeguada, caballada. **2.** semental, padrillo. **3.** caballeriza. **4.** clavo de adorno; botón de camisa; gemelo. **5.** variante del póquer.// tr. tachonar.

student (stú-). n. estudiante.// **studio**. n. estudio, taller de artista.// **study**. n. **1.** estudio. **2.** materia, asignatura, curso. **3.** ensayo, boceto. **4.** tr. estudiar.
stuff (stóf). n. **1.** materia, material, sustancia. **2.** género, tejido. **3.** cosas, objetos, asuntos (en general). **4.** cualidades. **5.** fam. droga.// tr. **1.** rellenar. **2.** hartar(se). **3.** obstruir. **4.** disecar (animales).// **stuffing**. n. relleno.
stuffy (stófi). a. **1.** sofocante, mal ventilado. **2.** obstruido. **2.** pesado, aburrido.
stumble (stómbl). i. **1.** tropezar. **2.** tambalearse. **3.** desvariar. **4.** s. across: tropezar accidentalmente con. **5.** tr. hacer tropezar.
stump (stomp). n. **1.** cepa. **2.** trozo, fragmento. **3.** muñón. **4.** colilla. **5.** plataforma política.// i. **1.** renquear. **2.** hacer campaña o giras políticas. **3.** tr. dejar perplejo.
stun (ston). tr. aturdir.// n. choque, impacto.// **stunning**. a. asombroso.
stunt (stónt). n. **1.** acto habilidad; truco, malabarismo. **2.** Aer. acrobacia.// tr. impedir el crecimiento; achicar.
stupefy (stúpefai). tr. **1.** estupidizar. **2.** dejar estupefacto.
stupendous (stupéndos). a. estupendo.
stupid (stúped, stíú-). a./n. estúpido.// **stupidity**. n. estupidez.
stupor (stú-). n. estupor.
sturdy (stérdi). a. **1.** fuerte, robusto. **2.** firme.
sturgeon (stéryon). n. esturión.
stutter (stóter). i. tartamudear.// n. tartamudo.
sty (stai). n. **1.** pocilga, chiquero. **2.** orzuelo.
style (stáil). n. **1.** estilo. **2.** moda.// **stylish**. a. elegante, de moda.// **stylize**. tr. estilizar.// **stylus**. n. estilo, punzón.
suave (suav). a. suave, afable, cortés.
subaltern (-tern). a./n. subalterno.
subconscious (sabkánshios). a./n. subconsciente.
subdivide (sábdeváid). tr. subdivir.// n. **subdivision**. n.
subdue (sobdú). tr. **1.** someter. **2.** reprimir. **3.** suavizar.
subject (sábyikt). a. **1.** sometido. **2.** propenso. **3.** sujeto (a). **4.** dependiente (de).// n. **1.** súbdito. **2.** sujeto. **3.** materia, tema.// tr. **1.** sojuzgar. **2.** s. to: someter a; sujetar a; supeditar a.// **subjection**. n. sujeción, sometimiento.
subjective (sobyéktiv). a subjetivo.
subjugate (sábyigueit). tr. subyugar.
subjunctive (sobyanctiv). a. subjuntivo.
sublimate (sáblemeit). tr. sublimar.// a./s. sublimado.// **sublimation**. n.// **sublime**. a.
submarine (sobmarín). a./n. submarino.
submerge (sabmérsh). i./tr. sumergir(se); inundarse.// **submersion**. n.
submission (sobmíshon). n. **1.** sumisión. **2.** sometimiento, presentación.// **submissive**. a.**1.** sumiso. **2.** obsequioso.// **submit**. i./tr. someter(se).
subordinate (sobórdineit). **1.** a./n. subordinado. **2.** tr. subordinar.// **subordination**. n. subordinación.
subpena, subpoena (sopina). n. citación.// tr. citar.

subscribe (sobskráib). i./tr. suscribir(se).// **subscriber**. n. suscriptor.// **suscription**. n.
subsequent (sábs-). a. subsiguiente.
subside (sobsáid). i. **1.** hundirse, sumirse. **2.** amainarse, serenarse.
subsidiary (sobsídieri). a./n. subsidiario.
subsidize (sóbsidais). tr. subvencionar.// **subsidy**. n. subsidio.
subsist (sobsíst). i. subsistir.// **subsistence**. n.
subsoil. n. subsuelo.
substance (sobstáns). n. šustancia.// **substantial**. a. **1.** sustancial. **2.** cuantioso. **3.** sustancioso.// **substantiate**. tr. justificar, verificar.// **substantive**. a./n. sustantivo.
substitute (sábtitiut). a./n. sustituto.// tr. sustituir.// **substitution**. n.
subterfuge (sábterfiudch). n. subterfugio.
subtle (sátel). a. sutil.// **subtlety**. n. sutileza.
subtract (sobtrakt). tr. sustraer, restar.// **subtraction**. n. sustracción, resta.
suburb (sáberb). n. suburbio.// **suburban**. a.
subversive (sobvérsiv). a. subversivo.// **subversion**. n.
subway (sábuei). n. subterráneo.
succeed (soksíd). i. **1.** suceder. **2.** tener éxito. **3.** s. in: triunfar. **4.** s. in (doing): lograr (hacer algo).// **success**. n. triunfo, éxito.// **successful**. a. **1.** exitoso. **2.** próspero.
succession (sokséshon). n. **1.** sucesión. **2.** Der. herederos. **3.** in s.: sucesivamente.// **successive**. a.// **successor**. n.
succor (sóker). n. socorro.// tr. socorrer.
succumb (sókamb). tr. sucumbir.
such (sach). a. **1.** tal. **2.** tan. **3.** s. as: tal como. **4.** s. as it is: tal cual es.// pron. tal, tales, los mismos.
suck (sak). tr. **1.** mamar. **2.** chupar, succionar. **3.** aspirar.// n. succión.// **sucker**. n. **1.** succionador, chupador. **2.** chupete. **3.** fam. chupetín. **4.** fig. ingenuo, crédulo.// **suckle**. i. lactar, amamantar.// **suction**. n. **1.** succión. **2.** s. pump: bomba aspirante.
sudden (sáden). a. repentino, súbito.// **suddenly**. adv. repentinamente.// **suddenness**. n. precipitación.
sue (su). i. **1.** entablar demanada. **2.** pedir. **3.** cortejar.
suede (suéid). n. gamuza.
suet. n. sebo.
suffer (sófer). i./tr. sufrir.// **suffering**. **1.** n. sufrimiento. **2.** a. adolorido; sufrido.
suffice. **1.** i. bastar. **2.** tr. ser suficiente.// **sufficiency**. n. lo bastante, lo suficiente.// **sufficent**. a.
suffix (sófex). n. sufijo.
suffocate (sofókeit). i./tr. sofocar(se).// **suffocation**. n. sofocación, ahogo, asfixia.
suffrage (sófreidch). n. sufragio.
sugar (shúgar). n. azúcar.// **sugar beet**. n. remolacha azucarera.// **sugar cane**. n. caña de azúcar.// **sugar plum**. n. confite.
suggest (sogyést). tr. **1.** sugerir, insinuar. **2.** proponer. **3.** evocar.// **suggestion**. n. **1.** sugerencia. **2.** sugestión.// **suggestive**. a. **1.** sugestivo. **2.** s. of: indicativo de.
suicide (súisaid). n. **1.** suicidio. **2.** suicida. **3.** to commit s.: suicidarse.// **suicidal**. a. suicida.

suit (sut, siut). n. **1.** traje. **2.** serie. **3.** palo (naipes). **4.** *Der.* pleito, demanda. **5.** cortejo, galanteo. **6.** *to bring s.:* entablar demanda. **7.** *to follow s.:* seguir el palo; seguir el ejemplo.// tr. **1.** vestir, ataviar. **2.** sentar, venir bien, favorecer. **3.** convenir. **4.** *to be suited for:* ser propio para. **5.** *s. yourself:* haga como guste.// **suitable.** a. conveniente, satisfactorio.
suitcase (sútkes). n. maleta.
suite (suit). n. **1.** séquito, comitiva. **2.** serie de habitaciones, departamento en un hotel. **3.** juego, colección (ej.: muebles). **4.** *Mus.* suite.
suitor (sútor). n. **1.** pretendiente. **2.** *Der.* demandante.
sulk (solk). i. enfurruñarse.// **sulky.** a. enfurruñado, malhumorado.
sullen (sálen). a. malhumorado, hosco.
sulphate (sólfeit). n. sulfato.// **sulphide.** n. sulfuro.// **sulphur.** **1.** n. azufre. **2.** tr. sulfurar.// **sulphuric.** a.
sultan (sáltan). n. sultán.
sultry (sáltri). a. bochornoso, sofocante.
sum (sam). n. **1.** suma. **2.** total.// tr. **1.** sumar. **2.** *s. up:* resumir.
summarize (sámerais). tr. resumir, compendiar.// **summary.** **1.** a./n. sumario. **2.** compendio.
summer (sámer). n. verano.// a. veraniego.
summit (sámet). n. cumbre, cúspide.
summon (sámon). tr. **1.** convocar, llamar. **2.** evocar.
sumptuous (sámpchos). a. suntuoso.
sun (san). n. sol.// i./tr. asolear(se).// **sunbeam.** n. rayo de sol.// **sunburn.** **1.** n. quemadura de sol. **2.** i. quemarse al sol.
Sunday (sándi). n. domingo.// a. dominical; dominguero.
sundown (sandáun). n. ocaso del sol.
sundries (sándris). n. pl. artículos varios.// **sundry.** a. varios, diversos.
sunflower (sanflauer). n. girasol.
sung (sang). a. cantado.
sunglasses (sánglases). n. pl. anteojos de sol.
sunk, sunken (sánk/en). a. hundido.
sunlight (sánlait). n. luz de sol.// **sunny.** a. **1.** soleado. **2.** alegre, risueño.// **sunrise.** n. salida del sol.// **sunset.** n. puesta del sol.// **sunshade.** n. **1.** parasol. **2.** toldo. **3.** visera.// **sunshine.** n. **1.** brillo, luz del sol. **2.** fig. alegría. **3.** *in the s.:* al sol.// **sunspot.** n. mancha solar.// **sunstroke.** n. insolación.// **sunup.** n. salida del sol.
sup (sap). i. cenar.
superabundance (supearabóndans). n. superabundancia.// **superabundant.** a.
superb (supérb). a. soberbio.
supercilious (-silios). a. arrogante.
superficial (-físhal). a. superficial.
superfluous (supérflos). a. superfluo.
superhuman (-jiúman). a. superhumano.
superintend (-ténd). tr. vigilar.// **superintendent.** n. superintendente.
superior (sopírior). a. superior.// **superiority.** n.
superlative (súperlativ). a. superlativo.
superman (sú-). m.. superhombre.
supermarket (sú-). n. supermercado.
supernatural (-náchural). a. sobrenatural.

superpose (-pous). tr. sobreponer; superponer.
supersede (-síd). tr. **1.** reemplazar. **2.** suplantar.
supersonic (-sánik). a. supersónico.
superstition (-stíshon). n. superstición.// **superstitious.** a. supersticioso.
superestructure (-strákcher). n. superestrucura.
supervise (súpervais). tr. vigilar, supervisar.// **supervision.** n.// **supervisor.** n. supervisor.
supine (supáin). a. supino.
supper (sóper). n. cena.
supplant (soplánt). tr. suplantar.
supple (sópel). a. **1.** flexible. **2.** dúctil.
supplement (sóplment). n. **1.** complemento, **2.** suplemento.// tr. suplementar; complementar.// **supplementary.** a. suplementario.
suppliant (sápliant). a. suplicante.// **supplicate.** tr. suplicar.// **supplication.** n. súplica.
supplier (sopláier). n. proveedor.// **supply** (sóplai). n. **1.** aprovisionamiento. **2.** pl. suministros, provisiones. **3.** *Econ.* oferta.// tr. **1.** proveer, suministrar. **2.** abastecer. **3.** suplir, satisfacer.
support (sóport). tr. **1.** apoyar, sostener, respaldar. **2.** aguantar, tolerar, soportar. **3.** confortar, ayudar. **4.** mantener.// n. **1.** sostén, respaldo, apoyo. **2.** ayuda. **3.** mantenimiento, sustento.// **supporter.** n. defensor, partidario.
suppose (sopóus). tr. **1.** suponer. **2.** presumir, imaginar. **3.** *to be supposed:* deber, corresponder (se usa en voz pasiva).// **suppposedly.** adv. supuestamente.// **supposition.** n. suposición.
suppress (-prés). tr. **1.** suprimir. **2.** reprimir. **3.** ocultar.// **supression.** n. supresión; represión; ocultamiento.
suppurate (sópiureit). i. supurar.// **suppuration.** n.
supremacy (suprémasi). n. supremacía.// **supreme.** a. supremo.
surcease (sersís). n. suspensión.
surcharge (serchárdch). n. **1.** recargo. **2.** sobretasa.// n. **1.** sobrecargar. **2.** recargar.
sure (shur). a. **1.** seguro. **2.** firme. **3.** cierto. **4.** *be s. do it:* no deje de hacerlo. **5.** *for s.:* seguramente. **6.** *to make s. (that).* asegurarse (que). **7.** *to make s. of:* asegurarse de.// adv. realmente, efectivamente.// **surely.** adv. seguramente, ciertamente.// **surety.** n. **1.** seguridad, garantía. **2.** fiador. **3.** *to stand s. for:* ser garante de.
surf (serf). n. **1.** oleaje. **2.** *Sp.* tabla hawaiana.
surface (sérfas). n. superficie.// a. superficial.// i. salir a la superficie.
surfeit (sérfeit). n. **1.** empacho, hartazgo. **2.** demasía.// tr. hartar, saciar.
surge (serch). n. **1.** oleada, marejada.// i. **1.** ondular, bullir, agitarse. **2.** surgir.
surgeon (séryon). n. cirujano.// **surgery.** n. cirugía.// **surgical.** a. quirúrgico.
surmise (sermáis). n. conjetura.// tr. conjeturar.
surmount (sermáunt). tr. **1.** superar, vencer. **2.** coronar. **3.** escalar.
surname (sernéim). n. **1.** apellido. **2.** sobrenombre.// tr. apellidar; apodar.
surpass (serpás). tr. sobrepasar.
surplus (sérples). **1.** a./n. excedente. **2.** *Com.* superávit.
surprise (serpráis). n. sorpresa.// tr. sorprender.

surrender (serénder). i./tr. rendir(se); entregar-(se).// n. rendición; entrega.
surreptitious (sereptíshes). a. clandestino, subrepticio.
surround (seráund). tr. **1.** encerrar. **2.** sitiar.// **surroundings.** n. pl. alrededores.
surtax (sértaks). n. sobretasa; recargo impositivo.
surveillance (servéilans). n. vigilancia.
survey (servéi). n. **1.** examen. **2.** estudio. **3.** encuesta. **4.** panorama general (de un tema).// tr. **1.** examinar, investigar. **2.** medir tierras.// **surveying.** n. agrimensura.// **surveyor.** n. **1.** inspector. **2.** investigador. **3.** agrimensor.
survival (surváival). n. supervivencia.// **survive.** i./tr. sobrevivir.// **survivor.** n. sobreviviente.
suspect (sóspekt). tr. sospechar; imaginarse.// a./n. sospechoso.
suspend (-pénd). **1.** i. cesar. **2.** tr. suspender.
suspenders. n. pl. tiradores.
suspense (sospéns). n. **1.** suspensión. **2.** suspenso.// **suspension.** n. suspensión.
suspicion (sospíshon). n. **1.** sospecha. **2.** desconfianza. **3.** *above s.:* insospechable.// **suspicious.** a. **1.** sospechoso. **2.** desconfiado.
sustain (sostéin). tr. **1.** mantener, alimentar. **2.** soportar, sostener.// **sustenance.** n. **1.** sustento, alimento. **2.** apoyo.
suture (súcher). n. sutura.// tr. suturar.
suzerain (súseren). n. señor feudal.
swab (suab). tr. fregar, limpiar.// n. **1.** estropajo. **2.** *Med.* tapón.
swaddle (suádl). tr. fajar, vendar.// n. pañal.
swagger (suáguer). i. **1.** menearse. **2.** fanfarronear.
swallow (suálou). n. golodrina.// tr. tragar.
swamp. n. pantano.// tr. empantanar.// **swampy.** a. pantanoso.
swan. n. cisne.
swap. n. cambalache.// tr. cambalachear.
swarm. n. **1.** enjambre. **2.** multitud.
swat. tr. aporrear; aplastar.
sway (suei). i. **1.** ladearse, inclinarse. **2.** desviarse; virar. **3.** influir. **4.** ganar.// n. vaivén, balanceo. **2.** gobierno, dominio.
swear (suer). i./tr. **1.** jurar. **2.** blasfemar, maldecir.
sweat (suet). **1.** i./tr. sudar. **2.** i. sufrir explotación. **3.** \ tr. explotar (obreros).// **sweater.** n. suéter, jersey.
Swede (suid). a. sueco.// **Swedish** (súdish). n. sueco.
sweep (suip). tr. **1.** barrer. **2.** limpiar. **3.** arrebatar, llevarse.// n. **1.** barrida. **2.** alcance, extensión. **3.** recorrido. **4.** barrendero; deshollinador. **5.** remo largo.// **sweeper.** n. **1.** barrendero. **2.** máquina barredora.// **sweeping. 1.** a. extenso, total. **2.** n. basura (del barrido).
sweet (suit). a. **1.** dulce. **2.** agradable, delicioso. **3.** fragante. **4.** suave. **5.** sentimental, romántico. **5.** *to have a s. tooth:* ser goloso.// n. pl. golosinas, dulces.// **sweeten.** tr. endulzar.// **sweetheart.** n. enamorado, novio.// **sweetmeat.** n. confitura.// **sweetness.** n. dulzura.
sweet pea. n. arveja, guisante.
sweet potato. n. batata.
swell (suel). i./tr. **1.** hinchar(se). **2.** inflar(se). **3.** engreírse.// n. **1.** hinchazón. **2.** oleada.// **swelling.** n. **1.** hinchazón; inflación. **2.** chichón, bulto. **3.** a. hinchado; ampuloso.
swelter. i. sofocarse de calor, abochornarse.
swerve (suerv). i./tr. desviar(se), virar.
swift. a. **1.** rápido. **2.** repentino. **3.** vivo, listo.// **swiftness.** n. **1.** rapidez. **2.** viveza.
swim (suim). i. **1.** nadar; flotar. **2.** resbalar, deslizarse suavemente. **3.** ver borroso; marearse. **4.** tr. cruzar a nado.// n. **1.** natación. **2.** vejiga natatoria.// **swimmer.** n. nadador.
swindle (suíndl). tr. trampear, estafar.// **swindler.** n. estafador.
swing (suing). tr. **1.** columpiar, mecer, balancear. **2.** colgar, pender. **3.** blandir. **4.** *s. open:* abrir de par en par.// n. **1.** balanceo. **2.** impulso, brío. **3.** libertad de movimiento. **4.** columpio, péndulo. **5.** *Mus.* ritmo, cadencia. **6.** *full s.:* toda velocidad.
swipe (suáip). n. bofetada.// tr. abofetear.
swirl (suérl). n. remolino.
switch (suich). n. **1.** fusta. **2.** latigazo. **3.** postizo. **4.** *Electr.* interruptor. **5.** cambio. **6.** aparato cambiavía.// tr. **1.** fustigar, azotar. **2.** *s. off/on:* desconectar, apagar/ conectar, prender (luz, electricidad). **3.** i. hacer un cambio.// **switchboard.** *Electr.* tablero de control o distribución.// **switchman.** n. guardagujas, cambiavías.
swivel. n. placa giratoria.// tr. girar.
swoon (suun). i. desmayarse.// n. desmayo.
swoop (suup). i. bajar en picada, arremeter.
sword (suord). n. **1.** espada. **2.** *by fire and s.:* a sangre y fuego. **3.** *to draw the s.:* desenvainar la espada.
sycamore (síkamor). n. sicómoro.
syllable (sílabl). n. sílaba.// tr. silabear.// **syllabus.** n. programa de estudio.
syllogism (síloyism). n. silogismo.
sylph (silf). n. sílfide.
sylvan (síl-). a. selvático, boscoso.
symbol (sím-). n. símbolo.// **symbolic.** a.// **symbolism.** n.// **symbolize.** tr. simbolizar.
symmetrical (-mé-). a. simétrico.// **symmetry.** n. simetría.
sympathize (simpadzais). i. **1.** simpatizar. **2.** compadecerse.// **sympathizer.** n. simpatizante, partidario.// **sympathy.** n. **1.** compasión. **2.** simpatía.
symphonic (símfoni). a. sinfónico.// **symphony.** n. sinfonía.
symposium (simpósiom). n. simposio.
symptom (sím-). n. síntoma.
synagogue (sínagog). n. sinagoga.
syndicate (síndikeit). n. **1.** sindicato. **2.** agencia periodística o publicitaria.// tr. **1.** agremiar. **2.** vender material periodístico o publicaciones.
syndrome (síndroum). n. síndrome.
synod (sí-). n. sínodo.
synonym (sí-). n. sinónimo.// **synonymous.** a. sinónimo.
synopsis. n. sinopsis.
syntax (sín-). n. sintaxis.
synthesis (síndzeses). n. síntesis.// **sinthesize.** tr. sintetizar.// **synthetic.** a.
syringe (sírindch). n. jeringa.
syrup (sírop). n. jarabe, almíbar.
system (sístem). n. sistema.// **systematic.** a.

t (ti). n. vigésima letra del abecedario.
tab. n. **1.** lengüeta. **2.** orejera. **3.** *Aer.* aleta. **4.** etiqueta.// tr. indicar, designar, denominar.
tabernacle (tábernacl). n. tabernáculo.
table (téibl). n. **1.** mesa. **2.** tabla. **3.** comida. **4.** comensales. **4.** cuadro, lista. **5.** meseta. **6.** *to clear the t.:* levantar la mesa. **7.** *to help at t.:* servir la mesa. **8.** *to set the t.:* poner la mesa.// tr. **1.** tabular. **2.** poner sobre la mesa. **3.** *EE.UU.* postergar, dilatar un proyecto.// **table-cloth.** n. mantel.
tableland. n. meseta, altiplanicie.
tablespoon (-spun). n. cuchara sopera.// **tablespoonful.** n. cucharada.
tablet (téblet). n. **1.** placa. **2.** tableta. **3.** bloc de papel.
tableware (-uer). n. vajilla.
tabloid (tábloid). a. sensacionalista (prensa).// n. periódico tabloide.
taboo (tabú). n. tabú.
tabulate (tábiuleit). tr. tabular.// **tabulator.** n.
tachygraphy. n. taquigrafía.
tacit (tá-). a. tácito.
tack. n. **1.** tachuela, clavito. **2.** *Mar.* rumbo. **3.** fig. rumbo político, plan de acción. **4.** adhesión, pegajosidad.// tr. **1.** clavar con tachuelas. **2.** añadir. **3.** cambiar de política.
tackle. n. **1.** aparejo, polea. **2.** equipo, enseres. **3.** jugada de rugby.// tr. **1.** agarrar. **2.** abordar (un tema o problema). **3.** *Sp.* taclear, atajar al adversario.
tact. n. tacto, discreción.// **tactful.** a. discreto, político.// **tactic(al).** a. táctico.// **tactics.** n. táctica.
tactile (téktel). a. táctil.
tactless. a. indiscreto, falto de tacto.
tadpole (tádpoul). n. renacuajo.
taffeta (tá-). n. tafetán.
tag. n. **1.** colgajo. **2.** fleco. **3.** etiqueta, rótulo. **4.** frase de efecto; epíteto. **5.** mancha (juego).// tr. **1.** poner rótulo o etiqueta. **2.** poner nombre; apodar. **3.** fam. seguir los pasos de. **4.** alcanzar y tocar.
tail (teil). n. **1.** cola. **2.** rabo. **3.** extremo. **4.** séquito. **5.** *to turn t.:* poner pies en polvorosa.// tr. **1.** hacer o formar cola. **2.** fam. seguir a alguien.// **tailboard.** n. puerta trasera (carro o camión).
tailor (téilor). n. sastre.// **tailor-made.** a. hecho a medida.
tail pipe. n. caño de escape.
taint (teint). tr. contaminar.// n. mancha; corrupción.
take (teik). tr. **1.** tomar, asir. **2.** prender, agarrar. **3.** obtener, ganar, percibir. **4.** llevar, llevarse. **5.** requerir, costar. **6.** contraer (enfermedad). **7.** entender, interpretar, suponer. **8.** aceptar. **9.** tolerar. **10.** atraer,

llamar la atención. **11.** fotografiar. **12.** comer, capturar (ajedrez, damas). **13.** actuar, surtir efecto. **14.** fam. engañar, embaucar. **15.** *t. account of:* tener en cuenta. **16.** *t. a chance (on):* arriesgarse con. **17.** *t. advice:* seguir el consejo. **18.** *t. aim at:* apuntar a. **19.** *t. a leap:* dar un salto. **20.** *t. apart:* desarmar. **21.** *t. away:* quitar, llevarse. **22.** *t. aback:* desconcertar. **23.** *t. down:* bajar, descolgar. **24.** *t. in:* aceptar; recibir; comprender. **25.** *t. off:* quitar; retirar. **26.** *t. on:* encargarse de; adoptar. **27.** *t. out:* sacar, extraer. **28.** *t. place:* tener lugar; ocurrir. **29.** *t. to heart:* tomar a pecho. **30.** *t. up:* alzar, recoger; instalar; patrocinar; interrumpir; reanudar.// i. **1.** arraigar. **2.** adherirse. **3.** tener éxito, actuar. **4.** picar (pez). **5.** salir (bien o mal) en foto.// n. **1.** presa, pesca. **2.** entrada, ingresos. **3.** toma (cine, foto).
takedown (teikdaun). a. desarmable; desmontable.
take-home pay (taikjoum pei). n. salario neto.
take-off. n. **1.** arranque. **2.** *Aer.* despegue. **3.** imitación.
taking (teikin). n. **1.** toma, captura. **2.** pl. ingresos.// a. atractivo.
talc. n. talco (mineral).// **talcum** (tálkom). n. talco (de tocador).
tale (teil). n. **1.** cuento, relato. **2.** rumor, chisme. **3.** pl. *to tell t.:* contar chismes.// **talebearer.** n. cuentero, chismoso.
talent (tá-). n. **1.** talento. **2.** hombre talentoso.// **talented.** a. talentoso.
talk (tok). i. **1.** hablar, conversar. **2.** *t. away:* hablar sin parar. **3.** *t. up:* elevar la voz; hablar claro.// tr. **1.** decir, expresar, hablar de. **2.** *t. (something) over:* discutir (algo). **3.** *t. (someone) over:* convencer (a alguien).// i. **1.** charla;, conversación; discusión. **2.** rumor, chisme.// **talkative.** a. hablador.// **talker.** n. conversador.
tall (tol). a. **1.** alto, espigado. **2.** elevado. **3.** exagerado.
tallow (tálou). n. sebo.// tr. ensebar.
tally (táli). n. **1.** cuenta. **2.** marca, muesca. **3.** lote, grupo.// **1.** i. concordar. **2.** tr. contar.
talon (táln). n. garra.
tambourine (-borín). n. pandereta.
tame (teim). a. domesticado, manso, dócil.// **1.** i./tr. domesticar. **2.** tr. domar.
tamper. tr. **1.** manosear. **2.** alterar, manipular.
tan. **1.** tr. curtir. **2.** i. tostarse, quemarse (al sol).// n. **1.** tanino. **2.** tostado (del sol).// a. tostado.
tandem (tándem). n. tándem.
tangent (tányent). n. **1.** tangente. **2.** *to fly off a t.:* irse por la tangente.

tangerine (tányerin). n. mandarina.
tangle (tángl). tr. enredar.// n. enredo.
tango (tángou). n. tango.// i. bailar tango.
tank. n. 1. tanque. 2. fig. estanque, laguna.
tanner. n. curtidor.// **tannery.** n. curtiduría.
tantalize (tantalais). tr. tentar, provocar.
tantamount (-máunt). a. equivalente.
tantrum (tántrom). n. rabieta.
tap. n. 1. canilla. 2. tapón. 3. cerveza de barril. 4.
fam. bar. 5. golpecito, palmada. 6. Med. drenaje.
7. zapateo americano. 8. taco, suela.// tr. 1. tocar,
golpear suavemente 2. designar, proponer. 3. poner tacos o suelas (zapatos). 3. agujerear. 4. Electr.
derivar.
tape (teip). n. cinta.// tr. 1. grabar en cinta. 2. medir con cinta.// **tape-measure.** n. cinta métrica.
taper (teiper). n. vela, cirio.// a. 1. ahusado. 2. escalonado.
tape-recorder. n. grabador, grabadora.
tapestry (tá-). n. tapiz; tapicería.
tapeworm (téipuerm). n. tenia, lombriz solitaria.
tar. n. 1. alquitrán. 2. fig. marinero.
tardiness (tár-). n. tardanza.// **tardy.** a. tardío; dilatorio.
target (tárguet). n. blanco, objetivo, meta.
tariff (tá-). n. tarifa; arancel.// tr. tarifar.
tarmac (tár-). n. superficie o pista asfaltada.
tarnish (tár-). tr. empañar.
tarpaulin (tarpólin). n. encerado.
tarry (tári). a. alquitranado.// i. tardar, demorarse.//
n. espera, tardanza.
tart. n. torta.// a. agrio, acre.
tartar (tártar). n. 1. sarro dental. 2. T.: tártaro.
task. n. tarea, faena.// tr. 1. atarear. 2. poner a prueba.// **task force.** n. fuerza operativa.// **taskmas-
ter.** n. capataz.
tassel (tá-). n. borla.
taste (teist). n. 1. gusto (sentido). 2. sabor.// 1. tr.
gustar, saborear. 2. i. tener sabor.// **tasteful.** a. de
buen gusto.// **tasteless.** a. 1. insípido, soso. 2. de
mal gusto, sin gracia.// **tasty.** a. sabroso.
tatter (tá-). n. harapo.
tattletale (tátelteil). n. cuentero, chismoso.
tattoo (tatú). n. tatuaje.// tr. tatuar.
taunt (tant). tr. mofarse, burlarse.// n. mofa, burla.
tavern (tá-). n. 1. taverna. 2. posada, mesón.
taw (to). n. canica/s, bolita/s (juego).
tawny (tóni). a. tostado, leonado.
tax. n. impuesto.// tr. imponer, gravar.// **taxable.** a.
gravable, imponible.// **taxation.** n. impuestos.
taxi. n. taxi.// i. 1. ir en taxi. 2. carretear (avión).//
taxicab. n. taxi.
taxidermy. n. taxidermia.
taxpayer (taxpéier). n. contribuyente.
tea (ti). n. 1. té. 2. caldo, jugo.
teach (tich). i./tr. enseñar.// **teacher.** n. maestro.//
teaching. n. 1. enseñanza. 2. magisterio.
team (tim). n. 1. equipo (deportes, trabajo). 2. yunta.// 1. tr. uncir. 2. i. t. up: asociarse.// **teammate.**
n. compañero de equipo.
teamster (timster). n. caminonero; carretero.
teamwork (timuork). n. trabajo en equipo.
teacup (tíkop). n. 1. taza de té. 2. a storm in a t.: una
tormenta en un vaso de agua.// **teapot.** n. tetera.

tear (tir). n. 1. lágrima. 2. gota.// tr. desgarrar, romper, rasgar.// **tearful.** a. 1. llorón. 2. lacrimógeno.
tease (tis). tr. 1. tomar el pelo a. 2. embromar, fastidiar. 3. cardar, peinar.// n. fastidio, molestia.
teaspoon (tíspun). n. cucharita de té.// **teaspoon-
ful.** n. cucharadita.// **teatime.** n. hora del té.// **tea
wagon.** n. mesita rodante.
tech (tek). abrev. de técnica, tecnología.// **technical.** a. técnico.// **technicality.** n. tecnicismo.//
technician. n. técnico.// **technique.** n. técnica.//
technology. n. tecnología.
tedious (tídios). a. tedioso.// **tediousness.** n. tedio.
teen-ager (tínéiyer). n. joven de 13 a 19 años; ado-
lescente// **teens.** n. edad entre 13 y 19 años; adolescencia.
teeter (títer). i. 1. balancearse; tambalearse. 2. vacilar, titubear.// n. balanceo, vaivén.
teeth (tidz). n. pl. dientes.// **teething.** n. dentición.
teetotaler (titóutaler). n. abstemio.
telecast. tr. transmitir por televisión.
telegram (té-). n. telegrama.// **telegraph.** 1. n. telégrafo. 2. tr. telegrafiar; mandar un telegrama.
telephone (télefoun). n. teléfono.// tr. telefonear.
telescope (télescoup). n. telescopio.
telepathy. n. telepatía.
teleprinter, teletype. n. teletipo.
teleview (téleviu). i./tr. ver (por) televisión.// **tele-
viewer.** n. televidente.// **televise.** tr. televisar.//
television. n.// **television set.** n. televisor.
tell. tr. 1. decir. 2. contar, narrar. 3. informar. 3. revelar. 4. t. on: delatar. 5. t. one to (do): ordenar a
uno (hacer algo). 6. you never can t.: las apariencias engañan.// **teller.** n. 1. narrador, relator. 2.
contador. 3. pagador, cajero.// **telling.** a. 1. efectivo. 2. revelador.// **telltale.** n. chismoso; soplón.
temerity (té-). n. temeridad.
temper (tém-). tr. 1. templar(se). 2. moderar.// n. 1.
temple. 2. temperamento. 3. mal genio. 4. out of t.:
fuera de las casillas. 5. to keep one's t.: dominarse.
6. to loose one's t.: perder la paciencia.// **temperament.** n.// **temperance.** n. templanza; moderación.
temperate (témperet). a. templado.// **temperature.** n. 1. temperatura. 2. fiebre.
tempest (té-). n. tempestad.// **tempestuous.** a.
tempestuoso.
temple (témpl). n. templo.
temporal (tém-). a. temporal.
temporary. a. temporario, efímero.
tempt. tr. 1. tentar, incitar. 2. intentar.// **temptation.**
n. tentación.// **tempter.** n. tentador.// **tempting.** a.
atractivo, tentador.// **temptress.** f. mujer seductora.
ten. a./n. diez.
tenable (ténabl). a. sostenible; defendible.
tenacious (téneishios). a. tenaz.// **tenacity.** n. tenacidad.
tenant. n. inquilino.
tend. i. 1. dirigirse, moverse. 2. tender a. 3. servir
para. 4. i./tr. atender, cuidar, servir, vigilar.// **tendency.** n. tendencia, inclinación.
tender. n. 1. servidor, vigilante. 2. buque nodriza.
3. oferta. 4. legal t.: moneda de curso legal.// tr.
ofrecer, presentar.// a. 1. tierno. 2. suave. 3. débil.
4. afectuoso.
tenderfoot. n. novato, inexperto.

tenderhearted. a. bondadoso.
tenderloin. n. lomo.
tenderness. n. ternura.
tendon. n. tendón.
tenement (té-). n. vivienda de alquiler.
tennis. n. **1.** tenis. **2.** fig. zapatillas de tenis.
tenor (té-). n. **1.** tenõr. **2.** tendencia, rumbo.
tense (tens). n. Gram. tiempo.// a. tenso.
tension (ténshon). n. tensión.// **tensor.** n.
tent. n. tienda, carpa.// i. acampar.
tentacle (téntacl). n. tentáculo.
tentative (téntativ). a. tentativo.
tenterhooks (téntejuks). n. pl. to be on t.: estar en
ascuas, estar muy ansioso.
tenth (tendz). a./n. décimo; diez (en fechas).
tenuous (téniuos). n. tenue.
tenure (téniuer). n. tenencia, posesión.
tepid (té-). a. tibio.
term. n. **1.** término. **2.** período.// **terminal.** a./n.//
terminate. tr. terminar.// **termination.** n.// **terminology.** n.
termite (térmait). n. comején, termita.
terrace (téras). n. terraza.
terrain (teréin). n. terreno.// **terrestrial.** a. terrestre.
terrible (téribl). a. terrible.
terrific (rí-). a. **1.** terrorífico. **2.** fam. brutal.// **terrify.**
(térifai). tr. aterrorizar.
territory (téretori). n. territorio.
terror (téror). n. terror.// **terrorism.** n. // **terrorist.**
n.// **terrorize.** tr. aterrorizar.
terse (térs). a. breve, sucinto.
test. 1. prueba. **2.** examen. **3.** experimento.// tr.
probar; poner a prueba.
testament (tés-). n. testamento.
testify (téstifai). **1.** i. ser testigo. **2.** atestiguar.
testimonial (-móunial). a. testimonal.// n. testimonio; certificado.
test tube. n. tubo de ensayo.
tetanus (tétanos). n. tétanos.
text. n. texto.// **textbook.** n. libro de texto.
textile (tékstail). a. textil.// n. tejido.// **texture.** n.
than (dzan). conj. **1.** que (en comparaciones). **2.** de,
que (delante de números). **3.** del, del que.
thank. tr. agradecer.// **thanks.** n. pl. gracias.//
thankful. a. agradecido.// **thankless.** a. desagradecido.// **thanksgiving.** n. acción de gracias.
that. pron. ése, ésa, eso, aquél, aquélla, aquello.//
pron. rel. que, quien, el que, la que, lo que.// a. ese,
esa, aquel, aquella.// conj. **1.** que. **2.** para (que).
thaw (dzo). i./tr. derretir(se); licuar(se).
the (dze ante consonante; dzi ante vocal). art. el, la,
lo, las, los.
theater (dzíater). n. **1.** teatro. **2.** anfiteatro.// **theatrical.** a. **1.** teatral. **2.** escénico.
theft (dzeft). n. robo.
their (dzer). a. su, súyo, suya, de ellos, de ellas.//
theirs. pron. pos. (el) suyo, (la) suya, (los) suyos,
(las) suyas, de ellos, de ellas.
them (dzem). pron. **1.** los, las, les, (a) ellos, (a) ellas.
2. to t: les, a ellos, a ellas.
theme (dzim). n. tema.
themselves (dzemselvs). pron. **1.** ellos mismos,
ellas mismas. **2.** sí, sí mismos, sí mismas. **3.** by t.:
solos, solas. **4.** with t.: consigo mismos.

then (den). adv. **1.** entonces. **2.** luego, después. **3.**
pues, por lo tanto.// a. de entonces.// n. enton-
ces.// **thenceforth.** adv. desde entonces.
theology (díoloyi). n. teología.
theorem (díorem). n. teorema.
theoretical (díori-). a. teórico.// **theory.** n. teoría.
therapeutics (dérapiutiks). n. terapéutica.// **therapy.** n. terapia.// **therapeutist.** n. terapeuta.
there (der). adv. **1.** allí, allá. **2.** en eso.// **thereabouts.** adv. **1.** por ahí. **2.** cerca, más o menos.//
thereby. adv. por lo tanto.// **therefor.** adv. por
eso, por esto.// **thereupon.** adv. encima, encima
de eso.// **therewith.** adv. con eso, con esto.
thermal (dzérmal). a. termal.// **thermometer.** n.
termómetro.// **thermonuclear.** a. termonuclear.//
thermostat. n. termostato.
these (dis). pl. de **this.**
thesis (dzíses). n. tesis.
thews (dzius). n. pl. tendón, músculo.
they (dei). pron. **1.** ellos, ellas. **2.** la gente. **3.** se usa
en verbos impersonales en plural.
thick (dzik). a. **1.** grueso, espeso. **2.** de espesor. **3.**
turbio, confuso. **4.** fuerte, marcado.// espesor, grosor.// adv. densamente; confusamente.// **thicken.**
i./tr. **1.** espesar(se). **2.** engrosar(se). **3.** complicar-
(se).// **thicket.** n. espesura, maleza.// **thickness.**
n. espesor.// **thickset.** n. corpulento.
thief (dzif). n. ladrón.// **thieve.** i. robar, hurtar.
thigh (dzai). n. muslo.
thimble (dzimbl). n. dedal.
thin (dzin). a. **1.** delgado, fino. **2.** ralo, delgado, escaso. **3.** flaco, descarnado, enjuto. **4.** débil.// i./tr.
adelgazar, atenuar, aclarar, diluir.
thing (dzing). n. **1.** cosa, objeto. **2.** asunto, materia.
3. fam. persona, tipo. **4.** pl. as t. stand: tal como
están las cosas. **5.** for one t.: en primer lugar; por
un lado. **6.** it's the real t.: esto va en serio. **7.** pl. of
all t.: ¡qué sorpresa!
think (dzink). i./t. **1.** pensar. **2.** creer, considerar. **3.**
t. about: considerarlo, pensar sobre. **4.** t. matters
over: pensar bien a las cosas. **5.** t. over: pensar bien.
6. t. up: inventar, imaginar.// **thinker.** n. pensador.
third (dzerd). a./n. tercero; tercio; tres (fechas).
thirst (dzerst). n. **1.** sed. **2.** anhelo.// **thirsty.** a. **1.**
sediento. **2.** árido. **3.** to be t.: tener sed.
thirteen (zértin). a./n. trece.// **thirteenth.** a./n. decimotercero; trece (en fechas).
thirtieth (dzértiez). a./n. trigésimo; treinta (en
fechas).// **thirty.** a./n. treinta.
this (zis). pron. éste, ésta, esto.// a. este, esta.
thorn. n. espina.
thistle (dzíztl). n. cardo.
thorax. n. tórax.
thorough (dzóro). a. completo. **2.** cuidadoso, minucioso.// **thoroughbred.** a. de pura sangre.//
thoroughfare. n. vía pública.// **thorougly.** adv.
completamente; detalladamente.
those (dzous). pl. de **that.**
though (dzou). conj. aunque.// adv. sin embargo.
thought (dzor). n. **1.** pensamiento. **2.** on second t.:
pensándolo mejor.// **thoughtful.** a. **1.** pensativo. **2.**
atento.// **thoughtfulness.** n. cuidado, previsión,
atención.// **thoughtless.** a. descuidado; irreflexivo.
thousand (dzáusand). a./n. mil.

thrash (dzrash). tr. **1.** trillar. **2.** azotar. **3.** aplastar. **4.** *t. out:* discutir a fondo (algo).// **thrashing.** n. paliza.
thread (dzred). n. **1.** hilo, filamento. **2.** veta. **3.** pl. *to gather up the t.:* atar cabos.// tr. enhebrar.
threadbare (-ber). a. raído, gastado.
threat (dzret). n. amenaza.// **threaten.** tr. amenazar.
three (dzri). a./n. tres.// **threefold.** a. triple, triplicado.
thrift. n. economía, ahorro.// **thriftess.** a. derrochador.// **thrifty.** a. económico, frugal.
thrill (dzril). tr. **1.** emocionar, hacer vibrar.// n. emoción.// **thrilling.** a. emocionante.
throat (dzrout). n. garganta.
throb (dzrob). i. palpitar, latir.// n. latido, pulsación.
throne (dzron). n. trono.
throng (dzrong). n. gentío, tropel.// i. amontonarse.
throtie (dzrotl). n. garguero, tráquea.// tr. estrangular, ahogar.
through (dzru). prep. **1.** a través de. **2.** de un extremo al otro. **3.** por medio de.// **throughout.** prep. por todo, a lo largo de, durante todo.
throw (dzrou). tr. **1.** arrojar, tirar, lanzar, echar. **2.** derribar, tumbar. **3.** dar, producir. **4.** *t. about:* esparcir; derrochar. **5.** *t. aside:* desechar. **6.** *t. down:* echar por tierra. **7.** *t. in:* encimar. **8.** *t. off:* deshacerse de. **9.** *t. out:* echar fuera. **10.** *t. up:* alzar, levantar; renunciar, dejar; vomitar.
thrush (dzrosh). n. petirrojo.
thrust (dzrost). tr. **1.** empujar, penetrar. **2.** *t. in:* zampar, meter en. **3.** *t. out:* sacar.// n. **1.** empujón. **2.** embestida. **3.** estocada.
thud (dzod). n. golpe.
thumb (dzom). n. pulgar.
thumbtack. n. tachuela, chinche.
thunder (dzónder). n. **1.** trueno. **2.** estruendo.// i. **1.** tronar. **2.** hacer estruendo.// **tunderbolt.** n. rayo.// **thundering.** a. **1.** tronante. **2.** descomunal.// **thundershower.** n. tormenta con truenos.
Thursday (dzérsdi). n. jueves.
thus (dzos). adv. **1.** así, de este modo. **2.** por lo tanto. **3.** *t. far:* hasta ahora.
thyroid (dzaíroid). n. tiroides.
tick. n. **1.** garrapata. **2.** funda.// i. **1.** latir, palpitar. **2.** funcionar. **3.** marcar, contar, medir.
ticket (tí-). **1.** billete, pasaje, entrada. **2.** licencia, permiso. **3.** rótulo.// tr. rotular, marcar.
tickle (tíkl). **1.** i. hormiguear. **2.** i./tr. sentir o hacer cosquillas.// n. pl. cosquillas.// **ticklish.** a. **1.** cosquilloso. **2.** quisquilloso.
tide (taid). n. **1.** marea. **2.** fig. ola, corriente.// i. **1.** crecer la marea. **2.** flotar.
tidily (táidili). adv. **1.** pulcramente. **2.** ordenadamente.// **tidy.** **1.** a. limpio; ordenado. **2.** tr. ordenar; limpiar.
tie (tai). tr. **1.** atar, amarrar, unir. **2.** hacer el nudo de. **3.** empatar, igualar. **4.** *t. down:* sujetar. **5.** *t. in:* conectar. **6.** *t. up:* limitar; reservar para; paralizar.// n. **1.** lazo, atadura, ligazón, enlace, obligación. **2.** corbata. **3.** empate.// **tie-up.** n. enlace, conexión.
tiger (táiger). n. tigre.
tight (tait). a. **1.** apretado, ajustado, estrecho. **2.** tirante, tieso. **3.** cerrado, hermético. **4.** riguroso. **5.** breve.// **tighten.** tr. estrechar, ajustar.
tigress (tái-). f. tigresa, tigre hembra.
tile (tail). n. **1.** teja. **2.** baldosa.

till. prep. hasta.// conj. hasta que; recién.// n. caja para el dinero.// tr. cultivar, labrar.
tilt. i./tr. inclinar(se), ladear(se)// n. justa, torneo.
timber (tím-). n. **1.** madera. **2.** bosque, monte.
time (táim). n. **1.** tiempo. **2.** hora. **3.** vez. **4.** rato, momento. **5.** *any t.:* en cualquier momento. **6.** *for the t. being:* por ahora. **7.** *from t. to t.:* de vez en cuando. **8.** *good t.:* rato agradable. **8.** *on t.:* puntual. **9.** *t. off:* tiempo libre.// **timekeeper.** n. cronometrista.// **timeless.** a. eterno, infinito.// **timely.** a. oportuno.// **time-out.** n. intervalo, descanso.// **timer.** n. cronómetro.// **timetable.** n. horario, itinerario.
timid (tí-). n. tímido.
timing (táiming). n. **1.** cualidad de escoger el tiempo y los momentos oportunos (música, deporte). **2.** Mec. regulación del encendido.
tin. n. **1.** estaño. **2.** lata, envase de lata. **3.** enlatar, envasar en latas.
tincture (tínkcher). n. **1.** tintura. **2.** fig. vestigio, huella.
tinder (tín-). n. yesca, mecha.
tingle (tínkl). i. **1.** sentir picazón. **2.** tintinear. **3.** zumbar (oídos).// n. picazón.
tinkle (tínkl). i. tintinear.// n. tintineo.
tinsel (tín-). n. oropel.// tr. adornar con lentejuelas.
tinsmith. n. hojalatero.
tiny (táini). a. diminuto.
tip. n. **1.** punta, extremo, cúspide, puntera. **2.** golpecito, palmadita. **3.** propina. **4.** informe, soplo.// tr. **1.** guarnecer. **2.** dar un golpecito. **3.** *t. off:* advertir. **4.** i. dar propina.
tipple (típl). tr. empinar el codo.// n. licor, trago.
tipsy. a. **1.** achispado. **2.** vacilante.
tiptoe (típtou). n. **1.** punta del pie. **2.** *on t.:* de puntillas.// i. andar de puntillas.// a. **1.** de puntillas. **2.** cauto.
tire (tair). i./tr. **1.** cansar(se). **2.** aburrir(se).// n. cubierta, neumático.// **tireless.** a. incansable.// **tiresome.** a. tedioso, pesado.
tissue (tíshu). n. **1.** gasa. **2.** Biol. tejido. **3.** *t. paper:* papel de seda.
titanium (taitéiniom). n. titanio.
titbit (tít-). n. golosina.
tithe (táidz). n. diezmo.
title (táitl). n. título.// tr. intitular.
titter (títer). i. reír entre dientes.// n. risitas.
to (tu). prep. **1.** a, hacia, en dirección a (o de). **2.** en. **3.** para. **4.** hasta. **5.** desde, según. **6.** por. **7.** menos (en la hora). **8.** ante. **9.** no se traduce al castellano cuando indica el verbo en infinitivo.
toad (toud). n. sapo.
toadstool (túodstul). n. hongo (venenoso).
toast (tóust). **1.** i./tr. tostar(se). **2.** brindar por.// **toaster.** n. tostadora.// **toastmaster.** n. maestro de ceremonia.
tobacco (tabákou). n. tabaco.
toboggan (-bó-). n. tobogán.// i. deslizarse en tobogán.
tocsin (táksin). n. toque o campana de alarma.
today (tudéi). adv./n. hoy.
toe (tou). n. **1.** dedo del pie. **2.** punta del pie. **3.** *from top to t.:* de la cabeza a los pies. **4.** *to be on one's toes:* estar alerta.// tr. tocar con la punta del pie.// **toenail.** n. uña del dedo del pie.

together (tuguéder). adv. **1.** junto, juntos, juntamente. **3.** simultáneamente. **4.** *to call t.*: convocar. **5.** *to get t.*: reunir(se).

toll. i. **1.** trabajar duramente. **2.** *t. along*: moverse con mucho esfuerzo.// n. trabajo, esfuerzo.

toilet (tól-). n. **1.** tocado, arreglo. **2.** excusado, baño.

token (tóuken). n. **1.** muestra. **2.** símbolo. **3.** insignia, divisa. **4.** ficha, cospel. **5.** prenda, recuerdo. **6.** *by the same t.*: por la misma razón. **7.** *in t. of*: en señal de.// a. nominal.

tolerance (tálerans). n. tolerancia.// **tolerant.** a.// **tolerate.** tr. tolerar.

toll (tóul). n. **1.** peaje. **2.** impuesto. **3.** bajas, víctimas. **4.** redoble, tañido.// i./tr. tañer, sonar la campana.// **tollgate.** n. barrera de peaje.

tomato (tómeitou). n. tomate.

tomb (tumb). n. tumba.// **tombstone.** n. lápida de tumba.

tomcat. m. gato macho.

tome (toum). n. **1.** tomo. **2.** libraco.

tomorrow (tumórou). adv./n. **1.** mañana. **2.** *day after t.*: pasado mañana.

ton (tan). n. tonelada.

tone (tóun). n. **1.** tono. **2.** timbre de voz. **3.** entonación.// i./tr. **1.** entonar. **2.** matizar. **3.** afinar. **4.** *t. down*: matizar, suavizar el tono. **5.** *t. up*: tonificar.

tongs (tangs). n. pl. alicates, pinzas, tenazas.

tongue (tóng). n. **1.** lengua. **2.** habla. **3.** *to hold one's t.*: callar. **4.** *to stick out one's t.*: sacar la lengua.// tr. lamer, tocar con la lengua.// **tongue-tied.** a. tímido para hablar; mudo.

tonic (tánik). a. tónico.// n. tónico; tónica.

tonight (tunáit). adv./n. esta noche.

tonnage (tánidch). n. tonelaje.

tonsil (tánsel). n. amígdala.

tonsure (tánsher). n. tonsura.// tr. tonsurar.

too (tu). adv. **1.** también, igualmente. **2.** demasiado. **3.** *t. bad*: lástima. **4.** *t. many*: demasiado. **5.** *t. much*: demasiado.

tool (tul). n. **1.** herramienta. **2.** instrumento, medio.// tr. labrar, trabajar.

toot (tut). i./tr. tocar, sonar (pito, corneta, bocina).// n. pitazo, bocinazo, etc.

tooth (tudz). n. **1.** diente, muela. **2.** *by the skin of one's t.*: por un pelo. **3.** *to fight t. and nail*: pelear con uñas y dientes. **4.** *to have a sweet t.*: ser goloso.// **toothache.** n. dolor de muela.// **toothbrush.** n. cepillo de dientes.// **toothed.** a. dentado.// **toothpaste.** n. dentífrico.// **toothpick.** n. escarbadientes.

top. n. **1.** cima, cumbre. **2.** parte superior. **3.** tapa. **4.** primer puesto. **5.** tapa. **6.** lo superior, lo máximo. **7.** *at the t.*: en la cabeza de. **8.** *at the t. of one's voice*: a voz en cuello. **9.** *from t. to bottom*: de arriba abajo. **10.** *on t.*: encima. **11.** *on t. of*: además de.// a. superior; más alto; de la mejor calidad.// tr. **1.** podar, coronar. **3.** llegar a la cima. **4.** aventajar. **5.** superar. **6.** *t. off*: rematar.

topaz (toupes). n. topacio.

topcoat (tápkout). n. abrigo ligero.

top hat. n. sombrero de copa, galera.

topic (tápik). n. tópico, tema, asunto.// **topical.** a. **1.** local. **2.** del día.

topless. a. sin la parte de arriba.

topmost (tápmoust). a. superior; máximo.

topography (tapágrafi). n. topografía.// **topographer.** n. topógrafo.

topple (tápl). **1.** tr. derribar, volcar. **2.** venirse abajo.

topsoil (táp-). n. capa vegetal superior.

topsy-turvy (tápsi térvi). a./adv. patas arriba.

torch. n. **1.** antorcha. **2.** *GB* linterna.

torment (-mént). tr. atormentar.// (tór-). n. **1.** tormento. **2.** angustia.// **tormentor.** n. atormentador.

tornado (tornéidou). n. tornado.

torpedo (torpídou). n. torpedo.// tr. torpedear.

torrent (tárent). n. torrente.

torrid (tárid). a. **1.** tórrido. **2.** fig. ardiente.

torsion (tórshon). n. torsión.

torso (tórsou). n. torso.

tortoise (tórtes). n. tortuga.

torture (tórcher). n. tortura.// tr. torturar.

toss. tr. **1.** echar, arrojar. **2.** lanzar al aire. **3.** i. menear(se); cabecear (barco). **4.** *t. aside*: desechar. **5.** *t. and turn*: dar vueltas en la cama.// n. **1.** tiro; meneo; sacudida. **2.** *to win the t.*: ganar a cara o cruz.

tossup (tósap). n. **1.** cara o cruz. **2.** probabilidades parejas.

tot (tat). n. nene.// tr. sumar.

total (tóutal). a./n. total.// tr. totalizar, sumar.

totalitarian. a./n. totalitario.

totem (tóutem). n. tótem.

totter (táter). i. tambalear(se).

touch (tách). i./tr. **1.** tocar(se). **2.** palpar. **3.** alcanzar. **4.** equiparar, igualar. **5.** conmover. **6.** *t. at*: hacer escala. **7.** *t. down*: aterrizar, tocar tierra. **8.** *t. off*: disparar; esbozar, hacer un esbozo. **9.** *t. on (upon)*: aludir a. **10.** *t. up*: corregir, retocar.// n. **1.** toque. **2.** tacto. **3.** sensación, percepción. **4.** contacto. **5.** retoque. **6.** pizca, poco, rastro. **7.** *to be out of t.*: no estar al corriente.// **touch-and-go.** a. de carácter precario e incierto.// **touching.** a. conmovedor.// **touchiness** (táchines). n. **1.** susceptibilidad. **2.** delicadeza.

touchstone (táchstoun). n. **1.** piedra de toque. **2.** fig. criterio de prueba.

touchy (táchi). a. **1.** quisquilloso, susceptible. **2.** a. delicado.

tough (tóf). a. **1.** firme, duro. **2.** correoso. **3.** resistente, robusto. **4.** arduo, difícil. **5.** tenaz. **6.** desagradable, adverso. **7.** *EE.UU.* vulgar, rudo.// n. *EE.UU.* rufián, villano.// **toughen.** i./tr. **1.** endurecer(se). **2.** volver(se) correoso.// **toughness.** n. dureza, firmeza, resistencia.

tour (tur). n. **1.** gira. **2.** viaje de turismo. **3.** turno, jornada.// i./tr. viajar.// **tourism.** n. turismo.// **tourist.** **1.** n. turista. **2.** a. turístico.

tournament (térnement). n. torneo, certamen.

tourney. **1.** n. torneo, justa. **2.** lidiar, participar en un torneo.

tourniquet (térniket). n. torniquete.

tousle (táusl). tr. enmarañar, despeinar.

tow (tóu). **1.** tr. remolcar. **2.** n. remolque. **3.** *to take in t.*: llevar a remolque.

toward, towards (tórd, tóuord). prep. **1.** hacia, en dirección a. **2.** con respecto a. **3.** para con. **4.** próximo a. **5.** alrededor de.

towboat (tóubout). n. remolcador.

towel (táuel). n. toalla.

tower (táuer). n. torre.// i. sobresalir.

town (táun). n. pueblo, población, ciudad.// **township.** n. municipio.// **townspeople.** n. vecinos del pueblo.

toxic (táksik). a. tóxico.// **toxin.** n. toxina.

toy. n. juguete.// a. **1.** de juguete. **2.** diminuto.// i. **1.** juguetear. **2.** t. with an idea: darle vueltas a una idea.

trace (tréis). n. **1.** rastro, huella. **2.** pizca, vestigio. **3.** trazado. **4.** tirante.// tr. **1.** delinear. **2.** calcar. **3.** rastrear. **4.** t. back: reconstruir.

trachea (tréikia). n. tráquea.

tracing (tréising). n. **1.** calco. **2.** rastreo. **3.** trazado.

track. n. **1.** rastro, huella, pisada. **2.** carril. **3.** pista. **4.** camino, senda. **5.** vía, trayectoria. **6.** vía férrea. **7.** oruga (de tanque). **8.** to keep t. of: seguir el rastro de. **9.** to loose t. of: perder de vista a.// tr. **1.** rastrear. **2.** seguir la pista o huella de. **3.** investigar. **4.** t. down: perseguir y atrapar.

tract. n. **1.** extensión de tierra. **2.** folleto. **3.** Anat. tracto, canal.

tractable (tráktabl). a. tratable, dócil.

traction (trákshon). n. tracción.// **tractor.** n. tractor.

trade (tréid). n. **1.** oficio, ocupación. **2.** comercio. **3.** gremio. **4.** trueque, cambio. **5.** clientela. **6.** by t.: de profesión. **7.** in t: en canje.// a. comercial; industrial.// tr. **1.** canjear. **2.** comerciar. **3.** hacer sus compras en.// **trade-in.** n. artículo que se entrega como primer pago de otro nuevo.// **trade mark.** n. marca de fábrica.// **trader.** n. comerciante, negociante.// **tradesman.** m. comerciante al por menor.

tradition (tradíshon). n. tradición.

traffic. n. **1.** tráfico. **2.** tránsito.// tr. traficar.

tragedy (tráyedi). n. tragedia.// **tragic.** a. trágico.

trail (tréil). i./tr. **1.** arrastrar(se). **2.** rezagarse, venir detrás de. **3.** rastrear. **4.** t. behind: ir rezagado. **5.** t. off: desvanecerse.// n. **1.** rastro, huella. **2.** sendero. **3.** cola.// **trailer.** n. remolque.

train (tréin). n. **1.** tren. **2.** cola (de traje). **3.** séquito, comitiva. **4.** sucesión.// tr. **1.** disciplinar, educar. **2.** adiestrar, ejercitar, entrenar. **3.** apuntar (arma).// **trainer.** n. preparador, entrenador.// **training.** n. enseñanza, instrucción, entrenamiento.

trait (tréit). n. rasgo, peculiaridad.

traitor (tréitor). n. traidor.

trajectory (trayéktori). n. trayectoria.

trammel. n. traba.// tr. trabar, echar trabas.

tramp, i. **1.** caminar pesadamente. **2.** pisotear. **3.** vagar.// n. **1.** vago. **2.** caminata.// **trample.** tr. hollar, pisotear.// n. **1.** pisoteo. **2.** ruido de pisadas.

trance (trans). n. **1.** trance. **2.** estupor. **3.** éxtasis.

tranquility (tránkuiliti). n. tranquilidad.// **tranquilize.** i./tr. tranquilizar(se).// **tranquilizer.** n. tranquilizante.

transact. n. **1.** negociar, comerciar. **2.** tramitar.// **transaction.** n. **1.** negociación. **2.** transacción.

transcend (-sénd). tr. **1.** traspasar, exceder. **2.** superar. **3.** i. trascender.// **transcendence.** n.

transcribe (transkráib). tr. **1.** transcribir. **2.** grabar.// **transcript.** n. copia.// **transcription.** n. transcripción.

transfer (tráns-). n. **1.** transferencia. **2.** trasbordo. **3.** Der. cesión. **4.** EE.UU. billete de trasbordo.// tr. **1.** transferir. **2.** trasbordar. **3.** Der. traspasar.

transfigure (transfíguiur). i./t. transfigurar(se).// **transfiguration.** n. transfiguración.

transfix. tr. **1.** traspasar, atravesar. **2.** inmovilizar.

transform. i./tr. transformar(se).// **transformation.** n.// **trasnformer.** n. transformador.

transfusion (transfiúshon). n. transfusión.

transgress (-grés). tr. **1.** transgredir. **2.** traspasar. **3.** extralimitar(se).// **transgression.** n. **1.** transgresión. **2.** pecado.// **transgressor.** n. **1.** transgresor. **2.** pecador.

transient (tránshent). a. pasajero, transitorio.

transit (tránsit). n. **1.** tránsito. **2.** transporte. **3.** in t.: de paso.// tr. transitar (por).

transition (transíshon). n. transición.// **transitive.** a./n. transitivo.// **transitory.** a. transitorio.

translate (transléit). i./tr. traducir.// **translation.** n. **1.** traducción. **2.** traslación.// **translator.** n. traductor.

translucent (-lú-). a. tráslucido.

transmission (-míshon). n. transmisión.// **transmit.** tr. **1.** transmitir. **2.** emitir.// **transmitter.** n. transmisor; emisor.

transom (trán-). n. **1.** dintel. **2.** montante.

transparency (-pérenci). n. **1.** transparencia. **2.** diapositiva.// **transparent.** a.

transpire (-páir). i./tr. **1.** trascender, traslucir. **2.** fam. acontecer. **3.** transpirar.

transplant (-plánt). tr. transplantar.// n. transplante.

transport (tráns-). tr. **1.** transportar. **2.** fig. arrebatar.// (-pórt). **1.** transporte. **2.** arrobamiento. **3.** acceso.// **transportation.** n. transporte.

transpose (-póus). tr. **1.** trasponer. **2.** Mus. transportar.// **transposition.** n.

transverse (-vérs). a. transverso.// n. travesaño.

trap. n. **1.** trampa. **2.** celada. **3.** sifón. **4.** pl. equipaje; instrumentos de percusión.// **1.** tr. atrapar. **2.** i. armar trampas.

trapeze (trapís). n. trapecio.

trapper (trá-). n. **1.** trampero. **2.** cazador de pieles.

trappings (trá-). n. pl. **1.** arreos. **2.** adornos.

trash. n. **1.** basura, desecho. **2.** hojarasca. **3.** disparate. **4.** gentuza.

travel. i. **1.** viajar. **2.** moverse. **3.** pasar. **4.** tr. viajar por, recorrer.// n. viaje; recorrido.// **traveller.** n. viajero.// **travelling.** a. viajero, de viaje, para viajes.

traverse (-vérs). i./tr. **1.** cruzar, atravesar. **2.** recorrer.// (trá-). **1.** n. travesaño. **2.** a. transversal.

travesty (trá-). n. parodia, farsa.// tr. parodiar.

tray (tréi). n. **1.** bandeja. **2.** platillo de la balanza.

treacherous (trécheros). a. traicionero.// **treachery.** n. traición.

tread (tred). tr. **1.** pisar, hollar. **2.** pisotear. **3.** caminar. **4.** t. back: desandar.// n. **1.** pisada. **2.** paso.

treadmill. n. **1.** molino de rueda. **2.** noria.

treason (tríson). n. traición.// **treasonable.** a. traicionero, traidor.

treasure (tréshur). n. **1.** tesoro.// tr. **1.** atesorar. **2.** apreciar mucho.// **treasurer.** n. tesorero.// **treasury.** n. **1.** tesorería. **2.** fisco.

treat (trit). tr. **1.** tratar, negociar. **2.** atender, curar. **3.** convidar.// n. **1.** obsequio. **2.** placer, deleite.

treatise (trítes). n. tratado (libro).

treatment (trítment). n. **1.** tratamiento. **2.** régimen, terapia.

treaty (tríti). n. tratado (convenio).

treble (trébl). a. **1.** triple. **2.** Mus. atiplado.// tr. triplicar.

tree (tri). n. **1.** árbol. **2.** *family t.:* árbol genealógico. **3.** *shoe t.:* horma de zapato. **4.** *to be up a t.:* estar entre la espada y la pared.// *treetop* (tritop). n. copa de árbol.

trefoil (trífoil). n. trébol.

trellis (trélis). n. enrejado.

tremble (trémbl). i. temblar.// n. temblor.

tremendous (treméndos). a. tremendo; formidable; asombroso.

tremor (tré-). n. **1.** temblor. **2.** trepidación.

tremulous (trémiulos). a. **1.** trémulo. **2.** temeroso.

trench. n. **1.** trinchera. **2.** zanja. **3.** fosa submarina.

trenchant (trén-). a. incisivo, penetrante, mordaz.

trend. n. **1.** dirección. **2** curso. **3.** tendencia.// i. **1.** dirigirse, tender. **2.** inclinarse.

trepidation (trepidéishon). n. **1.** perturbación. **2.** trepidación.

trespass (trés-). i. **1.** entrar ilegalmente o sin derecho. **2.** transgredir una ley. **3.** pecar.// n. **1.** ofensa. **2.** pecado. **2.** transgresión.// *trespasser.* n. **1.** intruso. **2.** transgresor.

tress. n. trenza, bucle.

trestle (trestl). n. **1.** caballete. **2.** bastidor.

trial (tráial). n. **1.** ensayo, tentativa. **2.** esfuerzo. **3.** tribulación. **4.** *Der.* juicio, pleito. **5.** *on t.:* a prueba. **6.** *to be on t.:* estar sujeto a juicio. **7.** *to give (something) a t.:* probar (algo).// a. de prueba.

triangle (tráiangl). n. **1.** triángulo. **2.** escuadra.

tribal (tráibal). n. tribal.// *tribesman.* m. miembro de una tribu.

tribulation (tribuléishon). n. tribulación.

tribunal (traibiúnal). n. tribunal.// *tribune.* n. **1.** tribuno. **2.** tribuna.

tributary (tributeri). a tributario.// *tribute* (tríbiut). n. **1.** tributo. **2.** homenaje. **3.** *to pay t.:* rendir homenaje.

trick. n. **1.** truco, ardid. **2.** travesura. **3.** baza (en las barajas). **4.** pl. *to be up to one's old t.:* volver a las andadas. **5.** *to do the t.:* resolver el problema.// tr. **1.** embaucar, estafar. **2.** *t. into:* obligar con engaño. **3.** *t. out of:* despojar con engaño.// a. de truco.// *trickery.* n. maraña, embrollo.

trickle (tríkel). i. **1.** gotear. **2.** pasar gradualmente.// n. goteo.

tricky. a. **1.** mañoso, tramposo. **2.** fam. intrincado.

tricycle (tráisikel). n. triciclo.

tried (tráid). a. **1.** probado. **2.** fiel, confiable.

trifle (tráifl). n. **1.** bagatela. **2.** suma muy pequeña.// i. **1.** chancear, bromear. **2.** *t. with:* jugar con.

trigger (tríguer). n. gatillo.// tr. **1.** apretar el gatillo, disparar. **2.** fig. provocar.

trigonometry (-náme-). n. trigonometría.

trill. i. trinar, gorjear.// n. trino, gorjeo.

trillion (trílion). n. **1.** *EE.UU.* billón. **2.** *GB* trillón.

trim. tr. **1.** arreglar, adornar. **2.** recortar, podar. **3.** reducir, ajustar. **4.** i. ser neutral; nadar entre dos aguas.// n. **1.** orden, arreglo. **2.** adorno. **3.** terminación interior. **4.** *to be in the t.:* estar en buenas condiciones.// *trimming.* n. **1.** adorno, aderezo. **2.** ajuste, arreglo. **3.** pl. accesorios; recortes.

trinity (tríneti). n. trinidad.

trinket (trín-). n. chuchería, baratija.

trip. n. **1.** viaje, travesía. **2.** traspié. **3.** zancadilla.// **1.** i. tropezar. **2.** tr. hacer tropezar.

tripartite (traipárteit). a. tripartito.

tripe (tráip). n. tripa, mondongo.

triple (trípel). a./n. triple.// tr. triplicar.// *triplet.* n. **1.** trillizo. **2.** terno.// *triplicate.* **1.** a. triplicado. **2.** tr. triplicar.// *tripod.* n.// *triptych* (tríptik). n. tríptico.

trite (tréit). a. gastado, trillado.

triumph (tráiomf). n. **1.** triunfo. **2.** júbilo.// i. triunfar.// *triumphal.* a.// *triumphant.* a.

trivial (trívial). a. trivial.// *triviality.* n. trivialidad.

trolley. n. trole.// *trolley car.* n. tranvía.

trombone (trómboun). n. trombón.

troop (trup). n. **1.** tropa. **2.** tropel. **3.** escuadrón. **4.** pl. tropas, soldados.// i. acudir en tropel.// *trooper.* n. soldado de caballería.

trophy (tróufi). n. trofeo.

tropic (trápik). n. trópico.// a. tropical.

trot (trat). n. trote.// i. trotar.

trouble (trábel). tr. **1.** inquietar, alterar. **2.** molestar, incomodar. **3.** afligir(se), preocupar(se). **4.** i. molestarse; tomarse la molestia. **5.** *to be troubled with:* padecer de. **6.** *may I t. you?:* ¿me hace usted el favor?// n. **1.** disturbio. molestia. **2.** dificultad, problema. **3.** pena, aflicción. **4.** *engine t:* avería del motor. **5.** *heart t.:* enfermedad del corazón. **6.** *what's the t?:* ¿qué pasa?, ¿cuál es el problema?// *troublemaker.* n. pertubador.// *troublesome.* a. **1.** penoso, dificultoso. **2.** molesto, inoportuno.

trough (trof). n. **1.** abrevadero. **2.** artesa, batea. **3.** canal, conducto. **4.** depresión. **5.** hondonada.

trousers (tráusers). n. pl. pantalones.

trout (tráut). n. trucha.

trowel (tráuel). n. palustre, cuchara de albañil.// tr. emparejar con palustre (cuchara).

truant (trúant). n. **1.** haragán. **2.** rabonero, novillero.// i. hacer novillos, hacerse la rabona o la rata.

truce (trus). n. tregua.// i. acordar una tregua.

truck (trok). n. **1.** camión, carro. **2.** carretilla de mano.// tr. acarrear en camión.// *truck farm.* n. huerto de hortalizas.// *truckman.* n. camionero.

true (tru). a. **1.** verdadero. **2.** verídico. **3.** fiel. **4.** exacto. **5.** legítimo; puro. **6.** *t. to:* conforme a. **7.** *t. to form:* conforme a lo esperado. **8.** *to come t.:* hacerse realidad.// adv. **1.** verídicamente. **2.** con exactitud.

truffle (trófel). n. trufa.

truism (truísem). n. perogrullada.

truly. adv. **1.** verdaderamente. **2.** sinceramente. **3.** con exactitud. **4.** *yours t.:* suyo sinceramente.

trump (tromp). n. **1.** triunfo (barajas).// tr. **1.** matar con un triunfo. **2.** *t. up:* inventar, fabricar.// *trumped-up.* a. fraudulento, falso.

trumpet (trámpet). n. **1.** trompeta. **2.** corneta.// i. **1.** tocar la trompeta. **2.** berrear (el elefante).// *trumpeter.* n. trompetista.

truncheon (tránchon). n. **1.** bastón. **2.** cachiporra.

trundle (trándl). n. **1.** rodillo. **2.** carretilla.// **1.** i. rodar. **2.** tr. hacer rodar.

trunk (tronk). n. **1.** tronco. **2.** baúl. **3.** portaequipajes (auto). **4.** trompa (elefante).// a. troncal, principal (cañería, red, cableado).

trust (trost). n. **1.** confianza, fe. **2.** esperanza. **3.** tarea, deber. **4.** responsabilidad. **5.** *Com.* trust, consorcio. **6.** *in t.:* en fideicomiso. **7.** *on t.:* al fiado.// i. **1.** confiar en, fiarse de. **2.** esperar.// tr. **1.** confiar.

2. dar crédito, fiar. **3.** encomendar a. **4.** *to be trusted:* ser digno de confianza.// **trustee.** n. síndico; fideicomisario.// **trustful.** a. confiado.// **trustworthy.** a. digno de confianza.// **trusty.** a. confiable.
truth (trudz). n. verdad.// **truthful.** a. veraz.// **truthfulness.** n. veracidad.
try (trai). tr. **1.** probar. **2.** poner a prueba. **3.** intentar, procurar. **4.** ensayar. **5.** *Der.* enjuiciar, juzgar. **6.** irritar. **7.** forzar, cansar. **8.** i. esforzarse. **9.** *t. on:* probarse.// n. **1.** prueba, ensayo, intento. **2.** anotación (rugby).// **trying.** a. **1.** molesto, exasperante. **2.** penoso, difícil.
tub (tob). n. **1.** tina. tonel. **2.** bañera, bañadera.
tube (tiub). n. **1.** tubo. **2.** cámara (neumático). **3.** túnel ferroviario. **4.** *Anat.* trompa.// **tubeless.** a. sin cámara.
tuber (túber). n. tubérculo.// **tubercular.** a. **1.** tuberculoso. **2.** del tubérculo.// **tuberculosis.** n.
tuck (tok). tr. **1.** plegar(se), doblar(se). **2.** poner en lugar abrigado o cómodo. **3.** *t. away:* ocultar. **4.** *t. in:* meter en. **5.** *t. in bed:* acostar, meter en la cama. **6.** i. caber ajustadamente.
Tuesday (túsdi). n. martes.
tuft (tóft). n. **1.** penacho, copete; mechón. **2.** borla.
tug (tog). tr. **1.** tirar de. **2.** arrastrar. **3.** i. esforzarse, luchar.// n. **1.** tirón; esfuerzo; cadena de remolque.// **tugboat.** n. remolcador (buque).// **tug of war.** n. cinchada.
tuition (tuíshon). n. **1.** enseñanza. **2.** derecho de matrícula.
tulip (túlep). n. tulipán.
tumble (tómbl). i. **1.** dar volteretas, brincar. **2.** dar tumbos. **3.** tumbarse, caerse. **4.** tr. tumbar, derribar. **6.** *t. out:* salir a montones. **7.** *t. over:* derribar; volcar(se).// **1.** caída.// **2.** voltereta. **3.** tumbo. **4.** montón. **5.** *to give a t. to:* mostrar interés por. **7.** *to take a t.:* dar un tumbo, caerse.// **tumbler.** n. **1.** vaso. **2.** acróbata.
tumor (tiúmor). n. tumor.
tumult (túmalt). n. tumulto.// **tumultuous.** a.
tuna (tiuna). n. atún.
tune (tiun). n. **1.** tonada. **2.** tono. **3.** *in t.:* afinado. **2.** *in t. of:* a tono con. **3.** *out of t.:* desafinado.// i./tr. **1.** afinar, templar. **2.** adaptar a. **3.** armonizar con. **4.** sintonizar. **5.** *t. up:* afinar (instrumento, motor).
tungsten (tóngs-). n. tungsteno.
tunic (tiúnik). n. túnica.
tuning. a. de sintonía.// **tuning dial.** n. cuadrante de sintonía.// **tuning fork.** n. diapasón.
tunnel (tónel). n. **1.** túnel. **2.** socavón.// i. hacer o construir un túnel.
turban (tér-). n. turbante.
turbine (térben, -bin). n. turbina.
turbulence (térbiolens). n. turbulencia.// **turbulent.** a.
turf (térf). n. **1.** césped. **2.** *Sp.* hípica.
turgid (téryid). a. **1.** turgente. **2.** ampuloso.
turkey (térki). n. pavo.
turmoil (térmoil). n. alboroto, tumulto.
turn (térn). tr. **1.** volver(se). **2.** dar vuelta, virar, doblar. **3.** girar, hacer girar. **4.** invertir. **5.** transformar(se), convertir(se), cambiar. **6.** alterar, perturbar. **7.** desviar. **8.** cumplir (años). **9.** formular (frase). **10.** tornear. **11.** i. dar vueltas. **12.** *t. around:* dar la vuelta. **13.** *t. back:* volver atrás. **14.** *t. down:* recha-

zar. **15.** *t. pale:* palidecer. **16.** *t. inside out:* dar vuelta, volver al revés. **17.** *t. on:* encender, conectar. **18.** *t. out:* apagar, desconectar. **19.** *t. out to be:* resultar ser. **20.** *t. of:* recurrir a. **21.** *t. over:* voltear. **21.** *t. sour:* agriarse. **22.** *t. the stomach:* dar asco. **23.** i. *t. against:* volverse contra.// n. **1.** vuelta. **2.** revolución, giro. **3.** viraje, curva. **4.** rosca. **5.** paseo. **6.** turno. **7.** cambio. **8.** rumbo, dirección. **9.** *Mec.* torno. **10.** *at every t.:* a cada paso. **11.** *bad t.:* mala pasada. **12.** *in t:* a su vez. **13.** *out of t.:* fuera de lugar o de orden. **14.** *to be one's t.:* ser su turno, tocarle a uno.
turnip (térnep). n. nabo.
turnover (térnouver). n. **1.** vuelco. **2.** rotación de personal. **3.** movimiento comercial. **4.** empanada.
turnpike (térnpaik). n. autopista y barrera con peaje.
turnstile (térnstail). n. torniquete.
turpitude (térpetud). n. depravación.
turquoise (térkuois). n. turquesa.
turret (téret). n. **1.** torrecilla. **2.** torre blindada.
turtle (tértel). n. tortuga.
tusk (tosk). n. colmillo (animales).
tussle (tásel). i. forcejear.// forcejeo.
tutor (tú-). n. **1.** *Der.* tutor. **2.** maestro particular.// tr. enseñar, instruir.
twang (tuang). i. **1.** producir un sonido vibrante. **2.** hablar nasalmente.// tr. **1.** puntear la guitarra. **2.** disparar una flecha.// n. **1.** punteo. **2.** gangueo.
tweed (tuíd). n. paño de lana.
tweezers (tuísers). n. pinzas.
twelfth (tuélfdz). a. duodécimo; doceavo; doce (en fechas).// **twelve.** a./n. doce.
twentieth (tuentiedz). a./n. vigésimo; veinte (en fechas).// **twenty.** a./n. veinte.
twice (tuáis). adv. dos veces.
twig (tuig). n. ramita.
twin (tuin). a./n. gemelo, mellizo.
twine (tuáin). n. cordel.// i./tr. enroscar(se); retorcer(se).
twinkle (tuínkel). i. titilar; parpadear.// n. **1.** destello; guiño; parpadeo. **2.** instante, momento.
twirl (tuérl). **1.** i. hacer girar. **2.** tr. dar vueltas.// n. **1.** rotación, giro. **2.** rosca.
twist (tuist). tr. **1.** torcer, retorcer(se). **2.** enrollar. **3.** enroscar(se). **4.** deformar(se). **5.** serpentear.// n. **1.** giro, vuelta. **2.** curva. **3.** cordoncillo. **4.** rosca.
twitch (tuích). **1.** tr. sacudir bruscamente. **2.** i. crisparse.// n. **1.** tirón, sacudida. **2.** crispamiento. **3.** punzada de dolor.
two (tu). a./n. dos.// **twofold. 1.** a. doble; dual. **2.** adv. dos veces.
type (táip). n. tipo.// tr. escribir a máquina.// **typescript.** n. texto mecanografiado.// **typesetter.** n. compositor, tipógrafo.// **typewrite.** tr. mecanografiar.// **typewriter.** n. máquina de escribir.
typhoid (táifoid). n. fiebre tifoidea.
typhoon (taifún). n. tifón.
typhus (táifos). n. tifus.
typical (tí-). a. típico.
typist (táipist). n. mecanógrafo.
typographical. a. tipográfico.// **typography.** n. tipografía.
tyrannical (tiránekal). a. tiránico.// **tyranny.** n. tiranía.// **tyrant.** n. tirano.

u (iu). n. vigesimoprimera letra del abecedario.
uglify (áglifai). tr. afear.// **ugliness.** n. fealdad.//
ugly. a. **1.** feo. **2.** peligroso. **3.** lamentable. **4.** *an u. customer:* un tipo peligroso.
ulcer (ólser). n. úlcera.// **ulcerate.** tr. ulcerar.//
ulceration. n. ulceración.
ultimate (últemet). a. **1.** último. **2.** definitivo. **3.** esencial.// **ultimately.** adv. finalmente, en el fondo.
ultraism (áltreizem). n. extremismo.// **ultraist.** a./n. extremista.
ultraviolet (altraváiolet). a. ultravioleta.
umbrella (ambréia). n. **1.** paraguas. **2.** sombrilla.// **u. tree.** n. magnolia.
umpire (ámpaier). n. árbitro.// tr. arbitrar.// **umpirage.** n. arbitraje.
unable (anéibl). a. incapaz.
unacceptable (anakséptabl). a. inaceptable.
unadaptable (anádaptbl). a. inadaptable.
unadvisable (anadváizebl). a. poco aconsejable, imprudente.
unafraid (anáfreid). a. sin miedo.
unalterable (análterabl). a. inalterable.
unanimity (iunánimiti). n. unanimidad.// **unanimous.** a. unánime.
unapt (anápt). a. inadecuado, no apto.
unarm (anárm). tr. desarmar.// **unarmed.** a. desarmado.
unattired (anátaied). a. **1.** desnudo. **2.** sin adornos.
unauthorized (anázoraizd). a. **1.** no autorizado. **2.** ilícito.
unaware (anéwear). a. **1.** ignorante. **2.** inconsciente.// **unawareness.** n. **1.** ignorancia. **2.** inconsciencia.
unbaked (anbéikt). a. crudo.
unbalance (anbálans). n. desequilibrio.// tr. desequilibrar.// **unbalanced.** a. desequilibrado.
unbearable (anbérabl). a. insoportable.
unbeaten (anbítn). a. **1.** no pisado. **2.** virgen, no explorado. **3.** invicto.
unbelief (anbílif). n. incredulidad, escepticismo.// **unbelievable.** a. increíble.// **unbeliever.** n. incrédulo.
unbound (anbáund). a. desatado.// **unbounded.** a. ilimitado.
unbroken (anbróuken). a. **1.** intacto, sin romper. **2.** indómito.
unburden (anbérdn). tr. **1.** descargar. **2.** aliviar.
unbury (anbéri). tr. desenterrar.
uncaught (ankót). a. libre.

unceasing (ansísin). a. incesante, continuo.// **unceasingly.** adv. sin cesar.
uncertain (ansérten). a. **1.** incierto, inseguro, dudoso. **2.** vacilante, indeciso.// **uncertainty.** n. incertidumbre.
uncivil (ansívil). a. incorrecto, descortés, incivil.
uncle (únkl). n. tío.
unclean (anklín). a. sucio.// **uncleanness.** n. suciedad.
unclear (anklíar). a. poco claro, confuso.
unclothe (ankláuz). tr. desnudar.// **unclothed.** a. desnudo.
uncomfortable (ankámfotebl). a. **1.** incómodo, poco confortable. **2.** inquietante. **3.** *to feel i.* sentirse incómodo.
uncommon (ankómon). a. **1.** raro, poco común. **2.** excepcional.
unconcern (ankónsen). n. indiferencia, despreocupación.// **unconcerned.** a. indiferente, despreocupado.
unconscious (ankónshus). a./n. inconsciente; sin sentido.
uncontrollable (ankontróulabl). a. incontrolable, irresistible, ingobernable.
uncover (ankóver). tr. **1.** descubrir, revelar, destapar. **2.** quitarse el sombrero.
uncrowded (ankráudid). a. con poca gente.
unction (ánkchon). n. **1.** unción. **2.** deleite.
uncurl (ankérl). tr. desenroscar.
uncut (ankát). a. **1.** sin cortar. **2.** en bruto.
undecided (andísaidid). a. indeciso.
undefeated (andifítid). a. invicto.
undefined (andifáind). a. indefinido.
under (ánder). a. **1.** inferior. **2.** insuficiente. **3.** subalterno.// adv. **1.** más abajo. **2.** debajo. **3.** menos. **4.** *see u.:* véase más abajo.// prep. **1.** debajo de, bajo. **2.** menor de. **3.** *u. the bed:* debajo de la cama.
underclothes (ánderclouz). n. pl. ropa interior.// **underclothing.** n. ropa interior.
undercover (ándercover). a. clandestino.
undercut (ánderkat). tr. socavar.
underdeveloped (anderdivélopt). a. **1.** poco desarrollado. **2.** subdesarrollado.// **underdevelopment.** n. subdesarrollo.
underdone (anderdan). a. poco hecho.
undergo (andergou). tr. sufrir, aguantar.
underground (ándergraund). a. **1.** subterráneo. **2.** secreto. **3.** no comercial.// adv. **1.** bajo tierra. **2.** secretamente.// n. **1.** metro, subte. **2.** resistencia.

undergrown (andergráun). a. enclenque, poco desarrollado.
underlie (anderlái). tr. **1.** estar debajo de. **2.** ocultarse tras.// **underlying.** a. **1.** subyacente. **2.** fundamental.
underline (ánderlain). n. raya, subrayado.// tr. **1.** subrayar. **2.** hacer hincapié en.// **underlining.** n. subrayado.
underneath (anderníz). a. inferior, de abajo.// adv. debajo.// prep. debajo de.// n. fondo, parte inferior.
underpay (anderpéi). tr./i. **1.** pagar mal o poco. **2.** underpaid workers: obreros mal pagos.
undersea (ándersi). a. submarino.// adv. bajo el mar.
understand (anderstánd). tr. **1.** entender, comprender. **2.** entender de, ser entendido en. **3.** creer. **4.** understood?: ¿entendido?// **understanding. 1.** a. comprensivo. **2.** n. comprensión, entendimiento; opinión.// **understatement** (anderstéitment). n. **1.** eufemismo. **2.** subestimación.
undertake (andertéik). tr. emprender.// **undertaking.** n. tarea.
underwear (ánderwear). n. ropa interior.
underworld (ánderweld). n. **1.** mundo terrenal. **2.** mundo de los muertos. **3.** antípodas. **4.** hampa, bajo mundo.
undies (ándiz). n. ropa interior.
undiscriminating (andiskrímineitin). a. sin discernimiento, poco juicioso.
undistinguished (andistínguisht). a. mediocre, ordinario.
undo (ándu). tr. **1.** deshacer, desatar. **2.** abrir.// **undoing.** n. perdición, ruina.// **undone.** a. inacabado, sin hacer.
undress (andrés). n. **1.** bata. **2.** uniforme.// tr. desnudar.
uneasy (anízi). a. **1.** molesto. **2.** preocupado.// **uneasiness.** n. intranquilidad.
unemployed (animplóid). a. parado, desempleado, desocupado.// **unemployment.** n. paro, desempleo.
unequal (aníkual). a. **1.** desigual, distinto. **2.** irregular.
uneven (aníven). a. accidentado, desigual.
unexpected (anikspéktid). a. inesperado, imprevisto.// **unexpectedly.** adv. de improviso, inesperadamente.
unexpressed (aniksprést). a. inexpresado.// **unexpressive.** a. inexpresivo.
unfailing (anféilin). a. **1.** inagotable. **2.** constante. **3.** seguro, infalible.
unfair (anféar). a. **1.** injusto. **2.** desleal, sucio.// **unfairness.** n. injusticia; deslealtad.
unfaith (anfeiz). n. falta de fe.// **unfaithful.** a. infiel.
unfeeling (anfílin). a. insensible.
unfit (anfít). a. **1.** incapaz. **2.** inadecuado. **3.** inútil. **4.** incompetente.// **unfitness.** n. incapacidad; incompetencia.
unfold (anfáuld). tr. desdoblar, despegar.// i. abrirse, desplegarse.// **unfolding.** n. desdoblamiento.

unfreeze (anfríz). tr. descongelar.// **unfreezing.** n. descongelamiento.
unfruitful (anfrátful). a. estéril, improductivo, infructuoso.
ungraceful (angréisful). a. desgarbado, torpe.
ungrateful (angréitful). a. ingrato, desagradecido.
unhappy (anjápi). a. desdichado, infeliz, triste.
unholy (anhóuli). a. impío, profano.
unicorn (iúnicorn). n. unicornio.
uniform (iúniform). a./n. uniforme.// tr. **1.** poner un uniforme. **2.** uniformar.// **uniformed.** a. con uniforme.
unify (iúnifai). i./tr. unificar(se).
unimportant (animpórtént). a. poco importante, sin importancia.
uninhabited (aninjábitid). a. deshabitado.
unintelligible (anintéliyibl). a. ininteligible, incomprensible.
uninteresting (aníntristin). a. poco interesante, sin interés.
union (iúnion). **1.** unión. **2.** armonía. **3.** enlace. **4.** sindicato.// a. del sindicato.// **Union Jack.** n. bandera del Reino Unido.// **unionist.** n. sindicalista.
unique (iuník). a. **1.** único. **2.** extraño, extraordinario.
unisex (iúniseks). a. para ambos sexos.
unit (iúnit). n. **1.** unidad. **2.** elemento. **3.** conjunto, equipo. **3.** monetary u.: unidad monetaria. **4.** film u.: equipo de filmación. **5.** u. price: precio unitario.// **unitary.** a. unitario; íntegro.//**unite.** tr. **1.** unir. **2.** reunir. **3.** i. juntarse.// **unity.** n. unidad; unión.
universal (iunivérsel). a. **1.** universal. **2.** u. remedy: panacea.// **universalize.** tr. universalizar, generalizar.// **universally.** adv. universalmente, por todos.
university (iunivérsiti). n. **1.** universidad. **2.** u. degree: título, grado universitario.
unkind (ankáind). a. poco amable.
unknown (annáun). a. **1.** desconocido. **2.** the u. soldier: el soldado desconocido.// n. lo desconocido.
unless (anlés). conj. a no ser que, a menos que.// prep. salvo, excepto.
unlike (anláik). a. **1.** diferente, distinto. **2.** a diferencia de. **3.** impropio. **4.** desigual.// **unlikely.** a. improbable, poco probable.// **unlikeness.** n. diferencia.
unlucky (anláki). a. **1.** desgraciado, desafortunado. **2.** how u.!: ¡qué mala suerte! **3.** to be u.: tener mala suerte.
unmindful (anmáindful). a. descuidado, olvidadizo.
unmixed (anmíkst). a. puro, sin mezcla.
unnatural (annáchurl). a. **1.** antinatural, no natural. **2.** anormal.// **unnaturally.** adv. de manera poco natural.
unnecessary (annéseari). a. innecesario.
unofficial (ánofishel). a. extraoficial, no oficial.
unpack (anpák). tr. desembalar, desempaquetar, desempacar.// **unpacking.** n. desembalaje.
unpaid (anpéid). a. impagado, sin pagar.

unpleasant (anpléznt). a. **1.** desagradable. **2.** antipático. **3.** molesto.// **unpleasantly.** adv. desagradablemente.

unplug (anplág). tr. desenchufar.// **unplugged.** a. **1.** desenchufado.

unprofessional (anproféshonel). a. **1.** impropio, antiético. **2.** inexperto.

unprotected (anprotéktid). a. **1.** sin protección, indefenso. **2.** sin ayuda, sin apoyo.

unquiet (ankuáiet). a. **1.** agitado. **2.** ruidoso. **3.** inquieto.

unrecorded (anrikórdid). a. **1.** sin grabar. **2.** sin registrar.

unreel (anríl). tr. desenrollar.

unrelated (anríleitid) a. inconexo, no relacionado.

unrest (anrést). n. inquietud, malestar, agitación, desasosiego.

unrope (anróup). tr. desatar.

unscrew (anskrú). tr. destornillar.

unseeing (ansíin). a. ciego, que no ve.// **unseen.** a. sin ser visto, inadvertido.

unset (ansét). a. **1.** no cuajado. **2.** no fraguado. **3.** no fijado. **4.** sin montar.

unsettle (ansétl). tr. perturbar, desequilibrar, trastornar.// **unsettled.** a. **1.** perturbado, intranquilo, desequilibrado. **2.** indeciso, irresoluto. **3.** sin colonizar. **4.** pendiente.// **unsettling.** a. inquietante.

unship (anshíp). tr. desembarcar.

unsold (ansóuld). a. no vendido, sin vender.

unsound (ansáund). a. **1.** enfermizo. **2.** demente. **3.** corrompido. **4.** defectuoso. **5.** podrido. **6.** poco sólido.

unsoundable (-deibl). a. insondable.

unspoken (anspóuken). a. **1.** tácito. **2.** u. agreement: acuerdo tácito. **3.** u. word: palabra sobreentendida.

unsteady (anstédi). a. **1.** inestable. **2.** tembloroso. **3.** irregular. **4.** poco serio.// **unsteadiness.** n. **1.** inestabilidad. **2.** temblor.

unsuccessful (anseksésful). a. **1.** sin éxito, fracasado. **2.** fallido. **3.** vano, infructuoso. **4.** suspendido, aplazado. **5.** to be u.: no tener éxito, fracasar.// **unsuccess.** n. fracaso.// **unsuccessfully.** a. sin éxito.

unsuited (ansiátid). a. **1.** no apto, inadecuado. **2.** incompatible.

unsuspected (ansespéktid). a. **1.** insospechado. **2.** desconocido.// **unsuspecting.** a. confiado, poco suspicaz.

untaught (antót). a. **1.** sin instrucción, no enseñado. **2.** natural.

untested (antéstid). a. no probado, sin comprobar.

untie (antái). tr. **1.** desatar. **2.** soltar. **3.** desamarrar. **4.** i. desatar(se).

until (antíl). **1.** prep. hasta. **2.** u. now: hasta ahora. **3.** u. when?: ¿hasta cuándo?// conj. hasta que.

unthinking (úndzinking). a. irreflexivo.

untimely (antáimli). a. **1.** inoportuno. **2.** prematuro, temprano.// adv. **1.** inoportunamente. **2.** prematuramente.

untold (antóuld). a. **1.** fabuloso, incalculable. **2.** inaudito. **3.** indecible, inefable.

untouchable (antáchabl). a./n. intocable.// **untouched.** a. no tocado, sin tocar.

untrue (antrú). a. **1.** falso. **2.** inexacto, erróneo. **3.** infiel, desleal.// **untruth.** n. mentira, falsedad.

unused (aniúzd). a. **1.** sin emplear, nuevo. **2.** que no se utiliza. **3.** libre. **4.** no acostumbrado.

unusual (aniáshuel). a. **1.** extraño, raro, insólito. **2.** original. **3.** desacostumbrado, inusual, inhabitual. **4.** poco usado.// **unusually.** adv. extraordinariamente.

unveil (anvéil). tr. **1.** quitar el velo. **2.** destapar, descubrir. **3.** revelar.// **unveiling.** n. inauguración.

unwanted (anwóntid). a. **1.** no deseado. **2.** no solicitado. **3.** superfluo.

unweave (anwív). tr. destejer.

unwelcome (anwélkom). a. **1.** importuno, molesto. **2.** desagradable.

unwell (anwél). a. malo, enfermo.

unwilling (anwílin). a. **1.** no dispuesto. **2.** de mala gana.// **unwillingly.** adv. de mala gana, a disgusto.

unwise (anwáis). a. **1.** imprudente. **2.** poco aconsejable.

unworthy (anwérzi). a. **1.** no digno, indigno. **2.** de poco mérito. **3.** despreciable.

up (ap). adv. **1.** hacia arriba. **2.** arriba. **3.** más fuerte. **4.** de pie, en pie. **5.** completamente. **6.** high u.: muy arriba. **7.** the moon is u.: ha salido el Luna. **8.** to be u. against: enfrentarse con. **9.** to be u. to: ser capaz de. **10.** to come u. to: acercarse a. **11.** up!: ¡arriba! **12.** u. to date: hasta la fecha, actualizado.// prep. **1.** arriba. **2.** en. **3.** contra. **4.** u. the river: río arriba. **4.** u. the yard: en el fondo del patio.// a. **1.** ascendente. **2.** de subida.// tr. **1.** levantar, alzar. **2.** aumentar.// i. levantarse, subir.

up-and-down. a. **1.** vertical. **2.** variable. **3.** con altibajos.

upcast. a. dirigido hacia arriba.

upcoming. a. próximo.

up-country. a. del interior.

update. tr. actualizar, poner al día.

upgrade. 1. a. ascendente. **2.** n. cuesta, pendiente.

upgrowing. a. que crece.// **upgrowth.** n. desarrollo.

uphold. tr. levantar.

upkeep. n. mantenimiento, conservación.

upmost. a. más alto.

upper. a. **1.** más alto. **2.** superior.// **upper-class.** a. de la clase alta.// **uppercut.** n. gancho (golpe de boxeo).// tr./i. golpear dando un gancho.

upright. a. **1.** vertical, derecho. **2.** recto, honesto.// adv. en posición vertical.

uprisal. n. levantamiento.

upset. a. **1.** trastornado. **2.** preocupado.// n. **1.** vuelco. **2.** indisposición. **3.** trastorno.// tr. **1.** volcar. **2.** trastornar.

upside. n. parte superior.

upstairs. adv. arriba, en el piso superior.

up-to-date. a. moderno, de moda.

upward. a. ascendente, hacia arriba.
urban (érban). a. urbano.// **urbanity.** n. urbanidad.
ureter (luríter). n. uréter.// **urethra** (lurízre). n. uretra.
urge (erdsh). n. impulso.// tr. exhortar, incitar.//
urgency. n. **1.** urgencia. **2.** petición.// **urgent.** a. urgente, apremiante.// **urgently.** adv. urgentemente.
urine (lúorin). n. orina.
urn (árn). n. **1.** urna. **2.** recipiente grande.
urology (luróleyi). n. urología.// **urologist.** n. urólogo.
us (as). pers. pron. nosotros.
use (lus). n. **1.** uso, empleo. **2.** aplicación. **3.** manejo. **4.** costumbre, usos. **5.** rito. **6.** *fit for u.:* en buen estado. **7.** *in common u.:* de uso corriente. **8.** *for external u.:* de uso externo. **9.** *out of u.:* no funciona. **10.** *to come into u.:* empezar a utilizarse. **11.** *to put to good u.:* sacar partido de.// tr.

1. emplear, utilizar. **2.** tomar, coger. **3.** aprovechar. **4.** *u. badly:* maltratar. **5.** *u. more care:* tenga más cuidado.// aux. *u. to:* acostumbrar, soler.// **used.** a. **1.** de segunda mano, usado. **2.** acostumbrado.// **useful.** a. útil, provechoso.// **useless.** a. inútil.
usual (iúshual). a. **1.** usual, corriente. **2.** habitual, acostumbrado. **2.** *as per u.:* como de costumbre. **3.** *the u. thing:* lo de siempre.// **usually.** adv. normalmente.
utility (lutíliti). n. **1.** utilidad. **2.** empresa de servicio público.// a. utilitario.
utmost (átmoust). a. **1.** supremo, sumo. **2.** mayor, más grande.// n. máximo.
utter (áter). a. **1.** completo. **2.** total, absoluto. **3.** empedernido.// tr. **1.** pronunciar. **2.** expresar. **3.** poner en circulación.// **utterance.** n. **1.** elocución, pronunciación. **2.** expresión. **3.** emisión monetaria.// **utterly.** adv. completamente, totalmente.

v (vi). n. vigesimosegunda letra del abecedario.
vacancy (véikanci). n. **1.** vacío. **2.** vacante. **3.** hueco, espacio vacío. **4.** habitación libre.// **vacant.** a. **1.** vacío. **2.** libre, disponible. **3.** de ocio. **4.** inexpresivo, vago.// **vacantly.** adv. distraídamente.// **vacate.** tr. **1.** dejar vacante. **2.** desocupar.
vacation (vakéishon). n. **1.** vacaciones. **2.** *on v.:* de vacaciones.// *I.* tomar las vacaciones.// **vacationer.** n. veraneante.
vaccinate (váksineit). tr. vacunar.// **vaccination.** n. vacunación.// **vaccine.** n. vacuna.
vacillation (vasiléishon). n. **1.** vacilación, titubeo. **2.** fluctuación, oscilación.// **vacillating.** a. vacilante, irresoluto.// n. vacilación.
vacuum (vákium). n. **1.** vacío; aislamiento. **2.** *in a v.:* en vacío.// a. de vacío, neumático.// tr. limpiar con aspiradora.// **vacuum bottle.** n. termo.// **vacuum cleaner.** **1.** n. aspiradora. **2.** tr. pasar la aspiradora.// **vacuum pump.** n. bomba neumática.// **vacuum tube.** n. tubo de vacío.
vagrancy (véigransi). n. vagabundeo, vagancia.// **vagrant.** a. **1.** vagabundo, errabundo. **2.** ambulante. **3.** n. vagabundo.
vague (veig). a. **1.** vago; ambiguo. **2.** impreciso. **3.** indeciso. **4.** mínimo. **5.** *to be v.:* andarse con vaguedades.// **vaguely.** adv. **1.** vagamente, con

ambigüedad. **2.** apenas.// **vagueness.** n. vaguedad.
vain (vein). a. **1.** vano. **2.** presumido. **3.** adv. *in v.:* en vano, vanamente.// **vainness.** n. **1.** vanidad. **2.** inutilidad.
valet (válit). n. ayuda de cámara.// tr. servir como ayuda de cámara.
valiant (válient). a. valiente, valeroso.
valid (válid). a. **1.** válido, valedero. **2.** vigente.// **validate.** tr. validar, dar validez a; verificar.// **validation.** n. validación.
valley (váli). n. valle.
valor (váler). n. valor, valentía.
value (váliu). n. **1.** valor. **2.** monto. **3.** significado. **4.** *decrease in v.:* depreciación. **5.** pl. *sense of v.:* sentido de los valores. **6.** *to be of v.:* ser valioso. **7.** *to loose v.:* desvalorizarse.// tr. **1.** valorar, tasar. **2.** estimar, apreciar.// **valued.** a. estimado, apreciado.// **valueless.** a. sin valor.
valve (valv). n. **1.** válvula. **2.** *Zool.* valva. **3.** *safety v.:* válvula de seguridad. **4.** *v. set.:* radio de lámparas.
vamp (vamp). n. **1.** pala, empeine. **2.** remiendo. **3.** mujer fatal, vampiresa.// **1.** poner la pala. **2.** remendar.
vampire (vámpaier). n. **1.** vampiro. **2.** mujer fatal, vampiresa.

van (van). n. **1.** furgoneta, camioneta. **2.** vanguardia. **3.** ala. **4.** *prison v.:* coche celular.

vandal. 1. n. vándalo. **2.** a. vandálico.// **vandalism** (vándalizem). n. vandalismo.// **vandalistic.** a. vandálico.

vanguard (vángard). n. vanguardia.

vanilla. n. vainilla.

vanish (vánish). i. desaparecer, desvanecerse.// **vanishing. 1.** a. que desaparece. **2.** n. desaparición.

vanity (vániti). n. **1.** vanidad, orgullo. **2.** *out of sheer v.:* por pura vanidad.

vanquish (vánkuish). tr. vencer, conquistar.// **vanquisher.** n. vencedor.// **vanquishing. 1.** a. vencedor. **2.** n. conquista.

vapor, vapour (véipor). n. **1.** vapor. **2.** vaho. **3.** *v. bath:* baño de vapor.// i. vaporizarse, evaporarse.

variable (véariebl). a. variable.// n. viento variable.

variety (varáieti). n. **1.** diversidad. **2.** variedad, surtido. **3.** pl. variedades, espectáculo. **4.** *for v.:* por variar.

variety store. n. bazar.

varnish (várnish). n. **1.** barniz. **2.** charol. **3.** *nail v.:* esmalte para uñas.// tr. **1.** barnizar. **2.** charolar. **3.** pintar las uñas.// **varnish remover.** n. quitaesmalte.// **varnisher.** n. barnizador.// **varnishing.** a. barnizador.

vary (véari). tr. variar, cambiar.// i. **1.** diferir. **2.** desviarse.// **varying.** a. variante, variable.

vase (vaz). n. **1.** vaso. **2.** jarrón. **3.** florero. **4.** vasija.

vast (vast). a. inmenso, vasto, extenso.// **vastly.** adv. extensamente.

vault (volt). n. **1.** bóveda. **2.** sótano. **3.** bodega. **4.** panteón. **5.** cripta. **6.** salto con pértiga. **7.** *v. of heaven:* bóveda celestial.// tr. **1.** saltar. **2.** abovedar.// **vaulted.** a. abovedado.// **vaulter.** n. saltador.// **vaulting.** n. **1.** construcción de bóvedas. **2.** salto.

vegetable (véshitebl). a. **1.** vegetal. **2.** de verduras.// n. **1.** vegetal, planta. **2.** hortaliza, verdura, legumbre. **3.** pl. *green v.:* verduras.// **vegetable oil.** n. aceite vegetal.

vehicle (víkel). n. **1.** vehículo. **2.** excipiente. **3.** medio.

veil (veil). n. **1.** velo. **2.** pretexto. **3.** *under the v. of:* con el pretexto de. **4.** *beyond the v.:* en el otro mundo.// tr. **1.** velar, cubrir. **2.** disimular.// **veiling.** n. **1.** tela para hacer velos. **2.** acción de velar. **3.** velo.

vein (vein). n. **1.** vena. **2.** veta, filón. **3.** nervadura. **4.** humor. **5.** estilo.// **veined.** a. que tiene venas.// **veining.** a. jaspeado.

veinstone. n. ganga.

veiny. a. **1.** venoso. **2.** veteado.

velocity (vilósiti). n. velocidad.

velvet (vélvit). n. **1.** terciopelo. **2.** vello.// a. aterciopelado.

vengeance (vénshens). n. **1.** venganza. **2.** *to take v.:* vengarse. **4.** *with a v.:* con violencia.// **vengeful.** a. vengativo.

vent (vent). n. **1.** abertura. **2.** respiradero. **3.** válvula. **4.** salida.// tr. **1.** hacer un agujero. **2.** descargar, emitir.

venter (vénter). n. **1.** vientre, abdomen. **2.** matriz.

ventilate (véntileit). tr. **1.** ventilar, airear. **2.** ventilar, discutir.// **ventilating.** n. ventilación, aireación.// **ventilation.** n. ventilación.// **ventilator.** n. ventilador.

venture (vénchur). n. **1.** aventura, empresa. **2.** *at a v.:* al azar. **3.** *business v.:* empresa comercial.// tr. **1.** arriesgar, aventurar. **2.** osar, atreverse a.// i. arriesgarse.// **venturer.** n. aventurero.

verb (vérb). n. verbo.// **verbal.** a. verbal.

verge (versh). n. **1.** borde, margen. **2.** jurisdicción. **3.** *on the v. of:* al borde de.// i. orientarse, inclinarse.

verify (vérifai). tr. verificar, comprobar.

verity (vériti). n. verdad.// **veritable.** a. verdadero.

versatile (vérsatail). a. **1.** versátil, polifacético. **2.** ágil, flexible. **3.** multiuso.// **versatility.** n. **1.** versatilidad. **2.** agilidad, flexibilidad.

verse (vers). n. **1.** verso. **2.** estrofa. **3.** versículo.// a. en verso.// tr./i. poner en versos, versificar.// **versed** (vérst). a. versado.

version (vérshon). n. **1.** versión, interpretación. **2.** *according to his v.:* según él.

vertebrate (vértibreit). a./n. vertebrado.

vertex (vérteks). n. **1.** vértice. **2.** cenit. **3.** cumbre, cúspide.

vertical (vértikal). a./n. vertical.// **vertically.** adv. verticalmente.

very (véri). a. **1.** mismo, mismísimo. **2.** propio. **3.** verdadero, real. **4.** puro. **5.** *the v. truth:* la pura verdad.// adv. **1.** muy. **2.** mucho. **3.** *at the v. least:* por lo menos. **4.** *a v. little:* muy poco. **5.** *the v. best:* el mejor de todos. **6.** *the v. same:* el mismísimo. **7.** *v. v. few:* poquísimos.

vesicle (vésikl). n. vesícula.

vessel (vésel). n. **1.** vasija, vaso, recipiente. **2.** nave, navío, buque. **3.** vaso sanguíneo.

vestige (véstish). n. vestigio, rastro.

vet (vet). n. **1.** veterinario. **2.** veterano.// tr. examinar un animal.

vexation (vekséishon). n. molestia, fastidio.

vibrate (vaibréit). i. vibrar.// **vibrating.** a. vibrante, vibratorio.// **vibration.** n. vibración.

vice (vais). n. **1.** vicio. **2.** resabio.// pref. vice-, en lugar de, en vez de.// **vice-squad.** n. brigada contra el vicio.// **vicious.** a. **1.** vicioso, depravado. **2.** malo, malintencionado.// **viciously.** a. viciosamente.

victim (víktim). n. **1.** victima.// **victimize.** tr. **1.** tomar como víctima. **2.** perseguir.

victory (víktori). n. victoria, triunfo, éxito.

view (viu). n. **1.** vista, panorama. **2.** paisaje. **3.** inspección, examinación. **4.** panorama, visión de conjunto. **5.** opinión, parecer. **6.** *at first v.:* a primera vista. **7.** *field of v.:* campo de visión. **8.** *in v. of:* considerando. **9.** *point of v.:* punto de vista. **10.** *to keep in v:* no perder de vista.// tr. **1.** mirar. **2.** ver, visitar. **3.** inspeccionar. **4.** enfocar, considerar.

viewer. n. **1.** televidente. **2.** inspector.

viewing. n. visita.

viewless. a. **1.** sin vista. **2.** invisible.
viewpoint. n. punto de vista.
vigilance (viyilans). n. vigilancia.// **vigilant.** a. vigilante.
vigor. n. vigor.// **vigorous** (vígoros). a. vigoroso.
vile (vail). a. **1.** vil, ruin. **2.** malísimo. **3.** repugnante, detestable. **4.** horrible, espantoso. **5.** sin valor. **6.** pésimo. **7.** odioso.// **vilely.** adv. **1.** vilmente. **2.** horriblemente.// **vileness.** n. **1.** vileza. **2.** infamia.
vilify (vilifai). tr. difamar.
village (vílidsh). n. **1.** pueblo. **2.** aldea.// a. **1.** pueblerino. **2.** del pueblo.
villain (vílen). n. canalla, maleante.// **villainy.** n. villanía, maldad.
vindicate (vindikeit). tr. vindicar, reivindicar.// **vindication.** n. vindicación, reivindicación.// **vindictive.** a. vengativo.
vine (vain). n. **1.** vid. **2.** sarmiento. **3.** parra.// **vinegar.** n. vinagre.// **vinegary.** a. avinagrado.// **vine leaf.** n. hoja de parra.// **vineyard.** n. viña, viñedo.
violate (váioleit). tr. **1.** violar. **2.** inflingir.// **violation.** n. violación.
violence (váiolens). n. violencia.// **violent.** a. **1.** violento. **2.** chillón. **3.** intenso. **4.** profundo.// **violently.** adv. violentamente.
violet (váiolit). n. **1.** violeta (flor). **2.** color violeta.// a. violado, violeta.
violin (vaiolín). n. violín.// **violinist.** n. violinista.
viper (váiper). n. víbora.
virgin (véryen). n./a. virgen.// **virginal.** a. virginal. **virginhood.** n. virginidad.// **virginity.** n. virginidad.
virile (víril). a. viril, varonil.// **virility.** n. virilidad.
virtual (vérchual). a. **1.** verdadero. **2.** virtual.// **virtually.** adv. prácticamente, casi.
virtue (vértiu). n. **1.** virtud. **2.** ventaja. **3.** castidad. **4.** honra.
virus (váiares). n. virus.
vision (víshon). n. **1.** visión. **2.** vista. **3.** sueño. **4.** clarividencia. **5.** belleza. **6.** a man of v.: un hombre clarividente. **7.** field of v.: campo visual.// tr. imaginar.// **visionary.** a./n. **1.** visionario. **2.** imaginario, quimérico.
visit (vízit). n. **1.** visita. **2.** a flying v.: visita de médico.// tr. **1.** visitar. **2.** inspeccionar.// i. hacer visitas.// **visitant.** n. **1.** ave de paso. **2.** visitante.// **visiting.** a. de visita.
visualize (viyualais). tr. visualizar.
vital (váital). a. **1.** vital. **2.** fundamental, esencial. **3.** sumo, capital. **4.** enérgico, vivo. **5.** crucial. **6.** v. force: impulso vital.// n. pl. órganos vitales.// **vitality.** n. vitalidad.// **vitally.** adv. de suma importancia.
vitamin (vítamin). n. vitamina.// **vitaminic.** a. vitamínico.
vitrify (vítrifai). tr. vitrificar.
vivacious (viveshios). a. vivaz.// **vivacity.** n. vivacidad.
vivid (vívid). a. **1.** vivo, intenso. **2.** gráfico, pintoresco.// **vividness.** n. **1.** intensidad, viveza. **2.** fuerza.
vixen (víksen). f. zorra.

vocal (vóukal). a. **1.** vocal. **2.** vocálico. **3.** sonoro. **4.** ruidoso.// **vocalist.** n. vocalista.// **vocalize.** tr. **1.** vocalizar. **2.** cantar. **3.** articular.// **vocalization** n. vocalización.
vocation (voukéishon). n. **1.** vocación, inclinación. **2.** profesión, carrera.// **vocational.** a. profesional.
vogue (voug). n. voga, moda.
voice (vois). n. **1.** voz. **2.** tono. **3.** in a loud v. ; en voz alta. **4.** loss of v.: afonía. **5.** to give v. to: expresar. **6.** with one v.: por unanimidad.// tr. **1.** expresar, hacerse eco de. **2.** articular.// **voiced.** a. expresado.// **voiceless.** a. **1.** mudo. **2.** afónico.
void (void). a. **1.** vacío. **2.** vacante. **3.** nulo, inválido. **4.** to be v. of: estar desprovisto de.// n. **1.** vacío. **2.** fallo.// tr. **1.** anular, invalidar. **2.** desocupar, vaciar, evacuar.// **voidness.** n. vacío, vacuidad.
volatile (vólatail). a. **1.** volátil. **2.** voluble, inconstante.
volcano (volkéinou). n. volcán.
volley (vóli). n. **1.** andanada, descarga. **2.** lluvia. **4.** voleo.// tr. **1.** lanzar. **2.** volear.// **volleyball.** n. balonvolea, vóleibol.
volt (voult). n. **1.** voltio, volt.// **voltage.** n. voltaje, tensión.// **voltaic.** a. voltaico.
volume (vólium). n. **1.** volumen. **2.** tomo. **3.** cantidad. **4.** pl. gran cantidad.// **volume control.** n. botón del volumen.
voluntary (vólentari). a. **1.** voluntario. **2.** espontáneo. **3.** benévolo.// **volunteer.** **1.** a./n. voluntario. **2.** tr. ofrecer, dar. **3.** i./tr. alistar(se) como voluntario.
vomit (vómit). n. **1.** vómito. **2.** vomitivo.// tr. vomitar.
voodoo (vúdu). n. vodú, vudú.// tr. hechizar, embrujar.
voracious (voracios). a. voraz.// **voracity.** n. voracidad.
vortex (vórteks). n. **1.** vórtice. **2.** torbellino, vorágine.
votary (voutari). a. devoto, partidario.
vote (vout). n. **1.** voto. **2.** votación. **3.** derecho de votar.// tr. **1.** votar. **2.** elegir. **3.** proponer. **4.** to v. down: rechazar, votar contra. **5.** v. in: elegir (por votación).// **voter.** n. votante, elector.// **voting.** **1.** n. votación. **2.** a. de votación, electoral. **3.** v. paper: papeleta de voto.
vouch (vauch). tr. **1.** verificar, comprobar.// i. v. for: avalar, responder por.// **voucher** (vaucher). n. **1.** fiador. **2.** comprobante.
vow (vau). n. voto, promesa solemne.// tr. **1.** jurar. **2.** prometer.// i. hacer voto.
voyage (vóiish). n. viaje.// i. viajar.// **voyager.** n. viajero.
vulcanize (vulkanais). tr. vulcanizar.
vulgar (vólguer). a. **1.** común, corriente. **2.** vulgar, cursi.// n. vulgo.// **vulgarism.** n. vulgarismo.// **vulgarity.** n. vulgaridad, grosería.
vulnerability (vulnerabiliti). n. vulnerabilidad.// **vulnerable.** a. vulnerable.
vulture (válchur). n. buitre.
vulva. n. vulva.

w (dabliú). n. vigesimotercera letra del abecedario.
wade (ueid). tr. vadear.// i. andar con dificultad.//
wader. n. **1.** ave zancuda. **2.** pl. botas altas impermeables.
waffle (uáfl). n. barquillo.// i. perorar.// **waffle
iron.** n. molde para hacer barquillos.
wag (uag). n. **1.** guasón, bromista. **2.** meneo.// tr.
agitar, menear.
wage (ueish). n. **1.** salario, sueldo. **2.** *basic w.:*
sueldo básico. **3.** *starvation w.:* salario de hambre.// tr. **1.** hacer la guerra. **2.** librar una batalla.
3. emprender una campaña.// **wage freeze.** n.
congelamiento de sueldos.// **wage scale.** n. escala salarial.
wager (-er). n. apuesta.// tr./i. apostar.
wageworker. n. asalariado.
waggish (uáguish). a. bromista.
waggon (uágon). n. **1.** carro. **2.** furgón. **3.** vagón.
4. camioneta.// **waggoner.** n. carretero.// **wagon-lit.** n. coche cama.// **wagon train.** n. tren de
equipajes.
wail (ueil). n. quejido, gemido.// i. gemir, lamentarse.
wailing. n. gemidos.
waist (ueist). n. cintura, talle.// **waistband.** n. cinturón.// **waistcoat.** n. chaleco.// **waist-deep.**
adv. hasta la cintura.
wait (ueit). n. **1.** espera. **2.** emboscada.// tr. **1.** esperar. **2.** retardar. **3.** atender, servir.// i. **1.** esperar. **2.** ser camarero. **3.** *just you w.!* ¡me las paga-
rás! **4.** *w. at table:* servir la mesa. **5.** *w. up on:*
esperar a alguien (sin acostarse).// **waiter.** n. **1.**
camarero. **2.** bandeja.// **waiting.** a. **1.** que espera. **2.** de espera.// **waiting room.** n. sala de espera.// **waitress.** f. camarera.
waive (ueiv). tr. **1.** renunciar. **2.** aplazar, diferir.//
waiver. n. renuncia, desistimiento.
wake (ueik). n. **1.** velatorio. **2.** estela. **3.** huella.//
tr. **1.** despertar. **2.** resucitar, revivir. **3.** velar.// i.
1. despertarse. **2.** estar despierto.// **wakeful.** a.
1. alerta, vigilante. **2.** despierto. **3.** desvelado.//
wakefully. adv. en vela, sin dormir.// **waken.** tr.
despertar.// **waking.** a. alerta, vigilante.
walk (uok). n. **1.** manera de andar. **2.** paso. **3.** paseo. **4.** camino, sendero. **5.** ronda. **6.** plantación.// tr. **1.** recorrer. **2.** pasear. **3.** acompañar.//
i. **1.** andar, caminar. **2.** pasearse. **3.** ir andando. **4.**
w. away: irse, marcharse. **5.** *w. back:* volver a
pie. **6.** *w. down:* bajar andando a pie. **7.** *w. on:*
seguir su camino. **8.** *w. over:* pisotear. **9.** *w.
trough:* atravesar. **10.** *w. up:* subir.// **walker.** n.

paseante, peatón.// **walking.** n. **1.** andar. **2.** paseo. **3.** caminata. **4.** a. ambulante; oscilante.
walking cane. n. bastón.
walking of life. n. profesión, posición social, es-
tatus.
walking papers. n. despido.
walkout. n. huelga.
walkover. n. victoria fácil.
wall (uol). n. **1.** pared. **2.** tapia. **3.** muro. **4.** barrera.
5. *blind w.:* pared sin aberturas. **6.** *main w.:* pared
maestra. **7.** *within the walls:* intramuros.// a. de
pared, mural.// tr. **1.** poner una pared o un muro.
2. *w. in:* cercar con un muro o una tapia.// **wall-
board.** n. panel, tablero.// **wall clock.** n. reloj de
pared.// **walled.** a. amurallado, cercado.// **wall
lamp.** n. aplique.// **wallpaper. 1.** n. papel de empapelar. **2.** tr. empapelar.// **wall tile.** n. azulejo.
waltz (uols). n. vals.// tr./i. bailar el vals.// **walt-
zer.** n. persona que baila el vals.
wander (uónder). tr. vagar, errar.// **wanderer.** n.
vagabundo, viajero, nómada.// **wandering.** a. **1.**
errante. **2.** *The W. Jew:* El Judío Errante. **3.** n. vagabundo.
want (uont). n. **1.** falta. **2.** necesidad. **3.** deseo. **4.**
laguna, vacío. **5.** *for w. of:* por falta de.// tr. **1.**
querer, desear. **2.** necesitar, hacer falta. **3.** buscar.// **wanting.** a. **1.** ausente. **2.** deficiente.
war (uor). n. **1.** guerra. **2.** *at w.:* en guerra. **3.** *civil
w.:* guerra civil. **4.** *to go to w.:* entrar en guerra.
5. *w. to the knife:* guerra a muerte.// i. estar en
guerra.// a. de guerra.// **war chant.** n. canto
guerrero.// **war crime.** n. crimen de guerra.//
warfare. n. guerra.// **war-horse.** n. caballo de
batalla.// **warlord.** n. jefe militar.// **warrior.** n.
guerrero.// **warship.** n. buque de guerra.// **war-
time.** n. tiempo de guerra.
ward (uord). **1.** n. pupilo. **2.** tutela, custodia. **3.** pabellón. **4.** barrio, distrito. **5.** muesca.// tr. guardar, proteger.// **warden.** n. guardia, vigilante.//
warder. n. carcelero.// **wardrobe.** n. armario,
guardarropa, vestuario.
ware (uear). n. **1.** objetos. **2.** pl. mercaderías.// tr.
tener cuidado con.
warehouse. n. almacén, depósito.// tr. almacenar, depositar.
warm (uorm). a. **1.** tibio. **2.** caliente. **3.** cálido. **4.**
acogedor. **5.** cariñoso. **6.** entusiasta. **7.** *to get w.:*
entrar en calor.// n. calentamiento.// tr. **1.** calentar. **2.** alegrar.// **warmer.** n. calentador.// **warming.** n. paliza, tunda.// **warmly.** adv. calurosamente, afectuosamente.

warmth. n. **1.** calor. **2.** entusiasmo. **3.** cordialidad.

warn (uorn). tr. **1.** advertir, prevenir de, avisar de. **2.** aconsejar. **3.** amonestar.// **warner.** n. persona que advierte o avisa.// **warning.** n. **1.** advertencia, aviso. **2.** amonestación. **3.** señal. **4.** alarma.// **warningly.** adv. a modo de advertencia.

warrant (uórent). n. **1.** autorización, poder. **2.** justificación. **3.** garantía. **4.** decreto, orden.// tr. **1.** justificar. **2.** garantizar.// **warrantee.** n. persona que recibe una garantía.// **warrantor.** n. fiador, garante.// **warranty.** n. **1.** garantía, fianza. **2.** autorización.

wash (uosh). n. **1.** lavado, ropa para lavar. **2.** aluvión. **3.** erosión. **4.** rumor, murmullo.// tr. **1.** lavar. **2.** quitar. **3.** fregar. **4.** mojar, humedecer. **5.** w. away: quitar lavando; erosionar. **6.** w. up: fregar.// **washable.** a. lavable.// **wash-and-wear.** a. que no se plancha.// **washboard.** n. tabla de lavar.// **washbowl.** n. lavabo.// **washerman.** m. lavandero.// **washer-up.** n. lavaplatos.// **washerwoman.** f. lavandera.// **washhouse.** n. lavadero.// **washing.** n. **1.** lavado. **2.** fregado. **3.** ropa sucia, para lavar.// **washing machine.** n. lavadora.// **washing powder.** n. jabón en polvo.

waste (ueist). a. **1.** yermo, baldío. **2.** incultivable. **3.** de desecho, residual. **4.** sobrante.// n. **1.** pérdida. **2.** desgaste. **3.** residuos. **4.** desierto.// tr. **1.** derrochar, despilfarrar. **2.** perder. **3.** consumir. **4.** debilitar.// i. **1.** desperdiciarse. **2.** disminuir.

wastebasket. n. papelera, cesto de papeles.

wastebin. n. cubo de la basura.

wasteful. a. **1.** despilfarrador. **2.** ruinoso.// **wasteland.** n. yermo, tierra baldía.

wastepaper. n. papel usado.

waste pipe. n. tubo de desagüe.

waster. n. derrochador, despilfarrador.

watch (uotch). n. **1.** reloj de pulsera. **2.** reloj de bolsillo. **3.** vigilancia. **4.** vigilante, guarda. **5.** ronda. **6.** on the w.: alerta, ojo avizor. **7.** to keep w.: estar de guardia.// tr. **1.** observar, mirar. **2.** fijarse en. **3.** cuidar. **4.** velar. **5.** tener cuidado. **6.** w. after: seguir con la mirada. **7.** w. out: estar atento.// **watchband.** n. correa de reloj.// **watchdog.** n. perro guardián.// **watcher.** n. vigilante.// **watch fire.** n. hoguera.// **watchful.** a. atento, vigilante.// **watchmaker.** n. relojero.// **watchman.** m. guardián, sereno.// **watch night.** n. nochevieja.

water (uóter). n. **1.** agua. **2.** marea. **3.** orina. **4.** low w.: marea baja. **4.** by w.: por mar. **5.** fresh w.: agua dulce. **6.** holy w.: agua bendita. **7.** salt w.: agua salada.// a. acuático.// tr. **1.** mojar, humedecer. **2.** dar de beber. **3.** aguar, diluir. **4.** w. down: moderar, suavizar.

water bath (uóter badz). n. baño de maría, baño maría.// **water boat.** n. barco cisterna.// **water bottle.** n. cantimplora.

water chute. n. tobogán.

water clock. n. clepsidra.

water closet. n. inodoro, excusado.

watercolour. n. acuarela.

watercourse. n. corriente de agua.// **water cure.** n. hidroterapia.

water dog. n. perro de aguas.

water fall. n. cascada, catarata.

waterfowl. n. ave acuática.

waterfront. n. puerto, muelles; terreno ribereño.

water gap. n. desfiladero.

water ice. n. sorbete.

watering. n. riego.

waterless. a. sin agua, árido.

water lily. n. nenúfar.

waterline. n. línea de flotación.

waterlogged. a. inundado.

watermelon. n. sandía.

water mill. n. molino de agua.

water pipe. n. cañería de agua.

water plane. n. hidroavión.

water power. n. energía hidráulica.

waterproof. a. **1.** impermeable. **2.** sumergible. **3.** tr. impermeabilizar.// **waterside.** **1.** n. orilla. **2.** a. ribereño.// **watershed.** n. línea divisoria de aguas.// **waterspout.** n. **1.** canal de desagüe. **2.** tromba marina.// **water system.** n. red fluvial.// **water vapour.** n. vapor de agua.// **waterway.** n. vía acuática, vía fluvial.// **watery.** a. acuoso, aguado.

watt (uot). n. vatio.

wave (ueiv). n. **1.** ola. **2.** ondulación. **3.** onda. **4.** racha. **5.** new w.: nueva ola.// tr. **1.** agitar. **2.** ondular.// i. ondear.// **waved.** a. ondulado.// **waveless.** a. sin olas, tranquilo.// **waver. 1.** n. vacilación, titubeo. **2.** i. dudar, vacilar.// **wavy.** a. ondulado.

wax (uaks). n. **1.** cera.// a. de cera.// tr. **1.** encerar. **2.** crecer (la Luna).// **wax candle.** n. vela de cera.// **wax cloth.** n. hule. // **wax doll.** n. muñeca de cera.// **waxed.** a. encerado.// **waxen.** a. ceroso, encerado.// **wax match.** n. cerilla.

way (uei). n. **1.** camino. **2.** carretera. **3.** trecho, distancia. **4.** dirección. **5.** manera, modo, estilo, forma. **6.** asunto. **7.** terreno. **8.** estado. **9.** costumbre. **10.** all the w.: por todo el camino. **11.** a long w. from: lejos de. **12.** any w.: de cualquier manera. **13.** by the w.: en el camino. **14.** on the w.: en camino. **15.** this w.: por aquí, en esta dirección. **16.** to find a w.: encontrar una solución. **17.** up w.: en marcha. **18.** w. down: bajada. **19.** w. off: a lo lejos. **20.** w. of life: estilo de vida. **21.** w. up: subida. **22.** ways and means: medios.// adv. allá.// **wayfarer.** n. caminante, viajero.// **waylay.** i. acechar.// **wayside.** a. al borde del camino.// **way station.** n. apeadero.// **wayworn.** a. agotado por el camino.

we (ui). pers. pron. **1.** nosotros. **2.** nos.

weak (uik). a. **1.** débil, flojo. **2.** poco enérgico. **3.** claro. **4.** poco. **5.** w. argument: argumento flojo. **6.** w. mind: mente débil. **7.** weaker sex: sexo débil. **8.** w. moment: momento de debilidad.

weaken. i./tr. **1.** debilitar(se). **2.** disminuir, atenuar.// **weakly.** a. débil, enfermizo, achacoso.// adv. débilmente.// **weakness.** n. **1.** debilidad. **2.** punto flaco.

wealth (uelz). n. **1.** riqueza, abundancia. **2.** man of w.: hombre rico.// **wealthy.** a. rico.

weapon (uépon). n. **1.** arma. **2.** defensa.// **weaponless.** a. desarmado.

wear (uear). n. **1.** uso. **2.** desgaste. **3.** resistencia. **4.** ropa. **5.** *summer w.:* ropa de verano.// tr. **1.** llevar, vestir, ponerse, usar. **2.** hacer. **3.** tener. **4.** consumir. **5.** *w. black:* ir vestido de negro.// i. **1.** gastarse, desgastarse. **2.** *w. off:* raer, gastar. **3.** *w. on:* pasar lentamente.// **wearable.** a. que se puede llevar o usar.

weasel (uísel). n. comadreja.

weather (uéder). n. **1.** tiempo, clima. **2.** *fine w.:* buen tiempo. **3.** *heavy w.:* temporal. **4.** *in the w.:* a la intemperie.// a. meteorológico, del tiempo.// tr. **1.** exponer a la intemperie. **2.** capear.// i. resistir.// **weather chart.** n. mapa meteorológico.// **weather forecast.** n. boletín o parte meteorológico.// **weatherglass.** n. barómetro.// **weatherman.** m. meteorólogo.// **weatherproof. 1.** a. resistente a la intemperie. **2.** tr. hacer resistente a la intemperie.// **weather report.** n. reporte meteorológico.// **weather station.** n. estación meteorológica.

weave (uiv). n. tejido.// tr. **1.** tejer. **2.** entrelazar.// i. zigzaguear.// **weaver.** n. tejedor.// **weaverbird.** n. pájaro tejedor.

web (ueb). n. **1.** tejido, tela. **2.** tela de araña, telaraña. **3.** red. **4.** trampa. **5.** membrana.

webbed. a. palmeado.

webbing. n. lona.

web-footed. a. palmípedo.

wed (ued). i./tr. **1.** casarse con. **2.** casar.// **wedded.** a. **1.** casado. **2.** *my w. wife:* mi legítima esposa.// **wedding.** n. **1.** boda, casamiento. **2.** unión, enlace. **3.** a. de boda, nupcial.// **wedding march.** n. marcha nupcial.

wedge (uesh). n. cuña.// tr. poner cuñas.// **wedge-shaped.** a. en forma de cuña, cuneiforme.

weed (uid). n. **1.** hierba. **2.** mala hierba. **3.** maleza. **4.** jamelgo, rocín. **5.** pl. traje de luto.// tr. **1.** desherbar. **2.** escardar.// i. quitar la maleza.// **weeding.** n. escarda.// **weeding machine.** n. escardadora.// **weed killer.** n. herbicida.// **weedy.** a. cubierto de maleza.

week (uik). n. **1.** semana. **2.** *last w.:* la semana pasada. **3.** *w. by w.:* todas las semanas. **4.** *working w.:* semana laboral.// **weekend. 1.** n. fin de semana. **2.** a. de fin de semana. **3.** i. pasar el fin de semana.// **weekly. 1.** a. semanal. **2.** n. semanario. **3.** adv. semanalmente.

wee-wee (ui-ui). n. pipí.// i. hacer pipí.

weigh (uei). tr. **1.** pesar. **2.** sopesar.// i. **1.** pesar. **2.** tener importancia.

weight. n. **1.** peso. **2.** pesa. **3.** pesadez. **4.** carga. **5.** importancia. **6.** influencia. **7.** *atomic w.:* peso atómico. **8.** *net w.:* peso neto.// tr. **1.** añadir peso. **2.** lastrar. **3.** dar valor.// **weightless.** a. ingrávido.// **weighty.** a. pesado.

welcome (uélkom). a. **1.** bienvenido. **2.** grato, agradable. **3.** *EE.UU. you are w.!:* ¡no hay de qué!// n. bienvenida.// interj. ¡bienvenido!// tr. **1.** dar la bienvenida. **2.** alegrarse por.// **welcoming.** a. acogedor.

welfare (uélfear). n. **1.** bienestar. **2.** bien.// **welfare state.** n. estado benefactor.

well (uel). n. pozo.// tr. manar, fluir.

well (uel). adv. **1.** bien. **2.** completamente. **3.** as w.: también. **4.** *as w. as:* además de.// a. **1.** bien, bueno. **2.** sano.// interj. ¡bueno!// **well-advised.** a. sensato, juicioso.// **well-being.** n. bienestar, buen pasar.// **wellborn.** a. bien nacido.// **wellbred.** a. bien educado.// **well-disposed.** a. **1.** bien dispuesto. **2.** favorable. **3.** bienintencionado.// **well-done.** a. **1.** bien hecho. **2.** bien cocido.// **well-fixed.** a. rico, adinerado.// **well-judged.** a. bien calculado.// **well-known.** a. muy conocido.// **well-timed.** a. oportuno.

werewolf (uérwulf). n. hombre lobo.

west (uest). adv. al oeste, hacia el oeste.// a. del oeste, occidental.// n. **1.** oeste. **2.** occidente.// **western. 1.** a. occidental. **2.** n. novela o filme que transcurre en el oeste norteamericano.// **westerner.** n. occidental.

wet (uet). a. **1.** mojado, húmedo. **2.** lluvioso. **3.** fresco. **4.** *to get w.:* mojarse.// n. humedad.// tr. mojar, humedecer.

wet blanket. n. aguafiestas.

wetness. n. humedad.// **wet nurse.** f. ama de leche.// **wetting.** n. remojo.// **wettish.** a. húmedo.

whale (ueil). n. ballena.// i. cazar ballenas.// **whaleboat.** n. ballenero.// **whalebone.** n. barba de ballena.// **whaling.** n. pesca de ballenas.

what (uot). rel. pron. lo que.// interr. pron. **1.** qué. **2.** cuál. **3.** cuánto. **4.** cómo.// rel. a. el que, la que, lo que, las que, lo que.// interj. ¡cómo!// **whatever** (uotéver). pron. **1.** todo lo que. **2.** lo que. **3.** cualquier cosa que. **4.** a. cualquier. **5.** cualquiera, cualquiera que sea.// **what for?** ¿para qué?// **what happens.** adv. pase lo que pase.

wheat (uit). n. trigo.// **wheaten.** a. de trigo, triguero.// **wheat field.** n. trigal.

wheel (uil). n. **1.** rueda. **2.** volante. **3.** vuelta, giro. **4.** timón. **5.** *fixed w.:* piñón fijo. **6.** *landing wheels.:* tren de aterrizaje.// tr. **1.** hacer rodar. **2.** llevar sobre ruedas. **3.** empujar.// i. **1.** rodar, dar vueltas.// **wheelbarrow.** n. carretilla.// **wheelchair.** n. silla de ruedas.// **wheeled.** a. de ruedas.// **wheelsman.** n. timonero, timonel.// **wheelwork.** n. engranajes, rodaje.

when (uen). adv. cuándo, a qué hora.// conj. **1.** cuando. **2.** en cuanto. **3.** en que.// pron. cuando.// n. **1.** cuándo. **2.** momento. **3.** fecha.

whence (uens). conj. de donde.

whenever (uenéver). adv./conj. cuando quiera que; cada vez que.

where (uear). interr. adv. dónde y adónde.// rel. adv. donde, en donde, adonde.// **whereas.** conj. mientras que, en tanto que.// **whereby.** adv. **1.** cómo. **2.** por el que, por medio del cual.// **wherein.** adv. en donde, en que, en lo cual.// **whereof.** conj. de que, de lo que.// **whereupon.** conj. sobre que, sobre lo cual.// **wherever.** adv. dónde.// conj. dondequiera que.

whether. conj. si.

which (uich). a. **1.** qué. **2.** cuál, cuáles. **3.** cuyo.// interr. pron. cuál.// rel. pron. **1.** que. **2.** el cual, lo cual. **3.** *all w.:* todo lo cual.

while (uail). n. **1.** rato, tiempo. **2.** *a little w.:* un ratito. **3.** *for a w.:* durante algún tiempo.// conj. **1.** mientras. **2.** aunque.// tr. pasar.

whip (uip). n. **1.** látigo. **2.** azote. **3.** aspa.// tr. azotar.// i. **1.** restallar. **2.** *w. away*: arrebatar. **3.** *w. in*: reunir. **4.** *w. off*: quitar rápidamente. **5.** *w. round*: volverse de repente. **6.** *w. up*: avivar.// **whipping.** n. azotamiento.// **whipping boy.** n. cabeza de turco, chivo expiatorio.

whippy. a. elástico, flexible.

whip-round. n. colecta.

whirl (uerl). n. **1.** giro, rotación. **2.** remolino, torbellino.// i. **1.** girar, dar vueltas. **2.** arremolinarse. **3.** pasar rápidamente.// **whirlbone.** n. rótula.// **whirlpool.** n. remolino, vorágine.

whisper (úisper). n. **1.** cuchicheo. **2.** susurro, murmullo. **3.** rumor.// tr. **1.** decir en voz baja. **2.** hacer correr un rumor.// i. cuchichear.// **whispering.** n. cuchicheo.// **whispering campaign.** n. campaña de difamación.

white (uait). a. **1.** blanco. **2.** pálido. **3.** piadoso. **4.** honesto. **5.** puro. **6.** *to turn w.*: ponerse blanco.// n. **1.** blanco. **2.** ropa blanca. **3.** *dressed in w.*: vestido de blanco.// **white coffee.** n. café con leche.

white beet. n. acelga.

white-collar. a. de oficina, de cuello blanco.

whited. a. blanqueado.// **white-haired.** a. canoso.// **white heat.** n. rojo blanco.

white lily. n. azucena.

whiten. tr./i. blanquear.// **whiteness.** n. blancura.

who (ju). interr. pron. quién, quiénes.// rel. pron. **1.** quien, quienes, el que, la que, los que, las que. **2.** que, el cual, la cual, los cuales, las cuales.

whodunit. n. novela o filme policial.

whole (joul). a. **1.** entero. **2.** total. **3.** ileso, sano. **4.** íntegro, completo. **5.** único. **6.** *the w. truth*: toda la verdad.// n. **1.** todo. **2.** conjunto. **3.** total. **4.** *as a w.*: en conjunto; como un todo. **5.** *on the w.*: en general.

wholehearted. a. **1.** sincero, franco. **2.** entusiasta.

whole meal. a. integral (alimentos).

wholeness. n. integridad.

whole number. n. número entero.

wholesale. a. al por mayor.// i. vender al por mayor.// **wholesaler.** n. comerciante mayorista.

wholesome. n. **1.** sano. **2.** saludable.

whole wheat. n. trigo integral.

wholly (hóuli). a. completamente.

whom (jum). interr. pron. quién, quiénes, a quién, a quiénes.// rel pron. que, quien, quienes, a quien, a quienes.

whore (jor). n. prostituta.// i. prostituirse.// **whoredom.** n. prostitución.// **whorehouse.** n. burdel.

whose (jus). pos. pron. cuyo(s), cuya(s).// pron. de quien.

whosoever. pron. quienquiera que, cualquiera que.

why (uai). adv. ¿por qué?// n. porqué.

wicked (úikid). a. **1.** malvado. **2.** travieso, pícaro. **3.** terrible. **4.** *the w.*: los malos.// **wickedness.** n maldad.

wide (uaid). a. **1.** ancho. **2.** de ancho. **3.** muy abierto. **4.** extenso, grande. **5.** *w. views*: amplitud de miras.// adv. **1.** lejos. **2.** de par en par. **3.** mucho. **4.** *far and w.*: por todas partes. **5.** *w. apart*: muy separados.

wide-angle. n. gran angular.

widely. adv. muy, mucho.// **widen.** tr. ensanchar.

widow (úidou). f. viuda.// tr. **1.** dejar viuda. **2.** *to be widowed*: enviudar, quedar viuda.// **widower.** m. viudo.// **widowhood.** n. viudez.

width (uidz). n. **1.** anchura. **2.** distancia. **3.** amplitud.

wife (uaif). f. **1.** mujer. **2.** esposa.// **wifeless.** a. sin mujer.

wild (uaild). a. **1.** silvestre. **2.** salvaje. **3.** bravo. **4.** inculto. **5.** extraño. **6.** violento. **7.** alocado. **8.** desordenado. **9.** *to get w.*: ponerse furioso. **10.** *a w. project*: un proyecto insensato.// n. naturaleza.// adv. **1.** violentamente. **2.** sin cultivo.

wildcat. n. gato montés.

wildebeest. n. ñu.

wilderness. n. desierto.

wild goat. n. cabra montés.

wild land. n. yermo.

will (uil). aux. Ver **apéndice gramatical.**

will (uil). n. **1.** voluntad. **2.** testamento. **3.** *at w.*: a voluntad, a gusto. **4.** *free w.*: libre albedrío. **5.** *iron w.*: voluntad de hierro.// tr. **1.** legar. **2.** desear, querer. **3.** conseguir. **4.** sugestionar.// **willed.** a. **1.** de voluntad. **2.** dispuesto, decidido.//

willing. a. **1.** de buena voluntad. **2.** voluntario, espontáneo. **3.** *God w.*: si Dios quiere, Dios mediante.// **willingly.** a. de buena gana, gustosamente.

willow (úilou). n. sauce.// **willow grove.** n. saucedal.

win (uin). tr. **1.** ganar. **2.** granjearse, captarse. **3.** conseguir, lograr. **4.** conquistar. **5.** *w. at*: ganar en. **6.** *w. away*: separar, apartar. **7.** *w. back*: reconquistar. **8.** *w. trough*: superar los obstáculos.// **winner.** n. ganador.// **winning.** a. vencedor, victorioso.

wind (uaind). n. vuelta.// tr. **1.** devanar. **2.** enrollar. **3.** curvar, torcer. **4.** dar cuerda a.// i. **1.** enrollarse. **2.** enroscarse. **3.** *w. off*: desenrollar. **4.** *w. up*: concluir, terminar.// **winding.** **1.** a. tortuoso, sinuoso. **2.** n. devanador, bobina.

wind (uind). n. **1.** viento. **2.** aire. **3.** instrumentos de viento. **4.** aliento. **5.** *down the w.*: con el viento. **6.** *head w.*: viento en contra. **7.** *to the four winds*: a los cuatro vientos.// tr. **1.** dejar sin aliento. **2.** olfatear. **3.** airear, ventilar.// **wind-borne.** a. llevado por el viento.// **windbreak.** n. protección contra el viento.// **winded.** a. jadeante.

windflower. n. anémona.

windmill. n. molino de viento.

window (úindou). n. **1.** ventana. **2.** cristal. **3.** ventanilla. **4.** escaparate, vidirera.// **window blind.** n. persiana.// **window cleaner.** n. limpiacristales.// **window curtain.** n. cortina.

windpipe (uándpaip). n. tráquea.

wine (uain). n. **1.** vino. **2.** *red w.*: vino tinto. **3.** *table w.*: vino de mesa. **4.** *local w.*: vino del país. **5.** *to be in w.*: estar borracho.// i. beber vino.// **wine cellar.** n. bodega.// **winery.** n. lagar.// **wine taster.** n. catavinos.

wing (uing). n. **1.** ala. **2.** aleta. **3.** extremo. **4.** aspa. **5.** vuelo. **6.** *on the w.*: volando, al vuelo.// tr. hender, pasar volando.// i. volar.

wingbeat. n. aletazo.// **wing cover.** n. élitro.//
winged. a. alado.
wink (uink). i. **1.** parpadear. **2.** guiñar el ojo. **3.** titilar.// n. guiño.
winner (uiner). n. ganador.
winter (úinter). n. invierno.// a. invernal.// tr. hacer invernar.// i. invernar.// **winter pasture.** n. invernadero.
wire (uaiar). n. **1.** alambre. **2.** cable. **3.** cordón, cuerda. **4.** telegrama. **5.** adv. *by w.:* telegráficamente.// tr. **1.** alambrar. **2.** telegrafiar.// **wire cloth.** n. tela metálica.// **wire fence.** n. alambrada.// **wireless.** a. **1.** radiofónico. **2.** sin hilos.
wisdom (úizdom). n. **1.** sabiduría. **2.** cordura, sensatez.
wise (uais). a. **1.** sabio. **2.** prudente. **3.** *w. guy:* tipo piola.// n. manera, modo.
wish (uish). n. **1.** deseo. **2.** pl. votos. **3.** *my best wishes:* mis mejores deseos.// tr. **1.** querer, desear. **2.** gustar.// **wisher.** n. persona que desea.// **wishful.** a. deseoso.
wit (uit). n. **1.** agudeza, ingenio. **2.** dicho agudo. **3.** persona aguda. **4.** pl. juicios.// tr./i. saber.// *to w.:* a saber, es decir.// **wittiness.** n. agudeza, ingenio.// **witty.** a. ingenioso.
witch (uitch). f. bruja, hechicera.// tr. hechizar.// **witch ball.** n. bola de cristal.// **witch broom.** escoba de bruja.// **witchcraft.** n. brujería.// **witch hunt.** n. caza de brujas.
with (uidz). prep. con.
withdraw (uizdró). tr. quitar, retirar.// i. apartarse.// **withdrawal.** n. retirada.
within (uizín). adv. **1.** dentro (de). **2.** en casa. **3.** en su fuero interno. **4.** *from w.:* del interior.// prep. **1.** al alcance de. **2.** en.
without (uizáut). prep. **1.** sin. **2.** fuera de.// adv. fuera.
witness (úitnes). n. **1.** testigo. **2.** prueba. **3.** testimonio.// tr. **1.** presenciar, ser testigo de. **2.** demostrar.
wizard (úizad). a. estupendo.// n. mago, hechicero.// **wizardry.** n. magia, hechicería.
wolf (gulf). n. lobo.// **wolf cub.** n. lobezno, lobato.// **wolf dog.** n. perro lobo.// **wolfish.** a. lobuno.// **wolf pack.** n. manada de lobos.
woman (guman). n. **1.** mujer. **2.** *w. of the world:* mujer de mundo.
woman chaser (guman caiser). a./n. mujeriego, casanova.
womanhood (gumanjud). f. **1.** mujeres, sexo femenino. **2.** femineidad.// **womanly.** a. femenino.
womb (gum). n. **1.** matriz, útero. **2.** cuna.
wonder (uónder). n. **1.** maravilla, prodigio. **2.** milagro. **3.** asombro, admiración. **4.** *no w.!:* ¡no me extraña! **5.** *to promise wonders:* prometer milagros.// tr. preguntarse.// i. admirarse, asombrarse.// **wonderful.** a. **1.** maravilloso. **2.** asombroso.
wood (gud). n. **1.** madera. **2.** leña. **3.** palo. **4.** pl. bosque.// a. **1.** de los bosques, silvestre. **2.** de madera.
wood alcohol. n. alcohol metílico, metanol.
woodbin. n. leñera.// **wood carving.** n. **1.** talla de madera. **2.** talla en madera.// **wood coal.** n.

carbón vegetal.// **woodcutter.** n. leñador.//
wooded. a. arbolado.// **wooden.** a. de madera.// **woody.** a. **1.** poblado de árboles. **2.** leñoso.
wool (gul). n. **1.** lana. **2.** *knitting w.:* lana para hacer punto.// **wool card.** n. carda.// **woollen.** a. de lana.// **woolly.** a. lanoso.
word (uerd). n. **1.** palabra. **2.** noticia. **3.** recado. **4.** orden. **5.** contraseña. **6.** letra de una canción. **7.** *a w. of advice:* un consejo. **8.** *in a w.:* en una palabra. **9.** *man of his w.:* hombre de palabra. **10.** *upon my w.:* bajo mi palabra.// tr. **1.** expresar. **2.** redactar.// **wordbook.** n. vocabulario.// **wordless.** a. mudo.
work (uerk). n. **1.** trabajo. **2.** obra. **3.** razón. **4.** mecanismo. **5.** *good works:* buenas obras. **6.** *men at w.:* hombres trabajando. **7.** *to make w.:* dar trabajo.// tr. **1.** hacer trabajar. **2.** producir. **3.** dirigir. **4.** explotar.// i. **1.** trabajar. **2.** funcionar. **3.** *w. in:* introducir. **4.** *w. off:* quitarse. **5.** *w. on:* seguir trabajando. **6.** *w. out:* solucionar, resolver. **7.** *w. up:* excitar.// **workable.** a. **1.** que se puede trabajar. **2.** explotable. **3.** realizable.// **workbench.** n. mesa de trabajo.// **work camp.** n. campo de trabajo.// **worker.** n. **1.** trabajador. **2.** obrero.
work ant. n. hormiga obrera.
work force. n. mano de obra.// **workhause.** n. *EE.UU.* correccional; *GB.* asilo, hospicio.// **working.** a. **1.** obrero. **2.** laborable. **3.** activo. **4.** de trabajo.// **working-class.** a. de la clase obrera.// **workless.** a. parado, desocupado.// **workman.** m. trabajador.// **workroom.** n. taller.// **workwoman.** f. trabajadora.
world (uerld). n. **1.** mundo, tierra. **2.** *business w.:* el mundo de los negocios. **3.** *half the w.:* medio mundo.// a. mundial.// **world-famous.** a. conocido mundialmente.// **worldly.** a. mundano.// **world map.** n. mapamundi.
worm (uerm). n. **1.** gusano. **2.** lombriz. **3.** rosca, filete. **4.** tornillo sin fin.// tr. roscar, filetear.// **worm-eaten.** a. apolillado.// **wormy.** a. agusanado.
worry (uori). n. preocupación, inquietud.// tr. preocupar.// i. **1.** preocuparse. **2.** *don't w.:* no te preocupes.// **worrying.** a. inquietante, preocupante.
worse (uers). a. peor.// adv. peor.// n. lo peor.//
worsen (uers). adv. peor aún.// **worsen.** tr. empeorar.
worship (uérship). n. **1.** culto, oficio. **2.** *freedom of w.:* libertad de cultos.// tr. venerar, rendir culto, adorar, idolatrar.// **worshiper.** n. adorador.
worst (uerst). a. **1.** peor. **2.** más grave.// adv. peor.// n. **1.** el peor, lo peor. **2.** peor momento.// tr. derrotar, vencer.
worth (uerz). a. **1.** digno de, merecedor de. **2.** que vale, equivalente a.// n. valor, mérito, valía.// **worthless.** a. **1.** sin valor. **2.** inútil. **3.** despreciable.// **worthwhile.** a. que vale la pena.// **worthy.** a. **1.** noble, justo. **2.** valioso, meritorio.
wound (gund). n. herida.// tr./i. herir.// **wounded.** a. herido.
wrap (rap). n. **1.** chal. **2.** manta. **3.** capa. **4.** bata. **5.** envoltura.// tr. **1.** envolver. **2.** cubrir. **3.** absorber.// i. enrollarse.// **wrapper.** n. envoltura.// **wrapping.** n. embalaje.

wreck (rek). n. **1.** naufragio. **2.** restos. **3.** colisión, accidente.// tr. **1.** hacer naufragar, hundir. **2.** destrozar.// i. naufragar, hundirse.

wrinkle (rinkl). n. arruga.// i. arrugarse.

write (rait). n. **1.** escritura. **2.** orden, mandato.// tr. **1.** escribir. **2.** componer. **3.** rellenar, llenar. **4.** suscribir. **5.** *w. back:* contestar. **6.** *w. down:* apuntar, anotar. **7.** *w. up:* hacer un reportaje.// **writer.** n. **1.** escritor. **2.** autor. **3.** escribano.// **write of attachment.** n. mandato de embargo.// **write-up.** n. crítica.// **writing.** n. **1.** acción de escribir. **2.** escrito.// **written.** a. escrito.

wrong (rong). a. **1.** malo. **2.** mal. **3.** erróneo, equivocado. **4.** *at the w. time:* en un mal momento. **5.** *on the w. foot:* a contrapié. **6.** *to be w.:* estar equivocado. **7.** *to do the w. thing:* hacer lo que no se debe.// n. **1.** mal. **2.** error. **3.** daño.// adv. **1.** mal. **2.** incorrectamente.// tr. **1.** ser injusto con. **2.** perjudicar, agraviar. **3.** seducir.// **wrongful.** a. **1.** injusto. **2.** ilegal.

wrought (rot). a. forjado, labrado, trabajado.

wry (rai). a. **1.** torcido, doblado. **2.** irónico.

x (éks). n. vigésimocuarta letra del abecedario.

x-axis (éksaksis). n. **1.** *Mat.* abscisa, eje horizontal del sistema de coordenadas. **2.** *Electr.* eje eléctrico.

xenogamy (zenoguemi). n. xenogamia.

xenon (zinon). n. xenón.

xenophilia (zenefáilie). n. xenofilia.// **xenophilous.** a. xenófilo.

xenophobe (zénefaub). a. xenófobo.// **xenophobia.** n. xenofobia.

xerography (zerógrefi). n. xerografía.

X-mas (krismas). n. Navidad.

X-ray (éksréi). n. **1.** radiografía. **2.** pl. rayos X.// tr. tratar o examinar con rayos X.// **X-ray print.** n. radiografía.// **X-ray therapy.** n. radioterapia.// **X-ray tube.** n. tubo de rayos X.

xylene (zailin). n. xileno.

xylograph (záilograf). n. xilografía.// **xylographer.** n. xilógrafo.// **xylographic.** a. xilográfico.

xylophage (xailafeidch). a. xilófago.

xylophone (záilafoun). n. xilófono.// **xylophonist.** n. xilofonista.

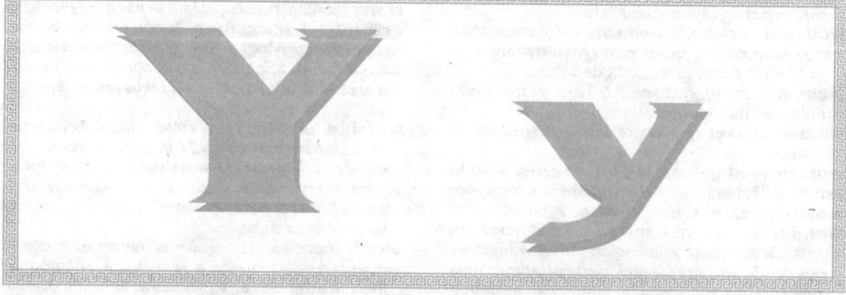

y (uai). n. vigésimoquinta letra del abecedario.

yacht (iot). n. yate.// **yacht club.** n. club náutico.// i. **1.** practicar navegación de recreo. **2.** participar en una regata.// **yachting.** n. navegación en yate, navegación de recreo.// **yacht race.** n. regata.

yahoo (iahú). n. bruto, patán.

yak (iak). n. yac.

yam (iam). n. patata dulce, batata.

yank (iank). i./tr. **1.** tironear. **2.** sacar de un tirón.// n. tirón.

yap. i. ladrar.// n. ladrido.

yard (iard). n. **1.** patio. **2.** corral. **3.** almacén, depósito. **4.** estación. **5.** taller. **6.** yarda.// tr. meter en el corral.

yardage. n. encierro.

yardstik. n. vara de medir.
yarn (larn). n. **1.** hilo. **2.** fam. cuento, historia.
yawn (lon). n. **1.** bostezo. **2.** abertura.// i. **1.** bostezar. **2.** abrirse.// **yawning.** a. **1.** bostezante. **2.** abierto.
yawp (lop). n. grito, aullido.// i. gritar, aullar.
y-axis (uaiaksis). n. *Mat.* eje vertical del sistema de coordenadas.
yeah (ie). adv. fam. sí.
year (íer). n. **1.** año. **2.** curso. **3.** *by the y.:* por año. **4.** *calendar y.:* año civil. **5.** *financial y.:* ejercicio económico. **6.** *school y.:* año escolar.// **yearbook.** n. anuario.
yearling (íarling). n. animal de un año de edad.
yearly. 1. a. anual. **2.** adv. anualmente.
yearn (iern). i. anhelar.// **yearning. 1.** a. anhelante. **2.** n. anhelo.
yeast (ist). n. **1.** levadura. **2.** fermento.// **yeasty.** a. de levadura.
yell (iel). i./tr. gritar.// n. grito.
yellow (ielou). a. **1.** amarillo. **2.** rubio. **3.** de color avellana. **4.** sensacionalista.// n. **1.** color amarillo. **2.** yema.// tr. volver amarillo.// i. ponerse amarillo.
yellowback. n. novelucha.
yellow fever. n. fiebre amarilla.
yellowish. a. amarillento.
yellow jacket. n. avispa.
yen (ien). n. yen.
yes (íes). adv. sí.// n. **1.** sí. **2.** *to say y.:* dar el sí. **3.** *y. indeed:* claro que sí.// **yes man.** m. empleado o ayudante servil.
yesterday (iésterdi). adv. **1.** ayer. **2.** *I wasn't born y.:* no nací ayer, no soy tonto. **3.** *late y.:* a última hora de ayer.// n. **1.** (el día de) ayer. **2.** pasado. **3.** *the day before y.:* anteayer.// **yesternight.** adv. anoche.// **yesteryear** (iesteríar). n. el año pasado.
yet (iet). adv. **1.** aún, todavía. **2.** ya. **3.** *as y.:* has-

ta ahora. **4.** *not y.:* todavía no. **5.** *y. again:* una vez más. **6.** *y. more:* aún más.// conj. **1.** sin embargo, no obstante. **2.** pero.
yield (iild). n. **1.** producción, rendimiento. **2.** cosecha.// tr. **1.** producir, dar, rendir. **2.** *y. up:* entregar; revelar (secretos).// i. **1.** ser productivo. **2.** *y. up:* rendirse.// **yield capacity.** n. productividad.
yielding. a. complaciente.
yoghurt (iógort). n. yogur.
yoke (iouk). n. **1.** yugo. **2.** yunta. **3.** balancín. **4.** servidumbre.// tr./i. uncir.
yokefellow. n. compañero.
yolk (ieuk). n. yema de huevo.
you (iu). pers. pron. **1.** tú, vos. **2.** te. **3.** ti. **4.** vosotros, vosotras. **5.** os. **6.** usted, ustedes. **7.** le, la, los, las.
young (iang). a. **1.** joven. **2.** de juventud. **3.** nuevo. **4.** *to grow younger:* rejuvenecer. **5.** pl. *the y.:* los jóvenes, la juventud. **6.** *y. lady:* señorita. **7.** *y. man:* joven (varón). **8.** *y. woman:* joven (mujer).// n. pl. cría.
your (ior). pos. a. **1.** tu, tus. **2.** vuestro, vuestra, vuestros, vuestros. **3.** su, sus, de usted, de ustedes. **4.** *y. Majesty:* su Majestad.
yours (iors). pron. pers. **1.** (el) tuyo, (la) tuya. **2.** su(s). **3.** de usted (es). **4.** vuestro(s), vuestra(s).
yourself (iorself). pron. pers. sing. **1.** tú, usted, vos (mismo, misma).// pron. ref. sing. te, se.//
yourselves. pron. pers. pl. **1.** vosotros, vosotras, ustedes (mismo, mismas).// pron. ref. sing. os; se.
youth (iuz). n. **1.** juventud. **2.** joven.// **youthful.** a. joven, juvenil, de la juventud.// **youth hostel.** n. albergue juvenil.
yowl (ioul). i. dar aullidos, aullar.// aullido.
yummy (iami). a. delicioso, para chuparse los dedos.

z (ze). n. vigesimosexta letra de abecedario.
zairian (záirien). n. zairense.
zany (zéini). a. estrafalario, absurdo.// n. persona absurda o estrafalaria.
zap. tr. fig. matar; destruir.
zeal (zel). n. celo, ahínco.
zebra (zíbra). n. cebra.
zebu. n. cebú.
zed (zed). n. zeta.
zeelander (zílander). n. zelandés.

zenith (zéniz). n. **1.** cenit. **2.** apogeo.// **zenithal.** a. cenital.
zephyr (sefar). n. briso.
zero (zíro). a. nulo.// n. cero.// tr./i. poner en cero un instrumento.// **zero hour.** n. hora cero.
zest (zest). n. **1.** ánimo, entusiasmo, brío. **2.** sabor.// **zestful.** a. **1.** entusiasta. **2.** sabroso.//
zestfully. adv. con entusiasmo.
zigzag (zígzag). a. en zigzag, zigzagueante.// i. zigzaguear.

zing. n. zumbido.
zinc (zink). n. cinc.// tr. galvanizar con cinc.
Zionism (zaionisem). n. sionismo.
zip (zip). n. silbido.// i. silbar.
zip code. n. código postal.
zip fastener. n. cremallera.
zipper. n. cremallera.
zippy. a. vivaz, enérgico.
zodiac (záudiak). n. zodíaco.
zombie (zómbi). n. muerto vivo.
zone (zoun). n. **1.** zona. **2.** postal z.: distrito postal. **3.** industrial z.: zona industrial. **4.** z. of in-

fluence: zona de influencia.// tr. dividir en zonas.
zoo (zu). n. zoológico.
zoologist (zouleyist). n. zoólogo.// **zoology** (zooleyi). n. zoología.
zoom (zum). n. **1.** zumbido. **2.** objetivo variable (fotografía).// tr. **1.** enfocar con el objetivo variable. **2.** z. in: acercarse. **3.** z. out: alejarse.// i. zumbar.
zucchini (zukíni). n. calabacín.
zygoma (zaigóuma). n. cigoma.// **zygomatic.** a. cigomático.
zygote (záigaut). n. cigoto.

Diccionario

Científico y

Tecnológico

Dirección de redacción
Mónica Fabiana García
Prof. Alejandro Marcelo Itzik

A modo de presentación

Esta obra de singulares características en el campo de las ciencias ha sido concebida teniendo en cuenta las necesidades que en este ámbito pueden presentárseles a los estudiantes; en ella se incluyen voces esenciales del campo de la **ecología**, la **anatomía**, la **botánica**, la **genética**, la **química**, la **zoología**, la **tecnología** y la **informática**, entre otras.

Incorpora, además, conceptos redactados de manera clara y didáctica, con numerosos ejemplos.

Para agilizar la consulta, las palabras de encabezamiento están impresas en **negrita** y VERSALITA, y se disponen en el siguiente orden: en las páginas pares se encontrará a la izquierda y será la primera palabra de la columna izquierda; en las páginas impares se ubicará a la derecha y será la última palabra de la columna derecha.

Cuando la palabra tiene más de una definición, cada una de ella se halla separada por una **doble barra** (//) y está tratada como otra palabra totalmente independiente de la anterior.

Asimismo, el diseño simple y manejado en estricto orden alfabético de términos y definiciones, permite una rápida ubicación de los mismos, y la referencia a otras palabras contribuye a la asociación de los términos empleados y a su mejor interpretación.

Las nuevas generaciones tienen, entonces, en sus manos, una gran oportunidad de ampliar conocimientos en los distintos campos que exige la actualidad. No en vano, los lineamientos pautados por la **Reforma Educativa Americana** apuntan a brindar a niños y jóvenes las herramientas necesarias para que lleguen a comprender que toda actividad desplegada por el hombre repercute, inevitablemente, en el medio que lo rodea.

Si quienes tenemos la responsabilidad de generar propuestas que contribuyan a tales fines, sabemos aprovecharlas, lograremos que los hombres del 2000 forjen un mañana mejor.

Éste es, en definitiva, el objetivo final que persigue esta obra: ser un instrumento de consulta permanente para los protagonistas del tercer milenio.

LOS EDITORES

ABDOMEN: parte de la cavidad corporal de los vertebrados, que contiene el estómago, los intestinos y otras vísceras.// Parte posterior del cuerpo de los artrópodos. Primitivamente consta de una serie de segmentos similares.

ABIOGÉNESIS: teoría según la cual la materia orgánica proviene de la inorgánica. Así habría sido el origen de la vida.

ABIÓTICO: palabra que proviene del griego (A es una partícula negativa y Bios significa vida). Por lo tanto abiótico es aquello que "no tiene vida". Son abióticos el aire, el sol, el agua, el suelo, la temperatura, la humedad, etc.

ABISAL: zona marina que comprende los grandes fondos a partir de 2.000 m de profundidad. Su fauna comprende peces de cuerpo plano y casi ciegos, debido a la falta de luz. Carece de vegetación. La mayor fosa abisal es la de Tonga (10.800 m), en el Pacífico centromeridional.

ABOMASO: cuarta y última región del estómago especializado de los rumiantes. También llamado cuajar. Está revestido de una mucosa normal que contiene depresiones gástricas donde se produce ácido clorhídrico, pepsina y renina. Es allí donde la digestión tiene lugar.

ABONO: materia orgánica descompuesta (en putrefacción), normalmente de origen vegetal. Se aplica al suelo para incrementar su contenido en humus.

ACELERACIÓN: variación de un movimiento que supone un aumento del mismo. Se llama *movimiento uniformemente acelerado* a aquél que aumenta de una manera proporcional en cada fracción de tiempo. Generalmente, la aceleración se calcula en metros/segundo^2 y se representa con la letra griega delta (D).

ACELULAR: se refiere a los tejidos u organismos relativamente grandes que no se componen de células discontinuas sino que son realmente unicelulares. Ejemplos son las hifas de los hongos y las fibras musculares.

ACERO: material de hierro obtenido de la mezcla de éste con carbono, en una proporción aproximada del 1 %, lo que le da gran dureza y elasticidad.
En su obtención se añaden, por lo general, reducidas cantidades de cromo, molidebno, níquel, titanio, volframio, etc., para mejorar sus características. La mezcla es siempre sometida a elevadas temperaturas en altos hornos. Se emplea como material para la construcción de raíles, buques, armamento, maquinaria, edificios, automóviles, etc.

ÁCIDO: sustancia química de gran poder corrosivo y sabor agrio o picante, que tiene la propiedad de colorear de rojo el papel azul de tornasol, empleado en laboratorios, así como de modificar el color de otras sustancias y de neutralizar las bases.
Según su composición los ácidos pueden ser oxácidos o hidrácidos (si tienen o no oxígeno). Y se llaman orgánicos si contienen, además, carbono, pero sus propiedades son las mismas.

ACRANIOS: subdivisión de los cordados que incluye los *urocordados* y los *cefalocordados* (todos los cordados invertebrados, también denominados protocordados). Carecen de cerebro, cráneo, corazón y riñones, y el notocordio nunca es reemplazado por cartílagos o huesos.

ACUARIO: local o recipiente para la conservación y exhibición de animales y plantas acuáticos. Acostumbra formar parte de los Parques Zoológicos.
El agua de estos acuarios debe renovarse constantemente, y la temperatura ha de ser adecuada a sus habitantes. Se utiliza también para estudiar la vida de los peces.

ACUMULADOR: aparato que sirve para almacenar energía eléctrica con el fin de poder utilizarla posteriormente. Fue inventado, en 1860, por el físico francés Gaston Planté. Los tipos más conocidos son de plomo, alcalinos, de plata y de cinc. Se emplean en las grandes instalaciones industriales, en iluminaciones especiales, etcétera. También hay ciertos acumuladores que pueden almacenar calor.

ACÚSTICA: ciencia que estudia todo lo relacionado con los sonidos. Ya el filósofo griego Aristóteles definió sus características al señalar que el sonido resulta de la vibración de los cuerpos que, al oscilar y moverse, originan ondas propagadas a través del aire.
Algo similar a lo que ocurre con los círculos concéntricos que se forman en la superficie cuando un objeto es arrojado al agua. Tiene múltiples aplicaciones técnicas, en la electrónica, en diversas ramas industriales, en la construcción, etc.

ADAPTACIÓN AL MEDIO: capacidad biológica de los seres vivos para poder seguir existiendo cuando las condiciones del medio ambiente cambian. Charles Darwin expuso, en 1859, la teoría de que sólo aquellos seres dotados de la capacidad de adaptación pueden sobrevivir en condiciones adversas. Existen animales con grandes dificultades de adaptación, como el oso panda, las águilas, los gorilas, etc. Al contrario, animales que han demostrado una gran capacidad adaptativa son los pingüinos, las ranas y las salamandras. Hay numerosos factores que condicionan la adaptación al medio: climáticos, alimentarios, de libertad o cautiverio, etc.

ADENINA: base nitrogenada que se encuentra en el ADN y en el ARN. También forma parte de algunas coenzimas, como el NAD y el FAD, y al combinarse con el azúcar ribosa forma el nucleósido adenosina, que se encuentra en el AMP, ADP y ATP. La adenina tiene estructura de anillo purínico.

ADENOSINA: nucleósido formado por la unión de adenina con D-ribosa mediante un enlace b-glucosídico. El trifosfato de adenosina o adenosintrifosfato (ATP) es un nucleótido derivado de la adenosina.

ADN (ácido desoxirribonucleico): ácido nucleico que se encuentra principalmente en los cromosomas que contienen la información hereditaria de los organismos. La molécula está constituida por dos cadenas helicoidales polinucleótidas, enroscadas entre sí en forma de doble hélice. Las moléculas del radical fosfato se alternan con las moléculas de azúcar desoxirribosa a lo largo de ambas cadenas, y cada molécula de azúcar está unida también a una base nitrogenada, ya sea adenina, guanina, citosina o timina. Las dos cadenas están unidas entre sí por enlaces entre las bases. La secuencia de las bases en la cadena constituye el código genético que determina la secuencia exacta de los aminoácidos en las proteínas.

ADP (adenosinadifosfato o difosfato de adenosina): nucleótido compuesto de adenina y ribosa con dos grupos de fosfatos unidos.

ADRENALINA: hormona producida por las glándulas suprarrenales. La secreción de adrenalina en el torrente sanguíneo en momentos de tensión ocasiona aceleración del corazón, constricción de las arteriolas y dilatación de las pupilas. Produce, además, un importante aumento del metabolismo para preparar el organismo ante una emergencia.

ADVENTICIO: describe los órganos de las plantas que salen en lugares inesperados, como por ejemplo raíces adventicias en los tallos y yemas adventicias en las hojas.

AEROBIO: organismo que requiere oxígeno para vivir.

AERODINÁMICA: ciencia que estudia los fenómenos que se producen entre un cuerpo al moverse y el aire que lo rodea. Su aplicación comprende temas como el estudio de la resistencia que opone el aire al movimiento de tre-

nes, buques, automóviles, aviones, etc., con el objeto de emplear aquellos materiales más adecuados para obtener la máxima seguridad, rapidez y comodidad en el transporte.

AFERENTE: que trae impulsos, sangre, etc. de las regiones externas de un órgano o cuerpo hacia el centro. Por ejemplo, los nervios aferentes traen sus impulsos nerviosos de los órganos de los sentidos hacia el sistema nervioso central.

AGLUTINACIÓN: amontonamiento de glóbulos rojos o bacterias por la acción de anticuerpos. La aglutinación puede ocurrir durante una transfusión si se suministra sangre de un grupo equivocado.

AGRICULTURA: conjunto de actividades humanas que tiene como finalidad la obtención de productos de la tierra para la alimentación, y de materia prima para la fabricación de tejidos (algodón, yute). La agricultura apareció durante el Neolítico, en el Cercano Oriente, y gracias a ella el hombre se hizo sedentario (habita en un lugar fijo).

AGROBIOLOGÍA: conjunto de técnicas de cultivo y métodos de cría de animales que buscan preservar la calidad biológica de los productos agrícolas y sus respectivos balances naturales. Se basa en la búsqueda de especies resistentes, el manejo no agresivo del suelo y la utilización de biocidas naturales.

AGROECOSISTEMA: sistema ecológico natural transformado en área usada para la producción agrícola o crianza de ganado, de acuerdo con diferentes tipos y niveles de manejo; en muchos casos, los trabajos son monoespecíficos o monocultivos, creando muchos y variados problemas ambientales.

AGUA: líquido formado por la combinación de los gases hidrógeno (dos moléculas) y oxígeno (una molécula). Es incoloro, inodoro, insípido, refracta y refleja la luz (arco iris), se evapora por el calor y se solidifica con el frío. Es también un disolvente. Ocupa las tres cuartas partes de la superficie terrestre y está en un 70 % en el cuerpo humano.

"AGUJERO" EN LA CAPA DE OZONO: reducción de la capa de ozono (situada a una altura de entre 15 y 50 kilómetros) que rodea y protege a la Tierra de la incidencia directa de una gran parte de los rayos ultravioletas. Durante la primavera austral de 1979, científicos británicos verificaron un leve adelgazamiento de la capa de ozono sobre el continente antártico. Desde entonces, el "agujero" ha crecido en forma progresiva y considerable. En 1985 fue registrada a través de imágenes satelitales una reducción del 50 % en algunos puntos de la capa de ozono. Ese mismo año, el tamaño del "agujero" equivalía a la superficie de los Estados Unidos. Se han señalado como principales agentes de esta reducción a los compuestos de cloro, flúor y bromo, especialmente los clorofluorocarbonos (CFCs) que se emplean en aerosoles y equipos refrigeradores. La mayor incidencia de los rayos ultravioletas sobre la superficie de la Tierra tiene consecuencias sobre la salud humana, la productividad agrícola y los ecosistemas.

AIRE: mezcla de los gases que forman la atmósfera terrestre. Sus principales componentes son: nitrógeno (78 %), oxígeno (21 %) y cantidades muy reducidas de argón, hidrógeno, vapor de agua y algún otro gas. El aire es incoloro (sin color), inodoro (sin olor) e insípido (sin sabor). Es mal conductor de la electricidad y del calor. Es indispensable para la vida humana.

AISLANTE: sustancia que impide o dificulta la transmisión del calor, la luz, el sonido y la electricidad. El aislamiento perfecto solamente se ha obtenido mediante el vacío de aire. Los aislantes térmicos se llaman caloríficos, y emplean preferentemente caucho, corcho, amianto y maderas. En los últimos años se ha generalizado el uso de fibras de vidrio y materias plásticas, especialmente en electricidad.

ALAMBIQUE: aparato empleado para la destilación. Se compone de una caldera (llamada también retorta) que es calentada por un hornillo. Los vapores desprendidos por la sustancia allí depositada, a través de un cuello de cisne, circulan por el refrigerante, que es un largo tubo espiral de vidrio (serpentín) sumergido en un recipiente de agua muy fría, lo que provoca la condensación de los vapores.

ALBINISMO: ausencia de pigmentación en los ojos, la piel, las plumas, el pelo, etc. Es un carácter hereditario en los vertebrados y proviene de anormalidades en la producción o función de las células de pigmentación. El albinismo en el hombre se debe a la presencia de un gene recesivo que causa la ausencia del pigmento oscuro melanina. Los albinos poseen la piel y el pelo blancos, y el iris de los ojos rosado.

ALBÚMINA: proteína simple, generalmente deficiente en glicina. Las albúminas son solubles en agua y se coagulan con el calor. Son producidas por los animales y las plantas.

ALBURA: región externa del xilema del tronco de un árbol que contiene células vivas.// Células xilémicas exteriores del tronco de los árboles que constan de elementos xilémicos, parénquima y rayos medulares, activamente comprometidas en el transporte de agua y almacenamiento de alimentos.

ALCALOIDES: compuestos orgánicos cristalinos, insolubles y venenosos, que se encuentran en las plantas. Contienen nitrógeno y aparecen generalmente como sales de ácidos, tales como el cítrico, el málico y el succínico. Su función en las plantas es desconocida pero se ha sugerido que pueden ser productos finales nitrogenados del metabolismo, o que pueden tener una función protectora contra los herbívoros. Ejemplos importantes son la quinina, la nicotina, la atropina, el opio, la morfina, etc. Se los encuentra principalmente en las plantas de la familia de las amapolas, las ranunculáceas y las solanáceas.

ALCOHOL: derivado hidroxilado de un hidrocarburo parafínico o cicloparafínico, en los que el grupo OH está ligado a un átomo de carbono saturado. Se clasifican en primarios, secundarios o terciarios, según que el átomo de carbono ligado al radical OH esté unido a dos, uno o ningún hidrógeno. Se encuentran muy difundidos en la naturaleza.

ALELO: una de las formas posibles de un gene. Los alelos de un gene particular ocupan las mismas posiciones (locus) en cromosomas homólogos. Se dice que un gene es homocigótico si los dos locus tienen alelos idénticos, y heterocigótico cuando los alelos son diferentes. El alelo que determina la forma normal del gene por lo general es dominante, mientras que los alelos mutantes son recesivos; por consiguiente muchas mutaciones solamente se muestran en el fenotipo cuando son homocigóticos. En algunos casos, un alelo no es totalmente dominante o recesivo en relación con el otro. Por consiguiente, se producirá un fenotipo intermedio en el heterocigoto.

ALETAS: órganos aplanados, generalmente sostenidos por los radios de las aletas y que sirven para nadar. La mayoría de los peces tienen aletas pares pectorales y pélvicas, homólogas con los miembros anteriores y posteriores, respectivamente, que en los vertebrados terrestres sirven para controlar el ángulo de ascenso y descenso. En algunas especies las aletas pélvicas son pequeñas y modificadas para la cópula. Hay peces que también tienen una o más aletas dorsales y una o más aletas ventrales (aletas anales) para prevenir los movimientos laterales y las vueltas, y una aleta caudal (aleta de la cola) que sirve para impulsar al pez en su continuo movimiento hacia adelante.

ALGA: planta acuática que vive sumergida en las aguas o también en las superficies húmedas. Tiene numerosas utilidades: industriales (obtención de sal), medicinales (enfermedades de la tiroides) y agricultura (abono). Son esenciales para el mantenimiento de la vida acuática. Existen alrededor de 18.000 especies, como las verdes, las pardas, las rojas y las verde-azuladas.

ALIMENTO: nombre genérico dado a toda sustancia capaz de mantener y desarrollar la vida, a través de la energía que proporciona a los organismos vivos. Contribuye al crecimiento y facilita las funciones llamadas vitales. Se denominan alimentos simples o fundamentales a aquellos que son imprescindibles en la dieta humana y deben formar parte del resto de los alimentos (los llamados complejos). Así, el agua, el cloro, el sodio, el potasio, el calcio, el fósforo, el cobre, el cinc, el hierro, el magnesio, etc., son algunos de los alimentos fundamentales. Ellos proporcionan al cuerpo los azúcares, las grasas, los hidratos de carbono y las proteínas. Una vez ingeridos, los alimentos son asimilados por los órganos especializados (estómago, vesícula, hígado, etc.) y las sustancias que han sido retenidas son distribuidas al cuerpo a través de la sangre.

ALMIDÓN: polisacárido que se presenta exclusivamente en las plantas. Los almidones se extraen comercialmente del maíz, el trigo, la cebada, el arroz, la papa y el sorgo. También se encuentran en las células vegetales como granos dispersos en el citoplasma. Los almidones son reservas alimenticias de las plantas; pueden desdoblarse por acción de las enzimas en azúcares simples que luego son metabolizadas para suplir las necesidades energéticas. El almidón forma parte de la dieta de los animales. En el hombre se digiere por la amilasa salival y pancreática, y luego se descompone por la maltasa para producir glucosa, que se puede almacenar como glucógeno (almidón animal). El exceso de almidón, o sea la cantidad que está por encima de la máxima capacidad de almacenamiento del hígado y los músculos, se convierte en lípidos y se almacena como grasa. El almidón no es una molécula única sino una mezcla de amilosa (coloración azul soluble en agua con yodo). Su composición es amilosa 10-20 % y amilopectina 80-90 %.

ALÓTROFOS: también llamados heterótrofos. Son todos los seres vivos (animales y vegetales) que no pueden fabricar su propio alimento y que necesitan de otros vegetales para poder alimentarse. Todos los animales son alótrofos, y también algunas plantas sin clorofila, como por ejemplo, los hongos.

ALQUIMIA: conjunto de conocimientos que provienen de la Edad Media y que fueron el antecedente de la química moderna.

ALVÉOLO: diminuto saco de aire en los pulmones de los mamíferos. Los alvéolos aparecen en racimos al final de cada bronquiolo. Tienen delgadas paredes húmedas rodeadas por capilares, lo cual permite el libre intercambio de gases entre la sangre de los capilares y el aire inspirado en el alvéolo. En las aves su función la realizan los capilares de aire que vienen de los parabronquios (ramas de los bronquios).

AMBIENTE: es el conjunto de factores (bióticos y abióticos) potencialmente capaces de influir sobre un organismo. Es decir que es todo lo que lo rodea. Por ejemplo: animales, plantas, luz, humedad, etc.

AMEBA: el miembro más conocido de los protozoos. Es un organismo microscópico que habita en aguas dulces; su cuerpo cambia constantemente de forma, a raíz de la presencia de seudópodos empleados para la locomoción y la captura de alimentos. Las vacuolas del alimento y del agua hacen la digestión y la osmorregulación. La reproducción es por fisión binaria y en condiciones adversas se produce la formación de esporas.

AMILOPLASTO: plastidio que almacena granos de almidón. Son comunes en los órganos de almacenamiento, como el tubérculo de la papa. Tienen un papel fisiológico en la cofia y en cualquier lugar donde los granos de almidón actúen como estatolitos.

AMINOÁCIDOS: derivados de los ácidos carboxílicos, en los cuales un átomo de hidrógeno de un ácido alifático ha sido reemplazado por un grupo amino. Por ejemplo, el aminoácido glicina se forma del ácido acético. Todos son blancos, cristalinos e hidrosolubles, y con la única excepción de su miembro más simple, la glicina, todos son ópticamente activos. En el organismo, las diversas proteínas están constituidas por aminoácidos y por eso es importante que todos estén presentes en cantidades suficientes. En el hombre, diez de los veinte aminoácidos pueden ser sintetizados por el organismo. Como no se requieren en la dieta, se conocen como aminoácidos no esenciales. Los diez restantes no son sintetizados por el organismo y por consiguiente deben suministrarse en la alimentación. Se conocen como aminoácidos esenciales.

AMITOSIS: división nuclear caracterizada por la ausencia del huso nuclear, que origina la producción de núcleos hermanos con grupos desiguales de cromosomas. El proceso ordenado de división, duplicación cromosómica, disolución de la membrana nuclear y producción del huso como en la mitosis, aparentemente está ausente. Las células producidas por amitosis heredan cantidades variables de cromosomas.

AMNIOS: una de las tres membranas embrionarias de reptiles, aves y mamíferos. Es la membrana interna que rodea al embrión, primero a modo de capucha y después como una burbuja. La cavidad amniótica contiene líquido amniótico del cual se pueden tomar muestras en las mujeres embarazadas mediante amniocentesis para diagnosticar anormalidades genéticas en el feto.

AMNIOTAS: vertebrados cuyos embriones poseen amnios.

AMP (adenosinmonofosfato, monofosfato de adenosina): nucleósido que se compone de adenina, ribosa y fosfato.

AMPERIO: unidad que sirve para medir la intensidad de una corriente eléctrica y que se expresa mediante el símbolo A. Debe su nombre al célebre físico y matemático francés André Marie Ampère (1775-1836), quien en un experimento consiguió medir la intensidad eléctrica de un circuito entre dos conductores. Se llama amperio/hora a la cantidad de electricidad que pasa por un circuito durante una hora.

AMPLIFICADOR: aparato electrónico que se emplea para aumentar la potencia de las corrientes eléctricas o el volumen de los sonidos. Son empleados en radiofonía, telegrafía y telefonía con el fin de incrementar la intensidad de las señales y ondas transmitidas para que, al llegar éstas a su destino, el receptor las capte en las mejores condiciones acústicas.

ANAEROBIO: organismo que sólo puede vivir en ausencia de oxígeno.

ANABOLISMO: proceso metabólico en que las moléculas se juntan para formar compuestos más complejos. Las reacciones anabólicas intervienen en la construcción de estructuras, compuestos de almacenamiento y metabolitos complejos en las células. El almidón, el glucógeno, las grasas y proteínas son productos de procesos anabólicos. Las reacciones anabólicas requieren la energía que suministra el ATP producido en el catabolismo.

ANAFASE: etapa de la mitosis o meiosis en que las cromátidas van hacia los polos opuestos del huso nuclear. En la mitosis, las cromátidas que se dirigen hacia los polos representan un solo cromosoma completo. Durante la primera parte de la anafase, en la meiosis, un par de cromátidas conectadas aún con su centrómero se mueven hacia los polos. Durante la segunda parte de la anafase los centrómeros se dividen y los cromosomas solos van hacia los polos.

ANATOMÍA: estudio de la estructura del cuerpo de un organismo mediante disección y separación de sus partes.// Organización de las partes del cuerpo y las relaciones estructurales entre ellas.

ANDROCEO: en las plantas superiores, nombre colectivo de las partes masculinas de la flor, o sea los estambres. Se indica en la fórmula floral con la letra A.

ANDRÓGENO: hormona sexual masculina (esteroide) que controla el desarrollo, función y mantenimiento de los caracteres masculinos secundarios (por ejemplo, la barba y la gravedad de la voz), los órganos sexuales masculinos accesorios y la espermatogénesis. Los andrógenos son producidos principalmente por los testículos (cantidades más pequeñas son producidas por el ovario y la corteza suprarrenal). El más importante es la testosterona. También tienen actividad anabólica, estimulando el crecimiento y formación de nuevos tejidos.

ANDROSTERONA: hormona esteroide que se forma en el hígado junto con el metabolismo de la testosterona.

ANÉLIDOS: invertebrados triploblásticos con simetría bilateral y metamétricamente segmentados; son los gusanos segmentados, incluyendo el Nereis, el Lumbricus, y las sanguijuelas. Los anélidos tienen el cuerpo alargado y suave, cubierto por una delgada cutícula, y la mayoría tienen cerdas quitinosas organizadas en segmentos (quetas), que contribuyen a la locomoción.

La pared corporal contiene capas longitudinales y circulares de músculos, y la cavidad corporal es un celoma que aísla el intestino de la pared del cuerpo. Estas características, junto con el metamerismo, ofrecen un medio efectivo de locomoción. Muchos son hermafroditas.

ANEMOFILIA: polinización por el viento. Las plantas polinizadas de esta manera (los pastos) tienen flores de fragancia insignificante, con estigmas largos y livianos.

ANFIBIO: clase de animales vertebrados y con cuatro patas, cuyo sistema respiratorio les permite habitar tanto en tierra como en ambiente acuático. Al parecer se originaron a partir de unos peces llamados Crosopterigios, algunas de cuyas especies abandonaron el agua hace 200 millones de años. Su respiración puede ser de varios tipos: cutánea, branquial (cuando son larvas) y pulmonar. Su crecimiento tiene lugar a través de distintas metamorfosis: larva, renacuajo y adulto. Se alimenta de insectos y la puesta de los huevos se produce generalmente en el agua. El género más conocido es el de las ranas, que incluye unas 20 especies.

ANGIOSPERMAS (plantas fanerógamas): clase muy importante de plantas vasculares de semilla, que se caracterizan por sus flores. Éstas tienen estructuras reproductivas masculinas y femeninas. Difieren de las gimnospermas en que tienen el óvulo encerrado en el ovario que, después de la fecundación, se convierte en fruto. El gametofito femenino está representado por el saco embrionario y no existe arquegonio. Las angiospermas se dividen en dos grandes grupos o subclases, según el número de cotiledones: las monocotiledóneas y las dicotiledóneas.

ANHÍDRIDO: sustancia química que deriva de la reacción de un óxido con el agua, formándose un ácido. Su característica fundamental es la presencia de oxígeno. Se distinguen dos tipos: los anhídridos de ácido (anhídirdo carbónico) y los anhídridos de base (anhídrido de sodio). El anhídrido carbónico es producido a través de la transpiración de las plantas cuando carecen de luz, y es venenoso.

ANIMAL: ser vivo que se mueve con autonomía y se alimenta generalmente de materiales orgánicos a través de la boca. Estos materiales son digeridos por un sistema especializado que tras la asimilación los convierte en sustancia fundamental para la vida animal. La diferencia fisiológica entre animales y vegetales es normalmente clara. Sin embargo, en ocasiones, puede resultar difícil, sobre todo cuando se trata de seres microscópicos (algas de una sola célula). La primera división del reino animal la hizo el griego Aristóteles, que distinguió entre "animales con sangre" y "animales sin sangre". En el siglo XVIII Linneo clasificó a los animales en mamíferos, aves, anfibios, peces, gusanos e insectos.

ANO: apertura posterior del tubo digestivo que aparece en casi todos los animales. Por el ano salen los excrementos y desperdicios semisólidos del cuerpo, bajo control muscular. A veces aparece como una cloaca.

ANOPLUROS: orden de insectos en el cual se encuentran los piojos (*Pediculus humanus*). Estos ectoparásitos de los mamíferos aparecen universalmente bajo condiciones antihigiénicas y son portadores del tifo y otras enfermedades. Carecen de alas y ojos y tienen el cuerpo plano y transparente, con regiones bucales de succión para alimentarse de la sangre de la víctima, y patas con garras prensiles para agarrarse a ella. Los huevos (liendres) se agarran al pelo de la víctima y se convierten en ninfas chupadoras de sangre.

ANTAGONISMO: también llamada catabiosis, es una relación entre dos seres vivos, en la cual uno de ellos se perjudica. Son un ejemplo de antagonismo o catabiosis los parásitos que viven a expensas de otros organismos vegetales o animales. Los líquenes que se desarrollan sobre las ramas de un árbol, impidiendo su crecimiento y nutrición, hasta causarles la muerte, constituyen un ejemplo de antagonismo.

ANTENA: aparato utilizado para emitir o recibir ondas radioeléctricas. Son fundamentales en las estaciones de radio y televisión y, en general, en todas las comunicaciones. Pueden ser omnidireccionales (para captar ondas de cualquier dirección) y dirigidas (encargadas de captar un tipo de onda concreta). Para conseguir la máxima eficacia conviene que las antenas sean de gran altura o que estén instaladas en lugares elevados.// Uno de los apéndices en forma de hilo de muchos artrópodos. Generalmente cumplen una función sensorial (tacto y olfato), pero algunos crustáceos las usan para nadar y agarrarse.

ANTÉNULA: cada uno de los dos pequeños apéndices sensoriales que tienen los crustáceos en la cabeza, delante de las antenas.

ANTERA: parte del estambre que produce el polen. La antera está colocada en la punta del filamento (pecíolo) y está formada por dos lóbulos. Cada lóbulo contiene dos sacos que producen una gran cantidad de pequeños granos de polen. Éste sale libre cuando los lóbulos se abren longitudinalmente. La antera está formada de una epidermis externa, una capa intermedia fibrosa y una capa interna nutritiva, el tapete. Las células haploides de polen se desarrollan en la zona tapetal de células esporas madres.

ANTERIDIO: órgano sexual masculino de las algas, hongos, briofitos y pteridofitos. Puede formarse de una célula o de muchas capas celulares. Produce gametos que generalmente tienen motilidad.

ANTEROZOIDE: gameto masculino de las algas, hongos, briofitos y pteridofitos, y de algunas gimnospermas. Tiene motilidad y se produce en un anteridio, excepto en las gimnospermas, en las cuales los anterozoides se desarrollan de la células generativas en el tubo polínico.

ANTIBIÓTICOS: grupo de compuestos orgánicos que varían en estructura, y que son producidos por microorganismos que pueden matar o inhibir la actividad de otros microorganismos. Un ejemplo muy conocido es la penicilina, descubierta por sir Alexander Fleming. Otro, la estreptomicina.

ANTICOAGULANTE: sustancia química que impide la coagulación de la sangre.

ANTICUERPO: molécula proteínica formada en el organismo de los animales para neutralizar el efecto de una proteína extraña invasora (llamada antígeno). Los antibióticos son producidos por los linfocitos para responder a la presencia de antígenos. Cada cuerpo tiene una estructura molecular que corresponde exactamente a la estructura de una molécula de un antígeno, como una llave a su cerradura (son específicos). Los anticuerpos son importantes para la defensa contra enfermedades infecciosas y en la inmunización.

ANTÍGENO: sustancia que induce a la producción de anticuerpos.

ANTOZOOS: clase de celenterados, anémonas marinas y corales, en la que los pólipos son la única forma y las medusas están ausentes. La anémona marina solitaria tiene varios tentáculos. Los corales forman colonias y el pólipo está contenido en una matriz gelatinosa (corales blandos). Tienen un esqueleto córneo (corales córneos), o un esqueleto de carbonato de calcio (corales rocosos o verdaderos). La acumulación de corales en aguas calientes y poco profundas forma los arrecifes de coral.

ANUROS: orden de los anfibios que comprende los sapos y las ranas. Los adultos están especializados para saltar, con espina dorsal corta, sin cola, extremidades traseras muy potentes y una reforzada cintura pectoral para absorber el impacto de las caídas. Las patas traseras tienen membranas para la natación. Casi todo el oxígeno lo absorben por la piel, y así complementan la pequeña cantidad que lleva a los pulmones la acción de bombeo del suelo bucal. La sangre oxigenada y desoxigenada no está completamente separada en el corazón. Los huevos son depositados en el agua cubiertos con gelatina y empollan larvas acuáticas (renacuajos) que sufren una rápida y extensa metamorfosis, en la cual se absorbe la cola y las branquias se convierten en pulmones. Generalmente las ranas viven en lugares húmedos o son acuáticas. Algunas son arbóreas. Los sapos, de piel seca y áspera, se adaptan mejor a los ambientes secos.

AORTA: en los mamíferos, la arteria larga que parte del ventrículo izquierdo del corazón y lleva sangre oxigenada por diferentes ramales a todas las partes del cuerpo. Está dividida en una porción ascendente, un arco y una porción descendente. La aorta forma la rama izquierda del arco sistémico.

APÉNDICE: pequeño tubo ciego o divertículo que se desprende del intestino ciego. No parece tener función aparente en algunos mamíferos (como en el hombre y otros primates), pero es un órgano rudimentario, homólogo con el extremo del ciego de los mamíferos herbívoros, como el conejo.

ARÁCNIDOS: clase de artrópodos que comprende los escorpiones terrestres y carnívoros, y las arañas, las cuales tienen órganos hilanderos en el abdomen para tejer telarañas; también los parásitos ácaros y las garrapatas. El cuerpo se divide en dos: la parte anterior, el cefalotórax (prosoma) y el abdomen posterior (opistosoma). Tienen cuatro pares de patas pero carecen de antenas y los ojos son simples. El cefalotórax tiene quelíceros prensiles y pedipalpos parecidos a patas, generalmente sensoriales. La respiración se realiza por la tráquea y la excreción por las glándulas coxales y los tubos de Malpighi.

ÁRBOL: planta de gran altura en la que se dan las siguientes características: raíces robustas, tallo grueso de madera (tronco), ramas provistas de muchas hojas, flores y frutos. La parte superior, formada por el conjunto de las ramas, se denomina copa. Para su crecimiento requieren suelos profundos. Por los círculos internos del tronco se puede saber la edad del árbol. Los que viven más años son: la sequoia, el olivo, la encina y el castaño. Los más altos son: el eucalipto (150 m) y la sequoia (130 m). El de tronco más ancho es el baobab (40 m).

ARCHIVO: conjunto de elementos de información con estructura lógica para su lectura y explotación por una computadora. Cada elemento de información se denomina *registro*. Básicamente, los archivos se clasifican en directo o secuenciales, según el método de acceso de la información contenida en él. Según el tipo de información pueden ser: de sistema, de programa, de trabajo, etc.

ARCO IRIS: fenómeno atmosférico que puede observarse en el cielo cuando llueve y, al mismo tiempo, hay sol. Se debe a la reflexión y refracción de la luz solar en las gotas de agua que se hallan en la atmósfera y que actúan a modo de espejo, descomponiendo la luz blanca en los siguientes colores: rojo, amarillo, anaranjado, verde, azul, añil y violeta. El conjunto de estos colores refleja un arco en la bóveda celeste.

ÁREAS PROTEGIDAS: son áreas naturales a las que se preserva, con el fin de mantener la biodiversidad, los ecosistemas autóctonos, y para realizar investigaciones científicas.

ARENA: partículas de rocas resultado de la desintegración de la roca madre por la erosión. Suelen acumularse formando desiertos y playas. Generalmente son granitos de cuarzo, aunque también pueden ser arcillosos. Según el grosor, la arena es gruesa (2-0,5 mm), mediana (0,5-0,2 mm) o fina (0,2-0,02 mm).

ARN (ácido ribonucleico): ácido nucleico que se encuentra principalmente en el citoplasma y que participa en la síntesis proteínica. Es una cadena polinucleótida individual cuya composición es semejante a la de una hilera de ADN, solamente que el azúcar ribosa reemplaza a la desoxirribosa y la base pirimidínica, uracilo, reemplaza a la timina. El ARN es sintetizado a partir del ADN nuclear. Existe bajo tres formas: ARN de transferencia, conduce los aminoácidos a los ribosomas y los ordena a lo largo de la molécula de ARN mensajero; ARN mensajero, se encarga de trasladar la información necesaria para la síntesis de proteínas; y el ARN de los ribosomas.

ARQUEGONIO: órgano sexual femenino de briofitos, pteridofitos y la mayoría de las gimnospermas. Es una estructura multicelular en forma de frasco, con un cuello estrecho y base gruesa que contiene el gameto femenino.

ARTERIA: vaso sanguíneo grande y de paredes gruesas que transporta la sangre desde el corazón hacia las extremidades y órganos. Todas las arterias, a excepción de la pulmonar, transportan sangre oxigenada. Su estructura les permite aguantar la presión resultante del bombeo del corazón.

ARTERIOLA: cualquiera de los numerosos pequeños vasos sanguíneos que salen de una arteria. Las arteriolas se ramifican luego en capilares.

ARTICULACIÓN: zona de unión entre dos o más huesos del cuerpo humano. Las articulaciones hacen del esqueleto un conjunto flexible, permitiendo la realización de los movimientos. En ellas se destaca una parte blanda alimentada por un líquido llamado sinovia, que realiza las funciones engrasadoras. Otra parte importante en las articulaciones son los cartílagos, también llamados huesos blandos.

ARTRÓPODOS: el fílum más extenso del reino animal, y el único de invertebrados con miembros acuáticos, terrestres y aéreos. Los artrópodos presentan simetría bilateral y están segmentados, con un exosesqueleto quitinoso duro protector, flexible únicamente en las articulaciones. El crecimiento se produce por ecdisis. Cada segmento presenta un par de apéndices unidos que se modifican para diversas funciones. Comprende los crustáceos, insectos, centípedos, miriápodos, arañas. En los artrópodos el celoma es reducido y la cavidad corporal es un hemoceloma. Tienen un cordón nervioso central con un par de ganglios cerebrales y pares de ganglios segmentados.

AUTÓTROFOS: son todos los vegetales verdes, es decir aquellos que poseen clorofila y tienen la particularidad de fabricar su propio alimento.

ASIMILACIÓN: proceso de incorporación de moléculas simples de alimento que han sido digeridas y absorbidas en las células vivas de los animales, y convertidas en las moléculas complejas que forman el organismo.

ASTEROIDEOS: clase de equinodermos que comprende la estrella de mar (Asterias) que se encuentra casi siempre en la línea de la marea baja. Típicamente tienen cinco brazos que irradian desde un disco central que contiene los órganos corporales principales, y tienen la boca en la superficie ventral. Placas cretáceas de la piel forman la concha esquelética. Las patas tubulares con ventosas debajo de los brazos sirven para la locomoción y para atrapar presas.

ASTRO: cuerpo celeste de la Vía Láctea, de forma bien determinada, como las estrellas, los planetas, los satélites y los cometas.

ASTRONÁUTICA: ciencia que se ocupa de estudiar las técnicas de los viajes espaciales. Incluye desde el diseño de las naves hasta la preparación de la tripulación. Un precedente fueron los cohetes V-Z. La astronáutica proporcionará una gran ayuda a la humanidad si se aplica a fines pacíficos en el espacio.

ASTRONOMÍA: ciencia que estudia los cuerpos celestes, su composición química y física, sus movimientos, sus posiciones relativas y su desarrollo. La observación de los astros ha sido una constante desde los inicios de la humanidad, pero fueron los astrónomos griegos (Aristarco, Hiparco y Ptolomeo) los que sistematizaron y desarrollaron esta ciencia. Actualmente, los avances tecnológicos, en especial los viajes especiales y la sofisticación de los instrumentos de observación, han permitido verificar muchas hipótesis previas y han generado otras nuevas, en especial sobre el origen del Universo.

ATAVISMO: presencia, en algunos individuos aislados, de características que no aparecen en sus padres ni en los ascendientes de las generaciones inmediatas pero sí en los antepasados más remotos.

ATMÓSFERA: capa de gas que rodea a la Tierra. Se divide en varias capas concéntricas: la troposfera, que es la más baja, y se sitúa entre 8 y 18 km. En ella se producen la mayoría de los fenómenos atmosféricos; la estratosfera, hasta los 50 km de altitud, con temperatura templada; la mesosfera, entre 50 y 80 km, con temperaturas de hasta -75 °C; la termosfera, entre 80 y 500 km que llega a los 1.500 °C, y la exosfera, a partir de 500 km, con temperaturas variables, pero muy elevadas.

El oxígeno y el nitrógeno son los principales componentes de la atmósfera, y se encuentran hasta en la termosfera, aunque disminuyen con la altura. En zonas altas hallamos también vapor de agua, gas carbónico, hidrógeno, amoníaco y polvo que, asimismo, están presentes en escasa cantidad en las otras zonas.

ÁTOMO: es la partícula menor de un cuerpo que sigue conservando las propiedades esenciales de éste y que no se puede dividir por medios químicos.

Se compone de dos partes distintas: el núcleo, con carga positiva, y los electrones, de carga negativa, que giran alrededor de aquél. En el núcleo están los protones, positivos, y los neutrones, sin carga eléctrica o neutros. Ambas cargas opuestas mantienen el equilibrio atómico (el número de protones es igual al de electrones). La ruptura de este equilibrio es la base de la bomba atómica, ese arma tan terrible que puede producir tan devastadores efectos.

El primero en formular la teoría atómica fue el inglés John Dalton, en 1801, al señalar que cada elemento químico tendría un átomo propio y distinto de los demás elementos. Posteriormente, a principios del siglo XIX, el británico Ernest Rutherford confirmó tal teoría.

ATRACCIÓN: es la fuerza o impulso que acerca entre sí a dos elementos, dos individuos, un individuo y un elemento o factor, etc.

Existen fuerzas de atracción en Física, como la *fuerza gravitatoria y en* Electricidad, como la *fuerza electrostática.*

También existen procesos de atracción en la naturaleza, como los llamados *tropismos*. Por último, podemos mencionar otras expresiones biológicas, como la *atracción sexual.*

ATP (adenosintrifosfato, trifosfato de adenosina): portador universal de energía de las células vivas. La energía de la respiración o de la luz solar, en la fotosíntesis, es utilizada para formar el ATP a partir del ADP. Luego vuelve a convertirse en ADP en varias partes de la célula, usándose la energía liberada en reacciones celulares. El ATP es un nucleótido formado de adenina y ribosa con tres grupos de fosfato.

AUTOSOMAS: cromosomas somáticos pares que no desempeñan ningún papel en la determinación del sexo.

AVES: clase de animales vertebrados cuyas características más importantes son: cuerpo recubierto de plumas, miembros superiores transformados en alas, lo que generalmente les permite volar, y un pico como boca. Los miembros inferiores son dos patas, utilizadas para desplazarse, ya sea sobre tierra o en la superficie del agua. Tienen elevada temperatura interior (45 °C). Su columna vertebral termina en una pequeña cola. Poseen muy desarrollado el sentido de la vista y acostumbran a construir nidos para incubar y alimentar a sus crías.

Se alimenta de vegetales, insectos e incluso (como es el caso de las águilas y los halcones) de pequeños mamíferos y otras aves. Existen 8.600 especies, que habitan prácticamente en todas las zonas del planeta y algunas de ellas realizan masivas migraciones.

AXÓN (fibra nerviosa): parte de una neurona, que lleva impulsos desde el cuerpo de la célula hacia una sinapsis. Es una extensión del cuerpo celular y consiste en un eje cilíndrico (axoplasma) rodeado en la mayoría de los vertebrados por una vaina de mielina, por fuera de la cual hay una membrana delgada (neurilema). Los axones se enlazan entre sí.

AZÚCARES (monosacáridos): carbohidratos simples de sabor dulce. Los azúcares tienen moléculas constituidas por una cadena de átomos de carbono unidos a grupos -OH, o un grupo aldehídico, o un grupo cetónico. Puede existir en forma de cadena o de anillo formado por la reacción del grupo cetona o aldehído con un grupo OH.

Los monosacáridos son azúcares simples que no pueden ser hidrolizados a los azúcares con menor número de átomos de carbono. Dos o más monosacáridos pueden unirse para formar disacáridos, trisacáridos, etc.

Los monosacáridos también se clasifican de acuerdo con el número de átomos que poseen, por ejemplo: una pentosa contiene cinco átomos de carbono. Los monosacáridos con grupos aldehídos son aldosas; los que contienen grupos de quetona son cetosas.

AZUFRE: elemento esencial de los tejidos vivos que está contenido en los aminoácidos cistina, cisteína y metionina, y por lo tanto en casi todas las proteínas. Su símbolo químico es S.

BACILOS: se dice de las bacterias en forma de bastoncitos. Los bacilos pueden ser simples, en pares o en cadenas. Algunos tienen movilidad.

BACTERIA: organismo microscópico formado por una sola célula que se reproduce por división. Representa una de las fases más primitivas de organización entre los seres vivos. Habita en climas templados, pero es especialmente activa entre los 37 y los 40 °C. Algunas producen enfermedades infecciosas en el hombre; no así las saprófitas (habitan en el intestino del hombre como factor de descomposición de los alimentos).

BACTERICIDA: término utilizado para describir un compuesto de efecto letal sobre las bacterias. Un compuesto de este tipo actúa interfiriendo los procesos bioquímicos vitales o destruyendo la estructura molecular de las células.

BARÓMETRO: aparato para medir la presión atmosférica. El tipo más sencillo es el de mercurio. Consiste en un tubo de vidrio de 90 cm de longitud, cerrado por un extremo, que contiene mercurio puro. El tubo se invierte y se introduce en una cubeta llena de mercurio caliente. La columna de mercurio del interior del tubo descenderá hasta llegar a una altura de 760 mm, que es la presión normal.

BASE: sustancia que neutraliza los ácidos, de sabor a lejía, colorea de azul el papel de tornasol. Se combina con los ácidos para obtener una sal y entonces produce desprendimiento de agua y calor. Se denomina también hidróxido metálico. Son bases todas las sustancias en las que está presente lo que en química se llama radical OH (Oxígeno-Hidrógeno). Se utilizan entre otras industrias, en la fabricación de papel.

BASÓFILO: glóbulo blanco (leucocito) que contiene gránulos que se tiñen con colorantes básicos y tiene el núcleo lobulado. Los basófilos son el 0,5% de todos los leucocitos. Tienen movimiento ameboide y pueden ingerir bacterias.

BASTONCILLO: una de las dos clases de células sensibles de la retina del ojo de los vertebrados a la luz. Los bastoncillos intervienen en la visión cuando hay poca luz. Se encuentran principalmente en la periferia de la retina y están ausentes en la fóvea. Contienen un pigmento visual de color púrpura (rodopsina) que se blanquea con la luz.

BASURA: desechos que generalmente son de origen urbano y de tipo sólido.

BASURA NUCLEAR: complejo total de residuos radiactivos producidos por los reactores atómicos. Generalmente, son guardados en tambores o "containers" de concreto (impenetrables a la radiación) y enterrados en el subsuelo. Hacia 1983 los experimentos en aire fueron prohibidos, aunque existen denuncias de hechos ocurridos.

BAZO: órgano linfoide situado inmediatamente por debajo del estómago en los vertebrados. Produce linfocitos y destruye y almacena glóbulos rojos.

BÍCEPS: nombre que se da a dos músculos del cuerpo humano: uno localizado en la parte superior del brazo y el otro en la inferior de la pierna. El bíceps braquial constituye la zona muscular más voluminosa del brazo. En la parte inferior (codo) hay un grueso y duro tendón que se articula con el resto del brazo (antebrazo). El bíceps femoral o crural es el que da grosor a la pierna. Conecta con el muslo por un poderoso tendón. Este músculo finaliza por la parte inferior al encajarse con el peroné y puede decirse que facilita la flexión de la pierna.

BILIS: secreción del hígado que entra al duodeno por el conducto biliar. Es una mezcla de sales biliares, pigmentos biliares (bilirrubina y biliverdina), colesterol y huellas de otras sustancias. Las sales biliares ayudan a la digestión facilitando la emulsificación de las grasas; los pigmentos biliares son productos de desecho que no desempeñan ningún papel en la digestión.

BIOCENOSIS: se llama biocenosis o comunidad de vida al conjunto de seres vivos (animales y vegetales) que viven en un lugar común, formando parte de un ecosistema (por ejemplo las plantas y animales que viven en la laguna o en el bosque, etc.). El clima determina los diferentes ecosistemas de gran extensión que dan lugar a las grandes regiones geográficas (desierto, selva, pradera, etc.).

BIODEGRADABLE: sustancias susceptibles de descomposición por microorganismos, que las degradan químicamente y las reintegran a su ciclo natural. Los organoclorados, los metales pesados, las sales, los detergentes de cadenas ramificadas y ciertas estructuras plásticas no son biodegradables.

BIODIVERSIDAD: diversidad biológica de un área específica del ecosistema. Los ecólogos denominan diversidad biológica al número de especies y a la abundancia relativa de cada especie en la comunidad o ecosistema bajo estudio.

BIOGÉNESIS: teoría explicativa según la cual los organismos vivos se originan solamente a partir de otros organismos vivos y no de materia inanimada. Esta teoría explica satisfactoriamente la presencia de organismos existentes, pero no el origen de los primeros organismos.

BIOLOGÍA: ciencia de la vida que comprende dos disciplinas principales: la botánica y la zoología.

BIOINGENIERÍA: denominación genérica de la actividad científica destinada a conocer y modificar la estructura genética de los organismos vivos. En ella, se incluyen la creación de vegetales transgénicos (que introducen en una especie genes de otras especies); la clonación (reproducción asexual artificial de células, tejidos e individuos genéticamente idénticos) y, recientemente, la "lectura" del genoma humano (que ha permitido conocer el "mapa completo" del ADN humano).

La bioingeniería ha recibido fuertes críticas de sectores religiosos y también de organizaciones ecologistas, en especial por la creación de alimentos transgénicos, cuyas consecuencias últimas se desconocen.

BIOMA: región climática que contiene un tipo particular de comunidad ecológica. Los biomas pueden ser terrestres o acuáticos. Los biomas terrestres se identifican por los tipos de flora predominantes, mientras que los biomas acuáticos se determinan por criterios físicos como la distancia de la costa, la profundidad y la salinidad.

BIOMASA: masa total de organismos en un área determinada. Conjunto de la materia biológicamente renovable (madera, celulosa, lignina, almidón y quitina); por extensión, la energía que proviene de la fermentación o la combustión de la masa orgánica.

En la combustión se emplea leña y carbón. En la fermentación, un buen ejemplo son los biodigestivos del bagazo de la caña de azúcar, donde se produce un gas que se utiliza en la producción de energía eléctrica. El aprovechamiento de la biomasa puede dar lugar a la producción de nuevos materiales (compuestos que se combinan con los plásticos convencionales; materiales biodegradables a partir del almidón, etc.) o combustibles (briquetas, etanol, gas).

BIOQUÍMICA: el estudio de las reacciones químicas que ocurren en los organismos vivos.

BIOSFERA: zona del planeta habitada por los seres vivos. Está constituida por la capa más superficial de la corteza terrestre (litosfera), por los océanos (hidrosfera) y por las capas más bajas de la atmósfera. Es una de las nociones más antiguas de la ecología aunque se asienta

después de la publicación, en 1926, del texto "La Biosfera", del geólogo ruso Vernadsky.

BIÓTICO: del griego, bios: vida. Se llama así a todos los organismos vivientes.

BIOTOPO: es el conjunto de factores abióticos, es decir, de los elementos sin vida de un ecosistema.// Región donde viven usualmente ciertas especies vegetales o animales. Biocenosis más biotopo constituyen un ecosistema.

BOCA: cavidad u orificio situado en la parte inferior de la cara, que sirve para ingerir los alimentos. En ella se realizan las funciones de masticación y salivación para formar el bolo alimenticio, facilitando así la posterior actividad del estómago. La masticación la realizan los dientes mientras que la salivación corre a cargo de unas glándulas especiales. Gracias a esa acción conjunta, se facilita la digestión. En la boca se distinguen las siguientes partes: los labios, que son la parte externa; la bóveda y el velo del paladar; la lengua, las mejillas internas, las mandíbulas, que son su soporte, y los dientes. La parte anterior conecta con la faringe y la laringe a través de la garganta. En la boca reside la facultad de degustación (el sentido del gusto).

BOMBA ATÓMICA: arma explosiva que se basa en la expansión de energía producida por un proceso de ruptura del equilibrio de un átomo. Se fabrica con uranio y plutonio, cuyos átomos son desintegrados en una reacción que se llama en cadena. El resultado es la liberación de la gran cantidad de energía que almacenan tales átomos.

Las primeras pruebas con bombas atómicas comenzaron a realizarse en EE.UU. Hacia el final de la II Guerra Mundial, el presidente norteamericano, Harry Truman, ordenó el lanzamiento de dos bombas atómicas sobre las ciudades japonesas de Hiroshima y Nagasaki (6 y 9 de agosto de 1945) para adelantar el fin de la guerra. Aparte de los miles de muertos y heridos ocasionados por la explosión, los efectos de las radiaciones destruyeron la vida en aquellas ciudades durante largo tiempo.

BOMBA DE COBALTO: aparato utilizado en Medicina que consiste en provocar la emisión de unas radiaciones especiales de los átomos del cobalto para quemar tumores y tejidos orgánicos enfermos. Las primeras bombas fueron empleadas en EE.UU. a partir de 1952, y los modelos más perfeccionados se emplean, en la actualidad, para combatir los cánceres externos y, en combinación con la quimioterapia, los internos.

BOMBA HIDRÁULICA: máquina utilizada para elevar un fluido. Las hay aspirantes, que elevan un líquido desde un lugar inferior hasta el nivel en que se encuentra la bomba, e impelentes, que elevan el líquido hasta niveles muy altos, según sea necesario. Las primeras fueron utilizadas en Gran Bretaña en la segunda mitad del siglo XIX, después de que Watt inventara la máquina de vapor.

BOSQUE: extensión grande de terreno cubierta por árboles. Según la altitud y la climatología hay diversos tipos de bosques. El bosque ecuatorial es muy denso y se caracteriza por una gran variedad de especies vegetales, con árboles de más de 50 m de altura. La taiga es propia de inviernos largos: coníferas y abedules. En los bosques templados dominan los pinos, las encinas y las hayas.

BOTÁNICA: ciencia que estudia las plantas o vegetales. En la actualidad se la divide en varias ramas, pero la más importante es la Botánica general que incluye tres grandes especialidades: la Morfología, que estudia las formas, los tejidos y las células de los vegetales; la Fisiología, que se ocupa del funcionamiento y de las enfermedades, y la Embriología, que trata del crecimiento y la reproducción.

BRÁCTEA: hoja modificada que se desarrolla debajo de una flor o inflorescencia. Puede ser pálida o muy colorada, como la bráctea carmesí de la Poinsettia.

BRANQUIA: órgano de los peces que les sirve para su respiración. También se llama agalla. Las branquias de los peces se componen de múltiples filamentos colocados en dos grupos paralelos, como si fueran láminas, sobre cada arco branquial. En general, el agua que penetra por la boca, pasa a través de las branquias y el pez retiene el oxígeno que necesita. Los anfibios tienen unas branquias primitivas.

BRANQUIÓPODOS: clase más primitiva de los crustáceos. La mayoría de los branquiópodos viven en agua dulce (a excepción del langostino de mar) y tienen apéndices periféricos planos para filtrar los alimentos, para la locomoción y para la respiración. Es común la partenogénesis.

BRAQUIÓPODOS: pequeño filum del reino animal, que comprende a los invertebrados marinos (lingulados) que viven agarrados firmemente a los sustratos de aguas poco profundas. Superficialmente se parecen a los moluscos bivalvos, pero las valvas se localizan dorsal y ventralmente. El órgano de filtración de alimentos (lolóforo interno), compuesto de tentáculos ciliados, sobresale de la concha. La excreción se realiza por nefridios. Los sexos están separados y las larvas nadan libremente.

BRAZO: extremidad superior del cuerpo humano, comprendida entre el hombro y la mano. La parte inferior, que va del codo a la muñeca, se llama antebrazo. Su esqueleto se compone de los siguientes huesos, de arriba a abajo: húmero, radio y cúbito. El húmero se halla envuelto por la masa muscular del bíceps. La articulación del codo permite la flexión del brazo, facilitada por el líquido sinovial.

BRIÓFITOS: división de plantas sencillas y sobre todo terrestres que se encuentran comúnmente en todos los hábitats, y que comprenden los musgos y hepáticas. Presentan generación alternante generacional heteromórfica, siendo el gametofito la generación dominante. Cuando madura el gametofito, especialmente de los musgos, muestra diferenciación entre el tallo y hojas, pero carece de raíces y tejidos vasculares. El esporofito, completamente dependiente del gametofito, es solamente una cápsula de esporas nacida en el pecíolo.

BRONQUIO: cada uno de los conductos formados a partir de la tráquea y que se ramifica dentro de los pulmones. Al final de sus numerosas ramas se encuentran los alvéolos pulmonares, en los que se produce la captación de oxígeno, base de la respiración, que luego pasa a la sangre. Las enfermedades bronquiales se caracterizan por sensación de asfixia. Los agentes externos que los originan son: virus, bacterias, tabaco y polución.

BRONQUÍOLO: pequeño conducto de aire en los pulmones de los mamíferos. Un sistema ramificado de bronquíolos lleva el aire desde los bronquios a todas las regiones del pulmón.
Los bronquíolos más finos terminan en alvéolos. Las paredes están recubiertas de células que secretan mucosidades en las cuales quedan atrapadas bacterias y mugre, y de células con cilios que se mueven para transportar materias extrañas fuera de los pulmones.

BUCHE: parte del tubo digestivo de animales como la lombriz de tierra, insectos y pájaros, modificada para el almacenamiento y digestión parcial de los alimentos. La comida pasa del esófago al buche antes de llegar a la molleja. El buche de los pájaros es largo y de paredes delgadas, proyectándose desde la región ventral del esófago. En los pichones hembras la leche del buche se produce por glándulas para alimentar a los recién nacidos.

BULBO: órgano de las plantas de forma esferoidal, también llamado rizoma, situado en la parte inferior del tallo, casi siempre bajo tierra. Hace las funciones de almacén de reserva de los productos que la planta necesita para crecer y que utiliza en épocas de escasez. Los bulbos son típicos de las especies Liliifloras: lirios, heléboros, cebollas, ajos, puerros, azucenas, jacintos, tulipanes.

BULBO RAQUÍDEO: porción del encéfalo que se ocupa del funcionamiento de los órganos viscerales, como el estómago, los pulmones y el corazón.
Es continuación de la médula espinal, además de los haces de fibras nerviosas que pasan de la región cerebral superior de la médula espinal, contiene centros de materia gris que controlan el ritmo respiratorio, la circulación sanguínea y los movimientos reflejos de los músculos oculares, así como otras funciones involuntarias. Muchos de los pares craneanos salen de esta región.

BUTANO: hidrocarburo saturado gaseoso, presente en las emanaciones de los pozos de petróleo y como derivado de la producción de aceites lubricantes. Se emplea en la industria y como gas envasado para encendedores y otras aplicaciones.

CABEZA: ocupa la parte superior del cuerpo humano, separada del tronco por el cuello. En ella residen los órganos de los sentidos y las terminaciones nerviosas. Anatómicamente, se puede dividir la cabeza en dos partes: anterior y posterior. En la anterior o cara se encuentra la entrada de diversos aparatos: el respiratorio (nariz), digestivo (boca), auditivo (oreja), visual (ojos). La cara tiene la facultad de expresar los sentimientos incontrolados de las personas como son el dolor, la alegría, el enojo. La parte posterior está formada por huesos del cráneo, que contiene y protege el cerebro y que, generalmente, aparece recubierta por el cuero cabelludo, cuya función es protegerlo contra el frío. Su estructura es la misma en todos los animales mamíferos así como también lo es en muchas aves.

CACTO: nombre con que se conoce a las plantas de la familia Cactáceas. Forman un grupo muy extenso que incluye hasta 1.500 especies, con dimensiones que van desde los 10 cm hasta los gigantescos cactus del desierto de Arizona que tienen 10 m o más de altura. Son plantas de formas extremadamente raras, de color verde intenso, recubiertas de espinas, de crecimiento muy lento que resisten muy bien las altas temperaturas.

CADENA ALIMENTARIA: secuencia de organismos en que cada uno de ellos se alimenta del precedente y puede a su vez ser comido por el siguiente. En el comienzo de todas las cadenas están los vegetales fotosintéticos que inician la creación de materia viva a partir de la inerte; de allí que se los denomine productores. Los animales que se alimentan de éstos, fitófagos en general, se denominan consumidores primarios. Éstos a su vez sirven de alimento a los carnívoros o consumidores secundarios. En cada nivel trófico (alimentario) se pierde mucha energía.

CADUCIFOLIAS (plantas caducas): plantas que pierden todas las hojas en una determinada estación, por ejemplo, en la estación seca. Se trata de una adaptación que previene una pérdida excesiva de agua por transpiración cuando escasea el agua.

CALCIO: elemento esencial para el crecimiento de las plantas y animales. Está presente en las paredes celulares de las plantas como pectato y se encuentra en los huesos y en la dentadura de los animales.

CALENTAMIENTO GLOBAL: los gases producidos —por la actividad industrial y la quema de combustibles fósiles— para la obtención de energía (monóxido de carbono, dióxido de azufre, óxidos de nitrógeno, dióxido de carbono, CFCs, etc.), al acumularse en la atmósfera contribuyen a generar el fenómeno conocido como "calentamiento global" o "efecto invernadero", debido a que absorben la radiación que refleja la Tierra. Por este motivo, el clima del planeta podría modificarse sustancialmente en los próximos años. Si no se reducen drásticamente estas emisiones, la temperatura de la Tierra habrá aumentado, hacia el año 2100, en 50 °C —respecto de la era preindustrial— y los océanos habrán elevado su nivel en 6 cm. Las consecuencias serán graves: corrimiento de las zonas climáticas, muerte de bosques subtropicales y boreales, desertificaciones, degradación de la calidad del agua potable y dificultad en el suministro, así como el empeoramiento de la nutrición de gran parte de la población mundial por efecto de las sequías o inundaciones.

CÁLIZ: parte de la flor en forma de copa ancha, constituida por sépalos, casi siempre de color verde y que pueden estar soldados entre sí (cáliz gamosépalo), o ser libres (cáliz dialisépalo). El cáliz se llama acrescente cuando se desarrolla mucho (tomates), pero normalmente son persistentes y de dimensiones reducidas. Muchas veces se confunden con la corola debido a la sólida unión entre ésta y el cáliz.

CALOR: forma de energía provocada por el movimiento de las moléculas de un cuerpo. Cuanto mayor es la agitación, mayor es el grado de calor. Si se ponen dos cuerpos, uno frío y uno caliente en contacto se comprobará que, tras cierto tiempo, el más frío se ha calentado y el más caliente se ha enfriado, hasta alcanzar un equilibrio entre ellos. La temperatura de un cuerpo es la medición de calor que el mismo posee. Para su medición se emplean los termómetros. Se llama calor específico al calor necesario para calentar un cuerpo de temperatura a hasta que alcance la temperatura b. El tiempo que transcurre entre una y otra fase, depende de las propiedades del cuerpo. La unidad es la caloría, cantidad de calor requerida para aumentar en 1 °C. El calor específico del agua es 1 y se obtiene a los 15 °C.

CÁMARA FOTOGRÁFICA: aparato sensible a los rayos luminosos y capaz de retener la imagen de los cuerpos exteriores. Su fundamento es la llamada cámara negra u oscura, que consiste en una caja cerrada excepto por una ligera abertura en la que está colocada la lente, a través de la cual penetran rayos luminosos difundidos por objetos, cuya imagen se refleja sobre una película sensible a la luz del interior de la caja. Esa película se revela y la imagen puede reproducirse sobre papel. La primera cámara capaz de obtener una imagen óptica la inventó Nicephore Nieppe, en 1826. Éste, en colaboración con Louis Jacques Daguerre descubrieron en 1938, un método para obtener la imagen directa y poder reproducirla en una fotografía. Estos métodos fueron sucesivamente mejorados hasta alcanzar técnicamente la perfección con que hoy pueden reproducirse las imágenes.

CÁMBIUM: anillo de células que se dividen activamente, responsable del crecimiento lateral de las plantas. El cámbium principal se encuentra en el tallo y en la raíz, entre las células del floema y el xilema en las plantas leñosas dicotiledóneas.

CAMEFITOS: planta perenne cuyas yemas de crecimiento se sitúan cerca del suelo. Por lo general se trata de pequeños arbustos.

CANINOS: dientes de los mamíferos con una sola corona en punta, que aparecen a los dos lados de la mandíbula entre los incisivos y los premolares. Hay un canino en cada lado de cada mandíbula, o sea cuatro en total. Son típicamente cónicos y puntiagudos y en los animales carnívoros, como el perro, son largos como colmillos. Estos animales los utilizan para matar a su presa desgarrando y rompiendo la piel.

CAPA DE OZONO: cubierta situada entre los 15 y 50 kilómetros de altura desde la Tierra. Concentra alrededor del 90 % del ozono atmosférico y que protege al planeta de los efectos indeseables de una parte de la radiación ultravioleta proveniente del sol. Desempeña también un gran papel en el control climático, ya que, al absorber radiaciones ultravioletas del sol, actúa como regulador del calor.

CAPARAZÓN: en algunos artrópodos (crustáceos, arañas, cangrejos de las Molucas), capa protectora que cubre las superficies laterales y dorsal del cefalotórax.// En los reptiles del orden de los quelonios (tortugas, galápagos, etc.), parte dorsal encorvada de la concha, que consta de huesos cubiertos externamente por placas córneas (scuta).

CAPILAR: cada uno de los numerosos y diminutos vasos sanguíneos (5-20 mm de diámetro) que se ramifica de una arteriola para formar una red densa (cama capilar) entre los tejidos, y luego se une con una válvula. Tienen paredes delgadas de endotelio a través de las cuales el oxígeno, el dióxido de carbono, los iones inorgánicos, los alimentos disueltos, los productos de desecho, etc., se intercambian entre la sangre y los tejidos.

CAPÍTULO: inflorescencia típica de la familia de las compuestas, como por ejemplo las margaritas. Está formado por un gran número de flósculos sin pedúnculo insertados en el extremo plano y discoidal del pedúnculo, y está rodeado por un anillo de brácteas estériles, el involucro. Cada flósculo puede o no nacer en la axila de una bráctea del disco.

CÁPSULA DE BOWMAN: extremo final del tubo urinífero de los riñones de los vertebrados que rodea un hacecillo de capilares sanguíneos (glomérulos). La cápsula y el glomérulo forman en el cuerpo de Malpighi.

CAPULLO: cubierta protectora de huevos y larvas producido por muchos invertebrados, como las arañas y lombrices de tierra. La larva de muchos insectos teje un capullo en el cual se desarrolla la pupa.

CARBOHIDRATOS (hidratos de carbono): clase de compuestos que aparecen muy abundantemente en la naturaleza. Los carbohidratos se dividen en dos clases: monosacáridos (azúcares) y polisacáridos. En los carbohidratos se almacena energía y los elementos estructurales de los sistemas vivos.

CARBONO: sustancia química simple cuyo símbolo viene representado por la letra C. Se presenta en estado sólido y está muy difundido en la Naturaleza en forma libre o combinada. La acción eléctrica puede convertirlo en gas. El carbono es un metal poco activo que se combina con el hidrógeno para dar acetileno y gas metano; mezclado con los metales proporciona carburos, muy utilizados en la industria. Sus propiedades físicas están en función de la variedad de que se trate (diamante, grafito, etc.), pero, en cualquier caso, siempre se evapora a la temperatura de 3.500 °C. Es buen conductor del calor y la electricidad. Se emplea para fabricar pinturas, tintes, alquitrán, etc. Cuando se presenta en forma de carbono puro se denomina diamante. Tiene entonces una enorme dureza y adquiere el valor de piedra preciosa, siendo muy estimada en joyería.

CARDIAS: orificio entre el esófago y el estómago en los vertebrados. Funciona como esfínter pero no está adaptado anatómicamente.

CARIOTIPO: aspecto físico del complemento cromosómico de una especie. Una especie puede caracterizarse por su cariotipo, por cuanto el número, tamaño y forma de los cromosomas varían notablemente de una especie a otra pero permanecen constantes dentro de una misma especie.

CARNÍVORO: animal que se alimenta de otros animales, es decir que consume carne. Los carnívoros pueden ser consumidores de segundo orden (los que comen o se alimentan de animales herbívoros) y de tercer u otros órdenes superiores se alimentan de otros carnívoros.

CAROTENO: pigmento carotenoide como la licopenia y los carotenos a y b. Estos compuestos son importantes en el régimen alimenticio animal como precursores de la vitamina A.

CAROTINOIDES: grupo de pigmentos amarillos, naranjas y rojos que comprende los carotenos y xantófilas. Aparecen en todos los organismos fotosintéticos y funcionan principalmente como pigmentos accesorios en la fotosíntesis y en algunas estructuras animales, como las plumas. También se encuentran en algunas flores y frutos, como el tomate.

CARPELO: órgano de la reproducción femenino en las fanerógamas. Generalmente consta de un ovario que contiene uno o más óvulos, un pedúnculo, y una superficie receptiva terminal: el estigma.

CARPO: grupo de huesos carpianos que en el hombre forman la muñeca.

CARTÍLAGO: tejido esquelético, firme pero flexible, que constituye todo el esqueleto de los peces cartilaginosos (tiburones, etc.). En los vertebrados superiores, el esqueleto se forma primero como cartílago en el embrión y luego se convierte en hueso. En los adultos, el cartílago permanece en ciertos lugares, como en el extremo de la nariz, la hélix de la oreja, los discos invertebrales, sobre las extremidades de los huesos y en las articulaciones.

CATABIOSIS: también llamada relación de antagonismo, se manifiesta entre dos seres vivos, en la cual uno de ellos se perjudica. Son un ejemplo de catabiosis o antagonismo los parásitos que viven a expensas de otros organismos vegetales o animales. Por ejemplo, los piojos que atacan al hombre.

CATABOLISMO: reacciones metabólicas que intervienen en la desintegración de moléculas complejas para formar compuestos más simples. La función de las reacciones catabólicas es suministrar energía, la cual se utiliza para la síntesis de nuevas estructuras, para el trabajo (contracción muscular), para la transmisión de impulsos nerviosos, y para mantener la eficacia funcional.

CATALIZADOR: sustancia química cuya presencia acelera o retrasa una reacción, sin modificar la naturaleza de la misma. Normalmente son sustancias poco estables que resultan destruidas por el proceso químico. Hay dos clases de catalizadores: los orgánicos y los inorgánicos. Los catalizadores orgánicos necesitan unas condiciones especiales y, a determinadas temperaturas, dejan de ser activos. En cambio, los inorgánicos aumentan extraordinariamente su actividad con el incremento de calor (continúa).

CATALIZADOR: un tipo de catalizador muy importante son las enzimas; proteínas básicas para el buen funcionamiento de la fisiología humana, como la enzima férica (hierro), que está presente en todas las células. En la industria cervecera y del vino, las enzimas aceleran los procesos de fermentación por lo que se han convertido en un valioso auxiliar de la industria.

CATAVIENTO: llamado también veleta. Es un aparato utilizado para apreciar la dirección del viento y su intensidad. Su forma más primitiva es una banderita prendida de un palo colocado a cierta altura en los buques. En algunos edificios se instalan veletas: son piezas giratorias de metal ligero que se mueven en la dirección del viento. En las autopistas se colocan catavientos de capuchón, que tienen forma de embudo.

CAZA: actividad que consiste en capturar animales, vivos o muertos, para obtener alimento, con destino industrial o científico o meramente como deporte. Sin embargo, la caza constituyó durante milenios, junto con la recolección de frutos silvestres y la pesca, la principal fuente de alimento de la humanidad prehistórica. La caza de grandes fieras como deporte ya era practicada por los antiguos persas y asirios; a este tipo de caza se le llama mayor, pues la menor captura animales como el zorro, la liebre, la perdiz, etc. La caza furtiva (contra la ley) ha hecho desaparecer algunas especies.

CEFALOCORDADOS: subtipo marino de cordados, en los cuales se preservan en el adulto las características de la segmentación metamérica como el notocordio, el cordón nervioso dorsal y las ranuras de las branquias.

CEFALÓPODOS: clase de moluscos que contiene a las sepias, calamares y pulpos. Todos son marinos y tienen un anillo de tentáculos prensiles alrededor de la boca para capturar su alimento, un sistema nervioso bien desarrollado y ojos. Parte del pie se modifica como tubo chupador, por el cual pasa el agua forzada por contracción del manto muscular durante la natación.

CEFALOTÓRAX: en los crustáceos y arácnidos, la parte anterior del cuerpo formada por la fusión de la cabeza y el tórax. Está unido al abdomen y contiene el aparato bucal y los pies. En los arácnidos, se llama prosoma.

CELENTÉREOS: fílum de invertebrados acuáticos, particularmente marinos, y los animales multicelulares más primitivos (metazoos). Presentan simetría radial y son diploblásticos. La pared del cuerpo, que presenta dos capas separadas por una capa de gelatina (mesoglea), encierra la cavidad corporal (celenterón). La abertura de la boca está rodeada por un círculo de tentáculos que usan para capturar el alimento y como defensa, y pueden tener células punzantes (nidoblastos). Existen dos formas de pólipo sedentario (la hidra solitaria, las anémonas marinas y corales de colonia) y la medusa movible. Una o ambas formas aparecen en el ciclo vital.

CELENTERÓN: cavidad única del cuerpo de los celenterados. Tiene una abertura simple (la boca) mediante la cual se ingieren los alimentos y se excretan los desechos.

CELOMA: cavidad llena de fluido situada en el mesodermo de los animales superiores. Funciona como esqueleto hidrostático en algunas lombrices (lombriz de tierra) constituyendo una barrera contra la cual no actúan los músculos.

CÉLULA: las células son la unidad básica de la materia viva, y constituyen pequeñas cámaras en las que tienen lugar todos los procesos de la vida: alimentación, respiración, crecimiento, reproducción, etc. Ciertos organismos muy simples se componen de una sola célula (unicelulares). Éste es el caso de los protozoos, las bacterias y ciertas algas. Por el contrario, los organismos animales y vegetales contienen millones de células. La membrana, el núcleo y el citoplasma son las partes principales de la célula. El núcleo es el que ordena todo el funcionamiento y contiene un ácido (desoxirribonucleico), conocido con el nombre de ADN que es el portador de los rasgos genéticos (hereditarios) de cada individuo. La mayoría de las células sólo son visibles al microscopio; pero otras alcanzan dimensiones similares a las de un huevecillo. Las mayores células humanas son el óvulo femenino y las células cerebrales.

CÉLULA FOTOELÉCTRICA: aparato microelectrónico utilizado para obtener diversas formas de energía (preferentemente eléctrica) provocada por la intervención de radiaciones luminosas. Este dispositivo tiene numerosas aplicaciones: transistores, micromotores, alarmas, etc. Faraday aventuró, a principios del siglo XIX, algunas teorías sobre el mecanismo fotoeléctrico. Pero fueron Hertz y Hallawach quienes sentaron la base del esquema fotoeléctrico que, después de la II Guerra Mundial, se pudo materializar. El esquema es el siguiente: un haz luminoso impresiona un ánodo, el cual, al recibir la luz, libera su energía hacia un cátodo a través de un circuito. Un amperímetro anexo permite medir la intensidad de la corriente.

CÉNIT: punto en que la línea vertical, imaginaria y creada por un observador situado en cualquier punto de la superficie terrestre, divide la esfera celeste. También se la define como cualquier punto del cielo situado en línea vertical imaginaria con otro punto de aquella superficie. Es lo contrario de lo que se entiende por nadir. Tiene importancia en los cálculos de navegación, por cuanto se toma como punto de origen de los mismos.

CENTRÍFUGA: fuerza que tiende a alejar un cuerpo del eje de su dirección (si se mueve en línea recta), o bien de su centro de dirección (si se mueve de modo circular). Para conseguir ese efecto, la fuerza centrífuga ha de ser mayor que la fuerza propia que posee el cuerpo móvil en el momento de serle aplicada aquélla. Si la centrifugación va en aumento, se llama aceleración centrífuga, contraria de la fuerza llamada centrípeta. En las diferentes pruebas a las que se someten los astronautas ocupa un primer lugar la reacción del cuerpo a los efectos de estas fuerzas. En Química, se utilizan unos aparatos llamados centrifugadoras, que provocan una gran aceleración centrífuga a las sustancias en ellos depositadas, con el objetivo de separar sus componentes. También se emplea este sistema en trabajos de metalurgia.

CENTRÍOLO: organelo importante en la formación del huso durante la división nuclear. Cada célula contiene normalmente un par de centríolos que descansan con sus ejes perpendiculares entre sí. La mayoría de las células animales y algunas vegetales inferiores tienen centríolos, pero éstos no aparecen en las células vegetales superiores.

CENTRÍPETA: fuerza que tiende a mantener un cuerpo en su trayectoria móvil, tanto si su movimiento es rectilíneo, como si es circular. Es lo contrario de fuerza centrífuga. Si es aumentada con persistencia, se llama aceleración centrípeta, pero siempre debe mantener la dirección inicial del movimiento del cuerpo del que se trate. Su cálculo y aplicación tiene gran importancia en astronáutica.

CENTRO DE GRAVEDAD: concepto de la Física que define, en un cuerpo, el punto de concentración o convergencia de todas las fuerzas que operan sobre el mismo. Cuando un cuerpo sólido homogéneo tiene un centro geométrico que, a la vez, es simétrico o equidistante de todos los puntos de ese cuerpo, entonces el centro es también centro de gravedad. Las leyes de la gravedad fueron estudiadas por el físico Isaac Newton.

CENTRÓMERO: región del cromosoma que se adhiere al huso nuclear durante la mitosis y la meiosis. Después de la replicación cromosómica, las cromátidas resultantes siguen unidas al centrómero.

CENTRO NERVIOSO: racimo de células nerviosas que tienen una función común en el sistema nervioso. Los centros de la médula espinal se encargan de acciones reflejas relativamente simples, mientras que los del cerebro regulan funciones tales como la respiración, la sed, el hambre, etc.

CEREBELO: parte del encéfalo que consiste en un par de hemisferios grisáceos profundamente plegados. Se encuentra detrás del bulbo raquídeo y parcialmente escondido por los hemisferios cerebrales. Maneja la posición de las extremidades y la tensión de sus músculos, además de hacer los ajustes necesarios de los mensajes enviados a los músculos voluntarios por la corteza cerebral. Es importante en el equilibrio, la locomoción, etc.

CEREBRO: zona superior de la cabeza de los animales que es parte del encéfalo. Se acostumbra a dividir en tres partes: cerebro anterior, medio y posterior. La parte más externa se llama corteza y es de color gris, con numerosos surcos y pliegues. La central es de color claro y se llama sustancia blanca. Está regado por cuatro arterias por las que circula sangre muy oxigenada. En la corteza están las células nerviosas. El cerebro desempeña un papel primordial en el ser vivo ya que se relacionan profundamente con él el funcionamiento de la inteligencia, de la sensibilidad, de la movilidad, etc.
En resumen, el cerebro controla las funciones voluntarias, acusa las sensaciones externas y es sede de la memoria. Su desarrollo es rasgo esencial de los animales vertebrados, especialmente de los mamíferos. El más desarrollado es el del hombre y su peso oscila entre 1.000 y 1.100 g.

CESTODOS: clase de platelmintos endoparásitos, las tenias, que tienen un ciclo de vida complejo en el cual incluyen uno o más huéspedes intermedios. Por ejemplo, la tenia utiliza al marrano como huésped intermedio y al hombre como huésped final.

CETÁCEOS: orden que contiene a los únicos mamíferos marinos completos. En general, son de cuerpo alargado y voluminoso, con cabeza cónica y, a veces, enorme. Su piel es de escamas y tersa. Poseen pulmones. Incluye todas las variedades de ballenas y de delfines, así como orcas, marsopas, cachalotes, etc. Algunos de estos animales son los mayores mamíferos que existen. Se alimentan de peces y de plancton.

CIANOFITOS: división que comprende las algas procarióticas. Son plantas sencillas con poca diferenciación interna. Se parecen a las bacterias fotosintéticas: no poseen cloroplastos ni mitocondrias y se cree que los mecanismos fotosintéticos y respiratorios están localizados en el sistema interno de laminillas. El alimento se almacena como glucógeno y cianoficina. La reproducción es asexual. Los cianofitos tienen poco en común con otras algas, salvo los pigmentos fotosintéticos.

CHATEAR: neologismo proveniente del verbo inglés *"to chat"* (conversar). Describe la acción cuando dos o más usuarios "conversan" a través de equipos de computación conectados en red. La Internet ha generalizado esta práctica creando, incluso, sitios virtuales especiales para chatear.

CICLÓN: fenómeno atmosférico que se produce cuando una masa de aire acelera su movimiento de rotación en el sentido opuesto al de la Tierra, produciendo vientos muy fuertes, lluvias y un brusco descenso de la presión atmosférica. Especialmente violentos son los ciclones de las zonas tropicales, cuyos vientos alcanzan hasta 200 km/h. En Filipinas estos fenómenos atmosféricos reciben el nombre de tifones.

CIELO: este nombre, que se confunde con atmósfera, en el campo de la ciencia, es el espacio infinito en el que se mueven los cuerpos celestes. También se llama cielo a la masa azulada de aire que rodea la Tierra y que constituye la atmósfera. Los cielos se suelen representar en mapas astronómicos.

CIENCIA: conjunto de conocimientos acerca de determinados objetos y fenómenos con los que se puede experimentar. Toda ciencia se basa en un método que tiene las siguientes fases: observación, experimentación y formulación de la teoría. Es decir, cuando un fenómeno ha sido comprobado y experimentado, obteniéndose siempre los mismos resultados, entonces se establece una Ley que lo define. La primera gran división se establece entre Ciencias Naturales y Ciencias Sociales. Se considera a Tales de Mileto (600 a.C.), como el precursor de las Ciencias Naturales que tuvieron luego en Bacon, Galileo, Lavoisier, Faraday, Darwin y Einstein a sus hombres más representativos. La Física, la Química y la Biología son las tres grandes ramas de las Ciencias Naturales. Las Ciencias Sociales por su parte estudian la relación de los humanos entre sí.

CIGOTO: célula diploide que resulta de la fusión de dos gametos haploides. El cigoto generalmente se divide inmediatamente.

CILIO: apéndice en forma de látigo que tienen algunas células y que se mueve con rapidez originando la locomoción o movimiento del líquido alrededor de la célula. Los cilios se encuentran en el reino animal y en los anterozoides de algunas plantas. Estructuralmente son idénticos a los flagelos, pero más cortos y organizados en grupos.

CILIÓFOROS: la clase más organizada de los protozoos. Todos tienen cilios para la locomoción, una vacuola contráctil y boca. La mayoría tiene dos núcleos: el meganúcleo que controla el metabolismo normal de la célula, y el micronúcleo que controla la reproducción sexual (conjugación). También tiene lugar la fisión binaria. Entre ellos se destacan el Paramecium, la Vorticella, y el Stentor.

CINTURA ESCAPULAR: estructura esquelética ósea o cartilaginosa en la región anterior del cuerpo de los vertebrados, a la cual se unen las aletas o extremidades. Se desarrolla a partir de un par de placas cartilaginosas en el embrión. Estas placas se conservan en los peces cartilaginosos adultos (condrictios) como un aro de cartílago.

CINTURA PÉLVICA: estructura esquelética cartilaginosa u ósea, rígida, en la región posterior del cuerpo de los vertebrados, a la cual se unen las aletas o extremidades traseras. Esta cintura se desarrolla por osificación durante la etapa embrionaria en tres puntos que dan origen al pubis, el isquión y el ilión. La cintura pélvica en los peces está formada por varillas simples de cartílago o hueso.

CIRCULACIÓN DE LA SANGRE: movimiento de la sangre, dentro del sistema circulatorio de los animales, impulsado por la actividad del corazón. Su función consiste en transportar a todos los órganos del cuerpo la sustancia líquida sangre, con el fin de oxigenarlos, alimentarlos y para facilitar su funcionamiento y la reproducción de tejido.

La sangre que sale del corazón circula por la arteria aorta y, cuando ha cumplido su misión, regresa al mismo lugar a través de las venas, para volver a oxigenarse.

CIRCULATORIO, SISTEMA: serie continua de vasos o espacios que en casi todos los animales, transporta materiales alrededor del cuerpo. Su mayor desarrollo se encuentra en los mamíferos. El sistema circulatorio permite que todas las partes del cuerpo reciban un suministro constante de oxígeno, alimentos, etc., además de eliminar los productos de desecho con rapidez.

CITOCINESIS: división del citoplasma después de la división de los núcleos (mitosis o meiosis). En las células animales se produce una división por constricción del citoplasma entre las dos células hijas; en las células vegetales se produce la formación de una nueva pared celular.

CITOLOGÍA: el estudio de las células.

CITOPLASMA: contenido vivo de la célula, menos el núcleo y las vacuolas grandes donde se realiza una gran actividad metabólica. Se encuentra rodeado por la membrana plasmática y está constituido por una sustancia incolora (hialoplasma) en la cual se encuentran orgánulos y diversas inclusiones (por ejemplo, cristales y reservas alimenticias no solubles). El citoplasma contiene un 90% de agua. Es una verdadera solución de iones (por ejemplo, potasio, sodio y cloro) y de pequeñas moléculas (por ejemplo, azúcares, aminoácidos y ATP); y una solución coloidal de grandes moléculas (por ejemplo, proteínas, lípidos y ácidos nucleicos).

CITOSINA: Base nitrogenada que se encuentra en el ADN y el ARN. La citosina tiene estructura de anillo pirimidínico.

CLASE: agrupación de órdenes parecidos. Las clases pueden dividirse en subclases. Clases similares de plantas constituyen una división, mientras que clases similares de animales constituyen un filum.

CLAVÍCULA: uno de los dos huesos anteriores a cada lado de algunos vertebrados. En el hombre y muchos mamíferos, forman el lado ventral de la cintura escapular, extendiéndose desde el omóplato hasta el esternón y sirviendo de soporte para los hombros.

CLIMA: conjunto de fenómenos meteorológicos que por su duración o repetición caracterizan el medio ambiente de una región. El clima está determinado por los siguientes factores: temperatura, pluviosidad y régimen de vientos, y se dividen en cálidos (tropicales y ecuatoriales), templados y fríos. El clima determina el tipo de vegetación y la fauna de una zona geográfica a la vez que condiciona el sistema de vida que va a llevar el ser humano al adaptarse al medio. Los climas fríos son aquellos con temperaturas medias inferiores a 10 °C y se caracterizan por inviernos largos y veranos cortos. Los climas cálidos se sitúan por encima de los 20 °C, y tienen una estación seca y otra de lluvias intensas. Los climas templados tienen cuatro estaciones climáticas. Los climas polar y ecuatorial son muy fríos y muy calurosos respectivamente.

CLÍMAX: es el desarrollo evolutivo de un ecosistema. Se entiende por clímax al estado final del mismo (o de la comunidad), en el que el ecosistema o comunidad se perpetúa a sí mismo y está en equilibrio con el ambiente físico (factores abióticos).

CLÍTORIS: pequeño órgano eréctil de las hembras mamíferas, situado por delante de la vagina y la uretra. Es homólogo con el pene del macho.

CLOACA: en la mayoría de los vertebrados, cámara única en donde depositan su contenido el tubo digestivo, las vías urinarias y el aparato genital. En los mamíferos placentarios hay dos aberturas separadas (o tres en las hembras) para los excrementos, la orina y los gametos.

CLON: grupo de organismos o células, derivados de un organismo o célula, único por reproducción asexual o partenogénesis y, por consiguiente, genéticamente idénticos.

CLORÉNQUIMA: forma de parénquima en la cual las células contienen muchos cloroplastos, como en la capa de parénquima clorofílico en empalizada de la hoja.

CLORO: elemento que se encuentra en cantidades mínimas en las plantas, pero esencial en la dieta animal. La sal de cocina, elemento importante en la dieta, está constituida por sales de cloruro de sodio.

CLOROFILA: sustancia elaborada por las plantas a través del proceso de fotosíntesis. Se trata de una pigmentación de color verde. Actúa de catalizador en la transformación de energía luminosa en energía química. Está presente en todas las plantas de color verde, desde las diminutas algas llamadas clorofíceas, hasta los gigantescos baobabs. Como se desprende de lo dicho, la clorofila desempeña un importante papel.

CLOROFITOS: división que comprende principalmente las algas de agua dulce junto con algunas formas marinas y terrestres. Contienen los pigmentos clorofila a y b, junto con carotenos y xantofilas. Los clorofitos almacenan alimentos en forma de almidón y grasas, y tienen paredes celulares que contienen celulosa y hemicelulosa. Son de mucho interés porque sus pigmentos, metabolismo y ultraestructura, se parecen a los de briófitos y traqueofitos más que a cualquier otro tipo de algas. Se distinguen los siguientes órdenes: volvocales; clorococales; ulotricales; odogoniales y conyugadas.

CLOROFLUOROCARBONOS (CFCs): ciertos gases sumamente estables usados como propelentes en los aerosoles, en equipos refrigeradores, en la preparación de solventes industriales, en la fabricación de plásticos y resinas, en extinguidores de fuego, etc. Se ha comprobado que contribuyen a la destrucción de la capa de ozono. En una reacción en cadena cada molécula de CFC es capaz de destruir decenas de miles de moléculas de ozono.

CLOROPLASTO: plastidio fotosintético que contiene clorofila y otros pigmentos fotosintéticos. Se encuentra en todas las células vegetales fotosintéticas pero no en las procariotas fotosintéticas. Tiene un sistema de membranas que contienen los pigmentos y en donde ocurren las reacciones lumínicas de la fotosíntesis. Las reacciones oscuras se producen en el estroma, sustancia tipo gel que rodea al cloroplasto. El cloroplasto típico presenta forma de lente y su tamaño es de unos 5 mm. En las algas, en cambio las formas son variadas: en espiral, radiado y en forma de copa. El número de cloroplastos por célula varía.

COAGULACIÓN SANGUÍNEA: conversión de la sangre de estado líquido a estado sólido. Esto se produce cuando una lesión en los vasos sanguíneos expone la sangre al aire. El coágulo tapa la herida e impide la pérdida de sangre.

COANOCITO: célula con un flagelo rodeado en su base por un collar, propia de las esponjas. Los coanocitos revisten las cámaras de las esponjas y los flagelos en movimiento hacen circular el agua por las cámaras y canales.

COCO: bacteria de forma esférica. Los cocos se encuentran solos, en pares (diplococos), en cadenas (estreptococos), o en racimos regulares e irregulares. Especies diferentes son características de conformaciones especiales.

COFIA: estructura cónica que se forma por actividad del meristema en la punta de la raíz y que forma una capa protectora alrededor del ápice. Constantemente renueva sus células a medida que el tejido viejo se desprende con el crecimiento de la raíz por entre la tierra.

COHESIÓN: fuerza de atracción recíproca entre las moléculas de un cuerpo. El aumento de temperatura debilita la cohesión en tanto que, el enfriamiento, la refuerza. Los gases son sustancias con moléculas poco cohesionadas; por el contrario, los cuerpos sólidos están dotados de fuerte cohesión. Las moléculas de agua, y de los líquidos en general, ofrecen una cohesión de carácter intermedio.

COHETE: nombre que se da a una gran variedad de aparatos con capacidad de propulsión para elevarse y circular por el espacio: vehículos, proyectiles, etc. Los cohetes propiamente dichos se emplean en astronáutica para colocar en el espacio naves, cápsulas, satélites o estaciones. Su combustible puede ser sólido o líquido. Los cohetes astronáuticos se componen de varios cuerpos que, en el curso de su trayecto, son abandonados en el espacio.

COLÁGENO: proteína de los tejidos conjuntivos fibrosos, presente en los huesos, la piel y los cartílagos. Es la proteína más abundante en los vertebrados superiores. El colágeno contiene aproximadamente un 35 % de glicina, 11 % de alanina, 12 % de prolina y pequeños porcentajes de otros aminoácidos.

COLÉNQUIMA: tipo de parénquima especializado localizado por debajo de la epidermis y que funciona como tejido de sostén. Las paredes celulares están reforzadas irregularmente con celulosa y pectina, lo cual da a las células aspecto característico en un corte transversal. El colénquima es la primera estructura de refuerzo que se forma en las plantas jóvenes y que es capaz de expandirse a medida que los tejidos nuevos se desarrollan.

COLEÓPTEROS: el orden más grande de insectos y tal vez del reino animal. Contiene los escarabajos y gorgojos. Las alas delanteras se modifican para formar élitros que protegen las alas posteriores membranosas y el abdomen durante el reposo. La cabeza, que se proyecta en hocico en los gorgojos, tiene aparato bucal para picar. Los escarabajos aparecen universalmente en gran variedad de ambientes terrestres y de agua dulce. Las larvas pueden ser gusanos sin patas, orugas y depredadoras. Presentan metamorfosis completa. Muchas larvas y adultos son plagas peligrosas, como la larva del Anobium (comején) y la del Elater (ciempiés). Otros son benéficos como la Coccinella que se come a los áfidos.

COLESTEROL: esterol (derivado de la grasa) que se encuentra en las células animales, principalmente en la bilis, en los corpúsculos de la sangre, en las membranas celulares, en el plasma sanguíneo y en la yema del huevo. Se acumula en la vesícula biliar como cálculos biliares y parece que contribuye a la trombosis coronaria ya que puede depositarse en las paredes de ciertas arterias haciéndolas estrechar.

COLON: primera parte del intestino grueso, entre el íleon y el recto. Sus paredes son delgadas y tienen diámetro amplio. En el hombre tiene porciones ascendentes, transversas y descendentes. El revestimiento carece de microvellosidades y secreta únicamente mucosa. Contiene los residuos no digeribles de alimento, principalmente celulosa, junto con los jugos digestivos y millones de bacterias que, por lo general, son inofensivas y frecuentemente benéficas. En el colon, la mayoría del agua ingerida con el alimento vuelve a ser absorbida por la sangre junto con las vitaminas fabricadas por las bacterias. El contenido se convierte en masas sólidas o excrementos que se vuelven hacia el recto.

COLONIA: grupo de organismos de la misma especie, unidos y por lo general dependientes unos de otros. La organización en colonias se observa en algunos hidrozoos, antozoos y briozoos.

COLOR: impresión que producen en el ojo los rayos luminosos reflejados por un cuerpo. No puede hablarse de color de un objeto sino de la forma como éste refleja la luz y como la recibe el ojo humano.

COLUMNA VERTEBRAL: conjunto de huesos formado por las vértebras cervicales, dorsales, lumbares, sacras y coccígeas. Constituye una cadena ósea articulada y en forma de S con las curvas poco pronunciadas. Sostiene el tronco del cuerpo humano y le permite al hombre realizar una locomoción erecta que lo distingue del resto de los seres vivos.

La columna vertebral tiene una longitud de 73-75 cm y su anchura es de 10-12 cm en la base o hueso sacro, y de 5-6 cm en la punta superior (atlas). En su interior se alojan los nervios y la médula espinal. La columna vertebral del resto de los animales ofrece características propias.

COMBINACIÓN: es un proceso químico mediante el cual se obtiene un cuerpo o una sustancia nueva cuyas propiedades son diferentes a las de aquellas que han entrado a formar parte en la combinación. Se diferencia de la mezcla en que en ésta los elementos pueden separarse con mucha facilidad por medios físicos, mientras que en la combinación se necesitan reacciones químicas para separar los componentes. Estas reacciones químicas requieren unas condiciones especiales de temperatura y los elementos combinados deben serlo en proporciones o volúmenes adecuados.

COMBUSTIÓN: reacción química entre dos cuerpos que se llaman combustible y comburente y que, al producirse, generan un gran desprendimiento de calor así como también una notable luminosidad.

En Química la combustión se identifica con la oxidación: acción del oxígeno sobre cuerpos diversos para obtener óxidos, sometiéndolos a ciertas temperaturas.

COMENSALISMO: es la relación entre dos seres vivos, en la cual uno se beneficia y el otro no se beneficia, ni se perjudica. Es un ejemplo de comensalismo la rémora que se adhiere con su ventosa al tiburón, sin sustraerle nada; lo que hace es trasladarse con mayor facilidad y ahorrar energía.

COMISURA: cordón de fibras nerviosas que conecta partes simétricas del sistema nervioso central. Generalmente es transversa, como el cuerpo calloso, que une los dos lados del cerebro de los vertebrados, y las comisuras cortas que unen los ganglios segmentados en los artrópodos y anélidos.

COMPETENCIA: es la relación entre dos seres vivos, animales o vegetales, en la que ambos se disputan una misma cosa. Son un ejemplo de competencia los animales predadores: compiten por una misma presa.

COMPUTADORA: máquina capacitada para aceptar información y almacenarla. Con una técnica apropiada, puede suministrar información en la forma que desea el programador. La información, constituida por los datos iniciales y el programa, es introducida en la computadora en forma de tarjetas perforadas, y con la ayuda de una memoria grabada en cintas magnéticas. Consultada la máquina, proporciona las respuestas numéricamente, en forma de textos impresos e, incluso, esquemáticamente.

En las más modernas se distinguen cuatro partes: mecanismos de entrada-salida de la información; unidad de almacenaje o memoria, unidad aritmética, y por último, unidad de control.

COMUNIDAD: también llamada biocenosis. Es el conjunto de seres vivos (animales y vegetales) que conviven en un lugar, interrelacionándose. En una laguna, por ejemplo, la comunidad de vida o biocenosis está formada por plantas acuáticas, peces, caracoles, algas, etc.

CÓNCAVA: lente que, respecto al observador, presenta en el centro una depresión curvada. Al incidir en ella un haz de rayos luminosos, los desvía dispersándolos. Todo lo contrario sucede con la lente convexa, que concentra los rayos. Una lente con las dos caras cóncavas se llama bicóncava. Las lentes convexas y cóncavas combinadas son la base de numerosos instrumentos ópticos.

CONDENSACIÓN: proceso físico por medio del cual se consigue transformar el vapor de agua al estado gaseoso. En la Naturaleza la condensación se produce cuando el agua, en estado de vapor, se precipita y se transforma en agua líquida (lluvia). Si la cantidad de vapor de agua existente en la atmósfera es tal que la humedad es igual o inferior al 19%, el vapor se condensará a medida que la temperatura descienda hasta 0 °C.

CONDRICTIOS: clase de vertebrados que contiene a los peces cartilaginosos: tiburones, rayas, mantas. Son depredadores marinos, caracterizados por un esqueleto cartilaginoso, piel recubierta de escamas placoides que en la boca están modificadas como hileras de dientes, aletas pectorales y pélvicas y cola heterocerca. No tienen pulmones ni vejiga natatoria y por eso se hunden cuando dejan de nadar. La mayoría tienen aberturas branquiales separadas, no cubiertas por un opérculo, y un pequeño espiráculo. Las aletas pélvicas del macho tienen unos muelles mediante los cuales depositan el semen en la fecundación interna.

CONDUCTIBILIDAD: propiedad natural que tienen los cuerpos en transmitir el calor (conductibilidad calorífica) o bien la electricidad (conductibilidad eléctrica) a través de los mismos. La calorífica varía; así hay ciertos sólidos que permiten el paso del calor con mayor celeridad que otros. Los líquidos son, en general, malos conductores, mientras que en los gases es muy pequeña. Los circuitos eléctricos son mejores conductores cuando menor es su resistencia.

CONDUCTO BILIAR: conducto que en los vertebrados transporta bilis desde el hígado hasta el duodeno.

CONDUCTO DEFERENTE: conducto par de los animales que lleva los espermatozoides desde los testículos hasta el exterior. En los mamíferos, va desde el epidídimo y se abre en la uretra inmediatamente después de salir ésta de la vejiga.

CONDUCTO EFERENTE: pequeño conducto que en los reptiles, aves y mamíferos lleva los espermatozoides desde los túbulos seminíferos del testículo hasta el epidídimo. Estos conductos son numerosos y se derivan de los túbulos mesonéfricos del embrión. En los mamíferos, llevan los espermatozoides directamente desde el testículos hasta el conducto deferente.

CONDUCTOS SEMICIRCULARES MEMBRANOSOS: conductos semicirculares que forman parte del laberinto del oído interno de los vertebrados y que perciben los cambios de movimiento de la cabeza. Están en el utrículo y forman ángulos rectos entre sí; presentan en un extremo de cada conducto una dilatación (ampolla) que contiene células sensoriales. El movimiento en un plano hace mover la endolinfa en el canal del mismo plano, lo cual estimula a las células.

CONECTIVO: tejido que contiene el cordón vascular y que une los dos lóbulos de la antera.

CONGÉNITO: presente al nacer. El término describe todas las deformidades y otras condiciones presentes al nacer, bien sean heredadas u originadas por factores ambientales. Algunas deformaciones congénitas, como la fisura palatina y el labio leporino, vienen por familia pero su ocurrencia está determinada por factores ambientales tanto como hereditarios.

CONÍFERA: nombre por el que se conoce a un grupo de plantas de las que se calcula existen 600 especies. En general, son árboles de dimensiones medias y grandes, con la copa en forma de pirámide o cono. Sus frutos son piñas y su madera es muy apreciada. Son propias de media y alta montaña y de climas fríos. Entre las coníferas más notables deben citarse los pinos, los abetos, los alerces, los cedros, etc.

CONJUNTIVA: capa transparente y delgada de epidermis y tejido conjuntivo que cubre la córnea del ojo y el párpado interno de los vertebrados. Se mantiene húmeda por la secreción de las glándulas lacrimales.

CONSERVACIÓN AMBIENTAL: manejo de los recursos ambientales, aire, agua, suelo, minerales y especies vivientes, que busca elevar la calidad de vida humana (ej. con la disminución del impacto ambiental). En este contexto, el manejo de recursos incluye control, investigación, legislación, administración, preservación, utilización, educación y entrenamiento.

CONSERVACIONISMO: conjunto de ideas y actitudes surgidas en los Estados Unidos al final del siglo XIX que persigue la preservación de la biodiversidad, los ecosistemas y los recursos naturales. La primera reserva natural se creó en Francia —los bosques de Fontaine-bleu— a partir de 1853, por iniciativa de un grupo de pintores. En 1864, el Congreso de los Estados Unidos cedió al Estado de California el Valle de Yosemite y el Mariposa Grove para proteger las grandes secuoias.
La idea del Parque Nacional surge en 1870, en el espíritu de un grupo de personas que habían estado explorando la región de Yellowstone, en las Montañas Rocosas. Una ley del 1º de marzo de 1872, establecía el primer Parque Nacional del mundo.

CONTAMINACIÓN: también llamada polución. Es la modificación de las condiciones naturales del medio ambiente con consecuencias perjudiciales para los seres vivos. Es provocada por sustancias químicas o radiactivas. El desarrollo industrial trajo grandes beneficios para la humanidad, pero también graves perjuicios; por ejemplo, los desechos industriales arrojados a los ríos, el uso de ciertos herbicidas, el humo que se desprende de las chimeneas de las fábricas, son todos factores que ponen en peligro el equilibrio de la naturaleza.

CONTAMINACIÓN DEL AGUA: las sustancias oleosas derivadas de la industria que son arrojadas a las aguas de los ríos, así como también las algas y las bacterias, constituyen un peligroso factor de contaminación de las aguas.

CONTAMINACIÓN DEL AIRE: entre los factores más importantes de la contaminación del aire podemos citar: los gases que desprenden los vehículos, el humo que despiden las chimeneas de las fábricas, los desechos de combustión de los motores de los aviones, el uso abusivo de aerosoles y de combustibles fósiles (como el carbón, el petróleo y el gas natural).

CONTAMINACIÓN DEL SUELO: el uso de abonos e insecticidas puede perjudicar al suelo: tarde o temprano van a parar a las aguas de superficie (como las de riego) o a las subterráneas (como la de los pozos). En muchos insecticidas intervienen sustancias tóxicas de efecto nocivo prolongado para el suelo, por ejemplo, el D.D.T.

CONTROL BIOLÓGICO: utilización de enemigos naturales para reducir la población de organismos considerados dañinos para la agricultura.

CONVEXO: lente que respecto al observador presenta en su centro un abultamiento curvado. Al incidir en ella un haz de rayos luminosos, los reagrupa y concentra, al contrario que la lente cóncava, que los dispersa. Una lente con las dos caras convexas se llama biconvexa. Lentes convexas y cóncavas acopladas adecuadamente son el fundamento de numerosos instrumentos ópticos que tan buenos servicios prestan a la investigación.

COPÉPODOS: subclase grande de crustáceos diminutos cuyos miembros carecen de caparazón y ojos compuestos, y tienen los primeros apéndices torácicos modificados para la alimentación. Los apéndices torácicos sobrantes sirven para nadar. Muchos son miembros importantes del plancton.

COPRÓFAGOS: organismos que se alimentan de excrementos. Numerosos tipos de escarabajos poseen este tipo de alimentación.

CORAZÓN: músculo que constituye el órgano central del sistema circulatorio, y cuya función es impulsar la sangre (circulación) hacia todo el cuerpo. El corazón humano está situado en el sector medio izquierdo del tórax, en posición algo inclinada y encajado entre el diafragma, la columna vertebral, el esternón y los dos pulmones. Tiene un movimiento de contracción (sístole) y otro de relajación (diástole).
El corazón se divide en dos mitades: por la parte derecha circula la sangre venosa (pobre en oxígeno); por el corazón izquierdo, la sangre arterial (oxigenada). En la parte superior está la cavidad aurícula y, en la inferior, la ventrícula, separadas ambas por las válvulas tricúspide y mitral.

CORDADOS: filum de animales celomados con simetría bilateral y segmentación metamérica. Se caracterizan por poseer o haber poseído un eje de soporte dorsal, el notocordio. El corazón nervioso tubular dorsal se encuentra inmediatamente encima del notocordio, así como un número de hendiduras viscerales (hendiduras branquiales) en la faringe. La cola flexible postanal es el primer órgano de propulsión de los cordados acuáticos. El filum incluye el subfilum de los craniotas (vertebrados) en el cual el notocordio es reemplazado por la columna vertebral. Existen dos subfilum más: los urocordados y los cefalocordados (conocidos como acranios y protocordados). Estos cordados invertebrados son marinos.

CORDÓN NERVIOSO: fascículo cilíndrico de fibras nerviosas que constituye la vía central para la conducción de impulsos nerviosos en el organismo. Los vertebrados y otros cordados tienen un solo cordón nervioso hueco (la médula espinal) situado en el dorso. Los invertebrados suelen tener dos o más cordones nerviosos sin cavidad central y con ganglios situados a intervalos en toda su longitud.

CORDÓN UMBILICAL: cordón de tejido que conecta el abdomen del embrión a la placenta en los mamíferos vivíparos. Contiene dos arterias (arterias umbilicales) y una vena (vena umbilical) por las cuales se transporta la sangre que contiene sustancias útiles y de desecho hacia y desde el embrión. El cordón umbilical se corta después del nacimiento y se atrofia dejando una cicatriz (el ombligo).

CÓRNEA: parte delantera firme y transparente de la capa externa del ojo de los vertebrados que cubre el iris y la pupila. Tiene una pequeña protuberancia (con un radio menor que la totalidad del ojo) y su superficie curva dobla los rayos de luz que pasan por ella. Está compuesta por tejido conjuntivo fibroso blanco cubierto por un epitelio estratificado (conjuntiva) con terminaciones nerviosas libres, las cuales producen gran dolor al lesionarse. Está revestida por una membrana elástica y una capa endotélica interna. El endotelio regula la hidratación de la córnea lo cual la mantiene transparente.

COROIDES: capa intermedia del ojo de los vertebrados entre la esclerótida y la retina. Es rica en vasos sanguíneos y contiene pigmento que absorbe la luz y evita que siga directamente por la retina. Por delante se proyecta dentro del cuerpo ciliar y el iris.

COROLA: término colectivo para los pétalos de las flores. En la fórmula floral se indica con el símbolo C.

CORONA: en las fanerógamas, cualquier tipo de crecimiento desde los pétalos o sépalos, tal como la trompeta de la flor del narciso.// Grupo de células en la punta del oogonio en las algas de la especie Chara.// Parte del diente por fuera de la encía cubierta por esmalte.

CORPÚSCULO DE MALPIGHI: parte de la unidad excretora (nefrona) dentro de la corteza del riñón en los vertebrados. Comprende un nudo de capilares sanguíneos (glomérulo) rodeado por una cápsula de Bowman que tiene forma de taza. La alta presión generada dentro del glomérulo ocasiona la filtración de agua, sales, desperdicios nitrogenados, etc., a través de las paredes capilares de la cápsula y de allí al túbulo urinífero para su reabsorción o eliminación.

CORRIENTE: flujo de energía entre dos polos de signo opuesto. El flujo de electrones es el fundamento de la electricidad. Ésta se mide en amperios. Se manifiesta su existencia a través del calentamiento del conductor. Para producirla se utilizan alternadores y dínamos, y puede reconvertirse en otras formas de energía: luminosa (lámparas), calorífica (calefactores de resistencia), de tracción (motores), etc.
Cabe distinguir dos grandes tipos de corriente

eléctrica. En primer lugar la corriente alterna, cuya intensidad varía de modo regular con el tiempo, y que se emplea en instalaciones industriales. En segundo lugar, la corriente continua, con intensidad constante y que se emplea en usos domésticos. Precisamente la gran cantidad de utensilios eléctricos que se emplean en las tareas del hogar puede dar una idea de la importancia que desempeña la corriente eléctrica en la vida moderna.

CORTEZA: tejido primario de raíces y tallos de las plantas vasculares, derivado del cuerpo meristemático y que se extiende hacia adentro desde la epidermis hasta el floema. Generalmente consta de células parenquimatosas pero también hay otros tejidos presentes (colénquima). Algunas algas, hongos, musgos y líquenes tienen una región bien definida llamada corteza, aun cuando su origen y composición es diferente de la de las plantas vasculares.// Capa más externa de un órgano. Por ejemplo, la región externa de un riñón se llama corteza renal.// Tejido de la capa externa del tallo y las raíces en las plantas leñosas.

CORTEZA CEREBRAL: capa externa del cerebro. Contiene millones de células nerviosas que colectivamente se denominan materia gris, y es responsable de los sentidos de la vista, el oído, el olfato y el tacto, de estimular la contracción de los músculos voluntarios y de actividades cerebrales avanzadas, tales como la memoria y el lenguaje. Muchas de estas actividades ocurren en regiones específicas de la corteza.

CORTEZA TERRESTRE: la capa más exterior de la Tierra. Tiene un espesor de aproximadamente 35 km. Su capa inferior, de naturaleza basáltica, se llama sima (está formada por los fondos oceánicos); la capa intermedia, de granito, es el sial. La corteza terrestre está formada por materiales sedimentarios o detritos, y su superficie ha sido escenario de diferentes formas de relieve (montañas, mesetas, ríos, deltas, desiertos, etc.).

CORTISONA: hormona esteroide producida por la corteza suprarrenal que está básicamente inactiva hasta la producción de hidrocortisona.

COSTILLAS: huesos pares curvos y delgados en la región corporal anterior de la mayoría de los vertebrados, y que están unidos a la columna vertebral. En el hombre hay 12 pares; se articulan por detrás con las vértebras torácicas y se extienden por delante alrededor del tórax, cerrándose con el esternón para formar una caja que protege el corazón y los pulmones. Únicamente los primeros siete pares están unidos directamente con el esternón (costillas verdaderas). Las costillas 8, 9 y 10 están unidas por delante a la costilla de arriba (costillas falsas). Las costillas intervienen en los movimientos respiratorios. En los peces existen dos clases de costillas: las dorsales, dispuestas en bloques musculares (miotomas) y costillas ventrales, no conectadas con las vértebras, que sostienen las vísceras.

COTILEDÓN: primera hoja del embrión de las cotiledóneas, generalmente más sencilla en su estructura que las hojas formadas después. Los cotiledones desempeñan importante función en las primeras etapas del desarrollo de la plántula. Por ejemplo, actúan como órganos de almacenamiento en semillas sin endosperma, como las arvejas y frijoles, y forman el primer órgano fotosintético de semillas de germinación epigea, como el girasol. Las monocotiledóneas y dicotiledóneas se llaman así porque contienen uno o dos cotiledones respectivamente. Las gimnospermas pueden contener dos cotiledones o diversas cantidades. Las dos primeras hojas del embrión de la Selaginella también se denominan cotiledones.

COXIS: hueso triangular pequeño al final de la columna vertebral en el hombre y otros primates. Está formado por la fusión de tres o cinco vértebras caudales.

CRÁNEO: parte ósea de la cabeza que, a modo de caja, aloja la masa cerebral para protegerla. Está constituido por cuatro huesos pares (dos parietales y dos temporales) y por cuatro huesos impares (frontal, etmoides, esfenoides y occipital). A la parte superior se le llama bóveda, y a la inferior base. El cráneo humano ha aumentado de tamaño con el paso del tiempo si se lo compara con los hallados de los tiempos prehistóricos.

CRANIOTOS: el subfilum más importante de los cordados. Comprende los peces, anfibios, reptiles, aves y mamíferos. Los craniotos tienen un esqueleto interno de cartílago o hueso y el notocordio es reemplazado por la columna vertebral dorsal que protege al cordón nervioso tubular (médula espinal). El sistema nervioso es muy complejo y el cerebro está alojado en el cráneo. Los sistemas circulatorio y digestivo están localizados por delante de la columna vertebral. Todos los vertebrados, a excepción de los más primitivos, tienen mandíbulas formadas por el par anterior de los arcos viscerales. Existen siete clases vivientes.

CRINOIDEOS: clase más primitiva de equinodermos y los únicos con boca en la parte superior del cuerpo. La boca está rodeada por brazos que tienen patas tubulares y ranuras ciliadas que sirven para la alimentación. Las larvas siempre son sésiles y se aferran al substrato por un pie.

CRIPTOFITOS: plantas en las cuales las yemas están debajo de la superficie de la tierra.

CRIPTÓGAMA: en clasificaciones antiguas, cualquier planta que se reproduce por esporas o gametos en lugar de semillas. Las criptógamas se llamaban así porque los botánicos creían que su forma de reproducción era críptica. Incluye las algas, los hongos, briofitas y pteridofitas, estas últimas denominándose comúnmente criptógamas vasculares.

CRISTALINO: disco transparente biconvexo del ojo de los vertebrados. Está constituido por una sustancia gelatinosa compuesta por capas concéntricas de tejido fibroso y envuelta en una cápsula. Está adherido al cuerpo ciliar por los ligamentos suspensorios. Los músculos circulares del cuerpo ciliar ajustan la curvatura del cristalino y varían la capacidad para enfocar (acomodación). El cristalino, junto con la córnea, forman la imagen en la retina. En los vertebrados acuáticos el cristalino tiene forma fija y solamente refracta la luz. Crece durante la vida empleando glucosa del humor acuoso para su metabolismo.

CRISTALOGRAFÍA: ciencia que estudia la estructura y las propiedades físicas y químicas de la materia cristalina. Los cristales son formas que adoptan los minerales sólidos cuyos átomos o moléculas se hallan distribuidos de manera regular, a veces formando figuras simétricas, que nos cautivan por su gran belleza, tanto por su forma como por sus nítidos colores, en contraposición de lo que ocurre con los minerales amorfos. Las causas de la formación de los cristales son de naturaleza química y térmica.

CROMÁTIDAS: uno de los dos cromosomas replicados que se encuentran durante la profase y metafase de la mitosis y la meiosis. Durante la mitosis, las cromátidas hermanas permanecen unidas por el centrómero hasta la anafase. En la meiosis, el centrómero se divide durante la anafase II y las cromátidas se denominan cromosomas hijos después de la separación.

CROMATINA: red de fibras sueltas que se ve en el núcleo no dividido y que representa el material cromosómico.

CROMÓMERO: zonas pequeñas y de diferentes tamaños de material denso, dispuestas a intervalos irregulares a lo largo de los cromosomas. Se observan durante la profase a lo largo de los cromosomas extendidos. El patrón de estas zonas densamente enrolladas varía entre los individuos de una población y se cree que refleja diferenciaciones a lo largo de los cromosomas.

CROMOPLASTO: plastidio coloreado, es decir, que contiene pigmento. Incluyen dos cloroplastos que contienen el pigmento verde clorofila y por consiguiente son fotosintéticos, y los cloroplastos no fotosintéticos. El término se aplica generalmente a estos últimos, que son más conocidos en los pétalos de las flores, los frutos (tomate) y raíces de zanahoria. Son amarillos, anaranjados o rojos, de acuerdo con la presencia de pigmentos carotenoides.

CROMOSOMA: estructura filamentosa de diferentes tamaños y formas que se encuentra en los núcleos de las células eucariotas. Durante la división nuclear se encuentran firmemente enroscados y son fácilmente visibles con el microscopio óptico. Después de la división se desenrollan y son difíciles de ver. Controlan la actividad celular porque llevan los genes. Están constituidos por ADN, ARN y proteínas. El número de cromosomas por núcleo es la característica de la especie. Normalmente hay un juego (haploide) o dos juegos (diploides) de cromosomas en el núcleo. En la primera profase de la mitosis y en la última profase de la meiosis, los cromosomas se dividen a lo largo en dos cromátidas idénticas unidas por el centrómero. En las células diploides hay un par de cromosomas sexuales. Los otros se llaman autosomas. Se cree que cada cromosoma contiene una molécula de ADN doblada y enrollada.

CRUSTÁCEO: animal de una clase del mismo nombre que incluye cerca de 30.000 especies. Por su enorme abundancia, se ha dicho que el crustáceo es el "insecto de mar". Su cuerpo está formado por dos segmentos: la cabeza y el tronco. Respira a través de branquias, pero, algunas especies, tienen respiración cutánea. El colorido de estos animales es muy variado: rojo, amarillo, negro, etc.

CUELLO: parte del cuerpo que une el tronco o tórax con la cabeza. Según los animales ofrece formas distintas. El cuello humano alberga la faringe, la laringe y el principio de la tráquea. Por él pasa la vital vena yugular, que recoge la sangre proveniente del cerebro. Su movimiento lo facilita una masa muscular (milohioideo y estilhioido). La parte posterior conecta con la columna vertebral a través de las cervicales.

CUERDAS VOCALES: dos pliegues membranosos que se forman en las paredes laterales de la laringe. Las inserciones musculares hacen variar la longitud y tensión de las cuerdas, lo que produce diferentes tonos en los sonidos emitidos.

CUERPO: en el hombre y los animales, el conjunto de materia orgánica que constituye sus diversas partes. El cuerpo humano se divide en tres grandes partes: cabeza, tronco o tórax y extremidades. La misma estructura que presenta el ser humano ofrecen los animales, si bien en algunos pueden aparecer variaciones debidas a la adaptación del animal al medio ambiente (peces, aves).

CUERPO CALLOSO: banda gruesa de fibras nerviosas que conecta los dos hemisferios del cerebro de los mamíferos placentarios. Permite coordinar las funciones de los hemisferios.

CUERPO CELULAR: parte de las células nerviosas (neuronas) donde se encuentra el núcleo. Contiene gránulos de Nissl. El cuerpo celular es un centro de síntesis que suministra materiales al resto de la neurona.

CUERPO CILIAR: anillo de tejido muscular en la unión de la coroides con el iris en el ojo de los vertebrados. Rodea el cristalino al cual está unido por el ligamento suspensorio. Altera la curvatura del lente, acomodándolo para visión de cerca o de lejos. Contiene las glándulas ciliares que secretan el humor acuoso.

CUERPO ESTRIADO: masa compleja de sustancia gris (cuerpos celulares nerviosos y fibras) situada en lo profundo de cada hemisferio cerebral. Está altamente desarrollado en los pájaros, en donde ocupa el lugar funcional más importante del cerebro, pero es menos importante en el cerebro de los mamíferos.

CUERPO LÚTEO: glándula endocrina que se forma temporalmente en el folículo de Graaf después de la ovulación.

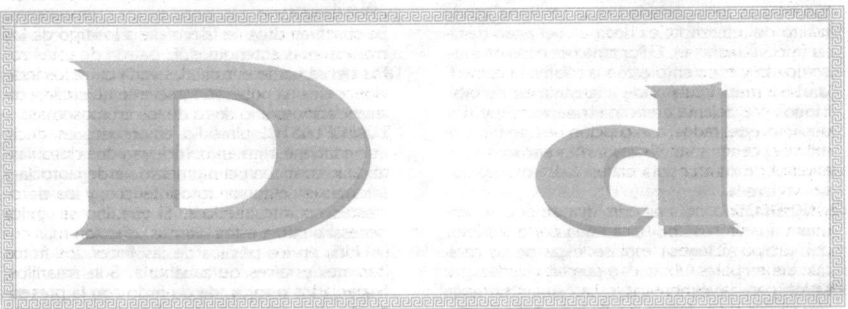

DECÁPODOS: orden al cual pertenecen los crustáceos más especializados. Los camarones (Palaemon y Crangon), langostas (Homarus) y langostinos (Astacus) tienen todos un abdomen largo que termina en una cola para nadar en reverso.
Los cangrejos (Cáncer) tienen un abdomen más reducido. La cabeza y el tórax están característicamente unidos y cubiertos por un caparazón. Tienen cinco pares de patas, y el primero y segundo pares suelen tener tenazas o pinzas para alimentarse y defenderse.

DEDO: cada uno de los cinco miembros móviles en que terminan la mano y el pie del hombre. Los de la mano se denominan correlativamente: pulgar, índice, medio o corazón, anular y meñique. Presentan tres falanges articuladas, excepto el pulgar. Realizan una función prensil y son de fácil movilidad. Los de los pies son muy cortos y con escasa movilidad debido al cambio de función en el ser humano a lo largo de los tiempos.

DEFORESTACIÓN: corte, desmalezamiento o quemado. Práctica (por fuego o productos químicos) que comienza con la limpieza de la cobertura vegetal de cierta área, para la cría de ganado, agricultura o finalidades de expansión urbana.

DEGLUCIÓN: acción de pasar la comida desde la boca y la faringe hacia el esófago. Se inicia voluntariamente con los movimientos de la lengua que empujan la comida hacia la faringe. Esto dispara un reflejo complejo en el cual se inhibe la respiración al elevarse el velo palatino hacia los orificios nasales internos y al descender la epiglotis sobre el orificio de la tráquea. Finalmente, los músculos de la faringe se contraen para que la comida vaya al esófago, donde comienza el peristaltismo.

DEHISCENCIA: apertura del tegumento del fruto en la maduración para liberar la semilla. Con frecuencia es violenta para permitir la dispersión de las semillas.

DENDRITA: una de las ramificaciones de la célula nerviosa (neurona) que salen del cuerpo de ésta para hacer contacto con otras. Todo el conjunto de las dendritas de una neurona se conoce como árbol dendrítico.

DENSIDAD: masa de un cuerpo por unidad de volumen del mismo. En realidad, la densidad depende del grado de cohesión de las moléculas que componen un cuerpo. Así son más densos aquellos cuerpos que se presentan en forma más compacta: por ejemplo, el plomo es más denso que el hierro y éste más que el agua, y ésta, a su vez, más que los gases. De dos cuerpos con igual volumen, es más denso aquel cuerpo que tiene mayor peso. En Física, la densidad se divide en absoluta y relativa. La absoluta se mide en kg/m3 (o en proporciones menores equivalentes); la relativa se obtiene dividiendo la densidad absoluta de un cuerpo cualquiera por una densidad que se toma como punto de referencia, es decir, la del agua destilada, cuyo índice es 1. Por tanto, la densidad absoluta coincide siempre con la relativa.// **Densidad de población:** alude a la cantidad de individuos sobre una determinada superficie y/o al aspecto que de ella se percibe, en general se calcula por número de habitantes por km².

DENTINA: sustancia dura parecida al hueso y que constituye la mayor parte del diente. Tiene mayor contenido mineral que el hueso y se encuentra perforada por cinco canales que albergan prolongaciones citoplasmáticas de las células que recubren la cavidad pulpar.

DERMIS: en la piel humana, la capa intermedia situada entre la más externa o superficial (epidermis) y la más interna o profunda (hipodermis). Se trata de un tejido que se divide en varias zonas: la más superficial es la llamada papilar, formada por unos cuerpecitos alargados (papilas); la más profunda, llamada corión, está formada por células redondeadas. La dermis, en su conjunto, está constituida por tejido conjuntivo, de características flexibles, con haces de fibras alargadas, elásticas, que forman como una red, en la que penetran las terminales sanguíneas (vasos) y nerviosas, que proporcionan a la dermis alimento y sensibilidad respectivamente. Asimismo, es en la dermis donde están situadas las glándulas sebáceas y sudoríparas, y también la base capilar (folículos pilosos). En ciertas zonas del cuerpo la piel ha sabido adaptarse a las circunstancias climatológicas con el fin de no sufrir lesiones.

DESCOMPONEDORES: son los hongos y bacterias que se encuentran en el terreno. Se alimentan de animales y vegetales muertos a los que transforman en sales minerales que vuelven al suelo y sirven de alimento a los vegetales.

DESERTIFICACIÓN: transformación de territorios fértiles en desiertos. Los procesos pueden ser naturales o climáticos y artificiales (por la acción del hombre para la agricultura, minería y silvicultura). La tercera parte de las tierras que componen el planeta se hallan ocupadas por desiertos.

En cada segundo que pasa desaparecen 1.000 toneladas de suelo fértil en la Tierra. De acuerdo con los estudios de la ONU, en el año 2.000, un tercio de las tierras cultivables se habrán transformado en desiertos. En Latinoamérica, los desiertos abarcan alrededor del 20% de la superficie.

DESTILACIÓN: proceso físico mediante el cual se separan los diversos componentes de una mezcla, sirviéndose de las distintas temperaturas de ebullición que posee cada uno de ellos. Los vapores desprendidos durante la operación, es decir, durante la evaporación, son luego recuperados a través de un proceso en el que interviene la condensación. El proceso de destilación es empleado en la industria (bebidas alcohólicas, perfumería, petroquímica, etc.) y para destilar el aire líquido.

DETRITÓFAGO: organismos que se alimentan a partir de detritos, es decir de materia orgánica muerta en descomposición.

DIAFRAGMA: esta palabra significa separación que, por lo general, es móvil e intercepta la comunicación entre dos partes de un aparato o bien de una máquina. Así en el cuerpo humano es un tabique musculoso que separa el tórax del abdomen. En las plantas establece separaciones internas en algunos frutos. En fotografía es un disco con un agujero central que controla la luz necesaria para impresionar la película.

DIÁLISIS: sirve para purificar disoluciones líquidas y extraerles unas partículas nocivas llamadas coloides. Para llevar a cabo la diálisis se filtra la solución a través de una membrana, para retener los coloides.

En la Química moderna, aplicada a la industria, tiene gran interés la velocidad de diálisis porque de ella dependen los rendimientos económicos en esos tipos de industria. En Medicina se utiliza la diálisis peritoneal, con el objeto de extraer la orina a los enfermos que padecen de insuficiencia renal.

DIAMANTE: la forma más pura en que se encuentra el carbono cristalizado. Suele ser incoloro pero, en ocasiones, aparece en tonos rosados, rojos, verdes o azules. Es el material más duro que se conoce y se utiliza en joyería. Cuando se lo talla con tal fin recibe el nombre de brillante y su peso se valora en quilates. Por su dureza corta el vidrio y se le emplea para perforar rocas y desgastar aceros muy resistentes.

DIÁSTOLE: fase del ciclo cardíaco en que se relaja el músculo y las cámaras se llenan de sangre.

DICOTILEDÓNEAS: subclase de las angiospermas caracterizada por tener dos cotiledones en la semilla. Comprende hierbas, arbustos y árboles. El crecimiento secundario es normal. El botón de oro y el roble pertenecen a esta subclase. Las flores son pentámeras, tetrámeras o múltiplos de estos números, y las venas de las hojas son ramificadas.

DIENTE: cada uno de los órganos duros y lisos que tienen el hombre y muchos animales en la boca, encajados en las encías. Su función es esencialmente masticadora.

En el diente se diferencian tres partes: la raíz, encajada en la encía y por cuyo interior circula un nervio y los vasos sanguíneos; el cuello, que es la pulpa, y la corona que es de marfil, recubierta de esmalte.

La dentadura humana posee 32 dientes (16 superiores y 16 inferiores), que se subdividen en: 12 molares, de superficie aplanada; 8 premolares; 4 caninos, y 8 incisivos. Molares y premolares sirven para masticar, y el resto para desgarrar.

En los animales tienen los dientes otras funciones además de la masticación. En los felinos sirven para desgarrar la carne de sus víctimas. En las serpientes su función es la de retener las presas que engullen, o para inyectar el veneno con que se defienden.

DIFRACCIÓN: fenómeno óptico que se produce cuando la luz pasa a través un cuerpo que interfiere su trayectoria y provoca una dispersión de la misma. A través de la difracción se ha llegado a la conclusión de que los haces luminosos son, en realidad, una emisión de corpúsculos materiales infinitamente pequeños.

DIGESTIÓN: acto propio de los seres vivos mediante el cual los alimentos son preparados o simplificados, convirtiéndose en sustancias apropiadas para ser asimiladas por el organismo que las utiliza para su conservación y reproducción. En el hombre, la digestión la realizan numerosos órganos. Así el alimento, ingerido por la boca, es sometido a masticación por los dientes, hasta que, mezclado con la saliva, se forma el bolo alimenticio que, a través de la tráquea, llega al estómago, mediante la acción de deglución. Los ácidos o jugos gástricos del estómago seleccionan las proteínas. Luego, el alimento es sometido a nuevas selecciones (el hígado absorbe los aminoácidos), y finalmente en el intestino son absorbidas las proteínas, las grasas y los hidratos de carbono. Los residuos (heces) son expulsados al exterior por el recto. Esas acciones tienen lugar en el aparato digestivo.

DILATACIÓN: fenómeno físico que consiste en el aumento del volumen de un cuerpo a causa del incremento de la temperatura. Es una ley de la Física el que, todos los cuerpos, sea cual sea su naturaleza, aumentan sus dimensiones si se les aplica calor, pues sus moléculas tienden a separarse y perder cohesión. La dilatación se denomina lineal si solamente incide en la longitud de un sólido, y cúbica si afecta a sus tres dimensiones. Los líquidos y gases sólo tienen dilatación cúbica pues carecen de forma definida.

La dilatación es un fenómeno muy importante en la industria metalúrgica y también debe ser tenido en cuenta cuando se construyen aviones, buques y ferrocarriles. Los metales empleados en todos estos casos son de poca dilatación pues los ajustes de las piezas, al dilatarse, corren el peligro de romperse.

DINÁMICA: parte de la Mecánica que estudia las fuerzas en su relación con los efectos que producen en los cuerpos. Se basa en los tres principios de Newton: el de inercia, el de proporcionalidad entre fuerza y aceleración y el de acción y reacción. Actualmente, la dinámica se formula a través de teoremas de conservación.// **dinámica de poblaciones:** rama de la ecología que estudia los mecanismos que regulan la población de una determinada especie.

DÍNAMO: aparato que se utiliza para transformar la energía mecánica en energía eléctrica. También se le llama generador de corriente continua. Tiene dos partes fundamentales: una fija llamada estator y otra móvil, que es el rotor. Entre ambas se deja un espacio de aire llamado entrehierro. El estator, a su vez, está formado por un inductor, que es el que crea un campo magnético, y el rotor presenta una pieza llamada inducido. Ambos inductor e inducido, están conectados por un devanado (alambre). Y entre ellos circula una corriente que es aprovechada.

Hay dínamos en todas las industrias y en las centrales eléctricas, empleadas para crear corriente con diversas finalidades. En los automóviles el dínamo está conectada a la batería por medio de un interruptor (disyuntor). Al eliminar ese obstáculo, la dínamo proporciona la energía necesaria para hacer mover el vehículo.

DINAMÓMETRO: aparato utilizado para medir las fuerzas. En su forma más sencilla consta de un muelle espiral aplicado a una escala y provisto de un gancho sobre el que se ejerce la fuerza que la escala expresa en dinas.

Modernamente se da este nombre a cualquier aparato con capacidad para medir potencias, caloríficas o eléctricas y que, normalmente, va acoplado a máquinas que realizan un trabajo.

DIODO: ingenio electrónico compuesto de dos elementos conectados por un circuito. Uno es el ánodo, polo con carga eléctrica positiva, y el otro el cátodo, con carga negativa. Enfrentados, la diferencia de potencial entre ambos crea una corriente de electrones en busca del equilibrio. Esta corriente es utilizada como energía. Los diodos son componentes de todos los aparatos electrónicos.

DIOICO: dícese de las especies vegetales que tienen los órganos reproductores masculino y femenino en diferentes individuos.

DIPLOIDE: célula u organismo que contiene el doble del número haploide de cromosomas (2n). En los animales, casi todas las células son diploides a excepción de las reproductivas, y los cromosomas se encuentran en pares homólogos que se separan durante la meiosis, yendo uno de cada par a cada gameto. En los vegetales que presentan alternación de generaciones, el esporofito es diploide. Por eso, los vegetales superiores son normalmente diploides.

DIPLONTE: ciclos de los seres que pasan toda su vida en estado diploide.

DIPLÓPODOS: clase de artrópodos antenados, cuyo cuerpo consta de numerosos segmentos, provistos de patas. Comúnmente, se los llama *milpies*.

DÍPTEROS: orden de insectos al cual pertenecen las moscas. Se caracterizan por poseer un solo par de alas (los balancines reemplazan el par posterior). Los adultos poseen piezas bucales para chupar o picar y se alimentan del néctar de las flores, materia orgánica en descomposición y sangre. Las larvas no tienen patas, se alimentan de las plantas, materia orgánica en descomposición o son carnívoras.

La metamorfosis es completa y la pupa suele estar protegida por el puparium, envoltura en forma de barril. Muchos mosquitos tienen importancia en medicina como transmisores de diversas enfermedades; por ejemplo el mosquito Anopheles que transmite el paludismo.

DISCO: denominación genérica de distintos elementos para el almacenamiento de datos en Informática.// **disco blando** (o disquete): también llamado *floppy*, está fabricado con película magnetizable y es móvil.// **disco óptico:** fabricado con acrílicos especiales, funciona según principios ópticos y no magnéticos.// **disco rígido:** consiste en una o varias láminas de forma circular, recubiertas de una capa de óxido metálico magnetizable. Es el principal soporte de almacenamiento de las computadoras.

DISOCIACIÓN: descomposición química limitada por la tendencia a combinarse de los cuerpos separados.

DISOLUCIÓN: mezcla de dos o más sustancias formadas por la dispersión de una en la otra. La que se dispersa se llama soluto y la dispersante o receptora se denomina disolvente. La capacidad de las diversas sustancias para formar una disolución depende del grado de cohesión de sus moléculas: cuanto más fuerte sea la cohesión, más difícil es la disolución. Por eso los líquidos son más fáciles de disolverse que los sólidos. En las disoluciones se deben tener en cuenta los puntos de congelación y ebullición de los materiales, así como la capacidad de los disolventes: agua, alcohol, éter y benceno. La capacidad de disolución que tiene un gas en un líquido depende también de un factor muy importante: el calor.

DIVERSIDAD BIOLÓGICA: son los términos con que se designa a la gama o variedad de seres vivos, según su tamaño, forma, estructura, comportamiento y ambientes en los que habitan (ver también **biodiversidad**).

DIVISIÓN CELULAR: proceso mediante el cual una célula se divide en varias células hijas. En los organismos unicelulares, este es el modo de reproducción. Los organismos multicelulares crecen por división y expansión celular, y la división puede ser muy rápida en los tejidos nuevos. Los tejidos maduros también se dividen con rapidez cuando es necesario el remplazo continuo de células, como en la capa epitelial del intestino. En las plantas ciertos reguladores del crecimiento (citoquininas) estimulan nuevas divisiones celulares.

DUCTILIDAD: capacidad de un cuerpo para deformarse por causa de una presión (estirado) y permanecer así hasta que otra fuerza modifica su estado. El alargamiento de alambres e hilos de metal se basa en la capacidad dúctil de los mismos.

Las sustancias que carecen de esa propiedad, cuando se las intenta estirar, se rompen. Algunos metales, para ser estirados, sin que exista peligro de rotura al hacerlo, exigen elevadas temperaturas.

Fuera de los metales, el caucho es un material sumamente dúctil, así como todos los plásticos y las resinas en general.

DUODENO: primera parte del intestino delgado y donde llega la comida cuando sale del estómago. Forma un asa (de 30 cm de longitud en el hombre) en la cual desembocan el conducto pancreático y el colédoco que proviene del hígado y lleva la bilis. La capa de revestimiento está cubierta por microvellosidades, entre las cuales se encuentran las glándulas que secretan los jugos intestinales que contienen las enzimas.

DURAMADRE: membrana resistente que envuelve y protege el cerebro y la médula espinal en los vertebrados.

DURAMEN: región central del tronco de un árbol constituida por vasos del xilema que ya no intervienen en el transporte de agua. Tales vasos suelen estar obstruidos por sustancias (por ejemplo, resinas y taninos) que dan a la madera un color más oscuro.

DUREZA: cualidad de los cuerpos basada en su resistencia a sufrir alteraciones físicas (rayado, doblado, plegado, ondulado, etc.). Es una característica propia de los cuerpos sólidos, cuya dureza es el resultado de la mayor cohesión de las moléculas que los componen. No puede hablarse de dureza acerca de los líquidos y los gases, pues sus moléculas carecen de aquella cohesión necesaria para que sus cuerpos tengan consistencia.

Para determinar la dureza de un mineral se emplea la escala de Mohs, que se fundamenta en la posibilidad de rayado. Si dos minerales se rayan entre sí, tienen igual dureza. El talco, el yeso y la calcita son los minerales con menor dureza. El diamante, el corindón y el topacio son los más duros.

EBULLICIÓN: es un medio con el que se consigue que un cuerpo cambie de estado. Nos permite la rápida transformación de un líquido en vapor mediante el calor. Se llama punto de ebullición a la temperatura en que se inicia la evaporación. El agua hierve a 100 °C. Cuando la presión atmosférica disminuye, la temperatura disminuye, y viceversa.

ECOLOGÍA: término que proviene del griego "oikos" que significa "hogar". De este modo, sería "el estudio del hogar de la raza humana". Esta disciplina científica fue así bautizada por el zoólogo alemán Ernest Haenckel en su trabajo "Morfología General del Organismo" (1866), que contribuyó al estudio de la conexión de las especies con su ambiente orgánico e inorgánico.

Los orígenes de esta disciplina pueden remontarse a las menciones de Aristóteles en su "Historia Animal" (tomos VIII y IX) pero, cobran trascendencia con Charles Darwin ("El origen de las especies"; de 1859); con el naturalista Alexander von Humboldt; el botánico Eugenius Warming (considerado el primer ecologista); las contribuciones de Ramón Margalef y las teorías de la población de Malthus. En tiempos modernos —desde los años '30— la Ecología ha estado recibiendo contribuciones de científicos de diferentes áreas. Hoy es una rama de la ciencia que busca comprender las leyes que gobiernan la interacción entre los organismos vivientes y el medio ambiente.

En poco más de un siglo, el término "ecología" amplió sus aplicaciones científicas y generó otras como la Ecología Social (que incorpora elementos sociales en la educación ecológica); el Conservacionismo (una postura social sobre el agotamiento de los recursos naturales); y el Ecologismo (proyecto político y social de transformación basado en principios ecológicos y en el ideal de una sociedad no opresiva y comunitaria).

ECOSISTEMA: es el conjunto formado por la biocenosis y los factores abióticos que actúan sobre ella. Son ejemplos de ecosistemas un bosque, un lago, etc.

Los organismos encuentran en el ecosistema —del que forman parte— todos los elementos necesarios para cumplir su ciclo biológico (nacimiento, desarrollo, reproducción y muerte).

Los ecosistemas pueden tener distintos tamaños, desde un humilde charco hasta un bioma.

ECTODERMO: hoja germinal de los metazoos (incluidos los vertebrados) que permanece en el exterior del embrión y da origen a la epidermis y a sus derivados (plumas, pelo, diversas glándulas, esmalte) y a la membrana de la boca y cloaca.

EFECTO INVERNADERO: ver calentamiento global.

EFECTOR: órgano o célula que responde adecuadamente a un impulso nervioso. Entre los efectores se encuentran los músculos, las glándulas y los cilios.

EFERENTE: que lleva o conduce desde el centro hacia la periferia.

ELASTICIDAD: es esta una propiedad que presentan ciertos cuerpos que tienen la facultad de deformarse obligados por una fuerza externa, pero de recuperar su primitiva forma una vez que la mencionada fuerza deja de ejercer su acción sobre dicho cuerpo. El muelle es el ejemplo más típico para ilustrar la idea de elasticidad. Materiales elásticos son el acero, las gomas, etc. Los gases son las sustancias más elásticas conocidas.

ELECTRICIDAD: parte de la Física que estudia los fenómenos producidos por la circulación de una corriente de electrones entre dos polos con carga opuesta. La base de la electricidad es la existencia de un ánodo (positivo) y un cátodo (negativo), lo que provoca un desplazamiento de electrones. El amperio mide la intensidad de la corriente, el voltio y el wattio son las unidades de potencia, y el ohmio lo es de la resistencia.

ELECTROCARDIOGRAMA: registro de los cambios en el potencial eléctrico que ocurren durante un ciclo de actividad del músculo cardíaco. Estos cambios son registrados mediante electrodos, colocados sobre la piel generalmente de los brazos y las piernas, y graficados mediante un osciloscopio o instrumento similar (un electrocardiógrafo) como una serie característica de ondas. Una desviación del trazado normal podría indicar un trastorno del ciclo o del ritmo cardíaco, una obturación parcial o tal de las arterias coronarias, o una lesión del músculo, ocasionada por ejemplo por una trombosis coronaria.

ELECTROENCEFALOGRAMA: registro de los cambios en el potencial eléctrico que son producidos por la actividad de las células nerviosas cerebrales, principalmente las de la corteza cerebral. Estos cambios son registrados mediante electrodos colocados contra el cuero cabelludo y graficadas por un osciloscopio o instrumento similar (un electroencefalógrafo) como una serie de ondas ("ondas cerebrales"). Las variaciones en el trazado normal pueden depender de diversos estados mentales o condiciones neurológicas, como la epilepsia.

ELECTROIMÁN: es éste un aparato utilizado para producir un campo magnético artificial mediante la acción de la electricidad. Consiste en una barra de hierro rodeada por un alambre (conductor) a través del cual circula una corriente eléctrica. Esta corriente comunica al hierro las propiedades de un imán. Tiene aplicación en aparatos eléctricos tan usuales como alternadores, turbinas, frigoríficos, televisores, etc.

ELECTRÓLISIS: descomposición química de una sustancia por medio de una corriente eléctrica, con amplia aplicación en la industria metalúrgica.

ELECTROLITO: sustancia que, disuelta en agua, hace que la solución sea conductora de electricidad.

ELECTROLIZAR: disolver químicamente una sustancia o cuerpo por medio de una corriente eléctrica (ver **electrólisis**).

ELECTROMAGNETISMO: parte de la Electricidad que estudia las cargas y corrientes eléctricas, así como sus interacciones a través de campos eléctricos y magnéticos.

ELECTRÓNICA: dentro de la Física, la electrónica es una parte de la electricidad que se ocupa de estudiar las aplicaciones de la corriente eléctrica a través de conductores y aparatos especiales. Asimismo esta rama de la tecnología se interesa por el estudio de la formación de los "fluidos eléctricos". La electrónica considera que el electrón desempeña un papel primordial en el campo de la electricidad.

ELECTROSCOPIO: aparato utilizado en los laboratorios de Física, que sirve para poner de manifiesto la presencia de cargas eléctricas y determinar si su naturaleza es de carga positiva o negativa. Consiste en una caja provista de un orificio por el que penetra una varilla metálica (aislada de la caja) en cuyo extremo lleva adheridas dos laminillas muy ligeras que, en general, son de oro o de aluminio. Al aproximar un cuerpo electrizado al extremo libre de la varilla, a causa de la inducción que se produce, se separan las laminillas, tanto más cuanto mayor sea la carga eléctrica de dicho cuerpo. Si a la varilla de un electroscopio cargado con un tipo de electricidad se le acerca un cuerpo con carga de igual naturaleza, las laminillas se separan más. En el caso contrario se aproximan. Para medir cargas eléctricas muy pequeñas, se utiliza el llamado electroscopio de Volta.

ELEMENTO QUÍMICO: cuerpo o sustancia pura formada por átomos iguales y que no se puede descomponer en sustancias más sencillas utilizando procedimientos químicos. Excepto el oxígeno, nitrógeno, azufre, cobre, plata, oro y los llamados gases nobles (argón, neón, etc.), que se encuentran en estado natural puro, los demás elementos químicos se hallan combinados entre sí. Actualmente se conocen 109 elementos químicos. En función de la pérdida o captura de electrones en sus combinaciones, se clasifican en metales y no metales (o metaloides). Los que tienen propiedades parecidas se agrupan en divisiones especiales: alcalinos, alcalinos-térreos, carbonoideos, nitrogenoideos, calcógenos y alógenos. Todas las demás sustancias están formadas por proporciones definidas de los elementos existentes.

ELEMENTOS CRIBOSOS: células alargadas que colocadas extremo junto con extremo, conforman los tubos cribosos en las angiospermas.

ÉMBOLO: pieza cilíndrica de metal que se mueve en el interior de un recipiente (bomba) para comprimir un líquido o gas. Generalmente los émbolos son de hierro o acero, y se componen de tres partes: el cuerpo, que debe presionar al fluido; la guarnición o empaquetadura, que facilita el ajuste exacto del émbolo con la bomba, y el vástago, que refuerza su acción. Se utiliza para el accionamiento de distintos mecanismos.

EMBRIÓN: organismo formado después de la segmentación y antes de la incubación o germinación. En los mamíferos, el embrión en su estadio final se denomina feto.

ENCÉFALO: conjunto del sistema nervioso que está en el interior del cráneo. También se le llama masa encefálica. Comprende el cerebro, el cerebelo, el tronco cerebral, los pedúnculos y el bulbo; por la parte interior y posterior, el encéfalo se prolonga a través de la médula espinal. Todo su conjunto se halla recubierto de una membrana llamada meninge.

ENCÍA: tejido y mucosa que recubre los huesos maxilares y que se continúa con el revestimiento de la boca.

ENDÉMICO/A: se llama de esta manera a toda especie o tipo de organismo propio y exclusivo de una región o área determinada.

ENDOCARPIO: parte de una planta, también llamada endocárpo. Es una zona del fruto, la más interna, cuya función consiste en proteger a las semillas de aquél, recubriéndolas. Cuando el fruto no ha aparecido, el endocarpio es una finísima película o tegumento que recubre los nudos. En general, su coloración es verdosa, aunque también puede ser marrón, siempre de tono oscuro y tacto sedoso. En los frutos secos, tiene una función adicional, que es la de retener la humedad para dosificarla en caso de carencia de agua de la planta, como ocurre con el ejemplo más claro: el de la bellota de roble y encinas. En otros casos, como por ejemplo en la vicapervinca, pueden desprender un olor desagradable, con el fin de provocar el alejamiento de los insectos depredadores y, así, defenderse de sus ataques.

ENDOCITOSIS: transporte de sustancias al interior de las células a través de la membrana plasmática. Se conoce como pinocitosis (absorción de líquidos) o fagocitosis (absorción de partículas), según si la sustancia es líquida, contiene moléculas en solución o es sólida. En el proceso se produce una extensión e invaginación de la membrana plasmática para formar pequeñas vesículas en la pinocitosis (vesículas pinocitósicas) o vacuolas en la fagocitosis (vacuolas alimenticias). El contenido es generalmente digerido por enzimas producidas por los lisosomas.

La pinocitosis tiene lugar en las células vegetales y animales. Algunas veces es utilizada simplemente para transportar moléculas, por ejemplo, las proteínas y hormonas, a través de las células que revisten los capilares sanguíneos.

La fagocitosis es practicada principalmente por los protozoos para alimentarse, por ejemplo la ameba y algunos glóbulos blancos de la sangre (llamados por ello fagocitosis) para englobar las bacterias.

ENDOCRINOLOGÍA: parte de la medicina que estudia las glándulas endocrinas y sus respectivas secreciones.

ENDODERMIS: nombre que se da a la capa más profunda de la corteza de las raíces y tallos de un vegetal. Es de aspecto rugoso y, al tacto, algo rasposo. Contribuye a la adhesión entre las células que forman los tallos y raíces, como si se tratara de una materia gomosa. Asimismo, hace de filtro de los líquidos que la planta toma del suelo, expulsando impurezas. La endodermis realiza una importante misión en plantas como la patata.

ENDODERMO: la hoja germinal más interna de la mayoría de los metazoos (incluidos los vertebrados) y que da origen al tubo digestivo y a sus derivados (por ejemplo, hígado y páncreas). También forma el saco vitelino y los alantoides de las aves y los mamíferos.

ENDOESQUELETO: esqueleto situado en el interior del organismo animal, tal como el esqueleto óseo o cartilaginoso de los vertebrados. Consta de cráneo, columna vertebral, cintura escapular y pélvica, costillas y elementos de los miembros o de las aletas. El endoesqueleto da forma y soporte al cuerpo, protege los órganos vitales y conforma un sistema de palancas en las cuales se insertan los músculos para producir los movimientos. El endoesqueleto también permite el crecimiento uniforme del tamaño animal. También presentan endoesqueleto los equinodermos y algunos otros invertebrados.

ENDOMETRIO: membrana mucosa glandular que reviste la superficie interna del útero de los mamíferos. Experimenta períodos cíclicos de crecimiento y desarrollo, y de regresión y degeneración, en asociación con el ciclo del estro. Se desarrolla para recibir y alimentar el embrión en desarrollo. Si no ha habido fecundación, el endometrio vuelve a su estado normal, o como en el caso del hombre y de algunos primates, se desprende y es expulsado en la menstruación.

ENDOSPERMA: tejido nutritivo que rodea el embrión en las angiospermas. En las semillas no endospérmicas, la mayor parte del endosperma es absorbido por el embrión en desarrollo y los elementos nutritivos son almacenados en los cotiledones. En las semillas endospérmicas, el endosperma reemplaza el núcleo y suele ser rica fuente de sustancias que regulan el crecimiento. Muchas semillas endospérmicas (por ejemplo, cereales y oleaginosas) son cultivadas por sus reservas nutritivas.

ENDOTELIO: tejido de revestimiento de los vasos sanguíneos y el corazón. Consta de una capa única de células delgadas y planas adheridas unas a otras con solo un poco de sustancia unitiva. En los capilares es la única capa que separa la sangre de los líquidos que bañan las células. A través de las células del endotelio pasa agua, así como sustancias con pequeñas moléculas.

ENERGÍA: concepto de la Física que expresa la capacidad de un cuerpo o sustancia para producir un trabajo o actividad, aprovechado o no por el hombre. La energía más común es externa, es decir, que se manifiesta de forma evidente (energía eléctrica), pero hay casos (energía atómica) en que su carácter es interno y que para manifestarse exige tratamientos especiales.Otro tipo de energía es la cinética producida por el movimiento de un cuerpo (un salto de agua, por ejemplo). La energía potencial es la que se supone que posee un cuerpo, pero que no está desarrollada o no es utilizada (la del Sol).

La primera forma de energía utilizada por el hombre fue la animal; luego empleó las energías del viento y el agua (molinos y ruedas de paletas). En el siglo XIX se empleó la eléctrica y, actualmente, se combinan la energía eléctrica (para uso doméstico e industrial) y la energía atómica (centrales nucleares).

ENERGÍA ALTERNATIVA: fuentes de obtención de energía sin destrucción del ambiente y renovables que han sido investigadas y desarrolladas con alguna intensidad en las últimas décadas. Algunas de ellas son: **eólica** (movida por el viento); **solar** (que utiliza la radiación solar); **biomasa** (que utiliza la descomposición orgánica), **mareomotriz** (proveniente de la fuerza de los mares) y **geotérmica** (uso del agua que surge bajo presión desde el subsuelo).

El actual modelo de desarrollo está soportado por el uso de energía convencional (electricidad y combustible fósil no renovable). Diversas organizaciones impulsan, precisamente, el uso de la energía alternativa.

ENFERMEDAD: interrupción del buen funcionamiento de los órganos de los seres vivos, cuyo estudio ha dado lugar al nacimiento de la Patología y la Medicina. La enfermedad puede estar provocada por agentes también vivos (microbios, virus) o simplemente por el deterioro fisiológico de forma traumática causado (accidente) o por desgaste natural de las células y defensas (vejez). Algunas enfermedades son contagiosas (cólera, difteria, paludismo, sífilis, tifus, viruela, etc.); en cambio, otras son propias de un organismo (cáncer, sinusitis, artritis, infarto, etc.).

El tratamiento de la enfermedad requiere varios pasos: en primer lugar, averiguar su causa o etiología; luego, el estudio de las formas en que actúa la enfermedad o patogenia; después, la selección del tratamiento o medicina y finalmente, la aplicación de este tratamiento o terapéutica.

ENGRANAJE: aparato que permite la transmisión de un movimiento utilizando ruedas dentadas o piñones. Se trata de un mecanismo fundamental en los motores mecánicos. En la fabricación de engranajes se emplean acero, aluminio, bronce, etc.

ENTOMOLOGÍA: estudio científico de los insectos.

ENTRECRUZAMIENTO: intercambio de material entre cromátidas homólogas por formación de quiasmas.

ENTROPÍA: en Física, magnitud que determina el grado de desorden molecular que existe en los sistemas termodinámicos.

ENZIMA: compuesto que cataliza las reacciones químicas. Las enzimas son proteínas que actúan con un determinado compuesto (el sustrato) para producir un complejo, el cual forma el producto de la reacción. La enzima propiamente no experimenta ningún cambio en la reacción; su presencia permite que la reacción tenga lugar. Los nombres de las enzimas terminan en -asa, agregando la terminación al sustrato (por ejemplo, lactasa) o a la reacción (por ejemplo, hidrogenasa). Las enzimas son catalizadores extremadamente eficientes y muy específicos. Pueden constar de una parte no proteínica (cofactor), que puede ser un ion inorgánico o un compuesto orgánico (enzima).

EOSINÓFILO: glóbulo blanco (leucocito) con núcleo en forma de lóbulo y granulaciones en el cromosoma que se tiñen con colorantes ácidos. El 1,5% de los leucocitos son epsinófilos. Tienen propiedades antihistamínicas.

EPIDERMIS: capa externa protectora de células en los vegetales. En las partes aéreas de la planta, la pared externa suele estar recubierta por una cutícula que impide la desecación, protege las células subyacentes de lesiones mecánicas y aumenta la protección contra hongos, bacterias, etc. Las células son planas y estrechamente unidas entre sí, a excepción de cuando están modificadas para realizar una determinada función, como en el caso de las células protectoras.// Capa externa de células o tejido externo de un animal. Generalmente protege los tejidos internos y asegura al organismo para que esté a prueba de agua. En los vertebrados, la epidermis consta de varias capas de células y forma la capa externa de la piel.

A medida que se desgasta, la superficie de esta capa es renovada continuamente por nuevas células provenientes del estrato de Malpighi, que se encuentra inmediatamente por debajo. Las células más duras y cornificadas del estrato córneo son las principales células protectoras. Entre los productos de la epidermis de los vertebrados se encuentran el pelo, las uñas, las garras, los cascos, los cuernos del ganado bovino y ovino, las plumas y los picos de los pájaros y las conchas de las tortugas. La epidermis de los invertebrados es una capa única de células que secreta, generalmente, una cutícula protectora. En los artrópodos, esta cutícula forma el exoesqueleto.

EPIDÍDIMO: largo tubo enrollado y adherido a la superficie del testículo en los reptiles, pájaros y mamíferos. Sirve para almacenar temporalmente los espermatozoides provenientes de los tubos seminíferos, mientras es el momento de que pasen al canal.

EPÍFISIS: extremos de un hueso largo de los maíferos.

EPÍFITA: cualquier planta que vive sobre otra planta o adherida a ella, o a cualquier otro objeto, únicamente utilizándola como soporte. Son denominadas plantas aéreas porque no están en contacto con el suelo, pero obtienen agua y minerales de la lluvia y de los productos de desecho que caen sobre su soporte. Ejemplo de epífitas tropicales son los helechos y las orquídeas. Los líquenes, musgos, hepáticas y algas son epífitas de las zonas templadas.

EPIGINIO: tipo de estructura de la flor en la cual el perianto y el androceo están situados por encima del gineceo, conformando así un ovario inferior unido al receptáculo. Se observa en las compuestas y en las rosáceas.

EPIGLOTIS: válvula que en los mamíferos cierra la glotis durante la deglución con el fin de impedir que los alimentos se introduzcan en las vías respiratorias. Está recubierta por una membrana mucosa y endurecida por cartílago elástico. En la deglución, los músculos de la faringe se contraen y la laringe, en la porción superior de las vías respiratorias, se mueve hacia arriba hasta tocar la epiglotis, cerrando así la abertura (glotis). Con ello, el bolo alimenticio pasa por encima de la epiglotis hacia el esófago.

EPITELIO: tejido formado por una capa (o capas) de células que recubre una superficie o reviste una cavidad. Las células están íntimamente unidas entre sí, con un mínimo de material intercelular, y se encuentran sobre una membrana basal. El epitelio puede ser cúbico, cilíndrico, ciliado o escamoso, según la forma de las células. En algunos casos hay varias capas, como ocurre en la epidermis de la piel.

EQUILIBRIO: estado de un cuerpo en reposo respecto a otros con los que forma un sistema. El equilibrio es estable si dicho cuerpo recupera su estado inicial, después de haber sido modificado por una fuerza. E inestable si ese regreso no se produce, rompiéndose entonces el equilibrio propio y el del sistema del que forma parte. La condición indispensable para que un cuerpo permanezca en equilibrio es que las fuerzas que actúan sobre él se anulen entre sí.

EQUILIBRIO ECOLÓGICO: la Tierra es un gran ecosistema formado por numerosos ecosistemas menores, en los que es básico el mantenimiento del equilibrio. Éste se basa en el principio de que cada especie animal o vegetal está condicionada, en su conservación o expansión, por la existencia de otras especies, con las que, a su vez, forma un todo armónico. La destrucción de esa armonía es la causa de que se rompa el equilibrio.

EQUINODERMOS: fílum de invertebrados marinos que comprende los erizos y las estrellas de mar. Pueden vivir cerca de la superficie (holoturias), o bien en profundidades (erizos y estrellas de mar). Su nombre proviene de su peculiar forma, siempre simétrica (equi), a veces redondeada (ofiuros, erizos), otras estrellada, con brazos (estrellas de mar). El esqueleto de estos invertebrados está formado por placas articuladas de carbonato cálcico, y dotado de tubos y canales para facilitar la circulación del agua, base de su alimentación. El caparazón de algunos es duro (calcáreo) y se encuentra provisto de abultamientos o pinchos (erizos). Se alimentan extrayendo del agua las sustancias básicas que necesitan para su sustento. El sistema nervioso es rudimentario y no tienen órganos excretores.

ERA: en Geología, cada uno de los grandes períodos de tiempo en que se divide la historia de la Tierra. Desde los tiempos más antiguos a los más modernos, las eras de la Tierra son: Precámbrica (también llamada Arcaica o Algonquina), 3.500 millones de años; Primaria o Paleozoica, de 1.500 millones de años; Secundaria o Mesozoica, de unos 600 millones de años; Terciaria o Cenozoica, de 65 millones de años, y Cuaternaria, de un millón aproximado de años.

ERITROBLASTO: célula de la médula ósea de la cual provienen los eritrocitos. Al principio son incoloras, pero cuando pasan a la sangre, el citoplasma se ha llenado de hemoglobina y en los mamíferos el núcleo ha desaparecido. En el hombre se producen diariamente 200.000 millones de eritrocitos para reemplazar los que se consumen.

ERITROCITO: también llamado glóbulo rojo, es un tipo de célula sanguínea que contiene hemoglobina. Se encarga del transporte del oxígeno en la sangre. Los glóbulos rojos de los mamíferos son discos circulares bicóncavos sin núcleos (los glóbulos rojos de otros vertebrados son ovalados y tienen núcleos). La sangre del hombre contiene 5 mil millones de glóbulos rojos por milímetro cúbico; cada célula vive unos 120 días, luego de los cuales se destruye en el hígado y se reemplaza por una nueva proveniente de la médula ósea. El número de glóbulos rojos aumenta en regiones donde falta oxígeno, como ocurre en las grandes alturas.

ESCAMAS: conjunto de placas pequeñas y rígidas, que, encajadas entre sí, recubren la piel de algunos animales, especialmente reptiles y peces. En general, las escamas, son duras y prensadas y proporcionan aceite. Las de los peces están colocadas como los ladrillos de un tejado, y son parte de la piel (por ello son blandas). Las de los reptiles (lagartos y tortugas) son óseas. Más suaves son las de las serpientes.

ESCAMOSOS: orden al que pertenecen los reptiles, los lagartos y sus descendientes y las culebras. Se caracterizan por tener un cuerpo cubierto de escamas duras sobrepuestas.

ESCÁNER: dispositivo periférico de exploración óptica que se utiliza para incorporar imágenes a una computadora, como un archivo de datos. Su estructura básica es similar al de una fotocopiadora. Además, permite modificar parámetros de la imagen original, como brillo, contraste, carga de colores, etc.

ESCÁPULA: uno de los dos grandes huesos triangulares que forman la parte dorsal de la cintura escapular en la mayoría de los vertebrados; en el hombre forman los omóplatos. Se articula con el húmero mediante una superficie articulada cóncava (la cavidad glenoidea) en el ángulo lateral externo. En este hueso se insertan los músculos de los miembros delanteros.

ESCIFOZOOS: clase de celenterados, el aguamar, cuya fase única es de medusa, y la del pólipo está ausente o reducida a una pequeña etapa larvaria. Las medusas presentan compleja organización: tienen la boca al final de un tubo (manubrio) que cuelga hacia abajo y desemboca en el celenterón, que está dividido en cuatro bolsas y contiene un sistema de canales (cavidad gastrovascular) para la distribución de alimentos. Los tentáculos alrededor del borde tienen cnidocitos punzantes. Las aguamares se encuentran ampliamente distribuidas y tienen un diámetro que va desde 70 mm hasta 2 m.

ESCLERÓTICA: capa opaca protectora del ojo de los vertebrados. Está constituida por tejido conjuntivo fibroso que mantiene la forma del ojo. Se continúa con la córnea transparente de la parte delantera del ojo.

ESCÓLEX: cabeza de los céstodos (tenia). Tiene forma esférica con cuello que se extiende hacia la región donde se producen los proglotis. Tiene una corona de ganchos con cuatro succionadores para adherirse al revestimiento del intestino del huésped final.

ESCROTO: bolsa cutánea colgante situada directamente detrás del pene en la mayoría de los mamíferos machos. Está dividido en dos compartimientos, cada uno de los cuales contiene un testículo. Los testículos se mantienen a una temperatura inferior a la del cuerpo para asegurar el desarrollo de los espermatozoides.

ESFÍNTER: músculo alrededor de una abertura o tubo. Cuando se contrae, cierra la abertura o tubo. Algunos ejemplos son el esfínter pilórico entre el estómago y el duodeno, y los músculos alrededor de la uretra, donde ésta sale de la vejiga.

ESMALTE: revestimiento duro y blanco de los dientes de los vertebrados. Se trata de una capa protectora de origen epidérmico.

ESÓFAGO: órgano del cuerpo humano situado entre la faringe (parte superior) y el estómago (parte inferior). El esófago es un tubo membranoso de unos 25 cm de longitud y 2-3 cm de ancho. Sus paredes tienen un espesor de 3 mm. La función del esófago consiste en conducir, a través del tórax, el bolo alimenticio desde la boca al estómago. Una sustancia mucosa facilita esa conducción.

ESPACIO SUBARACNOIDEO: espacio entre la membrana aracnoidea media y la piamadre, que rodea y protege el cerebro y la médula espinal en los vertebrados. Está cruzado por delicados hilos de tejidos y lleno de líquido cerebroespinal que sirve para amortiguar el sistema nervioso central contra choques internos.

ESPACIOS NATURALES PROTEGIDOS: denominación genérica que agrupa a aquellas zonas preservadas, por ley, de las acciones modificadoras del hombre, debido a sus valores naturales o culturales.

ESPÁDICE: tipo de inflorescencia de la familia de las aráceas. Consiste de una espiga modificada, con un eje grande carnoso que porta pequeñas flores hermafroditas o, más frecuentemente, unisexuales. La inflorescencia está rodeada de una bráctea grande, la espata.

ESPECIE: en Biología, es el conjunto de seres vivos similares que en condiciones naturales originan descendientes fértiles y que generalmente habitan un área geográfica determinada.

ESPECIE AUTÓCTONA: es aquella especie propia (originaria) de un área o ecosistema determinado; opuesta a exótica.

ESPECIE EXÓTICA: es aquella especie impropia (no originaria) de un área o ecosistema determinado.

ESPECIE NATIVA: sinónimo de especie autóctona.

ESPEJO: superficie pulimentada que tiene la propiedad de reflejar casi totalmente la luz que incide en ella, lo que permite la formación de imágenes. Cuando un rayo de luz emitido sobre un espejo se refleja hacia el centro de la curvatura, el espejo se llama convergente, y divergente en caso contrario. Si la superficie es curva hacia el exterior se denomina convexo y si lo es hacia su interior, cóncavo. Los espejos tienen gran número de aplicaciones pues se utilizan en fotografía (cámaras réflex) y en la construcción de telescopios, etc.

ESPERMATOFITAS: en muchas clasificaciones, constituye una división que contiene todas las plantas que producen semillas. Se subdivide en las clases angiospermas y gimnospermas.

ESPERMATOZOIDE: gameto masculino, pequeño y móvil que se forma en el testículo. Su tamaño y forma varían según la especie. En el hombre mide 52-62 mm y consta de una cabeza que contiene un núcleo haploide, una parte central que contiene las mitocondrias y una cola larga flagelada. Está cubierto por una pequeña cantidad de citoplasma y una membrana plasmática. Desde el comienzo de la madurez sexual hasta los 70 años, se producen espermatozoides constantemente. Éstos permanecen inactivos hasta que salen del testículo durante el coito, cuando las secreciones de la próstata y de la vesícula seminal estimulan el movimiento ondulatorio. Pueden liberarse de 200 o 300 millones de espermatozoides en una sola eyaculación, aun cuando sólo es fecundado un óvulo.

ESPIGA: florescencia racemosa con flores sésiles sobre un eje alargado, como el trigo. El amento y el espádice son modificaciones de la espiga.

ESPINA: órgano vegetal de protección, endurecido y puntiagudo, que contiene tejido vascular o cortical. Las espinas pueden ser de origen foliar, caulinar, estipular, limbar o peciolar.

ESPIROQUETAS: bacterias unicelulares retorcidas en espiral, envueltas por una pared flexible. Un filamento axial de estructura parecida a la de los flagelos bacteriales se encuentra enrollado alrededor del protoplasto dentro de la pared celular. Las espiroquetas nadan activamente flexionando la célula. Se encuentran en el barro y en el agua y pueden resistir bajas concentraciones de oxígeno. Muchas espiroquetas son patógenas: causan pian, sífilis y fiebre recurrente.

ESPORA: cuerpo reproductivo de las plantas, uni o multicelular. El término se aplica generalmente a las unidades reproductivas producidas de modo asexual, como las esporas de briofitos y pteridofitos. Sin embargo, ciertas estructuras formadas sexualmente (como por ejemplo la oospora) también se llaman esporas. A veces se agrega un prefijo que suministra más información relacionada con la naturaleza de la espora, por ejemplo, la conidiospora que surgen en el conidio, las zoosporas que son móviles, etc.

ESPORANGIO: cuerpo reproductivo de las plantas donde se forman las esporas asexuales, las que son expulsadas al llegar a su madurez.

ESPORÓFILO: estructura de las plantas vasculares que lleva los esporangios. En algunos helechos, los esporangios se desarrollan en las hojas y follaje normal, pero en las plantas superiores, los esporófilos son hojas altamente modificadas. Pueden estar agrupados en estróbilos, o encontrarse en las flores de las angiospermas.

ESPOROFITO: generación diploide de la cual surgen en forma sexual las esporas haploides. En las plantas vasculares, el esporofito constituye la generación dominante, mientras que en los briofitos constituye un parásito de los gametofitos.

ESPOROGONIO: generación esporofita en los musgos y hepáticas. Se desarrolla del cigoto y consta de pie, seta y cápsula. El esporogonio es parásito en la generación gametofita.

ESPOROZOOS: clase de protozoos parasitarios con un ciclo de vida complicado que incluye alternación de la reproducción sexual y la asexual, y la producción de esporas para asegurar la dispersión hacia otro huésped. No existen estructuras de locomoción y la comida es absorbida por toda la superficie corporal. Esta clase incluye el parásito del paludismo y otros de importancia médica.

ESQUELETO: conjunto de huesos que forman la estructura de sostén de todos los animales vertebrados. Se compone de cierto número de unidades articuladas con un grado variable de movilidad que permiten la realización de diversos movimientos corporales, y consta de 208 huesos. Se divide en tres partes: cabeza, con el cráneo y la cara; tronco (tórax, pelvis y columna vertebral); y extremidades (brazos y piernas). El esqueleto cumple una función protectora (sistema nervioso central).
La cabeza consta de cráneo, formado por 8 huesos, y la cara, constituida por 14. El tórax incluye 33 vértebras. Las 12 vértebras dorsales se articulan con 12 pares de costillas. Asimismo, en la parte superior, están las clavículas y las escápulas. Las extremidades superiores tienen 3 huesos largos, más los de las manos. Las inferiores presentan 3 huesos largos, la rótula y los huesos del pie.

ESTAMBRE: órgano sexual masculino de las plantas Fanerógamas. Normalmente está formado por una parte inferior muy delgada, llamada filamento y otra superior denominada antera. En esta última, hay dos saquitos que producen y guardan el polen. El número de estambres varía según las plantas. Cuando hay tantos estambres como pétalos, la planta es isostémona; en cualquier otro caso es polistémona.

ESTERNÓN: hueso en forma de bastón, en la línea media ventral del tórax de los tetrápodos, donde generalmente se unen los extremos ventrales de las costillas. En las aves y los murciélagos es importante para la unión ala-músculo. En el hombre, consiste en un hueso alargado y plano que se articula con la clavícula en el extremo superior y con las costillas a los lados.// Placa endurecida con quitina que forma la cubierta ventral protectora de cada segmen-

to del tórax y abdomen de un insecto.

ESTIGMA: punta receptiva del carpelo de las plantas.

ESTÍMULO: cambio en el medio interno o externo de un organismo que produce una respuesta de éste.

ESTIVACIÓN: período de inactividad que se observa en algunos animales durante el verano o estación cálida y seca. Por ejemplo, los peces dípneos responden a las sequías enterrándose en el fango del fondo y vuelven a salir al comenzar la estación lluviosa.

ESTÓMAGO: órgano del aparato digestivo del hombre y de la mayor parte de los animales. Es una cavidad situada entre el esófago (tubo de entrada de los alimentos) y el intestino delgado (salida de los alimentos). A la izquierda del estómago está el bazo y, a su derecha, el hígado. Es como una gran bolsa en la que tienen lugar la primera selección del alimento. Los rumiantes poseen un estómago con cuatro cavidades. La digestión es mecánica y química. La mecánica consiste en unos movimientos de las paredes estomacales para aglutinar el bolo alimenticio.
La función química la producen tres secreciones glandulares: el jugo gástrico, el ácido clorhídrico y el moco. El exceso de ácido produce acidez y la carencia del moco provoca una llaga llamada úlcera que en ocasiones llega a necesitar tratamiento quirúrgico. La capacidad del estómago del hombre oscila entre 1 l y 1,5 l y es un órgano distendible.

ESTRIBO: hueso en forma de estribo, unido a la ventana ovalada del oído. Es el huesecillo más profundo del oído de los mamíferos, homólogo del hiomandibular de los peces.

ESTRÓGENO: hormona sexual femenina que interviene en el desarrollo y mantenimiento de los órganos sexuales accesorios y las características sexuales secundarias (por ejemplo el crecimiento de los senos).

ETOLOGÍA: estudio del comportamiento de los animales en su medio natural.

EUCARIOTA: organismo cuyo material genético (ADN) está rodeado por membranas (la envoltura nuclear) que forman el núcleo.

EUTERIOS: subclase que comprende la mayor parte de los mamíferos, que son los más evolucionados. Los mamíferos placentarios tienen un cerebro complejo y bien desarrollado.
Sus crías nacen en una fase relativamente adelantada del desarrollo después de un largo período de gestación en el útero materno, donde son alimentadas a través de la placenta. El grupo ofrece notable radiación adaptativa, encontrándose en hábitats terrestres, acuáticos y aéreos.

EVOLUCIÓN: proceso de cambio gradual que tiene lugar en poblaciones de organismos a lo largo de un período considerable de tiempo. Se manifiesta en las nuevas características de una especie y en la formación de nuevas especies (ver también **evolucionismo**).

EVOLUCIONISMO: teoría biológica que sostiene que todos los seres vivos provienen de otros previamente existentes, a través de un proceso más o menos largo, pero continuado. Los precedentes del evolucionismo fueron, en el siglo XVIII, Maupertuis, Saint-Hilaire y Lamarck. Combatían las tesis creacionistas o providencialistas sostenidas por la religión cristiana y, en aquella época, mantenidas por Cuvier. Con sus trabajos, Charles Darwin, en base a gran cantidad de datos, refutó las tesis creacionistas, culminando la formulación del evolucionismo en su célebre obra El origen de las especies (1859). La capacidad de adaptación del organismo al medio ambiente es otro de los factores fundamentales de la teoría evolucionista.

EXCIPIENTE: sustancia medicinal y biológicamente inactiva que se añade a los fármacos para darles forma.

EXCRECENCIA: crecimietno parcial y externo de un órgano vegetal o animal.// Tumor o callosidad que aprece en la superficie de un órgano o tejido, en especial de las mucosas o en la epidermis.

EXCRECIÓN: proceso por el cual los productos en exceso, de desecho o nocivos, resultantes de las reacciones químicas que tienen lugar dentro de las células de los organismos vivos, son eliminados del organismo. Los principales productos que son eliminados en la excreción de los animales son agua, dióxido de carbono, sales y compuestos nitrogenados; en los unicelulares o multicelulares simples, estos productos son excretados por difusión a través de la superficie celular del organismo, pero en animales más complejos la excreción tiene lugar principalmente mediante órganos especializados. En el hombre y en otros vertebrados, los principales órganos excretores son los riñones: ellos eliminan el exceso de agua, sales y compuestos nitrogenados en forma de orina. Además los pulmones excretan dióxido de carbono y agua de la respiración; el hígado excreta pigmentos biliares resultantes de la descomposición de la hemoglobina; pequeñas cantidades de agua, cloruro de sodio y urea son excretadas a través de la piel en forma de sudor. En los invertebrados, los órganos excretores están representados por los túbulos de Malpighi (en los artrópodos) y los nefridios (en muchos invertebrados).

EXCREMENTO: residuos de los alimentos que el cuerpo expulsa, luego de realizada la digestión (ver **excreción**).

EXOCARPIO: nombre de la capa más externa del pericarpio de los frutos. En algunos casos está rodeada por una especie de "piel", llamada pericarpio.

EXOCRINO: dícese de la glándulas que vierten su secreción al exterior o al aparato digestivo, como las sudoríparas o las gástricas.

EXOCITOSIS: Transporte de sustancias desde el interior hacia el exterior de la célula a través de la membrana plasmática. Incluye la fusión de las vesículas o vacuolas con la membrana plasmática, en forma inversa a la endocitosis. Los materiales que así se eliminan pueden ser productos de la secreción, la excreción o restos no digeridos de sustancias en las vacuolas alimenticias.

EXOENZIMA: son las enzimas netabólicas que algunos organismos segregan al medio en el que viven.

EXOESQUELETO: cubierta externa y dura de algunos animales, como la cutícula de los artrópodos. Forma un esqueleto rígido que protege y sostiene el cuerpo y sus órganos internos y suministra puntos de inserción para los músculos.
El crecimiento del cuerpo sólo puede producirse en fases, mediante una serie de mudas de la cutícula. El término también se aplica a otras estructuras externas de protección que son duras, como la concha de los moluscos y de las tortugas.

EXÓGENO: producido u originado por fuera del organismo o sistema.

EXOSFERA: última y más alta capa de la atmósfera terrestre. Se extiende por encima de la termopausa hasta alturas en que la densidad atmosférica equivale a la del gas inerespacial que la rodea.

EXPERIMENTO: es la observación de los fenómenos que se provocan con el fin de estudiarlos para así establecer las leyes científicas que los rigen. Gracias a la experimentación, la ciencia ha dado un paso gigante en las dos últimas centurias.
En efecto, desde principios del siglo XIX mediante este método de investigación se reconstruyen hechos para estudiarlos en condiciones que favorezcan la observación. El experimentador puede seguir así los pasos de un fenómeno en condiciones ideales para estudiarlo, modificando las circunstancias en que se desenvuelve el experimento, cuando lo cree necesario. Se establecen de esta manera como ciencias experimentales la física, la química y la biología porque se basan en la experimentación.

EXTINCIÓN: eliminación total de una especie. Se habla también de "especies en peligro de extinción". La mayoría de los ecosistemas del mundo están perdiendo especies, ya por la destrucción de bosques y pastizales, por incendio, caza o contaminación. En América latina el problema es calificado de "grave".

EXTREMIDAD: en los animales, miembros o apéndices que sirven para la locomoción y para agarrar objetos. En el hombre las extremidades son: los brazos (extremidades superiores) y las piernas (extremidades inferiores). En las aves, las extremidades superiores están transformadas en alas. En los peces, son aletas y la extremidad inferior se resume en la cola. Las extremidades de los vertebrados son articuladas.

FACTORES ABIÓTICOS: son aquellos factores físicos "que no tienen vida" pero que tienen influencia sobre los seres vivos. Son algunos factores abióticos la temperatura, los vientos, la humedad, la presión atmosférica y las precipitaciones.

FACTORES BIÓTICOS: son aquellos seres vivos (animales o vegetales) que tienen influencia sobre otros. Por ejemplo, una determinada maleza que crece, arrasando y haciendo desaparecer otro tipo de vegetación; o una determinada especie de aves que se alimenta de cierta clase de peces, pudiendo llegar a exterminarlos.

Los factores bióticos pueden, también, actuar sobre el suelo; un ejemplo lo constituyen los organismos que carcomen las rocas y forman el suelo.

FACTORES EDÁFICOS: características físicas, químicas y biológicas del suelo. Son componentes importantes del hábitat por su influencia en la distribución vegetal. Los principales factores edáficos son el contenido de agua, el pH, la materia orgánica y la textura del suelo.

FAGOCITO: célula capaz de englobar partículas vecinas mediante un proceso denominado fagocitosis.

FAGOCITOSIS: ver endocitosis.

FALANGES: serie de huesos pequeños de forma cilíndrica que componen el esqueleto de los dedos y los artejos en los tetrápodos.

FAMILIA: conjunto de géneros similares. Las familias pueden subdividirse en subfamilias, tribus y subtribus. Los nombres de las familias vegetales generalmente terminan en -áceas y los de las familias animales en -idos. Las familias similares se agrupan en órdenes.

FANERÓGAMAS: en las clasificaciones antiguas, toda planta que se reproduce por semillas. Las fanerógamas equivalen a las espermatofitas de los sistemas de clasificación taxonómicos más modernos.

FARINGE: en el cuerpo humano, conducto o canal que comunica la boca y las fosas nasales (zona superior) con la laringe y el esófago (zona inferior). Desempeña una doble función: por una parte, completa el aparato respiratorio y, por otra, hace lo propio con el digestivo. Una válvula que recibe el nombre de epiglotis, ciuda de que el aire y los alimentos vayan a sus lugares respectivos. La faringe se divide en tres regiones: nasal o rinofaringe; bucal o bucofaringe y laringofaringe.

Su techo superior se llama velo del paladar y su base inferior es la glotis. Está formada por una pared ósea revestida por una mucosa; en la región inferior se encuentran unas fibras musculares. Es una zona de paso, tanto para el aire que va a parar a los pulmones, como para el bolo alimenticio que pasa al estómago.

FAUNA: concepto análogo al de flora en botánica, expresa la composición cualitativa o específica de animales en una zona dada.

FECUNDACIÓN: proceso de reproducción de los organismos vivos, por fusión de dos células sexuales que se complementan mutuamente y se desarrollan en común.

En los animales, las dos células están muy diferenciadas: la masculina recibe el nombre de espermatozoide y la femenina de óvulo. En los vegetales, los órganos sexuales están muy poco diferenciados y el polen desempeña un papel básico.

FELINO: animal mamífero de la familia del mismo nombre. Es una de las formas más evolucionadas de los carnívoros. Su cuerpo es de forma elegante, acabado en una larga cola, dotado de gran fuerza y agilidad, preparado para la captura de presas vivas (normalmente animales herbívoros).

La boca de los felinos presenta dientes afilados y muy desarrollados; las patas, robustas, culminan en garras. Son de climas cálidos y templados. Los felinos más conocidos son: los gatos (domésticos o salvajes); el puma americano; el león africano; el tigre asiático; el jaguar americano; la pantera negra; el leopardo y el guepardo. Organismos internacionales controlan su caza para evitar su exterminio, y los países han establecido reservas para poder conseguir su conservación.

FÉMUR: el hueso largo que constituye el hueso del muslo de las patas traseras en los tetrápodos. Es el hueso que va de la cadera a la ror!!-lla. En el extremo superior peresenta una cabeza redonda que se articula con la cintura pélvica en el acetábulo formando una articulación esférica. En el extremo inferior se encuentran dos superficies articulares para formar la articulación en bisagra de la rodilla.

FENÓMENO: toda apariencia o manifestación de la Naturaleza. Los fenómenos físicos son normalmente los más evidentes o externos: un terremoto, un eclipse, la erupción de un volcán, etc. Los fenómenos químicos pueden ser más difíciles de observar, por su carácter predominantemente interno: la formación del agua, la fotosíntesis, la licuación, etc. A veces los fenómenos son procesos físico-químicos.

FENOTIPO: aspecto de un organismo determinado por la interacción de genotipo con el medio ambiente. Muchos de los genes presentes en el genotipo no manifiestan sus efectos en el fenotipo porque están ocultos por los alelos dominantes.

FEOFITOS: división compuesta principalmente por algas marinas.

FERMENTACIÓN: la desintegración de sustancias orgánicas, particularmente de los carbohidratos, en condiciones anaerobias. Se trata de una forma de respiración anaerobia que presentan ciertas bacterias y las levaduras.

FERTILIZANTE: materia que se agrega a los suelos y a las plantas para aumentar sus rendimientos agronómicos. A diferencia de los abonos que pueden ser naturales, los fertilizantes son químicos y sintéticos.

FETO: embrión de mamífero, especialmente el embrión humano, cuando sus rasgos externos se asemejan a los del mamífero después de nacer, es decir cuando sus miembros, párpados, etc. se han desarrollado.

FIBRA: forma de célula esclerenquimatosa que se encuentra generalmente asociada al tejido vascular. Las fibras son células delgadas y de paredes gruesas con los extremos afilados. Su función es más de tejido de sostén que de tejido conductor.

FIBRA NERVIOSA: el **axón** de una neurona.

FIBRA NERVIOSA MIELÍNICA: fibra nerviosa rodeada de una vaina de grasa de mielina. La mayoría de los nervios de los vertebrados están formados por millares de fibras meduladas que toman un aspecto blanco por la vaina mielínica.

FIBRINA: sustancia proteínica insoluble que contribuye a la coagulación de la sangre.

FILAMENTO: tallo de las angiospermas que lleva en su extremo la antera.// Cuerpo vegetativo de las algas filamentosas constituido por una fila de células similares unidas por sus paredes terminales.// Delgada estructura filamentosa, como las de las aletas de los peces y las de las plumas de las aves.

FILICINAS: clase de pteridofitos que comprende todos los helechos y a la cual pertenecen los órdenes ofioglosales, marattiales, eufilicales, marsiliares y salviniíneas. También existen algunos órdenes fósiles.

FILOGENIA: la historia de la evolución de un grupo de organismos.

FÍLUM: uno de los grupos principales en que se clasifica el reino animal. Los subreinos protozoos y parazoos contienen un filum cada uno, los protozoos y los poríferos respectivamente, mientras que el tercer subreino, los metazoos, contiene los once filum restantes. El filum de los cordados se divide en dos subfilum: los acranios y los craniotos. Los filum se pueden dividir en subfilum.

FÍSICA: ciencia cuyo objeto es el estudio de las propiedades de la materia y de la energía. La Física busca la elaboración de las leyes que expliquen las causas de los fenómenos, así como su evolución en el tiempo. Antiguamente, la Física sólo se ocupaba de fenómenos que no provocaban cambios sustanciales en un cuerpo, y la Química trataba de establecer la naturaleza de esos cambios sustanciales. Hoy, ambas ciencias constituyen prácticamente un solo cuerpo científico, a pesar de aparecer separadas con fines didácticos. Las ramas de la Física son: la acústica, la electromagnética, la astrofísica, la física nuclear, la mecánica, la óptica, la termodinámica, etc. Su método se basa en la observación, la experimentación y, posteriormente, la teorización.

FISIOLOGÍA: la manera como funcionan los organismos o partes del organismo.

FISIÓN: tipo de reproducción asexual en la cual una célula progenitora se divide en dos (fisión binaria) o más (fisión múltiple) células hijas iguales. La fisión binaria se presenta en muchos organismos unicelulares (protozoos, bacterias); la fisión múltiple tiene lugar en los esporozoos. La fisión se inicia con la división del núcleo por mitosis, tras lo cual se produce la división del citoplasma y, algunas veces, esporilación.

FITÓFAGO: organismo que se alimenta a partir de los vegetales.

FITOGEOGRAFÍA: estudio de la distribución geográfica de las especies vegetales.

FITOPLANCTÓFAGO: organismo que se alimenta a partir del **fitoplancton.**

FITOPLANCTON: conjunto de algas microscópicas que viven en la superficie de las aguas. Pueden considerarse como la base de la **cadena alimenticia** acuática ya que sirven de alimento a numerosos animales.

FLAGELO: prolongación en forma de látigo que presentan algunas células con un cuerpo basal en su base, cuyo movimiento produce la locomoción o corrientes del líquido por encima de la célula. Flagelos para la locomoción presentan muchos vegetales y animales unicelulares, y algunas fases reproductivas, como los espermatozoides y las zoosporas. En algunos animales multicelulares, como la hidra y las esponjas, los flagelos sirven para hacer circular el agua con sustancias alimenticias y gases respiratorios. Los flagelos de las bacterias son de estructura más simple que los de los animales y vegetales. Los de estos últimos son de estructura idéntica a la de los cilios pero más largos (hasta 150 mm) y menos numerosos.

FLOEMA: tejido vascular vegetal que transporta alimentos desde los lugares donde se fabrican hasta aquellos donde se necesitan o almacenan. Consiste de conductos formados por columnas de células vivas con paredes perforadas que permiten el paso de sustancias de una célula a otra. El protofloema y el metafloema son tejidos primarios que se derivan del procámbium, mientras que el floema secundario se forma a partir del cámbium vascular. También hay en el floema otras células, fibras y tejido parenquimático.

FLOR: órgano reproductor de los vegetales fanerógamos. En esencia presentan una envoltura (perianto) que, en los casos más complicados, se compone del cáliz (formado por sépalos) y la corola (compuesta de pétalos). La parte fértil comprende los estambres y los carpelos. Según su forma puede ser simétrica o no. La coloración de los pétalos les proporciona gran vistosidad, y son motivo de gran interés para los especialistas.

FLORA: composición cualitativa de la vegetación de una zona determinada.

FOLÍCULO: fruto seco dehiscente formado por un carpelo que se abre a lo largo de una de las suturas para liberar las semillas.// Pequeña cavidad o vesícula dentro de un órgano o tejido (por ejemplo, en los mamíferos el folículo de Graaf, donde se desarrolla el óvulo y el folículo piloso, donde se genera el pelo o vello).

FONENDOSCOPIO: ingenio utilizado en medicina para auscultar los sonidos típicos de cada aparato del organismo. Fue inventado por el italiano Bianchi. Consiste en una pequeña campana en cuya base hay una membrana sensible, de la que parten dos tubos de goma u otro material que transmiten los sonidos captados hasta dos auriculares situados en el otro extremo, que el médico se coloca en los oídos.

FOSA NASAL: par de cavidades en la cabeza de los vertebrados. Contiene huesos delgados recubiertos por una membrana mucosa revestida de epitelio, que en algunas partes contiene terminaciones nerviosas sensibles al olor. En los mamíferos, la gran área de membrana mucosa calienta y humedece el aire que pasa camino a los pulmones. Los pelos cerca de la ventana de la nariz, así como la secreción mucosa de las membranas, filtran el polvo y las bacterias del aire.

FÓSFORO: uno de los elementos esenciales en los organismos vivientes. En los vertebrados el fosfato de calcio es el principal componente del esqueleto. Los fosfolípidos son importantes en la estructura de la membrana celular, y los fosfatos son necesarios para formar el esqueleto de los ácidos nucleicos, que es ácido fosfórico y azúcar.

FÓSIL: nombre con que se conoce a los restos de organismos muy primitivos que, con el paso del tiempo, se petrificaron y que sirven para estudiar los orígenes de la vida en la Tierra, así como la edad de ésta. Básicamente se trata de esqueletos y conchas. El petróleo es el resultado de la fosilización de vegetales muy primitivos (helechos). Para datar la antigüedad de los fósiles la técnica que se emplea más comúnmente es la del Carbono-14.

FOTOGRAFÍA: técnica para obtener las imágenes de un objeto y retenerlas en una película. Su principio se fundamenta en la transformación de compuestos químicos a causa de la luz. La imagen que se obtiene con las máquinas fotográficas es inestable. Por eso, para conservarlas es necesario proporcionar a la placa impresionada de un baño o emulsión con ácidos especiales.

FOTOSÍNTESIS: se llama así al proceso mediante el cual las plantas producen su propio alimento. En la fotosíntesis intervienen el agua, las sales minerales, el aire y la energía solar. Los únicos seres vivos capaces de producir su propio alimento son las plantas.

FÓVEA: el punto de visión más agudo en la retina del ojo de los vertebrados. La imagen de un objeto cae en esta región que es directamente opuesta al centro de la pupila y al cristalino. Está formada únicamente por conos para la visión diurna. Algunas aves tienen dos fóveas para visión aguda frontal y lateral.

FRAGMENTACIÓN: una forma de reproducción asexual que presentan algunos metazoos, tales como los anélidos acuáticos. Consiste en la escisión del cuerpo en dos o más piezas que ulteriormente se convierten en organismos completos. Una forma de fragmentación se observa en la reproducción de las medusas.

FRIGORÍFICO: aparato utilizado para producir frío artificialmente. El frío se obtiene provocando la evaporación de un líquido. Los frigoríficos más empleados se llaman de compresión: un gas (amoníaco, freón o anhídrido carbónico) es comprimido en un compresor, y luego licuado por un condensador. El frío producido por este aparato se transmite a un ambiente o recinto que se pretende enfriar, llamado "cámara frigorífica".

FRÍO: estado de un cuerpo o ambiente caracterizado por la insuficiencia o carencia de calor. En 1868 Charles Tellier pensó que el frío podía facilitar la conservación de productos alimenticios. El frío artificial se produce por dos métodos: para temperaturas próximas a 0 °C se emplea hielo natural o artificial, o bien mezclas frigoríficas; mecánicamente se obtiene por la evaporación de un fluido antes licuado. La búsqueda del cero absoluto (-273,16 °C) fue una preocupación de la Física moderna. En 1951, V. de Klerk, lo obtuvo sometiendo a tratamiento amonio con material férico. El frío interviene en la elaboración de los metales, la separación de gases, la preparación de disolventes, y en Medicina para "invernar" órganos y productos.

FRUGÍVOROS: son aquellos animales que se alimentan exclusivamente de frutos. Son consumidores de primer orden. Ejemplos de animales frugívoros son algunos monos, las ardillas, etc.

FRUTO: órgano de una planta que nace de la flor. Contiene en su interior las semillas y contribuye a diseminar éstas al desprenderse del vegetal de que forma parte. En general, son el resultado del gran desarrollo de las paredes del ovario, al tiempo que unos corpúsculos llamados primordios se transforman en semilla tras la fecundación de la flor. De adentro a fuera se distinguen las siguientes partes: el embrión, rodeado de la pulpa dura que forman los cotiledones, y el endocarpo, otra capa envolvente y dura. Este conjunto constituye la "almendra". Luego está el mesocarpo, que es la carne del fruto y, finalmente, el epicarpo o piel exterior. Los frutos contienen importantes componentes vitamínicos, imprescindibles en toda alimentación racional y equilibrada.

FUCUS: género de algas pardas marinas parenquimatosas que se encuentra generalmente entre los límites de las mareas altas y bajas.

FUEGO: conjunto formado por el calor y la luz producidos por la combustión de un cuerpo. La luminosidad que desprende toma formas espectaculares, de color azulado, amarillento y rojo (llamas). Al parecer, el hombre primitivo obtuvo el primer fuego artificial frotando dos piedras duras (sílex), produciendo una chispa que encendía un matorral.

FUSIÓN: paso de un cuerpo del estado sólido al líquido a causa de la aplicación de calor. Todos los cuerpos sólidos se funden a una determinada temperatura, llamada de fusión. Al ser calentado y alcanzar el "punto de fusión", todo cuerpo, se convierte en estado líquido más o menos denso (según la naturaleza de cada cuerpo). Si el aumento térmico persiste, el líquido se transforma en gas.

En metalurgia, los metales son sometidos a fusión para moldearlos mejor. Las aleaciones son mezclas de metales obtenidas aplicándoles las temperaturas convenientes en altos hornos. Se llama calor de fusión al calor necesario para fundir un gramo o un kilogramo de una sustancia determinada.

GAMETO: célula capaz de unirse a otra célula para producir un cigoto, del cual se desarrolla un nuevo organismo. Los gametos pueden tener estructura y comportamiento diferentes (ansiogametos). El típico gameto masculino es pequeño, móvil, y producido en grandes cantidades. El típico gameto femenino es grande debido a las reservas alimenticias que contiene, inmóvil y producido en pequeña cantidad. La fusión de los gametos hace que el núcleo del cigoto posea exactamente el doble del número de cromosomas del núcleo de cada uno de los gametos.

GAMETOFITO: en un ciclo de vida vegetal, la generación que es haploide y produce órganos sexuales. Es la generación principal en el ciclo vital de los briofitos. De dicha generación el esporofito es total o parcialmente dependiente. El pétalo de las pteridofitas es el gametofito.

GANADERÍA: conjunto de actividades relacionadas con la cría de animales y su reproducción con el fin de obtener de ellos un beneficio económico. Cabe diferenciar varios tipos de ganadería: la de establo (estabulada) en la que los animales son resguardados en cuadras, o bien la ganadería abierta (itinerante) cuando los animales están siempre al aire libre. Son animales de ganadería: vacas, toros, bueyes, caballos, cerdos, aves de corral, ovejas, cabras, etc. Ganadería intensiva es aquella que somete a los animales a una rápida alimentación para obtener beneficios inmediatos (granjas). La búsqueda de pastos para grandes rebaños de ganado origina largos desplazamientos y constituye la ganadería trashumante.

GANGLIO: agrupación de cuerpos de células nerviosas, generalmente envueltos por una cápsula o vaina. En los vertebrados, los ganglios están localizados principalmente por fuera del sistema nervioso central; en los invertebrados, los ganglios se encuentran a lo largo de los principales cordones nerviosos y son los centros de integración nerviosa.

GARRA: formación terminal dura en que finalizan los dedos de las patas de numerosos animales y que constituye un órgano prensil. Se trata de uñas de grandes dimensiones que se emplean para aferrar y desgarrar a la presa capturada. La uña está normalmente curvada hacia adentro para poder penetrar mejor en la carne. En los felinos son retráctiles, es decir, que pueden semiocultarse en la pata.

Las aves rapaces, los félidos, y todos los animales carnívoros en general, poseen garras como medio de ataque y defensa. El topo las utiliza para escarbar en el suelo y construir su madriguera. Los murciélagos las usan para suspenderse de las ramas de los árboles. Las águilas con sus potentes garras pueden elevarse transportando con ellas una oveja. En general, todos los pájaros tienen garras que les permiten aferrarse a las ramas de los árboles.

GASEOSO: uno de los tres estados en que se presenta la materia (los otros son sólido y líquido). Un cuerpo en estado gaseoso se llama simplemente gas y su cualidad principal estriba en el hecho de que las moléculas que lo componen tienen una cohesión menor que las de los sólidos y líquidos. A causa de esa débil cohesión molecular presenta un aspecto volátil, con la tendencia a ocupar siempre todo el volumen del recipiente que lo contiene o a dispersarse en el espacio. Un gas puede licuarse si se le aumenta la presión, excepto si su temperatura es superior a la temperatura crítica.

GASTERÓPODOS: clase grande de moluscos a la cual pertenecen las babosas terrestres (Limax) y los caracoles (Helix), todos los cuales carecen de branquias y poseen pulmón para respirar aire. También pertenecen a esta clase muchos animales marinos y de agua dulce, como la Patella (lapa) y los Limnae (caracoles de pantano). Los gasterópodos se caracterizan por una cabeza bien desarrollada con tentáculos y ojos, una concha única y un pie amplio y plano. Siempre experimentan torsión durante el desarrollo, es decir, la giba visceral gira 180° de modo que la cavidad del manto, las branquias y el ano se encuentran por delante de los otros órganos y están dispuestos en forma asimétrica. La concha y la giba visceral suelen estar enrolladas en espiral.

GEMA: órgano de reproducción vegetativa producido en los musgos, hepáticas y algunas pteridofitas. Suelen formar grupos en receptáculos denominados copas de gemas y eventualmente se desprende de la planta progenitora para formar nuevas plantas.

GEMACIÓN: producción de yemas en las plantas.// Tipo de injerto en el cual la parte injertada es una yema.// Tipo de reproducción asexual en la cual se produce un nuevo individuo como una excrecencia (yema) del organismo progenitor. Es común en algunos grupos animales como los celenterados, esponjas y urocordados. También ocurre en los hongos unicelulares, especialmente en las levaduras.

GENE o GEN: elemento propio de las células, responsable de los caracteres hereditarios de un organismo. Un gen está formado por el ácido ADN (desoxirribonucleico), excepto en algunos virus, en que el ácido es el ARN (ribonucleico). Se organiza en largas cadenas y es objeto de estudio por parte de la Química y la Biología. La combinación de los genes proporciona a los organismos vivos sus rasgos diferenciales: color de los ojos, tipo y color del cabello, pigmentación de la piel, etc.

En la actualidad, la Ingeniería genética se ocupa del estudio y selección de los genes para prevención y curación de las enfermedades genéticas o hereditarias. La clave del gen radica en un código propio, cuya alteración se ha demostrado que puede producir cáncer.

GENÉTICA: término acuñado por Baterson para referirse al estudio de la herencia y sus variaciones, junto con los factores que las controlan. El tema cuenta hoy con tres subdivisiones: genética mandalina, genética de población y genética molecular o bioquímica.

GENOMA: conjunto de cromosomas de un núcleo, célula o individuo.

GENOMA HUMANO: nombre genérico del proyecto de investigación científica cuyo objetivo era "descifrar" y "leer" las "instrucciones" contenidas en el genoma de la raza humana. Es decir, identificar y clasificar las más de diez millones de combinaciones de aminoácidos que presentan las bases de la cadena de ADN y que representan el código genético del hombre. El proyecto se inició a finales de la década del 80, principalmente en EE.UU., aunque con colaboración de científicos de todo el mundo, y terminó la fase de "lectura" e identificación en el año 2000.

Este conocimiento puede permitir prevenir y curar numerosas enfermedades y malformaciones congénitas. Pero también ha sido criticado porque abre la posibilidad de la manipulación genética del ser humano (ver también **ADN** y **gene**).

GENOTIPO: constitución genética de un organismo. El aspecto de un individuo (el fenotipo) depende de las relaciones de dominancia entre los alelos del genotipo y de la interacción entre el genotipo y el medio ambiente.

GEODESIA: ciencia que estudia la forma geométrica y las dimensiones de la Tierra.

GEOGRAFÍA: ciencia que estudia la ubicación y distribución en el espacio de los fenómenos y elementos que se manifiestan en la superficie de la Tierra. Se divide en **geografía botánica y zoológica** (estudia la distribución de la flora y la fauna), **geografía económica** (la producción y distribución de la riqueza), **geografía general** (el espacio genérico), **geografía humana** (la población y los hechos en los que interviene el hombre) y **geografía política** (los fenómenos del poder y de las organizaciones políticas, como los estados).

GEOLOGÍA: ciencia que estudia la composición mineral, la estructura y la evolución de la Tierra.

GERMINACIÓN: fenómeno propio de los vegetales. Es el resultado de un proceso que experimenta la semilla hasta convertirse en el proyecto de planta, arbusto o árbol que inmediatamente comenzará a desarrollarse hasta alcanzar su plenitud o madurez. Al vegetal germinado se le llama plántula y su punto de partida es el crecimiento del embrión. En la germinación tiene lugar la digestión de las reservas alimenticias utilizadas como fuente de energía. En una primera fase se produce la división celular, que origina el crecimiento, siendo imprescindible la presencia abundante de agua. La germinación requiere un conjunto de condiciones: semilla sana, temperatura adecuada, humedad elevada, pero no excesiva, y oxígeno en abundancia. La función del oxígeno es vital para obtener agua a partir de las reservas de materia grasa de que dispone el vegetal.

GESTACIÓN: período transcurrido entre la fecundación y el nacimiento en los vivíparos. En los humanos normalmente dura nueve meses.

GIMNOSPERMAS: clase de vegetales vasculares, principalmente árboles, cuyas semillas se encuentran al descubierto.

GINECEO: carpelo o carpelos de la flor. El término pistilo, o pistilo compuesto también se utiliza para designar uno o más carpelos respectivamente.

GIROSCOPIO: dispositivo mecánico que se utiliza para conservar la dirección de los movimientos giratorios. El modelo más sencillo es el que utilizan las ruedas de los carros. Consiste en un cilindro colocado en el centro de una rueda y unido a ésta por unos radios. El cilindro hace de centro del sistema giratorio, alimentando su movimiento hasta que una fuerza superior llega a modificarlo (freno).

GLÁNDULA: órgano cuya función consiste en elaborar determinadas sustancias para regular, lubricar o, simplemente, complementar el funcionamiento de otros órganos. Está formada de tejido conjuntivo. Cabe distinguir las glándulas endocrinas, las cuales vierten al sistema circulatorio, de la sangre o de la linfa, unas sustancias llamadas hormonas, que sirven para reproducir el propio organismo y sus tejidos. Las glándulas exocrinas emiten sus sustancias hacia el exterior del cuerpo. Por ejemplo: las del sudor para descargarlo de toxinas; las lactarias para amamantar. Otras glándulas exocrinas vierten sus jugos dentro de determinados órganos, como las glándulas salivales y estomacales, cuya función es facilitar la asimilación de los alimentos por parte del organismo de los individuos. Las glándulas vegetales, son múltiples y tienen funciones parecidas.

GLOMÉRULO: pequeño apelotonamiento de capilares que se encuentra en la corteza del riñón de los vertebrados y envuelto por la cápsula de Bowman. Un glomérulo y una cápsula constituyen un cuerpo o corpúsculo de Malpighi. El glomérulo está irrigado con sangre de una arteriola aferente proveniente de la arteria renal. En las aves y en los mamíferos, una arteriola eferente más pequeña lleva la sangre hacia los capilares que rodean a los túbulos uriníferos antes de unirse a la vena renal.

GLOTIS: abertura a través de la cual pasa el aire desde la faringe hacia la tráquea. Está situada frente a la abertura del esófago.

GLUCOSA: monosacárido que se encuentra abundantemente en la naturaleza como glucosa-D. Su importancia para los mamíferos radica en su participación en los procesos de almacenamiento y liberación de energía.

GÓNADA: órgano de la reproducción de los animales. Produce las células sexuales (gametos) y algunas veces hormonas. La gónada femenina, el ovario, produce los óvulos; la gónada masculina, los testículos, produce los espermatozoides.

GRADO: cada una de las partes en que está dividida una escala para valorar o medir magnitudes (temperaturas, ángulos de los cuerpos, velocidades, etc.). En Física tiene gran importancia el grado térmico, que proporciona la cantidad de calor de un ambiente o cuerpo. Así, las escalas térmicas se dividen en grados, teniendo en 0 como línea divisoria entre el "calor" (parte superior de la escala) y el "frío" (parte inferior). El grado es la unidad básica de los termómetros. Se representa con el símbolo °.

La escala más común es la de Celsius o Centígrada, en la que el 0 °C corresponde al punto de fusión del agua y el 100 °C al punto de ebullición de la misma. Los países anglosajones emplean la escala Fahrenheit, en la que el 0 °C corresponde al grado 32 F, y el 100 °C al 212 F. La de Reamur va del 0 °R, pero, actualmente, está en desuso.

GRANIZO: fenómeno atmosférico provocado por la precipitación sobre la tierra de agua en forma de pequeños gránulos de hielo, a causa de un proceso de condensación. Normalmente el granizo cae precedido a grandes lluvias y por breve tiempo. Es típico de zonas templadas y tropicales. Los granos pueden alcanzar incluso 1 cm de grosor, en forma de cristal irregular. Son frágiles y se disuelven con rapidez.

GRANULOCITO: glóbulo blanco de la sangre (leucocito) que tiene gránulos en el citoplasma. Los granulocitos suelen llamarse leucocitos polimorfos porque el núcleo es lobulado. Los tres tipos son neutrófilos (70% de todos los leucocitos), eosinófilos (1,5%), y basófilos (0,5%).

GRASA: lípidos que sirven como material de almacenamiento en los animales superiores y en algunos vegetales. Las grasas están constituidas principalmente por triglicéridos de ácidos grasos.

GRAVEDAD: fuerza de atracción que se manifiesta entre los astros del espacio cósmico o entre éstos y los cuerpos que pueden estar en sus superficies. Galileo estudió la fuerza gravitatoria de la Tierra sobre dichos cuerpos. Calculó la velocidad (aceleración) de la caída libre de los cuerpos (que es independiente de su masa y de su forma), estableciéndola en 9,8 m/s, siendo pues una velocidad uniformemente acelerada.

Isaac Newton estudió la atracción gravitacional que existe entre los astros o cuerpos cósmicos, concluyendo que se atraían de modo directamente proporcional al producto de sus masas e inversamente proporcional al producto de sus masas e inversamente proporcional al cuadrado de la distancia que los separa. Esta visión mecánica fue reinterpretada por Albert Einstein, quien afirmó que la gravedad es el resultado de la estructura del Universo y producto de las fuerzas que lo expansionan.

GRUPOS SANGUÍNEOS: tipos en los cuales se clasifica la sangre. Desde 1900 se sabe que la sangre se puede dividir en cuatro grupos: A (42 % de la población), B (9 %), AB (3 %) y 0 (46 %).

GUANINA: base nitrogenada que se encuentra en el ADN y el ARN. La guanina tiene estructura de anillo ourínico.

GUSTO: uno de los sentidos del hombre y de los animales, mediante el cual se perciben los sabores de las sustancias. En el hombre permite establecer cuatro categorías de sabor: ácido, amargo, dulce y salado. Está muy relacionado con el olfato. En la punta de la lengua están las papilas que detectan lo dulce; a ambos lados de la punta, se hallan las del sabor salado; en la mitad, las papilas del sabor ácido, y al final de la lengua, las papilas del sabor amargo.

Las papilas linguales conectan con el cerebro a través de las ramas nerviosas. En la mayoría de los animales vertebrados, el sentido del gusto está muy desarrollado, lo cual les facilita la selección del alimento.

HÁBITAT: es el lugar específico donde se desarrolla un ser vivo, como el agua, la tierra y el suelo.

HALOFITO: planta que crece en terrenos con alta concentración salina, como en las marismas salinas. Un ejemplo es la Spartina.

HAPLOIDE: célula u organismo que solamente contiene una forma representativa de cada uno de los pares de cromosomas homólogos que se encuentran en las células diploides. Los cromosomas haploides no se encuentran emparejados y el número haploide de cromosomas (n) es la mitad del número diploide (2n). Generalmente la meiosis precede a la formación de gametos, divide por la mitad el número de cromosomas para producir gametos haploides. El estado diploide se restablece con la fusión de los núcleos de los dos gametos que dan origen al cigoto. En el hombre, hay 46 cromosomas en 23 pares, con lo cual el óvulo y el espermatozoide, que son haploides, contienen cada uno 23 cromosomas. Los gametos pueden desarrollarse sin fecundación, o la meiosis puede ocurrir mucho antes de la formación de los gametos. Esto ocurre, particularmente, en los vegetales, produciendo organismos haploides o fases haploides en los ciclos vitales de los organismos.

HARDWARE: palabra inglesa que designa el conjunto de componentes físicos que integran un sistema de computación. Dentro del hardware pueden distinguirse tres sectores. El primero está integrado por la base del procesador: la unidad aritmética-lógica y la unidad de control. Luego, están los mecanismos de entrada-salida de la información y, finalmente, las unidades de almacenaje o memoria.

HECES: material sólido o semisólido, constituido por alimentos no diferidos, bacterias, mucus, bilis y otras secreciones, que es expulsado del tubo digestivo a través del ano.

HELECHO: planta que comprende múltiples especies de la clase Filiconpsidas (más de 12.000 especies). Es de las más antiguas y, al parecer, estaba ya presente en la era Secundaria. Se la encuentra en todas las zonas, pero abunda sobre todo en las tropicales, siempre en lugares húmedos y sombreados. Es de coloración verde y en sus hojas hay unos cuerpos llamados soros que facilitan la reproducción.

HEMÍPTEROS: orden muy extenso de insectos, los chinches, caracterizados por un aparato bucal modificado para chupar (rostrum). Los chinches vegetales (Aphis) se alimentan de la savia de las plantas y constituyen una seria plaga, destruyendo las plantas y transmitiendo enfermedades. Tienen dos pares de alas, transparentes y membranosas, que se doblan sobre la espalda cuando el animal está en reposo.

HEMISFERIOS CEREBRALES: par de estructuras originadas en el prosencéfalo. Contienen los centros de los sentidos y de la actividad muscular voluntaria, y de las funciones superiores del cerebro como el lenguaje y la memoria. Cada hemisferio controla la parte opuesta del cuerpo.

HEMOGLOBINA: pigmento indispensable en la sangre de los animales cuya función es el transporte a las células del oxígeno presente en los glóbulos rojos. Actúa, pues, como un catalizador en la oxigenación del sistema circulatorio sanguíneo. Se compone de una proteína llamada globina, de una sustancia denominada hemo y de una parte de hierro. Contribuye también a eliminar el anhídrido carbónico, nocivo para el organismo.

HEPÁTICAS: clase de briofitos a la cual pertenecen plantas rastreras o trepadoras con rizoides unicelulares. Son más sencillas que los musgos con eje. Presentan forma de hojas en las especies más avanzadas. Hay siete órdenes de hepáticas.

HERBICIDA: producto sintético usado en la destrucción de plantas indeseables (especialmente malezas) para la producción agrícola. Desde 1948, el uso de herbicidas sustituyó ampliamente a la destrucción manual o mecánica de malezas en las regiones de agricultura intensiva.
Usados en forma apropiada no causan graves problemas al medio ambiente. El riesgo tiene lugar en el exceso de dioxinas. Pueden ser totales o selectivos y actúan por contacto o sistemáticamente.

HERBÍVOROS: son los consumidores de primer orden, aquellos que se alimentan de vegetales. Por ejemplo el elefante es herbívoro, come hierbas.

HERENCIA: proceso biológico a través del cual unos corpúsculos (genes) transmiten una serie de caracteres constitucionales, heredados de los padres, a generaciones posteriores. En genética se llama fenotipo a las características provocadas por la interacción con un organismo y el medio ambiente (piel y pelaje grueso en los animales de climas fríos), y genotipo al conjunto de rasgos estrictamente orgánicos (el color de las pupilas de los ojos, por ejemplo). Fue Gregorio Mendel quien, en el siglo XIX, sentó las bases de la herencia, señalando que los caracteres de los padres se mezclan en sus hijos de igual modo que dos líquidos pueden mezclarse entre sí. Cuando los genes son iguales, y su equilibrio se transmite, las generacio-nes que siguen se denominan razas puras. Los genes diferentes se llaman alelos. En el citoplasma hay elementos que modifican o suprimen la acción genética.

HERMAFRODITA: animal que posee órganos masculinos y femeninos de reproducción (por ejemplo, la lombriz de tierra).// Planta que presenta estambres y carpelos en la misma flor.

HETEROCIGÓTICO: que tiene dos alelos diferentes en un locus. Generalmente solo uno de ellos, el alelo dominante, se manifiesta en el fenotipo. Al identificar o cruzar heterocigotos pueden aparecer algunos recesivos que dan origen a crías viables.

HETERÓTROFOS: también llamados alótrofos. Son todos los seres vivos (animales y vegetales) que no pueden fabricar su propio alimento y que necesitan de otros vegetales o animales para poder alimentarse.Todos los animales son heterótrofos y también algunas plantas sin clorofila, como por ejemplo los hongos.

HIBERNACIÓN: proceso de disminución de las funciones vitales para el ahorro de energía. Tiene lugar durante el invierno y se da en algunos animales (como insectos, roedores, etc.) que para hibernar pueden, por ejemplo, almacenar alimentos en sus refugios.

HÍBRIDO: organismo que proviene del cruce de progenitores genéticamente diferentes.

HIDRÓFILIA: polinización en la cual el agua es la encargada de transportar el polen desde los estambres a los pistilos.

HIDROFITA: planta que crece entre el agua o en zonas extremadamente húmedas (por ejemplo, la Sagittaria y los nenúfares).

HIDRÓGENO: elemento químico puro. Normalmente se le encuentra mezclado con otros gases en las emanaciones de los volcanes y en la atmósfera (a más de 70.000 m de altitud compone aproximadamente el 99% de la atmósfera). Asimismo está presente en todas las estrellas. Combinado con el oxígeno produce agua. Es imprescindible en la industria para la obtención de ácidos. Es incoloro, inodoro y muy ligero.

HIDROZOOS: clase de celentéreos en cuyo ciclo de vida se produce generación alternante de pólipos y medusas. La mayoría son marinos, con pólipos en colonias sedentarias.

HIELO: agua que se presenta como un cuerpo sólido y cristalino a causa del descenso de temperatura. Es incoloro y transparente. Se forma cuando la temperatura del agua desciende por debajo de los 0 °C. En la Naturaleza se encuentra, por tanto, en las regiones frías y, en los Polos Norte y Sur, cubre grandes extensiones de agua (icebergs). Se fabrica utilizando unas máquinas llamadas refrigeradoras.

HIERRO: elemento químico que raramente se encuentra en la Naturaleza en estado puro. Es un metal que se halla mezclado con otros formando minerales como la magnetita, la pirita, la limonita y el oligisto. En estado puro es de color blanco plateado, maleable y dúctil. A al-

tas temperaturas se oxida, adquiriendo primero un color rojo y luego el blanco incandescente. Es un elemento indispensable para la vida humana y está presente en todas las células del organismo. Su símbolo químico es Fe.
El hierro constituye la base de la industria metalúrgica, en donde se lo mezcla con carbono para proporcionarle mayor dureza, sometiéndole a grandes temperaturas (se evapora a 3.235 °C). De él se obtiene el acero. Se lo emplea en la construcción de máquinas, herramientas, vehículos, etc.

HIFA: filamento tubular no fotosintético de los hongos que se extiende para constituir una red conocida como micelio o se recoge en los cuerpos fructíferos. Las hifas pueden o no ramificarse y pueden o no presentar tabiques. Son parásitos o saprofitos y en las puntas secretan enzimas para digerir y penetrar en su reserva alimenticia. Las paredes de la hifa, en casi todas las especies, se diferencian de las de las plantas en que están formadas por quitina o por una forma de celulosa propia de los hongos.

HÍGADO: órgano digestivo de los animales vertebrados. Se presenta como una gran glándula. En el hombre está situado en el lado derecho del tronco. Realiza importantes funciones de asimilación de los alimentos, generalmente digeridos por el estómago, convirtiendo los residuos en urea, que luego es expulsada. Segrega una sustancia llamada bilis, para facilitar la asimilación y forma otra denominada glucógeno.

HIMENÓPTEROS: importante orden de insectos en el cual se encuentran las abejas, avispas y hormigas. Gran parte de ellos son carnívoros; cuentan con aparatos bucales adaptados para picar y algunos para chupar (por ejemplo, las abejas). Las alas posteriores están unidas por las anteriores por medio de pequeños ganchos para posibilitar el vuelo. El tórax, por lo general, está unido al abdomen por una estrecha cintura. El ovopositor de la hembra puede tener aspecto de serrucho, taladro o aguijón. Las larvas pueden ser tipo gusanos, que se alimentan de plantas, o ápodas e indefensas, que necesitan del cuidado de las adultas. Por lo general pertenecen al orden de los insectos sociales, como las abejas y las hormigas; aunque algunos himenópteros son solitarios.

HIPERTROFIA: crecimiento de un tejido u órgano por aumento del tamaño de sus células o fibras.

HIPOCÓLITO: porción de la plántula debajo de los cotiledones y entre la inserción de éstos y el punto donde nacen las raíces laterales.

HIPODERMIS: una o más capas de células que se encuentran inmediatamente por debajo de la epidermis en las plantas. Puede estar formada por células de paredes delgadas e incoloras, cuya función es almacenar agua, como ciertas hojas suculentas y las raíces aéreas de las epífitas. En ciertas especies las células hipodér-

micas tienen paredes gruesas y sirven como protección de los tejidos internos.

HIPÓFISIS: glándula endocrina del cerebro de los vertebrados, situada debajo del tálamo y detrás del quiasma óptico. Se la considera como glándula endocrina "maestra" porque muchas de sus hormonas controlan las secreciones de otras glándulas endocrinas.

HIPOTÁLAMO: parte del encéfalo de los vertebrados inmediatamente detrás de la unión de los hemisferios cerebrales, que tiene por función primordial el control del estado fisiológico del organismo.

HISTOLOGÍA: el estudio de los tejidos y las células a nivel microscópico.

HOJA: órgano de los vegetales en forma de lámina poco gruesa. Nace de los tallos, siendo generalmente de color verde. Su función principal consiste en asimilar los hidratos de carbono, alimento indispensable para la planta. La lámina propiamente dicha se llama limbo y está recorrida por unos surcos o nervios que son los vasos liberianos, que actúan como las arterias del cuerpo humano. La hoja está unida al tallo o rama por un apéndice llamado pecíolo, casi siempre muy corto (si no existe, la hoja se llama sésil). Si la hoja sólo tiene una lámina, se denomina simple, y compuesta si tiene varias. Por su forma, se denomina: aflechada, acorazonada, lanceolada, oblonga, aserrada, palmeada, etc. Según su posición con respecto al tallo, las hojas son alternas, opuestas, verticales, etc. La hoja que no se renueva toma el nombre de perenne.

HOMBRE: el más evolucionado de los animales. Mamífero de la familia Homínidos y único representante existente de la misma (género Homo). Su cuerpo consta de tres partes: cabeza, tronco o tórax y extremidades.
En la cabeza están los órganos sensoriales y el cerebro, órgano que le permite pensar y que por su desarrollo y complejidad lo diferencia del resto de los animales. En el tórax están los órganos digestivos y respiratorios y el centro del sistema circulatorio. Las extremidades superiores acaban en una mano prensil y las inferiores le sirven para el desplazamiento y para permanecer en posición erecta. Su piel es lisa o provista de poco pelo y se alimenta de otros animales y de vegetales.
Apareció en la era Cuaternaria, siendo descendiente de un género desaparecido hace millones de años: los australopithecus. Se desconoce el eslabón intermedio entre los homínidos y el homo sapiens.

HOMEOSTASIS: conservación de un medio interno constante por parte de un organismo. Permite a las células funcionar más eficientemente.

HOMEOTERMIA: conservación de la temperatura del cuerpo a nivel constante, sin tener en cuenta las condiciones ambientales. Las aves y los mamíferos son homeotérmicos (de "sangre caliente").

HOMOCIGÓTICO: que tiene los dos mismos alelos para un determinado carácter. Un homocigoto da origen a otro homocigoto para el carácter en cuestión cuando se cruza con un homocigoto similar. Un organismo homocigótico para todos los locus produce crías idénticas a sí mismo cuando se cruza con un organismo genéticamente idéntico.

HOMOLOGÍA: características por la cual órganos de animales o vegetales de especies diferentes tienen el mismo origen embriológico sin tener necesariamente la misma forma o función.

HOMÓPTEROS: orden de insectos **hemípteros** de boca picadora-chupadora, provista de un estilete con el que absorben el alimento. Comprende unas 30.000 especies, todas terrestres y fitófagas.

HONGO: nombre que se utiliza para identificar a una variada clase de vegetales de colores que van del blanco al negro, rosado, rojo, pardo, etc. Se caracterizan por un corto tallo (el talo) que en la parte superior soporta una especie de sombrerillo. A veces viven como parásitos de otros vegetales, pero siempre en lugares sombríos y muy húmedos. Hay especies comestibles y otras venenosas. No necesitan luz.

HORMONA: sustancia de los seres vivos segregada por las glándulas endocrinas que las vierten a la sangre. Actúan sobre determinados órganos para, así, mantener su buen funcionamiento, o bien como complemento de otras sustancias. Pueden ser proteínas y aminoácidos. Ayudan a mantener el equilibrio del organismo en sus aspectos digestivo, sensorial y sexual. Su carencia provoca graves enfermedades.

HUESO: pieza dura y resistente que junto con otras constituye la parte ósea del cuerpo de los animales vertebrados: el esqueleto. Químicamente está formado por materia orgánica, denominada tejido conjuntivo, por fibras colágenas, que le proporcionan dureza, y por materia inorgánica como fosfatos, calcio y carbonato, que contribuyen a reforzar su estructura. En general, el hueso es un tubo alargado llamado diáfisis que en sus extremos se ensancha en la denominada epífisis, en donde, a veces, se articula con otro hueso. Los correspondientes al cráneo humano son planos. En su interior, el hueso está recorrido por un sistema de canales (conductos de Havers y de Valkmann), por los que recibe las sustancias alimentarias para su conservación. Son órganos de sostén, protectores de otros órganos y depósitos de calcio y fosfato.

HUMEDAD: estado de un cuerpo o de un lugar impregnados por la presencia de agua mezclada con el propio cuerpo o bien con el aire en forma de vapor. Cuando el aire se impregna demasiado de agua, la humedad es sustituida por el estado de condensación, previo a las precipitación (lluvia).
La humedad absoluta es la máxima que puede contener una masa de aire. La relativa viene expresada con relación a la saturación de esa misma masa (índice de humedad).

HÚMERO: hueso largo del miembro superior de los tetrápodos; hueso del antebrazo en el hombre, que va del hombro al codo. En su extremo superior se encuentra una cabeza redondeada que se articula con la cavidad glenoidea de la escápula (omóplato) formando una articulación esférica (enartrosis). En el extremo inferior se encuentra una superficie articular (cóndilo) para el radio y el cúbito, constituyendo la articulación en bisagra del codo.

HUMO: sustancia en forma de gas que se desprende de las combustiones y que es un residuo gaseoso de las mismas. Es la señal que se produce algo se quema. Aunque su composición suele variar, en general siempre presenta tres componentes: vapor de agua, ácido carbónico y carbón en polvo.
El que produce la industria puede ser muy corrosivo y en las ciudades, con la niebla, crea un fenómeno contaminante denominado smog. El humo se utiliza en agricultura para cubrir con una capa de vegetales, reduciendo las pérdidas de calor cuando se producen heladas. Estos humos se obtienen quemando aceites cuyo humo se condensa en seguida y se deposita sobre los vegetales como gotitas. En la guerra se emplean cortinas de humo, obtenidas de los vapores de fósforo, que crean un ambiente denso y blanco impidiendo la visión al enemigo.

HUMOR ACUOSO: líquido que llena el espacio por delante del cristalino en el ojo de los vertebrados. Es secretado por las glándulas ciliares y suministra nutrientes a la córnea y al cristalino.

HUMOR VÍTREO: gelatina semilíquida que llena el espacio detrás del cristalino en el ojo de los vertebrados. Contiene una delicada red de fibras parecidas al colágeno y ayuda a mantener la forma del globo ocular.

HUMUS: materia orgánica resultante de la descomposición de sustancias animales y vegetales por las bacterias del suelo. El humus está compuesto por 60 % de carbono, 6 % de nitrógeno y pequeñas cantidades de fósforo y azufre. Posee gran capacidad para retener el agua y aumenta la fertilidad de la tierra.

HUSO: estructura que se forma durante la mitosis y la meiosis, responsable del movimiento de las cromátidas y cromosomas a los polos opuestos de las células.

HYDRA: género de celéntereos, solitarios de agua dulce. La Hydra tiene un cuerpo cilíndrico adherido al sustrato. La boca está rodeada por un anillo de tentáculos portadores de células con aguijones (cnidocitos) para agarrar el alimento. Aunque generalmente son sedentarios, las Hydras pueden moverse en forma ondulatoria o espasmódica. Se reproducen asexualmente por yemas y sexualmente en climas fríos. Poseen una gran capacidad de regeneración.

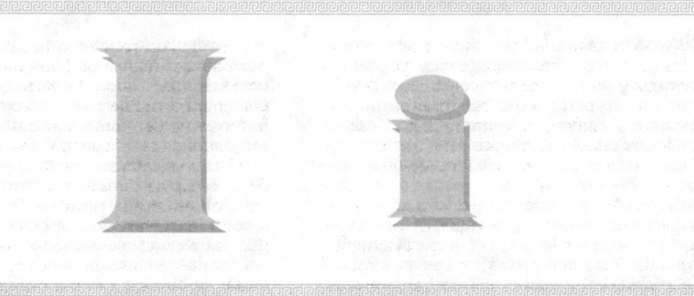

ÍLEON: la porción más larga (6 m en el hombre) del intestino delgado de los mamíferos, situada entre el duodeno y el colon. La digestión de la comida y la absorción de los productos solubles tiene lugar en el íleon. La capa interna está llena de pliegues y recubierta por millones de microvellosidades que aumentan la superficie de absorción. Entre las vellosidades se abren las glándulas simples que secretan jugo intestinal con las enzimas digestivas. El íleon tiene dos capas musculares (longitudinal y circular) cuyas concentraciones químicas producen los movimientos peristálticos.

ILIÓN: hueso par que forma la parte dorsal de la cintura pélvica de los tetrápodos. Estos huesos forman la porción en abanico de los huesos de la cadera en el hombre.

IMÁN: sustancia o cuerpo que tiene la propiedad de atraer especialmente al hierro y también, pero con menor fuerza, al cobalto, al níquel y algunas aleaciones. La propiedad atractiva puede ser natural, tal como la posee un mineral llamado magnetita; o bien artificial, incorporada eléctricamente a un cuerpo. Los minerales de hierro conservan su magnetismo de modo permanente. Tiene amplios usos industriales.

IMPULSO: necesidad o motivación básica para un determinado objetivo. El impulso suele producirse por una carencia (por ejemplo, hambre o sed) o para satisfacer una necesidad instintivamente (por ejemplo, la reproducción), lo cual mueve al animal a actuar en la forma adecuada para lograr su objetivo.

IMPULSO NERVIOSO: señal que se transmite a lo largo de las neuronas. Todos los impulsos nerviosos son de forma y fuerza idénticas y consisten en cambios de permeabilidad de la membrana del axón seguidos de flujos de iones que entran y salen de la célula, produciendo así cambios de potencial de acción que pasa a lo largo del axón. La energía necesaria para transmitir el impulso se deriva no del estímulo sino de la neurona misma.

INCISIVO: diente propio de los animales carnívoros. El hombre posee cuatro dientes incisivos en la parte delantera de la mandíbula superior. Los dos centrales son más planos y mayores. Sirven para desgarrar y cortar los alimentos, función que realizan con la ayuda de los dos caninos, para facilitar luego la masticación de los molares. En los felinos presentan un notable desarrollo para aferrar las presas.

INDIVIDUO: es cada uno de los seres vivos, que en conjunto forman una comunidad.

INERVACIÓN: número, tipo y distribución de los nervios que van (inervan) a un órgano o región del cuerpo.// Estimulación nerviosa de un órgano o región.

INFECCIÓN: estado anormal producido por microorganismos patógenos en el organismo. Es el origen de las llamadas enfermedades infecciosas

INFORMÁTICA: conjunto de disciplinas y técnicas desarrolladas para el tratamiento automático de la información, mediante el uso de computadoras. Actualmente, se considera que, por su desarrollo, ha alcanzado el nivel de ciencia. Los elementos mecánicos de ayuda para cálculos y almacenamiento de información tienen una historia relativamente reciente, ya que, esencialmente, abarca la segunda mitad del siglo XX. La primera computadora (conocida con el nombre de MARK 1) se construyó en 1944 en la Universidad de Harvard.
A partir del surgimiento de las computadoras personales (iniciada con la introducción de los circuitos integrados y los microchips), su uso se ha extendido y generalizado a gran parte de las actividades laborales y de estudio, así como la vida doméstica.
Por otro lado, su combinación con las telecomunicaciones ha dado origen a una nueva rama: la **telemática** (ver también **computación** e **Internet**).

INFLAMACIÓN: reacción defensiva de los tejidos animales a cualquier lesión, infección o irritación. La inflamación se caracteriza por enrojecimiento, hinchazón, calor y dolor.

INFLORESCENCIA: colección de flores con un tallo común. Cada flor sale, generalmente, de la axila de una hoja o bráctea. Existen muchos tipos de inflorescencia, determinados principalmente por la forma de ramificación.

INJERTO: parte de una planta que se introduce en otra con la finalidad de mejorar una de ellas (calidad del fruto, resistencia al frío o al calor excesivo, superior consistencia, etc.), o bien para obtener un fruto que sea mezcla de ambas (algunas variedades de melocotón).

INMUNIDAD: capacidad de los vegetales y animales para hacer frente a agentes nocivos infecciosos y toxinas. Esta característica puede originarse, en parte, a muchos mecanismos no específicos, como por ejemplo fagocitosis o piel impenetrable (inmunidad no específica). En los vertebrados es el resultado de un mecanismo específico por el cual ciertas sustancias (anticuerpos) o linfocitos del organismo se combinan con una determinada sustancia en el organismo: es la inmunidad específicamente adquirida. Esta inmunidad incluye la inmunidad pasiva, en la cual el anticuerpo proviene de otro individuo (por ejemplo, la madre) y la inmunidad activa, en la cual el anticuerpo es producido por estimulación con el antígeno (por ejemplo, por vacunación o por exposición a la infección).

INSECTÍVOROS: son los animales que comen solamente insectos. Son consumidores de segundo orden y de órdenes superiores. Ejemplos de insectívoros son: sapos, topos, erizos, etc.

INSECTOS: animales de la clase Artrópodos que presentan un cuerpo en forma de segmentos dividido en tres partes diferenciadas: cabeza, tórax y abdomen. La cabeza consta de dos antenas con función sensorial, dos ojos laterales, y una boca que, según su forma, se llama chupadora, masticadora o lamedora. El tórax consta de tres segmentos y está unido a la cabeza del animal por el cuello. Tres pares de patas están prendidas en él. El abdomen es un largo apéndice que consta de 10 ó 12 articulaciones. En la cola encontramos, a veces, (abejas) un aguijón. Muchas especies llevan también uno o dos pares de alas (mariposas). Respiran a través de tráqueas y el olfato está localizado en las antenas. Se conocen más de un millón y medio de especies distintas de insectos y se adaptan a todos los medios climáticos; incluso el agua.

INSEMINACIÓN ARTIFICIAL: introducción artificial de semen en las vías reproductivas de un animal hembra. Su uso es extenso en los animales de cría (vacas, ovejas). Se recolecta semen del macho que tenga las características hereditarias deseadas, se congela y se transporta adonde sea necesario para fecundar a muchas hembras. El método también se ha usado para mujeres que desean tener hijos, pero cuyo compañero no puede procrear.

INSTINTO: impulso o decisión primario que rige la vida de los animales y que en el hombre ha sido superado por la razón. Se distinguen tres etapas de la conducta animal: el comportamiento instintivo, el hábito y el comportamiento racional. Este último es exclusivo de la especie humana, regida por la facultad inteligente del cerebro, y capaz de elegir. El instinto es lo que mueve a los animales a procurar su conservación.

INSULINA: sustancia (hormona), elaborada por las células del páncreas y cuya función consiste en regular la asimilación de los alimentos portadores de glucosa. Su carencia determina un exceso de azúcar en la sangre y produce una enfermedad llamada diabetes. A estos enfermos se les inyecta insulina para evitar el envenenamiento de la sangre. Fue descubierta en 1921 por los biólogos Banting y Best.

INTELIGENCIA: facultad de comprender y conocer. Aptitud para relacionar las percepciones sensoriales y abstraer y asociar conceptos. En general, se ha considerado la inteligencia sólo como una cualidad humana. Pero existen escuelas de biología que la consideran sólo el desarrollo superior de una capacidad existente en todo organismo vivo.// **Inteligencia artificial:** concepto que engloba todas actividades científicas y técnicas destinadas a la creación de máquinas capaces de realizar actividades propias del pensamiento humano: cálculos, traducción, jugar al ajedrez, etc.

INTERFASE: estadio del ciclo de la célula en el cual el núcleo no se encuentra en estado de división. La interfase puede dividirse en varios estadios a su vez, cada uno de los cuales se caracteriza por una diferente actividad fisiológica.

INTERNET: abreviatura de las palabras inglesas "interconected network". De esta forma se denomina a una gigantesca red de computadoras conectadas en todo el mundo a través de líneas telefónicas y comunicaciones satelitales. Esta red incluye bases de datos de universidades, bibliotecas, laboratorios, etc., y a ella puede conectarse hoy cualquier usuario particular que posea una computadora y una línea telefónica.

En la última década se ha generalizado la creación de las llamadas "páginas web" o "web site" presentadas por instituciones estatales o privadas (y también por particulares) que permiten obtener información específica sobre temas o actividades. Al mismo tiempo, han surgido los "buscadores", lugares especiales que permiten orientarse en la gran cantidad de páginas y temas que presenta la red.

Aunque existen otros usos, el empleo más común de la Internet se da de tres formas: chateo ("conversaciones de dos o más usuarios"), navegación (recorrido de páginas web) y correo electrónico (casillas de correo virtuales para enviar y recibir correspondencia electrónica). (Ver también **world wide web.**)

INTESTINO: órgano de los animales en forma de tubo, más o menos ancho que forma parte del aparato digestivo. Comprende el sector que va del estómago al ano. Se divide en dos partes: el delgado, en el que se produce la última selección de los alimentos; el grueso, que lo recubre como una capa protectora y que impulsa los residuos hacia el recto. En conjunto, el intestino tiene una longitud de 5-6 m y su aspecto es globuloso.

INVERTEBRADOS: animales que carecen de huesos. Constituyen un grupo muy diverso de animales, que abarca desde los protozoos unicelulares, hasta los moluscos e insectos. Se trata de un concepto poco científico por ser excesivamente general. Se inventó para oponerlo al de vertebrados (animales con columna vertebral), e incluye al conjunto de seres vivos del reino animal menos evolucionados. Se calcula que las especies de animales invertebrados superan el número de un millón. Para Linneo, los invertebrados se reducían a insectos y gusanos. Lamarck incluyó además los moluscos y crustáceos. Darwin específico que los animales invertebrados fueron los primeros en aparecer sobre la Tierra y, a partir de ellos, por el proceso de evolución, surgieron los vertebrados. El animal invertebrado más simple es la ameba unicelular.

INVITRO: literalmente, "en vivo". Se refiere a experimentos biológicos en el laboratorio y no en los organismos vivos. Los cultivos de tejidos celulares son ejemplos de experimentos in vitro.

INYECCIÓN: técnica de la industria mediante la cual se introduce combustible en una masa de aire de modo que forme una mezcla capaz de ser quemada en las mejores condiciones y obteniendo el máximo rendimiento.
Se emplea en los motores mecánicos de explosión interna. La inyección directa es aquélla en que el combustible se hace entrar directamente en la cámara de combustión. La indirecta pasa por un filtro.

IRIS: parte del ojo del hombre y de los animales vertebrados. Se trata de una estructura membranosa y muscular que separa el ojo anterior del posterior. En su parte más externa presenta una abertura central de dimensiones variables, llamada pupila. Tiene una función protectora. Posee dos músculos: uno provoca la dilatación de la pupila (dilatador) y el otro responde a estímulos nerviosos (esfínter).

IRRITABILIDAD: capacidad de un organismo o de una parte del mismo para identificar un cambio en el medio ambiente y poder reaccionar. Por ejemplo, las reacciones a la intensidad de la luz y a los estímulos químicos. Es un rasgo característico de los organismos vivos.

ISOMERÍA: fenómeno químico según el cual dos sustancias que tienen la misma forma molecular presentan, en cambio, una estructura o distribución de sus moléculas diferente. Esta situación particular se produce a causa de la actividad del núcleo de los átomos. Cuando por efecto de un determinado fenómeno exterior, el núcleo de un átomo emite radiaciones, con pérdida de carga positiva, entonces se llama átomo isómero.

ISQUIÓN: hueso que forma parte de la porción posterior del lado ventral de la cintura pélvica de los tetrápodos. En el hombre tiene forma de L, descendiendo desde la cavidad cotiloidea (acetábulo) y dirigiéndose hacia adelante y arriba para formar el pubis.

JERARQUÍA DE DOMINACIÓN: estricta jerarquía que se da en muchos vertebrados que viven en grupos sociales y en los cuales cada individuo ocupa una determinada posición reconocida por los otros miembros del grupo. Para establecer tal jerarquía hay lucha y el animal dominante surge como aquél que no puede ser dominado por ningún otro. Una vez establecida, la jerarquía suele ser estable, ya que los subordinados evitan amenazar al animal dominante y realizan acciones de sumisión para no ser atacados.

JUGO GÁSTRICO: agente de la digestión estomacal secretado por las glándulas gástricas situadas en la gruesa pared del estómago. Contiene principalmente dos enzimas: pepsina que desdobla las proteínas en cadenas cortas de polipéptidos, y renina, que coagula el caseinógeno para formar caseína. El jugo gástrico también contiene mucus (para lubricar el movimiento del alimento) y su pH es ácido. El estímulo mecánico y químico sobre el revestimiento del estómago por el alimento mismo produce la secreción de jugos gástricos y de una hormona (gastrina). Esta hormona circula en la sangre y hace que las glándulas gástricas secreten ácido clorhídrico, produciéndose así el pH ácido del estómago.

LABERINTO: sistema membranoso de cavidades y caneles que se encuentra en el oído interno de los vertebrados y que contiene endolinfa. Consta de dos cavidades (el utrículo y el sáculo) y tres canales semicirculares que actúan como órganos del equilibrio, y un conducto en forma de espiral (la cóclea) donde se encuentra el órgano de la audición.

LABORATORIO: lugar en el que se realizan experimentos o análisis químicos, se elaboran medicamentos y otros productos químicos. En muchos casos, también está equipado para la investigación.

LACTALBÚMINA: proteína que, junto con la caseína y la lactoglobulina, forma parte del contenido proteico central de la leche.

LACTANCIA: período de la vida de los mamíferos (en especial del hombre) en que las crías reciben el alimento de la mama materna.

LAMELIBRANQUIOS: clase de moluscos marinos y de agua dulce, caracterizados por un cuerpo aplanado en sentido lateral y una concha constituida por dos valvas articuladas en la región dorsal. Un ejemplo de esta clase es el mejillón (Mytilus).

LARINGE: órgano del cuerpo humano situado entre la faringe y la tráquea. Además de en el hombre, solamente existe en los animales vertebrados con respiración pulmonar (mamíferos, aves y reptiles). Situada en la parte interior del cuello está protegida por el hueso hioides y forma en la piel del cuello un abultamiento llamado nuez o bocado de Adán.

La laringe es hueca y se flexiona con los movimientos que provocan el paso de los alimentos, el habla, la tos y la respiración agitada. Esta flexibilidad se la proporciona un sistema formado por un conjunto de cartílagos y músculos. Presenta también unas membranas plegadas, que son las cuerdas vocales. Siendo un lugar de paso, la laringe es propensa a irritaciones y enfermedades. En el resto de los mamíferos es prácticamente idéntica a la humana, variando sólo sus dimensiones.

LÁSER: aparato amplificador que se utiliza para canalizar y proyectar un haz de luz en forma de rayos. Esta luz resulta de la emisión de la energía interna de los átomos y su principal característica estriba en la fortísima cohesión y densidad de los corpúsculos de la luz emitida.

Tales rasgos permiten fundir inmediatamente los cuerpos sólidos por muy resistentes que sean y prolongar la vida de la propia luz largo tiempo en su trayectoria por el espacio. Los rayos láser se utilizan en telecomunicaciones, para enviar señales; también se emplean en la descomposición de metales y minerales de gran dureza. En Medicina tienen amplia aplicación.

LENGUA: órgano de los animales vertebrados situado en la cavidad de la boca, entre los dos arcos dentarios.

En los mamíferos presenta una forma aplastada y está provista de una mucosa con abundantes glándulas que segregan la saliva, cuya función es lubricar el bolo alimenticio.

En los reptiles, la lengua es larga y delgada, con dos puntas terminales (bífida), bajo la cual hay a veces una glándula venenosa, y puede ser proyectada hacia el exterior como sistema de defensa.

En el hombre, la base de la lengua arranca de la parte superior de la faringe y es móvil. Presenta un surco central en la zona inferior y posee numerosas papilas que le dan un aspecto típico. En ella reside el sentido del gusto y cumple también una función completamentaria en la facultad del habla. Se le han contado hasta diecisiete músculos distintos.

LENTE: disco de cristal limitado por dos superficies esféricas, o por una esférica y otra recta. El estudio del paso de la luz a través de una lente es objeto de la Óptica.

Si la curvatura es hacia el exterior, la lente es convexa, y cóncava si se curva hacia el interior de la propia lente. Si las dos caras son convexas, se la denomina biconvexa, y si son cóncavas, se la llama bicóncava. Cuando una de las caras es plana o recta, es planoconvexa o planocóncava. La lente convexa concentra la luz que recibe y por ello se llama convergente, y la cóncava la dispersa, siendo por ello divergente. El centro de curvatura se corresponde con el centro geométrico, y el eje óptico es la recta que pasa por él.

Se llama centro óptico a un punto de la lente por el que los rayos que pasan por él no sufren desviación alguna. Se utiliza para aumentar o disminuir imágenes y es de aplicación en toda clase de aparatos de óptica y fotografía.

LEPIDÓPTEROS: gran orden de insectos que incluye a las mariposas y las polillas. Los lepidópteros están caracterizados por escamas, a veces de brillantes colores, que recubren las alas y el cuerpo. Generalmente no tienen mandíbula, y los maxilares forman un tubo (probóscide) para chupar el néctar o el jugo de los frutos. Las alas se acoplan durante el vuelo. Las larvas (orugas) son en su mayoría herbívoras y algunas son plagas nocivas para las plantas. La metamorfosis es completa, con etapa de crisálida.

LEUCOCITO: también llamado glóbulo blanco, es una célula sanguínea que tiene núcleo pero no pigmento. Los leucocitos son más grandes que los eritrocitos y menos abundantes (hay aproximadamente entre 6.000 y 8.000 por milímetro cúbico de sangre). Constituyen una importante defensa contra la enfermedad, pues devoran las bacterias y producen anticuerpos. Presentan movimiento ameboideo.

LEYES DE MENDEL: leyes formuladas por Mendel para explicar los patrones de herencia que observó en los cruces de plantas. Una, denominada Ley de la Segregación, estipula que de todo gen que existe como dos alelos, ambos ubicados en las células somáticas, sólo uno pasa a cada gameto. Otra, llamada Ley de la Distribución Independiente, determina que la distribución de tales alelos a los gametos ocurre al azar; si se consideran varios pares de alelos, cada par se agrega independientemente.

LICUEFACCIÓN: proceso físico que consiste en la transformación de un gas en líquido. Es el proceso inverso de la vaporización. Cada gas posee una temperatura límite llamada crítica, por encima de la cual resulta imposible convertirlo en líquido. Ello se realiza mediante la compresión de sus moléculas. Un gas comienza a hacerse líquido a temperaturas muy bajas y a cierto nivel de presión, en un proceso en el que las moléculas adquieren mayor cohesión. Uno de los métodos más utilizados para la licuefacción es el de Caillet, inventado en 1877. Consiste en comprimir enormemente un gas y, acto seguido, dejarlo expansionar bruscamente. El resultado es un descenso de temperatura que provoca la licuefacción. Este científico consiguió licuar gases como el metano. Otro científico llamado Linde consiguió licuar el aire a principios de este siglo.

LIGAMENTO: banda o cápsula fuerte de tejido conjuntivo que une dos huesos en la articulación. Se compone en gran parte de fibras elásticas y de fibras de colágeno blanco; esto le da fuerza y elasticidad para controlar los movimientos articulares. Las fibras del ligamento, penetrando en el tejido óseo, forman una unión muy resistente.

LIGNINA: uno de los principales materiales estructurales de las plantas vasculares. Es, junto con la celulosa, uno de los componentes principales de la madera, haciéndola resistente a la tracción y a la compresión, características ideales para que ésta sirva de soporte y protección.

Los tejidos lignificados incluyen el esclerénquima y el xilema.

LINFA: líquido amarillento, de composición parecida al plasma que circula por el interior del organismo. Discurre por un sistema de vasos linfáticos y su función es facilitar los intercambios alimenticios entre la sangre y los tejidos. De hecho, la linfa baña todas las células del organismo, a las que proporciona sales, grasas y proteínas. Su componente principal son los glóbulos blancos o linfocitos.

LINFÁTICO, SISTEMA: serie de vasos (los linfáticos) y nudos asociados, que transportan linfa desde el líquido tisular al torrente sanguíneo y al corazón.

LINFOCITO: un tipo de leucocito de núcleo muy grande y rico en ADN, con una pequeña cantidad de citoplasma transparente. Constituyen el 25% de los leucocitos y producen anticuerpos, que son un importante medio de defensa contra la enfermedad. Los linfocitos se fabrican en el tejido mieloide dentro de la médula ósea, así como en los ganglios linfáticos, el timo, las amígdalas y el bazo. Ante una infección, los antígenos estimulan la multiplicación rápida de ciertos linfocitos en el tejido linfoide y éstos, llamados células plasmáticas o plasmocitos, se liberan al torrente sanguíneo para producir el anticuerpo apropiado.

LÍPIDO: término colectivo que describe un grupo de sustancias en la célula caracterizadas por su solubilidad en solventes orgánicos como el éter y el benceno, y su no solubilidad en agua. A nivel molecular se clasifican en simples y compuestos.

LIQUEN: planta que constituye un grupo de gran importancia por ser considerada una simbiosis entre hongos y algas. Vive en el suelo de los bosques, en la superficie de las rocas, en piedras y muros, e incluso en los troncos y ramas de los árboles. Tanto se le puede encontrar en un desierto como en una zona polar, o en la alta montaña. Vive en lugares donde los requerimientos nutritivos son mínimos.

LÍQUIDO: estado de un cuerpo intermedio entre los estados sólido y gaseoso, caracterizado por la pérdida de cierto grado de cohesión entre sus moléculas, que tienen una libertad de movimiento que, sin embargo, es insuficiente para que el cuerpo pueda expansionarse ilimitadamente. Por eso, al contrario de los gases, los líquidos tienen siempre un volumen constante, como los sólidos, pero al contrario que éstos, pueden, al mismo tiempo, adaptar su forma a la del recipiente que los contiene. Las ramas de la Física que se ocupan de su estudio son la Hidrostática (líquidos en reposo) y la Hidrodinámica (líquidos en movimiento). Todos los líquidos pueden ser convertidos en gas (vaporización) o en sólidos (solidificación), mediante el aumento o la disminución respectiva de la temperatura. Este aumento o disminución deben ser más o menos altos según la naturaleza del líquido.

LÍQUIDO CEFALORRAQUÍDEO: líquido de moléculas grandes y carente de células sanguíneas, que se encuentra en las cavidades internas y entre las membranas que rodean el sistema nervioso central.

LISOSOMA: partícula del citoplasma celular que posee un tamaño intermedio entre el de una mitocondria y un microsoma. Se lo encuentra en las células vegetales y animales. Contiene varias enzimas digestivas cuyo potencial destructivo hace necesario que se separen del resto del citoplasma. Cumplen muchas funciones importantes, por ejemplo, aportando enzimas a las vacuolas alimenticias análogas formadas en los leucocitos durante la fagocitosis.

LITIO: metal de color blanco de plata, de tan escasa densidad que flota en agua y en petróleo.

LITÓFAGO: dícese de los moluscos que perforan las rocas y habitan en ellas.

LITRO: unidad métrica de capacidad que sirve indistintamente para líquidos y áridos. Es el volumen que ocupa 1 kg de agua destilada a 3,99 °C. Equivale a 1.000 cm³.

LLUVIA: precipitación de agua en forma de gotas cuyo diámetro es generalmente de 0,5-0,7 mm y que caen con una velocidad superior a los 3 m/s. La lluvia es un fenómeno natural formado a partir del vapor de agua contenido en la atmósfera. Se produce cuando el aire húmedo se enfría y se precipita sobre la Tierra en forma de gotas. Las zonas tropicales selváticas presentan elevados índices de pluviosidad.

LLUVIA ÁCIDA: precipitaciones que pueden ocurrir como lluvia, nieve o niebla, cuyo pH (acidez o alcalinidad) es inferior a 5 (el punto neutro es 7). La lluvia natural es ligeramente ácida. El primero en utilizar el término fue el químico inglés Robert A. Smith, en 1872, al estudiar la relación entre el aumento de acidez en las lluvias de la región de Manchester y la contaminación que sufría dicha ciudad industrial.
La combustión del carbón mineral, petróleo y sus derivados produce polucionantes (preferentemente dióxido de sulfuro y dióxido de nitrógeno) que, en contacto con el vapor de agua de la atmósfera y a través de reacciones químicas, pueden producir otras sustancias (ácidos sulfúrico y nítrico). No afecta sólo localmente sino que se ha internacionalizado el problema. Este fenómeno ha causado la destrucción de millones de hectáreas de bosques europeos y la destrucción de la flora y fauna de ríos y lagos. Actualmente se considera que la lluvia ácida es uno de los tres trastornos climáticos de origen humano más importantes. Se calcula que en 20 años disminuirá por esta causa la producción de alimentos.

LUBRICACIÓN: operación que tiene por objeto disminuir la resistencia originada en el rozamiento que se produce en el movimiento relativo de dos superficies en contacto. Esta operación es indispensable en los motores y al mecanizar piezas metálicas a través de máquinas-herramientas. Básicamente, consiste en interponer una delgada película de aceite (cuyo grado de viscosidad varía según las necesidades) entre ambas superficies.

LUBRICANTE: se llama así a toda sustancia útil para lubricar. Generalmente se trata de aceites minerales derivados del petróleo y que se obtienen en los distintos pasos de su destilación. Se clasifican de acuerdo con el grado de viscosidad. En otros casos, se emplean aceites de origen animal, como el de ricino, o vegetal, como el de lino.

LUMBRICUS: género de lombrices de tierra que excavan en el suelo y que tienen por únicos apéndices un par de setas. Las paredes excavadas se endurecen con un moco secretado por la piel y las lombrices se alimentan tragando la tierra y digiriendo la materia orgánica que contiene. Estas actividades son importantes para la aireación y el drenaje de la tierra.
Las lombrices son hermafroditas pero hay fecundación cruzada cuando dos de ellas se unen con moco de manera que los segmentos reproductores de cada una se sitúen en frente del clitelio de la otra, efectuándose así el intercambio de espermatozoides.

LUMINISCENCIA: emisión de luz por una molécula que ha sido excitada mediante la absorción de energía.

LUMINOSIDAD: en Astronomía, flujo total de energía que emite un astro, independientemente de su distancia con la Tierra.

LUNA: único satélite natural de la Tierra. Gira alrededor de ésta en una órbita elíptica, a una distancia media de 384.000 km y a una velocidad media de 1,02 km/seg. Su período de rotación es de 27 días, 7 horas y 43 minutos. No tiene atmósfera y sus temperaturas oscilan entre los -150 °C y los 130 °C.
Presenta numerosos cráteres (provocados por el choque de meteoritos), grandes llanuras y altas cordilleras. El hombre llegó por primera vez a la Luna el 21 de julio de 1969 (los astronautas Armstrong, Aldrin y Collins).

LUZ: energía que emiten los cuerpos sometidos a combustión o procesos químicos o físicos, en base a la fusión o escisión de átomos. En Física se afirma que la luz se produce por luminiscencia o incandescencia. En los últimos años, a través de investigaciones realizadas por Albert Einstein se ha concluido que está formada por corpúsculos infinitamente pequeños, llamados fotones.
La luz que nos llega del Sol se llama blanca, pero Newton demostró que era la síntesis de siete colores: amarillo, añil, azul, naranja, rojo, verde y violeta. La velocidad de la luz es aproximadamente de 300.000 km/s. Superada esa velocidad, la materia se desintegra.
Es imprescindible para la vida vegetal, ya que las plantas absorben su energía a través del proceso de la fotosíntesis que realizan a través de sus hojas. Una luz demasiado intensa destruye los tejidos de los seres vivos.

MACROBIÓTICA: parte de la medicina profiláctica que estudia los medios para prolongar la vida humana. También se denomina así a la alimentación destinada a ese fin.

MACRÓFAGO: nombre de las células voluminosas con poder fagocitario.// Se llama así también a los animales que se alimentan de presas grandes en relación con su tamaño.

MACROPLANCTON: componente macroscópico del plancton, como las medusas, algunos protocardos, etc.

MAGNESIO: un elemento esencial para el crecimiento de plantas y animales. Se encuentra en la molécula de clorofila y es esencial para la fotosíntesis. En los animales ocurre en los huesos y los dientes.

MAGNETISMO: propiedad atractiva que ejercen los imanes sobre determinados cuerpos. El magnetismo terrestre es el que ejerce la masa de la Tierra sobre los cuerpos situados en su superficie. El primer fenómeno magnético fue la atracción ejercida por el imán sobre el hierro. Un mineral de este metal se presenta en estado natural con fuerza magnética: la magnetita. La electricidad es uno de los fenómenos magnéticos.

MAMÍFEROS: clase de vertebrados que incluye a los tetrápodos más importantes. Son de sangre caliente y están provistos de glándulas mamarias y con el cuerpo generalmente cubierto de pelos. Presentan su cuerpo dividido en tres zonas diferenciadas: cabeza, tórax o tronco y extremidades. En la cabeza, el cráneo se articula con la columna vertebral. En los mamíferos terrestres, las extremidades son apéndices óseos que culminan en los pies y las manos (hombre y monos); en los acuáticos (ballenas y delfines) son aletas, y en los voladores (murciélago) son alas propiamente dichas. Su característica más interesante es el considerable desarrollo del cerebro, lo que les proporciona unas facultades psíquicas muy superiores a la de los demás animales. Su temperatura interna es de 35-39 °C y se conocen unas 2.500 especies, carnívoras y herbívoras. El único mamífero con inteligencia es el hombre.

MANDÍBULA: uno de los dos apéndices para la alimentación de algunos artrópodos, como los crustáceos, los insectos, los milpiés y los ciempiés.// Prolongación superior e inferior que forma el pico de las aves.// La quijada de los vertebrados.

MANÓMETRO: aparato utilizado para medir la presión de los líquidos y los gases. El de columna líquida consiste en un tubo en U, abierto o cerrado por un extremo y conectado al lugar a medir por el otro. El tubo contiene un líquido, generalmente mercurio, cuyo ascenso o descenso fija la presión. El de deformación es un tubo elástico que se deforma por la presión. Un indicador numérico marca el nivel de la presión.

MANO: órgano del cuerpo humano que constituye el apéndice final de las extremidades superiores o brazos. Comprende desde la muñeca hasta la punta de los dedos. Consta de un esqueleto óseo dotado de 27 huesos articulados entre sí y encajados en una masa de músculos y cartílagos que facilitan su flexibilidad. Básicamente tiene tres grupos de huesos: el más cercano a la muñeca es el carpo, seguido del metacarpo y finalmente los de los dedos. El carpo se compone de los siguientes huesecillos: escafoides, semilunar, piramidal, pisiforme, trapecio y trapezoide. Los músculos del dorso de la mano son extensores y los de la plama flexores. En el hombre y los monos la mano tiene función prensil. Una amplia red de vasos capilares se encarga de distribuirle la sangre. Hay una tendencia, entre los humanos, a utilizar más la mano derecha.

MÁQUINA: conjunto de aparatos y mecanismos combinados que reciben alguna forma de energía, la cual transforman produciendo un rendimiento o trabajo determinado. Es decir, se utiliza para transformar un trabajo en otro, aunque sea de distinta naturaleza. Así, una máquina alimentada con una fuerza (trabajo) eléctrica puede proporcionar un trabajo mecánico. También puede decirse que el objetivo de una máquina es su rendimiento: con una fuerza mayor o resistencia. La máquina de vapor aprovecha la energía de los gases (especialmente vapor de agua) para convertirla en trabajo mecánico (por ejemplo: la locomotora de vapor). La máquina eléctrica es aquella capaz de convertir la electricidad que recibe en trabajo mecánico (por ejemplo: los electrodomésticos), para lo que utiliza un motor que mueve los distintos mecanismos.

MARCAPASOS: aparato que, conectado al corazón, asegura los movimientos rítmicos cuando éstos no se producen de una forma natural. Se le implanta a algunos enfermos cardíacos. Los internos se utilizan para corregir trastornos importantes y exigen una operación quirúrgica que consiste en colocar dos electrodos en una vena del brazo y conducirlos radiológicamente al corazón.

MAREA: movimiento periódico de elevación y descenso del océano originado en la atracción gravitatoria ejercida por la Luna sobre la Tierra. Se producen los fenómenos extremos de la marea alta (o pleamar) y marea baja (o bajamar).

MAREÓGRAFO: instrumento que mide las variaciones de altura de las mareas y las grafica como una curva en función del tiempo.

MARSUPIALES: subclase de los mamíferos que incluye los Marsupiales o Metaterios. Sus especiales características los convierten en un grupo muy notable, aunque sus formas y dimensiones son variadas. El mayor de los marsupiales es el canguro. Es de origen muy arcaico y las hembras presentan una bolsa en el vientre, llamada marsupio, en la que crían y transportan a los pequeños durante un tiempo. Su pelaje es denso y de color gris pálido o marrón. Tienen las patas acabadas en uñas. Su cerebro está poco desarrollado, aunque su sentido del olfato es muy profundo. La gestación de las crías dura de 10 a 14 días y el recién nacido se vale rápidamente por sí mismo. Son omnívoros y habitan en zonas de clima templado o caluroso. Cabe citar al canguro, oposum, yupatí, diablo ursino, diablo de Tasmania, koala, vombat, etc.

MARTILLO: el huesecillo en forma de martillo que va unido a la membrana timpánica (tímpano); es el primero y el más grande de los huesecillos del oído de los mamíferos. Es homólogo con el cartílago de Meckel.

MATEMÁTICA: ciencia que se basa en la combinación de cifras, símbolos o magnitudes y que constituye una especialidad auxiliar de la mayor parte de las demás ciencias, ya sean naturales o sociales. Su empleo se remonta a la antigua Grecia y se considera que sus fundadores fueron Pitágoras, Arquímedes y Euclides. Sus dos partes fundamentales son la Aritmética (que trata con cifras) y la Geometría (con magnitudes).

MATERIA: atributo de todo cuerpo que ocupa un espacio, y por tanto que tiene un volumen y un peso y que tiene diferentes propiedades. En la Física mecánica (Newton) la materia era considerada como la realidad básica de todo cuerpo o sustancia, cuya propiedad más importante era la energía.

En cambio, en la Física relativista (Einstein) la materia es concebida como una forma de la energía, que se destruye cuando ésta alcanza una velocidad (300.000 km/s), que es la de la luz. Fundamentalmente, la materia está compuesta de un conjunto de moléculas (última parte de la materia descompuesta por medios físicos) y éstas, a su vez, están formadas por átomos (última parte de la materia descompuesta por medios químicos).

Puede presentarse en los tres estados de los elementos de la naturaleza: sólido, líquido y gaseoso.

MATERIA GRIS: tejido nervioso constituido principalmente por los cuerpos de las células nerviosas y sus conexiones, que le dan el tono gris. Se encuentra en el núcleo de la médula espinal y en muchas partes del cerebro, especialmente en la corteza cerebral.

MATRAZ: aparato muy sencillo que consiste en una vasija o recipiente de cristal más o menos esférico que, en su parte superior, adopta la forma de tubo estrecho y recto. Se utiliza en los laboratorios químicos para conservar o calentar sustancias y se combina con otros aparatos (alambique) para realizar experimentos. El aforado tiene forma de pera y lleva grabadas unas escalas volumétricas.

MAXILAR: nombre que se da a dos huesos que forman la mandíbula en la cabeza de los animales. Uno es el superior y otro el inferior. Tienen una función protectora y de sostén y en ellos están las encías, sobre las cuales se encajan los dientes. El superior es más complejo, pues a su vez se articula con los huesos nasales y orbitales, así como con los de la parte posterior de la cabeza.

MEDICINA: ciencia cuyo objetivo es la curación de las enfermedades humanas (en los animales toma el nombre de Veterinaria). Se llama general o interna a la Medicina que abarca todas las especialidades. La Medicina especializada se ocupa de aspectos concretos: Dermatología (piel), Odontología (aparato bucal), Cardiología (corazón), Traumatología (huesos), Otorrinolaringología (aparatos auditivo y del cuello), Oftalmología (ojos), Neurología (nervios), etc. El proceso médico tiene tres fases: análisis, diagnóstico y terapéutica. La Medicina estuvo en la Antigüedad asociada a ritos religiosos. Se desprendió de ellos en el Renacimiento (siglos XV y XVI), gracias a los estudios de Vesalio, Harvey, etc. El microscopio permitió descubrir a los agentes causantes de las enfermedades infecciosas (microbios), y facilitó enormemente su erradicación.

MEDIO AMBIENTE: el conjunto de las condiciones externas en las cuales un organismo vive, incluidos los factores físicos, químicos y biológicos, tales como la temperatura, la luz y la disponibilidad de alimentos.

MÉDULA ESPINAL: parte del sistema nervioso central de los vertebrados que se encuentra dentro del canal raquídeo de la columna vertebral. Une el cerebro con la células nerviosas que inervan los órganos y músculos del cuerpo por medio de una serie de pares de nervios espinales situados a todo lo largo.

En un corte transversal se observa una región

exterior de sustancia blanca que contiene fibras nerviosas ascendentes y descendentes; la sustancia blanca rodea una zona de sustancia gris en forma de H, constituido por los cuerpos de las neuronas. En el centro hay un canal central angosto lleno de líquido cerebroespinal.

MEDUSA: etapa en el ciclo de vida de los celéntereos en que el cuerpo toma forma de campana o de sombrilla con un borde de tentáculos y la boca por debajo. La medusa, que nada libremente, corresponde a la etapa de dispersión en el ciclo vital. En los escifozoos (aguamar) es la única forma. Las medusas tienen órganos sexuales. Los espermatozoides nadan para fecundar los óvulos en la hembra. El óvulo fecundado se desarrolla para dar origen a una plánula.

MEIOSIS: proceso de división celular que conduce a la producción de núcleos hijos con la mitad del complemento genético de la célula progenitora. Las células formadas por meiosis dan origen a gametos y, por medio de la fecundación, se restablece el complemento cromosómico correcto.

La meiosis consta de dos divisiones durante las cuales los cromosomas se replican una sola vez. Se pueden reconocer las etapas profase, metafase y anafase, lo mismo que en la mitosis, pero durante la profase los cromosomas homólogos se atraen y se agrupan en parejas formando bivalentes.

Además, al final de la profase puede haber intercambio de material genético entre las cromátidas de cromosomas homólogos. La meiosis se distingue de la mitosis también en que después de la anafase no se forman membranas nucleares sino que hay una segunda división, que consta de la metafase II y la anafase II. La segunda división termina con la formación de cuatro núcleos haploides que se convierten en gametos.

MELANINA: pigmento animal y vegetal derivado del aminoácido tirosina. Los colores varían de negro a marrón, amarillo, naranja y rojo. En los animales la melanina está en las células pigmentarias de la piel, generalmente debajo de la epidermis. Da color a la piel, el pelo y los ojos de los animales, así como a la plántula y las raíces de varias plantas. La ausencia de la enzima tirosinasa en los animales produce el llamado albinismo, no se desarrolla pigmento en los ojos, la piel ni el pelo.

MEMBRANA: una estructura formada principalmente por lípidos y proteínas, que rodea todas las células vivientes como membrana plasmática o plasmalema, y que también se encuentra dentro de las células alrededor de los organelos. Las membranas, actuando como barreras de permeabilidad selectiva, controlan el paso de sustancias entre la célula y los organismos con el medio, ya sea activa o pasivamente. Las membranas suelen tener un espesor de 7,5-10 nm y al microscopio electrónico presentan tres capas.

MEMBRANA PLASMÁTICA: la membrana que rodea todas las células vivas. Actúa, a la vez, como protectora y comunicante con el medio.

MEMORIA: almacenamiento de información de acceso inmediato de la computadora.// **memoria auxiliar:** memoria de gran capacidad, por ejemplo, a través de discos y otros elementos.// **memoria RAM:** siglas de "Random Access Memory", memoria de acceso al azar o inmediato (ver **memoria volátil**).// **memoria ROM:** siglas de "Read Only Memory", memoria que sólo se puede leer. Es de acceso inmediato pero no se puede cambiar.// **memoria volátil:** la que se puede cambiar y de las que se pierde el contenido si se corta la corriente, por ejemplo, la memoria RAM.

MENINGES: membranas protectoras que rodean el cerebro y la médula espinal de los vertebrados. Son tres en el hombre y otros mamíferos: la duramadre, la más externa y de consistencia dura; la aracnoides; y la piamadre la más interna y blanda. Las dos últimas están separadas por el espacio subaracnoideo lleno de líquido cefalorraquídeo.

MERCURIO: elemento químico del grupo de los metales que se presenta en la Naturaleza en estado sólido formando un mineral llamado cinabrio. Su símbolo es Hg. Es un metal blanco y brillante, que pasa al estado líquido con sólo aplicarle la temperatura ambiente, formando una pasta que adquiere la forma del recipiente que lo contiene.

Hierve a 357 °C. Es atacado, en frío por el cloro y en caliente, por el azufre. Por su parte, disuelve todos los metales, excepto el hierro y el platino. Se utiliza en aparatos electrónicos debido a su capacidad de conducir la corriente eléctrica y por su densidad. En Metalurgia se emplea para amalgamar minerales. En la industria química para obtener colorantes. La fabricación de espejos y termómetros comportan el uso de mercurio.

MERISTEMA: región de división celular activa que tiene que ver principalmente con el crecimiento. En las plantas hay varios meristemas. En los meristemas activos, la separación ocurre entre la célula que sigue siendo meristemática (inicial) y la que se está diferenciando. Dos grupos meristemáticos básicos son los meristemas apicales primarios en los ápices de la raíz y el vástago, y los meristemas laterales secundarios que incluyen cámbium vascular y de corcho.

MESENCÉFALO: vesícula cerebral primaria del embrión, situada entre el prosencéfalo y el rombencéfalo, y de la cual deriva el mesencéfalo adulto. También se designa con este término o una de las tres divisiones anatómicas básicas del encéfalo. Está atravesado por el acueducto cerebral. El tectum mesencefálico (lámina cuadrigémina) es un centro dominante en peces y anfibios y puede presentar un par de lóbulos ópticos que son especialmente prominentes en las aves. En los mamíferos está menos desarrollado que en otros animales.

MESENTERIO: membrana delgada y transparente formada por una doble capa de peritoneo que rodea todas las partes del tubo digestivo y lo fija a la pared dorsal del abdomen. Entre dos capas del mesenterio se encuentran los vasos sanguíneos, los linfáticos y los nervios que irrigan el tubo digestivo.// Una de las divisiones verticales en el celenterón de las anémonas de mar.

MESOFILO: tejido especializado situado entre las capas epidérmicas de la hoja.

METABOLISMO: las reacciones químicas que suceden dentro de las células. Las moléculas que participan en estas reacciones se llaman metabolitos. Algunos metabolitos se sintetizan dentro del organismo mientras que otros deben ingerirse como alimentos. Lo que mantiene vivas las células son las reacciones metabólicas, especialmente las que producen energía. Sólo las partes muertas del organismo (por ejemplo, el pelo y las uñas en los mamíferos o las fibras lignificadas de las plantas) no metabolizan. Las reacciones metabólicas ocurren típicamente por pasos pequeños que componen una vía metabólica. En las reacciones metabólicas, las moléculas se descomponen para dar energía (catabolismo) y se componen otras moléculas y estructuras más complejas a partir de moléculas más simples (anabolismo).

METACARPIANOS: huesos cilíndricos en el extremo del miembro anterior de los tetrápodos, y que forman la palma de la mano en el hombre. Se articulan con los huesos carpianos en su parte proximal y con las falanges en la distal. Suelen ser cinco, aunque existen variaciones.

METACARPO: el conjunto de huesos metacarpianos que constituye parte del extremo de la antemano en el hombre.

METAFASE: etapa en la mitosis y la meiosis en que los cromosomas se alinean en el ecuador del huso nuclear.

METAL: nombre que se da a un grupo de elementos químicos que tienen en común las siguientes características: son buenos conductores del calor y la electricidad; presentan una superficie brillante; son dúctiles y maleables; reflejan la luz, y se pueden mezclar formando aleaciones. La mayoría de los metales son sólidos, siendo el mercurio una excepción en este sentido, pues es líquido.
El platino es el más apreciado de los metales. Excepto el oro y el platino, es difícil encontrarlos en estado puro y, en general, aparecen mezclados constituyendo minerales. Forman, a veces, grandes concentraciones en la corteza terrestre, siendo objeto de explotación por el hombre (minas). Una vez obtenido el metal o materia prima, es procesado convenientemente hasta permitir su utilización industrial por la Metalurgia.

METAMORFOSIS: conjunto de cambios de forma que se produce en algunas especies animales durante su desarrollo. Es un fenómeno propio de los insectos y de los anfibios. La metamor-

fosis de la mariposa pasa por las siguientes fases: embrión, larva, crisálida y adulto. La de la rana presenta las fases de embrión, larva, renacuajo y adulto. Los órganos esenciales están esbozados desde el estado de larva.

METATARSO: el conjunto de huesos metatarsianos que constituyen parte de la pata trasera en los tetrápodos; en el hombre forman el arco del pie.

METAZOOS: subreino de animales multicelulares con cuerpo formado de células especializadas que se agrupan para formar tejidos y que poseen un sistema nervioso coordinador. Este sub-reino incluye todos los animales excepto los protozoos y los parazoos (esponjas).

METEOROLOGÍA: ciencia que estudia las leyes que rigen los fenómenos atmosféricos, con el objetivo de predecirlos y controlarlos. Los factores que influyen en las variaciones atmosféricas son: los cambios de temperatura, los vientos, la influencia de las posiciones del Sol y de la Luna, la vegetación, el relieve terrestre, etc. Es una rama de la Física que nació en el siglo XX. La meteorología aunque constituye una única disciplina, cuenta con el auxilio de otras ciencias: la Climatología, que estudia la temperatura, la velocidad de los vientos y la presión atmosférica; la meteorología analítica estudia cada causa por separado; la Aerología estudia los componentes del aire. Los estudios meteorológicos exigen estaciones o laboratorios situados en lugares especiales. Los satélites artificiales han contribuido a su gran expansión, facilitando la predicción del tiempo.

MEZCLA: proceso químico basado en la asociación de varias sustancias sin que éstas pierdan cualidades esenciales. Al contrario de la combinación, la mezcla puede deshacerse fácilmente permitiendo la recuperación de los componentes de la misma. El ejemplo más típico de una mezcla gaseosa es el aire: oxígeno + nitrógeno + hidrógeno, etc. Las disoluciones son mezclas líquidas. Las aleaciones son el resultado de la mezcla de varios metales y constituye uno de los trabajos de la Metalurgia. Son necesarias elevadas temperaturas para fundir los metales componentes. El bronce es un ejemplo de mezcla metálica, a base de cobre, estaño y cinc. Cuando se mezcla un gas y un líquido, aquél provoca la formación de burbujas. En Metalurgia se utiliza un depósito de gran capacidad llamado mezclador.

MICELIO: masa filamentosa que constituye el cuerpo de un hongo; cada filamento se llama hifa. El micelio frecuentemente forma una malla suelta, como el Mucor, pero las hifas pueden organizarse formando estructuras definidas, como el órgano productor de esporas en la seta. El micelio produce los órganos reproductores del hongo.

MICRA: medida de longitud; la milésima parte de un milímetro.

MICROBIO: organismo celular que solamente puede ser visto utilizando el microscopio. El estudio de los microbios, iniciado por el médico francés Pasteur, es la base de la Microbiología. El propio Pasteur, en sus investigaciones fue quien descubrió, aisló y cultivó el microbio productor de la rabia. Actualmente el concepto de microbio ha perdido uso científico, siendo sustituido por el de virus, bacteria, hongo, etc.

MICROCHIP: circuito electrónico de muy pequeñas dimensiones que se desarrolló utilizando las cualidades del silicio. Su fabricación requiere de un método de micrograbado.

MICROINGENIERÍA: ingeniería destinada a diseñar y producir circuitos electrónicos miniaturizados aplicables en la computación, las telecomunicaciones y el control de procesos.

MICRÓN: unidad de longitud, equivalente a una millonésima de metro, (10-6) también llamada micromilímetro. Se emplea para medir el diámetro celular, el tamaño de las bacterias, y otras longitudes muy pequeñas.

MICRÓPILO: poro que lleva a la nucela, formado por crecimiento incompleto de integumento alrededor del ápice del óvulo. Los tubos polínicos generalmente pasan por el micrópilo antes de la fecundación. En la mayoría de las semillas el micrópilo forma un pequeño orificio en la testa, por el cual se absorbe agua, pero en algunas semillas está cerrado.

MICROSCOPIO: instrumento utilizado por la ciencia para observar cuerpos minúsculos, obteniendo de ellos una imagen ampliada. El más moderno es el electrónico, que permite aumentos de hasta un millón. Fundamentalmente consta de un objetivo compuesto de varias lentes muy pequeñas, cuya imagen se combina con las dos lentes del ocular. La distancia entre ambos puede regularse.

MIGRACIÓN: movimiento o desplazamiento regular de un grupo de animales.

MIMETISMO: conjunto de fenómenos por los que una especie animal consigue parecerse y confundirse con otra, o con el ambiente. Un ejemplo muy conocido de mimetismo es el del camaleón.

MINERALOGÍA: ciencia que estudia los minerales. Sus precursores fueron Aristóteles, Plinio, Avicena, Alberto Magno y Agrícola. Los minerales se encuentran casi siempre dispersos en las rocas, en forma de granos o partículas, o bien en las cavidades del suelo. Cuando su concentración es muy grande, forman yacimientos. La constitución de un mineral responde a causas diversas y complicadas, y siempre es un largo proceso en el que la temperatura y la presión de la Tierra desempeñan un papel fundamental. El mineral tiene una parte aprovechable, que es el elemento concreto que se busca (hierro, uranio, plomo, plata, oro, etc.), y el resto lo forman residuos denominados ganga: impurezas y otros elementos menos valiosos. Cabe destacar: el cinabrio (mercurio), la pirita (hierro), la galena (plomo), la limonota (cromo), etc.

MIOFIBRILLA: fibra muy fina que abunda incrustada en el sarcoplasma de las fibras musculares. En el músculo esquelético estas fibrillas son estriadas, y se dividen a lo largo en gran número de sarcómeros, los cuales forman el aparato contráctil de la fibra muscular.

MIRIÁPODOS: grupo de artrópodos terrestres que contiene las clases quilópodos (ciempiés) y diplópodos (milpiés). Se trata de animales con una cabeza provista de dos antenas muy largas y articuladas, y un par de mandíbulas que forman la boca. Poseen dos ojos compuestos. La cabeza, el tórax y el abdomen se confunden en un largo tronco constituido en numerosos segmentos articulados entre sí, de modo que le proporcionan una gran flexibilidad. Cada segmento presenta un par de patas, por lo que estos insectos poseen hasta 14 pares de ellas, lo que les da un aspecto característico. Algunas especies llevan un aguijón en la cola. Son propios de ambientes secos y terrenos rocosos, esteparios y pedregosos. Se alimentan de vegetales e insectos menores. Algunas veces se los encuentra en los hogares.

MITOCONDRIA: organelo de todas las células vegetales y animales que interviene principalmente en la respiración aeróbica. Las mitocondrias están envueltas en dos membranas y la interna tiene prolongaciones como dedos llamadas crestas, que se proyectan dentro de la matriz gelatinosa.

Las mitocondrias suelen tener forma de salchicha, pero ésta puede variar, incluso hasta una ramificación irregular. Su diámetro es siempre de aproximadamente 0,5 - 1,0 mm. Contienen las enzimas de la respiración aeróbica y por lo tanto son más abundantes en las células activas (hasta varios millares por célula). Según las especies, pueden distribuirse al azar o pueden asociarse funcionalmente con otros organelos, por ejemplo, con las fibras contráctiles de las células musculares.

MITOSIS: nombre que se da al proceso de división de una célula, caracterizado por su duplicación, la cual reproduce entre las células hijas todos los elementos propios de la célula original. Hay dos tipos de mitosis: la ortomitosis y la pleromitosis. El proceso de la ortomitosis funciona del modo siguiente: en la profase se multiplican los corpúsculos llamados cromosomas; le sigue luego la metafase, en la que desaparece la membrana. Cumplidas estas fases, la célula, con dos núcleos, se escinde por adelgazamiento o mitosis, resultando dos células. El otro proceso, la leuromitosis, menos común, supone la reproducción de una célula nueva tras la muerte de la célula madre. La mitosis se acelera con el aumento de la temperatura. Algunas sustancias, como el cianuro, bloquean el proceso.

MOCO: una sustancia babosa producida por las células calciformes en las membranas mucosas de los animales. Es viscoso e insoluble, y consiste principalmente de glucoproteínas. Su función es proteger y lubricar la superficie donde es secretado.

MÓDEM: es la contracción de las palabras "modulador/demodulador". Es el nombre de un dispositivo periférico que conecta una computadora con una línea telefónica. Su función es transformar información binaria en pulsos telefónicos y viceversa, y así permitir las conexiones en red del tipo Internet. Actualmente, muchas computadoras poseen módem incorporado.

MOLARES: dientes posteriores. Los mamíferos tienen dos o más al fondo de las mandíbulas. La corona tiene varias puntas o surcos en los herbívoros. Estos dientes se emplean para triturar, mascar o moler los alimentos. No los hay entre los dientes de leche, y en el hombre el tercer molar de las mandíbulas superior e inferior no aparece hasta la edad adulta.

MOLÉCULA: partícula formada por átomos. Es la última parte en que puede dividirse un cuerpo por medios físicos y que conserva las características propias de éste. El rasgo de un cuerpo sólido está determinado por la gran fuerza de cohesión o atracción entre sus moléculas. Esta fuerza es menor en los cuerpos líquidos; por ello se adaptan al recipiente que los contiene. Y es aún mucho menor o muy débil en los gases, por esta razón tienden éstos a ocupar todo el espacio en que están contenidos. El físico Avogadro formuló una ley que afirma: dos volúmenes iguales de gases distintos a igual presión y temperatura, contienen el mismo número de moléculas. En los gases llamados perfectos las moléculas son totalmente libres. Los antiguos griegos ya intuyeron su existencia, que confundían con la de los átomos.

MOLIBDENO: metal blanco, quebradizo, dúctil y maleable, de difícil fusión. Se emplea, principalmente, para la fabricación de aceros especiales a los que otorga mayor dureza y resistencia. También como componente de aceites lubricantes.

MOLUSCOS: filum de invertebrados no segmentados y simetría bilateral, que incluye los animales acuáticos bivalvos, mejillones, pulpos, calamares, etc., así como las babosas y los caracoles de tierra, un órgano muscular ventral de locomoción (pie) y una jiba visceral dorsal que contiene la mayoría de los órganos y que está cubierta por una capa de tejido (manto) la cual secreta una concha calcárea, donde pueden retraerse la cabeza y el pie. El manto, prolongándose en pliegues, forma una cavidad que aloja las branquias o ctenidios. La rádula, que raspa, sirve para la alimentación. El celoma es restringido. En el desarrollo suele haber una etapa larval.

MONADELFOS: se llama así a los estambres que están unidos por sus filamentos en un solo cuerpo.

MONERAS: categoría taxonómica antigua, hoy casi en desuso. Agrupa a los organismos que carecen de núcleo diferenciado, como las algas azules o las bacterias.

MONOCOTILEDÓNEAS: subclase de las angiospermas caracterizada por la presencia de un solo cotiledón en la semilla. Suelen ser plantas herbáceas y, no mostrando crecimiento secundario, se consideran más avanzadas que las dicotiledóneas. Algunos ejemplos de monocotiledóneas son los pastos y los lirios. Las partes de la flor suelen ocurrir en grupos de tres o sus múltiplos, y las venas de las hojas son paralelas.

MONOCULTIVO: cultivo de una sola especie vegetal en una cierta área. Es la forma habitual de la agricultura mecanizada e industrializada. En términos generales, los monocultivos causan desequilibrios en los ecosistemas tales como: empobrecimiento de la tierra —incluso agotamiento— y susceptibilidad al ataque de plagas (concentración de ciertas especies vegetales o animales). La exportación de monocultivos, junto a otros problemas, es un factor agravante del subdesarrollo económico y sociedad de muchos países importadores por no tener valor agregado tecnológico (además de requerir el consumo masivo de pesticidas).

MONOFÁSICO: dícese de la corriente alterna simple y, en general de los procesos de una sola fase.

MONOGAMIA: característica zoológica en las que el macho de la especie se aparea con una sola hembra.

MONOICO: dícese de las plantas en que un mismo individuo tiene los órganos reproductivos masculinos y femeninos. Las plantas fanerógamas monoicas dan flores unisexuales (masculinas o femeninas) separadamente, como se aprecia en el maíz.

MONOS: nombre genérico que se aplica a todos los miembros del orden primates, especialmente a los más evolucionados, o pitecoideos.

MONOSACÁRIDOS: grupo de azúcares simples que constituyen las unidades monómeras de los hidratos de carbono. Tienen la propiedad de desviar la luz polarizada y son hidrosolubles.

MONOTREMAS: subclase que contiene los mamíferos más primitivos: los únicos que ponen huevos. Cuando las crías salen del huevo, pasan a una bolsa en el abdomen y se alimentan de leche secretada por glándulas mamarias primitivas cuyos conductos no forman pezones. Los monotremas, que incluyen al ornitorrinco, se encuentran en Australia.

MORFOGÉNESIS: conjunto y dinámica de fenómenos que transcurren desde la formación de la célula-huevo hasta el desarrollo del individuo adulto.

MORFOLOGÍA: estudio de la forma de los organismos. Puede ser sinónimo de anatomía, aunque ésta suele referirse al estudio de las estructuras internas mientras que morfología se refiere a la forma externa.

MOTOR: denominación general de toda máquina que produce movimiento. Como fuente de energía pueden emplear combustibles, energía eléctrica y también fuentes de energía alternativa, como el viento o el agua.// **motor de**

combustión interna: motor térmico donde la transformación del calor en potencia de trabajo se produce al interior del propio motor.// **motor de combustión externa:** motor térmico en que el calor se produce fuera del verdadero motor, por ejemplo: la máquina de vapor.// **motor Diesel:** motor de combustión interna que emplea un combustible especial que se inflama por presión, sin necesidad de chispa y, por tanto, de bujías.// **motor eléctrico:** es el alimentado por energía eléctrica y que transforma ésta en potencia y trabajo mecánicos.// **motor hidráulico:** turbina, máquina motriz formada por una rueda móvil (o paletas giratorias) sobre la que opera la fuerza de un fluido propulsor, generalmente agua o aceite.

MOUSE: palabra inglesa que significa "ratón" y que denomina a un dispositivo de entrada manual basado en el rodar de una esfera y su contacto. Si se gira de manera dirigida el mouse a través de una superficie lisa, se controla el movimiento de un cursor en la pantalla de la computadora.

MOVIMIENTO: cambio de posición de un cuerpo en el espacio. Según la Ley de la Inercia de Newton, todo cuerpo tiende a conservar su estado de reposo o de movimiento, hasta que una fuerza superior lo modifica. Por tanto, el movimiento es una forma de estar un cuerpo. La rama de la Física que se ocupa de su estudio es la Cinética. Se llama movimiento absoluto al movimiento de un cuerpo en relación a otros cuerpos que se suponen en reposo. Movimiento relativo es el movimiento de un cuerpo con referencia a otros cuerpos, también en movimiento. Cuando es constante, en diversas fracciones de tiempo iguales, se llama uniforme, y si va en aumento en cada fracción, entonces es acelerado. Movimiento de rotación es el de un cuerpo que gira alrededor de un eje. Para medir un movimiento se calcula en m/segundo.

MÚSCULO: órgano muy flexible que sirve para facilitar el movimiento del cuerpo de los animales vertebrados. Recubre el esqueleto y se interpenetra con él. Sus propiedades son: elasticidad, para recuperar su posición inicial; excitabilidad, para responder a un estímulo; y conductibilidad, para transmitir la excitación que provoca su movimiento. En el hombre, el sistema muscular se halla dividido entre los músculos delanteros y los traseros. Los músculos más importantes son: frontal, masetero y esternocleidomastoideo, en cabeza y cuello; bíceps, en el brazo; abdominal, en el tórax, y cuádriceps, en los muslos. Los traseros son: trapecio y dorsal, en la espalda; tríceps, en el brazo; los glúteos, del antemuslo, y los gemelos, de la pantorrilla. El fósforo es básico para conseguir una musculatura relajada.

MUSGOS: clase de briofitos que contiene las plantas erectas y frondosas con rizoides multicelulares. Los musgos se hallan más ampliamente distribuidos que las hepáticas. Se distinguen por la mayor diferenciación del gametofito y también por los mecanismos complejos de dehiscencia capsular sin formación de eláteres en la cápsula. Los órdenes incluyen los briales (Funaria, Polytrichum, Mnium) y los esfagnales (Sphagnum).

MUTACIÓN: cambio en una o más de las bases en el ADN, lo cual ocasiona la formación de una proteína anormal. Las mutaciones se heredan solamente si ocurren en las células productoras de gametos; las mutaciones somáticas pueden dar origen a deformidades congénitas y cáncer.

MUTUALISMO: relación entre dos seres vivos (vegetal o animal) en la que ambos se ayudan mutuamente para poder vivir. Por ejemplo: los líquenes, asociaciones de algas y hongos. El alga fabrica alimentos por fotosíntesis; el hongo se alimenta de los producidos por el agua, pero le presta ayuda al impedir la pérdida de agua.

NAILON: material sintético nitrogenado con el que se fabrican filamentos elásticos resistentes.

NANOPLANCTON: componente microscópico del plancton, formado por bacterias, protozoos y algas unicelulares.

NARCÓTICO: dícese de las sustancias que suprimen la excitabilidad de las células nerviosas y causan sopor o entorpecimiento de los sentidos y la motricidad. Se emplean en farmacología y medicina como calmantes o anestésicos.

NARIZ: órgano del cuerpo humano ubicado en la cara, bajo la frente y sobre la boca. Se caracteriza por su forma prominente, y por presentar en su base dos orificios. También está presente en todos los animales vertebrados, en una disposición similar a la del hombre. Posee dos huesos llamados nasales y un tabique central que separa las dos fosas nasales. Es el órgano que tiene la propiedad del olfato y forma la parte externa del aparato respiratorio.

Se distinguen varios tipos de nariz: la recta o griega, la aplastada o chata, la convexa o aguileña y la respingona. Internamente está recubierta de una mucosa llamada pituitaria, en cuya parte superior penetran las finas terminaciones del nervio olfativo. Su enfriamiento presupone la enfermedad del constipado, que comporta pérdida provisional del olfato.

NATURISMO: doctrina y escuela que preconiza el empleo de elementos y agentes naturales para conservar la salud, prevenir y curar enfermedades.

NEANDERTHAL, HOMBRE DE: tipo de *homo sapiens* del paleolítico medio, cuyos restos fueron encontrados en ese valle de Alemania en 1856. Era de cuerpo robusto, estatura baja, cráneo alargado y frente achatada. Ya presentaba un gran desarrollo de la masa cerebral y una amplia capacidad craneana.

NEBULOSA: objeto astronómico difuso exterior al sistema solar. La más conocida es la nebulosa de Andrómeda, la de mayor cercanía a la Vía Láctea.

NECROFAGIA: relación que se establece entre un ser vivo y otro muerto (cadáver) para alimentarse. A los animales necrófagos se los llama también carroñeros. Por ejemplo la hiena (se come al ciervo muerto).

NECROSIS: muerte de las células o de los tejidos de cualquier organismo vivo, producida por causas mecánicas, físicas o químicas.

NÉCTAR: líquido azucarado secretado por los nectarios de las plantas para atraer a los insectos y favorecer la polinización.

NEFRIDIO: órgano excretor presente en muchos invertebrados (platelmintos, rotíferos, moluscos y anélidos) y en el Amphioxus. Consta de un túbulo simple o ramificado que se forma a partir del ectodermo y puede tener una terminación ciega en el bulbo ciliado o bien abrir al celoma mediante un embudo ciliado. Típicamente, hay un par de nefridios en cada segmento corporal y los productos de la excreción entran en ellos por difusión para luego pasar al exterior.

NEFRITIS: inflamación de los riñones que puede afectar sus tejidos y el sistema vascular.

NEFROLOGÍA: rama de la medicina que estudia el riñón y sus enfermedades.

NEFRONA: unidad excretora del riñón de los vertebrados que comprende un corpúsculo de Malpighi (glomérulo y cápsula de Bowman) y un túbulo urinífero. El agua, las sales, los desechos nitrogenados, etc., se filtran a través de las paredes glomerulares y se reúnen en la cápsula de Bowman. Cuando el filtrado pasa por el túbulo, las sustancias benéficas se reabsorben selectivamente dentro de los capilares vecinos, que se unen a la vena renal. En los mamíferos, los demás desechos (orina) pasan por conductos colectores a la pelvis renal y de allí al uréter.

NEMATELMINTOS: dícese de gusanos de cuerpo fusiforme o cilíndrico y no segmentado, sin apéndices locomotores y con tegumentos impregnados de quitina. En su mayoría son parásitos de otros animales, como por ejemplo, la lombriz intestinal.

NEMATÓCEROS: dícese de los insectos dípteros que poseen cuerpo esbelto, alas largas y estrechas, patas delgadas y antenas largas, por ejemplo, el mosquito.

NEMATODOS: gran filum de invertebrados marinos, de agua dulce y terrestres. La mayoría viven libremente, como la Anguillula (anguilula del vinagre), pero muchos son parásitos, como la Heterodera (anguilula de la papa) y los ascárides (en los intestinos del cerdo y del hombre). Algunos causan enfermedades graves en el hombre (por ejemplo la Wucheria que causa elefantiasis). Los nemátodos presentan simetría bilateral con un grupo cilíndrico liso no segmentado que termina en ambos extremos y recubierto de una cutícula dura.

NEMATOMORFOS: dícese de gusanos asquelmintos de características similares a los **nematodos**.

NERVIO: en Botánica, cada uno de los haces o estrías que se encuentran en el pecíolo de la hoja y que se ramifican por toda ella, en un aspecto característico. Su función estriba en conducir la savia a todas las partes de la planta y también contribuir al sostén de la hoja, manteniéndola erguida. Los nervios que arrancan del principal, se denominan transversales. Su color es generalmente verde o amarillento.// Haz de fibras nerviosas rodeado de tejido conjuntivo protector. Los nervios mixtos contienen fibras tanto sensitivas como motoras.

NERVIOSO, SISTEMA: dícese del sistema que en los animales se encarga de coordinar sus actividades y de relacionarlas con los cambios externos. Se divide en sistema nervioso central, que comprende las estructuras del cráneo, y el sistema nervioso periférico, que incluye todas las ramificaciones que, partiendo de aquél, llegan a las diversas zonas del cuerpo. Están constituidas por neuronas o células nerviosas. Cabe distinguir dos grandes ejes nerviosos: el simpático y el parasimpático. Del simpático dependen la saliva fluida, la dilatación de la pupila, la taquicardia y las disminuciones de la secreción estomacal y de los movimientos del intestino. Del parasimpático dependen la saliva viscosa, así como la contracción de la pupila y los bronquios, el exceso de secreción intestinal y la contracción de la vejiga.

NEUTRALISMO: es la relación que se da entre dos seres vivos (vegetales o animales) que conviven en un mismo lugar sin molestarse. Por ejemplo, los elefantes, las jirafas y las cebras, que aunque consumen el mismo alimento conviven pacíficamente, sin molestarse.

NEURONA: célula nerviosa que se compone de una membrana alargada, llamada axon o cilindro eje, y de unas ramificaciones que son las dendritas. Únicamente son visibles al microscopio y presentan forma de globo, de tubo o de pirámide. Su excitación es el resultado de algún tipo de estímulo recibido por el sistema nervioso, en una transmisión que se propaga de neurona a neurona a una velocidad de entre 27 y 132 m/s.

NEUTRINO: partícula subatómica sin carga, cuya masa es prácticamente nula.

NICHO ECOLÓGICO: es el hábitat funcional de una especie, es decir el lugar en el cual los individuos realizan sus actividades. El nicho ecológico está determinado por el patrón de recursos y condiciones.

NICOTINA: alcaloide líquido, venenoso, que se extrae del tabaco.

NIDÍFUGO: dícese de las aves que nacen alertas, cubiertas de plumón, con los ojos abiertos y patas bien desarrolladas. La cría nidífuga suele abandonar el nido, seguir a sus progenitores y alimentarse poco después de nacer. Las aves nadadoras o corredoras que hacen su nido en el suelo generalmente tienen crías nidífugas y los megapodios australianos pueden volar y llevar vida independiente al salir del huevo. El ave precoz tiene una infancia larga y crece lentamente.

NIEBLA: fenómeno atmosférico que consiste en la formación de una nube por gotitas de agua de dimensiones microscópicas, que se forma muy cerca de la superficie terrestre. Es propia de lugares altos y su color es gris o blanco, salvo que esté contaminada por humos. La niebla de irradiación es producida por el enfriamiento del suelo; la de advección es la producida cuando el aire circula de una región cálida a otra fría.

NIEVE: precipitación de agua en forma de cristales de hielo, en forma estrellada, llamados copos. Se produce cuando las nubes circulan por regiones muy frías. Su acción sobre la vegetación es bienhechora, salvo que su presencia se prolongue excesivamente. Es un fenómeno propio de alta montaña y de las zonas de la Tierra distantes de la línea ecuatorial. Constituye cristales siempre simétricos y de formas muy variadas.

NÍQUEL: metal de color plateado, duro y maleable, más pesado que el hierro. Es difícil de oxidar.

NITRATO: sal resultante de la combinación del ácido nítrico con una base.

NITRITO: sal resultante de la combinación del ácido nitroso con una base.

NITRÓGENO: gas cuyo símbolo químico es N y su peso molecular 14. Constituye el 78 % del aire atmosférico. Es incoloro, inodoro e insípido. Hierve a -76 °C, congelándose a -210 °C, formando en este segundo caso una sustancia parecida a la nieve. En estado natural, aparte de en el aire, se encuentra combinado con minerales diversos, formando nitratos, y también forma parte de las sales de amoníaco. Por ser tan abundante en la Naturaleza, es aprovechado industrialmente aislándolo mediante la destilación de aire líquido. Se utiliza sobre todo para obtener la síntesis de amoníaco, así como para fabricar abonos agrícolas, explosivos (nitroglicerina) y colorantes de tintorería. En el cuerpo humano se encuentra en la urea y su exceso puede provocar graves trastornos. También se le conoce por el nombre de ázoe.

NO METAL: también llamado metaloide, es aquel cuerpo simple que carece de los atributos propios de los metales, formando, éstos, la segunda gran división que se establece de los elementos químicos. Desde el punto de vista físico, sus características generales son: un estado no forzosamente sólido, poco peso específico, carencia de brillo, mala conducción de calor y de la elasticidad, escasa tenacidad y resistencia absoluta a la maleabilidad. Cabe destacar los halógenos (flúor, cloro, bromo y yodo), los divalentes (oxígeno, azufre), los trivalentes (nitrógeno, fósforo, arsénico y antimonio), los tetravalentes (carbono y silicio), y finalmente los gases raros y nobles (helio, neón, argón, criptón y xenón) y, sobre todo, el hidrógeno. La cohesión molecular de los no metales es muy débil.

NONIO: también llamado calibre, este aparato permite aumentar la precisión de las escalas de medir. Se acopla a las reglas, de madera o de metal. Si éstas están divididas en centímetros y milímetros, el nonio lleva unas escalas aún menores: 5, 6, 7, 8/10 de mm. Actúa como una lanzadera y facilita que pueda desplazarse a lo largo de las otras escalas. Se emplea para elaborar planos de máquinas o topográficos, y para medir piezas de precisión.

NUBE: fenómeno armosférico resultante de la condensación de vapor de agua en torno a grandes centros de condensación formados por partículas de agua muy pequeñas (gotas), suspendidas en el aire. Es una masa de vapor que permanece suspendida en la atmósfera a diversas alturas y que, cuando se aproxima a la superficie terrestre, forma la niebla. La lluvia se produce cuando, a causa de las frías temperaturas, las nubes se descomponen en las gotas de agua que precipitan. Según la altura, se clasifican en: nubes de altura (6.000-10.000 m), que son los cirros, cirrocúmulos y cirroestratos; nubes medias (2.000-6.000 m), los altocúmulos y altostratos; nubes bajas (0-2.000 m), los nimboestratos y estratocúmulos. Los cirros son blancos, los cúmulos son blanco grisáceos, los estratos son grises y rosados y los nimbos azul-grises.

NUCELA: el centro parenquimatoso de un óvulo que encierra megaspora o gameto femenino. El tubo polínico entra en la nucela por una abertura en los integumentos vecinos, llamada el micrópilo. En algunas especies de angiospermas, la nucela luego persiste como perisperma que suministra nutrición al embrión en desarrollo. La nucela puede considerarse como el megasporangio de las angiospermas y las gimnospermas.

NÚCLEO: parte central de un átomo, cuya carga eléctrica es positiva. Está formado por protones (partículas positivas) y neutrones (neutras). En torno suyo giran los electrones (partículas negativas). Dalton fue el primero en intuir su existencia. El número de protones ha de ser igual al de electrones para mantener el equilibrio atómico. La destrucción o fisión de un núcleo provoca la explosión nuclear.

NÚCLEO CELULAR: organelo de las células vegetales y animales (eucariotas) que contiene la información genética (ADN) y que por lo tanto controla las actividades de la célula. Se encuentra en todas las células salvo en los elementos maduros del tubo criboso y los eritrocitos maduros mamíferos.

Es el más grande de los organelos, típicamente esférico, y de unos 10 mm de diámetro, aunque esto varía mucho. Se encuentra rodeado por la membrana nuclear perforada por muchos poros (poros nucleares) que permiten el intercambio de materiales con el citoplasma. La membrana nuclear es una prolongación del retículo endoplasmático.

Dentro del núcleo hay un líquido llamado jugo nuclear. En el núcleo que no está en división (interfase) también hay material genético disperso como cromatina; durante la división nuclear (mitosis o meiosis) éste se condensa para formar cromosomas que se tiñen densamente, y la membrana nuclear desaparece lo mismo que el nucléolo (uno o varios) normalmente presente.

NÚCLEO TERRESTRE: parte más interna del globo terrestre que se extiende desde los 2.900 kilómetros de profundidad hasta el centro de la Tierra. Se supone está formado por níquel y hierro, de ahí el nombre de "nife" con el que también se lo conoce.

NUCLEOIDE: la región de una bacteria o alga azulverdosa que contiene ADN y no está rodeada por membranas. Puede asociarse con el mesosoma durante las divisiones celulares.

NUCLÉOLO: estructura más o menos esférica que se encuentra en los núcleos de las células animales y vegetales y que es fácilmente visible al microscopio óptico. Puede haber uno o más en cada núcleo.

Contribuye a la fabricación en los ribosomas y por lo tanto es más notorio en las células que fabrican muchas proteínas. Los nucléolos desaparecen durante la división celular. El nucléolo sintetiza el ARN ribosómico (ARNr) y está formado por ARN (aproximadamente en un 10%) y proteína con áreas de cromatina llamadas organizadores nucleolares que regeneran a los nucléolos después de la división nuclear. Son las regiones específicas de ciertos cromosomas que contienen hasta varios centenares de copias del ADN de los ribosomas, es decir el ADN que codifica el ARNr.

NUCLEÓN: partícula atómica constitutiva del núcleo, como los protones o los neutrones.

NUCLEÓTIDO: compuesto formado por la condensación de una base nitrogenada (purina, pirimidina o piridina) con un azúcar (ribosa o desoxirribosa) y ácido fosfórico. Las coenzimas NAD y FAD son dinucleótidos (formados por dos nucleótidos enlazados) mientras que los ácidos nucleicos son polinucleótidos (formados por cadenas de muchos nucleótidos enlazados).

NÚMERO: cifra o símbolo que expresa una cantidad determinada de algo. Son la base de la Matemática, es decir, el conjunto de técnicas que tratan de las múltiples combinaciones que pueden realizarse con los números. Los símbolos numéricos son: 0 (el cero es carencia de número), 1, 2, 3, 4, 5, 6, 7, 8, 9. Números naturales son los que se obtienen a partir de una unidad fija, por la suma repetida de la misma (1 + 1= 2). Números enteros son el conjunto de los naturales, más el 0, más los números negativos (-1, -2, -3, etc.). Números racionales son los enteros que expresan una unidad (2/2, 3/3, 4/2, etc). Números irracionales son aquellos que no pueden desarrollarse en serie (œ 8). Los números eran utilizados en la antigua Grecia, donde las matemáticas alcanzaron un alto desarrollo con Pitágoras, Euclides, Arquímedes, etc.// **número atómico:** el que indica el número de protones que existen en el núcleo atómico y, a su vez, es el número de orden del elemento en el sistema periódico.// **número cuántico:** cada uno de los números que se asignan a los distintos valores que puede tomar una magnitud cuantificada.// **número de Avogadro:** número de moléculas que contiene una molécula gramo o **mol.**

NUTRICIÓN: proceso propio de los organismos vivos que consiste en la introducción en ellos, de alimentos para su asimilación interior. La nutrición tiene como finalidad la conservación, crecimiento y reproducción de los organismos. Está en relación con las cualidades y dimensiones de cada ser vivo. En los vegetales, la nutrición se realiza mediante el proceso de la fotosíntesis, en el cual es indispensable la presencia de luz. También es fundamental el carbono. En los animales, el proceso es más complejo y normalmente requiere varias etapas: masticación (por acción de dientes y salivas), deglución (por la saliva y músculos faríngeos), digestión o asimilación (por aparato digestivo: estómago, hígado, vesícula, intestino), y expulsión de residuos o heces (por la acción del sudor, la vejiga urinaria y el ano).

OCCIPUCIO: parte superior del cráneo donde se une a la columna vertebral.// Placa esquelética en la parte posterior de la cabeza en los insectos.

OCÉANO: gran masa de agua salada que ocupa aproximadamente las tres cuartas partes de la superficie terrestre. La cuenca oceánica se divide en: zona abisal, de fondo completamente plano por la acumulación de sedimentos, y que comunica con otras a través de canales y estrechos; colinas o relieves, de decenas y centenares de metros de altura, muy abundantes en el Pacífico; zona intermedia, formada por mesetas y cornisas, y zona superior, que conecta con la superficie.

Los océanos propiamente dichos son los siguientes: el Pacífico, situado entre Asia y América, con 179 mil km² de superficie y profundidad media de 4.049 m; el Atlántico, entre Europa y América, con 106 mil km² y 3.314 m de profundidad, y el Índico, al sur de Asia, con 75 mil km² y 3.900 m de profundidad. El Glaciar Ártico es parte del Atlántico, como el Antártico lo es del Índico.

OFIUROIDEOS: la clase más grande de equinodermos, que incluye las estrellas quebradizas (Ophiothrix). El cuerpo está cubierto por placas esqueléticas y consta de un pequeño disco central con brazos largos y frágiles, que emplean para la locomoción. La alimentación se efectúa por medio de pies ampulacrales que pasan los alimentos a la boca ventral.

OHMIO: unidad eléctrica que se utiliza para designar la resistencia que opone un cuerpo o una sustancia a la circulación de la corriente. Su nombre recuerda al descubridor de este fenómeno: George Ohm.

Su símbolo es W (omega). Un cuerpo que opone gran resistencia al paso de la electricidad posee un elevado índice de ohmios. Los cuerpos eléctricamente resistentes se tornan incandescentes.

OÍDO: órgano de los animales que posee la facultad sensorial de percibir los sonidos. Se divide en tres partes: oído externo, medio e interno. El oído externo está formado por la oreja o pabellón auricular, que actúa como caja de resonancia para captar los sonidos, y por el conducto auditivo, encargado de protejer el tímpano. El oído medio está constituido por la cavidad que contiene el tímpano, y en él hay tres huesos, llamados martillo, yunque y lenticular. La función del oído medio es transmitir al interno las vibraciones. El oído interno o laberinto es un conjunto de cavidades óseas con membranas impregnadas de linfa. Del laberinto, que conecta las terminales nerviosas del cerebro, depende el llamado equilibrio auditivo. La terminal cerebral se llama nervio acústico.

OJO: órgano propio de los animales que permite el acto de la visión. Está situado en la parte superior de la cara, en las cavidades frontales orbitales (en algunos animales está en posición lateral). En el ojo se distinguen tres capas fundamentales: la externa o esclerótica, resistente y con función protectora, y que en su zona anterior forma la córnea; la intermedia o úvea, con características musculares, que incluye la coroides, el cuerpo ciliar y el iris (un músculo dentro del cual está la pupila). La capa más interna se llama retina y comunica con las terminaciones nerviosas que conectan con el cerebro.

En la parte externa del ojo están las cejas, los párpados y las pestañas, que tienen una función protectora. El ojo posee un total de 6 músculos y está irrigado por vasos capilares. Los párpados son contráctiles.

OLFATO: uno de los sentidos de los animales, cuyo órgano es la nariz, por medio del cual se perciben los olores. Reside en un pequeño sector de la mucosa nasal (pituitaria) en donde se hallan las células sensoriales; unas neuronas con filamentos microscópicos llamados cilios olfatorios, captadores de los estímulos olorosos. Muy desarrollados en los mamíferos, en cambio las aves carecen de él. En los peces está muy atenuado.

OLIGOQUETOS: clase de anélidos que incluye la lombriz de tierra (Lumbricus) y muchas especies de agua dulce. La lombriz de tierra está adaptada para excavar y no tiene parapodios ni apéndices cefálicos y pocas quetas. Son hermafroditas pero es usual la fecundación cruzada. Las gónadas se limitan a algunos segmentos fijos. Los huevos se desarrollan en capullos producidos por el clitelio, estructura glandular cerca de los segmentos reproductivos. El desarrollo es directo, sin larvas.

OMNÍVOROS: son los animales que comen de todo. El hombre es omnívoro porque se alimenta de vegetales y animales.

OMÓPLATO: hueso plano, ancho, de forma triangular. El hombre posee dos omóplatos, colocados en la parte superior trasera del tórax, a ambos lados de la columna vertebral. Presenta una amplia superficie en forma de plato en la que se inserta un músculo. Sirve como punto de apoyo de la parte superior de los brazos, a los que facilita su movimiento. Proporciona consistencia a la espalda y refuerza la columna vertebral.

ONDA: nombre que se da al modo de propagación de una perturbación producida en un ambiente. Se trata de un fenómeno debido al desplazamiento elástico de partículas a causa de la incidencia de algún factor extraño al mismo: cambio de temperatura, diferencia de potencial eléctrico, choque de un objeto, etc. Un cuerpo lanzado al agua, provoca en su superficie la formación de ondas circulares. El sonido se propaga en el espacio en forma de onda (radiofonía); e igualmente lo hacen la luz y la energía eléctrica. La onda es longitudinal cuando su movimiento se produce en la dirección en que se mueve el elemento que la provoca. Es transversal cuando se mueve perpendicularmente a aquella dirección. Longitud de onda es la velocidad de propagación por unidad de tiempo, y se representa con la letra griega lambda (l).

ONTOGENIA: se llama así al proceso de desarrollo de un organismo desde el huevo fecundado hasta el estado adulto. A veces se emplea este término para describir el desarrollo de una sola estructura.

OOSFERA: gameto femenino. En las angiospermas se encuentra encerrada en el saco embrionario y protegida por los integumentos del óvulo. En ciertos mohos la oosfera tiene paredes delgadas, pero luego de fecundarse desarrolla una pared gruesa y se convierte en oospora.

OOSPORA: cigoto diploide de ciertos hongos y algas, producido por la fecundación del gameto femenino, (oosfera) por el masculino (anterozoide). El cigoto puede formar una túnica gruesa y experimentar un período de latencia antes de germinar.

OPACO: la característica de algunos cuerpos para no dejar pasar la luz, se designa con el nombre de opacidad. Los cuerpos opacos pueden carecer de brillo y son de coloraciones oscuras. La opacidad puede producirse por dos procesos: en primer lugar, a causa del carácter refractario hacia la luz. En este caso el cuerpo, que es opaco, puede presentar algunas formas de brillo. El segundo proceso de la opacidad tiene como causa un fenómeno opuesto al anterior, es decir, por la capacidad de un cuerpo para asimilar incluso los rayos luminosos, debido a su excepcional densidad. Tal es el caso de los astros llamados cuerpo negro, gris u opa-

co, cuya enorme densidad les permite capturar toda forma material o de energía que pasa por su radio de acción. Reciben también el nombre de antimateria.

ÓPTICA: rama de la Física que estudia los fenómenos relacionados con la luz y sobre todo, los efectos que ésta provoca con su propagación, así como las leyes que la rigen.

ÓRBITA: una de las dos cavidades o depresiones en el cráneo de los vertebrados, que contiene el globo ocular con sus músculos, vasos sanguíneos, nervios, etc.

ORDEN: conjunto de familias similares. Los órdenes vegetales suelen terminar en -áceas (por ejemplo, liláceas) pero los animales no tienen ninguna terminación especial. Los órdenes pueden dividirse en sub-órdenes. Varios órdenes similares constituyen una clase.

OREJA: parte externa del oído externo de los mamíferos, formada por un cartílago recubierto de piel que rodea al orificio externo del oído. Dirige las ondas sonoras hacia el conducto auditivo externo. En algunos mamíferos es móvil (por ejemplo, el perro o el conejo).

ORGANELO: estructura subcelular que cumple determinada función. El organelo más grande es el núcleo; otros son los cloroplastos, las mitocondrias, el aparato de Golgi, las vacuolas y los ribosomas. Los organelos permiten la división de trabajo dentro de la célula. Las células procariotas tienen muy pocos organelos comparadas con las eucariotas.

ÓRGANO: parte de un organismo que se compone de varios tejidos especializados para cumplir determinada función. Algunos ejemplos son el pulmón, el estómago, una hoja, etc.

ORINA: líquido segregado por los riñones de los animales y que se acumula en la vejiga antes de ser expulsado a través de la uretra. La orina humana es de color amarillento, con un olor que varía según las razas. Una persona sana debe de expulsar diariamente alrededor de 1,5 litros de orina.

El 95% de la orina es agua, que en suspensión lleva urea, amoníaco, ácido úrico y otros residuos orgánicos nocivos.

ORO: elemento químico cuya fórmula es AU. Es un metal que se encuentra muy difundido en la Naturaleza, pero en cantidades muy pequeñas. Después del platino es el más apreciado de los metales preciosos. Se halla en estado puro o nativo formando pepitas, de regular tamaño. También se le encuentra mezclado con minerales de teluro.

Es muy denso y blando y se presenta con un color amarillo muy intenso, y brillante. En forma de granos está en los lechos de los ríos. Es 19 veces más denso que el agua y se funde a la temperatura de 1.064 °C, emitiendo vapores de color violeta. Es muy dúctil y maleable y se disuelve en mercurio. Se lo emplea en joyería, así como para acuñar monedas, mezclado con otros metales. El oro puro es el de 24 quilates.

ÓSMOSIS: fenómeno físico que consiste en el paso de un líquido a través de una membrana filtradora, que separa las partes con distinta densidad. El sistema de la ósmosis se utiliza para separar mezclas líquidas en sus diversos componentes. El elemento fundamental es una membrana especial, de carácter semiimpermeable, que permite el paso del líquido disolvente, pero retiene el líquido soluto. Cuanto más rápido es el proceso de separación, tanto menos densa es la mezcla filtrada. En Biología, los fenómenos derivados de la ósmosis tienen una importancia fundamental: tanto en los vegetales como en los animales, a través de las membranas de las células, tiene lugar un permanente proceso de ósmosis. Se llama presión osmótica a la ejercida por una disolución sobre la membrana separadora.

ÓSTEO-ARTRO-MUSCULAR, SISTEMA: conjunto conformado por el esqueleto, las articulaciones y los músculos. Es el responsable de los movimientos del cuerpo y de la protección de los órganos vitales de los vertebrados.

OSTEOBLASTO: cualquiera de las células que forman capas de hueso en las primeras etapas de la osificación.

OSTEOCITO: cualquiera de las células que secretan la matriz dura del hueso.

ÓSTIUM: orificio en forma de boca; por ejemplo, cualquiera de los orificios laterales en el corazón de un artrópodo o cualquiera de los orificios por donde entra agua en el cuerpo de una esponja.

OVARIO: base del carpelo en el gineceo de plantas que contengan al menos un óvulo. El gineceo de las angiospermas puede estar formado por más de un carpelo, que en ciertas especies se unen para formar un ovario complejo. Luego de la fecundación, la pared ovárica se convierte en el pericarpio del fruto, que encierra las semillas en su cavidad central.// Órgano reproductor femenino, que produce los óvulos.

En los vertebrados suele haber un par de ovarios (aunque en las aves solamente el izquierdo es funcional). También producen las hormonas sexuales. En la hembra humana, los ovarios son estructuras ovaladas de color cremoso, que miden unos 4 cm de largo y se fijan a la pared posterior de la cavidad abdominal debajo de los riñones. Cada uno consta de tejido conjuntivo, vasos sanguíneos circundantes, fibras nerviosas, etc., y muchos folículos (que contienen huevos inmaduros). En el momento de nacer, los folículos suman aproximadamente 150-500 mil pero solamente 300-400 llegarán a la madurez para convertirse en óvulos y poder participar de la fecundación.

OVIDUCTO: conducto en los animales por el cual los óvulos pasan de los ovarios al exterior. Puede o no conectarse directamente con el ovario; en los vertebrados, los óvulos pasan al celoma antes de entrar en el extremo anterior, ciliado, que tiene forma de embudo.

OVÍPARO: que pone huevos aún no desarrollados. Puede haber fecundación antes de ponerlos, como en las aves y algunos reptiles, o después, como sucede en la mayoría de los invertebrados, los peces y los anfibios. En general, se producen muchos huevos porque sus probabilidades de sobrevivir son muy bajas, dada la falta de protección materna. Cada huevo contiene una yema grande para nutrir al embrión durante su desarrollo.

OVOCITO: célula reproductiva del ovario animal que da origen al huevo. El ovocito primario se desarrolla a partir de una célula del ovario animal, que ha experimentado un período de multiplicación y crecimiento. Se divide por meiosis y la primera división meiótica produce un segundo ovocito con la mitad de los cromosomas, y un pequeño cuerpo polar. El ovocito secundario sufre la segunda división meiótica para formar un huevo y un segundo cuerpo polar. En muchas especies, la segunda división meiótica no se realiza plenamente hasta después de la fecundación.

OVOVIVÍPARO: invertebrados, peces y reptiles que producen huevos y los conservan dentro del cuerpo de la hembra durante su desarrollo embrionario. El embrión se nutre de la yema y su madre le brinda solamente protección física. Se supone que la ovoviviparidad es una etapa en la evolución previa a la viviparidad.

OVULACIÓN: la liberación de un óvulo en un folículo de Graaf de la superficie del ovario de los vertebrados. En los humanos, sucede por primera vez al alcanzar la madurez sexual, y cada 28 días se libera un solo óvulo de ovarios alternos, hasta la menopausia que sucede aproximadamente a los 45 años.

ÓVULO: parte de los órganos reproductores femeninos en las plantas de semilla. Consta del nucelo, que contiene un saco embrionario rodeado por los integumentos. Luego de la fecundación, el óvulo se convierte en semilla. En las angiospermas el óvulo se encuentra dentro de un ovario que puede estar en distintas posiciones: erecta, invertida o a veces horizontal. En las gimnospermas los óvulos son más grandes pero no se encuentran dentro de un ovario.

Por lo tanto, las semillas de las gimnospermas se encuentran dentro del fruto, que se desarrolla de la pared ovárica.// Célula reproductora femenina (gameto) producida en el ovario animal. Consta de un núcleo haploide central rodeado de citoplasma, que contiene yema en cantidades variables y una membrana vitelina. Es inmóvil. Su tamaño varía de una especie a otra. El ovario libera un solo óvulo a intervalos periódicos (en los humanos aproximadamente cada 28 días). Al ser fecundado por un espermatozoo, se desarrolla para formar un nuevo individuo de la misma especie. A veces, la fecundación sucede antes de que el óvulo esté plenamente desarrollado, es decir en la fase del ovocito.

ÓXIDO: cuerpo o sustancia que resulta de la unión del oxígeno con cualquier otro elemento químico. Se divide en óxidos metálicos y no metálicos. Algunos se encuentran formando parte de la corteza terrestre (el dióxido de silicio, en el cuarzo) o en la atmósfera (el dióxido de carbono, en el aire). En realidad, a la temperatura y presión adecuadas, casi todos los elementos se combinan con oxígeno y por tanto forman óxidos. Al oxidarse, el hierro se estropea. Los óxidos metálicos son siempre sólidos, sin brillo, con temperatura de fusión muy elevada. En contacto con el agua, los óxidos pueden captar el hidrógeno y formar hidróxidos. Los óxidos no metálicos se descomponen rápidamente con el calor. Algunos metales desplazan a otros para combinarse con el oxígeno: por ejemplo, el sodio desplaza al cromo.

OXÍGENO: elemento químico que se presenta en estado gaseoso y cuya fórmula es O. Forma casi el 50% de la corteza terrestre (incluyendo la atmósfera y los océanos). Es un gas incoloro, inodoro e insípido. Generalmente se le encuentra combinado en forma de silicatos, óxidos y agua. Al condensarse, se transforma en un líquido de color azul tenue. Funde a -218 °C y hierve a -183 °C. Con el hidrógeno forma agua. Es muy poco soluble y se presenta en moléculas formadas por dos átomos (O_2). En la atmósfera se encuentra el ozono, que es oxígeno con moléculas de tres átomos (O_3). Combinado con otros elementos químicos forma los óxidos. Su presencia en el aire es indispensable para la vida orgánica. Industrialmente se usa en los altos hornos para obtener acero y para los procesos de soldadura metálica.

OXITOSINA: hormona peptídica, producida por el hipotálamo y el lóbulo posterior de la glándula hipófisis, que actúa sobre la musculatura lisa.

OZONO: gas azulado, muy oxidante y reactivo. Se estima que el 90% del ozono está concentrado en la capa de ozono que rodea a la Tierra, protegiéndola de los rayos ultravioletas (ver también **agujero de ozono**).

OZONOSFERA: capa de ozono de la estratosfera situada entre los 15 y los 50 kilómetros de altitud.

PALADAR: el techo de la boca; división que separa el conducto nasal de la cavidad bucal en los animales. La parte anterior está apoyada en un hueso y es el paladar propiamente dicho. Detrás de él se encuentra el velo del paladar que termina en la úvula. Los huesos que forman el paladar son prolongaciones de los maxilares y premaxilares, y hacia atrás la plataforma se completa con los palatinos. En los anfibios, la piel que recubre el paladar se adapta como superficie respiratoria.

PALANCA: se denomina así a la más simple de las máquinas. Está constituida por una barra rígida sostenida en un punto de apoyo o fulcro. Sobre un extremo de la palanca se ejerce una fuerza y el otro extremo realiza un trabajo mecánico: levantar un peso o resistencia. La distancia entre el fulcro y el extremo, que ejerce la fuerza, se llama brazo de potencia, y brazo de resistencia es la distancia del fulcro a la resistencia.

PALEONTOLOGÍA: ciencia que se ocupa del estudio de los seres vivos del pasado remoto (incluido el hombre), o bien de las huellas dejadas por sus actividades. Por tanto, los materiales con que trata son restos fósiles que se encuentran depositados en la corteza terrestre, a diversas profundidades. El especialista en esta ciencia debe reunir conocimientos muy variados: físicos, químicos, geológicos, históricos e, incluso, biológicos.

PÁNCREAS: glándula ubicada entre el bazo y el duodeno, con un conducto que desemboca en este último. Secreta el jugo pancreático que contiene tres tipos de enzimas: tripsina para descomponer las proteínas en aminoácidos, amilasa para convertir el almidón en maltosa y lipasa para convertir los aceites emulsificados en glicerina y ácidos grasos. La glándula también contiene tejido endocrino y produce insulina.

PAPEL TORNASOL: papel rojo o azul indicador de acidez-alcalinidad. El papel de tornasol azul se torna rojo en un medio ácido y el rojo se torna azul en un medio alcalino. El papel se prepara sumergiendo papel absorbente en solución tornasol y luego secándolo.

PAPILA: pelillo corto, a veces cónico, que frecuentemente aparece en los pétalos y les da su aspecto aterciopelado. Es una prolongación de la pared externa de la célula epidérmica.// Pequeña proyección como tetilla que se forma en la superficie de un tejido u órgano.

PAPO: el anillo de pelos, escamas o dientes que compone el cáliz en las flores compuestas. Persiste en el fruto y contribuye a la dispersión de las semillas por el viento. Un ejemplo es la cipsela del diente de león en que el papo sigue adherido por un tallo largo y delgado y actúa como paracaídas.

PARAMECIUM: género de protozoos universalmente común en el agua dulce que contiene materia vegetal en descomposición. Tiene forma de zapatilla y está cubierto de cilios, cuyo movimiento produce una rápida locomoción. Se reproduce asexualmente por fisión binaria y sexualmente por conjugación.

PARÁSITO: organismo vivo, animal o vegetal, que vive en el interior o la superficie de otro, a cuyas expensas desarrolla su propio ciclo vital. El hombre puede estar parasitado interna o externamente. Parásitos externos son: el piojo, la pulga y la chinche, que se nutren de la sangre chupada tras la picadura. Parásitos internos son la solitaria y la lombriz, que se nutren de los alimentos ingeridos por el hombre, especialmente de sustancias dulces. Numerosos hongos parasitan a plantas y árboles, extrayendo su savia o sustancias nutritivas. Un ejemplo típico del parasitismo es el del cangrejo ermitaño que se instala en el caparazón de un caracol de mar. El parásito se denomina también huésped del animal parasitado que, a su vez, es el hospedante. Todos los microbios productores de enfermedades son parásitos.

PARASITISMO: es la relación entre dos seres vivos, de distintas especies, en la cual uno de ellos se beneficia directamente del otro, que no obtiene ninguna ventaja de esa relación. Un ejemplo de parasitismo es el de los piojos o el de los mosquitos.

PARED CELULAR: pared rígida que rodea las células vegetales y bacterianas. Las paredes de las células vegetales están formadas por fibras de celulosa incluidas en una matriz de otros polisacáridos. Los hongos son la excepción, ya que sus paredes contienen quitina. Las paredes de algunas algas también difieren, como las cajas de sílice de las diatomeas. Las paredes de las bacterias son más complejas, pues contienen aminoácidos y polisacáridos. Las paredes celulares son permeables para los gases, soluciones y agua. Tienen la función mecánica de permitir que la célula se vuelva turgente por ósmosis, pero sin que se reviente. Esto contribuye al sostén de las plantas herbáceas. Las paredes de las células vegetales pueden reforzarse con lignina (como en el xilema y esclerénquima) o con más celulosa (como en el colénquima). Las paredes de las células vegetales son importantes en el movimiento de agua y sales minerales. Otras modificaciones incluyen el engrosamiento dispar de las células de guarda, las placas cribosas del floema y las cubiertas a prueba de agua de las células de corcho y epidérmicas. Durante la división celular en las plantas, la pared principal se coloca sobre la laminilla media de la placa celular como una malla suelta de fibras de celulosa. Esto forma una estructura elástica que permite la expansión celular durante el crecimiento. Después crece la pared secundaria y adquiere mayor rigidez y resistencia a la tensión.

PARÉNQUIMA: tejido formado por células vivas de paredes delgadas sin diferenciación funcional específica pero en las cuales se cumplen importantes procesos metabólicos. El mesofilo de la hoja y la médula del tallo, así como la corteza, están formados por parénquima. El tejido vascular también tiene parénquima, por ejemplo los rayos medulares del tejido vascular secundario. El aerénquima, clorénquima, colénquima y esclerénquima son formas modificadas del parénquima; el tejido de almacenamiento es principalmente parenquimatoso.// Tejido esponjoso formado por células apretadas. En los platelmintos, como las planarias, el parénquima se encuentra entre la piel externa (ectodermo) y el recubrimiento del tubo digestivo (endodermo). Está formado por una masa de células mesodérmicas enlazadas y con vacuolas, así como líquido en los espacios intercelulares. Los órganos se encuentran empacados dentro de este tejido y a través de él pasan por difusión el oxígeno y los alimentos.

PARTO: proceso propio de las hembras de los mamíferos, a través del cual se produce, por el acto del nacimiento, la separación entre la madre y la cría que aquélla lleva en el vientre. El parto de la especie humana requiere una gestación aproximada de 280 días, durante los cuales el embrión o feto desarrolla paulatinamente todos sus órganos nutriéndose, por medio de la placenta, conectada, a su vez, al cordón umbilical.

PASTEURIZACIÓN: esterilización parcial de alimentos calentándolos a una temperatura por debajo del punto de ebullición. Esto mata los microorganismos nocivos pero conserva el sabor. Luis Pasteur fue el creador del método, de allí su nombre.

PC: siglas en inglés de "Personal Computer", computadora personal. Designa a las computadoras destinadas a usuarios particulares, más pequeñas que aquellas que empleaban las empresas. Actualmente, han ampliado mucho su capacidad de trabajo y memoria.

PECÍOLO: la parte que une la hoja con el tallo. Es similar al tallo pero el corte transversal es asimétrico, pues los tejidos vasculares y de fortalecimiento se disponen no en círculo sino en V.

PEDÚNCULO: eje principal de una florescencia en la que aparecen las flores individuales en las axilas de brácteas u hojas reducidas. Su tamaño y forma varía según el tipo de florescencia. No se considera pedúnculo el tallo de una flor solitaria, (por ejemplo, el tulipán).

PELÍCULA: envoltura protectora externa, delgada, flexible y transparente de muchos organismos unicelulares, especialmente los protozoos, flagelados y ciliados (por ejemplo, la Euglena y el Paramecium). Se compone de proteína y conserva la forma del cuerpo, por lo cual puede considerarse como un exosqueleto.

PELO: cualquiera de las prolongaciones delgadas y filamentosas que se encuentran en la piel de los mamíferos. Están constituidos por células muertas que contienen grandes cantidades de queratina córnea (una proteína) y gránulos de pigmento. La presencia de pelos reduce la pérdida de calor a través de la piel.

PELVIS: la cavidad, en forma de cuenca, constituida por los huesos de la cintura pélvica, especialmente en el hombre y otros mamíferos.// pelvis renal: cavidad central del riñón de los mamíferos en la cual desagua la orina. Forma el extremo superior ampliado del uréter.

PENE: órgano masculino de copulación empleado por muchos animales con fecundación interna (mamíferos, algunos reptiles e invertebrados, etc.) para introducir el semen en el canal genital femenino. En los mamíferos, tanto la orina como el semen (fluido que lleva los espermatozoides) pasan por la uretra a lo largo del pene. El pene está formado por una capa de piel y tejido conjuntivo alrededor de tres cuerpos cilíndricos de tejido esponjoso con muchos espacios sanguíneos: dos cuerpos cavernosos en la parte dorsal y un cuerpo esponjoso en la parte ventral, alrededor de la uretra. Antes de la cópula, los espacios se llenan de sangre produciendo la erección del pene.

PEPSINA: enzima que cataliza la hidrólisis parcial de proteínas a polipéptidos. Es secretada por las glándulas gástricas en forma inactiva como pepsígeno, y activada por la acción de iones de hidrógeno. La pepsina da comienzo a la digestión de proteínas, descomponiéndolas en fragmentos más pequeños.

PERENNIFOLIAS: vegetales que conservan sus hojas durante el invierno y el verano subsiguiente, o durante varios años. Muchas especies tropicales son perennifolias y sus hojas son más gruesas y resistentes que las de los árboles caducos. En las regiones polares y templadas frías, los siempre-verdes son arbustos coníferos o árboles con hojas en forma de agujas o escamas.

PERIANTIO: la parte de la flor que rodea los estambres y carpelos. Suele consistir en dos remolinos de estructuras como hojas que, en las dicotiledóneas, se diferencian en sépalos y pétalos, es decir el cáliz y la corona. En algunas flores, especialmente las que son polinizadas por el viento, el periantio se encuentra reducido (por ejemplo, pasto) o ausente (por ejemplo, el sauce).

PERICARPIO: la pared ovárica que se convierte en la pared del fruto a medida que se desarrolla. Según la diferenciación de los tejidos pericárpicos, el fruto puede ser seco o carnoso. La capa externa es el epicarpio, que frecuentemente es una piel dura. La capa media es el mesocarpio, cuya textura varía según la fruta, (por ejemplo, es jugosa en las drupas como la ciruela y dura en las almendras). El mesocarpio puede ser protector o puede ser un medio de dispersión. El endocarpio es la capa interna y forma el recubrimiento duro de la semilla en las drupas, pero en otras frutas (por ejemplo, las bayas) no se distingue el mesocarpio.

PERIGINIO: la disposición de flores en que el perianto y el androceo se insertan alrededor del gineceo y no encima ni debajo. El receptáculo se extiende para formar un órgano plano en forma de platillo y lleva el gineceo en el centro y las demás partes florales alrededor del borde. El ovario es técnicamente superior aunque en las formas extremas de periginio en que el receptáculo tiene forma de copa (por ejemplo, la rosa silvestre), las partes florales pueden insertarse en un nivel sobre el gineceo. En las flores periginas el ovario no se fusiona con el receptáculo.

PERÍODO LATENTE: tiempo que transcurre entre la estimulación de un tejido irritable (nervio o músculo) y la producción de una respuesta identificable.

PERIOSTIO: membrana de tejido conjuntivo que rodea un hueso. Es dura y fibrosa, con muchos haces entrelazados de fibras de colágeno blanco. Contiene osteoblastos, que son importantes en la formación del hueso.

PERITONEO: revestimiento del abdomen que se continúa con el mesenterio.

PERMEABILIDAD: propiedad de un cuerpo o sustancia que determina su mayor o menor capacidad para absorber un líquido. La permeabilidad del suelo depende de la porosidad del mismo. El asfalto no es permeable y, en cambio, la arcilla lo es en grado sumo. El proceso de la ósmosis se produce por la permeabilidad de ciertas membranas porosas. Los plásticos son absolutamente impermeables y el algodón muy permeable.

PERONÉ: uno de los dos huesos largos de la parte inferior de las extremidades posteriores de los tetrápodos. En el hombre, es un hueso delgado sobre el cual no recae mucho peso. Su extremo superior se articula con la tibia inmediatamente por debajo y por detrás del lado externo de la rodilla. Desciende paralelamente a la tibia y termina en el maléolo lateral, que es la prominencia que puede verse al lado externo de la articulación del tobillo.

PESO: fuerza con que un cuerpo es atraído hacia el centro de la Tierra. El valor de un peso se obtiene tomando como unidad básica el gramo. Peso específico es el peso de la unidad de volumen de un cuerpo y se obtiene multiplicando su densidad por la fuerza de la gravedad ejercida sobre él. Para pesos grandes se emplea como medida el kilogramo (1000 gramos) y la tonelada métrica (1000 kilogramos).

PÉTALO: una de las partes de la flor, generalmente de vivos colores, que forman la corola. Son pigmentados y frecuentemente aromatizados para atraer insectos. En las flores con polinización por el viento, los pétalos se hallan reducidos o ausentes. Se cree que son hojas modificadas, con sistema vascular y estructura interna mucho más simple.

PEZ: animal vertebrado de vida acuática caracterizado por respirar a través de branquias. En general presenta el cuerpo alargado, con la boca en un extremo, a veces en posición ventral (tiburón). Está recubierto por escamas, que componen una placa flexible, pero dura. Presenta dos aletas pares y tres impares: caudal, anal y dorsal. Su esqueleto puede ser óseo o cartilaginoso. Su captura se denomina pesca. Son carnívoros, aunque también se alimentan de la vegetación marina. Los sexos están diferenciados a veces de modo muy acusado. Un órgano llamado vejiga natatoria facilita su flotación. Su forma aplanada es una adaptación para soportar la presión del agua. Se conocen más de 20.000 especies, divididas en cuatro grandes grupos: Acantodios, Placodermos, Condrictios y Osteictios. Muchas especies son útiles al hombre.

pH: medida de la acidez o alcalinidad de una solución en una escala de 0 a 14. Una solución neutra tiene un pH de 7. El pH de las soluciones ácidas es inferior a 7 y el de las alcalinas es superior.

PÍAMADRE: la membrana interna blanda y delicada que rodea y protege el cerebro y la médula espinal en los vertebrados.

PIE: extremidad del miembro inferior de los animales, que se apoya en el suelo y soporta el peso del cuerpo. El pie del hombre se compone del hueso astrágalo, que conecta el pie con la pierna. Luego, de los huesos escafoide, cuneiforme, la apófisis y el calcáneo, con numerosas articulaciones entre ellos. Los cinco dedos están compuestos del metatarsiano, en la base, los metatarsos y las falanges.

PIEDRA: sustancia mineral compacta y más o menos dura, que no tiene aspecto metálico ni es terrosa.

PIEL: tejido fuerte, resistente y flexible que, a modo de membrana, recubre el cuerpo humano. Se compone de dos partes: la más externa y dura es la epidermis, bajo la cual está la dermis.
Ambas zonas están separadas por una membrana y unos tejidos en los que hay unas glándulas que se encargan de su nutrición, aportando agua y grasa. Situados en la epidermis, se hallan los poros que segregan el sudor.

PILA: aparato que sirve para convertir energía química en energía eléctrica. El esquema de una pila es el siguiente: en un recipiente que contiene una solución de cloruro amónico, que se llama electrolito, se sumerge un electrodo de cinc que es el polo negativo, así como un pequeño vaso con poros que contiene una plaquita de carbón, y que es el polo positivo. Entre ambos hay una diferencia de potencial. El paso del cinc por la disolución de cloruro amónico genera una corriente eléctrica, de regular intensidad y duración variable. Las pilas se utilizan, sobre todo en casos de emergencia, como sucedáneo de la corriente eléctrica, y en aparatos de pequeño tamaño y poco consumo. El físico italiano Volta, en 1793, construyó la primera pila eléctrica al observar las convulsiones de una rana a causa de las descargas eléctricas.

PÍLORO: músculo involuntario en forma de esfínter. En los vertebrados, rodea la abertura del estómago al duodeno. Regula el paso de la comida entre el estómago y el duodeno.

PIRÁMIDE DE LA BIOMASA: es la que representa a los organismos por su peso y sus necesidades de alimentación, de modo tal que el escalón requiere del inferior para sobrevivir.

PIRÁMIDE ECOLÓGICA: representa a los integrantes de una comunidad. En la base se encuentran los vegetales (productores). En el primer escalón están los consumidores de primer orden (animales herbívoros). En el segundo escalón están los consumidores de segundo orden (animales carnívoros que se alimentan de animales herbívoros). En el tercero, aquellos animales carnívoros que se alimentan de otros carnívoros. Y así sucesivamente.
El hombre es omnívoro —come de todo— por lo tanto es consumidor de primer orden —come vegetales—. Es consumidor de segundo orden —porque come animales herbívoros—. Es consumidor de tercer orden —porque come animales carnívoros—. Y puede, de esta manera, ascender a órdenes superiores.

PIRÁMIDE DE NÚMEROS: se llama así porque se representa con números a los organismos que ocupan los distintos escalones.

PIRIMIDINA: molécula orgánica nitrogenada simple cuya estructura cíclica está contenida en las bases pirimidínicas citosina, timina y uracilo, componentes de los ácidos nucleicos y de la vitamina B1.

PISTILO: en las angiospermas, estructura que contiene la semilla. En el gineceo apocárpico, corresponde al carpelo, mientras que en el sincárpico se compone de dos o más carpelos.

PLACA BACTERIANA: película que cubre los dientes. Se compone del moco de la saliva con azúcar y otros alimentos disueltos, y constituye lugar propicio para el desarrollo de bacterias.
Si queda en los dientes durante algún tiempo, las bacterias producen ácidos con el alimento y éstos carcomen el esmalte del diente, permitiendo así que las bacterias lleguen a la dentina y dañen el diente.

PLACENTA: órgano en forma de disco que se desarrolla dentro del útero durante el embarazo. Establece una estrecha asociación entre los tejidos embrionarios y los maternos para el intercambio de materiales. Se compone de tejidos tanto embrionarios como maternos. Las membranas embrionarias desarrollan unas prolongaciones como dedos (vellosidades) que penetran en la pared uterina vascularizada. De la vena y las arterias umbilicales salen capilares embrionarios que se extienden dentro de estas vellosidades, poniendo en contacto la circulación del embrión y de la madre para que el primero pueda obtener oxígeno, nutrientes, etc., y pueda eliminar los productos de desecho metabólico como dióxido de carbono y compuestos nitrogenados. La sangre fetal y la materna jamás están en contacto directo. La placenta es expulsada poco después del parto.

PLANARIA: género de pequeños platelmintos libres de agua dulce perteneciente a la clase de los turbelarios. El cuerpo está cubierto de cilios para la locomoción y la boca está en el centro de la superficie ventral en el extremo de una faringe tubular, que puede impulsarse hacia afuera para asir los alimentos, y que conduce a un tubo digestivo ramificado. Las planarias tienen un gran poder regenerativo, pues casi cualquier trozo del cuerpo puede convertirse en un individuo completo, y es indiferente a la inanición, pues en ausencia de alimentos absorbe varios órganos del cuerpo.

PLANCTON: conjunto de organismos de dimensiones muy pequeñas que viven suspendidos en el agua y que sirven de alimento a numerosas especies de peces, especialmente la ballena. El plancton se desplaza en el agua verticalmente, impulsado por las corrientes marinas. Su reproducción es extraordinariamente rápida. La energía solar y la acción de unas bacterias sobre los cadáveres y residuos marinos lo reproducen.

PLANTAS VASCULARES: plantas que contienen células diferenciadas que forman el tejido vascular, el cual comprende el xilema y el floema. El tejido vascular transporta agua y nutrientes a través de la planta y también le da fortaleza y sostén. Es característico de los traqueofitos (pteridofitos y espermatofitos). Las plantas que lo poseen pueden alcanzar un crecimiento vertical considerable, hacia arriba y dentro de la tierra. Han podido colonizar así los ambientes secos, inaccesibles a los briofitos no vasculares, más primitivos.

PLANTÍGRADO: dícese del modo de progresión en algunos mamíferos (oso, conejo y hombre) en que toda la planta del pie (es decir, los dígitos y los metatarsianos o metacarpianos) hace contacto con el suelo.

PLAQUETA: también denominada trombocito, es una partícula diminuta que se encuentra en el plasma sanguíneo. Las plaquetas miden entre 2 y 3 mm de diámetro y hay aproximadamente 250.000 por milímetro cúbico de sangre. Se forman en la médula ósea roja, derivándose de células grandes (llamadas megacariocitos) de donde se separan fragmentos de citoplasma. Cuando entran en contacto con una superficie áspera, (por ejemplo, un tejido lesionado), comienza la cadena de reacciones que conduce a la formación de un coágulo sanguíneo.

PLASMA SANGUÍNEO: líquido de color pajizo que queda al retirar todas las células de la sangre. Está formado por un 91% de agua y un 7% de proteínas. Se encarga de transportar el alimento disuelto, los productos de desecho, los gases disueltos, hormonas y vitaminas a todo el cuerpo. El plasma, además, suministra el líquido extracelular que es el medio de todas las células.

PLASMOCITO: leucocito derivado de los linfocitos en el tejido linfoide. Tiene citoplasma transparente y un gran núcleo y produce anticuerpos importantes en la defensa contra una enfermedad.

PLASMODIUM: género de protozoos parasitarios; algunas especies causan paludismo en el hombre. Su transmisor es el mosquito del género Anopheles. Las medidas para controlar los mosquitos han reducido la frecuencia de la enfermedad. El Plasmodium cumple un ciclo de vida complicado, con reproducción asexual en el hombre y reproducción sexual en el mosquito. El parásito entra al torrente sanguíneo del hombre por la glándula salivar del mosquito (al picarlo) y se divide de manera asexual. Ataca el hígado y los eritrocitos, y produce debilidad y fiebre. El parásito asexual se transmite a otro mosquito picador donde se desarrollan los gametos masculino y femenino, y ocurre la reproducción sexual.

PLASMÓLISIS: pérdida de agua de una célula vegetal o procariota hasta el punto en que el protoplasma se encoge retrayéndose de la pared celular. El punto donde esto ocurre se llama plasmólisis incipiente. Aquí la pared celular no se está estirando; es decir, la célula ha perdido su turgencia y se ha tornado flácida (la presión de turgencia es cero). En este punto, las plantas herbáceas se marchitan. A medida que la plasmólisis continúa, parte del protoplasto puede seguir adherido a la pared celular, lo cual produce el aspecto característico de la especie. La plasmólisis ocurre cuando una célula está rodeada de una solución más concentrada. Las soluciones más concentradas tienen mayor déficit de presión de difusión o un menor potencial acuoso, y esto ocurre normalmente sólo en condiciones experimentales. La plasmólisis se detiene cuando los déficits de la presión de difusión dentro y fuera de la célula son iguales. La solución con la misma presión osmótica de las células causa plasmólisis incipiente: en la práctica, es la que ocasiona plasmólisis del 50% de las células ya que la presión osmótica intracelular varía.

PLASTIDIO: organelo rodeado de dos membranas. Es exclusivo de las células vegetales y se desarrolla a partir de un proplastidio. Son de varios tipos, según el lugar donde se desarrolle el protoplastidio dentro del cuerpo de la planta. Todos contienen ribosomas y ADN típicamente procariota.

PLATA: metal de símbolo químico Ag y peso atómico 107. Es un metal blanco, brillante, muy dúctil, fácilmente maleable, más pesado que el cobre, pero menos que el plomo, y al que se considera, con el oro y el platino, dentro del grupo de los metales preciosos. Es más bien escasa, aunque se la encuentra muy distribuida.
Tiene la facultad de reflejar el 95% de la luz que recibe. Se encuentra formando rocas, o incrustada en minerales diversos junto a la galena, la blenda y las piritas. Hierve a 1927 °C, es inalterable por el aire, aunque el ozono la ennegrece. Se emplea en joyería.

PLATELMINTOS: filum de invertebrados primitivos que incluye las clases turbelarias (planarios libres acuáticos), trematodos y cestodos (tenia) parasitarios. Los platelmintos son animales triploblásticos no segmentados con simetría bilateral, carentes de celoma y de sistema sanguíneo.
El cuerpo plano facilita el intercambio de gases. El intestino, cuando lo hay, suele ser ramificado y con una sola abertura (la boca) así como una faringe de succión. La excreción se efectúa por medio de protonefridios y la reproducción se realiza por un complejo sistema hermafrodita.

PLATINO: metal de fórmula química Pt y peso atómico 195. Con el oro y la plata, constituye el grupo de los metales preciosos. Se presenta en color blanco, mezclado con el paladio, el iridio, el rodio, el osmio y el rutenio. A veces acompaña al oro. Es muy dúctil, pero resistente al ataque de todos los ácidos e, incluso, del mercurio. Sólo lo disuelve el agua regia. Funde a 1769 °C y absorbe los gases con facilidad. No se oxida a ninguna temperatura y se combina en caliente con el cloro, el azufre y el arsénico. Se utiliza en joyería y su presencia como catalizador es importante para realizar aleaciones. También se emplea en Medicina.

PLEURA: membrana doble que rodea los pulmones y recubre las paredes del tórax en los mamíferos. El espacio estrecho entre las dos membranas (cavidad pleural) se llena de aire y ayuda a proteger los pulmones amortiguando cualquier golpe. Las células de la membrana secretan líquido pleural para lubricar las pleuras donde se tocan y reducir así la fricción al respirar.

PLEXO: sistema complicado de interconexiones entre nervios, vasos sanguíneos y vasos linfáticos. Por ejemplo, el plexo braquial de las ramas de los nervios espinales que inerva las extremidades anteriores de los vertebrados.

PLOMO: metal de símbolo Pb y peso atómico 82. Raramente se le encuentra en estado puro (galena) y normalmente aparece mezclado con hierro, cobre, bismuto, cinc y plata. Es un metal muy pesado, de color blanco o azulado y de aspecto brillante. Es blando y muy maleable, aunque poco dúctil. Funde a 327 °C y conduce mal el calor y la electricidad. Se oxida fácilmente. Se utiliza para fabricar tuberías, municiones, etc.

PLUMA: órgano de las aves que desempeña una función similar a la de los pelos de los mamíferos. Se origina en unos nudos de los que parte una pieza erecta y cartilaginosa llamada cálamo, prolongado en un sector (raquis) a cuyos lados crecen unos filamentos duros denominados barbas. Las barbas más próximas a la base del cálamo son lisas. Algunas aves presentan plumajes superpuestos (águilas). Generalmente, las plumas están coloreadas por diversos pigmentos, pero las barbas siempre presentan tonos azulados. Las plumas de escasa consistencia se denominan plumones y se encuentran sobre la piel del animal, actuando de protector contra el frío. Las alas tienen tres tipos de plumas: las externas o coberteras; las intermedias o remeras primarias, y las inferiores o remeras secundarias. Las últimas son muy largas.

POBLACIÓN: es el conjunto de individuos (seres vivos) semejantes que viven en una zona determinada.

POIQUILOTERMIA: la condición en que la temperatura corporal varía con el medio ambiente. La mayoría de los animales, salvo las aves y los mamíferos, son poiquilotérmicos ("de sangre fría").

POLEA: máquina muy sencilla, al parecer inventada por Arquímedes. Se la utiliza para transmitir movimientos o bien para elevar cargas. Consta de una rueda fijada a un techo, que puede girar en torno a sí misma. Presenta una hendidura en la llanta, por la que discurre una cuerda o cadena. La fuerza se ejerce en un extremo de ésta para vencer una resistencia o peso colocado en el otro extremo. Las poleas de los puertos y minas son de grandes dimensiones.
Se fabrican de acero. Para aumentar su eficacia se combinan varias poleas, formando un sistema llamado compuesto, que facilita la elevación de grandes pesos con el mínimo de esfuerzo. Antiguamente, la polea se utilizaba para extraer el agua de los pozos artesianos. Las grúas llevan acoplada una polea de gran fortaleza.

POLEN: microsporas de las plantas fanerógamas. Se producen en grandes números dentro del saco de polen. Los granos de polen se adaptan al método de polinización; los que son llevados por insectos suelen ser pegajosos o con pequeñas púas, mientras que las plantas de polinización por el viento suelen tener polen liso y liviano.
Cada grano contiene gametos masculinos que representan la generación de gametofitos masculinos.

POLINIZACIÓN: traslado del polen de la antera al estigma. Si es compatible, entonces los granos germinan y producen un tubo polínico que desciende por el estilo llevando los núcleos del polen hasta el óvulo. Así, las plantas pueden autopolinizarse (por ejemplo, la cebada) y esto asegura la producción de la semilla, aún en ausencia de otros miembros de la misma especie. Empero, la autopolinización también conduce a la homocigocidad y produce plantas menos adaptables; así, en muchas especies hay mecanismos para impedirla y promover la polinización cruzada por los insectos o el viento.

PÓLIPO: etapa en el ciclo de la vida de los celentéreos en que el cuerpo es tubular, con una boca rodeada de tentáculos en un extremo; el otro extremo se fija a una superficie. En algunas especies los pólipos forman colonias ramificadas de varios o muchos individuos. En algunas de estas especies la colonia flota libremente sobre la superficie del agua, pero generalmente se mantiene fija en un lugar. En los antozoos (anémona y coral) y en algunos hidrozoos (Hydra) el pólipo es la forma única. Éstos pueden reproducirse de manera asexual (por gemación o división) y sexual. En otros hidrozoos (por ejemplo, Obelia) hay pólipos reproductores especializados que desarrollan yemas, las cuales se separan como medusas libres. En los escifozoos el pólipo se halla ausente o muy reducido.

POLIQUETOS: clase de anélidos marinos. Muchos son carnívoros y se arrastran. Algunos, (por ejemplo, Nereis), excavan en la arena o el lodo mientras que otros construyen conductos en la arena o el lodo que rara vez abandonan. Cada segmento del cuerpo tiene un par de parapodios para la locomoción, con varias quetas duras. La cabeza, bien definida, lleva órganos de los sentidos. Los sexos suelen ser separados y el desarrollo incluye una larva ciliada.

POLISACÁRIDO: polímeros de los monosacáridos o azúcares con muchas unidades repetidas en su estructura molecular. Pueden descomponerse en polisacáridos más pequeños, así como en disacáridos o monosacáridos mediante hidrólisis o por acción de una enzima apropiada. Algunos polisacáridos importantes son la insulina, el almidón, el glucógeno y la celulosa.

POLIZOOS: fílum formado principalmente por invertebrados sésiles marinos que viven en colonias parecidas a las algas o forman una lámina que se incrustan en las rocas y conchas. Los individuos, ovalados o tubulares, viven dentro de una cubierta córnea, cretácea o gelatinosa que secretan ellos mismos y dentro de las cuales se retraen al ser irritados. Tienen un celoma, un órgano para captar alimentos, los dotados de cilios y tentáculos, el lofóforo, y un tubo digestivo en forma de U. Hay dos clases, que frecuentemente se consideran como fila distintos. En los ectroproctos el ano queda fuera de los tentáculos y no hay órganos excretores especiales. Los endoproctos tienen el ano dentro de los tentáculos, carecen de celoma verdadero y tienen protonefridios como órganos de excreción.

POLO: cada uno de los extremos del eje de rotación de un cuerpo. Se aplica para definir los puntos imaginarios que forman el eje de la Tierra en su extremo Norte y en su extremo Sur. El Polo Norte se llama también boreal y el Sur recibe el nombre de austral. En los polos, la redondez de la Tierra sufre un achatamiento. Los polos geométricos de la Tierra coinciden con los polos magnéticos.

POLUCIÓN (DE LOS MARES): el deterioro de los mares —uno de los más importantes ecosistemas del planeta— puede ser causado por problemas urbanos (puertos, diques, descargas domésticas e industriales, dragados, depredación de la flora y la fauna, etc.) o por la explotación, extracción y transporte de petróleo crudo.

Se calcula entre 5 y 10 millones de toneladas de hidrocarburos son volcados anualmente en los mares, en procesos de limpieza de buques de carga. El petróleo crudo actúa sobre la flora y la fauna sin piedad alguna, impidiendo a los animales salvarse al disolver la cubierta grasa que los protege del frío.

POTENCIA: concepto que se utiliza en Mecánica y que significa la cantidad de fuerza de que se dispone para realizar un trabajo (levantar un peso, alcanzar una velocidad, etc.). En Electricidad, el potencial viene determinado por la carga de los polos entre los que circula una corriente eléctrica. Cuanto mayor es esa carga, más "altura" o potencia tendrá la corriente que circula entre dichos polos.

PORÍFEROS: fílum animal que comprende organismos primitivos multicelulares, las esponjas, que probablemente evolucionaron a partir de una estructura multicelular (metazoos). Todos son sésiles y casi todos marinos.

El cuerpo de una esponja es un conjunto de células flojas, con poca coordinación nerviosa, que forman una estructura en forma de jarrón. Está rodeada de células flageladas (coanocitos) que permiten la entrada de corrientes de agua por unas aberturas (ostia) en la pared del cuerpo, y la salida a través de uno o más orificios (ósculos) en la parte superior. Las esponjas tienen un esqueleto interno de espículas de cal o sílice, o de fibras de proteínas (como la esponja de baño).

PORTADOR: en genética, el organismo que lleva un gene recesivo, generalmente letal, escondido fenotípicamente por un gene dominante normal.

POTASIO: elemento esencial en plantas y animales. Los iones de potasio son necesarios en altas concentraciones en las células vegetales para la síntesis de proteínas y para la glucólisis. En los animales, el aumento y disminución de iones de potasio y sodio en la membrana celular es responsable de la diferencia de potencial a través de la membrana, importante para la transmisión de los impulsos nerviosos.

PREDATORISMO: es la relación entre dos seres vivos, en la cual uno de ellos (el predador o depredador) captura al otro y de esa presa se alimenta. Un ejemplo de predatorismo es el del zorro, que captura, mata y se come a la liebre.

PREMOLAR: diente de los mamíferos situado entre los caninos o incisivos y los molares. Los dientes premolares tienen raíces múltiples rígidas. Sirven para triturar la comida.

PRESIÓN: fuerza que se ejerce sobre una superficie. Cuando se calcula por una unidad de tiempo (por ejemplo: 5 kg/m2), se emplean diversas unidades: atmósferas, bar, pascal, etc. Es un concepto fundamental de la Física y la Química. Se llama presión osmótica a la que ejerce un líquido sobre la membrana que facilita la ósmosis. Los gases y los líquidos ejercen una presión sobre las paredes de los recipientes que los contienen; especialmente los gases, cuya tendencia es hacia la expansión, aunque esa presión sea muy débil por la escasa cohesión de sus moléculas.

La presión atmosférica es la ejercida por la capa de aire que envuelve la Tierra sobre los cuerpos presentes en su superficie. Incluso puede hablarse, singularmente, de presión de los sonidos, debido al impacto que producen sobre la membrana timpánica.

PRESIÓN SANGUÍNEA: presión que ejerce la sangre sobre las paredes de los vasos sanguíneos, especialmente en las arterias principales. Resulta de la acción de bombeo del corazón y la elasticidad de las paredes arteriales.

PRIMATES: orden de los mamíferos, que incluye cuatro grandes grupos: Lemúridos, Társidos, Simios y Momínidos. Los más importantes son los dos últimos. Presenta el cuerpo dividido en tres partes claramente diferenciadas: cabeza, tronco o tórax y extremidades. Posee dos cualidades específicas: la capacidad de permanecer erecto, apoyado en el suelo con las extremidades inferiores, y la capacidad prensil de las manos. Constituye un orden difícil de clasificar. Se cree que los primates aparecieron sobre la Tierra hace 60 millones de años, dividiéndose en diversos grupos entre los cuales figuraba el género Homo (el hombre primitivo). Éste habría de evolucionar mucho más que las demás especies de póngidos, cercopitécidos y otros monos. Dicha evolución fue potenciada por diferentes causas, cuya prioridad no está todavía establecida.

PROBETA: recipiente de cristal alargado en forma de tubo que, en su base, presenta un ensanchamiento que hace de soporte. En el extremo superior, una perforación permite llenarlo de líquido. En la parte exterior hay grabada una escala longitudinal para medir volúmenes. Es muy empleada en los laboratorios químicos como complemento de otros instrumentos. A veces, es calentada mediante una llama.

PROBOSCIDEOS: clase de mamíferos a la que pertenecen los más grandes mamíferos terrestres: el Loxodonta (elefante africano) y el Elefas (elefante de la India). Los elefantes se caracterizan por la trompa o proboscis, prolongación de la nariz y del labio superior, que utilizan para lavarse, beber y recoger vegetación. El único par de dientes incisivos superiores crecen hasta formar grandes colmillos de marfil. No hay incisivos inferiores, caninos ni premolares. Los enormes y rígidos molares sirven para triturar la vegetación. Utilizan solamente dos pares a la vez, y éstos son remplazados cuando se gastan.

PROCARIOTA: organismo cuyo material genético (ADN) no se encuentra encerrado en el núcleo sino que está libre dentro del citoplasma. Los organismos pueden dividirse en procariotas y eucariotas, estos últimos con núcleo verdadero. Esta división es fundamental ya que está relacionada con otras diferencias importantes. Los procariotas contienen principalmente bacterias y algas azulverdosas. Los eucariotas comprenden animales y plantas. Las células procariotas evolucionaron primero, dando lugar a las células eucariotas.

PRODUCTORES: los únicos seres vivos capaces de producir su propio alimento son las plantas; por eso se denominan productores y constituyen, por lo tanto, el primer eslabón de las cadenas alimentarias.

PROFASE: primera etapa de la división celular en la meiosis y la mitosis. Durante la profase los cromosomas se hacen visibles y la membrana nuclear se disuelve. La profase puede dividirse en etapas sucesivas. Lo que ocurre en éstas etapas difiere en la meiosis y la mitosis, principalmente en que en la meiosis se forman los bivalentes, (pares de cromosomas homólogos), mientras que en la mitosis los cromosomas homólogos permanecen separados.

PROGESTERONA: hormona esteroide secretada por el cuerpo lúteo del ovario después de la ovulación. La progesterona inicia la preparación del útero para la implantación del óvulo, el desarrollo de la placenta y de las glándulas mamarias en preparación para la lactancia.

PRONACIÓN: movimiento rotatorio de la parte inferior del miembro delantero (antebrazo) de manera que la pata delantera (mano) gire 90° en cada dirección en relación con el codo. La pronación ocurre en el hombre cuando la palma de la mano está hacia abajo y el radio y el cúbito se cruzan. El movimiento en que la palma de la mano está hacia arriba o hacia adelante y el radio y el cúbito están paralelos, es la supinación.

PRÓSTATA: glándula del sistema reproductor masculino de los mamíferos. Rodea a la uretra en el sitio donde sale de la vejiga. La próstata libera un líquido que contiene varias sustancias, incluyendo enzimas y un factor antiaglutinante, que contribuyen a la producción de semen.

PROTALO: disco aplanado de células que forma la generación libre de gametofitos haploides de ciertos pteridofitos, como el helecho Dryopteris. En las plantas homósporas solamente existe una clase de protalo con órganos sexuales masculinos y femeninos. En las plantas heterósporas las microsporas dan lugar a pequeños protalos masculinos con órganos sexuales masculinos (anteridios) y protalos femeninos más grandes con órganos sexuales femeninos (arquegonios). El protalo es de tamaño muy pequeño en los espermatofitos.

PROTEÍNA: compuesto químico integrado fundamentalmente por carbono, hidrógeno, oxígeno y nitrógeno, acompañado a veces de fósforo, azufre y algún otro cuerpo. Se trata de una sustancia con elevado peso molecular; es básica para la conservación y reproducción de los organismos animales. Es extraída de los alimentos por los aparatos asimiladores del sistema digestivo: estómago, hígado, vesícula e intestinos. Forma el 80% de las células y tejidos del cuerpo humano. Su función estriba en: regular el mecanismo hereditario; proporcionar calorías al individuo; regular los procesos metabólicos; proporcionar defensas frente a las enfermedades; activar la circulación de la sangre; facilitar el transporte de sustancias indispensables como el hierro y el cobalto y, finalmente, moderar los impulsos nerviosos.

PROTISTO: reino de organismos simples que incluye las bacterias y las algas azulverdosas, las algas, hongos y protozoos. Fue introducido para superar la dificultad de clasificar en el reino animal o vegetal organismos que presentan características animales y vegetales. Hoy, esta agrupación se considera artificial y muchos taxonomistas son partidarios de un sistema en el que bacterias procariotas y las algas azulverdosas pertenezcan a un reino diferente, el de las monera o micotas.

PROTOZOOS: fílum o subreino de organismos microscópicos formados por una sola célula, o por varias células iguales que presentan desde forma vegetal (por ejemplo, Euglena) hasta miembros que se alimentan y comportan como animales (por ejemplo, la ameba y el paramecio). Están formados por una membrana que contiene un núcleo y diversos pigmentos. Su sistema de desplazamiento es de tres tipos: por unas pestañas vibrátiles, por un flagelo único, también vibrátil o, simplemente, utilizando dos prolongaciones llamadas "falsos pies". Es el ser vivo más simple de cuantos existen. Se alimenta por ósmosis y vive en medios acuáticos: marinos, fluviales, lagos y aguas estancadas e, incluso, en la tierra húmeda. Generalmente como parásito de otros animales o vegetales. Se reproduce por mitosis. El fílum se divide en rizópodos, mastigóforos, flagelados, cilióforos y esporozoos.

PTERIDOESPERMAS: clase de plantas que producen semillas representadas únicamente por fósiles. El cuerpo de la planta era semejante al de un helecho y no producía flores. Las semillas se formaban en los megasporangios en las hojas.

PTERIDOFITOS: división del reino vegetal en ciertas clasificaciones. Contiene todas las plantas vasculares que no producen semillas. Está dividido en: licópsidos (Lycopodium y Selaginella), pterópsidos (helechos), psilópsidos (Psilotum) y esfenópsidos (Equisetos). Algunas clasificaciones reúnen pteridofitos y espermatofitos en una sola división: briofitos en que la generación de esporofitos es la dominante.

PTIALINA: enzima de la saliva humana y de algunos animales. Pertenece al grupo de enzimas carbohidrato-hidrolizantes conocidas como amilasas. Cataliza el paso del almidón a maltosa.

PUBIS: hueso que constituye la proción ventral de la cintura pélvica de los tetrápodos. Se articulan en la sínfisis púbica.

PULMÓN: órgano que forma parte del sistema respiratorio de los anfibios adultos, de los reptiles, las aves y los mamíferos. En los pulmones tiene lugar la asimilación del oxígeno, fundamental para la vida. En el hombre están situados en la parte superior del tórax, y su capacidad es de 1600 cm3. Presentan un color rosado y se dividen en lóbulos, en los cuales penetran unas ramificaciones llamadas bronquios.

PULSO: serie de ondas de dilatación que parten del corazón y se transmiten por las arterias principales. Cada onda es producida por la tensión alta, provocada al bombear sangre por contracción del ventrículo izquierdo. El pulso puede percibirse donde las arterias pasan cerca de la superficie, (por ejemplo, la muñeca). Disminuye a medida que se acerca a los vasos capilares. En los humanos, el número de pulsaciones por minuto (el pulso) varía normalmente de 70 a 72 en los hombres y de 78 a 80 en las mujeres.

PUPA: la tercera etapa del ciclo de vida de los insectos que experimentan metamorfosis completa, después de la etapa larval. Durante el estadio pupal el insecto no se alimenta, generalmente se encuentra inmóvil y sufre una completa reorganización interna de su estructura. Al final de la etapa pupal el insecto sufre su última muda y sale el imago. La pupa se forma frecuentemente dentro de un capullo o se oculta de alguna otra manera, como en las crisálidas de las mariposas y polillas. Las pupas de los mosquitos son móviles, aunque no se alimentan. En la mosca de mayo surge de la pupa el sub-imago, que puede volar pero que pronto se transforma en el verdadero imago.

PUPILA: orificio en el centro del iris de los vertebrados y cefalópodos por el cual entra la luz al ojo. En los humanos la pupila es redonda, pero en muchos animales nocturnos como la de una ranura. El tamaño de la pupila puede ser alterado por la contracción de los músculos del iris.

QUÁNTUM: cantidad mínima de energía que se puede emitir, propagar o absorber.

QUARK: cada una de las tres partículas elementales e hipotéticas que constituyen la materia, junto con sus correspondientes antipartículas.

QUÁSAR: objeto celeste cuya gran emisión de energía es superior a la de las galaxias.

QUELÓNIOS: grupo de reptiles que componen un orden del mismo nombre, también llamado Testúdinos. Un quelonio muy conocido es la tortuga; animal de los más antiguos, y cuya característica principal es la posesión de un gran caparazón o coraza, que protege su cuerpo, formado por placas córneas. Vive en lugares húmedos y algunas especies llevan vida acuática. En tierra se desplazan con gran lentitud. Son herbívoros.

QUENOPODIÁCEOS: familia de plantas dicotiledóneas, herbáceas, de flores pentámeras y frutos en aquenio, como la remolacha.

QUERATINA: sustancia fundamental del tejido epidérmico y de sus derivados, como el córneo, el piloso, etc.

QUEROSENO: mezcla de hidrocarburos de bajo octanaje, obtenida por la destilación del petróleo. Muy usado como combustible.

QUETA: estructuras firmes como cerdas, de algunos animales. Se observan en el exterior del cuerpo de las lombrices de tierra que las utilizan para agarrar la tierra durante la locomoción.

QUILATE: unidad de peso para las perlas y piedras preciosas. Equivale 205 mg.// Cada una de las veinticuatroavas partes de peso en oro que contiene cualquier aleación de ese metal. El oro puro tiene 24 quilates.

QUILLA: prolongación ventral grande y en forma de placa del esternón de pájaros y murciélagos y en la cual se insertan los músculos de las alas.

QUILÓPODOS: clase de artrópodos que contiene a los ciempiés (Lithobius). Se caracterizan por tener cuerpo plano dividido en varios segmentos cada uno de los cuales tiene un par de patas. Son terrestres y respiran el aire mediante tráqueas. La excreción se realiza por los túbulos de Malpighi. Los miriápodos son carnívoros con garras venenosas en el primer segmento corporal. A veces se les clasifica con los milpiés (diplópodos) en el grupo de los miriápodos.

QUÍMICA: ciencia que se ocupa del estudio de la materia en lo relativo a su composición, su estructura y sus propiedades. Y también de las transformaciones que pueda sufrir al ser sometida a diversos procesos. La Química tiene como finalidad el estudio de las mezclas y las combinaciones de los elementos químicos. Asimismo, analiza las moléculas y los átomos, la velocidad con que unos cuerpos y otros reaccionan entre sí, etc. Dentro de ella, la Química inorgánica se ocupa de todos los elementos en general, y la orgánica del carbono y sus derivados.

QUIMO: masa semilíquida que se convierte en alimento que pasa al estómago hacia el duodeno a través del esfínter pilórico.

QUININA: sustancia que se extrae de un árbol de la familia Rubiáceas, propio de las zonas tropicales de América del Sur y Asia, cuyo nombre es quina o Cinchona officinalis. De su corteza se extraen unos polvos curativos contra la enfermedad llamada paludismo, que ya usaban los habitantes de Perú y Bolivia cuando llegaron los españoles. Los franceses Pelletier y Caventou consiguieron su síntesis artificial.

QUIRÓPTEROS: orden que contiene a los murciélagos, únicos mamíferos voladores. Los murciélagos tienen una delgada membrana voladora (patagium) que se extiende desde el antebrazo y cuatro de los dedos alargados hasta las extremidades traseras y, generalmente, hasta la cola. El primer dedo de las manos y los dedos de los pies son más pequeños, libres y con garras. Los murciélagos son nocturnos. Tienen oídos especializados y utilizan la ecolocalización para evitar objetos y atrapar el alimento.

QUITINA: heterosacárido que contiene nitrógeno y que se encuentra en algunos animales y en las paredes celulares de la mayoría de los hongos. En la cubierta externa de los artrópodos, la cutícula, está impregnada en sus capas exteriores de quitina lo cual hace que el exoesqueleto sea rígido.

Se asocia con proteínas para formar un esqueleto flexible pero liviano que tiene la ventaja de ser impermeable. Las placas quitinosas son delgadas para que se puedan doblar o gruesas para que sean resistentes. Las placas no pueden crecer una vez depositadas y son digeridas en cada muda.

RACIMO: tipo de inflorescencia racemosa con un eje principal portador de flores pedunculadas, como en la digital.

RADAR: aparato para determinar la posición de un cuerpo, fijo o móvil, situado en el espacio, mediante la emisión de ondas de radio que se reflejan en él. La idea del radar se debe a Marconi. Consta de un sincronizador, un modulador, un transmisor, un conmutador, una antena y un receptor. La antena es como una pantalla grande con capacidad giratoria. Se instala en aeropuertos y en equipos militares.

RADIACIÓN: método de transferencia de energía calórica que no requiere un medio material. Por ejemplo la energía que va del Sol a la Tierra viaja a través del vacío (el espacio).// Cualquier forma de energía emitida en forma de ondas o partículas. Por ejemplo la luz, el sonido, las partículas alfa, las partículas beta.

RADIACIÓN ULTRAVIOLETA: parte del espectro electromagnético de longitud de onda más corta que la del final del violeta del espectro visible. Es necesaria para que el ser humano no sintetice vitamina D. Con el fin de evitar una penetración indebida de radiación UV, la piel incrementa la producción del pigmento melanina, dando lugar al bronceado. Sin embargo, la exposición constante a los rayos UV puede producir cáncer de piel, cataratas y otras enfermedades.

RADIACTIVIDAD: propiedad que poseen algunos núcleos de ciertos átomos para desintegrar de manera espontánea, emitiendo unas partículas o radiaciones electromagnéticas. Esa desintegración puede también ser provocda, como ocurre con los átomos de cobalto, para aprovechar su radiaciones en el tratamiento del cáncer. La desintegración de los átomos de uranio y plutonio se utiliza en las bombas nucleares. El mismo sistema se emplea en las centrales nucleares. El radio emite radiaciones de modo natural, que fueron descubiertas por los esposos Curie, aunque el fenómeno de la radiactividad fue enunciado por primera vez por el francés H. Becquerel, investigando el uranio, que también es un metal radiactivo. Las radiaciones son de tres tipos: alfa, de signo positivo; beta, de signo negativo y gamma, de signo neutral.

RADÍCULA: raíz embrionaria. Es el primer órgano que sale de la semilla al germinar.

RADIO: Uno de los dos huesos largos del miembro delantero inferior (antebrazo) de los cuadrúpedos. En el hombre, forma el borde anterior (preaxial) del antebrazo, y se extiende desde la parte superior de la articulación del codo hasta el lado pulgar de la muñeca (carpo). Puede girar sobre el cúbito en una articulación de espiga para voltear la palma de la mano hacia arriba o hacia abajo. El radio y el cúbito pueden estar fusionados en algunas especies.

RÁDULA: tira en forma de cinta en la lengua de la mayoría de los moluscos. Está cubierta por pequeños dientecitos duros que actúan como una lima que raspa la superficie de la vegetación con que se alimentan. El continuo crecimiento desde su origen permite a la rádula ser reemplazada a medida que se va gastando.

RAÍZ: parte de los vegetales, de forma ramificada y que, generalmente, es subterránea. Es un órgano esencial, pues aparte de fijar la planta al suelo y servirle de sostén, tiene la función de absorber el agua y las sustancias nutritivas, que permiten la conservación y reproducción de la planta. En general, las raíces son ramificadas, con pelos absorbentes. A veces, forman un bulbo para almacenar agua y sustancias (patata). La punta de la raíz está protegida por una cofia para soportar el desgaste que ocurre a medida que la raíz crece entre la tierra. La dirección del crecimiento está controlada tanto por la gravedad como por la cantidad de agua.

La parte más absorbente de la raíz está justamente al otro lado de la zona de prolongación detrás de la punta, donde se forman los pelos absorbentes. También, se forman raíces laterales que se desarrollan desde el tejido vascular y salen por la corteza, lo que se conoce como formación endógena. Todas las raíces cuya derivación proviene de la radícula se denominan raíces primarias. Las raíces que surgen de cualquier otro modo se denominan raíces adventicias como las que se desarrollan de los bulbos o tallos bulbosos.// La parte del diente que está en el interior de la encía y que está sostenida dentro del hueso de la mandíbula.

RAQUIS: eje principal de la hoja compuesta.// Eje principal de ciertas inflorescencias (por ejemplo, el trigo).

RAYO: chispa eléctrica, de gran intensidad y potencia, que se produce cuando las nubes descargan su corriente entre sí o con la superficie de la Tierra. Es un efecto del relámpago, y produce una gran luminosidad y un dibujo en zig-zag puntiagudo que dura un instante. Va acompañado del trueno. Su acción puede producir destrucciones por incendio o electrocutamiento.

RAYOS X: llamados también Roentgen en honor de su descubridor. Son radiaciones electromagnéticas producidas por el choque de los llamados rayos catódicos (de signo negativo) contra una sustancia o cuerpo llamado anticátodo. Su naturaleza es la misma que la de la luz y posee igual velocidad de propagación (300.000 km/s). Tienen una propiedad característica: atravesar los cuerpos opacos. Ello ha difundido su empleo en Medicina, especialmente para poder, a través de una pantalla luminosa, observar el interior del cuerpo humano (radiografía). Un tubo de rayos X está formado por un circuito eléctrico de alta tensión, cuya corriente excita el cátodo, el cual emite radiaciones en un tubo, donde se ha extraído el aire, produciéndose el vacío, que van a chocar contra una anticátodo o ánodo. El rechazo producido por el choque son los rayos X.

RECEPTÁCULO: punta del tallo de las flores angiospermas donde se insertan los otros órganos. La forma como se desarrolla el receptáculo determina la posición del gineceo con relación a las otras partes florales. Si el receptáculo tiene forma de cúpula o de platillo, el gineceo es súpero, mientras que un gineceo insertado en un receptáculo con forma de frasco es denominado ínfero.

RECEPTOR: célula u órgano cuya especialidad es recibir y responder a los estímulos provenientes del exterior o interior del cuerpo de un organismo. Los ojos, oídos y nariz son receptores que responden a la luz, al sonido y a elementos químicos en el aire, respectivamente.

RECESIVO: alelo que se expresa únicamente en el fenotipo cuando se encuentra en condición homocigótica.

RECICLADO (RECICLAJE): es la obtención de materias primas, no a partir directamente de los recursos naturales, sino de desechos, introduciéndolos nuevamente en el ciclo de reutilización. En muchos países se practica el reciclado de efluentes, que disminuye la agresión ambiental y tiene ventajas en la productividad. Se reciclan también residuos domésticos (compost); botellas; algunos materiales plásticos (PET, PVC); papel y cartón; residuos orgánicos provenientes de la agricultura y la cría de ganado (energía obtenida por fermentación); aceites y algunos metales (cobre, plomo, cinc, etc.). La mayor planta del mundo para el reciclado de basura urbana está ubicada en el área de Cajú, Río de Janeiro, Brasil y tiene capacidad para reciclar 1.120 toneladas de desperdicios diarios.

RECURSOS NATURALES: junto a "ecosistema" es una de las nociones claves de la Ecología. El concepto, proviene de la Economía y se aplica a la totalidad de las materias primas y de los medios de producción aprovechables en la actividad económica del hombre. Se suele distinguir entre renovables (madera, etc.) y no renovables (carbón, petróleo).

RED: sistema de varios ordenadores (computadoras) interconectados con capacidad de intercambio de información. Algunas redes son cerradas, es decir interconectan los sistemas de una empresa o institución. Otras son abiertas a la interconexión temporaria o permanente de otros usuarios. Un ejemplo de red abierta es la **Internet o Worl Wide Web.// red alimentaria:** la que está formada por varias cadenas alimentarias cruzadas.

REFLEJO: acto instintivo de los animales que consiste en algún tipo de respuesta inmediata frente a un estímulo. Éste puede ser de naturaleza muy diversa: luminoso, térmico, por contacto, etc. Su estudio forma parte de la Etología y la Psicología. Fue el ruso Pavlov quien sentó los fundamentos para su análisis, experimentando con un perro al que se alimentaba al tiempo que se hacía sonar una campanita. El mismo sonido, pero sin alimento, provocaba en el animal la misma reacción (secreción de las glándulas salivales ante la inminencia de la comida) o reflejo condicionado. El estímulo es una acción que impacta el sistema nervioso y crea una corriente, la cual, recogida por las células terminales de un músculo u órgano, es transmitida rápidamente a los centros cerebrales, en los que se crea la reacción adecuada. Placer y dolor son dos actos reflejos.

REFLEXIÓN: acción y efecto que se produce cuando una partícula cambia su trayectoria al chocar con un obstáculo. La reflexión de la luz es uno de los fundamentos de la rama de la Física, llamada Óptica. El reflejo de la luz por los cuerpos genera los colores. Las distintas tonalidades están en función tanto de las propiedades del cuerpo como del modo en que éste refleja la luz que recibe. La Luna brilla de noche porque refleja con color blanco la luz que recibe del Sol. La reflexión de la luz sobre un cuerpo ha dado lugar a dos leyes. La primera afirma que tanto el rayo incidente (que llega), como la recta imaginaria y perpendicular que se traza sobre el punto de incidencia (la normal), y el rayo reflejado (que escapa), están en un mismo plano. La segunda indica que los ángulos que forman el incidente y el reflejado con la normal son iguales.

REFORESTACIÓN: actividad que persigue el reestablecimiento de la homogeneidad de la cubierta arbórea, sobre un terreno previamente deforestado, usando especies nativas o exóticas, con una finalidad social o económica. En un sentido general, la reforestación evita la destrucción de los suelos, frena las inundaciones, protege de la erosión causada por los vientos, regulariza las corrientes de agua y proporciona un adecuado biotopo a ciertas especies. Las mejores contribuciones de reforestación provienen del uso de múltiples especies para enriquecer las condiciones de los ecosistemas.

REFRACCIÓN: acción o efecto que se produce cuando una partícula cambia su trayectoria al encontrar un medio distinto u obstáculo, penetrando sin embargo en éste. Lo contrario sucede con .a partícula que es reflejada. La refracción es parte del estudio de la Óptica. El rayo refractado, al penetrar en un medio distinto, se aproxima a la línea imaginaria perpendicular (normal) al punto de incidencia.

RÉGIMEN ALIMENTARIO: características particulares de la alimentación de cada especie animal.

REGLA DE CÁLCULO: instrumento que sirve para realizar operaciones rápidas de multiplicación, división, raíces cuadradas, etc.
Básicamente, se compone de una regla mayor graduada con correderas, sobre la que se desliza una regla menor. Las escalas de las dos reglas se combinan entre sí para proporcionar cálculos muy precisos. Era un instrumento imprescindible para los trabajos de arquitectura, diseño, ingeniería, física, etc., hasta la llegada de las calculadoras electrónicas.

RELATIVIDAD, TEORÍA DE LA: formulada por Einstein en 1905, se refiere a las ideas de espacio y tiempo. Es considerada uno de los logros más importantes del ingenio humano.
Según esta teoría, que introdujo una revolución en la ciencia conocida hasta su formulación, el tiempo no es absoluto ni su curso siempre el mismo. Así se modificaron bases que se consideraban inmutables desde Galileo y Newton.

RELOJ BIOLÓGICO: mecanismo interno de los organismos, que regula los ritmos circadianos y otros ciclos periódicos.

REÓSTATO: aparato que sirve para modificar la resistencia eléctrica de un circuito. Generalmente, consiste en una resistencia que se conecta a dicho circuito mediante un par de conexiones: una fija y otra móvil.
Su función es regular la potencia de las resistencias y actúa también como interruptor. Es un dispositivo que se aplica a calefactores eléctricos, frigoríficos y en todas las máquinas eléctricas.

REPOBLACIÓN FORESTAL: replantación sistemática y planificada de árboles en zonas determinadas, con el propósito de recuperar áreas boscosas o regenerar zonas vegetales.

REPRODUCCIÓN: fenómeno biológico cuya finalidad es perpetuar la especie. En las células la reproducción tiene lugar generalmente por mitosis. En la mayoría de los organismos, sin embargo, se produce mediante células o gérmenes elaborados por organismos especiales, llamados reproductores.
La reproducción puede ser asexual o sexual. En la reproducción asexual los gérmenes se unen a través de varias fases para dar lugar a un nuevo individuo. Los gérmenes asexuales se denominan esporas y los sexuales gametos. Éstos, excepto en algunos organismos inferiores, son distintos, y se habla de gameto masculino y femenino. Los gametos se forman por previa meiosis. En la fecundación se unen el gameto masculino y el femenino para formar un huevo o cigoto.

REPTILES: clase de vertebrados que incluye a los primeros cuadrúpedos totalmente terrestres. Se adaptan a la vida terrestre por medio de una piel recubierta de escamas o placas córneas muy duras, lo que evita la pérdida de agua por evaporación. La piel de los reptiles carece de glándulas y se renueva con mudas periódicas (fenómeno muy evidente en las serpientes). Normalmente, sus patas, en número de cuatro, son muy cortas (coco-

drilos), pero pueden no existir y entonces el animal se desplaza reptando, como las citadas serpientes. Son animales de sangre fría, que pasan largas épocas en estado de letargo. Respiran por medio de pulmones. Son carnívoros y algunos poseen glándulas venenosas.
La fecundación es interna y no existe etapa larval. Las crías se desarrollan directamente del huevo amniótico que tiene un cascarón correoso y es depositado en la tierra. Durante la era Secundaria habitaban tanto en el agua, como en tierra y en el aire, y algunos alcanzaron dimensiones gigantescas. Muchos desaparecieron y hoy se calcula que existen unas 6.000 especies. Las principales son: serpientes, lagartos, cocodrilos, etc.

RESIDUOS NUCLEARES: desechos resultantes no sólo de la actividad de los reactores de fisión nuclear, sino también de otros procesos industriales. Estos residuos mantienen su radiactividad, y por tanto, su peligro por miles de años.
Algunos países los vuelven a utilizar a través de plantas de reprocesamiento. En otros casos, la solución que se plantea es su enterramiento en instalaciones adecuadas y en terrenos elegidos por su inactividad geológica. También se ha optado, en muchas oportunidades, por hundirlos en los mares envasados en recipientes herméticos. Sin embargo, la solución definitiva y segura al problema de los desechos nucleares aún no ha sido encontrada.

RESISTENCIA: dificultad que, en un conductor eléctrico, se opone al paso de la corriente. Esta resistencia produce en el obstáculo un gran aumento de color y luminosidad (incandescencia). Su símbolo es el ohmio. Las resistencias se emplean para producir calor (calefacciones) y forman parte de todos los motores eléctricos. La resistencia de un cuerpo se regula mediante un reóstato. El alemán Ohm fue su descubridor.

RESPIRACIÓN: función biológica a través de la cual los seres vivos captan energía absorbiendo oxígeno (animales), o bien anhídrido carbónico (vegetales). La respiración que utiliza oxígeno se llama aerobia y la que no, es anaerobia. La absorción de oxígeno puede ser por difusión (células), o por un sistema de branquias (peces) o pulmones (mamíferos, aves y reptiles). Los anfibios tienen branquias y pulmones.

RETÍCULO: segunda región del estómago especializado de los rumiantes como la vaca. El bolo alimenticio regresa al retículo después de haber sido regurgitado y masticado. Está revestido por un epitelio escamoso estratificado con pliegues seccionales como un panal.

RETÍCULO ENDOPLASMÁTICO: sistema de sacos (cisternas) aplanados y unidos por membranas que se encuentra en el citoplasma de todas las células eucariotas, y se continúa con la envoltura nuclear. Aunque a veces su tamaño es grande, sólo se descubrió con la ayuda del miscroscopio electrónico. Su superficie suele estar cubierta por ribosomas, que forman el retículo endoplasmático rugoso o granular.
Las proteínas que produce pueden pasar a las cis-

ternas para ser llevadas a otras de la célula o para secreción a través del aparato de Golgi. Cuando en el retículo endoplasmático no hay ribosomas, se denomina retículo endoplasmático liso o agranular y está involucrado en la síntesis de los lípidos, incluidos los esteroides.

RETINA: la capa interior del ojo de los vertebrados, sensible a la luz. Consta de dos clases de células fotosensibles (bastoncillos y conos) adyacentes y en ángulo recto con la coroides. Los bastoncillos y conos están unidos mediante sinapsis a las células nerviosas bipolares y ganglionares. Algunas fibras nerviosas pasan de las células ganglionares por la superficie interna de la retina al nervio óptico. La luz que entra al ojo por la pupila debe atravesar todas las capas de la retina antes de llegar a los extremos sensibles de los bastoncillos y los conos, exceptuando la fóvea.

REUTILIZACIÓN: es la capacidad de ciertos envases para que —una vez higienizados correctamente— puedan regresar al circuito de utilización, proporcionándoles una mayor vida útil.
La reutilización es una medida de reducción del impacto ambiental.

RIBOSOMA: pequeño organelo que se encuentra en grandes cantidades en todas las células donde se efectúa la síntesis proteínica. Los ribosomas a veces se encuentran unidos al retículo endoplasmático o libres en el citoplasma. En la mayoría de las especies están compuestos de cantidades más o menos iguales de proteínas y ARN.

RIÑÓN: órgano de los animales cuya función es regular la composición y presencia de los líquidos, expulsando los residuos en forma de orina. El hombre tiene dos riñones, colocados en la parte inferior del tórax, en posición hacia la espalda. Tiene una forma parecida a una judía grande.
Su superficie es lisa y el riñón izquierdo acostumbra a ser algo mayor que el derecho. Conecta con la vejiga expulsora de la orina, a través de un largo conducto llamado uréter. En su interior se distinguen los cálices renales, las cápsulas de Bowmann, las columnas de Bertini, los glomérulos y las pirámides de Malpighi y de Ferrein, todos con la función de filtrar y seleccionar los líquidos. El mal funcionamiento de este órgano provoca la formación de cristales (cólicos nefríticos), así como la infección de la sangre (uremia).

RIZOMA: tallo subterráneo que sirve como órgano perennante y de propagación vegetativa.

RIZÓPODOS: clase de protozoos que tienen forma irregular debido a la formación de seudópodos que utilizan para la locomoción y para cazar alimentos.
La mayoría de ellos son solitarios, se encuentran en agua dulce y salada, pero algunos son parásitos. Muchos como la Ameba, no tienen un esqueleto interno, pero algunos, como la Difflugia, tienen una corteza exterior protectora, y otras (los radiolarios) tienen seudópodos rígidos con un bastón interno.

RODOFITOS: división de las algas acuáticas, principalmente marinas, cuya característica es su color rojo. Entre las algas eucariotas, los rodofitos son los únicos que no producen formas móviles. Algunos ejemplos de algas rojas son las Porphyra y Gelidium.

ROEDOR: orden de mamíferos más grande que incluye el Rattus (rata), Mus (ratón), Sciurus (ardilla) y el Castor. Los roedores son mamíferos herbívoros u omnívoros con un par de dientes incisivos en forma de cinsel que salen de ambas quijadas en la parte frontal de la boca y cuya especialidad es roer continuamente. Los incisivos, que crecen durante toda la vida, solamente tienen esmalte en el frente. El desgaste de la dentina suave por detrás produce un borde filudo y cortante. Unos pliegues de la piel insertadas en la separación (diastema) entre los incisivos y los molares trituradores para que algunos materiales no comestibles (como la madera) no sean tragados. Los roedores se encuentran universalmente y son animales principalmente nocturnos y terrestres. Son conocidos por su rápida reproducción.

ROTÍFEROS: filum de invertebrados acuáticos microscópicos ampliamente distribuidos, generalmente en aguas dulces. Presentan simetría bilateral, no tienen segmentos y el cuerpo está dividido en cabeza, tronco y cola.
Se caracterizan por una corona ciliada en la cabeza que utilizan para la alimentación y locomoción. La faringe muscular presenta mandíbulas bien desarrolladas. La excreción es realizada por los protonefridios. Los machos se degeneran y la partenogénesis es muy común.

RÓTULA: pequeño hueso delante de la articulación de la rodilla entre el fémur y la tibia en el miembro posterior de la mayoría de los mamíferos, algunas aves y ciertos reptiles. Forma el hueso de la rodilla en el hombre. Es un hueso sesamoideo, que se desarrolla en el tendón del músculo cuádriceps femoral.

RUMEN: la primera parte del estómago especializado de los rumiantes (por ejemplo, la vaca), a veces denominada panza.

RUMIANTES: grupo de animales mamíferos, a los que se da el nombre de Selenodontos, y cuya principal característica en un aparato digestivo compuesto de: rumen, redecilla, libro y cuajar. El alimento, poco masticado, pasa al rumen, donde fermenta. Tras un tiempo pasa a la redecilla y retorna a la boca, donde es masticado de nuevo (rumia); luego, el bolo alimenticio regresa al libro, donde absorbe agua y, de allí, al cuajar, donde es definitivamente digerido.
Esta doble masticación es la que da la imagen de que estos animales estén siempre masticando o rumiando. Acostumban a presentar el cuerpo recubierto de pelaje y, en general, poseen gran resistencia frente a los climas adversos. Son rumiantes: los camellos, las llamas, las jirafas, los antílopes, los bueyes y las vacas, los ciervos, los renos, etc.

RUTA (DE ACCESO): secuencia de apertura de niveles, directorios, subdirectorios y carpetas que se debe seguir para acceder a un archivo. Se corresponde con el llamado "diagrama de árbol", en el que cada nivel se abre en varios niveles inferiores.

SACRO: una o más vértebras sacras soldadas en la región posteroinferior del tronco. Están unidas al ilión y sostienen la cintura pélvica de los cuadrúpedos. En el hombre, el sacro es una masa ósea triangular constituida por cinco vértebras soldadas.

SÁCULO: cámara inferior del laberinto del oído interno de los vertebrados, donde se encuentra el órgano auditivo: la cóclea.

SAL: nombre común que se da al cloruro sódico, cuya fórmula química es NaCl. Es una de las sustancias minerales más abundantes en la Naturaleza, ya conocida por los chinos y los fenicios, que comerciaron con ella. El agua del mar contiene, aproximadamente, 30 kg de sal por 1 m³.

Por eso, la evaporación del agua marina deja grandes depósitos de sal cristalizada, llamada sal gema, constituyendo las salinas. Cuando es pura, se presenta incolora, pero en cualquier caso siempre es de sabor salado. También se la encuentra mezclada con otros minerales tierra adentro, formando minas de potasa. Es básica para el equilibrio del organismo humano: un adulto necesita a diario unos 20 g de sal. Se utiliza para proteger carnes y pescados (salazón).

SALIVA: líquido poco espeso, acuoso, incoloro, inodoro e insípido, producido por las glándulas salivales propias de los animales. En el hombre, aquellas glándulas son tres pares: parótidas, submaxilares y sublinguales; van acompañadas de otras menores, que segregan la mucosa de la boca y la lengua (glándulas de Blandin, de Von Ebner, etc.).

Contiene 95% de agua, 3% de sustancias orgánicas y 2% de sales minerales (fosfatos, cloruros, bicarbonatos, etc.). De sus componentes orgánicos son importantes la mucina y la ptialina o amilasa salival. La saliva, aparte de engrasar el organismo, actúa como lubricante de los alimentos, facilitando la masticación y la formación del bolo alimenticio, así como de su circulación hacia el esófago, en el acto de la deglución. Normalmente, una persona debe segregar entre 400 y 1.000 cm3 diarios de saliva.

SANGRE: sustancia líquida, de color rojizo, que circula en el organismo de los vertebrados, a través de una red de arterias y venas. La sangre humana compone el sistema circulatorio, que puede dividirse en dos partes: el arterial, que recoge la sangre salida de los pulmones (llamada sangre nueva por estar oxigenada) y la conduce a todos los órganos; y el venoso, que recoge la sangre vieja, a la salida de los órganos y la reconduce al corazón y los pulmones, para renovarla.

El color rojo se debe a un pigmento llamado hemoglobina. Las células de la sangre son de tres tipos: hematíes o glóbulos rojos, leucocitos o glóbulos blancos y plaquetas. La función de la sangre es transportar el oxígeno a todos los órganos del cuerpo para fomentar su buena conservación. También les aporta sustancias nutritivas. Contribuye, asimismo, al equilibrio térmico.

SAPRÓFITO: organismo que se nutre tomando productos o restos de otros organismos. Muchos hongos o bacterias son saprófitos y son importantes en las cadenas alimenticias porque devuelven los nutrientes a la tierra por putrefacción y descomposición.

SAURIO: nombre que agrupa a un suborden de reptiles pequeños, que incluye los lagartos en general, las iguanas, los chucualas, los agamas, los dragones, los calotes, los moloc, los camaleones, etc. Presenta una piel córnea, formando placas, así como una larga cola, una cabeza del tipo de serpiente, con patas cortas. Se alimenta de insectos y otros reptiles. Prefiere los climas cálidos, pero se adapta a todos.

SECRECIÓN: sustancias o líquidos producidos en las células y liberados en sus alrededores. La secreción puede ser líquida (por ejemplo, el sudor) o en forma de moléculas (enzimas, hormonas). El término también se emplea para nombrar el proceso que produce la secreción.

SELACIOS: orden de los condrictíes al cual pertenecen los tiburones. Estos son depredadores rápidos y agresivos, con una boca muy grande y numerosos dientes afilados que continuamente son remplazados.

Su cuerpo fusiforme, parecido a un torpedo, termina en una cola heterocerca muy bien desarrollada y sus pares de aletas, de base angosta, dan movilidad por el agua. Las hendiduras branquiales están situadas lateralmente. En algunas clasificaciones, las rayas son incluidas en este orden.

SEMEN: líquido que contiene espermatozoides y sustancias nutritivas, producido por animales masculinos. Los testículos producen los espermatozoides, y los demás compuestos del semen son producidos por la próstata y la vesícula seminal. El semen es depositado dentro del cuerpo de la hembra durante el apareamiento.

SEMILLA: parte de la planta que se halla en el interior del fruto y que constituye el embrión de la misma. En caso de germinar en condiciones adecuadas, puede producir una nueva planta. En realidad, la semilla es el óvulo fecundado y maduro. Está protegida por un tegumento llamado epispermo; formado por dos cajas, la testa y el tegmen, y una porción o parte inferior que es la almendra, la cual alberga el embrión y los materiales de reserva. La almendra está formada por albumen, sustancia de reserva formada por tejidos, que sirve para nutrir el embrión. En algunos casos, como en el garbanzo y la arveja, el embrión engorda dentro de la semilla y absorbe todo el albumen, aumentando considerablemente su tamaño. La siembra de semillas debe hacerse en las épocas climáticas adecuadas y requiere un cuidado especial.

SENO: cavidad anatómica, espacio o conducto. Por ejemplo, los senos nasales del cráneo.

SENTIDO: propiedad de determinados órganos de los animales que están en función de las características de su estructura y de su sistema nervioso. Se trata de órganos capacitados para captar y transmitir al cérebro sensaciones recibidas desde el exterior. En el hombre se caracterizan cinco sentidos: vista, oído, gusto, olfato y tacto.

Los principales órganos sensoriales son: el ojo, facultado para el sentido de la percepción de las sensaciones luminosas; la lengua y el paladar que, debido a las papilas gustativas, están en condiciones de recibir y transmitir el sentido del gusto o sabor. El oído es un órgano dispuesto para captar los sonidos, es decir, posee el sentido del oído o audición. En las mucosas de la nariz reside el sentido del olfato (olor). La piel que cubre todo el cuerpo posee la capacidad de sensibilizarse con el sentido del tacto. A veces, se añade el sentido de la posición o equilibrio.

SÉPALO: parte de la flor que compone el cáliz. Está situado en la base y formado por varias hojas siempre de color verde. Su función estriba en asegurar la conexión entre el tallo y la flor, contribuyendo a su sostén. Está formado por un tejido generalmente resistente, y contiene almidón y celulosa. Los sépalos pueden ser abiertos o cerrados, según sea la estructura de la planta.

SERPENTÍN: aparato utilizado en Física y Química que consiste en un tubo, generalmente de vidrio, en forma de hélice o en espiral, que se encaja a alambiques y probetas. Normalmente tiene disposición vertical y forma un zig-zag.

En los procesos de condensación, acostumbra a estar rodeado de sustancias refrigerantes. En él, el gas se transforma en líquido. También hay serpentines horizontales. Lo utilizaban ya los alquimistas.

SÉSIL: se dice de cualquier órgano (por ejemplo, una bellota) unido al cuerpo principal de la planta en vez de estar en un pedúnculo.// Se dice de un animal que vive permanentemente unido a un substrato. Por ejemplo, las esponjas que viven permanentemente unidas a las rocas.

SETA: la parte del esporogonio que forma el tallo entre el pie y la cápsula de los briofitos, por ejemplo Funaria y Pellia.

SEUDÓPODO: prolongación temporal semejante a un dedo, en el cuerpo de un protozoo rizópodo (por ejemplo, la ameba). Se forma debido al movimiento de flujo del citoplasma y sirve para la locomoción y la alimentación.

SILVICULTURA: ciencia aplicada que se ocupa del tratamiento de las masas arbóreas y bosques con fines de explotación y conservación.

SIMBIOSIS: es la relación entre dos seres vivos (animales o o vegetales) de especies diferentes, en la cual ambos seres sacan beneficio de la vida en común. Un ejemplo de simbiosis es el de la abeja y la flor; en esta relación ambas se benefician: la abeja obtiene su alimento en el polen y al hacerlo, ayuda a la flor en su reproducción, transportando el polen de una a otra flor.

SÍMBOLO: representación de magnitudes o elementos químicos mediante letras, para facilitar así los trabajos teóricos y prácticos en los ámbitos de la Física y la Química.

En Física, la velocidad se simboliza con la v y el tiempo con la t. En Química, cada elemento posee un símbolo propio, adoptado por los organismos internacionales en base a sus raíces latinas. Así, el símbolo del sodio proviene de natium y es Na.

SIMETRÍA: en Botánica y Zoología, es la que se puede distinguir de manera ideal, en el cuerpo de una planta o un animal respecto de un centro, un eje o un plano, de acuerdo con los que se disponen ordenadamente los órganos o partes equivalentes (ver también **simetría bilateral** y **simetría radial**).

SIMETRÍA BILATERAL: distribución de las partes de un organismo en tal forma que la estructura solamente se puede dividir en dos partes iguales (imágenes de espejo) por un solo plano. La simetría bilateral es característica de la mayoría de los animales de movimiento libre, en los que un extremo siempre guía el movimiento.

SIMETRÍA RADIAL: disposición de las partes de un organismo de manera que al cortarlo por cualquier plano diametral se divide la estructura en mitades iguales (imágenes de espejo). La simetría radial es característica de muchos animales sedentarios, como los celenterados y los equinodermos.

SIMIO: grupo de los primitivos antropoideos, que se diferencia del resto de los monos por el gran desarrollo de los ojos, el cerebro y las extremidades. Incluye a los platirrinos y los catarrinos. Es de dimensiones medias y pequeñas. Incluye monos como el tota, los cercopitecos, los macacos, el mangabey, el talaponi, el gamechogo, la mona de Gibraltar, los papiones, mandriles, colobos, langures, etc. Sus dimensiones varían de 35 cm (monitas) hasta 1,10 m (babuinos). En general, son de vida arborícola, lo que explica la longitud de sus extremidades. La mano es más corta que el pie, y a los colobos les falta el pulgar del pie. Su pelaje, poco denso, es de color gris, pardo o con tonalidades verdes. Hacen vida diurna y caminan en cuatro patas. Son omnívoros y suelen vivir en zonas de clima tropical.

SINAPSIS: contacto de dos neuronas o de una neurona y una célula muscular por medio del cual se transmiten los impulsos nerviosos. Las sinapsis se presentan entre las terminaciones del axón de una neurona y la dendrita o cuerpo celular de otra. Una neurona puede establecer muchas sinapsis.
Cada sinapsis consiste en el contacto de zonas especializadas de las membranas celulares de ambas neuronas, separadas por un espacio denominado intervalo sináptico. De acuerdo con las neuronas involucradas, esto puede servir para iniciar un impulso nervioso (excitación) o para prevenirlos (inhibición). La mayoría de las sinapsis transmiten los impulsos nerviosos en una sola dirección.

SINCROTRÓN: aparato utilizado en Física nuclear para acelerar los movimientos de los átomos con el fin de provocar su ruptura y aprovechar la energía que ello genera. Sirve para provocar el choque de determinadas partículas con esos mismos átomos, para obtener igual efecto que en el caso anterior. La velocidad que se alcanza se aproxima a la de la luz. Se emplean para fabricar bombas nucleares, e investigar la materia.

SÍNFISIS: tipo de articulación en la cual dos huesos están unidos por un disco cartilaginoso y ligamentos fibrosos. Permite un poco de movimiento.

SISTEMA: en Biología, conjunto de órganos que intervienen en las funciones vegetales y animales. Por ejemplo, el sistema nervioso.

SISTEMA OPERATIVO: en Informática, conjunto de elementos interrelacionados con el **software**, que provienen de la base, para la asignación ordenada de los recursos para la instalación de una computadora y para la ejecución de una variedad de aplicaciones (ver también **informática**).// **sistema operativo de disco:** rutina de control de discos y ficheros. Su sigla en inglés es **DOS**.

SISTEMA PERIÓDICO DE LOS ELEMENTOS: tabla en la que ordenan los elementos químicos según su número atómico.

SISTEMÁTICA: parte de la biología que estudia los diversos organismos vivientes, sus relaciones entre sí y su clasificación. Es sinónimo de taxonomía.

SÍSTOLE: fase del latido del corazón cuando el músculo cardíaco se contrae. La contracción de la aurícula (sístole auricular) envía la sangre a los ventrículos; la contracción de los ventrículos (sístole ventricular) bombea sangre a la aorta y a la arteria pulmonar.

SOCIEDAD DE ANIMALES: agrupación de los individuos de una especie animal para vivir en colectividad, cooperando según una distribución de funciones. La mayoría de los animales vive en grupos, pero solamente las abejas y las hormigas se concentran masivamente formando verdaderas colonias. Presentan una jerarquización interior. En el caso de las abejas, los individuos se agrupan en: la reina, las obreras y los zánganos.

SODIO: elemento esencial de los tejidos animales. Se encuentra frecuentemente en las plantas aunque se cree que no es esencial en ella. Se encuentra en los huesos, y es el ion más abundante en la sangre y líquidos celulares, muy importante para el mantenimiento del equilibrio osmótico de los tejidos animales. Su símbolo químico es Na.

SOFTWARE: conjunto de programas, rutinas y documentos necesarios para el funcionamiento de un sistema de computación. También facilita el trabajo del usuario.
Entre los principales componentes del software, se pueden mencionar los lenguajes de programación, el sistema operativo, los programas utilitarios, etc.

SOL: astro que forma el centro de nuestro Sistema Solar en el cual está incluida la Tierra. Es una de las 100.000 millones de estrellas que pueblan la galaxia llamada Vía Láctea. Es una esfera incandescente formada por un núcleo central recubierto por dos capas sucesivas, llamadas fotosfera y cromosfera. La superficie se denomina corona y en ella se levantan enormes lenguas de fuego, denominadas protuberancias. Presenta unas manchas que son concentraciones de hidrógeno. La temperatura del núcleo es de varios millones de grados centígrados. Está compuesto por: 90 % de hidrógeno, 8 % de helio y 2 % de otros gases. Gira alrededor de sí mismo, tardando entre 25 y 30 días. Su diámetro es de 1.392.000 km. La energía que emite es el resultado de las permanentes explosiones nucleares que se dan en él.

SÓLIDO: estado en que se presenta la materia, distinto de los estados líquido y gaseoso. Se caracteriza por la gran fuerza de cohesión entre sus moléculas, lo cual impide cualquier tipo de expansión.
Calentados a gran temperatura, la cohesión se debilita y puede convertirse sucesivamente en líquido y gaseoso. Sus propiedades físicas son: rigidez y dureza. En la Naturaleza, los metales son los sólidos más típicos.

SOLSTICIO: época y posición del Sol cuando se halla en uno de los dos trópicos. Cada hemisferio (norte y sur) tendrá un solsticio de verano y otro de invierno, según el sol se halle en su trópico o en el otro hemisferio.

SOLUBILIDAD: propiedad de ciertas sustancias o cuerpos para disolverse dentro de otros. La solubilidad depende de la temperatura y la presión. La sustancia que disuelve se llama disolvente y la que es disuelta soluto. La sal es un soluto con gran capacidad para hacerse soluble en el seno del agua. Normalmente, con el aumento de la temperatura y de la presión, se incrementa la solubilidad.

SOMÁTICO: células de un organismo diferentes de las células germinales. Las células somáticas se dividen por mitosis produciendo células hijas idénticas a la célula madre. Una mutación somática es una mutación en cualquier célula no destinada a convertirse en célula germinal.

SONIDO: fenómeno físico que estimula la sensación auditiva. Consiste en la propagación de las ondas promovidas por ciertos objetos capaces de vibrar, perturbando el equilibrio de un medio.

En los gases y en los líquidos las ondas sonoras se desplazan de arriba abajo (longitudinales), mientras que en los sólidos pueden propagarse horizontalmente (transversales). El oído humano está capacitado para captar una gama de ondas entre 20 y 20.000 frecuencias. Las cualidades del sonido son: intensidad, que es la energía que transporta la onda sonora; el tono, que corresponde a la cantidad de frecuencias, y el timbre, que es el color del sonido.

Cuando el sonido es armónico puede llamarse musical. El sonido se desplaza a la velocidad de 340 m/s. Su estudio es básico para la acústica de los locales.

SOPLETE: aparato que sirve para producir una llama que, proyectada, permite fundir metales con el fin de poder unirlos mediante una soldadura, o simplemente para cortarlos. Los más sencillos son los empleados en joyería y en laboratorios químicos.

Consisten en un tubo doblado en forma de codo con el que se sopla la llama de un mechero para obtener una combustión activa y dirigir la punta de fuego contra el objeto a calentar. En la industria se emplea el soplete autógeno, que funciona mezclando el gas acetileno (que hace de combustible) con el oxígeno (que hace de comburente).

Para trabajar con este soplete, el operario debe protegerse los ojos con unas gafas especiales. La llama que produce es concentrada y muy azul. Llega a alcanzar temperaturas de hasta 3.100 °C.

SORO: estructura reproductiva que se encuentra en los helechos y que comprende una cantidad de esporangios sobre un cojín de tejidos llamado placenta. La placenta se desarrolla sobre un extremo de la vena del envés de una hoja. El soro está cubierto por un opérculo de tejido, el indusio.

SOTOBOSQUE: vegetación leñosa baja que crece bajo la capa arbustiva superior de un bosque.

SUBGÉNERO: en Biología, cualquiera de los grupos taxonómicos en que se dividen ciertos géneros.

SUBLIMACIÓN: en Física, proceso por el cual se pasa directamente del estado sólido al gaseoso, sin pasar por el estado líquido.

SUBORDEN: en Biología, cualquiera de los grupos taxonómicos en que se dividen ciertos órdenes.

SUBSISTENCIA: en Biología, conjunto de medios necesarios para el sustento de la vida.

SUBSTRATO: sustancia sobre la cual actúa una enzima.// Materia no viviente sobre la que vive o se desarrolla un organismo.

SUCESIÓN: serie de cambios progresivos en la vegetación y vida animal de una región, desde la colonización inicial hasta la etapa estable, o clímax. El clímax es estable porque la sucesión ya no puede progresar más bajo los factores climáticos, edáficos y ambientales del momento.

SUDORÍPARAS: glándulas o folículos de la piel que segregan el sudor.

SUELO: capa superior de la superficie terrestre, en la cual están enraizadas los vegetales y que constituye el medio ecológico donde tiene lugar la vida del hombre y de los animales. El suelo es el resultado de un largo proceso de descomposición biológica y química desarrollada sobre las rocas. Cuando una roca está expuesta a los fenómenos atmosféricos, se disgrega y fragmenta, provocando la formación de polvo de arcilla. La calidad del suelo depende, además de su constitución y acidez, de la pluviosidad.

La lluvia provoca suelos húmedos y su carencia crea suelos secos. La abundancia de vegetación contribuye a fijar más el suelo y disminuir la erosión. Los de más calidad son aquéllos que contienen calcio, sodio, potasio, etc. La constitución de un suelo depende del modo de descomposición de la roca, de la cantidad de materia orgánica y de la selección de elementos provocada por el agua.

SUERO: parte líquida de un humor orgánico, es decir, de la sangre o de la linfa. El suero de la sangre es un líquido de color amarillento o verdoso, transparente, viscoso, que puede dar lugar a los coágulos. Su composición química es muy compleja, y la alteración de la misma provoca graves enfermedades. El suero incluye: agua, proteínas, albúmina, urea, glucosa, grasas, colesterol, sodio, potasio, calcio y magnesio.

SUSTANCIA BLANCA: tejido nervioso constituido principalmente por fibras nerviosas (axones) con sus vainas mielínicas blancuzcas. Forma la región externa de la médula espinal y se encuentra en muchas partes del encéfalo.

TABIQUE: pared, división o membrana que separa dos cavidades.

TABLA PERIÓDICA: sistema químico ideado por el científico ruso Mendeleiev, en el siglo XIX. Consiste en la ordenación de los elementos químicos según su número atómico y sus capacidades de combinación con otros elementos. Este sistema permite agruparlos por sus cualidades similares. Cuando aquel científico elaboró la tabla, se desconocían algunos elementos, pero él predijo su existencia y su lugar en ella.

TACTO: uno de los sentidos propio de los animales, mediante el cual perciben la presión o contacto de objetos. El tacto permite incluso distinguir las cualidades de los objetos (suavidad, dureza, rugosidad, temperatura, etc.). El tacto está extendido por todo el cuerpo, es decir, es una propiedad de la piel que posee en la dermis unos corpúsculos (papilas) que son las terminales de los ramales nerviosos.

TÁLAMO: parte del mesencéfalo que transmite los impulsos motores y sensoriales desde y hacia los correspondientes centros en los hemisferios cerebrales.

TALLO: parte de las plantas herbáceas y arbustivas que se desarrolla, en general, verticalmente desde el suelo, sostenido por la raíz y que, a su vez, sostiene las hojas, ramas, flores y frutos. Las hojas brotan de unos abultamientos llamados nudos. Los tallos aéreos son epigeos y los subterráneos hipogeos (forman tubérculos y bulbos). Acostumbran a ser de color verde, aunque algunos pueden presentar aspecto leñoso.

TALO: cuerpo de una planta simple en la cual no se diferencian raíz, hoja y tallo, y que carece de un verdadero sistema vascular. Puede ser unicelular o multicelular, y se encuentra en algas, líquenes, briofitos y en la generación gametofita de los pteridofitos.

TALOFITOS: división heterogénea en las clasificaciones antiguas: agrupa las formas más simples de vida no animal. Incluye bacterias, algas azulverdosas, hongos y líquenes. Los organismos procariotas como las bacterias y las algas azulverdosas han sido recientemente clasificados en un reino diferente, los protistas. Las anteriores clases de algas han recibido en algunos casos la condición de división. Algunos taxonomistas sostienen que los hongos también deberían conformar un reino separado, pues la carencia de clorofila los diferencia de los demás vegetales.

TAPETUM: capa que refleja la luz en el interior del ojo de muchos vertebrados, especialmente animales nocturnos y peces de aguas profundas. Generalmente consta de tejidos conjuntivos brillantes o cristales de guanina dentro de la cubierta coroidea. La luz que entra en el ojo es reflejada sobre la retina por el tapetum. Parte de la luz reflejada sale por la pupila de manera que los ojos parecen brillar en la oscuridad.

TARSO: grupo de huesos tarsianos que forman el tobillo y el talón en el hombre.// Quinto segmento de la pata de un insecto; a veces está dividido en varias porciones.

TAXIS: movimiento de toda una célula o todo un organismo como respuesta a un estímulo externo, estando la dirección del movimiento determinada por la dirección del estímulo. El movimiento hacia el estímulo constituye taxismo positivo, y el movimiento en dirección contraria taxismo negativo.

TAXONOMÍA: campo de la sistemática que cubre los principios y procedimientos de la clasificación.

TECNOLOGÍA ALTERNATIVA: tecnología diseñada en función de las necesidades reales del hombre y en acuerdo con la naturaleza. Se denomina también "tecnología suave" (soft technology), "intermedia", o "de bajo impacto ambiental". Se basa en la reducción del consumo energético, el máximo empleo de materiales locales, la minimización de factores derivados del transporte. Muchos autores califican a las tecnologías alternativas como: dispersas, descentralizadas, democráticas, duraderas, económicas, aplicables a pequeñas escalas, autosuficientes y que admitan reciclaje.

TEJIDO: grupo de células especializadas para una determinada función. Algunos ejemplos son el tejido conjuntivo, muscular y nervioso. Diferentes tejidos suelen estar incorporados en la estructura de un órgano.

TEJIDO ADIPOSO: tipo de tejido conjuntivo compuesto de células muy unidas que contienen grasa. Se encuentra en cantidades variables en la dermis de la piel y alrededor de los riñones, el corazón, y vasos sanguíneos. Es una fuente de energía, ayuda a aislar el calor y sirve de protección mecánica.

TEJIDO CONJUNTIVO: tipo de tejido en el cual las células están aisladas unas de otras por una matriz. Tiene funciones de sostén, unión, conexión y mantiene en posición a los órganos del cuerpo. Se origina en la capa mesodérmica del embrión.

TEJIDO LINFÁTICO: tejido que se encuentra en los ganglios linfáticos, las amígdalas, el bazo y el timo. Consta de una delicada red de células por la cual fluye linfa continuamente. Produce linfocitos, que duran pocos días y que se reemplazan constantemente. Cuando un antígeno penetra en el tejido linfático, es "reconocido" por cierto tipo de linfocito, el cual procede a multiplicarse rápidamente. Los plasmocitos que de ellos resultan circulan en la sangre y producen el anticuerpo necesario para ese antígeno.

TEJIDO MIELOIDE: tejido que fabrica leucocitos. Existe en la médula ósea rodeado de vasos sanguíneos.

TEJIDO PRIMARIO: tejido de una planta que se deriva únicamente de meristemas presentes en el embrión y de sus derivados.

TEJIDOS FUNDAMENTALES: los tejidos que se encuentran en cualquier zona de la planta no ocupada por tejido especializado de los nódulos vasculares, el cámbium, la epidermis, etc. La médula y la corteza de la raíz y el tallo son tejido fundamental como las capas mesofilas de la hoja.

TEJIDO SUBCUTÁNEO: capa de tejido debajo de la dermis que contiene grasa almacenada. Es importante para la conservación del calor en los mamíferos acuáticos y en algunos mamíferos que hibernan, en cuyo caso también actúa como fuente de reserva alimenticia.

TEJIDO VASCULAR: tejido que se encuentra en las plantas con semillas y pteridofitos y que consiste principalmente en xilema y floema (tejidos conductores de agua y comida, respectivamente). También contiene tejidos de sostén (esclerénquima) y funcionales (parénquima). La disposición del tejido vascular en el tallo es muy variada, con muchos tipos de estela que difieren. El tejido vascular primario, que se encuentra en todas las plantas vasculares, se forma a partir del procámbium. El tejido vascular secundario, que se encuentra únicamente en las plantas con engrosamiento secundario, se desarrolla a partir del cámbium vascular. El cámbium vascular se extiende para formar un anillo completo de tejido meristemático alrededor del tallo, estando los haces vasculares individuales unidos por el cámbium intrafascicular.

TELEMÁTICA: designación que recibe la fusión de las telecomunicaciones y la informática en una nueva rama tecnológica y económica. Inicialmente, esta denominación se aplicaba sólo a redes interconectadas, como la Internet.

Luego, la relación comenzó también a involucrar la televisión. Actualmente incluye, además, la fabricación de materiales y equipos especiales, como la fibra óptica o los "enrutadores" de información.

TELEÓSTEOS: el orden más grande de peces óseos y el grupo más numeroso de los vertebrados vivos. Se encuentran en la mayoría de los ambientes acuáticos y demuestran gran variedad de formas. Los teleósteos tienen escamas óseas redondeadas, cola simétrica (homocerca), y mandíbulas recortadas con pómulos reducidos, lo que les permite mantener la boca bien abierta. En la mayoría, las aletas están sostenidas por unas pocas espinas fuertes y móviles, y las aletas pélvicas en el extremo anterior del cuerpo asisten a las pectorales. Contienen una vejiga natatoria interna, cuya función es hidrostática que le da flotabilidad y gran habilidad para maniobrar. La fecundación es externa y los huevos carecen de protección.

TELESCOPIO: anteojo astronómico que se utiliza para obtener grandes aumentos y poder observar con mayor precisión los astros del espacio cósmico. Su esquema se basa en el anteojo, pero el objetivo es un espejo, generalmente curvo, que concentra todos los rayos luminosos que inciden en él y que, recogidos luego por la lente ocular, reflejan una imagen enormemente aumentada.

TELOFASE: última etapa de la mitosis y la meiosis antes de que las células entren en la interfase. Durante esta etapa los cromosomas se desenvuelven y se dispersan, el huso nuclear degenera, y se forma una nueva membrana nuclear. El citoplasma también puede dividirse durante esta fase.

TEMPERATURA: propiedad de los cuerpos para absorber o desprenderse de calor y que es el índice o medida de la energía de sus moléculas. En realidad, la temperatura es la cantidad de calor que posee un cuerpo. A mayor temperatura corresponde una mayor agitación de las moléculas. Las variaciones de temperatura producen fenómenos como la dilatación (aumento) o contracción (reducción) de los cuerpos.

TENDÓN: tejido conjuntivo fuerte, inelástico que une un músculo con un hueso. Consiste en una masa de fibras colágenas blancas paralelas, que se continúan con las de la vaina muscular (epimisio) y el periostio del hueso. Cuando el músculo se contrae, el tendón tira del hueso, produciendo movimiento en articulación.

TENÓFOROS: pequeño fílum de invertebrados marinos. Presentan similitudes con los celenterados. El cuerpo, transparente y globular, tiene ocho líneas de cilios formando peines o tenos usados en la locomoción.

El celenterón forma un sistema de canales. La mayoría tiene tentáculos con células adhesivas a cada lado del cuerpo para capturar el alimento.

TERMÓMETRO: instrumento que sirve para medir temperaturas. El más común consta de un tubo de vidrio en cuya base hay un depósito de mercurio. En el tubo de vidrio hay grabada una escala graduada según el criterio de Celsius o Fahrenheit. Al entrar en contacto el depósito de mercurio con un cuerpo o un ambiente, se dilata o se comprime, ascendiendo o descendiendo por la escala, señalando así la temperatura.

TEROFITOS: planta que sobrevive al invierno en forma de semilla y completa su ciclo de vida entre la primavera y el otoño, (es decir una planta anual).

TERRITORIO: región ocupada y defendida por un animal para ser utilizada para el apareamiento, para anidar y la alimentación. La clase y el tamaño del territorio depende de su función, del tamaño y naturaleza del animal y de sus necesidades. Los territorios son comunes entre los vertebrados, especialmente las aves, y también se presentan ocasionalmente entre los invertebrados.

TESTA: cubierta protectora dura y seca de la semilla, formada de los integumentos del óvulo. Después de la fecundación, las capas de los integumentos se fusionan, se engruesan y se pigmentan.

TESTÍCULO: órgano reproductor masculino de los animales, que produce espermatozoides. En los vertebrados existe un par de testículos que producen hormonas sexuales (andrógenos). Se desarrollan en la cavidad abdominal cerca de los riñones, pero en la mayoría de los mamíferos, emigran hacia abajo durante el desarrollo fetal quedando en la parte exterior de la cavidad corporal, dentro de una bolsa de piel (escroto) detrás del pene. Generalmente permanecen allí durante toda la vida, pero en algunos casos, permanecen allí únicamente durante el período de reproducción.
En el hombre, son estructuras de forma ovalada que miden entre 4 y 5 cm de largo. Cada uno está compuesto de una cápsula fibrosa (la túnica albugínea), que rodea una masa de túbulos seminíferos separados en compartimientos por tejido fibroso. Entre los túbulos se encuentran células intersticiales que producen andrógenos. Los espermatozoides se forman continuamente dentro de los túbulos seminíferos desde el comienzo de la madurez sexual hasta los 70 años aproximadamente. Éstos emigran por los conductos eferentes hasta el epidídimo para ser almacenados temporalmente.

TESTOSTERONA: andrógeno natural secretado por los testículos bajo la influencia de la hormona luteinizante. Su secreción durante la edad adulta es responsable del desarrollo, función y mantenimiento de los caracteres sexuales masculinos secundarios, los órganos sexuales masculinos y la espermatogénesis.

TÉTRADA: grupo de cuatro esporas que se forman como resultado de la meiosis en la espora madre.// En la meiosis, unión de cuatro cromátidas que se observa durante la etapa paquítena de la profase.

TETRÁPODO: vertebrado de cuatro extremidades como los anfibios, aves, mamíferos y reptiles.

TIAMINA: vitamina del grupo B soluble en agua. Fuente de la tiamina son los granos de cereales sin refinar, el hígado, el corazón y los riñones. La deficiencia de la tiamina afecta principalmente al sistema nervioso periférico, el tubo digestivo y el sistema cardiovascular. Se ha demostrado que la tiamina es útil para el tratamiento del beriberi.

TIBIA: hueso grande y largo de la parte interior e inferior de las extremidades posteriores de los tetrápodos; el hombre también tiene tibia. Las superficies articuladas (cóndilos), en el extremo superior, se articulan con las del fémur formando la rodilla.
El extremo inferior de la tibia se articula lateralmente con el peroné y distalmente con uno de los huesos tarsianos del talón para formar la articulación del tobillo. Una proyección hacia abajo, el maléolo tibial, forma una prominencia en el lado interior del tobillo.// Cuarto segmento de la pata de un insecto entre el fémur y el tarso.

TIMINA: base nitrogenada que se encuentra en el ADN. Tiene estructura de anillo pirimidínico.

TIMO: glándula constituida por dos lobulillos situados en la parte inferior del cuello y superior del pecho. Los lobulillos, que se encuentran en cada lóbulo, están compuestos de una corteza exterior y una porción medular interna. El timo controla los lípidos linfáticos en el cuerpo y constituye una fuente de actividad inmunológica. Es grande en los jóvenes y tiene que ver con la producción de linfocitos. Degenera después de que el animal alcanza la madurez sexual.

TÍMPANO: membrana delgada que separa el oído medio y externo de los vertebrados. Las ondas sonoras producen vibraciones del tímpano que después son transmitidas al oído interno por medio de los huesecillos del oído medio.

TONICIDAD: estado de contracción muscular parcial y continuo, debido a la constante estimulación nerviosa. Esto le permite al animal mantener su postura.

TÓRAX: parte de la cavidad corporal de los vertebrados que contiene el corazón y los pulmones. Está protegido por el esternón y las costillas, y en los mamíferos, está separado del abdomen por el diafragma.// En los artrópodos, constituye la parte del cuerpo entre la cabeza y el abdomen. Los insectos tienen tres segmentos torácicos, cada uno de los cuales está cubierto por cuatro placas cuticulares (un tergón, un esternón y dos pleurones). Llevan las patas para andar y las alas.

TOXINA: compuesto químico producido por un agente patógeno (por ejemplo, bacterias, hongos) que en pequeñas concentraciones ocasiona daños en la célula huésped. Las toxinas con frecuencia son similares a las enzimas del huésped e interfirieren con los sistemas enzimáticos correspondientes.

TRANSFORMADOR: aparato estático cuya función es convertir una corriente alterna de un índice de tensión determinado, en otra con distinto índice, aunque con igual frecuencia.
Normalmente está formado por un núcleo de hierro magnético, sobre el que se arrollan dos tipos de cables o alambres (bobina). La corriente de entrada se aplica sobre la bobina primaria, y sale por la bobina secundaria. La relación se establece según el número de vueltas de cada bobina.

TRANSGÉNICOS: dícese de los vegetales y animales a los que se les ha modificado alguna característica genética a través de procedimientos de **bioingeniería**. Por ejemplo, la soja transgénica. Por extensión, se aplica a los alimentos derivados. Estos procedimientos han permitido crear especies de mayor rendimiento y resistencia. Pero son cuestionados por las organizaciones ecologistas, que señalan que aún se desconocen todos los efectos de esas transformaciones genéticas y, también, las consecuencias que esos alimentos así transformados pueden tener sobre el hombre.

TRANSISTOR: dispositivo electrónico que puede utilizarse como amplificador, rectificador y modulador de corrientes eléctricas, como si se tratara de una pequeña válvula reguladora, equivalente, por ejemplo, a la función que realiza una llave de agua o de gas. Está formado por un semiconductor, sobre el cual se destilan unas gotas de una sustancia reactiva que, al pasar la corriente eléctrica, se calienta, formando una aleación que puede ser graduada a conveniencia. En el transistor, el flujo de partículas positivas circula en un sentido y el de partículas negativas lo hace en el sentido contrario. Fue inventado, en 1948, por Bardeen. Sus reducidas dimensiones son el fundamento de la microelectrónica. El transistor forma parte de aparatos de radio, televisión y de todo tipo de máquinas electrónicas.

TRANSPARENTE: propiedad de los cuerpos que permite que, a través de ellos, puedan verse los objetos. De su estudio se ocupa la Óptica.
Un cuerpo es más o menos transparente en función de que los rayos de luz pasen con más o menos libertad a través de su materia.
La transparencia se define, en base a la proporción de luz que se transmite, influyendo en ello el color de ésta. Por, ejemplo, el cristal es transparente.

TRANSPIRACIÓN: fenómeno que consiste en la emisión de un gas o vapor de agua a través de la piel. Es típica de los vegetales, los cuales emiten agua en forma de vapor para facilitar la ascensión de la savia por la planta.
Esta transpiración o evaporación de agua tiene lugar en las hojas. Prácticamente, la mayor parte del agua que penetra en las plantas, se escapa o diluye a través de los estomas. La transpiración es también un fenómeno de los animales especialmente de los mamíferos y anfibios. Ello requiere una piel provista de muchos poros, a través de los cuales se eliminan las toxinas e impurezas. En el hombre, la transpiración genera el sudor, que es expedido por la abundante porosidad de la piel. En los anfibios, la transpiración les sirve para captar oxígeno y se llama respiración cutánea.

TRANSPLANTE: transferencia de un tejido u órgano de una parte del animal a otra, o de un individuo a otro.

TRANURÁNICO: dícese de los elementos químicos artificiales obtenidos en laboratorio a partir del uranio o sus derivados, como el americio y el plutonio.

TRÁQUEA: canal o conducto muscular y cartilaginoso del cuerpo humano. Es el tramo que une la laringe con el inicio de los bronquios y se relaciona también con la entrada del esófago.
Es como un tubo endurecido y flexible. Por su interior circula el bolo alimenticio cuyo desplazamiento lo facilita una mucosa. También circula por este tubo el aire que va a los pulmones y que, luego, vuelve a salir desoxigenado.

TRAQUEOFITOS: en ciertas clasificaciones, la división que abarca todas las plantas con tejido vascular diferenciado. Constituye un aspecto de los más recientes sistemas taxonómicos de clasificación que reemplaza las divisiones anteriores, pteridofitos y espermatofitos. La división traqueofitos comprende cuatro subdivisiones: psilópsidos, licópsidos, esfenópsidos y pterópsidos.

TREMATODOS: clase de platelmintos parasitarios, que incluye la Fasciola (parásito del hígado vacuno o lanar) y el Schistosoma (parásito de la sangre humana que produce la esquistosomiasis).
Los parásitos tienen cuerpo ovalado o alargado, cubierto de cutícula gruesa para evitar la digestión por el huésped, succionadores para sostenerse e intestino bifurcado.

TRILOBITES: clase de artrópodos marinos extinguidos. Vivían en el fondo del mar, y abundaron en el cámbrico y el silúrico. Tenían cuerpo ovalado y plano, dividido longitudinalmente en tres lóbulos, y transversalmente en cabeza, tórax y abdomen. En la cabeza tenían ojos compuestos, antenas y cuatro pares de apéndices articulados bifurcados, con una proyección interna para ayudar en la alimentación. Tenían numerosos pares de apéndices en el cuerpo.

TROMBOFLEBITIS: inflamación de las venas por la formación de **trombos**.

TROMBOS: coágulos intravasculares que pueden dificultar el paso de la sangre.

TROMBOSIS: formación de trombos o coágulos que se produce en los vasos sanguíneos de un ser vivo.

TROMPA DE EUSTAQUIO: conducto que comunica el oído medio con la región posterior de la garganta en los tetrápodos. Permite mantener la presión atmosférica igual en ambos lados del tímpano: cualquier cambio externo de presión se equilibra con un movimiento de deglución o de bostezo, con lo cual el conducto se abre permitiendo la entrada o salida de aire del oído medio.

TROMPA DE FALOPIO: cada uno de los dos conductos, llamados también oviductos, que en las hembras de los mamíferos llevan los óvulos del ovario a la matriz (o útero), mediante acción muscular y ciliar. Su extremidad anterior se abre sobre el embudo ciliado que está cerca del ovario.

TRONCO: parte del cuerpo humano, también llamada tórax. Constituye la masa de mayor volumen del mismo. Junto con la cabeza y las extremidades, comprende en su interior órganos fundamentales de la fisiología humana. Abarca desde la parte inferior del cuello hasta el inicio de las extremidades inferiores o piernas.

Está convenientemente protegido por una coraza ósea formada por las costillas y también por una masa muscular y fibrosa. En su interior (cavidad troncal) se encuentran los órganos siguientes: en la parte superior, el aparato respiratorio (pulmones) y el corazón; en la zona intermedia, el aparato digestivo (esófago, estómago, hígado y vesícula); en la parte inferior, los riñones, intestinos, el aparato excretor y los órganos sexuales. Está sostenido por la columna vertebral.

TROPISMO: movimiento direccional de crecimiento de una parte de la planta como respuesta a un estímulo externo.

Los tropismos reciben su nombre de acuerdo con el estímulo. Se dice que el órgano presenta tropismo positivo o negativo, según si crece hacia el estímulo o si se aleja de él, respectivamente. Por ejemplo, fototropismo positivo: reacción positiva al estímulo de la luz.

TRUENO: ruido o estruendo producido por el rayo en el momento de descargar su potencial eléctrico. Así como la luminosidad o relámpago del rayo es simultánea al momento de la descarga, el trueno tiene un efecto retardado y no se produce hasta pasados unos segundos. Este fenómeno se debe a la menor velocidad de propagación del sonido con respecto a la luz.

TUBÉRCULO: tallo o raíz subterránea y abultada que contiene alimentos almacenados y actúa como órgano de propagación vegetativa y de perennación.

TUBO DIGESTIVO: tubo (de 8 a 9 metros de largo en el hombre) por el cual pasan los alimentos para su digestión y absorción por el torrente sanguíneo de los animales. En la mayoría de los metazoos, va de la boca al ano y diferentes partes se modifican para la digestión y absorción de alimentos solubles. Diversas glándulas depositan sus secreciones, que contienen enzimas, en el tubo digestivo. Tales enzimas sirven para digerir los alimentos a medida que se mueven por peristalsis.

TÚBULO SEMINÍFERO: masa de diminutos túbulos enrollados del testículo de los vertebrados donde se producen los espermatozoides. En el hombre, cada uno mide 15 mm de diámetro y 50 cm de largo y desembocan en pequeños conductos colectores (conductos eferentes).

TÚBULO URINÍFERO: tubo largo y angosto que forma parte de la unidad excretora (nefrón) del riñón de los vertebrados, responsable de la reabsorción selectiva de sustancias útiles.

TÚBULOS DE MALPIGHI: delgados túbulos ciegos que se abren en el extremo anterior de la parte final del tubo digestivo de las arañas y los insectos como los ciempiés. Actuando como órganos excretorios, extraen productos de desecho (principalmente ácido úrico) de la sangre y los pasan al tubo digestivo para eliminarlo en las heces.

TUNGSTENO: nombre que también recibe el elemento químico **wolframio** o **volframio**.

TURBA: material vegetal en estado de descomposición parcial, que se acumula en condiciones anaeróbicas de anegación en los climas húmedos y templados; frecuentemente forma una capa de varios metros de espesor. La turba sirve de combustible y es el primer paso en la formación de carbón.

TURBELARIOS: clase de pequeños platelmintos acuáticos que viven libremente (por ejemplo, las planarias). Tienen un cuerpo plano cubierto de cilios para la locomoción, boca ventral y faringe protrusible. A veces tienen tentáculos y ojos en la cabeza.

TURBINA: máquina caracterizada por un movimiento de rotación, utilizada para transformar la energía de una corriente eléctrica (continua) en energía mecánica. Fundamentalmente consta de una corona fija llamada distribuidor, que impulsa la corriente de un fluido (casi siempre agua), así como de una rueda móvil, denominada rotor o rodete.

Tanto el distribuidor como el rotor poseen unas paletas para impulsar o dirigir el fluido. La turbina se emplea para aprovechar la energía de los grandes saltos de agua, canalizados hacia las centrales eléctricas. En estas centrales, las turbinas reciben el chorro (energía mecánica) que crea una corriente (energía eléctrica). La corriente se transporta a través de grandes líneas de conducción y potentes transformadores y es finalmente empleada para realizar trabajos mecánicos.

TURBOALTERNADOR: conjunto electromecánico formado por un alternador y la turbina que lo mueve.

TURBOCOMPRESOR: conjunto formado por un compresor y movido por una turbina.

TURBOGENERADOR: conjunto electromecánico formado por un generador movido por una turbina de gas, vapor o hidráulica.

ULVA: alga marina verde con talo delgado de hojas de dos células de espesor. Tiene un ciclo de vida diploleióntico con generaciones haploides y diploides similares.

UMBELA: tipo de inflorescencia en el que el eje del tallo no es alargado y en el que flores con tallos individuales surgen desde el mismo punto del tallo. Estas flores se encuentran en un mismo plano, lo que les da una apariencia semejante a la de un paraguas, con las flores más antiguas en el exterior y las más jóvenes en el centro. La umbela es típica de la familia de la zanahoria (umbelíferas).

UNGULADO: mamífero de pezuña que pasta; pertenece al orden de los perisodáctilos o artiodáctilos.

UNICELULAR: se dice de los organismos constituidos por una sola célula. Es característica de protozoos y bacterias, y también se ve en muchas algas y hongos.

UNIVERSO: nombre que se da al conjunto de todo lo que existe. Específicamente se identifica con universo al sistema de cuerpos (estrellas, planetas, cometas, satélites, etc.), que pueblan el espacio cósmico.
Según Einstein, su forma sería parecida a la de una silla de montar a caballo y estaría en permanente expansión:"es finito, pero carece de límite", es decir, como un globo que se hincha permanentemente. Sobre su origen existen dos teorías: la primera, llamada expansionista, indica que de la explosión inicial de una molécula infinitamente densa nació un universo en permanente e indefinida expansión; la segunda, denominada oscilante, cree que esta expansión tendrá un límite, al llegar al cual el universo se contraerá sobre sí mismo hacia la molécula inicial. Luego vendría una nueva explosión y expansión.

URACILO: base nitrogenada que se encuentra en el ARN, y que reemplaza la timina del ADN.

URANIO: elemento químico de símbolo U y número atómico 92. Es muy escaso en la Naturaleza y aparece mezclado con la pechblenda. Es de color blanco argentino, magnético, y emite radiaciones. Sus propiedades las descubrió Becquerel, en 1896. Se emplea para obtener energía nuclear y fabricar bombas nucleares.

ÚREA: compuesto nitrogenado soluble en agua. Constituye el principal producto excretorio del catabolismo de los aminoácidos en ciertos animales.

URÉTER: conducto de los reptiles, aves y mamíferos que transporta la orina desde los riñones hasta la cloaca (en los reptiles y aves) o a la vejiga (en los mamíferos).

URETRA: conducto de los mamíferos que lleva la orina desde la vejiga al exterior. En los machos, también transporta los espermatozoides y pasa por el pene.

UROCORDADOS: subfilum marino de cordados que incluye las ascidias sésiles (por ejemplo, Ciona) y las formas pelágicas (por ejemplo, Oikopleura). Los caracteres cordados del notocordio, cuerda nerviosa dorsal y hendiduras branquiales se ven claramente en las larvas que nadan libremente, semejantes a renacuajos. En los adultos, las hendiduras branquiales se encuentran modificadas para la alimentación filtrada y carecen de notocordio, y del cordón nervioso reducido. El cuerpo globular no segmentado está encerrado dentro de una túnica con dos aberturas, una boca inhalante y un atriporo exhalador.

USINA ENERGÉTICA: industria que produce energía eléctrica desde diferentes fuentes: hídrica, geotérmica, nuclear, solar, eólica, mareomotriz.

ÚTERO: estructura muscular de gruesas paredes entre la vejiga y el recto de los mamíferos femeninos. Puede ser par, pero en los humanos es un órgano único invertido en forma de pera. Se abre lateralmente en las trompas de Falopio, dorsalmente en la vagina y el exterior. El revestimiento uterino sufre cambios cíclicos en cuanto al espesor, bajo la influencia de las hormonas reproductoras, y cuando el óvulo es fecundado constituye una fuente de sostenimiento y alimentación para el feto. El útero se expande y aumenta su musculatura para acomodar al feto en crecimiento. Recupera su tamaño normal entre 6 y 8 semanas después del parto.

UTRÍCULO: cámara superior del laberinto del oído de los vertebrados que contiene los canales semicirculares. Una zona de epitelio sensorial se encuentra en el revestimiento de la pared y gránulos de carbonato de calcio en la cavidad. Juntos detectan los cambios de posición de la cabeza con respecto a la gravedad, y la velocidad del cambio.

VACUNA: sustancia que, suministrada a una persona o animal le previene e inmuniza frente a una enfermedad determinada. La vacuna se extrae de los microbios muertos, o bien de microbios cuya capacidad de ataque ha sido disminuida. Su inoculación genera una reacción de las células defensivas del organismo, que destruyen a los invasores y robustecen las defensas, de manera que cualquier nuevo ataque es repelido. La primera vacuna contra la viruela, la obtuvo el británico Jenner, en 1796. El francés Pasteur consolidó el nuevo sistema curativo y obtuvo la vacuna contra la rabia. A partir de entonces, numerosas enfermedades que afectaban a la humanidad han sido vencidas por este método: tuberculosis, poliomielitis, tifus, etc., hasta el punto de que han llegado a erradicarse totalmente muchas dolencias de tipo epidémico.

VACUOLA: organelo esférico, lleno de líquido, de tamaño variable que se encuentra en las células animales y vegetales, rodeado por una membrana sencilla y que funciona como un compartimiento para separar algunos materiales del citoplasma. Las vacuolas tienen diferentes funciones especializadas, por ejemplo como las vacuolas alimenticias, vacuolas contráctiles y vacuolas autofágicas. Muchas células vegetales maduras contienen una sola vacuola central grande que limita el citoplasma a una capa periférica delgada. Se encuentra unida por una membrana llamada tonoplasto, y contiene savia celular. Ésta contiene sustancias en solución (por ejemplo, azúcares, sales y ácidos orgánicos), a veces en concentraciones altas, lo que da como resultado una alta presión osmótica. Es así como entra agua a la célula por ósmosis, abultándola. Las vacuolas también pueden contener cristales y sustancias residuales.

VAGINA: conducto muscular, distensible, de la mayoría de las hembras de los mamíferos. Se extiende desde el útero (o úteros) hasta el exterior, entre la vejiga y el recto. Aloja el pene del macho durante el acoplamiento. Una estructura parecida se ve en algunos invertebrados.

VAINA MIELÍNICA: envoltura aislante del axón de una neurona.

VÁLVULA MITRAL: válvula compuesta por dos hojas o valvas, que está situada entre la aurícula y el ventrículo en el lado izquierdo del corazón de los mamíferos y aves. Cuando el ventrículo se contrae, la válvula se cierra e impide que regrese la sangre a la aurícula.

VÁLVULA TRICÚSPIDE: válvula formada por tres pliegues membranosos situados entre la aurícula y el ventrículo derecho del corazón de mamíferos y aves. Evita que la sangre regrese a la aurícula al contraerse el ventrículo.

VAPORIZACIÓN: fenómeno que consiste en el paso de una sustancia del estado líquido al gaseoso. Cuando sólo afecta a la superficie de dicho líquido se llama evaporación y cuando afecta a toda la masa del líquido, se denomina ebullición (se dice que hierve). El aumento de temperatura rompe la cohesión molecular del líquido, tendiendo a dispersar sus moléculas, que se convierten en gas.

VARIACIÓN: el punto hasta el cual pueden variar las características de una especie. Las variaciones pueden producirse por factores ambientales (plasticidad fenotípica) dan como resultado diferencias en la apariencia de los individuos de una especie debido a las diferencias en la nutrición, enfermedades, densidad de población, etc. Las variaciones genéticas son producidas por recombinación y, en ocasiones por mutación.

VASO SANGUÍNEO: estructura tubular que se encuentra en los vertebrados y en algunos invertebrados para el transporte de la sangre por el cuerpo.

VATIO: unidad de la electricidad que define la potencia de una corriente eléctrica. Su símbolo es W, en honor al físico Watt. Se llama vatio/hora al trabajo o fuerza que un vatio de corriente proporciona durante una hora. Para la medición de la potencia de una corriente, es decir, sus vatios, se emplea un aparato llamado vatímetro, que se aplica a las grandes máquinas e instalaciones eléctricas.

VEGETACIÓN: conjunto de especies vegetales caracterizadas por su aspecto o fisonomía, que está condicionado por la situación ambiental.

VEGETAL: organismo capaz de fabricar su propio alimento absorbiendo sustancias inorgánicas simples y formando con ellas moléculas complejas mediante un proceso llamado fotosíntesis. El proceso aprovecha la energía lumínica, que es absorbida por un pigmento verde llamado clorofila presente en todos los vegetales pero no en los animales. Los hongos, que frecuentemente se clasifican como vegetales, son una excepción ya que no tienen clorofila sino que obtienen su alimento de otros tejidos vivos o muertos. Otra característica de los vegetales es su pared celular de celulosa, que no existe en los animales, y su incapacidad para moverse libremente, excepción hecha de algunas plantas microscópicas. También difieren de los animales por cuanto responden a los estímulos muy lentamente, a veces en cuestión de días, y solamente si el estímulo es prolongado.

VEJIGA URINARIA: saco muscular de paredes delgadas que sirve para almacenar temporalmente la orina en la mayoría de los vertebrados (a excepción de las aves y algunos reptiles). En los mamíferos la orina llega a la vejiga directamente de los uréteres y sale por la uretra bajo el control de un esfínter.

VEJIGA NATATORIA: cavidad grande de paredes delgadas de los peces óseos, que les permite adaptar su flotabilidad para nadar a diferentes profundidades. Contiene oxígeno y nitrógeno. Una red de vasos sanguíneos rodea la vejiga y puede tomar oxígeno de la sangre para ajustar el volumen de gas en la vejiga. La vejiga también es responsable de detectar sonidos que producen cambios de alta frecuencia en la tensión de las paredes de la vejiga, y en algunos peces teleósteos actúa como resonador o reproductor de sonido. En ciertos peces, la vejiga natatoria está conectada a la faringe por medio de un tubo, y en el pez dípneo, funciona como un pulmón.

VELAMEN: capa que rodea a las raíces aéreas de las plantas epífitas (por ejemplo, las orquídeas) y que debido a la naturaleza esponjosa de las células, puede absorber el agua superficial.

VELLOSIDAD: proyección microscópica semejante a un dedo en el revestimiento del intestino delgado. Millones de ellos dan al revestimiento la apariencia de terciopelo y aumentan la superficie de absorción. Cada una está cubierta de una capa sencilla de células columnares a través de la cual pasan fácilmente los productos solubles de la digestión a la sangre o linfa. Cada una contiene, además, una red de vasos capilares y un vaso lácteo. Bandas de músculos se contraen rítmicamente para acortar las vellosidades y para desocupar los vasos lácteos y capilares, manteniendo así el grado de difusión.

VELOCIDAD: concepto utilizado en Física para representar el espacio que un cuerpo recorre en una fracción de tiempo. Así, la velocidad depende de dos factores: e (espacio) y t (tiempo). La velocidad, v, de un cuepo se obtiene, pues, dividiendo el espacio (que viene dado en metros o kilómetros) por el tiempo (que viene

dado en segundos y horas). Cuando una velocidad se mantiene constante, se denomina uniforme. Cuando va aumentando o disminuyendo, de manera más o menos regular, la velocidad es acelerada o desacelerada. El cuerpo que se mueve se llama móvil. Velocidad angular es la que adquire un cuerpo de trayectoria circular y que forma un ángulo. Su cálculo requiere conocer la distancia del cuerpo al vértice de dicho ángulo. Velocidad lineal es la de un cuerpo que se mueve en línea recta.

VENA: vaso sanguíneo que lleva la sangre desde la red capilar en los tejidos hasta el corazón. Todas las venas, exceptuando la vena pulmonar, llevan sangre desoxigenada, y la mayoría contiene válvulas, que mantienen la dirección del flujo. Tienen un lumen mayor y paredes más delgadas, en comparación con las arterias.// Fascículo vascular de la hoja.// Uno de los numerosos tubos quitinosos que apoyan y fortalecen el ala de un insecto.

VENTRÍCULO: nombre que se da a dos cavidades del corazón, separadas por el tabique interventricular. El derecho recibe la sangre de la aurícula a través de la válvula tricúspide y la expulsa por la arteria pulmonar. El izquierdo recibe la sangre por la válvula mitral y la expulsa a través de la aorta. En el cerebro hay cuatro ventrículos cuya función es controlar el paso del líquido cefalorraquídeo.

VÉNULA: pequeña vena que recoge sangre desoxigenada de las redes capilares en los tejidos.

VÉRTEBRA: cada uno de los huesos o cartílagos que forman la columna vertebral de los vertebrados. Los tetrápodos tienen vértebras óseas, cada una de las cuales consiste en un cuerpo ventral y un arco óseo dorsal, que forma el conducto raquídeo para la médula espinal. De cada arco surgen varias apófisis para la inserción de los músculos. Esta disposición general se modifica para las diferentes regiones del cuerpo.

VERTEBRADO: nombre que se da a los animales que poseen un esqueleto óseo fundamentalmente, una columna vertebral; en oposición a los invertebrados, que carecen de ambos (insectos, moluscos). Incluye: mamíferos, aves, reptiles, anfibios y peces. El cuerpo de los vertebrados es alargado y en él se distinguen tres regiones diferenciadas: cabeza, tronco y extremidades (en muchos, además, está la cola). Excepto la columna vertebral, el resto de los huesos y vértebras son pares. El origen de los vertebrados es complejo, aunque son el resultado de una adaptación de remotas formas marinas a las que un proceso evolutivo endureció parte de su estructura interna: formación de mandíbulas a partir de cartílagos faríngeos, desaparición del esqueleto externo, formación de extremidades para desplazarse, etc.

VESÍCULA: pequeña vacuola de origen variable como la vesícula de Golgi o vesícula pinocitósica.

VESÍCULA BILIAR: extensión saciforme del conducto biliar de muchos vertebrados, situada entre los lóbulos hepáticos. Sirve para almacenar temporalmente la bilis, liberándola como respuesta a las sustancias alimenticias que llegan al duodeno.

VESÍCULA SEMINAL: par de glándulas alargadas en la mayoría de los mamíferos machos que se abre en el conducto deferente. Secreta un líquido alcalino espeso que contiene sustancias como fructosa, proteínas y otras sustancias químicas que contribuyen a la formación del semen.

VIBRIÓN: bacteria en forma de coma.

VIDA: característica esencial y diferenciadora que adquiere la materia en su forma más desarrollada. Uno de los rasgos esenciales de la vida, es su capacidad de reproducción y de transmisión, a sus descendientes, de sus específicas características genéticas. El ciclo vital tiene tres fases: nacimiento, crecimiento, envejecimiento o decadencia y muerte. El proceso exige la nutrición o alimentación como elemento indispensable para la conservación y para la reproducción. La esencia de la vida es la gran cuestión no resuelta de la Biología. En los laboratorios se ha llegado a sintetizar una célula a partir de la combinación de sustancias químicas llamadas aminoácidos. La vida, como la conocemos, exigió para originarse unas condiciones de presión y temperatura determinadas. El desarrollo de la vida tendría como base la evolución.

VIDRIO: sustancia amorfa, transparente o traslúcida, dura pero frágil que resiste la acción química de la mayoría de los ácidos. El vidrio se obtiene en el proceso de fusión de una mezcla de sílice y cal disueltos en una solución alcalina, es decir, de sodio o potasio. Al calentarla, se crea una masa vítrea que, al enfriarse, se solidifica. La fusión se realiza en hornos de crisol muy aireados.

VIENTO: corriente de aire producida en la atmósfera por causas naturales. Es una masa de aire en movimiento debido a las diferencias de presión de unas a otras, que generan una turbulencia. Los vientos provienen de unos centros de actividad llamados anticiclones y depresiones. Su dirección varía según se sitúan tales centros. Su velocidad se mide en kilómetros/hora, mediante un aparato llamado anemómetro o anemógrafo. Para saber la dirección se utilizan las veletas y las mangas o capuchones catavientos. Los huracanes, ciclones y tifones tienen como componente vientos de gran velocidad, producidos por bruscos cambios de la presión atmosférica. Normalmente son precedidos de la llamada gota fría, estado caracterizado por una aparente calma, con temperatura sofocante.

VIRUS: microorganismo no visible al microscopio normal capaz de transmitir enfermedades infecciosas. No se le considera célula, sino que es un núcleo, de alto peso molecular y naturaleza cristalina. Constituye la menor de las partículas dotadas de vida y puede habitar y multiplicarse dentro de una célula. Su componente fundamental es el ácido nucleico. Su existencia fue descubierta por Loffler y Frosch en 1898. No se le puede cultivar como a las bacterias; para ello deben emplearse tejidos vivos, lo que dificulta su investigación. Resiste incluso temperaturas de -20 °C. Existen muchos tipos de enfermedades virósicas. Entre ellas, las más comunes son: herpes, viruela, gripes de diverso tipo, encefalitis, conjuntivitis, poliomielitis, meningitis, rabia, etc.// **virus informático:** programa que generalmente entra oculto a un sistema y cuyas instrucciones se ejecutan sin que el usuario se dé cuenta. Normalmente están diseñados para causasr daño o problemas en archivos o sistemas.

VISIÓN: acto de percibir las cosas y objetos a través de los ojos. Los animales vertebrados efectúan su visión mediante ojos simples. Los invertebrados, en cambio, tienen ojos compuestos, es decir, integrados por varios miles de fotorreceptores. La visión más desarrollada para percibir y distinguir con claridad colores es la de los monos primates y el hombre. Las aves tienen gran profundidad de visión.

VITAMINA: sustancia de origen animal o vegetal, imprescindible para la conservación del cuerpo y que está presente en los alimentos. La A es básica para la vista. La B, para el sistema nervioso, la digestión y los músculos. La C, para cicatrizar las heridas. La D, para alimentar los huesos. La E, para la potencia sexual. La K, para evitar el encanecimiento del cabello.

VIVÍPARO: condición en la reproducción sexual de los animales cuando el embrión se desarrolla dentro del organismo de la madre y es nutrido por el contacto inmediato con los tejidos maternos, generalmente a través de una placenta. Su resultado es el nacimiento de seres vivos y se presenta en la mayoría de los mamíferos.// Producción de plantas en vez de flores, como en algunos pastos.// Germinación de semillas o esporas que se encuentran todavía unidas a la planta madre.

VOLTIO: unidad de la Física electrónica que se utiliza para calcular las tensiones o diferencias de potencial de los polos entre los cuales circula una corriente. Su símbolo es V, en honor del físico italiano Volta. Para calcular el voltaje de un circuito se emplea un aparato llamado voltámetro. Consiste en descomponer una sustancia con una corriente y pesar los residuos depositados en los electrodos.

VOLUMEN: espacio ocupado por un cuerpo o una sustancia, ya sea sólida, líquida o gaseosa. El volumen de los sólidos en condiciones normales es constante, pero aumenta con el incremento de la temperatura (dilatación). Igual ocurre con los líquidos y los gases, aunque el fenómeno es menos evidente. La presión y la baja temperatura ejercen, tanto en los sólidos como en los líquidos y gaseosos, el efecto contrario: la contracción.

WORLD WIDE WEB: expresión inglesa que significa "Red de Alcance Mundial". Es decir, la red de comunicaciones a través de computadoras también conocida como **Internet**.

XERÓFILA: cualquier planta adaptada para crecer en condiciones secas o en un hábitat fisiológicamente seco, como un pantano ácido o una ciénaga salada, por su capacidad para almacenar agua, reducir la pérdida de humedad, o por poseer un sistema de raíces profundas. Las plantas suculentas como el cactus y el agave, tienen tallos u hojas carnosos y gruesos para almacenar agua.

Otras características que les ayudan a reducir la pérdida de agua son: cambio o muerte de hojas: revestimiento de cera para las hojas además de estomas; estomas hundidos o protegidos; hojas dobladas o que cambian de posición para reducir la absorción de la luz solar; y crecimiento de una cubierta peluda y densa en las hojas.

XILEMA: tejido conductor de agua en las plantas vasculares. Consiste en células huecas muertas (las traqueidas y los vasos) que son elementos conductores. También contiene algunos tejidos de sostén adicionales bajo la forma de fibras y esclereidas y un poco de parénquima vivo. El protoxilema y metaxilema, que juntos constituyen el xilema primario, se forman del procámbium de los meristemas apicales, mientras que el xilema secundario se diferencia del cámbium o meristema lateral.

Las paredes celulares secundarias de los vasos xilemáticos y traqueidas se engruesan con lignina, para proveer mayor sostén. El patrón de engrosamiento varía de acuerdo con la posición y la edad del xilema. En el engrosamiento anular y espiral se observa en el protoxilema donde la extensibilidad constituye un factor importante. El engrosamiento reticulado y escalonado, que impide la extensión, se encuentra en el metaxilema. La forma más extrema de engrosamiento es el engrosamiento punteado del xilema secundario, donde toda la pared secundaria se engruesa exceptuando pequeñas áreas. El movimiento de agua desde las raíces hasta las hojas por medio del xilema se denomina corriente de transpiración.

YEMA: brote compacto subdesarrollado formado por un tallo corto y hojas o partes florales inmaduras. Las hojas jóvenes están dobladas en la punta de crecimiento, y las hojas más externas pueden ser escamosas y reducidas para proteger la punta de crecimiento. Una yema es un brote o una flor en potencia. Las yemas terminales se forman en las puntas de las ramas o de los tallos. Las yemas axilares o laterales se desarrollan en las axilas de las hojas. Pueden desarrollarse adventiciamente en otras partes de la planta y en ocasiones son medios de reproducción sexual.// Protuberancia animal capaz de reproducción vegetativa. En los animales inferiores la producción de yemas que se convierten en nuevos individuos y luego se separan del progenitor es una forma común de reproducción asexual.

YEYUNO: porción de intestino delgado situado entre el duodeno y el íleon.

YODO: elemento que, en cantidad mínima, es esencial en la dieta animal principalmente como constitutivo de la hormona tiroidea. La insuficiencia de yodo produce el crecimiento de la glándula tiroides, ocasionando la condición conocida como bocio.

YUGULAR: cada una de las dos venas que en los mamíferos llevan la sangre desoxigenada desde la cabeza hacia el cuello.

YUNQUE: huesecillo del oído medio en forma de yunque. El yunque de los mamíferos es homólogo del hueso cuadrado de otros vertebrados.

ZARCILLO: órgano vegetal filamentoso que utiliza la planta para enredarse y como apoyo. Puede ser un brote terminal modificado como en la vid, o una rama lateral modificada como en la pasionaria, o una hoja modificada como en la familia de los guisantes. Los zarcillos pueden ser ramificados o sin ramas y pueden tener discos terminales adhesivos como en la enredadera virginia.

Los zarcillos son ligeramente curvos y las células de la superficie cóncava responden a los estímulos táctiles específicos (es decir presentan haptotropismo) al perder agua. Esta reducción del volumen celular hace que el zarcillo se enrede alrededor del soporte.

ZONA DE TRANSICIÓN: zona de una planta vascular donde surgen las estructuras de las raíces y retoños, y donde el tejido vascular es intermedio entre la raíz y el retoño.

ZONA FÓTICA: la capa superficial de un mar o lago donde penetra la luz solar y se desarrolla el fitoplancton. Las ondas de luz rojas y amarillas penetran hasta unos 50 metros mientras que la azul y violeta puede llegar hasta 200 metros. Las diatomeas, que son los componentes principales del fitoplancton, se encuentran hasta profundidades de 80 metros. Más allá de los 200 metros el agua es siempre oscura.

ZONA PELÚCIDA: membrana gruesa y transparente que envuelve el óvulo de los mamíferos. Está rodeado por la corona radiada en el óvulo al salir del folículo, pero las células de la corona se dispersan a medida que los espermatozoides pasan a través de ellas y penetran en la zona por acción de las enzimas.

ZÓNULA DE OCLUSIÓN: estructura que rodea a muchas células epidérmicas animales y que sostiene apretadas a las células adyacentes, sin dejar espacio intercelular. Evitan que materia de la superficie epidérmica penetre entre las células, especialmente en los puntos de absorción, (por ejemplo, los intestinos y riñones).

ZOOGEOGRAFÍA: estudio de la distribución geográfica de las especies animales. Dicho estudio revela que la Tierra puede dividirse en varias regiones geográficas, cada una con un conjunto determinado de especies animales.

ZOOLOGÍA: ciencia biológica que se ocupa del estudio de los animales. Incluye diversas especialidades: la descriptiva, que analiza las formas externas; la anatomía, que estudia la constitución de los órganos; la fisiología, el funcionamiento de éstos; la zoogenética, la herencia biológica; la paleozoología, los restos fósiles; la zoogeografía, la distribución de las especies en la Tierra; la etología, el comportamiento animal. Se considera al francés Cuvier el fundador de la Zoología moderna.

ZOOPLANCTON: fracción de organismos animales del plancton formada, fundamentalmente por larvas, crustáceos y protozoos.

ZOOSPORA: espora asexual móvil producida por un zoosporangio. Tiene uno o más flagelos. Estas esporas móviles pueden formar quistes en condiciones adversas, o ser el medio por el cual el hongo penetra en un nuevo huésped.

ZOOSPORANGIO: esporangio que produce zoosporas, como algunos ficomicetos y las algas verdes y pardas.